ZHONGGUO ZHISHICHANQUAN NIANJIAN

2011

中国知识产权年鉴

主办● 国家知识产权局

知识产权出版社
全国百佳图书出版单位

责任编辑： 张锦锐　牛洁颖　　**责任校对：** 韩秀天
装帧设计： 段维东　　**责任出版：** 卢运霞

图书在版编目(CIP)数据

中国知识产权年鉴．2011/国家知识产权局主办．—北京：知识产权出版社，2011.10
ISBN 978－7－5130－0874－7
Ⅰ.①中…　Ⅱ.①国…　Ⅲ.①知识产权－中国－2011－年鉴　Ⅳ.①D923.4－54
中国版本图书馆 CIP 数据核字（2011）第 204077 号

中国知识产权年鉴 2011
国家知识产权局　主办

出版发行：知识产权出版社
社　　址：北京市海淀区马甸南村 1 号　　邮　　编：100088
网　　址：http://www.ipph.cn　　邮　　箱：bjb@cnipr.com
发行电话：010－82000860 转 8101/8102　　传　　真：010－82005070/82000893
责编电话：010－82000860 转 8165/8109　　责编邮箱：nianjian772@sina.com
印　　刷：北京富生印刷厂　　经　　销：新华书店及相关销售网点
开　　本：787mm×1092mm　1/16　　印　　张：67
版　　次：2011 年 10 月第 1 版　　印　　次：2011 年 10 月第 1 次印刷
字　　数：2032 千字　　定　　价：160.00 元
ISBN 978－7－5130－0874－7/D·1335（3762）

▲2010年4月26日，国家知识产权局局长田力普（左）出席人民网知识产权频道改版升级暨英文版上线仪式。

▲2010年10月14日，新闻出版总署署长、国家版权局局长柳斌杰（左一）出席中国著作权法律百年国际论坛开幕式并致辞。

▲2010年4月22日，国家工商总局与世界知识产权组织签署合作备忘录，前排左二是国家工商总局局长周伯华。

▲2010年4月19日，最高人民法院、中国科学技术协会知识产权司法保护合作备忘录签署仪式与最高人民法院特邀科学技术咨询专家聘任仪式在最高人民法院举行，最高人民法院院长王胜俊（主席台右四）和中国科学技术协会主席韩启德（主席台左四）出席仪式并讲话。

▲2010年11月30日农业部在北京举办“种业科企合作经验交流会”，主席台中是农业部副部长张桃林。

▲2010年4月26日，新闻出版总署副署长、全国“扫黄打非”工作小组副组长兼办公室主任蒋建国（右一）给2010年度反盗版形象大使授予证书。

▲2010年9月，国家版权局副局长阎晓宏（左一）访问奥地利期间，与奥地利司法部及著作权集体管理监督委员会官员会谈。

▲2010年4月26日，国家工商总局副局长付双建（左）接受中国日报网在线访谈。

▲2010年，国家知识产权培训（广东）基地落成，国家知识产权局副局长李玉光（中）出席授牌仪式。

▲2010年11月25～26日，就“中国专利法第三十三条理论与实践”，国家知识产权局主办2010年高端学术研讨会，国家知识产权局副局长贺化（左）出席会议并作演讲。

▲2010年7月7日，国家知识产权局副局长杨铁军出席国际知识产权环境论坛并作演讲。

▲2010年11月1日，中纪委驻国家知识产权局纪检组组长肖兴威（前排中）参观杨凌农高会知识产权局展团。

▲2010年8月11日，国家知识产权局副局长鲍红（左）出席全国知识产权政务工作会议并给2009年度知识产权政务信息工作先进单位颁奖。

▲2010年12月23日，国家知识产权局副局长甘绍宁（右）出席上海世博会知识产权保护专项行动总结表彰大会，并向先进集体颁奖。

▲2010年4月20～22日，农业部在南京举办“植物新品种保护与农民权益国际研讨会”。

▲2010年7月7日，国家林业局植物新品种测试中心华东分中心揭牌。

▲2010年12月16日，国家林业局“一品红植物新品种测试基地”通过验收。

▲2010年11月11日，国家工商总局召开全国工商行政管理系统知识产权保护与执法工作电视电话会议。

▲2010年4月26日，国家工商总局与中国日报社共同举办“中国商标成就”宣传报道活动启动仪式。

▲2010年12月21～22日，国家商标战略实施示范企业经验交流暨商标运用保护会议在安徽省芜湖市召开，41家商标战略实施示范企业发出《芜湖倡议》。

▲2010年4月20日，商标局副局长吕志华在“2010年中国知识产权高层论坛”上发言。

▲2010年5月20～21日，国家工商总局反垄断与反不正当竞争执法局组织系统的业务骨干，与欧盟召开了中欧商业秘密保护法律框架研讨会，就商业秘密保护进行了深入交流，了解了欧盟在竞争执法领域商业秘密保护的有关情况，扩大了竞争法律的对外宣传力度，提升了竞争执法的开放度和透明度。

▲2010年11月25日，海关总署召开全国海关打击侵犯知识产权和制售假冒伪劣商品专项行动工作会议。

▲2010年6月21～24日，海关总署在广东珠海召开修订《知识产权海关保护条例实施办法》座谈会。

▲2010年4月19日，最高人民法院召开专题新闻发布会，正式启动全国法院知识产权宣传周活动。

▲2010年6月10～11日，最高人民法院在辽宁省大连市召开知识产权与竞争法国际研讨会。

▲2010年12月2日，最高人民法院在海南博鳌召开反垄断民事诉讼国际研讨会。

▲2010年10月20日，德国巴符州经济部部长恩斯特·普菲斯特一行访问江苏省知识产权局。

▲2010年4月20日上午，河南省开展知识产权宣传周活动。

▲2010年11月，湖北省知识产权局举办全省领导干部知识产权培训班。

▲2010年10月25日，四川省首个知识产权教育培训基地——四川师范大学文理学院知识产权培训基地举行挂牌仪式。

▲2010年12月17日，四川省郫县县委县政府召开实施国家知识产权强县工程动员大会。

▲2010年4月20日，由云南省知识产权局组织的知识产权普及教育试点学校工作启动。

▲2010年11月9日，云南省知识产权发展研究院在昆明理工大学成立。

▲2010年4月28日，新疆维吾尔自治区知识产权局和教育厅主办，新疆大学承办、新疆生产建设兵团知识产权局协办“第六届‘新疆知识产权杯’大学生知识产权知识竞赛”，8支参赛队伍300多人参加。

▲2010年11月8日，第四届中国专利周兵团分会场开幕式暨兵团企事业单位知识产权管理培训班开班仪式。

《中国知识产权年鉴2011》编辑委员会名单

宋建华　（国家知识产权局条法司司长）
吴　凯　（国家知识产权局国际合作司副司长）
汪　泽　（国家工商行政管理总局商标评审委员会综合处处长）
罗　斌　（农业部农产品质量安全中心副主任）
陈美章　（北京大学知识产权教学研究中心教授）
林　新　（科学技术部政策法规司副司长）
段玉萍　（国家版权局版权管理司信息宣传处处长）
邹　萍　（农业部科技教育司转基因生物安全与知识产权处处长）
杨国华　（商务部条法司副巡视员）
夏君丽　（最高人民法院知识产权审判庭审判长）
曹中强　（《中国商标报告》主编）
黄　庆　（国家知识产权局保护协调司司长）
龚亚麟　（国家知识产权局规划发展司司长）
廖　涛　（国家知识产权局办公室主任）

年鉴编辑部名单

主　　编： 贺　化
副 主 编： 韩秀成　王润贵
责任编辑： 张锦锐　牛洁颖
特约编辑： （按姓氏笔画为序）

叶尤刚　（中国工商报社）
石　竸　（国家知识产权局专利复审委员会）
刘　宁　（国家知识产权局办公室）
刘　磊　（国家知识产权局规划发展司计划统计处）
孙俊立　（农业部科技教育司知识产权处）
李芬莲　（中国知识产权研究会）
李　明　（商务部条法司知识产权处）
张丽荣　（国家知识产权局专利局审查业务管理部）
张芬涛　（海关总署政策法规司知识产权处）
张　博　（最高人民法院知识产权审判庭）
郑向荣　（国家版权局版权管理司信息宣传处）
侯琼华　（科学技术部政策法规与体制改革司知识产权处）
徐晓敏　（国家知识产权局专利复审委员会）
黄发吉　（国家林业局科技发展中心）
赖　莹　（国家工商行政管理总局商标局综合处）

编辑说明

一、《中国知识产权年鉴》是反映我国知识产权领域工作基本状况的大型资料性工具书，2001年11月创刊，每年出版一卷，2011卷反映的是2010年度我国知识产权工作情况，2011年10月出版。

二、本期内容由“领导讲话”、“特约文章”、“概况”、“大事记”、“新闻百条”、“统计资料”、“评选和认定”、“法律、法规、规章及司法解释”、“典型案例”、“学术成果”、“知识产权出版物”11部分组成。

三、“领导讲话”刊登的是2010年国家领导人以及国家知识产权局、新闻出版总署、国家工商行政管理总局、农业部、商务部、最高人民法院等部门的领导，有关知识产权问题的重要讲话。

四、“特约文章”部分，由知识产权领域有关领导、专家、学者，对近期发生的一些重大、热点问题，发表观点和论述。

五、“概况”一栏，全面报道了我国知识产权领域专利、版权、出版物市场监管、商标、公平交易、海关、商务、农林植物新品种方面的工作情况，司法机关保护知识产权工作情况，全国性知识产权领域社团活动情况，各地方开展知识产权工作的情况。

六、“大事记”中，记录了2010年我国知识产权领域专利、版权、出版物市场监管、商标、公平交易、海关、商务、农林植物新品种方面以及司法保护方面的重大事件。

七、“新闻百条”栏目，内容摘自知识产权相关媒体，记载的大多是有代表性的事件，其中大部分为首次发生的事件。

八、“统计资料”收集了我国知识产权领域专利、版权、商标、海关、植物新品种、司法保护方面2010年度的重要统计数据。

九、“评选和认定”栏目，刊登了国家知识产权局第十二届中国专利金奖项目简介，国家工商行政管理总局2010年认定驰名商标682件，农业植物新品种保护名录（第八批），农产品地理标志535个，国家版权局表彰奖励有功单位及个人的决定。

十、“法律、法规、规章及司法解释”栏目刊登了2010年公布和新修订的知识产权法律、法规、规章及最高人民法院的司法解释。

十一、“典型案例”栏目刊登了发生在2010年度的知识产权司法案例、国家知识产权局专利复审和无效宣告案例、国家版权局行政执法案例、出版物市场监管案例、国家工商行政管理总局商标局案例、国家工商行政管理总局反垄断与反不正当竞争执法局案例、中国海关知识产权保护十佳案例、公安机关知识产权保护案例以及地方知识产权案例。

十二、“学术成果”栏目刊登了国家知识产权局学术委员会2010年度主要研究成果介绍，2010年农产品地理标志学术成果。

十三、“知识产权出版物”栏目刊登了2010年出版的全国知识产权类杂志目录，由中国知识产权研究会提供。

目　录

领导讲话

刘云山同志在第二十三次全国“扫黄打非”工作电视电话会议上的讲话(摘编) …………（1）
围绕中心　服务大局　不断开创知识产权工作新局面 ………… 田力普（2）
——在全国知识产权局局长会议上的讲话
实施版权战略　加大著作权保护力度 ………… 柳斌杰(14)
——在中国著作权法律百年国际论坛开幕式上的致辞
大力推进商标战略　服务辽宁老工业基地全面振兴 ………… 周伯华(15)
——在辽宁省加快推进商标战略工作暨驰名商标表彰大会上的讲话
在《农业知识产权战略纲要》实施联席会议上的讲话 ………… 张桃林(17)
音乐畅响未来 ………… 阎晓宏(19)
——在第四届国际版权论坛上的演讲
在2010年中国知识产权高层论坛上的致辞 ………… 付双建(21)
加强展会知识产权保护　维护公平健康贸易环境 ………… 崇　泉(23)
——在第108届广交会展会知识产权保护宣传会上的致辞
能动司法　服务大局　努力实现知识产权审判工作新发展 ………… 奚晓明(25)
——在全国法院知识产权审判工作座谈会上的讲话

特约文章

贯彻落实《国家知识产权战略纲要》大力推进商标战略实施加快《商标法》第三次修改进程 ………… 李建昌(34)
我国现行商标法律制度若干问题的探讨 ………… 孔祥俊(38)
当前“傍名牌”行为规制的困境及对策 ………… 林科聪(45)
我国植物新品种保护制度应加大对原始创新的保护 ………… 刘　平(49)
对转基因生物知识产权保护的思考 ………… 孙洪武　刘志民　周明月　李丹丹(52)
品种保护制度对我国种业集中度影响的实证研究 ………… 李寅秋　陈　超　唐　力(56)
提高知识产权创造和运用能力　为经济社会发展提供技术权利支撑 ………… 林　新(61)
对著作权法近代性的几点思考 ………… 李　琛(62)
走过难忘岁月 ………… 向良穗(65)
——《中国知识产权年鉴》创刊之回顾

概　况

全国知识产权工作概况 …… (68)
专利工作 …… (68)
集成电路布图设计登记申请 …… (87)
版权工作 …… (88)
打击盗版工作 …… (90)
商标工作 …… (92)
反垄断与反不正当竞争工作 …… (95)
海关知识产权工作 …… (97)
商务知识产权工作 …… (103)
农业植物新品种保护工作 …… (104)
林业植物新品种保护工作 …… (106)
公安机关保护知识产权工作 …… (107)
知识产权司法保护工作 …… (108)
知识产权刑事司法保护工作 …… (116)
检察机关保护知识产权工作 …… (117)
全国知识产权社团工作 …… (124)
地方知识产权工作概况 …… (138)
北京市(138) 天津市(151) 河北省(160) 山西省(171) 内蒙古自治区(181)
辽宁省(190) 吉林省(200) 黑龙江省(210) 上海市(218) 江苏省(235) 浙江省(249)
安徽省(264) 福建省(275) 江西省(290) 山东省(299) 河南省(313) 湖北省(332)
湖南省(342) 广东省(353) 广西壮族自治区(369) 海南省(379) 重庆市(389)
四川省(401) 贵州省(412) 云南省(421) 西藏自治区(433) 陕西省(440) 甘肃省(451)
青海省(459) 宁夏回族自治区(468) 新疆维吾尔自治区(479) 新疆生产建设兵团(490)
香港特区(492) 澳门特区(494) 台湾地区(497)

大 事 记

国家知识产权局 …… (501)
国家版权局 …… (503)
国家工商行政管理总局商标局 …… (506)
国家工商行政管理总局反垄断与反不正当竞争执法局 …… (511)
海关总署 …… (512)
商务部 …… (514)
农业部 …… (516)
国家林业局 …… (520)
最高人民法院 …… (520)

新闻百条

(525)

统计资料

专利 …………………………………………………………………… (623)

一、专利申请受理与授权状况 …………………………………… (623)

二、专利行政执法 ………………………………………………… (644)

三、中国专利金奖 ………………………………………………… (646)

商标 …………………………………………………………………… (648)

一、商标申请与注册 ……………………………………………… (648)

二、商标评审案件 ………………………………………………… (663)

三、商标行政执法案件 …………………………………………… (664)

版权 …………………………………………………………………… (668)

集成电路布图设计 …………………………………………………… (675)

农业植物新品种 ……………………………………………………… (677)

林业植物新品种 ……………………………………………………… (683)

海关知识产权保护 …………………………………………………… (688)

知识产权司法保护 …………………………………………………… (698)

评选和认定

第十二届中国专利奖金奖获奖项目简介 ……………………………… (700)

第十二届中国外观设计金奖 ………………………………………… (704)

商标局2010年在商标管理案件中认定并公布的510件驰名商标 …… (706)

商标局2010年在商标异议案件中认定并公布的32件驰名商标 …… (721)

商标评审委员会2010年在商标异议复审、商标争议案件中认定并公布的140件驰名商标 ………………………………………………… (722)

农业植物新品种保护名录(第八批) ………………………………… (727)

农产品地理标志名录 ………………………………………………… (727)

2010"世界知识产权组织版权金奖(中国)"获奖名单 ……………… (742)

国家版权局关于表彰奖励2009年度查处侵权盗版案件有功单位及个人的决定 ……………………………………………………………… (744)

法律、法规、规章及司法解释

法律、法规、规章

专利权质押登记办法 ………………………………………………… (751)

关于专利电子申请的规定 …………………………………………… (753)

关于台湾同胞专利申请的若干规定 ………………………………… (754)

专利行政执法办法 …………………………………………………… (756)

国家科技重大专项知识产权管理暂行规定 …… (761)
著作权质权登记办法 …… (765)
亚洲运动会标志保护办法 …… (767)
商标代理管理办法 …… (768)
关于台湾地区申请人在大陆申请植物新品种权的暂行规定 …… (770)

司法解释

最高人民法院关于调整地方各级人民法院管辖第一审知识产权民事案件标准的通知 …… (771)
最高人民法院关于印发基层人民法院管辖第一审知识产权民事案件标准的通知 …… (771)
最高人民法院印发《关于审理商标授权确权行政案件若干问题的意见》的通知 …… (775)
最高人民法院关于做好涉及网吧著作权纠纷案件审判工作的通知 …… (777)
关于人民法院应否受理低价倾销不正当竞争纠纷及其管辖确定问题的批复 …… (777)
关于不具备“拥有至少2个直营店并且经营时间超过1年”的特许人所签订的特许经营合同是否有效的复函 …… (778)
关于企业以外的其他单位和个人作为特许人所签订的特许经营合同是否有效的复函 …… (778)

典型案例

知识产权司法案例年度报告

最高人民法院知识产权案件年度报告(2010) …… (779)
2010年中国法院知识产权司法保护50件典型案例名单 …… (785)
2010年中国法院知识产权司法保护十大案件简介 …… (787)

知识产权司法案例

案例1 张喜田诉欧意公司、华盛公司等侵犯发明专利权纠纷案 …… (793)
案例2 伊莱利利公司诉豪森公司侵犯发明专利权纠纷案 …… (797)
案例3 本田株式会社诉专利复审委员会、双环公司、新凯公司外观设计专利权无效行政纠纷案 …… (803)
案例4 王群诉法国馆、中建八局侵犯发明专利权纠纷案 …… (807)
案例5 程润昌诉合鑫公司、龚举东侵犯实用新型专利权纠纷案 …… (810)
案例6 华盖公司诉重庆外运公司侵犯著作权纠纷案 …… (814)
案例7 双狐软件公司等诉赵殿君、环波公司计算机软件著作权权属纠纷案 …… (820)
案例8 微软公司诉大众保险股份有限公司侵犯计算机软件著作权纠纷案 …… (824)
案例9 李惠廷诉大连王将公司侵犯注册商标专用权纠纷案 …… (827)
案例10 拉科斯特公司诉鳄鱼国际公司等侵犯商标专用权纠纷案 …… (831)
案例11 山西杏花村公司诉商标评审委员会、安徽杏花村公司商标异议复审行政纠纷案 …… (838)
案例12 莱雅公司与美莲妮公司、杭州欧莱雅公司、通润发超市侵犯注册商标专用权及不正当竞争纠纷案 …… (842)
案例13 北面公司诉梅朝辉、皓柏公司等侵犯商标专用权纠纷案 …… (846)
案例14 刘兆龙假冒注册商标罪案 …… (848)
案例15 山东食品公司等诉圣克达诚公司、马达庆不正当竞争纠纷案 …… (850)
案例16 中韩晨光公司诉微亚达制笔公司等擅自使用知名商品特有装潢纠纷案 …… (864)

案例 17　百度公司诉奥商网络公司等不正当竞争纠纷案 …… (868)
案例 18　天府可乐集团诉百事天府公司、百事(中国)公司侵犯技术秘密纠纷案 …… (871)
案例 19　林金山诉果树所等植物新品种权属纠纷案 …… (875)
案例 20　矽威公司诉源之峰公司侵犯集成电路布图设计专有权纠纷案 …… (878)
案例 21　被告人杨某销售假冒注册商标的商品案 …… (882)
案例 22　被告人金某假冒注册商标案 …… (883)
案例 23　被告人凌某侵犯著作权案 …… (884)
案例 24　王某侵犯著作权案 …… (885)
案例 25　王某非法制造注册商标标识案 …… (886)

国家知识产权局专利复审和无效宣告案例

案例 1　现有技术的证明中公开使用的认定 …… (887)
案例 2　外观设计相同相近似的认定 …… (896)
案例 3　缺少实验数据导致的说明书公开不充分 …… (899)
案例 4　创造性判断中技术问题的认定 …… (902)
案例 5　创造性的判断 …… (913)
案例 6　权利要求术语的解释 …… (918)
案例 7　创造性判断中技术启示的认定 …… (920)
案例 8　权利要求是否清楚的认定 …… (924)
案例 9　技术启示在创造性判断中的作用 …… (928)
案例 10　修改超范围的认定(无效案例) …… (935)
案例 11　修改超范围的认定(复审案例) …… (942)

国家版权局行政执法案例

案例 1　安徽滁州“骑士音乐网”侵犯著作权案 …… (949)
案例 2　江苏“9cax 网站”非法提供软件案 …… (950)
案例 3　江苏徐州万松网文字作品侵权案 …… (950)
案例 4　江苏无锡鞠文明等侵犯著作权案 …… (950)
案例 5　天津何震宇、刘冰销售盗版光盘案 …… (950)
案例 6　上海盛大网络《冒险岛》游戏“外挂”侵权案 …… (951)
案例 7　山东泰安非法印刷、销售《语文报》案 …… (951)
案例 8　河北廊坊“9.20”批销盗版图书案 …… (952)
案例 9　浙江杭州麦达公司文字作品侵权案 …… (952)
案例 10　北京“悠视网”影视作品侵权案 …… (953)

出版物市场监管案例

案例 1　河北衡水“3.27”非法出版期刊案 …… (953)
案例 2　江苏无锡“12.02”手机网站传播淫秽物品牟利案 …… (953)
案例 3　湖北荆州“8.24”网络传播淫秽色情信息案 …… (954)
案例 4　山东梁山“9.19”盗版教辅图书案 …… (954)
案例 5　黑龙江哈尔滨“3.07”特大销售非法出版物案 …… (954)
案例 6　贵州贵阳“4.01”批销淫秽音像制品案 …… (954)
案例 7　四川成都“8.19”批销淫秽盗版光盘案 …… (954)

案例 8 河南新乡“9.03”非法印刷盗版图书案 …………………………………………… (955)
案例 9 新疆“1.01”特大制售非法出版物案 …………………………………………… (955)
案例 10 河南新乡“9.14”非法印刷盗版图书案 …………………………………………… (955)

国家工商行政管理总局商标局案例

一、保护注册商标专用权案例
案例 1 保护“南方人才”注册商标专用权案 …………………………………………… (956)
案例 2 保护“”注册商标专用权案 …………………………………………… (956)
案例 3 保护“”注册商标专用权案 …………………………………………… (956)
案例 4 保护“”注册商标专用权案 …………………………………………… (957)
案例 5 保护“贵州茅台”、“五粮液”注册商标专用权案 …………………………………………… (957)
案例 6 保护“BLUM”注册商标专用权 …………………………………………… (957)
案例 7 保护“杏花村及图”注册商标专用权案 …………………………………………… (958)
案例 8 保护“ROLEX”等商标专用权案 …………………………………………… (958)
案例 9 保护“dunhill”等注册商标专用权案 …………………………………………… (958)
案例 10 保护“adidas”及“”注册商标专用权案 …………………………………………… (959)

二、移送公安机关的商标案例
案例 1 网络销售假冒“BURBERRY”、“ZEGNA”、“PRADA”、“VIDTORINOX”注册商标商品案 …………………………………………… (959)
案例 2 销售假冒“JEEP”、“GOLUNMBIA”、“骆驼”、“CAT”、“MERRELL”等注册商标商品案 …………………………………………… (959)
案例 3 制售假冒“长城”、“华夏”注册商标商品案 …………………………………………… (960)
案例 4 销售假冒“红双喜”等注册商标商品案 …………………………………………… (960)
案例 5 销售假冒“洋河”注册商标商品案 …………………………………………… (960)
案例 6 销售假冒“欧莱雅”注册商标商品案 …………………………………………… (960)
案例 7 销售假冒“利达”等注册商标商品案 …………………………………………… (961)
案例 8 销售假冒“雕”牌注册商标商品案 …………………………………………… (961)
案例 9 销售假冒“IPHONE”注册商标商品案 …………………………………………… (961)
案例 10 销售假冒“LV”、“BURBERRY”、“VACHERON CONSTANTIN”等注册商标商品案 …………………………………………… (961)

国家工商行政管理总局反垄断与反不正当竞争执法局案例

案例 1 长沙乐汁源食品有限公司仿冒知名商品特有的名称、包装、装潢案 …………… (962)
案例 2 甘肃省武威市凉州区唐某销售仿冒知名商品特有名称、包装、装潢案 …………… (963)
案例 3 石家庄美达食品饮料有限公司仿冒案 …………………………………………… (963)
案例 4 广西来宾市兴宾区佳美乐超市不正当竞争案 …………………………………………… (964)
案例 5 绵窖酒厂侵犯绵竹大曲注册商标专用权、仿冒绵竹大曲包装装潢及伪造产地案 … (965)
案例 6 山东某公司德州经销处侵犯注册商标专用权案例 …………………………………………… (966)
案例 7 郑某侵犯浙江海正药业股份有限公司商业秘密案 …………………………………………… (967)
案例 8 珠海市某电力科技有限公司侵犯商业秘密案 …………………………………………… (968)

案例 9　德阳超越公司侵犯他人商业秘密案 …………………………………… (969)

农业植物品种权行政保护案例

案例 1　杨凌某公司侵犯"长旱 58"小麦新品种权案 …………………………… (970)
案例 2　肃宁县某种子经销处侵犯"石麦 15"小麦种子生产经营权案 ………… (970)
案例 3　安新县惠农种子有限公司侵犯"石 97—6365(石家庄 8 号)"小麦种子生产经营权案 …………………………………………………………… (970)
案例 4　辛集市某种子经销处销售假冒授权品种"良星 66"小麦种子案………… (971)
案例 5　涿州市某种业有限公司侵犯石 97—6365(石家庄 8 号)小麦种子生产经营权案 …………………………………………………………… (971)
案例 6　承德县侯某非法组织生产玉米杂交种子案 ………………………… (972)

中国海关 2010 年保护知识产权十佳案例

案例 1　上海海关查获假冒"tiger"商标汽油发电机组系列案 ……………… (972)
案例 2　杭州海关查获假冒"NIKE"、"ADIDAS"商标运动套装案 …………… (973)
案例 3　宁波海关查获青岛某贸易有限公司出口 LV 手提包等侵权货物案 …… (974)
案例 4　厦门海关查获货运渠道出口侵权香烟系列案件 …………………… (974)
案例 5　青岛海关查获侵犯 NIKE 商标服装案 ……………………………… (975)
案例 6　广州海关查获出口侵犯"GUCCI"等商标权服装案 ………………… (976)
案例 7　深圳海关查获侵犯"PLAYSTATION"等商标游戏机手柄案 ………… (976)
案例 8　拱北海关进口环节查获侵犯 2010 年上海世博会标志果茶套装案…… (977)
案例 9　黄埔海关查获出口假冒"NIVEA"、"MONTBLANC"等 11 个商标轻工产品案 …… (977)
案例 10　北京海关进口环节查获侵权汽车零件案 ………………………… (977)

公安机关知识产权保护案例

案例 1　宋某等人特大制售假冒世博会门票、特许商品案……………………… (978)
案例 2　北京某传媒科技有限公司涉嫌侵犯著作权案 ………………………… (978)
案例 3　江苏破获销售假冒名牌箱包、服装案 ……………………………… (979)
案例 4　浙江破获制售伪劣消防器材案 …………………………………… (979)
案例 5　安徽破获制售假农药案………………………………………………… (979)

地方知识产权案例

案例 1　河南济源成功破获一起"冬凌茶"假冒商标案涉案价值近 10 万元……… (979)
案例 2　驻马店市知识产权局成功处理一起许诺销售侵权案件 ……………… (980)
案例 3　苏州金红叶纸业集团有限公司群体侵权纠纷案件 ………………… (980)
案例 4　上海膳神日用品有限公司专利群体侵权纠纷 ……………………… (981)
案例 5　陈明泽专利群体侵权纠纷案 …………………………………………… (982)
案例 6　赛克斯公司假冒他人专利案 …………………………………………… (982)
案例 7　假冒 CK 品牌案 ……………………………………………………… (983)
案例 8　"千里眼手推刀片"群体性假冒专利案 ……………………………… (984)
案例 9　假冒著名公司注册商标案 ……………………………………………… (984)
案例 10　侵犯"Genius"大眼睛系列玩具产品著作权案……………………… (985)
案例 11　"自动涂覆油脂的煎炸锅"发明专利侵权纠纷案…………………… (985)
案例 12　侵犯网络文字作品著作权案 ……………………………………… (985)
案例 13　"四人人力驱动休闲船"实用新型专利纠纷调处案 ……………… (986)

学术成果

国家知识产权局学术委员会 2010 年度学术研究成果 …………………………… (988)
2010 年农产品地理标志学术成果 ……………………………………………… (993)

知识产权出版物

杂志 ………………………………………………………………………… (994)

Contents

Speeches by the Leading Government Officials

Speech at the 23rd National Videophone Conference on Anti—Pornography and Anti—Illegal Publications (Abstract) ············ (1)

Focus on the Central Task, Serve the Overall Interests and Open up New Prospect for Intellectual Property Work
——Speech at the National Director Conference of SIPO ········ by Tian Lipu (2)

Implement Copyright Strategy and Strengthen Copyrights Protection Speech at the Opening Ceremony of the Hundred—year International Forum of China's Copyright Laws and Regulations ················ by Liu Binjie (14)

Implement the Trademark Strategy and Serve the All—round Revitalization of Old Industrial Bases in Liaoning Province
——Speech at the Conference of Promoting Implementation of Trademark Strategy and Commendation of Well—known Trademarks in Liaoning Province ············ by Zhou Bohua (15)

Speech at the Liaison Session for Implementation of *Outline of Agricultural Intellectual Property Rights Strategy* ············ by Zhang Taolin (17)

Music Brightens the Future
——Speech at the Conference of the 4th International Copyright Forum ············ by Yan Xiaohong (19)

Speech at China's High—level Forum on IPR Protection in 2010 ············ by Fu Shuangjian (21)

Strengthen Protection of Exhibition IPR and Maintain Fair and Healthy Trade Environment
——Speech at the Promotion Conference of Protection of Exhibition IPR on 108th Canton Fair ············ by Chong Quan (23)

Dynamic Judiciary to Serve the Overall Interests and Realize New Development of IPR Judgments
——Speech at China's Courts' Symposia on IPR Judgments ············ by Xi Xiaoming(25)

Special Contributions

Implement the *Outline for National Intellectual Property Strategy*, Promote Trademark Strategy and Speed up the 3rd Modification of Trademark Law ············ by Li Jianchang (34)

Discussions on Some Issues in China's Existing Trademark Law System ······ by Kong Xiangjun(38)
Dilemma of and Measures for the Current Regulations on "Copying—Famous—Brand" Phenomena ······ by Lin Kecong (45)
More Protection for Original Innovation by the New Varieties of Agricultural Plants Protection System ······ by Liu Ping (49)
Thoughts on IPR Protection for Transgenic Organism ······ by Sun Hongwu, Liu Zhimin, Zhou Mingyue and Li Dandan (52)
Empirical Studies on Impact on Concentration Ratio of Seed Industry by Variety Protection System ······ by Li Yinqiu, Chen Chao and Tangli (56)
Improve Creativity and Application of IPR and Provide Technology Right Support to Social and Economic Development ······ by Lin Xin(61)
Thoughts on Modern Characteristics of Copyright Law ······ by Li Chen (62)
For the Past Unforgettable Years
——Review of the Publication of China Intellectual Property Yearbook ······ by Xiang Liangsui (65)

Surveys

A Survey of National Intellectual Property Work ······ (68)
Patent ······ (68)
Application and Registration of Layout Designs of Integrated Circuits ······ (87)
Copyright ······ (88)
Combating Privacy ······ (90)
Trademark ······ (92)
Anti—trust and Anti—unfair competition ······ (95)
Customs ······ (97)
Commerce ······ (103)
Protection of New Varieties of Agricultural Plants ······ (104)
Protection of New Varieties of Forestry Plants ······ (106)
Measures Taken by Public Security Organs to Protect Intellectual Property Rights ······ (107)
Judicial Protection on IPR ······ (108)
Criminal Protection on IPR ······ (116)
IPR Protection Made by Prosecuting Organs ······ (117)
National Social Organizations of Intellectual Property ······ (124)
A Survey of Local Intellectual Property Work ······ (138)
Beijing Municipality(138) Tianjin Municipality(151) Hebei Province(160)
Shanxi Province (171) Inner Mongolia Autonomous Region (181)
Liaoning Province(190) Jilin Province(200) Heilongjiang Province(210)
Shanghai Municipality(218) Jiangsu Province(235) Zhejiang Province(249)

Anhui Province(264) Fujian Province(275) Jiangxi Province(290) Shandong Province(299) Henan Province(313) Hubei Province(332) Hunan Province(342) Guangdong Province(353) Guangxi Zhuang Autonomous Region(369) Hainan Province(379) Chongqing Municipality(389) Sichuan Province(401) Guizhou Province(412) Yunnan Province(421) Tibet Autonomous Region(433) Shaanxi Province(440) Gansu Province(451) Qinhai Province(459) Ningxia Hui Autonomous Region(468) Xinjiang Uygur Autonomous Region(479) Xinjiang Production and Construction Army(490) Hongkong Special Administrative Region(492) Macau Special Administrative Region(494) Taiwan Province(497)

Major Events and Activities

State Intellectual Property Office …… (501)
National Copyright Administration of PRC …… (503)
Trademark Office of the State Administration for Industry & Commerce of PRC …… (506)
Anti—trust and Anti—unfair Competition Enforcement Office of the State Administration for Industry & Commerce of PRC …… (511)
General Administration of Customs …… (512)
Ministry of Commerce …… (514)
Ministry of Agriculture of PRC …… (516)
State Forestry Administration of PRC …… (520)
Supreme People's Court …… (520)

News

News (525)

Statistics

Patent …… (623)
1. Patent Application and Patent Granted …… (623)
2. Patent Law Enforcement …… (644)
3. China Patent Awards …… (646)
Trademark …… (648)
1. Trademark Application and Registration …… (648)
2. Trademark Review and Adjudication Cases …… (663)
3. Trademark Law Enforcement Cases …… (664)
Copyright …… (668)
Layout Designs of Integrated Circuits …… (675)
New Varieties of Agricultural Plants …… (677)
New Varieties of Forestry Plants …… (683)
Customs Protection of Intellectual Property Rights …… (688)

Judicial Protection of Intellectual Property Rights ······ (698)

Selection and Affirmation

Introduction to Winning Projects in the 12th China Patent Awards ······ (700)
Winning Projects in the 12th China Design Patent Awards ······ (704)
2010 Directory of 510 Well-known Marks Affirmed and Announced by Trademark Office in Dealing with Trademark Management Cases ······ (706)
2010 Directory of 32 Well-known Marks Affirmed and Announced by Trademark Office in Dealing with Trademark Dispute Cases ······ (721)
2010 Directory of 140 Well-known Marks Affirmed and Announced by Trademark Review and Appraisal Board in Reexamining Trademark Disagreements and Handling Trademark Dispute Cases ······ (722)
Directory of New Varieties of Agricultural Plants (The 8th Batch) ······ (727)
Directory of Geographic Indication of Agricultural Products ······ (727)
Winners of WIPO Gold Medal Awards for Copyright (China) in 2010 ······ (742)
The Decision of Commending Institutions and Individuals Making Great Contribution to Handling Infringement and Piracy Cases in 2009 by National Copyright Administration ······ (744)

Laws, Regulations, Rules, and Judicial Explanations

Laws, Regulations, and Rules

Measures for the Registration of Pledge of Patents ······ (751)
Provisions for the Electronic Application for Patents ······ (753)
Several Provisions for Patent Application by Taiwan Compatriots ······ (754)
Measures on Patent Law Enforcement ······ (756)
Interim Provisions for IPR Administration of the Key National Science and Technology Projects ······ (761)
Measures for the Registration of Pledge of Copyrights ······ (765)
Measures for Logo Protection of Asian Games ······ (767)
Measures for the Administration of Trademark Agent ······ (768)
Interim Provisions for Application of New Variety of Plants in Mainland by Applicants from Taiwan Province ······ (770)

Judicial Explanations and Instructive Documents

Notice of The Supreme People's Court on Adjustments of Administration Standards of the 1st Instance Civil Cases on IPR for Local People's Court at Different Levels ······ (771)
Notice of The Supreme People's Court on Publishing Administration Standards of the 1st Instance Civil Cases on IPR for Ground-level People's Court ······ (771)
Notice of The Supreme People's Court on Publishing Opinions on Sev-

eral Issues about Trials of Administrative cases on Authorization and Identification of Trademarks ······ (775)
Notice of The Supreme People's Court on Better Judgment of Copyright Dispute Cases Involving Net Bar ······ (777)
Formal Instruction on Whether to Accept Low—price Dump and Illicit Competition Disputes and Their Administration Issues by People's Court ······ (777)
Reply on the Validity of Franchise Agreements Signed by Franchisors without the Qualification of at Least Two Regular Chains and Over One—year Operation Time ······ (778)
Reply on the Validity of Franchise Agreements Signed by Franchisors Who Are Other Units or Individuals Rather than the Enterprise ······ (778)

Typical Cases

Annual Report on Juridical Cases of Intellectual Property
Supreme People's Court's Annual Report on Intellectual Property Cases (2010) ······ (779)
List of 50 Typical Cases of Juridical Protection of Intellectual Property in 2010 China ······ (785)
Brief Introduction of Top 10 Cases of Juridical Protection of Intellectual Property in 2010 China ······ (787)
Juridical Cases of Intellectual Property
Case 1 Zhang Xitian v. Ouyi Corporation and Huasheng Co., Ltd. for Dispute over Patent Right Infringement ······ (793)
Case 2 Eli Lilly and Company v. and Haosen Corporation for Dispute over Patent Right Infringement ······ (797)
Case 3 Honda Co., Ltd. v. Patent Reexamination Board, Twin Disc Corporation and Xinkai Auto Corporation for Administrative Dispute over Patent Right Invalidation of Design ······ (803)
Case 4 Wang Qun v. French Pavilion and China Construction Eighth Engineering Division for Dispute over Patent Right Infringement of Invention ······ (807)
Case 5 Cheng Runchang v. Hexin Company and Gong Judong for Dispute over Patent Right Infringement of Utility Model ······ (810)
Case 6 Huagai Company v. Chongqing Foreign Transportation Company for Dispute over Copyright Infringement ······ (814)
Case 7 Double Fox Software Company v. Zhang Dianjun and Aroundwave Software Co., Ltd. for Dispute over Copyright Property of Computer Software ······ (820)
Case 8 Microsoft Co., Ltd. v. Dazhong Insurance Co., Ltd. for Dis-

pute over Computer Software Copyright Infringement .... (824)
Case 9 Li Huiting v. Dalian Wangjiang Corporation for Dispute over Exclusive Right of Registered Trademark Infringement .... (827)
Case 10 Lacoste Co., Ltd. v. Crocodile International PTE LTD for Dispute over Exclusive Right of Trademark Infringement .... (831)
Case 11 Shanxi Xinghuacun Co., Ltd. v. Trademark Review & Adjudication Board and Anhui Xinghuacun Co., Ltd. for Administrative Dispute over Reexamination of Trademark Opposition .... (838)
Case 12 L'OREAL v. Meilianni Corporation, Hangzhou Oulaiya Corporation and Tongrunfa Supermarket for Dispute over Exclusive Right of Registered Trademark Infringement and Unfair Competition ...... (842)
Case 13 North Face v. Mei Chaohui and Haobo Corporation for Dispute over Exclusive Right of Trademark Infringement .... (846)
Case 14 Case of Liu Zhaolong Counterfeiting Registered Trademark .... (848)
Case 15 Shandong Food Corporation v. SKD Credit Corporation and Ma Daqing for Dispute over Unfair Competition .... (850)
Case 16 Zhonghan Chenguang Corporation v. Weiyada Pen—making Corporation for Dispute over Adoption of Exclusive Decoration of Famous Goods without Authority .... (864)
Case 17 Baidu v. OG Network Corporation for Dispute over Unfair Competition .... (868)
Case 18 Tianfu Cola Group v. Pepsi Tianfu Corporation and Pepsi (China)Co., Ltd. for Dispute over Technology Secret Infringement .... (871)
Case 19 Lin Jinshan v. Fruit Tree Institution for Dispute over Property of New Plant Varieties .... (875)
Case 20 Xiwei Corporation v. Yuanzhifeng Corporation for Dispute over Exclusive Right of Layout Design of Integrate Circuit Infringement .... (878)
Case 21 Case of Defendant Yang Selling Goods Bearing Counterfeit Registered Trademark .... (882)
Case 22 Case of Defendant Jin Counterfeiting Registered Trademark .... (883)
Case 23 Case of Defendant Ling Infringing Copyright .... (884)
Case 24 Case of Wang Infringing Copyright .... (885)
Case 25 Case of Wang Illegally Producing Sign of Registered Trademark .... (886)

SIPO's Patent Reexamination and Announcement of Invalidation Cases

Case 1 Judgment of Public Use in Certificate of Prior Art .... (887)
Case 2 Judgment of Equivalence or Similarity of Design .... (896)
Case 3 Incomplete Disclosure of Description due to Lack of Experimental Data .... (899)
Case 4 Judgment of Technical Issue in Creativeness Judgment .... (902)

Case 5 Judgment of Creativeness …… (913)
Case 6 Explanation of Terms in Claims …… (918)
Case 7 Judgment of Technology Inspiration in Creativeness Judgment …… (920)
Case 8 Judgment Whether Claims are Clear …… (924)
Case 9 Judgment of Role of Technology Inspiration in Creativeness Judgment …… (928)
Case 10 Judgment of Amendment beyond the Scope …… (935)
Case 11 Judgment of Amendment beyond the Scope (Cases of Reexamination) …… (942)

Cases of Administrative Law Enforcement of National Copyright Administration

Case 1 Case of "Knight Music Website" Copyright Infringement in Chuzhou Anhui …… (949)
Case 2 Case of "9cax Website" Illegally Providing Software in Jiangsu …… (950)
Case 3 Case of "Wansong Website" Infringement of Written Works in Xuzhou Jiangsu …… (950)
Case 4 Case of Copyright Infringement by Ju Wenming in Wuxi, Jiangsu …… (950)
Case 5 Case of Selling Pirated CDs by He Zhenyu and Liu Bing in Tianjin …… (950)
Case 6 Case of Infringement of Online Game Island Adventure Plugin of Shengda Shanghai …… (951)
Case 7 Case of Illegally Printing and Selling Chinese Language Newspaper in Tai'an Shandong …… (951)
Case 8 "9. 20" Case of Wholesale of Pirated Books in Langfang Hebei …… (952)
Case 9 Case of Infringement of Written Works By Maida Company in Hangzhou Zhejiang …… (952)
Case 10 Case of Infringement of Film and Television Works By UUSee Website in Beijing …… (953)

Cases of Publication Market Regulation

Case 1 Hengshui, Hebei "3. 27" Case of Illegally Publishing Journals …… (953)
Case 2 Wuxi, Jiangsu "12. 02" Case of Spreading Pornographic Materials on Mobile Phone Websites for Money …… (953)
Case 3 Jingzhou, Hubei "8. 24" Case of Spreading Pornographic Information via Internet …… (953)
Case 4 Liangshan, Shandong "9. 19" Case of Pirating Teaching Reference Books …… (954)
Case 5 Harbin, Heilongjiang "3. 07" Case of Selling Illegal Publications …… (954)
Case 6 Guiyang, Guizhou "4. 01" Case of Wholesaling Pornographic Video Products …… (954)

Case 7 Chengdu, Sichuan "8. 19" Case of Wholesaling Pornographic and Pirated Books .... (954)
Case 8 Xinxiang, Henan "9. 03" Case of Illegally Printing Pirated Books .... (955)
Case 9 Xinjiang "1. 01" Case of Producing and Selling Illegal Publication .... (955)
Case 10 Xinxiang, Henan "9. 14" of Illegally Printing Pirated Books .... (955)

Cases of Trademark Office of State Administration for Industry and Commerce of PRC

I Cases of Protecting Exclusive Right of Registered Trademark
Case 1 Case of Protecting Exclusive Right of Registered Trademark of "Nanfangrencai" .... (956)
Case 2 Case of Protecting Exclusive Right of Registered Trademark of " " .... (956)
Case 3 Case of Protecting Exclusive Right of Registered Trademark of " " .... (956)
Case 4 Case of Protecting Exclusive Right of Registered Trademark of " " .... (957)
Case 5 Case of Protecting Exclusive Right of Registered Trademark of "Guizhou Maotai" and "Wuliangye" .... (957)
Case 6 Case of Protecting Exclusive Right of Registered Trademark of "BLUM" .... (957)
Case 7 Case of Protecting Exclusive Right of Registered Trademark of "Xinghuacun and Picture" .... (958)
Case 8 Case of Protecting Exclusive Right of Registered Trademark of "ROLEX" .... (958)
Case 9 Case of Protecting Exclusive Right of Registered Trademark of "dunhill" .... (958)
Case 10 Case of Protecting Exclusive Right of Registered Trademark of "adidas" and " " .... (959)

II Cases of Trademark Transferred to Public Security Organs
Case 1 Case of Producing and Selling Products Bearing Counterfeit Registered Trademark of "BURBERRY", "ZEGNA", "PRADA" and "VIDTORINOX" on Line .... (959)
Case 2 Case of Selling Products Bearing Counterfeit Registered Trademark of "JEEP", "GOLUNMBIA", "CAMEL", "CAT" and "MERRELL" .... (959)
Case 3 Case of Producing and Selling Products Bearing Counterfeit Reg-

istered Trademark of "Greatwall" and "Huaxia" ...... (960)
Case 4 Case of Selling Products Bearing Counterfeit Registered Trademark of "Double Happiness" ...... (960)
Case 5 Case of Producing and Selling Products Bearing Counterfeit Registered Trademark of "Yanghe" ...... (960)
Case 6 Case of Selling Products Bearing Counterfeit Registered Trademark of "L'OREAL" ...... (960)
Case 7 Case of Selling Products Bearing Counterfeit Registered Trademark of "Lida" ...... (961)
Case 8 Case of Selling Products Bearing Counterfeit Registered Trademark of "Diao" ...... (961)
Case 9 Case of Selling Products Bearing Counterfeit Registered Trademark of "IPHONE" ...... (961)
Case 10 Case of Selling Products Bearing Counterfeit Registered Trademark of "LV", "BURBERRY" and "VACHERON CONSTANTIN" ...... (961)

Cases of Antitrust and Anti — unfair Competition Enforcement Office of State Administration for Industry and Commerce of PRC

Case 1 Case of Changsha Lezhiyuan Food Co., Ltd. Counterfeiting Exclusive Name, Package and Decoration of Brand Product ...... (962)
Case 2 Case of Tang from Liangzhou District, Wuwei City, Gansu Province Selling and Counterfeiting Exclusive Name, Package and Decoration of Brand Product ...... (963)
Case 3 Counterfeiting Case of Shijiazhuang Meida Food & Beverage Co., Ltd. ...... (963)
Case 4 Case of Unfair Competition of Jiameile Supermarket in Xingbin District, Laibin City, Guangxi ...... (964)
Case 5 Case of Mianjiao Wine Factory Infringing Exclusive Right of Registered Trademark of Mianzhu Daqu, Counterfeiting Packaging and Decoration of Mianzhu Daqu and Counterfeiting Production Place ...... (965)
Case 6 Case of Dezhou Sales Department of a Company in Shandong Province Infringing Exclusive Right of Registered Trademark ...... (966)
Case 7 Case of Zheng Infringing Business Secret of Zhejiang Haizheng Pharmaceutical Co., Ltd. ...... (967)
Case 8 Case of an Electrical Technology Co., Ltd. in Zhuhai Infringing Business Secret ...... (968)
Case 9 Case of Deyang Chaoyue Tools Co., Ltd. infringing others' Business Secret ...... (969)

Cases of Administrative Protection of Agricultural Plant Varieties

Case 1 Case of a Company in Yangling Infringing New Variety of "Changhan 58" ...... (970)

Case 2 Case of a Seed Sale Department in Suning County Infringing Production and Operation Authority of "Shimai 15" Wheat Seed ……… (970)
Case 3 Case of Anxin County Huinong Seed Co., Ltd. Infringing Production and Operation Authority of "Shi 97—6365 (Shijiazhuang No. 8)" Wheat Seed ……… (970)
Case 4 Case of a Seed Sale Department in Xinji Selling Counterfeit Authorized Variety "Liangxing 66" Wheat Seed ……… (971)
Case 5 Case of a Seed Company in Zhuozhou Infringing Production and Operation Authority of "Shi 97—6365 (Shijiazhuang No. 8)" Wheat Seed ……… (971)
Case 6 Hou from Chenghou County Illegally Organizing Production of Hybrid Corn Seeds ……… (972)

Top 10 Cases of Intellectual Property Protection by China Customs in 2010

Case 1 Shanghai Customs Confiscating Gasoline Generating Set Bearing Counterfeit "tiger" ……… (972)
Case 2 Hangzhou Customs Confiscating Sports Suits Bearing Counterfeit "NIKE" and "ADIDAS" ……… (973)
Case 3 Ningbo Customs Confiscating Infringement Case of Exported LV Handbag by a Trade Co., Ltd. in Qingdao ……… (974)
Case 4 Xiamen Customs Confiscating Infringement Cases of Exported Cigarette through Shipment Chanel ……… (974)
Case 5 Shanghai Customs Confiscating Infringement Case of Costume bearing Counterfeit NIKE Trademark ……… (975)
Case 6 Guangzhou Customs Confiscating Case of Exported Costume Infringing Trademark Right of "GUCCI" ……… (976)
Case 7 Shenzhen Customs Confiscating Case of Game Player Controllers Infringing "PLAYSTATION" ……… (976)
Case 8 Import Section of Gongbei Customs Confiscating Fruit Tea Package Infringing 2010 Shanghai Expo Logo ……… (977)
Case 9 Huangpu Customs Confiscating Exported Light Industry Products Counterfeiting 11 Trademarks Including "NIVEA" and "MONTBLANC" ……… (977)
Case 10 Import Section of Beijing Customs Confiscating Infringement Case of Car Parts ……… (977)

Cases of Intellectual Property Protection by Public Security Organs

Case 1 Case of Song Producing and Selling Counterfeit EXPO Ticket and Licensed Good ……… (978)
Case 2 Case of a Media Company in Beijing Suspected to Infringe Copyright ……… (978)
Case 3 Jiangsu Confiscating Case of Selling Suitcase and Bag and Cos-

tume Counterfeiting Famous Brand …… (979)
Case 4 Zhejiang Confiscating Case of Producing and Selling Counterfeit and Unqualified Fire Equipment …… (979)
Case 5 Anhui Confiscating Case of Selling and Producing Counterfeit Pesticide …… (979)
Cases of Local Intellectual Property
Case 1 Jiyuan, Henan Confiscating Case of Counterfeiting Trademark "Dongling Tea" with the Amount of Money Involved Close to 100,000 RMB …… (979)
Case 2 Zhumadian Intellectual Property Office Handling Infringement Case of Offering for Sale …… (980)
Case 3 Case of Dispute over Group Infringement of Patent of Suzhou Jinhongye Paper Group …… (980)
Case 4 Case of Dispute over Group Infringement of Patent of Shanghai Shanshen Daily Chemical Co., Ltd. …… (981)
Case 5 Case of Dispute over Group Infringement of Patent of Chen Mingze …… (982)
Case 6 Case of Saikesi Corporation Counterfeiting Others' Patent …… (982)
Case 7 Case of Counterfeiting CK …… (983)
Case 8 Case of Group Counterfeiting Patent of "Qianliyan Manual Knife Blade" …… (984)
Case 9 Case of Counterfeiting Registered Trademark of Famous Company …… (984)
Case 10 Case of Infringing Copyright of "Genius" Big Eye Series Toy Products …… (985)
Case 11 Case of Dispute over Infringement of Invention Patent "Fry Pan Automatically Coating Oil or Fat" …… (985)
Case 12 Case of Infringing Copyright of Network Literature …… (985)
Case 13 Case of Dispute over Utility Model "Four—man Human Power Leisure Ship" …… (986)

Academic Research Achievement

Academic Research Achievements of Academic Committee of SIPO 2010 …… (988)
Academic Achievements of Geographical Mark of Agricultural Products 2010 …… (993)

Publications on Intellectual Property

Magazine …… (994)

刘云山同志在第二十三次全国“扫黄打非”工作电视电话会议上的讲话(摘编)

1月15日,第二十三次全国“扫黄打非”工作电视电话会议在京召开,部署2010年“扫黄打非”工作。中共中央政治局委员、书记处书记、中宣部部长、全国“扫黄打非”工作小组组长刘云山出席会议并讲话。

刘云山强调,“扫黄打非”工作要坚持以邓小平理论和“三个代表”重要思想为指导,深入贯彻落实科学发展观,深入贯彻党的十七大和十七届三中、四中全会精神,认真落实中央批准的年度行动方案,紧紧围绕维护社会政治稳定,紧紧围绕促进未成年人身心健康,紧紧围绕保护知识产权,开展集中行动、组织专项治理、查办大案要案、加强日常监管,着力打击非法出版物,着力清除淫秽色情等文化垃圾,着力打击侵权盗版活动,为确保国家文化安全、维护良好国际形象、促进文化繁荣发展、全面建设小康社会营造良好社会文化环境。

刘云山指出,在过去的一年里,“扫黄打非”工作坚决贯彻中央决策部署,围绕党和国家重大活动、重点工作,提早研究安排,制定周密预案,从社会各界最关心、与人民群众关系最直接的问题入手,有重点有步骤地开展了一系列集中行动和专项治理,有力震慑了违法犯罪分子,有力净化了社会文化环境,为新中国成立60周年庆祝活动圆满成功,为促进改革发展稳定、维护国家文化安全,作出了积极贡献,赢得了社会各界广泛支持和人民群众普遍好评。

刘云山指出,“扫黄打非”工作任务依然十分繁重。随着互联网、手机技术的快速发展,网上传播有害信息的现象呈活跃之势;一些人片面追求经济利益,放弃社会责任、罔顾法律道德,走私盗版、制黄贩黄、兜售文化垃圾等行为屡禁不止。今年将举办上海世博会和广州亚运会、残运会,着手筹备纪念建党90周年和辛亥革命100周年。“扫黄打非”工作面临的挑战很多,思想上、行动上绝不能有半点松懈。一定要做好长期作战的思想准备,保持清醒头脑,增强忧患意识,从服务党和国家工作全局、维护人民群众根本利益、保持国家长治久安的战略高度,进一步认清肩负的责任,再接再厉、乘势而上,夺取今年“扫黄打非”斗争新胜利。

刘云山强调,2010年“扫黄打非”工作要把握好主要任务和着力点,坚持把打击非法出版物作为重中之重,把打击互联网和手机传播淫秽色情信息作为突出任务,把打击侵权盗版和非法报刊作为日常监管的重点,把抓源头抓大案作为突破口,加强组织领导,强化责任落实,做到防范更加严密、管理更加到位、打击更加有力,全面提高工作效果。各地各有关部门要把“扫黄打非”纳入党委政府重要议事日程,纳入部门日常业务之中,摆上重要位置,做到常抓不懈。各级“扫黄打非”办公室要充分发挥综合协调作用,加强部门联动、上下联动,努力形成工作合力。在推进文化市场综合执法改革中,要积极探索与“扫黄打非”有效衔接的工作模式,把“扫黄打非”作为文化市场综合执法的重要任务,用“扫黄打非”的工作成果来检验文化市场综合执法改革的成效。“扫黄打非”重点在基层,难点在基层,薄弱环节也在基层。要推动“扫黄打非”工作向城市社区、城乡结合部、农村集市延伸，消除盲区，不留死角，确保基层“扫黄打非”有人抓、有人管、有成效。要注意总结经验，推动“扫黄打非”组织方式、工作手段、制度机制创新，进一步把“扫黄打非”工作与文明创建、平安建设、社会治安综合治理、未成年人思想道德建设等工作结合起来，协调推进、综合考评。要善于把成熟的具体做法上升为长期坚持的工作制度，不断完善举报奖励、志愿参与、责任追究等好的做法，形成长效工作机制。要善于运用科技手段，不断提高技术装备水平，构筑“扫黄打非”工作的技术支撑体系。要加强机构保障，确保有专门机构和专职人员；加强队伍保障，做好干部配置和业务培训工作，不断提高队伍的政治素质和业务能力；加强投入保障，建立长期稳定的投入保障机制，确保经费足额到位，为开展“扫黄打非”工作提供必要的资金支持。

（全国“扫黄打非”工作小组办公室）

围绕中心　服务大局
不断开创知识产权工作新局面

——在全国知识产权局局长会议上的讲话

（2010 年 2 月 1 日）

国家知识产权局局长　田力普

同志们：

这次会议的主要任务是：以邓小平理论和“三个代表”重要思想为指导，深入贯彻落实科学发展观，全面贯彻党的十七大和十七届三中、四中全会精神，认真落实中央经济工作会议部署，全面实施国家知识产权战略，总结回顾 2009 年工作，研究部署 2010 年工作。

下面，我代表国家知识产权局作会议报告。

一、2009 年主要工作回顾

2009 年，在党中央、国务院的正确领导下，我们紧紧围绕党和国家中心工作，按照年初全国知识产权局局长会议的部署，认真贯彻落实科学发展观，顺应形势需要，解放思想，开拓进取，以全面实施知识产权战略为主线，扎实推进各项工作，取得了显著成效。

（一）加大统筹协调力度，知识产权战略实施工作扎实推进

战略实施机制逐步健全。2009 年召开两次国家知识产权战略实施部际联席会议联络员会议，及时总结工作，推动计划落实。与 28 个成员单位联合制定《2009 年国家知识产权战略实施推进计划》，明确了 240 项工作任务，截至去年底开展和完成任务 200 余项，其中制订修订有关知识产权法律法规和规章 56 项，出台主要政策措施 84 项，开展专项行动 22 个，建立公共服务平台 25 个。向国务院上报的《关于 2009 年上半年国家知识产权战略实施工作情况报告》，得到王岐山副总理的批示肯定。推动 5 个部门设立知识产权战略专门领导机构，13 个部门制定战略实施配套政策，建立了同各部门、各地方的信息沟通机制。国家知识产权局成立实施《纲要》领导小组，印发《国家知识产权局实施〈纲要〉任务分工》《国家知识产权局实施〈纲要〉领导小组工作制度》和《2009 年国家知识产权局实施知识产权战略推进计划》，有效地推动了战略实施工作的贯彻落实。

行业和区域战略实施工作深入推进。与有关部委密切合作，进一步强化产业发展中的知识产权政策导向。与发展改革委、工业和信息化部等 9 部委充分协调，形成《关于半导体照明技术专利分析及相关政策措施建议的报告》报国务院，与发展改革委共同起草《落实半导体照明产业发展政策措施的任务分工方案》。不断加强对地方知识产权战略实施的指导，印发了《关于加强知识产权工作 实施知识产权战略 促进长江三角洲地区改

革开放和经济社会发展的若干意见》。

地方知识产权战略工作稳步推进。地方知识产权战略制定工作取得重要进展。截至2009年底，辽宁、上海、江苏、山东、河南、湖南、广东、贵州、陕西、四川等10个省(市)分别出台了地方知识产权战略纲要；北京、重庆分别出台了《实施首都知识产权战略的意见》和《创建知识产权保护模范城市的意见》；河北、浙江、福建、广西、云南、青海6省分别出台了贯彻《纲要》的实施意见。其他省(区、市)的战略制定工作也在积极进行。此外，哈尔滨、长春、沈阳、济南、青岛、武汉、宜昌、成都、贵阳、厦门、福州、深圳、长沙、大连等地也结合城市发展实际，出台了本市知识产权战略纲要或实施意见。

地方知识产权战略实施工作扎实有效、特色突出。新疆等20个省(区、市)设立了战略实施工作机构。河南、广东、四川、陕西等地出台了地方战略年度推进计划。江苏开展了战略示范省创建工作。上海、贵州等地对战略实施情况进行了评估。地方知识产权战略充分体现区域经济发展特色，着力于支撑地方主导产业和特色产业发展。北京突出以高新技术和文化创意产业为支撑，发挥中关村科技园区知识产权龙头带动作用；辽宁、山东、湖南、陕西分别通过加强省内重点区域知识产权工作，发挥区域示范带动作用；福建立足区位优势，凸显闽台交流与合作的特色，构筑海峡两岸知识产权领域交流合作的前沿平台；广东着重促进珠江三角洲地区成为知识产权核心区与密集区；云南下大力气发展知识产权重点区域和知识产权优势产业；青海将利用知识产权制度发展资源产业、生态农牧业和生态旅游业作为战略实施重点。

(二)积极应对金融危机，知识产权支撑作用进一步凸显

贯彻落实党中央、国务院应对金融危机的战略部署，采取及时有效措施帮助企业运用知识产权应对金融危机带来的不利影响。组织召开全国企业应对金融危机知识产权工作专题研讨会，研究制定《关于促进企业运用知识产权应对金融危机的若干意见》。充分发挥专业和资源优势，组织专业人员到企业进行知识产权工作交流、援助和指导，帮助企业提高运用知识产权应对危机的能力。

各地结合本地实际，及时出台帮助企业应对金融危机的政策措施。北京开展了知识产权海外预警与应急救助服务工作。河北省政府出台《河北省促进企业专利工作规定》，对县级以上政府及其行政管理部门在促进企业专利工作中应承担的职责和服务内容进行了明确和规范，对企业建立健全专利管理制度、运用专利制度推进产品和技术创新的有关措施作了规定。陕西出台了运用知识产权应对金融危机的10条措施。天津组建了10支企业知识产权工作服务队，建立知识产权区县联系点制度，出台了12条服务措施，派出专利服务专员为全市24个重大项目单位提供建立专利信息数据库、知识产权维权援助等多方面服务。云南采取开发重点产业专利数据库等一系列措施，引导企业充分运用知识产权制度抵御金融危机影响。河南组织开展了“企业服务年知识产权专项行动”，引导和帮助企业在危机中抓住机遇谋发展。四川开展企业知识产权“三推三促”活动(进出口企业、中小企业、农业产业化经营龙头企业知识产权推进行动和大企业大集团、建设创新型企业、工业园区知识产权促进行动)。重庆通过开展“重庆制造走向海外知识产权护航行动”和“扩大对外开放促进招商引资知识产权服务行动”，为企业发展营造良好的内外部环境。调查显示，国家和地方知识产权试点示范企业在此次金融危机中整体销售额呈增长趋势，与非专利产品销售出现下滑形成了鲜明对比，专利产品销售额的增长幅度普遍高于销售总额的增长幅度。

应对金融危机的经验和启示，使社会各界对知识产权在经济社会发展中的作用有了更深刻的认识。知识产权工作的显示度进一步提高，越来越多的地方政府围绕保增长、扩内需、调结构、上水平，把知识产权工作摆在了更加突出的位置。

(三)强化政策引导，知识产权创造能力大幅增强

中央财政设立专项资金对向国外申请专利进行资助，鼓励创新主体积极获得国外专利权。有效专利指标首次列入国民经济和社会发展统计公报，各地对专利申请质量和专利申请行为的规范性更加重视。各地出台、完善专利资助等有关政策，鼓励创新，引导创新成果知识产权化，有效提升了专利申请的数量和质量。2009年，我国三种专利申请共97.7万件，同比增长18%。其中发明专利申请31.5万件，同比增长9%。国内专利申请87.8万件，占申请总量比重接近90%。

PCT国际申请累计受理8000件，同比增长32%，跻身世界前五。国内发明专利申请量再创新高，占发明申请总量的73%，达到22.9万件，同比增长18%；与此形成鲜明对比的是，国外发明申请量呈下滑趋势，仅占发明申请总量的27%，为8.6万件，同比下降10%。2009年专利授权58.2万件，比上年增长41.2%，其中，发明专利授权12.8万件，同比增长37%。在授权的发明专利申请中，国内专利所占比重首次超过国外专利，占总量的50.9%。企业正逐渐成为知识产权创造的主体。通过推动实施企业知识产权战略，开展知识产权优势企业培育工程、企业知识产权试点示范工作等，企业知识产权拥有量和所占比重不断提高，具有自主知识产权的企业日益增多。2009年，我国企业专利申请量达39.4万件，占国内专利申请量的44.9%。企业获第十一届中国专利金奖和优秀奖的数量占总数的71%。以上数据表明，金融危机环境下中国创新主体依然保持了旺盛的创造活力，保护和运用知识产权的能力日益提高。

（四）加强工作体系建设，知识产权运用水平明显提高

一是知识产权运用与产业化工作体系建设有效推进。国家专利产业化推进工程深入开展，制度机制建设、服务平台建设和示范项目建设取得重要进展。专利技术展示交易中心、杨凌农高会、沈阳专洽会、中国（顺德）国际工业设计创意博览会等知识产权展会为知识产权转移和实施提供了交易服务平台。中国专利周和中国专利金奖成为促进知识产权展示交易、产业化运用的重要品牌活动。第三届专利周活动期间，共举办展示交易活动161场次，展览总面积5.5万平方米，参展企业近6000家，参加人数近18万，成交项目（含意向成交项目）635项，成交额（含意向成交额）62.6亿多元。第十一届中国专利奖获奖项目经济效益显著，据统计，截至项目申报时限，15项金奖项目新增销售额累计428亿元，新增利润累计166亿元；170项优秀奖项目新增销售额累计2640亿元，新增利润累计415亿元。

地方促进知识产权运用工作特色鲜明。北京、上海积极推动企业知识产权托管工作。北京、湖北、四川推动行业、企业知识产权联盟建设，帮助企业维护合法权益。河南、陕西围绕优势产业和特色产业，实施专利产业化孵化计划。浙江积极开展国内外优秀发明专利引进工作。安徽着力培育中国（淮北）专利技术推介会和中国（合肥）自主创新要素对接会。陕西实施“专利创业富民工程”，促进专利技术转化。江苏积极实施专利技术产业化推进计划，围绕重点产业领域，投入专项资金5000余万元，转化拥有自主知识产权的重大专利技术260多项。这些工作结合地方实际，重点突出，方式新颖，有力地促进了知识产权运用。

二是知识产权质押融资工作取得实质性进展。加强对知识产权质押融资试点的政策引导、业务规范、公共服务创新以及信息化建设等的指导和支持，批准6家单位开展新一轮试点。各地知识产权质押融资工作陆续展开，知识产权质押融资服务体系正在逐步形成。北京、天津、上海、浙江、安徽、广东、重庆、广州等地知识产权投融资促进工作取得明显成效，其中北京市在全国率先形成了市场主导型知识产权质押贷款模式，50余笔贷款均未形成不良资产；天津市推出专利权质押贷款授信免责条款，发放单笔2000万元无担保环节的专利权质押贷款；上海市向84家企业发放了106笔、总额度为1.6亿元的知识产权质押贷款，至今尚未出现逾期还贷情况或者坏账；广州市争取到银行为企业提供200亿元授信额度，首批向企业发放专利权质押贷款13亿元，有效缓解了企业尤其是中小企业在创新活动中的融资难题。

（五）完善政策法规体系，知识产权保护切实加强

一是知识产权法律法规体系进一步完善。第三次修改后的专利法已于2009年10月1日开始施行。专利法实施细则修订稿于2009年12月30日经国务院常务会议审议原则通过，2010年1月9日国务院569号令发布关于修改专利法实施细则的决定，审查指南及时修订颁布，新的实施细则、审查指南2月1日正式施行。

地方知识产权法规制定工作取得实质性进展。截至2009年底，全国已有26个省（区、市）出台了专利保护或促进条例等地方性法规。

二是知识产权保护协调机制逐步健全。国家知识产权局联合部际联席会议28家成员单位共同发布《2009年中国保护知识产权行动计划》。联合商务部等8部委印发《关于加强企业境外参展知识产权工作的通知》。积极开展世博会知识产权保护工作，会同世博会组委会联络小组与国务院办公厅、公安部等部门组成联合调研组，赴上

海开展世博会知识产权保护的专题调研，制定世博会知识产权保护专项行动工作方案。联合工商总局、版权局发布“2008年中国知识产权保护状况”白皮书。联合公安部、海关总署举办中国知识产权保护高层论坛。在地方层面，环渤海、泛珠三角、长三角、东北三省、西部12省市等跨区域知识产权执法协作机制及粤东五市、长株潭等省内执法协作机制相继建立并逐步完善，有效加强了知识产权执法信息交流和执法协作，加大了案件查处力度，形成了打击合力。

三是知识产权执法能力进一步增强。进一步加大执法人员的培训力度。建立健全执法督导工作机制。知识产权维权援助中心建设工作有序推进，截至2009年底，全国已批准成立了61家知识产权维权援助中心。2009年4月，“12330”全国知识产权维权援助与举报投诉公益热线正式开通，遍布全国的知识产权维权援助网络逐步建成。组织实施“5·26”工程，共批准41家地方局进入“5·26”工程。积极推进建立全国专利保护重点联系基地，遴选26家司法、研发和法律服务等机构进入该机制。

四是保护知识产权专项行动成效显著。积极组织全系统深入开展“雷雨”、“天网”专项行动。在4月26日至5月26日的全国集中行动中，各地重拳出击，针对大型商场、展会开展了一系列专项行动，基本遏制住了专利诈骗行为案发势头，维护了权利人和社会公众的合法权益。新中国成立60周年前夕，配合公安部门破获一起涉嫌冒充国家知识产权局名义的诈骗案件，迅速抓获犯罪嫌疑人，有力打击了犯罪分子，也为国庆维稳工作作出了贡献。各地不断推进展会期间的知识产权执法维权工作。上海印发《保护世博会知识产权专项行动方案》，决定2009年7月至2010年10月组织开展“保护世博会知识产权专项行动”。

2009年，全国知识产权局系统共受理专利侵权纠纷案件937件，受理其他专利纠纷案件26件，查处假冒他人专利案件30件，查处冒充专利案件548件，出动执法人员13 240人次，检查商业场所6013次，检查商品132万多件，向公安等部门移交案件9件，接受其他部门移交案件9件，跨部门执法协作533次，跨地区执法协作204次。

(六)着力管理能力建设，知识产权管理工作再上新台阶

一是知识产权管理体制机制建设取得新进展。2009年，国家知识产权局印发了合作会商工作暂行规定，同湖北省、科技部建立合作会商制度，与江西、广东、湖南等省对会商年度工作进行了协商部署。截至2009年底，国家知识产权局与天津市等14个省、市人民政府和中科院、铁道部、科技部等建立了合作会商工作机制，针对经济、科技、贸易和社会发展中有重大影响的知识产权问题，以及知识产权体制机制创新、政策措施、组织管理等内容进行了卓有成效的会商合作，加强了部门之间以及中央部门与地方政府之间的知识产权工作交流与合作。

地方各级政府对知识产权工作更加重视，投入力度不断加大，在政府层面形成了定期研究、工作考核等机制，切实加强了地方政府对知识产权工作的组织领导与统筹协调。在最新一轮机构改革中地方知识产权管理机构有升有降，从总体看，地方知识产权管理机构工作职责普遍增强，省级政府知识产权管理机构总体趋强，副省级城市知识产权管理机构有稍许减弱；从区域看，东部地区知识产权管理机构整体加强，西部地区知识产权管理机构有所加强，东北地区知识产权管理机构有所减弱，中部地区知识产权管理机构变化不大。目前已完成机构改革的25个省(区、市)中，北京、天津、贵州、陕西升为正厅级行政单位，广东、福建、辽宁、重庆等地编制有较大幅度增加。

二是知识产权专项工作深入推进。城市园区试点示范工作取得新进展，建立城市和园区试点示范重点工作项目督导考核制度；制订城市和园区知识产权工作引导指标；组织完成有关试点示范城市和园区届满验收评定工作；成功举办以“实施知识产权战略、促进经济全面复苏”为主题的第二届知识产权与城市发展市长论坛，签署《知识产权杭州宣言》，形成共识，凝聚合力，示范城市的引领与示范作用进一步发挥。截至2009年底，共批准国家知识产权试点示范城市109个，其中工作示范城市23个、示范创建市34个、试点城市52个；国家知识产权试点示范园区35个，其中示范创建园区9个，试点园区26个。

企事业知识产权试点示范工作深入开展。通过组织培训、加强企业专利交流等手段，在全国范围内发挥引领示范作用，大幅提升了试点示范企业运用知识产权参与市场竞争的能力，企业逐渐成为知识产权创造的主体。2009年批复全国第四批试点单位800家，确定57家单位为首批全国企事业知识产权示范单位。目前共设立75家专

利工作交流站。与工业和信息化部合作，共同研究开展中小企业知识产权战略推进工程，着力推进中小企业知识产权工作。继续加强与铁道部合作，深化实施首个行业知识产权战略试点，研究开展铁路行业重大技术专利分析等专题工作。继上海张江高科技园区、杭州高新技术开发区建立审查员实践基地后，2009 年在武汉光谷高新技术开发区建立第三家专利审查员实践基地。

知识产权强县工程和传统知识知识产权保护试点工作稳步推进。2009 年，国家知识产权局确定北京市海淀区等 124 个区县(市、区)首批实施国家知识产权强县工程；批复同意浙江省龙泉市、福建省武夷山市等 12 个县(市、区)为国家传统知识知识产权保护试点县(市、区)。

资助向国外申请专利专项工作圆满完成。按照财政部印发的《资助向国外申请专利专项资金管理暂行办法》，在全国初步建立了"横向协调、纵向联动"的申报工作机制。在全国知识产权局系统的共同努力下，2009 年度资助工作顺利完成，共资助 PCT 申请 1146 项，发放资助资金 5285 万元。

三是知识产权国际合作不断深化。知识产权国际交流与合作深入开展，中国在国际知识产权领域的影响力显著增强。积极参与知识产权国际事务谈判与磋商，在世界知识产权组织有关发展议程，国际专利制度协调，遗传资源、传统知识和民间文艺与知识产权保护以及 WTO 框架下 TRIPs 理事会有关遗传资源保护、公共健康等重大议题的讨论中争取话语权，树立我积极、负责任的发展中大国形象；进一步巩固和发展与主要国家和地区的双边关系，不断发展新的合作伙伴，努力扩大共同利益汇合点；积极开展面向非洲、东盟国家、蒙古、朝鲜、巴基斯坦、古巴等发展中国家的培训活动，逐步实践从国际合作援助的接受者向量力而行的输出者转变；沉着应对来自发达国家的知识产权压力，妥善化解矛盾，为我国更深地融入国际社会、参与经济全球化创造和谐稳定的国际经贸环境；不断拓宽对外宣传平台，加大对外宣传力度，向国际社会客观、全面地展示我国保护知识产权的措施和成就。

(七)拓宽人才培养渠道，知识产权人才队伍建设不断加强

一是大力实施"百千万知识产权人才工程"。2009 年，完成第二批"百千万知识产权人才工程"高层次知识产权人才培养人选的评审。截至目前，全国共选拔出 206 名高层次知识产权人才培养人选。国家知识产权局每年举办两期高层次人才国内外培训班，进一步提升高培人才的战略思维能力和国际视野。上海、广东、贵州、河南、陕西、甘肃等省市纷纷开展了本省(市)的知识产权人才培育工程。上海、江苏、湖南、安徽、深圳等省市还建立了专利人才专业技术职称评定体系。截至目前，全国已形成了一支 3 万多人的知识产权专业人才队伍，其中专利审查人才 5000 多人，知识产权局行政管理和执法人才 1 万多人，企事业单位知识产权人才 1 万多人，知识产权中介服务人才 6000 多人，为知识产权事业发展提供了必要的人才支持和智力保障。

二是整合培训资源，建立知识产权人才培养基地。为充分利用地方和高校的教育资源和人才优势，培养更多的知识产权高层次人才和社会急需的实务人才，并向社会开展知识产权培训，国家知识产权局积极探索与地方和高校联合开展知识产权教育培训的新路子，取得了良好成效。2009 年 10 月，国家知识产权局在湖南建立首家"国家知识产权培训(湖南)基地"。各地方也积极开拓渠道，整合资源，湖南、安徽、江苏、广东、上海、福建、浙江、河北、湖北、陕西、宁夏等地与高校等联合建设知识产权培训基地，加快了本地区的知识产权人才培养。

三是继续广泛深入地开展知识产权培训活动。知识产权培训工作逐步向系统化、规范化和科学化方向发展。全国知识产权局系统以各级党政领导干部和企事业单位为重点，开展形式多样的培训活动，加强了师资队伍的建设，逐步形成了分层次、分类别的知识产权教育培训工作的良好格局。2009 年，全国共开展知识产权战略、管理、法律等各类知识产权培训 3000 多期，培训人员达 50 万余人次，其中，国家知识产权局委托培训项目 50 余期，培训人员 1 万余人次。通过开展培训，广泛宣传和普及知识产权知识，对提高全社会的知识产权意识、培养知识产权人才起到了重要的促进作用。

(八)不断夯实工作基础，知识产权支撑体系日益完善

一是专利审批能力持续增强。2009 年全年发明专利审查结案 19.5 万件，同比增长 33%；实用新型和外观设计专利申请分别结案 26.3 万件

和38.9万件，同比分别增长28%和80%；复审与无效请求结案9007件，同比增幅达到37%；完成PCT国际专利申请检索6655件，PCT国际专利申请初审435件，增幅分别为13%和5%。截至2009年底，发明专利实审结案周期25.8个月，与2008年基本持平；实用新型专利审查周期5.8个月，外观设计专利审查周期5.5个月，复审无效请求的审理周期7.4个月，较2008年均有所缩短；专利审查的正确性、一致性和时间性指标均达到历史最高水平。

二是专利代办处作用不断增强。2009年，全国26个专利代办处受理专利申请67.2万件，占受理总量的70%以上，收缴专利费用笔数占总量的50%以上。作为国家知识产权局与地方政府共建的专利业务工作平台，专利代办处在直接服务申请人、服务与指导专利代理机构及利用业务资源支持地方知识产权工作等方面，发挥了积极作用。

三是信息化建设与专利信息服务稳步推进。信息化重点项目稳步实施。完成“中国专利电子审批系统（E系统）”、“专利检索与服务系统（S系统）局内部分”的开发、测试，完成“外观设计专利智能图形检索系统（D系统）”的升级。文献收集和数据加工工作扎实开展。截至2009年底，国家知识产权局已累计拥有全球48个知识产权机构的专利全文说明书、102个知识产权机构的检索数据，在专利文献资源收集种类与数量方面，已达到世界领先水平。组织实施中国专利数据初加工、中国专利数据深加工、中国专利摘要英文翻译等19个数据加工项目。全国专利信息公共服务体系已经初步形成。印发《全国专利信息公共服务体系建设规划》，规划建设包括国家专利数据中心、区域专利信息服务中心和地方专利信息服务网点等三个层次的全国专利信息公共服务体系，已完成全国47个地方专利信息服务网点建设工作。“重点产业专利信息服务平台”建成并投入使用，提供了涵盖十大重点产业技术领域的70多个国家的专利文献信息。举办多种形式的专利文献信息利用培训班，培训约4000人次。各地区也结合本地特色产业和信息资源优势，加强知识产权信息开发与利用，开展了各具特色、内容丰富的专业化信息服务。

四是知识产权中介服务进一步规范。发布了《专利代理行业发展规划（2009—2015年）》和《专利代理行业服务指导标准》，并制定实施了与该标准相适应的专利代理行业从业人员培训指南，加强了专利代理行业管理，规范了专利代理机构的服务行为。专利代理惩戒工作进一步加强，各级知识产权管理机关依法严肃处理了一批违法违纪的专利代理机构和代理人。对专利代理人资格考试制度进行了较大幅度改革，提高了备考的针对性，有助于吸引更多的优秀人才进入到专利代理行业中。截至2009年底，全国共有1万余人获得了专利代理人资格，专利代理执业人员达6000余人，专利代理机构758家。《资产评估准则——无形资产》和《专利资产评估指导意见》两个文件的出台，以及知识产权资产评估推进工程的开展，在探索知识产权资产评估新模式、新举措的同时，也促使资产评估行业发展更加有序，服务水平进一步提高。

五是知识产权分析和预警工作取得初步成效。完成了煤液化、LED照明、高端光刻机等专利分析和预警项目，得到了国务院领导和相关部门的重视，其中有些政策措施建议已经成为相关部门的共识和政策。一些地方的知识产权分析和预警工作也陆续启动，为当地重大经济和科技活动决策提供了重要参考。

六是知识产权政策研究和政务信息工作取得长足进步。围绕新形势下知识产权的重大理论和实践问题开展了若干方面的课题研究，取得一批重要研究成果，有多项研究成果得到领导批示。政务信息上报质量和数量创新高，全年共报送《知识产权局信息》55期，被中办、国办采用21篇次，比上年多8篇，其中有4篇信息得到中央和国务院领导批示7次。信息采用数量和领导批示次数均取得历史性突破。

七是知识产权宣传工作成效显著。围绕知识产权战略实施、新中国成立60周年等重大活动，知识产权新闻宣传工作不断创新手段，拓展渠道，深化内容，取得了显著成效。2009年4月20日，由国家知识产权局牵头，24个部委共同参与，在北京奥林匹克公园庆典广场举行了“全国知识产权宣传周”活动启动仪式。举办中外企业知识产权高层论坛和以“走近知识产权”为主题的开放日活动，启动了为期8年的知识产权文化推进工程。联合经济日报社举办纪念《国家知识产权战略纲要》颁布实施一周年座谈会。积极参与新中国成立60年成就展的筹办工作，展示知识产权风采。组织“知识产权竞争未来”大型采访活动。各地知识产权宣传活动日益丰富，首都大学生保护知识产权志愿者活动、湖南“政府谈战略、专家评战略”专题活动等，有效提高了全社会知识产权意识，推进了知识产权文化建设。

回顾总结过去一年的工作，我们的体会是：

——必须始终坚持以科学发展观为统领。始终把握发展这一第一要义，以全面、协调、可持续为基本要求，积极适应不断变化的新形势，全面提升知识产权事业的发展能力，充分发挥知识产权在经济社会发展中的重要作用。

——必须始终坚持以实施知识产权战略为中心。坚持抓紧、抓好实施知识产权战略的重要机遇，坚持将知识产权事业发展的政策取向紧扣在激励创造、有效运用、依法保护、科学管理四个方面，坚持将知识产权能力建设、体系建设、制度建设和环境建设作为工作重点。

——必须始终坚持以服务党和政府的中心工作为出发点和落脚点。坚持知识产权工作为国家利益和战略需求提供服务，坚持知识产权工作为经济建设、科技进步和社会发展提供助力，坚持知识产权工作为促转变、调结构、惠民生提供支撑。

——必须始终坚持以统筹协调为基本工作方法。坚持将知识产权工作融入各项社会工作之中，努力扩大知识产权工作的参与度和影响力。坚持多沟通、勤交流、重理解、促合作的工作理念，最大限度地调动各方面的积极性，充分发挥资源和能力优势，形成知识产权事业发展的整体合力。

——必须始终坚持以改革创新为动力。坚持创新思维，不断解放思想，努力突破各种制约事业发展的障碍。坚持体制与机制创新，不断探索和激发各方面创新活力，推动知识产权工作全面、协调、可持续发展。

二、当前面临的形势和主要问题

（一）当前知识产权工作面临的形势（略）

（二）知识产权事业与经济社会发展不相适应的主要问题

伴随着改革开放的伟大进程，我国知识产权事业从无到有，从小到大，取得了举世瞩目的辉煌成就。但对于这样一项起源于市场经济的制度来说，由于建立的时间比较短、建立的速度比较快，我国知识产权制度在基础的牢固性、社会的适应性和体制的融合性等方面都或多或少存在一些问题，知识产权事业与经济社会发展的要求仍然存在着一些不相适应的方面，具体来说主要有：

一是知识产权制度的作用尚未充分发挥。知识产权制度赖以运行的经济和社会基础相对比较薄弱，知识产权制度充分发挥作用的条件尚未完全具备和成熟；知识产权工作受关注和重视程度较低，尚未完全融入国家经济发展主战场，知识产权对国民经济发展的贡献不够突出；知识产权资源仍然比较分散，没有得到有效整合；鼓励知识产权创造和运用的政策和制度尚不够完善，对知识产权活动正确的引导和激励不足；知识产权同经济、科技和贸易发展之间的联系还不够紧密。

二是社会公众知识产权文化素养与经济社会发展要求存在差距。知识产权文化的普及和认同程度仍落后于社会整体经济文化的发展水平，对无形财产权利重视程度明显不足。对他人的知识产权缺乏应有的尊重，盗版、假冒等侵权行为仍屡禁不止；发明人、创造人缺乏运用知识产权保护自己发明创造成果的意识，有发明、无专利的现象仍然比较普遍；在知识产权受到侵害时，积极运用法律武器维护自身合法权益的权利人数量仍然十分有限。

三是知识产权创造和运用水平仍需进一步提高。全社会自主创新能力尚无法满足科技、经济和社会发展的需求，在关键产业和核心领域自主知识产权数量少，规模以上工业企业申请专利的仅有 4.2%；知识产权的运用和产业化仍然是当前我国自主创新的一个薄弱环节，一大批自主知识产权成果仍然停留在实验室阶段，企业知识产权运用能力仍然较弱。

四是知识产权管理机构体系尚未健全，执法保护工作仍需进一步加强。31 个省（自治区、直辖市）和新疆生产建设兵团目前虽然都设立了知识产权局，但机构设置五花八门、参差不齐，有 22 个知识产权局不是政府直属独立机构，还有 4 个知识产权局为处级机构；地级、县级政府知识产权局虽陆续挂牌成立，但编制、经费还不能得到有效保障，工作能力还有待进一步提高。知识产权执法保护法规建设尚不够完善，执法力量薄弱，执法条件不匹配。知识产权执法保护在营造良好的法治环境、实现促进创新发展中的作用尚未充分发挥。

解决上述问题，真正发挥知识产权在国家经济社会发展中的重要战略资源作用，将是一项长期的、艰巨的任务，需要我们全体知识产权工作者用客观的眼光、求实的心态、发展的思维和坚定的信念，迎难而上，有所作为。

三、2010年主要工作任务

结合当前知识产权事业发展面临的国际国内形势，2010年知识产权工作的总体思路是：全面贯彻党的十七大和十七届三中、四中全会精神、中央经济工作会议精神，以邓小平理论和“三个代表”重要思想为指导，深入贯彻落实科学发展观，统筹国际国内两个大局，全面实施知识产权战略，以提升知识产权创造、运用、保护和管理综合能力为中心，以支撑发展方式转变、经济结构调整和产业结构升级为主导，更好地发挥知识产权对经济社会发展的支撑和引领作用，不断开创知识产权工作新局面。

按照全年工作总体思路，结合工作实际，2010年要重点做好以下11项工作：

（一）以服务经济建设为宗旨，不断加大知识产权战略实施力度

一是围绕中心工作，全面推进战略实施。要按照中央经济工作会议部署，进一步加强战略实施工作与发展方式转变、经济结构调整和产业结构优化的结合，积极推动知识产权工作纳入国家、部门和地区发展规划，加强知识产权政策与经济、科技、文化政策有效衔接，全面提升知识产权创造、运用、保护和管理能力，主动服务国家科技重大专项、国家产业振兴规划等重点工作，有效促进创新型国家建设。

二是加强统筹协调，形成战略实施的强大合力。王岐山副总理于2009年8月22日专门对战略实施工作作出批示，要求各有关部门各负其责、密切配合，共同推进知识产权战略的实施。各地要进一步加强部门之间沟通协调，做好战略实施工作的衔接配合。建立健全针对重大知识产权问题的联合应对和协作机制。增强各部门、各地区与国家知识产权战略实施工作部际联席会议办公室之间的信息沟通。研究建立有效的督促检查机制，对全国战略实施效果开展科学评估，以推动各部门、各地区战略实施工作向更加扎实、更加科学的方向发展。

三是采取有力措施，贯彻落实《纲要》。要高质量做好今年战略实施年度推进计划的制定、宣传、实施和督导检查等工作。抓紧制定战略实施的相关配套政策和工作方案。要努力推动地方因地制宜地制定本地知识产权战略，特别是加强对地方知识产权战略实施工作的指导。这次会议请同志们讨论的《关于加强地方知识产权战略实施工作的若干意见（征求意见稿）》，将在进一步修改完善的基础上印发，以引导地方战略进一步推进实施。各地要根据该文件，进一步完善地方知识产权战略或者地方落实《纲要》的实施方案、年度计划等。

（二）以促进知识产权战略实施为目标，认真做好“十二五”规划编制工作

“十二五”时期是实施国家知识产权战略、促进知识产权事业全面发展的关键时期。科学编制“十二五”规划，将对实施知识产权战略，推动知识产权事业发展起到至关重要的作用。“十二五”时期知识产权工作的总体目标是：深入贯彻落实党中央、国务院的工作部署，不断完善知识产权制度，充分发挥其在促进经济社会发展中的作用；围绕实施知识产权战略，着力增强知识产权创造、运用、保护和管理能力，大幅度提高全社会知识产权意识，提升国家竞争力。为此，要在全面完成“十一五”规划的基础上，总结经验，谋划长远，扎实做好知识产权“十二五”规划的编制工作。要建立包括国家整体层面的知识产权事业发展规划和以各项重点工作为主的专项规划在内的较为完善的规划体系。

各地要结合事业发展状况，科学编制本地区知识产权事业发展“十二五”规划。要全面总结和分析“十一五”期间知识产权事业发展状况、经验和问题，明确“十二五”期间知识产权事业面临的形势，对事业的发展趋势进行详细的预测、分析和判断。要紧密结合这次国际金融危机对经济社会发展和知识产权工作带来的影响和启示，提出未来几年我国知识产权工作的主要思路和重点任务，明确重大项目及保障措施。规划内容应具有较强的指导性和可操作性，发展目标要尽可能量化，各项指标要与国民经济和社会发展总体规划以及《纲要》相衔接。

（三）以提高知识产权管理的科学化水平为要求，进一步加强政策体系和工作机制建设

一是不断完善知识产权政策法规体系。第三次修改后的专利法及其实施细则、专利审查指南已经正式实施。国家知识产权局将进行《专利代理条例》《保密专利权管理、实施和保护办法》《专利实施强制许可办法》《专利行政执法办法》《专利权质押合同登记管理暂行办法》《专利实施许可合同备案管理办法》等部门规章的制定和修订工作，

保证专利法得到有效落实。各地要结合本地实际情况，及时制定、修订相关法规，以保障地方知识产权工作的进一步开展。传统知识、遗传资源和民间文艺较丰富的省份应当积极推进地方立法，尽早为特定领域的优势资源提供知识产权法律保障。

二是不断健全知识产权管理体系。各地知识产权管理部门在政府机构改革中，要积极争取，利用专利法增加的专利信息传播职责、新划入的原保知办职责和统筹实施知识产权战略职责等新增工作职责，不断加强管理职能，力争在机构建设上取得新进展。国家知识产权局将按照择优扶持的原则，引导中央资源向知识产权管理机构健全、工作能力突出的区域倾斜，推动地方知识产权管理体制建设。国家知识产权局将进一步加大对合作会商省份的支持力度，对会商省份的数量实行总量调控，围绕会商省份推动重点工作在全国的布局优化。将在开展城市试点、示范创建和知识产权强县工程的基础上，选择一些管理机构健全、工作能力突出的城市和县(市、区)，进入国家知识产权示范城市和知识产权优势县。举办第三届知识产权与城市发展市长论坛，创新形式，丰富内涵，进一步发挥对城市知识产权工作的品牌影响力。

三是逐步建立指标引领机制。近几年，国家知识产权局一直在探索建立科学的指标体系，客观反映各地方知识产权工作发展状况，进而引导地方知识产权工作向全面、协调和可持续的方向发展。本次会议已将指标体系征求意见稿印发给大家讨论。今年，将以由相关研究机构发布地方知识产权发展年度报告的方式，启动实施此项工作。国家知识产权局将逐步把年度报告结果作为全国知识产权局系统评优的重要依据，作为确定重点扶持地方的重要条件，并在支持地方平台建设等方面的工作中得到体现。各地要按照要求做好相关指标和信息等情况的报送工作。

四是进一步促进全国知识产权管理工作形成合力。国家知识产权局将进一步加强局内各职能部门之间的统筹协调，明确地方管理工作的重点发展方向和重点工作内容，集聚局内各部门的资源，形成合力，给予分类指导和支持。各地的工作安排要与国家知识产权局工作部署协调一致，逐步形成全国知识产权工作“一盘棋”的格局。

(四)以促进发展方式转变为出发点，继续深化企业知识产权工作

要进一步加大对企业知识产权工作的指导力度，采取项目推进的方式，引导企业制定和运用知识产权战略，提升知识产权综合能力，推动企业经营理念、发展模式和增长方式的根本转变。

一是深入开展企事业单位试点示范工作。国家知识产权局将继续深化企业知识产权试点示范工作，加强对试点示范企业的培育力度。各地要结合本地实际，以企事业单位知识产权试点示范工作为抓手，研究新形势下企业知识产权工作的新情况、新特点，开展分类指导与服务，逐步建立国家和地方上下联动的试点示范工作体系，形成推广普及和引领示范效应。

二是实施中小企业知识产权战略推进工程。为落实《国务院关于进一步促进中小企业发展的若干意见》，促进中小企业技术进步和结构调整，去年年底，国家知识产权局与工业和信息化部共同启动实施中小企业知识产权战略推进工程。各地要与中小企业主管部门建立推进工程实施的部门合作工作机制，协调落实相关政策和扶持资金，采取有效措施，扎实推动各项工作的开展。

三是启动自主知识产权优势企业培育工程。在全国和地方知识产权试点示范工作的基础上，采取企业自愿与政府引导鼓励相结合的原则，培育和认定一批国家和地方自主知识产权优势企业，对优势企业进行重点扶持，充分发挥其在行业、产业和区域创新发展中的引领作用。

这次会议还印发了《关于进一步加强企业知识产权工作的若干意见(征求意见稿)》和《企业知识产权战略专项任务与实施指南(征求意见稿)》，这两个文件将在会议上讨论，在听取同志们意见建议的基础上，进行修改完善后印发。印发后请各地结合本地实际，认真贯彻落实。

(五)以保障中小企业等主体的知识产权权利为工作重点，切实加强知识产权资助和援助工作

要把中小企业和低收入群众等作为知识产权资助和援助工作的重点对象，切实加大帮扶救助力度，减轻经济负担、帮助走出困境，提供智力支持、助力维护权利，积极为惠民生作贡献。

一是面向经济困难的当事人加大知识产权维权援助力度。积极为由于经济困难不能支付知识产权纠纷处理和诉讼费用，以及遇到难以解决的知识产权事项或案件的专利权人或当事人提供知

识产权维权服务。大力推动知识产权维权援助中心建设，不断扩大维权援助覆盖面。要做好重大涉外知识产权案件的指导工作，积极帮助我国企事业单位妥善解决海外知识产权纠纷。各地要加大对维权援助工作的投入力度，规范管理模式，提高服务意识。

二是做好资助向国外申请专利工作。去年，中央财政设立了资助向国外申请专利专项资金，对国内中小企业、事业单位和科研机构等向国外申请专利给予资助。这是第一个覆盖全国知识产权局系统的中央财政专项工作，去年已取得了初步成效。今年要按照中央财政政策，进一步完善专项资金申报评审工作操作规范，加大中央资助政策的执行力度。各地要密切配合财政部门，把专项资金申报工作列为年度重要工作内容，强化服务意识，积极指导中小企业等做好专项资金的申报工作。

三是面向在校学生和特困群体开展专利代理援助工作。目前，我国在校学生和特困群体发明创造积极性很高，但面临缴纳专利费用压力较大、缺乏专利申请相关知识等问题。根据中央多位领导同志对此作出的重要批示和指示精神，国家知识产权局将研究制定相关管理办法，启动面向在校学生和特困群体的专利代理援助工作。

（六）以服务社会主义新农村建设为主线，着力加强县域知识产权工作

要充分发挥知识产权制度作用，将县域在科技、资源等方面的优势转化为知识产权优势，在支柱产业、特色产业中掌控发展主动权，为推动社会主义新农村建设提供支撑和保障。

一是大力推进知识产权强县工程。今年，国家知识产权局将在强县工程中，实施涉农产品知识产权培育计划，举办县长知识产权培训班，建立知识产权辅导员队伍。制定县域知识产权工作引导指标，评定一批知识产权优势县，带动全国县域知识产权工作的开展。

二是加强传统知识知识产权保护试点工作。今年，国家知识产权局将组织试点县（市、区）实施“传统知识知识产权保护与价值开发促进计划”，进一步提高试点县（市、区）运用知识产权制度对县域内传统知识资源的传承、开发、利用和保护能力。进一步扩大传统知识知识产权保护试点工作范围。

强县工程和传统知识保护试点工作将继续采取委托省（区、市）知识产权局组织开展的方式进行。各相关省（区、市）知识产权局要按照强县工程实施方案、传统知识保护试点工作方案的部署，结合实际，采取相应的扶持措施，推进各项工作的顺利落实。

三是加大农业专利技术推广应用力度。各地要选择一批面向“三农”、适宜推广、市场前景广阔的优秀适用专利技术，面向农村组织开展优秀专利技术巡展活动，推动专利技术在农村的实施。结合巡展活动，组织专家同期开展知识产权巡讲活动，普及知识产权基础知识，提高广大农民的知识产权意识。

（七）以实现知识产权价值为目的，大力推动知识产权运用及产业化工作

要通过加强宏观引导、促进专利技术转移、强化产业化能力建设、完善投融资体系等措施，将知识产权运用及产业化工作推上一个新台阶。要把促进知识产权运用与发展战略性新兴产业结合起来，为推动战略性新兴产业的发展提供知识产权支撑和保障。

一是大力推进知识产权资产评估工作。去年年底，财政部印发《关于推动评估机构做大做强做优的指导意见》，要求各级财政部门加大政策扶持力度，引导评估机构扩展知识产权等评估服务领域，做大做强做优。各地要以此为契机，争取当地财政部门的支持，推进知识产权评估机构的发展。同时，要全面实施地方知识产权资产评估推进工程，大力加强知识产权资产评估制度建设，切实做好知识产权资产评估人才培养与基础建设。

二是完善知识产权交易体系建设。要深化实施全国专利技术展示交易平台计划，开展国家专利技术展示交易中心交易规则与标准化体系建设。要加强对知识产权展会工作的分类指导、信息反馈和绩效评价。各地要整合各方面资源，加强有关展会的品牌建设，增强展会的专业性，加强展会需求调研，不断丰富展会内容，创新展示和交易模式，完善展会服务功能。继续办好大连专交会。要改进中国专利周的组织形式，创新活动内容、丰富活动内涵，发挥品牌效应、扩大社会影响，努力打造一个集宣传专利制度、学习专利知识、展示专利技术、交易专利产品、开展专利保护等于一体的，政府主导、各界广泛参与的中国专利周。

三是继续开展知识产权质押融资试点工作。继续遴选有条件的地区开展知识产权质押融资试

点工作，引导知识产权融资健康有序发展，探索基于知识产权价值实现的创新融资机制，进一步完善知识产权质押融资工作体系。开展园区知识产权质押融资需求调查，指导知识产权试点示范园区结合中小企业专利融资需求，积极开展知识产权融资项目对接，组织专家深入园区企业开展专利权价值评估和质押融资工作，加强知识产权融资跟踪服务机制建设。

四是加大对专利技术产业化的支持力度。各地要积极争取财政支持，促进建立或扩大专利运用与产业化扶持资金。要进一步开展国家和省市两级专利产业化试点基地建设，制定实施考核评价管理办法，支持新建若干试点基地。要全面实施国家专利产业化工程自主知识产权产业化示范工程计划，开展专利创业扶持试点，推动非职务发明人和中小企业专利创业。

五是进一步突出中国专利奖的经济效益导向。随着中国专利奖的影响力不断扩大，从今年起，中国专利奖将改为一年评选一次。要进一步突出中国专利奖评奖标准的经济效益导向，同时，要不断规范和完善中国专利奖评审程序，加强对获奖项目的推介宣传和奖励的配套落实。各地要积极争取制定配套奖励政策，充分发挥中国专利奖的示范引导作用。

（八）以营造良好的创新和发展环境为导向，扎实推进知识产权保护工作

一是切实履行组织协调保护知识产权工作职责。在本届政府机构改革中，全国知识产权局系统普遍增加了负责组织协调本行政区域内保护知识产权工作的职能。组织协调知识产权保护工作范围和内容更广、影响更大，但责任和压力也更大。各地要增强服务意识，加强组织协调，认真履行职责，切实做好事关全局的知识产权保护工作，促进相关法律法规及政策相互之间的协调衔接，以联合发布知识产权保护状况白皮书等国家层面开展的重大活动为抓手，推动知识产权保护协作机制建设，确保组织协调知识产权保护工作各项任务的圆满完成，积极营造良好的知识产权保护软环境。

二是进一步加强专利执法能力建设。要进一步加大对执法队伍建设的支持和培训力度，着力提高执法人员的业务素质，大力开展“5·26”工程和全国专利保护重点联系基地工作。不断完善执法机制建设，健全跨地区、跨部门执法协作机制、执法责任机制、执法考评奖励机制，推动执法工作再上新台阶。

三是开展知识产权执法专项行动。要全力以赴开展好上海世博会和广州亚运会知识产权保护专项行动，为两个盛会的成功举办营造良好环境，向国际社会展示我国政府保护知识产权、严厉惩治侵权行为的坚定立场和成果。要继续组织开展“雷雨”、“天网”执法集中行动，保持对专利诈骗行为和群体侵权、反复侵权等恶意侵权行为以及假冒行为的高压态势。

（九）以充分发挥知识产权制度作用为落脚点，切实加强知识产权服务能力建设

一是完善全国知识产权信息公共服务体系。要根据《全国专利信息公共服务体系建设规划》，稳步建设并完善包括国家专利数据中心、区域专利信息服务中心以及地方专利信息服务网点在内的全国专利信息公共服务体系，完善全国专利文献传播与利用培训指导体系，扩大专利信息服务受众范围，拓宽专利信息服务渠道，逐步满足全社会对专利信息日益增长的需求。

二是培育和发展市场化知识产权信息服务。鼓励社会资金投资知识产权信息化建设，鼓励企业参与增值性知识产权信息开发利用和开展专利文献信息服务。各地要结合本地区实际情况，支持发展由社会力量投资的商业化专利信息机构，并指导和规范其工作开展。

三是提升专利代理服务能力。要进一步完善专利代理人考试制度，积极推动向台湾居民开放专利代理人资格考试的相关工作。通过改善发展环境，完善服务标准，引导专利代理行业在增加机构数量、扩大服务面的同时，向专业化、规模化和规范化的方向发展。

四是进一步加大专利审查服务社会的力度。要以“提高审查效率、改进审查质量、加强审查服务”为目标，继续加强专利审查综合能力建设，确保专利审查能力与国家的整体发展要求和发展水平相匹配、相适应。要基于社会需求的多样化，增设专利审查绿色通道、巡回审查、集中审查等新制度与新方式。要进一步加强专利审查员与企业和代理机构的交流，指导企业增强专利制度的运用能力，引导代理人提高代理水平。要进一步加强专利代办处建设，积极开展以业务拓展为主要内容的试点工作，大力推广电子申请，充分发挥代办处窗口服务作用，为社会公众提供更多服务内容。

（十）以为经济社会发展提供人才支持和保障为指引，切实加强知识产权人才队伍建设

一是制定知识产权人才“十二五”规划。要面向国家经济社会发展和知识产权事业发展的需要，以实施人才强国战略和知识产权战略为契机，加强人才培训工作的宏观管理和规划，制定知识产权人才“十二五”规划。

二是大力实施知识产权人才三大工程。要大力实施“百千万知识产权人才工程”、“知识产权人才培养基地建设工程”和“知识产权人才信息化工程”。以高层次人才培养为引领，以人才培养基地建设为平台，以人才信息化建设为基础，积极推动各级各类知识产权人才的培养。

三是重点抓好五支知识产权人才队伍建设。要重点抓好包括知识产权行政管理和执法人才队伍、专利审查人才队伍、企事业单位知识产权人才队伍、知识产权中介服务人才队伍和高层次知识产权人才队伍在内的五支队伍建设。努力培养造就一支数量充足、结构合理、门类齐全、素质较高、廉政勤政的能够满足国家经济社会发展需要和知识产权事业发展需要的知识产权人才队伍。

四是广泛深入开展知识产权培训工作。要积极整合培训资源，努力形成有重点、分层次、覆盖全国的知识产权培训体系，办好省部级领导干部知识产权培训班等各类培训班，为开创知识产权事业新局面，推进全面建设小康社会提供有力的人才支持和组织保障。

（十一）以树立全社会知识产权文化意识为着力点，进一步加大知识产权宣传工作力度

一是不断丰富宣传工作的内容和形式。要紧紧围绕中心工作，客观、准确、全面地展示我国知识产权事业发展成就。要积极创新宣传工作的内容形式、方法手段，贴近实际、贴近生活、贴近群众，增强宣传的感染力和吸引力。

二是打造和培育知识产权宣传品牌。要加强宣传工作研究，精心打造和培育知识产权宣传品牌，着力提高宣传工作的实际效果；注重收集并结合典型案例，编写面向领导干部和社会公众的故事性、可读性强的系列知识产权宣传品。

三是做好“知识产权宣传周”工作。认真策划、组织、开展好今年的“知识产权宣传周”活动；认真研究细化“知识产权文化建设工程”实施方案，通过该工程的实施，推动和引导社会公众树立正确的知识产权价值观念，进一步增强全社会的知识产权意识，努力营造尊重、创造、运用知识产权的文化环境。

四是做好对外宣传工作。加强与有关宣传部门和境内外媒体的联系，进一步做好对外宣传工作，大力提升对外传播和影响能力。针对国外公众的特点以及对我国知识产权保护方面产生的误解和片面认识，开展有针对性和较强实效性的宣传工作，让国际社会客观、全面了解我国在知识产权方面所作出的努力和取得的成就，树立我国良好的知识产权保护国际形象。

同志们，2010年我们将面临更多的机遇和挑战，将承担更加光荣的使命和更加繁重的任务。让我们紧密团结在以胡锦涛同志为总书记的党中央周围，高举邓小平理论和“三个代表”重要思想伟大旗帜，深入贯彻落实科学发展观，全面实施知识产权战略，坚定信心，振奋精神，开拓创新，扎实工作，不断开创知识产权工作新局面，为我国经济社会又好又快发展作出新的更大的贡献。

实施版权战略　加大著作权保护力度

——在中国著作权法律百年国际论坛开幕式上的致辞

（2010 年 10 月 14 日）

新闻出版总署署长　柳斌杰

2010 年，对于中国版权界来说，是具有特殊意义的年份。100 年前，中国诞生了第一部著作权法《大清著作权律》，开启了我国现代著作权保护的先河；30 年前，中国加入世界知识产权组织，使我国融入了国际知识产权保护的大家庭；20 年前，新中国第一部著作权专门法律《中华人民共和国著作权法》颁布，揭开了我国新的历史时期著作权保护的新篇章。我们举办中国著作权法律百年国际论坛，就是为了回顾中国著作权制度的百年历程，总结中国著作权制度的历史经验，思考和规划中国著作权制度的未来，使著作权保护制度在贯彻落实科学发展观、提高民族创新能力、建设创新型国家，促进我国政治、经济、文化和社会事业协调发展进程中发挥更加积极的作用。

中国是人类文明的摇篮，四大发明是中国为人类进步作出的特殊贡献，其中造纸术、印刷术的发明为知识的传播和著作权保护制度的产生提供了强有力的技术支持，而且早在宋朝时期我国就产生了保护版权的萌芽，例如宋刻本的图书上很多都有“版权所有”的警示。但是，在漫长的历史发展进程中，由于中国长期处于农耕社会，市场经济不发达，著作权保护的萌芽并未转化为现代著作权制度。直到 1910 年《大清著作权律》的诞生，中国才可以说有了现代意义上的著作权法。宣统二年即 1910 年《大清著作权律》的颁布，第一次以成文法形式、条款章节布局、不同层次的法律术语、私法类型的体系，勾勒出了中国的著作权法律制度，比较完整而又因时因地制宜地将西方著作权保护理念移植入中国，开创了中国近代著作权法律制度建设的崭新局面。《大清著作权律》的立法精神和法律理念深刻影响着此后我国不同历史阶段的著作权立法，为 20 世纪初变革中的中国确立著作权观念、树立公民著作权法律意识起到了奠基性作用，为封建帝制结束后的中国著作权法立法奠定了重要基础。可以说，《大清著作权律》是中国著作权立法史上一座里程碑。回望中国百年历史的时候，我们发现，《大清著作权律》的颁行，即使在 21 世纪的今天，这部法律仍能为我们进一步完善著作权相关制度提供有益借鉴。

中国著作权法律百年国际论坛的召开，也为国际版权界认识中国、了解中国的著作权保护制度提供了一个好机会，为我们与国际版权同行广泛交流、加强合作、增进友谊提供了一个好平台。我简单介绍一下中国版权事业的改革发展情况。

上世纪 70 年代末，我国实行改革开放政策以来，全球关注的版权问题也提到了中国的日程上，著作权立法开启了新的历程。经过 11 年的艰苦努力，1990 年 9 月，《中华人民共和国著作权法》经全国人大常委会审议通过，今年恰逢这部法律诞生 20 周年。在这 20 年间，新中国的著作权保护制度从无到有、逐步完善，建立起了既符合国情又与国际规则相衔接的著作权法律体系，确立了具有中国特色的司法与行政并行的版权保护制度，打击各类侵权盗版取得重大成效，版权相关产业蓬勃发展，版权公共和社会服务体系基本建立，社会公众的版权意识显著增强，版权国际合作与交流不断加强，我国著作权事业取得了令世人瞩目的伟大成就，著作权法律制度在建设创新型国家中的作用越来越突出。

改革开放以来，中国著作权事业取得的重大成就，凝聚着全国广大著作权工作者的智慧和辛劳，也有国际组织、各国同仁的支持和帮助，特别是世界知识产权组织给了中国有力的支持和帮助。今年是中国加入世界知识产权组织 30 周年。30 年来，中国已经加入了世界知识产权组织管理的所有版权条约，中国知识产权事业蓬勃发展，已成为世界知识产权组织的重要成员国和重要支柱力量。在这里，我谨对为中国著作权事业作出贡献的中外著作权同仁表示崇高的敬意。

在经济全球化和知识经济突飞猛进的当今世界，知识产权保护已经成为世界各国的基本共识。虽然新中国第一部著作权法的诞生不过20年时间，著作权制度还不够完善，但中国政府提出了坚持科学发展观、建立创新型国家的战略构想，制定了《国家知识产权战略纲要》，要把知识产权保护作为国家的基本战略来推进。这就证明，在新的历史条件下，中国政府将大力实施版权战略，加大著作权保护力度，进一步推进改革开放，建设创新型国家，推动国民经济又好又快发展，促进社会主义文化大发展大繁荣。

今天，著作权保护这个共同的事业使我们聚到了一起；明天，我们将会为保护和发展中华民族创新能力而继续奋斗。让我们以著作权事业为共同平台，加强交流合作，不断增进友谊，共同谋求21世纪世界著作权事业健康发展的光辉前景。

大力推进商标战略
服务辽宁老工业基地全面振兴

——在辽宁省加快推进商标战略工作暨驰名商标表彰大会上的讲话

（2010年3月25日）

国家工商行政管理总局局长　周伯华

尊敬的陈政高省长，同志们：

今天，我和付双建副局长以及总局办公厅、商标局、商标评审委员会的负责同志，应邀前来参加辽宁省人民政府召开的加快推进商标战略工作暨驰名商标表彰大会，感到非常高兴。首先，我代表国家工商总局，对这次会议的召开表示热烈的祝贺！

陈政高省长亲自出席这次会议，充分体现了省委、省政府对工商行政管理工作的高度重视和对推进实施商标战略的大力支持。刚才，陈政高省长作了重要讲话，通报了全省经济社会发展情况，充分肯定了辽宁省工商行政管理工作特别是推进商标战略实施取得的显著成果。希望辽宁省工商系统的同志们一定要认真学习，抓好落实。

我们党和国家历来十分重视商标工作。早在建国初期的1950年，当时的政务院就公布了《商标注册暂行条例》。1963年，国务院颁布了《商标管理条例》，规定商标实行全面注册。1978年国务院恢复工商行政管理建制，明确规定商标注册管理是工商行政管理部门的五项职能之一，由国家工商总局统一办理全国商标注册工作。1982年颁布的《商标法》，是改革开放以来我国颁布的第一部知识产权法律，也是改革开放之初颁布实施的重要法律之一。1993年、2001年，全国人大常委会先后两次对《商标法》进行修正。随着我国经济社会的发展和经济全球化，我国商标工作国际化程度逐步提高，1985年加入《保护工业知识产权巴黎公约》，1989年加入《商标国际注册马德里协定》，2001年加入《与贸易有关的知识产权协议》，商标权益保护由国内延伸到国外。经过30多年的努力，我国基本建立了既符合国际规则、又具有中国特色的商标法律制度，成为世界上保护商标知识产权有力、有序的国家之一。

2008年6月国务院发布了《国家知识产权战略纲要》，把知识产权战略上升为国家重要战略，对作为国家知识产权战略重要组成部分的商标战略，提出了更高的要求。总局党组认真贯彻落实《国家知识产权战略纲要》的总体部署，结合商标工作实际，实施了一系列工作措施。一是制定实施了贯彻落实国家知识产权战略纲要、大力推进商标战略实施意见，明确了商标战略的总体目标和工作任务，到2020年努力把我国建设成为商标注册、运用、保护和管理水平达到国际先进水平的国家。二是加快了商标审查进度。采取充实审查力量、调整内设机构、建立激励机制等措施，提高商标审查效率，缩短商标审查周期，商标注册审查、商标评审工作取得明显进展。2009年9月，审查商标注册申请突破百万大关。截至2009年底，我国有效注册商标340.45万件，位居世界第一。三是加强了商标国内外宣传和交流工作。总局召开了推进商标战略实施工作会议，部署开展了商标战略示范城市、示范企业工作，成功举办了第三届中国商标节、亚太地区地理标志国际研讨会、首届中国驰名商标展，进一步提高了全社会的商标法律意识。四是加强了商标服务工作。在实行商标网上查询、网上公告的基础上，开展了商标代理组织网上申请，更加方便了企业商标注册申请。发布全国省、市、县的注册商标信息，为地方实施商标战略提供了重要商标信息和数据。制定实施了商标质押登记管理办法，推动商标无形资产资本化运作，2009年总局办理商标专用权质押价值101.46亿元，为企业应对金融危机，解决融资难问题作出了积极贡献。五是加强了驰名商标的认定工作。按照法定条件和程序，全国现已认定了2014件驰名商标，充分发挥了驰名商标在提高企业市场竞争力、保护创新方面的积极作用。六是加强了农产品商标和地理标志注册管理和推动运用工作。提高地理标志审查效能，举办地理标志展，充分发挥农产品商标、地理标志在服务“三农”中的重要作用，涌现了一大批通过地理标志促进农民增收的典型。七是加强了商标专用权保护工作。加强了商标行政执法力度，组织开展了一系列商标专用权专项执法行动，深入开展了打击“傍名牌”行动，查处了一批商标侵权假冒案件，有效维护了企业合法权益，营造了公平公正的市场竞争环境。八是加强了海外商标维权工作。对我国大量机构、公司的名称和标识在国外被恶意抢注等情况，制定了及时有效的应对方案，及时解决了一大批知名中国企业商标在国外被抢注案件，为中国企业实施“走出去”战略提供了有力的法律保障。

辽宁省实施商标战略工作取得明显成绩，各项工作有特点、有亮点、有经验。一是省委、省政府高度重视，商标战略上升为政府行为。省政府成立了辽宁省实施商标战略领导小组，省政府先后制定出台了争创中国驰名商标、实施商标战略等系列文件，实行了奖励驰名商标企业、落实商标战略责任制等政策措施。二是辽宁省工商局领导班子对实施商标战略有思路、有办法。加强调查研究，提出一整套工作方案；广泛开展商标法律知识及重要作用宣传，提高企业重视商标、用好商标的意识；加强了辽宁省著名商标的认定，夯实了实施商标战略的基础工作。三是驰名商标为拉动地区经济增长发挥了重要作用。驰名商标企业的经济效益大幅提高，销售总额、纳税额明显增加，在应对金融危机、实现辽宁经济平稳较快发展、增加就业等方面发挥了积极作用。四是地理标志在服务“三农”上发挥了明显作用。辽宁有地方特色的大米、樱桃、花生等注册地理标志后，在农民增收、农业产业链、农产品增值等方面发挥了积极作用，让广大农民获得了实实在在的收益。这些成绩的取得，是辽宁省委、省政府高度重视、正确领导的结果，是各有关部门大力支持配合的结果，是全省工商系统广大干部辛勤工作的结果，是在座的驰名商标、著名商标企业积极努力的结果。在此，我代表国家工商总局，向关心支持工商事业发展的辽宁省委、省政府及各级地方党委、政府和有关部门表示衷心的感谢！对辛勤奋战在工商行政管理工作第一线的同志们致以诚挚的慰问！向在座的驰名商标、著名商标企业表示热烈的祝贺！

在加速工业化、信息化、城镇化、市场化、国际化的新形势面前，我们也深刻感到，我国的商标工作仍然存在诸多不足。比如：我国商标注册总量虽多，是“商标大国”，但还不是“商标强国”。国际知名商标还不多，实施商标战略才初见成效，商标在经济发展、企业发展中的作用还有很大的空间，商标权益保护力度还需加大，商标海外维权任务艰巨。对存在的这些问题，我们需要通过大力推进商标战略的实施，给予很好的解决。总局党组多年来对这些问题的解决，对充分发挥商标促进经济发展的作用十分重视，不断探索发挥商标作用的方式方法。最近，为认真贯彻落实中央经济工作会议和全国“两会”精神，特别是胡锦涛总书记在省部级主要领导干部专题研讨班上的重要讲话，总局研究出台了《关于深入贯彻落实科学发展观 积极促进经济发展方式加快转变的若干意见》，提出了包括实施商标战略在内的35条政策措施。希望辽宁省工商行政管理部门在省委、省政府的正确领导下，贯彻落实好总局出台的《若干意见》，在实施商标战略方面走在全国前列，创造宝贵经验，在实现老工业基地全面振兴、促进辽宁加快经济发展方式转变中作出新贡献。

一要加大宣传培训力度，着力营造商标战略实施的良好氛围。要通过举办培训班、召开研讨会等多种形式，全面提升商标管理干部的综合业务素质，增强实施商标战略的责任感和紧迫感，提高做好商标工作的能力和水平。要充分利用多种手段，广泛、深入宣传商标战略、商标法律和商标知识，使各级政府更加支持商标工作，广大企业更加重视商标战略，社会各界更加关注商标保护，努力营造尊重知识、崇尚创新的商标保护社会环境。

二要加大指导实施力度，充分运用商标战略推动实现辽宁老工业基地全面振兴。一是积极支持辽宁三大区域经济发展。要根据三大区域经济发展特点，制订与之相适应的商标战略具体目标和任务，以扶持列入争创驰名商标战略梯队企业为重点，加强分类指导，实施全过程跟踪服务，指导这些基础好、竞争力强的大中型企业和科技创新企业实施好企业商标战略，充分运用商标这一知识产权保护科技创新成果，增强市场竞争能力。二是大力支持新兴产业发展。积极引导新兴产业企业通过实施商标战略，培育自主品牌，争创驰名商标，提高核心竞争力，在市场竞争中占据优势地位，推动辽宁实现经济发展方式转变。三是积极推动商标富农工作。加强农产品商标和地理标志注册保护工作，积极引导农业生产、经营者运用农产品商标和地理标志增加收入，推动实现农业产业化，服务辽宁县域经济发展壮大。四是认真做好商标战略示范城市、示范企业工作。要用好用足总局的各项扶持政策，充分发挥示范城市、示范企业的示范效应，推动商标战略全面深入实施。五是加大商标行政执法力度。依法严厉打击商标侵权假冒行为，重点加强对驰名商标、著名商标的保护力度，努力维护公平竞争的市场秩序，切实保护商标权人和消费者合法权益。

三要加大组织领导力度，为实施商标战略提供坚强组织保证。要充分发挥辽宁各级党委、政府重视商标工作的优势，在商标战略实施领导小组的具体领导下，把各成员单位以及工商行政管理系统各业务条线紧密结合起来，各司其职，各负其责，密切配合，齐抓共管，形成实施商标战略的整体合力，全面、深入推进商标战略的实施。

同志们，推动科学发展、促进社会和谐，工商行政管理部门责无旁贷，大有可为。国家工商总局将一如既往地支持辽宁省实施商标战略。我们一定进一步转变政府职能，加大政策扶持力度，全心全意服务辽宁老工业基地全面振兴。总局商标局、商标评审委员会等司局，要加强对辽宁省实施商标战略的帮助和指导，及时了解辽宁省推进商标战略的进展情况、创新经验，积极支持培育商标战略梯队、实施商标富农工程、加强驰名商标保护等工作，共同努力把辽宁商标战略的实施推向更高水平，为辽宁老工业基地全面振兴作出新的更大的贡献！

预祝这次大会圆满成功！

谢谢大家！

在《农业知识产权战略纲要》实施联席会议上的讲话

（2010 年 7 月 29 日）

农业部副部长　张桃林

同志们：

今天我们在这里召开农业知识产权战略实施联席会议第一次全体会议，主要目的是贯彻落实《农业知识产权战略纲要》，研究部署下一阶段《纲要》实施工作。下面，我就实施《纲要》，促进农业科技创新，推动现代农业发展讲三点意见。

一、深刻把握《纲要》实施的重点任务

知识产权战略是我国继"科教兴国"、"人才强国"战略后的第三个国家战略，是党中央、国务院促进发展方式转变、建设创新型国家的重要举措。为贯彻落实国家知识产权战略，我部针对我国农业知识产权发展现状和农业发展需求，制定了《农

业知识产权战略纲要》。

《纲要》明确了当前和今后一个时期我国农业知识产权的目标、任务和措施。实现这些目标任务，时间跨度大，涉及范围广，需要做大量的工作。各职能部门要结合实际，立足原有的工作基础，积极创新工作方式，突出重点，抓住关键，整合力量，扎实推进。

一是要始终坚持《纲要》的战略重点。战略重点是推进农业知识产权事业自身发展和服务农业发展中需把握的关键环节，包括完善制度、培育主体、改善环境和强化服务四个方面。完善制度，是指既要完善植物新品种、农产品地理标志和农业遗传资源等各类农业知识产权制度，也要注重不同类型农业知识产权制度相互对接，以及知识产权制度与农业产业、科技、贸易政策的有效衔接。如在农业产业发展的主导品种、主推技术、农机推广目录、化肥、农(兽)药等知识产权政策、农业重大科技项目知识产权工作机制以及农业知识产权信息交流等方面急需开展制度设计与创新。培育主体，包括培育农业知识产权创造主体，产业化运用主体和中介服务主体。通过在全国范围内选择部分具有代表性的农业企事业单位、中介服务机构和基层组织开展农业植物新品种保护试点工作，发挥科研教学单位在农业知识产权创造中的重要带动作用，培育一批综合运用知识产权、具有综合竞争力的大型农业企业、农民专业合作社和生产示范基地，提升中介机构农业知识产权专业化服务水平。改善环境，包括营造国内环境和拓展国际空间两个方面。既要加大农业知识产权行政执法力度，打击侵权假冒行为，维护公平竞争的市场秩序，切实保护权利人和农民的合法权益；也要加强农业知识产权的国际双边和多边合作，争取有利的国际环境。同时，还要加强农业知识产权宣传，在广大农村培育尊重知识、崇尚创新、诚信守法的知识产权文化。强化服务，包括强化公共服务职能和培育中介服务体系。既要提高审批管理部门自身服务能力，也要通过培育和建立农业知识产权中介服务机构，在农业知识产权贸易、信息交流、境外知识产权申请、农民合法权益保护、侵权投诉和权利救助等方面提供服务。特别是要把农业产业知识产权预警机制建设成效作为行业知识产权管理与服务能力提升的重要标志，要通过组织开展行业知识产权热点问题研究、重点领域知识产权分析和态势发布、应对知识产权纠纷专题论坛等工作，及时帮助农业企事业单位解决实务问题。在水稻、小麦、玉米等主粮作物，蔬菜、花卉等效益型和竞争性领域逐步建立知识产权预警体系，为技术创新和知识产权许可提供信息和依据。大力引导和扶持企事业单位建立知识产权保护和维权机制，研究建立行业知识产权公共服务平台，为企事业单位开展知识产权工作提供良好的环境。

二是要牢牢抓好《纲要》实施工作的着力点。《纲要》提出了植物新品种、农产品地理标志、农业生物遗传资源和其他涉农知识产权四项任务。在进行任务分工和制定年度推进计划中，各牵头单位和责任单位要把植物新品种、农产品地理标志等已有的工作，集成到《纲要》实施的工作框架内，通过加强合作，把各部门的资源整合起来，统一纳入工作范畴，做到资源共享，信息互通，既有分工又有合作。对于农业生物遗传资源，由于工作基础薄弱，相关部门和单位要创新工作机制、通力协作，重点建立权属登记管理、来源披露和惠益分享、进出口和对外合作研究利用制度。对于涉农专利、商标、版权等其他知识产权，工作重点在以农产品为载体，推动其转化运用和集成利用，提高农产品市场竞争力和农业综合效益。

三是要把落实《纲要》保障措施作为实施《纲要》的突破口。《纲要》明确提出了加强组织领导、加大政策支持力度、加快人才培养、加强战略研究和决策咨询、加速培育知识产权文化等保障措施。相关部门单位要统筹兼顾，统一规划，将有关保障措施纳入本部门、本单位的工作计划，既要立足现有资源，更要开辟新的渠道。由于不同类型农业知识产权工作发展不平衡，产业发展对知识产权的需求层次也不同，要结合实际，作出典型，总结经验，抓好示范，力求将每一项措施都落到实处。

二、加快形成《纲要》实施的推进合力

为贯彻落实《国家知识产权战略纲要》，国务院建立了由28个部门组成的国家知识产权战略实施工作部际联席会议制度，我部是国家知识产权战略实施工作部际联席会议的重要成员单位。作为负责植物新品种、农产品地理标志等农业知识产权管理工作的主要职能部门，在贯彻落实《国家知识产权战略纲要》中肩负着重要责任。联席会议制度是解决知识产权管理职能分散的一个好办法，希望联席会议充分发挥宏观管理和统筹协调作用，相关职能部门要充分认识其深远意义和重要作用，增强使命感和责任感，不断提高贯彻实施《农业知识产权战略纲要》的自觉性。

一是要加强部际沟通协调。将实施《农业知识产权战略纲要》和贯彻落实《国家知识产权战略纲要》紧密结合。2008年11月，国务院建立了国家知识产权战略实施工作部际联席会议制度，下发了《实施国家知识产权战略纲要任务分工》。我部及时制定下发了《农业部实施国家知识产权战略纲要任务分工》，将《国家知识产权战略纲要》任务分工中涉及农业部任务，逐项分解到了各司局和直属单位。我们要切实加强与部际联席会议成员单位的沟通协调，特别是其他涉农知识产权工作内容开展与推进更需要有关部门的支持。

二是加强部内部司局的协作配合。《纲要》任务分工中明确的任务有73项，涉及农业部18个司局和直属单位，每一项任务都明确牵头单位和责任单位。各单位要自觉在联席会议的领导下，从思想上充分认识农业知识产权工作的重要性和建立联席会议制度的必要性，切实履行牵头单位和责任单位的职责，做好本行业、本领域、本系统的知识产权工作。同时，要加强沟通与协作，密切配合，相互支持，把工作任务融入到本部门的工作中。联席会议办公室要加强与各成员单位的联系，做好联络、沟通、协调等服务工作。努力形成大联合、大协作的工作格局，逐步建立起齐抓共管、优势互补、协作配合的工作机制。

三是加强与地方的沟通联络。支持和引导各地农业行政主管部门为本级政府农业知识产权工作当好参谋，制定适合本地优势农产品和特色农产品产业发展要求的地区农业知识产权战略。要加强工作情况通报，及时总结推广先进经验。加强信息化建设，建立业务信息互联互通、信息数据共享共用的农业知识产权信息网络系统。

四是加强《纲要》实施的宣传。充分利用广播、电视、报纸、杂志、网络等大众传播媒体，发挥舆论导向作用，积极宣传《纲要》实施的重要意义，跟踪农业知识产权战略实施的试点和示范工作，及时报道《纲要》实施工作成效，通过发挥先进典型的指导和示范作用，辐射和带动全局。

同志们，知识产权已成为农业发展的重要资源和核心竞争力，成为现代农业建设的重要支撑。我们抓住《纲要》实施机遇，乘势而上，要以高度责任感和光荣的使命感，认真做好贯彻实施《纲要》的各项工作，积极构建《纲要》实施工作的长效机制，让一切创造活力竞相迸发，让一切创新才华充分施展，让一切创新成果得到尊重和有效运用，为现代农业又好又快发展作出新的贡献。

音乐畅响未来

——在第四届国际版权论坛上的演讲

（2010年11月18日）

新闻出版总署副署长　阎晓宏

“音乐畅响未来”，这是一个非常现实又具重大意义的话题。在古老的洪荒时代，人类语言产生之前就是靠原始的乐音来表达思想和情感。音乐不仅仅是一门艺术，也是人类文明的有机组成部分。它作为人类文化的一种重要形态和载体，以其独特的艺术魅力伴随着人类历史的发展历程。音乐具有无与神奇的力量，它是我们精神生活中的阳光，使生活更加美好。从产业角度看，音乐已经成为人们重要的文化消费，最广泛的音乐消费群体赋予了音乐产业巨大市场和增长空间。

音乐产业是以音乐作品为资源，不损耗自然资源、不污染环境，是典型的资源节约型、环境友好型、知识密集型产业，符合科学发展和可持续发展的时代要求，是名副其实的朝阳产业。没有音乐作品，音乐产业将丧失生存的基础。但如果音乐产品被他人随意非法盗用，音乐产业将难以正常发展。

当前，数字时代的来临强烈冲击着传统唱片业的生产模式和商业形态。数字技术的迅猛发展和广泛应用，极大地增强了音乐产业的创造力和传播力，催生了新的业态和表现形式，数字音乐异军突起，成为音乐产业发展的主流。音乐产业的传播方式、商业模式发生很大变化，音乐产业已经超越了艺人、器乐、唱片等传统产业地带，向IT、电讯、广告产业延伸，形成了一条新的产业链。音乐产业正面临着前所未有的机遇与挑战。

就音乐产业当前面临的挑战而言，主要表现在以下三个方面：

一是数字音乐产品展示出强劲的增长势头。IFPI的统计数据和中国有关统计数据都显示，传统的唱片业正面临下滑的趋势。

二是版权问题成为音乐产业发展的制约瓶颈。数字技术的发展使数字音乐的复制传播效率大为提高，盗版变得更为容易，这给音乐产业的版权保护带来了难题。据中国工信部电信研究院的一项统计表明，当前互联网领域侵权最突出的集中在网络视频和网络音乐。据IFPI统计，世界上最大的三个音乐市场——法国、西班牙、巴西都受盗版严重侵蚀，唱片发行量从2003年到2009年下降了60%～80%，侵权盗版对音乐产业的健康发展伤害极大。

另一方面，在正版音乐的授权交易、权利管理、版权登记认证中，版权问题也凸显出来。网络环境需要海量的音乐版权作品，但如何找到行之有效的渠道解决海量授权的问题，如何规范数字版权的登记认证问题，如何更有效的进行权利管理，都值得我们共同研究，尽快找到解决问题的路径。

三是正版消费的商业模式比较单一。从中国2009年数字音乐市场的统计数据来看，无线数字音乐仍是数字音乐市场的核心组成部分。造成无线和在线市场规模悬殊的主要原因是消费者版权意识不足，在线音乐付费消费习惯尚未形成。有网站调查显示，仅有不到10%的网民接受音乐收费下载模式，近九成的网民更愿意接受免费视听服务。正版音乐网站的商业模式发展还有待探索。这不仅是中国个案，而是当下全球音乐产业发展所共同面临的问题。

在清醒认识到面临的挑战的同时，我们也要看到中国音乐产业面临着难得的发展机遇，音乐产业已经具备快速发展的良好基础和条件。这主要表现在：

一是用户数量庞大，具有巨大的市场发展空间。中国已经成世界上互联网使用人口最多的国家，网民规模达到4.4亿，互联网的普及率超过世界平均水平，宽带网民规模达3.6亿，手机网民规模达2.77亿。据中国互联网信息中心调查显示，数字娱乐已经成为中国网民网络应用的重心，网络在线音乐以82.5%的使用率位居榜首。这些数据表明，数字音乐有着巨大的市场空间和众多的消费群体，可持续发展趋势十分稳固。随着“三网融合”和移动互联网等新技术的不断升级发展，基于3G网络的移动互联网服务将更加丰富多彩，数字音乐产业在中国有着非常广阔的发展空间。

二是音乐市场的版权保护环境不断优化。中国在数字网络领域的版权立法已经基本成型，《信息网络传播权保护条例》实施良好，WCT和WPPT在中国也已正式生效。从2005年开始，中国政府连续6年开展了旨在打击网络侵权盗版的专项行动，查处的案件中相当部分是盗版音乐网站。目前，尊重版权、保护版权的良性网络环境正在形成，越来越多的互联网企业开始探索正版音乐的多元化商业模式。

三是政府产业政策扶持力度不断加大。2009年，中国新闻出版总署出台了音像(电子)出版业体制改革实施方案，提出促进音像业健康发展若干意见，积极推进音像企业重组，建立音像产业集团。今年以来，总署连续出台了《关于进一步推动新闻出版产业发展的指导意见》和《关于加快我国数字出版产业发展的若干意见》，将大力发展数字产业作为推动新闻出版产业发展的重点任务；批准建立了上海张江国家数字出版基地、重庆北部新区国家数字出版基地、杭州国家数字出版基地、湖北华中国家级数字出版基地和湖南中南国家数字传媒内容基地，规划建立三个国家级音像出版基地。这些政策和措施的落实，将助推音乐产业又好又快发展。

女士们、先生们：

音乐产业的健康发展需要版权的创新和保障。我们将进一步加大工作力度，不断推动音乐产业的发展。

一是进一步完善版权法律体系。我们将加快启动《著作权法》的修订工作，着重解决数字技术和互联网发展给版权保护带来的新问题，努力创造一个权利人、使用人和社会公众等各方利益得到均衡的法律环境。

二是继续加大打击侵权盗版力度，为音乐产业的健康发展营造良好的市场环境。近日，中国政府已启动为期半年的“打击侵犯知识产权和制售假冒伪劣商品专项行动”。网络侵权将是这次专项行动的打击重点。国家版权局正在会同公安部等共同督办查处规模性网络侵权案件，并将依法追究其刑事责任。

三是大力促进版权的市场化。充分发挥音乐、音像集体管理组织的作用，进一步完善音乐版权运用的市场机制，引导和支持市场主体创造和运用版权，指导和帮助市场主体探索高效、多样的商业模式，实现音乐的市场价值。

四是推动原创音乐的创造。原创音乐是音乐产业发展的核心和灵魂，是整个音乐产业得以生存的基础和动力。我们将采取措施，积极挖掘音乐人才，探索创新音乐形式和内容，加大对原创音乐的扶持和保护，以更多的中国原创音乐丰富世界乐坛。

五是加强版权法律知识的宣传普及工作，提高社会公众的版权意识，使“尊重版权、支持原创、诚实守信”的文化成为公众接受的思维方式和道德观念，形成有利于音乐产业健康发展的良好社会氛围。

六是推动建立多元化的正版使用商业模式。据我所知，现在世界各国都在不断地探寻数字音乐的有效商业模式，其中不乏成功的案例。如苹果公司的I—TUNES模式，为消费者提供了便捷的正版音乐使用途径，取得成功。在中国，一些互联网企业也创造了一些好的模式，如发表原创音乐的A8模式、与即时通讯结合的腾讯模式等等。这些音乐交易的商业模式，都是在数字网络环境下音乐产业发展的有益探索。希望在座的各位音乐界、产业界的朋友进行深入探讨和交流，这也正是我们这次论坛的目的所在。

女士们、先生们：

音乐带给我们无限的精神享受，音乐产业给文化创意以无限的活力和动力。中国政府愿意进一步加强与世界知识产权组织及世界各国的交流与合作，积极探索有效的音乐版权运用和保护模式，突破产业发展瓶颈，确立正确的发展方向，共同促进音乐产业的繁荣与发展。我们相信，音乐的未来很美好，音乐产业的未来也将很美好！谢谢大家。

在2010年中国知识产权高层论坛上的致辞

（2010年4月20日）

国家工商行政管理总局副局长　付双建

尊敬的各位来宾，女士们、先生们：

大家上午好！

很高兴出席今天的论坛，同大家一起探讨知识产权创造、保护和发展问题。在此，我谨代表工商总局，对本次论坛的召开表示热烈的祝贺！向所有关心支持商标事业发展的各界朋友们表示衷心的感谢！

现代经济的竞争是知识产权的竞争。随着知识经济和经济全球化的深入发展，知识产权日益成为国家发展的战略性资源和国际竞争力的核心要素，成为促进经济平稳较快发展、建设创新型国家的重要支撑。商标是重要的知识产权，大力开发和利用商标资源，大力推进商标战略实施，对于贯彻落实科学发展观，加快转变经济发展方式，缓解资源环境约束，建设创新型国家，提升国家核心竞争力，具有重大战略意义。

2009年，全国各级工商行政管理机关把积极贯彻落实中央决策部署与履行工商行政管理职能紧密结合，紧紧围绕总局党组提出的“增加总量、扩大规模、鼓励先进、淘汰落后”的促进市场主体健康发展的十六字方针，把大力推进商标战略实施作为应对国际金融危机冲击，服务市场主体、服务经济发展的有力抓手，取得显著成绩，作出突出贡献。

一是我国商标总体规模不断扩大，进一步确定了我国为世界商标大国的地位。加快商标审查工作取得历史性突破，共审查商标注册申请141.47万件，审查周期缩短到17个月。在国际金融危机的严峻形势下，全球范围内商标注册申请量明显下滑，而我国由于经济回升向好，由于实施商标战略，全社会商标意识的提高，也由于商标注册审查速度加快、商标注册周期缩短，提振了商标注册申请人的信心，商标注册申请量大幅度上升，2009年商标注册申请量达83.05万件，同比增长18.96%，是商标注册申请量最多的一年。截至2009年底，我国商标注册累计申请量为722.25万件，累计注册量为427.88万件，有效注册商标量为340.45万件，商标注册申请量、商标注册审查量、有效注册商标量均为世界第一，进一步确定了我国为世界商标大国的地位，为国家经济平稳较快发展提供了有力支持，为建设创新型国家创造了有利条件。

二是商标战略实施推进顺利，各项工作取得明显效果。2009年，工商总局发布商标战略实施意见和五年规划，制定了5个实施商标战略配套文件，组织了8次商标战略实施活动，商标战略的宣传、培训、指导和实施力度进一步加强。积极创新实施商标战略管理体制机制，出台并实施了支持海峡西岸经济区等15个包括实施商标战略的政策文件，部署开展了商标战略示范城市、示范企业工作，支持区域经济协调发展成效明显。各地积极推进商标战略实施。全国已有24个省（区、市）成立了商标战略领导小组，14个省（区、市）已印发了关于贯彻落实商标战略的文件。

三是积极配合《商标法》第三次修订工作。2009年，工商总局就修法中出现的若干热点重点问题进行了5个专题论证，分别形成专题报告。在此基础上，经反复讨论研究，多次征求意见，形成送审稿，已于2009年11月18日报送国务院法制办。

四是商标专用权保护工作成效显著。2009年，全系统共查处各类商标违法案件51 044件，同比下降9.87%，我国商标专用权保护环境得到了进一步提升。工商总局与上海市政府签订共同推进上海世博会举办工作合作协议，印发保护世界博览会标志专有权行动方案，核准备案61件世博会标志，查处侵犯世博会标志案件92件。工商总局完善了驰名商标认定制度，使驰名商标认定和保护工作更加公开、透明和规范。截至目前，工商总局共对2014件商标通过驰名商标认定进行扩大保护。

五是认真落实十七届三中全会和中央一号文件精神，加大农产品商标和地理标志的注册保护力度，充分发挥商标富农作用，有力地促进了农村改革发展、农业稳定发展和农民持续增收。截至2009年底，累计核准注册农产品商标74.98万件，核准注册地理标志771件，近两年注册的地理标志数相当于前15年的1.56倍。

六是加强商标国际注册工作，加大商标海外维权力度，大力支持企业实施商标"走出去"战略。2009年受理马德里商标国际注册领土延伸申请13 267件（一标多类），累计已达14.28万件（一标多类），连续5年位居世界第一；国内申请人通过商标局提出的马德里商标国际注册申请1346件（一标多类），累计已达9721件（一标多类），在发展中国家排名第一。高度重视我国企业商标海外维权工作，及时解决了一些知名中国企业商标在国外被抢注案件。

七是为社会、企业和全系统提供优质服务。实现了商标注册网上查询、网上公告，商标代理组织网上申请。中国商标网2009年的点击量达23.6亿次，网上商标注册申请达36.3万件，占商标注册申请量的43.71%。2009年办理204件商标权质押登记申请，帮助企业融资达101.46亿元。发布全国3226个省市县的主要商标信息，为实施商标战略提供重要商标信息和数据。

2010年是中国深入落实科学发展观、加快转变经济发展方式的重要一年，而加快推进自主创新、实施国家知识产权战略将为加快经济发展方式转变提供强有力的支撑。商标工作面临难得的历史机遇，应对金融危机我国经济已率先实现总体回升向好；商标战略在全国范围内深入实施，大部分省市商标战略已由部门行为上升为政府行为；解决商标审查积压问题取得历史性突破，从根本上扭转了我国商标工作的被动局面，同时带动了商标注册申请量和有效注册商标总量大幅上升；新一轮世界科技革命必将给我国自主创新带来更大的战略机遇。但同时，我们的任务将更加艰巨，商标审查积压问题还未彻底解决，商标战略实施刚刚开始；当前我国经济回升的基础还不牢固，经济运行中的新老矛盾和问题相互交织，商标专用权保护机制需要进一步健全完善；后国际金融危机时期的国际经济环境更加复杂，商标国际注册和保护工作还需要加强。下一步我们一定要扎实工作，勤奋努力，再创新辉煌。

第一，圆满完成到2010年彻底解决商标审查积压，商标审查周期缩短到1年之内的"三年任务"，进而稳步推进商标工作达到国际水平的"五年目标"。即完善现行商标法制，建立先进、完备的法律制度；创新商标工作机制，实现商标工作的可持续发展；提升商标注册、管理和保护能力，全面提高公众服务水平；提高驰名商标认定和保护水平，促进企业创新发展；全面推进商标基础设施和信息化建设；培育一支专业、稳定、多层次的商标干部队伍。

第二，继续全面推进商标战略实施，并以其为重要抓手，积极促进经济发展方式转变。最近，工商总局研究出台了包括全面推进商标战略实施在内的积极促进经济发展方式加快转变的若干意见。强调要加强商标战略实施的示范、创新和服务工作，进一步完善商标确权机制，加强驰名商标著名商标的培育认定工作，支持规范企业商标权质押贷款，积极推进商标富农工作，切实加大商标专用权保护力度、增强企业市场竞争能力，切实提高商标国际注册量、健全商标海外维权机制。

第三，进一步健全商标权益保护体制机制，切实加大商标专用权保护力度。建立遏制商标侵权行为发生的长效机制和全国联动商标案件查处协调机制，重点加大对驰名商标、著名商标的保护力度。充分发挥我国行政保护与司法保护"双轨制"的独特优势，密切与公安、海关、版权、专利等部门的协作配合，形成执法合力，完善跨部门商标执法协作机制。增强服务意识，加强行政指导，鼓励企业建立维护商标权益的机构，构建以自我保护为主体、行政和司法保护相结合、社会公众广泛参与的商标权益保护体系。

第四，积极支持商标国际注册，加强商标国际维权工作。加强商标国际注册的宣传、培训和指导工作，切实提高商标国际注册申请量和注册量。建立健全商标海外维权机制，加强同商务等有关部门的沟通协作，加强国际合作，逐步构建与有关国家和地区商标主管机关及司法机关的快速沟通机制，加大我国商标的海外保护力度。建立商标国际注册和维权数据库，为企业海外维权提供信息服务。工商总局将制定《关于加强商标国际注册工作建立商标海外维权机制的指导意见》，以进一步促进企业运用商标实施"走出去"战略，不断增强企业的国际竞争力。

女士们、先生们：

在继续应对国际金融危机、保持经济平稳较快发展、加快转变经济发展方式的新形势下，充分发挥知识产权制度重要作用，让一切创新活力竞相迸发，让一切创新才华充分施展，让一切创新成果得到尊重和保护，这是我们应对危机、促进科学发展的有效途径，也是致力于知识产权发展事业的同仁们孜孜以求的目标。让我们携起手来，加强交流与合作，共同推进知识产权的创造、保护与发展，为促进经济平稳较快发展、加快经济发展方式转变，建设创新型国家作出新的、更大的贡献。

最后预祝本次论坛圆满成功！

谢谢大家！

加强展会知识产权保护　维护公平健康贸易环境

——在第108届广交会展会知识产权保护宣传会上的致辞

（2010年10月17日）

商务部国际贸易谈判副代表　崇　泉

各位嘉宾，各交易团的代表，媒体的朋友们：

大家早上好！

第108届广交会已经正式开幕，预计将有来自国内外的23 599家企业参展，我相信本届广交会一定会取得圆满成功。

在现代经济活动中，展会是企业展示、交易最新产品的重要平台，并已成为贸易与经济合作的重要方式之一。近年来，我国会展经济取得了长足发展，并成为国民经济健康稳定发展的重要推动力量。在经济全球化的背景下，特别是在应对金融危机的过程中，会展经济对于稳定外需、扩大内需、搞活流通起到了重要的作用。据中国会展研究中心统计，2009年全国展览业直接收入总额为140.16亿元；广交会作为"中国第一展"，2008

年秋季和2009年春季两届交易会带给广州的直接经济效益为110.5亿元，间接经济效益为215.94亿元，约占广州市全年GDP的3.96%。

一、加强展会知识产权保护是会展业健康发展的需要

会展业的健康持续发展，离不开法制建设和商业环境的完善。加强知识产权保护，对于维护展会的健康秩序，保障展会的可持续发展有着十分重要的作用。知识产权保护是一项非常重要的工作，政府高度重视，国外也十分关注。2008年我国发布了《国家知识产权战略纲要》，将知识产权上升为国家战略，并将其作为建设创新型国家，实现由“中国制造”到“中国创造”的关键举措。保护知识产权是提高自主创新能力的重要保障，是我国经济社会发展的客观需要。加强展会知识产权保护，是整个知识产权保护工作的一项十分重要的内容，既有利于保护权利人的合法权益，鼓励创新，也有利于维护会展秩序，促进交易，推动国际经贸合作的健康发展。展会一般时间短，企业和产品集中，展会期间的知识产权侵权往往呈现短时间内数量大、涉及企业面广、处理复杂等特点。展会知识产权侵权问题处理具有示范效应，特别是像广交会这样影响力较大的国际展会，做好知识产权保护工作，将会带动国内展览业形成保护知识产权的良好氛围，推动知识产权保护意识的提高，优化知识产权保护环境。

二、商务部高度重视展会知识产权工作

为进一步加强展会知识产权保护，维护展会的良好交易秩序，2006年，商务部会同国家工商总局、国家版权局和国家知识产权局等部门，针对展会知识产权保护的特点，共同制定了《展会知识产权保护办法》，明确了展会期间知识产权保护的措施和投诉程序。为配合《展会知识产权保护办法》的实施，商务部会同海关总署、工商总局、版权局、知识产权局和贸促会在全国范围内开展了“蓝天会展行动”。为便利知识产权权利人保护自身权利，商务部编写了《展会知识产权投诉指南》。在各部门的共同努力下，国内相关展会已逐步建立了相应的知识产权保护机制。

在加强国内展会知识产权保护的同时，商务部还十分关注国内企业境外参展中的知识产权保护，2009年2月，知识产权局、商务部和贸促会等9部门共同印发了《关于加强企业境外参展知识产权工作的通知》，明确了包括引导企业加强知识产权管理、指导组展单位加强对企业参展项目的知识产权状况审查、与境外展会主办方加强沟通和协调等10项措施。2009年，商务部通过中欧知识产权合作项目（二期）的协助，开始在德国汉诺威信息及通信技术国际博览会（CeBIT）和柏林国际消费类电子产品展览会（IFA）上设立“中国参展企业知识产权服务站”，为中国参展企业免费提供现场咨询和调解服务。通过努力，涉嫌侵权的参展企业数量大幅减少，有效预防冲突，取得了积极效果。

三、大力推进广交会知识产权保护的成功模式

广交会不仅见证了中国对外贸易的发展，也见证了展会知识产权保护的进步。据我所知，20世纪90年代初，我们的广交会就已经开始将知识产权保护纳入重点工作内容，逐步从侧重商标的保护管理，发展为对专利、商标和版权的全面保护，并设立了专门的知识产权保护投诉机构，这不仅更好地维护了展会的健康秩序，保护了知识产权权利人的权益，并且对广交会的自身发展也起到了积极的推动作用。广交会在不断摸索中，依法逐步建立和完善了一套行之有效的展会知识产权保护制度和体系，并为商务部牵头制定的《展会知识产权保护办法》提供了可资借鉴的法律实践。在《展会知识产权保护办法》颁布实施后，有越来越多的展会根据《展会知识产权保护办法》建立起与广交会相似的知识产权保护模式，有效地推动了展会知识产权保护的发展。我希望今后，有更多的展会，能够认真学习广交会展会知识产权保护的成功经验，全面实施《展会知识产权保护办法》，形成加强展会知识产权的良好氛围，切实做好展会知识产权保护工作。

广交会展会知识产权保护，离不开展会主办方，各交易团，参展企业的共同努力，我希望今天参加会议的各交易团和参展企业代表，能够充分认识展会知识产权保护的重要性，认真落实《展会知识产权保护办法》，主动遵守广交会《涉嫌侵犯知识产权的投诉及处理办法》及其实施细则，共同做好展会知识产权的保护工作，为国际贸易创造一个公平健康的发展环境。

谢谢大家！

能动司法 服务大局 努力实现知识产权审判工作新发展

——在全国法院知识产权审判工作座谈会上的讲话

（2010年4月28日）

最高人民法院副院长 奚晓明

同志们：

这次全国法院知识产权审判工作座谈会的主要任务是：认真学习贯彻胡锦涛总书记在全党深入学习实践科学发展观活动总结大会上的讲话精神，切实贯彻落实党中央关于深入推进三项重点工作的决策部署和全国高级法院院长会议精神，在回顾总结2009年工作的基础上，认真研究部署新形势下的知识产权审判工作，努力推动人民法院知识产权司法保护事业的新发展。

刚才在开幕式上宣读了王胜俊院长为本次会议发来的贺信。王胜俊院长在充分肯定2009年全国法院知识产权司法保护成就的同时，站在全局和战略的高度，紧紧围绕深入推进三项重点工作的要求，明确提出了今后一个时期人民法院知识产权司法保护的主要任务和工作重点，为全国法院进一步加强知识产权审判工作指明了方向。我们一定要认真学习，深刻领会，切实贯彻。下面，我讲三个问题。

一、2009年全国法院知识产权审判工作的回顾

2009年，全国法院深入贯彻落实科学发展观，紧紧围绕党和国家工作大局，全面贯彻落实国家知识产权战略，重视研究知识产权审判工作面临的新情况、新问题，突出工作重点，创新工作方式，集中力量办案，坚持统筹兼顾，加强监督指导，各项审判工作都有新发展、新突破。

（一）知识产权案件审判工作有新进展

2009年，在知识产权案件数量增多、新类型案件增多、重大复杂疑难案件增多、案件审理难度加大的情况下，全国法院始终坚持以执法办案为第一要务，充分发挥知识产权审判职能作用，依法保护知识产权，公正高效审理了各类知识产权案件。

依法妥善审理知识产权民事案件。2009年全国地方法院共新收和审结知识产权民事一审案件30 626件和30 509件，分别同比增长25.49%和29.73%，新收一审案件诉讼标的总金额达到30.8495亿元。审结的知识产权民事一审案件中，涉外案件1361件，同比增长19.49%；涉港澳台案件353件，同比增长56.89%。共新收和审结知识产权民事二审案件5340件和5492件，分别同比增长12.21%和16.88%；共新收和审结再审案件100件和107件，分别同比下降1.96%和增长50.7%。受理知识产权诉前停止侵权申请59件、诉前证据保全申请237件、诉前财产保全申请56件，裁定支持率分别达到85.42%、98.72%和100%，临时措施在保护知识产权中的特殊作用得到有效发挥。知识产权案件调解力度加大，全国地方法院知识产权民事一审案件平均调解撤诉率达到61.08%，同比上升5.22个百分点，一大批具有重大社会影响和国际关注的案件得以调解和解解决，效果显著。推动完善诉讼与非诉讼相衔接的知识产权纠纷解决机制，北京、浙江、四川、广西等地高级法院出台了专门指导意见和工作措施，取得了较好效果。

依法履行知识产权司法审查职责和严惩侵犯知识产权犯罪。2009年全国地方法院共新收和审结知识产权行政一审案件2072件和1971件，分别同比增长92.92%和90.99%。在新收的行政一审案件中，专利授权确权案件626件，同比增长20.38%；商标授权确权案件1346件，同比增长209.42%。共审结涉及知识产权侵权的刑事

案件 3660 件，同比上升 10.04%；生效判决人数 5836 人，同比上升 8.31%，有罪判决 5832 人，同比上升 8.28%。其中，以侵犯知识产权罪判决的案件 1007 件，生效判决人数 1605 人。

（二）服务大局和贯彻国家知识产权战略有新突破

切实贯彻实施国家知识产权战略。最高人民法院将《国家知识产权战略纲要》中涉及人民法院工作的内容分解成 20 项具体工作任务，发布了《关于贯彻实施国家知识产权战略若干问题的意见》。各地法院结合本地情况，积极采取工作措施，天津、河北、上海、江苏、浙江、安徽、湖南、四川、甘肃、青海等地高级法院均出台了贯彻实施国家知识产权战略的指导性文件。

积极应对国际金融危机。最高人民法院及时发布《关于当前经济形势下知识产权审判服务大局若干问题的意见》，在国内外产生了重大影响并受到普遍好评。各地法院贯彻能动司法理念，纷纷采取应对举措，江苏、浙江、安徽、福建、广东、广西等地高级法院或出台专门指导意见，或深入行业座谈研讨，或加强与有关部门的沟通协调，取得了良好的社会效果。

完善知识产权审判体制和工作机制。最高人民法院发布了《关于专利、商标等授权确权类知识产权行政案件审理分工的规定》，统一了知识产权授权确权案件的审理分工，北京市有关法院及时调整审判力量，确保统一审理开局良好。各级法院积极推动由知识产权审判庭统一受理知识产权民事、行政和刑事案件的试点，最高人民法院在专题调研基础上批复同意部分法院开展试点，截至去年底，全国已有 5 个高级法院、44 个中级法院和 29 个基层法院开展了相关试点，各试点地区的有关法院努力规范和协调试点相关工作。知识产权案件管辖布局得到调整和完善。根据《最高人民法院关于做好调整和完善知识产权案件管辖制度相关工作的通知》，各地法院积极报请开展中、基层法院跨地区划片集中管辖工作，截至去年底，经指定具有专利、植物新品种、集成电路布图设计案件和涉及驰名商标保护案件管辖权的中级法院分别为 75 个、41 个、46 个和 41 个，可以审理一般知识产权民事案件的基层法院达到 92 个。

开展知识产权审判"优化自主创新司法环境"年度主题活动。根据最高人民法院的通知，各地法院突出本地特色，以做好专利案件、垄断和不正当竞争案件、商标案件审理工作和加强审判监督指导为重点，努力促进科技创新和品牌经济发展，营造有利于公平竞争的市场秩序，使该项主题活动成为 2009 年人民法院工作亮点之一。最高人民法院和上海市三级法院加强对上海世博会的知识产权司法应对，积极开展前瞻性研究，采取有效措施，全面服务和保障世博会。全国法院在去年"知识产权宣传周"期间，开展了形式多样、内容丰富、范围广泛的宣传活动，媒体高度关注并作了全面深入报道，社会反响强烈，已成为人民群众了解和感受人民法院工作的重要窗口。进一步落实公开审判制度，不断提高知识产权司法透明度，截至去年底，已经有 34 263 份生效裁判文书通过"中国知识产权裁判文书网"公开。

（三）审判监督和业务指导工作有新推进

加强知识产权司法解释工作。在各地法院配合参与下，最高人民法院就驰名商标司法保护、专利侵权判定、反垄断民事诉讼、商标授权确权案件和网络著作权案件审理等问题，开展了司法解释和规范性文件的研究起草工作，公布了《关于审理涉及驰名商标保护的民事纠纷案件应用法律若干问题的解释》和《关于审理侵犯专利权纠纷案件应用法律若干问题的解释》，对保障有关法律的正确实施，促进品牌经济的健康发展，激励自主创新和科技进步，具有重要指导意义。

强化知识产权审判业务指导。2009 年年初最高人民法院及时发出《关于涉及驰名商标认定民事纠纷案件管辖问题的通知》，将有关案件管辖权集中至省会市和计划单列市中级法院，有效规范了驰名商标司法保护工作；还发布了《关于学习贯彻修改后的专利法的通知》，明确了新旧专利法的衔接适用问题。地方法院尤其是各高级法院也普遍注重加强知识产权审判调研和指导，及时总结本地审判经验，北京、山西、浙江、湖北、广东、青海等地高级法院针对不同类型案件审判提出了指导性意见，各地法院也注意加强对有较大社会影响的关联和类似案件的沟通协调，努力统一案件裁判标准。

积极发挥知识产权典型案例的示范效应。最高人民法院创新审判指导方式，于去年"4·26"世界知识产权日期间首度发布《最高人民法院知识产权案件年度报告(2008)》，并公布了 2008 年中国法院知识产权司法保护 10 大案件和 50 件典型案例，地方法院也普遍注重对典型司法案例的公开宣传和编辑出版，对于统一和完善知识产权司法标准起到了积极作用。

（四）知识产权法官队伍建设有新提高

夯实知识产权审判组织体系建设。各级法院着力加强基层基础建设，中级以上法院和具有知识产权民事案件管辖权的基层法院普遍建立了知识产权审判庭，进一步配齐配强审判力量，知识产权审判组织体系不断健全。努力发挥技术专家在解决知识产权纠纷中的作用，各地法院积极推荐技术专家担任人民陪审员，上海市高级法院建立了知识产权审判技术专家库。最高人民法院和上海、江苏、浙江、广东、四川等地高级法院以及北京市第一、二中级法院继续开展与专利复审委员会的人员交流。

强化知识产权审判业务能力建设。各级法院高度重视对知识产权审判人员的强化培训，最高人民法院对中、基层法院的240余名知识产权法官进行了集中培训，北京、黑龙江、浙江、山东、湖北、湖南、广西、重庆等地高级法院也举办了专题培训班。

重视知识产权法官队伍思想政治建设。各级法院深化社会主义法治理念教育，确保公正廉洁司法，努力培养知识产权法官亲民爱民为民的良好作风。6名知识产权法官被授予“全国审判业务专家”称号，充分展示了知识产权法官的良好职业素养。

2009年是我国知识产权审判事业扎实推进和成效显著的一年。在此，我代表最高人民法院，向辛勤奋斗在知识产权审判岗位上的全体法官和其他工作人员，表示亲切的慰问和致以衷心的感谢！

二、当前知识产权审判工作面临的新形势

当前我国知识产权审判工作面临的形势仍然是机遇与挑战并存、机遇大于挑战。

（一）国际国内大环境的深刻变化带来的新挑战

目前我国发展所面临的形势极为复杂，各种积极变化和不利影响此长彼消，短期问题和长期矛盾相互交织，国内因素和国际因素相互影响，人民法院知识产权司法保护所处的国际国内大环境发生了深刻变化。

从国际环境来看，当今世界正处在大发展大变革大调整时期。在后国际金融危机时代，国际竞争格局、竞争态势和竞争手段向着更为复杂化的方向发展。发达国家加紧知识产权战略部署，积极抢占科技与知识产权的制高点，一些发达国家相互联合推行知识产权强保护的意图明显，试图推动设定高于TRIPs协定的保护标准。贸易和投资保护主义明显抬头，在新一轮贸易保护浪潮中，知识产权同世贸规则、减排责任等一起成为发达国家打压竞争对手的利器，并且很可能成为今后国际竞争的常态。一些发达国家更加注重通过政治、外交和贸易手段在知识产权问题上对中国等发展中大国施加压力，而且其关注重点已经全面转向执法保护问题，个案维权日益呈现官民一体化趋势。知识产权国际争端将不断深化，涉外知识产权纠纷将越来越多，知识产权司法保护将面临更多的国际挑战和更大的外部压力。同时，随着我国经济实力、综合国力和国际影响力的显著增强，在知识产权保护上更应该注重树立负责任大国的良好形象。

从国内环境来看，我国仍处在重要战略机遇期。转变经济发展方式，提高自主创新能力，调整产业经济结构，提升经济增长内生动力，已经成为国家的根本发展战略。随着我国知识产权战略继续深入实施，我国已经逐步转向创新驱动、内生增长的发展轨道，自主创新的理念和依法保护知识产权的意识日益深入人心，保护知识产权已经成为企业竞争的基本动力和国家发展的内在需求。国际金融危机发生以来，党中央、国务院高度重视知识产权工作，胡锦涛总书记和温家宝总理等党和国家主要领导人多次强调自主创新和知识产权在建设创新型国家、调整经济结构和转变发展方式中的重要支撑作用，知识产权工作与党和国家大局工作的联系更加紧密。

国内外形势的深刻变化，要求知识产权审判必须更加准确把握世情和国情，统筹好国内国际两个大局，积极服务于统筹利用国内国际两个市场、两种资源的要求，妥善处理好各类知识产权纠纷，既要有效促进国际经济合作，优化投资环境，又要始终立足我国国情和发展阶段，维护国家利益和经济安全，激励自主创新和促进科技进步，提升我国的知识产权综合能力和国际竞争力。

（二）经济社会和科技文化的快速发展提出的新需求

近年来，我国经济社会和科技文化快速发展，综合国力和企业竞争力不断提升，市场竞争状况发生了许多积极新变化，催生了保护知识产权和维护市场公平竞争的新需求，各类知识产权案件呈现了一些新特点。

随着创新型国家建设进程的加快，对自主创新成果的保护需求日益强烈，司法保护的主渠道作用更加凸显。专利纠纷数量持续上升；涉案技术的含金量越来越大，发明专利案件和涉及药品、通信和环保等高科技领域的案件明显增多；争议金额和判赔数额越来越高，一些实用新型和外观设计专利也可能引发高额索赔纠纷；涉及自主知识产权的专利纠纷增多，起诉外国公司和外资企业的案件开始增多；涉外专利纠纷比重较大，对审判进程和裁判结果的国内外关注度越来越高。随着企业创造和保护自主品牌意识的明显增强，涉及商业标志的争议越来越多。商标授权确权诉讼争议急剧增加；商标侵权诉讼程序与授权确权程序交叉关联案件明显增多；涉及知名企业的重要品牌乃至地方利益之争的案件明显增多；商业标志类权利冲突纠纷持续增多。随着文化创意产业的蓬勃发展，版权保护已经超出传统的文化意义而更多地向经济意义拓展。著作权案件持续大幅增长，已占据知识产权案件的半壁江山；网络成为版权保护的主战场；串案和关联案件较多；与网络技术开发和应用有关的版权纠纷受到业界的高度关注，加强版权保护与促进新商业模式发展的利益平衡空前重要。随着市场竞争程度的日益激烈和商业行为模式的多样化，越来越多的市场竞争行为需要依法予以界定和规范。法律明文禁止的不正当竞争行为有所减少，但挑战法律边界的行为屡见不鲜，需要适用反不正当竞争法的原则条款判断的案件越来越多；反垄断法的实施使一些长期以来司空见惯行为的合法性受到质疑，一些非为个人利益得失而重在检验法律和挑战界限的试探性、挑战性纠纷进入司法程序，通过司法解决垄断纠纷受到越来越多的关注。

我国经济社会和科技文化的快速发展，使知识产权审判解决新问题的压力更大，保护创新的责任更大，促进发展的作用更大。这就要求知识产权审判必须以提高自主创新能力和国家核心竞争力为重要出发点和基本立足点，通过依法加大知识产权保护力度，制止各类知识产权侵权行为，保障知识产权权利人利益的充分实现，维护生机勃勃的创新机制；同时通过科学界定知识产权保护范围和合理确定保护强度，防止知识产权滥用，促进知识传播和运用，拓展创新空间，构建公平合理的发展环境。

（三）深入推进三项重点工作赋予的新任务

深入推进社会矛盾化解、社会管理创新、公正廉洁执法三项重点工作，是我们党在新形势下总结党的执政规律、社会主义建设规律和政法事业发展规律基础上作出的重大战略决策。积极推进三项重点工作，知识产权审判责无旁贷。各级法院务必充分认识推进三项重点工作的重要意义，紧密结合知识产权审判工作实际，找准推进三项重点工作的结合点和着力点，以推进三项重点工作为契机，使各项知识产权审判工作取得新突破。

深入推进三项重点工作，一是要求知识产权审判必须以执法办案为重心。执法办案始终是审判工作的硬道理和第一要务，在知识产权纠纷成因更加复杂、利害关系日益重大和矛盾纠纷化解难度进一步增大的形势下，要立足知识产权审判实际，首先把案件审理好，充分发挥司法解决知识产权纠纷的主渠道作用，着力化解知识产权领域的矛盾纠纷，使当事人合法权益得到维护，使受到损害的知识产权法律关系得以修复，使创新秩序稳定和谐。二是要求知识产权审判必须以全方位发挥职能作用为目标。司法是国家通过法律管理社会的重要渠道，是国家管理社会的一种有效手段。知识产权审判工作是人民司法事业的重要组成部分，在加强知识产权保护方面，要坚持与时俱进、不断创新，深化知识产权司法改革，充分发挥辐射效应，促进知识产权创造、运用和管理水平的全面提高。三是要求知识产权审判必须以公正廉洁执法为保障。公正廉洁执法既是三项重点工作的内容，又是落实三项重点工作的保证。各级法院必须以公正廉洁执法，确保三项重点工作在知识产权审判中的全面落实。

三、强化四个意识，努力实现知识产权审判工作新跨越

今年是继续应对国际金融危机、保持经济平稳较快发展、加快转变经济发展方式的关键一年，是全面实现“十一五”规划、为“十二五”发展打好基础的重要一年，国家知识产权战略实施将进入更为关键的时期。根据新形势，当前和今后一个时期人民法院知识产权审判工作的主要任务是：深入贯彻落实科学发展观，深入推进三项重点工作，坚持为大局服务，坚持能动司法，进一步加大

知识产权司法保护力度，进一步加强知识产权审判工作，充分发挥司法保护知识产权的主导作用，为提高自主创新能力、建设创新型国家和促进经济社会又好又快发展提供更加有力的司法保障。为此，要强化“四个意识”，扎实工作，开拓进取，努力实现人民法院知识产权司法保护事业的新进步。

（一）强化大局意识，进一步增强服务大局的针对性、能动性和坚定性

知识产权审判必须紧紧围绕党和国家工作大局来谋划和推进，尤其要紧紧围绕加快转变经济发展方式和建设创新型国家的需要，搞好各项审判工作，充分发挥主导作用。

一要紧紧围绕促进自主创新能力和国家核心竞争力的提高，加强专利权保护。专利保护与促进科技创新的关系最紧密，作用最直接。各级法院要准确适用专利法及其司法解释的规定，准确把握宽严适度的司法政策，尤其是要认真学习领会和准确把握新修订的专利法及去年新颁布的专利法司法解释的精神实质，依法审理好各类专利案件，充分发挥专利保护在激励创新、支持研发投资和推动经济发展方式转变中的独特作用。特别是要结合国家的发展战略和产业政策，重点加大对经济增长有重大突破性带动作用、具有自主知识产权的关键核心技术的保护力度，促进战略性新兴产业成为可持续发展的主导力量。

要兼顾专利权保护的力度与适度，切实做到专利权保护的宽严适度。专利保护有益作用的充分发挥，取决于保护强度是否与本国的科技发展水平和发展目标相适应，不顾发展水平、超越发展阶段的过高或过低保护，都会妨碍科技进步和经济社会发展。在强调加强专利保护的同时也要强调适度保护，防止过度保护造成阻碍知识传播运用的抑制效果。各级法院要在法律允许的范围内，通过司法政策的妥善运用和裁量权的适当行使，使专利权的保护强度与我国国情和发展阶段相适应，符合我国创新和发展的实际，最大限度地促进我国的创新和发展。一方面，要准确界定专利权的保护范围，加大专利权的保护力度。专利权利要求确定并向社会宣示了专利权的保护范围，划定了专利权的法律边界。凡落入保护范围的内容，必须旗帜鲜明地依法给予严格保护，不能有任何含糊和打折扣。对于专利权利范围需要解释和界定的，要正确运用专利法尤其是新司法解释确定的折衷解释等解释规则，恰如其分地予以解释和确定。另一方面，又要防止对专利权不适当的扩张。要准确把握司法解释有关等同侵权规则的适用精神，既要以等同原则克服字面侵权的局限，又要适度从严把握等同侵权的适用条件，防止等同原则适用过宽过滥，避免以认定等同侵权的方式不适当地扩张专利权保护范围，压缩创新空间和损害公共利益。要准确把握新司法解释有关全部技术特征、禁止反悔、捐献等新规则，不接受所谓的多余指定规则，充分尊重专利权利要求的公示和划界作用，确保权利范围的确定性，为社会公众提供明确的法律预期。要准确适用现有技术抗辩规则，在等同侵权和相同侵权中均可以适用该规则，且允许以一份对比文献中记载的一项现有技术方案与公知常识的简单组合主张现有技术抗辩。被诉侵权人以实施抵触申请中的技术方案主张其不构成专利侵权的，可以参照现有技术抗辩的审查判断标准予以评判。对于司法解释尚未规定的专利间接侵权、专利与标准的关系等问题，要继续加强研究，必要时可以通过个案进行探索，并注意及时总结，为将来解决此类问题积累经验。

二要紧紧围绕促进自主品牌的形成和品牌经济的发展，加强商业标志权益保护。商标、企业名称等商业标志凝聚着企业的形象、信誉和竞争力，是企业经营成果和市场竞争优势的集中体现。加强商业标志保护，直接关系到促进自主品牌的形成和品牌经济的发展，甚至影响到树立我国负责任大国的形象，对此应给予高度关注和充分重视。

要准确把握商业标志保护的基本精神。要从保护商业成果、净化市场环境、培育企业品牌意识、维护消费者权益和树立负责任大国形象的高度，加强对商业标志的司法保护。要以制止混淆为核心，以为自主品牌的形成和企业品牌做大做强创造足够的法律空间为导向，准确把握商业标志授权确权的条件和侵权行为的认定标准，正确界定商业标志保护范围，使商业标志之间具有充分的可区别性，有效遏制不正当搭车模仿行为。要充分考虑商业标志的显著性和知名度，使保护范围与显著性和知名度相适应。对于显著性越强和市场知名度越高的商业标志，给予范围更宽和强度更大的保护。在加强保护的同时，要合理认定对商业标志的正当使用，维护公众的正当利益。

要继续完善驰名商标司法保护制度和加强驰名商标保护。前些年一些法院在驰名商标的认定

上有把关不严等混乱现象，甚至个别法院和法官因为违法违纪受到了追究，教训深刻，令人痛心。针对实践中存在的突出问题，去年以来最高人民法院通过制定司法解释和完善案件管辖等制度，进一步明晰了驰名商标认定和保护的法律标准，集中了案件管辖法院，堵塞了制度漏洞，为驰名商标司法保护的健康发展奠定了重要基础。各级法院务必要严格执行这些制度措施，确保驰名商标司法保护的规范性和公信力。同时，也要充分认识到，驰名商标保护制度的初衷是加强保护而非限制保护。在防止滥用驰名商标保护制度的同时，也不能因噎废食和放弃职责，走向另一个极端，对该认定和保护的不敢旗帜鲜明地给予保护，为驰名商标保护设置不应有的障碍。

要高度重视和认真审理好商标授权确权行政案件。此类案件中大要案多，社会关注度高，相关法院要认真学习贯彻刚刚发布的《最高人民法院关于审理商标授权确权行政案件若干问题的意见》，继续加强对实体审查标准和程序问题的调研，及时总结审判经验。最高人民法院也将尽快制定有关这类案件审判程序问题的指导性意见。要准确把握司法导向和司法政策，对于尚未使用或尚未大量投入使用的诉争商标，可依法适当从严掌握商标授权确权标准，尽可能避免与在先商业标志的冲突，尤其要遏制商标注册中的不正当模仿搭车行为，加强对于具有知名度的在先商业标志的保护，消除商业标志混淆的可能性。对于使用时间较长、已建立较高市场声誉和形成相关公众群体的诉争商标，要慎重撤销，注重维护已经形成和稳定的市场秩序。要加强对于具有一定影响的在先企业名称及其字号的保护，注意遏制抢注他人在先使用并有一定影响的商标的行为。

三要紧紧围绕促进新商业模式的发展和文化创意产业的繁荣，加强著作权保护。在信息技术和网络技术的推动下，以著作权为核心内容的文化创意产业，把文化、技术、产品和市场有机结合起来，成为促进传统产业创新、推动经济发展方式转变、增强国家软实力的重要推动力量。要充分认识著作权的文化意义和经济意义，营造有利于文化创意产业发展和新商业模式形成的良好氛围。高度关注新技术带来的作品使用方式变化和著作权保护的新问题，依法确定权利归属和保护范围，合理平衡界定原作者、后续作者、技术或服务提供者以及社会公众的利益，繁荣文化创意市场。

要加强网络著作权案件的审判工作。网络著作权案件数量多，新情况新问题多，许多法律适用问题存在着争议，各级法院要认真总结审判经验，及时研究新情况和解决新问题。最高人民法院将在广泛深入调研的基础上，抓紧拟定相关的司法解释或者指导性意见。当前特别要注意有关保护信息网络传播权的专门法与即将施行的侵权责任法在适用上的衔接问题，准确认定网络服务提供者的侵权责任。侵权责任法第三十六条明确区分了网络服务提供者的直接侵权责任和间接侵权责任，有关规定也适用于信息网络传播权保护。该条第一款规定了网络用户、网络服务提供者对自己利用网络侵害他人民事权益的行为承担直接侵权责任的情形，要结合该法其他相关规定理解和适用好该规定。该条第二款和第三款规定了网络服务提供者对网络用户的侵权行为应当承担的间接侵权责任，但这是两个独立的条款，不存在递进关系。第二款实质上就是所谓的“安全港”规则，与信息网络传播权保护条例第二十二条和第二十三条的规定相比，责任更加清楚明确，网络服务提供者仅就在接到被侵权人通知后因未及时采取必要措施造成损害的扩大部分承担连带责任，对接到通知前已经发生的损害不承担责任。第三款规定的“知道”这一主观要件，包括“明知”和“应知”两种情形，这与条例第二十二条和第二十三条的规定精神并无本质不同，实践中要注意研究总结“应知”的具体认定标准。要根据网络侵权行为的特点、被侵权人维权的实际困难以及网络新商业模式发展的内在要求，正确理解和把握网络服务提供者的侵权责任，妥善处理好所谓的技术中立与侵权行为认定的关系。

四要紧紧围绕完善市场结构和维护公平竞争，加强竞争案件的审判工作。严格执行反垄断法和反不正当竞争法，开展好竞争案件审判，对于及时制止垄断和不正当竞争行为，促进市场结构的完善、企业竞争力的提高和市场经济的健康发展，具有重要意义。

要高度重视反垄断民事审判工作。反垄断法实施以来，反垄断民事诉讼已成为新的审判领域。为及时了解这方面的情况，新受理的垄断案件，都要及时层报最高人民法院。考虑垄断案件的特殊性，在最高人民法院出台专门规定之前，一般应集中由省会市和计划单列市中级法院行使管辖权。对于适用反垄断法中遇到的新情况新问题，要加强研究总结，注意把握反垄断民事诉讼的规律和特点。要强化宏观思维，全面考虑各种相关因素，综合评估涉嫌垄断行为的反竞争和促进竞争的影响和效果；注意充分发挥经济学专家和专业部门的作用，探索引进经济分析方法的途径和方式；统筹兼顾国家的各项经济政策，注意竞争政策与国家的经济发展战略、产业政策、贸易政策、技术政策等相协调，避免机械司法和片面司法。

要注意加强不正当竞争案件的审判工作。要充分考虑规范市场竞争秩序的现实需要，准确适用反不正当竞争法的原则性条款，调整各种花样翻新的市场竞争行为方式。加强侵犯商业秘密案件的审理，探索制约商业秘密有效保护的实体和程序问题的解决途径，注意民事与刑事执法程序的衔接，积极营造良好的贸易投资环境。加强对商业外观和商业形象法律问题的调查研究，综合运用民事基本法和知识产权专门法的规定，以制止误导公众和保护他人正当利益为目标，积极探索保护途径。

五要紧紧围绕保障国家重大活动的顺利举行，依法审理好涉及重大专项活动的知识产权案件。要积极稳妥地处理涉及上海世博会和广州亚运会、亚残运会的相关知识产权案件，有关活动举办地的法院，要建立专项审理制度，对有关案件采取集中审理。要依法慎用司法措施，协调保护组织者、参与者的合法权益，避免对活动的顺利进行造成重大影响。要加强与有关部门的协调配合，发挥司法保护与行政执法保护的整体合力。要注重司法建议工作，预防和减少纠纷，延伸服务空间，拓展保障范围。

六要紧紧围绕营造良好的贸易和投资环境，加强平等保护。在知识产权审判中，要平等保护各种市场主体的合法权益，防止因企业规模和企业性质的不同而区别对待。要正确处理好本国当事人与外国当事人的利益关系，遵循国民待遇原则，信守国际条约，严格依法保障中外当事人的合法权益，促进国内市场的统一开放，提高对外开放水平，完善投资环境和增强投资信心，树立负责任的大国形象。

（二）强化保护意识，进一步加大知识产权司法保护力度

要积极回应国内日益增长的知识产权司法保护新需求以及对外交往的新需要，尤其是要加强后国际金融危机时期知识产权保护新形势的研判和应对，继续加大知识产权司法保护力度。

一是要以贯彻实施侵权责任法为契机，加强知识产权保护。侵权责任法规定了民事侵权责任的一般规则，是调整民事侵权法律关系、保障民事主体权益的民事基本法。要以侵权责任法的施行为契机，深入学习领会侵权责任法的立法精神，结合知识产权单行法的特别规定，进一步丰富、完善和明晰知识产权侵权责任制度。凡知识产权单行法没有特别规定的，可以适用侵权责任法的一般规定。侵权责任法对于网络侵权责任的规定，适用于网络环境下侵犯知识产权的所有情形，除网络著作权外，还适用于涉及商标权等其他知识产权的网络侵权行为。可以借鉴网络著作权保护的审判经验和审理思路，积极研究探索其他知识产权网络侵权责任的具体认定，全面加强网络环境下知识产权的保护。

二是要继续加大知识产权损害赔偿力度。坚持全面赔偿原则，切实加大侵权代价，努力降低维权成本。积极探索加大赔偿力度的具体实现方式，合理确定侵权损害赔偿数额和制止侵权的合理开支，加大对侵犯重大及有较高经济效益的发明创造和知名品牌行为的判赔力度，加重假冒盗版和重复侵权、恶意侵权、以侵权为业的行为人的赔偿责任，保证权利人利益的充分实现。注意依法通过证据保全、调查取证和委托鉴定等方式收集侵权人获利证据，积极探索运用推定方式转移赔偿数额的举证责任，充分发挥举证妨碍制度在损害赔偿确定中的作用，支持当事人有关侵权赔偿额计算方法的约定，促进当事人举证责任负担上的公平与诚信。赔偿额的计算属于事实认定范畴，可以酌情适用优势证据的证明标准。根据案件具体情况，当事人提供了据以计算权利人损失或侵权人获利所需的销售数量等数据，其他所需数据尚不能完全确定的，可以参考许可费、行业一般利润率、侵权行为的性质、持续时间、当事人的主观过错等因素，酌定计算赔偿所需的其他数据，公平合理地确定赔偿数额。进一步完善法定赔偿方法的适用，防止法定赔偿的泛化、简单化和随意化。只有在缺乏基本的可靠数据支持，确实难以合理确定权利人损失和侵权人获利，也没有合理的许可使用费可以参照计算时，才应考虑适用法定赔偿。要合理确定权利人因维权支付的开支，只要有关开支具有合理性和必要性并且已经实际发生，都可以纳入赔偿范围。

三是要有效发挥诉前临时措施保护知识产权的独特作用。要准确把握诉前停止侵权和诉前财产保全的适用条件，依法稳妥地裁定采取有关措

施。对于假冒和盗版等显性侵权和故意侵权案件，应当积极采取有关临时措施。特别要注意依法积极采取证据保全措施，切实减轻当事人的举证负担。诉前证据保全以申请人提供初步证据证明侵权事实存在为前提，以证据的不易获得性和申请人难以自行收集为条件。同时，要注意保护被申请人的利益，防止当事人滥用诉前临时措施制度。在确定诉前临时措施的具体方式时，应考虑其可行性、合理性和必要性，避免措施不当给被申请人造成不应有的损失。根据企业的生产经营状况不适宜或者不必要采取有关措施的案件，以及需要进行比较复杂的等同判定的专利案件，不宜轻易采取财产保全措施，更不宜适用诉前停止侵权措施。

四是要坚决遏制地方保护倾向。知识产权审判透明度高、公开性强，又采取集中管辖等制度，具有较强的外在约束性，地方保护的现象总体上是少的。但是，地方保护的现象仍有存在，在极个别地方还较为严重，破坏了法律的权威性、法治的统一性和司法的良好形象，对此绝不能视而不见和掉以轻心，要坚决遏制。要依法受理知识产权案件，严格规范程序运作，公正裁决实体问题，不能为了本地利益而牺牲司法公正，更不能因为有案外压力而放弃司法职责。要认真贯彻执行关联案件的相互沟通协调和报请协调指导制度，在后受理或处理关联案件的法院，要积极主动进行沟通协调并及时向上级法院请示报告，避免作出相互矛盾或标准不一的裁判。要切实加强审判监督，发挥二审和再审的纠错功能，上级法院不能为顾及审判绩效考核指标而迁就错误裁判。

五是要在加强保护的同时注意防止滥用权利。当前加强知识产权保护无疑是主要矛盾，但同时也要防止知识产权权利滥用问题。防止权利滥用不能只停留在抽象的提法上，要结合审判实际，认真研究总结其表现形式和规制办法。当前审判实践中，一些当事人通过重复起诉、虚列被告拉管辖等方式滥用权利，应引起重视。要严格执行“一事不再理”原则，禁止重复诉讼。判断是否属于重复诉讼，关键要看是否是同一当事人基于同一法律关系、同一法律事实提出的同一诉讼请求。对于原告以制造商为主要被告，只是销售商或使用者不同而分别起诉的案件，不得重复判决同一行为人对其同一行为重复承担民事责任。要制止规避管辖制度的行为，防止人为制造管辖争议。对于当事人基于同一法律关系或同一法律事实而发生的关联纠纷，必须依照有关司法解释的规定移送先立案的法院合并审理；对于故意虚列个别被告制造管辖连结点，对该被告并无实体诉讼请求或该被控行为显然不属于法律规定的侵权行为的，或者在法院受理后原告撤回对作为管辖连结点的被告的起诉，而导致受诉法院据以管辖该案的连结点不再存在的，受诉法院应依职权裁定将案件移送有管辖权的法院审理。要准确把握确认不侵权诉讼的受理条件。确认不侵权诉讼制度的目的在于防止权利人滥用权利，但把握不好也会成为一些人滥用诉权的借口。对于确认不侵犯专利权以外的其他各类确认不侵犯知识产权纠纷，也应参照去年底发布的专利法司法解释第十八条规定的受理条件处理，都要坚持事先书面催告程序。

（三）强化改革意识，进一步加强知识产权审判体系建设

各级法院必须强化知识产权司法改革意识，积极推动知识产权审判体制和工作机制的改革和完善，努力构建资源优化、科学运行、高效权威的知识产权审判体系。

一是积极有序推进由知识产权审判庭统一受理知识产权民事、行政和刑事案件的试点工作。已经开展试点工作的地方，要认真总结新情况，及时解决新问题，注意不同类型案件的审理思路等的转换和协调，加强与检察机关、公安机关以及相关行政部门的协调配合，确保知识产权刑事和行政审判工作的顺利进行。

二是建立健全适合知识产权案件特点的纠纷解决机制。要准确把握“调解优先、调判结合”原则，以“案结事了”为目标，有调解可能的优先考虑调解，不能调解的应尽快裁判，充分认识判决也是维护社会和谐稳定的重要途径，不能强制调解和久拖不决。要完善诉讼与非诉讼相衔接的矛盾纠纷解决机制，进一步引导当事人根据自己的实际情况，合理选择纠纷解决方式。要高度重视并充分发挥科技专家在解决知识产权纠纷中的作用，探索创新专业技术问题的解决机制。上周最高人民法院与中国科学技术协会共同签署了知识产权司法保护合作备忘录，最高人民法院还聘任了11名院士为首批特邀科学技术咨询专家，为制定知识产权司法保护政策提供宏观政策咨询，为知识产权案件中的专业技术问题提供智力支持，为协调解决知识产权纠纷提供沟通斡旋帮助。根据上

述合作备忘录，将建立全国法院知识产权审判技术专家库，为借助科技专家解决知识产权纠纷提供长期稳定的操作平台，重点就案件专业技术问题提供专家咨询意见并发挥专家调解人的作用。要继续完善适合知识产权审判实际的人民陪审员工作机制，增进知识产权审判的科学性和民主性。在即将开展的新一轮人民陪审员选任和培训工作中，各地法院要根据本地实际，积极争取各方面的支持，适当增加人民陪审员中科技专家的数量，保障人民陪审员参审权利，扩大参审案件范围。

三是继续完善知识产权案件管辖布局。今年初最高人民法院发出《关于调整地方各级人民法院管辖第一审知识产权民事案件标准的通知》和《关于印发基层人民法院管辖第一审知识产权民事案件标准的通知》，全面调整和统一明确了各级法院知识产权民事案件级别管辖标准，各地法院要严格执行。要尽可能相对统一管辖标准，需要调整有关基层法院的级别管辖标准和中、基层法院的地域管辖范围的，应及时按程序报请最高人民法院批准。要在严格控制新增专利和植物新品种案件管辖权法院的同时，根据工作需要，适当增加指定基层法院管辖一般知识产权案件，并鼓励中、基层法院开展跨地区划片集中管辖。

（四）强化管理意识，进一步提高知识产权司法能力和水平

要通过强化审判管理和法官队伍管理，创新管理方式，努力提高知识产权司法能力和水平，促进司法公正，保障社会公平正义。

一是着力加强知识产权审判的基层基础。随着知识产权审判管辖制度的发展和完善，知识产权一审案件基本上都已下沉到中、基层法院，同时随着知识产权案件审理任务的加重，基层知识产权审判队伍的不断扩大，加之近年来许多法院因干部交流和人员调整导致知识产权审判新手增加较多，加强基层基础建设尤其是基层法院的知识产权审判基础建设，已经成为一项十分紧迫的工作任务。要加强业务培训，除了最高人民法院要采取举办会议研讨和培训班等措施以外，有关高、中级法院更要切实负起责任，创新专业法官培养方式，增强业务培训的针对性和实效性，采取集中培训、上下对口交流、庭审观摩、案件评查等各种形式，加强对下级法院知识产权审判工作的指导。知识产权领域新情况新问题层出不穷，各级法院和全体知识产权法官都要加强自我学习，不仅要注重学习知识产权法律新知识，还要注意学习上级法院的有关司法文件和典型案件裁判，更要注重学习科技基础知识，努力把各级法院知识产权庭建设成人民法院学习型庭室的典范。案件压力较大的法院，要积极协调沟通，努力增加审判力量，切实解决案多人少、不堪负荷的问题。

二是大力推进知识产权司法公开与透明。各级法院要积极回应“阳光司法”的社会要求，按照最高人民法院《关于司法公开的六项规定》，拓展司法公开的广度和深度。要坚持审判公开，凡法律规定应公开的一律公开，审查申请再审案件也应尽可能组织听证并公开进行。积极邀请人大代表、政协委员及各界人士旁听知识产权案件庭审，积极尝试庭审网络直播，让人民群众切身感受公开审判过程。要进一步提高裁判文书质量，对事实必须有明确的归纳认定，对诉辩主张必须一一予以说理回应，及时公开生效裁判文书，严格执行知识产权裁判文书上网制度。要进一步加强知识产权司法保护宣传，以每年“4·26”世界知识产权日和知识产权宣传周为契机，开展新闻发布，组织有特色、有内容的宣传活动，增进全社会和国内外对人民法院知识产权司法保护工作的了解和认同。要建立和完善白皮书发布制度，最高人民法院将把中国法院知识产权司法保护状况白皮书发布工作常态化，各高级法院也可以根据实际情况发布类似的白皮书。

三是切实强化知识产权审判队伍廉政建设。要紧密结合知识产权审判工作特点和实际，深入开展“人民法官为人民”主题实践活动，用“公正、廉洁、为民”的司法核心价值观统一思想、凝聚行动、引领风尚和弘扬正气。要加强作风建设和文化建设，不断增强知识产权法官的群众观念，培养亲民为民的良好作风。要坚定不移地落实“五个严禁”及各项反腐倡廉制度，增强反腐倡廉的自觉性，认真查找知识产权审判工作中可能存在的腐败风险环节并强化管理与监督，确保公正廉洁司法。

同志们，面对新形势和新任务，知识产权审判和知识产权法官责任重大，使命光荣，让我们以与时俱进、奋发有为的精神风貌，再接再厉，开拓进取，通过依法保护知识产权和维护公平竞争，在深入推进三项重点工作方面作出新的成绩，为促进经济平稳较快发展，实现全面建设小康社会奋斗目标作出新的更大的贡献！

贯彻落实《国家知识产权战略纲要》大力推进商标战略实施加快《商标法》第三次修改进程

国家工商行政管理总局商标局局长　李建昌

商标是用来区别商品或服务来源的标志。它是商品经济的产物，随商品经济的产生而出现，随商品经济的发展而完善。中国使用商标的历史悠久。有据可查、有文字记载的是北宋时期（公元960年至1127年）山东济南刘家针铺所使用的“白兔”商标，既有白兔图形，又有“兔儿标记”字样。随着商品经济的发展，商品标记由简单地在商品上刻有工匠姓名或行铺名称，逐渐演变成为区别商品或服务不同来源的商标。截至2009年9月30日，我国商标注册累计申请量为701.1万件，位居世界第一；累计注册量为395.6万件，位居世界第一；有效注册商标量为316.3万件，位居世界第一（其中，国内企业拥有的有效注册商标量为258.9万件，国外企业拥有的有效注册商标量为57.3万件），成为名副其实的世界第一商标大国。

一、《商标法》的制定和两次修订

（一）《商标法》的制定

党的十一届三中全会确立了“一个中心、两个基本点”新时期党的基本路线。1978年9月国务院决定重新建立工商行政管理总局（以下简称“工商总局”），商标工作由所属的商标局负责。1963年的《商标管理条例》已经不能适应“以经济建设为中心”和“改革开放”的政策，制定《商标法》的任务在1979年5月提上了立法议程。在工商总局领导下，商标局同贸促会和社科院法学所及北京部分大专院校学者组成起草小组，在总结建国后我国商标法制建设的成功经验和挫折教训，借鉴国际商标法制制度和理论成果的基础上，国家立法机关确定“立足国内，兼顾国际惯例”的原则。历时3年，经过多方调研和充分协商，《商标法》（草案）被上报国务院，并提交全国人大。1982年8月23日通过了《商标法》，并于1983年3月1日起施行。

《商标法》是适应我国改革开放形势的需要，在总结我国商标工作历史经验的基础上，借鉴不同社会制度国家商标立法的有益经验，结合我国经济发展的实际情况而制定的第一部知识产权法律，是一部既适应中国国情，又符合国际惯例的现代法律。其基本原则为：保护商标专用权的原则，自愿注册的原则，判定商标专用权归属的申请在先原则，实行统一注册、分级管理的原则，对商标侵权行为采用行政处理和司法审判的双轨制原则，商标确权纠纷的评审终审制原则。同时，根据《巴黎公约》规定，我国对外国商标注册申请实行国民待遇原则和优先权原则。《商标法》的颁布和实施，开辟了我国知识产权立法的先河，成为我国商标法律体系的奠基石和商标事业的重要里程碑。《商标法》实施以来，对保护注册商标专用权，维护市场秩序，鼓励公平竞争，保护消费者的合法权益，促进我国商品经济的发展，发挥了非常重要的作用，开创了我国商标工作的新局面。

(二)《商标法》的第一次修订

为适应我国市场经济发展和保护商标专用权的需要,《商标法》实施十年后,1993 年 2 月 22 日,第七届全国人民代表大会常务委员会第三十次会议对《商标法》作了九条修改。一是扩大了商标保护的范围,增加了对服务商标的注册和保护。二是加大了打击假冒商标和制止商标侵权的处罚力度。全国人大常委会通过并颁布了《关于惩治假冒注册商标犯罪的补充规定》,把假冒商标犯罪主体从单一工商企业,扩大到任何人,把假冒商标罪行为明确到三种,把最高刑期从三年提高到七年。1997 年,新修改的《中华人民共和国刑法》将假冒商标罪纳入其中。三是增加地名不得作为商标注册的规定。增加商标使用许可的规定及对注册不当商标的撤销规定。

(三)《商标法》的第二次修订

为适应我国加入世界贸易组织的需要,全面履行《与贸易有关的知识产权协议》(TRIPs 协议)规定的义务,2001 年 10 月 27 日,第九届全国人民代表大会常务委员会第 24 次会议审议并通过了《关于修改〈中华人民共和国商标法〉的决定》,对《商标法》再次进行修改。修改后的《商标法》共 8 章 64 条,其中新增 23 条、修改 23 条。这次修改的《商标法》有两个突出特点:一是商标权的确立更加公正、合理。修改后的《商标法》扩大了商标权的主体和客体,自然人可以申请商标注册,立体商标可以作为商标申请注册,地理标志可以通过商标制度获得有效保护,禁止恶意将他人已经使用并具有一定影响的商标抢先注册,商标确权程序增加司法审查。二是对商标权的保护更为充分、有效。取消了商标侵权行为的"明知或应知"的构成要件,明确规定"反向假冒"属于商标侵权行为,赋予工商行政管理机关查封、扣押侵权物品的权力,增加诉前申请财产保全、证据保全等救济措施。2001 年修改后的《商标法》,进一步完善了我国的商标法律制度,实现了与 TRIPs 协议的完全接轨,适应了我国市场经济当时发展的需要,对于保护国内外商标权人合法权益、维护公平竞争的市场经济秩序、促进我国经济的健康发展具有重大而深远的影响,标志着我国商标工作在新世纪步入了一个新阶段。

《商标法》实施以来,我国商标法律制度日趋健全,全社会商标法律意识明显增强,商标注册和申请量逐年稳步增长,商标行政执法队伍逐步壮大,商标专用权保护工作卓有成效,我国的商标注册与管理工作取得了举世瞩目的成就,在世界知识产权界的地位日益提高。

二、《商标法》的第三次修改

《商标法》实施二十多年来,极大地推动了我国商标事业的繁荣发展,为促进我国经济的健康发展发挥了重要作用。《商标法》是我国商标工作的根本和源泉,也是大力推进商标战略实施的法律保障。但随着我国改革开放的不断深化和社会主义市场经济体制的逐步确立,国内经济体制和国际经济环境都发生了重大变化,《商标法》的有些规定已经难以适应新情况、新变化、新要求。为此,工商总局受国务院的委托,于 2003 年开始启动《商标法》的第三次修改工作,六年来,国家工商总局在深入基层调查研究,广泛征求社会各界意见,认真听取专家学者建议的基础上,经过反复修改形成《商标法(修订稿)》(送审稿),上报国务院法制办。

(一)《商标法》第三次修改的必要性

1982 年制定、1993 年和 2001 年两次修改的《商标法》为创造、运用、保护、管理商标,促进经济社会发展发挥了重要作用,但随着我国市场经济的不断发展,有些内容已不能适应我国发展的需要。一是商标确权程序比较繁琐,导致商标确权时间过长;二是商标注册程序存在一些不完善的地方,不利于当事人方便、快捷的获得商标注册;三是恶意申请商标注册、恶意提出异议、恶意转让注册商标等情况还时有发生,严重影响了有关权利人的合法权益,需要进一步完善有关法律规定,打击恶意申请行为;四是现行《商标法》对行政执法程序还缺乏明确的规定,对侵权人的处罚力度还不够大,商标侵权假冒行为尤其是"傍名牌"行为在一定范围内还存在。因此,加快修改《商标法》,简化和完善商标确权程序,进一步加强对商标专用权和地理标志的保护力度,加强商标代理监管,为中外商标申请人提供更好的服务,努力使商标法达到国际水平,十分迫切和必要。

(二)《商标法》第三次修改的过程

工商总局对《商标法》的修改工作高度重视。2003 年底,工商总局正式启动《商标法》修改工作,成立了商标法修改领导小组和工作小组,确立了"缩短审查周期,完善确权程序,加大保护力度,提供更好服务”的修改目标。

2004年以来，工商总局开展了一系列调研活动，对商标方面的现行规定进行梳理，整理、分析报纸杂志上专家学者修改商标法的意见和建议，召开十余次大小会议集中讨论，八次书面广泛征求社会各界(包括全国工商行政管理系统、国内外相关知识产权主管部门、商标代理机构、有关中外企业、有关国际组织和专家学者等)的修改意见，先后起草《商标法草案征求意见稿》10余稿。

2008年5月，工商总局周伯华局长主持、付双建副局长及其他总局领导参加，召开《商标法》修改专题研讨会，在修法原则和重点上统一了思想认识，对此次修法必须考虑的六个方面问题予以明确，即简化和完善商标确权程序；方便当事人；加强地理标志保护；加强对商标代理机构行为的监管；规范驰名商标认定与保护问题以及努力使商标法达到国际水平。

2008年5月和2009年1月，国务院法制办有关负责同志听取《商标法》修改进展情况汇报时，对工商总局的修法思路表示认同和肯定。

2009年3月底，针对修法出现的几个有争议的热点问题，如简化确权程序、规制恶意注册、加强保护驰名商标与地理标志、解决商标专用权与其他在先权利冲突等问题，工商总局邀请知识产权领域较有影响的专家学者进行专题论证，并撰写论证报告。

2009年5月，工商总局再次组织了两场征求意见会，广泛征求商标代理机构、企业代表、有关地方工商局、法院系统以及有关专家、学者的意见和建议。在此基础上，工商总局经反复讨论研究，形成《商标法(修订稿)》(征求意见稿)。

2009年6月至8月，工商总局将《商标法(修订稿)》(征求意见稿)再次发送有关部委、商标代理组织、专家学者、企业代表、有关国家商标主管机关和商会、协会共105家征求修改意见。周伯华局长亲自致函世界知识产权组织高锐总干事征求意见。工商总局共征集修改意见50余份，涉及征求意见稿59个条款，共200多项意见。工商总局对这些意见进行了归纳整理，经认真研究后充分吸收其中的合理意见，对征求意见稿再次进行修改，形成了《商标法(修订稿)》(送审稿)。

(三)《商标法》第三次修改的主要思路

《商标法(修订稿)》(送审稿)主要围绕以下修改思路展开：1. 简化和完善商标确权程序；2. 加大对商标专用权的保护力度和行政监管力度；3. 加大对地理标志的保护力度；4. 加强商标代理行为监管；5. 为中外商标申请人提供更好的服务并达到国际水平；6. 完善制止恶意注册商标；7. 规范驰名、著名商标的认定和保护工作；8. 完善商标与企业字号冲突问题的解决机制。

三、《商标法》第三次修改与贯彻落实《国家知识产权战略纲要》、大力推进商标战略实施的关系

(一)党和国家高度重视知识产权工作，颁布《国家知识产权战略纲要》，将知识产权战略列为国家的重要发展战略

党中央、国务院高度重视知识产权工作。2008年6月5日，国务院发布《国家知识产权战略纲要》(以下简称《纲要》)，决定实施国家知识产权战略，并批准建立由国家知识产权局、国家工商总局、国家版权局等28个部门组成的国家知识产权战略实施工作部际联席会议制度，统筹协调国家知识产权战略实施工作。胡锦涛总书记在2008年11月中央政治局常委集体学习时强调我们国家要实行科教兴国战略、人才强国战略和知识产权战略，将知识产权战略与科教兴国、人才强国这些根本战略并列。温家宝总理在2009年3月全国人代会《政府工作报告》中提出要实施知识产权战略，建设创新型国家。

商标战略是国家知识产权战略的重要组成部分，是对我国当前和今后相当长一段时期内商标工作的总体谋划，是以提升商标注册、运用、保护和管理能力为目标的国家战略，对于促进经济社会发展有着重要的意义。实施商标战略是深入贯彻十七大精神，落实科学发展观的要求；是提高自主创新能力，建设创新型国家的要求；是加快转变经济增长方式的要求；是统筹城乡发展、统筹区域发展的要求；是完善基本经济制度，健全现代市场体系的要求；是拓展对外开放广度和深度，提高开放型经济水平的要求。

(二)工商总局制定《贯彻落实〈国家知识产权战略纲要〉大力推进商标战略实施的意见》

作为商标注册和管理机关、实施商标战略重要职能部门，工商总局经过反复调研，多方征求意见，于2009年6月2日发布《贯彻落实〈国家知识产权战略纲要〉大力推进商标战略实施的意见》(以下简称《实施意见》)，对从现在至2020年商标战略的指导思想、战略目标和战略任务做了规划，

提出了具体目标任务。

《实施意见》的指导思想是：以邓小平理论和“三个代表”重要思想为指导，深入贯彻落实科学发展观，努力做到行政监管与促进发展、服务大局、维护权益、依法行政相统一，完善商标法律制度，积极服务市场主体，提高企业商标注册、运用、保护、管理能力，充分发挥商标在建设社会主义市场经济中的作用，为建设创新型国家提供有力支撑，促进国民经济又好又快发展。指导思想体现了商标战略的主线是“完善制度、服务主体、提高能力、发挥作用”。其中的“完善制度”，就是指完善商标法律制度。

《实施意见》的总体战略目标是：到 2020 年，把我国建设成为商标注册、运用、保护和管理水平达到国际先进水平的国家。商标法治环境进一步完善，商标意识深入人心，市场主体注册、运用、保护和管理商标的能力显著增强，企业创新成果和合法权益得到有效保护，商标战略对经济发展、文化繁荣和社会建设的促进作用充分显现。具体目标主要有四点，即商标保护制度更加完善，企业自主商标拥有量进一步增加，企业管理和运用商标的能力明显增强，全社会的商标意识普遍提高。应该说，商标法律制度建设是商标战略实施的根本和源泉。

《实施意见》提出了 11 项商标战略任务中第一项任务就是全面完善商标法律法规体系，即加强商标法制建设。推动立法立规进程，加紧修改《商标法》，缩短商标注册审查周期，完善商标确权程序，防范恶意申请，加大商标保护力度，防止商标权滥用。进一步完善地理标志保护法律制度。研究商标评审机构向准司法机构转变问题。及时制定与修改与商标法相配套的法律法规，解决商标注册和行政执法中遇到的实际问题。提高商标立法质量。加强商标立法前瞻性研究，充分反映社会各界诉求。增强立法透明度，拓宽企业、社会中介组织和社会公众参与立法的渠道，使修改后的《商标法》既符合我国国情，又与我国承诺履行的国际义务相一致。

(三)工商总局制订《关于商标工作五年达到国际水平的总体规划》

按照《纲要》和《实施意见》的要求，为更加充分、有效地利用商标资源促进社会经济更好更快地发展，形成一批拥有自主知名商标、国际竞争力较强的优势企业，工商总局站在历史的高度，充分借鉴各国商标工作的有益经验，紧密结合我国国情，适时提出了“三年解决商标审查、评审积压，五年使商标工作达到国际水平”的“三五目标”，从加强基础设施建设、完善商标法律法规、改进商标确权制度、提高社会化服务水平、优化商标监管方式、加大商标保护力度等方面，着手制订《关于商标工作五年达到国际水平的总体规划》，全面推动我国商标注册、管理和保护工作，并以此作为工商总局当前和今后一段时期商标工作的重中之重。

工商总局按照周伯华局长的要求，把实施国家知识产权战略之商标战略作为监管与发展、监管与服务、监管与维权、监管与执法“四个统一”的重要工作，制定规划、加强力量、限定时间、提高效能、加快进度，争取经过五年的努力，使商标注册和管理工作达到国际先进水平。

当前，实施商标战略的一项重要工作就是：全面完善商标法律法规体系。完善现行商标法制，建立先进、完备的法律制度。以科学发展观统领全局，充分利用当前国际上先进的立法技术和理念，充分吸收其他国家成熟的制度设计，结合我国国情，修改《商标法》和与之配套的法规、行政规章和规范性文件，使我国的商标法律制度能够适应我国市场经济发展和保护知识产权的新形势。

(四)送审稿体现了实施商标战略的要求

《国家知识产权战略纲要》明确要求支持企业实施商标战略，在经济活动中使用自主商标，引导企业丰富商标内涵，增加商标附加值，不断加强知识产权行政管理工作，积极建设创新型国家。为充分体现这一精神，送审稿将“实施商标知识产权战略”，“建设创新型国家”作为商标法的立法宗旨之一，从而进一步明确了商标在促进社会主义市场经济发展和建设创新型国家中的重要作用，为工商行政管理部门开展商标培育发展工作确立明确的法律依据。

我国是商标大国，商标注册申请量、审查量和注册量均居世界首位，但我国还不是商标强国，缺少国际知名商标，市场主体平均拥有商标数量较少，我国在国外注册商标的数量也较少，这充分表明了推进商标战略实施的重要性和紧迫性。《商标法》第三次修改既是商标战略的具体任务，也是实施商标战略的根本和源泉。同时，我们还要抓紧制定、修改与《商标法》配套的各类行政法规、规章及规范性文件。在《商标法》修订后，要尽快修改并出台与之配套的《商标法实施条例》；抓紧《商标代理条例》的立法工作；适时对集体商标、证明商标、特殊标志等现行规章进行修改；适时针对商标注册、管理和保护出台规范性文件。

我国现行商标法律制度若干问题的探讨[1]

孔祥俊[2]

一、关于驰名商标及其相关制度

驰名商标保护制度是近年来商标法领域热议的问题之一。鉴于当前驰名商标保护中存在着不少问题，讨论中经常涉及的是现行驰名商标制度是否走偏或者异化了，应当如何进行正本清源和进一步完善。有关问题既涉及驰名商标制度本身，也涉及其他相关制度，尤其是如何构建反不正当抢注商标问题，在此一并加以探讨。

(一)驰名商标保护：降低门槛、回归本意与改变名称

商标法保护驰名商标的本意是清楚明白的，乃是对于具有较高知名度的商标给予强于一般商标的法律保护，即对于一般商标而言，坚守商标权的相对性，只在相同和类似商品上给予禁止他人抢注或者使用的保护，而对于驰名商标，则可以网开一面，可以在非类似商品上给予保护，亦即给予跨商品类别的保护(跨类保护)。当然，商标权的相对性原则(the principle of specialty)源远流长，驰名商标的跨类保护主要是近几十年发展起来的，且有一个发展的过程。[3]

我国驰名商标保护渊源于巴黎公约(第 6 条之二)和 TRIPs 协定(第 16 条)的相关规定。即便是驰名商标的保护，巴黎公约虽有保护“well—known mark”的规定，但并未作跨类保护的要求，仍限定于相同或类似商品上的保护。TRIPs 协定始有对驰名的注册商标给予跨类保护的规定，对于驰名的未注册商标并无跨类保护的要求。我国 2001 年修订的《商标法》开始对驰名商标保护作出明文规定，且其第 13 条具有直接移译条约规定的明显痕迹。就用语而言，我国商标法规定的驰名商标显然是与巴黎公约和 TRIPs 协定中的“well— known mark”对应的。在 2001 年《商标法》之前，1993 年 7 月 15 日国务院第二次批准修订的《商标法实施细则》即有保护“已为公众熟知的商标”的规定[4]，1995 年国务院批复第三次修订的《商标法实施细则》仍保留该规定。“已为公众熟知的商标”当是与条约中的“well—known mark”对应的。但是，国家工商行政管理总局在其 1996 制订和 1998 年修订的《驰名商标认定和管理暂行规定》中，均使用了“驰名商标”一词，故“驰名商标”一词是由商标主管机关最早在其规章中正式采用的。在术语的取舍上，2001 年《商标法》使用“驰名商标”而未使用“已为公众熟知的商标”，但两者均系条约中规定的“well—known mark”的对应词，系同出一源。

笔者的感觉是，自国家商标行政主管机关开始保护驰名商标以来，企业、社会和政府对驰名商标的追逐甚至追捧，早已超出了条约和法律保护驰名商标的本意，如企业更多的是把“驰名商标”作为一种称号和荣誉，驰名商标的认定简直有点石成金的效用，获取驰名商标后似乎身价百倍，使其具有极大的广告价值。政府更多是将辖区内企业获取驰名商标称号作为一种政绩和争创目标，

[1] 本文对我国商标法律制度的若干问题做一些初步的和理论上的探讨，以向同行请教。文中表达的仅是个人观点，不代表任何单位和职位，拜托读者勿与任何单位和职位对号和联系。

[2] 作者系最高人民法院民三庭庭长，教授，博士生导师。

[3] “Trade mark Law and Sharing Names”, Edited by Ilanah Simon Fhima, Edward Elgar, P101—128.

[4] 该细则将“违反诚实信用原则，以复制、模仿、翻译等方式，将他人已为公众熟知的商标进行注册”的情形，作为“以欺骗手段或者其他不正当手段取得注册的行为”。

甚至以定指标规划和高额奖励等手段推动驰名商标的争创。驰名商标成为培育和争创的对象和目标，甚至逐步形成了由知名商标（地市级）、著名商标（省级）和驰名商标（国家级）构成的、具有浓厚行政色彩的层级式创造驰名商标的序列和体系。这种在商标法创设和保护驰名商标本意之外的意义使驰名商标具有耀眼的光环并产生巨大的诱惑，形成驰名商标拜物教，造成驰名商标制度的异化和驰名商标本身的神话。而在商标法意义上，认定驰名商标只是对于商标是否已经具有某种程度的知名度的一种确认，且仅仅是保护驰名商标的手段和前提，而放大驰名商标的价值和异化其含义，必然导致对于认定驰名商标的不正当追逐，导致不正当竞争，其消极性和危害性已为大家所诟病，无需多言。因此，有必要消除附加在驰名商标本意之外的光环。

消除驰名商标的异化需要从多方面入手，业内对此已作了大量的探讨，这里不做重复，而只是从其名称的用语来看，如果在《商标法》修改时放弃"驰名商标"的称谓，改用"已为公众熟知的商标"之类的称谓，或许在制止驰名商标制度的异化上具有釜底抽薪的作用，也更符合其制度本意。因为，仅仅从翻译技巧角度看，将驰名商标一词与"well－known mark"对应，虽未必传神，但确实精彩和出彩，但作为一项法律术语，若与我国特殊的经济、社会和文化背景联系起来，这种称谓很可能会在制度的变味中推波助澜。"驰名商标"的称谓确实太响亮、太朗朗上口和太有诱惑力了，无论在什么场合下使用，均可以使被认定驰名商标的商标身价陡增和光芒万丈，但若使用"已为公众熟知的商标"的称谓，这种光环就会迅速褪去，非但丝毫不影响法律保护的定位和力度，而且因为大大减弱或者消除了其他干扰，而更易于回归法律保护的本意。当然，下文还要谈到，更重要的是，驰名商标的称谓使驰名商标法律保护的门槛更易于人为地提高，更易与法律保护的本意渐行渐远，不如使用"已为公众熟知的商标"更利于回归法律保护的本意。

（二）是否再划分出一种"具有较强显著性并具有一定影响的商标"

商标法之所以对一些商标有知名度上的要求，乃是为了给予商标的保护设定法律条件和门槛，决不是为了给商标所有人评定和授予荣誉。具体情形有二：一是为了突破商标权的相对性；二是承认未注册商标的在先权利。就前者而言，无论中外法律还是条约的规定，商标权的相对性是商标权的基本属性，即商标权的保护范围是限定的，一般是在相同和类似商品上给予保护，但对于知名度较高的商标而言，其知名度往往超出了类似商品的范围，在其他商品类别中具有影响力，所以需要给予额外的保护，以此既充分保护商标所有人的权益，又防止在非类似商品上产生误导后果。驰名商标保护制度就是应此而生的。就后者而言，商标的生命在于其实际具有识别性，即使商标未经注册，倘若在实际使用中产生了识别性，就需要承认其商标权利（产生了商标权利），允许其对抗在后相同近似商标在相同类似商品上的注册。我国现行《商标法》第13条第2款对于驰名商标的跨类保护，以及第13条第1款对于驰名的未注册商标的保护和第31条后段对于在先使用并具有一定影响的商标的保护，均体现了这种精神，也与商标立法的通例（如美国、欧盟等商标立法）、巴黎公约及TRIPs协定的规定相一致，且符合商标法属性。正是知名度的要求在商标法上所具有的上述意义，所谓知名度的认定仅仅是因应特定保护需要时的事实认定，只是一种个案中法律要件事实，所谓的事实认定、个案认定、个案有效等原则就是由此而来的。

既然商标的知名度只是特定保护的需要和条件，而所需要的保护只有两种情形，即跨类保护与未注册商标在先权的保护，对于知名度的要求或者划分也就需要与此相适应，即与跨类保护相适应的是所谓的驰名商标的要求和认定，而与未注册商标在先权保护相适应的是尚未达到跨类保护的需求而又实际具有识别性的要求和认定。甚至可以说，凡是达到了需要跨类保护需求的影响力的商标，都是应当认定为所谓的驰名商标的商标，否则只能归入不能跨类保护的一定影响的商标。我国《商标法》第13条和第31条的规定均已满足了这种要求，且所作出的驰名商标与一定影响的商标的划分已足以解决相关法律保护的要求，这样的格局是能够满足实践需求的。

有人主张，鉴于目前我国抢注他人注册商标的非诚信行为多发现象，尤其是在非类似商品上抢注他人具有较强显著性并具有一定影响的商标的现象较为突出，应当允许此类商标进行跨类保护，即在不相同或者不相类似商品上申请注册与他人具有较强显著性并具有一定影响的注册商标，易于误导公众的，禁止其注册。笔者认为，有这种保护需要的商标，恰恰应当纳入所谓的驰名商标保护范围。目前之所以不能或者不愿纳入驰名商标保护范围，一个重要的原因是把驰名商标定位太高了，本身是驰名商标定位不准确的表现和结果。那种具有较强显著性，且他人在非类似商品上使用已足以误导公众的商标，显然是在非类似商品上具有影响力的商标，将这种商标纳入驰名商标范围，岂不更符合驰名商标的商标法保护定位和意义?！根据我国商标法对于驰名商标保护条件和保护范围的规定，其保护是一种相对宽泛的保护，不像美国联邦反淡化法对驰名商标的保护范围广而门槛高，更像一种对于“较有名气的商标”的相对宽范围的保护(与欧盟制度相近)。况且，驰名商标本来就不是铁板一块，其相互之间有知名程度的差别，而这种知名程度只是影响在非类似商品上扩张保护的范围大小，涉及的是驰名商标保护范围的定量而非定性问题。如果恢复驰名商标的跨类保护的商标法本意，将其理解为对于一些其知名度达到了在非类似商品上具有一定影响力和有保护必要的商标给予跨类保护的制度，而抛弃其商标法意义以外的印象和光环，特别是恢复到“已为公众熟知的商标”意蕴之后，这种保护上的障碍就荡然无存了。因此，只要恢复驰名商标保护的本来面目，找准其法律定位，就无需在现行商标法规定的驰名商标与一定影响的商标之间再划分出一种具有较强显著性并具有一定影响的商标。而且，倘若再出现一类这种商标类型，不仅使驰名商标制度更加走向异化和神化，而且使得三种具有知名度的商标的划分叠床架屋，其界限难以区分，使我国商标保护制度变得异常复杂和古里古怪，也更易于增加执法的随意性。

因此，与上述划分相一致，在改变驰名商标名称的同时，将驰名商标的门槛降低，抛弃驰名商标为“中国境内相关公众广为知晓并具有较高声誉”的通常界定方式，回归到“已为公众熟知的商标”的称谓和界定。

当然，驰名商标的标准也不能太低，对于具有一定知名度的注册商标给予较宽范围的保护，防止他人恶意抢注的制度，并非仅驰名商标保护制度之一途，而还有其他关联制度。例如，当今欧美国家虽在商标权保护上一直坚持而没有放弃商标权相对性原则，但对该原则的执行标准开始松动和放宽，即为扩张反抢注和禁用的范围，在类似商品的认定上保持较大弹性，必要时通过扩展类似商品的范围而制止对于他人较高知名度的商标的抢注和使用，如在相关商品上的使用，可以视情况认定为类似商品上的使用。[1] 这种措施在我国同样具有必要性和可行性，即对于具有较高知名度的非驰名商标，可以视情况突破商品分类表的类似商品界限，将反抢注扩张到关联商品上，也即将关联商品纳入类似商品的范围，而关联商品具有较大的弹性，可以弥补驰名商标制度的不足。

总之，通过回归驰名商标保护的本意和降低驰名商标的门槛，以及适当地灵活把握类似商品的界限和认定，我国现行制度已足以解决反抢注问题。当前有人把反抢注问题的执法障碍说得如此严重，或许主要是因为对现行法律规定理解和执行不到位、不准确、不灵活有关，只要把商标法的弹性规定用足用活，这些问题均能迎刃而解，没有必要再去创造一种具有较高知名度的非驰名商标的跨类保护制度，否则徒增混乱，与事未必有补。

(三)驰名商标与著名商标

目前在我国商标保护中，一些地方性法规和规章规定了省级“著名商标”的认定和保护。从商标法保护的需要看，这种著名商标因为达不到驰名商标的程度，不具有驰名商标的保护意义。而一定影响的商标又不是按照行政区划确定的，而是根据商标在市场上的影响力确定的，所谓的“著名商标”事实上可以构成一定影响的商标，但一定影响的商标无需通过省级主管机关认定的方式确定。因此，在商标法保护的意义上，著名商标的层次似乎是多余和没有必要的。此外，在法律上铺设由知名商标、著名商标到驰名商标的行政层级序列和由低到高的认定通道，只能助长企业和社会追逐非市场的竞争，扭曲市场竞争，而且，按照行政区域人为划定一种商标知名度的地域界线，不符合保护需要和市场实际，具有浓厚的行政管理色彩，以非市场的手段强化竞争力，也不符合转变经济增长方式的要求。

二、涉及相对事由与绝对事由的有关制度

将不予商标注册的事由区分为绝对事由(absolute grounds of objection)与相对事由(relative grounds of objection)，是各国商标立法的通

[1] “Trade mark Law and Sharing Names”, Edited by Ilanah Simon Fhima, Edward Elgar, P112—123.

例。前者涉及申请商标的固有的不可注册性(不可商标性),主要涉及申请商标是否具有商标的固有属性(是否具有识别性)以及是否符合公共政策;后者涉及他人在先权利的保护,主要关注申请注册人与他人之间的权利冲突。❶ 该两种禁注事由是排中的,不存在第三种事由。两种事由的划分是构建商标注册和撤销相关制度的重要基础,许多制度都是根据两种事由的不同属性设计的,对于相关制度的完善也要考虑两种事由的不同法律属性。

(一)注册商标撤销事由的法律架构

已经注册的商标不适当或者产生了争议的,需要有相应的解决制度,这就是注册商标的撤销制度。我国商标法对于注册商标撤销制度的规定有一个由简到繁、由不完善到完善的发展过程。

2001年《商标法》修改之前,我国商标法在注册商标的撤销事由的划分上不是非常清晰。1982年《商标法》规定了对已经注册的商标有争议申请商标评审委员会撤销的制度(第五章规定的“注册商标争议的裁定”),其中第27条第1款规定:“对已经注册的商标有争议的,可以自该商标核准注册之日起一年内,向商标评审委员会申请裁定”。1983年和1988年《商标法实施细则》对此未作进一步的细化规定。

1993年《商标法》的修改完善了第五章“注册商标争议的裁定”中的规定,即将1982年《商标法》第27条的规定修改为二款:“已经注册的商标,违反本法第八条规定的,或者是以欺骗手段或者其他不正当手段取得注册的,由商标局撤销该注册商标;其他单位或者个人可以请求商标评审委员会裁定撤销该注册商标”;“除前款规定的情形外,对已经注册的商标有争议的,可以自该商标核准注册之日起一年内,向商标评审委员会申请裁定”。此次修改将“违反本法第八条规定的,或者是以欺骗手段或者其他不正当手段取得注册”的情形纳入了可由商标局依职权撤销的范围。1993年和1995年《商标法实施细则》将该条规定的“以欺骗手段或者其他不正当手段取得注册”的行为界定为:“(1)虚构、隐瞒事实真相或者伪造申请书及有关文件进行注册的;(2)违反诚实信用原则,以复制、模仿、翻译等方式,将他人已为公众熟知的商标进行注册的;(3)未经授权,代理人以其名义将被代理人的商标进行注册的;(4)侵犯他人合法的在先权利进行注册的;(5)以其他不正当手段取得注册的。”可见,其中既涉及绝对事由(第(1)项),又涉及相对事由(第(2)、(3)、(4)项),且以“以其他不正当手段取得注册”作为兜底。当时如此宽泛地界定“以欺骗手段或者其他不正当手段取得注册”的范围重要原因显然是,1993年《商标法》没有保护驰名商标、禁止抢注被代理人商标以及保护在先权利的具体规定,现实生活中涉及这些相对事由的情形又非常多发,确有制止的必要,故在实施细则中作出这种具有变通色彩的规定。当时对相对事由与绝对事由并未作刻意的梳理。

2001年《商标法》的修改显然在总结上述立法经验的基础上,对于相关事由进行了进一步的整合和梳理,将实施细则的一些规定纳入法律,如在相关条文中对保护驰名商标(第13条)、禁止抢注被代理人商标(第15条)以及保护在先权利(第31条)作出了专门规定,在此基础上完善了第41条规定,即其前三款内容分别为:“已经注册的商标,违反本法第十条、第十一条、第十二条规定的,或者是以欺骗手段或者其他不正当手段取得注册的,由商标局撤销该注册商标;其他单位或者个人可以请求商标评审委员会裁定撤销该注册商标”;“已经注册的商标,违反本条第十三条、第十五条、第十六条、第三十一条规定的,自商标注册之日起五年内,商标所有人或者利害关系人可以请求商标评审委员会裁定撤销该注册商标。对恶意注册的,驰名商标所有人不受五年的时间限制”;“除前两款规定的情形外,对已经注册的商标有争议的,可以自该商标核准注册之日起五年内,向商标评审委员会申请裁定”。从该条规定内容来看,其第一、二款显然划分为涉及绝对事由和相对事由的事项,其整体架构非常清晰。有人非要按1993年《商标法》及其《实施细则》解释2001年《商标法》第41条的有关规定,认为其第1款关于“以欺骗手段或者其他不正当手段取得注册”的规定仍然包括相对事由的事项,仍然是第41条的兜底条款而不仅仅是其第1款的兜底规定,实际上这种解释的立法基础已不存在。(1)原实施细则规定的相对事由事项已分别纳入了2001年《商标法》的特别规定,而第41条恰恰又将这些特别规定的事项放入第2款之中,难道还非要再依据第1款的

---

❶ Guy Tritton:“Intellectual Property in Europe”(Third Edition),sweet &Maxwell(2008),P272.

规定去解决相对事由事项、仍然使两者“剪不断、理还乱”吗？（2）第41条第一、二款均有各自的兜底规定，均能够穷尽各自的未尽事项，均为执法留够了空间和余地，已无将两者再行交叉适用的必要，即第1款以“其他不正当手段取得注册”穷尽绝对事由事项，第2款实质上以第31条前段规定的“不得损害他人现有的在先权利”穷尽相对事由事项，两者已足以实现法律调整的周延。如果两种情形均不能涵盖，则应当考虑其本来就不属于应当撤销的情形。（3）2001年《商标法》第41条的修改不仅仅是内容上的丰富和结构上的调整，更重要的是理念上更加科学、合理和先进。如正是由于第1款涉及绝对事由的事项，才有必要由商标局以职权撤销，且因注册商标不具有可商标性或者涉及公共政策，不应设定撤销时间的限制；第2款涉及的相对事由事项因为只关乎民事权益的冲突，只能由利害关系人发动程序，且为平衡权利保护与稳定商标秩序的关系，设定了撤销时限，督促权利人及时行使权利，以避免商标秩序长期处于不稳定状态。（4）第41条的清晰划分和明确规定，更加符合法治要求，可以减少执法的随意性，给当事人更加明确的法律预期和更加可靠的保障。倘若对于仅仅涉及民事权利冲突的事项，无视商标法已经设定的法律界限，随意可以根据“其他不正当手段取得注册”予以撤销，如仅仅以恶意注册为由，跨类保护在先未注册商标、保护无一定影响的未注册商标等，而无视第13条、第15条和第31条既定的法律要件，则必然会使法律的明文规定形同虚设，使人们无所适从，从而根本上背离法治要求。❶ 法律规定的架构和理念变化了，我们不能仍然抱着过去的规定不放。

正是由于划分绝对事由与相对事由的撤销事项具有实质上的合理性，所以在修改商标法时应该尽量使两者的区分更加清晰，而既要进一步清理现行规定的不足之处，又要防止增加一些模糊性规定。

首先，现行《商标法》第41条第三款没有存在的必要。该款规定：“除前两款规定的情形外，对已经注册的商标有争议的，可以自该商标核准注册之日起五年内，向商标评审委员会申请裁定。”该款显然是从1993年《商标法》第27条第2款沿袭过来的，从逻辑上看是作为前两款规定的兜底条款，以适用于前两款没有规定的情形。与其配套的《商标法实施条例》第29条规定：“《商标法》第41条第三款所称对已经注册的商标有争议，是指在先申请注册的商标注册人认为他人在后申请注册的商标与其在同一种类或者类似商品上的注册商标相同或者近似。”该条例仅将其解释为只包括与在先注册商标冲突的一种情形，而不包括其他。实际上，既然《商标法》第41条第一、二款已分别涵盖了绝对事由事项和相对事由事项，且两者均具有避免挂万漏一的兜底规定，从道理上说不应该再存在介于两者之间的撤销事由。而且，《实施条例》第29条规定的这种情形，完全可以归入《商标法》第31条前段规定的情形，即在先注册商标当然是一种在先权利，完全不必要从第31条前段规定的在先权利之中独立出来而单独规定。因此，第41条第三款规定似乎可以考虑删除。

其次，相对事由中不要再规定模糊性的事项。有人主张，《商标法》第41条第二款还应当增加一项对违反诚实信用注册的商标予以撤销的内容，作为制止恶意抢注行为的兜底条款。笔者认为，倘若加入如此的规定，既增加现行规定适用上的混乱，模糊现行法律规定的界限，还可能导致执法上的混乱和随意。因为，倘若违反诚实信用原则的抢注行为能够归入驰名商标、在先有一定影响的商标等特别规定的情形，或者归入《商标法》第31条保护在先权利兜底规定的情形，按照现行规定已足以解决问题；倘若不能归入相对事由而可以归入第41条第一款规定的事项，按照第一款规定调整即可。笔者无法想象还存在属于相对事由事项而又不能受在先权利一般规定保护的情形，如果有那种情形，必然是不应该给予保护的情形。例如，对于非驰名商标的跨类保护，就是与仅驰名商标可以跨类保护的立法政策相抵触。倘若立法者认为非驰名商标也可以跨类保护，那属于立法政策的重大调整，是对商标权相对性基本原理的重大突破，这种调整和突破自然应当由立法者去决定，而不能通过留下“诚实信用”之类的模糊规定，让执法者去权衡，否则，商标法通过特别规定设定的保护条件和标准即无实质意义，其立法政策无从实现。而且，如果特别规定的底线能够随意随时突破，法律的确定性、稳定性和可预见性就不复存在，不符合法治要求。

（二）关于相对事由涉及的情形

现行商标法对于相对事由的规定主要涉及第

---

❶ 详细探讨可参照孔祥俊：《商标与不正当竞争法》，法律出版社2009年版，第四章。

13条、第15条和第31条。在当前实践中讨论较为热烈的主要问题如下：

一是非驰名商标能否给予跨类保护。鉴于当前在非类似商品上注册与他人具有一定知名度的注册商标有一定的突出性，有人主张商标法修改时应当扩大具有较高知名度的非驰名商标的保护范围，给予跨类保护，以遏制此类抢注现象。如前所述，笔者认为，在现行商标法所规定的驰名商标与有一定影响的商标之间再搞出一个具有较强显著性并有一定影响的商标，涉及重大的立法政策的调整，且使各类商标之间的界限更加混乱，也会导致执法的随意性。况且，如果正确地定位和理解驰名商标制度，降低驰名商标的门槛，将这种需要跨类保护的商标纳入驰名商标的范围，这一问题就能够迎刃而解。之所以这种问题目前不去以现行驰名商标的规定解决，很大程度上是把驰名商标定位太高的缘故。我国商标立法仍以维持仅驰名商标才能跨类保护为宜。

二是对于外国商标的保护。除《商标法》第15条似乎主要为了保护外国未注册商标外，商标法对于外国未注册商标未设特别保护规定，而是一视同仁地适用《商标法》第13条第一款和第31条的规定。这说明，除构成驰名商标外，外国未注册商标需符合在先使用并具有一定影响，才受《商标法》第31条的保护，否则，倘若外国商标未在中国境内使用或者尚无一定影响，即使他人在中国注册了，也不能给予保护。给予这样的保护程度符合巴黎公约的规定，符合国民待遇要求和商标权的地域性特点。当然，如果非要给予外国商标更强的保护，如只要是在与外国企业业务往来等中被知悉的外国商标，即使该外国商标未在中国境内使用或者没有一定影响，也给予保护，那也属于立法政策的重大调整。

三是未注册商标的保护门槛。《商标法》第31条后段设定了未注册商标的保护条件，即不正当手段抢注、在先使用并有一定影响等三项条件。不正当手段强调的主要是恶意，即知道他人在先商标的存在而予以抢注，对于如何知道的情形并未限定，如可以因为在同一地区、有业务往来等而知道，不管何以知道的具体情形如何，对于抢注行为的定性并无影响；在先使用是保护在先权的要求；有一定影响是商标成其为商标的前提和基础，即未注册商标只有在其经使用而具有识别商品来源的意义时，才产生商标权，否则，不论拟作为商标的标志多么显著和独特，哪怕已达到了可受版权保护的程度，也不产生商标权，而一定影响恰恰是对于商标具有识别意义、具有保护价值的描述。而且，一定影响并不要求达到很大的影响，即便在较小范围内的影响，倘若他人知悉而仍予以抢注，即可按照本条规定予以保护。笔者认为，上述规定还是非常科学合理的。实践中有人主张，只要知道他人商标的存在而予以抢注，就应当予以制止，而不设定一定影响的限制。这种主张显然不再是对在先商标权的保护，而演化为对在先商标标志（尚无实际识别意义的标志）的保护，是对《商标法》第31条后段规定的保护属性的改变和保护门槛的降低，需要认真考量。

总之，现行《商标法》第13条、第15条和第31条对于未注册商标的保护已经构成较为完善和互补的体系，倘若能够正确地和灵活地加以适用，基本上可以解决需要遏制的商标抢注问题，是否再在此基础上改变保护属性、降低保护门槛或者提高保护程度，涉及基本立法政策的调整，需要认真研究论证。

三、商标授权程序与司法救济

（一）限定涉及相对事由的异议人范围

现行《商标法》已经按照相对事由与绝对事由的不同，设定了相应的救济制度，如前述第41条第一、二款对于绝对事由事项与相对事由事项在启动程序和时限上的不同要求，但有些救济环节还没有作必要的区分，如初审公告的商标，任何人均可以提出异议（第30条）。显然，对于涉及绝对事由的情形，任何人均可以提出异议，而涉及相对事由的事项，只与在先权人或者其他利害关系人有关，无需将异议权赋予任何人，否则只能为商标注册设置不必要的障碍，延宕获得注册的时间。对此，似有修改完善的必要。

（二）减少行政程序

按照现行商标法的规定，商标授权程序有初审、异议、评审和两审终审的司法审查，可谓环节多，很复杂。这种复杂的授权程序使获取商标注册的时间大大拖延甚至不可预期，已引起强烈反响。由于司法两审终审是我国基本诉讼制度，也是国际人权公约的基本要求，没有多少减少的余地。行政程序大可不必如此复杂，至少可以减去异议程序。因为，2001年修正《商标法》之前，由于当时不存在司法审查程序，加上商标申请总量相对较少，初审、异议、评审的程序设计或许还没有太大问题，但在商标申请数量激增，并已建立司法审查制度的情况下，如此复杂的行政程序已无必要。故似可以减去异议程序。

（三）关于司法审查

司法审查的深度和广度，是法治发达程度的重要标志和象征。在商标法领域，同样如此。商标法的适用和商标授权确权固然具有高度的专业性，商标授权确权机关具有其专业上的优势，但通过司法审查制度的设置，可以使司法运用其相对广阔的法律资源和法律视野，能够从更广大的法律背景和法律体系之中审查商标授权确权行为，使其符合法治的要求。[1] 而且，商标权毕竟是民事权利，无论授权还是确权，都是民事权利的授予和确定，这同样为精于处理民事争议的司法所擅长，况且司法同样可以积累经验，做到高度的专业性。如商品类似和商标近似的判断等，同样为法院所擅长；法官的知识背景也使其更加精于行使法律规定的自由裁量权，具有更为娴熟的法律适用技术。因此，在商标授权确权上，只有做到行政程序与司法审查的良性互动，才能够确保商标法健康的实施和运行，防止授权确权上的随意性，有效保障当事人合法权益和维护公共秩序。

2001年《商标法》修改顺应我国法治发展形势和国际条约的要求，取消了商标授权确权行为的行政政局决定制度，建立司法审查制度，这无疑是我国商标法治的一大进步。司法审查制度效用的最直观的体现当然是法院审理的有关授权确权行政案件上，但并不以此为限。这种外在的司法制约制度的效用并不能简单地以案件数量反映的运用次数来衡量。因为，更重要的是，它构成了游移于幕后、却可以随时用得上的司法制约力量，有助于使行政机关审慎地依法行政，使行政机关的决断合理和稳定，防止法律适用受机会主义的干扰、权宜之计的摆布和零打碎敲的侵蚀。实践中司法对商标授权确权行为进行全面的审查，实际上包括所谓的合法性和合理性审查，如申请注册的商标是否属于绝对事由涉及的事项以及近似商标、类似商品的判断等。笔者认为这种司法审查制度是没有任何问题的。首先，我国《行政诉讼法》第5条规定的“对具体行政行为是否合法进行审查”，是一种广义的概念，其中包括对行政行为合理性的审查。如《行政诉讼法》第54条规定的适用法律、法规错误以及滥用职权、行政处罚显失公正之类的情形，均包括或者难以排除合理性审查问题。将商标授权确权的合理性审查排除在外，不符合我国行政诉讼基本制度。其次，符合商标授权确权的司法审查实际。无论绝对事由的确定还是商品类似、商标近似的判断，均不涉及高度政治性和政策性而不适宜司法介入的情形，均有法律标准可资遵循。无论公共秩序、公共道德和公共政策的判断，还是商品类似和商标近似的判断，归根结底涉及是否授予商标权，司法同样具有自身的独特判断优势，完全有能力胜任。再次，符合保护当事人合法权益的要求。建立司法审查制度的目的是给予商标申请人、注册人或者其他当事人更充分的法律救济，更有效地保护当事人合法权益。倘若对司法审查深度和广度予以限制，直接导致的是当事人合法权益保护的不充分。这是与设立司法审查制度的初衷背道而驰的。最后，也不符合国际惯例。至少就主要国家而言，商标授权确权的司法审查都是很彻底的，尚无因行政机关与司法机关有时对于一些问题的认识不同、判断不一致而限制司法权的立法例，相反，却是强调司法的权威性和行政对司法的服从。我国已经确立了发挥司法保护知识产权主导作用的国家知识产权战略目标要求。限制商标授权确权行为的司法审查，显然与这种大势背道而驰。

当然，如何更好地协调司法与行政的关系，也应当给予更多的研究和关注。例如，对于商标授权确权中的裁量权的行使，倘若没有明显的不合理，司法应当给予尊重。但这毕竟属于司法审查标准的具体把握问题。这些问题都是司法审查中可以探索、明确和解决的问题。

---

[1] 正如王名扬教授所阐述的：“司法审查之所以必要，不只由于保障个人权益的需要，也是为了统一法律适用的需要。行政事务大都专门，每一行政机关往往只注意其职务本身所适用的法律，可能忽略其他方面的法律。然而一个国家的法律是一个有机的体系，必须互相配合。法院在司法审查时，是从法律整体考虑行政行为是否合法，不是只考虑某一机关所适用的法律。司法审查的存在也是为了统一法律的适用，协调法律的一致所必要。”王名扬：《美国行政法》（下册），中国法制出版社1995年版，第567页。

当前“傍名牌”行为规制的困境及对策

广东省工商行政管理局经济检查局　林科聪

“傍名牌”不是法律层面的概念，它是传统假冒、仿冒行为的衍生物，是指利用广大公众对他人商品、商标或者企业名称知名度的认知，在生产的产品上突出使用与他人相同或近似的商标、名称、包装、装潢、字号，刻意制造市场混淆，进行“搭便车”谋取非法利益的不正当竞争行为。从上世纪末“花都机”现象引发社会公众对“傍名牌”行为的普遍关注以来，各级工商部门不遗余力地对“傍名牌”行为进行了严厉打击，取得了显著的成效。然而近年来，违法分子越发狡猾，违法行为越发隐蔽和复杂，“傍名牌”行为已由原来简单的假冒仿冒行为演化出刻意制造权利冲突、假借国（境）外企业实施违法行为、多种违法行为交叉实施等新特点，使工商部门的执法工作面临新的困境和难题。

一、当前市场“傍名牌”行为的主要表现形式

（一）假冒、仿冒行为

主要指使用与他人相同或者近似的商标、企业名称、商品名称、商品包装装潢，引起消费者误认误购，造成市场混淆。一般意义上所说的商标侵权行为就是其典型表现。从近几年的执法实践看，除了商标侵权，仿冒他人知名商品特有名称、包装、装潢的案件也比较多见，并主要集中在与群众日常生产生活紧密相关的食品、饮料、日用品等领域，社会公众反映比较强烈。比如近年来各地工商部门重点查办的仿冒“红牛”维生素营养饮料案、仿冒“绵竹大曲”白酒案、仿冒“娃哈哈”系列饮品案、仿冒“费列罗”“金莎”巧克力案、仿冒“康师傅”方便面案等，涉案商品均为群众日常消费品，仿冒品的主要销售区域集中在城乡结合部、中小型商场和二三线城市，以稍低于正品的价格销售，对于一般消费者具有较强的迷惑性。

（二）制造权利冲突

主要是利用商标注册制度、企业名称登记制度、专利许可制度等制度衔接中的空挡，利用某一方面取得的权利对抗其他权利。包括：(1)将他人在先使用的注册商标、知名字号作为自己企业名称中的字号申请注册，或者作为自己商品的名称在类似商品上使用；(2)将他人在先使用的知名字号注册为商标在类似商品上使用；(3)将他人知名商品的特有名称、包装、装潢申请注册为外观设计专利在类似商品上使用，从而引起市场混淆，造成消费者误认误购。违法分子通过制造权利冲突，给“傍名牌”违法行为穿上形式上“合法”的外衣，以此规避法律的制裁，客观上也增加了执法人员的办案难度。随着近年来工商部门打击“傍名牌”工作的深入开展，采取直接假冒、仿冒进行的“傍名牌”行为已经越来越少，而通过制造权利冲突进行“傍名牌”的案件比重却在不断上升，应引起足够重视。

（三）利用国（境）内外企业名称“傍名牌”

主要是利用国（境）内外企业登记注册制度的差异，在国（境）外登记注册含有他人知名商标、知名字号的企业名称，然后通过“授权生产”、“监制”、“合作经营”等标注方式在内地生产仿冒商品，混淆市场。2008 年 4 月在北京举行的“保护知识产权遏制‘傍名牌’不正当竞争行为研讨会”上，主办方公布的一组统计数据显示，已知被“傍”的知名商标包括长城、正大、欧莱雅、海尔、燕京、康师傅、太子奶、雀巢、维维等百余个，而使用这些商标作为企业名称字号或者字号一部分在香港注册的公司则多达近 3000 家，有的商标甚至被数百家公司“搭便车”，如含有“长城”字号的注册企业达到 351 家，“华润”有 206 家，“正大”有 242 家。从近几年的执法实践看，这种类型的“傍名牌”行为也比较常见，而随着近年来内地与香港相关部门在解决企业名称引起市场混淆问题上合作的深入，违法分子已将注册“傍名牌”企业名称的主要“基地”从香港转移到其他中小国家，比如维京群岛等；其形式也从单纯地“授权使用”企业名称，发

展到利用在国(境)外登记注册的含有他人知名商标、知名字号的企业到国内注册商标,再授权内地企业使用商标,并在商品包装上明显标注商标持有人名称,以达到使用“傍名牌”企业名称的目的,这些变化大大提高了执法人员调查取证以及权利人申请纠正企业名称的难度。

(四)做引人误解的虚假表示或虚假宣传

主要指在产品包装、广告活动、经营场所等方面做虚假的标注或者宣传,引起消费者对产品的产地、生产者等产生误解,从而误导消费者作出错误的购买决策。比如某国产皮鞋销售门店在店内醒目位置挂上“老人头皮鞋 3 折起”字样的宣传横幅,使消费者误认为其商品为世界知名品牌——意大利 LEONARDO(俗称“老人头”)皮鞋,从而造成误认误购。

二、当前执法中的难点

(一)法律法规不完善

目前“傍名牌”行为监管的主要法律依据是《反不正当竞争法》。这部法律制定于 1993 年,至今已有 17 年,一些条款已难以适应当前执法形势需要。一是缺乏一般条款,难以规制新型违法行为。《反不正当竞争法》采取“种概念+示例性规定”的方法定义不正当竞争行为,却缺乏一般条款的规定,没有兜底条款,也未赋予相关部门认定新型不正当竞争行为的权力,导致执法部门在对假冒他人域名、仿冒他人网页等新型“傍名牌”行为进行查处时,难以找到适用的条文,难以进行定性和处罚。二是部分条款过于原则,操作性差。《反不正当竞争法》第 5 条中没有对“知名商品”、“特有”、“近似”、“混淆”等法律概念进行定义,也未明确认定的依据,造成条文在具体执法中操作性差。为了解决这一问题,国家工商总局制定了《关于禁止仿冒知名商品特有的名称、包装、装潢的不正当竞争行为的若干规定》予以细化,并针对各省执法实践中的一些具体认定问题进行答复明确,但这种做法不仅给“傍名牌”执法加上更加浓重的行政色彩,也往往由于立法层次过低,在相关诉讼中得不到法院的认可。三是处罚力度过低,难以起到惩戒效果。《反不正当竞争法》第 21 条对“仿冒他人知名商品特有名称、包装、装潢”行为的罚则是“责令停止违法行为,没收违法所得,可以根据情节处以违法所得一倍以上三倍以下的罚款”,由于该类违法行为的隐蔽性以及反不正当竞争执法强制手段的欠缺,该类案件查获的案值一般较小,非法所得往往无法计算,导致处罚力度明显不足。从执法实践看,仿冒他人知名商品特有名称、包装、装潢案件案均罚没金额仅约为同期不正当竞争案件案均罚没金额 1/4,违法成本过低,导致“傍名牌”违法行为“野火烧不尽,春风吹又生”。

同时,由于“傍名牌”行为往往涉及权利冲突,导致法律法规交叉,比如商标权与企业名称字号权的冲突问题就涉及《反不正当竞争法》《商标法》《企业名称登记管理规定》等多部法律法规;加上《反不正当竞争法》本身就将“假冒他人注册商标”、“擅自使用他人企业名称和姓名”、“虚假表示”三种违法行为转致适用《商标法》和《产品质量法》进行处罚,导致有关“傍名牌”行为监管的法律条文分散在多部法律法规之中,不成系统。而且,相关法律法规的竞合也存在冲突,比如《反不正当竞争法》中所称“商品”包含了“服务”,但《产品质量法》中所称的“产品”却不包含“服务”,在服务领域发生的虚假表示行为就难以转致适用《产品质量法》进行处罚;“擅自使用他人企业名称和姓名”行为转致到《产品质量法》只能适用“冒用他人厂名”进行处罚,但这两者的内涵和外延并不完全一致,在具体实践中也往往使执法人员无所适从。

法律法规不完善的另一个瓶颈还在于对不适宜企业名称的纠正方面,虽然《企业名称登记管理规定》《企业名称登记管理实施办法》均赋予企业名称登记主管机关认定和纠正不适宜企业名称的权力,《商标法实施条例》《国家工商总局关于解决商标与企业名称中若干问题的意见》也为商标与企业名称冲突问题提供了纠正不适宜企业名称的解决途径,但对于“如何认定不适宜的企业名称”、“如何纠正不适宜的企业名称”、“如何处理拒不纠正企业名称的企业”等操作层面的核心内容却没有明确规定,操作性不强。从近年来广东的执法实践看,纠正不适宜企业名称基本不是靠明确的法律条文,而是依靠执法机关的劝导,缺乏对拒不纠正企业名称企业的强制措施,导致一些“傍名牌”问题难以得到根本解决。

(二)市场竞争规范化程度不高

从市场经济体制成熟程度上看,我国目前仍处于社会主义初级阶段,市场竞争的法制化、规范化水平仍待进一步提高。因此,市场竞争中的违法行为不可能完全杜绝,“傍名牌”行为是市场经济体制不成熟催生的产物,在市场经济的发展过程中难以避免。另外，一些地方政府为了保地方财源、税源，忽视甚至无视其作为公共管理者、市场秩序裁判员的职责，不是严格按照法律和市场规律办事，而是从地方利益、局部利益出发，直接参与或干预市场竞争，对本地区市场内存在的制假售假、仿冒侵权等“傍名牌”行为视而不见甚至予以保护，动辄以破坏经济发展环境、影响地方经济增长为由，干预执法，不仅直接破坏市场经济竞争秩序，也使行政执法部门进退两难。

从行业发展方面看，我国市场经济的发展带动了部分行业的繁荣，但行业总体的发展水平仍比较低，尤其是行业自律方面仍比较欠缺。近年来的执法实践发现，仿冒行为在饮料加工行业、食品行业相当普遍，而商标侵权行为则在电器行业比较多见，一些龙头企业甚至也存在“傍名牌”的行为，这在一定程度上反映了行业内部无序竞争的状态。行业发展水平较低的另一个表现是行业协会缺位。行业协会是政府机关与企业沟通的桥梁、纽带，是现代市场经济不可替代的重要组成部分。但由于我国的行业协会起步较晚，又长期受制于体制因素，导致我国的行业协会代表性不强，号召力、约束力较弱，难以发挥其在促进行业自律、引导行业健康发展方面的应有作用，客观上也是“傍名牌”违法行为难以得到有效规制的原因之一。

从企业层面看，部分中小企业品牌意识薄弱，自主创新能力不强，加上法律知识缺乏，往往容易满足于抄袭，通过搭便车“傍名牌”追求眼前利益。而一些知名企业却忽视自主品牌的保护，客观上助长了“傍名牌”违法分子的气焰。执法实践中，有些驰名商标企业不注意商标保护，在他人将其驰名商标作为企业字号登记注册并在同行业使用多年之后，才向工商部门提起纠正申请，增加了工商部门维权执法的难度；有些企业对其知名商品特有名称、包装、装潢在先使用的证据保存不善，导致最先使用的时间难以确定，直接影响了知名商品特有名称、包装、装潢的权属认定问题，也使“傍名牌”行为规避了法律应有的打击。

（三）执法水平难以适应

首先是思想认识不到位。一是存在错误的效益思想。“傍名牌”案件一般调查取证周期较长，但是罚没金额却因客观因素限制往往比较低，一些基层执法部门认为该类案件“效益”较差，查办的积极性不高。二是存在畏难情绪。“傍名牌”案件对调查取证工作的要求较高，案件定性的主观性比较强，涉及权利冲突时处理方法比较复杂，因此复议、诉讼的几率也比较高，一些基层执法部门相比之下更愿意查办无照经营类比较简单的案件。三是存在“不诉不理”思维。一些基层执法部门过于强调“傍名牌”案件的私权性质，认为查办“傍名牌”案件就是替权利人企业“打工”，对企业的投诉拖拉推诿，不仅直接影响了工商部门的执法形象，也违背了反不正当竞争执法维护公平竞争、保障市场秩序、保护企业和消费者合法权益的立法本意。

其次是执法队伍素质不适应。由于近年来人员变动，相当一部分基层执法人员是由原来收取“两费”的人员转型而来，执法办案业务能力相对较弱，加上相应的法律法规学习、培训、交流欠缺，导致一些基层执法部门执法办案水平比较低，不能完全适应当前打击“傍名牌”工作的实际需要。执法实践中，一些基层执法人员对类似“知名商品的认定依据”、“市场混淆的判断标准”等基本问题还存在疑惑，个别案件还出现定性错误的情况，说明执法能力和水平亟待提高。

三、加强“傍名牌”行为监管的建议

（一）用对、用足、用好现有法律法规，打击“傍名牌”行为

在积极修订相关法律法规的同时，应加强对现有法律法规的研究和综合应用，制定相关的指导性意见，对定性原则、法律适用、构成要件、在先使用证据确认等方面进行统一规范和指导，进一步提高打击“傍名牌”执法工作的水平。建议：

一是将相关司法解释纳入《反不正当竞争法》的适用范畴。包括“将与他人注册商标相同或者相近似的文字作为企业的字号在相同或者类似商品上突出使用，容易使相关公众产生误认的”，可认定为侵犯他人注册商标专用权；“具有一定的市场知名度、为相关公众所知悉的企业名称中的字号，可以认定为反不正当竞争法第 5 条第（三）项规定的‘企业名称”。

二是适当扩大禁止虚假宣传行为条款的适用范围，将超越正常商品标识范围，或者不规范使用商标、企业名称，造成消费者对商品的来源、产地、生产者产生混淆的标注和宣传行为，认定为虚假宣传进行规制。

三是将《反不正当竞争法》第二条第一款的原则规定视为一般条款，对虽未违反《反不正当竞争

法》具体条文规定，但恶意制造市场混淆，引起相关公众误认或者误解的其他行为，可以依据该原则规定，认定构成不正当竞争予以制止，责令侵权人停止在造成市场混淆的相关商品或者服务上实施侵权行为。

四是明确销售明知或者应知是“傍名牌”商品行为的法律责任。

五是明确工商行政管理机关对利用企业名称造成市场混淆不正当竞争行为的处理意见，可以作为认定不适宜企业名称的依据，以便从源头上治理利用企业名称“傍名牌”的违法行为。

（二）加大执法力度，严查大要案件

在正确适用法律法规的同时，对恶意侵权、重犯累犯、大要案件应当加大执法力度，提高违法成本，确保打击成效。一是加强事后监管。执法部门应加强对被处罚当事人的后续监管，监督当事人停止违法行为，指导当事人守法诚信经营，保障执法取得实效，防止出现“罚完再犯，犯完再罚，屡罚屡犯”的情况。二是加大对重犯累犯的打击力度。对于两年内第二次被发现实施同种“傍名牌”行为的当事人，应适用相应罚款的顶格处理；对于实施了两次以上违法行为，相应法律法规规定可以吊销营业执照的，应予吊销营业执照，并按规定限制其法定代表人及相关责任人重新任职的资格；违法情形达到刑事追诉标准的，应及时移送司法部门处理，加大刑事追责的力度。三是加大对大要案件的查办力度。基层执法部门发现大要案件、典型案件线索，应及时向上级部门汇报；上级部门应加大对下级查办工作的指导和督办，及时解决基层执法疑问，分担基层执法压力，确保案件顺利查办；对于已办结的大要案件和典型案例，可以适时进行媒体曝光，以进一步震慑违法分子，引导诚信经营的社会氛围。

（三）加强沟通协作，形成打击合力

一方面应当加强工商部门与公、检、法等司法部门之间的沟通协作。应建立行之有效的部门沟通机制，统一“傍名牌”违法行为的定性原则和构成要件，明确相关案件的移送标准和渠道，确立大要案件沟通协作的执法机制，以减少部门之间的分歧，形成打击合力。另一方面要加强工商机关内部各业务部门之间的沟通协作。“傍名牌”行为涉及工商内部经检、法制、商标、广告、登记等多个部门，建立高效协调的内部协作机制尤为必要。应在各业务部门之间达成对“傍名牌”行为认定标准的共识，并将这一共识贯彻到业务部门转办案件线索、办案部门定性处罚、法规部门核审案件、登记部门核准企业名称等各个业务环节，形成统一认识、统一标准；涉及权利冲突问题的案件，还应明确业务部门各自的权责以及部门间衔接的操作流程，以保障内部运作的协调高效，保证案件查办工作顺利进行。

（四）加强法律法规宣传，倡导诚信守法的商业道德

在严厉打击“傍名牌”违法行为的同时，应当充分利用电视、报纸、网络等媒体，加强法律法规宣传，使广大企业和消费者知法、懂法、守法，营造全社会公平诚信、守法经营的商业氛围。一要提高企业的自我保护能力。要引导企业树立品牌保护意识，通过注册国际商标，争创驰名商标、著名商标，提高企业品牌的保护力度，预防和及早发现恶意抢注、仿傍名牌的行为；要帮助企业依法保护自有品牌和知识产权，打击侵害企业合法权益的“傍名牌”行为，引导权利人依法通过司法途径追究违法者的民事责任，从而压缩“傍名牌”行为获利的空间，加大“傍名牌”行为的违法成本。二要引导企业转型升级。要引导和帮助企业提高自主创新能力，鼓励他们通过创立自己的品牌，提升自身的综合竞争力，走品牌发展的道路，从而摒弃冒牌、贴牌等不正当、低附加值的生产行为，向更高层次发展。三要扶持行业协会健康发展。要支持和扶持行业协会，激发行业协会规范经营行为、促进行业自律、服务会员维权等方面的作用，在行业内倡导良好的经营理念和商业道德。四要积极发挥消费者的作用。要提高广大消费者的辨别能力，增强其自我保护意识，引导其树立正确的消费观念；同时畅通举报渠道，鼓励和保护群众揭发、检举“傍名牌”行为的积极性，从而更有效地唤起广大消费者对法律实施的参与意识，促使更多的企业守法经营。五要营造良好的社会氛围。要继续大力推进社会诚信体系建设，并充分发挥舆论媒体的监督、引导、宣传和谴责作用，弘扬公平竞争正气，谴责曝光“傍名牌”违法行为，形成人人参与、共同监督的社会监督体系。

（五）加强学习交流，提升执法水平

应结合打击“傍名牌”工作的特点和重点，形成一套行之有效的学习、培训和交流制度机制。

一是加强相关法律法规的学习。要组织执法人员认真学习《反不正当竞争法》《商标法》《企业名称管理规定》等相关法律法规，提高执法人员对法律法规的理解和执行能力，重点提高执法人员对"傍名牌"行为定性原则和标准的把握能力，以及综合运用相关法律法规查处"傍名牌"案件的能力。二是有针对性地组织业务培训。针对市场中存在的"傍名牌"行为典型表现形式，以及执法人员办案过程中遇到的普遍性问题，通过专家讲解、典型案例剖析、问题研讨、现场答疑等多种形式，帮助基层执法人员系统学习查处"傍名牌"案件有关的法律法规和业务知识，积累执法经验，在实践中不断提高办案水平。三是加强经验交流。要通过组织专题调研、跟班学习、召开分片座谈会、组织经验交流会等多种方式，加强系统内外的执法交流，通过交流互相总结经验，查找不足；同时，还可在业务内网开辟执法交流平台，及时通报各地打击"傍名牌"的典型案例，共享知名商标、知名商品、知名字号的认定和保护情况，交流执法经验，带动执法水平共同提高。

我国植物新品种保护制度应加大对原始创新的保护

农业部科技发展中心　刘　平

《中华人民共和国植物新品种保护条例》(以下简称《条例》)已颁布14年，较好地激励了育种创新，促进了农林业发展。《条例》的主要内容与国际植物新品种保护联盟(以下简称UPOV)公约1978文本基本一致，业内人士认为其对植物新品种保护力度有限。近几年来，呼吁我国加入UPOV公约1991文本声音，无论在国际还是在国内不断高涨。笔者通过研究认为：在不全面加入91文本的前提下，修改《条例》，引入UPOV公约1991文本实质性派生品种的条款，有利于保护品种的原始创新。

一、公约1991文本有关条款的解读

UPOV公约于1961年12月2日在巴黎通过，1968年8月10日生效后，分别于1972年11月10日、1978年10月23日和1991年3月19日经过三次修订，以求反映育种技术发展。截止到2010年12月，UPOV成员共有68个，其中，22个成员采纳了1978年文本，45个成员采纳了1991年文本。91文本自1998年4月24日生效，因此，自1999年下半年开始，新加入UPOV的成员只能选择加入UPOV公约91文本。客观地讲，UPOV公约91文本与78文本最根本的区别就在于，前者对育种者权利的保护力度大，在保护的时期、客体的延伸、实质性派生品种和农民权利等方面都增加了更有利于育种者的条款。91文本所构建的法律框架，更好地适应了经济结构和社会价值体系及科学技术的变化。

UPOV公约78文本中没有实质性派生品种(Essential Derived Variety，简称EDV)的概念，而91文本中引入了这一新的概念：UPOV公约1991年文本关于实质性派生品种制度的规定主要集中在第14条[品种权适用范围]第5款《实质性派生品种和其他某些品种》(b)、(c)两个规定之中："(b)在下列情况中，一个品种被看作是(a)项(i)中所述从另一品种(原始品种)派生而来：(i)很大程度是从原始品种派生的，或本身就是很大程度由原始品种的派生品种产生的派生品种，同时仍然表达由原始品种基因型或基因型组合产生的本质特性；(ii)与原始品种明显区别；(iii)除了派生引起的差异外，所表达的由原始品种基因型或基因型组合产生的本质特性与原始品种相同。"并且特别指出："(c)实质性派生品种可以通过诸如天然或诱发的突变型、体细胞克隆变异型的选择，从原始品种植物中的变异株系的选择，以及回交或遗传工程转化获得"。

实质性派生品种可以被独立授予品种权，但对实质性派生品种的生产和商业化应用，需征得原始品种权人的许可，否则即为侵权。

在78文本的实施中，其实存在实质性派生品种的问题。一般而言，一个品种在申请品种权时，如果符合"特异性、一致性、稳定性"并有"合适的

命名”等法定要件，经过法定程序后，国家植物品种授权机关即可赋予该品种的育种人植物新品种权。借以派生的“受保护品种”称为“原始品种”的是否授权不影响实质派生品种的授权，也不影响品种的市场开发。

UPOV 公约 1991 年文本规定派生品种的意义在于，它为原始品种和实质性派生品种的育种人提供了进行利益分配的制度基础。同时，当双方当事人在利益分配问题上不能通过协商达成一致时，只要涉讼品种被认定为实质性派生品种，与之对应的原始品种权人即可据此主张自己的利益。这是因为就两个品种权的产生与享有而言，两个品种权是相互独立的，分别属于开发它们的育种人，即原始品种的育种人和派生品种的育种人。但根据 UPOV 公约 1991 年文本的规定，只要原始品种的品种权在保护期内，对实质性派生品种繁殖材料的生产、繁殖、许诺销售、销售等行为不仅要得到派生品种育种人的许可，还要得到原始品种育种人许可。

此规定一方面是为了强化对原始育种者的权利保护，另一方面是为了鼓励育种人和新技术（例如，转基因技术）发明人之间的合作，以便最终保障育种创新的可持续发展。由此可见，该条款是随着现代育种技术，特别是分子辅助育种技术的快速发展而必然要作出的一项法律调整。由于我国采纳的是 UPOV 公约 78 文本，在现行的植物新品种保护条例中没有实质性派生品种的概念，因此当获得专利保护的一个基因被转入一个授权品种中时，拥有原始品种的品种权人是得不到任何许可使用费的，而该基因专利的专利权人却可以向使用者收取专利使用费，这就造成两个权利人享有不平等权利的一种不良法律后果。因此，91 文本适时引入的实质性派生品种概念，是在基因专利权人和原始品种权人之间构建的一种公平权利机制。

引入实质性派生品种的概念，也是植物新品种保护制度自身的特点所必需的。无论是 UPOV 公约 1978 年文本还是 1991 年文本，对一个植物新品种的授权条件都是一样的：即申请品种只要具备新颖性、特异性、一致性和稳定性，并具有适当的命名就具备了被授予品种权的条件。实际上，授权条件中对特异性的要求并不可苛刻，即所申请保护的植物新品种只要在一个性状的表达状态上与已知品种相比存在明显的差异，就具备了特异性。到底差异多大为明显，各成员国可在本国的 DUS 测试指南中根据本国的育种水平、品种状况和品种类型来确定。因此，在实质性派生品种缺位的现阶段，我国修饰性育种、模仿性育种等急功近利、投机取巧行为大量涌现，可得到授权且还不侵权，这直接影响了原始创新的积极性。

通过以上的解读和分析可以看出，UPOV 公约 91 文本虽然是在发达国家的意志引导下修订的，但毋庸质疑的是，这种修订是在积累了 78 年文本实施十几年经验的基础上，为了适应经济、贸易和技术发展的需要所作出的调整。相比 78 年文本，91 文本更加全面、科学和合理地保障了育种者的权益，强化了植物新品种保护的制度效应，值得我国在修订《中华人民共和国植物新品种保护条例》时认真研究和借鉴。

二、我国主要农作物存在实质性派生品种情况

我国农业植物新品种保护的申请中，不仅存在实质性派生品种申请，而且随着近年来申请量逐年增加又以玉米和水稻为甚。

（1）玉米是申请量最大的作物，占总申请量的 34.6％，占大田作物的 40.4％。许多玉米界的学者研究表明，我国目前生产上利用的玉米种质基础狭窄。根据走访有关育种家和有关企业，大家普遍认为玉米种业界近年来的情况是：除了一些经济实力雄厚的种子企业通过合法途径购买新品种使用权，从事商业开发外，多数企业都开始从事自己的玉米育种工作，采取的捷径主要有以下两种，一是通过各种途径收集生产中应用的骨干玉米自交系，采取拉郎配的方法组配一些杂交组合，参加国家或各地的区域试验，其中也不乏有一些非常优良的组合，并通过审定。二是所谓的克隆育种，也就是选用目前生产中最优秀的品种，通过回交改良的方法，将其中的一个亲本改头换面，再与原来的另一亲本组配，保留一两个明显的性状，其余性状与原品种基本相同，按照国际植物新品种保护公约 1978 年文本和我国的《条例》，属于两个不同的品种，照样得到授权而且开发生产还不属于侵权。

（2）水稻新品种的申请量在第二位，占总申请量的 29.3％，占大田作物的 34.2％。从 1999 年至 2009 年，水稻新品种权申请量达到 1912 件，授予水稻品种权 1075 件。但是，我国水稻种质资源的发掘、创新、开发和利用研究基础相对而言不是薄弱的，育种材料遗传背景狭窄，重大突破性的新

种质材料缺乏，是造成水稻育种品种单一、抗性和品质育种进步缓慢，没有突破性的综合性状优良品种的根源。根据分子标记测定，中国主产区籼稻品种间的最大遗传相似性达到99.8%，亲缘关系很近，遗传背景非常狭窄。一些重大的病虫害（如纹枯病）高抗种质及优质专用种质缺乏；优良种质资源（如农家种、野生种）的发掘利用研究，新种质（基因）的创新创建等基础性研究严重滞后，是制约育种创新大突破最主要瓶颈。

通过对2006年杂交水稻推广面积进行分析，绝大多数推广面积较大的品种都是在20世纪90年代前培育完成的。排在前3位的授权水稻杂交品种两优培九、丰两优一号、扬两优6号，其父本均为扬稻6号，母本为培矮64S、广占63S或其近缘系；推广面积排在前12位的品种中，利用Ⅱ－32A为母本的有4个，利用金23A为母本的有4个，有2个品种母本为广占63S系列，另外两个品种的母本培矮64S和冈46A也配组出了大量的其他杂交水稻品种。上述亲本Ⅱ－32A、金23A、冈46A、培矮64S、广占63S均在20世纪八九十年代选育。目前，利用培矮64S、广占63S及其近缘系配组的两系杂交种在我国杂交水稻生产中已经占了相当大的比例。

通过对2007年全国主要农作物品种推广情况分析，推广面积排在前5位的两系杂交稻品种（均为授权品种）中，有4个品种母本来源于广占63S，有4个品种的父本来源于扬稻6号。通过对2006～2008年全国主要水稻品种亲本来源分析结果表明，目前我国水稻育种基础越来越狭窄，水稻育种技术创新水平长时间没有突破性进展已经是不争的现实。

仅从农业部于2008年11月1日发布的《农业植物新品种保护公报》中可以看出，25个经初审合格公告的水稻植物新品种中至少有12个品种属于实质性派生品种。由于育种过程简单，时间花费少，育种目标明确，利用目前的主要推广品种或亲本进行稍加改造就可以快速育成新的所谓自主知识产权品种。这种机制的直接后果使大量育种单位对投资育种研究缺乏动力。培育实质性派生品种既可以避免缴纳昂贵的品种权使用费，又可以很快以所谓拥有完全自主知识产权的品种占领市场。

三、建立实质性派生品种的必要性

从国家层面来看，对模仿和修饰育种行为长期予以制度保护，将打击育种原始创新行为的积极性，变相鼓励短、平、快新品种的培育，影响私人领域的育种投资热情，不利于我国育种水平的提高和健康可持续发展。

实质性派生品种主要直接由原始品种通过选育、天然或诱导的突变、体细胞克隆、基因导入、同亲本回交而得出的只有部分性状得到改变的新品种。这种育种过程与真正的育种创新相比，相对比较容易简单，时间和投入也较原始品种创新要少得多。如果对原始品种和派生品种不加区别地授予同等的权利，必然助长利用别人品种进行商业修饰性育种的泛滥。这不仅严重挫伤了原始创新积极性，而且也导致了作物育种基础越来越窄，必然会导致突破性品种越来越匮乏，育种创新原地踏步的恶性循环。长此以往，将对国家粮食安全构成严重威胁。调查显示，由于未对实质性派生品种给予适当的限制，不少具有原始创新能力的科研人员培育原始创新品种和申请品种权的积极性也在大大减弱，因为他们辛苦培育的品种很快就会被一个类似的品种替换掉。

由于实质性派生品种育种过程相对简单，时间花费少，育种目标明确，往往利用目前的推广品种的亲本，对其进行稍加改造就可以快速组配并育成一个同质化的品种并推出。培育实质性派生品种既可以避免缴纳昂贵的品种权许可费用，又可以很快以所谓拥有完全自主知识产权的品种占领市场。不少具有原始创新能力的科研人员反映，由于未对实质性派生品种给予适当的限制，他们辛苦培育的品种很快就会被一个类似的品种替换掉，其保护价值大打折扣。他们申请品种权的积极性也在大大减弱，也想搞实质性派生品种的培育。

在我国农业品种权申请中，上述修饰育种得出派生品种且可获品种权，如不加以约束，将导致突破性品种匮乏的现象越来越明显。我国从制度上还没有形成对原始育种创新的激励机制，建立实质性派生品种制度，从长远发展来看，为切实解决目前实质性派生品种带来的各种问题，这对完善我国植物新品种保护制度、有效激励育种创新、促进种业健康发展具有重要的意义。

参考文献

[1] 李初军，刘建萍等．我国水稻育种的现状与展望[J]．中国种业，2007(1)

[2] 袁隆平．杂交水稻育种的新突破[J]．世

界科技研究与发展,vol21,issue(2)

[3] 周少川,王家生等．我国水稻育种回顾与思考[J]. 中国稻米,2001(2)

[4] 李容,谭学林．水稻种质资源遗传多样性保护和利用研究进展[J]. 福建稻麦科技,2005,23(1)

[5]农业部植物新品种保护办公室．农业植物新品种保护公报

[6] 万宜珍．植物新品种保护与杂交水稻育种创新的思考[J]. 农业科技管理,2008(12)

[7] 吴京华,罗闰良．中国杂交水稻的国际发展现状与对策[J]. 中国稻米,2007(1)

[8] UPOV. Act of 1991 International Convention for the Protection of New Varieties of Plants [EB/OL]. (2008－07－15)[2008－12－10]. http: www. upov. int/en/publications/conventions/1991/pdf/act1991. pdf

[9] 陈红,刘平,吕波等．我国建立实质性派生品种制度的必要性讨论[J]. 农业科技管理,2009(2)

[10] UPOV. Costa Rica Accedes to the UPOV Convention [R/OL]. [2008－11－12]. http://www. upov. int/en/news/pressroom/pdf/pr78. pdf

[11] UPOV. UPOV Report on the Impact of Plant Variety Protection [M]. 2005

[12] 郭华仁,黄玉婷．植物育种家权利法的扩权:实质性衍生品种[J]. 台湾花卉园艺杂志,1999:54～57

[13] 全国农业技术推广服务中心．2006 年全国农作物主要品种面积推广情况统计汇编[R]. 2007

[14] 全国农业技术推广服务中心．2007 年全国农作物主要品种推广情况统计表[R]. 2008

[15] 全国农业技术推广服务中心．2008 年全国农作物主要品种推广情况统计表[R]. 2009

[16] 郭嘉骥．关于对所有农作物品种均实行国家保护的设想[J]. 中国种业,2002(3):19

[17] 陈如明,杨旭红,陈红．植物品种保护与品种审定[J]. 作物杂志,2005,2:33－34

[18] 黄钢,刘平,徐世艳．加入 UPOV1991 年文本对中国种子产业的影响及对策[J]. 农业科技管理,2005(5):1－5

[19] 蒋和平,孙炜琳．我国农业植物新品种保护的现状与对策[J]. 农业科技管理,2001(6):12－14

[20] 何平,姚杰．中国农科院植物新品种保护的现状与建议[J]. 农业科技管理, 2002(6):27－29

[21] 林祥明,蒋和平．对我国植物新品种保护制度的评价[J]. 农业科技管理, 2006(1):27－28

[22] 孙炜琳,蒋和平．农业植物新品种保护的基本现状与对策措施[J]. 工作研究,2004(2):18－21

对转基因生物知识产权保护的思考

孙洪武[1,2] 刘志民[1] 周明月[2] 李丹丹[2]

(1. 江苏省农业科学院,江苏 南京 210014;
2. 南京农业大学公共管理学院,江苏 南京 210095)

随着转基因技术迅猛发展,转基因作物已成为农业生产的重要组成部分,并日益显示出其巨大的产业价值。到 2010 年,世界上将有 30 个以上国家的 1500 万农民种植转基因作物,全球转基因作物种植面积将达到 1.5 亿公顷,世界转基因产品的市场总收入将达 30 000 亿美元,其中仅转基因产品的种子收入就可达 3000 亿美元❶。转

❶ 侯鲜明．美欧之间转基因产品贸易争端与启示[J]．对外经贸实务,2007,(6):37－40

基因作物开辟的第二次"绿色革命"正日益推动着转基因生物成为知识产权的重点产生领域，在当今技术专利化、专利标准化、标准国际化的法制环境下，转基因生物知识产权已成为知识产权界的一门显学——与现实联系密切并引起社会广泛关注，世界各国也纷纷根据相关国际条例修改和制定本国知识产权法律。2008 年 6 月 5 日，我国颁布了《国家知识产权战略纲要》，这标志我国知识产权由被动保护走向主动保护；同年 7 月 9 日，国务院常务会议审议并原则通过了转基因生物新品种培育科技重大专项，实施这一重大专项的目标是要获得一批具有应用价值和自主知识产权的基因，培育一批抗病虫、抗逆、优质、高产、高效的重大转基因生物新品种❶。然而，由于转基因生物技术的争议性和转基因生物知识产权保护复杂的个性特征，加强我国转基因生物知识产权保护问题研究，不仅有利于促进我国在这一新兴领域完善知识产权制度和政策措施，将该领域的研发优势转变为知识产权有适合相应产业发展的竞争优势，抢占国际科技和市场制高点，而且有利于我国率先制定相关规则和技术标准，增强国际话语权和谈判资本，在国际合作与竞争中保护和分享资源，更好地维护产业发展和经济利益。

一、转基因生物知识产权的个性特征

知识产权与科学技术相伴而生，随着科学技术及经济发展，知识产权的客体和内容不断扩大，知识产权概念也一直处于动态的发展过程中。我国《民法通则》将公民、法人、个体工商户和个人合伙取的版权、专利、商标、发现权、发明权纳入知识产权保护的范围。《与贸易有关的知识产权协议》将商标、专利等 8 项权利纳入知识产权的权利范围；《成立世界知识产权组织公约》将文学、艺术和科学作品的权利等 8 项内容列举为知识产权的保护范围；《保护非物质文化遗产公约》将口头传说和表述等 5 项内容列为非物质文化遗产的保护对象；《国际植物新品种保护公约》规定了对植物新品种育种人权利的保护；《粮食和农业植物遗传资源国际条约》还将保存、改良和提供遗传资源纳入知识产权保护的范围。综合比较知识产权的特点，总结和借鉴已有的研究成果，本文对知识产权的界定为：一定的民事主体经法定程序在一定的地域和时间期限内所取得的对特定有用信息的人身权和财产权，其内容可以包括专利、版权、商标、工业设计、集成电路外观设计、商业秘密、地理标志、传统知识、民间文艺、生物新品种、遗传资源等。

转基因生物知识产权由于打破了物种的限制而使所涉及的技术和权利较多，基于原生物体的创造而使多元化的权利主体叠加，创造了新物种而面临一定的风险与争议，具备较大的社会效益和对国计民生的影响力而可能面临强制性许可的一类较为复杂的知识产权。其内容包括在转基因生物培育过程中所形成的各种专利权、品种权和版权，客体范围应包括转基因植物、转基因动物、转基因微生物、基因获得方法、基因序列、生物信息、基因产品和新用途等❷。转基因生物知识产权除具有知识产权共性特征外，还具有区别于一般知识产权的个性特征。

（一）权利主体复杂

法律关系的主体是法律关系的参加者，即在具体法律关系中享有权利并承担义务的公民、法人、其他组织和国家。传统知识产权采用一物一权的民法理念完全可以解决权利主体的界定问题，而转基因生物技术由于在实施过程中需要经过诸如基因组测序、基因片段截取等过程而很难界定这些基因或基因片段的权利主体。不仅如此，转基因生物从已在生产上大面积应用的优良品种上获取功能基因，再转入到另外一个生产上大面积应用的优良品种，形成新的品种，所涉及的这些品种使得权利主体变得十分复杂。

（二）客体界限模糊

法律关系的客体是主体的权利义务所指向的对象，一般包括物、智力成果、人身权利或者行为。转基因技术通过对不同生物基因片段的剪切和链接，将微生物、植物、动物乃至人类的部分基因相互结合，从而造成了法律关系客体间界限的模糊和法律关系内容的混同，如对于一种兼有微生物、植物和动物基因的新型转基因生物无法提供保护的标准与内容。

---

❶ 新华网．温家宝主持会议通过深化经济体制改革工作的意见等[EB/OL] http://news.xinhuanet.com/politics/2008－07/09/content_8519516.htm，2008－07－09

❷ 刘志民，李丹丹，孙洪武，杨友国．转基因生物知识产权的客体边界研究[J]．科技进步与对策，2009，26(4)：103－106

（三）在国际贸易中扮演特殊角色

转基因生物知识产权还以技术壁垒的形式扮演着特殊角色，这主要体现在发达国家和发展中国家在国际贸易上的博弈。在国际贸易中，发达国家一方面通过WTO立法框架打开发展中国家市场的大门，利用人才和技术优势抢滩国际市场，另一方面通过绿色壁垒将发展中国家的生物产品阻却在本国市场之外，最终形成发达国家的转基因生物知识产权垄断和掠夺式定价。而发展中国家的遗传资源被发达国家的生物技术公司开发和注册，其对遗传资源的贡献往往被甄没，资源开发中的利益也没有得到合理分享。

（四）对国计民生带来隐患

转基因生物技术由于安全性问题，其开发具有一定的风险，甚至还会引发伦理危机。科学技术具有不可预知性和不完全可控性还将导致公众健康和生态环境的损害。同时，开发一个单一的生物技术产品（比如转基因作物）可能包含大约100个受保护的成分或过程，转基因生物知识产权保护程度和保护方式将直接影响到技术应用、技术推广和技术周期，从而影响到转基因生物知识产权社会效应的实现。

（五）与“农民特权”之争尴尬

由于生物技术的特殊性，转基因生物新品种一方面依赖于育种者科学研究的智力成果，另一方面又是基于已有的农业生物体，也即包含了农民在保存和改良传统农业遗传资源中所付出的努力。因此，转基因生物知识产权保护面临着与“农民特权”（Farmers' Privilige）的平衡。

二、我国转基因生物知识产权保护面临的困境

（一）对转基因生物知识产权及其相关领域的认知度低

由于我国知识产权制度的建立和完善始终根基于我国经济与科技发展水平的基本国情，不能适应与满足全球经济一体化迅猛发展所引致的国内外新的发展需求，使得法律衔接、法制转型、法律执行显得被动和仓促。

与转基因知识产权密切相关的领域是知识产权、转基因生物、转基因技术等。但是，社会公众对转基因生物知识产权及其相关领域的认知度较低。就知识产权而言，如学者李琛所指出的那样：“知识产权法学作为一门显学，面临着一种无法掩饰的尴尬：学界对‘知识产权’这个基本概念远未达成共识。”❶就转基因生物知识产权而言，目前对转基因生物知识产权的特殊性认识不多。在中国期刊网中国期刊全文数据库、中国优秀硕士学位论文数据库等6个数据库中输入“转基因生物知识产权”进行精确搜索的记录为0条（时间1979—2008，下同）；输入“转基因植物”关键词精确搜索后进行“知识产权”题名二次搜索的记录为5条；输入“转基因动物”关键词精确搜索后进行“知识产权”题名二次搜索的记录为5条。就转基因技术、转基因生物、转基因食品等而言，社会公众的认知度也较低。在2005年对昆明市超市消费者和高校研究生的抽样调查中，有11.4%的人从没听说过转基因食品，37.4%的人只听说过这个词，44.9%的人知道一点点，4.5%的人知道的比较多，仅有1.8%的人对转基因食品非常熟悉❷。公众对转基因技术和食品的认识也比较极端，一种认为转基因生物很可怕，持担忧态度，另一种则认为转基因生物不存在安全性问题，可以放任自流❸。对转基因生物知识产权及其相关领域认知度低的直接结果是影响我国转基因生物知识产权保护的制度建设和市场应对。

（二）转基因生物知识产权保护面临着与资源共享的平衡

一方面转基因生物知识产权需要保护以体现对权利人贡献的回报，另一方面，转基因生物知识产权保护又要满足知识共享的需求。如果放弃对知识产权的保护，理性经济人会纷纷采取“搭便车”的对策，对转基因生物知识产权进行掠夺式开发，权利人的利益得不到保障，权利纠纷必将愈演愈烈，从而导致转基因生物知识产权的“公地悲剧”。如果滥用知识产权保护，转基因生物知识产权又将得不到合理使用，导致资源配置的低效率，

---

❶ 李琛．知识产权片论[M]．北京：中国方正出版社，2004

❷ 陈桂荣．公众对转基因食品的了解和接受程度——对昆明市消费者的调查与分析[J]．昆明理工大学学报，2005，5(5)：14—17

❸ 吴红梅．李家洋：转基因食品 不要谈“转”色变[EB/OL]．2009－01－13，http://www.cngrain.com/Publish/qita/200901/397839.shtm

形成“专利丛林”❶。由于许多个体对特定知识产权享有排他性的权利却不享有使用权，或者是虽享有使用权但不经过权利间的相互集合就不能实现商业价值，导致对“权利集合体”的使用不足，产生转基因生物知识产权的反公地悲剧。当这种需求不能通过正规渠道得以实现时，转基因生物知识产权保护制度就会异化成为刺激转基因生物产权侵权的因素之一。因此，转基因生物知识产权保护需要在权利保护与共享中实现平衡。

(三)转基因生物知识产权保护面临着与国际法规和国外法律的协调

随着世界贸易竞争的加剧，转基因生物知识产权保护也成为一个国际化的问题。但基于各国经济社会发展的不同国情，各国对转基因生物知识产权的保护各有异同。以中国、美国、欧盟和相关国际条约的比较为例，各国对转基因产品可以授予专利；对转基因植物新品种可以授予品种权，其中美国还对转基因植物授予专利权；各国对转基因微生物、基因序列、转基因方法、新用途授予专利权；对于转基因动物，我国、欧盟及《与贸易有关的知识产权协议》明确规定不授予专利，美国在1988年对哈佛鼠授予了第一项动物专利；对基因信息，在实践中欧盟要求各成员国给予数据库的结构以版权保护，我国主要还是参照现有的数据库知识产权保护办法如作为汇编作品受到著作权法保护。

三、强化我国转基因生物知识产权保护的对策建议

(一)加强宣传，提高对转基因生物知识产权及其相关领域的认识

一要加强科普宣传，提高对转基因生物及相关知识的普及。对某一事物的合理利用和科学管理离不开对该事物的了解和熟悉。因此，要通过报纸、网络、电视等各种形式的大众传媒，深入社区、入户下乡、信息咨询等各种途径加强对转基因生物及相关知识的宣传，提高社会公众的认知水平，同时在转基因生物技术研发的风险治理中使公众具备一定的常识、较清晰的认识和较准确的判断。要加强普法宣传，培育对知识产权保护的法制文化。转基因生物知识产权保护从长远来说离不开对知识产权保护法制文化的培育。因此，要加强对知识产权的普法宣传，同时鉴于转基因生物知识产权本身复杂性的特点，采用以案说法等有针对性的宣传，逐步实现社会公众认真学法、知法懂法和积极用法。

(二)加强农业行政执法，建立转基因生物知识产权保护的长效机制

首先要提高基层农业行政主管部门执法能力。基层农业行政执法队伍的执法水平直接影响到转基因生物知识产权保护的效能。在现阶段，要加强对执法人员的法律培训，提高基层执法水平和能力，特别是针对转基因生物知识产权侵权物易转移和易发生在种子经销环节等特点，一方面，与种子部门合作，加强源头审查；另一方面，建立跨地区、跨部门联合执法机制，追踪转移侵权物的流动。其次要建立转基因生物知识产权信息发布平台。随着信息化的加快和物流业的发展，转基因生物知识产权的侵权活动更加隐蔽性。因此，要建立转基因生物知识产权信息发布平台，一方面使公众能对相关知识产权进行了解和追踪，减少过失侵权，另一方面也发挥社会监督的作用，减少主观故意侵权。

(三)促进利益平衡，建立转基因生物知识产权分类保护与共享的机制

一方面，要建立非核心知识产权集体约定分享机制。转基因生物技术研发活动的链条较长，在形成核心技术的同时也产生了诸多非核心的且具有共性的技术和材料，这些非核心技术的交汇可能会激发更大的技术创新，材料之间通过进一步选育可能产生更好的品种。因此，对于非核心知识产权，可以参照专利池❷的做法，通过建立知识产权池的方式进行资源保护与共享，即两个或两个以上的权利人达成协议，以品种为单元，把多个知识产权放入一揽子许可的知识产权联营组织中，“池”内的权利人按照协议交付一定的费用，“池”外的企业则可以通过统一集中许可利用池中的知识产权从而减少多次许可所产生的交易成

---

❶ Carl Shapiro, Navigating the Patent Thicket: Cross Licenses, Patent Pools, and Standard - setting, in 1 Innovation Policy and the Economy 119,120 (Adam Jaffe eds., 2001). 转引自 和育东."专利丛林"问题与美国专利政策的转折[J]. 知识产权,2008,18(1):92-97

❷ 詹映,朱雪忠. 标准和专利战的主角——专利池的解析[J]. 研究与发展管理,2007,19(1):92-99

本。另一方面，要建立核心知识产权兼顾各方利益与市场激励最大化政策支持体系。转基因生物核心知识产权如基因和品种，不仅涉及权利人的核心利益而且还可能与民众健康、生态环境、国家发展等重大问题紧密相连。特别是公共财政支持下形成的知识产权，出于对各方利益平衡的考虑，对转基因生物核心知识产权一方面要加强权利保障，保护创造者的积极性，另一方面还要研究促进应用的激励措施，体现创新的最终目的。

（四）建立两个机制，加强对国际条约和国外法规的研究与资源合作开发

一是要建立国际条约与国外法规跟踪研究机制。转基因生物知识产权随着国际贸易的发展已成为影响政府间关系的重要内容。为维护本国在国际贸易中的利益，要建立国际条约与国外法规的跟踪研究机制，适时了解国际条约和其他国家立法修法的内容、背景、动因和动态，从而对国际环境和贸易对手的法规情况进行准确把握。二是要建立资源开发与合作机制。在经济全球化的环境下，转基因生物技术研发的风险极有可能在全球范围内波及，转基因生物知识产权的利用和保护从长远来看也需要在全球治理中得以更好地解决。因此，必须积极探索国际合作的新机制，为国内技术研发和产权保护提供借鉴，为全球范围内转基因生物资源的开发和知识产权保护提供平台。

品种保护制度对我国种业集中度影响的实证研究

李寅秋　陈　超　唐　力

（南京农业大学经济管理学院　南京　210095）

一、引言

自 1999 年我国接受植物新品种权申请以来，我国种子行业发生了巨大的变化，市场容量不断扩大，行业集中度迅速提高，市场内竞争主体激增，市场化程度显著提高。与此同时，我国品种权的申请与授权数量也从无到有，迅速发展到 5563 件和 1866 件，农林作物授权品种范围分别扩大到 74 个和 78 个种或属。国外有关品种权保护对种业市场影响的研究表明，植物新品种保护的实施一般会改变该国的种子市场结构，增强大型种子企业的竞争优势，提高行业集中度。Pepall 等(1998)❶指出，植物新品种保护制度赋予了种子企业在一段时间内垄断其新品种的权利，这必然会导致种子市场结构的变化，使得企业在种子市场上存在共谋行为。Pray 和 Tripp(1999)❷认为育种行业的知识产权保护也必然会导致种子企业市场力量的变化，从而引起整个种子行业市场结构的变化。发达国家的经验也证实了这一观点。经过多年的兼并与重组，美国、加拿大和欧盟的种子市场只由少数几家跨国公司所垄断，甚至支配着全球种子市场。Srinivasan(2003)❸对 30 个 UPOV 成员国种子市场集中度状况进行了研究，结果表明植物新品种保护制度改变了该国种子市场的结构，主要体现在由于种子公司的新品种排他权得到有效保护，大型种子企业因此获得更强的竞争优势，进而通过兼并、重组以谋求种子市场的优势地位。

在国内，蒋和平(2002)❹比较早地对我国植

❶ Pepall L, D Richards, Norman G. Industrial organization: Contemporary theory and practice [M]. Cincin－nati: South－Western College Publishing, 1998

❷ Pray, Carl and Robert Tripp. Industrial Policy Issues: Participation, Prices and Property Rights[J]. Maize Seed Industries in Developing Countries, 1998

❸ C. S. Srinivasan. Concentration in ownership of plant variety rights: some implications for developing countries[J]. Available online 16 December 2003

❹ 蒋和平．国外实施植物新品种保护的管理规则及对我国的借鉴[J]．知识产权，2002(3)：37－41

物新品种保护现状进行了分析，周宏、陈超(2004)❶首先运用计量模型论证了植物新品种保护制度的实施对中国农业技术的创新有正向推动作用。胡瑞法等(2006)❷通过研究认为植物新品种保护制度能够保证新品种种子价格在中国市场上明显高于常规品种，从而保障种子企业的新品种R&D投资能有所回报。吕凤金(2006)❸支持目前我国的植物新品种保护制度基本符合我国种子产业发展的要求，但同时植物新品种保护的司法成本也是巨大的。黄武等(2007)❹采用截面数据，以销售量为主要变量考察植物新品种保护制度与种子企业R&D的关系。可以看出，国内对植物新品种保护的有限研究主要集中在植物新品种保护对企业研发的影响上，而关于这一制度对种子产业集中度影响的定量分析目前还不充分，这为本文的研究提供了一个视角。

二、我国种子行业集中度情况

CRn指数是最重要也是运用最普遍的绝对集中度指标，它是指行业内规模最大的前几位企业的有关数值占整个市场或行业的份额。这一数值可以是产值、产量、销售额、员工综述或资产总额等。它一般是以产业中最大的n家企业合计的市场份额占整个产业市场的比例来表示的，其公式为：

$$CRn = \sum_{i=1}^{n} \frac{X_i}{X} = \sum_{i=1}^{n} S_i$$

其中，X为整个产业的总销售额，第i个企业的销售额为Xi，第i个企业的市场份额为Si。

通过对种子行业上市公司数据的调查汇总，结合实地调研数据，本文得出了种子行业中销售额前四位和前十位企业的数据。需要指出的是，上市公司年报中主营业务的收入除了包括种业收入以外，往往还包括其他主营收入，因此，为了所得数据准确合理，本文在统计时将其他主营收入剔除，仅计算了种业收入。最终得出CR4和CR10集中度，结果如下图：

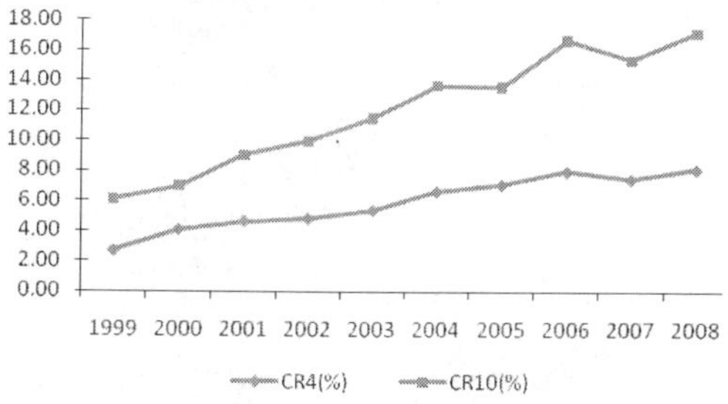

图1　CR4与CR10集中度变化趋势

可以看出，我国种业绝对集中度不论是CR4还是CR10，虽然基本上是在不断提高的，但仍然十分分散。到2007年，我国种业集中度CR4仅为7.38%，销售额仅为23.05亿，远远小于发达国家水平，我国种业市场化发展水平依然十分弱小，种子行业典型的分散竞争市场结构。

三、影响我国种业集中度的因素

产业组织理论认为，任何一个特定产业的市场集中度都是不断发生变化的，因为每个产业的市场集中度都受到一系列因素的影响，有的因素促进市场集中，有的则阻止市场集中，有的因素甚至具有两重性，既有促进市场集中的一面，也有阻止市场集中的一面。一般而言，影响市场集中的因素主要有：期初的市场集中度、市场容量、规模经济、企业竞争行为、政策与法规等。企业竞争行为主要是指企业的进入退出情况、获利情况、产品技术等。集中度理论模型关系可以表示为：

$$CR_t = \alpha_0 + \alpha_1 x_1 + \alpha_2 x_2 + \alpha_3 x_3 + \ldots + \alpha_n x_n$$

其中，CR_t 市场集中度，x为影响集中度的各种变量，结合上节对我国种业集中度影响因素的定性分析，本文初步选取以下变量作为计量模型的自变量：

(一)期初集中度(CR_{t-1})

即为上一期的集中度，此变量对集中度的影响方向并不确定。贝恩(1958)❺指出，有些领导厂商会采取防止加入的价格策略，因此预期CR_{t-1}对集中度的影响是正的，但是有些学者也认为，由于行业中领导厂商通常无法完全掌握各种不确定因素，也不一定能阻止新厂商的加入，所以在其他条件不变的情况下，其系数应为负的，即领

---

❶ 周宏，陈超．植物新品种保护制度对农业技术创新的影响[J]．南京农业大学学报(社会科学版)，2004(1)13－17

❷ 胡瑞法等．中国植物新品种保护制度的经济影响研究[J]．中国软科学，2006(2)：49－56

❸ 吕凤金．植物新品种保护对我国种子产业的影响研究[D]．中国农业科学院博士学位论文，2006

❹ 黄武．植物新品种保护对育种者研发行为影响的实证分析．中国农村经济[J]，2007(4)：69－74

❺ J. S. Bain. Concentration and Conditions of Entry in Twenty Manufacturing Industries [J]. American Economies Review，1968：99－104

导厂商的市场占有率会下降(stigler,1963)[1]。考虑到种子行业集中度比较小,市场结构接近垄断竞争的事实,以上两种分析并不符合种业的具体情况,因此,系数的方向并不确定。

(二)市场规模(scale)

也就是市场价值。这一变量的影响方向也不确定,市场规模的扩大,一方面可以让领先厂商容易扩大市场份额,从而提高市场集中度;另一方面,市场规模的快速增长也会吸引更多的企业加入该行业,从而瓜分更多的市场份额。具体的影响方向要视两种情况的博弈结果而定。

(三)品种权保护情况(pvp)

品种权保护的加强,增强了企业科研创新的动力而其科研新成果又进一步推动了产品差异化竞争策略,这样有可能产生两种结果,一方面,行业内的领导者利用品种权保护的优势,提高了企业产品的竞争能力和市场占有率,使得领导厂商的集中度提高,从而其影响方向为正;另一方面,行业的追随者由于在品种权保护方面的劣势,产品竞争能力下降,使得在包括追随者在内的集中度下降,从而其方向可能为负。

(四)最小规模经济(min)

一般而言,行业的最低规模经济越大,新厂商进入的成本性壁垒就越大,越有利于集中度的提高,因此预期其方向为正。最低规模经济的计算一般为行业的平均规模,即市场规模与行业内企业数目之比。

(五)新企业进入率(new)

行业内新加入的企业数目越多,行业进入壁垒越低,其所占市场份额就越多,越不利于集中度的提高,因此预期其方向为负。T时期的新企业加入率一般用t时期行业内企业数目除以(t−1)时期的企业数目。

(六)行业利润率(pr)

利润率比较高时会吸引新厂商的加入,从而降低行业集中度,另一方面,比较高的利润率会增强大企业的实力,其产能扩张一般快于小企业,从而提高行业集中度。因此,利润率对集中度的影响程度并不确定。本文利润率来源于种业上市公司毛利润,取其平均数作为行业利润率的数据。我国种业上市公司的平均利润水平变动情况见表1。值得注意的是,奥瑞金种业在纳斯达克市场上市,其年度时间与沪深两市并不相同,严谨起见,因此本文并没有将其纳入利润表中。

(七)外资企业进入情况(pf)

国际种业巨头一直对我国巨大的种业市场虎视眈眈,1998年,跨国种业巨头先锋国际种子公司海外公司在中国播下了它的第一颗“种子”,2002年12月,杜邦先锋公司又与山东登海种业宣布成立山东登海先锋种业合资公司,注册资金408万美元,其中登海种业控股51%,杜邦先锋占股49%。这是先锋种子公司见缝插针向中国种业市场又成功地跨越了一步。国际种业巨头的行动对我国种业的发展存在巨大的潜在影响,因此本文搜集历年国内合资企业数量(见表1),试图分析外企企业对我国种业集中度的影响。

(八)政策变量

政策的变动对我国种业行业会产生重要的影响,本文截取近十年来的重要政策作为虚拟变量引入模型。其中,种子法的颁布实施(p1)和政企分开改革(p2)对我国种业产生了巨大影响,将其引入集中度模型分析他们的影响。政策实施前赋值为0,实施后赋值为1。

根据变量的分析定义,我国种业市场集中度的影响因素理论模型为:

$CR_t = \alpha_0 + \alpha_1 CR_{t-1} + \alpha_2 scale + \alpha_3 pvp + \alpha_4 pr + \alpha_5 pf + \alpha_6 \min + \alpha_7 new + \alpha_8 p1 + \alpha_9 p2$ 实证模型的基础数据见表1。

---

[1] George J. Stigler. The Organization of Industry [J]. University of Pennsylvania Law Review,1968:76−84

表 1 我国种业市场基本情况

年 份	CR4	CR10	规模经济（十万）min	市场规模（十亿）scale	新企业进入率（%）new	品种权保护 pvp	政策 1p1	政策 2p2	外资企业 pf	利润率（%）pr
1999	2.76	6.24	92.22	24.90	100.00	0❶	0	0	69	27.85
2000	4.13	7.02	88.32	24.53	101.85	39	0	0	69	34.07
2001	4.60	8.93	53.87	23.39	156.36	49	1	0	69	33.41
2002	4.84	9.85	37.62	23.18	141.86	167	1	0	69	33.99
2003	5.45	11.47	29.99	22.72	122.95	428	1	0	71	35.94
2004	6.63	13.80	26.86	24.14	118.67	503	1	0	72	34.96
2005	6.98	13.69	32.56	27.95	95.51	698	1	0	70	31.29
2006	7.99	16.74	34.88	29.24	97.65	899	1	1	67	32.55
2007	7.38	15.43	39.52	31.53	95.18	1417	1	1	71	27.07
2008	8.10	16.90	45.29	32.94	91.14	1866	1	1	76	31.89❷

数据来源：根据公开材料及调研数据整理

四、实证模型

回归模型中变量的相关性是模型建立的前提，如果两个变量毫无关系也就基本没有建立模型的必要了。通过相关性检验发现，LPR 与 LCR10 的相关系数相对小，说明两者之间基本不存在线性相关性，可以将此变量直接排除。

下面通过 Eviews5 来验证余下各个变量的单位根情况，具体结果如下：

表 2 变量单位根检验结果

变 量	(c,t,m)	ADF 检验值	P 值	显著水平	结果
D(LCR10)	(c,0,0)	−3.623804	0.0336	* *	I(1)
LPVP	(c,0,1)	−3.556955	0.0367	* *	I(0)
LMIN	(c,0,1)	−5.023241	0.006	* * *	I(0)
D(LNEW)	(0,0,0)	−2.755141	0.0126	* *	I(1)
LPF	(c,t,1)	−6.389051	0.0063	* * *	I(1)
D(LSCALE(−1))	(0,0,0)	−3.349597	0.0051	* * *	I(2)

注：(c,t,m)表示单位根检验方程中是否包含常数项、趋势项、滞后阶数。* * *、* *、* 分别表示显著性水平为 1%、5%、10%，下文相同。

可以看出，变量 LMIN 和 LPVP 是水平平稳变量，LCR10、LNEW、LPF 均为一阶平稳变量，而 LSCALE 则是二阶平稳变量，此时模型中仅有一个二阶平稳变量是不存在协整关系的，因此，需要剔除此变量。

根据单位根检验结果，对显著变量建立回归方程：

$$LCR10_t = \alpha_0 + \alpha_1 LCR_{t-1} + \alpha_2 LPVP_t + \alpha_3 LPF_t + \alpha_4 LMIN_t + \alpha_5 LNEW_t + \alpha_6 p1 + \alpha_7 p2 + e_t$$

对此方程进行逐步回归，剔除不显著变量后，得到协整回归方程为：

❶ 在做数据处理取对数时，本文将此处赋值为 1，这样 LN1=0，仍不改变数据的原来意义。

❷ 鉴于 2008 年一些上市公司的年度报表公布比较晚，本文在数据处理时采用了第三季度报表的数据，并做了相应调整处理。

$$LCR10_t = 0.1210LPVP_t - 0.3627LNEW_t + 0.2728P2$$
$$(4.6976***) \quad (13.5053***) \quad (-2.2219*)$$

其中，$R^2=0.8743$，$DW=1.3193$，数据量为1999—2008。

令 ECM_t 为协整回归方的残差，即：

$$ECM_t = LCR10_t - (0.1210LPVP_t - 0.3627LNEW_t + 0.2728P2)$$

对 ECM_t 进行单位根检验，结果显示 ECM_t 显示为无常数项、无时间趋势、滞后阶数为 0 的水平平稳序列。说明 $LCR10_t$、$LPVP_t$、$LNEW_t$、$P2$ 间存在协整关系，即它们之间存在长期稳定的关系。

将残差 ECM_{t-1} 作为变量引入协整方程的差分方程，回归发现 ECM_{t-1} 的 P 值比较显著，剔除掉不显著的变量，得到 ECM 的最终结果为：

$$\Delta LCR10_t = 0.064\Delta LPVP_t + 0.3527\Delta P2_t - 0.8257ECM_{t-1}$$

通过相同的方法，可以得到 CR4 集中度影响因素的 ECM 模型：

$$LCR4_t = 0.1315LPVP_t - 0.2069LNEW_t + 0.1682P2_t$$
$$(7.5952***) \quad (11.4607***) \quad (2.0373*)$$

同样令 ECM_t 为协整回归方的残差，即：

$$ECM_t = LCR4_t - (0.1315LPVP_t - 0.2069LNEW_t + 0.1682P2)$$

对 ECM_t 进行单位根检验，结果显示 ECM_t 显示为无常数项、无时间趋势、滞后阶数为 0 的水平平稳序列。说明 $LCR4_t$、$LPVP_t$、$LNEW_t$、$P2$ 间存在协整关系，即它们之间存在长期稳定的关系。将残差 ECM_{t-1} 作为变量引入协整方程的差分方程并剔除掉不显著的变量得到短期波动模型：

$$\Delta LCR4_t = 0.0529\Delta LPVP_{t-1} - 0.1779\Delta P2_t - 0.7137ECM_{t-2}$$
$$(3.2540***) \quad (2.5717**) \quad (-2.5209**)$$

综上所述，CR10 集中度影响因素的长期趋势模型为：

$$LCR10_t = 0.1210LPVP_t - 0.3627LNEW_t + 0.2728P2 \qquad \text{方程(1)}$$

CR10 集中度影响因素的短期波动模型为：

$$\Delta LCR10_t = 0.064\Delta LPVP_t + 0.3527\Delta P2_t - 0.8257ECM_{t-1} \qquad \text{方程(2)}$$

CR4 集中度影响因素的长期趋势模型为：

$$LCR4_t = 0.1315LPVP_t - 0.2069LNEW_t + 0.1682P2_t \qquad \text{方程(3)}$$

CR4 集中度影响因素的短期波动模型为：

$$\Delta LCR4_t = 0.0529\Delta LPVP_{t-1} - 0.1779\Delta P2_t - 0.7137ECM_{t-2} \qquad \text{方程(4)}$$

五、讨论

通过得到模型，我们可以知道：品种权保护、新企业进入和政企分开改革实施的政策 2 对于 CR10 和 CR4 集中度均有显著的影响，而规模经济、外企进入，行业利润率和政策虚拟变量 1 等则不显著。此可见，品种权保护对我国种业市场集中度产生了重要影响。通过对四个方程的分析我们可以得出以下结论：

（一）品种权保护促进了我国种业集中度的提高

不论是 CR10 还是 CR4 集中度，他们的长期方程（方程 1 和方程 3）中品种权保护的系数均为正值，说明品种权保护和我国种业集中度是正向影响关系，品种权保护的加强提高了我国种业的集中度。此外，从短期方程（方程 2 和方程 4）也可以看出，在短期波动调整时，品种权保护对集中度也均呈正向影响关系。

（二）相对于普通厂商，品种权保护对实力较强的领导者厂商似乎更有利，但是这一影响并不是很强

在方程 1 和方程 3 中，对于 CR10，品种权保护每增加一个单位，CR10 集中度将会提高 0.1210 个单位，而对于 CR4 集中度则是提高 0.132 个单位。这说明品种权保护的加强对行业内少数领导者（比如 CR4）的有利影响要略大于对追随者（比如 CR10）的有利影响。现实情况的分析可能是，品种权保护力度的加强，有力地保护知识产权，有利于知识和产品的不断创新，但这主要是实力雄厚的大企业的行为，中小企业或者说追随企业的实力普遍比较弱小，一般很难进行这种高风险高成本的知识创新工程。所以，品种权保护在保护了知识产权和投资者利益的同时，也保护了这种知识创新带来的垄断能力，使得相对应普通厂商，品种权保护更有利于领导者厂商。同时，也注意到，两者的差距不是很大，说明我国种业前十强由于彼此间的实力差距不是很大，行业内没有明显的领导者，因此受到品种权保护的有利影响的差距也不大。

（三）新企业的加入不利于种业集中度提高

方程显示，行业内企业数量的变动与市场集中度的变动展现出反向影响关系，即新企业的加入对种业集中度产生了不利的影响。行业内企业数量每减少一个单位，分别使得 CR10 和 CR4 提高了 0.363 和 0.207 个单位。但这一变量在短期波动调查时均不显著，仅通过残差项来影响短期波动。这或许可以说明行业内新加入的企业数目越多，即行业的进入壁垒越低，市场份额越容易被稀释，越不利于集中度的提高。

（四）政府对于种业政企分开改革的有效实施促进了我国种业集中度的提高

在长期方程中，该政策对 CR10 集中度和 CR4 集中度的影响均为正，变动幅度分别为 0.273 和 0.168 个单位。进一步，在短期波动方程中，该变量仍比较显著，但其影响方向发生了变化，对 CR10 仍是正向影响，而对 CR4 呈负向影响，显示出，该政策在短期内对行业领导者是不利的，而对普通厂商则是有利的。

提高知识产权创造和运用能力为经济社会发展提供技术权利支撑

科学技术部政策法规司副司长　林　新

知识产权制度是激励科技创新、保护发明创造、促进科技成果扩散的一项重要制度。在科技创新中加强知识产权管理，大幅提高我国自主知识产权的数量和质量，是科技创新和科技管理的重要任务。“十一五”时期，按照国家的总体部署，科技创新中的知识产权工作深入推进。国家科技计划和重大专项知识产权管理制度不断完善，《国家科技重大专项知识产权管理暂行规定》和《关于国际科技合作项目知识产权管理的暂行规定》颁布实施，科技计划发明专利申请量和授权量大幅增长。技术交易日趋活跃，在全国技术市场登记的技术合同交易额连年增长，2010 年达到 3906 亿元。但从总体上看，我国各类创新主体的知识产权管理能力仍很薄弱，自主知识产权水平和拥有量尚不能完全满足经济社会发展的需要。

“十二五”时期，是我国全面建设小康社会和创新型国家的关键阶段。发挥科技创新对转变经济发展方式和发展战略性新兴产业的支撑引领作用，迫切要求在科技工作中全面落实知识产权战略。科技创新知识产权工作要围绕“十二五”时期科技发展的重点任务，以提高知识产权创造和运用能力为目标，以提升创新主体知识产权保护和管理能力为重点，以强化财政性资金资助的科技项目知识产权管理为抓手，以营造有利于科技创新的知识产权环境为保障，充分利用知识产权制度提高科技创新水平，获取一批对经济、社会和科技发展具有重大意义的发明创造，为我国经济社会发展和创新型国家建设提供有力支撑。

近期，要重点推进以下五个方面的工作：

一是进一步完善科技创新知识产权政策体系。制定发布“‘十二五’科技创新知识产权发展专项规划”，强化科技创新中的知识产权导向，将知识产权管理纳入科技管理的全过程。落实《科学技术进步法》的相关规定，制定关于财政性资金科技项目的知识产权管理和成果应用的政策。

二是进一步加强国家科技计划和重大专项知识产权管理。建立健全国家科技计划和重大专项知识产权工作体系，明确科技计划参与主体的知识产权管理职责，培育专业化的知识产权管理队伍。全面落实科技计划知识产权管理措施，推动科技计划、重大专项开展知识产权分析和制定知识产权管理政策，建立和完善知识产权信息登记和评估制度，将知识产权管理措施落实到科技计划和重大专项管理的各个环节。

三是推进科技成果及其知识产权转化应用。充分发挥技术市场作用，积极搭建知识产权交易平台，创新交易形式和服务内容。加强科研机构和高等院校技术转移机构建设，鼓励区域技术转移中心、技术交易所、资产评估公司等技术转移中介服务机构的发展，引导建立社会化、专业化和网络化的技术交易服务体系。围绕国家自主创新示范区政策先行先试，积极推动股权激励等科技成果转化激励政策的落实、完善和推广。

四是加强创新主体知识产权管理能力建设。通过加强培训和试点示范等方式，引导创新型企业、科研机构和科技计划项目承担单位等创新主体建立健全知识产权组织机构，加强知识产权管理队伍建设，制定与自身发展相适应的知识产权战略，完善知识产权管理制度和业务流程，形成从研究开发到产业化全过程中的知识产权管理体系，全面提高知识产权管理能力。

五是建立健全面向科技创新的知识产权公共服务体系。依托科技信息机构、高等院校和科研机构培育一批专业化知识产权信息服务机构和人才队伍。引导知识产权服务机构为国家科技计划和重大专项提供专利信息分析与预警、专利代理等全程服务。强化高新区、技术市场、孵化器等中介服务机构的知识产权服务内容，全面提高为各类创新主体提供服务的能力。

对著作权法近代性的几点思考

中国人民大学法学院 李 琛

2010年是世界上第一部著作权法《安妮法》颁布300周年，也是我国第一部著作权法《大清著作权律》颁布100周年。对于近三十年来主要致力于规则建设、应对新技术挑战的中国知识产权界而言，这是一个暂且摆脱当下急务的逼迫、游心于远地回顾历史的难得契机。每一种法律制度都会折射出时代的精神，“法学中有很多东西如果不借助历史知识根本就无法理解”。❶

就著作权法而言，“近代性(modernity)”是其重要的历史属性。所谓著作权法的近代性，指著作权法的诞生是以近代社会结构为基础的。近代的产业结构和文化观念分别从物质上和意识上为著作权的问世提供了条件。首先，近代的资本主义是著作权产生的经济基础。著作权西方的政治经济学研究表明，“在对知识产权起源的历史叙述中，资本主义和印刷媒介被强调为决定力量。”❷作品自古就有，而直到18世纪左右才产生了“把作品财产化”的法律要求，乃是因为资本主义的生产方式深刻地改变了作品的性质。资本吸纳作品，使作品从非功利的怡情悦性之物转变成功利的产业要素。“实际上，印刷媒介是资本家利用的最早的发明之一。”❸自此，作品上附着了产业利益，这种新利益成为法权诉求的基础。历史表明，推动《安妮法》问世的主力不是作者而是出版商，这一现象既是历史的，也是逻辑的。其次，近代的作品观是著作权的另一支柱。把作品归结于人的创造，完全是一个历史性的观念。古希腊的美学传统把作品视为“对自然的模仿”，古希腊语中几乎没有与“创造”相近的词，柏拉图和亚里士多德论述艺术活动时，所使用的词相当于英文的“make(制造)”。❹ 而在中世纪，“创造”专属于神学范畴，只能用于指称上帝的活动。“所有这一切在近代发生了变化。众所周知，在文艺复兴时期，人们意识到了自身的独立、自由与创造。这种意识首先具体表现在他们对艺术所作的诠释上。”❺直到18世纪前后，“作品是人之创造”的观念才开始流行。只有基于这种个人主义的近代作品观，作品的出处归于个体的人，“把作品当作私产”的著作权制度才能在理念上获得正当性。

---

❶ 杨代雄译：《萨维尼法学方法论讲义与格林笔记》，第99页，法律出版社2008年。

❷ 【美】罗纳德．V．贝蒂格：《版权文化——知识产权的政治经济学》，沈国麟、韩绍伟译，第12页，清华大学出版社2009年。

❸ 【美】罗纳德．V．贝蒂格：《版权文化——知识产权的政治经济学》，沈国麟、韩绍伟译，第15页，清华大学出版社2009年。

❹ 周宪：《走向创造的境界》，第67页，南京大学出版社2009年。

❺ 【波】瓦迪斯瓦夫．塔塔尔凯维奇：《西方六大美学观念史》，刘文潭译，第254页，上海译文出版社2006年。

本文拟从著作权法的近代性出发，对中国著作权制度作出三点回顾与展望。

一、中国著作权制度的进程，是中国近代化进程的组成部分

“中国古代有最早的印刷术，因何没有著作权”一直作为一个“问题”被提出。这个问题暗含了一个前提：著作权可以是“古代”的。学界常常把著作权法当作一个可能在任何时代产生的制度，在讲述著作权历史时甚至追溯到古罗马时期对剽窃的禁止。事实上，“古代外国”也没有著作权法，著作权法属于近代范畴。

技术本身不会影响法律，由技术引起的社会关系的变动才会影响法律，而在不同的产业结构中技术的作用力大不相同。谷登堡于1450年在欧洲发明活字印刷后，由于欧洲的资本主义开始兴起，技术迅速地与产业结合，使欧洲图书贸易在16世纪左右迅猛发展。“印刷术的助产婆是出版商，他们把积累的资本投资在印刷技术和手稿上，在资本主义的生产线上组织书籍贸易——这便是书籍贸易转变的基础。”❶而毕昇在1041年左右发明的活字印刷，只是在《梦溪笔谈》中留下了记载，宋代使用的技术仍然是雕版印刷。事实上，最先采用雕版印刷的力量正是商业性的民间书坊，这也从另一面反映了产业利益在技术推广中的作用❷。但古代商业的活跃程度远不及近代资本主义，因此不能迅速地吸收最新的技术，也不能培育出足够强大的新的利益关系。学界在讨论宋代出版禁令为何没有发展为著作权法时，往往忽略了宋代出版业的古代本质，它与近代的出版产业不可同日而语。西欧的出版业得以催生版权法，乃是经过了从15世纪到18世纪的演化，最终形成了成熟的商业运作模式与重要的社会影响力。后者不再是零星的商业，而是一个完善的产业体系，该产业的利益诉求强大到足以催生出一个新的制度。

清末著作权法的诞生，除归因于外国压力外，中国出版业的近代化转变、民族资本向出版业的投入，也是一个重要的基础。梁启超先生曾言，晚清的社会黑暗中“其放一线光明、差强人意者，惟有三事：学生日多；书局日多；报馆日多是也”。❸19世纪80年代初，中国出现了新型的资本主义出版企业，这是中国出版业正式进入近代化阶段的重要标志。❹《大清著作权律》的颁布不是一个孤立的事件，它是作为中国法制近代化的标志——晚清修律运动的组成部分。萨维尼曾言，“我们可以把立法视为民族史的一部分。”❺对中国著作权制度史的研究，不能脱离中国近代化的大背景。辨明了著作权法的近代性，不难发现“中国古代有无著作权”或“中国古代因何没有著作权”都是伪问题。❻

二、在反思中国著作权制度的滞后原因时，不要陷入“文化决定论”

在解释中国著作权制度的滞后原因时，有一种比较流行的观点：个人主义的作品观是西方文化的特点，中国文化（尤其是儒家）注重传统，推崇模仿和复古，与著作权理念相违背。这种看法忽略了作品观的历史性。如前所述，西方的作品观经历了从模仿到独创、从神创到人创的演变。古希腊人并不赞美“独创”，他们推崇的是理性的完美，一旦美的规律被找到，就应当被重复而不是被改变。传统取向是古代文化的共性，熟悉文学史的美国法学家波斯纳指出：“这种在我们看来是盗用的借用，在传统取向的社会里是一种对杰出先人表达尊重的方式。”❼即使在独创性观念已经逐渐流行的18世纪，英国著名的诗人蒲柏还热衷于模仿古罗马的贺拉斯。

因此，应当历史性地看待西方作品观的演变，不能把近代文化等同于西方文化，而把古代文化等同于中国文化。澳大利亚学者德霍斯在《知识财产法哲学》中一方面承认“创造性”概念的历史性，认为在18世纪之前创造者的角色一直为上帝所独占，另一方面又笼统地把个人主义作品观视为“西方观念”，进而认为“西方版权法所反映的是一种尊重个人创造和个人权利的观念。这种观

---

❶ 【美】罗纳德．V．贝蒂格：《版权文化——知识产权的政治经济学》，沈国麟、韩绍伟译，第15页，清华大学出版社2009年。

❷ 肖东发、于文主编：《中外出版史》，第58页，中国人民大学出版社2010年。

❸ 梁启超：“敬告我同业诸君”，载《新民丛报》第17号，1902年10月3日。

❹ 肖东发、于文主编：《中外出版史》，第106页，中国人民大学出版社2010年。

❺ 杨代雄译：《萨维尼法学方法论讲义与格林笔记》，第105页，法律出版社2008年。

❻ 李琛：“关于‘中国古代因何无版权’研究的几点反思”，载《法学家》2010年第1期。

❼ 【美】理查德．A．波斯纳：《法律与文学》，李国庆译，第534页，中国政法大学出版社2002年。

念，在东方找不到对应物。”❶作品观的演变被抹杀了，似乎有一个无历史性的恒定的“西方作品观”与“东方作品观”。事实上，西欧的出版业初兴之时，仍有“不少人婉拒稿酬，严守绅士风范者尤然。”❷晚清时期，随着社会的近代化转变，“自海通之后，闻见日新，国民思想为之一变，印刷术进步，交通机关便利，需要与供给日增，著作者不惟名誉，而兼利益……”❸权利意识不可能脱离利益基础凭空存在，中西著作权制度同样经历了“产业利益培育权利要求”的路径。

传统取向与个体取向是“古近”之别，而非“中西”之别。“各民族的历史发展历程有其共同性或普遍性，由传统走入近代化乃是人类共同的道路。”❹作为这一历程的构成部分，集体主义作品观向个体主义作品观的演化也是人类文化的共性，中国文化中并不存在敌视独创的天然因子。

三、正视近代文化的历史局限，协调著作权制度与文化多样性之间的关系

近代文化以主体性为基础，“强调作者与独创”是近代作品观的特征。这种作品观在肯定人的价值与个性方面无疑有着巨大的价值。但是，由于这种观念本身就是一种文化建构和人为的解释，很难接纳所有的文化模式。而且，文化建构必然是历史性的，近代理念与当代文艺实践之间也难免发生冲突。如何在保持法律制度稳定性的同时，兼顾文化的多样性与延续性，是当代著作权法不可回避的使命，尤其有两个问题特别值得思考：

(1)如何尊重集体主义的创作模式？

以个体创作模式为预设的著作权制度无法容纳集体创作模式的民间文学艺术作品，如果强行地把民间文学艺术纳入到著作权模式之下，片面关注可能获取的财产利益，违背民间作品创作的集体性与自由性，可能损害文化生态。

(2)如何维护创新的可持续性？

近代作品观对作者地位和独创的重视如果走向极端，可能会压制新的创作。20 世纪 60 年代之后，在哲学、美学和法学领域对近代文化都展开了批判与反思，这一思潮被描述为“后近代(post－modern)”。后现代美学对作品的解读超越了“作品与作者关系”的狭隘视角，更注重作品本身潜藏的重塑可能与解读可能。似乎是历史的轮回，后近代美学对作品自身完美性的重视在一定程度上接近古典作品观。美学家认为，“人们对于艺术的见解，可分为两个极端，其一是完美性的艺术，其一是创造性的艺术……”❺任何极端都可能对创造带来压抑。近代作品观对独创的极度崇拜、对模仿的过分摒弃，造成了在后创作者的心理紧张与扭曲，哈罗德·布鲁姆将其称为“影响的焦虑”(The Anxiety of Influence)。

近代作品观只是关于作品的一种看法，而不是终极真理。当然，这并不意味着我们要推翻著作权制度。著作权法虽然脱胎于近代文化，但法律概念毕竟有其独立性，特别是独立的可解释空间。波斯纳认为，“版权的效应是把对版权作品的创造性模仿置于那些作品的版权人的勉强容忍之下。”❻“可容忍”的程度是一个法律标准，而不是个体的偏好。通过对著作人格权、合理使用等理论的调适，新的艺术实践可以得到著作权制度的关照。

中国著作权法起步的滞后，也可能成为一种历史契机，使我们有更好的机会在法律中注入新的时代精神，协调著作权法的近代性与时代的需求。其中最重要的需求，就是创造的延续与文化的多样性。当然，历史是延续的，近代文化对“人”的尊重永远是宝贵的精神遗产，当代思潮的发展，是把关注的重点从“个体的人”扩展到“群体的人”。法律提供的正义，不仅包括同一代人的正义，也应包括代际正义(inter－generational justice)。

希望再过百年，后人评说我们这一代人，能够肯定：他们，曾经思考过人类文化的未来。

---

❶ 【澳】彼得．德霍斯：《知识财产法哲学》，周林译，第 72 页，第 26 页，商务印书馆 2008 年。

❷ 【法】费夫贺、马尔坦：《印刷书的诞生》，李鸿志译，第 155 页，广西师范大学出版社 2006 年。

❸ 秦瑞玠：《著作权律释义》，载周林、李明山主编：《中国版权史研究文献》，中国方正出版社 1999 年。

❹ 何兆武：《文化漫谈——思想的近代化及其他》，第 67 页，中国人民大学出版社 2004 年。

❺ 【波】瓦迪斯瓦夫．塔塔尔凯维奇：《西方六大美学观念史》，刘文潭译，第 271 页，上海译文出版社 2006 年。

❻ 【美】理查德．波斯纳：《论剽窃》，沈明译，第 86 页，北京大学出版社 2010 年。

走过难忘岁月

——《中国知识产权年鉴》创刊之回顾

知识产权出版社　向良穗

三十年，在历史的长河中只是一个瞬间，然而这三十年对于知识产权出版社却是不平凡的。作为一名老社员，我经历了出版社艰难创业的艰辛，参与了出版社阔步前进的建设。到2010年，我们已经建社三十年，不经意间，这个当年还蹒跚学步的出版界孩童，如今已经长成睿智的青年。这期间经历的一件件、一桩桩往事跃然心头。

受编委会委托，我将自己工作中一件对出版社乃至全局产生重要意义和持续影响的事件做一简单回顾，从一个侧面纪念我们出版社三十年走过的风雨历程。

《中国知识产权年鉴》，2000年6月提出选题，2001年11月出版。它是我国第一本全面、系统报道知识产权界各方面情况的权威刊物；它是唯一全面反映我国知识产权界各领域工作状况的大型资料性工具书，它记录了我国知识产权前进的足迹，收集了我国知识产权领域大量很有价值的统计资料，具有史料价值。《中国知识产权年鉴》作为我国知识产权领域对外宣传的窗口，让国内外人们了解中国知识产权领域的进展发挥了不可替代的作用。在2001年11月年鉴发刊前，全国政协副主席任建新、宋健同志为年鉴的出版专门题词，国家知识产权局王景川局长为年鉴写了发刊词。2004年12月，中国出版协会年鉴研究会授予《中国知识产权年鉴》"中国年鉴资源全文数据库核心年鉴"称号。

然而，《中国知识产权年鉴》创刊过程却是异常艰难的，它能成功出版是我国知识产权界各领域领导深谋远虑的体现，是知识产权界宣传、出版领域工作人员共同团结奋战的结果。

万事开头难

2000年初，随着我国加入世贸组织（WTO）步伐的加快，作为世贸组织三大支柱之一的知识产权，它的作用，也越来越受到国家领导人和全国人民的重视。但是由于历史上各种原因的影响，长期以来没有得到应有的重视，我国知识产权工作开展的很晚，加之我国知识产权在这方面的历史文献记载少之又少，大多数民众对知识产权很陌生。增强全社会知识产权保护意识，宣传普及知识产权知识和法律法规，迫在眉睫。如何做好我国知识产权历史的记录、如何扩大宣传、如何为知识产权领域各方面提供综合服务等问题，一直困扰着我们知识产权人。经过一段时间的思索和调查，从图书出版的视角出发，我们认为出版一本年鉴，无疑是一个众望所归的期盼。年鉴作为记录行业和某一方面每年发展情况的大型资料性工具书，在专业图书中占有重要地位。年鉴能汇辑某一领域过去一年重要的时事、文献和统计资料，它集辞典、手册、年表、书目、索引、统计资料于一身。具有资料翔实、权威、连续出版、功能齐全的特点，便于了解事物现状、研究发展趋势，具有总结、统计、比较的重要作用。而且，在此之前，我国知识产权界还没有这样一本书。填补这一空白，无疑是功在千秋的一件事。作为国家知识产权局知识产权出版社——这个我国知识产权领域一块重要的宣传阵地，来组织完成这个神圣的任务义不容辞。我们的这一想法在总编室酝酿成熟后提出，并立即得到时任出版社社长董铁鹰的支持。

然而，并不是任何利国利民的好事都是一帆风顺的。2000年6月9日，我向国家知识产权局领导提出了第一份"计划出版《中国知识产权年鉴》报告"。在报告送到局里，局办公室宣传处（朱宏）、政研处（韩秀成），在见到报告的第一时间，就明确表态支持这个提议，并汇签了意见呈局领导。当时局里主管宣传的马连元副局长看到报告后，考虑到当时知识产权界相互之间少有合作的背景，表示支持的同时又有一个批示："此事宜先与知识产权有关部门（不只是工商、版权）达成共识，否则难以开展"。局领导中肯意见也让我们意识到即将前行的路不会是一片坦途。翻阅着当年相关文字材料，那一幕幕清晰的印象仿佛所有的事情就发生在昨天。局主管部门的表态和局领导的批示，给了我们鼓励，并指明了下一步工作的主要方向：只要能够得到相关兄弟单位的支持并一同参与，那么年鉴的诞生就不是没有可能。只要有一线希望就不能放弃，这是当时我们暗下了决心。

此后，在局社有关同事们的牵线搭桥的帮助下，我开始与国家工商局商标局（综合处李文章处长）、国家版权局版权司（信息处辛广伟处长）、最高法院民三庭（郃中林法官）、科技部政策法规司（王汉波处长）、中国社科院知识产权研究中心（郑成思主任）、海关总署（李群英）、中国知识产权研究会（张锦锐）、北京大学知识产权教学研究中心（陈美章）、中华全国专利代理人协会（金纪民）、中华商标协会（王景明）、中国版权研究会（陈昭宽）等十几家知识产权有关单位联系，共同出版知识产权年鉴事宜（第二年，农业部、国家林业局的知识产权部门也主动与我们联系，加入到知识产权年鉴的工作中来了），很快得到大多数单位领导的支持，尤其是国家工商局商标局、国家版权局、最高法院民三庭，反应十分迅速，共同提出建议，尽快成立年鉴编委会，各部门并指定了专人参加编辑部工作。

团队的力量

团队在《中国知识产权年鉴》的出版工作中有着至关重要的作用。一个团队是出版社的年鉴编辑组，时任编辑的人员有向良穗、黄清明、张丽荣、范红延、王常永；另一个团队是由上述提到的各单位的知识产权部门人员组成的特约编辑队伍，当时有国家知识产权局的韩秀成、毛金生、刘宁、国家版权局的冯宏声、商标局的陆贺本、最高人民法院民三庭的郃中林、段立红、中国知识产权研究会的张锦锐。向良穗、韩秀成任副主编负责具体组织编写工作。

肩负着知识产权人的责任，我们开始了义无反顾的工作，成立年鉴编辑部后，在马连元主编主持下，首先讨论确定了年鉴大纲。而后，发征稿函，向全国及地方知识产权管理部门，打了几百个电话，发了几百封信，征集稿件。我们与相关部委、全国省级知识产权管理部门联系，在不到半年时间内收集了当年的大部分专利、商标、版权资料及一部分前二十年主要知识产权信息，基本上达到了预期的资料要求，可以出版了。

年鉴由于稿件作者达上百人，水平参差不齐，尽管经过编辑们精心加工，仍难免差错，年鉴出版前又增加了一道校对工序。最后由国韩秀成、马连元同志终审了稿件全文，这才发排。

年鉴的几个出版难点

1. 年鉴、名录需要报批

由于年鉴每年出版一期；为了方便读者，内容中又收录了全国知识产权管理、代理机构名录。按国家新闻出版署的要求，出版物刊登这些内容需要得到名录单位的同意，并报新闻出版署批准。

2. 涉及到中央领导的信息需要报批

国家新闻出版署有关文件规定：涉及中央领导的工作信息、照片需要报批。年鉴创刊卷中，为了体现党中央和国家领导人对知识产权工作的关心与指导，刊登了部分中央领导的工作照。这些照片要经过中央办公厅、中央文献室及新闻出版署的审查批准。

3. 年鉴刊登广告需要报批

按国家新闻出版署有关规定，年鉴是可以刊登广告的，但要经过上级机关与工商部门批准。

4. 年鉴编委会的组成需要报批

由于年鉴编委会是由国家知识产权管理部门的领导组成，在组成编委会时要反复与各单位协商，并报上级主管单位批准。

以上报批文我们就写过二十几份，送审文件跑国家新闻出版署十几次，编委会组成协商十几次，各种文件获批前后有三四个月。

开创新纪元

第一次将全国知识产权行政管理部门、行业协会联系在一起，共同开展宣传工作，开始了知识产权宣传工作的新局面。正如《中国知识产权年鉴》的发刊词中所述：“在各知识产权部门和各相关部门、单位的大力支持和合作下，《中国知识产权年鉴（2000）》顺利出版，这是非常值得庆贺的。”

第一次进行大规模重大选题申报，开始了我社出版重大选题申报的尝试。涉及中央领导照片、年鉴、名录等重大选题。

第一次引入市场化营销模式，在我社出版物上尝试刊登广告，并组建社属广告公司，当年并取得一定收益。

从 2000 年 6 月 8 日，中国知识产权年鉴选题的提出已经过去了 11 年，从 2001 年 11 月第一本《中国知识产权年鉴》付梓印刷到今天，《中国知识产权年鉴》已经出版了10卷。作为我国知识产权事业发展的重要阵地、我国知识产权事业宣传的重要窗口,《中国知识产权年鉴》为我国知识产权事业的建设和发展留下了浓重的一笔,这一成果是全国知识产权界团结协作的结晶,凝聚着知识产权人的辛苦和汗水。这期间经历的风雨、取得的成绩都已属于昨天。希望我们年轻的知识产权人能够与时俱进、再创辉煌,让我们的年鉴不断记录中国知识产权事业辉煌发展的历史!

全国知识产权工作概况

专利工作

一、综述

2010年，是知识产权事业发展“十一五”规划完美收官的一年。5年来，在党中央、国务院高度重视下，《国家知识产权战略纲要》颁布实施，第三次专利法修改顺利完成，我国知识产权事业实现跨越式发展，知识产权为应对国际金融危机冲击、加快转变经济发展方式、建设创新型国家提供了强有力的支撑。面对复杂多变的国内外环境，我们坚持以邓小平理论和“三个代表”重要思想为指导，深入贯彻落实科学发展观，围绕实施知识产权战略、加快知识产权强局建设两大历史任务和干部人才队伍建设一个中心环节，知识产权事业取得重大进展。知识产权法律法规逐步完善，知识产权的创造、运用、保护和管理能力持续提升，全社会的知识产权意识不断增强，知识产权宏观管理、转化运用、执法保护工作协调发展，知识产权试点示范工作推进顺利，专利质押贷款、专利信息化建设、专利交易展示、干部人才队伍建设、知识产权文化建设、宣传培训、国际交流与合作等取得显著进步。大力实施知识产权战略，加强知识产权创造、运用、保护和管理，正成为全社会的共识。

2010年，也是知识产权工作持续又好又快发展的一年。一年来，国家知识产权局深入贯彻落实科学发展观，解放思想，开拓进取，求真务实，各项工作再创新成绩。

国家知识产权战略实施工作进展顺利。召开国家知识产权战略实施工作部际联席会议第二次全体会议，印发《2010年实施国家知识产权战略推进计划》，制定印发《2010年中国保护知识产权行动计划》。联合有关部门印发《国家科技重大专项知识产权管理暂行规定》和《关于促进工业设计发展的若干指导意见》，与有关部门共同起草或参与制定了《打击侵犯知识产权和制售假冒伪劣商品专项行动方案》《落实半导体照明产业发展政策措施的任务分工方案》《促进战略性新兴产业国际化发展指导意见》《加快推进国家科技重大专项的若干意见》等政策法规和规范性文件。印发《2010年国家知识产权局实施知识产权战略计划》《关于加强地方知识产权战略实施工作的若干意见》。组织实施“东北老工业基地知识产权促进工程”和“区域经济知识产权促进工程”，召开三次国内外企业或机构保护知识产权座谈会。制定发布《全国专利事业发展战略(2011—2020年)》，提出我国专利事业发展目标、战略重点和保障措施。

相关法律法规和专利代理管理制度不断完善。《专利代理条例》的修订被列入国务院2010年度立法工作计划；颁布实施《施行修改后的专利法实施细则的过渡办法》和修改后的《专利行政执法办法》《专利审查指南》《专利权质押登记办法》《关于专利电子申请的规定》；全面清理我局发布的部门规章；实施代理人考试制度改革方案，有序组织全国专利代理人资格考试工作。

专利申请稳步增长，审批能力持续提高。全年受理专利申请122.2万件，同比增长25.2%。其中，国内发明专利申请39.1万件，同比增长24.4%；受理《专利合作条约》(PCT)国际申请

12 917件，同比增长61.5%。受理专利复审与无效请求14 780件，同比增长41.8%。完成发明实质审查23.7万件，同比增长21.8%。复审与无效请求审理结案10 951件，同比增长21.6%。全年收到集成电路布图设计登记申请1108件，予以公告并发出证书1009件。

专利分析和政策研究工作取得重要成果。完成了半导体照明关键技术、功能基因克隆验证与规模化转基因操作技术和极大规模集成电路封装设备关键部件与核心技术等三个领域的专利分析工作，提出相关产业发展的政策性建议。形成了《发挥知识产权在发展方式转变中的助推器作用》等调研报告，及《2009年中国软件盗版率调查》、《上市公司知识产权管理问题》等课题研究成果，产生了积极影响。

知识产权保护成绩突出。印发《关于加强知识产权维权援助中心举报投诉服务工作的通知》、《2010年知识产权局系统执法工作安排》、《2010年知识产权执法维权专项行动方案》、《知识产权局系统执法专项行动方案》等文件，进一步加大知识产权保护力度。积极开展打击侵犯知识产权和制售假冒伪劣商品专项行动，取得显著成效。"雷雨"、"天网"知识产权执法集中行动，世博会、亚运会知识产权执法保护专项行动，对营造创新与发展的良好环境发挥了重要作用。2010年，全国知识产权局系统共受理专利侵权纠纷案件996件，受理其他专利纠纷案件17件，查处假冒专利案件605件，出动执法人员2万多人次，检查商业场所1万多次，检查商品210多万件，跨部门执法协作545次，跨地区执法协作972次。

专利运用与产业化工作不断加强。首次批准建立2家国家自主知识产权产业化试点基地；新增4家国家专利产业化试点基地；考核验收部分期限届满的国家专利技术展示交易中心。成功举办第四届中国专利周。会同国务院有关部门、地方政府共同举办一系列展会，有效促进知识产权的转移转化。与世界知识产权组织共同开展第十二届中国专利奖评选，示范效应显著。本年度全国共资助中小企业、事业单位及科研机构提出的PCT申请2645项，发放资助资金13 919万元。会同财政部等5部委共同发布《关于加强知识产权质押融资与评估管理，支持中小企业发展的通知》，进一步规范知识产权评估服务。全年，专利质押合同登记362件，质押金额近66亿元；专利许可合同备案9771件，许可专利1.85万件。知识产权合作会商、试点示范、强县工程稳步推进。启动实施中小企业知识产权战略推进工程，促进中小企业技术进步和结构调整。

信息化建设与专利信息公共服务稳步推进。中国专利电子审批系统（E系统）和专利检索与服务系统（S系统）正式上线运行，全流程电子化专利审查建设工作取得重大进展。专利信息公共服务手段不断创新，能力建设有序加强，服务质量和成效显著提升。

2010年，国家知识产权局贯彻落实第十七届中央纪委第五次全体会议精神，党风廉政建设与反腐败工作全面加强。全局"制度建设年"活动取得明显成效。知识产权宣传、培训和学术活动水平不断提高，影响不断扩大，有效推动知识产权文化建设。与港澳台知识产权界交流互动更为频繁，相互理解加深，合作层次提升。继续广泛参与知识产权国际事务，知识产权国际合作实现全方位发展。

二、法律事务

"十一五"期间，专利法律制度日渐完善。专利法及其实施细则第三次修改工作顺利完成，适度提高了授予专利权的条件，加强了对专利权的保护，增加了维护公众权益的措施，完善了外观设计制度、向外申请专利的保密审查制度和强制许可制度。积极推动《专利代理条例》的修改和《职务技术成果条例》的制定。制定、修改了《涉及公共健康问题的专利实施强制许可办法》、《关于规范专利申请行为的若干规定》、《关于台湾同胞专利申请的若干规定》《专利行政执法办法》等12部规章。对国家知识产权局和原中国专利局发布的227件规章、规范性文件进行全面清理。

专利代理行业稳步健康发展。截至12月底，全国共有11 396人获得了专利代理人资格，执业专利代理人达6456人，分别比"十五"末期增长了42%和55%。全国现有专利代理机构794家，比"十五"末期增长了33%。专利代理行业从业人员已达2万人左右。共批准新成立专利代理机构216家，对于81件设立申请作出不予批准的决定。修订了《专利代理人资格考试实施办法》等3件部门规章，制定发布了《专利代理行业发展规划（2009—2015）》。加大专利代理扶持政策实施力度，380人通过享受扶持政策获得了在本区域执业的专利代理人资格。有序推进专利代理援助机制建设工作。改革全国专利代理人资格考试方案，完善考试制度，报名人数和通过人数均大幅度提高。“十一五”期间，共有 49 342 人报名参加全国专利代理人资格考试，4306 人通过了考试。相比“十五”末期分别增长了 52%和 92%。加强信息化建设，实现了网上报名和无纸化阅卷。出台了新的《专利代理职业道德与执业纪律规范》，积极推动行业诚信体系建设。发布了《专利代理行业从业人员培训指南(试行)》及其实施意见，强化了专利代理执业培训工作。制定完善了《专利代理服务指导标准》(试行)。

2010 年，专利法律法规、专利代理管理制度等工作主要进展如下：

1. 法制建设

(1)修改、制定与专利法相配套的行政法规。

《专利代理条例》的修订被列入国务院 2010 年立法工作计划二档项目。《专利代理条例修订草案》(送审稿)，将于 2011 年 1 月上旬提请国务院审议。

研究制定《职务技术成果条例》。在《国家中长期人才发展规划纲要》发布后，启动了制定“职务技术成果条例”和“职务发明人流动中的利益共享办法”的工作。完成拟定工作计划、成立并召开工作组会议、提出立法建议、整理国内外立法资料等工作。

(2)修改、制定部门规章。

在国务院发布专利法实施细则修改决定后，立即颁布了《施行修改后的专利法实施细则的过渡办法》《专利审查指南》，与修改后的《专利法实施细则》于 2 月 1 日同日施行。

8 月底，发布修订后的《专利权质押登记办法》《关于专利电子申请的规定》，于 10 月 1 日起施行。修订后的《专利行政执法办法》将于 2011 年 2 月 1 日起实施。《专利实施许可合同备案管理办法》的修订已完成了起草、征求意见、修改等工作。

完成了《关于台湾同胞专利申请的若干规定》的修订工作，根据该规定，国家知识产权局自 11 月 22 日起受理台胞的台湾地区优先权要求。

(3)全面清理部门规章。

根据国务院的统一部署，年内对国家知识产权局和原中国专利局发布的规章、规范性文件共 227 件进行了全面清理。11 月底，发布《关于修改和废止部分规章和规范性文件的决定》，对 1 件规章的个别条文进行修改，对 13 件规范性文件宣布失效，对 2 件规章和规范性文件予以废止。

(4)知识产权法律制度建设“十二五”规划研究。

10 月下旬形成研究报告征求意见稿，并书面征求全国人大教科文卫委员会、全国人大常委会法工委、国务院法制办以及国务院有关部门的意见，于 12 月初形成研究报告。

(5)传统知识与遗传资源保护。

在跟踪、参与涉及传统知识、遗传资源相关国际谈判的同时，积极推进国内的制度和政策研究。3 月，组织传统知识专家研讨会，全面交流了我国传统知识保护相关领域的最新进展，包括民间文艺立法、非物质文化遗产保护、中医药立法和地方传统知识立法等。11 月，举办《遗传资源保护法律问题研讨会》，结合国际谈判成果，深入探讨了遗传资源和传统知识保护的法律问题。

2. 专利代理

全面实施考试制度改革方案，有序组织全国专利代理人资格考试工作。在北京等 15 个城市设立了考点，继续完善网上考务系统，全面实现在线报名。全国报名人数为 11 851 人。2010 年全国专利代理人资格考试合格分数线为：法律知识部分(专利法律知识与相关法律知识两科总和)150 分，代理实务部分(专利代理实务单科)90 分。共有 1368 人通过考试。

编写出版《2009 年专利代理人资格考试试题解析》，修订出版《2010 年全国专利代理人资格考试指南》。

在重庆市举办享受专利代理人资格考试倾斜政策人员培训班，对来自于 21 个省(区、市)的学员进行了培训和考试，共有 115 名成绩合格者获得了在本省(区、市)执业的专利代理人资格证书。

3 月，组织召开了“专利代理援助工作会议”。局内外多个单位和部门共同参与了建立该机制的研究工作，制定了《专利代理援助专项资金管理暂行办法》(征求意见稿)。

9 月，全国专利代理管理工作会议在北京召开。贺化副局长出席会议，并作了“全面推进依法行政，大力加强诚信建设”的重要讲话。全国 29 个省(市、区)知识产权局及国防专利局的负责人、专利代理人考核委员会、中华全国专利代理人协会代表共计 100 余人参加了会议。

截至 12 月底，共审核 73 件专利代理机构设立申请，不予批准申请 30 件，占 41%；审核专利代理机构提交的著录项目变更申请 238 件。

11 月，公告首批通过 2010 年年检的专利代理机构名单。对于年检中发现的问题，要求相关专利代理机构限期整改。

2010年，立案受理了20份举报投诉材料，涉及8个省（区、市）的专利代理机构和代理人，已查实作出处理决定13件。

3. 行政复议

2010年，受理行政复议申请54件，其中，不服专利申请视为撤回的10件，不服专利权终止的7件，不服不予恢复权利的12件，不服不予费用减缓的8件，不服不予退费的5件，不服视为放弃取得专利权的权利的3件，不服更正请求视为未提出的2件，不服著录项目变更请求视为未提出的2件，不服专利申请不予保密的2件，不服中止有关程序的1件，不服国际申请不能进入国家阶段的1件，不服要求优先权后在先申请被授予专利权的1件。复议申请不予受理33件。

2010年，因不服国家知识产权局行政复议决定提起的行政诉讼案件6件。

三、战略推进和保护管理

2008年6月，国务院正式颁布实施《国家知识产权战略纲要》，首次将知识产权战略上升为国家战略。《纲要》不仅是我国知识产权事业发展的指南，也是建设创新型国家的纲领性文件。为统筹协调推进战略实施，同年10月，国务院批准建立了由28个部门和单位组成的国家知识产权战略实施工作部际联席会议制度。联席会议28家成员单位连续两年共同制定年度《中国保护知识产权行动计划》，连续三年联合召开"全国外商投资企业保护知识产权座谈会"，在全国共设立知识产权维权援助中心67家，遴选38家机构成为全国专利保护重点联系基地，初步建立了与权利人的沟通对话机制。出台指导和推进地方战略实施工作的文件；组织开展创建知识产权战略示范省工作；加大知识产权政策与区域政策的融合力度，协调相关部委在国家级区域规划中加大知识产权工作力度。截至目前，全国26个省（区、市）及新疆生产建设兵团建立了知识产权战略实施领导机构，24个省（区、市）正式颁布了地方知识产权战略纲要或知识产权战略实施意见。

积极推动与相关部委合作，建立国家重大科技专项优先审查机制；为落实国家关于加快培育和发展战略性新兴产业的决定，加强了知识产权战略布局；为做好行业知识产权工作提供支撑，组织开展重大经济活动知识产权信息分析工作。积极开展向国外申请专利资助工作。全国企事业单位知识产权工作力度不断加大。

泛珠三角、长三角等多个跨省专利执法协作机制逐步完善。围绕北京奥运会、上海世博会、广州亚运会，及打击侵犯知识产权和制售假冒伪劣商品专项行动等重大活动，开展了知识产权保护专项执法活动，有效维护权利人、广大消费者的合法权益，表明了我国政府保护知识产权的决心和信心。行政和司法"两条途径、并行运作"的知识产权保护模式更加完善，并取得切实成效。

国家知识产权局共培育试点单位925家，开展了示范创建和示范工作，较"十五"翻了近7倍。各地纷纷结合本地区的特点，适时地开展了地区企事业单位试点示范工作，形成了国家和地方"上下联动"的企事业单位知识产权工作体系。

2010年，知识产权战略推进、保护管理等工作主要进展如下：

1. 战略推进

(1)国家知识产权战略工作。

3月，召开国家知识产权战略实施工作部际联席会议第二次全体会议，国务院副秘书长毕井泉出席会议并讲话。会议审议并原则通过了《2009年战略实施工作总结报告》和《2010年实施国家知识产权战略推进计划》，《推进计划》围绕着加快转变经济发展方式，提出了18项工作重点和222条具体举措，明确了责任部门，落实了任务。年初和年中先后组织召开两次联络员全体会议和一次联络员专题会议，总结经验和部署工作。

完善战略实施信息沟通机制，全年共编发《工作简报》62期、《工作动态》33期，其中6篇报告和信息得到中央及国务院领导批示。印发了《国家知识产权战略信息工作管理办法》，召开了面向部委、地方和局内战略信息员的研讨培训班。国家知识产权战略网第二次全面改版升级。

7月，组织23家部际联席会议成员单位40余人分赴地方开展战略实施工作调研活动，形成国家知识产权战略调研报告集，向国务院报送《关于地方实施国家知识产权战略情况的调研报告》，国务院领导对调研报告作出重要批示。

11月，在北京大学和中南财经政法大学设立国家知识产权战略实施研究基地，明确三年工作规划和近期研究工作重点，已形成初步成果，为战略实施工作提供研究支撑。

召开国家知识产权局实施国家知识产权战略纲要工作领导小组会议，总结国家知识产权局实施战略工作。制定并印发实施《2010年国家知识产权局实施知识产权战略计划》。

(2)行业知识产权战略工作。

年初，起草上报了《知识产权局全面参与重大专项知识产权工作总体方案的请示》，王岐山副总理和刘延东国务委员均作出重要批示。7月1日，联合科技部、发改委和财政部印发《国家科技重大专项知识产权管理暂行规定》。

7月，联合工信部等11部委印发《关于促进工业设计发展的若干指导意见》。与发改委共同起草《落实半导体照明产业发展政策措施的任务分工方案》，并完成国家知识产权局承担任务的分工细化工作。积极参与制定《促进战略性新兴产业国际化发展指导意见》《加快推进国家科技重大专项的若干意见》等产业政策文件，充分发挥知识产权工作对科技进步和产业发展的支撑作用。

组织开展重大专项和重点领域专利分析工作，选取半导体照明关键技术、功能基因克隆验证与规模化转基因操作技术和极大规模集成电路封装设备关键部件与核心技术三个技术领域，牵头开展专利信息分析工作，提出相关产业发展的政策性建议。

研究制定《关于加强专利分析工作的指导意见》，组织召开全国专利分析暨重大经济活动知识产权评议工作会议。研究完成了专利事业发展战略中关于《建立知识产权评议机制相关研究课题报告》。

指导中国光学光电子行业协会光电器件分会、国家半导体照明工程研发及产业联盟，开展半导体照明行业知识产权战略工作。指导工业经济联合会开展信息产业、汽车产业和医药产业的知识产权战略研究工作。积极参与工业和信息化行业知识产权管理指导意见的起草制定工作。

(3)区域知识产权战略工作。

3月，与江苏省人民政府共同召开2010年度创建实施知识产权战略示范省工作会议，签署了《国家知识产权局、江苏省人民政府创建实施知识产权战略示范省2010年度合作计划》。

4月，举办"全国地方知识产权战略信息员培训班"。

5月，赴澳大利亚、新西兰开展区域知识产权工作考察访问。收集、整理、汇总地方知识产权战略纲要或实施意见的文本、年度推进计划，编印成册，印发各地方知识产权局供相互借鉴和参考。

6月，印发《关于加强地方知识产权战略实施工作的若干意见》，同月，起草了《关于地方知识产权战略实施评估参考意见》。起草《国家知识产权局关于实施知识产权战略，促进西部地区知识产权事业加快发展的若干意见》。召开"2010年地方知识产权战略实施工作会"，总结地方战略实施两年来的经验，部署下一年度地方战略实施工作。

8月，召开西部大开发知识产权工作座谈会，共同谋划西部地区知识产权工作未来10年的发展大计。会后，拟定实施知识产权战略，促进西部地区知识产权事业加快发展的政策文件。

为支持并加强国家重点区域知识产权工作，配合发改委、科技部等部门就支持中关村、武汉东湖建设国家自主创新示范区工作，完成了《中关村国家自主创新示范区发展规划纲要》编制，中关村科技创新和产业化促进中心组建，以及东湖自主创新示范区知识产权战略实施研究等工作。

组织开展了《知识产权在促进西部地区经济社会跨越式发展中的作用调查研究》《地方知识产权战略实施评估方案研究》《皖江城市带承接产业转移示范区知识产权战略的制定与实施》《长三角地域知识产权战略整合与推进研究》《滨海新区知识产权战略推进》等相关研究工作，为后续相关政策文件的出台奠定研究基础。

2. 政策研究

制定《全国专利事业发展战略2011－2020年》，并于11月11日正式对外发布。

开展课题研究管理现状研究，调整和改进局课题研究管理机制。

确立20多项2010年国家知识产权局软科学研究项目。对上年度20多项软课题研究项目进行了评审和验收，部分重要研究成果以信息形式上报。其中，《2009年中国软件盗版率调查》《上市公司知识产权管理问题》等研究成果，被有关部门采用，并在社会上产生积极影响。

成功举办"知识产权与转变经济发展方式论坛"征文和学术交流活动，编印《知识产权与转变经济发展方式论坛论文集》。

组织开展广东、江苏、湖南中小企业知识产权工作调研。形成《发挥知识产权在发展方式转变中的助推器作用》《进一步提升知识产权公共管理和服务水平，切实推动中小企业创新转型发展》《政府与企业互动：深入实施知识产权战略的关键》等调研报告。

全年共编写、报送《知识产权局信息》54期，有多篇信息得到领导批示，为决策部门提供了重要依据。地方知识产权政务信息报送工作有了明显进展，共采用各地上报信息450多条，编辑出版《专利工作动态》24期和增刊2期，约100万余字，信息质量和数量均有明显提高。

加强与信息报送部门和单位的沟通与交流，及对局内和地方政务信息工作的指导和培训。1月和7月分别编发了《知识产权政务信息工作要点》。

3. 保护管理

(1)知识产权保护的组织协调工作。

组织10个相关部委共同编发《二〇〇九年中国知识产权保护状况》白皮书（中英文）。组织全国各省市共同编写《2009年全国及地方知识产权保护状况择要》（中英文）。

组织联席会议28个成员单位制定印发《2010年中国保护知识产权行动计划》，明确了"完善制度，加强执法，突出专项，推进协调，强化宣传，规范管理"的指导方针，从10个方面提出164项具体措施，推动了全国的知识产权保护工作。

牵头八部委联合开展世博会知识产权保护专项行动。年初制定印发专项行动工作方案；6月，组织开展世博会知识产权保护与管理专题调研；8月，开展专项行动中期督导检查，专项行动取得明显成效；12月，完成世博会知识产权保护总结表彰，专项行动圆满结束。联合八部委开展亚运会知识产权保护执法及相关宣传工作，共同制定印发《关于加强2010年广州亚运会知识产权保护工作的通知》。启动全国保护知识产权志愿者活动。

牵头组织相关部门起草拟定《打击侵犯知识产权和制售假冒伪劣商品专项行动方案》，提交国务院常务会议审议，进行了修改完善并完成会签稿；专项行动开始后，配合做好相关协调工作。

6月，在广州组织召开全国外商投资企业保护知识产权座谈会，7月在东莞举办2010全国内资企业保护知识产权座谈会，11月在重庆召开2010全国外商机构保护知识产权座谈会，充分听取内外资企业对我国知识产权保护工作的意见和建议，形成专门报告报送国务院，并组织各有关部门召开协调会提出处理意见，对有关企业或方面反馈了处理意见。

组织专利保护协会、地方知识产权局、北京大学等完成《中国知识产权保护状况研究》《中国知识产权评选活动现状调查研究》《知识产权保护模范城市内涵和创建路径研究》《2005—2009年知识产权涉外重大案例研究》等课题研究。完成了《全国知识产权保护状况报告》等多份报送国务院的报告。

(2)知识产权执法。

印发《关于加强知识产权维权援助中心举报投诉服务工作的通知》，要求全面加强举报投诉服务工作；"4·26"至"5·26"期间，在全国开展了"12330"知识产权维权援助统一行动；截至年底，国家知识产权局共批复设立了67家维权援助中心，逐步建成全国知识产权维权援助与举报投诉网络。

在全国专利执法协作机制的基础上，不断深化泛珠三角、长三角、环渤海、中部十六省市、西部十二省市、东北三省等跨省专利执法协作机制；广东、四川、河南、湖南等省内执法协作机制逐步完善。

召开全国知识产权局执法工作会议，传达国务院常务会议与全国知识产权保护和执法工作电视电话会议的重要精神，对执法工作作出全面部署。举办第四届中国知识产权执法论坛。

制定印发《2010年知识产权局系统执法工作安排》《2010年知识产权执法维权专项行动方案》等文件，部署、指导、推进执法工作的开展。

到年底，有54个地方知识产权局进入"5·26"工程；遴选了38家司法机构、研究开发和法律服务机构进入全国专利保护重点联系机制。

组织开展执法督导，提高各级知识产权局执法工作的积极性、科学性、规范性和创造性。针对跨地区的重点案件，加大指导和协调力度，促进案件的合理解决。

推进打击侵犯知识产权和制售假冒伪劣商品专项行动。迅速对全系统部署，采取组织召开全国知识产权局执法工作会议、印发《知识产权局系统执法专项行动方案》、成立执法专项行动督导委员会、发出案件督办函、现场督导等措施，推动了专项行动的深入开展。

全国知识产权局系统在"4·26"至"5·26"期间深入开展"雷雨"、"天网"知识产权执法集中行动，行动大大遏制了群体侵权、反复侵权与专利诈骗行为的发生，震慑了违法分子，对营造创新与发展的良好环境发挥了重要作用。

开展上海世博会执法维权专项行动和广州亚运会知识产权执法保护工作，取得较大实效。

2010年，全国知识产权局系统共受理专利侵权纠纷案件1077件，受理其他专利纠纷案件18

件，查处假冒专利案件 728 件，出动执法人员 20 646 人次，检查商业场所 10 642 次，检查商品 2 134 668 件，跨部门执法协作 545 次，跨地区执法协作 972 次。

（3）知识产权管理。

知识产权合作会商、试点示范、强县工程。年内，与重庆市人民政府签署了合作会商议定书；与福建省、广东省、贵州省、江西省人民政府召开年度合作会商会议。截至年底，已与共 15 个省（自治区、直辖市）和中国科学院、铁道部、科技部 3 个中央单位建立了知识产权合作会商工作机制。

2010 年，新批准国家知识产权工作示范城市 21 个、示范创建市 16 个、试点城市 9 个。截至年底，全国共有工作示范城市 45 个、示范创建市 28 个、试点城市 31 个。

组织召开第三届“知识产权与城市发展”市长论坛，65 个城市参加论坛，48 位市长出席，论坛影响力进一步提高。

截至年底，全国共有国家知识产权工作示范园区 1 个，示范创建园区 12 个、试点园区 30 个。城市园区试点示范工作已覆盖全国 26 个省（自治区、直辖市），15 个计划单列市、副省级城市，24 个省会城市进入了试点示范城市行列。2010 年召开城市和园区知识产权试点示范工作会议，部署工作。举办“试点示范园区知识产权沙龙”活动。

年内，批准 146 家单位为第二批全国企事业知识产权示范创建单位，启动 800 家第四批全国企事业知识产权试点工作。国家级试点单位、示范创建单位、示范单位分别达到 1065 家、216 家和 58 家。

组织启动 2010 年度企业专利交流工作，委托 20 个省市知识产权局承担 2010 年度企业专利交流工作，确定成都高新区、四川长虹电器股份有限公司和山东绿叶制药有限公司的专利工作交流站承担审查员实践基地工作。与部分承担国家重大专项的重点企业建立联系机制，推动涉及国家重大利益科技项目的专利管理。

为落实《国务院关于进一步促进中小企业发展的若干意见》，与工信部共同启动了中小企业知识产权战略推进工程，确定北京等 32 个城市作为中小企业知识产权战略推进工程首批实施单位。

截至年底，全国共有国家知识产权强县工程试点县（市、区）127 个；传统知识知识产权试点县（市、区）17 个，分布在 10 个省，包括制茶、陶瓷、民族医药、传统工艺、遗传资源等多种门类。

专利运用与产业化。首次批准建立 2 家国家自主知识产权产业化试点基地；新增 4 家国家专利产业化试点基地；截至年底，全国共有 22 家试点基地。批准设立国家专利技术（长春）展示交易中心，全国共有 43 家国家专利技术展示交易中心。对部分期限届满的国家专利技术展示交易中心进行考核验收，全面提升其业务素质和服务能力。长沙展示交易中心帮助 24 个知识产权项目与创业资本实现“联姻”，交易总金额达到 4.9 亿多元。

11 月 7 日至 13 日，在全国 31 省区市的 150 多个城市同时举行以“运用专利制度，推动发展方式转变，促进创新型国家建设”为主题的“2010 · 第四届中国专利周”活动，专利周有 30 个中央部门机构、31 个省区市人民政府和新疆生产建设兵团作为支持单位，59 个城市人民政府作为协办单位，活动规模和影响创历届之最，并使公众亲身参与感受创新的魅力和知识产权的重要作用。专利周共开展各类活动 865 项，参与人数达 65 万，参与企业近 2.8 万家、中介机构近 600 家。

会同国务院有关部门、地方政府共同举办一系列与知识产权主题相关的展会，成效显著。中国国际专利技术与产品交易会、第三届中国（顺德）国际工业设计创意博览会、第八届中国 · 海峡项目成果交易会、中国杨凌农业高新科技成果博览会等展会的规模和影响力进一步提升。

与世界知识产权组织共同开展了第十二届中国专利奖评选工作，共评选出 15 项中国专利金奖、5 项中国外观设计金奖、179 项中国专利优秀奖以及 32 项中国外观设计优秀奖。设置中国外观设计金奖及优秀奖，以推进我国创意设计产业发展。

按照《资助向国外申请专利专项资金管理暂行办法》的要求，配合财政部完成资助向国外申请专利专项资金申报和评审工作。全年全国共资助中小企业、事业单位及科研机构提出的 PCT 申请 2645 项，发放资助资金 13 919 万元。

组织北京等 17 个省区市、广州等 8 个中心城市参与实施地方知识产权资产评估推进工程。批准天津市知识产权局，武汉市、上海浦东新区、镇江市人民政府为第三批知识产权质押融资试点单位。在北京中关村国家自主创新示范园区、湖南省长沙市开展知识产权投融资服务试点。分别在大连和重庆举办“激励创新与知识产权商用化”和“知识产权投融资与企业创新发展”论坛，联合中国资产评估协会在北京举办“知识产权价值评估能力建设”研讨会。

修订后的《专利权质押登记办法》，于10月1日起施行，《专利实施许可合同备案管理办法》（征求意见稿）已向社会公布。2010年专利质押合同登记362件；质押金额近66亿元。全年专利许可合同备案9771件，数量增长迅速，许可专利18 540件。

批复成立国家知识产权局专利局兰州代办处。截至年底，全国共有专利代办处28个。

四、专利申请与审查

“十一五”期间，我国的专利申请大幅增长，专利审查工作进展情况良好，结案量持续增长，发明专利实质审查累计结案760 389件；实用新型专利审查累计结案1 188 533件；外观设计专利审查累计结案1 383 927件。三种专利审查周期均实现“十一五”预期目标。共招聘录用1671人，其中初审员及流程管理人员194人、发明专利实审员1371人，专利复审和无效审查员29人，综合管理人员77人。另外，招聘审查协作人员2168人。2010年审查工作主要进展如下：

1. 专利申请与授权

2010年，在全球经济复苏的大背景下，国内发明专利申请量增速明显，国外发明专利申请量已经恢复并超过2008年的水平，我国专利审批能力持续提高。

（1）专利申请。

根据最新统计，2010年国家知识产权局受理发明专利申请39.1万件，同比增长24.1%。其中，国内发明专利申请（含港澳台，下同）为29.3万件，占总量的74.9%，同比增长27.9%；国外申请为9.8万件，占总量的25.1%，同比增长15.3%。

国内发明专利申请中，职务申请22.4万件，占总量的76.5%；非职务申请6.9万件，占总量的23.5%。国内职务发明专利申请中，企业申请15.5万件，占69.2%；高校申请4.8万件，占21.4%；科研单位申请1.8万件，占8.0%；机关团体申请0.3万件，占1.4%。

2010年，国家知识产权局共受理实用新型专利申请41.0万件，同比增长31.8%；受理外观设计专利申请42.1万件，同比增长19.9%。

2010年国内发明专利申请量居前十位的企业

序　号	企业名称	数量（件）
1	中兴通讯股份有限公司	5660
2	鸿富锦精密工业（深圳）有限公司（台资）	2832
3	中国石油化工股份有限公司	2313
4	华为技术有限公司	2236
5	海洋王照明科技股份有限公司	840
6	英业达股份有限公司（台资）	775
7	大唐移动通信设备有限公司	714
8	中芯国际集成电路制造（上海）有限公司	711
9	比亚迪股份有限公司	675
10	友达光电股份有限公司（台资）	670

2010 年发明专利申请量居前十位的国外企业

序　号	国家和地区	企业名称	数量(件)
1	日本	索尼株式会社	2036
2	日本	松下电器产业株式会社	1723
3	美国	高通股份有限公司	1446
4	韩国	三星电子株式会社	1219
5	日本	夏普株式会社	1202
6	美国	通用汽车环球科技运作公司	1110
7	荷兰	皇家飞利浦电子股份有限公司	1104
8	美国	通用电气公司	1022
9	日本	佳能株式会社	1001
10	日本	丰田自动车株式会社	935

2010 年国内发明专利申请量居前十位的大专院校

序　号	大专院校名称	数量(件)
1	浙江大学	2193
2	清华大学	1509
3	上海交通大学	1113
4	哈尔滨工业大学	1095
5	北京航空航天大学	1030
6	东南大学	1020
7	华南理工大学	805
8	江南大学	758
9	天津大学	754
10	复旦大学	657

2010 年国内发明专利申请量居前十位的科研院所

序　号	科研院所名称	数量(件)
1	中国科学院微电子研究所	516
2	中国科学院大连化学物理研究所	341
3	中国电力科学研究院	234
4	中国科学院长春光学精密机械与物理研究所	228
5	中国科学院过程工程研究所	227
6	中国科学院上海微系统与信息技术研究所	226
7	中国科学院半导体研究所	215
8	中国科学院金属研究所	207
9	中国科学院长春应用化学研究所	158
10	中国科学院化学研究所	156

(2)发明专利申请的地区和国别分布。

2010年国内发明专利申请量居前十位的省市依次是江苏、广东、北京、上海、浙江、山东、台湾、辽宁、四川和陕西。

(3)专利申请的技术领域分布。

2010年，共完成发明专利申请国际专利分类364 910件，比上年增加了76 402件，增长26.5%。从2010年发明专利申请的国际专利分类(IPC)情况看，医用、牙科用或梳妆用的配制品(A61K)、电数字数据处理(G06F)、数字信息的传输，例如电报通信(H04L)、半导体器件；其他类目未包含的电固体器件(H01L)领域的申请量均超过了1万件，上述四领域的申请量占完成分类的总量的近15%。

(4)专利授权。

2010年，国家知识产权局授权发明专利13.5万件，同比增长5.5%。其中，国内发明专利授权为8.0万件，占总量的59.3%；国外授权为5.5万件，占总量的40.7%。在授权的国内发明专利申请中，职务发明专利授权6.6万件，占总量的82.5%；非职务发明专利授权1.4万件，占总量的17.5%。

国内职务发明专利授权中，企业授权4.0万件，占60.6%；高等院校授权1.9万件，占28.8%；科研单位授权0.65万件，占9.8%；机关团体授权0.05万件，占0.8%。

2010年，国家知识产权局共授权实用新型专利34.4万件，同比增长68.6%；授权外观设计专利33.5万件，同比增长34%。

2010年国内发明专利授权量居前十位的企业

序　号	企业名称	数量(件)
1	华为技术有限公司	2776
2	中兴通讯股份有限公司	2434
3	鸿富锦精密工业(深圳)有限公司(台资)	819
4	友达光电股份有限公司(台资)	551
5	中国石油化工股份有限公司	516
6	杭州华三通信技术有限公司	442
7	比亚迪股份有限公司	395
8	中芯国际集成电路制造(上海)有限公司	372
9	腾讯科技(深圳)有限公司	335
10	大唐移动通信设备有限公司	240

2010年发明专利授权量居前十位的国外企业

序　号	国家和地区	企业名称	数量(件)
1	日本	松下电器产业株式会社	1565
2	韩国	三星电子株式会社	1495
3	日本	索尼株式会社	1313
4	日本	佳能株式会社	904
5	美国	国际商业机器公司	875
6	韩国	LG电子株式会社	815
7	荷兰	皇家飞利浦电子股份有限公司	658
8	日本	夏普株式会社	608
9	日本	丰田自动车株式会社	569
10	日本	东芝株式会社	541

2010 年国内发明专利授权量居前十位的大专院校

序　号	大专院校名称	数量(件)
1	浙江大学	1030
2	清华大学	832
3	上海交通大学	746
4	哈尔滨工业大学	636
5	北京航空航天大学	592
6	东南大学	397
7	天津大学	333
8	华中科技大学	314
9	西安交通大学	310
10	华南理工大学	306

2010 年国内发明专利授权量居前十位的科研院所

序　号	科研院所名称	数量(件)
1	中国科学院化学研究所	133
2	中国科学院计算技术研究所	126
3	中国科学院大连化学物理研究所	123
4	中国科学院电工研究所	103
5	中国科学院光电技术研究所	100
6	中国科学院长春应用化学研究所	97
7	中国科学院上海光学精密机械研究所	94
8	中国科学院微电子研究所	93
9	中国科学院金属研究所	88
10	贵阳铝镁设计研究院	86

(5)有效专利量。

截至 2010 年底,我国有效专利量 221.6 万件,发明 56.5 万件,占 25.5%。实用新型 85.8 万件,占 38.7%。外观设计 79.3 万件,占 35.8%。其中国内 182.5 万件,占 82.4%。国外 39.1 万件,占 17.6%。

2. 专利审查

2010 年三种专利审查结案量继续高速增长,其中发出发明专利第一次审查意见通知书 262 526件,同比增长 14.8%;完成发明实质审查 237 304件,同比增长 21.8%;完成实用新型专利审查387 004件,同比增长 47.3%;完成外观设计专利审查 440 346 件同比增长 13.2%。

2010 年,发明专利实审审查周期为 24 个月;实现了“十一五”制定的 24 个月的预期目标;实用新型专利审查周期为 4.3 个月;外观设计专利审查周期 3 个月。分别比“十一五”预期目标提前 1.7 个月和 3 个月。年内,国家知识产权局新录用人员 20 名。

3. PCT 国际申请

作为《专利合作条约》(PCT)受理局,2010 年国家知识产权局共受理国际申请 12 917 件,同比增长 61.5%。其中,以中文作为申请语言的国际申请 11 394 件,以英文为申请语言的国际申请 1523 件。“十一五”期间国家知识产权局累计受理国际申请 36 500 件。

作为国际检索单位和国际初审单位,2010 年国家知识产权局寄出国际检索报告 10 453 件,同比增长 54.3%。寄出国际初步审查报告 393 件,同比增长 −6.4%。“十一五”期间,累计寄出

PCT国际检索报告31 316件。国际初步审查报告1928件。

2010年，国家知识产权局收到进入中国国家阶段的国际申请62 317件，同比增长14.6%，其中发明专利申请62 076件，实用新型专利申请241件。“十一五”期间，国家知识产权局收到进入中国国家阶段的国际申请累计为275 439件。

4. 复审与专利权无效宣告

(1)受理专利复审请求与结案。

2010年专利复审委员会受理复审请求12 369件，比2009年增加3174件，同比增长34.5%。在2010年的复审请求中，涉及对驳回发明专利申请决定不服的复审请求为12 299件，占当年请求总量的99.4%；涉及对驳回实用新型专利申请决定不服的复审请求为49件，占当年请求总量的0.4%；涉及对驳回外观设计专利申请决定不服的复审请求为21件，占当年请求总量的0.2%。

2010年复审请求结案共9005件，其中涉及发明专利申请8939件，涉及实用新型专利申请18件，涉及外观设计专利申请为48件。

自1985年以来，专利复审委员会共受理复审请求43 957件。截至2010年底，复审请求结案34 114件。

(2)受理专利无效宣告请求与结案。

2010年专利复审委员会受理无效宣告请求2411件，比2009年增加164件，同比增长7.3%。在2010年受理的无效宣告请求中，涉及发明专利权无效宣告请求为509件，占当年总量的21.1%；涉及实用新型专利权的无效宣告请求为1147件，占当年总量的47.6%；涉及外观设计专利权无效宣告请求为755件，占当年总量的31.3%。

2010年全年无效宣告请求结案共1946件，其中涉及发明专利申请388件，涉及实用新型专利984件，涉及外观设计专利为574件。

自1985年以来，专利复审委员会共受理无效宣告请求25 745件，至2010年底，无效宣告请求结案23 664件。

(3)专利行政诉讼。

2010年，当事人向北京市第一中级人民法院起诉和向北京市高级人民法院上诉的案件总计878件，其中针对复审审查决定起诉和上诉的有169件；对无效宣告请求审查决定起诉和上诉的706件；对其他通知不服起诉和上诉的3件。

2010年，北京市第一中级人民法院对由专利复审委员会作出的各类决定审理结案635件，其中涉及复审决定的111件，涉及无效宣告请求审查决定的521件，其他3件。

2010年，北京市高级人民法院对由专利复审委员会作出的各类决定审理结案408件，其中涉及复审决定的72件，涉及无效宣告请求审查决定的335件，其他1件。

2010年，中华人民共和国最高人民法院申诉案件立案24件，提审结案6件。

(4)集成电路布图设计撤销案件审理。

自2001年10月1日《集成电路布图设计保护条例》颁行以来，共受理了5件集成电路布图设计撤销案。截至2010年12月31日，已审结2件。

(5)巡回审理庭的建设和使用。

自2008年起，专利复审委员会在专利无效案件纠纷较为集中的地方建设了7个巡回审理庭，并相继投入使用。2010年，专利复审委员会在福建省和新疆维吾尔自治区投入巡回审理庭的建设。

五、信息化和文献

“十一五”期间，国家知识产权局信息化工作步入高速发展阶段，信息化项目建设工作取得跨越式发展。建成了中国专利电子审批(E系统)、中国专利检索与服务(S系统)和外观设计专利智能检索(D系统)三大系统，全面满足专利审查业务需要，专利审查综合业务能力显著提升；构建了专利信息公共服务体系，基本满足社会公众的专利信息需求；发布了《全国专利信息公共服务体系建设规划》，初步建立起全国专利信息公共服务体系，为全国专利信息公共服务工作全面、协调、可持续发展奠定了基础。建成全国专利管理信息平台、培训综合管理系统、财务信息管理平台等系统，提高了国家知识产权局管理工作效率；信息资源建设工作全面开展，数据加工及数据标准制定工作稳步推进，数据质量检测体系初步形成，数据质量不断提高；信息化国际合作不断拓展，信息基础保障和运维管理水平大幅提升。

文献资源获取渠道不断拓宽，收集工作的科学性有效加强，资源涵盖范围进一步扩大，在专利文献资源收集种类与数量方面，达到了世界领先水平；文献资源管理手段不断丰富，应用系统建设工作稳步推进，数据加工质量监督体系日臻完善；

文献标准制订工作不断深入，文献研究成果丰硕；文献服务手段不断创新，能力建设有序加强，服务质量和成效显著提升。知识产权出版物不断满足社会各界和公众的需求。

2010年，信息化、文献等工作主要进展如下：

1. 信息化

2010年2月10日，中国专利电子审批系统(E系统)和专利检索与服务系统(S系统)正式上线运行，系统的建成实现了从专利申请提出到专利权失效的全部法律程序、全流程、全方位的电子化和网络化，实现了专利审查业务工作模式的全新变革，促进了电子申请数量快速提高，国家知识产权局信息化项目建设工作迈入新台阶。

全面推进国家专利数据中心、区域专利信息服务中心和地方专利信息服务中心三级专利信息公共服务体系建设和完善工作，评定广东省、上海市、江苏省、山东省和重庆市知识产权局入选区域专利信息服务中心，广东省知识产权局为试点单位；进一步加强对全国47个地方信息服务中心的管理和支持，加快建设在线专利信息分析系统和专利信息服务交流平台，有效提升了我局地方专利信息服务能力。

完成了EPOQUE系统美国全文数据库及新增代码化数据库的装载工作；积极与韩国、澳大利亚、新西兰、加拿大以及我国香港和澳门地区开展数据合作，及时跟踪国外知识产权机构的信息化动态，为国家知识产权局信息化业务发展提供参考。

完成了信息化"十二五"规划编制工作。

制定错误数据反馈纠正流程，缩短问题数据的反馈修改时间，及时响应系统用户的反馈；重点开展数据标准的建设，对数据加工的过程和结果进行规范，加强了国家知识产权局数据加工工作的规范化建设。

2. 文献

(1)文献资源收集与应用。

2010年，与37个国家及地区知识产权机构保持了文献交换关系。截至目前，已累计收集了48个知识产权机构出版的专利全文说明书，102个知识产权机构的检索数据。在非专利数字资源方面，年内新订数据库5个、原数据1种，续订数据库50个，国家知识产权局的非专利全文数据库达到48个，文摘数据库18个，联机检索系统1个，原数据3种，电子期刊或网站37个。非专利资源的利用率和使用效能进一步提升，全年非专利数据全文下载量超过250万篇，比上一年增长48%，使用成本下降25%。

(2)文献资源管理。

初步建立了电子文献资源档案；完成了"文献综合管理平台"项目的需求分析和招标立项工作，为实现文献资源的集中存储和有效管理奠定了基础；制定了《中国非专利文献深加工规则和检测规则》，初步完成"数据加工自动化检测系统"功能设计，稳步推进专利深加工案例库建设；召开首届"首届数据加工规则研讨会"，提高了数据加工检测的效率与质量；全年共检测深加工数据160万件、初加工数据66.5万件、法律事务数据1.9万件。

(3)文献服务。

面向审查的服务。升级了"图书馆集成管理系统"，新增图书借阅资源共享功能；编制了《专利文献常用知识手册》《文献信息服务手册》、《非专利资源使用指南》，为审查员全面掌握相关文献知识提供了便利，提高了文献资源的易用性和利用率；全年为审查员提供对比文献7.4万篇，举办非专利数据库使用培训39次，培训人员超过1000人次。

专利信息公共服务。组织召开了"2010年全国专利信息传播与利用工作会议"，有效履行了专利信息传播与利用的宏观指导职能。建立了"全国专利信息传播与利用培训指导体系"，推出了"专利信息利用人才培养工程"、"专利信息利用活动促进工程"和"专利信息利用宏观指导强化工程"。制定了"培训课程体系方案"等若干实训工作方案，编写了近71万字的培训教材，有序开展了内部师资人才培养工作。举办不同层次的培训班12次，外派教师赴全国各地授课30次，举办公益讲座31期，全年共培训学员近4000人次。开展了针对企业的专利信息利用帮扶活动，组织工作组，分别赴上海、山东、四川、江苏、黑龙江和新疆等地完成帮扶活动7次，有效提升了帮扶对象的专利信息利用能力。制作了多媒体教学片及专利信息主题宣传片；印制了"专利文献常见问题汇编"和"检索资源使用指南"，撰写了"世界主要国家专利制度及文献特点汇编"初稿；对政府网站"文献服务"栏目进行了改版；专利文献馆全年接待来馆读者近2700人次，受理各类咨询近3000人次，受理委托近460人次，提供各类文献近7万篇；知识产权陈列馆、专利展示厅及"影响世界的专利"主题展廊共接待国内团体参观21批次600

余人，涉外团体参观23批次200余人，个人自行参观近2000人。

(4)文献标准及分类研究。

为配合E系统上线，进一步修改了《中国专利文献版式规范》和《中国专利文献著录项目》等6项专利文献标准的相关内容；对IPC分类表进行了跟踪与更新，形成了A61K35/56和A23L1/48等6个领域的细分类；积极参与WIPO的IPC修订工作，由国家知识产权局牵头的五局“共同的混合分类”F002项目分类表，在IPC修订工作组第24次会议上获得顺利通过。

(5)文献出版物。

出版《专利文献研究(2010)》一书，填补了知识产权领域文献研究类图书的空白；全年刊发《专利文献研究》6期，《分类资讯》6期，《知识产权简讯》40期，《知识产权简讯专刊》4期，《数据加工通讯》12期。出版纸质专利公报52期。

六、宣传、培训和学术活动

“十一五”期间，通过电视、电台、网站、报纸等媒体构建的立体宣传网络，利用“4·26世界知识产权日”在全国范围内持续不断开展系列宣传活动，增加主题宣传活动，使社会公众知识产权意识显著提高；以提高办学质量和学术水平，创新培训和学术活动方式方法，加强国内外合作交流为手段，使公众知识产权文化素养不断加强。宣传、培训和学术活动促进了知识产权文化环境改善，极大地推动了社会主义文化建设。以“尊重知识、崇尚创新、诚信守法”为核心的知识产权文化理念，正得到社会越来越广泛的认同。2010年，宣传、培训等工作主要进展如下：

1. 宣传

2010年，宣传工作紧紧围绕知识产权发展大局，以增强宣传效果为目标，认真策划、组织实施了系列宣传活动。

精心组织全国知识产权宣传周活动。联合中宣部、工商总局、版权局、国新办等25个部(委)成立宣传周活动组委会，通过举行启动仪式，召开新闻发布会，举办论坛、讲座、咨询、开放日、培训班等形式，在全国范围内开展以“创造·保护·发展”为主题的知识产权宣传普及。通过音视频、网络等多种媒体报道28万余条，全国各地共举办了500余项宣传活动，参与人数达上千万，取得了较好宣传效果和社会反响。

开展知识产权战略实施两周年的宣传活动。组织十数家中央新闻媒体以“实施知识产权战略，促进经济发展方式转变”为主题，深入北京、江苏和河南等地进行挖掘采访，宣传各地在知识产权创造、运用、保护和管理方面取得突出成绩。围绕知识产权促进经济发展方式转变这一主题，与中央电视台联合制作了专访田力普局长的节目，在《新闻联播》、《焦点访谈》、《朝闻天下》等栏目播出。对知识产权战略实施两年来取得的成绩，经济日报开辟了专版，知识产权报出版了特刊，新华社、人民日报等20余家中央媒体给予了报道。

及时报道第四届中国专利周。以中国专利周主会场为重点，举办新闻通气会、新闻发布会，网络直播开幕式，深度报道投融资服务与企业发展论坛和外商保护知识产权座谈会等。发掘运用专利制度促进企业发展的典型案例，报道我国知识产权优势企业在调结构、转方式过程中的经验和做法。专利周期间，组织了《全国专利事业发展战略(2010—2020年)》新闻发布会以及相关报道，组织了第十二届中国专利奖颁奖大会的宣传报道。据统计，新华社、中央电视台、人民网、中国政府网等82家中央媒体和500多家地方媒体报道了专利周的情况，累计发稿近千篇。

推进知识产权文化建设工程。围绕推动和引导全社会树立正确的知识产权价值观念，增强全社会知识产权意识，认真开展“知识产权文化建设”子课题研究；组织全国性的公共知识产权素养调查，力图准确反映我国知识产权事业发展现状和部分社会群体知识产权文化素养水平；开展了知识产权文化大使活动，遴选了一些有社会影响的文化人士授予“知识产权文化大使”称号，并组织开展公益性宣传普及活动；编辑制作宣传品和出版物，印制第十个世界知识产权日纪念封、出版发行《我们的30年》光盘、印刷知识产权创意设计大赛海报、编发《国家知识产权战略实施2周年宣传报道材料汇编》，组编写《中国企业海外知识产权纠纷典型案例启示录》《知识产权案例读本》《青少年读物》等。

认真做好其他专题宣传工作。为推动全国产权局系统专项执法行动，跟踪收集了打击侵犯知识产权和制售假冒伪劣商品专项行动的相关案例，并初步拟定了宣传方案。继续加强与中央媒体的合作，如与人民网共同开通了知识产权英文频道等。年内编辑出版了50期电子刊物《每周知识产权舆情》，组织召开了9次新闻发布会，对知识产权与城市发展市长论坛、全国知识产权局局长会议、纪念专利法实施二十五周年座谈会、中国国际专利技术与产品交易会、第十九届全国发明展览会等专项工作进行了宣传报道。全年共编报新闻报道2500余篇。

政府网站发布的政务信息不断增多,网上服务功能不断增强,公众参与方式和关注程度不断提高,网站访问量保持平稳。中文网站全年点击数为21.5亿次,页面浏览量为6.6亿次。截至12月底,网站累计点击数已经达到176.3亿次。中文网站80%的访问量来自国内网民,其中60%的访问量来自北京、江苏、广东和浙江四地。在来自国外地区的访问中,欧洲地区、新加坡和美国的访问量较高。中文网站各栏目中,“政务公示”、“专题专栏”和“通知”等栏目访问量较高。英文网站全年点击数为1020万次,页面浏览量为160万次。截至12月底,网站累计点击数达7500万次。英文网站35%的访问量来自国外网民,分别有9.90%、4.80%、4.27%、0.91%的访问量来自欧洲、美国、日本和韩国四地。在来自国内地区的访问中,北京、广东和江苏的访问量较高。英文网站各栏目中,“News”、“Law&policy”、“Statistics”和“FAQ”等栏目访问量较高。

2. 培训

2010年,以《国家中长期人才发展规划纲要(2010—2020年)》制定实施和全国知识产权培训工作会议等宏观管理工作为牵引,以高层次人才培养为重点,继续研究探索培训基地和人才信息库建设,广泛深入开展知识产权人才培养和教育普及两方面工作,开创了知识产权人才培训工作新局面。

(1)知识产权人才工作。

根据《中央人才工作协调小组实施〈国家中长期人才发展规划纲要(2010—2020年)〉任务分工方案》安排,负责落实《人才规划纲要》中十项重大政策之一的“实施知识产权保护政策”,联合科技部、文化部成立了领导小组和11个落实工作组,加大了对知识产权保护政策相关法规的制定工作和对知识产权保护工作的宣传力度。

根据国家知识产权局“十二五”规划工作部署,以科学化、民主化和规范化为原则,采取“集思广益、科学决策”的工作方式,充分发挥各职能部门和各方面专家的作用,制定并发布了《知识产权人才“十二五”规划》。

召开全国知识产权培训工作会议和交流会,对全国知识产权人才培训工作进行总结交流。各地也强化了知识产权人才培训工作的规划、组织和协调职能,目前已经形成了分级别、分层次、分类别的知识产权人才培训工作的良好格局。

制定了《国家知识产权培训基地管理办法》(试行),进一步明确对国家知识产权培训基地的申报条件、管理、考核办法等。2010年,共批复成立安徽、山东、湖北、上海、广东、江苏、重庆、陕西8家国家知识产权培训基地。并在湖南长沙组织召开了首次国家知识产权培训基地研讨班,已经获得批复成立的9家培训基地所在省市知识产权局和基地所在高校的负责人参加。

建立知识产权人才库,统筹规划人才的使用和管理。根据《国家知识产权战略纲要》提出的“加快建设国家和省级知识产权人才库和专业人才信息网络平台”的重要战略措施,6月制定了《知识产权人才库与人才信息网络平台工作实施方案》,构建了由国家知识产权专家库、国家知识产权百名高层次人才库和省级知识产权人才库组成的国家知识产权人才库。8月,来自全国经济、科技、教育、文化、知识产权领域的20位专家成为国家知识产权专家咨询委员会首批委员,通过定期或不定期召开专家咨询委员会会议、专题咨询及论证会议等方式指导知识产权事业发展中重大问题的政策研究,为重大战略和关键问题的决策提供咨询和建议。

选派“百千万知识产权产权人才工程”百名高层次培养人选参加高层次人才法律和管理国内外培训班,赴美国卡多佐法学院、德国马普研究所知识产权培训中心培训。到目前已经举办了8期培训班,选派100多名全国高层次人才培养人选。根据《国家知识产权局中长期出国(境)培训管理办法(试行)》,逐步发展和建立了十几个中长期出国(境)人员培训渠道。年内,国家知识产权局共选派30多名业务骨干和优秀人才赴美国、英国、日本等国家进行中长期学习。国家知识产权局和美国卡多佐法学院又签订了2011—2013年合作培训谅解备忘录,继续深化合作,大力培养国际化人才。

继续推进实施“国家知识产权局高培对象与河北省重点企业专利战略引导计划项目”。全年共设立了29项研究课题,高层次人才培养对象和业务骨干总计197人参加研究,注重在实践中进一步提升高培对象的能力,发挥高培对象的引领、辐射作用。

(2)全国知识产权培训。

印发了《2010年全国知识产权培训计划》，以各级党政领导干部、科研技术人员、知识产权专业人员队伍为培训重点，举办了全国知识产权局局长高级研修班、第十二期全国知识产权局局长培训班、第九期知识产权师资培训班、第七期全国高校知识产权师资培训班等重点培训项目。联合人力资源社会保障部继续开展了“653”专业技术人员知识更新工程知识产权培训，共同举办了能源、生物医药、农业等领域3期知识产权战略专题培训班，推动了在全国技术领域中专业技术人员的知识产权普及培训工作。

此外，举办“试点示范城市专利信息利用技能培训班”、“试点示范园区知识产权实务高级培训班”；组织开展了数批全国知识产权试点企业专利实务培训班和三期强县工程辅导员培训班。

中国知识产权培训中心2010年共举办培训班101期，培训3.8万人。国际培训班21个，增长16%，占全年培训班20%以上。中国知识产权远程教育新增课程13门，增长近42%，课程总数达到43门，当年开课42门。新增中国知识产权远程教育平台分站4个，站点总数达到14个，增加40%。

(3)局内干部职工培训。

2010年，举办了司部级领导干部能力建设培训班，组织开展了人力资源管理能力提升、专业行政管理、处级领导干部任职培训、信息技术软件高级应用等实用性培训，进一步提升领导干部行政、管理和领导能力。全年共举办各类综合培训班85期，培训人数达2749人。

扎实推进审查业务培训，开设电学、机械和化学三个领域新入局人员培训小班教学。全年共举办各类在岗审查员培训班32期，培训课时累计110天，培训人员1585人次。示范性开展北京(中关村)审查员实践基地建设，为搭建审查员专业技术培养平台积累了经验。

深入开展半脱产教学研究，探索教研人员选拔新模式，科学谋划和利用研究内容，取得丰硕教研成果。各半脱产教研组共计完善教案23门，开发课程13门，形成了《实审审查员培训体系教学研究》等3份研究报告。在局内全面推广培训综合管理系统(SIPOLeMS)，首次将各部门部内培训纳入系统进行管理，充分利用信息化手段加强培训管理力度、提高培训管理效率。

(4)涉外培训。

继续深入开展涉外培训和教研工作。开发了《中国外观设计专利保护制度介绍及案例》等4门课程，修改了局级15门审查业务类涉外培训教案及课件。组织实施了卡多佐法学院来访团、海湾合作委员会专利局审查员岗位培训、中日审查员互派项目、澳大利亚团、朝鲜团等10个国际培训项目，累计培训了124名外国审查员。举办了五局合作审查员互派培训班，有力促进了五局合作项目的顺利开展。

3. 学术活动

2010年，局学术委员会顺利完成了机构重组和职能调整，各方面工作都实现了较大的创新和突破。

课题管理明晰创新。发布了各类研究成果共计213项，采集外网知识产权学术资讯2397条，推进了信息共享工作。将各类刊物的全年出版计划、已投稿信息、稿件状态等面向全局公开，避免了各类热点问题的重复研究和翻译工作，引导研究人员合理选择研究方向。

课题开展深入有效。组织完成了2009年度各类课题的结题评审工作。其中重大专项课题9项，一般课题29项和自主课题47项，共形成各类课题研究报告近500万字，外文翻译资料43万余字，其中涌现出了一批高质量、实用性强的研究成果。2010年，设立重大专项课题7项、一般研究课题30项；首次尝试设立了青年研究专项课题6项；各专业委员会共报送备案自主研究课题69项。

精心组织开展系列学术讲座、研讨会和论坛。“4·26中外企业知识产权大会”、“国际知识产权环境论坛”、“企业知识产权管理研讨会”、“后危机时代的中国企业知识产权机遇和核心竞争力论坛”、与重庆市政府合作举办的“知识产权战略与企业竞争力国际研讨会”以及与中国产学研合作联盟合作举办的“第四届中国产学研合作(北京)高峰论坛——产学研合作与知识产权保护分论坛”等，有力地提升企业知识产权意识和企业运用知识产权战略的能力和技巧，增强企业竞争力。

积极开展与国外的交流活动。组团赴美参加AIPLA年会，并与美国专利商标局、联邦法院、高通公司等进行交流沟通。接待AIPLA代表团访华，进一步增进了双方的了解，充实了合作的内容。组团赴日参加知识产权国际研讨会，与日本知财学会就搭建亚洲学者交流平台达成共识，并签署长期合作协议。

七、港澳台交流活动

“十一五”期间，国家知识产权局继续开展与港澳台的知识产权交流活动，“内地与香港、澳门知识产权研讨会”每年在三地轮流举办，国家知识产权局继续作为审查实体代澳门经济局进行专利检索和审查。创办了两岸专利论坛，积极探索对台合作新形式，保障了《海峡两岸知识产权保护合作协议》的顺利签署。

2010年，与港澳台知识产权交流互动更为频繁，相互理解进一步加深，合作层次不断提升，继续保持良好的交流氛围。

3月16日至18日，杨铁军副局长率团访问香港和澳门。

6月29日，海协会与海基会签署《海峡两岸知识产权保护合作协议》，全方位建立起两岸知识产权的保护合作机制，拓展了两岸专利领域的交流与合作空间。

7月30日，李玉光副局长会见了以王美花女士为团长的台湾海峡交流基金会知识产权参访团一行，就落实《海峡两岸知识产权保护合作协议》后续相关工作交换了意见。9月8日，李玉光副局长会见了由香港特别行政区立法会议员谭伟豪率领的香港资讯科技考察团一行。

9月20日，甘绍宁副局长率团访问香港。

10月26日至27日，与香港知识产权署、澳门经济局共同在澳门举办“内地与香港、澳门三地知识产权研讨会”，鲍红副局长率团出席会议。

11月22日，两岸开始同时相互受理专利优先权申请。

12月16日至17日，中纪委派驻国家知识产权局纪检组组长肖兴威率团赴台湾参加第三届“两岸专利论坛”。

八、国际合作

“十一五”期间，国家知识产权局深入参与了世界知识产权组织（WIPO）发展议程，遗传资源、传统知识和民间文艺保护，实体专利法协调，专利合作条约（PCT）改革，国际专利分类（IPC）修改等多边知识产权磋商与规则制定。与世界知识产权组织（WIPO）共同举办“世界知识产权组织跨区域知识产权高级论坛”等重大国际会议，与其合作颁发中国专利金奖和中国外观设计金奖，多次成功接待WIPO总干事和副总干事访华。

积极发挥涉外知识产权统筹协调职能，组织协调国内相关部门参加国际植物新品种保护联盟（UPOV）会议。成功举办东亚植物品种论坛第二次会议、中国植物新品种保护条例实施暨加入国际植物新品种保护联盟十周年庆典。积极参与世界贸易组织（WTO）、亚太经合组织（APEC）、生物多样性公约（CBD）、G8＋5框架下海利根达姆进程、世界卫生组织（WHO）、世界粮农组织（FAO）和联合国教科文组织（UNESCO）等有关制定和调整知识产权规则的磋商和谈判。积极配合国内相关部委参加与美欧等国家和地区的知识产权对话与谈判。

全面提升与世界知识产权大局的合作关系。继续参与中美欧日韩五局合作。务实发展中日韩三边合作。签署中美两局战略性合作工作计划，积极促成美国专利商标局授权欧洲专利局向中国免费提供美国专利文献数据。与欧洲专利局和德国专利商标局分别签署战略关系协议。成功召开中日两国知识产权合作三十周年和中日两局局长会晤机制建立十五周年庆典，签署中日两局知识产权合作备忘录。中韩互派联络员项目继续实施并取得积极成效。

继续巩固与传统合作伙伴的双边关系，不断开拓新的合作关系。与近四十个国家知识产权主管机构或地区性知识产权组织签署了双边协议，内容涉及高层互访、文献交换、自动化等诸多领域。首次为海湾阿拉伯国家合作委员会开展代为进行专利申请检索与审查。

代表中国政府签署《中华人民共和国与吉尔吉斯共和国政府知识产权合作协议》和《中华人民共和国政府与东南亚国家联盟成员国政府知识产权领域合作谅解备忘录》，成功举办中国—东盟知识产权合作会议。在新加坡知识产权局设立服务台。与朝鲜发明局续签专利合作协议。

为来自发展中国家的数百名人员进行了知识产权培训，对蒙古首次开展技术设备援助。建立并发展了与非洲地区知识产权组织（ARIPO）和非洲知识产权组织（OAPI）的合作关系。

2010年，继续广泛参与知识产权国际事务，进一步深化与WIPO等国际组织的合作，合作模式不断创新，双方互信加深。中美欧日韩五局合作与中日韩三局合作深入发展。双边合作伙伴不断增多，合作内容日益丰富，与发展中国家的联系更为紧密，对非知识产权交流进一步深入，我国知识产权国际合作实现全方位发展。

1. 多边合作

（1）与世界知识产权组织（WIPO）合作。

世界知识产权组织总干事弗朗西斯·高锐(Francis Gurry)分别于4月和11月访华,期间受到王岐山副总理的接见,并被授予中国人民大学名誉法学博士学位。

2010年,世界知识产权组织副总干事詹姆斯·普利(James Pooley)、杰弗里·奥尼亚马(Geoffrey Onyeama)和王彬颖先后近十次访问国家知识产权局,分别就各自负责的领域与国家知识产权局进行了交流。

11月13日,世界知识产权组织首次派总干事特别代表出席在北京举办的第十二届中国专利奖颁奖大会,共同颁发中国专利金奖和首次共同颁发外观设计金奖。全国人大常委会副委员长路甬祥出席大会,并为获奖者颁奖。

9月20日至26日,田力普局长率中国政府代表团出席世界知识产权组织成员国大会第四十八届系列会议,并在世界知识产权组织第二届部长级高级别会议上就"创新、增长与发展:知识产权的作用和成员国的国家经验"作主旨演讲。会议期间,田力普还与美国、英国、法国、西班牙、韩国、蒙古、加拿大、瑞典、巴西、以色列、澳大利亚等国以及欧洲专利局的知识产权负责人举行了双边会谈。

李玉光副局长于1月、贺化副局长于6月分别访问世界知识产权组织。

2010年,与世界知识产权组织在华共同举办了一系列会议。3月,共同在成都举办"世界知识产权组织落实发展议程地区研讨会"。7月,在北京和合肥分别举办"专利合作条约(PCT)高级巡回培训班"。11月,在北京举办"技术转让与许可研讨会"。

此外,国家知识产权局还参加了世界知识产权组织和国际植物新品种保护联盟的其他相关会议和活动,如世界知识产权组织计划与预算委员会会议、全球知识产权机构会议、专利合作条约工作组会议等。配合国内相关部委参与了世界贸易组织、亚太经合组织、生物多样性公约和联合国教科文组织等相关会议。

(2)中美欧日韩五局合作。

1月28至29日,第四次五局副局长会议在北京召开。

4月15日至16日,第三次五局局长会议在广西桂林召开,世界知识产权组织总干事高锐以观察员身份列席会议。会议回顾了五局合作进展,讨论了未来合作方向。

9月22日和23日,第五次五局副局长会议和五局合作吹风会分别在瑞士召开。

此外,国家知识产权局还参加了一系列五局合作工作组会议。3月和10月,分别参加五局合作第一工作组第三次会议和第四次会议。6月,参加五局合作第二工作组第二次会议。10月,参加2010年五局审查员研讨会。11月,参加五局合作第三工作组第二次会议。

(3)中日韩合作。

10月26日,中日韩三局局长政策对话会议工作组会在日本召开,就今年三局局长政策对话会议议题进行了深入探讨。

10月20日至21日,第八次中日韩自动化专家组会议在日本召开,并签署会议纪要。

12月2日,田力普局长率团参加在日本召开的中日韩第十次三局局长政策对话会议及十周年纪念活动,并签署会谈纪要。

7月21日,中日韩外观设计研讨会在北京召开。

2. 双边合作

(1)与欧洲国家的交流与合作。

①与欧洲专利局合作。

2010年,与欧洲专利局举行了两次双边局长会谈。9月3日,田力普局长在上海出席世博会欧洲专利局主题日活动,并举行双边局长会谈,签署了专利术语交换协议。12月4日至10日,田力普率团赴奥地利(欧洲专利局维也纳分局)参加第四次两局局长会议,并签署《中华人民共和国国家知识产权局与欧洲专利局优先权文件电子交换协议》《2011年中华人民共和国国家知识产权局与欧洲专利局双边合作工作计划》以及《中华人民共和国国家知识产权局与欧洲专利局第四次局长会议会议纪要》。

4月12日至22日,欧洲专利制度巡回研讨会在上海、北京和深圳召开。

9月26日至27日,李玉光副局长率团访问欧洲专利局。

②与欧盟合作。

4月29日,田力普局长会见了欧盟内部市场协调局(OHIM)局长,并签署《中华人民共和国国家知识产权局与欧盟内部市场协调局(商标与外观设计)谅解备忘录(2010—2011)》。

1月25～29日,与欧盟在厦门共同举办专利行政执法培训班。3月17日至29日,中国与欧共体外观设计制度巡回研讨会在意大利、法国召开。6月24日,中欧知识产权工作组第七次会议在北京召开。

③与欧洲国家的其他合作。

3月22日，与英国知识产权局在重庆共同举办中英协作研发框架协议范本研讨会。

5月17日，田力普局长会见了俄罗斯联邦知识产权、专利与商标局局长鲍里斯·西蒙诺夫，并签署《关于在知识产权保护领域开展教育和专家培训的谅解备忘录》。

5月20日，杨铁军副局长会见了瑞典专利与注册局局长苏珊·希伯利，并签署《中华人民共和国国家知识产权局与瑞典专利与商标局谅解备忘录》。

5月28日至6月4日，第二十三次中法混合工作委员会会议在四川召开，签署《中国国家知识产权局与法国国家工业产权局专利混合工作组第二十三次会议会议纪要》。

6月3日，田力普局长会见了意大利经济发展部副部长阿道夫·乌尔索一行，并签署《中华人民共和国国家知识产权局与意大利共和国经济发展部在2010年开展合作活动的联合声明》。

6月19日至25日，贺化副局长率团分别访问英国知识产权局和法国知识产权局。

7月22日，李玉光副局长出席了在世博会波兰馆举行的工业产权研讨会，并与波兰专利局局长举行了双边会谈。

7月23日，田力普局长会见了德国专利商标局专家。

9月27日，田力普局长率团赴慕尼黑访问德国专利商标局，并举行双边局长会谈，签署了《国家知识产权局与德国专利商标局伙伴关系协议》。

10月24日至29日，杨铁军副局长率团赴德国考察绿色节能建筑。

11月12日，拜尔-同济-培训中心知识产权国际论坛在京举行，杨铁军副局长出席开幕式并致辞。

(2)与美洲和大洋洲国家的交流与合作。

4月20日，EPOQUE系统中的美国专利数据向中国国家知识产权局开放仪式在北京举行。

5月18日至29日，田力普局长率团访问美国、哥斯达黎加和巴西，与三国的政府部门、法院、企业界、行业协会等就相关知识产权问题进行了交流。此外，田力普局长代表国家知识产权局与美国专利商标局签署了双边合作备忘录，确认了继续执行双边高层会晤机制、专家互访、数据交换等合作项目。

9月13日，与美国专利商标局在北京共同举办中美专利法行业圆桌会议。

10月14日，“中美创新对话”会议在钓鱼台国宾馆召开，甘绍宁副局长出席会议并就中美创新政策发言。

11月10日，田力普局长在北京出席“美国大使知识产权对话”活动，并发表题为《知识产权的创造与运用——中国的实践和经验》的主旨演讲。

12月14日至23日，杨铁军副局长率团访问古巴和哥斯达黎加。

12月15日，田力普局长参加了在美国华盛顿举行的第二十一届中美商贸联委会，就建立中美知识产权双边合作框架等议题与美方进行了讨论。

此外，田力普局长还分别会见了美国专利商标局副局长白莎朗和美国知识产权执法协调员维多利亚·艾斯比奈尔女士（Victoria A·Espinel）。

杨铁军副局长、甘绍宁副局长分别于5月和12月率团访问澳大利亚和新西兰。

(3)与亚洲国家的交流与合作。

①与日韩合作。

10月26日，中日、中韩两局局长会谈工作组会在日本召开，就今年局长会谈议题进行了深入探讨。

11月29日至12月4日，田力普局长率团赴韩国、日本参加第十六次中韩两局局长会谈和第十七次中日两局局长会谈，会后分别签署会谈纪要。访日期间，还参加了亚洲知识产权保护与合作论坛，并作主旨发言。

5月10日至19日，中纪委派驻国家知识产权局纪检组组长肖兴威率团访问日本和韩国。

6月7日至8日，第四次中韩自动化专家组会议在韩国召开，并签署会议纪要。

6月10至11日，第三次中日自动化专家组会议在日本召开，并签署会议纪要。

7月22日至26日，杨铁军副局长率团访问日本。

②与东盟合作。

4月17至25日，中国-东盟知识产权合作会议在北京召开。

7月12日，李玉光副局长会见了马来西亚知识产权局副局长，双方就共同关心的问题进行了会谈。

8月3日，贺化副局长会见了泰国知识产权厅厅长。

8月25～26日，与新加坡知识产权局在上海共同主办"第四届中国-新加坡知识产权研讨会"，并举行两局局长会谈。

9月12日至21日，甘绍宁副局长率团访问越南、新加坡。

③与亚洲其他国家的合作。

2月5日，田力普局长会见了以色列驻华大使安泰毅一行。7月3日至14日，田力普率团访问欧盟总部、欧盟内部市场协调局和以色列，并与以色列专利局签署合作意向备忘录。

8月4日，李玉光副局长会见了朝鲜发明局代表团。10月13日至18日，李玉光率团访问朝鲜发明局，并签署《〈中国国家知识产权局和朝鲜民主主义人民共和国发明局专利合作协议〉的修改和补充协议》。

11月9日，中蒙两国第五次联合举办的知识产权研讨会在青岛召开。

(4)与非洲国家的交流与合作。

8月4日至13日，李玉光副局长率团赴纳米比亚出席非洲地区知识产权组织(ARIPO)外交会议，并顺访南非工业产权局。12月20日至29日，李玉光率团访问叙利亚和埃及，与两国知识产权相关部门就加强双边合作和其他共同关心的知识产权问题深入交流。

11月10日至16日，非洲知识产权组织成员国知识产权局局长研讨会在北京召开。

3. 其他交流合作

2月3日，田力普局长出席中国美国商会及中国欧盟商会在北京举办的"中国新专利法及其对企业影响"论坛，并发表演讲。

3月10日，中国知识产权培训中心与马歇尔法学院联合培养硕士研究生毕业典礼在北京举行。

3月25日，甘绍宁副局长在北京出席中国外商投资企业协会优质品牌保护委员会成立十周年庆典暨改善创新环境建设创新型国家高层论坛，并发表演讲。

4月27日，田力普局长会见了德国巴伐利亚州州长霍斯特·泽霍夫(Horst Seehofer)率领的巴伐利亚州代表团。

4月28日，国家知识产权局面向外国驻华使馆、在华商会和外资企业的业务沟通会在北京召开。

5月10日，田力普局长与国内相关部门负责人一行到拜耳公司、IBM公司、三星通信技术有限公司、天津爱普生有限公司等外资企业进行考察调研。

6月19日至26日，贺化副局长参加国际知识产权律师联合会(FICPI)会议，并顺访欧洲国家。

8月18日，田力普局长会见了由日本国际知识产权保护论坛(IIPPF)主席志贺俊之和日本经济产业大臣政务官近藤洋介率领的日本知识产权官民联合第七次高层访华团。

11月26日，以"知识产权与创新城市"为主题的第七届上海知识产权国际论坛在上海召开，田力普局长出席开幕式并致辞。

此外，局领导还会见了欧洲专利局气候专家、法国参议员、瑞典驻华使馆科技参赞、中国欧盟商会主席、国际专利律师协会(FICPI)国际局会长、国际商标协会(INTA)执行总裁、国际保护知识产权协会(AIPPI)会长、美国高通公司执行副总裁、辉瑞公司副总裁等。

(国家知识产权局办公室　刘　宁)

集成电路布图设计登记申请

2010年，收到集成电路布图设计登记申请1108件，予以公告并发出证书1009件。"十一五"期间，国家知识产权局共收到集成电路布图设计登记申请3513件，予以登记公告并发出证书共计3120件。

(国家知识产权局办公室　刘　宁)

版权工作

2010年是“十一五”的收官之年，是谋划“十二五”发展规划的重要一年。全国各级版权行政管理部门以党的十七大及十七届四中、五中全会精神为指导，按照中央的统一决策部署，认真贯彻落实《国家知识产权战略纲要》，较好地完成了各项版权重点工作。推动法律法规修订和政策制定，版权法律体系进一步完善；落实国务院的整体部署，版权行政执法工作取得明显成效；推进版权服务体系建设，版权相关产业进一步发展；举办丰富多彩的版权宣传活动，公众版权意识进一步提升；积极参与国际事务，版权国际合作与应对进一步深入，版权创造、运用、保护和管理工作全面推进。

一、版权法律体系进一步完善

国家版权局配合立法部门完成《著作权法》的修订工作。2010年2月26日，全国人大常委会第十三次会议审议通过了《著作权法》修正案；根据《中华人民共和国物权法》以及新修改的《中华人民共和国著作权法》有关质权的规定，2010年11月25日，国家版权局颁布了《著作权质权登记办法》；2010年12月29日，中国资产评估协会颁布了《著作权资产评估指导意见》；《民间文学艺术著作权保护条例》《作品自愿登记办法》《教科书法定付酬办法》等法规、规章的修、制定工作也取得了积极进展；制定《版权保护“十二五”规划》，并将其有关内容纳入到《国家“十二五”时期文化体制改革和发展规划纲要》。

二、版权行政执法工作取得明显成效

2010年，国家版权局认真贯彻落实《2010年中国保护知识产权行动计划》，创新执法手段，理顺工作机制，加大执法力度，以开展打击侵犯知识产权和制售假冒伪劣商品专项行动、世博会及亚运会版权保护和“剑网行动”、推进软件正版化等工作为重点，加强行政执法和市场监管，继续保持对侵权盗版行为的高压态势，取得了明显成效。

一是集中开展了打击侵犯知识产权和制售假冒伪劣商品专项行动。2010年10月初，国务院作出在全国范围内开展为期半年的打击侵犯知识产权和制售假冒伪劣商品专项行动的重大决策，国家版权局联系公、检、法对大案要案进行联合督办。目前，挂牌督办的55起重大案件已依法宣判5起，34起进入司法程序，查破大要案件工作取得初步成效。

二是全面推进政府机关和企业使用正版软件工作。2010年，中央、地方政府机关软件正版化检查整改工作扎实推进，31家中央国家机关和青岛市市、区两级机关已完成检查整改工作。在推进企业使用正版软件工作方面，列入软件正版化工作目标企业2856家，经过验收已完成软件正版化企业1621家，257家企业获得第二批“全国软件正版化工作示范单位”称号，30家企业开始了软件资产管理试点工作。

三是继续开展打击网络侵权盗版专项治理“剑网行动”。2010年，国家版权局连续第六年开展打击网络侵权盗版专项治理“剑网行动”，向各地版权局（行政执法总队）移转案件801起。在行动第一阶段，各地版权执法部门已查处“音乐在线”、“翠微居网”等204起侵犯著作权案件，正在立案查处157起，其中“江苏中国宽频网”等30起涉嫌构成犯罪的案件移送公安机关。在加强执法的同时，国家版权局将主动监管网站作为规范行业秩序的重要手段，将56视频网、悠视网、Verycd网等15家网站列入主动监管名单，进行作品实时监控，并取得了实效。

四是认真抓好世博会、亚运会专项保护工作。积极应对世博会会歌、中国馆场馆设计等热点问题，对世博会召开期间发生的侵犯世博会相关作品著作权案件及时采取紧急执法措施。上海市版权局联合市相关部门成立“世博会参展者知识产权服务中心”，为参展者作品登记提供绿色通道，依法维护世博会有关作品的合法权益。在世博会打击盗版音像制品专项行动中，以上海、江苏、浙江、北京、广东为重点，各地版权执法部门共取缔非法摊点2933个，收缴盗版音像制品494万张，立案查处音像盗版案件370余起，依法处理了北京东方新感觉音像出版社、学苑音像出版社、吉林音像出版社、北京碟中碟科技发展有限公司、北京新天地娱乐科技有限公司。版权系统95个集体和个人获得国家8部委联合表彰。广州亚运会版权保护工作借鉴世博会版权保护成功经验，建立珠三角联动机制，为亚运会的成功顺利举办提供了有效保证。

五是创造性地推行区域联防协作机制。与香港海关签署《打击网络盗版合作互助安排》，与台湾地区智慧财产部门就《海峡两岸知识产权保护合作协议》后续工作启动版权协助机制。苏、浙、沪建立长三角协作机制，广东建立粤港澳知识产权案件协作处理机制，增强了区域版权执法的针对性和实效性。

六是加强自身建设，不断提高行政执法能力。国家版权监管平台（一期工程）投入运行，首次实现了国家版权局与各省（自治区、直辖市）版权局的互联互通。各地针对基层版权、公安人员开展了多种形式的执法培训，有效推动了基层执法水平的提高。开展打击侵权盗版案件有功单位和有功个人表彰活动，表彰有功单位172个、有功个人175名，奖励金额近500万元，涵盖了各级版权执法部门及新闻出版、“扫黄打非”、公安、电信、海关、文化等部门。

三、版权服务体系建设进一步推进

2010年，国家版权局积极开展作品登记相关调研工作，为进一步做好作品登记工作打下基础。2010年，中国软件著作权登记量达81 966件，连续5年保持高速增长态势，整个“十一五”期间，中国软件著作权登记量从2006年的2万余件逐年递增到8万余件，翻了两番，平均年增速达37%，5年累计总量已达24万余件，是“十五”期间的四倍。2010年全国作品自愿登记量达371 328件，其中，各地作品自愿登记总量为359 871件，中国版权保护中心作品自愿登记量为11 457件，均实现了逐年递增。

进一步规范了著作权集体管理组织的业务活动，对5家著作权集体管理组织进行了工作核查，向社会公告《电影作品著作权集体管理使用费收费标准》和《电影作品著作权集体管理使用费转付办法》，促进了电影作品著作权集体管理活动的开展。

进一步促进了全国创建版权示范城市工作的开展，授予成都市全国“全国版权示范城市”称号，批准厦门、苏州、昆山创建“全国版权示范城市”的申请。大力支持各中央级版权相关协会及有条件地区探索建立版权调解机制，上海以及中国作家协会、中国版权协会等地区和行业协会成立了著作权调解机构。举办了“第三届中国国际版权博览会”、首届“中国·福州海峡版权（创意）产业精品博览交易会”等大型展会，以展会经济促进版权产业发展。

四、版权宣传活动更加丰富多彩

国家版权局举行了视频版权保护“百城联动——正版共赢计划”启动仪式；启动“绿书签行动2010——拒绝盗版，从我做起”版权保护系列宣传活动；与世界知识产权组织共同宣传被世界知识产权组织评为“优秀版权示范点”的南通家纺经验，合作开展“世界知识产权组织版权金奖（中国）”评选表彰活动；在青岛市四方区四十一中学和莱西市第二实验小学相继举办“全国青少年版权保护读书活动暨版权保护知识竞赛”颁奖典礼；在第17届北京国际图书博览会和第62届法兰克福书展期间继续设立中国版权服务站，编辑印制中英文版《中国版权服务指南手册》、举办英文版“中国版权概况”专场视频播放会；与中国人民大学开展《著作权法》诞生百年暨新中国《著作权法》颁布二十周年论坛及出版中外版权文集活动。

五、版权保护教育培训工作进一步拓展

国家版权局相继举办了两期“版权相关热点问题媒体研讨班”、“版权工作专题研修班”及两期“版权经理人、代理人培训班”，分别对主要媒体、全国省会和中心城市版权局主管副局长及全国版权经理人、代理人进行了有针对性的培训；举办主题为“数字环境下的版权与贸易”的2010BIBF北京国际版权贸易研讨班（第十届），推动数字环境下的版权贸易发展；在云南、新疆、北京举办了三期版权执法培训班，对基层版权、公安执法人员450余人进行了集中培训。

六、版权保护国际交流合作进一步深入

积极参与世界知识产权组织（WIPO）有关国际重大版权问题的磋商和版权新条约的制定，积极应对WTO对华贸易政策审议，妥善处理亚太经合组织知识产权磋商等多边工作。加强与国际组织的合作，与世界知识产权组织（WIPO）在京共同举办第四届国际版权论坛以及全球原创金曲演唱会暨版权金奖（中国）颁奖典礼；组织世界知识产权组织（WIPO）南通示范点调研项目成果全

球发布会及报告首发式，并积极推进世界知识产权组织（WIPO）在华继续设立版权保护优秀案例示范点。

着重做好中美、中英、中欧、中日、中韩等重要双边关系的沟通磋商工作，积极拓展其他双边关系，营造良好的对外知识产权环境。与英国知识产权局签署《中华人民共和国国家版权局和英国知识产权局版权战略合作协议》；与日本文化厅签署了《中华人民共和国国家版权局与日本国文化厅版权战略合作备忘录》（部长级）；积极参与中澳、中哥自由贸易区谈判及中俄经贸分委会知识产权工作组会议准备工作；与香港海关签署《打击网络盗版合作互助安排》；积极参与两岸知识产权议题磋商，为"海峡两岸知识产权保护合作协议"的签署及执行工作提供保障。

（国家版权局版权管理司）

打击盗版工作

2010年，全国"扫黄打非"工作紧紧围绕保护知识产权、办好世博会和亚运会、为未成年人健康成长创造良好文化环境、维护社会政治稳定，加强日常监管，开展专项行动，有效打击非法出版物、淫秽色情出版物、侵权盗版出版物等的传播和蔓延，在打击互联网和手机淫秽色情信息、完善查办大案要案工作机制、加强联防协作工程建设、推进"扫黄打非"工作进基层等方面取得了显著成效。全国共收缴各类非法出版物4437.3万件，查处各类案件1.6万多起，查缴非法光盘生产线5条；关闭涉黄网站6万多个，删除文字、图片、视频等各类淫秽色情和低俗信息3.5亿条。

一、2010年"扫黄打非"重点任务完成情况

（一）始终将查缴各类非法出版物摆在日常监管和专项行动的首要位置

各地各有关部门紧紧围绕全国"两会"召开、举办上海世博会和广州亚运会、亚残运会等重大活动和重要时间节点，全面清查市场，深入查办案件，追源头、破网络，严厉打击非法出版物和非法出版活动，始终保持高压态势。全国"扫黄打非"办公室、公安部挂牌督办的一批非法出版物重点案件相继告破，违法犯罪分子依法受到惩处。

（二）大力扫除文化垃圾，重点打击互联网和手机淫秽色情信息

全国共收缴淫秽色情出版物98.1万件，查办淫秽色情出版物案件1669起。从2009年12月开始，中央外宣办、全国"扫黄打非"办公室、工信部、公安部等9部门组织开展了打击互联网和手机淫秽色情信息专项行动，取得明显成效，不良信息源头治理得到进一步加强，网络环境得到进一步净化。此外，对带有色情、暴力等内容的玄幻小说和内容粗俗、格调低下的网络歌曲进行了治理。在整治淫秽色情出版物中，切实加大了刑事打击力度。贵州贵阳破获"4·01"批销淫秽音像制品案，主犯被判处有期徒刑11年；广东江门破获"7·01"网络淫秽色情信息案，主犯被判处有期徒刑13年；上海、江苏无锡、山东青岛破获的3起网络淫秽色情信息案，主犯均被分别判处有期徒刑11年。

（三）有效遏制各类侵权盗版行为，做到反盗版天天有行动

全国共收缴侵权盗版出版物3734.6万件，其中盗版音像制品3061万件、盗版图书539.7万件、盗版电子出版物133.9万件。组织各省区市举行集中销毁活动，全国共销毁盗版和非法出版物3639万件。全年查办侵权盗版出版物案件10 425起。广东中山破获"1·21"特大非法光盘生产窝点案，现场查缴非法光盘生产线5条、非法光盘387万张；河南新乡"9·14"非法印刷盗版图书案6名案犯分别被判处有期徒刑14年6个月至10年不等，并分别处800万元至210万元罚金。特别是在迎世博、迎亚运专项行动中，各地各有关部门严厉打击各类侵权盗版行为，市场和网络面貌明显改观。从10月开始，按照国务院的统一部署，大力推进打击侵犯知识产权和制售假冒伪劣商品专项行动，集中查办了一批侵权盗版重点案件。专项行动的各项工作正在扎实推进之中。

（四）严厉查处非法和违规报刊，维护新闻出版正常秩序

全国共收缴非法报刊392.7万份，查办假报

刊、假新闻、假记者、假记者站案件371起。北京、山东、广东和海南等地按照部署开展了打击非法教育类期刊专项工作，重点查办了群众举报的18起案件。如河北衡水“3·27”非法出版期刊案，主犯被判处有期徒刑13年。

二、2010年“扫黄打非”工作经验和体会

(一)切实加强领导，有力保障“扫黄打非”工作不断深入开展

在中央领导同志的示范和带动下，在全国“扫黄打非”工作小组的领导下，各省区市、中央各部门负责同志切实加强对“扫黄打非”工作的组织领导，亲自部署重点工作、解决难点问题、坚持靠前指挥、狠抓工作落实，有力地促进了全国“扫黄打非”工作深入开展。如河南省委召开常委会，专题研究部署“扫黄打非”工作；国家工商行政管理总局主要负责同志始终坚持亲自部署、直接指挥本系统“扫黄打非”工作，等等。

(二)广泛发动群众，全面构建“扫黄打非”群防群治工作格局

围绕重点工作开展一系列宣传教育活动，积极引导群众参与和支持“扫黄打非”工作。继续开展“绿书签行动”系列宣传活动，有3亿网民加入网上绿书签传递。在打击互联网和手机淫秽色情信息专项行动中，广大群众积极参与、踊跃举报，仅全国“扫黄打非”办公室联合举报中心就受理群众举报17万条，向540名举报人兑现奖金55万元。

(三)坚持平战结合，逐步健全“扫黄打非”长效工作机制

各地各有关部门努力通过开展专项行动解决突出问题，通过加强日常监管解决面上问题。在开展的一系列专项行动中，集中时间、集中力量，严查文化市场、严管源头渠道、严办大案要案，取得显著成效；在开展日常监管工作中，提高经常化和规范化管理水平，逐步形成了相关工作部门各司其职、联合行动，有关责任单位各负其责、主动参与的工作格局。

(四)完善办案机制，不断加大查办“扫黄打非”案件力度

全国“扫黄打非”办公室除大量转办互联网和手机淫秽色情信息举报外，还转办其他非法出版物举报信息1015件，各地据此查实处理重点案件171起；挂牌督办大案要案83起，其中79起已抓获犯罪嫌疑人，36起已审结。如河南省委高度重视“扫黄打非”工作，推动破获了多起违法犯罪案件，并追究有关责任人的责任。

(五)加强区域协作，扎实推进“扫黄打非”联防工程建设

“护城河”、“珠峰”、“天山”、“南岭”四大“扫黄打非”联防协作工程全面启动运行，初步建立了联席会议制度和信息共享、案件协查、经费保障等机制。上海、江苏、浙江等地在上海世博会期间还建立起长三角“扫黄打非”联防协作机制。有关地区和部门的联防协作意识逐步强化，任务逐步明确，机制逐步形成，成效逐步显现。

(六)夯实基层基础，大力推动“扫黄打非”进基层

积极推动“扫黄打非”进基层，进一步增强基层“扫黄打非”工作意识，确保基层“扫黄打非”工作有人抓、有人管、有成效。安徽、江苏、四川、福建等地在乡镇、街道成立了“扫黄打非”工作领导小组及其办公室，在村居、社区成立了“扫黄打非”工作站；河南省明确在市县文化体制改革中新成立的文化广电新闻出版局加挂本级“扫黄打非”工作领导小组办公室的牌子；新疆15个地州市和95个县市区的“扫黄打非”工作机构、人员编制基本到位。

(七)不断改进创新，切实提高“扫黄打非”工作科学化水平

在工作开展中，各级“扫黄打非”办公室不断改进创新方式方法，在宏观层面，着力抓好综合、协调；在中观层面，着力抓好查市场、强监管、打战役、抓工程；在微观层面，着力抓好掌控市场、防止扩散、追根溯源、查办案件、争取领导、协调部门、发动群众、加强宣传。全国“扫黄打非”办公室切实履行综合、指导、协调、督办职责，积极实施规范化管理，抓住市场检查、信息沟通、源头管理、集中行动、案件督办、任务分解、联防协作、量化考核、编发简报等工作环节，完善工作制度，创新工作手段，提高工作质量，增强工作成效，不断推动“扫黄打非”工作上新的水平。

(全国“扫黄打非”工作小组办公室)

商标工作

2010年是商标战略的全面展开之年，实现“三五目标”的关键之年，解决商标审查积压的决胜之年。国家工商行政管理总局商标局(以下简称商标局)深入贯彻《国家知识产权战略纲要》、总局《关于贯彻落实〈国家知识产权战略纲要〉大力推进商标战略实施的意见》及《关于深入贯彻落实科学发展观积极促进经济发展方式加快转变的若干意见》，以实现“三五目标”为重点，积极推行“注重商标审查工作向审查工作管理工作并重转变，注重审查数量向审查数量、质量并重转变”，以商标战略实施示范工作为着力点，把大力推进商标战略实施作为应对国际金融危机冲击，加快经济发展方式转变，使我国由商标大国向商标强国迈进、建设创新型国家的有力抓手，各项商标工作取得显著成绩。

一、彻底解决国内外广泛关注的商标审查积压问题，取得“一个历史性转变、两个突破百万、三个世界第一”的显著成果

“一个历史性转变”是2008年审查商标注册申请75万件，审查量8年来首次超过当年申请量，从根本上开始扭转商标工作的被动局面，实现了历史性的转变。

“两个突破百万”一是2009年我国商标注册年审查量突破百万大关，达141.5万件，为此，世界知识产权组织、国际商标协会和欧盟、美国、日本、英国、德国商标主管部门纷纷发来贺信。二是解决积压带动商标注册申请在全球“逆势而上、一枝独秀”，在2009年商标申请量创历史最高的基础上，2010年又突破百万大关，达107.2万件，是中国商标史乃至世界商标史的重要里程碑。

“三个世界第一”是截至2010年底，我国商标注册累计申请829.5万件，累计注册商标562.8万件，有效注册商标460.4万件，均居世界第一。

2010年，共受理商标注册申请1 072 187件，突破百万大关，连续9年位居世界第一；在确保质量的前提下，共审查商标注册申请1 480 680件，审查周期由36个月以上缩短至1年之内，提前两个月彻底解决国内外广泛关注的商标审查积压问题；共受理异议申请案件48 930件，同比增长24.07%，共裁定商标异议案件32 447件，同比增长29.68%；共受理商标续展注册申请78 016件，办理续展注册商标68 141件；受理变更商标注册事项申请127 995件，办理变更注册商标111 381件；受理商标转让申请86 182件，办理转让注册商标84 966件；受理商标使用许可合同备案申请20 524件，办理24 554件；备案特殊标志2120件，官方标志4件。

世界知识产权组织高锐总干事高度评价，中国拥有世界上最大的商标局，解决商标审查积压做得非常出色，商标工作为世界作出了很好的榜样。

二、推进商标战略全面深入实施取得明显成效

2010年，工商总局研究确定了首批53个国家商标战略实施示范城市(区)和41家国家商标战略实施示范企业，在京召开了国家商标战略实施示范城市(区)、示范企业授牌大会，制定实施了对示范城市(区)、示范企业的扶持措施。召开两次全系统商标战略实施工作座谈会和商标战略示范企业经验交流暨商标运用保护会议，推动41家示范企业签署《芜湖倡议》，引起全社会良好反响。商标战略已由部门行为逐步上升为政府行为，成为政府推动、部门联动、企业主动的一件要事，成为工商部门服务经济发展的一大亮点。

三、积极配合《商标法》修改工作，为大力推进商标战略实施提供强有力的法律保障

自2003年起启动《商标法》第三次修改，已历时7年。2009年11月18日工商总局将《商标法(送审稿)》报送国务院法制办后。国务院法制办2010年6月在洛阳召开专家论证会。全国人大法工委7月在内蒙召开“中欧商标法国际研讨会”。8月26日，工商总局与国务院法制办共同举办“《商标法》修订研讨会”，就各部门反馈的对《商标法(修订送审稿)》的主要意见逐条进行研究，在很多问题上进一步交换意见，统一思想，取得了良好的效果。积极配合国务院法制办在北京、福建、广东就商标法修改进行调研、座谈。此

外，继续做好《特殊标志管理条例》《商标代理管理条例》等的立法工作。

四、进一步加大商标保护力度，维护公平竞争的市场秩序

一是严厉打击侵权假冒违法行为。全国各级工商行政管理机关认真贯彻落实国务院的工作部署，坚持日常监管与专项执法并重，强调引导、教育与惩戒并重，充分发挥商标行政执法网络健全、程序简便、快捷高效的优势，以保护注册商标专用权为核心，重点查处侵犯食品、药品、农产品商标、驰名商标、地理标志、涉外商标专用权的违法行为，加大商标行政执法力度，严厉打击商标侵权假冒行为，切实维护商标权利人和广大消费者的合法权益，为维护公平竞争的市场秩序作出了积极贡献。2010 年，全国各级工商行政管理机关查处各类商标违法案件 56 034 件，查处一般违法案件 7486 件，商标侵权假冒案件 48 548 件，其中查处商标涉外案件 11 524 件；共收缴和消除违法商标标识 1275.22 万件，案值 140 561 万元；移送司法机关涉嫌商标犯罪案件 175 件，犯罪嫌疑人 163 人，有效保护了国内外商标注册人的合法权益。2010 年 10 月 14 日，德国双立人公司专门派员到商标局就工商部门对打击假冒双立人商标产品作出的努力给予高度评价并表示感谢。二是加强了对世博会标志、亚运会标志等保护工作。注册各类世博会标志、特殊标志和商标共计 3107 件，查处侵犯世博会标志专有权案件 1132 件，核准亚运会标志和商标注册 2539 件，为上海世博会、广州亚运会成功举办作出努力。商标局被中共中央、国务院授予"上海世博会先进集体"荣誉称号并进行了表彰。三是加大驰名商标认定和保护工作力度。完善了驰名商标认定制度，使驰名商标认定和保护工作更加公开、透明和规范。截至目前，工商总局共对 2310 件商标通过驰名商标认定进行扩大保护，其中 114 件为外国注册人所有，分属 16 个国家和地区。四是切实做好农产品商标和地理标志注册保护工作。加大农产品商标和地理标志的注册保护力度，积极推进商标富农工作，充分运用地理标志和农产品商标促进特色农业发展，有力地促进了农村改革发展、农业稳定发展和农民持续增收。2010 年，地理标志申请 382 件，注册和初步审定 269 件；截至 2010 年底，累计核准注册和初步审定地理标志商标 1040 件，累计核准注册农产品商标 95.12 万件。五是打击侵犯知识产权和制售假冒伪劣商品专项行动扎实推进。按照国务院总体部署要求，从 2010 年 10 月至 2011 年 3 月，全国工商系统集中开展为期半年的打击侵权假冒专项行动。工商总局高度重视、行动迅速，成立领导小组，制定专项行动方案和宣传方案。召开了两次全系统电视电话会议，围绕国内外关注和涉及群众切身利益的突出问题，突出重点内容、重点领域、重点地区和重点产品，严厉打击侵权假冒行为。各地扎实开展专项行动。截至 2011 年 1 月 7 日，各级工商机关共出动执法人员 722 350 人次，检查经营主体 1 694 779 户，检查批发零售市场和集贸市场等各类市场 108 213 个，捣毁制假售假窝点 1372 个，立案查处侵权假冒案件 16 036 件，其中侵犯驰名商标权益案件 2525 件，涉外商标专用权案件 2439 件，地理标志商标专用权案件 242 件。其中查处利用网络销售假冒伪劣商品案件 91 件，受理和处理消费者申诉和举报 17 397 件，为消费者挽回经济损失 7384.201 万元。

五、加强商标国际注册工作，加大商标海外维权力度，大力支持企业实施"走出去"战略

2010 年，中国共受理通过世界知识产权组织国际局提交的马德里商标国际注册领土延伸申请 16 142 件，国内申请人通过商标局提出的马德里商标国际注册申请 1820 件。截至 2010 年底，累计通过马德里体系领土延伸指定中国的申请量为 154 302 件，连续 6 年位居世界第一；中国申请人提交的马德里商标国际注册申请累计已达 11 427 件，连续 6 年位居世界第八，在发展中国家排名第一。（注：以上数字来源于 WIPO 目前的统计数字，最终数字以 WIPO 年报为准。）加大对我国海外商标维权力度，建立海外维权机制，加强国际商标管理机关合作。2010 年 10 月和 11 月分别成功解决了"镇江香醋"集体商标在韩国被恶意抢注案件和"孔子学院"商标在哥斯达黎加被恶意抢注案件。当前正在积极协助解决我国 28 家国内知名企业的商标在非洲知识产权组织被抢注一案。

六、广泛宣传、商标战略意识深入人心

一是 2010 年 12 月 9 日，在国务院新闻办公室举行的新闻发布会上发布了国家工商总局彻底解决商标审查及评审积压问题有关情况和全国工商系统积极开展打击侵权假冒专项行动进展情况，国内外反响良好。中央电视台 12 月 9 日《新闻联播》报道了我国商标注册申请量居世界首位的消息。《人民日报》12月10日在要闻版对我国商标工作成就进行了报道。中办、国办编发的《昨日要情》刊登了"工商总局彻底解决商标审查积压，并带动商标注册申请年申请量突破百万"的信息。二是积极组织"4·26全国知识产权宣传周活动"。连续两年公布《中国商标战略年度发展报告》，发布了"商标侵权假冒典型案例"，在《中国工商报》推出"4·26商标权保护特刊"。三是与中国日报社共同主办为期半年的"中国商标成就"宣传报道活动。在《中国日报》持续刊登"中国商标成就特刊"，并在中国日报网开设"中国商标成就专栏"，广泛宣传我国商标事业取得的成就，向海内外介绍我国经济发展、社会进步和国力增强的巨大变化。总局付双建副局长出席启动仪式，发表致辞并接受在线访谈。与《中国工商报》共同举办"国家商标战略实施示范城市(区)、示范企业巡礼"专题栏目，加强示范工作宣传。四是连续两年编辑出版《中国新闻　两会特刊》地理标志专辑，在《当代中国》开设"中国地理标志巡礼"专题栏目，指导《中国特产报》开设"地理标志和农产品商标专刊"，成功举办两届"全国中学生商标知识竞赛、地理标志征文活动"，启动拍摄《中国地理标志》专题片。五是举办"商标战略实施示范城市(区)、示范企业授牌大会"，"全国工商系统商标战略实施工作座谈会(南、北片会)"，"国家商标战略实施示范企业经验交流暨商标运用保护会议"五次会议，多家中央媒体和地方媒体对会议进行了报道。六是整理出版"全国工商系统贯彻落实《国家知识产权战略纲要》，大力推进商标战略实施会议"、"中国加入马德里商标国际注册体系20周年纪念大会"、"西博会中国驰名商标展"、"全国工商系统第一期商标战略暨世博会标志保护培训班"、"亚太地理标志国际保护研讨会"五本文件汇编并广泛发布。七是做好中国商标网的改版工作及内容更新维护，中国商标网2010年点击量达到24.5亿次，成为商标工作宣传的一大窗口。

七、加强培训，全面提升商标战略组织实施工作水平

2010年在广州市举办第二期商标战略暨亚运会标志保护培训班，培训各级干部200余人，进一步提高全系统组织实施商标战略的能力和水平，全力保障广州亚运会的顺利举办。

八、加强商标国际及与港澳台的交流与合作

2010年，商标局开展了一系列商标领域多边及双边交流合作项目，共处理外事收发文295件，安排接待或参与接待来访团组42个，派遣出国28个团组35人次。一是进一步加强多边及双边交流合作。多次派员参加世界知识产权组织、世界贸易组织、亚太经合组织的多边会议和中国-澳大利亚、中国-俄罗斯、中国-瑞士等双边会议或谈判；加强了与美国、欧盟、英国、日本、朝鲜、泰国等国家和地区商标主管机关的交流合作。与世界知识产权组织签署了中华人民共和国国家工商行政管理总局和世界知识产权组织关于进一步加强合作的谅解备忘录。与美方共同举办了中美日欧商标申请中的新问题研讨会，派员参加了赴美国自动化考察；开展了中欧知识产权保护二期项目下的进一步合作、参加了中欧地理标志协议第一次会议、第六次中欧知识产权对话；参加了第二次中日知识产权工作组会议、中日仿冒技术层工作组会议、中日恳谈会议等；与法国工业产权局、英国知识产权局共同举办的研讨会，交流了商标体系、制度及知识产权保护等问题；在上海世博会上被授予"西班牙品牌在中国的友好使者"称号。二是对外宣传工作取得良好效果。积极组团或派人参加其他单位团组，先后赴德国、罗马尼亚、日本、捷克、欧盟等国家考察宣讲，与国外有关人士交流了商标注册和保护体系及措施方面的经验和成果，取得积极效果。三是开展出国培训项目。继续积极派人参加WIPO、WTO、日本特许厅、欧盟等组织的各种知识产权培训。多次组织干部报名参加出国培训，如赴欧洲内部市场协调局工作半年、赴日留学、WTO网上培训等。

九、提前完成彻底解决商标评审案件积压的任务，为评审工作向国际水平迈进奠定了坚实基础

一是解决积压工作取得决定性胜利，提前半年完成解决案件积压的艰巨任务。2010年国家工商行政管理总局商标评审委员会(以下简称商评委)共审理商标评审案件39 220件，其中驳回复审案件29 985件，复杂案件9 235件。驳回复审案件的审理周期缩短至12个月，复杂案件的审理周期缩短至18个月，彻底解决了商标评审案件积压。二是积极参加商标评审案件的行政诉讼，切实履行行政复议职能。商标评审裁决被诉比例约为8.47%。2010年应诉案件量达2828件，其

中收到一审判决1815件，二审判决703件，再审判决17件，平均胜诉率为81.5%。继续严格执行《商标评审委员会商标注册程序性争议行政复议工作制度》，努力做到“定纷止争、案结事了”，较好地保护了行政相对人的合法权益。2010年新收到行政复议申请103件；审结行政复议案件104件（含2009年未审结的14件）。三是积极探索调解、和解结案机制。商评委在积极推动解决商标评审案件积压，全力缩短案件审理周期的同时，准确适用法律，加强辩法析理，并适时引入调解、和解机制，起到了化解纠纷、维护稳定、促进和谐的良好效果，实现了案件审理法律效果和社会效果的有机统一。经不懈努力，妥善调解“解百纳”商标争议案件，降低了争议的对抗性，从根本上解决了权益纠纷，取得了良好的效果。

（国家工商行政管理总局商标局）

反垄断与反不正当竞争工作

2010年，按照国家工商行政管理总局的统一部署和竞争执法工作要点，反不正当竞争工作以科学发展观为指导，在建立健全长效监管机制上下功夫，认真推进反不正当竞争工作制度化、规范化、程序化、法治化建设，以深入推进和强化知识产权保护工作为重点，推进反不正当竞争执法工作。

一、严厉查处“傍名牌”行为，推进反不正当竞争执法工作

一是认真贯彻落实国家工商总局党组“增加总量、扩大规模、鼓励先进、淘汰落后”的政策方针，继续指导系统深入开展打击“傍名牌”工作，保护知名企业合法权益。重点查处利用境外登记的企业名称，以委托加工、授权使用、监制等名义加工生产“傍名牌”产品的行为。继续协调有关司局，研究出台以打击“傍名牌”行为为主要目的的行政执法工作指导意见，进一步明确打击“傍名牌”行政执法工作的法律政策界限。

二是以生产销售“傍名牌”产品的企业作为执法重点，组织部署查处了仿冒杉杉、箭牌卫浴、小天鹅、雅戈尔等一批重大、有影响力的案件。结合产品质量和食品安全监管工作，组织对部分省市开展打击“傍名牌”专项执法活动的情况进行督促检查，推动执法工作落到实处。

三是积极推动建立区域打击“傍名牌”联动机制。充分发挥长江三角洲、泛珠江流域等地区工商机关区域执法协作机制，形成横向联合、纵向联动的执法态势，严厉查处侵犯涉及上海世博会标志、广州亚运会及与之有关知识产权的不正当竞争案件，坚决制止擅自利用世博会、亚运会标志搭便车、制造市场混淆、侵犯他人知识产权的违法行为。

二、积极服务世博，加强竞争执法区域合作

为保障上海世博会的成功举办，维护世博会期间公平竞争的市场秩序，2010年4月8～9日在广州市组织召开了“上海世博会和广州亚运会期间竞争执法区域协作工作会议”。上海、广东、江苏、浙江等14个省、自治区、直辖市及计划单列市、副省级市工商行政管理局、市场监督管理局竞争执法部门的负责同志参加了会议。会议深刻阐述了加强竞争执法区域协作对于保障上海世博会成功举办的重要意义，并对如何围绕办好世博会，进一步做好竞争执法相关工作提出了要求。

各地工商机关竞争执法部门按照总局要求，积极查处擅自利用上海世博会名义进行虚假宣传等不正当竞争行为。

一是继续加大执法力度，以制止仿冒、误导行为为重点，严厉查处擅自使用世博会标志，侵犯上海世博会知识产权的不正当竞争案件。坚决制止利用世博会标志搭便车，制造市场混淆，损害他人知识产权的违法行为。

二是严厉打击利用世博会参展商的知名字号、商标进行仿冒，从事不正当竞争，扰乱市场秩序的“傍名牌”行为，进一步加大对知名企业的保护力度，在世界各国人民面前展现中国工商大力保护知识产权的良好形象。

根据案件线索，对涉及世博会的不正当竞争案件进行督办，为世博会的顺利进行创造良好的市场环境。接到一起涉及对上海世博会的“世博熊猫·熊猫金币”虚假宣传销售案件，已督办浙江、河南、内蒙古等局依法处理。各地已对涉嫌虚假宣传的《大河报》《呼和浩特晚报》等媒体及广告

主立案处理，河南等地已作出处罚决定。

三、大力推进商业秘密保护工作

今年以来，在原有工作基础上，与有关研究机构和社会服务机构密切配合，继续实施商业秘密保护行政执法战略项目的相关工作。

一是确定商业秘密保护行政执法战略的试点单位，积极开展相关试点工作。2010 年 3 月 21 日，发出《关于确定商业秘密保护行政执法战略行业协会试点单位的通知》，确定了中国技术交易所等三家单位为商业秘密保护行政执法战略的试点单位。该通知对各试点单位提出了具体的试点要求，如学习和领会《国家知识产权战略纲要》的精神实质，与工商机关紧密联合，改革和创新商业秘密保护工作机制，及时上报商业秘密侵权违法案件，建立定期联络的工作交流机制等。各试点单位均积极表示按照我们的安排，全力配合和支持商业秘密保护行政执法战略的试点工作。

二是举办商业秘密保护行政执法战略论坛。2010 年 5 月 12 日，在中国技术交易所大厦举办了首次商业秘密保护行政执法论坛。论坛邀请了公安部有关人员主讲，本部门有关负责人出席。参加论坛的人员包括本部门确定的三家试点单位和北京市工商局各区分局的工作人员，以及中国外商投资企业协会优质品牌保护委员会及其会员等单位，共约 120 人左右。本次论坛反应良好，在提高企业的商业秘密保护意识和宣传商业秘密保护行政执法态势方面取得了积极的效果。

三是完善《商业秘密保护行政执法战略》草案。经再次修订，就《商业秘密保护行政执法战略》草案向全国工商机关书面征求意见。2010 年 12 月召开了专门的征求意见讨论会，邀请有关执法机关和企业方面的代表就《草案》提出修改意见，使该《草案》臻于完善后发布执行。

四是继续加强商业秘密保护行政执法战略的宣传和研究工作。为加大商业秘密保护行政执法战略的宣传力度，注重在各类场合宣传商业秘密保护行政执法战略，邀请多家媒体参加并报道商业秘密保护行政执法战略论坛，并支持有关单位开展商业秘密存证制度等创新保护措施的研究，以扩大商业秘密保护行政执法战略的公众意识和社会影响。

四、深入贯彻落实中央 1 号文件精神，进一步加强农村市场监管，为家电下乡保驾护航

2010 年，竞争执法局按照总局的部署和要求，切实履行职能，积极指导各地工商机关开展日常巡查及专项整治行动，以城乡结合部、农村偏远地区的商场、超市、家用电器商店、维修店等为重点，检查商品的包装装潢、商标、厂名厂址、认证标志等，严厉查处商业贿赂、仿冒包装装潢、不正当有奖销售等违法行为，维护家电下乡市场秩序和消费者合法权益，为家电下乡保驾护航。

五、积极推进《反不正当竞争法》修订工作

在《反不正当竞争法(修订稿)》送国务院法制办后，今年继续做了大量的研究协调工作。根据《立法法》和国务院法制办的要求，把反不正当竞争法分为七个课题，组织相关专家学者进行了论证研究。此项工作能为《反不正当竞争法》的修订提供有力论证，使其更加适应社会经济的发展。

六、积极参加竞争执法的国际交流与合作

一是组织系统的业务骨干，与欧盟召开了两次中欧反不正当竞争研讨会，分别就商业秘密保护、虚假宣传进行了深入交流，了解了欧盟在竞争执法领域的有关情况和扩大了竞争法律的对外宣传力度，提升了竞争执法的开放度和透明度，广泛宣传了我国竞争执法的成效以及反不正当竞争法律完善的有关情况。

二是接待了百思买公司、三洋公司、意大利费列罗公司等多家外资企业的来访和投诉，妥善处理了他们的要求，受到一致好评。

（国家工商行政管理总局反垄断与反不正当竞争执法局）

海关知识产权工作

前　言

2010年,中国海关继续按照党中央、国务院关于"建设创新型国家、加快转变经济发展方式"的目标任务及《国家知识产权战略纲要》战略要求,认真履行职能,进一步加大知识产权海关保护工作力度,提高执法能力和执法水平,积极参与国际合作,努力发挥海关在国家知识产权保护体系中的重要作用,有力打击进出口侵权货物的违法活动,维护公平规范的对外贸易秩序,取得了积极的成效。

一、2010年中国海关知识产权执法情况综述

2010年,中国海关为实施知识产权保护,共中止放行涉嫌侵犯知识产权进出口货物约2.3万批,其中被扣留的约2.1万批。❶相比2009年分别下降了65.75%和67.98%(见图1)。

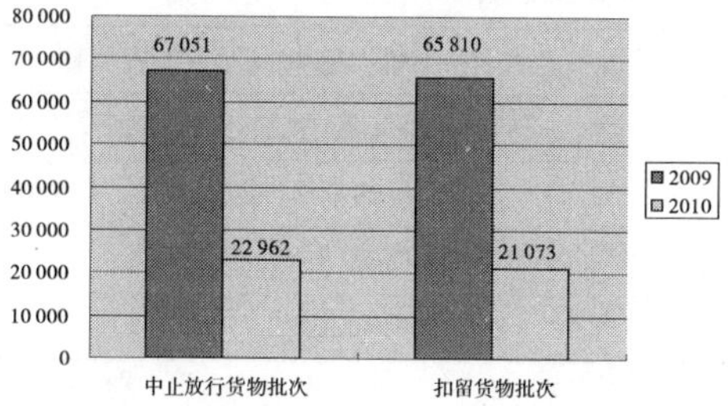

图1　2010年海关中止放行和扣留货物批次示意图

2010年中国海关共扣留侵权商品1.3亿件,商品价值达人民币2.7亿元。与2009年相比,2010年海关扣留侵权商品的数量减少了约1.4亿件,下降幅度约为52.3%;商品价值下降幅度约为38.73%(见图2)。

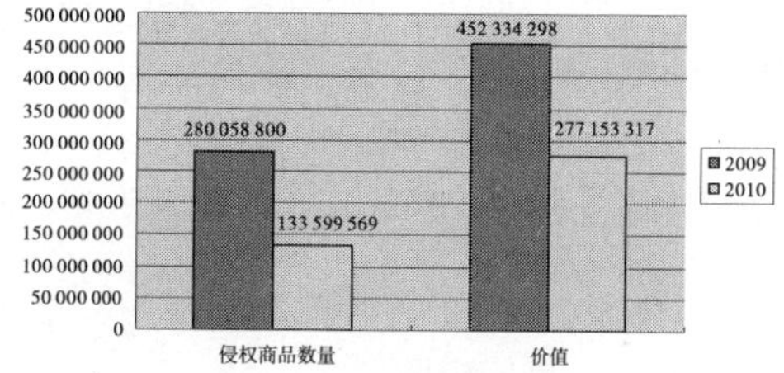

图2　2010年海关扣留侵权商品数量和价值示意图

造成2010年海关扣留侵权货物批次、商品数量和商品价值相对于2009年均有所下降的原因主要有以下三个:

一是2009年海关系统集中全力开展了"邮递和快件渠道保护知识产权专项行动",使海关扣留侵权货物的批次及商品价值均大幅增加❷。专项行动结束以后,2010年查获案件的批次即恢复正常水平,相对于2008年仍增长了89.2%,排除2009年开展专项行动的因素,2010年查获案件数量仍呈平稳上升的态势。

二是在海关扣留的侵权货物中,香烟数量继续大幅下降。按照国际通行标准,对香烟的数量计算以"支"为单位,使得每单位批次香烟类侵权商品数量会对总商品数量产生巨大影响。2010年海关查获的涉及烟草侵权案件有所减少,导致扣留的侵权烟草制品数量相对于2009年减少了逾1亿件,从而在很大程度上拉低了2010年查获侵权商品总数。因此,商品结构发生变化也是造成海关在2010年扣留的侵权商品数量下降的重要原因之一。

三是侵权商品数量从源头上得到了遏制。2010年,中国各级执法部门进一步加大了对境内市场制售假冒商品行为的整治力度,开展了"打击侵犯知识产权和制售假冒伪劣商品专项行动",有效打击了境内市场制假售假违法行为,从而在一定程度上减轻了海关在进出口环节的执法压力。此外,据了解,由于国内劳动力成本上升,打假力度增强等多种原因,导致部分侵权商品生产者关闭了境内造假工厂,客观上造成从我国出口的侵权商品数量呈下降趋势。

---

❶　根据《中华人民共和国知识产权海关保护条例》的规定,海关发现进出口货物有侵犯在海关总署备案的知识产权的嫌疑的,可以中止放行货物并书面通知知识产权权利人。知识产权权利人要求扣留侵权嫌疑货物的,应当在收到海关书面通知之日起3个工作日内向海关提出申请并提供担保。知识产权权利人未提出申请或未提供担保的,海关应当放行有关货物。

❷　邮递渠道运输物品具有批次多,商品数量少、价值高的特点。

二、2010 年中国海关扣留侵权货物的特点

(一)出口环节查扣货物仍占绝对多数

2010 年,中国海关在出口环节查获的侵权货物数量约为 1.3 亿件,占全部侵权货物数量的 99.86%,价值人民币 2.7 亿元,占总价值的 98.38%(见表 1)。

表 1　2010 年海关查获进出口侵权货物统计

进出口类型	侵权商品数量	占　比	价　值	占　比
进口	192 516	0.14%	4 476 615	1.62%
出口	133 407 053	99.86%	272 676 702	98.38%

侵权商品数量单位:件/双;价值单位:(人民币)元。

中国政府长期以来秉承维护国际贸易秩序和保护消费者健康安全的理念,在《与贸易有关的知识产权协议》(即 TRIPs 协议)❶仅要求缔约方承担进口环节实施知识产权保护的义务的情况下,早在 1995 年就通过立法授权海关在进口环节和出口环节均主动实施知识产权保护,为保护知识产权、维护国际贸易秩序作出了卓越贡献。

(二)侵犯商标专用权的货物仍占多数

2010 年,中国海关扣留的侵权货物涉及商标专用权、著作权和与著作权有关的权利、专利权、奥林匹克标志和世界博览会标志等多种类型的权利,但海关扣留的侵犯商标专用权的货物仍占绝大多数。在 2010 年海关扣留的侵权货物中,涉及商标专用权的分别占全部商品数量的 96.52%和总价值的 94.02%。2010 年海关扣留的涉及侵犯专利权的货物比重小幅上升,占商品数量及价值的比重由 2009 年的不足 1%分别上升到 3.29%和 6.37%(见表 2)。

表 2　侵权货物涉及的知识产权类型统计

知识产权类型	涉及批次	商品数量	占　比	价　值	占　比
商标专用权	20 531	128 949 654	96.52%	257 105 378	92.77%
著作权	652	207 422	0.16%	2 136 308	0.77%
专利权	96	4 392 275	3.29%	17 661 962	6.37%
奥标/世博标志	22	50 218	0.04%	249 668	0.09%

批次单位:批;商品单位:件/双;案值单位:(人民币)元。

(三)侵权商品类别分布与上一年度基本一致,但香烟数量继续大幅减少

在 2010 年中国海关扣留的侵权商品中,按照单项商品数量计算,排在前 10 位的商品仍旧是烟草、化妆护理用品、五金机械、服装、药品、汽车和摩托车及配件、通讯设备、鞋类、箱包和手表,与 2009 年数据保持一致。

在 2010 年中国海关扣留的侵权货物中,扣留侵权香烟数量下降幅度较大,海关共扣留侵权香烟 0.75 亿支,比 2009 年的 1.8 亿支减少了 1.05 亿支,下降幅度为 58.15%。占当年扣留全部商品数量的比例也从 2009 年的 65%下降到 2010 年的 56.81%。2010 年有关执法部门加大对国内市场制售侵权香烟违法行为的打击力度客观上造成了侵权香烟出口量的下降,进而导致海关查获量随之下降。(见表 3)

❶　根据 TRIPs 第五十一条的规定,缔约方只应制定使权利人能够向适当的司法部门或行政部门提交书面请求,由海关中止将进口货物放行进入自由流通的程序。对准备自其领土出口的侵权货物,缔约方也可以但并非必须制定由海关中止放行的程序。

表3　2010年海关扣留的侵权商品数量和价值统计

商品类别	商品数量	占　比	价　值	占　比
烟草	75 893 955	56.81%	32 376 579	11.68%
其他	22 881 974	17.13%	29 732 142	10.73%
其他轻工产品	5 514 473	4.13%	19 320 571	6.97%
化妆、护理用品	5 119 547	3.83%	12 150 499	4.38%
五金机械	9 620 190	7.20%	27 031 090	9.75%
服装	1 785 583	1.34%	28 030 030	10.11%
药品	2 040 274	1.53%	1 227 812	0.44%
其他机电产品	4 938 573	3.70%	28 430 847	10.26%
汽车、摩托车	614 304	0.46%	6 366 606	2.30%
通讯设备	657 257	0.49%	27 766 510	10.02%
鞋类	2 373 982	1.78%	29 073 369	10.49%
箱包及皮革制品	449 167	0.34%	10 763 368	3.88%
手表	93 258	0.07%	7 505 589	2.71%
玩具游戏	328 298	0.25%	2 451 123	0.88%
帽类	246 910	0.18%	2 040 237	0.74%
食品饮料	529 535	0.40%	1 388 363	0.50%
医疗器械	30 381	0.02%	47 100	0.02%
运动器具	215 349	0.16%	6 783 520	2.45%
存储介质	159 656	0.12%	3 623 638	1.31%
珠宝首饰	106 903	0.08%	1 044 323	0.38%

商品数量单位：件/双；价值单位：人民币元。

(四)海运仍是侵权商品的主要运输渠道

2010年中国海关在海运渠道扣留侵权货物1880批，扣留商品数量近1.3亿件，约占全部扣留商品的94.85%。中国海关在邮递和快件渠道扣留的侵权货物分别为9830批和7656批，分别占全部扣留批次的46.65%和36.33%。受2009年“全国海关邮件和快递渠道保护知识产权专项行动”的影响，2010年邮递和快件渠道的案件同比2009年下降了77.95和58.08%，但比2008年增长了32%和429%，整体仍呈上升趋势(见表4)。

表4　侵权商品运输方式(按扣留批次)

运输方式	邮　递	快　件	海　运	航　空	汽　车	铁　路	其　他
批　次	9830	7656	1880	468	442	81	716
占　比	46.65%	36.33%	8.92%	2.22%	2.10%	0.38%	3.40%
同　比	−77.95%	−58.08%	26.17%	48.10%	−11.78%	−45.64%	40.94%

批次单位：批；“其他”：旅客携带、保税区、保税仓库等。

(五)侵权货物进出口口岸相对集中

2010年全国共有33个直属海关在进出口环节查获了侵权货物。从查获侵权货物批次看，仅深圳、广州、杭州、上海4个海关就查获了近1.7万批侵权货物，约占全国海关查获批次总和的80%(见图3)。

从扣留的侵权商品数量看，侵权货物进出口主要集中在深圳、宁波、黄埔、厦门、上海、杭州等以海运为主的口岸。2010年，仅上述6个海关截获的侵权货物就占全国海关扣留侵权货物总数的90%(见图4)。

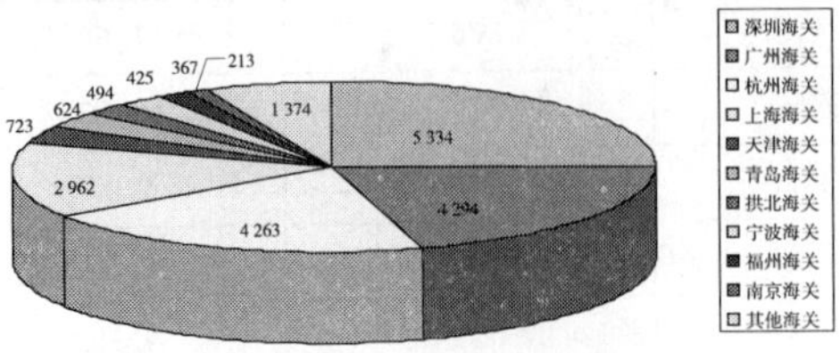

图3 2010年口岸海关扣留侵权货物的批次示意图

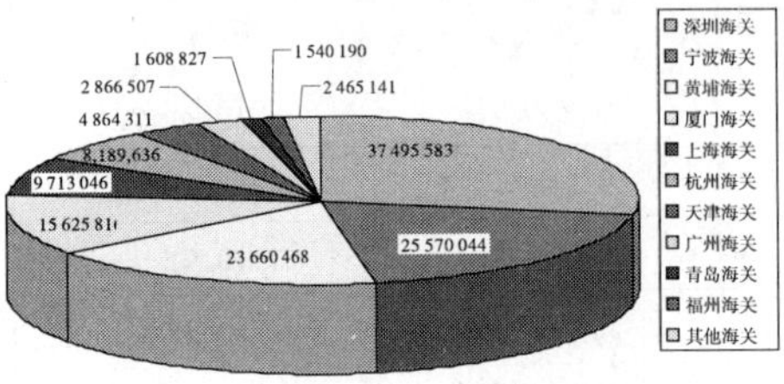

图4 2010年口岸海关扣留侵权货物的数量示意图

(六)侵权货物涉及的知识产权仍以属于美欧企业的居多,但涉及自主品牌的货物所占比重也有较大幅度提高

2010年中国海关采取的保护涉及的知识产权权利人来自33个国家或者地区,受到海关保护知识产权共8408项次。❶ 涉及知识产权较多的知识产权权利人分别来自美国、法国、德国、日本、芬兰、中国❷、意大利、瑞士、英国和荷兰(见图5)。从涉及的知识产权的侵权商品数量看,侵犯来自瑞士、中国、英国、美国和日本的知识产权的居前5位。

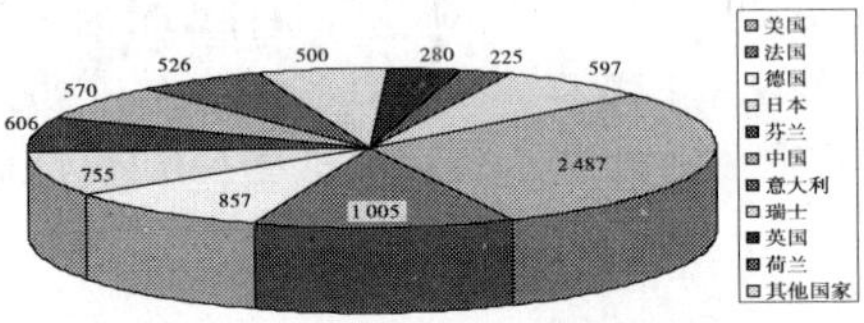

图5 受保护的知识产权来源示意图

值得注意的是,虽然涉及中国企业的知识产权权利项次仅位列第6,但涉及中国自主品牌知识产权的商品数量却达到近19%,仅次于瑞士名列第2位,且比2009年的占总比重7%有了大幅提高。涉及中国企业知识产权的侵权商品价值也占到了总价值的15.5%,仅次于美国位列第2。同时,由于侵犯中国企业自主知识产权的商品遍及生产、生活、文具、食品、药品、车辆及配件等多个领域,事实上中国企业从海关的知识产权执法中获益更广。

三、2010年中国海关保护知识产权的措施

(一)充分发挥海关进出境监管职能,积极主动地查处侵权违法行为

2010年中国海关一方面继续积极履行进出境监管职能,积极主动查处侵权违法行为,在TRIPs协议仅要求缔约方承担根据知识产权权利人的请求中止放行侵权货物义务的情况下,依据法律的授权,主动依职权保护知识产权,有效遏制侵权货物的跨境流通;另一方面不断加大对影响人民生命健康安全的食品、药品、汽车零配件等重点商品的查验力度,使得海关知识产权执法能够使更多人直接获益。

(二)不断完善海关知识产权保护法律及相关制度建设

2010年,中国海关继续完善海关知识产权保护相关法律制度,配合国务院法制办完成《中华人民共和国知识产权海关保护条例》(以下简称《条例》)的修订工作。新修订的《条例》已于2010年3月17日经国务院常务会议通过并于4月1日起施行。结合国务院的决定,海关总署启动了《〈知识产权海关保护条例〉的实施办法》的相关修订工作。

此外,完成了对"知识产权海关保护备案申请系统"的升级改造。本着便利公众申请、管理和查询的原则,对"知识产权海关保护备案申请系统"进行升级,并在系统改造之后,连续开展了三期面对知识产权权利人的培训,得到了权利人的高度评价。

(三)组织开展"全国海关2010年世博会知识产权保护专项行动"

2010年上海世博会筹备和举办期间,海关总署会同国家知识产权局等八部门联合下发《关于开展2010年世博会知识产权保护专项行动的通知》,全国海关按照要求,加强领导、精心组织,积极主动开展世博会知识产权保护工作。海关总署先后5次公告核准58项世博会知识产权海关备案,并要求各关结合备案信息、相关法律法规对一线关员和进出口企业进行培训和宣传。上海海关

---

❶ 这里知识产权的"项次",指海关扣留的侵权货物所涉及的知识产权的次数。

❷ 本文中的"中国"的数据均未包括中国的香港、澳门和台湾地区的数据。

作为世博会举办地海关，专门成立世博会知识产权保护工作领导小组，制定“上海海关世博安保工作组知识产权保护组行动方案”和“上海海关保护世博会知识产权专项行动计划”；上海海关携手长三角地区南京、杭州、宁波海关共同签订了《长三角地区海关关于开展2010年世博会知识产权保护专项行动的工作方案》，以上海海关为中心，在长三角地区积极构筑打击侵犯世博会知识产权立体网络。

专项行动期间，全国海关先后在海运、空运、旅检、邮递、边贸等渠道查获侵犯世博会知识产权商品，包括牙刷、茶叶、手链、纪念币、打火机、地毯、T恤、童装、挂历、汽车观后镜等。截至2010年底，先后查处30多批涉嫌侵犯上海世博会知识产权货物的案件，涉案货物10.6万件，涉案货物价值63余万元，有力打击侵犯世博会知识产权的违法活动。

海关系统世博会知识产权保护专项行动各项工作得到了有关方面的高度评价，分别有31个集体、67位个人获得世博会知识产权保护专项行动先进集体、先进个人称号。

（四）组织开展了“全国海关打击侵犯知识产权和制售假冒伪劣商品专项行动”

根据国务院的决定和部署，2010年10月起，海关总署组织开展了“全国海关打击侵犯知识产权和制售假冒伪劣商品专项行动”。为确保专项行动取得实效，海关总署结合海关执法实际，制定了《打击侵犯知识产权和制售假冒伪劣商品专项行动重点工作实施方案》，确定了专项行动的三个重点领域：一是将国内外较为关注的东南沿海地区作为重点监控区域；二是将侵权商品出口较为密集的货运、邮递方式作为重点监控渠道；三是将危害消费者健康和安全的假冒药品、食品、汽车配件作为重点监控商品，同时提高对存在侵权风险的出口货物的查验比例。

截至2010年12月31日，全国海关在专项行动中共查获侵权货物逾2000批次，涉及侵权商品3836万件，案值约为人民币1.2亿元。主要查获的商品有服装、鞋帽、汽车配件、香烟、药品、小家电、日化产品、五金器械。

（五）进一步加强对国内企业自主知识产权保护力度

加强对国内企业自主知识产权的保护，始终是海关执法工作的重点。全国海关2010年扣留侵犯国内企业自主知识产权货物570权利项次，查获侵权商品约2500万件，占扣留商品总数的18.67%，价值人民币近4300万元。

全国海关根据本地产业构成特色，有针对性地加大查验力度，加强对自主品牌知识产权海关保护力度。全国海关多次举行自主知识产权海关保护研讨会，邀请海关专家、行业协会负责人、企业代表介绍了海关知识产权保护有关情况、交流企业与海关开展知识产权保护的实践经验，展示海关近年来查获的自主知识产权保护成果。天津海关在查验环节，重点关注易受侵权行为危害的自主品牌产品，有针对性地加大查验力度，查获了假冒“钻石”牌斧头10 780个、“金杯”牌镀锌铁丝2.5吨、“TTS”牌冬菜1048箱、“安踏”运动鞋2400双等一大批典型案例。如新疆鄯善华兴铸造有限公司是西北地区最大的暖气片出口企业，产品畅销中亚，年产值突破百万，但市场上的仿制品让公司损失惨重。乌鲁木齐海关顺势整合企业和市场两种信息资源，积极与权利人实现侵权信息共享，在案件线索受理，诉前保全等方面提供支持，并于2010年10月，查获了侵犯该公司专利权的散热片9800片，价值35.7万元，为拥有自主知识产权的中小企业提供了进一步发展创新的动力。

（六）不断深入探索与其他执法部门的合作模式

中国海关充分意识到，有效打击侵犯知识产权离不开与其他国内执法部门的合作。全国海关通过不断探索有效合作模式，力争形成保护知识产权合力。为进一步加强海关行政执法与公安刑事执法的衔接与配合，全国海关根据公安部和海关总署《关于加强知识产权执法协作的暂行规定》，积极开展和当地公安机关的合作，对在海关监管中发现的涉嫌构成知识产权犯罪的案件，主动按照有关规定向公安机关通报和移送，确保公安机关能够快速开展立案侦查工作。

2010年，青岛海关根据风险布控指令查获一批涉嫌侵犯在海关总署备案的“NIKE及钩形图”商标权货物，并及时向公安机关通报了该起案件线索。公安机关依据线索深挖摸排，一举将制作、销售、报关出口假冒“NIKE”商标商品的包括3名外籍人员在内的6名犯罪嫌疑人全部抓获，成功打掉了一个跨国侵权犯罪网络，查获大量假冒

"NIKE"商标的侵权货物以及假冒"NIKE"商标标识的印刷版4张、电脑主机等生产设备一套，有效地从源头上打击了侵权行为，增加了海关打击侵权行为的震慑力，树立了海关与公安机关协作的典范。

（七）深化与知识产权权利人的合作

近年来，中国海关不断加强与权利人的战略合作伙伴关系，在立法研讨、执法培训和信息通报等多个领域建立了相应的合作机制。目前，海关总署已经与美国电影协会、中国外商投资企业协会优质品牌保护委员会（QBPC）等权利人组织签订和加强知识产权合作的谅解备忘录。2010年，海关总署多次组织召开与知识产权权利人的研讨会，听取企业对海关工作的意见。为提高海关一线关员的知识产权执法能力，各口岸海关也积极邀请知识产权权利人深入海关监管现场举办侵权商品鉴别培训。2010年3月，海关总署举办与企业知识产权保护对话会，向来自中国外商投资企业协会优质品牌保护委员会、国际商标协会等130余名中外企业代表通报了2009年知识产权海关保护工作成效以及2010年知识产权海关保护工作设想。

（八）进一步拓展国际海关间的知识产权执法合作

通过中美、中欧、中瑞（士）、中俄、中日韩、中巴政府间的知识产权对话机制及海关间的知识产权合作框架，继续开展双边、多边海关知识产权执法合作，不断加强国际海关执法交流和协作，消除误解、增加互信，努力创造一个高效的国际海关知识产权保护网络。截至2010年，中国政府已经与世界上30多个国家和地区签订了双边海关的行政互助协议，其中都包含知识产权执法合作的内容。2010年，中俄海关签署了《关于加强知识产权执法合作的备忘录》；中欧海关续签了《知识产权合作行动计划》；中日韩三国海关共同承办了世界海关组织知识产权保护地区论坛；海关总署同香港海关召开了"内港海关知识产权执法合作研讨会"，就如何加强内港海关知识产权合作进行深入讨论。

此外，中国海关还积极参加WCO、WTO、WIPO、INTERPOL等国际组织开展的各项活动，努力发挥中国海关在国际知识产权事务中的作用。

（九）积极开展知识产权宣传教育活动

2010年，中国海关一方面以"4·26知识产权宣传周"为契机，集中介绍海关知识产权保护工作的情况。继续评选并公布"2009年中国海关保护知识产权十佳案例"，发布《2009年中国海关保护知识产权状况》。另一方面加强了对进出口企业、报关行、寄递企业、进出境旅客、加工贸易企业的日常宣传教育，提高其知识产权意识。为提高宣传效果，海关总署率先在总署门户网站开通"知识产权海关保护一站式导航服务"，并多次在总署门户网站举办知识产权海关保护在线访谈。

根据海关总署的要求，全国海关也积极开展多种形式针对社会公众的知识产权宣传教育活动。海关一方面注重培育国内企业的知识产权保护意识，特别提示从事定牌加工的企业，在接受订单时要主动请求海关确认订单的知识产权状况，有效避免了大量因不知情造成的侵权行为。另一方面探索多种渠道开展针对社会公众的知识产权海关宣传，对从源头上制止侵权发挥了积极作用。

2010年，中国海关在知识产权执法工作中，继续秉承"依法行政、为国把关、服务经济、促进发展"的海关工作方针，不断改进执法措施、提高执法水平，既保障了"便利合法贸易"，又实现了"有效打击侵权行为"。中国海关知识产权保护工作长期以来一直受到国内外组织及有关权利人的高度评价，2010年3月，中国外商投资企业协会优质品牌保护委员会（QBPC）向海关总署政法司、宁波海关、黄埔海关、深圳海关颁发了"QBPC2000—2010年中国知识产权和质量监督进步杰出贡献单位"；授予海关总署两名负责知识产权保护的官员"QBPC2000－2010年中国知识产权和质量监督进步杰出人士"；上海、黄埔、深圳海关查获的知识产权案例获颁"QBPC2009—2010年度中国知识产权保护十佳案例"；世界轴承协会多次在国际场合评价中国海关知识产权保护工作"为知识产权保护工作作出突出贡献"；2010年10月，诺基亚公司代表专程赴厦门海关感谢该关对诺基亚公司产品的知识产权保护并赠送题有"守国门关口 护法律尊严"的牌匾。

（海关总署政策法规司知识产权处）

商务知识产权工作

2010年，商务部根据《2010年国家知识产权战略实施推进计划》和《2010年中国保护知识产权行动计划》的分工与要求，抓紧研究政策，积极采取措施，大力开展活动，认真实施《国家知识产权战略纲要》，取得显著成效。

一、深入研究与贸易有关的知识产权制度

依据《对外贸易法》"与对外贸易有关的知识产权保护"的规定，研究起草《与进出口货物有关的知识产权保护办法》、《与对外贸易许可合同有关的知识产权保护办法》等配套规章草案。

二、扎实推进企业软件正版化工作

商务部与版权局等八个部门联合发文并授予大庆油田有限责任公司等257家企业"全国软件正版化示范单位"称号。继续推进外资和外贸企业的软件正版化工作，并与美国商业软件联盟(BSA)就软件盗版问题多次交流意见。利用多双边知识产权合作交流机制，大力宣传中国政府推进企业软件正版化的成果。

三、加强企业境内外参展中的知识产权保护工作

2010年3月和9月，商务部在德国汉诺威国际信息及通信技术博览会(CeBIT)和柏林国际消费类电子产品展览会(IFA)上设立"中国参展企业知识产权服务站"，聘请知识产权专家为我参展企业免费提供咨询和调解服务，保护企业合法权益。2010年4月，在德国法兰克福日用消费品展与汉诺威工业展上聘请专家为我企业提供免费法律服务，提高我参展企业的维权意识与能力。2010年10月，商务部在广州举办中国进出口商品交易会展会知识产权保护宣传会，宣传中国展会知识产权保护相关法律及取得的成绩。2010年6月、9月和11月，在首届中国国际摩托车及零部件交易会、第四届中国国际汽车零部件博览会和2010中国绿色产业和绿色经济高科技国际博览会期间专门设立了知识产权保护办公室，开展知识产权宣传和保护，维护企业合法权益。

四、继续实施和完善知识产权海外维权机制

商务部通过中国保护知识产权网，针对不同群体发布《知识产权国际快讯》《IPR FOCUS》电子期刊及《企业海外预警周刊》，为企业提供知识产权保护指导与预警服务。完成了2009年中国知识产权保护大事记、知识产权海外维权报告和《337调查应诉指南》的编写工作，并启动了我国彩电行业关键专利分析、编写《337调查案例集》、与联合国贸发会合作翻译有关知识产权资料等工作。

五、继续开展知识产权宣传培训活动

2010年4月，商务部在北京举办电子产品企业知识产权海外维权培训；2010年7月，在银川举办宁夏回族自治区知识产权保护和海外维权培训；并在温州、杭州和北京与贸促会共同主办出国展览知识产权系列培训；2010年10月，在北京举办欧洲展会知识产权保护培训。此外，还与德国经济部在上海世博会期间共同举办"展会知识产权保护"宣传活动，有效地提高了企业知识产权海外维权的能力。

六、继续加大双边知识产权交流与合作

商务部牵头组织召开了2010年4月中欧知识产权第六次对话与中美知识产权工作组司局级会议、2010年5月中俄知识产权工作组第四次会议、2010年6月中欧知识产权工作组第七次会议、2010年10月中日知识产权工作组第二次会议、中瑞(士)知识产权工作组第四次会议、2010年12月中巴(西)知识产权工作组第二次会议，就相互关注的议题进行沟通与讨论，增信释疑，有效地缓解了国际压力。2010年4月，与版权局、美国专利商标局、美国版权局共同举办中美互联网间接/共同侵权责任圆桌会议，探讨中美两国互联网共同侵权责任认定的标准问题。2010年10月，商务部与美国国际贸易委员会共同举办337调查交流活动，举行工作会谈，召开337调查交流研讨会，并前往广东省考察337调查应诉企业。商务部还利用美国国际贸易委员会就337条款修订征求公众意见的机会，积极组织我有关地方商

务主管部门、行业组织进行评议，表达我国内产业、企业关注。2010年11月，商务部组织中国政府与互联网企业代表团赴美参加中美知识产权副部级会议，与美互联网企业就目前关注的互联网知识产权保护问题进行交流，取得了较好效果。商务部还通过中美商贸联委会、中欧经贸高层对话、商务部与日本经产省定期磋商、日本知识产权官民联合高层访华团等平台和合作，宣传我知识产权保护工作所取得的积极成果。

七、充分利用中欧知识产权合作项目(二期)平台

商务部继续会同相关部门，通过中欧知识产权合作项目(二期)，开展展会知识产权保护、立法和执法能力建设等系列活动，共同创建知识产权法律检索系统，促进我国知识产权保护事业的发展。

八、积极参与多双边知识产权谈判

2010年，商务部牵头组织参加了世界贸易组织知识产权理事会的两次例会，以及第三十次与第三十一次亚太经合组织知识产权专家组会议，继续推动防止知识产权滥用调查、标准化中的知识产权保护、能力建设等议题，并于2010年12月与俄罗斯在海南共同举办了亚太经济合作组织知识产权系列研讨会。2010年，商务部配合相关部门完成了《著作权法》与《知识产权海关保护条例》的修改，结束了中美知识产权世界贸易组织争端案的执行工作。商务部还牵头与澳大利亚进行自由贸易区协定知识产权章节的谈判，与欧盟就完善1985年中欧经贸合作协定知识产权部分进行了谈判。2010年4月，商务部牵头与欧盟召开了中欧地理标志双边合作协定第一次非正式磋商会议，2010年9月，商务部收到欧盟的《中欧保护农产品、食品、葡萄酒、加味葡萄酒和烈酒地理标志的协定(草案)》，并会同相关部门进行了深入研究，为2011年的谈判工作做好准备。

九、认真开展打击侵犯知识产权和制售假冒商品专项行动相关工作

商务部承担了打击侵犯知识产权和制售假冒商品专项行动领导小组办公室的日常工作，贯彻落实领导小组的安排部署，做好协调服务。领导小组办公室会同成员单位按照“突出重点，务求实效”的原则，提出了36项重点工作，其中13项作为领导小组办公室重点督办事项，明确了工作目标和时间节点。近期，又梳理出80起重点督办案件，涉及国内18个省(区、市)和美国、法国、意大利等国家，以及路易威登、阿玛尼、普拉达、耐克等国际知名品牌和国内产品商标、专利以及音乐著作权等领域。建立了重大案件查办周报制度和专项行动月报制度，确定了每个案件的查办责任主体和督办责任主体，密切跟踪案件来源去向及办理时限，确保每个案件都有着落、有结果，专项行动各项任务都落到实处。商务部印发了《商贸流通领域打击侵犯知识产权和制售假冒伪劣商品实施方案》，并组织中商联等六家行业协会在全行业发出倡议。联合其他八个部门印发《打击侵犯知识产权和制售假冒伪劣商品专项行动网络购物领域实施方案》，启动全国知识产权状况调研工作，召开外商投资企业座谈会、音像与电影企业座谈会，赴广东省广州、中山、深圳调研盗版与假冒情况等，认真做好专项行动工作。

(商务部条法司知识产权处)

农业植物新品种保护工作

2010年农业部认真贯彻落实《国家知识产权战略纲要》精神，加强组织领导，加大工作力度，努力创造有利于农业知识产权保护的政策环境、市场环境和舆论环境，农业知识产权保护状况逐步向好。

一、2010年农业知识产权保护总体情况

2010年我部受理的国内外植物新品种权申请1206件，创历史新高，其中外国人申请116件，较2008年增长11.5%。年申请量居国际植物新品种保护联盟(简称UPOV)成员第三位，仅次于美国和欧盟。通过优化品种权申请审查和测试流

程，审批效率大大提高，授予品种权 666 件，较 2009 年增长 34.8%；受理审查各类植物新品种复审请求 25 件，结案 25 件，是 2009 年的 5 倍。截至 2010 年 12 月 31 日，国内外植物新品种权申请累计达 7761 件，已结案 4214 件，授予品种权 3473 件。

加快农产品地理标志登记。全年新公告颁证农产品地理标志产品 334 个。截至 2010 年 12 月底，农业部已累计公告颁证农产品地理标志产品 536 个。

二、2010 年农业知识产权立法情况

发布了《第八批农业植物品种保护名录》；组织修订《农业植物新品种权侵权案件处理规定》《农业部植物新品种复审委员会审理规定》、研究制定《农业植物品种命名规则》等规章并形成了送审稿；研究起草《农业遗传资源权属登记管理办法（草稿）》；参与《海峡两岸知识产权保护合作协议》的起草工作；会同国家林业局联合研究制定了《关于台湾地区申请人在大陆申请植物品种权的暂行规定》（公告第 1487 号），在尊重历史事实的基础上，解决了台方关切的问题；组织开展了 8 种主要农作物 DNA 指纹鉴定方法标准研制；组织制定了《农产品地理标志质量控制技术规范（编写指南）》。

三、2010 年农业知识产权行政执法工作情况

一是召开全国植物新品种保护执法工作会议，研究部署执法工作，并将种子生产环节、种子生产源头作为执法重点，强化源头监管，提高执法效率。二是在 23 个省（区、市）抽取 1330 份种子样品并进行了身份鉴定，打击“套牌”假冒侵权行为。三是公布侵犯品种权案件受理单位、监督单位电话，畅通投诉渠道，强化市场监管。四是积极查处案件。2010 年 10 月以来，我部已吊销 5 家生产销售侵权假冒种子企业的生产经营许可证。地方农业部门查处了 37 件侵犯品种权和制售假冒伪劣种子案件，涉案种子达 35 万公斤，案值达 500 余万元，侵权人共赔偿品种权人损失 12.7 万元。五是加强对授权品种生产许可证发放的管理。通过清理等措施，仅河北省就撤销了 23 家种子企业的生产许可证，责令整改企业 58 家。六是继续开展品种权执法试点。2010 年选择了 11 个粮食大省作为品种权执法试点，进一步强化行政执法。对辽宁、江苏、江西、河南、陕西、甘肃、青岛等 6 省 1 市的 30 个农产品地理标志产品 210 个样品进行了抽样监测，经检测产品合格率为 100%。选择北京、山西、江苏、四川、宁夏等省（区、市）开展了农产品地理标志监管追溯试点工作，建立了监管追溯模式。

四、2010 年农业知识产权保护宣传和教育培训工作情况

一是举办第四届农业知识产权论坛，调动社会力量研究农业知识产权政策、问题和对策。二是编写出版了《农业知识产权》，完成了《植物新品种保护教程》，推进农业知识产权走进大学课堂。三是举办 8 期农产品地理标志核查员培训班，新注册核查员 899 人；组织了全国农业生物技术知识产权培训班、品种权代理人培训班等 15 个，培训人员近 950 人次。培训活动有力引导了农业企事业单位建立健全农业知识产权管理制度和组织机构，为农民专业合作组织等各类农业机构向境外申请知识产权保护、开拓国际市场提供了服务。四是组织省级农业部门发放 10 万份《致农民朋友公开信》和《致种子生产、经营户公开信》，提高广大农民对品种权的认知度。

五、2010 年农业知识产权保护国际交流合作情况

积极做好东亚植物新品种保护论坛秘书处工作，组织召开了植物新品种保护与农民权益国际研讨会，研究平衡资源提供者、育种者、生产者和经营者利益的办法；积极参与了 UPOV 等国际组织活动，制定应对策略，争取国家最大利益。

与《国家知识产权战略纲要》、建设创新型国家的总体要求和现代农业产业发展要求相比，我国农业知识产权保护工作尚有差距。今后一个时期，农业知识产权保护工作将按照实施《国家知识产权战略纲要》的总体要求，围绕农业部中心工作，以激励育种创新和促进农业发展为目标，完善法律制度，强化技术支撑，加强行政执法，为农业知识产权的保护创造更好的环境。

（农业部科技教育司）

林业植物新品种保护工作

2010年，国家林业局按照《中华人民共和国植物新品种保护条例》及其林业实施细则等相关法律法规的规定，规范林业植物新品种权审批工作；加强林业植物新品种保护宣传，提高全社会知识产权保护和维权意识；参与植物新品种保护国际事务，积极履行国际公约。一年来，在以下几个方面取得明显进展。

一、植物新品种权申请受理、审查与授权

2010年，国家林业局共受理国内外品种权申请89件，申请总数达到723件。2010年来自国外的申请4件，国外申请总量达到181件。2010年观赏植物品种权申请60件，占年申请总量的67.4%。全年对95个新品种权申请进行了初步审查，组织对38个申请品种进行了特异性、一致性、稳定性专家现场审查。授予植物新品种权26件，授权总数达到320件。

对品种权申请、初审、授权及其他事项在植物新品种保护网站及植物新品种保护公报上公告，保证了审批过程的公开透明。

二、植物新品种保护宣传

为了充分利用全国知识产权宣传周活动，大力宣传林业植物新品种保护，国家林业局将1999年至2009年林业植物授权新品种详细信息进行了整理，汇编成《中国林业植物授权新品种（1999—2009）》，在2010年4月26日的林业知识产权宣传活动上举行了赠书仪式，向各省（区、市）林业部门发放该书。同时，举行了新版植物新品种保护网开通仪式，展示了新版网站的各项新功能。

建立授权品种数据库，将授权品种的详细信息公布在植物新品种保护网上，为品种权人及其品种使用人构筑沟通平台，在品种权人许可下，确保品种及栽培技术的供给。

三、林业植物新品种测试体系建设

2010年，继续加强对国家林业局批准建立的植物新品种测试中心华北分中心、华南分中心、华东分中心和植物新品种基因测定实验室、南方植物新品种基因测定实验室管理，在完成华南分中心和2个基因测定实验室建设任务后，2010年又对华东分中心进行了验收。

2010年，国家林业局继续组织编制植物新品种特异性、一致性、稳定性（DUS）测试指南标准，其中：连翘属、梅、桂花、鹅掌楸属、榛属5个国家标准以及蔷薇属、云杉属、柿、刺槐属4个林业行业标准正式出版发布。至此，国家林业局组织编制的16个植物新品种DUS测试指南技术标准已经正式出版发布。

2010年12月，国家林业局DUS一品红测试站在上海揭牌，是继昆明月季测试站之后建立的第二家国家林业局植物新品种专业测试站。

四、履行国际公约，开展国际合作

2010年国家林业局主动参与国际植物新品种保护联盟（UPOV）国际和亚洲事务，履行公约义务。

在国台办的统一组织下，国家林业局积极参加两岸知识产权保护合作协议活动，协商植物新品种保护相关内容。6月29日《海峡两岸知识产权保护合作协议》正式签署，并于9月12日正式生效。为了落实协议，11月22日以农业部、国家林业局联合公告的形式对外发布《台湾地区申请人在大陆申请植物新品种权的暂行规定》，正式启动了对台湾地区开展植物新品种权申请的受理工作。

国家林业局组织参加UPOV理事会、技术工作组等系列会议，充分发表我国的观点，积极参与国际事务，树立良好的国际形象。

国家林业局还参加了在韩国举办的东亚植物新品种保护论坛第三次会议，并坚持以我为主、为我服务、引导论坛走向的原则积极发表意见，争取我国的最大利益。

（国家林业局植物新品种保护办公室　黄发吉）

公安机关保护知识产权工作

2010年，全国公安机关按照《国家知识产权战略纲要》的总体部署，不断加大打击侵犯知识产权犯罪工作力度，创新优化协作机制，着力强化基础建设，积极推进知识产权刑事保护工作的科学发展，取得显著成效。

一、高压严厉打击犯罪

全国公安机关始终将打击破案作为第一要务，不断加大刑事司法打击力度，持续保持对各类侵犯知识产权犯罪活动的高压严打态势。年初，从构筑平安世博、维护国家形象的大局出发，公安部会同国家知识产权局等八部委联合下发通知，部署开展上海世博会保护知识产权专项行动，各级公安机关积极行动，强化落实，及时侦破了宋某制售假冒世博会门票、特许商品和假信用卡案、姚某特大非法经营农药案等一批涉及世博知识产权的大要案件。据统计，上海世博会期间，各地共破获侵犯知识产权犯罪案件1589起，抓获犯罪嫌疑人3006名，缴获各类假冒盗版商品1260余万件，涉案总价值达13.7亿元，为举办一届成功、精彩、难忘的世博会营造了良好的市场秩序和知识产权保护环境。2010年11月，根据国务院的统一部署，全国公安机关开展了打击侵犯知识产权和制售伪劣商品犯罪"亮剑"专项行动，以侵犯著作权、商标权、专利权和植物新品种权等侵犯知识产权犯罪和生产、销售伪劣商品犯罪为重点内容，突出打击印刷复制各类盗版出版物、印刷品、光盘、计算机软件及假冒注册商标标识的犯罪；假冒国际、国内知名品牌的犯罪；制售假冒伪劣药品、食品、农资等关系民生的商品的犯罪；利用互联网传播盗版影视作品、软件，销售假冒伪劣商品的犯罪；跨地区、跨国(境)的犯罪；职业化、团伙化、规模化的犯罪；与商业贿赂等犯罪相关联的犯罪以及其他情节严重、影响恶劣的犯罪等8种犯罪活动。行动期间，各级公安机关不断提升专业打击和合成作战能力，以专业手段应对职业犯罪，以科技手段应对新型犯罪，取得明显成效。截至2010年底，全国公安机关已破获侵犯知识产权和制售伪劣商品犯罪案件2049起，其中案值100万元以上的大要案件306起，涉案价值23.07亿元，抓获犯罪嫌疑人4157名，逮捕930名，捣毁制假窝点916个，打掉批发销售团伙417个，各项战果已达到往年同期的3倍。"亮剑"行动中，各地公安机关以侦破大要案件为突破口，成功破获北京"7·16"特大制售假药案、江西张某制售假冒"惠普"、"佳能"等品牌打印机耗材案、山东袁某制售假冒妇幼用品案、广东敖某利用互联网销售假冒名牌音响器材案等一大批事关国计民生和国际形象的大要案件，彰显了公安机关打击侵犯知识产权和制售伪劣商品犯罪的决心和能力。

二、优化协作配合机制

2010年，公安部会同有关部门积极研究、优化创新刑事执法与行政执法衔接配合机制，逐步建立起公安机关"主动侦查"与行政部门"阵地控制"相结合的工作模式，形成了"信息共享、事先介入、联合行动、优势互补"的协作新机制。据统计，全年公安机关共接行政执法部门移送案件754起，同比上升52.9%，凸显了协作新机制的作用。2010年10月，会同最高人民检察院等相关部门在全国联合开展"行政执法机关移送涉嫌犯罪案件专项监督行动"，进一步推进了各地案件移送、"两法"衔接工作的规范化。同时，公安部与海关总署相关部门加快研究新的规范性文件，完善、细化具体合作措施，以期不断提升部门间的协作水平和协作质量。

三、强化基础工作建设

全国公安机关紧紧围绕"三项重点工作"和"三项建设"，牢固树立发展眼光，始终把基层基础建设作为推动知识产权刑事保护工作科学发展的力量源泉。为切实解决近年来公安机关办理侵犯知识产权刑事案件中较为突出的法律适用及证据、程序等问题，不断加大打击侵犯知识产权犯罪活动力度，公安部会同最高人民法院、最高人民检察院等部门经过近三年的深入调研，共同制定了《关于办理侵犯知识产权刑事案件适用法律若干问题的意见》，该《意见》的出台为公安机关打击侵犯知识产权犯罪工作提供了有力的法制保障。同时，为提升全国各级公安机关打击侵犯知识产权犯罪的专业素质和侦查能力，会同地方公安机关历时近一年，系统整理编写出《打击侵犯知识产权犯罪技战法汇编》，针对办理不同知识产权犯罪案件类型制定了16篇技战法，突出了针对性和实战操作性，对全国公安机关执法办案具有较好的指导作用。

四、拓展警企协作渠道

公安机关高度重视与企业权利人在知识产权保护工作中的协作配合，通过举办和参加企业座谈会，听取企业的意见和呼声，研商解决重点问题。一年来，公安部5次参加或组织召开与内资、外资企业的座谈会，通报知识产权犯罪形势和特点，提升企业预警防范意识。山西、浙江、贵州、四川等地公安机关也相继组织召开警企座谈会，建立起警企协作打假维权机制和举报受理快速渠道，在开展打击工作的同时为知识产权权利人做好服务。2010年12月，公安部经济犯罪侦查局主持召开与外商投资企业协会优质品牌保护委员会的座谈会，与35家外商投资企业共同座谈，听取意见和建议，共同商讨知识产权刑事保护工作措施，做好防范指导服务。

五、大力开展宣传教育

公安机关充分利用“3·15消费者权益日”、“4·26知识产权宣传周”和“5·15打击和防范经济犯罪宣传日”等宣传平台，深入宣传“尊重知识，崇尚创新，诚信守法”的知识产权文化核心理念，培育保护知识产权的群众基础。2010年，全国公安机关会同有关部门累计开展集中宣传活动377次，印发宣传资料64万份，向媒体提供稿件、发布预警信息256条。广东探索实施《广东省举报侵犯注册商标专用权犯罪奖励办法》，广泛发动群众投诉举报，推动人民群众知识产权保护意识的提升。

六、深化国际执法合作

一方面，积极拓展合作领域。公安部部长孟建柱与来华访问的美国司法部部长举行会谈，就深化知识产权保护合作进行富有成效的交流。公安部经济犯罪侦查局与美国土安全部移民海关执法局共同签订《合作意向书》，深入推进中美执法合作渠道。另一方面，深化国际执法交流。会同有关国家联合侦办刘某跨国制售假烟案，开展打击制售假药“风暴”联合执法行动，并积极赴外参加国际执法会议等执法交流活动，多次在具有国际影响力的世界论坛上阐明我国政府和公安机关打击侵犯知识产权犯罪的坚定立场和态度。在此基础上，继续在商贸联委会、中美执法合作联合联络小组、中欧知识产权保护机制下开展务实合作。

（公安部经济犯罪侦查局）

知识产权司法保护工作

2010年，人民法院在党的坚强领导和人大有力监督下，高举中国特色社会主义伟大旗帜，以邓小平理论和“三个代表”重要思想为指导，深入贯彻落实科学发展观，严格履行宪法和法律赋予的知识产权审判职责，大力推进社会矛盾化解、社会管理创新、公正廉洁执法三项重点工作，积极主动服务大局，深入贯彻实施国家知识产权战略，充分发挥司法保护知识产权的主导作用，不断加强知识产权司法保护，较好地完成了各项知识产权审判任务，为加快经济发展方式转变、建设创新型国家和全面建设小康社会提供了有力的知识产权司法保障。

2010年，中国法院知识产权审判事业又迈上了一个新台阶。

一、依法履行宪法和法律职责，知识产权案件审判工作有新进展

2010年，人民法院严格依法履行知识产权审判职责，始终坚持以执法办案为第一要务，重视研究知识产权案件呈现的新特点，突出审判重心，创新审判方式，加强监督指导，集中精力审理案件，不断提高知识产权案件审判水平，公正高效审理好各类知识产权案件，司法保护知识产权的主导作用得到进一步发挥。

一年来，人民法院审理的案件覆盖所有的知识产权法律领域，民事审判、行政审判及刑事审判的职能得到全面发挥。知识产权案件总体呈现出以下特点：案件数量不断增多，新类型案件不断增

多,重大复杂疑难案件不断增多,涉外案件不断增多,案件审理难度不断加大,社会关注度不断提高等。

(一)知识产权民事审判在知识产权司法保护中的主渠道作用继续发挥

2010年,人民法院以贯彻实施侵权责任法、新修订的专利法及其司法解释、新修订的著作权法、反垄断法等法律为契机,围绕促进自主创新能力和核心竞争力的提高,加强专利保护;围绕促进自主品牌的形成和品牌经济的发展,加强商标权益保护;围绕促进新商业模式的发展和文化创意产业的繁荣,加强著作权的保护;围绕完善市场结构和维护公平竞争,加强竞争案件的审判;围绕营造良好的贸易和投资环境,加强平等保护。人民法院受理的知识产权民事案件继续迅猛增长,司法解决知识产权纠纷的主渠道作用更加明显。全国地方法院共新收和审结知识产权民事一审案件42 931件和41 718件,比上年增长40.18%和36.74%,新收一审案件诉讼标的总金额达到794 801.33万元。其中,新收专利案件5785件,比上年增长30.82%;商标案件8460件,比上年增长22.50%;著作权案件24 719件,比上年增长61.54%;技术合同案件670件,比上年下降10.31%;竞争案件1131件(其中垄断民事一审案件33件),比上年下降11.78%;其他知识产权案件1966件,比上年增长14.17%。全年共审结涉外知识产权民事一审案件1369件,比上年增长0.59%;审结涉港澳台知识产权民事一审案件278件,同比上年下降21.25%;审结垄断民事一审案件23件。全年共新收和审结知识产权民事二审案件6522件和6481件,分别比上年增长22.13%和18.01%;再审案件111件和109件,分别比上年增长11%和1.87%。最高人民法院新收和审结知识产权案件313件和317件,其中新收申请再审案件198件,审结206件(含旧存),切实维护了全国知识产权司法的统一。

知识产权民事案件的审判质量和效率不断提高。全国地方法院知识产权民事案件一审结案率从2009年的85.04%上升到2010年的86.39%;上诉率从2009年的48.82%上升到2010年的49.65%;再审率从2009年的0.33%下降到2010年的0.27%;上诉案件改判发回重审率从2009年的6.00%下降到2010年的4.57%。全国地方法院知识产权一审民事案件审限内结案率由2009年的97.38%上升到2010年的97.93%。

有效发挥诉前临时措施保护知识产权的独特作用。2010年,人民法院准确把握诉前停止侵权和诉前财产保全的适用条件,依法稳妥地裁定采取措施。全国地方法院依法慎重受理与知识产权有关的诉前临时禁令申请案件,共计55件,裁定支持率89.74%;受理诉前证据保全申请案件294件,裁定支持率97.46%。注意依法积极采取证据保全措施,切实减轻当事人的举证负担。受理诉前财产保全申请案件126件,裁定支持率97.41%。如福建省福州市中级人民法院在涉台知识产权审判中慎用诉前禁令等措施,帮助台湾企业实现"软着陆",做到"不影响生产、不影响形象、不影响稳定",产生了良好的社会效果。

人民法院审理的不少案件,不仅涉及错综复杂的具体法律适用问题,还涉及相关经济、社会和文化领域的价值判断和司法导向问题。这些案件较为典型地反映了当前知识产权案件影响力大、审理难度大、法律适用争议大、社会关注度高等特点。如伊莱利利公司诉江苏豪森药业股份有限公司侵犯发明专利权纠纷案、王群诉上海世博会法国馆侵犯发明专利权纠纷案、程润昌诉龚举东等侵犯实用新型专利权纠纷案、陈建诉富顺万普印务有限公司著作权纠纷案、微软公司诉大众保险股份有限公司侵犯著作财产权纠纷案、(法国)拉科斯特股份有限公司诉(新加坡)鳄鱼国际机构私人有限公司等侵犯商标专用权纠纷案、中国天府可乐集团公司(重庆)诉重庆百事天府饮料有限公司等侵犯技术秘密纠纷案、北京百度网讯科技有限公司诉中国联合网络通信有限公司青岛市分公司等不正当竞争纠纷案、林金山诉福建省农业科学院果树所等植物新品种权属纠纷、华润矽威科技公司诉南京源之峰科技公司侵犯集成电路布图设计专有权纠纷案等。

(二)知识产权行政审判支持和监督依法行政的功能得到进一步强化

2010年,知识产权行政一审收结案数大幅上升,主要集中在商标行政案件。全国地方法院新收一审知识产权行政案件2590件,同比上升25%;审结2391件,同比上升21.31%。其中,新收专利案件551件,同比下降17.51%;商标案件2026件,同比上升47.23%;著作权案件2件,同比下降50%;其他案件11件。最高人民法院新收和审结知识产权行政案件60件和56件。商标行政案件上升的主要原因是申请商标评审委员会评审案件大幅上升、评审案件起诉率升高以及商标评审委员会集中清理积压案件等。在审结的案件中，维持 1776 件，占 74.28%；撤销 330 件，占 13.80%；撤诉 162 件，占 6.78%；驳回诉讼请求 87 件，占 3.64%；驳回起诉 30 件；移送 4 件，以其他方式结案 1 件。

一审涉外、涉港澳台知识产权行政案件大幅上升，共计 1004 件，占知识产权行政一审结案的 41.99%。其中，审结涉外知识产权行政一审案件 815 件，涉港案件 98 件，涉澳案件 11 件，涉台案件 80 件。

二审知识产权行政案件数量增幅较大。全国法院新收知识产权行政二审案件 394 件，审结 240 件，其中维持原裁判 206 件，改判 20 件，发回重审 1 件，撤诉 9 件，驳回 4 件。产生较大社会影响的案件有日本本田技研株式会社与国家知识产权局专利复审委员会、石家庄双环汽车股份有限公司等外观设计专利权无效行政纠纷案、山西杏花村汾酒厂股份有限公司与国家工商行政管理总局商标评审委员会、第三人安徽杏花村集团有限公司“杏花村”商标异议复审行政纠纷案等。

（三）知识产权刑事审判惩治和震慑犯罪的功能得到进一步发挥

2010 年，一审知识产权刑事案件增幅较大，全国法院新收一审案件 3992 件，同比上升 9.58%。其中侵犯知识产权罪 1294 件（假冒注册商标等侵犯注册商标案件 1153 件），同比上升 26.99%；生产、销售伪劣商品罪案件中涉及侵犯知识产权的 596 件，同比下降 6.73%；非法经营罪案件中涉及侵犯知识产权的 2078 件，同比上升 6.62%；其他案件 24 件。

全国法院共审结涉及知识产权侵权的一审刑事案件 3942 件，同比上升 7.7%；判决发生法律效力 6001 人，其中有罪判决 6000 人。在审结案件中，以侵犯知识产权犯罪判决的案件 1254 件，生效判决人数 1966 人，同比分别上升 24.53% 和 22.49%；以生产、销售伪劣商品犯罪（涉及侵犯知识产权）判处案件 609 件，生效判决人数 926 人；以非法经营罪（涉及侵犯知识产权）判处的案件 2054 件，生效判决人数 3068 人；以其他犯罪判处的涉及侵犯知识产权的案件 25 件，生效判决人数 41 人。在以侵犯知识产权犯罪判决的案件中，以假冒注册商标罪判决的案件 585 件，生效判决人数 1028 人；以销售假冒注册商标的商品罪判决的案件 345 件，生效判决人数 459 人；以非法制造、销售非法制造的注册商标标识罪判决的案件 182 件，生效判决人数 253 人；以假冒专利罪判决的案件 2 件，生效判决人数 3 人；以侵犯著作权罪判决的案件 85 件，生效判决人数 142 人；以销售侵权复制品罪判决的案件 5 件，生效判决人数 10 人；以侵犯商业秘密罪判决的案件 50 件，生效判决人数 71 人。其中刘兆龙假冒注册商标罪等案件引起社会的普遍关注。

（四）强化案件调解，注重矛盾化解

人民法院认真执行最高人民法院下发的《关于进一步贯彻“调解优先、调判结合”工作原则的若干意见》。在案件审理中，坚持合法自愿原则，对依照法律可以调解、根据案情能够调解、调解处理效果更好的案件，首先选择调解方式解决纠纷。注重规范调解工作，正确处理调判关系，对不宜调解以及调解不成的，及时依法作出裁判。坚持在拓展调解领域、规范司法调解程序、注重调解质量和提高调解效率上下功夫。

2010 年，人民法院知识产权诉讼调解工作朝制度化、规范化、理性化方向发展，诉讼调解工作上了一个新的水平。全国知识产权民事一审案件平均调解撤诉率达到 66.76%，同比上升 5.68 个百分点。最高人民法院成功调撤知识产权疑难案件 24 起。如法国拜尔农科股份公司诉安徽华星化工股份有限公司涉外专利侵权案、西安强生公司与上海强生公司商标侵权纠纷案等，这些案件的成功调解不仅使当事人满意，而且在社会上产生了非常好的反响。上海、天津等地高级人民法院出台了进一步加强知识产权民事纠纷调解的指导性意见。广东、河北、四川、河南、广西、贵州等地省高级人民法院以及北京市第二中级人民法院、福建省福州市中级人民法院等不断探索和总结出了一整套规范化的调解方法。

（五）以公开促公正，以公正赢公信

人民法院坚持“阳光司法”，通过公开确保公正。进一步明确立案、庭审、执行、听证、文书、审务六个方面必须公开的内容、程序和方法，创造性地通过新闻发布会制度、法院开放日活动、网络直播等多种方式提高知识产权审判的透明度，促进了知识产权审判的公正，规范了知识产权司法自由裁量权的行使，赢得了知识产权司法的公信力，真正做到"阳光司法"。最高人民法院在"12·4"公众开放日首次选定旁听知识产权案件庭审。湖南省法院系统建立人大代表旁听庭审和庭审网络直播长效机制,定期邀请人大代表旁听知识产权案件庭审。辽宁省法院系统普遍配备了信息化、智能化程度较高的知识产权审判法庭,将庭审互联网直播进行常态化管理。福建、云南等地高级人民法院以及福州、昆明等地中级人民法院通过网络直播让更广泛的民众能够及时了解知识产权案件的庭审情况。

推出知识产权保护白皮书制度,全面展示人民法院知识产权司法审判工作。2010年4月,最高人民法院首度发布《中国法院知识产权司法保护状况(2009年)》白皮书(中英文),在对改革开放30年以来的知识产权司法保护工作进行简要介绍的同时,全面回顾总结了人民法院2009年的知识产权司法保护工作,充分展示了中国法院知识产权司法保护所取得的成就,彰显了中国对知识产权进行保护的决心和信心。这是最高人民法院首次以白皮书的形式向国内外全面公开介绍人民法院知识产权司法保护状况,是人民法院进一步贯彻落实国家知识产权战略和加强知识产权司法保护工作的重要举措。天津、重庆、山东、广西、四川、甘肃、河北等地高级人民法院发布2009年度知识产权保护白皮书,江苏省高级人民法院发布2009年度知识产权司法保护蓝皮书,这些白皮书(蓝皮书)的公布对当地的知识产权审判情况进行了全面系统的介绍,让全社会了解知识产权审判,接受社会的检验和监督,确保知识产权司法的公平正义。

最高人民法院在继续办好"中国知识产权裁判文书网"的同时,"知识产权司法保护子网站"在最高人民法院官方网站上正式开通,这两个网站成为人民法院司法保护知识产权成果的权威信息发布平台。通过这两个网站,社会公众可以及时了解和掌握人民法院知识产权司法保护的动态和信息。截至2010年底,已经有41 696份生效知识产权裁判文书通过"中国知识产权裁判文书网"公开。各地法院继续通过地方法院网及时公开各类知识产权审判工作信息。

二、关注经济社会发展的知识产权司法需求,贯彻实施国家知识产权战略有新突破

2010年,人民法院始终坚持能动司法理念,找准知识产权审判工作服务经济社会发展大局的切入点,紧紧围绕国家关于加快经济发展方式转变和保持经济平稳较快发展的战略部署,继续深入贯彻实施国家知识产权战略,为促进经济社会又好又快发展提供坚强有力的知识产权司法保障。

(一)始终坚持知识产权能动司法理念,积极服务国际国内大局

党的十七大提出加快经济发展方式转变的重大战略任务之后,2010年7月,最高人民法院发布《关于为加快经济发展方式转变提供司法保障和服务的若干意见》。该《意见》明确提出要妥善审理各类知识产权案件,保障和服务推动自主创新,加强对重点领域知识产权的司法保护,促进战略性产业发展,促进自主品牌的形成和品牌经济的发展,维护企业的核心竞争力,维护公平竞争的市场秩序,促进文化创新,繁荣文化市场等。

2010年2月,为积极应对后国际金融危机时期知识产权审判出现的新情况、新挑战,最高人民法院组织召开"后国际金融危机时期知识产权司法保护研讨会",深入研究如何充分发挥知识产权审判职能,减弱和化解国际金融危机给我国经济社会带来的不利影响。4月,为贯彻落实党中央关于深入推进三项重点工作的决策部署和全国高级法院院长会议精神,最高人民法院在河南洛阳召开全国法院知识产权审判工作座谈会,认真研究部署新形势下的知识产权审判工作,明确新形势下知识产权审判的主要任务和工作措施。会后,全国各高级人民法院结合当地工作实际,迅速召开会议部署贯彻落实会议精神。

为确保上海世博会、广州亚运会和亚残运会等国家重大活动的顺利开展,人民法院积极主动为这些重大活动提供知识产权司法保障和服务。最高人民法院组成专门调研组,赴上海市高级人民法院和上海世博会事务协调局就世博知识产权司法保护问题进行调研,指导相关地方法院妥善审理相关知识产权案件。上海市高级人民法院出台了专门的关于审理涉世博知识产权案件适用法律的指导意见,明确涉世博知识产权纠纷的法律适用标准,制定了知识产权审判服务保障世博工作方案。广州市中级人民法院与亚组委及其法律顾问单位举办"加强亚运会知识产权保护座谈会",全面了解亚运会知识产权保护的司法需求,并就加强亚运会知识产权保护提出司法建议。

人民法院积极响应国务院组织的"打击侵犯

知识产权和制售假冒伪劣商品”专项行动，加大打击侵犯知识产权犯罪的力度。加强与检察、公安、工商、版权、海关等部门的合作，形成合力，共同促进中国知识产权事业又好又快发展。积极开展知识产权司法建议工作，为其他部门更好地落实国家知识产权战略提供参考。如山东、湖南等地高级人民法院针对网络环境下公证保全证据的司法建议。广东省高级人民法院在审判中发现一些外国企业有将知识产权作为遏制竞争的商业工具，打压、遏制中国同业竞争者的现象，向相关单位发出司法建议，提出应加强知识产权预警机制建设，建立知识产权涉外应对和维权援助机制。山东省高级人民法院就知识产权审判工作如何保障和服务经济发展方式转变提出了具体意见，明确知识产权司法保护的定位及重点领域。四川省高级人民法院出台专门意见，指导全省知识产权司法工作紧密围绕加快经济发展方式转变开展。

（二）积极推动知识产权领域的司法改革，知识产权审判体制和工作机制进一步完善

人民法院不断强化知识产权司法改革意识，继续抓好国家知识产权战略关于人民法院工作的贯彻落实，积极推动知识产权审判体制和工作机制的改革和完善，知识产权审判体系进一步优化。

稳步推进由人民法院的知识产权审判庭统一受理知识产权民事、行政和刑事案件（即“三审合一”）的试点工作。2010 年 7 月，最高人民法院在江苏省昆山市召开“知识产权审判庭集中审理知识产权民事、行政和刑事案件试点工作座谈会”，来自中央有关部门和部分开展“三审合一”试点法院的代表参加了会议。最高人民法院新增批准福州市中级人民法院、厦门市中级人民法院、深圳市、佛山市、中山市两级人民法院以及福州市鼓楼区人民法院、厦门市思明区人民法院开展“三审合一”试点工作。截至 2010 年 12 月底，全国已有 5 个高级法院、49 个中级法院和 42 个基层法院开展了相关试点。

继续完善知识产权案件管辖布局，进一步优化审判资源配置。2010 年 1 月，最高人民法院发布《关于调整地方各级人民法院管辖第一审知识产权民事案件标准的通知》和《关于印发基层人民法院管辖第一审知识产权民事案件标准的通知》，全面调整和统一明确了各级法院知识产权民事案件级别管辖标准。在严格控制技术类案件和驰名商标案件管辖权法院的同时，适当增加管辖一般知识产权案件的基层法院，鼓励中、基层法院开展跨地区划片集中管辖，探索指定部分基层法院管辖部分专利案件。最高人民法院批复同意江苏省昆山市人民法院开展试点审理实用新型和外观设计专利纠纷案件。至此，已有两个基层人民法院开展了审理实用新型和外观设计专利纠纷案件的试点工作。截至 2010 年 12 月底，具有专利、植物新品种、集成电路布图设计案件和涉及驰名商标认定案件管辖权的中级人民法院分别为 76 个、44 个、46 个和 41 个，具有一般知识产权案件管辖权的基层法院达到 101 个。

相关地方法院根据司法改革的精神，结合当地的实际，制定细化方案，切实抓好民事、行政、刑事案件“三审合一”试点工作以及审判工作。如浙江、内蒙古等地高级人民法院加强与检察院、公安厅协调，就知识产权审判“三审合一”试点工作中刑事司法保护问题出台相关指导性意见，确保试点工作顺利进行。

（三）加强知识产权审判制度创新，努力提高知识产权司法水平

针对知识产权案件技术性、专业性强的特点，最高人民法院始终重视建立和完善司法鉴定、专家证人、技术调查等相关诉讼制度，同时鼓励与指导有条件的法院在专利等技术性案件审判中积极探索开展技术调查的有效方式和具体做法。

2010 年 4 月，最高人民法院与中国科学技术协会联合签署知识产权司法保护合作备忘录，为最高人民法院和中国科学技术协会在知识产权司法保护领域加强合作提供了长期稳定的操作平台，建立最高人民法院特邀科学技术咨询专家库，袁隆平、钟南山等 11 位两院院士受聘担任最高人民法院科学技术咨询专家。最高人民法院注重发挥科技专家在提供知识产权司法保护宏观政策咨询、提供案件科技专业问题的智力支持和协调解决知识产权纠纷的作用。该项措施作为大力推进知识产权审判改革的一项重大举措，标志着人民法院在完善知识产权纠纷解决机制、提高知识产权司法保护水平方面又上了一个新台阶。上海、江苏、青海、河北、浙江、广西、山西等地高级人民法院积极探索建立和完善案件技术事实查明机制，建立技术专家咨询库，试行专家陪审员和专家证人制度，这些机制和制度的建立在解决专业技术难题方面发挥了重要作用，提高了知识产权案件的审判质量。厦门市中级人民法院尝试建立

知识产权审判的保密令制度，较好地解决了诉讼中商业秘密保护问题，解除当事人维权的后顾之忧。

（四）加大知识产权司法保护宣传力度，打造“4·26”世界知识产权日宣传周平台

人民法院以“4·26”世界知识产权日为契机，努力打造“4·26”世界知识产权日宣传周平台，采取切实可行的方式，立体、多视角地广泛宣传我国知识产权司法保护所取得的成就，充分展示知识产权法官的风采，努力树立中国知识产权司法保护的良好形象。2010年“4·26”世界知识产权日宣传周期间，最高人民法院召开了新闻发布会，首度发布了《中国法院知识产权司法保护状况（2009年）》白皮书（中英文），发布了2009年中国法院知识产权司法保护10大案例和50件典型案例、《最高人民法院知识产权案件年度报告（2009）》、《最高人民法院关于审理商标授权确权行政案件若干问题的意见》等重要知识产权司法文件，与中国科学技术协会联合签署知识产权司法保护合作备忘录等。全国地方法院也都根据最高人民法院的要求，在宣传的广度和深度上狠下功夫，既注重宣传的内容，又注重宣传的形式，既重视发挥传统宣传方式的作用，又注意新型宣传方式的利用，既发挥中央媒体的作用，也发挥地方和国外媒体的作用，充分利用报纸、电视台、电台、广播、网站、书刊、标语等载体，组织法官大力宣传知识产权司法保护的重大意义、司法政策和所取得的新成就，对于社会公众提高知识产权意识起到了积极的作用。江苏省法院系统成功举办了江苏知识产权专业化审判十五周年纪念大会暨知识产权保护与利益平衡研讨会，出版《创新与发展——江苏法院知识产权审判十五年成果集》《辉煌的历程美好的未来纪念画册》。浙江省高级人民法院召开知识产权新闻发布会，回答了来自40家境内外新闻媒体中外记者的提问。湖北省高级人民法院与《科技与法律》媒体合作，开辟宣传司法保护知识产权专栏。新疆生产建设兵团分院在活动期间，发放知识产权知识问答卷6000份，展出展板60多块。海南、西藏等地法院也都采取各种方式，广泛宣传人民法院知识产权保护的成就。

（五）加强知识产权国际交流与合作，提升中国知识产权司法保护的国际影响力

2010年，在国际经济一体化、国际知识产权保护制度国际化进程不断加快的大背景下，人民法院牢固树立国际眼光，加强知识产权国际交流与合作，不断提高知识产权审判水平，注重提升中国知识产权司法保护的良好国际形象。通过外事活动，积极回应外方的关注，澄清有关误解，宣传我国知识产权保护成就，维护国际形象。最高人民法院派员参加中欧知识产权工作组会议、中美商贸联委会知识产权工作组会议、中瑞知识产权工作组会议，积极参加中欧知识产权项目二期的有关活动，全面展示我国保护知识产权取得的成果，表明中国对知识产权司法保护的立场和决心，维护国家利益。人民法院继续通过中美、中欧、中瑞（士）、中俄、中日、中巴等之间的对话及专门的知识产权工作组机制和日本知识产权官民联合访华团等渠道，加强经贸领域的知识产权交流与合作。最高人民法院知识产权法官共接待日本、美国等高层代表团近百人来访，同时在全国法院系统范围内根据工作需要组织优秀法官对美国、日本、欧洲等国进行考察访问，选派法官前往这些国家进行培训和交流。浙江省高级人民法院接待了美国知识产权法律协会成员和美国联邦巡回上诉法院法官，与他们就感兴趣的知识产权司法保护进行了深入交流。

三、统一知识产权法律适用尺度，审判监督和业务指导有新推进

法律适用统一是法律面前人人平等的内在要求，是司法公正和权威的必然体现，是法治国家的根本特征。2010年，人民法院始终高度重视知识产权法律适用的统一，抓准影响裁判公正和司法标准统一的突出问题，不断创新和加强审判管理，进一步健全审判监督和业务指导的工作机制和制度，切实维护知识产权司法公正和统一。

（一）加强知识产权司法政策调控，规范知识产权审判裁量权行使

最高人民法院根据各类知识产权的不同特点和保护需求，明确了分门别类、区别对待和宽严适度的宏观司法政策，进一步明晰和细化知识产权案件的司法政策并通过各种方式保障知识产权案件司法政策的贯彻和落实，有效地发挥了司法政策的宏观调控作用，推进了知识产权审判工作的规范化和统一性。

2010年4月，最高人民法院发布《最高人民法院关于审理商标授权确权行政案件若干问题的

意见》。这是最高人民法院首次以规范性文件的方式,对商标授权确权行政案件的若干司法审查标准提出指导性意见。该意见明确了相关法律界限,统一了司法标准,对于人民法院正确履行司法审查职责和规范商标授权确权行为,具有重要意义。同年 11 月,最高人民法院发布《关于做好涉及网吧著作权纠纷案件审判工作的通知》。该通知针对涉及网吧著作权纠纷案件中存在的突出问题,及时明确了该类案件的审理原则和具体标准,对依法保护当事人的著作权,有效制止侵权行为,促进信息传播和规范传播秩序,推动相关互联网文化产业健康发展发挥了重要作用。

(二)积极探索知识产权案例指导制度,及时发布知识产权典型案例

人民法院始终高度重视典型案例在知识产权审判中的重要示范作用,将典型案例的挑选和推广作为一项重要工作,努力加强案例指导工作的规范化、制度化和长效化建设。2010 年 4 月,最高人民法院发布《最高人民法院知识产权案件年度报告(2009)》。在对 2009 年最高人民法院审结的已有最终结论性意见的典型知识产权案件进行系统梳理的基础上,挑选出其中的 37 件典型案例,总结出典型案例裁判文书中已经明确的 44 个典型法律适用问题,以年度报告的形式向社会集中公布。发布年度报告,是最高人民法院对自身审理的典型案件的集中展示,是创新审判指导方式的探索和尝试,也是推进司法公开、接受各界监督的重大举措。发布 2009 年度全国法院知识产权司法保护 10 大案件和 50 个典型案例,充分发挥案例示范效应。10 大案件和 50 件典型案例覆盖了知识产权民事、行政和刑事三大诉讼领域,包含了专利权、植物新品种权、著作权、商标权及不正当竞争等几乎全部知识产权案件类型。这些典型案件生动地向社会展现了人民法院加大知识产权司法保护力度、维护权利人合法利益、合理确定权利界限的职能作用,有助于社会公众提高知识产权法治观念,推动了自主创新和诚信守法的竞争文化的形成。全国各地法院通过不同形式评选出当地的知识产权典型案例和优秀案例,天津、重庆、山东、安徽、福建、湖南、四川、黑龙江等地省高级人民法院公布当地的十大典型案例。广西壮族自治区高级人民法院建立了典型案例指导制度。陕西省西安市中级人民法院发布了知识产权司法保护经典案例。

(三)加强知识产权审判专题调研,注重提高知识产权司法解释和司法解释性文件的质量

人民法院牢固树立"以调研促审判"理念,高度重视知识产权审判调研工作,为出台高质量的司法解释和司法解释性文件奠定坚实基础。通过召开专题研讨会、请专家讲课、举办法官论坛、实地考察、撰写调研报告、出版书籍等形式不断提高调研的水平,注重成果转换。2010 年,最高人民法院组织全国相关法院有针对性地开展了广泛的专题调研活动,及时有效地研究解决了司法实践出现的突出问题,加强了对新类型案件适用法律问题的调查研究。重点开展了网络环境下著作权司法保护、专利授权确权案件审理标准、商标授权确权案件的调研、未经行政许可的境外作品的著作权保护问题、网吧的著作权侵权问题、商业秘密司法保护、"十二五"期间知识产权司法保护制度研究、审理垄断民事纠纷案件适用法律问题、知识产权行政审判中的法律适用问题、探索建立知识产权上诉法院相关问题等多项调研,通过调研活动充分了解和掌握了知识产权领域的司法现状和动态,形成了丰富的调研成果,在调研充分成熟的基础上适时出台知识产权司法解释和司法解释性文件。其中对未经行政许可的境外作品的著作权保护问题、网吧的著作权侵权问题以及商标授权确权案件审理标准在调研的基础上及时提出了专门性的审判指导意见。各地法院也形成了一批有审判指导价值的调研成果。经过多年的养成,注重研究和加强学习已经成为知识产权法官的职业素养。知识产权审判理论专业委员会与其他部门共同主办"纪念《著作权法》颁布 20 周年暨著作权保护基础理论研讨会",编辑出版《中国知识产权审判理论研究》(第二辑)。北京市高级人民法院出版《知识产权经典案例》(第 5、6 卷)及《网络著作权经典案例》三部专著。

(四)拓宽知识产权审判业务指导途径,切实履行知识产权审判业务指导职责

2010 年,上级人民法院不断拓宽知识产权审判业务指导途径,通过制定司法解释、发布司法文件、出台指导性意见、开展专项调研、召开专业会议、进行专题培训、创办内部刊物、发布指导性案例等多种形式,切实担负起了对下级人民法院进行知识产权审判业务指导的职责,统一了知识产权司法裁判尺度,规范了知识产权自由裁量权的

行使，确保了知识产权司法公正。最高人民法院总结申请再审案件的审判经验，归纳全国法院在审判中出现的问题，就重点问题有针对性地加强对下指导。对类似案件进行研究协调，指导相关法院正确适用法律。对驰名商标司法认定进行专项规范，深入开展认定驰名商标案件的评查，驰名商标司法保护步入规范化轨道。上海市高级人民法院制定知识产权侵权纠纷中适用法定赔偿方法确定赔偿数额的指导性司法文件，明确适用法定赔偿方法的若干基本原则。吉林省高级人民法院组织优秀知识产权审判法官到全省各中级人民法院举办巡回讲座。湖南、宁夏等地高级人民法院建立系列案协调解决机制。山西省高级人民法院建立和完善上下级法院的联系报告制度。天津市高级人民法院编辑《2005—2009 年天津知识产权审判大事记》以及《天津法院知识产权审判》。黑龙江、山西、甘肃等地高级人民法院编写了知识产权审判指导等方面的书籍。

四、加强知识产权法官队伍建设，知识产权法官队伍整体素质有新提高

队伍建设始终是人民法院工作的根本。2010 年，人民法院紧密结合知识产权审判工作实际，创新和加强审判管理，加强知识产权法官队伍建设，深入开展“人民法官为人民”主题实践活动，大力培养广大知识产权法官“公正、廉洁、为民”的司法核心价值观，努力建设一支政治坚定、业务过硬、一心为民、公正廉洁的高素质知识产权法官队伍。

（一）始终注重在提升知识产权司法能力上下功夫

不断提高法官队伍的司法能力是保障社会公平正义的必然要求。2010 年，人民法院一如既往地将业务学习和培训作为提升知识产权法官队伍司法能力的重要工作抓紧抓好，注重对法官专业知识和审判技巧的提升，深入开展学习型审判庭建设，加强审判管理，完善健全学习和培训制度，注重培养一批专业型、专家型法官。切实将基层基础建设尤其是基层法院的知识产权审判基础建设作为一项紧迫的工作任务抓紧抓好，在业务培训中，除了最高人民法院采取举办会议研讨和培训班等措施以外，高、中级人民法院也担负起了业务培训的责任，创新专业法官培养方式，增强业务培训的针对性和实效性，采取集中培训、上下对口交流、庭审观摩、案件评查等各种形式加强审判指导工作。知识产权法官不断加强自我学习，不仅注重学习知识产权法律新知识，上级法院的司法文件和典型案件裁判，还注重学习科技基础知识。不少法院特别是案件压力较大的法院，注意将具有理工专业知识背景的人员充实到知识产权审判队伍中。最高人民法院在国家法官学院举办了两期全国法院知识产权审判实务培训班，近 200 名知识产权法官参加了培训。不少法院组织开展各种形式的岗位标兵、办案能手评选活动。江西、青海等中西部地区法院组织法官到东部发达地区观摩学习、跟班学习。上海、湖南、广东等地高级人民法院与国家知识产权局专利复审委员会等知识产权专门机构建立人员长期交流机制。重庆、山东、广东、河北、新疆、内蒙古、广西、辽宁等地省高级人民法院通过各种形式加强对法官的培训。

（二）始终注重在改进知识产权司法作风上下功夫

作风就是形象，作风就是公信力。2010 年，人民法院继续深入推进司法作风建设，开展群众观点教育，树立司法为民宗旨，增强知识产权法官的群众观念和意识，保持优良作风。组织开展知识产权法官进社区、进企业、进学校、进团体等活动，充分听取知识界、新兴产业界、企业界、社会团体以及人民群众关于改进知识产权司法保护工作的意见和建议，密切同人民群众的联系。山东、江苏、辽宁、四川、内蒙古、贵州、黑龙江等地省高级人民法院加强与企业联系，了解行业发展的情况，提高企业保护自身知识产权的意识。江西省萍乡市中级人民法院成立知识产权援助中心，为企事业单位和个人提供免费的咨询、建议等服务。天津市和平区人民法院在和平区六号院文化创意产业园区内创建巡回法庭。广大知识产权法官努力树立公正、廉洁、为民的司法核心价值观，不断提高自身的职业道德水平，切实履行好最高人民法院公布的《法官职业道德基本准则》《法官行为规范》《人民法院文明用语基本规范》。充分发挥先进典型示范作用，深入学习“群众信服的好法官”陈燕萍、“时代先锋”全国优秀法官龙进品等先进典型。北京市高级人民法院知识产权庭被世界知识产权组织授予“世界知识产权组织版权金奖”。上海市高级人民法院知识产权审判庭荣获“世博会知识产权保护专项行动先进集体”称号。

(三)始终注重在促进知识产权司法廉洁上下功夫

司法廉洁是司法公正的职业道德保障,事关人民司法事业兴衰成败。2010 年,人民法院继续强化知识产权法官队伍的廉政建设,制度监督和道德约束并重。进一步强化司法廉洁教育,采取更加有效的形式,避免机械说教,集中开展警示教育,增强拒腐防变意识。严格落实"五个严禁"及各项反腐倡廉制度,铲除滋生腐败的土壤。最高人民法院指导地方各级人民法院进一步增强自觉接受监督的意识,强化监督制约,积极完善监督制约机制,努力促进司法公正廉洁,不断提高司法公信力。

(最高人民法院知识产权审判庭)

知识产权刑事司法保护工作

2010 年,全国各级人民法院全面落实《国家知识产权战略纲要》,依法行使刑事审判职能作用,打击侵犯知识产权犯罪;加大理论研究,着力解决审判工作中的疑难问题;加强与其他部门的合作,共同促进中国知识产权事业又快又好发展,使全国知识产权刑事司法保护工作又迈上一个新台阶,为建设创新型国家提供了有力的司法保障。

一、高度重视,统筹部署知识产权刑事审判工作

最高人民法院历来高度重视知识产权刑事司法保护工作,把审理侵犯知识产权刑事案件作为一项重要审判任务来抓。2010 年 10 月,国务院决定开展打击侵犯知识产权和制售假冒伪劣商品专项行动,最高人民法院快速反应,积极部署,狠抓落实,根据《打击侵犯知识产权和制售假冒伪劣商品专项行动方案》的要求和人民法院的职能,制定了《最高人民法院〈关于贯彻执行打击侵犯知识产权和制售假冒伪劣商品专项行动方案〉的工作计划》,下发了《最高人民法院关于积极开展打击侵犯知识产权和制售假冒伪劣商品专项行动,做好相关审判工作的通知》,对下级法院审理侵犯知识产权和制售假冒伪劣商品刑事案件提出具体要求,确保专项行动取得的成果发挥长期效应。在为期九个月的专项行动中,最高人民法院加大与检察、公安、工商、版权、海关等部门的合作,形成了打击侵犯知识产权的合力。与国家版权局、最高人民检察院、公安部等部门联合督办了一批重大侵犯知识产权案件,取得了良好的效果。参与国务院组织的督查工作,赴河北、黑龙江、吉林、辽宁等省,检查各地开展打击侵犯知识产权和制售假冒伪劣商品专项行动的情况。

二、依法审判案件,严厉打击侵犯知识产权犯罪

知识产权刑事审判惩治和震慑犯罪的功能得到进一步发挥。2010 年,一审知识产权刑事案件增幅较大,全国法院新收一审案件 3992 件,同比上升 9.58%。其中侵犯知识产权罪 1294 件,同比上升 26.99%;生产、销售伪劣商品罪案件中涉及侵犯知识产权的 596 件,同比下降 6.73%;非法经营罪案件中涉及侵犯知识产权的 2078 件,同比上升 6.62%;其他案件 24 件。

全国法院共审结涉及知识产权侵权的一审刑事案件 3942 件,同比上升 7.7%;判决生效人数 6001 人,其中有罪判决 6000 人。在审结的案件中,以侵犯知识产权犯罪判决的案件 1254 件,生效判决人数 1966 人;同比分别上升 24.53%和 22.49%;以生产、销售伪劣商品犯罪(涉及侵犯知识产权)判处案件 609 件,生效判决人数 926 人;以非法经营罪(涉及侵犯知识产权)判处的案件 2054 件,生效判决人数 3068 人;以其他犯罪判处的涉及侵犯知识产权的案件 25 件,生效判决人数 41 人。在以侵犯知识产权犯罪判决的案件中,以假冒注册商标罪判决的案件 585 件,生效判决人数 1028 人;以销售假冒注册商标的商品罪判决的案件 345 件,生效判决人数 459 人;以非法制作、销售非法制造的注册商标标识罪判决的案件 182 件,生效判决人数 253 人;以假冒专利罪判决的案件 2 件,生效判决人数 3 人;以侵犯著作权罪判决的案件 85 件,生效判决人数 142 人;以销售侵权复制品罪判决的案件 5 件,生效判决人数 10 人;以侵犯商业秘密罪判决的案件 50 件,生效判决人数 71 人。

三、深入调查研究，强化审判监督指导工作

面对侵犯知识产权刑事案件的逐年上升以及不断涌现的新型侵犯知识产权犯罪案件，最高人民法院加强调查研究，着力解决实践中存在的突出问题。在深入调研和论证的基础上，形成了《最高人民法院、最高人民检察院、公安部关于办理侵犯知识产权刑事案件适用法律若干问题的意见》（以下简称《意见》）征求意见稿。在广泛征求专家学者、知识产权行政主管部门、各级公检法意见的基础上，经过多轮修改完善，于 2010 年底形成《意见》会签稿，完成了下发前的全部工作，使《意见》于 2011 年 1 月 10 日得以正式下发。《意见》对公安机关、人民检察院、人民法院在办理侵犯知识产权犯罪案件中遇到的疑难问题作出了明确的规定。诸如行政执法部门收集、调取证据的效力问题、尚未附着或者尚未全部附着假冒注册商标标识的侵权产品价值是否计入非法经营数额的问题、“未经著作权人许可”的认定问题、犯罪竞合的处理问题等十六个影响知识产权案件侦查、起诉、审判工作的重大疑难问题均得以解决，从而扫除了法律障碍，为更有力打击侵犯知识产权犯罪提供了又一法律武器。

此外，2010 年 7 月，最高人民法院刑二庭会同中国外商投资企业协会优质品牌保护委员会在四川成都举办“知识产权刑事审判工作研讨会”，来自最高人民法院、最高人民检察院、公安部、国家版权局以及 20 余个省市的高级、中级、基层人民法院的法官及多家国内外知名企业代表共计七十余人参加了会议，就知识产权刑事审判实践中的诸多问题进行了研讨。研讨会共收到代表提交的研讨论文、案例 50 余篇，涉及知识产权刑事司法保护重大疑难问题 10 余个，按专题编印成 40 余万字的交流文集供会议交流。

四、强化能动司法，加大知识产权保护力度

在依法审判侵犯知识产权犯罪的同时，人民法院坚持能动司法理念，通过积极开展各项工作，加大对知识产权的保护力度。

（一）制宣传，营造良好舆论氛围

2010 年 12 月最高人民法院发布七件侵犯知识产权的典型案例。这些案例涵盖对著作权、商标权、商业秘密等的保护，案例发布取得了良好的社会效果。各地人民法院也通过各种形式大力宣传国家保护知识产权的政策和法律法规，提高全社会的知识产权保护意识，营造社会各界共同抵制、打击侵犯知识产权犯罪的强大舆论声势。

（二）提出司法建议，积极参与综合治理

人民法院通过提出司法建议等方式，对有关单位和个人在知识产权保护方面存在的问题提出建议，完善保护知识产权制度，对预防犯罪起到了积极作用。

（三）参与国际交流，提升国际影响力

2010 年，最高人民法院加强知识产权的国际交流与合作，参加了中欧知识产权工作组会议、中瑞知识产权工作组会议等多边、双边对话，积极回应外方的关注，澄清有关误解，展示我国积极打击侵犯知识产权犯罪的立场，维护良好国际形象。

（最高人民法院刑二庭　王　珅）

检察机关保护知识产权工作

知识产权保护制度对于促进科学技术进步、文化繁荣和经济发展具有重要意义和作用。随着经济的发展，中国也越来越意识到知识产权的发展是自身发展的一种需要，保护知识产权已成为中国经济自身发展的内生原动力。由此中国提出了建设创新型国家的战略目标，并于 2008 年 6 月 5 日颁布《国家知识产权战略纲要》，全面加强了中国知识产权工作。因而检察机关一贯致力于知识产权保护事业，并将这个纲要列为检察工作科学发展的一项重要内容，积极推动知识产权保护工作。最高人民检察院曹建明检察长多次要求全国各级检察机关要更加注重对知识产权的司法保护，加强调查研究，积极参加保护知识产权的专项行动，努力营造有利于自主创新的法制环境。2010 年，最高人民检察院采取切实措施，会同公安部、监察部、商务部组织开展“对行政执法机关

移送涉嫌犯罪案件专项监督活动”，并积极部署全国检察机关参加“打击侵犯知识产权和制售假冒伪劣商品专项行动”。全国检察机关认真落实《2010年国家知识产权战略实施推进计划》和《2010年中国保护知识产权行动计划》的有关要求，充分发挥法律监督职能作用，切实加强知识产权司法保护，认真履行批捕、起诉、立案监督、侦查活动监督、查办职务犯罪等职能，督促行政执法机关移送涉嫌侵犯知识产权犯罪案件，监督公安机关及时立案侦查，坚决依法查办侵犯知识产权违法犯罪背后的国家工作人员职务犯罪，不断加大对侵犯知识产权犯罪的打击力度，依法保护知识产权人的合法权利。主要体现在以下几个方面：

一、认真履行批捕、起诉等法律监督职能，依法严厉打击侵犯知识产权犯罪

检察机关充分发挥检察职能作用，与行政执法机关、公安机关等部门密切配合，依法及时批准逮捕、起诉涉嫌侵犯知识产权的犯罪分子。据统计，2010年，检察机关共受理提请批准逮捕涉及侵犯知识产权犯罪案件（涉及知识产权犯罪案件是指包括刑法分则第三章第七节侵犯知识产权罪、数罪中含侵犯知识产权罪和他罪中含侵犯知识产权行为的案件）1887件3368人，比2009年的1492件2667人分别上升26.5%和26.3%；批捕1566件2613人，比2009年的1256件2119人分别上升24.7%和23.3%。在批准逮捕的案件中，涉及三资企业10件，外资来源地分别为美国18件，日本1件，法国4件，德国2件，其他国家和地区110件；遭受侵权损害的国家和地区分别是美国26件，日本6件，英国3件，法国24件，德国1件，韩国2件，其他国家和地区139件。共受理移送审查起诉涉及侵犯知识产权犯罪案件2207件4122人，比2009年的1931件3518人分别上升14.3%和17.2%；起诉1697件3066人，比2009年的1535件2695人分别上升10.6%和13.8%。在起诉的案件中，涉及三资企业35件，外资来源地分别为美国48件，日本4件，法国5件，德国4件，韩国2件，其他国家和地区157件；遭受侵权损害的国家和地区分别是美国56件，日本14件，英国6件，法国25件，德国3件，澳大利亚1件，韩国5件，其他国家和地区147件。批捕、起诉涉及侵犯知识产权犯罪案件具体包括以下三种情况：

（一）批捕、起诉侵犯知识产权犯罪案件情况

2010年，检察机关共受理提请批准逮捕侵犯知识产权犯罪案件1317件2410人，比2009年的1048件1838人分别上升25.7%和31.1%；批准逮捕1084件1864人，比2009年的855件1402人分别上升26.8%和下降33.0%，其中侵犯商标权988件1705人，侵犯专利权0件0人，侵犯著作权55件96人，侵犯商业秘密权41件63人。在批准逮捕的案件中，涉及三资企业（三资企业是指在批准逮捕或决定起诉的涉嫌侵犯知识产权犯罪中遭受侵权损害的中外合资、中外合作、外资独资企业）10件，外资来源地（外资来源地是指在批准逮捕或决定起诉的涉嫌侵犯知识产权犯罪中遭受侵权损害的三资企业中外商投资资金来源地）分别是美国12件，日本1件，法国4件，德国2件，其他国家和地区66件；遭受侵权损害的国家和地区分别是美国26件，日本6件，英国3件，法国24件，德国1件，韩国2件，其他国家和地区85件。2010年，检察机关共受理移送审查起诉侵犯知识产权犯罪案件1702件3321人，比2009年的1378件2605人分别上升23.5%和27.5%；起诉1284件2416人，比2009年的1041件1911人分别上升23.3%和26.4%。其中侵犯商标权1157件2169人，侵犯专利权3件5人，侵犯著作权76件157人，侵犯商业秘密权48件85人。在起诉的案件中，涉及三资企业35件，外资来源地分别是美国48件，日本4件，法国5件，德国4件，韩国2件，其他国家和地区112件；遭受侵权损害的国家和地区分别是美国55件，日本12件，英国5件，法国25件，德国3件，澳大利亚1件，韩国5件，其他国家和地区89件。

（二）批捕、起诉数罪中含侵犯知识产权罪案件情况

2010年，检察机关受理提请批准逮捕和批准逮捕数罪中含侵犯知识产权罪案件（数罪中含侵犯知识产权罪是指一人犯数罪并应分别定罪处罚的，主罪为非侵犯知识产权罪的其他罪名，按照统计规则应当以主罪进行统计的案件）均为0件0人；共受理移送审查起诉数罪中含侵犯知识产权罪案件3件9人，起诉3件7人。

（三）批捕、起诉他罪中含侵犯知识产权行为案件情况

2010年，检察机关共受理提请批准逮捕他罪

中含侵犯知识产权行为(他罪中含侵犯知识产权行为是指以其他罪名认定的案件中涉及侵犯知识产权的行为,但根据《刑法》的犯罪构成标准,其侵犯知识产权的行为尚不构成侵犯知识产权罪或虽构成侵犯知识产权罪,但按竞合原则被其他罪名吸收的案件)的案件 570 件 958 人,比 2009 年的 444 件 829 人,分别上升 28.4%和 15.6%;批准逮捕 482 件 749 人,比 2009 年的 401 件 717 人分别上升 20.2%和 4.5%。在批准逮捕的案件中,企业的外资来源地涉及美国为 6 件,其他国家和地区为 44 件;遭受侵权损害的国家和地区是 49 件。共受理移送审查起诉他罪中含侵犯知识产权行为的案件 502 件 792 人,比 2009 年的 551 件 911 人分别下降 8.9%和 13.1%;起诉 410 件 643 人,比 2009 年的 455 件 848 人分别下降 9.9%和 24.2%。在起诉的案件中,企业的外资来源地涉及其他国家和地区为 45 件;遭受侵权损害的国家和地区分别是美国 1 件,日本 2 件,英国 1 件,其他国家和地区 57 件。

二、建立健全行政执法与刑事司法衔接机制,切实纠正对侵犯知识产权犯罪打击不力的现象

有关知识产权行政执法部门在行政执法中发现涉嫌犯罪的案件应当立即移送公安机关,不能以罚代刑。这里就存在一个行政执法与刑事司法如何有效衔接的问题。行政执法与刑事司法衔接,是检察机关会同公安机关和有关行政执法机关探索实行的旨在防止以罚代刑、有罪不究,形成执法司法合力的行之有效的工作机制。我国在知识产权保护中实行的是司法与行政执法“两条途径、并行运作”的机制,加强行政执法与刑事司法的衔接配合,及时移送涉嫌犯罪案件既能促进执法资源的充分有效的利用,又是保证这一双轨模式有效运行的重要条件和基础。

针对一些地方存在的对侵犯知识产权犯罪执法不严、有罪不究、打击不力的现象,检察机关从行政执法与刑事司法衔接不够紧密这一症结入手,努力解决行政处理多而移送司法机关追究刑事责任少的问题。近年来,检察机关高度重视运用法律监督职能,推进行政执法与刑事司法相衔接工作,为规范行政执法与刑事司法相衔接工作,2001 年 9 月最高人民检察院颁布了《人民检察院办理行政执法机关移送涉嫌犯罪案件的规定》,2004 年 3 月与全国整规办、公安部联合下发《关于加强行政执法机关与公安机关、人民检察院工作联系的意见》,2006 年 1 月与全国整规办、公安部、监察部联合下发《关于在行政执法中及时移送涉嫌犯罪案件的意见》。这几个文件的出台,对推动行政执法与刑事司法的有效衔接、加大对侵犯知识产权犯罪的打击力度发挥了积极作用。按照这些规范性文件的要求,各级检察机关与行政执法机关、公安机关共同研究贯彻落实的具体措施,制定或者完善了联席会议、信息通报、案件移送、监督制约等制度,对行政执法机关向公安机关移送涉嫌犯罪案件、向检察机关抄送备案以及公安、检察机关审查案件的具体程序、期限等,作了进一步规范。检察机关通过认真审查行政执法机关抄送备案的《行政处罚决定书》,查阅案件材料,从中发现涉嫌犯罪的案件线索,督促行政执法机关及时移送公安机关。衔接工作的开展有效地加大了对侵犯知识产权犯罪的打击力度。据统计,检察机关批捕、起诉的侵犯知识产权犯罪案件,呈逐年上升趋势。

近年来,许多地方的检察机关加强与公安机关、相关行政执法机关的沟通联系,创新工作机制,突破以往“大走访、大排查”的工作模式,依托检察机关、公安机关与行政执法机关的网络平台,积极推动行政执法与刑事司法相衔接信息共享机制建设,采取“网上排查、一键移送、远程会商”等工作方式,极大地整合了执法、司法资源,节约了办案成本,提高了监督效率,收到明显成效。实现行政执法与刑事司法相衔接的关键是建设行政执法机关与刑事司法机关信息共享平台,利用高科技手段对行政执法机关移送涉嫌犯罪案件情况进行监督,解决了知情权的问题。信息共享平台的主要功能包括案件移送、执法监督、案件咨询、预警提示和案件管理等。信息共享的内容主要是行政执法机关查处的行政违法案件信息、移送的涉嫌犯罪案件信息、公检法机关对受理移送案件的办理信息等。通过信息共享平台,监察机关、检察机关可以对行政执法机关相关行政处罚和移送涉嫌犯罪案件情况进行实时监督,督促行政执法机关依法行政,严格、公正执法,防止以罚代刑;也便于公安机关发现行政执法机关未依法移送的涉嫌犯罪线索,及时予以立案侦查,增强打击犯罪力度;行政执法机关也可以通过信息共享平台监督公安机关、检察机关对所移送案件的处理,督促公安机关、检察机关依法办案。经过几年的努力,从全国范围来看,上海、江苏、云南 3 个省(市)已经在全省(市)范围内基本建立了信息共享平台,北京、吉林、浙江、山东、河南、湖北、广东、重庆、四川9个省(市)也部分建立或者试点建立了信息共享平台。实践表明,信息共享平台的建立,确实发挥了很大作用,检察机关监督行政执法机关移送涉嫌犯罪案件的力度明显增强。如,上海市建立信息共享平台后,随着监督力度的加强,行政执法机关的执法行为也越来越规范,该市2010年建议移送涉嫌犯罪案件的件数和人数明显下降。目前,大部分地区在行政执法与刑事司法相衔接信息共享平台建设上已达成共识。特别是近年来,已有23个省级人大常委会先后出台关于加强人民检察院法律监督工作的决议(决定),均对加强行政执法与刑事司法相衔接、建立和完善信息共享机制提出要求。2010年,全国检察机关进一步加大工作力度,监督行政执法机关移送涉嫌犯罪案件工作取得新的进展。根据对全国各地上报的数据进行统计,2010年,全国检察机关监督行政执法机关移送涉嫌犯罪案件3448件。此外,还监督公安机关立案侦查侵犯知识产权犯罪案件31件,比2009年的22件上升40.9%。

2010年1月,经过认真研究、论证,最高人民检察院向国务院法制办报送《行政执法与刑事司法衔接工作情况及落实相关司法改革任务的建议》,为国务院法制办制定两法衔接的改革措施意见,作出了积极贡献。

三、严肃查办侵犯知识产权违法犯罪背后的国家工作人员的职务犯罪,坚决打掉其"保护伞"

有案不移、有案不立、以罚代刑、重罪轻判,既有对刑事追诉或定罪量刑标准认识不一、工作失误的问题,也有利益驱动乃至徇私舞弊、贪赃枉法的问题。侵犯知识产权违法犯罪活动之所以屡禁不止、屡打不绝,往往与负有监管、查处职责的国家工作人员滥用职权、失职渎职密切相关。能否在严厉打击侵犯知识产权犯罪的同时,严肃查处与其相关的徇私舞弊、贪赃枉法、滥用职权、玩忽职守等职务犯罪,打掉其背后的"保护伞",是保护知识产权工作能否取得更大成效的关键。因此,各级检察机关积极整合侦监、公诉和自侦等各部门资源,加强工作衔接,形成法律监督合力,在立案监督和审查批准逮捕、审查起诉中注意发现和掌握侵犯知识产权违法犯罪背后的国家工作人员职务犯罪线索,对于涉嫌构成犯罪的坚决依法查办,2010年,检察机关共立案侦查徇私舞弊不移交刑事案件的职务犯罪案件61件105人。

同时,检察机关还积极参加国家知识产权战略实施工作,针对办案中发现的监管、执法中存在问题,通过走访交流、制发检察建议等形式,积极促进相关知识产权执法部门改进工作,有效地促进了知识产权保护工作。

四、检察机关开展对行政执法机关移送涉嫌犯罪案件专项监督活动情况

为维护社会主义市场经济秩序,促进依法行政,推动行政执法与刑事司法有效衔接,2010年10月12日,最高人民检察院会同公安部、监察部、商务部联合下发《关于开展对行政执法机关移送涉嫌犯罪案件专项监督活动的工作方案》。方案下发后,全国各地检察机关与公安机关、监察机关、商务主管部门加强协作配合,联合召开有各行政执法机关参加的联席会议,结合本地实际制定工作方案,积极开展"专项监督活动",取得了初步成效。

(一)积极走访行政执法机关,排查涉嫌犯罪案件线索

各地检察机关会同公安机关、监察机关、商务主管部门积极走访当地国土资源、环保、农业、文化、卫生、税务、工商、质检、新闻出版、知识产权、烟草专卖、食品药品监督等有关行政执法机关,查阅台账和案卷材料,了解2008年以来作出行政处罚或涉嫌犯罪尚未移送公安机关的案件情况。同时,建议行政执法机关对办理的行政违法案件情况、衔接机制的运行情况开展自查,并向检察机关、公安机关、监察机关和商务主管部门进行通报。通过走访和查阅,摸排了一批涉嫌犯罪而未移送或作行政处罚的案件线索。

(二)突出工作重点,加大对移送侵犯知识产权犯罪案件的监督力度

各地检察机关根据排查掌握的涉嫌犯罪案件线索,结合本地实际情况,紧紧围绕人民群众反映强烈、影响社会和谐稳定的突出问题,以与人民群众生活息息相关的经济领域作为切入点,加大对行政执法机关移送涉嫌犯罪案件的监督,特别是突出了对移送侵犯知识产权犯罪案件的监督,实现了"两个专项"互为依托、相互促进的工作局面。江苏省南京市秦淮区质监局在执法过程中发现一起销售假冒LV国际一线品牌箱包、手表的案件。秦淮区人民检察院获知后及时介入审查,发现该案涉案金额高达600余万元,已超过刑事追诉标

准，遂建议区质监局将该案移送公安机关立案，并提前介入侦查，依法快捕快诉4名犯罪嫌疑人。

（三）推动“两法衔接”信息平台建设，增强监督的准确性和及时性

在“专项监督活动”中，许多地方的检察机关在当地党委、政府的组织领导和支持下，加强与公安机关、相关行政执法机关的沟通联系，创新工作机制，突破以往“大走访、大排查”的工作模式，依托检察机关、公安机关与行政执法机关的网络平台，积极推动“两法衔接”信息共享机制建设，采取“网上排查、一键移送、远程会商”等工作方式，极大地整合了执法、司法资源，节约了办案成本，提高了监督效率。河南省洛阳市人民检察院通过“两法衔接”信息共享平台，发现市工商局查获了一批假冒茅台酒，价值60多万元，经审查后认为已涉嫌犯罪，建议市工商局将案件移送公安机关立案查处。洛阳市工商局在收到建议当天，即将案件移送公安机关立案侦查。

（四）强化督促检查，深入推进“专项监督活动”

为推动工作深入开展，2010年11月，最高人民检察院联合公安部、监察部、商务部相关部门组成督查小组，赴广东省，采取座谈与走访相结合的方式，对开展“两个专项”工作进行了督促检查。此外，最高人民检察院还先后派员赴甘肃、内蒙古、黑龙江、重庆等地就两法衔接问题开展相关调研和督促工作。

各省级人民检察院也认真落实最高人民检察院的统一部署和要求，积极开展各种形式的督查活动，及时掌握下级院的工作情况，加强业务指导，确保专项活动顺利开展。云南省检察院与省公安厅、监察厅、商务厅组成两个联合督查组，深入曲靖、玉溪、红河、德宏等地区，走访当地烟草专卖、林业、税务等重点部门，召开联席会议，共同研究解决实际问题，确保“专项监督活动”顺利开展。其中，联合督查组在德宏州指导烟草专卖局移送了一起涉案金额120余万元的销售假烟案件，检察机关批准逮捕4名犯罪嫌疑人，为下级院开展专项工作提供了有力支持。

（五）加强对“专项监督活动”的信息报送、经验推广和宣传报道

各地检察机关积极向上级检察机关报送“专项监督活动”的信息，向同级公安机关、监察机关、商务部门通报工作情况。上级检察机关加强了信息综合和经验推广。各级检察机关还注重加强对“专项监督活动”的宣传，及时向新闻媒体通报“专项监督活动”的工作部署、经验做法和典型案例，为“专项监督活动”营造了良好舆论氛围。宁夏回族自治区人民检察院积极与宁夏广电总台联系，采取“走进直播间”的形式，由自治区院领导就开展“专项监督活动”的相关问题进行了解答，并与听众进行互动。今年“3·15”期间，重庆市人民检察院侦监处会同宣传处推出了“两个专项”专题报道，当地各大新闻媒体都进行了报道，收到了良好的宣传效果。

五、积极参与“打击侵犯知识产权和制售假冒伪劣商品专项行动”，并做好其他各项保护知识产权工作

2010年10月，国务院组织开展“打击侵犯知识产权和制售假冒伪劣商品专项行动”以来，各级检察机关高度重视，行动迅速，按照最高人民检察院通知和电视电话会议的要求，成立了专项行动领导小组和办公室，并结合本地实际，细化工作方案，确定重点打击对象，对重大案件进行督办，确保了检察环节的快捕快诉，同时加强与公安机关、人民法院的沟通配合，做了大量工作，形成了对侵犯知识产权和制售假冒伪劣商品犯罪的严打态势，取得了阶段性进展。

（一）高度重视，加强组织领导

最高人民检察院对开展“专项行动”高度重视，曹建明检察长多次作出重要批示，要求全国检察机关积极参与，务求取得实效。为全面落实国务院关于“专项行动”的工作部署和要求，确保检察机关参与“专项行动”的工作得以顺利开展，最高人民检察院于2010年11月11日下发了《关于积极参与“打击侵犯知识产权和制售假冒伪劣商品专项行动”的通知》，对全国检察机关积极开展“专项行动”进行动员部署。为了加强对专项行动的领导，最高人民检察院专门成立了以党组副书记、常务副检察长胡泽君任组长，副检察长邱学强、朱孝清、检委会专职委员杨振江任副组长，办公厅、政治部、侦监厅、公诉厅、反贪总局、渎职侵权检察厅、法律政策研究室负责人为成员的领导小组，办公室设在侦监厅，负责对全国检察机关开展“专项行动”的指导协调、案件督办、信息综合等

工作。2010 年 12 月 1 日，最高人民检察院召开全国检察机关“打击侵犯知识产权和制售假冒伪劣商品专项行动”电视电话会议，胡泽君常务副检察长发表重要讲话，要求全国检察机关充分认识开展专项行动的重大意义，认真履行法律监督职责，依法严厉打击侵犯知识产权和制售假冒伪劣商品犯罪活动。2010 年 12 月 17 日，经最高人民检察院党组同意，侦查监督厅设立立案监督处（对外亦称保护知识产权处），将“负责与国务院有关行政执法机关的联络工作和指导全国检察机关对行政执法机关不移送涉嫌犯罪案件的监督工作，以及检察环节保护知识产权的协调指导工作”列为一项主要职责。

最高人民检察院召开电视电话会议后，各省级检察院高度重视，积极动员部署，成立“专项行动”领导小组，并结合本地实际制定工作方案，积极开展工作。部分市、县级检察院也相应成立了组织机构，落实了工作责任。北京市检察机关采取专案专办的模式，指定政治过硬、作风优良的业务骨干负责办理侵犯知识产权案件。广东省珠海市人民检察院成立了全国首个高新区知识产权检察室，专门负责侵犯知识产权案件的批捕、起诉和诉讼监督工作，积极开展知识产权保护宣传服务。

（二）依法履行检察职能，保持对犯罪的高压态势

在“专项行动”中，各级检察机关依法批捕、起诉了一大批案件，有力地震慑了犯罪，取得了较好的法律效果和社会效果。在办案中，检察机关全面履行法律监督职能，加强与有关部门的协调配合，对重大案件及时介入公安机关侦查活动，积极引导取证，确保办案质量和效率。上海市金山区人民检察院获悉公安机关破获了公安部督办的兰玉中销售假冒伪劣卷烟案后，及时派出经验丰富的办案人员提前介入，引导侦查，从涉案物品证据固定、价值确认等方面提出意见，确保了案件的快速高效办理。

（三）突出重点，挂牌督办重大案件

针对侵犯知识产权和制假售假犯罪活动在一些地区和领域比较严重的情况，检察机关会同相关职能部门，对破坏市场经济秩序、危害群众切身利益的重大案件进行了集中督办。2010 年 11 月 30 日和 12 月 21 日，最高人民检察院联合全国“扫黄打非”办公室、新闻出版总署、公安部、最高法院对两批 26 件侵犯知识产权重大案件进行了挂牌督办。此外，最高人民检察院还对辽宁本溪市怀特石油化工有限公司特大假冒商标标识案、宁夏吴忠市马跃强等人生产三聚氰胺超标奶粉案等 9 起案件进行了挂牌督办。为加大对挂牌督办案件的办理力度，最高人民检察院确定专人负责，定期与各省级检察院联系，随时掌握案件的办理进度和相关情况，逐案进行督办，要求对进入检察环节的案件快捕快诉。

此外，部分省级院也根据本地实际，对一批群众反映强烈、社会影响大的侵犯知识产权案件进行了挂牌督办。为加大对重点案件的办理力度，促进“专项行动”的深入开展，最高人民检察院还派人参加了国务院组织的中央联合督查组，赴有关省开展督查工作，督促、指导各地落实各项措施，加大挂牌督办案件办理进度，确保“专项行动”取得实效。

（四）制定下发司法解释，指导办案

为指导司法机关准确办理侵犯知识产权刑事案件，加大对知识产权的保护力度，最高人民检察院会同最高人民法院、公安部有关部门对办理侵犯知识产权犯罪案件的有关问题开展了专题调研，并出台了《最高人民法院、最高人民检察院、公安部关于办理侵犯知识产权刑事案件适用法律若干问题的意见》，对侵犯知识产权犯罪案件的管辖、证据收集、相关犯罪的认定等作出规定，引起了国内外的广泛关注，体现了对侵犯知识产权犯罪的从严打击，有力地指导了各地司法机关的办案工作。

此外，最高人民检察院会同国家知识产权局等 7 部门组织开展“世博会知识产权专项保护行动”，充分发挥检察职能，保障了世博会的顺利举办，全国检察系统共有 90 个先进集体和个人获得表彰。最高人民检察院还会同国家知识产权局、国家工商总局等部门联合下发了加强广州亚运会知识产权保护的通知，加强对广东等地办理亚运会知识产权案件的指导，确保了亚运会的顺利举办。

六、重视打击侵犯知识产权犯罪宣传工作

充分发挥检察机关所属媒体《检察日报》、正义网及其他媒体的宣传主导作用，积极拓展宣传渠道，丰富宣传形式，全面宣传检察机关打击侵犯知识产权犯罪的重要部署、工作情况、阶段成果、

典型案例和经验做法，充分展示检察机关依法打击侵犯知识产权犯罪的决心和力度。如《检察日报》于2010年4月21日刊登《广东东莞：在刑事司法与行政执法间架一座桥》，4月24日刊登《打击侵犯知识产权犯罪，尚需磨砺刑罚剑锋》，4月25日刊登《知识产权：从个案保护到长效服务》等文章，介绍了检察机关贯彻落实《国家知识产权战略纲要》的情况以及在打击侵犯知识产权违法犯罪方面发挥的作用。尤其自国务院部署开展"打击侵犯知识产权和制售假冒伪劣商品专项行动"（以下简称"专项行动"）以来，高度重视对检察机关开展"专项行动"的宣传报道，明确部署，广泛动员，积极开展各项宣传工作，努力形成良好的舆论氛围。具体措施和情况如下：

（1）专门下发通知，做好周密部署。下发《关于积极做好检察机关打击侵犯知识产权和制售假冒伪劣商品专项行动宣传工作的通知》，要求全国各地检察机关加大宣传力度，把"专项行动"作为当前检察新闻宣传工作的重点切实抓紧抓好，突出重点，有序推进，确保宣传效果。

（2）及时掌握工作情况，编发工作简报和专刊。最高人民检察院"专项行动"领导小组办公室确定专人，及时掌握全国各级检察机关开展"专项行动"情况，特别是挂牌督办案件的办理进度，及时编发工作简报和专刊。

（3）充分利用报刊、广播电视、网络等媒体进行宣传报道。根据开展"专项行动"情况，积极联系新华社、人民日报、中央电视台、中央人民广播电台、《法制日报》等中央主要新闻媒体进行新闻报道，集中宣传检察机关开展"专项行动"情况。最高人民检察院会同最高法院、公安部出台《关于办理侵犯知识产权刑事案件适用法律若干问题的意见》后，最高人民检察院副检察长孙谦应邀出席了国务院新闻办召开的新闻发布会，最高人民检察院副检察长朱孝清接受中央电视台专访，就检察机关办理侵犯知识产权犯罪案件情况，回答了记者提问，宣传效果很好。此外，《检察日报》及所属"正义网"开设了"专项行动"专栏，连续刊发检察机关批捕、起诉侵犯知识产权和制售假冒伪劣商品犯罪案件的情况和战果，同时，在最高人民检察院门户网和各地检察机关所属媒体上及时刊载相关报道，形成宣传合力，营造宣传声势。

七、加强办理知识产权犯罪案件的培训工作

2010年4月，最高人民检察院分别在广东省东莞市、湖北省武汉市举办了两期"知识产权培训班暨'网上衔接，信息共享'经验推广会"，来自国内外的专家，分别围绕知识产权制度与经济社会发展、知识产权刑事保护的定位与争议、保护世博会知识产权相关内容、中国检察机关保护知识产权的主要做法以及欧洲司法机构保护知识产权的措施等专题，结合案例进行了介绍。与会人员还参加了两地检察院召开的"经验推广会"，听取了关于建立"网上衔接，信息共享"平台的经验介绍，这两次活动得到了中国外商投资企业品牌保护委员会、中欧知识产权项目组的大力支持，是三方成功合作的范例。

八、积极参与国际交流与合作

最高人民检察院积极参与知识产权司法保护的外交谈判、出国考察、交流和培训活动，加强与知识产权国际组织和有关国家的交流合作，介绍检察机关在知识产权刑事司法保护方面所做的工作，有力地配合了对外知识产权谈判工作。2010年，最高人民检察院积极派员参加中欧知识产权工作组、中欧知识产权二期合作项目、中瑞知识产权工作组、中巴知识产权工作组、中日知识产权工作组、中美商贸联委会、WTO对华贸易政策审议、世贸组织知识产权理事会对话过渡性审议、中国贸易政策报告等会议，介绍检察机关的知识产权刑事保护工作。根据中欧知识产权项目二期计划安排，2010年12月，最高人民检察院侦查监督厅和有关省市院侦查监督处长组成中国检察官代表团赴欧洲对英国、法国和捷克三国的知识产权保护工作进行了考察学习。

（最高人民检察院侦查监督厅）

全国知识产权社团工作

中国知识产权研究会（第五届）

名誉理事长 任建新 周光召 姜 颖
理 事 长 杨正午
常务副理事长 张 勤 甘绍宁
副 理 事 长 （按姓氏笔画为序）
王 涛 王玉庆 王自强
刘春田 孙欣夫 许瑞表
吴大建 吴汉东 吴伯明
张 辉 张秀平 李 勇
李建昌 李顺德 陈志兴
陈美章 单晓光 周渝波
尚 明 武爱民 段瑞春
贺志辉 须一平 徐志武
郭庆存 梅永红 赵永吉
秘 书 长 张云才
副 秘 书 长 马秀山 焦 刚 赵 刚
翟丽凤 郜中林

2010年，在国家知识产权局正确领导和大力支持下，研究会紧紧围绕实施国家知识产权战略、促进知识产权事业发展这一中心，努力发挥社团组织作用，各项工作取得显著成效。

一、加强研究会建设

一是举行第五届届中理事大会，总结工作，部署任务，并增补1名副秘书长、4名常务理事和7名理事，理事会力量得到加强。二是申请并获批成为中国科协团体会员，在科协支持下，进一步扩大研究视野，拓展活动领域，促进事业发展。

二、大力开展学术交流和宣传培训活动

一是广泛开展学术交流。紧密结合形势需要，成功举办“4·26中外企业知识产权大会”、“国际知识产权环境论坛”、“中美知识产权研讨会”、“企业知识产权管理研讨会”、“后危机时代的中国企业知识产权机遇和核心竞争力论坛”等学术活动，取得良好社会效果。二是知识产权培训工作迈上新台阶。紧紧围绕知识产权战略实施、法律法规修改等重要工作，全年举办培训班20余期，培训3000余人次，对提高全社会知识产权意识、培养知识产权人才起到促进作用。

三、会员工作取得重大突破

为适应形势发展需要，大力加强会员发展、管理和服务工作，全年发展团体会员300余家。一是进一步明确和完善团体会员和个人会员服务内容，并加大落实力度。二是组织会员开展各类培训、研讨活动。三是出刊《知识产权竞争动态》18期、《中国知识产权研究会通讯》26期，向会员提供国内外最新知识产权信息，得到局领导和广大会员好评。四是研究会网站全面改版升级，并与会员单位网站链接，服务质量和效率明显提高。

四、课题研究工作取得显著进展

一是深入组织开展课题研究。为规范课题研究管理工作，制定《课题研究管理办法》，并以此为指导，完成“各行业专利技术现状及其发展趋势”研究工作；继续开展“重点领域专利技术分析报告”研究，并向相关部门和企业推介研究成果；与最高人民法院、专利复审委员会联合开展典型知识产权事件和专利纠纷案件分析研究工作，并编写《专利名案解读》。二是深入汕头等地企业，针对需求开展课题研究服务，促进了学术研究与经济社会发展的结合。三是由研究会牵头，联合局人才办、河北省知识产权局，建立起局高培人才与河北重点产业企业专利战略研究对接工作机制，探索了课题研究新路径。局办公室将该项工作编写政务信息报国务院。四是承担了局规划司、保护协调司和专利管理司委托的课题研究工作。

五、司法鉴定工作取得长足进步

一是研究会所属司法鉴定中心加强专家队伍建设，不断夯实业务基础，并努力培养勤奋、严谨、高效的工作作风，司法鉴定案件数量和鉴定水平显著提高，从以专利为主的鉴定业务扩展到商标、版权、商业秘密和计算机软件等多领域。二是办公环境全面改善，设置了接待室、配备了相关技术

设备，为司法鉴定工作创造了良好条件。

六、《知识产权》杂志工作富有成效

一是为充分凝聚各界力量促进杂志发展，制定了改进和加强了杂志理事会管理和服务工作的具体措施。二是为进一步突出《知识产权》杂志的学术地位和水平，加强编辑力量，细化编辑程序，并加大刊发知识产权名家文章的数量。三是杂志栏目及封面封底改版，进一步增强了杂志规范性和严肃性。四是被局推荐参加"第二届中国出版政府奖期刊奖"评选工作。

七、知识产权国际交流与合作不断深化

进一步巩固和建立与美日等国非政府组织间长期合作机制。一是组团赴美参加 AIPLA 年会，并与美国专利商标局、联邦巡回法院、高通公司等进行交流沟通。二是接待 AIPLA 代表团访华，精心安排代表团在京、杭、沪的活动，增进了了解和友谊。三是组团赴日参加知识产权国际研讨会，与日本知财学会就搭建亚洲学者交流平台达成共识，并签署长期合作协议。

八、制度建设成果显著

积极开展"制度建设年"活动。一是新制定《人力资源管理办法》等 6 项制度，修订《组织会议活动管理办法》等 4 项规章制度。二是切实贯彻落实制度。10 月开展 "制度建设月"活动，集中举办规章制度学习班，并将 17 项规章制度印制人手一册，加强监督检查。

（中国知识产权研究会）

中国专利保护协会（第二届）

名誉会长　路甬祥　徐匡迪　姜　颖
会　　长　王景川
副 会 长　干　勇　王明文　王雄姿
李　彬　宋柳平　陈一丹
张夕勇　邱则有　肖鲁青
邱智铭　郑永锋　赵　杰
郭小明　侯玉奇　胡佐超
顾莉萍　康克军　喻子达
董伟良　彭斯干　戴厚良
秘 书 长　肖鲁青（兼）

2010 年是实施"十一五"规划的最后一年，深入贯彻落实科学发展观，大力实施国家知识产权战略，不断提高企事业单位运用知识产权制度的能力，推进自主创新和创新型国家建设，促进国家经济社会全面发展，是中国专利保护协会各项工作的出发点和落脚点。在国家知识产权局及有关部门的大力支持下，在广大会员单位的积极参与配合下，保护协会认真总结经验，努力发展创新，各方面工作取得了新的成效。

一、深入开展企业知识产权服务

进一步拓展和深化企业知识产权服务。除为企业提供经常性的知识产权法律咨询、专利信息查询、专利检索、专利分析等工作外，还重点根据企业实施知识产权战略的需要，组织开展企业知识产权战略制定研究、对企业组建专利联盟开展调研和提供咨询指导、为企业专利维权诉讼提供支持等知识产权深度服务，促进企业提高运用知识产权制度、维护自身合法权益的能力。立足于会员需求，加大信息服务工作力度，改进网站信息服务和期刊编辑工作，为会员提供快捷、高效、有针对性的动态信息服务。组织会员企业推荐全国优秀专利奖评选项目，征求企业对提供知识产权服务的需求，利用协会的资源优势为企业提供服务。

二、积极反映企业知识产权诉求

协会积极发挥桥梁和纽带作用，先后对修改后专利法一些条款的实施、专利法实施细则、知识产权海关保护条例、专利电子申请规定、专利代理条例、专利行政执法办法等法规修改组织征求企业意见和建议，积极反映企业诉求，并提出意见和建议上报。协助国家知识产权局举办 2010 年国内企业保护知识产权座谈会，38 个会员企业参加了会议，6 个在会上发言，在搭建企业与政府之间沟通对话的平台方面发挥积极作用。

三、加强企业知识产权培训

加强企业知识产权培训工作，举办了知识产权法律法规研讨班、企业知识产权战略培训班、企业专利实务培训班等培训项目，有针对性地邀请政府部门领导、专家学者和企业知识产权管理专家，跨国公司、国外知识产权专家授课，还组织会员参加外单位举办的知识产权培训，为企业提供多方面的学习培训机会，培训效果得到企业的肯定。

四、深入实际开展知识产权课题研究

为加强课题研究的实用性，使研究成果能够为现实工作提供服务，协会开展了国际金融危机背景下跨国公司知识产权保护新动向及对策研究、中小企业对外专利申请资助情况、专利行政执法有关情况等专题调研；为我国企业发明人奖酬制度实施情况、汽车行业跨国公司在中国的专利保护状况及对策研究做开题准备。

五、开展对外交流与合作

对外交流方面，3月与日本知识产权协会共同举办"中日企业知识产权合作会议"；10月与美国知识产权所有人协会共同举办"中美企业知识产权研讨会"，各国企业就知识产权问题开展了深入交流与研讨；9月在京与台湾专利师协会代表团进行了交流；12月协会组织会员企业赴美、韩两国考察众多跨国公司的知识产权工作，与美国国际贸易委员会、联邦巡回法院、韩国知识产权协会等机构交流知识产权情况。

在国内，协会提议并召开全国知识产权保护协会工作交流会，各地保护协会交流了工作经验。组织会员参加"2010中外企业知识产权大会"、"中国国际知识产权论坛"等活动。加入了国际知识产权保护协会中国分会，成为其理事单位。

六、加强秘书处自身建设

根据民政部要求，开展了行业协会评估准备和考核工作。按照主管部门的部署，开展"制度建设年"活动，进行制度清理与整治，对各项制度进行查漏补缺，进一步健全规章制度，完善内部管理；开展"创先争优"、"建设学习型党支部"活动，要求领导干部和党员发挥模范带头作用，促进"创先争优"活动深入开展，推动协会各项工作。加强了队伍建设。

（中国专利保护协会）

中华全国专利代理人协会（第八届）

名誉会长 高卢麟 马连元
会长 杨 梧
副会长 王宏祥 马 浩 乔德喜 林柏楠 李 勇 林德纬 任 虹
顾问 须一平 戈 泊 李維英 吴大建
秘书长 李建蓉
副秘书长 曹玲玲 王 芸 王启北

2010年，中华全国专利代理人协会在国家知识产权局的大力支持和指导下，认真落实《专利代理行业发展规划（2009—2015年）》，以服务创新型国家建设、促进专利代理行业又好又快发展为目标，充分发挥协会的领导、指导、引导和服务功能，扎实开展各项工作。截至2010年12月31日，我国专利代理机构达799家，专利代理人达6 461人。

一、进一步加强行业组织体系建设，充分发挥协会作用

2010年3月31日，中华全国专利代理人协会召开第八次全国会员代表大会，本次大会选举产生了由162名理事组成的第八届理事会。

为进一步完善常务理事工作机制，建立了常务理事工作会议制度。共召开了四次常务理事会、六次常务理事工作会议，几次会议紧紧围绕行业发展大计，提出了对《专利代理条例》的修改意见，讨论通过了《专利代理职业道德与执业纪律规范》修改草案、《中华全国专利代理人协会常务理事守则》修改草案等多项重要议题。在每年召开一次理事大会的基础上，利用信息化手段建立了与理事的电子邮件沟通机制，推动了协会各项工作的有效开展。在北京、重庆、广州、成都等地召开了10次专利代理机构所长会议，共有263名机构负责人参加会议。会议围绕行业热点问题进行了讨论。进一步发挥桥梁纽带作用，积极通过中共中央统战部、国家知识产权局反映专利代理行业的诉求；受理会员投诉，及时了解会员的意见和要求，维护会员的合法权益；对于会员承担社会责任的情况，进行宣传报道；积极组织开展各种专利代理业务培训和学术交流活动，并使会员享受一定程度的优惠；出版会刊《中国专利代理》并免费发放给每一位专利代理人和作者。不断加强秘书处的能力建设，建立健全秘书处内部管理制度，完善秘书处各部门职责，提高人员综合素质，进一步强化了协会秘书处各项服务功能，推动了秘书处日常运作的制度化，规范化。

二、进一步完善行业规章制度，加强行业自律监督

2010年，协会积极配合国家知识产权局和国务院法制办开展《专利代理条例》的修订讨论工作。完成了《专利代理职业道德与执业纪律规范》的修改工作，制定了《中华全国专利代理人协会会员纪律处分工作规程(试行)》。进一步完善专利代理行业培训制度，制定了《专利代理行业从业人员培训指南》《〈专利代理行业从业人员培训指南〉的实施意见》；发布了《专利代理人实务实习管理办法(试行)》《〈专利代理人实务实习管理办理〉的实施意见》；起草了《中华全国专利代理人协会高层次人才选拔工作办法》《中华全国专利代理人协会高层次人才培养(2010—2015)实施办法》。进一步发挥行业自律监督职能，做好投诉查处工作，对一些发明人反映的专利代理人在执业中的问题及时进行了调查，并对违纪行为严加处理，进一步规范了专利代理服务行为，维护了专利代理行业有序竞争的执业环境。积极配合国家知识产权局调查处理非正常申请工作，收集并整理专利代理机构和专利代理人关于国家知识产权局处理非正常申请的意见和建议，形成报告并呈报国家知识产权局。完成了“中国专利代理诚信信息平台”开发的相关工作并开始了系统的试运行。还起草并制定了《中华全国专利代理人协会受理投诉及查办工作流程》。为推动《专利代理服务指导标准》的贯彻实施，开展了《专利代理行业服务指导标准》的调研活动。进一步加强会员及执业证管理工作，完善了会员管理及执业证数据库建设，执行了执业证发放、变更和注销等信息的每月公布制度等。

三、进一步加大教育培训力度，提升专利代理人的能力和水平

2010 年，针对不同类型的培训对象和不同技术领域，开展了多种类型、不同层次的培训和交流研讨活动，共举办培训活动 32 期，累计培训专利代理人 3400 人次，占专利代理人总数的 50%左右。分别为举办了 5 期专利代理人上岗培训班，6 期审查动态培训，5 期专利审查与专利代理交流研讨会，5 期《审查指南》的宣讲活动人。此外，还举办了两期知识产权公益讲座活动、组织了涉外业务培训活动。

四、加强行业信息化建设，大力推广电子申请客户端管理系统

2010 年 11 月 22 日，电子申请客户端管理系统(简称 EAC)通过终验投放使用。协会在国家知识产权局的指导下，大力开展了 EAC 系统的宣传、推广、培训工作。全国共 281 家专利代理机构，556 人参加了培训学习。

五、进一步深化对外交流合作，扩大行业的国际影响力

2010 年，共接待来自 WIPO、美国、日本、韩国等国际组织或国家的外宾 11 次，共 47 人，召开 5 次国际研讨会或座谈会；与中国知识产权研究会、美国知识产权法律协会联合举办“中美知识产权研讨会”；与日本贸易振兴机构共同举办“中国外观设计制度研讨会”，就外观设计申请和保护等主题作了探讨；接待 WIPO 副总干事的来访；召开了中国专利代理人与日本审查员的座谈会；组织专利代理人参加 “中非知识产权研讨会”；共组织出访 2 次。派员参加国际会议 3 次。加强了国际化专利代理人才的培养，首次组团赴美国马歇尔法学院参加了美国专利法及实务培训项目等；继续做好 FICPI 中国分会的相关事务。组织召开了两次 FICPI 中国分会全体会议。

六、完善外部质量反馈系统，促进审查和代理的相互交流

2010 年，积极征集社会公众对专利审查质量的意见和建议，向国家知识产权局专利局提供有利于改进审查策略、加强内部管理的有价值的信息；聘请了 27 名专家，成立了专利审查质量外部反馈专家组，建立了专利审查专家与专利代理人专家的联动机制。

七、积极开展学术研究活动，增强专利代理人的业务水平

2010 年，完成了第八届学术委员会的改选，积极组织专利代理人开展了多项专利代理行业学术研究活动；设立了知识产权论坛制度，举办了以“实施国家知识产权战略，促进专利代理行业发展”为主题的首届知识产权论坛，近 300 人参加了论坛活动；在网站上建立了《中国专利代理》杂志检索系统，实现了《中国专利代理》杂志的电子化；举办了“中华全国专利代理人协会 2010 年高端学术研讨会”，开展了研讨会的征文活动，共计 230 人参加研讨活动；首次组织专利代理人参加了国家知识产权局举办的审查业务知识竞赛；承接了国家知识产权局给予经费支持的课题项目共 10 个，其中有“专利代理机构和专利代理人执行代理援助任务资格的确定”、“2009年向外专利申请及资助状况调查”等。

八、开展行业党建工作调研活动，做好行业统战相关工作

2010年，开展了专利代理行业党建工作问卷调查活动。根据调查情况，完成“专利代理行业党建工作报告”。继续做好中央统战部组织的新的社会阶层人士统战工作联席会议制度的相关工作。协会与中央统战部六局共同举办了以“加快经济发展方式转变”为主题的座谈会，向中央统战部报送了近50名专利代理行业领军人士名单；派出代表参加中央统战部召开的新的社会阶层人士与“十二五”规划论坛；派出3名代表参加中央统战部举办的新的社会阶层人士理论研究班和无党派人士理论研究班。

九、开展行业宣传活动，提升行业的社会影响力

2010年，通过多种方式和渠道，加强了对专利代理行业整体形象以及协会工作的宣传，例如重新编印了协会中英文版的简介；编辑了《专利代理行业文件汇编》；积极参与国家知识产权局举办的“4·26世界知识产权日”宣传活动；参加国家知识产权局在重庆举办的第四届“专利周”的宣传活动等。

（中华全国代理人协会）

中华商标协会

会　　长　李建中
秘 书 长　刘　燕
副秘书长　任　刚　刘　烨

2010年，中华商标协会以科学发展观为指导，坚持认真学习贯彻《国家知识产权战略纲要》和国家工商行政管理总局《关于贯彻落实〈国家知识产权战略纲要〉推进商标战略实施的意见》，充分发挥民间社会团体组织和全国商标行业唯一协会的两个特殊优势，为会员、企业、政府提供专业、人才、信息等各项知识产权服务，搭建对外交流合作平台，积极开展港、澳、台地区商标交流与合作，协调社会各方面力量，共同促进我国商标事业的发展。

一、深入贯彻《国家知识产权战略纲要》和《实施意见》，大力推进商标战略实施

2010年6月12日，国家工商行政管理总局召开了全国电视电话会议，对全国53个国家商标战略实施示范城市、41家示范企业授牌。9月又出台了《国家工商行政管理总局对国家商标战略实施示范城市（区）的扶持措施》和《国家工商行政管理总局对国家商标战略实施示范企业的扶持措施》，中华商标协会紧紧贯彻落实工商总局决定，利用中华商标网、会员通讯、中华商标杂志等平台对示范城市、示范企业进行了集中报道，向示范城市（区）及示范企业免费发送《中华商标》资料，协助工商总局全面推进商标战略示范工作，为推动以示范促进推广、以推广促进商标战略全面实施作出了自己的贡献。

二、重大活动

（一）举办2010中国商标年会

2010年9月1日至5日，中华商标协会在青海省西宁市举办了2010中国商标年会，本次商标年会紧紧围绕《国家知识产权战略纲要》和国家工商行政管理总局《关于贯彻落实〈国家知识产权战略纲要〉推进商标战略实施的意见》，紧密联系当前新的形势，举办了大力实施商标战略、促进发展方式转变主论坛，并借着新一轮西部大开发战略的东风，为加强西部与东部经济发达地区之间的交流合作、优势互补，进而为促进青海省乃至整个西部地区的经济跨越式发展提供了桥梁。本届年会在人民群众特别是西部人民群众中普及了商标知识，向广大企业特别是西部企业灌输了商标战略，引起了整个业界的强烈关注，取得了丰硕成果，得到了系统内外的充分肯定和一致好评。

（二）举办“4·26世界知识产权日”专题纪念活动

为配合世界知识产权日的宣传活动，中华商标协会与中国知识产权研究会等于4月25日共同主办了2010中外企业知识产权大会开幕式及主题报告会。

（三）举办全国中学生地理标志征文暨商标知识大赛

联合中国中学生报在2010年6月启动了第三届全国中学生商标知识竞赛及地理标志征文系列活动。调动了广大中学生参与商标战略实施的积极性，进一步提高了全社会尤其是广大青少年的商标意识。

三、编辑出版

中华商标协会积极编撰了《2010 中国商标年鉴》，并对 2008 年以前的商标工作档案作了归档和整理，力争将年鉴办成集权威性、资料性、实用性于一体，对商标管理部门、广大企业及商标从业人员系统、全面了解和研究我国商标工作起到指导和借鉴作用的大型实用刊物；编辑出版《会员通讯》；做好《中华商标》杂志网站改版工作；编辑出版了《中华商标—世博标志保护专刊》。

四、《商标法》修改

应国务院法制办的要求，中华商标协会对《商标法（修改送审稿）》进行了专题研究，先在协会内部征求了意见。代理分会为此专门召集了部分代理组织座谈，听取广大代理人对《商标法（修改送审稿）》的意见。2010 年 3 月 18 日，在厦门市工商局的协助下，中华商标协会还在厦门市组织召开了"《商标法（修订送审稿）》征求意见座谈会"，在进行了认真的研究和疏理之后，起草了《修改意见》，上报国务院法制办。

五、支持开展商标代理行业自律工作

为进一步做好商标代理分会工作，加强商标主管部门与商标代理组织的沟通和交流，商标代理分会举办了 4 次工作座谈会，分别就《商标法（修改送审稿）》、推进《纲要》工作安排、工商总局 2010 第 100 号文《关于修订部分商标申请书式说明的公告》和商标协会工作情况征求代理组织意见；召开了"全国商标代理人培训班"；举办了"第二次中外商标代理组织合作与发展峰会"，就建立新形势下商标代理行业行政监管、行业自律、代理组织内控"三位一体"的行业自律体系进行了充分的探讨，对代理分会地位的提升和影响的扩大起到了积极的作用。

六、探讨解决商标疑难问题

实施商标战略是个系统工程，需要认真研究新情况，及时解决新问题。利用协会丰富的专家资源，中华商标协会组织专家对我国目前动漫行业商标使用和保护状况进行了调查并召开了几次专家研讨会，就动漫产业自主商标的创立、商标战略的实施、海外维权机制的建立等专题展开研究。

七、为会员服务

2010 年，走访了中化、北大方正、联想等会员单位，同企业领导座谈，了解企业情况，征求他们对协会工作的意见和建议，共同商讨企业在商标管理工作中的经验和不足，制定企业今后商标发展战略。接待了摩卡、广州轻出集团等会员单位，帮助他们解决在实施商标战略过程中遇到的实际问题。在西单文化广场设立了法律咨询台，解答广大消费者提出的商标法律法规方面的问题。举办培训班，帮助会员单位不断提高商标管理水平。

八、交流与合作

（一）与港澳台地区的商标交流与合作

2010 年 4 月接待台湾佛教慈济基金会来访；9 月初，海峡两岸商务协调会组团参加 2010 中国商标年会；9 月中旬与海峡两岸商务协调会在贵州省贵阳市共同举办"2010 海峡两岸商标研讨会"，进一步交流两岸关注的商标管理和保护问题。两岸商标领域交往正逐步向制度性、机制性发展。香港知识产权署、澳门商标协会均组团参加了 2010 中国商标年会。

（二）国际交流与合作

参加了"中日商标研讨会"及两会"内部会议"，拜访了日本特许厅、韩国特许厅、日本知识产权高等法院、韩国知识产权保护协会。日本弁理士会、韩国特许厅分别组团来华参加了 2010 中国商标年会。

赴巴西、美国访问并参加在美国波士顿举行的第 132 届国际商标协会年会。

11 月上旬中华商标协会以观察员身份赴日内瓦参加了世界知识产权组织商标、地理标志和外观设计常设委员会第 25 次会议。赴德国拜访了德国商标协会，与德国商标界进行了沟通。

（三）与地方工商系统和商标协会联系

2010 年 9 月上旬召开了"全国商标协会秘书长联席会"，交流工作经验，广泛征求各地意见和建议。重大活动事先与各地商标协会沟通，争取支持。认真研究中华商标协会与地方商标协会合作机制。

（四）与其他行业专业协会合作

与中国绿色食品中心合作，举办"以商标为核心·绿色食品带动农产品发展论坛”。以“和谐共赢·共谋发展”为主题，举办了“外商投资企业商标保护与发展论坛”。

（中华商标协会）

中国版权协会（第四届）

名誉理事长 任建新
顾　　问 于友先　王正文　刘　杲　江　平　许力以　宋木文　陈昭宽　郭寿康　黄曙海　黄金富
理　事　长 沈仁干
常务副理事长 杨德炎　张秀平
副理事长（依姓氏笔画为序）
王化鹏　王甘文　王自强　韦见桦　白京兆　刘建中　刘春田　朱永德　李东生　齐相潼　吴汉东　陈　铎　陈建功　周慧琳　柳传志　赵大新　徐沛东　聂震宁　蒋志培　廖　奔
秘　书　长 杨德炎（兼）
副秘书长（依姓氏笔画为序）
刘义成　向安全　孙　悦　江　远　邹建华

2010年，中国版权协会深入学习贯彻科学发展观，按照国家版权局的工作部署安排协会工作，努力发挥协会的职能作用，进一步拓展了工作思路，创新工作理念和工作方法，基本上完成了年度工作计划，为推动版权保护的发展做了大量工作。

一、召开2010——版权之春联谊会

2010年1月25日，由中国版权协会、中国版权保护中心、北京市版权局、中国音像著作权集体管理协会、北京市版权保护协会等单位联合主办的版权之春——首都版权界新春联谊会在京举行。国家版权局副局长阎晓宏出席并致词，原新闻出版署署长、中国版权协会顾问宋木文、于友先，中国版权协会理事长沈仁干，中国作家协会副主席、中国文字著作权协会理事长陈建功，中国作家协会党组成员、书记处书记杨承志，中国音像协会会长于永湛，中国编辑学会会长桂晓风，中国期刊协会会长石峰，中国版权协会顾问、国家版权局版权管理司、中国版权协会与各主办方领导同志出席会议。首都版权界400余人参加联谊会。

中国版权协会理事长沈仁干代表各主办方致欢迎词。各主办方负责人向大家致以新春祝福。与会人士广泛交流、畅叙友情，表示携手努力为版权保护事业发展贡献力量。

二、开展行业自律活动，推动互联网版权保护

1月20日下午，由国家版权局支持、中国版权协会主办的《中国互联网行业版权自律宣言》发布仪式在京举行。新闻出版总署（国家版权局）、公安部、工业和信息化部有关部门领导，中国版权协会、北京市版权局、中国互联网协会等行业组织和境内外相关权利人组织的负责人，101家互联网企业领导和40家媒体记者共180人参加了发布仪式。搜狐网董事局主席兼首席执行官张朝阳代表101家网站宣读了自律宣言。人民网、央视网、新华网等101家网站代表在版权自律宣言书上签字。《中国互联网行业版权自律宣言》的基本原则，是要遵守版权法律法规，遵守互联网行业的管理规定，为互联网健康发展创造良好环境。

三、举办海峡版权（创意）产业精品博览交易会

2010年5月18日至22日，由新闻出版总署、国家版权局指导，福建省人民政府、中国版权协会主办，福州市人民政府、福建省新闻出版局承办的首届中国·福州海峡版权（创意）产业精品博览交易会在福州市海峡国际会展中心成功举办。

5月18日上午举行开幕式。新闻出版总署副署长、国家版权局副局长阎晓宏，福建省委、省政府、省人大、省政协领导同志，中国版权协会理事长沈仁干等出席开幕式并颁奖。开幕式由福州市委常委、宣传部部长、福州市副市长朱华主持。中国版权协会理事长沈仁干代表首届“中国·福州海峡版权（创意）产业精品奖”评审委员会宣布了评奖结果。本次版博会共评出429件获奖作品。《108将》等34件作品荣膺金奖，《花好月圆》等73件作品获银奖，《生机勃勃》等119件作品获铜奖，《春颂祥和》等203件作品获优秀奖。获奖作品体现了“时代性、艺术性、创新性”。

作为海峡两岸版权（创意）产业的一大盛会，本届展会以版权、创意、精品、交易为特色，汇集了海峡两岸动漫、工业设计、建筑设计、漆艺、石雕、

木雕、陶艺等行业著名企业以及业内专家，集中展示各类具有版权价值的创意精品。来自国内外300多家企业和单位参加展出，展出各类版权精品1300多件。据初步统计，本届版博会签约及拍卖总成交额超过1亿元，参观人数近40万人次，实现了特色版权交流与科技经贸互动、文化产业与经贸产业同台展示的目的，达到了预期的效果。

四、举办首届大学生版权创意大赛和第四届尚德杯中国青少年创意大赛暨知识产权宣传教育活动

7月23～30日由中国教育协会、国家工商行政管理总局商标局、中国版权协会共同主办，尚德电力杯第四届中国青少年创意大赛总决赛在江苏省泰州中学举行。创意大赛以“普及知识产权教育，实施国家知识产权战略，培养创新型人才”为宗旨，“关注环保、支持教育、鼓励创新”为核心价值，是一项国内规模最大的青少年低碳创意赛事。参与中小学生人数达150万，产生百万项知识产权成果。培养发明创新教育教师2000余人，指导开展创新教育的学校2000多所，培养学生产生发明创造并申请获得国家专利和国家著作权登记2万余项。

为了鼓励当代大学生运用知识产权创业，提升创新能力和创业水平，促进国家知识产权战略实施，提升大众知识产权意识，为建设创新型国家贡献核心力量，2010年7月24日，由中国版权协会、中国高等教育学会联合主办的首届中国大学生创意创业大赛暨知识产权教育活动总决赛在上海举行。从全国百所高校选拔出来的59个代表队近250名学生参与全国总决赛。大赛组委会将为本届大学生创意创业大赛创业计划书的优秀获奖作品提供免费申请国家专利证书以及著作权证书的机会，扬起知识产权的风帆，成就大学生创业梦想。

五、举办第三届版权年会

12月4日，2010中国版权年会在深圳举行，本次年会以三网融合与版权保护为主题。新闻出版总署副署长、国家版权局副局长阎晓宏，中国版权协会顾问、原新闻出版署署长、国家版权局原局长宋木文，中国版权协会理事长沈仁干等出席会议。版权界呼吁社会各界实施三网融合更应重视版权保护，要加强相关政策、法规、技术措施等方面的建设。会上，中国版权协会为获得“2010年中国版权产业风云人物”和“2010年中国版权产业最具影响力的企业”、“2010年中国版权产业新锐奖”称号的12名个人和15家企业举行了颁奖仪式。

六、纪念中国著作权法律百年和新中国《著作权法》颁布20周年

为回顾中国著作权制度的百年历程，10月14日，由中国法学会、中国版权协会和中国人民大学主办的中国著作权法律百年国际论坛在京举行。最高人民法院原院长任建新为论坛题词：“总结百年历史经验，完善知识产权法制”。全国人大常委会原副委员长、组委会主任许嘉璐出席并作主旨演讲。新闻出版总署署长、国家版权局局长柳斌杰出席并致辞。世界知识产权组织总干事佛朗西斯·高锐特别为论坛发来祝贺视频。国家新闻出版总署副署长、国家版权局副局长阎晓宏，中国版权协会理事长、组委会副主任沈仁干，大清修律主持人沈家本嫡孙、古籍研究教授沈厚铎等出席开幕式。来自亚洲、欧洲、北美10个国家和中国内地、香港、台湾、澳门地区的400余名中外知识产权界专家、学者，世界500强企业驻华机构知识产权总监、外国驻华使馆知识产权专员等出席论坛。在为期两天的论坛期间，中外学者、专家就著作权制度的历史、发展与国际形势等专题进行广泛讨论。

七、推进海峡两岸版权保护交流

由新闻出版总署、国家版权局指导，由中国版权协会与海峡两岸商务协调会共同主办的“第三次海峡两岸版权保护研讨会”，于2010年10月27～29日在京举行。中国版权协会理事长沈仁干、海峡两岸商务协调会副会长廖治德、国家版权局版权管理司司长王自强、海峡两岸商务协调会顾问高静远在开幕式上分别致辞。来自海峡两岸版权主管部门、著作权集体管理组织负责人、版权业界代表、中国版权协会常务理事、理事、会员单位代表共140多人参加研讨会。

研讨会以“推进版权保护、鼓励创新创造、促进产业发展、共谋两岸福祉”为宗旨。维绕“数字出版版权保护”、“发挥著作权集体管理组织作用，推进版权保护”二个专题进行研讨与交流。以研讨会为平台还分别组织了相关活动。一是进行了著作权认证工作程序的交流。二是两岸著作权集体管理组织进行了业务交流。双方就两岸集体管理组织进行有效的合作，在推动版权保护中积极发挥作用等问题达成共识。

八、增强与各相关协会的协作与交流

(1)10月19～21日，各省、市版权保护协会秘书长座谈交流会在西安召开。会议交流了各级版权保护协会的工作情况和经验，以提升版权协会的工作水平，进一步发挥好版权协会的职能作用，更加有成效地开展好工作，为版权保护事业的发展作出努力。

(2)由中国版权协会、中国动漫集团、文博会组委会办公室共同主办的第五届文博会“文化创意产业项目推广与资源开发推介会”11月18日在京召开。

(3)由文博会组委会办公室、石景山区人民政府、新媒体节组委会主办，新传媒产业联盟、中国电子商会、中国版权协会、中国知识产权研究会等单位联办的“2010中国新媒体盛典暨第三届新媒体节”于11月17日至21日在北京石景山举办。

(4)由中国音像协会、中国版权协会和日本内容产品海外流通促进机构(CODA)共同发起的2010中日版权保护交流活动于3月19日至20日在北京举行。

(中国版权保护协会)

中国音乐著作权协会

名誉主席 吴祖强 乔 羽 沈仁干

主　　席 王立平

副 主 席 谷建芬 傅庚辰

常务理事 (排名不分先后)

陈晓光 杜鸣心 傅庚辰 谷建芬

雷 蕾 李海鹰 刘春田 刘文金

屈景明 王立平 王世光 徐沛东

阎 肃 张丕基 张亚东 赵季平

2010年，虽然国际金融危机的阴影仍旧存在，但随着我国经济的持续回暖，国内音乐市场的发展也在持续稳定向好。在这样的大环境下，中国音乐著作权协会(以下简称音著协)继续秉承“一个走出、两个适应”的工作方针，上下一心，既踏实做好基本工作，又能准确把握机遇，稳步拓展业务，积极参与国家大型活动，热心投入国际版权交流，注重提升音著协的社会及国际影响力。2010年，协会收益创历史新高，总收益达到人民币68 010 000.86元，较2009年增长59.90%。具体工作情况如下：

一、会员发展

2010年，会员发展工作的重点依然是提高会员质量，吸纳知名且高产的创作者及在业界颇具影响力的出版商加入，同时，也努力争取会员数量的提升。2010年，共发展新会员365人，会员总人数达到6154人。

二、会员管理与服务

2010年，音著协力求提高和完善对会员管理与服务方面的工作，着重加强了会员IPI申请和DIVA系统的录入工作。在会员服务方面，2010年，音著协做了很多新尝试，充分利用短信群发系统，为会员送祝福，送温暖，升级会员银行卡功能，方便会员使用分配专用银行卡，得到广大会员的一致好评。

三、音乐作品资料管理

2010年，音著协继续完善、充实音乐作品资料库，会员申请并获取ISWC编码的音乐作品总量已达76 000余首；DIVA系统中，音著协管理的音乐作品已达到205 000余首。

四、许可业务

(一)表演权许可工作

2010年对于音著协表演权许可工作来讲，是稳步发展的一年，各项工作都取得了新的进展，圆满完成上海世博会音乐著作权许可工作以及与广州亚组委、中国商业联合会的版权合作，取得积极的社会效应。

1. 背景音乐许可工作

2010年，音著协继续推进、扩展“版权＋服务”的许可收费模式，稳固原有大型连锁企业，重点开拓区域型连锁企业(或小型连锁企业、品牌连锁企业)，加强对尚未解决版权问题的个别大型连锁企业的攻势。通过与中国商联会签约，建立新的沟通渠道，寻找更便捷的收费方式。

2. 现场表演许可工作

2010年，音著协现场表演许可工作平稳发展。音著协积极探索新的工作模式，利用各种资源，扩大商业性演出许可工作的地域范围。目前，新设地方代理已逐步开展许可工作并取得了一定的成效，为有效维护会员表演权益，增加了支持力度。

在小演出的许可方面，音著协以重点演出场

馆为监控对象，对各月演出信息进行统计及后续工作。通过诉讼促使一家演出单位与音著协签订“小演出一揽子协议”。同时，为拓展现场表演许可业务，音著协积极利用外部资源，先后发展福建、山东省内的地方合作伙伴，进行当地的现场表演许可工作，使现场表演的许可范围有所增加。以湖北省、东北三省为试点区域，与专业版权工作团队进行合作，利用专团队的丰富经验与资源对此区域开展工作。

3. 2010 年上海世博会许可授权情况

1月，音著协正式从北京派员常驻上海世博会，协调落实音乐著作权保护方案。音著协与上海世博会事务协调局(以下简称世博局)的合作模式在世博会历史上是第一次。

双方的合作模式可简单概括为：音著协发许可，世博局给支持，相关主体付费。截至 12 月 31 日，音著协在上海世博会上共向组织者、参展者、其他参与者(含商业单位、演出团体)发放音乐作品著作权许可 93 份，进行音乐著作权备案 68 份，共涉及 78 个参展者，约占参展者总数(约 260 个，含国家、国际组织、城市、省区市、企业等参展者)的 30%。发放许可共收取著作权使用费总计 685 234.62元人民币，其中组织者支付 300 000 元人民币，参展者支付 304 833.62 元人民币，其他参与者支付 80 401 元人民币。除组织者外，获得许可的参展者有 42 个，含国家/地区展馆 24 个、国际组织展馆 7 个、城市案例展馆 6 个、企业展馆 1 个、省区市展馆 6 个。此外，获得许可的商业单位有 19 个，演出团体有 14 个。涉及演出 279 场。以上许可涉及不少于 23 个与音著协签约的海外同类协会管理的音乐作品，占音著协签约协会总数的 48%。

(二)复制权许可工作

社会经济的不断振荡，信息技术的持续发展，新视听技术和使用方式的出现正在不断地冲击着著作权集体管理组织传统的复制权业务市场。面对外部严峻的形势，音著协认真分析各项业务，对复制权许可工作作出了统一安排和规划，一方面，对原有业务及大项目坚守阵地；另一方面，开拓创新，建立专人侧重负责项目的业务模式，深度开发，同时尝试在互联网电视内置这个新的市场领域有所作为，取得了一定成效。2010 年，复制权许可收益为 9 110 000.55 元，比上一年度略有上升。

(三)广播权许可工作

1月1日，《广播电台电视台播放录音制品支付报酬暂行办法》(以下简称《办法》)正式实施，音著协广播权许可业务进入到实质操作阶段。可以说，2010 年度是广播权许可工作具有里程碑意义的一年。《办法》实施后，音著协通过细致的准备、调查、收集工作，经过各方面共同努力，与中央电视台进行了多次深入的沟通与探讨，达成了《关于音乐作品一揽子使用的合作协议》，并最终于 9 月 21 日完成了与中央电视台的签约，开启了中国广播组织音乐付酬元年，对广播权许可业务的宣传起到了巨大的推动和宣传作用。

与此同时，音著协延续了同中央人民广播电台(以下简称央广)的协商工作，双方不仅针对央广自身的音乐付酬问题进行探讨，同时也为解决央广率领的、由全国百余家各级电台组成的广播联盟的付酬问题商定适宜的付费模式。

为了更好地开展广播权许可工作，音著协积极以多种方式与各级广播组织建立对接机制，就一揽子解决广播组织使用音乐作品所涉著作权问题进行深入沟通。

五、音乐作品许可使用费分配

音著协面向会员及相关音乐著作权人共进行 5 次分配，共计分配 35 190 000 元人民币。在按照分配计划进行分配工作的同时，音著协调整了分配报表的形式，使会员能更清晰地了解分配情况；改善了分配查询的方法，使得会员能更方便地查询自己的分配金额。

六、音乐作品诉讼维权工作

2010 年，音著协共办理民事诉讼案件 40 件，共索赔和追回著作权使用费达人民币 1 629 185.70元，待执行款 125 191.50 元，诉讼花费总支出为 228 887.90 元，继续保持了较高的诉讼效率。

(中国音乐著作权协会)

中国音像协会(第三届)

会　　　长　于永湛
常务副会长　王　炬
副　会　长　王国庆　王化鹏　周建潮
张增顺　马润生　臧彦彬

宋兆成　周慧琳　于春迟
陈坚林　郭子龙　陈玉鹏
杨　诚　费玉珍　孙晓辰
王传臣　程晓阳　林　全

秘　书　长　王　炬(兼)

副秘书长　朱　禾　刘文和　马继超

在各级领导的支持和关怀下,在全体会员的努力和支持下,中国音像协会基本上完成了2010年的工作计划。具体情况如下:

一、协助新闻出版总署建设"国家音乐产业基地"

中国音像协会积极参与了广东、上海、北京三个基地的调研和设计。音乐产业基地以原创为主,其标志是要有新创作和新产品,目前深圳基地和上海基地都有进展。未来的发展,也许三个基地会有某种联合,将成为国内最大的音乐创意和产品生产基地,也是培养人才、吸纳资金、吸引海外创作团队合作的大平台。中国音像协会在协助新闻出版总署建立国家音乐产业基地方面做了很多工作,主要是尽可能多地联合各种力量,力图破除地域之间、企业之间的条块分割,为业界增加活力,提供支持,做点实事。建设音乐产业基地也是协助总署在音像出版单位体制改革和完成"三个一批"、组建集团等方面做的一点工作。

二、参加MIDEM世界音乐博览会

受新闻出版总署委托,2010年1月组团参加了一年一度的MIDEM国际音乐博览会。据MIDEM统计,共有78个国家和地区、3200家公司、7200位专业人士参加了本次会展,中国音像协会在新闻出版总署资助下建立了"中国展位",共有20多家出版制作公司、30多人参展。中国参展团在展会上共举行两次新闻发布会,一次速配洽谈会,会见了美国、德国、法国、日本、韩国、丹麦等数十个国家展团和企业负责人。上海新汇文化娱乐集团在展会期间与多家外国厂商签订了合作项目,吸引他们进入上海音乐产业基地;太平洋影音公司带去了最新出版制作的交响组曲《中国大运河》;参展最大的成果是,我们可以第一手了解国际音像产业的动态,了解国际市场的变化,学习国际音乐产业在数字出版方面的经验,建立我们与国际业界的密切联系。

三、数字出版和新技术应用方面

数字出版是一个大方向,尤其是音像业。事实上最先进入实质性数字出版的正是音像产品(节目),只不过被盗版抢占了先机。目前,数字出版正处于起步阶段,方向是明确的,但目标却不确定,运营模式和盈利手段还不足以让音像内容提供者获取稳定的利益。主要原因是没有一个好的商业模式来支撑,数字产品没有市场效益是很难发展起来的。国际上最为成功的就是以iPad为代表的苹果模式,我们要研究国际成功经验,为我所用。

中国音像协会在数字出版方面主要是协调会员单位,也就是协调版权拥有者与运营商的关系。例如,协会与卫通公司合作,支持卫通公司建立一套全新的"基于卫星的音像数字发行系统"。为这个项目本会专门开过几次会,也基本制定了发行和分配模式,由于该系统的建立将会涉及卫星广播电视,遇到了一些政策上的问题进展缓慢。但该系统在与各地农家书屋建立紧密合作关系方面,取得了一定进展;另外,中国音像协会数字工作委员会用几年的时间设计了一个《音像数字出版发行支撑服务保障平台》,这个项目包括了音像数字出版的方方面面,已经引起了国务院、中宣部等有关部门的重视,新闻出版总署已经把它列入到支持项目里。

在新技术应用方面,中国音像协会继续推动CBHD(中国蓝光高清光盘)的推广工作。

四、向全国政协提交有关行业发展的提案

为给音像业争取更多利益,本会已经连续三届在全国政协会议上提出提案,反映行业的声音和呼吁。2010年在政协提出的《关于尽快修改著作权法,赋予录音制作者广播权和表演权的提案》,已经收到有关部门的认真答复。

五、政府委托的其他项目

2010年本会继续承办着新闻出版总署委托的进口音像制品(成品)内容审查的组织工作;同时还接受了新闻出版总署委托的各省区发行销售单位换证工作的数据统计工作等。

(中国音像协会)

中国发明协会

理　事　长　朱丽兰
常务副理事长　邢胜才
副 理 事 长　（按姓氏笔画为序）
王　晓　王　峰　王永民
包起帆　邢胜才　李　昌
李奇生　李晋湘　张岐山
赵忠贤　唐新民　鹿大汉
谢丽娟　曹凤国
秘　书　长　鹿大汉（兼）
副 秘 书 长　张晓玲　常毅民

在2010年度，中国发明协会在各级领导的关怀、支持和正确领导下，从协会宗旨出发，做了大量工作，取得了一定的工作成绩，归纳如下：

一、成功进行了协会换届

2010年12月15～16日在科技会堂胜利召开了第六次全国会员代表大会，选举产生了新一届领导班子。国务院总理给大会发来了贺信，对协会工作给予了高度评价："中国发明协会成立以来，致力于推动我国群众性发明创造事业，为我国经济建设和社会发展作出了重要贡献。"同时对协会工作提出了殷切希望："希望发明协会再接再厉，更加广泛地激励广大科技工作者和亿万群众发明创造的主动性，取得更多的自主知识产权，涌现更多的发明家，努力实现发明成果的转化和产业化，为建设创新型国家作出更大贡献！"国务委员刘延东，全国政协副主席、科技部部长万钢出席会议并做重要讲话，对协会的定位和工作做了明确指示。结合换届还出版发布了16个民间重大发明与产业化项目选编，举办了民间发明高峰论坛，表彰了50位"促进民间发明事业先进工作者"。这次大会对全国发明人是巨大的鞭策和鼓舞，纷纷表示一定要深入学习贯彻五中全会精神，学习贯彻这次换届大会中央领导指示精神，为提高我国自主创新能力，调整经济结构，转变经济发展方式，为建设创新型国家作出更大的贡献！

二、成功举办了第十九届全国发明展览会

2010年9月，在西安举办了第十九届全国发明展览会。本届展会共设立展位近500个，共有参展项目1700余项。在展会中共评选出金奖项目314项、银奖项目382项、铜奖项目460项。展会期间，协会还成功举办了优秀发明项目展示对接活动以及妇女发明论坛。本届展会起到了创造浓厚的创新氛围和推动发明成果产业化等积极作用，取得了圆满成功。

三、完成了第六届"发明创业奖"的评审工作

认真组织并完成了第六届"发明创业奖"的推荐评审工作，共有来自全国的186名优秀发明创业者参评，经专家评委认真评审，有50人获奖，其中有10人获得了"当代发明家"荣誉称号。

四、成功举办了第四届"中国发明家论坛"

2010年4月，举办了第五届"发明创业奖"颁奖仪式暨第四届"中国发明家论坛"活动。国家领导人桑国卫副委员长出席会议并作重要讲话。共有来自全国各地的近500名发明人参加了本活动，聆听了与会领导和专家的报告，进行了互动交流。期间，有上万人次浏览了"中国发明网"对本次活动的现场直播，这一活动真正起到了搭建发明人交流、学习和培训的平台作用。

五、努力推动发明成果的实施转化

完成了国家知识产权局委托的2010年度"专利成果产业化工程"专项，共有17个优秀专利项目获得了专项支持，有力推动了相关成果的实施转化。此外，在本年度"中国专利周"期间，还在主会场所在地重庆成功举办了"优秀专利成果展示对接会"，有力支持了专利周加强专利实施转化的主题。

六、积极推动"非职务发明工作委员会"的各项工作

在2010年度重点开展了非职务发明人的教育培训，编写了有关教材，组织了有关培训教育工作。还在积极筹备咨询、免费会员服务等各项工作，目前，已准备好400免费服务电话的开通，并在获得专利局在数据库支持后将及时开始接收非职务发明会员的入会工作和为发明人提供服务等。

七、加强对外交流，在国际舞台树立中国发明形象

协会2010年度组织发明项目参加了巴黎和

组伦堡国际发明展，其中纽伦堡国际发明展是首次参加，共组织了33个发明项目参展，获得金奖5项、银奖7项，铜奖4项，巴黎国际发明展共组织了27个发明项目参展，获得金奖8项、银奖9项，铜奖6项，得了优异成绩，在国际舞台上树立了中国发明的良好形象。

（中国发明协会）

国际保护知识产权协会（AIPPI）中国分会（第七届）

会　　长　田力普

副 会 长　于　平　阎晓宏　李玉光　孔祥俊　李建昌　马　浩　李　勇　杨　梧

秘 书 长　李　毅

副秘书长　宋建华　赵　刚

2010年国际保护知识产权协会（AIPPI）中国分会积极开展了以下活动：

一、第七届会员代表大会召开

2010年5月4日下午，国际保护知识产权协会中国分会第七届会员代表大会在北京广电宾馆召开。大会选举产生了新一届理事会，国家知识产权局田力普局长再度当选为国际保护知识产权协会中国分会会长，中国国际贸易促进委员会于平副会长以及阎晓宏、李玉光、孔祥俊、李建昌、马浩、李勇、杨梧8人被推选为副会长。李毅、宋建华和赵刚分别继续担任秘书长、副秘书长。

二、主办“2010中外企业知识产权高层论坛”

2010年4月25～26日，与中国知识产权研究会、中华商标协会等在北京共同主办“2010中外企业知识产权高层论坛”。这次会议的主题是：“提高创新创造核心能力、加快经济发展方式的转变”。会上还举行了中国低碳经济创新工程启动仪式。

三、召开第九届AIPPI中日韩三国分会交流会

2010年5月7～8日，第九届AIPPI中日韩三国分会交流会在韩国釜山召开，中国分会一行31人参加了釜山的三国交流会。这次釜山AIPPI三国交流会主办方安排了“知识产权法和实践的最新发展”和“发明创造性比较研究”两个专题。来自国家知识产权局条法司的董琤处长和中国专利代理（香港）有限公司的温大鹏主任代表AIPPI中国分会分别就两个专题发表演讲。

四、召开AIPPI中国分会知识产权研讨会

2010年AIPPI中国分会知识产权研讨会于2010年7月26日至29日在四川省成都市成功举办。中国分会邀请了国家版权局许超教授以《网络环境下的著作权保护》为题作了精彩演讲；商标局赵刚副局长以我国《商标法》沿革和现行《商标法》面临的挑战为引子，对《商标法》第三次修订的基本情况进行了介绍；北京市高级人民法院知识产权庭的刘继祥审判长就知识产权司法保护实务最新进展做了精彩演讲。中国分会马浩副会长参加了此次研讨会。

五、召开2010年AIPPI巴黎大会预备会

2010年9月14日中国分会在北京广电国际酒店组织召开了2010年AIPPI巴黎大会预备会。中国分会会员报名参加巴黎大会的人数达到了87人，数量创出新高，并吸收了许多初次参加AIPPI会议的会员。为使参加巴黎大会的中国分会会员更好地提前了解大会内容、形式等，方便会员代表在会议上更好地行使自己的权益，中国分会秘书处特意组织召开了这次预备会，邀请注册参加巴黎大会的会员前来。会议安排了中国分会2010年AIPPI专题报告的五位报告人分别介绍了专题报告的内容。这是中国分会秘书处第一次为注册参加AIPPI大会或者执委会的会员召开预备会议，预备会为各位中国会员顺利参加巴黎大会打好了基础，使各位会员代表有所准备，在参会前对大会内容加深了了解，也促进了大家在大会期间更好地互相沟通，取得了良好的成效。

六、参加AIPPI第42届会员大会

AIPPI第42届会员大会于2010年10月3～6日在法国巴黎召开，来自世界70多个国家和地区近2000名会员参加了本次大会。中国80余人与会，人数列参会国第五位。会议期间共举办了2次执委会和18场讨论会，中国分会指定9位会员作为代表参加了执委会。执委会通过了以下专题报告的决议：

Q204—知识产权辅助侵权责任-专利侵权；

Q213—专利法创造性要求中的本领域普通

技术人员；

Q214—商标之反淡化保护；

Q215—知识产权法及反不正当竞争法中的商业秘密保护；

Q216—版权保护的例外和高科技及数字领域中版权作品的允许使用。

中国分会指定了以下五名会员作为上述专题报告的撰稿人：Q204—柳沈律师事务所葛青；Q213—中国专利代理(香港)有限公司的熊延峰；Q214—中国国际贸易促进委员会专利商标事务所刘贵增；Q215—上海财经大学单海玲；Q216—浩天信和律师事务所周杰。

10月2日召开了会长委员会会议，柳沈事务所杨梧所长受田力普会长委托，作为代理会长参加了会议。在会长委员会会议上，杨梧当选为规划委员会委员，中国专利代理(香港)有限公司的李勇总经理当选为提名委员会委员。大会期间还召开了各分会秘书长和司库会议，一些国家分会介绍了分会的工作情况，就会员人数确定截止日和会费支付等问题提出了建议，还讨论了分会活动报告、分会就相关议题撰写的分会报告提交日期等。中国分会秘书长兼司库李毅参加了会议。

最后一天的执委会选出了2018年AIPPI大会的举办地。墨西哥的坎昆获得了2018年AIPPI大会的举办权。

七、接见AIPPI会长

2010年11月17日，AIPPI中国分会会长——国家知识产权局田力普局长在北京接见了刚刚在AIPPI巴黎大会上当选的AIPPI会长金允培先生。田力普会长对金允培先生的当选表示衷心的祝贺，并希望金允培会长在任期内推动和扩大AIPPI在亚洲国家中的影响力。田力普会长会谈中表示，中国专利制度建立20多年以来，得到国际社会的大力支持和帮助，中国已经成为专利和商标申请大国，我们要回报国际社会过去对我们的支持和帮助，在国际事务中作出更多的贡献。田力普会长对AIPPI在台湾问题上采取的态度和对策表示赞赏。金允培会长介绍说他当选刚刚一个月，第一次以AIPPI会长的身份出访就来到了中国，他感到十分荣幸，他非常期待中国分会更广泛地参与AIPPI的各项活动。金会长重申AIPPI是非政府机构，只承认有一个AIPPI中国分会。

(国际保护知识产权协会中国分会)

地方知识产权工作概况

北京市

专利工作

2010年，首都知识产权工作在市委市政府的正确领导下，深入贯彻落实科学发展观，按照建设中国特色世界城市的要求，紧紧契合全市中心工作要求，围绕中关村国家自主创新示范区和中央在京资源两个版块，充实知识产权产业和知识产权服务业两个概念，按照为首都快速发展的产业经济保健一颗健康之"芯"的思路，以推动首都知识产权战略实施为主线，完善知识产权政策布局，提升首都知识产权综合能力，助力首都自主创新能力建设和经济发展方式转变，各项工作取得显著成绩，为推动首都经济智慧发展作出了积极贡献。

一、市委市政府领导高度重视知识产权工作

4月26日，刘淇书记、郭金龙市长等领导同志专题调研全市知识产权工作。5月6日和26日，市政府专题会和市委常委会先后听取了北京市知识产权局工作汇报。赵凤桐常委、苟仲文副市长多次要求在新形势下贯彻落实市委市政府指示精神，认真做好知识产权工作。这些重要指示，为北京市知识产权局工作更好地融入首都经济社会发展指明了方向、提供了动力。8月26日，市人大常委会主任杜德印就知识产权保护工作开展调查研究，也对首都知识产权工作给予了高度评价。市领导在一年内密集调研首都知识产权工作，充分体现了对首都知识产权工作的重视与关怀。同时，也说明知识产权工作已经成为首都经济社会发展不可或缺的重要力量，充分体现了知识产权在首都工作全局中的战略地位，极大地推动了首都知识产权事业的发展。

二、适应世界城市建设新形势，着力完善以知识产权为导向的创新政策体系

按照全市编制"十二五"规划统一部署，精心编制"十二五"知识产权产业发展规划，形成了《"十二五"时期北京知识产权（专利）发展规划》（以下简称《规划》），并公开征求社会意见。《规划》从发展知识产权产业的视角入手，对比国外知识产权产业发展情况，对"十二五"知识产权产业指标体系建设进行了系统研究，提出"十二五"时期知识产权产业发展的思路，明确了下一步北京市知识产权产业发展的主要任务和措施。同时，与市委、市政府研究室等部门研究知识产权政策，共同推出一系列促进知识产权发展的办法举措；与北京市知识产权局联合发布《北京市专利商用化促进办法》；与北京市国资委与北京市知识产权局联合出台《加强市属国有企业知识产权工作的指导意见》；北京市经信委制定《关于加强产学研用联合推动科技成果在京转化的指导意见》；北京市文化局制定《北京市舞台艺术创作生产专项扶持资金管理暂行办法》和《北京市动漫企业认定管理工作实施方案》等。不断完善以知识产权为导向的创新政策体系，极大地丰富了首都经济发展内涵，有效地激发了社会创新活力，进一步发挥了知识产权制度对首都经济社会发展的支撑、引领作用。

三、加强统筹协调机制建设，大力推进首都知识产权战略实施

在市级层面抓好"督"与"促"，制定实施市级层面知识产权战略运用专项工程——先导工程，相继与北京市发改委、经信委、中关村管委、市金融局等单位就重大经济活动知识产权审议机制的构建、金融投资领域知识产权风险的评估控制等重要事宜进行沟通会商。与北京市农委会商，共同推动北京市名特优新农产品知识产权保护目录的构建；北京市版权局组织制定了北京市版权价值评估、质押、融资办法草案；市教委开展了《北京高校专利转化问题与对策研究》课题研究工作；北京市卫生局按照《人类遗传资源管理暂行办法》要求，对市属医疗卫生单位涉及人类遗传资源材料的国际合作项目进行初审。在区县层面明确"推"与"帮"，制定实施服务区县的"牵手计划"，实施区县知识产权"十七个一"专项工程，通过制定《区县知识产权宣传工作指导意见》、开展业务培训、组织区县同志到外省市调研学习等形式推进区县层面的战略实施。加强全市知识产权保护统筹协调，实施首都知识产权保护工程，完善知识产权保护协调六个工作机制，联合相关部门研究构建知识产权纠纷调解机制。这些创新的举措，有效地推进了首都知识产权战略的实施。

四、以打击侵犯知识产权为重点，积极开展知识产权保护与执法工作

积极贯彻国务院全国知识产权保护与执法工作电视电话会议和北京市政府相关工作要求，与北京市商委共同承担市专项工作领导小组办公室工作职责。加强对重要展会、大型商场等重点领域知识产权保护与执法工作，全年共进驻政府主办或具有国内外重大影响的展会16个，处理展会知识产权纠纷近百件，并对50余家规模以上展会主办单位进行了知识产权保护培训。指导区县知识产权执法工作，不断完善知识产权举报投诉服务体系。截至2010年10月，共接收举报投诉咨询2180件，转交相关执法部门举报、投诉124件，办结举报投诉114件，占转交量的91.9%。同时，会同北京市工商局、商务委和版权局，制定《北京市大型商业零售经营单位知识产权保护合同》示范文本，向社会推荐使用5000多份；与北京市公安局共同签署《查处专利违法犯罪案件合作协议书》，加强行政执法与刑事司法的有效衔接；与国家知识产权局专利复审委员会签订《案件合作协议》，不断提高专利案件审查、处理效率。

五、加快推进知识产权工作机制创新，大力提升中关村示范区知识产权综合能力

积极争取国家知识产权局对示范区知识产权工作的帮助和指导，使中关村成为开展知识产权投融资服务试点单位和审查员实践基地，与中关村管委会建立中关村知识产权会商机制，实施"中关村国家自主创新示范区知识产权推进工程"，研究制订《中关村"十百千"企业知识产权建设指导意见》，启动中小企业知识产权战略推进工程，形成切实有效的中小企业知识产权综合服务援助机制，培育形成具有自主知识产权优势的中小企业聚集区。举办"知识产权：中关村之芯"主题报告会，从专利角度诊断中关村"十百千工程"企业发展质量状况。修订《北京市企业海外知识产权预警和应急救助专项资金管理办法（暂行）》，规范资助标准和程序，帮助企业有效规避海外风险。建立中关村知识产权纠纷诉前调解中心，维护园区良好的持续创新环境。

六、深化知识产权促进工作，助力引导企业发展方式转变

加强高科技园区企业、市属国有企业、生物医药企业等首都经济发展重点领域的知识产权工作，召开园区企业知识产权工作会，出台加强市属国有企业知识产权工作指导意见，重点调研生物医药企业专利状况，深入推进企业试点、示范和托管工作。2010年新认定专利试点企业333家，示范企业30家。调整企业向国外申请专利的资助力度，扶持企业申报国家级知识产权试点、示范单位，试点知识产权标准化管理（BIPS），为企业经济智慧增长提供探索道路。知识产权联盟工作实现新突破，建立了音视频行业知识产权诉讼数据库，尝试以联盟为依托制定音视频领域的中国标准。支持引导北京经济技术开发区成立云计算、诊断试剂、高新技术服务业三大知识产权创新联盟。以联盟为载体支持中科院计算所举办首届专利拍卖活动，成功尝试了公开竞拍的技术转移新模式，在全社会产生了示范和引导作用。

七、加大支持和保障力度，积极服务中央在京单位自主创新取得实效

积极主动落实国家发改委、财政部、工信部、科技部、国家知识产权局等中央部委出台的支持自主创新政策和办法，先后与北京市经信委、北京经济技术开发区共同启动中小企业知识产权战略推进工程；与北京市财政部门制定实施《北京市专利商用化促进办法》，资助专利商用化企业9家、申报项目10件、资助金额达到462.3万元，涉及新能源与节能、电子信息技术、新材料及应用、先进制造技术、生物医药及建筑领域；积极支持北京大学建立国家知识产权战略实施研究基地，为国家知识产权战略的实施提供政策建议和决策支撑；与北京市发改委共同研究知识产权代理等生产性服务业发展的问题。同时，加大国外专利申请资助力度，支持中央在京单位科技研发工作。2010年全市129家单位的527个国外专利申请（PCT）项目获得中央财政资助2875万元，占全国资助金总数近1/3，居全国第一位。大唐移动、清华大学、北京航空航天大学等中央在京单位均获得不同程度的资助。此外，在第十二届中国专利金奖评选活动中，大唐集团、中科院自动化所等中央在京单位的专利技术获得中国专利优秀奖。

八、狠抓基本建设，完善服务体系，进一步增强首都知识产权公共服务能力

首都知识产权公共信息服务平台一期工程基本完成，基本建成“首都专利统计”系统，具备集成数据甄选、趋势分析、报表汇总、数据传递等功能，有效减少数据统计工作中的人力投入，降低了工作成本，提高了工作效率。引进Thomson Innovation（汤姆森创新）平台，开展专业化的专利数据分析工作。知识产权举报投诉三级服务平台覆盖范围进一步扩大，相继成立石景山CRD分中心、怀柔雁栖工作站、顺义空港工作站和望京创业园工作站。至此，北京“12330”已在全市16个区县建立了4个分中心、8个工作站，覆盖了16个区县的50%、中关村10个科技园的80%，大大降低了权利人的维权成本。建成“中关村创意集市——知识产权银行专利商用公共服务平台”，面向全国开展专利项目与技术难题征集，已征得有效专利项目200多项，积极促进“知本”与“资本”的有效对接。建设“首都专利代理”系统，该系统作为公共服务产品，在行政审批、业务指导、培训交流、诚信监督、信息传递等方面为代理机构和社会公众提供了更为高效、便捷的服务。体制机制管理手段的不断创新，完善了知识产权服务体系，增强了首都知识产权公共服务能力。

九、大力开展保护宣传活动，提高广大市民知识产权意识

在“4.26知识产权宣传周”期间，与北京市新闻办联合举办北京知识产权保护状况新闻发布会，与昌平区政府共同主办以“知识产权与科技北京同行”为主题的长走活动。组织人民日报、新华社、中央电视台等中央主要媒体报道中关村高新技术企业实施知识产权战略取得的成果。支持召开在京外商投资企业保护知识产权工作沟通对话会，邀请北京市工商局、版权局、公安局等知识产权执法部门宣讲知识产权保护政策，加强知识产权保护对外交流和沟通。为纪念《国家知识产权战略纲要》颁布实施两周年，配合国家知识产权局组织中央主要新闻媒体，采访报道了一批知识产权优势企业，起到了良好的宣传示范效果。认真承办“第十二届中国专利奖颁奖大会”，提升首都知识产权工作在全国的影响力。组织开展第二届北京市发明专利奖评选工作，全市有效申报项目188个，最终评选出5个一等奖、15个二等奖和30个三等奖。这些活动的成功举行，为全面实施首都知识产权战略、建设中国特色世界城市营造了良好的环境和氛围。

（北京市知识产权局）

商标工作

为全面落实2010年年初商标监督管理的工作部署，按照北京市工商局党组提出的营造良好市场生态环境的目标和要求，2010年全市商标监管工作按照监管与服务并重的工作原则，坚持严格执法，强化服务职能，取得了一定工作成绩。

一、严格执法，树立权威，商标行政执法保护工作逐步得到加强

（一）努力维护商标权利人的合法权益

2010年全市商标监管部门共办理商标假冒侵权案件1646件，其中涉外案件746件；案值2666万元，罚款1731万元。其中案值30万以上13件，罚款10万元以上案件8件。没收销毁侵权商品26.9万件，没收销毁侵权标识5.1万件，移送公安机关追究刑事责任案件6件，移送涉嫌犯罪人员8人。

（二）做好“世博”商标保护工作

与上海世博会事务协调局世博会标志管理办公室、世博会特许产品经营办公室沟通协作，严厉查处北京中广通商务有限公司利用网站www.2010hotel.cn，使用“上海世博会”标记对上海世博会酒店预订网进行广告宣传行为以及北京京博源文化发展有限公司擅自销售世博会特许商品的行为，并及时函复上海世博局。

（三）积极介入北京新国展的日常运营之中

会同北京市知识产权局制定了知识产权保护合同、展会知识产权保护工作方案。顺义分局与北京市知识产权局等部门加强合作，提前介入展会招展工作。2010年以来举办的9届展会中，共对27户参展商侵犯他人注册商标专用权行为采取现场摘除侵权商标等处理措施，总计现场摘除侵权商标151件。

（四）整治商标代理机构专项行动初见成效

北京市的商标代理组织由原来的39家猛增至937家（截至2010年2月25日），为减少商标恶意申请、异议、转让等行为，自2010年3月1日起开展了对937家商标代理组织的集中清理、整顿。依法立案查处了13家商标代理组织，要求24家代理组织限改。

（五）扎实工作基础，建立健全立体商标监管体系

在北京市工商局统一部署下，各分局充分利用网络快速便捷的优势，畅通商标案件的投诉渠道，开辟了网上投诉平台，方便权利人、代理组织远程投诉。

西城分局继续完善网上投诉平台，目前有22个商标权利人通过平台进行投诉，分局据此受理案件32起。

怀柔分局研发探索商标的精细化监管，采集了3516条商标注册信息，建立了注册商标基础数据库，同时研发"商标注册信息查询录入系统"导入注册商标基础数据，供各工商所开展日常监管和行政指导。

密云分局开发商标监管系统提升"五书一指南"科技含量。截至2010年10月20日共发放《申请商标注册提示书》等"五书"547份、发放《实施商标战略指南》2343份。通过调研开发的《密云分局商标监管服务系统》于10月投入试运行，该系统的使用将"五书一指南"以电子形式表现出来，集成了5个模块，除具有数据库功能、监管功能、商标信息公示和商标交易辅助功能外，还具有自动评估等功能。

二、为区域经济发展保驾护航，商标的服务职能逐步得到强化

（一）努力为企业商标权质押贷款提供支持

积极与金融等相关机构沟通，对辖区具有品牌优势的企业进行广泛摸底、走访，了解企业现状和贷款需求，支持企业获得各方面的支持。截至目前，北京市共有50家企业申请以其商标专用权质押向交通银行北京支行、北京银行贷款共计6.1亿元。

（二）搭建平台盘活闲置商标，实现闲置商标的有价转换

通过对辖区面临产业结构调整的老国有、集体企业的走访，了解掌握企业未使用商标及弃用商标情况掌握闲置商标的底数。2010年经协调一批闲置商标得到再利用。密云分局对5家企业的10件闲置商标进行指导。其中北京京城名都酒业有限公司以820万元收购了破产注销的"密云龙凤酿酒总公司"的33类"龙凤"等6件商标。

（三）加强驰名、著名商标的推荐认定工作，积极促进经济发展方式的转变

截至目前北京、上海、天津、重庆四个直辖市中，现有注册商标总数分别为27.3万件、17万件、5.7万件和4.6万件；驰名商标数分别是104件、96件、56件、40件；著名商标分别是456件、793件、628件和541件。

在2010年北京市工商局认定的137件北京市著名商标中，80件为新申请商标，主要涉及四大类商标：现代服务业、文化创意产业企业商标27件，拥有高新技术企业及龙头工业企业商标23件，涉农企业商标9件，涉及服装、家具、人用药等商标8件，分别占新申请认定商标总数的34%、29%、11%、10%。目前全市有效著名商标已达456件。2010年北京市工商局核转，国家工商总局认定了"康辉"、"金山"、"华夏银行"等22件中国驰名商标，目前北京市驰名商标总数已达104件。

（四）以商标职能服务企业，服务区域经济发展

一是作为中国企业500强和全球最大的225家工程总承包商的北京住总集团有限责任公司在社会上享有广泛的知名度。该公司自成立之日起就简称为"住总"，且为业界广泛认可。该公司向政府反映：外地某住总集团建设发展有限公司欲在相关类别申请"住总"商标的注册，如一旦获准必将在全国范围内造成"住总"商标商号的严重混淆。为此北京市工商局多次与国家工商总局商标

局请示、汇报，得到商标局的支持，圆满解决了这一问题。

二是北京稻香村食品集团的“稻香村”商标（糕点）被外地企业抢注一直是这一知名企业最大的遗憾。东城分局与相关部门积极调研建议企业注册冠以地域前置的“北京稻香村”商标，经北京市工商局多次与国家工商总局商标局协商，目前“北京稻香村”商标已进入审核程序，这一历史遗留问题的解决，将为该企业的发展注入强大动力，更是对企业文化的充分尊重。

三是南锣鼓巷是北京市第一批历史文化保护区之一，是北京的特色商业街区，对于“南锣鼓巷”（旅游）商标被抢注问题，市区两级商标监管部门与国家工商总局商标局驻中关村代办处积极沟通，并多次走访、调研，向商标局及时汇报相关情况，商标局正在加快对“南锣鼓巷”商标的审核，并建议扩大“南锣鼓巷”系列商标注册申请的范围，以便在其他相关类别上予以保护。

（五）积极响应国家“走出去”战略，指导企业开展商标国际注册，扩大企业的国际市场份额，增强国际竞争力

截至2009年底（商标局年报），北京市通过马德里商标国际注册的商标达640件，企业自行到国外注册商标1299件。

北京市工商局被国家工商总局授予“推动企业马德里商标国际注册先进单位”的荣誉称号，本市的商标战略工作得到国家工商总局的认可。2010年5月国家工商总局公布了“国家商标战略实施示范城市（区）、示范企业”名单，北京顺义区、中关村科技园区被授予“国家商标战略实施示范城市（区）”荣誉称号，北京爱德发科技有限公司被授予“示范企业”荣誉称号。

三、农产品商标和地理标志工作不断得到强化，商标转化生产力效果逐步显现

以商标富农，促进“三农”发展，一直是北京市工商局商标监管服务的重点工作之一。2010年北京市工商部门指导农民、企业、合作社申请注册涉农产品商标6476件，截至目前本市有效涉农注册商标已达26 169件。

（一）加强培育指导，提高地理标志的知名度和市场竞争力，带动相关产业共同发展

2009年11月28日，“京西白蜜”原产地商标正式获得批准，成为全国唯一“京”字头原产地蜂蜜商标。2010年4月20日门头沟分局组织召开了“门头沟京西白蜜”原产地证明商标颁证大会，拟以该地理标志为龙头带动该区蜂业的发展。目前该区蜂业合作社9个，养蜂专业村6个，蜜蜂饲养量达到25 000箱，蜂业总产值达到5000万元。分局指导“京西白蜜”的正确使用，并帮助权利人制定商标使用规范，带动蜂农统一营销，为门头沟区的蜂业发展打下坚实基础。

（二）打造“公司＋商标＋农户＋市场”的新型经营模式，促进农民增收、农业增效，解决农业人口就业的“商标富农”机制，带动地区经济发展

延庆分局指导北京玉渡山永庆达种植有限公司实行“公司＋基地＋食用菌合作社＋超市”的模式，走产业化发展道路。2009年发展种植户247人，涉及7个乡镇15个行政村，年产鲜菇40万公斤，销售收入480万元，农户平均收入3.84万元。平谷分局指导北京荣宇果品产销专业合作社与区果品办公室合作建立了600平方米的有机农副产品展厅展示特色农副产品，拟将该区的农副产品经过包装向超市、机关学校等终端销售。在指导平谷区农民专业合作社指导中心注册商标的同时，促其实现三统一：统一商标、统一包装、统一对外宣传。目前该中心正在城区积极筹建40家农副产品专卖店，以不断拓展销售领域。北京美佳兴业贸易有限公司是一家专门生产食用菌的企业，生产的栗蘑是昌平的特色产品，但产品销售仅限于昌平及周边。昌平分局商标科在指导其注册“安科”商标的同时，引导其向生产、加工、观光、采摘、科研、教学一体化方向发展。目前产品销往北京蓝丰蔬菜配送中心及北京周边宾馆、饭店，部分产品还出口韩国、阿联酋等国家。企业的发展带动了广大农民增收致富，该企业共在11个镇建立了种植基地，带动600多户农户种植食用菌，年产值1500万元，利润1000万元左右。目前该公司正准备购进食品冻干设备进行食用菌深加工，昌平分局商标科正在协助其申请第29类商标（干食用菌）的注册。

（三）各级商标监管部门深入一线，助推区域品牌的树立和品牌经济的发展

国家工商总局商标局中关村代办处、北京市工商局商标处和延庆分局多次就专项业务工作深入基层指导，得到了基层政府部门的赞誉。为协助政府大力推进沟域经济建设，三级商标监管部

门深入延庆东部山区千家店镇指导该镇的“千家店百里山水画廊”的商标注册工作。目前已在5个类别注册并使用“千家店百里山水画廊”商标，这将带动全镇100余民俗户共同发展，不仅能够提升地区民俗户的整体形象，还为千家店镇的品牌经济发展奠定了基础。

北京市工商局商标处积极深入密云，在国家工商总局商标局中关村代办处有关领导的支持下指导密云首件“渔街”集体商标的注册。2010年9月27日，由北京溪翁庄民俗旅游专业合作社申请，“渔街”集体商标在国家工商总局商标局驻中关村国家自主创新示范区办事处的大力帮助下，取得《注册受理通知书》。为了“渔街”集体商标的注册工商部门指导合作社制定了《“渔街”集体商标使用管理规则》，同时对商标图形、文字的设计等给予中肯的意见。“渔街”集体商标的受理填补了密云在集体商标领域的空白。

海淀分局将指导涉农品牌开展商标战略作为商标富农工作的切入点，联合北下关工商所重点指导新疆在京企业——北京沙迪克商贸中心实施商标战略，扩宽销售渠道，将该公司出产的优质新疆水果陆续引入翠微大厦、锦绣大地市场和沃尔玛超市等设立专柜销售，并在搜狐网、京东商城进行网上销售，通过政府部门的引导、扶持，使企业真正得到实惠，以商标促进了新疆在京涉农企业的发展，以实际行动践行中央及国家工商总局关于支持新疆经济发展，维护新疆稳定的指示精神。

根据北京市政府提出的建设“世界城市”和北京市工商局党组提出的“营造良好市场生态环境”的目标，结合辖区CBD地区国际化、品牌化发展趋势，朝阳分局以2010年北京CBD国际商务节为平台，结合“商机、发展、合作、责任”主题，以商标为抓手，于11月1日召开了商标品牌高峰论坛，取得了良好效果。

（四）工商部门积极引导优势涉农品牌的升级，培育龙头企业争创著名商标

在上半年认定的137件著名商标中涉农企业商标20件，占2010年认定商标总数的15%。目前北京市456件著名商标中涉农商标达89件，占总数的近20%。

四、北京市商标监管工作得到各方认可

2010年以来中外企业商标权利人陆续以送锦旗和写表扬信的形式对北京市工商局的商标监管工作予以褒奖，其中包括日本汽车协会、德国双立人亨克斯公司、美国纽巴伦公司、日本贸易振兴机构以及北京稻香村公司、京西重工等8家企业；同时，密云云溪翁庄镇政府、延庆千家店镇政府、新疆林业局等对工商局在支持地方经济发展中作出的贡献也给予了充分肯定；国外部分政府官员和法律等机构的代表如法国海关官员、优质品牌保护协会、贝克麦坚石律师事务所等或拜访或书面对工商部门卓有成效地开展对国外商标专用权的保护工作予以了肯定并表示感谢。

（北京市工商行政管理局）

版权工作

2010年，北京市版权局在局党组的正确领导下，认真贯彻落实北京市委市政府关于2010年新闻出版（版权）工作的指示要求，紧紧围绕服务首都经济建设大局，积极宣传普及著作权法，推进文化创意产业发展，大力推进企业使用正版软件及正版示范体系建设工作，在版权普法保护、企业软件正版化、正版产品示范体系建设、促进版权产业发展等多个方面取得了显著成效。

一、采取多种形式，深入开展版权普法宣传工作

加强普法宣传教育，提高广大群众的版权保护意识，是首都知识产权战略实施的重要内容，也是首都知识产权战略实施的一项基础性工作。针对全球金融危机对我国，特别是对首都的经济影响，加强普法宣传教育，提高广大市民的版权保护意识，大力发展文化创意产业，培育首都新的经济增长点，显得尤为重要，为此，北京市版权局组织专人设计制作了版权保护宣传画册、版权保护环保袋、版权知识小卡包等版权宣传资料。2010年4月份，紧紧结合“4.26世界知识产权宣传日”，采取多种形式、多种手段，有效组织了版权普法宣传活动。

4月20日，在东方新天地精彩无限集团有限公司王府井店，举行了2010年首批“正版音像制品销售示范单位”授牌仪式。王野霏副局长、北京市音像制品分销行业协会李艳军会长等有关同志及50余家音像制品销售企业代表出席了仪式。在授牌仪式上，北京市版权局对获得2010年首批“正版示范单位”称号的20家音像制品销售单位

进行了通报表彰，并为他们颁发了“正版产品销售示范单位”标牌，北京市音像制品分销行业协会秘书长李丰宣读了北京市音像制品销售行业“迎世博，拒盗版，守法经营”倡议书，北京市京南卫星图书城总经理车中华、FAB精彩无限集团总裁张鸿成分别代表音像经营者及受表彰单位先后发言。北京市音像制品分销行业协会代表音像经营单位与市版权局签订了“迎世博，拒盗版，守法经营”责任书。

4月21日，在中关村海龙大厦组织了“保护版权，鼓励创新，我们在行动”大型版权宣传活动。北京市版权局、中关村科技园管委会、北京市工商局海淀分局、海淀区商委、海淀区法院、海淀区文委、海淀街道中关村西区环境综合管理办公室、中关村电子产品贸易商会等相关部门领导出席了活动。海龙电子城总经理高伟华先生宣读了“保护版权，鼓励创新，我们在行动”倡议书，倡议书号召大家保护版权，抵制盗版，诚信经营；厂商代表与卖场代表分别签订了“保护版权，推广正版”责任书；上海中标软件有限公司副总裁郭涛和闪联信息技术工程中心有限公司产品事业部总监陈占波作为厂商代表分别发言，表示将积极响应保护版权的号召，为创造中关村地区良好的市场环境作出贡献；中关村电子产品贸易商会副会长齐波及海淀区文委主任刘明星先后发言，对版权保护工作表示坚决支持。

4月22日，与国家版权局版权管理司共同组织了“视频版权保护，正版共赢活动启动仪式”。全国部分省市版权管理部门及维权365网、北京盛事骄阳文化传媒有限公司等业内社会中介组织200余人参加了仪式。北京市版权局宣布了北京市首届十佳版权维权律师评选结果，北京盛事骄阳文化传媒有限公司与部分网吧协会签订了加强视频版权保护，实现正版共赢战略合作协议。并就如何实现正版共赢目标，对网络行业企业进行了业务培训。

“4·26知识产权宣传周”期间，共向市民发放“著作权法普法手册”、“提高公众版权意识图册”等宣传资料10 000余份，并开展街头咨询宣传活动，现场解答群众的版权法律问题。此次活动，宣传了版权保护法律法规，提高了市民版权意识，普及了识别盗版制品知识，对于提高广大市民购买和使用正版产品自觉性，拒绝盗版，净化首都版权市场环境，树立首都良好国际形象，繁荣首都文化创意产业取得了良好的社会效果。

二、突出重点，稳步推进，狠抓企业软件正版化工作

根据国务院九部门《关于推进企业使用正版软件工作实施方案》（国权联[2006]2号）文件精神及国家版权局《2010年推进企业使用正版软件工作计划》的要求，北京市版权局组织有关人员先后深入全市相关政府管理部门、国外企业社会中介机构及国有、外资相关企业对计算机软件使用情况进行了广泛调研，在认真分析准确掌握情况基础上，研究制定了《北京市2010年推进企业使用正版软件工作方案》，确定了100家以外商投资企业为重点的，北京市2010年使用正版软件企业名单。6月11日在京举行了“北京市2010年推进企业使用正版软件工作动员部署会”。100余家中外企业代表参加了会议，北京市使用正版软件工作联席会议办公室主任、北京市版权局副局长王野霏对推进软件正版化工作进行了部署，北京市使用正版软件工作联席会议副主任、北京市版权局局长冯俊科出席会议并做了动员讲话。商业软件联盟和中国软件联盟的专家做了软件资产管理和与正版化相关的法律法规的培训。先后组织30余人次深入企业指导和督促软件正版化落实工作，分两批次向有关企业发出使用盗版软件侵权风险提示函100余份。11～12月，北京市使用正版软件工作联席会议办公室，组织6个检查组对100家使用正版软件企业落实情况，统一进行了检查验收。参加2010年使用正版软件的企业，领导重视，工作主动，措施有力。100家企业累计采购正版软件1.749 6亿元，有效提高了企业使用正版软件的水平，健全了企业软件管理制度，提升了企业知识产权保护意识及自觉抵制盗版和使用正版软件自觉性，净化了软件市场环境，规范了软件市场秩序。

三、培育社会诚信意识，推进版权市场“蓝天工程”建设

按照一手抓打击治理，一手抓宣传教育，既查处侵权案例，又组织示范引路，坚持疏堵结合的工作思路，在前几年开展工作基础之上，在全市版权产品销售领域中继续开展了“正版产品销售示范单位”评选工作。在广泛宣传动员的同时，与市音像制品分销行业协会共同组织2010年首批20家“正版产品销售示范单位”授牌仪式，进一步扩大了“正版产品销售示范单位”的数量和社会影响。截至2010年底，全市累计已有400余家图书音像销售单位被评为北京市"正版产品销售示范单位"。组织加强视频版权保护，实现正版共赢活动，向网络信息传播单位发出了"加强自律，抵制盗版"倡议书，制定颁发《信息网络传播著作权公示指导意见》及《信息网络传播著作权公示办法》。加强了重点热点领域版权监管和正面引导工作，为北京市民购买使用正版产品，提供了放心可靠的购物场所，提高了市民版权意识，在首都文化市场弘扬了正气，规范了市场秩序，挤压了盗版制品市场空间。

四、围绕促进版权产业发展，开展了版权产业"涌泉工程"研究

在认真学习领会北京市委刘淇书记2010年4月26日考察中关村知识产权企业时提出的加强知识产权保护、重点促进产业发展讲话精神的基础上，围绕解决企业发展资金需求，推动产业发展，北京市版权局领导亲自带队，组织版权管理处、版权保护处、版权保护中心有关人员，先后赴北京市金融局、北京商业银行、中关村创新科技园区、搜狐、优酷、国家版权贸易基地等金融管理部门及版权企业进行了广泛调研，并与金融管理监管、科研机构等有关单位围绕版权价值评估、质押、融资问题进行了多次座谈。组织了版权价值评估、质押、融资问题专题研究，制定了北京市版权价值评估、质押、融资办法草案，一批版权项目先后在雍和园版权交易中心落地，包括动漫、影视、图书、音乐等领域的版权作品挂牌项目已达近1000个，实现交易额超过2亿元。6月，北京产权交易所、北京东方信达资产经营总公司、北京东方雍和国际版权交易中心，联合北京银行、国家开发银行、中国工商银行、中国农业银行、中国建设银行、交通银行、上海浦东开发银行、中信信托、北京东方文化资产经营公司等12家金融投资单位，在北京东方雍和国际版权交易中心启动了"北京文化金融中介服务平台"。北京银行为东方雍和国际版权交易中心金融信贷服务对象提供了意向性专项授信额度100亿元人民币。歌华大厦、雍和大厦、雍和航星科技园、卡拉OK版权运营中心、中华版权代理总公司等20多家重点版权贸易和版权服务类企业入驻雍和园，初步实现了产业集聚发展的态势，为版权产业发展提供资金支持奠定了基础。

五、积极搭建版权贸易平台，推动版权输出"远航工程"

2010年8月30日至9月3日，组织北京出版集团有限责任公司、燕山出版社、北京科学技术出版社、北京版权代理有限公司等8家市属出版单位共同组成北京版权贸易区，联合参加了第十七届北京国际图书交易洽谈会。为参展出版机构摊位费给予50%的补贴，在国展二层最佳位置选定了面积144平方米的展示区。书展期间，各参展单位精心组织了包括人文、教育、科技、少儿、健康等题材在内的近千种图书参展，其中许多是近年来的获奖图书、"十一五"国家重点图书，全方位地展示了首都出版业近年来取得的可喜成果和版权贸易的整体形象。5天的展期中，北京展区共接待国内外客商和读者观众近千人，达成版权贸易协议或形成交易意向近50项，其中签订版权输出合同6项。通过参展，推动了首都出版界与国际出版业的交流与合作。11月8～21日，积极协调组织了第三届北京国际版权博览会。本届博览会以"交流、合作、创新、发展"为主旨，充分发挥"文化软实力"在宏观经济中的重要作用，分为"国际版权论坛"、"产业展览"、"主题活动"和"文化演出"四大板块，包括中国版权产业权威信息发布会、"电影、电视和数字媒体论坛"、中国网络文学节、中国国际数字音乐节、中国国际数字娱乐节、中国国际影像文化节、中国文化产业项目投融资洽谈会等7项主题活动，全面展示了版权经济的广阔前景。世界知识产权组织总干事加利，国家新闻出版总署署长柳斌杰，北京市委常委、宣传部长、副市长蔡赴朝及来自世界30多个国家的版权管理部门高级官员、国际行业协会、知名企业和专家学者1000多位中外嘉宾出席了博览会。

（北京市版权局　赵晓鹏）

司法工作

2010年是全面落实"十一五"规划的收官之年，也是北京市法院知识产权审判工作取得重要进展的一年。全市法院按照集中精力推动科学发展、深入开展"三项重点工作"、全面建设"人文北京、科技北京、绿色北京"等要求，面对各类知识产权案件大幅度增长，新情况、新问题层出不穷，调研督导任务繁重提出的挑战，在最高人民法院的监督指导和各级法院党组的有力领导下，深入推进三项重点工作，努力实现首都法院工作目标，充分发挥知识产权审判职能，各项工作取得了新成绩、新进展。

一、克服前所未有的挑战，圆满完成案件审判任务

2010 年，北京市法院知识产权审判庭共受理一审知识产权民事纠纷案件 6396 件，其中著作权案件 5247 件、专利案件 246 件、商标案件 360 件、不正当竞争案件 144 件、技术合同案件 106 件、其他知识产权案件 293 件；全年共审结一审知识产权民事纠纷案件 6592 件。

2010 年，北京市高、中两级人民法院知识产权审判庭共受理二审知识产权民事纠纷案件 1125 件，其中著作权案件 816 件、专利案件 85 件、商标案件 27 件、不正当竞争案件 10 件、技术合同案件 8 件、其他知识产权案件 18 件；全年共审结二审知识产权民事纠纷案件 1082 件。

北京市法院刑事审判庭共受理一审知识产权刑事案件 88 件，其中假冒注册商标案件 16 件，销售假冒注册商标的商品案件 58 件，非法制造、销售非法制造的注册商标标识案件 2 件，侵犯著作权案件 10 件，损害商业信誉、商品声誉案件 2 件；全年共审结一审知识产权刑事案件 86 件，发生法律效力 82 件，生效判决人数 127 人。

2010 年，北京市第一中级人民法院共受理一审专利授权确权类行政案件 530 件，审结 516 件；北京市高级人民法院共受理二审专利授权确权类行政案件 353 件，审结 348 件；北京市第一中级人民法院共受理一审商标授权确权类行政案件 2024 件，审结 1839 件；北京市高级人民法院共受理二审商标授权确权类行政案件 825 件，审结 742 件。

一年中，全市各级法院知识产权庭以“确保当事人打一个公正、明白、便捷、受尊重的官司”为目标，公正、高效地审理好各类知识产权纠纷案件，确保案件审理法律效果和社会效果的有机统一，突出表现在：一是在审理卡比斯特制药公司诉国家知识产权局专利复审委员会、肖红发明专利无效及刘鸿标诉国家知识产权局专利复审委员会、中山市启雅电子有限公司实用新型专利无效行政纠纷案，刘敬平因 4D 影厅假冒专利及侵犯实用新型专利权纠纷等专业技术性较强的案件中，采取专家咨询、实地勘验等方式，准确认定案件事实，较好地解决了各种复杂的专业技术问题，作出令人信服的判决。二是在审理陈结合与商标评审委员会、江西万载千年食品有限公司商标撤销复审行政纠纷，商标评审委员会与临沂天润妇女用品公司、山东益母公司商标争议案件，费罗珊与商标评审委员会、顺德中兴纸制品公司商标异议复审案件纠纷等案件中，充分尊重当事人意愿，采取新方式彻底解决纠纷，切实保护了权利人的合法权益。三是在审理唐山人人信息服务有限公司与百度网讯公司垄断纠纷，李方平诉中国网通北京分公司垄断纠纷案等新类型及疑难复杂案件中，注重研究，谨慎裁判，确立了关于垄断纠纷等新类型案件的审判规则。四是在审理媒体广泛关注的张裕公司与商标评审委员会、中粮集团“解百纳”商标争议案件，中国新华航空有限责任公司与春秋航空有限公司、张军不正当竞争纠纷上诉案时，谨慎处理，化解矛盾，尊重客观实际和行业规范，确保了良好的效果。五是提高审判效率，创新审判模式，组成五人合议庭分别审理了 41 件株式会社万代与汕头市澄海区泓利电子玩具实业有限公司侵犯著作权纠纷案、24 件上海大金科技有限公司诉国家工商行政管理总局商标评审委员会商标异议复审行政纠纷案，使合议庭制得到切实贯彻，并体现出首都法院加大知识产权保护力度的决心和力度。六是在审理石鲁与中国书画院著作权纠纷，北京弘利大厦与艾尔弗雷德·邓希尔公司侵犯商标权纠纷，北京友联慧通公司与《现代家电》杂志社技术合同纠纷，北京康达五洲公司与济南欧脉医疗器械公司发明专利侵权纠纷等多起案件中，耐心与当事人进行沟通，力促当事人达成调解协议，并最终执结完毕，做到案结事了，取得了良好的社会效果，当事人都送来锦旗感谢。

2010 年 11 月，国务院部署开展了打击侵犯知识产权和制售假冒伪劣商品的专项行动，按照北京市专项行动领导小组的要求，北京市高级人民法院及时下发了《关于协助开展打击侵犯知识产权和制售假冒伪劣商品专项行动的通知》，对全市法院开展专项行动进行了进一步部署。全市法院按照该通知要求正稳步开展各项行动，并取得了阶段性成果。通过公正、高效审理各类知识产权民事纠纷案件和侵犯知识产权及制售假冒伪劣商品犯罪案件，严肃查处了一批侵犯知识产权的大案要案，加强了与知识产权行政执法部门的协作，加大了司法保护力度，充分发挥知识产权司法保护的主导作用，全面提高了北京市知识产权司法保护水平。

二、切实贯彻一盘棋要求，督导职能充分发挥

一是成功召开全市法院知识产权审判工作会议。最高人民法院副院长奚晓明莅临会议并作出重要指示。北京市高级人民法院王振清副院长出席会议并作了题为"强化能动司法，激励自主创新，努力实现首都法院知识产权审判工作新跨越"的工作报告，回顾了2002～2009年全市法院知识产权审判工作的基本情况，总结了知识产权审判取得成绩的经验，分析了首都法院知识产权审判工作面临的新形势、新挑战并指出了当前和今后一段时期全市法院知识产权审判工作的主要任务。二是制定并报请北京市高级人民法院审判委员会讨论通过了《北京市高级人民法院关于网络著作权纠纷案件若干问题的指导意见(一)(试行)》。该指导意见对网络著作权案件审理中的一系列重要问题作出了规定，对统一执法起到了重要作用。三是委托调解机制取得新进展。10月，王振清副院长代表北京市高级人民法院与中国作家协会签订协议书，双方正式建立了以委托调解、专业咨询、法律监督和法律宣传为内容的全面合作机制，这是北京市法院知识产权审判在探索建立诉讼与非诉讼相衔接的纠纷解决机制中取得的又一重大成果。同时，全市各级法院与中国互联网协会网络调解中心建立的委托调解机制运行顺畅，该中心协助北京市法院化解了数百件网络著作权纠纷案件，并为北京市法院提供了大量网络发展的最新信息。四是完成适当新建基层法院知识产权庭工作。经报请高院党组讨论通过，并经最高人民法院批准，正式授权在大兴、顺义、怀柔三个基层法院设立知识产权庭，其中怀柔法院知识产权庭已于12月10日正式挂牌成立并受理案件。大兴、顺义法院的建庭工作正在积极筹备中。五是认真总结北京市知识产权审判实现首都法院工作目标的经验和做法，拟定了《关于知识产权审判实现首都法院工作目标的指导意见》(征求意见稿)。七是撰写完成了《2009年北京市高级人民法院知识产权审判新发展》及《2009年二审改判发回案件情况的报告》，下发全市法院知识产权庭学习参考，成功举办了全市法院知识产权精品案件交流会，受到了各级法院知识产权庭的欢迎。八是完善并切实落实大案要案信息报告制度，进一步明确了大案要案的标准、信息报送程序，并监督执行，各级法院知识产权庭全年共报送大案要案信息225件。九是为进一步规范、落实知识产权裁判文书上网工作，制定了《知识产权裁判文书上网的规定》。十是汇编并刻录了《2009年全市知识产权裁判文书光盘》，并已下发全市法院各知识产权庭，为法官办案查阅在先判决、确保执法标准统一起到了积极作用。

三、紧密围绕审判难点热点问题，调研工作取得新成绩

一是认真落实"专利侵权判定标准"年度重点调研任务。召开三次课题组会和研讨会，深入研究，广泛听取专家的意见，起草的指导性意见已经进行了三次修改，力争尽快修订完成，提交审委会讨论。二是积极开展特许经营合同纠纷案件的调查研究，召开多次研讨会，起草了《关于审理特许经营合同纠纷案件适用法律若干问题的指导意见(征求意见稿)》，拟近期提交审委会讨论。三是高质量完成最高人民法院委托的调研工作，积极配合最高人民法院知识产权庭就商标授权确权行政案件审理中的问题进行调研，为最高人民法院出台相关司法解释作出了重要贡献。同时，还按照最高人民法院部署，就专利授权确权问题进行调研，分别就相关案件、法律适用中的问题做了汇报，并在全国法院相关研讨会上做了经验交流，受到最高人民法院领导和兄弟法院的好评。四是总结北京法院在涉及驰名商标案件中的经验和做法，向最高人民法院提交了专题报告，同时在北京法院《领导决策参考》上发表。五是组织赴外地法院学习考察。通过考察活动，学到了兄弟法院在知识产权审判工作中的好经验，增进了与兄弟法院的友谊。六是由王振清副院长主编，北京市高级法院知识产权庭出版了《知识产权经典案例》(第5、6卷)及《网络著作权经典案例》三部专著，在知识产权界反响良好。七是在日常调研方面，向北京市高级法院研究室报送《指导案例》和《审判案例要览》等。与《科技与法律》杂志社合办专栏，刊发案例评析6篇。

本年中，各级法院知识产权庭还积极开展知识产权法制宣传工作。"4·26知识产权宣传周"期间，各级法院知识产权庭积极开展了形式多样、内容丰富的宣传活动，包括采取公开庭审，公开宣判，上街宣讲，组织研讨会、论坛、进企业等形式，积极向公众宣讲知识产权法律。公布了北京市2009年十大知识产权典型案件，被媒体广泛报道。积极向北京市知识产权局主办的保护知识产权网投稿，全年发布了北京市法院近100条各类案件审判信息，列各部门之首，有力宣传了北京市法院知识产权司法保护的形象。

四、高度重视思想政治和廉政建设，审判人员综合素质进一步提高

各级法院知识产权庭将思想政治工作和廉政建设作为工作的重中之重。坚持“三会一课”制度，做到了党的路线方针政策及时组织学习讨论；按照北京市高级人民法院统一部署，认真落实“人民法官为人民”、“听走送”等主题教育活动，不走过场。组织干警参观了“北京法院推进三项重点工作、践行司法为民图片展”。在全市法院知识产权培训期间，组织了“知识产权杯”第四届拖拉机大赛和第一届乒乓球比赛，增强了全市知识产权审判人员的凝聚力。不断强化廉政教育，及时组织学习和重温各项廉政规定，查找廉政风险，制定防控措施，做到了廉政意识不断加强，廉政监察员忠实履行职责，做好廉政建设，未发现违反廉政纪律现象。

在业务素质方面，坚持业务学习制度。北京市高级人民法院知识产权庭组织了全市知识产权审判实务培训班、专利法专题培训、网络著作权专题讲座，收到了很好的学习效果。北京市高级人民法院知识产权庭与教培处共同承办了“文化创意产业知识产权保护高级研修班”，对文化创意产业知识产权保护中的疑难问题、原因和对策进行了研修，其间举办了专题讲座、参观交流等活动，在此基础上，组织全市知识产权庭撰写了 9 篇子课题报告，并最终形成研修班 2.5 万字的总报告，研修质量受到了领导的高度赞扬。

2010 年，北京市高级人民法院知识产权庭、北京市第二中级人民法院知识产权庭党支部被北京市委政法委授予了“北京市政法系统五好党支部创建示范单位”称号；北京市高级人民法院知识产权庭被国家版权局和世界知识产权组织（WIPO）授予了“世界知识产权组织版权金奖（中国）”称号，成为我国法院的唯一获奖单位，这也是我国司法系统第一次获此殊荣；陈锦川庭长还在中国版权协会主办的“2010 中国版权产业风云人物奖”评选中，荣获“2010 中国版权产业风云人物奖”，成为我国法院系统唯一获此殊荣的个人。

（北京市高级人民法院知识产权审判庭）

检察工作

2010 年，北京市检察机关全面推进“社会矛盾化解、社会管理创新、廉洁公正执法”三项重点工作，加强协作与配合，努力提升检察干警办理侵犯知识产权案件的法律监督能力和水平，不断强化行政执法与刑事司法相衔接工作的力度，立足检察职能，依法保护知识产权，为知识产权战略纲要的实施，首都社会发展和经济繁荣提供了强有力的保障。

一、认真调查调研，掌握侵犯知识产权犯罪案件的情况

侵犯知识产权犯罪是发生在经济领域的一种多发性犯罪，在近年来办理的破坏社会主义市场经济秩序类案件中始终占有稳定数量，北京市海淀区人民检察院经调查研究认为预防、打击侵犯知识产权犯罪，应加大对中小企业的技术支持，鼓励中小企业自创品牌，降低中小企业产品成本，提高产品质量，让名牌仿冒品为中小企业产品腾出市场。加大知识产权保护方面的宣传力度，尤其是北京市工商局、北京市烟草专卖局等行政主管部门，除了做好日常的执法稽查工作以外，还有必要在科技园区等案件多发地带开展定期宣传讲解，增进商家及消费者对知识产权相关法律的了解，以实际案例教育商家及消费者遵纪守法，拒绝假货。加强对大型市场摊位出租、临街平房出租、物流公司货物承接等相关环节的监督管理，规范、完善登记、检查制度，阻断仿冒品的生存空间和流通渠道。重点规范整顿大型电子市场，建立健全行政执法机关和刑事司法机关的行政执法与刑事司法衔接机制，确保涉嫌犯罪案件及时移送司法机关立案查处。加强行政执法机关、刑事司法机关的跨区、跨省合作，查堵犯罪源头，控制假货流向，形成打击侵犯知识产权犯罪活动的合力。

二、开展打击侵犯知识产权和制售假冒伪劣商品专项行动和对行政执法机关移送涉嫌犯罪案件专项监督活动工作情况

自 2010 年 10 月全国开展“打击侵犯知识产权和制售假冒伪劣商品犯罪专项行动”和“对行政执法机关移送涉嫌犯罪案件专项监督活动”以来，全市检察机关紧密结合北京工作实际，充分发挥法律监督职能,在依法从严从快批捕起诉了一批涉案犯罪分子的同时,有效促进了行政执法与刑事司法的紧密衔接,为净化首都文化和经济市场环境,推动依法行政,提高打击犯罪的合力,创造了条件。

(一)领导重视,组织严密

北京市人民检察院把专项活动作为检察机关服务首都,加快转变经济发展方式和世界城市建设、树立法治政府形象的重要手段,予以高度重视。北京市人民检察院慕平检察长直接与市政府主管副市长进行沟通,通报情况,并亲自召集会议,听取贯彻落实情况,提出具体要求。北京市人民检察院成立专门工作领导小组,由分管的副检察长任组长。为使专项活动更加符合北京市执法实际,北京市人民检察院及时与北京市公安局、北京市监察局、北京市商务委进行联系沟通,明确组织职责,并根据北京实际,将市政府法制办公室列为重要成员单位,充分发挥其在行政执法机关中的组织协调作用。制订专门工作方案,反复征求相关部门意见,力争做到任务清、目标明、重点突出,便于操作。同时确立了专项联络员,负责日常工作事务和重点案件的沟通协调,为专项活动提供了强有力的组织保障。

(二)部门联动,形成合力

1. 加强检察机关内部的沟通配合

一是强化上级院的指导督办力度。北京市人民检察院通过建立案件台账制度,对 2 批 7 件重点案件进行挂牌督办,并及时跟踪指导、通报有关情况,确保办案质量。如新天地公司侵犯著作权案等一批重大、复杂和敏感案件。二是强化部门之间的配合成效。在审查逮捕、审查起诉等过程中,依托本院的维稳情报信息协商联席会议等机制,注重加强与反贪污贿赂、反渎职侵权等部门之间的经常性沟通,加强业务分析和研判,及时移送涉案职务犯罪线索。

2. 加强与公安机关、行政执法机关之间的沟通协调

一是充分发挥"两法"衔接机制作用。各级检察机关认真贯彻执行《北京市行政执法与刑事司法衔接工作办法》和相应的联席会议制度,及时了解、掌握行政执法机关移送公安机关立案侦查的刑事案件情况,并就行政执法机关针对个案是否构成犯罪的疑问咨询,认真研究、规范答复,切实把好案件入罪关。二是认真落实公检联席会议制度。由于侵犯知识产权和制假售假行为涉及范围广、罪名多且有交叉竞合,行政违法和刑事犯罪相互交织,加之取证难等原因,给准确、有效打击犯罪带来很大困难。北京市人民检察院、北京市公安局有关部门适时召开市级联席会议,针对专项行动中带有普遍性、倾向性的疑难问题,特别是涉案 9 个罪名的犯罪认定标准等事项,及时统一认识,并有针对性地提出了办案指导意见。三是加强捕前、捕中和捕后的全方位引导侦查取证工作。各级检察机关普遍建立了与公安机关的专项联系机制,保证及时、全面地收集和固定犯罪证据。审查逮捕前,尽早了解案件动态、熟悉有关案情,主动或应邀介入公安机关侦查,积极参加有关案情研讨会,适时提出引导取证意见;审查逮捕中,如果发现能够及时补充、收集和提供涉案证据的情况,要求公安机关必须在检察机关作出批捕决定前提供材料;审查逮捕后,根据个案情况,提出书面补充侦查提纲或者提供法庭审判所需证据材料意见,并做好后续跟踪、指导和督促落实等工作。

(三)完善机制,注重实效

1. 认真贯彻落实宽严相济刑事政策

全市检察机关坚持把依法办案和贯彻落实宽严相济刑事政策有机结合起来,既注意总体上从严打击的政策取向,也注重宽以济严、区别对待,妥善运用逮捕强制措施。通州院在审查逮捕一起制造假名酒案中,对一名在逃主犯王某直接决定逮捕;丰台院在审查逮捕一起销售假安利产品案件时,在认定涉案金额存在分歧的情况下,充分运用附条件逮捕措施,保证了对重大案件的打击效果。同时,各级检察机关对不能证明构成犯罪和犯罪情节较轻、主观恶性不大的嫌疑人,建议公安机关依法采取其他措施保证侦查和诉讼,做到了依法打击犯罪和依法保障人权并重。

2. 建立专案专办的工作模式

各级检察机关努力克服办案力量普遍紧张的客观困难,指定政治过硬、业务精通、作风优良的骨干人员专门负责办理专项案件,普遍做到了提前审结、从快办理。朝阳区人民检察院还成立了"利剑办案组",石景山区人民检察院也成立了由 11 人组成的专案组,并内设 6 个小组,明确办案职责,提高了办案质量和办案效率。

3. 深化综合监督工作机制

一是强化刑事立案监督和侦查活动监督。全市检察机关充分履行法律监督职能,注意发现在

办理侵犯知识产权和制售假冒伪劣商品犯罪案件中存在的有案不立、有罪不究、以罚代刑和漏捕漏诉的情况及其背后的职务犯罪线索。二是发挥检察机关参与综治工作的职能作用。各级检察机关针对办案中发现的社会管理漏洞，及时制发检察建议，向有关单位提出防范和整治建议；进一步加强法制宣传教育，着力提高群众的防范意识和甄别能力等，均取得了良好的实效。

三、完善行政执法与刑事司法衔接工作制度

为调动行政执法机关向刑事司法机关移送包括侵犯知识产权在内的涉嫌犯罪案件线索和向检察机关提供开展立案监督线索的积极性，北京市各级检察机关以加强与行政执法机关联系为工作重点，努力延伸工作触角，变刑事立案监督的事后监督为事中监督，不断探索、深化工作制度。为使行政执法中发现的包括侵犯知识产权在内的涉嫌犯罪案件能够在行政执法环节和刑事司法环节顺畅移转，防止出现行政执法环节应当移送而不移送和刑事司法环节应当立案而不立案的现象，北京市检察机关紧紧围绕行政执法与刑事司法衔接工作中的三个接点完善工作制度。围绕行政执法机关与检察机关衔接点，完善与行政执法机关的联席会议和信息共享制度、查询案件制度。定期召开联席会议，相互通报查处行政违法案件、移送涉嫌犯罪案件、公安机关受理立案、检察机关开展立案监督工作、重大疑难复杂案件等情况，实行行政执法与刑事司法机关信息共享。北京市各级检察机关努力挖掘潜力，积极寻找突破口，以与行政执法机关建立联席会议制度等工作机制的形式，解决获取行政执法信息渠道不畅通、信息滞后等问题。互相通报查处包括侵犯知识产权在内的行政违法案件情况，移送包括侵犯知识产权在内的涉嫌犯罪案件情况，公安机关受理并立案情况，开展立案监督工作情况，重大、疑难、复杂案件情况等，实行行政执法与检察监督的信息共享。对于检察机关自行发现的认为行政执法机关应当移送而未移送的包括侵犯知识产权在内的涉嫌犯罪案件，建立案件查询制度。完善移送包括侵犯知识产权在内的涉嫌犯罪案件的检察抄备审查制度。行政执法机关向检察机关抄送《行政处罚决定书》和《涉嫌犯罪案件移送书》后，检察机关立即组织专人进行审查，对包括侵犯知识产权在内的涉嫌犯罪但尚未移送的案件以《应当移送涉嫌犯罪案件意见书》的方式提出移送建议。完善对公安机关受理、立案环节的监督制度。北京市人民检察院调整考核指标，将行政执法机关抄送的案件纳入立案监督工作考核范围，要求检察机关对在一定期限内没有作出是否立案决定的案件也作为立案监督案件办理，防止相互推诿，延误取证。为防止有案不送、有罪不究、包庇纵容犯罪现象的发生，北京市各级检察机关将发现、移送和配合查办渎职侵权职务犯罪案件线索作为做好行政执法与刑事司法相衔接工作的重要内容。

四、协调建立统一的工作机制，指导行政执法与刑事司法衔接工作规范运行

积极推动和主导行政执法与刑事司法衔接工作机制建设，是检察机关当前自身科学发展的一个契机。现阶段整顿和规范市场经济秩序办公室的机构设置发生了变化，北京市人民检察院一直努力寻求新的常设机构并与之建立统一、完备、高效的工作平台，北京市人民代表大会常务委员会为推进此项工作的进展组织了专题调研。在平谷区人民检察院推动下，平谷区委制定并下发了《平谷区行政执法与刑事司法工作衔接联动监督工作方案》，成立平谷区衔接联动监督工作领导小组，领导小组成员单位包括区委政法委、区公安分局、区人民检察院、区人民法院、区政府法制办公室以及相关行政执法机关，由区委副书记担任组长，区委常委、常务副区长和区委常委、政法委书记担任副组长，领导小组下设办公室，地点设在区人民检察院。细化了各单位职责分工，区委政法委负责组织协调工作，区公安分局负责对线索初查，不予立案的，及时通知行政执法机关，在办理行政执法机关移送的重大、复杂、疑难案件过程中，可邀请检察机关提前介入，在办理治安行政违法案件中发现的涉嫌犯罪案件应及时向检察机关抄备。区人民检察院负责对行政执法机关和区法制办抄备的线索审查，通过检察意见书、要求说明不立案理由通知书、通知立案书等形式开展立案监督，同时履行领导小组办公室职能，区人民检察院负责查处违反规定不移送案件线索、徇私舞弊、贪赃枉法等职务犯罪案件。区人民法院负责将判决结果反馈给人民检察院。区政府法制办公室负责定期向人民检察院通报行政案件检查情况，发现涉嫌犯罪线索督促行政执法机关移送公安分局查处，并向区人民检察院通报，必要时要求行政执法单位提请检察机关立案监督。行政执法机关要将行政处罚案件在作出决定后 7 日内向检察机关抄备，

在行政执法中发现的刑事犯罪线索，必须立即移送公安机关，同时向人民检察院抄备，如认为公安机关不立案理由不能成立的，提请人民检察院立案监督。并建立完善了七项工作制度，一是建立提前介入制度，公安机关、人民检察院提前介入正在查处的行政违法案件，对证据收集、固定、完善等提出意见建议。二是建立移送案件抄备制度，行政执法机关查办行政违法案件中，发现涉嫌刑事犯罪，在向公安机关移送的同时，当日制作《移送案件抄备函》，连同《案件移送函》复印件抄送人民检察院。三是建立审查意见反馈制度。人民检察院收到抄备材料后，应当在7日内对是否符合追诉标准进行审查，并制作《涉嫌犯罪案件抄备审查意见函》，通知行政执法机关。四是提请立案监督制度，行政执法机关对公安机关无正当理由不予受理、超过立案期限未作出是否立案、不立案、立案后又撤销案件有异议的，可连同公安机关违反立案规定的有关书证，出具《提请人民检察院开展立案监督函》，直接提请人民检察院立案监督。五是建立案件督办制度，对于北京市人民检察院和市级行政执法机关或联合督办的涉嫌犯罪的移送案件，区人民检察院与区行政执法机关应当及时汇报工作进展情况。六是建立信息联络制度。七是建立定期会商制度。领导小组每年年初召开年会，区委政法委、区公检法机关、区法制办、行政执法机关建立经常性工作联系制度。

2010年12月，北京市昌平区行政执法与刑事司法衔接信息共享平台顺利联网并开始试运行，信息共享平台在全区范围的成功搭建和运行，改善了昌平区“两法”衔接的工作环境和工作效率，更有效地为昌平经济又好又快发展提供了法制保障。北京市昌平区人民检察院在2010年年初将“两法”衔接信息共享平台建设工作列为深入推进三项重点工作，创新工作机制，强化诉讼监督职能的一项重要工作。在外出考察调研、与行政执法机关研讨工作的基础上，将方案提交区政府审批。11月24日，昌平区政府召集全区相关职能部门主管领导召开了建立昌平区行政执法与刑事司法衔接信息共享平台协调会，要求各行政执法机关统一思想，积极配合平台的建设工作，确保年底前高质量地完成平台建设工作。在区政府法制办、经信委、行政服务中心、各行政执法单位的大力支持与配合下，昌平区人民检察院历时1个月，完成了从资金审批、系统软硬件采购、组装、测试等众多环节，如期完成了平台的建设工作。为了更好地使用平台，试运行前，昌平区人民检察院对各行政执法单位的平台系统管理员进行了集中培训。试运行期间，昌平区人民检察院及时走访了各平台用户，查看网络信息平台的使用情况，听取各方意见，进一步完善平台系统，确保了信息共享平台的各项作用落到实处。

（最高人民检察院侦查监督厅）

天津市

专利工作

2010年天津市专利申请25 973件，同比增长32.4%，是“十一五”时期发展最快的一年；专利授权11 006件，同比增长48.7%；有效专利达到29 672件，同比增长44.6%，均创历史新高。当年有专利申请的企业达到1800余家，近600家企业实现专利申请“零”突破。市区两级专利试点企业累计达到了611家，试点示范效果显著。新增专利权质押贷款1.76亿元，取得历史性新突破。培训各类知识产权人员超过1.2万人次，知识产权宣传培训效果显现，知识产权文化逐步深入人心。全市集行政保护、司法保护、自我救济等在内的知识产权保护体系基本建立，专利行政执法案件当年结案率达到100%，知识产权保护环境进一步优化。

一、专利数量高速增长、质量明显提高

2010年，天津市专利申请同比增长32.4%，是“十一五”时期发展最快的一年；专利授权同比增长48.7%；有效专利同比增长44.6%，均创历史新高；每万人发明专利拥有量位居全国第三，每亿元GDP发明专利拥有量位居全国第四；发明专利占比、企业专利占比、职务专利占比等指标均位居全国前列；其他知识产权拥有量也呈明显增加的趋势。“十一五”期间，全市累计专利申请、授权

达到9.1万件和3.5万件，分别是“十五”期间的2.6倍和3.0倍。

二、制定和启动实施《天津市知识产权战略纲要》

《天津市知识产权战略纲要》首次从全市发展高度，统筹规划了专利、商标、著作权、商业秘密、植物新品种、集成电路布图设计、地理标志、非物质文化遗产等知识产权协调发展的目标、路径、重点任务和保障措施，成为天津市知识产权发展的里程碑。该纲要在全国率先提出，到2012年要将天津市建设成为全国知识产权产业化示范城市和到2020年建成知识产权强市的战略目标。编制完成全国首个省级政府审批的“十二五”知识产权发展规划。提出“知识产权倍增计划”，成为全国第一个省级政府审批的知识产权重点专项规划。

三、顺利完成《天津市专利促进与保护条例》的制定

2010年8月，经过天津市知识产权局和天津市政府法制办共同努力，《天津市专利促进与保护条例(草案)》顺利通过市政府常务会议审议，2011年1月顺利通过市人大常委会三审，将从2011年4月1日正式施行，标志着天津市知识产权地方性立法“零”的突破，将全面规范和促进天津市专利工作又好又快发展。天津市的专利立法具有多处创新和明显的天津特色。会同相关部门正在联合制定“加强企业知识产权工作的实施意见”、“加强科技创新中的知识产权管理的意见”、“加强高校知识产权工作的实施意见”等一批配套的政策措施。

四、全力帮扶科技型中小企业提升核心竞争力

不断深化企业知识产权主体培育工程，通过开展“三层三类”专利试点示范，天士力、赛象科技、天发水电等611家企业进入国家、市和区县级试点示范，这些企业年专利申请都达到5件以上，最多的达到200件，一大批科技型中小企业提升了市场核心竞争力，逐步成长为科技小巨人。2010年，天津市企业专利申请、授权分别占全市总量的54.7%和66.1%左右，企业知识产权主体地位进一步巩固。初步统计，2010年全市科技型中小企业专利申请、授权占全市总量的50%和55%左右，表明天津市科技型中小企业已经成为全市专利拥有的生力军。编制《企业知识产权管理规程》、《企业知识产权百问》等普及性读本，帮助科技型中小企业提升知识产权意识和管理能力。帮助近600家企业掌握了专利权，促进510家中小企业成功实现转型，为进一步发展奠定了坚实的基础。由于天津市推进企业知识产权工作成效明显，田力普局长亲自批示、国家知识产权局发文向全国推广天津企业知识产权试点工作经验。

五、全力加速自主知识产权实施转化

2009年以来，通过实施自主知识产权运用工程，支持3000余项新授权的发明专利实施转化，实施率达到80%以上。资助460万元支持36家科技型中小企业开展发明专利实施转化试点工作，这些企业年销售收入平均增长30%以上。顶硕科贸等数十家企业以专利权实现增资、获得专利权质押贷款、取得银行贷款授信，全市770余项专利权成功转让，获得转让收入1.56亿元。162个外省市专利项目落户天津发展，较上年同比增长80%。2010年，天津市10个专利项目获得中国专利优秀奖，同比增长66.7%，海鸥表业获得首届中国外观设计优秀奖，这些获奖专利平均实现销售收入2.6亿元、利润5000万元。

六、大力开展自主知识产权质押融资

专利权等自主知识产权质押融资是化解科技型中小企业资金瓶颈的重要方式。联合天津市银监局、天津市金融办等部门在全国率先出台自主知识产权质押贷款免责政策，极大地调动了商业银行的积极性。2010年，通过收集和整理企业需求，开展银企对接，组织评估、担保、律师等中介机构服务，专利权质押融资取得新突破，天津市10家商业银行为30家科技型中小企业发放质押贷款1.76亿元，贷款企业增加了5倍，贷款额增加了4倍。国家知识产权局批准天津市为首个开展知识产权质押融资试点的直辖市。此外，一批企业还利用专利权成功实现投资入股和增资。

七、进一步强化知识产权保护协作机制

近年来，面对全国知识产权侵权纠纷成倍增长、案件更加复杂的态势，天津市知识产权局与河北省签订了知识产权保护协作机制，与广东、浙江、江苏、北京等省市合作，调解了一批跨地区知识产权纠纷，维护了天津市企事业单位的合法利益。与天津市高法建立了行政保护和司法保护协作机制，共同调解侵权纠纷，判处了首例专利犯罪案件。与天津市公安局、天津海关等共同打击侵犯知识产权犯罪，营造良好的创新创业环境。建立了知识产权维权援助机制，发布企业知识产权维权指引，帮助海鸥表业在瑞士钟表博览会成功维权，成为全国的经典案例，协助天津药物研究院、望圆科技等一批企事业单位打赢争执多年的专利纠纷案。与天津市商务委等部门共同开展全国打击侵犯知识产权和假冒伪劣商品专项行动，进展顺利。召开市政府新闻发布会，发布保护知识产权状况白皮书，宣传了天津优良的投资和创新创业环境。

八、着力开展知识产权普及和人才培养

与天津市委组织部、国家知识产权局人事司、中国知识产权培训中心合作，举办了三期区县、企业和高校领导干部知识产权高级研修班。与天津市教委、天津市科委、天津市科协等合作，开展了青少年小发明设计促进行动和工业品外观设计专利促进行动，带动全市3000余名大中小学生参与创新、提升素质，《中国知识产权报》头版头条报道天津经验，并以"为天津喝彩"为题加编者按，2010年这两个促进行动带动专利申请超过10 000件。2009年与市总工会、市妇联等合作开展的工人发明家和巾帼发明家大赛，已在全国产生较大影响。2010年，开办各类知识产权培训班120余次，累计1.5万人次参加了培训，全市知识产权意识得到明显提升。将与天津市人力社保局正式启动知识产权管理工程师职称评审，这将成为促进知识产权人才成长的新途径。

九、知识产权服务能力有了新发展

扎实开展为大项目好项目单位和科技型中小企业提供专业化服务，2010年免费提供专利信息30余万条，为50余家企业提供了战略咨询、人才培训和维权援助服务。着力推进知识产权服务中心、信息中心、举报投诉中心建设，不断提高司法鉴定中心、维权援助中心、专利交易中心、查新中心等一批公共服务平台的服务功能和水平，开通"12330"知识产权热线，强化门户网站建设，推出一批服务新产品，服务能力进一步提高。18家专利代理、30余家知识产权评估和一批融资担保等知识产权中介机构业务有了新拓展，新增专利代理人15名，一批新的知识产权咨询和服务机构不断出现和快速发展。与新加坡、北方技术交易市场等合作成立天津滨海国际知识产权交易所。天津专利代办处工作水平连续多年处于全国先进水平，多项改革举措和新业务在天津先行先试。

十、依法行政和科学管理能力和水平明显提升

2010年，天津市知识产权局进一步强化了组织协调全市知识产权保护的职能，理顺了内部处室职责，不断创新工作方式方法，启动和调整了30余项重点工作，规范了行政、财务、资产、人事、业务等一系列管理制度，实现了"管理系统化、业务流程化、资助项目化、人员责任制"的管理模式转型，运行效率明显提高。近两年来，天津市知识产权局迅速提升了战略规划、政策制定、协调推进、宣传策划、应急处置等能力，实现了从业务型管理向行政推动、业务发展并举型转变，形成了"团结和谐稳定、风正气顺心齐、想干会干干好"的良好氛围，机关和直属机构面貌发生明显的转变，工作能力和水平迅速提升。积极响应市委市政府号召，大力开展"解促上"活动，及时主动地制定科技型中小企业知识产权促进行动方案，成为全市10个加快发展科技型中小企业的政策性文件之一，表明融入和服务大局的能力明显提升。着力推动区县、功能区、企业集团的知识产权管理体系的建立和完善，企事业单位知识产权管理机构逐步建立，滨海高新区成为全国知识产权示范创建园区，和平、西青、东丽、开发区等进入国家知识产权局试点。市级知识产权专项资金从1000万元增加到2000万元，三年翻了一番。

（天津市知识产权局　宁卫红）

商标工作

2010年，全市各级工商行政管理机关认真贯彻落实市政府批转的《关于实施商标战略促进经济发展的意见》和《天津市商标发展三年规划》，加强商标监督管理工作力度，提高行政指导工作水平，努力促进天津商标工作全面发展。

一、2010年商标申请和注册的基本情况

2010年，全市各类市场主体共向国家工商行政管理总局商标局提出商标注册申请18 500件，同比增长111.8%；国家工商行政管理总局商标局共核准注册商标 11 809 件，同比增长 42.9%。截至 2010 年年底，注册商标累计达到 68 703 件。

2010 年，全市各级工商行政管理机关在农产品商标、地理标志注册与保护工作中，不断加大工作力度，取得了显著成效。年初，配合农业主管部门对全市的地理标志资源进行了系统普查，共梳理出“宝坻”大葱、“潮白河”鲫鱼、“盘山”磨盘柿等地理标志资源 23 件。目前已有“杨家泊”对虾、“宝坻”大葱等 5 个地理标志向国家工商总局商标局提出注册申请。

二、驰、著名商标争创工作进展顺利

2010 年，国家工商总局认定“天矿防爆”等 7 件商标为驰名商标。至此，天津市驰名商标数量在两年内由 25 件增至 56 件。

2010 年认定了“长芦”、“光荣”等 84 件商标为天津市著名商标，同时对“恩伯尔”、“乐仁堂”等 44 件著名商标进行了延续认定，著名商标拥有量在两年内由 491 件增至 628 件。2010 年 12 月，还对“红三晶”、“威志”等 92 件商标进行著名商标初步审定。

为有效保护驰、著名企业商标字号，遏制傍名牌、侵害驰著名商标合法权益的现象，下发了《关于加强驰、著名商标保护的通知》，将驰、著名商标名录纳入企业名称查重数据库，规定未经驰、著名商标权利人许可，在任何行业内不核准与驰、著名商标中文相同近似的企业字号。以上工作的开展调动了企业创立驰著名商标、运用品牌战略开拓市场的积极性。

三、商标工作行政指导力度增强

为加强对各类市场主体的商标工作行政指导，制定了《商标行政指导工作实施意见》，对商标工作行政指导的指导思想、总体目标、主要任务做了明确规定。

经过社会各界及工商部门的共同努力，2010 年 6 月北辰区和经济技术开发区被国家工商总局确定为“全国商标战略实施示范区”；天士力制药股份有限公司、天地伟业数码科技有限公司被确定为“全国商标战略实施示范企业”，其中天士力制药股份有限公司在被确定为“全国商标战略实施示范企业”后，大力实施商标战略，年内共提出商标国际注册申请 146 件。在争创全国商标战略实施示范区和示范企业的过程中，天津滨海新区高新技术产业园出台了新的奖励政策，对区内企业每注册一件国内商标，给予 1000 元一次性奖励，每注册一件国际(不包括港、澳、台地区)商标，给予 1 万元一次性奖励，每注册一件港、澳、台地区商标给予 3000 元一次性奖励，极大地提高了各类经济主体注册商标的积极性。

2010 年，天津市各级工商行政管理部门在企业商标注册申请、续展、异议、争议及驰著名商标的创立等方面共发放商标行政指导提示书 2200 余份，进行行政劝诫 800 余次。

2010 年，天津市各级工商行政管理部门一方面选择信誉较好的商标代理机构进入行政许可大厅，为企业办理商标事宜开通绿色通道；另一方面加强对商标代理行业的监管与业务培训，充分发挥商标协会的作用，倡导行业自律，提高从业人员的综合素质，使商标代理行业更好地服务经济发展。

2010 年，天津市各级工商行政管理部门通过广泛宣传、加强指导，引导企业盘活商标这一重要的无形资产，年内有数家企业通过商标专用权质押贷款人民币 1.5 亿元。在企业与工商行政管理部门的共同努力下，银行在评估企业资产过程中，将商标尤其是驰著名商标作为企业整体资产的重要组成部分，使企业获得更多的贷款用于扩大经营规模。

四、提高行政执法力度，切实维护商标专用权

2010 年天津市工商行政管理系统共查处各类商标违法案件 382 件，罚款 275.7 万元，没收、销毁侵权商品 2.46 万件，没收、销毁侵权商标标识 2.36 万件。其中，涉外商标侵权案件 34 件，罚款 14.7 万元。

为贯彻落实国务院、国家工商总局、天津市政府“关于开展打击侵犯知识产权和制售假冒伪劣商品专项行动”的要求，2010 年 11 月，及时下发了《天津市工商行政管理局打击侵犯知识产权和制售假冒伪劣商品专项行动方案》，对全市工商系统“双打”工作进行了部署，经过各级工商行政管理机关的共同努力，截至 2010 年年底，全市工商行政管理系统共设立(或使用)大型广告宣传牌、电子屏幕宣传栏 106 个；在大型商品集散地、摊群市场、商场内张贴公告 935 张；设立接受群众和单位投诉工作站 112 个，对 4 个重点市场开办主体、经营户数、存在的主要问题进行了详细调查，共出动执法人员 9342 人次，检查经营主体 24 990 户，检查批发零售市场、集贸市场等各类市场 1170 个

次，整治重点区域525个次。另一方面抓住典型，严厉打击。全市工商行政管理系统共立案查处侵犯知识产权和制售假冒伪劣商品案件100余件，罚款43.67万元。在检查各类市场主体过程中，查扣假冒兰蔻、欧莱雅等国际知名品牌化妆品数千支，假冒LV箱包200余个，假冒鳄鱼、JEEP、BOSS、LV、金利来等知名品牌皮带近千条，查扣各类假酒5216瓶，并将两名违法经营者移送司法机关，使侵犯知识产权和制售假冒伪劣商品的行为得到有效遏制。

（天津市工商行政管理局）

版权工作

2010年，在国家版权局和天津市委、市政府的领导下，天津市版权局坚持以邓小平理论为指导，牢固树立科学发展观，开拓创新，不断探索新形势下版权管理工作的新思路和新方法，在推进版权法制体系建设、加强版权行政执法、组织版权宣传教育培训、拓展版权对外合作等几个方面开展工作，进一步改进管理和服务方式，推进文化产业发展与繁荣，使版权管理工作取得显著成效。

一、积极推进版权法制体系建设

天津市版权局着力制定版权保护长期规划，引导版权产业健康发展。与天津知识产权局、天津工商局等单位合作，编印了《天津市知识产权战略纲要》一书。起草、修改、制定了《天津市知识产权战略纲要实施方案》。起草、修改、制定《天津市知识产权"十二五"规划——版权发展专项规划》。为进一步加大版权保护工作力度，认真做好2010年上海世界博览会版权保护工作，制定了《2010年上海世界博览会期间天津市版权保护工作方案》，建立了快速反应机制，进一步加强了日常监管和服务。

二、切实加强版权行政执法

天津市版权局注重职责的履行和职能作用的发挥，积极营造一个良好的市场经营秩序。按照新闻出版总署《关于开展打击盗版音像制品专项行动的通知》精神和部署，为进一步规范天津市音像制品市场经营秩序，与市文化市场行政执法总队共同制定并向区县下发了《天津市关于开展打击盗版音像制品专项行动方案》，进一步明确各区县与天津市版权局、天津市文化市场执法总队的工作目标和任务，天津市版权局与天津市文化市场行政执法总队联合有关部门和区县开展版权行政执法3次，天津市文化市场行政执法总队积极做好市场巡查工作。在此次专项行动中，查处一个正规音像店，收缴非法音像制品420种444张；联合南开区文化局、公安局对古文化街进行检查，收缴一游商违法音像制品1500余张；查处一件销售盗版教辅图书案，收缴图书967册，查处销售非法图书黑批发窝点2个。

为了加强网络环境下的版权行政执法和监管工作，保护权利人的合法权益。按照国家版权局、公安部、工业和信息化部《2010年打击网络侵权盗版专项治理"剑网行动"方案》精神，天津市版权局牵头，与天津市文化市场行政执法总队、天津市公安局、天津市通信管理局联合召开通气协调会，制定《2010年天津市打击网络侵权盗版专项治理"剑网行动"方案》，并联合成立"天津市打击网络侵权盗版专项治理工作领导小组"，统一部署涉及全市的主要任务，协调解决专项治理行动中的重大问题，指导各区县、各有关部门开展相关工作，对国家版权局移交的案件联合督办。领导小组各成员单位明确责任处室（部门）和联系人。领导小组办公室设在天津市版权局版权处，承担日常工作。本次专项治理行动主要围绕网络音频视频及文学网站，网络游戏、动漫、软件以及上海世博会、广州亚运会相关作品为重点领域，对天津北方网、天津热线、酷天津等大网站进行检查，并对其提出自查要求。各区县版权局对辖区内的网站进行检查并要求各网站整改。对国家版权局转来的2件"剑网行动"举报材料，多次与市文化市场行政执法总队联系分析案情，最终对当事人作出行政处罚，并将工作进展情况汇报给国家版权局。

为扎实推进天津市企业软件正版化工作，天津市版权局先后组织培训三期，受训人次近500人。调动技术力量与相关部门组成联合检查组，对天津市部分甲级勘察设计企业软件正版化情况进行了督导检查。2010年第一季度对列入范围的勘察设计企业软件正版化工作进行了检查验收，并对提出整改要求的企业进行反复不断地宣传动员，并通过"诫勉谈话"、协会辅助等工作方式，促进工作落实。按照方案及阶段性工作任务安排，积极与相关部门做好工作协调和工作调研，提出新的工作目标，有计划、有步骤地稳步推进企业软件正版化工作。

为贯彻落实国务院办公厅《关于印发打击侵犯知识产权和制售假冒伪劣商品专项行动方案的通知》和新闻出版总署、国家版权局、全国"扫黄打非"工作小组办公室联合下发的《关于开展打击侵犯知识产权和制售假冒伪劣商品专项行动及进一步做好使用正版软件工作的通知》精神，按照天津市政府统一部署，天津市版权局认真组织开展"双打"专项行动，召开工作会议，建立专门机构，制订实施方案，周密部署，精心安排，狠抓落实，使"双打"专项行动取得阶段性成效。截至 2010 年年底，各区县版权局组织开展大规模拉网式检查，总计出动执法人员 900 余人次，执法车辆 150 余辆次，共检查音像制品经营单位、图书制品经营单位、印刷企业、网吧等场所 620 余家，收缴盗版图书制品 4300 余册，收缴盗版光盘 15 000 余张，共取缔无照经营盗版图书的书摊 37 处，取缔无照经营盗版光盘的音像店 17 家，联合公安部门依法拘留非法销售人员 6 人。加大对重大案件的查处力度，对天津市公安南开分局学府街派出所查获的盗版光盘 5 万余张进行鉴定，对涉嫌盗版光盘出具了鉴定意见，并向国家版权局做了汇报，此案件已被列入国家五部委督办的 11 件大案之中，现已结案。天津市版权局在"双打"专项行动中，遏制了音像市场的违法经营行为，有效地加强了音像市场的知识产权保护工作，得到天津市领导的认可和国务院督察组的好评。

三、创新工作方式，开展版权宣传

天津市版权局创新思路，搞好对接，强化版权工作的宣传效果。2010 年，天津市版权局把加强社会公众版权保护意识教育作为首要职责和使命，不断探索版权宣传工作的新方式，选准受众点，使宣传工作更加贴近群众、贴近生活、贴近实际，并在宣传方式的生动化、宣传渠道的多样化、宣传效果的明显化等方面下工夫，营造良好的版权保护氛围，提高全社会的版权法律意识，引导人们自觉树立版权保护意识。

"4.26 世界知识产权日"宣传活动期间，天津市版权局与天津市平山道小学、实验中学联合举办了保护版权主题教育以及"绿书签行动 2010"签名活动，发放了"保护版权，使用正版，拒绝盗版"的绿书签 1000 余张。同时向两所学校分别赠送了《天津市中学生"我与版权"征文活动优秀作品选》200 本。

6 月 1 日，充分借助《著作权法》颁布实施 20 周年纪念日之际，联合天津市教委、共青团天津市委员会，组织召开了"今日读正版书　未来做诚实人"颁奖暨赠书仪式，通过媒体多角度报道，使青少年版权主题教育活动的受众面进一步扩大。为加大表彰奖励力度，有效调动版权保护工作积极性，天津市版权局联合天津市教委、共青团天津市委员会，对在天津市青少年版权保护教育活动中的优秀组织者 12 个单位、20 名个人进行了表彰。

2010 年 12 月 15 日，按照天津市政府办公厅统一安排，参加了"公仆走进直播间"电台直播节目。在这期节目中，天津市版权局将为期半年的"打击侵犯知识产权和制售假冒伪劣商品"专项行动作为主题，宣讲了"双打"专项行动的意义，打击的重要领域、重要内容、重点产品，介绍了版权局的工作职责、著作权基本内容和著作权法的实施情况，就侵权盗版的危害、如何识别正版和盗版出版物、软件正版化工作等热点问题与听众进行了交流互动，增强了版权保护意识，取得了良好社会效果。

另外，天津市版权局与天津市高级人民法院、天津市公安局治安总队共同参加"天津市卡拉 OK 版权许可集体签约暨授牌大会"，并在会上做"尊重知识 尊重版权"的宣传讲话。

四、完善版权服务，促进版权贸易交流

组织天津市 12 家出版单位参加第十七届北京国际图书博览会取得丰硕成果。此次博览会天津展团的版权贸易总量为 176 项，版权引进 73 项（达成意向 64 个、签订合同 9 个），版权输出 103 项（达成意向 93 个、签订合同 10 个）。版权输出量大幅提高，首次形成版权贸易顺差，成为天津市参加北京国际图书博览会的一大亮点。

认真做好涉外合同审核登记及著作权解答咨询等日常工作。审核登记图书涉外版权合同 159 个；复录加工合同 14 个；审核电子社出版物合同 1 个。审核引进境外软件认证 10 个。解答著作权法律咨询近 200 多件。

参加由天津市委宣传部组织牵头，筹建"天津北方文化资产交易所"的摸底调研工作，为"天津北方文化资产交易所"的筹建提供版权交易的相关资料，并提出交易所中版权交易部分的可行性意见。

（天津市版权局　张露娜　李文娣）

司法工作

一、天津法院2010年知识产权案件的基本情况及特点

天津法院受理和审结知识产权民事案件的数量继续呈快速增长势头。2010年，天津法院知识产权民事案件收案562件，比上年增长85%；审结595件，比上年增长127%。其中，著作权纠纷案件收案347件，比上年增长101 %，占全部知识产权民事案件的62%；专利权纠纷案件收案92件，比上年增长119%，占全部知识产权民事案件的16%；商标权纠纷案件收案80件，比上年增长30%，占全部知识产权民事案件的14%；技术合同纠纷案件收案20件，与上年基本持平，占全部知识产权民事案件的4%；不正当竞争纠纷案件等收案23件，比上年增长5%，占全部知识产权民事案件的4%；涉外知识产权案件(含涉港、澳、台)收案17件，比上年增长113%，占全部知识产权民事案件的3%。

从整体情况看，知识产权民事案件呈现以下几个主要特点：一是案件数量大幅度增长，同比增长85%，增长最为明显的是著作权和专利权纠纷。二是调解结案率(含撤诉结案)较高，为62%，自动履行率100%，审判效果较好。微软公司诉某汽车模具公司侵犯计算机软件著作权纠纷案，一审判决该汽车模具公司停止侵权并赔偿微软公司经济损失9万元。微软公司上诉后，二审通过诉讼调解，帮助当事人设计了一个互利双赢的调解方案，即该汽车模具有限公司在规定时间内采购微软公司正版软件，并赔偿5万元，双方当事人欣然接受。三是涉外知识产权纠纷案件增长迅速，同比增长113%。当事人涉及美国、日本、法国、韩国和我国的港澳台地区，案由涉及知识产权的各个权利领域。四是著作侵权纠纷仍占较大比重，占全部知识产权民事案件总数的62%。著作权侵权纠纷中，又以网络著作权纠纷为主，占全部著作权纠纷的80%以上。

从各类知识产权民事案件的具体情况看，呈现以下特点：

(1)信息技术和互联网技术的迅猛发展，对著作权保护带来较大冲击，目前通过网络实施侵权已成为主要侵权行为模式。

(2)随着天津经济活力的日益显现，企业的科技创新能力明显增强，专利拥有量持续增长，利益驱动下专利权争夺加剧，专利权侵权行为频发。专利权纠纷不仅类型多样，而且争议标的额较大，一些案件中，原告同时起诉数名被告的现象时有出现。

(3)商标侵权纠纷中，知名品牌提起诉讼的现象较为明显，既有国际知名品牌如彪马、箭牌、宝姿等，也有国内知名品牌如桂发祥十八街、七匹狼等，商标侵权行为方式日趋多样化。

(4)市场竞争的激烈和商业模式的复杂化，使越来越多的市场竞争行为需要司法审判予以规范和界定，不正当竞争纠纷案件逐年增加。

2010年，天津法院依法加大对侵犯知识产权犯罪行为的打击力度。在"打击侵犯知识产权和制售假冒伪劣商品专项行动"中，高院依法及时高效审结侵犯知识产权和制售假冒伪劣商品及相关商业贿赂犯罪案件，坚决追究侵犯知识产权犯罪分子的刑事责任。同时，还与公安、检察机关加强在知识产权刑事司法程序中的配合，并与行政管理部门加强信息沟通，强化行政执法与司法保护协作机制，形成了依法打击知识产权犯罪的合力。

2010年，天津法院依法履行知识产权行政审判职能，全年共新收知识产权行政案件2件，已全部审结。

二、落实公开审判制度，不断提高知识产权司法透明度

加大知识产权庭审活动的公众参与度。邀请人大代表、政协委员、行政管理部门、新闻媒体和社会各界代表旁听庭审活动；主动发放庭审质量评价表，听取旁听人员对庭审活动的意见和建议；庭审前向当事人发放工作监督卡、法官庭审作风监督评议表、"五个严禁"落实情况征求意见表等，让当事人监督和支持法官依法履行审判职责，维护司法公正和公信。

保障和支持人民陪审员参加知识产权民事案件审判。人民陪审员参审案件的范围进一步扩大，人民陪审员在专业知识、经验阅历等方面的优势进一步发挥。

建立新闻发布制度，加大知识产权保护宣传力度。2010年"4·26世界知识产权日"前，天津市高级人民法院召开了知识产权司法保护新闻发布会，发布2009年度天津知识产权司法保护状况白皮书及审判典型案例。和平区人民法院在和平区六号院文化创意产业园区建立了巡回法庭，公

开开庭审理了一起较为典型的侵犯商标专用权纠纷案件，并且选编有关著作权侵权的庭审节目，在天津电视台《今日开庭》栏目播出。

三、积极参与社会管理创新，促进创新型城市建设

创新知识产权保护机制。天津市知识产权局共同签署《知识产权保护工作协作机制》，选取专利侵权纠纷案件开展了联合调解的尝试。和平区人民法院制定了《关于加强知识产权案件巡回审判的意见》。

为地方立法工作建言献策。在《天津市专利促进与保护条例》征求意见过程中，天津市人大常委会法工委专门召开了法官座谈会，各级法院的法官踊跃发言，认真提出修改意见，受到市人大常委会领导的肯定。积极参与《天津市知识产权"十二五"规划》等文件的起草制定工作。

强化审判延伸服务。天津市高级人民法院与天津市知识产权局共同组织召开了高新科技企业知识产权保护座谈会。为天津市台资企业开展知识产权保护法律问题讲座。参加卡拉 OK 音乐版权法律热点问题研讨会并作主题发言等。

四、加强审判业务指导和调研，努力统一知识产权司法尺度

制定知识产权审判工作指导意见。天津市高级人民法院制定了《关于加强知识产权民事审判司法建议工作的意见(试行)》、《关于在知识产权审判中贯彻调解优先、调判结合原则的意见》等规范性审判业务文件。

建立典型案例参考与知识产权大要案信息报送制度。以《天津知识产权审判》为载体，加强信息共享、经验交流和疑难案例研讨。中院和基层法院受理新类型、疑难复杂和有重大社会影响的案件后，及时向高院报告情况，同时通报关联案件。

开展业务研讨和培训。天津市高级人民法院先后及时组织了域名侵权纠纷、植物新品种纠纷、权利人起诉网吧经营者侵犯信息网络传播权纠纷等问题的研讨。以全国部分法院网络著作权法律适用问题研讨会在天津召开为契机，组织全市法院知识产权审判人员培训。

加强审判疑难问题调研，确保研究成果有情况、有问题、有对策、可转化，积极推动研究成果在审判实践中的应用。高院完成了法院系统的重点调研课题《关于网络环境下著作权保护问题的调研》，并在此基础上制定指导意见。对天津市高新科技企业知识产权保护状况进行调研，撰写了调研报告，在天津市委刊物上刊发。

（天津市高级人民法院知识产权审判庭）

检察工作

2010 年，天津市检察机关紧紧围绕"强化法律监督，维护公平正义"的检察工作主题，充分发挥检察机关法律监督职能的作用，努力推进刑事司法与行政执法的衔接，采取有力措施保护知识产权，不断加大侵犯知识产权犯罪的打击力度，为天津市经济发展保驾护航。

一、完善行政执法与刑事司法衔接工作机制，形成打击侵犯知识产权犯罪合力

积极开展法律宣传活动，使广大人民群众了解检察机关在打击侵犯知识产权犯罪中进行立案监督的职能作用，营造全社会打击侵犯知识产权犯罪的氛围。加大对公安机关提请逮捕案件的审查力度，从中发现立案监督线索。把行政执法与检察机关的立案监督工作有机结合起来，互为依托，互相促进，在执法中监督，在监督中执法，通过定期召开联系会，随时沟通情况，及时发现立案监督线索。对于行政执法机关移送公安机关的刑事案件，检察机关对其立案情况加强跟踪监督，对应当立案而不立案的涉嫌侵犯知识产权犯罪的案件，充分发挥立案监督的职能作用，推动涉嫌侵犯知识产权犯罪的行政执法案件及时进入刑事司法程序，防止"以罚代刑"现象的发生。走访行政机关，了解查询办案情况，调阅《行政处罚决定书》副本工作情况及监督行政执法机关移送犯罪案件情况。天津市各级检察机关与行政执法机关建立了案件会商制度，明确了行政执法机关发现包括侵犯知识产权在内的涉嫌犯罪案件线索时，要在及时向公安机关通报情况的同时向检察机关备案。检察机关要主动出击，根据案情适时介入，与公安机关、行政执法机关针对案件情况提出补查证据要求和工作建议，防止和杜绝案件线索的流失，确保在行政执法中发现的包括侵犯知识产权在内的涉嫌犯罪案件向刑事司法环节移送。

天津市人民检察院认真贯彻落实《天津市检察院与公安机关、行政执法机关加强工作联系建立行政执法与刑事执法衔接工作机制座谈会纪要》，检察机关、公安机关、行政执法机关及有关部门确定行政执法与刑事执法衔接工作负责人与联络人员，召开联席会议集中研究解决执法中遇到的问题，并对查处和打击包括侵犯知识产权在内的经济犯罪工作作出具体安排，沟通情况，统一认识，协调解决疑难、复杂问题。联席会议还规定，行政执法机关及有关部门每半年向检察机关、公安机关通报查处包括侵犯知识产权在内的破坏社会主义市场经济秩序案件情况和向公安机关移送包括侵犯知识产权在内的涉嫌犯罪案件情况；公安机关每半年要向行政执法机关及有关部门通报其移送案件的受理、立案、撤案情况；检察机关每半年要向行政执法机关及有关部门通报立案监督、批捕、起诉包括侵犯知识产权在内的破坏社会主义市场经济秩序犯罪案件的情况，以实现信息共享。

二、开展打击侵犯知识产权和制售假冒伪劣商品专项行动和对行政执法机关移送涉嫌犯罪案件专项监督活动工作情况

根据最高人民检察院专项行动实施方案要求，天津市各级检察机关加大对侵犯知识产权和制售假冒伪劣商品犯罪的打击力度，依法及时批捕、起诉一批严重侵犯知识产权和制售假冒伪劣商品犯罪案件。对重大、有影响的案件及时进行督办，加强与公安机关、人民法院的联系与配合，形成打击犯罪的合力，保持对打击侵犯知识产权和制售假冒伪劣商品犯罪行为的高压态势。各级检察机关充分发挥监督职能，强化行政执法与司法保护协作机制，依法履行审查批捕、审查起诉、诉讼监督特别是专项立案监督职责，对办理侵犯知识产权犯罪案件中存在的有案不送、有案不立、有罪不纠、以罚代刑的情况及时予以监督、纠正。各级检察机关把专项行动与最高人民检察院会同公安部、监察部、商务部开展的“对行政执法机关移送涉嫌犯罪案件专项监督活动”有机结合起来，把打击侵犯知识产权和制售假冒伪劣商品犯罪作为专项监督活动的重点，切实加强对行政执法机关移送涉嫌犯罪案件的监督。

（一）转变服务方式

天津市检察机关立足于经济社会发展大局，转变服务观念和方式，深入企业、社区开展法制宣传，了解企业法制需求，增强企业知识产权自我保护意识，争取做到对侵犯知识产权的事前防范，同时对企业存在的知识产权管理漏洞及时提出检察建议，杜绝企业在知识产权保护方面存在的隐患。

（二）扩大案件线索来源，依法快捕快诉

天津市检察机关在司法办案过程中重点关注专项行动案件，对其他案件中提供的线索紧抓不放，深入挖掘，深入贯彻专项行动工作要求，不局限于就案办案。对受理的专项行动案件，在保证证据符合法定要求的情况下，依法快捕快诉，配合其他执法机关，形成行动合力。

（三）多方协调，力争实现专项行动信息共享

专项行动信息共享，为专项行动的有力开展提供了有效平台。天津市检察机关积极探索与公安、工商、银监、海关等单位建立信息共享平台，开展联合执法行动。信息共享的建立有利于案件移送、介入侦查引导取证和案件定性，有利于形成打击合力。

（四）督办重点案件

天津市各级检察机关将涉及侵犯商标、专利、著作权、商业秘密等知识产权的犯罪和涉及上述两个领域的贿赂渎职犯罪确定为重点整治对象，如南开区何某侵犯著作权案，张某制售伪劣商品案，徐某假冒注册商标案等。

三、坚决防止和纠正对知识产权犯罪打击不力的现象

2010年，天津市各级检察机关充分发挥法律监督职能，加强对行政执法机关抄送的侵犯知识产权案件《行政处罚决定书》副本的审查工作，对涉嫌犯罪的及时提出移送公安机关的建议，监督公安机关及时立案侦查侵犯知识产权犯罪案件。严肃查办侵犯知识产权违法犯罪背后的国家工作人员的职务犯罪，坚决打掉其“保护伞”，在立案监督和审查批准逮捕、审查起诉中注意发现和掌握侵犯知识产权违法犯罪背后的国家工作人员职务犯罪线索，对于涉嫌构成犯罪的坚决依法查办。

（最高人民检察院侦查监督厅）

河 北 省

专利工作

2010年，河北省积极推进知识产权战略实施，在创新知识产权管理、加强知识产权保护和增强知识产权服务支撑能力等方面勇于开拓、积极创新、狠抓落实，各项知识产权工作取得了明显成效，进一步推动了全省知识产权事业的快速发展。全省年度专利申请保持稳定增长，达到12 300件，较上年增长8.3%。专利授权大幅提升，首次突破万件，达到10 061件，较上年增长47.1%。

一、专利权质押贷款取得突破性进展

（一）广泛调查研究，出台《河北省专利权质押贷款管理暂行办法》

经过广泛调查研究和充分论证，河北省科技厅、知识产权局、金融办、财政厅、中国人民银行石家庄中心支行于2010年4月12日正式出台《河北省专利权质押贷款管理暂行办法》，明确了专利权质押贷款的含义、借款人的条件、贷款用途、贷款额度、利率及期限、贷款申办程序、贷后管理以及相关的扶持政策等，为全省开展专利权质押贷款工作提供了政策支撑。

（二）加强沟通协调，搭建专利权质押融资联动工作机制

河北省知识产权局多次召开专利权质押贷款专题研讨会、恳谈会等，进一步加强与财政、金融等部门和评估、担保相关机构的沟通协调，初步建立科技、知识产权、财政、金融等相关部门共同推进专利权质押融资的联动工作机制，为质押贷款的顺利起步奠定了基础。

（三）强势启动试点，推动专利权质押贷款取得突破性进展

河北省知识产权局组织召开了河北省专利权质押贷款试点启动会议，选择石家庄、保定、邯郸、廊坊、唐山5市和石家庄高新区的10家企业先行开展试点，明确试点任务，及时部署相关工作。通过召开会议、专家培训、经验交流、协调调度和引进北京优秀资产评估机构、组织银企对接、开辟快速服务通道及资金扶持引导等系列活动和措施，推动全省专利权质押贷款取得了突破性进展。河北华德钢铁、冀凯实业、博宇节能、洺泉泵业、博龙标准件等6家企业分别在中国银行、浦发银行、交通银行、农村信用联社等金融机构通过专利权质押获得贷款7000万元。

二、知识产权优势培育工程深入实施

河北省知识产权优势培育工程被河北省政府列为2010年的一项重点工作任务。为确保此项工作的顺利开展，通过召开全省知识产权优势培育工作会议、实施河北省专利战略引导计划、启动知识产权对标行动、举办专利奖评选活动、择优扶持重大专利产业化项目、抓好国家级知识产权试点示范等项工作，合力推进知识产权优势培育工程深入实施，取得了显著成效。

（一）组织召开知识产权优势培育工作会议

河北省科技厅、知识产权局、发改委、教育厅、卫生厅、国资委等十部门联合召开了全省知识产权优势培育工作会议，国家知识产权局甘绍宁副局长，河北省政府李靖副秘书长和河北省科技厅贾红星厅长出席会议并作重要讲话，及时总结了知识产权优势培育工作经验，安排部署了下一步工作任务，为深入实施知识产权优势培育工程奠定了基础。

（二）借力国家人才资源，推动专利战略引导计划取得丰硕成果

河北省知识产权局积极争取国家知识产权局人才办、中国知识产权研究会的大力支持，共同签订了帮助河北重点企业研究制定专利战略的合作协议，联合举办了高培人才与河北重点企业专利战略项目对接会、专利战略制定培训班、项目中期调度会、成果报告会、验收总结表彰会等系列活动，组织国家高培人才与全省优势行业的骨干企业对接，支持和帮助重点企业进行专利文献检索分析、开展专利战略研究。首批确定的16个专利

战略研究项目顺利实施并取得丰硕成果，完成了200余万字、16个领域的专利战略研究报告，从行业现状、竞争格局、分布区域、发展态势等多个方面提出了企业未来技术创新的优先方向，为企业制定实施知识产权战略奠定了坚实的技术基础，成为企业未来研发和生产经营活动的有力支撑。第二批25个专利战略引导计划项目正在按照计划进度实施。

（三）创新管理模式，及时启动知识产权对标行动

按照河北省政府《关于在全省工业企业开展对标行动的实施意见》的要求，结合知识产权管理职能，及时研究制定了《河北省知识产权对标行动实施方案》，启动了全省知识产权对标行动。围绕强化意识、工作机制、设施条件、激励措施、专利产出、产权保护、战略实施、人员培训八项对标重点，引导全省企业制定跟进赶超路线图和时间表，逐步缩小在知识产权方面与国内外先进企业的差距，着力打造和培育一批知识产权优势企业。国家知识产权局甘绍宁副局长对此给予了高度评价，指出"河北开展知识产权对标行动，这在全国也是一项开创性的工作，值得深入探索、学习和借鉴"。

（四）建立奖励机制，组织开展河北省首次专利奖评选

河北省知识产权局研究制定了《河北省知识产权优势企事业培育工程专利奖评选办法》及其实施细则，首次在全省知识产权优势培育单位组织开展专利奖评选，对取得显著经济社会效益的重大专利项目和发明人给予表彰奖励，有效激发了企事业单位自主创新的积极性和主动性，加快了河北专利技术转化和产业化进程。共评选出专利奖28项，其中一等奖3项、二等奖5项、三等奖10项、优秀奖10项。同时，对荣获第十二届中国专利奖优秀奖的华北制药集团有限责任公司的盐酸去甲基万古霉素的制备方法等4项专利技术给予了奖励。

（五）加强督促指导，稳步推进国家知识产权试点示范

河北省知识产权局积极配合国家知识产权局，督促指导全省国家级知识产权试点、示范创建单位落实相关工作方案，各类试点示范工作有序开展，稳步推进。石家庄市顺利通过国家知识产权示范创建市验收，成为河北省首个国家知识产权示范城市；石家庄市、唐山市被批准列入首批全国中小企业知识产权战略推进工程实施城市；华北制药、保定风帆、保定天威、石药集团等4家优势培育单位被列入第二批国家知识产权示范创建企业。

三、知识产权保护工作不断加强

（一）发挥统筹协调职能，牵头开展全省打击侵犯知识产权和制售假冒伪劣商品专项行动

根据河北省政府安排部署，河北省知识产权局充分发挥打击侵犯知识产权和制售假冒伪劣商品专项行动领导小组办公室的职能，精心部署、严密组织、迅速行动，在全省范围内开展了卓有成效的打击侵犯知识产权和制售假冒伪劣商品专项行动。研究制定了《河北省打击侵犯知识产权和制售假冒伪劣商品专项行动实施方案》和《专项行动目标责任分解表》，先后组织召开了专项行动领导小组会议和领导小组办公室协调会议，研究部署专项行动相关工作；协调督导各设区市、省有关部门对重点领域、行业、场所的重点产品进行逐一拉网排查，并在全省范围内开展了为期一周的"雷雨"集中打击行动，不断加强专项整治力度；召开专题新闻发布会，介绍全省专项行动进展情况和"雷雨"集中打击行动取得的成效及重点案件情况；通过广播、电视、报刊、网络等主流媒体和专项行动简报刊发专项行动工作动态，加强信息公开，发挥舆论监督作用；协调有关部门组成联合督导检查组，对全省专项行动进展情况进行督导检查，确保专项行动落实到位。目前，专项行动正在深入开展并取得阶段性成效，赢得了国务院督查组的高度评价。

（二）优化发展环境，编写发布河北省知识产权保护状况白皮书

河北省知识产权局组织省保护知识产权工作组成员单位，编写了《河北省知识产权保护状况（2007～2009）》白皮书，第三次向社会公布了河北省加强知识产权管理和保护的主要工作举措和取得的新进展、新成就，提高了社会公众知识产权保护意识，扩大了知识产权保护工作的影响，进一步优化了知识产权保护环境。

（三）强化培训指导，大力推进"无假冒专利示范单位"创建活动

河北省知识产权局按照《河北省"无假冒专利

示范单位”实施方案》安排，加强对重点商品流通企业的知识产权培训和指导，并对各设区市申报第一批“无假冒专利示范单位”的企业进行了实地考察和审核，首批认定了100家“无假冒专利示范单位”，并举行了授牌仪式。

(四)加强专利行政执法，积极推进“5·26”工程

河北省知识产权局在获准进入国家知识产权局“5·26”工程后，制定了切实可行的知识产权执法工作方案，进一步加大了专利行政执法力度。一是印发《河北省知识产权局系统执法专项行动方案》，多次组织全省相邻设区市专利执法人员，组成联合执法检查组，开展专利执法专项行动，规范全省专利市场秩序，打击专利侵权、假冒行为。据统计，2010年全省出动专利执法人员969人次，检查商业场所414次，检查商品10 206件，跨部门、跨区域协作执法16次。查处假冒专利案件2件，受理专利纠纷案件13件，结案8件。二是在组织各设区市进行专利执法自查的基础上，集中开展了全省专利行政执法督导检查工作，规范专利行政执法行为，将各市、县专利执法向深度和广度推进，提高执法效能。三是举办了河北省专利行政执法人员业务培训班，围绕新修订的《专利法》、《专利法实施细则》及《专利行政执法操作指南》，结合专利侵权纠纷典型案例进行了详细讲解。110余名专利行政执法人员参加了培训，进一步提升了执法能力和水平。

四、知识产权宣传培训有效开展

(一)加大宣传力度，知识产权宣传报道有声有色

一是围绕河北省知识产权工作重大活动进行深度宣传报道。在《河北日报》开展了《开展专利权质押贷款，推动金融创新与科技创新相结合》专题宣传；在《河北日报》和《中国知识产权报》连续开展3个版次的专版宣传，全面介绍全省专利战略引导计划和专利权质押贷款工作取得的成绩；河北省“两会”期间，配合推进科学发展观实现富民强省特别报道，在《河北经济日报》开展了《知识产权助推创新型河北建设》专版宣传。二是知识产权宣传周活动取得良好效果。以“创新·保护·发展，实施知识产权战略，建设创新型河北”为主题，组织开展了声势浩大、形式多样、内容丰富的知识产权宣传周活动。宣传周期间，举办了宣传周启动仪式和白皮书新闻发布会、保护知识产权主题讲座、优势企业座谈会、保护知识产权培训班、大型广场宣传咨询等系列活动，全省共有70多个省市机关、企业、大学、社会团体和10余家媒体参与，参与人数达6000余名。三是不断创新宣传方式。专利周期间，河北省知识产权局联合省直有关部门在石家庄举办了第一届“专利杯”足球邀请赛，活动为期一个月，《中国知识产权报》、《河北青年报》等有关媒体进行了宣传报道。

(二)营造创新氛围，举办全省大学生工业设计创新大赛

河北省知识产权局联合科技厅、教育厅、财政厅和团省委组织开展了河北省第二届大学生工业设计创新大赛。大赛期间，大赛组委会还启动了“大学生成长导师计划”，并多次组织召开高校、企业代表座谈会，创建高校、企业联合培养人才的新模式。此次大赛共收到省内40余所高校的参赛作品1200余件，参赛作品比上届增加50%，作品质量也有较大幅度的提高。

(三)广泛开展培训，不断加强知识产权人才培养

一是研究制定了2010年全省知识产权培训工作计划和培训工作教学大纲，分别在石家庄、衡水、承德和保定举办了4期河北省知识产权优势培育单位知识产权培训班，对企业知识产权管理人员进行为期3天的系统培训，330家优势培育单位全部参加，培训人员400余名。二是与河北农业大学合作共建了第三个河北省知识产权培训基地，并举办了领导干部知识产权培训班。三是河北省知识产权局积极配合省人社厅，举办了河北省专业技术人员继续教育知识产权师资培训班。四是组织各级知识产权管理部门，以企业为重点，开展形式多样的知识产权培训，加快了知识产权专门人才培养。全省共举办各类知识产权培训活动40余期，培训领导干部、企业管理人员、专业技术人员、中介服务人员等8000余名。

五、“十二五”专项规划编制工作进展顺利

坚持及早谋划、科学组织的原则，积极推进河北省专利事业发展“十二五”专项规划的编制工作。在充分调研和吸收借鉴兄弟省市先进经验的基础上，完成了《河北省专利事业发展“十二五”专项规划(征求意见稿)》，提出了“十二五”期间河北

省知识产权工作的指导思想、基本原则、发展目标、主要任务和保障措施。经过4次征求意见和多次修改完善，专项规划已进入定稿阶段。

六、第四届"中国·河北专利周"系列活动成功举办

按照国家知识产权局关于开展中国专利周活动总体部署要求，成立了河北省2010第四届"中国·河北专利周"活动组委会，制定印发《2010第四届"中国·河北专利周"活动实施方案》，协调各设区市统一安排河北省的专利周活动。活动周期间，组织召开了河北省2010第四届"中国·河北专利周"活动开幕式，举行了河北省知识产权维权援助志愿者服务队授旗仪式，龙庄伟副省长出席开幕式并致辞。全省各地共举办现场专利展示交易会4场，大型广场宣传活动3场，专利权质押融资工作研讨会等知识产权交流活动4场；同时，全省各地知识产权管理部门依托网络平台，还积极开展了网上专利项目的展示与宣传，共展示专利项目200余项、1200余条。

七、知识产权服务能力与水平显著提升

(一)提升服务质量，高质高效搞好专利代办服务

石家庄代办处以"快捷、优质、热情"为服务宗旨，严格执行操作规程，严把服务质量关，全年受理专利申请10 654件，比上年增长5.0%，多次获得国家质量奖励；收缴专利费1441.6万元，比上年增长36%，继续保持零差错；办理专利申请加快68件，专利许可合同备案122件，首次启动了专利登记簿副本办理业务，办理登记簿副本60件。经过积极争取，石家庄代办处入选国家知识产权局专利局业务扩展试点单位。采取了有效措施，下大力做好专利电子申请推广工作，使河北省专利电子申请达到50%，完成了国家知识产权局有关任务要求。

(二)严格审批程序，圆满完成专利申请资助工作

严格按照河北省2010年专利申请资助办法规定的程序、时限、范围和条件，保质保量地完成了全省专利申请资助工作，资助专利项目1724件，发放资助金近170万元。按照国家财政部和国家知识产权局关于涉外资助申请规定的相关要求，完成河北省涉外专利向国家申报专利资助工作，全省23件专利获得256万元的资助。

(三)加强代理机构管理，进一步规范全省专利代理行为

按时完成了对全省专利代理机构的年检工作，及时办理了有关专利事务所设立分公司的行政审批事项，通报了唐山非正常专利申请代理情况，承办了国家知识产权局条法司交办的群众举报事项，并督促指导邯郸有关专利事务所做好有关整改工作，全省专利代理行为进一步规范。

(四)坚持多措并举，逐步加强知识产权维权援助工作

制作了"12330"宣传彩页及维权援助展板，在河北省知识产权局网站开设了知识产权维权援助中心窗口，并组建了知识产权维权援助志愿者服务队，加大宣传力度，扩大维权援助影响；对维权援助专家进行了相关培训，组织参加了全国首届专利执法暨"12330"知识产权维权援助知识竞赛，并获得优秀组织奖。"12330"举报投诉热线保持畅通，接听举报投诉和有关咨询电话200余个。

(五)参加各类展会，促进专利技术实施转化

以搭平台、促成交、重实效为宗旨，认真组织河北省200余个项目参加了第十九届全国发明展、2010首届中国西部国际专利暨产品博览会、中国国际专利技术产品交易会、第八届中国海峡项目成果交易会、第十七届中国杨凌农高会和2010河北国际节能减排环保展览会、第四届中国专利周低碳专利技术展示交易会等各类展会，促进了全省专利技术实施转化。

(河北省知识产权局　张东辉　尹继丰)

商标工作

2010年以来，在河北省委省政府、国家工商总局和河北省工商局党组的正确领导下，围绕全省经济建设发展大局，深入贯彻落实科学发展观，坚持服务、监管两手抓，积极推动实施商标战略，全省市场主体和社会公众的商标意识明显提高，河北省的商标事业取得了较快发展。截至目前，河北省有效注册商标10万件，地理标志21件，经国家工商总局认定驰名商标94件，有效的河北省著名商标1818件。

一、驰名商标争创、著名商标认定工作有序开展

一是2010年以来河北省经国家工商总局认定驰名商标新增25件，驰名商标总量达到94件。悉心指导企业组织申报材料，2010年以来河北省上报国家工商总局的33件商标，14件已被认定为驰名商标，17件待认定。此外，在2007年度确定了50家争创驰名商标重点帮扶企业的基础上，又新确定了60家重点企业，进行有针对性的指导，提高企业争创驰名商标的积极性，形成驰名商标培育梯队，确保驰名商标争创工作发展后劲。二是认真做好2010年度河北省著名商标认定工作。年初，根据全省著名商标发展现状及以往认定工作中发现的问题，下发了通知，对2010年的申报工作进行了规范，提出了要求，各市认真组织，积极申报。2010年新认定著名商标370件，总数达到1818件。

二、积极推动商标专用权质押贷款工作

经过多次协商、沟通，2010年6月28日，河北省工商局与中国人民银行石家庄中心支行、中国银行业监督管理委员会河北监管局联合出台了《河北省商标专用权贷款质押工作指导意见》，对发挥商标无形资产的价值作用、帮助企业拓宽融资渠道、解决融资难问题起到良好的助推作用。截至2010年年底，共有3家企业通过商标专用权质押融资1亿多元。

三、深入开展"一所一标"工作，广泛推行"四书两账"商标行政指导

为充分发挥工商部门的职能作用，提升和规范商标监管服务水平，切实加强对企业商标工作的行政指导，2010年上半年在全省工商系统继续深入推行"一所一标"和"四书两账"(即《商标注册建议书》、《商标管理提示书》、《争创驰名、著名商标倡议书》、《商标轻微违法告诫书》和《辖区商标注册情况登记台账》和《辖区企业商标联络员登记台账》)工作。重点抓规范性文书的应用和商标培育工作，目前有96%的基层工商分局已经全面开展了"一所一标"工作，累计发放四种行政指导文书7万余份。同时，在工作中注意收集、汇总基层工商分局开展"一所一标"和"四书两账"工作的经验做法，及时指导基层规范商标监管与服务工作，提高工作的针对性与时效性。

四、积极开展"4·26保护知识产权宣传周"活动

活动期间，通过在全省发行的报纸上刊登商标专用权保护专题知识、举办商标知识广场宣传咨询活动等形式，向广大公众宣传商标知识，展示部分在执法办案中查获的假冒、侵权商品实物，为现场群众介绍如何辨识假冒、侵权商品的方法，大大提高了消费者的自我保护意识，受到了群众的热烈欢迎。为提高河北省商标国际注册和保护的能力和水平，4月20日，河北省工商局邀请国家工商总局商标局国际注册处的领导来河北省进行商标国际注册知识培训，通过省、市、县三级视频会议的形式，全省部分出口外向型企业，驰名、著名商标企业，地理标志注册人以及工商系统商标执法人员共1000多人参加了培训。

五、加强商标专用权保护，维护公平竞争的市场经济秩序

一是加强日常监管，继续严厉打击侵犯食品、药品等关系人民群众身体健康和生命安全的商品商标、涉外商标、驰名著名商标、涉农商标专用权案件和伪造、擅自制造他人注册商标标识案件，规范市场经济秩序。查处商标违法案件635件，案值442万元，没收销毁侵权商品10 774件，没收销毁侵权商标12 464件。二是组织、部署了保护世博会专用标志和亚运会标志两个专项行动，集中时间、集中力量，严厉打击商标侵权违法行为。检查企业和个体工商户13.8万户次，检查批发市场、集贸市场等各类市场6455个，整治重点区域1198处，开展行政指导533次，查处侵犯世博会标志专有权案件9件，案值9.8万元。三是组织开展打击侵犯知识产权和制售假冒伪劣商品专项行动。按照河北省政府及国家工商总局的工作部署，制定了专项行动方案，要求各地以重点区域、重点行业和产品为突破口，对全省商标侵权及销售假冒伪劣产品进行拉网检查，维护了公平竞争的市场秩序。截至2010年年底，河北省在专项行动中共查处商标侵权和制售假冒伪劣商品案件95件，移送司法机关案件1件，罚款112万元。

六、开展示范工作，促进商标战略实施

6月1日，国家工商总局召开了"商标战略实施示范城市(区)、示范企业授牌电视电话会议"，会上，河北省推荐的石家庄市被认定为示范城市，石药集团有限公司被认定为示范企业，树立了河

北省商标工作的典型和榜样。我们将在指导示范城市、示范企业做好自身商标战略实施和发展的基础上，通过典型引路，推广他们的经验做法，带动全省商标战略广泛实施，促进地方经济更好、更快发展。

（河北省工商行政管理局）

版权工作

2010年，河北省版权行政部门认真贯彻国家关于知识产权工作的整体部署和实施知识产权战略的总体要求，在河北省委省政府的正确领导下，紧紧围绕版权保护主题，服务省内经济大局，在版权保护等方面取得了明显的成绩。

一、高度重视宣传工作，不断加大宣传力度

2010年，全省各级版权行政部门以“4·26知识产权宣传周”为契机，积极谋划和实施知识产权保护活动。河北省版权局按照局领导要求，认真编辑并精心印制了3000份内容丰富而实用的版权保护宣传册，于4月份的“4·26知识产权宣传周”期间走上街头向群众散发，并现场热情回答群众提出的各类版权问题30多个。4月初，结合工作实际，河北省版权局制定了为企业服务的“识版权、送温暖”活动计划，并专门下发通知，要求各地版权局充分利用宣传周的有利时机组织属地企业，为他们讲解版权知识，促其树立正版意识，提高企业使用正版软件的自觉性。“4·26知识产权宣传周”期间，各设区市版权局按照河北省版权局的要求统一行动，以会议、座谈、讲座等方式，大力宣传著作权法，在企业中产生了良好的效果。为了很好地宣传河北省几年来的版权保护成果，河北省版权局积极派人参与撰写《河北省保护知识产权状况白皮书》的相关内容，客观全面地介绍了全省版权保护现状，得到河北省保知办的充分肯定。4月20日，河北省版权局参加了省政府新闻办召开的白皮书新闻发布会，并就版权保护问题回答了媒体记者的提问，省内各大新闻媒体播发、刊发了发布会的消息，达到了宣传的目的。由于长期坚持不懈的宣传，全省公众的版权意识普遍提高，河北省版权局版权处也由此获得了新闻出版总署颁发的“五五普法教育先进单位”称号。

二、大力推进企业及政府部门软件正版化工作

根据年度工作计划，2010年年初，河北省版权局组织对河北省首批开展软件正版化工作的企业进行了抽查，及时汇总了情况并向国家版权局进行了汇报；2～3月，河北省版权局主动与2010年本省第二批开展正版化工作的160家企业中的省农村信用社、衡水建设银行、保定长城汽车公司、承德热力集团等单位联系，详细了解有关情况，谋划推进对策。为谋划全省企业软件正版化工作，3月河北省版权局结合全省实际，拟定了《河北省2010年推进企业使用正版软件工作计划》，在征求各成员单位意见并报经省领导同意后向有关单位和各设区市进行了印发，对工作进行了布置。10月下旬，石家庄市版权局举办了企业软件正版化会议暨版权服务培训班，河北省版权局应邀出席会议并进行了指导。为推动软件正版化工作，11月25日，河北省版权局专门召开了省直第二批40家企业软件正版化工作会议，对企业负责人进行了软件资产管理及软件技术等方面的培训，对企业的正版化工作提出了要求，作为河北省首个获得“全国软件正版化工作示范单位”称号的单位，华北制药（集团）有限责任公司在会上做了典型发言，引起与会企业代表的强烈反响。一年来，全省版权部门针对企业举办了4次培训，参训企业240余家，参训人数350人，检查企业达到35家，有力地促进了工作的开展。

在推进企业开展软件正版化工作的同时，河北省继续巩固政府部门软件正版化成果。在完成省直单位数据库软件采购任务后，河北省版权局积极筹备后续的省直单位使用正版软件培训会议，并于6月7～11日在石家庄市召开两期培训班，共对71家省直单位的114名相关负责人和技术人员进行了培训，现场向各单位发放了集中采购的正版数据库软件359套。全国开展打击侵犯知识产权和制售假冒伪劣商品专项行动开始后，根据国务院办公厅印发《关于进一步做好政府机关使用正版软件工作的通知》和新闻出版总署（国家版权局）有关文件精神，按照省领导批示要求，河北省版权局代省政府起草了有关通知，在征求河北省使用正版软件工作领导小组各成员单位意见和报送河北省政府同意后，12月16日，河北省政府办公厅正式向各设区市、县政府和省政府各部门印发了《关于在全省开展政府机关使用正版软件检查和整改工作的通知》，同时向省委、省人

大、省政协各部门和省法院、省检察院、省各人民团体进行了抄送。

三、积极开展打击侵犯知识产权和制售假冒伪劣商品专项行动和打击网络侵权盗版专项治理“剑网行动”

2010年7月下旬，国家版权局组织开展打击网络侵权盗版专项治理“剑网行动”后，河北省版权行政部门全力投入此项工作中，省局主动监管省内网站20个，接收通过邮件发来的投诉信函近20多封，对被投诉的76个网站进行了详细核查，相关情况及时向国家版权局或投诉人进行了反馈。

2010年10月下旬和11月，国家和河北省相继开展打击侵犯知识产权和制售假冒伪劣商品专项行动后，河北省版权局高度重视，迅速传达贯彻了国务院电视电话会议精神和相关文件要求，并认真开展了相关工作：一是迅速成立了组织机构，组成了由河北省版权局局长李晓明为组长的全省新闻出版（版权）系统专项行动领导小组，抽调河北省版权局内相关处室的业务骨干组成了专项行动办公室，并安排了集中办公场所，明确了工作重点和要求；二是参与研究、制定了全省专项行动实施方案，制定了省新闻出版局专项行动实施方案。河北省专项行动领导小组办公室根据国务院通知精神起草了全省专项行动实施方案后，河北版权局派人参加了有关会议，研究并参与了方案的修改工作；根据国务院和新闻出版总署的通知和会议精神，着手制定了省新闻出版系统专项行动实施方案，向省委宣传部进行了汇报，并上报给新闻出版总署专项办和省专项办。三是及时召开了全省会议，对全省的专项行动工作进行了部署。11月25日，经过认真筹备，河北省版权局在石家庄市召开了“河北省新闻出版局打击侵犯知识产权和制售假冒伪劣商品专项行动工作会议”，全省新闻出版、版权和“扫黄打非”部门负责同志参加了会议。会议传达了国家、新闻出版总署和省有关专项行动的会议精神，下发了版权局制定的专项行动实施方案，李晓明局长在会上做了部署，提出了要求。各市新闻出版（版权）局局长进行了表态发言，针对专项行动表达了行动的决心和信心。四是积极参与省专项办组织的统一行动。12月上旬，接到省专项行动领导小组关于开展“雷雨”集中打击行动的通知后，河北省版权局立即制定了针对新闻出版、版权和扫黄打非领域的“雷雨”集中打击行动通知，及时下发到各设区市，要求其结合本地的重点领域开展检查工作，按期完成检查并及时上报数据和信息。

四、不断加大执法技能培训和各类侵权盗版案件的查处力度

多年来，河北省高度重视版权执法队伍建设。2010年，在国家版权局建设版权监管平台过程中，河北省版权局积极配合系统建设人员的调研工作，结合省级单位实际应用提出一些合理化建议，共同研究解决方案；之后，又积极参加国家版权监管平台应用培训，熟悉系统的操作应用，提高了网络环境的版权监管能力。6月，省局按照国家版权局的要求，组织省内各设区市版权执法人员参加了“2010年基层版权执法培训班”，通过近距离聆听专家、教授授课，执法人员的业务能力有了进一步提高，为打击网络侵权盗版专项治理“剑网行动”的顺利开展奠定了基础。

河北省各级版权行政部门非常重视上海世博会、广州亚运会的版权保护工作。世博会期间，河北省版权部门按照事先制订的知识产权保护方案，通过部门协作机制和快速反应机制，查处了一起网上售卖世博会吉祥物“海宝”的案件，及时关闭了侵权网站；由于行动积极，工作出色，河北省版权局和河北省版权局版权处李冬群同志在国家知识产权局、公安部等八部门组织的“世博会知识产权保护专项行动先进集体和先进个人”评比活动中分别被评为先进集体和先进个人。

2010年年初根据举报，保定市文化市场行政执法大队对保定市某装订厂进行检查，现场发现装订的《中华人民共和国药典（2010年版·三部）》半成品800册，《中华人民共和国药典（2010年版·二部）》散叶约70令，经计算总价322 500元。依据相关法律法规，将该案移交保定市公安局立案侦查。任丘市版权局执法人员根据举报查获晨光书店销售盗版《四库全书》案，依据《著作权法》等法律法规对晨光书店作出没收全部非法出版物、罚款10 000元的行政处罚。6月，在接到某权利人投诉后，河北省版权局及时处理了《杀破狼》等四部电影被侵权案，对涉嫌侵权的衡水某科技公司提出了警告。之后，河北省版权局版权处协助省扫黄打非办落实国家版权局《关于查缴〈六人行〉、〈名侦探柯南〉等盗版音像制品的通知》精神，将有关情况及时进行了汇总上报。7月，针对省会多家大型超市销售盗版音像制品问题，河北省版权局指定石家庄市版权局调查处理，并及时给予了跟踪指导；与此同时，在国家版权局统一部署下，河北省版权局指导各市版权局开展了图书馆作品使用情况的检查工作，并重点对河北农业大学、唐山师范学院图书馆进行了检查。7～9月，根据国家版权局要求，河北省版权局两次协助国家版权局和北京市公安局收集了关于北京新天地公司侵权盗版案的有关证据，并圆满完成任务。10月，河北省版权局督促邯郸市版权局调查处理了美雅印刷公司侵犯融源印务有限公司美术作品案，对当地的陶瓷印花版权进行了有力的保护。在持续的打击网络侵权盗版专项治理“剑网”行动中，河北省版权局先后自办和指导石家庄市、秦皇岛市和廊坊市版权局查处国家版权局下发的网络侵权盗版案件10起，有效地遏制了网络侵权盗版案件的发生。其中，实施行政处罚的4起案件分别是：(1)“必杀客”网站私服侵权案，处理结果：关闭非法网站，没收非法所得3000元，没收涉案服务器一台，处以3倍罚款9000元。(2)“君子堂”网站文字作品侵权案，处理结果：责令停止侵权行为，罚款5000元，没收涉案服务器一台。(3)读写书店(汇文书店)网上销售盗版图书案，处理结果：责令停止非法销售行为，罚款11 000元。(4)东博书店网上销售盗版图书案，处理结果：责令停止非法销售行为，罚款15 000元。

五、热情为社会公众和各类产业单位提供版权服务

全心全意提供版权服务是各级版权行政部门的职责。2010年，河北省版权局先后为河北美术出版社、河北教育出版社、省医学情报研究所、衡水习三内画公司、邢台日报社、省内多名作者等单位和个人解答、解决有关版权问题，三次参加河北人民广播电台“阳光热线”节目，现场回答听众提出的版权问题。一年来，河北省版权局面向各出版社，为省内出版单位审核登记引进版权的图书出版合同24份。为做好版权服务，河北省版权局主动参加国际图书博览会、中国版权年会等会议，为省内出版单位和文化产业出谋划策，提供版权帮助。12月初，在深圳市举办的中国版权年会上，河北省版权局推荐的河北省吴桥县杂技团从全国上千家参评的版权企业中脱颖而出，荣获“2010年度中国版权产业最具影响力企业奖”。这是河北省版权局长期以来为鼓励省内优秀版权产业创新节目，提升运用版权手段保护企业自身利益，促进企业发展所付出努力的最好例证，不仅显示了河北省在版权创新和版权保护方面的成绩，同时也将对本省版权产业的发展起到良好的示范带动作用。

（河北省版权局　李冬群）

司法工作

2010年，河北省各级法院在案件数量增多、新类型案件增多、案件审理难度加大的情况下，紧紧围绕党和国家大局，准确把握形势任务，积极回应人民群众的关切需求，始终坚持能动司法，深入推进社会矛盾化解、社会管理创新、公正廉洁执法三项重点工作，积极稳妥地开展以知识产权审判工作为核心的各项工作，圆满完成了各项任务，为促进河北省科技进步和社会经济又好又快发展提供有力的司法保障。

一、2010年知识产权审判工作概况和特点

2010年全省法院共受理一审知识产权民事案件1098件(包括旧存201件)，其中著作权案件267件，商标权案件466件，专利权案件239件，技术合同案件27件，植物新品种案件28件，其他知识产权案件71件，审结786件，结案率为71.6%。受理二审知识产权民事案件205件(包括旧存5件)，其中著作权案件23件，商标权案件13件，专利权案件16件，技术合同案件4件，发现权与发明权纠纷案件1件，其他知识产权案件148件，审结196件，结案率为95.6%，受理再审案件2件，审结2件。

2010年所受理的案件存在以下特点：第一，著作权案件在知识产权案件收案中所占比重有所加大，全省新收一审著作权案件247件，占全部新收案件的27.5%，仅次于商标权案件的42.9%。第二，侵犯网络著作权案件成为知识产权审判的热点，且案件分布较广，基本上覆盖了河北大部分地区。第三，关联案件仍然较多，这类案件多涉及同一主体、同一客体、同一权利或同一侵权行为，如北京乐视网公司诉某联通公司侵犯网络信息传播权系列案，北京网尚公司诉某学院侵犯网络信息传播权系列案，宁波成功多媒体公司诉众网吧侵犯信息网络传播权系列案，波马公司诉众商场侵犯商标权系列案等，这些案件是河北省一审案件大幅上升的重要原因，对我们统一适用法律提出了更高要求。第四，新类型、疑难案件有所增加，包括保定双狐软件有限公司诉三河环波软件有限公司计算机软件著作权纠纷案、香河县气管炎哮喘医院与孟庆云专利使用费纠纷案等，这些案件中有许多法律没有明确规定的问题，对我们的法官提出了更高的挑战。

二、2010 年河北省知识产权司法保护的主要经验做法

（一）审理力度不断加大，职能得到更好发挥

在河北省 2010 年审理的案件中，有一批社会关注度高、影响面广、意义重大的案件。如：承德颈复康药业集团有限公司诉郑州颈复康医疗器械有限公司擅自使用知名商品特有名称纠纷案、石家庄双环汽车股份有限公司与本田技研株式会社外观设计专利侵权纠纷案等，通过各级法院对上述案件公正、高效的审理，进一步树立了全省法院公正司法、一心为民、依法保护知识产权、激励自主创新的良好形象，推动了河北省法院知识产权审判工作迈向新台阶。

（二）强化大局意识，社会效果良好

河北省知识产权审判工作一直强化大局意识，紧紧围绕党和国家大局来推进，兼顾保护的力度和适度，努力做到宽严适度。一是加强对专利权案件的审理，激励创新、推动经济发展。在专利案件的审理中，不仅注重加强保护，也充分强调适度保护，有效地防止过度保护所造成抑制科技传播的不良效果。二是加强对商标权案件的审理，促进品牌经济发展。全省法院在商标侵权案件审理中，注重维护商标权人的权利，注重维护商标的声誉，注重维护和推动企业形成自主商标品牌，为河北省乃至全国品牌经济的发展保驾护航。三是加强对网络著作权案件的审理，以贯彻侵权责任法为契机，结合有关保护信息网络传播权的专门法，准确认定网络服务提供者的侵权责任，促进文化产业的繁荣。四是加强对侵犯商业秘密案件的审理，积极探索商业秘密界定的方法、构成要件、审查标准及一般审理思路，以弘扬商业道德，促进社会诚信，维护市场公平竞争秩序。

（三）推进制度创新，完善审判机制，提高办案水平

一是根据知识产权案件专业性较强的特点，依法加强诉讼指导和释明，诉前告知当事人权利义务，提示诉讼风险，增加案件审理的透明度，以公开求监督，以公开促公正。二是鼓励和支持各级法院建立“专家咨询员”制度，提高知识产权案件审判质量。2010 年河北省高级人民法院根据受理案件的具体情况，聘请了涉及商标、农业、机械、电子、文化等行业的 7 位专家作为咨询员，在解决专业技术难题方面发挥了重要作用。三是延伸知识产权司法服务，建立与企业的沟通机制。2010 年，河北省高级人民法院从河北省知识产权保护现状及维权机制入手，自选课题，与衡水老白干酒业公司、河北省新闻出版局、神威药业公司等重点企业建立联系点，一方面为企业答疑解惑，提出适合该企业的知识产权战略意见和建议，另一方面增强企业创造、运用、维护知识产权的能力。四是根据案件特点，建立调解新机制，将调解贯穿于整个诉讼阶段，同时建立健全多元化社会主体参与调解的制度，将一些知识产权案件委托律师、专家咨询组、有关社会组织、行政主管部门、人民调解委员会等社会主体进行调解，促进知识产权纠纷的有效化解。2010 年河北省高级人民法院在审理北京乐视网公司诉某联通公司信息网络传播权系列案件时，与当地法院一起做当事人工作，不仅就该案进行了调解，还将其他未起诉即将起诉的同类型案件一同予以调解，充分贯彻了能动司法的理念。

（四）积极参与对外宣传，进一步拓展司法服务领域

一是继续做好“4.26 世界知识产权日”的宣传工作。2010 年的世界知识产权日河北省法院联合相关部门举办形式多样的知识产权宣传活动并参与编写《河北省知识产权保护白皮书》，积极营造有利于知识产权司法保护事业健康发展的文化氛围，扩大了河北省知识产权司法保护的社会影响。二是不断完善知识产权裁判文书上网制度。由全省各级法院选出专人负责文书上网活动，鼓励各级法院将审结案件全部上网，实施文书上网通报制度，加强监督和管理。三是积极落实全国知识产权保护与执法工作电视会议精神，参加国务院布置的“集中开展打击侵犯知识产权和制售假冒伪劣商品专项整治活动”。河北省高级人民法院按照通知精神和院领导提出的具体要求，成立了本次主题活动的领导小组，围绕活动主题和重点内容，结合河北省实际制订了实施方案，有力地打击了知识产权侵权行为，取得了良好的

社会效果。

（河北省高级人民法院知识产权审判庭）

检察工作

2010年，河北省检察机关积极贯彻落实《国家知识产权战略纲要》，紧紧围绕“强化法律监督，维护公平正义”的检察工作主题，充分发挥检察机关法律监督职能作用，不断寻求打击侵犯知识产权犯罪的有效途径，采取有力措施保护知识产权，为建设经济强省目标的实现起到积极推动作用。

一、加强监督，有效打击侵犯知识产权犯罪

在对行政执法机关移送涉嫌包括侵犯知识产权在内犯罪案件的监督过程中，采用普遍监督与特殊监督相结合的方法，针对不同的行政执法机关，因地制宜地采取普遍监督和特殊监督方式。普遍监督就是对所有的行政执法单位采用查看年度工作总结、受理案件登记记录、立案报告、处理决定书等发现案件线索。特殊监督是根据行政执法机关履行职能的不同，制订出不同的监督方案，有选择、有重点、有针对性地进行监督。以刑事立案监督为切入点，检察人员积极走访行政执法机关，缜密开展调卷审查，实行行政执法机关报备处罚卷审查监督制度，对以罚代刑、降格处理和徇私枉法不依法移交包括侵犯知识产权在内的涉嫌犯罪案件问题，一经发现及时予以处理。对在当地有影响、后果严重、社会关注的案件，检察机关坚持提前介入，掌握案情，引导行政执法机关和公安机关固定完善证据，依法快捕快诉，如秦皇岛市昌黎“12.23”生产、销售假劣葡萄酒系列案。

二、开展“打击侵犯知识产权和制售假冒伪劣商品专项行动”工作情况

为加大知识产权保护力度，维护公平有序的市场环境，国务院决定，2010年10月起在全国集中开展“打击侵犯知识产权和制售假冒伪劣商品专项行动”。为此，河北省人民检察院非常重视，召开专门会议，研究部署专项行动，及时转发了最高人民检察院《关于积极参与“打击侵犯知识产权和制售假冒伪劣商品专项行动”的通知》。12月1日，最高人民检察院召开了“全国检察机关‘打击侵犯知识产权和制售假冒伪劣商品专项行动’工作电视电话会议”，最高人民检察院党组副书记、常务副检察长胡泽君作了重要讲话，对开展打击侵犯知识产权和制售假冒伪劣商品专项行动进行了再动员、再部署。为贯彻落实最高人民检察院电视电话会议精神和河北省政府办公厅印发的《河北省“打击侵犯知识产权和制售假冒伪劣商品专项行动实施方案”的通知》，深入开展“打击侵犯知识产权和制售假冒伪劣商品专项行动”，河北省人民检察院研究制定了《全省检察机关积极参与“打击侵犯知识产权和制售假冒伪劣商品专项行动”实施意见》，对专项行动提出了明确要求。

（一）明确指导思想

认真贯彻国务院、最高人民检察院、河北省政府的部署，坚持全省统一部署与区域整体推进、部门分工负责与强化协作、专项整治与日常执法相结合，集中时间、集中力量，统一开展专项行动，充分履行检察职能，依法从重从快批捕、起诉一批侵犯知识产权和制售假冒伪劣商品刑事犯罪案件，为建设创新型河北提供有力的司法保障。

（二）明确工作重点

重点打击在新闻出版、文化娱乐、高新技术和农业领域侵犯著作权、商标权、专利权以及植物新品种权的犯罪活动；突出打击印刷复制盗版图书、音像制品、软件以及假冒国际国内知名品牌和制售假冒伪劣药品、食品、农资等侵害民生民利的犯罪；严厉打击互联网侵权盗版和利用互联网、通信网络、电视网络销售假冒伪劣商品的侵权犯罪行为。

（三）明确组织领导

河北省人民检察院成立了打击侵犯知识产权和制售假冒伪劣商品专项行动领导小组，领导小组下设办公室，办公室设在侦查监督一处。要求各市、县（市）、区人民检察院也要建立相应的领导机构和办事机构，制定切实可行的实施方案，确保全省检察机关专项行动有力度、有声势、有成效。

（四）明确工作措施

一是提高认识，周密部署。要求各级检察机关充分认识开展这次专项行动的重大意义，把思想和行动统一到党中央、国务院和最高人民检察院的决策部署上来，增强责任感、使命感，高度重视打击侵犯知识产权和制售假冒伪劣商品专项行动，充分发挥检察职能，与有关部门密切协作，认

真研究当地实际情况，精心谋划具体措施，迅速行动，确保实效。二是突出重点，加大打击力度。要求各级检察机关坚持依法从重从快的方针，对公安机关提请批准逮捕、移送起诉的重大犯罪案件，只要基本事实清楚，基本证据确凿，就依法快捕、快诉，不纠缠细枝末节，决不在检察环节贻误战机。三是强化监督，形成工作合力。充分发挥法律监督职能，对涉嫌犯罪案件不依法移送或者有案不立、有罪不究、以罚代刑、重罪轻判的，要依法予以监督纠正。对该立案而不立案的，应及时启动立案监督程序，并强化跟踪监督工作，确保案件及时捕、诉、判，防止案件流失。同时要加强对国家工作人员为侵犯知识产权和制售假冒伪劣商品犯罪活动充当“保护伞”和徇私舞弊不移交刑事案件、帮助犯罪分子逃避处罚等职务犯罪行为的监督，严肃查办相关执法、司法人员贪污受贿、滥用职权、玩忽职守、徇私舞弊等职务犯罪行为，促进公正廉洁执法。在专项行动中，侦查监督、公诉、反贪、反渎等职能部门要加强衔接配合和统筹协调，整合办案力量，形成工作合力，确保专项行动顺利开展。四是加强调查研究，建立健全知识产权保护长效机制。各级检察机关在专项行动中，要结合办案加强调查研究，通过对类案和典型个案的剖析，掌握侵犯知识产权和制售假冒伪劣商品犯罪的特点和规律，积极向当地党委、政府和相关企业提出强化管理、消除隐患、预防犯罪和建章立制的检察建议，促进企业管理和社会管理创新。检察机关要在专项行动中，积极与行政执法部门研究建立知识产权保护和打击制售假冒伪劣商品犯罪的长效机制。五是大力宣传，营造良好氛围。各级检察院要加强与新闻媒体的联系沟通，积极宣传检察机关开展专项行动的重要部署、阶段成果、典型案件和经验做法，宣传要有声势、有力度，营造良好的舆论氛围。六是加强督导检查，强化信息反馈。上级检察机关要加强业务指导和督导检查，全面掌握工作动态，及时发现问题，解决问题。对重大疑难复杂或干扰阻力大的案件，要挂牌督办，限期办结，必要时直接督导办理。下级检察机关要加强情况报告制度，及时反馈在专项行动中采取的措施、典型经验做法及批捕、起诉、立案监督等重大案件办理情况

三、完善行政执法与刑事司法衔接机制，切实防止对侵犯知识产权犯罪“以罚代刑”的执法现象

针对检察机关、公安机关、行政执法机关职责不同，对法律法规掌握的侧重点不同这一情况，检察机关与行政执法机关充分发挥各自的专业知识和技能优势，互相培训一线办案人员，检察机关主动定期邀请行政执法部门专业人员讲授商品经济与国际贸易的相关知识，同时以讲课或印发普法知识手册等途径帮助行政执法部门辨别犯罪与违法违规。各地以多种理论培训形式提高理论水平，为有力打击侵犯知识产权犯罪做好前期理论准备。深入到群众中去，宣讲有关法律知识，尤其是国务院和最高人民检察院下发的有关文件，充分调动各种因素，拓宽线索渠道，形成打击侵犯知识产权犯罪的良好氛围。

由于职能分工及查处领域的不同，行政执法机关之间如果缺乏相应的协调配合，就会对某些案件错过取证最佳时机，使一些本应立案的案件无法立案，影响对侵犯知识产权犯罪的打击力度，针对这一状况，河北省检察机关通过各种形式加强与公安机关及各行政执法机关的协作联系，督促行政执法部门及时向公安机关移送包括侵犯知识产权在内的涉嫌犯罪案件。

四、严肃查处和防范侵犯知识产权背后的职务犯罪

河北省检察机关严肃查处对侵犯知识产权背后隐藏的国家工作人员贪污贿赂和国家机关工作人员滥用职权、玩忽职守、徇私舞弊等犯罪，及时发现和查办涉及知识产权的民事行政裁判不公背后的司法腐败，维护司法公正，进一步加强预防工作，从源头上防止和减少涉及知识产权职务犯罪的发生。

（最高人民检察院侦查监督厅）

山西省

专利工作

2010年，山西省知识产权局在省委省政府领导下，在国家知识产权局指导和大力支持下，以科学发展观为统领，围绕建设创新型国家的重大战略任务，认真贯彻落实《国家知识产权战略纲要》，紧密结合山西省实际，进一步明确发展方向，全省知识产权事业呈现出蓬勃发展的良好势头，为全省创新工作和经济发展提供了有力的支撑。

一、知识产权政策体系建设成效显著

2010年，经山西省人民政府批准，由山西省科学技术厅牵头，山西省知识产权局具体组织起草了《山西省知识产权战略纲要（草案）》。同时，山西省成立了以省人民政府副省长张平为组长的"山西省知识产权战略纲要制定工作领导小组"，该领导小组办公室设在山西省知识产权局。领导小组以相关职能部门负责的18个研究课题报告为基础材料，多次召开专家咨询会，组织领导组成员单位人员赴国家知识产权局汇报制定工作和征求意见，国家知识产权局召集国家工商总局、国家版权局、国务院法制办、中国农科院知识产权研究中心的专家，对山西省的纲要草案进行了认真讨论，充分肯定了纲要的制定工作，认为是个基本成熟的文件。《山西省知识产权战略纲要（草案）》形成了征求意见稿，并向全省11个市和省直有关厅局征求了意见，经多次修改，该纲要（草案）送审稿已报送山西省政府审批。

二、全省专利申请继续快速增长

2010年，全省申请专利7927件，同比增长16.2%。专利申请的结构更趋合理，其中标志自主创新水平的发明专利申请达到3046件，同比增长25.7%，占申请总量的38.4%；职务专利申请4122件，继续保持较大增长，增幅达32.8%，占申请总量的52%；企业创新主体的地位日益显现，专利申请量大幅增长，达到3249件，同比增长41.5 %，占申请总量的41%。山西省专利申请量在全国总排名由"十一五"末的24名上升到第19名。

2010年，全省共授权专利4752件，同比增长47.3%。其中发明专利授权达到739件，同比增长22.6%；职务专利授权2861件，增幅达59.8%，占授权总量的60.2%；企业专利授权达到2320件，同比增长64.8 %。截至2010年，山西省累计专利申请量为47 768件，累计专利授权量为26 563件。

三、知识产权保护工作不断加强

山西省知识产权局不断加强全省专利行政执法队伍建设和服务体系建设，大力提升知识产权执法能力和知识产权公共服务能力，加强重点产业知识产权保护工作，积极探索部门间联合执法协作，联合开展知识产权保护专项行动，积极推动地市专利行政执法工作，充分发挥知识产权执法维权工作在营造创新与发展环境中的作用，促进全省专利行政执法工作深入开展。通过一系列的专项执法检查，有效遏制了假冒、冒充专利行为，盗版行为和知识产权诈骗行为的发生，维护了知识产权人和消费者的合法权益，整顿了流通领域的市场秩序，优化了创新环境。

2010年11月5日，为贯彻落实全国知识产权保护与执法工作电视电话会议精神和国务院总理温家宝重要讲话精神，山西省政府王君省长主持召开专题会议，要求各地各部门各单位认真扎实开展山西省知识产权保护与执法专项行动。根据会议安排部署，山西省知识产权局积极行动、认真组织、狠抓落实，及时印发《全省专利执法专项行动计划》和《关于全省专利执法专项行动具体要求的通知》。编印下发《山西省专利执法专项行动手册》和《专利行政执法操作指南》等手册，力求执法工作规范高效。开展专项行动以来，全省专利管理部门整治产品制造集中地12个，整治城乡结合部1个，整治商品集散地18个，整治文化娱乐业和经营户5个，整治高新技术产业企业和经营户1151个，整治涉农企业和经营户15个；检查涉及重点产品、大宗出口商品995件，涉及汽车配件1516件，涉及药品10个；取得查处侵犯专利权案

件3件，查处假冒专利案件3件的阶段成果。

山西省知识产权局不断加强与相关部门的交流合作，发布《致广大发明人的一封公开信》，以提高公众的防范意识和对假冒冒充专利的鉴别能力，开通"12330"知识产权举报热线。与山西省高级人民法院定期召开执法协作会议，在建立知识产权保护会商机制、重大案件通报制度、知识产权维权援助协作机制、推进知识产权专家咨询委员会建设等方面进一步加强协作。与山西省工商行政管理局、山西省版权局等部门不定期召开协作会，推动了执法保护的深入开展。

山西省知识产权局还联合山西省公安厅经侦总队在全省范围内开展了"雷雨"、"天网"知识产权执法专项行动，开展了重点领域专项整治行动，正面引导与努力防范相结合，为维护当地市场秩序发挥了积极作用。山西省知识产权局闫毅局长带领太原市知识产权局、太原市公安局经侦支队、山西省知识产权维权援助中心，对山西北方商贸城、北京华联商厦太原胜利店等流通市场开展了知识产权专项执法检查和宣传活动。山西电视台、山西日报、太原电视台、山西科技报、太原日报等多家新闻媒体对整个执法检查活动进行了全程报道。

四、知识产权宣传和培训扎实有效

为加强知识产权宣传工作，山西省知识产权局通过各类新闻媒体和形式多样的宣传活动，制造强大的舆论宣传声势，营造尊重知识、保护创新的良好社会氛围。利用"3·15消费者权益日"、"4·1专利法实施纪念日"、"4·26世界知识产权日"、"12·4法制宣传日"等重大活动日开展各种形式的宣传活动，重点在全省范围内开展了"知识产权宣传周"活动。山西省知识产权局领导就如何组织开展宣传周活动进行了具体安排，形成以宣传周活动为抓手，促进知识产权宣传普及，提高企业创新能力的态势。3月19日下发了"关于开展2010年知识产权宣传周活动"的通知。4月8日，山西省知识产权局在召开了2010年知识产权宣传周活动协作会议。山西省版权局、省工商局、省法院、省公安厅、省教育厅、太原高新区的有关负责人参加了会议，会议通报了山西省知识产权局拟定的全省知识产权宣传周活动方案。会议决定，全省知识产权宣传周活动将进一步加强部门间协作，密切配合，联合开展形式多样的宣讲、采访、咨询、专题讲座、执法检查等系列活动，在全省掀起知识产权宣传新高潮。4月15日，由山西省知识产权局牵头，联合山西省工商局、省版权局、省公安厅、省高院和太原高新技术开发区等单位召开了2010年知识产权宣传周活动新闻发布会。

围绕主题，开展内容丰富、形式多样的宣传活动，知识产权宣传周期间，山西省知识产权局会同山西省高级人民法院、省版权局及太原市版权局、省工商局及太原市工商局、省公安厅联合举办了大型知识产权街头宣传咨询活动。太原市知识产权局、太原市中级人民法院、知识产权中介服务机构等十余家单位也参加了这次宣传活动。"知识产权三晋行"是山西省知识产权局宣传周活动的重要品牌，由山西省知识产权局组织，山西省版权局、有关知识产权管理机构、中介服务机构和山西主要媒体参加的"知识产权三晋行" 宣讲团，自4月21日起深入临汾、晋中、太原等地，开展了以"创造·保护·发展"为主题的宣讲活动，宣讲活动的亮点就是服务企业和高校，提高企业创新能力和掌握自主知识产权的能力，帮助高校运用知识产权战略，加强科技成果的保护和实施。

为增强企事业单位和各级管理部门知识产权保护意识，山西省知识产权局加强培训工作。4月24日，由山西省知识产权局、省高新技术企业认定管理工作办公室、省版权局及太原高新区联合主办的"企业知识产权专题培训"在太原高新区举行。培训邀请国家知识产权局及省内有关专家主讲，内容涉及企业专利战略、企业品牌战略、企业知识产权管理实务、版权保护等知识。山西省知识产权局组织入选全国首批国家知识产权强县工程的主管县领导，县科技局、知识产权管理部门相关负责人以及所在市科技局、知识产权局(办)相关负责人和中国(山西)知识产权维权援助中心有关人员赴江苏昆山培训考察。12月，组织全省50余名专利行政执法骨干人员参加在北京举办的岗位培训。

五、开展多种形式的知识产权合作和交流活动

2010年，山西省知识产权局承办了"三北"地区知识产权工作协作会议，来自华北、西北、东北地区的13个省(市、自治区)以及新疆生产建设兵团知识产权部门的负责人共商知识产权发展大计。贵州、云南等多个兄弟局来山西考察，同时组织相关人员赴江苏、湖南等知识产权发达地区考察学习。山西省知识产权局组织专利事务所、维

权援助中心等中介机构的负责人，深入全省11个市，到基层一线探访企业需求，帮助建立知识产权制度，破解知识产权难题。为确保上海世博会、广州亚运会的成功举办，山西省知识产权局及时安排布置了执法专项行动，开展了卓有成效的工作，取得了显著的成绩。山西省知识产权局认真贯彻落实中央新疆工作座谈会和全国19省市对口支援新疆工作会议精神，组织人员为对口支援的阜康市开发了"煤化工专利专题数据库"，邀请中国科学院山西煤炭化学研究所的专家举办"山西援阜煤电煤化工知识产权培训班"。同时决定定期举办专利信息培训，提升阜康市企事业单位技术人员专利信息检索应用能力，积极联系省内大型企业为阜康市企业提供代职岗位，培训一批精通专业的企业管理人员。

六、加强知识产权服务平台建设

按照组织网络化、手段现代化、功能社会化的要求，山西省知识产权局加大了对中介机构的监管力度，加强平台基础建设，加大人员培训，推动专利服务体系逐步优化，服务队伍稳步扩大，服务功能不断拓展。2010年，山西省知识产权信息中心与太原钢铁集团公司等8家企业签订了长期合作协议，累计为上述单位的489个项目提供了定期的定题或专题信息服务。中国(山西)知识产权维权援助中心接受知识产权纠纷方面的咨询300多人次，通过"12330"服务热线和受援人当面申请受理举报、投诉、维权援助案件共98起，案件转交、办结率达到95%以上。国家专利技术(山西)展示交易中心圆满承办了中国专利周山西地区活动，通过网站发布专利技术交易项目500余项，促成交易和合作14项，成交(合资)金额2700万元，通过科技基金等融资渠道推动专利技术项目产业化，为近100家拥有专利技术的科技型中小企业融资8541万元。全省新增专利代理机构1所，共达到6所，专利代理业务量占全省专利申请量56%。

长治市人民政府国有资产监督管理委员会和长治市知识产权局联合组建了专利技术交易展示中心。阳泉市以高新技术创业园为载体，集聚拥有自主专利技术263件的专利企业23家，积极打造专利企业集聚区取得明显成效，2010年被国家知识产权局、工业和信息化部确认为国家"中小企业知识产权战略推进工程首批实施单位"。

七、不断加强对自主创新的支持力度

山西省知识产权局积极发挥企业在技术创新中的主体作用，以试点示范企业、知识产权百强培育企业为重点，以推动转型发展、跨越发展为目标，积极主动地为企业提供服务，把企业的技术创新和专利申请紧密结合起来，极大地推动了企业专利工作，充分调动企业自主创新积极性。一方面继续推动知识产权服务机构深入基层，为企业提供一站式服务。另一方面充分发挥资助资金的引导作用，提高专利申请资助资金的使用效率，加大对发明专利申请和向国外申请专利的资助力度。全年全省财政安排专利推广实施资助资金350万，专利申请资助资金40万。资助专利产业化项目49项，资助专利申请357项，主要用于节能环保、生物医药、新能源等新兴产业。4个企业的8个向国外申请专利项目，获国家知识产权局资助经费41万元。由山西省知识产权局扶持的一大批专利技术逐步升华为企业的核心技术，从而实现了企业核心竞争力的培育和提升。山西新超管业股份有限公司研制出拥有大量自主知识产权的"纳米抗菌PP—R塑料管"等新型管材，在推广实施资助项目一年的执行期内，生产纳米抗菌塑料管400多万米，实现销售收入3800万元，利税420万元，包括该项目产品在内的六大系列产品被列为奥运建筑工程及全国重点建筑工程项目推荐产品。

(山西省知识产权局)

商标工作

2010年商标监管工作按照"紧紧围绕'三个发展'，牢牢把握'四个只有'，做到'四个统一'，引申'五增五创'"的工作要求，以促进山西省十大产业调整和振兴为重点，扎实推进"品牌兴省"战略，努力发挥商标在山西省优化经济结构、加强自主创新、增加农民收入、保障食品安全、实施"走出去"战略、营造良好市场秩序等工作中的作用，加大商标行政保护力度，为促进山西经济又好又快发展作出了积极贡献。

一、围绕"品牌兴省与产业振兴"活动主题，成功举办了第四届山西品牌节

一是6月5日山西省工商局召开了第四届山西品牌节暨全省实施商标战略表彰会议，国家工商总局副局长付双建、山西省政府张建欣副省长出席会议并作了重要讲话，对推进品牌兴省、实施商标战略作出突出贡献的商标先进集体和先进工作者进行了表彰奖励，对认定为驰名商标的6家企业进行了通报表彰，500家驰名、著名商标企业代表参加了会议。二是6月10日召开了实施品牌战略促进产业振兴运城现场会，总结交流了实施商标战略经验，参观了运城市近几年来实施商标战略取得的成果展。三是各市县工商局以多种形式宣传和展示了实施商标战略取得的成就。太原市工商局开展了品牌展示进企业、进乡村、进社区、进学校、进农户等“五进”展示活动取得实效；朔州市委、市政府召开“全市实施商标战略推进大会”，对10家山西省著名商标企业分别给予人民币20万元奖励，市委书记、市长出席会议对实施商标战略给予大力支持；阳泉市政府拿出320万元对2009年认定的12家山西省著名商标企业给予重奖；大同天镇县政府在财政困难的情况下，为每户著名商标企业奖励2万元资金。长治、忻州市工商局分别举办了为期一个月的驰名著名商标成果展，近6万名群众参观了展览。

二、驰名商标、著名商标稳步发展

1月份“同德”、“粟海”等6件商标被国家工商总局认定为驰名商标。10月份“福润”等4件商标被国家工商总局认定为驰名商标，今年山西省共有10件商标被国家工商总局认定为驰名商标。6月份认定了377件山西省著名商标。12月份对企业自愿申报的358件商标进行了形式审查。中国驰名商标、山西省著名商标都超额完成了“十一五”商标发展规划的目标任务。

三、商标注册力度进一步加大

截至12月底，2010年山西省共注册商标11 101件，注册申请8209件，申请了“左权核桃”、“广灵画眉驴”等地理标志商标8件。全省有效注册商标达到35 071件，地理标志商标13件。

四、商标权质押融资取得突破性进展

长治市工商局先行先试与人民银行长治中心支行联合出台了《长治市商标权质押贷款工作意见》，为2家驰名商标企业和2家著名商标企业贷款近2亿元，缓解了企业资金紧张的困难。

五、商标专用权保护工作扎实有效

2010年，全系统共出动执法人员48 729次，检查交易市场、经营户44 923户家，查处商标侵权案件2183起，没收和销毁商标标识7091件，罚款668万元，切实保护了商标权人的合法权益。

六、打击侵犯知识产权和制售假冒伪劣商品专项行动取得阶段性成果

在全国工商行政管理系统知识产权保护与执法工作电视电话会议后，山西省工商系统根据国家工商总局和省政府的统一部署，在全省范围内开展了一场声势浩大的专项行动，截至12月底，全省工商系统共出动执法人员44 370人次，检查各类经营主体67 173户，检查各类批发集贸市场2818个，整治重点区域1111处，捣毁制假售假窝点78个，立案查处各类假冒侵权案件444件。

七、商标法律法规宣传活动丰富多彩深入人心

根据国家工商总局等的统一部署，全省工商系统组织开展了“2010年全国知识产权宣传周活动”，全面展示了保护知识产权取得的成果，进一步宣传了商标法及其相关的法律、法规，增强了社会各界知识产权保护意识，营造了保护商标权益，创新自主商标的良好环境和社会氛围。据统计，本次宣传周活动期间，全省工商系统共出动人员8000余人次，车辆2000余台次，悬挂条幅6000余条，发放宣传资料18万余份，接受咨询投诉4万余人次，进企业3000余户，产生了良好的社会效应。

（山西省工商行政管理局）

版权工作

2010年，山西省版权局在山西省政府的坚强领导和国家版权局的正确指导下，继续坚持以邓小平理论和“三个代表”重要思想为指导，深入贯彻落实科学发展观，按照“提高自主创新能力，建设创新型国家”的要求，坚持重点突出、统筹兼顾的原则，积极拓展版权宣传范围，着力加强版权监管力度，全面提高版权服务质量，为实现山西省委、省政府提出的转型跨越发展营造了良好的版权保护环境。

一、加强版权宣传教育，版权社会影响有新力度

2010年，山西省版权局围绕“创新——将世界联系在一起”这一主题，以纪念中国第一部《大清著作权律》制定和施行100周年、《中华人民共和国著作权法》颁布实施20周年、“4·26世界知识产权日”创立10周年和我国保护知识产权第七个宣传周为契机，大力开展版权法律法规宣传教育。

（一）开展多部门联合宣传

通过协调商定，山西省版权局会同山西省知识产权局、省高院、省公安厅、省工商局和太原海关等部门，于4月19日在迎泽大街开展了知识产权知识、著作权保护知识宣传咨询活动。当日发放《著作权法》、《版权保护手册》、《信息网络传播权保护条例》、《计算机软件保护条例》、反盗版宣传画等资料5000余份，接受版权保护、版权投诉咨询800余人次。

（二）举行知识产权宣传周启动仪式

4月20日下午，山西省版权局、山西省知识产权局、太原理工大学在太原理工大学体育馆共同举行了“山西省版权局2010年保护知识产权宣传周启动暨太原理工大学版权工作站揭牌仪式”。省城各大新闻媒体对活动进行了详细报道，社会反响强烈，得到了良好的宣传效果。

（三）组织“版权保护万人签名活动”

宣传活动期间，山西省版权局执法人员详细讲解关于版权的法律法规，开展以“支持阳光工程建设，推进版权保护工作”为主题的版权保护万人签名活动，号召社会各界积极加入版权宣传保护的行列。

（四）开展版权保护主题演讲比赛

山西省版权局、山西省知识产权局、太原理工大学在太原理工大学共同组织了“版权在我身边”主题演讲比赛。太原理工大学500多名师生积极参加活动，12名老师和学生参加了演讲比赛，对版权保护提出了深刻的见解，引起了广大师生的强烈共鸣，版权保护活动在太原理工大学引起了强烈反响。

（五）实施版权宣传“五进”活动

4月22日上午，山西省版权局与市、县版权部门三级联动，在平遥古城开展“知识产权与传统文化”宣传咨询活动，着重宣传讲解了非物质文化遗产方面的保护问题，共有包括民间工艺美术家在内的约600名群众参加了咨询活动，发放宣传新版《著作权法》、主题宣传资料共计1300余册，得到了古城人民和广大游客朋友的强烈赞誉。

为加强基层群众的版权保护意识，发动广大群众自觉保护正版、打击侵权盗版的积极性，使版权工作真正进入社区，省、市版权局在太原市480多个社区开展“版权进社区”活动，向各社区的宣传专栏张贴版权宣传资料，解答社区群众各类版权问题，群众版权观念得到增强。

此外，山西省版权局还在太原理工大学举办了“知识产权与大学生”宣传咨询活动，制作各类展板30余块，赴山西省版权局重点企业进行版权宣传，到太原市高新区开展版权专题讲座，深入解答版权实际应用过程中存在的问题，为广大民众答疑解惑，版权保护观念不断深入人心。

二、创新版权工作形式，版权监管工作有新举措

为了深入打击侵权盗版行为，维护著作权人的合法权益，山西省版权局在认真总结2009年版权工作的基础上，加强对全省重点市县中心区域、信息传播领域制作、复制、出版和销售环节的侵权盗版行为的打击力度，特别是网络侵权盗版行为。坚决严肃查处严重危害社会、损害社会公共利益的侵权盗版大案要案，为版权创造、运用、保护、管理提供良好的社会和市场环境。

（一）提高科技运用，严格监控侵权盗版现象

认真落实国家版权局《国家版权监管平台客户端设备使用管理规定》，于5月10日启动版权监管服务平台，充分利用“12390”电话举报平台，严密监控各类侵权盗版现象，为打击侵权盗版违法行为提供技术支持。

（二）加强部门协作，形成合力打击侵权盗版

山西省版权局充分发挥版权、公安、电信联动执法的优势，坚持大案必查、小案不漏的原则，严肃对待每一个案件举报与线索，提高办案效率，在快侦快破、细侦细破上下工夫。为了做好《语文报》案件的侦破工作，山西省版权局积极与山东省版权局、晋城市版权局、小店区公安局联系，副局长王吉敏亲自带领专案组全体赶赴山东省调查

《语文报》被盗版案件。在山东省版权局的帮助下，专案组与山东省公安厅及聊城市公安局经侦部门进行了沟通，交换了各自掌握的案件信息。山东省有关方面也非常重视此案，指派了专业骨干负责侦察。

（三）突出工作重点，保护重点领域版权

（1）继续加强互联网版权执法力度。重点部署打击网络侵权盗版专项治理“剑网行动”，坚决做到发现必打、举报必打，提高版权行政执法效率。为加强网络环境下的版权行政执法和监管工作，打击各类网络侵权盗版行为，山西省版权局根据国家版权局安排，于 2010 年 8 月起协调公安、工信部门成立山西省“剑网行动”联合领导小组，共同开展了打击网络侵权盗版专项治理“剑网行动”。各市依据省方案精神，陆续对专项行动作出具体工作安排，开展对版权相关法律法规与政策的宣传，引导企业开展自查自纠，确定主动监管网站，积极收集案件线索。全省各市共确定 160 余个主动监管网站，并进行了严格的检查。此次行动中，山西省版权局共查办 3 起国家级重点案件、2 起省级重点案件，成功办结“8 点报网站”文字作品涉嫌侵权案和“孝义之窗”网站网络涉嫌侵权案，其余案件也相继侦破。

（2）积极发挥大专院校版权工作站的作用。加强对高校师生的版权服务工作，积极查找高校学术侵权问题，遏制学术研究领域的侵权盗版行为，严肃大中专院校学术氛围。

（3）做好世博会期间的版权保护工作。深入贯彻落实国家版权局关于“打击侵权盗版音像制品专项行动”的工作要求，集中清理整顿山西省版权局音像制品市场保证世博会顺利举行，山西省版权局根据国家版权局的相关安排，组织全省各市县开展了“打击侵权盗版音像制品专项行动”，全省共出动执法人员 2193 人次，取缔非法窝点 14 个，收缴敏感盗版音像制品 76 843 张，立案查处案件 34 起。全面净化了山西省音像出版物市场，世博会期间山西省未发生一起与世博会有关的侵权盗版案件。

（4）加强城市、学校图书馆版权日常监管工作。山西省版权局通过多种形式，加大《关于加强图书馆著作权保护工作的通知》和《关于进一步加强图书馆著作权保护工作的通知》的落实工作，对山西医科大学图书馆版权保护工作进行整顿，督促各地市开展图书馆版权专项检查工作，提高了山西省版权局图书馆的版权管理和版权保护水平，将版权保护向社会更深层次延伸。

（5）开展报刊社著作权法执行情况检查。为切实做好著作权法的社会监管工作，维护良好的版权保护环境，山西省版权局对全省 77 家报社、199 家期刊社 2009 年度执行著作权法的情况进行检查，重点检查了各报社、期刊社建立版权工作站的情况，执行著作权法的情况，所使用作品是否依法署名，是否依法支付稿酬，有无因侵犯著作权被举报、被投诉等情况，全面规范了报社、期刊社的著作权保护工作，并建立了版权工作站。

（6）开展打击侵犯知识产权和制售假冒伪劣商品专项行动。为了贯彻落实全国知识产权保护与执法工作电视电话会议精神，严厉打击各种侵权盗版违法行为，切实在全省版权保护领域抓出明显成效，于 11 月起在全省新闻出版行业开展打击侵犯知识产权和制售假冒伪劣商品专项行动，以严肃查处一批影响恶劣的侵犯著作权大案要案，曝光一批违法违规企业，取缔无证印刷、无证发行的黑窝点为目标，旨在形成打击侵犯著作权行为的高压态势，全面提升版权保护水平，使山西省版权局的版权保护工作进入全国先进行列。

三、督促使用正版软件，软件正版化工作有新进展

巩固企业软件正版化成果，积极稳妥地推进企业使用正版软件工作，有计划、分步骤地实现大中型企业的软件正版化是版权工作的长期目标。2010 年，山西省版权局积极开展企业软件正版化工作情况调查，详细了解各地企业软件正版化工作的实际进展情况，企业软件正版化工作正在全省煤矿、冶金、文化新闻出版 285 家大中型企业全面推进。

积极落实国家关于进一步做好政府软件正版化工作的精神，在巩固 2005 年以前政府机关软件正版化工作成果的基础上，在省政府的统一领导下积极部署开展山西省政府软件正版化工作，将政府机关软件正版化工作的推进范围扩大到各级党政机关、人大、政协、法检两院、事业单位、民主党派、人民团体和财政供养的其他单位。

四、坚持理论联系实际，公共服务体系有新突破

山西省版权局在努力完成各项行政工作任务的同时，注意热情接待来访群众，提供咨询服务。

山西省版权局积极提高版权服务水平，加强版权登记宣传和版权法律法规的学习，对动漫产业相关作品出台登记优惠政策，截至目前，共完成包括作品著作权登记 131 件，版权贸易登记备案 35 件，赴吕梁等市开展版权培训 7 次，接待群众咨询 180 余人次，参与第 17 届北京国际书展，达成版权引进意向 16 项，输出意向 57 项。

（山西省版权局　狄月清　郝子谋）

司法工作

2010 年，山西省法院的知识产权审判工作，坚持能动司法，紧紧围绕《国家知识产权战略纲要》的实施，积极服务全省转型发展、跨越发展大局，围绕"文化强省、科教兴晋"，进一步加大知识产权司法保护力度，努力营造优化自主创新的司法环境。全年依法妥善审理了与高新技术发展和应用相关案件、品牌经济和文化产业发展类案件共 206 件，审结 201 件，结案率为 97.6%，调撤结案 113 件，调撤率为 56.2%。其中山西省高级人民法院受理 23 件（著作权案件 6 件，商标权案件 7 件，专利权案件 6 件，其他知识产权案件 4 件），审结 23 件，结案率为 100%，充分发挥了司法保护知识产权的主导作用，维护了公平竞争，保障了山西省高新企业、品牌经济和创意产业的发展，知识产权司法保护工作取得新进展。

一、抓好执法办案第一要务，全力确保办案任务完成

山西省法院知识产权法官思想上高度重视，坚持执法办案第一要务不动摇，一切工作服务于办案，一切工作服从于办案，努力克服种种困难，以高度的责任感和忘我的工作精神，高质高效完成了全年的知识产权审判工作任务。在审判工作中，增强政治意识和大局意识，做好大案要案、关联案件报告制度，确保办案质量。在山西省高级人民法院民三庭审理的两起涉"沁州黄"确认商标不侵权案，关乎十几家生产沁州黄小米企业的生存，为了维护沁州黄小米市场公平有序的良性竞争环境，维护广大种植农户和消费者的合法权益，经认真研究，审慎处理后，判前形成专题报告赴最高人民法院作了请示，山西省的做法得到了最高人民法院知识产权审判庭和孔祥俊庭长的充分肯定。2010 年 7 月，山西省高级人民法院民三庭在审理一起看似简单的侵犯信息网络传播权纠纷二审案件中，敏锐地意识到有明显的诉讼商业化倾向。经统计发现，仅一名原告就起诉了山西省 40 家网吧，在责令受理此类案件的法院暂缓判决的同时，经认真调查研究，9 月，山西省高级人民法院民三庭向最高人民法院做了专题汇报。最高人民法院对山西省反映的情况非常重视，表示将尽快出台关于此类案件的司法解释或指导意见。12 月份，最高人民法院正式下发了《关于审理涉及网吧侵犯影视作品信息网络传播权纠纷案件若干问题的意见》，已及时转发全省执行。通过审慎审理案件，加大了山西省知识产权的保护力度。

二、认真履行指导和监督职责，推动全省知识产权审判工作新发展

一是 2010 年 10 月，在临汾召开了全省法院第三次知识产权审判工作会议。会议传达了全国法院的会议精神，总结了 2008 年以来的工作，分析了当前面临的形势，对今后一段时期的工作进行了部署。会议统一了思想，提高了认识，得到与会代表的一致好评，推动了山西省知识产权审判工作新发展。

二是制定了两个规范性文件。山西省高级人民法院民三庭从 2010 年 6 月开始组织调研，并广泛征求政府相关部门、大专院校和各中级人民法院的意见，于 10 月份经山西省高级人民法院审判委员会讨论通过，出台了《关于在知识产权审判工作中准确把握宽严适度司法政策的指导意见（试行）》和《关于确定知识产权侵权损害赔偿数额若干问题的指导意见（试行）》，下发全省实施。

三是山西省高级人民法院对下级法院的请示事项及时进行指导。2010 年，吕梁中级人民法院请示的涉中石油商标专用权系列案、临汾中级人民法院请示的涉卡拉 OK 侵犯著作权系列案、太原中级人民法院请示的涉侵犯专利权系列案等，山西省高级人民法院认真组织研究，予以明确指导，保证了全省裁判标准的统一，取得了良好效果。

四是通过二审案件的审理进行督导。针对知识产权二审案件审理中发现的问题，及时与一审法院进行沟通并通报全省其他法院，对案件审理中带有普遍性、倾向性的问题进行研究，统一认识，避免司法资源的浪费，节约了司法成本。

五是建立和完善了上下级法院的联系报告制度。为及时掌握全省法院知识产权审判工作动态，加强指导的针对性和有效性，在 2010 年的临汾会议上，对全省各中级人民法院集中审理知识产权案件问题，报送年度工作报告，大案要案、关联案件报告及山西省高级人民法院通知，传真书面零回复等规定做了规范性要求。

六是严格执行驰名商标认定集中管辖和备案制度，规范司法保护行为。从 2009 年 1 月 5 日起，凡山西省涉及驰名商标认定民事纠纷案件，统一由太原市中级人民法院管辖，其他各中级人民法院不再受理此类案件，并严格执行涉及驰名商标认定案件的判前审核制度。2010 年 11 月，就山西省法院驰名商标司法保护情况向最高人民法院做了专题报告。

三、深入开展业务培训与调研工作，不断提升司法水平

山西省高级人民法院民三庭把开展业务培训和调查研究作为知识产权审判工作的重点来抓，通过扩大业务培训途径、强化调研手段和成效来提升全省的整体司法水平。

一是 2010 年山西省高级人民法院共组织 100 多人次参加各种培训学习与交流。主要有参加国家法官学院知识产权审判实务班培训，参与竞争法国际研讨会、反垄断民事诉讼国际研讨会、商业秘密司法保护研讨会等，邀请最高人民法院副庭长、资深法官对全省知识产权法官进行集中业务辅导。

二是山西省高级人民法院民三庭成立了 4 个知识产权审判专题研究小组。随着知识产权新类型案件和重大复杂疑难案件的增多，案件的专业技术性增强，不断冲击着法律的边界，拓展出需要法律调整的新领域，为了适应知识产权案件审理的新需求，成立了知识产权审判专题研究小组，使学习研究工作更有针对性，更具专业性。

三是山西省高级人民法院初步建立了知识产权专家咨询委员会。同山西省科技厅合作成立了专家咨询委员会，为知识产权案件中的专业技术问题提供智力支持。在山西省高级人民法院民三庭受理的一起技术服务合同纠纷中，就涉及因钻井中卡钻导致合作失败所引起的损害赔偿问题，合议庭就卡钻是否由不可抗力所致、风险分担的惯例及可能造成的损失等事实问题咨询了相关专家，为这起案件的顺利审结提供了有益帮助。

四是 2010 年 9 月，山西省高级人民法院创办了《学习与交流》栏目，为全省知识产权法官业务学习交流提供了平台。2010 年第二期刊载的关于涉及网吧侵犯网络信息传播权纠纷案件的处理情况在院机关民事审判庭和全省法院引起了强烈反响。

五是完成了最高人民法院关于知识产权审判方面的调研任务。主要有商业秘密司法保护情况、驰名商标司法保护情况、《中国知识产权年鉴(2010)》供稿、网络环境下著作权的保护、审理涉及网吧侵犯影视作品信息网络传播权案件调研、涉及卡拉 OK 厅侵犯著作财产权纠纷案件调研等调研任务。

四、建立与相关部门的经常性联系制度，优化知识产权司法保护环境

一是山西省高级人民法院积极参与《山西省知识产权战略纲要(草案)》的修改工作，在司法保护体系建设、加强司法审判和行政能力建设、加强行政执法和司法保护部门的合作等方面提出了修改意见。

二是全省两级法院积极开展“2010 年全国知识产权宣传周”活动。2010 年 4 月，山西省高级人民法院民三庭同山西省科技厅相互配合开展宣传周活动，并到太原市高新技术开发区宣传知识产权司法保护状况。各地市中级人民法院主动配合当地知识产权政府部门开展系列宣传活动，并到当地高新技术开发区宣讲知识产权司法保护情况，积极营造有利于知识产权司法保护事业健康发展的文化氛围，扩大了山西省知识产权司法保护的社会影响。

三是工作中广泛征求政府相关部门等单位的意见和建议。2010 年山西省高级人民法院出台的两个有关知识产权审理的指导性文件，政府相关部门、大专院校等单位就提出了很好的修改意见，为两个文件的顺利出台提供了极大帮助。在具体案件审理时也及时与相关部门沟通，避免因认识不一致而导致对同一案件司法、行政处理结果相悖的尴尬局面。山西省高级人民法院民三庭在审理一起涉网吧侵犯著作权案件中，就同山西省版权局进行了有效沟通，获取了很多有益于案件公正审理的相关信息。

四是在全省法院第三次知识产权审判工作会议上，特别邀请政府相关部门和大专院校的专家学者参加会议并就各自领域的知识产权保护情况在大会上做经验介绍，丰富了会议内容，增强和拓展了与会代表保护知识产权的意识和视野。

一年来，全省知识产权司法保护工作虽然取

得了新成绩，但仍存在着差距和不足，由于山西省属于欠发达地区，知识产权案件数量整体较少，全省绝大多数知识产权审判庭还从事其他民商事案件的审理，没有形成更加专业的知识产权审判队伍，整体司法能力与发达地区相比还有较大差距。2011年全省法院的知识产权司法保护工作，要紧紧围绕和服务于省委提出的两个转型发展，为山西省知识产权的创新发展提供更加优越的司法环境。

（山西省高级人民法院知识产权审判庭）

检察工作

2010年，山西省检察机关积极贯彻落实《国家知识产权战略纲要》，针对侵犯知识产权犯罪手段技术化、隐蔽化、查处难的特点，充分发挥检察职能，积极开展保护知识产权工作，依法监督行政执法机关向刑事司法机关移送了一批涉嫌侵犯知识产权犯罪案件，取得了良好的法律效果。

一、完善行政执法与刑事司法衔接工作机制，形成打击侵犯知识产权犯罪的合力

山西省各级检察机关与当地相关行政执法机关、公安机关建立起联席会议制度，从开始的由检察机关牵头召开联席会议，解释衔接机制的作用和意义，到目前的行政执法机关主动邀请检察机关审查案件、主动向公安机关移送包括侵犯知识产权在内的刑事案件，工作透明度高，移送案件成案率高，极大地减少了以罚代刑的执法现象，有效地打击了侵犯知识产权犯罪。

山西省各级检察机关在积极开展监督工作的同时，针对部分行政执法人员刑事司法知识较为匮乏，对于行政、刑事案件区分不清的问题，在与行政执法机关讨论案件的同时，对相关法律和司法解释精神进行了详细解释，为行政执法人员准确区分行政、刑事案件，及时移送包括侵犯知识产权在内的涉嫌犯罪案件打下了坚实基础。山西省各级检察机关通过召开联席会议，开展联合执法等形式，加强与行政执法机关的会商协调，加快案件线索的移送和检查，加强与公安机关、人民法院的联系、沟通、共同研究案件性质、法律适用等方面的问题，切实形成了执法合力，并查处了一系列具有社会影响的包括侵犯知识产权在内的涉嫌犯罪案件，有效地打击了侵犯知识产权犯罪的事发态势。

二、开展打击侵犯知识产权和制售假冒伪劣商品专项行动和对行政执法机关移送涉嫌犯罪案件专项监督活动工作情况

国务院决定于2010年10月开展打击侵犯知识产权和制售假冒伪劣商品专项行动后，最高人民检察院和山西省政府及时发出通知，要求检察机关要积极参与专项行动。对此，山西省人民检察院高度重视，按照山西省政府和最高人民检察院的要求，结合正在山西省开展的对行政执法机关移送涉嫌犯罪案件专项监督活动和打击制售假冒、伪劣农资产品专项行动，迅速对山西省检察机关积极参与专项行动进行了安排部署。山西省检察机关各部门统一思想，密切配合，周密部署，确保了打击侵犯知识产权和制售假冒伪劣商品专项行动工作的顺利开展。

（一）提高认识，统一思想

山西省人民检察院要求全省检察机关一定要从贯彻落实科学发展观、维护社会和谐稳定、为扩大对外开放营造良好氛围、加快发展方式转变和经济结构调整的高度，充分认识开展专项行动的重大意义，坚决把思想统一到中央和国务院的决策部署上来，进一步树立政治意识、大局意识，切实增强责任感和使命感，把参与专项行动作为当前检察机关的一项重要任务，摆在突出位置，明确责任，落实职责，按照国务院印发的专项行动方案的要求，在各地党委、政府的统一领导和组织下，充分发挥法律监督职能，确保专项行动取得实效。

（二）积极行动，认真部署

2010年12月1日，最高人民检察院召开了全国检察机关开展专项行动工作电视电话会议，对检察机关参加专项行动工作进行再动员、再部署、再推动。山西省人民检察院组织全省三级检察机关的检察长、分管检察长及相关业务部门负责人参加了会议。会后，山西省人民检察院王建明检察长要求：全省检察机关要充分认识开展专项行动的重要意义，结合贯彻落实山西省人大常委会《关于加强人民检察院对诉讼活动法律监督工作的决定》，自觉把参与专项行动置于当地党委、政府的工作大局之中，对开展专项行动进行周密安排部署，做到认识到位、领导到位、措施到位、工作到位，保证机构落实、人员落实、工作落实、任

务落实，切实把专项行动抓紧、抓实、抓出成效。12月3日，山西省人民检察院与山西省公安厅、山西省监察厅、山西省商务厅联合召开山西省开展对行政执法机关移送涉嫌犯罪案件专项监督活动电视电话会议，邀请15家行政执法机关参会，明确要求把打击侵犯知识产权和制售假冒伪劣商品犯罪作为专项监督活动的重点工作之一，加大工作力度。12月10日，山西省人民检察院专门下发通知，要求山西省各级检察机关要积极参与打击侵犯知识产权和制售假冒伪劣商品专项行动。

（三）加强宣传，营造氛围

山西省各级检察机关以办理的重点案件为切入点，结合专项行动中采取的政策措施和主要工作成果，精心组织，广泛宣传，进一步形成打击假冒侵权、保障民生安全、促进创新发展的舆论氛围。山西省12个市检察院及大部分基层检察院均设置并向全社会公布举报电话，充分发动群众举报有案不移、有罪不究、以罚代刑的案件线索。山西省人民检察院荣彰副检察长按照山西省政府工作安排，参加了山西省政府门户网站和山西新闻网联合举办的在线访谈，就检察机关在专项行动中应履行的工作职责对社会作了进一步的宣传。

（四）明确任务，保证力度

山西省检察机关在专项行动开始之初确定了工作重点：加大对侵犯知识产权和制售假冒伪劣商品犯罪的打击力度，坚决依法及时批捕、起诉严重侵犯知识产权和制售假冒伪劣商品犯罪案件；对重大有影响的案件上级院要及时予以督办，并加强与公安机关、人民法院的联系与配合，做到快捕、快诉、快判，形成打击犯罪的合力；充分发挥法律监督职能，对办理侵犯知识产权和制售假冒伪劣商品犯罪案件中存在的有案不送、有案不立、有罪不究、以罚代刑的情况，及时予以纠正，依法督促相关部门移送并立案侦查一批人民群众反映强烈的涉嫌侵犯知识产权和制售假冒伪劣商品的犯罪案件；加强对国家工作人员为侵犯知识产权和制售假冒伪劣商品行为充当“保护伞”和徇私舞弊不移交刑事案件等违法犯罪行为的监督，严厉打击背后的职务犯罪。

（五）发挥职能，确保实效

专项活动开展以来，山西省各级检察机关加强与公安机关、人民法院的联系与配合，形成打击犯罪的合力，保持对打击侵犯知识产权和制售假冒伪劣商品犯罪行为的高压态势。切实加强山西省人民检察院内侦查监督、公诉、反贪、反渎等相关职能部门的衔接配合和统筹协调，确保各项工作顺利进行。并积极与行政执法机关进行沟通联系，从联席会议、情况通报、备案审查、案卷查阅、案件移送等方面进一步加强了行政执法与刑事司法衔接工作。结合正在开展的对行政执法机关移送涉嫌犯罪案件专项监督活动，充分发挥法律监督职能，对8个重点行政执法部门进行重点检查，督促相关部门移送并立案侦查一批人民群众反映强烈的涉嫌侵犯知识产权和制售假冒伪劣商品犯罪的案件。各市分院、县区人民检察院组成工作组或与公安、监察等部门组成联合工作组主动深入相关行政执法机关，督促行政执法机关主动移送涉嫌侵犯知识产权和制售假冒伪劣商品犯罪案件。

三、坚决防止和纠正对知识产权犯罪打击不力的现象

2010年，山西省各级检察机关充分发挥法律监督职能，加强对行政执法机关抄送的侵犯知识产权案件《行政处罚决定书》副本的审查工作，对涉嫌犯罪的及时提出移送公安机关的建议，监督公安机关及时立案侦查侵犯知识产权犯罪案件。严肃查办侵犯知识产权违法犯罪背后的国家工作人员的职务犯罪，坚决打掉其“保护伞”，在立案监督和审查批准逮捕、审查起诉中注意发现和掌握侵犯知识产权违法犯罪背后的国家工作人员职务犯罪线索，对于涉嫌构成犯罪的坚决依法查办。

（最高人民检察院侦查监督厅）

内蒙古自治区

专利工作

2010年内蒙古自治区知识产权工作，在国家知识产权局的支持下，围绕贯彻落实国家知识产权战略，大力实施内蒙古自治区知识产权创造战略，知识产权创造、运用、保护和管理能力得到不断提升。

一、实施知识产权创造战略，促进知识产权创造和运用

第一，“十一五”期间，内蒙古自治区人民政府对知识产权运用十分重视，2008年自治区人民政府为扶持符合经济社会发展需要的自主知识产权创造与产业化项目，提升自治区知识产权创造和运用能力，设立了500万元的知识产权专项资金，对符合自治区产业发展政策，已实施并取得明显经济、社会效益的发明或实用新型重大专利转化项目给予扶持。通过自治区知识产权专项资金计划，继续实施对专利转化项目给予扶持。2010年对21个专利转化项目给予支持，支持资金210万元。“十一五”以来，累计扶持了61项专利转化项目，支持资金700多万元。有力地促进了企事业自主知识产权运用与产业化工作。

2010年资助发明专利344项，资助金额81万元。“十一五”以来，累计资助发明专利1338项，资助金额300多万元。

第二，2010年内蒙古自治区专利申请量2912件，比2009年增长17.5%，其中发明932件，增长29.6%、外观设计574件，增长15.7%、实用新型1406件，增长11.2%。2010年专利授权量2096件，比2009年增长41%，其中发明262件，增长50.6%、外观设计558件，增长1.3%、实用新型1276件，增长67.7%。“十一五”期间，全区专利申请量11 573件，其中发明3344件，实用新型5529件，外观设计2701件。职务发明4586件（大专院校386件、科研院所180件、工矿企业3978件、机关团体42件），非职务发明6987件。比“十五”增加4976件，增长75.43%。专利授权量7181件，其中发明803件，实用新型4200件，外观设计2163件。职务发明2581件（大专院校166件、科研院所97件、工矿企业2283件、机关团体35件），非职务发明4600件。比“十五”增加3267件，增长83.5%。“十一五”期间，专利申请量占内蒙古专利申请总量的43%，专利授权量占总授权量的45.3%。

第三，内蒙古专利技术展示交易充满生机。“十一五”以来，内蒙古组织参加了历届“中国国际专利技术与产品交易会”、“全国发明展览会”、“中国杨凌农业高新科技成果博览会”、“中国西部国际专利技术暨产品博览会”以及“包头2007稀土产品暨专利项目展览会”、“首届中国专利周全国中小企业专利技术产业化投融资对接会”等展示交易活动。通过专利技术展示交易，推动了中小企业专利实施，如包头市文鑫实业有限公司专利产品年产值5000万元；赤峰市大神火锅炉有限公司累计申请专利17件，并已全部实施，创造了显著的经济效益；内蒙古宇航人高技术产业有限责任公司专利产业化开发投入资金500万元，销售收入1亿元，出口创汇300万美元。

建立了“国家专利技术（呼和浩特）展示交易中心”，连续举办了四届“中国专利技术展示交易周（呼和浩特市）专利技术展示交易会”，总计展出专利技术1408件次；展出总面积达3800平方米，展出专利技术涉及农民工畜产品加工、电子信息、节能环保、机械制造、能源化工、医疗器械、生物制药、日常用品以及内蒙古各盟市优势特色产业专利技术。共有17项专利技术与19家企业或投资人达成合作意向，意向金额达520万元。

第四，举办了“2010·第四届中国专利周内蒙古地区专利技术展示交易会”。本届交易会共组织内蒙古550余件专利技术成果进行了展示，共有10项专利技术与12家企业或投资人初步达成合作意向，意向金额400万元，交易数量和意向交易额都大大超过往届专交会。

第五，组织参展项目参加了“大连国际专利博览会”，在山东曲阜举办的“第十届中国专利高新技术产品博览会”，“中国西部国际专利技术暨产品博览会”。

二、知识产权试点示范不断深化

“十一五”以来，内蒙古自治区加大了对国家、自治区知识产权试点示范工作的资金支持力度，不断推进试点示范工作深入发展，列入国家知识产权企事业试点 15 家、示范企业 5 家，列入自治区知识产权试点企业 37 家。自治区对部分国家和自治区知识产权试点企业进行了验收，目前内蒙古共有 82 家国家、自治区知识产权试点示范企业。2009 年赤峰市元宝山区、呼和浩特市和林格尔县、鄂尔多斯市东胜区列入实施国家知识产权强县工程。通过试点示范有效地推动了企事业知识产权事业的发展，目前，稀土高新区专利申请总量占包头市专利申请总量 50%以上，60%以上的高新技术企业拥有的自主知识产权大部分已实施或转化。呼和浩特市建立了国家专利技术（呼和浩特）展示交易中心。赤峰市不断完善知识产权政策法规体系，积极保护非物质文化遗产。

2010 年列入国家知识产权企事业试点 12 家、示范企业 3 家，列入自治区知识产权试点企业 10 家。

（1）受国家知识产权局委托，完成了对赤峰市知识产权试点城市的考核验收。

（2）为切实落实国家知识产权局《关于实施全国专利技术展示交易平台计划的通知》，国家专利技术（呼和浩特）展示交易中心顺利通过国家知识产权局专家组的考核验收。

（3）包头市被国家知识产权局评为“中小企业知识产权战略推进工程首批实施单位”。

（4）内蒙古 3 家企业被国家知识产权局确定为“第二批全国企事业知识产权示范创建单位”，有 12 家企事业列入国家知识产权企事业试点。

（5）新确定 10 家企业列入自治区知识产权试点。

（6）内蒙古蒙牛乳业（集团）股份有限公司“一种生态奶制品的方法”被国家知识产权局评为第十二届中国专利奖优秀奖。

三、积极筹备制定内蒙古知识产权战略

调整了内蒙古自治区人民政府知识产权协调指导办公会议组成人员。按照《内蒙古自治区知识产权战略纲要制订工作方案》及《内蒙古自治区知识产权战略纲要和专题研究方案》的要求，加快了《内蒙古自治区知识产权战略纲要》的制定工作，并进一步落实了各有关部门专题研究和起草工作。

四、保护知识产权，规范市场经济秩序

“十一五”以来，按照国家知识产权局统一部署，重点开展“雷雨”、“天网”知识产权执法专项行动，受理专利纠纷 37 件，结案 33 件，共出动专利行政执法人员 1747 人次，检查大型商场、药店 853 家，登记商品 23 500 件，查处假冒专利产品 163 件。赤峰市知识产权局、工商局、海关等七个部门联合组建的“赤峰市保护知识产权联合执法大队”开展了联合执法保护。

一是组织开展“雷雨”、“天网”知识产权执法专项行动。二是对全区知识产权执法情况进行了巡查督导，对盟市知识产权执法工作进行指导。三是为加强专利行政执法队伍能力建设，规范行政执法行为，尽快改善专利行政执法条件，提升执法人员素质，强化执法严肃性，在内蒙古自治区科技厅的指导下，召开了“西部六盟市贯彻实施新专利法联合执法研讨会”，并在呼和浩特市开展了联合执法行动。四是为贯彻落实国务院办公厅《关于印发打击侵犯知识产权和制送售假冒伪劣商品专项行动方案的通知》精神，根据国家知识产权局的统一部署和要求，从 2010 年 10 月至 2011 年 3 月在内蒙古范围内开展知识产权系统执法专项行动，12 月 9 日在呼和浩特举行活动启动仪式。内蒙古自治区政协副主席牛广明、自治区政府副秘书长孙惠民参加会议，内蒙古知识产权协调指导成员单位、办公会议成员单位参加了启动仪式。内蒙古知识产权维权援助平台也同时开通，2010 年接收有关知识产权举报投诉及咨询 288 件。

2010 年受理专利纠纷 3 件，结案 3 件，共出动专利行政执法人员 292 人次，检查大型商场、药店 143 家，登记商品 6026 件，查处假冒专利产品 11 件。

2010 年 4 月，召开了“2009 内蒙古西部六盟市专利执法座谈会”，并在呼和浩特市开展了联合执法行动。

五、专利信息服务工作开展情况

“十一五”期间，在国家知识产权局的大力支持下，内蒙古先后建成“内蒙古知识产权局网站”、“中国·蒙文知识产权信息服务平台”、“包头·中国稀土知识产权信息中心网站”、“伊利集团·中外乳业专利信息平台”，还为内蒙古一机集团、鄂尔多斯羊绒、金川保健啤酒、河套酒业等 30 家重

点企业建立了专利数据库。2008 年 10 月完成“全领域专利信息服务平台”建设、“中蒙药领域专利信息服务平台”、“风力发电领域专利信息服务平台”、“内蒙古专利展示交易平台”，建设了十二个盟市的知识产权门户网站。

一是按照国家知识产权局的要求，开展了针对自治区参展世博会产品中涉及专利产品的权利稳定性调查工作，并及时汇总调查结果，完成汇报材料，上报国家知识产权局。二是 2010 年 4 月初，为内蒙古电科院开展了专利信息应用的培训，并为其安装了中国专利文摘数据库(数据内容范围为 1985 至 2009 年的国内专利)。三是建设完成“中蒙药专利信息服务平台”、“风力发电领域专利信息服务平台”两大专利专题数据库。四是完成了针对内蒙古企事业单位专利信息应用培训教材的编纂工作。五是完成了内蒙古知识产权局及盟市知识产权局站群管理系统的建设。六是建设完成“内蒙古专利技术展示交易平台”。

六、加大宣传培训力度，提高社会知识产权意识

“十一五”以来，为适应知识产权发展的新形势，内蒙古认真贯彻国家知识产权局《知识产权“十一五”人才发展规划》，在国家知识产权局的大力支持下，内蒙古知识产权人才培养工作取得明显成效：一是把知识产权人才队伍建设摆在突出的位置，制定出台了《全区专利代理人和专利工作者“十一五”发展规划》，使知识产权人才工作纳入科学化、规范化和制度化的发展轨道。二是认真落实国家知识产权培训工作计划，积极争取国家知识产权局主办的知识产权培训班在内蒙古举办，借助国家知识产权局的培训资源优势，推动内蒙古的知识产权人才队伍建设。三是突出重点，保证培训的效果。实施专利代理人和专利工作者培训 253 工程，培训对象重点为知识产权试点城市、示范园区的知识产权行政管理和专利执法人员，试点企业和高新技术企业的领导和科技人员，以及知识产权中介服务机构人员，提供了培训工作的针对性、实效性。四是加大知识产权培训工作经费的投入。五是不断扩大知识产权培训范围，使培训工作做到点面结合。“十一五”以来，内蒙古通过举办各类和不同层次的知识产权培训班 30 期，培训各类人员 3000 多人，投入培训经费 100 万元。

2010 年，一是召开内蒙古自治区知识产权协调办公会成员单位会议，研究制定了全区知识产权宣传周活动方案。二是在 2010 年知识产权宣传周期间，召开了内蒙古自治区知识产权新闻发布会。三是 4 月 26 日，在呼和浩特新华广场举行“4·26 世界知识产权日”知识产权宣传咨询活动。四是内蒙古各盟市上下联动，在知识产权宣传周期间开展了形式多样的宣传、执法活动。五是积极开展知识产权培训，内蒙古自治区举办各类知识产权培训班 5 期，共培训近 1000 人。

(内蒙古自治区知识产权局)

商标工作

2010 年，内蒙古自治区工商行政管理局商标监管工作在国家工商总局商标局的指导下，按照内蒙古自治区工商行政管理工作会议的部署，围绕全面落实科学发展观和构建社会主义和谐社会的要求以及党的十七届四中、五中全会精神，以促进经济发展为目标，坚持服务与监管并举，切实做好重点行业的商标保护工作，严厉查处各类商标侵权假冒违法行为，扎实推进商标战略的实施，各项工作取得新的成效。

一、大力开展商标宣传培训工作，积极营造良好的知识产权保护环境

一是组织开展了“4·26 知识产权宣传周”活动。2010 年 4 月 26 日，自治区和呼和浩特市两级工商局在呼和浩特市新华广场参加了自治区知识产权办公室组织的大型“知识产权宣传日”活动，发放宣传资料，开展商标注册、使用、管理和保护方面的咨询活动，取得了较好的效果。同时，自治区工商局还参加了由自治区政府新闻办组织的第 10 个世界知识产权宣传周新闻发布会，并就驰名商标和商标行政保护等有关问题回答了记者的提问。各盟市也开展了不同形式的宣传咨询活动。

二是在系统内组织或举办了多期商标知识培训班。为贯彻落实党中央、国务院关于解决“三农”问题，实施商标富农战略，充分发挥职能作用，5 月 27 日，呼和浩特市工商局在托县举办了约 100 余人参加的农产品商标和地理标志专题培训班，并召开了现场经验交流会，对呼和浩特地区推进“商标富农”工作起到积极的作用。为推进通辽市商标战略实施，6 月 10 日，通辽市奈曼旗政府举办了一期由各乡镇副镇长及各企业负责人260余人参加的商标管理和使用培训班，进一步推进该旗实施商标品牌战略发展工作。上述培训班，自治区工商局商标处均派员支持，并为培训班主讲授课。

二、严厉打击侵犯注册商标专用权的违法行为，维护公平竞争的市场经济秩序

一是继续做好保护商标专用权的日常工作，为蒙牛“酸酸乳”、“河套王”、“鸿茅”药酒、“LV”、“三星”手机、“沱牌”曲酒、“呼白”等驰名、著名商标企业打假维权，以及在打击“中石化”、“中石油”社会加油站近似侵权等方面，取得了较好成效。截至11月底，全区共查处各类商标侵权、违法案件162件，案值140.31万元，罚没款108.68万元。其中商标一般违法27件，案值10.65万元，罚没款15.62万元；商标侵权违法案件135件，案值129.66万元，罚没款93.06万元。

二是积极开展打击侵犯知识产权专项行动。11月份，根据国务院、国家工商总局和自治区人民政府的部署，及时有效地开展了打击侵犯知识产权制售假冒伪劣商品专项行动，成立了领导小组，制订了行动方案，并加强了对重点地区、重点行业的集中查处，已取得阶段性成果。

三是继续在全区开展“红盾护农”行动，对涉及“三农”的种子、农药、兽药、化肥、地膜等农资商品的商标是否合法注册、有无商标侵权行为进行专项检查，确保了自治区农资市场正常的经营秩序。同时，为确保农资商品质量，保护农资消费者的合法权益，促进农资营销网点的规范发展，自治区工商局下发有关文件，支持自治区供销联社生资公司在全区统一标识牌匾，发展盟市旗县现代流通农资连锁经营网点。

三、努力做好商标注册引导和扶持工作，推进自治区注册商标快速增长

6月初，自治区工商局下发通知，要求各地按照《自治区人民政府2010年工作要点》的要求，各盟市工商局商标主管局长牵头深入基层，对本地区农牧业资源开展普查工作，掌握各地地理标志资源，对符合条件的涉农企业做好申请注册工作。在指导企业申请商标注册时，本着分类指导、重点帮扶的原则，重点引导农畜副产品及其加工品注册商标，重点支持地理标志证明商标注册，重点帮助有规模的企业全类商标注册，重点帮扶非公有企业申请注册商标。2010年，自治区的“托县辣椒”、“扎鲁特葵花籽”和“乌拉特羊肉”3件商标已被核准注册为地理标志证明商标，使得自治区的地理标志增至12件。截至2010年12月底，自治区有效注册商标总数为33 336件。

四、大力推动实施商标战略，积极促进自治区经济发展

一是拟出自治区商标品牌战略实施意见，报自治区人民政府办公厅批转。同时，承担自治区科技厅软科学研究计划项目《内蒙古商标品牌战略》，具体研究内蒙古各行业商标发展现状及解决商标品牌工作的路径，制订符合地区发展的商标品牌战略，预计2011年6月前完成。

二是积极扶持企业做好驰名商标培育和推荐工作。2010年上半年，深入通辽市“蒙王”药业、“蒙古王”酒业、“清谷新禾”有机食品、“锦绣家园”木业和霍煤鸿骏铝业等争创驰名商标的企业进行了调研指导，并向国家工商总局商标局上报了9件驰名商标申报材料。同时，“巴运情”、“金河”、“清谷新禾”、“蒙王”、“宁诚”、“北方重工及图形”等6件商标被国家工商总局商标局认定为驰名商标。目前，自治区驰名商标行政认定总数达到29件。2010年下半年，还向国家工商总局商标局上报了“富川”、“大唐”、“蒙古王”、“锦绣家园”4件驰名商标申报材料。

三是继续认真做好内蒙古著名商标的认定工作。根据《内蒙古自治区著名商标认定和保护办法》的规定，开展了2010年内蒙古著名商标的初审工作，经各盟市工商局书面初审和实地考察及自治区工商局初审、抽查，已确定60件商标通过初审公告。同时，对2007年内蒙古著名商标进行了续展审定，共有49件通过续展。

四是选定国家商标战略示范城市和示范企业。经国家工商总局批准，包头市和内蒙古伊利实业股份有限公司分别被授予全国第一批国家商标战略示范城市和示范企业。包头市政府还就此事专门召开了示范城市授匾大会，并表彰奖励了驰名、著名商标企业，进一步推动了包头市商标战略工作的开展。

五、指导商标协会做好日常工作

一是发出通知加强各盟市商标协会的组织建设，并对协会会员组成结构作了明确划分，要求各地协会成立后贴进服务当地著名、知名商标企业，切实推动本地区商标战略实施。

二是继续做好《内蒙古商标》杂志的出版发行工作，上半年共发行5期杂志。并积极做好内蒙古商标信息网的日常维护工作，积极宣传自治区的商标工作。

（内蒙古工商行政管理局）

版权工作

2010年，内蒙古自治区版权局深入贯彻落实科学发展观，创新工作方式，紧紧围绕版权局总体工作大局，贯彻执行国家版权工作的各项方针政策，以培养提升内蒙古自治区良好版权环境、促进自治区版权相关产业繁荣发展为目标，在版权各项领域中开展了卓有成效的工作。

一、加强版权法律制度建设

经过长期不懈的努力，2010年6月26日，《内蒙古自治区著作权管理办法》正式生效实施。该管理办法的实施，填补了自治区长期以来没有地方性著作权管理规范性文件的空白，进一步适应了著作权管理的地方性、民族性特点，为内蒙古自治区版权保护、版权公共服务、地方性著作权相关产业的发展提供了制度支持，必将推动自治区版权工作开创新的局面。

二、加强版权执法干部队伍建设

2010年3月份，组织参加了国家版权协会举办的执法培训班，11月份，借召开全区版权工作会议之机，专门请国家版权局的领导同志到会就版权法律法规及实务做了专题讲座，并与内蒙古自治区人民政府法制办联合举办了首届为期2天的版权执法及版权产业培训班。此外，2010年3月、11月先后召开了两次工作会议，进行执法培训和工作部署。这些工作会议、培训活动的组织和举办，大大提升了内蒙古自治区版权干部队伍的版权管理水平和执法水平，也提高了版权干部队伍的版权工作意识和积极性，加强了版权执法干部队伍的组织性和纪律性。

三、加强了版权工作宣传力度

围绕“4·26知识产权宣传周”开展了包括悬挂栅栏横幅、报纸开辟专版、上街宣讲版权知识等多项宣传活动，召开《内蒙古自治区著作权管理办法》颁布实施新闻发布会，接受媒体采访，在电视台、《内蒙古法制报》宣讲解读《内蒙古自治区著作权管理办法》，每次专项行动期间，都要在有关媒体发布消息，公布举报奖励办法，及时公布查处的典型案件，为自治区版权工作营造了良好的工作环境，提高了版权在公众当中的认知度，宣传了内蒙古版权工作的积极成果，为自治区文化大区建设宣传造势。

四、开展了多次打击侵权盗版专项行动

2010年内蒙古自治区展开了多次针对侵权盗版的专项行动。包括2010年3月查处侵权盗版音像制品专项行动，2010年4月查处《六人行》、《名侦探柯南》盗版音像制品专项行动，2010年打击网络侵权盗版专项治理“剑网行动”，2010年世博会（上海）、第16届亚运会（广州）版权保护专项治理行动，以及已经开始的打击侵犯知识产权和制售假冒伪劣商品专项行动。专项行动的有效开展，有效地遏制了大规模的侵权盗版行为，有效改善了自治区的版权环境。

五、积极组织推荐自治区先进集体和先进个人参加各种评奖活动

组织推荐了包头市新闻出版局参加第二届中国政府出版奖评选（结果未定）。组织推荐了内蒙古蒙科立软件有限责任公司参加国家版权协会组织的2010年度版权产业最具影响力企业评选活动，与深圳冰川网络技术有限公司共同被评为2010年中国版权产业新锐奖（获此奖的仅2个单位），同时，内蒙古自治区版权局被评为优秀组织奖（获此奖项的共5个省市区局）。组织推荐了内蒙古自治区版权局、吴刚毅（呼和浩特市文化市场办）等参加了知识产权局、公安部、海关总署、国家工商总局、版权局、高检院、贸促会、新闻办联合开展的世博会知识产权保护专项行动评选先进活动，已确定版权局和吴刚毅分获先进集体和先进个人。

（内蒙古自治区版权局　郭锦云）

司法工作

2010年，内蒙古自治区高级人民法院紧紧围绕科学发展主题和加快转变经济发展方式主线，按照年初全国知识产权审判工作座谈会议精神，全面加强知识产权审判工作，积极实施国家知识

产权战略纲要，知识产权司法保护工作取得了新的进展，为创建创新型国家和自治区提供了有力的司法保障。

一、依法公正高效审理知识产权案件，充分发挥司法保护知识产权的主导作用

2010 年，自治区法院共审理知识产权案件 361 件，其中知识产权民事案件 356 件，知识产权刑事案件 5 件，结案 313 件，结案率 85.05%，调撤率 49.2%。新收一审著作权纠纷案件 271 件，占新收案件总数的 75.06%；商标权纠纷案件 66 件，占 18.2%；专利权纠纷案件 22 件，占 6.09%；植物新品种权纠纷案件 1 件；知识产权合同类案件 1 件。2010 年，全区知识产权案件呈现以下特点：(1)著作权案件增幅明显。新收一审著作权数量同比增长 10.1 %。(2)关联案件比例较大。共新收一审关联案件共计 7 起 195 件，占一审收案总数的 54.7%，关联案件主要集中于电影作品网络传播权、音乐作品著作权、商标权申请权、外观设计专利权纠纷等与社会经济文化生活关系较为密切的领域。关联案件中，著作权纠纷 151 件，占全部关联案件的 77.4%；商标权纠纷 29 件，占 14.8%；专利权纠纷 15 件，占 7.6%。(3) 知识产权刑事案件从无到有，并有上升趋势。2010 年起受理并审结知识产权刑事案件 5 件，其中仇某等六被告假冒注册商标罪一案入选最高人民法院发布的 2010 年中国法院知识产权司法保护 50 件典型案例。

二、深化司法改革，着力推动知识产权案件“三审合一”试点工作

自治区高级人民法院认真贯彻最高人民法院《关于同意内蒙古自治区两级人民法院知识产权审判庭统一受理知识产权民事、行政和刑事案件试点工作的批复》精神和落实本院制定的《知识产权案件“三审合一”试点工作实施方案》作为本年度知识产权审判工作重点，着力推动全区法院知识产权民事、行政、刑事案件“三审合一”试点工作。根据该实施方案在明确了试点知识产权刑事案件的受理范围和管辖问题的基础上，进一步与检察、公安协调理顺移送起诉工作，指导呼和浩特市中级人民法院知识产权审判庭配合自治区集中开展打击侵犯知识产权和制售假冒伪劣商品专项行动，以“三审合一”的审判方式公开审判五起侵犯注册商标权刑事一审案件。知识产权刑事案件的公开审判为自治区两级法院开展由知识产权审判庭统一受理知识产权民事、行政、刑事案件试点工作积累了宝贵的经验，并为知识产权案件执法尺度的统一，提高知识产权司法保护效率和水平奠定了良好的基础。

内蒙古自治区高级人民法院在高级法院和全区各中级法院同步开展由知识产权审判庭统一受理知识产权民事、行政和刑事案件试点工作的经验，已形成符合中西部地区法院知识产权审判工作特点的中级法院集中管辖第一审知识产权民事、行政和刑事案件的“三审合一”模式。这一模式解决了知识产权案件“三审合一”试点工作中的级别管辖和地域管辖问题，有效地推动了“三审合一”试点工作的顺利开展。实践证明，知识产权审判“三审合一”试点工作的开展，一是减轻了当事人的诉累，有效地保护了被侵权企业的合法权益。开展试点工作后，把原有基层法院受理的知识产权刑事案件的管辖权集中提级到中级法院，在审理知识产权刑事案件时，将被侵权企业经济损失赔偿问题，以刑事附带民事诉讼的方式合并审理，既有力地打击了知识产权刑事犯罪，又有效地保护了被侵权企业的合法权益，且有效地防治了由于被告人的经济赔偿能力问题，被侵权企业的经济损失得不到合理补偿的现象。二是提高了知识产权司法保护工作的效率，初步建立统一、全面、立体型的知识产权司法保护机制，有效防止和避免了不同的审判业务庭就同一法律关系或相同的法律事实作出不同认定的现象，提高了知识产权案件的审判质量，确保知识产权案件执法尺度的统一。三是充分发挥了知识产权审判人员专业性相对较强的优势，更好地适用知识产权法律，提高了知识产权民事、刑事、行政案件审判效率。

三、加强大局服务意识，充分发挥知识产权能动司法功能

（一）积极开展知识产权司法宣传活动

在 4 月 20～26 日全国保护知识产权宣传周活动期间，自治区法院采取更加直接、生动的形式深入企业开展知识产权宣传周活动，展示知识产权司法保护在服务科技进步、激励自主创新和促进经济发展方式转变中的重要作用。法官走进校园举办知识产权法律讲座，进行以案释法，激发青年学子积极创新的热情。法庭进校园，在校园内公开审理知识产权典型案件，组织高校学生旁听庭审以提高青少年的知识产权法律意识，从而增强了知识产权司法保护的社会认同度，以优质的知识产权司法服务为加快经济发展方式的转变提供了有力支持。并集中调处了一批知识产权案件，对自治区法院所审结的知识产权案件和所采取的工作措施及取得的成绩做了总结和回顾，分管领导及法官接受内蒙古日报、内蒙古法制报、北方新报、内蒙古电视台等媒体的专访，内蒙古广播电台、内蒙古电视台对知识产权宣传周活动情况进行了现场直播，集中展示了自治区法院知识产权案件的司法保护情况和成绩，取得了良好的社会效果，得到了自治区知识产权协调领导小组和其他知识产权行政执法部门和社会各界的好评。

(二)为“中国西部国际专利技术暨产品博览会”提供知识产权司法服务

“2010首届中国西部国际专利技术暨产品博览会”于2010年8月在鄂尔多斯市隆重召开。在此期间，自治区高级法院组织鄂尔多斯和包头两个市中级人民法院专门建立“中国西部国际专利技术暨产品博览会知识产权的司法服务中心”，围绕中国西专会“和谐发展、低碳建设、健康生活”主题，向各参展方提供有关知识产权的司法保护指南，指导各参展方的相关知识产权司法保护事项，简化程序、协调和解决各参展方的有关知识产权纠纷，为中国西专会的举办营造了良好的法治环境。自治区法院为本次博览会整理印发了《知识产权纠纷诉讼指南》、《会展知识产权保护办法》、《专利法律法规及司法解释选编》等知识产权司法保护方面的宣传材料4000多份。自治区法院为“2010首届中国西部国际专利技术暨产品博览会”提供的司法服务活动受到中国西专会组委会以及参展方的高度重视，取得了良好的法律效果和社会效果。

(三)开通“内蒙古知识产权司法保护互联网站”

该网站共开设了法界动态、审判服务、法律法规、政策精神、典型案例、行政执法、企业维权、学习园地、裁判文书、照片选登十个主栏目，使其成为展示内蒙古知识产权司法审判成果的重要窗口，为社会公众了解内蒙古知识产权司法保护动态提供了一个专门的渠道，也为内蒙古法院知识产权裁判文书上网公布工作提供了广阔的平台。

四、加强自治区知识产权审判调研工作，提高全区法院知识产权审判管理水平

(一)开展了自治区各大知识产权试点企业和科技名牌企业调研工作

自治区法院深入呼和浩特市、包头市、巴彦淖尔市、鄂尔多斯市科技名牌企业和知识产权试点企业——伊利集团、蒙牛集团、内蒙古北方重工业集团、河套酒业集团、鄂尔多斯羊绒集团等七家企业，开展关于企业有关司法保护问题的调研。在调研过程中，自治区法院民三庭与各企业主要负责人及法律事务部负责人召开座谈会，企业参会人员介绍了企业知识产权保护的总体情况及在知识产权创造、运用、保护和管理方面的经验和做法，并提出各企业在知识产权司法保护方面存在的问题。参会法官认真听取了企业在知识产权司法保护方面的建议和意见，为各企业在知识产权司法保护方面存在的问题，提出了有效的解决建议，并为自治区高级人民法院拟召开的全区科技名牌企业和知识产权试点企业有关司法保护问题座谈会收集资料，做好会议筹备工作，此次调研工作受到各企业的高度重视，取得了良好的效果。

(二)完成《商业秘密司法保护问题》、《网络著作权司法保护的几个问题》的调研课题

对商业秘密民、刑案件的审理，网络著作权案件的审理等相关问题深入开展专题调研，形成专题调研报告，分别在成都召开的知识产权刑事审判工作座谈会、在江苏召开的知识产权司法保护与利益平衡研讨会、在福建召开的海峡两岸司法实务研讨会、在昆明召开的涉边境贸易地区边贸案件座谈会、在海南召开的商业秘密司法保护座谈会上进行专题发言，受到与会代表的一致好评，相关的调研文章和案例均入选会议文集。同时利用这种研讨交流平台认真学习外地法院审理知识产权案件和涉外民商事案件及边境贸易纠纷案件的经验，规范指导自治区法院知识产权，提高全区法院知识产权审判管理水平。

五、全面提升知识产权法官素质，确保审判公开

(一)法官业务培训工作

对知识产权审判法官的培训工作采取以下三种渠道进行。首先2010年利用内蒙古知识产权司法保护网组织全区法院知识产权审判人员报名注册参加“中国知识产权远程教育课”网上培训

班，全区法院的在编知识产权审判人员 98 人，共报名参加培训的 96 人，参加培训率 97.96%，全部课程及格的有 96 人，占参加考试总人数的 100%。中国知识产权培训中心对自治区高级人民法院采取的这种培训模式和所取得的成绩给予了充分肯定，通知自治区高级人民法院总结与他们联合举办知识产权远程教育网上培训班的经验，并推广至全国知识产权培训领域。实践证明，采用"中国知识产权远程教育课程"网上培训方式培训在职知识产权审判人员，是一种培训成本低、工作学习两不误的有效培训途径。其次采取"请进来，走出去"的办法，通过上下级法院之间交流学习，与行政执法机关沟通协作，知识产权案件多的法院与知识产权案件少的法院之间观摩学习。最后协调最高人民法院民三庭争取培训指标并全区各中院派出 5 名法官参加了全国法院知识产权审判法官培训班。通过以上三种培训措施，全区法院知识产权审判法官培训率达到了 100%，提高了全区知识产权审判业务水平，以尽快适应知识产权刑事、民事、行政案件"三审合一"审判工作的新形势。

（二）认真落实审判公开制度

全区法院坚持增强审判工作透明度，落实审判公开制度。继续坚持知识产权一、二审案件全部开庭审理，积极为当事人提供诉讼引导、风险告知、司法救助等各项法律服务。自治区高级人民法院 2010 年把在互联网上公布知识产权案件裁判文书工作作为一项重要工作来抓，并制定了《内蒙古自治区高级人民法院关于在互联网公布知识产权案件裁判文书的实施办法》，全面开展在互联网公布知识产权案件裁判文书工作，并对知识产权案件裁判文书上网公布提出了具体要求，将 2010 年以来审结并生效的知识产权案件裁判文书统一通过内蒙古知识产权司法保护网在中国法院网裁判文书栏目公布。自治区各中级法院知识产权审判庭都将其列入重要议事日程加以落实，从提高审判人员的裁判文书上网公布意识入手，加强在互联网公布知识产权和涉外民商事案件裁判文书工作的监督管理，确保在互联网公布的知识产权和涉外民商事案件裁判文书的质量。2010 年，自治区法院继续坚持上网公布审结生效知识产权裁判文书，全年共上网知识产权裁判文书 97 篇，做到了知识产权审判的公开、透明。

（内蒙古自治区高级人民法院知识产权审判庭）

检察工作

2010 年，内蒙古自治区检察机关充分发挥检察职能作用，加强知识产权司法保护，与行政执法机关、公安机关等部门密切配合，依法及时批准逮捕、起诉侵犯知识产权的犯罪分子，加大立案监督力度，防止和纠正对侵犯知识产权犯罪的有罪不究、以罚代刑等问题，进一步推动行政执法与刑事司法相衔接工作机制的完善，依法严肃查办侵犯知识产权违法犯罪背后的国家工作人员的违纪、犯罪行为，坚决打掉其"保护伞"，在这些方面发挥了重要作用。

一、完善行政执法与刑事司法衔接工作机制，形成打击侵犯知识产权犯罪的合力

内蒙古自治区人民检察院与自治区公安厅、工商行政管理局、文化厅等行政执法机关积极进行协商与沟通，进一步加强和完善了行政执法与刑事司法衔接工作机制。内蒙古自治区各级检察机关与公安机关、行政执法机关建立了信息通报制度，实现了信息资源共享，提高了工作效率，确保了打击刑事犯罪的力度。内蒙古自治区各级行政执法机关向同级检察机关通报查处包括侵犯知识产权在内的涉嫌犯罪案件的总体情况以及向公安机关移送包括侵犯知识产权在内的涉嫌犯罪案件情况。内蒙古自治区各级检察机关对于行政执法机关移送的包括侵犯知识产权在内的涉嫌犯罪案件，要求予以立案监督的案件，均在规定的时间内向相应行政执法机关通报侵犯知识产权案件办理情况，并向同级行政执法机关通报立案监督、批捕包括侵犯知识产权在内的涉嫌犯罪案件的总体情况。

进一步完善案件移送制度，内蒙古自治区人民检察院与行政执法机关联合下发了《在行政执法中及时移送涉嫌犯罪案件的意见》，要求行政执法机关应及时向公安机关移送包括侵犯知识产权在内的涉嫌犯罪案件，并向检察机关备案。对于行政执法机关不移送的，检察机关可以向同级或下级行政执法机关查询案件情况，检察机关应向行政执法机关发出移送包括侵犯知识产权在内的涉嫌犯罪案件的意见，要求其及时移送涉嫌犯罪案件。行政执法机关不及时移送的，检察机关将案件情况书面通知公安机关，督促公安机关进行

立案侦查。进一步完善包括侵犯知识产权在内的涉嫌犯罪案件监督配合制度，内蒙古自治区各级检察机关对行政执法机关向公安机关移送的重大疑难案件，积极配合公安机关，实行协助侦查制度。检察机关派员适时介入案件，引导侦查，帮助收集、固定证据，加快办案进度。

一年来，内蒙古自治区各级检察机关积极走访各行政执法机关，了解、查询办案情况，排查案件线索，监督其移送包括侵犯知识产权在内的涉嫌犯罪案件，有力推动了知识产权保护工作深入开展。如兴安盟人民检察院与盟公安局、监察局、商务局的主要负责人联合走访了国土资源、环境、农业、文化、工商、烟草专卖等 14 个行政执法机关。呼伦贝尔市人民检察院成立了由市检察院、监察局、公安局、商务局各部门组成的督查组，对 2008～2010 年办结的行政执法案件，进行逐卷检查、对照，认真进行了梳理，制作了明细台账。内蒙古自治区人民检察院总结近几年来立案监督工作实践，结合立案监督工作实际，指定专人制定“办理刑事立案监督案件法律法规、法律文书、工作文书”，并将立案监督工作中适用的法律法规、法律文书和工作文书以及工作中所需的“簿、表、函”等进行了统一规定，并统一汇编成册，印发各级检察院统一执行。进而用统一的立案监督工作文书，全过程规范立案监督工作，特别是规范了行政执法与刑事司法衔接工作的文书和流程。

二、开展打击侵犯知识产权和制售假冒伪劣商品专项行动和对行政执法机关移送涉嫌犯罪案件专项监督活动工作情况

为切实贯彻落实最高人民检察院《关于积极参与打击侵犯知识产权和制售假冒伪劣商品专项行动的通知》和内蒙古自治区政府办公厅《打击侵犯知识产权和制售假冒伪劣商品专项行动方案》的具体要求，充分发挥检察职能，积极参加打击侵犯知识产权和制售假冒伪劣商品专项行动。内蒙古自治区各级检察机关广开思路，精心组织，采取多项措施迅速启动工作，积极开展该项行动，并把此次专项行动作为立案监督工作重点，严厉打击全区侵犯知识产权、制售假冒伪劣商品犯罪案件。

（一）加强组织领导

内蒙古自治区人民检察院将最高人民检察院《关于积极参与打击侵犯知识产权和制售假冒伪劣商品专项行动的通知》和自治区政府办公厅《内蒙古自治区打击侵犯知识产权和制售假冒伪劣商品专项行动方案》转发至各盟市地区检察(分)院，并提出了具体工作要求，成立了由邢宝玉检察长任组长的内蒙古自治区人民检察院打击侵犯知识产权和制售假冒伪劣商品专项行动领导小组，并召开领导小组会议，对专项行动进行部署。每个相关处室指定一名联络员，负责这项工作的对下指导，了解和组织相关材料、数据。各盟市地区检察(分)院也根据自治区院的部署要求，专题立会部署，并提出要求，成立了以检察长为组长，分管副检察长为副组长，相关部门参加的专项行动小组。内蒙古自治区人民检察院要求各级检察院都要高度重视此次专项行动，组织相关人员认真学习和深刻领会专项行动的精神，全力投入立案监督专项行动，并要求以此为契机，推动内蒙古自治区行政执法与刑事执法相衔接工作机制的建立和完善。

（二）督办重点案件

内蒙古自治区人民检察院在强调宏观指导的同时，注意个案指导。工作中遇到法律政策方面的问题，及时予以请示解决，对遇到的地方保护、其他部门干预，及时提供支持，对重大疑难复杂或干扰阻力大的案件，坚持挂牌督办，限期办结，必要时直接赴当地督导办理。内蒙古自治区人民检察院按最高人民检察院的要求积极督办了朱某等人涉嫌生产、销售伪劣产品案，该案被告人分别被判处有期徒刑 2 年，缓期执行 2 年，并处罚金 10000 元人民币。与乌兰察布市人民检察院将丁某贩卖淫秽物品案作为重点案件进行督办，该案被告人丁某被判处拘役 5 个月，并处罚金 5000 元。

（三）及时派员介入侦查、引导取证

内蒙古自治区各级人民检察院对一些重点案件、群众反映特别强烈的案件，及时派员介入，适时引导公安机关侦查取证，如赤峰市克什克腾旗人民检察院对一起公安部督办的特大涉嫌销售伪劣种子案，提前介入，在报捕后 2 日就对两名犯罪嫌疑人作出了逮捕决定，有力地打击了此类坑农、害农犯罪，收到了良好的社会效果和法律效果。

（四）加强与公安机关、人民法院的联系与配合

通过召开研讨会、联席会等形式，相互间初步确立了打击侵犯知识产权、制售假冒伪劣商品犯

罪案件的联席会议制度、重大案件督办制度、政策研究制度、信息互通制度，使专项行动经常化、常态化，公、检、法三机关针对同一行动联合执法，各司其职，是一次新的尝试和突破，实现了侵犯知识产权、制假售假犯罪案件的快侦、快捕、快诉、快判。

（五）加强宣传工作

在加大打击力度的同时，内蒙古自治区三级人民检察院，还积极开展了保护知识产权、打击制假售假的宣传活动。一方面加强了对相关行政执法机关的宣传，多次到有关部门开展打击侵犯知识产权、制假售假犯罪法律宣传，使其从内心理解支持检察监督工作，相互间建立了良好的合作平台；另一方面加强了与新闻媒体的沟通联系，积极宣传内蒙古自治区检察机关开展专项行动的重要部署、阶段成果、典型案件和经验做法，达到教育预防犯罪的目的，为专项行动的顺利进行营造了良好氛围。此外，还严把宣传尺度，对有较大社会影响的案件，按照上级统一部署，做好宣传计划，统一宣传步骤，争取广大群众对立案监督专项行动的支持和帮助，进一步拓宽专项行动的案件来源。对接到的群众举报线索，全部进行了排查，为有效地打击侵犯知识产权和制售假冒伪劣商品犯罪起到了积极的作用。在政策宣传的影响下，兴安盟地区一名涉嫌销售伪劣产品罪的犯罪嫌疑人袁某在逃两年后，主动向公安机关投案自首。

三、坚决防止和纠正对知识产权犯罪打击不力的现象

2010 年，内蒙古自治区各级检察机关严肃查处对侵犯知识产权背后隐藏的国家工作人员贪污贿赂和国家机关工作人员滥用职权、玩忽职守、徇私舞弊等犯罪，及时发现和查办涉及知识产权的民事行政裁判不公背后的司法腐败，维护司法公正，进一步加强预防工作，从源头上防止和减少涉及知识产权职务犯罪的发生。

（最高人民检察院侦查监督厅）

辽 宁 省

专利工作

2010 年，辽宁省知识产权工作着眼于辽宁经济社会发展大局，大力实施知识产权战略，以提升知识产权创造、运用、保护和管理综合能力为中心，进一步夯实工作基础、提高服务水平、加大保护力度、激发自主创新，更好地发挥知识产权对辽宁经济社会发展的支撑和引领作用，顺利完成“十一五”规划收官之年的工作。

一、全省专利申请量及授权量稳定增加

2010 年，全省专利申请量首次突破 3 万件大关，达到 34 218 件，比上年增长 32.6%，居全国第九位。其中，发明专利申请 9884 件，同比增长 38.7%，居全国第七位。专利授权量达到 17 093 件，同比增长 40.1%，其中发明专利授权 2357 件，同比增长 18.2%。

在三种专利申请中，发明专利申请已占 29%，比 2005 年提高了 9 个百分点。同时，职务申请达到 21 629 件，占全部专利申请的 63%，比 2005 年提高 40 个百分点。

二、知识产权战略实施工作扎实推进

一是建立辽宁省知识产权战略实施工作联席会议制度。联席会议召集人为辽宁省政府副省长滕卫平，成员单位包括省发改委、省科技厅、省工商局、省版权局等 24 个成员单位。辽宁省知识产权战略联席会议首次工作会议通过并由省政府办公厅印发《2010～2012 年辽宁省知识产权战略实施推进计划》。二是形成《数控机床及数控系统技术领域专利战略分析》、《辽宁省仪器仪表产业专利战略研究报告》及《辽宁省液压产业专利战略研究报告》。

三、知识产权“兴业强企工程”取得新进展

一是农业和农村知识产权工作得到加强。与辽宁省知识产权局和辽宁省农村经济委员会共同主办了“辽宁省试点县（市、区）知识产权工作座谈会”。辽宁省知识产权局与辽宁省农村经济委员会印发了《辽宁省关于加强县（市、区）知识产权工作的若干意见》。二是国家试点示范取得新进展。沈阳、大连两市被国家知识产权局列入“中小企业知识产权战略推进工程”首批实施单位。国家专利技术(沈阳)展示交易中心顺利通过国家知识产权局专利展示交易中心的考核验收。沈阳工业大学等6家单位被国家知识产权局授予第二批全国企事业知识产权示范创建单位。

四、专利技术转化与产业化取得新突破

一是辽宁省知识产权局与辽宁省财政厅联合下发了《关于下达辽宁省2010年专利技术转化资金项目计划的通知》,确定了辽宁省2010年专利技术转化资金支持项目62项并给予2500万元的省专利技术转化资金资助。二是多项转化实施的专利获得中国专利奖。在第十二届中国专利奖的评选活动中,三一重型装备有限公司的“硬岩掘进机”等9项专利技术获得第十二届中国专利奖优秀奖。

五、成功举办了2010年中国国际专利技术与产品交易会

本届“专交会”展览展示及主题活动面积达3万平方米,创历届之最。共吸引了来自俄罗斯、日本、韩国等17个国家和地区、国内23个省(市)自治区、43个城市、1600余家企业和5100余项自主创新专利成果参展。国家知识产权局田力普局长出席本届“专交会”。

六、知识产权质押融资能力建设进一步加强

一是辽宁省知识产权局与国家知识产权局签订了《知识产权资产评估促进工程》委托合同,陆续开展知识产权资产评估业务培训、组织知识产权资产评估政策宣讲、实施知识产权融资跟踪服务等工作。二是在辽宁省铁岭市召开了“铁岭市银州区知识产权质押融资座谈会”,总结质押融资试点经验,充分发挥知识产权资产评估工作对知识产权商业化的促进作用,并将其在全省范围内进行推广。三是辽宁省知识产权局与辽宁省财政厅、辽宁省金融工作办公室等部门积极沟通,联合出台知识产权质押融资的管理办法和相关政策。

七、知识产权行政执法进一步强化

一是继续深入开展“雷雨”、“天网”执法专项行动。二是整合执法资源、健全部门地区联合执法检查工作,组织全省14个市参加流通领域全省联合执法检查,在各市重点开展了手机、家电、日用商品等领域的专项执法检查。三是强化公共服务,维权援助工作扎实推进。先后在大连、本溪、丹东等市开展了企业维权援助工作现场咨询办公会。四是驻会维权,将维权援助向展会深入推进。“第十四届中国(锦州)北方农业新品种、新技术展销会”期间,在锦州地区开展假冒专利执法检查活动。五是全年共处理知识产权维权援助案件36件,其中通过“12330”处理的知识产权维权援助及投诉、举报、咨询案件29件。六是完成国家知识产权局专利复审委员会第五巡回审理庭的建设工作。

八、知识产权宣传力度不断加大

一是辽宁省知识产权局会同省直有关部门在全省开展“保护知识产权宣传周”活动。辽宁省新闻办公室召开新闻发布会,辽宁省政府马祥图副秘书长代表省政府进行新闻发布,邀请中央和省内外40多家新闻媒体出席知识产权宣传周新闻发布会。会上发布了《2009年辽宁省知识产权保护状况》白皮书。二是在“专交会”期间,邀请国内外40余家新闻媒体的60多名新闻记者参与报道,共发表相关新闻180余篇,其中中央媒体60余篇幅,头条新闻7个,整版5个。

九、专利信息服务平台建设取得新进展

开发建设了辽宁专利检索分析系统公共平台,该平台承载的中外专利全文数据库,包括自1985年以来的所有在中国公开的专利信息,美国、日本、英国、德国、法国、瑞士及欧洲专利局、国际专利合作条约组织(“七国两组织”)以及韩国、俄罗斯、东盟十国、海湾地区等主要国家专利文摘、全文说明书及附图共约4500万条。结合辽宁省产业结构升级和重大经济项目建设,不断开展专利信息的深度开发和利用。开通中草药专题专利信息服务分平台。开发建设数控机床、光伏产业、液压气动产业、仪器仪表等专题数据库。争取省经济和信息化委的支持,辽宁省知识产权信息中心接入省直政务专网达到千兆带宽,极大地提高了网络环境的运行速率和安全稳定性,为知识产权信息化建设打下了坚实的基础。加强国家知识产权政府门户网站辽宁子站的建设,结合重大活动开展现场图文直播和网上互动。增设了针对辽宁重点行业、重点领域的专题专利信息服

务平台等。

（辽宁省知识产权局）

商标工作

2010年商标管理工作以"三深入两服务"为核心，大力实施商标战略，积极争创驰名商标，强化驰名商标梯队建设，努力提高商标执法和服务经济发展水平，全省实施商标战略工作呈现良好局面。

一、商标战略成为全省经济社会发展工作目标

辽宁省政府出台了《辽宁省人民政府关于加快推进商标战略促进经济又好又快发展的意见》，制定了商标战略三年发展目标和政策措施。辽宁省工商行政管理局组织召开全省加快推进商标战略工作暨驰名商标表彰大会，国家工商总局党组书记、局长周伯华同志，副局长付双建同志及陈政高省长、赵国红副省长出席了本次大会，并作重要讲话。会议规模之大、规格之高为近年来首次。会议期间还举办了"辽宁商标战略成果展"，展示了辽宁省商标工作的发展历程和取得的成就。辽宁省政府成立了以赵国红副省长为组长的省实施商标战略工作领导小组，省、市、县工商局成立以主要领导为组长的工商系统实施商标战略领导小组，制订了《关于加快推进商标战略工作实施方案》，做到目标分解到位、责任落实到人，全力确保三年新争创100件驰名商标，总数达到179件驰名商标的发展目标。各级政府将实施商标战略作为促进经济增长方式转变、振兴老工业基地的重要工作，纳入经济发展目标考核范围。沈阳市、丹东市、营口市、铁岭市政府组织召开了全市推进商标战略暨驰名商标企业总结表彰大会，大连市、抚顺市、丹东市、阜新市、朝阳市、盘锦市政府出台了《关于进一步推进实施商标战略的意见》。

二、争创驰名商标工作进入高质有序的新阶段

一是深入调查研究。全省工商系统深入沈阳经济区、五点一线沿海经济带、本溪生物医药等4个高新技术产业基地、沈阳铁西装备制造等十大产业集群、先进装备制造等九大产业企业和县域经济骨干企业、服务行业、外贸出口龙头企业进行调研走访，加强了重点行业企业实施商标战略的指导工作，明确了商标战略重点企业，为进一步发挥商标在促进企业规模发展和加快产品升级方面的积极作用奠定了基础。目前，全系统共走访驰名商标企业75户、驰名商标战略梯队企业110户、省著名商标企业778户。通过走访，进一步了解掌握了企业实施商标战略中存在的问题，实行"零距离"服务。

二是强化了争创驰名商标梯队建设。在深入调研的基础上，对辽宁省争创驰名商标战略梯队进行了全面调整。围绕全省"实现三大区域发展战略新突破、发展壮大新兴产业、壮大县域经济、推动服务业大发展、深化改革扩大开放"等重点经济工作，按照"申报一批，准备一批，培育一批"的指导思想，坚持"数量与质量并重、关键在质量"的原则，筛选确定了110户争创驰名商标战略梯队企业。梯队企业年销售总额超2800亿，年纳税总额达201亿。年销售额超10亿元的规模企业18户，其中超50亿元的11户，超100亿的4户。这些企业在行业和地区经济发展中具有十分重要的地位和作用，企业商标被认定为驰名商标后，将对辽宁经济发展起到巨大的推动作用。在各市政府推荐考核的基础上，深入每户申报驰名商标企业考察，按照"宁缺毋滥"的指导思想，真心实意帮助企业建立、整理和完善申请材料，做到成熟一个、上报一个，确保质量，推动全省争创驰名商标工作进入一个健康、科学、协调、可持续的发展阶段。目前，已向国家工商总局申报了75件驰名商标材料。

三是提高申报驰名商标材料质量。针对商标管理系统人员变动较大的实际，辽宁省工商局同国家工商总局商标局沟通后于12月14～15日举办了全省工商系统商标工作研讨会，国家工商总局商标局副局长吕志华应邀在研讨会上讲授了驰名商标案件程序规范和证明材料采集标准，进一步规范了辽宁省驰名商标申报案件和证明材料办理程序和采集范围标准，提高了企业申报驰名商标材料质量，客观、全面、准确地反映出辽宁省申报驰名商标企业的市场影响力和知名度。

三、全省商标战略取得明显成效

一是营造了良好环境。辽宁省政府出台《加快推进商标战略促进经济又好又快发展的实施意见》后，辽宁省工商局立即邀请12家省内外媒体，宣传省政府制定的商标战略发展目标，解读鼓励

企业实施商标战略的政策措施，提高企业和社会商标意识。围绕"3.15 消费者权益保护日"和"4.26 世界知识产权日"开展"商标战略宣传周"等主题宣传活动，全省各级工商机关通过培训会、座谈会、专题讲座等形式，向社会各界传播商标品牌知识，并把以商标为重点的知识产权知识送进企业、送入社区、送到村屯，推进了商标品牌战略实施。认真整理辽宁省驰名商标企业在实施商标战略中取得的成效和经验，编辑《辽宁商标集萃》，免费发放给企业，供其借鉴学习。会同中国日报社对外宣传报道辽宁省在商标管理和商标专用权保护过程中取得的成就，为辽宁省企业实施"走出去"战略，提高国际竞争力提供强有力的支撑。2010 年 6 月 1 日，国家工商总局召开商标战略实施示范城市(区)、示范企业授牌电视电话会议，辽宁省沈阳市、大连市和鞍山市为示范城市，东北制药总厂为示范企业。这必将对大力推进商标战略实施，形成一批拥有自主知识产权和知名品牌、国际竞争力较强的优势企业，促进经济发展方式加快转变起到推动作用。

二是加强了行政指导。根据辽宁省工商局《关于加快推进商标战略工作实施方案》，全省工商系统实行每月上报相关工作统计数据，定期通报全省商标战略实施情况，加强行政指导和行政监督。辽宁省工商局会同辽宁银监局、人民银行沈阳分行共同出台了《辽宁省商标专用权质押贷款暂行办法》，引导企业利用商标价值进行融资，扩大企业投融资渠道。会同省外经贸厅研究制定鼓励企业海外商标注册和维权工作政策，保障外贸出口企业合法权益和出口业务加快发展。

三是加快推进了商标富农工程。全省开展了涉农商标调查工作，在各市推荐的基础上，确定了辽宁省重点保护农产品商标、重点推荐申报认定驰名商标、重点推荐申报省著名商标名单。对加强特色农业资源地区地理标志注册开展了有针对性的具体指导工作，积极引导和协助农村经济组织申报地理标志，发挥地理标志保护和市场牵动作用，扩大地理标志农产品的市场影响力，加快农业资源市场化，促进农民增产增收。大连、抚顺、辽阳、丹东、锦州、阜新、铁岭、朝阳、盘锦、葫芦岛根据农民自身特点，采取典型引路的方式，选择一些运用商标实现增产增收的实例，到农产品较集中的地区进行宣传、讲解，使广大农民能够切身体会到办理农产品商标注册的好处，有力提高了社会商标意识，从而调动了农村办理农产品商标注册的积极性。针对农产品市场部分产品，有一定规模，但分散经营，没有形成品牌优势的情况，各级工商机关联合当地政府，广泛开展农产品商标注册的指导和服务工作，积极引导分散经营户统一注册集体商标。2010 年，辽宁省沈阳的"东陵红树莓"、大连的"庄河杂色蛤"和"金州黑水貂"、营口的"盖州苹果"、铁岭的"昌图黑猪"、葫芦岛的"建昌核桃"和"建昌小米"已被注册为地理标志，"葫芦岛大红枣"已进行了注册公告。目前，全省地理标志已经达到了 27 件，提前 2 年完成了辽宁省政府提出的发展目标。

四是坚决打击了侵犯商标等知识产权行为。组织召开了保护知识产权专项行动电视电话会议，制订了专项行动方案，明确了工作重点和职责任务，集中执法力量，加大对重地区域、重点商品、重点违法行为的监督检查，严厉查处侵犯商标专用权行为。同时，充分利用区域性商标保护协作网，实施驰名商标和省著名商标的跨地区保护，为企业实施商标战略提供公平竞争的市场环境。截至 12 月底，全省共查办商标侵权案件 780 件，罚没款 709.89 万元；查处商标违法案件 129 件，罚没款 39.09 万元。

五是争创驰名商标取得明显成效。1 月 16 日，国家工商总局新认定辽宁省中国驰名商标 16 件，10 月 8 日又新认定中国驰名商标 296 件，其中有辽宁省 20 件，单次排名位居全国第五名，是辽宁省历史上数量最多、排名最靠前的一次。目前辽宁省已拥有中国驰名商标 99 件，总量已由原来的全国排名第 10 位跃居全国第 8 位。辽宁省 99 件驰名商标中，装备制造业占 17.2％，重要原料产业占 27.3％，高新技术产业占 7.1％，农产品加工业占 26.3％，现代服务业占 2％；全国同行业排名第一位的企业有 41 户，前五名的有 72 户，前十名的有 81 户；全省民营百强企业有 18 户，占 18.2％；90％以上的企业建立了独立的技术研发机构，其中有 8 户企业建立了博士后科研流动站，41 户企业参与制定行业标准。据统计，2009 年 99 户驰名商标企业年销售额 2308 亿元，占全省 GDP 的 15.3％；纳税 105 亿元，占全省税收收入的 8.9％；安置下岗职工 5.1 万人。

2010 年，辽宁省商标战略扎实有效推进，取得了突出的成效。陈政高省长作了重要批示"这项工作抓得准，抓得好，要继续抓下去"。赵国红副省长在听取辽宁省工商局汇报后批示"省工商局的商标战略工作正在扎实推进，势头很好，要继续努力”。

（辽宁省工商行政管理局）

版权工作

2010年以来，辽宁省版权局以科学发展观为统领，以贯彻落实《国家知识产权战略纲要》为动力，以提高工作水平为目标，紧紧围绕局党组提出的促进产业繁荣和经济发展的工作理念，创新方式，突出重点，向纵深方向深入发展。

一、推进制度创新，法律体系建设有新进展

（1）印发《辽宁省新闻出版局　省版权局行政执法监督规定》。

为贯彻落实《辽宁省行政执法监督规定》，做好全省新闻出版、版权行政执法部门执法监督工作，制定《辽宁省新闻出版局　省版权局行政执法监督规定》，要求全省各级新闻出版、版权行政执法人员认真学习，严格遵照执行。

（2）召开《出版管理条例》、《音像制品管理条例》修订座谈会。

《出版管理条例》、《音像制品管理条例》的修订起草工作是关系新闻出版、版权全行业发展、管理的基础性工作。通过在大连理工大学出版社召开第二届大连地区版权管理工作座谈会，就两个条例修订条款的具体细节与各出版社进行商讨，形成最终意见上报新闻出版总署（国家版权局）。

（3）选聘执法监督员。

根据《辽宁省新闻出版局 省版权局行政执法监督规定》，为做好行政执法的社会监督工作，在全省范围内开展选聘新闻出版、版权行政执法监督员工作。首批聘任8人为全省新闻出版、版权行政执法监督员，均为辽宁省各民主党派驻会（副）主委（均是省政协副秘书长职务）。选聘执法监督员工作是辽宁省版权局依法行政工作的一项重大举措。获聘的执法监督员将对全省版权（新闻出版）部门文明执法、依法行政、人员纪律、廉洁自律、政风行风建设以及遵守职业道德等方面实施全方位监督，有效确保全省版权（新闻出版）行政执法部门及行政执法人员严格依法行政。

二、强化监管力度，版权执法与监管水平有新提高

（1）重点开展世博会版权保护工作。

世博会开幕前，在全省范围内组织开展以世博会版权保护为重点的打击盗版音像制品专项行动，通过对全省各地文化、新闻出版市场及图书经营单位进行检查，共收缴盗版音像制品2万余张，盗版图书1000多册。印发《辽宁省世博会版权保护专项行动实施方案》，并组织召开2010年全省版权重点工作专题会议，重点强调以世博会版权保护为重点强化本年度版权执法工作。世博会期间，赴阜新、大连、丹东等地进行世博会版权保护专项督导检查，通过对当地新华书店、大型图书城、小型和个体音像店等出版物市场的音像、软件销售情况进行检查，确保当地版权保护工作力度。

（2）切实加强图书馆著作权保护工作。

通过约谈、实地检查等方式，对驻沈几家大专院校图书馆予以检查指导。联合大连市版权局、大连市文化市场综合执法总队通过抽检图书、查看进货单、听取汇报等方式，对大连市图书馆进行检查。对国家版权局督办的沈阳农业大学图书馆著作权侵权一案进行实地检查，询问相关负责人，查找版权工作漏洞，责令其限期整改，有效提高了全省图书馆的版权管理和版权保护水平。

（3）严厉打击网络侵权盗版活动。

结合国家版权局等三部门联合开展的2010年打击网络侵权盗版专项治理“剑网行动”，在全省范围内组织开展2010年辽宁省打击网络侵权盗版专项治理行动。通过协调通信部门，先后查办国家版权局移转的大连智捷网络侵权案、RAR1网络侵权案、YPAY支付网游戏作品侵权案；指导文化执法部门查办都乐迷网站著作权侵权案等多个网络侵权案件，关闭非法网站3个，没收服务器1台，罚款10万余元，对网络侵权盗版行为产生了巨大的威慑作用。

（4）积极推进企业软件正版化工作。

充分发挥辽宁省使用正版软件工作领导小组的作用，制订《2010年辽宁省推进企业使用正版软件工作计划》，在全省版权重点工作会议上，进一步强调要积极稳妥推进软件正版化工作，结合振兴老工业基地的实际情况，选择重点行业，完成量化工作。赴大连进行企业软件正版化工作督导检查，积极推动当地软件正版化工作的顺利开展。

（5）部署打击侵犯知识产权和制售假冒伪劣商品专项行动。

根据国务院、辽宁省政府有关知识产权保护与执法工作电视电话会议精神，按照国务院、新闻出版总署、省政府打击侵犯知识产权和制售假冒

伪劣商品专项行动（以下简称专项行动）相关文件内容，成立辽宁省新闻出版局专项行动领导小组，制订并印发专项行动实施方案。组织召开全省新闻出版、版权专项行动会议，研究部署在全省范围内开展专项行动。赴盘锦、营口等地开展专项行动督导检查，通过听取汇报、实地检查等方式，重点检查当地长途客运站、学校周边、大型电子商城以及正规书店出版物市场情况，严厉查处侵权盗版行为，确保本次专项行动取得实效。

三、密切联系实际，公共服务和社会参与体系有新突破

（1）作品版权登记数量有新突破。

通过对阜新玛瑙市场和沈阳音乐学院版权工作站版权产业发展情况考察调研，进一步了解全省版权产业分布情况，强化著作权人版权保护意识，宣传作品版权登记的重要意义。全年普通作品版权登记4800件，较2009年增长352%；新增著作权合同备案登记22件。

（2）设立葫芦岛作品登记处。

在葫芦岛市版权局设立全省第一个作品登记工作点，挂“辽宁省版权局葫芦岛作品登记处”牌子，具体负责承办本辖区内作品自愿登记的受理、初审、报批、代发证件、统计、备案等工作。这是全省版权保护工作的一项创新之举，也是建立健全作品登记制度的一项重大举措，开创了全省作品版权登记工作由省独办到省市联动的新局面。

（3）设立辽宁省版权局辽海出版社版权工作站。

“辽宁省版权局辽海出版社版权工作站”是辽宁省版权局设立的第五个版权工作站，也是全国首次在出版单位设立版权工作站。辽宁省版权局将利用版权工作站这个平台，在辽海出版社版权业务的开展中引入版权保护机制，帮助出版社解决有关法律与政策问题，加大打击盗版教辅教参力度，有效维护辽海出版社的合法权益，不断提高出版社的创新能力和版权创造的整体水平。辽海出版社版权工作站的成立突破了原有在大专院校、产业园区设立版权工作站的格局，将辽宁版权部门的职能进一步延伸至出版前沿，全省版权公共服务体系出现新的突破。

四、创新工作思路，版权社会影响有新提升

（1）扎实开展本年度“4·26知识产权宣传周”活动。

宣传周前，制订并下发实施方案，发布10个宣传周活动口号，统一部署本届宣传周活动；在全省版权重点工作会议上进一步强调本届宣传周的重要性，要求全省各级版权部门要以纪念中国第一部《著作权法》颁布100周年及新中国《著作权法》颁布20周年为契机，以本届“4·26知识产权宣传周”为平台，采取多种形式，集中宣传辽宁版权保护工作的举措和成绩，努力在全省范围内营造良好的版权保护氛围。宣传周期间，通过联合举办知识产权状况新闻发布会，联合省“扫黄打非”办公室开展集中销毁侵权盗版制品、版权法律现场咨询、散发版权宣传册、现场作品登记等活动，有效提高社会公众版权保护意识，进一步扩大版权工作的影响力。

（2）召开第二届大连地区版权管理工作座谈会。

组织大连5家出版单位在大连理工大学出版社召开座谈会，围绕数字和网络环境下版权保护、版权贸易的法律纠纷等主题展开讨论，为转企改制后各出版单位如何谋发展、如何规避业界版权法律纠纷等实际问题的解决出谋划策。

（3）组织省内出版单位参加第十七届北京国际图书博览会。

为省内出版单位提供良好的展示平台，促进省内出版单位更快速的开拓国际市场，拓展全省版权贸易的空间。全年引进境外图书合同500件，较2009年同期增长44.5%；版权输出89种。

五、加强教育培训，版权队伍建设有新力度

（1）开展全省新闻出版行政执法证件年检注册工作。

通过各部门自检和辽宁省版权局统一核查，对全省新闻出版行政执法人员一年来的依法行政情况进行评价并记入档案。全年年检执法证件878个，合格780个，注销98个；新办执法证件95个。

（2）组织省内版权法规培训。

组织大连地区部分编辑人员在大连理工大学出版社举办版权法规培训班，围绕新闻出版的管理法规、有关著作权的法律知识等问题进行解读，增进培训人员对版权相关知识的了解，树立依法出版的法律意识。

（3）积极推进2009年度全国查处侵权盗版案件有功单位及个人的评选表彰工作。

经过精心组织、认真研究，推荐全省在2009

年查处侵权盗版案件工作中作出突出贡献的6家单位和5名个人参选。最终,2家单位荣获有功单位二等奖,4家单位荣获有功单位三等奖,5人获有功个人三等奖。

总体来看,2010年辽宁版权工作按照辽宁省版权局党组的部署,围绕法制体系、政府行政管理体系、公共服务与社会参与体系、内部工作体系,抓重点、攻难点、出亮点,较好的促进了版权事业的繁荣和版权产业的发展,为2011年创新工作打下良好的基础。

(辽宁省版权局　石帅)

司法工作

2010年,辽宁省法院坚持为大局服务,为人民司法,深入推进"三项重点工作",围绕"优化自主创新司法环境"主题内容,创新工作方式,不断提高知识产权司法能力和司法保护水平,圆满完成了年度各项任务,实现了知识产权审判工作的新发展、新突破,为提升地区自主创新能力和经济核心竞争力,提供了有力的司法保障。

一、充分发挥审判职能,依法公正高效审理知识产权案件

2010年,全省法院知识产权审判工作继续保持上诉率与申诉率低、结案率与调撤率高的良好态势。全年共受理一、二审知识产权案件1275件,审结1171件,结案率为91.84%。其中,受理民事案件1258件,审结1156件,结案率为91.89%,案件受理、审结数量分别比2009年增长了57.25%和66.09%;受理刑事案件12件,审结10件,结案率为83.33%,案件受理、审结数量分别比2009年下降了25%和37.5%;受理行政案件5件,审结5件,结案率为100%,案件受理、审结数量均比2009年下降了25%。

从受理的知识产权案件情况看,专业性、区域性特点突出:(1)案件数量保持较快增长,充分体现了随着创新型国家建设进程的加快,人民群众对知识产权司法保护需求的日益强烈;(2)收案区域特征明显,受地区经济社会水平的影响,沈阳、大连两中级法院审理的知识产权案件在全省占较大比重;(3)审判范围全面拓展,新类型案件增多,已基本覆盖了知识产权纠纷的全部案件类型;(4)疑难案件增多,审理难度加大,案件纠纷更加趋向技术性和复杂性,随着计算机及新信息技术的发展和应用,涉及网络环境下知识产权纠纷案件成为审判的重点和难点。

二、服务改革发展稳定大局,营造激励自主创新的司法环境

为提升地区自主创新能力和经济核心竞争力,更好地为加快转变经济发展方式服务,辽宁法院深化开展"万名法官进百企、走千村、访万户"调研服务活动,广大知识产权法官结合本地区经济社会发展及知识产权审判实际情况,以调研服务活动为载体,将为大局服务与满足人民群众现实的司法需求相结合,变被动审理案件为主动提供咨询,促进了相关产业部门及单位对知识产权司法保护工作的了解,与社会形成了良好互动。比如,沈阳市中级人民法院开展的"进企业服务,帮企业解困"专项行动,通过走访区域内大中型重点等企业,就"加强知识产权司法保护、推动品牌经济健康发展"与企业座谈,为企业提供建议,促进知识产权的市场价值和竞争优势转化为现实生产力和市场竞争力。

2010年10月,国务院办公厅发布了《打击侵犯知识产权和制售假冒伪劣商品专项行动方案》,决定在全国集中开展打击侵犯知识产权和制售假冒伪劣商品专项行动。为贯彻落实好此项专项行动,有力维护公平有序的市场环境,辽宁省高级人民法院结合辽宁省知识产权司法保护现状,及时制定具体司法保护实施方案,切实开展各项专项行动,充分发挥了知识产权司法保护主导作用。

三、强化司法为民的审判宗旨,保障当事人依法行使诉讼权利

知识产权诉讼程序因其独立价值和特殊规律,对当事人实体权利的实现有着重要的保障作用。辽宁法院千方百计为当事人提供诉讼便利,减少诉讼成本,将部分知识产权案件管辖权下放到大连市西岗区人民法院审理;为解决当事人立案难的问题,全省法院系统相继建立了一小时立案、当日立案、预约立案、上门立案等多元化立案方式,最大限度地满足了人民群众的司法需求。

在严格依照诉讼程序的同时,辽宁法院也注意避免机械适用法律,强调以切实保障当事人权利为目标的审判理念。例如,加强对当事人诉讼权利的释明,既依当事人申请采取程序性措施,也

主动依职权指导当事人行使有关程序性权利；对不熟悉知识产权案件的诉讼程序、法律规定的当事人，举证期限届满前，适时适度地指导双方提供必要的证据。

四、加强队伍建设，不断提高知识产权司法能力和水平

面对知识产权审判的新发展和新要求，辽宁法院通过强调“以调研促审判”的工作方针，逐步形成了审判推动调研，调研促进审判的良性循环机制。对新的司法解释和指导原则以及实践中遇到的疑难复杂问题，积极通过专家授课、法官讲堂、外出考察学习等多种形式，不断提高全省知识产权法官正确理解并适用法律的理论水平和司法能力。

2010年，为加强交流学习，辽宁省高级人民法院共选派知识产权法官参加业务培训、研讨讲座几十人次。2010年6月，辽宁省高级人民法院积极承办了由最高人民法院主办的“2010年知识产权与竞争法国际研讨会”，全国法院系统主管知识产权审判的领导和法官及中欧专家学者等百余人出席了研讨会，极大促进了辽宁省理论研讨和审判实践的交流工作。2009年，针对网络著作权案件数量激增、新问题不断增多的情况，大力加强了网络环境下知识产权司法保护以及涉及网吧著作权侵权纠纷案件的调研工作。通过积极走访互联网产业相关部门及单位，重点对互联网技术发展和经营模式需求、ICP与ISP网络内容提供与服务提供的区别、网络通道服务承担的侵权责任，以及网吧行业现状、指导政策等内容开展调研，及时向最高人民法院提供了相关司法解释的制定和修改意见。

五、积极探索调解工作的方式方法，促进科技成果的转化实施和社会的和谐发展

随着经济的快速发展和权利保护意识的不断增强，案件中的矛盾冲突也愈发激烈和复杂，对知识产权审判工作提出了新挑战和新要求。对此，辽宁法院从有利于科技成果的转化实施和知识产权的充分运用出发，着眼于当事人市场利益的合理协调和长远发展，加大了对知识产权案件的调解工作力度。全省知识产权法官在审判中进一步明确了“调解与裁判同等重要”的价值观念，卓有成效地开展了以“强化庭前调解、立足当庭调解、重视庭后调解”为内容的全方位诉讼调解工作。并且，还充分利用多元化调解，通过邀请地方党委、政府参与调解，与相关部门建立委托调解机制等方式，建立知识产权司法与行政保护相结合的新机制，为多角度、多方位、多途径化解知识产权纠纷提供新的结合点。2010年，全省法院一审知识产权案件调解撤诉率达到了61.23%，二审调撤率为38.79%。

六、全面贯彻“阳光审判”战略，不断增强知识产权审判工作的公开性和透明度

为了让广大群众通过看得见、听得懂、信得过的程序和方式参与阳光审判，自觉维护生效裁决的既判力。全省法院高度重视知识产权审判的信息化建设，各相关法院普遍配备了信息化、智能化程度最高的知识产权审判法庭，将庭审互联网直播进行常态化管理和规范，通过最大限度地接受社会公众的监督，促进了庭审规范和审判质量的提高。

近年来，全省法院一直坚持将生效知识产权裁判文书全部上网发布，有效保证了知识产权裁判的公开、透明。同时，为了规范裁判文书制作，提高裁判文书质量，辽宁高级人民法院不断加强知识产权裁判文书的制作工作，2010年结合辽宁省实际制定下发了《关于规范裁判文书制作的若干意见》，要求在裁判文书中写明案件处理的程序过程，以及证据采信、事实认定、法律适用、裁判结果等内容，并对裁判理由充分说理，努力实现司法裁判的中立性、事实审查的证据性和文书用语的规范性。

七、大力加强司法宣传，提高社会公众的知识产权保护意识

人民法院肩负着开展法制宣传教育的职能，司法宣传是扩大审判效果、教育公民遵守宪法和法律的重要手段。为保证知识产权审判工作充分得到社会的了解与支持，辽宁省相关法院积极利用各种方式开展宣传，注重与地方人大、政协及政府部门的联络沟通，使辽宁省的知识产权审判工作始终保持了较高的社会关注和认可。例如，在“4.26知识产权保护宣传周”活动期间，辽宁省法院通过集中开庭和宣判具有重要社会影响的知识产权案件，召开新闻发布会发布典型案例以及开展专题讲座等多种活动形式，集中展示了辽宁省知识产权司法保护工作的主要成绩，进一步推动提高全社会知识产权保护意识，扩大了知识产权审判的社会影响力。

（辽宁省高级人民法院知识产权审判庭）

检察工作

2010年，辽宁省检察机关紧紧围绕改革、发展、稳定的工作大局，以强化法律监督为主线，充分发挥检察职能作用，进一步完善行政执法与刑事司法衔接工作机制，依法督促行政执法机关及时向刑事司法机关移送包括侵犯知识产权在内的涉嫌犯罪案件，为维护市场经济秩序作出了积极的贡献。

一、进一步完善行政执法与刑事司法衔接工作机制，形成打击侵犯知识产权犯罪的合力

辽宁省各级检察机关与行政执法机关就一些工作中遇到的实际问题作出具体规定，达成共识，共同遵照执行。为加强检察机关与行政执法机关的联系，专门成立了工作协调小组，确定了联络人员，协调小组的成员由检察机关和行政执法机关的负责人组成，办公室设在检察机关，负责日常工作的联系、协调，每个单位指派一名联络员，负责日常工作的联系。

同时制定各项工作制度，从而推动行政执法与刑事司法衔接工作的有效开展。对行政执法机关查处的案件、案件移送、公安机关立案、检察机关批捕情况每月或每季度进行通报，定期召开不同层面人员参加的联席会议，通报查处重大案件的进展情况，相互总结、借鉴好的经验和做法。对行政执法与刑事司法衔接工作中遇到的新情况和突出问题及时进行商讨，研究解决的办法。定期或不定期对行政执法机关进行走访，注重宣讲保护知识产权工作的重要性，同时通过查阅行政处罚案卷和《行政执法机关发现、移送涉嫌犯罪案件情况统计表》等相关材料，监督行政执法机关移送包括侵犯知识产权在内的涉嫌犯罪案件情况，对发现的问题及时指出并提出解决的意见。行政执法机关在依法履行职责时，发现或接受举报、控告的涉嫌侵犯知识产权犯罪的案件线索，经过审查或开展必要的调查工作，认为涉嫌侵犯知识产权犯罪的，应根据不同情况，及时向有管辖权的司法机关移送。辽宁省检察机关不定期调阅行政执法卷宗，审查行政执法机关报备的《行政处罚决定书》，深入了解对侵犯知识产权违法案件的处理情况。行政执法机关在查处一些涉案金额大、案情复杂的疑难侵犯知识产权案件时，可要求检察机关提前介入，做好固定证据、保全证据的指导工作。行政执法机关可就个案是否涉嫌侵犯知识产权犯罪、证据的收集和固定等问题随时向检察机关咨询，检察机关就相关的专业知识等问题应随时向行政执法机关请教。

为进一步推进行政执法与刑事司法相衔接工作，辽宁省各级检察机关积极推进“网上衔接，信息共享”机制建设。信息化发展和电子政务，为行政执法与刑事司法相衔接工作提供了可行高效的载体。建立行政执法与刑事司法信息共享平台，运用科技手段，通过微机专用网络实现链接，解决检察机关与行政执法部门侵犯知识产权案件查处、案件移送、备案监督等问题。为落实国务院和最高人民检察院关于刑事司法与行政执法相衔接工作机制，从制度层面转移到案件层面上来的要求，使行政执法与刑事司法之间实现便捷、规范、高效的信息沟通和工作协作，增强执法合力创造了良好契机。

二、辽宁省检察机关开展对行政执法机关移送涉嫌犯罪案件专项监督活动工作情况

辽宁省人民检察院、省公安厅、省监察厅、省服务业委员会决定于2010年10月至2011年6月在全省范围内开展行政执法机关移送涉嫌犯罪案件专项监督活动。2010年10月，辽宁省检察机关与公安厅、监察厅、服务业委员会共同制定了《关于开展对行政执法机关移送涉嫌犯罪案件专项监督活动的工作方案》，明确了此次专项监督工作的指导思想、目标任务、组织实施方案和具体实施安排，明确了联系人和具体的工作方式。各级市分院指定专人深入各行政执法机关进行调研，有些地区的检察机关还会同市工商局、市国税局、市公安局召开座谈会，宣传开展两法衔接工作的重要意义，相互交流工作经验，增进理解与支持。检察干警还到公安局、国税局、地税局、工商局、烟草专卖局、卫生局、质量技术监督局、食品药品监督管理局、国土资源局、安全生产监督管理局等行政执法部门，有针对性的查阅案卷，摸排案件线索，重点查阅有关行政执法案卷，全省检察机关共派员阅卷1738件1867人，查询案件594件736人，移交5件6人，立案2件3人。

在行政执法机关和司法机关之间形成沟通、联系的工作机制，建立行政执法和刑事司法相互

衔接的平台，是实现行政执法规范化，防止放纵犯罪的有效手段。辽宁省鞍山市检察院率先在全省开通运行了“鞍山市行政执法与刑事司法信息共享平台”。平台运行以来，基本实现了行政执法机关查处案件的网络移送、案件网上办理、有关案件的流程跟踪、信息共享。鞍山市人民检察院进行了行政执法与刑事司法信息共享平台开展执法衔接情况专项检查，在检查过程中通过对照 2010 年 1 月以来的行政处罚、刑事司法案件材料与平台信息输入情况，对于没有按照规定录入平台的情况，提出整改意见。通过检查有力的推动了平台的应用实效。

三、辽宁省检察机关开展打击侵犯知识产权和制售假冒伪劣商品专项行动工作总结

自 2010 年 10 月开展打击侵犯知识产权和制售假冒伪劣商品专项行动以来，辽宁省检察机关深入贯彻落实党中央、国务院及高检院的工作部署，按照省打击侵犯知识产权和制售假冒伪劣商品专项行动领导小组的要求，提高认识，统一思想，紧紧围绕社会矛盾化解、社会管理创新、公正廉洁执法三项重点工作，加大工作力度，突出工作重点，打击侵犯知识产权和制售假冒伪劣商品专项行动工作取得了实效。

（一）加强组织领导，确保专项行动有序开展

2010 年 11 月 11 日，最高人民检察院下发了《关于积极参与打击侵犯知识产权和制售假冒伪劣商品专项行动的通知》，要求各级检察机关在各地党委、政府的统一领导和组织下，充分发挥法律监督职能，积极参与国务院开展的打击侵犯知识产权和制售假冒伪劣商品专项行动。辽宁省人民检察院在接到通知后，积极协调相关单位、部门，及时会签、转发文件，明确工作目标，落实工作责任，要求全省检察机关充分认识开展打击侵犯知识产权和制售假冒伪劣商品专项行动的重大意义，认真履行法律监督职责，依法严厉打击侵犯知识产权和制售假冒伪劣商品犯罪活动及相关的职务犯罪，推动保护知识产权和维护社会主义市场经济秩序长效机制建设。辽宁省人民检察院专门召开全省检察机关深入开展两个专项工作电视电话会议，回顾前一阶段的工作，对下一阶段的工作进行再动员、再部署、再推动。会后，下发了《关于进一步深入开展打击侵犯知识产权和制售假冒伪劣商品专项行动和对行政执法机关移送涉嫌犯罪案件专项监督活动的实施意见》，对下一阶段的工作重点和工作方向提出了明确要求。

（二）加强协作配合，推动专项行动稳步进行

在打击侵犯知识产权和制售假冒伪劣商品专项行动工作中，辽宁省各级检察机关加强与有关单位和部门的协调配合，对重大案件及时介入公安机关侦查活动，积极引导取证，确保办案质量和效率。打击侵犯知识产权和制售假冒伪劣商品专项行动开展以来，辽宁省人民检察院认真按照省打击侵犯知识产权和制售假冒伪劣商品专项行动领导小组的要求，及时参加成员单位会议，积极派员赴全省各地参与督查，主动与相关单位和部门联系沟通。

（1）对本地区侵犯知识产权和制售假冒伪劣商品案件线索进行排查，批捕、起诉一批侵犯知识产权、制售假冒伪劣商品犯罪案件，立案监督一批应当立案而不立案的案件，督促行政执法机关向公安机关移送一批涉嫌犯罪案件。各市（分）院在线索排查的基础上，确定本地区挂牌督办案件，辽宁省人民检察院根据最高人民检察院的部署，挂牌督办了一批有重大影响的案件，并适时组织督查组对各地办案情况进行督办。

（2）强化批捕、起诉工作。对公安机关正在侦查的重点案件，在第一时间组织强有力的办案力量提前介入，积极引导公安机关收集、固定证据；对公安机关提请批捕、移送起诉的案件，组织精干力量，优先予以办理，从严从快批捕、起诉。在办案中，要坚持“两个基本”，不纠缠细枝末节；加大追捕、追诉和抗诉工作力度，防止轻纵犯罪分子。

（3）强化诉讼监督工作。对涉嫌犯罪但不依法移送或者有案不立、有罪不究、以罚代刑、重罪轻判的，依法予以监督纠正。加强与行政执法部门的沟通联系，主动走访国土资源、环保、农业、文化、卫生、税务、工商、质检、新闻出版、知识产权、烟草专卖、食品药品监督等行政执法机关，通过联席会议、情况通报、查阅行政执法案件台账和案卷等方式摸排涉嫌犯罪线索，督促行政执法机关向公安机关移送。对应当立案而不立案的，及时启动立案监督程序，并强化跟踪监督，确保案件及时侦查终结，防止案件流失。

（4）严肃查办与侵犯知识产权和制售假冒伪劣商品相关的职务犯罪。有案不移、有案不立、以罚代刑、重罪轻判，既有对刑事追诉或定罪量刑标准认识不一、工作失误的问题，也有利益驱动乃至

徇私舞弊、贪赃枉法的问题。侵犯知识产权和制售假冒伪劣商品违法犯罪活动之所以屡禁不止、屡打不绝，往往与负有监管、查处职责的国家工作人员滥用职权、失职渎职密切相关。能否在严厉打击侵犯知识产权和制售假冒伪劣商品犯罪的同时，严肃查处与其相关的徇私舞弊、贪赃枉法、滥用职权、玩忽职守等职务犯罪，打掉其背后的"保护伞"，是两个专项工作能否取得更大成效的关键。因此，辽宁省各级检察机关在两个专项工作中积极整合资源，加强工作衔接，形成法律监督合力。把两个专项工作同辽宁省人民检察院开展的"系统抓、抓系统"专项活动结合起来，坚决深挖和严肃查办与侵犯知识产权和制售假冒伪劣商品违法犯罪相关联的职务犯罪。侦查监督、公诉部门在办案中发现职务犯罪线索的，能够及时移送职务犯罪侦查部门，并配合做好查处工作。职务犯罪侦查部门对接到的举报或移送的线索及时予以审查和调查，符合立案条件的要及时立案侦查。

（三）加大工作力度，专项行动取得成效

打击侵犯知识产权和制售假冒伪劣商品专项行动开展以来，辽宁省检察机关认真贯彻落实党中央、国务院、最高人民检察院的工作部署，精心准备，周密安排，各级院能够结合本地区特点，采取积极有效的措施，加大工作力度，两个专项工作取得了初步成效。专项行动开展以来，检察机关依法批捕、起诉了一批重点案件。在办案中，检察机关加强与有关部门的协调配合，对重大案件及时介入公安机关侦查活动，积极引导取证，确保了办案质量和效果。

（最高人民检察院侦查监督厅）

吉林省

专利工作

2010年，在吉林省委省政府和国家知识产权局的领导下，围绕吉林经济建设和知识产权重点工作任务，认真开展了以知识产权宣传培训、专利技术产业化、指导企事业单位开展知识产权工作为主要内容的工作，具体内容如下。

一、深入开展知识产权宣传工作

以2010年的4月26日"世界知识产权日"创建10周年为契机，联合省直及长春市直等有关部门组织开展了以"创造、保护、发展"为主题的知识产权宣传周活动。4月16日，在长春市朝阳区举行了2010年吉林省、长春市知识产权宣传周启动仪式暨朝阳区领导干部知识产权专题讲座。国家知识产权局有关部门领导出席启动仪式并作了知识产权专题讲座。宣传周期间，各市(州)、县(市、区)在各地的主要街道和办公大楼门前悬挂宣传条幅，《吉林日报》、《吉林人民广播电台》、《长春电视台》、《国家知识产权局网站》等数家报刊及网络媒体对宣传周活动进行了宣传报道。吉林省科技厅印发了《关于印发2010年吉林省知识产权宣传周活动方案的通知》，并向各市（州）分别赠送5000余份宣传资料；4月26日上午，吉林省及长春市知识产权、工商、版权、商务、科技等部门及长春海关在长春市共同举办的"世界知识产权日创建10周年"纪念日庆祝活动。活动现场共发放知识产权宣传册2500册，宣传单15 000余份，接受咨询2000人次。与此同时，省内吉林、四平、辽源、通化、白山、松原、白城、延边等地也举行了多种形式的庆祝活动。宣传周期间，吉林省各地共组织知识产权系列宣传活动35次，发放各类宣传资料5.5万余份，涉及宣传活动的电视台、电台、报刊等新闻媒体40余家，专家解答群众咨询近18 000人次；组织开展知识产权进机关、进学校、进企业、进社区活动。宣传周期间，国家知识产权局专利管理司领导应邀为长春市朝阳区和绿园区领导干部进行了知识产权讲座。延边州知识产权局与延吉市科技局联合举办知识产权"进机关"专题讲座。吉林大学国有资产管理处联合学校有关部门举办了"专利申请、软件登记、商标注册"现场咨询会。在延吉市少年宫举办了知识产权讲座。辽源市科技局、东辽县科技局在东辽县职业高级中学组织了题为"深入学习实践科学发展观　着力培养中学生知识产权意识"的专题讲座。长春市南关区科技局举办了由医药企业经理、医院院长、企业厂长、老字号企业代表参加的知识产权讲座。通化市科技局、专利局深入到通化石油化工机械制造有限责任公司等多户企业进行咨询服务。长春市宽城区由科技局、区科协、各街、乡镇等组成宣传小组，送知识产权知识到长春锅炉仪表程控设备股份有限公司等企业。长春市二道区科技局在宣传周期间到辖区内的企业进行知识产权集中宣传活动。长春市绿园区正阳街道、春城街道通过举行文艺演出和发放宣传单等形式向群众宣传知识产权知识。长春市二道区科技局联合东盛街道办事处在劳动公园北门前举办了大型宣传活动，现场发放各种知识产权宣传单 1000 余份。

二、进一步加强知识产权教育培训工作

3 月在吉林大学主办了知识产权高校巡回讲座。特邀中国政法大学知识产权法学专家魏衍亮博士，为吉林大学 500 多名师生作了题为“知识产权与当代大学生”的报告。7 月承办了由人力资源和社会保障部以及国家知识产权局联合主办的全国能源领域专业技术人员知识产权战略高级研修班，研修班期间，邀请了中国社会科学院李顺德等 6 名国内著名专家来为研修班学员授课，来自全国各地能源领域高层次专业技术人员及吉林省各市(州)知识产权管理部门人员等 100 余人参加了研修班。8 月在辽源市举办了领导干部知识产权培训班，来自辽源市及所属县(市、区)的有关部门、企业及科研单位负责人共 70 余人参加了此次培训班。9 月与延边州知识产权局共同承办了由国家知识产权局主办的国家知识产权试点示范园区知识产权实务高级培训班，国家知识产权局专利管理司领导、吉林省知识产权局领导及来自全国各试点示范园区相关领导及各试点示范园区内重点企业相关部门代表共 80 多人参加了培训班。9 月主办了白山市知识产权培训班，白山市各县(市、区)科技局领导和专利工作人员及重点企业相关负责人 60 余人参加了培训。10 月主办了松原市知识产权培训班，省知识产权局领导、松原市政府主管领导及松原市所属县(市、区)科技局长、吉林油田科技部的负责人、松原市科技企业、民营企业的相关负责同志共 70 名代表参加了培训；11 月与中国知识产权培训中心联合主办了吉林省食品行业知识产权培训班，省内食品企业单位科技主管领导及科研人员 120 人参加了培训。在吉林大学设立了“吉林省知识产权培训基地”。12 月举办了吉林省知识产权信息员培训班，各市(州)科技局(知识产权局)主管领导、信息员，实施国家知识产权强县工程县市科技局主管领导、信息员等参加了培训。

三、深入实施专利技术产业化工作

认真抓好试点示范工作。(1)吉林省四平市通过国家知识产权试点城市验收，2 月 5 日，受国家知识产权局委托，由吉林省知识产权局、吉林大学、省农科院等部门专家组成的专家组对四平市国家知识产权试点城市工作进行了验收。专家组建议四平市在试点工作基础上，推进知识产权工作再上新台阶，尽快加入国家知识产权示范创建城市的行列。(2)组织和协助通化市申报国家知识产权试点城市，通过努力，国家知识产权局批准通化市为国家知识产权试点城市。(3)进一步加强了对吉林省实施国家知识产权强县工程的德惠市、通化县、延吉市、东辽县的帮助和指导。(4)协助舒兰市申报实施国家知识产权强县工程。通过努力，国家知识产权局批准舒兰市为实施国家知识产权强县工程建设的县(市)。(5)组织召开了吉林省国家知识产权强县工程工作会议，会议总结了一年多来吉林省实施知识产权强县工程工作所取得的成绩，对今后吉林省实施知识产权强县工程工作提出了要求。(6)组织开展了主题为“运用专利制度，推动发展方式转变，建设创新型吉林”的 2010 第四届中国专利周活动。吉林省专利周活动由吉林省知识产权局、吉林省发明协会、通化市人民政府主办，长春市科技局、通化市科技局、长春高新技术开发区管委会承办。11 月 7 日，2010 第四届中国专利周吉林省暨通化市分会场启动仪式在通化市举行，启动仪式后通化市以技术交易市场作为主活动场所，举办了为期六天的专利技术成果及产品展示推介交易会。专利周期间，吉林省各地组织专利事务所、会计事务所、投融资机构等，开展现场综合咨询服务、专利技术成果及产品展示推介交易会、对近期已达成正式合作或意向合作的部分专利项目进行签约、开展网上交易活动及举办知识产权高层论坛等。(7)组团参加了由国家知识产权局、中国国际贸易促进委员会和辽宁省人民政府共同举办了“2010 年中国国际专利技术与产品交易会”。此次展会，吉林省组织了 45 个优秀专利项目参展，荣获最佳组团奖。(8)组团参加了在陕西省举行的第十九届全国发明展览会。吉林省组织选送了 11 项发明

成果,有9项发明成果获奖。其中,吉林省农业科学院选送的“质核互作雄性不育大豆及生产大豆杂交种的方法”、“吉单27”、“吉粳88号”,非职务发明人刘兴仁的“一种机械式内燃机冷却风扇离合器”等项目获本届大会金奖。白山市科技局选送的“道路清雪机”、“聚乙烯人参专用膜及其生产工艺”,非职务发明人长春市二中学生韩煦的“城市煤气组分测定方法和实验装置的发明”等项目获本届大会银奖。辽源市科技局选送的“多功能多元金属清洗剂”,长春瑞星机器人科技有限公司的“出租车多方合乘提示及计费系统”等项目获铜奖。(9)2010年围绕吉林省竞争优势明显的行业和特色产业领域,开展了专利发展资金项目的征集和评选工作。全年共收到各市州及有关单位推荐专利716项,经评审对其中符合条件的专利给予了部分费用补贴。

四、进一步推动、指导企事业单位的知识产权工作

(一)深入推进知识产权优势企业培育工作

为15户培育企业编制了“中外数据库检索平台”用户名和密码,免费开放了“中外数据库检索平台”;向培育企业免费赠阅《中国企业海外知识产权纠纷典型案例启示录》等书籍;先后邀请了国家知识产权局审查协作中心专家、专利复审委专家到部分培育企业指导工作,与培育企业开展企业专利工作交流活动;帮助优势培育企业办理加快审查、费用减缓、合同备案等事宜。2010年为吉林省内企事业单位办理费用减缓800余件,办理专利加快审查42件。

(二)进一步开展吉林省第四批全国企事业单位知识产权试点工作

1月组织召开了“吉林省企事业单位知识产权工作会议暨第四批全国企事业单位知识产权试点工作启动仪式”。8月,组织部分第四批全国知识产权试点单位参加国家知识产权局举办的“知识产权试点企业专利信息利用实际操作技能培训”。

(三)签订中小企业知识产权质押融资合作协议项目

2月,吉林省科技厅(省知识产权局)与建设银行吉林省分行在长春市就知识产权质押融资合作举行签约仪式。建设银行吉林省分行在未来三年内提供30亿元人民币的知识产权质押贷款信贷资金。长春市和吉林市分别于2月和6月与当地建设银行签订了各自的质押融资合作协议,授信额度分别为20亿元和10亿元人民币。知识产权质押融资是吉林省知识产权局与中国建设银行股份有限公司吉林省分行合作推出的一种为中小企业和个人融资提供的崭新贷款模式,是吉林省首次开展知识产权质押贷款业务。

(四)启动中小企业知识产权战略推进工程

按照国家知识产权局与工信部联合下发的《关于实施中小企业知识产权战略推进工程的通知》要求,与吉林省工信厅共同向有关部门推荐吉林省中小企业知识产权战略推进工程首批实施单位,共推荐5个单位,长春市被国家知识产权局、工信部联合确定为全国中小企业知识产权战略推进工程首批实施单位。

(五)开展第二批全国企事业知识产权示范创建工作

吉林大学、中国科学院长春光学精密机械与物理研究所和修正药业集团股份有限公司入选“第二批全国企事业知识产权示范创建单位名单”。

(六)争取中央财政资助向国外申请专利资金工作

2009年末,经与国家知识产权局协调,吉林省共有8家单位的14项PCT(《专利合作条约》)专利申请通过专家评审,获得资助70万元。6月,吉林省知识产权局会同省财政厅共同在省内又组织开展了2010年度资助向国外申请专利专项资金的申报工作。共受理6家单位的10项申请30.61万元,代国家知识产权局受理省内2家中直单位的3项申请10.99万元。

(七)开通知识产权远程教育平台

3月30日,吉林省知识产权局、中国知识产权培训中心、吉林大学隆重举行了知识产权远程教育合作签约暨吉林大学分站开通仪式。该分站充分依托国家知识产权培训中心的优势师资力量和技术手段,普及知识产权知识,提升吉林省高校在校学生知识产权创新意识等。

（八）组织推荐第十二届中国专利奖参选项目

获得中国专利奖金奖1项，优秀奖5项，金奖提名2项。这是吉林省连续第二次获专利金奖。

（九）完成了吉林省专利运用状况调查问卷工作

按照国家知识产权局的要求，于2010年7月至9月开展了全省专利运用状况调查工作，吉林省被调查问卷423份，回收有效问卷407份，回收率为97%。

五、进一步加强专利行政执法工作

（一）推动《长吉图知识产权行政执法合作协议》的签订

"4·26世界知识产权日"当天，长春市科技局、吉林市科技局、延边州科技局共同签订了《长吉图知识产权行政执法合作协议》。

（二）申请进入国家知识产权局"5.26"工程

2010年制订了《吉林省知识产权局执法工作实施方案》，正式向国家知识产权局提出进入"5.26"工程的申请。长春理工大学知识产权研究中心、长春高新知识产权公共服务中心两家单位进入全国专利保护重点联系机制名单。

（三）开展"天网"、"雷雨"专项行动

制定并下发了《关于2010年全省专利行政执法工作安排的通知》，开展了为期一个月的"天网"、"雷雨"专项行动，吉林省各地共出动人次98人，检查商场31次，检查商品1230件，与其他部门联合执法6次。调处专利纠纷3起，其中与武汉市知识产权局协作办案1起。

（四）为企事业单位提供法律援助服务

应一汽集团请求，吉林省知识产权局就一汽集团被吉林市专利权人诉专利侵权一案，组织了省内专家召开了专家咨询会议，并提出了具体的应诉策略。同时积极采取工作措施推动双方和解。

（五）开展"4·26"执法检查行动

"4·26世界知识产权日"当天，吉林省知识产权局联合长春市科技局对市中心商业圈的几家大型药店进行了执法检查。执法人员在检查过程中重点对各商家负责人讲解了专利相关的法律法规，要求商家增强专利保护意识，严把进货关，防止冒充专利产品上架。

（六）开展展会执法工作

9月1日至9月6日吉林省知识产权局、长春市科技局，吉林省知识产权维权中心、长春市知识产权维权援助中心组成展会执法小组进驻第六届东北亚博览会并设立了知识产权保护咨询台。博览会期间，执法人员对参展商品进行了抽查，没有发现假冒专利产品和冒充专利的行为。

（七）协调国家知识产权局专利复审委员会审查员来吉林进行巡回口审

共审理了三起专利权无效宣告请求案和两起复审案件。吉林省各专利代理机构、部分企业代表等40余人到庭参加旁听。专利复审委员会一行还深入到中国科学院长春光学精密机械与物理研究所等企事业单位进行调研，现场解答无效案件宣告请求程序方面的疑难问题。

六、进一步加强专利代理行业监管及专利代办工作

一是根据国家知识产权局《关于就专利代理人资格事宜对部分地区实施倾斜政策的通知》精神，争取了6名享受倾斜政策在吉林省内执业的专利代理人名额。二是参加了2010年中华全国专利代理人协会第八届全国会员代表大会，吉林省有3名专利代理人当选第八届中华全国专利代理人协会理事。

2010年，受理及审查专利申请为4801件，收缴费用14 824笔，缴费金额826万元。完成专利实施许可合同备案66件，接待专利申请人当面咨询余2500次，回答电话咨询4600余次。

（吉林省知识产权局　王志宏）

商标工作

2010年，在国家工商总局的正确指导下，吉林省工商系统大力推进实施商标战略，不断创新举措，强化驰名、著名商标培育行政指导，加大打击商标侵权行为的工作力度，较好地完成了《吉林省"十一五"期间培育认定驰名、著名商标工作推进方案》的既定目标。

一、商标品牌建设成效明显

2010年，吉林省成功创立中国驰名商标22件，是2009年度数量的3.14倍，同比增长75.9%，全省中国驰名商标增至51件。经市（州）工商局推荐，依法认定吉林省著名商标200件，同比增长17.6%，全省有效著名商标总数达到564件。驰名、著名商标总数分别超过《吉林省“十一五”期间培育认定驰名著名商标工作推进方案》规划目标21件和64件。

二、区域发展支持力度加大

吉林省工商局对国家工商总局支持“长吉图开发开放先导区”实施商标战略4项扶持措施进行了细化分解，明确了落实意见。延边州工商局配套出台了《关于充分发挥工商职能作用支持长吉图开发开放前沿和窗口建设的若干意见》；吉林市工商局参与研究吉林中新食品园区建设的研究园区商标命名、商标发展、商标保护；辽源市工商局制定了《辽源市袜业产业集群品牌培育工作方案》，协助企业申请41件袜品商标注册。

三、服务企业领域不断拓宽

为落实吉林省工商局与人民银行吉林分行、银监局联合下发的《吉林省商标专用权质押贷款工作指导意见》，开展了“强企助商百亿融资行动”，得到各市、州工商局积极配合和支持，全省共举办13期培训班，为企业免费培训3100多名融资业务骨干，完成实现融资223.56亿元，其中商标权质押实现融资1.26亿元。在吉林省工商局11月举办的“三大融资平台银企对接签约仪式”上，马俊清副省长发表讲话，对吉林省工商局搭建的融资平台和为企业融资所取得的成果给予很高的评价和充分的肯定。

2010年9月，吉林省工商局组织开展了“培育百件商标，服务百家企业”活动，由局领导带队，深入企业，进行面对面指导，受到企业的欢迎和好评。白城市局对知名商标企业和各大商场超市负责人、采购员、商标管理人员进行了重点培训。商标战略的实施渗透到各个领域。吉林省政府各部门出台的一批产业政策、行业政策和吉林省工商局制定出台的服务大项目、落实富民工程、支持外商企业发展等政策性文件中，都有实施商标战略的相关措施。

四、“商标富农”工作收效显著

2010年年初，吉林省工商局制定下发了《吉林省工商局关于推进优势特色效益农业商标品牌建设的实施意见》，各地工商局从基层工商分局（所）抓起，认真落实“一所一标”工作制度，大力支持“品牌村”发展。吉林省新增地理标志证明商标5件，全省地理标志商标达到21件。其中“延边苹果梨”地理标志证明商标的成功注册，结束了延边州没有地理标志证明商标的历史。松原市宁江区指导大洼镇新兴村促进农民增收致富的成功经验，由中央人民广播电台《新闻和报纸摘要》节目进行了报道。白山市工商局落实“一所一标”、全面打造“品牌村”的典型经验，受到国家工商总局领导的充分肯定。

五、商标保护力度不断增强

全省系统集中开展了对上海世博会标志、广州亚运会标志专有权和集中开展打击侵犯知识产权和制售假冒伪劣商品专项整治行动。各地积极探索新机制，不断提高商标行政执法效能。一是建立并落实工商分局（所）、市场开办单位、经营户“三位一体”的商标日常监管新机制，把商标监管列为市场巡查的重要内容。二是加强了执法人员培训。2010年吉林省工商局对基层120名从事商标管理和案件审理的专、兼职执法人员进行了培训；长春市工商局还与日本飞利浦机构联合举办了“飞利浦商标真假识别说明会”。三是各地加强了省际企业商标维权力度。四平市工商局协调大庆市和常州市工商局查处侵犯宏宝莱集团股份有限公司“奶立方”注册商标专用权和“宏宝莱”商标专用权案；延边州局协调丹东市工商局查处跨省商标侵权案件，延吉市振香食品加工厂获得经济赔偿10万元。四是集中开展了打击侵犯知识产权和制售假冒伪劣商品专项行动。各级工商局高度重视，周密部署，行动迅速，突出重点，重拳出击，注意宣传，充分展示了工商执法的权威。据统计，2010年全省共查处各类商标违法案件399件，案值544万元，罚款金额322万元，收缴销毁商标标识1.4万件。这次全省系统开展“双打”行动至今，全省出动执法人员10 146人次，检查经营主体94 146户，检查批发零售市场、集贸市场等各类市场2583个，整治重点区域621处，查处制售假冒伪劣商品案142件，案值154.2万元，罚没款90.23万元。共受理和处理消费者申诉和举报案件508件，为消费者挽回经济损失390余万元。

六、商标法律宣传形式多样

一是开展了内容丰富的“4.26知识产权宣传周”活动。吉林省工商局在《吉林日报》开设两个整版彩色专刊，充分展示了实施商标战略工作情况。臧忠生局长在《吉林日报》发表了《转变发展方式 自主创新品牌》的纪念文章。延边州工商局成立了商标协会，促进企业自律；通化市工商局与市委宣传部等部门联合开展了“我最喜爱的通化品牌”评选活动，评选出20件商标品牌为“通化百姓最喜爱的品牌”。二是省工商局在OA系统刊登播发12期专项行动简报，及时向国家工商总局、吉林省政府上报和反映全省集中开展“打击侵犯知识产权和制售假冒伪劣商品专项行动”的动态，得到国家工商总局和吉林省政府专项行动办公室的好评。三是发挥了“吉林商标网”的对外宣传作用。2010年，吉林省工商局投资17万元，对“吉林商标网”进行升级改造，增加了网站容量和栏目数量。四是吉林省工商局通过聘请专业机构进行统筹策划，进行系统的、系列的社会宣传活动，提高了宣传质量和效果。

2010年，全省工商系统在推进实施商标品牌战略、服务地方经济发展过程中，取得了丰硕成果，得到了各级政府的大力支持和充分肯定。6月，首次以吉林省委、省政府的名义召开了“吉林省深入实施品牌战略大会”。省委书记孙政才、省长王儒林等省四大班子出席，并亲自为示范城市、示范企业、中国驰名商标企业授牌。在最近吉林省召开的“两会”上，“新增22件中国驰名商标”这一工作业绩正式写入2010年吉林省政府工作报告中。长春市、通化市政府相继召开驰名商标表彰大会；吉林市政府研究制定了驰名商标奖励措施；白山市政府召开了驰名商标表彰新闻发布会；公主岭市政府下发了《公主岭市商标战略十二五规划》文件；长岭县政府大力表彰商标战略实施工作先进集体，为县工商局记集体三等功一次。

（吉林省工商行政管理局）

版权工作

2010年，是“十一五”的收官之年，是吉林省新闻出版产业发展较快的一年，也是全省版权工作取得较大进展的一年。全省各级版权管理部门认真贯彻落实吉林省委、省政府和国家版权局的工作部署，以科学发展理念为统领，锐意进取，通力合作，使全省版权工作取得了长足的进步。

一、强化宣传针对性，拓宽宣传领域，版权宣传工作成效明显

吉林省各级版权管理部门始终把版权宣传工作作为版权工作的先导，充分利用各类媒体搞活动态宣传；以纪念世界知识产权日为契机，开展街头宣传；借助专项治理行动，策划专题宣传。多种宣传方式促进了版权整体工作的顺利开展，提高了社会公众的版权保护意识。

（一）以纪念世界知识产权日为契机，大力开展街头宣传

为纪念“4·26世界知识产权日”，全省各级版权管理部门不同形式地组织了多场次的街头宣传活动。2010年4月26日上午，吉林省版权局与长春市版权局等有关单位在重庆路街心花园组织开展了以“创造·保护·发展”为主题的纪念“4·26世界知识产权日”系列宣传活动，现场设立了“版权咨询调解处”，发放宣传单2600多份，宣讲著作权法，现场解答广大群众的法律咨询20多人次，较好地宣传了著作权法。

（二）以“版权保护教育基地”为依托，加强对在校大学生的版权宣传教育

在纪念“4·26世界知识产权日”期间，吉林省版权局与东北师范大学、吉林师范大学、长春工业大学、吉林艺术学院四个“版权保护教育基地”联合开展了版权宣传教育活动，为在校师生赠送了《著作权常用法律法规汇编》，免费进行作品登记。这些活动的开展，充分发挥了“版权保护教育基地”的宣传教育功能，加强了对在校大学生的版权保护宣传教育，使版权宣传教育真正走进了大学校园，做到了版权保护“正本清源”。

（三）以各类新闻媒体为宣传主阵地，加强版权动态宣传

在《中国新闻出版报》、《新文化报》、人民网、中国新闻出版网、中国吉林网、吉林省政府网站、新浪新闻中心等各类新闻媒体发表稿件40余篇。版权执法工作经验、版权产业服务平台建设、加强“版权保护教育基地”宣传教育功能等重点工作都被《中国新闻出版报》做了详细报道。2010年7月15日，《中国新闻出版报》以“吉林版权执法经

验谈:创新版权执法方式带来权威效应”为题,以一个整版的篇幅对吉林省版权执法经验进行了详细报道。吉林省版权宣传的五种做法,被国家版权局确定为版权宣传的示范模式。

二、加大执法力度,总结执法经验,版权执法监管效能逐步提高

针对版权保护工作面临的新形势,吉林省版权局不断总结经验,更新手段,创新招法,加大打击力度,始终保持了对侵权盗版行为的高压态势。2010年,国家版权局分别在宁波、新疆、北京组织召开了三次“基层版权执法培训工作会议”,吉林省版权局在三个培训会上做了版权执法工作的经验交流。吉林省版权执法工作的10种做法,得到了国家版权局的充分肯定并在全国推广。

(一)开展了打击生产经营领域使用盗版计算机软件专项行动

根据国家版权局等九部委推进企业使用正版软件工作部际联席会议精神,及省推进企业使用正版软件工作领导小组的工作要求,吉林省版权局下发了《关于加强企业软件正版化工作的通知》,要求各相关企业、设计院所要分阶段实现软件正版化。为了加大推进力度,吉林省版权局对省内部分设计院所进行了集中执法检查。根据局党组及吉林省版权局的工作要求,多家设计院积极主动地进行了自查及整改,上报了自查报告及整改方案,实现了软件正版化。

(二)开展了打击网络侵权盗版专项治理“剑网行动”

为贯彻落实国家版权局、公安部、工业和信息化部联合下发的《2010年打击网络侵权盗版专项治理“剑网行动”方案》要求,吉林省版权局于2010年7～10月联合省公安厅、省通信管理局组织开展了打击网络侵权盗版专项治理“剑网行动”。局党组及全省各级版权管理部门高度重视,分级成立了专项行动办公室,制订了可行性方案,采取了有效措施,主动监管大型网站57家,其中重点监管20家,查处各类网络侵权案件22起,有力地打击了网络侵权盗版的非法行为,促进了全省互联网产业的健康发展。“剑网行动”开展后,吉林省版权局将延吉市o2sky网站侵权案件作为重点督办案件,多次补充、收集证据,积极配合法院审理工作,最终使得犯罪嫌疑人受到了法律的制裁。2010年7月28日,延吉市法院依法判处犯罪嫌疑人朴某有期徒刑3年,缓期3年执行,并处罚金2万元整,彰显了吉林省打击网络侵权盗版的决心和力度。

(三)开展了打击盗版音像制品专项治理行动

2010年3月份,吉林省版权局在全省范围内开展了一次严厉打击盗版音像制品专项治理行动,下发了《关于开展打击盗版音像制品专项行动的通知》。专项行动中,全省共出动检查人员1000多人(次),执法车辆150多台(次),查获盗版音像制品及盗版图书40 000多盘(册),取缔非法摊点40多个,查处游商8人,有效遏制了盗版音像制品在某些区域蔓延泛滥的势头。

(四)建立了世博版权保护快速反应机制

根据国家版权局《2010年上海世界博览会版权保护工作方案》的要求,在上海世博会召开期间,吉林省版权局制订了《关于做好世博会期间版权保护工作实施方案》,全省各级版权管理部门强化了社会监管,建立起快速反应机制,查处了清华少儿外语学校侵犯世博会会标“海宝”著作权一案,实现了对世博会侵权盗版活动群治群防,给世博会的成功举办营造了良好的版权保护氛围。

(五)落实省政府打击侵犯知识产权和制售假冒伪劣商品专项行动,开展打击侵权盗版专项治理行动

根据吉林省政府《吉林省打击侵犯知识产权和制售假冒伪劣商品专项行动方案》的通知要求,结合吉林省版权管理工作的具体情况,吉林省版权局制订了《关于开展打击侵权盗版专项治理行动方案》,从2010年11月至2011年6月,全省范围内开展了打击侵权盗版专项治理行动,对贩卖盗版图书、盗版教材、教辅,非法制售盗版音像电子制品,非法预装盗版计算机软件,非法印刷复制和非法加印,生产经营领域非法使用盗版计算机软件,互联网侵权盗版等违法行为进行严肃查处。截至2010年年底,全省各级版权管理部门级版权管理部门共出动执法人员1500多人次,取缔不法摊点40多个,收缴盗版图书13 700多册,收缴盗版音像制品、软件51 800多张,移交司法机关案件2起,取得了明显治理成效。

三、优化服务方式，建立健全版权产业发展服务平台，版权服务水平大幅提升

吉林省版权局始终秉承版权管理工作要为社会发展服务的理念，在日常工作中不断优化服务方式，提升服务能力和水平。2010年，吉林省版权局通过实地调研，打造了四个版权产业发展服务平台，更好地维护权利人的合法权益，助力全省版权产业快速发展。

（一）建立著作权法律服务平台，为著作权人提供专业性法律服务

吉林省版权局在“著作权咨询调解办公室”的基础上，进一步完善吉林省版权产业法律咨询及纠纷调解中心的各项工作制度，制定了工作细则，积极开展了著作权法律咨询及纠纷调解工作。全年累计接待各类著作权法律咨询1200余人次，调解著作权法律纠纷10余起。为了更好地为著作权人服务，经过吉林省律师协会推荐，结合吉林省各出版单位基本需求情况，吉林省版权局初步遴选了13位优秀律师作为吉林省著作权法律服务律师库成员，为吉林省企业提供各类专业性法律服务。

（二）建立著作权法律宣传教育平台，为在校师生提供法律宣传教育服务

吉林省版权局以“版权保护教育基地”为平台，与吉林大学、东北师范大学、吉林师范大学、长春工业大学、吉林艺术学院等五所大学联合开展了多种形式的宣传教育活动，深入宣传普及著作权法及相关法律法规，让广大青年学生了解版权保护的有关法律知识，认识版权保护的重要意义，树立版权保护意识。

（三）建立著作权维权服务平台，为著作权人提供维权服务

2010年吉林省版权局积极引导组织著作权相关企业单位及个人组成吉林省“反盗版联合战线”。依托“反盗版联合战线”广泛开展版权保护有关活动，扩大版权保护范围，第一时间为权利人提供法律保护，切实维护著作权的合法权益。对于侵权盗版现象较为严重的特殊行业及领域，吉林省版权局将加强正面引导，突出榜样示范，强化行业自律，让版权保护成为企事业单位及公民的一种自觉、自律行为。

（四）建立版权产业发展动态信息服务平台，为相关版权产业提供信息服务

吉林省版权局整理了吉林省各类版权产业相关单位信息数据，近三年来的各类作品自愿登记信息，外版图书引进信息，累计录入各类数据1650条，并实现信息化管理。较好地完成了年度版权统计工作，全年累计接受作品著作权自愿登记、计算机软件登记和引进外版图书登记及外版图书合同审查备案登记937件。2010年5月上旬，经过系统设计，首次面向传统的新闻出版、广播影视、计算机软件、网络信息服务、文学艺术、文化娱乐等相关单位以及新兴的版权产业单位，组织开展了关于各类版权产业相关单位基本数据普查工作，共发放调查函437件，起草了《吉林省版权产业调查报告》，调查报告2万多字，数据详实，覆盖面广泛，得到了局领导的充分肯定。

四、加大推进力度，促进全省软件正版化工作深入开展

（一）国家督导组对吉林省企业软件正版化工作给予了充分肯定

2010年1月，接待由国家版权局版权管理司副司长王志成等7人组成的企业软件正版化督导检查组，到吉林省进行企业软件正版化工作检查。吉林省版权局在长白山宾馆组织召开了汇报会，胡宪武局长做了重要讲话，董维仁副局长做了工作汇报，吉林省财政厅、国资委、工业和信息化厅等小组成员单位领导参加了会议。检查组对长春吉大正元信息技术股份有限公司、中国太平洋人寿保险股份有限公司吉林省分公司进行了实地检查，并对吉林省企业软件正版化工作给予了充分肯定。

（二）进一步加强了对企业软件正版化工作的督导检查

2010年3月，吉林省版权局向各相关企业下发了《关于加强企业软件正版化工作的通知》，要求各企业成立软件正版化工作领导小组，负责指导推进、督促落实、监督考核等具体工作，并在规定期限内做好包括自查、整改等工作。目前，多数企业在吉林省版权局的督导下，上报了自查报告及整改方案，并实现了软件正版化。

（三）召开了全省企业软件正版化工作会议

为了进一步推动企业软件正版化工作的深入

开展，2010 年 8 月 13 日，吉林省版权局在东北师范大学会馆组织召开了“吉林省企业软件正版化工作会议”。全省 80 余家企业 100 余名代表参加了会议。此次会议对前一阶段工作进行了总结，对第二批次需要实现软件正版化的企业进行了具体工作部署，较好地推进了吉林省第二阶段企业软件正版化工作的开展。会后，各相关企业进行了自查和整改，并上交了自查报告及整改方案，基本实现了软件正版化。

（四）进一步推进政府机关软件正版化工作

根据国务院办公厅下发的《关于进一步做好政府机关使用正版软件工作的通知》及国家版权局《关于开展打击侵犯知识产权和制售假冒伪劣商品专项行动及进一步做好使用正版软件工作的通知》精神，结合吉林省实际情况，吉林省版权局开展了进一步推进政府机关使用正版软件工作，将《关于开展省直机关使用正版软件情况调查的通知》发给了全省 88 家省直机关，开展了第一阶段的调查摸底工作。

（吉林省版权局　姜俊玉）

司法工作

2010 年吉林省各级人民法院共受理各类一审知识产权案件 277 件，审结 182 件，审结率 65.7%，其中，著作权纠纷案件 187 件、商标权纠纷案件 32 件、专利权纠纷案件 22 件、知识产权转让合同纠纷案件 36 件，与 2009 年相比，均有不同幅度的增长。2010 年，全省法院共受理各类二审知识产权纠纷案件 74 件，是 2009 年受案总量的 3.6 倍，涉案标的额达 2846.514 万元，涉案个人 359 人次，企业法人单位 104 家，案件内容涉及著作权、商标权、专利权、商业秘密、特许经营等诸多内容。在案多人少，时间紧迫的情况下，吉林省高级人民法院依靠集体智慧，狠抓审判质效，集中开庭审理了一批关联案件，最终达到全省全年二审知识产权案件结案率 100%，且在全部二审案件中，仅有 1 件裁定发回重审，其他案件均以判决结案，判决率达到 98.6%。

吉林省高级人民法院审理的齐秉颐、齐良芷等 14 位齐白石先生的后人诉数十家出版社和个人著作权侵权的二审案件，受到了新浪网、搜狐网、新华网等国内主流门户网站的高度关注，同时在辽宁、重庆、山东、江苏、山西、黑龙江等地区也有同一系列案件正处在不同的诉讼程序当中。为保证严格适用法律，避免出现同案不同判的情况损害司法权威，吉林省高级人民法院组织办案人员对该系列 30 件案件进行集中研究，逐一分析，比照每一个个案认定事实和适用法律的异同，主动借鉴、参考其他地区法院的审判案例，在其中 26 起案件中保护了权利人的利益，并且对其中的 22 起经对侵权程度和吉林省经济发展状况的考量，对一审判决的保护数额进行了适当的增加。对 4 起经审查不符合法律规定保护要件的案件，依法判决驳回了当事人的诉请。该系列案件的处理结果得到了国内众多媒体的正面宣传报道，对于同类案件的权益人寻求司法救济提供了积极的引导，为吉林省著作权保护确立了符合实际的参考标准，达到了法律效果和社会效果的高度统一。

吉林省知识产权审判法官在办案中坚持“调解优先、调判结合”的原则，充分把握知识产权案件涉诉当事人集体的高知特点，耐心细致地做当事人的释法明理工作，在办理案件的同时向社会宣传知识产权保护相关法律知识。全省 2010 年知识产权案件一审调撤 131 件，调撤率达 47.2%；二审调解 27 件，撤诉 3 件，调撤率达 40.54%，为科学技术、文学艺术和商业文化的健康发展创建了和谐、有序的司法软环境，为进一步贯彻落实《国家知识产权战略纲要》提供了有力的司法保障。

在吉林省高级人民法院审理的外语教学研究出版社与刘永强、张海波等个体书商著作权侵权 22 起系列案件中，合议庭对其中部分案件进行了开庭审理，并根据庭审情况，逐一做各方当事人的工作，向其解释其侵权行为的构成和应当承担的责任，使各侵权人最终认识到自己的侵权行为的违法性和对权利人的侵害，主动与权利人进行协商，对于赔偿问题达成一致，并当庭履行。为节省审判资源，减少当事人诉累，办案法官灵活适用法律，按照《民事诉讼法》第 90 条的相关规定，未制作调解书。通过该案，吉林省法院向外省、地区投资人展示了吉林省优质高效的知识产权司法保护体系，健康和谐的司法保护环境，使各方当事人通过案件的诉讼过程不但维护了自身权益，而且了解了相关法律规定，并通过调解，互信互利，搭建了沟通合作的平台，真正实现了双赢。

2010 年，吉林省各级人民法院在审理知识产权纠纷案件中，严格按照最高人民法院《关于司法公开的六项规定》、《关于人民法院接受新闻媒体舆论监督的若干规定》和《关于加强人民法院审判公开工作的若干意见》的要求，除当事人主动调撤案件外，对依法应当公开审理的案件全部公开开庭进行了审理，并对部分事实清楚、法律关系明晰的案件进行了当庭宣判，同时，全省各级人民法院按照吉林省高级人民法院《全省法院裁判文书上网公布实施办法(试行)》的规定，对于应当上网公布的涉及知识产权案件的裁判文书大部分进行了公布，其中，吉林省高级人民法院对符合公布要求的二审知识产权案件裁判文书全部上网公布，公布率达100%，为引导下级法院司法公开起到了表率作用。

在2010年“4·26世界知识产权宣传周”期间，为进一步推进司法公开，宣传知识产权司法保护，全省各级法院组织法官“进学校、进科研院所”，向知识产权纠纷案件易发群体推广普及知识产权司法保护知识，增强其风险防范意识和证据保全意识，与文艺工作者、科技工作者共同探讨知识产权司法保护中存在的问题，就法院工作如何服务于繁荣文化市场、促进科技成果转化达成了共识。

同时，借2010年上海世博会东风，吉林省高级人民法院选派优秀知识产权审判法官参与了在长春举办的“东北亚贸易博览会”和“长春农业博览会”活动，向参展商介绍了有关专利和动植物新品种的相关司法保护知识，为促进地方招商引资、宣传吉林省经济发展软环境作出了积极的贡献。

为保证“阳光司法”，接受社会监督，吉林省高级人民法院在2010年与教科文卫届省人大代表、省政协委员、省高院监督与咨询委员会委员的座谈会中，着重介绍了吉林省各级人民法院近年来知识产权司法保护的各项工作，认真听取了各位代表和委员的建议，并通过各位代表和委员向社会昭示了吉林省各级法院保护知识产权发展、维护有序竞争的能力和决心。

科学发展观的核心是“以人为本”，人员的素质是决定我们事业成败的关键因素。知识产权审判是审判业务中相对特殊的一个类型，要求审判人员在具备扎实的法律功底的同时，还要具备一定的理工科知识背景，甚至一定的外语知识。为此，在吉林省高级人民法院的统一指导下，吉林省各级法院从人员选录和培训两方面下工夫，着力提高知识产权审判法官的业务素质。一方面，对新任命的具备理工科知识背景的法官优先选派到知识产权审判岗位上去，另一方面，组织各行业专家对于从事知识产权审判工作的法官进行培训，从科技进步、文化发展上进行“补课”，使从业法官的思维保持与时俱进，为应对新类型的知识产权纠纷案件做好充足的知识储备。同时，吉林省高级人民法院组织优秀知识产权审判法官到各中院举办巡回讲座12次，通过对法律条文的解读和既判案例的分析讲解知识产权审判对事实认定和法律适用的特殊要求，并就确定知识产权侵权案件的赔偿标准所应参考的因素与各中院的审判人员交换了意见。

在加强业务素质的同时，吉林省各级法院对知识产权审判法官的政治素质和反腐倡廉教育常抓不懈，确保从业法官保持清醒的思想和坚定的政治立场。以“人民法官为人民”主题实践活动和“公正高效办案、和谐司法为民”为载体，深入学习社会主义法治理念，使从业法官在转变司法理念、提高司法能力、改进司法作风方面取得了长足的进步。同时，针对无确切证据证明损失数额的知识产权侵权纠纷案件中法官自由裁量权较大的情况，各级法院在提高法官素质、依法裁判的同时，更加强了对法官的廉政教育，牢固树立法官拒腐防变的思想防线，避免发生因自由裁量权滥用导致损害司法权威的情况发生。

(吉林省高级人民法院知识产权审判庭)

检察工作

2010年，吉林省检察机关充分发挥检察职能作用，采取有力措施，积极开展行政执法与刑事司法相衔接工作，形成打击侵犯知识产权犯罪的合力，在打击侵犯知识产权犯罪、保障人民群众切身利益方面取得了显著成效。

一年来，吉林省各级检察机关积极走访各行政执法机关，了解、查询办案情况，排查案件线索，监督其移送包括侵犯知识产权在内的涉嫌犯罪案件，有力推动衔接工作深入开展，与行政执法机关、公安机关等部门密切配合，依法及时批准逮捕、起诉涉嫌侵犯知识产权的犯罪分子。

吉林省各级检察机关与公安机关和行政执法机关建立了信息通报制度，实现了信息资源共享，提高了工作效率，确保了打击包括侵犯知识产权在内的犯罪力度。吉林省各级行政执法机关每季度向同级检察机关通报一次查处包括侵犯知识产权在内的破坏社会主义市场经济秩序案件的总体情况以及向检察机关移送包括侵犯知识产权在内的涉嫌犯罪案件情况，遇有重大影响的案件，随时通报。吉林省各级检察机关对于行政执法机关移送的包括侵犯知识产权在内的涉嫌犯罪案件，或要求予以立案监督的案件，均在一个月内向相应行政执法机关通报案件办理情况，并每季度向同级行政执法机关通报一次立案监督、批捕以及起诉包括侵犯知识产权在内的破坏社会主义市场经济秩序犯罪案件的总体情况。建立并进一步完善案件移送制度，检察机关经与行政执法机关协商后，联合下发了《行政执法机关移送涉嫌犯罪案件的规定》。按该规定的要求，行政执法机关应及时向公安机关移送包括侵犯知识产权在内的涉嫌犯罪案件，并向检察机关备案。对于行政执法机关不移送的，检察机关可以向同级或下级行政执法机关查询案件情况，必要时，检察机关应向行政执法机关提出检察意见，建议其移送案件。行政执法机关仍拒不移送的，检察机关应将案件情况书面通知公安机关，督促公安机关进行立案侦查。该制度切实保证了包括侵犯知识产权在内的涉嫌犯罪案件及时进入司法程序，有效防止了“以罚代刑”现象的发生。建立并进一步完善个案协查配合制度，吉林省各级检察机关对行政执法机关向公安机关移送的重大疑难案件，积极配合公安机关，实行协助侦查制度。检察机关派员适时介入案件，引导侦查，帮助收集、固定证据，加快办案进度。

2010 年，吉林省检察机关充分发挥法律监督职能，加强对行政执法机关抄送的侵犯知识产权案件《行政处罚决定书》副本的审查工作，对涉嫌犯罪的及时提出移送公安机关的建议，监督公安机关及时立案侦查侵犯知识产权犯罪案件。四平市人民检察院会同四平市铁西区人民检察院共同调取了 2008 年以来四平市铁西区工商分局办理的行政案件卷宗，并组织骨干力量对卷宗进行审查。审查中发现一起刑事案件线索，2010 年 8 月中旬，犯罪嫌疑人郝某在平西乡筹建制造假饮料的生产窝点，投资 15 万元从鞍山购进生产假饮料的设备及原材料，并购买了假冒雪碧、美年达商标标识十万余套、用于制造假饮料的包装瓶十万余个，后生产、销售假冒雪碧、美年达饮料近千件，价值人民币 5 万余元，其中大部分销往吉林、辽宁。四平市铁西区工商分局根据群众举报对郝某作出行政处罚 2 万元的决定，但没有向公安机关移送案件。检察机关审查后认为，郝某已经涉嫌假冒注册商标罪，遂建议四平市铁西区工商分局向公安机关移送该案，工商部门很快向四平市公安局移送了该案的全部卷宗，公安机关立案侦查。

此外，2010 年，吉林省检察机关严肃查办侵犯知识产权违法犯罪背后的国家工作人员的职务犯罪，坚决打掉其“保护伞”，在立案监督和审查批准逮捕、审查起诉中注意发现和掌握侵犯知识产权违法犯罪背后的国家工作人员职务犯罪线索，对于涉嫌构成犯罪的坚决依法查办。

（最高人民检察院侦查监督厅）

黑龙江省

专利工作

2010 年，黑龙江省知识产权局系统紧紧围绕黑龙江省委、省政府确定的“八大经济区”和“十大工程”建设，局党组确立了“围绕一条主线、实现两个目标、实施四大工程”的工作思路。全局上下解放思想，开拓创新，各项工作取得了显著成效。黑龙江省知识产权局被评为全国知识产权培训工作先进集体、全国专利行政执法工作先进集体、世博会知识产权保护专项行动先进集体、全国专利实施状况调查先进集体、省政务信息报送工作先进集体、省“五五”保密法制宣传教育先进集体、省直机关事务管理工作先进集体等多项荣誉。

一、推进《黑龙江省知识产权战略实施纲要》制定工作

在黑龙江省知识产权战略制定与实施领导小组 23 个成员单位的共同努力下，完成了 10 个专题研究报告和《黑龙江省知识产权战略实施纲要（送审稿）》。省科委组织专家对《黑龙江省知识产权战略实施纲要（送审稿）》进行了评审论证，并且给予了充分肯定。2011 年上半年，黑龙江省政府

将召开领导小组第二次全体会议，审议《黑龙江省知识产权战略实施纲要（送审稿）》。

二、知识产权宣传

围绕"知识产权战略制定"、"'四大工程'实施"、"知识产权维权援助中心成立及'12330'开通"等重大活动和重要事件，组织开展了多种形式的宣传活动。"3·15消费者权益日"、"4·26知识产权宣传周"、第四届中国专利周等活动期间，全省上下联动、全员参与、广泛深入，极大地提高了知识产权工作的社会显示度和影响力。"4·26知识产权宣传周"期间，黑龙江省知识产权宣传周组委会联合哈尔滨市有关部门开展了知识产权宣传周启动仪式暨广场大型宣传活动，原省长栗战书在《创新时代》杂志发表了题为"实施知识产权战略，促进黑龙江经济社会发展"的署名文章，并作为封面人物；原副省长王玉普在《中国知识产权报》和《黑龙江日报》发表了题为"服务自主创新能力建设，支撑经济发展方式转变"的署名文章。第四届中国专利周期间，组织举办了第四届中国专利周黑龙江省启动仪式暨振兴东北老工业基地知识产权高层论坛。利用新闻媒体和公交车体广告宣传"12330"知识产权维权援助公益电话，联合有关部门编发知识产权保护状况白皮书、年鉴，以哈尔滨市第70中学和继红小学带动全省"知识产权保护从青少年抓起"系列活动的开展，联合黑龙江省教育厅、科协、总工会、团省委等有关部门，参与黑龙江省"青少年科技创新大赛"、"八大经济区、十大工程建设劳动竞赛"、"大学生课外学术科技作品竞赛"和"青少年创意大赛"的组织工作。同时，发挥政务信息平台的作用，全年发布各类政务信息316篇，信息上报排行由2009年的第47位升至2010年的第8位，其中新华社通稿《黑龙江省调动高校力量开展知识产权服务工作》被新华网、凤凰网、中央人民政府网站等50余家媒体转载。

三、知识产权培训

2010年，黑龙江省共开展知识产权战略、管理、法律等各类培训活动30余场次，培训3000余人次。组织承办了振兴东北老工业基地知识产权实务培训班、全国专利代理人资格考试强化培训班、东北地区知识产权执法研讨班等培训活动6期。知识产权宣讲组到哈尔滨工业大学、哈尔滨工程大学、省科学院、703研究所、农垦总局等单位开展知识产权宣讲活动10余次。

四、专利申请

2010年，在黑龙江省知识产权局各项政策的引导和激励下，黑龙江省专利创造能力大幅增强。全省专利申请量首次突破10 000件，达到10 269件，同比增长13.9%。其中，发明专利4072件，同比增长20.5%，占申请总量的39.7%；实用新型4813件，同比增长12.9%，占申请总量的46.9%；外观设计1384件，同比增长7.53%，占申请总量的13.4%。全省企业专利申请量3011件，同比增长49.2%；全省高校、科研院所专利申请量3276件，同比增长41.3%。

五、专利代办

在国家知识产权局的指导下，哈尔滨代办处进一步拓展了电子申请注册和人工受理、远程会晤、新申请文件数据返还统计等多项业务。配合国家知识产权局电子申请推广工作，全年电子申请受理量达到66.5%。2010年，代办处共受理专利申请8348件，同比增长45.3%，收费1210万元，同比增长48.3%；业务质量无A类差错，受理业务差错率不超过2.6‰，其中有9个月实现零差错，建设水平、服务水平和业务质量均达到全国先进代办处的标准，并被国家知识产权局确定为全国专利代办工作新业务11个试点单位之一。

六、专利优势企业创建

召开了全省专利优势企业创建工程启动大会，认定了齐重数控装备股份有限公司、九三粮油工业集团有限公司等55家首批黑龙江省专利优势试点企业和专利优势培育企业，授牌并颁发证书。分两个层次分别采用专利申请补助、建立管理工作体系、完善管理制度、加强人员培训、注重专利信息利用、制定技术创新量标、专利数据库建设、派人上门服务、创建资金支持等方式，帮助企业提升知识产权创造、运用、保护和管理能力，这些企业在实现计划任务的基础上，申请专利平均增幅在45%。

七、提升高校、院所知识产权工作

组织召开全省部分高校、科研院所知识产权工作座谈会、对接会，针对其知识产权工作面临的矛盾和问题，以加强高校、科研院所的知识产权管理体制、制度、机制建设为重点，加大对高校、科研院所专利资金的投入，支持哈尔滨工业大学、齐齐哈尔大学、哈尔滨兽医研究所、伊春带岭林业科研所等15所高校、院所完善管理体制、加强人才培养、开展战略研究，使这些高校、院所的专利管理、服务能力和水平明显提高。在此过程中，注重总结工作经验，其中哈尔滨工业大学知识产权管理经验及黑龙江省知识产权局与高校、院所的对接工作经验被省委信息处上报中办。

八、知识产权试点示范

哈尔滨电机厂有限责任公司、齐齐哈尔轨道交通装备有限责任公司、齐齐哈尔二机床(集团)有限责任公司3家企业进入第二批全国企事业知识产权示范创建单位行列，黑龙江省国家级企事业知识产权试点示范创建单位达到52个，国家级示范创建城市1个。

九、知识产权托管服务

积极推动园区知识产权托管服务，以大庆高新区为试点，组织大庆市4家专利代理机构轮流驻区服务，搭建了专利代理机构与科技园区、企业合作的桥梁，受到驻区企业欢迎。在哈尔滨高科技创业中心设置“中外专利信息免费检索查询机”，引导科技企业利用专利信息，及时将创新成果申请专利。

十、专利执法

积极组织全系统深入开展“雷雨”、“天网”行政执法专项行动，对大型商场和市场进行执法检查。深入开展打击专利侵权和制售假冒专利商品专项行动。联合黑龙江省工商局、版权局、商务厅、省委宣传部等部门深入到船舶电子大世界、透笼市场等重点流通市场开展行政执法检查。健全知识产权保护协调机制，联合省工商局、版权局、农委、海关、公安厅、检察院、法院等部门发布《2009年黑龙江省知识产权保护状况白皮书》；与东北、华北、西北地区兄弟省市的执法协作机制逐步建立，加强与山东、广州、上海、福建等兄弟省市的跨地区联合执法，移送和处理了8件跨省的行政执法案件。进驻第21届哈洽会，设立知识产权服务专区。全年全省共调处专利案件31件，与往年相比有较大幅度增长。

十一、成立黑龙江省知识产权维权援助中心

黑龙江省知识产权维权援助中心于2010年4月25日正式揭牌成立，为专利权益人提供知识产权方面的政策、法律咨询，受理侵权、违法案件举报、投诉，并且为因经济困难、难以支付知识产权诉讼费用的权益人提供适当经费资助。全年共处理各类知识产权维权援助事项40余项。“12330”知识产权维权援助公益电话开通以来，共接到热线电话上百个，成为广大专利权益人维权援助的快速通道。

十二、成立省专利技术展示交易中心

2010年11月，黑龙江省专利技术展示交易中心正式成立，并开通了黑龙江省专利技术展示交易网站。大庆市成立了科技专利成果转化中心暨省专利技术交易中心(大庆)专利超市。中心成立以来，共征集高校专利项目1576项，整理并录入项目数据库及交易网站项目1693项，完成业务咨询120余人次；与黑龙江省科技厅联合举办了“2010年高新技术企业申报培训会暨专利技术对接会”，组织1559项高校专利成果与省内100余家科技企业进行对接；先后组织黑龙江省企事业单位参加中国专利高新技术产品博览会、中国国家专利技术产品交易会、哈尔滨投资创业项目博览洽谈会。

十三、知识产权信息开发

通过定期更新专利数据，为市(地)安装中外专利文摘数据库、专利信息分析软件，配发数据库服务器并指导使用，进一步加强省市(地)两级知识产权信息平台建设。截至2010年底，黑龙江省中外专利文摘数据库已包含“九国两组织”的中外专利信息3070万项，牡丹江、佳木斯、黑河、七台河、大庆、伊春、大兴安岭、绥化等市(地)信息平台已投入使用。拓展专利信息服务渠道，针对企业产品研发及生产经营的特定领域，制作专利信息数据包17个(包含中文信息1120条，日文信息278条)，为全省1000余家企业提供了国内外专利信息检索服务。黑龙江省知识产权局信息网站全面改版升级，成为宣传、展示黑龙江省知识产权工作的重要窗口和服务发明人的有效途径。

(黑龙江省知识产权局　张雅欣)

商标工作

一、推进商标战略实施工作逐步上升为政府行为

按照“长春会议”的要求，并结合黑龙江省商标工作实际情况，认真分析研究了当前全省在商标工作中突出存在的三个问题，即：全省注册商标总量与经济总体发展规模不相适应，国内外知名品牌数量与省委、省政府提出的又好又快、更好更快发展的战略要求不相适应，商标监管工作力度与国家保护商标专用权的工作要求不相适应。针对上述问题，提出要努力实现“三个转变”，即：在工作思路上，实现由集中抓商标执法办案向大力推进全省商标战略实施转变；在工作方式上，实现由常规性工作为主向抓“大事”带动为重点的转变；在工作机制上，实现商标战略实施由部门行为向政府行为的转变。

2010年年初以省局名义发文，要求集中进行一次深入、全面、系统地调查研究。各市、地及垦区工商局按黑龙江省工商局的统一安排和要求，认真进行了调研工作，黑龙江省工商局分三个调研组有重点地深入实际进行了调研工作，并写出全省实施商标战略情况的调研报告。2010年5月，黑龙江省工商局主要负责人带队赴江苏、山东等省市考察，并写出考察报告。在调查研究和学习考察的基础上，拟定了《黑龙江省推进商标(品牌)战略促进全省经济更好更快发展的实施方案》，并征求有关部门意见后，已由省政府办公厅印发全省。有9个市、地政府发文或召开大会，推进商标战略实施，截至9月底注册商标57 781件，2010年新申请7926件，新增注册商标13 031件，增长29%，增速明显。

二、加大驰名、著名商标的培育力度

近年来，黑龙江省各级工商机关把实施商标战略作为振兴地方经济的重要举措，把培育中国驰名商标、黑龙江省著名商标作为推动经济发展的一项重要工作来抓，采取分类指导、分工负责、跟踪问效等措施，取得明显效果。根据《黑龙江省著名商标认定和保护办法》，黑龙江省工商局对市(地)工商局推荐的83件著名商标申请材料及复审认定7件著名商标申请材料进行了认真的审核，对审核书面材料合格的部分企业进行了实地考察，考察企业数占62%，重点考察了食品企业。经征求行业主管部门和行业协会的意见，经两次处务会研究，经黑龙江省著名商标评审委员会研究决定，认定56件注册商标为省著名商标，使省著名商标达到538件，增长10%。2010年由国家工商总局依法认定黑龙江省驰名商标10件，驰名商标总数达到31件，增长32%。

三、开展商标岗位技能竞赛活动

按照省局党组的统一部署，黑龙江省工商局积极开展商标岗位技能竞赛。在全省工商系统开展商标监管“十大岗位能手”竞赛活动，是为进一步提高各级工商行政管理部门商标执法人员岗位技能和水平的一项有效举措。黑龙江省工商局明确提出“三个注重”、“三个负责”，即：注重倡导在实际工作岗位上“干中学、学中干”，变“要我学”为“我要学”；注重鼓励结合实际工作，深入系统钻研商标业务；注重树立商标监管工作能力强、业绩突出的能手。全省工商系统商标岗位技能竞赛活动，要对黑龙江省工商局党组负责，对商标处整体负责，对全省工商系统商标执法人员负责，经得起历史的检验。

2010年5月黑龙江省工商局制定并下发了《黑龙江省工商行政管理局关于开展商标岗位技能竞赛活动方案的通知》，该通知中提出了这次竞赛活动的指导思想，明确了参加人员，确定了竞赛内容、竞赛方法及评分标准。为便于商标岗位技能竞赛参赛人员复习和商标工作实际需要，该编印了《商标工作学习资料选编》，并发至全省商标监管干部手中。为使竞赛赛出水平，请中华商标协会专家委员会的资深委员帮助出竞赛答题，并做到“三突出”，即：突出商标工作整体需要；突出解决现实问题需要；突出适应形势发展需要。黑龙江省工商局从实际出发，采取有效形式，全面衡量每位参赛选手，做到“三个把握”，即：把握全省工商系统商标监管干部现状，进行开卷答题，加大题量、加大难度；把握检验实际办案能力，每名参赛选手要带三个已办结的商标案卷，市、地工商局领队进行案卷评查；把握参赛选手的实际商标工作能力，由市、地工商局对其推荐的参赛选手从事商标工作的业绩进行总结鉴定，黑龙江省工商局商标处处务会进行评议。

建立完善的工作机制，有关负责人既把握出题原则，又不具体过问赛题；对具体负责人提出严厉的纪律要求，保证不漏题；利用全省商标业务视

频讲座机会，要求各市、地商标干部决不要问不该问的问题。同时，对赛场监考、判卷人员都分别作出具体安排和要求，确保商标岗位技能竞赛公正、公平。黑龙江省工商局始终坚持"三个结合"，即：理论和实践相结合，既检验实际办案质量，又考察有关人员系统掌握商标法律知识的程度；竞赛与相互交流相结合，对商标案卷的评查由14个市、地工商局商标处、科长(领队)负责；竞赛与促进提高商标工作水平相结合，通过商标岗位技能竞赛，既能发现并树立一批商标岗位技能能手，又能进一步激发全省工商系统商标执法人员比学习、比能力、比贡献的热情，进而使商标工作登上新台阶，取得新进展。经过综合评定，董力等十位同志被评为商标监管岗位技能竞赛"十名能手"。

四、开展打击侵犯知识产权和制售假冒伪劣商品专项行动

全省各级商标执法部门积极履行职责，充分发挥职能作用，不断采取各种有效措施，打击商标侵权行为，全省共查处商标违法案件740件，案值1023.90万元，罚没金额460.81万元，有力的维护了商标权人的合法权益。

11月11日全国工商行政管理系统知识产权保护与执法工作电视电话会议刚结束，黑龙江省工商局即刻召开全省工商系统知识产权保护与执法工作电视电话会议。会议及时动员部署、迅速行动，全面贯彻落实国家和省有关"打击侵犯知识产权和制售假冒伪劣商品专项行动"的精神，使工商部门所承担的工作任务迅速落到实处。黑龙江省工商局党组书记、局长孟祥君在动员中做了重要讲话，主管局长刘玉华就如何贯彻会议精神发表四点意见。当天还召开了黑龙江省工商局打击侵犯知识产权和制售假冒伪劣商品专项行动领导小组第一次会议，就有关工作进行研究落实。

按照专项行动的统一要求，各市、地及垦区工商局及时动员，迅速部署，并将《打击侵犯知识产权和制售假冒伪劣商品专项行动实施方案》及动员部署情况汇报按时报送省局专项行动领导小组办公室。各市、地及垦区工商局都对专项行动进行了统一安排、结合实际、突出重点，明确任务，落到实处。并相继召开了保护知识产权与执法工作会议，统一思想、提高认识，建立健全领导机构。

全省工商部门按照国家工商总局和黑龙江省政府"打击侵犯知识产权和制售假冒伪劣商品专项行动"的统一部署和要求，迅速行动，突出重点，深入检查，依法查处违法行为，自11月15日全面动员部署后，仅10天时间，全省各级工商行政管理部门共出动执法人员11 600人次，检查经营主体16 000处，检查各类市场300个次；立案涉嫌商标侵权案件160件，案值200余万元；结案26件，收缴违法商标标识10 000余件(套)，罚款20万元。

(黑龙江省工商行政管理局)

版权工作

2010年，黑龙江省各级版权行政管理部门以科学发展观为指导，认真贯彻落实国家版权局和黑龙江省政府有关版权工作的部署，积极开展版权保护工作，在版权宣传、版权执法、推进企业使用正版软件等方面取得了显著成绩。

一、多种形式开展版权宣传工作

结合各项版权工作的进展，在广播电台、电视台、报纸、网站等新闻媒体进行宣传。《黑龙江晨报》、《哈尔滨日报》、《新晚报》多次综合报道了黑龙江省版权工作的开展情况；黑龙江省电视台、哈尔滨市电视台多次跟踪报道了全市开展打击侵权盗版专项行动情况，在黑龙江省纠风办、黑龙江省人民广播电台联合举办的"行风热线"节目中制作专题宣传。

2010年4月22日，黑龙江省暨哈尔滨市"扫黄打非"工作领导小组举行盗版及非法出版物销毁大会，黑龙江省版权局同时组织全省启动"打击侵权盗版、保护知识产权"的签名和"拒绝盗版、从我做起"绿书签派发活动。4月26日，与黑龙江省知识产权局、省工商局等部门在防洪纪念塔广场，联合举办以"创造·保护·发展"为主题的"4·26知识产权宣传周"活动。组织各市、地版权行政管理部门加入"百座城市、千家网站"版权保护联动体系。

二、参与制定《黑龙江省知识产权战略实施纲要》工作

按照黑龙江省政府的有关工作部署，黑龙江省版权局参与了《黑龙江省知识产权战略实施纲要》专题制定和相关专题讨论会；参加黑龙江省商业与对外贸易知识产权运用与保护课题研究组研究工作会；完成承担起草的涉及纲要的四个部分内容和七项专题任务。

根据《黑龙江省知识产权战略实施纲要》工作小组的统一安排，完成版权专题报告，为《黑龙江省外经贸领域知识产权发展现状存在问题及对策分析》、《商贸流通业知识产权运用与保护问题研究》提供著作权部分相关资料，并对该纲要定稿，多次提出建设性意见。

三、积极开展版权贸易工作

向各市地新闻出版（版权）局和出版单位下发征求意见通知，并走访部分市地和出版单位，对加强和改进版权贸易工作进行调研。针对黑龙江省多年来图书版权贸易“走出去”增长缓慢的问题，走访出版单位，发放调查表，摸清全省从2005年以来的图书版权贸易底数；根据各出版单位上报“走出去”图书产品，编制了黑龙江省版权贸易图书产品中英文对照目录，派人参加法兰克福书展并向国外出版商推荐优秀出版物。

四、加大版权执法力度，查处侵权盗版案件

2010年，全省各级版权行政管理部门对28 132个经营单位进行了执法检查，查缴盗版图书、音像制品、电子出版物356 817件，有力打击了侵权盗版活动。

（一）开展打击网络侵权盗版专项治理行动“剑网行动”

从2010年3～10月，按照国家有关部门的统一部署，黑龙江省版权局与省公安厅、省通信管理局联合组织全省开展净化网络、打击网络侵权盗版专项行动。各地和有关部门主动监管网站178家，协调查证网络备案信息45起，关闭网站6个。协调处理齐齐哈尔大学、齐齐哈尔医学院等侵权案件7起。

（二）开展打击假冒伪劣商品和侵犯知识产权专项治理行动

根据国务院办公厅发47号文件精神，与黑龙江省商务厅、省工商局、省知识产权局等十几个部门联合部署全省从12月起开展打击假冒伪劣商品和侵犯知识产权专项治理行动，各地版权管理部门高度重视，积极开展版权执法检查。新闻媒体对这次专项行动进行了跟踪报道，产生了良好的社会影响。

（三）加强日常监管，公布典型案例

黑龙江省版权局对加强市场的日常监管工作十分重视，各级版权管理机关积极对辖区图书、音像制品、计算机软件、电子出版物批发、零售单位进行执法检查，及时查处侵权盗版案件。在全国有较大影响、曾被称为2009年全国“扫黄打非”十大案件之一的哈尔滨“3.07”非法经营、侵犯著作权案也在2010年8月进行一审宣判，6名涉案犯罪嫌疑人被判处12年以下不等的有期徒刑，该案经媒体曝光后，在社会上产生了很大影响，极大地震慑了侵权盗版分子。

五、推进软件正版化工作

（一）百家企业软件正版化工作情况

按照《黑龙江省软件正版化工作方案》的部署，完成国家版权局软件正版化先进企业评比工作。中国农业银行黑龙江分行、齐重数控装备股份有限公司、黑河辰能西沟水电有限责任公司、交通银行哈尔滨分行、中国工商银行黑龙江分行5家企业被评为软件正版化示范企业。

（二）新闻出版行业正版软件工作情况

对新闻出版单位、出版物印刷企业、地市级以上新华书店和民营书刊批发单位推进软件正版化。三次下发企业使用软件情况调查表，进行电话督导，摸清有关企业软件使用情况。召开动员会、培训会，聘请专业人员对企业资产管理部门负责人进行培训，将软件作为资产纳入资产管理。全省600余家新闻出版企业对正版软件进行了自主选择、自行采购和更换，85%的企业完成情况较好。

（三）进一步推进政府使用软件正版化

国务院办公厅《关于进一步做好政府机关使用正版软件工作的通知》下发后，按照文件要求，制订《黑龙江省关于进一步做好政府机关使用正版软件工作实施方案》，并上报省政府批准，确定了到2011年10月底前，全面完成省、市（地）、县三级政府机关使用正版软件的工作目标。

六、其他版权管理工作

组织协调文化厅、教育厅、“扫黄打非”办公室等部门开展图书馆著作权保护工作；指导哈尔滨市新闻出版（版权）局在平房动漫基地开展著作权作品现场登记工作；鉴定或组织相关人员鉴定出版物2000余种，其中侵权出版物100余种；受理作品自愿登记205件，办理涉外图书版权贸易合同45份。

（黑龙江省版权局　邱鸿程）

司法工作

2010年，黑龙江省法院系统紧紧围绕"社会矛盾化解、社会管理创新、公正廉洁司法"三项工作重点，牢固坚持"为大局服务、为人民司法"工作主题，全面贯彻落实最高人民法院关于加强知识产权司法保护工作的各项要求和部署，有力地推动了全省法院知识产权司法保护工作进一步向前发展。

一、围绕妥善审理各类知识产权案件，充分发挥知识产权审判职能作用

2010年，黑龙江省两级法院新收知识产权案件数量继续呈上升趋势，仿冒知名商品特有名称包装装潢、技术合作开发合同、侵犯商业秘密等新类型案件和敏感复杂案件增加，案件审理难度不断加大。为了促进黑龙江科技自主创新和品牌经济发展壮大，全省两级法院采取多项有力措施，确保了年度审判任务顺利完成。全年两级法院共受理各种类型一审知识产权民事案件317件，其中新收312件，与上年同期相比上升20.93%，审结307件，结案率达到了96.85%。对难以调解和不适合调解的案件，两级法院注重发挥司法判决的导向作用，共判决结案125件，占结案总数的40.72%。在新收案件中，著作权侵权纠纷案件215件，占68.91%，同比上年上升241.27%；商标权侵权纠纷案件44件，占14.10%；专利权侵权纠纷案件34件，占10.90%；其他知识产权权属、侵权纠纷案件9件，占2.88%；知识产权合同纠纷案件和不正当竞争纠纷案件各5件，共占全部案件的3.21%。

二、围绕统一知识产权裁判标准，全力抓好审判调研指导

2010年，黑龙江省高级人民法院全面贯彻部署最高人民法院要求和部署，进一步加大系统业务指导力度。一是及时下发了《知识产权审判工作要点》，明确了年度知识产权审判各项重点工作，并连续编发4期《知识产权审判参考》，传达司法政策、解决审判实务疑难问题。二是认真做好知识产权裁判文书上网和驰名商标备案工作，在国家知识产权裁判文书网上新公布裁判文书近百份，有效提高了审判透明度。三是会同其他部门筹备召开全省商事审判工作会议，系统传达了全国法院知识产权审判工作座谈会精神，对当前和今后一段时期的知识产权审判工作进行了部署。四是就知识产权侵权赔偿数额确定问题，研究起草了《关于确定知识产权侵权损害赔偿数额若干问题的指导意见》。五是加强了上下级法院间的沟通联络，通过电话及电子邮箱等便捷途径，及时通报知识产权审判情况，掌握审判疑难问题及工作需求，快速回应和解答下级法院提出的法律适用问题。年内还按最高人民法院要求和省级行政执法部门需要，就知识产权司法保护、商标法、商业秘密司法保护等问题开展了调研，及时研究反馈了许多意见。深入组织驰名商标案件评查，黑龙江省高院还专门两次组织召开会议，通报各地工作开展情况，指出存在的问题，并剖析问题产生原因。复查出问题的案件已经全部提起再审，及时遏止并纠正了驰名商标司法认定工作存在的问题，全省法院驰名商标司法认定工作得到了有效规范。

三、围绕提升服务水平，大力开展宣传协作

黑龙江省高院认真筹备并组织参加了2010年全省知识产权宣传周活动，积极为广大市民提供法律咨询服务，分发了知识产权十大典型案例法律宣传手册，得到了活动主办方的高度认可。注重畅通与有关部门的联系渠道，建立和加强与商标及版权管理部门的沟通联络，落实国家有关政策，着手组织开展知识产权案件专家咨询库的建立工作。

全省两级法院积极与《人民法院报》、《黑龙江日报》、《中国知识产权年鉴》、《中国法院网》等新闻媒体沟通，及时提供各类新闻素材，宣传黑龙江省知识产权司法保护成绩。2010年年初评选的2009年度黑龙江省知识产权诉讼十大典型案例分别被《黑龙江法制报》、东北网、黑龙江信息港、平安龙江等期刊或网站发表、转载，《人民法院报》同时还报道了黑龙江省高院知识产权纠纷调解结案的成果。《黑龙江日报》先后以"知识产权新型案件呈上升趋势"和"根治知识产权审判同案不同判"为题，《黑龙江法制报》以"我省知识产权审判力克同案不同判"为题，对黑龙江省高院妥善审理

商标侵权和不正当竞争案件、遏制“搭便车”现象、加大知识产权司法保护力度、统一裁判标准、深入企业调研走访提建议等进行了详细报道，扩大知识产权审判的影响力。

为促进知识产权审判服务大局作用有效发挥，加大黑龙江省知识产权司法保护力度，提高企业自主创新的积极性和知识产权保护意识，黑龙江省高院在全省法院组织开展了“访企业、提建议、促发展”活动，以调研走访的形式，调查了解企业在知识产权司法保护中遇到的困难，帮助企业排查化解问题，有针对性地提出司法建议和法律对策，促进企业健康发展。黑龙江省高院副院长王树江同志带领知识产权庭有关同志与黑龙江省知识产权局领导同志一道深入走访了哈尔滨志阳汽车电气公司等哈尔滨市四家生产企业，与企业管理和技术人员举行座谈，面对面听取企业在知识产权运用、管理和保护方面的做法，了解企业在知识产权方面的维权经历和司法需求，征求对知识产权司法保护工作的意见和建议，并针对企业实际经营状况和在维护知识产权方面存在的部分模糊认识，提出进一步做好知识产权保护的意见和建议，得到企业的一致欢迎。黑龙江省高院和黑龙江省知识产权局还达成了将走访企业活动制度化、长期化的共识。2010 年，黑龙江省高院和各中级法院共走访企业 40 余家，提出涉法建议 60 多项，取得了较好的社会效果。

四、围绕提高执法办案效果，全力抓好诉讼调解

为妥善化解知识产权纷争，黑龙江省高院和各中级法院坚持将确保办案效果摆在首要位置，按照“调解优先，调判结合”的原则，深入贯彻全面调解、全程调解、全员调解，尽一切努力适用调解、和解等方式处理案件。一是加大庭前调解力度，克服知识产权诉讼中当事人“重原则、轻利益”等不利于调解的因素，积极争取党委政府支持，主动协调有关知识产权管理部门参与配合，在庭前协调双方进行调解。二是加大对敏感性案件、社会关注案件、关联系列案件以及事实难以查清、责任难以界定的疑难复杂案件的调解力度，发挥主审人、合议庭、庭长职能作用，逐级深入开展说服调解工作，尽可能促成当事人达成调解协议。三是努力寻求诉讼外化解矛盾的突破口，深入了解案件诉讼背景，掌握当事人诉讼目的和预期，有针对性的做好诉讼调解工作。通过上述措施，黑龙江省高院成功调解了一批如某电视节目发行有限公司诉某市电视台著作权侵权纠纷、某救援装备有限公司诉某知名大学技术合作开发合同纠纷等双方当事人存在尖锐矛盾的案件，化解了大量的潜在纠纷，有效节省了司法资源。2010 年，全省两级法院审结的第一审知识产权民事案件中，调解和撤诉结案 170 件，调撤率达 55.37%。黑龙江省高院民三庭审结的第二审知识产权民事案件中，调解和撤诉结案 16 件，调撤率达到了 34.78%。

五、围绕提高审判质效，全力抓好审判管理

一是进一步加强审判流程管理，确保案件运转有序，严格执行案件合议庭成员确定、排期开庭、合议、审限预警提示等各项制度，对未结案件逐人逐件确定下步工作时限，并制表对外公示，有效地提高了工作效率。二是进一步强化合议庭功能，落实对重大疑难案件的庭前合议制度，确定争议焦点，明确需查明的问题，形成庭审提纲，案件一次开庭成功率有较大提高。三是严格执行主审人不担任审判长制度，充分调动合议庭成员集体讨论、共同研究案件的积极性，有效防止形成主审人或者审判长“一言堂”。

（黑龙江省高级人民法院知识产权审判庭）

检察工作

2010 年，黑龙江省检察机关不断完善行政执法与刑事司法相衔接的长效机制，加强知识产权司法保护，与行政执法机关、公安机关等部门密切配合，依法及时批准逮捕、起诉侵犯知识产权的犯罪分子，加大立案监督力度，防止和纠正对侵犯知识产权犯罪的有罪不究、以罚代刑等问题，依法严肃查办侵犯知识产权违法犯罪背后的国家工作人员的违纪、犯罪行为，坚决打掉其“保护伞”，为经济建设保驾护航，发挥了重要作用。

一、主动出击走访，加大查处侵犯知识产权案件的力度

为使监督制度落到实处，在与各行政执法部门建立健全行政执法与刑事司法衔接工作制度的基础上，采取主动出击的方法，不定期地走访各行政执法部门，了解、查询办案情况，主动调阅、审查行政执法机关的行政处罚卷宗，对发现的问题及时纠正。

二、进一步完善行政执法与刑事司法衔接工作机制，形成打击侵犯知识产权犯罪的合力

黑龙江省各级检察机关会同相关部门建立、完善联席会议制度、信息通报制度、案件移送制度、案件协商制度等，使行政执法与刑事司法衔接机制建立在坚实的制度化、规范化根基之上，形成长效的工作机制，提高了行政执法机关及时移送包括侵犯知识产权在内的涉嫌犯罪案件的自觉性。一是建立公安机关、检察机关、行政执法部门联席会议制度。每季度召开一次联席会议，互通查处包括侵犯知识产权在内的破坏社会主义市场经济秩序案件情况和涉嫌犯罪移送公安、检察机关打击处理的情况，总结分析相互协作的做法和问题，研究部署下步工作重点。对特殊或重大的某一类具体问题，临时召集相关部门协调解决。二是建立对口工作联系制度。此项工作由公安机关牵头负责，检察机关配合制定具体的操作办法，各行政执法部门的职能科室为联系的具体单位，其主要负责人为联络员，与检察机关具体协调，就案件移送、审查，信息通报等工作加强沟通，及时掌握包括侵犯知识产权在内的经济犯罪动态。通过进行包括侵犯知识产权在内的经济领域的刑事立案监督活动，使黑龙江省立案监督工作形成整体推进的态势。

三、严肃查处和防范侵犯知识产权背后的职务犯罪

2010 年，黑龙江省各级检察机关严肃查处对侵犯知识产权背后隐藏的国家工作人员贪污贿赂和国家机关工作人员滥用职权、玩忽职守、徇私舞弊等犯罪，及时发现和查办涉及知识产权的民事行政裁判不公背后的司法腐败，维护司法公正，进一步加强预防工作，从源头上防止和减少涉及知识产权职务犯罪的发生。

（最高人民检察院侦查监督厅）

上 海 市

专利工作

2010 年，上海的知识产权工作围绕创新驱动，转型发展，抢抓机遇，求真务实，开拓创新，深入实施知识产权战略，知识产权各项工作取得重要进展。全市专利申请量再创历史新高，上海世博会知识产权工作圆满完成，《上海市知识产权“十二五”规划》和《上海市知识产权战略纲要(2011～2020)》编制工作稳步推进，知识产权质押融资试点工作初显成效，企事业单位知识产权工作深入开展，知识产权宣传教育、国际交流更趋活跃，知识产权公共服务力度继续加大，知识产权保护环境不断优化，全市知识产权创造、运用、保护、管理水平进一步提升。

一、2010 年上海世博会知识产权保护专项行动总结表彰大会在沪召开

2010 年上海世博会知识产权保护专项行动总结表彰大会 12 月 23 日在沪举行。全面总结专项行动工作的成绩，表彰专项行动中的先进集体和先进个人，交流世博会知识产权保护工作经验。会议由国家知识产权局、公安部、海关总署等八部门联合主办，上海市人民政府赵雯副市长出席会议并致辞，国家知识产权局甘绍宁副局长做总结讲话。参加总结表彰大会的有 2010 年世博会知识产权保护专项行动先进集体和先进个人代表，上海市知识产权联席会议成员单位、上海世博局、各省市知识产权局等代表及上海部分高校知识产权志愿者近 300 人。会议表彰了在知识产权保护专项行动中作出成绩的 281 个先进集体和 518 名先进个人。其中，上海 67 个单位获得先进集体称号，155 名个人获得先进个人称号。

二、上海举办第七届知识产权国际论坛

以“知识产权与创新城市”为主题的第七届上海知识产权国际论坛于 2010 年 11 月 26 日在沪举行。本次论坛由国家知识产权局与上海市人民政府共同主办、上海市知识产权局承办。国家知识产权局田力普局长，上海市人民政府赵雯副市长，世界知识产权组织高级代表瑞·普什潘德拉先生，欧盟驻华大使赛日·安博先生，新加坡知识产权局张仲恒副局长，罗马尼亚发明和商标局亚历山德鲁·克里斯蒂安·斯顿克副局长，香港知识产权署张锦辉副署长，德国马普学会慕尼黑知识产权、竞争法和税法研究所原所长约瑟夫·施特劳斯教授等多位贵宾出席了本次论坛并发表了主题演讲。来自国内和美国、德国、法国、英国、瑞典、新加坡等国家和地区的20多位嘉宾与上海市政府相关部门、企业、研究机构和服务机构的300多位代表围绕“知识产权与城市创新发展政策”、“知识产权与城市产业结构升级”、“知识产权与城市创新环境建设”三个分主题进行了深入研讨和互动交流。上海市知识产权联席会议秘书长、上海市知识产权局局长吕国强主持论坛开幕式。

三、同济大学成为国家知识产权培训(上海)基地

2010年7月，国家知识产权局正式批复在同济大学设立“国家知识产权(上海)培训基地”。9月3日，国家知识产权培训(上海)基地正式揭牌。国家知识产权局局长田力普、上海市副市长赵雯出席揭牌仪式并共同为基地揭牌。仪式上，国家知识产权局副巡视员曹晓滨代表国家知识产权局宣读了成立国家知识产权(上海)培训基地的批复，同济大学校长裴钢、上海市知识产权局局长吕国强出席仪式并致辞，来自国家知识产权局、上海市知识产权局的代表以及同济大学部分学生共30余人出席了仪式。

国家知识产权培训(上海)基地主要承担国家知识产权局、上海市知识产权局委托的专项培训任务以及上海知识产权管理人才的继续教育任务，其主要职责是培养各级各类多层次、复合型和国际化的知识产权专业人才，重点培养知识产权高层次人才、企事业单位和中介服务机构的实务人才以及高水平的知识产权教育师资，组织开展知识产权人才培养模式研究以及知识产权学术研究、国际交流等活动，还可根据社会需求开展知识产权普及培训等工作。

2003年，同济大学成立了知识产权学院，2009年又新组建了法学院。近年来，同济大学利用已有的理工科学科优势和对欧洲交往的窗口优势，以培养社会所需的高层次、复合型的知识产权法律和管理人才为己任，在知识产权人才培养、学术研究、国际交流等方面取得了显著的成绩。

四、第四届中国—新加坡知识产权研讨会在沪举行

2010年8月25～26日，由国家知识产权局、新加坡知识产权局共同主办的“第四届中国—新加坡知识产权研讨会——发挥知识产权的潜在契机:新加坡面面观”在沪举行，国家知识产权局田力普局长，新加坡律政部高级政务部长、内政部高级政务部长何炳基先生，新加坡知识产权局廖媛然局长，国家知识产权局国际合作司吕国良司长等人出席。上海市知识产权局吕国强局长主持了开幕式。

研讨会从多角度介绍了新加坡知识产权制度以及运用实践。活动期间，来自新加坡的专家分别就新加坡知识产权体制最新发展、外国企业如何在新加坡寻求知识产权保护、知识产权运用与商业化管理、知识产权替代性纠纷解决方式、网络与数字环境下的知识产权、如何将创意转化为有价值的知识产权等主题作了主题发言，并与听众进行了互动问答。来自政府部门、行业协会、企业、科研院所和服务机构代表近百人参加了研讨。根据企业进行知识产权实务咨询的需求，研讨会于8月26日还举办了中新企业商业对接咨询交流活动。

自2004年签署合作框架备忘录以来，中新两局已经开展了一系列友好交流项目。

五、吕国强荣膺“全国审判业务专家”称号

上海市知识产权局局长吕国强被最高人民法院授予“全国审判业务专家”荣誉称号。这次被授予荣誉称号的“全国审判业务专家”共45人，都是能够代表当代我国审判工作的最高水平，得到法学理论界、实务界和人民群众普遍认可的政治坚定、作风优良、品德高尚、实践经验丰富、专业造诣精深、工作业绩突出的专家型人才，其中最高人民法院15人。

六、浦东开展国家级知识产权质押融资试点

经国家知识产权局同意，浦东新区自2010年6月起开展为期三年的全国知识产权质押融资试点。国家知识产权局希望浦东新区政府进一步完善知识产权质押融资试点工作方案，并认真组织实施;加强对知识产权质押融资试点工作的统筹协调，充分发挥政府部门、金融机构、行业协会及中介机构的作用，推动知识产权资本化与产业化，为浦东新区经济和社会发展提供知识产权支撑。

七、吕国强当选"中国知识产权进步杰出贡献人士"

2010年3月25日，中国外商投资企业协会优质品牌保护委员会在北京举行成立十周年庆典暨改善创新环境建设创新型国家高层论坛，并举行"2000～2010年中国知识产权和质量监督进步杰出贡献单位、人士"和"2009～2010年度中国知识产权保护十佳案例"揭晓仪式。被评为"2000～2010年中国知识产权和质量监督进步杰出贡献人士"的有国务院法制办教科文卫司司长张建华、公安部经济犯罪侦查局副局长高峰、上海市知识产权局局长吕国强等18人。国家知识产权局甘绍宁副局长以及商务部、国家工商行政管理总局、国家质量监督检验检疫总局的领导应邀出席活动。

八、国家知识产权局、公安部通报表扬全国知识产权执法保护先进集体和先进个人

2010年2月4日，国家知识产权局、公安部联合下发了《关于对2009年度全国知识产权部门和公安机关知识产权执法保护先进集体和先进个人予以表扬的通报》，对在2009年度知识产权执法保护工作中作出突出贡献的集体和个人予以通报表扬。

九、上海公布2009年度保护知识产权十大典型案件

上海市知识产权联席会议办公室发布了2009年度上海保护知识产权十大典型案件。这十大典型案件为：(1)"4.02"销售侵权复制品案件；(2)"2.06"侵犯商业秘密案；(3)上海威狮景观雕塑艺术有限公司制售假冒世博会吉祥物"海宝"雕塑案；(4)某金融网站未经许可转载他人作品侵犯著作权案；(5)深圳某公司出口假冒上海世博会标志专有权商品案；(6)路易威登马利蒂诉被告吴蓓雯、林益仲、上海仲雯贸易有限公司侵犯商标专用权纠纷案；(7)侵犯注册商标专用权、不正当竞争和擅自使用知名商品特有名称、包装、装潢系列纠纷案；(8)科布伦茨股份公司诉上海唐商实业有限公司、温州华奇装饰五金有限公司侵犯发明专利权纠纷案；(9)长正公司、谭天销售假冒注册商标的商品案；(10)马靖易等九人侵犯著作权案。

十、上海市出台《2010年上海市知识产权执法维权专项行动方案》

为加强中国2010年上海世博会的知识产权保护，充分发挥知识产权执法维权工作在建设创新型城市中的作用，根据国家知识产权局的要求，上海市出台了《2010年上海市知识产权执法维权专项行动方案》。专项行动主要包括四个方面的内容：一是打击专利侵权、假冒专利行为，开展遏制群体及反复侵权的"雷雨"行动。在3～5月和9～11月，上海市集中组织"雷雨"知识产权执法专项行动，主要查处假冒专利以及为其提供生产便利的行为，重点处罚变造、伪造专利证书等专利违法行为。二是打击专利诈骗行为，开展"天网"行动。通过网络、发放宣传手册、组织培训等多种渠道和方式广泛地向公众，特别是专利权人进行谨防专利诈骗的宣传，同时继续发布打击专利诈骗公告，公布举报投诉电话和举报电子邮箱，指导和协助公众进行维权活动。三是做好知识产权维权援助工作。依托上海市知识产权服务中心，切实履行维权援助中心和知识产权举报投诉服务的职责，并在世博会期间，增加"12330"作为上海世博会知识产权举报投诉热线的功能，做好知识产权举报投诉的接听、咨询和信息反馈工作。四是编制世博会专利保护突发事件应急处理预案，以依法行政、便捷高效、信息透明、协调合作为原则，形成全市专利行政保护协作网，并通过十六省市及长三角地区知识产权局系统专利行政执法协作机制，编制世博会专利纠纷应急处理方案，形成组织领导、协调联络、现场控制、信息资料、后勤保障为一体的应急处理小组。

十一、上海出台《上海市知识产权质押评估实施办法(试行)》和《上海市知识产权质押评估技术规范(试行)》

为推进《上海市关于促进知识产权质押融资工作的实施意见》的落实，上海组织专家研究起草了《上海市知识产权质押评估实施办法(试行)》和《上海市知识产权质押评估技术规范(试行)》，并于2010年5月通过了中国资产评估协会的评审。中国资产评估协会高度肯定了上海的创新之举，并授权上海在全国先试先行知识产权质押评估制度，为在全国推广知识产权质押评估工作积累经验。7月5日，上海市财政局、市金融办、市知识产权局联合印发了经中国资产评估协会授权制定的《上海市知识产权质押评估实施办法(试行)》和

《上海市知识产权质押评估技术规范(试行)》。

《上海市知识产权质押评估实施办法(试行)》规定了执行知识产权质押评估业务的评估机构、注册资产评估师应符合的条件,对评估对象的基本要求,明确了注册资产评估师执行知识产权质押评估业务的操作要求和信息披露要求,界定了相关当事方的责任。《上海市知识产权质押评估技术规范(试行)》规定了知识产权质押评估业务中的操作程序、基本事项、评估方法、评估参数、信息披露等内容。

十二、上海加强世博会知识产权服务

2010 年 4 月 15 日,上海成立世博会参展者知识产权服务中心和高校世博会知识产权志愿者服务队,并开通上海世博会知识产权举报投诉热线。参展者知识产权服务中心设在世博园区内,统一接受各参展方有关知识产权保护的咨询,指导各参展方的相关知识产权事务,协调和解决各参展方的有关知识产权纠纷。参展者知识产权服务中心全年受理参展者有关知识产权的咨询和业务办理共计 500 余例。其中,《参展证明》申请 119 例,发证 68 例;《演出证明》申请 134 例,发证 130 例;协助中国音乐著作权协会办理音乐著作权使用许可 95 例,音乐作品使用备案 68 例。上海世博会知识产权举报投诉热线依托全国知识产权维权援助公益热线 12330,统一接收侵犯各参展方知识产权的投诉、举报,同时也接受社会公众的知识产权投诉、举报。世博会期间,该热线共接听 500 余个来电,其中符合受理条件的举报投诉 20 件,均转送相关知识产权执法部门依法办理。上海世博会知识产权志愿者服务队由来自 11 所高校的 65 人组成。为世博会的知识产权工作组建专门的志愿者服务队伍,在世博会历史上是第一次。上海世博会期间,这支队伍参加了世博会参展者知识产权服务中心运行、世博会知识产权举报投诉热线服务、保护世博会知识产权宣传、世博园区外知识产权保护环境巡查举报等工作,为净化上海知识产权保护环境作出了积极贡献。12 月 30 日,上海召开上海世博会知识产权志愿者工作总结表彰会,表彰了在世博会运行期间投身世博会知识产权保护的一个志愿者先进集体和 82 名志愿者先进个人。会上,上海市知识产权联席会议秘书长、上海市知识产权局局长吕国强代表国家知识产权局等八部门为上海高校知识产权志愿者协会颁发了“2010 年世博会知识产权保护专项行动先进集体”的奖牌。

十三、上海市专利行政执法人员对国际汽配展开展执法检查

2010 年 12 月 8 日,上海市专利行政执法人员对“2010 上海国际汽车零配件、维修检测诊断设备及服务用品展览会”(简称国际汽配展)开展了执法检查。执法人员分两个小组对 11 个场馆进行了巡查,发现涉及专利标识的展品 30 余件。上海市知识产权局政策法规处负责人向法兰克福展览(上海)有限公司、优质品牌保护委员会汽车工作组和日本汽配协会国际部的负责人宣传了国务院打击侵犯知识产权和制售假冒伪劣商品专项行动的重要意义,介绍了我国展会知识产权保护的政策、措施,以及在展会专利保护中的经验和做法;上海市知识产权局还派出执法人员和专业人士入驻展会现场处理专利侵权纠纷。

国际汽配展由法兰克福展览(上海)有限公司和中国汽车工业国际合作总公司在浦东新国际博览中心联合主办,为期 4 天,展出面积超过 12 万平方米,国内外参展商约 2500 家,展品主要包括汽车部件及组件、配件及改装、修理及保养、加油站等数万种从低端到高端的汽车零配件和售后市场产品。展会主办方事先制定了展会知识产权保护规则并告知参展商,设立了知识产权办公室,还联合中国外商投资企业协会优质品牌保护委员会设立了专门的反知识产权侵权宣传展台。

十四、欧洲专利局主题日活动在上海世博会举行

2010 年 9 月 4 日,世博会欧洲专利局主题日活动在比利时—欧盟馆举行。国家知识产权局局长田力普、欧洲专利局局长伯努瓦·巴迪斯戴利、欧盟驻华代表团副大使溥马克出席并致辞。欧洲专利局副局长威姆·范德埃克、国家知识产权局国际合作司司长吕国良、上海市知识产权局局长吕国强和来自欧盟相关机构和本地政府部门、高等院校、律师事务所等单位近 140 位代表参加了活动。

在随后举行的“展会中的知识产权保护——在模拟法庭上分析中国和欧盟的司法程序”活动中,来自欧盟和中国的专家分别扮演法官、律师和技术专家角色,就同一侵权案例分别采用欧洲和中国的展会知识产权保护法律体系进行模拟诉讼与审判,通过欧洲和中国在展会知识产权保护司

法程序和实践方面的对比，提升了中国与欧盟企业对展会知识产权保护重要性及具体司法程序的认识。

十五、上海知识产权(专利信息)公共服务平台建立首个行业专利数据库

2010 年 8 月 24 日，由上海市知识产权服务中心与上海电器科学研究所(集团)有限公司合作开发的低压电器行业专利数据库在上海知识产权(专利信息)公共服务平台正式启动运行，这是上海知识产权(专利信息)公共服务平台建立的第一个行业专题专利数据库。该数据库依托上海知识产权(专利信息)公共服务平台丰富的数据资源、功能强大的应用系统建设而成，具有通过低压电器行业的企业代码字典与产品代码字典进行检索等功能，可提供相关的国内外专利文摘 250 万篇、中国专利全文 25 万篇、法律状态数据 151 万条，数据总存储量 150G 左右，并每月进行更新。该数据库此前已经进行了一年多时间的试运行，目前通过了有关方面的验收。

(上海市知识产权局　蔡永莲　罗秀凤)

商标工作

2010 年上海市商标管理工作认真贯彻落实《国家知识产权战略纲要》和国务院关于开展打击侵权假冒专项行动的工作要求，认真贯彻落实上海市委、市政府关于"创新驱动、转型发展"的工作要求，结合上海市工商局年初工作会议的要求，发扬坚韧不拔、坚持不懈、团结合作的精神，立足本职，协调各方，集中力量，强化执法，紧紧围绕商标"保护"和"发展"这两条主线展开：一是加强世博商标保护，深入开展市场执法整治，切实保障上海市场秩序的稳定有序；二是贯彻落实国家商标战略，大力实施上海商标战略，充分发挥商标促进经济发展的积极作用，为推动上海经济又好又快发展作出努力。

一、全面完成世博商标保护工作任务

(一)深入开展市场执法整治，保障世博筹办期间市场秩序的平稳有序

2010 年，全市工商部门共查处商标违法案件 3079 件(其中，查处世博会标志侵权案件 582 件)，没收侵权商品(标识)122 万件，处罚款 2609 万元。在世博商标保护工作中，全市工商部门共组织开展统一执法行动 14 次，由各分局自行组织开展的执法行动累计达到 50 余次；共出动执法人员 1.94 万人次，检查各类市场经营主体 9.3 万户；取缔售假窝点 70 余个。

1. 早部署、早落实

为抓紧做好世博商标保护工作，2010 年年初上海市工商局在"工商系统服务保障世博工作指挥部"下专门设立了世博商标保护工作小组，全面负责保护工作的组织、部署、推进、协调和落实，分管局长担任小组的组长。上海市工商局商标处在 2009 年下发《关于开展世博商标保护工作实施意见》的基础上，2010 年年初结合世博商标保护工作要求，制定了《关于进一步做好 2010 年世博商标保护工作的通知》，通知中明确提出了确保"世博会标志和特许商品得到全面保护、商业主流渠道商标假冒行为基本杜绝、服饰和小商品市场售假情况得到根本遏制"的工作目标。各级工商部门按照上海市工商局要求，排查侵权风险点，制订严密的执法计划和应急预案，组织执法力量落实各项保护工作任务，有效地开展世博商标保护行动。

2. 集中力量、强化执法，"确保世博会标志和特许商品得到全面保护"

2010 年以来，上海市工商部门大力开展声势浩大的专项行动，切实加大对世博会标志和特许商品的保护力度，积极维护世博权利人的合法权益。共查处侵犯世博会标志专有权案件 582 件，罚没款 499 万元，没收侵犯世博会标志专有权的商品 16 万余件。如杨浦分局与黄浦分局大力协作，在世博会开幕当天，一举查获福佑门商厦内各类假冒"海宝"毛绒玩具和钥匙挂件共 13 000 余件。

3. 疏堵结合，严防死守，"确保服饰和小商品市场内售假情况得到根本遏制"

一是发布通告。上海市工商局向全市发布《关于在本市服饰和小商品市场加强世博商标保护的通告》，重申市场经营户禁止生产、销售、仓储侵犯世博商标商品行为和对侵权行为依法追究违法责任的规定。上海市工商局还将该通告制作成光盘免费发放给市场，要求市场主办者在市场内每天进行滚动广播。各级工商部门在全市共张贴该通告 6000 余份。二是推进合同。各级工商部门切实落实"三方责任"，即市场主办方的自律管理责任、市场经营户的守法经营责任、商标权利人

的主动维权责任;深入推进“二个合同”,即保证了《上海市商品交易市场进场经营合同示范文本》在重点市场的使用率达到100%,《上海市国内旅游合同示范文本(2009版)》的推广工作取得实效。三是驻场巡查。各级工商部门累计派驻百名执法人员,对50余个重点市场进行全方位、全天候监管,把侵权隐患遏制在萌芽状态。

4. 加强市场督查暗访,巩固执法成果

上海市工商局专门制订了《2010年上海世博会举办期间世博商标保护工作督查方案》,组织市局、分局和检查总队三个层面的力量,分别开展对重点地区的暗访督查,及时发现监管薄弱环节,防止侵权行为回潮。全年共开展市场暗访督查15次,出动督查人员300余人次,督查重点区域250余个次,发现涉嫌侵权经营户400余家;期间市局共编发督查通报15份。同时,上海市工商局监察处也把世博商标保护工作开展情况列入2010年的工商部门行政效能监察范围,进行重点督查。各分局根据上海市工商局督查通报反映的问题,积极采取整改措施,主动排除侵权隐患,对确有侵权行为的违法分子依法予以立案查处。

(二)协调各方,形成全国范围世博商标保护的合力

1. 承办重点九省市工商部门世博会标志保护研讨会

4月7日,上海市工商局组织承办国家工商总局商标局召开的重点九省市工商部门世博会标志保护研讨会。华东六省一市和北京、广东等省市工商局及部分地市级工商局的商标处负责人共计40余人参加了会议。会议强调了世博会标志保护工作的重要性,要求各地工商部门准确把握执法政策,统一执法口径,加强跨地区工商部门保护协作。会议还邀请上海世博局法务部专题介绍了世博会标志最新备案注册情况和侵权保护的新问题。

2. 承办打击制售世博会标志侵权产品行为专项整治工作会议

9月15日,上海市工商局承办了国家工商总局商标局在沪召开的打击制售世博会标志侵权产品行为专项整治工作会议。国家工商总局商标局副局长吕志华在会上介绍了全国工商部门开展世博会标志保护工作情况,河北、山东、江苏、安徽、浙江、福建、江西、上海等省(市)工商局商标监管部门负责人及有关地市工商局商标监管部门人员参加会议,并分别就开展世博会标志保护工作情况进行交流讨论。上海世博局和上海特许产品经营办公室的有关同志也到会介绍了世博会标志保护工作和特许产品经营保护情况。这次会议是在世博会最后冲刺阶段的动员会和部署会。会议提出了继续保持良好的工作作风,加强不同部门之间、不同地区之间、工商部门与世博权利人之间的协同配合,全面做好世博会标志保护工作的工作要求。

3. 加强长三角地区保护协作

3月,组织召开苏浙沪三地工商部门世博会标志保护工作协作会议,共同制订《世博会标志保护联合行动方案》。4月和7月开展了两次联合专项执法行动,三地工商部门共出动执法人员25 366人次,检查各类市场经营主体85 734户次,立案查处侵犯世博商标案件154件,没收侵权商品33 699件。

4. 完善与公安部门的协作机制

3月初,会同公安部门共同制定《关于联合开展世博商标专项执法行动的通知》,重点开展对售假窝点的查处,严厉打击倒卖、伪造世博会票证、预约券和销售假冒世博特许产品的违法犯罪行为,对进入上海的陆路、水路及航空等交通枢纽开展了28次检查,有效构建了快速打击假冒世博商标行为的协作机制,查处了一批大要案件。据统计,工商部门共移送商标违法案件30件,涉案人员31名。如浦东分局联合公安部门及时取缔了隐匿在世博园区周边民居内销售假冒世博特许商品的窝点,当场查获假冒“海宝”吊坠等1万多件,3名售假分子被公安部门刑事拘留。随后,执法人员又顺藤摸瓜赶赴浙江义乌,一举查获制假工厂。

5. 加强与世博会标志权利人的合作

妥善协调处理了多起重大的世博会标志侵权纠纷,并对世博园区内兜售假冒世博会特许产品等侵权行为进行快速处置,进一步净化了世博园区的环境。上海市工商局派驻骨干人员进入世博会标志管理办公室和特许产品经营办公室,配合世博局及时、有效地做好全国各地涉嫌侵犯世博会标志和特许产品行为的甄别、鉴定和处理工作,共协助世博局完成世博标志备案63件,世博商标注册228件。

6. 会同中华商标杂志社汇编《世博商标保护专刊》，作为工具书免费发放给全国 3000 多个县级以上工商机关，为各地工商部门开展世博商标保护工作提供了参考和指导

世博商标保护工作得到了各级领导和国家知识产权督查组的充分肯定，并取得了显著的成果：在生产领域，未发现上海企业制造假冒世博会特许产品的行为；在商标印制领域，未发现上海市企业非法印制世博会标志的行为；在商业流通领域，未发现大中型商业企业销售侵犯世博会标志商品的行为；国内和境外媒体未有反映上海工商部门执法的负面报道。

二、扎实开展打击侵犯知识产权和制售假冒伪劣商品专项行动

为切实贯彻温家宝总理在全国知识产权保护与执法工作电视电话会议上的重要讲话精神，全面落实国家工商总局和上海市政府的部署和要求，全市工商部门明确目标重点，抓紧部署落实，深入推进开展打击侵犯知识产权和制售假冒伪劣商品专项行动。据统计，自 11 月以来，全市工商部门累计出动执法人员 12 221 人次，检查各类市场经营主体 58 897 户次，立案查处各类侵犯知识产权和制售假冒伪劣商品案件 452 件，取缔售假窝点 34 个，向公安部门移送涉嫌商标犯罪案件 16 件，涉案人员 18 人。

（一）抓紧落实，周密部署，努力夯实专项行动的工作基础

1. 认真参加国家工商总局召开的两次系统电视电话会议

在第一次电视电话会议后，立即着手落实专项行动相关工作，成立了由分管局长任组长的专项行动领导小组。第二次电视电话会议上，上海市工商局陈学军副局长代表上海市工商局作大会交流。

2. 下发专项行动实施方案，提出了七项工作目标、八项监管任务、十项重点活动、推进六项长效措施、强调五项工作要求

上海市 19 个区县分局及市局检查总队结合区域特点和监管重点，相继制订了相应的专项行动细化实施方案，确保专项行动保护各项监管措施落实到位，起到实效。

3. 召开全系统专项行动会议

吴振国局长要求全市工商干部认真学习贯彻温家宝总理、国家工商总局周伯华局长和韩正市长的有关讲话精神，从服务推动科学发展大局的高度，从确保上海实施“创新驱动、转型发展”战略的高度，充分认识专项行动的重要意义和基本要求，运用知识产权保护，更好地服务上海经济社会又好又快发展。

（二）强化执法，注重实效，深入开展专项执法行动

全市工商部门结合世博工作中的成功经验和上海市场知识产权侵权违法行为特点，先后制定下发了 7 个专项行动通知，按步骤、有计划地开展专项执法行动。自 11 月以来，连续开展了农资市场专项执法检查，对服饰和小商品市场售假行为专项执法行动，打击“傍名牌”等不正当竞争行为专项执法行动，保护奥运会、世博会和亚运会标志及特许商品专项执法行动等。同时，根据国家工商总局专项领导小组办公室下发的《关于印发〈切实扼制恶意商标抢注行为实施方案〉、〈重点查处涉外商标和驰名商标违法案件实施方案〉和〈严厉打击违法印制商标标识及仿冒知名商品包装装潢的不正当竞争行为实施方案〉的通知》等通知要求，开展有针对性的专项行动。

1. 扎实开展农资市场专项执法检查

11 月下旬，上海市工商局制定下发了《农资市场专项执法检查工作方案》，各分局按照方案要求，以种子、化肥、农药作为检查重点，开展严厉打击制售假冒伪劣农资商品行为。共出动执法人员 700 余人次，检查农资市场经营主体 900 户，规范 78 户农资经营户台账记录，对 56 户未亮照经营或拆包分售种子的经营户责令限期改正，查处各类农资违法案件 4 起。

2. 全面开展打击服饰和小商品市场售假行为专项行动

12 月上旬，各分局按照上海市工商局制定的《关于开展对服饰和小商品市场售假行为专项执法行动的通知》，围绕重点商标、重点商品和重点区域开展专项行动。行动中共出动执法人员 3000 余人次，检查各类经营主体 1 万户次，取缔售假窝点 11 个，立案 119 件，移送公安部门涉嫌商标犯罪案件 4 件，查获涉嫌商标假冒侵权商品 1.4 万件。其中，浦东分局在“亚太盛汇”市场内发现 3 户经营户涉嫌销售假冒“LV”、“GUCCI”等涉外高知名度商标的箱包皮具，当场查获商标侵权商品 2130 件，并鉴于当事人涉嫌商标犯罪，已

将案件移送公安部门处理。

3. 组织开展打击"傍名牌"等不正当竞争行为专项执法行动

12月中旬，各分局根据上海市工商局制发的《关于开展打击"傍名牌"等不正当竞争行为专项执法行动的通知》，统一开展了对仿冒知名商品特有的名称包装装潢、冒用他人企业名称或姓名、伪造产地、侵犯商业秘密等不正当竞争行为的专项执法，有效制止利用知名商品"搭便车"、淡化知名商品的商业标识等制造市场混淆的违法行为。行动中共出动执法人员3000余人次，检查各类经营户1.3万户次，取缔制假售假窝点16个，查处案件104件，移送涉嫌犯罪案件3件。

4. 深入开展保护奥运会、世博会和亚运会标志及特许商品专项执法行动

12月下旬，各分局根据上海市工商局关于《开展奥运会、世博会和亚运会标志及特许商品专项执法行动的通知》要求，开展专项行动，共出动执法人员2000余人次，检查经营主体1万余户，取缔窝点4个，立案45件。其中，长宁分局对一当事人擅自发布含有世博会会徽的户外广告进行了查处。

（三）加强宣传，注重引导，营造良好的社会氛围

各级工商部门高度重视专项行动的宣传工作。上海市工商局和各分局成立了两级专项行动宣传领导小组，定期开会沟通情况，部署工作。在上海工商门户网站和系统内网上开设专项行动专栏，扩大专项行动的社会宣传面。已编发专项行动简报11期，对外发布专项行动信息33条，相关信息动态被上海市政府和国家工商总局所录用。《中国工商报》、《上海法治报》等多家媒体也刊登了上海工商部门开展专项行动的执法情况，上海市专项行动领导小组办公室专门编发了两期介绍工商部门专项行动开展情况的简报。

三、大力实施上海商标发展战略

根据国家工商总局《关于贯彻落实〈国家知识产权战略纲要〉大力推进商标战略实施意见》的要求，结合上海"四个中心"建设目标和市政府颁布出台的《关于进一步促进中小企业发展若干意见的实施意见》、《关于促进本市与贸易有关的知识产权工作若干意见的通知》、《关于进一步促进本市中介服务业发展若干意见的通知》等文件要求，积极实施上海商标发展战略，切实加强对企业商标工作的指导。

（一）夯实基础工作，为商标战略实施营造良好的社会环境

上海市工商局积极贯彻落实国家商标战略，按照上海市提出的"调结构、促转变"的经济工作要求，结合2010年全市制定"十二五"规划工作的具体任务，深刻认识未来5～10年上海市商标行政管理工作将面临的新形势、新任务和新要求，深入研究事关本市商标发展的重大问题和目标任务，重点开展两项工作。

1. 起草完成《上海商标中长期发展纲要》(2011—2020年)(初稿)

上海市工商局商标处组成工作班子，通过走访相关产业部门、邀请大专院校专家和学者召开座谈会、向著(驰)名商标企业发放调查表、学习借鉴外省市工商部门纲要制定的经验等方式，认真开展了商标中、长期发展规划工作的调研，在调研基础上完成了《上海商标中长期发展纲要》(初稿)。

2. 推动著名商标立规工作取得实质性进展

2010年以来，上海市工商局商标处会同法制处与市政府法制办加强沟通，召开十余次协调会议，对著名商标立规条文进行反复酝酿、修改，几易其稿，最终形成了较完善的《上海市著名商标认定与保护办法》(讨论稿)，该办法已被列为2011年市政府规章的立法项目。

3. 积极筹建"上海商标展览馆"

为贯彻落实国家商标战略，建立上海商标公共服务平台，体现上海商标历史、内涵和形象，延续上海商标的辉煌，2010年商标处组成工作班子，切实按照筹建计划，开展"上海商标展览馆"的筹建工作。

4. 参与知识产权质押融资办法配套措施的制定

会同上海市金融办、市知识产权局共同研究制定了与《关于促进本市知识产权质押融资工作实施意见》相配套的措施，如《上海市知识产权质押评估实施办法(试行)》、《上海市知识产权质押评估技术规范(试行)》和《商标质押登记指南》，为企业利用知识产权进行融资发展创造了条件。

5. 加快推进企业实施"走出去"战略

9月3日，上海市工商局承办国家工商总局在沪召开"世界知识产权组织有效利用马德里商

标国际注册体系巡回研讨会”。国家工商总局国际合作司安青虎巡视员，世界知识产权局国际商标注册法律和推广司司长诺宁·黛比，上海市工商局陈学军副局长出席会议并致辞。全市100余家著（驰）名商标企业和商标代理组织、各分局商标工作分管局长和商标科（处）负责人参加会议。同日，国家工商总局和欧洲内部市场协调局联合主办的“欧共体商标宣介活动”在世博园欧盟馆召开。安青虎巡视员出席会议并致辞，全市70余家著（驰）名商标企业和部分外省市的重点企业参加了会议。通过会议，指导广大企业加强商标国际注册和保护，为进一步实施“走出去”战略，参与国际竞争，做大做强自主商标创造条件。

6. 推动有关区县（企业）获“国家商标战略实施示范城区（企业）”的认定

6月1日，国家工商总局召开全国商标战略实施示范城市（区）、示范企业授牌电视电话会议，上海设立分会场。会议公布了首批商标战略实施示范城市（区）、示范企业名单并进行了授牌仪式。上海市嘉定区、浦东新区被评为示范城区，上海家化联合股份有限公司被评为示范企业。国家工商总局副局长刘玉亭主持会议，副局长付双建出席会议并讲话。上海市工商局局长吴振国，上海市工商局商标战略实施领导小组成员，示范城区、示范企业有关负责人及辖区工商分局局长，各分局分管局长和商标科（处）长参加了上海分会场会议。上海市工商局副局长陈学军赴北京参加了会议。

（二）以培育驰（著）名商标为重点，大力推动企业自主商标发展

截至2010年底，上海市累计有效注册商标数量达到21.26万件。为在推动商标数量稳步发展的基础上，进一步提升上海商标质量，充分发挥商标服务上海经济发展的重要作用，全市工商部门以培育、发展著（驰）名商标为契机，大力推动企业自主商标发展。

1. 认真开展著名商标工作

一是召开第十四批上海市著名商标审定会议。共认定116件新申请商标和169件重新申请商标为第十四批上海市著名商标。至此，上海市著名商标总数达到793件。开展第十四批著名商标宣传发布工作和举行上门授牌活动。二是做好第十五批著名商标申报审查工作。截至2010年9月15日，著名商标认定办公室共收到申报商标材料425件。其中，新申报商标材料242件，占申报总数的56.9%；重新申报商标材料183件，占申报总数的43.1%。经审查，递交审定大会的新申报商标202件、重新申报商标183件。

2. 推动一批行业领军企业发展驰名商标

2010年，“金茂”、“童涵春堂”等26件代表上海现代服务业和先进制造业发展方向的自主商标，被国家工商总局商标局和商标评审委员会认定为中国驰名商标。至此，上海市驰名商标总数达96件。为鼓励广大企业培育创建驰名商标，推动更多优势品牌企业获得驰名商标认定，2月4日，上海市工商局组织全市100多家商标企业代表和各工商分局商标管理干部召开驰名商标申报培训会议。培训会在积极动员符合条件的企业进行申报的同时，还向企业悉心介绍了具体的申报程序和法律要求，辅导企业切实做好驰名商标申报材料的组织工作。目前，有31件商标提出驰名商标认定申请，其中28件已上报商标局，3件上海市工商局正在进行受理审查。

3. 进一步加强对企业商标工作的指导

一是鼓励企业进行商标国际注册，积极实施“走出去”战略。支持企业抓住“世博后”契机，借助世博会平台走向国内外，做大做强自主商标。二是支持先进制造业（电子、机械、汽车、钢铁、生物医药等）、现代服务业（航运、房地产、连锁餐饮、旅游、会展、游戏等）、高新技术产业的商标发展。三是扶持一批特色农副产品商标的发展，特别是指导地理标志权利人积极使用、发展已注册的地理标志，实现地理标志的商业价值。四是培育一批成长性好、自主创新能力强、具有发展潜质的中小企业商标发展。五是大力发展商标中介服务业，繁荣商标中介服务市场。

（上海市工商行政管理局）

版权工作

2010年，上海市版权局以做好世博会版权保护与服务工作为中心目标，坚持一手抓版权保护，一手抓版权产业发展服务的工作方针，着力加强版权执法，大力推进版权公共服务体系建设，通过开展世博会出版物市场整治与版权保护专项治理行动，组织实施版权净化工程以及“剑网行动”等，使侵权盗版现象得到有效遏制，版权保护综合治理工作取得显著成效，为世博会成功举办，促进版

权产业繁荣发展，为上海建设“两个中心”、实现“四个率先”作出了积极贡献。

一、主动对接，开创世博版权保护新纪元

（一）抓源头、广布网，世博会版权市场环境得到有效净化

有效整合公安、城管、城交、文化执法、海关等全市行政力量，以音像、出版物市场专项治理行动、世博会反盗版护城工程、打击软件和网络侵权专项行动为抓手，精心组织落实各项任务，通过严堵入沪渠道、严查销售窝点，使上海市的侵权盗版现象得到遏制，市场整治工作成效明显。

（二）突出重点，快速反应，切实保护世博会相关版权

围绕世博会中国馆、主题歌、海宝等有关作品的版权争议问题，上海市版权局严把法律关、事实关，在深入调研、充分论证的基础上，本着有理、有利、有节的原则，协调解决了争议，有效制止了舆论恶意炒作，维护了世博会版权保护工作大局。

为进一步加强对世博会相关作品的网络版权保护，确保与世博会有关的作品不被网络非法传播，上海市版权局联合市通管局、市公安局、市文化市场行政执法总队等五部门，充分利用市网络版权综合治理领导小组的工作机制，齐抓共管，确定 30 多家网站作为巡查重点对象，实行全天候监控。世博会举办期间，上海市未发生一起非法传播世博会开幕式、主题馆日、闭幕式等重要活动的视频节目。

（三）主动服务，提高效率，大力构建世博会版权服务平台

市版权局联合世博局、市知识产权局等部门成立“世博会参展者知识产权服务中心”，集中为上海世博会的各类参展者、参与者提供版权服务。上海市版权局多次召开专题座谈会，向参展商讲解作品登记及版权保护的相关知识。为给世博会参展者提供高效便捷的作品登记服务，经国家版权局同意，为海外参展商开辟作品登记“绿色通道”，在世博会知识产权服务中心设立专门窗口，委派专人，统一受理作品登记。联合江浙两省版权管理部门，邀请区域内最优秀的版权法律专家，共同组建长三角区域版权法律专家咨询组，在世博会期间，为世博会举办地和分论坛所在地提供版权法律咨询服务。

二、推进制度创新，服务体系建设有新进展

（一）加强版权质押融资制度建设

上海市版权局积极参与市促进知识产权质押融资工作联席会议的各项具体工作。为贯彻落实《关于本市促进知识产权质押融资工作的实施意见》关于进一步完善版权质押制度的要求，上海市版权局支持鼓励有关单位开展版权资产评估体系和评估方法的研究，制定《计算机软件著作权的评估研究》，联合出台《上海市知识产权质押评估实施办法（试行）》和《上海市知识产权质押评估技术规范（试行）》，在全国率先建立包括版权在内的知识产权质押评估管理体系，填补知识产权质押评估领域的制度空白。

（二）探索建立版权纠纷诉调对接机制

为有效化解版权纠纷，促进社会和谐稳定，上海市版权局和市高级人民法院积极探索上海版权纠纷调解工作的新机制，共同推动建立版权纠纷诉讼与非诉讼相衔接的矛盾纠纷解决机制，出台《关于开展著作权纠纷委托调解工作的意见（试行）》。根据该意见，诉至本市法院的各类版权纠纷在法院收到起诉状之后、正式立案前或者立案后、开庭审理前或者开庭审理后、法院判决前，经双方当事人同意，上海市法院可以将纠纷委托上海版权纠纷调解中心进行调解，也可邀请上海版权纠纷调解中心参与法院主持的调解。诉调对接机制的建立为当事人提供了和谐解决矛盾的便利通道，有助于双方当事人及时、高效地解决版权纠纷。

（三）制定《版权服务优秀项目（案例）评展办法》

为激励版权服务机构进一步提升工作效能和服务质量，促进版权服务的项目化、特色化，上海市版权局制定了《版权服务优秀项目（案例）评展办法》，涉及优秀服务、推广运用、创新促进和宣传保护四个方面。上海市版权局试点在五家版权服务工作站和两个中心（版权交易中心和版权服务中心）开展首次评展活动，五家版权服务工作站和两个中心共申报 22 个项目。经过评审，选出 14 个优秀项目，进一步推动了上海市版权服务业的健康发展。

（四）成立上海版权服务中心、上海版权纠纷调解中心

结合上海建设“四个中心”和国际化大都市的

目标，2010 年 5 月挂牌成立上海版权服务中心。该中心打破以往的组织框架，按照高效、便捷的原则，设计了全新的组织机构和工作思路，即四个机构、五大职能。四个机构是：上海版权保护协会、中国音乐著作权协会上海办事处、上海版权纠纷调解中心、上海版权代理有限公司；五大职能是：版权登记、版权集体管理、版权纠纷调解、版权综合信息、版权代理。上海版权服务中心成立以来，通过开展法律宣传、登记服务、信息服务等工作，为权利人提供了“一条龙”服务，有效保护了著作权人的合法权益，有效提升了上海版权服务业的整体水平。2010 年，共办理作品登记 2636 件，版权合同备案 202 件，代理涉外作品登记 125 件、软件著作权登记 262 件。

三、聚焦新业态，版权监管水平有新提高

（一）创新行政执法模式，严厉打击网络侵权活动

为提高上海市文化领域行政执法效能，经市政府常务会议通过，决定自 2010 年 7 月 1 日起，上海市著作权行政执法权集中由上海市文化市场行政执法总队行使，上海市版权局负责对版权行政执法的协调、监督、指导工作。

根据国家版权局有关“剑网行动”的统一部署与要求，上海市版权局以上海市网络版权综合治理领导小组名义，召开市“剑网行动”专题工作会议，明确有关部门的职责与分工，全面、迅速动员部署，认真组织相关网站开展自查自纠工作。根据有关自查自纠情况，进一步明确上海市主动监管网站名单。联合上海市文化市场行政执法总队对其中五家重点网站进行现场执法检查，对发现有违法情况的，依法进行了查处，并要求其限期整改。

在加大网络版权监管与执法力度的同时，积极引导上海本市有关互联网企业开展版权自律。在上海市版权局的协调下，盛大网络、起点中文网、PPS、PPLIVE、激动网等 8 家企业作为共同发起人，就建立上海市互联网行业自律公约达成共识，自觉抵制网络侵权盗版行为，共同创造良好的网络行业发展环境。

（二）重点击破，积极稳妥推进企业使用正版软件工作

在 2010 年企业使用正版软件推进工作中，明确以上海市金融行业等为重点推进领域，联合市证监会、银监会、保监会三部门，对本市 60 余家金融服务机构进行软件正版化专题培训，取得了良好效果。

在国有大中型企业软件正版化推进工作方面，与上海市国资委合作举办两期培训班，并分批对重点推进企业的软件使用情况进行监督检查，对检查中发现问题的企业明确提出要求与整改意见。

联合上海市期刊协会，对上海市 620 家期刊企业发放《软件使用调查表》，重点检查有关管理软件以及操作系统、办公软件、杀毒软件的使用情况和合法授权情况。

（三）注重实效，有力推进图书馆版权保护工作

根据国家版权局、文化部、教育部和全国“扫黄打非”工作小组办公室联合下发的《关于加强图书馆著作权保护工作的通知》要求，联合上海市文化市场行政执法总队，对上海市部分高校开展图书馆版权保护专项执法检查行动。检查中，向校方明确提出要深刻领会中央有关加强图书馆版权保护工作的指示精神，高度重视图书馆版权保护工作，完善版权管理机制，切实做好对学生的版权保护宣传与培训工作，同时，根据检查中发现的问题，及时对相关高校提出整改要求。组织上海市有关高校参加图书馆版权保护培训，进一步提高图书馆行业对版权保护重要性的意识，提升防范侵权盗版的管理水平和实际操作能力。

四、立足产业发展，版权公共服务能力有新提升

（一）创国内先河，发布上海版权产业报告（2004～2007 年）

在全国率先完成并发布上海版权产业报告（2004～2007 年），该报告以世界知识产权组织的分类为依据，以国家版权局核心版权产业统计行业分类为参考，与《国民经济分类标准》相对应，结合上海版权产业特点，科学合理地设置上海版权产业统计范围内容和指标体系。确定了上海版权产业具体产业分类由核心版权产业、相互依存的版权产业、部分版权产业 3 大类、27 中类、171 小类构成。同时，在权威统计数据的基础上，结合国内外相关研究成果确定版权产业统计项目的统计成分，统计分析上海版权产业的增加值、就业人数和进出口贸易额等经济贡献。根据上海版权产业

报告显示,“十一五”期间,上海版权产业发展迅速,整体保持比较稳定的持续增长和发展,上海版权产业对国民经济增加值占GDP的9%左右,2007年对就业的贡献已达到8.41%,远高于全国其他地区,处于较高发展水平。

(二)加强版权贸易的基础性建设,推动版权贸易持续发展

通过鼓励、支持、资助上海市出版单位、代理机构参加国内外重大书展等文化展会,充分发挥展会资源的集合、联动效应,促进优秀文化产品的传播。2010年,上海市各出版社开展了涉及1396种图书的涉外版权贸易活动,其中引进1133种图书,与2009年相比减少了171种,下降了13.11%;输出263种,同比增加了31种,增幅达13.36%。总体上,2010年图书版权输出和引进数量由以往的“双增长”发展为“一增一减”,这说明上海图书版权贸易更趋理性,引进质量不断提高,“走出去”战略取得明显成效。

指导上海版权交易中心提升版权交易能力,创新版权交易品种。2010年,上海版权交易中心实现3000个版权项目挂牌,涉及全国25个省市区,挂牌金额500亿元,完成融资、版权转让、咨询服务等各类版权综合交易29亿元。研发的全国首个半标版权交易产品“艺术品产权组合1号”成功挂牌,投资总额为2500万元人民币,5个工作日全部发售完毕,最后一笔溢价10%。

(三)先行先试,推动版权质押融资

根据上海市新闻出版(版权)局与交通银行股份有限公司上海市分行签订的合作备忘录,交通银行股份有限公司上海市分行给予意向性授信总额度100亿元用于支持上海市新闻出版及版权产业的发展。上海市版权局一方面积极推动银行方面对有大量版权资产的企业进行重点扶持和“试验”,引导银行将版权作为质权对企业放贷;另一方面,积极探索畅通版权质押渠道,尝试突破著作权质押合同登记制度的有关法律瓶颈。

五、贴近实际,版权宣传普及有新成效

(一)在“4·26世界知识产权宣传周”期间开展版权宣传教育活动

以“4·26世界知识产权宣传周”为契机,通过召开以“加强软件版权保护和繁荣软件产业”为主题的座谈会、启动“绿书签”发放仪式,联合PPTV、土豆网、新民网、东方财富网等沪上主流网络媒体开展“保护版权,尊重创新,让世博更精彩”网络在线答题活动,宣传版权产业在经济发展中的作用,普及版权法律知识。

(二)开展全国百家出版单位版权保护宣言活动

为净化文化市场,营造一个尊重知识、鼓励创新、倡导公平的产业发展环境,组织开展全国百家知名出版社签署《共担文化使命,守护书香家园——2010上海书展版权保护宣言》活动,号召出版界从自身做起,激励原创,切实提高维权意识。活动得到全国130多家知名出版单位响应。

(三)开展上海市民版权认知度调查活动

为宣传普及版权知识、进一步提升市民的版权保护意识,上海书展期间,进行上海市民版权认知度调查活动,切实了解当前市民对版权的认知程度和对版权管理工作的认可程度,从而为下一步如何开展版权保护社会宣传活动、如何加强版权保护提供有益参考。

(上海市版权局　吴瑾君　王　骞)

司法工作

一、案件数量

2010年,上海全市法院受理一审知识产权民事案件2131件,二审知识产权民事案件448件,总计2579件,比2009年分别上升24.9%、39.6%、27.2%;审结一审知识产权民事案件2135件,二审知识产权民事案件441件,总计2576件,比2009年分别上升43.9%、41.3%、43.5%。中级法院受理的专利案件占其收案总数的比例均超过60%,基层法院受理的著作权案件占其收案总数的比例均超过50%。

二、案件特点

(一)以侵权纠纷为主

2010年受理的一审知识产权民事案件中,侵权类纠纷占70%,权属类纠纷占15.9%,合同类纠纷仅占5.4%。

(二)新类型案件多

上海市法院受理了网络游戏使用热门歌曲作背景音乐、网站上传电视剧“片花”、电子硬件设

备内置"在线影视剧功能模块"被控侵权等著作权侵权纠纷案件，主张文学作品名称构成知名商品特有名称的不正当竞争纠纷案件，金融数据产品使用他人作品被控侵犯著作权及不正当竞争纠纷案件，审结了确认域名不侵权纠纷、游戏名称使用游戏服务商标侵犯商标权纠纷等案件。

（三）疑难案件多

上海市法院审理的知识产权案件涉及诸多疑难问题，如体育赛事、访谈节目、选美比赛、服装样板法律性质界定；作品的权利主体、作品主编的法律地位的确定；侵犯著作人身权的行为如何确定精神损害赔偿；涉及网络的公证证据审查判断的标准；商业秘密具体内容和载体的准确界定等问题；商标类案件中对类似商品的认定难度增加。

（四）申请采取诉前临时措施的案件数量明显增加

2009 年上海市法院仅受理和准许 1 件诉前证据保全申请。2010 年当事人向上海市法院申请诉前证据保全及诉前责令停止侵权行为的案件达 26 件，其中申请诉前证据保全的 21 件，裁定支持的 14 件（其中 11 件为专利纠纷中的诉前证据保全）；申请诉前责令停止侵权行为案件 5 件，因不符合法定条件，未获支持。诉前证据保全申请集中于机械设备和计算机软件领域，反映出权利人对机械设备、计算机软件等证据的收集尚有一定难度，希望借助法院完成举证。

三、服务保障大局，精心审理涉世博知识产权案件

上海高院制定《关于审理涉世博民商事、知识产权案件适用法律若干问题的意见》，明确涉世博知识产权纠纷的法律适用标准。各法院知识产权审判庭设立审理涉世博知识产权案件的专项合议庭，确保了涉世博知识产权案件公正高效的审理。2010 年上海市法院共受理一、二审涉世博知识产权案件 24 件，审结一、二审涉世博知识产权案件 16 件。王群诉世博会法国馆侵犯发明专利权纠纷案，法院为了查明法国馆建筑物的技术特征，专门到建筑物内对建筑结构特征进行勘验，并及时作出判决。上海法院对涉世博案件的精心审理，及时妥善地解决了世博会举办中发生的各种知识产权争议，有效地打击了侵犯世博会知识产权的违法犯罪行为，为平安世博提供了有力的知识产权司法保障。

四、妥善审理知识产权民事案件，促进创新和公平竞争

（一）精心审理，审结一批有重大社会影响的案件

2010 年，上海市法院审结了微软公司诉大众保险股份有限公司侵犯著作权纠纷案，五合国际建筑设计集团诉上海五合国际建筑设计咨询有限公司等不正当竞争纠纷案，雅培制药有限公司诉汕头市雅培食品有限公司等侵犯注册商标专用权及不正当竞争纠纷案，上海人才网（集团）有限公司诉上海创汇信息科技有限公司擅自使用他人企业名称纠纷案等一大批涉及跨国企业、知名企业、知名品牌、知名作品的案件以及在行业、社会广受关注的案件。

（二）发挥专家作用，完善查明技术事实措施

充分发挥技术咨询专家库的作用，在案件审判中采用向技术咨询专家进行咨询、任命技术咨询专家为人民陪审员、请技术咨询专家参与调解等多种方式，积极使用专家库，有力推动了涉技术难题案件的审判。上海法院与国家知识产权局专利复审委员会建立了交流合作机制，双方互派人员开展工作交流。

（三）加大侵权赔偿力度，有效保护知识产权

上海市高院出台《关于知识产权侵权纠纷中适用法定赔偿方法确定赔偿数额的若干问题的意见（试行）》，为统一执法、依法确定赔偿额提供了参照标准。上海法院坚持全面赔偿原则，提高侵权人的侵权代价，降低权利人的维权成本，为权利人提供了有力保护。微软公司诉大众保险股份有限公司侵犯计算机软件著作权纠纷一案，被告为国有金融企业，在其使用的服务器中安装不同版本的盗版计算机软件，原告经济损失数额难以确定，但被告使用涉案软件的价值已远远超过 50 万元的法定赔偿最高限额，因此，法院考虑到正版软件的许可使用费、被告使用盗版软件的数量与时间等因素，最终确定赔偿额为 114 万余元。判决后原被告均未上诉，判决结果在社会上引起良好反响。

（四）遵循国民待遇原则，平等保护中外当事人权益

2010年共受理一审涉外知识产权民事案件99件，涉港案件11件，涉台案件13件，总计123件，占一审知识产权民事案件收案总数的5.8%，比2009年下降0.2个百分点。2010年共审结涉外案件158件，涉港35件，涉台22件，总计215件。上海法院平等保护中外当事人权益，一批涉及知名境外企业（如英国BP化学有限公司、德国拜尔斯道夫股份有限公司）以及外资品牌（如施华洛世奇、卡地亚）的案件得到公正审判，平等有效地维护了境外权利人的知识产权。美国微软公司副总法律顾问专程来上海市高院致谢，美国明导国际有限公司等跨国企业也专门致信感谢上海市法院的公正司法。

五、积极开展知识产权刑事审判工作，严惩侵犯知识产权犯罪

（一）运用刑罚手段惩处侵犯知识产权犯罪行为

充分发挥知识产权“三合一”综合审判机制的作用，加大刑事司法惩处力度，保持对侵犯知识产权犯罪活动的高压态势，切实发挥惩罚与预防犯罪的功能，依法严惩犯罪分子。依法适用主刑的同时，加大罚金刑的适用力度，通过采取追缴违法所得、收缴犯罪工具、销毁侵权产品等措施，剥夺犯罪分子再次犯罪的能力和条件。如被告人张某曾于2008年6月因犯销售假冒注册商标的商品罪被判处有期徒刑二年，缓刑三年，其于缓刑考验期内又销售假冒注册商标的白酒，具有较大社会危害性，被撤销缓刑，决定执行有期徒刑五年六个月，罚金人民币37万元。

（二）加大打击侵犯知识产权犯罪特别是销售假冒注册商标的商品犯罪行为的力度

一批涉嫌销售假冒注册商标的商品犯罪案件，涉及“LV”、“GUCCI”、“CHANEL”、“LONGINES”、“OMEGA”、“PHILIPS”等国际知名品牌以及“奥妙”、“汰渍”等国内知名品牌以及世博会注册商标，经公诉机关公诉，法院依法对犯罪分子判处有期徒刑、罚金等刑罚。

六、认真审理知识产权行政案件，依法监督和支持知识产权行政执法

尽管知识产权行政案件数量较少，但上海法院依托“三合一”综合审判机制，切实发挥知识产权行政审判对知识产权行政执法行为的司法审查职能，依法保护行政行为相对人的合法权益，维护知识产权行政管理秩序，促进知识产权行政保护。2010年审结的上海全能科贸有限公司诉上海市知识产权局专利侵权纠纷处理决定案中，法院认为审理专利侵权纠纷处理决定行政案件，应结合专利侵权民事案件的审理特点，在展开全面合法性审查的基础上，重点审查行政决定所认定的制造、销售涉嫌侵权产品的事实是否客观准确，该案被《最高人民法院公报》登载。

七、加大执行力度，保障胜诉权利得以实现

为切实保障权利人的利益，上海法院加大知识产权案件执行力度，不仅注重损害赔偿金执行到位，还注重根据执行需要采取销毁侵权产品生产模具等有效方式，保障停止侵权民事责任的有效执行。2010年，上海法院知识产权案件执结标的总额1.5亿余元。

（上海市高级人民法院知识产权审判庭）

检察工作

上海市检察机关将履行法律监督职能与推动建立行政执法与刑事司法衔接工作机制有机结合起来，采取积极措施，促进行政执法机关向公安机关移送包括侵犯知识产权在内的涉嫌犯罪案件，进一步强化了立案监督职能，有效打击了侵犯知识产权犯罪，为维护上海的市场经济秩序和社会稳定，促进经济社会发展发挥了积极的作用。

一、依托行政执法与刑事司法衔接机制，减少对侵犯知识产权犯罪“以罚代刑”的行政执法现象

为了进一步促进行政执法机关移送包括侵犯知识产权在内的涉嫌犯罪案件，自上海市建立行政执法与刑事司法衔接工作机制以来，各级检察机关逐步完善与行政执法机关的联系制度，通过定期走访行政执法机关、规范联席会议制度、开展专题研讨等形式，进一步加强与行政执法机关的联系。闸北、普陀、杨浦、闵行、宝山等区检察院每季度走访各行政执法机关不少于一次，浦东、虹口、黄浦、南汇、奉贤、嘉定等区检察院每半年与行政执法机关召开一次联席会议，遇有特殊情况，还不定期召开联席会议沟通情况，上海市人民检察院分

别与质监、药监、烟草等行政执法机关多次研讨，就执法办案、移送包括侵犯知识产权在内的涉嫌犯罪案件以及具体案件的查处等进行沟通和协调。

二、上海市检察机关开展打击侵犯知识产权和制售假冒伪劣商品专项行动

根据全国开展打击侵犯知识产权和制售假冒伪劣商品专项行动的具体精神与上海市检察机关关于组织开展专项活动实施方案的统一部署，全市检察机关高度重视，积极开展思想动员，落实责任分工，抓紧组织实施，稳步推进专项行动各项工作的开展。

（一）组织有序，落实全面

为加强开展专项行动的组织领导，上海市人民检察院召开了电视电话会议及时传达行动精神，成立了以院领导为组长的专项行动领导小组和办公室，制订并下发工作方案，对各部门的工作目标与重点予以了明确，同时强化了对各级检察院相关部门开展专项行动的业务指导和督导检查，确保专项活动各项工作的有序开展。

（二）提前介入，确保案件质量

各级检察机关加强与公安机关的联系，及时掌握公安机关在办的重大的、有影响的侵犯知识产权和制售假冒伪劣商品犯罪案件信息，通过提前介入、积极引导取证，确保案件质量。如金山区人民检察院公诉部门在获悉公安机关破获了由公安部督办的犯罪嫌疑人兰某销售假冒伪劣卷烟一案后，及时派具有丰富办案经验的资深主诉检察官提前介入，认真细致地引导侦查，从涉案物品数量证据的固定、价值的确认等多方面提出引导侦查的意见，确保了案件的快速高效办理。又如静安区人民检察院所办理的司某等 7 人销售侵权复制品案，在该案侦查阶段，区人民检察院不仅派员参与现场勘查，第一时间掌握盗版光盘销售的规模、场地等基本信息，还针对本罪在司法实践中存在追诉标准不统一的情况，建议侦查机关从违法所得、经营数额和侵权光盘数量等多角度进行取证，同时积极与上级院沟通，明确定罪标准，为该案的顺利起诉奠定了坚实的基础。

（三）强化沟通，构建协作机制

各级检察机关建立健全了与公安机关的协作机制，建立了重要案件、重要情况的相互沟通机制。上海市人民检察院和上海市公安局两家明确公安机关应及时向检察机关通报有关专项打击情况、信息和工作中遇到的法律问题，检察机关应积极给予配合和支持，同时对侵犯知识产权和制售假冒伪劣商品犯罪依法快审快诉，切实提高打击的效率和效果，增强了打击此类犯罪的合力。

（四）集中公诉，凸显打击力度

上海市人民检察院加强对重大的、有影响的侵犯知识产权和制售假冒伪劣商品犯罪案件的督办、指导和协调，适时举行全市侵犯知识产权和制售假冒伪劣商品犯罪案件的集中公诉。在 2010 年 10 月中下旬，组织了一次集中公诉，共将 30 件案件 46 人诉至法院。上海市人民检察院以集中公诉为载体，有力地打击了侵犯知识产权和制假售假违法犯罪行为，维护了正常的生产经营秩序，保护了消费者的合法权益。

（五）延伸职能，推进综合治理

在办案中，各级检察机关充分发挥监督职能，注重对一类问题的排查分析，积极运用检察建议等方式建言献策，督促有关单位建章立制，完善管理。如黄浦区人民检察院通过专项调研发现，该区内发生的侵犯知识产权案件中有 50% 的案件发生在位于人民路上的上海滩商厦，且涉案金额高、品牌多、窝点集中，检察机关就此向该商厦的经营者发出检察建议，指出其在市场知识产权管理与保护上存在问题，未完全尽到管理职责，要求商厦经营者重视商户资质审查，加强日常管理巡查，发现违法行为要及时劝阻并向有关部门报告。商厦负责人接到检察建议书后及时予以回复，对检察机关能在办案中及时指出其存在的问题表示感谢，并积极配合检察机关开展综合治理工作，完善相关工作职能，促进建立公平有序的市场环境。

（六）加强宣传，扩大社会效应

在开展专项活动全面履行检察职能的过程中，各级检察机关也努力借助媒体平台，加强宣传报道工作，正面引导舆论，扩大社会效应。如静安区人民检察院办理的一起销售假冒注册商标的商品案，该案涉及贵州、辽宁、上海三个省市，涉案人员之间关系复杂，且涉案商品系世博唯一指定用酒“茅台酒”等假冒注册商标的商品，案件的社会影响大，舆论关注度高，为进一步体现严厉打击犯罪的精神，加强法制宣传与教育，该案的庭审过程

通过“法治中国网”进行了全程网络直播，公诉人在庭上充分运用证据有力的指控犯罪，并做到法理情并蓄，获得了网友的高度评价，提升了专项行动的整体社会效果。

三、上海市检察机关开展对行政执法机关移送涉嫌犯罪案件专项监督活动

上海市各级检察机关高度重视，加强领导，精心组织，充分发挥各行政执法机关的积极性，推动专项行动有序开展。

（一）领导重视，精心部署

根据全国统一安排和要求，上海市检察机关高度重视，积极部署，抓好推进。在充分沟通协商的基础上，确定了各单位的责任部门、责任人员、联络员，并在上海市人民检察院侦查监督处设立了专项监督活动办公室。上海市人民检察院迅速会同市公安局、市监察局、市商务委进行研究协商，在广泛征求意见后又起草了上海市《关于开展对行政执法机关移送涉嫌犯罪案件专项监督活动的实施意见》并下发全市各相关单位认真执行，明确工作目标、组织领导、职责分工、实施步骤、工作要求。上海市人民检察院、市公安局、市监察局、市商务委于 2010 年 11 月 24 日联合召开了上海市开展行政执法机关移送涉嫌犯罪案件专项监督活动动员大会，并书面向市委政法委、市人大常委会作了书面报告和向市政协通报了相关情况。

自专项监督活动开展以来，上海市浦东、宝山、长宁、黄浦、闸北、静安、杨浦、闵行、卢湾、普陀、松江、金山、青浦、崇明等区县人民检察院高度重视，明确责任领导、责任部门和责任人员，主动汇报积极争取地方党委政府大力支持，主动配合共同研究解决存在的问题，及时召开动员部署大会。各级行政执法机关表示要支持并配合相关部门对查办的行政违法案件、两法衔接工作的开展情况进行自查和检查，通过专项监督活动努力推进两法衔接工作长效机制的建立。宝山区人民检察院提出要把开展专项监督活动与化解社会矛盾、与查办行政执法人员职务犯罪和违法违纪案件、与推进两法衔接工作有机结合起来。虹口区分管副区长针对区两法衔接不畅的现状，要求各单位应在规范行政执法行为、依法行政的高度来认真组织实施专项监督活动，推动建立区平台信息系统并真正发挥衔接作用。卢湾区委召开常委会专题听取区人民检察院关于开展专项监督活动的汇报并研究部署方案。各区县人民检察院结合实际抓紧落实各项工作要求，为切实开展好专项监督工作奠定了良好的基础。

（二）加强监督，形成合力

上海市开展专项监督活动以来，各级检察机关、公安机关、监察机关、商务主管部门进一步加强信息通报和协作配合，共同推动专项监督活动的深入开展。根据统一部署，各级行政执法机关结合各自工作情况，对 2008 年以来办理的行政违法案件情况、衔接机制的运行情况进行自查，各联合调查组也开展重点检查，通过走访行政执法机关、召开联席会、备案审查、查阅行政执法单位台账和案卷等方式，排摸涉嫌犯罪而未移送或作行政处罚的案件线索。长宁专项监督活动办公室成员第一次会议上对自查情况进行了通报，并结合自查表反馈较少的情况，决定由区专项监督活动办公室成员二人一组对 15 家行政单位进行电话询问及走访，督促各行政执法单位按时间节点完成自查。闸北等区专项监督活动办公室结合已完成自查的单位发现的问题主动配合行政执法单位制订工作计划，共同研究解决存在的问题。普陀等区明确对怠于登录信息共享平台、信息录入不及时不完整的单位不定期给予通报。上海市人民检察院侦监处专门下发通知要求各单位及时掌握专项监督活动进程，每月报送统计数据、每季度报送阶段情况，加强专项监督活动的指导和协调。

长宁区人民检察院专项监督活动动员部署会召开后，区烟草专卖分局、区工商行政管理分局等行政执法单位积极登录信息共享平台，录入案件信息。区人民检察院在信息共享平台上分获上海某办公设备有限公司长期生产并销售假冒惠普等品牌硒鼓、墨盒，涉案金额数十万元；区烟草专卖局长宁分局在上海市某小区车库内查获熊猫、中华等品牌烟草制品，价值人民币 48 万余元两条线索，经研究认为当事人已涉嫌假冒注册商标罪及非法经营罪，建议两家行政执法单位将涉嫌犯罪线索移送公安机关立案侦查，区公安分局已分别于 2010 年 12 月 10 日、19 日对两起案件立案侦查。

（三）深入检查，有力推动

全市各联合调查组深入各行政执法机关，结合自查中发现的问题，与行政执法机关共同研究解决两法衔接工作中存在的具体问题，建立和完善相关制度，有力推动上海市衔接工作和信息共享平台的深入发展。

四、落实措施，切实推动信息共享平台运行

信息共享平台投入使用以来，行政执法与刑事司法工作衔接和协作更加便捷、规范、透明、高效，形成打击和查处包括侵犯知识产权在内的破坏市场经济秩序犯罪的合力。此前，公安、工商、税务等执法机关都有各自的办案软件，形成一个个信息"孤岛"，信息共享平台打破了这种格局。

信息共享平台运行一段时间后，上海市人民检察院对各区县的运行情况进行了摸底调研，发现在这项工作中不同程度地存在着思想不重视、发展不平衡、效果不明显等问题，有的单位甚至建而不用。针对这种情况，上海市人民检察院联合上海市整顿和规范市场经济秩序办公室分别召开了信息共享平台工作推进会和杨浦区工作现场会，进一步统一思想，提高对信息共享平台工作重要性的认识，并重点推广了在调研中发现和总结的杨浦、嘉定等区开展此项工作的成功经验和做法。会后，上海市人民检察院又分别在徐汇、闸北、南汇召开座谈会，由各单位介绍各自平台工作的开展情况、取得的效果以及存在的问题等，通过交流研讨，集思广益，取长补短，帮助大家开拓思路，增强信心。为推进信息共享平台的正常运转，浦东新区检察院联合区整顿和规范市场经济秩序办公室、监察委每季度开展一次对信息共享平台应用情况的专项检查，结合各行政执法单位的台账，对信息共享平台的录入情况进行全面对照检查，并将检查情况专题向区政府进行汇报。闵行区检察院结合信息共享平台的运行，对税务、工商、安监、烟草等部门办理的已作行政处罚案件进行专项检查，通过对信息共享平台中输入信息的梳理，监督移送 12 件涉嫌犯罪案件，如区工商分局对两起涉嫌销售数十万元伪劣电线的案件仅作罚款处理，经检察机关建议后，两名被告人均被判处有期徒刑。南汇区检察院与区整顿和规范市场经济秩序办公室、监察委联合制定了信息共享平台管理考核办法，明确将信息共享平台的应用管理纳入到区监察委"监督检查考核"专项。杨浦区检察院主动争取领导，工作得到了区政府的重视与支持，该区政府办公室将各行政执法机关通过信息共享平台上报的各类信息、动态以及录用情况作为区政府对各单位信息工作考核的内容。嘉定区检察院与区整顿和规范市场经济秩序办公室联合制发了信息共享平台的管理办法，明确要求通过信息共享平台实现案件的网上办理。

信息共享平台工作是一项跨行业、跨部门的综合性系统工程，从目前上海市的实践情况看，还存在着诸多困难和问题。因此，为进一步推进上海市信息共享平台的运行，落实司法体制改革提出的"规范人民检察院与公安机关、行政执法部门网上衔接、信息共享、联席会议、案件移送等工作制度，加强人民检察院对行政执法部门不移交涉嫌犯罪案件的监督力度"的工作要求，上海市人民检察院结合近年来上海市在推进信息共享平台工作中的情况，拟主要采取以下三方面措施：一是针对市区两级信息共享平台已经建成开通，以及已经下发有关管理办法的情况，上海市人民检察院专门书面报告市政府领导，建议市政府在整顿和规范市场经济秩序办公室已撤销的情况下，理顺工作关系，明确牵头部门，并召开市政府专题会议，由市政府主要领导就进一步推进信息共享平台工作提出工作要求，明确工作职责；二是对各区县、各单位的信息共享平台应用情况开展专项检查和调研，从中发现问题，逐项解决，在检查调研的基础上，加强与市监察委的沟通协调，制定将信息共享平台工作纳入行政效能监察范围的具体措施和方法；三是适时与公安机关、工商行政管理局、知识产权局等联合开展打击侵犯知识产权犯罪专项活动，力争查处一批、打击一批、监督一批，并通过专项活动逐步形成打击侵犯知识产权犯罪的长效机制。

五、注重打击侵犯知识产权犯罪背后的受贿、渎职等职务犯罪

严肃查办侵犯知识产权违法犯罪背后的国家工作人员的职务犯罪，坚决打掉其"保护伞"，在立案监督和审查批捕、审查起诉中注意发现和掌握侵犯知识产权违法犯罪背后的国家工作人员职务犯罪线索，对于涉嫌构成犯罪的坚决依法查办。

（最高人民检察院侦查监督厅）

江苏省

专利工作

一、专利申请与授权情况

2010年，江苏省专利产出大幅提升。专利申请量、授权量，发明专利申请量，企业专利申请量、授权量，五项指标均居全国首位。新增专利申请235 873件，同比增长35.30%，高出全国平均水平8.89个百分点，占全国总量的21.26%，保持全国第一位；专利授权138 382件，同比增长58.54%，高出全国平均水平10.94个百分点，占全国总量的18.68%，保持全国第一位。其中，发明专利申请50 298件，同比增长58.16%，比全国平均水平高出30.28个百分点，从全国第二位跃居第一位，占年度专利申请总量的21.32%；发明专利授权7210件，同比增长35.48%，高出全国平均水平13.50个百分点，居全国第三位。企业专利申请125 089件，同比增长56.47%，高出全国平均水平20.24个百分点，继续保持全国第一，占全省专利申请量比例达53.03%；企业专利授权71 781件，同比增长52.80%，继续保持全国第一，占全省专利授权量比例达51.87%。

二、"创建实施知识产权战略示范省"工作

2010年3月25日，国家知识产权局、江苏省人民政府联合召开了"创建实施知识产权战略示范省"(以下简称"示范省")部省合作工作会议。国家知识产权局局长田力普、时任江苏省省长罗志军出席会议并讲话，省政府副省长何权、省长助理徐南平、省政府副秘书长朱步楼、省政府办公厅副主任何国平以及省科技厅厅长朱克江等领导出席会议。会议全面总结了2009年实施知识产权战略示范省创建工作，确定了2010年部省合作工作计划，把示范省创建工作推向了新的发展阶段。江苏省政府办公厅印发了《实施江苏省知识产权战略纲要2010年行动计划》，共7个方面内容98项任务，涵盖专利、商标、版权、地理产品标志、植物新品种、计算机软件等，涉及省级机关31个部门，对年度战略实施工作进行了部署。4月20日，江苏省政府副省长何权参加了"2010年中国知识产权高层论坛"，并作了题为"积极实施知识产权战略，努力促进经济社会又好又快发展"的主题演讲，得到了与会代表的热烈欢迎和高度评价。11月23～24日，国家知识产权局局长田力普在江苏盐城、泰州、南通三市就贯彻落实国家知识产权战略情况及中小企业知识产权工作进行调研，江苏省政府副省长何权、副秘书长朱步楼、省知识产权局局长朱宇陪同。在盐城召开的苏北企业知识产权工作座谈会上，田力普充分肯定了江苏大力实施知识产权战略，加快建设创新型省份所取得的成绩，表示国家知识产权局将一如既往地支持江苏知识产权事业发展，共同推进"创建实施知识产权战略示范省"建设，不断把部省合作引向深入。

三、企业知识产权工作

(1)开展企业知识产权管理标准化示范创建工作。江苏省知识产权局会同省质量技术监督局出台了《江苏省企业知识产权管理标准化示范创建及奖励暂行办法》，编写了《江苏省企业知识产权管理规范》贯标培训教材，并开展了培训，组织500家企业开展知识产权管理标准化示范创建并开展企业知识产权管理标准化创建单位绩效评价工作，80家企业被评为示范创建先进单位。(2)深入实施企业知识产权战略推进计划，60家企业列入年度省级企业知识产权战略推进计划实施项目，对已实施知识产权战略推进计划的160家企业知识产权进行跟踪调查。依据《江苏省知识产权战略纲要》和《江苏省专利促进条例》的要求，江苏省知识产权局起草了《江苏省专利奖励办法(草案)》报省政府审批。(3)推进国家层面企业知识产权工作，苏州、扬州二市被列入首批国家中小企业知识产权战略推进工程实施单位，中电电器集团、江苏牧羊集团、江苏正大天晴药业股份有限公司、江苏天奇物流系统工程股份有限公司4家企业入选第二批全国企事业知识产权示范创建单位。(4)全省企业专利申请量达125 106件，占全省专利申请总量的53.04%，其中，专利申请量超100件、500件和1000件的企业分别为276家、

10家和1家，涌现出一批知识产权优势企业，成为江苏发展自主知识产权和自主品牌的先锋力量。(5)组织了14个省优秀专利项目申报第12届中国专利奖，其中2项获得金奖，7项获得优秀奖，1项获得外观设计优秀奖。组织开展省百件优秀专利评选活动，组织专利技术实施计划，推进专利技术转化实施，会同省中小企业局认定专利新产品230个。江苏省知识产权局联合省科技厅等部门共同开展了江苏省第四届十大杰出专利发明人评选活动，经过专家评审、网上公众投票和综合评审，邢卫红等10人当选“江苏省第四届十大杰出专利发明人”，刘祥等10人当选“江苏省第四届十大优秀专利发明人”。

四、知识产权(专利)行政保护工作

(1)编制了《〈江苏省专利促进条例〉释义》、《关于加强全省专利行政执法工作的指导意见》、《江苏省专利行政执法规程》等规范性文件，将不再适应新《专利法》和现实需要的《江苏省查处冒充专利行为办法》予以废止。(2)继续推进专利行政执法工作目标责任制，形成了专利行政执法关口前移、着力点下移的态势。省知识产权局和常州市局获得批准进入国家知识产权局“5·26”工程，苏州太仓“中德企业合作基地”获得国家知识产权局批准成为全国专利保护重点联系机制单位，徐州市建立了专利行政执法大队。(3)开展了“雷雨”、“天网”知识产权执法维权专项行动，围绕食品、药品、高新技术等重点领域开展了打击侵犯专利权和假冒专利专项行动，并积极配合支持上海市做好世博会的知识产权保护工作。2010年，江苏省知识产权局系统立案109件，其中专利侵权纠纷54件，假冒专利案件54件，专利权属纠纷1件；结案67件，其中专利侵权纠纷51件，假冒专利案件15件，专利权属纠纷1件。(4)江苏省知识产权局会同省工商局、版权局联合印发《江苏省2010年度“正版正货”承诺推进计划工作指南》，强化承诺企业的知识产权管理能力，深入推进规范化管理。开展了形式多样、声势浩大的“正版正货”专题宣传活动，指导全省商贸企业将“正版正货”宣传纳入广告发布，进一步扩大“正版正货”的社会影响，展现“诚实经营、信誉至上”的企业形象。对首批“正版正货”示范街区创建单位考核验收和第二批91家承诺试点企业核查验收和总结，全省“正版正货”创建示范街区达到10家。

五、开展知识产权宣传培训

(1)知识产权宣传工作广泛开展。4月23日，江苏省政府知识产权联席会议办公室承办2010年长三角地区知识产权发展与保护状况新闻发布会，发布2009年知识产权发展与保护状况和十大知识产权案件。“4·26”知识产权宣传周期间，省知识产权局制作3集电视专题宣传片在江苏电视台播出，全省共组织开展知识产权专题宣传60多次，发表和播出各类新闻200余篇次，举办各类讲座40余场，参加人数达4110人次，现场咨询120余场，发放宣传资料30 000余份。拍摄制作宣传片《跨越——国家知识产权局江苏省人民政府创建实施知识产权战略示范省一年回眸》在部省合作工作会议上播出。组织人民日报等10多家中央和省级媒体专题报道江苏省创建实施知识产权战略示范省的总体思路、推进措施、阶段性成果和实施知识产权战略促进经济发展方式转变的经验做法。《江苏科技报》全年刊发专版32期，发稿200余篇。全年江苏省知识产权局门户网站发布各类信息1700多条，省政府网站采用省局稿件40余篇，国家知识产权局门户网站首页刊用江苏各类信息198篇，被国家知识产权门户网站刊用信息量继续保持全国前列。南京工业大学经国家知识产权局批准为江苏首个国家级知识产权培训基地，11月12日，江苏省政府副省长何权和国家知识产权局副局长贺化共同为基地揭牌。江苏省知识产权局批准河海大学设立“江苏省专利技术创造与运用实践基地”，南京师范大学泰州学院、江苏科技大学3所院校成为省级知识产权培训基地；江苏省知识产权局还指导金陵科技学院开办了知识产权专业。(2)深入开展知识产权百千万人才培养工程，出版了知识产权工程师系列培训教材，编印了知识产权工程师教学大纲和自学大纲，建立了试题库，举办了15期知识产权工程师培训班，参训人数1856人，考试通过率达91%，53人通过评审获得知识产权工程师或高级工程师资格。会同省机械工业联合会、南京理工大学知识产权学院和中国医药报社举办了企业知识产权管理规范培训班、专利代理人考前培训班、中美欧医药专利申请培训班，培训人员263名；组织了2010年全国专利代理人资格考试南京考点的考务工作，700余人报名参加考试，71人通过考试。

六、知识产权区域试点示范工作

(1)开展国家知识产权区域试点示范工作。镇江、南京、无锡市通过知识产权区域示范考核，成为国家级知识产权工作示范城市；昆山、张家港、常熟和丹阳市被破格列为国家知识产权示范创建城市；盐城、吴江成为国家知识产权试点城市；启东、南京江宁区列入国家知识产权强县工程计划；苏州高新区顺利通过国家知识产权试点园区的考核验收；无锡工业设计园、苏州高新区被列入国家知识产权示范创建园区。截至2010年底，11个省辖市、5个县级市和5个国家级园区被列为国家知识产权试点示范城市和园区，数量居全国第一。(2)开展江苏省级知识产权试点示范工作。江苏省知识产权局批准盐城大丰市、苏州吴中区、盐城环保产业园等7个单位开展省级知识产权试点示范。有计划地对第七批试点和第三批示范的南京鼓楼区，徐州鼓楼区和邳州区，扬州高邮市，镇江句容市、丹徒区和润州区，泰州海陵区等单位进行了考核验收。

七、知识产权服务工作

初步建成全省知识产权三级服务网络，国家区域专利信息中心(南京中心)获国家知识产权局批准建设；省知识产权公共服务平台二期全面建成，新增了在线建库、在线分析、引证文献和中英文机器翻译等功能，丰富了主导及新兴行业专题专利数据库，行业库已达11个，扩充了知识产权法律法规、案例等12个基础信息资源数据库，服务网络覆盖全省13个省辖市和一批重点县(市、区)。设立了国家知识产权局专利局南京专利代办处苏州分理处。南京代办处全年受理专利申请192 075件，专利电子申请率超过50%，继续位居全国先进代办处行列。专利审查绿色通道畅通，办理专利申请加快手续有较大增长，全年办理专利申请加快275件，其中发明专利加快176件。知识产权服务机构得到进一步发展，新增专利代理机构3家，截止2010年底，全省专利代理机构48家，专利代理总量95 689件。组织开展了新能源、新型环保和物联网等战略性新兴产业的专利分析和预警研究，形成预警分析报告。进一步加强全省5个知识产权维权援助中心建设，制定了《江苏省知识产权维权援助资金管理办法》，统一开通“12330”维权援助和举报投诉电话，受理并解答咨询近2000次，对赢得境外知识产权纠纷诉讼的4家企业每家拨付援助资金50万元。

(江苏省知识产权局　黄志臻　黄红健)

商标工作

2010年，江苏省商标监管管理工作在江苏省工商局党组的正确领导和国家工商总局商标局的业务指导下，围绕贯彻落实《省政府关于深入实施商标战略的意见》和国家工商总局商标战略实施意见，以服务经济发展方式转变为中心，着力构建“政府推动、部门联动、企业主动、社会互动”的商标战略实施格局，积极推进政府、区域和企业商标战略实施，取得了显著的成效。截至2010年底，全省共有国内有效注册商标29.7万件，行政认定驰名商标199件，省著名商标2325件，通过马德里体系完成商标国际注册864件，地理标志43件，均位居全国前列。南京、无锡、苏州三市和红豆集团分别被国家工商总局认定为国家商标战略实施示范城市和示范企业。

一、加快商标战略纵深化推进，不断优化商标战略实施环境

一是推动省政府召开了全省深入实施商标战略工作会议。

在江苏省工商局的积极推动下，9月10日，省政府召开深入实施商标战略工作会议，掀起江苏省商标战略实施的新一轮高潮。时任省长、现任省委书记罗志军同志对深入实施商标战略作出重要批示，国家工商总局副局长刘玉亭、副省长李小敏出席会议并讲话。会后，省政府于9月25日正式下发了《关于深入实施商标战略的意见》，成立了省深入实施商标战略领导小组，设立了商标战略实施专项经费，明确了江苏省下一步商标战略实施工作的总体目标、主要任务和保障措施。

二是地区商标战略全面扎实推进。

继无锡、苏州、宿迁等市出台商标战略实施意见后，南京、常州、扬州、镇江、泰州市政府也出台了相关文件，成立了分管市长任组长、相关职能部门负责人为成员的实施商标战略领导小组，南通、淮安等市也在积极推进。南京、无锡、盐城、镇江还分别召开了全市商标战略实施大会，全面落实商标战略实施的各项工作任务。在县、区级层面，江都市、张家港市、吴中区等58个县(市、区)也都出台了力度很大的商标发展扶持政策，大力推进

商标战略的实施。

三是商标战略实施示范工作取得初步成果。

2010 年，江苏省南京市、无锡市和苏州市被认定为首批国家商标战略实施示范城市，红豆集团有限公司被认定为首批国家商标战略实施示范企业。江苏省是获得“国家商标战略实施示范城市”数量最多的省份之一。此外，指导苏州、盐城工商局等积极创新，在全省率先开展了商标战略实施示范市(县)、乡镇(街道)创建工作。

四是高知名度商标培育工作再创佳绩。

2010 年，江苏省累计有 63 件商标获得驰名商标认定，再次刷新了江苏省驰名商标年度认定纪录，全省企业整体竞争力得到有力提升。截至目前，全省共拥有驰名商标 199 件，继续位居全国领先地位。此外，2010 年，江苏省工商局全面加强了驰著名商标推荐认定工作的制度化建设，拟定了《驰名商标认定申请材料上报规程》，出台了《江苏省著名商标认定工作规程》，印发了《江苏省著名商标认定工作指导意见》。

二、突出商标培育特色化发展，不断提升商标战略实施水平

一是紧扣全省优势产业和区域发展特色开展商标培育。

江苏省工商局在推进商标战略实施中，始终注意紧扣江苏产业优势特色，推动农业产业品牌化发展。以农副产品商标和地理标志为抓手，推动现代高效农业品牌化发展。泰州局通过召开全市地理标志推进大会，运用地理标志推动农业经济转型升级，培育了泰兴白果、兴化大米等 6 件地理标志；连云港局培育“水中参”集体商标，发展泥鳅产业，年产值达 1.6 亿元，2000 余农户受益。围绕区域主导产业和特色产业，加快推进工业结构调整和优化升级，促进工业产业品牌化发展。常州局 2010 年成功指导横林强化木地板、孟河汽摩配两个地区优势产业申报了集体商标。在服务业方面，通过大力推动品牌连锁经营，提高品牌影响力，通过加大对现代服务业、面向民生的服务业、文化产业的品牌扶持力度，大力培育一批新兴服务业品牌。

二是深入开展商标权质押贷款工作。

在江苏省工商局推动下，各地积极探索，为中小企业开展商标质押融资排忧解难，全省逐步形成不同规模企业以各类层次商标开展质押融资的可喜局面。江苏省工商局推进商标权质押贷款的工作举措得到了国家工商总局的充分肯定，国家工商总局组织商标质押融资调研组来江苏省调研总结。苏州市知名商标“玉露春”，通过质押成功获得吴中区某农村小额贷款公司 200 万元的贷款，成为全省首件以商标质押方式获得融资的农产品知名商标。全省全年共新增商标专用权质押贷款 11 笔，融资额超 1.5 亿元。

三是全面开展产业集群品牌培育基地建设。

江苏省工商局在 2009 年探索试点的基础上，在全省推动产业集群品牌培育基地建设方面进一步深化，力求通过集中实施商标战略，把品牌经济和产业发展、区域发展紧密结合起来，通过集体商标公共品牌建设和龙头企业品牌带动，把产业集群品牌培育基地建设成为经济发展方式转变的集中区、先行区和示范区。2010 年，全省共有 25 家产业集群申报省级产业集群品牌培育基地。无锡局、连云港局、泰州局出台了市级产业集群品牌培育基地确认管理办法，全省共建成市级产业集群品牌培育基地 41 家，形成了产业集群品牌培育基地培育建设的有序梯队。南通叠石桥家纺产业集群被认定为省级品牌培育基地后，在江苏省工商局和南通局的大力帮扶下，组建了省内首家品牌管理办公室，完成了产业集群品牌发展调研、规划，叠石桥集体商标已进入申报程序。

三、坚持商标宣传多元化原则，加快建立商标战略宣传体系

一是全面强化与国内重要新闻媒体和专业媒体合作。

2010 年，江苏省工商局在商标战略宣传工作中全面加强了与中国日报、新华日报和中国工商报等媒体的合作。在国家工商总局与中国日报社联合举行的中国商标成就宣传报道活动中，江苏省由于在实施商标战略、建设品牌强省中取得的成绩成为中国日报社选择采访的第一个省份，佘义和局长作为唯一的省级工商局代表出席了宣传报道活动启动仪式。此外，江苏省工商局还在新华日报和中国工商报开辟专版，宣传江苏商标战略实施成果，向公众解读商标战略实施要义，引起了社会的广泛关注。

二是成功开通江苏商标网。

为进一步加大商标战略宣传力度，打造实施商标战略的公共服务平台，推进全省商标战略的深入实施，由江苏省工商局指导、省商标协会主办的江苏商标网于 2010 年世界知识产权日正式开通。网站的开通对宣传商标法律、法规及相关扶持政策，介绍推广企业、地区和行业商标战略实施的成功经验，建立商标战略实施政企互动平台，提升江苏省商标战略实施水平都提供了极大的便利。江苏商标网已成为江苏省实施商标战略的重要宣传服务平台。

三是大力开展“4·26”广场宣传咨询活动。

4月26日，江苏省暨南京工商局在南京举行了大型广场宣传咨询活动，并举办了江苏省驰名商标企业、产业集群品牌培育基地、地理标志展览和南京各区(县)商标战略实施成果展。江苏省各直属工商局也在各地围绕“实施商标战略，打造品牌强市”主题，同步举行了大型广场宣传咨询活动，取得了良好的社会反响。据统计，活动期间全省共出动商标工作人员2700余人，接待咨询人员28 000余人次，发放宣传资料10万余份，商标战略知识得到了很大程度的社会普及。

四是首度发布《江苏商标战略实施年度报告》。

为配合全省商标战略的深入实施，2010年4月，江苏省工商局向社会公开发布了2009年度江苏商标战略实施报告，在往年发布商标发展报告的基础上，突出了商标战略实施的内容。报告全面展示了2009年度全省各地商标战略实施的基本情况，系统总结了全省商标创立、运用、保护和管理各项工作，为全省各级党政机关决策施政提供了必要的情况参考，也促进了政府、企业和社会公众对商标工作的了解和认知。

五是积极做好《商标通讯》改版和《江苏产业集群品牌培育基地》画册编印工作。

积极开展《商标通讯》更名为《商标与品牌经济》的筹备工作，改版后的刊物定位为以商标与品牌为主题的权威性省级刊物，同时作为省商标协会会员的主要交流平台和全省商标战略实施的主要宣传指导阵地。此外，江苏省工商局还组织编印了《江苏产业集群品牌培育基地》画册，全面展现各地通过品牌培育基地建设做大做强产业集群的风采。

六是指导各地开展形式多样的商标宣传活动。

2010年以来，各地在江苏省工商局的指导下，推陈出新，注重实效，开展了丰富多彩的商标战略宣传活动。苏州局和连云港局面向全体市民开展了“十大商标(农产品商标)评选”活动，徐州局、常州局、盐城局开展了“商标进企业、进农村、进社区、进校园”专项活动，泰州局组织了实施商标战略巡回演讲报告团并举办成果展，扬州局、镇江局在主要公众媒体和政府政务网站投放商标战略实施公益广告。

四、强化商标保护制度化建设，逐步夯实商标战略实施基础

一是探索建立重点商标保护机制。

根据企业商标保护诉求，江苏省工商局确立了“镇江陈醋”等8件商标为江苏省首批重点保护商标，各地通过认真梳理案件线索，制订工作方案，明确工作措施，落实工作责任，及时开展商标维权行动，有力的保护了商标权利人合法权益。

二是积极启动会展标志保护机制。

2010年作为上海世博会举办年，江苏省各级工商机关全力开展世博会标志保护专项整治行动，坚持集中整治与日常监管、行政处罚与行政指导相结合，利用经济户口巡查、驰著名商标标识使用情况检查、商标印制企业专项检查加大世博会标志使用的检查和执法力度。截至2010年10月，全省共统一集中开展了五次专项整治行动，出动执法人员12 077人，在全省各类小商品市场、集贸市场张贴公告近5000份，检查经营企业和个体工商户146 680户，检查批发市场、集贸市场等各类市场1221个，整治重点区域841个，查处房地产、医药、旅游、小商品市场等各类主体违法使用世博会标志、侵犯世博会标志专有权案件97件，罚款100.9万元。

三是及时建立重大行动快速响应机制。

开展打击侵犯知识产权和制售假冒伪劣商品专项行动是当前国务院和省政府部署开展的最重要的一项知识产权保护工作。自11月专项行动以来，我们严格按照国家工商总局和省政府的统一部署，高度重视、快速反应、迅速制订了《省工商局打击侵犯知识产权和制售假冒伪劣商品专项行动方案》和《省工商局打击侵犯知识产权和制售假冒伪劣商品专项行动宣传方案》，建立起组织有力、职责清晰、机制健全、反应迅速的专项行动推进工作体系。目前，在江苏省商标局的统一组织下，在一个月的时间里，全省已出动执法人员7244人，检查各类经营主体30 953户，检查批发零售市场、集贸市场等各类市场93个，组织跨省市打假维权行动13次，整治重点区域395个，捣毁制假售假窝点47个，查处制售假冒伪劣商品案件100起，案值165万元，罚没金额90.7万元，为消费者挽回经济损失31.8万元。

四是建立人才培训机制，强化队伍保障。

江苏省商标局注意加强对企业负责人的商标战略知识培训，加强对基层商标管理人员、企业商标工作人员的商标业务培训，上下联动，分层次开展，提高培训实效。12月，江苏省商标局在全国率先开展了以实施商标战略和发展品牌经济为主要内容，由人力资源和社会保障部颁发证书的“品牌管理师”培训，培养商标专业人才，一批商标专业人才脱颖而出，有力的夯实了商标战略实施的基础。

（江苏省工商行政管理局）

版权工作

2010年，江苏省版权工作紧紧围绕工作大局，突出工作重点，创新工作方式，大力提高版权管理和服务水平，着力推动版权产业发展和科技文化创新，为全省“两个率先”作出了积极贡献。

一、抓好典型宣传，服务产业发展，“南通经验”成为版权兴业的全球样本

积极做好“南通经验”的总结和宣传工作。《中国新闻出版报》、《中国知识产权报》和《中国版权》分别刊发文章介绍南通家纺市场版权保护调研报告。4月20～21日，江苏省委宣传部组织新闻采访团赴南通进行重大典型的采访报道。《新华日报》在头版刊发了报道，并配发评论员文章，江苏人民广播电台、江苏卫视、《扬子晚报》、《现代快报》、《江南时报》、《南京晨报》、江苏教育电视台和中国江苏网分别对南通家纺市场版权保护的经验进行了集中报道。2010年第6期《中国作家纪实》在头版发表了题为“明珠出海耀中天”的报告文学。

7月9日，世界知识产权组织和国家版权局在京联合发布《加强版权保护对中国南通家纺产业发展的影响调研报告》(以下简称《调研报告》)，向全球推广南通在家纺市场版权保护方面的成功做法，让全世界共享中国江苏的“南通经验”，这也是世界知识产权组织首次在一个国家特定地区和行业进行专项调研并发布报告。世界知识产权组织总干事加利和国家版权局局长柳斌杰分别为《调研报告》作序。受加利先生的委托，世界知识产权组织助理总干事克拉克先生专程来华参观考察南通家纺市场，并出席调研报告发布会。新华社、中央人民广播电台、中央电视台、《人民日报》等对南通经验和模式进行了专题报道，日本NHK电视台、南华早报等其他10多家中外媒体专题作了采访报道。7月13日，中央电视台在“焦点访谈”栏目推出《版权“织”出生命线》专题报道。

二、加强版权监管，提高执法水平，打击侵权盗版和社会监管工作成效明显

一是认真部署打击侵犯知识产权和制售假冒伪劣商品专项行动。11月、12月，认真贯彻落实全国知识产权保护和执法工作电视电话会议和国务院办公厅《关于印发打击侵犯知识产权和制售假冒伪劣商品专项行动方案的通知》、《关于进一步做好政府机关使用正版软件工作的通知》，省委、省政府办公厅《关于进一步做好使用正版软件工作的通知》精神，紧急下发了《关于开展打击侵犯知识产权和制售假冒伪劣商品专项行动及进一步做好使用正版软件工作的通知》和《关于进一步做好政府机关使用正版软件工作的实施意见》，确定了专项行动的重点内容、重点对象和重点地区，明确了政府机关使用正版软件工作的方法步骤、完成时限和具体要求。根据省政府统一安排，江苏省版权局带队对苏中苏北三市进行了执法督查。

二是认真抓好上海世博会的版权保护工作。3月8日至4月30日，在全省范围内开展了为期1个多月的版权保护专项行动，对全省的音像出版单位、光盘复制企业、图书发行企业进行了专项检查。

根据国家版权局、公安部、工业和信息化部关于打击网络侵权盗版专项治理“剑网行动”方案的通知精神，精心组织，主动监管，共查处网络侵权盗版案件70件，关闭网站69家，没收服务器等设备6台，其中4起案件移送公安机关追究刑事责任，抓获犯罪嫌疑人12名。徐州、淮安、镇江、扬州、南通、无锡、昆山等地在这次专项行动中工作有力，表现突出。

三是认真抓好版权执法培训和表彰工作。在淮安市召开了全省版权工作会议，传达全国版权重点工作专题会议精神，部署2010年江苏省版权重点工作，对版权执法人员进行了培训。在昆山召开了全省版权执法先进表彰暨“剑网”专项行动汇报会，听取了各市版权局关于“剑网”专项行动

开展情况的汇报，还就版权执法中的难点、热点问题进行了交流和培训。全省受国家版权局表彰的2009年度查处侵权盗版案件有功单位13家、有功个人9名，奖金总额29.6万元，居于全国前列。

2010年全省共查办行政处罚案件163件，移送公安机关14件，检查经营单位66 399个，取缔违法经营单位2191个，查获地下窝点2个，收缴各类侵权盗版制品312万册（张），罚款76.38万元。

三、科学规划部署，加强教育培训，推进使用正版软件工作稳步推进

按照国家部际联席会议和九部委联合下发的文件精神，江苏省使用正版软件工作领导小组办公室下发了《江苏省2010年推进企业使用正版软件工作计划》，确定了年内全省完成200家企业的目标，并召开领导小组办公室会议对工作进行了分解部署。举行"江苏省企业软件正版化行动"启动仪式，对南京60多家企业进行了使用正版软件培训。对权利人投诉的30余家企业进行上门宣传教育或执法检查，成功调解10起，调解金额达163万元，为企业节约成本110万元。召开全省软件正版化示范单位表彰暨培训工作会议，总结全省正版化工作取得的阶段性成果，讲评2010年来各地正版化工作开展的情况，表彰第二批被国家九部委评为"软件正版化工作示范单位"的11家企业和被江苏省九厅局评为"软件正版化工作示范单位"的18家企业，对来自无锡、苏州、昆山、常熟和太仓等地的50多家企业代表进行了软件正版化培训。全省各地共举办企业使用正版软件培训班27期，参加培训企业1183家、1832人次；完成自查自纠企业447家，列入年度阶段性目标企业316家，完成检查验收228家，督查企业385家，查处企业5家。苏州市搭建软件正版化工作服务平台和正版软件租赁平台，全年推进102家企业完成软件正版化。淮安市制定了《推进企业软件正版化工作考评奖励办法》。

四、加强调查研究，抓好基础工作，版权服务体系建设不断完善

一是认真抓好版权保护调研工作。对东海水晶市场版权保护状况进行调研，形成了调研报告。调研报告被《中国知识产权报》和《中国版权》杂志刊载。对泰州国家医药城的版权保护和使用正版软件工作进行了调研。与江苏省文联共同举办了"第四届江苏省文学艺术界保护知识产权论坛暨编剧著作权保护研讨会"，探索新形势下维护编剧权益的方法、途径和措施。昆山市被国家版权局列为全国四个版权优秀案例示范调研点之一。

二是大力开展争先创优活动。认真落实《江苏省版权示范城市、示范单位和示范园区（基地）创建管理办法》，大力开展创建全国版权保护示范城市、示范单位和示范园区（基地）活动。组织专家对苏州市、昆山市的版权工作进行了书面评审和现场考查，两市符合版权示范城市的申报条件，江苏省版权局批准苏州市、昆山市为"江苏省版权示范市"，并上报国家版权局争创"全国版权示范城市"，国家版权局已正式批准。南通家纺市场被省商务厅、省知识产权局、省版权局授予"知识产权交易中心"示范点。

三是不断健全版权服务体系。认真做好作品登记和合同登记备案工作。全省受理一般作品登记7591件，同比增长20%；计算机软件著作权登记6092件，同比增长26%；著作权合同登记852份，同比增长29.6%。其中，著作权引进图书合同备案登记563份，涉外软件和电子出版物合同登记10份，复制境外出版物登记161种，一般著作权合同备案118份。在全国均居于前列。苏州市出台实施评选奖励优秀版权、版权登记全额资助、重大版权推广运用计划等激励政策和搭建刺绣版权许可交易平台。

五、加大宣传教育力度，精心组织三大会展，全面展示版权产业发展成果

认真做好版权宣传工作。全年在《中国新闻出版报》、《中国知识产权报》、《新华日报》、《中国版权》杂志和新华网、中国新闻出版网、中国知识产权网、国家版权局内部交流网等媒体发表文章和信息60余篇。全年共编发《江苏版权》11期，140多万字。

大力开展"4·26知识产权宣传周"活动。活动期间，紧紧围绕"创新——将全世界联系在一起"这一主题，举行"打击侵权盗版，保护知识产权"签名暨'绿书签'发放活动。宣传周期间，全省共发放宣传资料35 000余份。

精心组织三大会展。组织17家单位参加"北京国际图书博览会"。江苏展团共有展台27个，参展图书2119多种，签订版贸合同和意向530项，位居全国第二。签约合同总量为174项，位居全国第一。其中引进83项，居全国第一；输出91

项，首次实现了贸易顺差，取得了历史性突破。中共中央政治局常委李长春，在国务委员、国务院秘书长马凯和新闻出版总署署长柳斌杰等陪同下，对江苏展台进行视察。组织南京、苏州、昆山、东海等地20多家企业参加了第三届“中国国际版权博览会”。江苏省参展团队人员最多、展台面积最大，展品丰富多彩，全方位展示了江苏版权管理、服务和版权产业发展的情况，中央电视台新闻联播节目报道了昆山市“版权引领转型”的情况。苏州浩辰软件、苏州市公安局分别被世界知识产组织授予版权金奖（中国）——推广应用奖和保护奖，新闻出版总署副署长、国家版权局副局长阎晓宏视察了江苏展台，对江苏版权工作给予高度评价。协助做好第五届“南京国际软件博览会”相关工作，重点做好展会期间的著作权法普及宣传、执法监督以及软件作品登记和相关咨询工作。

（江苏省版权局　谭松枝）

司法工作

2010年，江苏法院紧紧围绕科学发展主题和加快转变经济发展方式主线，全面加强审判工作，深入推进社会矛盾化解、社会管理创新、公正廉洁执法三项重点工作，积极实施国家和省知识产权战略纲要，知识产权司法保护工作取得了新的进展，为创新型国家和创新型省份建设提供了坚强有力的司法保障。

一、依法服务经济社会发展大局，深入贯彻实施国家和省知识产权战略

全省法院始终坚持能动司法，积极应对后金融危机时期的各方面变化，依法调处知识产权纠纷，促进加快经济发展方式转变，维护市场竞争秩序，为经济社会发展提供有力的司法保障和良好的法律服务。

（一）及时制定规范性意见，服务经济发展方式转变

江苏省高院先后出台《关于为我省加快转变经济发展方式提供司法保障的意见》、《关于为促进我省中小民营企业健康发展提供司法保障的意见》等规范性文件，其中专门就服务创新型经济建设、增强企业市场核心竞争力及风险防范能力等知识产权问题提出指导意见。各地法院结合本地实际，充分发挥司法保障与引导作用，先后出台了激励企业自主创新，促进产业转型升级的具体司法举措，形成了一批地方性调研报告和规范性文件。如南京中院围绕青奥会承办工作，出台《关于2014年第二届夏季青年奥运会知识产权司法保护工作的意见》。

（二）重点扶持核心技术和新兴产业，促进地方特色产业发展

一方面，各地法院结合国家、省发展战略和产业政策，重点加大对经济增长有重大突破性带动作用、具有自主知识产权的关键核心技术的保护力度，促进战略性新兴产业成为可持续发展的主导力量，促进自主品牌的形成和发展，促进新商业模式的发展和文化创意产业的繁荣。江苏省高院与连云港中院等法院密切配合，深入了解医药产业当前存在的知识产权问题，及时提供对策建议，积极扶持国内大型医药企业健康发展。无锡中院组成物联网知识产权保护调研课题组，走访无锡国家物联网创新示范区多家企业、科研机构和相关政府部门，对物联网产业知识产权保护情况进行全面分析，形成物联网产业知识产权保护司法建议。

另一方面，各地法院围绕当地经济发展战略和特色产业，确定服务大局的具体工作目标，有效延伸司法审判职能。南通法院积极推动“南通家纺市场”由单一的版权保护模式向版权、商标权、外观设计专利权相结合的综合立体保护模式发展，“南通家纺市场”版权保护经验受到联合国世界知识产权组织的高度评价，人民日报、中央电视台、中央人民广播电台等9家中央媒体对此进行了专门采访和调研；扬州法院在该市设立知识产权巡回法庭，打造审批服务、延伸服务、交流服务三个平台。连云港法院深入东海县水晶市场，就知识产权保护情况进行专项调研，编写了《东海水晶市场知识产权知识百问百答》宣传手册。无锡法院加强紫砂工艺知识产权保护，出台了《关于加强紫砂行业知识产权保护的司法建议》，在法院协助推动下，宜兴地区拥有紫砂方面的专利已超过2000件。

（三）深入联系企业，积极开展法律培训和风险提示工作

各地法院密切关注各类产业中可能存在的知识产权风险，深入医药、新材料、电信、物联网、网

吧、白酒等产业聚集地和矛盾纠纷多发领域进行调研，一方面通过走访企业、集中开展座谈、举办义务法律讲座、法官定点联系企业等多种形式，深入了解企业知识产权司法保护需求，有针对性地开展知识产权法律服务和培训工作。另一方面完善企业知识产权信息发布制度，并及时向党委、政府相关部门和相关企业发出司法建议，为党委、政府决策提供参考，帮助企业完善内部治理机制，防范经营风险。

二、依法公正高效审理案件，充分发挥司法保护知识产权的主导作用

（一）充分发挥有效遏制侵权行为和定纷止争功能，激励自主创新，依法妥善审理知识产权民事案件

2010年，全省法院共审理知识产权民事案件4466件（一审案件4201件、二审案件265件）。其中，新收案件4079件（一审案件3852件、二审案件227件），一审新收案件数同比增长53.6%；新收一审著作权纠纷案件1753件，占新收案件总数的49.7%；商标权纠纷案件938件，占37.1%；专利权纠纷案件431件，占12.2%；知识产权合同类案件119件，占3.4%；不正当竞争案件72件，占2.0%；其他类型知识产权案件211件。2010年，全省知识产权民事案件呈现以下特点：(1)著作权、商标权纠纷案件增幅明显。新收一审著作权、商标权纠纷案件数量同比分别增长78.3%和67.2%。(2)关联案件比例较大。共新收一审关联案件共计419起2688件，占一审收案总数的69.8%，关联案件主要集中于电影作品网络传播权、音乐及图片作品著作权、商标权等与社会经济文化生活关系较为密切的领域。关联案件中，著作权纠纷1519件，占全部关联案件的56.5%；商标权纠纷779件，占29.0%；专利权纠纷357件，占13.3%。(3)涉外知识产权案件数持续增加。共新收一审涉外知识产权案件127件，同比增加33件，所涉国家包括美国、德国、法国、芬兰、荷兰、加拿大、英国、瑞士等，涉外关联案件也相应有所增长。(4)新类型案件不断产生。南京中院审结了全国首例侵犯集成电路布图设计纠纷，无锡中院受理了全省首起反垄断纠纷。

全省法院牢固树立以执法办案为第一要务的理念，加大知识产权侵权惩处力度，降低维权成本，提高侵权代价，遏制侵权行为，有效促进自主创新，维护公平有序的市场竞争环境。全年共审结一、二审知识产权民事案件3964件（一审案件3748件、二审案件216件），结案数同比增长45.8%。其中，判决715件，判决率16.7%，同比下降9.5个百分点。审结了一批社会关注度高、社会影响面广的重大案件，华润矽威科技（上海）公司诉南京源之峰科技有限公司侵犯集成电路布图设计专有权纠纷案入选2010年全国法院知识产权司法保护十大案件，叶兆言诉北京大学出版社、陈彤、南京先锋图书文化传播有限责任公司侵犯著作权纠纷案、莱雅公司诉上海美莲妮化妆品有限公司、杭州欧莱雅化妆品有限公司、南通通润发超市有限公司侵犯商标专用权及不正当竞争纠纷案、苏州小羚羊电动车有限公司诉天津捷安达车业有限公司、高启萍侵犯企业名称权纠纷案入选2010年全国法院知识产权司法保护50件典型案件。江苏省高院审结的里下河地区农科所诉天补农资公司侵犯植物新品种权纠纷案、新海宜电信发展股份有限公司诉南京普天通信股份有限公司侵犯专利权纠纷案被2010年《最高人民法院公报》刊用。

全省法院在案件审理中，一是不断探索总结疑难复杂案件审判经验。编写《侵犯专利权纠纷案件审理指南》、《侵犯商业秘密案件审理指南》等类案审理意见，有效统一了审理思路，提高了审判水平。二是积极参与最高人民法院相关司法解释起草的研讨工作。形成《江苏法院网络著作权纠纷案件调研报告》等一批调研成果，为相关司法解释出台作出积极贡献。三是进一步完善关联案件协调机制。继续加强关联案件的及时上报工作，坚持各中院庭长例会制度，根据各地经济发展水平，探索建立既相对统一又存在合理区别的关联案件裁判标准。全年对近400起关联案件进行沟通协调，有效统一执法尺度。四是加强统筹指导，涉诉矛盾纠纷化解工作成效显著。进一步健全具有知识产权特色的诉调对接机制，充分发挥行业协会在调解中的积极作用。2010年，以调解方式结案747件，经调解撤诉案件2422件，调解、撤诉案件两项合计3169件，调撤率为79.9%，同比上升9.1个百分点，且绝大部分调解撤诉案件得以自觉履行，有效实现了案结事了，切实维护了社会和谐稳定。

（二）充分发挥刑事审判惩治和预防犯罪功能，依法从严打击各类知识产权违法犯罪行为

2010年，全省法院进一步加大知识产权刑事

司法保护力度，充分发挥知识产权司法保护资源整合的优势，依法从严打击各类知识产权犯罪活动。一是积极实施国务院打击侵犯知识产权和制售假冒伪劣商品专项行动，及时制订专项行动方案，全面开展专项行动。各地法院与当地公安、检察等部门紧密协作，开展大要案督办，对知识产权刑事案件快审快结，依法从严打击各类知识产权犯罪活动，审结了一批具有较大影响的典型案件，李兵侵犯著作权罪、贩卖淫秽物品牟利罪案入选2010年全国法院知识产权司法保护50件典型案件，王佳豪侵犯著作权案入选全国法院专项行动典型案例。二是坚持大案要案督办制度，继续加强与行政执法部门之间的工作协调，不断增强刑事司法保护的综合效能。三是坚持宽严相济的刑事政策，推进量刑规范化改革，切实保护被害人的合法权益。灵活运用各种刑事制裁措施，充分发挥刑罚惩治和预防知识产权犯罪的功能。

(三)充分发挥监督和支持知识产权行政执法的职能，依法履行对知识产权行政行为的司法审查职责

2010年，全省法院共新收“三审合一”试点行政案件8件，审结8件，其中常熟市聚满仓食品有限公司不服行政处罚纠纷案入选2010年全国法院知识产权司法保护50件典型案件。全省法院依法履行对行政行为的司法审查职责，切实发挥监督和支持知识产权依法行政的审判职能。一是依法促进行政执法规范化建设。依法审理各类知识产权行政案件，积极支持行政机关依法行政，纠正各类违法行政行为，依法促进行政执法规范化。二是积极参与知识产权社会管理创新。对于案件审理中发现的各类问题及时向相关行政机关发送司法建议；与工商、版权、专利等知识产权行政管理部门联合召开座谈会；积极参与相关行政管理部门组织的业务培训，协助行政机关完善各项制度措施，提高知识产权管理水平。三是构建支持和监督行政机关依法行政的长效机制。继续强化源头预防和化解知识产权行政争议的有效机制，推动涉诉行政争议综合调处机制试点工作取得新进展，进一步搭建和完善了与行政执法机关沟通协作的长期平台。

三、深化司法改革，完善知识产权审判体系建设

(一)深入推进知识产权“三审合一”改革试点工作

各地法院审理知识产权刑事、行政案件能力不断提升，对相关问题的认识进一步深化，为下一步推进试点工作打下了坚实基础。国务院打击侵犯知识产权和制售假冒伪劣商品专项行动开展以来，各地法院积极参加专项行动，并以此为契机，有效推动“三审合一”改革试点工作取得新进展，促进知识产权刑事案件审判水平的进一步提高。

江苏省高院及时对“三审合一”改革试点工作开展情况进行全面梳理总结，收集整理改革试点工作中存在的各类问题，就不同司法程序之间的衔接、技术鉴定、证据认定、量刑标准等疑难复杂问题，加强与省公安厅、省检察院等单位的沟通协调，采取联合召开座谈会、上门走访等多种形式，充分征求各方面意见，推动各方面就相关问题达成共识，推进试点工作深入开展。

(二)构建全省法院知识产权审判“技术专家库”，切实解决技术事实认定难问题

在江苏省高院指导下，2010年各地法院普遍建立了技术专家库。在此基础上，江苏省高院出台《知识产权审判技术专家的管理办法(试行)》，建立全省技术专家库，将全省法院157名知识产权审判技术专家纳入专家库统一管理使用，专家库成员包括化工、物理、机械、计算机、电子通信、生物、医药、农业等各领域专家学者和技术人员，同时明确技术专家的选任、回避、职责、参加案件审理方式、专家咨询意见的采信标准和程序、法律培训等各方面问题。目前，部分技术专家已开始正式参与知识产权案件审理工作，省高院及各地法院也多次组织技术专家旁听观摩公开庭审、参加各类知识产权法律业务培训。从审理情况看，技术专家直接参与案件审理，对于及时准确地厘清技术问题，提高审判质效起到很好的帮助作用，改革工作取得了阶段性成果。

(三)进一步合理配置知识产权审判资源

在坚持适度集中管辖的同时，根据全省经济社会发展需要，合理配置司法资源，适时增加管辖法院。2010年，经报请最高人民法院批准，增加指定昆山市人民法院管辖实用新型、外观设计专利纠纷案件，张家港市人民法院管辖部分知识产

权纠纷案件。目前全省已有7个中院具有专利案件管辖权，1个基层法院具有审理部分专利案件管辖权，17个基层法院具有部分知识产权民事案件管辖权，知识产权法官约160余人，总量位居全国前列。2010年，全省基层法院新收知识产权案件数1178件，审结1138件，分别占全省法院一审新收和审结案件总数的30.6%和30.4%，在全省知识产权审判工作中所起的作用日益显著。

四、深入推进司法公开，积极营造和谐健康的司法环境

（一）精心筹划江苏知识产权专业化审判十五周年系列活动

2010年上半年，江苏省高院成功举办了江苏知识产权专业化审判十五周年纪念大会暨知识产权保护与利益平衡研讨会，出版《创新与发展——江苏法院知识产权审判十五年成果集》、《辉煌的历程 美好的未来纪念画册》，向社会公众集中展示了十五年来江苏法院在知识产权审判、调研、改革、队伍建设、基层建设等方面的发展历程与良好业绩，表彰了一批知识产权审判工作先进集体和先进个人。省政府领导、最高人民法院知识产权庭领导、国内知名专家学者、部分兄弟法院代表、全省法院审判条线代表等参加了本次活动，并就当前形势下知识产权司法保护政策、知识产权诉讼中不侵权抗辩、知识产权权利冲突、不正当竞争及知识产权合同法律问题研究等四个专题进行了广泛、深入的探讨交流，《法制日报》、《人民法院报》、《新华日报》等主流媒体进行了专门报道，进一步提升了江苏法院知识产权审判工作在全国的影响力。

（二）发布知识产权司法保护蓝皮书，积极开展"世界知识产权日"宣传周活动

公开发布《2009年江苏法院知识产权司法保护状况》（江苏法院知识产权司法保护蓝皮书），介绍了2009年全省法院知识产权司法保护工作状况、全省知识产权司法保护十大典型案件、江苏省企业知识产权保护状况分析以及司法保护大事记等。全省法院积极开展"世界知识产权日"法制宣传活动。通过邀请人大代表和政协委员等代表性人士旁听案件审判并征求意见、公开宣判一批具有较大社会影响的知识产权案件等方式，不断加强对知识产权司法保护工作的宣传。

（三）进一步落实审判公开和裁判文书公开

始终坚持增强审判工作透明度，落实审判公开制度。继续坚持知识产权一、二审案件全部开庭审理，积极为当事人提供诉讼引导、风险告知、法律咨询、司法救助等各项法律服务。2010年，全省法院继续坚持上网公布审结生效的所有知识产权裁判文书，全年共上网知识产权裁判文书560篇，截至目前共上网裁判文书4461篇，数量位居全国前列。

（江苏省高级人民法院知识产权审判庭）

检察工作

2010年，江苏省检察机关充分发挥法律监督职能，不断探索建立行政执法与刑事司法相衔接工作机制，严厉打击侵犯知识产权违法犯罪，取得了显著的成效。

一、进一步完善行政执法与刑事司法衔接工作机制，形成打击侵犯知识产权犯罪的合力

针对移送包括侵犯知识产权在内的涉嫌犯罪案件存在的不规范等突出问题，江苏省检察院、省整顿与规范市场经济秩序工作领导小组办公室和省公安厅共同制定了《关于加强行政机关与公安机关、检察院执法联系的实施意见》，江苏省检察院与省公安厅共同下发了《刑事立案监督工作暂行规定》。按照这两个文件的规定，江苏省各级检察机关与部分行政执法机关相继建立了报表报送制度、信息通报制度、检查与查询制度、联席会议制度、案件备案制度。

江苏省各地检察机关通过受理举报、审查备案材料等途径发现包括侵犯知识产权在内的涉嫌犯罪案件线索，此外，各地根据省检察院、省公安厅制定的《关于加强行政机关与公安机关、检察院执法联系的实施意见》中规定的检查与查询制度，主动到行政执法机关检查、查询案件，调阅行政处罚台账资料，从中发现了一些侵犯知识产权犯罪线索。如苏州市人民检察院积极与知识产权局合作，加强知识产权刑事司法保护力度，依法严惩侵犯知识产权犯罪，在全市检察机关设立办理侵犯知识产权刑事案件小组，高效执法，认真处理侵犯知识产权犯罪案件，建立联席会议、情况通报、数据库共享、备案审查等制度，充分发挥综合执法效能，加强刑事立案监督、刑事审判监督和刑罚执行

监督，避免以罚代刑、有案不立、有罪不究等现象的发生，及时向行政主管部门、行业协会和企业、科研机构等提出检察建议，督促其健全制度、堵塞漏洞、消除隐患，加大知识产权司法保护宣传力度，营造勇于创新、尊重创新和激励创新的文化氛围，深入开展知识产权检察保护调研，促进知识产权法律保护体系的不断健全和完善。

二、开展打击侵犯知识产权和制售假冒伪劣商品专项行动和对行政执法机关移送涉嫌犯罪案件专项监督活动工作情况

行政执法机关移送涉嫌犯罪案件专项监督活动和打击侵犯知识产权和制售假冒伪劣商品专项行动开展以来，江苏省检察机关认真按照国务院、最高人民检察院的部署，紧密结合江苏检察实践，以“抓点、连线、推面”相结合的工作方式深入推进“两个专项”工作。

（一）深入调查研究，找准两个专项工作的楔入点，打造适合江苏检察实践的工作模式

在对两个专项工作重要意义深刻认识的基础上，江苏省人民检察院对全省行政执法与刑事司法衔接工作现状进行了全面、客观的分析，力求使实施方案能符合江苏省工作的实际。一方面，江苏省两法衔接工作基础较好，行政执法机关执法行为比较规范且与检察机关联系比较密切，检察机关也与侦查机关形成了较好的监督制约关系，开展两个专项工作的渠道通畅；另一方面，由于江苏省刑事案件发、破案数量较大，检察机关特别是基层检察院很多已经处于满负荷甚至超负荷工作状态，基于这样的判断，在推进两个专项工作的方案上，采用借助已经建成的两法衔接渠道，通过抓重点线索、抓重点案件的方式，正确处理好两个专项工作所涉及的上级与下级、检察机关与行政执法机关、专项监督活动与日常办案、打击与保护、办案与宣传、眼下具体工作与长久制度设计等对立统一因素，形成以“一点六线”为主要内容的有纵有横的工作格局，使两个专项工作向社会层面辐射与拓展，体现了两个专项工作的效率、效果与效应。

（二）以督办案件、信息报送为主要内容，整合上下级检察机关为一体的组织线

推进两个专项工作，必须有相应的组织保障。江苏省的方案明确要求各级检察机关都要成立专项行动领导小组，由分管检察长担任组长，侦监、反渎等相关业务处室的负责人为成员，侦查监督部门作为领导小组的办公室负责其日常工作。专项行动中，领导小组及其办公室承担了协调指挥、移送线索、督办案件、传递信息等具体职能，使得上下级检察机关之间能够保持上下一致、协调如一。如最高人民检察院督办上海味好美食品有限公司反映陈某假冒注册商标案，江苏省人民检察院迅速将该案交案发地泰州市人民检察院和兴化市人民检察院办理。该两级院及时派员介入，审查材料后建议公安机关对陈某立案侦查并依法采取强制措施。同时，兴化市人民检察院还以此案为着力点，将涉及该案的其他 6 名犯罪嫌疑人侵犯注册商标犯罪行为进行了跟进监督，引导公安机关对陈某等人涉嫌的犯罪进一步深挖，及时收集、固定证据，切实保证案件办理的质量和效果。在专项行动中，江苏省检察机关还结合已有的重大案件报告制度，要求下级院报送相关的案件信息，做到了信息渠道通畅，指导工作更有针对性。

（三）以法律监督职能为依托，形成侦查机关、行政执法机关相互联动的协作线

在两个专项工作的开展过程中，江苏省检察机关注重处理好履行检察职能和与行政执法、执纪、侦查机关的分工协作关系，既尊重其他机关的职权、职能，不包办代替、越俎代庖；又运用法律监督职能，做好组织协调工作，对两个专项工作重点打击的犯罪行为形成完整的打击锁链。在协作工作方面，江苏省检察机关注重做到加强与公安、监察等职能部门的工作联系，及时移送违法、违纪线索，通报工作情况，加强配合、协同行动；注意发挥工商、质监等行政执法机关的作用，通过联席会议、情况通报等多种工作方式，摸排涉嫌犯罪线索，督促行政执法机关向公安机关移送；用好侦查监督、公诉、自侦等方面的检察职能，整合办案力量，采取“走上门去”的方式，到有关单位开展两个专项工作。在监督行政执法机关移送涉嫌犯罪案件专项活动中，江苏省检察机关推动各地检察机关建立以专项行动领导小组办公室为工作主体的线索移送、案件交办机制，协调各相关行政执法单位集中、统一行动，保证了专项监督活动的深入开展。在打击侵犯知识产权和制售假冒伪劣商品专项行动中，江苏省检察机关在省领导小组的组织协调下，积极履行检察职能，加强了对知识产权的刑事保护工作。

（四）以专项行动为契机，形成集中行动与日常办案相统一的打击效率提升线

在两个专项工作开展过程中，江苏省检察机关注重发挥专项行动集中统一行动的效率优势，以保持对犯罪的高压态势，有力地打击和震慑犯罪。首先，江苏省检察机关注重发挥专项行动打击对象集中，易于深挖犯罪的效率优势。专项行动中，江苏省检察机关及时跟进查办重大案件，从个案中研究发现破案规律，推动类案的办理。其次，江苏省检察机关还注重发挥专项行动中各相关单位围绕某一类案件集中统一行动，形成合力打击的效率优势，互相配合从不同层面上打击违法犯罪现象。因此，江苏省检察机关在推进两个专项工作过程中，非常注重个案的办理，通过查办个案带动发现类案，通过查办类案显现两个专项工作的成效。这次专项监督活动中，江苏省检察机关根据各地办案情况明确打击的重点地区、重点系统、重点行业，督办和查办了一批重点案件。从此次专项行动所破获的案件来看，生产与人民群众生活相关的食品、生活用品的假冒注册犯罪比较突出，江苏省检察机关及时对相关个案进行了研究分析，作为今后一段时间两法衔接工作所要针对的重点环节。

（五）以社会效果为目标，形成打击与保护相结合的办案效果保障线

在两个专项工作开展过程中，江苏省检察机关在宽严相济的刑事政策的指导下，正确认识和处理案件涉及的社会矛盾，综合运用打击与保护的手段，保证了案件的社会效果与法律效果的统一。两个专项所涉及的违法犯罪范围较广，大都与人民群众的生产生活密切相关。和直接侵犯公民的人身财产权利犯罪相比，有的情况下罪与非罪难以界定，评价其社会危害性是否达到犯罪的程度一定要放在社会层面上进行衡量，不能机械执法，不当扩大打击面。而在办理侵犯知识产权犯罪当中，也要综合考虑是否有利于科技进步，是否有利于权利人的权利保护，做好与案件相关的社会矛盾化解工作，不能就案办案。如常州市武进区人民检察院办理的孙某、林某涉嫌侵犯商业秘密一案，由于该案证据不足，不符合逮捕条件，但该院在处理该案时并不是不捕了之。该案被侵权单位是国内同行业中的龙头企业，被窃取的技术图纸是国际领先技术，一旦发生大规模泄露将造成巨大的损失。因此，检察机关建议公安机关将侵权单位窃取的图纸及生产出的一台机器扣押封存的同时，又主动做工作促使双方达成和解协议，既办好了案件，又维护了权利人的合法权利。

（六）注重营造工作声势，形成办案与宣传相结合的惩防效应辐射线

在两个专项工作开展过程中，江苏省检察机关把宣传工作放在一个比较突出的地位，以取得社会全面参与和支持，将办案的惩防效应最大化。第一，加强专项行动的宣传工作，营造行动声威。在行动伊始，省公、检、法三部门联合发布了《关于打击侵犯知识产权和制售假冒伪劣商品犯罪活动的通告》，明确了严厉打击的具体犯罪行为，既敦促违法犯罪分子投案自首、改过自新，又向社会昭告了专项行动的打击对象和举报奖励等信息。该通告广泛张贴于车站、码头等公共场所，取得了良好的宣传效果。第二，加强个案报道。通过个案揭露犯罪现象，宣传法律知识，取得社会对知识产权保护工作的支持。通过典型个案宣传的意义不仅在于敲山震虎、以儆效尤，更在于教育和动员群众，使两个专项工作能够进一步践行专门机关与群众路线相结合的道路，取得群众的支持和配合。第三，通过相关报刊进行宣传。江苏省检察机关在《检察日报》、《清风苑》、《江苏法制报》、省知识产权联席会议办公室简报等刊物上，就江苏省检察机关开展两法衔接、打击侵犯知识产权和制售假冒伪劣商品犯罪活动的相关情况进行报道，进一步扩大宣传面。

（七）注重长效机制建设，形成具体工作与建章立制相结合的工作效力延伸线

在两个专项工作开展过程中，江苏省检察机关就江苏省进一步加强两法衔接机制建设进行了深入调研，通过两个专项，形成了两法衔接成员单位的联络员网络，相关单位都指定了专人负责该工作。逐步畅通信息传递渠道，线索、案件处理情况等信息在上下级之间、司法机关与行政执法机关之间得到有效的利用。特别是两个专项工作进一步检验了两法衔接信息共享平台的作用和价值，其取得的成果有利于进一步推进平台的建设和运用。两个专项工作成果的取得，是检察机关与其他行政执法机关相互协作的产物。这种相互协作的过程得到制度上的巩固，成为检察机关面向社会、服务社会的重要工作渠道。江苏省很多

地方都形成了各具特色的工作制度，成为拓展检察职能、延伸检察触角的重要举措。如宜兴市人民检察院专门成立了知识产权检察科，专门预防和办理知识产权犯罪案件；海门市人民检察院在全国最大的叠石桥家纺市场设立了检察室，密切与市场管理部门的联系，为该市场的知识产权保护工作提供了良好的司法保障。

三、江苏省各地检察机关多措并举，加大打击侵犯知识产权犯罪的力度

江苏省各地检察机关多措并举，加大知识产权司法保护力度的探索和实践。如江苏省宜兴市人民检察院与南京师范大学法学院共建“知识产权司法保护实践基地”。宜兴市市长王中苏称宜兴市人民检察院发起推动的这一活动，是服务经济社会又好又快发展的创新举措，是为巩固经济企稳向好局面，加快转变经济发展方式、推进自主创新所做的一件大好事。宜兴市人民检察院开展案例讲堂、观摩庭审、有关司法解释培训，积淀实战经验，加强知识储备，提升办理知识产权案件的专业化水平。还先后与江苏省科技咨询中心、南京师范大学法律司法鉴定中心等专业机构建立合作机制，主动上门与专业机构、专业人士沟通交流，有效地解决了知识产权的法律界定、直接经济损失的计算等困扰司法实践的难题。

为了进一步加大对知识产权犯罪的打击力度，切实维护广大知识产权权利人和消费者的合法权益，江苏省昆山市人民检察院出台了《关于加强查处侵犯知识产权犯罪的实施意见》，并成立了专门的知识产权犯罪办案组，积极探索建立打击知识产权犯罪的长效机制。一是建立一种机制，完善执法衔接。以联席例会的形式建立和完善与行政执法机关和公安机关的联动机制，实现行政执法和刑事司法的无缝衔接，形成知识产权保护的合力，共同签订了联合打击制假售假、侵犯知识产权犯罪的联系协调制度，对案件线索的移送、审查、协商、处理、通报等环节草拟了详细规定，要求行政机关在向公安机关移送案件线索时，须同时向该院备案，便于检察机关进行监督，从而使行政执法机关、公安机关与检察机关在工作联系渠道上保持畅通，促进了执法资源的合理利用，提高了办案效率，加大了打击知识产权犯罪的效果。二是加强两个宣传，营造良好氛围。依法全面保护知识产权，打击和制止各种侵犯知识产权的违法犯罪活动，是检察机关服务于社会主义市场经济的重要手段。尤其对昆山这样一个以外向型经济为主的城市来说，进一步完善知识产权保护体系，加强知识产权司法保护更显得尤为重要。为此，在加大惩处力度的同时，积极开展宣传活动，营造打击知识产权犯罪的良好氛围。一方面加强对相关行政执法机关的宣传。先后多次到有关部门开展打击制假售假、侵犯知识产权犯罪法律宣传，使一些单位部门打消了对检察机关立案监督的顾虑，使检察机关与其建立了良好的合作平台；另一方面加强对打击知识产权犯罪成效的宣传，使打击知识产权犯罪的绩效及时为公众知晓，达到教育预防犯罪的目的。三是实施三级培训，提高办案能力。由于目前的一线办案人员大多没有经过知识产权法律的专业教育和系统培训，使得办案人员的专业水平和办案能力面临巨大的现实考验。为此，一方面注意专业人才的引进，一方面不断加强对知识产权犯罪办案组的教育培训。不断加强干警的自我培训，注意对办案经验的积累，同时加强知识产权专业方面的进修和学习；与有关高校建立联系制度，邀请知识产权方面的教授专家前来为干警讲课辅导，发挥专家的知识优势，借助外来智力为办理此类案件提供智力支持和咨询指导；邀请企业人员为办案小组介绍知识产权发展与侵权动态，使办案人员对涉案技术信息、作案手段方法有更为感性的认识，提高调查取证、审讯犯罪嫌疑人的技巧和水平，从而成为既懂法律又懂专业技术的复合型办案人才。四是开展四方研讨，实现专业互补。联合公安机关、审判机关与高科技企业建立经常性的联系机制，定期举办案件研讨活动，针对一段时间内案件发生的情况、特点，案件事实的认定和法律的适用展开讨论研究，实现专业互补。并结合办案深入分析企业的发案特点和规律，及时掌握企业在知识产权保护中遇到的问题，增强知识产权保护工作的针对性和实效性，引导公安机关对侵犯知识产权犯罪的侦查，帮助企业建立和完善内部监督制约机制和管理制度。五是确立五项保障，强化权益维护。（1）确保权利告知针对性。制作专门的侵犯知识产权犯罪被害人权利义务告知书，除了作为一般刑事被害人的诉讼权利外，增加了知识产权的一般知识和涉案相关罪名的构成要件、处罚标准等具体规定，增强被害人对知识产权犯罪的认识。（2）确保案件知情动态性。规定承办人员应将案件所处诉讼阶段同步告知被害人，如延长、批捕、不捕理由、移送审查起诉、宣判日期等，使被害人及时了解案件

的进展和所处的诉讼阶段。(3)确保量刑处罚参与性。制作专门的听取侵犯知识产权犯罪被害人刑事处罚意见书，将被害人对被告人的处罚意见作为检察机关提出量刑建议的重要参考。(4)确保案件办理严格性。对涉及知识产权犯罪的案件，一般应适用普通程序，如适用简易程序，必须由分管检察长批准，以加强对该类犯罪的指控力度。(5)确保办案服务延续性。对于一些通过制假售假侵犯他人知识产权的案件，积极为被害人挽回声誉，主动与涉案的受货方联系，帮助被害人与受货方之间建立联系通道，消除误会，从而最大限度地减少因犯罪行为所造成的负面影响，重树知识产权被害人产品的形象。

苏州在全市检察机关设立办理侵犯知识产权刑事案件小组，高效执法，认真处理侵犯知识产权犯罪案件；建立联席会议、情况通报、数据库共享、备案审查等制度，充分发挥综合执法效能；加强刑事立案监督、刑事审判监督和刑罚执行监督，避免以罚代刑、有案不立、有罪不究等现象的发生；及时向行政主管部门、行业协会和企业、科研机构等提出检察建议，督促其健全制度、堵塞漏洞、消除隐患；加大知识产权司法保护宣传力度，营造勇于创新、尊重创新和激励创新的文化氛围；深入开展知识产权检察保护调研，促进知识产权法律保护体系的不断健全和完善。

（最高人民检察院侦查监督厅）

浙 江 省

专利工作

一、概况

2010年，浙江省深入贯彻实施国家知识产权战略，认真开展世博会知识产权保护专项行动及打击侵犯知识产权和制售假冒伪劣商品专项行动，不断改善知识产权政策环境、市场环境和文化环境，着力于提升自主创新能力，积极开展对外交流与合作，知识产权工作取得了新进展。

（一）开展专项行动，扎实推进知识产权保护工作

1. 世博会知识产权保护专项行动取得成功

2月，国家知识产权局、公安部等八部门下发世博会知识产权保护专项行动方案。浙江省认真贯彻世博会知识产权保护的有关精神，研究制定了世博会期间浙江省知识产权保护专项行动的工作重点和工作安排，各有关部门作出了卓有成效的工作。

浙江省知识产权局系统开展了省、市、县三级联动的专利执法，共出动执法人员900余人次，检查超市、专业市场170余家次，检查商品近6万件，查处专利违法行为30起。浙江省公安系统建立联络员制度，进一步完善应急核查处置机制，加大对“世博”知识产权刑事保护。世博会期间，全省公安机关共破获涉嫌侵犯知识产权犯罪案件89起，查获商品430.9万件，抓获犯罪嫌疑人138名，逮捕37人。杭州海关、宁波海关与上海海关、南京海关联合印发《长三角地区海关关于开展2010年世博会知识产权保护专项行动的工作方案》，依法查处侵犯世博会知识产权货物的违法行为。杭州海关共查处侵犯世博会标志专用权案件5起，涉及货物2530件，价值人民币4万余元。浙江省工商系统加强对世博会商标的保护，整治规范商标印制行为，共查处世博标志侵权案件306件，案值达148万元，罚没款194.6万元。浙江省版权系统建立世博会版权行政执法快速反应机制，确定世博会版权保护的重点地区，出动执法人员2249人次，检查音像制品经营场所1109家，取缔各类非法摊点53个，收缴各类非法音像制品3.05万张，立案查处案件8起。浙江省检察院制订检察机关强化世博会知识产权保护专项行动方案，完善行政执法和刑事司法衔接机制，加强对世博会知识产权的刑事司法保护。

2. 打击侵犯知识产权和制售假冒伪劣商品专项行动取得阶段性成效

10月，国务院统一部署了为期半年的打击侵犯知识产权和制售假冒伪劣商品专项行动。浙江省认真贯彻执行，成立了全省专项行动领导小组，制订下发了工作方案，围绕“重点内容、重点地区、重点领域、重点产品”细化量化工作措施，确定了49项重点。全省各市、县(市、区)及相关省直部

门在省政府的统一部署下，也分别制订专项行动工作方案，确定工作重点，推动专项行动深入开展。

浙江省商务系统会同省直相关部门开展打击出口非洲假冒伪劣和侵犯知识产权商品专项行动，确定宁波、绍兴、义乌为重点地区，查处了一批出口侵权案件。浙江省公安系统实施“亮剑”行动，全省公安机关共破获各类侵权假冒案件 151 起，抓获犯罪嫌疑人 216 人，逮捕 61 人，捣毁制假窝点 89 个，打掉犯罪团伙 26 个。浙江省知识产权局系统开展保护专利权专项行动，出动执法人员 200 余人(次)，检查各类商场和超市 20 余家，检查各类商品 2.5 万件，查处了一批假冒专利案件。浙江省工商系统把打击冒用商标、品牌和地理标志作为主要着力点，从源头上加强对商标印制企业的监管。全省共出动执法人员 13 245 人次，检查市场主体 16 313 户，检查集贸市场 1393 个，整治重点区域 357 个，捣毁制假售假窝点 35 个，查处制售假冒伪劣商标案件 1885 起，案值 2055 万元，罚没款 1011 万元，移送公安机关案件 12 起。浙江省版权系统组织开展政府机关软件正版化专项检查，推动全省各级政府机关和重点行业骨干企业的软件正版化工作。开展打击网络侵权盗版专项治理的“剑网行动”，共立案 138 起，罚款 33.6 万元；关闭违法网站 51 家；移送公安机关案件 2 起。浙江省质监系统确定汽车配件、小家电、人造板为重点产品，协同公安、商检部门开展现场联合检查，重点查处无证生产、以次充好、伪造仿冒等违法行为，破获了假冒上海松下电器厂名厂址案、假冒注册“SIEMENS”品牌插座案等一批大案。浙江省文化系统重点开展对网络游戏和网络音乐网站的检查督查，共出动执法检查人员 2.5 万人次，检查经营单位 3.6 万家次，立案 34 起，结案 26 起，移送司法机关 5 起，捣毁违法经营窝点 12 处，罚没违法物品 11.5 万张(本、片)，涉案金额 24.5 万元。浙江省食品药品监管系统重点打击制售假药、利用互联网等媒体发布虚假广告及通过寄递渠道销售假药等违法行为。全系统共出动执法人员 53 357 人次，检查涉药单位 16 746 家，立案 784 起，移送司法机关 13 起。会同公安机关查获了安吉“11.18”假药案、台州“波立维”假药案、宁波“潘立苏”假药案等一批侵犯药品知名品牌典型案件；会同浙江省广电系统开展了“安全用药、关注农村”电影放映的公益活动。全省农业系统共出动农业执法人员 2387 人次，检查种子经营网点 1436 个次，立案 58 起，涉案金额 9.2 万元，为农民挽回经济损失 15 万余元。浙江检验检疫局、宁波检验检疫局严把出口资质审查关，加强对许可证、确认书、备案书的审查。杭州海关加强对重点地区、重点出口国的货物查验，查验率从 2.5%提高到 5%，重点出口国的查验率不低于 10%。在专项行动期间共中止放行涉嫌侵权货物 953 批次，涉及货物 366.5 万件，价值人民币 933.5 万元。浙江省监察厅主动参与、积极配合，充分发挥职能作用，切实加强对全省知识产权保护工作的监督检查，尤其是加强对行政执法机关移送涉嫌违法违纪案件的监督，有效防止了有案不送、有案不办和以罚代刑等情况的发生。截至 12 月底，全省共出动执法人员 84 663 人次，检查市场主体 55 229 家，捣毁制假售假窝点 138 个，查处制售假冒伪劣商品案件 2700 余起，涉案商品总值 4873.5 万元，移送公安机关 31 起。

上述两项专项行动的深入开展，净化了市场投资环境，保障了重大展会的成功举办，进一步推动了浙江省的自主创新。

(二)完善政策措施，知识产权政策环境进一步优化

2010 年浙江省相关部门积极应对金融危机，推动经济转型升级，出台了一系列政策措施，知识产权政策体系得到进一步健全和完善。浙江省知识产权局会同省商务厅为加强对流通领域知识产权保护的有效指导，制定出台了《浙江省流通领域知识产权保护试点单位认定管理办法(试行)》，认定 6 家流通企业为首批流通领域知识产权保护试点单位，探索建立商品流通过程中知识产权保护的长效机制。下发了《做好专利纠纷案件调解处理工作的指导意见(试行)》，加强对专利执法工作的规范指导。浙江省工商局下发了在本省商品交易市场加强世博商标保护的通告，加强对世博会知识产权的保护。浙江省广电局贯彻落实国家广电总局关于《广播影视知识产权战略纲要》，积极指导全省广播电视播出机构依法实施《广播电台电视台播放录音制品支付报酬暂行办法》。杭州海关积极推进中国义乌小商品市场综合监管改革，出台了《义乌市场采购小商品出口知识产权保护工作规范》。宁波海关制定发布了《侵权货物管理操作规程》、《关于货运渠道小额侵权嫌疑案件的处理意见》、《知识产权调查操作规程》、《近似商

标和定牌加工问题处理意见》等规范性文件，确保进出口货物知识产权保护工作有章可循、规范办理。浙江省高院制定了《关于加强知识产权民事审判司法建议工作的意见（试行）》、《关于审理网吧侵犯信息网络传播权纠纷案件若干问题的指导意见（试行）》、《关于知识产权民事诉讼中公证证据的审查与认定的指导意见》等规范性文件，指导知识产权司法审判。

（三）强化试点示范，不断提升企业创新能力

2010 年，全省知识产权优势企业培育工作继续有序展开。浙江省知识产权局会同省中小企业局开展知识产权优势中小企业培育工作，首批认定企业 43 家；会同省经信委新认定省专利示范企业 129 家。截止 2010 年底，浙江省已实施“国家中小企业知识产权战略推进工程”3 个，拥有国家专利技术展示交易中心 2 个，国家知识产权示范、示范创建与试点企事业单位 84 家，国家企业专利工作交流站 2 家，省专利示范企业 722 家，市县两级专利试点示范企业 4299 家。浙江省工商局开展国家商标战略实施示范城市（区）、示范企业活动，杭州、宁波、绍兴、万向集团公司成为首批示范单位。积极推进品牌指导站建设，全省共建立品牌服务指导站 594 家。浙江省版权局指导绍兴中国轻纺城开展花样版权保护工作，在绍兴中国轻纺城签署了浙江绍兴、江苏南通、山东潍坊、广东佛山四地纺织品市场版权保护与合作协议，建立浙、苏、鲁、粤跨区域纺织品市场版权保护合作机制。浙江省质监局大力扶持技术标准创新，推动专利标准化工作。2010 年共安排技术标准专项资金 3474 万元，全省企业参与制定的国际标准、国家标准和行业标准分别达到 4 项、307 项和 263 项，其中作为第一起草单位的分别达 4 项、129 项和 128 项。累计参与制定修订国际标准、国家标准和行业标准分别达 39 项、1962 项和 1589 项。进一步完善了名牌培育政策，培育重点向高技术、自主知识产权产品倾斜，全年新增工业产品浙江名牌 175 个，浙江区域名牌 14 个，新增工业名牌产品中省级以上科技进步奖产品、国家级新产品占 33.3%。

（四）加强宣传培训，知识产权文化逐步普及

2010 年，各地各部门开展了一系列知识产权宣传培训活动。浙江省知识产权领导小组办公室组织了“4·26 知识产权宣传周”活动，会同上海市、江苏省知识产权联席会议办公室在南京联合举办了第二届“长三角地区知识产权发展与保护状况新闻发布会”。浙江省知识产权局会同省律师协会知识产权专业委员会在全省 11 个地区组织开展了知识产权保护巡回演讲，共举办 27 场讲座，1600 余家企业参加。浙江省工商局召开以品牌浙江为主题的五年建设成果巡礼暨颁奖活动，展示品牌浙江五年建设成果，发布浙江商标品牌发展报告，推出全省实施商标品牌战略十大示范乡镇、十大品牌示范基地、十大品牌富农示范组织、十大品牌服务示范指导站和十大商标境外注册示范企业。浙江省版权局推出了以“保护正版、打击盗版”为主题的公交车车体广告和机场候机大厅平面广告。杭州市以第六届国际动漫节为平台开展版权宣传，对参展动漫作品进行版权登记并集中展示。杭州海关在“4·26 世界知识产权日”、“8·8 海关法制宣传日”和“12·4 全国法制宣传日”等对外宣传活动期间，将知识产权海关保护作为对外宣传重点。宁波海关积极开展《海关知识产权保护条例》的宣传，将知识产权海关保护新政策送到企业手中。在宁波市保护知识产权工作新闻发布会上，向媒体通报海关知识产权保护工作情况。浙江省高院继续通过各种渠道，加强司法宣传力度，提升知识产权司法保护的社会影响力。邀请外国政府驻华机构代表以及 40 家境内外媒体列席 2010 年浙江法院知识产权审判工作会议。召开知识产权新闻发布会，公布了 2010 年全省十大知识产权典型案件。向知识产权裁判文书网发送生效裁判文书 2473 件。杭州、宁波、温州、嘉兴、绍兴等城市也开展了形式多样的知识产权宣传活动。

（五）知识产权人才培训工作深入开展

浙江省知识产权局坚持不懈地开展知识产权人才培训。2010 年，浙江省知识产权局分别举办了专利行政执法等培训班 14 期。当年全省科技（知识产权）系统共投入培训经费 654.4 万元，举办培训班 726 期，培训人员 6.3 万人次。据统计，“十一五”期间，该系统累计投入培训经费 2809 万元，举办各类培训班 2430 期，培训人数达 21.1 万人次。在 2009 年选派专业人员赴美培训的基础上，2010 年又选派 20 名专业人员赴美参加为期 3 个月的培训。浙江省版权局分南北两片举办全省版权行政执法培训班，结合打击侵权盗版专项行动的具体案例，注重提升基层办案质量水平，全省

市县200多名版权行政执法主管人员参加了培训。浙江省检察院坚持专业化办案方向，以理论研究促队伍建设，组建知识产权犯罪案件专业组，培养既熟悉法律、又精通知识产权业务的专门人才。浙江省高院通过举办全省知识产权审判业务培训班、与下级法院共同举行业务学习会、派员参加最高人民法院组织的培训班研讨会、组织上下级法院间互相评查案件，及时向下级法院反馈二审发回改判案件的情况等形式，提高审判队伍业务素质。选任116名知识产权审判专业型人民陪审员。浙江省教育厅已将知识产权知识教育编入了浙江地方课程的相关教材，对78所本科高校和高职院校从事奖励、专利工作的人员进行培训，提升高校知识产权工作水平。

（六）深化对外交流，国内外合作深入开展

2010年浙江省相关部门深化对外交流与合作，形成有利于浙江省知识产权事业发展的国内外环境。浙江省知识产权局全年共接待来访的外国知识产权代表团7批，共40余人。其中有美国贸易代表办公室、美国联邦巡回法院等官方考察团和美国知识产权法律协会等民间社团。此外，还接待了日本、英国等民间机构的访问。出访了美国、巴西等国，与知识产权管理部门、高校和社团，就进一步发展双边合作关系进行了友好交流。开展长三角地区专利执法合作，承办了2010年长三角地区专利行政执法协作联席会议。浙江省工商局会同世界知识产权组织、国家工商总局分别在杭州、宁波、温州三市举办有效利用马德里商标国际注册体系巡回研讨会，介绍了马德里商标国际注册体系的有关知识，提升了企业国际商标注册的意识。浙江省版权局继续推进全省新闻出版业“走出去”工作，分别在韩国、日本举办了“浙江版权贸易图书展”，与韩国、日本的出版界人士进行了广泛的交流和版权贸易业务洽谈。组团参加第十七届北京国际图书博览会，与境外出版机构达成版权贸易和合作出版协议或意向250多项，一批浙版图书进入欧美主流图书市场。杭州海关承办了“中欧海关知识产权第三次专家组会议”，与会代表参观了义乌海关监管现场和知识产权保护成果展示厅，宣传了杭州海关知识产权海关保护工作成效。加强与区域周边海关的合作，参加长三角地区海关知识产权保护工作联席会议，推进执法行动的协调互动。宁波海关与来访的美国海关驻华代表团进行座谈，介绍了海关知识产权保护工作情况，并与对方所关心的货物处置、风险分析及执法协作等问题进行探讨。根据中欧海关知识产权保护合作框架，向欧盟通报了3件侵权案件情况，并就欧盟提供的11例案件线索进行了核查反馈。浙江省高院承办最高法院召开的“七省一市著作权司法保护座谈会”，与国家知识产权局专利复审委员会互派干部挂职交流，邀请律师协会、专利事务所代表和高等院校知识产权专业学术带头人召开了知识产权司法保护座谈会。

二、专利

2010年，全省专利申请量120 742件，专利授权量114 643件，分别比上年增长11.2%和43.4%，其中发明专利申请量18 027件，授权量6410件，分别比上年增长15.2%和33%。“十一五”期末，专利申请量与授权量分别比“十五”期末增长了179.35%和501.61%，年申请量、授权量及每万人拥有量等指标均位居全国前列。176件国外发明专利申请获得1063万元的中央财政资助。一项外观设计专利获第十二届中国外观设计金奖，6项专利技术获中国专利优秀奖。全省办理专利许可合同备案4532件，占国家局登记总量的47.1%，备案金额13 400万元。全省共有专利代理机构43家，办事机构26家，从业人员800余人，其中执业代理人267人。全省共立案123件，结案106件，分别比2009年增长92.4%和89.3%，结案率达86.1%，其中查处假冒专利案件32件。国家知识产权局专利复审委员会到浙江省巡回口审案件34件。

三、商标与商号

2010年，全省新增境外注册商标6299件，总量4.46万件，其中马德里体系商标国际注册量2.88万件，继续位居全国第一；新增注册商标10.8万件，总量达51.8万件；新增驰名商标46件，总量达334件；新增省著名商标303件，总量达2564件；新增农产品商标1.5万件，总量达6.5万件。全省新评审省知名商号105件，总量达887件；新增品牌基地11个，总量达78个。全省共查处各类商标侵权案件8382起，移送司法机关85件89人次。

四、版权保护与文化市场管理

浙江省版权局全年办理各类作品版权登记11 051件，比2009年增长62.16%，居全国第二位。计算机软件登记数量为6398件，继续居全国第四。核准登记出版境外图书合同154件，办理涉外音像制品、电子出版物、图书和计算机软件合同登记530件；办理著作权合同备案34件。全省共查处版权侵权案件140起，其中行政处罚49件，罚没款46.8万元，3人被移送司法机关。浙江省广电局加强互联网视听节目监管，办理网络视听服务持证单位购片合同或协议备案44家。浙江省文化厅加强网吧著作权保护宣传和管理，对网吧擅自设立影视服务器提供影视节目的行为进行了专项检查，促进网吧行业健康有序发展。积极部署落实全国"扫黄办"和文化部重点督办案件，以打击网络游戏、网络音乐、网络动漫、电子游戏及卡拉OK歌曲等侵权盗版行为为重点内容，以歌舞娱乐、游艺娱乐、网络文化为重点领域，以社会反响较为强烈的典型案件为重点抓手，加大市场监管力度，净化市场环境。

五、地理标志产品

地理标志产品保护工作有序推进。2010年浙江省新增惠明茶、龙泉灵芝、云和黑木耳、里叶白莲和象山白鹅5个地理标志保护产品，全省累计共有33个地理标志产品获批准实施保护，共有350家企业使用相应的地理标志产品专用标志。

全年全省新增地理标志证明商标20件，总量达115件，地理标志证明商标数位居全国首位。

六、植物新品种权

2010年，全省农业植物新品种申请量22件，授权量15件，全省在授权有效期内的农业植物新品种累计47件。全省林业植物新品种申请量9件，授权量3件。进一步完善主要农作物品种审定制度，审定通过44个新品种，停止34个审定品种的推广应用。开展标准样品征集，全省新收集报送农业部新品种样品197份。农业系统组织开展了"绿剑"春秋季集中执法行动，全省共出动执法人员2387人次，检查种子生产经营网点1436个(次)，查获假劣种子7587公斤，货值9.2万元，查处违法案件58起。开展种子执法年活动，全省清理或注销种子经营许可证9份，种子生产许可证5份。

七、商务领域知识产权

2010年，经保护与培育，商务部新认定浙江省"中华老字号"53家，累计91家，位居全国各省区市前列。浙江省商务厅新认定"浙江老字号"64家，累计232家，"老字号"成为浙江品牌的新亮点。认真实施出口品牌战略，打造自主国际品牌，自主品牌出口比例逐年上升，新认定"浙江出口名牌"100个，累计400个，以自主品牌出口的产品占全省产品出口的比例由2005年的12%上升到了2010年的18%。全年共应对涉及浙江省的"337调查"两起，涉案企业5家。

八、海关知识产权

2010年杭州海关共中止放行涉嫌侵犯知识产权货物4411批次，同比增长18.51%，涉及权利1176项，同比增长28.5%。查扣侵权进出境货物、物品2282.4万件，同比增长31.15%，价值人民币4849.5万元，同比增长21.24%。侵权货物涉及耐克、阿迪达斯、彪马、飞利浦、古奇、克里斯蒂昂·迪奥、宝马、奔驰、浪琴、欧米伽等多个国际知名品牌，以及虎头、三环等国内驰名商标。

2010年宁波海关共中止放行涉嫌侵犯知识产权货物801批次，同比增长75%；涉及权利1476项，同比增长61%；货物价值约11 377万元，同比增长135%；查扣侵权货物约5659万件，同比增加34%。涉案货物主要为耐克、阿迪达斯服装鞋帽，古奇、"RAY.BAN"太阳镜等。风险布控228条，查获侵权货物154批次，查获率达68%。

九、公安机关打击侵犯知识产权犯罪

2010年，全省公安机关依法履行知识产权刑事保护职能，紧紧围绕"世博"知识产权刑事保护和打击侵权假冒"亮剑"专项行动，以侦查办案、打击犯罪和防范宣传为切入点，扎实推进知识产权刑事保护。一年来，全省公安机关共立案侦查涉嫌侵犯知识产权犯罪案件309起，破获案件224起，抓获犯罪嫌疑人403人。继续推进加强与各行政执法部门协作配合，完善刑事司法与行政执法的有效衔接，全年接受各行政执法部门移送涉嫌侵权案件297起，立案侦查146起。加强长三角地区知识产权刑事保护合作。推进专案经营，成功侦破非法制造、印刷、储存、销售假冒世博特许商品和伪造世博门票案、美籍华人制造销售假冒国际品牌抗肿瘤药品案、非法生产并利用互联网销售假冒"艾莱依"等驰名商标服装案等一批重大案件。

十、检察机关打击侵犯知识产权犯罪

2010年,全省检察机关共受理提请批准逮捕侵犯知识产权犯罪案件82件117人,其中批准逮捕75件106人。提起公诉129件255人,其中假冒注册商标案件47件93人,销售假冒注册商标的商品案件20件38人,非法制造、销售非法制造的注册商标标识案件31件58人,侵犯著作权案件2件6人,侵犯商业秘密案件7件12人,他罪中含有侵犯知识产权行为22件48人。在办案中,各级检察机关严格按照工作要求,加大对侵犯知识产权犯罪案件的办案力度,依法、高质、高效完成批捕和公诉任务,及时开展对侦查和审判活动的法律监督。

十一、知识产权司法保护

2010年,全省法院共受理知识产权民事纠纷案件4939件,同比上升74.03%。其中,著作权纠纷案件2729件,上升141.93%;商标权纠纷案件979件,上升49.01%;专利权纠纷案件1020件,上升23.04%;技术合同纠纷案件83件,同比减少16件;不正当竞争纠纷案件471件,同比减少11件;其他知识产权案件81件,增加14件。进一步加大对侵犯知识产权犯罪行为打击力度,全年共一审审结侵犯知识产权刑事案件109件,判处犯罪分子240人,比2009年增长13.7%。依法监督和支持知识产权行政管理机关依法行政,新收和审结一审知识产权行政案件各3件。经最高人民法院批复同意,新增杭州拱墅区、宁波海曙区、嘉兴桐乡市、湖州德清县和台州温岭市为具有一般知识产权纠纷案件管辖权的法院,全省共有审理一般知识产权纠纷案件的基层法院达23个,数量位居全国第一。对义乌法院开展"三审合一"试点进行验收,为在全省法院适度推进试点工作总结经验。

十二、浙江省高院公布的2010年度浙江省10个知识产权典型案例

入选的10个知识产权典型案例分别是:(1)浙江新安化工集团股份有限公司诉浙江金帆达生化股份有限公司侵犯发明专利权纠纷案;(2)蓝天电脑股份有限公司诉杭州百脑汇电脑市场有限公司侵犯商标专用权及不正当竞争纠纷案;(3)拜耳股份有限公司、拜耳(北京)板材有限公司诉衢州拜耳阳光建材有限责任公司等不正当竞争纠纷案;(4)微软公司诉中信金通证券有限公司侵犯计算机软件著作权纠纷系列案;(5)新京报社诉浙江在线网络传媒有限责任公司侵犯著作权纠纷案;(6)湖南快乐阳光互动娱乐传媒有限公司诉舟山市定海博缘网吧侵犯著作财产权纠纷案;(7)湖州一亭白蚁防治服务有限公司诉湖州市白蚁防治研究所有限公司垄断纠纷案;(8)杭州市被告人吴根创、马陈嘉、萧泽民、马显耀、沈友才、马肇杰、唐西朝、马桂金、陈建平等9人销售伪劣产品案;(9)苍南县被告人韦友军、钟世新侵犯著作权案;(10)宁波市柳西安装工程有限公司诉宁波市工商行政管理局国家高新技术产业区分局工商行政处罚案。

(浙江省知识产权局 李宗保)

商标工作

2010年以来,全省商标监管工作按照全省工商行政管理工作会议提出的"2010品牌建设要集聚资源优势,调动各方,示范引领,再掀高潮"的要求,大力实施商标战略,推进品牌大省建设取得新的成效,全省新增驰名商标46件,总量达334件;新增境外注册商标6299件,其中马德里体系商标国际注册量2.88万件,总量4.46万件,继续高居全国第一;新增注册商标10.8万件,总量达51.8万件;新增地理标志证明商标20件,总计115件,位居全国首位;新增品牌基地11个,总量达78个;查处各类商标侵权案件8382起,移送司法机关85件89人次,侵犯世博专用标志案件306起。

一、积极推进品牌指导站建设,创新品牌服务模式初显成效

各地大胆创新,积极探索,创造了品牌指导站的多种模式,基本实现地市抓一个点、县区都有一个指导站的创建目标,成为工商商标品牌建设进乡镇进企业的有力抓手,受到了地方政府的高度重视、行业协会的普遍支持。截至目前,全省共建立品牌服务指导站594家,合计工作人员2100多名;其中当地政府、街道参与建设的达549家,占总数的92%,324家有专项经费来源,占总数的55%。宁波市已建立独立或合署办公的品牌工作指导站47个,奉化、海曙、江北等地已实现乡镇(街道)工作指导站的全覆盖;余姚阳明街道、鄞州横溪镇,专辟单设的办公场地,象山贤庠镇在指导站成立后列出2万元专项资金对其经费支出实行实报实销。长兴和平、绍兴杨汛桥、嘉善西塘等结合当地特点，建立商标培育库、闲置商标库、培训指导制度等，工作扎实有效。全省企业创牌热情持续高涨，全年新增驰名商标 46 件，总量达 334 件；新增省著名商标 303 件，总量 2564 件；省品牌基地 11 家，总量 78 家。商标价值进一步体现，全省企业新增商标质押获得银行贷款 1.7 亿元，贷款总额度达 9.1 亿元。

二、示范引领，实施商标发展战略取得阶段性成果

国家工商总局《关于开展国家商标战略实施示范城市（区）、示范企业工作的指导意见》和《关于开展 2009 年国家商标战略实施示范城市（区）、示范企业工作的通知》下发后，浙江省各地积极响应，地方党委政府十分重视，不少地方积极投身创建活动，杭州、宁波、绍兴、万向集团公司成为首批示范单位。各地以示范单位创建为抓手，再掀商标品牌建设高潮。杭州市开展以“树商标文化，享品牌生活”为主题的 2010 商标品牌系列活动，启动仪式以市政府名义召开，市政府和各区县的政府领导、企业家代表 800 多人参加会议，“每月商标品牌大讲堂”每月一讲对农产品、国际注册商标等知识予以普及和宣传。宁波市专门出台宁波市出台落实国家商标战略实施示范城市要求的实施意见，并将宁波市知名商标认定工作上升为政府行为，宁波市政府专门出台《宁波市知名商标认定和保护办法》。

三、地理标志商标突破百件大关，农产品品牌建设成果丰硕

全年全省新增地理标志 20 件，总量达 115 件，历史性地突破百件大关，地理标志数在全国位居首位。全省工商机关积极支持、鼓励传统特色农产品申报地理标志证明商标保护，省、市、县三级联动，逐个指导，有力的促进了地方区域名品注册地理标志证明商标；并积极会同证明商标管理机构、使用企业，从标准制定、企业门槛准入、后续管理等各方面入手，大力推广应用地理标志证明商标服务“三农”工作。苍南分局联合县农业局、县农学会主动起草了《“苍南翠龙茶”证明商标使用管理规则》，并争取到由“苍南翠龙”冠名 2010 第八届温州早茶节，提高地理标志的影响力；丽水市工商局召集农业、质监等相关职能部门、莲子生产重点乡镇负责人以及莲子生产、销售大户代表开展“处州白莲”地理证明商标规范使用恳谈会，整合部门力量，促进“处州白莲”的规范使用，做大做强传统名牌；舟山市工商局通过开展第三届中国舟山国际渔业博览会开幕仪式暨舟山海水产品地理标志证明商标启用仪式，并组织舟山海水产品地理标志证明商标运行战略研讨会；浙江省工商局专题召开海产品地理标志证明商标管理和推广运用座谈会，有力地促进了全省海产品证明商标工作的开展。台州市工商局出台《关于发挥工商行政管理职能服务农民创业和发展品牌农业的若干意见》，发挥主体兴农的引导作用，建立涉农事项主动介入机制、新农村服务指导站机制、监督检查机制、行政指导机制和社会化宣传机制。温州市工商局制定了《温州市 2010～2015 年农产品商标培育发展规划》，明确“力争到 2015 年，建立起较为完善的农产品注册商标、使用以及农产品商标培育、发展、保护的工作机制”，并实现“商标兴市、商标强企、商标富农”的目标；同时，联合温州农办开展温州市涉农企业（组织）商标创牌先锋单位评选活动，为当地农产品商标的培育发展带来新的动力。全年全省新增农产品商标 1.5 万件，总量达 6.5 万件，居全国首位。

四、以商标国际注册为重点，品牌国际化建设持续推进

浙江省工商局专门会同世界知识产权组织、国家工商总局在杭州市、宁波市、温州市举办了三场有效利用马德里商标国际注册体系巡回研讨会，会议由 WIPO 国际商标注册法律司专家黛比·诺宁女士、陶俊英女士介绍了马德里商标国际注册体系的基本内容、法律框架、涵盖范围以及最新进展和未来设想，展示了如何提出申请、维权等相关工作流程，并现场交流回答了与会企业的诸多问题，来自全省各地外向型出口企业和工商系统代表共约 500 余人参加了会议。这是浙江省首次组织 WIPO 专家直接面向浙江省企业介绍马德里商标国际注册制度，受到了各地的热情参与和广泛好评。各地积极通过培训、上门指导、发放行政建议书等方式，指导企业国际注册。瓯海工商分局从自身职能出发，优化服务举措，推行“政府推动、工商助动、企业主动”的“三动”国际商标培育模式，积极向当地政府提交《瓯海区“商标战略”政策扶持办法》，为成功申请涉外注册企业提供财政保障。全年浙江省新增境外注册 6299 件，累计达 4.46 万件，居全国前列。品牌国际收并购迈出新步伐，温州诚隆公司以 3700 万欧元收购法国品牌皮尔·卡丹的鞋等四类品种在中国的商标权，温州奥康集团以低于2200万美元的价格收购了意大利鞋业品牌万利威德的大中华区商标及专利等所有权。

五、以世博标志保护为契机，商标专用权保护深入开展

浙江省工商局根据国家工商总局《保护世界博览会标志专用权行动方案》的要求，先后下发《浙江省工商行政管理局关于在本省商品交易市场加强世博商标保护的通告》及《苏、浙、沪工商部门世博会标志保护行动方案》。全省上下积极联动，通过开展送法上门、印发资料等形式，加强全社会的宣传教育；通过强化《世界博览会标志保护条例》的培训学习，对虚假标称上海世博会指定用品、擅自生产销售上海世博会吉祥物等7种常见的违法行为及典型案例的剖析，加强工商队伍的业务能力；通过严肃行政执法，整治规范商标印制行为，营造良好的品牌运营环境。共查处世博标志侵权案件306件，案值达148万元，罚没款194.6万元。上海世博会事务协调局对浙江省衢州、嘉善、玉环三个地区保护世博会标志专用权、查处侵权行为的做法专门给予肯定。积极开展商标专用权保护，全省共查处各类商标违法案件8382起，案值达19 389.6万元，罚没款达14 354万元；查处违法商标印制案件677件，案值达3134万元。嘉兴工商局根据美国UL安全实验所广州办事处的投诉，查获当事人涉嫌商标侵权一案，没收金属电容器2182万个，罚款额125万元。

六、宣传造势，品牌浙江盛典活动取得良好效果

为了扩大影响，尤其是在政府、社会层面的影响，促进商标战略的实施，浙江省工商局于2010年5月26日在杭州召开以“品牌浙江 励志远航”为主题的品牌浙江五年建设成果巡礼暨2010品牌浙江颁奖盛典活动，展示品牌浙江五年建设成果，发布浙江商标品牌发展报告，对浙江省被命名为全国实施商标战略的示范城市、示范企业、商标发展百强县以及新认定的驰名商标、著名商标进行隆重表彰，同时推出全省实施商标品牌战略十大示范乡镇、十大品牌示范基地、十大品牌富农示范组织、十大品牌服务示范指导站和十大商标境外注册示范企业。国家工商总局付双建副局长、商标局李建昌局长、商评委许瑞表主任和中华商标协会刘燕秘书长到会指导。这次会议在全省产生广泛的影响。嘉兴举办首届品牌与商标专利博览会提升品牌战略，100余家企业集中展示品牌，举办品牌论坛，设置市民互动抽奖环节；绍兴市工商局举办“商标品牌战略论坛”，论坛分商标品牌战略知识培训会和电视论坛两大部分内容，在论坛现场，绍兴市领导还为“绍兴市品牌保护促进中心”授牌；余杭区工商局主导召开品牌工作会议，副区长主持，区长讲话，乡镇和有关部门一把手参加，有力的巩固深化了工商商标品牌建设地位。

（浙江省工商行政管理局）

版权工作

2010年，浙江省版权局在省委、省政府的领导和国家版权局的指导下，以服务创业创新、转型升级为目标，继续加大版权保护力度，完善版权服务，促进版权相关产业发展。

一、继续组织推进企业软件正版化，落实开展政府机关软件正版化专项检查和整改工作

2010年初开始，浙江省使用正版软件工作领导小组办公室（设在浙江省版权局）继续会同浙江省经信委、省建设厅、省工商局、省旅游局等部门，在省软件、勘察设计、广告、饭店等行业协会的积极辅助下，对首批骨干企业软件正版化工作进行督促指导，分4批对杭州、宁波、温州、金华等地近20家列入2009年度首批重点行业软件正版化名单的骨干企业进行了抽查。

6月份全省推进重点行业企业软件正版化工作会议在杭州召开，会议表彰了杭州东信北邮信息技术有限公司等68家“浙江省企业软件正版化工作示范单位”。会议要求各地继续根据2009年省七部门联合下发的《浙江省推进重点行业软件正版化工作实施方案》，组织开展2010年重点行业企业软件正版化工作。省使用正版软件工作领导小组办公室确定了122家2010年全省第二批重点行业推进软件正版化工作骨干企业名单，要求在年底之前基本完成软件正版化任务。

下半年，浙江省使用正版软件工作领导小组办公室又与省经信委、银监局、证监局、保监局等有关部门反复沟通协商，并召开会议专题，研究确定了今后2～3年全省企业软件正版化工作计划。

12月16日，浙江省使用正版软件工作领导小组办公室、省版权局、省经信委、浙江银监局、浙江证监局、浙江保监局联合下发了《浙江省2011年至2012年度推进企业软件正版化工作实施方案》，对未来两年全省企业软件正版化工作作出安排。

按照《国务院办公厅关于进一步做好政府机关使用正版软件工作的通知》和省政府办公厅《关于开展全省政府机关使用正版软件专项检查和整改工作的通知》要求，各级政府机关要对本单位使用正版软件情况进行专项检查，重点检查办公软件、杀毒软件使用情况。凡是使用未经授权的非正版软件的要及时进行整改，并按照政府采购相关规定购买正版软件。浙江省版权局作为这项工作的具体牵头部门，将对全省各地各部门的情况进行汇总，并会同经信、财政、商务等部门对各地、各部门的整改工作进行督促检查。在明确各级政府、各部门主要负责同志作为第一责任人的前提下，建立健全各级政府使用正版软件工作机构，充分发挥牵头部门的职能作用，确保2011年9月底前完成省级政府机关和市、县(市、区)政府机关软件正版化专项检查和整改工作。

二、组织开展打击侵犯知识产权和制售假冒伪劣商品专项行动，营造良好的社会环境

(一)组织开展打击网络侵权盗版专项治理“剑网行动”

7月份开始，根据国家版权局、公安部、工业和信息化部制定的《2010年打击网络侵权盗版专项治理“剑网行动”方案》要求，浙江省版权局会同省公安厅、省通信管理局部署开展了全省打击网络侵权盗版专项行动。11月，根据新闻出版总署、国家版权局、全国“扫黄打非”工作小组办公室《关于开展打击侵犯知识产权和制售假冒伪劣商品专项行动及进一步做好使用正版软件工作的通知》要求，将“剑网行动”延续到2011年。截至12月31日，全省各级版权行政管理部门共受理上级移交和自行收集到的案件线索共138件，其中国家版权局交办的案件91件，各级版权行政管理部门自行收集47件。138个案件已经全部结案。其中，行政处罚48件，共计没收违法所得2700元，罚款336 200元；关闭违法网站51家；移交公安机关案件2件，即杭州世纪联线网络技术有限公司侵权案、嘉兴刘小勇盗版光盘案，犯罪嫌疑人将被依法追究刑事责任。浙江省版权局年底还直接查处了杭州迈达电子有限公司涉外侵权案。

(二)组织开展打击盗版音像制品专项行动，建立世博会版权行政执法快速反应机制

根据国家版权局3月4日在上海召开的“世博会版权保护专项工作会议”精神，3月5日上午，浙江省版权局及时将专项行动任务向杭州、宁波、绍兴、湖州、嘉兴市和义乌市文化广电新闻出版局作了重点部署。3月10日国家版权局《关于开展打击侵权盗版音像制品专项行动的通知》下达后，浙江省版权局当天即将该通知转发给全省各设区市和义乌市文化广电新闻出版局，并根据浙江省的实际情况，确定杭州、宁波、绍兴、嘉兴、湖州和义乌市为浙江省专项行动和世博会版权保护的重点地区。各地根据该通知精神和《浙江省世博会版权保护专项行动实施方案》的具体要求，结合实际，对专项行动进行具体部署落实。专项行动期间，共计出动执法人员2249人次，检查音像制品经营场所1109家，取缔各类非法摊点53个，收缴各类非法音像制品30 501张，立案调查8件。

根据省委、省政府和新闻出版总署、国家版权局的有关要求，4月16日，浙江省版权局向各市文化广电新闻出版局发出通知，要求各地在上海世博会筹备和举办期间，建立版权行政执法快速反应机制，并就世博会版权保护范围、案件处理时效、重大案件报送制度以及确定快速反应机制负责人、联络员等问题作了具体部署。快速反应机制要求在接获明确的有关世博版权侵权案件线索后，24小时之内由所在地版权行政管理部门提出调查处理意见；对于检查中发现的案件、权利人的投诉或其他有效举报，在3个工作日内确定处理意见。

3月底，浙江省版权局还积极协助国家版权局在宁波召开了以世博版权保护为主题的“2010年版权重点工作专题会议”。由于各级各有关部门部署周密，准备充分，工作到位，上海世博会期间，全省没有发生严重世博版权侵权事件。浙江省版权局被国家版权局等部委授予“2010年世博会知识产权保护专项行动先进集体”荣誉称号。

三、组织开展了“4·26知识产权宣传周”活动，版权社会宣传运用新形式推出新内容

“4.26知识产权宣传周”期间，全省版权行政管理部门按照《2010年浙江省“知识产权宣传周”活动方案》的要求，开展了形式多样的版权宣传活

动。杭州市以第六届国际动漫节为平台开展版权保护和宣传，拨出专项经费为参展动漫作品进行版权登记并集中展示，设立版权咨询小组提供现场服务。宁波市抓住所属县(市、区)学校参加“全国青少年版权保护知识竞赛”取得优异成绩的契机，组织开展了奖品奖牌发放活动。衢州市组织举办了“知识产权系列讲座”，吸引了众多企业和机关工作人员。全省其他许多市、县(市、区)也通过报纸、广播电视、网络、版权宣传展板、宣传手册、手机公益短信、免费咨询等形式开展了丰富多彩的版权宣传活动。此外，浙江省版权局还积极参与了在南京召开的“长三角地区知识产权发展与保护新闻发布会”。

为了进一步加强和改进版权社会宣传，扩大受众面，增强宣传效果，浙江省版权局经过认真筹划，于 11 月上旬同时推出了以“保护正版、打击盗版”为主题的公交车车体广告和机场候机大厅平面广告。三条公交线路分别从杭州市中心辐射至城西文教区、城东下沙文教区、城南滨江文教区，萧山国际机场平面广告位于候机大厅醒目位置。由于推出时间适逢全国开展打击侵犯知识产权和制售假冒伪劣商品专项行动，使得版权广告起到了很好的宣传配合作用。

四、指导绍兴中国轻纺城开展花样版权保护工作，浙苏鲁粤四大纺织品市场建立版权保护合作机制

浙江绍兴、江苏南通、山东潍坊、广东佛山是我国最具影响力的四大纺织品集散中心，其涉及家纺、床上用品、印花布、窗帘窗纱等纺织品的版权保护问题一直是困扰市场提升发展的核心难题之一。为加强四地版权保护协作和版权执法力度，2008 年下半年，绍兴县委、县政府在省版权局的具体指导下，出台了浙江省首个纺织品花样版权登记保护规范性文件《中国轻纺城花样登记保护办法》，设立了绍兴县中国轻纺城花样版权登记管理保护办公室。2009 年起，该办公室受浙江省版权局委托开展作品登记受理、初审和代发作品登记证书工作，并积极开拓工作思路，寻求花样版权保护的新模式、新途径。经浙江省版权局等有关各方较长时间的协调努力，4 月 12 日，浙江省绍兴县中国轻纺城知识产权保护领导小组、绍兴县中国轻纺城花样版权登记管理保护办公室、江苏省南通市版权局、南通市通州区川姜镇知识产权管理办公室、山东省潍坊市文化市场综合执法局、潍坊市纺织服装联盟、广东省佛山市版权局、广东省家用纺织品行业协会在绍兴中国轻纺城签署了《浙江绍兴、江苏南通、山东潍坊、广东佛山纺织品市场版权保护与合作协议》，正式建立浙、苏、鲁、粤跨区域纺织品市场版权保护合作机制，此举开创了我国跨省开展纺织品市场版权保护与合作的先河。协议主要内容包括建立四地联席会议制度、四地市场版权宣传协作制度、作品登记证据优先采信制度、版权侵权案件协查制度、四地版权管理机构花样登记资料库信息互查共享制度、四地联合举办花样创意大赛制度、四地协作信息通报制度等。协议以合作共赢为宗旨，力求实现四地版权保护一体化，为共同探索并逐步建立纺织品市场版权保护与合作新机制开创了一条示范性的道路。在浙江省版权局的悉心指导下，经过几年的努力，中国轻纺城花样版权保护初步形成了“行政保护、司法保护、仲裁调解、行业自律”四位一体的保护机制。9 月 19～20 日，国家版权局王自强司长专程到绍兴中国轻纺城考察调研，对几年来纺织品市场开展花样版权登记管理保护工作予以高度评价和充分肯定。

五、继续推进全省新闻出版业“走出去”工作

(一)组团赴韩国、日本举办“浙江版权贸易图书展”

6 月 30 日至 7 月 9 日，由浙江省版权局、省政府新闻办组织的浙江省版权贸易代表团一行 14 人，分别在韩国、日本举办了“浙江版权贸易图书展”。代表团以省新闻出版局(版权局)副局长单烈为团长，成员分别来自省内各有关出版社、发行单位、图书外贸公司、印刷复制企业。书展期间，浙江出版界与韩国、日本两国的出版界人士进行了广泛的交流和版权贸易的业务洽谈。通过宣传、交流和业务洽谈等活动，使浙江出版界与韩国、日本的出版界同仁加深了相互了解，加强了合作，增进了友谊。

浙江代表团在日本的活动，受到日本主流媒体的重视与关注。7 月 8 日，《每日新闻》社记者专访单烈团长，对浙江出版贸易发展情况作了报道，使“浙江版权贸易图书展”代表团在日本的活动引起了社会的关注。

(二)组团参加第十七届北京国际图书博览会

第十七届北京国际图书博览会于 8 月 30 日至 9 月 3 日在北京国际展览中心举行。浙江省

14家图书出版社及浙江印刷集团有限公司、浙江华硕国际贸易有限责任公司以历年来最大的规模和最强的阵容参加了本届博览会，1500多种浙版图书在本届博览会上展出。博览会期间，李长春、路甬祥、罗富和等党和国家领导同志亲临浙江展台视察，充分肯定了浙江出版“走出去”工作。本次博览会上，浙江展团还组织了多项中外出版、文化交流活动，吸引了众多国内外参展商。据不完全统计，博览会期间，各出版社与美国、德国、英国、韩国、越南等十几个国家和地区的出版机构达成版权贸易和合作出版协议、意向250多项。一批浙版图书进入欧美主流图书市场，其中包括浙江人民出版社与剑桥大学出版社合作的《中国非物质文化遗产丛书》、浙江教育出版社与美国麦格劳希尔合作的《商务实用汉语》、浙江大学出版社与德国斯普林格合作的《中国科技进展丛书》等。

12月23日，浙江省新闻出版局、省版权局在杭州召开全省新闻出版业“走出去”工作总结表彰会，对2009年以来在全省新闻出版业“走出去”工作中成绩突出的先进单位和先进个人进行表彰。全省各主要新闻出版、印刷复制和发行单位的负责人共60余人参加了会议。会议表彰了浙江大学出版社等5家“走出去”工作先进单位和孔则吾等7位先进个人，先进单位和先进个人代表在会上作了交流发言。2010年，浙江省版权局还对有关单位的6个版权输出项目和5个重点版权项目给予资助。

六、组织举办了全省版权行政执法培训班

为了进一步加大全省版权行政执法力度，规范版权行政执法程序，提高版权行政执法水平，浙江省版权局于10月中下旬组织举办了两期（南、北片）全省版权行政执法培训班。各市、县（市、区）文化市场行政执法机构分管版权执法的领导和具体从事版权执法的主管人员共200多人参加了培训。浙江省新闻出版局（版权局）副局长单烈参加开班仪式并做了题为“做好版权行政执法工作，为建设创新型社会服务”的专题讲授。其他有关专家分别就《版权（著作权）法律法规及其特点》、《著作权执法案例分析》、《网络侵权案件查处中几个突出问题》、《行政执法如何避免和应对行政诉讼》等进行了讲解。学员们上课专心致志，考试严肃认真。大家表示，此次培训内容系统全面，操作性、针对性强，通过培训，大家既增强了做好版权行政执法工作的信心，也掌握了许多版权方面的业务知识，受益匪浅。

七、完成了《浙江省版权保护和版权产业发展“十二五”规划》调研起草工作

按照浙江省政府的安排和要求，需要在《浙江省“十二五”知识产权发展规划》的框架下，制定包括版权在内的知识产权保护“十二五”子规划。下半年开始，在回顾梳理“十一五”规划落实情况的基础上，经过进一步调查研究，结合五年来版权保护和版权产业发展新的状况，浙江省版权局起草了《浙江省版权保护和版权产业发展“十二五”规划》。新的五年发展规划，既考虑了与“十一五”发展规划的衔接，保持工作的连续性，又尽可能结合新的形势需要和发展预期，提出较为明确的未来五年版权保护和促进版权产业发展的目标、重点和措施。

八、切实做好著作权合同登记、备案和作品登记等重要日常工作

2010年，浙江省版权局共核准登记出版境外图书合同154件，办理涉外音像制品、电子出版物、图书和计算机软件合同登记530件，办理著作权合同备案34件。

2010年浙江省各类作品版权登记数量激增，达到创记录的11 051件，比2009年增长62.16%，仅次于北京居全国第二。计算机软件登记数量为6398件，继续居全国第四。作品登记数量是企业和社会公众版权意识强弱的重要标志之一，也从一个侧面反映了当地版权保护的状况。浙江省申请作品登记的著作权人绝大部分为企业或经营业者，更加体现了版权保护对于版权产业发展的促进作用。

九、浙江省版权协会工作取得新成绩

浙江省版权协会下设的浙江版权服务中心具体承担着全省除计算机软件之外各类作品版权登记的受理、审核与发证工作，2010年，面对作品登记数量激增的状况，协会通过加强内部管理，规范工作流程，既努力提高办事效率，又确保服务质量，取得了令人满意的成绩。2010年，浙江省版权协会召开理事大会，举办会员单位联谊活动，组织开展作品审读、协助省版权局举办版权培训班，与部分兄弟省市版权协会进行业务交流，编印了三期会刊。协会的工作受到了广大会员单位的肯

定与好评。

（浙江省版权局　王少杰）

司法工作

2010年，全省法院知识产权民事案件继续保持大幅增长态势，全年共新收和审结知识产权民事一审案件4939件和4637件，同比2009年增长74.03%和78.48%；新收和审结知识产权民事二审案件575件和557件，同比2009年增长86.08%和79.68%。知识产权民事纠纷案件大幅上升的最主要原因，是著作权纠纷案件剧增。在新收的4939件一审案件中，共有著作权纠纷案件2729件，上升141.93%。另外，商标权纠纷案件979件，上升49.01%；专利权纠纷案件1020件，上升23.04%；技术合同纠纷案件83件，同比减少16件；不正当竞争纠纷案件47件，同比减少11件；其他知识产权案件81件，同比增加14件。知识产权刑事案件数量总体保持平稳态势。新收和审结知识产权行政一审案件各15件。

回顾总结一年来浙江省法院的知识产权审判工作，主要有以下特点。

一、抓好执法办案第一要务

（一）抓系列案件审理

针对网络著作权纠纷、涉及批发零售市场商标侵权纠纷案件中原告同一或被告同一的串案、同类型案件和关联案件等系列案件较多的实际情况，在调研基础上及时出台指导意见，确保裁判标准的统一。如2010年全省法院共受理涉及网吧侵犯信息网络传播权纠纷案件1000余件，浙江省高院及时组织人员进行调研，并多次召开座谈会，听取下级法院、省文化厅和省网吧协会意见，在此基础上制定了指导意见，统一了各地法院的裁判标准，并促使大批系列案件以和解方式结案，有效维护了社会稳定，规范和促进了行业发展。

（二）抓涉外案件审理

2010年，全省法院共受理涉外知识产权民事案件456件，同比2009年上升13.43%。在涉外案件审理中，全省法院始终坚持依法平等保护原则，注重营造重视知识产权保护的司法环境。在审结案件中，境外权利人胜诉率达96.85%，其中通过判决获得赔偿的有58件，还有369件系通过与被告达成调解或和解的方式获得赔偿。美国微软公司、法国施耐德公司、德国拜耳公司等国际知名公司对浙江省知识产权审判工作予以充分肯定。

（三）抓矛盾纠纷化解

2010年，全省法院以"调解优先、调判结合"为原则，不断优化调解机制，创新调解方式，加大调解力度，努力从根本上化解矛盾纠纷。如新京报诉浙江在线侵犯网络著作权案件涉及500余位作者的7706篇文字作品和2477幅图片作品，引发社会广泛关注。在最高人民法院指导、协调下，杭州中院及省高院在立案、审理阶段，多次召集双方进行沟通，尽可能为双方搭建和解平台，最终促成双方达成一揽子和解协议。杭州中院在审理微软公司诉中信金通侵犯计算机软件著作权纠纷案件中，不但组织双方通过购销正版软件的方式达成了和解，而且促成了双方在IT信息管理及软件资产管理方面的长期合作。

二、继续完善审判工作机制

（一）管辖法院布局更加合理

经省高院申请，2010年最高人民法院批复同意新增杭州拱墅区、宁波海曙区、嘉兴桐乡市、湖州德清县和台州温岭市法院为具有一般知识产权纠纷案件管辖权的法院。至此，浙江省共有23个基层法院具有一般知识产权纠纷案件管辖权。

（二）"三审合一"试点成效明显

2010年8月，省高院对义乌法院的"三审合一"试点工作进行了验收。验收结果表明，试点工作优化了审判资源配置，统一了司法裁判尺度，形成了保护合力，成效显著，为在全省法院继续适度推进此项工作奠定了良好的基础。

（三）司法公开机制建设更趋完善

2010年，省高院再次邀请外国驻华机构代表和境内外媒体列席知识产权审判工作会议，对此，外国驻华机构和境外媒体反响强烈，认为浙江省法院知识产权审判工作公开透明，成效明显。知识产权裁判文书上网数量和规范性一直走在全国前列，全年共有2473件裁判文书上网。省高院和各地法院还通过邀请代表性人士召开座谈会、旁听典型案件审理及与网民在线互动等方式，拓宽公开渠道。宁波中院等通过直播庭审、设立外网邮箱等方式，自觉接受社会监督。

（四）对下业务指导及时有力

2010年4月，省高院首次组织下级法院对省高院近3年来二审改判发回的100余件知识产权民事案件进行了评查，完善了案件互评互查制度，促进了上下级法院之间的业务交流。另外，省高院根据审判工作实际，制定了关于网吧案件审理、公证证据的认定、司法建议的规范等3个指导性文件和通过《案例指导》公布典型案例，指导全省法院的审判活动。杭州、宁波、金华等中院也针对本辖区内审判中的突出问题制定了相应的意见，指导辖区内法院的审判实践。

三、大力坚持能动司法

（一）服务区域特色经济发展

各级法院结合审判工作情况，采取多种措施，发挥审判职能，大力服务具有地方特色的区域经济发展。如杭州中院就"市场经营中的知识产权保护问题"举办专题讲座，对钢材市场、汽配市场、家居市场的经营者共计1500余人进行了法律培训，并利用地处女装之都的优势，完成了《关于杭州服装企业知识产权保护问题的调研》。丽水中院对当地的传统知识产权展开调研，形成了《关于龙泉青瓷宝剑知识产权保护现状及对策的调研报告》。温州、台州、嘉兴等中院在当地科技园区开展巡回审判，进行现场技术比对，并邀请相关企业旁听，起到了良好的示范作用。

（二）加强司法建议工作

各级法院认真贯彻落实省高院下发的《关于加强知识产权民事审判司法建议工作的意见》，针对案件审理中发现的突出问题，共向有关部门和企业发出知识产权司法建议12份，受到有关部门和企业的高度重视和充分肯定。温州、台州中院还建立知识产权诉讼预警机制，在媒体上向存在被诉风险的重点行业、经营主体发出诉讼预警，加强涉诉风险提示，有效避免企业陷入诉讼困境，大力促进经济社会有序发展。

（三）完善工作联动机制

2010年，浙江省高院与相关部门之间的联动更加紧密。省高院与公证管理部门建立公证联系机制，定期反馈案件审理中发现的存在瑕疵的公证证据，促使公证机构不断规范公证行为，切实发挥公证证据的作用。杭州中院与市公安局建立案件联络机制，实现刑事犯罪证据材料与民事侵权案件资料的资源共享。绍兴县法院与县工商局建立企业信用评级合作机制，工商局在评选著名、知名商标时，须向法院了解相关企业知识产权纠纷信息，至今已有2家企业因存在知识产权侵权行为而被取消评选资格。

四、全面提升司法能力

（一）加强教育培训和交流学习

2010年5月，省高院在杭州举办全省知识产权审判业务培训班，邀请知识产权法领域的专家、学者，对全省法院150余名知识产权法官进行集中培训。为在审判中准确适用侵权责任法、专利法司法解释及新修订的著作权法，省高院还与杭州中院、西湖法院等举行业务学习会，共同研究解决疑难法律适用问题。同时，注重对外交流学习，组织部分法院知识产权审判庭庭长赴北京、山东等地法院学习考察；继续开展与国家知识产权局专利复审委员会的交流合作，推荐2名同志参加省知识产权局组织的"5年培养100名知识产权人才"培训项目，选派人员赴美国、巴西等国学习考察。

（二）加强专业型人民陪审员工作

为有效发挥知识产权行政执法人员的专业优势，经与省知识产权局、省工商局、省版权局充分协商，省法院在2010年开展了在知识产权行政执法部门中选任专业型人民陪审员工作的活动，并对符合任职条件的116名知识产权行政执法人员按组织程序任命为陪审员。在知识产权行政执法部门选任专业型人民陪审员工作，在全国尚属首次。宁波、金华等中院还出台了知识产权审判专业型人民陪审员的管理办法。由于专业对口、各界重视，选任的专业型人民陪审员参审热情高，责任心强，取得了良好的工作效果，协助人民法院解决了大量的专业技术难题。

（浙江省高级人民法院知识产权审判庭）

检察工作

2010年，浙江省检察机关结合浙江省实际，采取有力措施，扎扎实实推进行政执法与刑事司法相衔接工作机制的建立和完善，大力推进知识产权保护工作，取得了明显成效。

一、深入调查研究，找准存在问题

浙江省人民检察院与行政执法机关开展联合调研，及时了解和掌握贯彻落实衔接机制工作的基本状况及存在的问题，了解某些具体案件在移送过程中存在的问题，有针对性地加强了工作指导，为基层排忧解难，还可以相互学习、相互了解，增进感情，为日后的沟通协调打下基础。与此同时，浙江省人民检察院认真抓好对省级行政执法机关落实行政执法与刑事司法衔接机制尤其是案件查处的督查工作，对检查中发现的一些问题相互作了沟通解释，对有关案件则要求相关单位作了说明，起到了示范作用。

二、浙江省各地检察机关多措并举，扎实推进两个专项工作深入开展，加大打击侵犯知识产权犯罪力度

浙江省检察机关认真贯彻落实最高人民检察院的工作部署，紧密结合实际，积极采取有力措施，扎实推进"对行政执法机关移送涉嫌犯罪案件专项监督活动"与"打击侵犯知识产权和制售假冒伪劣商品专项行动"深入开展。进一步提高了行政执法机关及时全面移送涉嫌犯罪案件的自觉性，在全社会形成了行政执法机关及时移送涉嫌犯罪案件的良好工作氛围，营造了尊重知识产权、保护知识产权的良好社会氛围，保障了浙江省市场经济秩序健康发展。通过专项行动，积极建章立制，把集中打击与经常性打击结合起来，把治标和治本结合起来，探索和构建两法衔接工作、打击侵犯知识产权活动的长效工作机制。浙江省检察机关专门组织开展了浙江省两法衔接工作情况专题调研，提出建设全省统一的信息共享平台的建议，对此省政府领导高度重视，已作出批示要求省政府法制办牵头负责。

（一）高度重视，全面部署推进两个专项工作

根据国务院和最高人民检察院的统一部署，浙江省检察机关高度重视，迅速将思想和行动统一到国务院与最高人民检察院的决策和部署上来。浙江省人民检察院党组明确要求各地把两个专项工作作为重点来抓，及时转发了最高人民检察院《关于积极参与"打击侵犯知识产权和制售假冒伪劣商品专项行动"的通知》，并会同省公安厅、监察厅、商务厅联合转发了最高人民检察院等四部门《关于印发〈关于开展对行政执法机关移送涉嫌犯罪案件专项监督活动的工作方案〉的通知》。在此基础上，结合浙江省实际，制订了具体工作方案，对全省检察机关开展两个专项工作作出全方位的具体部署，明确要求强化组织领导，落实责任分工，加大监督力度，健全长效机制，确保两个专项工作取得实效。根据浙江省人民检察院工作部署，全省各级人民检察院就两个专项工作专门进行了研究部署，杭州、宁波、湖州、衢州等地还制订了本地区工作实施方案。各地成立了领导小组，由主管侦查监督工作的副检察长任组长，侦查监督、公诉、自侦等部门负责人为成员，切实加强组织领导；并在案多人少、人手十分紧张的情况下，确定了责任部门、责任人员和联络员，保证责任落实到人，措施落实到位。各地还积极走访相关行政执法机关，召开联席会议，查阅案件材料，进一步加强沟通协调，统一各方认识，积极推进工作深入开展。

（二）依托平台，积极拓展两法衔接工作信息共享渠道

浙江省检察机关一直以来高度重视、积极推进两法衔接信息共享平台建设，杭州市、宁波市、衢州市、舟山市和杭州市萧山区、永康市等地建立了两法衔接信息共享平台，对行政执法机关移送涉嫌犯罪案件工作进行网络动态跟踪，为两个专项工作搭建了一条信息化高速公路。此外，不少地方积极探索，努力构建起行政执法与刑事司法相衔接工作新渠道。如杭州市萧山区人民检察院设立了驻区工商分局、烟草专卖局的两法衔接工作联络室，每季度召开一次联席会议，在信息共享平台外又增加了一个新的沟通渠道；永康市人民检察院经市编委批复后专门设立了行政执法监督科，负责对行政执法机关办理行政执法案件、移送涉嫌犯罪案件等工作的审查和监督。各地充分依托信息共享平台等渠道，认真审查行政执法信息，加强了对行政执法流程的跟踪和监督，纠正了行政执法机关违法实施行政行为、不依法移送涉嫌犯罪案件的情形，成效明显。各地依托两法衔接信息共享平台，也从中发现了一批公安机关该立不立等监督线索，如三门县梅某等四人假冒注册商标案，县人民检察院通过信息共享平台发现，县工商局已于2010年10月28日将该案移送给公安机关，但至12月2日公安机关仍未立案，经核实后依法监督公安机关立案侦查。

（三）加强配合，形成整体合力

浙江省检察机关在履行法律监督职能、开展两个专项工作中，十分注重整合监督资源，密切协作配合，整体推进，形成合力，努力形成齐抓共管的工作格局。一方面，整合全院力量，院内侦查监督、公诉、反贪、反渎等部门在充分发挥各自职能作用的基础上，通力协作，密切配合，形成全院一盘棋的工作格局。在工作中坚持认真审查，快捕快诉，确保打击声势和力度，对于发现的国家机关工作人员涉嫌职务犯罪的线索，及时将线索移送给自侦部门查处。如义乌市人民检察院侦查监督科在工作中发现市工商局一干部在行政执法时存在受贿嫌疑，及时将线索移送给反贪局立案侦查，现该犯罪嫌疑人已被依法逮捕。另一方面，在各司其职的基础上加强与公安机关、行政执法机关的协作配合。在上级院和当地党委的统一领导下，积极走访相关行政执法机关，认真审查行政执法信息，了解案件线索；适时介入公安机关侦查，引导取证，形成工作合力。如最高人民检察院等六部门督办的杭州世纪联线网络技术有限公司侵犯著作权案，杭州市公安局经侦支队向杭州市检察院侦查监督处介绍该案背景和侦查取证情况，杭州市检察院侦查监督处于当日就指派专人先行审查案件证据材料，实时掌握侦查动向及所获证据情况，适时提出取证建议。10 月 10 日，杭州市检察院参加了由市扫黄打非办牵头、公检法三部门参加的案件研讨会，对案件定性、法律适用以及下一步取证工作等情况共同探讨。10 月 14 日，公安机关对犯罪嫌疑人李某报请批准逮捕，承办人加班加点，认真审查，10 月 18 日杭州市人民检察院以涉嫌侵犯著作权罪对犯罪嫌疑人李某批准逮捕，同时发出《补充侦查提纲》，引导捕后侦查工作。

（四）突出重点，推进两个专项工作纵深发展

一是在两个专项工作结合中突出重点，严查侵犯知识产权犯罪。浙江省检察机关把两个专项工作紧密结合起来，把打击侵犯知识产权和制售假冒伪劣商品犯罪作为行政执法机关移送涉嫌犯罪案件专项监督活动的重点。积极深挖职务犯罪，加强对国家工作人员为侵犯知识产权和制售假冒伪劣商品行为充当“保护伞”以及徇私舞弊不移交刑事案件等违法犯罪行为的监督，重点深挖国家机关工作人员行政执法背后的职务犯罪。二是在贯彻上级部署和工作实际结合中突出重点。两个专项工作中，不少行政执法机关反映符合刑事立案条件的案件移送后公安机关不予立案、退回或未回复。浙江省人民检察院对此高度重视，积极会同浙江省工商局、国税局、质量技术监督局、烟草专卖局、农业厅五家行政执法机关联合开展摸排调查，共梳理出 2009 年 1 月至 2010 年 8 月期间行政执法机关移送后公安机关未立案案件 445 件，于 2010 年 12 月及时制定下发了《浙江省检察机关开展行政执法机关移送未立案案件专项立案监督活动工作方案》，要求各地对 2009 年 1 月至 2010 年 11 月期间工商、国税、质监、烟草、农业、国土资源、文化新闻出版、卫生、食品药品监管等 9 家行政执法机关移送公安机关后公安机关未立案（含不予立案、退回、未回复等）的案件开展专项立案监督活动，并下发具体案件名单，要求逐案检查，区分情形，作出处理。(1)认为符合刑事立案条件的，应当依法进行立案监督；(2)认为不立案理由成立的，应当向行政执法机关做好沟通解释工作；(3)认为立案的证据材料不充分，但有补充证据可能的，应当积极建议行政执法机关和公安机关补充调查取证；(4)对于是否应立案侦查争议较大的案件，应当及时与公安和行政执法机关沟通，共同研究确定处理办法或报告上级院研究处理。专项立案监督活动得到了相关行政执法机关的充分肯定和认可，认为检察机关实实在在地帮助厘清认识分歧，解决执法难题，提高了行政执法机关移送涉嫌犯罪案件工作的积极性和主动性，取得了良好效果。

三、查处重点案件，加强协调督办

建立和完善行政执法与刑事司法相衔接工作机制的出发点和落脚点是要建立涉嫌犯罪案件的移送、监督机制，拓宽立案监督案件的线索来源，贯彻落实这一制度的关键在案件的查处。为此，浙江省人民检察院通过典型案件的交办、督办、指导等方式，认真做好案件督查等相关工作，取得了良好的法律效果和社会效果。针对浙江是经济大省，一些地区假冒商标、侵权盗版等现象比较猖獗的情况，浙江省人民检察院把侵犯知识产权案件的监督和督办作为工作的重中之重，监督和督办了一批重大、典型案件，成效明显。

四、完善奖惩机制，促进工作开展

为全面推动行政执法与刑事司法相衔接机制工作的开展，浙江省人民检察院把建议行政执法

机关移送涉嫌犯罪案件纳入量化考核范围，把建立行政执法与刑事司法相衔接制度、确定联络员、年度内召开联席会议、建立"网上衔接，信息共享"平台的情况等内容纳入考核范围，并增加了监督行政执法机关移送涉嫌犯罪案件单项考核奖。通过科学考评，极大地调动了各地开展行政执法与刑事司法衔接工作的积极性。浙江省人民检察院在组织开展立案监督经济犯罪十大精品案件评选等评优活动中，坚持把有无从走访行政执法机关、审查行政执法机关备案资料中发现立案监督案件线索作为一项重要内容。

五、完善工作机制，形成打击侵犯知识产权犯罪合力

为进一步推动行政执法与刑事司法相衔接机制在具体行政执法部门的贯彻落实，浙江省人民检察院先后与省公安厅、行政执法部门，共同制定了多个规范性文件，下发全省执行。浙江省各级检察机关通过与公安机关、行政执法机关召开联席会议，签订会议纪要等形式普遍建立了诸如案件通报与案件移送备案制度、联络员制度、重大案件协商、提前介入等制度。部分地区还针对一些多发的行政违法案件，建立了定期走访制度和半年度的专项检查制度，在帮助解决一些法律问题的同时，也对各行政执法机关的详细信息进行了收集，尽可能地了解情况，起到了很好的效果。通过行政执法与刑事司法衔接工作的开展，普遍提高了行政执法人员对行政执法过程中移送包括侵犯知识产权在内的涉嫌犯罪案件必要性和重要性的认识，增强了对包括侵犯知识产权在内的涉嫌犯罪案件的移送意识，加大了对包括侵犯知识产权在内的涉嫌犯罪案件的移送力度。

浙江省有不少检察机关初步建立起"网上衔接，信息共享"平台。浙江省义乌市是中国最大的小商品集散地，知识产权案件是关注的重点，义乌市人民检察院为解决各执法部门协调难的问题，牵头构建了知识产权执法信息网上共享管理平台，在信息交流与共享、案件移送、取证标准和案件定性等方面加强协调与沟通，形成了保护知识产权合力。永康市人民检察院依托计算机信息技术自主开发了"行政执法资料信息库"，将地税、国税、国土、工商等18家行政执法机关的行政处罚资料纳入其中，充分利用信息库的优势，拓展立案监督的领域，实践中起到了良好的效果。杭州市萧山区人民检察院与区各行政执法机关共同建立了"信息备案审查资料库"，实现了对行政处罚决定等文书及政策法律、法规、典型案例等有关情况的网上查询、咨询、备案，进一步增强了相衔接机制工作的透明度，节约了执法资源，提高了工作效率。

（最高人民检察院侦查监督厅）

安 徽 省

专利工作

2010年，安徽省知识产权工作取得突出成绩。

一、专利申请量、授权量快速增长

1～11月份，全省共申请专利42 272件，在全国的排名由2009年的第13位上升到第7位，中部地区首位。同比增幅205.7%，增长速度居全国之首。共获授权专利13 806件，保持全国排名第12位，中部地区第3位。同比增幅97.1%，增长速度居全国第2位。

各级政府对知识产权工作的重视程度明显提高，经费投入不断加大。出台了《安徽省专利发展专项资金管理办法》，省财政每年拿出1000万元，用于专利创造、运用、保护和管理的各个环节。

二、专利技术转化实施成效显著

以企业为主体，促进企业成为自主创新的主力军。安徽省现有全国企事业知识产权试点单位46家、示范单位2家，全国专利工作交流站3家。50家省级知识产权优势企业通过两年的培育，逐渐成为安徽省经济建设的排头兵和生力军。

加快完善知识产权运用与产业化支撑体系。中国专利周安徽地区活动声势浩大，取得成效。省专利服务系统初步建成，中国（蚌埠）、中国（淮北）专利技术展示交易中心通过考核验收。

"2010·第十届中国(合肥)自主创新要素对接会"成果丰硕,共签约项目154个、金额644.7亿元,国家知识产权局李玉光副局长出席开幕式并代表国家部委发言。

召开安徽省知识产权试点示范城市知识产权局局长座谈会,总结、交流试点示范工作经验。芜湖市通过国家知识产权示范创建城市验收,被批准为国家知识产权工作示范城市;巢湖、安庆两市通过国家知识产权试点城市考核验收,巢湖市被批准为国家知识产权示范创建城市。

召开专利权质押贷款试点工作会,推进合芜蚌三市根据《合芜蚌自主创新综合试验区专利权质押贷款试点工作实施办法(试行)》制定了具体实施意见和相应的配套政策,合肥、蚌埠等市为5家符合条件的企业办理了专利权质押贷款,合计贷款金额2850万元。

三、完善政策法规体系,知识产权保护切实加强

积极组织开展"雷雨"、"天网"专项行动,深入大型商场、超市、药店、农资经销等场所,重点检查食品、药品(保健品)、日化、农资等商品中存在的假冒、侵权等行为。1～11月份,安徽省共立案调处专利侵权纠纷案件35件,结案21件;立案查处假冒专利案件44件,结案25件,涉案金额31.93万元;全省共出动执法人员925人次,检查商业场所806次,检查专利产品和商品116 275件;与其他省市、部门协作执法9次 。

认真落实"5.26"工程实施方案,推进执法工作的机制建设、条件建设、队伍建设。与省政府法制办联合举办了第六次全省专利行政执法人员资格认证培训班,通过考试,175人取得专利行政执法资格。加强安徽省知识产权维权援助中心建设,充分发挥"12330"知识产权维权援助公益热线的作用,规范受理程序,明确专人负责,遍布全省的知识产权维权援助网络逐步形成。经多次调解,安徽星马汽车股份有限公司与湖南三一重工股份有限公司的专利权纠纷最终达成和解协议。为安徽贝克生物制药有限公司提供维权服务,现该公司新药已拿到生产批文并已上市销售。

贯彻落实全国和全省知识产权保护与执法工作电视电话会议精神,成立专项行动领导小组,制定专项行动实施方案,召开全省知识产权保护与执法专项行动工作会议,动员部署全省知识产权系统打击侵犯知识产权和制售假冒伪劣商品专项行动。成立专项行动督导委员会,对全省的专项行动工作分片进行暗访督办和规范指导,落实专项行动信息周报制度。

四、不断夯实工作基础,知识产权管理体系逐步建立

借助试点示范工作促进市县知识产权管理体系建设。安徽省现有国家知识产权试点示范城市8个,占全省17个市的47%;国家知识产权试点园区1个,国家知识产权强县工程试点县6个,全国传统知识知识产权保护试点县1个。省级知识产权强县工程首批试点县19个,经考核授予9个县(市、区)为省知识产权工作示范县(市、区)。

经努力争取,安徽省知识产权局增加10个编制,落实1000万元专利发展专项资金。2010年马鞍山市专利管理局更名并升格为副处级,至此,全省专利管理系统全部更名为知识产权局。全省105个县(市、区)中有50个成立了知识产权局,占47.6%。

培养高素质的专利管理人才队伍,今年有60多人报名参加专利工程专业技术职称评审。

五、着力提升服务水平,专利服务体系建设日益完善

加强对专利中介机构的管理。安徽省现有中介服务机构11家,执业的专利代理人75名。在局网站上开设了"专利代理查询系统",为专利代理机构制作了网页,提供宣传与咨询平台。提高中介机构服务水平,鼓励和引导专利代理机构开展行业自律活动。争取设立了全国专利代理人资格考试合肥考点,举办了考前强化培训班,今年有237人参加考试。

六、创新方法手段,知识产权宣传成效显著

创新手段,拓展渠道,广泛宣传。"4·26保护知识产权宣传周"、"12·4全国法制宣传日"和中国专利周活动期间,开展各类宣传咨询活动。与省高院、省工商局和省版权局联合召开2009年度知识产权典型案件新闻发布会暨知识产权专家座谈会。举办"知识产权文化建设"巡回报告会,开展知识产权进机关、进企业、进党校、进高校、进社区的"五进"活动。

整合培训资源,建立知识产权人才培养基地。省知识产权培训中心被国家知识产权局批准为"国家知识产权培训(安徽)基地"。全年共举办各

类培训班 20 多期，受训 2000 余人次。

（安徽省知识产权局）

商标工作

2010 年，商标局按照《2010 年全省工商行政管理重点工作》和《2010 年度商标工作要点》的部署和要求，以实施商标战略为核心统领各项工作的开展，大力提升服务发展、科学监管的水平，切实提高各类市场主体商标注册、运用、保护和管理能力，取得了显著成绩。

一、大力推动商标战略实施，努力开创商标工作新局面

2010 年 2 月，安徽省工商局开始对实施商标战略进行广泛调研，在多方征求意见的基础上，于 7 月 28 日向省政府提交了《关于以省政府名义印发关于加快推进商标战略实施的意见的请示》，经反复讨论研究，省政府于 10 月 10 日出台了《安徽省人民政府关于实施商标战略促进经济发展的意见》，成立了由唐承沛副省长任组长，宓建毅副秘书长、金启建局长任副组长的安徽省实施商标战略工作领导小组，省委、省政府 16 个部门为成员，全面负责实施商标战略的组织领导工作。商标局作为领导小组办公室单位，认真做好各项组织协调工作和任务分解落实。

（一）隆重召开全省实施商标战略促进经济发展电视电话会议，动员部署商标战略的实施

10 月 18 日，安徽省政府召开了全省实施商标战略促进经济发展电视电话会议，唐承沛副省长作重要讲话，全面阐述了实施商标战略的重要意义，深刻分析了实施商标战略的主要任务，明确提出了实施商标战略的具体要求，是“十二五”期间全省商标工作的重要指导方针和需要遵循的基本纲领。这次会议是全省工商系统商标工作发展进程中的一次具有里程碑意义的一次会议。安徽省工商局负责会议材料的起草工作，并为会议的召开做了大量的组织、协调和保障工作。

（二）制定实施商标战略配套文件，并积极落实

11 月 24 日，安徽省实施商标战略工作领导小组举行了第一次会议，研究通过《安徽省实施商标战略工作任务分解计划》、《安徽省专业商标品牌基地认定和管理办法（试行）》，并以领导小组名义印发各市及各成员单位。一是明确了各市以及领导小组各成员单位的工作目标、任务分工和考核内容；二是落实 79 号文件的主要任务，正式启动安徽省专业商标品牌基地的认定和管理工作。

（三）承办“国家商标战略实施示范企业经验交流暨商标运用保护会议”，积极做好各项筹备保障工作

12 月 21～22 日，国家工商总局在芜湖市召开“国家商标战略实施示范企业经验交流暨商标运用保护会议”，安徽省工商局会同芜湖市政府、市工商局精心组织、积极协调，出色完成了各项会议筹备保障工作，受到了各级领导和与会代表的一致好评。全国 41 家国家商标战略实施示范企业于会上签署了《芜湖倡议》，省政府唐承沛副省长、国家工商总局付双建副局长分别发表了重要讲话，对安徽省大力实施商标战略工作起到了极大地推动和宣传作用。

（四）广泛宣传，商标战略意识日益深入人心

2010 年，安徽省工商局举办了一系列大型宣传活动，在中央主要媒体及省内媒体发布大量商标战略信息和专版，使全社会更好地了解安徽省商标工作，使商标战略意识深入人心。一是精心组织了“3·15 消费者权益保护日”、“4·26 知识产权宣传周”的宣传活动，公布 2009 年全省十大商标侵权案件，有力地宣传了商标知识产权保护工作。二是于人民日报、新华社、安徽日报等主要媒体宣传报道近年来安徽省实施商标战略的成果和经验，特别是在安徽日报刊登了实施商标战略专版，并制作了“商标璀璨耀江淮”专题片，有力地宣传了安徽省商标战略实施工作。三是编印了 6 期《安徽商标》、5 期《实施商标战略促进经济发展工作简报》和 6 期《省工商局打击侵犯知识产权和制售假冒伪劣商品专项行动工作简报》，免费发送省实施商标战略工作领导小组成员单位、县以上工商局和安徽省商标协会会员单位，及时公开商标政务信息。四是参加了中国安徽科技创新与品牌发展战略论坛，分管局长作主题演讲，并多次接受各种媒体的专访。

二、积极发展注册商标，进一步巩固实施商标战略基础

2010 年，全省商标申请注册 19 527 件，核准

注册22 861件，全省注册商标总数71 074件，比2009年底增长43.9%，创历史最高水平。

(一)持续推进"一所多标"，加大农产品商标和地理标志证明商标的注册和培育力度，促进"三农"发展取得明显成效

一是继续大力推进"一所多标"工作，安徽省工商局建立了商标联系点制度，确定商标专管员，并将其纳入全省工商系统年度目标管理考评和包保责任制。各市工商局按照"一所多标"工作"五落实"的要求，详细制订了帮扶计划，认真落实各项制度，"一所多标"工作扎实有效，商标服务"三农"工作进一步落到了实处。二是深入挖掘地理标志资源，大力推动地理标志证明商标核准注册。2010年全省共有6件地理标志证明商标获得核准注册，目前总数为23件，比2009年增长了35%，并且实现了17个地市申报、注册的全覆盖。同时，安徽省工商局进一步发挥商标监管职能，督促地理标志证明商标所有人认真履行管理义务，全省23件地理标志证明商标所有人全部制定了地理标志证明商标产品准入标准和标志授权使用制度，各级工商部门会同行业协会加强对地理标志产品专用标志使用情况的检查，加强对地理标志产品特定品质的保护，维护地理标志产品市场信誉，促进具有地方特色的自然、人文资源转化为现实生产力，促进区域经济发展。三是以皖北粮食和肉类加工、皖中水产和苗木花卉、皖南名优茶和果品为三大推进重点，加大对农业产业化龙头企业商标注册、培育的帮扶力度，通过发展农产品商标提升市场占有率，增加订单农业规模，扩大受益农民群体。在全省47件驰名商标中，农业产业化企业拥有18件，占总数的三分之一强；并拥有全省四分之一左右的省著名商标，已成为安徽省发展特色农业的中坚力量，极大地提升了商标富农工作的实际效果。

(二)加大高新技术产业、文化创意产业等新兴产业商标注册指导力度

2010年，围绕省委、省政府的产业发展政策和方向，安徽省工商局加大了对高新技术产业、文化创意产业等新兴产业的商标注册指导力度，由于该类企业绝大多数成立时间不长，虽然对于商标法律比较陌生，但同时可塑性又较强。所以，在帮扶指导过程中，安徽省工商局积极引导企业实行企业字号、商标、域名等同名注册，使企业成立伊始便形成品牌的一致性和连续性，有利于日后商标品牌的宣传和传播。在池州的动漫产业基地，我们对安徽中卡通动画制作有限公司进行商标注册的专门指导，为企业未来动漫延伸产品服务的开发、销售和自身知识产权保护提前布局、打好基础，并建议企业负责人做好商标国际注册工作，为日后进军国际市场做好准备。

三、大力培育驰名、著名商标，提升商标战略发展层次

2010年，全省新获得国家工商总局驰名商标认定17件，比2009年翻了一番多，是历年来认定数量最多的一年，并且实现了安徽省第三产业中驰名商标"零的突破"：黄山旅游被认定为驰名商标，成为安徽省现代服务业中首件驰名商标，目前，全省驰名商标47件，较上年增长56.7%。根据《安徽省著名商标认定和保护条例》，2010年安徽省工商局依法认定了2009年省著名商标143件，2010年(上半年)省著名商标110件。目前，安徽省著名商标1091件。商标发展质量取得了长足进步，商标发展层次得到了整体提升。

(一)精心指导驰名商标培育、申报工作

2010年，安徽省工商局进一步主动帮扶企业加强商标使用和管理的制度建设，及时指导企业办理商标注册、变更、续展手续，完善企业的商标使用证据、经济指标证据等基础材料和档案的收集、整理和保管，从建档案、建商标管理制度方面着手，帮助企业加强商标管理，做好商标维权保护等基础性工作，使企业提前适应驰名商标申报工作在程序和实体上的严格要求。相关企业负责人多次专程拜访安徽省工商局，并赠送锦旗表示感谢。目前，安徽省工商局又新组织申报了安徽龙波电气有限公司等13家企业的驰名商标材料，争取实现更大突破。

(二)依法认定省著名商标，认真落实回访制度

根据《安徽省著名商标认定和保护条例》，安徽省工商局严格依法落实三级申报制和两级审查制，增强认定程序的规范性；逐级落实责任，严格把关，完善评审专家库建设，提高审查质量，确保安徽省著名商标的含金量。围绕安徽省重点发展的产业、行业，在符合条件的前提下，安徽省工商局对涉农企业、高新技术企业、文化创意企业等予以适当倾斜，进一步优化了省著名商标在三次产

业中的分布。在审查期间，安徽省工商局严格执行廉洁自律等方面的纪律要求，省局监察室全程参与评审认定工作，确保了审查认定的公平、公正，有效防止滥用职权、玩忽职守、徇私舞弊等行为的发生；同时，安徽省工商局认真落实著名商标企业回访制度，全省各级工商部门完成了对辖区内省著名商标的回访。

四、深入推进商标质押贷款，拓展商标价值实现渠道

2010年，安徽省工商局进一步深入推进商标质押贷款工作，并加强了与省政府金融办、各银行业金融机构的合作力度，共同推进商标质押贷款工作的深入开展。4月30日，安徽省政府专门召开商标专用权质押贷款工作座谈会，听取各相关单位、出质企业和贷款银行的情况汇报和意见建议，深入研究进一步推进商标质押贷款工作的举措。9月11日，安徽省政府办公厅印发了《安徽省人民政府办公厅转发省政府金融办等部门关于进一步推进商标专用权质押贷款工作意见的通知》，在《安徽省商标专用权质押贷款工作指导意见》的基础上进一步明确细化了工作举措、责任落实和考核评价等。安徽省政府金融办专门将商标专用权质押贷款工作列入对各银行业金融机构金融创新的目标考核。2010年，全省累计办理商标质押贷款71件，融资金额7.948亿元，贷款笔数和融资金额是2009年的5倍多；特别是2010年上半年就办理了42件，占全国的27.3%。融资企业全部是民营企业，其中绝大部分是中小企业，超过7成的是驰名、著名商标企业，单笔贷款过亿的就有3件，有效地拓宽了中小企业融资渠道。

在商标质押贷款工作中，一是推行了工商部门进行贷前、贷中、贷后全程监管的做法。在贷前把好资信关，在贷中加强对出质人商标权利状况的监管，在贷后加强诚信教育，督促出质人按时按约履行还款义务，有效确保了贷款质量、降低金融风险、推动可持续发展。二是将其列入对各市工商部门的年度目标考核，压担子、促发展，进一步提升工商部门促进企业发展、服务经济建设的能力。目前，全省17个市均已办理了商标质押贷款。安徽省的商标质押贷款工作还引起了国家工商总局的高度关注，3月，国家工商总局专门组织了考察组前往滁州、安庆两市，对安徽省进行专项调研。

五、积极推动商标国际注册和商标海外维权，为企业“走出去”战略提供坚实保障

2010年，安徽省工商局大力推进商标国际注册，加大企业海外商标维权帮扶力度，积极服务企业“走出去”战略，加大政策支持、密切部门协作、突出宣传培训、加强行政指导。2010年，全省通过马德里体系注册的国际商标共189件，商标国际注册和海外维权工作取得了长足的进步。

（一）加大宣传培训力度，引导企业树立“国际贸易、商标先行”的意识

一是加强对工商干部业务培训。针对基层工商干部业务不熟练的情况，3月，安徽省工商局组织了对全省各市分管局长、商标科长的商标马德里国际注册业务培训，紧接着各市对县区级工商部门进行了相关培训，完成了省市县三级培训工作。二是抓紧对相关企业进行商标国际注册知识普及。安徽省工商局会同省旅游局先后举办了两次面向全省旅游企业负责人的商标法律法规培训普及工作，其中，商标国际注册作为重点内容进行培训。安徽省工商局还每年会同省商务厅、省国资委等单位开展1～2次面向出口型企业和国有企业的培训工作，普及马德里商标国际注册知识。三是加强对各级领导干部的培训。2010年，安徽省工商局已同省委党校、省行政学院商定，将包括商标国际注册在内的商标法律知识纳入对各级领导干部的培训内容。四是加大对全社会的宣传力度，通过发放宣传册、设置展示台（板）等措施，向全社会宣传国际商标注册知识。在安徽省工商局的不懈努力下，“国际贸易，商标先行”理念得到了越来越多企业的广泛认可。

（二）加强政策引导支持力度，积极推动商标国际注册，为企业“走出去”战略提供坚实保障

安徽省政府79号文件将加快商标品牌国际化建设步伐作为“十二五”期间安徽省实施商标战略的五项重点任务予以推进。为进一步将文件精神落到实处，在安徽省工商局的积极努力下，全省中小企业的商标国际注册费用被纳入《安徽省中小企业国际市场开拓资金使用办法》补助范围，给予商标国际注册最高10万元的补贴，极大地激发了企业进行商标国际注册的热情。

（三）积极构建企业商标海外维权“绿色通道”

近年来，安徽省知名企业商标屡遭国外抢注，企业因商标问题而导致产品无法进入国外市场，

企业商标海外维权机制建设日益迫切。针对这种情况,安徽省工商局一是加强与国家工商总局的沟通协调力度,加快构建安徽省企业商标海外维权"绿色通道"。9月,安徽省工商局参加了国家工商总局国际合作司举办的企业商标海外维权国际研讨会,与国内外相关官员、专家交流沟通安徽省企业商标海外维权情况和机制建设,引起了与会人员的高度关注。二是对重点企业的商标海外维权工作予以大力支持。针对华泰集团"洽洽"商标遭德国代理商欧凯公司的抢注案件,安徽省工商局约见了当事人和代理律师,阐述我方立场、表明严正态度,积极帮助企业坚持走维权之路,妥善应对司法诉讼,争取主动。

六、加强商标权利保护,营造良好的商标知识产权发展环境

安徽省工商局以保护注册商标专用权为核心,以驰名著名商标为重点,将专项整治与日常监管相结合,不断加大商标权行政保护力度,营造良好的商标知识产权发展环境。

(一)扎实推进重大专项行动,查处了一批商标侵权大要案

2010年,根据上级统一部署,安徽省工商局相继开展了上海世博会标志保护、广州亚运会标志保护、打击侵犯知识产权和制售假冒伪劣商品等重大专项行动,查处了一批商标侵权大要案,有力地净化了市场秩序。

一是开展上海世博会标志保护专项行动。安徽省工商局于3月在马鞍山组织召开了全省商标系统世博标志保护专题培训工作,以世博标志的权利状况、侵权行为的界定、工商部门行使职权、处罚标准和依据等内容为重点,对各市分管局长和商标科长进行集中培训,有效地增强执法人员执法办案的水平和能力。各市局依据本辖区的特点,分别制定了相关实施方案、工作计划和具体措施。9月份,安徽省工商局根据工商总局的相关要求,再次印发了《打击制售世博会标志侵权产品行为专项整治行动方案》,决定于10月在全省范围内开展了为期一个月的打击制售世博会标志侵权产品行为专项整治行动,打出一个总结性的战役,使制售世博会标志侵权产品行为基本杜绝,世博会标志侵权行为得到根本遏制,世博会标志和特许产品得到全面保护,实现了对世博会标志使用行为和世博会特许产品经营市场的全方位监管。世博会标志保护专项行动期间,全省共出动执法人员6769次,出动执法人员数量34 969人次,检查经营企业和个体户131 009户,检查批发市场、集贸市场等各类市场4617个,整治重点区域1533处,共查处世博会标志侵权案件91件,案值50.12万元,共进行行政指导等行政措施621次,基本实现了检查不留死角、监管消灭空白的目标,有力地保护了上海世博会标志权利人和赞助企业的合法权益。安徽省工商局受到了省委、省政府"参与上海世博会工作先进集体"的表彰,受到了国家工商总局等八部委"世博会知识产权保护专项行动先进集体"的联合表彰。

在加强保护的同时,安徽省工商局也充分把握世博会所蕴含的重大机遇,积极组织安徽省31家驰名、著名商标企业参加世博会安徽周主题博览会——驰名著名商标成果展,有力地宣传了企业自身形象和产品,以及安徽省商标品牌经济发展的显著成果。

二是认真贯彻落实国务院、安徽省政府、国家工商总局的部署和要求,扎实开展保护知识产权和打击制售假冒伪劣商品专项行动。10月,安徽省工商局印发了《保护知识产权和打击制售假冒伪劣商品专项行动方案》和宣传方案,专门成立领导小组,组织领导全省工商系统开展保护知识产权和打击制售假冒伪劣商品专项行动,要求各地以案件查处为中心,摸排、巡查、查处从生产到终端销售各个环节的商标侵权假冒和制售假冒伪劣商品案件,严肃查处一批大要案,曝光一批违法违规企业,全面提升安徽省保护商标知识产权和规范市场秩序的水平。截至2010年底,全省工商系统在这次专项行动中共查处侵犯商标权和制售假冒伪劣商品案件570件,案值455万元,捣毁制假售假窝点51个,受理和处理消费者申诉举报521件,为消费者挽回经济损失421万元,特别是查处了侵犯驰名商标权益案件120件,为保护驰名商标和商标权人的合法权益、维护市场经济秩序作出了突出贡献。12月22～23日,国家工商总局专项行动督察组来安徽省进行检查,对安徽省工商部门开展专项行动动作快、力度大、求实效的做法予以高度肯定。

三是紧急部署查处河北昌黎假冒伪劣葡萄酒专项行动。《焦点访谈》节目曝光了河北昌黎假冒伪劣葡萄酒后,安徽省工商局高度重视,于12月25日立即进行部署。全省17个市局迅速行动,集中组织开展市场清查假劣葡萄酒专项行动,全

面排查假劣葡萄酒。合肥市工商局紧急召开了由各单位一把手参加的专项行动紧急会议，传达了国家工商总局和安徽省工商局领导的重要指示精神，各单位受领任务后立即部署打击行动。25日下午，合肥市工商系统共出动执法车辆120台次，执法人员500余人，对全市酒类批发市场、超市、酒庄、休闲会所及食杂店进行全面清查，凡是不能提供有效票证的葡萄酒，一律暂扣。截至晚8点共查获来自河北昌黎不能提供有效票证的葡萄酒共4231瓶。26日，安徽省工商局召开由分管局长、合肥市工商局主要负责同志、各相关处室主要负责同志召开的专题会议，听取合肥市工商局工作汇报，安排下一步工作。安徽省工商局将组织力量对全省酒类市场进行全面整治，严厉打击违法违规行为，确保流通领域的食品安全，确保人民群众"两节"安心消费、放心消费。

（二）始终紧抓日常监管，商标专用权得到了强有力的保护

一是始终紧抓商标日常监管，保持打击侵犯注册商标专用权行为的高压态势。2010年前三季度全省工商系统共查处商标侵权假冒案件1974件，案值926.4万元。二是继续推进商标授权经营制度，构建商标权利保护长效机制，从源头遏制商标侵权假冒行为的发生。三是加大对商标代理行业的监管力度，完成了全省商标代理市场的清查整顿工作，进一步规范商标代理行为，加强对代理行为的监管，依法整治商标代理市场秩序，促进代理行业健康有序发展。

（三）追踪服务重大商标案件，积极帮助企业开展商标维权

安徽省工商局就江淮集团、奇瑞公司、辉隆集团等重大商标案件继续加强与国家工商总局的沟通协调，并争取机会向国家工商总局付双建副局长当面汇报，解决疑难问题，切实落实重大商标案件追踪服务制度，积极维护安徽省企业的合法权益。2010年，安徽省工商局为金寨天堂寨国家森林公园管理处做了大量法律服务工作，并及时向国家工商总局汇报有关情况，在安徽省工商局的积极努力下，国家工商总局撤销了湖北省罗田县天堂寨林场注册的"天堂寨"旅游商标，为安徽省天堂寨旅游品牌的深入开发和全面保护奠定了坚实的法律基础。

（安徽省工商行政管理局）

版权工作

2010年，安徽省版权工作按照"激励创造、有效运用、依法保护、科学管理"的知识产权保护方针和"宣传、打击、引导、服务"的版权管理工作思路，加强版权执法力度，强化服务功能，增强版权保护意识，积极营造良好的版权法治环境、市场环境、文化环境，进一步提升本省版权创造、运用、保护和管理能力，促进版权相关产业又好又快发展，为建设创新型国家和创新型安徽服务。安徽省版权局先后荣获"2010年世博会知识产权保护专项行动先进集体"，"安徽省2010年扫黄打非先进集体"等荣誉称号。

一、建章立制、明确职责，创新执法部门合作机制

（1）根据国家有关部门的统一部署，结合安徽省实际，分别制订了《安徽省开展2010年打击网络侵权盗版专项治理"剑网行动"实施方案》、《安徽省2010年上海世界博览会版权保护工作方案》、《安徽省新闻出版局、安徽省版权局、安徽省"扫黄打非"办公室打击侵犯知识产权和制售假冒伪劣商品专项行动实施方案》。根据方案的不同特点，对相应的版权保护工作提出了具体详尽的要求，既有分工的侧重，又有时间上和内容上的衔接。

通过制订实施方案、召开专题会议、与重点市版权局责任领导签订责任书、分管领导亲自带队检查等形式，调动了各有关部门的工作积极性，按照属地管理和谁主管谁负责的原则，严格落实责任制和责任追究制，确保专项行动领导到位、责任到位、任务到位、措施到位。

（2）创新部门合作机制，建立与公安部门的长效合作关系。为巩固版权行政执法部门与公安刑事司法部门长期良好的协作关系，2010年4月29日，安徽省版权局联合安徽省公安厅治安总队举行了"打击侵权盗版合作协议签字仪式"，通过书面形式明确了双方将在打击侵权盗版的培训、执法、信息沟通、宣传表彰等方面建立长期的全面协作关系，加强行政执法与刑事司法衔接，进一步提升执法合力，建立了统一协调、相互协作的打击侵权盗版长效合作机制。

2010年7月9日，安徽省版权局、安徽省公安厅首次共同举办的全省打击网络侵权盗版理论

与实务培训班。此次培训共有全省各个地市80余名来自执法一线的版权和公安执法人员参加。通过此次培训，明确版权执法工作重点，增强了一线工作人员的执法水平和法律意识，为版权保护工作顺利开展奠定了基础。

二、完善版权运用市场机制，大力促进版权的创造和运用

（1）组织安徽出版集团下属的8家出版社以及安徽新华印刷公司、安徽旭日光盘公司，安徽新华发行集团下属的安徽新华音像出版社，加上中国科技大学出版社、合肥工业大学出版社及安徽大学出版社3家高校出版社共14家出版单位参加了第十七届北京国际图书博览会，版权贸易再创佳绩。在本届博览会新闻出版总署举行的“中国图书对外推广计划精品展”和“十一五走出去成果展”中，皖版图书再奏凯歌，分别有30种和700多种出版物入选。在为期5天的博览会中，“出版皖军”在版权输出方面，也尽展风采。本届博览会安徽省共签约输出合同197项，较上年同期增长了28%，高于全国平均增幅。

（2）2010年8月9日，安徽省版权局与合肥市产权交易所共建的“安徽省版权交易中心”揭牌运营。安徽省版权交易中心主要任务是组织开展文字、美术、摄影、音乐、影视、动漫、游戏、设计、艺术及软件等版权的许可使用和转让及与版权相关权益的交易。版权交易中心不仅是安徽省文化体制改革的重要交易平台，也是安徽省文化资源要素大市场的重要组成部分。2010年，已完成版权交易项目6宗，实现成交额达2.4亿元人民币。

三、查处大案要案，严厉打击侵权盗版行为

截至12月底，依法查处21起侵权盗版案件。其中，太和县利用网络贩卖盗版光盘案和滁州骑士音乐网侵权案都是以侵犯著作权罪判处被告人有期徒刑并处罚金的案件。案件的成功查处彰显了版权管理部门、司法机关打击侵犯著作权犯罪的坚定立场。“骑士音乐网侵犯著作权案”是全国“扫黄打非”办公室、国家版权局、公安部、最高人民法院、最高人民检察院联合挂牌督办的全国首批十五起重点案件之一，是其中唯一的网络侵犯音乐著作权类型案件，也是“剑网行动”中安徽省唯一被国家相关部门挂牌的大要案；同时又是在全国开展打击侵犯知识产权专项行动中行政执法、司法有效衔接，严厉打击网络音乐侵权盗版活动的典型案例。

四、主动监管，专项整治与日常监管箱结合

（1）安徽省确定49家重点网站进行主动监管，实时监控未经许可擅自传播世博会相关作品的行为，对存在相关作品上传行为的网站进行了现场检查，并提出明确整改要求。特别对世博会中国国家馆日、世博会闭幕式、广州亚运会开闭幕式和赛程转播等活动视频传播情况进行了重点监控。

（2）安徽作为上海世博会的重点辐射地区之一，毗邻世博会及分论坛举办地。根据中央“六个确保”的统一要求和国家版权局的统一部署，安徽省版权局专门成立了世博版权保护工作领导小组；召开了“反盗版·迎世博”专题工作会议；制定下发了《安徽省关于做好2010年上海世博会版权保护工作的通知》，确保工作部署到位；与6个重点市版权局签订了“2010年世博会版权保护工作责任书”；同时积极协调公安、交通、铁路、民航、邮政、旅游等部门建立反侵权盗版快反协调机制，守好入沪大门、筑牢“护城河”，确保世博会版权保护工作各项任务的有效落实，为世博会版权保护工作交出了合格答卷。

（3）组织开展了全省2010年打击网络侵权盗版专项治理“剑网行动”、坚决制止各类学校使用盗版图书专项治理行动、教材教辅读物市场专项检查以及打击盗版音像制品专项行动，进行网络和出版物市场的集中整治。在版权执法中坚持“早部署、早检查、早落实”，灵敏掌握各类信息，深入开展矛盾纠纷滚动排查，及时梳理发现存在的不稳定因素，切实化解各类矛盾，及时消除版权隐患。

（4）截至2010年12月底，全省版权系统受理举报30余起；共查处侵权盗版案件21起；移交公安机关案件4起；出动检查人员8600人次，对辖区内出版物经营场所进行了拉网式检查和告知；检查出版物经营场所5000余个，收缴各类非法盗版图书和音像制品40万余册（盘），取缔无证店摊50多个。

五、创新工作方式，加大督查力度，推进全省企业软件正版化工作

2010年，安徽省推进企业使用正版软件工作，创新工作方式，加大推进力度，通过制订方案，下发整改通知书，实行诫勉谈话，联合检查督导，由点到面整体推进，培训宣传引导，发挥各地作用等创新工作方式，加大推进力度。重点对工程勘察设计行业、部分大型企业和上市公司、部分中小金融机构等行业的软件正版化进行推动，取得了明显成效，较好地完成了年初确定的300家工作目标。

六、营造良好版权执法氛围，提高全民版权保护意识

围绕"3·15消费者权益日"、"4·26知识产权宣传周"等，集中开展了一系列内容丰富、形式多样的著作权法律法规宣传普及教育活动和纪念活动。

(1)参与新型网络手机媒体的法制宣传。作为安徽省网络文化建设和管理工作领导小组的成员单位，参加启动全省万家网站《文明办网自律宣言》活动。活动持续3个月，主要参与对象是各类网站、手机报和网络运营商，对这类新型的媒体，在产业发展的同时，更需要加强执法监督，从源头遏制违法萌芽。

(2)发布安徽省2009年度十大版权侵权盗版案件。会同安徽省知识产权局、安徽省高院、合肥海关等单位举行2009年知识产权典型案件新闻发布会，面向企业召开知识产权专家座谈会，并向媒体公开发布安徽省2009年度十大侵权盗版案件，其中"一点智慧"软件作品网络盗版案被列为国家版权局发布的2009年度全国十大侵权盗版案件之一。

(3)依托版权教育基地，开展系列宣传教育活动。以安徽省版权教育基地为依托，安徽省版权局与中国科技大学在安徽省版权教育基地共同举办了"净化数字版权环境" 知识产权宣传周系列宣传活动，活动包括"知识产权进高校、万名大学生联合签名反盗版"活动、绿书签行动、知识产权博士论坛、知识产权网络知识竞赛等。

（安徽省版权局　吴安宁）

司法工作

2010年，安徽省法院知识产权审判始终坚持以科学发展观为统领，认真践行"三个至上"工作指导思想，畅响"为大局服务、为人民司法"主旋律，紧扣"社会矛盾化解、社会管理创新、公正廉洁执法"三项重点工作，抓审判全力服务大局，重调解促进社会和谐，严管理提升审判质效，强素质树立司法公信，知识产权审判工作取得了积极进展。

一、2010年知识产权案件的审理情况及特点

表1　2010年受理知识产权案件数据

类型	民事				行政	
	一审		二审		一审	
	受理	审结	受理	审结	受理	审结
数量	961	961	80	77	1	1

表2　2010年受理知识产权一审民事案件类型

类型	著作权	商标权	专利权	技术合同	植物新品种	不正当竞争及其他
数量	596	216	115	11	7	16

分析2010年审理的知识产权案件，主要呈现以下特点：一是知识产权民事案件数量逐年递增，知识产权行政案件数量不多。一、二审知识产权民事案件，同比分别上升96.1%和9.5%。二是知识产权民事案件类型较为全面。知识产权民事案件中，不仅包括商标、专利、著作权、不正当竞争等传统的知识产权纠纷案件，还出现了计算机软件、植物新品种、网络域名、申请诉前临时禁令、特许经营、确认不侵权纠纷等新类型案件，基本涵盖了所有知识产权领域，涉及知识产权的创造、运用、保护和管理的全过程。三是著作权纠纷民事案件比重较大，商标权、专利权纠纷民事案件占一定比例。其中，著作权案件占收案总数的62%，商标权案件占收案总数的22.5%，专利权案件占收案总数的12%，专利权纠纷主要体现为实用新型和外观设计专利权纠纷。四是审判质效提升明显。全省法院通过不断完善审判管理制度，强化对合议庭的管理和监督，办案质量与办案效率明显提高。2010年审结的961件一审案件中，上诉的只有80件，上诉率仅8.3%，上诉案件改判率在5%以下，审限内结案率100%。五是案件调撤率稳步上升。全省法院全面贯彻"调解优先、调判结合"原则，把调解作为化解社会矛盾的主渠道，作为社会管理创新的有益尝试。重点加大对疑难复杂、对抗激烈、社会影响大、关注度高的案件的调解力度，攻克了一批大案、难案。2010年，知识产权民事案件调撤率达63.6%，实现了法律效果和社会效果的最佳契合。六是知识产权民事赔偿力度进一步加大。全省法院裁判确定的赔偿数额逐步提高，适用法定赔偿办法确定赔偿额的案件明显增加，并在一些案件中依法适用了最高法定

赔偿额，通过加重侵权人的民事赔偿责任，加大知识产权司法保护力度。

二、强化能动司法，完善审判机制

一是全面加强知识产权审判工作。认真贯彻落实国家知识产权战略，注意研究国家技术创新工程试点省工作和合芜蚌自主创新综合实验区建设中知识产权司法保护问题，精心审理相关案件。围绕促进自主创新能力和安徽核心竞争力的提高，加强专利保护；围绕促进自主品牌的形成和品牌经济的发展，加强商标权益保护；围绕促进新商业模式的发展和文化创意产业的繁荣，加强著作权的保护；围绕完善市场结构和维护公平竞争，加强不正当竞争案件的审判；围绕营造良好的贸易和投资环境，加强平等保护。二是对皖江城市带承接产业转移示范区知识产权保护建言献策。随着皖江城市带承接产业转移示范区、国家技术创新工作试点省和合芜蚌自主创新试验区建设的深入推进，安徽已进入全面转型、跨越发展、厚积薄发、加速崛起的新时期，为服务和保障皖江城市带承接产业转移示范区、合芜蚌自主创新综合配套改革试验区建设，召开皖江城市带承接产业转移示范区知识产权保护专题调研工作座谈会，深入示范区创新型企业、高新技术企业进行调研，掌握企业知识产权创造、管理、运用及保护情况，了解企业需求，在取得有关数据、信息后进行定量分析，提出相应的法律对策，初步形成了有问题、有分析、有对策的调研报告。三是进一步加强知识产权审判体系建设。报请最高人民法院批准提高合肥高新区法院受理知识产权案件的标的额，并确定该院为知识产权民事、刑事、行政审判“三审合一”的试点法院。四是积极参与打击侵犯知识产权和制售假冒伪劣商品专项行动。为切实贯彻国务院、最高人民法院、安徽省政府的决定，安徽省高级人民法院成立了全省法院打击侵犯知识产权和制售假冒伪劣商品专项行动领导小组，制定《安徽省高级人民法院打击侵犯知识产权和制售假冒伪劣商品专项行动方案》，并下发全省各级人民法院，加大对知识产权的保护力度，维护公平有序的市场环境。五是完善知识产权裁判文书上网工作机制。建立信息员制度、定期通报制度、安全保密制度，提高文书的上网数量、上网比率和上网工作的安全。六是建立和完善对外信息沟通交流机制。加强与新闻媒体的联系和沟通，通过广电、报刊、网络等各种载体和途径集中开展专题宣传，依法报道知识产权案件审判情况，增强正面舆论效果。

三、加强调研指导，提升整体司法水平

一是围绕审判工作中的热点、难点问题开展专题调研。重点开展了以下调研：(1)做好金融危机背景下的知识产权审判工作存在问题及对策的调研工作；(2)对适用修改后《专利法》过程中遇到的新情况、新问题进行重点分析研究；(3)开展知名品牌、酒类等知名商品商业标识、包装装潢保护的调研工作；(4)开展审理网络著作权侵权纠纷案件的调研工作，在充分调研基础上形成的《关于网络环境下著作权侵权纠纷的司法实践》，被最高人民法院选用为全国法院知识产权审判工作座谈会经验交流材料。二是加强对审理涉及网吧等场所著作权纠纷案件的业务指导。针对涉及网吧因提供影视作品、KTV播放音乐电视作品被诉侵权相关案件大幅增加的情况，安徽省高级人民法院采取提供参考案例、召开座谈会、通过电话交流等多种形式进行业务指导，统一执法尺度。三是统一文书制作样式，进一步提高裁判文书质量。按照《安徽省高级人民法院裁判文书制作规范(试行)》和《最高人民法院关于裁判文书引用法律、法规等规范性法律文件的规定》的要求，全省法院进一步规范和细化了知识产权裁判文书的制作规范。

四、继续抓好宣传工作，努力扩大司法效果

一是组织开展知识产权案件公开观摩庭审活动。不定期选择有影响的知识产权案件，邀请人大代表、政协委员、企业代表等社会各界人士旁听案件庭审，以典型案例引路，宣传知识产权保护法律法规，营造尊重知识、尊重自主创新的社会氛围。二是积极开展知识产权司法宣传和法律普及工作。“4·26世界知识产权日”期间，安徽省法院联合相关部门举办了形式多样的知识产权宣传活动。为辖区内重点园区、重点企业举办知识产权保护法制宣传讲座，并着重对企业知识产权管理人员进行专题培训。安徽省高级人民法院还选派业务骨干担任安徽省保护知识产权宣讲团成员，为大企业授课。与科技主管部门共同结对，定期上门为知识产权密集的高新技术企业提供指导服务，采取有效措施，避免侵权行为的发生。三是充分发挥司法建议的作用。对审判工作中发现的知识产权保护方面存在的问题及时通过司法建议，向相关企业提出改进和完善的意见建议，延伸办案的社会效果。四是积极向最高人民法院选送典型案例，两件入选最高人民法院公布的2009年全国50个典型知识产权案例。编写4篇案例入选最高人民法院《2008年、2009年全国知识产权典型案例汇编》。五是编印《安徽知识产权审判》交流资料，及时反映全省知识产权审判动态，并以此为载体加强与其他省市法院的交流。

（安徽省高级人民法院知识产权审判庭）

检察工作

2010年，安徽省检察机关与行政执法机关、公安机关等部门密切配合，依法及时批准逮捕、起诉侵犯知识产权犯罪分子，加大立案监督力度，切实防止和纠正对侵犯知识产权犯罪的有罪不究、以罚代刑等问题，依法严肃查办侵犯知识产权违法犯罪背后的国家工作人员的违纪、犯罪行为，坚决打掉其"保护伞"，为促进经济发展，作出了积极贡献。

一、立足本职工作，批准逮捕、起诉一批侵犯知识产权的犯罪分子

检察机关承担着对侵犯知识产权刑事案件审查逮捕、审查起诉和依法对有关刑事诉讼活动实行法律监督的职责。一年来，安徽省各级检察机关高度重视对知识产权的刑事司法保护，依法履行职责，及时介入公安机关的侦查活动，与公安机关密切配合，依法批准逮捕和起诉了一批侵犯知识产权犯罪分子。由于侵犯知识产权的犯罪案件，多数案情复杂，犯罪面广，专业性强，办案难度很大。针对这种情况，安徽省各级检察机关充分发挥主观能动性，及时采取听取专门工作汇报、向有关政府执法部门、科研院所咨询、邀请科技界代表视察和研讨，主动深入高新企业征求意见等方式，找准服务定位，不断加大知识产权保护力度。基层人民检察院对此项工作也非常重视，专门抽调精兵强将办理，快审快结，使此类案件得到依法及时地查处，打击了犯罪分子的嚣张气焰，有效地遏制了此类犯罪的发生。

二、安徽省检察机关积极开展打击侵犯知识产权、制售假冒伪劣商品专项行动工作

国务院决定在全国范围内开展打击侵犯知识产权和制售假冒伪劣商品专项行动以来，安徽省各级检察机关立足法律监督职能，真抓实干，多措并举，以批准逮捕、起诉、诉讼监督、侦查监督、行政监督、反贪、反渎等检察职能形成立体网络，把专项行动与长期工作相结合，务求实效。专项行动开展以来，安徽省人民检察院要求全省各级检察机关组成调查组，对侵权制售假冒伪劣商品犯罪多发的"重点地区、重点领域、重点产品"进行摸排走访，掌握了一大批案件线索，构成犯罪的，坚决移送案件线索；尚不构成犯罪的，与相关单位的联系沟通，提出检察建议，并进一步跟踪监督案件处理情况。全省检察机关充分发挥引导侦查取证作用，对重大犯罪案件，及时介入公安机关的侦查活动，参加案件讨论，提出侦查取证的意见和建议，配合公安机关做好对证据的收集、甄别和固定工作。对案件定性、认定证据、确定管辖等认识有分歧的案件，与有关部门及时协商，防止出现扯皮、拖延现象。对提起公诉的重特大犯罪案件，选派优秀公诉人出庭支持公诉，配合法院做好审判工作，依法予以严惩。

安徽省检察机关集中力量批准逮捕、起诉了一批关系人民切身利益、群众反映强烈、社会危害严重的大案、要案。如督办六安非法制造王老吉注册商标案。六安市人民检察院对该案提前介入，引导取证，认真审查，仅用二天时间就批准逮捕了犯罪嫌疑人。滁州骑士音乐网案件，该案是全国"扫黄打非"办公室、新闻出版总署、公安部、最高人民法院、最高人民检察院联合挂牌督办的全国首批十五起重点案件之一，是其中唯一的网络侵犯音乐著作权类型案件。安徽省人民检察院加强指导，办案单位调集精兵强将严格审查，于2010年12月13日、21日批准逮捕、起诉3名犯罪嫌疑人。合肥假冒注册商标案，公安机关以涉嫌假冒注册商标罪向合肥市蜀山区人民检察院提请批准逮捕犯罪嫌疑人。蜀山区人民检察院认为此造假售假行为属于本次专项行动打击的重点，本着认真审查、慎重对待、从严打击的精神，列出补充侦查提纲，提审了犯罪嫌疑人，进一步核实事实和证据，依法快速批准逮捕了犯罪嫌疑人。

对专项行动中出现的新情况新问题，各级检察机关与相关执法单位定期、不定期地召开各种类型的联席会议，就专项行动中出现的新情况新问题进行探讨研究，理顺相关行政执法机关和检察机关的关系，推进专项行动向纵深方向发展。针对专项行动时间跨度长、涉案范围广、重大疑难复杂案件多的具体情况，安徽省各级检察机关按

照省人民检察院统一部署，成立专项行动领导小组，确定领导小组成员，加强组织领导，明确分工，保证专项行动分步骤、有秩序地进行，不断取得阶段性成果。省人民检察院根据全省检察机关开展专项行动的具体情况，要求各地根据实际情况及时总结上报开展专项行动的经验和做法，深入分析存在的问题和不足，查摆原因，并将有益的做法在全省推广，有针对性地指导专项行动健康发展。为依法严厉打击侵犯知识产权和制售假冒伪劣商品犯罪活动，保证专项行动深入持久开展，检察机关通过走访工商、药监、文化、新闻出版、烟草专卖等行政执法机关，掌握专项行动案件线索的同时，加强联系沟通，探索研究与多个行政执法机关搭建信息平台，努力推进知识产权和商品保护长效机制建设，相关单位各司其职、各尽其责，密切配合，同时对下加大指导力度，强化工作指导，主动把检察机关融入到全省专项行动的一盘棋中。专项行动中，全省检察机关始终保持打击侵犯知识产权行为的高压态势，以情节严重、影响恶劣的知识产权案件为核心，及时办理侵犯知识产权和制售假冒伪劣商品犯罪及相关商业贿赂犯罪活动，依法快诉快捕了一批有影响的重大案件。对于检察机关批准逮捕、提起公诉或者出庭公诉的重大典型案件，通过新闻媒体等渠道多角度全方位地宣传检察机关开展“专项行动”的重要部署、阶段成果、典型案例和经验做法，充分展示检察机关依法打击侵犯知识产权和制售假冒伪劣商品犯罪的决心和力度。

三、积极开展打击侵犯知识产权犯罪立案监督工作

一年来，安徽省各级检察机关充分行使立案监督职能，要求公安机关对于已经构成犯罪的侵犯知识产权行为予以立案，督促行政执法机关及时向公安机关移送在其保护知识产权执法过程中发现的犯罪，切实防止“有罪不究”、“以行政处罚代替刑事处罚”现象的发生。对于不移送、不立案背后的职务犯罪，发现线索后及时立案查处。各级检察机关积极通过行政执法与刑事司法衔接工作来促进立案监督工作，及时了解和掌握侵犯知识产权犯罪案件的查处情况，督促行政执法机关及时向司法机关移送涉嫌犯罪的案件。

四、加大法制宣传力度，营造良好的知识产权保护氛围

安徽省人民检察院在严肃查处侵犯知识产权案件的同时，十分重视法制宣传教育，选择侵犯知识产权的典型案例进行宣传，以达到震慑犯罪分子，提高广大群众保护知识产权的意识，促进全社会树立尊重和保护知识产权的风尚的目的，为推动科技进步、经济发展和文化繁荣创造良好的环境。安徽省人民检察院对全省检察机关办理的社会危害大、影响广、广大群众深恶痛绝的侵犯知识产权犯罪重特大案件的查办过程和查办结果涉及的案情、影像图片、实物等进行了收集、整理，开展宣传教育活动，强有力地震慑了侵犯知识产权犯罪分子，维护知识产权权利人的合法权益，推进了安徽省市场经济法治进程。安徽省人民检察院积极参加了“保护知识产权宣传周”活动，认真准备了宣传资料，并参加了安徽省“保护知识产权宣传周”开幕式。通过参加宣传周活动，安徽省人民检察院向社会宣传了安徽省检察机关从事知识产权所取得的成绩，让广大人民群众了解了知识产权司法保护的法治进程，在安徽全省形成了良好的知识产权保护氛围。

（最高人民检察院侦查监督厅）

福 建 省

专利工作

2010 年，是福建省全面完成知识产权战略制定、正式启动战略实施推进工作的第一年。福建省有效凝聚各方力量，全面推进知识产权战略实施，稳步提升全省知识产权创造、运用、保护和管理水平，在专利、商标、版权管理和知识产权海关保护等方面取得新成效。

一、制度建设与管理创新

2010年,《福建省人民政府关于贯彻国家知识产权战略纲要的实施意见》正式颁布,成为福建省知识产权工作第一个纲领性文件。福建省知识产权局继续承担省知识产权战略制定工作领导小组办公室职责,围绕该实施意见制定年度推进计划,将战略任务按年度分解落实到具体工作部门并在全省实施。由省政府办公厅印发出台了《福建省专利奖评奖办法》,成为福建省首个以政府奖名义发布施行的专利专项奖励办法。出台了《福建省专利技术实施与产业化计划项目管理办法(暂行)》。首次召开了具有里程碑意义的福建省知识产权工作会议,对知识产权战略实施及其相关工作进行了动员和部署。孙春兰书记、黄小晶省长对本次会议作出重要批示,李川副省长强调了知识产权重点工作并提出具体措施。福建省政府与国家知识产权局举行了第二次部省合作会商,福建省成为全国实施和推进知识产权战略的重点省份。

福建省知识产权工作体系建设取得重大突破,全省85个县(市、区)中已有80个县成立了知识产权局,福州、莆田、漳州、龙岩、泉州、南平等市所辖县区全部成立了知识产权局,知识产权行政管理和执法网络向县区基层延伸。中国(厦门)和中国(三明)知识产权维权援助中心获国家知识产权局批准成立,全省知识产权维权援助网络逐步健全。完成首届福建省专利奖评选工作,44个专利项目获得省专利奖(其中特等奖1项、一等奖3项、二等奖10项、三等奖30项),并对18个获得历届中国专利奖的项目进行奖励。有4个项目获得第十二届中国专利奖优秀奖和外观设计优秀奖,获奖数量比上一届增加3项。组织开展第五届福建省优秀巾帼发明者评选活动,共评出42位省级巾帼发明者,其中有4人经福建省知识产权局推荐获得"国家巾帼发明家"称号。福建省知识产权局获得全国知识产权培训工作先进集体、全国知识产权部门和公安机关知识产权执法保护先进集体、《中国知识产权报》优秀通联站、先进发行站等荣誉称号,罗旋局长等4位同志获得全国知识产权培训、执法等多项先进个人表彰。

二、专利申请与授权

2010年,福建省专利申请受理首次突破2万件,达21 994件,同比增长25.26%,其中发明专利申请5117件,同比增长33.19%;全省专利授权18 063件,同比增长60.10%,其中发明专利授权1224件,同比增长48.54%。截至2010年底,福建省专利累计申请量135 032件,居全国第13位;累计授权量88 887件,居全国第9位。PCT国际专利申请达268件,同比增长87.4%,位居全国第8位。

三、专利管理服务

(1)推动建立创业板拟上市企业知识产权审议机制,对拟上市企业进行专题知识产权资源整理和辅导培训。(2)与金融机构建立战略合作关系,推进专利权质押贷款工作迈出重要的步伐。(3)组织举办"6·18"千项优秀专利展,成功吸引了20个国家和国内23个省(市、区)的1500多件专利项目并进行集中展示,达成专利对接意向100多项,促成专利项目对接合同30个(其中专利转化重点项目对接16个),协议投资总金额12.6亿元。推动促成了福建省首个"福建省工业设计与创意产业(南安)基地"签约,项目规划建设面积500亩,协议投资总额3亿元。在促成的重点项目中,开工投产率达68.8%。(4)加大企事业优秀专利技术实施与产业化项目经费投入,三年安排专项经费3000万元(每年1000万元),用于扶持优秀专利技术实施及产业化。(5)树立知识产权试点示范样板,新增全国企事业知识产权试点单位58家,示范创建单位9家,省级知识产权强县20个、知识产权试点中小学31家、知识产权试点企业120家、知识产权优势企业30家,有效提升了知识产权在福建的影响力和贡献率。

四、专利宣传培训

(1)解读和学习贯彻《福建省人民政府关于贯彻国家知识产权战略纲要的实施意见》。在《福建日报》头版头条刊登了《我省首个知识产权纲要性文件出台》的新闻,并在第二版登载了题为"提升知识产权创造能力,打造立体保护体系"的专题解读。《中国知识产权报》刊登了"福建省省长黄小晶在省政府常务会议上强调知识产权是地区发展的重要战略资源"的报道以及福建省知识产权局罗旋局长"扎实推进战略实施,建设海峡西岸经济区"专题访谈,专版刊载福建省知识产权事业发展纪实。(2)首次牵头组织福建省知识产权宣传周活动。成立由省直28个部门分管领导组成的宣传周组委会,围绕"创造、保护、发展"活动主题,部署开展宣传活动。与福建省政府新闻办联合组织召开了“2010年全省知识产权宣传周活动”新闻发布会;联合福建电视台经济频道制作了两期《财富论坛》知识产权专题电视节目;在《福建日报》上发表题为“抢抓机遇乘势而上,不断开创知识产权工作新局面”的主题文章。“4·26世界知识产权日”当天,福建省知识产权局系统同时举行知识产权执法集中行动和“12330”知识产权维权援助统一行动启动仪式。在福州主会场,福建省知识产权局与省公安厅、中国(福建)知识产权维权援助中心共同举办启动仪式,近200人参加了主会场启动仪式,并组织开展了丰富多彩的知识产权宣传咨询活动。在高速公路主要路段设立“知识产权 国家战略 专利申请权益保障——12330您身边的知识产权顾问”、“服务海西建设 知识产权先行——当您有发明创造时,请及时申请专利!”、“当您需要知识产权维权援助时,12330可以帮助您!”3幅大型知识产权宣传广告。(3)组织中国专利周福建地区活动。举行中国(泉州)知识产权维权援助中心、福建省专利技术(泉州)展示交易中心揭牌仪式,举办了企业知识产权战略推进工作座谈会、企业总裁知识产权培训班、知识产权高校巡回讲座、知识产权执法专项行动、“中国专利周福建省知识产权局系统公益日”等系列活动,在《福建日报》专版刊载《实施知识产权战略 助推福建科学发展跨越发展》述评文章,营造舆论氛围。(4)向全社会发布中英文双语《2009年福建省知识产权保护状况》白皮书,共翻印15万份《国家知识产权战略纲要》和《福建省人民政府关于贯彻国家知识产权战略纲要的实施意见》以及《福建省专利奖评奖办法》单行本分发各部门。编印了《福建省知识产权试点中小学宣传册》供试点中小学进行知识产权宣传教育。注重知识产权典型案例收集评析,与各设区市知识产权局、专利代理机构建立专利典型案例季报制度,向法院、工商、版权等部门收集正反两方面的案例,整理分析了福建省10件知识产权典型案例。连续多年向省市县有关领导、在闽两院院士、高等院校、知识产权试点单位等赠阅《中国知识产权报》,以扩大知识产权宣传。(5)2010年,共组织承办和举办培训班12期,受训达1800多人次,内容涉及福建省县处级领导干部知识产权培训、专利复审与无效知识讲座、企业(总裁)知识产权战略培训、省知识产权信息公共服务中心和维权中心人员知识产权培训(为期2个月)、专利代理机构专利电子申请培训、专利电子申请宣讲与使用培训、全国专利代理人资格考试考前培训、知识产权评估专题培训、全国高校知识产权巡回讲座福建巡讲、全国知识产权维权援助工作研讨会等。通过学习、培训和研讨,进一步增强了党政领导干部、企业高管人员和公众的知识产权意识,提高了工作人员的知识产权管理水平。

五、专利执法维权

2010年,对福建省知识产权系统打击侵犯知识产权和制售假冒伪劣商品专项行动进行了全面部署,成立了局系统专项行动领导小组,制订《福建省知识产权局系统执法专项行动实施方案》并认真部署实施。召集福州、厦门、泉州、三明的代表研究部署落实全国知识产权局执法会议精神,推动执法专项行动工作安排。专项行动开展以来,全省知识产权局系统共举办各类培训、讲座48场/次,参加人数近2万余人,编印简报30期,在各类新闻媒体发表报道近200条/篇,发放各类宣传资料3万余份。出动执法人员近200人次,开展专项检查40余次,检查商品1.5万余件。福州市知识产权局与法院系统联合举办企业知识产权保护座谈会;厦门市积极介入第五届中国厦门国际佛事用品展览会知识产权保护,举办专利信息检索及预警机制建设讲座;漳州市为漳浦台湾农民创业园台商宣讲知识产权;泉州市组织对德化陶瓷批发市场、晋江汽配批发市场等进行专项检查;莆田市为珠宝加工企业举办知识产权保护培训班;龙岩市为辖区高新技术企业宣讲专利实务;南平市知识产权局与新闻媒体启动知识产权优势企业记者行、举办广场大型宣传活动;宁德市深入电机企业调研、宣讲知识产权保护。联合公安等有关部门继续开展“雷雨”、“天网”专项行动,共出动执法人员近500人次,开展执法行动近100次,检查商场近100家,检查商品近3万件,涉及电子产品、玩具、五金工具、食品、药品、保健用品等多个门类,查处假冒专利行为29件。2010年共受理专利侵权纠纷案件32件,结案29件(含转结案件),查处假冒专利行为34件;接收省外移送专利侵权纠纷案件3件,向省外移送2件。积极协调推进福建省2010年上海世博会知识产权保护专项行动,牵头组织福建省公安、海关、工商、版权、检察院、贸促会、新闻办等单位制订并落实各项细化方案,负责对福建省参展世博会专利产品的专利权法律状态进行查询。加强展会知识产权保护,“6.18海峡两岸项目成果交易会”期间,设立知识产权维权援助咨询台，受理专利侵权纠纷投诉，提供各种知识产权咨询 2000 余人次，发放各类宣传材料 5 万余份。派员参加第十四届投洽会“投资海峡西岸经济区”对口洽谈会的咨询工作，现场发放近千份知识产权政策法规和“12330”宣传资料。为推进福建省贯彻实施《专利法》和《福建省专利保护条例》，福建省人大在全省范围实地大面积开展专利“一法一例”专项执法检查。检查结果形成执法检查报告，经省人大常委会第十七次会议审议送省政府研究处理，该报告在充分肯定“一法一例”实施以来福建省专利工作取得成绩的同时，提出了进一步推进知识产权战略实施、提高知识产权保障水平的意见和建议。福建省现有 4 家国家级知识产权维权援助中心，开通福建省知识产权维权援助业务受理系统，作为“12330”电话、互联网、信函或接受其他机构移送等各种业务渠道的统一受理平台，不断提升政府在知识产权维权援助领域的公共服务能力。

六、专利信息服务

2010 年，福建省知识产权局批准成立泉州、宁德两个省级专利技术展示交易中心，为社会提供专利技术展示交易、专利信息咨询、技术与资本对接洽谈等服务，成为吸纳先进技术特别是台湾产业转移、推动福建省经济结构优化和产业升级的重要交流合作平台。启动建设福建省知识产权公共服务平台，建立并完善福建省全领域专利数据库，实现了专利全文和法律状态查阅等功能，并向社会开放。开通了省市知识产权局视频会议系统，建成通讯、汽车玻璃、环保设备、电机、纺织、钟表、光电等 7 个行业专利专题数据库及简体中文台湾专利数据库、中国失效专利数据库，为专利检索提供了便捷渠道。挖掘和利用专利信息资源，逐月分析全省专利申请和授权情况上报省委、省政府，按季度整理下发了各设区市知识产权局，检索数千件专利的法律状态，为省效能办开展地方政府绩效考核，为省政府和有关部门开展新产品的试制开发、科技奖的评审以及各类企业和创新载体的评估认定等提供了有力支持。

七、知识产权交流合作

2010 年，福建省知识产权局积极开展国际、国内知识产权交流合作，取得新进展。组织企业总裁等高级管理人员 16 人赴我国台湾地区进行知识产权学习交流。接待我国台湾地区学者和业界人士等 6 批 59 人次来闽开展知识产权讲学和考察交流，征集我国台湾地区先进适用技术参加“6.18 海峡两岸项目成果交易会”千项优秀专利展。在全国率先建立台湾农民创业园知识产权工作小组、闽台知识产权服务中心等工作机构，为两岸知识产权保护协作和专利技术对接转化牵线搭桥，开创两岸知识产权交流合作的先河。“6·18 海峡两岸项目成果交易会”期间举办第三届海峡两岸知识产权论坛，5 位来自海峡两岸的知识产权专家、企业家作了精彩演讲，来自台湾地区、澳门地区的近 30 位嘉宾和省内各界知识产权人士 300 多人参加了论坛。以“企业·知识产权战略·核心竞争力”为主题，成功举办了第六届泛珠三角区域知识产权合作联席会议暨第五届知识产权合作论坛。

（福建省知识产权局）

商标工作

2010 年，全省工商系统商标监管工作按照全国、全省工商工作会议和国家工商总局商标监管工作会议的部署，稳步推进商标注册、运用、保护和管理工作，深入开展“双打”专项行动，积极实施商标战略，努力打造驰著名品牌，各项工作取得新的成效。

一、以深入开展“双打”专项行动为契机，商标行政保护工作成绩斐然

全省工商系统以开展打击侵犯知识产权和制售假冒伪劣商品专项行动为契机，坚持强化日常监管与开展专项治理相结合，坚持以保护涉外、驰著名、涉农、涉台商标为重点，坚持行政保护与商标权人自我防护双向互动，严厉打击商标侵权假冒行为，共查处各类商标违法案件 4808 件，比上年增长 25.7%；罚款 2384.3 万元，比上年增长 30.3%。向公安机关移送涉嫌构成犯罪的商标假冒案件 5 起。查处案件数量位居前 3 位的地市是：泉州 1659 件、漳州 606 件、福州 535 件，以上 3 个地市查处的商标违法案件占全省总数的 58.2%。

（一）深入开展“双打”专项行动

按照国务院、国家工商总局和省政府的统一部署，以打击侵犯涉外商标、驰名商标、著名商标、地理标志违法行为以及恶意抢注商标、“傍名牌”等不正当竞争行为为重点，按照“五个一批”（行政指导一批、警示教育一批、立案查处一批、重案曝光一批、先进表彰一批）的工作要求，分阶段、有重点、相对集中时间、集中力量组织三次集中行动，全面展开专项行动。11月1日至12月31日，全省工商系统共出动执法人员28 817人次，检查各类经营主体59 790户，挂牌督办28起重大案件，立案查处商标侵权和制售假冒伪劣商品案件1500起，案值1310万元。行动开展以来，福建省工商局先后两次召开视频会议，在泉州、莆田召开初期、中期督查会议，推进专项行动落实；共编印简报43期，位居全国前茅。共查处侵犯涉外商标案件331起，查处侵犯驰名商标案件348起，查处非法印制商标标识案件33起。认真查办了一批大案要案，厦门市工商局立案查处厦门某贸易公司涉嫌侵犯“TOPTEX”商标权案件，案值超过1000万元。福建省工商局、泉州市工商局与武汉市工商局联合查处的假冒“鸿星尔克”运动鞋案、石狮市工商局查处的假冒“NIKE”、“PUMA”、“李宁”知名体育用品案被国家工商总局评为十大典型案例。福建省工商系统“双打”专项行动得到国务院、国家工商总局和福建省政府督查组的充分肯定，受到了权利人的高度赞扬。

（二）有序开展世博会标志专有权保护行动

福建省工商局发文通报、总结2009年开展“打商标侵权　护海西品牌”和保护世博会标志专有权执法行动情况；组织开展进一步落实世博会标志专有权保护执法行动，对工作开展情况实行每月一报，保障上海世博会顺利召开。全省工商系统共出动执法人员25 718人次，检查各类经营企业和个体户64 731户，检查批发市场、集贸市场等各类市场2008个，整治重点区域850处，进行行政指导1809次，立案查处侵犯世博会标志专有权案件35起、案值17.1万元，为上海世博会的成功举办营造了良好的知识产权环境。福建省工商局商标分局被国家工商总局、国家知识产权局等八部委评为世博会知识产权保护专项行动先进集体。

（三）支持企业省内外商标维权更有力

城厢区、汕头市金平区联手查获侵犯莆田市亚明食品有限公司“亚明及图”商标权的腌制猪颈肉2222袋，侵权人被处罚款3万元。建宁县、福州市工商联手查获涉嫌侵犯“建宁通心白莲”地理标志商标权及产品质量不符合国家标准的莲子20余吨、案值达100万多元。莆田、漳州、龙岩、泉州积极支持相关企业解决商标确权问题，经省工商局争取福建工商总局商标局、商评委的支持，请求加急审理“鲜呼吸”、“多特”、“连城金龙及图”等一批商标异议、驳回复审、异议复审等案件，大力支持企业形成稳定的商标权利、解决经营发展燃眉之急。

（四）商标印制环节监管取得新进展

仓山区工商局把商标印制行业作为整治重点，充分运用“商标印制企业监管系统”把好五关，即审核关、台账关、管理关、销毁关、责任关，从源头上规范商标印制经营行为，取得较好效果。晋江市依托网上平台监管商标印制，试行印刷企业商标印制网络报备制度，目前报备的印制商标已达281件，涉及21个商标种类，印制业务量423.5万块。12月23～28日，福安市工商局查获两起非法印制商标标识案件，案值分别达3.5万元、100万元。

（五）涉台商标保护取得新加强

福建省工商局发文推广晋江、惠安积极支持台资企业实施商标战略的做法。经福建省、厦门市工商局积极协调，侵犯“正新”商标案件被国家工商总局列入第一批督办案件，福建省及山东、内蒙古、重庆、江苏、江西、云南、河北、湖北等多个省市查获了一批涉嫌侵权轮胎产品。正新公司董事长陈秀雄向福建省工商局专门发来感谢信。厦门市工商部门积极上门指导正新公司开展维权行动，8个诉讼案件已有6个案件获胜。厦门市工商局组织开展全市打击假冒“金门高粱酒”驰名商标专项行动，两天内出动人员312人次、检查商户523家，查获涉嫌假冒金门高粱酒1145瓶，立案10件，案值达16万元。福建省、泉州市工商局在晋江查获涉嫌侵犯“旺仔”等商标权的QQ糖1668箱、牛奶糖718箱、纸箱4180个和塑料包装袋61捆及价值20万元的机器设备，受到权利人台企旺旺公司的高度赞扬。福州市工商局查获假冒“金门高粱酒”、“八八坑道”等台湾白酒1287瓶、案值达15万元。集美区工商局、深圳市市场监管局联手查获了侵犯台资企业东太利公司“征服者”商标权的电子雷达外壳1728个、成品65套。全省各级工商部门积极保护台资企业商标权，让台资企业感到温暖，更加坚定了台商在福建投资发展的信心。

（六）网络商标监管探索取得新突破

泉州市工商局率先部署开展打击网络商标侵权专项行动。福建省工商局把网络商标侵权行为列为第三次集中行动的重点。“网监中心”共监测网络(网店)3250个次，排查网络商标侵权案源线索98条，依法责令关闭商标侵权网站15个，实施行动指导35例，协助各地工商机关调查网络商标侵权案8起。莆田、厦门、泉州等市工商局根据辖区网络经营特点，查处了一批网络商标侵权案件。莆田市工商局立案网络商标侵权案件12起，查扣电脑主机32台，阻断网店链接458条。关闭“莆田学生街网站”、“安福家园网站”、“莆田体育用品网”等网站及“群英鞋社”、“大自然贸易网”等多个网店，有效遏制安福小区涉外侵权商品网上销售的嚣张势头。

（七）积极开展商标代理行为专项整治

截至2010年12月，全省共有商标代理机构206家，从业人员超过1000人。泉州市工商局调研形成了《泉州市商标代理市场调查分析报告》；漳州市工商局以进行重点约谈、现场检查指导的方式对商标代理机构的不当行为予以纠正，巡查辖区范围内商标代理组织37家，发放各类宣传单759份，树立宣传展板64面；台江区工商局以QQ群等方式构建起工商部门与代理机构的沟通平台；三明市工商局利用电视台、新闻彩屏，向社会发布了商标代理行为整治的宣传告示。福建省商标协会表彰20家先进商标代理组织和35名优秀商标代理人，受表彰的代理人向全省商标代理组织提出了“维护商标知识产权 规范商标代理秩序”的倡议书和承诺书，努力推动商标代理行业健康发展。

二、以规范驰著名商标培育申报为着力点，商标品牌培育发展工作稳步推进

（一）各级政府更加重视支持实施商标战略

各级党委、政府日益把推进实施商标战略作为转变发展方式、推动自主创新、促进企业和地方经济发展的“助推器”，把商标战略的实施情况列入各级政府绩效考评的内容，初步形成了全社会关注、爱护、发展商标品牌的良好氛围。为争取国家工商总局在商标监管机制体制上对福建给予更大的倾斜，叶双瑜副省长率福建省工商局领导向国家工商总局汇报商标工作，周伯华局长十分赞赏福建省委、省政府对商标战略实施工作的重视、关心和支持，充分肯定了福建省的努力、创新和取得的成效。周局长指出，“工商总局支持福建实施商标战略的力度不会变，而且会继续加大；支持福建加强对台商标交流和合作的力度不会变，而且还会继续加大；对福建商标注册、驰名商标认定的支持力度不会变，而且还会继续加大”。泉州市政府召开专题会议部署创建国家商标战略实施示范城市工作；厦门市政府召开新闻发布会，发布2009年商标工作报告；漳州市各市、县、区多次以政府名义召开品牌大会。宁德市工商局实施商标战略服务经济发展的成效受到福建省委孙春兰书记的充分肯定，市委书记、市长多次对该市商标工作作出批示。南平市工商局被市政府记集体二等功，平和、福安、福鼎、光泽、建阳、武夷山等一批县级工商局被当地政府记集体三等功。商标工作为工商部门赢得了荣誉，又显示出它在经济活动中的重要地位和作用。

（二）商标基础工作进一步夯实

商标注册是商标战略实施四个环节之首，是基础。全省工商系统齐心协力，通过向经营者发放“商标注册建议书”、走访指导、接受咨询等形式，积极引导各类主体通过申请商标注册将品牌纳入法律保护。云霄县工商局开展企业字号与商标名称同步申请的行政指导工作，获漳州市工商局全市推广。2010年全省新增有效注册商标47 586件，年底有效注册商标总数达228 759件。德化县工商局积极指导陶瓷企业做好产品拓展国际市场的商标境外注册工作，辖区企业申请商标境外注册15件。

（三）商标工作与地方产业发展规划进一步对接

各级工商局围绕省、市、县、区政府社会经济发展规划，积极运用商标监管职能服务当地经济发展方式的转变，研究和制定商标战略规划。福州市工商局在认真调研的基础上，完成《福州商标战略研究》制定工作，翔实分析了全市商标发展现状、问题并明确目标任务；漳州市工商局调研形成全市商标使用管理情况统计分析报告，印发2010～2011驰名商标地理标志商标发展规划，完成全市商标发展“十二五”规划初稿。莆田市工商局组织人员对木材、家具、鞋业等十大产业展开调研，杨根生书记、梁建勇市长分别予以批示。南平市工商局向市政府呈报关于商标品牌发展状况的调研报告。建宁县工商局以实施“小县大品牌”为抓手，积极做好“建宁通心白莲”地理标志证明商标的服务监管工作，有力助推建宁莲业发展。晋安区工商局努力发挥商标监管职能助推福兴经济开发区光机电园区建设。

（四）驰著名商标培育发展工作进一步规范

省工商局进一步规范全省驰名商标认定申请材料呈报工作，所有驰名商标申报案件无一例外，全部进入案管系统。福州市工商局对著名商标申报件实行计分排序，开发“福州市商标品牌智能管理软件”，实行智能化操作，自动产生各类统计表格，提升了著名商标、市知名商标认定、管理工作的准确性和效率。泉州市工商局开展市级商标战略实施示范企业创建活动，努力形成“市—县（区）—乡（镇）区域衔接”及“大—中—小企业相结合”的商标战略实施梯队。宁德市工商局每件驰名商标申报件预先分别形成翔实的调研报告，培育计划明晰，争创工作有条不紊。全省 51 件商标被国家工商总局认定为驰名商标，总数达 158 件，居全国第 5 位。740 件商标申请认定福建省著名商标，426 件商标获认定，总数达 2224 件。泉州、厦门被评为 2009 年国家商标战略实施示范城市，恒安集团被评为 2009 年国家商标战略实施示范企业。

（五）继续以商标权质押融资工作为抓手力促企业提升商标运用和管理水平

近年来，福建省工商局强化商标权质押融资功能，拓展了商标拥有者的价值视野。国家工商总局付双建副局长再次就福建省商标权质押融资工作作出重要批示，年初指派商标局赴福建省开展专题调研。财政部、银监会、国家工商总局等六部委联合下发《关于加强知识产权质押融资与评估管理　支持中小企业发展的通知》，要求商业银行对中小企业以自主知识产权质押的贷款项目予以优先支持。目前全省累计共有 84 家企业运用注册商标专用权办理质押贷款 11.4 亿元，企业数量、融资金额均位居全国前列。南平市工商局指导 8 家企业运用商标权质押融资 2000 万元，并指导企业节省评估费用约 10 万元。漳州市工商局指导 5 家企业运用商标质押融资 20 370 万元。这项工作增加了企业融资的渠道，拓宽了工商部门服务经济的平台，将商标价值从“无形”转向“有形”，促进了企业和社会各界对商标价值的认知，强化了商标的附加值功能和自主价值功能，有力推动了商标战略实施工作。各级工商局还积极指导持有驰著名商标的企业享受其他优惠政策，东侨开发区工商局精心指导权利人以“中亿”商标作价 380 万元入股福建宁德中亿电子有限公司，在当地企业中引起了热烈反响。

三、以强化管理和保护为重点，商标富农惠农工作更加务实

各级工商部门以地理标志商标的注册、使用、管理、保护作为商标富农工作的切入点，积极服务新农村建设。截至 8 月底，全省已注册地理标志总数达 71 件，居全国第 2 位。年初，福鼎白茶、武夷山大红袍、坦洋工夫、南靖兰花、建宁通心白莲 5 件地理标志商标被新认定为驰名商标，地理标志驰名商标总数达 11 件，居全国首位。全省地理标志产品覆盖 312 个乡镇，受益人口达 662.65 万人。地理标志商标注册时的产值 90.48 亿元，上年的产值 217.04 亿元，增长 240%，占当地总产值 8.89%。上年使用地理标志商标产品的农民人均收入 3275 元，比注册前增长 72%。

（一）积极指导注册地理标志商标和农产品商标

全省新核准注册地理标志商标 14 件，总数达 80 件。漳州市工商局指导相关主体新申请注册“漳浦大葱”等 13 件地理标志商标，龙岩市工商局指导相关主体新申请注册“长汀河田鸡”等 8 件地理标志商标。宁德市工商局确立了地理标志商标培育重点并对进展情况实行半月一报。罗源县工商局积极引导农民专业合作社以品牌带动产业发展，深入走访企业，组织开展调研，建立联系点，全县农民专业合作社共申请注册商标 29 个，品牌营销成为该县农牧业发展的重要方式。武夷山市茶产业商标品牌创建工作蔚然成风，全市茶叶类注册商标共有 403 件，其中境外注册 23 件、地理标志证明商标 2 件。漳浦县工商局与 36 家规模农业龙头企业建立品牌争创帮扶联系制度，促进涉农商标快速发展，现有涉农商标 175 件、驰名商标 1 件、知名商标 19 件。

（二）积极引导使用、管理地理标志

各级工商局指导协会、农业专业合作社、龙头企业在地理标志商标注册、管理、发挥效益方面的示范带头作用，力促地理标志商标使用管理取得新成效。如安溪县政府、福鼎市政府采取“分类指导、个别培养”的方法，加大对龙头企业的扶持和培育，鼓励龙头企业外引内联、横向联系、与中型企业结伴、以茶叶生产基地和农户为依托，加快农业产业化进程。凤山、八马、品品香、天湖等茶业公司成为当地茶业品牌发展的主体。德化戴云黑鸡通过德化戴云黑鸡养殖有限公司带头先行使用地理标志商标，凸显经济效应，带动专业合作社几十位成员都使用了地理标志商标标识。

3. 大力加强地理标志保护

各级工商局与质监局、农业局、卫生局、行业协会等部门联合开展专项整治行动，健全部门联席会议制度，保障地理标志商标健康发展。全省共查处侵犯地理标志商标权案件 72 起。宁德市工商局先后查办 7 起侵犯“坦洋工夫”地理标志商标专用权案件，蕉城区工商局查获杨某擅自销售非法制造的“坦洋工夫”商标标识 23.3 万件，依法及时移送公安机关处理。福鼎市工商局在第三届海峡两岸“茶博会”举办前，开展规范商标标识使用专项行动，对未经授权擅自使用“福鼎白茶”、“福鼎白琳工夫”等地理标志的茶叶予以下架处理，并责令经营者整改。

四、以增强社会各界商标品牌意识为目标，宣传培训工作进一步加强

一是开展“发挥商标价值 保护知识产权”主题宣传月活动。据不完全统计，宣传月期间各级工商局共组织举办座谈会、现场宣传咨询 200 多场次，参加人数达近 4000 人，走访企业 4500 多家，发放宣传材料 6 万多份，悬挂各种宣传标语 1200 多条。市、县宣传活动精彩纷呈，福州市工商局与市委宣传部联合开展以“创商标品牌，助海西腾飞”为主题的商标知识竞赛大型活动，宁德市工商局与人民网合作搭建宣传平台推广商标品牌，漳州市工商局与漳州电视台联合开展“优秀商标品牌风采展播”活动，泉州市工商局会同有关部门举办“第三届泉州市知识产权论坛”，厦门市工商局举办“实施商标战略提升企业核心竞争力”演讲活动，莆田市工商局开展了“悬挂百条横幅、邮寄千封信函、发送万条短信”活动，三明工商局举办第二届“三明市十大魅力商标”评选活动。二是部署开展以“实施商标战略、助推跨越发展”为主题的“商标风采”展示活动暨“跨越杯”公益广告大赛，90 多家驰名著名商标企业报送了展示稿件，20 多幅优秀作品在平面媒体上发布。福建省工商局召开以“携手保护知识产权，共同抵制假冒伪劣”为主题的新认定驰著名商标企业视频会议，福建省电视台经济频道随后播出 7 分钟专题报道。三是福建省工商局举办第四期申请认定驰著名商标辅导培训班，230 家企业的负责人、管理人员集中学习商标法规知识。各市、县、区工商局纷纷举办各种培训班、讲座，积极增强社会各界商标品牌意识，推动商标培育发展工作。

（福建省工商行政管理局）

版权工作

2010 年，在福建省委、省政府和国家版权局的正确领导下，全省版权工作积极进取，开拓创新，制订了版权“十二五”规划，举办了首届海峡版权（创意）产业精品博览交易会和产业高峰论坛，加大了版权宣传力度，提升了版权监管水平，促进了版权产业发展，为海峡西岸经济又好又快发展作出贡献。

一、完成制定版权发展规划

（一）制定版权“十二五”规划

根据福建省新闻出版局制订的福建省新闻出版业“十二五”发展规划的计划部署和进度安排，版权处完成了《福建省版权保护“十二五”规划》，针对本省版权保护和产业发展的实际情况，从区域战略和产业发展的高度，制定下一个五年规划，提升福建省版权创造、运用、保护和管理的能力，有利于全省版权事业的发展，有利于提升企业自主创新能力，有利于营造版权保护的良好社会环境，推动经济建设又好又快发展。

（二）制定福建省版权战略纲要

2008 年 6 月，《国家知识产权战略》发布。2009 年 7 月 15 日，《福建省版权战略研究报告》正式定稿；2010 年 1 月 30 日，福建省人民政府发布了《关于贯彻国家知识产权战略纲要的实施意见》，福建版权战略是其重要内容之一。

在《福建省版权战略研究报告》的基础上，福建省版权局进一步征求意见，修改补充，量化指标，完善措施，制定出操作性更强的《福建省版权战略纲要》，从福建总体发展的战略高度，确定了版权创造、运用、保护和管理的指导方针，是指导福建省至2020年版权工作的纲领性文件，它的制定和实施将进一步推动全省版权事业的全面发展，为建设创新型省份和推动海峡西岸经济区建设提供更加有力的支撑。

二、突出特色，加大版权宣传力度

（一）成功举办首届福州海峡版权（创意）产业精品博览交易会

2010年5月，据初步统计，本届版博会签约及拍卖总成交额超过1亿元，参观人数近40万人次，收到良好的社会和经济效益，得到新闻出版总署（国家版权局）、福建省委省政府领导的充分肯定以及来自全国各地嘉宾、客商的广泛好评，对加强两岸版权交流，进一步促进福建省版权产业发展，提高公众版权保护意识，引导企业走创新之路，意义重大。

（二）迎接世界知识产权组织（WIPO）来闽调研版权产业发展状况

2001年起，福建省版权局积极扶持、努力培植了德化典型，被国家版权局树立为“德化经验”，德化县被国家版权局确定为“版权保护示范单位”，这是全国第一家县级版权保护示范单位，并引起世界知识产权组织（WIPO）的关注。经与世界知识产权组织、国家版权局多次沟通交流，积极推荐，2010年5月，世界知识产权组织决定择期前来福建省对德化陶瓷产业发展情况进行考察。此后，福建省版权局领导高度重视，组织整理了《版权保护促进德化陶瓷产业发展情况报告》，并编印成册；同时，投入经费，组织、拍摄制作了《德化陶瓷版权保护》专题片，在世界知识产权组织来闽考察调研时分发并播放。2010年10月11～13日，世界知识产权组织（WIPO）创意产业司代司长迪米特·根切夫、美国经济学家联合会首席经济师史蒂夫·赛维克及国家版权局、商务部有关领导、国内部分高校知识产权专家一行8人来德化调研考察版权保护促进当地陶瓷产业发展情况。通过此次考察调研，世界知识产权组织官员对德化版权保护促进陶瓷产业发展的做法高度赞赏，表示将尽快把德化列入正式调研项目，争取成为向发展中国家推荐的版权保护促进产业发展示范案例。

福建省版权局即时将世界知识产权组织来德化调研的有关情况向省领导作了书面报告，得到省领导的高度重视和肯定。

此外，福建省各级版权管理部门还以“4·26知识产权宣传周”为平台，积极开展形式多样的宣传活动，扩大公众对版权保护的认同感和参与度。省版权局参加了全省知识产权保护新闻发布会和在五一广场举行的主题为“增强法治观念，保护知识产权”的法制宣传活动，并和相关设区市版权局以厦门“9·8投洽会”、莆田“艺博会”为平台，现场设立版权服务台，调解版权纠纷、受理版权登记和提供法律咨询。福州结合软件正版化工作，厦门通过“鹭岛书香”活动，开展版权宣传，营造良好的社会氛围。

三、拓展领域，促进版权产业发展

2010年，省市版权管理部门继续把发展版权产业作为一项重要工作，一手抓版权管理，打击侵权盗版；一手抓版权保护，促进产业发展。

（一）举办两岸版权产业高峰论坛

2010年5月18日下午，作为首届海峡版权（创意）产业精品博览交易会的配套活动之一，“版权创意与发展方式转变”高峰论坛在福州举行。海峡两岸的专家和企业家就“版权创意与经济发展方式转变”这一主题展开讨论。新闻出版总署、国家版权局、中国版权协会、福建省台办的有关领导，福建省直相关部门和福州市的有关领导，部分省市版权管理部门代表，福建省各设区市版权局负责人，各参展团队及参展企业负责人，版权保护重点企业代表，福建省部分高校师生及新闻媒体记者，共300多人参加了当天的论坛。

（二）继续深入调研版权产业

近年来，福建省加强版权保护，促进版权产业发展的做法和成效引起有关部门和领导的高度关注。在2010年初省政协十届三次会议上，民建福建省委员会《关于推进我省版权产业发展的建议》的提案被省政协列入重点提案。作为重点提案的主办单位，福建省版权局积极配合省政协做好提案的调研工作。为此，2010年4月和8月，福建省政协副主席、福建省新闻出版局（版权局）局长郭振家带领省政协重点提案委员会、省直有关部门以及民建福建省委同志，分别赴福州、厦门、泉州以及上海、浙江、江苏等省市进行调研，走访版权相关企业，举行座谈和交流，听取意见与建议。之后，版权处及时撰写书面调研报告，提出扶持版权产业发展的对策措施，得到福建省委、省政府的高度重视。

四、突出重点，提高版权管理水平

坚持日常监管和专项治理相结合，不断拓宽监管思路，创新监管方式，突出执法重点，版权行政执法和社会监管工作取得了明显成效，版权执法和监管水平有了新的提高。据统计，2010 年，福建省各级版权管理部门共受理查处侵权案件 64 件，移送司法机关 2 件，收缴各种侵权盗版制品 48.9 万件，有力地打击了盗版分子的嚣张气焰。

（一）开展世博会知识产权保护专项行动

根据国家版权局的通知精神，版权局领导高度重视，对专项行动作出批示，要求立刻行动，认真落实，力争取得阶段性成果。福建省版权局在接到文件后，第一时间内以机要件的形式向各设区市下发通知，部署各设区市开展专项行动。据统计，全省共出动执法人员 3423 人次，检查 1037 次，检查经营单位 363 家，查处案件 138 起，收缴盗版品 30 077 张/片，有力打击了盗版不法分子的嚣张气焰。

福州市组织执法人员对音像市场进行拉网式检查，对发现销售盗版音像制品的行为进行严厉查处。配合公安部门，对涉嫌触犯刑律的嫌疑人依法刑事拘留 4 人，有效打击了侵权盗版行为。厦门、南平、三明、漳州等设区市也结合各地实际情况，会同“扫黄打非”领导小组办公室、文化市场稽查队等部门，对重点区域的音像制品发行、零售经营单位进行摸底检查。

福建省版权局根据通知精神，加强对全省音像出版单位进行指导，强化出版物的选题管理，对涉及世博会的选题弄清版权来源，确保在出版源头上把好关，充分尊重著作权人的合法权益。

（二）开展打击网络侵权盗版专项治理“剑网行动”

根据国家版权局、公安部、工业和信息化部的通知要求和统一部署，福建省自 2010 年 8～10 月组织开展 2010 年打击网络侵权盗版专项行动。

7 月 27 日，福建版权局与省公安厅、省通信管理局取得联系，成立“剑网行动”工作领导小组，专门负责网络侵权盗版执法和督查有关工作，组织全省开展此次专项行动。8 月 4 日制订并下发了开展“剑网行动”的实施方案，明确专项治理行动四个阶段的具体实施步骤和工作重点，切实按照国家版权局的要求开展专项治理。

全省各设区市公布了举报电话和邮箱，确定了主动监管的网站名单。在福建省通信管理局的协助下，确定对全省 38 家网络接入服务商进行检查和指导。根据国家版权局移送的案件线索及本省各设区市接到的举报，对 29 家涉嫌侵权的网站进行查处。

（三）继续推进软件正版化工作

2010 年 6 月，福建省版权局以联席会议办公室的名义，起草了《福建省 2010 年推进软件正版化工作实施方案征求意见稿》，在各成员单位反馈意见的基础上，制定并下发了《2010 年福建省推进企业使用正版软件工作实施方案》。根据 2010 年的实施方案，全省将确定 105 家企业开展软件正版化工作，在国资企业和上市公司中各确定 10 家企业开展软件资产管理试点工作；同时，在各设区市继续推进网吧行业软件正版化工作。

同时，福建省版权局加大对非法预装盗版软件的行为进行查处，对使用盗版软件严重的企业进行督查。福州、厦门等设区市版权局对当地的电脑城、大型超市卖场等电脑集中销售点进行检查，强化经营者版权意识，规范经营企业的销售行为，建立有序竞争、合法经营的市场环境。

五、完善版权公共服务体系建设

（一）做好作品版权登记工作

2010 年，版权产业呈现出良好发展态势，行业版权意识普遍提高，作品登记数量大幅增加，侵权盗版现象逐步减少。2010 年，在福建省版权局自愿登记的作品达 10 253 件，比 2009 年增长 49.7 %，再创历史新高。同时，根据《新闻出版总署（国家版权局）福建省人民政府共同推进海峡西岸经济区新闻出版业建设合作协议》，福建省版权局率先直接受理登记除计算机软件之外的我国台、港、澳地区作品的版权，大大方便了我国台港澳地区作品权利人在闽行使版权，在全国开了先河。2010 年 6 月 18 日，福建省版权局在厦门举行了首次在闽台湾地区作品版权登记颁证仪式，福建省版权局党组书记陈秋平为台湾地区权利人颁发了登记证书。

（二）筹备成立版权协会

成立版权协会，对建立行业自律制度，自觉抵制侵权盗版，完善版权工作机制，加快版权产业发展，意义重大。为此，福建人民出版社等5家发起单位共同提出了设立福建省版权协会的建议，并得到了福建省新闻出版局（版权局）党组的认同和支持。

在成立省版权协会的基础上，福建省版权局进一步完善全省版权中介组织建设，形成一个迅速发现、举报、调查盗版活动，鉴别盗版制品，协助配合版权行政机关和司法部门打击盗版行为的行动机制，更加有效地维护著作权人的合法权益，促进版权产业的健康发展。

总之，2010年，福建省版权工作紧紧抓住"三个结合"，即加强版权保护与促进经济发展相结合，打击侵权盗版与鼓励创新相结合，宣传版权法律知识与宣传版权产业发展相结合，在加强版权管理，强化版权执法，大力发展版权产业，促进地方经济发展等方面做了一些有益的探索，取得一些成绩和经验。

（福建省版权局　郑开辟）

司法工作

2010年，福建省法院知识产权审判工作紧紧围绕科学发展、跨越发展的主题和加快经济发展方式转变的主线，全面贯彻落实《国家知识产权战略纲要》，坚持能动司法理念，充分发挥知识产权审判职能，深化社会矛盾化解、社会管理创新、公正廉洁执法三项重点工作，进一步打造有利于激励自主创新的司法环境，为推进福建科学发展、跨越发展和海西建设，提升人民幸福指数，提供有力的司法保障和法律服务。

一、有效发挥知识产权审判职能，促进社会矛盾化解

2010年，全省法院全面贯彻实施国家知识产权战略，加大知识产权司法保护力度，充分发挥司法保护知识产权主导作用。全年共审结各类知识产权民事案件1638件，知识产权行政案件19件。

(1) 有效运用司法手段处理好普遍性、典型性案件。2010年，全省共受理200余件网吧侵犯著作权案件。在依法判决一部分案件的基础上，成功促成其余案件的调解。维护了著作权人的合法权利，对侵权人予以制裁，有效遏制了较为频发的网吧侵权行为，维护了正常的经营秩序。

(2) 精心审理好新类型案件，激励创新。如果农林金山诉福建省农业科学院果树研究所等植物新品种权属纠纷一案。该案属于全省受理的首例植物新品种权属纠纷，同时也是涉及农民和科研机构就红肉蜜柚植物新品种权属问题的纠纷，在社会上引起了极大反响，中央电视台"焦点访谈"、"东方时空"和"福建777"栏目和报纸等新闻媒体上均有报道。两级法院依法慎重处理，终审判决林金山享有"红肉蜜柚"植物新品种权，依法维护了农民的合法权益，保护了农民创新的积极性，收到了较好的社会效果。

(3) 密切协作配合，积极参与打击侵犯知识产权和制售假冒伪劣商品专项行动。福建省高院制定并下发了《全省法院打击侵犯知识产权和制售假冒伪劣商品专项行动实施方案》，精心部署和组织全省法院开展专项行动工作，依法从严惩处侵犯知识产权和制售假冒伪劣商品的犯罪分子，保持对知识产权犯罪活动的高压态势。突出打击重点，依法从重从快惩处涉及著作权、商标权以及专利权和植物新品种权等重点保护内容和图书、音像、软件、大宗出口商品、汽车配件、手机、药品、种子等重点查处产品以及发生在产品制造集中地、商品集散地、侵犯知识产权和制售假冒伪劣商品案件高发地等重点整治地区和新闻出版业、文化娱乐业、高新技术产业、农业等重点整治领域的违法犯罪行为，依法从重从快惩处规模性侵犯知识产权行为。

(4)加强涉台涉外案件审判，营造良好投资环境。一是认真落实《海峡两岸知识产权保护合作协议》。全省法院严格依照协议确立的原则，依法公正高效审理各类涉台知识产权案件，探索创新涉台知识产权审判和司法服务工作机制。二是加强涉台知识产权审判理论与实务研究，不断总结涉台知识产权审判工作经验，推动涉台知识产权审判工作专业化、规范化。在2010年举办的第二届海峡两岸司法实务论坛上，福建省高院提交了关于两岸知识产权司法保护比较研究的专题调研文章。三是按照有关规定开展涉台知识产权司法互助工作，逐步扩大闽台知识产权司法界人士的联络沟通与友好往来，构筑两岸知识产权司法保护交流与合作的稳定平台。四是加强对国外知识产权权利人的平等保护，营造良好投资环境。全省法院严格依法办案，平等保护本地与外地、本国与外国当事人的合法权益，促进国内市场的统一

开放，完善投资环境和增强投资信心。如在办理德国鲁道夫达斯勒体育用品公司起诉的“波马”商标系列案、美国霍尼韦尔国际公司起诉的“BANDIX”商标维权案中均依法制裁侵权人，维护了国外权利人的正当权益，受到当事人好评。

（5）强化调解优先，注重案结事了。全省法院把诉讼调解和促进当事人和解作为重要的结案方式，认真贯彻“调解优先、调判结合、多策并举、案结事了”的方针，及时化解矛盾，促进社会和谐。2010年，全省知识产权民事案件一审调解、撤诉率达50.85%，二审调解、撤诉率达29.4%。一是构筑“大调解”格局。福州中院聘请大学教授、技术专家作为调解员参与调解，改变了以往调解工作仅由法院单方主持的局面，引入社会力量参与调解，取得较好效果。二是注重发挥诉讼调解对知识产权成果转化的促进作用。在依法保护权利人合法权益的同时，努力促使权利人与被控侵权人就涉案知识产权成果的使用达成合作协议，变“侵权使用”为“合法使用”，最大限度地促进知识产权成果的转化、传播和利用，实现知识产权社会效益的最大化。三是加强对关联案件的调解力度，赢得同行业对调解协议的认同度。一方面，健全关联案件的协调处理机制，及时掌握关联案件信息，统一执法尺度，促成当事人对审理结果的合理预期。另一方面，积极与相关行业协会进行联系，充分发挥行业协会在诉讼调解中的作用，引导行业协会召集行业内企业共同研究，协调各方利益，促成案结事了。如厦门中院在处理音著协诉厦门KTV经营者著作权系列纠纷案件中，通过个案引导并与当地行业协会的积极沟通，成功促成当地KTV经营者与音著协达成一揽子著作权使用协议。

二、深入推进司法公开，提高知识产权司法透明度

全省法院认真落实最高人民法院《关于司法公开的六项规定》的要求，积极扩大司法公开的范围，进一步保障人民群众的知情权、参与权、表达权和监督权，将司法公开作为提高审判质量、提升司法公信和权威的着力点加以大力推进。

（1）裁判文书及时充分公开。全省法院始终把知识产权裁判文书上网作为一项重要工作来抓，实现知识产权裁判文书上网的充分、快速、及时，确保公众的知情权、监督权。截至目前，全省法院在中国知识产权裁判文书网上公布文书近4000份，在福建法院网上公布裁判文书724份，极大地方便了群众及研究人员的查询利用，推动了社会各界对知识产权审判工作的监督。

（2）案件庭审直播形式新颖。全省法院充分利用日趋完善的信息化平台，开展案件庭审直播活动。进行庭审直播的案件均是围绕社会关注的热点问题并具有示范作用和教育意义的典型案例。通过直观、生动的庭审直播，增强社会大众对法官查明事实，适用法律过程的了解，拉近了司法机关与普通民众的距离。2010年，全省法院共通过中国法院网、福建法院网、海都网等网站对近6个案件进行了庭审直播，受到网民的欢迎，取得了较好的宣传效果。福建省高院还积极规范庭审网络直播的条件、形式、内容和保障，庭审网络直播工作已经成为福建省法院推进司法公开的一项常态化举措。

（3）与媒体形成良性互动。全省各级法院认真按照最高人民法院《关于加强人民法院接受新闻媒体舆论监督的若干规定》的要求，通过与报刊、杂志、电视、广播、网络等各种媒体建立良好的合作关系，联合打造公开平台，多方位、多层次、多形式地报道司法活动，引导社会公众提升知识产权保护的法律意识，营造自主创新的良好氛围。

（4）司法走访活动落到实处。全省各级法院积极开展“司法大走访”活动，积极延伸司法审判的服务职能，拓宽司法公开渠道。通过走访高新技术企业，介绍法院知识产权司法保护情况和司法政策，听取他们对知识产权审判工作的意见和建议等，帮助他们解决在知识产权创新、管理、运用和保护等方面的法律难题。2010年，福建省高院由分管副院长带队共实地走访了福州星网锐捷网络公司、厦门湖里区高新技术园、泉州雷克通信公司等一批高新技术企业，开展送法上门，受到企业欢迎。

三、完善知识产权审判体制机制，推进管理创新

全省法院切实按照《国家知识产权战略纲要》提出的战略措施和《人民法院第三个五年改革纲要（2009～2013）》的要求，切实加强审判机构和机制建设，为知识产权审判工作提供组织和制度保障。

（1）完善知识产权诉讼制度。2010年是人民陪审员选任年，全省各级法院根据本地实际情况和案件的需要，开展了新一轮人民陪审员的选任

和培训工作。考虑到知识产权审判专业性较强的特点，各中院在选任时特别增加了适量的科技专家担任人民陪审员，并扩大参审案件范围，充分发挥技术专家陪审员在技术事实认定、释疑解惑、调解方面的积极作用。针对各中院均需要知识产权审判专家帮助解决审判中遇到的技术问题的情况，福建省高院进行新一轮知识产权专家库建设，聘请北京、上海及福建省机械、计算机、通讯、化工、医药等11个专业领域的42名专家，建立了全省适用的知识产权审判技术专家库，为知识产权案件专业技术问题提供长期稳定的智力支持。厦门中院率先在全国法院中尝试建立知识产权审判的保密令制度，较好地解决了诉讼中商业秘密保护问题，解除当事人维权的后顾之忧。

(2)积极开展知识产权"三审合一"试点工作。2010年10月，通过前期的充分调研、沟通协调，经最高人民法院批准，福建省在厦门市思明区、福州市鼓楼区法院正式开展了"三审合一"审判机制的试点工作。试点工作开展以来，当地法院大胆探索，勇于实践，成立了单列的知识产权审判庭，优化人员和案件的配置，实现了"三合一"机制的初步成效。厦门思明区法院专门制定了《思明法院知识产权民事、行政、刑事审判流程管理暂行规定》，有效推进"三审合一"审判工作的开展。试点工作开展以来，两个基层法院已审结三类案件400余件。

(3)拓宽审判服务，助推社会管理创新。一是积极提出司法建议，充分发挥审判工作的辐射作用。如厦门中院在处理涉及厦门高档酒店商场销售侵犯国际名牌商标权产品的系列案件时，及时向工商行政管理部门提出查处的司法建议，有效促进厦门酒店行业商标的监督管理。二是加强与行政部门的沟通协作。厦门中院联合六行政部门制定《关于建立知识产权司法保护和行政保护良性互动机制的实施意见》，形成知识产权行政执法和司法审判的联动机制，为提高自主创新能力和知识产权示范城市的建设提供了更好的保障。

（福建省高级人民法院知识产权审判庭）

检察工作

2010年，在推进国家知识产权战略实施中，福建省检察机关根据最高人民检察院和福建省委、省政府的部署，按照《福建省贯彻保护知识产权行动纲领实施意见》的要求，坚持以科学发展观为指导，正确认识和处理保护知识产权与优化投资环境、促进科技进步、推动经济发展的关系，坚持"履行承诺、适应国情、完善制度、积极保护"的保护知识产权工作方针，与保护知识产权相关部门密切配合，充分发挥检察职能作用，切实加强对知识产权的刑事司法保护工作，不断加大刑事诉讼监督力度，促进行政执法机关向公安机关移送包括侵犯知识产权在内的涉嫌犯罪案件，依法严厉打击各种侵犯知识产权犯罪活动，取得了明显的成效，为维护福建省社会主义市场经济秩序和经济安全、社会稳定，促进海峡西岸经济区建设发挥了积极作用。

一、横向联动，形成合力，积极开展知识产权保护工作

在工作中，福建省各级检察机关积极加强同公安机关、行政执法机关横向联动，各职能部门互相配合，不断形成打击侵犯知识产权犯罪的合力。福建省检察机关主要有四项基本协作制度：(1)联席会议制度，把联席会议作为信息交流平台的常态形式，人民检察院、公安机关与工商等行政执法机关定期互通执法信息和情况，并就执行中的有关难点问题进行了广泛而深入的研讨，相互交换意见，达成了基本共识，并以联席会议纪要形成的书面意见，各方遵照执行，提高了行政执法与刑事司法衔接工作的实效。(2)信息共享机制，行政执法机关查处的行政违法案件、移送的涉嫌犯罪案件情况，公安机关立案侦查情况，人民检察院刑事立案监督、审查批捕、审查起诉情况，县(市、区)实行月度或者季度通报。(3)介入支持制度，行政执法机关在查处行政违法案件时发现可能涉嫌犯罪的，可以邀请公安机关派员提前介入案件的调查，共同研讨是否达到刑事追诉的标准；公安机关认为涉嫌犯罪的，可以视情况提前介入，引导行政执法机关调查取证，就证据的固定和保全等问题提供咨询意见；公安机关立案侦查涉嫌犯罪案件时，行政执法机关应当给予必要的配合与支持。对可能涉及犯罪的重大事故、重大事件和重大刑事案件，在相关职能部门调查处理的同时，及时通知人民检察院及时介入，防止证据灭失，人民检察院对其中的渎职犯罪适时展开调查。(4)情况通报制度，各行政执法机关、公安机关、监察机关和人民检察院相互通报一个时期破坏社会主义市场经济秩序违法犯罪活动的规律、特点和趋势，定期或不

定期联合开展专题调研活动，研究制定预防和打击经济犯罪的措施，以规范市场经济秩序。这些制度的实行，对福建省行政执法与刑事司法相衔接工作的开展起到积极的推动作用。各地结合本地实际，在工作中不断探索和完善这些制度，取得了良好的效果。

二、开展打击侵犯知识产权和制售假冒伪劣商品专项行动和对行政执法机关移送涉嫌犯罪案件专项监督活动工作情况

两个专项行动开展以来，福建省检察机关态度鲜明、思想坚定、行动迅速，始终坚持把两个专项行动摆在突出位置，不断强化工作措施，突出“四个加强”，做到“四个到位”：一是加强组织领导，确保部署到位。福建省人民检察院高度重视两个专项行动，多次召开多层面会议，部署研究工作，协调解决问题，及时向福建省委省政府汇报，积极争取支持，为专项行动的开展营造良好的领导、协助、配合的氛围；主动走访公安厅、监察厅、经贸委等多个部门，统一认识，共同领导组织好专项监督活动；各地市结合自身区域特点，突出特色，有的放矢的制订两个专项行动实施方案，确保部署到位，为专项行动顺利开展奠定基础。二是加强协调配合，确保履职到位。福建省检察机关立足法律监督职能，与公安机关、行政执法机关沟通协调，形成工作合力，加大打击侵犯知识产权和制售假冒伪劣商品犯罪的力度，全面监督行政执法机关及时向公安机关移送涉嫌犯罪案件，注重发现行政执法人员在移送涉嫌犯罪案件工作中贪污受贿、滥用职权、玩忽职守、徇私舞弊等违法违纪和职务犯罪案件线索，促进公正廉洁执法，确保履职到位。三是加强线索摸排，确保监督到位。通过联席会议、情况通报、备案审查、查阅行政执法案件台账和案卷等方式，摸排一批涉嫌犯罪而未移送或作行政处罚的案件线索，明确将知识产权、工程领域、烟草专卖、卫生、税务、质量监督、食品药品监督、安全生产等保障民生领域作为监督的重点，提出严格依法办案、数量规模质量效果并重、惩治与预防并重等工作原则，保证监督落到实处。四是加强督查督办，确保成效到位。莆田市人民检察院对谢金颂特大假冒商标案、秀屿区人民检察院查办的假药案、市工商局查处的假酒案三个重大案件进行督办，通过采取分级挂牌督办的方式，保持对破坏社会主义市场经济秩序、妨害社会管理秩序等犯罪行为的高压态势，以点带面，拓展办案效果，形成严打声势。在开展“两个专项”行动中，福建省检察机关围绕三项重点工作，着力在推动建立健全两法衔接长效机制上下工夫，取得了明显成效。

（一）建立案件双向咨询制度

针对福建省新时期新类型案件增多的特点，福建省检察机关积极探索建立案件双向咨询制度。对重大、复杂、疑难，性质难以认定的案件，行政执法机关可以就刑事案件立案追诉标准、证据的固定和保全等问题咨询检察机关，检察机关就案件办理中的专业性问题咨询行政执法机关，双方加强业务交流，相互学习业务知识，熟悉相关业务技能，共同提高执法水平。

（二）确定案件备案审查制度

《福建省行政执法和刑事司法衔接工作机制规定》明确规定，行政执法机关向公安机关移送涉嫌犯罪案件材料的同时，应当向同级人民检察院抄送涉嫌犯罪案件移送书，但实践中仍然存在部分行政执法机关未及时报备的现象。福建省检察机关以开展两个专项行动为契机，重申加强案件备案审查，各行政执法机关向公安机关移送涉嫌犯罪案件材料时，应同时向同级人民检察院备案，公安机关对受理的案件，依法作出立案或者不立案的决定书面通知行政执法机关时，应当同时抄送人民检察院。

（三）坚持提前介入制度

福建省各级检察机关开拓思路，积极探索，创新在两法衔接中的提前介入工作模式，通过网络信息共享平台、联络员制度等，及时掌握行政机关案件信息和发展动态，变被动介入为主动介入，积极参与案件的分析讨论，提供咨询，指导侦查。石狮市人民检察院在办理涉案金额290多万的张某假冒注册商标案时，通过与行政执法机关的信息共享平台，及时获悉案件，积极主动与公安机关联系，提前介入此案，参加公安机关的分析讨论会，向公安机关提出进一步固定犯罪嫌疑人供述、与张某侵权服装厂的出租者取得联系并制作证人证言、对扣押的涉嫌假冒注册商标的侵权服装进行拍照固定的意见，同时建议有关部门加大对侵犯知识产权和制售假冒伪劣商品的打击力度，得到了公安机关的认同。公安机关在补充有关证据材料后对涉嫌假冒注册商标罪的犯罪嫌疑人张某提请批捕，石狮市人民检察院迅速提审张某，并依法从快作出批捕决定，取得良好的法律效果和社会效果。

（四）健全纠正反馈制度

针对行政执法机关有案不移、以罚代刑、刑事案件降格处理等行为，进一步加强监督管理，强化检察机关法律监督，通过立案监督、检察建议、查办贪污贿赂和渎职犯罪等多层面的立体监督，确保两个专项行动取得实效。

（五）完善情况通报制度

专项行动以来，各行政执法机关查处的行政违法案件、移送涉嫌犯罪案件情况、公安机关立案侦查情况、人民检察院立案监督、审查批捕、审查起诉情况，除了按规定及时上报高检院侦监厅外，省、市、县（区）各行政执法机关、公安机关、检察机关实行每月互相通报制度，共同分析研究一个时期福建省各地制假售假、侵犯知识产权犯罪的规律、特点和趋势，定期或不定期联合开展专题调研和专项治理活动，研究制定预防和打击经济犯罪的措施，以规范市场经济秩序。如厦门市湖里区人民检察院针对辖区内制造、运输、销售假烟等伪劣产品违法犯罪行为高发的情况，加强与烟草部门沟通联系，加大对侵犯知识产权犯罪的打击力度。

（六）坚持联席会议制度

福建省检察机关以联席会议为互通平台，进一步加强部门间的协作与配合，不断提高执法合力，更好地发挥行政执法与刑事司法的整体优势，为构建社会主义和谐社会、促进经济社会又好又快发展作出新贡献。

三、突出重点，进一步加大对知识产权的刑事司法保护力度

福建省各级检察机关加大打击制售假冒伪劣商品、侵犯知识产权犯罪的力度，重点打击侵犯国际知名品牌商标权的犯罪、制售假冒伪劣商品犯罪和网络侵权犯罪，有效地促进整顿规范市场经济秩序和知识产权保护。重点打击侵犯国际知名品牌商标权的犯罪，近年来，被假冒的商品类型主要集中在需求大、销路好、利润空间大的物品上，遍及服装、鞋业、电池、烟酒等关系百姓民生领域，并正向电信、技术、地理标志、商标等新兴经济领域渗透，其中尤其以侵犯商标专用权现象较为突出。加大打击制售假冒伪劣商品的力度，一些不法分子为掩盖非法目的，以成立公司或工厂为幌子，生产、销售假冒注册商标或其产品，扰乱市场秩序。作案成员等级分明、分工明确，并形成“产、供、销”一条龙，犯罪手法日益隐蔽、狡猾，反侦查意识日益增强。福建省检察机关加大了打击制售假冒伪劣商品的力度，特别针对损害当地龙头产业或市场主要营销产品的侵犯知识产权犯罪加大打击力度。各地均结合本地实际情况制订切实可行的工作方案，本着什么犯罪突出就重点打击什么犯罪，什么问题严重就重点解决什么问题，什么方式能更好地保护知识产权就采用什么方式的原则，因地制宜地组织开展多种区域性打击整治行动，加大对网络侵权的打击力度。网络作为一个巨大的虚拟空间，其范围可以无限大，行为人无需具备高深的计算机理论知识和操作技能，就能轻易在任何时间、任何地点实施侵权和欺诈行为，福建省检察机关针对这一新型犯罪特点，加大对网络侵权的打击力度，快捕快诉一批此类犯罪案件。坚持打击和保护并重，为有效促进保护知识产权工作，福建省各级检察机关坚持打击与保护并重的原则，在加大打击涉假犯罪的同时，加大福建省驰名商标的保护力度。目前办理的侵犯知识产权刑事案件80％是侵犯国外服装、鞋类和汽车配件的，针对福建省的“南孚”电池、“安踏”、“青蛙王子”、“佳丽斯”、“双轮”、“七匹狼”等驰名商标被严重侵权，每年损失上亿元情况，福建省、市两级人民检察院派员深入企业，呼吁并引导企业加强维权意识，提高自保护能力，并了解掌握制假企业的情况后整理成专门的材料，及时与制假企业所在地的检察部门沟通反映，使国内国外的知名品牌得到平等保护。

四、协调配合，促进行政执法和刑事司法有效衔接

2010年，福建省各级检察机关在行政执法与刑事司法衔接工作中，突出重点，不断探索，加强宣传，坚持监督制约与协作配合并重，逐步完善机制，取得了良好成效。以联席会议为互通平台，提高衔接工作实效，各级检察机关积极贯彻《关于在行政执法中及时移送涉嫌犯罪案件的意见》，进一步建立、完善、运行联席会议制度、信息通报制度、案件移送制度、案件协商制度、重大案件提前介入制度等，与行政执法机关定期互通执法信息和情况，并就执行中的有关难点问题进行了广泛而深入的研讨，相互交换意见，达成了基本共识，形成会议纪要，各方遵照执行，为贯彻《关于在行政执法中及时移送涉嫌犯罪案件的意见》夯实了基础。加强跟踪督办，追求综合效果。在实际工作中采取包人包案、责任到人、建档立卡、跟踪督促的办法，发现行政执法机关办理的案件涉嫌犯罪应当追究刑事责任的，及时建议行政执法机关移送，移送后及时掌握公安机关对行政执法机关移送的涉嫌犯罪案件的审查、立案进度，对公安机关已立案的，则提前介入引导侦查取证，促成按时侦查终结分别移送审查逮捕或起诉。

五、坚决防止和纠正对知识产权犯罪打击不力的现象

2010 年，福建省检察机关充分发挥法律监督职能，加强对行政执法机关抄送的侵犯知识产权案件《行政处罚决定书》副本的审查工作，对涉嫌犯罪的及时提出移送公安机关的建议，监督公安机关及时立案侦查侵犯知识产权犯罪案件。严肃查办侵犯知识产权违法犯罪背后的国家工作人员的职务犯罪，坚决打掉其"保护伞"，在立案监督和审查批准逮捕、审查起诉中注意发现和掌握侵犯知识产权违法犯罪背后的国家工作人员职务犯罪线索，对于涉嫌构成犯罪的坚决依法查办。

（最高人民检察院侦查监督厅）

江 西 省

专利工作

一、概况

（一）江西省人民政府与国家知识产权局举行合作会商第五次会议

3 月 10 日，国家知识产权局与江西省人民政府在京举行合作会商第四次会议。国家知识产权局局长田力普、江西省人民政府副省长谢茹出席会议并共同签署 2010 年合作会商工作安排，主要是：共同推进江西省制定和实施知识产权战略；共同建设江西省知识产权信息服务平台；共同推进江西省知识产权国际合作与交流；继续推进知识产权维权援助中心建设；共同推进江西省知识产权专业人才培养；江西省积极配合国家知识产权局继续做好井冈山革命传统教育基地的有关培训工作。国家知识产权局相关部门和江西省有关部门负责同志参加了会议。

（二）《江西省知识产权战略纲要》制定工作正式启动

2010 年 3 月，江西省人民政府知识产权工作领导小组第一次会议顺利召开，标志着江西省知识产权战略制定工作进入了全面启动阶段。江西省的知识产权战略由纲要和专题两部分组成，将力争体现江西特色：一是与江西省情紧密结合，涵盖全省知识产权发展的各个领域和重要研究方向；二是强化鄱阳湖生态经济区建设的需求；三是主次分明，简明扼要；四是紧扣知识产权创造、应用、保护和管理等主题，紧紧围绕鄱阳湖生态经济区、科技创新"六个一"工程和创新型江西建设的需要。

（三）《江西省专利促进条例》深入贯彻实施

为进一步深入宣传、贯彻实施《江西省专利促进条例》，江西省人大法工委与江西省知识产权局共同编写了《江西省专利促进条例释义》，对该条例的立法宗旨、条文的主要含义及立法背景作了阐述，从而有力地推动了该条例的宣传学习和贯彻实施。同时，各设区市知识产权局也因地制宜开展了对该条例的各种宣传学习和贯彻实施工作。

（四）首批省级知识产权试点企事业单位通过总结验收

通过试点，各试点单位都建立了知识产权管理制度，明确了工作人员和机构，安排了专项经费，从决策层到管理层、从科技人员到普通职员对知识产权重要性的认知程度都明显提高。一些单位已经开展了专利战略的研究和运用，使专利战略研究直接服务于单位的研发、生产、经营的全过程。通过试点，各试点单位知识产权管理的能力明显增强，知识产权创造和拥有量显著提高，11

家试点单位2007年、2008年、2009年新申请专利分别为66件、78件、140件，年平均增长率48.83%，其中2009年增幅高达79.48%。试点单位在试点期间新实施专利数量247件，通过实施专利技术、销售含专利技术的产品、专利许可与转让及打击专利侵权所获得的收益高达41亿。知识产权在企业发展中的重要作用日益显现。

（五）开展知识产权保护与执法专项行动

2010年11月5日，国务院召开全国知识产权保护与执法工作电视电话会议，为贯彻落实国务院和国家知识产权局会议精神，江西省知识产权局在南昌召开了江西省知识产权局系统执法工作会议，对“双打”专项行动进行动员部署，并下发了《江西省知识产权局系统执法专项行动方案》。根据会议要求，各设区市全部落实了组织机构和负责人员，根据各自方案全面开展了专利行政执法专项行动，取得显著成果。2010年11月至2010年年底，全省知识产权局系统共开展公众宣传、咨询、广播宣传、企业座谈等形式的专项行动宣传活动12次，出动人员76人次，发放宣传材料20 000多份。为加强专项行动效果，全省知识产权局系统集中办案力量，加大办案力度，积极开展了专利行政执法检查工作，共出动专利行政执法人员768人次，检查场所136处，检查商品件数12 563件，接受其他部门移送案件2起，与其他部门协作执法2次，召开重点单位及外商企业座谈会3场次。

（六）国家知识产权局井冈山革命传统教育基地培训效果显著

2010年国家知识产权局机关党委组织党员干部5批次近300人次赴井冈山接受较为系统的革命传统教育，累计培训时间为30天，接受教育的干部层面广，重点突出，其中司级干部7人，处以上干部50余人。

（七）国家知识产权局专利局南昌代办处工作成绩斐然

南昌代办处2010年受理专利申请14 050件，其中发明1784件，实用新型3465件，外观设计8801件；收取专利费726万元，共计20 046笔。受理平均差错率为0.43‰，收费差错率为0，受理和收费质量排在全国代办处前列。南昌代办处被国家专利局列为首批开展申请文件本地电子化扫描工作试点单位。专利电子申请的推广应用，将提高代办处的工作效率，降低业务成本，提高专利申请质量，提升江西省专利代理机构的管理水平和竞争能力。

二、专利申请与授权工作

2010年1～12月，全省共申请专利6307件，同比增长20.7%，首次突破6000件大关。其中发明专利申请1968件，比上年增长31%；实用新型专利申请2947件，比上年增长20.8%；外观设计专利申请1392件。此外，职务发明专利申请3347件，比上年同期增长51.2%，增长幅度较为明显，职务专利申请数量首次超过了非职务专利申请。

全省2010年共获授权专利4351件，同比增长49.3%，其中发明专利411件，与上年大致持平；实用新型专利2588件，同比增长70.8%；外观设计专利1352件，比上年增长33.3%。此外，职务授权专利2038件，是上年同期的1.8倍。

（江西省知识产权局　吴小草）

商标工作

2010年以来，在江西省工商局党组的正确领导下，在分管领导的直接指导下，江西省工商局坚持以“三个代表”重要思想为指导，认真贯彻落实科学发展观，紧紧围绕创业服务年活动，把实施商标战略与服务经济发展大局有机结合起来，全面贯彻全省工商局长会议精神，按照国家工商总局商标局的工作部署，努力提高商标执法人员素质和商标监管水平，加大商标战略实施力度，进一步提高商标执法能力，有力地促进经济较快发展。

一、加大商标法律法规的宣传力度，营造良好的商标工作环境

全省各级工商行政管理部门根据江西省工商局下发的“4·26保护知识产权宣传周”活动方案，从4月20～26日开展了为期1周的知识产权保护宣传周活动。一是营造商标法宣传氛围，活动周期间，全省悬挂、张贴有关宣传巨幅横标727条，宣传栏共112期，电视、广播台播放宣传稿47篇。二是积极开展现场咨询活动。全省工商系统200余次走上街道、集市开展商标法律知识定传咨询活动，共接待来访咨询人员21 100余人次，发放商标宣传资料5万余份。三是上门宣传，上饶、九江、赣州等市的商标管理工作人员深入企业，结合省政府的创业服务活动和江西省工商局的“一社一标”工作，上门宣传商标法律和“商标富农”、“商标兴业”等知识。

二、强化服务意识，促进经济发展

全省各级工商行政管理机关商标管理部门在依法行政的同时不断改进服务，提高行政效能，积极指导企业实施商标战略，大力推进地方经济发展。

(一)加强商标战略实施的示范、创新和服务工作

积极推进商标战略示范城市(区)、示范企业工作，大力支持地方实施商标战略。南昌市、仁和(发展)集团有限公司分别被国家工商总局授予积极推进商标战略示范城市、示范企业。

(二)加强驰名商标、著名商标的培育认定工作，进一步严格认定标准和认定程序

鼓励引导企业以创立驰名商标、著名商标为重点，提升产品质量和商业信誉，提高企业自主创新能力。加大对创新型、科技含量高、市场占有量大、经济效益好等企业特别是战略性新兴产业企业驰名商标、著名商标的认定工作力度。10月8日，“万年贡”、“义鑫”、“银圣王”被国家工商总局商标局认定为中国驰名商标，还有“金虎”、“大澳”、“恩达”、“国鸿”、“天利”、“井冈”、“春丝”、“洪门”、“香贡世家”、“怀泉”等10件商标向国家工商总局推荐申报中国驰名商标。同时，对各地278件申请江西省著名商标认定的申报材料进行了审查，其中有189件商标被认定为江西省著名商标。

(三)积极推进商标富农工作，开展“一社一标”工作，积极引导农产品商标、地理标志申请注册

为了贯彻江西省委、省政府关于开展创业服务年活动精神，以商标品牌促进创业服务，为创业服务年争作贡献，江西省工商局下发了《关于实施“一社一标”品牌创建工程工作方案》，要求全省各地工商行政管理机关大力实施“一社一标”品牌创建工程，充分发挥商标执法监管在建设社会主义新农村中的重要作用，进一步完善商标富农工作机制，促进农业增效、农民增收，全力助推农村经济又快又好发展。

全省各地工商行政管理机关按照江西省工商局的布置，以贯彻落实《国家知识产权战略纲要》和国家工商总局《关于大力推进商标战略实施的意见》为契机，全面推进实施“一社一标”品牌创建工程，做了大量卓有成效的工作。一是加强商标宣传，营造品牌氛围。组织了针对农民专业合作社的商标品牌专题讲座、培训班或现场咨询、上门服务，通过电视、广播、企业座谈和宣传栏等形式，广泛宣传商标富农的战略意义，提升广大农民群众“商标兴农、商标富农”的意识水平。同时，将开展“一社一标”品牌创建工程的工作情况，向当地党委、政府领导详细汇报，积极争取地方党委、政府的重视和支持。全省工商系统走上街道、集市开展210余次“一社一标”与商标富农宣传咨询活动，共接待来访咨询人员21 100余人次，发放商标宣传资料5万余份。二是认真调查研究，夯实创建基础。对所在地现有农民专业合作社的营业执照注册情况、实际经营运作情况、商标使用注册情况等进行了详尽的专题调查，全面掌握一手资料，为“一社一标”品牌创建工程夯实工作基础，提供决策参考。特别是对当地农民专业合作社商标已经注册、初审公告、受理申请、正在申请以及尚未申请等情况，作了详尽准确的调查。三是加强组织领导，打造“一社一标”。在实施“一社一标”品牌创建过程中，明确领导、明确科室、明确责任，任务落实到人。基层工商分局(所)对所在地农民专业合作社，实现“一对一”的帮扶机制，设立商标联络员，直接服务上门，确保创业服务效果。四是突出“一社一标”，重点帮扶服务。对农民专业合作社广泛发送了《商标注册建议书》、《商标策略提示书》和《商标法律宣传书》，开展面对面的商标品牌战略宣传。对条件成熟的农民专业合作社，协助其申请注册农产品商标或地理标志等。五是培育重点商标，提高品牌层次。对现有农民专业合作社使用的注册商标，认真加以宣传和培育，重点支持和鼓励其争创知名商标、著名商标、驰名商标，提升农民专业合作社商标品牌的美誉度。按照“培育一批、推荐一批、储备一批”的工作原则，坚持择优扶强，定向培育，跟进服务。创建一批新、优、特农副产品品牌，用商标品牌提升农产品附加值，增加农民收入，促进农村发展。六是加强重点执法，积极维权保护。在积极为农民专业合作社提供商标注册咨询、实施商标富农等服务的同时，还重点加强了对农民专业合作社商标的维

权保护，切实提高创业服务年商标执法服务水平。坚决打击各类侵犯商标专用权违法行为，切实维护其商标所有权人的合法权益。

到2010年9月底，全省农民专业合作社使用商标776件，注册商标229件，正在申请注册317件，待申请注册192件。

同时，积极推广“公司(农民专业合作社)＋商标＋农户”等新型农业产业经营模式。着力培育了一批具有国际竞争力的地理标志、农产品商标，支持鼓励以特色产业带动农业产业结构调整。

三、加大商标专用权保护力度，增强企业市场竞争能力

全省各级工商行政管理机关把加大商标专用权保护力度，严厉打击商标侵权假冒行为，作为开展创业服务年活动的一项基本工作内容。以保护注册商标专用权、打击制售假冒伪劣商品、遏制规模性侵犯商标专用权行为为重点内容，以产品制造集中地、商品集散地、侵犯商标专用权和制售假冒伪劣商品案件高发地为重点地区，以商标印制行业、高新技术产业、农业为重点领域，坚持突出重点、打防结合、务求实效。一是加强了对商标印制企业的监管和检查力度，监督印刷企业严格遵守商标印制管理有关规定，指导企业建立健全各项商标印制管理规章制度，严厉查处违法印制、出售商标标识及包装、装潢的行为，坚决打掉非法印制商标标识窝点，从源头上防范商标侵权违法行为的发生。二是加大了对集贸市场、商场、超市等场所的巡查力度，对侵犯驰名商标、著名商标、地理标志、农产品商标合法权益的案件查处力度。加强了注册商标标记和地理标志专用标志监督管理，依法查处一批滥用、冒用、伪造注册商标标记和地理标志专用标志行为的案件。三是不断完善商标监管长效工作机制，不断提高监管执法水平。加强“12315”消费者申诉举报网络体系建设，充分发挥网络体系作用，及时受理和依法处理权利人和群众举报的侵犯注册商标专用权违法案件。支持企业建立商标维权机制，严把进货关，确保商品质量安全，防止侵犯注册商标专用权商品流入市场。

2010年各地工商行政管理机关重点加大对驰名商标、著名商标的保护力度。江西省工商局组织了保护上海世博会标志、广州亚运会标志专有权专项行动。据统计，全省工商系统共立案查处商标侵权违法案件968起。其中南昌市工商局依法查处的美国麦克尼尔营养品有限公司“SPLANDE”注册商标专用权案、美国“ZIPPO”注册商标专用权案等3起涉外商标案件，提升了南昌保护知识产权国际形象，赢得了外国公司及客商的普遍赞誉。

目前，遵照国家工商总局的工作部署，全省工商系统打击侵犯知识产权和制售假冒伪劣商品专项行动工作正在迅速积极展开。江西省工商局召开了全省工商系统打击侵犯知识产权和制售假冒伪劣商品专项行动电视电话会议，成立了打击侵犯知识产权和制售假冒伪劣商品专项行动领导小组，下发了《全省工商系统打击侵犯知识产权和制售假冒伪劣商品专项行动方案》。这项工作从2010年10月至2011年3月，为期半年。全省各级工商行政管理机关正在按照江西省工商局《专项行动方案》的具体要求，狠抓各项任务的落实，扎实推进专项行动的各项工作。

（江西省工商行政管理局）

版权工作

2010年，江西全省各级版权行政部门认真贯彻落实科学发展观，按照“宣传、维权、发展”的工作思路，开拓创新，务实奋进，服务全省建设鄱阳湖生态经济区工作大局，在大力宣传普及版权保护知识、严厉打击侵权盗版行为、努力探索版权保护长效机制、积极推进软件正版化、探求版权服务地方特色产业发展方式等方面做了大量的工作。

全省各级版权行政部门将宣传普及版权法律、法规知识作为重要的基础性工作，以“4·26世界知识产权日”宣传活动为主题，在全省范围内组织开展了一系列形式多样的宣传活动，营造了“尊重知识、尊重创新、尊重版权”的浓厚氛围。经新闻出版总署和国家版权局推荐，江西省版权局作为特邀嘉宾出席了中央电视台《“4·26”CCTV－12“绿书签”行动》晚会，展示景德镇陶瓷产业版权保护工作情况，江西省版权保护工作首次登上了中央电视台专题节目。为配合景德镇陶瓷产业全国版权示范基地创建活动，在景德镇举办“陶瓷精品作品展览暨陶瓷作品版权登记”现场活动，将景德镇历年来获得版权作品登记的陶瓷精品集中展出，对展出的陶瓷精品制作画册并公开出版。

严厉打击侵权盗版行为，保持主动出击、严格监管的态势。以开展专项行动和查处侵权盗版重点案件为突破口，牢牢掌握主动权，组织开展了打击网络侵权盗版的“剑网行动”、“图书馆著作权保护专项检查”、“打击侵犯知识产权和制售假冒伪劣商品专项行动”，查缴侵权盗版复制品，查办重点案件，加大市场监管整治力度。据统计，全年共出动执法人员1122人次，检查各类出版经营单位1768家次，收缴各类侵权盗版制品41万件，查办各类侵权盗版案件59起。在开展专项行动中，将深挖线索，依法严厉查处大案要案作为突破口，重拳出击，部门联动，成功查获江西南昌“9·01”侵犯著作权案，经司法机关审判，将涉案当事人移送司法机关，并判处刑罚，有力地震慑了侵权盗版违法犯罪活动。

为进一步贯彻落实《国家知识产权战略纲要》，加快建设创新型国家，保护和提高自主创新能力，不断推进全省企业使用正版软件工作，根据推进企业使用正版软件工作部际联席会议印发的《2010年推进企业使用正版软件工作计划》的要求，结合江西省工作实际，制定2010年推进全省企业使用正版软件工作安排，将推进企业软件正版化作为建设鄱阳湖生态经济区和建设创新型国家的重要内容，以重点行业、重点企业为中心，坚持“政府指导监督，企业自主采购”的工作方法，将行业主管部门的监督指导和版权部门执法监管密切结合起来，坚持“依次推进，扩大成果，不断深入”的工作原则，进一步加大了对勘察设计行业软件正版化的监督检查力度，在继续做好甲级院软件正版化工作的同时，向乙级院推广扩大。大力推进印刷、网吧行业软件正版化的宣传工作，不断增强企业的版权保护意识，不断优化江西省版权保护环境。

为充分发挥版权工作在保护景德镇陶瓷产业创新，提升陶瓷产品核心价值，促进地方特色产业在经济发展中的重要作用，更好地为陶瓷企业服务，2010年江西省正式向国家版权局申报景德镇陶瓷产业国家级版权保护示范基地，并将此项工作列为2010年全省版权工作的重中之重，集中力量，抓紧落实。按照国家版权局制定的《创建国家级版权示范城市、示范基地(园区)、示范单位管理办法》的要求，江西省版权局和景德镇市版权局共同组织开展了对景德镇陶瓷产业版权保护的调查摸底工作，为研究制定陶瓷产业版权保护的政策、措施提供基础性依据。在江西省版权局、景德镇市政府的高度重视下，景德镇市版权局从大力加强版权制度建设、深入宣传普及版权知识、严格规范版权市场秩序、提升版权保护工作地位等方面入手做了大量工作，使陶瓷业内对版权保护的认识有了显著提高，一批具有较强版权保护意识、较强自主创新能力的陶瓷骨干企业、陶瓷专业高等院校、陶瓷科研所成为景德镇陶瓷业版权保护的骨干力量。

江西省以对外版权输出为龙头，主动谋划，积极落实出版物“走出去”战略，大力促进赣版图书版权输出工作。采取倾斜扶持措施，实施“图书对外推广”计划，积极为江西省出版单位搭建版权贸易平台。通过积极参加国际性书展、国际版权贸易博览会等活动，传播、推广中华优秀传统文化，打造赣版精品图书，加强了与国际间的出版交流和合作，提升了江西省出版产业的竞争力。2010年，江西省共引进出版物版权157种，输出出版物版权109种。江西省3个出版社共5种图书荣获“第九届(2009年度)输出版、引进版优秀图书”，江西美术出版社的《白明的青花世界》(法文版)、江西人民出版社的《战争背后的男性荷尔蒙》(韩文版)、二十一世纪出版社的《我们无处安放的青春》(“台湾版”)和《大漠荒颜》(越南版)荣获输出版权优秀图书奖，二十一世纪出版社从法国引进的《不一样的卡梅拉》荣获引进版权优秀图书奖，版权贸易呈现以质为重、质量并举的良好发展态势。

为突出近年来江西省版权工作对江西经济社会发展所作出的贡献，在首届鄱阳湖生态文化节上，设立了一个“版权产品展区”，以“版权助推江西发展”为主题，通过主题鲜明、特色突出、布局合理、设计新颖的版权保护展览，集中反映了江西省版权工作对经济社会发展发挥的积极推动作用。

(江西省版权局　万　静)

司法工作

2010年，江西省法院贯彻最高人民法院的工作部署，深入贯彻科学发展观，始终坚持能动司法，切实推进社会矛盾化解、社会管理创新、公正廉洁执法三项重点工作，努力践行“为大局服务，为人民司法”的工作主题，依法履行知识产权审判职责，大力加强自身建设，突出工作重点，创新工作方式，全面贯彻落实国家知识产权战略，重视研究解决知识产权审判工作面临的新情况、新问题，各项工作任务均得到了较好地完成。

一、依法公正高效审理案件，有效促进社会矛盾化解

2010年全省各级法院共新收和审结知识产权民事一审案件343件和303件(含旧存)，全年共新收和审结知识产权民事二审案件32件和39件(含旧存)。

在审理北京舜元坤文化发展有限公司与中国电信赣州分公司信息网络传播权侵权纠纷上诉一案时，江西省高院民三庭了解到此案只是一系列同类型案件中的一件，处理不当可能引发系列诉讼或申诉，决定对此类案件统一协调，一并处理，努力做好矛盾化解工作，最终促成双方达成了"一揽子"和解协议，圆满解决了正在一审的系列案四起和潜在诉讼十余起，既减轻了当事人讼累，维护了当事人的合法权益，又缓解了法院案件审理压力，统一了裁判标准。

二、创新工作方式，服务全省经济社会发展大局

自2009年底建设鄱阳湖生态经济区上升为国家战略之后，这在当前和今后很长一段时间内成为全省工作的重点。江西省法院也必须服务好这个大局，为全省经济社会发展提供更为优质的司法环境与司法保障。

(一)对企业进行走访，为企业作讲座

在强化审判职能的同时，各级法院积极开展各项服务企业自主创新活动。例如，江西省高院民三庭走访了中国电信股份有限公司江西互联网信息营运分公司，就计算机网络知识产权案件中涉及的部分技术问题进行了解和咨询，同时对于互联网营运方面可能涉及的知识产权方面的法律问题，向企业提出了相关建议。为帮助企业加强知识产权的保护与利用意识，积极应对知识产权纠纷，江西省高院民三庭派员到中航工业洪都公司开展了商标保护有关问题的讲座。景德镇中院民三庭还通过司法建议的形式积极指导企业的知识产权制度建设。

(二)成立知识产权援助中心

为充分发挥司法能动作用，萍乡中院组建成立了知识产权援助中心，设于立案信访大厅，并出台了具体工作方案，为有知识产权方面疑难问题的单位、企业以及个人提供免费的咨询、建议等服务。《人民法院报》对此进行了报道。

(三)注重加强与有关部门的沟通联系

景德镇中院民三庭积极完善全市陶瓷知识产权保护联席会议机制，采取每年召开联席会议、每季召开联合执法办公室主任会议、不定期召开联络员会议的形式，邀请企业代表和有关行政主管部门参会，听取意见建议。并积极与政府行业主管部门及民间行业组织联系沟通，引导其参与调解，着力构建法院多元化纠纷解决新机制。

三、加强调查研究工作，提高理论水平

(一)为制定江西省知识产权战略纲要撰写相关专题报告

在制定《江西省知识产权战略纲要》的过程中，江西省高院民三庭承担起任务，对江西省知识产权司法保护问题进行深入研究，撰写了《知识产权司法保护问题研究》，总结了江西省知识产权司法保护的现状及主要特点，分析了江西省知识产权司法保护存在的问题，在充分论证的基础上，对加强江西省知识产权司法保护工作提出了总体设想及具体建议。江西省知识产权局给予了高度评价，认为总体设想符合江西省情，具体建议切实可行，具有很高的参考价值。

(二)撰写相关理论文章及调研报告

针对目前频频出现的网络侵权案件，江西省高院民三庭组织人员撰写了《网络环境下著作权侵权认定问题研究》。此外，对于如何适应江西省鄱阳湖生态经济区建设对知识产权审判提出的更高要求，江西省高院民三庭成立了专题组，进行了大量的调查研究，并撰写了《关于加强全省法院知识产权审判队伍专业化建设的调研报告》。

四、加强宣传，提升知识产权司法保护的社会影响

(1)积极撰写宣传稿件。江西省高院民三庭在开展系列调研和宣传工作之外，还在审结案件后积极撰写宣传稿件。2010年已发表的有14件，分别登载在《人民法院报》、《中国知识产权报》、《新法制报》以及期刊《江西知识产权》上。

(2)继续做好知识产权裁判文书上网工作。为落实司法为民要求，将全省的知识产权裁判文书总计82件上传于"中国法院网"，督促承办法官提高文书写作水平，增强责任感。

(3)在"4·26保护知识产权宣传周"前后开

展形式多样的宣传活动。以“4·26 世界知识产权日”为契机，全省法院开展了形式多样、内容丰富、范围广泛的宣传活动。例如，景德镇中院开展了现场义务咨询、与企业代表座谈等活动，切实提高社会各界尊重和保护知识产权的意识。同时还选编了《典型案例选》免费向企业和群众发放。这些宣传扩大了知识产权审判的影响，让群众更加了解和支持知识产权审判工作。

五、强化业务指导和监督，提高案件审判水平

（1）召开全省法院知识产权审判工作座谈会。6 月上旬，江西省高院民三庭召开了全省法院知识产权审判工作座谈会，传达学习全国法院知识产权审判工作座谈会精神，回顾总结 2009 年度全省知识产权审判工作，分析了当前知识产权审判工作所面临的形势，部署了下一阶段江西省知识产权审判工作任务，提出了具体要求，为今后全省法院知识产权审判工作指明了方向。

（2）开展知识产权民事案件收结案信息汇总工作。为畅通全省知识产权民事案件审判信息的渠道，及时掌握知识产权审判中出现的新情况、新问题、新动向，江西省高院民三庭建立了全省知识产权案件每月收结案信息汇总制度。通过不定期向各级法院知识产权庭通报信息，便于各级法院之间相互借鉴有益的审判成果，也加强了对关联案件和系列案件的信息沟通和互相协调，统一了法律适用标准。

六、加强队伍建设，提高人员素质

（1）举办全省知识产权审判培训班。6 月上旬，江西省高院民三庭与法官学院联合举办全省知识产权审判培训班，邀请最高人民法院知识产权庭孔祥俊庭长进行了“司法理念与司法方法”的授课，并进行了知识产权审判实务等方面的培训。同时组织了一次案例研讨，通过对热点、难点问题进行充分的研讨，形成了部分共识，有利于保持司法的统一，维护司法的权威。

（2）选派优秀法官到发达地区法院进行跟班学习。江西省高院 2010 年在全省法院选派了四名优秀的知识产权法官赴上海法院进行为期半年的跟班学习。通过借鉴学习外省法院知识产权审判先进经验，江西省知识产权法官的审判业务素质和办案能力有了很大的提高。

（江西省高级人民法院知识产权审判庭）

检察工作

2010 年，江西省检察机关努力完善行政执法与刑事司法相衔接工作机制，创新工作思路，拓宽监督视野，整合行政执法和刑事司法资源，认真履行法律监督职责，加大对侵犯知识产权犯罪的打击力度，为促进行政执法部门依法行政、经济增长方式转变作出了积极贡献。

一、强化立案监督工作，严厉打击侵犯知识产权犯罪

在开展行政执法与刑事司法相衔接工作中，江西省各级检察机关加强了对行政执法部门移送犯罪案件线索，以及公安机关处理行政执法部门移送的包括侵犯知识产权在内的涉嫌犯罪案件的监督，进一步拓展刑事立案监督工作。

（一）加大宣传力度，拓宽案源渠道

各级检察机关积极与行政执法部门配合，深入到工厂、企业、乡镇街道就开展行政执法与刑事司法相衔接工作及开展该项工作取得的成效进行宣传，使得该项工作的开展得到广大群众的大力支持，举报线索迅速增加，效果明显。

（二）在对行政执法部门移送包括侵犯知识产权在内的涉嫌犯罪案件监督过程中，针对不同的行政执法部门，采取不同的监督方式

景德镇市检察机关在监督工作中，采取“三个结合”的监督方式。即经常性监督和集中时间、集中力量开展专项立案监督相结合；突出打击制假售假、侵犯知识产权犯罪与打击一般刑事犯罪的立案监督相结合；开展对公安、行政执法部门立案监督与配合反渎职侵权部门查处国家工作人员渎职犯罪相结合。

（三）将监督关口前移

采取多种方式探索介入重大行政执法活动，加强与政府法制部门的联系，介入对行政执法的例行检查等，从源头上及时发现行政执法中的违法问题。

（四）加强跟踪监督，达到"立而有侦、侦而有破、破而有判"

派出专门办案组深入行政执法部门，检查行政执法部门移送公安机关但未立案侦查的包括侵犯知识产权在内的涉嫌犯罪案件。对涉嫌侵犯知识产权犯罪应立案侦查而公安机关接案后未立案的，依法向公安机关发出《要求说明不立案理由通知书》，监督公安立案。

二、江西省检察机关开展打击侵犯知识产权和制售假冒伪劣商品专项行动工作情况

自2010年10月以来，江西省检察机关认真贯彻落实国务院《关于印发打击侵犯知识产权和制售假冒伪劣商品专项行动方案的通知》要求和全国检察机关打击侵犯知识产权和制售假冒伪劣商品专项行动工作电视电话会议精神，充分发挥检察职能作用，与有关部门密切配合，积极开展打击侵犯知识产权和制售假冒伪劣商品专项活动，较好地维护了公平有序的市场经济秩序，有效地保护了知识产权拥有人的合法权益。

（一）统一思想，提高认识，切实增强责任感和使命感

江西省检察机关充分认识此次专项活动对于保障人民群众的切身利益、维护公平有序的市场环境的重要意义，在办案中强化打击制假售假、侵犯知识产权犯罪的责任意识，力求通过开展专项活动，及时查处一批人民群众关注的侵犯知识产权和制售假冒伪劣产品的重大案件，形成对侵犯知识产权和制假售假违法犯罪活动的高压态势。

（二）内优外联，密切协作，形成打击相关违法犯罪的合力

一方面，在专项活动中检察机关积极整合内部资源和办案力量，依法从重从快打击制假售假、侵犯知识产权犯罪，做到"快捕快诉"；检察机关侦查监督部门、公诉部门和职务犯罪侦查部门密切配合，通力合作，深挖严查隐藏在制假售假、侵犯知识产权犯罪活动背后的国家工作人员的职务犯罪案件，坚决打掉侵犯知识产权和制售假冒伪劣商品犯罪活动的"保护伞"。如，抚州市临川区人民检察院在审查公安机关提请批准逮捕的黄某销售伪劣产品一案时，发现临川区农业局种子管理站干部万某明知黄某生产的种子没有办理相关手续，系假冒产品，且存在严重的质量问题，仍然为了赚取辛苦费而居中介绍给购种单位，帮助黄某将价值25万余元的劣质种子全部销售出去，给购种单位造成严重损失。临川区人民检察院经初查后对万某以涉嫌放纵制售伪劣商品犯罪行为罪立案侦查。

另一方面，江西省检察机关通过建立健全联系机制，强化与相关行政执法单位的协作。(1)建立联席会议制度。明确了定期与工商、税务、烟草、质监等行政执法部门召开一次联席会议，交流、通报工作情况，研究解决执法过程中遇到的疑难问题与困难，提出加强衔接工作的对策。(2)建立信息共享制度。有的检察机关要求行政执法单位每月5日前向检察机关通报查处侵犯知识产权和制售假冒伪劣商品情况以及向公安机关移送涉嫌犯罪案件情况，有效保障了检察机关对行政执法单位执法的知情权、监督权。(3)建立案件咨询制度。规定了对于重大、疑难、复杂或者是否涉嫌犯罪把握不准的案件，行政执法机关可以就刑事案件立案标准、证据固定和保全等问题咨询检察机关，检察机关可以就案件办理中的专业问题咨询行政执法机关，受咨询的机关应当认真研究、及时答复。(4)建立执法监督制度。明确了拒不移交刑事案件的法律责任，有效地遏制了行政执法单位有案不移、以罚代刑等违法现象。同时，密切与行政执法机关和公安机关的联系，充分运用立案监督、检察建议、查办职务犯罪等方式，督促行政执法机关及时向公安机关移送涉嫌犯罪案件。

（三）打防并举，营造氛围，确保工作成效

一方面，专项活动开展以来，江西省检察机关始终秉持打击与预防并重的工作理念，在强调快捕快诉、注重打击侵犯知识产权和制售假冒伪劣商品犯罪时效性的同时，做好职务犯罪预防工作，深入发案单位调查研究，深入隐患部位、群体，了解并消除犯罪的滋生因素，充分发挥检察建议作用，推动相关行政执法系统、行业、部门预防职务犯罪的制度化建设。另一方面，江西省检察机关在此次专项活动中把加强对社会和企业的宣传教育作为工作重点，以"12·4法制宣传日"活动、社会综合治理专项活动为依托，积极宣传检察机关开展专项行动的重要部署、阶段成果、典型案件和经验做法，营造良好的舆论氛围，确保专项行动工作成效。

（四）高度重视，精心指导，认真办理督办案件

专项行动开展以来，江西省先后有4起案件

被最高人民检察院列为挂牌督办，江西省人民检察院非常重视，确定专人跟踪督办，要求相关办案单位确定业务骨干承办，多次派员出席相关督办案件的办理情况通报会，并就公安机关的调查取证、移送审查起诉以及检察机关的批捕、起诉工作进行指导，提出明确的指导性意见，使得督办案件的侦查起诉工作得以顺利进行。

三、积极推进行政执法与刑事司法衔接工作，加强知识产权保护

为进一步加强行政执法与刑事司法相衔接工作，江西省各级检察机关在工作中积极与各行政执法部门联系，协商，建立健全了四个工作机制，使行政执法与刑事司法相衔接工作得到规范、有序开展，取得了很好的效果。

（一）健全沟通协作机制

对行政执法部门、公安机关办理的涉嫌侵犯知识产权犯罪的重大案件，检察机关视案件情况派员提前介入，或者根据行政执法部门、公安机关的要求参加案件的讨论，形成打击侵犯知识产权犯罪的合力，加大打击侵犯知识产权犯罪的力度。

（二）健全信息共享机制

为及时掌握各部门的执法情况，一些地方规定，凡行政执法部门查处、移送的包括侵犯知识产权在内的涉嫌犯罪案件的情况，公安机关立案侦查情况，提请逮捕、起诉的情况，检察机关立案监督、审查逮捕、审查起诉情况以及提起公诉后法院判决的情况，实行季度通报。行政执法部门办案情况、移送公安机关立案侦查案件情况，每月以报表的形式报检察机关备案。同时，互相交换各自相关的工作简报、信息，抄送新颁布的法律法规、司法解释等，以确保沟通到位。通过建立信息共享机制，检察机关不但能时时监督行政执法部门是否及时移送包括侵犯知识产权在内的涉嫌犯罪案件，而且还能监督公安机关在查办此类案件中是否存在推诿、拖延，是否及时立案、侦查等。这样，就将事后发现、事后移送变成了随时发现、随时移送，实现了事后监督与过程监督的兼顾。

（三）健全包括侵犯知识产权在内的涉嫌犯罪案件移交机制

为了加大对行政执法部门查办包括侵犯知识产权在内的涉嫌犯罪案件的监督力度，各级检察机关要求行政执法部门查处的违法行为，发现涉嫌侵犯知识产权犯罪，依法需要追究刑事责任的，应当及时向同级公安机关移送，同时报送同级检察机关备案。为进一步了解掌握有关行政执法部门移送包括侵犯知识产权在内的涉嫌犯罪案件的情况，检察机关定期到行政执法部门了解有关办案情况，对案件进行检查。对检查中发现的包括侵犯知识产权在内的涉嫌犯罪案件，建议他们立即移送公安机关立案侦查。

（四）健全监督机制

行政执法部门不及时移送或不移送包括侵犯知识产权在内的涉嫌犯罪案件的原因很多，但归纳起来，或是为了本部门利益，或是为了个人私利，或是法律知识欠缺不能准确把握案件性质。建立检察监督机制，就是发现行政执法部门没有及时移送或不移送案件时，针对具体案件进行具体分析。因后一种原因造成的，行政执法部门又没有依法给予责任人员相关行政处分的，检察机关可以行使检察监督权，建议纪检监察部门或者上级行政执法部门给予相关人员相应的行政处分。

四、依托联席会议，及时解决打击侵犯知识产权犯罪工作中遇到的突出问题

为了更好地了解行政执法部门的办案情况，及时解决工作中存在的问题，各级检察机关经与行政执法部门协商，普遍建立了定期召开联席会议的制度。

（一）通过联席会议加强学习，消除认识分歧

有的行政执法部门及其工作人员由于对法律知识掌握不全，了解不深。在执法办案时头脑中只有处理违法观念，打击侵犯知识产权犯罪意识不强，包括一些部门领导也认为，行政执法是部门内部的事情，只要程序合理、处罚适当就可以了。致使有案不移、瞒案不报、压案不查、有案不立、以罚代刑等问题时有发生，在一定程度上削弱了打击侵犯知识产权犯罪的力度。对此，检察机关主动到各行政执法部门，针对行政执法的特点，开展法律宣传，与他们一起学习相关的法律法规，促使行政执法人员深刻认识打击侵犯知识产权犯罪对促进当地经济社会健康发展的重要性。从而统一认识，执法观念有了较大的转变，依法行政的意识有了明显提高。现在许多地方的执法人员在查处案件时，首先考虑的是向检察机关或公安机关咨

询该案是否涉嫌侵犯知识产权犯罪，然后再作处理，取得了一定成效。

（二）通过联席会议相互通报情况，沟通信息

各行政执法部门通过联席会议，通报办理侵犯知识产权违法犯罪案件情况。检察机关结合通报的情况，有针对性的到有关部门查询、查阅案件材料，对一些处理不当的案件，对有关部门执法工作中存在的问题，提出检察建议，督促改正。

（三）加强个案讨论与协调

对案情重大复杂有争议的行政执法案件，通过联席会议的形式进行协调，讨论研究，达成共识，确保“稳、准、狠”地打击侵犯知识产权犯罪。

（四）开展职务犯罪预防工作

在执法过程中有的行政执法部门或执法人员在狭隘的部门利益驱动下，在处理案件时，往往以罚款代替刑事处罚，最终使得案件流失，犯罪分子逃避法律处罚。有的执法人员办人情案、关系案、金钱案，有的甚至贪污受贿。对此检察机关在联席会议上结合各行政执法部门发生的职务犯罪案件，分析这些人走上犯罪道路的原因，提出预防措施。行政执法部门的领导听了检察机关的宣传后，又邀请检察人员到他们单位讲法制课，帮助制定预防职务犯罪的措施。

（最高人民检察院侦查监督厅）

山东省

专利工作

2010年，山东省知识产权局荣获国家知识产权局等八部门授予的“世博会知识产权保护专项行动先进集体”称号；荣获国家知识产权局、公安部联合授予的“全国知识产权管理部门和公安机关知识产权执法保护先进集体”称号；荣获国家知识产权局授予的“全国知识产权政务信息工作先进单位”、“全国知识产权培训工作先进集体”、“全国知识产权试点示范工作先进集体”、“全国专利实施状况调查先进集体”以及“全国知识产权局系统政府门户网站先进子站”称号；荣获山东省精神文明建设委员会授予的“2010年度省级文明单位”称号。

一、专利申请和授权情况

（一）专利申请数量和结构分布

截至2010年年底，山东省累计国内专利申请量为447 880件，在全国31个省、市、自治区中列第四位。2010年，山东省国内专利申请80 856件，与2009年相比增长13 999件，增幅为20.94%；国内专利申请量在全国31个省、市、自治区中列第四位。

2010年山东省国内专利申请按种类分：发明专利17 259件、实用新型专利43 441件、外观设计专利20 156件，分别占申请总量的21.35%、53.72%和24.93%，三种专利申请量分别较2009年增长23.43%、35.37%和－3.02%。山东省2010年国内专利申请按申请人分：职务专利申请31 528件，非职务专利申请49 328件，各占全年申请总量的38.99%和61.01%，较上年分别增长27.08%和17.31%。在职务专利申请中，大专院校3384件、科研单位1341件、工矿企业26 416件、机关团体387件，分别占全年申请总量的4.19%、1.66%、32.67%和0.48%，分别较上年增长62.15%、45.92%、22.95%和21.70%。在山东省17个市中，专利申请量居全省前5位的市依次是：济南15 519件、青岛10 742件、烟台7653件、淄博7125件和泰安6738件。

在17个市中，2010年国内专利申请量增幅超过全省同期水平的有10个市，分别为：滨州105.81%、日照105.16%、莱芜36.49%、枣庄35.55%、临沂28.97%、泰安26.75%、聊城25.19%、青岛22.29%、菏泽21.65%和济宁21.13%。

2010年，山东省国内发明专利申请量为17 259件，在全国31个省、市、自治区中列第六位。发明专利申请量较上年增长3276件，增幅为23.43%，占申请总量的比例为21.35%。发明专利申请量排在全省前5位的市依次是：济南3432

件、青岛2849件、烟台2341件、泰安1899件和淄博1466件。发明专利申请量增幅超过全省同期水平的有8个市,分别为:枣庄105.47%、日照80.77%、烟台47.23%、淄博46.45%、滨州44.97%、临沂36.51%、青岛29.79%和菏泽27.86%。发明专利申请量占申请总量的比例超过全省同期比例的5个市为:烟台30.59%、泰安28.18%、威海28.05%、青岛26.52%和济南22.11%。

(二)专利授权数量和结构分布

截至2010年底,山东省累计国内专利授权量为235 052件,在全国31个省、市、自治区中列第四位。当年,山东省国内专利授权51 490件,与2009年相比增长16 977件,增幅为49.19%,年授权量在全国31个省、市、自治区中列第四位。

2010年山东省国内专利授权按种类分:发明专利4106件、实用新型专利36 391件、外观设计专利10 993件,分别占山东省国内专利授权总量的7.97%、70.68%和21.35%。三种专利的授权量分别较2009年增长43.32%、60.77%和21.97%。山东省国内专利授权按专利权人分:职务专利授权量21 138件,非职务专利授权量30 352件,各占全年授权总量的41.05%和58.95%,较上年分别增长63.39%和40.67%。在授权的职务专利中,大专院校1658件、科研单位581件、工矿企业18 613件、机关团体286件,分别占全省授权总量的3.22%、1.13%、36.15%和0.56%,分别较上年增长84.63%、34.18%、64.48%和-1.38%。在山东省的17个市中,年专利授权量排在前5位的市依次为:济南9593件、青岛6806件、潍坊4797件、烟台4146件和济宁3691件。

2010年,山东省17个市的国内专利授权量与上年相比,增幅超过全省同期水平的有12个市,分别是:淄博107.13%、滨州95.19%、威海94.86%、莱芜82.84%、菏泽73.23%、枣庄69.04%、德州65.73%、聊城63.39%、日照55.99%、青岛53.53%、泰安51.75%和济南50.08%。

2010年,山东省国内发明专利授权量为4106件,在全国31个省、市、自治区中列第六位,较上年增长43.32%,占全省授权总量的7.97%。发明专利授权量排在全省前5位的市依次为:济南1260件、青岛766件、烟台335件、淄博281件和潍坊202件。发明专利授权量增幅超过全省同期水平的有9个市,分别为:威海113.73%、聊城109.33%、菏泽107.14%、泰安101.02%、莱芜87.18%、德州75.00%、济宁71.43%、济南51.44%和滨州50.00%。发明专利授权量占授权总量比例超过全省同期水平的有8个市,分别是:济南13.13%、聊城11.65%、青岛11.25%、泰安9.29%、菏泽8.45%、东营8.28%、烟台8.08%和淄博8.06%。

山东绿叶制药有限公司的"含有多巴胺受体激动剂类药物的长效缓释制剂及其制备工艺"和"用于阻断5-羟色胺以及去甲基肾上腺素再摄取的化合物,其制备方法及其用途"及青岛四方庞巴迪铁路运输设备有限公司的"轨道车辆的车头(798)"入选"2010年度百件优秀中国专利"。

二、实施知识产权战略情况

2010年5月30日,山东省第十一届人民代表大会常务委员会第十七次会议表决通过了《山东省知识产权促进条例》,并于7月1日起正式实施。作为国内第一部地方性知识产权综合法规,《山东省知识产权促进条例》在知识产权工作的统筹协调、执法与维权援助、财政专项资金设立、奖励制度、重大经济活动知识产权特别审查机制、提高职务知识产权完成人的奖励报酬等方面取得了突破。《山东省知识产权促进条例》的颁布实施,得到国家知识产权局的高度评价,被转发至全国31个省、市、自治区。2010年,《山东省专利保护条例》以及《山东省专利纠纷处理办法》和《山东省查处冒充专利行为暂行办法》的修订工作顺利启动,《山东省专利保护条例》的修订被列入省人大常委会2010年的地方立法计划。同时,山东省知识产权局通过多次召开专家座谈会、征求意见会等形式扎实推进《山东省专利工作"十二五"规划》的编制工作。各市积极行动,统筹规划,扎实推进知识产权战略实施。淄博、泰安两市颁布了《知识产权战略纲要》,至此,山东省出台《知识产权战略纲要》的市达到8个。烟台制订出台了知识产权发展纲要推进计划。东营、枣庄、潍坊、泰安以市政府名义下发了贯彻落实《山东省知识产权促进条例》的意见。枣庄、泰安、滨州以市政府名义出台了《关于进一步加强知识产权工作的意见》。济南、潍坊、烟台、泰安建立了重大经济活动知识产权审查制度。滨州以市政府名义设立了专利奖。

三、知识产权保护情况

（一）维权援助平台建设

2010年，山东省新增济宁、泰安2个国家级的知识产权维权援助中心，并开通了"12330"维权援助热线，全省国家级知识产权维权援助中心的数量达到8个，占全国总数的12.1%。滨州设立了首个省级知识产权维权援助中心。各维权援助中心在加强制度建设的同时，不断提高服务能力。济南市知识产权局与市商务局联合成立了济南市服务外包知识产权维权援助中心，并分别在齐鲁软件园和济南高新技术创业服务中心建立了知识产权维权援助中心工作站，为更好地推进服务外包提供有力的知识产权保护。此外，济南的"12330"维权援助热线与"12345"市长热线实现了联动。青岛建立了维权援助合作单位和合作专家制度，在崂山区设立了维权援助分中心。烟台召开知识产权维权援助工作协调会议，在全市设置维权援助分中心和工作站，构建维权援助网络。

（二）知识产权执法协作机制

2010年，山东省知识产权局与山东省公安厅共同召开了知识产权保护联席会议，建立了重大问题知识产权保护会商协作机制和重大疑难案件沟通协调机制。东营、滨州、潍坊、德州、淄博、烟台签署了《黄河三角洲高效生态经济区知识产权发展与保护合作协议》，成立了"黄河三角洲知识产权保护协作联盟"，这是山东首个知识产权行政执法区域协作联盟。

（三）专利行政执法

2010年，山东各级先后开展了"雷雨"、"天网"知识产权执法专项行动和打击侵犯知识产权和制售假冒伪劣商品专项行动，成立了领导小组，制订了实施方案。山东省各级知识产权管理部门充分发挥职能作用，不断加大对假冒专利案件的查处力度，确保了专项行动深入有效地开展。山东省知识产权局印发了《山东省知识产权局系统执法专项行动实施方案》，成立了专项行动领导小组，召开了全省知识产权局系统的执法工作会议。临沂、菏泽、威海等市的市、县两级知识产权部门联合对超市、药店等商品流通领域开展了打击假冒专利等违法行为的专项执法检查活动；济宁、临沂、淄博、枣庄等市的知识产权局联合当地的公安、工商、质监及县（市、区）有关部门，针对商品流通环节开展知识产权执法专项行动。济南市知识产权局与市仲裁委联合成立"济南知识产权仲裁院"，通过资源共享、优势互补，实现知识产权的全面保护。济南、烟台、潍坊3市知识产权局荣获"全国知识产权部门和公安机关知识产权执法保护先进集体"称号。据统计，2010年，山东省共受理专利侵权纠纷案件137件，查处假冒专利75件，出动1000余人次，检查商业商场700余次，检查商品67 000余件，形成了对侵权行为的高压态势，有效地净化了市场环境，维护了知识产权权利人的合法权益。

四、知识产权管理与服务情况

（一）知识产权试点示范工作

在国家层面，2010年，山东省新增烟台、淄博2个知识产权工作示范城市；新增济宁、泰安、诸城3个知识产权示范城市创建市；菏泽成为知识产权试点城市；新增潍坊高新技术产业开发区、烟台经济技术开发区2个知识产权试点园区；烟台、威海、青岛成为国家中小企业知识产权战略推进工程实施单位；威海市的文登市、济南市的市中区、青岛市的四方区和枣庄市的滕州市进入国家知识产权强县工程；中国重型汽车集团有限公司和福田雷沃国际重工股份有限公司成为国家企事业知识产权示范创建单位；山东绿叶制药有限公司成为国家知识产权局专利局审查员实践基地；德州经济开发区成为全国首个自主知识产权产业化试点基地。截至2010年年底，山东省共拥有国家知识产权试点示范城市15个，其中，示范城市6个，示范创建市3个，试点城市6个；国家知识产权试点示范园区5个；国家企事业知识产权试点示范单位46个；企业专利工作交流站4家，国家知识产权强县10个，国家传统知识知识产权保护试点县（市、区）2个。山东省拥有的国家级知识产权试点示范数量位居全国前列。在省级层面，2010年新增4个知识产权试点园区，省级知识产权试点园区的数量达到20个；临沂市临沭县成为"山东省知识产权工作示范县"，省级知识产权示范县（市、区）的数量达到24个。2010年，山东省知识产权局与山东省财政厅联合出台了《山东省专利创造优胜市县奖励细则（试行）》和《山东省企事业单位专利创造能力培育实施细则（试行）》，召开了全省企事业单位专利创造能力培育工作会议，选定了6个市和6个县（市、区）作为专利创造优胜市县奖励对象，30家企事业单位作为专利创造能力培育单位，累计投入培育经费390

万元。

2010年,山东各市创新工作思路,积极推进企业知识产权工作。济南积极开展企业试点工作,引导企业制定和实施知识产权战略。青岛大力实施优势企业培育工程,继续推进知识产权特派员工作,召开特派员工作会议,分三批为62家企业建立了特派员制度。烟台启动知识产权强县、强企、强项"三强"培育工程,深入开展重点工作联系点活动。潍坊建立企业知识产权联络员制度,并将"企业发明创造奖"列入市委、市政府综合表彰项目,对全市年专利申请过100件和50件,且发明专利所占比例达25%以上的企业进行表彰奖励。滨州开展了"知识产权服务企业专项行动",出台了《示范企业认定与管理办法》,规定对示范企业给予一定的资金和政策扶持。

(二)管理体系和能力建设

2010年,山东省人民政府批准成立新的知识产权协调机制——山东省知识产权联席会议制度,为统筹协调全省知识产权工作搭建了新的平台。该联席会议制度在原山东省人民政府知识产权办公会议的基础上增加了省发改委、省财政厅、省人力资源和社会保障厅、省国资委4个部门,由28个省直部门和单位组成。济南市知识产权局强化对口帮扶工作,局机关各处室按照业务分工对口联系县(市、区)和企业,帮助和督促其提高知识产权管理水平。枣庄市建立了知识产权联席会议制度。东营市知识产权局与市委政策研究室联合开展调研,形成的调研报告得到市委书记两次批示,并出台了《东营市知识产权质押贷款管理办法》。烟台市将国家知识产权工作示范城市的创建工作列入政府工作报告和市委、市政府的年度重点工作,在对高新区考核和对2010年度园区、企业、高校和科研院所的考核中增加专利指标。泰安市成立了以分管市长为组长的知识产权示范城市创建工作领导小组。滨州市成立了知识产权工作领导小组。菏泽市人大领导带队组成调研组赴4个县开展了专利工作调研。

2010年,山东省专利发展专项资金为1700万元。全省共有89项PCT申请获得国家资助,总额达311万元,比上年有较大幅度增长。山东省知识产权局专利资助资金兑付办公室共拨付资金1086.791万元资助各类专利2886件。青岛、东营、烟台、潍坊等市修订了专利专项资金管理办法,加大对发明专利和获得国外授权专利的资助力度。

(三)知识产权服务与运用

2010年,国家知识产权局批准山东建设国家区域专利信息服务中心,这是全国五大区域专利信息服务中心之一。2010年,山东省知识产权局加快了全省知识产权信息服务平台建设,积极搭建省、市、县三级知识产权信息公共服务网络,指导淄博、济宁、临沂、滨州、菏泽5市完成了分平台的建设工作,开始建设各类行业专题数据库。"中国黄金产业知识产权信息中心"落户烟台,山东拥有的国家级知识产权信息中心数量达到5个。山东省专利保护技术鉴定中心(山东省专利信息中心)全年完成对企业专题专利数据库的更新工作52件,完成了全部企业数据库数据更新方式的转换和分析系统的升级工作。全年完成科技查新175项,专利专题检索与分析28项,办理专利加快审查227项,累计解答社会各界对知识产权事务方面的咨询209人次,并认真开展了知识产权司法鉴定工作。济南、青岛两个国家级的专利技术展示交易中心顺利通过了国家知识产权局的考核验收。"第十届中国专利高新技术产品博览会"在济宁成功举办,展厅面积4万平方米,其中特装展位81个,标准展位600余个,成交技术项目和技术合作协议316项,项目投资额216.9亿元,技术成交额5.1亿元。山东省及各市举办了第四届"中国专利周"活动,全省共举行包括启动仪式在内的活动95场次,达成合作意向37项,意向成交额1500万元。2010年,济南市组建了知识产权公共服务平台,在济南科技服务中心投入运行,面向社会公众提供优质高效的知识产权服务。青岛市知识产权局拨付专项资金,指导和支持有关企事业单位在新能源、新材料等重点产业开展了专题专利数据库建设及预警机制研究。淄博成立了市专利服务中心,为社会公众提供专利信息公益服务。

2010年,国家知识产权局专利局济南代办处大力推进专利电子申请,积极做好专利受理、收费和专利合同备案等工作。全年共受理专利申请68 000余件,较上年增长20.68%;收取各种专利费用12万余笔,共计4954万元;共为350个单位办理专利实施许可合同备案445份;共办理电子申请14 000余项,较上年增幅达1283.49%;共完成电子受理审查5691件。

（四）专利评选奖励

2010年，山东省知识产权局积极组织“中国专利奖”的申报，共获得7项优秀奖。开展了第十一届“山东省专利奖”、第三届“山东少年儿童发明奖”、第五届“齐鲁巾帼发明家”和第五届“山东发明创业奖”的评选。评选出第十一届“山东省专利奖”一等奖10项、二等奖20项、三等奖60项；第三届“山东少年儿童发明奖”一等奖10项、二等奖20项、三等奖30项、创意奖10项、园丁奖67项；第五届齐鲁巾帼发明家10人，第五届齐鲁巾帼发明家优秀奖30名；第五届“山东发明创业奖”一等奖10项、二等奖20项、三等奖50项。淄博评选、表彰了全市中小学生“十佳专利发明奖”和“优秀专利发明奖”。东营市知识产权局与市科协、市教育局、市科技局联合举办了第25届青少年科技创新大赛。泰安市开展了“优秀专利发明人及优秀专利技术项目”评选活动。临沂、菏泽开展了市级专利奖的评选。

五、知识产权宣传与培训情况

（一）宣传与政务信息工作

2010年，山东省知识产权局协调省直25个部门成立了知识产权宣传周活动组委会，制订活动方案，统一部署宣传周各项活动；发布了《2009年山东省知识产权保护状况》白皮书；与滨州市人民政府联合举办了大型广场宣传咨询活动，将全省的宣传周活动推向了高潮，山东卫视和山东广播电台都进行了宣传报道。据统计，宣传周期间，全省共开展各类知识产权宣传活动200余项，发放各类宣传材料40万余份，开展大型咨询活动20余场（次），接受咨询人数近45万人次。2010年，国家知识产权局主编的《知识产权局信息》和《专利工作动态》采用山东稿件57篇，居全国首位；山东省知识产权局网站发布信息611篇，国家知识产权局网站山东子站发布信息707篇，国家知识产权局网站首页采用山东信息172篇。知识产权宣传周期间，青岛、烟台、济宁、临沂、德州等市知识产权局联合各相关部门，在城市中心广场开展了大型广场活动，接受群众现场咨询，散发各种宣传资料。济南、青岛、烟台、淄博、威海、济宁等市发布了知识产权保护状况白皮书。青岛市编纂出版了《知识产权典型案例》，成立了全省第一支知识产权志愿者队伍，组织志愿者到企业、学校、社区开展咨询活动。淄博市知识产权局成立了知识产权宣讲组。枣庄市知识产权局与市教育局等部门联合开展了首届中小学生创新大赛，与市科协等部门联合开展了首届大学生自主创新大赛，与市旅游局等单位联合开展了第三届旅游创新产品评选活动。东营市知识产权局在《东营日报》进行了知识产权工作深度报道，在东营电视台播放知识产权公益广告、公布举报假冒专利电话和电子信箱。

（二）教育培训工作

2010年，山东省知识产权局继续抓好“知识产权万人培训工程”的实施，在全省安排了35个班次、6000余人的培训计划，拨付资金170余万元，重点对党政领导干部、企业管理人员和专利代理人进行培训。山东省知识产权局举办了专利行政执法人员业务提高班、专利行政执法实务研讨班、专利侵权判定实务提高班、专利电子申请培训班、企业知识产权管理骨干培训班、专利代理人考前培训班、知识产权政务信息与新闻宣传培训班、高校知识产权师资培训班等多种类型的培训班，参加培训人员达1000余人（次）。国家知识产权培训（山东）基地和国家知识产权局培训基地落户山东。各市认真组织实施“知识产权万人培训工程”，并结合当地实际举办了有特色的培训活动。济南市在市委党校、市行政学院设立了知识产权课程，组织开展知识产权公需科目培训。枣庄市在峄城区委党校设立了知识产权培训基地。泰安市认定了首批知识产权教育（培训）基地。据统计，2010年全省共举办各类知识产权培训班700余个，培训10万余人（次）。

（三）知识产权交流协作

2010年，山东省知识产权局对新疆维吾尔自治区喀什地区知识产权对口支援工作继续推进。2010年9月25日，美国飞翰（Finnegan）律师事务所代表封力博士到山东省知识产权局访问。青岛市知识产权局举办了“发展中国家知识产权保护与科技经贸发展研修班”和中韩知识产权保护座谈会，承办了中蒙知识产权研讨会，组织召开了全国十九城市知识产权协作会议。

（山东省知识产权局　冯兴石）

商标工作

2010年，按照国家工商总局商标局和山东省工商局的工作部署，全省商标工作以贯彻落实《国家知识产权战略纲要》为契机，以促进全省经济平稳较快增长为目标，在商标法律法规宣传培训，推进商标战略实施，加强行政执法和队伍建设等方面取得新进展。

一、不断加大宣传力度，提高全社会的商标意识

全省工商系统以营造“尊重知识，崇尚科学，诚信守法”的知识产权文化氛围为目标，采取日常宣传和集中宣传相结合的办法，广泛开展了各种宣传活动。

（一）组织开展2010年知识产权宣传周活动

4月20～26日，按照《2010年全省知识产权宣传周活动方案》要求，全省工商系统开展了内容丰富、形式多样、特色明显、成效显著的知识产权宣传周活动。据统计，全省各级工商机关共出动3000余人次，发放商标法律法规、商标战略建议书等各类宣传资料10万余份，召开各类座谈会30余次，制作展板、悬挂条幅200余块，广造维权声势，活动成效明显。青岛市工商局组织全市工商系统召开了9场推进实施商标战略座谈会，发放宣传材料7000多份。枣庄市工商局共发放商标法律、法规宣传材料20 000余份，接受企业和个人的商标法律、法规咨询1500余人次，营造了浓厚的知识产权宣传氛围。

（二）举办2010年全省新认定中国驰名商标授牌仪式及宣传活动

4月15日，全省商标国际注册培训暨2010年新认定驰名商标授牌仪式在济南举行，山东省工商局党组书记、局长李华理出席会议为39家新认定驰名商标企业授牌并作重要讲话。各市局分管局长、商标科（处）长以及39家新认定驰名商标企业、部分争创驰（著）名商标企业、外向型企业负责人共200余人参加了主会场会议。济南市工商局组织全市各县（市）局及各分局分管局长、商标管理人员、工商所商标专管员、商标管理员以及200余家企业代表参加了济南分会场会议。新华社山东分社、山东电视台、齐鲁晚报、山东人民广播电台、联合日报、经济导报等多家媒体进行了专题报道。6月1日，举办了国家工商总局国家商标战略实施示范城市（区）、示范企业授牌仪式大会省局分会场会议，山东省工商局副局长、山东省工商局推进商标战略实施领导小组副组长蔡福安，荣获首批商标战略实施示范城市的济南、青岛、烟台三市市政府有关领导，首批商标战略实施示范企业九阳股份有限公司、烟台张裕集团有限公司负责人等共40余人出席了会议，营造了实施商标战略、打造品牌经济的良好氛围。

（三）扎实开展“双打”专项行动宣传

先后召开了全省商标监管工作会议和全省工商系统知识产权保护与执法工作电视电话会议，就贯彻落实全国工商系统知识产权保护与执法工作电视电话会议精神，在全省开展打击侵犯知识产权和制售假冒伪劣商品专项行动进行安排部署，印发了《打击侵犯知识产权和制售假冒伪劣商品专项行动实施方案》等文件，切实增强专项行动的责任感和紧迫感。通过《大众日报》、《山东工商》、《山东工商教育报》、《经济导报》以及政务信息平台等，刊发有关专稿、信息；参与发布全省专项行动简报32期，加大了专项行动的宣传报道，及时交流了工作经验。济南、青岛市工商局先后刊发专项行动简报10余期，及时报道专项行动动态，东营等市工商局结合专项整治开展，强化法律法规的宣传，积极引导企业增强合法经营意识和科学管理意识。

（四）开展推进商标国际注册系列宣传

2010年4月，组织省商标事务所、白兔商标事务所等多家有涉外注册业务的代理机构负责人，海信、青啤、中烟、中国重汽、九阳等10余家涉外企业负责人参加了企业商标国际注册情况座谈会和企业商标海外维权座谈会。8月，在青岛举办了推进马德里商标国际注册体系有效运用座谈会，世界知识产权组织副总干事王彬颖出席会议，青岛市政府、市工商局以及海尔集团、青啤集团等商标国际注册重点企业代表参加了座谈会。11月26日，《大众日报》对山东省商标国际注册及世界知识产权组织在山东省试点推广商标马德里注册体系试点工作的系列宣传报道，把全省商标国际注册和自主品牌国际化建设推向新的高潮。

二、加大商标培育力度，服务地方经济发展

2010年，全省系统在商标培育、推进商标战略方面取得了新突破。

（1）完善了商标政策法规体系。2010年7月1日出台了《山东省知识产权促进条例》，11月9日印发了《山东省人民政府关于推进商标战略促

进经济发展的意见》,为推进商标战略和保护商标专用权提供了有效的政策保障。

(2)积极引导企业加强商标注册。商标注册总量大幅增长,产业覆盖、地区分布渐趋均衡。截至2010年年底,全省新申请商标注册4.99万件,已实现注册6.99万件,全省有效注册商标总数为21.97件。全省商标注册的大幅增加,为全省企业商标专用权保护以及商标战略的扎实推进奠定了坚实的基础。

(3)驰、著名商标培育工作取得新成效。全省2010年新增“乐义”、“蓝翔”等驰名商标70件。截至目前,全省共有国家工商总局认定驰名商标205件。全省驰名商标企业社会贡献突出,涌现出一批以品牌为主导的产业集群,2009年驰名商标企业产值达9000多亿元,占全省GDP的26.7%。著名商标申请积极性高涨,2010年全省共收到省著名商标申报材料1427件,其中,续展材料498件,占应续展著名商标总数586件的85%;新申请材料929件,比上年(855件)增长了8.7%。新认定著名商标398件,续展354件,分别占申报数的42.5%和71.1%。截至目前,全省共有著名商标2081件。

(4)商标兴农工作扎实推进。2010年以来,连续开展了以农产品商标及著名商标、地理标志商标的注册、管理和保护为内容的商标兴农调研,积极争取地方党委政府领导和其他部门支持,帮助指导“烟台苹果”、“高青大米”、“乳山牡蛎”、“汶上芦花鸡”、“郯城银杏”等40余家地理标志申请注册。初步形成了“章丘大葱”、“高青大米”、“胶州大白菜”等一批规模效益好、带动能力强的优势农产品商标和特色产业带,为增加农民收入、推进农业产业化、促进社会主义新农村建设作出了积极贡献。截至2010年年底,全省有初审公告地理标志21件,已注册地理标志商标86件,居全国第二位。新增“胶州大白菜”、“马家沟”和“乐义”等农产品和地理标志驰名商标9件。目前,全省已有有效农产品商标5.2万件,在2009年底农产品商标总数(4.2万件基础上)增加了23.8%,占全省有效注册商标总量的23.6%。拥有涉农驰名商标43件,占全省驰名商标205件的19.4%;涉农著名商标560件,占全省著名商标2081件的26.9%。

(5)商标权质押等市场化运作工作再上新台阶。目前,青岛、潍坊两市已经出台了推进商标权质押等规范性文件,青岛、德州、临沂、聊城4市已经进行了有关推进商标权质押融资等市场化运作的有益探索,全省已有11家企业实现质押融资总额达13.783亿元,达成初步意向的企业还有10多家。

(6)加强商标国际合作,商标国际注册取得新进展。2010年8月和11月,世界知识产权组织副总干事王彬颖两次访问山东,考察山东省商标国际注册与保护情况,进一步探讨与山东省开展推进马德里商标国际注册体系等有关合作事宜,将山东作为世界知识产权组织在中国推广马德里商标注册体系的有效运用试点之一。11月22～26日,世界知识产权组织(WIPO)先后在济南、青岛和烟台举办了三场“WIPO有效利用马德里商标国际注册体系巡回研讨会”,全省有2000多人参加了研讨会,并接受了WIPO专家商标国际注册和保护专业培训。试点工作的开展,必将进一步推动全省商标国际注册与保护工作的开展,切实发挥商标在提高经济发展质量和效益中的作用。截至目前,全省已有境外注册商标4800余件。其中马德里商标国际注册企业276家,商标489件;国外逐一申请注册企业95户,注册商标4300多件。

三、商标专用权保护工作取得新进展

全省2010年共查处各类商标违法案件4281件,同比增长14.93%,收缴和消除商标标识24.49万件(套),罚没金额2104.21万元,同比增长9.74%。其中,一般违法案件488件;侵权假冒案件3793件,同比增长18.72%。通过集中整治,有力地打击了商标侵权行为,保护了商标注册人的合法利益,维护了良好的市场经济秩序。

(一)开展注册商标专用权保护专项行动

在加强常态化监管的同时,全省工商系统适时对侵权范围广、影响面大的案件开展专项行动。2010年以来,全省先后开展了保护“同福”、“白象”、“雪花(啤酒)”、“三枪(电动车)”等商标专用权专项行动8起。2010年1月,开展了为期两个月的节日市场注册商标专用权保护专项行动,强化对食品、药品、服装、化妆品和家用电器等商品(服务)上的商标侵权违法行为的重点监管和驰、著名商标、涉外商标的重点保护,加大对食品生产经销业户、副食品批发市场、集贸市场、大型商场、超市、名品专卖店等重点领域的巡查力度,严厉查处商标侵权假冒行为,维护了食品安全和消费者合法权益。据统计，在全省开展的保护“同福”注册商标专用权专项行动中，全省各级工商机关共查获侵犯“同福”商标专用权商品8700多箱，收缴侵权包装1.1万件，立案查处12件，案值20多万元，罚款8万余元。为此，河北同福食品有限公司赠送“打假铁面无私，维权忠诚卫士”锦旗表示感谢。

（二）深入开展打击侵犯商标专用权和制售假冒伪劣商品专项行动初现成效

11月16日，山东省工商局召开了电视电话会议，制订下发了《打击侵犯知识产权和制售假冒伪劣商品专项行动方案》。全省17个市局先后成立打击侵犯知识产权和制售假冒伪劣商品专项行动领导小组，通过电视电话会议进行动员部署，积极出台相关实施方案，切实把开展打击侵犯知识产权和制售假冒伪劣商品专项行动作为全省工商系统近期工作重点予以保障落实。截至目前，全省开展打击侵犯知识产权和制售假冒伪劣商品专项行动顺利推进，重点查处了一批侵犯“白樱花”、“青岛(啤酒)”、“茅台”、“五粮液”等驰、著名商标案件。据统计，自2010年10月专项行动开展以来，全省工商系统共出动执法人员4210次、58 276人次，检查经营主体22 400户，检查批发零售市场、集贸市场等各类市场2860个(次)，整治重点区域1736处，查处制售假冒伪劣商品案件237起，案值299.3万元，罚没款269万元。其中，查处侵犯驰名商标权益案件98起，涉外商标案件23起，地理标志商标案件3起。受理和处理消费者申诉和举报113件，为消费者挽回经济损失20余万元。

（三）开展保护世博会标志专用权专项行动取得明显成效

加强了对世博会标志纪念品的主要生产地，商品集散地，批发市场和大、中型商品市场的日常巡查，着力打击未经授权擅自生产、销售假冒世博会特许商品，非法印制世博会标志，利用互联网、手机短信平台等科技手段经营世博会标志侵权商品等侵权行为。全省共出动执法人员27 230人次，检查经营企业和个体户125 720户次，检查批发市场、集贸市场等各类市场10 580个次，整治重点区域1150余处，立案查处侵犯世博会标志专用权案件59起，罚款23万余元，没收侵权上海世博会吉祥物“海宝”玩具362件，侵权“海宝”小挂件900余只。

（四）部门和区域合作得到加强

加强了与海关、知识产权、公安、法院等有关部门的协调配合，充分发挥综合执法的整体效能。充分利用北方十省市、淮海经济区、华东六省市商标办案协作网，拓展商标执法领域和范围，打击跨省跨区域的商标违法行为。处理国家工商总局商标局及商标协作网内其他省市工商局移交的案件如保护“雪花”、“同福”、“农达”、“正新”、“白象”、“大骨”、“三枪(电动车)”、“益康”等商标专用权案件7起，取得良好效果。协助省内“小鸭”、“董公”、“龙心”等驰、著名商标企业在其他省市维权20余次，有效维护了山东省驰、著名商标企业合法权益。

四、加强了对商标协会和商标代理组织的指导

2010年以来，山东省商标协会充分发挥桥梁、纽带作用，强化服务意识，提高服务质量。在做好协会日常工作的同时，协助山东省工商局做好会员企业申报驰名商标、著名商标的推荐、指导工作。编印发放《商标纵横》杂志4期，免费向会员发放《中华商标》12期。山东省协会驻各市的会员联络站也利用自身优势，发挥了应有的作用。加强了对商标代理组织的指导和备案管理工作，全年完成商标代理组织备案45个，召集代理组织座谈会两次，对个别违规代理行为进行了查处。

五、加强自身建设，进一步提高干部队伍素质

（一）加强调研培训，提高业务素质

根据新形势、新任务的要求，结合商标监管工作实际，先后采取“走出去”、“请进来”等各种形式，积极开展商标管理调研和培训，提高商标管理人员服务水平和执法能力。先后通过开展“大回访”，驰、著名商标情况统计，“解百纳”有关市场调研，农产品商标在统筹城乡发展中的作用，蓝(黄)色经济区中商标战略调研和全省地理标志产品专用标志使用情况调研等活动，了解全省企业特别是驰、著名商标企业实施商标战略有关情况。各市工商局也开展了形式各样的专业技能培训。潍坊市工商局开展了商标业务培训和案卷评审为内容的春训，对商标监管执法中的热点、难点问题，开展了理论探索和调查研究。另外，山东省商标局还特别邀请国家工商总局商标局有关专家就商

标国际注册等内容，对全省工商系统商标管理人员和驰、著名商标企业、部分涉外企业负责人进行专题辅导，效果明显。

（二）端正行业作风，不断树立执法形象

以深入开展学习实践科学发展观活动为契机，从学习教育、制度建设、内部督查入手，不断加强政治学习和世界观、人生观的改造，牢固树立全心全意为人民服务的思想，增强廉政意识，提高拒腐防变能力；结合工作实际，建立风险点管理制度，进一步规范了工作制度，加强了内外监督；不断加强法制学习，牢固树立依法行政理念，坚持政务公开，确保社会公众知情权和监督权的落实。

（山东省工商行政管理局）

版权工作

2010年，全省各级版权行政管理部门在国家版权局的指导支持下，坚持以深入学习实践科学发展观为统领，认真实施《国家知识产权战略纲要》，紧紧围绕“管理、发展、建设”的工作思路，突出行政监管、宣传教育、促进发展三个重点，加强版权行政管理，加大打击侵权盗版的执法力度，营造了有利于版权保护的社会舆论环境，较好地完成了各项工作任务。

一、加大执法力度，打击侵权盗版成效显著

2010年，全省各级版权部门在加强日常监管的基础上，开展专项治理行动，加大执法力度，收到了良好的执法效果。全年共检查经营单位40 330家，取缔违法经营单位995家，查获地下窝点61个，办结行政处罚案件632起，移送司法机关案件30件，收缴各类侵权盗版制品1 081 383件。

（一）开展打击网络侵权盗版专项治理“剑网行动”

山东省版权局、公安厅、通信管理局成立“全省打击网络侵权盗版专项治理工作领导小组”，负责协调解决专项治理行动中的重大问题，督办重大案件，指导各市开展工作。8月19日，召开全省2010年打击网络侵权盗版专项治理“剑网行动”工作会议，全面安排山东省开展打击网络侵权盗版专项治理“剑网行动”。

（二）开展打击侵犯知识产权和制售假冒伪劣商品专项行动

根据《山东省人民政府办公厅关于印发山东省打击侵犯知识产权和制售假冒伪劣商品专项行动实施方案的通知》的部署，山东省新闻出版局、省版权局、省“扫黄打非”办公室制定了《关于开展打击侵犯知识产权和制售假冒伪劣商品专项行动及进一步做好使用正版软件工作的通知》，决定自2010年10月起在全省开展打击侵犯知识产权和制售假冒伪劣商品专项行动。一是加大对印刷复制企业的源头监管，开展印刷业专项整治行动。新闻出版（版权）执法部门会同“扫黄打非”、公安、工商、质检等部门，结合正在开展的印刷业专项整治行动，从2010年11月开始，对印刷复制各类出版物、印刷品、光盘、计算机软件及包装装潢、商标标识标签的企业进行了专项检查，严厉查处非法印刷复制和非法加印、出售标识标签等印刷品的行为。全省共检查各类印刷企业6500多家次，查缴非法印刷、盗版盗印的出版物及相关印刷品172 000余册（份），查处违规违法案件23起，取缔地下印刷窝点4个。二是加大对图书、软件、音像制品的市场监管，开展图书、软件、音像制品集中整治行动。从2010年11月集中开展了对图书、软件、音像制品市场的集中检查整治工作。各市版权行政部门和执法部门按照行动部署，采取错时检查、延时检查、反复检查、明察暗访等方式对出版物市场加强监管，采取拉网式方法对繁华街区、旅游景点、交通枢纽、学校周边等区域进行重点检查。全省共检查经营出版物店档摊点8600多个次、查缴各类非法、盗版出版物35万余册（张），清理取缔无证照经营者和游商地摊380余个。组织开展了高速公路服务区出版物经营点集中清查行动，共查缴各类非法盗版报刊、图书、音像制品4800余册（盘），对13个无证经营摊点责令其限期办理出版物经营许可证，对12个销售非法出版物的无证经营摊点依法予以取缔。三是强化打击网络侵权盗版工作力度，继续开展2010“剑网行动”。协调公安、通信部门继续开展好2010年打击网络侵权盗版专项治理“剑网行动”，维护互联网版权环境。加大了对视频网站和电子商务网站的治理力度，严厉打击通过网络传播侵犯著作权影视作品，通过互联网、通信网络和电视网络销售侵犯著作权商品等行为，集中办理大案要案、确保工作取得实效。重点查办了5起重点

案件，一是淘宝网琅琅书屋店涉嫌侵权案。聊城市文广新局对石某开设琅琅书屋淘宝网店销售盗版图书案进行了行政处罚，没收盗版图书和3台电脑，罚款5000元，吊销其出版物经营许可证。二是淘宝网八月雪33书店涉嫌侵权案。聊城市文广新局对郭某开设的八月雪33书店销售盗版图书案进行了行政处罚，依法扣押了其用于作案的1台电脑主机，罚款3000元，吊销其出版物经营许可证。三是淘宝网读书俱乐部会员店涉嫌侵权案。聊城市文广新局执法人员对程某开设的读书俱乐部会员店销售盗版图书案进行了行政处罚，没收盗版图书和用于作案的2台电脑主机、1台打印机。四是淘宝网以文会友书店涉嫌侵权案。聊城市文广新局对逯某开设的以文会友书店涉嫌销售盗版图书案进行了执法检查，发现该书店已于11月5日被淘宝网封闭。五是泰安市王某等非法制售盗版《语文报》案。2010年11月12日，泰安市公安局泰山分局治安大队成功破获一起非法印刷、销售盗版《语文报》案，当场查缴盗版刊物16万余份，抓获涉嫌侵权著作权的犯罪嫌疑人14人。目前，王某等三人已被提起公诉。

二、注重宣传教育，全社会版权保护意识明显增强

（一）组织开展了“保护知识产权宣传周”活动

要求各市版权局根据山东省版权局年初下发的《〈2010年版权工作要点〉的通知》部署，全力做好“4·26知识产权宣传周”的相关工作，结合网络专项行动和本地实际，通过多种渠道、多种形式，采取生动活泼、通俗易懂的方式，宣传版权保护对提高民族自主创新能力、建设创新型国家的重要作用，增强宣传教育活动的影响力，提高公众的版权保护意识。在活动期间，各市组织开展了市场执法检查，严厉打击各类侵犯版权的违法活动，采取多种宣传形式，大力宣传国家保护知识产权的方针政策、原则立场、法律法规、工作成效和先进经验，掀起学习宣传著作权法的高潮，在全省形成了“尊重知识、鼓励创作、保护版权、促进发展”的良好社会氛围。

（二）组织参加“全国青少年版权保护知识竞赛”活动

全省138所学校，5万多名中小学生参加了竞赛，成为此次参赛学校和学生最多的省份。国家版权局、中国新闻出版报于2010年4月份在山东省举办了颁奖活动。全省有20多所学校获得组织奖，500多人获奖，获奖数量名列全国第一。山东省版权局获得国家版权局优秀组织奖。

（三）认真做好世博会、亚沙会的版权保护工作

大力宣传著作权法律法规，依法维护世博会有关作品的合法权益，并有1人被国家八部委表彰为“2010年世博会知识产权保护专项行动先进个人”。对第三届亚洲沙滩运动会会徽进行了版权登记。

三、加强督查调度，软件正版化工作进展迅速

（一）全面开展打击企业使用盗版软件行为

2010年初，山东省版权局制定了《山东省推进企业使用正版软件工作计划》，会同经信委、财政、国资委等部门加强调度、检查，打击企业使用盗版软件行为。

（二）积极开展政府机关和企业使用正版软件工作

2010年11月，制定下发了《山东省新闻出版局、山东省版权局、山东省“扫黄打非”工作领导小组办公室关于开展打击侵犯知识产权和制售假冒伪劣商品专项行动及进一步做好使用正版软件工作的通知》，全面部署政府机关和企业使用正版软件工作。到2010年12月31日，青岛市已率先完成了软件正版化工作。

（三）14家企业被评为第二批“全国软件正版化工作示范单位”

2010年年初，山东省兖矿集团有限公司等14家单位软件正版化工作成效显著，自觉使用正版软件，被评为第二批“全国软件正版化工作示范单位”。

四、认真做好版权日常行政管理工作，版权产业蓬勃发展

（1）切实开展好作品登记和版权合同登记工作。全年共办理作品登记1734件，涉外版权贸易合同登记175项。

（2）受理群众投诉，维护著作权人的合法权益。全年共受理各类咨询、投诉案件30余起，涉及网络、计算机软件、图书盗版侵权等方面，并全部办结。

（山东省版权局　王兴凤）

司法工作

2010年，山东省高级人民法院民三庭紧紧围绕工作大局，牢固树立“以当事人为本”的司法理念，全面落实“高、快、好、省”办案要求，公正高效地审理了大量知识产权案件，在服务大局、化解矛盾、审判管理、队伍建设、创新机制等方面均实现了新发展。

一、依法公正高效审理知识产权案件，发挥司法保护知识产权的主导作用

（一）知识产权收结案数量再创历史新高

2010年，全省法院共新收和审结知识产权民事一审案件2584件和2593件，同比分别增长23%和18%。其中，新收专利案件320件，同比增长29%；著作权案件1050件，同比增长33%；商标案件1029件，同比增长18%。上述数据表明，随着国家知识产权战略的深入实施和创新型国家建设进程的加快，对自主创新成果的保护需求明显增加，专利等技术类纠纷提速增长。同时，伴随着科技发展的日新月异和网络对社会生活的广泛渗透，与新技术应用密切相关的著作权纠纷呈现出“集中爆发、高幅增长”的发展态势，已跃居知识产权纠纷案件数量的首位。此外，随着近年来知识产权司法保护力度的不断加大，商业成果保护、市场环境净化已初见成效，商标纠纷案件数量呈现出相对稳定的局面。

2010年，全省法院受理各类刑事知识产权一审案件251件512人，审结245案503人。在已结案件中，非法经营罪案件和生产、销售伪劣商品罪类案件居多，分别是154案327人和27案44人，有力的打击了侵犯知识产权和制售假冒伪劣商品行为。

2010年，全省法院还受理了知识产权行政一审案件216件，全部审结实现零存案。

（二）知识产权案件调撤率保持较高水平

2010年，全省法院知识产权案件共调撤结案1857件，调撤率达到71.6%，同比增长7.6%。全省法院知识产权法官始终将“调解优先、调判结合”工作原则贯穿于知识产权审判全过程，将调解作为处理知识产权纠纷的首选方式。例如，潍坊中院受理的47件家纺著作权侵权案件，法院运用多元纠纷解决机制，通过与行业同盟协会对接，与行政执法部门联动，借助行业内部力量，促成当事人双方达成协议，促进了家纺行业的自律，规范了市场秩序。又如，青岛中院调处的六起计算机软件侵权纠纷，法院通过诉前证据保全，界定了侵权事实，减轻了当事人的举证负担，促成了当事人的和解。这些事例表明，法院通过积极做当事人的工作，可以使对簿公堂的权利人与侵权人变成握手言和、合作共赢的许可人与被许可人，实现法律效果和社会效果的统一。

（三）知识产权审判“精品案”层出不穷

2010年，山东法院“精细化管理，精品案审判”又出新成果，一批敏感性强、影响面广的知识产权案件受到社会广泛关注。其中，山东鲁锦实业有限公司诉鄄城县鲁锦工艺品有限责任公司等侵犯注册商标专用权及不正当竞争纠纷上诉一案入选“中国法院知识产权司法保护10大案件”，山东省食品进出口公司等诉马达庆不正当竞争与北京百度诉联通青岛公司等不正当竞争两起案件入选《最高人民法院公报》，美国3M公司诉山东双球防护器材有限公司侵犯专利权等5起案件入选“中国法院知识产权司法保护50件典型案例”。

（四）司法公开程度不断增强

全省法院定期选择有影响的知识产权案件，邀请人大代表、政协委员、行业协会等旁听庭审，自觉接受社会监督。发挥“中国知识产权裁判文书网”和山东法院网的平台作用，及时将裁判文书上网，加大了知识产权裁判文书的公开力度。山东省高院民三庭还创刊《知识产权审判要情》，随时公布工作动态。2010年，随着司法公开性和透明度的增强，山东省知识产权司法保护的良好形象得以展示，知识产权审判的公信力不断提升。

二、坚持能动司法，发挥知识产权审判服务保障经济发展的职能作用

2010年，全省法院知识产权审判紧紧围绕应对金融危机、促进自主创新和“加快经济发展方式转变”这一工作大局来谋划和推进，不断调整工作思路，完善保障措施，积极寻找司法保护促进经济社会发展的结合点，服务大局的针对性和有效性进一步增强。

9月份，山东省高院紧密结合山东省“转方式、调结构”的现实需要，出台了《知识产权审判保

障服务经济发展方式转变的若干意见》，明确了知识产权司法保护的基本定位及重点领域。10月份，为配合国务院在全国集中开展的打击侵犯知识产权和制售假冒伪劣商品专项行动，山东省高院出台了《关于打击侵犯知识产权和制售假冒伪劣商品专项行动实施方案》，明确任务，突出重点，制定规划。济南、青岛、枣庄、东营、潍坊等中院也相继出台相关文件，灵活采用多种方式保障当地创新型经济健康发展。淄博中院建立了知识产权司法保护周村工作站，主动服务，依法维权，收到了良好的效果。

全省各级法院在坚持“化解知识产权领域矛盾纠纷”直接功能的基础上，通过司法调研、司法建议等形式，凸显审判工作的延伸功能，积极参与推进社会管理创新。2010年，全省法院共提出司法建议50余次，涉及网络服务、知识产权行政执法、企业知识产权管理等各个方面。山东省高院针对问题比较集中的网络公证证据瑕疵问题，在充分调研的基础上，向山东省司法厅、省公证员协会提出了《加强网络环境下公证保全证据工作的司法建议书》，两单位高度重视，及时复函，提出了改进公证质量的五项措施。

三、强化业务指导和调研宣传，不断提高全省法院知识产权司法保护水平

统一知识产权司法尺度，确保裁判标准的统一性，是建立公正高效权威知识产权司法保护制度的基本要求。针对2010年全省法院网络著作权纠纷案件快速增长、法律规定相对缺乏的特点，山东省高院研究出台了《关于审理网络著作权侵权纠纷案件的指导意见》。该意见贯彻“加强著作权司法保护、注重利益平衡、引导各方共赢”的理念，对司法实践中的审判规则进行了总结提炼，是通过司法政策规制社会生活实践的例证。为进一步发挥典型案例的示范和指引作用，山东省高院公布了“十大知识产权案件”，编辑出版了《案例参阅与指导》知识产权专刊。同时，山东省高院注重加强对下级法院知识产权审判工作的检查与督促，加强对全省法院知识产权审判工作的考核，促进了知识产权审判工作的规范化发展。

加强与新闻媒体的沟通，加大宣传力度是知识产权审判工作的一项重要内容。2010年，全省法院继续保持与新闻媒体的良性互动，积极培育“尊重知识、崇尚创新、诚实守信”的知识产权文化，展示知识产权司法保护成绩。山东省高院和各中院在“4·26世界知识产权日”召开新闻发布会，向社会介绍知识产权司法保护状况，公布知识产权保护典型案例，通过召开座谈会、以案讲法、开办宣传栏、走访企业等形式，宣传知识产权法律法规，提高社会公众的知识产权保护意识，使知识产权权利观念深入人心。新华社内参和通稿、《人民法院报》、《法制日报》、《人民权利报》、《山东法制报》、山东电视台等媒体多次对全省法院知识产权审判工作进行宣传报道。

四、加强知识产权法官队伍建设，不断提高知识产权司法能力和水平

全省法院以开展“人民法官为人民”主题实践活动和“创先争优”主题实践活动为载体，紧密结合知识产权审判工作特点和实际，采取多种措施加强知识产权审判队伍建设。以创建“学习型”庭室、争当“学习型”法官活动为契机，开展“法官教法官”等教育培训活动，增强知识产权法官认识和把握大局、认识和把握社情民意、认识和把握法律政策的能力和水平；推进法官司法伦理教育，树立“公正、廉洁、为民”的司法核心价值观，培育“团结、奋进、创新、和谐”的知识产权庭室文化；加强审判作风建设，严格执行最高人民法院“五个严禁”规定，实现了全省法院知识产权法官“零违法违纪、零集体上访投诉”的良好记录。

2010年，全省各级法院知识产权审判组织团结协作，开拓进取，在取得丰硕成果的同时，涌现出一大批先进集体和个人。山东省高院民三庭荣获“人民法官为人民”先进集体和省直机关“巾帼红旗集体”荣誉称号。多个中院民三庭荣立“集体一等功”或被授予省级“巾帼文明岗”、“三零”竞赛活动优秀单位等荣誉称号。

（山东省高级人民法院知识产权审判庭）

检察工作

2010年，山东省检察机关认真贯彻最高人民检察院的工作部署，采取有力措施，扎扎实实推进行政执法与刑事司法相衔接工作机制的建立和完善，抓查办整治，切实履行法律监督职能，严厉打击侵犯知识产权犯罪，在加强知识产权司法保护、保障人民群众切身利益方面取得了一定成效。

一、建立制度，加强协作，衔接工作机制不断形成和顺畅

山东省人民检察院对行政执法与刑事执法相衔接工作非常重视，各地检察机关找准在衔接工作机制中的检察职能定位，把行政执法与刑事执法相衔接工作作为检察工作的一个重点，切实加强领导，健全组织，落实责任。山东省各级检察机关都及时与有关部门联系，制定、会签有关文件，有力地促进了行政执法与刑事执法相衔接工作的开展，形成打击侵犯知识产权犯罪的合力。

山东省各级检察机关与行政执法机关、公安机关还建立和完善了联席会议制度、信息通报制度、案件移送和监督制约等机制。一是信息通报制度。对行政处罚、移送案件、审查批捕、立案监督、起诉、判决等情况进一步规范，实现了行政执法与刑事执法资源共享。二是联席会议制度。定期或不定期召开联席会议，及时协调解决影响相衔接工作开展的疑难问题。三是查办案件备案制度。行政执法机关对其查办移送的包括侵犯知识产权在内的涉嫌犯罪案件和公安机关对行政执法机关移送后作出的立案、不立案、撤案等决定，严格按照规定时限向检察机关备案，主动接受检察机关的法律监督。四是加强与行政执法机关联系和配合。检察机关和公安机关主动到行政执法机关讲解相关刑法知识，帮助行政执法部门了解和掌握刑事诉讼法对固定、完善侵犯知识产权犯罪证据的标准和要求；帮助行政执法部门界定案件性质，明确法律界限及适用依据，给予行政执法机关以法律理论支持；会同行政执法机关对当前衔接工作中遇到的新情况、新问题开展调研；对公安机关邀请介入的包括侵犯知识产权在内的涉嫌犯罪案件，帮助梳理侦查思路，提出侦查建议，固定完善相关证据。

二、开展打击侵犯知识产权和制售假冒伪劣商品专项行动和对行政执法机关移送涉嫌犯罪案件专项监督活动工作情况

2010年10月以来，按照国务院、最高人民检察院和山东省政府的部署，山东省检察机关认真组织，积极参与打击侵犯知识产权和制售假冒伪劣商品专项行动，同时把这次专项行动与最高人民检察院会同公安部、监察部、商务部开展的对行政执法机关移送涉嫌犯罪案件专项监督活动紧密结合，以切实加强对行政执法机关移送涉嫌犯罪案件的监督为载体，以突出打击侵犯知识产权和制售假冒伪劣商品犯罪为重点，依法履行法律监督职能，确保两个专项取得实效。

（一）高度重视，积极部署

(1)认真组织学习，统一思想认识。两个专项部署开展后，山东省人民检察院高度重视，召开专题会议进行学习研究，积极与山东省公安厅、监察厅、商务厅加强联系与沟通，研究制订专项监督行动的方案，并主动向山东省委、省人大报告并向省政府及有关行政执法机关通报任务和部署要求，争取理解和支持。召开电视电话会议进行再动员、再部署。全省三级院检察长、分管领导和相关部门负责人及时收听收看了最高人民检察院召开的电视电话会议，对上级文件精神和领导讲话进行了认真学习。2010年12月初，山东省人民检察院召开全省三级检察机关电视电话会议，进行再动员、再部署。党组副书记、常务副检察长马永胜同志根据上级精神，紧密结合山东实际，充分阐述了开展两个专项的重要意义，明确要求把两个专项紧密结合起来，采取有力措施，切实加强监督，突出打击重点，确保取得成效。及时下发通知和实施方案，对两个专项进行全面部署。全省各级检察机关结合本地实际，均制订了实施方案，按照两个专项的目标要求，明确了责任，细化了措施，认真开展工作。(2)健全组织机构，加强组织领导。为具体组织、指导全省检察机关开展两个专项行动，成立了专项行动领导小组，领导小组下设办公室，并指定专人负责信息材料、有关数据的报送工作，及时将全省检察机关开展专项行动的信息材料和受理审查逮捕、起诉、判决、立案监督等数据报送最高人民检察院和省领导小组，确保信息数据的及时报送。全省各级检察机关按照要求，也都成立了以主要领导为组长，侦查监督、公诉、反渎等相关职能部门为成员的专项活动领导小组，加强对活动的组织、领导和协调。全省形成了市级院分管领导直接参与案件办理、基层院一把手亲自挂帅、组织协调的良好工作氛围，促进了专项活动的开展。(3)加强宣传报道，营造舆论氛围。通过走访、召开座谈会等方式，大力宣传打击破坏社会主义市场经济秩序犯罪是检察机关与行政执法机关的共同职责，使有关部门认识到在法律上是监督与被监督的关系，在工作上是协作与配合的关系，通过宣传，营造良好的工作氛围，扩大了检察机关法律监督工作的视野。结合检察机关的职责和工作实际，组织部分干警积极参加有

关部门组织的法律宣传、咨询活动，广泛向社会宣传知识产权保护和识别假冒伪劣商品方面的知识及有关法律、法规，努力营造全社会参与打击侵犯知识产权和制售假冒伪劣商品犯罪的浓厚氛围。“两个专项”开展以来，全省各级检察院开展了不同规模的专项行动的宣传、咨询活动，发放宣传材料万余份。加强与新闻媒体的联系，及时宣传报道检察机关开展专项行动的重要部署、阶段成果、典型案件和经验做法，营造了良好的舆论氛围。如青岛四方区人民检察院批捕的涉案价值逾1亿元的假冒注册商标案，通过省级媒体及时宣传报道，收到了良好的效果。

（二）采取有力措施，狠抓工作落实

（1）加强与行政执法机关的信息共享，拓宽监督线索的来源渠道。自两个专项开展以来，三级检察机关先后多次派出检察干警深入到环保、工商、烟草、质量监督、林业、国土等行政执法部门走访、座谈，交流工作信息，共商衔接机制的构建和完善。主动商请山东省公安厅、环保厅建立重大污染环境刑事案件移送督办制度。青岛市检察机关派员排查了2008年以来，行政执法机关已作出行政处罚或涉嫌犯罪尚未移送公安机关的案件30余件，监督行政执法机关向公安机关移送涉嫌犯罪案件8件，公安机关均立案查处。（2）加强与公安机关的联系沟通，狠抓案件质量和效果。坚持对重大案件及时督办，提前介入，形成打击犯罪的合力。如泰山区人民检察院办理的犯罪嫌疑人王道之、韩志强、王海峰等涉嫌侵犯著作权案，案件涉案人员多、金额大、范围广、情节恶劣，是国务院、最高人民检察院挂牌督办的重点案件。及时跟进指导，指导案件办理，泰安市人民检察院和泰山区人民检察院高度重视，成立了由市人民检察院牵头、泰山区人民检察院为主的专案组，指定专人负责办理，提前介入，引导侦查取证，案件提请批准逮捕后，承办人加班加点，依法快速作出了批准逮捕决定。坚持重大案件挂牌督办制度，突出打击力度。对督办后拟不批准逮捕的案件，要说明不捕理由，防止案件流失和打击不力。加强业务指导力度，两个专项开展以来，山东省人民检察院深入实际调查研究，及时发现和解决专项行动中遇到的新情况、新问题。（3）突出重点，严厉打击侵犯知识产权和制售假冒伪劣商品犯罪。青岛市人民检察院在专项行动中，重点打击侵犯知识产权和制售假冒伪劣商品犯罪。获悉黄岛海关查获浙江瑞安某贸易公司以一般贸易方式申报出口刹车片14 440件到利比亚，货物申报价值20.8万元人民币，涉嫌侵犯丰田汽车公司“TOYOTA”商标专用权的案件后，及时与青岛海关取得联系并到黄岛海关走访，了解案件查处情况。经研究，认为案件已涉嫌犯罪，遂依法发出《建议移送涉嫌犯罪案件函》，公安机关已立案侦查，突出了对侵犯知识产权和制售假冒伪劣商品犯罪的打击力度。

（三）认真开展两个专项，强化机制建设

（1）通过保知打假，围绕服务民生创建新机制。在两个专项开展过程中，按照职责有限、服务无限的要求，着力打击涉及民生的制售假冒伪劣商品犯罪。烟台市福山区人民检察院针对食品、药品、烟草、工商管理等领域存在的侵害人民群众利益的制售假冒伪劣商品等现象，积极拓展思路，在民生领域建立行政执法与刑事司法相衔接新机制，建立完善了“1＋1＋4”工作模式，即在人民检察院、公安机关和四个行政执法机关（食品药品监督管理局、烟草专卖局、技术监督局、工商行政管理局）之间建立行政执法与刑事司法相衔接机制，规范了行政执法行为，加大了打击民生领域犯罪的合力。（2）紧密结合两个专项，深入推动两法衔接工作新突破。（3）对建议移交案件的办理进行规范。对建议移送的案件明确了范围和条件，对行政执法机关定性把握不准尚未移送的案件，明确要求不得作为建议移交案件建议行政执法机关移送等。规范了《建议移送涉嫌犯罪案件函》和《执行回执》，形成了从案件受理，建议移送案件审查意见书等一整套规范化的办理程序。

三、坚决防止和纠正对知识产权犯罪打击不力的现象

2010年，山东省各级检察机关充分发挥法律监督职能，加强对行政执法机关抄送的侵犯知识产权案件《行政处罚决定书》副本的审查工作，对涉嫌犯罪的及时提出移送公安机关的建议，监督公安机关及时立案侦查侵犯知识产权犯罪案件。严肃查办侵犯知识产权违法犯罪背后的国家工作人员的职务犯罪，坚决打掉其“保护伞”，在立案监督和审查批准逮捕、审查起诉中注意发现和掌握侵犯知识产权违法犯罪背后的国家工作人员职务犯罪线索，对于涉嫌构成犯罪的坚决依法查办。

（最高人民检察院侦查监督厅）

河南省

专利工作

2010年，河南省知识产权局在省委省政府的正确领导下，在国家知识产权局的关心支持下，紧紧围绕省委、省政府“一个载体、三个体系”战略部署，以科学发展观为统领，以实施知识产权战略为主线，以知识产权优势培育工程、自主知识产权产业化促进工程、知识产权保护工程、百千万知识产权人才工程、自主知识产权技术标准培植工程等“五大工程”为抓手，突出重点，真抓实干，努力开创知识产权工作新局面。

一、专利申请量和授权量持续增长，结构进一步改善

据国家知识产权局的统计数据显示，2010年，河南省年专利申请25 149件，较上年同期增长28.4%（全国平均26.4%），累计专利申请达150 366件；在三种专利申请中，发明、实用新型、外观设计专利申请量分别为6408件、13 856件、4885件，较上年同期分别增长29.4%、39.8%、3.4%；职务、非职务专利申请分别为15 621件、9528件，较上年同期增长48.3%和5.2%，大专院校、工矿企业专利申请分别为1387件和13 449件，同比增长分别达91%和46.5%；技术含量较高的发明、实用新型申请以及职务性申请所占比例趋于合理。专利授权量16 539件，位居国内第十一位，较上年同期增长44.7%（全国平均47.6%），累计专利授权量81 729件。在授权的三种专利中，发明专利1498件，较上年同期增长32.6%，实用新型专利11 048件，较上年同期增长66.6%，外观设计专利3993件，较上年同期增长8.9%。总体上看，河南省专利申请和授权都保持了较好的增长势头。

二、知识产权管理体系建设

截至2010年底，河南省18个省辖市均成立了知识产权局（其中1个正县级局，13个为副县级局，4个正科级局）。县一级设立知识产权管理部门的有88个，明确编制的有54个。其中焦作市的10个县（市）区和安阳市的9个县（市）区均成立了县级知识产权管理部门，且均已明确了编制。剩余的69个县级知识产权管理部门分布在郑州12个、开封9个、新乡9个、南阳8个、商丘6个、驻马店5个、漯河5个、许昌4个、濮阳3个、平顶山2个、洛阳2个、信阳2个、鹤壁1个、三门峡1个。随着县级知识产权工作管理体系建设的不断加强，将有力促进当地区域经济的发展。

三、知识产权政策法规建设

河南省省委、省政府领导十分重视知识产权工作，出台了一系列有利于知识产权事业发展的政策措施，河南省知识产权工作的地位得到了历史性提升。

（一）联合出台《河南省关于开展中小企业知识产权融资工作的指导意见》

河南省知识产权局联合科技厅、发展改革委、财政厅、省政府金融办、工业和信息化厅、中国人民银行业监督管理委员会河南监管局等7部门联合出台了《河南省关于开展中小企业知识产权融资工作的指导意见》。明确了河南省开展中小企业知识产权融资应遵循注重统筹协调、坚持创新发展、服务中小企业的工作原则。争取用3年时间，完成对50家拟上市企业的知识产权培育与辅导，提高拟上市企业的资产规模；推荐30～50项专利技术获得知识产权质押融资，实现专利产业化；建立知识产权质押融资项目管理库，支持建设10家专利展示交易孵化机构，逐步构建河南省知识产权融资服务平台。

（二）下发《河南省产业集聚区工业企业知识产权专项行动方案》

河南省知识产权局于2月20日下发了《河南省产业集聚区工业企业知识产权专项行动方案》，确定了河南省产业集聚区工业企业知识产权专项行动的总体思路、工作目标、主要任务和保障措

施，力争到年底参加专项行动的产业集聚区80%的工业企业消除“零”专利，从而大幅度提高工业企业自主知识产权的拥有量和质量，提升企业核心竞争力。

（三）出台《河南省2010年知识产权执法维权专项行动实施方案》

4月27日，河南省知识产权局出台了《河南省2010年知识产权执法维权专项行动实施方案》，确定2010年知识产权执法维权专项行动的工作目标、主要任务、工作要求和总体进度，通过专项行动的开展，有效遏制群体侵权、反复侵权、假冒专利现象及涉及专利的诈骗行为的发生；健全跨部门、跨区域间知识产权执法协作；切实促进知识产权执法能力和知识产权公共服务能力的增强，提高广大创新者、消费者和权利人的信心，营造创新与发展的良好环境。

（四）出台《河南省自主知识产权产业化促进工程2010年度推进计划》

6月20日，河南省知识产权局制定出台了《河南省自主知识产权产业化促进工程2010年度推进计划》，明确了河南省自主知识产权产业化促进工程2010年度工作的工作思路、主要目标和主要工作，旨在进一步推动专利孵化展示交易体系建设，通过完善功能、提高服务能力、扩大网点等措施，不断完善河南省专利孵化展示交易平台；吸引企业、投资机构和金融机构加大对专利技术产业化项目的投资，探索中小企业知识产权融资试点工作，提高核心竞争力，促进产业结构调整和升级。

（五）联合印发《河南省知识产权优势产业集聚区认定办法》

6月22日，河南省知识产权局、河南省科技厅、河南省发展改革委、河南省工业和信息化厅等7部门联合印发《河南省知识产权优势产业集聚区认定办法》（试行），对知识产权优势产业集聚区认定条件、认定程序及考核管理等进行了详细说明。该办法旨在深入推进知识产权优势培育工程，提升产业集聚区运用知识产权制度的能力和水平，尽快形成一批知识产权优势产业集聚区，使知识产权经济成为实现中原崛起的新动力和新经济增长点。

（六）制发《河南省知识产权系统2010年规范行政处罚裁量权工作监督检查实施方案》

8月5日河南省知识产权局制定下发了《河南省知识产权局系统2010年规范行政处罚裁量权工作监督检查实施方案》，明确了2010年规范行政处罚裁量权工作监督检查的指导思想、检查内容、检查方式和工作要求，从而加强指导，纠正不执行、不当执行行政处罚裁量标准、适用规则、内部制约制度的问题，促进行政处罚合法、公平、公正实施，转变行政执法作风，推进依法行政。

（七）印发《河南省知识产权局系统执法专项行动方案》

11月15日，河南省知识产权局印发《河南省知识产权局系统执法专项行动方案》，明确了河南省开展打击侵犯知识产权和制售假冒伪劣商品专项行动工作目标、工作任务、工作重点、工作要求和总体进度，旨在通过专项行动，有效遏制群体侵权、反复侵权、假冒专利现象及涉及专利的诈骗行为的发生；提高打击专利领域侵权、假冒行为的成效，增强知识产权执法协调效能，提高广大消费者、创新主体与权利人的信心；跨部门、跨区域间知识产权执法协作，形成积极办案、规范办案、协作办案的局面，进一步营造促进有序竞争和创新发展的良好环境。

四、知识产权保护

2010年，围绕全年工作目标任务，河南省知识产权局着力加强执法能力建设，深入开展执法专项行动，不断完善执法工作体制机制，使专利保护从被动维权走向主动服务，各项工作扎实推进，取得了明显成效。

（一）积极开展“知识产权保护示范商场”认定实施工作

为进一步规范河南省各类专业市场，加强知识产权保护环境建设，加强社会诚信体系建设，在河南省流通领域开展了争创“知识产权（专利）保护示范商场”活动。河南省各省辖市积极行动，到各商场进行专利商品检查，经商场申报，地市知识产权局推荐，评委会评选，认定20家知识产权保护示范商场。

（二）稳步推进知识产权维权援助工作

河南省维权援助中心现有14个，其中，国家级中心6个，省级中心8个。5月，河南省在洛阳举行知识产权维权援助工作会议，并启动了全省知识产权维权援助统一行动，正式成立了河南省知识产权维权援助联盟，举办了企业知识产权维权论坛。同时对先进单位、先进个人、优秀合作单位和专家进行了表彰。

（三）深入开展“雷雨”“天网”专项执法行动

印发了《2010年河南省执法维权专项行动方案》。2010年河南省知识产权局法律事务处指导、监督全省知识产权系统开展执法专项行动48次，出动警力、执法人员722人次，检查商场282家，检查商品15 860多件，查处假冒商品300余件，调处专利侵权纠纷118件。

（四）积极开展打击侵犯知识产权和制售假冒伪劣商品专项行动

11月23日，河南省知识产权局与河南省公安厅联合在濮阳市召开河南省保护知识产权专项行动动员大会，部署河南省开展打击侵犯知识产权和制售假冒伪劣商品专项行动工作。制订了《执法专项行动方案》，确定了执法专项行动工作重点，明确了专项行动的任务，对河南省专项行动进行了统一部署。

（五）加强执法条件和队伍建设

9月，邀请国家知识产权局专利复审委员会来河南省作请求宣告专利权无效案件的口头审理，并组织100余名执法人员参加了观摩旁听，有效的提高了河南省专利行政执法人员调处专利纠纷的水平和能力。10月，举办河南省专利执法培训班，110余人参加了培训，经考试合格和资格审查后获得由国家知识产权局颁发的《专利行政执法证》。11月，组织了河南省专利行政执法人员考试，通过考试的人员获得省政府法制办颁发的行政执法证。为5个省辖市配备了执法专用车辆，目前，河南省17个省辖市配备有执法专用车辆。

（六）加强执法协作机制建设

为优化执法资源，减少专利权人的维权成本，提高专利行政执法效率，积极推动执法协作机制建设。10月，郑州、洛阳、新乡等十个省辖市签署了《河南省十省辖市专利行政执法协作协议》。为加强豫、闽两省专利行政执法协作，与福建省知识产权局签订了“豫、闽两省专利行政执法协作协议”和“豫、闽两省市级成员专利行政执法协作协议”。

（七）严格依法行政，推进专利行政执法工作制度化、规范化

出台了《河南省专利行政执法考核标准》、《河南省知识产权局系统2010年规范行政处罚裁量权工作监督检查实施方案》和《河南省知识产权局系统2010年执法维权督导工作方案》。对各省辖市知识产权局行政处罚裁量权工作情况开展了监督检查，推动了河南省专利行政执法工作逐步走上规范化。

（八）积极开展产业集聚区知识产权保护试点工作

将产业发展前景广阔、成长性好、技术创新活跃的、遭受侵权特别是群体性知识产权侵权严重的3个产业集聚区确定为产业集聚区知识产权（专利）保护试点单位。通过宣传培训、指导、专项服务等工作引导试点产业集聚区建立了知识产权保护制度，提高了知识产权保护意识；建立了行业自律组织，促使企业形成自我约束、自我发展、自我教育、自我保护的新型机制。

（九）继续开展重大科技专项专利分析预警工作

完成了对《褐煤提质工艺技术专备研究》、《纯电动汽车车辆控制技术》两项重大科技专项的专利分析、预警工作，得到了国家知识产权局、厅领导和项目承担单位的充分肯定和好评。

（十）认真组织开展上海世博会专利执法维权工作

将上海世博会专利执法维权行动列为河南省专项行动重点工作之一，确保了河南省展前参展品专利权稳定性，切实做好河南省世博会期间专利执法维权工作。法律事务处被国家知识产权局、公安部、海关总署、工商总局、最高人民检察院等8部委评为“世博会知识产权保护专项行动先进集体”。

（十一）召开了有关知识产权保护的相关会议

1. 6月29日，与郑州台商协会召开知识产权（专利）保护座谈会

双方就驻豫台商在知识产权保护方面的问题进行了交流。河南省知识产权局副局长韩平介绍了河南省知识产权局机构设置、职能分工、服务范

围以及河南省知识产权保护工作的开展情况，台商协会副会长、许昌东森房地产开发公司董事长杨仕昌就该协会工作开展情况进行了介绍。根据企业提出的知识产权问题，与会人员进行了激烈的讨论。河南省知识产权局相关处室负责人分别就上述问题进行了政策指导、详细解答。

2. 10月25日，召开河南省知识产权行政执法合作机制研讨会

河南省知识产权局副局长韩平、国家知识产权局相关部门负责人以及加入河南省专利行政执法协作的省辖市单位负责人和工作人员30余人参加了研讨会。代表纷纷对各自地方专利立法及执法工作进行了总结，就如何进一步加强知识产权执法工作，建立和完善知识产权执法保护机制和体系，提升知识产权行政执法的能力和水平进行深入交流。

3. 11月23日，召开河南省保护知识产权专项行动动员会

此次动员会由河南省知识产权局、河南省公安厅联合召开。河南省公安厅副厅长陈志中、河南省知识产权局局长郭民生参加了动员会并做重要讲话。国家知识产权局专利协调保护司司长黄庆做了国家知识产权战略专题讲座。会议对来自河南省公安、知识产权系统的130余名执法人员进行了行政诉讼、行政复议业务培训。

五、专利实施工作

2010年，河南省共承担588项调查任务，共发放调查问卷883份，其中专利人信息调查问卷325份，专利信息调查问卷558份，回收调查问卷877份，会表率达99.2%。

(一)知识产权优势培育工作

河南省知识产权局联合省发改委、财政厅、科技厅等8部门共同认定了首批6个知识产权优势产业集聚区，并由省政府通报表彰。组织开展了以消除产业集聚区工业企业“零专利”现象为重点的产业集聚区工业企业知识产权专项行动。启动产业集聚区专利信息服务平台建设工作，以洛阳高新区为试点建设信息服务平台。筹备建设专利专题数据库，确定洛阳、南阳、郑州、新乡、濮阳五家单位作为2010年度专利专题数据库建设试点单位。积极开展产业集聚区企业知识产权特派员工作和中小企业知识产权质押融资工作。专项行动开展以来，18个产业集聚区700多家企业中，“零专利”企业比重由64.8%下降到11.5%。中船重工七二五所等11家企业和濮阳市濮东产业集聚区等7个区域被认定为第四批知识产权优势企业和优势区域。

1. 组织专项行动，推进优势培育

制定出台了优势培育工程2010年度推进计划，联合7部门出台了《河南省知识产权优势产业集聚区认定办法(试行)》，重点消除产业集聚区工业企业“零专利”现象。启动了产业集聚区企业知识产权特派员工作。建立专项行动信息报送制度。加强了优势企业和优势区域的宣传和培训。指导地市开展产业集聚区知识产权优势培育工作。郭庚茂省长、徐济超副省长相继作出重要批示对专项行动给予充分肯定。截至2010年底，参加专项行动的18个产业集聚区727家工业企业中共拥有专利企业657家，有专利的工业企业数从原来的276家增加到现在的657家，比例从原来的38%上升到90%。

2. 加强部门合作，丰富培育内容

探索开展企业知识产权资产融资试点工作。2010年初，联合发改委、财政厅等7部门出台了《河南省关于开展中小企业知识产权融资工作的指导意见》。同中国银行河南省分行召开了专利权质押工作座谈会，摸清河南省专利质押贷款需求，共收到专利质押贷款意向反馈企业38家，贷款需求金额2.8亿元，并将征询结果及进一步工作建议反馈给中国银行。推进工业和信息化领域知识产权工作。

3. 借助国家资源，提升河南省优势

积极组织企业申报第四批全国企事业单位，中国一拖集团有限公司、河南大学等30家企事业单位荣获“全国第四批企事业知识产权试点单位”称号；新飞、洛轴研成功申报首批全国企事业知识产权示范单位。积极组织申报第十二届中国专利奖，在最终向国家推荐的7项中有6项获奖，1项获中国专利奖金奖，另有4项获中国专利奖优秀奖，1项获中国外观设计优秀奖。利用国家专利产业化工程项目，引导河南省企业加快专利产业化。联合河南省工信厅启动实施了《国家中小企业知识产权战略推进工程》。洛阳市洛龙科技园区和洛阳高新技术产业集聚区被确定为国家中小企业知识产权战略推进工程首批实施单位。

4. 组织年度知识产权优势评审认定工作

收集整理了优势企业和优势区域的申报材料，组织8部门专家进行了评审和认定，最终确定

了中国船舶重工集团公司第七二五研究所等11家企业以及郑州经济技术开发区等7个区域为第四批知识产权优势企业优势区域。

（二）专利信息服务平台建设

1. 开展产业集聚区专利信息服务平台建设工作

对各产业集聚区对专利信息检索分析的需求进行调查；对专利信息服务平台建设承担单位基本情况、产业集聚区专利信息服务平台的服务模式进行了调研。通过评审确定洛阳、南阳、郑州、新乡、濮阳5家单位作为2010年度专利专题数据库建设试点单位。完成系统建设方案筛选及论证，开发了5套专利专题数据库服务系统及其附带的专利数据加工分析软件。

2. 开展洛阳高新区专利信息服务先期试点

与洛阳高新技术产业开发区合作，共同建设洛阳高新区专利信息服务平台。目前，为洛阳高新区专利信息服务平台建设向国家知识产权局申请的20台计算机及专利检索分析系统已经到位并运行。

3. 针对企事业单位专利信息应用进行培训

举办了企事业单位专利信息应用培训班，重点就专利信息在企业发展中的应用、制定专利信息检索需求的技巧、专利信息的网上检索与获取等知识进行培训，推动专利信息在企业发展中的应用。

（三）传统知识知识产权保护工作

1. 组织制定了“国家传统知识资源价值开发促进计划工作指南”

河南省知识产权局组建了专家工作组，多次召开专家会议，讨论修改，最终形成了指南建议稿，并上报国家知识产权局。同时还组织撰写了5万字的《国家传统知识资源价值开发试点开发工作相关问题研究》研究报告。

2. 组织开展传统知识知识产权保护区域试点工作

对首批传统知识知识产权保护区域试点申报材料进行评审，确定了开封县（木版年画）、汝阳县（杜康）、温县（四大怀药）、西峡县（仲景制药）和信阳市狮河区（信阳毛尖）5个地区为首批试点区域。启动开展了第二批传统知识知识产权保护试点工作。

（四）“河南省专利事业十二五规划”研究制定

组织成立了河南省专利事业“十二五”规划研究制定专家组，对河南省“十一五”取得的成绩、不足和工作建议进行调研，组织专家组7次召开专家会议研讨河南省专利事业“十二五”规划草拟稿，历经6稿，为研究制定河南省知识产权事业“十二五”规划提供了重要支持。

（五）知识产权软课题研究

组织有关专家向国家知识产权局申报了3项课题，其中“知识产权战略对经济发展方式和产业结构调整的作用研究——以河南省产业集群现象为例”1项被国家知识产权局批准立项，“河南省知识产权维权援助机制研究”通过国家知识产权局中期评审检查。推荐中孚实业成功申报了“低温低电压铝电解新技术专利战略研究”，平高集团“特高压开关专利战略推进工程”通过国家知识产权局发展研究中心的中期检查。制定下发了河南省2010年度知识产权软科学研究项目申报指南，组织评审确定了“河南省知识产权发展‘十二五’规划”等10个课题。

（六）专利产业化

1. 加快推动河南省专利技术实施和产业化，促进自主知识产权产品的形成和发展

印发了《河南省自主知识产权产业化促进工程2010年度推进计划》，认定商丘市专利技术咨询服务中心等3家单位为首批河南省省级专利技术孵化转移中心。目前，商丘市专利技术咨询服务中心作为发起人，按照政府政策指导、社会资金投入的方式运作，专利技术展示、转化、产业化、产权转移等工作同步进行，吸引了商丘开发区产业集聚中小企业6～7家入驻，专利技术孵化转移中心已初具规模。

2. 组织开展专利展示交易活动

2010年11月7～13日，组织国家专利技术（新乡）展示交易中心及相关单位等开展了专利项目对接、专利技术及产品推介会、专利展示交易研讨会等一系列专利周活动。据不完全统计，此次专利周专利技术交易活跃，意向交易金额达3160万元，实际交易金额达960多万元。

3. 组织筹备河南省外专利展会

重点组织了由福建省人民政府举办的第八届中国海峡项目成果交易会，统一组织河南省优秀专利技术105个项目参展。组织协调河南省专利

权人参加了2010年中国国际专利技术与产品交易会等8个展览会。

六、《河南省知识产权战略纲要》贯彻实施深入推进

1. 召开河南省知识产权战略工作领导小组会议

2月5日，河南省政府召开河南省知识产权战略工作领导小组会议，徐济超副省长出席会议并发表重要讲话，要求河南省上下要进一步提高对实施知识产权战略重要性的认识，努力推进知识产权战略全面深入实施。会议出台了2010年《实施河南省知识产权战略纲要任务分工》及其推进计划，并制订了《河南省知识产权战略纲要(2008～2020)实施情况年度评价方案》。河南省知识产权战略工作领导小组26个成员单位负责人和相关联络员参加了会议。

2. 召开河南省实施知识产权战略会议

4月22日，河南省政府召开河南省实施知识产权战略会议暨第三批知识产权优势企业优势区域表彰大会。河南省知识产权战略领导小组各成员单位的负责人，各省辖市人民政府主管副市长，各省辖市知识产权、工商、版权、质监四部门负责人，第三批知识产权优势企业、优势区域，河南省知识产权试点高校和部分科研院所、知识产权服务机构的负责人，以及中央驻豫和河南省新闻媒体等共计200余人参加了会议。国家知识产权局党组成员、副局长甘绍宁到会，充分肯定了河南省知识产权战略实施工作。徐济超副省长发表重要讲话。

3. 多部门共同推动战略实施

展了“区域知识产权战略推进计划绩效评估”课题研究。4月底，河南省质量技术监督局联合河南省知识产权局和省财政厅正式启动了河南省自主知识产权技术标准培植工程，并选定4家企业继续开展自主知识产权技术标准培植试点工作。河南省知识产权局还会同工商、版权等主要知识产权部门制定了《河南省知识产权发展“十二五”规划》，并纳入河南省“十二五”专项规划。截至目前，郑州、洛阳、南阳、新乡、安阳、信阳、商丘、周口、许昌、漯河、鹤壁、济源等14个市均制定了知识产权战略纲要或知识产权战略实施意见。

七、知识产权宣传

2010年，河南省知识产权局紧紧围绕省委省政府中心工作，加大知识产权宣传力度，为发展知识产权事业营造了良好的舆论环境。

(一)积极组织开展“保护知识产权宣传周”宣传活动

“4·26保护知识产权宣传周”期间，参与组织召开“保护知识产权宣传周”活动开幕式，并积极联系新闻媒体，组织开展系列宣传活动：在《河南日报》整版刊登《2009年度河南省知识产权保护状况(白皮书)》；在河南电视台法制频道连续播出七期知识产权重大典型案例剖析；与《大河报财富周刊》联合，连续报道了一批依靠自主知识产权发展壮大的创新型企业；在《决策探索》上开辟专栏，组织刊发有关专家撰写的“实施知识产权战略”系列文章。

(二)围绕知识产权战略实施两周年举办主题宣传活动

一方面配合国家知识产权局组织开展了《国家知识产权战略纲要》实施两周年专题宣传报道活动，接待了国家知识产权局联合中央7大媒体组成的专题采访团，先后赴郑州、新乡、洛阳部分企业进行为期4天的采访，了解和挖掘河南省部分知识产权优势企业的典型做法和宝贵经验。采访团回京后，刊发了大量的相关文章和报道，其中《经济日报》刊发了一个整版。组织开展了河南两院院士谈知识产权、河南人民广播电台“政府在线”专访郭民生局长等系列宣传活动，扩大战略纲要实施的影响力。

(三)联合媒体搭建知识产权宣传专题平台

经过协商，河南省知识产权局联合河南电视台第八频道、中原工学院于5月联合启动了《非常发明家》专题节目编播工作，举行了开播仪式，搭建了河南省第一个宣传展示知识产权工作的专题媒体平台。《非常发明家》每晚播出，每期30分钟，设置了“专利成果秀”、“非常发明家”、“绝对帮助”、“维权行动”、“专利市场”等栏目。

(四)抓好政务信息工作

年初继续将政务信息工作列为目标考核内容，通过强化信息管理、拓宽报送渠道、完善激励机制、培养工作人才等措施，使信息采写和报送质量明显提高。全年共编发《河南知识产权动态》12期，《河南省知识产权工作专报》10期；各地市在

“河南知识产权信息网”刊登专利工作动态634篇，被国家知识产权局门户网站“地方知识产权”栏目采纳136篇。

八、知识产权培训

立足省情，紧密结合当前经济社会发展形势，加大了知识产权培训工作力度，开展了形式多样的培训活动，取得了显著成效。

（一）积极推动百千万知识产权人才工程实施

进一步研究制定了《河南省百千万知识产权人才管理办法》、《省知识产权人才工作组工作制度》及知识产权人才评价指标体系，组织召开了第一次知识产权人才工作组办公室会议，全面启动了首批知识产权高层次人才评选认定工作。新增郑州大学、河南大学2所高校作为河南省知识产权培训基地，并组织有关高校积极申报国家知识产权培训基地。

（二）积极推进知识产权远程教育工作

积极探索远程教育管理和教学新模式，扎实开展远程教育工作，得到了国家知识产权局、中国知识产权培训中心及兄弟省市的一致认可与肯定，并把河南省知识产权局远程教育管理模式作为样板在全国推广。加大招生力度，增加了两门新课程，新增注册学员1475人，现有学员近2500名，组建班级44个，课程注册达6351人次，相比上年注册课程的人次增加了22%。

（三）积极举办各类知识产权培训班

全年指导河南省各级知识产权部门组织开展各类知识产权培训60余期，参加培训近1万人次，其中，河南省知识产权局直接组织举办了14期培训班。

九、专利综合业务

（一）专利代理

2010年，国家知识产权局郑州专利代办处共受理专利申请19 755件，同比增长30.68%。

1. 电子审批系统顺利上线

顺利完成E系统上线前的集中测试和试运行工作，及时向国家知识产权局相关技术部门提出E系统中改进意见；通过组织窗口工作人员参加电子审批系统应用培训和通过远程视频系统培训等方式，对代办处工作人员进行E系统操作培训；在新系统正式运行期间，坚持向国家知识产权局做到日报告和零报告；工作人员向申请人和代理机构工作人员认真做好宣传和讲解，耐心的处理来电、来函等各种咨询。

2. 开展电子申请推广工作

认真开展电子申请体验周各项活动。明确1名工作人员作为电子申请宣传员，佩戴“电子申请宣传”红袖标，在代办处大厅内分发《电子申请宣传册》，向申请人详细解答在电子申请中遇到的问题。着力培养在电子申请推广利用方面的业务骨干。组织河南省各代理机构进行宣传和集中培训，确保各代理机构能熟练掌握电子申请的操作流程。在河南省知识产权局网站开辟电子申请专栏，将电子申请的注册、操作流程及相关开展电子申请的文件和表格挂到网上，方便申请人查询和下载。建立各专利代理机构月电子申请量报送制度。在代办处受理大厅设置了专门用于电子申请的上网计算机，并专人负责提供有关电子申请的服务。目前，河南省15家专利代理机构已全部注册电子申请用户，电子申请推广工作进展顺利，电子申请量也在逐步增长。据统计，截至12月底，河南省代理机构当月电子申请率达到77.88%，代理机构月电子申请率一直维持在90%以上。

3. 加强中介服务机构建设

继续对代理机构实行量化管理，实行了代理机构申请文件差错监控制度；在河南省知识产权局网站专利代理栏目开辟了业务论坛专栏；充分利用河南省知识产权局联系国家知识产权局和代理机构的枢纽特征，加强双方的沟通与交流；配合国家知识产权局落实开展2010年专利代理机构帮扶试点工作，将河南省的一家专利代理机构纳入到国家知识产权局的帮扶工作范围。截至2010年年底，河南省专利代理机构已增加为15家，其中信息服务机构有2家，从事专利孵化转移和展示交易的机构有9家。

4. 加强代理人队伍建设

通过积极争取，国家知识产权局将河南省设为2010年度全国专利代理人资格考试的考点，郑州考点参考人员245人。河南省知识产权局通过报纸、网络等多种手段加强宣传，组织尽可能多的考生参加考试；和知识产权出版社以及法律书店多方沟通，保证考生能及时购买到需要的参考书籍；同时做好考生报名、准考证发放，考场安排等工作。和国家知识产权局培训中心沟通，联合举办了为期8天的专利代理人资格考试考前培训班。此次考试中有11人直接考取代理人资格，有49人考过了单科成绩。

（二）专利申请资助资金审核发放

2010年，是河南省专利申请资助资金设立的第九年，从申报、审核到资金拨付均严格按照资助资金管理办法和工作规程的要求，从而保证了资助资金在提高河南省广大企事业单位、社会公众知识产权保护意识，促进河南省专利申请数量和质量的提高、专利申请结构改善等方面发挥了积极的作用。

1. 认真落实专利申请资助资金发放政策

2010年河南省知识产权局调整思路将资助时间由申请阶段改为授权后，切实提高了河南省的专利授权量，引导申请人重视专利申请的质量。出台了拟用3～5年时间实现逐步过渡的资助调整方案，同时根据方案对已基本开发完成的资助管理系统进行了调整。2010年，共受理资助申请4079件，实际获批资助申请1598件，金额150万元，其中：发明512件、实用新型1074件、外观设计12件，职务1508件，非职务90件。

2. 积极做好PCT专利申请资助工作

与中央及河南省内主流媒体合作，深入开展PCT专利申请资助政策宣传工作。与河南省财政厅联合启动了2010年度国外专利申请资助工作。6月底河南省知识产权局举办了PCT专利申请培训班。2010年经河南省知识产权局初步审核上报的28项PCT专项资助申请项目中，有25项获财政部资助。

十、知识产权工作受到社会各界诸多表彰和荣誉

2010年，河南省知识产权局被授予第十二届中国专利奖最佳组织奖、全国知识产权培训工作先进集体、全国知识产权局系统政务信息工作先进集体、全国专利实施状况调查先进集体、全国城市和园区知识产权试点示范工作先进集体、全国知识产权部门和公安机关知识产权执法保护先进集体。洛阳市被国家知识产权局、工业和信息化部联合确定为国家中小企业知识产权战略推进工程首批实施单位，并申报成为全国第二个“国家自主知识产权产业化基地”。许昌市、平顶山市被确定为国家知识产权试点城市，郑州市被确定为国家知识产权工作示范城市。中国一拖集团有限公司、河南大学等30家企事业单位被确定为全国第四批企事业知识产权试点单位，中国一拖、瑞贝卡2家企业被确定为国家第二批企事业知识产权示范创建单位。

（河南省知识产权局 张晓燕）

商标工作

2010年以来，在河南省委、省政府和国家工商总局的正确领导下，河南省工商局以学习实践科学发展观为指导，贯彻落实党的十七大、十七届四中和五中全会精神，坚持在践行“四个重在”，落实“四个只有”的同时，继续进一步立足工商抓工商、跳出工商抓工商，继续紧紧围绕“兴企强省”、“兴农富民”两大工程，全面实施“商标强企、商标富农”工作，加大打击商标侵权行为的力度，尽心尽力为企业和群众服务，尽职尽责构建和谐诚信的商标市场经济秩序，商标申请和注册量节节攀升，争创中国驰名商标和河南著名商标工作稳步推进，为促进河南省经济社会又好又快发展作出了应有的贡献。

一、2010年河南省商标监管工作的五个亮点

一年多来，全省工商系统干部职工，尤其是商标监管人员在省委、省政府和国家工商总局的领导下，围绕商标发展战略的实施和商标监管，做了大量的工作，取得显著的成绩。归纳起来，有以下五个亮点：一是对各级党委领导和有关部门的汇报力度、对企业和社会的宣传力度进一步增强，使党委领导和有关部门对实施商标发展战略的重视程度、扶持力度增强，企业和群众的商标意识和运用能力进一步提高，形成了商标发展的良好社会氛围。就各省辖市来讲，焦作、开封、商丘、濮阳市政府先后出台文件，召开动员和表彰大会，对商标扶持、指导出台了一系列政策和措施，重奖获得中国驰名商标、河南省著名商标的企业。二是各级工商行政机关围绕实施商标发展战略，从组织领导到人员配备、从调研指导到检查督促、从目标考核到奖励兑现，都有了新举措、新创意、新成果。周口、开封工商局的一把手亲自过问，包点包企业，对实施商标发展战略、政策品牌具体指导，身体力行，促使商标工作做得有声有色。三是深入实施“商标富农”、“商标强企”工程有新进展。在农村广泛扶持推广公司＋商标＋农户、公司（农村合作组织）＋地理标志＋农户模式，形成了一个商标带动一方企业，一个地理标志带动一方农民致富的格局。对产业集聚区商标的培育扶持、品牌创新问题，各地也初步进行了探索，采取多种形式指导企业用商标权质押，解决融资难的问题，已初见成效。目前河南省已办理商标质押登记备案4件，贷款1.2亿元。河南省商标申请注册量超过2万件，其中累计注册商标近7万件，达历史最高水平。申请中国地理标志11件，被认定3件，是两年中最多的。四是争创河南省著名商标、中国驰名商标历史性突破。2010年共新认定河南省著名商标251家，使河南的著名商标达到1307家。2010年各地申报积极性更高，已申报400余家。至此，河南省驰名商标共有59家，其中2009年以来被国家工商总局商标局认定34家，是十多年认定的1.3倍，在全国上升了4个位次。五是商标专用权保护和商标打假专项整治有新亮点。除按照国家工商总局要求，做好世博会标志保护和商标中介服务机构的整顿外，在以往赴陕西、黑龙江进行"莲花"驰名商标打假专项行动的基础上，又组织了赴江西的莲花打假专项行动，成果显著，受到国家工商总局商标局的表扬，中国工商报头版头条予以介绍；2010年3月和6月，又在省内九市、山东省四个市地开展了"白象"、"大骨"商标专用权打假整顿活动；对省外驰名商标"蒙牛"、"得力"开展的专项打假活动，得到了国家工商总局肯定。上述成绩的取得，既是各级领导正确领导的结果，也是奋战在第一线的商标监管干部职工辛勤劳动、奋力拼搏的结果。

二、2010年河南省商标监管工作的主要情况

（一）围绕商标监管职能，大力健全完善服务河南省经济发展环境

一是河南省工商局正式出台了《关于认真落实〈河南省著名商标认定和保护办法〉的通知》，为全系统充分认识其重要意义和领会、宣传贯彻这个重要规范文件，以及不断提高各级商标管理水平奠定了坚实基础。二是积极配合做好河南省工商局深入开展的"百亿送贷"活动。河南省工商局起草出台了《关于贯彻国家工商总局〈注册商标专用权质权登记程序规定〉的意见》。三是进一步加大了争创中国驰名商标、河南省著名商标力度。河南省工商局下发了《关于开展2010年度河南省著名商标认定和保护工作的通知》，共上报申请著名商标381件，目前已组织专家评审结束，并由河南省工商局发文公布。

（二）深入开展"两大工程"，促进企业做大做强和农民致富

一是在实施商标战略过程中，河南省工商局紧密结合河南省作为农业大省的实际，把实施"商标富农"工程，贯穿于工商部门服务新农村建设的全过程。据此，近年来，河南省工商局在周密调查研究的基础上，较好地找到了工作的着力点和支撑点，主要的就是通过培育和发展"公司＋商标＋农户"、"公司（协会）＋地理标志＋农业合作社＋农户"模式，使企业、农民合作组织运用商标扩大市场知名度，提升竞争力，利用品牌做大做强，吸引农户把土地合理流转、集中到公司、农村合作组织，农民作为员工加入企业，农村合作组织实现规模化、现代化经营，形成市场主体做大做强，商标知名度增多、农民增收的三赢格局。据统计，2010年以来，全省登记注册农民合作社20万家，培育和发展"公司（农民合作社）＋商标＋农户"模式1816家，农产品及涉农产品商标注册4800多件，占同期商标注册量的38.2%，经济效益明显增长，农民收入显著提高。二是河南省实施"商标强企"工程主要是围绕产业集聚区商标培育、争创品牌为重点。河南省政府确定了160个产业集聚区，要求各个部门结合实际，重点予以支持和指导。全省工商部门对产业聚集区实行了领导包干、派员进驻的办法，从商标注册、商标依法使用、利用商标增加知名度和市场竞争力，到争创著名、驰名商标、商标打假维权等，全方位、全过程地服务和帮扶。河南省工商局挑选了长垣起重设备集聚区、长葛三轮车、农用汽车集聚区、偃师化工、铁皮柜集聚区，以及固始、新郑养种植农产品加工集聚区为帮扶重点，一年来共组织报告会五场，参加企业的领导580多人，仅这5个产业集聚区就新注册商标1045件，国际注册186件，新增加中国驰名商标8件，河南著名商标67件，在实施商标战略方面发挥了龙头作用。

（三）进一步加大争创中国驰名商标、河南省著名商标力度，积极帮助企业解决融资困难

一是河南省工商局具体指导帮助河南省25家企业向国家商标局递交了申请中国驰名商标的材料，这也是河南省历史上一次申报数量最多的一次。各省辖市工商局也相继在300家重点帮扶企业建立了商标帮扶责任人制度，实行"一对一"、"一对多"的定点定向帮扶，全方位、零距离的跟踪

指导服务，从而进一步地加大了争创驰名商标、河南省著名商标的工作力度。据统计，各级工商部门商标监管人员深入企业400多人次，省、市、县、所四级联动，主要领导都与辖区重点企业结成对子，签订帮扶协议，与企业共同分析形势，研究问题，提出建议，使争创品牌有了新的突破。截至目前，全省共申请商标注册10万余件，有效注册商标8万余件，中国驰名商标达到59件，著名商标1307件，地理标志证明商标18件，在全国各省、市、自治区排名中都在逐步上升，其中中国驰名商标数量相比08年以前总数增加近一倍。二是省工商局与省邮储银行联合开展“百亿送贷行动”，通过帮扶和服务，一年之内要对全省中小企业发放贷款100亿元。国家工商总局《注册商标权质权登记程序规定》颁布实施后，结合河南省实际，河南省工商局及时制定下发了《关于贯彻国家工商总局注册商标专用权质权登记程序规定的意见》，要求全省工商系统明确意义，提高认识，广泛宣传，形成共识，作为“商标强企”在百亿送贷行动的主要内容，作为“商标富农”的重要举措来抓。经过系统上下的努力，2010年全省企业共在国家工商总局商标局商标专用权质权登记五起，共计2.5亿元，其中信阳五云茶叶集团8000万元，许昌三十香调味品公司两笔1000万元，郑州好想你枣业股份有限公司6000万元，郑州三全食品有限公司1亿元。在办理商标专用权质权登记中，河南省工商局对企业做到：一是热情接待，耐心指导其准备、修改和补充有关材料，还深入面对面的帮扶；二是主动联系商标评估企业，牵线搭桥，迅速完成商标质权评估工作；三是与国家工商总局商标局联系，并派专人带领企业和银行代表到北京，向商标局领导和有关处室汇报和沟通，尽快办理。其中“三十香”、“好想你”等三件登记手续都是当天到北京，当天办完手续离北京，得到企业的称赞和河南省工商局局领导的表扬。

（四）履行职能，监管到位，保护企业商标专用权和消费者的合法权益

一是河南省工商局围绕国家工商总局关于《保护世界博览会标志专用权行动方案》和国家工商总局等八部门下发的《关于开展2010年世博会知识产权保护专项行动的通知》文件精神有关要求，不断加大2010年上海世博会标志和指定产品的保护力度。2010年初，结合河南省实际，河南省工商局向全系统下发了《关于开展保护世界博览会标志专用权行动的意见》，要求全省各级工商机关高度重视，加强领导，加强宣传和执法合力，确保2010年世博会在我国举办期间，促使各类企业、商户合法经营，切实维护世博会标志和消费者的合法权益。在上海世博会开幕以来，全省共出动工商执法人员19 760人次，检查批发市场、集贸市场等各类市场1415个，重点查处重点区域666个，予以行政指导273次，查处各类侵犯世博会标志和指定产品案件3件，有效地净化了世博会标志和指定产品的市场环境。二是不断研究探索，逐步建立健全河南省商标代理组织监管机制和自律机制。为贯彻落实国家工商总局进一步加大商标中介组织机构的相关监管要求，河南省工商局及时出台了《关于贯彻国家工商行政管理总局〈关于进一步规范商标代理组织市场秩序的通知〉和〈商标代理管理办法〉的意见》，对全系统进行了安排部署，并组织全系统对商标代理组织进行全面清查，对商标代理组织存在的突出问题进行整治。同时，对河南省的各类商标代理组织实行信用监管，将商标代理违法行为列入“12315”投诉举报热线的受理范围，有效地净化了河南省商标代理中介市场环境。如河南国信商标代理事务所拖欠国家商标局注册费、冒充行政机关欺诈企业问题发生后，河南省工商局立即组织人员对其进行查处，及时予以纠正和制止。三是进一步强化商标专项维权机制，完善商标保护网络和工商执法联动机制，把商标保护范围从省内扩大到全国各省、市，全面拓宽对驰名、著名商标的保护渠道。对涉及侵害驰名商标、著名商标权的举报和投诉案件，按照法律法规规定给予重点保护，及时受理、依法快速处理。对于侵权行为突出的商标假冒侵权严重的区域，应企业要求，组织开展专项整治和重点整治，净化创牌与投资环境。如2010年7月中旬，河南省工商局接到河南省正龙食品有限公司（获中国驰名商标企业）投诉山东和河南7个市地市场出现了大量假冒“白象”、“大骨”商标的方便面后，河南省工商局分别和山东省集中开展了两次大型商标维权打假行动，较好地维护了“白象”和“大骨”商标专用权，有力地促进了河南省龙头重点企业发展，维护了广大消费者的合法权益。其中，河南九个省辖市在这次统一集中整治行动中，共出动工商执法人员500人次，执法车辆61辆，立案35起，查处涉嫌侵权“大骨”系列方便面49 000箱，包装箱（含包装纸件）4万个、包装塑料袋730捆；经与山东省工商局联合召开商

标打假专项行动会议后，山东省共出动工商执法人员300人次，执法车辆43辆，立案19起，查处涉嫌侵权“大骨”系列方便面21 000箱，有效地制止了商标侵权行为，保护了企业和消费者的利益。尤其是，在刚刚闭幕的第十一届淮海经济区商标专用权保护协作会议上，河南省工商局对省内外驰、著名商标企业商标专用权维护问题，提出了进一步重点保护的要求。

通过以上一系列的工作，全省工商系统2010年截至12月份以来，共查处商标违法案件3600余起，涉案金额2300多万元，罚款1400多万元。其中：商标侵权假冒案件2780起，涉案金额1600万元，罚款1130万元；商标一般违法案件820起，涉案金额700万元，罚款270万元。移交司法机关案件7起。

（河南省工商行政管理局）

版权工作

2010年，河南省版权管理工作坚持以邓小平理论和“三个代表”重要思想为指导，以科学发展观为统领，深入贯彻落实《国家知识产权战略纲要》和《河南省知识产权战略纲要》，按照激励创造、有效运用、依法保护、科学管理的方针，认真扎实地做好版权监管执法工作，积极推动版权相关产业健康发展，努力营造“尊重创造、尊重劳动、尊重知识、尊重版权”的社会氛围，圆满完成了年度各项工作任务。

一、版权监管执法工作

全省共立案查处各类著作权侵权盗版案件376起，查缴各类侵权盗版出版物47.6万件，查扣各类侵权盗版设备90余套件，取缔非法经营单位、摊点737个，铲除黑窝点11个，关闭非法网站29个，收缴非法网站服务器及相关设备138件，移送司法机关案件5起，12人被追究刑事责任。

（一）认真做好上海世博会、广州亚运会的版权保护工作

为配合做好上海世界博览会版权的保护工作，充分展示河南省尊重版权、保护版权的良好形象，根据国家版权局的安排部署，结合全省实际情况，认真制定了《河南省世博会版权保护实施方案》、《河南省世博会反盗版快速反应机制》，省、市两级都成立了上海世博会版权保护工作领导小组，加强了对世博会版权保护工作的组织领导。同时，加大了对出版物市场、互联网传播等的监管力度，做到关口前移，打防结合，收到了明显效果。全省实现了上海世博会版权重大侵权盗版零案件的目标，为举办一届成功、精彩、难忘的世博盛会提供了良好的版权环境，河南省版权局被国家版权、公安部、国家知识产权局等8部委表彰为2010年上海世界博览会版权保护先进单位。为做好广州亚运会、亚残运会的版权保护工作，河南省认真借鉴上海世博会版权保护的成功经验，科学筹划，严密组织，完善机制，创新方法，确保了亚运会、亚残运会版权保护工作的圆满完成。

（二）继续扎实开展打击网络侵权盗版专项治理“剑网行动”

根据国家版权局、公安部、工业和信息化部《2010年打击网络侵权盗版专项治理“剑网行动”方案》的统一部署，自2010年7月至2011年2月，在全省范围内扎实开展了打击网络侵权盗版专项治理“剑网行动”。专项行动中，认真借鉴了前几年开展此项行动的成功经验和好的做法，加强了对省内各大网站以及以传播影视、音乐、网游、动漫、软件下载等为主要内容网站的主动监管，加大对网络销售侵权盗版出版物行为地打击力度。“剑网”行动中，全省共查处各类网络侵权盗版案件101起，移送公安机关3起，查扣非法网站服务器及相关设备39台，查缴涉案盗版图书2.8万册，网络环境下的侵权盗版行为得到有力打击。为确保“淘宝网店”系列侵权案件的顺利查办，郑州市成立了由省版权局和郑州市版权、公安、文化市场综合执法等有关部门组成专案组，拨出专项办案经费20万元，历时6个月，共查办网络侵权案件89起，移送公安机关3起，有力地打击了网络侵权盗版行为，维护了省会城市版权保护的良好形象。

（三）积极开展侵权盗版音像制品专项整治行动

按照国家版权局的统一部署和《关于查缴〈六人行〉、〈名侦探柯南〉等盗版音像制品的通知》要求，省版权局加大对音像制品的有效监管，在全省范围内认真组织开展打击音像制品及计算机软件侵权盗版集中整治，针对《六人行》、《名侦探柯南》等侵权盗版音像制品和盗版软件进行集中清缴，

严厉打击侵权盗版违法行为。此次行动中，共查缴各类盗版音像制品、软件 1.2 万张，市场秩序得到了进一步规范。

(四)着力开展打击侵犯知识产权和制售假冒伪劣商品专项行动

按照国务院和河南省政府的统一部署，结合新闻出版工作实际，自 2010 年 11 月上旬开始，河南省版权局、省新闻出版局、省“扫黄打非”办联合在全省新闻出版系统，认真扎实地组织开展打击侵权盗版专项行动。专项行动期间，成立了专项行动工作领导小组，设立了领导小组办公室，制定了《河南省新闻出版局、河南省版权局、河南省“扫黄打非”工作领导小组办公室打击侵犯知识产权和制售假冒伪劣商品专项行动实施方案》，明确了相关组成单位的职责、任务和分工，建立了检查督导机制，加强了与公安、工商、通信、交通等部门的协调与配合，紧紧抓住源头、流通、存储、销售等关键环节，严厉打击侵权盗版违法行为，积极维护权利人的合法权益和社会公共利益。为确保专项行动各项工作落到实处，河南省版权局把专项行动开展情况列为年度工作考评重要内容，加大检查督导力度。2010 年 12 月下旬，河南省新闻出版局组成 8 个督导组，分别由局领导带队，对全省 18 个省辖市文化广电新闻出版局的专项行动开展情况进行了督导检查，及时发现和纠正行动中存在的问题，有力地促进了专项行动的深入开展，积极为社会公众的文化生活提供一个良好的版权环境。

(五)查处侵权盗版大案要案取得新突破

2010 年，河南省各级版权行政部门强化对重点环节、重点领域、重点内容、重点部位的监管执法，加强对印刷复制源头企业、物流企业及销售商家的有效监管，坚持把查办大案要案作为打击侵权盗版突破口，成功查处了“9·03”重大盗印出版物案、“9·14”重大盗印图书案、“拥抱明天 tb”网店销售盗版图书案、天晴网络游戏外挂侵权案等一批情节严重、影响恶劣、群众反映强烈的侵权盗版重大案件，有力地打击了不法分子的嚣张气焰。

二、版权行政执法培训工作

2010 年是河南省全面落实政府机构改革方案的重要一年。针对机构改革后全省版权行政监管、执法单位调整面广、人员调整幅度大、监管执法的能力和水平亟待提高的实际情况，省版权局组织了全省版权普法执法培训班，18 个省辖市和 32 个县、区的版权行政管理部门的主管领导、业务部门负责人和部分执法人员等 140 余人参加了培训。河南省新闻出版局局长、省版权局局长詹玉荣在培训班上作了重要讲话，对全省版权监管执法工作提出了要求。河南省版权局还邀请了国家版权局和省内有关专家，就如何查处侵权盗版案件、尤其是如何查处网络环境下的侵权案件进行了授课，培训效果非常明显。在加大本省版权管理业务培训力度的同时，河南省版权局还组织了部分省辖市版权监管、执法部门的有关人员参加了国家版权局在新疆召开的全国 2010 年基层版权执法培训工作会议，组织人员参加了全国省会城市版权部门主管领导版权工作研修班。

三、版权普法宣传工作

2010 年，河南省版权局认真组织开展“4·26 世界知识产权宣传周”活动，局机关、出版学校部分人员参加了由河南省政府组织的“河南省世界知识产权宣传周暨河南省实施知识产权战略成果展”，现场提供相关法律咨询，受理投诉举报，发放《著作权法律法规选编》、《作品著作权登记指南》、《著作权行政投诉指南》等宣传资料。同时，在全省认真组织开展普法宣传“进学校、进机关、进社区、进乡村”活动。利用广播电视、报刊等传统新闻媒体进行广泛宣传，充分发挥网络媒体覆盖范围广、传播速度快的特殊优势，通过主题晚会、知识竞赛、专题讲座、案例剖析、公益广告、编排文艺节目等多种形式，加大普法宣传教育力度。各省辖市版权行政部门以“4·26 世界知识产权宣传周”为主要平台，积极开展了集体签名、集中销毁收缴的侵权盗版出版物、发放“绿书签”等形式多样的普法宣传活动，针对党政领导干部、版权执法人员、企事业单位管理人员等重点对象加强宣传教育。积极参加国家版权局组织的“百城联动—正版共赢”、“绿书签行动—拒绝盗版，从我做起”等系列活动。同时，各级版权部门把普法宣传纳入版权工作年度规划，贯穿于全年度工作始终，确保普法宣传工作制度化、常态化、规范化，积极营造“尊重知识、尊重劳动、尊重创造、尊重版权”良好的社会氛围。

四、推进软件正版化工作

一是大力推进企业软件正版化工作。先后召

开了河南省企业软件正版化工作第三次联席会议、全省推进企业使用正版软件工作暨第二批企业软件正版化工作总结表彰大会，认真总结了2009年以来本省企业软件正版化工作，安排部署了全省第三批企业软件正版化工作的任务目标，对22个“全国软件正版化示范单位”、27个“全省企业正版化示范单位”和5个获得“全省企业软件正版化组织奖”的省辖市进行了表彰。积极构建和完善“行政推动、协会辅助、行业推进、积极稳妥”的工作模式，有力地推动了企业软件正版化工作的顺利进行。二是积极推进政府机关软件正版化工作。根据国务院和河南省政府的部署和要求，先后制定下发了《河南省人民政府办公厅关于进一步做好政府机关使用正版软件工作的通知》、《关于开展政府机关软件正版化督导检查工作的通知》，进一步明确了政府机关软件正版化工作的方法步骤、完成时限和相关部门的职责分工。同时，充分发挥牵头部门的作用，加强与相关部门的协调沟通，积极推动政府机关软件正版化工作，为省、市、县三级政府机关软件正版化工作按时完成提供了保障。

五、版权公共服务及版权产业发展情况

在推动产业发展方面，按照国家版权局的部署，深入开展争创全国版权示范城市、示范单位、示范园区(基地)活动。推荐郑州软件园作为河南省首批版权示范园区典型，参加国家版权保护“三个示范”的评选，积极推动和引领版权产业健康快速发展。2010年，河南省的新闻出版、动漫制作、计算机软件、美术创作等新兴版权产业发展迅速，钧瓷、汝瓷等传统特色版权产业发展速度明显加快。全省新闻出版业总产值达到270亿元，实现增加值87亿元；大象出版社的“大象电子书”已经投放市场；《独脚乐园》成为中国十大动漫品牌之一，《河南手机报》订阅用户突破120万户；2010年北京图书订货会和第二十届全国图书交易博览会期间，河南省参展团订货码洋分别突破2000万元、2300万元；汝州市成功举办了首届“中国国际汝瓷文化节”和“汝瓷文化宝岛行”，汝瓷产业年销售收入超过1.5亿元；以画虎著称的民权县王公庄村2010年销售收入由2009年的3100万元上升为5300万元，增幅为70.9%，成为远近闻名的小康村，多次被中央电视台等各大新闻媒体宣传报道。在公共服务方面，作品著作权登记工作实现了申请、受理、审核、公示网络化服务，增设了郑州、开封、洛阳三个版权登记工作站，为社会公众提供方便快捷的公共服务，全年完成从海外、境外引进的版权贸易合同的审核登记190件，比2009年增长了59.7%。

（河南省版权局　王泽平）

司法工作

2010年，河南省法院认真落实国家和河南省知识产权战略实施的各项要求，充分发挥司法保护知识产权的主导作用，提高知识产权司法保护水平，加大知识产权司法保护力度，不断增强知识产权司法保护能力，知识产权司法保护工作有了长足发展，为河南省社会经济和科学文化发展提供了有力的司法保障。

一、知识产权纠纷案件审理基本情况

2010年，全省法院受理一审知识产权纠纷案件1197件，审结1179年，与2009年同期相比分别减少11.6%和22.7%。其中，著作权侵权纠纷618件，同上年相比下降24%；商标权案件289件，增加33.8%；专利权纠纷137件，减少11%；技术合同纠纷18件，减少18.2%；植物新品种纠纷93件，增加29.2%；其他案件42件，减少45.5%。河南省高院共受理二审知识产权案件83件，与上年同期受理的案件相比减少25.8%。

(1)涉及专利、植物新品种等新科技、新产品的高科技领域的纠纷数量持续上升。随着创新型国家建设进程的加快，对自主创新成果的保护需求日益强烈，涉案技术和产品的含金量越来越大，社会各界对审判进程和裁判结果的关注度越来越高。河南法院近年来审理的植物新品种纠纷案件总数居全国第一，约占全国的三分之一，为农林科技行业广为关注。

(2)随着企业创造和保护自主品牌意识的明显增强，涉及商业标志的争议越来越多。知名企业的重要品牌、商业标志类权利屡屡被侵犯。主要表现为注册商标及企业名称、著作权、专利权、未注册商标等权利冲突案件，如“红豆”商标侵权及不正当竞争案件等；企业名称、注册商标与老字号、店招、个人姓名权的冲突；农作物品种名与商标的冲突等。如何界定权利人的保护范围与社会公众利益、实现法理与情理的协调一致成为这类纠纷中的突出问题。

(3)网络著作权案件持续大幅增长，占据知识产权案件的过半以上。随着文化创意产业的蓬勃发展，著作权保护已经超出传统的文化意义而更多地向经济意义拓展。网络成为版权保护的主战场，加强版权保护与促进新商业模式发展的利益平衡空前重要。由于互联网以及网络技术的发展与普及、行为人经营方式的改进，使新情况、新问题层出不穷，案件事实不断出现新的变化，审理难度加大。串案和关联案件较多，如广东中凯、北京慈文、北京网乐、北京网尚公司等影视公司起诉地方教育网站、电视台、高校等侵犯其信息网络传播权案件，以及针对网吧在各地提起的系列案件，在河南造成很大的社会影响。

(4)涉及地方戏剧等具有河南特色的知识产权纠纷案件占有一定比例，案件处理结果对河南本地的经济文化发展有重要的导向作用。苗某、马某等个人分别起诉音像零售店、超市、电视台等侵犯其音像制品制作者权纠纷案件近六百起，这类案件被控侵权当事人范围广，波及面宽，裁判结果的影响力较大，当事人之间易引发对立情绪，处理不妥当，很可能引起连锁反应，引发社会矛盾。

二、2010 年知识产权司法保护的主要做法

(1)司法服务于经济建设和社会发展大局的意识不断增强。全省法院在知识产权审判工作中，全面落实中央、省委关于加强知识产权保护的部署和要求，准确适用知识产权保护法律、法规和司法解释，依法调处各类知识产权纠纷，积极促进科技成果转化，平衡知识产权权利人和社会公众之间的利益，严厉惩处侵犯知识产权的违法犯罪行为，为创新型河南建设和实现中原崛起提供了有力的司法保障。在审判工作中，注重加强调查研究，及时发现和解决法院在知识产权审判工作中存在的突出问题，不断提高服务建设创新型国家和创新型河南的能力和水平。

(2)审结了大批大案要案。德农科技公司与德农种业公司涉及对农业生产有重大影响的郑单958 玉米品种许可使用纠纷；涉及“浚单 18”、“浚单 20”玉米品种的浚县农科所与合肥丰乐种业公司品种权纠纷；标的额 5000 多万元，河南省高院有史以来涉案标的最大的刘宗来与新乡市瑞丰化工公司等人的发明权纠纷、专利权权属纠纷等为代表有重大社会影响的案件，经过认真审理，准确裁判，当事人均服判息诉，为河南省知识产权司法保护起到了典型示范作用。

(3)调解力度不断加大。认真落实最高人民法院“调解优先、调判结合”的要求，通过调解促进科技成果转化和知识产品的合法实施，实现社会资源的合理利用。在商丘福源食品公司与商丘福源生物工程公司技术合作纠纷案中，河南省法院灵活采取多种方式，制订切实可行的调解方案，最终促成福源生物工程公司支付 310 万元用于福源食品公司职工安置，福源公司破产管理人负责将原所持瑞博公司股份转让给瑞博公司，企业甩开诉讼包袱，由此获得新的生机。

(4)司法保护透明度不断提高。全省法院始终坚持通过司法保护引导知识产权全方位保护。依法公开开庭审理案件的同时，还通过媒体、网络等形式及时向社会公开生效裁判和发布审判信息，发挥司法保护知识产权的导向作用。一是选择典型案件，开展巡回办案，深入到科研机构、侵权行为易发地多发地、经营市场、工厂车间等开庭，宣传法律，提高全社会知识产权保护意识；二是不定期邀请人大代表、政协委员以及廉政监督员等旁听案件审理，认真听取意见和建议，主动接受监督；三是通过网络视频直播知识产权案件的开庭审理，让社会公众了解知识产权保护，扩大司法保护知识产权的效果；四是根据最高人民法院和河南省法院的要求将知识产权裁判文书全部上传到“中国知识产权裁判文书网”和“河南法院网”，实现河南省知识产权裁判文书多网公布。

(5)注重各项诉讼措施的使用。注意发挥临时措施在保护知识产权中的独特作用，积极探索试行诉讼调查令。省法院二审审理的一起商业秘密侵权案件中，一方律师持该调查令自行去调取证据，促使配合法院的调解工作，最终该案以调解结案。双方当事人都非常满意。

(6)坚持开展巡回办案、方便当事人诉讼。河南法院知识产权法官根据知识产权审判专业技术性强，一般群众接触少的特点，通过知识产权案件巡回审理，阳光审判，强化社会及有关方面对知识产权司法保护的认知和认同，激发全社会的自主创新、和谐发展。

(7)积极应对新情况新问题，加强调研，突出业务指导，规范司法尺度。河南省高院针对近年来系列案件频发的新情况，尝试在各中级法院建立关联案件报告制度，要求各中院对受理的知识产权案件中关联和同类案件，及时向河南省高院报告。同时，在与最高人民法院、全省各中院沟通交流的基础上，多次召开全省专题研讨会，对同类案件和关联案件执法标准进行讨论研究，不仅使案件裁判遵循了统一的原则，也为这些案件的调解工作奠定良好基础。2010 年省法院先后对后国际金融危机时期知识产权司法保护、网络著作权司法保护、植物新品种司法保护以及商业秘密司法保护、知识产权侵权案件中电子证据等进行专门调研，形成关于网络侵权、商业秘密等问题的调研报告以指导全省，为最高人民法院出台相关司法解释提供建议。

(8)建立与知识产权有关部门的沟通、协调机制。河南省高院不断加强与相关单位的联系、沟通，强化知识产权保护的协作配合。主动加强同知识产权行政各主管部门的沟通合作和信息交流，互通知识产权侵权线索，积极配合有关单位开展“4·26 知识产权保护专项行动”等活动，形成知识产权保护整体合力。

(9)积极探索“三审合一”的审判模式。最高人民法院已批准河南省高院以及郑州、洛阳两市中级法院开展由知识产权审判庭统一受理知识产权民事、刑事和行政案件的试点工作。河南省高院民三庭安排专人对试点工作进行调研，分别对该项试点工作中相关的上海模式、西安模式、武汉模式等做法进行考察，并到郑州、洛阳等地法院进行座谈，征求各界意见。河南省高院起草了《关于我省开展知识产权“三审合一”试点工作中刑事司法保护若干问题的意见(讨论稿)》，与河南省检察院、省公安厅多次召开座谈会，对“三审合一”模式下刑事案件地域管辖、工作衔接等主要问题基本上达成了一致意见，为全面推进知识产权“三审合一”工作奠定了坚实的基础。

(10)创新宣传活动方式、突出宣传重点，充分展示河南省各级法院在知识产权司法保护工作中的重要举措和取得的突出成效。4 月 20 日，河南省高院知识产权庭法官参加了河南省“知识产权宣传周暨实施知识产权战略成果展”开幕式，制作知识产权司法保护宣传展板，并设立投诉咨询台。河南省高院专门下发通知，在全省法院开展了 4 月 20～26 日为期 1 周的知识产权宣传活动。4 月 26 日《河南法制报》刊发谢德安副院长的专访，整版介绍了河南省知识产权司法保护工作。河南电视台法制频道结合民三庭公开开庭的专利案件，对刘冠华庭长进行采访。全省法院积极行动，开展多种多样的宣传活动。

经过多年的积累，河南知识产权审判工作取得了一定成就。2010 年 4 月，最高人民法院在河南召开了全国法院知识产权审判工作座谈会，对河南省的知识产权审判工作予以肯定。

三、河南知识产权刑事审判概况

河南省高级人民法院刑三庭，负责全省法院侵犯知识产权刑事案件审理和指导以及制售假冒伪劣商品专项行动和“扫黄打非”专项斗争办公室工作。全省法院依法履行审判职责，打击和遏制侵犯知识产权犯罪活动，实现刑罚惩罚犯罪和预防犯罪的功能。始终保持对侵犯知识产权犯罪活动的高压态势，依法从严惩处该类犯罪分子，该重判的，坚决重判，绝不以罚代刑。在具体审判工作中，注重以保护著作权、商标权以及专利权和植物新品种权等为重点内容，注重以新闻出版业、文化娱乐业、高新技术产业、农业为重点整治领域，以图书、音像、软件、大宗出口商品、汽车配件、手机、药品、种子等为重点查处产品。依法加快审判进度，及时有效地打击侵犯知识产权和制售假冒伪劣商品犯罪行为。在依法适用主刑的同时，加大罚金刑的适用与执行力度，并注意通过采取追缴违法所得、收缴犯罪工具、销毁侵权产品等措施，从经济上剥夺犯罪分子再次犯罪的能力和条件。2010 年审理了李某等销售伪劣产品案、刘某等 4 人制售政治性非法出版物案、贾某等非法印刷盗版图书案、开封某单位网络游戏外挂案等一大批具有一定影响的案件。同时，该庭还注重把案件的审理工作同法制宣传教育有机结合起来，要求相关法院根据案件具体情况，采取公开宣判、以案说法等形式，适时公布侵权盗版案件典型案例，有力震慑犯罪分子。

四、河南知识产权行政审判概况

2010 年，河南法院仅审理 1 件涉及知识产权的行政案件，即张雅云诉平顶山市知识产权局专利纠纷处理决定案。行政庭坚持合法性审查原则，主动邀请民事法官参与审理知识产权行政案件，依法保护原告和利害关系人的知识产权，并积极延伸司法审查职能，及时通过司法建议的方式向知识产权主管部门提出进一步规范执法的意见，为知识产权提供更有力的保护。

(河南省高级人民法院知识产权审判庭
王永伟　焦新慧)

检察工作

2010年，河南省检察机关按照最高人民检察院的统一部署，把加大知识产权司法保护力度列入工作重点，与有关行政执法部门密切配合，结合河南各地实际，采取有力措施，依法严厉打击侵犯著作权、假冒注册商标、侵犯专利权、侵犯商业秘密等犯罪活动，取得了一定成效。

一、健全行政执法与刑事司法衔接工作机制

河南省各级检察机关主动深入行政执法部门，通过走访、座谈、会签文件等多种形式，普遍加强了与行政执法部门之间的联系。这种经常性联系，主要以下列三项制度为"支点"：一是联席会议制度。联席会议由检察机关和各级整顿和规范市场经济秩序领导小组办公室轮流担任召集人，一般每季度召开一次，主要研究知识产权犯罪动态、总结发案规律、交流办案经验、进行信息通报、制订专项活动计划。会议形式灵活多样：属于共性问题的，所有成员单位参加；属于个性方面的问题，除检察、公安机关外，一般只召集涉及的个别或部分行政执法部门参加。通过联席会议，实现了各方及时沟通、协商，面对面交流与互动。二是行政执法案件普查制度。检察机关定期到行政执法机关，查阅某个阶段的所有行政处罚案件卷宗，全面了解行政执法有关情况，及时发现和纠正该立案不立案、该移交不移交和以罚代刑等问题。三是案件移送制度，行政执法部门按照案件移送的程序、时限、标准，以规定的文书名称、格式向公安机关移送包括侵犯知识产权在内的涉嫌犯罪案件，并向检察机关报备。上述三个"支点"，构成行政执法与刑事司法相互衔接的基础平台。据统计，2010年，河南省检察机关共监督行政执法机关移送涉嫌犯罪案件197件309人，其中公安机关立案侦查196件307人，批准逮捕134件219人，提起公诉107件190人，已作出有罪判决78件121人。

二、以点带面，重点推进

在行政执法与刑事司法衔接工作中，检察机关需要联系的行政执法单位很多，凡具有行政执法职能的机关、组织，都是联系对象，而目前检察机关现有人力有限。所以，抓住重点，深入推进，以点带面，既是现实要求也是正确选择。所谓"重点"，一是重点领域，二是重点环节，三是重点案件。根据某个时期经济犯罪的特点和多发、高发态势，以及公众关注的"热点"等实际情况，什么领域的问题突出、哪个环节的犯罪活动猖獗，何种类型的侵犯知识产权犯罪严重，就对该领域、该环节和该类案件进行集中整治、重点查办。此外，河南省各级检察机关根据本地实际，先后开展了一系列专项行动。

三、开展打击侵犯知识产权和制售假冒伪劣商品专项行动和对行政执法机关移送涉嫌犯罪案件专项监督活动工作情况

打击侵犯知识产权和制售假冒伪劣商品专项行动和对行政执法机关移送涉嫌犯罪案件专项监督活动开展以来，河南省人民检察院要求全省检察机关以两个专项行动为契机，切实办理一批侵犯知识产权和制售假冒伪劣商品的大案要案，切实监督移送一批滞留在行政执法环节的陈年积案，并结合《河南省行政执法与刑事司法衔接工作暂行办法》进一步建立健全河南省两法衔接工作，形成对行政执法案件的有效监督机制。

（一）多方联动，形成合力

两个专项行动任务部署后，河南省人民检察院迅速制定了《全省检察机关打击侵犯知识产权和制售假冒伪劣商品专项行动实施方案》，并与河南省公安厅、省监察厅、省商务厅共同研究制定了《关于开展对行政执法机关移送涉嫌犯罪案件专项监督活动方案》。为确保两个专项行动扎实开展、取得实效，河南省人民检察院联合省公安厅、省监察厅、省商务厅召集14家省级行政执法机关召开联席会议，对专项监督活动的具体任务、工作重点提出了明确要求，对两法衔接工作中存在问题进行了认真沟通。在此基础上，又召开有省、市、县三级检察、公安、监察、商务和有关行政执法机关参加的电视电话会议，对专项监督活动进行了全面部署。

（二）明确任务，强化责任

河南省人民检察院要求各级检察机关要认真履行法律监督职能，严格监督行政执法机关及时向公安机关移送涉嫌犯罪案件，对行政执法人员以权谋私、徇私舞弊不移交刑事案件和帮助犯罪分子逃避处罚等职务犯罪行为要严肃查处；对移交公安机关的重大犯罪案件要提前介入；对公安机关提请逮捕和移送起诉的案件要坚持依法从重从快的原则"快捕快诉"。要求专项监督活动涉及的各行政执法机关要切实落实责任，加大执法力度，严格依法办案，认真排查职责范围内的涉嫌犯罪案件。要在全面摸排线索的基础上，把重点放在以罚代刑和长期滞留在行政执法环节的大案要案上，在监督立案和监督移送中要严格纪律，不留死角。要通过专项监督活动，形成打击破坏市场经济秩序和社会管理秩序案件的高压态势和强大声势。如新乡市烟草专卖局在专项监督活动中排查了几年来1200余件行政执法案件，新乡市食品药品监督管理局排查了几年来800余件行政执法案件，虽然工作量大，但标准不降，要求不松，扎实地完成了前期的案件排查任务。

（三）明确制度，严格监督

一是明确案件移送制度。明确了检察机关依法监督行政执法机关移送涉嫌犯罪案件、公安机关受理相关犯罪案件的职责和程序。要求行政执法机关向同级公安机关移送的同时，应向同级检察机关备案，公安机关对不予追究刑事责任、依法不予立案的，应当报检察机关备案，对公安机关不予立案有异议的，行政执法机关可提出复议，也可建议人民检察院启动立案监督程序；检察机关发现行政执法人员在执法过程中有徇私舞弊不移交刑事案件或者有涉嫌贪污受贿、渎职犯罪行为的应移交自侦部门立案侦查。二是明确备案审查、案件复查制度。要求行政执法机关对达到犯罪标准金额80%以上的行政处罚案件向同级检察机关备案，对公安机关办理的涉嫌犯罪案件，检察机关可对案件采取提前介入方式进行跟踪监督。三是协同办案制度。积极整合检察机关、公安机关与行政执法机关的办案资源，形成了"检察引导、检警协作、检、警、行三位一体"的办案机制，同时注重防范"检察权干扰行政执法权、公安机关侦查权"现象，明确检察职能在查办案件中的引导地位，确保检察机关参与衔接工作的合法性、公正性和权威性。

（四）加强沟通，力求实效

河南省检察机关在开展两个专项行动过程中，要加强对行政执法机关的走访和沟通，及时发现问题、及时解决问题，提高工作实效。河南省人民检察院与省公安厅、监察厅、商务厅共同组成了联合督导组，利用10天时间完成了对全省14家行政执法机关的联合走访和调研。通过走访沟通，一是提高了行政执法机关对开展两个专项监督活动重要性的认识，加强了对两法衔接工作的重视。二是督促各行政执法机关严格按照《河南省行政执法与刑事司法衔接工作暂行办法》的规定备案和移送涉嫌犯罪案件，增强了行政执法机关接受监督与主动配合意识。三是结合个案及发现两个专项行动开展中存在的问题，并现场予以解决。南阳市人民检察院将17家成员单位的联络员分成四个工作组，分别对17家行政执法单位进行了为期3天的走访调查工作。通过查阅了各行政执法单位的执法台账、执法卷宗和移送涉嫌犯罪案件的情况，弄清了案件底数；新乡市人民检察院召开了全市行政执法机关移送涉嫌犯罪案件专项监督活动阶段工作情况通报会，通报了专项活动工作的开展情况，指出了工作中存在的问题，明确了下一步工作重点；洛阳市人民检察院进一步规范了行政执法机关备查案件的工作流程，促使行政执法机关在自查的基础上，落实专人负责填写《专项监督活动备查案件登记表》，做到逐案登记，及时备案。

（五）网上衔接、信息共享

目前，河南省安阳和洛阳两地区已先后与有关行政执法机关建立了网络信息共享平台，实现了行政执法案件信息共享、联网查询、线索移送、案件协查、共同预防、监督配合的工作机制。安阳市于2008年3月实现了市检察机关与各行政执法机关信息管理系统、公安机关网络系统的信息联网共享。洛阳市于2009年下半年实现了市人民检察院与市工商局之间"网上衔接，信息共享"的目标，并在此基础上，又陆续与市质量技术监督局、市药监局、市烟草专卖局开通了网上信息平台，2010年又有两个县级院建立了网络信息共享平台，迈开了网络信息平台向基层的延伸的第一步。目前，两地的网上信息共享平台运行顺畅，在此次专项监督活动中发挥了良好作用。如洛阳市人民检察院按照《洛阳市行政执法与刑事司法相衔接信息共享平台运行管理暂行办法》的具体规程，对各部门报备的行政处罚案件认真进行审查，凡是符合刑事追诉标准，涉嫌犯罪的案件，严格按照有关规定督促有关部门按规定时间、规定内容及时通过信息共享平台报备和移送，保证涉嫌犯罪案件及时进入司法程序。此外，注意利用网络信息平台发现职务犯罪案件线索。

（六）注重宣传、扩大影响

河南省各级检察机关注意对专项监督活动进行适度的宣传，为专项监督活动的顺利开展营造良好的舆论氛围，同时加强人民群众的监督与维权意识。《河南法制报》和中国广播网分别对河南省开展专项监督活动的情况进行了报道，各地的报纸和网络等媒体也对各地展开的活动内容进行了广泛宣传。如《漯河日报》、漯河电视台对漯河市开展的专项监督活动连续进行多日报道，并将漯河市专项活动实施方案的主要内容和工作要求在报纸上专门予以刊发。《濮阳早报》对濮阳市开展的专项活动也作了专门的宣传报导。媒体的宣传对河南省专项活动开展起到了良好的推动作用。

四、与有关部门加强协同，联手办理重大案件

近年来，一些重大侵犯知识产权犯罪活动的复杂性、隐蔽性、智能性和暴力对抗性等特点日趋明显，单靠各部门单方作战，已难以形成有效打击，客观上需要检察机关与公安机关和行政执法部门协同办案，优势互补，相互借力，形成合力。河南省人民检察院强调，行政执法机关在办理重大、复杂、有较大影响的行政违法案件，或在捣毁犯罪“窝点”以及其他重大执法检查活动中，认为存在犯罪或当场发现犯罪的可能性较大，需要检察机关提前介入调查活动的，检察机关必须及时派员介入，了解情况，提供咨询，同时对行政执法部门的调查取证和公安机关的侦查工作提出指导意见和建议。河南省各级检察机关根据河南省检察院要求，与公安机关和有关行政执法部门密切配合、协同作战，相继办理了一批重大犯罪案件。

五、严肃查办隐藏在侵犯知识产权犯罪背后的国家工作人员职务犯罪

行政执法与刑事司法衔接工作中存在的突出问题是“有案不交”、“以罚代刑”、“有案不立”、“立而不侦”，主要原因是部门利益、地方利益驱动，还有一个不可忽视的因素是国家工作人员收受贿赂、徇私舞弊放纵犯罪等职务犯罪。河南省检察院要求，全省检察机关一手抓行政执法与刑事司法衔接工作，一手抓查办职务犯罪工作。对国家机关工作人员为侵犯知识产权犯罪活动充当“保护伞”，涉嫌滥用职权、徇私舞弊、索贿受贿等职务犯罪的，果断立案查处。

六、河南省各地检察机关多措并举，加大打击侵犯知识产权犯罪力度

河南省各地检察机关多措并举，加大知识产权司法保护力度的探索和实践。新密市人民检察院积极探索行政执法领域立案监督工作的新思路、新途径，采取全面监督、协作帮助、立案督促的方式，实现对涉及刑事犯罪的行政执法案件的全程监督，推进了行政执法与刑事司法的有效衔接，取得了显著成效。一是建章立制，规范两法衔接工作机制。新密市人民检察院对两法衔接工作进行了充分的调研，认真听取各方意见、建议，经过充分协商，与全市 14 家行政执法单位共同制定《新密市行政执法与刑事司法衔接工作联席会议制度》、《新密市行政执法与刑事司法衔接工作管理办法》等文件，统一了司法机关和行政机关之间的认识，为两法衔接工作机制的有效运行奠定了基础。二是创新形式，赋予联席会议新的内涵。根据《新密市行政执法与行政司法衔接工作联席会议制度》的规定，由人民检察院主管侦监工作的副检察长牵头，各行政单位执法部门和公安机关法制部门负责人参加，每两个月召开一次联席会议。新密市人民检察院对联席会议的内容进行了扩充，一方面是行政执法部门对行政执法案件进行讨论、分析；另一方面是由检察机关对行政执法部门工作人员进行刑事法律培训，讲解最新的法律法规、司法解释，使行政执法人员掌握行政处罚案件与刑事犯罪案件的界限，刑事案件的移交程序等。2008 年以来新密县人民检察院共对行政执法人员培训 10 余次，解决了行政执法机关由于不了解刑事犯罪构成、标准所致的不移交刑事案件现象。三是主动出击，扩大监督范围。新密市人民检察院成立行政执法监督工作小组，专门负责每月定期或不定期到行政执法单位，查询案件、查阅案件卷宗，及时监督行政执法机关向公安机关移送涉嫌犯罪的案件；对监督中发现的职务犯罪线索，及时依法处理；涉嫌违纪的，及时移送纪检监察部门处理，防止出现以罚代刑现象。2008 年以来新密县人民检察院对 14 家行政执法机关进行行政执法检查，检查案件 2000 余起，监督移送公安机关立案 67 件。四是备案审查，帮助准确把握刑事立案标准。根据《新密市行政执法与刑事司法衔接工作管理办法》，新密市人民检察院和行政执法部门之间建立了涉及刑事犯罪行政执法案件备案机制，行政执法机关认为其查处的行政案件中的相关人员已经涉嫌刑事犯罪，应立即将该案向检察机关备案。建立备案机制的目的是帮助行政执法机关对案件是否涉及刑事犯罪进行准确把握；在案件证据尚存缺陷时，引导行政执法机关调查取证；经审查认为符合立案条件，督促公安机关予以立案，解决司法实践中行政执法机关移送而侦查机关久拖不立的问题。五是跟踪督促，实现监督全程覆盖。司法实践中，公安机关在受理行政执法机关移送的涉嫌犯罪案件后，存在着表面立案、立而不侦的问题，以致贻误最佳侦查时机，最终导致案件流失。为此，新密市人民检察院行政执法工作小组专门负责对公安机关办案情况进行跟踪监督，及时掌握案件进展，对于存在立而不侦、久拖不决问题的，立即向办案机关下发催办函，保障案件及时侦查终结移送起诉。

鲁山县人民检察院夯实三个基础，建立、完善六种机制，促进行政执法与刑事司法相衔接工作稳步推进，效果明显。夯实三个基础：一是积极争取党委、人大和政府对建立行政执法与刑事司法相衔接工作机制的重视、支持，搞好协调，为衔接工作打牢组织领导基础。由于行政执法与刑事司法相衔接工作涉及众多的行政执法部门，鲁山县人民检察院积极争取党委、人大及政府的支持和帮助，至2010年，共计与25个行政执法单位建立了衔接机制，使联席成员单位更广泛、更全面，更体现出衔接工作机制的广泛性和全面性。二是变被动为主动，发挥桥梁和纽带作用，完善可操作程序和规则，为衔接工作规范有序开展打牢信息保障基础。规范联席会议成员单位建立行政执法与刑事司法相衔接工作专门机构，配备专门工作人员，确保衔接工作落实到位，落实到岗。推动各行政机关与公安、检察机关完善衔接工作实施细则，鲁山县人民检察院会同有关行政执法部门共同签署了《关于建立行政执法与刑事司法相衔接工作机制的实施意见》，切实加强了与行政执法机关的协作与配合，制定有关涉嫌犯罪案件移送的程序规则、证据标准、法律文书等，保证衔接机制运行顺畅。针对行政执法职能广泛，涉及的法律法规繁多，行政案件罪与非罪界限难于把握，鲁山县人民检察院对散见于法律、法规、司法解释、地方性法律文件中的追诉标准进行了细致的梳理，制定了《行政执法中移送涉嫌犯罪案件参考标准》，方便行政执法机关对照执行。三是加强培训，提高行政执法与刑事司法相衔接成员单位的业务能力，打牢衔接工作队伍建设基础。着力提高行政执法人员刑事诉讼意识，强化取证意识，提高识别案件性质的能力和收集、固定、保全证据的水平是保证行政执法与刑事司法衔接机制取得实效的重要环节。鲁山县人民检察院注重对行政执法与刑事司法相衔接成员单位的执法人员加强法律专业知识培训，主要是加强《刑法》、《刑事诉讼法》、《行政执法机关移送涉嫌犯罪案件的规定》及有关司法解释等的培训教育，强化其对涉嫌犯罪案件的移送意识和能力。完备六种机制：一是畅通信息交流机制，捕捉监督信息。一方面，在行政执法过程中，行政执法部门应当将相关执法情况及时向公安、检察等部门通报。另一方面，公安机关、检察机关也要与各行政执法机关建立充分的情况信息通报制度，即公安机关要定期向行政执法机关通报移送案件的受理、立案、查处情况；检察机关要定期向行政执法机关通报立案监督、批捕、起诉有关行政犯罪案件方面的情况等。二是严格执行案件移送和备案机制，监督案件办理。各行政执法机关根据和鲁山县人民检察院会签的案件移送、备案程序方面的文件，在依法查处违法行为过程中，对依法需要追究刑事责任的案件，按会签的文件规定及时向公安机关移送，同时抄送检察机关，切实防止有案不送、以罚代刑等现象的发生。公安机关对行政执法机关移送的涉嫌犯罪案件，也要依照有关规定进行审查，依法在规定期限内作出立案或者不立案的决定。三是健全联席会议机制，加强部门联系。联席会议由检察机关、纪检监察机关、行政执法机关、公安机关等单位参加，主要内容是：研究贯彻落实上级政府和上级检察机关关于加强执法衔接工作的规定；交流各单位执法衔接工作情况和经验，协调和会商解决执法衔接工作中存在的问题；加强个案指导，建立了疑难案件会商制度，共同协商解决协作工作中出现的疑难问题或对案件定性等认识上产生的分歧，有效避免了部门间相互推诿。联席会议一般每半年召开一次，也可以根据实际工作情况需要，不定期召开小范围联席会议，沟通情况，共同研究执法衔接工作中遇到的新情况和新问题。联席会议研究议定的事项，会后形成会议纪要，以指导执法衔接工作实践。四是建立联动执法机制，形成执法合力。联动执法机制要求行政执法机关对于重大、疑难、复杂或者是否涉嫌犯罪把握不准的案件，可以与公安机关及检察机关共同商讨意见；公安机关受理行政执法机关移送案件后，在侦查阶段可以邀请检察机关派员适时介入，共同商讨案件定性、侦查取证等事宜。通过实行联动执法、联合办案，形成工作合力，确保准确有效地执行法律。五是建立专项监督机制，突出监督重点。鲁山县人民检察院在开展行政执法与刑事司法相衔接工作中，既注重监督的经常性、普遍性、系统性，也加强了监督的计划性、步骤性、针对性。通过认真研究破坏社会主义市场经济秩序罪、妨害社会管理秩序罪的特点，针对群众反映强烈的重点、影响社会稳定的难点和衔接工作中的薄弱环节，每半年组织专门力量，确定专项监督的重点。六是建立对职务犯罪线索的初查机制，强化案件移交。即检察机关发现行政执法部门没有及时移送或不移送案件时，要对该案背后的原因进行检察监督。

郑州高新技术产业开发区人民检察院与辖区公安机关、行政执法机关共同协商，制定了《关于落实检察机关与行政执法机关加强工作联系的意见》，明确了加强联系的工作范围，成立了组织机构，规定了联系的方式及程序，建立了联席会议制度、重大案件通报制度、协作和联系制度，从机制上解决了检察机关和行政执法机关及公安机关执法信息不畅的问题，破解了行政执法与刑事执法脱节难题，促进了执法资源的合理利用，也为开展监督打击提供良好的基础。同时，规范了移交、备案等程序过程中所用的如《移交涉嫌犯罪案件意见书》等相关法律文书的格式，从操作层面上细化了两法衔接工作的具体做法。

（最高人民检察院侦查监督厅）

湖北省

专利工作

2010 年，湖北省知识产权局深入贯彻落实科学发展观，以“能力建设”为主线，以全面提升知识产权创造、运用、保护和管理能力为目标，突出抓知识产权政策、机制的制定、建立，为知识产权事业又好又快发展奠定了坚实基础；突出抓专利执法，为改善湖北省投资软环境贡献了力量；突出抓知识产权宏观管理，推进了区域知识产权事业进一步协调发展；突出抓知识产权公共服务平台建设，为全社会提供了优质服务；突出抓宣传、培训方式创新，努力传播知识产权知识，提高了全社会的知识产权意识。这些措施的实施，极大地激发了全社会发明创造的活力，全省知识产权工作实现了又好又快发展。全年专利申请量达到 31 311 件，比上年增长 15.09%。全省自主创新活力增强，专利申请质量稳步提高，结构进一步优化。主要做法总结如下。

一、厚积薄发出台《湖北省知识产权战略纲要》，顶层设计绘蓝图

8 月 11 日，湖北省人民政府以鄂政发[2010] 49 号文颁布了《湖北省知识产权战略纲要》(以下简称《纲要》)。《纲要》明确提出建设知识产权强省的长期战略目标和近 5 年的阶段性目标，为湖北省未来 10 年知识产权事业描绘了宏伟蓝图。《纲要》博采众长，充分借鉴了其他省市的先进经验，以时间赢得了后发优势。《纲要》的制定自始至终得到了湖北省委、省政府领导的高度重视，由此也牵动了相关部门对知识产权的高度关注和支持，为今后知识产权工作长远、持续、健康发展打下了坚实的基础。同时，《纲要》的制定动员了湖北省 25 个单位 142 名专家学者，其智慧和力量将为湖北省知识产权事业的发展提供强有力的支撑。《纲要》出台后，湖北省迅速成立了湖北省知识产权工作领导小组，为聚集各方力量，推动《纲要》贯彻实施，促进知识产权工作又好又快发展提供了有力的组织保障。

二、强力推进知识产权运用，知识产权服务经济社会建设显成效

为培育一批拥有自主知识产权和知名品牌的优势企业，湖北省大力推进知识产权质押融资体系建设，促进了企业知识产权资本化。目前，部分市州知识产权质押融资工作顺利开展，武汉、宜昌、襄樊、黄石等地已经出台了相关知识产权质押融资政策。

宜昌市于 2010 年 9 月出台了一部真正意义上完整的知识产权融资管理办法，该办法集专利权、商标权和著作权融资为一体，具有三个鲜明的

特点：一是涉及知识产权的部门按照部门法做好相关权利质押融资管理，提高了部门的积极性；二是三种权利可以捆绑质押，增强了企业的融资能力，提高了企业的积极性；三是规定由银行业金融机构认可的有资质的中介机构评估企业的知识产权，降低了银行的贷款风险。该办法自10月1日正式实施后，得到了企业和银行的共同认可和积极响应，签署了3笔知识产权质押融资协议，总金额达7000万元。其中汉口银行宜昌分行与劲森光电公司签署了2000万元合同，是我国目前单笔较大的知识产权质押融资合同之一。

武汉市2010年初步建立起东湖高新区知识产权质押贷款平台，5家银行与区内23家中小型科技企业签订4.8亿元贷款协议，实际放款近2亿元。

为促进上市中小企业加强知识产权综合能力建设，宜昌市人民政府和中国专利技术开发公司签署了宜昌市上市和拟上市企业自主知识产权优势战略工程合作框架协议。协议规定：双方就宜昌市上市和拟上市企业知识产权状况分析与评价、企业自主知识产权数量和质量提升方案、企业知识产权科学管理体系建设等方面开展合作，解决企业在知识产权创造、运用、保护和管理过程中的实际问题，培育自主知识产权优势，整体提升宜昌市上市和拟上市企业的核心竞争力。在国家强化知识产权信息监管的背景下，宜昌市与中国专利技术开发公司加强知识产权战略合作，既必要又及时，既可以规避知识产权风险，又帮助企业在上市中少走弯路，加快上市进程。

三、推进创新成果专利化，专利“扫零”工程显身手

企业专利“扫零”工程是一项系统工程，自2009年实施以来，取得了显著的效果。2010年，湖北省在继续实施的过程中，一方面广泛推广以往成功的经验和做法，吸引更多的企业参与，形成“堆雪球”效应，另一方面更加注重深化该项工程的内容，通过采取派驻知识产权特派员、组织专项知识产权培训、补助专利申请费用等方式，引导企业就自己研发的技术申请专利。同时，加大了支持和指导力度，从政策层面和资金投入层面给予重点倾斜。参与“扫零”的494家企业全部实现“零专利”的突破，有的企业还申请了多项专利，总共累计申请专利1356件。通过“扫零”工程实施的不断深化和推进，增强了中小企业的知识产权意识，对企业在建立知识产权工作机制，落实知识产权专门机构和人员，切实开展知识产权创造、运用、保护和管理工作方面是一个有力的推动。

四、推进东湖高新区知识产权工作，为东湖创新示范区建设提供知识产权支撑

自东湖高新区被批准为国家自主创新示范区以来，湖北省知识产权局将推进该区知识产权工作作为中心任务来抓。一方面赴北京学习中关村好的做法和经验，并向国家知识产权局作专题汇报，争取对该区建设的大力支持。另一方面指导该区开展了一系列工作：一是开展了创建国家知识产权示范园区工作。二是国家知识产权局武汉专利巡回审查站在汉揭牌成立，国家知识产权局13名专利审查员来汉完成了对40件发明专利申请的集中审查工作。三是成立了武汉知识产权交易所。四是湖北省知识产权局与武汉市知识产权局联手，将2010年中国专利周湖北武汉分会场系列活动的启动仪式放在光谷广场举行，并重点针对东湖高新区开展了知识产权宣传培训、展示交易、信息利用等活动。五是将东湖高新区作为重点地区，开展了打击侵犯知识产权和制售假冒伪劣商品专项行动。

通过这些工作的开展，推进了该区知识产权水平的提升，2010年11月2日，在光博会知识产权论坛开幕式上，国家知识产权局甘绍宁副局长为东湖高新区授予全国第一个国家知识产权示范园区牌匾。

五、抓法规和制度的完善，知识产权法制环境得到进一步优化

启动了《湖北省专利保护条例》修订工作，制定出台了《湖北省管理专利工作的部门查处假冒专利行为行政处罚裁量权指导标准(试行)》，发出了关于落实行政复议告知制度、规范专利行政执法文书的通知，对全省知识产权局系统开展专利行政执法工作进行了进一步的规范。6月，湖北省知识产权局配合省人大教科文卫委员会先后深入武汉、宜昌、荆门等地，就全省贯彻执行专利法律法规情况开展调研检查，通过听地方政府汇报、到多家企业考察知识产权保护等工作，提高了地方政府对知识产权保护的认识，促进了知识产权投入的增长。

积极组织开展了打击侵犯知识产权与制售假冒伪劣商品专项行动。成立了专项行动领导小组和督导委员会，制订出台了全省知识产权局系统执法专项行动方案，湖北省知识产权局和武汉市知识产权局、黄石市知识产权局等单位联合开展了执法检查，并到有关市州进行了督导。组织“雷雨”、“天网”专项执法行动，出动专利行政执法人员400余人次，检查各类商业场所150多个，检查商品数近10万件，其中带专利标识产品近1500件。一年来，处理专利侵权纠纷34起，结案25起；查处冒充专利案件41起。

针对县、市、区知识产权局专利行政执法人员数量不够、工作素质有待提高的突出问题，湖北省知识产权局以省级知识产权试点示范县（市、区）为突破口，结合工作需求制定了县、市、区知识产权局专利行政执法人员三年培训计划，首次以县、市、区知识产权局工作人员为主，举办了全省专利行政执法人员培训班。

六、营造知识产权文化氛围，宣传培训打基础

为积极营造知识产权文化氛围，知识产权宣传突出了“三个面向”：即面向社会公众，在知识产权宣传周期间，湖北省知识产权局牵头组织省直23个部门开展了声势浩大的宣传庆祝活动，省市州联动，盛况空前；面向企业，通过媒体报道重视知识产权，促进企业长远发展和不懂得知识产权吃亏上当正反两方面的案例，让企业了解知识产权的重要作用，提高知识产权工作的地位，提升企业的核心竞争力；面向青少年，通过组织开展创新大赛等活动，使“知识产权从娃娃抓起”真正落到实处。知识产权培训取得新成绩，实现了“三走进”：即走进行业，会同中国知识产权培训中心举办全国汽车行业知识产权实务培训班，提高了汽车行业研发人员、企事业单位知识产权管理人员处理知识产权事务的实务能力；走进高校，邀请专家作报告，增进了莘莘学子的知识产权意识，开阔了其视野；走进高层领导，举办全省领导干部知识产权培训班，提高了党政领导的知识产权意识。

2010年，在各种媒体上组发文章500余篇；组织举办讲座、报告20余场，街头宣传20余次；接待知识产权知识咨询2万余人次；散发各类宣传资料8万多份；举办、承办各类大型培训10余次。据不完全统计，全省又有40万人次不同程度地接受了知识产权知识的宣传，6000余人次接受了各类培训。湖北省知识产权局连续被评为宣传、培训工作先进单位。在参与科技宣传周活动中，因湖北省知识产权局组织有奖知识产权知识答题活动吸引了公众的参与，活跃了现场气氛，被组委会授予“优秀组织奖”。

七、强素质，推动知识产权社会服务事业又好又快发展

为增强全省专利代理机构服务意识，提高代理质量，更好地为发明人服务，湖北省知识产权局组织全省19家注册专利代理机构开展了全省代理机构代理质量竞赛活动。活动开展以来，代理机构代理申请差错率明显降低，服务企业的积极性和主动性明显提高。4月，湖北省知识产权局召开竞赛活动总结表彰会，对4个优胜单位进行了表彰奖励。通过竞赛活动的开展，使广大代理人进一步明确提高代理质量的重要性，提高了全心全意为申请人服务的意识，促进湖北省电子申请量快速增长，专利代理工作质量有了明显的提高。

加强了中国（湖北）知识产权维权援助中心建设：一是顺利开展了“开放日”等活动；二是派出工作人员15人次，参加专业培训；三是“12330”知识产权维权公益服务电话接听咨询及举报投诉电话300余次；四是认真办理维权援助和举报投诉案件，受理了12件维权援助申请，并都做了妥善处理。

11月，湖北省在武汉、宜昌、襄樊、黄石同时举办了第四届中国专利周湖北分会场的专利技术展示交易活动。专利周期间共开展各项活动29场，举办大型专题论坛、研讨、座谈9场，参加展示活动企业数量达到320家，参加人数达5650人，展区面积达到4800平方米，活动期间达成意向成交约1.5亿元，取得了满意的效果。

八、抓典型，推进区域知识产权事业协调发展

湖北省知识产权局以组织国家知识产权局试点示范工作为契机，按照国家、省、基层（含市州、企业）三个层次部署组织了知识产权试点、示范工作，以点带面，全面推进全省知识产权工作迈上了一个新台阶。

在国家级层面，积极推广、宣传武汉、宜昌知识产权示范城市的经验；指导黄石市、十堰市、襄樊市、鄂州市开展了知识产权试点城市工作。神农架林区被列为国家传统知识知识产权保护试点县。进一步推动了湖北省襄樊高新区国家知识产权试点园区工作，该区已围绕“一大产业、三大集群”的产业格局，在知识产权制度建设、知识产权的创造、保护方面稳步推进。国家专利产业化（湖北）试点基地（湖北专利创业孵化园）通过市场化

的建设、管理、经营，在促进专利技术实施与产业化方面进行了积极探索并取得了一定成效。汉正街都市工业区国家专利技术产业化工程试点基地已经制订并实施了试点工作计划。国家专利产业化(宜昌水电)试点基地建设加快了进程，已经形成了一批拥有自主知识产权的核心技术、优势产品、优势企业和企业集团，企业技术创新能力大幅度提高，产业集群效应初步显现。

在省级层面，继续组织实施了"湖北省强化企事业知识产权保护与管理推进工程"，对推进工程重点保护单位进行了检查验收；开展了第三届"湖北省优秀专利项目"的评选工作，从而树立典范，继续从整体上推进了全省企事业单位知识产权工作。

九、抓引导，知识产权创造能力明显增强

根据全省产业结构调整和经济发展的需要，湖北省知识产权局对市州和企事业单位申请专利进行了引导和调控，一是落实激励机制，对完成上年专利申请目标任务的市州进行了奖励；二是强化了目标责任制的建立和落实，对全省专利申请预期工作目标按各市州实际情况进行了分解，并以签订责任书的形式进行了确认，重点强调了对发明专利申请和来自企业专利申请的考核；三是按政策对授权发明专利、授权企业专利和授权外国专利的专利权人分三批给予了1063万元的补贴。这些措施的实施，极大地激发了全社会发明创造的活力，全省专利申请在重质的基础上实现了数量稳步增长。

(湖北省知识产权局)

商标工作

一、强化宣传，全社会商标意识进一步增强

一是召开全省实施商标战略会议，着力扩大商标工作的社会影响。2010年11月，以湖北省政府名义召开了全省推进商标战略暨驰名商标地理标志著名商标表彰会议。国家工商总局副局长付双建、湖北省政府副省长张通亲临会场并作了重要讲话，湖北省人大、政协以及省直机关有关部门领导出席了会议，各市州分管市长、工商局局长及获驰名商标和地理标志企业和部分著名商标企业近200余位代表参加了会议。为配合大会的召开，湖北省工商局拍摄了商标富农专题片，编印了《湖北商标2007～2009》，组织了全省部分驰名商标、地理标志展览。二是借"3·15"、"4·26"之机，充分利用广播、电视、报刊、网络等多种形式，各地广泛宣传和普及商标法律法规知识。《湖北日报》、《中国工商报》等报刊对湖北省商标工作发展情况进行宣传报道100余条次。三是各地通过办培训班、组织专题讲座、访企业、进社区等不同形式开展商标知识宣传普及，全社会商标意识进一步提高。

二、强化发展，驰名商标、地理标志进一步增长

全省工商系统按照"培育一批、申报一批、注册一批、应用一批、提升一批"的工作思路，积极运用工商职能，积极贯彻农村市场主体发展"七有"工程，引导和支持注册商标发展。截至2010年12月底，全省有效注册商标数达83 276件。2010年3月，湖北省工商局根据《湖北省著名商标认定和促进条例》，新认定"武汉东湖宾馆"等著名商标125件。2010年共有"通达"、"永和安"、"福満门"、"天峡"、"长江"、"鄂州武昌鱼"等14件商标被国家工商总局认定为中国驰名商标，全省驰名商标增至63件。此外，各地还积极引导相关市场主体注册农产品商标和地理标志，促进农业增效、农村发展和农民增收。截至目前，全省农产品注册商标累计达到8600件，占全省注册商标总数的10%以上；新注册地理标志12件，全省地理标志发展到30件。

三、强化服务，行政指导作用进一步凸显

一是及时更新争创驰名商标企业联系点，积极为企业出谋划策，指导企业整理申报资料，全年共向国家工商总局商标局提交驰名商标认定材料20件。二是2010年4月，制定下发了《湖北省商标规范使用指导工作意见》，指导全省工商系统充分发挥监管职能作用，向广大商标使用人宣传、普及，指导全省商标使用人实施商标战略，依法指导其规范、科学使用商标，提高运用商标的能力和水平，增强企业商标竞争力，促进湖北经济又好又快发展。三是出台了《湖北省注册商标专用权质押贷款工作指导意见》，拓宽企业融资渠道。在充分学习借鉴外地经验，结合本地实际，广泛征求省政府金融办，中国人民银行武汉分行等部门意见的基础上，湖北省工商局制定了指导意见，支持广大市场主体利用注册商标专用权进行融资，服务全省经济发展。

四、强化保护，市场环境和消费环境进一步优化

2010年以来，湖北省工商局突出监管重点，以上海世博会、保护知识产权专项行动为契机，围绕热点、难点问题，分别制发了世博会专项行动方案和全省工商系统严厉打击侵犯知识产权和制售假冒伪劣商品专项行动方案，不断加大商标监管力度，严厉打击商标违法行为，有力地保护了商标权人的合法权益，市场环境和消费环境得以优化。

（湖北省工商行政管理局）

版权工作

2010年湖北省各级版权行政管理部门认真贯彻落实中央和湖北省委、省政府关于加强知识产权保护的战略部署，严厉打击侵权盗版行为，积极推进企业使用正版软件，热忱提供版权公共服务，大力宣传著作权法律，有效地维护了正常的市场经济秩序和权利人的合法权益，促进了版权产业繁荣发展。

一、大力推进版权法规制度建设，为增强版权创造、保护、管理与运用能力提供制度保障

《湖北省知识产权战略纲要》（以下简称《纲要》）发布后，作为《纲要》的制定成员单位和主要的知识产权工作部门，湖北省版权局在《湖北日报》发表了深入贯彻《纲要》的专题稿件。湖北省版权局领导参加了《纲要》颁布新闻发布会，向媒体介绍了全省版权产业的相关情况及推动版权产业发展的相关措施。在《湖北省知识产权战略纲要》贯彻实施动员大会上，湖北省版权局做“贯彻实施《纲要》促进版权产业又好又快发展”的专题发言。争取湖北省政府同意，将《湖北省著作权管理办法》列为政府规章修订计划。结合湖北实际，制定了湖北省版权业“十二五”规划。

二、加强版权行政执法和社会监管，严厉打击各类危害公共利益的侵权盗版行为

坚持日常监管与专项行动相结合，严厉打击侵权盗版行为，有效的维护了著作权人的合法权益和正常的市场经济秩序。

（一）切实做好世博会版权保护工作

按照新闻出版总署《2010年上海世界博览会版权保护工作方案》制订了湖北省实施方案，建立了世博会期间联系畅通的值守体系和反盗版快速反应机制。湖北省版权局版权处被国家知识产权局、国家版权局等八部门评为“世博会知识产权保护专项行动先进集体”。

（二）开展了打击盗版音像制品专项行动

根据新闻出版总署《关于查缴〈六人行〉、〈名侦探柯南〉等盗版音像制品的通知》精神，组织力量对市场进行认真清理，到荆门、宜昌、潜江、仙桃等地现场指导查缴工作。全省共收缴新闻出版总署要求查缴的17种盗版光盘中的11个品种19个版本共计529盘，为上海世界博览会营造了良好的版权保护氛围。

（三）加强图书馆著作权保护

按照《关于加强图书馆著作权保护的通知》的要求，湖北省版权局于2010年7月13～14日组织工作人员对湖北省图书馆、武汉大学图书馆、华中科技大学图书馆等几个主要的图书馆进行了检查。未发现存在未经授权复制或通过信息网络传播他人作品的违法行为。

（四）按照国家版权局、公安部、工业和信息化部《关于印发〈2010年打击网络侵权盗版专项治理“剑网行动”方案〉的通知》要求，精心部署，认真实施，“剑网行动”取得了积极成效

据统计，全省共对43家互联网企业和网站进行了主动监管，办结网络侵权案件近20起，关闭网站10余家，扣押、没收服务器9台。移送公安机关侦办大案4起，抓获犯罪嫌疑人4人。

（1）主动监管，防患未然。湖北省版权局制定下发了《关于加强对互联网企业和网站主动监管的通知》，省、市版权部门确定了全省和各地具有较大影响的主动监管网站43家，组织引导其开展“先授权、后传播”自查自纠活动。从8月下旬至9月中旬，各地版权局对列入主动监管网站进行了检查督导。督查组通过听取汇报、现场浏览网站内容、查验授权合同等方式，了解掌握了主动监管网站的作品传播情况。

（2）突出重点，狠抓办案。历时数月，到襄樊、咸宁、荆门、黄冈、鄂州、宜昌、武汉、潜江等地查办国家版权局交办的网络侵权案件。办结了国家版

权局交办的两批共11起网络侵权案件。

(五)认真组织开展"保护知识产权专项行动"

贯彻落实全国全省知识产权保护与执法工作电视电话会议精神,按照会议精神,制定印发了"关于开展打击侵犯知识产权和制售假冒伪劣商品专项行动及进一步做好使用正版软件工作的通知",明确了各级新闻出版(版权)、"扫黄打非"办在专项行动中的主要工作任务,提出了具体要求,成立了湖北省专项行动领导小组及相关机构,专项行动期间已查办案件30多起。

(六)向国家版权局推荐办案有功单位及个人

汇总2009年度湖北省查处的侵权盗版案件,共遴选出50多起案件,向国家版权局推荐办案有功单位及有功个人69个,充分展现了湖北省查办侵权盗版案件的成绩。最终,13个单位、11名个人被评为2009年度查处侵权盗版案件有功单位及个人,受到国家版权局表彰奖励,奖金额共计31.4万元,获奖数居全国前列。

(七)应公安机关及基层版权管理部门请求,对数起涉嫌侵犯著作权罪案件的900多种音像制品和394种图书作出侵权复制品认定,为打击侵权盗版违法犯罪行为提供了准确依据。

三、进一步推进企业使用正版软件工作,为软件企业的发展营造良好环境

制定印发了《湖北省2010年推进企业使用正版软件工作计划》。坚持正面引导,增强服务意识,加大执法力度,积极稳妥地推进,全年对约300家企业的300多名信息管理部门负责人进行软件正版化培训,仅省级和武汉、襄樊两市就有65家大型企业列入年度目标企业并对其进行了检查验收,企业使用正版软件工作取得了新成果。

(一)认真组织,积极推进第三批企业的软件正版化工作

遵循"阶段性目标"原则,湖北省使用正版软件工作领导小组办公室会同湖北省国资委、商务厅、证监局、保监局、银监局确定了2010年全省31家省级第三批推进使用正版软件企业,发出《关于做好推进省级第三批企业使用正版软件工作的通知》,提出了具体要求,作出了相应部署。各企业上报了自查报告,领导小组办公室已对各企业进行了检查。

(二)市州企业软件正版化工作取得阶段性成果

在抓好省级企业正版化工作的同时,以武汉市、襄樊市等省内主要工业城市为重点,加大对市州企业软件正版化工作的指导力度。武汉市版权局联合市卫生局、旅游局、工商局,在卫生、酒店、广告设计三个行业,切实推进软件正版化工作。至2010年5月底,相关单位采购正版软件3000多套(件),采购资金近1000万元。2010年武汉市版权局还确定了14家大中型企业为推进使用正版软件企业,与湖北省版权局联合召开了培训动员会。襄樊市使用正版软件工作领导小组确定了20家企事业单位作为重点推进使用正版软件企业,并认真制订了细致周全的检查验收方案。黄石、荆州版权局工作主动、积极,分别确定了10家和8家新一批推进企业,形成了整体推进的格局。

一些企业主动开展软件正版化工作,起到良好带动作用。东风汽车有限公司、中盐宏博集团有限公司、烽火通信科技股份有限公司、名幸电子(武汉)有限公司、江通动画股份有限公司、湖北省工程咨询公司、湖北省农村信用社联合社等7家企业被授予第二批"全国企业软件正版化工作示范单位"称号。

(三)严格执法,严厉打击软件侵权盗版行为

根据软件权利人投诉,湖北省版权局检查了武汉市区域的中煤国际武汉设计院、马应龙、东湖高新、精伦电子等近二十家企业软件使用情况,提出正版化要求。派员到荆门、襄樊检查了荆门热电厂、荆门市规划设计院、襄阳轴承集团等十多家企业软件正版化情况,到黄石对几家设计单位使用侵权设计软件进行查证,对涉嫌使用盗版CAD软件企业提出整改要求,相关单位已购置更换正版软件或提出了正版化方案。仅省核查的企业就购置更换各类正版软件732套。

(四)宣传、推荐优秀软件,促进软件产业的发展

软件正版化工作改善了市场环境,促进了软件产业的发展。湖北省版权局定期在局政务网上公示国产软件许可合同;宣传、推介优秀国产软件,促进民族软件产业的发展。一些软件生产企

业纷纷在湖北省设立分公司，销售业绩都有不同程度增长。微软公司将武汉办事处升格为武汉分公司。该公司大中华区渠道业务管理事业部总经理博约翰一行专程到湖北省版权局拜访，对湖北省版权局所做的软件版权保护工作表示感谢。知名正版软件销售企业湖北连邦创新软件公司的销售有了明显增长，2010 年已实现销售 3500 多万元。金山 WPS 湖北销售代理商武汉思通天下公司销售业绩全国排名第一。

国产软件如金山 WPS 的增长明显。中国葛洲坝集团公司与金山软件达成战略合作暨 WPS、Office 场地授权协议，武汉钢铁公司购置了 2000 套金山 WPS，东风汽车公司、中国一冶、湖北省成套招标有限公司等大型企业也选购了大量该软件。

四、热忱提供公共服务，促进版权作品的创造、传播

（一）作品登记数量快速增长

湖北省版权局继续加大版权登记宣传力度，使更多著作权人了解版权登记的作用。采取与中介机构合作，授权基层局代办登记等措施，扩大登记量。作品自愿登记达 652 件，较上年增长 159%。全省计算机软件著作权登记数 1846 件，居全国第九。

（二）积极推动著作权集体管理工作

经与中国文字著作权协会会商，设立了文著协湖北代表处。中国文字著作权协会与《特别关注》杂志社签订《报刊“法定许可”稿酬收转协议》。大家文摘报社通过湖北代表处收转稿酬事宜正在商洽。这表明文字作品的集体管理在湖北省进入实际运作阶段。支持中国音像著作权集体管理协会在湖北的委托收费单位湖北天合公司开展工作，该公司代为收取的卡拉 OK 行业版权使用费逾 600 万元，列全国第六。

（三）促进版权创造与运用

加强调查研究，湖北省版权局深入江通动画股份有限公司、中望软件公司指导企业建立版权资源创造、运用的工作机制，实现知识产权的市场价值。与华中文化产权交易所联系、沟通，帮助其建立版权交易系统，开展版权作品交易业务。武汉市版权局主动促进版权相关产业发展，与中国人民银行武汉分行共同制定了《版权质押贷款操作指引》。知音集团被评为 2010 年中国版权产业最具影响力企业奖。2010 年全省输出图书版权 145 种，引进图书版权 129 种，首次实现输出大于引进。

五、开展多种形式的版权宣传工作，提高公众版权保护意识

普及著作权法律知识，提升社会公众的版权意识，是开展版权工作的基础。湖北省版权局组织了“上海世博会知识产权知识竞赛”答题活动，荣获“世博会知识产权知识竞赛”组织奖。公布了 2009 年度十大侵权盗版案件。《湖北日报》、《新闻出版报》、《长江日报》、《长江商报》、新浪网、中国新闻网、网易、荆楚网等媒体用较大篇幅进行了报道，在社会上引起强烈反响。基层版权行政管理机关积极开展版权宣传活动。“世界知识产权日”当天，咸宁市版权局在市区中心举办保护知识产权宣传活动，发放宣传单及相关宣传资料 300 余份，近千名群众到展台咨询。

在国家版权局举办的“青少年版权保护读书活动暨版权保护知识竞赛”中，全省 19 人获一等奖，113 人获二等奖，176 人获三等奖，同时 19 个单位获组织奖。获奖数高居全国第二。襄樊、咸宁等市版权局抓住宣传时机，到获奖人数较多的学校举办颁奖活动，激励中小学生尊重创造，拒绝盗版。

（湖北省版权局　胡　磊）

司法工作

2010 年，湖北法院紧紧围绕党和国家工作大局，深入贯彻落实科学发展观，深入推进社会矛盾化解、社会管理创新、公正廉洁执法三项重点工作，应对国际金融危机提出的新挑战和人民群众对知识产权司法保护的新期待，立足本职，求真务实，传承创新，知识产权司法保护工作在各方面取得了新进展。

一、依法公正高效审理案件，深入推进社会矛盾化解

2010 年，湖北省各级法院新收知识产权民事一审案件 912 件，旧存 130 件，全年受理 1042 件，结案 916 件，结案率 87.91%。其中，著作权纠纷 630 件，商标权纠纷 215 件，专利权纠纷 75 件，技术合同纠纷 52 件，其他知识产权纠纷 70 件。湖北省高级人民法院全年共受理二审知识产权案件 87 件，审结 87 件，结案率 100%。2010 年，湖北法院受理知识产权刑事一审案件36件，通过发挥知识产权刑事司法保护的职能作用，依法运用各种刑事制裁措施，逐步加大对涉及知识产权侵权犯罪行为的打击力度，严厉打击各类知识产权犯罪行为，初步遏制和威慑了侵犯知识产权的犯罪。2010年，湖北法院受理知识产权行政一审案件2件，依法履行对知识产权行政行为的司法审查职责，发挥监督和支持知识产权行政执法职能。为了保证办案水平的不断提升，湖北省高院采取了以下措施：一是狠抓案件质量，要求重大疑难知识产权案件庭长或副庭长必须担任审判长，全面把住案件质量关。如广东大圣文化传播有限公司、广东雅恒影视文化有限公司与杨斌、北京世纪飞乐影视传播有限公司、北京雷霆万钧网络科技有限公司、中国移动通信集团湖北有限公司著作权权属纠纷、侵犯著作财产权和录音制作者权纠纷一案，正、副庭长都担任合议庭成员。该案社会影响重大，审理结果受到社会广泛关注，全国各地法院所受理的涉案作品《眼泪》著作权案件多达40余件，裁判结果不一，最高人民法院要求全国其他法院尚未审结的涉及《眼泪》著作权的案件中止审理，等待该案的审理结果。二审在不能对著作权转让协议的签署时间进行鉴定的情况下，运用优势证据原则，作出了合理的判断。二是坚持“调解优先，调判结合”的原则，突出和谐司法理念，全省知识产权民事实体案件的调撤率一直稳定在较高的水平上，2010年，武汉市中级人民法院知识产权民事案件的调解撤诉率为84%，湖北省高院知识产权二审民事案件的调解撤诉率为58.6%，并高度重视判后答疑工作，力求“案结、事了、人和”，基本做到了全省知识产权案件的零申诉。

二、加强审判调研指导工作，统一全省裁判尺度

一是根据中央政法委《关于开展“百万案件评查”活动的工作方案》和最高人民法院《关于切实做好“百万案件评查”工作的通知》的要求，为进一步提高办案质量、促进司法公正，全省法院积极开展了万件案件质量评查活动。2010年6月，集中十天时间开展了对湖北省近三年包括知识产权在内的民商事案件评查工作，摸清了底数，查清了问题，明确了今后工作方向，对进一步统一执法办案尺度具有重要意义。二是积极开展审判业务调研，引导全省知识产权法官统一认识，统一尺度。《关于侵犯影视作品信息网络传播权案件法律适用的调研》荣获2009年度全省法院优秀调研成果二等奖，并被《人民法院报》刊载。2010年10月10日，《为影视作品的网络传播装上纲绳》荣获“最高人民法院关于全国法院第七次优秀司法统计分析评选活动三等奖”，是30篇获奖的司法统计分析文章中唯一的一篇有关知识产权审判业务方面的调研文章。

三、积极开展宣传活动，唱响司法保护知识产权主旋律

一是结合《湖北省知识产权战略纲要》正式出台之机，宣传推广发挥司法保护知识产权主导作用的影响。湖北省高院及各中级人民法院积极参与各地知识产权纲要实施办法的相关调研及起草工作，并坚持在世界知识产权日开展多种形式的宣传活动，形成整体宣传阵势，唱响司法保护知识产权的主旋律。在世界知识产权保护日即将到来之际，宜昌市中级人民法院举办世界知识产权日座谈会暨报告会，15家知识产权行政执法部门和48家企事业单位的代表200多人参加了会议，取得了良好的宣传效果。二是坚持到大专院校公开开庭，扩大知识产权审判影响。湖北省高院、武汉中院及江岸区人民法院连续几年选择典型案例，到中南财经政法大学、华中科技大学公开开庭，反应效果良好。三是抓交流学习研讨。2010年6月22日，由湖北省高级人民法院、人民法院报社、武汉市中级人民法院主办，武汉市江岸区人民法院承办的全国部分省、市地区知识产权案件“三审合一”研讨会，得到了全国各地法院的好评，亦得到了最高人民法院的充分肯定。四是与媒体合作，开辟宣传司法保护知识产权专栏。坚持与中国科技法学会主办的《科技与法律》杂志合作，开设专栏发表湖北省法官撰写的典型案例6篇；武汉中院、宜昌中院等法院在《人民法院报》发表文章多篇，并在《湖北日报》以案说法的形式刊登湖北省知识产权法官撰写典型案例2篇。

四、加强知识产权审判队伍建设，深入推进公正廉洁执法

一是进一步提高知识产权法官的业务水平。2010年9月17日，组织召开了全省法院知识产权审判工作座谈会，认真学习贯彻全国法院知识产权审判工作座谈会会议精神，研究全省法院知识产权审判工作面临的新形势，分析存在的新问题，部署下一步的审判工作，努力实现全省法院知识产权审判工作的新发展。同时，举办了为期两天的全省知识产权法官培训班，邀请知识产权法学界知名学者进行授课，受到参加培训法官的好评。二是进一步加强审判队伍的廉政建设。全省法院知识产权法官在坚决贯彻落实“守住底线，不踩红线”要求的基础上，还明确要求“离开黄线，保持一米线”。做到重点案件重点防，重点环节重点防。尤其是对适用优势证据规则、高度盖然性规则、法官心证规则裁量的案件，承办法官、合议庭成员必须对裁量情节、尺度和标准说出法律依据。提供最高人民法院或相关先例判决，能够令人信服并取得合议庭的一致同意。对在调解或庭审中态度不好、不理性、不配合的当事人不得刁难，更不得带感情因素裁判，把公正廉洁执法的要求具体落到实处。同时，切实加强廉洁“教育、监督、管理”方面的制度建设，2010 年 5 月 20 日，湖北省高院出台了《廉政监察员工作职责的实施细则(试行)》，给每个审判业务庭配备了专职廉政监察员，有力的保证了各项廉政监督措施的落实和执行，确保三项重点工作在知识产权审判中的全面落实。

(湖北省高级人民法院知识产权审判庭)

检察工作

2010 年，湖北省检察机关将履行法律监督职能与推动建立行政执法与刑事司法衔接工作机制有机结合起来，采取有效措施，促进行政执法机关向公安机关移送包括侵犯知识产权在内的涉嫌犯罪案件，进一步强化了立案监督职能，有效地打击了侵犯知识产权犯罪，为维护湖北省的市场经济秩序和社会稳定，促进经济社会发展发挥了积极的作用。

一、完善行政执法与刑事司法衔接工作机制

湖北省检察机关陆续建立了一套行之有效的对内对外工作机制。一是建立立案监督工作责任制。坚持把刑事立案监督工作放在突出位置，要求每个干警拿出极大精力来完成这项工作。二是建立立案监督工作激励机制。把立案监督工作与干警年度考核和评先创优挂钩，从而极大地调动了办案人员的积极性，解决了干警不愿深入基层调查、关门办案、坐等案源的问题。三是加强与行政执法机关和公安机关的联系，建立定期工作联席会议制度和情况通报制度，做到信息通畅，资源共享。如武汉市人民检察院经调研发现，武汉市知识产权局通过举报电话，接到的举报线索，向其他行政执法部门移送后，不了解办理结果。针对该情况，武汉市人民检察院与武汉市知识产权局会签了《关于在查处侵犯知识产权违法犯罪案件工作中建立信息通报制度的意见》。该意见对信息通报方式、通报内容等作了详细规定。对检察机关与知识产权行政执法部门在处理侵犯知识产权违法犯罪案件工作中协调配合，建立案件移送及时、信息通报畅通、协作配合规范等提出了要求，并明确规定设立武汉市人民检察院驻知识产权局联络员办公室，建立侵犯知识产权违法犯罪案件线索档案，收集、汇总、整理在办理案件中掌握的重点企业和个人的有关情况，及时发现可能涉嫌侵犯知识产权违法犯罪案件的线索，充分发挥举报投诉平台的作用，使人民检察院从源头上及时掌握情况跟踪举报线索。

二、开展打击侵犯知识产权和制售假冒伪劣商品专项行动和对行政执法机关移送涉嫌犯罪案件专项监督活动工作情况

自 2010 年 10 月全国开展两个专项工作以来，湖北省人民检察院一直高度重视，各级检察机关从服务和服从党和国家工作大局的高度充分认识开展两个专项工作的重要性，忠实履行法律监督职责，并将专项工作的成效写入 2010 年湖北省人民代表大会的检察工作报告。

(一)突出重点，强化监督

随着专项工作的深入，湖北省检察机关进一步突出打击重点，将制售有毒有害食品、假冒伪劣药品、假农药、假种子以及侵犯商标权、著作权、专利权、植物新品种权的犯罪活动作为打击的重中之重。对严重威胁人民群众生命健康、引发食品药品安全事件、造成严重后果和恶劣影响的案件，及时介入侦查、引导取证，依法“快捕快诉”、从严从重打击。此外，围绕武汉东湖国家自主创新示范区建设，重点打击电子信息、高端设备制造、生物、环保、新材料、新能源等高新技术产业和战略新兴产业领域侵犯商标权、专利权以及商业秘密的犯罪行为，加大对重大关键技术专利的司法保护力度。

在突出打击重点的同时，湖北省检察机关还强化监督，把涉嫌制假售假、损害民生民利的案件作为当前诉讼监督工作的重点，有针对性地加强

立案监督，坚决监督纠正有案不立、有罪不究、以罚代刑等问题。进一步完善行政执法与刑事司法衔接机制，积极推进与工商、卫生、食品药品监督、知识产权保护、新闻出版等部门之间的“网上衔接、信息共享”机制建设，督促有关部门严格按照规定录入案件信息，确保信息畅通，切实防止有案不移、以罚代刑。强化审判监督，积极运用抗诉、再审检察建议、法律监督调查等监督手段，加大对涉及侵犯知识产权和制售假冒伪劣商品案件的监督纠正力度，防止裁判不公、重罪轻判等问题。严肃查处相关执法、司法人员与不法生产经营者相互勾结，贪污受贿、滥用职权、枉法裁判、徇私舞弊不移交刑事案件、帮助违法犯罪分子逃避处罚等职务犯罪行为，坚决打掉侵犯知识产权和制售假冒伪劣商品犯罪活动的“保护伞”，及时发现、严肃查处执法、司法背后的职务犯罪。

（二）落实机制，协作配合

在两个专项工作中，湖北省检察机关充分发挥现有工作机制作用，并结合实际，使各项机制在专项工作中得以完善和深化。一是运用和完善两法衔接工作机制。各级检察机关积极主动联系工商、税务、药监、卫生等行政执法机关，落实联席会议、情况通报、备案审查等工作措施，在运用独具湖北省特色的行之有效的机制的基础上，进一步加强同行政执法机关的联系，取得理解支持与协作配合，协调督促各行政执法机关积极开展两个专项工作。二是运用和落实同公安机关、审判机关的监督制约、协调配合机制。湖北省各级检察机关严格按照湖北省人民检察院与省公安厅《关于在检察工作和公安工作中加强监督制约、协调配合的规定（试行）》以及湖北省人民检察院与湖北省高级人民法院《关于在检察工作和审判工作中加强监督制约、协调配合的规定（试行）》，积极落实并完善联席会议、情况通报、信息共享等制度，保证对于严重侵犯知识产权和制售假冒伪劣商品的刑事犯罪案件以及监督移送的其他犯罪案件能够依法快侦、快捕、快诉、快判。三是运用和深化检察工作一体化机制和刑事诉讼法律监督调查机制。在专项工作中，各级检察机关相关内设机构积极履职，既各负其责，又相互配合，在检察长领导下形成整体联动的一体化工作格局。运用现有的刑事诉讼法律监督调查机制、线索双向移送和反馈机制，积极开展对诉讼违法行为的调查和涉嫌职务犯罪的查处，并及时通报、反馈调查及查处的情况，整体推动了两个专项工作的深入开展。

（三）加强指导，改进方法

针对专项工作时间紧、任务重、要求高的特点，各级检察机关继续按照最高人民检察院、湖北省委的统一部署，切实加强领导、严密组织、统筹协调，努力推动专项工作取得更大成效。一是积极强化督办指导。充分发挥一体化优势，对社会危害严重、影响恶劣的重大疑难复杂或干扰阻力大的案件，上级检察院实行挂牌督办，必要时直接赴当地督导办理；下级检察院对挂牌督办案件高度重视，组织精干力量集中办理，及时上报反馈案件进展情况。省、市两级检察院特别注重加强对下指导，及时分析专项行动存在的问题、困难及原因，及时研究在适用法律政策方面的新情况、新问题，及时加以解决。二是注重优化工作方法。各级检察机关在专项工作中不断总结，进一步运用和改进组织方法，促进工作分项落实。加大了两个专项宣传力度，把握宣传尺度，积极宣传检察机关开展专项工作的阶段性成果。加强了案例指导，注重案例整理，提高办案水平。改进了工作方法，总结典型经验，为深化专项行动提供借鉴和指引。加强了信息工作，严格统计要求，对重要情况、重大案件和重点问题以及相关数据，做到了按要求准确、及时、完整、规范上报。三是有效促进社会管理。各级检察机关自觉将专项工作与创新社会建设、促进社会管理结合起来。在办案中进行调查研究，加强对类案和典型个案的剖析，掌握各类犯罪的特点和规律，发现知识产权保护、食品药品安全监管、市场秩序管理等领域在政策、法规、制度方面存在的漏洞和缺陷，积极向党委、政府和相关企业提出强化管理、消除隐患、预防犯罪和建章立制的检察建议，促进完善食品药品安全保障体系和知识产权保护体系，促进社会管理创新，促进解决人民群众最关心、最直接、最现实的利益问题。

三、充分发挥“检察工作一体化”机制，强化行政执法与刑事司法衔接工作

“检察工作一体化”是湖北省检察机关深化检察改革的机制创新，实行的是“上下统一、横向协作、内部整合、总体统筹”的工作运行机制。建立和执行行政执法与刑事司法衔接机制，是法律监督工作中的创新，在其进程中，势必会遇到各种各样的问题和困难，要解决这些问题和困难，必须充分发挥"检察工作一体化"机制的效能。在现行检察机关双重领导体制下，检察院往往难以抵御地方保护主义的非法干预，监督行政机关难以达到效果。另一方面，一些执法机关对行政执法与刑事司法衔接机制的认识仍存偏差，以罚代刑、部门保护主义现象依然存在。因此，要破解获取案件线索难、处理案件难、地方与部门保护主义的难题，必须构建全省检察机关上下统一的格局。为此，湖北省检察院和各市州检察分院在加强自身办案的同时，加大指挥、协调异地办案工作力度，挂牌督办大要案件，化解监督阻力。为保证对行政执法机关的监督取得更大实效，检察机关深挖并查处隐藏在各种破坏市场经济秩序犯罪背后的国家机关工作人员有罪不究、以罚代刑、徇私舞弊不移交涉嫌犯罪案件等职务犯罪案件，这种工作机制，不仅广辟了案件线索，而且更加有力地震慑了犯罪分子，使行政执法与刑事司法衔接机制得以完善和落实。

（最高人民检察院侦查监督厅）

湖 南 省

专利工作

2010 年，湖南省知识产权工作紧紧围绕湖南省委、省政府中心工作，自觉服务于全省经济建设大局，大力推进知识产权战略实施，自主知识产权数量和质量不断提升，知识产权运用和管理能力不断增强，知识产权保护力度不断加大，为转变经济发展方式、建设创新型湖南提供了有力支撑。

一、开展了打击侵犯知识产权和制售假冒伪劣商品专项行动

2010 年 11 月 5 日，根据国务院打击侵犯知识产权和制售假冒伪劣商品专项行动统一部署，湖南召开了全省知识产权保护与执法工作电视电话会议，徐守盛省长对专项行动作了全面安排部署，14 个市州共设分会场 114 个，4060 位来自各级政府及其部门的有关领导和工作人员参加了会议。会后，成立了由 24 个单位组成的全省专项行动领导小组，郭开朗副省长任组长，湖南省政府办公厅下发了专项行动工作方案。湖南全省 14 个市州，湖南省知识产权局、商务厅、新闻出版局、质监局、高院、公安厅等 20 多个部门分别召开了动员大会，制订了工作方案。湖南省政府办公厅和专项行动领导小组办公室多次召开会议，部署专项行动、打击对非洲出口专项整治、政府软件正版化和报送重点督办案件工作。建立了案例周报、工作月报、信息通报等制度，构建了全省上下联动、部门配合、全面推进的工作格局。湖南省财政为专项行动投入经费 100 万元，市州财政投入 500 万元，知识产权、版权、工商、食品药品等部门投入专项行动经费 430 万元（不含软件正版化费用），有力地保障了专项行动开展。

湖南省专项行动办公室主持召开专项行动宣传工作会议，印发了宣传方案，全省上下利用湖南文化大省的优势，采取各种形式，全方位、多渠道强力造势，组织开展了一系列宣传活动。在湖南省政府门户网站主页设置专题，开辟领导关注、动态信息、典型案例、媒体聚焦和工作简报等栏目，通过图片、视频、文字报道专项行动进展，点击率达 12 000 多次。在湖南省规模最大、功能性与交互性最强的政府公共资讯互动框架网——红网传媒上制作公益广告，播放动态新闻，覆盖 1700 多个行政机关、商务场所及公益空间进行宣传。在长沙市 400 台出租车车身及灯箱印制保护知识产权及举报投诉电话"12330"公益广告。移动、联通向全省用户发送保护知识产权的手机短信 3000 万条。湖南省专项行动办公室印制发放保护知识产权卡通动画工作月历 5000 册，在长沙市芙蓉大道等主要交通干道制作大型宣传广告牌，在显要位置悬挂宣传标语等。长沙市所有社区均设置了保护知识产权的专题报栏，湖南省知识产权局与湖南省美术家协会开展了"知识产权杯"全国漫画邀请赛。长沙市知识产权局在全国率先创建"长沙市专利执法"和"中国（长沙）知识产权维权援助中心"两个微博，适时更新，与网民开展互动。湖南卫视等电视、广播、报刊和网络媒体就专项行动进展情况、典型案例进行密集报道。此外，还通过新闻发布会、媒体见面会、人物专访、座谈会等形

式进行广泛深入的宣传。全省实现了“电视有画面,报纸网络有文字,电台有声音,社会有影响”,营造了知识产权保护的良好社会舆论氛围。

专项行动开展以来,全省各级政府及部门结合各自职责,以保护著作权、商标权、专利权和植物新品种权等为重点内容,突出重点地区、重点领域,加大生产和制造环节的整治力度,加强流通和消费领域的市场监管,侦破和查获一批侵犯知识产权和制售假冒伪劣商品案件,有效打击了侵权违法行为,有力维护了良好的市场经济秩序。全省共组织联合执法20余次,出动执法人员3万余人次,查处侵犯知识产权和制售假冒伪劣商品案件830余起,检查经营主体10万多户、商品2万余件,捣毁制假窝点80余个,查处盗版图书26.5万多册、盗版音像制品41.2万多件。省直有关行政执法部门自2010年10月以来,查处案件总数879件,其中重大案件30件,涉案金额1824.5万元,捣毁制假窝点92个,移送司法机关案件6个。湖南省政府于2010年11月22日召开督查会议,对24个省直部门开展专项行动情况进行督查,郭开朗副省长和姜儒振副秘书长听取了各部门工作汇报,并提出了下一步的工作要求。目前,湖南已上报了湘潭东升假冒防爆产品案件等7个重点督办案件,通过新闻媒体公布了“拉菲”红酒侵权案等5个典型案例。

二、知识产权战略制定和实施进展顺利

2009年2月,湖南颁布《湖南省知识产权战略实施纲要》以来,全省上下都大力推进战略的制定和实施。2010年7月,湖南省政府印发了《湖南省知识产权战略专项工程推进计划(2010～2015年)》,该推进计划将战略实施的6大专项工程分解为24项具体任务,并一一分解到20多个有关单位。8月,召开了知识产权协调领导小组成员单位联络员会议对如何实施该推进计划做了全面动员和初步部署,各成员单位也相应制订出台了本部门的战略实施具体工作方案。在2010年颁布实施的《湖南省中长期人才发展纲要(2010～2020年)》中,湖南省委、省政府将知识产权人才开发列入了重点领域人才开发任务。湖南省人大将《关于加强湖南省知识产权队伍建设的几点建议》列入2010年十大重点办理的建议案,同时还于11月专题组织召开了一次“全省知识产权战略实施与法制建设研讨会”。湖南省政协在湖南产业发展调研工作中将知识产权列为产业发展战略的重要内容。全省各市州、县市区党委、政府把实施知识产权战略列入重要议事日程,进一步加大对知识产权工作的领导、投入和支持力度,全省14个市州都建立并充分发挥了知识产权协调领导小组的职能作用,启动了战略实施方案或意见的制定工作,目前共有13个市州出台了地方知识产权战略实施方案,一部分市州制订了年度推进计划和任务分工。攸县、韶山、湘乡、耒阳、衡南、吉首、蓝山等县市和三一重工、中联重科、时代电器等一批企业也制定了战略实施意见和规划。为了加强省市战略衔接,4月,湖南省政府召开了全省市州知识产权战略实施方案制订与实施工作经验交流会,湖南省政府姜儒振副秘书长对战略制定和实施工作作了指导和部署,各市州人民政府主管知识产权工作的副秘书长到会,这次会议全面推进了市州知识产权战略的制定和实施。

三、专利数量和质量稳步提升

湖南通过完善资助办法,实行量化考核,强化政策导向,有效地引导创新成果的产权化,促进了专利量和质的提升,专利申请量和授权量全面超额完成了预期目标。一是专利拥有量增长强劲。2010年,专利申请量达到22 381件、同比增长40.34%,授权专利13 873件、增长66.96%,其中,怀化申请量增长159.22%、授权量增长336.59%,常德申请量增长101.63%、授权量增长145.86%。“十一五”期间,湖南省共申请专利73 827件,比“十五”期间增长133.18%,年均增长率为21.56%,授权专利39 610件,年均增长率为25.41%。到2010年底,全省累计专利申请和授权量分别达到145 692件和76 061件,均居全国第十一位。二是专利结构不断优化。2010年,发明专利申请为6438件,同比增长45.79%;授权1920件,排名全国第十一位、中西部第3位。“十一五”期间,全省发明专利申请为23 437件,比“十五”期间增长202.84%。以企业为主的职务专利申请为32 176件,比“十五”期间增长343.62%,授权19 481件,比“十五”期间增长386.42%。长株潭城市群2010年专利申请达13 243件,占全省的59.17%。2009年,中南大学、湖南大学、国防科技大学3所高校进入有效专利数量全国百强。三是少数企业已开始进行国外专利布局。伴随湘企“走出去”战略,一些外向度较高的企业已开始进行海外专利布局。2010年,全省企业共提交PCT专利申请119件,同比增长

982%，全省企业“十一五”期间共提交PCT专利申请380余件，同比增长15倍。

四、知识产权优势企业培育工程形成品牌

2007年，湖南开展知识产权优势企业培育工程以来，湖南省财政累计投入专项资金5000万元，分4批对101家企业进行“制度建设、人才培训、信息利用、专利布局、维权援助”等方面的重点培育和支持，提高培育企业运用知识产权制度参与市场竞争的能力，一批企业逐渐形成了知识产权方面的竞争优势，并在全省企业中形成了辐射和示范效应。2010年，首批23家企业全部通过考核验收，优秀率在80%以上，其中10家被评为“湖南省知识产权示范企业”。其成效主要表现在三个方面：一是企业创新能力显著增强。2007～2010年，优势培育企业年专利申请平均增长44.78%，2010年达到4621件，占全省企业专利申请的45%。其中发明专利1293件，占全省企业的53.9%。工程机械等装备制造领域2010年专利申请超过3000件，新材料领域专利申请超1500件。三一重工知识产权团队专兼职人员达108人。三一重工和中联两个集团专利申请总量，已占进入全球工程机械前50强中8个中国企业申请量总和的66.6%。二是企业知识产权制度运用日趋娴熟。一些企业已能从容应对国际展会、商务谈判中的知识产权问题。三一重工在英国取得了与德国奔驰公司商标纠纷案的最终胜利，扫除了进军欧美市场的知识产权障碍；科力远公司主动发起对加拿大英可公司的专利诉讼，终审判决英可公司赔偿科力远公司5458万元；湘潭电机海外并购中把专利等知识产权相关权利作为重要部分。三是依托专利拓展市场，企业效益超常提升。2007～2009年，培育企业共实施专利4978件，专利技术转让收入8401万元，销售收入3267亿元，创利税1050亿元，创汇205亿美元，具有自主知识产权的产品已占销售收入和出口创汇的70%以上。产品不但国内市场份额大幅提升，还加快了走向海外的步伐，企业快速扩张，利润和经济效益同步增长。以培育企业为龙头的工程机械产业2010年成为湖南新增千亿产业，以时代电气、株洲电力机车厂为首的轨道交通产业在国内市场占有率超过50%，株洲电力机车厂近3年来获得中东、乌兹别克斯坦、新加坡、土耳其等国家和地区累计80多亿元的订单。优势企业培育工程已成为湖南省知识产权工作中一个品牌工程，并应邀在全国企事业单位知识产权工作会议上作了专题经验介绍。

同时，湖南省知识产权局和省经信委联合开展了中小企业知识产权战略推进工程，启动了首批31家中小企业知识产权工作试点。

五、知识产权试点示范工作成效显著

“十一五”期间，按照“以点带面，全面推进”的工作方针，经过湖南省知识产权局推荐，全省共有10个城市、3个园区、7个县市和38家企事业单位先后进入了国家知识产权试点示范，长株潭成为全国首个知识产权工作示范城市群，常德市成功申报国家知识产权示范创建市，长沙市进入了国家知识产权局和工信部联合实施的中小企业知识产权战略推进工程，国家专利产业化（株洲轨道交通、湘潭机电）试点基地和质押融资试点城市（湘潭、长沙）建设稳步推进。全省先后开展了5批64个县市区的知识产权工作试点示范，目前已有47个完成了试点任务，13个成为省级示范县市，7个进入了示范创建阶段。试点示范工作有力地促进了县级知识产权机构体系、政策机制建设和县域经济发展，试点期间绝大部分县市区实现了专利年申请量翻番，多的增长了5～6倍。长沙、株洲、岳阳、常德、永州、邵阳、怀化等市州还开展了中小学科技创新与知识产权教育试点，增强中小学生发明创造和知识产权保护意识。

六、知识产权政策法规日趋完善

2010年，湖南省知识产权局启动了《湖南省专利条例》修订工作。在全国率先出台了专利行政处罚自由裁量权基准。5年来，还先后出台了知识产权优势企业培育工程管理办法、加强专利信息利用工作若干意见、专利申请资助办法、专利管理工程师和高级工程师任职资格评价条件等一系列重要文件，县市区知识产权工作规范和企业知识产权管理标准也正在加紧研究制定。各市州也大力加强知识产权政策环境建设，制定和完善了专利资助、奖励和考核等知识产权激励政策。永州、岳阳、邵阳、湘西等市州出台了专利行政自由裁量权基准，大部分市州制定了专利申请资助资金管理办法，郴州市出台了关于加强知识产权工作的意见，永州市制定了关于加强知识产权协调工作的意见，邵阳市出台了关于促进产学研结合增强自主创新能力的实施意见。

七、专利行政执法效能进一步提高

湖南省知识产权局积极整合执法资源，不断创新执法模式，主动加强与公安和法院系统协作，建立了长株潭专利行政执法协作机制，加入了泛珠三角和中部地区专利执法协作，逐步形成了全省联动、各方协同、行政与司法密切配合的专利保护机制，执法效能进一步提高。全省知识产权局系统连续三年开展了“天网”、“雷雨”等专项行动。2010 年 1～12 月，全省共调处专利侵权纠纷 90 件，调解其他纠纷 3 件，查处假冒专利案件 68 件，出动执法人员 56 650 人次，检查商品 1502 件，与其他部门协作执法 15 次。湖南还在全国率先开展了创建“知识产权保护示范市场”活动，首批启动了长沙、株洲、湘潭 3 个市场的创建试点。长沙市制定了大中型商业企业知识产权保护指导规范，出台了展会知识产权保护办法，进一步规范和强化了流通领域的知识产权保护。

八、知识产权宣传培训工作逐步深入

全省知识产权局系统利用专项行动和宣传周等契机，不断创新形式，积极拓宽渠道，充分利用广播电视、网络报纸和移动通信等各类媒体，在全社会努力营造“崇尚创新、尊重和保护知识产权”的文化氛围。连续 5 年发布了《知识产权保护状况白皮书》，公布了典型案例，组织了专家院士访谈、签名仪式、抢答赛、漫画赛和街头宣传等一系列宣传活动。2010 年与国家知识产权局有关部门、湖南大学签署了共建培训基地协议，启动了培训基地建设方案规划论证工作，加快推进培训基地软硬件条件建设。积极支持湘潭大学、湖南大学、中南大学等高校开展知识产权方向的研究生培养。2010 年，湖南省知识产权局与中国知识产权培训中心联合举办了全省县市长和市州知识产权局长“实施知识产权战略研讨班”。全年共举办党政领导干部、高校领导、企业知识产权工作者培训班 45 期，培训人员 6000 人次。先后派员参加境内外学习培训 150 余人次，举办了专利执法培训班、专利代理人资格考试培训班，为各级知识产权管理部门培养具有执法资格的人员 100 多人，为企业培训知识产权专兼职人员 200 多名，考取专利代理资格人员 23 人。湖南省知识产权局还联合省直部门和相关单位举办了多期培训班，加强横向协作，拓展了知识产权培训工作的领域和途径。

九、知识产权公共服务能力不断增强

2007 年，湖南启动专利信息公共服务平台建设以来，目前已完成一期工程，开通了专利智能检索公共服务平台，全省企业通过数据中心下载专利信息日平均 5000 余条。知识产权局门户网站、企业专利服务平台、电子申请受理和 OA 系统上线运行，大多数市州知识产权局建立了门户网站或电子政务系统。建成了“中国・株洲轨道交通专利信息中心”、“中国・湘潭机电专利信息中心”。长沙市建成了工程机械、生物医药等 5 个重点行业专利数据库。全省 70 多家培育企业建立了各类专题数据库。全省 4 家知识产权维权援助中心成立 2 年来，共接待咨询 1300 余次，帮助湖南省企业处理知识产权纠纷、开展维权活动 48 起，为企业挽回经济损失数亿元。湘知司法鉴定所提交的 92 件鉴定报告，绝大多数被法院和相关部门采信。知识产权教育培训基地成立 3 年来，举办各类培训班 28 期，培训 3600 人次。专利技术（长沙）展示交易中心成立 4 年来，帮助 89 个知识产权项目与资本成功对接，签约总金额达 11.62 亿元。全省 21 家专利代理机构规范运作、健康发展，执业人员 100 多人，2010 年湖南省专利代理量同比增长 14.6%。长沙代办处的工作职能和业务范围进一步拓宽，电子申请率在 50% 以上。

（湖南省知识产权局　杨海遐）

商标工作

2010 年，湖南省各级工商机关认真按照省委、省政府和国家工商总局的统一部署和要求，充分发挥商标监管服务职能，把商标工作作为服务企业、服务经济发展的重要抓手，深入推进商标战略实施，取得了新的进展，为促进湖南省经济又好又快发展作出了积极贡献。

一、驰名、著名商标培育成果丰硕

一年来，湖南省各级工商机关把指导、支持企业争创驰名商标、著名商标作为推进湖南省商标战略实施、服务经济发展的重点任务来抓，深入企业指导，为企业创牌出谋划策，推动了全省企业争创驰名、著名商标积极性的进一步高涨。株洲、常德市政府召开了驰名、著名商标企业表彰大会，极大地激发了企业创牌热情。湘潭市工商局组织全

市40多家大中型企业召开“争创驰名、著名商标推动湘潭品牌战略座谈会”。长沙、常德、怀化等地工商局制定出台了引导、扶持企业创建驰名、著名商标工作规划，明确了争创驰名、著名商标重点企业对象。益阳市工商局明确每个商标品牌创新企业由一名县级局班子成员负责联系，帮助企业建立商标档案，制定创牌工作规划。在国家工商总局的大力支持和全省上下的共同努力下，2010年，国家工商总局两次共认定湖南省驰名商标39件，全省驰名商标总数达101件，数量居中西部第一，全国第八。湖南省工商局认定的2010年湖南省著名商标553件，比2009年增加152件，全省著名商标总数达1262件。目前，湖南省已初步形成以驰名商标为龙头、著名商标为主体的品牌梯队。这些拥有自主品牌的企业，依托品牌大力创新，提升了竞争力，增强了发展后劲，为湖南省科学跨越、富民强省作出了重要贡献。

二、商标注册事业发展不断加快

为进一步增强全社会的商标意识，在全社会营造主动注册商标、科学运用商标、自觉保护商标的良好氛围，推动湖南省商标注册事业的发展，夯实商标工作基础，全省各级工商机关采取多种形式加强了商标法律法规和商标知识的宣传培训。为做好2010年“4·26知识产权宣传周”活动，湖南省工商局下发了《关于组织开展2010年商标宣传周活动的通知》，并于4月20日会同湖南省知识产权局等部门在长沙万家丽建材市场举行了知识产权宣传周暨创建知识产权保护示范市场活动启动仪式。4月26日，湖南省工商局参加了由省政府新闻办组织的湖南省知识产权保护状况新闻发布会，湖南省工商局领导介绍了湖南省商标工作取得的成效并回答了记者提问。为集中反映、展示湖南省商标工作发展历程和成就，湖南省工商局与湖南卫视合作制作了《潇湘放歌——湖南商标事业快速发展纪实》电视专题片。根据湖南省工商局统一部署，各市州局采取在媒体发表专题文章、局领导专访、组织街头集中宣传咨询、发放宣传资料等方式开展了形式多样、内容丰富的宣传活动。成功承办了由世界知识产权组织和国家工商总局在湖南省举办的有效利用马德里商标国际注册体系巡回研讨会，得到了世界知识产权组织和国家工商总局的高度评价。通过一系列的宣传培训活动，有效增强了企业的商标意识，推动了湖南省商标注册事业的快速发展。2010年，湖南省商标申请注册数21 018件，比2009年增加5241件，增长33%；核准注册数25 709件，比2009年增加8846件，增长52%，商标申请、注册均为历年来数量最多、增长最快的一年。至2010年年底，全省累计有效注册商标达85 743件，比2009年增加23 993件，增长39%。

三、农产品、地理标志商标发展成绩明显

全省各级工商机关把指导农产品商标和地理标志商标注册、运用保护、管理作为促进湖南省农业产业化发展、带动农民增收的重要举措来抓，深入农村就农产品商标和地理标志证明商标注册和保护工作进行调研，主动与地方政府、涉农部门协调沟通，与企业、农户座谈交流，宣传商标的重要性，鼓励、引导农民、涉农企业和有关协会主动申请注册农产品商标和地理标志商标。在全省工商系统的大力推动下，2010年，湖南省7件地理标志商标被核准注册，全省地理标志证明商标累计达39件，拥有量在全国排名第八。全省农产品商标拥有量也已达17 000件左右，比2009年新增了2000多件。农产品商标、地理标志商标的发展，为促进湖南省“三农”发展发挥了重要作用。

四、保护商标专用权专项行动取得阶段性成果

一年来，根据国家工商总局的统一部署，湖南省工商机关连续开展了保护世博会标志、亚运会标志专用权专项行动，查处了一大批侵犯世博会标志和亚运会标志专用权案件。2010年6月，湖南省工商局召开全省工商系统保护驰名、著名商标和地理标志商标专用权专项行动视频会议，下发了专项行动方案，部署了从6月中旬至9月底在全省范围开展为期三个半月的专项行动。国务院、省政府和国家工商总局部署开展打击侵犯知识产权和制售假冒伪劣商品专项行动后，湖南省工商局再次制订下发了行动方案，成立了领导小组，召开全系统的专项行动再动员、再部署会议，加大了对案件查办的督办指导力度。各级工商机关再接再厉，连续作战，突出重点，细化措施，强化责任，集中查办大要案件，推动专项行动不断深入开展，取得了阶段性成果。据统计，2010年，全省各级工商机关共查处各类商标假冒侵权案件498件，案值1058万元，有力维护了商标专用权人和广大消费者的合法权益。目前，湖南省专项行动仍在深入推进中。

五、商标战略实施示范工作顺利推进

在国家工商总局的大力支持下，湖南省隆平高科和株洲、湘潭、岳阳分别被国家工商总局确定为首批国家商标战略实施示范企业和示范城市，是首批示范城市数量最多的省份。在国家工商总局召开的芜湖会议和苏州会议上，隆平高科和湘潭市政府分别做了大会发言。根据示范企业、示范城市工作要求，株洲、湘潭、岳阳三市不断健全完善商标战略政策措施，促进商标注册发展，提高商标运用、管理和保护水平，强化商标监管执法，商标战略实施取得了新进展。同时，湖南省的商标战略示范企业、示范县（市区）工作也正在筹备中。

六、实施商标战略环境机制进一步优化

为认真贯彻落实国家工商总局长春会议精神，湖南省工商局多次就推进商标战略实施问题向省委、省政府领导汇报，与相关部门进行沟通协调，争取重视和支持，实施商标战略的环境和机制进一步优化。一是争取省政府常务会议专门听取了湖南省工商局的商标工作汇报，就商标工作的一系列重大问题进行了研究部署。二是于2011年1月，争取以省政府名义召开了全省深入推进实施商标战略大会，刘力伟副省长代表省政府作商标工作报告，回顾了“十一”时期全省商标工作，对后阶段实施商标战略工作进行了部署安排。各市州政府分管领导、省直相关部门负责人、工商局长、分管局长和县市区工商局长以及驰名商标、著名商标企业代表近500人参加了会议，国家工商总局付双建副局长、商标局李建昌局长、商评委沈瑞表主任、中华商标协会赵刚秘书长出席大会。大会的召开，吹响了湖南省实施商标战略的新号角。三是与省人力资源与社会保障厅开展了评选表彰全省商标工作先进集体和先进个人活动，10家单位被评为商标工作先进集体，10名个人被记一等功，50名个人被记二等功，同时以省政府办公厅名义通报表彰了2008年以来认定的驰名商标企业，极大地调动了全省各级各部门和社会各界实施商标战略的积极性。四是以省政府办公厅名义下发了《关于深入推进实施商标战略的意见》，明确了商标战略实施的指导思想、目标任务、政策措施和工作要求，成为新时期湖南省实施商标战略的行动指南和纲领性文件。五是争取省财政厅支持，从2011年起，每年将实施商标战略专项经费2000万元列入了财政预算，为实施商标战略提供了必要的经费支持。六是就商标广告监管处进行分设，单设商标监管处问题加强了向省委、省政府领导的汇报和与省编办等部门的沟通联系，已同意湖南省工商局单设商标监管处，加强力量配备。目前，该项工作正在紧锣密鼓进行中，有望近期到位。

（湖南省工商行政管理局）

版权工作

2010年，湖南版权工作坚持以邓小平理论和“三个代表”重要思想为指导，深入学习落实科学发展观，全面贯彻实施《国家知识产权战略纲要》和《湖南省知识产权战略实施纲要》，创新工作方式，提高服务管理水平，圆满完成了各项任务。

一、围绕中心大局，落实重点任务

2010年重大事件多，社会热点多，世博、亚运等重大活动相继举办，中美商贸会谈、著作权法修改等热点引人关注，中央部署了一系列专项治理和集中行动加强版权保护工作。全省各级版权行政管理部门认真贯彻落实中央决策，进一步强化版权执法和日常监管，切实为党和国家工作大局服务、为版权领域的中心任务服务，取得了较好成绩。

一是认真抓好世博、亚运专项版权保护工作，净化版权保护环境。各地制订具体行动方案组织实施，建立健全反盗版快速反应机制，从快打击各类版权违法活动，确保重点区域、重点部位、重点时段发生的侵权盗版案件得到快速及时的处理。株洲市在世博期间加大对视频直播网站的监管，迅速制止了5起侵犯世博作品版权网络传播行为。郴州市亚运期间在高速公路加设亚运安检站，一举查获运往广东的7万多张盗版音像光盘，有效制止了盗版制品进入流通渠道。

二是加强图书馆版权保护工作，会同教育、文化、“扫黄打非”等部门，多次组织对省内部分大学图书馆使用作品情况进行专项检查，衡阳、株洲等地在检查中查缴图书馆上架的盗版出版物5万余册。同时，指导图书馆建立健全版权管理工作制度，组织相关高校图书馆负责人参加国家版权局举办的工作培训，在全省高校图书馆馆长会议上对50多家高校图书馆馆长进行版权管理和保护方面的讲座培训，收到了良好效果。

三是积极开展打击网络侵权盗版“剑网行动”，不断巩固和完善与公安、通信管理部门协作联动的网络专项治理机制，形成打击网络侵权盗版强大合力，共立案查处各类网络侵权案件 22 起，查获用于侵权服务器 23 台，组织全省 70 余家主要大型门户和知名网站开展作品使用自查自纠，主动监管网站 93 家，发放整改通知书 20 余份，提出整改意见 300 多条，卸载涉嫌违规作品 8000 多部。组织部分网站负责人进行版权法律知识培训，帮助被监管网站建立作品使用管理制度，形成先获得授权、再使用传播的良好秩序。

四是按照国务院部署，集中开展打击侵犯知识产权和制售假冒伪劣商品专项行动，牵头做好印刷复制生产源头治理、出版物市场治理等工作。截至 2010 年 12 月底，全省共组织检查印刷复制企业 700 余家，处理违法违规企业 50 余家，清查无证印刷和地下窝点 4 个。积极开展对出版物市场的日常巡查和明察暗访，全省共出动检查人员 2.7 万余人次，检查出版物市场、店档 1.1 万多个次，查缴盗版图书 54 万多册，盗版音像制品 8.2 万多张，盗版软件 1.5 万余张。

五是加大了大案要案的查处力度。先后查处了中央五部门挂牌督办的罗某、吴某私服侵权 2 起刑事案件、国家版权局交办的魔域中文网侵犯文字作品等 5 个重大案件和本省自行确定的 9 个重点案件。其中，协调省市县三级公安、检察部门共同查处的罗某、吴某私服案，是迄今为止国内查获的案值最大的一宗网络游戏侵权盗版案件，已抓获犯罪嫌疑人 9 名，检察部门已经提起了公诉，进入刑事审判程序。

六是继续大力推进软件正版化工作。2010 年列入软件正版化工作目标的企业有 329 家，已经通过检查验收的企业有 139 家。同时，启动了湖南省新一轮政府软件正版化工作，与省经信委、财政厅、省机关事务管理局等相关职能部门研究探讨了省、市、县三级政府机关软件正版化工作措施，拟定了实施方案。由于各项治理整顿工作出色，2010 年湖南省有 5 个市州版权部门、7 位执法人员分别被国家版权局授予查处侵权盗版案件有功单位和有功个人的称号；2 个市州版权局、1 位执法人员分别被评为全国世博知识产权保护先进集体和先进个人；9 家企业被评为第二批全国企业软件正版化示范单位。

二、围绕发展主题，拓展服务领域

从满足企业版权运用和管理的实践出发，出台了一系列的措施服务版权企业的发展。

(一)改进和完善版权登记，鼓励作品的开发创作

把作品登记作为激发创作者的热情、维护权利人利益，以及实施《湖南省知识产权战略实施纲要》的一项基础性工作来抓。一年来，在充分征求省内主要版权企业和律师、相关行业协会、中介机构代表意见，调研了解北京、上海、广东、江苏、福建、湖北等省市作品登记情况的基础上，优化登记程序，进一步提高登记效率，平均登记时间由原来的 30 天减少为 20 天左右，并开通登记绿色通道，对于一些时效性要求高的权利人，做到了即来即办；优化登记内容，进一步提高登记质量，妥善解决了作品转让和权利变更登记的问题，为促进作品使用奠定了基础，例如帮助天舟科教公司清理和登记 70 个种类 400 部作品，为其顺利上市提供支持。2010 年，共登记各类作品 337 件，作品的开发创作呈现较好的发展势头。

(二)加强对企业的指导服务，促进版权的有效管理

将梦洁家纺、金鹰网和宏梦卡通等 15 家企业，确定为对口联系的重点版权企业，将醴陵陶瓷业确定为重点指导的版权行业，开展“一对一”帮扶工作，由分管局领导负责牵头组织人员深入上述企业和行业进行调研，了解企业作品创作和版权登记、管理、使用情况，指导帮助企业建立健全版权资产开发管理制度，形成开发版权、拥有版权、经营版权、保护版权并重的经营模式。

(三)积极推进版权贸易，促进作品的转化和运用

促进以图书、报刊为主的版权贸易，大力实施“走出去”战略。2010 年累计引进版权 337 项，输出版权 163 余项，不但输出数量较 2009 年增长 50%，而且输出的国家和地区也从以往的港澳台地区和东南亚国家，扩大到美国、欧盟等 10 多个国家、地区，逐步进入西方主流社会。在版权合作方面也取得突破性进展，开展对外版权合作 29 项，收到良好的社会效益和经济效益，湖南出版集团被评为全国“版权输出先进单位一等奖”。积极推进版权贸易平台建设，支持湖南省产权交易市

场建设版权交易系统拓宽版权交易范围，促进版权市场价值的实现。

(四)全力打造湖南版权企业品牌

积极推介湖南省版权企业参加世界知识产权组织和国家版权局、中国版权协会组织的各种品牌评选活动，其中，中南传媒获评“中国版权最具影响力企业”。

三、围绕宣传普法，加强版权文化建设

加强法制宣传是做好版权工作的思想基础，只有广大干部群众特别是各级领导自觉学习著作权法，掌握著作权法，运用著作权法，版权工作才有坚实的思想基础和社会基础。

一是利用“4·26知识产权周”开展大型广场活动，在全省组织开展了“绿书签2010行动”，发放版权保护宣传资料和“绿书签”近2万份，组织签署30余家门户网站发布版权自律宣言和订立反盗版承诺书。

二是运用新手段、新方式开展特色宣传。在著作权法颁布20周年之际，设计制作了3000多册以“版权创造财富”为主题的宣传邮折，寄赠全省各级党政领导和兄弟省市版权局，形象地展示了版权保护对经济发展的巨大促进作用，同时向外推介了湖南优秀版权企业。各市州也不断创新工作方式，衡阳市利用手机平台向全市发布版权保护短信6万多条，并通过在衡阳政府门户网站的在线访谈，与众多网民就版权保护工作进行互动；怀化将知识产权保护编排成通俗易懂的文艺节目，利用演出车赴各地巡回表演，取得了良好效果，提高了社会公众对版权的认识度。

三是面向广大执法人员和机关干部进行法制培训。组织市州执法干部赴乌鲁木齐参加国家版权局举办的第三期基层执法培训班。协调湖南省普法办将《信息网络传播权保护条例》编入了2010年度干部学法读本。

四是推动“版权保护宣传进校园”活动，岳阳、常德和娄底向当地中学赠送版权知识读本《版权我懂》3000册，并在校园举办以版权保护为主题的班队活动，促进了青少年版权意识的提高。

(湖南省版权局 宋 亮)

司法工作

一、案件受理概况

2010年，湖南法院共新收和审结知识产权民事一审案件587件和546件，分别比上年增长21%和25%。其中，新收专利案件98件，比上年增长89%；商标案件134件，比上年减少30%。著作权案件339件，比上年增长117%。重大、疑难、影响面广的专利案件和涉及网络的著作权侵权案件数量增长明显。技术合同案件11件，植物新品种案件1件，其他知识产权案件4件。全年共新收和审结知识产权民事二审案件69件。湖南省高院受理知识产权民事二审案件47件。在2010年全省法院审理的知识产权案件中，有一批社会关注度高、影响面广的案件，如科力远公司发明专利案、蓝猫不正当竞争案、四川绵竹剑南春公司商标专用权及不正当竞争纠纷案、湘北威尔曼制药公司著作权案、腾讯QQ图形美术作品著作权案等。

(一)案件的审判质量和效率不断提高

全省法院2010年知识产权案件结案率达到了93%，比上年提高了14个百分点。案件上诉率从2009年的14%下降到2010年的12%，上诉案件的改判率较上年减少了5个百分点。湖南省高级人民法院的结案率连续三年达到100%。

(二)强化诉讼调解，维护社会和谐稳定

全省法院审结的546件一审案件有292件以调解或撤诉的方式结案，一审案件调撤率为53.5%，较2009年上升了2个百分点。针对系列案件，及时建立全省法院系列案协调解决机制，充分发挥行业协会和著作权集体管理组织在调解工作中的特殊作用，大大节省司法成本。

(三)进一步落实公开审判制度，不断提高知识产权司法透明度

2010年，建立人大代表旁听庭审和庭审网络直播长效机制，规定三级法院定期邀请人大代表旁听知识产权案件庭审，定量网络直播，自觉接受社会监督；充分发挥“中国知识产权裁判文书网”和湖南法院网公开知识产权裁判文书的平台作用。截至2010年底，湖南省知识产权生效裁判文

书均已全部按要求在中国知识产权裁判文书网公布。

二、审判监督和业务指导情况

(一)建立了案件动态信息报送和分析制度

根据审判需要,制定了5份案件动态信息报送表,以便掌握全省法院案件审判信息并对信息进行研究。编写下发了《审判动态分析》,及时就审判实践中亟须解决的问题予以规范。建立发改案件质效分析和案件发回重审沟通机制,对案件审理中存在的突出问题,及时组织全省范围的沟通与交流。全年就涉及网络、网吧和KTV经营场所的著作权侵权案件、商业秘密案件、部分中院上诉案件等开展了审判动态信息研究,加强了指导的针对性和有效性。

(二)知识产权审判调研成果明显

全年开展了一系列调研,取得了较为丰富的审判理论成果,湖南省高院开展了网络著作权、著作权侵权赔偿、商业秘密、以网吧为被告的著作权侵权、KTV经营场所侵犯音像制品等专题调研,组织召开了3次专题座谈会或研讨会,形成了有价值的调研成果,并通过指导性文件和工作措施等形式实现成果转化。拟定了《湖南省高级人民法院关于审理网络著作权侵权案件的指导意见(征求意见稿)》,在一定程度上解决了著作权案件在权利主体、诉讼证据和判赔数额认定方面的实践难题。

(三)积极发挥知识产权典型案例的示范效应

继续创新审判指导方式,在2010年"4·26知识产权宣传周"期间,与湖南省知识产权协调领导小组联合公布了2009年度知识产权司法保护十大案例,对于统一和完善知识产权司法标准起到了积极作用。

三、知识产权司法保护延伸工作情况

(一)精心部署司法保护专项行动

积极开展"4·26知识产权宣传周"活动。与湖南省知识产权局联合发布了十大年度知识产权司法保护典型案例,召开著作权司法保护座谈会和新闻发布会,进一步扩大司法宣传效应。积极响应国务院"打击侵犯知识产权和制售假冒伪劣商品"专项行动要求,采取集中开庭、集中宣判和集中执行等一系列举措,有力打击了知识产权侵权行为,提升了知识产权司法保护力度。

(二)积极开展司法建议工作

针对当前网络电子证据公证保全中的不规范甚至违法行为引起的问题,湖南省高院经过深入调研后向省司法厅正式发出了司法建议,指出当前公证机关在公证行为中所存在的问题和行政管理等方面的漏洞,提出了规范公证机关行为的相关建议,受到了省司法厅的高度重视,在其向司法部提交的报告中大部分采纳了湖南省高院的建议,现拟联合发文,全面规范湖南省电子公证证据的保全与认定工作。

(湖南省高级人民法院知识产权审判庭)

检察工作

2010年,湖南省检察机关立足本地实际,切实履行法律监督职能,加强行政执法与刑事司法相衔接工作,积极开展保护知识产权工作,努力发挥检察机关在知识产权刑事司法保护中的作用,加大打击侵害知识产权犯罪的力度,净化湖南省市场经济环境,促进依法行政,取得了良好效果。

一、加强协作,形成打击侵犯知识产权犯罪的合力

整合资源,加强与各方协作,是做好行政执法与刑事司法衔接工作的重要保障。湖南省人民检察院要求各级检察院主动深入各行政执法机关,加强沟通协调,争取各方面的支持与配合,采取灵活多样的措施,寻求监督衔接点,打造行政执法与刑事司法衔接工作新局面。为避免走访制度流于形式,湖南省人民检察院要求各级检察机关侦查监督部门加大走访力度,改变走访形式,采用定期与不定期的上门监督检查的方式,促进工作深入开展。为广泛发现线索,吸收社会公众参与,提升监督空间,湖南省检察机关通过聘请信息联络员等方式,拓展监督范围。针对以前订立的各项制度缺乏操作规程的情况,湖南省检察机关主动和相关行政执法机关联系,就实践中存在的问题进行商讨,研究解决办法,共同提出各项制度的具体规定,规范移送和报备行为。

为帮助行政执法人员提高调查取证能力,湖南省检察机关坚持对行政执法查处的涉嫌犯罪案件实行提前介入制度,对案件的性质涉及罪与非罪进行把关，指导行政执法机关工作人员收集、固定证据并及时移送，确保案件得到有效查处。如长沙市人民检察院在办理梁某等人销售、复制盗版书案中，鉴于该案涉案金额高达两千余万元，影响较大，长沙市人民检察院提前介入该案，对行政执法机关如何配合公安机关取证进行引导，提出收集、固定证据及对涉案图书进行鉴定的意见，使该案在较短的时间内取得重大突破，有力地震慑了犯罪。建立侦捕诉审衔接机制，为保障行政执法移送包括侵犯知识产权在内的涉嫌犯罪的案件质量，在公安机关侦查过程中，根据需要适时提前介入，引导公安机关调查取证，就侦查中遇到的有关情况及时加强沟通。在案件提请逮捕阶段，主动邀请公诉部门参加案件讨论，并结合公诉部门的意见，列出引导补证提纲，对法律没有明确界定的疑难复杂案件，主动向法院进行咨询、沟通，确保案件质量，同时还对法律适用等问题进行探讨、总结，联合形成规范性的指导意见。

二、多措并举，积极推动行政执法与刑事司法衔接工作

（一）立足实际，找准行政执法与刑事司法衔接工作的切入点

科学规划是做好一项工作的先决性条件，全面掌握行政执法与刑事司法衔接工作的实际情况是科学规划的前提条件。湖南省检察院在对行政执法与刑事司法衔接工作进行调查了解的基础上，科学规划，针对实际确定了“由点及面，重点突破，全面铺开”的工作思路，为行政执法与刑事司法衔接工作指明了方向。湖南省行政执法与刑事司法衔接工作在全国相对滞后，为找到症结，湖南省人民检察院要求各地对开展行政执法与刑事司法衔接工作中存在的问题进行研究、总结、剖析，湖南省人民检察院在充分调研的基础上进行了综合分析，了解并掌握各地工作开展情况的第一手材料及存在的问题，为合理规划、部署工作创造了条件。湖南省人民检察院通过问计基层、问计行政执法机关的方式，收集整理他们的意见，了解其他省市开展行政执法与刑事司法衔接工作的举措，了解各兄弟省市人民检察院的工作情况，学习借鉴他们的经验、做法，为科学谋划做好铺垫。通过上述工作，湖南省人民检察院了解到各行政执法机关对行政执法与刑事司法衔接工作有的在观望，有的支持并积极参与，有的甚至消极对待。各地检察机关在开展衔接工作时也是各谋其政，重点、方向不明确。针对这一情况，湖南省人民检察院提出“由点及面，重点突破，全面铺开”的工作思路，即先从愿意并支持行政执法与刑事司法衔接工作的行政执法机关入手，形成良性的运作机制后，以示范作用影响其他行政执法机关开展衔接工作。同时，要求各市州检察分院结合本地实际，有重点地选择几个行政执法机关开展工作，以促进行政执法与刑事司法衔接工作全面发展。

（二）是加强引导，强化工作的积极性

侦查监督部门是检察机关行政执法与刑事司法衔接工作的联络、工作部门，由于承担了大量的业务及社会工作职责，人少事多的情况突出，容易对行政执法与刑事司法工作产生应付心理，主动性不够。为改变这种状况，湖南省人民检察院积极营造监督氛围，采取多项措施，改变被动局面，增强衔接工作的主动性。在湖南省检察机关侦查监督工作会议上，要求全省各级检察机关侦查监督部门充分认识行政执法与刑事司法衔接工作的重要性，把加强对行政执法活动的监督作为侦查监督工作一个新的增长点，提高法律监督能力，并要求各地积极落实会议精神，及时、迅速地传达各基层人民检察院和每位侦查监督干警，统一思想。湖南省人民检察院每季度对全省开展行政执法与刑事司法衔接工作情况进行通报、点评，部分市州检察分院也采取季度通报的形式，对基层人民检察院的开展情况进行通报，达到激励督促目的。

（三）强化监督，增强行政执法机关的主动性

加强和改进行政执法与刑事司法衔接工作，需要检察机关和行政执法机关共同努力才能达到预期目的。实践中，由于涉及部门利益等原因，有的行政执法机关不愿意配合，甚至设置障碍。为此，湖南省人民检察院多措并举，促使行政执法机关主动配合，主动进行信息通报，主动将涉嫌犯罪的行政处罚案件在移送公安机关的同时向检察机关备案，对工作中存在的问题主动咨询检察机关。湖南省人民检察院在监督工作中，注重从实体与程序两方面来规范行政执法机关的移送工作。湖南省各级检察机关在加强与行政执法机关联系的同时，注重整合内部资源，相互协作，针对一些行政执法人员对涉罪案件不移送或降格处理的情况，加大对其职务犯罪的侦查力度，通过对行政执法机关涉嫌职务犯罪案件的查处，来规范行政执法行为，提高行政执法机关移交案件的主动性，促

进行政执法与刑事司法衔接工作深入开展。一年来，湖南省检察机关结合工作实际，确定重点行业、重点部门和主攻方向，不断强化办案力度和办案措施，集中力量立案查办了一批重特大渎职犯罪案件。湖南省检察院为加大与行政执法机关的联系力度，认真剖析了一批行政执法人员职务犯罪的案例，在行政执法机关召开的培训班或类似的会议上进行讲评，促进行政执法机关及其工作人员规范执法行为。

（四）加大指导力度，实现上下联动

一方面加大上级人民检察院对下级人民检察院行政执法与刑事司法衔接整体工作的指导力度，及时解答下级人民检察院提出的问题，协调处理行政执法与刑事司法衔接工作中出现的新情况、新问题，及时总结、转发、推广先进经验。另一方面加强个案指导。湖南省人民检察院通过及时派员到基层人民检察院进行业务指导，协调、帮助处理个案，同时，坚持在办案中，严格把握个案质量，及时推广个案办理经验。

三、开展打击侵犯知识产权和制售假冒伪劣商品专项行动和对行政执法机关移送涉嫌犯罪案件专项监督活动工作情况

2010 年 10 月，最高人民检察院、公安部、监察部、商务部联合部署开展对行政执法机关移送涉嫌犯罪案件专项监督活动工作，湖南省检察机关认真领会活动精神，立足湖南实际，积极争取多方力量，精心筹谋部署，得到省委、省政府的高度重视和大力支持。

（一）提高认识，统一思想

最高人民检察院、公安部、监察部、商务部联合下发了《关于开展对行政执法机关移送涉嫌犯罪案件专项监督活动工作方案》后，湖南省人民检察院两次牵头召集省公安厅、省监察厅、政府法制办、省商务厅相关部门负责人召开联席会议，专题研究湖南省人民检察院开展了专项监督活动，会议深入学习了四部委工作方案和其他两法衔接文件精神，从两法衔接专项活动的重要意义、如何开展两法衔接专项活动、专项活动的目的等方面展开探讨，统一了思想认识，增强了工作的责任感和紧迫感。积极开展了专项监督活动，进一步加强两法衔接工作，强化对行政执法行为的监督，加大对破坏社会主义市场经济秩序、妨害社会管理秩序等犯罪的打击力度，对保障经济社会平稳较快发展、促进依法行政、化解社会矛盾、维护人民群众切身利益具有重大意义，是深入推进三项重点工作的有效途径。

（二）积极汇报，取得支持

在中央四部委专项监督活动方案下发伊始，湖南省人民检察院迅速向省委、省政府进行了书面报告，就如何开展该项工作提出具体建议，省委常委、纪委书记许云昭同志，省委常委、政法委书记李江同志，省政府副省长刘力伟同志先后对报告作出批示，完全同意省检察院提出的各项工作建议，要求各单位积极协调配合，共同开展好专项监督活动，同时为确保活动的顺利进行，同意拨付 50 万元作为专项活动保障经费。

（三）强化领导，周密部署

(1)成立了领导小组。由省委办公厅、省政府办公厅发文成立了由省人民政府副省长刘力伟同志担任组长，省人民检察院、省政府法制办、省公安厅、省监察厅、省商务厅分管领导任副组长，其他相关省级行政执法机关分管领导为成员的领导小组；领导小组下设办公室，办公室由省人民检察院侦查监督一处、反渎职侵权局、省政府法制办执法监督处、省公安厅法制处、治安总队、经侦总队、省监察厅案件监督管理室、省商务厅市场秩序处及其他相关省级行政具体执法部门负责同志组成，办公室设在湖南省人民检察院侦查监督一处。(2)出台全面详实的工作方案。结合湖南省人民检察院实际，制定下发了《关于开展对行政执法机关移送涉嫌犯罪案件专项监督活动的工作方案》，提出专项监督活动的指导思想、目标任务、实施阶段和工作要求，明确了专项监督活动领导小组成员单位的具体职责，细化了每个活动阶段的时间、措施和要求。(3)召开全省专项监督活动电视电话会议。湖南省委省政府组织召开了全省行政执法机关移送涉嫌犯罪案件专项监督活动电视电话会议，主会场设于省政府办公会议室，省政府副省长刘力伟同志，省人民检察院、省高级人民法院，省政府法制办、省公安厅、省商务厅、省监察厅以及省直各行政执法单位的负责人在主会场出席会议，各市州、县市区政府分管副市州长、副县市区长、各市州、县市区人民检察院及分管侦查监督、反渎职侵权工作的副检察长，以及各行政执法单位的负责人在分会场参加会议。会上湖南省人民

检察院印仕柏副检察长宣读了工作方案，省政府法制办、省公安厅、省商务厅、省监察厅的负责同志分别就如何开展专项监督活动作了表态发言，省政府副省长、专项监督活动领导小组组长刘力伟同志作了重要讲话，阐述了此次专项监督活动的重要意义，要求全省各级各部门将思想和行动高度统一到中央、省委省政府的决策部署上来，强化领导，强化责任，全力投入专项监督活动。

（四）宣传引导，营造氛围

为给工作的顺利开展营造良好的舆论环境，获得社会各界和人民群众的了解和支持，湖南省人民检察院加强与新闻媒体沟通联系，适时、适度宣传“专项监督活动”的情况。在全省专项监督活动电视电话会议上，湖南省人民检察院邀请了红网、湖南卫视、湖南经视、湖南日报、三湘都市报、潇湘晨报等新闻主流媒体进行了宣传报告。

四、坚决防止和纠正对知识产权犯罪打击不力的现象

2010年，湖南省各级检察机关充分发挥法律监督职能，加强对行政执法机关抄送的侵犯知识产权案件《行政处罚决定书》副本的审查工作，对涉嫌犯罪的及时提出移送公安机关的建议，监督公安机关及时立案侦查侵犯知识产权犯罪案件。严肃查办侵犯知识产权违法犯罪背后的国家工作人员的职务犯罪，坚决打掉其“保护伞”，在立案监督和审查批准逮捕、审查起诉中注意发现和掌握侵犯知识产权违法犯罪背后的国家工作人员职务犯罪线索，对于涉嫌构成犯罪的坚决依法查办。

（最高人民检察院侦查监督厅）

广东省

专利工作

2010年，广东省专利工作紧紧围绕加快转变经济发展方式这一首要任务和全省知识产权工作发展的大局，深入贯彻实施国家和广东省知识产权战略纲要，积极推进专利领域各项重要工作，取得了较大成就，为加快转型升级、建设幸福广东作出了新的贡献。

一、知识产权在全省重点工作布局中地位日益凸显

广东以贯彻实施《珠江三角洲地区改革发展规划纲要》为契机，全面推进知识产权各项工作。广东省知识产权局在2009年规划纲要年度实施评估考核中被评为良好等级。自2009年广东省委省政府把“百万人口发明专利申请量”纳入《珠江三角洲地区改革发展规划纲要》重点监测指标后，2010年省委省政府又把“知识产权产出指数”纳入广东省市厅级党政领导班子和领导干部落实科学发展观评价指标体系，把“百万人口发明专利申请量、授权量”纳入广东省国民经济和社会发展计划，知识产权工作在省委、省政府的中心工作和重点任务中的比重逐步加大。

二、知识产权战略纲要贯彻实施更加深入

广东以省政府名义正式印发了《广东省知识产权战略纲要（2010～2011年）实施方案》，对全省年度战略实施工作进行部署，及时指导和推动地方知识产权战略的制定及实施工作。截至目前，全省20个地级以上市政府出台了知识产权战略纲要或实施方案，全省已形成了以战略统领发展、以战略促进发展、以战略保障发展的知识产权事业发展新格局。2010年2月，国家知识产权局和广东省政府隆重举行知识产权高层次战略合作工作委员会第二次会议暨广东知识产权服务中心启用仪式。经积极争取，全国首个区域专利信息服务中心正式落户广东。

三、知识产权政策法规体系建设硕果累累

广东以建设知识产权强省为目标，深入推进省部知识产权高层次战略合作，制定出台了一系列政策法规。2010年9月29日，《广东省专利条例》获省人大常委会审议通过并于同年12月1日开始实施。广东省知识产权局牵头组织编制广东省首个集专利、商标、版权、植物新品种和技术秘密等为一体的综合性的知识产权五年发展规划——《广东省知识产权“十二五”规划》。此外，广东注重加强知识产权软科学研究工作，推动决策科学化和规范化，广东省知识产权局与香港生产力促进局联合研制的《创新知识企业知识产权管理通用规范》通过审议，成为广东省推荐性地方标准。

四、知识产权奖励激励机制进一步完善

广东积极推荐中国专利奖参评项目。2010年，广东获第十二届中国专利奖41项，占全国总量(234项)的17.5%。其中获中国专利奖金奖5项，占全国总量(15项)的三分之一，居全国第一位；获外观设计金奖2项，占全国总量(5项)的40%，居全国第一位。在全省知识产权工作会议暨广东省获中国专利奖表彰大会上，对4项获得第十一届中国专利奖金奖、25项获得中国专利奖优秀奖的单位予以表彰，分别给予每项100万元和50万元的奖励，省政府一次性投入奖励经费1750万元。积极开展广东专利奖评奖活动，根据新颁布的《广东省专利条例》的有关规定，及时调整了广东专利奖的奖项，于2010年11月启动广东专利奖评选工作。

五、知识产权对产业发展的引领作用进一步提升

广东进一步强化经济发展方式转变中的知识产权导向，努力发挥知识产权对战略性新兴产业的促进作用。启动重大经济活动知识产权特别审查制度及知识产权预警机制建设工作。继续推进企业知识产权试点示范工作，2010年，广东新增知识产权优势企业50家，广东省知识产权示范企业20家，广东省知识产权试点事业单位20家，示范事业单位10家。继续推进省专利技术实施计划，择优选取10个战略性新兴产业项目和21个一般项目普及推进知识产权产业化。有效开展国家知识产权质押融资试点工作。广州市政府与五大银行签署了“广州市促进知识产权质押融资合作协议”，在三年内提供200亿元知识产权质押融资授信额度，东莞市构建了政府、银行、评估机构、企业广泛参与的知识产权质押融资协作机制。目前，广东省已有12家企业与金融机构签署了专利质押融资意向，银行专利质押贷款授信670多万元；佛山市南海区成为全国首家“国家知识产权投融资综合试验区”，有25家企业拿到近1.5亿元知识产权质押贷款项目。

六、知识产权保护能力进一步提升

2010年，广东省共立案受理各类专利纠纷案件145件，结案107件；立案查处假冒专利案件27件，结案29件；出动执法人员935人次，检查商业场所272次，检查商品9066件。积极开展“雷雨”、“天网”知识产权执法和打击侵犯知识产权和制售假冒伪劣商品专项行动。进一步加强与公安、文化、工商、版权、药监等有关部门的联系和协作，凸显专项行动成效。继续打造广交会知识产权保护的“金字招牌”，做好外博会、美博会等重要展会的知识产权保护工作，“一站式”服务得到黄华华省长的充分肯定。在108届广交会上，广东省知识产权局积极争取国家知识产权局首次派出权威专家进驻广交会，提高了广交会知识产权保护的水平。2010年广东各级知识产权局指导各类会展和行业协会解决的专利纠纷共1086宗。进一步深化执法协作机制，广东省知识产权局与重庆市知识产权局签订《粤渝两省市专利行政执法协作协议》，继续加强泛珠执法协作，移送假冒专利案件5件，接受专利纠纷案件5件，指定管辖案件12件。探索建立涉外应对和维权援助机制，目前，广东已成立4家知识产权维权援助中心，开通了“12330”维权援助与举报投诉公益服务热线，开展相关维权援助服务工作。

七、知识产权管理与服务体系建设初现成效

广东各级知识产权管理体系不断健全。2010年广东省知识产权局在强化省政府知识产权办公会议职能的基础上，承接原省整顿和规范市场经济秩序领导小组办公室有关知识产权职能，认真做好世博会、亚运会和第七届中博会的知识产权保护协调工作，积极推进打击侵犯知识产权和制售假冒伪劣商品专项行动组织协调工作。2010年，广东以贯彻落实汪洋同志视察广东知识产权服务中心时的重要讲话精神和实施国家知识产权局知识产权“强县工程”为契机，大力推动县域知识产权机构体系建设，成功组织召开了广东省首次县域知识产权工作会议，出台《关于加强县级知识产权工作的意见》。截至目前，广东省121个县(市、区)中，109个已挂牌建立知识产权局，比例达90.1%，15个地市实现县(市、区)100%挂牌。

广东在全省组织开展“百所千企知识产权服务对接工程”，形成《关于开展“百所千企知识产权服务对接工程”的指导意见》，11月23日举行了

“百所千企知识产权服务对接工程”启动仪式。加强专利代理行业监督管理，加强对专利代理人的继续教育培训。加快知识产权信息开发与运用，推进重点信息服务平台的建设。全面协调发展专利代办工作，在全国率先运用电子审批系统受理子系统。

八、知识产权宣传培训力度进一步加大

2010年，广东进一步加大了知识产权宣传力度。举行“2010年全省知识产权宣传周活动方案发布仪式暨‘4·26世界知识产权日’宣传活动”、召开广东省知识产权保护状况新闻发布会、制作“创造、保护、发展”电视公益广告、召开2010年广东省十个知识产权典型案件发布会，大力宣传知识产权，在全社会营造尊重和保护知识产权的良好氛围。组织开展了首批“广东省中小学知识产权教育示范学校”和第五批“广东省中小学知识产权教育试点学校”的申报和认定工作。确定广东省实验中学等10所学校为首批示范学校，广州市越秀区黄花小学等42所学校为第五批试点学校，加强知识产权意识培养。大力加强知识产权人才培养工作。经广东省知识产权局积极推荐，国家知识产权培训（广东）基地正式落户华南理工大学，成为全国6家国家知识产权培训基地之一。大力实施百千万知识产权人才培育工程，派出38名优秀人才赴美国和英国培训，组织培训知识产权管理人员27期2874名，支持相关单位培训4000人次，全省各级知识产权管理部门开展各类培训班近百期，培训5万余人次。

九、知识产权交流合作进一步深化

2010年，广东继续大力实施“走出去、请进来”战略，不断拓展广东省知识产权事业国际发展空间。接待日本、美国、法国、东盟、非洲等国家和地区的15个代表团70余人次来访，组织2个代表团赴丹麦、印度、新加坡进行考察访问，为双方开展深入合作奠定基础。与日本贸易振兴机构广州代表处联合主办“中日（广东）知识产权研讨会”。区域知识产权合作取得新进展。粤港知识产权合作内容被纳入《粤港合作框架协议》。顺利完成粤港保护知识产权专责小组第八次会议确定的13个项目，与香港生产力促进局联合研制的《创新知识企业通用规范》已通过广东省质监局推荐性地方标准专家评审。促进泛珠三角区域知识产权合作，完成与新疆哈密地区的合作任务，启动与新疆喀什地区对口支援合作活动。根据《海峡两岸经济合作框架协议》和《海峡两岸知识产权合作协议》的有关精神，积极参与“台湾·广东周”省经贸分团科技小组活动和粤台知识产权交流与合作，接待台湾高地科技顾问公司和交通大学知识产权人士来访广东省知识产权局。2010年12月，广东省知识产权局组团赴台湾地区考察探讨开展知识产权合作的可行性，在联合举办粤台知识产权培训班及企业知识产权管理标准研讨会方面达成初步共识。

商标工作

一年来，广东省工商局认真贯彻落实珠江三角洲地区《改革发展规划纲要（2008～2020年）》、省委十届六中全会精神，牢牢把握“四个只有”，按照国家工商总局的部署积极实施商标战略，紧紧围绕广东省“调结构、促转型”对商标管理工作提出的新要求，着力抓好体制、服务、监管、维权、管理“五个创新”，转变作风，升级服务，促进现代产业体系建设和自主创新，依法履行职能，为服务经济发展方式加快转变作出了卓有成效的努力。

一、商标管理工作成效显著

一年来，推行“一支队伍办案”，执法体制改革力度进一步加大，监管执法效能显著提高。广东省工商局加强办案指导，部署落实国务院打击侵犯知识产权和制售假冒伪劣商品专项行动，部署开展保护上海世博会标志、广州亚运会标志、展会商标保护，引导、支持企业通过驰名、著名商标认定加强商标权益保护。

（一）贯彻“一支队伍办案”，加强办案指导

广东省工商局大力指导全省工商行政管理系统的商标案件查办工作，有力地保护商标权利人权益，受到社会各界的好评。2010年，全省各级工商部门共查处各类商标违法案件5448件，案值30 725.65万元，罚款6003.66万元，其中查处侵犯外国商标注册人权益案件2971件。有50件案件37个涉嫌商标犯罪当事人被移送司法机关。同时，广东省工商局注重涉外、涉农商标、地理标志的保护。为感谢广东省工商局的商标专用权保护工作，日本宝理塑料株式会社、广东省家具商会专门拜访，向广东省工商局赠送锦旗。日本汽车

工业协会、日本自动车部品工业会9月分别向广东省工商局赠送了表达感谢的牌匾。

按照国家工商总局的部署，2010年11月11日广东省工商局组织了全省工商系统知识产权保护与执法工作电视电话会议。对全系统的打击侵犯知识产权和制售假冒伪劣商品专项行动做了部署。12月，在全省召开了珠三角、粤东、粤北打击侵犯知识产权和售假冒伪劣商品专项行动片区工作会议。10～12月，全省工商系统共检查经营主体户11万户次，检查批发零售市场、集贸市场等各类市场5543个(次)，重点整治区域1341处，捣毁制售假冒窝点194个，吊销营业执照1户，查处商标侵权、傍名牌及制售假冒伪劣商品行为案件2021宗，案值约5222万元，罚款2717万元。案值在10万元以上或罚款在5万元以上的大要案件共有105宗，移交公安部门的案件46宗。保护了一批涉外商标和驰名商标专用权，较好地完成了阶段性工作任务，为推进自主创新和加快经济发展方式转变提供了坚强保障。

(二)开展2010年世博会标志、广州亚运会标志保护工作

广东省工商局根据国家工商总局的部署，开展了为期一年的保护世博会标志专有权集中整治行动，努力实现对世界博览会标志使用行为的全方位监管，有力地保护了世博会标志权利人的权益。全省工商系统共检查经营企业和个体户136 608户，检查各类批发市场、集贸市场等53 321个，整治了2039个重点区域，实施行政指导386次，共查处侵犯世博标志专有权案件34宗。

广东省工商局高度重视亚运标志的保护工作，主动与亚组委建立起联络员制度，经常进行工作沟通，及时通报相关工作进度，共同商议解决问题的办法与措施，努力使亚运标志保护工作做到计划周详、机制健全、执行有力。为使亚运标志保护体系更加完善，广东省工商局积极向广州亚组委建议，启动保护亚运标志的立法工作。经过广东省工商局与亚组委共同与国家工商总局商标局沟通协调立法事宜，在国家工商总局商标局的大力支持下，《亚洲运动会标志保护办法》于2010年4月出台，为广州亚运会标志保护提供了法律依据。

执法工作中，广东省工商局根据亚运标志侵权案件的特点，在执法方式上指导各市局注重“两个结合”，即：行政执法与行政指导相结合、教育引导与规范整顿相结合。对于不具有主观故意，确属不了解相关法律法规或权利状况且违法情节显著轻微的案件，主要采取行政指导的方式，对案件当事人以教育为主，通过加强宣传，使其认识到错误，引导其规范经营。另一方面，对于有一定的作案经验和专业知识的“惯犯”，或者社会危害性较大的案件，决不姑息，坚决打击。通过采取“两个结合”，既做到了严格执法，有效净化市场，维护市场稳定，又能区别对待，规范引导，促进了亚运市场的繁荣发展。此外，广东省工商局还开辟了三个通道，一是与广州亚组委建立执法协作通道，二是与海关总署广东分署建立执法协作通道，三是与香港知识产权保护部门建立执法协作通道。

经过努力，各地工商部门保护广州亚运会标志的积极性进一步提高，取得较好的效果。在广州亚运会专项保护行动期间(2010年5～12月)，全省各级工商部门共出动执法人员6.7万人次，检查经营企业和个体户13万户，重点整治区域1501个，责令改正轻微侵犯亚运标志专有权行为220起，立案查处侵犯亚运标志专有权案件56宗，案值达46.8万元，树立了我国保护知识产权的良好国际形象。

(三)加强展会知识产权保护

根据《展会知识产权保护办法》和广东省工商局确定的分级管理和属地管理相结合的原则，强化展会知识产权的保护。第107届、第108届广交会期间，广州市工商局组织专业分局、海珠分局共17名业务骨干分别驻广交会A、B、C三区完成了驻场商标执法工作，共受理商标侵权投诉590件，及时保护了hello kitty、本田、香奈儿等一批国际知名商标专用权，树立了良好的商标保护形象。9月份，广东省工商局组织广州市局派人参加了中国国际中小企业博览会的知识产权保护工作，维护商标权利人和消费者的合法权益。

(四)驰名商标认定取得了新进展

全省各级工商行政管理部门积极主动服务企业，引导企业依法申请认定驰名商标，扩大保护范围，取得突出成绩。1月15日和2月9日，国家工商总局在商标案件、商标异议、商标评审中认定了390件驰名商标，其中广东省47件，占此次认定总数的12.05%，在全国各省市被认定的数量中是最多的。10月8日，国家工商总局在中国商

标网上公布了在商标管理案件、商标异议、商标异议复审和争议程序中认定的296件驰名商标，其中广东省28件，占此次认定总数的9.46%。目前，广东省驰名商标总数达到267件，连续5年位居全国首位。

（五）著名商标认定和管理工作更加科学、规范

努力推进广东省政府规章《广东省著名商标认定和管理规定》的宣传、适用和配套制度建设工作，制定《广东省著名商标认定和管理规定》实施细则和广东省著名商标评审委员会章程，完善了著名商标申请业务信息系统。为了提升著名商标认定工作效能，发挥各市、县两级工商部门的工作积极性、主动性，广东省工商局修订了原来的认定和管理工作内容和程序增加了由各市局向相关职能部门征求对申请人的意见的要求，将现场考察的主要任务交由各市局完成，省局安排进行抽查。省著名商标认定工作的完善，为广东省企业自主品牌建设奠定了坚实的基础。

全省各级商标管理部门积极引导企业申报著名商标，并做好审查、受理工作。广东省工商局在3月24日印发了《关于认定广东省著名商标的通知》，决定认定“天赐”等333件商标为广东省著名商标，延续认定“宝利”等457件商标为广东省著名商标，使广东省著名商标数量达到2185件。截至7月，广东省工商局受理2010年度省著名商标认定申请423件，延续认定申请547件。经广东省著名商标评审委员会评审通过，广东省工商局12月24日决定认定“晨宝”等324件商标为广东省著名商标，延续“CCTC”等523件商标为广东省著名商标。

三、商标战略实施工作深入推进

经过近一年来的学习、思考和实践，广东省工商局对商标战略实施工作有了更为深刻的认识。广东省工商局认为，商标作为品牌的法律基础和表现形式，对自主品牌建设发挥着不可替代的作用。实施商标战略，是以提高商标创造、运用、保护和管理能力为重点，以造就一批知名品牌，提高企业的核心竞争力为目的的系统工程。因此，提出应构建以自主创新、自主品牌为核心竞争力的经济发展模式。这项系统工程的推进必须从部门行为上升为政府行为，由政府统筹规划，协调实施。

2010年主要做了以下几方面的商标战略实施工作：

（一）开展前期调研、规划工作

一是5月在汕头市召开创建区域国际品牌工作会议，交流工作经验，指导汕头市澄海玩具企业开展品牌建设和技术创新。二是6月召开相关工商部门开展商标战略实施示范城市和示范企业工作座谈会，促进各市商标战略实施示范工作的深入开展。三是7月在答复省委领导牵头督办的省政协提案的意见中，提出了“实施商标战略，推动自主品牌建设，提高自主创新能力”的建议，并得到采纳。四是9月在佛山市召开了全省地理标志工作座谈会，邀请国家工商总局商标局地理标志处领导对当前地理标志工作中的问题进行解答和指导。在此基础上，制定了广东省知识产权战略纲要（商标工作）2010～2011年实施计划和商标发展“十二五”规划，推动广东省从商标大省向商标强省转变，使商标战略更好地融入经济发展战略。

（二）拟定意见，协调实施

广东省工商局综合各项调研成果、商标发展“十二五”规划，以及各市局的意见，拟定了《关于广东省推进商标战略实施意见》。为保障商标战略实施意见的有效落实，广东省工商局根据省政府办公厅的意见，多次与广东省经信委、编办等展开交流与磋商，宣传、介绍商标战略实施工作，商讨确定实施商标战略的组织机构。

（三）组织开展示范城市和示范企业的工作，出台扶持措施

广东省工商局推荐的广州、深圳、佛山3个商标战略实施示范城市，深圳中兴公司、珠海格力公司等2家示范企业首批获准认定。最近，根据国家工商总局的要求，转发了对国家商标战略实施示范城市（区）、企业的扶持措施的通知，协助示范城市建立和完善商标战略工作体系，协助建立商标数据库、安全预警等公共服务平台，加强示范城市商标管理人员的培训和交流，促进产业集群的发展，建立示范企业联络员制度，深入推进示范城市、示范企业工作。在佛山市委、市政府高度重视和大力支持下，在广东省工商局的努力指导下，佛山市的示范工作初见成效。国家工商行政管理总局商标局领导表示，佛山市在实施商标战略方面

取得显著成绩，形成了有效的工作机制，为开展示范工作作出了贡献。

(四)集思广益，取长补短

广东省工商局2010年大力协助国家工商总局在广州举办全国工商行政管理系统第二期商标战略实施培训班，学习借鉴其他兄弟单位的经验做法，有力带动广东省商标战略的深入实施。

(五)发挥协会作用，增强工作合力

广东省工商局指导广东商标协会积极开展商标战略实施的宣传与服务工作。广东商标协会在8月召开的第三届会员大会上，提出要发挥其联结政府部门和会员单位、企业的纽带作用，以宣传和参与商标战略实施为中心，倡导自主品牌、自主创新，提高会员单位和企业的商标意识，协助各级政府部门实施商标战略。

随着商标战略实施工作的全面推进，全省企业的商标意识明显提高，企业更加关注商标的使用、管理和保护，更加注重商标知名度的提高，通过申请认定驰名、著名商标来加大对其商标的保护力度，逐步把商标培育与促进自主创新、提高产品质量、履行社会责任结合起来，一些企业开始把商标工作融入其整体经营战略。与企业对商标的重视与努力相适应，作为自主品牌载体的商标申请和注册数量增长迅速。广东省2010年的商标申请注册量为171 352件，截至2010年底的有效注册商标总量达700 450件，连续16年居全国首位。各地更加重视商标在“三农”工作中的重要作用，在工商部门的推动下，通过申请注册地理标志和农产品商标，保护自身权益，探索将资源优势转化为商标优势和市场优势的路子。截至2010年底，广东省共有地理标志24件获准注册，比2009年底增加了5件。一些农产品商标走上做大做强的道路，如湛江国联水产公司的“GUOLIAN及图”商标2010年被国家工商总局认定为驰名商标，其权益得到有力的保护。2010年，广东省驰名、著名商标数量持续攀升，个别商标开始跻身国际著名品牌的行列，如在世界品牌组织、美中经贸投资总商会、美国世界著名企业联盟2010年2月公布的“世界著名品牌500强”中，广东省的“华为”、“美的”商标入围。随着全省3个试点的区域国际品牌创建工作稳步推进，区域国际品牌建设对地区经济发展的促进作用日益显现。汕头市澄海面对国际金融危机冲击和国内玩具业出口下滑的不利局面，积极创建区域国际品牌，运用“澄海玩具”公共品牌促进发展，在2010年第一季度实现出口额同比增长23.4%。这些努力和实践有力地促进了广东省自主品牌建设，为广东省商标战略实施奠定了坚实的基础，提供了有益经验。

四、商标服务工作更加优化

转变职能，服务经济发展方式转变，既是新时期商标管理部门的挑战，也是难得的机遇。广东省工商局坚决贯彻省委“三服务一促进”和国家工商总局的部署，积极做好服务政府、基层和企业的工作。

(一)服务政府的决策和部署

2010年，广东省工商局参与了省委、省政府促进经济发展方式转变、加快外经贸战略转型、扩大内需战略、建设文化强省等重大政策的拟定或贯彻，全力促进先进制造业、现代服务业、外经贸行业、文化业、生物医药等产业的发展。2010年7月，在省局印发的《广东省工商行政管理局关于服务我省加快经济发展方式转变的若干意见》中，要求全系统“深入实施商标战略，促进建设创新型广东”，要求做好商标战略实施的规划保障，提升商标管理水平，服务实施“走出去”战略，推进商标专用权保护工作。广东省工商局于9月启动了“著名商标认定对广东经济发展的影响”调研，对已认定的著名商标企业进行一次全面调查，了解著名商标认定工作对广东省经济发展的作用，以及存在的问题，为推动政府更加重视和支持商标工作，推动商标战略实施从部门行为上升到政府行为提供参考依据。

(二)服务基层的商标监管工作

服务基层的措施切实管用。为提高全省商标管理队伍法治行政水平和工作效能，广东省工商局制定下发了《商标管理工作指南》，依法规定针对生产、加工、经销、服务、代理、印制等6种类型的企业的日常管理和指导规范，保证基层工商干部依法履行商标行政保护职能，建设性地指导企业开展商标注册、保护和管理工作。据一些地市反映，《商标管理工作指南》为基层商标监管人员明确了商标巡查的目的和对象，规范了监管执法维权的程序，提高了商标执法监管的信心和能力。

教育培训达到预期目的。为了进一步提高全省工商系统商标广告监管队伍业务素质和执法水平，根据2010年全省工商系统商标广告工作计划，4月12～16日，在清远市举办了2010年全省工商系统商标广告业务培训班。这次培训，主要是结合广东省工商局新“三定方案”以及实际工作中存在的问题，对商标战略实施、商标执法、广东省著名商标业务等方面进行专题培训，并邀请上海世博局、广州亚组委的相关官员分别就世博标志、亚运标志保护工作进行了培训，总结了2009年商标工作情况，部署了2010年商标工作任务，对当前执法中存在的问题进行了解答。参训人员普遍反映，培训内容贴近新“三定方案”和监管工作实际，理清了工作中存在的一些不规范做法，把全省商标工作统一到推进服务升级、体制转型、作风转变上来，提高了全省商标广告监管队伍的业务素质和执法水平。

(三)商标宣传工作效果良好

(1)主题鲜明。广东省工商局要求各市以推进商标战略实施，促进自主创新、自主品牌建设，加快广东省经济发展方式转变为宣传重点，制订切实可行的宣传方案。

(2)形式多样。2010年4月26日，广东省工商局在广东人民广播电台“民声热线”栏目特别策划了以“注重商标，提升品牌”为主题的“世界知识产权日”宣传节目，受到广大听众的关注和欢迎。广东省工商局和广东商标协会与广东省部分行业协会和企业代表进行座谈，围绕“实施商标战略·促进创新转型”的主题展开交流、探讨。此外，广东省工商局邀请商标专家参加清远等地的商标发展战略论坛，派人员为广东省日化商会讲解商标管理及广东省著名商标认定工作实务，宣传商标法律知识，指导企业实施商标战略。

(3)注重实效。广东省工商局在宣传周期间，部署全省开展了商标执法行动，通过媒体以案说法，震慑违法分子。据不完全统计，全省各级工商行政管理部门在“4·26”执法行动中共出动执法人员12 057人次，执法车辆3490辆次，检查销售门店34 264间，检查专业市场621个，立案204宗，案值105.7万元，没收销毁侵权标识8825.92万件，罚款37.04万元，移送公安机关2人。

五、交流与合作深入开展

(一)粤港澳商标合作进一步深化

广东省工商局对《粤港合作框架协议》、《粤澳合作框架协议》的制定提出了修改意见，按照省港澳办的要求提出争取列入国家“十二五”规划的粤港商标合作项目，并深入贯彻落实《粤港合作框架协议》。

广东省工商局姜海平副局长率队参加了3月9～12日在我国香港和澳门地区举行的第三届泛珠三角区域知识产权公务人员交流活动，增进泛珠三角区域各知识产权管理部门对知识产权保护和管理工作的了解。

参加了7月30日在我国香港地区举行的粤港保护知识产权合作专责小组第九次会议，回顾了粤港一年来在商标领域的合作成果，并确定了下一年的合作事项。

广东省工商局、港方完成了联合调研项目，历经多次修改，形成了《关于内地和香港公司注册与注册商标的关系与现况》。这项调研工作产生了积极作用。港方已于2010年2月向立法会提交《2010年公司(修订)条例草案》，藉此提出相关的修订法例。香港特区政府公司注册处在处理与已注册公司名称过分相似的案件中，已发出更多更改公司名称指示，要求被投诉的公司更改公司名称。

为了保护在广东港资企业的商标权益，推动涉及港资企业从传统竞争优势向品牌竞争优势转变，《粤港合作框架协议》对在广东港资企业可申报广东省著名商标的政策予以专门强调。各地工商部门认真落实，切实做好在广东的港资企业的著名商标申报的受理、审查、统计工作，做好培育、指导工作。2010年涉及港资企业的新认定申请61件、延续认定申请69件，分别约占2010年新认定申请、延续认定申请总数的14.4%和12.6%。香港知识产权署对这项措施表示感谢和欢迎，并加强宣传推广，鼓励企业申请认定广东省著名商标。广东省工商局积极答复香港知识产权署关于这一措施的咨询，修改、审定了其面向香港企业的政策宣传文稿。

广东省工商局参与5月20日在深圳举办的粤港“正版正货承诺”计划交流会议，介绍了广东省工商局商标保护和实施商标战略的做法。6月，与香港海关会谈，探讨建立两地商标案件协作处理机制，确定联络员，建立直接联系渠道，加强商标执法信息交流。广东省工商局分别派代表参加了6月11日在广州举办的粤港知识产权刑事执法最新科技交流会，和10月19～21日在香港举办的第四届国际知识产权执法会议，探讨了查处利用互联网进行商标侵权行为的难点和手段，同心协力打击有组织罪行。

（二）与外国政府、组织和企业开展交流与合作

广东省工商局7月接访了日本贸易振兴机构广州代表处，广东省工商局姜海平副局长应其请求，分别于9月、11月接访了日本汽车工业协会、日本自动车部品工业协会和日本经济产业省模仿品对策・通商室官员，对汽车零部件市场上侵犯日本企业商标专用权情况及查处情况、日方与国家商务部在2011年春节中国进出口商品交易会期间举办商标维权研讨会等情况进行了交流和讨论，广东省工商局对日方的问题给予了答复，并提出了一些建议。双方就进一步加强知识产权领域的合作，打击侵犯商标专用权行为，维护企业和消费者利益达成了共识。广东省工商局向各地级以上市工商部门通报了日方提供的日本汽车零部件商标在各地被侵权情况，及时与广州市工商局研究制订了专项整治方案，开展专项行动，维护汽车零部件市场良好的交易秩序。12月2日，广东省工商局接访了美国专利商标局外部事务处执法办公室主管 Timothy Browning 先生、美国驻广州总领事馆知识产权办公室知识产权官员 Conrad Wong，以及美国驻广州总领事馆经济官 David C. Schroeder 等一行6人，双方就加强交流与合作等方面的议题交换了意见。12月7日，广东省工商局姜海平副局长接访了意大利驻广州总领事米儒意先生、意大利驻广州总领事馆知识产权项目总负责人齐若娜女士、费列罗中国法律顾问一行5人，就意大利费列罗公司遇到的知识产权方面的问题交换了意见。

（广东省工商行政管理局）

版权工作

2010年，在广东省版权局党组织的领导下，按照全面落实科学发展观，建设法制社会与和谐、创新型广东的要求，强化版权行政管理，维护版权产品市场秩序，开展了以下几项重点工作。

一、开展著作权保护宣传和基层工作站建设

（1）组织开展广东省2010年“保护著作权宣传周”系列活动。认真制订“保护著作权宣传周”活动计划，组织全省版权行政管理部门开展形式多样的版权法律知识宣传普及活动和打击著作权侵权盗版行为专项行动。在局政务信息网上设立“版权保护在广东”专栏。编印、分发《版权知识笔记本》13 800本，并及时做好宣传周活动的总结工作。广东省版权局版权管理处被新闻出版总署评定为全国新闻出版系统“五五”普法先进单位。

（2）开展第二批版权基层工作站的建设。2010年4月，由条件相对成熟的广州市版权协会、深圳市版权协会、佛山市文艺创作研究室、东莞市出版印刷业协会、云浮市云城区文化广电新闻出版局、肇庆市版权局、揭阳市版权局建立版权基层工作站。至今全省共建立了9个版权基层工作站。

（3）积极做好有关展览会版权服务工作站的工作。首届及第二届中国国际影视动漫版权保护和贸易博览会在东莞举办，受博览会组委会的邀请，广东省版权局版权管理处和东莞市版权局组建了中国国际动漫影视版权保护和贸易博览会“版权服务工作站”。首届博览会受理参展作品著作权登记申请237项，接受版权业务咨询160多人次；派发《广东省版权局著作权知识宣传活页》、《版权保护学生笔记本》、《版权保护知识书签》、《东莞动漫》共10 000多套（张）。第二届博览会收到参展企业的著作权免费登记申请108份，受理各类咨询30多宗，派发各类宣传资料近20 000份。上述两届博览会均实现了版权纠纷零投诉。此外，还派员参加了2010年（春）（秋）两届深圳国际家纺布艺展览会和第七届中国国际中小企业博览会知识产权服务工作站的工作。

（4）召开广东省版权工作会议暨版权基层工作站现场会。4月20～23日在中山组织召开了2010年广东省版权工作会议暨版权基层工作站现场会。会议宣读了雷于蓝副省长肯定本省版权工作的批示，总结了2009年全省版权工作并布置了2010年全省版权重点工作。会上对第二批5个版权基层工作站进行了授牌，并向被中山市有关行业协会评为“最具价值版权产品”的6个产品颁发了证书；省新闻出版局信息中心与7家作品登记代办机构互换了协议书。会议代表还参观考察了中山市2个试点版权基层工作站的运作情况。

（5）规范作品著作权自愿登记工作。从2010年1月1日起，由广东版权局信息中心全面负责广东省的作品著作权自愿登记工作，进一步完善和规范作品自愿登记制度；批准了广东省版权保

护联合会、深圳市版权协会、汕头市文化广电新闻出版服务中心、佛山市文艺创作研究室、东莞市出版印刷业协会、云浮市云城区文化广电新闻出版局、揭阳市印刷复制协会、肇庆市版权局、惠州慈云图书馆作为广东省作品登记代办机构，使本省作品登记工作与保护版权、服务版权产业、促进创新发展有机结合起来，进一步提高广东省版权相关企业的创新实力和作品产业化能力。

二、开展“剑网行动”打击侵犯知识产权行为，做好各方面的版权保护工作

（1）召开全省推进企业使用正版软件工作情况通报会并继续推进软件正版化工作。3月2日召开了省推进企业使用正版软件工作联席会议成员单位成员和联络员会议，会上再一次明确各自的工作职责，沟通了情况。4月9日召开了广东省推进企业使用正版软件工作情况通报会。会上通报了2009年省推进企业使用正版软件工作的情况，讨论通过了省推进企业使用正版软件工作联席会议办公室起草的《2010年广东省推进企业使用正版软件工作计划》。

（2）开展打击网络侵权盗版专项治理“剑网行动”。从2010年7月26日开始，组织部署广东省各地级以上市版权行政管理部门开展了打击网络侵权盗版专项治理“剑网行动”。广东省版权局及时转发了国家版权局、公安部、工业和信息化部有关开展打击网络侵权盗版专项治理“剑网行动”的方案，成立了广东省打击网络侵权盗版专项治理“剑网行动”办公室。国家版权局交办的150宗案件中目前已移转查处的有101宗，其中已作出行政处罚决定的20宗，正在调查过程中的有58宗。

（3）召开广东省打击侵犯知识产权和制售假冒伪劣商品专项行动重点地区工作会议。11月11日在广东省版权局18楼会议室召开了广东省打击侵犯知识产权和制售假冒伪劣商品专项行动重点地区工作会议。制订了《广东省新闻出版局（版权局）、广东省“扫黄打非”工作领导小组办公室关于打击侵犯知识产权和制售假冒伪劣商品专项行动实施方案》，成立了打击侵犯产知识产权和制售假冒伪劣商品专项行动领导小组及其办公室（办公室设在版权管理处），并将相关情况上报至国家版权局和省领导。

（4）陪同“版权保护促进产业发展联合调研组”赴中山市古镇镇调研灯饰的版权保护工作。为推广江苏南通家纺市场版权保护经验，同时继续推动版权优秀案例示范调研点的调研工作，12月14日，国家版权局版权管理司、全国人大教科文卫委、商务部条法司等相关部门和华东政法大学的负责同志、学者以及广东省版权局相关人员对中山市古镇镇版权基层工作站及古镇灯饰市场进行了考察。并与中山市政府和相关部门领导、古镇镇党政领导、行业协会及企业代表等共同研讨如何从灯饰行业的版权保护入手，推动产业优化升级。调研组认为，中山灯饰的版权保护工作特色鲜明，将来可把经验推广到全国乃至世界各版权产业集群区域。

（5）对图书馆著作权保护工作的情况进行抽查。为加大版权保护力度，依法进一步加强对图书馆使用和传播作品行为的管理，根据省版权局、省文化厅、省教育厅、省“扫黄打非”工作领导小组办公室《转发关于加强图书馆著作权保护工作的通知》和2010年6月8日广东省版权局组织召开的“联合抽查图书馆著作权保护工作筹备会议”的要求，省版权局联合省文化厅、省教育厅、省“扫黄打非”办对广州图书馆、华南农业大学图书馆、南方医科大学图书馆进行了抽查、检查。

（6）做好世博会、亚运会及亚残运会的版权保护工作。4月，广东省版权局在全省范围内开展了世博会知识产权保护专项行动，制订了《广东省新闻出版局（版权局）2010年上海世界博览会版权保护工作方案》并印发到省内地级以上市版权行政管理部门；及时转发国家知识产权局、公安部、海关总署、工商总局、版权局、高检院、贸促会、新闻办等八部门联合印发的《关于开展2010年世博会知识产权保护专项行动的通知》，成立了世博会版权保护工作组，建立了快速反应机制。广东省版权局版权管理处被国家八部门评定为“世博会知识产权保护专项行动先进集体”。

为认真做好广州亚运会的版权保护工作，为广州亚运会的成功举办营造良好的版权保护环境，广东省版权局转发了新闻出版总署（国家版权局）《关于印发〈2010年广州亚运会版权保护工作方案〉的通知》，成立了亚运会及亚残运会版权保护工作组，并建立了快速反应机制。

三、召开2010年版权工作相关会议，参与国际会议，推动粤港版权保护合作

（1）指导召开2010年广东省珠三角地区版权工作联席会议。为了更好地贯彻落实《国家知识产权战略纲要》和《珠江三角洲地区改革发展纲要》，整合珠三角地区版权行政管理资源，提高版权保护协作和版权公共服务水平，促进版权工作全面合作，推动版权产业发展。2010年广东省珠三角地区版权工作联席会议于2010年10月12日在深圳召开，讨论并原则通过了《广东省著作权行政执法立案操作指南(试行)》。

(2)参加“2010年度国际知识产权执法会议”。2010年10月18～21日，钱永红副局长带队赴香港地区参加了由国际刑警组织与香港海关联合主办的“2010年度国际知识产权执法会议”。会上，国际刑警组织、世界海关组织、世界知识产权组织、中华人民共和国海关总署、中华人民共和国公安部、香港特别行政区海关等相关组织机构的代表围绕“同心协力打击有组织罪行”这一会议主题发言，让与会者了解世界各地的相关从业人员在保护知识产权方面所做的贡献。会议还通过举办实务工作坊，分小组探讨版权、海关、警方等知识产权相关部门及版权权利人如何更紧密的联合起来，为有效打击日益严重的有组织和跨国侵犯知识产权的犯罪活动寻求方法和途径。

(3)参加粤港保护知识产权合作专责小组第九次会议，与香港海关建立点对点的协作机制。1月20日，广东省版权局与香港海关在版权局18楼会议室召开了工作会议。会上钱永红副局长提出三点建议：一是加强双方人员培训的互动交流与合作；二是拟定合作备忘录；三是建立联系机制，委任专责联络员，以加强广东省版权局与香港海关在知识产权执法上的信息交流。

4月26日出台了“粤港保护知识产权合作专责小组”框架内香港海关与广东省版权局“粤港知识产权案件协作处理机制”，并确定了联络员制度。

四、协助起草编制广东省知识产权“十二五”规划

从2010年4月起，根据广东省知识产权“十二五”规划编制工作方案的要求，全面总结和分析了全省“十一五”期间版权工作情况及面临的主要矛盾和挑战，研究提出了“十二五”发展目标、主要任务和政策措施。起草编制工作已基本完成。

五、与微软(中国)有限公司相关人员进行会谈

10月28日，与微软(中国)有限公司相关人员进行会谈。在会谈中，广东省版权局表明了积极支持软件正版化、维护著作权人利益、保护版权、打击各类侵权盗版违法活动的态度，同时考虑到广东各地区发展不平衡的实际情况，在推进软件正版化的进程中，实行循序渐进、规范运行，稳步推进的策略。

六、考察华东地区版权发展，并参加中国国际版权博览会

(1)赴华东考察版权产业园区发展和版权基层工作站建设情况。为加快广东省版权基层服务机构建设，提高版权行政管理部门服务版权产业的能力和水平，继续推进广东省“版权兴业工程”，6月21～26日，钱永红副局长带领广州、深圳、佛山、东莞、云浮等市版权局相关人员及上述地市版权基层工作站的同志赴华东的江苏、上海、浙江3省(市)进行版权产业园区发展和版权基层工作站建设情况专题调研活动，实地学习、观摩和借鉴兄弟省(市)在推进版权产业园区以及版权基层工作站加强版权管理与服务工作方面的好经验、好做法。

(2)组团参加第三届中国国际版权博览会。2010年11月18日，广东省版权局受第三届中国国际版权博览会组委会的邀请，组团赴京参加了本次博览会的版权产业展览。在180平方米的特装展位上，广东代表团展出了广东省版权兴业示范基地、广东省版权基层工作站、争创版权示范城市、最具价值版权产品，以及中国国际影视动漫版权保护和贸易博览会板块。本次展会上中山金龙游乐设备有限公司、中山市世宇动漫科技有限公司、中山市琪琅灯饰厂有限公司、中山市哥尼斯灯饰照明有限公司、中山市环宇灯饰电器有限公司、广东原创动力文化发展有限公司等积极参与，使得广东代表团在本次展会上与众不同，主要亮点集中在最具价值版权产品展示区域展出的中山古镇的灯饰产品、中山港口镇的世界首创4D游戏机、广州原创动力文化发展公司的喜羊羊和灰太狼“公仔”等产品，吸引了来自世界各地的版权界人士的关注。

在广东省版权局的统一组织和深圳市版权基层工作站的协助下，广州市版权局、深圳市市场监督管理局、东莞市版权局、省版权保护联合会、东莞松山湖管委会、深圳市版权协会、中山古镇版权基层工作站、中山港口版权基层工作站等单位都安排了相关工作人员出席本次博览会。

自2010年11月18～21日期间，广东参展项目将广东省的版权保护工作和取得的成就展示给

了全国乃至全世界的版权界，传递“兴版权产业、建文化强省”的理念。新闻出版总署副署长、国家版权局副局长阎晓宏，原新闻出版署署长（国家版权局局长）于友先，国家版权局原副局长、中国版权协会理事长沈仁干，国家版权局版权管理司司长王自强，新闻出版总署法规司司长于慈珂等领导及其他省市版权局的领导同志在广东省版权局副局长钱永红、版权管理处处长张同英的陪同下参观了广东省的参展项目，并对广东省近年来开展的版权管理工作给予了充分肯定。

（广东省版权局　张同英　凌立华）

司法工作

2010年，广东省法院以科学发展观为统领，坚持“三个至上”指导思想，围绕三项重点工作和创新型社会构建，服务大局，能动司法，改革创新，努力推进知识产权司法保护工作不断发展，取得了显著成效。

一、围绕发挥司法保护主导作用，全面履行审判职能

（一）依法妥善审理知识产权民事案件

2010年，全省法院新收一审知识产权民事案件10029件，占全国一审知识产权民事案件的23.36%，增长3885件，同比上升63.23%，其中著作权案件增幅最大，达120.97%，新收二审知识产权民事案件1788件，同比上升43.50%。全年共审结一、二审知识产权民事案件9584件和1809件，同比增长57.97%和31.66%，结案率为86.23%和92.06%。广东省高级人民法院共收知识产权民事案件625件，审结623件。

（二）依法严肃审理知识产权刑事案件

充分发挥刑事审判职能，按照法律法规和司法解释的规定，对严重侵犯知识产权，构成刑事犯罪的，坚决依法惩处。在依法适用主刑的同时，加大罚金刑的适用，依法追缴犯罪工具，消灭重犯机会。案件类型主要集中在假冒和销售假冒注册商标犯罪，非法制造、销售注册商标标识犯罪，生产、销售伪劣商品犯罪，非法经营犯罪等。

（三）依法严格审理知识产权行政案件

充分发挥司法审查职能，对知识产权行政管理和执法行为的合法性予以全面审查，积极支持行政机关作出的合法行政行为，维护行政管理秩序，保护行政相对人的合法权益。全年共收一审知识产权行政案件11件，新收6件，同比减少40%，审结10件，同比增长43%，依法支持行政行为4件，依法纠正行政行为2件。

（四）提高审判质量和司法水平

审结一批重大疑难案件，受到社会高度关注和充分认可。如，审结被媒体称为日化商标第一案的奥妮公司与宝凯公司注册商标专用权纠纷案，判决对未备案的商标许可合同不得对抗善意第三人及如何认定第三人属善意等问题进行了阐释，对同类案件有较强指导意义。审结华谊兄弟传媒公司诉千钧网络科技公司侵犯信息网络传播权纠纷案，明确了网络服务商为他人提供网络信息相关服务的，负有与其经营规模、专业程度及帮助提供作品数量相匹配的注意义务。审结辛波特与圆谷制作公司关于知名动漫形象奥特曼的著作权侵权纠纷案等涉外案件，依法平等保护境内外当事人合法权利，树立良好国际形象。

（五）加强调解促进社会矛盾有效化解

广东法院在提高调解水平上下工夫，创建了“一带头、一关键、两合力、两联动”调解方法，即庭领导带头调解，关键问题攻坚调解，合议庭成员内部合力调解，借助人大代表行业协会等力量内外合力调解，合议庭之间横向联动调解，上下级法院之间纵向联动调解，形成多途径立体调解格局。2010年，一审知识产权民事案件调撤率达65.30%，同比上升15.19个百分点。加大对关联案件、新类型案件、疑难案件调解力度，促使当事人从对立走向合作共赢。如成功调解了西门子公司与合信公司专利侵权案件、北京天语同声信息技术有限公司诉顺德KTV店44件系列案、美国微软公司诉广东某企业侵犯软件著作权纠纷案等。

二、围绕服务大局目标，努力践行能动司法

（一）积极应对企业司法需求

全省法院通过多种渠道加强与高新技术企业、新兴文化产业界的沟通和交流，了解知识产权保护动态，为企业增强自主创新能力、市场竞争力和抗风险能力提供司法保障，并根据情况作出司法应对。如，广东省高院走访腾讯公司等高科技

企业,调研网络环境下知识产权保护的热点和难点;深圳中院适时设立深圳高交会知识产权巡回法庭,为社会公众和参会企业提供实时实地的司法服务;珠海中院高新区知识产权法庭积极为珠海市高新技术企业提供司法保障和服务等。

(二)增强对外交流形成合力

广东法院注重知识产权创造、运用、保护和管理各个环节的配合与衔接,主动与行政管理部门、行业协会沟通合作,共同促进知识产权保护水平的提高。如,进一步探索和完善与行政执法机关沟通协调机制,加强与国家知识产权局专利复审委员会的人员交流,为法院审理专利案件遇到的技术问题提供参考意见。各地法院积极与省、市版权局、海关等行政执法机关开展专题研讨会,共同研究知识产权保护相关领域的法律适用问题和对新情况新问题的处理,积极参加省市律师协会、知识产权保护协会、动漫产业协会、家电业协会、家具协会、皮革皮具业协会组织的各类培训和座谈会,开展知识产权保护法治宣传,为协会和产业的健康发展提供法律保障。

(三)为构建"广州亚运"的法治环境提供支持

建立全省三级法院信息直通工作机制,省法院第一时间掌握各级法院受理涉亚运有关的知识产权案件情况,并督促及时妥善审理,依法坚决打击涉广州亚运会会标、吉祥物、纪念品、宣传片等有关的侵犯注册商标权、著作权等各类侵权行为。广州中院还与亚组委及其法律顾问单位举办"加强亚运会知识产权保护座谈会",了解亚运会知识产权保护司法需求,并就如何加强亚运会知识产权保护提出司法建议。

(四)积极落实"双打"专项行动

国务院召开"全国知识产权保护与执法工作电视电话会议"后,广东省高院立即部署贯彻落实打击侵犯知识产权和制售假冒伪劣商品专项行动的各项任务要求,各级法院围绕"双打"专项行动,充分发挥知识产权民事、刑事、行政审判职能作用,构建有利于科学发展、符合知识产权案件特点的审判体制和长效机制,并专文上报最高人民法院。结合广东实际情况,明确落实"双打"专项行动的重点领域、重点地区、重点产品与重点打击侵权行为。

三、围绕完善审判体制和工作机制,不断推进改革创新

(一)推进"三审合一"审判机制改革

在广东省高院的统筹指导下,全省重点地区法院知识产权"三审合一"审判体制和工作机制改革沿着科学、合理的轨道有序推进,取得重大突破。2010 年 11 月,最高人民法院批示同意在深圳市、佛山市、中山市两级法院开展知识产权"三审合一"审判机制改革。至此,改革的法院已从原有的三个基层法院,迅速扩大到三个中院和十二个基层法院。通过两级法院同步改革,确保了知识产权民事、刑事、行政案件一、二审程序的顺利对接。其中,深圳市的六个基层法院均具有知识产权案件管辖权,建立了完整的两级法院"三审合一"审判体系。

(二)落实司法公开制度

广东省高院在知识产权审判中严格执行诉讼法中有关程序公开的规定,按照最高人民法院《关于司法公开的六项规定》,拓宽司法公开范围。进一步加强知识产权裁判文书公开工作,利用"中国知识产权裁判文书网"和"广东知识产权司法保护网"信息平台,发布典型案例,公布已生效依法可公开的知识产权裁判文书,截至 2010 年底,已上传裁判文书 6675 份。在庭审公开方面,努力提高二审知识产权公开开庭比例。选择重大案件或有社会影响力的案件,积极邀请人大代表、政协委员及社会公众旁听庭审。如,深圳中院公开审理首宗知识产权刑事案件,大韩民国驻广州总领事馆官员、被害单位三星公司职员参加了旁听。

(三)建立健全审判管理机制

广东法院以加强审判管理为抓手,主动作为,自我加压,突出重点,积极探索知识产权审判工作规律,努力提高知识产权审判质量和效率。一方面,不断加强上级法院审判督导工作。通过出台指导意见、开展专项调研、召开专业片会、进行专题培训等形式,指导下级法院审判业务,促进司法标准的统一,审判社会效果和法律效果的统一,有效降低了二审发改率。如,建立健全驰名商标审核报批制度,凡广州、深圳中院拟认定驰名商标的案件,均应报广东省高院审核同意的才能予以认定,2010 年广东法院通过司法认定的驰名商标为 2 件。另一方面,不断加强本院审判庭内部管理。强化统筹部署,注重均衡结案,有效分解和化解审判压力；严格审限延长审批程序，控制审限延长案件的比例，努力缩短审判期限；根据存案数量和审理进度科学调配案件，优化了办案资源；建立审判长联席会议制度，定期集中讨论复杂疑难案件，严把大要案件的审判进度和质量，确保案件审理公正高效。

2010年，是广东知识产权审判任务艰巨的一年，更是司法保护工作实现新跨越的一年。这一年，广东法院知识产权司法保护职能不断强化，力度不断加大，水平不断提高，制度不断完善，抒写了全面加强广东知识产权司法保护的历史篇章！

（广东省高级人民法院知识产权审判庭）

检察工作

2010年，广东省检察机关积极贯彻落实《国家知识产权战略纲要》，充分发挥检察机关法律监督职能作用，通过主动走访、开展联席会议、建立长效机制、加强备案审查、推广信息平台等方式加强行政执法与刑事司法相衔接工作，努力强化包括侵犯知识产权在内的涉嫌犯罪案件移送工作，不断加大侵犯知识产权犯罪的打击力度，为保护知识产权工作作出了积极贡献。

一、依法严厉打击侵犯知识产权犯罪

涉嫌侵犯知识产权犯罪案件大多专业性强、涉及面广，案情复杂，广东省各级检察机关依法贯彻从重从快的方针，组织精干办案力量，及时批准逮捕、审查起诉侵犯知识产权的犯罪分子，对重大复杂案件，指派骨干力量或者成立专案组进行办理，以确保办案的质量和效率，提前介入主动参与公安机关对重大案件的讨论，侧重于从取证角度、证据完善、法律适用等提出意见，积极引导公安机关侦查，使公安机关做好证据的收集、审查、固定、补充、完善等工作，就办案中遇到的适用法律问题，主动与相关单位协调，寻求共识，保证了案件质量，提高了办案效率。

二、开展打击侵犯知识产权和制售假冒伪劣商品专项行动和对行政执法机关移送涉嫌犯罪案件专项监督活动工作情况

2010年10月，最高人民检察院决定在全国开展对行政执法机关移送涉嫌犯罪案件专项监督活动以及积极参与打击侵犯知识产权和制售假冒伪劣商品专项行动，广东省各级检察机关切实贯彻最高人民检察院的部署，按照最高人民检察院的要求，根据广东的实际，研究具体有效措施，推进“两个专项”的深入开展，取得良好的法律和社会效果。

（一）高度重视，精心部署

广东省人民检察院成立了两个专项领导小组及办公室，指定专人负责工作，及时向全省检察机关传达最高人民检察院开展两个专项工作的精神，转发了最高人民检察院的文件，在征求省公安厅、监察厅、经济和信息化委员会意见的基础上，制订了《广东省关于开展对行政执法机关移送涉嫌犯罪案件专项监督活动的工作方案》和《广东省检察机关打击侵犯知识产权和制售假冒伪劣商品专项行动工作方案》，下发全省检察机关和行政执法机关共同执行。此外，2010年11月，广东省人民检察院联合监察厅、公安厅专门召开省行政执法与刑事司法相衔接工作联席会议，对两个专项活动进行再部署，再动员，明确了各单位开展专项活动的责任部门、责任人员。

（二）突出重点，挂牌督办

专项活动中，全省检察机关摸查了一批有影响、有难度的案件，由广东省人民检察院作为督办的案件。同时，广东省人民检察院通过摸查有关行政执法机关正在查处的案件，也确定了一批涉嫌重大犯罪案件作为重点监督移送的案件。特别是行政执法机关正在查处的案件，广东省人民检察院要求各市检察院要切实履行职责，全面了解掌握案情，对其中涉嫌犯罪的，监督有关行政执法机关及时向公安机关移送，对已经移送的，监督公安机关及时立案侦查，并将办理的情况每半个月向省检察院报告一次。通过由省检察院挂牌督办的办法，使一批重大、复杂、疑难的案件排除干扰，顺利得到查处，涉嫌犯罪的人员受到刑事追究，防止了案件可能被降格处理，甚至流失，以此来确保专项活动取得成效。

（三）加强沟通，主动走访

全省检察机关联合监察、经济和信息化主管部门主动走访工商、税务、安监、质监、环保、国土、知识产权等部门，通过听取报告、座谈对话，查看报表等方式，了解掌握该单位部门2008年以来查处行政违法案件以及移送涉嫌犯罪案件的情况，

同时也向行政执法机关介绍了检察机关职责和办案情况、两法衔接的情况及发展趋势等，推进了相互之间的沟通和了解。广东省人民检察院联合省监察厅、公安厅和经信委，走访了省国土监察厅、省工商局、省环保厅、省知识产权局等行政执法机关。省直几个行政执法机关向省联合走访组介绍2008年以来该单位全省的执法情况，提出了执法中遇到的法律问题和困难，对两法衔接工作提出意见和建议。广东省人民检察院有针对性地提出了解决这些问题和困难的办法。双方对两法衔接和专项活动的开展达成共识，表示双方应加强信息沟通，加强对重大案件协调和督办及个案的指导，加强备案工作等。

（四）履行职责，加强监督

专项活动中，广东省检察机关注重发挥好逮捕措施在打击犯罪工作中的作用，保障刑事诉讼的顺利进行，保障打击刑事犯罪的社会效果。在工作中，各级检察机关对重大复杂案件，坚持提前介入侦查、引导取证的做法，为案件的顺利批捕打下基础。此外，在审查逮捕的时候，主动邀请公诉部门提前介入，做好捕诉衔接工作，为捕后顺利起诉打下基础。如广州市人民检察院办理的谢某等10人假冒注册商标案。2007年底至2008年初，犯罪嫌疑人谢某等人在没有取得商标所有人许可的情况下，生产假冒注册商标“HERMES”、“Bottega veneta”、“LV”等品牌皮具、手袋，通过蒂伊佳公司进行销售，销售记录显示2009～2010年的销售额为2948万多元。查获冒牌手袋、钱包、皮带4500多件，涉案价值人民币1.6亿多元。广州市人民检察院对该案高度重视，派出骨干人员提前介入，指导公安机关调查取证，坚持会商制度，在案件的定性、证据标准、事实的认定等方面力求与公安机关达成共识。2010年1月7日，广州市人民检察院以假冒注册商标罪批准逮捕谢某等10名犯罪嫌疑人。审查逮捕中，侦监部门向公诉部门通报案情，共同研究案件定性、证据认定，以实现捕诉良好衔接。

三、根据需要，立足保护，成立检察机关知识产权保护工作机构

广东是知识产权大省，创新型城市的建设和经济发展方式的转变，有赖于科技和知识的创新和提升，对知识产权的保护，就是支持和保障转变的有效手段。广东省多个地市检察机关，对知识产权的保护紧紧围绕大局的需要，成立了专门机构开展工作，鼓励企业创新，保障企业权益，创造了一个良好的司法保障环境。珠海市人民检察院成立了全国首个高新区知识产权检察室，全面履行打击、预防、监督、保护等职能，专门办理侵犯知识产权的批捕、起诉工作，监督行政执法机关对知识产权刑事案件的移送，监督公安机关对侵犯知识产权案件的立案并引导公安机关侦查取证，参与有关知识产权案件的刑事、民事、行政诉讼活动并实行监督，大力开展知识产权保护宣传服务等，积极为珠海知识产权保护工作提供良好的法治保障。深圳市人民检察院在全国率先成立了由理论界、企业界和司法界共同参与的知识产权刑事法律保护研究中心，专门从事知识产权刑事保护的理论研究和对策研究，为知识产权刑事保护提供了更加有力的理论支持。汕头市澄海区人民检察院成立了澄海区人民检察院驻玩具协会工作联络点，形成了完善的工作机制和制度，专门受理玩具企业的信访、举报、投诉，开展与玩具行业相关的法律咨询和宣传，对一些与玩具行业相关的案件尤其是侵犯知识产权的案件进行同步监督，为玩具企业排忧解难，保障其合法权益。

四、重抓备案审查，拓宽立案监督渠道

广东省各级检察机关理顺与行政执法部门的关系，增进行政执法部门对备案工作的了解。积极借鉴广州市和东莞市的经验，对行政执法部门咨询的法律、证据问题细心解答，帮助解决。在备案审查的标准方面，各地检察机关对下列三种案件进行备案审查：达到刑事追诉标准、涉嫌犯罪的案件；经行政执法机关会议或案件审理委员会等案件审理机构集体讨论决定的重大处罚案件；查处的对公民罚款或没收违法所得5万元以上，对法人和其他组织罚款或没收违法所得25万元以上的案件。

五、积极推进网上信息共享平台建设

全面、准确、及时掌握情况，是检察机关进行有效监督、及时监督和加大监督力度的前提和基础，因此行政执法与刑事司法相衔接工作重点是筹备网上信息共享平台，东莞市人民检察院明确案件备案范围，信息平台的主要功能包括案件移送、案件备案、执法信息交流、法律法规查询、案件咨询研讨等。案件移送的内容主要是行政执法机关对构成犯罪的案件实行网上公开移送，司法机关对案件的处理过程分阶段网上公开，案件备案的内容是各行政执法单位作出的，尚不构成犯罪但接近犯罪数额的行政处罚案件，要在网上备案接受司法机关的监督，如司法机关发现属于以罚代刑的案件，应监督行政机关依法移送案件。“执法信息交流”、“法律法规查询”、“案件咨询研讨”等功能，主要是方便各联网单位了解执法动态，交流探讨执法工作中的问题。东莞市人民检察院确定如下四类案件必须备案，即：未达到刑事追诉标准，但接近追诉标准（违法犯罪数额达到追诉标准80%以上），具有其他严重情节的案件；认为情节严重或对是否构成犯罪存在疑虑的案件。经局务会议或局案件审理委员会等案件审理机构集体讨论决定的处罚案件；对公民罚款或没收违法所得5万元以上，对法人和其他组织罚款或没收违法所得25万元以上的案件。

东莞市明确检察机关、监察机关和市整顿和规范市场经济秩序办公室为信息平台日常管理监督机构，具体负责检查监促各联网单位切实履行职责，对违反工作办法规定的行为，给予通报批评或依法追究相关人员责任。在管理软件中设定线索移送、受理、审查、决定等备案模块，提供办案预警和超期提示，使各联网单位的备案要求得以规范，确保涉嫌犯罪案件迅速进入刑事司法程序并在法定的时间内得到有效处理，使执法衔接工作落实到具体案件移送层面。建立平台信息数据运行分析制度。将移送和备案案件等信息统一纳入数据库，并定期进行统计和分析，为各联网单位的执法工作积累经验，做好案件的查处及防范工作。在平台的管理上，东莞市人民检察院逐步摸索出一套以制度管平台，以机制促发展的平台运行模式，并制定《东莞市行政执法与刑事司法信息共享平台工作办法（试行）》、《联席会议纪要》等系列平台运行制度，规定各成员单位必须配备专用计算机，根据专用的账户和密码登录平台处理信息；确定一名局领导和一名联络员负责平台的管理和操作；明确平台登录时间、录入内容及各成员单位的具体职责等。东莞市政府批转了《东莞市行政执法与刑事司法信息共享平台工作办法》，对信息平台联网单位公开备案执法案件的程序和职责作出了更为明确的规定。

信息平台的运行效果主要体现在以下几个方面：执法公开有了保障，信息共享平台为各成员单位公开执法提供了一个高效廉洁的展示空间，通过对行政处罚、涉嫌犯罪案件移送、立案、不立案、撤案、批捕、起诉、判决等信息的公开，平台对各类执法案件的处理进行全程记录和监控，便于监察部门、检察机关及各成员单位共同对执法行为进行监督，使东莞市依法行政工作落到实处。打击不力问题有效得到解决，平台对行政执法机关移送线索的时间、公安机关受理线索的时间设置严格的程序控制，对不及时处理的自动进行预警，保障各项执法活动及时、规范运作，有效缓解了案件长期滞留待处理的被动局面。通过平台的督促作用，行政执法机关、公安机关对案件的处理时限明显加快。此外，检察机关可以通过平台对行政执法机关的案件处罚、移送工作和公安机关的立案活动开展跟踪监督，发现该移送不移送、该立案不立案的，及时建议移送或实施立案监督，切实保障行政执法与刑事司法衔接工作的顺利开展。执法部门沟通更加密切，信息共享平台在行政执法机关与司法机关之间，架起了一座信息沟通和业务交流的桥梁，切实增强了行政执法和刑事司法机关工作合力，形成打击和查处破坏市场经济秩序违法犯罪的“组合拳”。利用平台提供的信息优势，各成员单位可以随时进行工作和案件信息的动态交流，方便执法资源的共享。对于疑难复杂案件，检察机关可以通过平台及时进行指导，防止因取证不及时而导致案件搁置。此外，市整顿和规范市场经济秩序办公室等政府主管部门可以通过软件对区域发案情况进行研究分析，掌握发案规律和行业特点，加强面上的工作指导和相关对策措施的分析研究。监督成本有效降低，平台将案件数据统一保存在服务器数据库，并提供了强大的动态数据分析功能，各参与单位可以通过上网点击查询，随时对不同时间段内的各类处罚案件进行备阅审查，改变了以往查阅纸质备案材料费时费力的缺点，有效地降低了监督的成本。

六、广东省各地检察机关多措并举，加大打击侵犯知识产权犯罪力度

广东省各地检察机关多措并举，加大知识产权司法保护力度的探索和实践。2010年12月29日上午，珠海市人民检察院高新区知识产权检察室正式挂牌成立，该检察室是全国首家独立设置的知识产权检察室。据统计，2006～2010年，珠海市检察机关批准逮捕知识产权刑事案件19件48人，提起公诉31件60人，有力地保护了权利人的合法权益，维护了市场经济秩序。新设立的知识产权检察室将致力打击知识产权刑事犯罪，

监督知识产权行政执法，加强知识产权诉讼监督和宣传知识产权保护。广东省人民检察院郑红检察长在揭牌仪式上做了讲话。他强调高新区知识产权检察室是深入贯彻十七届五中全会和中央经济工作会议精神的重大举措，并要求珠海市检察机关要以高新区知识产权检察室的成立为契机，充分发挥检察职能作用，优化自主创新法治环境，进一步加大检察机关对知识产权刑事司法保护的力度，健全和完善知识产权保护工作的行政执法与刑事司法衔接机制，做好知识产权保护的各项服务工作，并加大对相关专业检察人才的培养力度。

东莞市人民检察院向媒体通报了知识产权犯罪的典型案例，公布了《东莞市 2008～2009 年侵犯知识产权犯罪案件调查报告》，分析了近两年东莞知识产权犯罪案件受理情况、案件特点以及办案难点等。

广州市黄埔区人民检察院为贯彻落实《珠江三角洲地区改革发展规划纲要》，从以下几个方面开展工作：一是加强情报信息网络建设，建立打防结合长效机制。公检法机关应加强与知识产权管理部门和相关行政执法部门的联系，建立情报信息共享平台，各单位对发现的涉嫌侵犯知识产权犯罪线索及时移送相关部门予以跟进。在加大打击力度的同时，由公安机关牵头联合各有关部门加大对网上交易平台、物流中心、城乡结合部、出租屋等重点行业、区域的监控力度，使制假、售假者无处容身。二是加大宣传教育力度，培育群防群治的土壤。有关部门在打击侵犯知识产权犯罪的同时，通过举办保护知识产权宣传活动，进行案例警示教育等方式，提高人民群众的法律素质，促成保护知识产权的社会共识，使举报侵犯知识产权行为成为人民群众一种自发自觉的行动，形成谴责侵犯知识产权行为的社会舆论氛围。三是建立健全沟通协调机制，紧密跟踪产权保护动态。有关部门进一步加强与知识产权权利人的沟通与联系，主动开展知识产权保护的市场动态信息收集；重视知识产权权利人对侵犯知识产权行为的举报信息，及时进行处置并反馈，保护好知识产权权利人的合法权益。

深圳市人民检察院为贯彻落实《中共深圳市委深圳市人民政府关于实施自主创新战略建设国家创新型城市的决定》，保护企业科技创新的健康有序发展，服务发展循环经济的大局，营造自主创新、发展循环经济良好的法制环境，结合工作实际，提出了以下实施意见：完善知识产权行政执法与刑事司法相衔接的协作保护机制。建立检察机关和公安局、知识产权局、科技和信息局、工商局、质监局等行政执法机关的定期联席会议制度和案件通报制度，加强检察机关与知识产权行政执法机关的沟通与联系，完善行政执法与刑事司法之间的案件移送机制，实现行政执法和刑事司法的无缝衔接，形成知识产权保护的合力；建立侵犯知识产权案件不立案备案制度。要求公安机关将不予立案的侵犯知识产权案件的有关情况报送检察机关侦查监督部门备案审查，发现有案不立时，及时启动立案监督程序，依法监督纠正有案不立、有罪不究、以罚代刑等问题；加大打击侵犯知识产权犯罪的工作力度。在深圳全市检察机关公诉部门设立侵犯知识产权犯罪专门检控组，保障办案力量，完善办案机制，着力培养一批擅长于打击侵犯知识产权犯罪的专业人才，强化知识产权的刑事保护力度；严肃查办侵犯知识产权犯罪背后的“保护伞”。坚决依法查办侵犯知识产权犯罪背后的国家工作人员职务犯罪，要深挖党政领导干部、行政执法人员、司法人员在行使职权过程中的失职、渎职犯罪案件。同时，严厉查处侵吞国家投入高科技企业发展和循环经济建设的资金，发生的贪污贿赂、挪用公款等职务犯罪案件；创建侵犯知识产权犯罪案件专家咨询委员会。在加大培训力度、培养复合型检察人员以及聘用知识产权保护高级人才充实检察队伍的同时，聘请技术研发人员、知识产权鉴定专家、知识产权法律专家等成立侵犯知识产权犯罪案件专家咨询委员会，发挥专家咨询委员会的知识优势，为检察机关正确处理此类案件提供智力支持和咨询指导；建立与科技创新企业的日常性联系制度。通过与全市重点科技创新企业建立联席会议和定期深入科技创新企业进行调查研究等渠道，以开辟“绿色通道”的形式，方便企业反映问题，积极开展知识产权维权援助工作；加大侵犯知识产权犯罪的预防力度。结合办案深入分析侵犯知识产权犯罪行为的发案特点和规律，通过检察建议等形式帮助企业建章立制，堵塞在机制、制度、管理等方面存在的漏洞和薄弱环节，引导企业完善监督制度。组织专门的宣传小组，针对科技创新企业的具体需求，通过以案释法、法律专题讲座等多种形式，积极开展知识产权保护的法制宣传教育，指导企业增强自我维权的意识和能力，提高自觉主动运用和保护知识产权的意识，提高收集证据、固定证据和应对侵权的能力；对侵犯知识产权犯罪法律适用问题进行深入调研。通过对侵犯知识产权犯罪在法律适用上的疑难问题如电子证据的效力、侵犯商业秘密罪的危害结果认定等进行专题调研，形成较为可行的立法建议，推动打击侵犯知识产权犯罪的立法，从立法上根本解决此类犯罪在司法实践中难以认定的问题；正确把握政策法律的界限。在查办涉及企业的案件时，继续坚持“六个不准”。严禁借办案干预企业的正常生产经营活动，不准随意对企业经营者和技术骨干采取强制措施；不准随意冻结企业账户；不准随意查封企业账册；不准堵塞企业流通渠道；不准随意发表有损企业声誉的报道；不准侵犯企业的各项合法权益。将依法办案、文明执法贯穿于办案的全过程，注意维护企业正常的生产经营秩序，保护企业的合法权益，保护知名品牌。

深圳市人民检察院知识产权刑事法律保护研究中心在两会期间提出的完善侵犯商业秘密罪的立法建议，作为正式议案被提交全国人大法律委员会审议。随后，深圳市人民检察院又组织专家对网络侵犯著作权刑法规制问题开展研究，形成调研成果。深圳市人民检察院将近6年来深圳市检察机关办理并已经作出生效判决的侵犯知识产权典型案例汇编成书，该书对所收录的42个典型案例均加以点评，点评人多为检察机关案件承办人。

（最高人民检察院侦查监督厅）

广西壮族自治区

专利工作

2010年，广西知识产权（专利）工作深入贯彻落实科学发展观，以实施《广西壮族自治区实施知识产权战略意见》（以下简称《实施意见》）为主线，大力加强知识产权（专利）创造、运用、保护和管理工作，充分发挥了知识产权制度对经济社会发展的促进作用，全区专利的数量、质量和运用转化能力稳步提升，核心竞争力不断增强。

一、全面贯彻落实《广西壮族自治区实施知识产权战略意见》

广西壮族自治区人民政府于2009年底印发实施的《广西壮族自治区实施知识产权战略意见》（以下简称《实施意见》），明确了广西实施知识产权战略的总体目标和主要任务，是广西实施知识产权战略的纲领性文件。为贯彻落实《实施意见》精神，自治区人民政府于2010年2月召开了自治区知识产权办公会议，对组织贯彻《实施意见》工作进行了部署，要求各部门加强领导，协调配合，共同推进。会后，自治区知识产权办公会议办公室制订了《实施意见》任务分解方案，印发有关单位实施。通过召开办公会议、分解任务，进一步明确了相关部门实施知识产权战略的任务，凝聚了合力。为切实推动广西知识产权局系统贯彻《实施意见》精神，自治区知识产权局组织召开了全区知识产权局局长会议，对各市县知识产权局贯彻落实《实施意见》作出了总体部署和要求。经过多层次的推动，全自治区形成了全面贯彻落实《实施意见》之势。

二、专利创造能力再上新台阶

自治区科技计划进一步强化科技计划项目管理中的专利产出指标，引导创新主体注重发明创造。自治区知识产权局会同财政厅、科技厅出台新的专利申请资助奖励办法，加大专利申请资助和奖励力度，全年共资助专利申请和奖励授权专利796项，引导全社会运用专利制度保护创新成果。全年全区申请专利5117件，同比增长19.6%，提高9.6个百分点，其中发明专利申请1574件，同比增长23.0%，提高5.1个百分点；获专利授权3647件，同比增长35.0%，提高14个百分点，其中获发明专利授权426件，同比增长30.7%。

三、专利领域侵权假冒违法行为得到有效遏制

积极贯彻落实国家和自治区打击侵犯知识产权和制售假冒伪劣商品专项行动各项工作部署，自治区知识产权局精心制订知识产权局系统行政

执法行动方案，召开了全区知识产权局执法工作会议动员部署并组织实施，在自治区、市、县三级开展了一系列知识产权专项执法检查和联合执法检查。加强展会知识产权保护，针对第七届中国一东盟博览会等大型展会开展知识产权巡查执法。组织桂林市有关部门组成知识产权执法组，对桂林市多家大型商场开展知识产权联合执法检查，为中美欧日韩知识产权五局局长会议的召开营造了良好环境。积极化解矛盾，妥善解决了有中越两国领导人参加的“中越青年大联欢手印墙”活动筹备期间发生的专利侵权纠纷问题。持续的执法保护行动，有效遏制了专利领域侵权假冒违法行为，全年没有发生反复、群体或恶意侵权假冒案件。

四、知识产权试点示范工作再上新水平

自治区知识产权局制定出台了《知识产权区域试点管理暂行办法》和《试点考核验收暂行办法》，通过支持和培育8个自治区知识产权试点县(市、区)、高新区，促进了知识产权工作向县(市、区)和高新区拓展。桂林市创建国家知识产权示范城市取得显著成效，全市知识产权综合能力明显提高，通过国家知识产权局组织的评定，桂林市成为广西第一个国家知识产权示范城市，跻身全国知识产权工作先进城市行列。

五、知识产权服务能力进一步增强

国家知识产权局专利局南宁代办处努力提高服务能力，提升受理业务质量，被国家知识产权局授予优秀质量奖。2010年，代办处共受理专利申请3231件，同比增长22.7%，专利信息公共服务平台建设加强，不断完善全部领域专利文献数据库，全年更新中文数据56次、82.6万条，更新国外数据11次、89万条，全部数据通过互联网向公众免费公开。中国(广西)知识产权维权援助中心围绕企业的技术创新，为10家知识产权试点示范企业开展了专利分析服务。桂林市知识产权局、桂林高新区知识产权局积极探索建设专利转化新渠道，建成桂林高新区技术产权交易所暨上海联合产权交易所知识产权交易中心桂林分中心并投入运营，进一步增强了广西专利融资转化服务能力，为广西乃至更广泛区域的知识产权交易、技术合作和盘活资产提供了一个全新的服务平台。

六、服务千亿元产业创新发展手段更加丰富

结合自治区实施“千亿元产业科技攻关工程”，自治区知识产权局以“提升专利创造与运用能力，促进千亿元产业创新发展”为主题，成功策划并举办了“中国专利周广西活动”。组织开发并向11家千亿元产业研发中心赠送了产业“专利专题数据库”，启动“广西千亿元产业专利创造与产业化”项目；开展网上专利展示与交易活动、知识产权维权援助现场咨询服务；组织专利服务小分队分赴各市、县开展千亿元产业重点企业专利服务、知识产权宣传培训等一系列活动，为自治区重点产业发展提供知识产权服务。

七、宣传活动有效增强公众知识产权意识

组织举办2010年“4·26知识产权宣传周”，自治区及各市举办了一系列知识产权宣传、培训、发布白皮书、联合执法、集中销毁侵权物品等活动，取得良好成效。宣传周期间，全区各级各类新闻媒体配合宣传周活动，进行了广泛深入的宣传报道，共报道各类新闻、专题150多条(篇)，形成了报纸有文章、电台有声音、电视有画面的立体宣传效果，知识产权宣传达到了高潮。

加大广西壮族自治区门户网站的宣传力度，不断完善运行机制，建立本地特色知识产权信息资源和方便、高效、快捷的信息平台，增进政府与公众的沟通，推进政务公开。网站通过加强重大活动的宣传，信息发布量大幅度提升；注重特色与热点专题的建设，先后联合广西日报、广西电台等媒体对2010年“4·26知识产权宣传周”等系列重大活动进行专题报道；举办“知识产权保护与维权援助”、“知识产权与技术创新”等在线访谈节目，以网上互动交流形式组织专家对知识产权相关的热点话题进行在线访谈，进一步丰富了宣传内容和形式，宣传工作对促进全社会提升知识产权意识的能力不断增强。

(广西壮族自治区知识产权局)

商标工作

根据全国、广西壮族自治区工商行政管理会议、商标及广告工作会议的统一部署，2010年，按照做到牢牢把握“四个只有”，大力推进“四项建设”，以及国家工商总局周伯华局长在广西视察调研时提出的“五个更加”的要求，继续推进商标战

略，为促进广西壮族自治区社会和谐作出了新的贡献。

一、密切联系当前经济社会发展实际，深入推进商标战略实施

2010年以来，广西壮族自治区各级工商机关抓住当前正面临着加快发展的重大机遇，在中国—东盟自贸区建成、国家实施新一轮西部大开发和继续应对国际金融危机的新形势下，以贯彻落实国家工商总局《关于贯彻落实〈国家知识产权战略纲要〉大力推进商标战略实施的意见》为指导，密切联系当前经济社会发展实际，积极作为，寻找商标战略与促进地方经济发展的切入点，发挥职能优势，统筹兼顾，突出重点，深入推进商标战略实践，切实推进广西经济社会发展作出积极贡献。截至目前，全区注册商标有效注册总量3.3万多件，其中驰名商标18件，著名商标331件，地理标志证明商标23件，国际商标注册60件。

（一）开展多层次多方位宣传，营造推进商标战略实施的良好氛围

全区各级工商机关通过各种形式广泛深入地宣传商标法律法规和有关商标知识，宣传各地和有关企业实施商标战略的好经验、好做法、好机制，树立一批依靠品牌建设应对金融危机的典型样板，努力提高全社会商标意识，形成政府、企业和社会各界合力推进商标战略实施的良好氛围。

一是通过节庆日宣传。广西各级工商机关坚持利用每年的“3·15国际消费者权益日”和“4·26世界知识产权日”宣传活动，在商业繁华地段举办大型的现场咨询活动。此外，还通过电视、广播、报刊、板报、横幅、宣传车、发放宣传资料以及日常走访和结对子帮扶等多种方式，以实施商标战略为中心，以商标领域的热点问题为重点，围绕消费者和企业感兴趣的问题，通过多种形式广泛深入面向社会开展商标法律知识和商标战略宣传。据不完全统计，在活动期间，全区工商机关共向社会发放宣传资料36 070份，接受咨询6768人次。梧州、百色、北海市工商局在当地主要媒体刊发商标战略宣传系列专题文章和专题片，收到了很好的效果。

二是开展上门服务辅导等近距离服务活动，增强企业相关人员的商标品牌意识，南宁市工商局在日常市场巡查监管工作中，对企业的商标注册、使用和保护及申报驰（著）名商标给予积极的建议和提示，充分发挥了商标行政指导的作用，成为商标法律法规宣传的前沿阵地。梧州市工商局印制了《企业实施商标战略指南》，发放给办理营业登记、年检（验照）的企业和个体工商户，并组织全市70多家农民专业合作社示范社进行了商标管理知识的培训，提高了宣传效能。来宾市工商局加大对知名、商标企业扶持力度，开展送法进企业活动，逐户发放知名、著名商标认定和保护办法及商标相关知识，提高企业商标及品牌意识，营造社会商标保护及争创名牌氛围。

三是有计划、有步骤、有重点、有针对性地组织市场主体开展商标法律法规知识培训，适时举办企业品牌战略和品牌运作的专题论坛、经验交流会，帮助他们提高科学实施品牌战略及品牌创新、动作和护牌能力。南宁市工商局与中华商标协会专家委员会联合举办了一期“商标真假识别培训会”，由中华商标协会专家委员会与飞利浦投资有限公司知识产权部的专家对如何辨别商标真假开展了培训，102名工商执法人员参加了培训，通过培训提高了工商执法人员的办案能力。桂林市工商局、知识产权局、版权局、农业局与自治区绿色食品办在3月25日联合举办了一期“桂林市商场知识产权专题培训班”及“无公害农产品、绿色食品、有机食品暨农产品地理标志产品标识与识别培训班”，对桂林微笑堂等14家大型商厦、商场、超市和7家绿色食品生产企业管理人员进行了商标、世博会标志等知识产权使用管理及其保护，无公害农产品、绿色食品、有机食品暨农产品地理标志产品标识与识别方法等知识培训。

（二）加强商标行政执法力度，维护良好的市场秩序

2010年，广西各级工商机关以保护注册商标专用权为核心，以商标品批发零售市场为重点，针对本地商标侵权假冒活动的特点，商标管理工作的薄弱环节，以及群众反映强烈的商标侵权假冒问题，积极开展打假和商标专用权保护行动。加大对驰名商标、著名商标、涉农商标、地理标志证明商标、涉外商标的保护力度；加强与泛珠三角区域及西部地区商标管理部门的合作，加强与公安、海关及其他知识产权管理职能部门的协作与信息交流，提高商标权利的保护水平和能力。在全区范围内开展了打击侵犯知识产权和制售假伪劣商品专项行动、保护世博会标志专有权执法专项行动、保护亚运会标志专项行动、加强“华润”字号和

商标保护工作；指导辖区内出现侵权行为的有关市做好对“中石油”和“中石化”等相关商标专用权保护工作，依法维护注册商标所有人的权益。全年共立案查处商标违法案件 892 件，案值 860.73 万元，罚款金额 269.28 万元，收缴商标标识 25 374 件，没收、销毁侵权商品 65 762 件。

根据国务院、国家工商总局的统一部署，广西工商机关于 2010 年 10 月开始，在全区范围内开展打击侵犯知识产权和制售假冒伪劣商品专项行动，这项工作将持续到 2011 年 3 月。广西各级工商机关高度重视此项工作，自治区、市、县三级工商局都成立了领导小组，制订了专项行动方案和宣传方案，工作迅速在全区铺开，截至目前，全区工商机关共出动了 643 人次，出动执法人员数量 4114 人次，检查经营主体 19 353 户，检查批发零售市场、集贸市场等各类市场 871 个次，整治重点区域 493 处，查处制售假冒伪劣商品案件 65 件，案值 34.25 万元。通过一手抓宣传，一手抓案件，教育和引导广大消费者增强法律意识和维权意识，倡导消费者认牌消费，坚决抵制“三无”产品和假冒侵权行为，提高真伪识别能力，运用法律武器，切实维护消费者自身利益和社会公德。

(三)建立健全行政指导制度，提高商标服务规范化水平

2010 年以来，自治区工商局在全区全面推行了行政指导规范化工作，各级工商行政执法人员在开展商标行政指导服务中广泛使用《商标注册建议书》、《商标规范使用提示书》、《争创驰(著)名商标建议书》、《商标违法使用警示书》等行政指导文书，使广西商标行政指导进一步完善、规范。各市县工商局结合实际，进一步深化商标行政指导的内容，取得了好的成效。如，梧州市工商局制定了《梧州市工商行政管理局商标注册与使用指导制度》，文书种类更为齐全；河池市深入推行商标服务 5211 工程；百色市深入推进五书服务制度，一年来，全市工商部门先后下发《商标注册建议书》78 份，《商标策略提示书》76 份，《商标规范使用提示书》42 份，《商标违法告诫书》26 份，《商标维权保护联络书》37 份。有效提高了商标注册查询率和商标注册申请率，普遍提高了企业和经营者的商标注册和保护意识。

(四)继续开展广西著名商标申请认定工作

根据《广西壮族自治区著名商标认定和保护办法》的有关规定，继续在全区范围内开展广西著名商标的认定工作。自治区工商局遵照公正、公平、公开的原则，规范和完善广西著名商标的认定工作。各市工商局进一步优化服务，提高办事效率，认真做好品牌培育、扶持工作，采取各种有效措施，加大宣传力度，充分利用当地的电视台、报纸等有影响力的媒体进行广泛宣传，同时在调查摸底的基础上，深入企业进行指导和帮扶，引导更多经济效益较好、有发展潜力的企业申请认定广西著名商标，申请认定工作取得明显成效。2010 年度共认定广西著名商标 149 件，广西有效广西著名商标达 331 件。

在培育发展广西著名商标工作中，各级工商行政管理机关积极采取措施，取得显著成效。柳州市工商局举办了主题为“实施品牌战略，争创著名商标”研讨会，走访了 30 余家符合条件的企业，帮助企业收集整理材料、提出申请；南宁市工商局积极培育广西著名商标 69 件，申报 28 件；贺州市工商局在当地四大媒体发布“关于开展广西著名商标申请认定工作的公告”，并派出执法人员深入企业开展宣传和指导；防城港市工商局成立了企业商标创牌调研组，对本市的市场主体和注册商标现状进行了调查摸底，全面掌握了重点企业、龙头企业、市场覆盖面广、声誉好的企业的基本情况，在 12 家意向企业中，选择符合申请认定广西著名商标条件的 4 家企业进行了申报。百色市工商局把全市的名优企业分门别类排队，有计划、有步骤地组织企业开展争创活动，指导“平铝”等 4 个商标申报复评，培育指导“增年”等 5 件商标新申报广西著名商标。

(五)大力培育发展驰名商标

为使企业注册商标得到更广泛的保护，各地根据《商标法》和《驰名商标认定和保护规定》，积极指导帮助企业完善商标管理和使用的各项制度，对产品品质好、经营规模较大、市场前景广阔的企业，指导其申报认定中国驰名商标。经过对有申报条件的几家企业进行调研，2010 年推荐了柳州欧维姆机械股份有限公司“欧维姆”注册商标、贺州市嘉宝食品有限公司“嘉宝”注册商标，再次推荐了柳州睡宝床垫集团“睡宝”注册商标共 3 件商标申请认定中国驰名商标。另外，广西 2009 年推荐的“丹泉”和“睡宝”两件商标 2010 年先后获认定为中国驰名商标，至此，广西经国家工商总局认定的驰名商标增至 18 件。

（六）继续推进商标富农工作，促进农村经济发展

全区各级工商机关积极引导各类涉农企业、农业专业合作社、农业专业协作和农技推广机构等加强农产品商标和地理标志的注册、保护与规范管理，大力推广“公司＋商标＋基地（农户或专业合作社）”等农业产业化经营模式，推动农村经济科学健康发展。如，柳州市工商局2010年举办了“商标富农、品牌强县”研讨会，各县相关部门和企业积极参与，共同探讨如何发挥当地特色，实施品牌战略，进一步对地方经济和社会发展起推动作用。确立将当地有发展潜力的农产品融安金桔、融水香鸭、柳城云片糕、三江茶油作为开展地理标志保护和商标注册的工作目标，做到成熟一个申报一个。目前，融水县的“融水香鸭”地理标志证明商标2件已得到商标局的受理。南宁市工商局全面推行基层工商所“一所一标”、“一社一标”商标培育工作机制，把实施商标战略作为服务社会主义新农村建设的核心工作来抓，2010年共引导个体或私营企业申请注册商标235件，其中农产品商标160件，共有52家农民专业合作社等涉农企业申请注册了农产品商标。梧州市工商局针对该市砂糖桔品牌建设不规范的问题撰写的调研文章，得到了市委书记、市长的高度重视，并作了要求市里有关部门大力培育梧州市砂糖桔品牌的指示。防城港市工商局积极助推特色产业做大做强，2010年对全市农产品地理标志战略工作进行了统筹规划，扶持具有特色的农产品防城金花茶、东兴皇帝果、上思香糯、港口光坡鸡等申请地理标志证明商标。2010年9月，昭平茶叶协会申请的“昭平银杉”地理标志证明商标通过了国家工商总局商标局的认定。至此，广西地理标志证明商标达到23件，其中河池市10件、桂林市7件、贺州市2件、百色市2件、南宁市1件、柳州市1件。

（七）指导企业提高商标运用和管理能力，不断提高商标战略水平

广西各级工商机关在深入推行商标战略工作中，积极引导广大企业牢固树立商标意识，充分认识商标背后蕴藏的知识产权保护、技术创新、市场营销和企业文化等更深层次的问题，科学合理地使用、宣传商标，主动维护商标权利，不断提高运用商标战略的能力和水平。如，南宁市工商局开展“商标兴企”活动，把中小企业、私营企业、涉农企业作为商标帮扶重点，共为245家企业提供法律咨询服务，向117家企业发放《商标注册建议书》、《商标规范使用建议书》、《争创驰（著）名商标建议书》；指导6家企业做好商标续展工作，防止商标专用权流失。桂林市工商局采取行政建议与行政规范两种手段，依法指导并规范企业的商标使用行为。2010年1～11月，桂林市工商局共向企业下发《商标注册建议书》200份、《商标策略提示书》35份和《商标法律告知书》30份。与此同时，桂林市工商局与桂林市商务局按市政府的要求，对“桂林米粉”进行深入的调研和论证，并在此基础上，认真组织“桂林米粉”地理标志证明商标申报注册工作，目前已整理完毕申请材料，已向商标局进行申请注册地理证明商标。贵港市工商局通过开展商标走进企业、商标走进乡村、商标走进机关和带商标知识下乡、带商标申请回城的“三进两带”活动，促进商标帮扶战略的实施。

（广西壮族自治区工商行政管理局）

版权工作

2010年，广西版权工作围绕中心、服务大局，创新思路、突出重点，紧紧围绕促进经济社会发展和文化繁荣，不断推动版权工作向纵深发展，完满完成各项目标任务，得到了新闻出版总署、国家版权局领导的表扬和肯定。这一年，广西版权局主要做好了如下几个方面的工作。

一、贯彻落实党中央和国务院的部署，服务大局工作取得成绩

一是按照国务院部署，集中开展打击侵犯知识产权和制售假冒伪劣商品专项行动，做好印刷复制生产源头治理、出版物市场治理、打击网络侵权盗版和政府机关软件正版化工作。至2010年12月，全区印刷管理部门和各市相关部门在专项行动中出动检查人员2926人次，检查印刷经营场所553家次。查处无证经营点46家，收缴“六合彩”资料100多册、非法盗版出版物237册。同时加大对图书、软件、音像制品的市场监管，重点抽查了14个市49家音像制品零售企业和2家光盘复制企业。

二是强化执法，加大对大案要案的查办力度。第一是开展打击盗版音像制品行动。全区共出动执法人员1500多人次，收缴盗版音像制品26 000多张，取缔游商地摊15个，对12个音像批发零售

企业进行了重点检查。第二是持续开展“剑网行动”。全区各级版权部门与公安、通信管理、网络运营商等部门紧密配合，充分发挥各自优势，强化主动监管和适时监控，采取主动深入重点网站现场查看等措施，加强了对全区确定主动监管的近300家网站进行了监控。广西版权局对国家版权局移转的案件“www.hszw.com文字作品涉嫌侵权案”依法进行了查处，并对该案侵权人进行了行政处罚；广西版权局组织指导梧州市版权局依法查处关闭了涉及侵权盗版的中国联通梧州分公司网站露天影院(www.wzvod.com.cn)和梧州丽港宽频影院(www.gxvod.cn)。同时，组织指导梧州市版权局责令中国电信梧州分公司自营门户网站鸳江热线(www.wzptt.gx.cn)关闭老、旧链接9个，对涉及友情链接、无法审核监控及具有站外搜索、下载软件、视频音频功能的相关频道及业务进行了全面关闭。第三是重拳出击，查办侵权盗版的大案要案。广西版权局协同自治区“扫黄打非”办组织指导来宾市文化新闻出版局、来宾市公安局，查获两个非法出版物和侵权盗版窝点，查获非法和侵权盗版出版物约16万册，涉及100多个品种。目前，此案已被列为全国重点督办的大案深查彻究，公安部门正在网上通缉犯罪嫌疑人。版权局还协同自治区“扫黄打非”办查获钦州市灵山县周晴和音像店涉嫌销售盗版的音像制品案，现场查扣涉嫌盗版音像制品3981张。目前版权局和自治区“扫黄打非”办正在协同自治区公安厅，由公安厅指导该市公安局争取立案处理。

二、强化策划和宣传教育工作，组织发动自治区102家图书馆向全国同行发出“拒绝盗版，保护典藏”自律倡议书

2010年，广西版权局进一步全面强化了图书馆正版化工作的管理和著作权保护工作。广西版权局联合区文化厅、教育厅以及“扫黄打非”办建立了联动工作机制，全面部署开展了全区图书馆著作权保护和正版化工作的自查自纠工作。同时，组织各市全面展开了对所在市图书馆的正版化工作检查。这些工作的扎实开展，有效推动了自治区图书馆著作权保护工作。2010年12月初，广西大学图书馆和广西图书馆等102家图书馆负责人联合签名向全国同行发出“拒绝盗版，保护典藏”的自律倡议。倡议书公开后引起了全国媒体关注。《中国新闻出版报》、《中国知识产权报》、人民网、搜狐网、新浪网和网易等20多个国内知名互联网相继报道了这一新闻。广西的主流媒体《南国早报》、《当代生活报》、广西人民广播电台、南宁人民广播电台和广西新闻网等新闻媒体也都对广西扎实推进图书馆著作权保护工作进行了宣传报道。

三、全面做好党政机关和企业使用正版软件工作

为认真贯彻落实全国知识产权保护与执法工作电视电话会议和国务院办公厅《关于进一步做好政府机关使用正版软件工作的通知》精神，在广西2006年已经基本完成区、市两级政府机关使用正版软件工作的基础上，广西版权局请示自治区人民政府，建议由自治区党委办公厅和自治区人民政府办公厅发出《关于进一步做好全区党政机关使用正版软件工作的通知》，要求全区各级机关进一步开展使用软件正版化工作；建议按新闻出版总署和国家版权局要求，将此项工作范围扩大推进到全区县级以上党政机关，各人民团体，人大、政协、法院、检察院、民主党派等机关。要求已经完成使用正版软件工作的区、市两级政府机关要开展自查自纠，进行补漏、完善，尚未开展此项工作的机关单位抓紧开展。同时，广西版权局积极协调自治区财政厅落实经费，确保使用正版软件推进工作的完成。在做好政府机关使用软件正版化工作的同时，进一步推进做好企业使用正版软件工作。2010年全区共有130家企业推进了使用软件正版化工作。

四、大力营造良好的版权舆论环境

一是做好广西“4·26知识产权宣传周”活动。围绕2010年广西知识产权宣传周暨“4·26世界知识产权日”活动，出版《加强版权保护，报务社会经济发展》的宣传墙报；组织在2009年全国青少年版权保护知识竞赛中获奖的学生代表进行颁奖活动；在南宁市朝阳广场开展版权咨询宣传活动；协同自治区“扫黄打非”办在南宁市五象广场举行了2010年广西侵权盗版及非法出版物销毁行动，全区共销毁侵权盗版及非法出版物200多万件，人民日报、广西日报，南国早报、广西电视台等区内外多家媒体在现场进行了报道。

二是积极开展版权宣传进社区活动和多形式的版权宣传活动，教育提升全民版权保护意识，形成了全区良好的版权工作环境。三是进一步做好版权保护的常态性宣传和教育工作。

五、加强出版合同登记备案管理和作品自愿登记

2010年全区共办理涉外图书版权贸易合同登记备案370份，办理著作权作品自愿登记117件，较好地维护了权利人的利益。

（广西壮族自治区版权局　周　鑫）

司法工作

2010年，广西法院按照《广西壮族自治区实施知识产权战略意见》提出的“要全面加强知识产权审判工作，着力构建符合知识产权案件特点的审判体制和工作机制，优化知识产权审判资源配置，提升知识产权审判队伍素质，不断提高人民法院知识产权司法保护的整体效能”要求，进一步健全知识产权审判机制和工作机制，合理分配审判资源，加强对知识产权案件的审理，加大对知识产权的保护力度，取得了较好的成绩。

一、进一步完善知识产权审判机构设置，优化审判资源的配置

2010年，贵港市中级人民法院正式设立审理知识产权民事案件的民事审判第三庭，至此，全区14个市中级人民法院已有13个中级人民法院设立了专门审理知识产权案件的专业庭。此外，2010年，广西高院民三庭还就广西知识产权审判的基本情况向最高人民法院民三庭做了专项汇报，并经努力争取，最高人民法院批准同意柳州市中级法院管辖柳州、桂林、河池、来宾四个市的专利纠纷案件，成为广西有专利管辖权的第二个中级法院；批准同意桂林叠彩区法院管辖桂林辖区内的部分知识产权民事案件，成为广西法院第二个有知识产权民事案件管辖权的基层法院。广西高院还修改制定了《广西壮族自治区高级人民法院关于知识产权民事案件管辖的若干规定》，进一步规范了案件的管辖问题。

二、公正高效地审理知识产权案件，加大对知识产权的保护力度

2010年，全区法院共受理一审知识产权民事案件487件，其中著作权案件344件，商标权案件53件，专利权案件33件，技术合同案件12件，植物新品种等其他知识产权案件45件。审结457件，结案率93.8%，调撤率70.3%；受理知识产权二审民事案件95件，审结92件，调解或经调解后当事人和解撤诉的案件82件，调撤率达到89.1%，当事人的自动履行率达到100%，实现了案件审理政治效果、法律效果和社会效果的统一；知识产权行政、刑事案件也有较大幅度的增长。具体做法是：2010年全区法院共受理涉及知识产权侵权的刑事案件5件，全部审结，判决发生法律效力12人。其中假冒注册商标罪案件3件，生效判决人数9人；销售假冒注册商标的商品罪案件2件，生效判决人数3人。2010年全区受理知识产权行政纠纷案件1件，结案1件。

（一）抓调解

全区法院认真开展“案件调解年”、“审判质量效率年”活动，在知识产权案件的审理中认真分析知识产权民事案件的特点，注意把握知识产权民事案件的审判规律，坚持以最大限度地增加和谐因素，最大限度地减少不和谐因素为目的，认真贯彻“调解优先、调判结合”的司法原则，始终把诉讼调解作为平衡权利人、被控侵权人和社会公众利益的重要手段，除根据法律、行政法规规定和案件性质不宜调解的案件外，对其他知识产权民事案件都进行了调解，不断提高案件的调撤率。如根据知识产权立法的最终目的是保护知识产权成果的推广和运用，以促进社会经济和文化的发展，在知识产权案件审理中，通过判决方式来停止侵权，制止被告不法使用，虽然符合法律之规定，但会减少知识成果的再次传播和推广，而通过司法调解，不仅能有效引导当事人进行利益补偿和协商，往往还能把这种违法侵权关系引导转变为许可使用关系或者其他互利合作关系，从而实现智力创新成果的进一步推广和运用的特点，成功调解了贵州宏奇药业有限公司与广西梧州制药（集团）股份有限公司侵犯发明专利权纠纷一案。根据知识产权案件当事人多为“经济人”，对诉讼更注重经济上的价值评价，基于成本与收益的理智考虑，他们会在不忽视法律结果的基础上，更趋向于用适当的时效来换取最佳利益，甚而包括诉讼本身的利益与诉讼外的利益的特点，不仅成功调处了广西交通投资集团南友高速公路运营有限公司与乐视网信息技术（北京）股份有限公司侵犯信息网络传播权纠纷一案，还就案外未起诉但权利人已公证取证的12部电影的赔偿达成了和解，一揽子解决了系列纠纷。根据知识产权权利人的权利和主张权利的证据往往存在一定瑕疵的特点做当事人工作，成功调处了派克笔公司与南宁某商贸公司的商标侵权纠纷。根据知识产权判决书一律要求上网公开，而调解书当事人可以要求不上网公开，当事人可以上中国知识产权裁判文书网查找与自己相类似案件在全国其他省市法院和广西法院的在先判决，对自己案件的判决结果有一个合理的预期，从而采用判决结案还是调解结案，当事人可以进行选择的特点，成功调处了上海步升大风音乐文化传播有限公司诉中国电信股份有限公司广西分公司、中国电信股份有限公司北海分公司侵犯信息网络传播权纠纷一案。此外，还通过上级领导、主管部门以及一切社会积极因素参与做当事人工作，妥善处理纠纷，如广西高院民三庭成功调处的台湾滚石国际音乐股份公司与电信广西分公司、电信百色分公司侵犯信息网络传播权系列纠纷。

（二）抓精品案件

知识产权案件虽然总量不是很大，但对社会生活，特别是对创新型社会的发展，影响巨大。为此，广西高院民三庭自成立时起就强调，要树立精品意识，把每一个案件办成精品案件。特别是对于重大疑难复杂案件，在法律适用上有研究价值的案件，更要尽可能多投入精力，从程序到实体、到裁判文书，都要以“精”取胜。2010年，民三庭更是强化这一理念，争取打造更多的精品案件。如审理的广西城市猎人信息科技有限公司诉李唯、广西城市通信息科技有限公司计算机网络域名权属及不正当竞争纠纷案。该案既涉及作为公司经理，以个人名义将公司的字号简称作为二级域名注册了相关网络域名并供公司在商务活动中使用，其注册行为是否系职务行为的认定问题，又涉及注册域名的归属以及注册行为及转让给第三人的使用行为是否构成不正当竞争的问题。案件类型新颖，审理难度也比较大。合议庭认真学习了有关字号、域名以及不正当竞争的有关知识，认真吃透案情，分析证据，并在此基础上，对案件的处理提出了准确的思路。通过向当事人释明，并耐心细致的调解，当事人达成了调解协议，圆满解决了纠纷。

（三）抓好对创新型社会有重大促进作用的专利案件的审理

依法审理专利案件，合理适度保护创新成果，加大对经济增长有重大突破性带动作用、具有自主知识产权的关键核心技术的保护力度是知识产权审判的重要职能。2010年，广西高院民三庭针对专利案件增多，且绝大多数案件是发明专利案件，案件审理的好坏，对创新型广西建设具有重大影响的情况，积极探索新方式、使用新方法，加强对这类案件的审理。一是主动邀请人大代表、政协委员旁听专利案件的庭审，并组织召开旁听庭审座谈会，自觉接受监督，提高审判质量。如2010年4月，广西高院民三庭邀请了9名自治区人大代表、政协委员旁听本庭审理的上诉人贵州宏奇药业有限公司与被上诉人广西梧州制药（集团）股份有限公司、原审被告南宁市国人大药房有限责任公司侵犯发明专利权纠纷一案，并召开座谈会，接受人大代表、政协委员面对面的监督。此案经合议庭和主审法官耐心细致的调解工作，各方当事人达成调解协议，和谐解决了纠纷。当事人还在合议庭的穿针引线下，就下一步的合作问题，即专利的许可使用问题进行了磋商，不仅实现了案结事了，还促进了知识成果的转化和利用。二是对于专业技术问题，除了传统的委托鉴定外，还通过召开专家咨询会等形式予以解决，取得了较好的实际效果。

（四）抓指导和监督，确保一审知识产权案件的质量

一是坚持改判和发回重审交换意见制度，对发回和改判的案件，坚持每一件都与原审法院的合议庭及庭领导交流。还针对案件审判中发现的问题，先后到南宁中院、柳州中院、玉林中院、贵港中院、钦州中院、来宾中院等进行交流和指导。二是针对2010年南宁市两级法院受理10多件特许经营合同案件的情况，加强了对这类案件的研究。7月份，在南宁市中院召开了广西高院民三庭、南宁市中院民三庭、青秀法院民三庭三级法院法官座谈会，对这一类案件的审理进行了研究并提出了审判思路。三是抽调人员对2009年民三庭改判和发回中院重审的案件进行了仔细评查，并对改判和发回重审的原因进行了仔细的梳理，形成书面报告下发各中院，进行具体的指导。四是于11月召开全区法院知识产权审判座谈会，对2005～2010年上半年被广西高院改判和发回重审的案件进行了分析总结，由资深知识产权法官就知识产权案件的审理讲解了审判思路，对2011年及今后一段时间知识产权审判工作提出了要

求，对各中院及相关基层法院的知识产权审判切实起到了很好的指导和监督作用。此外，还通过编辑裁判文书集和审判信息、典型案例进行指导。

（五）抓宣传

2010 年，广西高院民三庭以“4·26 世界知识产权日”为载体，主动与广西电视台、广西日报、南宁晚报、广西法治快报等媒体建立了良好的关系，有多篇文章和案例在这些媒体上发表，这些媒体也主动为知识产权审判作了很多宣传。此外，还加强与知识产权局、工商局、海关、版权局等有关行政单位的协作与配合。除加强与海关在知识产权领域的协作与配合外，还派人参与广西著名商标的评选，派人为区工商局举办的全区农村经纪人培训班、区知识产权局举办的全区专利定点企业知识产权专业人才培训班授课等；各地市中级人民法院也主动加强与当地媒体的联系，采取各种措施扩大知识产权审判的影响。

（广西壮族自治区高级人民法院知识产权审判庭）

检察工作

2010 年，广西壮族自治区检察机关立足检察监督职能，加强与行政执法部门的联系，努力强化包括侵犯知识产权在内的涉嫌犯罪案件移送工作，继续依法严厉打击侵犯知识产权犯罪，对移送审查批捕、起诉的侵犯知识产权案件，依法坚决、及时批准逮捕和起诉，切实加大打击力度，提高办案效率，为保护知识产权工作作出了积极的贡献。

一、开展打击侵犯知识产权和制售假冒伪劣商品专项行动和对行政执法机关移送涉嫌犯罪案件专项监督活动的工作情况

2010 年 10 月，国务院部署开展打击侵犯知识产权和制售假冒伪劣商品专项行动，最高人民检察院、公安部、监察部、商务部联合决定开展对行政执法机关移送涉嫌犯罪案件专项监督活动。广西壮族自治区各级检察机关高度重视，积极行动，将两个专项紧密结合起来，与有关单位和部门密切协作，扎实开展工作，充分发挥法律监督职能，认真履行审查批捕、审查起诉、诉讼监督和查办职务犯罪等各项检察职责，严厉打击破坏社会主义市场经济秩序、妨害社会管理秩序的犯罪活动，认真监督行政执法机关移送涉嫌犯罪案件，推动行政执法与刑事司法衔接长效机制，促进依法行政，为经济社会又好又快发展提供强有力的司法保障。

（一）注重组织领导，着力提高检察机关开展两个专项的使命感和责任感

广西壮族自治区人民检察院把两个专项列入党组的重点工作，明确陈普生副检察长为责任人，要求全区各级检察院把两个专项作为深入推进三项重点工作的重大举措，要切实抓紧抓好，及时组织全区检察干警认真学习相关文件和会议精神，明确开展两个专项的意义、工作目标和任务，增强使命感和责任感，并结合本地实际情况，制订工作方案，与自治区公安厅、监察厅、商务厅联合下发。同时，还成立了专项行动领导小组，督促、指导和协调全区工作。

（二）注重两个结合，着力形成工作合力，共同推动两个专项顺利开展

为全面了解国土资源、环保、农业、文化、卫生、税务、工商、质检、新闻出版、知识产权、烟草专卖、食品药品监督等 16 个行政执法机关作出行政处罚或涉嫌犯罪尚未移送公安机关的案件情况，促进和推动两个专项各项工作扎实开展，广西壮族自治区人民检察院要求 16 个行政执法单位对办理的行政违法案件进行自查，并将自查结果向检察机关、公安机关、监察机关、商务主管部门通报。根据自查结果，全区各级专项行动领导小组组织人员重点对知识产权、工商、质检、国土资源等单位进行检查。以此将两个专项紧密结合起来，以打击侵犯知识产权和制售假冒伪劣商品犯罪为重点，切实加强对行政执法机关移送涉嫌犯罪案件的监督，以开展对行政执法机关移送涉嫌犯罪案件专项监督活动为依托，形成打击侵犯知识产权和制售假冒伪劣商品犯罪的高压态势，依法监督行政执法机关移送，并由公安机关立案侦查一批群众反映强烈、社会广泛关注的犯罪案件。通过整合两个专项的办案力量，形成工作合力，共同推动两个专项顺利开展。

（三）注重抓住关键，突出工作重点，着力做到快捷高效的开展两个专项

两个专项涉及面广，内容多，战线长，工作千头万绪，如果不能抓住关键、突出重点，就可能会导致全区检察机关陷入“见子打子”、“推一下动一步”的被动局面。为此，广西壮族自治区人民检察

院在工作中做到“三个有重点”：一是工作任务有重点。要求全区各级检察机关紧紧抓住直接关系广大群众切身利益、群众反映强烈、社会危害严重、影响社会和谐稳定的突出问题，重点查处制假售假问题突出的重点商品、重点市场、重点地区和大要案，监督移送一批应当移送而不移送、以罚代刑的刑事犯罪案件。二是工作内容有重点。注意加强与各行政执法机关的沟通联系，共同研究一些疑难、复杂的案件，统一打击的标准和尺度，增强行政执法机关移送涉嫌犯罪案件的自觉性，做到不枉不纵。如，自治区检察院与自治区高级法院、公安厅、知识产权局多次就一些个案的定性、证据收集、法律适用、侦查方向等问题共同进行研究，并取得了共识。三是工作方法有重点。一方面注重加强纵横的沟通联系，组织开展两个专项难免会遇到一些新情况、新问题，对一些文件或通知中的意见一时把握不好或者理解不透的，及时沟通协调，争取获得支持和帮助，增强工作的准确度和效果性；另一方面注重加强对下级的督查、指导，推动两个专项的深入开展，发现行动不够快速积极，未能按照要求落实各项工作措施或落实不力的，及时提出建议，要求迅速整改。

（四）注重发挥检察职能作用，着力始终保持刑事打击的高压态势

一是全区各级检察机关认真履行批捕、起诉、诉讼监督和查办职务犯罪职责，依法严厉打击侵犯知识产权和制售假冒伪劣商品犯罪。如，柳州市鱼峰区人民检察院了解到公安机关立案侦查了一起生产、销售假冒名酒案，犯罪嫌疑人郑某将买来的赖茅、绵竹大曲、尖庄酒等低价白酒进行勾兑，装进废品站回收的高档酒酒瓶，贴上假冒茅台、五粮液、剑南春、红花郎、水井坊等国内高价名酒的商标标识，非法进行销售，涉案金额高达245万余元。鱼峰区人民检察院侦监科派人提前介入该案，引导公安机关侦查取证，并在公安机关提请批准逮捕后，迅速启动快速办案机制，次日即批准逮捕犯罪嫌疑人郑某，从快从重打击了这起严重侵犯知识产权的生产、销售假冒名酒案，充分体现了检察机关参与打击侵犯知识产权和制售假冒伪劣商品犯罪的决心。二是依托行政执法与刑事司法衔接机制，发挥各成员单位的职能优势，促进两个专项的持续、深入开展。

二、立足检察职能，强化行政执法与刑事司法衔接工作机制

广西壮族自治区成立了由各成员单位分管领导组成的行政执法与刑事司法衔接机制工作领导小组，并将小组办公室设在了自治区人民检察院。一些地市的行政执法与刑事司法衔接机制工作还得到了当地党委的重视和支持，由政法委牵头组织召开行政执法与刑事司法衔接机制工作联席会议。自治区人民检察院承担了行政执法与刑事司法衔接机制办公室的日常工作，坚持编印《行政执法与刑事司法衔接机制工作简报》。结合广西壮族自治区行政执法与刑事司法衔接工作的现状，广西壮族自治区检察院采取以下措施进一步加强和完善行政执法与刑事司法衔接工作：一是加大监督力度，要求各市级检察院对专项检查发现的涉嫌犯罪案件线索进行再次筛查，对确需追究刑事责任、应当移送而不移送的，提出移送意见。依法加大对涉嫌徇私舞弊不移交刑事案件的查处力度，有效警戒执法犯法，预防和减少以罚代刑现象，促进行政执法与刑事执法的有效衔接。二是加强行政执法机关的内部监督，由广西壮族自治区有关行政执法机关对专项检查中发现的本部门应当移送而未移送的案件，督促指导各地进行清理，并提出本部门整改意见。行政执法机关要建立健全台账和档案管理制度、执法办案责任和考评制度、文书抄送制度、移送案件的签收回执制度等。针对专项检查中发现的问题，广西壮族自治区工商局已经专门向桂林、玉林等有关市局发文要求整改，其他行政执法机关也正在针对检查中发现的问题积极进行整改。三是畅通信息渠道，着力解决行政执法与刑事司法衔接工作的基础性、瓶颈性问题，认真学习上海、云南、山东等先进省市的经验做法，构建“网上衔接，信息共享”平台。四是加强执业培训和交流，提高队伍素质和办案能力，通过举办专题学习班、经验交流会、办案座谈会等多种层次和形式的培训，促使行政执法与刑事司法知识的互相渗透，工作经验和技巧的相互学习、借鉴，避免认识上的分歧而影响行政执法与刑事司法衔接工作。

三、严肃查处和防范侵犯知识产权背后的职务犯罪

广西壮族自治区检察机关严肃查处对侵犯知识产权背后隐藏的国家工作人员贪污贿赂和国家机关工作人员滥用职权、玩忽职守、徇私舞弊等犯

罪，及时发现和查办涉及知识产权的民事行政裁判不公背后的司法腐败，维护司法公正，进一步加强预防工作，从源头上防止和减少涉及知识产权职务犯罪的发生。

（最高人民检察院侦查监督厅）

海南省

专利工作

2010年，海南省知识产权局在国家知识产权局的指导和大力支持下，以科学发展观为指导，创新工作思路，以不断提高知识产权创造、运用、保护和管理能力为目标，加大专利行政执法力度，扎实推进知识产权宣传培训，进一步深化企业知识产权工作，取得显著成效，有力地推进了海南省知识产权事业的发展。

一、海南省知识产权战略纲要和“十二五”专利发展规划制定工作

（一）知识产权战略纲要制定实施工作

（1）为了提高《海南省知识产权战略纲要》的前瞻性、操作性和实施效能，海南省知识产权局围绕海南国际旅游岛建设完成了《海南省知识产权战略纲要》和《海南省人民政府关于促进知识产权发展的若干规定》的征求意见和修改工作，获五届省政府第46次常务会议审议通过，并于4月26日发布实施。

（2）根据《海南省知识产权战略纲要》和《海南省人民政府关于促进知识产权发展的若干规定》，海南省知识产权局申请省财政设立了知识产权专项资金。

（3）组织海南省知识产权各有关部门撰写文章，在《海南日报》第五版全版宣传海南省知识产权战略纲要和相关政策，其他媒体也报道了海南省发布实施知识产权战略纲要的新闻。

（二）“十二五”专利发展规划制定工作

根据国家知识产权局《关于开展知识产权“十二五”规划编制工作的通知》和海南省科技厅编制“十二五”科技发展规划的要求，海南省知识产权局积极开展《海南省“十二五”专利发展规划》的编制工作，收集相关资料，统计分析“十一五”海南省专利发展的情况，提出“十二五”专利工作的主要任务和保障措施，并组织专家进行反复修改，形成正式文件报省科技厅，于12月29日印发实施。

二、加强专利申请资助等知识产权服务工作

根据《海南省人民政府关于促进知识产权发展的若干规定》，海南省知识产权局进一步加大专利申请的资助力度，高效办理专利申请资助、专利申请费用减缓和加速审查证明等有关业务。全年办理资助专利申请163件；国家财政资助的PCT专利申请6件；专利申请费用减缓证明300多件，加速审查证明50多件。2010年，全省专利申请达1019件。其中，发明专利572件，占申请量的56%，同比增长25.4%。授权量714件，同比增长13.3%，其中发明专利190件，同比增长126.2%。专利申请质量明显提高，专利申请从重数量向重质量发展。

三、采取多种形式开展知识产权宣传工作

（一）精心策划海南省知识产权宣传周活动

为确保2010年“4·26知识产权宣传周”活动的顺利开展，海南省知识产权局召开专门会议研究部署宣传周工作，制订了《海南省知识产权局2010年知识产权宣传周和第六届科技活动月期间知识产权宣传活动方案》，印发了《关于做好2010年知识产权宣传周和第六届科技活动月期间知识产权宣传活动的通知》，要求各市县知识产权和科技管理部门根据国家知识产权局、中宣部等25个部门《关于开展2010年全国知识产权宣传周活动的通知》和国家知识产权局印发的《2010年全国知识产权宣传工作要点》，结合当地实际情况，在知识产权宣传周和第六届科技活动月期间，开展了形式多样的知识产权宣传活动。精心的策划为2010年的知识产权宣传工作打下了良好的基础。

（二）召开知识产权保护工作座谈会

知识产权宣传周期间，海南省知识产权局在

海口市组织召开知识产权保护工作座谈会，海南省知识产权优势培育企业、知识产权试点示范企业、高新技术企业、高等院校、科研院所、专利代理机构、发明协会的代表30多人参加。会上，宣传了海南省知识产权战略纲要和相关政策，研讨推进海南省知识产权工作的任务和措施。

（三）举办知识产权战略宣讲报告会

知识产权宣传周期间，海南省知识产权局在海口市举办了知识产权战略宣讲报告会，邀请国家知识产权局保护协调司黄庆司长作题为“实施国家知识产权战略，促进海南国际旅游岛建设”的专题报告。黄庆司长在报告中分析了我国知识产权面临的国际国内形势，介绍了国家知识产权战略的指导方针和制定过程，讲解了战略的指导思想、目标、重点、专项任务和保障措施等主要内容，介绍全国各地实施知识产权战略的经验和做法，并从国家层面上对海南知识产权战略的制定和实施提出了指导意见。各市县科技和知识产权管理部门负责人和相关工作人员，省直有关部门负责知识产权工作的人员，高校、科研院所、专利代理机构、企业的代表共120人参加了宣讲报告会。

（四）举办知识产权宣传咨询活动

2010年4月26日是第10个世界知识产权日，海南省知识产权局联合省公安厅、省版权局在海口市南亚广场举办“4·26知识产权宣传”咨询活动。通过图片展示、悬挂宣传条幅、发放宣传资料、现场咨询等方式宣传知识产权知识，解答公众提出的知识产权相关问题，共展出知识产权知识展板50块，悬挂条幅20多条，接待咨询500多人次，发放宣传资料近1000份，进一步提高了公众的知识产权创造和保护意识。

5月8日，在海南省第六届科技活动月开幕式暨科普大集活动中，海南省知识产权局联合省工商行政管理局、省版权局在琼海市举办知识产权咨询活动，接待咨询300多人次，发放宣传资料近800份。

（五）深入企业开展知识产权宣传活动

宣传周期间，海南省知识产权局联合海口市知识产权局，深入一汽海马集团有限公司举办知识产权专题讲座。中国专利奖优秀奖获得者、省首届十大专利发明人、海南椰国食品有限公司钟春燕董事长围绕海南椰国食品有限公司及其个人十多年来在知识产权开发、应用、保护及科技创新、技术研发等成长经历作了专题演讲。参加此次活动的领导和科技人员近50人，收到了较好的效果。

（六）举办知识产权进企业交流座谈会

宣传周期间，海南省知识产权局联合海口市知识产权局，组织部分高新技术企业在一汽海马汽车有限公司举办知识产权进企业交流座谈会，30多位企业代表参加。各参会代表围绕企业如何进行知识产权规范化管理，如何提高员工知识产权意识，如何鼓励创新，如何组织专利申请，如何加强知识产权保护应对金融危机冲击，如何推动企业健康、稳定发展等问题进行了广泛的沟通和交流。

（七）指导各市县和企业开展知识产权宣传活动

指导海口市举行2010年知识产权宣传周活动暨钟春燕青少年科技创新基金启动仪式，开展街头咨询、播放专题片、“雷雨”和“天网”专利执法、知识产权维权援助、知识产权进企业、2010年海口市专利奖和知识产权工作先进单位、个人评选、专利执法暨“12330”知识产权维权援助知识竞赛等10多项活动。指导琼海市开展设点咨询、发送宣传资料、召开2010知识产权工作座谈会、联合维权执法、图片展览、发放资料、咨询服务、专题讲座、知识产权进校园等一系列宣传活动。

（八）通过广泛发放知识产权学习资料进行宣传

为了更广泛地开展知识产权宣传活动，“4·26知识产权宣传周”期间，海南省知识产权局向各市县知识产权和科技管理部门、省直有关部门赠送《〈国家知识产权战略纲要〉辅导读本》，向各市县知识产权和科技管理部门、社会公众赠送《专利知识读本》、《中国知识产权报》“4·26世界知识产权日”创新系列特刊、《简明专利知识》等宣传资料近万份。

四、加强知识产权试点示范和知识产权优势企业培育工作

（一）开展第四批全国企事业知识产权试点工作

根据国家知识产权局要求，海南省知识产权局与一汽海马、椰国食品、中国热科院、皇隆制药、德泽药物和灵康药业等6家第四批全国企事业知识产权试点单位签订了任务书,认真指导试点单位按照试点工作方案和任务书开展工作。

(二)开展第二批全国企事业知识产权示范创建工作

根据国家知识产权局要求,海南省知识产权局积极组织全星药业、赛诺实业、金盘电气等企业申报第二批全国企事业知识产权示范创建单位,经国家知识产权局评审,确定赛诺实业为第二批全国企事业知识产权示范创建单位。

(三)开展海南省知识产权优势企业培育工作

海南省首批知识产权优势企业培育工作从2009年7月1日起开展。为更好地指导企业开展培育工作,海南省知识产权局根据海南省培育知识产权优势企业工作方案和任务书要求,组织赛诺实业、全星药业、立昇净水、欣龙控股4家首批知识产权优势培育企业认真总结开展知识产权工作经验。一年来,4家企业认真按照工作方案和任务书的要求开展工作,创新能力不断提高。新申请专利近20件,其中发明专利11件。

(四)指导海口市完成全国知识产权示范城市创建工作

指导海口市开展为期三年的全国知识产权示范城市创建工作。在国家知识产权局验收时,由于准备材料充足、工作亮点较多,成效较显著,被评定为全国知识产权示范城市。

五、组织第三届十大专利发明人评选活动

根据2010年海南省科技厅重点工作任务和《2010年海南省人才工作要点》,海南省知识产权局联合省委组织部、宣传部、省人力资源保障厅、教育厅等部门共同开展海南省第三届"十大专利发明人"评选工作,经组织报名、初审、实地考察、评议、公示等程序评选出钟春燕等10人为海南省第三届十大专利发明人,并发文和召开颁奖大会表彰和奖励。罗保铭省长等省领导亲切会见了"十大专利发明人",并为他们颁奖。据统计,10位专利发明人近3年共申请专利219件,实施专利技术创造经济效益20多亿元。

为了弘扬"十大专利发明人"创新创业精神,激发高校学生发明创造热情,海南省知识产权局组织"十大专利发明人"深入海南科技学院举办报告会,介绍他们开展发明创造的艰辛经历和取得的丰硕成果,给师生们上了一堂生动的科普和专利教育课。此外,海南省知识产权局还组织海南日报记者撰写"十大专利发明人"的事迹材料,连续在该报上报道,引起了强烈反响。

六、加强对中介服务机构的指导,大力培育知识产权市场

海南省知识产权指导省技术交易中心举办技术推介交易活动3场,展示推介专利和科技成果30项,促成技术交易额7775万元。国家专利技术(海口)展示交易中心举办展示交易、研讨会、宣传培训等活动40场次,网上展示专利技术和产品9000多件,举办会议重点展示推介专利技术100件,交易额达8490万元,参加各类活动的企业近700多家次,参加人数2500多人次。

第四届中国专利周期间,海南省知识产权局开展了第四届专利周开幕式暨第三届十大专利发明人颁奖仪式、知识产权进校园宣讲会、专利技术展示交易、投融资洽谈会和招商研讨会、医药企业知识产权培训、发明人座谈会、青少年创新大赛、海口专利之最评选、知识产权宣传和咨询服务等10多项活动。有250多家企业、10多所大专院校和科研院所、5家金融机构、4家专利代理和交易服务机构的代表及专利权人共3000多人参加了活动。现场展示新科技成果和专利技术300多项,网络展示6000多项,重点推介专利项目30多项,发布专利技术供求信息200项,签订交易合同和合作协议21个,发放各种知识产权宣传资料5000多份,30多家媒体跟踪报道专利周活动新闻50多条次。

七、开展打击侵犯知识产权和制售假冒伪劣商品专项行动

(一)认真贯彻国务院知识产权执法电视电话会议精神

根据《国务院办公厅关于印发打击侵犯知识产权和制售假冒伪劣商品专项行动方案的通知》和国务院全国知识产权保护与执法工作电视电话会议精神,海南省知识产权局按照省政府和国家知识产权局的部署,制订了《海南省知识产权局打击侵犯知识产权和制售假冒伪劣商品专项行动实施方案》,利用半年时间开展打击侵犯知识产权和制售假冒伪劣商品专项行动。

（二）开展专利行政执法宣传培训活动

海南省知识产权局执法人员深入东方、儋州、澄迈、临高、琼海等市县，分别举办了两期查处假冒专利执法培训班，近210多人参加培训。专项行动结束后，省知识产权执法人员又深入三个市县，分别举办了三期查处假冒专利执法培训班，130多人参加培训，为今后执法工作做了充分的准备。

（三）专利行政执法取得新成效

2010年底，海南省知识产权局联合海口市知识产权局在海口市各大型商场开展查处假冒专利专项执法行动，并与中国（海口）知识产权维权援助中心联合进驻2010年中国（海南）国际热带农产品冬季交易会，设立专利举报咨询处，并巡查会场，维护展会的正常交易秩序。

海南省知识产权局先后4次分别深入儋州、东方、琼海、澄迈、临高五个市县开展查处假冒专利执法行动，共指导商家排查商品118 400件，登记专利产品878件。现场抽查专利产品345件，发现9件产品标注不规范或涉嫌假冒专利，要求商家撤柜停止销售。

成功处理“便携式蚊香盒”假冒专利案，对该案作出处罚决定，没收违法所得并罚款4950元。2010年，海南省知识产权局立案调处3起专利侵权纠纷案，均已结案。

八、利用国家知识产权局的资源开展企业知识产权工作

（一）加强专利审查员与企业专利工作交流

2010年海南省知识产权局先后组织了4批国家知识产权局专利局审查员来琼与10多家企事业单位进行专利工作交流，举办专利知识讲座，指导企事业单位利用专利文献、撰写专利申请文件、进行专利保护等，培训企业技术和管理人员300多人，深受各企事业单位欢迎。邀请国家知识产权局专家来琼举办医药企业知识产权培训班，培训企业技术和管理人员150人。

（二）积极组织海南省企业申报第十二届中国专利奖

海南省知识产权局积极组织海南省企业申报第十二届中国专利奖。经初审，推荐海南省椰国食品、金港生物、法米拉水上科技3家企业的3项发明专利和中大药业的1项外观专利申报第十二届中国专利奖。海南省椰国食品公司发明人钟春燕的“压缩椰果及其生产方法”发明专利被评为优秀奖。

（三）组织海南省企业申报国家知识产权局委托项目

为充分利用国家知识产权局的资源，海南省知识产权局申报了2010年专利试点工作企事业单位专项委托项目、2010年专利产业化工程委托项目、知识产权委托培训项目等；组织企事业单位申报国家知识产权局专利战略推进工程和软科学研究项目2项，得到了国家知识产权局经费的支持。

（海南省知识产权局）

商标工作

一年来，海南省工商系统认真贯彻落实省委、省政府和国家工商总局关于实施知识产权战略的工作部署，在有关部门、广大企业及社会各界的支持下，大力推进商标战略实施，取得了显著成效。

一、商标发展环境进一步优化，全社会商标意识明显增强

2009年12月31日，《国务院关于推进海南国际旅游岛建设发展的若干意见》正式发布，标志着海南国际旅游岛建设正式上升为国家战略；2010年4月海南省出台了《海南省知识产权战略纲要》，有力地促进了商标战略的实施；2010年7月，国家工商总局出台了《关于支持海南国际旅游岛建设的若干意见》，其中，关于支持海南省实施商标战略的意见就有4条。同时，海南省工商局印发了《关于贯彻落实国家工商总局支持海南国际旅游岛建设意见的实施意见》。这些政策措施都极大地推动了海南省商标富农、兴垦、强企活动的开展，为地方经济的发展注入了活力。

二、深入开展商标“五项”工作，商标注册申请量创历史新高

海南省工商局经过精心策划，周密部署，组织全省工商系统开展了声势浩大的“商标资源大普查、商标作用大宣传、商标知识大培训、商标成果大展览、商标维权大行动”等系列活动，共派出1.5万人次深入企业、厂矿、农村、国营农场、田间地头开展商标资源普查；共走访企业13 450家、个体工商户 57 460 户、国营农场 86 个、农民专业合作社 917 个、种养殖专业户 1370 户，发放宣传资料 4.6 万多册；在全省 18 个市、县举办“商标知识培训班”，共培训市、县、乡镇政府领导、企业商标主管人员、村委会主任、个体工商户、农民专业合作社负责人、农民种养殖专业户 6335 人；举办“海南省商标发展成果展”，介绍海南省近年实施商标战略的成果；开展百日商标维权行动，共查处各类商标侵权案件 449 宗，涉案金额 515.9 万元，罚款 259 万元，没收销毁侵权商品 65 591 件，收缴和销毁侵权商标标识 49 050 件。商标“五项”工作广泛深入的开展，增强了全社会的商标意识，在全省范围内营造了重视知识产权、保护知识产权、运用知识产权的良好氛围，有力地推进了全省商标战略的实施。截至 2010 年 12 月 31 日，海南省累计有效注册商标总量达到 18 234 件。2010 年全省商标注册申请量达到 3810 件，打破了长期以来商标注册年申请量在 1500 件左右徘徊的局面。

三、共建示范县创全国先例，商标富农取得重要成果

2009 年 4 月 29 日，海南省工商局与澄迈县政府举行共建“商标富农”工程示范县签字仪式，这是一项开创全国商标先例的工作，2009 年 5 月 5 日，省委书记卫留成同志对此作出了“省工商局在农产品商标和地理标志证明商标方面工作卓有成效，在‘商标富农’方面走出重要一步，值得表扬”的重要批示。一年多来，海南省工商局认真贯彻落实卫书记批示，积极开展与澄迈县政府共建“商标富农”工程示范县第二阶段的工作，并按时按质按量完成各阶段共建任务。澄迈县于 2010 年 6 月 1 日被国家工商总局确定为国家商标战略实施示范县，标志着澄迈县成为全国唯一的国家商标战略实施示范县。澄迈县“商标富农”工作在全省发挥了积极的示范作用，2010 年该县的商标申请量为 144 件，比上年的 110 件增长了 31%；“澄迈福橙”、“澄迈和牛”、“福山咖啡”、“桥头地瓜”等农产品商标带动了当地产业链发展，促进了农业增效、农民增收。目前澄迈县“商标富农”工作正在向建立示范镇、示范村、示范基地延伸。

四、全力服务国际旅游岛建设，“琼州百景”商标申请注册圆满完成

为了助推国际旅游岛建设，2010 年 6 月 1 日，海南省工商局在海口召开了全省工商系统服务国际旅游岛建设商标工作会议，提出将“琼州百景”申请注册商标，打造海南旅游品牌。要求全省工商系统于 2010 年 11 月底前，完成引导“琼州百景”商标申请注册任务。截至 2010 年 11 月 30 日，全省工商系统全部完成了引导“大小洞天”等 100 件“琼州百景”商标申请注册的任务；截至 2010 年 12 月 31 日，全省工商系统所有工商所引导商标申请注册量同比增长了 2.9 倍。

五、驰名著名商标总量增加，品牌培育力度不断加大

一年来，海南省工商局加大了培育驰名、著名商标工作的力度。全省工商系统以基层工商所为单位，深入辖区企业调查摸底，登记造册、分类指导。对无注册商标的企业，积极引导其申请注册商标；对已有注册商标的企业，指导其正确使用商标，灵活运用商标战略，提高市场占有率；对具有发展潜力的企业，指导其创立著名商标；对具备条件的企业引导其申请认定著名商标；对在国内同行业具有较高知名度的企业，当其商标专用权受到侵害时，海南省工商局予以高度重视，及时查处，及时向国家工商总局商标局请求认定为驰名商标，予以扩大保护。2010 年，海南省“春光”、“南国”商标在海南省工商局积极努力下被国家工商总局商标局认定为中国驰名商标，海马汽车公司的“福仕达”等 50 件商标被海南省工商局认定为省著名商标，为海南省企业做大做强品牌搭建了良好的平台。目前，海南省驰名、著名商标总量分别达到 14 件和 137 件。

六、加大知识产权保护力度，打击制假售假行动取得初步成效

2010 年 11 月 5 日，国务院召开了“全国知识产权保护与执法工作电视电话会议”，国家工商总局于 2010 年 11 月 11 日召开了“全国工商系统知识产权保护与执法工作电视电话会议”，海南省工商局认真积极贯彻落实省政府及国家工商总局打击侵犯知识产权和制售假冒伪劣商品专项行动的工作部署，于 2010 年 11 月 23 日召开了“全省工商行政管理系统知识产权保护与执法工作会议”，对专项行动作了动员，印发了专项整治工作方案，统一做了部署。紧接着，2011 年 1 月 7 日，海南省工商局又召开“全省工商行政管理系统知识产权保护与执法第二次工作会议”，总结交流了第一阶段的工作情况。在第一阶段工作中，全省工商系统共出动执法人员 5002 人次，检查经营主体 1.9 万户，检查批发零售市场、集贸市场等各类市场 589 个，整治重点区域 119 处，查处制售假冒伪劣商品案件 44 件、案值 97.35 万元、罚没金额 81.81 万元，受理和处理消费者申诉和举报 11 件，为消费者挽回经济损失 8.69 万元。会议对第二阶段的工作进行了再动员、再部署，力争整治工作取得更大更新的成效。

（海南省工商行政管理局）

版权工作

2010 年，海南省版权局以邓小平理论和“三个代表”重要思想为指导，深入贯彻科学发展观，认真落实国家版权局和省委省政府的工作部署，积极履行版权行政管理职能，加大版权行政执法力度，努力推进软件正版化工作，完善公共服务体系，大力宣传版权法律知识，营造良好的版权保护环境。

一、大力加强版权保护

（一）组织实施上海世博会和广州亚运会版权保护工作

海南省版权局根据新闻出版总署《关于印发〈2010 上海世界博览会版权保护工作方案〉、〈2010 年上海世界博览会反盗版快速反应机制〉的通知》要求，结合海南实际，制订了《海南省 2010 年上海世界博览会版权保护工作实施方案》。3 月，海南省版权局与省文化市场稽查总队按照实施方案的要求，以海口市的解放西路、DC 电脑城和明珠广场及三亚市的解放路为重点区域进行了仔细检查，同时要求各市县文化市场稽查大队开展侵权盗版市场清理。9 月，按照国家知识产权局、中央外宣办、国家版权局等联合下发的《关于加强 2010 年广州亚运会知识产权保护工作的通知》要求，海南省版权局将文件转发至各市县文体局和省文化市场稽查总队，要求各单位严格查处市场上出现的有关广州亚运会的盗版制品，做好广州亚运会知识产权保护工作。经统计，行动期间全省共出动检查执法人员 8074 人次，检查音像制品经营场所 6929 家（次），打掉盗版音像制品地下窝点 1 个，清理盗版音像制品经营地摊 18 处，处罚音像制品经营店铺 13 家，收缴盗版音像制品近万张。

（二）开展海南 2010“剑网行动”

海南省版权局与省公安厅、省通信管理局等相关单位成立了打击网络侵权盗版专项治理“剑网行动”工作领导小组，按照国家统一部署，从 2010 年 7 月下旬至 10 月底在全省范围内开展了打击网络侵权盗版专项治理行动。治理行动期间，海南省版权局共组织检查 10 次，检查了 15 家网站，主动监管网站 9 家，处理国家版权局转来案件 3 件：责令 1 家网站停止侵权，取消 1 家网站备案地，列入黑名单，另有 1 家经查为虚拟备案，实际备案地在湖南。“剑网行动”期间，在全省主要网站未发现未经授权传播上海世博会和广州亚运会作品的行为。

（三）开展图书馆著作权保护行动

根据国家版权局、教育部等单位联合发文要求，海南省版权局以省内各高校图书馆和省图书馆、海口市图书馆、三亚市图书馆为重点，于 7 月 14 日发文要求其开展图书馆著作权自查自纠，重点是论文的转载。海南省版权局组织检查组对各图书馆的自查报告进行对照检查，未发现存在不经授权使用作品的行为。

（四）加强侵权盗版日常监管

加强盗版图书音像制品电子出版物、互联网经营场所侵权盗版、非法预装计算机软件等日常监管，切实维护版权市场秩序。全年共出动执法人员 1 万多人次，检查互联网经营场所 1000 余家（次），责令改正 188 家（次），立案调查 156 件，结案 77 件，警告 79 家（次），责令停业整顿 20 家（次），罚款 54.06 万元。

二、积极推进软件正版化工作

（一）加强指导督查，推进企业软件正版化工作

由海南省政府副秘书长主持召开了省使用正版软件工作领导小组会议，会议听取了领导小组办公室对上年企业软件正版化工作开展情况的介绍，传达了国家推进企业使用正版软件工作联席会议精神。领导小组成员首先肯定了本省企业软件正版化工作开展取得的成效，同时就存在的问题展开了讨论，一致认为需要加大推进力度，加强部门协调，最大限度地发挥行业主管单位的作用，深入开展企业调研，逐步扩大正版化范围。会议对 2010 年企业软件正版化工作计划草案进行了

审议，决定在草案计划完成18家企业的基础上再增加12家，最后形成《海南省2010年企业软件正版化工作计划》印发各有关单位。海南省使用正版软件工作领导小组办公室通知列入企业派员参加软件正版化培训，由海南省版权局和工信厅对参培人员做了软件著作权知识和软件资产管理及相关技术知识讲析，增强了参培人员的版权保护自觉意识。10～12月初，领导小组办公室牵头，组织省版权局、省工信厅、省商务厅、省工商联、省国资委分别对列入计划的企业开展指导、督查，截至2010年底，列入计划的16家企业完成了软件正版化工作。

（二）贯彻国办文件精神，启动政府机关软件正版化检查和整改工作

(1)及时转发国办发[2010]47号文，提出贯彻要求。2010年11月8日，根据海南省政府王扬俊副秘书长的批示，省版权局、省工信厅对国务院办公厅下发的《关于进一步做好政府机关使用正版软件工作的通知》草拟了贯彻落实意见。11月16日，海南省政府办公厅根据省版权局、省工信厅意见，下发了《海南省人民政府办公厅转发国务院办公厅关于进一步做好政府机关使用软件工作的通知》。该通知要求：全省政府机关要提高认识，形成保护知识产权的自觉意识；落实主要负责同志为第一责任人、成立工作小组，制订工作方案，抓好整改工作；同时做好软件正版化工作经费预算，列入年度财政预算安排等。

(2)制订实施方案，落实软件正版化工作要求。11月26日，海南省使用正版软件工作领导小组办公室制订了《海南省政府机关使用正版软件工作实施方案（2010～2011年）》，通过党政网发至全省各政府机关。该方案明确了工作目标：各政府机关成立领导小组，全面做好海南省政府机关使用正版软件检查和整改工作，更好地带动全社会形成保护知识产权，抵制盗版软件，使用正版软件的良好氛围。该方案对调查摸底、召开全省推进政府机关使用正版软件工作会议、举办培训班、落实整改措施、检查督导和总结表彰等均作了具体安排。

(3)组织调查摸底，做好自查工作。12月27日，以海南省使用正版软件工作领导小组名义通过党政网发出《关于填报政府机关使用软件情况调查表的紧急通知》，催促各单位填报。截至2011年1月底，省级政府部门和各市县政府部门自查工作基本完成。

三、广泛开展版权保护宣传

海南省版权局以“4·26知识产权宣传周”为契机，向公众开展版权保护知识宣传。海南省版权局组织了广场版权保护知识宣传活动，开展版权知识现场咨询活动；与海南省知识产权局共同开展第六届科技活动月，接受公众的现场咨询，并发放版权知识小册子。9～10月，在海南广播电视台新闻频道和少儿频道播放海南省版权局制作的版权保护动漫宣传片，向海南公众宣传版权保护知识，提升版权保护意识。

四、努力做好版权社会服务

海南省版权局用心服务，认真把关，依法办理，耐心做好法律法规方面的咨询，严格做好作品登记和涉外图书出版合同备案工，全年共登记作品153件，受理涉外图书出版合同备案170件。

（海南省版权局　曾伯林）

司法工作

2010年，海南省辖区法院严格依法履行知识产权审判职责，以执法办案为第一工作要务，重视研究案件呈现出的新的特点，创新审判方式，加强监督指导，提高知识产权案件的审判水平，公正高效审理好各类知识产权案件。同时，加强知识产权司法保护的宣传工作，司法保护和司法宣传相结合，创建有序、稳定的知识产权市场秩序，服务海南省国际旅游岛的建设大局。

一、依法履行知识产权审判职能，服务海南省国际旅游岛建设大局

海南省对知识产权案件具有管辖权的法院为海南省第一、第二中级人民法院、海口市中级人民法院以及海南省高级人民法院。在审判制度上，目前仍沿用刑事知识产权、行政知识产权和民事知识产权案件三审分离的审判模式，海南省法院也拟吸收其他法院知识产权审判的经验，在海南省辖区法院摸索和建立刑事、行政和民事知识产权审判三审合一的审判模式。2010年，海南省法院没有收到知识产权刑事和行政案件，知识产权的司法保护主要体现在知识产权民事案件的审判上。2010年，海南省辖区法院共受理知识产权一

审案件27件，其中著作权纠纷16件，商标权纠纷7件，专利权纠纷2件，技术合同1件以及其他知识产权纠纷1件，审结19件，结案率为70.4%，撤诉5件，调解2件，调撤率为26%；二审案件5件，其中著作权纠纷2件，专利权纠纷1件，技术合同纠纷1件，其他知识产权纠纷1件，结案7件（含旧存案件），无调解或撤诉的案件。

总体上看，海南省知识产权案件数量少，这与海南省知识产权市场发展不成熟的现状以及企业、个人的维权意识不高有关。据统计，目前海南省拥有的注册商标为20 000件，驰名商标13件，专利申请量为13 000件，登记版权作品500件左右，海南省94%的企业还未实现专利申请“零的突破”。在海南省主张知识产权权利保护的原告大多为外省企业，省内企业较少，为数不少的省内企业知识产权意识淡薄，缺乏知识产权战略眼光，广大消费者的知识产权意识不强，也是案件数量不多的原因。

二、知识产权审判体现阳光公正、精品办案、注重调解等审判特点

在审判实践中，海南省法院着重注意处理好以下几个方面的关系：一是处理好执行法律与服务大局的关系，既要坚持宪法法律至上，维护法律权威，严格依法办案，又要强化大局意识和宏观思维，正确处理局部利益与全局利益的关系；二是处理好保护私权与维护公益的关系，既要强化保护私权，实现激励创新的知识产权制度目标，又要合理界定知识产权的界限，有利于促进知识的传播和运用，确保私权与公益的平衡；三是处理好保护权利与防止权利滥用的关系，既要加大知识产权司法保护力度，又要防止权利滥用实施垄断行为。

（一）坚持阳光、公正、高效的审判原则

知识产权案件审理坚持公开审理的原则，对不涉及商业秘密、当事人不申请不公开开庭申请的案件均公开开庭审理。在审理过程中，贯彻庭中质证、庭中确证的审判原则，对于不能或不适宜当庭确证的证据，由法庭说明不当庭确证的理由。审结的知识产权案件，均依照最高人民法院的相关规定在“中国知识产权裁判文书网”公布生效裁判文书，并在海南省“天涯法律网”上公布，自觉接受社会和媒体的监督，树立廉洁、高效的司法形象。案件审理严格遵守审限规定，未发现超越审限之情形。同时加大知识产权庭审活动的公众参与度。对具有指导意义的典型案件、社会关注度高的案件，主动邀请人大代表、政协委员、行政管理部门、新闻媒体和社会各界代表旁听庭审活动。

（二）坚持精品办案原则

海南省法院受理的涉外案件数量不多，但审判队伍树立精品意识，办精品案，提高一审案件质量，确保审判质量。对于上诉案件，海南省高院严守审判质量关，要求二审合议庭就可能涉及案件改判的案件主动与原审合议庭进行沟通，听取原审合议庭对案件的看法；对于确需改判的案件，由审委会讨论决定。上述措施有效保障了知识产权案件的正确审理，取得了较好的社会效果和法律效果，其中海南省高院审理的海南瑞尔电子科技有限公司诉施军达、李开基专利申请权权属及侵犯技术秘密纠纷案，确立了“向国家专利管理部门申请专利的主体必须是专利申请材料的合法持有者”的审判原则，为海南省解决专利申请权权属纠纷的同类案件提供了有益的司法指导。

（三）重视调解

在审理涉外案件过程中，同样遵循“调解优先，调判结合”的审判原则，大力加强调解工作，不断增强调解意识，积极探索调解机制，完善调解制度，创新调解方法，推行有利于解决纠纷的庭前调、庭中调、庭后调等各阶段并行的调解方法，把每个案件的审理都作为增加和谐因素、促进社会和谐的具体实践；同时，还推行主审法官、合议庭成员、庭长、主管院长全员调解方法，不仅合议庭认真组织调解，庭室领导也积极参与调解，将调解工作做细、做实、做到家，力争案结事了。虽然2010年的知识产权审判调解成绩并不理想，但法庭做了大量且细致的调解工作，严格贯彻了最高人民法院有关“调解优先、调判结合”的审判理念。

三、关注海南省国际旅游岛建设的司法需求，加强知识产权司法保护的宣传力度

在做好审判工作的同时，海南省高院也十分重视配合政府的相关专项活动和宣传工作。2009年开展了知识产权审判“优化自主创新司法环境”年度主题活动；2010年组织召开了以“保护知识产权，促进创新发展”为主题的新闻发布会；为配合国务院组织的“打击侵犯知识产权和制止出售假冒伪劣商品”专项活动，召开案例公布新闻发布会。体现了海南省知识产权司法保护工作的连贯性。上述活动的目的是通过一系列的知识产权保护及宣传活动，示范规则，规范行为，遏制知识产权违法犯罪，为海南省知识经济的健康发展提供更良好的司法保障。

四、加强知识产权审判队伍的廉洁性和专业性建设

高素质的审判队伍是公正高效廉洁司法的组织保障和人才基础。随着科学技术的不断发展，知识产权案件的审理难度也在不断增加，要建设一支完全能够适应知识产权审判工作需要、人民完全满意的知识产权法官队伍，是一项长期的工程。2010年，海南省高院将紧密结合知识产权审判工作实际，深入开展主题教育实践活动，以全省法院的“司法作风转变年”活动为载体，大力培养广大知识产权法官“公正、廉洁、为民”的司法核心价值观，努力建设一支政治坚定、业务过硬、一心为民、公正廉洁的高素质知识产权法官队伍，始终注重在提升知识产权司法能力上、在改进知识产权司法作风上、在促进知识产权司法廉洁上下工夫，为促进自主创新能力和国家核心竞争力的提高提供更加有力的知识产权司法保障。海南省极为重视知识产权队伍的专业化建设，海南省高院先后组织了两次知识产权审判理论及实践培训班，并多次派遣知识产权业务骨干参加全国有关知识产权审判的研讨会及座谈会；2010年底，“反垄断民事诉讼国际研讨会”、“商业秘密司法保护研讨会”、“专利授权确权案件审判标准课题研讨会”等多个全国性及国际性会议在海南省召开，多名业务骨干均到会学习，加强了队伍的专业性，队伍素质得到一定的提高。

（海南省高级人民法院知识产权审判庭）

检察工作

2010年，海南省各级检察机关积极主动地开展行政执法与刑事司法衔接工作，依法监督行政执法机关移送包括侵犯知识产权在内的涉嫌犯罪案件，立足检察职能，依法保护知识产权，为知识产权战略纲要的实施，海南省社会发展和经济繁荣提供了强有力的保障。

一、开展打击侵犯知识产权和制售假冒伪劣商品专项行动和对行政执法机关移送涉嫌犯罪案件专项监督活动工作情况

两个专项活动开展之后，海南省人民检察院要求海南省各级检察机关要积极主动、同步跟进行政执法，多形式、多渠道获取案件线索，监督行政执法机关移送涉嫌犯罪案件。全省各级检察院迅速成立了相应的领导机构，精心部署专项行动工作，下设办公室，由专人负责专项行动的日常工作事务。分市级人民检察院统一部署，上下联动，对辖区内的行政执法单位进行监督。海口市人民检察院从各区检察院抽调检察干警组成专项监督工作组，下设四个工作小组，分工负责拟监督的十六家行政执法机关，形成了对全市市、区两级行政执法机关的监督合力。

（一）主动走访，积极推进两法衔接机制

海南省各级人民检察院先后对相关行政执法机关的进行走访，达成打击犯罪的共识。海南省人民检察院以办案为切入点，重点走访了海南省工商局和国土环境资源厅，就专项行动工作、建立两法衔接工作机制的相关事宜进行了沟通，海南省工商局要求全省工商行政部门对2008年以来的行政处罚案件进行全面清查，将其中达到刑事立案标准的案件移送公安机关立案查处。

（二）召开联席会议，取得相关单位的积极配合

海南全省各级人民检察院均召开了与行政执法机关的联席会议，进一步明确专项行动的目的和方式，以取得对方的积极配合，形成打击合力。

（三）摸排线索，监督移送涉嫌犯罪案件

海南全省各级检察机关采取召开座谈会、逐案查阅执法卷宗等形式，对2008年以来的行政执法立案案件2000多份卷宗进行检查，重点发现涉嫌犯罪线索。

（四）依托乡镇检察室，拓宽案件线索来源

海南各级人民检察院充分利用当地乡镇检察室的监督触角作用，努力挖掘案件线索，切实增强监督实效。

（五）结合检察监督职能，督促行政执法机关执法规范

一是充分发挥检察建议的监督作用，促使行

政执法机关规范执法。二是讲授调查取证技能，帮助行政执法机关提高执法水平。白沙县人民检察院、琼山区人民检察院采取上门讲课的方式，重点围绕保护知识产权的主题，针对行政执法中存在的漏洞及调查取证中存在的突出问题，为当地工商行政管理局详细讲解做好将涉嫌犯罪案件移送公安机关立案侦查的方法和取证技巧。昌江县人民检察院在对行政执法机关进行检查的过程中，积极向其开展法律宣传教育，做好行政执法人员的职务犯罪预防工作；针对当地行政执法机关证据收集质量不高的问题，利用法制教育课、法制交流会的机会，详细讲解最新法律法规的适用、具体罪名的侦查取证要求。

二、提前介入、引导侦查，严把案件质量关

（一）提前介入，引导侦查

海南省各级人民检察院加强与公安机关的联系与配合，对重大案件适时介入、引导侦查，对公安机关收集、固定和完善证据及时提出指导性意见和建议。

（二）严把批捕起诉关，保证案件质量

海南全省检察机关严格依照法律和司法解释的规定，对公安机关提请批准逮捕、移送审查起诉的侵犯知识产权和制售假冒伪劣商品案件及时快捕快诉，不纠缠细枝末节，坚持不在检察环节贻误战机。同时，严把事实关和证据关，对不符合批捕起诉条件的案件依法不捕、不诉或退查，切实保证案件质量。

三、建立监督长效机制

为了进一步促进行政执法机关移送包括侵犯知识产权在内的涉嫌犯罪案件，海南省各级检察机关因地制宜，采取了一系列具体有效的措施，积极拓宽行政执法和刑事司法衔接工作的渠道。海南省各级检察机关逐步完善与行政执法机关的联系制度，通过定期走访行政执法机关、规范联席会议制度、开展专题研讨等形式，进一步加强与行政执法机关的联系。在办理侵犯知识产权犯罪案件的过程中，重视检察机关内部的协作，重视与公安机关的协调，在办理此类案件的过程中，坚持配合为主、监督适中的原则，注意正确处理监督制约与协调配合的关系，通过联席会议加强与公安机关的联系。强化与人民法院的沟通，加强对在办案件，尤其是疑难复杂案件的商讨，及时掌握法院的审判动态，提高办理侵犯知识产权犯罪案件的能力。会同知识产权局、科委、工商、质监、烟草等相关职能部门建立起包括案件通报会商、案件移送、重大案件督办、联合办案和专家协作等制度的联动机制，相互配合，形成打击合力。行政执法部门在处理重大知识产权纠纷时，如遇到法律法规的适用问题和可能构成犯罪的案件，可以随时向该机制的其他成员单位进行信息通报，提请召开专题会议。检察机关将在第一时间参与会商，对案件进行评估，准确把握案件定性。通过增强各方合力，共同应对区域内知识产权重大纠纷，维护知识产权权利人的合法权益，营造良好的创新氛围和公平有序的市场竞争环境。

此外，海南省各级检察机关还及时对人民法院确有错误的涉及知识产权的民事行政判决、裁定提出抗诉，依法监督和纠正违反法定程序和审判结果严重不公的案件。积极探索对侵犯知识产权案件支持起诉的做法，切实保护企业的合法权益，维护司法公正，探索监督涉及知识产权民事判决、裁定执行的途径和方法，维护司法权威和企业权益。并严肃查办侵犯知识产权违法犯罪背后的国家工作人员的职务犯罪，坚决打掉其“保护伞”，在立案监督和审查批捕、审查起诉中注意发现和掌握侵犯知识产权违法犯罪背后的国家工作人员职务犯罪线索，对于涉嫌构成犯罪的坚决依法查办。

（最高人民检察院侦查监督厅）

重庆市

专利工作

一、概况

2010年，重庆市知识产权局在重庆市委、市政府的正确领导下，在国家知识产权局和重庆市科委的指导下，以科学发展观为统领，以开展创先争优活动为契机，大力实施国家知识产权战略，加快知识产权保护模范城市创建步伐，以实施知识产权工作领导小组确定的10项重点工作为突破口，坚持知识产权工作面向经济主战场，推进专利促进产业结构调整工作，服务内陆开放高地建设，全年工作取得新的突破。

一是专利申请与授权又创新高。重庆市专利申请量达22 825件，同比增长69%，其中发明专利申请5150件，同比增长34%；专利授权量达12 080件，同比增长61%，其中发明专利授权1143件，同比增长37%。专利申请与授权量创历史最好成绩。

二是争取国家资源取得突破。国家知识产权局与重庆市政府建立了合作会商制度，中西部地区唯一的区域知识产权信息服务中心落户重庆，两江新区知识产权示范区建设纳入规划，全国首个专利审查综合服务基地有望落地，设立西部地区首个国家知识产权培训基地。

三是融入经济主战场再上台阶。知识产权工作纳入重庆市国民经济与社会发展"十二五"规划。联合市发展改革委、经济信息委等部门出台《发挥专利作用促进产业结构调整的意见》《重大经济活动专利特别审查实施办法》等政策文件，建立了知识产权工作融入经济主战场长效机制。

四是知识产权保护体系更加健全。与重庆市仲裁委共建西部地区首个知识产权仲裁院，丰富知识产权纠纷解决途径。建立重大知识产权纠纷协调机制，推动了行政保护与司法保护的衔接，为重大知识产权纠纷快速解决奠定了基础。

二、统筹协调工作

（一）进一步完善工作机制

召开重庆市知识产权工作领导小组会议，总结2009年全市创模工作，部署2010年创模10项重点任务，进一步明确市知识产权工作领导小组成员单位职责和任务，建立健全创模工作会议制度、联络员制度、工作会商制度等，理顺了创模的各项工作机制，为知识产权保护模范城市建设提供了坚强的制度保障。完善部门协作机制，与市教委共同组织召开高校知识产权工作会、与市科委共同组织召开科研院所知识产权工作座谈会，推动高校、科研院所知识产权工作。

（二）高标准制定"十二五"规划

按照重庆市政府统一部署和市领导要求，全面实施知识产权战略，组织编制《重庆市"十二五"知识产权战略规划》，成立规划编制工作协调领导小组，集成知识产权领域专家资源组成联合课题组，明确由1个总体规划和专利、商标、版权、植物新品种4个专项规划组成的"1＋4"规划编制方案，目前均已形成初稿。"十二五"期间，将围绕科学发展观主题，以推动发展方式加快转变为主线，全面提升知识产权创造、运用、保护和管理水平，强化知识产权对经济发展的引领和支撑，建成知识产权保护模范城市。

（三）推动模范城市建设向区县延伸

出台《重庆市人民政府办公厅关于加强区县知识产权工作的意见》。推动28个区县（自治县）成立知识产权局。支持渝中区、沙坪坝区知识产权局开展知识产权特派员工作。推动江北区顺利通过国家知识产权试点城区综合验收，并获得全国城市和园区知识产权试点示范工作先进集体称号。建立局与区县（自治县）合作会商制度，与大渡口区人民政府签订《共同推进特色优势产业知识产权战略合作框架协议》。指导大渡口区、沙坪坝区制定区域知识产权战略。召开区县知识产权工作座谈会、市级知识产权试点园区工作会议，交流总结区县和试点园区工作经验，研究部署下一步重点工作。

三、服务经济举措

（一）开展重庆制造走向海外知识产权护航行动

完善专利信息资源，建立出口产品目标国专利分析制度，支持14家重点出口企业38个项目开展国外专利申请布局，发放资助金141万元。帮助建设集团“ATV全地形车”和三温暖公司“容积式燃气热水器”项目开展海外专利分析，规避竞争对手专利布局。

（二）开展扩大开放招商引资知识产权服务行动

完善涉外知识产权保护机制，深化“涉外知识产权服务绿色通道”，与重庆市外经贸委、重庆海关加强对外贸易知识产权保护合作，建立完善知识产权工作促进招商引资的工作机制，建立部门沟通解决外商知识产权问题协调机制。

（三）实施产业集群专利引领工程

联合重庆市发展改革委、财政局、经济信息委、教委、科委、外经贸委、国资委、中小企业局等部门出台《发挥专利作用促进产业结构调整的意见》，建立专利促进产业结构调整长效机制。以专利促进传统产业优化升级、专利促进战略性新兴产业培育壮大、专利促进产业承接、专利促进低碳经济（节能减排）、专利促进企业产品出口5大专题，开展产业专利共性问题研究，对战略性新兴产业进行专利分析，将研究分析成果报重庆市领导和相关产业部门，为产业决策提供参考。

（四）实施重点园区专利促进工程

争取国家知识产权局支持，启动两江新区知识产权示范区建设，打造知识产权软环境，增强新区招商引资和产业发展竞争力。完成西永微电园和江北五里店工业设计中心国家知识产权试点园区验收工作。加强对第一批市级知识产权试点园区管理，推动园区知识产权服务体系建设。第二批市级知识产权试点园区启动工作基本就绪，与北部新区、高新区、经开区等重点园区开展对接工作，进行知识产权试点培育准备。重庆市摩托车中小企业集聚区（九龙坡区）、重庆涪陵工业园区、重庆建桥工业园区工作被纳入全国中小企业知识产权战略推进工程首批实施集聚区。

（五）实施优势企业专利提升工程

建立规模以上工业企业专利统计制度，联合统计局开展首次统计工作，完成调查统计报告。遴选与全市产业结构调整有重要关联的216家重点企业，制订详细的帮扶计划，建立专题专利数据库。支持19个企业开展专利促进产业结构调整项目研究。起草《重庆市知识产权示范单位评选奖励试行办法》（送审稿），报重庆市政府审定。重庆市新增国家知识产权示范单位1家，示范创建单位5家，试点单位23家。认定重庆市知识产权优势企业10家。与市中小企业局确定第二批市级知识产权试点企业65家，认定质押融资试点企业20家，新增试点企业共计85家。重庆市获得2010年国家PCT专利资助42个项目141万元。重庆理工大学“电子软钎焊料合金的制备工艺”、重庆紫光化工公司“亚氨基二乙腈的制备工艺”、重庆山外山科技公司“医用血液透析滤过机”3个项目获得第十二届中国专利奖优秀奖，长安集团“汽车（I）”项目获得第十二届中国外观设计优秀奖。

（六）实施知识产权紧缺人才培育工程

贯彻《国家中长期人才发展规划纲要（2010～2020年）》，研究起草了《营造有利于科技人才创新的知识产权保护配套政策措施》（征求意见稿），提出16条配套政策措施，积极营造知识产权文化氛围和有利环境。将知识产权人才作为科技人才队伍的重要部分，纳入全市科技人才队伍建设规划。支持重庆理工大学、西南政法大学等高校开展知识产权专门人才培养，重庆理工大学被国家知识产权局授予西部地区首家国家知识产权培训基地，推动成立西南政法大学知识产权学院。加强知识产权中介人才的培养，开展专利代理人业务培训，提高重庆市专利代理人的业务素质和水平。组织开展专利专业人员资格考试，28人获得任职资格。加强企事业单位管理人员培训，提升企事业单位知识产权管理水平。

四、专利保护工作

（一）严厉打击侵犯知识产权与制售假冒伪劣商品行为

按照国务院统一部署，开展打击侵犯知识产权与制售假冒伪劣商品专项行动。牵头拟定实施方案，落实各部门任务分工，确定打击的重点领域和区域，启动侵犯知识产权案件排查工作，严厉查处严重侵权假冒违法行为，全市已处理涉嫌侵权案件6起，涉案金额1800余万元。重庆知识产权局受理专利侵权纠纷13件，协助重庆市公安部门对惠普案件进行调查，协助重庆海关在通关环节查扣了涉嫌侵犯重庆隆鑫集团的商标权和专利权的价值近100万元人民币的货物，与重庆市商委在全市流通领域共同开展打击专利侵权与销售假冒伪劣商品执法检查。

（二）完善知识产权保护工作体系和机制

修订《重庆市专利促进与保护条例》，使其与新修订的《专利法》相适应。会同市发展改革委、经济信息委、科委、外经贸委出台《重庆市重大经济活动专利特别审查实施办法》，对审查的范围、内容、方式、程序等进行了详细规定。与重庆市高院、市检察院、市工商局、市版权局等11个部门共同建立了重大知识产权纠纷协调机制。挂牌成立西部首家知识产权仲裁院——重庆市知识产权仲裁院，为知识产权纠纷提供便捷、高效的解决渠道。

（三）加强知识产权维权援助工作

发挥知识产权维权援助中心作用，帮助重庆企业开展知识产权维权，全年共办理维权案件8件，接收并转交知识产权举报投诉案件8件，接待咨询服务1100余人（次）。编印《维权援助指南》、《12330宣传手册》，免费赠送给重点企业和单位，指导重庆康明斯、杜克密封技术股份有限公司等企业开展专利维权工作。完成全国20余家维权援助机构的咨询、来访量对比，为进一步提高维权援助中心的服务质量提供参考与对比，定期汇总执法数据并向国家知识产权局上报。

五、对外开放深化合作

（一）建立局市会商制度

建立国家知识产权局与重庆市政府知识产权合作会商制度，成功举行第一次合作会商会议，促成市政府与国家知识产权局在探索知识产权保护新机制，推动知识产权保护模范城市建设；制定并实施重点产业知识产权战略，推动产业结构调整升级；实施特色产业知识产权推进工程，推动城乡统筹发展；创新体制机制，共同打造两江新区知识产权示范区；加快服务平台建设，提升知识产权公共服务水平等5个方面开展合作。中西部地区唯一的区域专利信息服务中心落户重庆市，重庆理工大学获批“国家知识产权培训（重庆）基地”。

（二）深化区域合作机制

倡导并持续深化直辖市知识产权工作定期交流制度，促进直辖市知识产权资源共享和有效利用。推动西部十二省市区专利行政执法协作，促进西部地区专利行政执法体系建设。建立渝粤专利行政执法协作机制，双方将在加强重点产业专利保护、流通领域专利协作、重大纠纷案件应对、联合执法、推动执法标准一致等方面深入开展合作。组团参加2010年大连国际专利技术交易会，展示在新能源、节能环保、现代服务业等产业最新专利技术100多项。派员赴广东、上海、江苏、浙江、四川、陕西等地考察学习，接待江苏、浙江、河北、吉林、天津、厦门等省市来重庆市考察调研，开展双边交流合作。

（三）开展国际交流活动

与英国驻重庆总领事馆共同承办了由国家知识产权局与英国知识产权局主办的“中英协作研发知识产权框架协议范本研讨会”。举办“知识产权战略与企业竞争力”国际论坛。组织市级相关部门和区县知识产权管理部门人员到日本、韩国、澳大利亚、新西兰等国家考察知识产权工作，派员参加国家知识产权局组织到日本的学习培训。邀请美国肯扬律师事务所来渝开展“中国企业拓展美国市场可能遭遇的知识产权风险及对策”及“美国行政惩处手段——337条款解读”专题培训。通过这些活动，增进了对发达国家知识产权工作的了解，加强了与国外知识产权机构的合作。

六、服务体系不断健全

（一）完善知识产权信息服务平台功能

中西部地区唯一的区域专利信息服务中心落户重庆市，完成了知识产权信息服务中心功能区布置和环境改造。及时更新中外专利数据库，确保企业和社会公众能检索到全面、准确和最新的国内外专利信息。开发完成专利数据库软件，逐步交付全市200多家企业使用。开展专利信息检索培训，为企事业单位培养专利分析人才。

（二）扩充专利受理服务平台职能

国家知识产权局专利局重庆代办处被国家知识产权局纳入审查职能扩展试点单位，受理专利申请15 196件，收费48 583笔共计2049万元，出具费用减缓证明12 000余份，为申请人减少申请费支出618万元。开展专利许可合同登记备案64件,受理、复核2009年、2010年1～10月专利资助申请17 951件,发放专利资助615万余元。配合国家知识产权局积极做好电子申请的宣传推广工作,重庆市已有11家专利中介机构开展电子申请。

(三)构建专利转化服务平台

发挥国家专利技术(重庆)展示交易中心作用,强化专利技术的转化实施,构建产学研专利转化服务体系,帮助西南大学、重庆理工大学等高校专利成果成功转化,西南大学"轻型电动车自适应自动变速器"专利技术实行一揽子转让,转让金额达2000万元,并促使项目在重庆投资,形成生产力;重庆理工大学"高性能电子软钎焊合金材料制备新工艺"专利成果吸引3亿元投资落户西永微电子园。推动知识产权质押融资工作,搭建企业与金融机构供需的桥梁,实现知识产权质押融资额度近亿元。

(四)发展壮大知识产权研究平台

完成重庆市知识产权研究会换届工作,成立第三届理事会,举办了会员大会和1次企业知识产权沙龙。筹备国家知识产权与产业发展研究平台建设。拟定《重庆市知识产权软科学研究计划管理办法》。开展知识产权课题研究,《知识产权保护模范城市内涵及创建路径研究》《重庆市江北区专利产业化现状及对策研究》和《国家知识产权战略下的非物质文化遗产保护》等课题通过国家知识产权局验收。承担重庆市发改委《科技创新服务业规划研究》,重庆市科委《"十二五"知识产权战略规划》《"十二五"专利发展战略专项规划》等重大知识产权课题。

七、重大活动

(一)开展保护知识产权宣传周系列活动

开展以"创建知识产权保护模范城市,服务内陆开放高地建设"为主题的2010年"4·26保护知识产权宣传周"活动。举行了开幕庆典、万人签名、文艺演出、宣传展览等活动,展示了100多块展板,发放《专利申请指南》等各类宣传资料1万余份,接待群众咨询2000余人(次)。举办了校园知识产权文化节、重庆高校知识产权主题演讲赛、知识产权模拟法庭展示、第三届"中冶赛迪杯"专利好新闻年度评选活动等系列宣传活动。重庆市政府举行知识产权保护状况新闻发布会,发布了2009年重庆市知识产权保护状况白皮书。

(二)承办第四届中国专利周主会场活动

承办由国家知识产权局和重庆市政府共同主办的第四届中国专利周主会场(重庆)活动,活动突出"运用专利制度,推动发展方式转变,促进创新型国家建设"主题,主要内容包括"1＋1＋3"活动,即由1个第四届中国专利周全国开幕式,1个中国(重庆)低碳专利技术展示交易会,全国外商机构保护知识产权座谈会、民营企业知识产权工作座谈会、知识产权投融资服务与企业创新发展论坛3个主题会议组成。国家知识产权局田力普局长、甘绍宁副局长,黄奇帆市长、陈雅棠副主任、童小平副市长、陈万志副主席等市领导,23个中央部委机构有关负责人,美国、法国、日本等国驻华使领馆官员及40多位世界500强企业高管出席活动。低碳专利技术展示交易会系国内首次举办专利与低碳技术相结合的展会,累计达成意向合作协议16项,协议金额2100万元。

(重庆市知识产权局　颜　冲)

商标工作

2010年,商标工作在重庆市委、市政府的正确领导和支持下,在国家工商总局的有力指导下,以全面深入推动商标战略实施为主线,以实施开展创先争优活动为动力,加大工作力度,创新工作思路,商标工作实现了跨越式发展。

一、积极作为,商标战略实施迈向更高层次

建立健全商标战略政策机制,深入推进商标战略实施,全面谋划,积极作为,推动商标战略与各级政府经济发展战略紧密结合,成为提升地方创新能力,助推经济发展方式转变的有效手段。

一是推动出台了《重庆市人民政府关于实施商标战略的意见》。在深入调研重庆市内外商标工作现状、广泛征求有关单位、专家学者意见的基础上,向市政府呈报了《关于推进重庆市商标战略实施的调研报告》,提交了以市政府名义出台商标战略实施意见的建议,并积极向市政府作专题汇报,得到了市领导的高度重视和充分肯定。近日,《重庆市人民政府关于实施商标战略的意见》正式下发实施,明确了四个方面的工作目标、五个商标重点培育方向，制定了九项具体措施，并提出成立由市政府分管副市长任组长，市政府有关部门和单位负责人为成员的领导小组。该意见的出台实施，使重庆市成为全国少有以省级政府名义出台贯彻落实商标战略文件的省市之一，全市商标战略进入政府主导引领、工商牵头实施、部门共同推动的深入发展新时期。

二是推动出台了《重庆市商标发展奖励补助办法》。起草了《重庆市商标发展奖励补助办法》，并积极争取重庆市政府、市财政对商标奖励予以支持。近日，该办法以市政府办公厅名义印发实施，明确规定由市政府对驰名商标权利人奖励100万元，对地理标志商标权利人奖励30万元，同时规定各区县政府要制定出台本行政区商标奖励政策，对著名商标、境外注册商标予以奖励和补助。该办法的出台，开全国各省市在省级政府层面制定下发商标专项扶持奖励政策文件之先河，将有效促进重庆市商标品牌拥有量快速增长，带动重庆市商标战略稳步实施。重庆市40个区县中有39个区县先后出台了支持商标发展的奖励措施，对驰名商标、著名商标予以奖励，全市支持企业商标发展的政策体系进一步优化。其中，涪陵区对驰名商标奖励高达80万元，永川区等8个区县对著名商标奖励10万元，长寿、城口等14个区县对地理标志予以奖励，江津等19个区县、巫溪等9个区县分别对国内商标注册、国际商标注册实行了补贴。

三是编制完成了重庆市商标发展“十二五”规划。结合国家及市政府的重大工作部署，抢抓机遇，乘势而为，努力在构建上做文章，在格局上谋长远，编制完成了《重庆市商标发展“十二五”规划》，进一步明确了今后五年全市实施商标战略的方向、目标和重点工作任务，并将纳入全市知识产权专项规划的重要内容，首次予以发布。

四是健全完善了重庆市商标发展考核指标体系。“区县经济建设和社会发展实绩考核指标”是重庆市委、市政府对区县党委、政府实施目标考核的重要依据，商标发展是其中一项重要考核内容。为充分发挥考核“指挥棒”作用，经与市考核领导小组沟通协调，通过修改完善商标发展考核指标，提升考核分值比重，完善考核内容和考核方式，进一步强化了商标工作在区县党委、政府中心工作中的重要地位，为全市商标战略实施注入强大动力。

二、发挥职能，服务经济社会发展成效显著

围绕重庆市发展大局，紧紧抓住商标注册、确权、运用、管理等关键环节，立足商标职能，全力服务经济社会发展，取得了明显成效。

一是深入推进商标富农工作，助推“两翼”农户万元增收工程。继续深化“一社一标、一所一品”工作，以促进农业增效、农民增收、实现农村经济发展为目标，大力实施农产品商标战略，重庆市全年新增农产品商标2438件，总量达到8249件，比2009年年底增长了42%。对全市特色农产品资源状况进行摸底，建立了地理标志发展目录库，积极挖掘并引导和帮助全市符合申报条件的涉农企业申请地理标志商标注册保护。大力实施“两翼”地区“一县（区）一地标”计划，制订了支持“两翼”地区商标发展的七项措施，引导“两翼”区县将资源优势转化品牌优势，掀起了“两翼”地区地理标志申报高潮，“两翼”17个区县地理标志申报率达到100%，注册率达83%。2010年，开县春橙、城口山地鸡、南川方竹笋、秀山土鸡等18件独具特色的农产品成功迈入地理标志保护大门，全市地理标志总量达到38件，比2009年增长了90%。

二是积极引导商标国际注册，支持企业实施“走出去”战略。加强对重庆市马德里国际注册商标现状问题分析，形成了《全市企业商标国际注册调研报告》，被《工商行政管理》采用、刊登，为指导企业实施“走出去”战略积累了工作基础。加强商标国际注册的宣传、培训和指导工作，针对全市出口企业商标国际注册知识匮乏现状，组织全市百户重点出口企业进行了“企业商标海外维权及马德里商标国际注册”专题培训，召开了重庆企业商标海外维权座谈会，得到了企业的热烈响应和欢迎。重庆市2010年共新增马德里商标注册申请10件，比2009年增长了25%。

三是大力推广商标权质押贷款，帮助企业解决融资难题。出台了《重庆市商标专用权质押贷款管理办法》，联合重庆市金融办、人行重庆营管部、重庆银监局举办了“全市商标权质押融资推介大会”，为企业、银行、担保、中介搭建了四方合作平台，加强了政府部门与金融机构之间的信息交流和联动协作，对推进全市商标权质押贷款工作产生了积极影响。以驰、著名商标企业为重点，加大对企业商标权质押登记工作的指导力度，积极争取国家工商总局商标局为重庆企业商标权质押登记开辟“绿色通道”，帮助企业掌握商标权质押贷款流程，节约手续办理时间和成本。在重庆市工商局的推动下，目前全市已有3家企业通过商标权质押成功获得融资1亿余元。

四是全力支持商标战略实施示范工作，带动重庆市创牌热情。推荐重庆市九龙坡区、江北区及隆鑫集团成功创建为首批国家商标战略实施示范区、示范企业。在全国率先制订出台了对国家商标战略实施示范区、示范企业的扶持措施，通过建立合作会商制度、加强商标战略指导、加大培训宣传力度、支持商标国际注册、加强商标保护、协调解决商标纠纷、提供信息统计服务等一系列扶持政策，加大了对国家商标战略实施示范区、示范企业指导、支持和帮扶力度，以商标战略实施示范工作为着力点，带动全市创牌和创新热情，努力实现以示范促发展、以示范促提高的目标。

五是加大协调沟通力度，帮助企业解决商标纠纷。加大对企业商标纠纷的指导力度，先后对“武陵山珍”、“武陵锰业 WM 及图”、“星星及图”等商标确权、异议和争议案件，积极协调国家工商总局商标局、商评委予以支持和加快办理，帮助企业尽快确立商标权利，挽回经济损失。

三、量质并举，品牌之都建设步伐不断加快

将营造环境与重点培育相结合，按照重庆市商标“在量上求突破、在质上求发展”的思路，进一步巩固、完善“区县知名、重庆著名、中国驰名”的商标梯次发展格局，品牌重庆建设步伐不断加快。

一是注册商标迅猛发展。以“4·26世界知识产权日”为契机，在重庆市范围内开展了主题为“推进商标战略实施，打造内陆开放高地”的一系列宣传活动。重庆市工商局在解放碑中心广场开展大型展览、咨询活动，组织召开“保护注册商标专用权”新闻发布会，发布《2009年重庆市商标发展与保护年度报告》，曝光2009年度商标侵权十大典型案例，在《重庆日报》上开设专版，全面介绍重庆市工商局推进商标战略实施的措施及成果。万州区工商分局联合万州广播电视台策划了“春天的脚步·我与商标同行”主题活动，立足市场、企业、维权“三个篇章”，通过品牌宣传、产品展播、电视访谈等形式，组织开展商标与品牌宣传。南川区工商分局启动了“绿色商标”计划，开展了以“绿色商标、绿色生活、绿色繁荣”为主题的现场咨询、投诉、宣传活动，并计划用两到三年时间培育2件中国驰名商标，注册3件地理标志，每一个乡镇街道拥有1～3个绿色农产品商标品牌。南岸区工商分局开展了商标“四走进”活动，向在校大学生、企业、乡镇、社区免费发放《南岸区商标战略发展指南》，普及商标法律知识，在南坪步行街打造了商标品牌展示示范一条街，集中宣传、展示南岸品牌形象。宣传周期间，全市工商系统发放宣传资料、画册102 000多份，接受各类咨询约18 000余人次，各级媒体相关宣传报道161篇。全市企业商标意识明显增强，尊重知识产权、激励和保护创新的良好社会氛围逐渐形成，商标注册量稳步提升，全市全年共新增有效注册商标1.7万件，总量突破5万大关，达到5.3万件，增幅47.2%，是历年来注册商标发展速度最快的一年，在全国排位上升了2个名次，首次超过天津，在4个直辖市中排名第三。

二是驰名商标实现突破。按照“培育一批、扶持一批、推荐一批”的工作思路，建立驰名商标培育库，以“一圈”带动“两翼”、“传统产业”兼顾“高新现代”为原则，将重庆市知名度较高、使用时间较长、市场份额大、发展潜力大的商标纳入重点培育对象，积极向国家工商总局进行申报和推荐。“QIANYE及图”、“骑龙及图”、“长江及图”、“陪都 Peidu 及图”、“金考拉”、“重百”、“3539及图”等7件商标新获驰名商标认定，不仅认定数量创单次认定新高，而且实现了两个商标类别，以及北碚区、合川区两个区驰名商标零的突破，其中渝中区“重百”商标还填补了西部地区商贸零售领域驰名商标的空白。重庆市共有14个区及铜梁县拥有驰名商标，其中九龙坡区驰名商标累计总量6件，居各区县之首。重庆市驰名商标总量达40件，名列西部地区第二位。

三是著名商标创下历史新高。结合重庆市产业规划和经济方式转变的需要，依托重庆市优势资源和特色产业，重点加大了对高新技术产业、区域经济支柱产业、现代服务业、出口型企业、特色农产品五类商标的支持力度，培育和发展重庆商标品牌。2010年共受理著名商标认定申请255件，新认定著名商标181件，总量达635件，增幅34.5%，复审认定159件，著名商标申请量和认定量均为历年之最。

四是知名商标增长迅速。2010年，重庆市共有3个区县新出台了知名商标认定和保护规定，20个区县工商局开展了区县知名商标认定工作，新认定区县知名商标355件。至此，重庆市已有28个区县出台了知名商标认定和保护规定，累计认定知名商标923件，为全市商标品牌的梯队建

设奠定了良好的基础。

四、强化保护，知识产权保护模范城市建设深入推进

在加强日常监管的同时，以保护注册商标专用权为核心，以查处情节严重、性质恶劣、社会反响强烈的商标侵权假冒案件为突破口，加大执法力度，积极开展商标权保护专项行动，切实保护了商标权利人的合法权益，营造了良好的知识产权保护环境。重庆市工商机关2010年共查处各类商标违法案件517件，案值3954.32万元，罚没金额652.09万元，没收、销毁侵权商品160 165件，没收、销毁侵权商标标识607 388件。其中，查处案件罚没金额较2009年增长了20.2%，案值增长了2.5倍之多。

一是全面开展打击侵犯知识产权和制售假冒伪劣商品专项行动。按照国家工商总局和重庆市政府统一要求，迅速启动全市工商系统打击侵犯知识产权和制售假冒伪劣商品专项行动。成立了领导小组，强化对专项行动的组织领导；制定下发了全系统《打击侵犯知识产权和制售假冒伪劣商品专项行动方案》，对专项行动进行了全面细致部署；加强了监管和执法职能的衔接配合，提升执法效能；开辟了举报平台，畅通渠道，及时发现案件线索；与重庆市公安局经侦建立联动机制，实现行政执法与刑事执法的快速、有效衔接。12月1日，重庆市工商局联合公安部门，对渝中区解放碑CBD中央商务区销售假冒世界知名品牌商品窝点进行突击检查，现场查获涉嫌假冒LV、CUCCI、ROLEX、ARMANI、宝马、劳力士、江诗丹顿、法拉利等世界知名品牌的各类物品近2800件，初步确认货值金额2000余万元。由于涉案金额巨大，已将涉嫌犯罪的4家经营者移送公安机关，目前立案刑拘5人，追逃1人。此次集中查处商标侵权行动打响了重庆市工商系统知识产权专项保护的第一战，中央电视台“经济半小时”栏目对此进行了全面报道。据统计，专项行动开展以来，全市工商系统共出动执法人员6582人次，检查市场经营主体22 452户次，检查各类市场2022个次，整治重点区域529个次，捣毁制假售假窝点22个，受理消费者申诉举报138件，为消费者挽回经济损失7.45万元。立案查办案件206件，涉案金额2600余万元。办结案件105件，罚没金额151.98万元。

二是组织开展了保护世博会知识产权专项行动。按照国家工商总局的工作部署，认真履行监管执法职责，始终把保护世博会标志专用权作为日常监管工作重点，以重庆市各主要商业街、商品批发零售市场等为重点区域，以儿童消费品、奶制品等为重点商品，以权利人投诉、现场检查为发现案源信息的主要渠道，对侵犯世博会标志、假冒世博会相关商标的违法行为予以全面关注，严厉打击。出动执法人员19 982人次，检查经营企业和个体户194 809户，检查批发市场、集贸市场等各类市场4511个，重点整治区域2632处。查处侵犯世博会标志专用权案件5件，案值67.5万元。近日，上海世博会事务协调局发来感谢信，对重庆市工商系统开展世博会知识产权保护工作给予充分肯定。

三是组织开展了保护涉外商标专用权专项行动。加大涉外商标保护力度，为建设内陆开放高地保驾护航，在重庆市组织开展了为期半年的保护涉外商标专用权专项行动，成功查获了一批侵犯“福特”、“3M”、“YAMAHA”、“阿玛尼”、“CK”等国外高知名度的商标违法案件，进一步遏制了涉外商标侵权行为，保护了涉外商标权利人的合法权益，有效改善了重庆市投资和发展环境，树立了知识产权保护的良好国际形象。江北区工商分局对查获的侵犯“LV”、“GUCCI”、“香奈尔”、“POLO”等国际高知名度商标权的300余件皮具、服装等进行了现场集中销毁，有效警示、震慑了违法行为人。高新区工商分局保护美国“3M”商标专用权案件受到黄奇帆市长的批示肯定。

此外，按照国家工商总局的统一部署和要求，先后组织开展了保护亚运会标志、“华润”等国内高知名度商标专用权等专项行动，维护了商标权利人的合法权益，切实规范了市场竞争秩序。

五、建章立制，商标管理工作基础进一步夯实

积极适应知识产权发展的新形势，以强化商标管理职能为切入点，切实加强商标工作基础建设。

一是积极开展《重庆市著名商标认定和保护条例》立法工作。深入调研、论证，通过收集文献资料，查阅学术文章，借鉴外省市立法工作经验、组织召开重庆市工商系统立法调研座谈会等，确立形成了立法基本思路，起草完成了立法调研报告，明确了立法的必要性、可行性以及需要解决的主要问题和相应措施，形成了《重庆市著名商标认定和保护条例》初稿文本，为出台著名商标认定和保护地方性法规奠定了坚实基础。

二是健全完善商标监管执法的长效机制。推行商场经销商品商标备案制度，将商标监管延伸到了与消费者密切相关的大中型商场和超市，加大了工商机关对商标侵权违法行为的监管力度和广度；进一步加强了公安、海关、法院等部门之间的联合执法，建立了联席会议制度，商标行政保护和司法保护联系更加紧密；加强商标代理组织备案制度管理，制定下发了《关于明确商标代理组织有关问题的通知》，进一步规范了商标代理组织备案行为；把商标监管列为工商所日常监管巡查的重要内容，将商标专用权保护与市场巡查相结合，有效提升了商标监管效能；建立了商标违法案件季度分析报告、商标案件移送管理制度，加强了对商标使用的规范监管。

三是全面推进商标数据信息化建设。开展了对重庆市商标数据"大清理"，对全市近 1 万件无效商标数据进行彻底清查。健全完善商标管理信息系统，引进国家工商总局商标局通达商标服务中心注册商标查询系统软件，实现了重庆市工商局商标业务管理系统与国家工商总局商标局商标数据系统对接，注册商标数据库与企业经济户口数据库对接，进一步拓展了商标查询和数据统计功能，提升了商标档案信息管理的准确性、科学性和权威性。同时，依托商标信息管理系统，加强商标数据运用，发布商标数据分析信息 10 余篇，为政府科学决策提供了重要参考，为社会公众提供信息和咨询服务。

（重庆市工商行政管理局）

版权工作

在国家版权局和重庆市委、市政府的正确领导下，重庆市版权局优化监管，强化服务，发展产业，较好地完成了各项目标任务，为创建知识产权保护模范城市作出了积极贡献。

一、优化监管

一是开展打击盗版音像制品专项行动。在重庆市范围内开展打击盗版音像制品专项行动，对违规音像制作、发行单位和游商地摊兜售盗版音像制品行为进行严厉打击。各区县（自治县）文广新局出动版权执法人员 3520 余人次，检查音像制品经营场所 2200 余个，取缔游商地摊 120 余家，收缴盗版音像制品 37 130 余张，其中包括《宫崎骏》《越狱》等涉外权利人的盗版音像制品近 200 张，有效净化了重庆市的版权保护环境。

二是建立"上海世博会反盗版快速反应机制"。提高世博会召开期间重庆市版权执法快速反应能力，对辖区内侵犯音像制品、软件版权和网络侵权盗版案件及时采取措施予以纠正和查处，对世博会会旗、会歌、会标、吉祥物、展馆建筑设计、演出表演等重点作品的版权进行重点保护。

三是开展打击网络侵权盗版专项治理。会同重庆市公安局、市通信管理局、市文化市场行政执法总队，在全市范围内开展了为期 3 个月的打击网络侵权盗版专项治理"剑网行动"。依法查处网络侵权盗版案件 14 件，其中行政处罚 3 件，关闭网站 6 个，移送公安机关刑事案件 1 件，有力地打击了网络侵权盗版行为，促进了重庆市互联网产业健康有序发展。

四是开展打击侵犯知识产权和制售假冒伪劣商品专项行动。加大对印刷复制企业的源头监管，对近 200 家直管印刷企业进行专题法规培训，针对委托印刷、包装印刷品承接、特殊产品承印、标识标签证照印制等作了法规解读和案例分析。加大对重庆市内视频网站和电子商务网站的监督力度，打击通过网络传播侵犯著作权影视作品，通过互联网、通信网络和电视网络销售侵犯著作权商品等行为。

五是推进政府机关使用正版软件。以重庆市政府办公厅名义出台《关于进一步做好政府机关使用正版软件工作的意见》，要求市和区县两级政府机关在 2004～2005 年市和区两级政府初步实现使用正版软件的基础上，全面推进使用正版软件。市和区县两级政府机关对本单位使用正版软件情况进行专项检查，重点检查操作系统、办公软件、杀毒软件使用情况。

六是推进企业软件正版化。积极稳妥地推进第四批 75 家企业软件正版化的宣传培训、统筹推进、督导检查工作，推进重点为国有企业、外资企业、民营企业、上市公司以及银行、证券等行业，有力地促进了企业信息化建设，带动民族软件产业发展。

七是加强图书馆版权保护工作。会同重庆市教委等部门加强对图书馆的版权监管，提高重庆市大学图书馆、公共图书馆及其"数字图书馆"防范侵权盗版的管理水平和实际操作能力。

二、强化服务

一是加强制度建设。草拟《重庆市作品登记管理办法》《重庆市著作权合同备案办法》《重庆市版权资产评估指导意见》《重庆市著作权质押合同登记办法》《重庆市版权公开交易管理办法》等规章制度。

二是改进服务机制。在重庆市作协建立版权服务工作站，为市作协所属报纸杂志社和作家上门提供版权服务。优化作品登记、法律服务、版权交易、教育培训"四个上门"服务机制，为版权相关企业提供便捷、高效的版权服务。2010年走访大中型企业153家，开展现场服务157次，派出工作人员约270人次。

三是提高服务效率。在网站和登记大厅公示作品登记指南，优化登记流程，严格形式审查，缩短办证周期。2010年办理普通作品登记456件，同比增长17.8%；办理计算机软件著作权登记467件，同比增长27.9%，有力地促进了重庆市文化和科技的发展繁荣。

四是加强服务指导。指导版权中介组织依法开展版权保护工作，引导其积极开展版权代理、版权交易、调解版权纠纷等社会化服务，提高权利人和权利人组织的自我管理能力。

三、促进发展

一是抓版权兴业。扎实推进"百家重点企业版权保护工程"，深入重庆恩菲斯软件有限公司、重庆中天国际信息技术有限公司、重庆软博科技有限公司等重点企业调研，切实解决软件企业版权保护、软件资产管理等法律问题。加强对重庆北部新区国家数字出版基地、綦江版画版权兴业基地的服务和扶持力度，通过版权保护和版权服务促进高新企业步入自主创新、有序运行和持续发展的良性轨道。

二是抓版权贸易。积极协调解决制约重庆出版集团等重点新闻出版单位"走出去"的问题，争取到12万元国际市场开拓资金，扶持重点企业拓展国际版权贸易市场。2010年重庆市新闻出版单位开展版权贸易224项，比上年同期增长9.8%，其中引进图书版权184项，输出40项。举办重庆首期版权贸易培训，邀请荷兰乐思跨文化出版资讯公司专家前来授课，组织全市新闻出版单位和版权中介机构的68位学员参训。组团参加第17届北京国际图书博览会，达成版权输出意向126项，签订版权输出协议3项，达成版权引进意向65项，成功地向世界展示了重庆出版界的实力和风采；组团参加第62届法兰克福国际书展，达成图书版权引进意向12项，版权输出意向15项。

四、加强宣传

在渝中区解放碑中心广场举办声势浩大的"4·26世界知识产权宣传周"活动，展出以"迎世博、反盗版"为主题的大型宣传展板5块，发放宣传资料800余册（张），接受咨询约150人次，接受版权预登记13件，深受大学生和市民欢迎。在南岸区珊瑚实验小学开展青少年版权保护知识专题讲座，全校4000多名师生在现场或通过视频直播听取了讲座。参与举办纪念《著作权法》颁布20周年暨著作权法基础理论研讨会，与来自全国各地的100多位专家研讨当前著作权法基础理论领域的重要课题。中央政府门户网站、《中国新闻出版报》、《中国知识产权报》、《重庆日报》等中央和市级媒体20余次报道重庆市版权工作情况。

（重庆市版权局　许家伟）

司法工作

2010年，重庆法院知识产权审判工作始终坚持以"三个至上"为指导，紧密围绕人民法院"三项重点工作"，认真贯彻落实《国家知识产权战略纲要》，全面提高知识产权审判水平，充分发挥知识产权司法保护能动和主导作用，为重庆创建知识产权保护模范城市提供了强有力的司法保障。

一、加强知识产权审判工作，审判质量效率明显提高

2010年，重庆市法院新收知识产权案件800件（一审712件，二审87件，其他案件1件；旧存145件），同比增长49.81%，审结854件，同比增长76.08%，结案率为90.37%，同比增长13.14%。审结的案件呈现四个方面的特点：一是渝中区法院、沙坪坝区法院知识产权案件数量明显增加。重庆市推行知识产权审判"三审合一"试点后，渝中区法院、沙坪坝区法院受理的知识产权案件数量明显增加，2010年两法院共受理知识产权一审案件276件，占全市法院受案数量的29.4%，案件数量比2009年增加70.37%。二是新收知识产权案件以著作权纠纷案件为主。2010

年，重庆市法院共新收各类著作权纠纷案件541件，占全年新收知识产权案件的67.6%，其中有很大一部分案件是涉及侵犯信息网络著作权的案件。三是矛盾纠纷化解能力不断提高。2010年，在知识产权案件数量大量增加的情况下，重庆市法院加强调解力度，坚持能调则调、调判结合，利用多元化纠纷解决机制调解案件，取得明显成效，案件调撤率达到50.47%，与2009年基本持平，但是调解和撤诉案件的绝对数却显著增加。四是审理了一批有影响的重大疑难案件。如中国天府可乐集团公司与百事可乐商业秘密纠纷案，该案在全国范围内受到广泛关注。重庆市五中法院在坚持平等保护基础上，注重对国内企业及其知识产权的保护，切实维护了拥有民族品牌企业的正当权益，取得了良好社会效果和法律效果。

二、创新审判工作机制，能动司法能力显著增强

重庆法院充分发挥知识产权司法能动作用，不断完善审判体制和工作机制。一是加强院校合作，搭建法学理论与实践互动桥梁。重庆市高院民三庭与西南政法大学国际法学院、知识产权学院建立常态化的合作关系，搭建起理论与实务、校园与法院良性互动的桥梁，并就审判调研、人员交流、学术研究等方面进行了多项合作，取得良好效果。二是探索建立由多部门共同参与的多元化纠纷解决机制。重庆市高院民三庭为了进一步规范多元化解决知识产权纠纷的机制，通过开展调研、专家论证，与重庆市知识产权局、市一中法院共同起草了《重庆市关于重大知识产权纠纷协调处理机制的实施意见》（建议稿），该方案如果出台，将促进司法、仲裁、政府部门和相关行业协会共同参与到知识产权纠纷的解决进程中，从而为知识产权保护找到更新更广阔的道路。三是大力推行“精品案例工程”，充分发挥裁判文书的示范辐射作用。重庆法院始终抓好审判管理，全力打造精品案件，力争把每个案件都办成铁案。充分利用网络平台的辐射作用，及时发布优秀知识产权裁判文书，定期在重庆市法院范围内和各法院内部开展优秀知识产权裁判文书评选活动，以此来提高裁判文书对知识产权保护的引领和示范作用。

三、强化审判监督指导，知识产权司法尺度得到有效统一

随着涉及侵犯信息网络传播权纠纷案件的迅猛增加，重庆市中、基层法院在对侵权认定、赔偿数额等问题认识上的差异逐渐显现。为了进一步规范和统一全市法院侵犯信息网络传播权纠纷案件的司法标准，重庆市高院民三庭多次组织市一、五中法院和基层法院召开座谈会、研讨会，对网络环境下著作权司法保护问题进行探讨，统一了裁判尺度。同时，作为最高人民法院“网吧著作权侵权案件适用法律司法解释”指定的协作调研单位，重庆市高院民三庭在审理网吧侵犯信息网络传播权系列案件中所确立的侵权认定标准和赔偿原则被最高人民法院司法解释草案部分采纳，为该司法解释的出台提供了案例支持。该司法解释征求意见稿出台后，重庆市高院民三庭继续跟进，在认真研读后提出修改意见和建议，并在此基础上形成了《重庆市高级人民法院关于审理网吧侵犯影视作品信息网络传播权纠纷案件的指导意见（草案）》。

四、发挥专委会平台作用，知识产权审判理论研究成效显著

一是与最高人民法院民三庭联合举办“后金融危机时期知识产权司法保护”研讨会。会议明确了后国际金融危机时期知识产权司法保护的基本任务和发展方向，深入研讨了当前知识产权审判工作中的一些突出问题。二是配合最高人民法院民三庭组织召开“全国部分法院著作权司法保护座谈会”。会议主要针对网络著作权纠纷案件法律适用问题进行了座谈，并对《网络著作权案件适用法律若干问题的意见（草案）》进行了讨论。三是配合最高人民法院民三庭组织召开“全国部分高级人民法院知识产权裁判文书上网工作调研座谈会”。会议对裁判文书上网工作、知识产权司法保护子网站栏目设计和内容、中国知识产权裁判文书网的完善以及如何改进地方法院知识产权审判动态信息报送和上传工作等四个议题展开讨论，取得了广泛共识。四是与西南政法大学、新闻出版总署法规司、重庆市新闻出版局共同主办“纪念《著作权法》颁布20周年暨著作权保护基础理论研讨会”。会议围绕著作权法的历史与未来、著作权法的基础理论、著作人格权问题、网络环境下著作权问题、著作权侵权责任等主题展开。五是编辑出版《中国知识产权审判理论研究》（第二辑）。2010年11月，知识产权审判理论专业委员会会刊《中国知识产权审判研究》（第二辑）由人民法院出版社出版，该书近70万字，汇集了全国部分法院、知识产权法官和知名专家学者的54篇规范性文件、调研报告和论文，较全面地反映了全国知识产权审判理论研究的最新成果和动态。六是重视调研，完成大量重点调研课题和学术论文。重庆市高院民三庭与重庆市知识产权局、市一、五中法院和西南政法大学等单位合作完成了重庆市软科学计划项目“重庆市重大知识产权纠纷协调处理机制研究”和“重庆企业科技成果利益分配机制研究”；完成了2010年重庆市法院重点调研课题“互联网与著作权和谐共存之法律路径探索——网络著作权冲突与平衡的实证分析与理论探索”。此外，重庆市法院知识产权法官还先后在《人民司法》、《法律适用》、《人民论坛》、《科技与法律》、《中国知识产权审判理论研究》(第二辑)、《重庆审判》等刊物上发表论文和案例分析近20篇。

五、加强司法宣传，知识产权司法保护良好形象逐步树立

重庆市高院和市一、五中法院以服务知识产权模范城市创建为契机，积极配合政府有关部门开展“4·26世界知识产权宣传周”、“专利周”等活动，通过“网、会、展、刊、报”等多种渠道，建立起立体化知识产权司法保护宣传模式。在“4·26知识产权日”前夕，重庆市高院和市一、五中法院分别召开新闻发布会，公布了2009年知识产权审判状况和重庆法院和市一、五中院辖区的知识产权十大案例。重庆市高院还发布了《重庆法院知识产权司法保护状况(2009)》白皮书，全面总结重庆直辖以来特别是2009年重庆法院知识产权司法保护取得的成绩。重庆市高院和市一、五中法院还积极配合全国“专利周”活动，制作生动直观的专利司法保护宣传展板，介绍了重庆法院2006～2009年以来专利司法保护的基本状况。

六、抓好审判队伍建设，审判水平和能力不断提高

重庆法院始终高度重视知识产权审判队伍建设。一是认真落实最高人民法院“五个严禁”、重庆法院“四个一律”等廉政规定。通过签订党风廉政建设责任书，加强日常的廉政管理，通过季度自查、观看贪腐案警示教育片、学习优秀党员先进事迹等方式，预防腐败现象的发生。2010年，重庆法院从事知识产权审判的同志没有发生任何违法违纪事件。二是充分发挥专家智库等“智囊”作用。通过举办智库论坛、开展专家讲座等，为知识产权法官提供最新的司法理念和理论动态。充分利用国家法官学院重庆分院平台，集中时间，邀请知名专家和最高人民法院资深法官就审判实践和理论热点问题对重庆市知识产权审判人员进行培训。三是积极选送法官到外地学习培训。2010年，重庆法院先后派出40余人次参加各类知识产权学习培训，如参加在大连举办的“知识产权与竞争法国际研讨会”，在江苏省昆山市召开的“部分法院知识产权审判庭集中审理知识产权民事、行政和刑事案件试点工作座谈会”等，法官的司法水平和能力明显提高。

(重庆市高级人民法院知识产权审判庭)

检察工作

2010年，重庆市检察机关充分发挥法律监督职能作用，切实加强知识产权司法保护，与行政执法机关、公安机关等部门密切配合，依法及时惩治侵犯知识产权犯罪，加大立案监督力度，防止和纠正对侵犯知识产权犯罪有罪不究、以罚代刑等问题，进一步推动行政执法与刑事司法相衔接工作机制的完善，同时依法严肃查办侵犯知识产权违法犯罪背后的国家工作人员的违纪、犯罪行为，为维护正常的市场经济秩序发挥了重要作用。

一、开展“打击侵犯知识产权和制售假冒伪劣商品专项行动”工作情况

重庆市各级检察机关在打击侵犯知识产权和制售假冒伪劣商品专项行动和对行政执法机关移送涉嫌犯罪案件专项监督活动开展中，紧紧围绕三项重点工作，认真履行批准逮捕、起诉、诉讼监督和查办职务犯罪职责，依法严厉打击侵犯知识产权和制售假冒伪劣商品犯罪，进一步强化对行政执法机关移送涉嫌犯罪案件的监督，加大对破坏社会主义市场经济秩序、妨害社会管理秩序等犯罪的打击力度，两个专项行动取得一定的成效。

(一)加强组织领导，确保两个专项有序开展

在国务院办公厅《打击侵犯知识产权和制售假冒伪劣商品专项行动方案》，最高人民检察院《关于积极参与“打击侵犯知识产权和制售假冒伪劣商品专项行动”的通知》以及最高人民检察院、公安部、监察部、商务部《关于开展对行政执法机关移送涉嫌犯罪案件专项监督活动的工作方案》

下发后，重庆市人民检察院高度重视，雷万亚副检察长专门召开会议研究制订重庆市检察机关的专项行动方案，要求全市各级检察院要把扎实开展两个专项行动作为当前全市检察机关的一项重要任务，务必抓紧抓实。重庆市人民检察院迅速按照最高人民检察院的要求下发了《重庆市检察机关开展“打击侵犯知识产权和制售假冒伪劣商品专项行动”实施方案》；并会同重庆市高级人民法院、市监察局、市商业委员会召开联席会，于 2010 年 12 月 15 日联合下发《关于开展对行政执法机关移送涉嫌犯罪案件专项监督活动的实施方案》。各分院、基层院认真落实专项行动方案，九龙坡区人民检察院、长寿区人民检察院、武隆县人民检察院、丰都县人民检察院等积极争取当地政府支持，由政府组织召开专门会议进行布置落实。

（二）认真履行检察职能，突出打击重点

认真履行批准逮捕、起诉、诉讼监督和查办职务犯罪职责，把扎实开展两个专项活动与市人大常委会专题审议检察机关查办危害民生领域犯罪活动有机结合起来，加大对人民群众反映强烈的制售假冒伪劣商品等危害民生案件的打击力度，切实维护民生民利。与此同时，重庆市人民检察院加大对大要案的督办力度，确定了“陈成敏销售假冒注册商标的商品案”、“石峻峰侵犯著作权案”为重庆市人民检察院督办案件，督促相关基层检察院认真办理。

（三）强化指导、三级联动，切实做到了上情下达

专项行动之初，重庆市人民检察院专项行动领导小组办公室（设在重庆市人民检察院侦查监督处）要求各级院指派专人负责行动的信息数据报送工作，并利用“腾讯通”，设立了专门的“专项行动群”，及时传达信息。各级院普遍建立了联络员制度，负责与相关行政执法机关和公安机关联系，加强与行政机关的配合和沟通，确保案件准确、及时移送，有效地克服了信息沟通不畅、案件移送不及时、协作配合不规范等问题。及时研究解决基层院在专项行动中出现的新情况、新问题，加强对专项活动的业务指导，针对个别检察院对专项行动材料报送工作重视不够的问题，重庆市人民检察院及时下发了《关于进一步加强“打击侵犯知识产权和制售假冒伪劣商品专项行动”材料报送工作的通知》，强调材料报送工作重要性，使检察机关材料报送工作做到了真实、详实。重庆市人民检察院要求分院切实做好本辖区各基层院的案件指导工作，特别是由分院批准逮捕的案件，要求各分院要跟踪其继续侦查和起诉过程，并协调解决问题。

（四）切实把两个专项活动有机结合起来，着力推动两法衔接信息共享平台建设

重庆市检察机关将对行政执法机关移送涉嫌犯罪案件专项监督活动与打击侵犯知识产权和制售假冒伪劣商品专项行动紧密结合起来，将监督行政执法移送侵犯知识产权和制售假冒伪劣商品犯罪案件作为专项监督活动的重点监督内容。与此同时，重庆市人民检察院着力推动两法衔接信息共享平台建设，确定江北区人民检察院为行政执法与刑事司法相衔接信息共享平台建设试点单位，目前，以该区电子监察平台为依托同步建设的两法衔接信息共享平台已初步建成并已投入试运行，并成功督促区文广局移送侵犯著作权案件 1 件。

二、加强与公安机关、人民法院等部门的联系与配合，形成打击侵犯知识产权犯罪合力

（一）强化联席会议制度

行政执法机关、公安机关、检察机关定期或不定期召开联席会议，沟通情况、统一认识、共同研究执法中遇到的新问题，协调解决疑难问题。

（二）重视协作配合

重庆市人民检察院与市公安局定期联系，全面校对案件数据、讨论重点案件、疑难案件办理情况，协调沟通案件办理方案。特别是对于公安部、重庆市公安局以及市人民检察院的督办案件，切实做到了信息互通。

（三）坚持重大疑难案件提前介入

全市检察机关提前介入侦查重大案件，有针对性地提出补充、完善证据的建议，共同研究解决问题，确保提请案件质量。如五分院办理的吴某等人贩卖假冒 LV 等品牌服装箱包的销售假冒注册商标的商品案，因主犯均在逃，犯罪嫌疑人构罪与否认定难度较大，检察机关办案人员提前介入，与侦查人员共同研究证据，提出完善建议，最终附条件批准逮捕了 2 名犯罪嫌疑人，既做到了不枉不纵，又确保案件侦查得以顺利进行。

(四)探索建立长效工作机制

重庆市人民检察院与重庆市高级人民法院积极研究“知识产权刑事案件集中统一管辖制度”，作为一项保护知识产权的长效机制，此项工作得到了余敏检察长的高度重视，亲自批示：“现阶段和现队伍专业知识结构下，很有必要。”重庆市人民检察院结合“创建知识产权保护模范城市”的要求，积极参与研究建立知识产权保护的长效工作机制，2010 年 12 月，重庆市人民检察院与市高级人民法院、市农委、市公安局、市工商局、市知识产权局等 11 家单位会签了《重庆市重大知识产权纠纷协调机制备忘录》，对有效化解重大知识产权纠纷、加强知识产权保护以及完善“两法”衔接机制都起到了很好的促进作用。

三、加大力度，督促行政执法机关及时移送侵犯知识产权涉嫌犯罪案件

根据对知识产权保护的需要，2010 年重庆市检察机关以加大对侵犯知识产权犯罪的立案监督为着力点，把立案监督同推动行政执法与刑事执法相衔接工作机制的建立和完善有机结合，促进依法行政、依法办案，防止和纠正“以罚代刑”的现象出现。在涉及知识产权的诉讼当中，切实加强对判决的监督力度。同时，重庆市检察机关还对干扰依法查办侵犯知识产权案件和阻挠行政执法机关向司法机关移送涉嫌犯罪案件，为制假售假、侵犯知识产权违法犯罪活动充当“保护伞”，对此类犯罪中支持、包庇、纵容甚至勾结的国家工作人员，进行严厉查处。

四、将监督行政执法机关移送案件纳入对基层院考核目标

自 2007 年起，重庆市人民检察院将监督行政执法机关移送案件纳入对基层院的考核指标，有力地推动了该项工作深入开展，建议行政执法机关移送案件数量大幅上升，2007～2010 年，重庆市检察机关共建议行政执法机关移送案件 1011 件 1668 人。

此外，重庆市检察机关还在平等保护国有和民营企业的知识产权、加强新型知识产权案件研究、提高知识产权案件的办案效率，从快从重批准逮捕和起诉等方面积极努力，加强检企协作，形成保护知识产权的合力。

（最高人民检察院侦查监督厅）

四 川 省

专利工作

2010 年，四川省专利工作按照省委、省政府“巩固回升、加快发展”的要求，以贯彻实施国家、四川省知识产权战略纲要为主线，着力推进企业、产业、园区、区域、高校知识产权工作，扎实做好知识产权宣传普及、行政执法与维权援助、专利文献信息运用、专利运用与产业化、知识产权人才培养和对外合作交流，全省知识产权工作取得新进展。全省专利申请继 2009 年突破 3 万件后又突破 4 万件，达到 40 230 件，同比增长 21.7%，在全国排名第八位。其中，发明专利申请 8343 件，同比增长 33.27%；企业专利申请 16 105 件，同比增长 32.57%。全省获得专利授权继 2009 年突破 2 万件后又突破 3 万件，达到 32 212 件，同比增长 60%，全国排名第七位。其中，获得发明专利授权 2203 件，同比增长 38%，企业获得专利授权 11 613 件，同比增长 109.96%。

一、四川省知识产权战略纲要深入实施

制定了由 25 个部门负责推进实施的《2010 年四川省知识产权战略纲要实施推进计划》，明确了本年度 118 项重点任务。制定出台了四川省专利、商标、版权、植物新品种和地理标志等专题战略。新制定实施了德阳、攀枝花、乐山等部分重点城市知识产权战略，开展了《四川省专利保护条例》的修改立法调研、《四川省知识产权（专利）事业“十二五”发展规划》的编制、四川省白酒行业专利信息分析研究和南充市丝绸行业、甘孜州康定县南派藏药传统知识的知识产权（专利）战略研究。指导四川省东汽、攀钢、长虹等部分重点企业围绕企业经营和主导产品制定实施了风电专利战略、钢轨、数字电视专利战略。

二、宣传培训

组织全省开展 2010 年“知识产权宣传周”和“2010·第四届中国专利周”四川地区活动等声势浩大的集中宣传活动，发布了《2009 年四川省保护知识产权状况》白皮书和《2009 年四川省知识产权保护典型案例》。继续面向四川省知识产权试点园区、试点示范和优势培育企业举办重点培训。指导四川师大文理学院建立省级知识产权培训基地，新设知识产权专业，在全省首招知识产权方向本科生。全年四川省组织开展知识产权集中宣传活动 273 次，发放宣传资料 20 多万份。共举办各类培训班、专题讲座、报告会 678 期(个)，培训县处级以上党政领导干部 4068 人(次)，培训企事业单位专业技术人员、管理人员 82 740 人(次)。

三、重点企业、高校、科研院所和重点园区知识产权工作

继续面向四川省重点骨干企业和重点高校、科研院所，指导长虹、东汽、地奥、丝丽雅、五粮液、西南化工研究设计院新增为第二批国家企事业知识产权示范创建单位，启动四川省 35 家全国第四批企事业知识产权试点和第二批 212 家省级知识产权试点示范、优势培育工作，加强对 298 家市州级知识产权试点企业的指导。2010 年，全省企业专利申请 16 105 件、同比增长 32.57%，获得专利授权 11 613 件、同比增长 109.96%，继续保持高于全省平均增幅快速增长。继续面向四川省 1525 重点产业园区推进四川省 22 个省级知识产权试点园区工作，深入推进成都高新区国家级知识产权示范园区创建工作，通过建立和完善园区的知识产权创造、管理、保护和服务工作机制，着力推动园区自主创新成果的知识产权化、商品化和产业化，促进园区成为本地自主创新活跃、知识产权产出能力强、品牌企业和名牌产品汇聚、知识产权保护环境优良的产业园区，促进产业园区做大做强。

四、城市、区县知识产权试点示范工作

继续面向四川省重点区域，加强成都、德阳、绵阳、攀枝花 4 市国家知识产权试点示范城市创建工作，德阳市通过国家知识产权局验收，继成都市之后成为四川省第二个国家级知识产权工作示范城市，新增宜宾市为全国知识产权试点城市。城市知识产权试点示范，为四川省中心城市综合竞争力的提升提供了有力支撑。成德绵攀宜 5 市全年申请专利 35 719 件，获得专利授权 29 160 件，分别占同期全省的 88.79%、90.53%。积极推进四川省双流、绵竹、崇州、射洪、富顺、青神、康定 7 县开展首批国家级知识产权强县工程试点和国家级传统知识产权保护试点工作，新增郫县、广汉市、宜宾县为国家知识产权强县工程试点县。

五、专利行政执法保护

全面开展打击侵犯知识产权和制售假冒伪劣商品专项行动，严厉打击侵犯知识产权违法行为，联合工商、版权、公安、质检等部门组织开展集中执法检查，全省开展专利执法检查 316 次，开展联合执法 89 次，出动执法人员 1454 人次，检查商业场所 1164 个，检查商品 167 321 件。继续加强展会知识产权保护工作，省市联动进驻第十一届西博会等 15 个大型展会开展执法保护工作，处理纠纷案件 10 起。认真做好专利纠纷案件的调解处理工作，全省知识产权局立案受理专利案件 46 件，结案 45 件，结案率 97.8%。积极开展知识产权维权援助，指导成都康弘药业集团公司、四川天齐锂业股份有限公司等 6 家企业开展维权工作，为企业上市，应对国外跨国公司知识产权纠纷，巩固市场竞争优势发挥重要作用，获得企业赠送的“知识产权，企业卫士”和“技术创新的促进者，知识产权的保护神”锦旗两面。

六、专利实施与产业化

进一步加强四川省专利技术展示交易平台建设，中国专利技术(四川)展示交易中心通过国家知识产权局验收。组织四川省 70 家企事业单位的 225 个专利项目参加第十届中国专利高新技术产品博览会等 8 个专利新技术、新产品展览交易会，做好专利许可转让合同备案工作，探索和推进专利质押融资工作，加强 2010 年省级专利实施与促进专项资金项目的征集、初审、考察和专家评审，加大对四川省知识产权试点示范、优势培育企业和“7+3”重点产业、节能减排、重大技术装备等重点专利项目的支持力度。全省新增专利实施项目 4129 项，新增产值 735.67 亿元、新增利税 89.14 亿元，同比增长 37.95%、44.92%、29.82%。

七、专利服务

认真做好专利受理服务，成都专利代办处全

年受理纸件专利申请 17 519 件，代国家知识产权局收缴专利费用 86 898 笔，共 3596 万余元，差错率为 0。积极推广电子申请，全年四川省电子申请 15 354 件，12 月份电子申请率达 70.99%，全国排名第四。为四川省企事业单位和专利申请人出具专利申请费用减缓证明 15 236 份，办理专利申请加快 104 件。

大力加强专利文献信息服务，开展"四川白酒行业专利信息分析研究"，继续围绕四川省"7＋3"产业完成饮料食品、汽车摩托车、多晶硅及太阳能光伏产业专利数据库开发建设并投入运行。为龙蟒集团、成都索贝数码等 15 家企业开发专利数据库，加大专利文献信息运用培训力度。邀请接待国家知识产权局专家 65 批、300 多人来川，深入四川省数十家企业、高校和科研院所指导专利信息运用。

促进专利中介服务发展，全年新增专利代理机构 2 家、分支机构 1 家，全省专利代理机构达到 24 家、分支机构 9 家，执业专利代理人 147 人。邀请国家知识产权局专家来川开展"点对点提升代理机构服务能力试点工作"。承办 2010 年全国专利代理人资格考试成都考点工作，成都考点参考人数 616 人，排名全国第五。其中四川省通过考试取得代理资格 23 人，排名西部第一。继续推动代理机构深入产业园区搭建专利服务平台，为企业开展服务。

八、知识产权交流合作

圆满完成由国家知识产权局在四川省主办的有国家知识产权局局长田力普、法国工业产权局局长巴迪斯戴利出席的中法专利混合工作组第 23 次会议的协办工作，得到国家知识产权局和法国工业产权局的好评。先后接待英国驻重庆总领事馆双边事务部倪艾兰领事、贸易投资处钟井渝副处长，英国驻广州总领事馆科技领事郝荣腾，英国驻重庆总领事馆科技创新官员谢莉娜，韩国特许厅特许官俞炳德一行来四川省知识产权局访问，就知识产权学术交流、成果孵化、企业服务和知识产权立法、行政执法、案件处理、展会保护等进行了广泛交流。

（四川省知识产权局）

商标工作

2010 年，四川省工商局紧紧围绕四川省委"加快建设西部经济发展高地、加快建设灾后美好新家园"的部署，按照国家工商总局"四个只有"的要求和国家工商总局商标局的工作安排，认真贯彻落实《国家知识产权战略纲要》，强力推进商标战略实施，努力建设商标强省，促进四川经济社会加快发展、科学发展、又好又快发展。

一、2010 年商标战略实施基本情况

（一）基本情况

2010 年全年四川省累计商标注册量 140 221 件，居全国第八位，其中，当年商标申请量 32 688 件，商标注册量 33 488 件；地理标志注册量 20 件，注册累计数达 69 件，居全国第四位；驰名商标本年新认定 10 件，累计 84 件，居西部第一。

2010 年四川省各级工商行政管理机关共查处各类商标违法案件 1634 件，案值 1652 万元，罚款金额 1129.34 万元，没收和销毁侵权商标标识 1 111 923 件，没收和销毁侵权商品 41 855 件。其中，商标一般违法案件 192 件，案值 481.31 万元，罚款 99.37 万元；商标侵权假冒案件 1442 件（其中涉外案件 34 件），案值 1 171.19 万元，罚款 1 029.97万元。

（二）工作成效显著，得到省政府肯定

2010 年，四川省工商局组织全省驰名商标促进企业发展专题调研，在向省政府报送的《关于驰名商标力促企业发展情况的调查报告》上，省长蒋巨峰批示："坚持不懈实施品牌战略，成效明显，增强了竞争力，扩大了规模，提高了企业效益和对税收的贡献。工商系统的同志们为此作出了艰苦的努力和大量卓有成效的工作，特致感谢和慰问。要巩固和发展工作成果，并力争有更大的突破。在工作中，要分析我们与发达地区对驰名商标的培育及商标效应的发挥等方面存在的差距和不足，学习借鉴兄弟省区市的经验，更好地发挥其在增强竞争力、做强做大企业方面的作用。"

(三)以构建商标战略实施体系为抓手,努力形成推进商标战略实施的机制,全面推进商标战略实施

一是全省召开了“大力推进商标战略实施暨驰名商标、著名商标奖励授牌大会”,省人大、省政协、省政府及有关政府部门领导出席了大会,省政府副省长黄小祥到会并讲话,充分肯定了工商部门在推进商标战略实施中所取得的成绩。会议对2009年认定的中国驰名商标企业政府给予了每户100万元的奖励;对新认定的四川省著名商标进行了授牌;同时,对今后一段时期商标战略工作做了重要部署。

二是商标战略实施着眼于增强四川省企业自主创新能力,促进发展方式转变,努力构建“三主、两增、一并重”的商标战略格局,即政府主导、工商主推、企业主创;增大商标注册总量,增大驰名、著名商标阵容;商标发展与保护并重。大力推进商标战略实施,确保完成了2009～2010年国家商标战略阶段性目标。

三是继续大力推进商标政策体系建设,商标战略由部门行为上升为政府行为。

在推动四川省政府出台的《关于推进大企业大集团加快发展的意见》中,将支持企业建立商标发展机制作为增强企业核心竞争力的重要措施。对支持企业并购海外知名品牌成功的给予资助;支持企业商标国际注册,按注册费用的一定比例给予资助;提出到2012年商标战略实施的目标任务。以政府主导、部门协同配合的商标战略实施体系建设已初见成效。广安、宜宾等市州政府相继出台了推动商标战略实施的意见。成都市成立了以市政府分管领导为召集人,工商局牵头,政府相关部门组成的品牌联席会议制度,加大了政府主导、工商主推、部门配合的力度。

(四)加强商标战略宣传推动工作,开展全社会广泛参与的商标文化建设活动

一是以商标知识进党校、进企业、进农户活动为抓手,大力提升全社会的商标意识,推动商标战略深入实施。2010年各级工商部门开展商标宣传、培训和咨询活动达27 798人,召开座谈会、培训会1386次。四川省工商局配合国家工商总局商标局开展了“商标质押融资座谈会”、“地理标志座谈会”、“服务商标、立体商标调研座谈会”。二是通过电视专题晚会、户外公益广告、企业商标品牌联展等专题活动让商标知识深入人心。三是开展全省“商标专用权保护典型案件”、“商标富农典型事例”的评选活动。把活动作为全面推进商标战略实施的再动员,作为全面提高监管执法的大练兵,作为全面展示各级工商机关运用商标职能促进经济又好又快发展的宣传活动和商标文化建设活动。

(五)以商标战略示范城市(区)、示范企业工作为抓手,以点带面,推进商标战略深入实施

2010年,四川省的成都市和广安市被国家工商总局确立为国家商标战略实施示范城市,五粮液集团公司被确立为示范企业。为了发挥典型示范作用,交流经验,落实国家工商总局扶持措施,四川省工商局组织召开了国家商标战略示范城市和示范企业座谈会。同时,为了推动全省商标战略实施,已全面开展省级商标战略实施示范工作。成都市和广安市被国家工商总局确定为示范城市后,加快了示范工作的步伐。广安市委、市政府组织召开了全市推进国家商标战略示范城市建设动员大会,要求全市上下抓住机遇,奋力拼搏,共同推进国家商标战略示范城市建设,促进全市经济社会超常规跨越发展。广安市委副书记、市长侯晓春主持大会,四川省工商局副局长沈健以及广安市委书记、市人大常委会主任王建军出席会议并作重要讲话。市级各部门、各区市县党委或政府主要领导、分管领导,各区市县工商局长,争创驰名商标和著名商标的企业以及品牌创建重点培育企业负责人共230余人参加大会。广安市政府于11月16日还制发了《关于加强国家商标战略实施示范城市建设的意见》,要求全市各级政府、市级各部门要以示范工作为契机,进一步推动商标战略的实施,将示范工作成为推动地方经济发展的新引擎。

(六)深入开展“送商标”活动

以深入开展“贴心助农送商标,真情服务谋发展”、“一村一品,一品一标”、“围绕‘三品’、打造‘三标’”等农村商标工作三项活动为抓手,继续深入实施“叫响一个商标、带动一方产业、富裕一方百姓”的商标富农工程。“送商标”活动在“送”字上着手,在“用”好商标上下工夫,在典型的示范作用上做文章,落脚点是农民增收致富。截至目前已送出商标263件。宜宾市在“送商标”活动取得初步成效的基础上,认真总结经验,以创新精神不断丰富活动内涵,提高活动质量,务求取得实效。

在全市工商系统开展“百企联百村、企业助农创品牌”活动。从4月份正式启动“百企联百村”活动起至10月底，全市工商系统引导105户企业与103户农民专业合作社结成了商标帮扶对子。企业提供商标申请费用20.6万元，为专合组织送出商标103件。

（七）深入实施“商标强企”工程

按照四川省委“做大产业、做强企业、做优产品”的要求，以驰名商标、著名商标培育打造工作为抓手，继续深入实施“商标强企”工程，以品牌建设推动实现四川省新型工业化。将商标作为服务经济发展第一要务，紧紧围绕地方经济工作中心、产业发展重心和企业迫切需求，树立助优扶强意识，在驰名、著名商标的培育、推荐和认定中以大企业大集团、高新技术企业、重点龙头企业为重点给予支持。以省著名商标工作为平台，加强全省企业商标注册、运用、管理和保护能力。抓国际国内商标注册；指导商标的市场运用和价值转化，推动商标权质押融资工作开展，泸州、宜宾等市县与政府、金融部门联合出台了商标权质押融资指导意见；加强商标制度建设和规范管理，帮助企业解决商标授权、确权中的纠纷以及商标专用权保护等困扰企业发展的难题。指导了“花秋”等多件商标异议案；推动“三岔湖”、“凉山烟叶”等商标注册申请；协调“白家”商标纠纷；支持成都红旗连锁股份有限公司“红旗及图”、四川德胜集团钢铁有限公司“德威”商标的争议申请以及锦弘集团商标争议、剑南春酒厂“锦竹”商标撤销案件。2010年，以提升企业自主创新能力、促进经济发展方式转变为着力点，培育认定省著名商标135件，复审认定著名商标282件，省著名商标累计793件。培育中国驰名商标35件，已认定10件。

二、商标专用权保护情况

（一）在全省开展了对商标代理机构的专项整治

共走访和检查了商标代理组织147家，有81家商标代理组织开展了自查自纠，并提交了自查表。有31家商标代理组织目前未经营，有35家商标代理机构已查无实处。对有违法违规行为，在著名商标申报资料中涉嫌提供虚假证据材料的商标代理机构进行了警示和教育，对违法违规行为突出的代理机构予以停业整顿15天并监督其向客户退还违规获取的代理费的处理。通过加强对商标代理行业的监督管理，促进了商标代理行业的诚信体系建设，有效打击和遏制了各类违法违规代理行为。

（二）对市场上的重点交易环节加强了执法巡查

知识产权宣传周期间，四川省各级工商局组织执法人员，对市场上的重点交易环节加强了执法巡查。知识产权宣传周期间，四川省工商系统共派出工商系统干部约500人次，出动车辆200多台开展商标执法活动。四川省工商局会同四川省知识产权局等部门开展了联合执法活动，对四川最大的医药销售市场“成都西部医药城”进行了知识产权执法检查；乐山市工商局、绵阳市工商局对辖区内大型的商场、超市和药品专卖店等进行了检查，查处了一些违法行为；成都市工商局对成都市夜明珠路9号2楼、红牌楼广福汽配城、红牌楼红运汽配城经营“PHILIPS”汽车灯的商家进行了检查，共查处有6家涉嫌侵犯“PHILIPS”注册商标专用权的汽车灯，扣留封存涉嫌商标侵权“PHILIPS”汽车灯30套、“PHILIPS”商标标贴及“PHILIPS”汽车灯说明书10 000余张。同时，还对成都科技一条街的百脑汇、数码广场、@世界3家电脑城开展了知识产权保护专项检查行动，取得了较好的效果。

（三）专项执法活动情况

组织开展了“世博会”标志专项保护行动。全省各级工商部门共出动执法人员987次，执法人员数量7586人次，检查经营户30 801户次，各类市场1530个次，整治重点区域546个次，查处侵犯世博会知识产权案件7件，案值9.5万元。组织开展了“亚运会”标志专项保护行动。四川省各级工商部门共出动执法人员1095次，发放各类宣传资料12 951份，检查经营户37 712户次，各类市场1107个次，整治重点区域557个次，责令整改经营户12家，拆除违法违规广告3个。组织开展了糖酒会和西博会的商标执法检查，查处了侵犯“拉菲”葡萄酒商标等违法案件，较好地维护了两次大型博览会的秩序。

（四）开展打击知识产权侵权和制售假冒伪劣商品专项行动

根据国务院、国家工商总局和四川省政府的通知要求，组织全省开展了四川省打击知识产权侵权和制售假冒伪劣商品专项保护行动。四川省工商局及各市、州工商局已成立了专项行动领导小组，并制订下发了专项行动的计划和安排，目前此项工作已全面展开。

（四川省工商行政管理局）

版权工作

2010 年，四川省版权局围绕推进版权法制体系建设、加强版权行政执法、组织版权宣传培育培训、拓展版权对外合作等工作重点，按照激励创造、有效运用、依法保护、科学管理的方针，全面贯彻落实国家和四川省知识产权战略纲要，以鼓励版权创造、发展版权产业、促进版权运用、加强版权保护、强化版权管理为工作重点，积极营造良好的版权法治环境、市场环境、文化环境，大幅度提高四川省版权创造、运用、保护和管理能力。

一、开展著作权法律法规宣传普及工作

全省各级版权行政管理部门在“世界知识产权宣传周”期间，充分发挥媒体宣传、街头咨询、海报墙报等多种形式，开展著作权法律法规宣传活动。发布全省知识产权保护白皮书，举行了著作权侵权案件公开审理等活动。宜宾、南充等市举办了“打击盗版、支持正版、保护知识产权”万人签名和现场咨询、资料发放活动。阿坝、甘孜等地开展了“知识产权进校园”、“知识产权高校专题讲座”等活动。

加强展会版权保护，维护权利人合法权益，推动会展经济健康发展。四川省版权局和成都市版权局在第 20 届书博会现场联合设立版权工作站，公布版权服务及侵权投诉电话，为参展企业及与会工作人员提供版权法律服务，及时受理和解决有关版权纠纷，并向来自全国各地的参展代表发放了版权相关法律法规和版权保护宣传资料。同时，组成检查组，加强展场巡视，对现场存在的侵犯版权的行为，及时予以制止。书博会期间，版权工作站接受版权咨询百余起，受理和解决版权投诉 2 件。西部博览会期间，四川省版权局与省知识产权局、省工商局等联合设立知识产权服务站，接受企业举报，实施博览会版权等知识产权监督。

2010 年 11 月，在四川省版权局的支持和指导下，由四川大学、西南财经大学、四川师范大学、西南交通大学、四川省社科院等单位联合主办的“期刊数字化出版与版权保护论坛”在成都举行。会议就数字环境下的期刊出版和有关的版权问题进行了探讨，发表了《保护期刊版权，反对学术不端行为》成都宣言。

为提高新闻从业人员的版权意识，宣传版权的法律法规，四川省版权局举办了全省编辑记者资格培训和继续教育培训，开设著作权法律法规讲座。上半年共举办了 2 期培训班，受训 400 余人；为进一步规范版权执法工作，保证版权执法工作的公开、公正、透明，举办全省版权行政执法工作培训会。

二、完成试点企业软件正版化工作检查验收

四川省政府推进使用正版软件工作领导小组成立 5 个检查验收组，对省属联系试点企业进行了检查验收；对部分市州的正版化工作情况进行了督查。2009 年，在四川遭受特大地震灾害的情况下，省、市企业克服地震灾害和国际金融危机的严重影响，完成第二批试点企业 186 家，实施正版软件替换 5.51 万套，企业累计投入资金 3.2 亿元。其中，省属 42 家企业投入资金 2.56 亿元，完成正版软件替换 18 133 套；18 个市（州）确定的 144 家试点企业投入资金 0.64 亿元，完成正版软件替换 46 636 套。

2010 年 3 月，国家版权局、工业与信息化部等 9 部门联合发文授予全国 257 家企业“全国软件正版化工作示范单位”称号，本省泸州老窖、川润股份、华西能源等 9 家企业获此荣誉。

三、积极推动版权产业建设

积极推动版权产业园区和基地的建设是以产业基地和园区为载体，促进版权产业集中聚集发展，是版权产业快速、高效发展的重要途径，也是解决四川版权产业集中度不高的重要方式。成都积极发挥了在西部的辐射带头作用，在动漫游戏产业园区、软件产业园区的基础上，建立起成都版权交易所，2010 年 6 月成都接受国家版权局的验收，创建成为全国首家“版权保护示范城市”，目前，正在努力申请创建“成都数字音乐版权保护园区”。这些园区的建设，将积极推动版权产业的快速发展，将有效整合四川省的版权资源，形成先进技术以及资金和人才的聚集，有力地推动全省版权产业的迅速发展。

四、加强版权行政执法

2010年，四川省开展了一系列的版权保护专项行动，包括“剑网行动”和“打击侵犯知识产权和制售假冒伪劣产品专项行动”，在上海世博会期间，全省还建立了上海世博会版权保护机制，成立了全省世博会版权保护联络小组，并向全省明传电报查处侵权案件。在全省网络版权行政执法“剑网行动”中，国家版权局下达由四川省办理的网络案件5起(其中重点案件2起)，接受省内权利人举报的网络案件8起，除个别案件还在公安机关继续调查外，其他案件已基本结案。全省共查处侵权盗版案件343起，端掉制售盗版窝点44个，移送公安、检察院案件18起，有力地打击和震慑了侵权盗版活动。

2011年4月18日，四川省版权局向社会公布了全省“2010年度版权行政执法典型案件”评选结果，“6621天籁村音乐网侵犯著作权案”等8个案件入选。通过典型案件的评选和公布，扩大了宣传效果，规范了全省版权行政执法，提高了执法水平。2010年9月底，召开了“全省版权工作暨版权行政执法培训会议”，对全省获得2009年度全国版权行政执法有功集体和个人的23个单位和个人进行了表彰。

五、开展版权服务，促进版权产业发展

2010年上半年，四川省图书版权贸易进出口合同登记在册共94件，其中，引进版权合同61件，输出版权合同33件。

促进海外版权合作，推动亚洲文化交流，“东亚人文100”国际出版工程落户四川。4月24日，为推进东亚出版界的版权贸易和出版合作，促进东亚文化交流，由中国大陆、中国香港、中国台湾以及日本、韩国三国五地出版人发起的“东亚出版人会议”在蓉召开，“东亚人文100”国际出版工程正式启动。这个工程选编了100种20世纪中叶以来东亚地区思想文化经典书籍，将编译成中、日、韩3种语言版本，计划3年内陆续在各国出版。经过多位大学教授、专家两年多的精心挑选，100种书目已基本确定。其中，中国大陆、日本、韩国的图书各26种，中国香港地区7种，中国台湾地区15种。中国大陆入选图书如翦伯赞的《中国史纲要》、李泽厚的《美的历程》等，确定首批出版20种。中文简体版方面由一石文化公司负责版权联络和版权合约的谈判，由新华文轩、四川教育出版社签署出版合同。

在2010年北京国际图书博览会上，意向输出图书版权103种，签订输出协议10种、引进协议2种。截至10月底，已进行版权贸易合同备案135种。其中，引进版权73种，输出版权62种。有38种图书入选“中国图书对外推广计划”推荐书目。9种图书荣获第9届全国输出版、引进版优秀图书。

2010年1月7日，四川省版权局、四川省勘探设计协会、四川省版权协会联合在蓉召开“全省工程勘察设计及建筑作品版权保护座谈会”，研究建筑作品、建筑工程设计图纸、建筑模型等作品的版权保护工作，推进四川建筑作品创新。中铁二院建筑设计院、水电七局工程局、中国建筑西南设计院、四川省建筑设计院、成都市建筑设计院等30多家大中型工程勘探建筑设计单位负责人共47人参加会议。会议认为，建筑设计、建筑作品、建筑模型等受版权保护作品的转让、许可，在四川版权产业中占有重要的经济地位，2007年对四川GDP的增加值为14亿元。当前，建筑设计行业存在的服务对象知识产权意识较为淡漠、行业内知识产权管理办法操作性差、市场竞争环境差等因素影响了四川建筑设计的创新，影响了对四川经济发展的贡献，影响了建筑设计大师的成长。与会者还就建筑作品的自愿登记问题、建筑设计合同版权保护条款问题、项目招标中设计维权问题等进行了讨论。与会者表示，今后将加强与版权管理部门的合作，提高工程勘探建设设计行业的版权保护意识，制定完善行业的版权保护制度，打击侵权抄袭行为，促进设计创新。

在全省版权产业单位的大力支持配合和有关研究单位努力下，完成了《四川版权战略研究》规划；在鼓励创新和推动产业发展方面，2010年，四川省版权事务中心完成作品登记356件，四川省版权协会完成软件登记代理服务103件，成都市版权局、版权事务中心办理作品和软件计1900余件，支助作品创作90余万元。

（四川省版权局　王志坚）

司法工作

2010年，伴随四川灾后重建取得令世人瞩目的成就，四川法院的知识产权司法保护事业也取得了新进展。四川法院始终坚持以“三个至上”为指导，全面贯彻落实国家知识产权战略，以促进经济社会和谐发展为目标，坚持“为大局服务，为人民司法”，立足知识产权案件审判工作，加强审判管理，努力提升“双效”，实现了知识产权审判工作的新发展、新突破。

一、真抓实干，以办案为第一要务，发挥知识产权司法保护的主导作用

四川法院充分发挥民事审判职能，更加着力于维护权利人的权利，追求法律效果、政治效果、社会效果的统一。较于往年的知识产权民事审判情况，2010 年呈现出来的新特点主要有：一是案件类型重者恒重，稳中有变。全省法院共受理知识产权民事案件 974 件，比 2009 年增长 8.0%；审结知识产权民事案件 802 件，增长 4.7%。案件类型仍然集中在著作权、商标、专利纠纷，但商标案件、发明权纠纷案件与植物新品种纠纷案件有较大增幅，内部格局发生了新变化。二是有效提升了知识产权民事案件的审判质量和效率。2010 年四川法院加强审判管理，提升了审判质量与效率，审结了如四川迪康科技药业股份有限公司诉长春人民药业集团有限公司等侵犯商标专用权纠纷案、四川爱心（集团）有限公司诉泸州爱心金行商标侵权及不正当竞争纠纷案等关注度高、影响范围广的示范性案件。四川法院知识产权民事案件上诉案件改判率下降至 7.70%，发回重审率下降至 2.10%。三是充分发挥诉前（诉中）临时措施制度的独特作用。对于当事人诉前或者诉中提出的临时禁令或者先予执行、财产保全和证据保全等申请，四川各级法院均积极受理、迅速审查、慎重裁定、快速执行，及时、充分地保护了当事人的权益。四是引导知识产权领域的价值判断和司法导向，实现知识产权民事审判的双向职能。新时期的知识产权审判工作，不仅要发挥打击侵权的惩恶职能，还要扼制垄断、维护公众权益，实现知识产权价值的最大化。陈建诉富顺县万普印务有限公司著作权纠纷案即是此类案件的典型代表，该案根据立法目的，准确确定法律保护范围，为未来类似纠纷的处理指引了方向。五是强化审级监督，统一司法适用标准。四川法院发布《四川法院知识产权司法保护典型案例（2010 年）》，统一全省案件审判标准，保证裁判结果的一致性，维护司法的权威。上级法院切实履行了对下级法院知识产权审判的监督和指导职责，阐明改判或发回重审的理由，帮助下级法院提高司法水平，促进一审案件审判质量的提高。

四川法院充分发挥刑罚惩治和预防侵犯知识产权犯罪的功能，积极参与和配合国务院打击侵犯知识产权和制售假冒伪劣商品专项行动，加大打击侵犯知识产权刑事犯罪的力度，形成对知识产权犯罪行为的高压态势。

四川法院充分发挥法院对知识产权行政执法案件的司法审查职能，2010 年依法受理一审知识产权行政案件 9 件并审结 8 件，积极支持行政机关依法制裁知识产权侵权行为，维护知识产权行政执法秩序，依法保护知识产权行政相对人的合法权益。

二、能动司法，以回应人民需求为中心，服务经济发展方式转变

四川法院关注人民的司法需求，积极回应人民的司法需求，坚持能动司法、为民司法。一是以公开促公正，以公正赢公信。四川省高级人民法院利用“三网一屏”公开审判流程，公开庭审现场，公开裁判文书，充分接受社会各界监督，公正执法，不断提升知识产权审判的公信力。尤其是 2010 年首次发布《四川法院知识产权司法保护状况（2010 年）》，向全社会展示了四川知识产权司法保护的优良成果。二是调判结合，共创和谐新局面。四川省高级人民法院积极推动构建“大调解”工作格局，及时制定下发了《关于加强知识产权民事案件诉讼调解工作推进构建大调解体系的指导意见》，促进全省通过调解、和解等方式化解各类知识产权纠纷。2010 年，四川法院知识产权民事案件调撤率达到了 54.86%。三是健全制度，确保国家知识产权战略落实到位。出台了《四川省高级人民法院关于实施〈国家知识产权战略纲要〉的意见》、《四川省高级人民法院关于加强知识产权审判工作，服务经济发展方式转变的指导意见》，对全省法院贯彻落实《国家知识产权战略纲要》，促进全省技术创新和品牌培育、服务和引导全省社会经济发展提出了具体要求。四是多项举措，促进自主创新与风险防范。四川法院加强新形势下法律问题的分析和研判，并及时提出司法应对措施与司法建议，通过进企业调研、召集企业座谈的形式，倾听企业困惑，分析企业风险，共同探讨改进方法和防范措施，赢得了社会各界的肯定与好评。五是加强文化宣传，营造良好的司法环境。四川法院通过召开新闻发布会，组织公开开庭，到社区、校园、园区等地方定期进行法律咨询等多种方式，全方位、多角度展示四川法院知识产权司法保护的成就、状况和未来举措，有力地促进了四川省“尊重知识、崇尚创新、诚信守法”的知识产权文化的形成。

三、德才兼备，以德为先，建设知识产权司法队伍

2010年，四川法院大力加强知识产权审判队伍建设，强调知识产权法官应当德才兼备，以德为先。一是强化公正廉洁执法。2010年，四川法院以党建带队建，以队建促审判，务实抓好班子建设，着力推进创先争优和主题教育实践活动，教育广大知识产权法官牢固树立公正、廉洁、为民的司法核心价值观，自觉抵制各种腐朽思想和不良风气的侵蚀，确保公正廉洁司法。二是完善审判组织体系。2010年，四川中级以上法院普遍建立了知识产权审判专门机构，加强培养知识产权专业法官，继续开展与专利复审委员会等知识产权专门机构的人员交流；进一步优化知识产权人民陪审员队伍。绵阳市中级人民法院、成都市高新区法院、武侯区法院进行“三审合一”审判模式试点工作，在统一知识产权案件司法尺度、合理配置审判资源、节约司法成本方面取得了突破。三是提高业务能力。四川法院知识产权法官先后参加了最高人民法院主办的多个培训会，积极组织全省法院贯彻学习，加强调研，全面提升全省知识产权法官的司法能力和水平，努力实现全省知识产权审判工作的均衡发展。

回溯过往，四川法院知识产权司法保护实现了跨越式的发展；展望未来，时代呼唤着四川省知识产权审判队伍承担更加艰巨的历史使命。在服务“十二五”发展规划落实中，在建设西部经济发展高地的进程中，四川法院将继续奋力谱写知识产权审判事业的新篇章。

（四川省高级人民法院知识产权审判庭）

检察工作

2010年，四川省检察机关重视保护知识产权工作，立足检察职能，为四川省知识产权战略纲要的实施、推进提供更加有力的司法保障。加大对侵犯知识产权犯罪的惩治力度，加强立案监督，继续推进行政执法与刑事司法的有效衔接。加强对人民法院审理知识产权纠纷案件的民事行政审判法律监督，加大有罪判无罪、重罪轻判的刑事审判法律监督。努力提升检察干警办理知识产权案件的法律监督能力和水平，依法保护知识产权，提升四川省经济发展的核心竞争力。

一、依托行政执法与刑事司法衔接机制，打击侵犯知识产权犯罪

（一）建立经常性联席会议制度

四川全省各级检察机关通过与各级整顿和规范市场经济秩序领导小组办公室、行政执法机关、公安机关建立各个层面的联系会议，统一对衔接工作的认识，加强信息交流，解决开展行政执法与刑事司法衔接工作遇到的困难和问题。

（二）突出重点开展走访查询

针对一些行政执法机关移送包括侵犯知识产权在内的涉嫌犯罪案件主动性不强、落实行政执法与刑事司法衔接机制存在一些障碍的问题，四川省各级检察机关重点走访了办理包括侵犯知识产权在内的涉嫌犯罪案件较多的行政执法部门，了解案件的查处情况，促进涉嫌犯罪案件的移送。

（三）拓宽获取案件信息的渠道

四川省检察机关通过设立信息联络员、填报报表、备案审查、情况通报、收看当地报刊新闻和电视节目等形式，及时了解掌握案件信息和各部门工作动态。眉山市检察院与行政执法机关、公安机关自觉坚持执行备案制度，对于移送的涉嫌犯罪案件，行政执法机关都做到了一案一报，有力地促进了案件信息的交流和共享。同时，从审查逮捕工作中查微析疑，从中获取案件线索。

二、开展打击侵犯知识产权和制售假冒伪劣商品专项行动和对行政执法机关移送涉嫌犯罪案件专项监督活动工作情况

自行政执法机关移送涉嫌犯罪案件专项监督活动和打击侵犯知识产权和制售假冒伪劣商品专项行动开展以来，四川省检察机关认真组织，精心部署，扎实有效地开展两项专项活动，在打击犯罪、推进两法衔接等方面初见成效。

（一）强化组织领导，精心部署专项活动

为加强专项活动的组织、领导与协调工作，四川省人民检察院、公安厅、监察厅、商务厅联合成立了专项活动领导小组，四家单位的分管领导担任领导小组的组长、副组长，会签下发了《关于开展对行政执法机关移送涉嫌犯罪案件专项监督活动的实施方案》，要求全省检察机关、公安机关、监察机关、商务主管部门统一思想，充分认识专项活动的重要性和必要性，立足自身职能，加强协调配合，合力监督工商、税务、质检、环保、农业、文化、卫生、国土资源、新闻出版、烟草专卖、食品药品监督、知识产权等行政执法机关对2008年以来所查办的案件进行排查清理，查处一批人民群众反应强烈的涉及民生的违法犯罪案件。要求全省检察机关、公安机关、监察机关、商务主管部门将专项活动与查办职务犯罪和查办违法违纪案件相结合，严肃查处行政执法人员贪污受贿、滥用职权、玩忽职守、徇私舞弊等违法违纪和职务犯罪案件；将专项活动与推进"两法"衔接工作紧密结合，努力增强行政执法机关主动移送涉嫌犯罪案件的意识，切实执行"两法"衔接的相关规定，认真查找存在的突出问题，深入分析原因并谋划对策，建立健全长效机制，推动行政执法与刑事司法的有效衔接。为保障活动的顺利进行，省专项活动领导小组要求各级活动办公室向本级党委、人大常委会和政府报告活动实施方案，向相关行政执法机关通报情况，争取理解和支持。

（二）强化监督职能，依法打击犯罪行为

为保证依法高效高质地办结一批侵犯知识产权和制售假冒伪劣商品犯罪案件，全省检察机关对一些重大、复杂、疑难案件同步提前介入，引导侦查取证，为快捕快诉创造条件。

（三）强化督查指导，扎实开展专项活动

为促进专项活动的有序开展，四川省人民检察院及时编发专项活动专刊，公布典型案例，突出工作重点，推广活动中的好经验好做法，研讨专项活动遇到的疑难问题，促进全省专项活动均衡发展。四川全省各级检察机关积极组织开展了对行政执法机关的走访、抽查活动，着力监督纠正该移送未移送、该立案侦查不立案侦查的情况。江油市人民检察院在查阅市工商局2009年行政处罚决定书时发现，成都某机电公司假冒北京某液压设备公司电液伺服阀注册商标，生产并以每台5960元的价格销售了10台电液伺服阀，涉嫌假冒注册商标犯罪，遂向市工商局发出将案件移交公安机关的检察建议，公安机关已立案侦查。

（四）强化配合协调，合力推进专项活动

为促进专项活动的深入开展，四川省人民检察院召开了省公安厅、监察厅、商务厅分管领导及相关处室负责人参加的专项活动领导小组会议，研究下发了《关于对行政执法机关移送涉嫌犯罪案件专项监督活动开展情况进行督查的通知》。四川省人民检察院、公安厅、监察厅、商务厅组成联合工作组，4家单位的分管领导带队前往泸州等8市，通过听取汇报、走访抽查、查阅案卷材料、督查督办案件等方式，开展专项活动督查。督查中，各地专项活动办公室向督查组汇报了专项活动开展情况、活动中遇到的困难和存在的问题、关于进一步深化行政执法与刑事司法衔接工作的思考和建议，各地工商、质监、农业、食品药品监督管理、知识产权和公安等部门分别对本部门2008年以来受理、移送、立案侦查假冒伪劣食品药品、假冒伪劣涉农产品和侵犯知识产权三类案件的情况进行了汇报。督查组还深入工商、质检、食品药品监督三家行政执法机关走访抽查，查阅行政处罚案件台账和案卷。对督查中发现的该移送未移送、该立案侦查未立案侦查的案件，除由督查组当场督办外，省专项活动办公室还发出书面督办函，由监察部门进行责任倒查。

三、督促包括侵犯知识产权在内的涉嫌犯罪案件移送

（一）突出监督重点，促进案件移送

四川省各地检察机关把行政执法机关查处的重特大案件以及社会反响强烈的案件作为监督重点，依法履行法律监督职能，促进包括侵犯知识产权在内的涉嫌犯罪案件的移送，推动行政执法与刑事司法衔接工作向纵深发展。

（二）结合专项行动，促进案件移送

四川省检察机关结合当地实际，开展专项行动，加大对有案不立、有罪不究的包括侵犯知识产权在内的涉嫌犯罪案件的立案监督力度。

（三）协调重点部门，促进案件移送

注重与工商、税务、烟草专卖等行政管理部门的协调，加强对移送包括侵犯知识产权在内的涉嫌犯罪案件的监督。

（四）加强跟踪监督，保障办理实效

一是对行政执法机关移送的包括侵犯知识产

权在内的涉嫌犯罪案件，公安机关应当立案而不立案侦查的，坚决依法行使立案监督权，推进案件依法办理。二是实行案件催告督办制度。成都、宜宾等检察机关针对行政执法机关不及时移送案件或不及时移送《行政处罚决定书》副本以及公安机关收案后不及时办理的情况，实行催告督办制度，切实履行检察机关的监督职能。三是对建议行政执法机关移送公安机关立案侦查的案件，适时介入侦查，引导侦查取证，防止案件流失。

（五）强化预防功能，注重监督效果

四川省检察机关把监督案件移送与建立预防机制结合起来，及时发现市场监管、行政执法的薄弱环节，提出预防违法犯罪的建议，促进堵塞漏洞，净化市场环境，强化经常性的监管。

四、加强调研，积极探索衔接工作的理论和实践意义以及运行规律

（一）重视理论研究，积极探寻机制运行过程中的规律，并用以指导实际工作的开展

四川省人民检察院与整顿和规范市场经济秩序办公室、相关执法部门赴上海、江苏等地调研信息平台的建设情况，为领导决策提供信息资料；多次派员到宜宾、自贡、南充、泸州等地调研，指导市县两级院的工作；通过编发《立案监督专刊》、立案监督情况通报等形式，交流好的经验做法，探讨衔接工作中的相关问题；组织召开特约检察员座谈会，广泛提取意见和建议，开阔了工作思路。

（二）确定重大课题研究

四川省人民检察院在广泛征求意见和进行专家论证的基础上，将行政执法与刑事司法相衔接相关问题研究确定为四川省人民检察院检察理论研究的重点课题。成立了以省检察院副检察长郭彦为组长，侦查监督处、省整顿和规范市场经济秩序办公室和四川省内知名行政法和刑事诉讼法教授组成的行政执法与刑事司法相衔接课题组，充分利用院校理论研究和司法部门，通过对社会主义市场经济条件下行政执法与刑事司法的立法和执法现状的研究，对体制、机制、权力运行等方面原因的分析，力争推动四川省关于行政执法与刑事司法衔接工作的地方性法规的出台。

五、不断探索，建立和完善工作机制

（一）颁布规定，有章可循

根据国务院、最高人民检察院、全国整顿和规范市场经济秩序办公室、公安部关于行政执法与刑事司法衔接工作的意见精神，四川省先后会签下发了一些规范性文件。

（二）充分发挥整顿和规范市场经济秩序办公室的作用

检察机关与行政执法机关属性不同，要形成监督的合力，四川省检察院与省整顿和规范市场经济秩序办公室互相配合，相互支持，在开展整顿和规范市场秩序专项行动、督促案件移送、信息平台建立、完善工作制度以及调查研究等方面建立了良好的协调配合关系。为强化整顿和规范市场经济秩序办公室在行政执法与刑事司法衔接工作中的职能作用，加强案件移送的指导和监督，四川省在原省整顿和规范市场经济秩序办公室的基础上，增设行政执法与刑事司法相衔接办公室，统筹协调四川省行政执法与刑事司法相衔接工作。

（三）建立机制，规范行政执法与刑事司法衔接工作

四川省人民检察院一直思考和关注：如何在行政执法与刑事司法衔接工作中既强化检察机关的法律监督，又让行政执法部门从中受益，进而提高主动移送案件的积极性，促进依法行政和严格执法。一是努力实现双向移送。在衔接工作中，不仅注重强化检察机关对行政执法不移交包括侵犯知识产权在内的涉嫌犯罪案件的监督，还要着力从公安机关不应当立案而立案等进入刑事司法程序的案件中发现应做行政处罚的情况，并及时督促将案件移交至行政执法机关，完善检察机关、公安机关向行政执法机关移送包括侵犯知识产权在内的违法案件线索机制。二是确立移送案件的督办制度。行政执法工作要取得成效，同样离不开司法工作的支持和保障，四川省各级检察机关建立相应制度，跟踪监督移送案件的办理。三是纳入目标考评。成都双流县行政执法机关开展行政执法与刑事司法衔接工作的情况被纳入了依法治县的考核目标，由县人民检察院依据行政执法机关报送的行政处罚资料、涉嫌包括侵犯知识产权在内的犯罪案件移送和参加联席会议等方面情况进行考评。

（最高人民检察院侦查监督厅）

贵州省

专利工作

一、深入推进国家和贵州省的知识产权战略纲要贯彻实施

实施知识产权战略是建设创新型社会的重要举措。2010年是贯彻实施国家和省的知识产权战略纲要(以下简称《纲要》)的关键一年，贵州省各市(州、地)政府、行署，各知识产权职能部门以及各级知识产权局系统紧紧围绕《纲要》的贯彻实施扎实开展工作，各项工作取得了显著进步。

为有计划、有重点地推进《纲要》实施，贵州省政府知识产权办制定并印发了《纲要》2010年度推进计划。在召开的全省知识产权工作会上，省政府与省直12家知识产权职能部门签订了实施知识产权战略目标责任书。一年来，省政府知识产权办公会议各成员单位按照该推进计划的总体部署，切实履行职责，涉及的各项工作全面展开，重点实施了以高新技术产业、旅游产业、中药业、农产品加工业、优势原材料、装备制造等贵州省重点产业发展的知识产权战略，强化了知识产权法规、规章和政策体系建设，深入推进市场主体自主创新能力建设，实施了知识产权人才培养“十百千”工程”，强化知识产权保护、管理和执法体系建设，90%以上的工作目标顺利完成，知识产权战略实施工作进一步向纵深推进。贵州省政府知识产权办及时在年中、年底对各成员单位贯彻实施《纲要》的情况进行了总结并印发了执行情况通报。

为进一步推进《纲要》在各地的实施工作，2010年贵州省政府知识产权办还制定了《2010年度各市(州、地)人民政府(行署)实施知识产权战略考核细则》，在全省知识产权工作会上，省政府与各市(州、地)政府行署签订了实施知识产权战略目标责任书。一年来，各市(州、地)政府行署切实贯彻落实《纲要》的各项工作任务和要求，取得了显著成效：各市州地政府、行署制定了本地知识产权战略推进计划或知识产权事业“十二五”发展规划，建立和完善了知识产权创造资助、奖励政策，县域经济的知识产权试点工作，辖区企业、园区知识产权试点、示范工作全面推进，部分市(州、地)在运用地理标志制度促进农特经济发展与运用知识产权制度促进旅游产业发展上积极探索，取得了明显成效，各地创造能力明显增强，多数地区当年专利申请量和授权量明显增长，农产品商标申请增幅较大，地理标志申请量大幅提升。

此外，为充分利用国家知识产权局在促进《纲要》实施中的行政资源和人才资源，贵州省力促国家知识产权局和省人民政府召开了知识产权工作第一次合作会商会议，会议确定了实施知识产权战略、传统知识知识产权工作、知识产权优势企业培育工程、“十百千”知识产权人才培养工程以及专利执法工作5项合作内容。

二、深入推进企事业、城市及县域的知识产权工作

为充分发挥知识产权制度促进社会创新的功能作用，2010年，全省继续深入推进企事业单位、城市以及县(市、区)的知识产权试点示范工作，以此来促进企事业、城市及县域的创新体系建设。

为提高企事业运用知识产权制度的能力和水平，贵州省深入开展第三轮省级企事业知识产权试点示范工作，对第三批试点示范企业开展专题培训，帮助试点企业开通或建立专利信息检索平台，组织试点示范单位的知识产权管理人员到外省学习先进企业的做法及其经验，全年累计培训试点示范企业经营管理人员、科技人员1000余人次，企事业知识产权试点示范工作开展以来，43家试点示范企业全部建立和完善了知识产权管理制度，2010年专利申请量达987件，增幅达40%，专利实施运用率达80%，此外，各市州地也积极围绕辖区内的企事业开展知识产权试点工作，如贵阳市开展了“百企知识产权培育工程”，安顺市在10家企业开展了市级企事业知识产权试点工作，毕节地区首次在辖区内6家企业开展知识产权试点，黔西南州制定了《关于开展企事业单位知识产权试点示范工作的实施意见》，围绕辖区内4家企业开展试点工作，六盘水市在4家企业开展

了第二批试点工作，并在2家企业开展了知识产权示范创建工作等。

为在贵州省重点优势产业领域培育一批知识产权优势明显、自主创新能力和市场竞争力较强的企业或企业集团，促进经济结构调整和增长方式转变。贵州省知识产权局、省发改委、省经信委、省农委等11家部门共同启动实施了知识产权优势企业培育工程，进一步整合政府行政资源，提出了培育的方式和政策措施，通过申报遴选在15家重点骨干企业启动了第一批知识产权优势企业培育工作。

为全面提升贵州省中小企业知识产权创造、运用、保护和管理的能力，加快培育拥有自主知识产权、知名品牌和市场竞争优势的产业集群和中小企业。贵州省知识产权局、省经信委共同启动实施了全省中小企业知识产权战略推进工程，制订出台了《贵州省中小企业知识产权战略推进工程实施方案》，方案提出用5年左右的时间，力争培育形成20个具有自主知识产权优势的中小企业集聚区，100家具有自主知识产权优势的示范性中小企业，并在20家中小企业启动了第一批中小企业战略推进工程。

为推进县域经济的发展，全面发挥知识产权制度在促进县域经济发展中的重要作用，贵州省继续在10个县(市、区)深入开展县域知识产权试点工作。印发了《2010年度县域经济知识产权试点工作计划》，明确了试点县应抓好的八项工作任务。通过一年的试点工作，10个县(市、区)有7个建立和完善了知识产权的管理体制和机制，实施了与地方实际相结合的知识产权战略，2010年10个试点县共申请专利1516件，同比增长42.9%，约占贵州省当年申请量的34.5%。

此外，贵州省积极组织申报国家中小企业知识产权战略推进工程实施城市，贵阳市成为全国首批32个中小企业知识产权战略推进工程实施城市之一；组织安顺市成功申报国家知识产权试点城市，成为贵州省第三个国家级知识产权试点城市，安顺市制定并印发了《安顺市国家知识产权城市试点工作实施方案》，高度重视、扎实开展城市试点工作。贵州省还制定出台了《贵州省第四批全国企事业知识产权试点工作方案》，组织有关企事业申报国家知识产权试点企业和示范创建单位，其中5家被列为国家知识产权试点企业，4家被列为全国知识产权示范创建单位。

三、推进地理标志工作，促进农特经济发展

2010年，贵州省继续以促进农特经济发展为基本点，以服务新农村建设为主线，做好农特产品地理标志的申请、管理、保护和产业化工作。

为贯彻实施省政府颁发的《关于加强农特产品地理标志工作　大力促进全省农特经济发展的意见》，贵州省组织召开省直有关部门地理标志工作座谈会，制订了2010年的工作方案和地理标志年度工作计划。

为大力促进农特产品地理标志商品化、产业化，贵州省启动了为期两年的地理标志产业化推进工程。制定了《贵州省地理标志产品产业化促进工程项目管理暂行办法》，经过各地申报，贵州省对6个地理标志产品进行产业化实施立项。

为激励农特产品申请地理标志，充分保护贵州省农特产品，贵州省开展了对已获地理标志保护产品的奖励激励工作，对“大方漆器”、“三穗鸭”、“丹寨硒锌米”等12个已获得地理标志产品保护的农特产品给予奖励资助。此外，贵州省还启动了“雷山控拜银饰”知识产权保护研究工作，对“从江香猪”地理标志规范管理研究项目进行了结题验收。2010年，全省共有“兴义二块粑”、“虾子辣椒”、“丹寨硒锌米”等16个产品获得地理标志产品保护。

四、深入开展知识产权宣传培训及人才培养工作

加强知识产权宣传培训工作，是实施知识产权战略的基础性工作，也是实施知识产权战略的重要内容。2010年，全省各级知识产权系统创新形式，强化知识产权宣传培训和人才培养力度。

一是创新形式开展“4·26世界知识产权日宣传周”活动。在“世界知识产权日宣传周”期间，贵州省以召开中药企业维权座谈会、2009年知识产权保护状况白皮书新闻发布会、开展上街宣传活动、在主要媒体开设知识产权宣传专栏、刊发省领导署名文章和评论员文章等为主要形式的知识产权系列宣传活动相继展开，此次宣传周的宣传活动达到了普及知识产权基本知识、扩大知识产权知识覆盖面的预期效果，各市(州、地)知识产权局在“4·26世界知识产权日宣传周”期间加大宣传力度，创新宣传形式，如贵阳市知识产权局开展了“知识产权进社区”、“知识产权进校园”及“知识产权进企业”活动，举办知识产权知识竞赛、知识产权漫画作品比赛等；黔西南州在电视上滚动播出宣传字幕；六盘水市开展知识产权知识答题活动和现场办公活动；安顺市在广播电台法制栏目制作知识产权专题节目等。此外，在知识产权日常宣传方面，贵州省积极加强与新闻媒体的紧密合作，借力宣传知识产权，通过召开媒体通气会、恳谈会、建立知识产权工作新闻线索通报制度等形式，省内10余家媒体纷纷介入贵州省知识产权工作进行新闻及专题报道，据不完全统计，全年新闻报道达60篇以上，《贵州日报》、《当代贵州》等媒体还刊发了7个知识产权专版。

二是继续加强知识产权培训，强化人才培养。2010年，贵州省举办多期培训班和主题讲座，如为省政协委员所做的“实施知识产权战略，建设创新型贵州”专题讲座、“专利审查指南宣讲会”、“PCT专利申请培训班”等专题培训班等，此外，台江县、毕节市、三都县、铜仁市、荔波县等各县、市、区还举办了党政领导干部培训班，据不完全统计，全省共举办各类专题培训班20余期，受训人数达5000余人次。

三是帮助贵州省社会各界增强知识产权意识，积极推进知识产权文化建设。由贵州省知识产权局主办，贵州航空工业(集团)有限责任公司协办，贵州省写作学会承办的全省“2010年知识产权写作大赛”活动取得预期效果，共有专家、学者、企事业知识产权管理人员、公务员、学生1万余名参加了此次写作大赛，赛后共有40余篇文章入选《贵州省“贵州航杯”知识产权征文大赛获奖作品选》并出版发行。

四是强化知识产权人才培养力度。2010年，全省举办了贵州省“十百千”知识产权高级人才培训班1期，专门人才培养班2期，实务人才培训班1期，共有20余名高级人才、150余名专门人才、70多名实务人才参加了培训。此外，贵州省还拓宽了知识产权人才培养方式，探索建立知识产权人才培养新机制，先后组织高级人才和专门人才培养对象参加泛珠三角区域地理标志调研、县域经济知识产权试点调研和参加国家知识产权局高层次人才培训班等。

五、扎实开展知识产权专项行动，加强知识产权维权援助

2010年10月，国务院在全国范围开展了为期半年的打击侵犯知识产权和制售假冒伪劣商品专项行动，切实强化了知识产权保护工作，贵州省知识产权系统作为牵头部门负责组织实施此次专项行动。此外，全省专利行政执法工作扎实开展，知识产权维权援助工作有效推进，专利权利人合法权益得到有效保障。

一是牵头组织开展“专项行动”。根据国务院关于打击侵犯知识产权和制售假冒伪劣商品专项行动方案的要求，贵州省知识产权局起草并由省政府办公厅印发了《省打击侵犯知识产权和制售假冒伪劣商品专项行动实施方案》并组织召开专项行动部署会议。“专项行动”开展以来，“专项行动”办公室及时建立了信息报送通报制度、行动督查制度、重大案件挂牌督导制度和举报投诉奖励制度，共发布简报、情况通报40余期，对假冒茅台酒、音乐网站侵权等重大案件进行了重点督办，据不完全统计，“专项行动”实施以来，贵州省知识产权、公安、质监、工商、文化版权、广电、农业、海关、检察院等系统共出动执法人员3428人次，检查各类经营场所5220个，立案查处假冒专利案件28件，假冒伪劣商品100余件，取缔无证经营音像制品摊点28个，取缔非法网站7个，办理侵犯知识产权和制售假冒伪劣商品案件13件，立案10件，批捕20人。

二是把日常市场检查工作与专项执法工作相结合，整合相关职能部门执法资源，将独立执法与联合执法相结合，将注重专项行动工作实绩与新闻媒体宣传报道相结合，开展“雷雨”、“天网”专项行动执法督导活动，知识产权局系统的专利执法能力明显提高。

三是完善专利执法制度，加大执法力度。制定了全省《2010年专利执法工作计划》，《贵州省查处假冒专利违法行为办法》，2010年维权援助与举报投诉工作方案、工作制度、受理条件和保密制度等。贵州省各级知识产权局把日常市场检查工作与专项执法工作相结合，对综合批发市场、大型超市及主要营业场所进行日常检查，同时还开展了上海世博会的知识产权执法工作。据统计，2010年共开展市场检查9次，全省立案查处假冒专利案件和专利侵权案件95件(其中专利侵权案件3件)，同比增长94%。

六、加强地方知识产权制度建设，强化知识产权调研和战略研究

针对重点产业的发展，开展调研和知识产权战略研究工作，提出知识产权的创新发展对策，对提升贵州省优势特色产业、重点产业的核心竞争力具有极大的推动作用。

在知识产权立法调研方面，针对《贵州省专利保护条例》的修改和完善，收集了全国各地区的条例草案文本，收集整理了相关资料，制定了立法工作方案，对《贵州省专利保护条例》草案文本进行进一步的讨论修改。针对"非物质文化遗产知识产权保护条例"的立法，贵州省知识产权局与省政府法制办一同邀请省人大、省委办公厅文书处、省政府办公厅建议提案处、省政协提案委员会、省经信委和省文化厅等有关领导召开了贵州省非物质文化遗产知识产权保护立法协调论证会，将非物质文化遗产的知识产权保护立法纳入"非物质文化遗产保护条例"之中统筹考虑进行调研。

在组织开展知识产权调研和战略研究工作方面，一是对往年立项的知识产权战略研究课题进行了验收或督办。贵州大学承担的"贵州马铃薯产业发展的专利战略研究"、贵州益佰制药有限公司承担的"治疗上呼吸道感染中药制剂的专利战略研究"、遵义钛业股份有限公司承担的"电子级高纯钛的专利战略研究"和贵州同济堂制药有限公司承担的"治疗骨质疏松中药的专利战略研究"等通过专家组验收，其中"贵州马铃薯产业发展的专利战略研究"被省政府信息专报采用。二是组织有关单位开展知识产权战略研究的申报工作。全省共在装备制造、生物医药、特色食品、国防科技等行业选择安排了9项专利战略研究课题。还组织开展了"用于石油开采的井下压力测试设备的专利战略研究"、"知识产权在欠发达地区产业结构调整和经济发展方式转变中的作用调查研究"、"贵州省县域经济知识产权战略研究"三个课题的研究。此外，充分利用已建成的知识产权信息平台为有关单位开展专利战略研究工作提供支持和服务，如贵州航天电器股份有限公司开展的"内置式压缩机保护器专利战略研究"、遵义钛业股份有限公司开展的"电子级高纯钛生产技术专利战略研究"等，专利战略研究的开展，有效支撑了企业的创新活动，对促进企业调整优化产品结构、做大做强主导产品、提升企业核心竞争能力起到了重要作用。

七、做好知识产权专项资金的管理，推进专利质押融资和实施转化工作

通过对专利、驰名商标、地理标志、植物新品种等知识产权进行资助、奖励，进一步激发市场主体的创新活力，促使贵州省知识产权拥有量大幅增长，质量进一步提高。通过知识产权实施及产业化项目立项工作，通过开展专利权质押融资贷款工作，极大地促进了知识产权成果的转化和实施。

在知识产权申请资助和奖励方面，2010年省级知识产权专项资金共完成知识产权申请资助1246件，共计资助资金170.61万元。其中发明专利440件，实用新型专利685件，外观设计专利92件，国际专利16件，植物新品种13件，对贵州省参加上海世博会展览的商品(作品)申请专利和著作权登记给予资助，同时按照国家知识产权局要求，开展了PCT专利资助申报工作。此外，各市(州、地)也开展了对辖区内的知识产权申请进行资助和产业化，如贵阳市资助各类专利申请887件，遵义市加大对"市优秀发明专利奖"、"市成果转化应用奖"的奖励力度等。此外，贵州省对原《贵州省知识产权奖励暂行办法》进行了调整修改，新制定的奖励办法新设中国外观设计金奖、外观设计优秀奖、省专利金奖和省外观设计金奖、优秀奖。2010年，贵州省已评选出专利金奖两项、专利优秀奖10项、外观设计优秀奖1项。此外，积极组织开展第十二届中国专利奖评选推荐工作，从19个推荐项目中筛选出5个发明专利项目和两个外观设计项目推荐参评中国专利奖，经过评选，贵州省有两个项目荣获第十二届中国专利奖优秀奖。

在推进专利权质押贷款工作方面，贵州省知识产权局与人民银行贵阳中心支行、贵州银监局联合制定了《贵州省专利权质押贷款管理暂行办法》，共同举办了"贵州省专利权质押融资论坛"和"全省知识产权资产评估与质押融资操作实务培训班"。同时，贵州省知识产权局与交通银行贵州省分行签订了《专利权质押融资战略合作协议》，明确了10亿元的知识产权质押贷款融资额度。2010年，贵州省知识产权局委托两家评估公司分别对两家企业的两件发明专利、两件实用新型专利进行价值评估，并从企业专利项目中筛选出40余项推荐给有关金融机构。通过各项工作强有力的推进，2010年贵州省已有4家金融机构向12家企业发放专利权质押贷款2.41亿元，同比增长90.7%，西部排名第二。

在专利实施转化工作方面，一是组织专家对贵州凯星液力传动机械有限公司、贵州威顿晶磷电子材料有限公司、贵州保生绿色食品公司、安顺虹泰蜡染公司、遵义海立水泵公司的5个专利实施及产业化项目进行验收，据不完全统计，这5个项目2009年共实现产值14 800余万元，销售收入 14 000 余万元，缴税 2500 余万元；二是组织 2010 年度专利技术实施及产业化项目的申报，共收到贵阳、遵义、安顺、黔南、黔西南等地州市企业申报的 29 个项目，经专家评审，最后确定了 12 个专利项目作为 2010 年度专利实施及产业化项目。

八、加大管理和服务力度，加强知识产权行政能力建设

一年来，全省各级知识产权局系统紧紧围绕贯彻落实科学发展观，深入学习党的十七届五中全会和省委十届十次全会精神，加强党的基层组织建设、作风建设和干部队伍建设，扎实开展"四帮四促"和"三个建设年"活动，知识产权服务能力进一步增强。

一是全省知识产权局系统认真组织开展"四帮四促"和"三个建设年"活动。按照《中共贵州省委关于在全省领导干部中开展"四帮四促"活动进一步做好新形势下群众工作的意见》和贵州省知识产权局制定并印发的《关于开展"四帮四促"活动的工作方案》、《开展"三个建设年活动"工作方案》，活动部署以来，共深入全省 9 个市（州、地）及 4 个县域经济试点县的基层知识产权局、20 余家企业、1 个重点帮扶贫困乡、3 个党建扶贫联系点和 3 户结对帮扶困难户开展了"四帮四促"活动。

二是举办第四届中国专利周贵州省活动，共有涉及机械制造、医药、化工、冶金、食品、农业、新材料、文体等领域的 302 个专利技术项目参加现场及网络展示，有多项专利技术达成意向性合作，金额超过 500 万元。此外，还加强专利展示交易平台体系建设，对平台栏目及板块设置进行了调整充实，突出平台专业性、公益性的信息服务功能，努力为供需双方提供一个安全、可靠、公益的交易平台。

三是不断改善服务条件，提高工作效率，为企事业及专利权人提供良好服务。为了提高专利申请受理工作质量，贵州省在专利受理工作中采取设置双采校对环节，建立差错责任核查机制，积极推行新的电子审批系统即 E 系统上线运行，大力宣传推广专利电子申请工作，办理专利实施许可合同备案和专利登记簿副本。2010 年共受理专利申请 2175 件，同比增长 29.5%，占贵州省当年专利申请量的近 50%，办理专利实施许可合同备案 17 件，办理专利登记簿副本 82 件，同比增长 400%以上。

2010 年，全年专利申请量达到 4414 件，同比增长 19%，授权专利数达到 3086 件，同比增长 48%。专利申请授权量的大幅增长，说明市场主体的科技创新能力和知识产权意识进一步提高。

（贵州省知识产权局　王华明）

商标工作

2010 年，在贵州省工商局党组的正确领导下，贵州省工商局认真贯彻执行全国和全省工商行政管理工作会议精神、贵州省工商局年初总体工作安排和 2010 年贵州省工商行政管理工作督办任务分解表的要求，更新观念，创新举措，提高水平，以依法履行商标监管职能为保障，以打击商标假冒侵权行为为重点，总结深入学习实践科学发展观活动的经验，把握"四个只有"，推进"四项建设"，达到"四高目标"，落实"12345"总体工作思路，圆满完成了工作目标，现总结如下。

一、加强商标监督管理，积极推进商标战略的实施

（一）加大商标法律法规宣传、培训力度，为商标战略的实施创造良好的社会氛围

以深入贯彻落实《国家知识产权战略纲要》、《贵州省知识产权战略纲要》和《贵州省 2006～2015 年商标发展战略规划》及年度工作安排和督办任务分解表等文件精神为契机，加大商标法律法规宣传、培训力度，提高全社会商标意识。结合"3·15 消费者权益保护日"、"4·26 世界知识产权日宣传周"等，积极组织和开展了形式多样的商标法律法规宣传咨询活动，通过户外宣传、咨询活动和广播、电视等媒介的广泛宣传，不断提高全社会的商标法律意识，并于 2010 年 4 月组织召开了"2009 年贵州省商标年度发展报告"新闻发布会。

（二）抓好商标富农与社会主义新农村建设经验交流会精神的贯彻落实，扎实推进"一所一标"、"一县一牌"工作

深入企业和农村基层调研，积极引导企业和农户实施商标、地理标志注册。帮助企业重视知识产权，鼓励企业培育自主商标，实施商标战略。通过检查、调研和走访座谈等方式，指导企业健全商标管理制度，熟悉商标保护规则，合理运用商标战略开拓市场，有步骤、有计划地推行"一所一标"、"一县一牌"工作。至 2010 年 10 月 31 日，贵

州省累计注册商标24 747件，其中农产品注册商标5556件，地理标志12件。

（三）引导企业推进品牌培育，提高商标品牌的创造和运用能力，实现经济战略转型

一是继续做好2010年度驰名商标的推荐申报工作，支持市场占有率高、科技含量高、抵御风险能力强的企业申请认定贵州省著名商标，积极推荐符合条件的企业申报驰名商标。二是为了加快推进商标品牌战略，进一步鼓励企业争创著名、驰名商标，提高企业产品的知名度和市场竞争力，推动品牌建设，做好贵州省重点商标培育的推荐、调研、筛选、确定工作。三是引导和帮助企业积极主张权利，争取驰、著名商标的保护。深入企业调研，摸清驰名商标和贵州省著名商标企业生产经营情况，积极引导符合条件的企业申报驰、著名商标。至2010年10月底，贵州省驰名商标总数达到了24件。

认真落实《贵州省著名商标认定暂行规定》，全面开展2010年度"贵州省著名商标"的认定工作。上半年，根据《贵州省著名商标认定暂行规定》及实施办法的规定，全省各级工商部门扎实工作，对照条件，认真完成推荐、初审上报工作，共收到申请著名商标认定材料209件，贵州省工商局著名商标评审委员会办公室从6月1日开始，历时两个月，根据《贵州省著名商标认定暂行规定》和《贵州省著名商标认定暂行规定实施办法》，对申报贵州省著名商标的209件材料进行了初审，对符合著名商标认定条件的164件商标，于2010年8月13日提交第五届贵州省著名商标评审委员会审定，顺利完成第五届贵州省著名商标认定工作，并于2010年8月25日在贵州日报和贵州红盾网进行公示，同时，根据全省机构改革及贵州省工商局"三定"方案，调整了贵州省著名商标评审委员会委员。截至2010年10月31日，贵州省共拥有著名商标438件。

出谋划策积极协调，引导、支持第九届全国少数民族传统体育运动会特殊标志备案工作，出台了《第九届全国少数民族传统体育运动会相关标志知识产权保护的建议方案》，帮助第九届全国少数民族传统体育运动会筹备工作委员会获得了特殊标志登记证书，从申请材料上报之日起，在30个工作日内完成了受理、录入、查重、公告、注册工作，4月1日获得了专有权。

（四）开展调研，完成了《贵州省农产品商标、地理标志普查报告》，出台了《贵州省工商行政管理局农产品商标、地理标志注册与保护指导意见》

（五）实施品牌战略，推进品牌宣传

围绕服务和促进非公经济发展，加强与省直有关部门的沟通协作，加大培育和扶持力度，积极引导企业申请注册商标，争创著名商标、驰名商标，围绕服务和促进非公经济发展，以培育、保护和发展黔酒、黔茶、黔菜、黔药、旅游商品等区域品牌为重点，大力推进商标战略实施。初审了各市、州、地政府、企业、工商部门的实施商标战略推进非公经济发展交流文章共100多篇，于下半年召开了实施商标战略推进非公经济发展研讨会。

根据国家工商总局商标局《关于开展国家商标战略实施示范城市（区）、示范企业工作的指导意见》和《关于开展2009年国家商标战略实施示范城市（区）、示范企业工作的通知》，认真开展了指导申报、筛选推荐等各项工作，最终确定2009年国家商标战略实施示范城市、示范企业为遵义市和贵州茅台酒厂有限责任公司，6月，国家工商总局召开示范城市、示范企业授牌电视会议，对遵义市和贵州茅台酒厂有限责任公司进行了授牌。

以保护涉农商标，地理标志，食品商标，药品商标，驰名商标，著名商标，涉台商标，涉外商标，世博会、亚运会商标、标志、标识、会徽、吉祥物等为重点，认真开展保护注册商标专用权行动，加强商标行政保护，有效地维护了商标所有人的合法权益。认真实施《国家知识产权战略纲要》，出台了《贵州省工商行政管理局保护亚运会标志专项行动方案》、《关于开展2010年世界博览会商标保护工作的实施意见》，建立了月报制度，并开展了上海世博会、广州亚运会商标、标志、标识、会徽、吉祥物等的宣传和保护专项执法行动。6月，贵州省工商局根据贵州省多彩贵州文化产业发展中心的申诉举报，在林顿酒店内查获一家销售涉嫌侵犯"多彩贵州"注册商标的茶叶经营场所，暂扣涉嫌侵犯"多彩贵州"商标的茶叶26盒。

截至9月底，全系统共查处一般商标违法案件273起，案值181.13万元；假冒案件52起，案值39.1万元；侵权案件221起，案值142.03万元。

（六）加快立法调研工作步伐

拟定了《贵州省著名商标认定和保护办法》

(征求意见稿),7月下旬会同省法制办召开了《贵州省著名商标认定和保护办法》论证会,开展立法调研工作,加大对著名商标保护力度,进一步促进实施商标战略工作走向制度化、规范化、程序化、法治化。

(七)协助中华商标协会召开2010海峡两岸商标研讨会

2010年9月13～16日在贵阳世纪金源酒店召开2010海峡两岸商标研讨会,出席会议的有海峡两岸商务协调会30人,国家工商总局商标局、国家工商总局商标评审委员会、中华商标协会等代表41人,贵州省工商局认真组织筹备、协调、安排,圆满完成了协办工作,受到与会人员的一致好评。

(八)对民建贵州省委员会在省政协十届三次会议上提出的《关于确认"赖茅"品牌归属发挥白酒传统优势的建议》提案作出答复

(九)加强商标代理行业监管和自律

对20多家商标代理企业发放"贵州省商标代理企业调查表",摸清各商标代理企业的情况,开展对商标代理机构的调研,建立健全商标代理机构档案,进一步加强对代理机构的监管,规范商标代理行为。

指导商标协会工作,完成商标协会换届工作,积极发挥行业协会的职能和作用。

(贵州省工商行政管理局)

版权工作

贵州省版权局2010年在国家版权局领导下,认真贯彻落实各项工作任务,取得较好成绩。

一、加强监管,加大版权行政执法力度

第一,根据新闻出版总署关于《2010年上海世界博览会版权保护工作方案》精神,制定了《贵州省2010年上海世界博览会版权保护工作方案》。把打击未经许可擅自复制、发行盗版音像制品的行为,特别是涉外音像制品盗版行为作为工作重点,采取行之有效的工作措施和监管方式,全面深入、扎实有效地开展各项专项行动,严厉打击盗版音像制品经营活动,确保重点区域、重点部位、重点时段不发生侵权音像制品版权违法行为。2010年全省各级版权行政管理部门,共检查经营单位3817家(次),取缔违法经营单位690个,查缴各类盗版制品160万余件(张、册)。在贵州为2010年上海世界博览会的成功举办营造了良好的版权保护氛围。

第二,建立上海世博会反盗版快速反应机制。全省各级版权行政管理部门在加强日常监管和市场清理的基础上集中做好打击盗版图书和音像制品电子出版物,打击网络侵权盗版、打击非法预装计算机软件等专项治理工作,查处了《越狱》、《六人行》等一批点名音像制品。切实维护了版权市场秩序,有效净化了版权保护环境。

第三,根据新闻出版总署《2010打击网络侵权盗版专项治理"剑网行动"方案》精神,结合贵州省实际情况,由省版权局、省公安厅、省通信管理局联合开展2010打击网络侵权盗版专项治理"剑网行动"。完善多部门联合执法机制,采取教育和打击相结合,自查自纠与抽查督查相结合,主动监管和集中执法相结合的综合治理方式,严厉打击各类网络侵权盗版行为,加强制度建设,建立长效监管机制,确保专项治理和产业发展相互促进、相互提高,不断净化网络版权保护社会环境,规范网络版权传播秩序,推动互联网产业健康发展。行动期间查处案件8件,其中查处1件并罚款10 000元,7件关停服务器。

二、提高认识,切实做好版权公共服务

第一,积极开展作品自愿登记工作。严格审查登记作品内容,缩短登记办理周期,2010年共办理著作权作品登记118件,在2009年43件的基础上增长了174.4%,其中登记非物质文化遗产类作品32件。特别是对上海世博会贵州参展作品加强保护,为贵州省一批参博展品提供优先、快速的版权登记,并为展会提供版权保护咨询服务。

第二,加强软件正版化工作。2010年办理微软侵权投诉案7起和欧特克侵权投诉案3起。省版权局根据行政处罚程序,对投诉的公司进行调查、取证,同时也对各公司做耐心细致的说服教育工作,经过多方共同努力,促成双方达成共识,最终7家撤诉,3家还在办理中。

第三,完成版权监管平台建设。2010年3月,贵州省版权局版权监管平台安装完毕并进行试运行。到总署关闭前运转情况良好,正常接收

国家版权局下发的各类文件，并开始通过版权监管平台处理版权工作事务。

三、高度重视，加大版权宣传力度

以“4·26知识产权宣传周”为契机，采取多种宣传形式，营造良好的版权保护社会氛围，并于2010年4月23～29日开展以“打击盗版、净化市场；读黔版图书，爱多彩贵州”为主题的“世界图书日、世界知识产权日”读书宣传活动。4月26日与贵州省知识产权局、省公安厅、省工商局等共同组织在贵阳市人民广场开展宣传活动，发送新版《中华人民共和国著作权法》单行本500余册。

四、参加培训，提高执法人员综合业务能力

组织市、州、地执法人员共10人参加了新闻出版总署版权管理司举办的“2010年基层版权执法培训”学习。提高版权行政管理、执法人员的综合素质，提高版权执法人员在新形势下的版权执法能力和软件专业知识水平。

五、表彰情况

2010年5月26日《国家版权局关于表彰奖励2009年度查处侵权盗版案件有功单位及个人的决定》中，贵州省贵阳市文化市场稽查支队获2009年度查处侵权盗版案件有功单位（三等奖），贵阳市文化市场稽查队蒋平同志获2009年度查处侵权盗版案件有功个人（三等奖）。

贵州省版权局版权处和贵阳市文化市场稽查大队分别获得由国家知识产权局、公安部、海关总署、国家工商总局、版权局、高检院、贸促会、新闻办颁发的2010年世博会知识产权保护专项行动先进集体。

（贵州省版权局　王丽莎）

司法工作

2010年，贵州省法院认真贯彻《国家知识产权战略纲要》，全面加强各项知识产权审判工作，充分发挥审判职能作用，积极探索知识产权审判新思路，审判职能不断强化，审判质量和效率不断提高，依法全面履行了知识产权审判任务，为维护公平竞争的市场交易秩序和市场交易环境提供了及时有效的司法保障。

2010年全省法院共受理知识产权民事案件188件（含旧存23件），结案165件。一审收案153件（含旧存22件），其中著作权案件89件（含旧存4件），商标权案件14件（含旧存1件），专利权案件39件（含旧存15件），技术合同案件6件（含旧存1件），其他知识产权案件5件（含旧存1件）。一审审结134件，审结率为87.58%，其中判决60件，撤诉63件，调解9件，驳回起诉1件，移送1件，调撤率为53.73%。二审收案35件（含旧存1件），一审上诉率为22.86%，其中著作权案件22件（含旧存1件），商标权案件3件，专利权案件9件，其他知识产权案件1件。二审审结31件，中止3件，其中维持10件，改判5件，发回重审1件，撤诉10件，调解5件。2010年知识产权民事案件收案数与上年持平，案件类型依然以著作权侵权纠纷案件为主，达111件，占收案的59.04%；专利权纠纷案件其次，达48件，占收案的25.53%；商标权纠纷17件，占收案的9.04%，继上年大幅下降后又有所下降；技术合同及其他知识产权案件共12件，占收案的6.38%。

2010年，贵州省法院在知识产权案件审判工作中重点抓好以下工作：

第一，强化调解力度，探索调解新方式，全面贯彻“调解优先，调判结合”原则。经过努力，2010年调解率大幅上升，全年一、二审知识产权案件调解和撤诉案件共87件，调撤率达52.73%。

第二，加强知识产权审判工作的指导。针对近年来网络著作权案件数量急剧上升、案件类型日益多样化、新问题不断涌现的现实，贵州省高院民三庭组织召开了“全省知识产权审判工作座谈会”，就审判中的热点、难点问题进行了深入的讨论，集中传达了全国法院知识产权审判工作座谈会会议精神，统一了网络著作权案件中原告主体资格的审查原则，统一了全省法院著作权案件中歌曲、图片侵权案件的赔偿标准。

第三，加强知识产权案件审判工作的宣传。贵州省高院充分利用贵州省知识产权保护领导小组成员单位的有利条件，积极配合搞好全省保护知识产权专项活动，采取了公开开庭审理案件、走访企事业单位、上街宣传等多种形式，收到了良好的社会效果。

第四，全面贯彻国务院及省委、省政府的要求，集中力量开展打击侵犯知识产权和制售假冒伪劣商品专项行动。在活动中，贵州省高院高度重视，严密部署，在整个活动中刑事审判部门集中打击了一批严重侵犯知识产权的犯罪分子，强有

力地保护了公平有序的市场环境，极大地保护了企业的市场竞争力和自主创新的积极性。

第五，加强知识产权队伍的建设。通过建立健全知识产权审判组织，充实专业审判人才，加强相对稳定知识产权审判队伍的建设。结合贵州省法院知识产权审判实际，采取走出去、专题研讨会、以案举法等方式加大知识产权审判人员的培训力度，不断提高知识产权审判人员的政治、业务素质。2010 年共组织知识产权审判业务培训两次，培训人员 80 余人次。

（贵州省高级人民法院知识产权审判庭）

检察工作

2010 年，贵州省检察机关充分发挥检察职能，积极开展保护知识产权工作，通过行政执法与刑事执法相衔接机制，整合打击侵犯知识产权犯罪合力，有力地打击了侵犯知识产权犯罪，取得了一定成效。

一、全力抓好两个专项工作，依法严厉打击侵犯知识产权犯罪

2010 年 10 月以来，贵州省检察机关在最高人民检察院的统一部署下，积极开展打击侵犯知识产权和制售假冒伪劣商品专项行动和对行政执法机关移送涉嫌犯罪案件专项监督活动，采取有力措施，在深化行政执法与刑事司法衔接上下工夫，不断丰富衔接内容，创新衔接方式，努力使两个专项活动取得实效。

（一）积极部署，狠抓落实

在最高人民检察院对两个专项活动进行部署后，贵州省人民检察院高度重视，迅速行动，召开会议，就贵州省检察机关如何贯彻好两个专项活动进行专门研究，决定成立由分管副检察长为组长，主要内设机构负责人为成员的专项行动领导小组，明确侦查监督处负责专项行动的日常工作；要求全省各级检察机关把开展专项活动作为当前和今后的重点工作来抓，加强组织、领导和协调。按照贵州省人民检察院安排，贵州省各级检察机关迅速行动起来，加强与行政执法机关、公安机关、监察机关的沟通协调，结合贵州实际，制定下发了开展专项行动的实施方案。

（二）参与重大整治活动，发挥同步监督作用

贵州省检察机关在专项行动中，加强与行政执法机关信息沟通，及时了解行政执法机关的执法信息，派员参与行政执法机关的重大行政执法活动，对行政执法机关查处的行政违法案件是否构成刑事犯罪进行了同步监督。对涉嫌刑事犯罪的，发出检察建议，要求行政机关及时移送公安机关立案查处，并对行政执法机关取证、证据保全提出建议，为下一步的侦查打下基础，一定程度上解决了当前较为突出的行政执法机关移送案件证据转换和证据保全困难的问题。贵阳市南明区人民检察院派员参与该区文化局打击非法音像制品活动，在查处非法音像制品的过程中，发现一起制售非法音像制品案已涉嫌刑事犯罪，当场要求移送公安机关立案查处，并指导文化局执法大队做好取证工作和证据保全工作。后经公安机关立案侦查，移送起诉，法院判处制售非法音像制品犯罪分子 3 年有期徒刑。

（三）多措并举实现信息共享，着力破解知情难题

长期以来对行政执法机关执法活动知情难是监督行政处罚案件的瓶颈，制约着对行政执法机关行政处罚监督的深入。破解知情难，主要靠行政执法与刑事司法相衔接工作长期以来形成的良好机制。贵州省开展行政处罚与刑事司法相衔接工作形成很多好的机制，一是定期走访，贵州省检察机关自建立行政执法与刑事处罚相衔接机制以来坚持定期走访行政机关，加强与行政执法机关的联系，有利于促进工作的开展；二是定期通报，行政执法机关定期向检察机关通报行政处罚案件情况，使检察机关定期了解行政处罚情况；三是定期查阅，检察机关定期查阅行政处罚机关行政处罚案件记录、案件处罚档案，随着行政机关行政处罚的规范化，定期查阅案件档案基本能实现行政处罚案件的信息情况掌握；四是案件会诊，行政执法机关行政执法活动中遇到疑难案件，对是否构成犯罪判断有困难时，邀请检察机关共同会诊案件，听取检察机关意见。

二、整合打击侵犯知识产权犯罪资源，确保打击力度

贵州省各级检察机关克服人手少、工作量大的困难，坚持不懈地开展行政执法与刑事执法衔接机制工作，将此项工作列为检察机关工作的重

点。除了定期召开联席会议之外，贵州全省检察机关还采取主动走访、查询备案材料等方式，使行政执法与刑事执法衔接工作机制在贵州长效运行。在深化行政执法与刑事司法衔接机制的工作中，统一执法理念，着力推动依法行政，进一步完善行政执法机关案件移送和向检察机关备案的有关程序，努力探索行政执法和刑事司法相衔接的有效办法。

贵州省各级检察机关充分运用行政执法与刑事执法衔接机制，密切与行政执法部门联系，加强协调配合，积极开展打击侵犯知识产权犯罪的立案监督活动。坚持做到在监督行政执法机关查办案件的过程中，对符合刑事追诉标准、涉嫌犯罪的案件，要求行政执法机关要制作《涉嫌犯罪案件移送书》，及时将案件向同级公安机关移送，并抄送检察机关。对未能及时移送并已作出行政处罚的涉嫌犯罪案件，监督行政执法机关在作出行政处罚10日内向同级公安机关、检察机关抄送《行政处罚决定书》副本，并书面告知相关权利人。坚持做到在接到控告、举报或者发现行政执法机关不移送涉嫌犯罪案件后，依法派员审查或者调查。如认为情况基本属实的，向行政执法机关查询案件情况，要求行政执法机关提供有关案件材料。如有应当移送公安机关而不易送的，检察机关向行政执法机关提出移送的书面意见。收到行政执法机关提出的对涉嫌犯罪案件进行立案监督的建议后，要求公安机关在7日内向检察机关说明不立案理由，对公安机关的理由进行审查，认为公安机关不立案理由成立的，将审查结论书面告知提出立案监督建议的行政执法机关；如检察机关认为公安机关不立案理由不能成立时，通知公安机关立案。坚持做到对重大、有影响的涉嫌犯罪案件派员提前介入公安机关的侦查，参与案件讨论，审查相关案件材料，提出取证建议，对侦查活动进行法律监督。

三、坚决防止和纠正对知识产权犯罪打击不力的现象

2010年，贵州省检察机关充分发挥法律监督职能，加强对行政执法机关抄送的侵犯知识产权案件《行政处罚决定书》副本的审查工作，对涉嫌犯罪的及时提出移送公安机关的建议，监督公安机关及时立案侦查侵犯知识产权犯罪案件。严肃查办侵犯知识产权违法犯罪背后的国家工作人员的职务犯罪，坚决打掉其“保护伞”，在立案监督和审查批准逮捕、审查起诉中注意发现和掌握侵犯知识产权违法犯罪背后的国家工作人员职务犯罪线索，对于涉嫌构成犯罪的坚决依法查办。

（最高人民检察院侦查监督厅）

云南省

专利工作

2010年，云南省知识产权工作在云南省委、省政府的领导和国家知识产权局的指导下，高举邓小平理论伟大旗帜，以“三个代表”重要思想为指导，坚持科学发展观，以实施知识产权战略为核心，以促进科技创新自主知识产权的形成和产业化为目标，有效发挥了知识产权制度对科技、经济、社会发展的促进作用，全省知识产权的数量、质量和运用能力稳步提升，核心竞争力明显增强，圆满完成了2010年工作的主要任务和目标，为“十二五”知识产权事业发展奠定了良好的基础。

一、超额完成建设创新型云南行动计划2010年度目标

根据云南省知识产权局与省人民政府签订的《2010年度建设创新型云南行动计划年度目标责任书》，2010年全省专利申请5645件，其中发明专利2333件，发明专利授权652件，分别完成全年目标的134.4%、150.5%和155.2%，超额完成建设创新型云南行动计划2010年度目标。全省专利申请从2005年的2556件上升到2010年的5645件，跨越3个台阶，是历年来增长最快的一年。

二、知识产权战略实施工作稳步推进

结合《国家知识产权战略纲要》和云南省《实施意见》提出的目标任务，为进一步将知识产权工作与经济、科技、文化等工作有机结合，建立了云南省知识产权战略实施工作联席会议制度，对《实施意见》进行了任务分解，明确了各部门的重点任务与工作职责。知识产权有关职能部门、各州市知识产权局以《实施意见》为纲领，注重抓落实，积极推进知识产权战略的实施。大理州、文山州、楚雄州人民政府先后出台了推进实施知识产权战略的意见。玉溪、丽江、保山、临沧等州市在落实建设创新型云南行动计划相关政策中强化了知识产权的目标和要求；将专利目标任务纳入省人民政府与各州市人民政府签订的建设创新型云南行动计划年度责任目标之中加以落实和考核；《云南省"十二五"知识产权（专利）事业发展规划》已形成送审稿报送相关部门审批。各部门、各单位对知识产权战略实施的高度重视和支持，推动云南省初步形成了"政府主导、部门联合、整体推进"的知识产权战略实施工作格局。

三、专利技术转化实施取得突破

专利技术的转化运用，是专利制度推动经济发展的重要动力。2010 年 7 月云南省知识产权局联合省科技厅制定出台了《云南省专利转化实施计划项目管理办法（试行）》，启动了全省第一批专利转化实施项目，根据云南省产业发展重点和方向，遴选涉及装备制造、环保、医药和农特产品加工等技术领域 10 项专利技术进行扶持。根据省委、省政府抗旱工作部署，云南省知识产权局选择具有自主知识产权的"组合式水窖"专利技术，在昆明市东川区和普洱市墨江县进行试点示范，项目共实施安装水窖 715 立方米，解决了 20 个村民小组共 469 户 1992 人的生产生活用水问题，有效解决了 79 亩耕地的灌溉问题。

四、知识产权试点示范工作成效显著

一是云南省百户企业知识产权试点示范工作的总结验收顺利完成。5 户示范企业和 113 户试点企业通过验收，验收合格率达到 90%以上。期间，118 户试点示范企业共申请专利 1834 件，年均增长 22.3%，占全省企业同期专利申请总量的 54.6%，获得授权专利 1247 件，年均增长 12.1%，注册国内商标 992 件，申请植物新品种 27 件，登记计算机软件 205 件。实施专利技术 988 件，实施率达 79.2%，专利技术及其相关产品销售收入 769.5 亿元，年均增长 11.6%，利润 52.23 亿元。在试点示范工作的推动下，云南省支柱产业、新兴产业、重点工业园区形成了一批具有自主知识产权和名牌产品的知识产权优势企业，企业核心竞争力明显提高。2010 年，全省企业专利申请量 2141 件，同比增长 46.24%。其中，发明专利申请 823 件，占企业专利申请量 38.43%，同比增长 76.61%。授权量 1346 件，同比增长 34.73%。

二是城市、园区知识产权试点示范工作稳步发展。昆明市被国家知识产权局认定为"国家知识产权示范城市"，全市知识产权工作在示范创建的基础上又有了新的提升。玉溪市城市知识产权试点工作圆满结束，试点期间，全市共申请专利 1037 件、授权专利 550 件，年均增长 63%和 48%。通过试点示范的推进，昆明、玉溪两个经济发展重点城市的知识产权能力明显增强，在全省范围内发挥了积极的辐射带动作用。

三是"知识产权强县工程"和"传统知识知识产权保护"试点工作稳步推进。昆明市五华区、安宁市、玉溪市红塔区、文山州文山市 4 个知识产权强县工程试点和丽江市古城区、石林县两个传统知识知识产权保护试点，结合当地产业发展特点和资源优势，积极培育自主知识产权，加强创新成果和知识产权的转化，促进发展方式转变，取得明显成效。五华区组建"知识产权战略联盟"，助推五华区知识产权事业发展；安宁市实施名牌战略，加大品牌建设力度；红塔区围绕卷烟产品发展，着力提升卷烟配套产业科技创新能力；文山县培育产业专利优势，实现了三七专利申请多、技术含量高、产业化水平高、创新能力强的跨越。昆明石林县和丽江市古城区分别形成了以"阿诗玛文化"和"纳西文化"为主流的传统知识知识产权保护体系。

五、知识产权保护工作力度进一步加大

一是《云南省专利保护条例》修订工作全面展开。在对 16 个州（市）以书面形式调研和实地调研的基础上，充分借鉴外省专利地方法规的制定经验，起草拟订了《云南省专利促进与保护条例（草案）》，经过多次专题研究、专家座谈咨询，几易其稿，已上报省人民政府。

二是专项行动有效推进。按照国务院、省政府关于开展打击侵犯知识产权和制售假冒伪劣商品专项行动的部署，云南省知识产权局党政领导班子把专项行动作为重要的政治任务来抓，早研究、早部署、早行动，省、州、市、县上下联动，分类指

导各州市抓特色、突亮点，并及时成立督导组，深入重点州市督导检查、实地指导，确保专项行动落到实处，取得实效，受到国务院督导组的充分肯定。

三是专利行政执法保护取得新进展。在开展“雷雨”、“天网”集中行动月期间，牵头组织省工商、版权、质监、公安、海关等知识产权行政执法部门开展联合保护知识产权专项行动。全年专利纠纷立案20件，结案15件，有效维护了专利权人的合法权益。在第十八届昆交会期间，重点加强对展馆商品的知识产权监管，保障了昆交会的正常交易秩序。

六、信息化建设取得新进展

一是开发建立了内容较全的九国两组织两区域全部领域专利文摘数据库，并在此平台上设计加载了专利数据在线分析软件，为企业用户提供了便捷的专利在线检索和信息分析服务；完成了云南省生物产业10个专利数据库建设和网络环境建设，为加快全省企业技术改造升级、提高自主创新能力提供了信息保障。

二是落实省委、省政府抗旱救灾工作部署和要求，与知识产权出版社共同开发建设了23万多条数据的“云南抗旱救灾中外专利专题数据库”，在局门户网站发布，为服务全省中心工作提供了信息支撑。

七、知识产权宣传普及工作更加深入

一是“4·26知识产权宣传周”活动广泛开展。云南省知识产权局按照国家有关部门的部署，与23个省级部门联合，统一安排、统一行动，与全国同步组织“4·26知识产权宣传周”活动。各省、州(市)、县上下联动，以企业为重点，面向社会公众，以不同形式组织宣传活动近百场次，在全省广泛深入开展知识产权宣传普及，不断营造知识产权氛围。

二是云南省知识产权局组成讲师团，深入州市，以企业为主要对象，进行知识产权宣讲，并通过加强互动、现场解答等形式，帮助企业挖掘可申请专利的创新成果，引导企业取得知识产权，知识产权巡讲和现场咨询服务活动形成常态机制。

三是强化媒体知识产权宣传。在《云南日报》、《云南科技报刊》出知识产权专版、专栏60余期，400多篇报道；持续在昆明市主要街道和社区的250个读报栏张贴全年《中国知识产权报》，促进知识产权进一步走入社会公众。

四是以昆明冶金高等专科学校为试点单位，高等院校知识产权普及教育试点取得突破，全省各州市知识产权法律知识进学校试点取得了良好效果。

八、知识产权培训和人才培养工作

一是知识产权人才培养取得新突破。针对云南省知识产权专业人才缺乏的突出问题，出台奖励政策，多措施加强专利代理人才队伍建设，2010年有13名考生取得专利代理人资格，实现历史性突破。

二是进一步加大了培训力度。组织开展全省百名知识产权人才培训、知识产权局系统管理干部高级培训、县处级领导干部知识产权知识培训、州市以企业为重点的科技人员和管理人员培训，据不完全统计，全省组织的不同规模的知识产权普及培训和业务培训40多期，培训3000多人次。

三是搭建高层次知识产权人才培养和知识产权综合服务平台。云南省知识产权局与昆明理工大学联合，成立云南省知识产权发展研究院，发挥昆明理工大学教学、科研、人才和知识产权资源优势，采取省校共建的方式，建立了首家知识产权人才培养基地，开展知识产权领域的教学、研究和综合服务。

（云南省知识产权局）

商标工作

2010年，全省工商系统商标监管部门在云南省工商局党组的正确领导下，认真贯彻落实科学发展观，按照国家工商总局“四个统一”和云南工商“三个到位六个好”工作目标的要求，紧紧围绕国家工商总局商标局和云南省工商局党组的安排部署，采取积极有效的措施抓好2010年云南省工商局“五项指标、六项重点工作”的商标发展战略相关任务的落实，不断完善商标监管机制，提升商标服务效能，大力推进云南商标战略实施。2010年全省商标注册申请量约1.5万件，全省有效注册商标总数达44 723件；新推荐申报驰名商标认定申请18件，新获准驰名商标认定9件，全省驰名商标总数达到20件；新认定云南省著名商标209件，全省著名商标总数达到957件；查处各类商标侵权违法案件931件，案值730.16万元，各项工作稳步开展，商标战略不断深入推进。

一、围绕重点抓落实,认真完成“五项指标、六项重点工作”的商标发展战略任务

云南省工商局党组确定的2010年“五项指标、六项重点工作任务”,是2010年工作的重中之重和主要抓手,是衡量贯彻实施效能政府四项制度水平的重要标准。为此,云南省工商局结合商标发展战略工作实际,认真研究制定了具体指标和考核方案,以“一所一标”和“著名商标”为基础考核点,以“驰名商标”和“地理标志证明商标”为奖励加分项,以“有效注册商标总量”为全省合并统考项,做到细化、量化、特色化,确保云南省工商局党组对商标工作的安排部署落到实处。通过全系统各级商标监管部门的共同努力,年初确定的各项工作任务圆满完成。

(一)“一所一标”工作成效显著

通过紧紧抓住发展培育商标主线,不断深入开展“一所一标”活动,力争“一所多标”、“一人一标”,全省工商系统指导各类市场主体进行商标注册申请近3000件,约占全省商标注册申请量的五分之一。年终考核时,所有州、市工商局都完成了云南省工商局制定的考核指标,且大部分州、市均超额完成了任务。由于2010年国家工商总局商标局加快了商标注册审查进度,缩短了审查周期,全省有效注册商标总数出现大幅度增长,截至2010年底,全省有效注册商标总数达到44 723件,比上年增长51%,增幅为历史最高。

(二)第八届云南省著名商标认定活动顺利开展

全省16个州市共收到456件云南省著名商标申请,其中新申请262件,到期续展申请194件。通过形式审查、实质审查、重点商品质量抽检、初审认定、初审异议调查审理、最终认定等一系列工作,2010年第八届云南省著名商标认定活动共认定了400件云南省著名商标,其中新认定著名商标209件,到期续展认定著名商标191件。年终考核时,全省各地新申请著名商标的“申报数”和“认定数”两项指标均超过了年初制定的目标任务。目前全省有效期内的著名商标总数为957件。

(三)驰名商标培育争创工作取得历史性突破

2010年1月和10月,国家工商总局先后认定了云南滇虹药业集团股份有限公司“康王”、昆明云南红酒业有限公司“云南红”、云南罗平锌电股份有限公司“久隆”、云南云天化股份有限公司“金沙江”、红塔烟草(集团)有限责任公司“红梅”、云南玉溪水松纸厂“思源”、昆明黄龙山(饲料)工贸有限公司“黄龙山”、云南龙润药业有限公司“龙润”、昆明圣火药业(集团)有限公司“理洫王”等云南省9件商标为中国驰名商标,使2010年创下云南省驰名商标认定数量最多的年度历史纪录,目前全省驰名商标总数达到20件。在驰名商标培育申报工作方面,2010年全省共指导、推荐昆明制药集团股份有限公司“昆明”,云南省玉溪市甜馨食品有限责任公司“猫哆哩”,富源县魔芋协会“富源魔芋”,云南铝业股份有限公司“云铝”,云南云天化国际化工股份有限公司“金富瑞”,云南澜沧江啤酒企业(集团)有限公司“澜沧江”、澜沧江“KH”,德宏后谷咖啡有限公司“后谷”,云南盘龙云海药业有限公司“盘龙云海”等18件商标,向国家工商总局商标局报送了驰名商标认定申请。

(四)地理标志证明商标指导申报工作取得新进展

一是积极指导申请。各地通过调查摸清各地农业产业发展规划和地理标志资源状况,积极向当地党委政府请示汇报,强化指导申请工作。2010年新获准注册“云龙绿茶”、“罗平菜籽油”、“开远木棉”、“开远蜜桃”等地理标志证明商标4件,使云南省的地理标志证明商标总数达到了18件。另有“保山小粒咖啡”、“龙陵黄龙玉雕”两件商标已经初审公告。二是指导规范使用。云南省工商局于4月份在全省开展了针对地理标志产品专用标志的问卷调查和工作宣传,了解使用现状,进行指导规范。“普洱茶”、“宣威火腿”、“罗平小黄姜”、“宣威土豆”等地理标志注册人已全面推广“地理标志产品专用标志+地理标志证明商标标识”组合使用的模式,累计发放专用标志超过1亿枚,取得了较好的效果。“墨江紫米”证明商标得到当地政府的高度重视,于2010年5月1日专门召开了新闻发布会,通过电视、新闻媒体以及“中国墨江国际双胞胎节”等宣传平台加大宣传力度,同时启动了使用工作。全省各地通过加强重点市场监管、组织开展专项保护行动,积极引导注册人发挥证明商标带动效应、促进商标富农。

二、严厉打击商标侵权假冒行为，强化商标行政执法，营造良好市场环境

2010年以来，全省工商系统以食品、药品、农资、服装等商品为重点，把日常巡查与专项执法相结合，突出商标监管职能，切实加大行政执法和保护力度。2010年，全省共查处各类商标侵权违法案件931件，案值730.16万元，没收、销毁侵权商品13 904件，罚没金额641.83万元。

（一）认真组织开展打击侵犯知识产权和制售假冒伪劣商品专项行动

2010年11月，国务院在全国范围部署开展了知识产权保护与执法专项行动，云南省工商系统高度重视、迅速部署、狠抓落实，通过“六抓六强”等措施，有序推进整治工作。第一，抓学习、强认识。云南省工商局立即召开党组会和办公会，第一时间传达学习温家宝总理、周伯华局长的重要讲话，把思想和行动迅速统一到国务院的部署和国家工商总局的安排上来，要求全系统将专项行动作为当前的首要任务抓紧、抓好。第二，抓组织、强责任。迅速成立专项行动领导小组，制定下发实施方案和宣传方案，细化分解22项工作任务，把责任逐级分解和落实到每一级执法部门。第三，抓措施、强效果。结合云南市场监管实际，突出五个重点，抓好三个结合，采取九条措施，“查、打、堵、防、建”，标本兼治，确保专项行动扎实推进，取得实效。第四，抓案件、强执法。把执法办案作为开展专项行动的重要手段，以大案、要案的查办来体现专项行动的力度和成果，全面加强案源管理和案件查办，严厉打击商标侵权和制售假冒伪劣商品行为。第五，抓宣传、强形象。通过局长访谈、企业座谈、案件追踪、大要案曝光等形式，利用新闻媒体加大宣传力度，营造全社会共同支持专项行动的舆论氛围。第六，抓协作、强配合。加强系统上下、部门内外、省区之间的协作沟通，整体联动，共同推进专项行动深入开展。截至12月底，全省工商系统共出动执法人员1.5万人次，检查生产经营户5.1万户次，检查批发零售市场2254个次，查处制售假冒伪劣商品案件745件(其中，侵犯驰名商标案件45件、侵犯涉外商标案件35件)，案值478万元，罚没金额230万元，捣毁制假窝点29个。在全省大中市场建立商标维权服务站189个，与197户驰名、著名商标企业和行业协会建立了商标协作维权联络制度。专项行动取得初步成效。

（二）开展保护世博会标志专有权和亚运会标志专项行动

按照国家工商总局的统一安排部署，为在云南省开展好世博会标志和亚运会标志保护行动，切实维护权利人和消费者的合法权益，云南省工商局结合实际提出了具体贯彻实施意见，各州市按照国家工商总局的部署和云南省工商局的安排，将执法检查和加大宣传相结合，认真开展了专项行动。据统计，两次专项行动中，全省工商系统共出动执法人员约1.1万人次，检查各类经营企业和个体户5.3万户，检查批发市场、集贸市场等各类市场2165个，整治重点区域660处，举办宣传专栏115个，悬挂布标、张贴宣传画174条幅，认真完成了专项行动工作任务。

（三）认真做好商标代理组织备案监管工作

按照国家工商总局商标局关于商标代理组织备案工作的有关要求，根据属地原则开展摸底调查，掌握情况，认真做好备案工作。2010年共向国家工商总局报送备案商标代理组织12家，目前云南省商标代理组织数量达到了54家。同时继续探索对商标代理组织的监管长效机制，规范商标代理市场秩序。

（四）继续推进商标监管信息化建设任务

为切实提高云南省商标监管的水平和效率，给全省各地推进商标培育和商标行政执法各项工作提供数据技术支持，云南省工商局在2010年加快了商标监管信息化建设的步伐。根据年初3个层次的安排部署，年内已完成商标注册信息公众查询、系统内注册商标查询统计系统建设以及云南省中国驰名商标、著名商标、地理标志商标数据库建设。

三、强化沟通协调，努力构建完善商标战略激励机制和政策扶持体系

推动商标战略是一项系统工程。2010年，将“云南省著名商标工作目标考核”纳入省委、省政府对州、市政府年度考核的重要项目，并设立“商标战略工作专项奖励资金”，用于奖励州、市政府实施商标战略工作的先进单位，从而在绩效考核和激励机制两个层面，健全了云南省实施商标战略的工作机制。

(一)认真做好省委、省政府对"云南省著名商标工作目标考核"相关工作

根据云南省委、省政府下发的《检查考评工作通知》和《检查考评工作实施方案》的要求和安排,云南省工商局经过认真研究,按照科学、合理、规范、简洁的原则,制定了《2010年云南省著名商标工作目标考评标准》,主要从"建立健全商标战略政策机制、推进云南省著名商标培育申报、推动著名商标企业争创驰名商标"3个方面,设立了考评标准及细则,并认真抓好日常工作、督促各州市做好文档收集和痕迹管理,为迎接集中考核做足准备。

(二)完成《云南省著名商标认定和保护办法》的修订

2010年7月14日,云南省政府通过并发布了《云南省人民政府关于修改〈云南省著名商标认定和保护办法〉的决定》。经过修定,云南省著名商标的有效期从3年变为5年,每次续展认定的有效期为5年。通过延长有效期,给予被认定企业更长的权利保护周期,解决了因著名商标有效期过短带来的续展认定工作耗时耗力等问题。

(三)帮助协调解决重点企业和相关主体的商标注册问题

对于一些重点企业在商标注册过程中遇到的困难和问题,云南省工商局积极帮助沟通协调,在法律允许的范围内尽可能给予指导,先后为"康王"、"金口健"、"云药之乡"等商标向国家工商总局商标局行文加快审理。通过调查研究,认真办理完成了"云南红"、"临沧红茶"、"普洱茶"等4件政协提案答复工作。

四、加大商标法制培训和宣传力度,营造全社会共同推进商标战略的良好氛围

一年来,全省各地在商标法制宣传工作中结合实际,创新方式,拓宽渠道,充分运用各种宣传载体和形式,努力提升商标法制培训和宣传效能。

一是召开新闻发布会宣传驰名商标争创成果。2010年4月21日,在"4·26知识产权宣传周"期间,以省政府名义召开了"云南省荣获中国驰名商标新闻发布会",向全社会通报了"云南红"等云南省5件新获准认定的"中国驰名商标"。营造出政府培育驰名商标、企业争创驰名商标、市场推崇驰名商标、社会热爱驰名商标的良好氛围。

二是进行商标战略成果集中报道和展示。云南省工商局共编发《云南省推进商标战略工作简报》14期,并在云南红盾网开设了商标战略工作动态窗口。利用全国性展会平台,在"中国地理标志文化节"活动中,对云南省地理标志证明商标企业进行宣传展示。"4·26知识产权宣传周"期间,各州、市工商局利用新闻媒体、红盾网、印刷品、展板等多种形式,集中报道或展示各地推进商标战略和商标监管工作的成果。"4·26知识产权宣传周"期间,各级工商行政管理机关共出动车辆330台次、人员3153人次,组织各类宣传咨询、举办座谈会和培训班21场次,参加人员5713人次;发放宣传资料13 000多份,制作宣传展板、悬挂布标等600余条(块),充分宣传和展示了云南省实施商标战略的意义和成果,取得了较好的宣传效果。

三是积极推动国家商标战略实施示范城市和示范企业相关工作。2010年6月1日,昆明市被国家工商总局确定为首批国家商标战略示范城市,云南白药集团股份有限公司被确定为示范企业。在实际工作中对两个示范单位靠前指导、上门服务,全力支持开展示范工作,积极帮助落实示范工作扶持措施的工作制度和办法措施。通过对云南白药集团的实地走访调研,在全省范围内开展了保护"云南白药"注册商标专用权专项行动,并为云南白药集团"金口健"商标异议案件向国家工商总局积极协调,请求加快审理并予以注册。通过商标战略实施示范工作,进一步推动了全省商标战略实施工作不断深入开展。

(云南省工商行政管理局)

版权工作

2010年,在云南省委、省政府的正确领导下,云南省版权工作者深入学习实践科学发展观,认真贯彻党的十七大、十七届四中、五中全会精神和省委八届九次、十次全委会精神,按照"提高自主创新能力,建设创新型国家"的要求,以落实《云南省人民政府关于贯彻国家知识产权战略的实施意见》为动力,以提高版权工作水平为目标,切实转变管理职能,以求真务实的精神,加强版权法律知识的普及和宣传,促进全社会公众版权意识的提高;加大版权行政监管和执法力度,严厉打击各种侵权盗版活动,认真维护著作权人的合法权益,积

极营造良好的文化市场秩序；增进服务意识，努力提高和改善服务水平，积极保护知识产权，大力促进自主创新及和谐文化的发展；认真编制“十二五”版权工作规划，推进版权工作有序开展。主要工作表现在以下几个方面。

一、法律体系和版权行政管理体系建设进一步加强

著作权法律体系建设日益完善。现阶段，我国已经形成了由“一法四条例”及六个国际公约为核心，以部门规章和地方法规、政府规章为补充的较为完备的版权法律体系。

在云南省法制建设过程中，云南省政府法制办对包括著作权行政处罚在内的行政处罚自由裁量权进行了细化，为今后著作权行政执法工作提供了更公正、准确、具体的法律依据。为贯彻《国家知识产权战略纲要》和《云南省人民政府关于贯彻国家知识产权战略的实施意见》，云南省人民政府办公厅印发了《关于贯彻国家知识产权战略实施意见任务分解方案的通知》，对今后5年版权工作的发展目标、专项任务等提出了具体要求。目前，云南省版权部门拟着手准备推进地方性相关法规、规章的制定工作，为版权事业的健康发展提供基本制度保障。

版权行政管理体系建设不断加强。目前，云南省已经初步形成了云南省版权局以及州市、县版权局的层级版权行政管理体系。2010年昆明市加挂了版权局牌子，使云南省加挂版权局牌子的州、市增加到12个，部分州、市还将版权行政管理机构延伸到了县区一级。尚未挂版权局牌子的4个州、市新闻出版局也设立了版权管理兼职人员。2010年3月，根据国家关于文化市场综合行政执法改革的要求，本省组建了云南省文化市场综合行政执法总队，各州、市也将成立文化市场综合行政执法队伍。本省版权执法机构逐渐向基层纵向延伸，版权行政管理队伍不断扩大，版权行政执法体制逐步健全。

二、版权宣传培训工作成效明显，公众版权意识有所提高

宣传形式多样，效果明显。2010年，云南省共开展各种大型版权宣传活动7次，印制、发送各种版权保护宣传品10 000余份。特别是“4·26世界知识产权宣传周”期间，通过开展广场、校园版权咨询、市场执法检查、加强报纸、电视台等媒体宣传报道、校园反盗版“绿书签”签名等丰富多样的系列活动，大力宣传著作权法律法规和版权保护工作。以《著作权法》颁布20周年纪念日为契机，召开相关行业座谈会，政府法制办、省知识产权局及省大型国有企业代表、著作权权利人代表共计60余人参加了座谈会，并从著作权地方立法保护、行政保护、司法保护、版权保护给企业及权利人带来的积极作用等不同角度、不同层面谈感受、提建议，取得圆满成功，受到与会代表的一致好评。云南电视台、《云南日报》、《云南信息报》等新闻媒体对本次座谈会进行了全面的报道。进一步营造了学习《著作权法》，宣传《著作权法》，实施《著作权法》、保护版权的良好氛围。

由于在组织部分中小学开展的青少年版权保护读书活动暨版权保护知识竞赛活动中表现突出，2010年云南省版权局和官渡一中等3所学校被国家版权局授予优秀组织奖，参加活动的部分学生还分别获得一、二、三等奖。

扎实抓好培训，取得实效。云南省共组织各类版权培训5次。特别是国家版权局在昆明举办基层执法培训班，北京、天津、河北、内蒙古、新疆、吉林、辽宁、黑龙江、山东、山西、云南共11省（区、市）的版权行政管理人员和版权执法人员计130余人参加了培训。云南省文化市场行政执法总队和各州、市的版权行政执法人员得到高水平的培训机会，为今后加强本省版权行政执法工作打下基础。

三、大力强化监管，版权监管执法水平有新提高

一是各级版权行政管理部门坚持日常监管与专项治理相结合，始终保持对打击侵权盗版的高压态势，云南省版权工作把软件、网络、音像电子出版物、教材教辅等作为监管和执法的重点领域。2010年共查处版权侵权案件439件，其中移送处理26件，检查经营单位43 002个，查获地下窝点29个，收缴各类盗版制品586 704件，行政罚款共计人民币242 900元，取缔违法经营单位423个，维护了出版物市场的良好秩序。

二是为做好上海世博会旗舰版权管理工作，制定了世博会打击盗版音像制品专项行动方案和2010上海世博会版权保护工作实施方案，特别针对查缴《六人行》、《名侦探柯南》等盗版音像制品为主要内容，对本省的音像批发和部分零售市场进行检查，对涉嫌侵权的音像制品予以暂扣，后经核实，对确属侵权的音像制品予以没收，并对侵权经营者给予警告。经过开展专项行动，云南省在世博会期间未发生重大的版权侵权案件，有效维护了国家的良好形象。

三是积极开展“剑网行动”，严厉打击网络侵权盗版活动。2010 年 7 月，按照国家版权局、公安部、工业和信息化部《关于印发〈2010 年打击网络侵权盗版专项治理“剑网行动”方案〉的通知》要求，云南省版权局、云南省公安厅、云南省通信管理局密切协同，研究制定了《云南省 2010 年打击网络侵权盗版专项治理“剑网行动”实施方案》，认真组织，周密部署，在全省范围内开展了打击网络侵权盗版专项治理行动。全省各级版权行政管理部门，上下联动，主要针对网络音频视频及文学网站、网络游戏、动漫、软件以及上海世博会、广州亚运会相关作品等重点领域，共对本省有影响的 56 家重点网站进行了主动监管，严厉查处侵权盗版网站，震慑和打击了各类网络侵权盗版行为。同时，通过宣传和服务，指导、帮助本省网站建立起依法使用作品的制度，完善了“先授权、后使用”的作品使用机制。

四是周密部署，及时在新闻出版（版权）领域开展打击侵犯知识产权和制售假冒伪劣商品专项行动。根据《新闻出版总署、国家版权局、全国“扫黄打非”工作小组办公室关于打击侵犯知识产权和制售假冒伪劣商品专项行动及进一步做好使用正版软件工作的通知》和《云南省打击侵犯知识产权和制售假冒伪劣商品专项行动实施方案的通知》要求，结合云南省新闻出版、版权、“扫黄打非”工作实际，制定了《云南省新闻出版（版权）局、云南省“扫黄打非”工作小组办公室关于开展打击侵犯知识产权和制售假冒伪劣商品专项行动及进一步做好使用正版软件工作实施方案》，成立了云南省新闻出版（版权）领域打击侵犯知识产权和制售假冒伪劣商品专项行动领导小组，周密部署，明确任务，协作联动，切实做好省新闻出版（版权）领域知识产权保护工作。昆明、保山、曲靖等地积极行动，已经取得专项行动的阶段性成绩，为全面完成专项行动的各项任务打下基础。

四、积极推进软件正版化工作

按照国务院办公厅《关于进一步做好政府机关使用正版软件工作的通知》和《打击侵犯知识产权和制售假冒伪劣商品专项行动方案》的要求，云南省在过去开展软件正版化工作的基础上，遵照文件要求，总结经验，采取措施，加强领导，周密安排，有序推进省政府机关使用正版软件工作深入开展。主要开展了以下工作。

一是加大对专项行动的宣传力度，切实提高对软件正版化工作的认识。为认真做好这项工作，省政府于 2010 年 11 月 30 日专门召开电视电话会议，安排部署相关工作。各新闻媒体广泛宣传，为顺利推进此项工作打下坚实思想基础。

二是周密部署，切实加强对软件正版化工作的组织领导。收到国务院办公厅《关于进一步做好政府机关使用正版软件工作的通知》（以下简称《通知》）后，为切实贯彻落实《通知》要求，扎实开展好此项工作，云南省人民政府办公厅及时翻印并向全省下发了《通知》，要求云南省各级政府部门认真学习，并结合各地实际，按照《通知》要求积极推进此项工作。2010 年 11 月，云南省人民政府召开电视电话会议，部署云南省打击侵犯知识产权和制售假冒伪劣商品专项行动，并及时印发了《云南省打击侵犯知识产权和制售假冒伪劣商品专项行动实施方案》，提出“各级政府机关要对使用计算机软件情况开展自查自纠，进一步加大软件正版化工作力度”。2010 年 12 月 10 日，根据《新闻出版总署、国家版权局、全国“扫黄打非”工作小组办公室关于打击侵犯知识产权和制售假冒伪劣商品专项行动及进一步做好使用正版软件工作的通知》和《云南省打击侵犯知识产权和制售假冒伪劣商品专项行动实施方案》的要求，云南省版权局拟定了《云南省新闻出版局、云南省版权局、云南省“扫黄打非”领导小组办公室开展打击侵犯知识产权和制售假冒伪劣商品专项行动及进一步做好使用正版软件工作实施方案》，并以明电的形式向全省下发。该方案对全面做好政府机关和企业使用正版软件工作从目标任务、职责分工、时间安排等 7 个方面作出了具体安排，明确要求各级主管部门要在将各级政府主要负责同志作为政府机关使用正版软件的第一责任人的前提下，认真制订本行政区的实施方案，协助本级政府扎实推进使用正版软件工作。各州、市按照要求，详细制订了专项行动方案，并把政府软件正版化工作列入重要内容积极推进。

三是上下联动，稳妥推进企业使用正版软件工作。按照省人民政府《云南省推进企业使用正版软件工作实施方案》的要求，坚持“以大型企业为重点，以国有、外商投资、民营大型企业在先，中小企业在后”依次推进的原则，逐步扩大工作领域，有计划、分步骤，积极稳妥推进企业使用正版软件工作。云南省各级版权行政管理部门上下联动，共同做好推进企业使用正版软件工作。2010年，全省共有70余家企业的150余人参加培训，昆钢集团公司、云南建工集团等近100家大中型企业完成软件正版化工作，其中70余家企业软件正版化工作已经通过检查验收。云天化集团有限公司、云南铜业集团有限公司、昆明星耀集团实业有限公司、云南省农村信用社联合社、曲靖市商业银行等单位还在2010年荣获"全国软件正版化工作示范单位"；在企业中营造了尊重知识、鼓励创新的良好风气，也促进了国内软件产业的发展。

五、创新工作思路，促进版权保护

一是探索建立版权纠纷调解制度，成效明显。针对多起软件公司的软件侵权投诉，以宣传、教育、调解为主要手段，尽量化解侵权纠纷，防止侵权纠纷激化和扩大，最终使投诉方和被投诉方通过平等协商、谈判，达成共识，妥善解决了侵权争议，既保护了权利人的合法权益，又帮助企业避免了法律诉讼，为企业树立了尊重知识产权的良好形象，尽量从版权工作角度减少了社会不和谐因素。实践证明行政调解作为行之有效的解决纠纷的方法之一，在现阶段版权保护工作中取得了好的效果。

二是建设"云南省数字版权管理系统"，提高版权管理工作水平。随着社会的进步和科技的发展，数字环境下的侵权盗版活动呈现出传播面广、传播速度快、侵权影响恶劣的特点，传统的版权保护监管手段已经不能适应新的需要，为有效保护知识产权，打击侵权盗版、维护市场秩序、保障文化的自主创新动力，维护民族文化大省和强省的形象，云南省版权局积极开展了"数字版权管理平台"的建设工作。现阶段，此项工作正在稳步推进中。"数字版权管理平台"的建设将充分发挥技术手段在版权行政监管和执法中的作用，大大提高版权行政监管和行政执法的效率。

三是深入开展调研工作，为完善版权管理体制和促进地方版权产业发展奠定基础。对昆明高新技术开发区的软件园就云南软件产业情况进行调研，了解本省的软件产业现状，为下一步培育软件产业市场打下基础。深入出版单位，对图书、音像出版业版权贸易进行了调研，研究、分析了复杂经济形势对版权贸易的影响情况，探讨对策，为促进版权贸易发展提供决策依据。

六、加大宣传和培训力度，提高公众对版权的认知度

2010年，云南省以"4·26世界知识产权宣传周"为契机，共开展或参加各种大型宣传培训活动12次，印制、发送各种版权保护宣传品1万余份，进一步营造了学习相关法律法规、保护版权的良好氛围；公众版权意识进一步提高。

七、密切联系实际，切实做好版权公共服务

登记、备案等公共服务工作取得突破性进展。作品登记工作是版权行政管理部门的一项重要公共服务工作，为鼓励作品的创作和使用，云南省加大作品登记工作宣传力度，开设作品登记绿色通道，提高登记工作效率，尽量缩短登记审核时间，为权利人提供优质、快捷的服务。2010年，共登记作品341件，登记数量比上年增长42%，保护了权利人的合法权益；云南省共完成图书引进合同备案登记105件，是上年的2倍，严把图书版权引进合同关，降低出版单位在图书引进过程中的版权纠纷风险，同时提高出版单位版权自律守法意识；全年共接待版权咨询1000余人次；对大案、要案涉嫌版权侵权的音像制品100余盘(张)、图书20余册进行了版权鉴定。

（云南省版权局　马云虹）

司法工作

2010年，云南法院以"三个至上"为指导，以科学发展观为统领，以社会矛盾化解、社会管理创新、公正廉洁执法三项工作为重点，积极服务转变经济发展方式大局，充分发挥知识产权司法保护主导作用。全年共审结知识产权民商事案件375件，其中著作权纠纷案件202件，商标权纠纷案件41件，专利权案件88件，技术合同纠纷4件，其他知识产权纠纷40件。

2010年，云南省知识产权审判工作体现出以下特点。

一、新类型案件和疑难案件增多，审理难度加大

2010年，云南省各级人民法院审结的知识产权案件涉及知识产权侵权判定标准、权利冲突、特许经营合同纠纷、网络环境下的知识产权保护等诸多新问题和疑难问题，审理难度加大。云南省各级人民法院以“公正、公平、公开”为原则，在严肃执法的同时兼顾案件处理的社会效果，在工作任务繁重、审判力量薄弱的情况下成功审结一大批社会影响大、法律适用难的疑难案件和新类型案件。如杨建春诉昆明鹤翔商贸有限公司、云南烟草保山香料烟有限责任公司实用新型专利权纠纷，李洪冰诉杨萍等侵犯外观设计专利纠纷，吴俊松诉北京秀域美业美容有限公司特许经营合同纠纷。这些案件的成功审结，不仅解决了纷争，维护了当事人的合法权益，而且促进了云南省知识产权保护进程，树立了云南省各级人民法院的司法形象，取得了良好的社会效果。

二、加强审判指导，提高审判质量

为加强对全省各级法院知识产权审判的业务指导，统一全省知识产权案件的裁判尺度，云南省高院通过《院情通报》、《情况通报》等载体向全省法院下发了《2009 年知识产权改判和指令审理案件情况分析》、《关于全省驰名商标司法认定案件评查情况通报》、《云南法院 2007～2009 年知识产权典型案例》等指导性文件，这些文件对指导全省法院的知识产权审判工作，提高审判质量，发挥了积极作用。另外，云南省高院还通过举办法官沙龙活动的方式进行业务指导。2010 年云南省高院举办了 3 次法官沙龙，高、中级法院的法官围绕知识产权审判工作中的热点和难点相互交流，法官们感到获益匪浅。法官沙龙的举办为两级法院的知识产权审判法官搭建了一个交流平台，有效地发挥了以学习促审判的作用。

三、积极开展调研，推动社会管理创新

云南省高院高度重视知识产权审判调研工作，牢固树立“以调研促审判”的理念。2010 年，针对网吧侵犯信息网络传播权纠纷案件激增的现象，云南省高院成立了调研组，通过大量收集案例、走访省广电局网络影视节目处了解情况等形式，对此类案件审理中遇到的新问题、新情况进行分析，并召开专题研讨会，邀请省公安厅、省工商局、省文化厅、省版权局、省新闻出版局等部门及省网吧协会的代表进行研讨交流，广泛听取此类案件中涉及的社会管理方面的意见和建议。在充分调研的基础上，云南高院形成了以下调研文章：《网络环境下著作权的司法保护问题》，《网吧侵犯信息网络传播权纠纷案件调研报告》。同时，为了妥善审理信息网络侵权民事案件，促进网络市场健康有序发展，云南省高院向云南省网吧协会提出了司法建议。

四、加大司法宣传力度，提升人民法院形象

2010 年，云南法院积极采取切实可行的方式，多角度广泛宣传云南省知识产权司法保护取得的成就，在全社会进一步树立人民法院公正司法、一心为民、依法保护知识产权、激励自主创新的良好形象。

一是与有关部门联合召开新闻发布会，并公布云南省高院 2009 年十大知识产权司法典型案例，展示人民法院在保护知识产权方面发挥的主导作用和取得的重大成果，接受社会各界的评判和监督。二是利用网络媒体直播庭审情况，实现了宣传方式上的突破。在知识产权宣传周期间，云南省高院和昆明中院通过新华网云南频道在互联网上进行知识产权案件庭审直播，取得了较好的宣传效果，让更广泛的民众能够及时了解知识产权案件的庭审情况，缩短了司法审判与普通老百姓的距离，增强了司法的透明度。三是联合开展宣传活动。云南高、中级法院积极配合知识产权部门开展现场法律咨询等宣传活动，对知识产权法律问题进行解答，取得了良好的社会效果。对社会关注度较高的案件，主动与新闻媒体沟通和协调。楚雄中院与楚雄电视台联合开办的《法庭内外》，以案说法，有力地拓展了知识产权审判的空间。

五、落实司法为民措施，全心全意为人民服务

2010 年，云南省各级法院坚持“公正司法、一心为民”的指导方针，强化司法为民举措，增强司法行为亲和力。在具体措施上，云南法院通过编制知识产权保护指引、坚持公开审判制度、推行当事人权利义务告知制度、实行诉讼风险提示制度、探索当事人举证指导制度、规范公民代理知识产权诉讼的行为、强化审限意识和效率意识、增强裁判文书的说理性等有效方法落实司法为民措施。与此同时，积极推行判后释疑工作，力争做到辨法析理，胜败皆明。上述措施使得人民法院知识产权司法活动贴近了民众，受到群众好评。

（云南省高级人民法院知识产权审判庭）

检察工作

2010年，云南省检察机关立足检察监督职能，认真贯彻落实国家知识产权战略，充分发挥司法保护知识产权的主导作用，加大对侵犯知识产权违法犯罪的打击力度，依法惩治、积极预防侵犯知识产权犯罪，加强与行政执法机关、公安机关的工作联系，推动行政执法机关向司法机关移送包括侵犯知识产权在内的涉嫌犯罪案件工作的开展，进一步整合执法资源，促进了知识产权保护工作。

一、健全协作机制，切实做好包括侵犯知识产权在内的涉嫌犯罪案件移送工作

云南省人民检察院高度重视行政执法与刑事司法衔接工作，多次专题研究并召开电视电话会议统一全省检察机关思想，明确提出"高起点工作，高标准要求，高水平监督，高质量办案"的工作思路。云南全省各级检察机关始终把督促移送包括侵犯知识产权在内的涉嫌犯罪案件作为开展行政执法与刑事司法相衔接工作的切入点，并先后与行政执法部门建立了信息沟通机制、对重大行政执法案件实行提前介入、监督行政执法部门及时移送包括侵犯知识产权在内的涉嫌犯罪案件等机制。

二、开展打击侵犯知识产权和制售假冒伪劣商品专项行动和对行政执法机关移送涉嫌犯罪案件专项监督活动

云南省检察机关紧紧围绕服务改革发展稳定的大局，深入贯彻三项重点工作，在认真落实最高人民检察院、公安部、监察部、商务部联合开展的对行政执法机关移送涉嫌犯罪案件专项监督活动过程中，依托信息共享平台的坚实基础，以"办理一批案件、查处一批人员、建立一项机制"为目标，突出工作重点，扎实推进专项监督活动深入开展。

（一）强化领导机构，规范工作制度

一是及时成立领导机构。四部委联合下发开展专项监督活动通知后，云南省人民检察院高度重视，及时向省委、省人大、省政府做了专题汇报，并与相关部门积极沟通，组成了以云南省人民检察院常务副检察长为组长、相关厅局负责人为副组长的专项活动领导小组，并成立了由省人民检察院副检察长为主任、相关厅局主管处长和省人民检察院侦查监督、反贪、反渎部门负责人为成员的领导小组办公室，统一组织领导全省专项活动。2010年11月19日，云南省人民检察院牵头组织召开了"云南省开展对行政执法机关移送涉嫌犯罪案件专项监督活动"电视电话会议，全省14个部门的三级行政执法机关参加了会议，省监察厅、公安厅、商务厅、烟草专卖局等行政执法单位负责人在会议上做了专题发言，表示要全力做好专项监督活动工作。随后全省各地也及时成立了领导机构，各成员单位及时传达和部署了专项监督活动方案，形成了"部门一条线，全省一盘棋"的良好形势。二是建立健全制度规范。为保障专项监督活动规范有序开展，云南省人民检察院、公安厅、监察厅、商务厅联合下发了专项监督活动实施方案。云南省质监局、地税局、烟草专卖局等部门及时制订了本部门的行动方案，并组织各级执法人员学习《行政机关移送犯罪案件的规定》等规范性文件。

（二）明确活动目标，突出监督重点

一是明确工作目标。云南省检察机关结合云南实际，进一步明确了工作目标。要求各级检察机关和行政执法机关务必认识到"专项监督活动"的重要意义，依法监督移送并立案查处一批人民群众反映强烈的涉嫌犯罪案件，努力化解社会矛盾；依法查处行政执法人员相关职务犯罪和违法违纪案件，促进公正廉洁执法；建立并完善"两法衔接"长效工作机制，整顿和规范社会主义市场经济秩序，推进社会管理创新。二是突出监督重点。云南省人民检察院加强与各成员单位的沟通协调，确定以烟草、林业、税务、食品药品监管等关系云南经济社会发展大局和人民群众切身利益的行业为重点领域；以非法运输、假冒卷烟、盗伐林木、杀害珍贵濒危野生动物、破坏环境资源、虚开增值税发票等云南省高发犯罪为重点对象，加强对这些领域移送涉嫌刑事犯罪案件线索的排查监督、跟踪处理。

（三）依托信息平台，提升监督效能

云南省已在全省12个州市18家行政执法单位建成了信息平台，实现了信息共享，使侦查监督部门对行政执法有了可靠、高效的监督平台。在专项监督活动中，全省检察机关充分运用已有的建设成果，突破专项行动"大走访、大排查"的工作模式，在条件具备的地方和行业，依托已基本建成

投入使用的信息平台，采取“网上排查、一键移送、远程会商”的工作方式，极大地整合了社会资源，提高了诉讼效率，节约了办案成本，使监督效能得到有效提升。在专项监督活动中，信息平台优势得到凸显，发挥了重要作用。云南省建立了以行政执法与刑事司法衔接机制为有效措施、以信息平台作为有效载体的“网上衔接，信息共享”长效机制。

（四）采取有力措施，确保监督到位

一是强化法律培训。针对行政执法单位基层执法人员轮换频繁、对法律法规尤其是刑事追诉标准不熟悉的情况，云南省人民检察院侦查监督处组织各级侦查监督部门加强了对各行政执法单位法律法规的培训，还组织编写了《行政执法机关移送刑事案件立案标准与法律适用》一书，并赠送给各行政执法单位。梳理最新法律法规，将各类分散的法律规定集中化、系统化，及时在信息共享平台予以发布。各基层检察院组织开展集中学习等多种形式的培训，增强基层行政执法人员的法律意识，使行政执法人员对刑事追诉标准更为熟悉，主动移送案件意识得到增强。二是推进联合执法。云南省检察机关侦查监督部门积极与行政执法单位开展联合执法，在行政执法环节同步介入，适时提供法律建议，事后跟踪监督案件移送情况。三是加强督促指导。为推动专项监督活动顺利开展，云南省检察院及时了解各地专项行动开展情况，对各地进行督促指导。云南省人民检察院与公安厅、监察厅、商务厅组成两个联合督查组，深入曲靖、玉溪、红河、德宏等重点地区，对烟草专卖局、林业局、税务部门等重点部门进行督导、检查专项监督活动开展情况，研究、讨论解决问题的措施和办法，确保专项监督活动顺利开展。在德宏州督导期间，督导组指导烟草专卖局成功移送了一起假冒云南“玉溪”等知名商标香烟两万余条，涉案金额120余万元案件，批捕犯罪嫌疑人蔡某等4人。

三、依托“网上衔接、信息共享”平台，加大打击知识产权犯罪力度

在云南省各级检察机关的努力下，云南省的信息平台建设工作进展迅速。如云南省人民检察院开展信息平台软件使用培训工作，组织业务骨干对散见于法律、法规、司法解释、地方性法律文件中的追诉标准进行了细致的梳理，制定了《行政执法机关移送刑事案件立案标准与法律适用》，印制配送给20家行政执法和司法机关，为指导平台录入工作和法律正确实施提供了参考标准。省、州两级院还成立了由整顿和规范市场秩序部门、政府信息产业办、检察机关组成的工作推进组，深入基层，及时协调解决有关问题，保障工作稳步开展。

云南省行政执法与刑事司法衔接工作和“网上衔接、信息共享”机制已初显成效。行政执法部门初步解决了移送意识不强、移送标准和对象不够明确的实际问题；公安部门增强了接案、办案的积极性；检察机关强化了履行法律监督的责任感，工作更加主动；相关法规、制度逐步完善；省、市、县三级行政执法与刑事司法衔接机制的基本框架初步建立，检察机关督促移送并办理了一批在行政执法中发现的包括侵犯知识产权在内的违法犯罪案件，体现了法律权威，树立了检察机关的良好形象。

四、加强协调工作，增强信息共享平台监督实效

（一）结合打造“阳光型政府”，增强信息共享平台工作权威性

由于机制原因，检察机关缺乏对行政机关信息录入工作的约束机制，特别在各级整顿和规范市场经济秩序领导小组办公室领导机构撤销后，个别行政执法部门由于对这项工作重视程度不够或基于部门利益等因素，怠于录入信息，使平台建设流于形式，不能真正发挥作用。实践中，仅依靠个别领导讲话、指示精神及一些协调意见作为信息共享平台工作的执行依据，难以体现信息共享平台工作的严肃性和权威性。对此，各级检察机关尝试积极促成将该项工作纳入政府绩效考核层面，以此提升信息共享平台工作的权威性和严肃性，并收到了良好效果。

（二）积极探索最佳工作模式，强力推进

工作中，各级检察机关不断探索工作新途径，在较短时间内，实现了信息共享平台建设工作的强力推进。一是在云南省人民检察院要求下，各级检察院均设立了信息共享平台建设领导小组，由检察长任第一负责人，领导小组由反贪污贿赂局、反渎职侵权检察局和信息管理中心等部门组成，抽调业务骨干作为工作人员，领导小组办公室设在各级侦查监督部门，主要工作职责就是做好信息共享平台对外协调和信息联络等工作，及时协调、解决工作中遇到的问题。由于工作组任务明确，减少了中间环节，大大提高了工作进度和质

量。二是省、州两级人民检察院探索建立了联合督导组这一模式，由整顿和规范市场经济秩序办公室、政府信息产业办和检察机关组成联合督导组，深入基层，合力攻坚，确保信息共享平台工作迅速推进。

（三）建立奖惩机制，激发工作积极性和创造性

各级人民检察院党组高度重视和支持信息共享平台工作，制定了各项奖惩机制，充分调动干警的积极性和创造性。对依托信息共享平台监督成案被法院作有罪判决的案件，实施州（市）、县（区）两级院双奖激励机制。对工作表现突出的集体和个人给予表彰奖励，对工作滞后的给予通报批评并督促其整改。通过建立健全竞争激励机制，鼓励先进，鞭策后进，有效调动了工作的主动性和积极性。

（最高人民检察院侦查监督厅）

西藏自治区

专利工作

2010年在西藏自治区科技厅党组的正确领导下，在国家知识产权局的大力支持下，通过全体人员的共同努力，专利申请162件，专利授权124件，较好地完成了2010年的各项工作任务。

一、加强政治理论学习

全局工作人员坚决拥护党中央的领导，行动上与党中央、区党委保持高度一致，能够旗帜鲜明、立场坚定地反对分裂，维护祖国统一和民族团结；积极参加西藏自治区安排的“机关作风效能建设”主题教育活动。以胡锦涛总书记在中共中央政治局第三十一次集体学习时的《关于加强知识产权工作的重要讲话》为指导思想，在工作中树立高度的责任感和使命感，克服各种困难，知难而进，为西藏知识产权事业的发展积极工作。

二、工作完成情况

（一）知识产权宣传工作

根据《关于开展2010年全国知识产权宣传周活动的通知》的要求，西藏知识产权局召集自治区保知办成员单位讨论制定了“2010年西藏自治区知识产权宣传周活动方案”，并印发给自治区保知办成员单位和各地（市）科技局，要求各成员单位精心组织，在“4·26知识产权宣传周”活动期间，围绕“创造·保护·发展”这一宣传主题，结合自身实际情况，开展形式多样的宣传活动，以达到宣传的目的，取得应有的效果。主要活动有：

1. 开展媒体宣传

在“4·26知识产权宣传周”活动期间，利用新闻媒体（西藏科技报、西藏商报、拉萨晚报），围绕2010年“保护知识产权宣传周”活动主题，开展保护知识产权相关宣传，发布活动消息3条，以此营造良好的保护知识产权舆论氛围。

2. 开展联合执法活动

4月20日，西藏知识产权局牵头组织自治区工商局、自治区新闻出版局、文化厅、拉萨海关、食品药品监督局等部门，在拉萨市区开展了“知识产权联合执法”行动，检查百货超市、医药超市、音像图书商店以及土特产品商品60余家，共抽查商品300多种，没收盗版图书100册，音像制品50盘。

3. 召开知识产权座谈会

4月23日，为了纪念“世界知识产权日”，西藏知识产权局在拉萨组织召开了“知识产权座谈会”。自治区保知办成员单位、科研院校、企业、专利事务所等20余人参加了会议，会上介绍了西藏知识产权保护方面的工作情况。参会人员还就西藏知识产权事业的发展和加强知识产权保护提出了意见和建议。

4. 举行形式多样的宣传活动

4月26日，自治区保知办成员单位和各地（市）悬挂宣传横幅50条，在拉萨市、林芝八一镇、山南泽当镇、昌都地区所在地分别开展了上街宣传活动，发放各种宣传资料2000多份，现场给群众宣传讲解有关知识产权知识，成员单位进行了联合检查。

通过宣传周活动的开展，有效地提高了广大社会公众的知识产权意识，树立了尊重知识产权的良好风尚；净化了市场秩序，有效地打击了侵犯知识产权的违法犯罪行为。同时，有关职能部门

积极组织和参与，团结协作，营造了重视知识产权工作的良好氛围，为进一步开展知识产权工作打下了坚实基础。

（二）知识产权业务培训

为了提高西藏科技型中小企业的知识产权工作水平，西藏知识产权局积极争取，得到了中国知识产权培训中心的大力支持，于2010年7月26～28日在成都成功举办了第十一期西藏中小企业知识产权培训班，该班邀请国家知识产权局有关负责人和专家进行授课，来自西藏（成都）科技孵化器企业的科技人员及高层管理人员60余名学员参加了培训，通过培训提高了管理者和科技人员的知识产权意识，达到了预期的目的和效果。

为了得到国家知识产权局的支持，西藏知识产权局积极沟通和协调，制定并上报了2010年西藏知识产权工作计划及项目方案。

（三）专利咨询工作

针对西藏没有专利代理机构，西藏知识产权局工作人员热情周到地为全区专利申请人、专利权人和广大科研人员提供专利咨询服务，接待专利咨询人员达200余人次。

根据西藏专利申请状况，邀请了成都天嘉专利事务所两名同志进藏，深入企业进行调研、座谈，解决专利申请中存在的疑难问题，给企业在如何加强专利保护方面提出了很好的建议和意见。

（四）其他工作

（1）按照工作安排，对《西藏自治区落实〈国家知识产权战略纲要〉实施意见》（修改稿）以信函形式征求意见两次，召开征求意见会1次，根据征求到的意见西藏知识产权局对《西藏自治区落实〈国家知识产权战略纲要〉实施意见》进行了5次修改。目前在做上报的前期准备工作。

（2）协办“开展知识产权优势企业培育工程”。对西藏较为重视知识产权管理的西藏奇正藏药股份有限公司、西藏特色产业股份有限公司、西藏雄巴拉曲神水藏药厂进行知识产权培育。

（3）根据国家知识产权局的统一部署，2010年11月7～13日举办第四届中国专利周活动。西藏知识产权局积极开展了多种形式的“第四届中国专利周活动”。在成都西藏科技孵化器召开了专题座谈会，组织西藏专利优势企业在拉萨市北京中路繁华的闹市——红艳超市对面的街上进行了“中国（西藏）第四届专利周宣传”活动，展示了西藏在专利产业化方面所取得的成绩，发放了200册的《国家知识产权战略纲要》藏汉文对照单行本及相关宣传资料并接受了知识产权相关的法律咨询。

（4）完成了中国专利奖的推荐工作。根据评奖标准，经过调研、研究决定推荐西藏特色产业股份有限公司的专利产品——保健食品油参加2010年度中国专利奖的评选。该专利获得第十二届中国专利奖优秀奖。

（5）为了更好地开展知识产权优势企业培育工程，推动西藏知识产权工作，西藏知识产权局组织国内权威专利评估机构赴藏对西藏特色产业股份有限公司的第十二届专利奖优秀奖“保健食品油”进行价值评估。通过对无形资产评估，不仅量化了资产，为经营者提供了管理信息，增强了投资信心，对促进科学进步、企业创新能力、市场经济发展起到重大的推动作用。

（6）推荐了西藏奇正藏药股份有限公司申报第二批全国企事业知识产权示范创建单位。

（7）启动第四批全国企事业单位知识产权试点工作。

（8）根据国家知识产权局的统一部署，西藏知识产权局上报了“西藏自治区知识产权执法专项行动方案”。

（9）协调、落实了国务院办公厅召开的“全国知识产权保护与执法工作电视电话会议”有关事项。

（西藏自治区知识产权局）

商标工作

2010年西藏商标工作以科学发展观为指导，按照全区工商工作会议所确定的总体任务和目标要求，坚持创新管理机制和管理方法，坚持促进发展不松懈、加强监管不缺位，努力为西藏商标战略的实施、市场秩序的维护作出新的贡献。

一、创新机制，加强培训，宣传到位

西藏工商局以商标广告处的新设为契机，认真分析、研究商标广告监管机制创新问题，从规划、指导、服务、具体监管、控制等方面加强制度建设，明确纵向分工和权责划分，把商标广告处从具

体办案中解脱出来，强化其规划、指导、服务、控制职能，充分发挥基层的具体监管和办案积极性。

为加强对基层商广干部的教育和培训，提高其履职能力，提升管理效能，降低管理风险，2010年6月10～12日举办了全区商标广告业务干部培训班，邀请国家工商总局商标局、广告司以及浙江省工商局的领导和专家来藏授课，全区61名学员参加了培训。通过学习，学员们开阔了思路，学到了方法，增进了沟通，为进一步开展好商标广告工作奠定了良好的基础。

为强化企业的商标意识，利用“3·15消费者权益保护日”及“4·26世界知识产权日”等宣传日开展集中宣传活动、发放宣传材料、设立咨询服务台等形式，不断扩大商标法律法规的社会影响，增强社会和企业的商标法律意识。在2010年西藏自治区人民政府表彰“5100”和“藏缘及图”商标荣获中国驰名商标的大会期间，西藏工商局积极帮助企业联系相关媒体，以报纸、电视、横幅等多种形式对新获得的驰名商标进行了大量的宣传，获得了良好效果。

二、积极实施商标发展战略

西藏工商局围绕“一产上水平、二产抓重点、三产大发展”的西藏经济发展战略，加强商标培育和发展工作，坚定不移地实施商标发展战略，积极促进西藏经济的结构调整、优化和又好又快大发展。

(1)以培育地理标志商标为重点，加大涉农涉牧商标注册力度，积极实施商标富农战略。年初，西藏工商局下发了《关于全面推进农畜产品地理标志商标注册与保护工作的通知》，要求各地提高思想认识、加强宣传指导、做好摸底调查工作，确定重点、稳步推进，目前各地市正在摸底调查过程中。对符合地理标志注册条件的产品要积极申请注册，对已经注册的地理标志要帮助当地政府和商标权人就商标的使用、管理和保护建立相关制度，正确使用商标，保证产品质量，长期赢得市场。截至目前，西藏已有地理标志商标3件。

(2)支持支柱产业的商标培育和发展工作，对利用西藏特色资源、有市场竞争力的产品和有可持续发展基础的企业商标加大服务力度。5月19～21日，西藏工商局对拉萨市及周边县获得自治区著名商标的7家企业进行了回访调研，了解企业对著名商标运用及使用、发展、保护情况，鼓励争创驰名商标，强化品牌价值链，增加品牌附加值和提高品牌创利能力，不断打造西藏自主品牌，取得了较好的效果。10月29日召集全区驰名商标企业和创驰企业代表召开座谈会，交流驰名商标在使用、管理等方面的情况，并就如何进一步推动商标战略的深入实施，鼓励引导企业重视品牌的打造，争创更多的驰名商标，全面提高企业的核心竞争力，做大做强特色优势产业等问题进行研讨。还就企业加入中华商标协会的意义作用做了详细解释，通报了中华商标协会为加大对西藏商标工作的支持力度，免费吸收西藏注册驰名商标的企业加入会员的有关情况。

(3)为落实《国家知识产权战略纲要》，大力实施商标战略，鼓励引导企业争创商标品牌，促进西藏经济又好又快发展，根据《西藏自治区著名商标认定与管理暂行办法》，开展了第六届西藏自治区著名商标认定工作，目前各地、市工商行政管理局对辖区商标所有人进行宣传动员，指导商标所有人填写、整理、上报西藏自治区著名商标申请材料。

(4)加强“一县一标、一所一标”示范工作。改变过去工作中只为注册而注册的做法，加大品牌的培育和打造力度，把好的产品引入更大的市场，让好的产品帮助实现农牧民致富。截至2010年11月20日，西藏已有注册商标2077件。

(5)开展世博会标志和亚运会标志保护，为世博会和亚运会营造良好的知识产权环境。根据国家工商总局《关于保护上海世博会标志专有权若干问题的通知》和《关于印发〈保护亚运会标志专项行动方案〉的通知》的精神，西藏工商局及时下发文件，要求各地市结合实际，认真贯彻执行，在西藏地区积极营造良好的知识产权保护环境。

(6)西藏工商局对有争创驰名商标意愿并较具规模的企业和著名文化景观进行了摸底调查，初步确定布达拉宫的“布达拉宫”旅游服务商标、藏医学院制药有限公司的“彩轮”藏药商品商标、拉萨玛吉阿米餐饮连锁有限公司的“玛吉阿米”餐饮服务商标作为2010年驰名商标的争创重点，多次召集3家单位负责人及经办人员，对相关知识进行辅导和研究，安排争创事宜，同时积极协调商标局。

(7)做好新认定驰名商标的授牌表彰宣传工作。按照区党委、政府关于“推进品牌战略的深入实施，促进西藏特色经济发展”的决策部署，积极实施品牌兴藏战略，4月23日下午，西藏自治区人民政府召开了表彰“5100”和“藏缘及图”商标荣获中国驰名商标大会。目前，西藏拥有中国驰名商标6件。

(8)积极开展国家商标战略示范城市(区)、示范企业创建工作。2010年，山南地区荣获“国家商标战略示范城区”称号，西藏自治区藏药厂荣获“国家商标战略实施示范企业”称号。

（西藏自治区工商行政管理局）

版权工作

2010年，西藏自治区版权局在自治区党委、政府的领导和国家版权局的工作指导下，深入学习贯彻落实科学发展观，按照激励创造、有效运用、依法保护、科学管理的工作方针，紧紧围绕自治区党委、政府的中心工作，采取有效措施，强化监管力度，提高服务水平，扎实开展各项工作，为西藏的经济发展、社会局势稳定作出了新的贡献。

一、加强法制宣传，开展形式多样内容丰富的版权普法宣传工作

抓好版权法律法规宣传工作，培养社会公众版权保护意识是版权行政管理部门的职责和使命。2010年，各级版权行政管理部门，以纪念中国第一部著作权法颁布100周年以及《中华人民共和国著作权法》颁布20周年为契机，以“3·15消费者权益日”、“4·26世界知识产权保护周”等作为平台，转变宣传方式，采取集中宣传、开展讲座、发送手机信息等多种方式，大力宣传我国党和政府保护知识产权的方针和政策，大力宣传在自治区党委、政府的坚强领导和高度重视下西藏版权保护工作取得的喜人成就，结合在西藏发生的苯教《丹珠尔》大藏经侵权盗版案、“9.27”教辅读物侵权盗版案等典型案件，以案释法，大力宣传著作权法律法规。按照全国“扫黄打非”工作领导小组办公室的统一部署，在拉萨等中心城市开展以发放“绿书签”、张贴“绿书签”宣传海报和“绿书签”走进校园等为主要内容的“绿书签”一系列宣传活动。全年共出动宣传人员1270多人次，发放《著作权法》等法律法规宣传册2400册，发放“绿书签”和“绿书签” 宣传画5259个(张)。通过开展形式多样、内容丰富的版权普法宣传工作，社会公众版权保护意识不断提高。

二、强化行政执法和市场监管，有力打击各种侵权盗版行为

版权执法和市场监管是版权保护工作的重要手段。一年来，根据国家版权局的工作部署，认真组织各项专项行动，有力地打击了各种侵权盗版行为，切实维护了著作权人的合法权益。

（一）开展打击网络侵权盗版专项治理“剑网行动”

根据国家版权局、公安部、工业和信息化部《关于印发〈2010年打击网络侵权盗版专项治理“剑网行动”方案〉的通知》精神，制定并下发《西藏自治区2010年打击网络侵权盗版专项治理“剑网行动”方案》，协调相关部门，扎实有效地开展“剑网行动”各项工作。组织区内主要网站开展“先授权，后传播”的自查自纠工作，督促各网站建立互联网传播作品机制。加强对区内音视频、文学网站、动漫游戏网站及电子商务网站的监管，严厉打击未经著作权人许可非法上传、传播他人作品的违法行为，有力地维护了互联网传播作品的秩序。

（二）做好上海世博会、广州亚运会期间的版权保护工作

根据国家版权局《关于做好2010年上海世博会相关作品版权保护工作的通知》精神，向西藏各主要网站下发了《关于做好2010年上海世博会相关作品版权保护工作的通知》，要求各网站认真贯彻《著作权法》、《世界博览会标志保护条例》等法律法规，开展对世博会相关作品传播情况的自查自纠工作，严禁未经许可擅自传播世博会相关作品的情况。同时指派专人加强对“西藏新闻网”、“西藏之声”等5家重点网站进行实时监管，加大对世博会相关作品特别是中国国家馆日、世博会闭幕式等活动视频传播情况进行检查。汇总世博会相关作品传播情况，及时向各网站进行通报，要求及时删除。根据新闻出版总署(国家版权局)《关于印发〈2010年广州亚运会版权保护工作方案〉的通知》精神，向全区新闻出版行政管理部门下发了《关于加强2010年广州亚运会版权保护工作的通知》，及时建立了广州亚运会反盗版快速反应机制，注重收集侵权盗版信息工作，积极与公安、工商及工业与信息化部联系，集中开展广州亚运会版权保护专项行动，打击未经许可擅自印制、制作、销售、传播使用亚运会会徽、会歌、吉祥物等作品行为。结合专项行动，加强对出版物、计算机

软件市场和互联网网站的监管，查缴了各类侵权盗版出版物，切实维护亚运会重点作品的合法权益，进一步规范了西藏的出版物市场。

（三）认真开展打击侵犯知识产权和制售假冒伪劣商品专项行动

按照国务院、新闻出版总署的工作部署，自治区新闻出版（版权）局及时召开专题会议，认真研究西藏的专项行动工作，成立专项行动工作领导小组，为专项行动提供了组织保障。制定并下发了《关于开展打击侵犯知识产权和制售假冒伪劣商品专项行动方案的通知》，全面部署了西藏新闻出版打击侵犯知识产权和制售假冒伪劣商品专项行动。按照自治区新闻出版局的工作部署，各地（市）立即行动起来，采取有力措施，认真开展专项行动。各级新闻出版行政管理部门积极协调公安、工商等部门加强对印刷复制企业的源头治理，重点检查印刷复制企业执行各项制度的情况，查处非法印刷复制和非法加印、出售商标标识等印刷品以及非法复制计算机软件和影视音像制品行为。各级“扫黄打非”工作办公室组织协调文化市场、工商、公安等相关部门，加大对图书、软件、音像制品市场监管，加大对繁华市（镇）区、旅游景点、交通枢纽、学校周边等地点的巡查力度，加强对节假日、夜晚等游商地摊活跃时段的巡查和打击力度，取缔游商地摊；检查正规出版物批销场销售教辅材料、计算机软件、影视音像制品等出版物情况，检查出版物销售场执行监督举报制度情况。通过开展专项行动，严厉打击了各种侵权盗版、侵犯知识产权的行为，进一步净化了西藏的出版物市场环境。

（四）全力查处侵犯著作权重大案件

自治区新闻出版（版权）局、自治区“扫黄打非”领导小组办公室，根据著作权人的举报，协调公安、检察、法院等部门全力查处西藏“9.27”批销盗版教辅图书案。该案被全国“扫黄打非”工作小组办公室、新闻出版总署、国家版权局、最高人民法院、最高人民检察院列为打击侵犯知识产权和假冒伪劣商品专项行动挂牌督办的第一批案件，目前案件已进入司法程序。

截至2010年12月底，在各项专项行动中，累计出动执法人员2126人次，累计检查出版物批发、零售、租赁店铺340家，音像制品销售场所792家，共查缴各类盗版图书、畅销书、工具书以及盗版音像制品15 769件；检查计算机软件销售门店30家，收缴盗版软件2736件；行政处罚违规销售店铺13家，取缔非法游商摊点30个；清查在西藏备案的各类网站1541家，对全区各主要网站传播的16 783个作品（音频、视频、网络文学）的著作权授权情况进行检查，下发整规通知5个，删除未经著作权人许可擅自传播的各种作品7853个。通过对市场的整治行动，有力地打击了侵犯知识产权和制售假冒伪劣商品的行为，销售盗版国外大片、国内电视连续剧音像制品泛滥的势头得到有效遏制，制售盗版图书、计算机软件、音像制品的状况得到显著改善，出版物市场经营秩序明显好转。

三、充分发挥组织协调作用，扎实推进政府机关使用正版软件工作

为贯彻落实《国务院办公厅关于进一步做好政府机关使用正版软件工作的通知》精神，自治区版权局积极与自治区财政、工信和商务等部门协调，起草《西藏自治区人民政府办公厅关于进一步做好政府机关使用正版软件工作的通知》并呈自治区人民政府下发。2010年12月，自治区人民政府办公厅下发了《西藏自治区人民政府办公厅关于进一步做好政府机关使用正版软件工作的通知》，全面部署了西藏政府机关软件正版化工作。根据自治区人民政府的工作部署，自治区版权局指导全区各级人民政府开展相关工作，要求各级政府按照软件光盘、使用手册和授权序列号三齐的标准，对计算机操作系统软件、办公软件和杀毒软件进行全面检查，了解掌握政府机关计算机软件的使用情况，指导各地（市）新闻出版（版权）行政管理部门开展相关工作，有力地推动了政府机关使用正版软件各项工作。

四、履行工作职责，加强日常版权管理工作

在开展各项专项行动的同时，自治区版权局认真履行工作职责，加强日常版权管理工作。一是做好国家版权监管平台设备安装、运行工作。根据国家版权局的工作部署，做好国家版权监管平台硬件设备安装、管理及运行管理工作。选派人员参加国家版权监管平台运行培训工作，安装监管平台软件，指导有关人员做好登录和运行工作。二是认真组织开展“世界知识产权组织创意金奖（中国）”等评选表彰推荐工作，积极向有关部门推荐西藏的优秀作品、先进集体和先进个人，全方位展示西藏版权保护工作取得的成就。三是加强日常监管，组织人员对全区出版物市场进行检查，摸清侵权盗版出版物情况，提出专项治理意见。四是提高服务意识，增强工作的主动性，加强宣传教育工作，积极开展登记工作，全年共登记7件作品。

（西藏自治区版权局 次 仁）

司法工作

2010年，西藏全区法院共受理知识产权案件12件（旧存10件），已结12件。其中，一审案件11件（旧存10件），均为拉萨市中级人民法院受理，二审案件1件，为西藏高院受理，全部结案。案件类型为专利侵权纠纷案件11件，商标侵权纠纷案件1件。结案方式为：撤诉3件，判决9件。

一、案件的基本特点

2010年除拉萨市中级人民法院受理了知识产权案件外，其他6个地区的中级法院均未受理知识产权案件。造成2010年全区法院受理知识产权案件大幅下降的原因在于：西藏法院没有新收著作权、商标（要求认定驰名商标的案件除外）、不正当竞争等类型的知识产权案件；随着全国法院对驰名商标司法认定的标准日益严格，商标侵权案件又大幅减少，早在2009年年初，最高人民法院将涉及驰名商标认定的商标侵权案件的管辖权集中到自治区首府所在地中级人民法院，并加强了此类案件的判前审核和备案制度，如今，这些制度在西藏法院得到严格的执行。因西藏法院对要求司法认定驰名商标的标准极严，2009年内地有些企业、个别商标拥有者通过起诉要求司法认定驰名商标的目的没有达到，知道想在西藏通过诉讼实现司法认定驰名商标目的的可能性极小，故2010年只有少数的其他省份企业起诉要求司法认定驰名商标，致使西藏受理的商标侵权纠纷案件呈大幅下降的态势。

二、西藏高院审理知识产权案件的情况及分析

2010年，西藏高院共受理知识产权案件1件，已结。案件类型为商标侵权纠纷案件。结案方式为判决。

西藏高院受理的商标侵权案件为上诉人西王集团有限公司、山东范公酒业公司与被上诉人山南利君商贸有限公司人侵犯商标专用权一案，于5月11日公开开庭审理了此案。上诉人以一审判决对其所有的“范公及图形”商标是否驰名作出“不足以证实该商标具有中国驰名商标的条件”的判断，没有充分说明上诉人证据的不充分性为由，请求二审法院撤销原审判决，改判“范公及图形”注册商标系中国驰名商标，判定被上诉人构成侵权。西藏高院曾反复做上诉人的撤诉工作，也应其要求为其留了近一个月的考虑时间，但上诉人坚持不撤诉，此案最后以判决方式结案。西藏高院在二审判决中充分说明了上诉人在提交证据方面存在的欠缺，根据上诉人提交的现有证据无法认定“范公及图形”商标为中国驰名商标，一审法院虽未充分说明上诉人证据的不充分性，但不影响对本案的定性，一审法院认定事实清楚、适用法律准确，因此，二审判决驳回上诉，维持原判。对于该判决，当事人双方均未表示异议。

由于2010年仅有拉萨市中级人民法院新收1件知识产权案件，为专利（外观设计）侵权案件，一审法院案源的大幅减少使得二审法院受理的案件更少。

三、知识产权审判工作取得的成效

（一）认真做好驰名商标司法保护的总结工作

为了巩固驰名商标司法保护的工作成果，切实履行好驰名商标司法保护职责，对西藏2007～2010年在司法保护驰名商标工作中取得的实效以及存在的问题作出了深刻总结。4年来，西藏法院的拉萨、日喀则、林芝、那曲4个地（市）中级人民法院共认定了6件驰名商标，虽然2007年以来起诉到西藏中级法院要求认定驰名商标的案件不少，截至目前，西藏受理要求认定驰名商标的案件共计32件，但法院认定为驰名商标的案件只有6件，约占全部要求认定驰名商标案件的19%，说明西藏法院对此类案件把关较严，使驰名商标的司法认定案件数量控制在非常合理的范围内，不存在随意认定驰名商标的现象，也不存在任何问题。自从2009年建立了驰名商标认定的案件备案、集中管辖、判前审核等工作制度后，西藏法院按照最高人民法院的要求将驰名商标认定的一审案件全部集中在拉萨市中级人民法院民三庭管辖，西藏法院自集中管辖以来再没有认定驰名商标。

（二）积极开展法制宣传工作

为配合《国家知识产权战略纲要》的出台贯彻，由西藏高院民三庭牵头，抽调本院民事审判法官共10人在人流最密集的街道上，进行了“4·26世界知识产权日”宣传活动，这次活动共发放资料2650余册，现场解答了群众的有关法律咨询，同时征求了群众对人民法院知识产权审判工作的意见或建议，充分发挥了知识产权司法保护的能动作用。

（三）进行已结案件的回访工作

2010年4月28～29日，针对2009年成功调解结案的上诉人西藏优格仓工贸有限公司与被上诉人山南敏竹林寺民主管理委员会不正当竞争纠纷案，对双方当事人进行了回访工作，其目的是了解本案调解后的执行情况和双方当事人是否能够自觉履行协议内容，同时征求双方当事人对法院知识产权工作的意见和建议。回访时双方当事人对法院的工作均表示非常满意，同时也感谢西藏高院以人为本、司法为民的做法。

（西藏自治区高级人民法院知识产权审判庭）

检察工作

2010年，西藏自治区检察机关充分发挥法律监督职能作用，围绕监督立案和督促移送，积极完善行政执法与刑事司法相衔接工作机制，整合行政执法和刑事司法资源，使行政执法与刑事司法衔接工作机制更加制度化、程序化，加大对侵犯知识产权犯罪的打击力度，取得了一定的成效。

一、完善行政执法与刑事司法衔接工作机制，形成打击侵犯知识产权犯罪的合力

完善行政执法与刑事司法相衔接工作机制，是中央为加大对包括侵犯知识产权在内的破坏社会主义市场经济秩序犯罪以及其他犯罪的打击力度，建立整顿和规范市场经济秩序长效机制的一项重要工作。积极推动行政执法与刑事司法衔接机制建设，有利于检察机关拓展法律监督渠道，加大法律监督力度，完善法律监督职能。同时，检察机关在刑事司法系统中监督者的定位，也有利于协调做好行政执法与刑事司法衔接中的分工、沟通和制约工作。

西藏自治区各级检察机关积极行动，加强与公安机关、行政执法机关的工作联系，协调配合，集中力量打击包括侵犯知识产权在内的违法犯罪活动。督促行政执法机关及时移送案件，监督公安机关及时立案侦查包括侵犯知识产权在内的涉嫌犯罪案件，促进了行政执法与刑事司法的有效衔接。为进一步推动和规范行政执法与刑事司法相衔接工作，由西藏自治区人民检察院牵头与自治区公安厅、工商行政管理局、烟草专卖局等13家行政执法部门会签了《关于行政执法机关移送涉嫌犯罪案件几个具体问题的规定》，从而有力地推动了行政执法与刑事司法相衔接工作。西藏自治区各级检察机关结合实际情况，针对突出问题开展集中监督行动，将立案监督、侦查活动监督专项行动和行政执法与刑事司法相衔接工作机制有机结合，互为依托，促进工作扎实、有效地开展。

二、开展打击侵犯知识产权和制售假冒伪劣商品专项行动和对行政执法机关移送涉嫌犯罪案件专项监督活动工作情况

自开展打击侵犯知识产权和制售假冒伪劣商品专项行动以来，西藏自治区人民检察院高度重视，周密部署，精心组织，积极参与，认真履行法律监督职能，把开展专项行动作为重点工作，较好地完成了各阶段工作任务，确保了专项行动取得成效。

（一）高度重视，迅速启动

为进一步加强知识产权保护力度，有效打击侵犯知识产权和制售假冒伪劣商品违法犯罪行为，根据西藏自治区党委作出的重要指示精神，西藏自治区人民检察院成立了以分管检察长为组长，下设办公室，负责统一指挥全区检察机关打击侵犯知识产权和制售假冒伪劣商品专项行动，明确了专项行动的重点是打击假冒商标、盗版等领域的专项治理，并要求全区检察机关采取有效措施，确保专项行动取得成效。

（二）加强协作力度，形成打击合力

西藏全区检察机关将开展行政执法机关移送涉嫌犯罪案件专项监督活动与打击侵犯知识产权和制售假冒伪劣商品专项行动有机结合起来，下发了专项监督活动通知，对相关行政执法单位进行了走访与调查，重点掌握行政处罚或涉嫌犯罪尚未移送公安机关的案件情况。在专项行动中加大了执法力度，形成统一、协调、高效的执法协作机制。对符合刑事立案标准、涉嫌犯罪的案件，督促其及时移送司法机关。

(三)认真调研，确保监督到位

根据打击侵犯知识产权和制售假冒伪劣商品专项行动工作的需要，并按有关部门的要求，西藏自治区人民检察院认真组织，制定了详细的调研方案，以调查有关行政执法机关查处案件为入口，以监督行政机关不依法移送刑事案件为重点，进一步增强专项行动实效。

三、坚决防止和纠正对知识产权犯罪打击不力的现象

2010年，西藏自治区各级检察机关充分发挥法律监督职能，加强对行政执法机关抄送的侵犯知识产权案件《行政处罚决定书》副本的审查工作，对涉嫌犯罪的及时提出移送公安机关的建议，监督公安机关及时立案侦查侵犯知识产权犯罪案件。严肃查办侵犯知识产权违法犯罪背后的国家工作人员的职务犯罪，坚决打掉其“保护伞”，在立案监督和审查批准逮捕、审查起诉中注意发现和掌握侵犯知识产权违法犯罪背后的国家工作人员职务犯罪线索，对于涉嫌构成犯罪的坚决依法查办。

(最高人民检察院侦查监督厅)

陕西省

专利工作

2010年，陕西省知识产权工作深入贯彻落实科学发展观，全面贯彻十七届四中、五中全会精神，认真落实陕西省委十一届六次全会要求，突破后金融危机的不利影响，围绕建设西部强省总体目标，以服务加快经济发展方式转变为主线，坚持发挥调整经济结构、转变增长方式中的助推作用，知识产权创造、应用、保护、管理、服务5种体系全面发展，连续5年以超过30%的幅度高速增长，实现了“十一五”的完美收官，得到了陕西省委、省政府主要领导及分管领导的充分肯定，陕西省知识产权局被授予陕西省2010年度目标责任考核优秀单位。

一、全方位着手，大力推进知识产权战略实施

(1)协调省知识产权相关部门，共同推进《陕西省知识产权战略纲要》(以下简称《纲要》)实施。组织召开了陕西省知识产权协调领导小组工作例会，对成员单位《纲要》实施工作进行部署，检查、汇总各厅局2010年《纲要》实施进度并形成情况报告，于12月召开了新闻发布会，介绍《纲要》推进情况。

(2)着眼实施，指导市(区)、行业制定《纲要》实施意见。为增强《纲要》实施工作的针对性，2010年着手指导各市(区)及重点行业、领域制定知识产权战略实施意见。其中，榆林市和宝鸡市分别出台了知识产权战略实施意见。宝鸡市制定了《钛产业知识产权发展战略规划》。

(3)围绕热点，开展知识产权战略研究。为配合知识产权战略实施，围绕新一轮西部大开发、关中—天水经济区建设、传统文化和遗传资源保护，确定了《陕西省战略性新兴产业专利资源优势的研究》等12项知识产权战略研究课题，为领导和有关部门决策提供参考。其中，“关中—天水经济区知识产权政策研究”被列为国家知识产权局知识产权促进工程项目和陕西省政府重点调研课题。

二、多角度激励，专利申请数量、质量持续稳步增长

专利工作实现“四个突破”。一是专利申请突破2万件，2010年共申请专利22 949件，完成目标任务的135.0%，同比增长47.4%，列全国第十三名，西部第二名。二是专利累计申请量突破10万件，达103 090件。三是专利授权量突破万件大关，达10 034件。四是企业专利申请突破万件大关，达11 940件，同比增长69.1%。

专利申请质量同步提升，发明专利申请量占年专利申请量的35.5%，达8138件，同比增长

38.9%，列全国第九位。职务申请 17 867 件，同比增长 41.1%，占年申请量的 77.9%，占比列全国第三。2010 年，陕西省还荣获 3 项第十二届中国专利奖金奖，得到省委、省政府领导的高度评价。

2010 年，主要采取了以下激励措施：

(1)发挥专利申请资助资金的政策导向作用。以发明专利申请为主要资助对象，发挥导向作用。全年发放资助资金 526 万余元，其中资助发明 300 余万元。

(2)树立知识产权工作典型。联合陕西省人力资源和社会保障厅在全省范围内开展评选表彰"陕西省知识产权工作先进集体"、"陕西省知识产权工作先进个人"和"陕西省优秀发明人"活动，确定了一大批知识产权工作先进单位和个人，形成了学先进促工作的良好氛围。

(3)激发大学生创造热情。与团省委、省学联联合举办第五届"知识产权杯"陕西省大学生工业设计大赛，确定一等奖 10 项，二等奖 20 项，三等奖 30 项，优秀奖 52 项，资助符合专利申报要求的 666 件参赛作品申请了专利，保护、激发了大学生的创造热情。

(4)注重专利奖示范作用。在省专利奖评审工作中，既注重专利质量，也注重专利应用的效果，引导发明人的专利创造更趋向于应用。此次专利奖评选出一等奖 9 项、二等奖 11 项、三等奖 7 项。

三、多种方式并举，知识产权应用水平不断提高

(1)加强专利技术展示交易工作。以国家专利技术(陕西)展示交易中心为依托，以中国杨凌农业高新技术博览会为主要平台开展专利技术展示交易活动。代表国家知识产权局共组织了全国 16 个省市 80 多家科研生产单位的 160 余项优秀涉农专利项目参加第十七届杨凌农高会，签约合同及意向总金额达到 2.4 亿元。

(2)促进专利技术孵化转化。确定省级孵化项目 31 项(其中重点项目 10 项)，安排资金 300 万元，预计可实现工业总产值 28.90 亿元，实现利税 6.25 亿元，并将形成一批新的专利产品，带动相关企业和产业的快速发展。

(3)开展专利质押融资工作。与陕西省银监局等 6 部门联合出台了《陕西省知识产权质押贷款管理办法》。在第十四届西洽会上成功开展了专利质押融资项目对接活动，与建设银行陕西省分行、招商银行西安分行分别签署了《建立中小企业知识产权融资体系战略合作框架协议》，促成两家银行与 6 家企业达成 8750 万元的专利质押融资协议。

四、把握专项行动契机，知识产权保护能力不断增强

(1)开展打击侵犯知识产权和制售假冒伪劣商品专项行动。制定了专项行动方案，召开全省知识产权系统执法专项行动会议，对全省知识产权系统执法专项行动进行部署，会同西安及区县知识产权管理部门开展三级联合执法检查，并以此为契机，逐步建立陕西省知识产权保护长效机制。

(2)加强展会执法工作。制定《陕西省 2010 年世博会知识产权保护专项行动实施方案》，与陕西省贸促会共同对参博产品进行知识产权状况审核把关。在第十七届西洽会、第十九届全国发明展览会、第十七届杨凌农高会期间开展展会专利行政执法检查。

(3)知识产权预警工作受到领导重视。以网站为依托建立了专利预警平台，完成了汽车蓄电池等 4 个行业的专利预警分析，并向陕西省人大、省政府相关部门及相关企业发送。其中钛产业专利预警分析得到赵正永代省长的重要批示。

(4)知识产权行政执法见成效。开展"雷雨"、"天网"知识产权执法集中行动，与其他部门协作执法 6 次，陕西省内各知识产权局之间协作执法 5 次，受理专利侵权纠纷案件 12 件，结案专利侵权纠纷案件 14 件，出动执法人员 90 人次，检查商场 30 家，检查商品 5634 件。维权援助中心接待法律咨询 150 件，为香菊药业公司等 10 家企业提供了服务。

五、突出主要工作，知识产权宏观管理成效显著

(1)试点示范工作取得新进展。按照分类指导、突出特色、跟踪管理的原则，在陕西省内相关设区市、园区、企事业单位开展了知识产权试点示范活动，开展知识产权专项工作 17 项。确定第四批全国企事业知识产权试点单位 33 家，第二批全国企事业知识产权示范创建单位两家，国家知识产权试点园区 1 个。大荔县等 7 个县被确定为陕西省第二批知识产权强县工程实施县。

(2)探索建立关中—天水经济区知识产权协调会商机制。与甘肃省知识产权局进行沟通联系,制订了"关—天经济区"知识产权协作机制方案,为进一步加强六市一区之间的业务交流、营造"关—天经济区"良好知识产权保护环境夯实了基础。

(3)启动陕西全省重大经济活动知识产权特别审查工作。为避免重大经济活动因知识产权问题导致严重经济损失,陕西省知识产权局启动了此项工作,赴贵州、重庆、江苏等省市开展学习调研,申报重大经济活动知识产权特别审查工作课题,形成重大经济活动知识产权审议办法(初稿)。

六、围绕经济社会发展,知识产权服务工作扎实有效

一是启动实施知识产权托管工作。针对陕西省95%以上的企业缺乏知识产权管理运用能力的现状,在西安经开区和杨凌示范区开展知识产权托管服务试点,有17家企业接受托管服务,由中介机构全权负责企业知识产权运营。

二是加强专利信息服务工作。拓展了"中外专利信息服务平台",全年新增国内外专利数据113万条,实现了西安高新区、经开区以及宝鸡高新区专题专利数据库信息资源共享,为全省企事业单位和个人提供相关知识产权信息服务1494人次。对全省专利申请及授权情况进行统计分析,编印《专利统计简报》12期,完成PCT专利申请统计分析等报告18篇。

三是继续开展专利创业富民工程。经过项目征集、评审,确定西安中水润新材料科技有限公司等8家单位为2010年度专利创业富民工程实施单位,支持资金60万元。同时,开通专利创业网(http://www.zlcyw.com),为广大创业者、专利权人提供了信息交流服务的平台。

四是深入企业开展服务。组织全省百名知识产权工作者进200家"零专利"企业,开展专利申请"清零服务专项行动",帮助174家企业实现专利申请"零"突破。组织知识产权服务小分队深入248家企业开展知识产权宣传、维权、信息检索、培训等服务工作。

七、强化宣传培训,提高全社会知识产权意识

(1)多渠道开展宣传工作。一是统一安排部署了"4·26知识产权宣传周"活动,在全省开展了声势浩大的宣传、咨询、执法、培训等一系列活动。二是组织知识产权讲师团深入各市、企事业单位开展知识产权宣讲45次,受众7299人。三是利用媒体开展宣传,在《陕西日报》刊登18篇、《中国知识产权报》刊登59篇相关文章,在国家知识产权局门户网站发布信息386条。陕西省知识产权局领导作客《人民网》、《西部网》与网友互动,宣传知识产权。四是编辑《陕西知识产权志》、《2009年陕西省知识产权局年鉴》,编印《陕西知识产权》5期,发行2500册。被评为国家知识产权局政务信息报送先进单位、政府门户网站先进集体、全国优秀通联站、修志工作先进单位。

(2)加强人才队伍建设。建立了国家知识产权培训(陕西)基地,以此为主要依托,全年安排了重点培训项目5项、一般培训项目13项,各市区自行安排举办各类培训班28个,全年全省培训人数总计达到3500余人,被国家知识产权局评为全国知识产权培训工作先进单位。

(陕西省知识产权局 孙振东)

商标工作

2010年,陕西全省商标监管工作按照国家工商总局的总体方针和全省工商行政管理工作会议的安排部署,坚持综合治理、突出重点、加强服务、促进发展的方针,以营造公平竞争的市场环境、促进经济发展为目标,以打击商标侵权假冒行为为重点,进一步加强职能建设,强化服务工作,较好地完成了年度各项工作任务。主要做法是:

一、加大对商标法律法规的宣传培训,积极营造重视知识产权的良好社会氛围

(一)认真开展商标法律法规宣传

2010年4月20～26日,陕西省工商局在全省范围内安排部署开展以"创造·保护·发展"为主题的"4·26保护知识产权宣传周"活动。各级工商部门从"依法打击商标侵权行为,强化企业商标维权意识"入手,加强与版权、专利、公安等部门的协作,充分利用广播、电视、报刊、网络等媒介,采取户外大型宣传与现场法律咨询相结合,展示保护注册商标专用权成果与公布商标侵权典型案例相结合,答疑解惑与受理企业投诉举报相结合的方法,大力宣传商标法律法规,营造全社会保护知识产权的良好氛围。据不完全统计,在宣传周活动中,共设置宣传点200余处,出动宣传车150

余辆，悬挂宣传横幅、条幅3500余条，制作摆放普法知识展板500余块，印发各种宣传材料68 000余份，受众5万余人次。

4月22日，陕西省工商局作为陕西省知识产权工作协调领导小组办公室成员单位，与知识产权局、新闻出版局等单位共同在陕西省政府新闻办公室新闻发布厅发布了《二〇〇九年陕西省知识产权保护状况》，并现场回答了记者提问，西部网对发布工作进行了网上视频同步报道，国家知识产权局官方网进行了网上同步图文直播。

（二）加强对商标知识及法律法规的培训

为提高广大商标所有人的确权、用权、维权意识，促进企业更好地制定和运用商标战略开拓市场，落实“商标富农”战略，打造更加鲜亮的陕西品牌，陕西省工商局商标知识讲师团2010年分赴安康、商洛、延安、渭南等地市进行巡回讲座，累计组织讲座10场，听众达3000余人。讲师团的讲师们从不同侧面介绍了商标的国际、国内背景和形势，系统分析企业在运用商标战略促进发展中存在的问题，特别强调陕西企业商标发展的重要性和紧迫性。利用生动活泼的形式，讲述与分析了专业理论与经典案例，受到基层工商干部和广大企业的热烈欢迎。

各设区市工商局也组织开展了培训活动，仅西安市工商局就组织举办了监管执法培训班11期，培训商标执法人员1200余人；举办企业、代理机构培训班3期，培训商标管理人员210余人；邀请国家工商总局商标局有关负责人、国际商标注册机构为企业进行了两次海外维权及国际注册专题培训讲座，培训人员达670余人。

此外，陕西省工商局为配合国家工商总局做好商标国际注册及统计、建立商标海外维权机制、推进《国家工商行政管理总局关于加强马德里国际注册工作、建立商标海外维权机制的指导意见》的制定等各项工作，于4月15日组织了“企业商标国际注册及海外维权座谈会”，圆满完成国家工商总局领导来陕调研工作。5月份，承办了由世界知识产权组织主办、国家工商总局协办的“世界知识产权组织有效利用马德里商标国际注册体系巡回研讨会”，世界知识产权组织副总干事王彬颖女士等到会指导，陕西省内多家知名企业和商标代理机构代表共120余人参加了研讨会。通过举办一系列的商标讲座与培训，营造了良好的社会氛围，丰富了企业的商标知识，激发了陕西省企业商标海外注册的积极性。

二、积极引导企业正确运用商标战略开拓市场，大力推进全省商标战略的实施工作

2010年3月，陕西省人民政府出台了《陕西省人民政府关于推进商标战略的实施意见》，明确了当前和今后一个时期内商标战略的指导思想、目标和任务，制定了实施商标战略的有关扶持政策。该意见颁布后，全省各地认真学习，积极贯彻落实，商标战略推进工作正在向纵深发展，呈现出良好的发展势头。

为推进陕西省商标战略工作的实施，鼓励、帮助企业争创驰、著名商标，全省各级工商行政管理部门一是加强对企业商标工作的指导，认真推行《商标法律告知书》、《商标注册建议书》和《商标策略提示书》三项行政指导措施，全年共发送上述文书3200余份，接待企业商标咨询4100余户。二是探索和建立流通领域商标使用长效监管机制，积极开展商标授权经营制度的试点工作。为贯彻落实国家工商总局在大中城市推行“商标授权经营制度”的工作要求，切实规范商标使用许可行为，保护商标所有人和消费者的合法权益，建立流通领域商标使用秩序的长效监管机制。陕西省工商局在借鉴北京、上海等市工商局工作经验的基础上，结合陕西省实际，下发了《关于开展商标授权经营管理工作的通知》，按照学习经验、制订方案、组织试点、总结完善、逐步推开的原则，对全系统商标授权经营管理工作进行了安排和部署。目前，此项工作已取得初步成效。三是认真做好陕西省著名商标认定和中国驰名商标推荐申报工作。为进一步推动陕西省商标战略的实施，增强企业争创著名商标和驰名商标的意识，提高陕西产品在国内外市场的竞争力，促进陕西省经济快速发展，根据《陕西省著名商标认定与管理暂行规定》，陕西省工商局于2010年3月份下发了《关于组织申报陕西省著名商标工作的通知》，在全省开展著名商标的认定工作，并对2007年认定的陕西省著名商标进行延续确认。在相关部门的大力支持和企业的积极参与下，经过各级工商部门认真细致的工作，各设区市工商局、杨凌工商局共推荐上报了572件商标，经过实地考察、材料审查、征求意见等工作，陕西省工商局局务会议最终认定475件商标为陕西省著名商标，陕西省著名商标累计达1052件。同时，还根据企业投诉，经过调查核实，在商标案件行政处理中，报请国家工商总局依法认定“陕西延长石油(集团)有限公司”等13家企业的“延长”(石油)等13件商标为“中国驰名商标”。其中“延长石油”、“太白”、“银缆”、“大唐芙蓉园”、“派奇”、“洛川苹果”等6件商标成为2010年新认定的中国驰名商标,陕西省的中国驰名商标累计达30件。2010年6月,西安市和汉中市被国家工商总局确立为首批“国家商标战略实施示范城市”,陕汽有限责任公司被确立为首批“国家商标战略实施示范企业”。

三、认真实施商标富农行动,“一所一标”工作不断深化开展

陕西省各级工商行政管理机关进一步解放思想,转变职能,完善工作机制,不断夯实和深化“一所一标”工作。一是建立健全目标责任体系,纳入年度目标考核内容,任务落实到人,形成局抓所、所对村的工作机制。二是加强调查研究,科学制定发展规划,为工作开展奠定了基础。结合当地实际,制定了“申报一批、储备一批、培育一批”的商标阶梯培育规划,建立市知名、省著名、中国驰名3个梯次的商标品牌创建结构,初步形成品牌工业、品牌农业和品牌服务业相互促进的品牌经济发展格局。三是确定重点上门扶持,积极指导帮助涉农企业申请注册商标。各级工商行政管理部门在普查的基础上,对涉农未注册商标及无商标涉农企业有申请注册意向的,专门登记造册,并确定商标联络员对使用未注册商标的涉农企业和虽无商标但有申注涉农商标意向的企业及时发送《商标注册建议书》,积极指导帮助涉农企业申请注册商标。四是大力推广“龙头企业+商标+农户”的经营模式。积极扶持已有注册商标的涉农龙头企业,以其商标品牌为核心,运用“龙头企业+商标+农户”的模式,组织农民进行产业化、订单化、品牌化经营,以促进农业增效、农民增收。2010年,“一所一标”工作取得了突破性进展,全年帮扶1370件商标申请注册。此项工作还受到了国际关注,2010年6月,受国家工商总局指派,陕西省工商局代表中国参加了在韩国首尔举行的亚太经合组织研讨会,并就开展“一所一标”工作在大会做了创新型工作经验介绍。

2010年4月,陕西省工商局对陕西省地理标志产品进行了一次全面的调查摸底,共调查摸底出116件地理标志产品,将其作为重点培育对象,有针对性地对当地有资格的社会团体、行业协会或企业等符合国家规定的单位进行引导,并组织和帮助其进行申请注册地理标志证明商标,力争使传统农业打出自己的品牌。9月,陕西省工商局在延安市召开了全省地理标志商标工作现场会。现场会在总结全省地理标志商标注册、应用和保护工作,交流各市地理标志商标工作经验的基础上,对全省地理标志商标工作任务进行进一步的安排部署,为推进全省地理标志商标工作再上新台阶奠定了扎实基础。现场会期间,全体与会人员还实地考察学习了甘泉、洛川两县的地理标志商标工作,听取了由国家工商总局有关部门负责人主讲的地理标志商标知识讲座。

四、全面加强商标专用权行政保护工作

在商标监管工作中,陕西省各级工商行政管理部门以查办案件为核心,以开展专项执法行动为载体,以查处侵犯驰、著名商标,食品商标,药品商标,涉外商标,农产品商标和北京奥运会、上海世博会、广州亚运会标志案件为重点,加大对各类食品批发市场、超市、集贸市场等重点市场的检查,先后查处了一大批侵犯商标专用权的案件,较好地维护了商标所有人的权利,保护了消费者权益。一是规范企业商标使用行为,认真开展了对驰、著名商标广告宣传用语的专项检查。对在商标宣传中存在的冒用混用驰、著名商标,超出商标注册核定范围进行夸大宣传,含有评比、排序、推荐内容等不规范的问题进行了纠正和查处,进一步规范了企业的商标使用行为,维护了商标所有人和消费者的合法权益。二是加强商标专用权保护,扎实开展了一系列保护商标专用权执法行动。先后在全省范围内开展了保护“特仑苏”、“银桥”、“康师傅”、“ZIPPO”等商标专用权专项行动。严厉震慑和打击了违法当事人的违法行为,在社会上引起了较大的反响。三是认真开展保护奥林匹克标志、世博会标志、亚运会标志专有权等专项执法行动,严厉打击非法生产、使用、销售上述专用标志和标志商品等违法行为,保护了知识产权,为这些大型活动创造了良好的市场环境。四是积极开展维权协作,跨区域开展商标专用权保护工作。先后联合河南、山西、山东、上海、四川等省(区)工商部门,跨区域联合行动,有力地维护了商标所有人的利益。5月份,在接到山东樱花五金(集团)有限公司投诉后,陕西省工商局高度重视,根据企业提供的有关经销商线索,经过摸排,立即部署西安市工商局采取局、科、所联动的形式,同一时间兵分三路,对未央大明宫等五个建材市场进行了专项检查。通过检查，共查扣侵权假冒“樱花及图”气排钉22箱，有力地打击了商标侵权假冒行为，保护了商标注册人的合法权益。据不完全统计，全省工商系统全年共出动执法人员15 000余人次，车辆1850余台次，检查商品交易市场5240余个，检查企业和个体工商户12 000余户，查办商标侵权案件1534件，罚没款435.33万元。五是认真安排部署全省工商系统打击侵犯知识产权和制售假冒伪劣商品专项行动。陕西省工商局成立了全省工商系统打击侵犯知识产权和制售假冒伪劣商品专项行动领导小组，制订了《全省工商系统打击侵犯知识产权和制售假冒伪劣商品专项行动方案》，召开了全省工商系统知识产权保护与执法工作电视电话会议，专题布置此项工作。专项行动开展两个月以来，陕西省各级工商行政管理部门在专项行动中共出动执法人员11 000余人次，检查经营主体9000余户，检查超市、批发零售市场、集贸市场10 500余个次，整治重点区域243处，查处制售假冒伪劣商品案件2104件，其中涉外商标和中国驰名商标16件，查扣涉嫌假冒涉外商标和中国驰名商标商品24起，为商标所有人和消费者挽回经济损失230万余元。特别是西安市工商局在专项行动中一次打掉两个从生产到仓储销售的制假售假窝点，查获假冒“维维”豆奶粉成品950箱(20袋/箱)，“雅美滋”豆奶粉625箱(12袋/箱)，共计15.75吨，总价值23.3万余元。收缴“维维”和“雅美滋”商标标识袋22万多个，现场查获其生产的核桃粉、蛋白质营养粉、假冒金佰利牌西湖藕粉等“问题”食品1330余箱，查扣假冒“小天鹅”双桶洗衣机33台，“小天鹅”取暖器166台，整治工作已取得初步成效。

（陕西省工商行政管理局）

版权工作

2010年，陕西省版权局深入贯彻落实科学发展观，开拓进取，在版权宣传、版权保护、版权管理、版权服务等方面积极推进，取得明显工作成效。

一、加强版权普法宣传，营造版权保护氛围

(1)认真开展版权宣传，提高社会各界版权保护意识。参与筹备并参加“陕西省知识产权保护状况新闻发布会”，向40多家海内外媒体介绍陕西省版权保护工作。

(2)与陕西省及西安市知识产权局、工商局、公安厅等部门联合在西安市大雁塔北广场，开展世界知识产权日宣传活动，散发材料，接受采访，解答咨询，宣传陕西省版权保护工作和我国版权保护法律制度。参加“绿书签进商场、进校园”活动和“全省侵权盗版及非法出版物集中销毁”活动。

(3)多渠道、多形式开展培训，促进相关领域骨干人员版权法律意识和管理能力的提高，以点带面，推进工作。为中国音像著作权集体管理协会陕西站召集的卡拉OK设备经营商讲授卡拉OK版权保护知识。为陕西省广电局组织的全省广电系统行政执法人员讲授“广电影视所涉及的版权问题”。为陕西省公务员局举办的“公务员礼仪培训班”介绍版权保护法律知识。为西安市版权局举办的软件商户版权法律法规培训班讲授软件版权保护法律知识。举办了“数字出版与版权实务培训班”。举办“陕西省版权管理人培训班”，讲授版权法律基础知识和版权管理事务。组织陕西省版权行政管理人员参加国家版权局举办的基层版权培训班。

(4)编辑、撰写有关宣传材料。编印《著作权法律法规汇编》，撰写《陕西年鉴》、《2009年陕西省知识产权保护状况》、《中国版权年鉴》等有关版权工作的稿件。

二、加强版权保护，严厉打击侵权盗版，积极稳妥推进企业软件正版化工作

(1)根据国家版权局统一部署，在全省组织开展打击盗版音像制品专项行动。行动期间，协调陕西省“扫黄打非”办、省市公安部门，集中力量对西安赛格电脑城进行执法检查，当场收缴15家商户正在贩卖的盗版音像制品和软件24 000余张。随后，依照法定程序，迅速实施行政处罚。省内主要媒体予以采访报道，震慑了销售盗版违法活动，在社会上产生良好影响。

(2)落实国家版权局上海世博会版权保护有关要求，印发《陕西省2010年上海世博会版权保护工作实施方案》和《陕西省2010年上海世博会反盗版快速反应机制》，在全省建立了上海世博会版权保护的行政执法网络和机制。指导并参加西安市版权局举办的音像制品流通领域商家“迎世博拒盗版，净化市场”活动。

(3)根据国家版权局统一部署，在全省组织开

展打击网络侵权盗版专项行动"剑网行动",建立监管机制,查处侵权案件,取得一定成效。

(4)组织部署全省图书馆开展著作权保护专项检查。

(5)贯彻落实国家版权局、陕西省政府关于开展打击侵犯知识产权和制售假冒伪劣商品专项行动要求,组织在全省开展打击侵权盗版专项行动。

(6)依法办案,严肃查处侵权案件。对阿纳克斯(西安)数码软件公司侵权安装软件、陕西志信电子商务公司网上销售侵权复制品、西北政法大学学生高某销售侵权复制品、陕西晶锐互娱网络技术有限公司侵权复制软件等案件实施行政处罚。核实上海盛大网络发展有限公司代理人投诉并通知省通信管理局关闭非法运营的"樱桃冒险岛"私服。圆满处理河北作者与陕西省《城市金融报》转载稿酬纠纷。指导并参加西安市版权局对东新科贸电脑城等市场的行政执法检查,查缴盗版制品千余件。为霍松林先生、陕西党建杂志、太白文艺出版社、陕西师大出版社、陕西省史志办、杨凌示范区新闻出版局、西安电子科技大学出版社等提供法律咨询 50 人次。

(7)为方便群众举报侵权盗版,有效扩大案源,确保版权行政执法覆盖,通过《陕西日报》、《华商报》等媒体,公布陕西省版权局侵权盗版举报电话。

(8)结合陕西省实际,制定《处理侵权盗版举报工作制度》,完善举报查处制度。

(9)贯彻国家有关推进企业软件正版化要求,结合陕西省实际,印发《2010 年陕西省推进企业使用正版软件工作计划》,明确正版化工作的目标、措施和要求,对全省全年工作进行安排。

(10)发出《关于推荐我省 2010 年推进使用正版软件企业的函》,协调企业主管部门推荐并筛选 2010 年开展正版化工作的企业。把国有大中型企业作为正版化重点之一,与陕西省国资委协商省属大型企业推进企业正版化工作并制订工作方案。

(11)与陕西省国资委联合组织省属大型企业对黑龙江省、辽宁省推进企业正版化工作进行考察学习。

三、加强版权管理,保障版权工作有序推进

(1)为完善版权行政部门与作品创作和传播单位版权工作互动机制,提高单位自我保护能力,消除侵权盗版隐患,印发《关于在作品创作和传播单位建立版权管理人制度的通知》,明确版权管理人制度的具体规定,并在全省重要作品创作和传播单位认真落实执行。

(2)贯彻落实国家版权局关于创建版权示范基地、园区和城市有关要求,结合陕西省版权保护实际,指导西安市开展版权示范城市创建工作,以提升各界对版权工作的认识,提升城市知识产权整体形象,提升版权工作在全市各项工作中的位置。西安市正在积极开展申报创建工作。

(3)根据国家版权局《关于开展"世界知识产权组织创意金奖(中国)"评选推荐活动的通知》精神,在全省组织开展评选推荐活动,对有关部门推荐报送的奖项名单,依照评选标准进行认真评审。按照"严格挑选,优中选精"的原则,推荐纪录片《大明宫》、电视剧《上门女婿》、电视剧《大秦帝国》第一部《裂变》、现代秦腔剧《柳河湾的新娘》、大型 4D 秦腔交响诗画《梦回长安》、网游《大秦帝国 online》、《中华节庆文化动漫博览园》等作品或创作主体参加"世界知识产权组织创意金奖(中国)"的评选。

(4)积极研究探讨版权融资方式,与陕西省银监局、陕西省知识产权局等部门联合印发《陕西省知识产权质押贷款管理办法(试行)》,为发展版权产业提供融资政策依据。

四、加强版权贸易,服务产业发展

(1)积极做好第十七届北京国际图书博览会参展工作。周密部署,精心策划,组织陕西省出版单位参会。陕西省展区共 9 个展位,突出以传统的中国红为设计风格,展位庄重大方,受到参展人员的赞赏。陕西展团在本届展会上共签订版权输出意向 20 个,版权引进意向 61 个。西安交通大学出版社的《图解中医按摩》、陕西师范大学出版社的《杜拉拉升职记》等受到许多出版商的青睐,纷纷洽谈版权引进。签订数字版权输出意向两个,签约意向较往届有所增加。

(2)积极开展版权贸易调研。近年来,民营图书公司积极进军图书版权贸易,形成一定的市场和品牌优势,为了总结经验,开拓视野,推动陕西省图书版权贸易进一步发展,陕西省版权局深入出版产业一线,对西安荣信文化产业发展有限公司进行调研。调研组通过实地考察、召开专题座谈会、查阅相关档案资料等方式,对荣信公司在品牌经营、版权贸易、引进—吸收—消化—输出等方面的一些做法进行了深入的分析梳理,形成调研报告。

(3)制定《陕西省出版外国图书合同登记办理规程》,规范涉外版权贸易合同办理内容和程序。

(4)全年登记作品125件,审核涉外版权贸易合同221件。

(5)积极支持市场主体拓展版权贸易业务,批复设立"陕西飞扬版权贸易有限责任公司",推动陕西省版权贸易全面开展。

（陕西省版权局　沙庆超　李林杰）

司法工作

2010年,陕西省法院知识产权司法保护工作紧紧围绕"为大局服务,为人民司法"的工作主题,积极推进审判方式改革,努力加强队伍建设,扎实开展审判工作和调研工作,圆满完成了各项工作任务,取得了优异成绩。

一、陕西省知识产权案件审理的基本情况

2010年,陕西省各级法院共受理知识产权民事纠纷一审案件405件(含旧存20件),比2009年下降21.5%。其中著作权案件227件、专利权案件77件、商标权案件56件、技术合同案件14件、植物新品种案件26件、其他知识产权案件5件。共审结案件377件,其中调解、撤诉案件234件,调撤率为62.1%。受理知识产权民事纠纷二审案件55件(含旧存5件),比2009年下降10.9%。其中著作权案件17件、专利权案件14件、商标权案件10件、技术合同案件5件、植物新品种案件1件、其他知识产权案件8件。共审结案件55件,其中调解、撤诉案件20件,调撤率为36.4%。

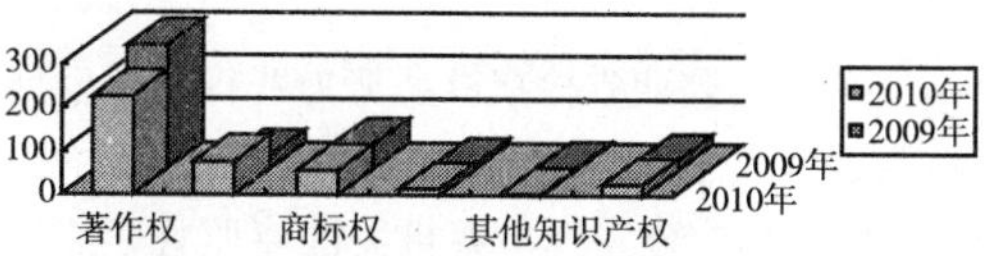

图1　2009年与2010年受理知识产权民事纠纷一审案件比较

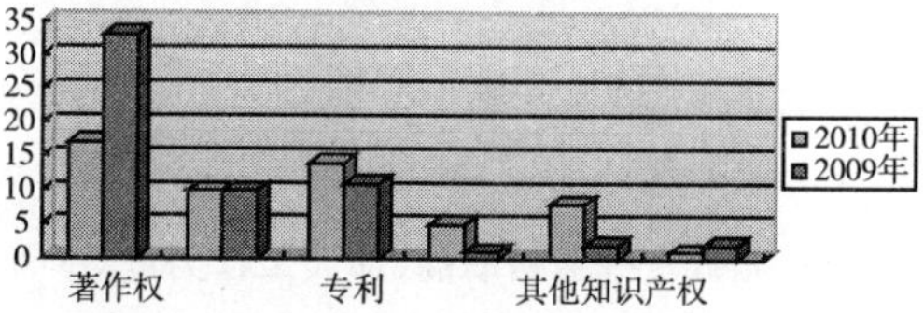

图2　2009年与2010年受理知识产权民事纠纷二审案件比较

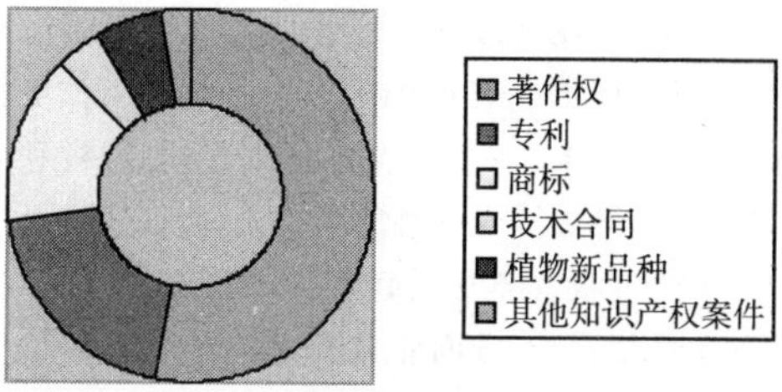

图3　2010年受理知识产权案件类型分布

2010年,陕西省各级法院严格按照法律规定,审理了西安强生药业有限公司与强生公司、上海强生制药有限公司、西安杨森制药有限公司侵犯注册商标专用权及不正当竞争纠纷,商丘市中州厨具有限公司与礼泉县鑫灞厨具有限公司、毛端清侵犯外观设计专利权纠纷,杨凌新西北种业有限公司与大荔县盛丰农贸经营部侵犯植物新品种纠纷,陕西东明农业科技有限公司与陕西秦丰农机(集团)有限公司侵犯专利权纠纷和西安都市医院与西安现代保健报社侵犯著作权纠纷等一批社会关注度高的新型疑难和重大典型案件,维护了社会正义和市场秩序,取得了良好的社会效果和法律效果。陕西省的知识产权司法保护工作也得到最高人民法院和社会各界的高度评价,陕西省高院审理的张恒诉陕西攀峰实业有限公司、王建军侵犯著作权纠纷上诉案被最高人民法院选入2010年中国法院知识产权司法保护50件典型案例。《知识产权恶意诉讼的辨识、审判与治理》和《知识产权视野下审判权运行机制研究》分别获得"全国法院第二十二届学术论文"三等奖。

二、陕西省知识产权司法保护面临的新情况和新问题

(一)受理案件数略有下降,案件类型呈现"新、高、难"的特点

除传统的著作权、商标权、专利权和技术合同案件外,还涉及不正当竞争、植物新品种及知识产权权利冲突等案件,网络信息传播权纠纷案件增长较快。专利案件的范围从中药配方到可触摸式电压保护器,从农村净水器到感温火灾探测器,涉及面广、专业技术性强。出现了不正当竞争纠纷等密级高、专业性强的案件,由于侵权标准认定难,案件的处理难度增大。

(二)知识产权案件服判率较高,但调解难度加大

《专利法》修改后,侵权赔偿的最低限额提高

到10 000元,权利人获赔预期加大,不愿调解或要求额较高,造成双方差距拉大,使调解工作更加困难。网吧、卡拉OK等娱乐场所侵权,因权利人多次诉讼,导致被告抵触情绪较大,使得法官送达难。由于侵权人经常开庭不到,一方面增加了法官的工作量,另一方面加大了调解的难度。

三、知识产权司法保护的主要做法

(一)深化审判方式改革,探索知识产权审判新规律

一是严格执行案件流程管理。从立案、排期、送达,到开庭和合议的各个环节,严格遵守审限规定,制定了案件到庭后1个月内必须开庭、庭审后15日内必须合议等审限管理措施,实现了全年无超审限案件和收结案的良性循环。二是加强诉讼指导。从明确诉请,到举证、质证,告诉当事人在每个环节如何正确行使诉讼权利,切实保护他们的诉讼权利。三是加大调解力度。将调解贯穿于审判工作的全过程,耐心细致地做好当事人的思想工作,及时化解和疏导矛盾,争取做到案结事了。2010年,全省知识产权案件调撤254件,调撤率达58.8%。

(二)加强案件研究,妥善处理保护知识产权和维护社会公益的关系

2010年陕西省法院受理的知识产权案件除了专利、商标和著作权等传统案件外,还受理了商业秘密、植物新品种和不正当竞争等新类型案件。为了适应工作需要,陕西省高院采取多种措施,努力提高审判人员的业务素质。一是坚持定期学习制度,每月集中两天以上时间学习新的法律规定和最高人民法院案例,指导审判实践。陕西省高院民三庭还开展了"法官教法官"活动,通过老法官带新法官参与庭审、探讨疑难法律问题等多种形式,有效地提高了法官解决疑难问题的能力。二是积极参加和举办各类新型案件研讨班。多次派员参加最高人民法院举办的知识产权与竞争法国际研讨会,著作权司法保护座谈会,反垄断民事诉讼国际研讨会和商业秘密司法保护、专利授权案件审判标准课题等研讨会。通过参加学习和培训,为审判经验交流和疑难法律问题研究提供了平台,有力地促进了审判水平的提高。三是鼓励审判人员结合工作实践撰写调研文章。全省法院法官先后在《人民司法》、《案例选编》、《三秦审判》和陕西法院网等刊物、网络上发表《著作权合理使用问题研究》、《书法作品独创性认定标准问题探析》、《论企业名称权与商标权的冲突》、《论知识产权的权利穷竭原则》、《审理涉及商业秘密案件中应注意的问题》和《李祝福与杨名奎侵犯商标权纠纷案》等文章8篇。《重视审判质量强化队伍建设 加强我省涉外商事海事审判工作》被全国第三次涉外商事海事审判工作会议作为经验交流材料使用。

(三)开展宣传活动,扩大知识产权审判的社会效果

陕西省各级法院与相关单位和新闻媒体合作,以多种形式开展知识产权司法保护宣传工作。通过《人民法院报》、《中国知识产权报》、《三秦都市报》、《西安日报》、西安电视台等众多媒体,宣传报道陕西省知识产权审判的情况及重大案例。积极开展"五进"和征询公民代表对案件裁判意见活动。西安市中院民四庭在西北政法大学公开开庭审理了北京天语同声信息技术有限公司与西安天上人间餐饮娱乐有限公司侵犯著作权纠纷一案,陕西电视台、《华商报》等多家新闻媒体进行了采访报道,社会反响良好。2010年,陕西省高院民三庭先后开展"五进"活动11次,邀请人大代表41人次、政协委员14人次,公民参与调解28人次。通过上述活动,提高了全民知识产权法律意识,扩大了人民法院知识产权保护的社会影响,使多起案件以调解撤诉方式结案。

(陕西省高级人民法院知识产权审判庭)

检察工作

2010年,陕西省检察机关努力践行科学发展观,紧紧围绕"强化法律监督,维护公平正义"的检察工作主题,充分发挥检察机关法律监督职能作用,努力实践刑事司法与行政执法衔接,依法惩治侵犯知识产权犯罪,同时注意查处违法犯罪活动的"保护伞"。采取有力措施保护知识产权,为陕西省经济社会健康、协调、有序发展,创造了良好法治环境,作出了应有的贡献。

一、充分发挥监督职能,加大工作力度,不断取得"两个专项活动"新成效

对行政执法机关移送涉嫌犯罪案件专项监督活动和打击侵犯知识产权和制售假冒伪劣商品专项活动开展以来,陕西省检察机关高度重视,精心

组织，迅速行动，切实加大工作力度，加强了行政执法机关移送涉嫌犯罪案件的监督和对知识产权的刑事保护工作，有力地净化了市场环境，维护了人民群众的合法权益，取得了阶段性的成效。

（一）高度重视，精心组织，确保专项活动扎实开展

两个专项活动部署后，陕西省人民检察院高度重视，及时召开党组会，认真学习中央和最高人民检察院文件精神，成立了以陕西省人民检察院党组副书记、副检察长毛海同志为组长，办公室、侦查监督一处、公诉一处、反渎局等相关部门负责同志为组员的领导小组，并由侦查监督一处承担领导小组办公室的具体工作，研究制订了全省检察机关对行政执法机关移送涉嫌犯罪案件专项监督活动和打击侵犯知识产权和制售假冒伪劣商品专项行动实施方案，提出了“提高认识，加强领导；强化监督，突出重点；拓宽渠道，发现线索”的工作思路和要求。按照陕西省人民检察院的部署与要求，全省各级检察院结合工作实际，均成立了领导小组，制订了开展两个专项活动的实施方案，从组织上保证了两个专项活动有计划、有步骤地扎实开展。为做好两个专项活动工作，陕西省人民检察院领导小组还专门确定一名侦监干部和一名公诉干部具体负责专项行动日常工作。一是及时与有关行政执法机关联系、沟通，掌握全省专项活动进展情况，发现和解决存在的问题。二是建立两个专项活动周报表、月报表、典型案例和重大情况随时报送等制度，定期通报专项活动的数字及立案、批捕、起诉等案件情况。

（二）发挥法律监督职能，加大力度，确保专项行动取得成效

在两个专项活动中，全省各级检察机关充分发挥批捕、起诉、诉讼监督等职能，加强与相关部门的协作，加大工作力度，强化了对行政执法机关移送涉嫌犯罪案件的监督，促进了依法行政，取得了阶段性成效。一是加大宣传力度，营造浓厚氛围。两个专项活动中，全省各级检察机关采取广播电台、上街宣传、标语横幅等形式广泛深入宣传，营造浓厚氛围，调动人民群众参与法律监督的热情，争取社会各界的支持。全省各级检察院先后开展两个专项活动法制宣传 123 次，印发宣传材料 2 万余份，提供法律咨询 2000 余人次。二是积极摸排线索，加大跟踪力度。在两个专项活动中，全省各级检察机关注意从各种渠道发现和掌握监督行政执法机关移送涉嫌犯罪案件和侵犯知识产权和制售假冒伪劣商品的犯罪线索，对发现和摸排的线索，依法履行监督职责，加大跟踪力度，确保案件依法立案，尽快批捕起诉。把摸排案件线索作为开展工作的关键，积极同行政执法机关联系沟通，摸清情况，根据本地区实际选定重点部门作为突破口，进行重点检查。加大对个案的跟踪监督力度，实行立案前引导、立案中督导、捕后跟踪的制度。如宝鸡市凤翔县以个体户陈某夫妇为首的制售假酒团伙，采取以假充真、以此充好的方式大肆生产销售假冒“15 年西凤酒”、“部队专供西凤酒”等假冒西凤名酒 1.2 万余瓶，涉案金额 175 万元。公安机关立案后，凤翔县人民检察院即派员介入侦查，参加案件讨论，引导侦查取证，提出对证据的甄别和固定意见，从而使该案依法快审快捕，并全程跟踪与督促处理。

（三）深入相关部门，加强督导检查

为深入推进两个专项活动，陕西省人民检察院在全省组织开展对侵犯知识产权和制售假冒伪劣商品案件专项监督检查活动，下发了全省开展对侵犯知识产权和制售假冒伪劣商品案件专项监督检查活动方案，明确了全省开展对侵犯知识产权和制售假冒伪劣商品案件专项监督检查活动的目标、内容、时间。同时，陕西省人民检察院及时派员深入西安、宝鸡等案件相对较多的市对专项活动进行检查与督办，并根据具体情况实行指导，对各地专项活动的提出有针对性的指导意件。各市人民检察院也根据本市开展活动的实际，及时深入各县（区）院，调查研究，加强业务指导和督导检查。

（四）实行挂牌督办，加强打击力度

为深入开展“打击侵犯知识产权和制售假冒伪劣商品专项行动”，加强对此类案件的打击力度和效果，陕西省人民检察院对一批重大案件进行了挂牌督办。例如，陕西省人民检察院对西安市人民检察院以涉嫌销售假冒注册商标罪批捕的邓某销售假冒五粮液、飞天茅台等高档酒案和以假冒注册商标罪批捕的汪某制造假冒飞天茅台、五粮液、西凤等高档酒涉案进行挂牌督办，西安市人民检察院按照陕西省人民检察院挂牌督办的要求，高度重视，适时派员介入侦查、引导取证，并做到跟踪监督，确保了挂牌督办的案件快捕快诉。现邓某已被法院一审以假冒注册商标罪判处有期

徒刑5年，并处罚金100万元；汪某已被法院一审以假冒注册商标罪判处有期徒刑1年2个月，并处罚金6万元。

（五）加强部门协作，深化“两个专项”

在两个专项活动中，全省各级检察机关积极与公安机关、监察机关和商务主管等部门加强协作，联合走访工商、农业、质检、文化等有关行政执法机关，通过联席会议、查阅行政执法案件台账和案卷等方式，摸排涉嫌犯罪案件线索，建立动态跟踪机制，及时通报有关情况，研究解决有关问题，确保有力地打击犯罪。在专项活动中，对部分法律的理解与适用不一致是办理侵犯知识产权犯罪案件的法律难点，为此，陕西省人民检察院积极加强与相关单位的协作，达成认识上的一致。例如，犯罪嫌疑人姚某开设美加涂料厂和成立荣达制桶厂，仿冒立邦、多乐士等名牌涂料进行销售，为避免完全和名牌注册商标一致，给名牌商标加上其他字以示区别，如香港多乐士、香港立邦、多乐士二代，销售获利18万多元。因为对相关法律的理解和适用不一致，针对案件的特殊性，陕西省人民检察院及时和公安、法院等单位讨论研究，最后以非法制造、销售非法制造的注册商标标识罪对犯罪嫌疑人姚某批准逮捕。

二、强化措施，进一步完善行政执法与刑事司法衔接工作机制

构建行政执法与刑事司法相衔接工作机制，是建立整顿和规范市场经济秩序工作长效机制的迫切需要，是检察机关开展刑事立案监督工作的重要内容，陕西省各级检察机关进一步完善行政执法与刑事司法相衔接工作机制，结合实际，采取不同形式、方式推动行政执法与刑事司法相衔接工作机制向移送案件层面深入发展。各级检察机关认真总结行政执法与刑事司法衔接工作，以召开联席会议，制定实施办法、实施意见等方式不断强化行政执法与刑事司法相衔接机制。陕西省检察机关针对具体情况提出了“各级检察院应继续加强与有关行政执法机关建立联系、互通信息制度，督促行政执法机关及时向公安机关移送涉嫌犯罪案件”等四项工作思路，从建立衔接机制向移送案件层面深入，积极推进行政执法与刑事司法相衔接工作的开展。按照陕西省人民检察院的部署与要求，全省各级检察机关主动加强与行政执法机关的联系，在建立与行政执法机关的长期联系协作机制上狠下工夫。如，安康市紫阳县人民检察院组织召开了县公安局、监察局、经贸局、工商局、技术监督局、烟草局、食品药品监督管理局等13家行政执法机关参加的联席工作会议，就相互配合的制度化、信息共享、情况通报和提前介入等有关事宜达成了共识。西安市新城区人民检察院与科技局召开联席会议，制定了《西安市新城专利执法联席会议机制》。据统计，陕西省各级检察机关召开与有关行政执法机关的座谈会63次，与有关行政执法机关会签各类文件30余件，在建立和完善了与行政执法机关的联席会议、办案通报和执法监督等方面得以进一步加强，形成工作合力，使对行政执法监督工作趋于制度化。

三、依托衔接机制，拓宽立案监督渠道

为进一步加强陕西省行政执法与刑事司法相衔接工作与联系，根据《陕西省行政执法与刑事执法相衔接工作机制的规定》，陕西省人民检察院会同省级17个行政执法部门召开了陕西省行政执法与刑事司法相衔接工作联席会议，通报了近几年来全省行政执法与刑事司法相衔接工作情况，讨论通过了《陕西省行政执法与刑事司法相衔接工作联席会议制度》，并以陕西省人民检察院、省整顿和规范市场经济秩序领导小组办公室、公安厅、监察厅的名义向各市下发了《陕西省行政执法与刑事司法相衔接工作联席会议制度》，明确了联席会议的工作职责和人员分工，规定了相应的工作制度，对加强陕西省检察机关与各行政执法部门的联系，及时掌握了解行政执法机关查处案件的情况，防止包括侵犯知识产权在内的涉嫌犯罪案件的流失，确保检察机关对行政执法机关移送包括侵犯知识产权在内的涉嫌犯罪案件的有效监督提供了操作性较强的工作依据。

对检察机关而言，行政执法与刑事司法相衔接工作机制的核心内容就是对行政执法机关移送包括侵犯知识产权在内的涉嫌犯罪案件的监督。陕西省检察机关依托《关于在行政执法中及时移送涉嫌犯罪案件的意见》和《陕西省行政执法与刑事司法相衔接工作联席会议制度》，通过与行政执法机关定期或不定期召开联席会议，交流工作经验，协商解决工作中遇到的重大问题或倾向性问题，把对行政机关移送包括侵犯知识产权在内的涉嫌犯罪案件的监督作为立案监督的重要案源渠道，取得了明显效果。

（最高人民检察院侦查监督厅）

甘肃省

专利工作

2010年，在甘肃省委、省政府的正确领导下，在国家知识产权局的大力支持下，甘肃省知识产权局大力实施国家知识产权战略，以区域战略制定实施为中心，以综合能力建设为重点，以法规建设为导向，以人才建设为保障，大力推进知识产权全面建设，全省知识产权工作取得重大突破。

一、《甘肃省知识产权战略纲要》成功颁布

制定甘肃省知识产权战略，是2010年甘肃省知识产权工作的重中之重。2010年初，对2009年末完成的5个战略研究专题进行结题验收，至此，战略研究14个专题全部按计划圆满完成，并形成了《甘肃省知识产权战略纲要（审定稿）》和《专题研究总报告》。《甘肃省知识产权战略纲要（审定稿）》经过多次征求意见和修改完善，最终通过了甘肃省战略制定工作领导小组会议的审定，呈报甘肃省政府审议。2010年6月，甘肃省政府颁布了《甘肃省知识产权战略纲要》，决定实施甘肃省知识产权战略。同时，甘肃省政府还成立了甘肃省知识产权战略实施工作联席会议，办公室设在甘肃省知识产权局，负责统筹协调甘肃省知识产权战略组织实施工作。

二、《甘肃省知识产权(专利)"十二五"规划》顺利完成

按照国家知识产权局和甘肃省科技厅的安排部署，甘肃省知识产权局通过广泛深入调研、反复征求意见和多次讨论修改，历时4个多月，完成了《甘肃省知识产权（专利）"十二五"规划》（以下简称《规划》）。《规划》内容包括指导思想、基本原则和目标任务及保障措施等方面，体现了三个方面特征：一是站位高。《规划》是省级层面的总体规划，是甘肃经济和社会发展战略的重要组成部分，与科教兴省战略、工业强省战略、人才战略和可持续发展战略相互补充，密切联系、相互促进。二是全局性强。《规划》体现了三个"贯穿"：贯穿于科技、经济和社会发展的各项事业，贯穿于自主创新体系建设、推进新型工业化、重点产业培育和发展、区域经济发展、国际贸易等各个方面，贯穿于知识产权的创造、运用、保护和管理的全过程。三是操作性强。《规划》指导全省稳步推进制度建设，加速推进体制机制创新，完善服务体系，确定阶段性目标，安排具体任务，明确时限要求，以期实现专利工作的跨越式发展。

三、专利政策法规建设扎实推进

甘肃省知识产权局及时启动了《甘肃省专利保护条例》的修订工作，草案已报甘肃省政府审议通过，并列入2011年甘肃省人大立法计划地方性法规预备项目。制定了《甘肃省对专利代理人助理进行补助的暂行办法》、《甘肃省专利侵权纠纷行政处理程序（试行）》、《甘肃省知识产权局行政处罚自由裁量权实施标准（试行）》等一系列规范性文件。其中，《甘肃省对专利代理人助理进行补助的暂行办法》受到国家知识产权局贺化副局长的高度赞赏，他说："甘肃省知识产权局在自身经费不是很充足的情况下专门拿出一部分经费用于补助专利代理人助理，扶持专利代理行业发展，非常有意义。"

四、专利申请和授权快速提升

甘肃省知识产权局坚持始终把专利申请量增长作为全省知识产权工作发展的重点，通过政策激励、改进工作方法、提高服务水平、赴兄弟省市调研等方式，尽力提高专利申请量的持续快速增长。2010年，全省专利申请量3558件，这是在2008年全省专利申请量突破2000件的基础上，再次突破3000件大关，再创了全省专利申请的新高。专利授权量1868件，申请量与授权量分别比上年增长33％和46％。在全省3558件专利申请中，发明专利1412件（占39.7％），实用新型1592件（占44.7％），外观设计554件（占15.6％）。高校352件（占9.9％），科研院所349件（占9.8％），企业1144件（占32.2％），职务1889件（占53.1％），非职务1669件（占46.9％）。在1868件专利授权量中，发明349件（占18.7％），实用新型1131件（占

60.5%),外观设计 388 件(20.8%)。

五、专利宣传工作有序开展

甘肃省知识产权局与新闻媒体开展“联合互动、辐射宣传”,提高知识产权的影响力和宣传力。突出重点展开宣传。利用《甘肃省知识产权战略纲要》颁布实施的良好机遇,搞好知识产权战略纲要的宣传工作。实施媒体联动展开宣传,充分利用国家和省市有关媒体,在国家《专利工作动态》发表文章 15 篇,在《中国知识产权报》发表各类信息 50 余则,在《甘肃日报》和甘肃知识产权网等媒体发表各类信息 500 余篇。利用重大活动展开宣传,利用“4·26 世界知识产权日”、第四届中国专利周等时机,组织知识产权咨询会、研讨会、宣传会,提高广大群众的知识产权意识。据统计,2010 年全省知识产权信息共发布各类信息 800 余条,局门户网站点击量达 4 万余次,甘肃子站被评为全国知识产权系统政府门户网站先进子站。

六、专利人才建设卓有成效

一是加强知识产权人才队伍建设。2010 年组织了全国专利代理人兰州考点考务工作,当年全省有 7 人通过了全国专利代理人资格考试,考试通过率达历史最高水平。10 月,甘肃省知识产权局与兰州大学合作建立“校地协作培养高层次法律人才实训基地”,与甘肃省行政学院就知识产权知识列入 2011 年度学院主体和专题培训班教学内容达成了合作协议。11 月底,邀请国家知识产权局有关领导来兰州作国家知识产权战略专题报告和辅导,指导和培训基层知识产权战略人才建设。一年来,全省共计培训各类知识产权专门人才 500 余名。二是加强基层知识产权队伍建设。采取重心下移的方法,委托基层单位分期、分批组织各类知识产权培训班,培训各类基层人员 1000 余名。2010 年,甘肃省知识产权局、酒泉市知识产权局和庆阳市知识产权局荣获全国知识产权局系统知识产权培训工作先进集体。

七、企事业单位专利运用能力不断提升

深入开展各类知识产权试点、示范工作,全面提升知识产权运用和应对知识产权竞争的能力。2010 年初,根据国家知识产权局《关于开展第四批全国企事业单位知识产权试点工作的通知》,组织全省 23 家符合条件的企事业单位完成第四批全国知识产权试点企业的申报工作。2010 年中,又进行了天水星火有限公司全国知识产权试点示范企业和长城开关厂全国知识产权示范创建企业工作的组织上报工作。2010 年末,对全省首批实施国家知识产权强县工程的天水市麦积区、秦州区,平凉市崆峒区,定西市安定区 4 个区县进行了专项检查,达到了预期目的。2010 年,甘肃省有 4 人被评为国家知识产权局全国企事业知识产权管理先进工作者,甘肃省知识产权局被评为全国专利实施状况调查先进集体。

八、专利保护工作成效明显

积极协同甘肃省工商局、甘肃省版权局等有关单位,共同创建良好的知识产权法制环境。会同甘肃省高院、甘肃省工商局、甘肃省版权局发布了《甘肃省保护知识产权总体情况》和《2010 年甘肃省保护知识产权十大案件》,以生动典型的具体案例教育公众、警示企业,提高全民知识产权法治意识,优化知识产权法治环境。一年来,全省共受理各类专利案件 24 起,结案 14 起,有力地打击了专利侵权行为。

积极参与国务院组织的“打击侵犯知识产权和制售假冒伪劣商品专项行动”。及时制订了《甘肃省知识产权局系统执法专项行动方案》,成立了以甘肃省知识产权局主要领导为组长、各市州知识产权局局长为成员的专项行动领导小组,并在“第四届中国专利周甘肃分会场活动”启动仪式上对甘肃省知识产权保护与执法专项工作进行现场动员。启动仪式后,各市州均结合当地实际制订了实施方案,成立了专项行动工作领导小组。专项行动开展以来,已召开了 2 次工作会议,开展了 6 次检查,立案查处了 6 起专利违法行为,已编发专题简报 3 次。专项行动各项工作正在按照甘肃省知识产权保护的总体工作部署有序推进。

为充分发挥行政执法高效、便捷的特点,贯彻落实行政执法关口前移、重心下移的原则,把兰州、天水、酒泉三市作为首批执法重心下移试点城市,并在试点城市的天水举办了一期全省专利执法工作培训班,进一步提高了基层行政执法人员的业务素质。同时积极参与第十六届中国兰州投资贸易洽谈会和 2010 年上海世博会等展会的知识产权保护工作,甘肃省知识产权局政策法规处及系统 2 名同志受到国家知识产权局、公安部等 8 部委的联合表彰;积极引进社会资源,形成保护知识产权的合力,2010 年甘肃政法学院进入全国专利保护重点联系机制,成为甘肃省第二家进入

该机制的单位。

九、专利管理能力全面加强

甘肃省知识产权局不断加强协调，积极汇报争取，向国家知识产权局申请设立国家知识产权局专利局兰州代办处，2010 年 11 月得到国家知识产权局同意设立的批复并派人来兰州进行现场考察指导，现正在全面筹备建设中。甘肃省知识产权局已派出二批次人员接受专利代办业务的培训学习。国家专利代办处的设立，将为全省广大发明人申请专利提供便捷通道。此外，中国（甘肃）知识产权维权援助中心也在 2010 年不断发展完善，进一步强化了规范管理，统一了受理、审查、指派、监督、流程等各个环节，充实了知识产权维权援助与举报投诉协调工作领导小组成员，加强了对维权援助中心和 12330 维权援助和举报投诉公益电话的宣传。

十、专利服务能力快速提升

甘肃省知识产权局努力提高知识产权公共服务水平。一是继续加强“甘肃省中外专利数据库服务平台”建设和维护工作；定期做好远程数据更新，实现了 P2P 数据更新系统实时更新功能；完成了 2.7T 的磁盘阵列扩容。二是完成了知识产权门户网站 14 个市州知识产权门户子站的建设任务，现已全部建成并投入运行。三是出台专利助理补助政策，调动专利代理服务机构工作积极性，解决专利代理人员缺少的现实。2010 年，全省专利代理量为 1910 件，比上年增长 15.1%，专利代理量达到历史同期最高水平。四是指导完成国家专利技术（兰州）展示交易平台的验收工作，开展经常性的展示交易活动；利用兰州石油化工平台，开展了第四届“专利周”活动。据统计，甘肃省专利技术实施转化年均交易额突破亿元，为甘肃经济社会的发展提供了良好的支撑作用。

（甘肃省知识产权局　张辉林）

商标工作

2010 年商标监管服务工作按照国家工商总局“四个统一”的要求和甘肃省工商局 2010 年工作安排部署，以打造“四个平台”、服务经济发展为目标，集中力量开展省内企业的中国驰名商标推荐和甘肃省著名商标认定工作，严厉打击侵犯商标专用权、世博会和亚运会标志的违法行为，并于 2010 兰洽会期间成功举办了首届甘肃商标节暨商标论坛活动，充分履行了商标监管服务职能，有效地带动和促进了甘肃经济社会平稳较快发展。

（一）探索商标发展长效机制，积极推进商标战略的实施

为了把商标战略实施工作由部门行为上升为政府行为，借助政府力量大力推进商标战略的实施，促进区域经济快速发展。甘肃省工商局草拟了《关于加快实施商标战略　推进甘肃经济发展的意见》，在征求企业及各相关部门的意见基础上，上报甘肃省政府，2010 年 4 月 19 日甘肃省人民政府办公厅向全省转发了《关于加快实施商标战略　推进甘肃经济发展的意见》，该意见的出台对甘肃省商标战略的实施将起到积极的促进作用。之后，全省各地都结合区域经济发展特点制定出台推进商标战略实施，促进经济社会发展的政策措施，目前已有 9 个市（州）的政府出台了政策，剩余 5 个市（州）也将很快出台。全省各级政府已将商标战略实施工作列为政府的重要工作，政府推动、工商牵头、企业主动、社会参与的商标战略工作格局已初步形成。

（二）加大商标战略宣传力度，提升全社会商标意识

一是为了加大商标战略的宣传力度，全面展示甘肃省驰（著）名商标企业发展现状，以及商标战略实施的情况，甘肃省政府决定在 2010 年 7 月 6～9 日召开“兰州投资贸易洽谈会”期间举办“首届甘肃商标节”系列活动，“首届甘肃商标节”由省政府主办，甘肃省工商局承办。在各级政府的大力支持、工商部门的有效推进和企业的积极参与下，“首届商标节”取得圆满成功。甘肃省中国驰名商标、著名商标、地理标志证明商标全部参展。作为“首届甘肃商标节”活动之一的商标论坛，以“实施商标兴省战略，加快甘肃经济发展”为主题，为甘肃省商标企业及各级政府提供了交流的新平台。论坛上，中华商标协会、国家商标局、甘肃省工商局领导同志均发表了演讲；国家商标战略示范城市天水市政府领导、示范企业兰州黄河企业股份有限公司负责人做了经验介绍。甘肃省委、省人大、省政府领导，国家工商总局商标局、中华商标协会领导以及各市（州）政府领导，相关厅局领导，工商干部等参加了首届甘肃商标节暨商标

论坛活动。“首届甘肃商标节”的成功举办既充分反映了甘肃省工商部门认真贯彻国家工商总局长春会议的精神以及甘肃省政府办公厅《关于加快实施商标战略　推进甘肃经济发展的意见》，打造商标兴省战略平台、服务经济发展取得的成绩，也向公众展示了商标品牌带给企业的经济、社会效益。“首届甘肃商标节”的成功举办，使全社会商标品牌意识，企业使用管理商标的能力得到很大提高，同时促进了社会形成保护知识产权和推动自主创新良好氛围的形成。

二是利用“3·15消费者权益保护日”、“4·26世界知识产权宣传日”、“12·4全国法制日”等活动的有利时机，全省各级商标监管部门采取印发传单、现场咨询、媒体报道等形式，广泛深入地开展了商标法律法规的宣传活动，活动期间，仅甘肃省工商局机关就发放商标法律书籍300本，驰名商标和著名商标彩页4000余张，世博会标志保护知识2000余份，接待咨询群众260人次，收到了良好的社会反响。

三是为了加强商标注册服务，扩大商标品牌总量，组织编印了《商标手册》，准备在企业登记窗口和各工商所个体登记窗口进行发放宣传。强化企业创建商标的意识，营造了争创商标和认标消费的良好氛围。

（三）深入开展著名商标认定工作，企业商标意识明显增强

2010年是甘肃省第三年集中认定甘肃省著名商标，为保证著名商标认定工作的公平与公正，提高著名商标认定质量，甘肃省工商局认真吸取著名商标认定工作中的不足，有针对性地开展工作。一是提前部署，认真准备。甘肃省著名商标认定工作从7月份向各市（州）下发了通知，并对2010年著名商标认定提出了更加具体、更加明确的要求。到7月底，共收到175家企业的183件商标申报材料。二是确保质量，突出实绩。按照《甘肃省著名商标认定和保护条例》和《甘肃省著名商标认定和保护条例实施办法》的规定，把认定的依据放在实地考查，主动排除人为干扰和影响，确保认定质量。考查中，始终做到“三个坚持”，即：坚持考查与宣传商标法律法规相结合，既充分掌握企业真实情况，又提高了全社会商标意识；坚持查企业商标实际使用情况与商标产品销售及群众认知情况相结合，做到不仅听汇报，更注重商标企业的业绩，为客观公正公平认定甘肃著名商标打好基础。坚持全面考查与重点考查相结合，2010年甘肃省工商局对申报的175家企业都进行了实地考查，做到了全面考查，重点突出。三是严格依法，细致工作。为了使被认定的商标能真正代表甘肃品牌，在深入考查的同时，甘肃省工商局对每件上报的材料都进行细致核实，确保各种数据真实可靠。最终，经专家会评审和局务会研究决定，认定白银有色集团股份有限公司的“白银牌BAIYIN＋图形”等143件商标为甘肃省著名商标，使甘肃省著名商标的总数达到了497件。四是提升规格，扩大影响。为了进一步扩大甘肃省驰著名商标企业知名度，增强各级部门对商标战略工作的关注，积极与省政府办公厅联系沟通，于2010年11月26日以政府名义召开了对新认定驰名商标和著名商标企业授牌大会，省政府主要领导亲自为驰著名商标企业颁奖授牌，并同步在全省14个市州进行视频转播，此次授牌仪式的成功举办，进一步营造了良好的社会舆论环境，增强了全社会重视商标、宣传商标、保护商标、争创驰著名商标的良好氛围，为甘肃省商标事业又好又快发展营造了良好的外部环境。

（四）切实加强驰名商标培育推荐工作

积极指导全省各地认真开展了驰名商标培育和推荐工作，向国家工商总局商标局推荐8件商标申请中国驰名商标认定，兰州佛慈制药股份有限公司的“佛慈”商标、天水星火机床有限责任公司的“SPARK及图形”2件商标被国家工商总局商标局认定为中国驰名商标，兰州市中级人民法院认定兰州高压阀门有限公司“兰高阀图形”1件商标为“驰名商标”，从而使甘肃省驰名商标总数增加到17件。另外为了更进一步做好驰名商标培育梯队，从著名商标中选出19件商标作为驰名商标培育对象，培育工作有计划地进行。

（五）充分发挥“一岗双责”作用，促进党建和商标工作双发展

2010年，按照甘肃省工商局党组提出的一岗双责，把业务工作融入非公党建工作中的要求，一是结合工作特性对已认定的驰著名商标企业非公党建情况进行全面调查摸底，受到甘肃省工商局领导批示表扬，“商标处在较短的时间内，把享有商标专用权企业建立党组织的底数搞清楚了，这是一大成绩，现在就是要有针对性地抓紧工作。希望各处室（单位）都能像商标处一样，紧密结合

业务实际，积极主动，扎实有效地做好非公党建工作。”二是把非公党建纳入2010年“甘肃省著名商标”认定工作中，在对申报的175家企业实地考察中，非公党建工作作为一项内容，考察报告也受到甘肃省工商局领导批示表扬，“商标处这次认定工作，坚持深入企业，实行具体指导和帮扶，既了解掌握了企业申请和使用商标的情况，又促进了这些企业的党建工作，可以说是一举两得。希望各处室都要像商标处一样，坚持深入实际，多做调查研究，力争把所承担的业务工作做扎实，用我们辛勤的努力和扎实的工作作风赢得市场主体的支持和信赖。”目前，申报著名商标企业已初步形成了重商标、重党建工作的新格局。

（六）服务农村经济发展，农产品商标和地理标志商标发展势头强劲

一是积极开展送法下乡活动。各市（州）工商局立足本地实际，开展了“商标进乡村”、“送法下乡”等一系列活动，大力宣传地理标志为农民增收致富的典型案例，增强农民的商标意识。开展项目推荐、科技下乡、果农培训等宣传活动，提高了农民的商标意识。

二是引导农民发展农产品商标。为帮助农民增收和引导农民群众增强商标注册意识，在宣传商标法的同时，各级商标管理部门积极改进作风，深入基层，强化服务意识，探索符合本地区农业生产政策的商标战略发展目标，积极引导当地农民做大做强特色品牌。实行面对面的帮助指导，按照“成熟一个，申请一个”的原则，积极帮助农民搞好农产品商标注册，为实施农产品商标战略打下了坚实的基础。2010年，甘肃省“玛曲河曲马”商标被国家工商总局商标局核准注册为证明商标，从而使甘肃省证明商标数量达到25件。

三是加强对商标富农工作的指导力度，不断把商标富农工程引向深入。全省各级商标监管部门，积极开展商标富农工作，组建商标富农工作帮扶机构，建立商标富农工作考核制度，主动向当地党委政府汇报“商标富农”工作进展情况，加强与相关部门协调配合，为涉农企业注册商标提供便利条件；广泛推行“公司＋农户＋商标＋基地”的经营模式，将分散的农户以农产品商标为纽带、以龙头企业为通道连接市场，利用商标提高农副产品市场竞争力，扩大农产品知名度，提高农业产业化程度，促进农民增收和农村经济发展；积极推行“一乡一标”活动，深入农村、农户开展农副产品商标注册情况调查摸底，加强涉农商标管理，建立涉农注册商标数据库，建立商标注册提示制度，对已注册的农产品商标和地理标志跟踪服务，及时解决农产品商标使用中出现的问题；加大侵犯涉农商标专用权案件查处力度，进一步保护涉农商标和地理标志商标专用权。

（七）开展保护驰著名商标和涉外商标专用权专项整治行动

为巩固近年来商标专用权专项整治行动取得的成果，严厉打击各种商标侵权的行为，切实维护商标权利人和广大消费者的合法权益，自2010年以来，组织全省开展保护驰著名商标和涉外商标专用权专项整治行动，要求各市州工商局将驰著名商标作为此次专项整治行动的重点，切实加大对驰著名商标的保护力度。各市州局也加大了对具有较高知名度商标的保护工作，严厉查处商标侵权行为，取得实效。截至9月底，全省共查处商标违法案件406件，罚没款170.1万元。

此外，针对人大、政协代表的提案建议，甘肃省工商局认真对待，积极办理。根据张希泰等9位人大代表提出的“关于进一步加强长城电工母子品牌及注册商标保护的建议”中涉及的长城母子公司注册商标保护等有关问题，甘肃省工商局认真分析研究，并派人员深入天水长城开关厂有限公司、天水二一三电器有限公司等企业进行了调研，并就提案中涉及的保护注册商标专用权、“天水有多件仿冒或相似商标仍在使用中”的问题、在新公司注册中的名称等问题作了答复。

（八）周密部署，扎实开展打击侵权假冒专项行动

自全国工商系统集中开展打击侵犯知识产权和制售假冒伪劣商品专项行动以来，甘肃省工商局按照国家工商总局工作部署，结合本地实际，加强领导，周密部署，扎实开展打击侵权假冒专项行动，第一时间成立了全省工商系统打击侵犯知识产权和制售假冒伪劣商品专项行动领导小组，负责领导全省工商系统专项行动，推动建立长效工作机制，督促检查专项行动落实情况，督办重大案件。并牵头出台甘肃省工商系统《打击侵犯知识产权和制售假冒伪劣商品专项行动方案》，明确了行动目标，具体了实施措施，使专项行动有序开展。同时为了使专项行动取得实效，进一步细化行动方案，决定于2010年11月至2011年3月在

全省工商系统内分阶段、有重点，相对集中时间、集中力量，精心组织几个战役行动，使专项行动达到预期目标。

(九)开展保护世博和亚运特殊标志行动，切实保护上海世博会和广州亚运会知识产权

为了加强对世博、亚运特殊标志的保护，2010年以来甘肃省工商局把开展保护世博会、亚运会特殊标志专用权行动作为商标监管工作的重点内容，加大对世博会、亚运会特殊标志知识产权的宣传力度，查处了一批涉嫌侵犯世博会、亚运会特殊标志专用权的案件。截至11月底，全省共出动执法人员12 018人(次)，检查经营户45 159户，查处侵犯世博特殊标志的案件1起，当场责令改正擅自使用特殊标志的行为241件。

(十)深入开展共建活动，推动党建与商标工作向纵深发展

根据甘肃省工商局统一部署，扎实推进机关党组织与基层党支部"结对共建"工作，开展了与东部工商所以"非公党建与商标工作双推进"为内容的支部"结对共建"主题活动，收到了明显效果。现东部工商所帮助兰州西联快运有限公司、兰州惠中商贸有限公司、兰州银盈工贸有限公司、甘肃安达货运有限公司四家公司建立了党支部，组建率达到42.9%。同时积极指导东部工商所结合辖区实际，采取多种措施稳步推进商标帮扶工作，帮扶辖区经营户实施商标发展战略，推进区域经济发展，截至目前辖区内拥有注册商标54件。

(甘肃省工商行政管理局)

版权工作

2010年，在甘肃省版权局党组的正确领导下，在相关单位和机关处室的大力协同与积极支持下，甘肃省版权处认真贯彻局党组的工作部署，扎实有效地开展了版权保护工作，现将2010年履职及廉政情况概括为六个方面汇报如下。

一、开展多种形式的版权保护宣传活动

根据国家和甘肃省的要求，会同甘肃省的25个相关部门在全省组织开展了为期一周的全省"4·26保护知识产权宣传周"系列活动。宣传特点是围绕我国现代版权制度建立100周年，著作权法颁布20周年，突出世博主题，以音像制品、电子出版物、软件、计算机网络为重点，在兰州组织兰州市文化出版局、局系统编印发企业、局机关干部结合实际开展多种形式宣传，中央驻甘及省、市各大新闻媒体积极参加并进行了宣传报道。各市州也同时结合本地实际，积极开展了活动。

二、积极推进软件正版化工作

(一)企业软件正版化

主要依次开展了对辖区内国有企业、外商投资企业和民营企业的布局、数量以及使用软件的相关情况进行了普遍摸底调查，推荐出第一批正版化企业名单；5月召开了联席会议协调会；6月由领导小组及甘肃省版权局、工信委、国资委等9部门联席会议组织，在兰州举办了第一批重点企业软件正版化工作培训会，第一批50家大中型企业主管负责人及信息管理人员参加了培训；11月按照方案确定的目标任务，联合局机关科数处、反非处、报刊处、出版处及相关成员单位组成联合检查组对第一批重点企业进行了抽查，督导，依照国家版权局确定的指标，全省第一批重点企业中兰州铁道设计院、兰州有色冶金院、兰石集团、国芳百货集团等10家国有、民营大中型企业已按期完成了相关正版软件采购工作。2010年，甘肃省市政工程设计院经甘肃省版权局推荐，被评为全国软件正版化工作示范单位。

(二)政府软件正版化

根据国家和甘肃省关于政府机关软件正版工作精神及甘肃省版权局领导要求，起草了全省政府使用正版软件工作方案，并拟成立以省政府相关领导为组长、各相关部门负责人为成员的政府使用正版软件工作领导小组，领导小组办公室设在甘肃省版权局。

三、进一步加强版权行政执法与社会监管工作

(一)专项行动

(1)8月，会同甘肃省公安厅、省通信管理局联合下发了全省打击网络侵权盗版"剑网行动"方案，于8～11月在全省组织开展了为期3个月的专项治理行动。并通过国家版权局监管平台，发布了全省网络专项行动投诉举报电话和邮箱。行动期间，共收到各类投诉举报近20件，所有案件均依法做了处理。其中"天翼文学网站"、"甘肃宽

频网站”侵权案件检查结果已向国家版权局报告。

(2)8月上旬,会同甘肃省教育厅、省文化厅、省“扫黄打非”办下发了《关于加强全省图书馆著作权保护工作通知》,根据通知要求各市州积极组织对所属图书馆开展专项检查。为全面深入了解图书馆著作权保护状况,9月上旬,联合“扫黄打非”办,对甘肃省图书馆、兰州大学图书馆等版权保护状况进行了调研。这是版权保护首次深入到图书馆这一重要的作品使用领域。

(3)11月,根据新闻出版总署和甘肃省政府办公厅要求,以省新闻出版局、省版权局、省“扫黄打非”办三部门名义起草下发了《关于开展打击侵犯著作权行为专项行动的通知》,通知决定以印刷复制企业源头治理,图书、软件、音像制品的市场监管,打击网络侵权盗版和软件正版化工作为重点,在全省范围内开展为期半年的专项行动,领导小组办公室设在版权处。目前,各项工作已按照通知分工全面推进。

(二)其他案件查处情况

(1)据权利人举报,检查10家涉嫌使用盗版COREL软件的单位,已全部依法处理。

(2)根据微软公司投诉,向国芳百货公司下达《行政建议书》,要求其自查整改。现国芳百货公司已依法对所属软件进行了全面清理整改。

(3)根据投诉,向“甘肃宽频”网站下达《行政建议书》,要求其就涉嫌网络侵权行为进行自查整改。此案已依法处理。

(4)根据沈鹤(艺名小沈阳)投诉,先后向甘肃省11家发行单位下达《行政建议书》,要求各单位就投诉进行答复,现各案已依法处理回复。

(5)通过移转函形式,就甘肃省某著名画家作品被某酒厂侵权案进行移转处理,并积极就相关事务提供咨询。

四、抓住时机,积极服务甘肃经济发展

(1)根据甘肃省版权局“版权保护要积极参与展会”的工作思路,创造性地开展了工作:提出了“版权保护伴参博”口号,按照属地管理原则,在省市确定了由主管副局长为责任人的工作机制,起草了《甘肃省版权局上海世博版权保护工作实施方案》,并印发各市州文化出版局。方案主要部署了畅通举报、投诉渠道,动员公众积极参与世博版权保护;加强与公安、工商、通信部门联系,建立起有效的协作机制,对重大案件和集中问题,实施联合执法;对网络传播实施24小时不间断监控、无空白监管;积极向省参博组委会提交了《甘肃省版权局关于将世博版权保护纳入省参博工作的建议报告》;建立省参博版权保护工作站,开通甘肃“参博绿色通道”,为甘肃省参博作品提供作品登记、合同签订、事务咨询、纠纷调解、侵权查处等高效便捷的法律服务和执法保护等等。

由于领导重视,措施得力,全省各地在世博期间版权秩序空前良好。5月10日,甘肃省“版权保护伴参博”的工作情况由《中国新闻出版报》头版刊出。版权处、兰州文化执法支队一名队员分获全国世博版权保护先进集体、先进个人。

(2)积极开展作品登记工作,至2010年底全省作品登记共计226件。其中,甘肃百通影视发展有限公司一次性登记近180件,成为甘肃省自开展作品登记工作以来,单个版权企业作品登记数量最多的一年,也是年登记总量最多的一年。

(3)按照甘肃省版权战略规划部署,积极与读者集团联系,指导帮助读者集团建立版权管理制度,现读者集团已建立了由专人负责的企业内部版权管理制度。

(4)积极提供法律咨询,从版权创作、运用各环节深化版权服务。上半年经版权处咨询的《伏羲》漫画作品,以52集大型动画系列片形式被读者集团列为重点项目。

(5)为《读者》电纸书的成功出版提供法律咨询。

(6)积极协调全省相关部门,支持“黄河母亲”作者就山西、山东省内非法复制“黄河母亲”雕塑案进行诉讼维权。

(7)为甘肃音像出版社花儿录制出版合同把关咨询。

(8)经过大量调研,多次座谈、请示,已按要求于8月份就成立甘肃版权协会事宜全部完成了《甘肃省版权保护协会章程》等所需材料。

五、党风廉政建设

按照甘肃省委以及甘肃省版权局党组的部署,积极组织所在党支部参加了甘肃省版权局系统各项学习活动,认真贯彻党风廉政建设责任制的要求,在工作中坚持依法行政,廉洁行政,在查处侵权盗版案件中,严格按照执法程序办事,有效地维护了政府和公务人员的良好形象。

(甘肃省版权局　夏　玲)

司法工作

2010年，在甘肃省高级人民法院党组的正确领导下，坚持"三个至上"指导思想和"为大局服务，为人民司法"的工作主题，紧紧围绕知识产权审判业务，认真贯彻落实"三项重点工作"，圆满完成了审判任务和其他各项工作。

一、业务工作方面

（一）收结案件情况

2010年甘肃省高院民三庭共收案件47件，同比增长27.02%，其中知识产权案件45件。一个显著的特点是著作权纠纷案件增幅迅猛，达到26件，主要为信息网络传播权纠纷，已占全部案件的53%，同比增长5.5倍。2010年47件案件公开开庭率、结案率均为100%。

2010年甘肃全省法院共受理一、二审知识产权案件267件，增幅达59.9%，其中信息网络传播权纠纷138件，占全部案件的52%，主要是以各地网吧为被告的系列案件，主要集中在兰州、张掖、天水、城关、秦州等经济相对发达的地区。

（二）对下工作指导

一是再次认真开展了全省驰名商标司法认定评查工作。根据最高人民法院的统一部署，对全省法院涉及驰名商标民事纠纷案件统一由省会市中级人民法院受理、判前审核、判后备案制度的执行情况进行了检查，规范和统一了驰名商标认定判前审核、备案和专一法院审理制度，有效杜绝了当事人通过诉讼刻意获取驰名商标的行为。2010年全省法院司法认定驰名商标案件降幅显著，2010年只认定一件。

二是加大了与下级法院业务部门的沟通力度。案件发回重审、改判前与一审法院的案件主办人、合议庭成员座谈，增进了解，通过讨论交流，达成对案件的共识。

三是针对知识产权审判专业性强、类型新、疑难复杂问题多、社会关注程度高等特点，编辑印发了《甘肃知识产权审判》期刊，1～12月共编发5期。针对《专利法》、《反垄断法》、《民事诉讼法》的修订实施和《商标法》、《反不正当竞争法》等法律的修改，结合审判实际，对有关问题进行应对性研究，提高工作的主动性、预见性和指导性。为全省知识产权审判人员创造了学习和交流的平台，起到了较好的业务指导作用。

（三）知识产权司法保护对外宣传及协作

一是由甘肃省高级人民法院新闻发言人王军在2010年4月20日省政府新闻办新闻发布会上介绍了全省法院2009年知识产权审理情况和2010年工作要点，在新闻发布会上发布了2009年甘肃省知识产权司法保护十大典型案例并现场回答了记者的提问。在同年12月29日甘肃省高院发布的2010年度甘肃法院十大案件中，知识产权案件就有3件，占30%。其中，甘肃省高院民三庭审理的兰州瑞祥环保科技开发有限公司与敦煌市阳关博物馆有限公司侵犯注册商标专用权纠纷一案入选。

二是会同甘肃省知识产权局、省新闻出版局、省工商局等单位于4月22日在省城东方红广场举行主题为"保护知识产权、促进创新发展"的大型知识产权宣传咨询活动。

三是按照甘肃省政府《甘肃知识产权战略制订工作方案》的要求，完成并报送《2009年甘肃知识产权保护状况白皮书》"知识产权司法保护"子课题的调研报告。

四是继续将全省法院已生效的知识产权裁判文书通过"中国法院网"在互联网上公开。2010年在互联网上公开知识产权裁判文书113篇，进一步增强了知识产权审判的公开性和透明度，更广泛地接受社会公众的监督，宣传和展示了知识产权司法保护成果。

（四）调研工作

组织全庭人员和部分中、基层法院知识产权法官，先后分组对全国知识产权审理先进地区上海、浙江、安徽、江苏4省市高中级人民法院知识产权审判工作进行了考察学习。考察期间，通过座谈、观摩庭审、查看审判管理系统、参观法庭等方式，较为深入地了解了当地法院知识产权机构设置、案件审理、审判管理模式等情况，通过考察学习，开阔了眼界，解放了思想，学到了经验，受到了启发。此外还协助最高人民法院民三庭开展了商业秘密司法保护问题的调研工作。

二、庭室管理和廉政建设

一是认真开展了学习教育活动。根据甘肃省高院党组的统一部署，重点开展了"机关作风建设年”主题活动。党支部和全体党员就作风建设公开向外承诺，牢固树立了“党的事业至上、人民利益至上、宪法法律至上”指导思想，增强了服务保障科学发展的使命感、为民意识和责任感，行动更加自觉和坚定。

二是着力加强职业道德和廉政建设。把廉政当做一件大事来抓，每逢政治学习，合议案件，必讲廉政问题，庭室负责人根据廉政责任书的承诺，严于律己，并认真履行一岗双责，要求全庭同志牢固树立正确的权利观、利益观和地位观，清清白白做人，踏踏实实做事。

三是严格执行院机关的各项规章制度。以制度管人管事，规范言行。政治部几次抽查考勤，无人缺岗。庭室班子团结，作风民主，全庭上下风清气正，气氛融洽，大家心情舒畅，富有朝气和活力。

（甘肃省高级人民法院知识产权审判庭）

检察工作

2010年，甘肃省各级检察机关充分发挥司法保护知识产权的主导作用，狠抓工作落实，加大对侵犯知识产权违法犯罪的打击力度，依法惩治、积极预防侵犯知识产权犯罪，加强与行政执法机关、公安机关的工作联系，推动行政执法机关向司法机关移送包括侵犯知识产权在内的涉嫌犯罪案件工作的开展，为提高企业自主创新能力，增强经济核心竞争力营造良好的法治环境，取得了一定成效。

为进一步推进行政执法与刑事执法相衔接工作机制的深入开展，甘肃省各级检察机关与公安机关、有关行政执法机关建立了经常性的工作联系和相关制度，各地都建立了不同形式的联席会议制度，定期与公安机关、行政执法部门召开不同层次的联席会议，各行政执法部门定期向公安机关、检察机关通报本部门查处侵犯知识产权违法犯罪案件的情况，检察机关也定期向行政执法机关通报立案监督、批捕、起诉涉及侵犯知识产权犯罪案件的情况，工作上相互配合。甘肃省各级检察机关认真贯彻最高人民检察院就在全国全面建立行政执法与刑事司法“网上衔接，信息共享”机制的建议，积极争取配备必要的电脑设备和移送存储设备。

甘肃省各级检察机关把办案作为体现监督效果的重中之重，及时建议行政执法机关移送包括侵犯知识产权在内的涉嫌犯罪案件，并从各个环节多渠道挖掘案件线索，疏通线索渠道，不断强化立案监督工作，监督公安机关立案侦查包括侵犯知识产权在内的涉嫌犯罪案件，以办案推动完善行政执法与刑事司法相衔接工作机制。

甘肃省各级检察机不断加大查办和预防渎职侵权犯罪力度，促进依法行政和公正司法。开通了全国统一的“12309”举报电话，提高依靠群众发现犯罪的能力；强化诉讼监督，防止和纠正打击不力；充分发挥和运用行政执法与刑事司法相衔接工作机制的作用，形成打击合力；坚决查处隐藏在侵犯知识产权犯罪背后的国家机关工作人员贪污受贿、徇私舞弊不移送刑事案件、徇私枉法等职务犯罪案件，发现一起，查办一起，促进依法行政和公正司法；加强知识产权保护的调查研究工作，探寻有效对策，必要时向立法机关提出立法建议，根据经济社会发展的实际状况深化权利的保护内容，拓展权利保护的途径；将宣传工作作为知识产权刑事保护工作的重要内容，会同有关部门积极开展宣传活动，提高权利人和民众保护知识产权的意识及能力，传播弘扬以“尊重知识、崇尚创新、诚信守法”为核心的知识产权文化，推动社会主义核心价值体系建设。

（最高人民检察院侦查监督厅）

青 海 省

专利工作

在青海省科技厅和国家知识产权局的关心和支持下，青海省知识产权局全体同志努力工作，圆满地完成了2010年责任目标规定的各项任务。

一、党支部在工作中起模范带头作用

2010年，在青海省科技厅党组的领导下，青海省知识产权局党支部以中国特色社会主义理论为指导，认真贯彻党的十七大精神，坚持党要管

党、从严治党的方针，认真分析了单位的现状，结合实际，制订了年度党建工作计划，并对党建工作进行了安排部署，明确了全年党建工作的目标和任务，把党建工作纳入重要议事日程。

新老党支部实现平稳过渡。因局领导工作关系调动，青海省知识产权局党支部也相应进行了改选，并于 2010 年 9 月，新老班子实现了平稳交接。2010 年党支部集中学习 5 次，班子成员每人读书笔记在 5000 字以上，写学习心得 3 篇以上。普通党员每人读书笔记 2000 字以上，写学习心得 1 篇。在学习形式上，开展了多种形式的党员教育工作，征订多种党刊杂志，定期开展学习，并开辟了学习园地，从而带动全局的学习氛围，为创先争优活动开好局、起好步打下了坚实基础。同时，在抓好学习研讨、深入调研、解放思想大讨论、民主生活会、解决突出问题、创新体制机制等方面下工夫。

抓好行政干部的培养教育、任用和考察考核工作。2010 年，青海省知识产权局对中层干部进行了较大幅度的调整，并提拔正科干部 5 名。群众对干部的调整提拔满意率及对党支部的满意率均在 85%以上。

领导的高度重视为各项工作的顺利开展奠定了良好基础，圆满地完成了科技厅所下达的各项年度任务。

二、“十一五”期间青海省专利申请量快速上升

（一）2010 年专利申请量创历史新高

青海省由于其工业、地域等的特殊性，“专利申请量的上升”是知识产权工作的重要特征，也是知识产权工作的重中之重。2010 年，由于青海省知识产权局领导高度重视专利申请数量及质量，经过全局同志的共同努力，2010 年专利申请量达 602 件。创历史新高，超额完成了全年目标任务。

（二）“十一五”期间青海省专利申请量快速上升

“十一五”期间，青海省的专利事业得到快速发展，专利申请数量和授权量大幅度提高。全省专利申请量达到 2244 件，授权量为 1179 件，较“十五”分别增长了 171.7%和 176.8%，实现了新的跨越和突破。呈现以下特点。

（1）专利申请量连续 5 年保持快速稳定增长，年平均增长 22.7%以上。2010 年专利申请量创历史新高，达到 602 件，较 2005 年增长 178.7%，较 2009 年增长了 20.6%（详见表 1）。

表 1 “十五”、“十一五”期间专利申请、授权情况表

时间		专利申请		专利授权	
		数量（件）	增长率（%）	数量（件）	增长率（%）
十五	2001 年	162		101	
	2002 年	151	−7	85	−16
	2003 年	173	15	91	6
	2004 年	124	−28	70	−22
	2005 年	216	74	79	13
	合计	826		426	
十一五	2006 年	325		97	
	2007 年	387	19	222	129
	2008 年	431	11	228	3
	2009 年	499	16	368	61
	2010 年	602	21	264	−28
	合计	2244	1.7（“十一五”较“十五”的总增长率）	1179	6.8（“十一五”较“十五”的总增长率）

（2）三种专利增幅较快，其中发明专利申请量和授权量分别达到 686 件和 157 件，较“十五”期间的 306 件和 91 件分别增长 124.2%和 72.5%（详见表 2）。

表 2 “十五”、“十一五”期间三种专利申请、授权及增长情况

时间	申请总量	专利申请						授权总量	专利授权					
		发明	增长率（%）	实用	增长率（%）	外观	增长率（%）		发明	增长率（%）	实用	增长率（%）	外观	增长率（%）
十五	826	306		318		202		426	91		206		129	
十一五	2244	686	124.2	609	91.5	949	369.8	1179	157	72.5	452	119.4	570	341.9

（3）“十一五”期间，专利申请职务发明较非职务发明增长较快，与“十五”相比，职务发明增长了 283.5%，非职务发明增长了 118.2%，相应的专利授权中的职务发明、非职务发明较“十五”分别增长 333.3%和 95.3%（详见表 3）。

表 3 “十五”、“十一五”期间职务与非职务专利发明申请及授权情况

年份	专利申请				专利授权			
	职务发明		非职务发明		职务发明		非职务发明	
	数量(件)	增长率(%)	数量(件)	增长率(%)	数量(件)	增长率(%)	数量(件)	增长率(%)
十五	267		559		144		282	
十一五	1024	283.5	1220	118.2	628	333.3	551	95.3

(4)工矿企业已成为专利申请的主体,专利申请量和授权量分别达到 702 件和 463 件,是“十五”期间的 4.3 倍和 4.5 倍;工矿企业专利申请量和授权量占总量的比例,较“十五”分别提高了 11 个百分点和 15 个百分点(详见表 4)。

表 4 “十五”、“十一五”期间工矿企业三种专利申请及授权情况

年份	申请总数	工矿企业	增长率(%)	占总量百分比(%)	授权总数	工矿企业	增长率(%)	占总量百分比(%)
十五	836	163		20	426	103		24
十一五	2244	702	330.6	31	1179	463	349.5	39

三、全局同心协力搞好知识产权工作

一是青海省知识产权局主动与省内相关企业联系,积极引导和扶持企业将专利成果变为现实的生产力,提高了企业的综合竞争力,为推动青海省的经济发展尽职尽责,努力推动专利产业化。2010 年,共向国家知识产权局推荐“知识产权试点单位”3 家,批准 3 家。推荐“知识产权示范创建单位”6 家,批准 6 家。推荐“中小企业知识产权战略推进工程试点城市”1 家,批准 1 家。推荐专利转化项目 4 项。

二是青海省知识产权局联合西宁支行、银监会青海监管局出台了《青海省专利权质押贷款工作指导意见》,推动了成果转化。

三是 2010 年青海省知识产权局两次共发放专利补助资金 462 055 元,资助专利项目 333 件。帮助青海省企业向国家知识产权局申请 PCT 资助项目 1 项。

四是青海省知识产权局注重人才的培养。2010 年青海省有 3 人通过了全国专利代理人资格考试,使青海省的专利代理人队伍有了进一步的扩大。

五是经过多年不懈努力,经青海省人大批准通过,《青海省专利促进与保护条例》于 2010 年 3 月 1 日正式颁布实施,这是青海省专利事业的又一个里程碑。

六是青海省知识产权局除了认真组织开展“雷雨”、“天网”专利执法活动外,同时,还根据国家知识产权局的统一部署,专门开展了针对“上海世博会”、“广州亚运会”的知识产权专项执法。全年共在食品、商业流通领域进行专利行政执法、检查 6 次,通过执法、检查净化了市场,强化了知识产权法律意识。另外,还受理甘肃省知识产权局移交专利侵权案件 2 起,并进行了处理。

七是为提高青海省知识产权局的专利保护水平,加强专利行政执法力度,规范专利行政执法程序,由青海省知识产权局牵头,对全省的专利行政执法资源进行了有效整合,与青海省工商局、省公安厅、省科技厅联合成立了专利行政执法组,制定了《青海省知识产权局专利行政执法程序规定》。同时,青海省知识产权局还对全省的专利代理机构及专利代理人队伍进行了整顿,通过整顿进一步规范了专利代理市场。

四、加大知识产权宣传培训力度,营造良好的社会氛围

一是青海省知识产权局充分利用《青海省专利促进与保护条例》颁布之机及“4·26 知识产权宣传周”、“第四届中国专利周”、“12·4 法制宣传日”等,认真组织,精心策划,积极做好知识产权宣传活动,进一步提高公众的知识产权意识,营造了良好的知识产权社会氛围。

二是 2010 年青海省知识产权局积极与省经委、西宁市政府、西宁市科技局、海西州科技局、海北州科技局、黄南州科技局、西宁经济开发区、青海民族大学等单位合作,分别在西宁市、德令哈市、同仁县及西海镇等地开展了丰富多彩的知识产权宣传活动,全年共举办各类知识产权培训班、知识产权讲座 6 期,培训约 1000 人次,累计发放各种宣传资料 8000 余份(册)。同时,为第四批“全国知识产权试点单位”进行了挂牌仪式。

五、完善知识产权服务平台,为社会发展提供有力保障

专利信息是知识产权工作中不可或缺的基础性战略资源,青海省知识产权局以提高信息质量为主线,以拓宽服务渠道为重点,充分利用“全部

领域专利数据库”及青海省知识产权局门户网站，真诚为广大社会公众和企业提供专利信息服务，为青海省制定知识产权战略和企业制定知识产权战略提供相关信息支持。

2010年底，青海省知识产权局完成了《1985～2009年青海省专利分析报告》及2009年青海省专利发展状况的前期工作；编制完成了“青海省专利事业发展十二五规划”；开展了专利质押贷款试点工作的省内调研工作，并于9月联合人民银行西宁支行、青海银监局发布实施了《青海省专利质押贷款工作指导意见（试行）》；完成了《青海省藏药行业专利战略》研究工作；完成了《中国科学院青海盐湖研究所知识产权战略》制定工作等。

六、廉洁从政，加强党风廉政建设

2010年青海省知识产权局按照青海省科技厅党组的决定，组织干部认真学习重大会议和科学发展观相关文件，加强廉政思想教育。严格执行党风廉政建设责任制，坚持“两手抓，两手都要硬”，把反腐倡廉工作纳入总体工作，与党风建设结合起来，把落实党风廉政建设责任制作为一项重要任务。各部室主要负责人认真履行责任人的政治职责，领导班子成员带头执行领导干部廉洁从政规定，按照“一岗双责”的要求，在抓好业务工作的同时，认真抓好单位的党风廉政建设。紧密结合业务工作，认真抓好反腐倡廉，全年未发生违反各项规定的现象。2010年青海省知识产权局响应科技厅党组的决定积极参加干部公开选拔，5名同志报名，其中1名同志走上副局长领导岗位。同时努力构建和谐、团结和奋进的氛围。机关产生了新的党支部后，努力认真做好相关工作，在机关党委的关怀下2名同志转为正式党员。同时创造培训学习条件，2010年共有25人到外地学习培训、参加各种会议学习，提高扩大了视野。全局同志努力工作，有些同志由于工作任务重，抽不出时间休假，也毫无怨言。青海省知识产权局2010年被国家知识产权局评为知识产权培训工作先进集体，2名同志被评为知识产权培训工作先进个人。

（青海省知识产权局　张　菱）

商标工作

2010年，青海省商标监管工作围绕省委、省政府推进“品牌强省”的战略部署，在国家工商总局商标局的大力指导下，力求创新，坚持商标培育和保护两手抓，圆满完成了年度目标任务，商标工作各项数据均创历史最好成绩。

一、工作亮点

（一）保护商标专用权取得显著成效

通过日常监管和专项行动，及时查处了一批商标侵权案件，端掉了一批制售假冒伪劣商品窝点。截至2010年底，共查处商标侵权案件1051起，捣毁制假、售假、藏假窝点134处，案值600.78万元，分别较上年同比增长49%、94%和43%。

（二）培育、注册商标总量创历史新高

截至2010年底，青海省共培育商标3000余件，向国家工商总局正式申报1265件，完成年度任务的126.5%；成功注册商标1963件，较2009年增长了183.3%，占青海省已注册商标总数的31%。青海省累计注册商标总数达6266件，较2009年同期增长了44.5%。

（三）成功注册地理标志证明商标创历史新高

2009年青海省成功注册地理标志证明商标4件（西宁毛、西宁毛粗纺纱、西宁毛地毯、西宁毛长毛绒）。截至目前，青海省共有证明商标16件，农产品商标834件，分别较2009年同期增长了33.3%和46.3%。

（四）指导企业争创中国驰名商标取得新成果

2010年，“天佑德”、“可可西里”商标被国家工商总局正式认定为中国驰名商标，使青海省拥有的中国驰名商标总数达到了12件，较2009年增长了20%，极大地提高了青海品牌的市场竞争力。

（五）全力协办完成了2010中国商标年会的各项任务

2010年8月31日至9月2日，由中华商标协会主办、青海省工商局协办的2010中国商标年会，在青海省举办，这也是中国商标年会首次在我国西部地区举办。通过商标这一平台，进一步促进了省内外企业间的交流与合作。

（六）成功举办了青海驰名、著名商标产品展

利用召开2010中国商标年会的有利时机，举

办了“2010中国青海驰、著名商标产品展”。在省内首次采取实物展示、体验、品尝和文字、图片等方式，全面展示了青海省品牌建设成果，展示了青海驰、著名商标及地理标志证明商标形象，展示了青海的特色品牌商品和民族工艺美术品。

二、工作措施

（一）突出“三抓”，深入扎实地组织开展了“服务千家企业、培育千件商标”主题活动

1. 抓注册，大力培育注册商标方阵

围绕青海省优势资源和特色经济，按照“抓两头、带中间”的模式，全力抓商标注册。即一头抓以农业、畜牧业产业链的产品为主的第一产业商标注册；一头抓文化、旅游、服务业及产业链相关产品为主的第三产业商标注册；以此带动第二产业及产业链相关产品的商标注册。一是强化责任，加大了商标培育力度。采取了定人员、定任务、定奖罚，采取帮学法、帮策划、帮查询、帮代理的“三定四帮”措施。收集下发了省内重点企业商标培育名录和指标，为企业提供“一条龙”服务，提高了商标注册的积极性。青海省工商系统共培育商标3000多件，申请注册1265件，成功注册1953件，相当于全省现有注册商标总数的31％。二是以“三书”为抓手，强化了行政指导力度。先后印发了《关于2010年度商标培育工作的实施意见》、《关于在文化旅游产业和使用地理标志企业中开展商标品牌培育的通知》等文件，并针对不同对象及时发放商标注册建议书、商标策略提示书和商标法律告知书。重点帮助企业树立“商标自我保护意识”和“商标储备意识”，商标培育步伐明显加快。如黄南州工商局围绕“热贡”文化品牌的发展，通过向同仁县政府发出商标注册建议书，由县财政拨专款6.8万元，就“热贡”可注册商标的34个类别进行了防御性注册。三是强化定向服务，狠抓“三个一批”。青海省工商系统通过采取指导农业生产和加工企业，注册一批农副产品商标，通过积极协调农（牧）业等相关部门，指导行业协会培育注册一批地理标志证明商标，通过扶持引导涉农企业，积极争创一批农产品驰著名商标等“三个一批”的措施，努力推动农业龙头企业实施商标战略工作。截至目前，青海省共有有效注册商标6266件，地理标志证明商标16件，农产品商标834件。

2. 抓引导，大力培育驰名和著名商标方阵

以商标知名度高、产品质量稳定、市场占有率高和符合申报条件的高原特色产品商标为重点，进行了上门服务和重点培育。2010年有2件商标被国家工商总局认定为驰名商标，使青海省中国驰名商标总数达到12件。同时，按照“择优择强、宁缺毋滥、重点扶持”的原则，在动员企业申报、工商部门实施，省品牌战略推进委员会集中评议，省政府认定10件商标为青海省著名商标。并对有效期满的24件青海省著名商标开展了续评，使青海省著名商标总数达到了48件。

3. 抓服务，深入开展“扶大育小”活动

紧紧围绕省政府经济工作大局，采取“扶大育小”措施，出台了《关于扶持发展“扶大育小”企业及具有良好发展前景市场主体商标工作的意见》，有针对性地开展商标培育和上门咨询服务活动，鼓励引导企业申报注册防御商标或储备商标。并从全省“扶大育小企业名录”中精选了20户品牌企业作为商标培育的重点控制上门服务；以省内21户有出口经营权的企业为重点，动员其开展国外商标注册。同时，加强了督查工作，先后组织召开了两次由各州（地、市）主管局长参加的经验交流会，年内申报了“赵”蚕豆和“西宁毛”商标国际注册，使青海省通过《马德里协定》申报的国际商标实现了零突破。

（二）精心组织，深入广泛地开展了“商标、品牌、发展”宣传月活动

4月份是青海品牌宣传月，为了有声有色地落实宣传工作，在充分调研征求意见的基础上，确定以“商标、品牌、发展”为主题，制订了《青海省商标品牌宣传月活动实施方案》，从14个方面对宣传月活动进行了详细安排。

1. 组织开展了商标知识进企业宣传活动

青海生物园区工商分局在青海伊佳民族服饰有限公司广场举行了送《商标法》进企业大型宣传活动启动仪式，组织了园区12家驰（著）名商标企业的1000余名职工组成12个方队参加了宣传活动。有2户企业分别介绍了荣获中国驰名商标和著名商标的成功经验，以及商标对企业带来的显著社会效益和经济效益。宣传会场设置了商标注册咨询台、商标法宣传台、企业产品展示台、企业品牌宣传展板，发放宣传资料500余份。

2. 组织开展了商标知识进农村宣传活动

青海海东工商局在乐都县高庙镇新盛村举行了送《商标法》进农村宣传活动。针对农村群众居住分散、人员难以组织等实际情况，为吸引群众，海东工商局和乐都县工商局精心准备了近百种实

物，5000余份宣传资料和51块展板。为营造较好的宣传氛围，会场设置商标侵权假冒商品展示区、商品防假识假知识咨询讲解区、商标知识宣传区、农产品展示及农业技术咨询讲解区、海东地区商标战略成果展示区和商标知识有奖问答区5个区，近1000名农村群众接受了商标知识教育。

3. 举办了“天佑德杯”商标知识竞赛活动

由青海省工商局主办，青海日报社、青海互助青稞酒有限公司协办，先后在《青海日报》举办了两期“天佑德杯”商标知识竞赛活动，这次也是青海省首次举办商标知识公开竞赛。共收到省内外读者寄来的竞赛答题卡1640份，评选出特等奖1名，一等奖3名，二等奖5名，三等奖10名，优秀奖20名，共发放奖金6000元。同时，组织召开了“可可西里”荣获中国驰名商标新闻发布会，邀请了省内外的12家媒体参加宣传。

4. 组织召开了中小白酒企业现场观摩会

为认真贯彻落实省委、省政府“扶大育小”的战略决策，指导中小企业树立商标意识和“小企业也能创出大品牌”的意识，组织省内23家中小白酒生产企业召开了“中小白酒企业现场观摩会”。观摩学习了青海清华博众有限公司、青海互助青稞酒公司和青海互助威远酒业有限公司3家企业，组织企业进行了经验交流座谈，8家企业从不同角度进行重点发言，会上发出了“抓住机遇、加快发展、争创自主知名品牌”的倡议。

5. 加大了在各类媒体的宣传力度

为扩大在青海省内媒体的宣传，积极协调省委宣传部召开新闻宣传通报会，向全省下发了《关于商标、品牌、发展宣传月活动新闻宣传协调通报》，并确定了媒体记者。积极协调《青海日报》、青海省电视台等省内主流媒体开设了主题为“商标引领产业、品牌带动发展”的专题栏目，对宣传月工作进行系列报道。协调青海电视台策划制作了15秒的“商标、品牌、发展”公益广告，在青海电视台进行了滚动播报，在西宁市体育馆户外大屏幕连续播放一周，并将公益广告片刻录成光盘，分发各局在地方电视台进行播放。协调青海省通讯管理局，通过移动短信平台发布了开展品牌宣传月的信息。各州、地、市乃至区县工商局也积极协调地方媒体，开通了专题栏目进行宣传。为扩大商标品牌知识的传播面，编辑印制了共计146页全彩色的《商标、品牌、发展宣传手册》1万份免费发放，深受公众欢迎。

（三）认真筹备，圆满完成了协办“2010中国商标年会”的各项工作任务

1. 主动进位，勇挑重担，认真做好各项组织协调工作

为了圆满完成协办“2010中国商标年会”的各项工作任务，出台了实施方案，协办了“转变发展方式，推进商标战略实施”6个论坛，主办了“区域性品牌突围论坛”。

2. 履职尽责，科学策划，圆满完成了青海驰、著名商标产品展的各项筹备工作

充分利用会议中心现有场地，科学设计和策划了青海品牌展区、青海名优产品推介体验区和青海工艺美术品展区3个展区，选定了省内44家特色食品类企业168种产品参加了展示和体验。精挑细选了21家企业的唐卡、刺绣等198件工艺美术品参展，这也是首次就工艺美术品进行展示，受到省内外各界好评。

3. 多方协调，借会造势，加大了在媒体宣传的力度

年会前期，协调青海日报、青海电视台等省内媒体加大了宣传。在西宁市繁华地段悬挂了宣传横幅，在会场外设置了彩球、拱门，营造了良好氛围。

（四）强化服务，积极推进企业实施商标战略工作

1. 制定出台了《青海省注册商标专用权质押贷款工作指导意见》

为了充分发挥商标权益的作用，积极拓宽具有品牌优势企业的融资渠道，帮扶青海省中小品牌企业快速发展，在认真学习《物权法》、《担保法》、《商标法》等有关法律法规，积极征求各方面意见的基础上，联合中国人民银行西宁中心支行、中国银行业监督管理委员会青海监管局共同出台印发了《青海省注册商标专用权质押贷款工作指导意见》，并有重点地选择了青海可可西里肉食品有限公司等5户企业开展了上门指导。

2. 修订出台了《青海省品牌建设发展专项资金管理办法》

经反复修改、多次协调，联合青海省财政厅、质监局修订出台了《青海省品牌建设发展专项资金管理办法》。该办法明确规定，对获得“中国驰名商标”和“青海省著名商标”称号的企业，分别给予一次性50万元和10万元奖励；对注册成功的地理标志证明商标、集体商标的企业，给予一次性6万元奖励；对注册成功的农畜产品商标、文化

(旅游)产业商标和青海传统特色名吃商标,每件给予2000元奖励。同时,该办法明确规定,由省财政拨专款,支持工商等部门开展商标品牌产品推介活动,支持品牌企业在各类媒体开展广告宣传。

(五)深入扎实地组织开展了商标专用权的保护工作

2010年,青海省工商系统继续把保护企业商标专用权作为工商部门服务经济发展、促进企业壮大的重大任务,充分发挥职能作用,查假冒、挖窝点、打惯犯,特别在保护省内知名品牌企业的健康发展上做了大量工作。特别是11月11日以来,全省工商系统认真贯彻落实《国家工商总局打击侵犯知识产权和制售假冒伪劣商品专项行动方案》,以"打假冒、保品牌"百日执法行动为载体,扎实开展了打击侵犯知识产权和制售假冒伪劣商品专项行动,取得了阶段性成效。2010年,青海省工商系统共组织开展了3次"打假冒、保品牌"执法月行动和1次百日执法行动,共查处商标侵权案件1051起,捣毁制假、售假、藏假窝点134处,案值600.78万元,罚没款124万元。对查出的全省十大典型商标侵权案例在媒体进行了曝光;表彰奖励了保品牌工作中涌现出的6家先进集体和6名先进个人。

(青海省工商行政管理局)

版权工作

2010年,青海省版权局在省委、省政府的领导和国家版权局的指导下,深入贯彻落实科学发展观,按照"宣传、打击、引导、服务"的总体工作思路,围绕职能,顾全大局,搞好服务,促进发展,在著作权保护、法律法规宣传、打击侵权盗版等方面取得了明显成效。

一、加强宣传,提升公众版权意识

围绕提升公众版权意识、营造尊重知识、尊重创造的良好氛围,加大版权宣传力度。"4·26保护知识产权宣传周"活动期间,更换制作版权法律法规宣传展板10块,全年组织参加版权宣传活动4次,接受群众版权知识咨询200余人次,发放《著作权法》、《计算机软件保护条例》、《信息网络传播权保护条例》、《卡拉OK经营行业著作权许可使用及服务手册》、《企业使用正版软件指南》、《著作权常识问答》等版权法律法规知识宣传资料4000余份。使版权宣传工作在宣传内容、宣传广度和宣传范围方面均比上年有了较大的提高,受到了社会公众的广泛欢迎,取得了良好的社会效果。

二、强化监管,严厉打击侵权盗版行为

(1)3月18日,根据群众举报,对西宁长途汽车站二楼图书摊点涉嫌销售盗版图书《藏区人文与地理》进行了检查,并根据检查结果及相关证据依法对藏田图书有限公司给予了警告和没收盗版图书《藏区人文与地理》(共计24本)的行政处理。

(2)根据新闻出版总署《关于印发〈2010年上海世界博览会版权保护工作方案〉及〈2010年上海世界博览会反盗版快速反应机制〉的通知》精神,为进一步做好全省版权保护工作,制订了青海省《2010年上海世博会版权保护工作及反盗版快速反应机制实施方案》,积极开展了上海世博会期间的版权保护专项行动。期间,通过日常巡查、暗访抽查、举报突查等有效措施加大了对重点区域文化市场检查的力度,有效维护了市场经营秩序。4月9日,由吴解勋、张承伟副厅长带队,会同科技厅文化市场处、省"扫黄打非"办工作人员对涉嫌出售盗版音像制品的西宁市胜利路西部电子城和原声音像总汇等卖场和音像店进行了突击检查。查缴盗版音像制品1000余盘,为世博会成功举办营造了良好的文化氛围。

(3)5月10日,根据中国音像著作权集体管理协会的投诉,及时下发通知,要求西宁市文化广播电视局对西部好迪乐、英皇国际娱乐会所等8家娱乐场所依法进行了查处。同时组成联合检查组对西宁市31家卡拉OK经营场所是否取得经营行业著作权许可使用证书进行了全面督促和摸查。

(4)联合青海省公安厅、青海省通信管理部门部署开展了2010年打击网络侵权盗版专项治理"剑网行动",在全省互联网企业和网站认真查找和消除网络侵权盗版隐患。联合省教育厅开展了图书馆著作权保护专项检查,分别对省图书馆和青海大学、青海师范大学及青海民族大学三所高校图书馆的版权保护工作情况进行了专项检查,均未发现涉嫌侵权违规问题。贯彻落实全国知识产权保护与执法工作电视电话会议精神,在全省范围内部署开展为期半年的打击侵犯知识产权和

制售假冒伪劣集中整治专项行动，并提出5项具体措施，确保知识产权保护专项行动全面实施。

(5)根据国家版权局《关于发布〈国家版权监管平台(一期工程)运行管理办法(试行)〉的通知》精神，及时对版权监管平台设备进行了安装调试，并指定专人负责，做到专物专用，通过平台及时上报青海省版权局自行受理案件的处理信息，确保了信息的及时性和有效性。

(6)加大了对出版物市场、软件市场、电子城等经营场所的日常监管和执法力度，全年会同青海省"扫黄打非"办、省公安厅、省工商局等部门，对西宁市胜利路电子商城、古城台数码广场、华联超市音像销售区、原声音像批发中心等音像电子出版物销售场所进行集中检查(5次)。对内容低俗、侵权盗版严重的进行了严厉打击，依法查缴。据统计，2010年青海省共出动执法人员4.9万多人(次)，检查各类经营场所6.5万多家(次)，查缴盗版出版物4.9万余件，盗版教材教辅8000多件，有力地打击了侵权盗版行为，维护了著作权人的合法权益。

三、克服困难，推动政府机关和企业软件正版化工作

根据国务院推进企业使用正版软件工作部际联席会议《关于印发〈2009年推进企业使用正版软件工作总结〉、〈2010年推进企业使用正版软件工作计划〉和〈推进企业使用正版软件工作部际联席会议第四次全体会议纪要〉的通知》精神，结合本省实际，制订了青海省关于2010年推进企业使用正版软件工作计划，以企业为重点，加大推进企业使用正版软件工作的宣传力度，举办了西宁市网吧使用正版软件培训班1期，159家网吧负责人参加了培训。部署开展了全省政府机关使用正版软件专项检查工作。

四、加强培训，提高版权行政执法能力

为提升基层版权行政执法人员版权管理和保护水平，积极争取并先后派10人参加了由国家版权局等举办的4期版权知识培训班。联合其他处(办)举办了1期有190人参加的全省文化市场、版权执法人员及"扫黄打非"骨干人员培训班，取得了较好的宣传普及和培训效果。

五、强化服务意识，认真做好版权登记工作

进一步改进工作作风，强化服务意识，提高服务水平，重视版权的法律咨询和版权纠纷的调节工作。对电话或前来咨询版权法律知识的公众，做到热情接待，耐心解释；对上级主管部门转办和个人投诉的案件，做到及时受理，认真调查，妥善处理，认真做好版权登记工作，全年登记版权保护作品23件，调处转办函1件、投诉举报案3件，接受来人、来电、来函和版权咨询200余人(次)。

(青海省版权局　付成久)

司法工作

2010年，青海省法院认真贯彻落实党的十七大精神，从《国家知识产权战略纲要》要求和实施国家知识产权战略需要出发，以"三个至上"和社会主义法治理念为指导，以青海省高院机关建设活动为主线，紧紧围绕"为大局服务，为人民司法"，加大知识产权司法保护力度，强化知识产权司法救济，加强队伍建设，狠抓案件质效，认真开展各项工作，完成了目标要求任务。

审理知识产权案件的基本情况。

一、审理案件的数量

2010年青海省法院共受理知识产权民事一审案件86件，其中著作权纠纷77件，商标侵权3件，专利侵权2件，技术服务合同和其他知识产权纠纷4件；知识产权民事二审案件6件，其中商标和专利侵权纠纷各3件。在受案大幅度上升情况下，各级法院严格审判流程管理，狠抓案件绩效，一审案件结案率为95.28%，二审结案率达到100%。一、二审案件除庭前调解后撤诉外，全部开庭审理，开庭率100%。全体审判人员牢固树立"调解也是执法"的理念，始终坚持"能调则调，当判则判，调判结合，案结事了"，把诉讼调解贯穿于案件审理的全过程，一审调撤率为62.38%，二审调撤率53.85%。

通过对上述案件的审理，有力制裁了各种侵权行为，切实保护了知识产权权利人的合法利益，有效维护了社会主义市场经济秩序，为促进青海省科技进步和经济发展发挥了积极作用。

二、审理案件的类型

青海省法院受理的知识产权纠纷类型涉及专利权、商标权、著作权和商业秘密等。2010年以来，以影视作品著作权人为原告起诉网吧的著作权纠纷增多，一审受理的77件著作权纠纷，其中网络著作权侵权纠纷为65件。这类案件主要体现为同一权利人就同一知识产权或同种类知识产权提起系列诉讼，法律关系及事实并不复杂，但涉及当事人多，且与某行业的经营发展有关，因此被告对原告抵触情绪大，反应较为激烈。

三、审理案件的特点

一是案件类型和数量不断增多，青海省知识产权案件类型主要是传统的知识产权案件，即著作权、商标权、专利权、技术合同。近两年随着经济与文化的发展，知识产权审判领域进一步拓宽，法院已经受理了网络域名纠纷案件、网络侵权纠纷案件，还涉及民间文学艺术保护、驰名商标认定等，新类型、新领域的知识产权案件不断出现。二是标的额相对较小，基本都在法定赔偿额之内，即50万元以下，绝大多数为5万元以下。专利侵权案件标的额相对较高，著作权侵权案件相对较小。三是案件分布不平衡，知识产权案件几乎全部集中在西宁市。青海省其他中级法院2010年没有受理一起知识产权纠纷。四是驰名商标的司法认定数降至零点。按照最高人民法院关于驰名商标司法认定的相关规定，下发了《关于驰名商标司法认定案件由西宁市中级人民法院集中管辖的规定》，2010年以来，青海省法院未受理一起司法认定驰名商标案件。究其原因，一方面是青海省法院对该类案件进行了严格规范，认定门槛提高，使得并不具备驰名商标认定的企业有自知之明，不再贸然进行商标诉讼；另一方面，通过对虚假诉讼当事人进行司法处理和司法建议，使他们产生畏惧心理，不敢伪造证据，利用虚假诉讼认定驰名商标。

（青海省高级人民法院知识产权审判庭）

检察工作

2010年，青海省检察机关立足检察工作实际，切实加强知识产权司法保护，充分发挥法律监督职能作用，与行政执法机关、公安机关等部门密切配合，依法及时批准逮捕、起诉侵犯知识产权的犯罪分子，加大立案监督力度，防止和纠正对侵犯知识产权犯罪的有罪不究、以罚代刑等问题，进一步推动行政执法与刑事司法相衔接工作机制的完善，依法严肃查办侵犯知识产权违法犯罪背后的国家工作人员的违纪、犯罪行为，为经济建设保驾护航。

青海省各级检察机关主动深入到行政执法部门走访，了解有关行政执法机关查处包括侵犯知识产权在内的违法案件和向公安机关移送涉嫌侵犯知识产权在内的犯罪案件的情况，共同商讨如何加强合作，明确有关案件的刑事立案标准，寻求建立立案监督长效机制，进一步探索和完善行政执法与刑事执法相衔接的最佳模式，逐步建立起深入走访、座谈和定期互通信息等工作形式。与行政执法部门，建立了较为规范、稳定的联系协调机制，不断规范执法活动。

青海省各级检察机关对重大案件坚持适时介入，参加公安机关对包括侵犯知识产权在内的涉嫌犯罪重大案件的讨论，引导侦查取证，配合公安机关做好收集、审查、甄别、固定证据工作。通过行政执法与刑事司法相衔接工作机制，青海省各级检察机关注意把刑事立案监督工作向前拓展，加强对行政执法机关移送包括侵犯知识产权在内的涉嫌犯罪案件线索，以及公安机关在受理行政执法中查处的包括侵犯知识产权在内的涉嫌犯罪案件的监督，进一步开拓刑事立案监督工作，形成打击包括侵犯知识产权在内的涉嫌犯罪的合力，从而促进行政执法机关、公安机关严格执法，确保行政执法与刑事司法相衔接的工作实效。

青海省各级检察机关充分发挥法律监督职能，加强对行政执法机关抄送的侵犯知识产权案件《行政处罚决定书》副本的审查工作，对涉嫌犯罪的及时提出移送公安机关的建议，监督公安机关及时立案侦查侵犯知识产权犯罪案件。严肃查办侵犯知识产权违法犯罪背后的国家工作人员的职务犯罪，坚决打掉其"保护伞"，在立案监督和审查批准逮捕、审查起诉中注意发现和掌握侵犯知识产权违法犯罪背后的国家工作人员职务犯罪线索，对于涉嫌构成犯罪的坚决依法查办。

（最高人民检察院侦查监督厅）

宁夏回族自治区

专利工作

一年来，在宁夏回族自治区党委、政府的领导下，在国家知识产权局的指导和支持下，自治区知识产权局围绕自治区党委、政府工作部署，认真贯彻落实国家知识产权战略和西部大开发战略，以提高宁夏知识产权创造、运用、保护和管理能力为目标，不断加大专利行政执法力度，扎实推进知识产权宣传培训工作，进一步深化企业知识产权工作，较好地完成了全年各项工作，为自治区自主创新和经济发展提供了有力的支撑。

一、制定完成《宁夏回族自治区知识产权战略纲要》

《国家知识产权战略纲要》颁布实施两年多来，全国大部分省市区政府颁布了地方知识产权战略纲要，将国家战略提出的各项目标、任务、举措，通过地方战略加以细化、分解和落实。制定宁夏知识产权战略是2010年必须完成的重要任务，为了能按时完成这一工作，宁夏知识产权局在没有自治区知识产权协调机制的情势下，局内设立知识产权战略制定办公室协调战略制定工作，调动全局和各方力量，收集各地制定完成的知识产权战略纲要及实施意见、宁夏近远期规划和发展战略、宁夏相关的知识产权战略、宁夏企业发展状况和知识产权工作情况等资料，调研国内各省市专利实施及产业化、专利申请促进、专利行政执法、企业知识产权工作促进等方面的工作情况，调研各地战略制定工作的经验和做法，邀请国家知识产权局领导和专家来宁指导，召开专家座谈会，聘请专家、检索文献，起草了《宁夏回族自治区知识产权战略纲要》(代拟稿)，征求了自治区政府研究室、发改委、经信委、财政厅等22个相关厅局意见，根据反馈意见修改代拟稿，经科技厅党组审议通过，准备近期报自治区政府审议，争取2011年初颁布实施。希望通过制定和实施知识产权战略，建立健全知识产权工作的体制、机制，提高知识产权社会认知度和保护意识，谋划好宁夏知识产权未来十年的发展，为宁夏知识产权事业打下基础，推动宁夏知识产权工作发展，更有效地为促进宁夏经济社会跨越式发展服务。

二、调整专利申请结构成效显著，发明专利申请比例明显提高

近年来，宁夏专利申请数量增长很快，但代表一个地区核心竞争能力的发明专利申请比例较低，为改变这一状况，宁夏知识产权局努力调整专利申请结构，提高专利申请质量。从年初开始，协调银川市等5市知识产权局，围绕自治区重点产业及特色优势产业开展以发明和实用新型为主的专利申请促进工作，深入企事业单位，通过讲座、座谈、咨询等形式，为企事业单位领导、技术人员传递发明专利申请的意义，讲解专利申请的技巧，解答专利方面的疑问。同时主动与专利代理机构合作，从专利代理环节挖掘提高专利申请的质量。技术含量较高的发明和实用新型专利申请比例明显提高。2010年，宁夏专利申请739件，其中发明专利268件，占申请总量的36.3%，比2009年增长47.2%，实用新型397件，占申请总量的53.7%，比2009年增长39.8%，外观设计专利74件，占申请总量的10.0%；全区专利授权1081件，同比增长18.8%。发明专利申请数量占比超过全国平均水平，发明和实用新型占比90%，成为宁夏2010年专利的主要组成部分，为“十二五”开局之年进一步提高宁夏专利申请质量打下了良好基础。

三、加强企业知识产权工作，企业知识产权综合能力得到提升

企业是技术创新的主体，也是知识产权创造运用的主体，做好企业知识产权工作，对调整宁夏经济结构、促进经济又好又快发展有积极意义。宁夏知识产权局针对企业知识产权工作存在的薄弱环节，帮助企业完善知识产权制度、加强知识产权培训、利用专利信息等，引导企业在技术创新、产业研发、工艺革新等环节中形成一批较高质量的专利，建立攻防并重的专利保护池，为企业和宁夏经济健康快速发展提供支持。

抓住国家知识产权局开展第四批企事业单位知识产权试点工作的契机，根据试点方案要求，帮助10家试点企业建立知识产权规章制度，制订知识产权工作计划，培训知识产权工作人员，并通过调研、座谈等形式，为企业申请专利、利用专利文献信息、开展专利战略研究出谋划策。典型示范带动作用明显，企业专利申请占所有申请的比例接近40%。通过试点工作，试点企业体会到了重视知识产权工作的好处，积极参与知识产权相关活动，知识产权综合能力和水平明显提高。

为帮助宁夏科技型企业快速发展，保护来之不易的自主创新成果，多次与国家知识产权局沟通协调，为银新能源、伊品科技、青龙管道、金太阳药业等多家企业办理加快审查业务，最大限度地满足企业知识产权保护需求。为全面提高中小企业运用知识产权制度的能力和水平，促进中小科技型企业掌握一批行业核心技术，宁夏知识产权局积极争取国家知识产权局的支持，使银川市被国家知识产权局批准为国家中小企业知识产权战略推进工程首批实施单位，为宁夏中小企业争取国家支持项目奠定了良好的工作基础。宁夏知识产权局还积极协调争取国家对PCT国际专利申请的支持，对宁夏中色(宁夏)东方集团、宁夏医科大学两家单位的5项PCT申请，补助资金26万余元，为宁夏自主创新技术产品进入国际市场提供了支撑。

四、强化知识产权强县工程的组织领导，发挥知识产权在县域经济中的作用

2009年，宁夏的青铜峡市、灵武市、贺兰县、平罗县被列入国家知识产权强县工程，为了保证知识产权强县工程工作的顺利实施，2010年，宁夏知识产权局按照知识产权强县工程的年度推进计划目标，成立了知识产权专家指导组，对口引导和帮助宁夏进入工程的四个市县加强知识产权工作机构建设，完善知识产权政策法规，健全县域知识产权工作体系。在专家组的指导和监督下，四个知识产权强县工程所在的市县人民政府，全部建立了以市县领导为组长的“国家知识产权强县工程”工作协调领导小组，成员涉及科技、财政、农牧、发改、文化、科协、工商、技术监督等多个部门，协调领导小组根据各单位的工作职责，制定了领导小组工作制度，明确了各成员单位的职责。各市县还将知识产权工作纳入市县政府工作议程，市县政府定期研究解决知识产权重大问题，将目标任务分解成具体工作，由成员单位分别落实，领导小组办公室定期督查，督查结果上报市县政府，形成了上下联动、齐抓共管、整体推进的协调领导机制。

五、加大专利行政执法工作力度，为自主创新营造良好的法制环境

积极组织宁夏五市知识产权局开展“雷雨”、“天网”、“打击侵犯知识产权和制售假冒伪劣商品知识产权执法专项行动”，稳步推进专利纠纷调处工作，加大专利行政执法力度，办案数量和质量稳步提高，建立知识产权维权援助机制，积极努力做好知识产权维权援助和举报投诉工作，加强会展中的知识产权保护，对五市知识产权局执法工作进行巡查督导，充分发挥省际联合执法优势，积极向其他省区知识产权局移交案件，为自治区自主创新营造了良好的法制环境，有效地维护了权利人的合法权益、维护了宁夏市场经济秩序。

2010年以来，区市两级知识产权局协作执法82次，共出动专利行政执法人员2396人次，出动执法车辆541次，检查商业场所458次，检查商品3万余件，登记检索专利商品4312件，立案调处专利纠纷案件11件。通过对流通领域进行专项整治，充分发挥行政调处“简便、快捷、高效”的优势，有效净化了展会的知识产权保护环境，营造了宁夏良好的投资创业环境，使社会各界尊重知识产权、保护知识产权的意识得到提高。

六、运用多种形式加强知识产权宣传工作，形成良好的知识产权舆论氛围

宁夏知识产权局结合国家知识产权战略和西部大开发战略的实施，采取多种形式、多方位进行知识产权宣传。联合自治区党委宣传部、高院、检察院、教育厅等十几家单位，在全区范围内开展了内容丰富、形式多样的“4·26知识产权宣传周”系列活动，开展知识产权“进学校、进企业、进社区”等工作，在宁夏五市统一开展“4·26世界知识产权日”大型宣传活动，在银川设立主会场，其他四市设立分会场，展出展板、发送知识产权宣传资料，设立知识产权咨询服务台咨询，并邀请新闻媒体参加宣传报道；开展《中国知识产权报》的征订和宣传工作，为区、市、县党委、人大、政府、政协四套领导班子主要领导免费订阅《中国知识产权报》，取得各级领导对知识产权工作的关注和支持；通过新闻媒体(电视、广播、报纸、网络)向社会积极宣传知识产权工作，宣传宁夏知识产权发展状况、取得的成绩以及存在的困难，不断提高宁夏知识产权意识水平。编辑印发《宁夏知识产权》2期，发送1000份；联合自治区教育厅、宁夏教育学会举办了第四届宁夏青少年创意大赛暨知识产权宣传教育活动，共有63所学校885人报名参加，将鼓励和培育更多的青少年创新人才；编写完成《2009年宁夏知识产权保护状况》。通过多形式、多渠道的知识产权宣传，全社会重视和保护知识产权的氛围开始形成，知识产权意识不断提高。

七、积极开展知识产权人才培养和培训工作，增强宁夏知识产权工作能力

落实《国家知识产权战略纲要》精神，加强知识产权人才队伍建设和培训工作。加强对高层次知识产权人才的培养力度，组织高层次人才参加国家知识产权局举办的国内外培训，还积极支持他们申报国家知识产权局知识产权项目研究，为宁夏经济社会发展提供深层次研究保障。组织各种内容的培训班，举办"知识产权的政府运作与企业经营"、"中学生创新思维与创造发明"、"企业专利管理新思路与企业专利战略"、"知识产权管理"、"知识产权保护"等5期培训班，宣传培训对象主要有各级党政领导干部、知识产权管理干部、企事业经营管理人员以及参加第四届宁夏青少年创意大赛暨知识产权宣传教育活动的辅导老师和学生，共有近两千人受到了培训。除举办培训班外，宁夏知识产权局还积极组织并选派全区知识产权系统工作人员和企事业单位专利管理人员参加国家知识产权局等单位举办的知识产权战略信息员培训班、知识产权报社通讯员培训班、知识产权执法等业务知识培训，提高了工作服务水平，增强了业务工作能力。

八、加强知识产权服务机构建设，知识产权公共服务能力大幅提高

2010年，加强完善国家专利技术（宁夏）展示交易中心、国家知识产权局专利局银川代办处、中国（宁夏）知识产权维权援助中心和专利信息平台等服务体系的建设，提高工作效率和服务质量，宁夏知识产权公共服务能力大幅提高。利用国家专利技术（宁夏）展示交易中心平台，加大宁夏专利技术对外展示交易工作力度，创新"中国专利周"宁夏地区活动方式，开展现场交易、网上交易、专题公益服务以及相关特色等活动，为专利技术持有人和需求者提供交流、交易平台，为专利运用和产业化提供了服务。国家知识产权局专利局银川代办处的业务质量、工作效率和服务水平大幅提高，多渠道大力宣传、推广电子申请，做好专利受理、收费等日常工作，加强质量管控，2010年，专利受理累计完成2586件，其中区内申请510件（发明180件、实用新型295件、外观设计35件），区外申请2076件（发明746件、实用新型829件、外观设计501件），收缴专利费用2374笔，累计127万多元。积极推进知识产权维权援助工作，通过宣传提高了知识产权维权援助中心和"12330"知识产权维权援助与举报投诉公益服务电话影响力，拓宽了工作面，推动宁夏知识产权维权援助工作取得较快进展。加强专利信息服务，为适应社会公众对专利文献信息需求的增长，宁夏知识产权积极申请财政支持，投入20万元用于专利信息平台更新与维护工作，建成后的宁夏知识产权专利信息网站将集成全领域专利数据库系统、宁夏专利技术交易信息系统及宁夏知识产权政务信息服务功能，为更好地促进专利文献信息传播，提高管理部门科学决策水平，增强市场主体综合竞争力起到积极推动作用。

九、2010年工作亮点

一是实现专利申请结构的调整。配合自治区调整产业结构、促进经济发展方式转变的工作思路，针对宁夏连续几年外观设计专利比例过大的现象，宁夏知识产权局在2010年初提出了调整专利申请结构的目标，发明专利申请比例要达到30%。2010年，宁夏累计申请739件，其中发明专利268件，占申请总量的36.3%，比2009年增长47.2%，实用新型397件，占申请总量的53.7%，比2009年增长39.8%，外观设计专利74件，占申请总量的10.0 %。数据显示，在宁夏专利申请中以含金量较高的发明、实用新型专利为主的专利申请结构已逐步形成。

二是专利纠纷调处结案率100%。2010年立案调处专利侵权纠纷案件11件，纠纷案件结案率100%。执法人员在处理专利纠纷过程中，深入调查，查明事实，分清责任，耐心讲解，并在此基础上，对当事人讲清法律、法规规定，使当事人弄清楚为什么构成了侵权，以及案情发展产生的严重后果，绝大部分案件以调解结案，在调解处理侵权纠纷案件中，突出公正调处原则，既注重制止侵权行为，保护专利权人和社会公众的合法权利，也注重维护被请求人的合法权利，使双方当事人满意。

三是银川代办处实现专利电子申请电子审批。采取有效措施,使新旧系统顺利切换,实现电子审批。结合E系统特点完成人员、岗位、流程、机制的适应性调整,加强基于E系统操作技能的内部岗位培训,加强质量管控,不断提高工作效率和业务质量。提供优质服务,严格执行审查时限。在大力推广电子申请的同时,做好电子申请的宣传工作和咨询服务。依托E系统,继续开展专利实施许可合同备案工作,为公众提供便捷服务。启用远程视频会晤系统,已实现与国家知识产权局专利局和全国26个代办处的远程视频会议。

(宁夏回族自治区知识产权局　田俊婵)

商标工作

2010年,宁夏各级工商机关在区局党组的统一部署和领导下,不断加强商标广告机构队伍建设,探索创新商标广告监管工作,健全完善商标广告工作机制,各项工作取得了显著成效。按照宁夏工商局党组提出的商标发展“增量、扩面、提质”的要求,以“规范基础工作,深化行政指导,强化能力建设,提升工作水平”为目标,全面推进商标战略实施,大力培育驰(著)名商标,强化商标监管保护力度。通过政策驱动、宣传发动、服务带动、执法促动,实现商标管理工作新发展。积极探索,注重创新,进一步完善广告长效监管机制,建立决策科学、权责对等、分工合理、执行顺畅、监管有力的广告监管体系,在整治虚假违法广告、促进宁夏广告业健康快速发展方面取得了明显成效,广告市场秩序总体趋于好转。截至目前,宁夏商标申请量达到12 000件,有效商标注册数量已达到7800余件,比上年同期增长26%;拥有地理标志商标12件,集体商标10件。帮助自治区政府申报中阿经贸论坛特殊标志登记18件,上报涉农商标申请800余件,帮助杞康、七彩涂士等商标通过驳回复审获得了商标注册。新认定中国驰名商标8件,新认定第七届宁夏著名商标97件,延续认定100件,是驰(著)名商标认定最多、增长幅度最大的一年。共查处各类商标侵权案99起,罚没款35.838万元,没收侵权假冒商标标识29 943件,没收、销毁侵权商品83 199件。宁夏主要新闻媒体广告总违法率1.96%,同比下降3.1%,在国家工商总局2010年一、二季度广告监测抽查中宁夏被抽查媒体(电视、报纸)严重违法率为零。全年广告经营额达到5.2亿元,同比增长18.9%,广告经营单位1499家,同比增长2.6%,广告从业人员10 520人,同比增长12.9%,宁夏广告业发展总体呈稳步上升趋势,发展态势良好。

一、政策驱动,优化商标战略实施环境

2010年,宁夏工商局以王正伟主席提出的“打造品牌宁夏”的战略构想为中心,将培育自主商标、驰(著)名商标作为提升城市竞争力、推动经济结构升级转型的重大工程来抓,得到了自治区人民政府的高度重视和大力支持。宁夏工商局在广泛调研、反复修改的基础上,起草和下发了一系列实施商标战略、促进地方经济发展的政策措施。3月18日,自治区人民政府批转了《宁夏回族自治区注册商标专用权质押贷款办法》。宁夏工商局下发了《关于认真贯彻落实〈宁夏回族自治区注册商标专用权质押贷款办法〉的通知》。该办法的出台,为具有商标优势的企业拓宽了融资渠道,帮扶中小企业应对金融危机提供了重要的政策支持,有效地解决了商标专用权的价值评估、处置流通、市场风险等问题,为确有真实需求的企业提供了信用支持,对宁夏拥有自主商标特别是高知名度商标的企业缓解资金紧张、加速商标权商品化和向生产力转化、提升企业自主创新能力和核心竞争力起到了积极的推动作用。5月7日,自治区人民政府印发了《宁夏回族自治区著名商标认定程序规定》。宁夏工商局下发了《关于印发〈宁夏著名商标认定程序规定实施细则〉的通知》,进一步规范了宁夏著名商标的申请、评审、认定和管理工作,保证了宁夏著名商标认定的公正性、公开性、科学性和可操作性,有效地保护了商标所有人、使用人和消费者的合法权益。还下发了《关于进一步做好驰(著)名商标培育工作的通知》、《关于建立商标经济户口规范商标管理工作的通知》、《自治区工商局关于加强商标广告监督管理行政指导工作的意见》等重要文件,加大了对实施商标战略工作的指导力度。各地工商局也积极主动争取当地政府的领导和支持,将实施商标战略工作上升为政府行为,加快了实施商标战略的步伐。银川、石嘴山、固原、西夏、大武口等市区政府下发了关于加快实施商标战略的意见,分别制定了政策和奖励措施。青铜峡、灵武和西夏等市区政府结合当地实际,由政府拨付专项资金,用于支持商标发展。这些政策措施的出台实施,为实施商标战略提供了有力的政策和经费保障,推动了各地实施商标战略工作步入快车道。同时，在机构精简的形势下，积极协调争取编制部门支持，在宁夏各县(市、区)工商局(分局)统一设立了商标广告监督管理科，各局配备了专职工作人员。为了尽快提高商标广告监督管理人员的业务能力和整体素质，迅速适应形势和任务发展的需要，充分发挥全区商标广告监督管理机构的重要作用，宁夏工商局及时举办了全区工商系统商标广告监督管理人员培训班，对全系统99名主管商标广告工作的局长和商标广告监督管理人员进行了业务培训。为确保商标广告监管工作任务在基层得到有效落实、加快推进商标战略实施提供了有力的组织保障。

二、宣传发动，营造良好社会氛围

2009年以来，商标申请量和注册量都呈现出良好的增长势头。但高附加值、高知名度的商标数量少，影响力有限。为此，宁夏工商局以打造自主商标，争创驰著名商标为指导思想，结合第七届宁夏著名商标认定活动的开展，在宁夏范围内开展了全方位、多层次的商标宣传。一是优化宣传平台，丰富宣传载体。2010年，制作实施商标战略公益广告，在宁夏公共频道黄金时段滚动播出；与宁夏广播电视总台新闻广播共同主办的大型实施商标战略宣传系列广播(网络)专题节目《品牌宁夏》，于2010年1月24日开始播出，每周星期天中午12：00～12：10在宁夏新闻广播品牌栏目《今日宁夏》中播出，广播与网络 www.nxtv.cn 同步在线播出，已播出22期；与现代生活报社共同开办了“商标”栏目，“商标”栏目在《现代生活报》每周出版一期，每期一个整版，宣传商标法律法规知识，以典型报道的方式总结推广各级工商局实施商标战略、指导帮扶企业注册商标、争创驰(著)名商标的成功经验，树立行业典型，发挥引领作用，以点带面推动实施商标战略，共刊登相关宣传文章18期。2010年2月、10月宁夏汇川、兴唐、盐池滩羊、御马、香山硒砂、西吉马铃薯、泰瑞等8件商标被国家工商总局认定为驰名商标后，宁夏工商局及时召开了中国驰名商标新闻发布会，发动各大媒体联动宣传驰名商标，扩大驰名商标的影响力。开发区管委会、灵武市政府、盐池县政府、青铜峡市政府、西吉县政府及企业专程到宁夏工商局送牌匾、致感谢信。二是强化培训范围，延伸宣传触角。2010年为进一步提高社会商标意识，采取内外培训相结合的方式，2010年县市分局新成立商广科，新的商标管理人员较多，业务知识欠缺，针对这一现状及时组织了系统内商标主管局长、科长、商标管理人员培训班，培训内容具有较强的针对性、操作性和实用性，参加培训人员99人。商广处根据各地的需求，在中卫市、石嘴山市、平罗县、灵武市、西夏区等工商局、轻纺工业局组织的政府相关部门、企业、商标指导员，开展了商标战略讲座和培训，受到培训对象的欢迎。社会各界的商标意识明显增强，企业商标管理水平明显提高，利用驰(著)名商标质押融资的意识明显增强。

三、服务带动，培育发展自主商标

为了加快推进商标战略，鼓励宁夏企业争创著名、驰名商标，形成宁夏企业冲击著名、驰名商标的多级梯队，实现“培育一个商标品牌，带动一方经济发展”的目标，宁夏工商局专门发文，对进一步做好驰(著)名商标培育工作进行部署。各级工商局充分发挥职能作用，紧紧抓住政府、公众和企业三个层面，广泛宣传驰(著)名商标，有效营造政府重视驰(著)名商标、企业争创驰(著)名商标的良好氛围。通过开展本地区的商标资源普查，全面掌握各类经济主体的商标注册底数、类别、地域分布、驰(著)名商标争创意向及培育情况。在深入摸底调研和认真筛选的基础上，及时更新、补充和完善了中国驰名商标培育库和宁夏著名商标培育库。按照“申报一批、准备一批、培育一批”的原则，制定驰(著)名商标战略梯队三年规划。使商标培育发展工作逐步走上规范化、科学化、长效化的运行轨道。在具体工作中，宁夏工商局加强商标行政指导，按照“扶持、培育、推荐相结合”原则，坚持政策引导与工商主导相结合，做好驰(著)名商标培育的宣传工作；坚持分类指导与突出重点相结合，做好驰(著)名商标的培育工作；坚持行政督导和企业自律相结合，夯实驰(著)名商标培育的基础工作，使争创驰(著)名商标工作步伐稳、起点高、见效快。同时，强化监管，对驰名商标的使用管理跟踪问效，充分发挥了驰名商标的社会和经济效益。2010年8月，协调国家工商总局商标局领导参加了中宁县举办的中宁枸杞大会。中宁枸杞被认定为驰名商标后，其身价倍增，已实现年产值10亿多元，成为中宁县对外开放的“金”字招牌。中宁枸杞商标无形资产的价值评估达到了29.6亿元，位列中国农产品区域公用品牌价值排行榜第十九位，中宁枸杞成为全国枸杞市场的晴雨表，在市场经济活动中得到了更多的话语权。

四、管理推动，创新商标监管机制

加快实施商标战略，关键是要夯实基础，规范管理。为了建立真实、准确、统一、具有可操作性的商标经济户口，推进商标监管工作规范化、制度化、信息化，宁夏工商局下发了《关于建立商标经济户口规范商标管理工作的通知》，在宁夏组织开展了商标基础工作规范化管理工作。宁夏各级工商局立足于商标档案建设，以工商所为基础，组织开展商标普查，按照一标一档的标准，建立包括商标基础信息、企业基础信息、驰（著）名商标创建资料及“四书两卡”等内容的商标经济户口档案。依托商标经济户口三级管理体系，建立健全商标服务、商标培育、商标宣传推广等工作机制。积极推行商标电子监管系统，依托工商系统综合业务平台，把商标信息全部录入商标监管软件，建立了商标电子档案，开发了商标电子地图，创立了商标的网格化管理模式。通过开展商标经济户口规范化管理工作，摸清了底数，收集了信息，规范了台账，建立了档案，完善了制度，明确了职责，强化了商标监管。下发了关于加强商标广告监督管理行政指导工作的意见，进一步规范和深化行政指导工作。加强对企业的商标帮扶工作，重点加强对涉农企业、新兴产业、高科技产业、现代服务业等企业商标注册的引导和服务。结合驰（著）名商标培育、申报和认定工作，有针对性地深入企业宣讲政策法规，对企业选择、使用、管理、运作及自我保护商标等给予指导和帮助，提高企业实施商标战略的能力；深入农村农户，宣传农副产品商标知识，指导帮助农民和农村合作组织走品牌之路，打造品牌农业，促进农民增收。通过认真落实“四书两卡”和“商标指导员”制度，指导企业加强商标管理，注册新颖、独特、显著性强的商标，提升了商标的申请和注册量，加大对培育驰（著）名商标的投入，加强产品质量管理，提高培育驰（著）名商标工作的质量，促进了驰（著）名商标培育工作规范化、制度化。加大培训力度，举办了商标指导员、企业和农业合作社商标知识培训班 21 期，进一步提高了企业注册商标、使用商标、保护商标的意识，增强了企业利用商标开拓市场的能力。认真贯彻落实《注册商标专用权质押贷款办法》，帮助企业开发利用商标权的市场价值，促进企业商标无形资产资本化运作，拓宽企业的融资渠道，缓解企业发展资金不足问题，在宁夏大力引导、帮扶、推动一批拥有自主商标、高知名度商标的企业开展注册商标专用权质押贷款工作。目前，已帮助 1 家企业取得了 100 万元的贷款，填补了宁夏商标专用权质押贷款工作的空白。2010 年，灵武市、青铜峡铝业股份有限公司被国家工商总局确定为首批国家实施商标战略示范城市和示范企业。

五、执法促动，净化市场竞争环境

2010 年，各级工商局以打击侵权行为、建立长效机制为基础，坚持打击和规范相结合，专项整治和日常监管相结合，强化部门、地区协作，加强相关部门、企业、地区之间的沟通联系，实现商标信息资源共享，形成“打假保名牌”网络。严查各类商标侵权案件，开展查处侵犯中宁枸杞、杏花村汾酒、九牧、雪花、明太郎等商标专用权违法行为专项执法行动和保护世博会特殊标志等 12 项专项执法行动。加大了商标行政执法力度，加强了驰（著）名商标保护工作，优化了推进商标战略的法制环境。全年，共查处各类商标侵权案 99 起，罚没款 35.84 万元，没收侵权假冒商标标识 29 943 件，没收、销毁侵权商品 83 199 件。各地还积极推行商标备案监管制度，开发应用商标登记监管系统，进一步提升了商标监管水平。

六、科学规范，认定宁夏著名商标

认定第七届宁夏著名商标是 2010 年宁夏工商局党组安排部署的一项重点工作。为了认真扎实地做好第七届宁夏著名商标认定工作，保证认定工作的科学性、公正性和公开性，宁夏工商局早计划、早安排，下发了《关于认真做好第七届宁夏著名商标认定工作的通知》。在《宁夏日报》和《新消息报》分别发布了《第七届宁夏著名商标认定工作公告》，自 2010 年 4 月 6～30 日，由企业申请认定第七届宁夏著名商标。马云海局长在《宁夏日报》上做了关于第七届宁夏著名商标认定相关问题答记者问。在认定活动中，采取“企业自愿报名，县局负责推荐，市局负责初审，自治区局负责认定”的方式，由各县（市、分）工商局负责组织动员辖区商标所有人参加申请认定活动，并负责指导商标所有人填写、整理宁夏著名商标的申请材料上报市局。各市工商局对申请人提供的申请材料进行审查后报送区工商局审查和组织认定。为了保证宁夏著名商标认定的公正性、公开性、操作性和科学性，规范宁夏著名商标认定工作，宁夏工商局成立了宁夏著名商标认定委员会，并根据《宁夏著名商标认定和保护办法》及《宁夏回族自治区著名商标认定程序规定》，制定了《宁夏回族自治区著名商标认定程序规定实施细则》，明确了认定著名商标的办事机构、职责范围和办事依据，申报宁夏著名商标的主体资格和应具备的条件，认定工作的程序和时限等，使本届宁夏著名商标的认定工作更符合制度化、规范化、程序化和法治化要求。在认定工作中，宁夏工商局分宣传动员和指导申请、市工商局审查和报送材料、初审和异议裁定、组织评审和认定公告四个阶段，严密组织实施。全区上报宁夏著名商标材料 218 件，其中新认定第七届宁夏著名商标 97 件，延续认定 100 件。全区累计宁夏著名商标数为 287 件，提前两年完成 2008～2012 年驰著商标发展规划。为了进一步深入贯彻落实《国家知识产权战略纲要》，紧紧围绕自治区党委、政府关于新一轮西部大开发的决策部署，进一步贯彻落实西部大开发战略，充分发挥商标在深入实施西部大开发战略中对宁夏经济发展的有力推动作用，表彰近年来实施商标战略工作中涌现出的先进政府、有关部门和先进个人，宁夏工商局建议自治区人民政府召开自治区实施商标战略工作表彰大会。11 月 24 日，以自治区人民政府的名义召开了实施商标战略工作表彰大会，自治区主席王正伟和人大、政协相关领导出席会议，刘慧副主席出席会议并讲话，国家工商总局付双建副局长出席会议并讲话，商标局、商标评审委员会、中华商标协会相关领导也出席了会议，对 7 家驰名商标企业和 94 家第七届宁夏著名商标企业进行表彰奖励，奖金总额达 890 万元；对 5 个实施商标先进县(市)、20 个先进集体、50 名先进个人进行了表彰奖励，奖金总额达 34.5 万元；刘慧副主席和付双建局长在讲话中对宁夏工商局在实施商标战略工作所作出的成绩给予了高度的评价。这次高规格的会议说明了自治区党委政府对宁夏近几年来的实施商标战略工作的总结和高度肯定。

(宁夏回族自治区工商行政管理局)

版权工作

2010 年，宁夏版权局在自治区党委、政府和国家版权局的领导下，深入学习贯彻落实科学发展观，紧紧围绕中心工作，服务大局。依照《著作权法》、《著作权法实施条例》等相关的法律、法规，加大宣传力度，强化版权行政管理工作，完善版权管理制度；积极推进软件正版化工作，坚决打击侵权盗版行为，调解处理版权纠纷，维护权利人合法权益。宁夏版权局版权管理处被评为“五五”普法先进集体。

全年共鉴定非法书报刊 46 种，光盘 23 种。受理作品自愿登记 35 件。检查经营单位 1300 余家，查缴侵权盗版及非法出版物近 14 万件，其中非法音像制品 70 117 张(盘)，盗版出版物 2 万余张(册)。

一、推进软件正版化

按照国家 2009 年企业软件正版化工作会议精神，结合地区软件正版化工作的实际，在巩固工作成绩的基础上，全面推进宁夏装饰企业和机械制造行业软件正版化工作，涉及企业近 300 家。在“有计划，分步骤”稳步推进企业软件正版化工作的同时，进一步强化企业使用正版软件的监管，取得了良好的效果。5 月 12 日，国家版权局、工业和信息化部、财政部、商务部、国资委、银监会、证监会、保监会、全国工商联《关于授予大庆油田有限责任公司等 257 家企业“全国软件正版化工作示范单位”称号的决定》，宁夏有 4 家入选，分别是宁夏银行、宁夏电力公司、宁夏共享集团有限责任公司、银川卧龙变压器有限公司。

二、集中销毁非法出版物活动

2010 年 4 月 22 日在银川市光明广场举行了全国集中销毁侵权盗版及非法出版物活动。集中销毁的侵权盗版制品及非法出版物共计 11.45 万件，其中盗版及非法图书 2.16 万册，盗版及非法音像制品 7.99 万盘，非法报刊 1.3 万张。

三、开展“剑网行动”专项治理

与宁夏公安厅、自治区通信管理局联合部署开展打击网络侵权盗版专项治理“剑网行动”。此次专项治理行动的工作目标是要围绕网络音频视频及文学网站，网络游戏、动漫、软件以及上海世博会、广州亚运会相关作品等重点领域，加强对重点网站的主动监管力度，以查破办结一批大案要案为目标，查处一批网络侵权盗版案件、关闭一批侵权网站、处理一批违法犯罪人员，有力的维护了健康、规范的网络传播秩序，探索建立互联网版权保护长效工作机制，进一步促进互联网产业繁荣发展。

安排部署五市新闻出版、版权、“扫黄打非”部门在新闻出版、版权系统开展打击侵犯知识产权和制售假冒伪劣商品专项行动及进一步做好使用正版软件工作。具体为：

(1)对印刷复制各类出版物、印刷品、光盘、计算机软件及包装装潢、商标标识标签的企业进行专项检查，严厉查处非法印刷复制和非法加印、出售标识标签等印刷品的行为。

(2)集中开展对图书、软件、音像制品市场的巡查工作。

(3)在实现政府机关软件正版化工作的基础上，继续做好对政府机关使用正版软件情况的督查工作；要按照《2010 年推进企业使用正版软件工作计划》，继续做好企业培训、软件资产管理试点等工作。

(4)继续开展好 2010 年打击网络侵权盗版专项治理“剑网行动”，维护好互联网版权环境。

四、开展宣传培训活动

4 月 26 日，在银川光明广场参加“4·26 世界知识产权日”宣传活动。活动以散发宣传资料、保护版权绿书签、招贴画、开展现场咨询等形式，展示自治区近年来打击侵权盗版、保护知识产权的成果，让群众了解与著作权有关的知识。

在宁夏广电总台新闻广播《与法同行》节目中，自治区新闻出版(版权)局副局长海军同志对新《著作权法》进行了系统阐释，有效扩大了版权在社会生活中的影响力，提高了广大公众的版权保护意识。

5 月 27 日，在自治区广电局举办的“全区广播影视系统管理工作人员培训班”上，自治区新闻出版(版权)局版权管理处处长何红庆同志就《著作权法》实际操作进行了辅导讲授。

为在 2009 年国家版权局举办的“全国青少年版权保护读书活动暨版权保护知识竞赛”中取得良好成绩的单位和个人进行颁奖，并借助竞赛活动的影响力，加强对青少年进行知识产权宣传，让广大青少年了解版权保护的有关知识，认识版权保护的意义，提高中小学生自觉抵制侵权盗版的法律意识，营造良好的版权保护氛围。

五、开展调研活动

全年开展两次调研活动，并根据调研形成了有针对性、高质量的调研报告，为版权及“扫黄打非”工作打下良好的基础。

一是 2010 年 4 月中下旬，自治区“扫黄打非”办公室主任、自治区新闻出版局党组副书记、副局长海军，自治区“扫黄打非”办公室副主任、自治区工商局副局长王峰带队赴吴忠市、盐池县、石嘴山市、惠农区、中卫市、中宁县、固原市、西吉县，对“扫黄打非”工作行动部署、宣传教育、案件查办、组织协调、日常监管、专项行动、制度建设、经费投入、队伍建设以及当前“扫黄打非”斗争亟待解决的困难和问题进行深入细致的调研。通过听取汇报、查看资料、召开座谈会、检查出版物市场经营单位等方式，开展“找问题、找瓶颈、找突破”活动，掌握当前宁夏“扫黄打非”工作的新情况、新特点、新变化，为领导决策提供依据，为下一步有效监管、主动出击、精确打击非法出版物和非法出版活动夯实基础。

二是 2010 年 9 月 14～21 日，宁夏新闻出版局派出版权工作考察组，由党组副书记、副局长海军带队对四川、云南、贵州的版权相关产业和版权保护工作进行了考察学习。考察组撰写了考察报告，报告总结了三省版权保护工作的经验，对宁夏版权工作进行了规划和建议。

六、编辑出版版权相关图书

编辑出版《著作权案例评析》一书，选用了 60 余个著作权人在实际生活中容易发生纠纷的著作权案例进行了深入浅出的评述，不仅受到了宁夏公众的好评，而且得到学院的青睐，成为宁夏司法警官学校的辅导教材，同时作为交流材料，得到了其他省市的认可，也获得了自治区依法治区领导小组、国家版权局的肯定。

（宁夏回族自治区版权局　张秀年）

司法工作

2010 年，宁夏回族自治区高级人民法院民三庭在院党组的正确领导与精心指导下，认真贯彻《最高人民法院关于当前经济形势下知识产权审判服务大局若干问题的意见》，认真履行职责，在新类型案件增多、重大疑难案件增多、案件审理难度加大的情况下，在全庭同志的共同努力下，重视研究知识产权审判工作面临的新情况、新问题，突出工作重点，创新工作方式，集中力量办案，坚持统筹兼顾，加强监督指导，实现了宁夏知识产权审判工作的新发展、新突破。

一、公正高效审结知识产权纠纷案件，切实维护权利人的合法权益

2010年，宁夏两级法院共受理一、二审知识产权民事案件56件，其中，一审案件41件，二审案件15件。受案总数同上年相比有较大下降。宁夏高院2010年共受理知识产权民事案件15件，银川中院2010年共受理知识产权民事案件29件，同比分别下降7%和49%。石嘴山中院2010年共受理知识产权民事案件8件，同2009年持平。在2010年所受理的知识产权民事案件中，侵犯商标专用权案件上升幅度最大。在高院受理的15件知识产权民事案件中，侵犯商标专用权案件7件，占受理案件总数的47%。

2010年宁夏所审结的知识产权案件呈以下特点：一是受理知识产权案件的数量有较大下降，相比2009年下降了32%。二是诉讼标的金额不大。在所受理的案件中，诉讼标的金额均未超过200万元。三是当事人对生效裁判文书申请再审和申诉的情况很少发生。四是地区间的经济发展水平不平衡反映出知识产权案件受案不平衡。2010年银川中院受案29件，固原中院无案件。

二、创新工作方法，营造司法和谐

（一）创新工作方法，加强业务指导，使亮点工作亮起来

2010年初，根据院党组的要求，宁夏高院民三庭将发、改案件逐案分析座谈会、典型案例指导确立为2010年的亮点工作。2010年，就音像制品著作权侵权纠纷赔偿、专利侵权纠纷赔偿等问题，4次到各中院就发、改的3件三类案件进行座谈讨论，指出案件中存在的问题以及今后处理类似案件应注意的问题，统一案件裁判尺度，维护司法权威。精心选择宁夏高、中级法院知识产权法官所办典型知识产权案例，由主审法官撰写案例分析，印发各中院，以身边的人、手边的案，供宁夏法院知识产权法官学习借鉴，以提高办案质量。2010年1～11月共印发9期。通过上述两项举措，一是使上级法院业务指导的职能得到有效发挥，加强了上下级法院的沟通和联系，增进了上下级法院法官之间的理解。二是杜绝了当事人虚假诉讼、选择法院起诉的问题，使一审知识产权案件受案步入良性循环。2009年宁夏各中院共受理一审知识产权案件66件，2010年受理41件，同比下降38%。三是统一了宁夏各中院同类型案件以及关联案件裁判标准，有效防止了不同法院之间，对同案不同判情况的发生，确保了裁判的公平，维护了司法的统一。一审案件质量明显上升。2009年，各中院知识产权案件发改率为44%，2010年各中院知识产权案件发改率为3%，同比下降41%。

（二）向最高人民法院上报材料情况

2010年，根据最高人民法院民三庭的要求，上报了《二〇〇九年宁夏知识产权司法保护概况》及典型案例2件，其中选报的银川中院审结的“北京网尚文化传播有限公司诉银川阳光无限网络有限公司侵犯著作财产权纠纷案”被评为2009年中国知识产权司法保护50件典型案件之一。

（三）调查研究情况

把调查研究作为审判工作的重要组成部分，努力做到调研和审判两手抓、两手硬、两结合、两促进，在依法公正高效办好案件的同时，认真开展调查研究，完成了最高人民法院民一庭布置的医疗损害纠纷案件、道路交通事故损害赔偿案件以及音像制品著作财产权纠纷案件三项调研任务。通过调研，深化了对相关问题的认识，使审判经验得以升华和发展。

（四）知识产权裁判文书上网工作

高度重视知识产权裁判文书上网工作，及时将宁夏高院及各中级法院所有生效知识产权裁判文书全部上传至中国知识产权裁判文书网，共计上传全区知识产权裁判文书34份，让各方了解知识产权司法保护情况。同时，将生效的所有裁判文书上传至宁夏法院网上网，接受各方面的监督。

三、严格依法办案，不搞地方保护主义

在宁夏法院受理的知识产权案件中60%以上的权利人为外地当事人，在案件审理中，宁夏高院牢固树立全国法院一盘棋的思想，不因被告是本地人而受到偏袒，依法平等保护各方当事人的合法权益，不搞地方保护主义，使权利人的知识产权得到充分保护，树立人民法院的公正形象，让外地当事人充分感受到宁夏良好的法制环境。

四、加大司法宣传力度，进一步提高知识产权保护意识

宁夏两级法院十分重视知识产权审判的司法宣传工作，除通过审理案件进行知识产权法律的

宣传和教育外，还通过法律咨询、简报、与媒体及行政管理部门合作等多种形式，积极开展知识产权审判司法宣传。积极参加自治区知识产权研究会、知识产权局、版权局、商标局和自治区法学会举办的相关会议，座谈介绍法院知识产权司法保护的情况，并深入到自治区知名企业进行调研，详细了解企业的生产经营状况，并就知识产权方面的内容进行座谈。"4·26世界知识产权日"组织法官上街进行法律咨询，制作了四块展板在光明广场展出，印发了数百份与知识产权保护相关的宣传材料，向群众宣传知识产权保护的法律知识。

通过宣传，不仅增强了全社会公众知识产权法律意识，同时也起到了预防知识产权侵权的作用，并让更多的公众和企业懂得用法律武器保护自己的知识产权。

（宁夏回族自治区高级人民法院知识产权审判庭）

检察工作

2010年，宁夏回族自治区检察机关加强与行政执法机关、公安机关的工作联系，及时准确查处侵犯知识产权犯罪，认真履行批捕、起诉职能，严厉打击各类侵犯知识产权犯罪，取得了一定成效。

一、切实履行法律监督职责，不断加强知识产权保护工作

宁夏回族自治区各级检察机关主动与有关行政执法机关联系，建立检察机关与行政执法机关联席会议等相关制度，自治区人民检察院还定期与行政执法机关加强联系，互相沟通信息，较好地促进了行政执法与刑事执法相衔接工作的开展。为了加大打击力度，自治区人民检察院给自治区公安机关和自治区税务局进行专项知识讲座，既融洽了同行政执法部门的关系，又促进了工作的开展。宁夏回族自治区各级检察机关充分发挥法律监督职能，加强对行政执法机关抄送的侵犯知识产权案件《行政处罚决定书》副本的审查工作，对涉嫌犯罪的及时提出移送公安机关的建议，监督公安机关及时立案侦查侵犯知识产权犯罪案件。严肃查办侵犯知识产权违法犯罪背后的国家工作人员的职务犯罪，坚决打掉其"保护伞"，在立案监督和审查批准逮捕、审查起诉中注意发现和掌握侵犯知识产权违法犯罪背后的国家工作人员职务犯罪线索，对于涉嫌构成犯罪的坚决依法查办。

二、开展对行政执法机关移送涉嫌犯罪案件专项监督活动工作情况

按照最高人民检察院关于开展对行政执法机关移送涉嫌犯罪案件专项监督活动（以下简称"专项监督活动"）的要求，宁夏回族自治区检察机关结合本地实际，扎实、有效地开展专项监督活动。在专项监督活动过程中，全区三级检察机关共检查行政执法机关2008年10月至2010年10月份以来执法案件10 432件，行政执法机关自查后移送涉嫌犯罪案件156件，涉及食品、药品、烟草、土地、工商、税务等领域。自治区人民检察院联合公安厅、商务厅、监察厅四部门组成联合检查组，对宁夏各市、县（区）国税局、烟草专卖局、国土资源局、质量技术监督局、安监局等行政执法机关的200多件行政执法案件进行了抽查。经抽查发现，各级行政执法机关加大了打击涉嫌犯罪和移送涉嫌犯罪工作力度。在专项监督活动过程中，各级行政执法机关加强了与刑事司法机关的执法协作，专门就信息通报、信息反馈机制、案件处理环节和进展情况、案件报备等事项进行了研究、探讨，就在办案过程中遇到的疑难问题主动与检察机关加强沟通联系，听取对案件收集、固定、保全证据的建议和意见，确保案件顺利起诉、审判。通过检查，各级行政执法机关领导普遍积极转变执法观念，提高了认识，特别是对检察机关指导、引导办案作用的认识，发现问题及时整改。行政执法单位在办理行政处罚案件时，提高了程序意识，严格按照行政处罚的相关规定进行处罚，执法行为更加规范，每个环节都严格把关，对重大疑难复杂案件，在作出处罚决定之前坚持召开专门会议研究讨论，有效地防止处罚的随意性。告知被处罚人有知情权、救济权以及救济的程序，充分尊重和保障被处罚人的合法权益，有效避免因对处罚决定不满而引发社会矛盾。

宁夏回族自治区人民检察院积极采取措施加大宣传工作力度，为工作的顺利开展营造良好的舆论环境。在宁夏《法制新报》刊发了自治区人民检察院党组成员、副检察长、领导小组副组长殷学儒代表专项监督活动领导小组，就该项工作开展情况专栏并答记者问。自治区人民检察院侦查监督处同宁夏广电总台新闻广播联系，于2010年12月30日采取"走进直播间"的形式，由宁夏回族自治区人民检察院检察委员会专职委员陈录与

记者就检察机关开展“行政执法机关移送涉嫌犯罪案件专项监督活动”的相关问题进行了访谈。在访谈中，对进行行政执法机关移送涉嫌犯罪案件专项监督活动的目的、意义、要求、时间、检查形式、主要内容等进行了详细解说。在与听众互动时，说明了这次专项监督活动的重点，人民群众如果有案件线索怎样反映的问题。自治区检察机关广大干警及时进行了收听，并用电话联线方式参与了节目互动，取得了较好的社会效果。

自治区人民检察院会同自治区人民政府共同制定了《宁夏回族自治区行政执法工作与检察监督工作相衔接的若干规定》，下发全区执行。各级检察机关会同行政执法部门，共同制定工作实施细则，建立健全工作制度，完善工作机制。通过规范、建立联席会议制度、信息通报制度、开展专题研讨会等形式，积极与行政执法机关加强沟通、协调。在此基础上，确定专人定期与行政执法机关联系，每半年召开一次联席会议，通报、交流信息。在特殊情况下不定期召开联席会议，专门就执法办案、移送涉嫌犯罪案件及具体案件的查处等一系列问题进行沟通，共同研究解决执法中遇到的新情况、新问题。各行政执法机关在执法或办案过程中遇到的重大、疑难、复杂案件，可就法律适用、案件性质、定性等问题向公安、检察机关提出咨询或邀请提前介入，建立联动执法和协作配合机制，形成合力。为建立长效工作机制，自治区人民检察院专门派考察学习小组赴云南、上海、宁波等地检察机关就行政执法和刑事司法“网上衔接，信息共享”机制进行了调研，目前该项工作正在实施。

三、开展打击侵犯知识产权和制售假冒伪劣商品专项行动工作情况

根据最高人民检察院关于打击侵犯知识产权和制售假冒伪劣商品专项行动(以下简称“知识产权专项行动”)工作要求，自治区人民检察院高度重视，精心组织，周密安排部署。

(一)领导重视，组织得力，确保知识产权专项行动顺利开展

各级检察机关会同各相关部门制订了《打击侵犯知识产权和制售假冒伪劣商品专项行动实施方案》，及时成立了自治区专项行动领导小组，并下设办公室，安排专人负责联络、协调工作，为这次专项行动顺利开展提供了组织保障。为确保专项行动取得实效，自治区、市、县(区)三级检察机关专门召开会议进行研究，统一思想，提高认识，明确任务，落实责任。将知识产权专项行动部署、开展情况书面向当地人大常委会、政法委、政府和政协报告和通报，取得党委、人大、政府的监督和支持。

(二)认真做好挂牌督办重大案件

为切实加强挂牌督办案件的审查逮捕、起诉工作，自治区人民检察院高度重视，专门召开党组会议，成立督办小组，具体指导、协调案件办理工作。

(三)突出重点，履行检察机关法律监督职能，依法有效打击知识产权侵权行为

全区检察机关落实各项措施，充分发挥法律监督职能，及时督办构成犯罪的重大的、有影响的知识产权侵权案件，针对侵犯知识产权犯罪行为的方式、特点，提出防范、遏制的建议，依法打击侵犯知识产权的犯罪活动。

(四)强化措施，分工负责，确保专项行动取得实效

检察机关加强与知识产权部门、公安机关、工商部门、版权部门等部门之间信息沟通和执法协作，注重对重大知识产权事件的研究与会商，抓住知识产权保护工作重点，确保专项行动取得实效。对发现的问题，主动配合行政执法部门，共同研究解决，结合实际抓落实。在突出重点工作的同时，抽调了人员组成检查工作小组，采取选一、二个基层院作为检察观摩点，召开宁夏检察机关主管领导和相关部门负责人参加的现场观摩会，各院对知识产权专项保护检查活动开展情况进行了汇报，并进行了现场点评。自治区人民检察院继续做好“扫黄打非”专项行动，配合做好知识产权保护工作。加强跨地区、跨部门的执法协作配合，对侵权行为多发的重点领域、重点环节、重点地区开展专项执法活动；采取有力措施打击网络侵权犯罪活动；严把进出口环节，加强边境保护；做好影响较大的知识产权案件的查处工作，加大威慑和警示作用。加大市场整治力度，打击侵权盗版活动；制订应急预案，加大了部门间信息通报，共享执法资源，加强协同配合，提高执法效率，妥善处理知识产权突发事件，确保专项行动顺利开展。

（五）加强宣传，营造良好氛围，提高全社会保护意识

通过宁夏电视台、宁夏广播网、互联网、宁夏日报、银川晚报、法治新报等媒体多角度报道知识产权保护宣传，树立知识产权保护的理念，增强保护知识产权的法律意识，特别是知识产权保护的措施。专项行动开展以来，自治区人民检察院会同相关部门联合举行"4·26知识产权保护宣传周"活动、知识产权知识讲座、上街设点宣传、制作宣传栏、有奖知识问卷问答等灵活多样、喜闻乐见的形式进行宣传。邀请知名专家来宁夏举行知识产权专题报告会，通过举办专题报告会，在全社会形成尊重知识、诚信守法的良好氛围。

（六）加强调查研究与经验总结，认真组织学习培训，提高打击侵犯知识产权行为的能力

为充分发挥行政执法和司法保护两条途径并行运作的优势，自治区人民检察院专门派调研小组赴云南、湖北、上海、宁波等地就行政执法与刑事司法"两法"衔接途径并行保护知识产权情况进行了调研，并观看了武汉市江汉区打击侵犯知识产权专题宣传录像资料。组织学习并及时将外省市好经验、好做法转发各级检察院，组织安排关于知识产权知识，侵犯著作权、商标权、专利权行为等知识培训，并召开讨论会、座谈会，进行分析、讨论，提高检察机关办理侵犯知识产权刑事案件的工作能力和水平。

（最高人民检察院侦查监督厅）

新疆维吾尔自治区

专利工作

一年来，在新疆维吾尔自治区党委、政府的正确领导下，新疆维吾尔自治区知识产权工作坚持以科学发展观为指导，认真贯彻落实中央新疆工作座谈会和自治区党委七届九次全委(扩大)会议精神，积极推进自治区知识产权战略制定实施，不断完善法规、政策、制度和机制，为促进自治区经济发展方式转变，加快新型工业化建设和创新型新疆建设步伐，为实现新疆跨越式发展和长治久安提供了有力的支撑。

一、自治区党委、政府高度重视知识产权工作

（一）大力推进自治区知识产权战略制定实施工作

2010年1月22日，自治区知识产权战略制定工作领导小组召开了《自治区知识产权战略纲要(送审稿)》审议会议，自治区知识产权战略制定工作领导小组成员单位的负责人参加，对《自治区知识产权战略纲要(送审稿)》进行了认真审议，自治区党委常委尔肯江·吐拉洪出席会议并作重要讲话；4月19日，自治区人民政府下达了《关于印发新疆维吾尔自治区知识产权战略纲要的通知》，颁布实施《新疆维吾尔自治区知识产权战略纲要》；4月26日，自治区人民政府在乌鲁木齐市昆仑宾馆举行了《新疆维吾尔自治区知识产权战略纲要》颁布实施新闻发布会，自治区人大副主任杜秦瑞、自治区副主席靳诺等领导出席，自治区各部门、企事业单位、新闻媒体等200多人参加；7月21日，自治区人民政府成立了由自治区党委副书记、常务副主席杨刚为组长，自治区党委常委尔肯江·吐拉洪、自治区副主席靳诺为副组长，自治区党委、政府34个部门负责人为成员的"新疆维吾尔自治区知识产权战略实施领导小组"，加强对自治区知识产权战略实施工作的领导。

自治区党委、人大、政府高度重视知识产权工作。4月21日，自治区人大召开纪念《中华人民共和国专利法》实施25周年和《新疆维吾尔自治区专利保护条例》实施5周年座谈会，自治区人大、政府相关部门负责人60多人参加；11月1日，自治区人民政府办公厅印发了《关于加强专利行政保护的意见》，对专利行政保护工作作出具体部署；8月17日，成立了以自治区党委常委宋爱荣为组长的新疆软件园建设领导小组；8月18日，自治区人民政府与工信部签署了《关于维哈柯语言文字软件开发和推广应用工作的合作协议》及《关于共同推进新疆工业和信息化发展的合作协议》；12月21日，自治区软件正版化工作领导小组印发了《自治区2010～2011年度企业软件正版化工作计划》。

二、整合社会保护资源，建立完善保护知识产权长效机制

2010年，自治区知识产权局与自治区公安厅联合印发了《关于建立协作配合机制，共同加强知识产权保护工作的通知》，建立了知识产权保护协调会商机制，就专利行政执法与刑事司法的衔接、协调配合，信息共享，案件移送、案件线索移交，联合执法和重大案件督办等方面作了具体规定。在上海世博会期间，自治区知识产权局与自治区公安、工商、版权等8部门联合印发了《关于2010年世博会期间开展知识产权保护专项行动的通知》，召开了“世博会期间知识产权保护座谈会”，在全区组织开展了保护世博会特殊标志的专项行动。在“4·26知识产权保护宣传周”期间，自治区知识产权局联合工商等7个部门组成联合执法组，对乌鲁木齐市好家乡等大型超市开展了联合执法活动；10月，自治区知识产权局与自治区党委宣传部等4部门联合下发了《关于加强2010年广州亚运会知识产权保护工作的通知》，在全区组织开展了保护亚运会特殊标志的专项行动。在4月24日至5月26日，自治区知识产权局在全区组织开展了“雷雨”、“天网”执法专项保护行动和“12330”知识产权维权援助行动，开通了5部“12330”知识产权维权援助公益服务电话。各级专利执法机关，选择案件多发地区，以食品、医药、农业、高新技术及优势产业和重大项目为重点，以商品集散地、商场等为突破口，组织开展了多种形式的专利执法活动。在元旦、春节、古尔邦节和“乌洽会”等重大节日和会展期间，各级专利执法机关组织开展了打击群体侵权、反复侵权、假冒专利、专利诈骗等侵权行为的专利执法活动。据不完全统计，2010年，全区专利行政执法机关与其他部门协作执法187次，出动执法人员2568人(次)，检查商业场所1359个，检查商品件33万件，受理专利纠纷案件42件、结案48件，查处假冒专利案件13件、结案13件，接听举报投诉电话100余人(次)，受理维权援助案件2起。

三、坚持创新，不断提升知识产权管理服务水平

(一)以企业为主体，进一步深化知识产权试点示范工作

自治区知识产权试点示范工作得到进一步深化。7月26～28日，自治区知识产权局在昌吉市园林宾馆承办了全国城市、园区知识产权试点示范工作会议，全国31个省、自治区、直辖市和新疆生产建设兵团知识产权局、试点示范城市和园区的200多名代表参加，自治区副主席靳诺等领导出席会议并致辞。会上，乌鲁木齐高新区被评为全国城市和园区知识产权先进集体，在大会上介绍了经验，展示了新疆的知识产权工作。5月31日，受国家知识产权局委托，自治区知识产权局在乌鲁木齐市博格达宾馆召开了“国家知识产权试点城市试点期满考核验收会”，对克拉玛依市城市试点工作进行了验收。8月，邀请国家知识产权局4名审查员到乌鲁木齐市和克拉玛依市试点企业开展帮扶活动，有效地提升了企业专利工作；8月，自治区知识产权局与经信委组织开展了“中小企业知识产权战略推进工程实施单位”申报工作，乌鲁木齐市进入全国首批实施单位行列；11月1日，经国家知识产权局批准，乌鲁木齐市经济技术开发区被列为全国知识产权试点园区。9月29日，在乌鲁木齐市政府召开国家知识产权示范城市评定会议，国家知识产权局评定组对乌鲁木齐市开展创建国家知识产权示范城市工作进行了实地考察评定。7月20日和10月15日，自治区知识产权局与教育厅先后共同印发了《关于开展中小学知识产权教育试点示范工作的通知》和《关于确定第一批自治区中小学知识产权教育试点校的通知》，制订并实施了自治区中小学知识产权普及教育计划，选定24所中小学开展知识产权教育试点工作；11月10日，自治区知识产权局与教育厅在博格达宾馆举行了自治区知识产权试点中小学授牌仪式。与此同时，举办了小学教师知识产权培训班，对试点学校的50余名教师进行了培训。

截至2010年底，全区已批准建立国家知识产权示范创建城市2个，示范创建单位5家，国家知识产权试点城市1个，国家知识产权试点园区2个，国家知识产权兴贸试点基地1家，国家知识产权示范单位1家、试点单位17家，国家专利交流站2家；自治区专利交流站8家，自治区知识产权试点单位56家、示范单位17家，自治区知识产权试点区域23家，自治区知识产权教育试点小学24所；地州市知识产权试点单位110多家。

(二)完善制度，不断提高专利保护管理水平

2010年，自治区专利管理部门启动并完成了《新疆维吾尔自治区专利保护条例》修订前的评估工作。经广泛征求各部门的意见后，将《新疆维吾

尔自治区专利促进条例修订草案(征求意见稿)》上报自治区法制办,为列入自治区人大2011年立法项目创造了条件。

在加大自治区财政支持力度的同时,不断完善自治区专利项目实施资助资金管理办法,加强对专利实施资助资金的监管。通过资助专利项目实施,促进项目实施主体知识产权工作体系、制度和机制的建立完善,提高专利制度运用的能力和水平。2010年,自治区资助专利实施项目32个,同比增长18.5%,专利实施资助资金由300万元增加到1000万元,同比增长233.3%。与此同时,自治区知识产权局重视专利项目申报工作。2010年,自治区申报国家专利产业化推进工程项目有3项,申请资金45万元;申请企业专利交流工作委托项目有2项;落实园区知识产权试点示范重点工作项目资金15万元;申报国家及自治区软科学研究计划项目有4项,申请软课题经费49万元;协助自治区经信委、财政厅,组织拥有专利成果和奖励的企业向国家经信部和财政部申报重大专项22个,有3个项目获得国家批准立项。

(三)发挥发明协会作用,积极组织企业参加会展等活动

3月1日,组织新疆企业参加了在北京举行的"第四届发明创新大赛"活动,参展项目15个,获得金奖1项、铜奖1项、"优秀组织奖"1项;3月9日,组织新疆企业参加了在福建举办的2009年第七届"海峡两岸职工成果展",获金、银、铜奖各6项;11月8日,组织9家新疆企业的16个项目参加了在西安市举办的第十九届全国发明展览会,获3金3银5铜。11月,经自治区知识产权局推荐,新疆金风科技股份有限公司的"风力发电机组解缆方法"专利获第十一届中国专利奖优秀奖,自治区累计获中国专利奖优秀奖达6项。

(四)以"4·26知识产权宣传周"为契机,大力开展知识产权宣传工作

在"4·26知识产权宣传周"期间,按照国家知识产权局等25部委的部署和要求,自治区人民政府在全区组织开展了以"创造·保护·发展"为主题的知识产权宣传周活动。4月17日,自治区人民政府办公厅印发了《关于开展知识产权宣传周的通知》,对宣传周活动进行了周密部署。4月26日,自治区人民政府在昆仑宾馆举行新闻发布会,发布了《新疆维吾尔自治区知识产权战略纲要》和2009年自治区知识产权典型案例。4月22日,自治区知识产权局在乌鲁木齐市第一小学举行了"中小学知识产权教育试点活动"启动仪式。4月23日,自治区发明协会、知识产权研究会在高新区火炬大厦举办"知识产权进企业沙龙",企业、专利代理机构、新闻媒体记者300多人参加,上海市知识产权局选派的专家做专题讲座并与企业人员对话。4月28日,自治区专利、商标、版权等管理部门在新疆大学举行"第六届'新疆知识产权杯'大学生知识产权知识竞赛活动"和"2010年度新疆优秀大学生发明创造专利获得者"表彰活动。4～5月,自治区知识产权局与工商、版权等部门共同组织开展了"知识产权网络竞赛"活动,参赛人数近2000人。《新疆日报》等报刊网站在宣传周期间开设知识产权专版、专栏,新疆电视台和新疆广播电台对知识产权部门领导进行了采访报道。6月22～28日,由自治区知识产权局、自治区党委宣传部牵头,联合《中国知识产权报》等新闻媒体深入乌鲁木齐市等6地州市开展了以"实施知识产权战略,促进新疆跨越式发展"为主题的"知识产权天山行"采访报道活动。11月,自治区知识产权局印发了《关于开展2010·第四届中国专利周活动的通知》,全区14个地州市知识产权局组织开展了丰富多彩的专利周活动。11月10日,自治区知识产权局在博格达宾馆举行了"2010·第四届中国专利周经验交流会"。自治区人民政府副秘书长刘华出席并作重要讲话,自治区知识产权管理部门、大中专院校、科研院所、试点示范企事业单位、专利代理机构代表共100余人参加。

据不完全统计,在宣传周期间,全区举办知识产权培训班、讲座28场(次),参加培训人数6800人(次),接待咨询1万余人(次),悬挂宣传标语、横幅480余条,制作宣传栏、宣传展板595块,制作视频公益广告25块,组织开展网络答题活动2次,出动宣传车35车(次),发放各类宣传资料14万余份,出动执法人员327人(次),检查商品2万余件,销毁侵权违法商品11 000件,价值7万余元,销毁侵权盗版制品及各类非法出版物668 214册(张)。

(五)以人才培养为目标,大力开展知识产权培训工作

一年来,全区各级知识产权管理部门、党校、干部教育培训基地,密切合作,积极推进实施全国

“百千万知识产权人才”培训工程和自治区“知识产权万人教育培训计划”，大力开展对各类人员的知识产权培训工作，并取得显著成绩。据统计，2010年全区举办各类知识产权培训班、专题报告会共计341期(次)，培训人数32 098人(次)，其中举办培训班271期，培训人数17 964人(次)，举办专题报告会70场(次)，参加人数14 134人(次)。全年培训党政干部10 415人(次)，知识产权管理人员1396人(次)，知识产权师资人员290人(次)，企事业单位人员3730人(次)，科技人员1811人(次)，专利执法人员731人(次)，中介服务人员55人(次)，大中专学生10 598人(次)，其他人员1072人(次)，全年投入培训经费297万元。自治区的知识产权培训工作受到上级部门的好评，有3个单位和3名个人被评为2010年度全国知识产权培训工作先进集体和先进个人。

(六)健全制度，依法加强专利代理监管工作

加强监管，不断促进专利服务水平的提升。一是出台了《新疆维吾尔自治区优秀专利代理机构和优秀专利代理人评选办法(试行)》，组织开展了2009年度自治区优秀专利代理机构和优秀专利代理人表彰活动。二是完成了2010年度专利代理机构和专利代理人员的年检工作。经年检，6个专利代理机构和26名专利代理个人全部合格。三是加强监管工作。根据举报，对2名无专利代理资格的违规代理行为进行了妥善处理。四是积极加强专利代理队伍建设。2010年新增加专利代理人资格人员6人，同比增长8.5%。五是提升了专利代理服务工作。全区专利代理机构共代理专利申请1569件，同比增长30.0%，占新疆同期专利申请数的44.1%。全年代理专利案件81件。

(七)以客户服务为目标，不断提升专利代办工作

一年来，乌鲁木齐专利代办处坚持以客户服务为目标，不断提升专利代办服务质量和水平。8月，乌鲁木齐专利代办处承办了全国代办处业务研讨会，各省、自治区、直辖市代办处负责人等100余人参加；8月31日，举办了自治区专利电子申请培训班，对企事业单位的150余名专利工作人员进行了培训。为促进电子申请工作，乌鲁木齐代办处人员主动上门，对没有办理用户注册的重点企业、大学和个人，通过电话宣传，使其了解电子申请的优势，主动办理了注册手续。截至2010年底，有5家代理机构、20家企业和自然人注册开通了电子申请用户，自治区的电子申请占全区专利申请的66.3%，走在全国前列。全年，乌鲁木齐代办处受理专利申请1895件，占全区专利申请总数的53.2%，同比增幅11.9%，其中受理发明专利申请575件，同比增幅31%，占全区发明专利申请总数的87%，实用新型专利申请1114件，同比增幅4.3%，占全区实用新型专利申请总数的59.7%，外观设计专利申请206件，同比增幅10.1%，占全区外观设计专利申请总数的60.1%；办理专利缴费15 926笔，同比增长131.7%；收缴专利费343万元，同比增长36.1%。

(八)从基础出发，稳步推进专利工作体系建设

一是积极加强专利技术交易市场建设。通过组织新疆专利技术交易中心相关人员到内地考察学习和开展软课题研究等活动，提高业务能力和服务水平。二是积极加强知识产权培训基地建设。自治区知识产权局与新疆大学联合建立了自治区知识产权培训基地。三是积极推进自治区专利信息服务平台建设。在国家知识产权局的大力支持下，9月份，在新疆大学图书馆建立了新疆维吾尔自治区专利信息中心，并举办首期“新疆专利信息运用实务培训班”。四是建立了自治区知识产权维权援助与举报投诉中心，开通了5部“12330”知识产权维权援助公益服务电话。五是积极推进县市区专利管理体系和人员队伍建设。截至年底，全区有14个地州市、68个县(市、区)、2个国家级开发区建立了专利管理工作体系。全区专利管理人员310人，专利执法人员265人。专利代理机构6个，具有专利代理人资格的人员77人，具有专利代理资格和执业资格的从业人员26人。专利技术交易平台1个，知识产权培训教育基地1个，专利信息中心1个，专利举报投诉援助中心1个，知识产权讲师团成员70人，通讯员40人。

四、采取有力措施，不断提高专利数量和质量

一年来，为提高专利申请数量和质量，自治区知识产权局开展了大量卓有成效的工作。一是加强对专利申请工作的指导，建立完善专利申请目标责任管理制。将专利申请管理工作与地方知识

产权局考核工作紧密结合，在对上年度专利申请进行统计和总结的基础上，对完成专利申请指标的地州市知识产权局和专利代理机构进行了表彰和奖励，并参照各地以往专利申请增幅及专利代理机构代理专利申请增幅以及自治区专利申请目标等情况提出了2010年度专利申请指标，签订了专利申请指标责任合同。二是对《新疆维吾尔自治区专利申请资助资金管理办法》进行了修订，提高专利申请资助资金利用率，全年划拨专利申请资助资金100万元，资助专利申请852件。三是通过试点示范、专利交流站、专利信息培训和专利项目实施导入工程等工作，促进创新主体专利创造能力的提升。四是通过政策引导和资金支持，激励国内企业向国外申请专利。2010年，全区的PCT申请10件，同比增长42.8%。

一年来，经过不懈的努力，新疆的专利数量和质量有新的增长。全年新疆三种专利申请为3560件，同比增长24.0%，提高了4.9个百分点。其中，发明专利申请为912件，同比增长37.8%，提高了0.5个百分点，占当年三种专利申请数的25.6%；实用新型专利申请为2272件，同比增长21.8%，减少了10.7个百分点，占当年三种专利申请数的63.8%；外观设计专利申请为376件，同比增长3.5%，提高了43.5个百分点，占当年三种专利申请数的10.6%；非职务专利申请为1740件，同比增长3.5%，提高了0.2个百分点，占当年三种专利申请数的48.9%；职务专利申请为1816件，同比增长52.8%，提高了2.2个百分点，占当年专利申请数的51.1%；大专院校专利申请为191件，同比增长56.6%，减少了10.5个百分点，占当年职务发明专利申请数的10.5%，减少了0.3个百分点；科研院所专利申请为242件，同比下降5.8%，减少了11.6个百分点，占当年职务发明专利申请数的13.3%，减少了8.3个百分点；企业专利申请为1301件，同比增长71.4%，提高了1.6个百分点，占当年职务发明专利申请数的71.5%，提高了45.1个百分点；机关团体专利申请为82件，同比增长54.7%，提高了52.8个百分点，占当年职务发明专利申请数的4.5%，减少了0.1个百分点。截至2010年底，新疆的专利申请累计达到28 645件。

全年，新疆三种专利授权为2562件，同比增长37.3%，同比提高12.3个百分点。其中，发明专利授权为189件，同比增长57.5%，同比提高11.2个百分点，占当年三种专利授权数的7.4%；实用新型专利授权为2012件，同比增长59.7%，同比提高45.1个百分点，占当年三种专利授权数的78.5%；外观设计专利授权为361件，同比下降25.7%，同比减少80.2个百分点，占当年三种专利授权数的14.1%；非职务专利授权为1334件，同比增长9.9%，同比减少11.4个百分点，占当年三种专利授权数的52.1%；职务专利申请为1228件，同比增长88.3%，同比提高了57.9个百分点，占当年三种专利授权数的47.9%；大专院校专利授权为66件，同比增长57.1%，同比减少了42.9个百分点，占当年职务发明专利授权数的5.4%，同比提高了3.1个百分点；科研院所专利授权为199件，同比增长44.2%，同比提高了39.2个百分点，占当年职务发明专利授权数的16.2%，同比提高了8.8个百分点；企业专利授权为791件，同比增长83.5%，同比提高了50.9个百分点，占当年职务发明专利授权数的64.4%，同比提高了41.3个百分点；机关团体专利授权为55件，同比增长34.1%，同比减少了238.6个百分点，占当年职务发明专利授权数的4.5%，同比提高了2.3个百分点。截至2010年底，新疆专利授权累计达到17 024件。

截至2010年底，新疆有效专利为7225件，占新疆专利授权总数的42.4%。其中，发明专利为665件，占发明专利授权总数的56%，实用新型专利为5211件，占实用新型专利授权总数的42.2%，外观设计专利为1349件，占外观设计专利授权总数的38.8%，非职务专利为3967件，占非职务专利授权总数的33.5%，职务专利为3258件，占职务专利授权总数的62.7%，大专院校专利为145件，占大专院校专利授权总数的59.2%，科研院所专利为803件，占科研院所专利授权总数的67%，企业专利为2173件，占企业专利授权总数的62.7%，机关团体专利为137件，占机关团体专利授权总数的47.9%。

在“十一五”期间，新疆专利申请13 370件，专利授权8642件，分别比“十五”增长87.18%和124.64%。其中发明专利申请量增长134.89%、授权量增长53.73%。“十一五”时期，自治区专利申请累计总量和专利授权累计总量分别占《专利法》实施25年来全区累计总量的46.67%和50.76%。

五、积极推进局区会商及对口合作援疆工作

2010年，国家知识产权局与自治区人民政府会商和东中西知识产权对口合作援疆工作取得新进展。12月12日，在北京召开了全国知识产权局系统对口援疆工作会议暨国家知识产权局与新疆维吾尔自治区人民政府第二次合作会商会议。国家知识产权局局长田力普、自治区党委常委尔肯江·吐拉洪等领导出席会议并讲话。国家知识产权局、19个对口援疆省市、新疆生产建设兵团和自治区14个地州市领导及知识产权局负责人、媒体记者等100余人参加。会上，国家知识产权局与新疆维吾尔自治区人民政府签署了援疆工作协议，对2008年以来局区首次会商工作进行了认真总结，提出了第二次合作会商工作要点，成立了东中西部知识产权合作与对口援疆工作领导小组，建立了援疆组织，健全了援疆机制，对全国知识产权局系统知识产权对口援疆工作进行了部署，为今后有计划、有组织地开展对口援疆工作创造了条件，奠定了基础。广东等6省市知识产权局分别与新疆喀什等6地州行署签订了知识产权合作对口援疆协议。举行了对口捐赠仪式，江苏等5省知识产权局向新疆伊犁州等5地州进行了捐赠。2010年各省援疆资金达到150万元，累计250万元。

2010年，东中西对口合作援疆工作又取得新进展。青岛市、南京市、徐州市、江阴市与新疆阿勒泰地区、伊宁市、奎屯市、霍城县以及山西省与新疆阜康市和五家渠市分别建立了知识产权对口合作关系，签订了合作协议。福建省知识产权局与新疆昌吉州就深化知识产权合作进行了协商。

（新疆维吾尔自治区　史治勋）

商标工作

2010年，全区商标管理工作紧紧围绕新疆工商局党组确定的深化“四年”活动、全面提升“四力”、突出抓好“十项”重点工作的总体部署，努力在保护注册商标专用权、宣传普及商标法律知识、加快推进商标战略、服务地方经济发展等方面狠下工夫，开创了商标管理工作新局面。

一、商标培育发展实现新突破

一是2010年全区新增注册商标10 898件、驰名商标6件，分别比2009年增长39%和67%，均创下历史新高，全区累计有效注册商标达到37 991件、驰名商标15件、地理标志36件。二是圆满完成第七届新疆著名商标认定工作，经过宣传动员、申报推荐、书面审查、实地考察、专家评审等环节，78件商标被认定为第七届新疆著名商标，认定数量为历届最多，83件第四届新疆著名商标通过复审，全区著名商标达到333件。三是乌鲁木齐市和伊力特股份公司分别荣获首批国家商标战略实施示范城市和示范企业，享受国家工商总局的扶持措施，商标战略实施步伐进一步加快。四是各地不断加大商标培育发展力度，伊犁州工商局组织了第二届“伊犁知名商标”新闻发布会暨知名品牌展示活动；阿勒泰地区工商局成立商标服务组，推行商标服务卡，出台《商标扶持及培育政策》，开展商标富农“三个一”工程，大力推进地方商标战略实施；昌吉州工商局指导“吉木萨尔红花”和“吉木萨尔大蒜”成功注册地理标志证明商标，实现了地理标志零的突破。

二、商标对外宣传收获新成果

一是不断深化商标宣传“六进”活动，抓住“4·26保护知识产权宣传周”和创建国家商标战略实施示范城市、示范企业等宣传节点，深入开展商标宣传进社区街头、进厂矿企业、进商场超市、进院校课堂、进党政事业机关、进农牧团场的商标宣传“六进”活动。塔城地区工商局举办了6000余人参加的“老风口”杯商标法知识竞赛；吐鲁番地区工商局把企事业单位负责人、乡镇领导、农村经纪人纳入知识竞赛参赛范围，以赛代培、以赛促宣。据不完全统计，仅“4·26保护知识产权宣传周”活动期间，各地共出动工作人员1200多人次，发放宣传资料52 000多份，现场接待咨询6000多人次，举办和参加各类座谈会、报告会、讲座、知识竞赛、演讲比赛上百场次，制作展出板报120多块，张挂宣传标语和横幅500多条，营造了浓厚的知识产权宣传氛围。二是充分借助新闻媒体优势，加大商标工作对外宣传报道力度。在《中国日报》、《中国工商报》、《中国知识产权报》、《新疆日报》、《中华商标》以及人民网、国家工商总局内外网、天山网等各类媒体上刊发商标工作稿件20篇；据不完全统计，2010年全系统共在各类新闻媒体刊发商标工作宣传稿件400多篇次。三是指导商标协会编辑出版《新疆商标》杂志2期；开通了新疆商标协会外网，发布各类信息近700条，访问量超过1.4万人次，开辟了商标宣传工作的新平台。

三、指导服务企业出台新举措

一是全区上下分级制定了2010年重点培育商标目录，建立了商标梯次培育发展机制，实施重点培育商标全程跟踪服务，商标培育发展工作全面加强。巴州工商局制订了推进商标战略发展措施；哈密地区、阿克苏地区、米东区工商局积极推进农产品商标品牌建设，帮助农民和涉农企业提高商标注册、运用和保护能力，得到了当地领导的重视与支持。二是加强对企业的调研指导，引导企业把商标战略纳入总体发展规划，帮助整理驰名商标申报材料，对全区商标国际注册数据进行了调查摸底，鼓励出口型企业进行商标国际注册，引导企业实施“走出去”战略。三是公开发布了《全国及新疆商标发展状况对比图》、《新疆与西部及部分经济发达省区注册商标对比表》、《新疆注册商标地域分布统计表》、《新疆注册商标行业分布统计表》等注册商标相关数据统计信息，为政府、企业和相关部门提供数据服务。四是监测商标近22万件，向企业发出商标异议建议通知书20多份，接待来人来电咨询500多人次，为企业和基层相关部门查询商标信息1200多件。

四、政策引导支持跃上新高度

一是历时一年多时间，较高质量地完成并上报了自治区下达的研究课题《新疆商标战略研究报告》，全面分析了新疆商标发展现状，提出了新疆商标战略的指导思想、基本原则、目标任务和具体措施，得到了自治区专家评审小组的较高评价，并顺利通过专家论证会审定。在此基础上制定了《新疆商标战略发展规划》和《新疆商标战略发展“十二五”规划》。二是起草了《新疆注册商标专用权质押贷款暂行办法》，推进商标无形资产资本化、市场化运作，为中小企业拓宽融资渠道；目前已征得人民银行、银监局等部门同意，并由自治区人民政府组织召开了征求意见协调会，将在政府法制办审核后发布。三是国家工商总局进一步加大对新疆商标的政策支持力度。2010年6月，《国家工商行政管理总局关于支持服务新疆跨越式发展和长治久安的若干意见》中进一步明确：对可能影响新疆民族团结、宗教信仰及其他伤害民族感情的文字、标志申请商标注册的，一律不得作为商标注册和使用；对以新疆特色文化和自然景观名称等申请商标注册的，要从严审查，给予重点关注和保护。四是地方商标战略加快推进。在新疆工商局党组支持下，促成乌鲁木齐市政府组织召开了推进商标战略大会，国家工商总局副局长付双建、自治区副主席胡伟、自治区党委常委、乌鲁木齐市市委书记朱海仑等领导、乌鲁木齐各区县党委政府、相关部门主要负责人和企业代表530多人参加大会，这是全区首次由地方党委政府组织召开的商标战略大会，其规格之高、规模之大前所未有，开创了地方商标战略工作的新局面，是一次具有里程碑意义的重要会议，对推进新疆地方商标战略工作将起到深远影响和重要的示范带动作用。克拉玛依市工商局提请市委、市政府出台了《克拉玛依市知名商标认定和保护暂行办法》，成立了以市委书记、市长为组长，工商部门牵头，相关部门参加的领导小组，市政府拿出100万元对6家著名知名商标企业进行了奖励。

五、保护注册商标专用权取得新进展

一是积极开展了世博会、亚运会特殊标志以及重点商标的专项保护行动，服务国家大事，营造良好的知识产权保护环境。二是加大案件查处力度，向基层移交、督办案件34件；2010年全区工商系统共查处商标违法案件821件，案值884万元、罚没款395万元，没收假冒商品57 235件，收缴非法商标标识61 684件、制假工具52件。三是深入开展打击侵犯知识产权与制售假冒伪劣商品专项行动(以下简称专项行动)，坚持打击与规范并重，执法与服务并举，行动与宣传同步，以强化执法加大打击力度，以行政指导加强引导规范，以服务发展赢得理解支持，以抓好宣传扩大社会影响，以加强领导提供组织保证，专项行动扎实深入开展，取得了阶段性成效。截至2010年12月31日，仅一个多月时间，全区在专项行动中共整治重点区域541处，捣毁制假售假窝点18个，查处侵权假冒案件331件、案值578万元，结案47件，罚没款28万元。乌鲁木齐市、伊犁州、博州和高新区工商分局先后查办了一批商标侵权假冒大要案件，有力推进了专项行动的深入开展。四是坚持打防结合，标本兼治，积极探索商标监管长效机制。巴州工商局采取“五查五看”的方法，对辖区生产香梨的纸箱厂进行全面检查和指导规范；克拉玛依市工商局出台《克拉玛依市驰名著名知名商标服务协作保护办法》，成立商标服务协作保护小组；昌吉州工商局组织开展了“无假冒商标示范商场、超市”创建活动。

六、指导基层商标工作取得新经验

一是新疆工商局先后派员到自治区党校、部分地州市局和外资企业培训班宣讲商标法律知识。二是分三批组织 60 余家会员企业和商标管理干部到内地开展了商标战略考察，学习借鉴发达省区实施商标战略的先进经验。三是专项行动以来，全区各级工商机关加强上下沟通，抓好信息报送，新疆工商局专项行动领导小组办公室每天对各地信息进行汇总，编写专项行动大事记，把握基层动态，积累宣传素材，并及时加以总结提炼，每周编发专项行动简报、情况通报，向新闻媒体投稿，全面反映各地工作开展情况，切实把基层的经验做法总结出来，把基层的工作成绩宣传出去，通过宣传先进来激励后进，有力推动了专项行动深入开展，形成了指导基层商标工作的新经验。

（新疆维吾尔自治区工商行政管理局）

版权工作

2010 年，新疆版权工作在自治区党委和人民政府的正确领导下，在国家版权局的大力支持下，克服人员少、任务重、头绪多的诸多困难，紧紧围绕局中心工作，在版权宣传、打击侵权盗版、版权管理和服务等方面开展了一些创新性实践活动，尤其是在中央召开新疆工作座谈会后，认真学习领会会议精神，将贯彻落实会议精神作为促进新疆版权工作的重大机遇，认真思考，精心谋划，取得了一定的成绩，主要做了以下几项工作。

一、深入调研，科学规划，新疆版权战略制定取得新突破

新疆版权战略作为自治区知识产权战略主要的子课题之一，既要体现自治区版权保护和版权产业现状，又要针对现状和问题提出解决的办法和思路，同时制定相应的目标和措施，对新疆今后一段时期版权产业的发展具有很强的指导意义。自治区版权局承担新疆版权战略的制定和研究工作历时近一年。2010 年 1 月，对新疆版权战略进行了最后的讨论和修改，并形成定稿。2 月 8 日，自治区知识产权战略制定领导小组组织相关部门的专家对新疆版权局组织制定的《新疆版权战略》进行了结题验收。与会专家通过听取汇报，研读战略后，一致认为新疆版权局草拟制定的《新疆版权战略》调研数据详尽，对新疆的版权产业的基本情况描述准确，对新疆版权保护存在的问题分析透彻，提出的措施和战略目标条理清晰，操作性强，《新疆版权战略》通过了验收。为了加强对新疆版权战略的宣传，在《新疆新闻出版杂志》上对《新疆版权战略》进行了详细解读；在自治区党校对全区知识产权管理部门调训的知识产权研修班上，新疆版权局派遣人员专门就版权战略进行了解读，取得了预期的效果。

二、加大力度，拓宽渠道，著作权法宣传普及取得新成效

版权保护工作依赖于良好的版权保护环境和全社会的版权意识，著作权法及其相关法律法规的宣传始终是版权管理部门的基础性工作。2010 年自治区版权局的宣传工作以“4·26 保护知识产权宣传周”为重点，以向相关产业和创作者群体有针对性的宣传为亮点，拓展宣传的范围和层次。

在“4·26 保护知识产权宣传周”期间，向各地州发放版权保护知识宣传资料，通报表扬各地州参加“全国青少年版权保护读书活动及版权保护竞赛”活动优秀组织奖 12 个，个人三等奖 49 个。新疆版权局领导在《新疆维吾尔自治区知识产权战略纲要》颁布新闻发布会上介绍了新疆版权战略情况。4 月 27～28 日，牵头组织自治区公安厅、工商局开展专项执法联合行动，针对乌鲁木齐市音像、电子出版物零售、批发及繁华的街道等重点部位，进行全面整治和清理，共收缴盗版音像制品、电子出版物 10 608 张，其中涉外盗版音像制品 7600 多张、口袋本图书 99 册、恐怖类图书 4 册。深入中学宣传《著作权法》，对乌鲁木齐市十三中“中学素质拓展课程”一书予以作品登记并在该校首发式上宣布。在大学生知识产权知识竞赛中担任评委，向大学生解答版权相关问题。

为扩大著作权法的宣传面，新疆版权局抓住各种机会宣传普及著作权法，一是在新疆版权局培训中心举办的各类培训班上为学员讲解著作权法；二是通过在新广行风热线中就版权问题向公众进行解答，进一步提高社会公众的版权意识；三是通过开展一些大型活动，通过媒体广泛宣传，以案说法，使版权工作成为社会关注的热点。2010 年 7 月 13 日，新疆版权局在水磨沟区 7 坊街创意产业集聚区举行了版权工作站揭牌仪式。这是新疆版权局创新工作方式，是面向基层创作者提供版权服务的一个新举措，也是新疆版权局在全疆建立的第一家提供版权法律咨询、维权服务和作品登记服务的版权工作站，在全疆形成了一定的影响，吸引了社会的关注。

全年共编发《新疆版权简报》7 期，在各类媒体上发布版权工作消息 15 篇。

三、以人为本，强化服务，提高质量和增强效率有新举措

尽管版权是一项民事权利，但是从维权的角度来看，权利人、传播者、社会公众在维权方面更愿意通过版权行政部门的服务进行维权。作品登记是新疆版权局直接面向著作权人的一项服务工作，也是 2010 年加强服务的重点方向。自治区版权局积极向著名作者、创意产业基地、作者群体加大宣传和服务力度，缩短作品登记周期，提高作品登记工作效率，作品登记数量有了较大幅度的提高，截至 11 月 5 日，已登记各类作品 450 多件，比 2009 年全年多 120 件。为推动作品登记工作，8 月 30 日举办了自治区首次作品登记工作座谈会，邀请自治区文联领导及文联所属作协、美协、音协、摄影家协会的负责人和自治区知名作家、作曲家、摄影家、画家，新疆珠宝玉石首饰行业协会的负责人和中国玉雕大师，以及新疆 7 坊街创意产业集聚区的管理人员和入驻艺术家参加座谈。

另外，在服务基层、服务各界著作权人上下工夫。关心基层执法人员，积极组织申报 2009 年度全国打击侵权盗版有功集体和个人；对自治区发改委提出的关于翻译费标准的问题做了详细的书面解答，提供了帮助；多次请示国家版权局，妥善解决新疆青少年出版社使用琼瑶作品问题，确定新疆青少年出版社依法合理使用琼瑶作品，充分利用了《著作权法》对少数民族文字出版的优惠条款。协办国家版权局“2010 年基层版权执法培训工作会议”，从自治区版权行政管理人员对版权培训的需求出发，积极争取名额，使出版物市场稽查队、乌鲁木齐市及所属区版权执法人员 17 人得到系统培训。更好地为各族群众服务，克服“7.5”之后网络管制的困难，及时与国家版权局及相关软件公司联系，在自治区网络恢复正常的第一时间，正式接入国家版权局“版权监管平台”。

四、严格执法，严厉处罚，打击侵权盗版工作有新进展

随着技术的发展，版权执法面临着严峻的考验，高技术、网络化的环境下的版权执法，是版权管理部门的一个难题。2010 年，新疆版权局紧紧抓住“4·26 保护知识产权宣传周”集中执法、世博会专项执法、“剑网行动”专项治理、图书馆著作权保护等重点，通过严格执法，净化了市场，遏制了侵权行为，同时也锻炼了队伍。尤其是自治区版权局在“剑网行动”中的执法工作得到了国家版权局的赞扬。

4 月 27～28 日世博专项执法，共出动车辆 7 台次、人员 27 名，对 36 家音像店及 11 家学校周边书店、11 家书屋进行执法，收缴盗版音像制品、电子出版物 10 608 张，其中涉外盗版音像制品 7600 多张、口袋本图书 99 册、恐怖类图书 4 册。8～10 月的“剑网行动”中，查处侵权网站 4 家，没收服务器 3 台，主动监管 4 家大型门户网站，收集网络大案一起上报国家版权局，获国家版权局专项经费 4 万元，获锦旗 2 面，举行表彰奖励座谈会，对 2 个先进集体和 8 名先进个人予以表彰。图书馆著作权保护工作中，会同自治区教育厅、文化厅、自治区扫黄办等部门拟发了《关于加强图书馆著作权保护的通知》，并与以上部门组成联合检查组，对自治区图书馆、乌鲁木齐市图书馆、新疆大学图书馆等 8 家图书馆在采购、传播电子资源中的版权保护情况进行了抽查。在 KTV 使用正版内容执法中，根据音集协(著作权人)的投诉，要求和指导乌鲁木齐市新闻出版局(版权局)做好 15 家 KTV 有偿使用音乐作品的工作。

五、积极筹备，扎实推进，企业的软件正版化工作呈现新局面

企业软件正版化工作是一项推进难度大，涉及面广的工作。为做好这项工作，并将工作向全疆范围延伸，自治区版权局向各地州市发出了《关于报送第二批软件正版化企业名单的通知》。向全区勘察设计企业发出了《关于对勘察设计企业正版软件使用情况进行抽查的通知》，并会同住房和城乡建设厅设计处组成检查组，对 19 家乙、丙级勘察设计企业的 CAD 软件使用情况进行了检查并对检查情况进行通报。在大型企业软件正版化遇到困难时，积极想办法，请政府协调，督促中华联合保险公司完成了软件正版化工作。作为自治区软件正版化领导小组办公室，起草了《自治区 2010～2011 年度企业软件正版化工作计划》，完成了对前期企业软件正版化工作的总结，根据正版化领导小组成员工作变动情况，报请政府调整了软件正版化领导小组成员，并协调相关部门确定 2010～2011 年度推行软件正版化企业 50 多家。组织召开了自治区企业软件正版化总结表彰大会,部署了2010～2011年度企业软件正版化工作,对50多家推行软件正版化企业相关人员进行了培训。积极鼓励地州市开展软件正版化工作,帮助伊犁州新闻出版局(版权局)举办文化娱乐行业正版化培训班,并对其正版化工作提出要求。2010年,新疆电力公司、乌鲁木齐有色冶金设计院有限责任公司、新疆教育出版社、新疆自治区新华书店、新疆自治区农信社、新疆宏源证券等6个企业获得国家版权局颁发的“全国软件正版化示范单位”称号。

(新疆维吾尔自治区版权局　杨建新)

司法工作

2010年,新疆各级人民法院始终坚持“三个至上”指导思想,紧紧围绕“为大局服务、为人民司法”的工作主题,贯彻落实“人民法官为人民”的主题实践活动,履行法律赋予的职责,知识产权司法保护领域不断拓宽,司法保护水平不断提高,司法保护力度不断加大,为建设创新型新疆提供更加有力的司法保障。

一、充分发挥知识产权审判职能,依法受理和审结一批知识产权案件

2010年全区法院共审理知识产权民事案件330件(新收282件,旧存48件),与2009年相比上升15.4%。从审级上看,一审案件265件,二审案件65件;从案件类型上看,专利纠纷案件66件,商标纠纷案件42件,著作权纠纷案件151件,技术合同纠纷案件19件,植物新品种纠纷案件4件,不正当竞争纠纷案件12件,其他知识产权纠纷案件36件。全年审结案件共计274件,其中审结一审案件222件,审结二审案件52件。

自治区高院2010年共审理知识产权案件59件,其中专利纠纷案件18件,商标纠纷案件4件,著作权纠纷案件31件,技术合同纠纷案件3件,结案48件,结案率81.36%,调解、撤诉结案30件,调撤率60%。

2010年审理的案件中,有涉及“楼兰”、“古城”和“昆仑”等在新疆具有广泛知名度的商标侵权案件,有电视台、网吧等侵犯著作权人播放权,信息网络传播权案件,这些案件引起了社会的广泛关注,通过审判,保护了权利人的合法权益,取得了很好的法律效果、社会效果。

二、逐步健全知识产权审判组织,加强知识产权法官队伍职业化建设

截至2010年底,全区法院系统(兵团除外)中有自治区高院及伊犁哈萨克自治州分院、乌鲁木齐市中院、昌吉回族自治州中院、克拉玛依市中院、吐鲁番地区中院、哈密地区中院等7家法院设立了民事审判第三庭。其他中级人民法院虽然没有单独设立知识产权庭,但也设立了审理知识产权案件的合议庭或指定专人从事知识产权审判工作。目前全疆法院共有专门审理知识产权案件的审判人员45人,其中人员结构为:审判员36人,助理审判员9人;学历结构为:硕士12人,本科33人。机构的设立和人员的相对固定为知识产权案件的审判工作提供了组织保障,也为应对将来知识产权案件的增长储备了专业人才。

三、进一步加大调解力度,积极践行和谐司法,做到“案结、事了、人和”

各级人民法院充分认识到诉讼调解在构建和谐社会新形势下的重要作用,努力运用调解手段化解矛盾纠纷,激发社会创造活力,促进社会和谐。针对知识产权案件专业性较强,案件审理中新情况、新问题较多,且多为无形资产、量化难度大、标准不统一的特点,按照“调解优先、调判结合”的原则,加大对案件的调解力度。在强化调解意识的同时,逐步完善调解工作机制,积极探索调解方法,通过摆事实、讲道理,帮助当事人提高对案件事实及法律的理解,为当事人提出切实可行公平合理的调解方案,使当事人最终找到各方均能接受的平衡点,达到“案结、事了、人和”的目的。2010年全区人民法院调解、撤诉结案148件,调撤率54%;与2009年相比,上升了4个百分点。

四、试点试行知识产权民事、行政“二审合一”审判机制

为贯彻落实《国家知识产权战略纲要》的具体要求,优化审判资源配置,改革和完善知识产权审判体制和工作机制,经过充分调研论证,自治区高院2009年5月颁布了《关于在乌鲁木齐市中院试行知识产权审判“三审合一”审判模式的实施方案》。在知识产权案件相对集中的乌鲁木齐市中院试点试行知识产权刑事、民事、行政“三审合一”审判机制改革工作。经过一年多的试行,乌鲁木

齐市中院根据实际情况，形成了知识产权民事、行政“二合一”的审判机制，这一机制的运行，有效提高了知识产权审判资源利用效率，待总结经验后，将逐步在全疆推行。

五、自治区高级人民法院以多种方式强化对下培训与指导

为了更好地提升全区法院知识产权审判队伍业务素质，为知识产权司法保护储备人才，自治区高院民三庭在培训中心的大力支持下，在全区中院副院长、庭长（民商事）培训班的课程中增加了知识产权方面的内容，重点讲授了知识产权司法保护的重要性，明确了知识产权审判不同于其他民商事审判相关法律制度和司法政策。同时组织学员到上市企业特变电工股份有限公司参观学习，切实感受知识产权保护给企业带来的巨大效益。

在自治区高院民三庭法院内网网页中增加了“知识产权案件指导性文件”专业板块，及时将最高人民法院有关知识产权的最新动态和指导性意见发布在这个板块中，以便全疆法官们学习。

六、贯彻落实《新疆维吾尔自治区知识产权战略纲要》，制定法院系统实施意见

2010年4月19日新疆维吾尔自治区人民政府公布了《新疆维吾尔自治区知识产权战略纲要》，进一步明确了在新疆维吾尔自治区实施国家知识产权战略的基本原则、目标任务和具体要求。为贯彻落实该纲要内容，建设创新型新疆，实现自治区经济社会跨越式发展提供强有力的司法保障，自治区高院结合新疆维吾尔自治区人民法院知识产权司法保护工作实际，制定了具体实施意见，明确了新疆维吾尔自治区人民法院今后一个时期知识产权司法保护的原则、方法和工作重点。该实施意见已抄报自治区人民政府，上报最高人民法院。

七、开展“4·26保护知识产权宣传周”活动，做好知识产权保护的宣传工作

全疆各中级人民法院以“4.26保护知识产权宣传周”为重点，自己组织或积极参加当地知识产权局组织的宣传活动，通过召开新闻发布会、公布典型案例、组织公开开庭、开展座谈、咨询服务等多种方式扩大知识产权司法保护的宣传效果。自治区高院金利岷副院长在自治区知识产权建设领导小组召开的新闻发布会上做了“认真贯彻《新疆维吾尔自治区知识产权战略纲要》　加强知识产权司法保护”的主题发言，全面展示了新疆维吾尔自治区法院知识产权司法保护的成果与状况。

（新疆维吾尔自治区高级人民法院知识产权审判庭）

检察工作

2010年，新疆维吾尔自治区检察机关积极推动完善行政执法与刑事司法相衔接工作机制，整合行政执法和刑事司法资源，使行政执法与刑事司法相衔接工作机制更加制度化、程序化，加大了对侵犯知识产权犯罪的打击力度，取得了一定的成效。

新疆维吾尔自治区各级检察机关充分发挥检察职能作用，与行政执法机关、公安机关等部门密切配合，依法及时批准逮捕、起诉涉嫌侵犯知识产权的犯罪分子。如乌鲁木齐市沙依巴克区人民检察院批捕一名涉嫌销售假冒注册商标商品罪犯罪嫌疑人，2010年5月犯罪嫌疑人吴某在乌鲁木齐市租住房屋并经营洗涤、化妆用品，2010年7月因销售洗涤、化妆用品被市质量技术监督局稽查队处以50 000元罚款。公安分局和质监局稽查队联合监察执法过程中在犯罪嫌疑人吴某租住房及库房内当场查获强生婴儿保湿滋润霜、大宝SOD滋润霜、力士柔亮水润丝滑等五大类共计22个品种产品，经对“妮维雅”、“舒蕾 slek”、“力士洗发乳”、“轻扬洗发露”、“大宝SOD蜜”、“小护士维他营养霜”、“LANCOME面霜”、“强生婴儿热痱粉”、倍沪润肤霜、保湿滋润露等进行鉴定，以上产品均是冒用各正/品公司厂名、厂址和假冒公司注册商标的产品，经对上述查获物品作价总价值4 011 227.4元。

新疆维吾尔自治区人民检察院继续强化工作措施，把行政执法与刑事司法衔接工作机制落实到案件移送层面，加大监督力度，进一步确立和完善了信息共享、联席会议、检查查询、提前介入、联合调查研究、法律法规宣传、咨询服务等制度，推进行政执法与刑事司法衔接工作深入开展。针对检察机关、公安机关、行政执法机关职责不同、对法律法规掌握的侧重点不同这一情况，新疆维吾尔自治区检察机关与公安机关、行政执法机关发挥各自的职业知识、技能优势，互相学习，共同提高，使不同机关在熟练掌握本职知识、技能的同时，争取对与本职工作有关的其他部门的执法知识也有必要的了解。针对行政执法机关对刑法不甚了解，对犯罪构成不熟悉的情况，检察机关主动与他们交流。针对检察机关对犯罪构成要件、证据要求方面把握较准确的业务特长，检察机关与公安机关就证据规格、取证要求等方面进行交流。选派政治素质高、业务能力强的同志担任行政执法机关的特约专家、执法监督员，长期为行政执法机关提供咨询服务。针对检察机关对金融、税务、烟草等专业知识掌握不全面、不深入的情况，请这些机关的同志给检察机关作辅导，便于检察机关准确办理此类案件。行政执法机关、公安机关、检察机关收到本系统新的法律、法规、司法解释、上级规范性文件时，在不违反保密原则的前提下，及时将资料复印给其他机关，便于其他机关掌握。针对行政执法职能广泛，涉及的法律法规繁多，行政案件罪与非罪界限难于把握，行政执法人员对刑事法律熟悉掌握程度不够的问题，部分检察机关对散见于法律、法规、司法解释、地方性法律文件中的追诉标准进行了细致的梳理，制定了《行政执法中移送涉嫌犯罪案件参考标准》，以方便行政执法机关对照执行，并据此研究制定了《关于在行政执法过程中及时移送涉嫌犯罪案件的意见》，细化了条文内容，使其更有操作性，推动了整顿规范市场经济秩序及保护知识产权工作。为进一步利用社会资源，拓宽案源渠道，新疆维吾尔自治区检察机关开展了形式多样的宣传活动。通过报纸、电台等新闻媒体，利用"举报宣传周"活动发放宣传材料，向社会各界宣传建立行政执法与刑事司法相衔接工作机制的重要意义，动员和鼓励市民积极向检察机关提供立案监督线索。

2010 年，新疆维吾尔自治区各级检察机关充分发挥法律监督职能，加强对行政执法机关抄送的侵犯知识产权案件《行政处罚决定书》副本的审查工作，对涉嫌犯罪的及时提出移送公安机关的建议，监督公安机关及时立案侦查侵犯知识产权犯罪案件。严肃查办侵犯知识产权违法犯罪背后的国家工作人员的职务犯罪，坚决打掉其"保护伞"，在立案监督和审查批准逮捕、审查起诉中注意发现和掌握侵犯知识产权违法犯罪背后的国家工作人员职务犯罪线索，对于涉嫌构成犯罪的坚决依法查办。

（最高人民检察院侦查监督厅）

新疆生产建设兵团

知识产权工作

2010 年新疆生产建设兵团知识产权局以《新疆生产建设兵团知识产权战略纲要》颁布实施为契机，以服务创新型兵团建设为根本出发点和落脚点，全面谋划兵团知识产权工作，有效提升兵团创造、运用、保护和管理知识产权的综合能力。

一、全面贯彻落实《新疆生产建设兵团知识产权战略纲要》

4 月 26 日，《新疆生产建设兵团知识产权战略纲要》颁布实施。兵团知识产权局及时联合兵团党委宣传部、兵团质监局召开新闻发布会，向兵团主要媒体介绍兵团知识产权工作情况和《新疆生产建设兵团知识产权战略纲要》有关内容，把实施兵团知识产权战略作为 2010 年重要任务开展工作。努力完善兵团知识产权有关政策，将获得中国专利金奖、中国专利优秀奖列入《重新印发关于大力推进兵团企业实施名牌战略的意见的通知》规定的奖励范畴，在兵团重大科技项目中落实知识产权战略，与发改委、财务局等部门联合印发了《兵团重大科技项目知识产权管理暂行办法》，在兵团财务预算中首次增设了知识产权专项资金。

二、知识产权宣传工作常抓不懈，群策群力办好"两周"活动

兵团知识产权局联合兵团党委宣传部等 17 个部门，在兵团和各师同期举办的以"创造 · 保护 · 发展"为主题的"2010 年兵团知识产权宣传周"和以"运用专利制度，推动发展方式转变，促进创新型兵团建设"为主题的"2010 · 第四届中国专利周"兵团分会场活动；举办兵团知识产权成果展；举办兵团企事业单位《专利法》知识竞赛，组织

兵团各师企事业单位的16个代表队参加了比赛；首次协办第六届“新疆知识产权杯”大学生知识竞赛活动，兵团塔里木大学、石河子大学分获冠、亚军，“新疆优秀大学生发明创造专利奖”一等奖被塔里木大学学生获得；开展专项执法行动；举办兵团中外专利信息平台开放周；在第七届中国·海峡项目成果交易会、第十九届乌洽会、第十七届杨凌农高会上集中展示了兵团企事业单位知识产权工作成就。兵团领导对知识产权宣传工作高度重视，兵团副司令员宋建业参观了知识产权成果展，对今后开展知识产权工作提出了要求和希望。

三、抓普及，重提高，深入开展知识产权培训工作

认真落实国家知识产权局“百千万知识产权人才培训工程”，从国家、兵团和师三个层面加强培训工作。2010年共举办了10期专题培训班。兵团和各有关师企事业单位主管科技领导和工作人员、专利权人、高校教师等800余人接受了知识产权专题培训。其中，邀请国家知识产权局领导和专家为兵团“知识产权战略培训班”授课；8月圆满举办了第三期“新疆生产建设兵团知识产权管理高层次人才培训班”；为兵团农业、能源、化工、医药、信息等领域的18人提供了赴内地参加知识产权公需科目高级培训的机会。由于培训工作扎实有效，兵团和八师知识产权局分别被授予“全国知识产权培训工作先进集体”称号，3名同志被评为“全国知识产权培训工作先进个人”。

四、新疆生产建设兵团知识产权信息中心挂牌成立

兵团知识产权信息中心重点面向兵团企事业单位提供专利信息咨询、专利文献检索和全部领域专利信息数据库应用技能培训等全方位的服务活动，鼓励企业参与增值性知识产权信息开发利用。其中仅兵团知识产权信息开放周活动就免费接待兵团企事业单位来访者300余人，2010年共接待来访者上千人次，下载相关专利文献5708篇，为兵团企事业技术创新提供了有效、快捷的专利信息服务。

五、扎实推进区域和企事业单位知识产权工作

一是指导石河子市深入开展知识产权强县工程推进工作，先后组织有关人员参加3期国家知识产权强县工程辅导班。二是加大企事业知识产权试点、示范工作力度，推进企事业单位专利运用与产业化工作。设立专利试点启动费、专利运用与产业化专项资助经费，召开兵团“第四批全国企事业单位知识产权试点工作”启动会、兵团企事业工作座谈会，深入9家知识产权试点单位和5家兵团专利运用与产业化项目资助企业调研。三是积极组织申报国家知识产权软科学研究和专利战略推进工程项目。“新疆兵团现代农业知识产权保护问题研究”、“新疆兵团现代农业装备产业专利战略研究”两项课题获国家知识产权局立项。四是在第七届中国·海峡项目成果交易会、第十九届乌洽会、第十七届杨凌农高会上展示兵团企事业单位知识产权工作成就。五是推荐兵团两个优秀专利技术参评第十二届中国专利奖，兵团一家企业获得了国家财政对申请国外专利的资助。

各项工作的开展，使兵团企事业知识产权工作稳步推进。新疆天业(集团)公司被列入国家第二批知识产权示范创建单位名单，为首家进入国家知识产权示范创建单位的兵团企业。2010年1～12月，兵团共申请专利430件，超过2009年全年申请量116件。

六、有序开展知识产权行政执法工作

日常执法与专项整治相结合、执法与宣传培训相结合，联合自治区、兵团有关部门开展知识产权行政执法活动和“打击侵犯知识产权和制售假冒伪劣商品专项行动”；与自治区知识产权局共同开通“12330”保护知识产权投诉举报电话，完善维权援助机制；实施“雷雨”和“天网”专项执法行动，集中销毁侵权盗版及非法出版物；多次与自治区知识产权局、法院赴兵团辖区现场取证；委托有关师科技局调解本地专利纠纷等。2010年总计出动执法人员共90人次，检查超市、药店、医疗器械店、便利店等20家，检查商品150种，成功调解3起专利侵权纠纷，假冒专利案件立案4件，结案4件，结案率100%。

七、对接知识产权援疆工作，实现兵团“十二五”时期知识产权工作良好开局

全面贯彻中央新疆工作座谈会和国家知识产权局与自治区人民政府工作会商第一次会议精神，和国家知识产权局对接知识产权援疆工作。12月12日，在京召开了“全国知识产权局系统对口援疆工作会议暨国家知识产权局与自治区政府第二次合作会商会议”，签订了国家知识产权局知识产权援疆工作协议。国家知识产权局各职能司，全国19个对口援疆省市，自治区有关部门，兵团有关部门及自治区14个地州市的分管领导参加了会议。国家知识产权援疆工作协议的签订使对口援疆工作取得实质性进展，为做好、做扎实兵团“十二五”时期知识产权工作开创了良好局面。

（新疆生产建设兵团知识产权局　杨晓辉）

香港特区

知识产权工作

香港特别行政区政府知识产权署于1990年成立，隶属于香港特区政府商务及经济发展局，下设有商标注册处、专利注册处、外观设计注册处和版权特许机构注册处。该署主要负责就知识产权的政策和法例提出建议，并向政府提供知识产权方面的民事法律意见。香港特区政府现行的知识产权法例有：《商标条例》、《专利条例》、《注册外观设计条例》、《版权条例》、《防止盗用版权条例》、《集成电路布图设计（拓扑图）条例》以及《植物品种保护条例》。此外，该署还致力于加强公众对知识产权的认识和尊重。

一、注册工作

香港知识产权署于2003年起实施多项电子服务，让香港知识产权代理人可以为世界各地申请人，在安全稳妥、简便易用的环境下，以电子方式每日24小时随时提交申请。香港的专利、外观设计及商标中英文注册资料库，亦可在互联网上全球性随时免费查阅（http://ipsearch.ipd.gov.hk）。

香港知识产权署于2006年全面推出电子互动服务，使商标及专利续期、更改商标、专利及外观设计拥有人和代理人资料、延展商标申请的时限，以及把有关注册商标和商标申请的转让和允许注册，可即时获得批准，这些电子服务广受公众欢迎。

2010年，转用电子服务办理申请的全年平均比率为：商标56%、专利56%、外观设计52%。

二、专利

《专利条例》规定，以国家知识产权局、英国专利局或欧洲专利局（就指定英国的专利而言）授予的专利为基础而提出的申请，可获授予标准专利。该条例也就短期专利的授予作出规定。自《2004年专利（一般）（修订）规则》于2004年5月7日生效后，专利表格可采用电子方式提交，与专利申请有关的事宜也可以电子方式发表。2010年，专利注册处共接获11 702件标准专利申请，批准的标准专利有5353项。2010年，该处另接获614件短期专利申请，批准的短期专利共522项。

三、注册外观设计

外观设计可根据《注册外观设计条例》在香港特区独立注册。自《2004年注册外观设计（修订）规则》于2004年5月7日生效后，外观设计表格可采用电子方式提交，与外观设计申请有关的事宜也可以电子方式发表。2010年，外观设计注册处共接获2525件申请，要求就4245项外观设计进行注册，其中包括1937件单项外观设计及2302件多项外观设计申请。2010年，获注册的外观设计有3896项。

自推出外观设计网上检索服务后，注册外观设计的拥有人在世界各地的展览场地，均可证明拥有有关设计。这项服务有助于鼓励外观设计拥有人为其设计注册，以免遭受侵权。

四、商标

商标注册处负责货品和服务商标的注册事宜。2010年，商标注册处共接获28 872件注册申请，其中18 893件为单类别申请，9979件为多类别申请。2010年，获注册的商标共有23 043件。共100个国家和地区提出申请。

五、版权

根据《版权条例》，原创的文学作品、戏剧作品、音乐作品、艺术作品；文学、戏剧、音乐作品的已发表版本的排印编排；声音纪录、影片、广播及有线传播节目，不论其版权拥有人属何居籍，均受法律保护。法例依循国际标准，并无规定版权必须注册才受保护。此外，法例亦保护表演者的权利，任何人未得合资格表演的表演者的同意，利用他们的表演，例如将其表演录制成录制品或作即场广播等行为，除非受条例允许，否则均属侵权行为。

修订《版权条例》藉以加强在数码环境中保护版权的工作进展：

2008年4月，特区政府就《版权(修订)条例》提出了初步建议，并举行了两次公众咨询，致力在各持分者之间建立共识，并参考了其他先进做法，目的是要在数码环境中加强保护版权，以回应资讯科技发展为保护版权所带来的挑战。

特区政府已在2011年6月15日向立法会提交了《2011年版权(修订)条例(草案)》进行审议。该条例草案亦会创造条件，让版权拥有人与互联网服务提供者携手合作，打击网上侵权活动，并利便在数码环境中合理地使用版权作品，例如网上学习，以及让市民可以将他们拥有的正版音乐作媒体转换供私人使用。详情可参阅有关《立法会参考资料摘要》(网址：http://www.legco.gov.hk/yr1011/chinese/bills/brief/b35_brf.pdf)。

六、公民教育及推广

香港知识产权署通过不同形式及渠道，向社会各阶层推广知识产权。知识产权署于2010年继续推行多项全港性计划，例如“正版正货承诺”计划及“我承诺”行动，并制作了电视宣传短片，藉以宣扬尊重知识产权的重要性。知识产权署也连续第14年进行中小学探访计划，向年轻一代灌输尊重知识产权的观念。知识产权署于2010年探访了91间学校共24 116名学生。

中小企业仍然是知识产权署的推广和公众教育工作的其中一个主要对象。知识产权署通过主办或与其他组织合办研讨会及参与展览，协助中小企业提高对保护其知识产权的意识及尊重他人的权益。知识产权署于2009年3月至2011年3月，推行一项“知识资本管理顾问服务计划”，为当地机构(特别是中小企业)提供免费的顾问服务，帮助机构善用知识资本管理工具来发掘本身的业务潜能。该计划截至2010年12月，已有580个机构参加。

知识产权署于2010年2～9月期间，以不同形式的推广活动，为最受影响的持份者推行一系列宣传和公民教育活动。有关活动包括研讨会、报刊与杂志广告、访问、业界及工商刊物的专题文章、电子通讯及网页等，向本地机构(特别是中小企业)推广《2007年及2009年版权(修订)条例》中有关“复制及分发罪行”的新条文。以上推广宣传活动使各机构能加强对新条文的认识和了解，有助于防止业务最终使用者的盗版行为。

从1999年起，知识产权署进行了一项市民意识调查，以比较过去数年市民对知识产权不断转变的观念模式。此外，该署自2004年起进行另一项有关商业机构对知识产权的意识调查。2010年的调查结果已在知识产权署网站公布。

粤港保护知识产权合作专责小组于2003年8月5日第六次粤港合作联席会议后成立，旨在加强粤港两地在保护知识产权不同范畴的交流和合作。专责小组于2010年7月30日在香港举行了第九次会议，粤港双方总结了2010年上半年的合作成果，并制定往后一年的合作项目，包括继续在粤巡回举办“知识产权与中小企发展”研讨会、继续深入开展粤港两地“正版正货承诺”活动、继续开展粤港版权产业企业交流活动、持续更新“粤港澳知识产权资料库”与“粤港知识产权合作专栏”、开展粤港知识资本管理与企业标准培训班和加工贸易知识产权培训班、支持在粤的港资企业申请认定广东省著名商标，以及支持香港民间组织参加“广东省少年儿童发明奖”等。

香港特区政府于2005年7月与内地九省区及澳门特区的代表签署《泛珠三角区域知识产权合作协议》，开展与泛珠三角区域在保护知识产权方面的合作，并为日后的区域合作定下明确的方向。在此合作框架下，香港知识产权署于2010年3月在香港举办了第四次泛珠三角区域知识产权公务人员交流活动。香港知识产权署于2010年7月出席在福建省举行的第六届泛珠三角区域知识产权合作联席会议，并落实下一年度继续在香港特区举办泛珠三角区域知识产权公务人员交流活动。

七、内地与香港关于建立更紧密经贸关系的安排(以下简称《安排》)

经香港知识产权署和国家工商行政管理总局商标局(以下简称“商标局”)磋商后，商标局同意允许香港服务提供者，自2005年1月1日起，在省级工商行政管理机关登记并取得法定经营主体资格后，在内地从事商标代理业务。

香港知识产权署于2008年7月在《安排》补

充协议五的"贸易投资便利化"框架下，与商标局签订协议，加强在商标注册和保护工作方面的交流与合作，并成立商标工作协调小组，作为双方固定的联系机制。

另外，继香港知识产权署组织香港有关人士参加2004年、2006年、2007年、2008年和2009年全国专利代理人资格考试后，该署亦协助参加2010年资格考试的香港考生完成有关的报考事宜。

澳门特区

知识产权工作

澳门特别行政区政府经济局辖下的知识产权厅是澳门特别行政区知识产权行政管理工作的负责单位。知识产权厅的职权主要包括：协助订定保护知识产权政策，促进完善知识产权法例；促进与外地同类实体的协作及合作关系，参与管理知识产权的国际法文书会议及活动；执行关于知识产权范畴内的现行法律规定，负责工业产权的注册/登记事宜，包括商标、营业场所名称/标志、发明专利、实用专利、设计/新型、半导体产品拓扑图、原产地名称/地理标记和嘉奖的注册/登记及其相关的工作；同时，也对著作权及相关权利的集体管理机构作登记，并进行有关的监督工作。

一、工业产权的注册申请

2010年澳门特别行政区政府经济局共受理6754件商标注册申请，申请主要来自中国内地、美国、中国澳门、中国香港、日本、法国和英属维尔京斯岛。截至2010年12月31日，商标注册的累计申请总量为69 165件，其中产品商标50 752件，服务商标18 413件，各占申请总量的73.38%和26.62%。

2010年全年发明专利申请共62件。申请主要集中在A63F类及E02D类，其中属于A63F类别的申请占全年申请总量的65.43%。2010年，在澳门特区提出发明专利注册申请的国家或地区共有15个，包括美国、中国台湾、日本、中国澳门、中国香港及澳大利亚等，其中美国、中国台湾和日本的申请占全年申请量的76.05%。截至2010年12月31日，发明专利的累计申请量为1073件。

2010年申请延伸至澳门生效的内地发明专利共有150件，获准延伸至澳门生效的内地发明专利共170件。截至2010年12月31日，内地发明专利延伸来澳门的累计申请总量为582件。

2010年全年实用专利申请共有12件，申请主要来自中国内地及中国台湾。截至2010年12月31日，实用专利的累计申请量为77件。

2010年全年设计/新型申请共有71件，申请主要集中在第14类、第6类、第10类以及第11类，该四个类别的申请占全年申请量的76.06%。截至2010年12月31日，设计/新型的累计申请总量为709件。

二、法律事务

(一)修改《著作权及有关权利之制度》法案

为使澳门特区现行的《著作权及有关权利之制度》更贴近国际公约的要求，藉此为澳门特区提供一个健全和完善的著作权保护制度，确保著作权人在互联网环境下的正当权益，经济局对《著作权及有关权利之制度》进行了修订。

(二)修订《工业产权法律制度》工作

为了配合社会经济发展的需要及因应工业产权发展的新趋势，经济局对现行的《工业产权法律制度》持续开展了修订工作，藉以优化知识产权保护的条件及营造更良好的投资环境，以推动澳门经济持续多元发展。

三、合作与交流

(一)与国家知识产权局的合作与交流

1. 专利保护工作的合作

自2003年1月24日签署《国家知识产权局与澳门特区经济局关于在知识产权领域合作的协议》以来，在国家知识产权局的积极支持和技术援助配合下，澳门特区的专利保护工作取得较大的进展。自协议生效起至2010年12月31日止，澳门经济局寄送国家知识产权局作实质审查的发明专利申请626件，实用专利申请37件，国家知识产权局完成检索报告及审查意见通知书后已全数送回澳门经济局。

此外，按照协议的规定，已向国家知识产权局提出发明专利申请的申请人以及已获得国家知识产权局授予发明专利的权利人，为获得澳门特区的保护，可根据澳门特区《工业产权法律制度》的规定，向经济局办理相关的延伸手续。这种能快捷方便地取得保护的申请方式，吸引了更多企业将其专利延伸至澳门生效。截至2010年12月31日，获得国家知识产权局授予的发明专利和专利申请延伸至澳门特区的累计申请共582件，其中已获批准的延伸达479件，占申请总量的82.30%。

2. 文献交流

为落实《国家知识产权局与澳门特别行政区经济局在知识产权领域的合作协议》有关文献交换的内容，澳门经济局向国家知识产权局定期寄送各类文献数据，包括向专利文献部寄送刊登于《澳门特别行政区公报》内有关工业产权申请的数据，以及每月向自动化部寄送发明专利资料，为设立有关澳门特区的专利数据库提供所需数据。自2010年7月起，每月寄送的数据更涵盖至实用专利和设计/新型，令专利文献的交流工作更多元且更完整。

3. 访问交流

为加强两局间的相互了解和沟通，2010年3月18日国家知识产权局杨铁军副局长率领代表团成员一行六人到澳门经济局进行业务交流，双方除了就知识产权工作的最新发展交换意见，也围绕知识产权工作的自动化建设、数据交换和信息化合作进行了交流。

4. 加强人员培训

为有效提升澳门经济局人员在知识产权领域的专业技能，藉此促进行政效率的提高，2010年9月7～11日，应国家知识产权局的邀请，澳门经济局派员前往北京参加由专利审查协作中心举办的新审查员培训班，学习有关新专利法及其实施细则，并参观学习有关专利注册的流程、文献管理方式和专利文献应用系统。

5. 组织澳门特区的全国专利代理人资格考试报名工作

根据《内地与澳门关于建立更紧密经贸关系的安排》第二阶段的协议内容，符合资格的澳门居民可参加由国家知识产权局举办的全国专利代理人资格考试，考试合格者可取得《专利代理人资格证书》，在内地从事专利代理业务。2010年6月21日至7月16日，澳门经济局负责澳门特区的全国专利代理人资格考试报名工作，一名符合资格的澳门居民报名参加于11月6～7日在广州市举行的有关考试。

6. 筹办三地知识产权研讨会

2010年10月27日，由国家知识产权局、香港特区政府知识产权署和澳门经济局共同举办的“2010年内地与香港、澳门特别行政区知识产权研讨会”在澳门美高梅大宴会厅举行。本次研讨会由澳门经济局负责筹办，围绕“三地知识产权的最新发展”、“环保产业的知识产权保护问题”、“创新改变世界　知识产权引领经济发展”三个主题展开交流与研讨。200多位来自内地、香港、澳门的知识产权界人士、专家、学者、知识产权中介服务机构代表及企业界人士参加了研讨会。

（二）与国家工商行政管理总局的合作与交流

1. 澳门企业如何在内地保护商标座谈会

为进一步落实《内地与澳门关于建立更紧密经贸关系的安排》补充协议六，在“贸易投资便利化”框架下国家工商行政管理总局与本局建立的联络机制中有关商标领域的合作项目，2010年5月27日澳门经济局邀请国家工商行政管理总局商标评审委员会案件审理四处张力伟处长及万慧达知识产权代理公司高级合伙人黄晖博士赴澳门，为“澳门企业如何在内地保护商标”座谈会担任主讲嘉宾，座谈的内容包括：内地商标管理体制和如何在内地办理商标注册手续及维护权利。通过专业人士的实务介绍和经验分享，澳门企业认识了内地商标的法律制度、注册申请手续以及维护商标专用权的途径，有助于澳门品牌在内地拓展市场和发展相关业务。

2. 2010中国商标年会

2010年9月1～2日，澳门经济局派员出席于青海省西宁市举行的“2010中国商标年会”。该年会是经国家工商行政管理总局批准，由中华商标协会与青海省工商局共同主办，是中国商标界最大的年度聚会和具有一定国际影响力的知名品牌。与会的官员、专家学者围绕着“推进商标战略实施　促进发展方式转变”的主题展开讨论，并就内地及国际商标法律、商标典型案例、中外商标代理组织等相关热点、焦点问题和专题发表演讲。

（三）与泛珠三角区域知识产权机构的合作与交流

1. 泛珠三角区域知识产权公务人员交流活动

为增进泛珠三角区域公务人员对彼此知识产权工作的了解，促进知识产权保护的合作与交流，2010 年 3 月 9～12 日，香港特区政府知识产权署继续牵头组织泛珠三角区域知识产权公务人员交流活动，澳门经济局除派员出席外，于交流活动的最后一天也安排了有关代表赴澳门座谈和参观，让各代表通过交流活动同时了解港、澳两特区的知识产权保护工作，以及澳门在创新科技领域的发展情况，藉此加深泛珠三角区域间的相互了解。

2. 参加“第六届泛珠三角区域知识产权联席会议暨第五届泛珠三角区域知识产权合作论坛”

2010 年 3 月，向“第五届泛珠三角区域知识产权合作论坛”主办方——福建省知识产权局，提交澳门特区就“强化澳门企业的知识产权管理”为题的论文。

7 月 6 日，澳门经济局派员出席了在福州市举行的“第六届泛珠三角区域知识产权联席会议暨第五届泛珠三角区域知识产权合作论坛”，藉此加深对区域内知识产权工作和合作项目进展的了解，也增进了彼此间在知识产权领域中的合作与交流。

3. 参加“6·18 海峡两岸知识产权论坛”

2010 年 6 月 18～19 日，应福建省知识产权局的邀请，澳门经济局派员前往福州参加由国家知识产权局主办、福建省知识产权局承办、福建省知识产权协会和台湾工业总会协办的“第三届海峡两岸知识产权论坛”。论坛的主题为“合作·互利·双赢”，旨在汇聚海峡两岸知识产权人才，进一步拓展海峡两岸知识产权领域的交流合作，提高企业运用知识产权制度的能力和市场竞争力，促进海峡两岸经济区建设。与会专家就知识产权实施转化、企业知识产权管理、知识产权合作交流、提高知识产权制度运用能力等问题分别进行了探讨。

（四）与欧盟在知识产权法律范畴的合作

第二期“欧盟与澳门在法律范畴合作项目”于 2010 年 3 月正式展开，2010 年工作包括：

1. 编辑出版《商标注册申请指南》

2010 年 4 月重新编辑出版了《商标注册申请指南》小册子供市民免费取阅，内容涵盖商标注册的基本常识、申请的方法与程序、网上查阅商标记录和商标保护通告的方法，以及相关机构的联络方法等数据。

2. 举办“知识产权在提升中小企业竞争力的角色——认识特许经营”工作坊

2010 年 7 月 6～7 日，举办了“知识产权在提升中小企业竞争力的角色——认识特许经营”工作坊，邀请欧洲专利局学院专家讲师 Giovanni Casucci 律师担任主讲嘉宾，向澳门的中小企业讲解特许经营的特点、特许经营所涉及的各类知识产权保护问题，也分享了欧洲在特许经营方面与知识产权有关的案例和经验，从而让澳门企业根据本澳市场的特点，更透彻了解在特许经营中保护知识产权的重要性，提升维权意识。

（五）与外地同类机构的合作

澳门经济局除了每年为世界知识产权组织提供年度统计数据外，也为其于 2010 年 9 月 20 日推出的各国知识产权法例和知识产权条约最新信息的全球知识产权网上参考源“WIPO Lex”提供澳门特区的数据，内容主要包括澳门特区与知识产权有关的法律法规的最新版本。

四、培训与学术活动

2010 年 1 月 25～29 日，澳门经济局派代表前往新加坡，参加由世界贸易组织举办的“亚太世贸成员及观察员的 TRIPS 标准及公共政策高级地区间研讨会”，研讨会主要是由多位来自世界贸易组织、世界知识产权组织、世界卫生组织等机构的专家解释 TRIPS 的标准及其灵活性，藉此协助各成员根据其经济体的实际情况制定及实施知识产权政策。

2010 年 3 月 11 日，澳门经济局应邀派员出席由香港特区政府知识产权署主办的“与业务最终使用者息息相关的香港版权法之最新修订”研讨会，主讲嘉宾向与会者介绍《版权（修订）条例》中有关复制及分发罪行的新条文，也分享了商业机构如何遵守版权条例规定的要诀。

2010 年 3 月 23 日，澳门经济局应邀派员出席由广东省知识产权局及香港特区政府知识产权署联合主办的“内地专利法修改与实施研讨会”，研讨会邀请了国家知识产权局条法司尹新天司长讲解专利法第三次修改和实施的内容。

2010 年 4 月 26 日，应香港特区政府知识产权署邀请，澳门经济局派员前往香港出席“世界知识产权日庆祝酒会”，庆祝世界知识产权日创建十周年，世界知识产权组织将 2010 年的主题定为“创新·将全世界联系在一起”。

2010 年 5 月 13 日，澳门经济局代表前往香港，参加由欧盟驻港澳办公室主办的“资本市场、绿色经济和数码环境的知识产权会议”，会议邀请来自经济合作与发展组织、欧洲专利局、知识产权法律界及香港特区政府知识产权署的专家，共同探讨知识产权在资本市场、绿色经济和数码环境中的挑战和影响，特别是对大中华地区国际贸易的影响。

2010 年 7 月 1～2 日，澳门经济局派员参加由澳门欧洲研究学会举办的“第十一届知识产权专题研讨会”，研讨会邀请来自世界各地的知识产权专家和学者，介绍了对知识产权保护作出重大贡献的人士和团体，分析并分享了他们的经验，并就他们对知识产权发展的影响进行探讨。

2010 年 11 月 25～26 日，澳门经济局派代表赴北京，参加了由工业和信息化部软件与集成电路促进中心举办的“新世纪十年创新之路——IP China 2010 第六届中国软件与集成电路知识产权峰会”，会议以“踏新世纪十年创新之路　论知识产权经济”为主题，通过主题培训及峰会形式，由中外专家探讨、分享知识产权的创造、运用、管理及保护等实务经验。

2010 年 12 月 3 日，澳门经济局代表参加了由香港设计中心主办、香港贸易发展局协办、香港特区政府知识产权署赞助的“设计营商周 2010——知识产权营商论坛”，以“设计创富”为主题的论坛邀请了多位香港和国际知识产权专家担任讲者，探讨业内的最新发展和趋势，以及就珠江三角洲地区的发展分享宝贵经验。

五、宣传与推广

2010 年 6 月 24 日，前科技部政策法规与体制改革司司长、国务院知识产权办公会议办公室主任，现中国科技法学会会长段瑞春教授应邀为澳门科技及知识产权有关的公共机构人员作了题为“保护知识产权　促进创新发展”的演讲。

2010 年 8 月 9 日及 13 日，澳门经济局应澳门生产力暨科技转移中心邀请，派代表出席了“2010 澳门青少年创意服装设计及缝制比赛”的开幕与闭幕典礼。

2010 年 11 月 25 日，澳门经济局代表应邀出席了由澳门科技大学法学院暨社会和文化研究所举办的“澳门文化创意的法律保护暨‘澳门创意共享’(CC Macau)项目座谈会”，并向与会者介绍了澳门特区知识产权的法规和政策。

2010 年 12 月 13 日，澳门经济局应邀派员前往广州参加“国家知识产权局处级干部党校进修班的专项调研座谈会”，向国家知识产权局的领导介绍了澳门特区的知识产权架构和运作，发明专利、商标及著作权制度，澳门经济局的优化行政服务以及对外合作与宣传等情况。

（国家知识产权局港澳台办公室　王傲寒）

（注：根据澳门经济局提供资料整理）

台湾地区

知识产权工作

一、专利事务

（一）全面提升专利审查品质与质量

近年来，中国台湾地区申请专利数量持续维持较高水平。尽管受金融风暴影响，2009 年申请量较 2008 年略有减少，但 2010 年，台湾地区已逐渐摆脱金融风暴的影响，专利新申请案为 80 494 件，较 2009 年增长了 2.64%。申请案仍然主要集中于发明专利，2010 年发明专利新申请量为 47 442 件，较 2009 年的 46 654 件，增长了 1.69%。

由于专利申请案件不断增长，而审查人员未能相应增加，导致审查周期不断延长，2006～2010 年，发明专利初审案的平均审查周期由 19.7 个月延长至 41 个月，2010 年的平均审查周期较 2009 年增加了 11.58%。在申请量持续维持走高的情况下，待办案件也逐年递增，2010 年底，发明专利初审案的待办量高达 153 691 件，较 2009 年底的 140 646 件，增长了 9.28%。

为提升审结质量及效率，台湾地区“智慧财产局”在 2010 年，采取了如下措施。

1. 合理化收费机制——发明专利逐项收费

基于“使用者付费”和“建立合理收费机制”的原则，修改发明专利实体审查申请费的收取方式，一方面将因专利申请而产生的费用合理地反映在实体审查费上，另一方面也促进申请人权衡申请实体审查的必要性。经实施 1 年后，发明专利初审案的请求实体审查比例较 2009 年减少，发明专利初审案的请求项在 10 项以下的比例较 2009 年增加，达到原规划目的。

2. 申请撤回退还审查规费

依 2010 年 1 月 1 日修改施行的“专利规费收费准则”，在发出第一次审查意见通知前撤回发明申请案的，可退还实体审查申请费或再审查申请费。促使申请人权衡申请专利的必要性，避免已无保护必要的专利申请案仍进入审查。2010 年撤回的申请案为 2713 件，有效减缓了发明专利初审待办件数的增长。

3. 依职权通知申请人补充修正

依据台湾地区“专利法”规定，申请人限于申请日起 15 个月内提出主动修改，否则必须在审查后的答复期限内才能进行修改。台湾地区“专利法修正草案”中对该限制将予取消。而在修正草案未通过前，“智慧财产局”自 2010 年 6 月 10 日起施行“依职权电话通知申请人限期补充、修正”的措施，经申请人主动来函表达修改意愿后，再由“智慧财产局”依职权通知，申请人即可提出所要请求修改的说明书版本。

4. 推动发明专利加速审查

自 2009 年 1 月 1 日起开始受理的“发明专利加速审查作业方案”（简称 AEP），针对经其他专利局实体审查而批准的外国对应申请案，提供快速取得审查结果的通道，以缩短审查周期。自 2010 年起，再扩大适用范围于经美、日、欧专利局发出审查意见通知书及检索报告，但尚未审结的外国对应申请案，以及为商业上的实施所必要的。2010 年中国台湾地区 AEP 的申请量为 1437 件，首次审查回复平均时间为 81.36 天。

5. 运用研发替代役协助检索

于 2010 年 8～12 月间陆续选用 97 名研发替代役协助专利现有技术检索，他们将在 2011 年初开始进行检索工作。

6. 人员训练

除举办跨初再审的“专利高级审查官训练”和“专利助理审查官训练”外，还针对发明初审案的审查人员，举办专利审查案例研讨会、出国研习同仁研习报告、产业科技新知、轮调同仁在职训练、替代役与特考的基础训练与在职训练以及产业参访。

7. 强化质量复核

复核人员依预定比例随机抽样进行实质复核，并汇总、检查不足以拟订来年训练计划，确保审查质量的一致性。另外，对新进审查人员和研发替代役人员进行培训，使新进人员尽快投入审查检索工作，并维持质量一致性。

8. 举办专利行政争讼撤销案件研讨会

为深入了解专利行政争讼案件遭救济机关撤销的原因，2010 年共办理 5 场专利行政争讼撤销案件研讨会。

9. 强化专利审查强度

采取下列措施，强化专利审查强度：(1)举行中国台湾地区与日本专利审查官交流，希望能够相互采用彼此的检索和审查结果；(2)召开专利审查质量咨询委员会，研讨两岸知识产权保护合作协议；(3)提升审查人员专业训练，举办研讨会暨专题讲座及专利助理审查官、专利高级审查官训练，鼓励发表论文及相关研习报告；(4)举办专利审查实务研讨会；(5)设立专利研究院。

（二）法令修订

1. 台湾地区“专利法全盘修正草案”

为应对产业发展及事务需要，以提供生物技术相关产业优质之发展空间，活化企业知识产权，并健全专利审查机制以及专利权的保护，台湾地区“智慧财产局”拟定了“专利法修正草案”并送请“立法院”审议，全文共计 162 条（修正 108 条，增加 39 条，删除 15 条），重点如下：

(1)开放动植物为可授予发明专利权的客体，并增订农民留种自用免责、权利耗尽及与植物品种权交互强制授权等配套规定；

(2)扩大优惠期的适用范围至进步性，并增加因申请人自己的意愿而在刊物上发表的，可主张优惠期；

(3)增加并非出于故意而未在申请时主张优先权、视为未主张或未按时缴纳专利年费导致丧失权利的，准其申请恢复权利的机制；

(4)增加并修改专利权效力不及的事项，如非出于商业目的的未公开行为、以取得国内外药物上市许可为目的的必要行为、明文承认国际耗尽原则等；

(5)修改强制授权的事由及核定补偿金的规定；

(6)修改专利举发制度，如废除依职权审查、可就部分请求项提起举发、举发案及更正案的合并审查及合并审定等；

(7)开放部分设计、电脑图像(Icons)、使用者图形界面(GUI)及成组物品设计，并增加衍生设计制度。

2. 配合《海峡两岸知识产权保护合作协议》修改相关法令及书表格式

两岸签署《海峡两岸知识产权保护合作协议》以来，台湾地区"智慧财产局"作出相应安排，保障两岸人民的优先权权益，自2010年11月22日起开始受理大陆地区的专利优先权主张。针对该协议的签署，台湾地区"智慧财产局"修改公布的"专利法"及"专利法施行细则"相关条文，增加主张世贸组织成员优先权的程序性及操作性规定，并于2010年11月19日公告修改17种"专利申请书表"和14种"专利申请须知"。

3. 配合"专利法全盘修正草案"研究相关子法

为配合修订后的"专利法"实施，台湾地区"智慧财产局"正进行"专利法施行细则"、"有关专利申请之生物材料寄存办法"、"专利权期间延长核定办法"等相关子法，以及新增有关以外文本申请专利的外文种类及应载明事项办法进行检讨修正。

4. 草拟"专利审查基准修正案"

为配合台湾地区"专利法"及"专利法施行细则"的修正，"智慧财产局"检讨修正"专利审查基准"各章节如下：

(1)全面修正第二篇发明专利实体审查第一章至第八章部分，重点包括：说明书及图式、何谓发明、专利要件、发明单一性、优先权、修正与更正、分割、专利权期间延长等；

(2)修正第五篇举发审查基准，重新改写整体架构，分别以"举发之提起"、"举发审查"、"举发审定"及"行政救济"为基本架构进行草拟，并就"举发声明、理由及证据"、"职权探知、职权进行"、"合并审理"、"更正申请"及"审理计划"等部分，分章节加以说明或规范；

(3)在第二篇发明专利实体审查第十一章生物相关发明中，增加动、植物专利之审查，以应对修正后"专利法"将开放动植物申请专利。

5. 修正"程序审查及专利权管理"基准

台湾地区"程序审查及专利权管理基准"自2006年9月25日发布修正以来已历经4年，该"基准"与实务操作都有检讨修正的必要。台湾地区"智慧财产局"分别于2010年9月7日及10月21日发布修正，修正重点为：专利申请案申请日的认定标准、专利申请人处理原则、说明书或图式(图面)有缺漏的处理原则、外文本的处理原则、可依职权指定或修正发明或新型专利申请案的指定代表图等。

6. 修正"专利规费收费准则"

台湾地区于2009年12月28日修正发布"专利规费收费准则"，并自2010年1月1日起实施。其修正要点如下：(1)发明专利申请案之实体审查申请费改采逐项收费制度，2010年1月1日以后提出的发明申请案，其实体审查申请费，依申请专利范围之请求项数计算；(2)引进撤回发明专利申请的退费机制，自2010年1月1日起，凡在收到第一次审查意见通知前撤回发明专利申请案者，可申请退还实体审查费或再审查费；(3)降低专利年费金额，考虑三种专利实施的不同状况，大幅降低新式样专利年费金额(降幅最高达72%)，以及新型专利第四年以后的年费和发明第七年以后的年费；(4)增加新型专利申请案改请为发明专利者，如其申请书及摘要同时附有英文翻译，核减改请申请费。

(三)研究成果

为研究后金融风暴时代产业动向，台湾地区"智慧财产局"委托专家就近3年在台湾地区申请的专利统计资料为基础，完成2009年台湾地区"法人与自然人专利申请及产业趋势分析"报告书及精简图表集。

(四)专利案件分析

1. 新申请案

2010年专利申请案件数为80 494件，较2009年之78 425件增加2069件，成长率为2.64%。新申请案中以发明案共47 442件为最多，占全部申请案的58.94%。

表1　2010年专利新申请案件分析表

类别＼专利种类	发明	新型	新式样	合计
2009年(件)	46654	25032	6739	78425
2010年(件)	47442	25832	7220	80494
增长率(%)	1.69	3.20	7.14	2.64

2. 公告发证案

2010年公告发证总件数为45 966件，以专利种类来看，新型专利23 935件为最多，发明专利16 345件次之，新式样专利5686件再次之。

3. 再审查案

2006～2010年发明初审核驳审定件数分别为5228、4469、4271、8081及10 018件，申请人不服而提起再审查的件数分别为2129、2314、1537、2143及2758件，其比率分别为40.72%、51.78%、35.99%、26.52%及27.53%，显示近5年来，虽然发明再审查申请件数增长，但比率却呈下降趋势，且已连续两年维持在27%上下。

4. 举发案

近年专利举发申请件数呈逐年递减趋势，已连续两年降至千件以下。2006～2010年专利举发申请案分别为1294、1159、1034、980、951件，其中针对发明专利提起举发者，分别为220、264、205、233、166件，共计1088件；同时期分别核准了29 010、15 532、13 751、15 590、17 626件发明专利，共计91 509件，整体来看，近5年发明专利被提起举发的比率为1.19%，长期维持在低比率。

5. 行政救济案

自2006年起，申请人不服行政处分而向台湾地区“经济部”提起诉愿案件逐年下降，2010年已降为421件。2006～2010年诉愿审议决定撤销“智慧财产局”行政处分的比率分别为10.38%、6.21%、9.78%、9.75%及7.51%，平均撤销率约为8.7%。

2008年7月台湾地区“智慧财产法院”成立以前，行政诉讼案件的年均撤销率约为7%；2008年7月以后，向“智慧财产法院”提起的专利行政诉讼案件撤销比率分别为15.00%、22.4%、30.0%，呈现明显上升趋势，其上升原因与专利技术审查官对案件审理的协助、法官已逐渐形成相关法律见解以及当事人补充新证据或补强相关证据等因素有关。

二、商标事务

2010年受理商标注册申请案总计83 072件，创近10年以来之新高，也是全球金融风暴以来首次正增长；审结83 776件，为历年审结量最高，带动平均首次通知周期由2009年的7.2个月降低为6.35个月。

三、著作权业务

通过全面电子化流程，2010年受理著作权文件共计43 970件，均顺利完成核验工作，显示了快速处理的效果。

（国家知识产权局港澳台办公室　徐　斌）

（注：资料来源于台湾地区“智慧财产局”年度报告）

国家知识产权局

1. 启动第四批试点工作。1月1日，启动第四批全国企事业知识产权试点工作。

2. 贯彻落实第十七届中央纪委第五次全体会议精神。1月13日，党组书记、局长田力普主持召开局党组会议，传达学习并部署贯彻落实第十七届中央纪委第五次全体会议精神。会议还要求在全局深入开展“制度建设年”活动。

3. 公布新《专利审查指南》。1月21日，公布新修订的《专利审查指南》。该《指南》与我国《专利法实施细则》同步实施。

4. 提出加强农业知识产权工作的提案。1月29日，李玉光副局长在参加2009年“两会”期间提出的“关于加强农业知识产权工作的提案”被全国政协采纳为三个样板提案之一，供全体政协委员参考。

5. 新《专利法实施细则》施行。2月1日，修改后的《专利法实施细则》施行。

6. 召开全国知识产权局局长会议。2月1～2日，全国知识产权局局长会议在北京召开。田力普局长作大会工作报告，地方和国务院有关部门负责同志共200余人参加会议。

7. 开展廉政建设和反腐败工作以及“制度建设年”活动。2月2日，局党组印发《国家知识产权局2010年党风廉政建设和反腐败工作要点》。2月，局党组印发《关于贯彻落实〈中国共产党党员领导干部廉洁从政若干准则〉的实施意见》。3月1日，召开会议，贯彻实施《中国共产党党员领导干部廉洁从政若干准则》。3月24日，“制度建设年”活动领导小组召开第一次全体会议，讨论《国家知识产权局关于开展“制度建设年”活动的通知》和《国家知识产权局关于开展廉政风险点排查工作的通知》。同日，召开会议，传达贯彻国务院第三次廉政工作会议精神，动员部署开展“制度建设年”活动和廉政风险点排查工作。

8. 通报表扬先进集体和个人。2月4日，与公安部共同印发《关于对2009年度全国知识产权部门和公安机关知识产权执法保护先进集体和先进个人予以表扬的通报》，对在知识产权执法保护工作中作出突出贡献的全国知识产权部门61个先进集体和94名先进个人，全国公安机关59个先进集体和94名先进个人予以通报表扬。

9. E系统和S系统正式上线。2月10日，中国专利电子审批系统（E系统）和“专利检索与服务系统”（S系统）正式上线，全流程电子化专利审查建设工作取得重大进展。

10. 重点产业专利信息服务平台建成。2月25日，举行“重点产业专利信息服务平台建成新闻发布会暨开通仪式”。

11. 开展实施《国家知识产权战略纲要》相关工作。2月26日，田力普局长主持召开国家知识产权局实施《国家知识产权战略纲要》工作领导小组第二次全体会议。会议审议并原则通过《2010年国家知识产权局实施知识产权战略计划》和《专利战略制定工作方案》。3月1日，国家知识产权战略实施工作部际联席会议第二次全体会议在北京召开。联席会议召集人、局长田力普主持会议并就会议文件作说明，国务院副秘书长毕井泉出席会议并讲话。28家联席会议成员单位的14位部级领导及联络员共80余人参加会议。26日，印发实施国家知识产权战略实施工作部际联席会议制定的《2010年中国保护知识产权行动计划》和《2010年国家知识产权战略实施推进计划》。6月3日，印发《关于加强地方知识产权战略实施工作的若干意见》。

12. 向社会公开2010年预算。3月，十一届全国人大三次会议和全国政协十一届三次会议期间，国家知识产权局领导出席列席“两会”。同月，首次通过互联网向社会公开了2010年预算。2010年全局预算收入总额33.9亿元；财政拨款支出预算 23.8 亿元。

13. 纪念专利法实施二十五周年。4月1日，全国人大教科文卫委员会、全国人大常委会法律工作委员会、国务院法制办和国家知识产权局在人民大会堂联合召开“纪念专利法实施二十五周年座谈会”。全国人大常委会副委员长路甬祥出席座谈会并作重要讲话。全国人大教科文卫委员会主任委员白克明主持会议，田力普局长作主题发言。

14. 获得综合治理先进集体荣誉称号。4月2日，国家知识产权局被中央国家机关精神文明建设协调领导小组授予“2009 年度中央国家机关社会治安综合治理先进集体”荣誉称号。

15. 中国—东盟知识产权合作会议在北京召开。4月13～14日，中国—东盟知识产权合作会议在北京召开。田力普局长与世界知识产权组织(WIPO)总干事弗朗西斯·高锐(Francis Gurry)出席开幕式并致辞。

16. 第三次五局局长会议在广西召开。4月15～16日，中、美、欧、日、韩第三次五局局长会议在广西召开。田力普局长出席并主持会议，世界知识产权组织总干事弗朗西斯·高锐以观察员身份列席会议。

17. 庆祝第十个世界知识产权日。4月20日，为庆祝以“创造·保护·发展”为主题的第十个世界知识产权日，国家知识产权局和中宣部等25个单位联合主办的“2010 年全国知识产权宣传周活动”在北京举行启动仪式，宣传周组委会主任田力普代表组委会致辞，世界知识产权组织总干事弗朗西斯·高锐为宣传周活动发来贺辞。宣传周期间，举行了人民网知识产权频道改版升级暨英文版上线仪式、发表了《二〇〇九年中国知识产权保护状况》、举办了国家知识产权局开放日等活动。同日，2010 年全国知识产权执法维权专项行动暨中国(北京)知识产权维权援助中心开放日活动启动仪式在北京举行。

18. 举办面向外方的业务沟通会。4月28日，在北京举办面向外国驻华使馆和商会、外资企业代表的业务沟通会，田力普局长出席并致开幕词。同日，中国知识产权发展状况新闻发布会在国务院新闻办公室举行。

19. 召开外商投资企业保护知识产权座谈会。6月18日，联合公安部、商务部等有关部委在广州召开全国外商投资企业保护知识产权座谈会。

20. 全方位建立起两岸知识产权保护合作机制。6月29日，海峡两岸关系协会与“海峡交流基金会”签署《海峡两岸知识产权保护合作协议》，全方位建立起两岸知识产权保护合作机制。

21. 印发国家科技重大专项知识产权管理暂行规定。7月1日，联合科技部、发展和改革委员会和财政部印发《国家科技重大专项知识产权管理暂行规定》。

22. 加强和推进知识产权援疆工作。7月2日，研究部署通过合作会商途径加强和推进知识产权援疆工作的具体措施。

23. 实现专利申请文件受理案卷信息“双采”。7月5日，国家知识产权局正式实现专利申请文件受理案卷信息“双采”。“双采”是指工作人员受理专利申请文件后，对案卷信息由双人分别采集录入并进行比对，以确保采集数据的准确。

24. 表彰十大杰出青年。7月29日，2008～2009 年度国家知识产权局“十大杰出青年”暨“优秀青年”表彰大会在京召开。

25. 启动32个城市中小企业知识产权战略推进工程。8月26日，与工业和信息化部共同印发《关于确定“中小企业知识产权战略推进工程首批实施单位”的通知》，启动32个城市中小企业知识产权战略推进工程。

26. 召开首届中国专利信息年会。9月8日，以“专利信息应用与企业创新”为题的首届“中国专利信息年会”在北京召开。

27. 出席 WIPO 第四十八届系列会议。9月20～26日，田力普局长率中国政府代表团赴日内瓦出席世界知识产权组织成员国大会第四十八届系列会议，并在世界知识产权组织第二届部长级高级别会议上就“创新、增长与发展：知识产权的作用和成员国的国家经验”作主旨演讲。会议期间，田力普局长还与美国、英国、法国、西班牙、韩国、蒙古、加拿大、瑞典、巴西、以色列、澳大利亚等国以及欧洲专利局的知识产权负责人举行了双边会谈。

28. 全国开展打击侵犯知识产权专项行动。10月19日，国务院常务会议决定，从10月底开始，在全国开展为期半年的打击侵犯知识产权和制售假冒伪劣商品专项行动。

29. 田力普会见中国欧盟商会代表团。10月28日，田力普局长会见由中国欧盟商会主席戴杰率领的中国欧盟商会代表团一行。代表团向中方递交了《欧盟企业在中国建议书2010/2011》。

30. 第八届国际工业设计博览会开幕。11月6日，第八届中国(无锡)国际工业设计博览会开幕，田力普局长出席开幕式并致辞。

31. 举行第四届中国专利周。11月7～13日，举行第四届中国专利周。期间，与重庆市人民政府举行合作会商议定书签字仪式暨第一次合作会商会议。联合有关部门在重庆市组织召开"2010全国外商机构保护知识产权座谈会"，田力普局长出席会议并讲话；与重庆市人民政府共同主办知识产权投融资服务与企业创新发展论坛。

32. 第十二届中国专利奖颁奖。11月13日，与世界知识产权组织共同在北京举行第十二届中国专利奖颁奖大会。全国人大常委会副委员长路甬祥出席大会，并为获奖者颁奖。田力普局长，世界知识产权组织总干事特别代表、专利与创新司司长菲利普·巴赫托德出席大会并讲话。

33. 王岐山接见WIPO总干事。11月17～19日，世界知识产权组织(WIPO)总干事弗朗西斯·高锐(Francis Gurry)访华，期间受到王岐山副总理的接见。

34. 举办城市发展论坛。11月22日，"第三届知识产权与城市发展市长论坛"在成都举行。11月26日，以"知识产权与创新城市"为主题的第七届上海知识产权国际论坛召开，田力普局长出席开幕式并致辞。

35. 出席第十次三局局长政策对话会议。11月29日～12月4日，田力普局长率团参加在日本召开的中、日、韩第十次三局局长政策对话会议及十周年纪念活动，并签署会谈纪要；参加第十七次中、日两局局长会谈，会后签署会谈纪要。赴韩国参加第十六次中、韩两局局长会谈，会后签署会谈纪要。访日期间，还参加了亚洲知识产权保护与合作论坛，并作主旨发言。

36. 出席第四次中、欧两局局长会议。12月4～10日，田力普局长率团赴奥地利参加第四次中、欧两局局长会议，并签署中华人民共和国国家知识产权局与欧洲专利局《优先权文件电子交换协议》《2011年双边合作工作计划》以及会议纪要。

37. 参加第二十一届中美商贸联委会。12月15日，田力普局长参加在美国华盛顿举行的第二十一届中美商贸联委会，就建立中美知识产权双边合作框架等议题与美方进行了讨论。

36. 启动网络购物领域打击侵犯知识产权行动。12月28日，与商务部、工业和信息化部、公安部、人民银行、海关总署、工商总局、质检总局、新闻出版总署(版权局)联合下发《关于印发打击侵犯知识产权和制售假冒伪劣商品专项行动网络购物领域实施方案的通知》，启动网络购物领域打击侵犯知识产权和制售假冒伪劣商品行动。

37. 开展合作会商。2010年，先后与福建省、广东省、贵州省、江西省、重庆市、新疆维吾尔自治区人民政府召开合作会商会议。共批复成立安徽、山东、湖北、上海、广东、江苏、重庆、陕西8家国家知识产权培训基地；授予各种基地、专利巡回审查站牌匾8块。为配合上海世博会的成功举办，联合公安部等7部门共同发出通知，在全国范围内开展为期10个月的世博会知识产权保护专项行动，共同组成世博会知识产权保护联合检查组，赴沪检查世博会知识产权保护工作；制定"涉世博专利申请优先审查办法"，为世博会科技项目涉及的专利申请提供快捷、高效的服务；印发《2010年上海世博会专利执法维权工作方案》；9月3日，田力普局长在上海出席世博会欧洲专利局主题日活动；9月4日，田力普局长和欧洲专利局局长巴迪斯戴利、欧盟驻华团副大使溥马克共同出席在世博园欧盟—比利时馆举行的中欧知识产权合作25周年新闻发布会。

(国家知识产权局办公室　刘　宁)

国家版权局

1. 著作权集体管理工作会议。1月20日，我国首次著作权集体管理工作会议在北京召开，新闻出版总署副署长、国家版权局副局长阎晓宏出席会议并作重要讲话。

2. 召开打击网络侵权盗版专项行动新闻发布会。国家版权局、公安部、工业和信息化部联合召开全国打击网络侵权盗版专项行动新闻发布会暨《中国互联网行业版权自律宣言》发布仪式。

3. 推进使用正版软件。2月26日，推进企业使用正版软件工作部际联席会议第四次全体会议在北京召开，新闻出版总署署长、国家版权局局长柳斌杰主持会议并作重要讲话。4月15日，国家版权局、工信部、财政部、商务部、国资委、银监会、证监会、保监会、全国工商联联合下发《关于授予大庆油田有限责任公司等257家企业"全国软件正版化工作示范单位"称号的决定》。12月27日，国家版权局召开部分中央国家机关率先完成软件正版化检查整改工作座谈会，发展和改革委员会、公安部、司法部、财政部、质检总局、保监会、最高人民法院等部门参会。12月28日，国家版权局召开推进企业使用正版软件部际联系会议，总结软件正版化工作和软件资产管理项目组工作进展情况。工信部、商务部、国资委、银监会、证监会、保监会、全国工商联以及软件专家组和软件资产管理组相关负责同志参会。

4. 召开世博会版权保护专项工作会。3月4日，国家版权局在上海召开世博会版权保护专项工作会，新闻出版总署副署长、国家版权局副局长阎晓宏主持会议并讲话。4月15日，国家版权局联合公安部召开"打击盗版音像制品、做好世博会版权保护工作"新闻通气会。

5. 签署中日版权战略合作备忘录。3月5日，日本驻华大使馆公使、日本文化厅代表团拜会国家版权局，新闻出版总署副署长、国家版权局副局长阎晓宏出席并签署中日版权战略合作备忘录。3月10～21日，中国版权代表团访日、韩以及我国香港相关机构，并与日本文化厅签署中日版权战略合作备忘录、与香港海关签署"打击网络盗版合作互助安排"协议。

6. 举行版权重点工作座谈会。3月30～31日，2010年版权重点工作座谈会在浙江宁波举行，新闻出版总署副署长、国家版权局副局长阎晓宏出席会议并作重要讲话。

7. 版权监管平台试运行。3月30日，国家版权监管平台（一期工程）试运行。

8. 阎晓宏会见世界知识产权组织总干事。4月13日，新闻出版总署副署长、国家版权局副局长阎晓宏会见世界知识产权组织（WIPO）总干事弗朗西斯高锐一行。

9. 主办版权保护知识竞赛。4月15～16日，国家版权局主办的"全国青少年版权保护读书活动暨版权保护知识竞赛"颁奖活动在山东省青岛市四方区四十一中学和莱西市第二实验小学相继成功举办。

10. 电影著作权协会召开第一届会员大会。4月16日，中国电影著作权协会在北京召开第一届会员大会，新闻出版总署副署长、国家版权局副局长阎晓宏出席开幕式并讲话。

11. 阎晓宏出席知识产权高层论坛。4月20日，"4·26知识产权宣传周"开幕式暨中国知识产权高层论坛在北京远望楼宾馆举办，新闻出版总署副署长、国家版权局副局长阎晓宏出席开幕式。

12. 参加盗版及非法出版物集中销毁活动。4月22日，国家版权局派员参加2010年侵权盗版及非法出版物集中销毁活动。

13. 举办视频版权保护启动仪式。4月22日，由国家版权局和北京市版权局联合举办的视频版权保护"百城联动—正版共赢计划"启动仪式在北京市版权局举行。

14. 启动宣传广告系列活动。4月26日，国家版权局启动"4·26知识产权宣传周"宣传广告系列活动，继续采用车身广告和户外广告的形式开展版权宣传。

15. 主办大型主题晚会。4月26日，由新闻出版总署、全国"扫黄打非"工作小组办公室和国家版权局联合主办的"绿书签行动2010——拒绝盗版，从我做起"大型主题晚会在中央电视台十二套节目播出。

16. 阎晓宏会见日本文部科学省副大臣。4月29日，新闻出版总署副署长、国家版权局副局长阎晓宏会见日本文部科学省副大臣中川正春一行。

17. 核查有关协会工作情况。5月14～20日，依据《著作权集体管理条例》的有关规定，国家版权局对中国音乐著作权协会、中国音像著作权集体管理协会、中国摄影著作权协会、中国文字著作权协会和中国电影著作权协会的工作开展情况分别进行核查，并就核查中发现的业务问题提出改进建议。

18. 主办版权贸易发展高峰论坛。5月15日，由新闻出版总署、国家版权局主办的“版权贸易发展高峰论坛”在第六届深圳文博会上举办，新闻出版总署副署长、国家版权局副局长阎晓宏、世界知识产权组织（WIPO）副总干事王彬颖出席开幕式。

19. 举办海峡版权（创意）产业高峰论坛。5月18日，由新闻出版总署、国家版权局主办的“海峡版权（创意）产业高峰论坛”在中国·福州海峡版权（创意）产业精品博览会上举办，新闻出版总署副署长、国家版权局副局长阎晓宏出席开幕式并致辞。

20. 协会通过卡拉OK著作权使用费分配细则（讨论稿）。6月23日，中国音像著作权集体管理协会在京召开第一届理事会第三次会议，审议并讨论通过《卡拉OK著作权使用费分配细则（讨论稿）》。

21. 柳斌杰会见WIPO助理总干事。7月9日，新闻出版总署署长、国家版权局局长柳斌杰会见世界知识产权组织（WIPO）助理总干事特雷沃尔·C. 克拉克一行。新闻出版总署副署长、国家版权局副局长阎晓宏参加会见。

22. 召开调研报告新闻发布会。7月9日，国家版权局与世界知识产权组织（WIPO）共同在北京召开“《加强版权保护对中国南通家纺产业发展的影响调研报告》新闻发布会”。新闻出版总署副署长、国家版权局副局长阎晓宏、世界知识产权组织助理总干事特雷沃尔·C. 克拉克、江苏省副省长曹卫星出席发布会并讲话。

23. 柳斌杰会见澳大利亚总检察长部常务副部长。7月13日，新闻出版总署署长、国家版权局局长柳斌杰会见澳大利亚总检察长部常务副部长罗杰·维尔金斯先生一行。

24. 召开2010年剑网行动新闻通气会。7月21日，国家版权局、公安部、工业和信息化部联合召开2010年打击网络侵权盗版专项治理“剑网行动”新闻通气会，发布《2010剑网行动侵权盗版案件举报奖励办法》。

25. 主办版权相关热点问题媒体研讨班。8月20～21日、27～28日，由国家版权局主办、新闻出版报社承办的版权相关热点问题媒体研讨班在北京举办。新闻出版总署副署长、国家版权局副局长阎晓宏出席研讨班并致辞。

26. 公告中国电影著作权协会四个文件。9月14日，新闻出版总署署长、国家版权局局长柳斌杰签发《中华人民共和国国家版权局公告》（2010年第1号），批准公告中国电影著作权协会报备的民政部登记证书副本、章程、使用费收取标准和使用费转付办法等四个文件。

27. 召开视频网站监管工作会议。9月15日，国家版权局召开2010剑网行动视频网站主动监管工作会议。

28. 阎晓宏参加世界知识产权组织第二次部长级高层会议。9月15～24日，新闻出版总署副署长、国家版权局副局长阎晓宏访问奥地利和瑞士，并参加世界知识产权组织（WIPO）第二次部长级高层会议。

29. 召开图书馆版权保护工作会议。9月26日，国家版权局、文化部、教育部及全国“扫黄打非”工作小组办公室联合召开图书馆版权保护工作会议。

30. 设立中国版权服务站。10月6～10日，第62届法兰克福书展在德国法兰克福召开，国家版权局在此次法兰克福书展上继续设立“中国版权服务站”。

31. 中国作协著作权纠纷调解委员会成立。10月26日，中国作家协会和北京市高级人民法院合作签约暨中国作协著作权纠纷调解委员会成立仪式在北京举行，新闻出版总署副署长、国家版权局副局长阎晓宏出席仪式并讲话。

32. 开展打击侵犯知识产权专项行动。11月5日，新闻出版总署、国家版权局、全国“扫黄打非”工作小组办公室联合下发《新闻出版总署、国家版权局、全国“扫黄打非”工作小组办公室关于开展打击侵犯知识产权和制售假冒伪劣商品专项行动及进一步做好使用正版软件工作的通知》。

33. 参加2010年JCCT知识产权工作组副部级会议。11月15～22日，国家版权局派员参加2010年中美商贸联委会（JCCT）知识产权工作组副部级会议。

34. 主办版权工作专题研修班。11月15～18日，由国家版权局主办、新闻出版总署教育培训中心承办的“版权工作专题研修班”在北京举办，各省、自治区、直辖市版权局分管版权的副局长60余人参加了研修班，新闻出版总署副署长、国家版权局副局长阎晓宏出席开班仪式并讲话。

35. 举办国际版权论坛。11月18～19日，国家版权局与世界知识产权组织合作在北京举办国际版权论坛。论坛期间，王岐山副总理会见了世界知识产权组织总干事弗朗西斯·高锐。

36. 为WIPO版权金奖（中国）的14个获奖对象颁奖。11月18～19日，国家版权局和世界知识产权组织在北京国家会议中心联合举办“全球原创音乐演唱会暨世界知识产权组织版权金奖（中国）颁奖盛典”，为“世界知识产权组织版权金奖（中国）”的14个获奖对象颁奖。

37. 主办第三届中国国际版权博览会。11月18～21日，由新闻出版总署、国家版权局、国家工业和信息化部、文化部、国家广播电影电视总局、共青团中央、中国国际贸易促进会及北京市人民政府主办的“第三届中国国际版权博览会”在北京国家会议中心举办，全国人大常委会副委员长陈至立出席开幕式，新闻出版总署署长、国家版权局局长柳斌杰和世界知识产权组织总干事弗朗西斯·高锐在开幕式上致辞。

38. 宣传我国推进软件正版化情况。11月30日，国务院新闻办公室举行新闻发布会，新闻出版总署副署长、国家版权局副局长阎晓宏介绍我国推进软件正版化有关情况并答记者问。

39. 督办15个侵权盗版重点案件。11月30日，国家版权局下发《关于对全国“扫黄打非”办公室等五部门挂牌督办侵权盗版重点案件进行督查的通知》，要求对国家版权局督办的第一批15个侵权盗版重点案件进行督查。

40. 召开打击侵犯知识产权专项行动案件协调会。12月8日，国家版权局召集最高人民法院、最高人民检察院、公安部等相关部门召开打击侵犯知识产权和制售假冒伪劣商品专项行动案件协调会。

41. 召开打击侵犯知识产权专项行动办公室成员会议。12月16日，全国打击侵犯知识产权和制售假冒伪劣商品专项行动领导小组办公室召开办公室成员会议，研究重点地区和重大案件督办工作。

42. 部署专项行动大要案件的资料统计和宣传工作。12月25日，国家版权局召开部门会议，部署专项行动大要案件的资料统计和宣传工作，下发《关于加大案件查处力度、做好宣传工作的紧急通知》。

（国家版权局版权管理司）

国家工商行政管理总局商标局

1. 举办分享质量管理和档案管理最佳实践交流活动。1月12～15日，国家工商总局商标局与欧洲内部市场协调局（OHIM）在北京共同举办了分享质量管理和档案管理最佳实践交流活动。商标局副局长吕志华出席了交流活动开幕式和闭幕式，OHIM专家克莱尔女士、海明顿先生及欧盟驻华代表团商标专员哈苏斯先生就商标审查质量管理和档案管理等问题与商标局进行了深入交流。

2. 侯丽叶会见泰王国驻华使馆一行。1月20日，商标评审委员会巡视员侯丽叶会见泰王国驻华使馆一行，并代表商标评审委员会接受了泰王国商务部、泰王国驻华使馆商务处赠送的金匾及锦旗。

3. 许瑞表会见哥伦比亚使馆大使。1月21日，商标评审委员会主任许瑞表会见哥伦比亚使馆大使吉列卡莫·里卡多·贝莱斯、商务参赞欧雷航一行。

4. 付双建会见美国专利商标局副局长。1月25日，国家工商总局副局长付双建会见美国专利商标局副局长白莎朗女士，双方就知识产权工作合作事宜进行了会谈。商标局局长李建昌陪同会见。

5. 出席国家知识产权战略实施工作部际联席会议第二次会议。3月1日，国家知识产权战略实施工作部际联席会议第二次会议在北京举行，会议总结了2009年国家知识产权战略实施工作情况，并审议了《2010年国家知识产权战略实施推进计划》和《2010年中国保护知识产权行动计划》。国家工商总局副局长付双建出席会议，商标局局长李建昌陪同出席。

6. 举办中英商标注册体系研讨会。3月18～19日，国家工商总局与英国知识产权局联合举办"中英商标注册体系研讨会"，通过发言及互动方式，交流了双方商标法律制度、商标审查、质量管理和电子申请等方面的情况。

7. 对辽宁省新认定驰名商标企业进行授牌和颁奖。3月25日，辽宁省召开全省加快推进商标战略工作暨驰名商标表彰大会。国家工商总局局长周伯华、辽宁省省长陈政高出席大会并发表重要讲话，国家工商总局副局长付双建宣布2009～2010年度辽宁省获中国驰名商标认定名单，商标局局长李建昌出席大会。会上对辽宁省新认定驰名商标企业进行了授牌和颁奖。

8. 举办中欧商标分类实务研讨会。3月25～26日，中欧商标分类实务研讨会在北京举行。国家工商总局商标局代表与欧盟内部市场协调局(OHIM)专家就商标分类实务工作进行了交流发言。

9. 李建昌会见朝鲜国家质量管理总局商标和工业设计局局长。4月7日，国家工商总局商标局局长李建昌会见朝鲜国家质量管理总局商标和工业设计局 Choe Chi Ho 局长一行，向客人介绍了中国商标注册与管理情况，双方就商标注册监管等问题进行了交流。

10. 主办世博会标志保护研讨会。4月7日，由国家工商总局商标局主办、上海市工商局承办的世博会标志保护研讨会在上海召开。会议总结了前一阶段全国工商部门的世博会标志保护工作，并部署了下一阶段工作，要求各地工商部门进一步加大执法力度。商标局副局长吕志华出席研讨会。上海市工商局、上海世博局有关负责人，华东六省一市和北京、广东等九省市工商局及部分地市工商局的商标监管部门负责人参加了会议。

11. 付双建考察商标档案库房。4月8日，国家工商总局副局长付双建考察位于北京市丰台区五里店的临时商标档案库房，就做好商标档案管理和开发利用，更好地为实施商标战略、服务经济社会发展提出明确要求。商标局局长李建昌等陪同考察。

12. 周伯华访问罗马尼亚、德国、瑞士和世界知识产权组织总部。4月12～22日，国家工商总局局长周伯华应邀率团访问罗马尼亚、德国、瑞士三国有关机构和世界知识产权组织总部。4月13日，周伯华局长一行访问罗马尼亚竞争委员会，与罗马尼亚竞争委员会主席奇力托尤就加强中国工商机关与罗马尼亚竞争委员会的竞争执法合作深入交换了意见，双方共同签署《中华人民共和国国家工商行政管理总局和罗马尼亚竞争委员会合作谅解备忘录》。商标局局长李建昌陪同访问并参加备忘录签订仪式。4月16日，周伯华局长一行访问德国司法部和经济技术部，并与德国司法部国务秘书麦克斯·斯戴德勒、经济技术部国务秘书伯恩德·普法芬巴赫举行会谈。商标局局长李建昌陪同参加。4月18日，周伯华局长一行访问德国专利商标局，并与德国专利商标局共同签署《中华人民共和国国家工商行政管理总局和德国专利商标局双边合作联合谅解备忘录》。商标局局长李建昌陪同访问并参加谅解备忘录签署仪式。4月19日，周伯华局长一行访问瑞士竞争委员会，并与瑞士竞争委员会主席沃尔特·斯托弗尔举行会谈。商标局局长李建昌陪同会见。4月22日，周伯华局长一行访问世界知识产权组织总部，与世界知识产权组织总干事弗朗西斯·高锐举行了会谈，双方共同签署《中华人民共和国国家工商行政管理总局和世界知识产权组织关于进一步加强合作的谅解备忘录》。商标局局长李建昌陪同参加会谈并出席备忘录签署仪式。

13. 付双建出席2010年全国知识产权宣传周活动启动仪式。4月20日，全国知识产权宣传周活动组委会在北京举行"2010年全国知识产权宣传周活动启动仪式"，国家工商总局副局长付双建作为组委会副主任出席启动仪式，并同组委会其他24个成员单位的领导共同为启动仪式揭幕。商标局副局长赵刚、吕志华陪同参加。

14. 付双建出席2010年中国知识产权高层论坛。4月20日，由国家知识产权局、国家工商总局和国家版权局联合主办的"2010年中国知识产权高层论坛"在北京举办。国家工商总局副局长付双建出席并致辞。商标局副局长赵刚主持了论坛主题3"全球化背景下商标保护的执法与合作"。商标局副局长吕志华代表李建昌局长以"中国商标保护与执法的新进展"为题作了发言。

15. 举办中国商标成就宣传报道活动。4月26日，由国家工商总局与中国日报社共同举办的"中国商标成就"宣传报道活动启动仪式在北京举行。国家工商总局副局长付双建和中国日报社副总编辑王西民分别致辞，江苏省工商局局长佘义和、北京华旗资讯数码有限公司副总裁祁燕作为地方工商局和优秀企业代表作了发言，商标局局长李建昌主持了启动仪式。商标局副局长赵刚、吕志华，副巡视员郭连连出席了启动仪式。

16. 付双建在中国日报网就商标战略话题接受在线访谈。4月26日，国家工商总局副局长付双建在中国日报网就商标战略话题接受在线访谈，相关访谈视频在中国日报网英文版首页发布。

17. 联合举办2009年中国知识产权发展状况新闻发布会。4月29日，国家知识产权局、国家工商总局、国家版权局联合在国务院新闻办举办"2009年中国知识产权发展状况"新闻发布会。国家工商总局商标局局长李建昌代表国家工商总局出席新闻发布会并回答了记者提问。副巡视员郭连连参加发布会。

18. 何昕到商标局检查指导工作。5月7日，中央纪委驻总局纪检组组长何昕到国家工商总局商标局检查指导工作，商标局局长李建昌陪同检查，商标局副局长赵刚、吕志华参加汇报。

19. 李建昌出席舟山国际渔业博览会开幕式。5月13日，受国家工商总局领导委派，商标局局长李建昌赴浙江省舟山市出席中国舟山国际渔业博览会开幕式暨舟山海水产品地理标志商标启用仪式并致辞。

20. 吕志华会见华润集团董事阎飚。5月13日，国家工商总局商标局副局长吕志华会见华润集团董事阎飚先生一行，双方就"华润"商标保护事宜进行了讨论。

21. 付双建会见俄罗斯联邦知识产权专利商标局局长。5月19日，国家工商总局副局长付双建会见俄罗斯联邦知识产权专利商标局局长鲍里斯·西蒙诺夫，并代表国家工商总局与对方签署了商标领域的合作谅解备忘录。商标局局长李建昌陪同会见并出席了签署仪式。

22. 许瑞表会见国务院台湾事务办公室投诉协调局赵钢副局长。5月20日上午，商标评审委员会主任许瑞表会见国务院台湾事务办公室投诉协调局赵钢副局长一行。

23. 付双建出席品牌浙江五年成果巡礼暨2010品牌盛典活动。5月26日，"品牌浙江五年成果巡礼暨2010品牌盛典活动"在浙江杭州举行，国家工商总局副局长付双建到会致辞，并为浙江省商标战略实施示范城市代表授牌。商标局局长李建昌出席品牌盛典，并为被认定为驰名商标的企业授牌。

24. 付双建出席第十三届科博会中国高新企业发展国际论坛。5月28日，国家工商总局副局长付双建出席第十三届科博会"中国高新企业发展国际论坛"，作了题为"大力实施商标战略、推进企业创新发展"的主题演讲。商标局副局长吕志华陪同参加。

25. 商标审查辅助人员续签劳动合同。5月31日，商标局召开商标审查辅助人员续签劳动合同大会。国家工商总局副局长付双建出席大会并作重要讲话。商标局局长李建昌主持会议并简要总结了商标审查辅助人员两年工作情况及下一步工作安排。国家工商总局办公厅、人事司、商标评审委员会、机关服务中心等司局和直属单位的领导应邀出席大会。商标局副局长赵刚、吕志华，副巡视员郭连连及处级以上干部、通达商标服务中心领导及续签劳动合同的全体商标审查辅助人员参加大会。

26. 召开商标战略实施示范城市(区)、示范企业授牌大会。6月1日，国家工商总局召开商标战略实施示范城市(区)、示范企业授牌大会，总结交流商标战略实施工作经验，研究讨论具体扶持措施，推动商标战略工作不断深入。国家工商总局副局长刘玉亭主持会议并宣布首批示范城市(区)、示范企业名单，国家工商总局副局长付双建发表讲话。来自发改委、财政部等10个国家知识产权战略实施工作部际联席会议成员单位的领导，国家工商总局商标战略实施领导小组全体成员出席大会。部分省、自治区、直辖市工商局领导、示范城市(区)政府领导和示范企业负责人，商标局局长李建昌，副局长赵刚、吕志华，副巡视员郭连连等200余人在主会场参加了会议。

27. 承办商标法修订专家研讨会。6月29～30日，由国务院法制办牵头、国家工商总局承办的《商标法》修订专家研讨会在河南洛阳召开，来自全国知识产权领域的专家学者、相关部门、地方工商局及企业代表对《商标法》修订进行了论证。商标局局长李建昌、副局长吕志华参加了会议。

28. 李建昌出席吉林省深入实施品牌战略大会。6月30日，吉林省深入实施品牌战略大会在长春召开，吉林省委、省政府、省人大常委会、省政协领导出席大会。受国家工商总局领导委派，商标局局长李建昌出席大会并宣读吉林省国家商标战略实施示范城市和示范企业名单。大会向吉林省国家商标战略实施示范城市和示范企业代表进行了授牌。

29. 李建昌出席佛山市国家商标战略实施示范城市动员大会。7月5日，受国家工商总局领导委派，商标局局长李建昌赴广东省佛山市出席佛山市国家商标战略实施示范城市动员大会并讲话，与佛山市委书记、市长陈云贤，广东省工商局副局长姜海平一同为佛山荣获国家商标战略实施示范城市揭牌。

30. 举办第二期商标战略实施培训暨亚运会标志保护培训班。7月6～7日，全国工商行政管理系统第二期商标战略实施培训暨亚运会标志保护培训班在广东省广州市举办。国家工商总局副局长付双建出席开班式并作重要讲话。商标局局长李建昌主持了开班仪式，并就推进商标战略实施和加强亚运会标志保护工作为培训班学员授课。工信部、商务部、国家知识产权局等相关部门负责人以及广东省政府、广州市政府、第十六届亚组委等单位的有关负责人出席了开幕式。商标局、商标评审委员会、中华商标协会相关负责人，各省、区、市工商局商标管理机构的负责人以及广东省地市级工商局有关同志近200人参加了此次培训。

31. 召开创先争优活动经验交流暨党员宣誓大会。7月28日，为推动国家工商总局商标局党委创先争优活动深入开展，加强商标局党委领导班子建设，进一步做好商标局党建工作，促进商标局各项工作的发展，商标局党委召开创先争优活动经验交流暨党员宣誓大会。国家工商总局机关党委常务副书记赵晓光，商标局局长、党委书记李建昌出席大会并讲话。商标局全体领导和党委委员，商标局、通达商标服务中心和商标审查辅助人员全体党员出席大会，各党支部培养对象、入党申请人列席大会。

32. 台湾"海峡交流基金会"专家王美花来访。7月29日，台湾"海峡交流基金会"专家王美花率团访问国家工商总局。商标局副局长赵刚参加会见并就涉及商标工作的相关问题向客人作了介绍。

33. 召开驰名商标认定委员会会议。8月16日，国家工商总局商标局局长李建昌与商标评审委员会巡视员侯丽叶主持召开驰名商标认定委员会会议，研究讨论在商标管理、商标异议案件、异议复审以及争议程序中认定驰名商标的有关问题。商标局副局长赵刚、吕志华、闫实、陈文彤，副巡视员郭连连，商标评审委员会副主任陈卓、李志军参加会议。国家工商总局纪检组监察局、中华商标协会有关领导应邀参加会议。

34. 付双建会见第七次日本官民联合高层访华团。8月18日，国家工商总局副局长付双建会见第七次日本官民联合高层访华团，与日本经产省大臣政务官近藤洋介先生讨论了《商标法》第三次修正案、商标注册和评审有关问题。商标局局长李建昌陪同会见，并就有关问题作了介绍。

35. 举办中国商标年会。8月31日～9月2日，2010中国商标年会在青海省西宁市举办。国家工商总局副局长付双建出席年会并作重要讲话。商标局副局长赵刚出席会议。

36. 刘玉亭出席2010中央国家机关青年知识产权论坛。9月2日，国家工商总局副局长刘玉亭出席2010中央国家机关青年知识产权论坛开幕式并致辞，商标局局长李建昌、国家工商总局机关党委常务副书记赵晓光陪同出席。

37. 李建昌入选全球知识产权界50位最具影响人物。9月9日，英国《知识产权管理》杂志2010年第7期刊出由其评选的《2010年全球知识产权界50位最具影响人物名录》，国家工商总局商标局局长李建昌入选名录。

38. 刘玉亭出席江苏省深入实施商标战略工作会议。9月10日，国家工商总局副局长刘玉亭赴江苏南京出席江苏省深入实施商标战略工作会议并做重要讲话，江苏省副省长李小敏出席会议并做重要讲话。

39. 召开创先争优公开承诺工作暨第二次经验交流大会。9月13日，国家工商总局商标局党委召开创先争优公开承诺工作暨第二次经验交流大会，国家工商总局机关党委副书记兼纪委书记高秀英出席大会并讲话。商标局党委书记、局长李建昌代表商标局党委郑重承诺，商标局党委各党支部、业务岗位党员集体以及党员、党务工作者代表分别宣读了《公开承诺书》。

40. 赵刚出席2010年海峡两岸商标研讨会。9月15～16日，"2010年海峡两岸商标研讨会"在贵州省贵阳市举行，商标局副局长赵刚出席会议并与台湾地区商标界人士探讨了《商标法》修改、地理标志与地名商标的注册与保护、打击不正当竞争行为等问题。

41. 打击制售世博会标志侵权产品行为。9月15～16日，打击制售世博会标志侵权产品行为专项整治工作暨华东六省一市商标监管协作会议在上海市召开，国家工商总局商标局副局长吕志华出席会议并讲话。上海世博局、部分省市工商局商标监管部门负责同志参加会议。

42. 陈文彤参加第二届知识产权部门全球研讨会。9月16～17日，世界知识产权组织在瑞士日内瓦举办第二届知识产权部门全球研讨会，国家工商总局商标局副局长陈文彤参加会议，并就“不断增长的商标注册申请及产品和服务品牌推广全球化”议题作了发言。

43. 召开全国工商行政管理系统商标战略实施工作座谈会。10月11～13日，全国工商行政管理系统商标战略实施工作座谈会(南部省份片会)在浙江省杭州市召开。国家工商总局副局长付双建出席座谈会并讲话，浙江省副省长王建满到会致辞。会议总结了贯彻落实《国家知识产权纲要》大力推进商标战略实施第一阶段工作，交流了各地贯彻落实长春会议精神、推动商标战略实施一年多来的工作情况。国家工商总局商标局副局长赵刚、吕志华、陈文彤，副巡视员郭连连及部分处(部)负责同志出席会议。10月19～21日，全国工商行政管理系统商标战略实施工作座谈会(北部省份片会)在江苏省无锡市召开。国家工商总局副局长付双建出席座谈会并讲话，江苏省副省长李小敏到会致辞。会议总结了贯彻落实《国家知识产权纲要》大力推进商标战略实施第一阶段工作，交流了各地贯彻落实长春会议精神、推动商标战略实施一年多来的工作情况。国家工商总局商标局局长李建昌，副局长赵刚、吕志华、陈文彤及部分处(部)负责同志出席会议。

44. 刘玉亭会见美国前国务卿奥尔布赖特。10月15日，国家工商总局副局长刘玉亭会见美国前国务卿奥尔布赖特女士一行，双方就中美双方申请注册商标情况和驰名商标保护工作进行了交流。商标局局长李建昌陪同会见。

45. 召开全国地理标志工作经验交流座谈会。10月22日，全国地理标志工作经验交流座谈会在山东省临沂市召开。国家工商总局商标局副局长陈文彤出席会议并讲话，来自部分省区的地方政府领导和商标管理机构负责同志参加了会议。

46. 付双建出席实施商标战略促进品牌发展高峰论坛。11月1日，由北京市朝阳区政府和北京市工商局联合主办的“实施商标战略促进品牌发展”高峰论坛在北京举行。国家工商总局副局长付双建出席论坛并发表讲话，商标局局长李建昌出席论坛并接受有关媒体采访。

47. 李建昌出席第四届中外跨国公司CEO圆桌会议保护知识产权战略发展论坛。11月6日，第四届中外跨国公司CEO圆桌会议保护知识产权战略发展论坛在北京举办，国家工商总局商标局局长李建昌出席论坛并作主题演讲。

48. 付双建出席美国大使知识产权对话活动。11月10日，美国驻华使馆和中美商会在北京联合举办“美国大使知识产权对话”活动。国家工商总局副局长付双建出席活动并发表主旨演讲，商标局副局长赵刚陪同参加。

49. 召开全国工商行政管理系统知识产权保护与执法工作电视电话会议。11月11日，国家工商总局召开全国工商行政管理系统知识产权保护与执法工作电视电话会议，国家工商总局局长周伯华出席会议并发表重要讲话。国家工商总局副局长、国家工商总局专项行动领导小组组长付双建主持会议并代表国家工商总局党组宣布了《关于成立国家工商行政管理总局打击侵犯知识产权和制售假冒伪劣商品专项行动领导小组的通知》和《国家工商行政管理总局打击侵犯知识产权和制售假冒伪劣商品专项行动方案》。国家工商总局领导刘玉亭、刘凡、钟攸平，中央纪委驻国家工商总局纪检组组长何昕出席会议。商标局领导及处级以上干部参加了大会。12月28日，全国工商行政管理系统知识产权保护与执法工作第二次电视电话会议在北京召开，对专项行动开展两个多月来取得的经验、成果作了总结交流，对开展下一步工作进行再动员、再部署。国家工商总局副局长、国家工商总局专项行动领导小组组长付双建出席会议并作重要讲话，商标局局长、国家工商总局专项行动领导小组副组长兼办公室主任李建昌主持会议。国家工商总局专项行动领导小组全体成员，国家工商总局各司(局)和直属单位负责人、相关处(室)负责人及商标局处级以上干部共160多人在国家工商总局主会场参加会议。

50. 付双建会见非洲知识产权组织总干事。 11月12日，国家工商总局副局长付双建会见非洲知识产权组织总干事鲍林·艾杜·艾杜先生一行。商标局局长李建昌陪同会见。

51. 检查和督查打击侵犯知识产权和制售假冒伪劣商品专项整治工作。 11月15～25日，陈卓副主任带队赴新疆维吾尔自治区及北京市开展流通环节饰品质量安全监管和"家电下乡"及打击侵犯知识产权和制售假冒伪劣商品等专项整治工作情况进行了检查和督查。

52. 周伯华会见世界知识产权组织总干事。 11月18日，国家工商总局局长周伯华会见世界知识产权组织总干事弗朗西斯·高锐，双方回顾了自签署《中华人民共和国国家工商行政管理总局与世界知识产权组织关于进一步加强合作的谅解备忘录》以来的合作交流情况。商标局局长李建昌陪同会见。

53. 付双建出席第三届知识产权与城市发展市长论坛。 11月22日，第三届知识产权与城市发展市长论坛在四川省成都市开幕。国家工商总局副局长付双建出席并致辞，商标局副局长赵刚陪同参加并作主旨演讲。

54. 开展商标法修订调研。 11月22～26日，国家工商总局商标局副局长吕志华会同国务院法制办有关同志，先后赴广东、福建等地对《商标法》修订工作进行调研，听取工商系统、业内学者及企业代表的意见。

55. 宣传解决商标审查积压和打击侵权假冒专项行动成果。 12月9日，国务院新闻办公室召开新闻发布会，国家工商总局副局长付双建介绍了国家工商总局解决商标审查积压和打击侵权假冒专项行动的成果。商标局局长李建昌参加发布会并回答了记者的提问。商标局副巡视员郭连连、各处(部)负责同志参加发布会。

56. 参加第21届中美商贸联委会。 12月13～16日，王岐山副总理率团赴美主持第21届中美商贸联委会。经国家工商总局领导批准，国家工商总局商标局局长李建昌作为工作人员随团赴美参加了相关会议。

57. 付双建出席第十届中国特产文化节暨首届中国地理标志文化节。 12月15日，国家工商总局副局长付双建出席第十届中国特产文化节暨首届中国地理标志文化节并致辞。商标局副局长陈文彤陪同参加并在文化节高峰论坛作主题演讲。

58. 付双建出席国家商标战略实施示范企业经验交流暨商标运用保护会议。 12月21～22日，国家商标战略实施示范企业经验交流暨商标运用保护会议在安徽省芜湖市召开。国家工商总局副局长付双建在会上强调，要切实推进打击侵权假冒专项行动，重点查处侵犯涉外商标和驰名商标的违法行为。商标局副局长吕志华、陈文彤，副巡视员郭连连及各处(部)负责同志出席会议。会议期间，41家商标战略实施企业共同发出了《国家商标战略实施示范企业芜湖倡议》。

59. 国家工商总局商标局被授予"上海世博会先进集体"荣誉称号。 12月27日，中国2010年上海世界博览会总结表彰大会在北京人民大会堂隆重举行。国家工商总局商标局被授予"上海世博会先进集体"荣誉称号，受到中共中央、国务院表彰。商标局局长李建昌代表商标局参加表彰大会。

（国家工商行政管理总局商标局）

国家工商行政管理总局反垄断与反不正当竞争执法局

1. 确定商业秘密保护行政执法战略试点单位。 2010年3月21日，发出《关于确定商业秘密保护行政执法战略行业协会试点单位的通知》，确定了中国技术交易所等三家单位为商业秘密保护行政执法战略的试点单位。通知对各试点单位提出了具体的试点要求，如学习和领会《国家知识产权战略纲要》的精神实质，与工商机关紧密联合，改革和创新商业秘密保护工作机制，及时向竞争执法局上报商业秘密侵权违法案件，建立定期联络的工作交流机制等。各试点单位均积极表示按照安排，全力配合和支持商业秘密保护行政执法战略的试点工作。

2. 周密部署，严厉查处涉及世博会和亚运会的侵犯知识产权案件。 2010年4月8～9日，竞争执法局在广州市组织召开“上海世博会和广州亚运会期间竞争执法区域协作工作会议”。上海、广东、江苏、浙江等14个省、自治区、直辖市及计划单列市、副省级市工商行政管理局、市场监督管理局竞争执法部门的负责同志参加了会议。会议深刻阐述了加强竞争执法区域协作对于保障上海世博会成功举办的重要意义,并对如何围绕办好世博会,进一步做好竞争执法相关工作提出了要求。会后,各地工商机关以制止商标侵权行为为重点,严厉查处擅自使用世博会标志、侵犯上海世博会知识产权的不正当竞争案件。坚决制止利用世博会标志搭便车、制造市场混淆、损害他人知识产权的违法行为。

3. 检查督促各地加强市场诚信体系建设。2010年5月,国家工商总局派出督查组,采取实地检查、电话检查、责令自查等形式对全系统31个省区市工商机关市场诚信体系建设的工作开展情况进行了调查摸底。通过梳理汇总《检查表》及实地检查,对各地情况进行了评估,对表现优秀的省份予以表扬。针对部分省份存在的问题,提出具体整改意见,督促各地及时将市场主体侵犯知识产权行为等违法信息录入信用监管平台。

4. 举办首次商业秘密保护行政执法论坛。2010年5月12日,在中国技术交易所大厦举办首次商业秘密保护行政执法论坛。论坛邀请了公安部有关人员主讲,竞争执法局有关负责人出席。参加论坛的人员包括竞争执法局确定的三家试点单位和北京市工商局各区分局的工作人员,以及中国外商投资企业协会优质品牌保护委员会及其会员等单位,共约120人左右。本次论坛反应良好,在提高企业的商业秘密保护意识和宣传商业秘密保护行政执法态势方面取得了积极的效果。

5. 召开2010年全国竞争执法与经济检查工作会议。2010年5月26日,国家工商总局召开2010年全国竞争执法与经济检查工作会议,钟攸平副局长作重要讲话,要求各地工商机关强化知识产权保护,深入开展打击“傍名牌”工作,严厉查处商标侵权等侵犯知识产权不正当竞争行为。

6. 按照国务院部署,积极开展打击侵犯知识产权和制售假冒伪劣商品专项行动。2010年11月,国家工商总局召开全国工商行政管理系统知识产权保护与执法工作电视电话会议,贯彻落实全国知识产权保护与执法工作电视电话会议精神,部署全系统扎实开展打击侵犯知识产权和制售假冒伪劣商品专项行动,进一步提高商标专用权等知识产权保护工作的水平。随后,各地工商机关竞争执法系统积极行动,查处了仿冒“小天鹅”、“雅戈尔”、“诸葛酿”、“凯撒”等一批重要案件,取得了显著成果。

7. 开展“数据质量年”检查。2010年12月,竞争执法局结合国家工商总局信息中心“数据质量年”活动,将长效机制建设和执法办案管理系统作为“数据质量年”检查的重要内容,赴各地督促其对执法办案数据库加以修改完善,完善公平交易执法办案数据的采集和更新机制。

(国家工商行政管理总局反垄断与反不正当竞争执法局)

海关总署

1. 举行知识产权海关保护条例修订座谈会。1月6日上午,海关总署政法司会同国务院法制办科教文卫司就《知识产权海关保护条例》的修订工作在昆明举行座谈会。昆明海关、云南省高级人民法院、政府法制办、工商局、版权局、知识产权局、中级人民法院及知名自主品牌权利人代表40余人参加了此次座谈。

2. 接待美国驻华使馆移民海关执法局参赞。1月15日下午,美国驻华使馆移民海关执法局参赞BRUCE GORBON来海关总署拜访,与政法司知识产权处负责同志就知识产权侵权货物案件信息交换事宜进行讨论。双方均认为,中美海关在知识产权保护方面有良好的合作框架,为了更好地保护公众健康和安全,双方有必要在现有的基础上继续深化合作。

3. 举办知识产权海关保护执法系统培训班。1月20日,海关总署政法司在广州举办“知识产权海关保护执法系统”培训班,此次培训旨在切实提高“知识产权海关保护执法系统”在知识产权案件的统计分析、趋势预测、风险评估、宏观决策以及对外交流等方面的服务功能，共有来自28个直属海关的近60名法规系统人员参加了培训。

4. 出席中欧海关知识产权专家组第二次会议。 3月17～18日，中欧海关知识产权专家组第二次会议在北京举行，双方就中欧海关行动计划的执行情况进行回顾和总结，并对下一步双方的合作与配合展开讨论。政法司、国际司、部分直属海关、欧盟海关及部分驻华使馆代表近40人参加了此次会议。

5. 举办与企业知识产权保护对话会。 3月26日，海关总署政法司在北京举办与企业知识产权保护对话会。政法司向来自中国外商投资企业协会优质品牌保护委员会、国际商标协会、日本贸易振兴机构、大韩贸易投资振兴公社的130余名中外企业代表通报了2009年中国知识产权海关保护工作成效以及2010年知识产权海关保护工作设想。参会企业代表就其关心的定牌加工、专利权保护等问题发表了意见和建议，希望海关和企业在2010年能够共同推进知识产权海关保护工作。

6. 举办内港海关知识产权执法合作研讨会。 4月14～15日"内港海关知识产权执法合作研讨会"海关总署厦门教培基地举行，双方就如何加强内港海关知识产权合作进行深入讨论，对下一步合作提出设想及计划。来自香港海关、政法司、国际司，广东海关分署、上海、宁波、福州、厦门以及广东省内海关代表约30人参加会议。

7. 修改后的知识产权海关保护条例施行。《国务院关于修改〈中华人民共和国知识产权海关保护条例〉的决定》经2010年3月17日国务院第103次常务会议通过，自2010年4月1日起施行。

8. 开展知识产权海关保护专题征文活动。 为贯彻落实科学发展观，提升海关大监管体系下知识产权海关保护工作水平，促进国家对外经济健康发展，夯实海关知识产权保护理论基础，5月14日，海关总署政法司和中国海关学会在海关系统联合开展知识产权海关保护专题征文活动。

9. 召开修订知识产权海关保护条例实施办法座谈会。 6月21～24日，海关总署政法司在珠海召开部分海关修订《知识产权海关保护条例实施办法》工作座谈会和听取企业对该《实施办法》修订意见的座谈会。

10. 召开知识产权定牌加工执法问题研讨会。 7月15～16日，海关总署政法司在泰安海关召开"部分海关知识产权定牌加工执法问题研讨会"，政法司及北京、天津、上海、南京、杭州、宁波、福州、厦门、青岛、广州、拱北等直属海关法规部门负责同志约25人参加会议。会上，大家对定牌加工中知识产权保护存在的问题作了深入探讨，政法司孟杨司长出席会议并作了重要讲话。

11. 升级优化的知识海关保护备案系统正式上线。 7月26日，经过升级优化的知识海关保护备案系统正式上线，网址为：http://202.127.48.151/applyrecord/，新的备案系统便捷了权利人的注册和使用，增加了权利人维护个人信息、及时电子邮件通知、合法使用人自主维护等功能。

12. 举办知识产权海关备案系统升级培训班。 8月5日，海关总署政法司在贵阳举办"知识产权海关备案系统升级培训"，向企业代表详细介绍并演示了备案系统各项功能。来自上海、宁波、广州、黄埔、深圳、拱北海关的代表介绍了备案信息对海关一线监管和执法的重要意义，向企业提出了完善备案信息的意见和建议。

13. 李群英入选全球知识产权最具影响力50人。 8月，全球公认的国际性核心知识产权杂志——英国《知识产权管理》公布了2010年度"全球知识产权最具影响力50人"名单，海关总署政法司知识产权处李群英处长作为中国海关知识产权保护工作的实践者再次入选。该杂志高度赞誉中国海关在查获进出口侵权货物中所作出的努力和取得的突出成绩，对中国海关知识产权保护工作的透明度及与权利人沟通的效果予以了积极肯定。

14. 出席世界海关组织知识产权地区论坛。 8月31日，世界海关组织知识产权地区论坛在上海海关学院举行，包括中国、日本、韩国在内的30多个亚太国家和地区海关代表和知识产权权利人参加了此次论坛。此次论坛旨在增进各国海关在知识产权保护风险分析及信息交流领域的理解和合作，提高各成员在知识产权领域的保护水平。

15. 举办海关与业界知识产权保护和便利合法贸易座谈会。 10月13日，海关总署政法司在无锡举办"海关与业界知识产权保护和便利合法贸易座谈会"。来自海关总署、广东分署、部分海关以及权利人代表共计90余人参加了会议。政法司代表围绕知识产权保护与便利合法贸易的主题向业界代表通报了近期知识产权保护案件执法统计数据，强调要进一步深化海关与企业合作关系，在便利合法贸易前提下提升知识产权海关保护水平。

16. 出席2010年度国际知识产权执法会议。10月19日，由国际刑警组织和香港海关联合主办的“2010年度国际知识产权执法会议”在香港地区举行，共有来自中、美、英以及我国港澳地区的知识产权执法部门、世界海关组织、国际刑警组织以及业界代表共计400余人参加了本次会议。政法司主要负责同志代表海关总署参会并作了“海关在知识产权保护中的作用”的主题发言。

17. 出席中欧海关知识产权专家组第三次会议。11月9～11日，中欧海关知识产权专家组第三次会议在杭州举行。来自海关总署政法司、10个地方海关、欧洲委员会税务及海关总司、欧盟8个成员国海关代表近40人参加了会议。此次会议主要是对《中欧海关知识产权行动计划》进行讨论，为年底中欧经贸高层对话做好准备。

18. 李克农出席打击侵犯知识产权专项行动工作会议。11月25日，全国海关打击侵犯知识产权和制售假冒伪劣商品专项行动工作会议在武清培训基地召开。李克农副署长指出：国务院部署本次专项行动是对海关知识产权保护工作的一次全面体检，要充分认识国家组织开展本次专项行动的重要意义，正确认识海关在保护知识产权中肩负的重要职责，突出重点，务求实效，切实加强知识产权保护，形成严打态势和社会声势，以便圆满完成国务院交给的行动任务。

19. 海关系统的集体和个人获得保护世博会标识表彰。12月23日，国家知识产权局、公安部、海关总署、国家工商总局、国家版权局、最高人民检察院、中国国际贸易促进委员会、国务院新闻办公室等八部门在上海召开保护世博会标识知识产权表彰总结大会，海关系统共有31个先进集体和67个先进个人受到大会表彰。

（海关总署政策法规司知识产权处）

商 务 部

1. 协调参与亚太经合组织（APEC）知识产权专家组会议。3月和9月，商务部继续会同海关总署、国家工商总局、版权局、知识产权局等相关部门参加APEC知识产权专家组会议，积极参与各项议题讨论，继续推动防止知识产权滥用调查、标准化中的知识产权保护、能力建设等议题。

2. 在境外知名展会上设立“中国参展企业知识产权服务站”。3月和9月，商务部在德国汉诺威国际信息及通信技术博览会（CeBIT）和柏林国际消费类电子产品展览会（IFA）上设立“中国参展企业知识产权服务站”，聘请知识产权专家为我国参展企业免费提供咨询和调解服务，保护企业合法权益。4月，在德国法兰克福日用消费品展与汉诺威工业展上聘请专家为我国企业提供免费法律服务，提高我国参展企业的维权意识与能力。

3. 与欧盟召开中欧地理标志双边合作协定第一次非正式协定。4月，商务部牵头与欧盟召开中欧地理标志双边合作协定第一次非正式磋商会议，9月，商务部收到欧盟的《中欧保护农产品、食品、葡萄酒、加味葡萄酒和烈酒地理标志的协定（草案）》，并会同相关部门进行了深入研究，为2011年的谈判工作做好准备。

4. 召开中欧知识产权第六次对话会议。4月8～9日，中欧知识产权第六次对话会议在北京举行。中欧双方分别介绍了知识产权政策最新进展情况，并围绕专利、商标、版权、地理标志等议题进行了沟通与讨论，增信释疑。

5. 召开中美知识产权工作组司局级会议，并举办中美互联网间接/共同侵权责任圆桌会议。4月，中美双方在北京举行了中美知识产权工作组司局级会议，讨论双方关注的知识产权执法、知识产权与创新、广电付酬、图书馆版权等议题；并与版权局、美国专利商标局、美国版权局共同举办中美互联网间接/共同侵权责任圆桌会议，探讨中美两国互联网共同侵权责任认定的标准问题。

6. 召开中俄知识产权工作组第四次会议。5月18日，商务部会同公安部、国家工商总局、海关总署、版权局等单位在北京与俄方召开中俄知识产权工作组第四次会议。双方围绕知识产权立法最新进展、知识产权海关合作、APEC知识产权合作等议题交换了意见。

7. 举办《展会知识产权保护中德参展商指南》推介活动。5月20日，商务部与德国联邦经济部在上海世博园联合举办《展会知识产权保护中德参展商指南》推介活动，有效地提高了企业知识产权海外维权的能力。

8. 召开中欧知识产权工作组第七次会议。6月24日，中欧知识产权工作组第七次会议在北京召开。中欧知识产权相关部门主要就包括执法在内的与专利有关的议题展开讨论。

9. 商务部国际贸易谈判副代表崇泉在北京会见第七次日本知识产权官民联合高层访华团。8月18日，商务部国际贸易谈判副代表崇泉在北京会见国际知识产权保护论坛主席志贺俊之和经济产业大臣政务官近藤洋介率领的第七次日本知识产权官民联合高层访华团。双方肯定了日本官民联合访华团在积极推进中日知识产权交流与合作方面作出的积极贡献，并就互联网知识产权侵权、加强展会知识产权保护等问题交换了意见。

10. 与美国国际贸易委员会共同举办337调查交流活动。10月，商务部与美国国际贸易委员会共同举办337调查交流活动，举行工作会谈，召开337调查交流研讨会，并前往广东省考察337调查应诉企业。

11. 在第108届广交会期间举办展会知识产权保护宣传会。10月，商务部在广州举办中国进出口商品交易会展会知识产权保护宣传会，宣传中国展会知识产权保护相关法律及取得的成绩。

12. 中日知识产权工作组第二次会议在北京举行。10月27～28日，中日双方就知识产权问题最新进展、互联网假冒与盗版、知识产权执法等问题进行了广泛的交流与讨论。

13.《与贸易有关的知识产权协定》十五周年国际研讨会在上海举行。11月3～5日，来自世界贸易组织、世界知识产权组织、联合国贸发会议的官员以及国内外知名专家学者、企业代表围绕《与贸易有关的知识产权协定》的影响、适用、发展及完善等问题进行了深入探讨。

14. 召开中瑞(士)知识产权工作组第四次会议。11月6～12日，中瑞知识产权工作组第四次会议在瑞士伯尔尼举行。中瑞双方就专利、商标、版权、司法保护等议题进行了沟通，并就地理标志问题进行了研讨。

15. 商务部部长陈德铭出席美国大使知识产权对话午餐会并致辞。11月10日，美国大使知识产权对话午餐会在北京举行，商务部部长陈德铭和美国驻华大使洪博培共同出席午餐会，与业界共同交流中美经贸关系和知识产权问题。

16. 召开中美商贸联委会知识产权工作组副部级会议。11月15～23日，商务部组织中国政府与互联网企业代表团赴美国参加中美知识产权副部级会议，与美国互联网企业就目前关注的互联网知识产权保护问题进行交流，取得了较好效果。

17. 召开中巴(西)知识产权工作组第二次会议。12月14日，中巴双方就知识产权立法最新进展、执法合作、在ACTA等多边协定下开展合作等议题进行了交流。

18. 开展知识产权海外维权培训。4月，商务部在北京举办电子产品企业知识产权海外维权培训；7月，在银川举办宁夏回族自治区知识产权保护和海外维权培训；并在温州、杭州和北京与中国国际贸易促进委员会共同主办出国展览知识产权系列培训；10月，在北京举办欧洲展会知识产权保护培训。

19. 认真开展打击侵犯知识产权和制售假冒伪劣商品专项行动相关工作。12月，商务部印发《商贸流通领域打击侵犯知识产权和制售假冒伪劣商品实施方案》，并组织中商联等六家行业协会在全行业发出倡议；联合其他八个部门印发《打击侵犯知识产权和制售假冒伪劣商品专项行动网络购物领域实施方案》；启动全国知识产权状况调研工作，召开外商投资企业座谈会、音像与电影企业座谈会，赴广东省广州、中山、深圳调研盗版与假冒情况等，认真做好专项行动工作。

（商务部条法司知识产权处）

农业部

1. 制定保护农业知识产权行动计划。2010 年年初，根据《国家知识产权战略纲要》和《农业知识产权战略纲要》，农业部制定了《2010 年保护农业知识产权行动计划》，明确了以“源头”整治和集中整治为手段，加大执法力度，营造公平竞争市场环境的总体思路，确定了将种子生产环节、农产品地理标志使用监管作为行政执法的重点。

2. 开展种子执法年活动。2010 年，农业部组织开展了以打击制售假劣种子和侵权等违法行为为主要内容的种子执法年活动，共检查涉及 23 个省（区、市）种子经营主体 494 个，作物种类 34 种；抽取种子样品 922 个，其中 20%的样品涉嫌假冒侵权，已进入后续处理程序。

3. 开展品种权行政执法试点工作。2010 年农业部在山东等 15 个省（自治区、直辖市）继续开展农业植物品种权行政执法试点工作，探索品种权执法方法，提高品种权执法效率，提升地方农业部门执法能力。

4. 修订品种权侵权案件处理规定。为保障品种权行政执法“有法可依、有章可循、标准明确”，2010 年农业部组织研究修订《农业植物新品种权侵权案件处理规定》和起草《农业植物品种命名规则》等规章，多次组织专家召开研讨会，对规章修订和制定起草进行了反复讨论和修改，最终形成送审稿。

5. 通过第八批农业植物品种保护名录。1 月 4 日，农业部第一次常务会议审议通过第八批农业植物品种保护名录并于 1 月 18 日发布（农业部令第 8 号），自 2010 年 3 月 1 日起施行。该批名录包括莲、蝴蝶兰属、秋海棠属、凤仙花、非洲凤仙花、新几内亚凤仙花 6 种植物，使受保护的农业植物属、种达到 80 个。

6. 举办植物新品种 DUS 测试指南修订研讨会。1 月 11～20 日，农业部在北京举办“植物新品种 DUS 测试指南修订研讨会”。承担“DUS 测试品种信息 DNA 测试技术研究”行业科研专项经费项目的各协作单位技术负责人和相关指南修订负责人参加了本次会议，会议还邀请了相关领域专家参加研讨。会议学习了国际植物新品种保护联盟（UPOV）相关技术文件，讨论了我国植物新品种 DUS 测试指南格式，统一了性状分级和描述术语，对行业科研专项中涉及的玉米、水稻、棉属、大豆、马铃薯、高粱、番茄、黄瓜、辣椒、花生、西瓜、大白菜等 12 个植物测试指南进行了修订。

7. 召开 2010 年农业植物新品种测试工作会议。3 月 9～12 日，农业部在杭州召开“2010 年农业植物新品种测试工作会议”。农业部科技教育司、农业部科技发展中心、农业部 14 个植物新品种测试分中心、中国农科院果树所、中国农科院郑州果树所、中国农科院棉花研究所、中国农科院茶叶研究所、湖南农业大学、中国水稻研究所等单位的 62 名代表参加了会议。会议总结了 2009 年测试工作，部署了 2010 年测试工作。

8. 主办农业植物新品种保护培训班。3 月 14 日，由农业部科技发展中心主办，黑龙江省农委协办的农业植物新品种保护培训班在黑龙江省农科教结合培训中心正式开班。本次培训主要内容为国际植物新品种保护概况、我国植物新品种保护现状及展望、植物新品种保护司法保护、植物新品种权行政执法、植物新品种权申请前准备、植物新品种权申请务实、如何做好植物新品种权实施等。黑龙江省 13 个市（地）农委科教科（处）长、法规科（处）长、种子管理部门负责人、70 个县（市、区）农委主管领导和农业执法部门负责人、农业科研院所、大专院校品种权保护办公室负责人、品种权人和科研人员，种业企业负责人 200 余人参加了本次培训。

9. 举办 2010 年中荷花卉 DUS 测试培训班。为了进一步提高中国植物新品种 DUS 测试水平，缩小与发达国家在技术领域的差距，3 月 28 日～4 月 3 日，农业部在上海举办“2010 年中荷花卉 DUS 测试培训班”，来自农业部植物新品种测试中心和分中心的 20 多位测试员参加了培训。本次培训是“中荷亚洲基金项目—中国的 DUS 测试”项目的内容之一，邀请了荷兰园艺检测总署（Naktuinbouw）Henk De Greef 先生和 Gerrit Van De Wardt 先生两位花卉测试专家，专门针对果子蔓属和花烛属品种的性状观测和DUS判定进行讲解和实践，并与学员就测试中遇到的问题进行交流。两位专家还进一步介绍了荷兰植物新品种保护概况和他们在测试指南研制方面的一些做法和程序。

10. 召开植物新品种保护执法工作会议。4月8～9日，农业部科技教育司召集各省农业厅科教处和检测机构负责人，在广西桂林召开植物新品种保护执法工作会议。会议总结交流了2009年行政执法情况，研究部署了2010年行政执法工作，并将种子生产环节、种子生产源头作为执法重点，强化源头监管，提高执法效率。

11. 主办植物新品种保护与农民权益国际研讨会。4月21～22日，由农业部、国家林业局和国家知识产权局共同主办的"植物新品种保护与农民权益国际研讨会"在江苏南京召开，来自中国、日本、韩国、东盟7国、印度和美国的70余名代表围绕各国植物新品种权与农民权益保护机制、植物新品种与遗传资源保护制度等议题进行了深入交流和研讨。与会代表认为，没有资源提供者对资源保护和传承的坚持，就没有遗传资源的可持续性，品种创新也就会丧失物质基础；没有植物新品种保护制度的有效激励，也就不会有育种技术的不断进步和新品种的持续产出。因此推动建立农民权利和植物新品种权之间的利益协调机制，逐步完善遗传资源保护和惠益分享制度，将有利于充分调动资源提供者、育种者、种子经营者和农民等各方积极性。

12. 举办农业植物品种权代理人培训班。为了进一步加强农业植物新品种权代理人队伍的建设，由农业部科技发展中心与中国知识产权培训中心联合举办的全国农业植物品种权代理人培训班于5月11～12日在北京举行。来自全国科研机构、大专院校、种子企业及品种权代理机构等单位的150位学员参加了此次培训。培训内容主要为我国农业植物新品种保护工作的成就和存在的问题以及今后新品种保护工作的重点，DUS测试和国际植物新品种保护概况，农业专利申请与品种权申请和审批。培训结束之后还安排了现场答疑和考试，考试成绩通过的学员获得了代理人培训合格证书。

13. 举办普通小麦新品种DUS测试培训班。为了提高DUS测试水平，确保测试结果的一致性，农业部于5月17～18日在济南举办"普通小麦新品种DUS测试培训班"，来自农业部14个植物新品种测试分中心的50多名测试人员参加了本次培训班。培训班系统培训了植物新品种DUS测试基本原理和方法，植物新品种测试指南新模板格式等测试基本知识，小麦DUS测试工作。参加培训人员分成四组进行了田间测试实践活动。本次培训班还对普通小麦DUS测试指南进行了修订研讨。

14. 举办DNA指纹图谱鉴定技术汇报交流会。为了督促农业行业科研项目"DUS测试品种、信息DNA测试技术研究"执行，交流DNA指纹图谱鉴定技术标准研究进展，农业部于5月19日在济南举办"DNA指纹图谱鉴定技术汇报交流会"。项目首席专家、农业部科技发展中心副主任刘平出席会议并作了重要讲话。项目参加单位的50多名代表参加了会议。承担研究任务的单位分别汇报了普通小麦、大豆、甘蓝型油菜、棉花、黄瓜、百合、普通西瓜、辣椒、大白菜、苹果、结球甘蓝、普通番茄、大麦、高粱等14种DNA指纹图谱鉴定技术标准的研究进展，与会代表还就研究过程中遇到的问题进行了交流，并就技术路线、DNA指纹库结构等内容达成一致意见。目前，我国已经颁布了玉米、水稻两种作物的DNA指纹图谱鉴定技术行业标准，新的DNA指纹图谱鉴定技术标准的研制将对我国植物新品种保护执法工作起到重要支撑作用。

15. 举办植物新品种DUS测试指南修订研讨会。6月21～24日，农业部在昆明举办"植物新品种DUS测试指南修订研讨会"，召集农业部14个植物新品种测试分中心技术负责人、待修订指南的负责人和有关专家，研究修订了花烛属、菊属、百合、苹果、梨属、甘蓝型油菜、大麦等7个植物DUS测试指南。

16. 召开玉米DUS测试技术手册研讨会。7月7～8日，农业部植物新品种测试中心在长春召开"玉米DUS测试技术手册研讨会"，农业部14个植物新品种测试分中心的20多名从事玉米DUS测试工作的同志参加了研讨会。会议对玉米数量性状的数据统计分析和分级方法达成了一致意见。研讨会重点对农业部植物新品种测试(公主岭)分中心起草的《玉米DUS测试技术手册》初稿进行了讨论，完善了玉米DUS测试技术手册的格式和内容。

17. 举办中荷花卉 DUS 测试培训班(二期)。7 月 19～23 日，中荷花卉 DUS 测试培训班(二期)在农业部植物新品种测试(昆明)分中心举办。根据农业部科技发展中心和荷兰园艺花卉检测总署(Naktuinbouw)签订的有关协议，本次培训荷兰派出了以花卉测试组长 C. Grashoff 先生为首的，包括 J. T. Bloemberg 先生和 J. Bravenboer 先生在内的三人专家团来华进行授课，来自农、林植物新品种测试分中心以及来自云南花卉育种公司的 30 余人参加了培训。本次培训针对百合和菊花测试指南进行了讲解和现场测试实践，讲授了 DUS 判定的基本原则，对一致性、特异性不合格、繁殖材料不合格等情况下的案例及加强测试质量控制进行了分析和交流。

18. 举办全国农业知识产权(贵阳)培训班。全国农业知识产权(贵阳)培训班于 7 月 20～21 日在贵州省会城市贵阳举办。本次培训班由农业部科技发展中心和中国知识产权培训中心主办，贵阳市知识产权局和贵阳市农委承办，来自贵阳各地农业局、知识产权局、农业技术推广站、种子公司、科研育种等单位的 150 余名学员参加了培训。培训主要内容为农业植物新品种保护基础知识、国内外植物新品种保护概况、植物新品种权申请实务和涉农商标与地理标志等内容。该培训班的举办是进一步落实"国家农业知识产权战略纲要"的需要，同时也为农业知识产权的宣传起到了积极的推动作用。

19. 举办水稻 DUS 测试技术培训班。8 月 9 ～13 日，农业部在四川成都举办"水稻 DUS 测试技术培训班"。本次培训班由农业部科技发展中心主办，农业部植物新品种测试(成都)分中心承办，来自杭州、济南等分中心 14 位水稻测试审查员以及来自于四川、重庆水稻科研育种单位、大学、种子公司等单位的 40 余名学员参加了培训。培训主要内容为农业植物新品种保护基础知识、农业植物新品种权的申请、水稻新品种测试基本原理与方法、水稻测试指南的解析、技术问卷填写、相关性状照片拍摄规范等内容。

20. 举办农业生物技术知识产权培训班。为宣传《农业知识产权战略纲要》，提升我国农业生物技术知识产权保护和管理能力，8 月 24～25 日，农业部在江苏省南京市举办农业生物技术知识产权培训班。培训主要内容为农业知识产权战略(背景、目标和任务)，农业生物技术专利审查要点与申请注意事项，主要功能基因及其转化事件专利保护范围分析，农业生物技术的知识产权保护策略，主要农作物新品种 DUS 测试和 DNA 指纹图谱鉴定。转基因生物新品种培育重大专项的主要人员，部分农业科教单位和企业的知识产权管理人员约 100 人参加了培训。

21. 举办农业植物新品种测试指南研制技术培训会。10 月 11～15 日，农业部在南京举办农业植物新品种测试指南研制技术培训会。来自北京、上海、成都、济南、公主岭、哈尔滨等分中心及总中心 40 多位指南研制人员以及来自于全国科研育种单位、大学等单位的 50 余名专家、学者参加了培训。本次培训会主要交流行业科技项目中 80 种植物新品种测试指南研制的技术，听取测试分中心汇报各自所承担指南的研制进展情况，讨论研制过程中存在的问题，为更快、更好地完成行业科技项目打下了坚实的基础。

22. 制定台湾地区申请人在大陆申请植物新品种权的暂行规定。为保护台湾地区育种者的合法权益，激励植物新品种的培育和使用，促进两岸农林业发展，农业部、国家林业局联合制定了《关于台湾地区申请人在大陆申请植物新品种权的暂行规定》(公告第 1487 号)并于 11 月 22 日发布。在尊重历史事实的基础上，解决了台湾地区关切的问题。

23. 召开种业科企合作经验交流会。为推动我国种业科研教学单位与企业深度融合，大力宣传种业科企合作成效，做大做强民族种业，11 月 30 日，农业部在北京召开种业科企合作经验交流会。农业部张桃林副部长出席会议并讲话，来自农业科研教学单位、种子企业、省级农业行政主管部门的 250 余人参加了会议。会议总结和交流了种业产学研合作经验，展示了种业产学研合作成果，研究和部署了深入推进种业产学研结合的重点工作，以推动种业科技创新大突破，提升民族种业竞争力，促进农业生产大发展。会议举行了产学研合作协议签字仪式，签约总金额达 10.97 亿元。会上还成立了种业知识产权联盟。农业部副部长张桃林在会上表示，我国将积极探索建立中国特色的种业科技体系，推进育繁推一体化种子企业和优势科教单位结合，构建以产业为导向、企业为主体、基地为依托、产学研结合、育繁推一体化的现代种业体系，迅速提升我国种业创新、转化能力。

24. 举行中国种业知识产权联盟协议签字仪式。 11月30日，由农业部组织的中国种业知识产权联盟协议签字仪式在北京国际会议中心隆重举行。农业部张桃林副部长、科教司白金明司长等领导出席了签字仪式。中国种业知识产权联盟是由全国种业行业50多家有重要影响的农业科教单位、企业、社会团体发起设立，集聚了国内种子企业、科教单位、种子管理部门等社会各界力量，将为会员提供种业知识产权领域的信息共享、管理支撑、转化促进、维权协助等多种服务，旨在打造我国种业行业知识产权的“航空母舰”，通过资源共享、协同行动、自律互助等方式，开展知识产权交叉许可、协同实施、共同管理、联合创造，全面提升种业知识产权创造、运用、保护和管理能力，增强核心竞争力，实现共同发展。

25. 举办第四届全国农业知识产权论坛。 12月6日，农业部在海南省海口市举办第四届全国农业知识产权论坛。农业部科技教育司石燕泉副司长出席论坛并讲话。论坛邀请了长期致力于农业知识产权研究的专家、学者和本次论坛征文作者以及工作在农业知识产权管理第一线的同志参加。论坛以农业知识产权战略、知识产权制度与种业发展为主题，旨在贯彻实施《农业知识产权战略纲要》，深入研究知识产权制度对种业发展的影响，进一步提升种业知识产权创造、保护和运用能力。14位专家学者就种业发展与知识产权、新品种保护制度、品种权转化实施、相关领域知识产权等方面作专题报告，并就知识产权制度对种业发展的影响进行了交流和探讨。论坛还对获奖的优秀农业知识产权研究论文的作者进行了表彰。本次论坛共收到农业知识产权研究论文近45篇。经组织专家评选，有16篇被评为优秀论文，其中一等奖2篇、二等奖5篇、优秀奖9篇。

26. 植物新品种权申请量创历史新高。 2010年农业部受理的国内外植物新品种权申请1 206件，创历史新高，其中外国人申请116件，较2008年增长11.5%。年申请量居国际植物新品种保护联盟(简称UPOV)成员第三位，仅次于美国和欧盟。通过优化品种权申请审查和测试流程，审批效率大大提高，授予品种权666件，较2009年增长34.8%；受理审查各类植物新品种复审请求25件，结案25件，是2009年的5倍。截至2010年12月31日，国内外植物新品种权申请累计达7761件，已结案4214件，授予品种权3473件。

（农业部科技教育司）

农产品地理标志大事记

27. 召开全国“三品一标”工作会。 全国“三品一标”工作会议于2010年3月18～19日在昆明召开。会议的主要任务是贯彻落实今年中央一号文件、全国农业工作会议和全国农产品质量安全监管工作会议精神，研究部署无公害农产品、绿色食品、有机农产品和农产品地理标志工作。农业部副部长陈晓华作重要讲话。

28. 举办全国农产品地理标志核查员暨产业推进培训班。 6月10～11日，全国农产品地理标志核查员暨产业推进培训班在南京举办。农业部农产品质量安全中心罗斌副主任及地理标志处同志、江苏省农委有关领导及同志、各省级农产品地理标志工作机构主管领导或业务负责同志、相关获证产品所在地领导及专家参加了培训班。

29. 举办全国农产品地理标志核查员暨产品可追溯培训研讨班。 9月1～2日，全国农产品地理标志核查员暨产品可追溯培训研讨班在太原市举办。农业部农产品质量安全中心罗斌副主任及地理标志处同志、山西省农业厅、省名优产品开发中心有关领导及同志、各省级农产品地理标志工作机构主管领导及负责同志、部分获证产品登记证书持有人负责同志、特邀产品可追溯管理方面的专家参加了培训班。

30. 参加中瑞知识产权工作组会议及中瑞双边地理标志产品互认对话与磋商谈判。 11月6日，农业部农产品质量安全中心张梦飞副处长赴瑞士参加中瑞知识产权工作组会议及中瑞双边地理标志产品互认对话与磋商谈判。

31. 开展农产品地理标志宣传展览。 11月17～18日，在上海举办的绿色食品博览会上，农业部农产品质量安全中心组织有关农产品地理标志获证单位积极参展，宣传了农产品地理标志进展及成效。

（农业部农产品质量安全中心）

国家林业局

1. 国家林业局派员参加3月UPOV系列会议。3月22～26日，国际植物新品种保护联盟(UPOV)第46次技术委员会会议、第61次行政和法律委员会会议、第79次顾问委员会会议以及第27届理事会特别会议在瑞士日内瓦召开。国家林业局派员参加了会议。

2. 国家林业局派员参加东亚植物新品种保护论坛第三次会议。4月28～30日，国家林业局派员参加在韩国举办的东亚植物新品种保护论坛第三次会议，并坚持以我为主、为我服务、引导论坛走向的原则积极发表意见，争取我国的最大利益。

3. 国家林业局举办林业知识产权宣传日。4月26日，国家林业局组织林业知识产权宣传日。国家林业局张建龙副局长、国家知识产权局甘绍宁副局长等为林业系统相关单位赠予《中国林业授权植物新品种》一书，并开通林业植物新品种保护新网站。

4. 连翘属等9个植物新品种特异性、一致性、稳定性(DUS)测试指南技术标准出版发布。2010年，国家林业局继续组织编制植物新品种特异性、一致性、稳定性(DUS)测试指南标准，其中：连翘属、梅、桂花、鹅掌楸属、榛属5个国家标准以及蔷薇属、云杉属、柿、刺槐属4个林业行业标准正式出版发布。至此，国家林业局组织编制的16个植物新品种DUS测试指南技术标准已经正式出版发布。

5. 国家林业局派员参加10月UPOV系列会议。10月19～21日，国际植物新品种保护联盟(UPOV)第62次行政和法律委员会会议、第80次顾问委员会会议以及第44届理事会在瑞士日内瓦召开。国家林业局派员参加了会议。

6. 发布《台湾地区申请人在大陆申请植物新品种权的暂行规定》。11月22日，农业部、国家林业局以联合公告的形式发布《台湾地区申请人在大陆申请植物新品种权的暂行规定》，正式启动了对台湾地区开展植物新品种权申请的受理工作。

7. 国家林业局植物新品种一品红测试站正式挂牌。12月16日，国家林业局一品红测试站在上海通过验收，是继昆明月季测试站之后的第二家正式启动运行的国家林业局植物新品种特异性、一致性、稳定性(DUS)专业测试站。

8. 国家林业局授予26件植物新品种权。根据法律法规规定，按照植物新品种审批程序，经审查合格，国家林业局12月28日授予26件林业植物新品种权。截至2010年年底，林业植物新品种权授权总数达到320件。

(国家林业局植物新品种保护办公室　黄发吉)

最高人民法院

1. 印发工作总结和工作要点。1月21日，最高人民法院知识产权庭印发本庭《2010年工作要点》和《2009年工作总结》。

2. 奚晓明副院长到北京法院调研知识产权审判工作。1月22日，最高人民法院副院长奚晓明到北京市朝阳区人民法院调研网络著作权保护等知识产权审判工作。

3. 商标授权确权案件法律适用研讨会在海南三亚召开。1月27～29日，由最高人民法院知识产权庭、中国法学会研究部主办的商标授权确权案件法律适用研讨会在海南省三亚市召开。来自国务院法制办、中国法学会、最高人民法院司法改革办公室和知识产权庭、北京市高级人民法院、北京市第一中级人民法院、国际商标协会的代表以及知识产权法学者等共20余人参加了会议。

4. 专题调研商业秘密司法保护。2月1日，最高人民法院知识产权庭到北京市海淀区人民法院调研商业秘密司法保护问题。

5. 重新调整知识产权民事案件级别管辖标准。 1月28日，最高人民法院发出《关于调整地方各级人民法院管辖第一审知识产权民事案件标准的通知》和《关于印发基层人民法院管辖第一审知识产权民事案件标准的通知》，自2010年2月1日起，全国法院实行调整后的知识产权民事案件级别管辖标准。

6. 召开专利审查与审判研讨会。 2月3日，最高人民法院知识产权庭与国家知识产权局专利复审委员会召开专利审查与审判研讨会，重点就专利侵权判定标准司法解释与专利授权确权审查标准相关问题进行了研讨。

7. 后国际金融危机时期知识产权司法保护研讨会在重庆召开。 2月25～26日，由最高人民法院知识产权庭和中国审判理论研究会知识产权审判理论专业委员会联合举办的后国际金融危机时期知识产权司法保护研讨会在重庆召开。最高人民法院副院长奚晓明发表书面致辞，重庆市高级人民法院院长钱锋到会发言。

8. 专题调研涉世博知识产权司法保护。 3月3日，最高人民法院知识产权庭赴上海调研涉世博会知识产权司法保护工作。

9. 召开华南地区著作权司法保护座谈会。 3月18～19日，最高人民法院华南地区著作权司法保护座谈会在广东省汕头市召开，会议有来自广东、广西、福建、云南、贵州以及湖南六省区的代表参加。会议主要围绕网络环境下著作权司法保护的若干问题进行了交流。

10. 赴欧盟考察地理标志保护。 3月20～29日，最高人民法院知识产权庭庭长孔祥俊率团考察欧盟地理标志保护。

11. 召开专利授权确权案件审判标准座谈会。 4月2日，最高人民法院知识产权审判庭召开专利授权确权案件审判标准座谈会，重点围绕《专利法》第33条的理解和适用、外观设计专利的授权确权标准、专利权利要求的解释、公知常识的举证责任分配等议题进行了讨论。

12. 召开七省一市网络著作权司法保护座谈会。 4月16日，最高人民法院知识产权审判庭在浙江省杭州市召开七省一市网络著作权司法保护座谈会，会议有来自浙江、江苏、山东、湖北、安徽、河北、河南以及上海市的地方法院代表参加。会议主要集中讨论了影视作品权利人的认定、对公证证据以及境外证据的审查问题、网络服务商过错的认定以及赔偿问题。

13. 赴欧盟考察网络环境下著作权司法保护。 5月10～19日，最高人民法院关于网络环境下著作权司法保护问题考察团赴欧盟考察。考察团访问了德国、英国、比利时和法国，与各国司法机关以及相关政府机构、欧盟内部市场司以及学者、权利人组织等进行了广泛交流。

14. 专题调研商业秘密案件审判。 5月24～28日，最高人民法院知识产权审判庭赴湖南就商业秘密案件审判工作进行调研。

15. 专题调研专利授权确权案件审判。 6月1～2日，最高人民法院知识产权审判庭先后赴北京市第一中级人民法院和北京市高级人民法院，就专利授权确权案件审判工作进行调研。

16. 召开部分省市著作权司法保护座谈会。 6月8日，最高人民法院知识产权审判庭在重庆市召开部分省市著作权司法保护座谈会，来自北京、天津、辽宁、陕西、四川、重庆等法院及学者代表参加，就最高人民法院2010年重点调研课题“网络环境下著作权的司法保护”中的有关问题进行了深入研讨。

17. 知识产权与竞争法国际研讨会在大连召开。 6月10～11日，最高人民法院知识产权审判庭和外事局联合主办、辽宁省高级人民法院和中国一欧盟知识产权项目二期联合承办的知识产权与竞争法国际研讨会在大连召开，最高人民法院副院长奚晓明发表书面致辞，来自中欧的专家学者和中国各地方法院知识产权法官100余人参加会议，中欧双方的专家和法官就知识产权保护与反垄断间的关系、知识产权与经营者集中、知识产权许可中的垄断性协议限制、知识产权与滥用市场支配地位等问题进行了广泛深入的交流研讨。

18. 举办知识产权审判实务培训班。 6月17～26日，国家法官学院举办知识产权审判实务培训班，来自全国地方法院的近200名知识产权法官参加培训。

19. 澳大利亚联邦法院法官拜访最高人民法院。 6月23日，澳大利亚联邦法院法官约翰·曼斯费尔德(John Mansfield AM)等 3 名法官拜访最高人民法院知识产权庭，双方就中国反垄断法立法情况以及相关案件受理情况以及双方未来的合作事宜进行了交流。

20. 江苏知识产权专业化审判十五周年。6 月 18 日，江苏省高级人民法院召开知识产权专业化审判十五周年纪念大会。

21. 知识产权审判庭集中审理知识产权民事、行政和刑事案件试点工作研讨会在武汉召开。6 月 22 日，知识产权审判庭集中审理知识产权民事、行政和刑事案件试点工作研讨会在武汉召开，来自全国部分试点法院、武汉市检察、公安和知识产权行政、高校的代表参加会议。

22. 最高人民法院公布《关于为加快经济发展方式转变提供司法保障和服务的若干意见》。7 月 1 日，最高人民法院公布《关于为加快经济发展方式转变提供司法保障和服务的若干意见》。意见针对加快经济发展方式转变对审判工作带来的影响，要求充分发挥人民法院的审判职能，妥善审理包括各类知识产权案件在内的 11 类相关案件。

23. 知识产权审判庭集中审理知识产权民事、行政和刑事案件试点工作座谈会在江苏省昆山市召开。7 月 15 日，最高人民法院司改办在江苏省昆山市召开知识产权审判庭集中审理知识产权民事、行政和刑事案件试点工作座谈会，来自中央司改办、中编办、全国人大常委会法工委、最高人民检察院、公安部和部分试点法院的代表共约 40 人参加会议。

24. 文化创意产业及网络著作权司法保护研讨会在江苏省昆山市召开。7 月 15～16 日，最高人民法院知识产权审判庭在江苏省昆山市召开文化创意产业及网络著作权司法保护研讨会暨最高人民法院重点调研课题“网络环境下著作权的司法保护”开题会，部分地方法院法官以及来自美国、欧洲和澳大利亚的专家参加，会议重点讨论了司法实践中关于信息网络传播权保护争议较大的若干问题，如定时播放问题、网络服务提供者的免责条件问题等。

25. 知识产权刑事审判工作研讨会在四川成都召开。7 月 22～23 日，最高人民法院刑二庭在四川成都召开知识产权刑事审判工作研讨会，来自全国部分高级法院和中基层法院的代表和最高人民检察院、公安部、国家版权局的特邀代表等共计 70 余人参加了会议，与会代表围绕各地法院审理知识产权刑事案件的经验和做法进行了交流探讨，并就最高人民法院刑二庭起草的《关于审理侵犯知识产权刑事案件适用法律若干问题的意见(讨论稿)》进行了充分讨论。

26. 美国知识产权法律协会会长艾伦·卡斯帕拜访最高人民法院。7 月 21 日，美国知识产权法律协会会长艾伦·卡斯帕(Alan Kasper)一行 22 人拜访最高人民法院知识产权庭，双方就最高人民法院的职能和审理知识产权案件的程序、对地方法院的知识产权审判指导、专利侵权判定司法解释的起草背景、商业秘密的司法保护、商标行政查处与刑事案件的移送标准、知识产权案件管辖等问题进行了交流。

27. 日本国际知识产权保护论坛主席志贺俊之拜访最高人民法院。8 月 19 日，日本国际知识产权保护论坛主席志贺俊之一行 26 人拜访最高人民法院知识产权庭，双方就加强对反复性知识产权违法行为的打击和对知识产权侵权的民事赔偿、知识产权专门法庭及知识产权上诉法院的设置及相互间的交流合作等问题进行了交流。

28. 举办互联网技术问题讲座。8 月 26～27 日，最高人民法院知识产权庭举办互联网技术问题讲座，并到优酷视频网站实地调研视频分享网站经营中的著作权问题。

29. 专题调研知识产权侵权相关问题。9 月 2～3 日，最高人民法院知识产权庭赴杭州调研我国三网融合的发展状况及电子商务平台涉及的知识产权侵权相关问题。

30. 美国会众议院代表团拜访最高人民法院。9 月 3 日，美国会众议院司法委员会法院及竞争政策小组主席、联邦众议员汉克·约翰逊和众议院司法委员会宪法、民权和公民自由小组委主席、联邦众议员杰罗尔德·纳德勒等一行 14 人拜访最高人民法院知识产权庭，双方就我国知识产权司法保护情况、审级制度、法律审与事实审的区分、判例和司法解释的关系、知识产权案件的管辖和审理周期、知识产权临时禁令、司法职业道德与法官回避等问题进行了交流。

31. 全国人大教科文卫委员会副主任任茂东到最高人民法院调研。 9月8日，全国人大教科文卫委员会副主任任茂东一行就知识产权司法保护问题和《视为民事关系法律适用法》中的知识产权问题到最高人民法院开展调研，奚晓明副院长会见了任茂东副主任。

32. 最高人民法院知识产权庭公开开庭审理"泥人张"案。 9月9日，最高人民法院知识产权庭公开开庭审理申请再审人张铝、张宏岳、北京泥人张艺术开发有限责任公司与被申请人张铁成、北京泥人张博古陶艺厂、北京泥人张艺术品有限公司不正当竞争纠纷提审一案，本案因涉及"泥人张"的民事权益属性和内容以及被申请人使用"北京泥人张"有无合法合理依据等问题而具有较大社会影响。

33. 美国联邦贸易委员会主任委员科瓦契克先生拜访最高人民法院。 9月13日，美国联邦贸易委员会主任委员科瓦契克先生(William Kovacic)一行5人拜访最高人民法院知识产权庭，双方就中国反垄断法实施进展情况、中国法院受理反垄断案件情况、反垄断民事诉讼司法解释起草情况以及双方未来可能的合作事宜进行了交流。

34. 美国贸易代表办公室首席谈判专家安凯乐拜访最高人民法院。 9月15日，美国贸易代表办公室首席谈判专家安凯乐等一行11人拜访最高人民法院知识产权庭，双方就网络服务商的侵权责任、市场经营者的责任、地方法院知识产权裁判文书的公开以及中国知识产权刑事司法保护等共同关心的问题进行了交流。

35. 网络著作权案件法律适用研讨会在天津召开。 9月20～21日，最高人民法院知识产权庭在天津召开网络著作权案件法律适用研讨会，最高人民法院副院长奚晓明出席会议并讲话，来自部分地方法院知识产权法官和国务院法制办、国家版权局和全国部分院校、科研机构的专家学者代表，就信息网络传播行为的认定、网络服务提供行为侵权的认定、通知删除规则等方面的议题进行了深入研讨。

36. 第二届中国科技法学会科技法学奖揭晓。 9月24日，第二届中国科技法学会科技法学奖揭晓，最高人民法院知识产权庭庭长孔祥俊获"突出成就奖"，广东省佛山市中级人民法院副院长胡充寒、云南省高级人民法院知识产权庭庭长杜瑞芳获"优秀人才奖"。

37. 北京市召开知识产权审判工作会议。 9月28日，北京市高级人民法院组织召开全市知识产权审判工作会议，最高人民法院副院长奚晓明到会并讲话。

38. 美国商会知识产权代表团拜访最高人民法院。 10月18日，美国商会知识产权代表团拜访最高人民法院知识产权庭，双方主要就网络服务商间接责任、内容识别及过滤技术以及著作权赔偿问题进行了交流。

39. 美国知识产权代表团拜访最高人民法院。 10月21日，美国司法部国际贸易特别法律顾问Stuart Chemtob先生和美国联邦贸易委员会中国事务法律顾问Andrew Hermeit先生以及美国贸易代表办公室官员等一行6人拜访最高人民法院知识产权庭，双方主要就反垄断民事诉讼证据问题以及未来可能的合作问题进行了交流。

40. 召开搜索引擎技术专家研讨会。 10月25日，最高人民法院知识产权庭召开搜索引擎技术专家研讨会，邀请来自工业和信息化产业部、北京大学、国家知识产权局等单位和机构的技术专家就搜索引擎技术的现状与发展趋势进行讨论。

41. 召开由著作权人及互联网企业代表参加的研讨会。 10月26日，最高人民法院知识产权庭召开由著作权人及互联网企业代表参加的研讨会，就网络传播的技术流程、存储空间服务的营利方式、搜索链接服务的提供模式等议题进行讨论。

42. 赴美考察专门知识产权上诉法院制度和知识产权相关诉讼制度。 11月14～22日，最高人民法院组团赴美考察美国的专门知识产权上诉法院制度和知识产权相关诉讼制度。

43. 北京市高级人民法院知识产权审判庭荣获世界知识产权组织版权保护金奖。 11月18日，经国家版权局推荐，并经世界知识产权组织确认，北京市高级人民法院知识产权审判庭荣获世界知识产权组织版权保护金奖，这是我国司法系统第一次获此殊荣。

44. 做好涉及网吧著作权纠纷案件审判工作。 11月25日，最高人民法院发出《关于做好涉及网吧著作权纠纷案件审判工作的通知》。

45. 反垄断民事诉讼国际研讨会暨商业秘密司法保护和专利授权确权案件审判标准座谈会在海南博鳌召开。12月1～3日，由最高人民法院主办、亚洲开发银行和经合组织协办、海南省高级人民法院承办的“反垄断民事诉讼国际研讨会暨商业秘密司法保护和专利授权确权案件审判标准座谈会”在海南博鳌召开，最高人民法院副院长奚晓明出席会议并讲话，来自中央有关部门和各高级人民法院、部分中级人民法院的代表约120余人参加会议。

（最高人民法院知识产权审判庭）

1. 首届“版权”主题动漫展新年开门红

1月3日，首届中国国际影视动漫版权保护和贸易博览会在广东东莞顺利闭幕。博览会由国家广电总局和广东省人民政府共同主办，共吸引参展企业450家，达成动漫版权交易成交意向120项，成交总金额高达82亿元。为期5天的展会共吸引了近45万观众入场参观。

展会期间，广东省版权局、东莞市版权局在博览会现场成立工作站，对参展作品进行著作权登记服务。共受理参展作品著作权登记申请237项，接受版权业务咨询160多次，派发宣传资料3万多套。（顾奇志）

2. 桑植民歌在国家知识产权局唱响

1月5日，国家级非物质文化遗产湖南桑植民歌专场汇报演出在国家知识产权局举行，文艺工作者以桑植民歌歌唱美好生活以及与国家知识产权局在扶贫工作中结下的深厚情谊。国家知识产权局局长田力普，副局长李玉光、贺化、杨铁军，中央纪委驻国家知识产权局纪检组组长肖兴威，副局长甘绍宁观看了演出。

此次专场汇报演出由国家知识产权局主办、桑植县人民政府协办，以“唱支山歌献亲人”为主题，80余名演职人员声情并茂地表演了《马桑树儿搭灯台》、《四季花儿开》等经典桑植民歌。（张海志）

3. 江苏省大力推进知识产权创造

1月6日，江苏省召开了全省知识产权局局长工作会议。会上，江苏省副省长何权代表省委省政府号召：要进一步深入实施知识产权战略，加速知识产权强省建设，大力推进知识产权创造，抢占科技经济制高点，切实提升全省自主创新能力和核心竞争能力，为圆满完成省委省政府确定的“大力发展创新型经济，促进经济转型升级，进一步提高江苏经济综合竞争力和可持续发展能力”的2010年总体工作目标任务提供有力支撑，作出重要贡献。

何权强调，2010年江苏的知识产权工作要坚持把推进知识产权创造摆在更加突出的位置，按照量质并重的要求，采取切实有效措施，强化科技创新的知识产权导向，激励自主知识产权大量涌现。要重点围绕新能源、新材料、新医药、环保、软件和服务外包、传感网等六大战略性新兴产业，集中力量开展关键技术和核心技术研究攻关，下大力气创造一批自主知识产权，造就一批拥有自主知识产权的名牌产品，支撑新兴产业高起点发展。（孙礼勇）

4. 湖南省要为优势企业营造良好知识产权环境

1月7日，湖南省委书记张春贤、省委副书记梅克保、副省长陈肇雄带领湖南省发改委、省经委、省知识产权局等相关部门领导，先后到山河智能机械股份有限公司、三一重工股份有限公司、中联重工科技发展股份有限公司调研。张春贤强调，要发挥创新优势，打造具有自主知识产权、知名品牌和超强竞争力的国际化企业，为优势企业发展营造良好的知识产权保护环境。

张春贤指出，湖南要发展，首先要抓产业，要大力发展绿色经济、低碳经济，构筑现代产业体系。工程机械是湖南先进制造业的中坚，要大力支持工程机械产业发展，引导全省企业转变发展方式，把湖南的先进制造业做大做强，使其成为富民强省的支柱性、战略性产业。他勉励企业，一定要有国际视野和战略眼光，把自己放在经济全球化当中去定位、去谋划，吸纳国际先进企业的理念、技术、人才、文化；要发挥创新优势，打造拥有自主知识产权、知名品牌和超强竞争力的国际化企业。他表示，湖南将出台更多扶持工程机械产业发展的具体措施，支持企业加大专利申请和知识产权保护力度，组建工程机械产业联盟，为优势企业发展营造良好的知识产权保护环境。据悉，

此次调研的3家企业都是湖南省知识产权优势培育企业。（李雪山）

5. 全国知识产权维权工作体系初步建成

1月7日，全国知识产权维权援助工作会议在海南省海口市召开。国家知识产权局副局长甘绍宁出席会议并讲话，海口市市长徐唐先致辞。

甘绍宁指出，今后一段时间，是知识产权维权援助与举报投诉工作开展的关键时期，要在发展中解决问题，在发展中逐步规范、不断完善，在下一阶段要大力开展知识产权维权援助中心基础建设工作，加快健全工作体系，不断提升工作层次，加强举报投诉服务工作，积极运用合作单位库和合作专家库，充分发挥12 330平台作用。据悉，两年来，国家知识产权局共批复设立61家知识产权维权援助中心，分布在全国29个省、市、自治区、直辖市，初步构建起全国知识产权维权援助工作体系。（雷若冰）

6. 国家知识产权局老同志共忆建局峥嵘岁月

1月8日，国家知识产权局（原中国专利局）回顾建局筹备工作座谈会在京举行，关文魁、赵元果、雷激、何文彬等亲身参与中国专利局建局筹备工作的老领导、老同志欢聚一堂，回顾中国专利制度扬帆起航的历史瞬间，共话中国专利局建局筹备时期那段激情燃烧的岁月。国家知识产权局副局长甘绍宁强调，此时召开回顾建局30周年座谈会，对国家知识产权局的建设和发展，以及文化传统的传承都具有重要意义。

甘绍宁在讲话中感谢老同志们按照中央部署，为我国创立专利制度，开创知识产权事业作出的突出贡献。他指出，饮水不忘挖井人，建局30年来，中国知识产权事业的蓬勃发展与骄人成绩，都根植于建局筹备工作和老同志的艰苦奋斗，没有老同志们的努力奉献，就没有今天的知识产权事业。此次座谈会由国家知识产权局离退休干部部负责组织。（张海志）

7. 天津提出打造知识产权强市目标

1月8日，天津市副市长、市知识产权战略领导小组组长王治平主持召开领导小组第二次全体会议，审议并原则通过了《天津市知识产权战略纲要》和《实施天津市知识产权战略纲要任务分工》。

其中明确提出，近期目标是：到2012年，努力将天津建设成为特色明显、知识产权综合实力和总体水平位居全国前列的国家知识产权产业化示范城市；中期目标是：到2020年，努力将天津建设成为环渤海知识产权中心和知识产权强市。据了解，天津市从2007年7月正式启动知识产权战略制定工作，经过大量调研和反复修改，最终形成《天津市知识产权战略纲要》。该纲要全文共分6个部分，52条。（宁卫红）

8. 国务院修改并重新公布专利法实施细则

1月9日，国务院总理温家宝签署了第569号国务院令，公布《国务院关于修改〈中华人民共和国专利法实施细则〉的决定》，新修改的《专利法实施细则》自2010年2月1日起施行。

新修改的《专利法实施细则》共11章123条，分别为总则、专利的申请、专利申请的审查和批准、专利申请的复审与专利权的无效宣告、专利实施的强制许可、对职务发明创造的发明人或者设计人的奖励和报酬、专利权的保护、专利登记和专利公报、费用、关于国际申请的特别规定、附则等。（高迎迎）

9. 2009年度国家科学技术奖励大会召开

1月11日，中共中央、国务院在北京人民大会堂隆重举行2009年度国家科学技术奖励大会，重奖在科技前沿和科技创新成果转化中，取得重大突破或有卓越建树的专家学者和科研项目。孙家栋和谷超豪两名科学家获得国家最高科学技术奖及各500万元奖金，近400余项科技成果分获国家自然科学奖、技术发明奖和国家科学技术进步奖。党和国家领导人胡锦涛、温家宝、李长春、习近平、李克强出席大会并为获奖代表颁奖。

从此次评奖结果来看，众多获奖人员和项目的入选原因都在于自主创新和拥有自主知识产权，尤其是节能环保、新材料、新能源等七大战略性新兴产业中拥有自主知识产权的技术和产品的获奖成果占科技进步奖通用项目获奖成果的36%。（刘阳子）

10. 2009年我国查处侵权盗版出版物5600余万件

1月12日，最高人民法院举行“扫黄打非”工作新闻发布会。据悉，2009年全国共收缴各类非法出版物6595.8万件，淫秽色情出版物144.3万件，侵权盗版出版物5684.4万件。

作为全国“扫黄打非”工作小组成员单位，最高人民法院在“扫黄打非”专项行动中审理了一批窝点案、网络案、团伙案、系列案等大案要案。据统计，2009 年 1～10 月，全国法院共受理上述案件 1414 件，涉及 1744 人，审结 1273 件，涉及 1580 人。我国法院还加大了对涉及侵权盗版出版物案件的打击力度，审理了包括天津“6·03”批销盗版音像制品团伙网络案、山东威海爱昵奔网络有限公司侵犯著作权案、董明艳等贩卖盗版及淫秽光盘案、“263 影视地带网站”侵权案等 10 起淫秽色情出版物、侵权盗版出版物的典型案件。

（魏小毛）

11. 2009 年我国受理专利申请逾 97 万件

1月，国家知识产权局发布的最新统计数据显示，2009 年我国共受理专利申请 97.6686 万件，同比增长 17.9%。其中，受理国内申请 87.7611 万件，占总量的 89.9%，同比增长 22.4%；受理国外来华申请 9.9075 万件，占总量的 10.1%，同比下降 10.9%。

在 2009 年受理的国内申请中，发明专利申请 22.9096 万件，同比增长17.7%；实用新型专利申请 30.8861 万件，同比增长 37.9%；外观设计专利申请 33.9654 万件，同比增长 13.7%；3 种专利申请分别占总量的 26.1%、35.2%、38.7%。在受理的国内申请中，职务申请 48.3051 万件，占 55%；非职务申请 39.456 万件，占 45%。国内职务申请中，企业申请 39.4299 万件，占 81.6%，同比增长 33.4%。2009 年我国共授权专利 58.1992 万件，同比增长 41.2%。相关专家认为，2009 年，在金融危机影响全球，世界经济形势复杂严峻背景下，各级政府大力实施国家知识产权战略，以知识产权迎战金融危机，知识产权工作提高到一个新的水平。（王晓浒　于大伟）

12. 2009 年我国专利电子申请大幅增长

1月，最新统计数据显示，2009 年国家知识产权局共受理 6.4809 万件专利电子申请，比 2008 年的 1.4288 万件增长了近 3 倍，约占全年总申请量的 7%。

有关人士表示，自从 2004 年推出专利电子申请以来，国家知识产权局坚持听取用户意见，不断提高电子申请系统的应用性，吸引了越来越多用户的关注和使用。可以预见，以电子文件形式提交专利申请将成为我国未来专利申请的主要形式。（裴　宏）

13. 国家知识产权局视觉形象识别系统正式发布

1 月 12 日，国家知识产权局视觉形象识别系统（VIS）在北京正式发布并启用。有关人士表示，该系统的使用将对传播知识产权文化、增强全社会知识产权意识、提升公众知识产权素养具有积极意义。

国家知识产权局视觉形象识别系统是由国家知识产权局组织设计，并经国家知识产权局标准化委员会批准的重要规范，是国家知识产权局整体形象的重要组成部分。该系统对国家知识产权局标志、标准字、标志与标准字组合、标准色与辅助色、辅助图形等众多图形、文字都做了明确而细致的规定。该系统分为基础设计系统和应用设计系统两部分，其中，基础设计系统为强制性标准，凡使用该系统中的设计必须按设计规范使用；应用设计系统为选择性标准，使用时可视实际情况选择使用。（汪玮玮）

14. 国家知识产权局党组召开传达贯彻十七届中央纪委五次全会精神会议

1 月 13 日，中央纪委委员、国家知识产权局党组书记、局长田力普主持召开国家知识产权局党组会议，传达学习并部署贯彻落实第十七届中央纪委第五次全体会议精神。局党组和领导班子全体人员出席会议，有关部门负责人列席会议。

田力普和党组成员、中央纪委驻国家知识产权局纪检组组长肖兴威分别传达学习了胡锦涛同志重要讲话和贺国强同志代表中央纪委常委会所做的工作报告，学习了中央纪委第五次全体会议公报。田力普指出，胡锦涛同志的重要讲话高屋建瓴、思想深刻、内容丰富、论述精辟，具有很强的思想性、针对性和指导性，是指导当前和今后一个时期反腐倡廉建设的纲领性文献。贺国强同志的报告实事求是地总结了 2009 年的 10 项工作，概括了过去一年纪检监察工作取得的主要经验，深刻分析了当前党风廉政建设和反腐败斗争存在的突出问题，全面部署了 2010 年的任务。田力普强调，一定要认真学习、深刻领会、全面贯彻中央纪委五次全会精神。会议对深入学习贯彻十七届中央纪委五次全会精神作出了部署。（高百丽）

15. 国家知识产权局举行建局 30 周年庆祝表彰大会

1 月 14 日，国家知识产权局建局 30 周年庆祝表彰大会在京隆重举行。国家知识产权局局长田力普，国家知识产权局副局长李玉光、贺化、杨铁军，中央纪委驻国家知识产权局纪检组组长肖兴威，副局长鲍红、甘绍宁等领导以及国家知识产权局老领导王景川、姜颖、吴伯明、杨正午、沈尧曾、郭晓东等出席了庆祝表彰大会。

大会上，田力普为19名离休老干部以及退休老干部代表颁发了荣誉奖章。37名在国家知识产权局工作满30年的职工以及在国家知识产权局工作满15年的职工代表，荣获年功荣誉奖章和荣誉证书。大会上，还表彰了国家知识产权局2009年度考核优秀的职工，并播放了反映国家知识产权局30年发展历程的电视专题片《我们的30年》。来自国家知识产权局各部门、各单位、各社会团体负责人及职工代表400余人参加了庆祝表彰大会。（赵建国）

16. 2009年我国软件著作权登记量增长近五成

1月，中国版权保护中心有关统计数据显示，2009年我国软件业保持了良好发展态势，全年各类申请软件登记总量7.0965万件，同比增长49.75%。

2009年全国软件著作权登记量6.7912万件，同比增长48.6%。办理完成软件著作权转让和专有许可合同登记182件，同比增长26.38%；变更或补充登记2752件，同比增长91.64%；计算机软件著作权质押合同登记119件，同比增长9.17%。全国软件著作权登记数量列前5位的省区市分别是北京、广东、上海、浙江、江苏。同比增长较快的地区有广东、江苏、山东、福建、四川、湖北和湖南，增速均超30%，湖南增幅最大进入前10名的行列。（姚文平）

17. 国家知识产权局传达中央有关会议精神

1月18日，国家知识产权局召开会议，传达贯彻十七届中央纪委五次全会精神和中央国家机关第二十四次党的工作会议精神。

会议由中央纪委委员、局党组书记、局长田力普主持。局党组成员、副局长贺化、杨铁军，局党组成员、中央纪委驻国家知识产权局纪检组组长肖兴威，局党组成员、副局长鲍红、甘绍宁出席会议。田力普指出，贯彻落实胡锦涛同志重要讲话，贯彻落实十七届中央纪委五次全会和党工委、纪工委会议精神，关键是要在指导实践、推动工作上下工夫。要把贯彻落实会议精神与我们的思想实际、工作实际相结合，与完成好2010年的党建工作和纪检监察审计工作任务相结合，确保知识产权中心工作顺利完成。全局各部门各单位负责人，机关党委委员、纪委委员，局属各基层党组织书记、副书记及委员，党风廉政监督员近200人参加了会议。（闫文锋）

18. 我国打击网络侵权盗版专项行动显成效

1月20日，国家版权局在北京通报了2009年第五次打击网络侵权盗版专项行动最新情况。专项行动期间，各地共对3130家重点网站实施主动监管，各级版权行政执法部门及公安、工业和信息化部共查办网络侵权案件558件，关闭非法网站375个，采取责令删除或屏蔽侵权内容的临时性执法措施556次，罚款总计133.75万元，没收服务器163台。此外，向司法机关移送25起涉嫌构成刑事犯罪的重大案件。

据介绍，此次专项行动将同时存在侵权盗版又传播淫秽色情、非法违禁内容的网站作为重点治理对象，通过部门协调，整合执法资源，予以严厉打击。在行动中，各级版权部门共同查处40多个侵权内容与淫秽色情、非法违禁内容并存的非法网站，查定的此类网站占整个专项行动的12%。（姚文平）

19. 百余家网站发布版权自律宣言

1月20日，101家互联网网站在京发布《中国互联网行业版权自律宣言》。

根据宣言，互联网行业应坚持先取得授权再使用作品的原则，不以任何方式传播未经版权人授权的作品；加强对网络用户上传作品的监督管理，提示用户不得上传他人作品，防止他人利用本单位的信息网络平台实施侵犯版权的违法行为；并且积极采取符合行业公认标准的技术措施，防止侵权行为的发生。对于经版权行政管理部门公告、本宣言执行机构通知中列明的未经许可不得传播的作品，应当采取技术措施限制用户上传；对于处于公映档期、热播期间的影视作品应当采取技术措施限制用户上传；积极与权利人及相关行业协会沟通，共同研究建立信息网络环境下便捷的作品授权使用新机制，促进作品的合法传播等。（姜　旭）

20. 修改后的《专利审查指南》将实施

1月21日，国家知识产权局局长田力普签署第55号局长令，公布《专利审查指南》，《专利审查指南》将与《中华人民共和国专利法实施细则》同步实施，于2010年2月1日起施行。

为了适应专利法及其实施细则的修改，国家知识产权局适时启动了《专利审查指南》的修订工作。《专利审查指南》的修订工作始于2008年11月，国家知识产权局组建了由局长田力普和副局长贺化担任组长和副组长的《专利审查指南》修订领导组以及由各审查部门选派的各领域的业务专家组成的修改工作组，经过多次研究、讨论、撰稿、统稿、审议，在广泛征集国家知识产权局内外修改意见和建议的基础上，并根据修改意见、建议和专利法实施细则修改草案对《专利审查指南》修订稿进行了多次完善。此次专利审查指南修订以适应专利法及其实施细则的修改而作的适应性修订为主，还从优化程序设置、提高专利审批效率、规范专利审批行为的角度出发，相应调整了部分申请、审查标准。 （杨克菲）

21. 我国彩电企业2000余件专利“入池”

1月22日，深圳中彩联科技有限公司代表长虹、康佳等八大彩电商在京宣布中彩联建立的中国彩电专利池开始正式运营。该专利池拥有的2000余件中国专利将为中国彩电企业进一步完善专利战略和知识产权保护搭建平台。

在相关部门指导下，在TCL、长虹、康佳、海信、创维、海尔、厦华、上广电、新科等骨干企业大力支持下，中彩联建立了中国彩电专利池，并于1月22日正式开始运营管理。中彩联宣布正式运营的中国彩电专利池内的2000多件专利均是我国彩电企业的自主创新成果，其中以发明专利和实用新型专利为主。中彩联将在已建成的专利池基础上，进行专利分析、价值评估、交叉许可等工作；并将进一步推动企业联合开发更多有价值的专利，分析国内外技术发展趋势，充实完善中国的数字电视专利池。 （张海志）

22. 第四批全国企事业单位知识产权试点工作启动

1月，国家知识产权局发出《关于启动第四批全国企事业单位知识产权试点工作的通知》，确定大唐移动通信设备有限公司等800家企事业单位为第四批全国企事业知识产权试点单位。新一批试点工作要求，每家试点企业每年投入试点工作专项经费不少于10万元，每年将引导试点单位投入知识产权专项经费近亿元。

第四批试点单位由国家知识产权局统一部署组织申报工作，由各地方知识产权局和国务院有关部委推荐，按照相关程序和标准评议确定。试点工作于2010年1月全面启动，为期两年。

（彭茂祥）

23. 胡锦涛在陕西考察调研时强调　要研发出更多自主知识产权的核心技术

1月24～26日，中共中央总书记、国家主席、中央军委主席胡锦涛在陕西省汉中、西安等地就灾后恢复重建、保障和改善民生、加快经济发展方式转变和经济结构调整等进行考察调研。在企业考察时，胡锦涛指出，要坚持走自主创新之路，不断研发出更多具有自主知识产权的核心技术。

在陕西法士特汽车传动集团有限公司的巨大厂房里，胡锦涛察看了齿轮加工、变速器装配和热处理生产线。在得知这家企业靠自主研发拥有了20多件专利，2009年在国际金融危机冲击的情况下销售收入仍比2008年增长20%时，胡锦涛鼓励企业要进一步深化改革，进一步增强创新能力，始终保持产品技术优势，不断提高企业市场竞争力。在西安西电捷通无线网络通信有限公司调研时，胡锦涛同年轻的研发人员热情交谈，勉励他们树立雄心壮志，不断研发出更多具有自主知识产权的核心技术，力争在通信技术领域跨入世界先进行列。 （欣　华）

24. 卡拉OK版权使用费分配方案获通过

1月25日，在中国音像著作权集体管理协会会员大会上，备受社会关注的《全国卡拉OK著作权使用费分配方案》获得权利人代表通过。自2007年卡拉OK版权费启动收费至2009年，音集协3年共计收费1.7亿余元，按照分配方案，权利人与音集协各获得50%的收益。

截至2009年12月31日，音集协共有会员60家，涉及权利人单位112家，取得授权歌曲8.3686万首。虽然版权费的收取数目看似可观，但扣除营业及附加税和文化部“全国娱乐场所阳光工程”卡拉OK内容管理服务系统监管平台8%的费用后，运营成本、维权成本、宣传成本以及基础建设成本占比为50%。 （姚文平）

25. 田力普会见美国专利商标局代表团

1月26日，国家知识产权局局长田力普在京会见了来访的美国专利商标局副局长白莎朗一行。双方进行了亲切友好的会谈，共同表示将在更广阔领域开展交流与合作。

田力普回顾了中美两局近年来开展的合作及取得的成果，介绍了中国专利立法方面的最新进展，以及国家知识产权局根据新的立法变化所开展的工作。他表示，未来中美两局将在工作层面继续保持密切沟通，努力实现更加高效的合作。白莎朗对多年来中美两局的合作表示肯定，对国家知识产权局取得的工作成绩表示赞赏，期待双方继续加强和深化合作。白莎朗向中方提出了美国政府关于标准制定等方面的建议，提交了有关中美两局合作计划的书面报告并向中方征求意见。（汪玮玮）

26. 国家知识产权战略实施工作部际联席会议第三次联络员全体会议召开

1月27日，国家知识产权战略实施工作部际联席会议第三次联络员全体会议在京举行，国家知识产权局副局长甘绍宁出席会议并讲话。会议总结了2009年国家知识产权战略实施工作进展情况，研究讨论了《2010年国家知识产权战略实施推进计划》和《2010年中国保护知识产权行动计划》，并对下一阶段主要工作进行了部署。

国务院办公厅相关负责同志以及中宣部、外交部、发展改革委、教育部、科技部、工业和信息化部、公安部、司法部、财政部、人力资源社会保障部、环境保护部、农业部、商务部、文化部等28个部门的联络员和工作联系人参加会议，知识产权局有关部门负责同志列席会议。（张海志）

27. 八部门将携手开展世博会知识产权保护专项行动

国家知识产权局、公安部、海关总署、国家工商行政管理总局、国家版权局、最高人民检察院、中国国际贸易促进委员会和国务院新闻办等八部门于1月联合发出《关于开展2010年世博会知识产权保护专项行动的通知》，决定从2010年2月起，在全国范围内开展为期10个月的世博会知识产权保护专项行动，进一步加强上海世博会知识产权保护工作。

该通知强调，确保参展方知识产权权利的稳定性是减少世博园区知识产权纠纷的基本要求。有关主管部门要加强对参博办博单位、参展方的监督和管理，指导参博办博单位加强对参展知识产权状况的审核把关，确保世博会知识产权权利的稳定，引导参展方积极保护自身的知识产权。根据通知要求，知识产权部门将进一步做好世博会知识产权保护的协调服务，组织研究世博会举办过程中遇到的突出问题，依法进行知识产权行政执法，加强与公安等部门的执法配合，打击专利侵权等知识产权违法犯罪行为。此次专项行动从2010年2月开始，到2010年11月结束。

（汪玮玮）

28. 国家知识产权局政协提案工作受好评

1月，全国政协召开提案工作情况通气座谈会，总结全国政协十一届二次会议提案的办理情况。据悉，全国政协委员、国家知识产权局副局长李玉光提交的提案被全国政协评为三大优秀提案之一。国家知识产权局办理九三学社中央《关于加大对地方实施知识产权战略指导和支持力度的提案》工作广受好评，并被作为加大党派提案重点办理力度的典型。

国家知识产权局共收到全国政协提案办交付办理的十一届二次会议涉及知识产权提案31件。其中，委员个人提案25件，委员联名提案4件，党派提案1件，界别、小组提案1件。（陈　锐）

29. 我国PCT专利申请量跃居世界第五位

1月28日，国家知识产权局召开新闻发布会。据透露，2009年，国家知识产权局作为PCT（《专利合作条约》）专利申请受理局，共受理PCT专利申请8000件，比2008年增长31.6%，我国PCT专利申请量跃居世界第五位。

分省区市看，广东申请4418件，居第一位；北京以694件位居第二；上海493件名列第三。江苏、台湾、香港，浙江、福建、山东、陕西分列四到十位，且前十位省市的PCT申请数量均超过100件。分技术领域看，国内的PCT申请技术领域仍集中在电学领域，尤其是电信和数字通信领域。华为、中兴、大唐电信等国内企业成为克服金融危机的不利影响，依靠专利技术发展，参与国际竞争的典范。（汪玮玮）

30. 最高人民法院调整一审知识产权民事案件管辖标准

1月28日，最高人民法院下发了《关于调整地方各级人民法院管辖第一审知识产权民事案件标准的通知》，规定自2月1日起，全国法院施行调整后的知识产权民事案件级别管辖标准。

该通知指出，高级人民法院管辖诉讼标的额在2亿元以上的第一审知识产权民事案件，以及诉讼标的额在1亿元以上且当事人一方住所地不在其辖区或者涉外、涉港澳台地区的第一审知识产权民事案件。对于上述标准以下的第一审知识产权民事案件，除应当由经最高人民法院指定具有一般知识产权民事案件管辖权的基层人民法院管辖的以外，均由中级人民法院管辖。经最高人民法院指定具有一般知识产权民事案件管辖权的基层人民法院，可以管辖诉讼标的额在500万元以下的第一审一般知识产权民事案件，以及诉讼标的额在500万元以上1000万元以下且当事人住所地均在其所属高级或中级人民法院辖区的第一审一般知识产权民事案件，具体标准由有关高级人民法院自行确定并报最高人民法院批准。截至目前，最高人民法院已经指定了92个基层人民法院具有一般知识产权民事案件管辖权。

（魏小毛）

31. 全国知识产权局局长会议在京举行

2月1～2日，全国知识产权局局长会议在北京召开。会上，国家知识产权局局长田力普传达了国务院副总理王岐山的讲话精神，并作了题为"围绕中心 服务大局 不断开创知识产权工作新局面"的工作报告。国家知识产权局副局长李玉光、贺化、杨铁军，中央纪委驻国家知识产权局纪检组组长肖兴威，副局长鲍红、甘绍宁等领导出席了会议。

田力普全面总结了2009年知识产权工作，深刻分析当前形势，并对2010年重点工作作出部署。他强调，2010年，要以服务经济建设为宗旨，不断加大知识产权战略实施力度。来自全国各省、自治区、直辖市、新疆生产建设兵团、各计划单列市、副省级城市、知识产权工作示范城市、示范创建市知识产权局主要负责人，以及国家知识产权局有关部门、单位主要负责人近200余名代表参加了会议。（刘 仁）

32. 第十一届中国专利奖隆重颁发

2月1日，第十一届中国专利奖在京正式揭晓，15项金奖和170项优秀奖均名花有主。在全国知识产权局局长会议上，国家知识产权局局长田力普等领导为获奖者颁奖。

中国专利金奖是由国家知识产权局与世界知识产权组织共同向获奖的专利权人颁发奖牌。在本届金奖项目名单中，上海中信国健药业有限公司的"肿瘤坏死因子受体可溶部分的重组基因，及其融合基因与产物"、同方威视技术股份有限公司与清华大学共同拥有的"一种用射线对液态物品进行安全检查的方法及设备"等单位和个人的15项专利摘得本届专利金奖。中国专利优秀奖是由国家知识产权局向获奖的发明人或设计人颁发证书，向专利权人颁发奖状。"一种有机电致发光器件"、"低温大直径磁性液体密封装置"等170项专利获得了本届优秀奖。（魏小毛）

33.《交通运输行业知识产权管理办法》实施

交通运输部对2003年11月公布的《交通运输行业知识产权管理办法（试行）》进行了修订，并于2010年2月1日颁布实施了《交通运输行业知识产权管理办法》。

该修订后的办法旨在规范交通运输行业知识产权工作，加强交通运输行业对知识产权的创造、运用、保护和管理。这标志着交通运输部进一步强化知识产权管理工作。该修订后的办法共有六章、44条，各章名称分别是总则、职责、权属、保护和管理、奖惩、附则。其中第4条规定了交通运输行业涉及的知识产权，增加了计算机软件著作权、徽章及网络域名等标记专有权等。（刘 珊）

34.《专利代理行业从业人员培训指南》首次发布

2月3日，中华全国专利代理人协会主办的庆祝中国专利制度建立30周年座谈会暨2010年新春茶话会在京举行。国家知识产权局副局长贺化参加座谈并讲话。会上，我国首部《专利代理行业从业人员培训指南（试行）》发布。

首次发布的该培训指南中，对专利代理人、流程管理人员、检索咨询人员、综合管理人员、特殊岗位的复合型人才等5类人才的培训作了要求，同时对相关培训内容作了规定。同时规定，由中华全国专利代理人协会负责监督与检查专利代理行业从业人员培训指南的实施情况。（赵建国）

35. 田力普在京为外商宣讲新修改的专利法

2月3日，在中国美国商会和中国欧盟商会联合在京举行的"新修改的中国专利法及其对企业的影响"论坛上，国家知识产权局局长田力普指出，加强知识产权保护，是中国政府一直以来的明确态度。新修改的中国专利法通过更强有力的措施，将使中外知识产权权利人的合法权益得到切实保护。

田力普介绍了此次专利法修改的主要内容及其对企业经营和研发活动的影响。他介绍，新修改的中国专利法适当提高了专利权授权标准，进一步加强了对创新成果的保护，有利于企业提高创新水平，更加乐于创新和敢于创新。他表示，随着新修改的中国专利法的实施，中国的创新活力、专利保护环境、专利授权质量、权利人与社会公众之间的利益平衡等必将提高到一个新的水平，专利制度在促进中国科技进步、建设创新型国家建设中的积极作用将更加凸显。（汪玮玮）

36. 国家知识产权局与福建省第二次合作会商会议在京举行

2月4日，国家知识产权局与福建省人民政府第二次合作会商会议在京举行。双方对第一次合作会商工作的落实情况给予了充分肯定，并就继续推进《国家知识产权战略纲要》在福建的实施、继续共同加强知识产权人才培训基地建设和人才培养、共建福建省知识产权信息公共服务平台等6项第二次合作会商工作要点达成一致意见。

国家知识产权局局长田力普、福建省副省长李川等出席会议。田力普在讲话中表示，近年来，福建省知识产权事业取得了突飞猛进的发展，这与福建省委、省政府对知识产权的深刻认识和高度重视是分不开的，国家知识产权局将一如既往地关注和支持福建省知识产权工作，共同推动事业发展。李川在讲话中对国家知识产权局长期以来对福建省知识产权工作的关心、支持和推动表示感谢，并介绍了近年来福建省知识产权事业发展取得的成就。他希望国家知识产权局和福建省人民政府进一步加强交流与合作，共同推动完成国家赋予福建省加快建设海峡西岸经济区的战略任务。（汪玮玮）

37. 国家知识产权局部署2010年监督员工作

2月4日，国家知识产权局在京召开特邀监督员和党风廉政监督员会议，组织学习特邀监督员工作办法和党风廉政监督员工作办法，并部署2010年工作。国家知识产权局相关负责人表示，2010年，特邀监督员和党风廉政监督员应充分发挥参政议政、民主监督和桥梁纽带的作用，协助做好各项监督检查工作，为反腐倡廉工作建言献策，为强局建设提供合理化建议。

目前，国家知识产权局已从北京市人大代表、市政协委员、国有大型企业、高等院校、科研院所等机构遴选了13名特邀监督员，从国家知识产权局各部门单位遴选了18名党风廉政监督员。

（刘　仁）

38. 中共国家知识产权局党组扩大会议召开

2月9～10日，中共国家知识产权局党组扩大会议在京召开。国家知识产权局党组书记、局长田力普做重要讲话。副局长李玉光，局党组成员、局领导贺化、杨铁军、肖兴威、鲍红、甘绍宁出席了会议。

这次党组扩大会议的指导思想和主要任务是：全面贯彻党的十七大和十七届三中、四中全会以及中央经济工作会议精神，以邓小平理论和“三个代表”重要思想为指导，深入贯彻落实科学发展观，总结2009年工作，检查知识产权事业“十一五”规划执行情况，部署2010年工作，全面完成“十一五”目标和任务；分析知识产权工作面临的新形势，研究提出“十二五”期间促进知识产权事业健康快速发展的总体目标和思路。国家知识产权局机关正副司长，专利局正副部长，局直属各单位及各社会团体领导班子成员，局直属机关党委委员、纪委委员以及相关部门负责人参加会议。

（汪玮玮）

39. 我国法院将从严处理世博会知识产权犯罪案件

在2月9日最高人民法院举行的新闻发布会上，最高人民法院刑事审判庭第五庭庭长高贵君表示，上海世博会是在我国举行的一件盛事，人民法院为确保上海世博会顺利举行，涉及知识产权、工程建设等的案件，人民法院将严格依法处理，构成犯罪的，人民法院将从严处理。

此前，最高人民法院公布了《关于贯彻宽严相济刑事政策的若干意见》，对人民法院在刑事审判工作中如何贯彻落实宽严相济刑事政策提出指导性意见。同时，该意见对最高人民法院近年来出台的一些法律文件的内容和精神进行了系统的整理，将相关内容纳入该意见中，成为宽严相济刑事政策指导下的具体的刑事司法原则。（魏小毛）

40. 国家知识产权局与广东省政府二度会商

2月25日下午，国家知识产权局和广东省人民政府在广州科学城隆重举行了知识产权高层次战略合作工作委员会第二次会议。会议总结了2009年国家知识产权局与广东省人民政府在知识产权高层次战略合作方面取得的进展和经验，讨论了2010年主要工作任务及安排。国家知识产权局局长田力普，广东省省长黄华华出席会议并做重要讲话。

会议提出了2010年双方合作的工作要点，包括围绕广东知识产权强省建设目标共同推进知识产权战略实施、共同推进科学编制广东省知识产权“十二五”规划、探索建立知识产权涉外应对和维权援助机制、实施中小企业知识产权战略推进工程、探索建立广东重大经济活动知识产权特别审查制度和重点产业知识产权预警机制、建议区域知识产权信息服务中心等10大方面内容。

（顾奇志）

41. 全国法院2009年新收知识产权民事一审案逾3万件

2月25日，记者从最高人民法院获悉，2009年我国知识产权案件数量继续保持高速增长的势头。

全国法院共新收知识产权民事一审案件3.0626万件，比上年增长25.49%，审结涉及知识产权侵权的刑事案件3660件，新收一审知识产权行政案件2072件，分别比上年增长25.49%和29.73%。其中，新收专利案件4422件，商标案件6906件，著作权案件1.5302万件，技术合同案件747件，不正当竞争案件1282件，其他知识产权案件1967件。全年共审结涉外知识产权民事一审案件1361件，比上年增长19.49%；审结涉中国港澳台知识产权民事一审案件353件，比上年增长56.89%。全年共新收和审结知识产权民事二审案件5340件和5492件，分别比上年增长12.21%和16.88%。人民法院还加大对涉及知识产权侵权的犯罪行为的打击力度，严厉打击了各类知识产权犯罪行为。全国地方法院共审结涉及知识产权侵权的刑事案件3660件，比上年上升10.04%。2009年全国地方法院新收和审结一审知识产权行政案件2072件和1971件，分别比上年增长92.92%和90.99%。

（魏小毛）

42. 我国重点产业专利信息服务平台建成

2月25日，重点产业专利信息服务平台建成新闻发布会暨开通仪式在京召开。国家知识产权局副局长杨铁军指出，建设重点产业专利信息服务平台是紧密结合国家十大产业调整与振兴规划，推进我国科技创新水平、调整产业结构、拓展国际市场，服务经济社会发展所做的一项重要工作。重点产业专利信息服务平台的推出将有效地提升专利信息促进重点产业调整和振兴的实际水平，推动重点产业发展，产生良好的社会经济效益。

重点产业专利信息服务平台收录了美国、日本、英国、法国、德国、瑞士、韩国、澳大利亚、世界知识产权组织、欧洲专利局、非洲知识产权组织等国家、地区和组织的专利文献信息，还收录了“金砖四国”（巴西、俄罗斯、印度及中国）以及东南亚国家等新型经济体的专利数据，数据总量达到3337万余条，全面涵盖了十大重点产业所涉及的专利文献。该平台集产业分类导航、检索、分析、机器翻译等功能于一体。

（刘阳子）

43. 上海知识产权质押贷款2009年过亿元

2月，最新统计显示，自上海市全面启动知识产权质押融资工作试点活动以来，2009年，上海市有64家企业共获得84笔知识产权质押贷款，共计1.15亿元。

其中，浦东新区有59家企业获得79笔知识产权质押贷款，共计1.01亿元；杨浦区有3家企业获得3笔知识产权质押贷款，共计1000万元；徐汇区有1家企业获得1笔知识产权质押贷款300万元；青浦区有1家企业获得1笔知识产权质押贷款100万元。

（孔元中）

44. 国家知识产权局携手公安部表彰知识产权执法先进集体和个人

2月，国家知识产权局与公安部共同印发《关于对2009年度全国知识产权部门和公安机关知识产权执法保护先进集体和先进个人予以表扬的通报》，决定对在知识产权执法保护工作中作出突出贡献的全国知识产权部门61个先进集体和94名先进个人，全国公安机关59个先进集体和94名先进个人予以通报表扬。

国家知识产权局和公安部于2008年6月共同印发了《关于建立协作配合机制共同加强知识产权保护工作的通知》。按照通知要求，全国各级知识产权部门和公安机关深入贯彻落实国家知识产权战略纲要，积极构建新型部门协作配合机制，严厉打击各类侵犯知识产权违法犯罪活动，扎实推进执法规范化建设，各项知识产权保护工作取

得了显著成效。（陈明媛）

45. 全国专利信息公共服务体系建设规划研讨会

2月25日，全国专利信息公共服务体系建设规划研讨会在京召开。

国家知识产权局副局长杨铁军在会上提出，要把加快建设全国专利信息服务体系作为实施知识产权战略的一项重大举措抓紧抓好，推动我国专利信息公共服务水平再上新台阶。他强调，在当前和今后一个时期，我国要着力研究建立专利数据标准化体系，建设国家专利数据中心，启动区域专利信息服务中心建设，进一步推进地方专利信息服务网点建设。此次研讨会由国家知识产权局专利局自动化部组织，部分地方知识产权局主要负责人参与了研讨。（胡　嫚）

46. 最高人民法院举办知识产权司法保护研讨会

2月25日，后国际金融危机时期知识产权司法保护研讨会在重庆举行，来自全国各级法院的知识产权法官参加了会议。

最高人民法院副院长奚晓明在致辞中指出，后国际金融危机时期，知识产权审判工作要以提高自主创新能力和国家核心竞争力为重要出发点和立足点，通过依法加强知识产权保护、制止各类知识产权侵权行为、保障知识产权权利人利益的充分实现，维护生机勃勃的创新机制。据悉，2009年，全国法院开展知识产权审判“优化自主创新司法环境”年度主题活动，积极服务应对国际金融危机和实施国家知识产权战略的工作大局，对促进经济平稳较快发展作出了积极贡献。（魏小毛）

47. 全国人大常委会表决通过修改著作权法

2月26日，十一届全国人大常委会第十三次会议表决通过了全国人大常委会关于修改《中华人民共和国著作权法》的决定，国家主席胡锦涛签署第26号主席令予以公布。修改后的著作权法将于4月1日起施行。

第十一届全国人大常委会第十三次会议决定对《中华人民共和国著作权法》作如下修改：第一，将第4条修改为：“著作权人行使著作权，不得违反宪法和法律，不得损害公共利益。国家对作品的出版、传播依法进行监督管理。”第二，增加一条，作为第26条：“以著作权出质的，由出质人和质权人向国务院著作权行政管理部门办理出质登记。”另据了解，此次修正后的《著作权法》共6章61条。这6章分别是：总则，著作权，著作权许可使用和转让合同，出版、表演、录音录像、播放，法律责任和执法措施以及附则。《著作权法》根据这一决定作相应修改并对条款顺序作调整后，重新公布。（姚文平）

48. 国家知识产权战略实施工作部际联席会议第二次会议召开

3月1日，国家知识产权战略实施工作部际联席会议第二次会议在京召开。会议全面总结了2009年全国知识产权战略实施工作开展情况，审议并原则通过《2010年国家知识产权战略实施推进计划》和《2010年中国保护知识产权行动计划》，充分交流了2009年度战略实施及保护知识产权工作开展情况经验，研究部署了2010年有关工作。

联席会议召集人、国家知识产权局局长田力普主持会议并就会议文件作了说明，国务院副秘书长毕井泉出席会议并讲话。田力普指出，2009年战略实施工作进展顺利，联席会议成员单位各尽其职，地方政府积极主动，联席会议办公室努力服务，战略实施工作呈现全面推进态势，成绩显著。通过加强制度建设，初步形成了在国务院领导下部际联席会议统筹协调、各地区和各部门按照工作职责分工负责、相互配合、协作推进的战略实施体系。（梁心新）

49. 国家知识产权局贯彻实施《廉政准则》

3月1日，国家知识产权局召开贯彻实施《中国共产党党员领导干部廉洁从政若干准则》（以下简称《廉政准则》）会议，传达了中央贯彻实施廉洁从政准则电视电话会议精神，学习了《廉政准则》。中央纪委委员、国家知识产权局党组书记、局长田力普和局领导李玉光、贺化、杨铁军、肖兴威、鲍红、甘绍宁出席会议。

田力普在发言中指出，要继续强化“严格执法，依法行政”的责任和意识，严格按照《廉政准则》提出的要求和规定，进一步规范党员领导干部从政行为。局党组成员、副局长贺化全文传达学习了中央颁布的《廉政准则》，局党组成员、副局长杨铁军传达了中央政治局常委、中央纪委书记贺国强在中央纪委监察部贯彻实施《廉政准则》电视电话会议上的重要讲话。局党组成员、中央纪委驻国家知识产权局纪检组组长肖兴威还就贯彻田力普讲话精神，做好全局贯彻实施《廉政准则》工作提出了要求。来自国家知识产权局各部门各单位的负责人，机关党委委员、纪委委员、党风廉政监督员近150人参加了会议。（赵建国）

50.《青海省专利促进与保护条例》实施

3月1日《青海省专利促进与保护条例》实施。有关人士表示该条例将有效维护权利人的合法权益，激发全社会发明创造的热情，为提升青海省的核心竞争力积累战略资源。

该条例共6章30条，分为总则、专利促进、专利保护、专利管理、法律责任、附则。其主要内容和特色制度有：强化了政府对专利工作的领导责任、加大了对专利事业的投入、加强了对专利工作专业人才的培养、完善激励自主创新的政策措施，加强企事业专利工作、深化政府的管理和服务职能、建立经济活动中的专利项目审查制度，加强专利保护等。（苗　欢）

51. 中国车企过招海外侵权首度获胜

3月1日，从南京汽车集团有限公司传出，在近日结束的一起知识产权诉讼中，英国高等法院作出一审裁定，MG的商标和标识权归南汽集团所有，并下令另一英国公司停止使用该商标。

2006年7月，南汽集团与破产的英国MG罗孚公司签署整体收购协议，收购的内容除MG罗孚公司的生产设备和研发中心，还有供应商手中的全部产品模具、MG品牌和4条生产线的知识产权。南汽集团在2007年5月恢复了MG的生产。就在南汽忙着重整MG罗孚的时候，有个英国人也在打MG商标的主意。2007年1月，该英国人成立了MGSportsandRacing欧洲公司。这个公司在2008年4月突然对外宣布已经生产出新款MGX－PowerWR跑车。该公司声称他们拥有使用MG标识的权利。无奈之下，2008年9月，南汽开始了漫长的诉讼维权历程。2010年2月19日，英国高等法院法官裁定南汽在2005年就已买下MG的商标和标识权，他下令欧洲公司停止使用MG标志。（崔静思）

52. 田力普会见中国商飞董事长

3月2日，国家知识产权局局长田力普会见了中国商用飞机有限责任公司董事长张庆伟一行。在听取了企业的工作报告后，田力普指出，要提高国有企业知识产权意识和运用能力，全面发挥国有大中型企业在建设创新型国家中的示范和引领作用。国家知识产权局副局长甘绍宁参加了会见。

2009年，该公司在中国共申请专利49件，获授权11件，并在域名、软件著作权和商标运用管理等方面初步建成了一套知识产权保护体系。中国商飞公司是实施国家大型飞机重大专项中大型客机项目的主体，也是统筹干线飞机和支线飞机发展、实现我国民用飞机产业化的主要载体。

（汪玮玮）

53. 田力普在京会见上海市副市长赵雯

3月2日，国家知识产权局局长田力普在北京会见了来访的上海市人民政府副市长赵雯一行，双方就上海世博会的知识产权保护、上海市知识产权公共服务平台、知识产权人才培养等方面的工作进行了交流。双方表示，将进一步共同推动上海世博会知识产权保护等工作。

田力普指出，国家知识产权局非常重视上海知识产权工作的开展，将积极落实双方部市合作确定的有关工作事项，切实做好上海世博会知识产权保护工作。他希望上海进一步发挥国际大都市的优势，不断强化知识产权领域对外宣传窗口作用，向国际社会展示我国加强知识产权保护的良好形象，精心打造上海知识产权国际论坛，努力形成一个具有国际影响力和吸引力的对外交流品牌。赵雯对国家知识产权局长期以来给予上海知识产权工作的高度重视和大力支持表示感谢。

（赵建国）

54. 国家知识产权局欢送12名干部赴地方挂职

3月2日，国家知识产权局举行了2010年赴地方局挂职干部欢送会。12名干部将分别赴广东、天津、江苏等12个省、市知识产权局进行为期1年的挂职。

会上，国家知识产权局副局长贺化在讲话中首先对各位挂职干部表示祝贺，对他们和所在部门克服困难、服务大局表示感谢，并对挂职干部提出了“两个牢记，一个清楚”的具体要求：要牢记身为国家知识产权局公务人员的身份，树立局工作人员的良好形象；牢记自己的工作任务，少说多干，贡献专长。要清楚挂职干部的身份和定位，做到“帮忙不添乱、做事不争功”。国家知识产权局相关部门负责人和挂职干部及其所在部门负责人参加了欢送会。（赵建国）

55. 全国政协十一届三次会议开幕

3月3日，中国人民政治协商会议第十一届全国委员会第三次会议在北京人民大会堂开幕。全国政协主席贾庆林在向大会报告工作时指出，2009年，人民政协事业呈现出务实进取的良好局面；2010年，人民政协要紧紧抓住加快经济发展方式转变这个重点，努力促进经济平稳较快发展。党和国家领导人胡锦涛、吴邦国、温家宝、李长春、习近平、李克强、贺国强、周永康等出席了开幕大会。

政协十一届二次会议以来，委员们就办好上海世博会、实施知识产权战略等提出若干提案。一年来，政协委员、政协各参加单位和各专门委员会共提交提案5820件，经审查，立案5218件。截至2010年2月20日，180个承办单位已办复提案5196件，占立案总数的99.58%。（张海志）

56. 全国知识产权信息应用与服务工作会议召开

3月3日，在福建武夷山召开的全国知识产权信息应用与服务工作会议上，国家知识产权局副局长杨铁军指出，一年来，全国知识产权信息应用与服务工作取得显著成就。要进一步解放思想、开拓创新、真抓实干、注重实效，更好地利用知识产权信息推进我国经济社会的发展。

会议以加强知识产权信息服务体系建设和提升应用能力为主题，由国家知识产权局主办、福建省知识产权局承办，旨在推动全国知识产权信息应用与服务工作，促进专利信息服务于经济社会发展和科技创新。来自国务院国有资产监督管理委员会、国家发展和改革委员会、全国知识产权局系统等机构的140余名代表参加了会议，研讨了新形势下推进工作的新思路和新举措。会议的召开对于增进知识产权信息应用与服务相关机构的交流和沟通、提高知识产权信息服务的质量、提升知识产权信息应用的能力具有重要意义。

（汪玮玮）

57. 北京区县知识产权“牵手计划”启动

3月3日，北京市知识产权局组织召开2010年区县知识产权局长会暨区县知识产权专业支持签约仪式，19家知识产权专业服务机构与18个区县及北京经济技术开发区知识产权局签署“区县知识产权专业支持战略合作协议”，北京市区县知识产权专业支持计划——“牵手计划”正式启动实施。

“牵手计划”是由北京市知识产权局倡导和推动的一个专项计划，“牵手计划”实施后，每年都会依据区县知识产权工作的总体进展，开展一项或几项重点工作。2010年，北京市将重点实施区县知识产权“十九个一”专项工程，即18个区县和北京经济技术开发区根据本区域工作重心和经济布局特点，分别实施一项知识产权融入区域经济的重点专项工作。（张海志）

58. 温家宝在政府工作报告中指出要大力实施知识产权战略

3月5日上午9时，十一届全国人大三次会议在人民大会堂开幕。国务院总理温家宝在代表国务院向大会作政府工作报告时指出，2010年经济社会发展预期目标之一是，国内生产总值增长8%左右，并强调要好字当头，引导各方面把工作重点放到转变发展方式、调整经济结构上来。温家宝表示，要认真贯彻自主创新的方针，全面推进创新型国家建设，加快实施科学技术重大专项。要大力实施知识产权战略，加强知识产权创造、应用和保护。进一步激发广大科技工作者和全社会的创新活力。

温家宝指出，2010年是继续应对国际金融危机、保持经济平稳较快发展、加快转变经济发展方式的关键一年。2010年发展环境虽然有可能好于去年，但是面临的形势极为复杂。经济社会发展中仍然存在内升动力不足、自主创新能力不强等突出问题亟待解决。他从提高宏观调控水平，保持经济平稳较快发展；加快转变经济发展方式，调整优化经济结构；全面实施科教兴国战略和人才强国战略等8个方面报告了2010年要重点抓好的工作。（刘　仁）

59. 田力普接受央视专访　畅言实施知识产权战略

3月8日，国家知识产权局局长田力普在接受中央电视台两会特别报道专题节目——《两会“锐”观察》的专访时表示，我国转变经济发展方式，要从主要依靠增加物质资源消耗，向主要依靠智力资源转变。要大力实施知识产权战略，为转变经济发展方式转变提供有力支撑。

在谈到当前知识产权工作面临的困难时，田力普表示，温总理在2010年的政府工作报告中提到了贸易保护主义明显抬头的问题，目前已经看到贸易保护主义抬头的发展趋势。他指出，侵权、盗版是全球性问题，在各国都存在，中国政府一向重视知识产权保护工作。田力普结合2010年的政府工作报告，介绍了国家知识产权战略实施、资助向国外申请专利和知识产权质押等知识产权工作的亮点以及目前面临的困难。（刘　珊）

60. 国家知识产权局与马歇尔法学院合作成果喜人

3月10日，中国知识产权培训中心与马歇尔法学院联合培养硕士研究生毕业典礼在京隆重举行。中国国家知识产权局局长田力普与美国马歇尔法学院院长约翰·考克利共同出席典礼，并为学员颁发毕业证书。田力普表示，中国国家知识产权局与马歇尔学院的合作在促进中美两国人民的理解与交流中发挥了重要的作用，这种互利共赢的合作模式为两国在其他领域的交流与合作树立了典范。

中国国家知识产权局在与马歇尔法学院合作的16年中，选派了385名人员接受过马歇尔法学院的各种教育和培训，特别是在1999年中国知识产权培训中心与马歇尔法学院签订合作协议后，国家知识产权局共有80多人获得法学硕士学位。在此次毕业典礼上，共有12名2009级毕业生获得法学硕士学位。（柳　鹏）

61. "两高"加大知识产权司法保护力度

3月11日，十一届全国人大三次会议召开第四次全体会议，最高人民法院院长王胜俊和最高人民检察院检察长曹建明分别作工作报告。2009年，我国知识产权司法保护进一步加强，全年各级人民法院审结知识产权案件3.6万件，同比上升29.7%，人民检察院起诉假冒专利、注册商标等犯罪嫌疑人2695人，为促进自主创新，应对金融危机，实现我国经济平稳较快增长提供了重要保障。

王胜俊表示，为促进自主创新，最高人民法院制定贯彻实施国家知识产权战略的意见和保护驰名商标等司法解释，指导地方各级法院深入开展"优化自主创新司法环境"主题活动，审结知识产权案件3.6万件，同比上升29.7%。曹建明表示，最高人民检察院不断强化法律监督、对自身执法活动的监督，着力加强对能源资源、生态环境和知识产权的司法保护，保障经济平稳较快发展。围绕鼓励和保护自主创新，加大知识产权司法保护力度，起诉假冒专利、注册商标等犯罪嫌疑人2695人。（刘　仁）

62. 实施知识产权战略备受两会关注

全国政协十一届三次会议、十一届全国人大三次会议分别于3月13日、14日闭幕。两会期间，加大力度支持自主创新，加强知识产权保护，实施知识产权战略等成为代表、委员热议的重要话题。

截至3月7日下午14时，全国政协会议共收到提案5430件，提案中围绕加快发展社会事业、保障和改善民生方面，共提出提案1700余件。其中，涉及教育、科技事业的提案510件，其中涉及贯彻落实国家知识产权战略、加大知识产权保护力度等重要议题。

3月14日，十一届全国人大三次会议批准了《政府工作报告》、全国人大常委会工作报告及其他重要报告，表决通过关于修改选举法的决定，圆满完成各项议程。据介绍，两会期间，代表团和代表共提出议案506件，截至3月13日，代表提出建议、批评和意见7418件。其中，加大力度支持自主创新，实施知识产权战略，充分发挥知识产权在我国转变经济发展方式中的重要作用成为代表们建言献策的主要议题之一。（刘　仁）

63. 国家知识产权局传达两会会议精神

3月15日，国家知识产权局在京召开传达两会会议精神大会。国家知识产权局局长田力普，全国政协委员、国家知识产权局副局长李玉光分别根据参加两会的亲身经历传达了两会会议精神。中央纪委驻国家知识产权局纪检组组长肖兴威，国家知识产权局副局长鲍红、甘绍宁出席大会。来自国家知识产权局机关、专利局副处以上干部，局属各单位、各社会团体领导以及部分离退休老干部参加了大会。

田力普介绍了2010年两会的有关情况和学习两会精神的体会。李玉光介绍了参加全国政协会议的相关情况，分析了委员们关注的热点问题。李玉光向本届政协提交了《落实2010年中央一号文件精神，切实加强植物新品种知识产权保护》、《关于加强中小企业知识产权金融服务工作的提案》和《关于加快完善我国专利技术交易市场体系的提案》3件提案。（汪玮玮）

64. 工业和信息化部出台意见加强知识产权应用和保护

3月16日，工业和信息化部发布《关于促进工业设计发展的指导意见》。该指导意见提出，促进我国工业设计加快发展，应加强知识产权应用和保护，营造良好的市场环境。

该指导意见指出，要鼓励企业和个人申请工业设计专利和进行著作权登记；建立工业设计知识产权信用公示制度和预警机制，加大对侵犯知识产权行为的惩处力度；建立完善工业设计知识产权交易平台和中介服务机构，促进知识产权的合理有效流通；鼓励和支持公民及法人以工业设计知识产权作价出资创办企业；鼓励在产品或包装等相关物品上标注设计机构或设计者名称。为鼓励企业加大工业设计研发投入，该指导意见要求加大对拥有自主知识产权的优势企业的财政投入和信贷支持。 （刘 仁）

65. 天津发布实施知识产权战略纲要

3月17日，天津市政府发布并全面启动实施《天津市知识产权战略纲要》（以下简称《天津纲要》）。天津市知识产权战略领导小组组长、副市长王治平在启动实施仪式上指出，要把知识产权战略的着力点始终放在提高自主创新能力上，放在促进产业和经济发展上，增强产业的整体创新能力和核心竞争力。

《天津纲要》首次全面系统地规划了天津市知识产权工作，提出了"到2012年，努力建设成为特色明显、知识产权综合实力和总体水平位居全国前列的国家知识产权产业化示范城市"的近期目标和"到2020年，努力建设成为环渤海知识产权中心和知识产权强市"的远期目标，确定了"打造滨海新区自主知识产权龙头，大力促进产业结构优化升级、加快推进自主知识产权产业化"等3个方面的战略重点，提出了"实施企业知识产权主体培育工程、实施知识产权保护工程、实施知识产权科学管理工程、实施知识产权支撑体系建设工程"等6项战略措施，明确了强化"组织领导、加大资金投入、完善激励机制"等6项保障措施。

（宁卫红）

66. 专家共话传统知识保护与制度创新

3月17～19日，在国家知识产权局举办的传统知识保护研讨会上，与会专家表示，应尽早在传统知识领域建立相应的制度，有利于在国际协调中赢得先机和更多的话语权。来自文化部、国家知识产权局及国家版权局相关部门人员及业界著名专家学者和国家传统知识知识产权保护试点县所在省等相关领域的代表参会。

2009年底举行的WIPO政府间委员会（IGC）第十五次会议再次讨论了保护传统文化表达民间文艺表达和保护传统知识两份"政策目标与核心标准"文件。为了给上述文件草案提出意见和建议，并更加深入地探讨具有我国特色的传统知识保护方式，与会专家就传统知识的知识产权保护、传统知识国际谈判议题、非物质文化遗产保护的立法和实践、民间文艺保护立法的进展以及我国传统医药知识产权保护和地方传统知识立法等议题进行了广泛研讨。 （姚文平）

67. 南存辉登上国家知识产权局文化大讲堂

3月18日，应国家知识产权局局长田力普的邀请，正泰集团股份有限公司董事长兼总裁南存辉登上了国家知识产权局文化大讲堂，作了题为"知识产权是企业发展之本"的演讲。国家知识产权局局长田力普，副局长贺化、鲍红、甘绍宁参加并出席演讲会。

南存辉强调，知识产权是企业发展之本，企业要做到可持续发展，必须对知识产权的重要性有一个深刻的认识，并建立一个系统的、完备的组织架构。企业应制定知识产权战略，必须把知识产权纳入企业战略来加以重视，以中长期的知识产权发展战略引领企业发展，并与整体的科技规划相匹配，为将来更好的运用知识产权战略打下基础。

文化大讲堂是由国家知识产权局直属机关党委主办、国家知识产权局团委和妇工委承办，将定期开展系列活动，为全局干部职工提供生动丰富的知识产权文化知识。来自局属各部门各单位党支部（总支）委员、团支部（总支）委员参加了演讲会。 （徐 忆）

68. 中国迎来加入《巴黎公约》25周年纪念日

3月19日，中国迎来了加入《保护工业产权巴黎公约》纪念日。这是世界知识产权组织管辖下的首个实体性公约，也是世界知识产权领域最为重要的国际公约之一。加入《保护工业产权巴黎公约》，标志着中国真正登上了知识产权国际舞台。

25年来，中国日渐融入国际知识产权大家庭，中国知识产权事业蓬勃发展，业已取得举世瞩目的成就：1985年4月至2010年1月，国外来华专利申请量累计达93.5598万件，专利授权量累计达44.2335万件。1994年，我国成为PCT缔约国，当年我国提交的PCT国际专利申请量仅为103件。2006年，这个数字接近4000件，位居世界第8位，2009年，我国共提交PCT国际专利申请8000件，升至世界第5位。截至2009年9月30日，中国企业和个人提出的商标国际注册申请累计9477件，年申请商标国际注册量连续4年在马德里商标国际注册联盟成员中排名第8位，在发展中国家成员中排名第1位。实践已经充分证明，融入国际知识产权大家庭，对我国知识产权制度健康快速发展起到了积极的作用，也充分彰显了中国知识产权走向世界的步伐越发矫健。

（汪玮玮）

69. 中日企业共论专利权的取得与运用策略

3月23日，第四届中日企业合作会议在京召开。来自华为、海尔、中兴通讯、腾讯、天士力、比亚迪等中国企业的代表与来自理光、松下电工、索尼、东芝、先锋、阿尔卑斯电器等日本企业的代表围绕“专利权的取得”与“专利权的运用”两大主题进行了深入交流和研讨。

中国专利保护协会会长王景川与日本知识产权协会副理事长铃木元昭代表主办单位在会上致辞。据了解，中日企业合作会议是由中国专利保护协会和日本知识产权协会共同举办的，两协会会员企业之间可以就知识产权热点问题在会上相互交流和研讨。前三届分别围绕专利网的战略布局、知识产权教育活动、企业知识产权激励机制等主题进行了深入的讨论和交流，取得了良好的效果。（肖　潇）

70. 国家知识产权局开展“制度建设年”活动

3月24日，国家知识产权局召开会议，传达贯彻国务院第三次廉政工作会议精神，动员部署开展“制度建设年”活动和廉政风险点排查工作。中央纪委委员、国家知识产权局党组书记、局长田力普，局党组成员、副局长杨铁军、鲍红、甘绍宁出席会议。会议由局党组成员、中央纪委驻国家知识产权局纪检组组长肖兴威主持。

田力普表示，我们要认真学习、深刻领会，结合知识产权工作的实际，认真贯彻落实，特别是要与贯彻落实十七届中央纪委五次全会精神结合起来，与认真落实局党组确定的反腐倡廉各项任务结合起来，以更大的决心和更加强烈的责任感，努力把反腐倡廉工作提高到新的水平，建设为民、务实、清廉的服务型政府机关。国家知识产权局机关各部门，专利局各部门，局直属各单位、各社会团体主要负责人参加了会议。（高百丽）

71. 国家知识产权局专利局代办处工作会议召开

3月24～25日，2010年国家知识产权局专利局代办处工作会议在南昌召开。江西省副省长谢茹，国家知识产权局副局长贺化出席会议。贺化在讲话中指出，作为我国知识产权事业中的一支重要力量，国家知识产权局专利局专利代办处的发展进入了关键时期。牢牢把握机遇，大力推动代办处工作全面、协调、可持续发展，是落实《国家知识产权战略纲要》的有力举措，也是加快国家知识产权局强局建设的重要步骤。

会议还对上海等7个荣获2009年先进代办处称号以及成都等6个荣获2009年优秀质量代办处称号的代办处进行了表彰。据悉，2009年，由代办处受理的专利申请67.4万件，占全年受理总量的70%左右，受理量比上一年增长了16.4%。2010年1月25日，专利代办处率先完成中国电子审批系统的切换工作，至今已顺利运转两个月，为国家知识产权局的信息化建设作出了重要贡献。（裴　宏）

72. 改善创新环境建设创新型国家高层论坛举办

3月25日，改善创新环境，建设创新型国家高层论坛在北京隆重举行。国家知识产权局副局长甘绍宁在论坛上强调，中国保护知识产权的立场坚定不移，要切实做到打击侵权行为不手软，开展维权行动不松懈，加强知识产权保护不回头。

甘绍宁指出，在创新型国家建设中，政府的一项重要工作就是确保市场这一主要的创新动力源能够发挥最大的效能，其中的关键就是以知识产权为核心的产权制度。知识产权创造活力的迸发，将拓展中外企业的合作空间；知识产权成果的大量产业化，将繁荣技术市场、促进技术价值的实现；知识产权管理能力的完善，将提高公共服务的水平；知识产权保护的加强，将使创新成果得到尊重，营造出更为健全的投资环境。（柳　鹏）

73. WIPO落实发展议程地区研讨会在成都开幕

3月29日，由世界知识产权组织（WIPO）与中国国家知识产权局联合举办、成都市人民政府承办的WIPO落实发展议程地区研讨会在成都市隆重举行。WIPO副总干事杰弗瑞·奥尼亚马、中国国家知识产权局局长田力普、成都市市长葛红林出席开幕式并致辞。

田力普在致辞中强调，发展问题是包括中国在内的广大发展中国家所面临的重大问题和挑战，也是当今国际社会普遍关注的重大议题。当前，全球化和科学技术的新发展对知识产权制度提出了很多新课题；全球性重大问题相互交织，也给世界知识产权体系带来挑战。田力普呼吁，各国应该携手并进，共同推动建立一个平衡有效的知识产权制度，使其能够考虑处于不同发展水平的国家的不同需求，并有利于各国应对在发展过程中的重大问题和挑战，有利于促进各国经济社会发展。（周渝利）

74. 国家知识产权局发布信息公开年度报告

3月29日，国家知识产权局发布了《2009年政府信息公开工作年度报告》，2009年全年国家知识产权局主动公开政府信息共1124条，没有因信息公开而被提起行政复议或行政诉讼。同时公布的还有2010年度预算，这是国家知识产权局首次向全社会公开年度预算。

国家知识产权局的政府信息公开数量与透明度逐年稳步增长。2009年，国家知识产权局在门户网站上开设"政府信息公开专栏"，将涉及25个类别、60余项、900多条的政府信息向全社会公布。截至2009年底，国家知识产权局政府门户网站点击量近40亿次，已经成为社会公众了解国家知识产权方针政策、发展动态，获取知识产权政府信息的重要平台。（刘阳子）

75. 我国首部商业秘密保护部门规章出台

为进一步加强中央企业商业秘密保护管理，3月，国务院国有资产监督管理委员会出台了《中央企业商业秘密保护暂行规定》，这是我国第一部关于商业秘密保护的部门规章。

据了解，国资委保密委在广泛调研的基础上，历时逾半年时间，起草了《中央企业商业秘密保护暂行规定》。该规定主要包括总则、机构与职责、商业秘密的确定等6章共34条。国资委有关负责人表示，规定的出台为中央企业商业秘密保护提供了重要法律依据，将极大地推动央企加强商业秘密保护工作，确保企业核心经营信息和技术信息安全，为国有资产保值增值发挥重要保障作用。（张海志）

76. 我国受理专利申请超600万件

国家知识产权局统计信息显示，截至2010年3月，我国受理专利申请量已突破601.1448万件。

其中，发明专利申请200.5779万件，实用新型专利申请207.3596万件，外观设计专利申请193.2073万件。在申请总量中，国内申请量为506.0165万件，其中发明专利申请118.4512万件，实用新型专利205.8905万件，外观设计专利申请181.6748万件；国外申请量为95.1283万件，其中发明专利申请82.1267万件，实用新型专利申请1.4691万件，外观设计专利申请11.5325万件。截至2010年3月，国家知识产权局已授权专利323.0677万件。（李　群）

77. 我国纪念《专利法》实施25周年座谈会举行

4月1日，由全国人大教科文卫委员会、全国人大常委会法制工作委员会、国务院法制办公室、国家知识产权局联合举办的"纪念《中华人民共和国专利法》实施25周年座谈会"在北京人民大会堂隆重举行。十一届全国人大常委会副委员长路甬祥出席座谈会并作重要讲话，全国人大教科文卫委员会主任委员白克明主持会议，国家知识产权局局长田力普作主题发言。

围绕"激励创新、科学发展"的座谈主题，全国人大常委会法工委副主任信春鹰、国务院法制办副主任袁曙宏、国家工商总局副局长付双建、国家版权局副局长阎晓宏作了发言；原专利法起草小组成员郭寿康以及中国铝业公司、华为技术有限公司、IBM中国有限公司、中科院大连化学物理研究所等专利权人的代表讲话；来自国务院有关部门、专利代理机构等代表共80多人参加了座谈会。据悉，1985年4月1日，《专利法》正式实施。为适应我国经济社会发展的需要，我国分别于1992年、2000年和2008年对《专利法》进行了3次修改。（吴　辉）

78. 新修改的《知识产权海关保护条例》施行

4月1日，新修改的《中华人民共和国知识产权海关保护条例》开始施行。

该条例分为总则、知识产权的备案、扣留侵权嫌疑货物的申请及其处理、法律责任、附则等5章，共33条。新修改的条例完善了知识产权海关备案变更、注销制度。新修改的条例增加了"海关总署可以根据有关利害关系人的申请撤销有关备案，也可以主动撤销有关备案”的规定，并将旧条例中“备案知识产权的情况发生改变”的表述修改为“知识产权备案的情况发生改变”等规定。在侵权货物的处理方面，新修改的条例明确将个人携带或者邮寄进出境的侵权物品，超出自用、合理数量的，视为侵权货物。同时，新修改的条例增加了知识产权权利人撤回扣留涉嫌侵权货物申请的规定，在海关应当放行被扣留的侵权嫌疑货物的情形中，增加了“在海关认定被扣留的侵权嫌疑货物为侵权货物之前，知识产权权利人撤回扣留侵权嫌疑货物的申请的”规定。（黄　伟）

79. 温家宝撰文指出要坚定不移地实施国家知识产权战略

4月1日，中共中央政治局常委、国务院总理温家宝在《求是》杂志发表重要文章《关于发展社会事业和改善民生的几个问题》。温家宝在文章中指出，要坚定不移地实施国家知识产权战略，大力营造保护知识产权的法制、市场和文化氛围，大力提升知识产权的创造、运用、保护和管理能力，不断提高经济发展的质量和效益。

温家宝在谈到用科技的力量推动经济发展方式转变时指出，保护知识产权就是保护创新的原动力。加强知识产权保护，是激励创新、推动经济发展方式转变的必然要求，也是提升对外开放水平、加快结构调整的迫切需要。温家宝强调要大力推动自主创新等。（欣　华）

80. 田力普会见世界知识产权组织副总干事

4月1日，中国国家知识产权局局长田力普会见了来访的世界知识产权组织（WIPO）副总干事杰弗里·奥尼亚马。

田力普指出，中国愿意分享在知识产权发展过程中的经验，利用有限的资源和能力与其他发展中国家开展紧密合作。中国国家知识产权局也愿与WIPO保持更紧密的关系，进一步加强交流和合作。杰弗里·奥尼亚马表示，WIPO将继续与中国国家知识产权局紧密合作，使双方的友好合作更加富有成效。（杨　申）

81. WIPO总干事致辞第10个世界知识产权日

2010年世界知识产权日的主题是“创新——将全世界联系在一起”。“WIPO致力于确保知识产权制度继续服务于鼓励创新和创造这一最根本的目标，并确保人人都能从知识产权制度中获益，从而有助于将全世界更紧密地联系在一起。”在第10个世界知识产权日到来之际，世界知识产权组织（WIPO）总干事弗朗西斯·高锐发表了致辞。

高锐在致辞中表示，创新技术正在创建一个真正意义上的全球社会。在将全世界联系在一起的过程中，知识产权制度占有一席之地。它为开展技术交易和传播工作提供了框架，奖励创新和竞争，让我们能更加有序地携手应对共同面临的气候变化和不断攀升的能源需求等全球性挑战。（柳　鹏）

82. 7项知识产权措施促中关村示范区建设

4月2日，2010年中关村国家自主创新示范区知识产权工作会暨中关村知识产权推进工程启动仪式举行。据悉，2010年，北京市知识产权局将联合中关村管委会开展知识产权推进工程，中关村重点产业联盟知识产权推进计划等7项新举措将力促中关村示范区建设。

根据《中关村国家自主创新示范区知识产权推进工程工作方案》，北京将进一步实施中关村重点产业联盟知识产权推进计划，计划在每个重点园区扶植1～2个知识产权联盟，通过支持联盟企业建立行业专利数据库等工作提升园区重点行业的知识产权整体水平；实施中关村知识产权“引优扶强”计划，引导优质专利代理资源为中关村百家创新型试点企业提供高质量的专利挖掘与管理服务；实施中关村高新技术企业培育计划，通过知识产权托管，针对中关村百家创新型试点企业的个性化需求，提供不同类型的知识产权托管套餐服务等。（张海志）

83. 2010年国家知识产权战略实施推进计划确立

为全面推进2010年国家知识产权战略实施工作，深入开展2010年保护知识产权工作，4月，国家知识产权战略实施部际联席会议28个成员单位共同印发实施《2010年国家知识产权战略实施推进计划》（以下简称《2010年推进计划》）和《2010年中国保护知识产权行动计划》（以下简称《2010年行动计划》）。

《2010年推进计划》在总结2009年战略实施成绩的基础上，结合当前形势和我国发展目标，确定了2010年战略实施的工作重点，提升知识产权创造能力、鼓励知识产权转化运用、加快知识产权法制建设、提高知识产权执法水平、加强知识产权行政管理、发展知识产权中介服务、加强知识产权人才队伍建设等9方面提出具体措施。《2010年行动计划》提出了"完善制度,加强执法,突出专项,推进协调,强化宣传,规范管理"二十四字方针,结合实际和各相关部门职能,从知识产权法制建设、审批登记、知识产权行政执法、知识产权司法保护、知识产权执法体制机制建设、知识产权宣传、知识产权培训教育、知识产权国际交流合作、推进企业知识产权保护、为权利人提供服务等10个方面提出164项具体措施,并明确了牵头和参与部门。整个计划针对性强,对我国2010年知识产权保护工作的全面开展具有重要指导作用。

(付明星 张 静)

84. 司法部出台意见落实知识产权战略纲要

为贯彻实施《国家知识产权战略纲要》,充分发挥司法行政工作在实施国家知识产权战略和保护知识产权工作中的职能作用,司法部2010年4月出台了《国家知识产权战略纲要意见》。

该意见指出,要积极为知识产权的创造、运用、保护和管理提供法律服务;要引导律师积极为我国申请人对外专利申请服务,促进自主知识产权水平的提高;为核心版权产业的发展、植物新品种开发和高水平集成电路布图设计提供法律支持;为商业秘密、地理标志、遗传资源、传统知识和民间文艺的有效保护和合理利用提供法律服务;通过代理专利商标等知识产权的注册及复审申请,通过法律程序确认有关知识产权,促使更多自主知识产权成果的产生;要引导律师通过协助市场主体办理专利、商标、版权等知识产权的转让和许可,审查知识产权的转让和许可合同,推动创新成果投入实际应用,促进市场主体对知识产权的有效运用;要引导律师通过提供服务健全,完善由专利、商标、著作权、商业秘密等知识产权构成的保护体系,全方位地保护市场主体创新成果。

(赵建国)

85. 浙苏鲁粤纺织产业建立联席会议制度

4月12日,我国四大纺织品集散中心的版权管理部门、市场管理机构代表齐集浙江绍兴,正式签订《浙江绍兴、江苏南通、山东潍坊、广东佛山纺织品市场版权保护与合作协议》。四地将联手在版权登记、执法保护、版权宣传等方面加强协作。

浙江绍兴、江苏南通、山东潍坊、广东佛山是我国著名的四大纺织品集散地。面对版权跨区域保护的瓶颈,由绍兴县中国轻纺城花样版权登记管理保护办公室发起、四地共同协商的跨区域纺织品市场版权保护协作机制应运而生。各方在建立四地联席会议制度、市场版权宣传协作制度、作品登记证据优先采信、版权侵权案件协查、版权管理机构花样登记资料库信息互查共享、联合举办花样创意大赛、协作信息通报等方面达成一致。预计,四地纺织品市场版权保护与合作细则将于2010年上半年出台。

(刘 仁)

86. 中国—东盟知识产权合作会议在京开幕

4月13日,由中国国家知识产权局主办的中国—东盟知识产权合作会议在京开幕。中国国家知识产权局局长田力普、世界知识产权组织总干事弗朗西斯·高锐、中国驻东盟大使薛捍勤出席开幕式并致辞。

田力普强调,加强中国—东盟知识产权领域的合作,不仅能够促进中国与东盟各国知识产权制度的健全、完善与协调发展,激励和提高科技创新能力,营造良好的区域投资环境,促进经济繁荣与经贸往来,而且对于巩固、拓展和深化中国与东盟的战略伙伴关系,实现共同发展、互利双赢的全方位合作目标,推动本地区的和平与繁荣也有着重要意义。来自东盟10个成员国知识产权主管部门的40余名高级代表参加了会议。在为期1天半的会议中,与会人员与中国国家知识产权局代表就备忘录涉及的知识产权制度建设以及知识产权审查、审查员培训、自动化与数据库建设等共同关心的问题进行了深入的交流和讨论。

(柳 鹏)

87. 北京市召开知识产权工作会

4月14日,2010年北京市知识产权工作会召开。国家知识产权局副局长鲍红、北京市副市长苟仲文出席会议。

鲍红充分肯定了2009年北京市知识产权工作所取得的成绩并强调,北京作为首都和国际交往的中心,凝聚了无可比拟的智力优势和科教资源,拥有推进知识产权工作的独特优势,同时也必然成为应对各种知识产权挑战的主战场,北京"世界城市"建设的提出,为首都发展开拓了巨大的空间,知识产权工作在世界城市建设中必将大有可为。据悉,2009年北京市专利申请量和授权量分别突破5万件和2万件,自2005年以来连续5年保持两位数的增长速度,知识产权创造能力实现进一步提升,知识产权工作为世界城市建设发挥

出积极作用。（张海志）

88. 中国电影著作权协会成立

4月16日，中国电影著作权协会在京成立并召开了第一届会员大会。新闻出版总署副署长、国家版权局副局长阎晓宏、广电总局副局长张丕民等相关领导出席会议并讲话。

中国电影著作权协会前身为中国电影版权保护协会，是全国唯一的电影著作权集体管理组织，目前的职能已由行业维权组织转向著作权集体管理组织。协会成立后，将在全国范围内对其会员电影作品和以类似摄制电影的方法创作的作品的著作权以及与著作权相关的权利进行维护和许可，促进国产电影创作、传播和使用。据了解，协会可以受会员单位委托发放电影作品的使用许可，收取和转付使用费用，并进行维权。（肖　悦）

89. 2010年知识产权南湖论坛开讲

4月17日，由中南财经政法大学知识产权研究中心主办的2010年知识产权南湖论坛“经济全球化背景下知识产权制度完善与战略推进”国际研讨会开讲。国家知识产权局顾问、前任局长王景川出席论坛。他表示，国家知识产权战略的实施与推进为转变经济发展方式发挥了重要作用。

会上，中南财经政法大学校长吴汉东、同济大学知识产权学院院长陶鑫良等专家学者先后发言，就知识产权与创新的关系、专利法实施、商业秘密保护、品牌塑造等表达了观点。来自美国、欧洲、日本等国家和地区的有关机构代表以及国内有关部门及各地行业代表300余人参加了论坛。（赵建国）

90.《知识产权之歌》唱响第107届广交会

4月18日上午，从第107届中国进出口商品交易会琶洲展馆A、B馆中央平台传来一阵激昂的歌声，广东省政府知识产权办公会议办公室和中国对外贸易中心在这里联合举行2010年全省知识产权宣传周活动开幕式暨“4·26世界知识产权日”主题宣传活动。商务部副部长钟山、广东省政府副省长宋海等有关领导出席了相关活动。

钟山、宋海等为2009年度在以《专利合作条约》(PCT)为提交途径的国际专利申请量、发明专利申请量等位居全省前三名的企业、高校、科研等单位进行颁奖。广东省知识产权办公会议办公室主任、广东省知识产权局局长陶凯元发布了该省2010年知识产权宣传周活动方案。据了解，《知识产权之歌》由元苑，舒卷作词、著名作曲家元林作曲。歌曲反映了我国知识产权人对知识产权事业的热爱，对建设知识产权强国的坚定决心和信心。（顾奇志）

91. 第八届中国国际软件合作洽谈会举行

4月19日，以“软件改变生活，服务创造价值”为主题的第八届中国国际软件合作洽谈会在四川省成都市开幕。国家知识产权局党组成员、中央纪委驻国家知识产权局纪检组组长肖兴威在致辞中表示，与其他产业相比，软件产业具有典型的知识产品属性，软件商业价值的实现，必须由知识产权制度来保证。

本届中国国际软件合作洽谈会由工信部、国家知识产权局、中国国际贸易促进委员会等相关部委和四川省人民政府主办，成都市人民政府、四川省经济和信息化委员会承办。（周渝利）

92. 2010年全国知识产权宣传周活动启动

4月20日上午9时，以“创新·保护·发展”为主题的2010年全国知识产权宣传周启动仪式在北京举行。宣传周组委会主任、国家知识产权局局长田力普代表组委会致辞，宣传周组委会25个成员单位的领导共同揭开2010年全国知识产权宣传周启动的大幕。世界知识产权组织总干事弗朗西斯·高锐为宣传周发来贺辞。启动仪式由国家知识产权局副局长鲍红主持。

田力普指出，从2004年开始，围绕每年的世界知识产权日开展全国性的知识产权宣传活动，已经成为我国知识产权领域的一大盛事。2010年的宣传周期间，宣传周组委会25个成员单位将在全国范围内掀起知识产权集中宣传的高潮，希望通过广泛、深入、持久的宣传，能够在全社会进一步形成尊重和保护知识产权的良好氛围，让“尊重知识、崇尚创新、诚信守法”的知识产权文化理念成为人们的自觉意识和行为准则。（汪玮玮）

93. 2010年全国知识产权执法维权专项行动全面展开

4月20日，2010年全国知识产权执法维权专项行动暨中国(北京)知识产权维权援助中心开放日活动仪式在京举行。国家知识产权局副局长甘绍宁按下启动仪式按钮，2010年全国知识产权局系统执法维权专项行动全面展开。

2010 年“4·26”～“5·26”期间，全国知识产权局系统将组织开展知识产权执法维权专项行动的“集中行动”。各地知识产权局将根据当地中心工作，围绕上海世博会等全国性重大活动和当地大型活动，重点打击群体侵权、反复侵权、假冒专利行为和涉及专利的诈骗行为，并将着力推进知识产权维权援助中心制度建设和能力建设，提高知识产权维权援助中心和 12330 公益电话的影响力和知名度，不断提升政府在知识产权维权领域的公共服务能力，满足社会各界对知识产权保护的需求。（张海志）

94. 中国知识产权高层论坛隆重开讲

4 月 20 日，以“建立平衡有效的知识产权制度”为主题的 2010 年中国知识产权高层论坛在北京举行。全国人大常委会副委员长路甬祥、国际展览局秘书长洛塞泰斯分别为论坛发来贺信，国家知识产权局局长田力普、国家工商行政管理总局副局长付双建、国家版权局副局长阎晓宏在开幕式上致辞。

本届论坛由国家知识产权局、国家工商行政管理总局、国家版权局联合主办，中国国际贸易促进委员会协办。论坛上，来自知识产权主管部门、知名企业、世界知识产权组织、美国电影协会等的 15 位嘉宾围绕“知识产权与经济社会发展”、“充分发挥专利制度激励创新的作用”、“全球化背景下商标保护的执法与合作”、“数字环境下的版权保护新趋势”、“展会知识产权保护与利益平衡”5 个分议题作了主题演讲。国务院有关部委、驻华使馆、全国各地方知识产权局、外商机构、国内外知名企业及中介机构的代表以及知识产权学者等 350 余人出席了论坛。（汪玮玮）

95. EPOQUE 系统中的美国专利数据向国家知识产权局开放

4 月 20 日，EPOQUE 系统中的美国专利数据向中国国家知识产权局开放仪式在北京举行。中国国家知识产权局副局长杨铁军出席并指出，美国专利全文图像数据和全文文本数据向中国国家知识产权局的开通是美国专利商标局和中国国家知识产权局合作史上的一个重大事件，不仅扩展了两局国际合作的新领域，同时也标志着两局合作进入一个新阶段。

杨铁军在致辞中表示，美国专利商标局授权欧洲专利局向中国国家知识产权局开放其专利数据的举动，不仅使中国的审查员能够更为便利检索和浏览美国的专利文献，提高审查工作的效率和质量，也向全世界表明了其在专利信息传播方面自由开放的态度，同时也促进了美国专利信息在中国的广泛传播。他还向欧洲专利局对该数据库的开放所做的努力和贡献表示了感谢。

（柳　鹏）

96. 中国知识产权司法保护状况白皮书发布

4 月 20 日，最高人民法院发布了《中国法院知识产权司法保护状况（2009 年）（中英文本）》白皮书，这是最高人民法院首度以年度保护状况的形式向社会发布人民法院知识产权司法保护状况。

白皮书指出，1985～2009 年，人民法院共审结知识产权民事一审案件 16.6408 万件，审结知识产权行政一审案件 6387 件；1997～2009 年，共审结知识产权刑事一审案件 1.4509 万件。白皮书指出，2009 年，我国知识产权案件数量增多、新类型案件增多、重大疑难案件增多、案件审理难度加大，其中知识产权民事案件增幅明显，远超过其他类型民商事案件的增幅。我国法院加大知识产权案件调解力度，努力构建知识产权审判“大调解”格局。（魏小毛）

97. 我国受理发明专利申请量累计突破 200 万件

4 月，国家知识产权局发布信息，截至 2010 年 3 月 31 日，我国受理的发明专利申请量累计突破 200 万件。据悉，发明专利申请量达到第 2 个 100 万仅用了 4 年 8 个月，比达到第 1 个 100 万件所用时间缩短了 15 年 8 个月。

近年来我国自主创新能力稳步提升，专利工作实现跨越式发展。其中，国内发明专利申请占全部发明专利申请的比例由第 1 个 100 万件的 50.6%上升至第 2 个 100 万件的 67.0%；国内职务发明专利申请占国内发明专利申请的比例、国内企业发明专利申请占国内职务发明专利申请的比例也分别由第 1 个 100 万件的 56.2%和 61.9%上升至第 2 个 100 万件的 73.1%和 68.5%。（刘晓斌）

98. 第二届北京市发明专利奖开始评选

4 月 20 日，第二届北京市发明专利奖评选工作启动，申报期为 2010 年 4 月 20 日至 6 月 10 日，最高奖励金额为 100 万元，获奖项目将在

2011年第一季度进行统一表彰。

参与第二届北京市发明专利奖评选的申报项目，须由所在北京市各区县知识产权局、所在局以上单位、指定单位或两位院士推荐后，经专家评审、评委会评审和项目公示，上报市政府批准，并将于2011年一季度进行颁奖。数据显示，在首届北京市发明专利奖评选中，获奖单位的同类专利在其最相关的技术领域中的占有率达到44.8%，获奖项目的平均年销售额达到2.15亿元，利税0.55亿元，自主创新能力和专利产业化效果对企业经济效益的影响十分明显。（张海志）

99. 第五届发明创业奖颁奖

4月22日上午，第四届“中国发明家论坛”暨第五届“发明创业奖”颁奖典礼在北京人民大会堂隆重举行。十一届全国人大常委会副委员长桑国卫、科学技术部副部长张来武、国家知识产权局副局长鲍红等出席了典礼并为获奖者颁奖。

“发明创业奖”是经国家科学技术奖励工作办公室批准，由中国发明协会在2005年设立的奖项，主要奖励拥有重要技术发明、创新、自主知识产权且在应用和产业化方面作出突出贡献的发明人。本届“发明创业奖”经各省市发明协会等单位推荐和自荐、专家评选、网上公示、中国发明协会常务理事会核准，颁发给于春江等50位发明人，其中作出重大贡献的王康健等10人获得第五届“发明创业奖”特等奖，同时被授予“当代发明家”荣誉称号。（李　群）

100. 上海世博局暂停使用涉嫌侵权歌曲

4月，从上海世博会事务协调局获悉，世博局已经关注到上海世博会倒计时30天推广歌曲《2010等你来》的版权争议。为慎重起见，上海世博局已暂停使用该作品。

2003年年底上海世博局开始从全球征集“世博歌曲”。《2010等你来》于2004年经公开征集和专家评审，入选世博优秀歌曲。2010年，该歌曲经修改后被确定为上海世博会倒计时30天阶段性推广歌曲，并非上海世博会主题歌曲。世博局发言人表示，上海世博会组织者高度重视知识产权保护工作。按照世博会歌曲征集的相关法律程序，《2010等你来》的词曲作者均与上海世博局签署了协议，承诺作品系原创并不侵害第三方权益。（刘　仁）

101. 中美专家热议互联网版权保护

4月21日，中国商务部、中国国家版权局与美国专利商标局、美国版权局联合举行圆桌会议，就互联网服务提供商的共同侵权责任认定等互联网版权保护热点问题进行对话。来自中美版权管理机构、司法机关、境外权利人组织的代表参加了会议。

双方专家专题讨论了中美对互联网深度链接、搜索引擎、流媒体、视频分享网站等商业模式中涉及共同侵权责任认定的法律适用标准，就“技术中立原则”、“避风港原则”、“红旗原则”等交换了意见，还结合两国案例，针对服务提供商“明知或应知”侵权行为的认定标准等问题进行了深入探讨。双方代表表示，中美在互联网版权保护上的法律规定与司法实践非常接近，没有根本分歧，由于社会经济背景和产业发展阶段不同，双方在版权保护领域还应更加深入地沟通和交流。（刘　仁）

102. 中小企业知识产权战略推进工程首批试点启动

根据国家知识产权局、工业和信息化部2010年年初下发的《关于实施中小企业知识产权战略推进工程的通知》要求，两部门4月作出具体说明，正式启动中小企业知识产权战略推进工程首批试点城市申报工作。

由各省、区、市知识产权局、中小企业主管部门负责统一组织本区域工程申报和实施工作，要共同选择具备条件的城市，组织好城市申报方案编制、联合推荐等工作；申报程序为工程申报城市市政府向省知识产权局、中小企业主管部门提出工程申报申请，经省知识产权局和中小企业主管部门初审后，统一上报国家知识产权局、工业和信息化部；对于直辖市或计划单列市知识产权局、中小企业主管部门可直接向国家知识产权局、工业和信息化部申报，计划单列市不占所在省的申报名额，但申报文件应同时抄报所在省知识产权局和中小企业主管部门；各省可推荐3个以内的城市，参与全国首批工程实施单位评选，被推荐城市的申报资料由省知识产权局、中小企业主管部门分别报国家知识产权局、工业和信息化部。（赵建国）

103. 全国销毁盗版及非法出版物3600万件

4月22日，根据中共中央、国务院有关指示精神，全国31个省、自治区、直辖市统一举行了侵权盗版及非法出版物集中销毁活动、千万民众“拒绝盗版，从我做起”签名和发放绿书签活动。中共中央委员、全国“扫黄打非”工作小组专职副组长李长江和来自中共中央宣传部、政法委、最高人民法院、公安部、国家工商总局、国家版权局、海关总署等20多个部委、解放军、武警总部及有关国际组织驻华机构代表以及北京市有关部门负责人参加了北京主会场的活动。

2010年前3个月，全国已收缴各类非法出版物848万件，其中侵权盗版出版物784万件；查办侵权盗版出版物案件1894例。据统计，在2010年的统一行动中，全国销毁的盗版音像制品、盗版图书、盗版电子出版物及非法报刊共计3638.93万件，其中北京、广东、河北、江苏、河南、四川、浙江、贵州、湖北、黑龙江、甘肃、湖南、福建、广西、辽宁等地的销毁数量均超过100万件。（赵建国）

104.“知识产权进高校”活动在京启动

4月23日，纪念“五四”91周年暨“知识产权进高校”活动在京举行启动仪式，国家知识产权局副局长贺化出席仪式并讲话。

此次活动由国家知识产权局直属机关团委主办、国家知识产权局专利局初审及流程管理部团总支承办。“知识产权进高校”活动是以首都高校为活动主体对象的知识产权普及活动，旨在率先在高校群体中普及相关知识，为首都高校师生提供一个可以充分认识和了解知识产权的平台，让知识产权的理念和意识深入人心，使他们在今后的学习和工作中，对知识产权进行更好地把握和应用。此次活动的宣讲团由150多名国家知识产权局专利局初审及流程管理部青年业务骨干组成，他们将在北京地区40余所高校开展公益宣讲活动，活动直接覆盖听众预计达到4000人次。

（张海志）

105. 最高人民法院公布商标授权确权行政案件指导意见

4月25日，最高人民法院公布了《关于审理商标授权确权行政案件若干问题的意见》，首次以规范性文件的方式，对商标授权确权行政案件中商标显著性、驰名商标的保护、商标抢注、商品类似和商标近似判断等问题提出了明确的指导意见。

在这份共20条的指导意见中，首先明确了商标授权确权行政案件法律适用的总体性司法政策导向。其中指出，为有效遏制不正当抢注行为，人民法院依法适当从严掌握商标授权确权的标准。自2001年修改的商标法将商标授权确权行政终局裁决纳入司法审查范围以来，人民法院审理了近4000件商标授权确权行政案件，其中重大疑难复杂案件多，社会影响大和关注度高。为统一司法审查标准，最高人民法院于2009年公布了《关于专利、商标等授权确权类知识产权行政案件审理分工的规定》。（魏小毛）

106. 刘淇调研北京市知识产权工作

2010年4月26日，在第10个世界知识产权日之际，北京市委书记刘淇对北京市知识产权工作进行专题调研。他指出，近年来，首都知识产权工作取得很大成绩，专利质量、结构不断优化，知识产权中介组织发展良好，为人文北京、科技北京、绿色北京建设作出了贡献。创新是北京优化一产、做强二产、做大三产的关键，运用知识产权促进发展大有可为。

北京市委副书记、市长郭金龙一同调研。国家知识产权局局长田力普陪同调研。北京市领导李士祥、赵凤桐、苟仲文，市政府秘书长孙康林业一同调研。北京市知识产权局局长刘振刚向与会领导汇报了全市知识产权工作情况。（张海志）

107. 国家知识产权局举行开放日活动

2010年4月26日是第10个世界知识产权日。这一天，以“走近知识产权”为主题的国家知识产权局开放日活动在京举行。来自中国航天科技集团公司等24家中央企业的120名代表及近40家媒体记者，共同观看国家知识产权局宣传片、聆听专家演讲、参观国家知识产权局，真正零距离体验知识产权。

国家知识产权局副局长鲍红在活动中指出，我国专利法实施25年来，知识产权制度对我国经济发展、尤其是企业的发展起到了巨大的推动和支撑作用。把推进自主创新作为转变发展方式的中心环节，是企业，特别是大中型企业发展的必经之途。鲍红表示，国家知识产权局将不断总结经验，提高工作效率，想企业之所想，急企业之所急，服务企业需要，助力企业创新。据悉，自2006年以来，国家知识产权局开放日活动已成功举办5次，逐渐成为国家知识产权局每年庆祝世界知识产权日的重要内容。（汪玮玮）

108. 田力普做客人民网展开在线交流

2010年4月26日是第10个世界知识产权日,国家知识产权局局长田力普与人民日报副总编辑马利共同出席了人民网知识产权频道改版升级暨英文版上线仪式。田力普在与人民网网友在线交流时表示,中国政府将为世界各地的创新成果提供良好的知识产权保护,为办成一届"成功、精彩、难忘"的世博会提供有力支撑。

田力普还就中国知识产权保护现状,知识产权文化的传播与普及,知识产权质押融资,中国知识产权制度给外商带来的利益不容忽视,欧洲知识产权保护经验借鉴等问题与网友作了交流。同日,由国家知识产权局新闻宣传中心、人民网共同主办的纪念"4·26世界知识产权日"知识产权新闻报道座谈会在北京举行。(赵建国)

109. 首批26家全国林业知识产权试点单位授牌

4月26日,由国家林业局主办的林业知识产权宣传周活动掀起高潮。首批26家全国林业知识产权试点单位授牌仪式、《中国林业植物授权新品种(1999～2009)》一书发布暨赠书仪式以及中国林业植物新品种保护网新版启动仪式在京集中举行。国家知识产权局副局长甘绍宁、国家林业局副局长张建龙出席仪式并致辞。

甘绍宁指出,林业知识产权保护是全国知识产权保护事业中不可或缺的组成部分,尤其是植物新品种权和生物资源方面,作为知识产权的重要内容,林业部门承担着重要的管理职责。国家林业局在"4·26"期间组织开展一系列活动,内容充实,充分体现了对林业知识产权工作的深刻认识和把握。国家知识产权局与国家林业局在工作开展上,通力合作,相互支持,密切了联系。今后,两部门将进一步加强合作,林业知识产权工作必将取得更大的成绩。(肖 潇)

110. "中国商标成就"宣传报道活动启动

4月26日,由国家工商总局和中国日报社共同举办的"中国商标成就"宣传报道活动在京正式启动,此项活动以"商标,将世界联系在一起"为主题,将在上海世博会期间加强中国商标的对外宣传工作,以展现成绩并分析问题。这也是国家商标行政主管部门首次启动大规模的中国商标成就对外宣传工作。国家工商总局副局长付双建、国家工商总局商标局局长李建昌等参加启动仪式并讲话。

本次活动从2010年4月26日开始到10月31日结束,即世博会期间,以系列报道、视频访谈、展示论坛、在线调查、2009年中国商标战略发展报告发布等多种形式,广泛宣传我国国家及各省、市商标管理机构和企事业单位,在中国商标事业建设、发展,商标专用权保护过程中取得的成就。(张海志)

111. 田力普会见德国巴伐利亚州州长泽霍夫

4月27日,中国国家知识产权局局长田力普在京会见了来访的德国巴伐利亚州州长泽霍夫。双方高度评价中德两国近年来在知识产权合作方面取得的"快速且大规模"的进展,并表示将进一步开拓和发展双方未来的合作。

德国驻华大使、德国巴伐利亚州经济技术部国务秘书、州议会相关党团主席、德国慕尼黑工业大学校长、德国部分媒体以及中国国家知识产权局有关司部领导出席会见。据了解,德国巴伐利亚州作为德国最大的一个州,为德国经济发展发挥着巨大作用。西门子、奥迪、宝马、博世等世界知名企业都坐落于此,这些企业在中国有相当数量的专利申请。(张海志)

112. 国家知识产权局党组中心组理论学习扩大会召开

4月27日,国家知识产权局党组中心组理论学习扩大会在京举行。国家知识产权局党组书记、局长田力普,局党组成员、中央纪委驻国家知识产权局纪检组组长肖兴威,局党组成员、副局长鲍红和来自局属各单位、各部门及社会团体的有关负责人参加了会议。

田力普在会上就学习贯彻落实《党政领导干部选拔任用工作条例》提出了指导意见,他指出,要学习贯彻落实好干部选拔任用的有关政策法规,为实施知识产权战略提供强有力的人才保障。会上,中共中央组织部副巡视员戴晓曙应邀围绕干部任用条例作了较为深入的解读和阐释,并介绍了近年来出台的与干部任用条例配套的法规文件和有关政策。(赵建国)

113. 国家知识产权局召开业务沟通会

4月28日,国家知识产权局业务沟通会在京召开。国家知识产权局局长田力普出席会议并指出,国家知识产权局将致力于不断地提高政府服务意识,提升工作质量和效率,为来自全球的创新者和客户提供更好的服务。

会上，来自丹麦、澳大利亚、意大利、加拿大驻华使馆的代表，中国外商投资企业协会优质品牌保护委员会、欧盟商会、日本贸易振兴机构代表，以及通用电气公司、国际商业机器公司、爱普生(中国)有限公司、强生公司、戴姆勒公司、日产(中国)投资有限公司等企业代表分别就知识产权试点示范工作、专利强制许可、向外申请专利保密审查、加强与审查员交流等进行了提问和发言。对参会代表们提出的问题，田力普进行了回答，国家知识产权局相关部门负责人也介绍了相关情况。

（刘　珊）

114. 全国法院知识产权审判工作座谈会召开

4 月 28 日，最高人民法院在河南洛阳召开全国法院知识产权审判工作座谈会。最高人民法院院长王胜俊在给会议发来的贺信中指出，知识产权审判事业事关党和国家工作大局，事关创新型国家和法治国家建设，事关人民法院形象，必须严格遵循知识产权司法规律，继续深化知识产权司法改革，以创新的方式保护知识产权。

近年来我国知识产权各类案件持续上升，涉案技术的含金量越来越大，争议金额和判赔数额越来越高；涉及自主知识产权的专利纠纷增多，涉外专利纠纷比重较大；版权保护已经超出传统的文化意义而更多地向经济意义拓展；反垄断法的实施使一些长期以来司空见惯行为的合法性受到质疑，通过司法解决垄断纠纷受到越来越多的关注。

（魏小毛）

115. 田力普考察调研外资企业

4 月 28～29 日，为充分听取社会各界对知识产权工作方面的意见和建议，加强与外商企业在知识产权方面的沟通交流，更多了解保护知识产权方面的成功经验，国家知识产权局局长田力普与商务部、公安部、海关总署、最高人民检察院等有关部门负责人一行到拜耳公司、国际商业机器公司(IBM)等外资企业进行调研。

田力普表示，国家知识产权局高度重视听取各界对知识产权工作方面的意见和建议，听取拜耳公司、国际商业机器公司等外资企业的声音，对于国家知识产权局改进服务、加强国际交流与合作、推动知识产权事业又好又快地发展具有重要意义，也是建设服务型政府的要求。他指出，通过对外资企业的考察调研，可以发现这些企业每年都向国家知识产权局提交了大量的专利申请，促进了技术创新，推动了经济全球化的发展。这些企业曾经培养了杰出的诺贝尔奖获得者、科学院院士以及知识产权管理机构的官员，而且企业的创新也取得了重要的成果，这给人们带来很多启示。这些企业的突出特点是，不断依靠创新与人才的优势，积极实施企业知识产权战略。

（赵建国）

116. 世界知识产权组织总干事盛赞中国知识产权事业发展

“加入世界知识产权组织 30 年来，中国在知识产权领域取得的成就卓越非凡。我们热切期待中国继续发挥在倡议设立世界知识产权日时所展现的领导力，同时，也希望中国在实现一个更加平衡和强大的知识产权制度的优越性方面发挥领导作用。”在第 10 个世界知识产权日来临、中国知识产权宣传周活动如火如荼举行之际，世界知识产权组织总干事弗朗西斯・高锐发来贺词，盛赞中国知识产权事业发展。

高锐表示，在专利领域，中国国家知识产权局位列世界五大局之一，其国际专利申请量跻身世界前 5 位，并拥有非常健康快速的专利增长速度；在商标领域，中国拥有全世界最大的商标局。仅仅 2009 年，中国的商标申请量就已经达到 80 万件。在世界知识产权组织的马德里体系中，中国的国际商标申请排名世界前 10 位，中国也是国外商标申请人指定最频繁的国家，这充分显示了中国市场的重要性和吸引力；在版权领域，自 1980 年以来，中国已经加入了世界知识产权组织管理的所有版权条约。由此可见，中国在 30 年间所取得的进步令世人瞩目。10 年前，正是在中国的联合倡议下，我们设立了世界知识产权日，这充分体现了中国及其领导人对知识产权的高度重视。

（汪玮玮）

117. 田力普与欧盟内部市场协调局局长签署两局合作谅解备忘录

4 月 29 日，中国国家知识产权局局长田力普在京会见了欧盟内部市场协调局局长伍博・德・博爱一行，并签署了 2010～2011 年两局合作谅解备忘录。田力普在讲话时指出，两局的友好合作有利于充分保证中外权利人的合法权益。

据悉，中国国家知识产权局与欧盟内部市场协调局就外观设计专利方面的合作主要内容包括举办研讨会、开展对比研究、信息交换以及人员培训等内容。双方分别在2007年和2009年签署过两次合作谅解备忘录，2010年签署的合作谅解备忘录备还新增加了外观设计分类等方面的内容。欧盟内部市场协调局是欧盟负责商标和外观设计注册的非营利性官方机构，提供的知识产权保护覆盖27个欧盟成员国，近5亿人口。 （赵建国）

118. 中国知识产权发展状况新闻发布会举行

4月29日，中国知识产权发展状况新闻发布会在国务院新闻办公室举行。国家知识产权局副局长甘绍宁出席发布会并表示，2009年是中国知识产权战略实施工作全面开展的一年。一年来，我国各级政府把知识产权工作放在了更加突出的位置，知识产权工作取得的成效更加显著。

甘绍宁表示，2009年，知识产权战略实施工作部际联席会议28个成员单位联合制定《2009年国家知识产权战略实施推进计划》和《2009年中国保护知识产权行动计划》，知识产权战略实施机制逐步健全；知识产权立法工作取得新进展，专利法及专利法实施细则第三次修改顺利完成，工商总局起草商标法（修订稿）（送审稿）并上报国务院，版权局提出并积极推动著作权法的修改；知识产权受理、审批登记量继续大幅增长，2009年共受理专利申请97.7万件，共受理商标注册申请量83.05万件，软件申请登记总量7.09万件。国家工商行政管理总局商标局局长李建昌、国家版权局版权管理司巡视员许超也出席了当天的发布会并回答了记者提问。 （胡 嫚）

119. 世界知识产权组织正式启用新徽标

4月，世界知识产权组织（WIPO）正式启用新的徽标。新徽标构成了世界知识产权组织新形象的基石，符合世界知识产权组织为跟上21世纪知识产权迅速发展的步伐而提出的新的工作方向。

该徽标以世界知识产权组织总部大楼的图样为基础，蓝色将世界知识产权组织与联合国联系起来，7条曲线代表着《建立世界知识产权组织公约》中所提出的7大知识产权领域，即文学、艺术和科学作品，表演艺术家的表演以及录音制品和广播节目，人类一切活动领域内的发明，科学发现，工业品外观设计，商标、服务标记以及商业名称和标志，制止不正当竞争以及在工业、科学、文学或艺术领域内由于智力活动而产生的一切其他权利。这7条曲线组成的空间极具包容性，表示世界知识产权组织作为一个公开论坛，欢迎所有利益有关者发表各种不同的观点。富有动感、上扬的曲线代表创新与创造带来的观念、运动和进展。徽标简洁、现代化的线条充分体现了世界知识产权组织形象的核心——诚信与高效。

（肖 潇）

120. 证监会紧急核查拟上市公司专利状况

针对证券市场上近期发生的苏州恒久光电科技股份有限公司等上市公司“专利门”事件，中国证券监督管理委员会4月向各保荐机构发出通知，要求其对5月1日前上报的首次公开募股（IPO）的在审项目进行全面核查，核查内容包括专利等事项。

据介绍，此次监管部门要求保荐机构核查的对象不仅包括正在排队等待过会的项目，也包括已过会但尚未发行的项目。核查内容则包括专利、商标、诉讼和仲裁、关联方及招股说明书等文件披露的相关重要事项。该通知指出，近期有少数发行人因招股说明书中有关专利、诉讼和关联方等事项的披露与实际情况不符，导致发行终止或者取消发审会审核，严重影响了发行审核和证券发行市场的正常秩序。对此，证监会要求，各保荐机构在进行全面核查时，如发现招股说明书等文件存在与事实不符等问题的，应即时向证监会报告，并及时修改和更新相关文件。 （赵建国）

121. 中国发明享誉巴黎国际发明展览会

第109届巴黎国际发明展览会（列宾竞赛）于2010年4月29日～5月9日在巴黎凡尔赛门展览馆举行。来自法国、中国、波兰等国家和地区的近600项发明参加了展览。中国参展团获得8项金奖、9项银奖、6项铜奖及4项列宾竞赛奖，取得了参展项目全部获奖的好成绩。

中国发明协会代表团携带27项发明成果参加此次展览会。这些项目中不仅有来自宝钢集团等企业一线工人的技术发明，也有来自大学和民营企业科技人员的研究成果，还有来自中学生的发明作品。这些发明注重解决生产和生活中的实际问题，强调节能减排和环境保护，且绝大部分拥有自主知识产权。 （孟繁华）

122. 3亿网民参加绿书签行动拒绝盗版

4月，由全国扫黄打非办、新闻出版总署、国家版权局、中央电视台等单位联合开展的“绿书签行动 2010"活动日前圆满结束。

此次活动以"加入绿书签，分享正版生活"为主题。此次行动在全国掀起了保护知识产权热潮，进一步强化了"尊重创造，保护正版"的良好风尚和舆论氛围。活动期间，全国共有 100 家出版社、1000 家图书（音像）店、100 家网站、100 家电影院、100 家中小学参与了派送绿书签，还有超过 3 亿网民加入"绿书签行动"。（窦新颖）

123. 上海世博会隆重开幕

4 月 30 日晚，上海黄浦江上的漫天焰火开启中国 2010 年上海世界博览会大幕。世博会经过 159 年的漫长跋涉第一次来到发展中国家。189 个国家、地区和 57 个国际组织实际参展，预计 7000 万中外观众参观，近 2 万场文艺演出陆续上演……184 个日夜中，上海世博会将把"城市，让生活更美好"的主题，展示在来自全球的前沿科技和时尚产品上，诠释在各民族传统文化与创新理念中。

5 月 1 日，上海世博园一开园，就迎来包括多国元首政要在内的 20 多万游客。而早在半个月前，宽敞明亮的上海世博会参展者服务大厅里，知识产权服务中心就已紧张运行起来，为上海世博会上的各类参展者、参与者提供具体的知识产权服务。大厅里设有知识产权服务"小窗口"，其背后却是我国依托专利、商标、版权、公安、城管、海关、文化执法等相关部门以及专家学者、律师等专业力量，整合资源共同参与世博会知识产权保护工作的大格局。2004 年国务院颁布世博会知识产权保护条例，2007 年 1 月，世博会组委会通过世博会知识产权保护纲要，2010 年 1 月，国家知识产权局、公安部等八部门共同印发了世博会知识产权保护专项行动方案。目前，我国已经建立立法、司法、行政执法、法律服务等多层次的知识产权立体保护工作机制，并顺利运转。（刘 仁）

124. 田力普再度当选 AIPPI 中国分会会长

5 月 4 日，国际保护知识产权协会（AIPPI）中国分会第七届会员代表大会在京召开，大会选举了新一届理事会，国家知识产权局局长田力普再度当选为国际保护知识产权协会中国分会会长，中国国际贸易促进委员会副会长于平等 8 人被推选为副会长。田力普表示，新一届理事会要借助中国分会的平台，提升中国在全球知识产权领域的影响力。

国际保护知识产权协会成立于 1897 年，现有近 70 个国家和地区分部，会员 8000 多人，是联合国世界知识产权组织最主要的非政府性知识产权咨询机构，总会设在瑞士，协会隔年分别举办国际会员大会及执委会。国际保护知识产权协会中国分会成立于 1982 年，截至目前中国分会共有会员 336 名。（吴 辉）

125. 我国加强世博会法制宣传

5 月，司法部、全国普法办专门发出《关于进一步加强上海世博会期间法制宣传教育工作的通知》，其中着重强调要进一步加强保护上海世博会知识产权法律法规宣传。

该通知指出，要重点加强保护上海世博会知识产权等法律法规宣传，引导群众增强依法办事观念，要紧紧围绕世博的主题，开拓领域、创新形式，扩大宣传的覆盖面，切实增强宣传效果。要通过举办法律咨询、法制讲座、法制文艺活动、法制宣传栏、法律知识竞赛等形式广泛开展主题法制宣传教育活动。要充分发挥广播、电视、报刊、互联网、手机等媒体的独特作用，广泛开展上海世博会法制宣传教育，使世博会有关法律知识深入人心。（赵建国）

126. 全国专利保护重点联系基地成员走进京企

5 月，北京市 6 家全国专利保护重点联系基地成员相聚北汽福田汽车股份有限公司，就企业开拓海外市场的专利保护与风险控制等问题进行交流与探讨。据悉，这是在京全国专利保护重点联系基地成员首次走进企业、服务社会。

为了促进企业发展，推动行业整体进步，北京市知识产权局召集了北京市专利保护重点联系基地成员单位到福田汽车调研交流。各成员单位介绍了各自在海外并购、海外市场开拓中知识产权保护以及风险控制的实践经验；法律服务机构解读了企业开拓海外市场的知识产权保护与风险控制问题；司法机关重点讲解了当前涉外知识产权案件的审判特点。国家知识产权局有关部门负责人介绍了专利保护重点联系基地的工作情况。

（汪玮玮）

127. 广交会知识产权侵权企业大幅减少

第 107 届中国进出口商品交易会于 5 月 5 日落下帷幕，出口成交额达到 343 亿美元。在知识产权保护方面，投诉案件总量比上届减少近 1 成，涉及企业及最终认定涉嫌侵权企业数量大幅减少，下降幅度达到25%以上。

本届广交会共受理涉嫌侵权投诉639宗，被投诉企业829家，认定涉嫌侵权企业530家，其中进口展区受理涉嫌侵权投诉2宗，被投诉企业1家，认定涉嫌企业1家；出口展区受理投诉637宗、被投诉企业828家、最终认定涉嫌侵权企业529家，分别比上届减少9.9%、25.5%和25.9%。专利类案件投诉依然是主要投诉类型，占总投诉量的65.4%。（顾奇志）

128. 中国非物质文化遗产2010年将达1400项

在5月7日举行的安徽首届民俗文化节上传来消息，将于2010年6月公布的第三批列入中国国家非物质文化遗产名录的项目接近300项，加上之前两批公布的1000多项，2010年我国国家非物质文化遗产总计将达到1400项左右。

我国在2006年6月公布的第一批国家非物质文化遗产名录有518项，2008年公布的第二批"非遗"项目510项，目前，第三批非物质文化遗产名录已经审批完毕，接近300项，即将进行网上公示。据悉，针对目前国内一些地方存在"重申遗、轻保护"的现象。专家提出对国家非物质文化遗产名录设立黄牌警告与红牌除名机制。进入"非遗"名录中的项目需要接受专家委员会长期不间断的监督。（向　利）

129. 千余件自主知识产权科技成果应用上海世博会

5月9日，上海世博会举行科技世博专题新闻发布会，上海市科学技术委员会主任寿子琪表示，我国通过世博科技专项行动，实施了新能源、生态环保、建筑节能、智能化技术、信息网络技术和新材料等230余项科技攻关项目，取得约1100件具有自主知识产权的科技成果，并在世博会上实现广泛应用。

在2005年初，国家科学技术部、上海市政府就会同国家教育部、住房和城乡建设部、环境保护部、卫生部、中国气象局、中国科学院、中国工程院等部门，成立了世博科技行动计划领导小组，并正式启动了世博科技专项行动。（刘　仁）

130. 田力普在天津考察外资企业

5月10日，国家知识产权局局长田力普与商务部、公安部、海关总署、最高人民检察院等有关部门负责人一行到天津三星通信技术有限公司、天津爱普生有限公司等外资企业进行考察调研。在与外资企业负责人座谈交流时，田力普表示，中国将为在华外资企业创造更好的知识产权保护环境。

田力普表示，外资企业把很多研发工作放在中国，产生了很多高品质的专利和核心技术，其知识产权战略为中国企业带来了很多经验和启示。同时，在华外资企业在中国得到良好发展，与中国的知识产权制度所给予的保护分不开。国家知识产权局是为创新者、为企业服务的公共服务部门，非常愿意与企业经常沟通交流，为企业提供更好的服务，让外资企业在中国更好地经营和发展。三星集团大中华区、爱普生（中国）有限公司负责人向田力普一行介绍了企业进入中国以来，依靠知识产权不断发展的情况。（赵建国）

131. 中国软件盗版率再下降

5月10日，由国家知识产权局委托互联网实验室等单位所做的《2009年度中国软件产业盗版率调查课题》通过专家评审，国家知识产权局副局长鲍红出席评审会并主持会议。在随后举行的新闻发布会上，调查结果正式对外发布：2009年相对于软件产业的价值盗版率已由2008年的15%下降为12%。

据分析，盗版率下降的主要原因是：软件产品知识产权保护和监察措施执行有力；计算机厂商预装正版操作系统软件已基本到位；以微软为代表的主流软件开始采取低价促销策略；以金山文字处理系统（WPS）和360杀毒软件为代表的免费软件扩散迅猛；软件销售渠道的多样化给消费者带来了便利；正版软件持有量的提高减少了软件重装次数。另外，网络购物等软件购买渠道的多样化、消费者知识产权意识提高等因素，也进一步减少了软件盗版率。（姚文平）

132. "番茄花园"案微软获民事赔偿300万元

5月13日，备受关注的"番茄花园"系列软件侵犯著作权案的民事赔偿部分，原告美国微软公司与被告方在江苏省苏州市中级人民法院达成和解协议，微软获赔300万元。

自2006年12月起，成都共软网络科技有限公司以营利为目的，由其公司总经理孙某指示张某和洪某、梁某合作，复制微软公司的Windows XP计算机软件后制作多款"番茄花园"版软件，并以修改浏览器主页等形式，在“番茄花园”版软件中分别加载多家单位的商业插件，通过互联网在“番茄花园”网站供公众下载。2008 年 7 月，微软向公安部举报番茄花园系列软件侵犯其著作权。2008 年 9～12 月，被告 4 人先后被逮捕。2009 年 6 月 3 日，检察机关以被告单位共软公司及 4 名被告个人侵犯著作权为由向苏州市虎丘区人民法院提起公诉。2009 年 8 月 20 日，苏州市虎丘区人民法院作出一审判决。之后，微软公司另行向苏州中院提起诉讼，要求民事赔偿 800 万元。在苏州中院调解下，双方最终签订了赔偿 300 万元的和解协议。（赵建国）

133. 国家知识产权局召开党组中心组理论学习扩大会

5 月 17 日，国家知识产权局召开党组中心组理论学习扩大会，贯彻落实中央组织部《关于认真贯彻实施干部选拔任用工作四项监督制度有关问题的通知》要求和中央纪委、中央组织部联合召开的“贯彻实施四项监督制度，进一步提高选人用人公信度视频会议”精神。局党组书记、局长田力普主持会议并讲话。局领导李玉光、贺化、杨铁军、鲍红、甘绍宁和局属各单位、各部门主要负责人及局有关部门工作人员共 70 余人参加了会议。

会上，田力普介绍了中央颁布实施“四项监督制度”的主要背景、过程和目的，对国家知识产权局贯彻实施“四项监督制度”进行动员，并提了三点要求：一是要充分认识“四项监督制度”的重要意义；二是要准确把握《四项监督制度》的内容要求；三是要认真抓好“四项监督制度”的学习贯彻。田力普指出，国家知识产权局要从提高“知晓率、配套性、执行力”三个方面下工夫，切实贯彻实施“四项监督制度”。（汪玮玮）

134. 我国鼓励民企掌握自主知识产权核心技术

5 月，国家发展和改革委员会负责人就《国务院关于鼓励和引导民间投资健康发展的若干意见》答记者问时指出，要推动民营企业加强自主创新和转型升级，加快实施促进科技成果转化的鼓励政策，贯彻落实鼓励企业增加研发投入的税收优惠政策，鼓励民营企业增加研发投入，掌握拥有自主知识产权的核心技术。

该意见明确提出，要贯彻落实鼓励企业增加研发投入的税收优惠政策，鼓励民营企业增加研发投入，提高自主创新能力，掌握拥有自主知识产权的核心技术。帮助民营企业建立工程技术研究中心、技术开发中心，增加技术储备，搞好技术人才培训等。（赵建国）

135. 我国知识产权刑事案件立案“门槛”降低

5 月 18 日，最高人民检察院、公安部联合印发《最高人民检察院、公安部关于公安机关管辖的刑事案件立案追诉标准的规定（二）》，对公安机关经济犯罪侦查部门管辖的 86 种经济犯罪案件的立案追诉标准作出了规定。

《立案追诉标准（二）》的制定突出了合法性、协调性、科学性、适用性原则，综合各种因素，对 42 种案件的立案追诉标准作了调整修改。其中对有关知识产权的违法刑事案件立案标准作了进一步明确，首次明确规定假冒两项以上他人专利，非法经营数额在 10 万元以上或者违法所得数额在 5 万元以上的，应予立案追诉，与此前相关规定相比，作了进一步明确与细化，立案标准“门槛”有所降低。（赵建国）

136. 自主创新能力专项申报必须拥有自主知识产权

5 月 18 日，国家发展和改革委员会发布《关于组织实施 2010 年企业技术中心创新能力建设专项的通知》，启动自主创新能力专项的申报工作，该通知中提出，拥有自主知识产权是必备条件。

该通知规定，申报自主创新能力专项的国家认定的企业技术中心，必须具有较完善的研究、开发、试验条件，有较强的技术创新能力和较高的研究开发投入，拥有自主知识产权的核心技术、知名品牌，并具有国际竞争力，研究开发与创新水平在同行业中处于领先地位；技术中心必须组织体系健全，发展规划和目标明确，具有稳定的产学研合作机制，建立了知识产权管理体系，技术创新绩效显著；有较强的经济技术实力和较好的经济效益，在国民经济各主要行业中具有显著的规模优势和竞争优势。（赵建国）

137. 北京首次颁发专利行政执法证件

5 月 18 日，在北京市“雷雨”、“天网”专项行动推进会暨专利行政执法证件颁发仪式上，来自北京市 18 个区县知识产权局的 83 名工作人员获得了北京市政府颁发的行政执法证件。这是北京市首次颁发专利行政执法证件。

为加强专利行政执法能力建设，2010年以来，北京市知识产权局在国家知识产权局的指导下及在北京市政府法制办的大力支持下，组织全市18个区县知识产权局的工作人员参加了北京市专利行政执法培训班。学员们经考试合格后取得行政执法证件。（汪玮玮）

138. 14部门将推广自主知识产权节能技术

5月19日，国家发展和改革委员会、教育部、科技部、工业和信息化部等14个部门联合发布《关于2010年全国节能宣传周活动安排意见的通知》，拟在2010年6月举办全国节能宣传周活动。此次宣传周将借助上海世博会，重点推广自主知识产权节能技术及产品。

该通知要求，要借上海世博会之机，大力推广、提倡具有自主知识产权的先进节能技术、低碳技术、绿色技术及产品。要利用宣传周大力推广高效照明产品、节能空调、节能汽车、高效节能电机等自主知识产权的节能技术和产品。要通过举办展览展示会、研讨会、技术交流会、现场体验活动，建立节能科普基地，印制宣传画、宣传手册，播放公益广告，倡导全社会进一步把节能理念转化为全民行动。（赵建国）

139. 中央媒体地方行掀起知识产权战略宣传高潮

5月19日，以“实施知识产权战略，促进经济发展方式转变”为主题的中央媒体地方行活动在京启动。在中宣部的直接指导和大力支持下，国家知识产权局将组织10余家中央主要新闻媒体记者赴北京、江苏和河南等地展开采访，报道一批增强自主创新能力、转化知识产权成果、提升产业品牌价值的企业典型，将国家知识产权战略宣传工作推向高潮。

在5月19～27日期间，新华社、人民日报、中央电视台、中国知识产权报等中央媒体将深入国家级高新区和企业，宣传报道两年来各地围绕《国家知识产权战略纲要》在知识产权创造、运用、保护和管理方面取得的突出成绩，凸显国家知识产权战略的实施给社会各行各业尤其是高新技术产业带来的巨大变化。（崔静思）

140. 中国瑞典两局签署合作谅解备忘录

5月20日，中国国家知识产权局副局长杨铁军在北京会见了来访的瑞典专利与注册局局长苏珊·希伯利，双方进行了友好会谈。会谈后，双方签署了《中华人民共和国国家知识产权局与瑞典专利与注册局谅解备忘录》。

中瑞两局的合作有着优良传统，尤其是近年来的双边合作不断加深。该谅解备忘录的签署，将双方的合作推向一个新的高度，也标志着两局的关系进入了一个新时代。该谅解备忘录的主要内容包括信息交流、立法经验分享、人员培训及文献交换等。（赵建国）

141. 第二轮中美战略与经济对话在京举行

5月24日，为期两天的第二轮中美战略与经济对话在北京举行。中国国家主席胡锦涛出席开幕式并发表重要讲话。美国国务卿希拉里·克林顿宣读了美国总统奥巴马的书面致辞。

针对双方关注的知识产权保护等问题，在5月24日下午举行的第二轮中美战略与经济对话框架下经济对话的第二场会间记者会上，中国商务部部长陈德铭强调，中方保护知识产权的诚意和决心毋庸置疑。中国科技部副部长曹健林表示，中国坚持自主创新和鼓励外国企业来华投资、来华共同进行研发工作的政策不会改变。据悉，中美战略与经济对话机制是胡锦涛主席和奥巴马总统2009年4月共同倡导建立的，2009年7月在美国华盛顿举行了首轮对话。（欣　华）

142. 海峡两岸关注汉字非遗保护

5月，来自海峡两岸的专家、学者在北京会聚一堂，共同研讨世界非物质文化遗产汉字及书法保护的课题。同时，会议宣布首届两岸汉字艺术节将于2010年秋季分别在北京和台北举办。

座谈会上，文化部副部长、中国艺术研究院院长王文章指出，汉字本身自成一体，作为表意文字系统，相对于独立汉语发音体系，成为一种稳定的语言内核。两岸共同使用汉字书写系统，共同传承着汉字文化。他表示，应积极整合两岸汉字文化资源，共同探讨汉字与其他艺术门类的融合，发展相关创意文化产业，为两岸文化的发展搭建沟通合作的平台。据了解，首届两岸汉字艺术节将由中华文化联谊会、中国艺术研究院与台湾文化总会联合主办。（赵建国）

143. 第十三届北京科博会隆重开幕

5月27日上午，以“增强自主创新能力，加快发展方式转变”为主题的第十三届中国北京国际科技产业博览会在京开幕。中共中央政治局委员、北京市委书记刘淇出席在人民大会堂举办的科博会主题报告会，北京市市长、科博会组委会主席郭金龙、科技部副部长杜占元分别在主题报告会上致辞。商务部副部长蒋耀平、工业和信息化部副部长娄勤俭、国家知识产权局副局长甘绍宁等领导出席会议。

从5月27日开始，科博会的展览会、项目推介、论坛会议等数十场活动全面展开，来自11个国际组织与20多个国家和地区的70多个政府和经贸代表团，以及国内30个省区市和港、澳、台地区组成的以企业为主的代表团分别参加科博会各项活动。（崔静思）

144. 全国2009年发放向国外申请专利资助5000万

5月27日，全国资助向国外申请专利工作会议召开。据悉，2009年全国共受理向国外申请专利资助项目2110件，其中获得中央财政资助的以国际合作条约（PCT）途径提交的专利申请1146件，发放资助资金5285万元。

会议对2010年度资助工作作出了具体部署。2010年度申报资助的主体资格范围有显著扩展。按照有关规定，在2010年度资助政策中，专利申请人是自然人的专利项目，如果该自然人是企业法定代表人的，可用该企业的名义申报专项资金资助。根据部署，2010年度申报资助的受理时间为2010年7月1日至8月15日。国家知识产权局直接受理中央单位的申报；省级知识产权部门受理辖区内地方单位的申报。2009年度已经申报资助的专利项目，还可以就最近一年新产生的专利申请费用在2010年度再次申报资助。

（赵建国）

145. 成都实施企业知识产权备案管理

5月，四川省成都市国有资产监督管理委员会向市级各委托管理部门、市属各直接监管企业下发通知，要求在市属企业中建立知识产权管理制度和对企业投资项目开展知识产权战略研究和备案管理工作。

通知要求，成都市各市属单位要结合自身实际建立完善知识产权管理制度，对知识产权管理模式、工作流程、监测预警、教育培训以及知识产权工作绩效考核等方面进一步加以完善和规范；进一步加强企业知识产权战略研究，优化资源配置，持续提高企业创新发展能力，实现企业经济效益最大化；进一步强化项目投资或兼并重组等生产、经营过程中的知识产权备案管理，加强专利、商标、版权等知识产权的价值评估和无形资产财产保全，确保国有资产的增值保值和防止流失。

（周渝利）

146.《专利权质押登记办法》（草案）向社会征求意见

5月，就修改完成了《专利权质押登记办法》（草案），国家知识产权局面向社会征求意见。

新的登记办法草案明确规定了办理专利权质押登记的管理部门、程序及要求、登记期限等，与原《专利权质押合同登记管理暂行办法》有很大不同，总条款数由24条减少为23条，登记客体由“质押合同”变为“专利质权”，质权人可获得更多保障，行政服务更为高效便捷并不再收费。其中，新的登记办法草案考虑到市场经济的发展，删除了原暂行办法第5条关于全民所有制单位以专利权出质须经上级主管部门批准的规定，并在第6条规定，在中国没有经常居所或者营业所的外国人、外国企业或者外国其他组织办理专利权质押登记手续的，应当委托依法设立的专利代理机构办理；中国单位或者个人办理专利权质押登记手续的，可以委托依法设立的专利代理机构办理。

（赵建国）

147. 河南“企业服务年”知识产权专项行动显成效

5月27日，河南省对2009年实施“企业服务年”知识产权专项行动中表现突出的29个单位和53名个人进行表彰。

河南省知识产权局2009年初在全省下发了《关于开展“企业服务年”知识产权专项行动的通知》，培育提升企业知识产权优势、开展高新技术企业知识产权专项服务活动。专项行动开展1年多来，各省辖市知识产权局结合当地企业的特点，有针对性地制定了本地“企业服务年知识产权专项行动实施计划”，出台了各项政策，较好地完成了企业服务年各项工作，使全省企业知识产权能力得到了有效提升。据统计，2009年河南省企业专利申请达到9180件，同比增长31.7%，占全省专利申请总量的46.9%。（张晓燕）

148. 自主创新与知识产权点亮软博会

6月2～4日，500多家国内外软件企业齐聚第十四届中国国际软件博览会。随着我国软件产业的快速发展，软件企业自主创新和知识产权能力同步提升，软博会上的亮点也一届胜过一届。

工业和信息化部部长李毅在中软博会开幕式上表示，2009年，我国软件产业收入为9970亿元，受国际金融危机影响，软件产业增速有所放缓，出口有所下降，但2009年软件产业的增速依然高达25.6%，体现出新兴产业的蓬勃发展。他强调，工业和信息化部将进一步抓好技术进步和自主创新，其中主要措施包括实施重大专项，加强软件和信息安全核心技术的自主创新能力建设。规范软件服务业市场，进一步加大知识产权保护力度。进一步推进软件正版化工作，加大网络环境下软件知识产权的保护力度。（刘　仁）

149. 中国加入世界知识产权组织30周年

2010年6月3日，是中国加入世界知识产权组织30周年纪念日。1980年的这一天，中国正式成为世界知识产权组织第90个成员国。30年来，中国知识产权事业蓬勃发展，取得了举世瞩目的成就。

经过多年发展，中国国家知识产权局已位列世界五大局之一。2009年，我国以专利合作条约(PCT)途径提交的专利申请达7946件，跃居世界第5位。同时，我国专利申请量与授权量快速增长，截至2010年4月，我国受理专利申请量累计已达609.5949件，其中，发明专利申请量达203.7742万件；授权专利累计达336.9718万件。截至2009年底，中国的商标注册申请量累计达到722万件，已经注册的商标达到427万件，商标年申请量达83万件，均居世界第一。自1980年以来，中国已经加入了世界知识产权组织管理的所有版权条约。中国版权法律制度逐步完善，版权相关产业的整体实力有了显著提高和增强。特别是开展推进软件正版化工作以来，计算机软件登记实现较大增长。2009年各类软件登记申请总量为7.0965万件，同比增长49.75%。同时，自1980年至今，中国相继加入《保护工业产权巴黎公约》、《商标国际注册马德里协定》、《保护文学和艺术作品伯尔尼公约》等一系列知识产权保护国际公约。（肖　潇）

150. 田力普会见意大利经济发展部副部长一行

6月3日，中国国家知识产权局局长田力普在京会见了来访的意大利经济发展部副部长阿道夫·乌尔索一行。

双方签署了《中华人民共和国国家知识产权局与意大利共和国经济发展部在2010年开展合作活动的联合声明》。该联合声明主要涉及提高两国中小企业的知识产权意识、加强两国的知识产权执法以及展开专利审查领域信息交流等活动。（杨　申）

151. 国家知识产权局召开流程优化工作总结暨表彰会

6月3日，国家知识产权局召开了以“优化——再造电子审批流程”为主题的流程优化工作总结会，会议对3年来的流程优化工作进行了总结，重点针对其为中国专利电子审批系统(E系统)的建设所做的贡献进行了表彰。

优化——再造电子审批流程，是增强国家知识产权局国际竞争力，实现强局建设的重要基石，被列入国家知识产权局信息化建设“十一五”规划。2006年8月9日，国家知识产权局正式启动了流程优化工作，并从各部门抽调54人组成了流程优化工作组。在3年时间里，工作组经过广泛调研和反复征求意见，取得了大量成果，主要包括：对专利审批全流程进行了适应性调整及优化设计，提出了近300万字的《中国专利电子审批系统优化方案》及《中国专利电子审批系统用户需求》；完成电子审批系统整体构架设计和用户需求的撰写工作；配合开发方进行系统详设、分析和开发工作；配合开发方和用户方进行系统测试和上线工作等。（裴　宏）

152. 国家知识产权局召开深入开展创先争优活动动员大会

6月4日，国家知识产权局深入开展创先争优活动动员大会在京举行。动员大会对在国家知识产权局基层党组织和党员中深入开展创先争优活动进行动员部署。国家知识产权局党组书记、局长田力普作动员讲话。国家知识产权局党组成员、副局长贺化、杨铁军、鲍红出席会议，局党组成员、副局长、直属机关党委书记甘绍宁主持会议。

田力普强调，大力开展创先争优活动，必将有效巩固国家知识产权局学习实践活动成果，推动基层党组织和党员立足本职工作、发挥先进模范作用、更加自觉地践行科学发展观、更加积极主动地为完成国家知识产权局两大历史任务作贡献，进而推动知识产权事业又好又快发展；通过创先争优活动，发现和表彰认真践行科学发展观、在实施知识产权战略、建设知识产权强局中切实发挥先锋模范作用的先进基层党组织和优秀共产党员，不仅是有效推动知识产权事业科学发展的现实需要，也对提高各级党组织的执政能力，推动党建更好地服务中心工作具有重要意义。来自国家知识产权局各单位、各部门主要负责人及各基层党组织组织委员、宣传委员近200人参加了会议。

（张海志）

153. 田力普接受央视《焦点访谈》专访

6月4日晚，中央电视台《焦点访谈》播出国家知识产权局局长田力普专访节目。田力普在专访时指出，知识产权是加快转变经济发展方式的切入点和着力点。

在谈到知识产权在加快转变经济发展方式中所发挥的作用时，田力普认为，在加快转变经济发展方式的过程中，知识产权是重要的着力点和切入点。加快转变经济发展方式，必须要从传统的依靠物质的投入、牺牲环境的代价或者廉价劳动力的投入，转换到依靠知识的投入、智力资源的投入上来，因此，知识产权在加快转变经济发展方式中所发挥的作用非常关键。对于知识产权如何发挥在加快转变经济发展方式中的切入点和着力点作用。田力普认为，目前我国有一个明晰的政策就是建设创新型国家，通过实施国家知识产权战略，可以使得全社会特别是创新者的创新意识大大增强，而且通过创新能力的提升，加上政府的政策引导，专利及自主品牌等自主知识产权就能够源源不断地产出。

（赵建国）

154. 国家知识产权局党组中心组专题人才工作

6月4日，国家知识产权局在京召开党组中心组理论学习扩大会，专题学习贯彻全国人才工作会议精神，并就认真落实《国家中长期人才发展规划纲要（2010～2020）》进行部署。国家知识产权局党组书记、局长田力普，国家知识产权局党组成员、副局长贺化分别传达了胡锦涛、温家宝、习近平等中央领导同志重要讲话精神。国家知识产权局党组成员、副局长杨铁军、鲍红、甘绍宁出席会议。

田力普强调，加快知识产权人才培养是实施国家知识产权战略、建设知识产权强局的重要保障。据悉，国家知识产权局在《国家中长期人才发展规划纲要（2010～2020）》中承担重要任务，既将牵头负责十大重大人才政策之一的“实施知识产权保护政策”，还将配合相关部门完成知识产权人才、质押融资、资本入股等工作。

（张海志）

155.《国家知识产权战略纲要》实施两周年成就瞩目

2010年6月5日，是我国《国家知识产权战略纲要》正式颁布实施两周年纪念日。两年来，知识产权战略的顺利实施对我国战胜金融危机，率先实现经济平稳向好势头起到了重要作用，战略实施取得令人瞩目的成绩。

2009年，是国家知识产权战略全面推进实施的开局之年。在应对金融危机的背景下，我国市场主体的知识产权创造和运用能力仍然显著提升。全年3种专利申请共97.7万件，商标注册申请83万件，版权作品登记40.3万件，软件著作权登记7.1万件。2009年，知识产权质押融资工作取得实质性进展，一批企业获得了知识产权质押贷款，成为促进知识产权转化工作的亮点。

2009年，知识产权保护工作力度不断加大。公安机关全年共破获侵犯知识产权犯罪案件1624起，涉案总金额达10.38亿元。全国检察机关共批准逮捕涉及侵犯知识产权犯罪案件1256件，涉及2119人，起诉1535件，涉及2695人。全国地方法院共新收和审结知识产权民事一审案件3.0626万件和3.0509万件，新收和审结知识产权行政一审案件2072件和1971件，共审结涉及知识产权的刑事案件3660件，其中有罪判决5832人。全国工商系统查处各类商标违法案件总计5.1万件，收缴和消除违法商标标识38.52万件。全国海关共截获侵权嫌疑货物6.5万多批，涉及侵权嫌疑货物1.8亿多件，价值3.7亿多元。全国“扫黄打非”部门全年收缴侵权盗版出版物约5684.4万件。

（向　利）

156. 新版国家知识产权战略网正式上线运行

6月5日，在《国家知识产权战略纲要》颁布实施两周年之际，为配合国家知识产权战略实施工作开展，加大国家知识产权战略实施工作宣传力度，全面改版后的国家知识产权战略网（www.nipso.cn）正式上线运行。

由知识产权战略联席会议办公室主办的国家

知识产权战略网自2005年7月开通以来，受到国内外的广泛关注，在介绍战略进展、宣传战略成果、开展战略研究、征集公众意见与建议等方面发挥了重要的作用。改版后的国家知识产权战略网致力于建成反映我国实施知识产权战略工作的权威政府媒介平台，突出统筹推进国家知识产权战略实施的宣传重点，从中央、地方、行业、保护等角度全面反映国家知识产权战略实施工作动态。网站主要分为10个版块。（汪玮玮）

157. 首次全国知识产权局局长高级研修班开班

6月8日，首次全国知识产权局局长高级研修班在山东开班。国家知识产权局局长田力普在开班仪式上指出，全国知识产权局系统要加倍努力，紧紧围绕《国家知识产权战略纲要》的贯彻实施，结合地方工作特点，为尽快实现建设创新型国家的目标贡献力量。

田力普结合当前知识产权工作特点认真分析了当前国内知识产权工作面临的形势。他指出，《国家知识产权战略纲要》颁布实施后，我国知识产权工作面临的形势发生了巨大的变化，各级党委政府高度重视，企事业单位、高等院校、科研院所积极运用，社会公众更加关注，知识产权事业面临着前所未有的大好形势。从目前我国自主创新的程度看，实现创新型国家的目标还有一定距离，时间紧，任务重，全国知识产权局系统要加倍努力，紧紧围绕《国家知识产权战略纲要》的贯彻实施，结合地方工作特点，为尽快实现建设创新型国家的目标贡献力量。（张晓燕）

158. 我国发布2008年授权发明专利运用状况调查报告

6月，国家知识产权局发布了《关于我国2008年授权发明专利运用状况的调查报告》。该报告指出，我国专利运用能力建设取得成效，发明专利实施率超过60%，专利技术转移率接近二成，知识产权试点示范企业发展良好，创新主体的专利运用意识不断深化。

调查还显示，发明专利以自行实施为主，转让、许可他人实施为辅。已经实施的专利中，自行实施的占80.8%，转让或许可的占19.2%。转让、许可对象近九成是境内企业，表明产学研合作成为推动国内企业发展的重要力量。据悉，此次调查范围为2008年授权的国内发明专利，实际发放问卷4.0622万件，回收3.5674万件，回收率为87.8%。（王晓浒）

159. 中国物联网标准联合工作组成立

6月8日，中国物联网标准联合工作组在北京成立，以推进物联网技术的研究和标准的制定。联合工作组由全国11个部门及下属的工业和信息化部电子标签标准工作组、全国信标委传感器网络标准工作组、全国智标委等19家相关标准化组织自愿联合组成。联合工作组在成立倡议书中表示，要倾全国之力，联合推进中国的物联网标准体系建设。

物联网联合工作组有关负责人在接受中国知识产权报记者采访时表示，工作组将围绕物联网产业与应用发展需求，协调一致、整合资源，共同开展物联网技术的研究，加快制定符合我国发展需求的物联网国家标准，推进我国物联网国家标准体系的建设，分工合作进行国标的制定和修订，同时积极参与相关国际标准的制定，以争取抢占制高点、掌握发展的主动权。（张海志）

160. 我国首家国际知识产权交易平台落户天津

6月10日，国内首家国际知识产权交易平台——天津滨海国际知识产权交易所在天津成立。天津滨海国际知识产权交易所由北方技术交易市场、新加坡知识产权交易所和天津市知识产权服务中心三方共同投资，是国内首家国际化、专业化、市场化的知识产权柜台交易平台。

天津滨海国际知识产权交易所将以知识产权为主体，以市场需求为导向，吸纳海内外各类资金和政府引导基金，投入知识产权的再开发和成熟技术的商品化，为拥有自主知识产权的重大创新成果的转化提供了资金保障。（宁卫红）

161. 专利申请的保密审查交流会举办

6月10日，110名来自专利代理机构与在华投资的跨国企业代表参加了在京举办的专利申请的保密审查交流会，国家知识产权局副局长贺化等参加了交流会。

针对现行专利法中“向外国申请专利时应当报经保密审查”的新规定，国家知识产权局的有关专家向与会代表介绍了新修改的专利法及其实施细则中的相关条文、提出保密审查请求的办法以及审批流程。中国外商投资企业协会优质品牌保护委员会专利与创新委员会主席张艳介绍了美国、加拿大、印度等国对于向外国申请专利及保密审查的规定与最新情况。数十位与会代表针对保密审查程序的细节提出的问题，得到了国家知识产权局有关专家的一一解答。来自宝洁公司、通用电气(中国)有限公司等近30家在中国投资的跨国企业参加了会议。 （刘阳子）

162. 2010年专利分析与预警项目启动

6月，记者从国家知识产权局专利分析和预警工作领导小组办公室组织召开的2010年专利分析和预警项目启动会上获悉，2009年国家知识产权局将启动集成电路封装工艺及关键设备等9个领域的专利分析与预警项目。国家知识产权局副局长贺化、甘绍宁出席了会议，并向参与2009年度该项目的优秀人员颁发了专利分析和预警项目荣誉证书。

2008年国家知识产权局启动专利分析和预警工作，以促进我国技术创新、防范产业化重大专项中存在的专利风险、避免重复投入、提高研究起点、促进经济和科技协调发展为目标，以辅助决策为目的。两年来，国家知识产权局已经完成了LED照明、高端光刻机、纯电动汽车、光伏、风电等15个专利分析和预警研究项目。 （裴 宏）

163. 中国地板专利联盟在京启动

6月12日，由江苏德威木业有限公司和深圳燕加隆实业发展有限公司联合发起的中国地板专利联盟在京正式启动。

该联盟成立后，将适时构建联盟专利池，通过专利池运营，共同应对国外地板巨头所设置的知识产权壁垒。此外，该联盟将在联盟成员之间搭建知识产权公共信息平台；建立创新奖励基金，增强企业的自主创新能力；通过专利交叉许可等多种方式，鼓励创新，推动产业发展。同时，该联盟将在维护成员的合法权益、增强成员应对国际诉讼能力方面发挥更为积极的作用。联盟将组织协调成员应对有关专利的国际调查、诉讼，对成员遭遇的专利纠纷提供技术与资金上的帮助。

（肖 潇）

164. 广东百强企业评选自主知识产权成关键

6月，广东省科技厅、省经济和信息化委员会联合开展广东省自主创新百强企业评选工作，并且要求参评企业必须拥有自主知识产权。

参评企业必须是在广东省境内注册3年以上的高新技术产业、先进制造业、现代服务业等行业中的龙头企业，上年度销售收入不少于1亿元，并且企业必须拥有自主知识产权的核心技术，近3年内企业须获得至少1件与主营产品(服务)核心技术相关的发明专利权，或者获得至少6件以上与主营产品(服务)核心技术相关的实用新型专利权、软件著作权等自主知识产权。参评企业拥有的知识产权还必须是自主研发的，专利权人或著作权人为参选企业本身。 （顾奇志）

165.《农业知识产权战略纲要》颁布

6月13日，农业部发布了《农业知识产权战略纲要》。该纲要提出，到2020年，把我国农业知识产权创造、运用、保护和管理能力提升到新的水平，政策法规基本完善，管理体系基本健全，公共服务和技术支撑能力显著增强，知识产权意识深入人心，中介服务机构和人才队伍建设适应形势发展需要，农业领域自主知识产权拥有量跨入世界先进行列，知识产权对建设中国特色农业现代化的支撑作用显著。

该纲要共分为序言、指导思想和战略目标、战略重点、专项任务和保障措施等5大部分，全面系统地规划了农业知识产权工作。该纲要提出了近5年目标为：自主知识产权总量大幅提高，植物新品种权年度申请量和授权量保持世界前列，申请总量累计超过1万件，授权量达到7000件，向外国申请数量大幅度增加。农产品地理标志登记保护超过800件，国际互认登记试点工作全面推进。农业生物遗传资源得到登记保护等。 （肖 潇）

166.《中国法治建设年度报告(2009)》发布

6月17日，由中国法学会组织撰写的《中国法治建设年度报告(2009)》正式公布。

报告设专门章节对2009年我国知识产权保护方面的基本情况进行了介绍。报告通过“完善知识产权保护的法律制度”、“加大知识产权行政执法力度”、“发挥司法保护知识产权的作用”3个方面简要回顾了2009年我国知识产权保护工作所取得的成绩和进展，并高度评价了我国对专利法实施细则的修改。据了解，这是继《中国法治建设年度报告(2008)》后，中国法学会连续第二次发布关于法治建设的年度报告。 （向 利）

167. 河南将知识产权发展列入“十二五”规划

6月，河南省发改委正式发函，将《河南省知识产权发展“十二五”规划》列入省国民经济发展

"十二五"专项规划。

为贯彻实施《国家知识产权战略纲要》，实现《河南省知识产权战略纲要》提出的知识产权发展战略目标和近5年的目标，配合国家知识产权"十二五"规划编制工作，充分发挥知识产权制度在自主创新、经济发展中的激励作用，为实现河南经济转型升级和跨越式发展提供强有力的智力支撑，河南省知识产权局启动了知识产权发展"十二五"规划工作，并积极与省发改委协调将知识产权发展规划列入省"十二五"规划中。（韩战英）

168. 首例涉世博知识产权刑事案件审结

为更好地服务和保障上海世博会，上海市浦东新区人民法院运用"三合一"审判模式，妥善审理涉世博知识产权纠纷案件。6月，浦东法院已经审结首例涉世博知识产权刑事案件。

2008年7月，上海长正物资有限公司与上海安装工程有限公司签订《物资供应意向书》，成为世博工程的供应服务商。2008年11月起，长正物资公司总经理谭天以明显低于市场价的价格购进8种规格型号的假冒"金洲"牌镀锌钢管，并先后多次销售用于世博园区的工程建设，涉及金额为45.6万元。后谭天主动投案，并供认了上述事实。浦东法院判决谭天有期徒刑2年并处罚金10万元，同时判处长正物资公司罚金18万元，对假冒"金洲"商标镀锌钢管全部没收。（胡 嫚）

169. 厦门知识产权局服务两岸文博会

6月18～21日，第三届海峡两岸文化产业博览交易会在厦门举办。为提供展会期间知识产权保护，厦门市知识产权局法规处执法人员进驻展会，设立知识产权咨询投诉站，连续4天为参展商和市民提供咨询、接受投诉，提供了较好的展会知识产权保护环境。

本届文博会共有签约项目138个，总金额达98.9835亿元，分别比上届增长了68.29%和13.71%。本次项目签约活动的最大特点是单项签约额度大、两岸合作项目多，涉及影视、数字内容、演艺、动漫游戏、文化旅游和文化创意产业园区建设等领域。（唐仕灿）

170. 广东外商投资企业产品博览会落幕

6月21日，由广东省人民政府主办的第二届广东外商投资企业产品（内销）博览会落下帷幕。6月18日，广东省人民政府省长黄华华在副省长万庆良的陪同下，到外博会"一站式"服务中心专区视察，看望了广东省、广州市知识产权局驻会协助处理知识产权纠纷的工作人员。

黄华华向工作人员详细了解了外博会知识产权保护工作的情况，充分肯定了"一站式"服务的做法，并强调知识产权要为外商投资企业产品内销做好保障。据悉，为期4天的展会总成交额达到539.3亿元，比上届增长一成。本届外博会吸引了沃尔玛、百思买、苏宁、国美等8400多家采购商参加。（顾奇志）

171. 湖南省实施知识产权战略研讨班在京开讲

6月21日，由中国知识产权培训中心、中共湖南省委组织部、湖南省知识产权局联合举办的湖南省县市区长实施知识产权战略研讨班在培训中心正式开班。

国家知识产权局副局长甘绍宁在开班仪式上指出，希望通过本次培训班，进一步深化参会代表对国家知识产权战略和面临的知识产权形势的认识和了解，增强抓好知识产权工作的责任感和紧迫感，提高运用知识产权制度为地区经济建设服务的能力，坚持贯彻并实施国家和湖南省知识产权战略，努力把湖南省的知识产权工作提高到一个新的水平。本次培训班特别邀请有关专家，围绕知识产权一创新型企业的核心竞争力、知识产权形势与知识产权战略、专利权的司法保护等课程进行专题讲解。（赵 辉）

172. 全国专利统计工作会议在银川举行

6月21～24日，全国专利统计工作会议在银川举行。会议总结了全国专利实施状况调查情况和我国规模以上工业企业专利申请与经济效益状况，国家知识产权局副局长杨铁军出席会议并做了重要讲话。

会上，杨铁军充分肯定了2009年全国专利统计工作取得的成绩并部署了2010年专利统计工作。北京、上海等地的知识产权局有关负责人介绍了地方知识产权局统计调查工作经验。会议还表彰了全国专利实施状况调查先进集体和先进个人。来自全国知识产权局系统的100余名代表参加了会议。（田俊婵）

173. 法官、专家共商知识产权"三审合一"模式

6月22日，来自全国各地法院的知识产权领域的法官、专家学者齐聚武汉，共同研讨交流知识产权司法保护“三审合一”模式。

与会的知识产权法官、专家学者认为，随着近年来我国知识产权案件数量的快速增长，由于知识产权案件具有很强的专业性、技术性，现行三大诉讼分立的格局造成知识产权案件审判中裁判标准不统一、审计管辖不合理、专业审判资源浪费等弊端，从而影响了知识产权司法保护水平整体的提升。实现知识产权司法保护“三审合一”，有利于统一裁判标准，整合审判资源，提高司法效率。据悉，自从1996年上海浦东新区人民法院展开试点以来，各地法院在实践进行了积极探索。截至2009年12月底，全国已有5个高级法院、44个中级法院和29个基层法院开展了相关试点。

（魏小毛）

174. 央企已拥有有效专利7.6万件

6月23日，记者从国务院国资委获悉，截至2009年底，中央企业已累计拥有有效专利7.6138万件，2009年中央企业研发经费就达1468亿元，中央企业的技术创新活动取得丰硕成果。

据统计，2009年，中央企业申请专利3.9203万件，其中发明专利1.9993万件；授权专利2.0431万件，其中发明专利0.4891万件，均接近2006年的3倍。截至2009年底，中央企业累计拥有有效专利7.6138万件，为2006年的2倍，其中，有效发明专利2.1266万件，占总量的27.9%。从单个企业来看，国家电网、电信科研院、航天科工等12家中央企业专利申请过千件，中国建筑、中国移动、中化集团、国机集团、武钢等中央企业每年专利申请的增长速度均超过50%。

（张海志）

175. 第十届中国专利高新技术产品博览会举办

6月23～25日，以“创新、合作、发展”为主题的第十届中国专利高新技术产品博览会在历史文化名城山东曲阜举办。

国家知识产权局局长田力普、中国工程院副院长旭日干、中国科学院秘书长邓麦村、山东省政府副省长李兆前等出席开幕式并致辞。本届专博会主要展示新能源、新材料、新医药、机械制造、电子信息、节能环保项目，专利产品、高新技术成果及产品。参展单位426家，展位1200个，300多项最新科技成果参展。专博会期间，举行了院士论坛、专利高新技术成果推介、创业论坛、资本市场高峰论坛、合作项目签约仪式等重要活动。

（李守运）

176. 地方知识产权战略工作会在成都举办

6月24日，由国家知识产权局主办、四川省知识产权局承办的地方知识产权战略工作会在成都举行。四川省政府副省长李成云出席会议并致辞。国家知识产权局副局长甘绍宁在会上指出，经过两年的战略推进，知识产权战略的实施得到了地方党委和政府的认可，实施工作成效显著。

国家知识产权局、国家版权局、国家工商总局等相关代表在会上介绍了国家部委知识产权战略实施进展情况，北京、上海、江苏等地的知识产权局有关负责人介绍了各地方知识产权战略实施经验。来自全国知识产权局系统的120余名代表参加了会议。截至2010年6月4日，全国已有22个省（区、市）出台了地方知识产权战略或实施意见。

（周渝利）

177. 我国首个著作权交易保证保险产品发布

6月24日，我国首个著作权交易保证保险产品发布。北京东方雍和国际版权交易中心为该产品的独家代理人。新浪、优酷等3家公司作为首批该保险产品用户在产品发布会上签署了合作协议。

此款保险产品将为版权的买方提供一份有效的风险保障。如果著作权购买方买到的是假版权，真正的版权人起诉要求获得侵权赔偿，保险公司将根据保险合同赔偿买方因侵犯真正版权人权益而遭受的损失以及相关的法律费用。该产品的核心风险保障还包含因涉及侵权诉讼所产生的法律费用。北京东方雍和国际版权交易中心总经理殷秩松表示，此产品的推出将有助于增强著作权买卖双方交易的信心，减少交易成本，提升交易成功率，推动著作权交易市场的发展繁荣。

（姚文平）

178. 中国知识产权研究会第五届届中理事大会在京举行

6月25日，中国知识产权研究会第五届届中大会在北京举行。会议总结了中国知识产权研究会两年来的工作，部署了今后的任务，通报了知识产权战略实施情况。会议还通过了《中国知识产权研究会关于增补副秘书长、常务理事、理事的决议》以及《中国知识产权研究会关于加入中国科协的决议》。国家知识产权局副局长、研究会常务副理事长甘绍宁，中国科协书记处书记、研究会常务副理事长张勤等出席了大会。

会上，甘绍宁作了题为《全面推进国家知识产权战略实施切实做好专利战略制定工作》的报告。工商总局商标局副局长赵刚、版权局版权司副司长王志成分别作了商标战略、版权战略实施情况的报告。会议听取了研究会理事长杨正午的工作报告。会议增补副秘书长1人、常务理事4人、理事7人。（言 汇）

179. 海峡两岸签署知识产权保护合作协议

6月29日，海峡两岸关系协会会长陈云林与海峡交流基金会董事长江丙坤在重庆举行两会领导人第五次会谈。双方签署了《海峡两岸经济合作框架协议》和《海峡两岸知识产权保护合作协议》。

根据两岸知识产权保护合作协议，双方同意本着平等互惠原则，加强专利、商标、著作权及植物新品种权（植物品种权）等两岸知识产权保护方面的交流与合作，协商解决相关问题，提升两岸知识产权的创新、应用、管理及保护；双方同意依各自规定，确认对方专利、商标及品种权第一次申请日的效力，并积极推动作出相应安排，保障两岸人民的优先权权益；双方同意推动相互利用专利检索与审查结果、品种权审查和测试等合作及协商。同时，根据该合作协议，双方将建立执法协处机制，依各自规定妥善处理下列知识产权保护事宜：打击盗版及仿冒、保护驰名（著名）商标、强化水果及其他农产品虚伪产地标识（示）之市场监管及查处措施等。双方可相互提供必要的资讯，并通报处理结果。（欣 华）

180. 田力普寄语审查员要"仰望星空，脚踏实地"

6月29日，国家知识产权局专利局化学发明审查部举办了以"用心审查，成就自我，奉献社会"为主题的部训演讲大赛。国家知识产权局局长田力普和副局长贺化一同观看了本次比赛并为获奖者颁奖。田力普表示，专利审查工作不仅是一个职业更是一项事业，专利审查员要"仰望星空，脚踏实地"。

为了搞好专利审查文化建设，有效地激励审查员对工作价值的思考，化学部党总支自2010年4月开始筹备演讲比赛，在广泛征集稿件的基础上共有30余名审查员参加初赛最后通过层层选拔确立了10名选手进入决赛。此次比赛共评选出一等奖2名、二等奖3名、三等奖5名以及最佳人气奖和最佳组织奖。（任 媛）

181. 广东新认定一批知识产权示范和优势企业

6月，广东省知识产权局发出《关于认定第五批广东省知识产权示范企业的通知》、《关于确定2010年广东省知识产权优势企业的通知》等文件，公布了最新认定的一批知识产权示范企业和优势企业。

此次共有广州白云山和记黄埔中药有限公司等20家企业被认定为广东省知识产权示范企业，广州金升阳科技有限公司等50家企业被认定为2010年广东省知识产权优势企业。名单公布后，广东省拥有的省级知识产权示范企业和优势企业分别达到60家和353家。（顾奇志）

182. 国家知识产权战略实施两周年宣传活动总结会举行

6月29日，国家知识产权战略实施两周年宣传活动总结会在京举行。坚持正确的舆论导向、加强学习钻研、深入调查研究、强化沟通协调，提升新闻策划和国际传播能力，进一步做好知识产权战略实施新闻宣传工作，成为中央新闻媒体的共识。

中宣部新闻局、国家广电总局法规司有关负责人分别在会上作了主题发言。国家知识产权局和北京市知识产权局有关部门负责人，《人民日报》、新华社、《光明日报》、《经济日报》、中央人民广播电台、中央电视台、《法制日报》、《中国知识产权报》和人民网等中央媒体代表共聚一堂，就如何进一步做好国家知识产权战略实施宣传工作进行了深入的交流探讨。（汪玮玮）

183. 证监会要求上市公司准确披露知识产权信息

为进一步规范创业板上市公司半年度报告披露工作，6月30日，中国证券监督管理委员会发布创业板上市公司半年报披露准则中，首次要求准确、及时披露专利等知识产权信息。

据介绍，与主板上市公司半年报规则相比，创业板半年报规则增加了体现创业板上市公司特点的披露要求，强化可能对公司核心竞争能力产生重大不利影响事项、无形资产情况、经营风险和持续督导机构的披露。由于创业板公司更多地依靠品牌、技术创新等获得竞争优势，相当部分企业无形资产在资产中的比例较大，因此，创业板上市公司半年报准则要求公司披露商标、专利、非专利技术等无形资产的变化情况及产生变化的主要影响因素。若主要无形资产发生不利变化，还要求公司披露应对措施。如果公司报告期内发生因设备或技术升级换代、核心技术人员辞职、特许经营权丧失等导致公司核心竞争能力受到严重影响的情形，要求公司详细披露具体情况、对公司的影响及公司拟采取的措施。（赵建国）

184. 知识产权质押融资试点第三批名单确定

6月，国家知识产权局批复了第三批知识产权质押融资试点名单，此次确定的4个试点分别为上海市浦东新区、天津市、江苏省镇江市、湖北省武汉市。

国家知识产权局自2008年12月开展知识产权质押融资试点工作以来，已先后批复了3批共16个城市开展知识产权质押融资试点工作。截至目前，全国已有24家商业银行和16家担保机构在国家知识产权局办理专利权质押登记，累计申请项目约1400个，涉及质押金额约210亿元人民币。特别是自2007年以来，在不到3年的时间里，各类企业已通过知识产权质押获得贷款160亿元人民币，为前11年总额的3.2倍。（赵建国）

185. 国家知识产权局庆祝建党89周年座谈会在京举行

7月1日，国家知识产权局庆祝中国共产党建党89周年座谈会在京举行，来自国家知识产权局、专利局以及各下属单位的党员代表欢聚一堂，共同庆祝中国共产党89岁生日。国家知识产权局党组成员、副局长、直属机关党委书记甘绍宁出席座谈会并讲话。

甘绍宁首先代表国家知识产权局党组向全局广大共产党员和党务工作者，致以节日的问候。他指出，多年来，国家知识产权局党组始终高度重视党建工作，尤其近年来，直属机关党委按照新时期党建工作的总体部署，在中央国家机关工委领导和国家知识产权局党组的全面指导下，认真贯彻落实党中央、中央国家机关工委的工作部署和局党组的各项决策，切实加强党的思想建设、组织建设、作风建设、制度建设和反腐倡廉建设，在保证中心工作任务完成上不断取得新成绩。据了解，截至2010年6月30日，国家知识产权局现有基层党组织221个，中国共产党党员4725人。

（张海志）

186. 香港地区知识产权保护成效卓著

2010年7月1日，香港回归祖国整整13年。13年来，有了强大祖国的坚实后盾，香港在经历经济持续繁荣的同时，形成了独具特色的知识产权体系，创新能力进一步增强，知识产权保护成效卓著。

香港知识产权署统计数据表明，2009年，全球共有102个国家和地区向香港知识产权署提交了2.4754万件商标申请，其中，香港为9454件，内地为4620件，共授权商标2.25万件。2009年共有65个国家和地区提交了共1.1857万件标准专利申请，其中，香港为149件，内地为411件，共授权专利5625件；短期专利申请共551件，授权474件；外观设计申请共3818件，授权3850件。据统计，2009年，香港海关查获版权案件6372件，被捕人数达1109人，检获物品总值7100万元。（汪玮玮）

187. 最高人民法院加强重点领域知识产权司法保护

7月1日，最高人民法院在京发布了《关于为加快经济发展方式转变提供司法保障和服务的若干意见》。

该意见要求各级人民法院加强对重点领域知识产权的司法保护，促进战略性产业发展；加大对关键核心技术自主知识产权的保护力度，促进新能源、新医药、新材料、环保等高新技术产业发展，维护企业的核心竞争力。该意见指出，人民法院要妥善审理各类知识产权案件，保障和服务推动自主创新，要加强对驰名商标、农产品地理标志以及战略性新兴产业和现代服务业商标权的保护，促进自主品牌的形成和品牌经济的发展。该意见还要求各级法院妥善审理反垄断和不正当竞争案件，制止科技开发和技术转让中的垄断行为，防止滥用知识产权限制创新，维护公平竞争的市场秩序；加强对新闻出版、广播影视、文学艺术、文化娱乐、广告设计、工艺美术、计算机软件、信息网络等领域的著作权保护，依法惩处假冒商标、专利和侵犯著作权等侵犯知识产权的犯罪行为，促进文化创新，繁荣文化市场。（魏小毛）

188. 沪宁高铁运用创新和自主知识产权

7月1日，上海至南京的沪宁城际高速铁路正式开通运营。在这条闪耀着自主创新之光的纵贯线上，建设者开发出多项拥有自主知识产权的技术，用两年时间修筑了一条300公里长的疾速大道，助中国创造领跑世界。

沪宁高铁所铺设的CRTS—Ⅰ型轨道板铁路属于无砟轨道，对施工的技术要求极高。在这种高标准下，我国建设者开发出了拥有自主知识产权的“锁定轨温”技术，轨道中间不再预留伸缩缝，从而保证高速运行时的平滑。据沪宁高铁有关负责人介绍，这项技术目前已提交了5件中国专利申请，并已获得3件中国发明专利权。（崔静思）

189. 温家宝在湖南考察时强调　世界级企业要有世界领先发明和专利

7月，中共中央政治局常委、国务院总理温家宝在湖南长沙就经济发展情况调查研究时指出，企业的前途在于自主创新，要建成一个世界级企业，就要有处于世界领先地位的发明和专利。

7月2日，温家宝到中国制药装备行业龙头企业楚天科技有限公司考察。这家企业主要从事医药包装机械、医药印刷机械的研发制造，目前拥有500多件中国专利、10项国家行业产品技术标准。温家宝表示，企业的前途在于自主创新。医药机械产业是一个朝阳产业，大有希望，要生产高质量的产品，搞好发明创造，为企业争得荣誉，为自己赢得尊严。在三一汽车起重机械公司考察时，温家宝观看了一台1000吨级汽车起重机下线，并与技术人员一起使用“机械手”为重型汽车起重机安装轮胎。当听到企业负责人介绍企业的目标是建设成世界级企业时，温家宝指出，要建成一个世界级企业，就要有最好、最优、最高的产品质量，就要有处于世界领先地位的发明和专利，就要培养出一代代优秀的人才。此外，温家宝还考察了圣得西服饰公司、青苹果数据中心公司、拓维信息系统公司等企业。（欣　华）

190. 我国专利代理人将加强执业纪律

7月2日，中华全国专利代理人协会第八届二次常务理事会在京召开。国家知识产权局副局长贺化出席会议并讲话。会议讨论并通过了修改后的《专利代理人职业道德与执业纪律规范》（以下简称《规范》）。

会上，中华全国专利代理人协会讨论并通过了修改后的《规范》。据了解，现行的《规范》是在1998年制定的，随着近年来专利代理行业的发展和变化，其中的若干条款已经不能满足行业的实际需要。本次修改将原《规范》的适用范围由专利代理人扩大到专利代理机构，增加了《规范》的处罚内容，从处罚的方式、种类到具体工作机构等，使之独立成章。据统计，修改后的《规范》条款数量由原来的31条增加为46条，更好地适应了专利代理行业加强行业诚信体系建设、维护行业自律的迫切需要。（崔静思）

191. 国家知识产权局研究部署知识产权援疆工作

为贯彻落实中央新疆工作座谈会和全国对口援疆工作会议精神，7月2日，国家知识产权局召开会议，研究部署通过合作会商途径加强和推进知识产权援疆工作的具体措施。

国家知识产权局副局长甘绍宁在会上强调，要重新认识加强新疆知识产权工作的重要意义，切实把知识产权对口支援新疆工作作为重大政治任务抓好、抓实。他指出，国家知识产权局将与新疆维吾尔自治区政府、新疆兵团联合成立由主要领导挂帅、地方知识产权局和国家知识产权局相关部门参加的知识产权援疆工作领导小组，大力支持服务新疆跨越式发展和长治久安。据了解，会议初步确定，国家知识产权局将从软课题研究、教育培训、信息服务、管理项目、发展规划等方面进一步加强知识产权援疆工作。（姜　伟）

192. 国际知识产权环境论坛隆重开讲

7月7日，国际知识产权环境论坛在京隆重开讲。国家知识产权局副局长杨铁军在论坛上指出，知识产权管理部门要积极采取措施，引导企业开展海外维权，帮助企业了解国外相关知识产权法律和相关情况，在尊重他人权利的同时，维护好自己的权益。

此次论坛由国家知识产权局主办，中国知识产权研究会承办，霍金·路伟律师事务所协办。在论坛上，来自国内外的6名资深专家，围绕美国、欧洲、日本、东盟的知识产权环境，美国国际贸易委员会“337调查”有关实务，以及对外贸易中的知识产权风险评估和国内企业如何应对等方面内容做了精彩演讲。此次论坛发布了国家知识产权局关于国外知识产权环境专题研究的首批成果，美国、欧洲等4个知识产权环境专题研究报告

备受关注。（吴 辉）

193. 工业和信息化部发布知识产权工作推进计划

为落实国家知识产权战略实施推进计划，7月，工信部已编制该部2010年知识产权工作推进计划(以下简称推进计划)。推进计划规定了工信部各司局在推进知识产权战略实施中的56项具体工作。其中，明确规定2010年工信部将力抓国家科技重大专项中的知识产权全过程管理，逐一落实各大专项中的知识产权工作任务。

推进计划指出，在“核心电子器件、高端通用芯片及基础软件产品”重大专项、“新一代宽带无线移动通信网”重大专项、“高档数控机床与基础制造装备”重大专项、“大型飞机”重大专项中，要建立鼓励知识产权创造的激励机制，制定知识产权管理实施细则，突破一批关键技术，申请一批知识产权，分别完成各自领域内的专利分析及战略研究报告，并评估知识产权成果。（刘 仁）

194. 南通成为WIPO全球首个版权保护优秀案例

7月9日，中国国家版权局和世界知识产权组织在京联合发布《加强版权保护对中国南通家纺产业发展的影响调研报告》，世界知识产权组织助理总干事克拉克高度评价了“南通经验”。

从20世纪90年代起，在南通市通州志浩和海门叠石桥自发形成的两个家纺市场，经历了从盗版泛滥到自觉维权的曲折过程，先后成立了全国第一家镇村级版权管理基层组织和第一家专业市场知识产权巡回审判法庭，建立了一整套完善的版权管理、保护和登记机制，带动了两个家纺市场的做大做强。两个乡村家纺市场的做法，引起国家版权局和WIPO的高度关注。2009年，WIPO将南通确立为全球首例版权保护优秀示范点，并与国家版权局签署合作协议开展全方位调研。经过8个多月的调研、论证，形成了《南通家纺产业版权保护调研报告》。目前，两市场年交易量近千亿元，产品远销50多个国家和地区，成为世界最大的家纺市场之一。（姚文平）

195. 我国创新主体重视申请国际专利

7月，国家知识产权局专利局全面调查了我国国际专利申请进入国家阶段的实际情况。调查显示，我国国际专利申请5成进入国家阶段。我国申请人2000～2006年提交国际专利申请1.2373万件，有6416件进入中、美、欧、日、韩5个专利局国家阶段。同期，美、欧、日、韩进入比例分别为64%、79%、84%、59%。

调查显示，我国国际专利申请增速快，平均年增长率达40%。我国进入国家阶段的国际专利申请，2000年仅有133件，2008年已经达到1962件。同期，美欧日韩的平均年增长率分别为7%、13%、18%、27%。但我国国际专利申请总数少，不及美国的3%，我国申请人2000～2006年提交的国际专利申请，累计进入五局国家阶段的总量仅为1.2351万件。美、欧、日、韩同期数量分别为45.1万件、27.3万件、30.9万件和35.4万件。

（李超凡）

196. 中国专利授权质量获广泛认可

汤森路透集团和英国知识产权传媒集团旗下的《知识财产管理》杂志7月携手进行的一项民意调查显示，中国在提高授权专利质量方面付出的努力得到了业内人士的一致认可。逾半数的受访者(即57%的企业内部专利代理人和56%的个体专利律师)认为，中国国家知识产权局的授权专利质量近年来有所提高。该比例在美日欧中韩五局中居首位。

专利质量评估是此次民意调查的关注点。参与调查的人员为阅读或浏览该杂志的近600名企业内部专利代理、个体执业专利律师和代理人，所涉问题包括专利诉讼、专利商业化、团体内部关系以及专利质量等。（汪玮玮）

197. 中小企业知识产权战略推进工程首批实施单位专家评审会召开

7月，中小企业知识产权战略推进工程首批实施单位专家评审会在京召开。来自国家知识产权局、工业和信息化部等单位的专家参与了评审。此次评审会主要针对申报城市的集聚区企业知识产权水平等方面进行了客观公正的评审。

按照《关于实施中小企业知识产权战略推进工程的通知》的要求，截至2010年5月，全国各省区市共计68个城市提交了申报材料。在择优扶持、地方推荐、总体平衡的评审原则下，此次评审会主要针对申报城市的集聚区企业基本情况、区域经济发展情况、知识产权水平、企业经济发展与知识产权关联度、知识产权部门与中小企业主管部门工作配合情况等方面进行了评审。引导中小企业加强知识产权管理，实施知识产权战略，大力提升广大中小企业的专利运用与产业化能力。在此次评审会后，国家知识产权局、工业和信息化部将于近期正式公布中小企业知识产权战略推进工程首批实施单位名单。（李金祥）

198. 全国高校发明专利排名公布

7月，教育部科技发展中心发布了2009年度发明专利申请量、获权量和有效发明专利排名前50名的高校。浙江大学位居发明专利申请量和发明专利获权量排名的榜首，清华大学则在有效发明专利排名上拔得头筹。

根据此次发布的排名，除浙江大学和清华大学外，上海交通大学、哈尔滨工业大学、北京航空航天大学等几所院校表现也颇为抢眼。在2009年度发明专利申请前50高校排名表上，浙江大学以1780件居首，清华大学以1435件紧随其后，第3～5位分别为哈尔滨工业大学、上海交通大学和北京航空航天大学；在2009年度获发明专利授权前50高校排名表上，浙江大学以919件位居第一，其2～5位分别为清华大学、上海交通大学、北京航空航天大学和哈尔滨交通大学；而在有效发明专利前50所高校排名表上，清华大学则以2722件跃居首位，其后分别为浙江大学、上海交通大学、哈尔滨工业大学和西安交通大学。

（肖　潇）

199. 我国已查处涉世博标志侵权案逾千件

7月14日，上海世博会举办两月有余，世博会知识产权保护也取得阶段性成果。从上海世博会事务协调局获悉，从2005～2010年6月底，世博会标志管理办公室累计处理涉嫌世博会标志侵权案件总数达1079件。

6月，世博会标志管理办公室通过行政执法部门共处理涉嫌世博会标志侵权案195件。这些标志侵权案件涉及全国19个省市，其中华东地区共协助调查侵权案件134件，约占6月侵权案件总数的68.7%，上海市范围的案件协查41件，约占6月侵权案件总数的21%。另外，世博会特许经营办公室共答复世博会特许商品侵权案50件，举报1件。2010年以来，世博会标志管理办公室已累计处理涉嫌世博会标志侵权案件883件。从2005～2010年6月底，世博会标志管理办公室累计处理涉嫌世博会标志侵权案件总数达1079件。

（胡　嫚）

200. 第二批全国知识产权示范创建单位出炉

7月，经过专家评审、考察等程序，大唐移动通信设备有限公司等146家单位从全国217家申报单位中脱颖而出，被评选为第二批全国企事业知识产权示范创建单位，第二批规模较第一批扩大了一倍。

据介绍，国家知识产权局开展全国企事业单位知识产权试点示范工作近10年，坚持“以试点促推广普及、以示范促深化发展”的工作思路，从试点、示范创建和示范3个层面推进企事业单位知识产权工作，以企业为重点工作对象，充分发挥知识产权政策的导向作用和企业的主体作用，推动我国企事业单位充分运用知识产权参与市场竞争。目前，全国试点单位已有1065家，示范创建单位216家，示范单位58家。（李　群）

201. 2009年最高人民法院共审结知识产权民事案件3万余件

7月13日，最高人民法院正式发布《人民法院工作年度报告(2009年)》，全面展示了人民法院2009年各项工作所取得的新进展、新成效。该报告指出，2009年，人民法院知识产权司法保护工作对于激励自主创新、实现技术突破、打造知名品牌、掌握自主知识产权，从而应对国际金融危机给我国实体经济造成的不利影响，具有重要作用。

该年度报告指出，2009年，各级法院共审结各类民事、刑事、行政知识产权案件3.614万件，同比上升29.65%。其中，共审结各类知识产权民事案件3.0509万件，同比上升29.73%。在知识产权民事案件中，审结著作权案件1.518万件，审结专利权案件4524件，审结商标权案件6975件，审结包括虚假广告等在内的各类不正当竞争案件1287件。（魏小毛）

202. 国家出台重大专项知识产权管理规定

7月16日，国家知识产权局、科技部、国家发展和改革委员会、财政部4部门联合印发了《国家科技重大专项知识产权管理暂行规定》。依据该规定，知识产权将作为科技重大专项立项评审的独立评价指标和专项验收的重要内容。

该规定明确提出，国家科技重大专项的牵头组织单位应把知识产权作为立项评审的独立评价指标，合理确定其在整个评价指标体系中的权重。牵头组织单位应聘请知识产权专家参加评审，并根据需要委托知识产权服务机构对同一项目(课题)申请者的知识产权目标及其可行性进行汇总和评估,评估结果作为项目评审的重要依据。该规定还将知识产权情况作为科技重大专项验收的重要内容之一。牵头组织单位进行项目(课题)验收评价时,应当以任务合同书所约定的知识产权目标和考核指标为依据,对项目(课题)知识产权任务和目标完成、保护及运用情况作出明确评价。科技部、国家发改委、财政部组织的验收中,各科技重大专项应当对本专项知识产权任务完成情况予以说明。（向　利）

203. 国家知识产权强县工程工作研讨会召开

7月16日,国家知识产权强县工程工作研讨会在山东省烟台市举行。与会代表积极交流上一阶段的工作经验,分析当前存在的问题,进一步明确工作定位,并研讨下一步工作的思路和方法。

2009年3月,国家知识产权局正式启动知识产权强县工程,有计划、分阶段地推进县域知识产权工作,将知识产权工作引向基层。国家知识产权局专利管理司负责人在会上表示,一年多来,各强县工程县从加强知识产权管理、健全体系、完善机制、推动创造、促进转化、强化保护等方面着手,做了大量务实、细致的工作,取得了明显成效。在下一步工作中,国家知识产权局将进一步加强对强县工程的管理,进一步完善工作机制、强化工作指导,加强人才培养和交流,提高县域知识产权管理服务能力。来自国家知识产权局、各省区市知识产权局及有关地级市、县(区、市)知识产权局的官员及专家学者等130余名代表参加了此次会议。（安　雷）

204. 汪洋调研广东省知识产权工作

7月19日下午,中共中央政治局委员、广东省委书记汪洋到广东知识产权服务中心进行专题调研。汪洋强调在转变经济发展方式的过程中,知识产权工作要真正成为经济社会发展的助推器。他要求要着力深入实施国家和省知识产权战略纲要,把知识产权工作摆上重要议事日程,努力开创建设知识产权强省新局面。

调研中,汪洋先后考察了知识产权维权援助中心、国家知识产权局专利复审委员会第一巡回审理庭第二审理室、国家知识产权专利局广州代办处广州开发区受理点以及电子查询室,观看了《崛起与奋进——广东知识产权事业发展历程》专题片,并听取了广东省知识产权局局长陶凯元作的全省知识产权工作汇报。（顾奇志）

205. 辽宁召开首次知识产权战略实施联席会议

7月19日,辽宁省知识产权战略实施工作联席会议制度召开首次会议。联席会议制度召集人、辽宁省副省长滕卫平出席会议并指出,实施知识产权战略是建设创新型辽宁的强大动力和和有效抓手;实施知识产权战略是优化智力资源配置,保证辽宁省可持续发展的根本途径。

会议简要回顾了知识产权战略纲要颁布两年来战略实施基本情况,讨论并原则通过《2010～2012年辽宁省知识产权战略实施推进计划》。滕卫平要求,在下一步全省实施知识产权战略工作中,要加强组织领导,创造良好的法治环境、政策环境、市场环境和舆论环境,确保辽宁知识产权战略纲要确定的各项举措顺利实施;要加强统筹协调,进一步推进知识产权战略、科技兴省战略和人才强省战略实施等。（杨佳宁）

206. 国家知识产权局就专利电子申请公开征求意见

7月,国家知识产权局制定的《关于专利电子申请的规定(草案)》,在国务院法制办法规规章草案意见征集系统和国家知识产权局网站公布,公开征求社会公众的意见和建议,意见征求期截至2010年7月26日。

为了规范通过互联网以电子文件形式提出的专利申请的程序和要求,国家知识产权局制定了《关于电子专利申请的规定》。该规定自2004年3月12日起施行至今。随着专利申请和审查实践的发展,现行规定已经与发展要求不相适应,自2007年,国家知识产权局对《关于电子专利申请的规定》的修改工作已展开。此次修改涉及的主要问题包括:专利电子申请的定义、专利电子申请代表人的确定、电子申请的受理范围、需要保密的申请及向外申请保密审查请求、电子申请的技术规范、纸件申请与电子申请之间的转换、审查中需要提交原件的情形、电子申请文件的递交日和送达日的确定、缴费方式等。（解　静）

207. 广东省知识产权工作会议召开

7月20日,广东省知识产权工作会议暨广东省获中国专利奖表彰大会在广州召开。国家知识产权局局长田力普、广东省副省长宋海出席会议并发表重要讲话。田力普指出,广东要继续当好全国知识产权工作的排头兵，努力建设成为全国运用知识产权制度加快经济发展方式转变的示范区。会议期间，广东省委书记汪洋还会见了国家知识产权局局长田力普。

会上，田力普和宋海还为获得第十一届中国专利金奖、优秀奖的广东省企事业单位颁奖。据悉，4 项获得中国专利金奖的项目将分别获得 100 万元奖励，25 项中国专利优秀奖的项目将分别获得 50 万元的奖励。广东省政府将为此拨出 1650 万元奖励资金。（顾奇志）

208. 我国将调整中国名牌产品评选机制

国家质量监督检验检疫总局日发布《关于中国名牌产品有效期满后标志使用问题的通知》，2007 年以前公布的中国名牌产品有效期满后，企业将不得再继续使用中国名牌产品标志。今后，中国名牌产品评选办法将有所改变。

该通知指出，中国名牌战略推进委员会 2005 年公布的 493 个中国名牌产品，于 2010 年 9 月有效期满；2006 年公布的 556 个中国名牌产品，于 2011 年 9 月有效期满；于 2007 年公布的 856 个中国名牌产品，2012 年 9 月有效期满。通知指出，中国名牌产品 5 年有效期满后，企业不得在产品及其包装、装潢、说明书、广告宣传以及有关材料中继续使用中国名牌产品标志。2010 年 9 月有效期满的中国名牌产品，在产品包装材料、说明书上使用中国名牌产品标志，可顺延使用至 2010 年 12 月 31 日。逾期不得继续使用中国名牌产品标志。（赵建国）

209. 2010 年打击网络侵权盗版专项行动启动

7 月 21 日，国家版权局、公安部、工信部在京宣布，2010 年打击网络侵权盗版专项治理“剑网行动”正式启动。

此次行动为期 3 个月，2010 年 10 月底收官。据悉，这也是继 2005 年首次开展网络专项行动以来的第 6 次大规模行动。该项活动开展以来，曾经查处了“番茄花园”网络软件侵权案等重点案件，关闭了一大批侵权盗版网站，在国内外引起积极反响。2010 年恰逢上海世博会和广州亚运会，版权保护形势严峻，加大对侵权盗版的打击力度是当前的迫切需要。2010 年开展的专项行动确定了巩固机制、快速反应、发动群众、集中打击、源头治理的整体思路。（姚文平）

210. 2010 中日韩外观设计研讨会举行

7 月 21 日，2010 中日韩外观设计研讨会在京召开。国家知识产权局副局长贺化出席开幕式并指出，应切实加深对外观设计制度和审查实务的相互理解，加强国际交流与合作，努力提高外观设计专利审查质量。

在研讨会上，日本特许厅外观设计课课长川琦芳孝和韩国特许厅外观设计课课长朱正圭分别介绍了两国在外观设计领域的审查管理、授权实质条件的审查标准、优先权相同主题认定等工作情况。研讨主题在内容上具有一定的深度和广度，对中日韩三局未来的深入合作打下良好的基础。据悉，共有来自中、日、韩三方的 40 多名代表参加了此次会议。（任　媛）

211. 武汉知识产权质押融资过亿元

短短 3 个月的时间贷款授信额度跨过亿元大关，湖北省武汉市的知识产权质押融资工作开展得有声有色。7 月，武汉市再获喜讯，国家知识产权局复函武汉市政府，同意在该市开展为期 3 年的知识产权质押融资试点工作，这将为加快东湖国家自主创新示范区的建设提供有力的支撑。

2010 年 4 月，中信银行武汉分行与东湖新技术开发区管委会签订了知识产权质押融资平台合作协议，约定将在 5 年内提供 20 亿元的授信额度，专门用于支持东湖开发区科技型中小企业的知识产权质押贷款业务。截至目前，中信银行武汉分行等金融机构已与东湖开发区内的丰天信息等 12 家高新企业签订了知识产权质押贷款协议，贷款授信额度达到 1.07 亿元，发放贷款近 7500 万元。（容伯轩）

212. 贯彻人才规划纲要为实施知识产权战略服务

7 月 23 日，在人力资源与社会保障部新闻发布会上，该部新闻发言人尹成基表示，将贯彻实施《国家中长期人才发展规划纲要（2010～2020 年）》（以下简称《人才规划纲要》），为实施知识产权战略服务。

2010 年 6 月初，中共中央、国务院印发了《人才规划纲要》，其中指出，在“实施人才创业扶持政策”方面，为促进知识产权质押融资、创业贷款等业务的规范发展，按照《人才规划纲要》的部署，将进一步完善支持人才创业的金融政策，完善知识产权、技术等作为资本参股的措施。《人才规划纲要》要求，围绕实施国家知识产权战略，要制定职务技术成果条例，完善科技成果知识产权归属和利益分享机制，保护科技成果创造者的合法权益；明确职务发明人权益，提高主要发明人受益比例；制定职务发明人流动中的利益共享办法；建立非职务发明评价体系，加强对非职务发明创造的支持和管理；制定国家支持个人和中小企业发明创造的资助办法，鼓励创造知识财产；加强专利技术运用转化平台建设等。 （赵建国）

213. 厦门—台北知识产权联盟在厦门成立

7月25日，福建省厦门市知识创新与知识产权保护协会同中华保护智慧财产权协会（台湾地区）在厦门正式签署两岸（厦门—台北）知识产权联盟合作协议。据了解，以知识产权联盟形式开展合作交流在两岸间尚属首次。

两岸知识产权联盟成立后，将本着充分利用双方联系企事业的桥梁和纽带作用，发挥双方的整体优势和各自专长，联合两岸的各界力量，促进两岸知识产权的交流合作，切实推进知识产权事业的快速发展，提高两岸企业核心竞争力的宗旨，定期开展信息交流、互访、项目推介等活动，为两岸企事业创造更多的知识产权交流合作机会；为两岸企事业的创业投资提供知识产权信息和政策法律咨询；加强两岸知识产权人才教育交流合作，适时组织开展培训和相关论坛；对两岸鼓励知识产权发展的优惠政策进行宣传，编辑、出版两岸知识产权信息资料。 （周小华）

214. 我国将提高知识产权服务能力推进高技术发展

7月28日，国家发展和改革委员会发出《关于当前推进高技术服务业发展有关工作的通知》，其中对在部分省市先期开展高技术服务业创新发展工作有关事项予以明确，并指出提高知识产权服务能力，推进高技术发展，是实现“中国制造”向“中国创造”转变的迫切需要。

该通知指出，要鼓励全社会开发利用各类知识产权信息资源，支持各地有条件的公共知识产权机构进行企业化转制改革试点。其中强调，要进一步开放专利等知识产权信息资源，鼓励全社会开发利用各类知识产权信息资源。在知识产权软件服务、专业知识产权数据库服务、知识产权咨询服务、知识产权质押贷款和其他投融资服务等增值服务领域扶持一批服务企业。支持各地有条件的公共知识产权机构进行企业化转制改革试点，或采取单独和合作成立服务企业等方式，为全社会提供高水平知识产权服务。 （赵建国）

215. 我国高铁创新成果世界瞩目

7月28日，铁道部召开发布会向海内外媒体介绍我国高速铁路发展成就，并宣布年底将与国际铁路联盟共同举办第七届世界高速铁路大会。铁道部相关负责人在发布会上多次强调，中国铁路形成了用有自主知识产权、国际先进水平的高速铁路技术体系，到目前为止，与外国公司从未产生知识产权方面的纠纷。截至2009年底，中国已申请高速铁路相关专利946件。

目前，我国投入运营的高速铁路已达到6920公里，正在建设的高速铁路有1万多公里。现有高速铁路最高运营时速已达350公里，正在建设的京沪高铁最高时速将达到380公里。对此，铁道部总工程师、中国工程院院士何华武表示，近年来，中国铁路大力推进体制创新、管理创新和技术创新，走出了一条自主创新、跨越式发展的成功之路。我国高速铁路的工程建造技术、高速列车技术、列车控制技术、客站建设技术、系统集成技术、运营维护技术不仅达到了世界先进水平，而且形成了具有自主知识产权的高速铁路成套技术体系。 （刘 仁）

216. 广东“省部产学研合作”专利成果丰硕

7月28日，广东省有关部门在广州隆重召开“省部产学研合作”5周年总结大会。会议总结了过去5年“省部产学研合作”的成绩，部署了“十二五”期间产学研合作工作重点。中共中央政治局委员、广东省委书记汪洋，广东省省长黄华华等有关领导出席会议。据悉，广东“省部产学研合作”5年来获得专利2万余件。

广东省与教育部、科技部实施“省部产学研合作”5年来，各级财政累计投入70多亿元，引导企业投入超过800亿元，引进全国310所高校、331家科研机构的1万多名专家、教授在广东开展产学研合作。5年累计新增产值7000多亿元，新增利税1100多亿元，获得专利2万多件，为企业培养技术和管理人才超过7.4万人。 （顾奇志）

217. 福建省知识产权工作会议召开

7月29日，福建省人民政府召开全省知识产权工作会议，这是福建省知识产权发展史上的第一次全省性会议。国家知识产权局局长田力普，福建省人大常委会副主任王美香，副省长李川等出席会议。会议部署了全省知识产权工作。

田力普指出，后金融危机时期对我国知识产权工作提出更高要求，知识产权是解决中国发展难题的切入点，是加快经济发展方式转变的着力点。当前，福建正面临着国家鼓励东部地区率先发展和加快建设海峡西岸经济区这两个千载难逢的重大机遇。他希望福建知识产权工作者在省委、省政府的正确领导下，继续发扬勇于探索、兢兢业业的工作作风，奋发努力，开拓进取，使知识产权工作在服务福建经济社会发展中发挥新的重大作用。据介绍，截至2010年6月，福建省累计专利申请总量达12.2735万件，居全国第13位；全省累计专利授权7.8722万件，居全国第9位。知识产权越来越成为福建省经济社会发展的一个重要助推器。（王明唐）

218. 国家知识产权局表彰杰出青年及优秀青年

7月29日，2008～2009年度国家知识产权局十大杰出青年暨优秀青年表彰大会在京隆重召开。刘雷等十大杰出青年以及胡安琪等20名优秀青年受到表彰。

国家知识产权局党组成员、副局长甘绍宁，团中央城市青年工作部副部长马兴民出席会议并为获表彰者颁奖。与往届表彰活动相比，本次表彰的人员名额更多，表彰大会的形式也更加新颖。据了解，从2010年起，表彰名额从原来的10名增至30名。其中，特增设了杰出青年的奖项。同时，主办部门还特别邀请获表彰青年的亲属参加表彰大会并参观国家知识产权局。（肖　潇）

219. 李玉光会见台湾地区海基会知识产权参访团

7月30日，国家知识产权局副局长李玉光在京接待了由王美花女士率领的台湾地区海基会知识产权参访团一行10人，双方就海峡两岸关系协会与台湾海峡交流基金会于一个月前在渝签署的《海峡两岸知识产权保护合作协议》(以下简称《协议》)进行了友好交流。李玉光表示，《协议》的签署以及双方在知识产权方面的互动，实际上已经促进了两岸在专利领域，特别是在法务方面的沟通与了解，并为协议后续的商谈扫清了障碍。

在此次会谈上，双方就《协议》框架下的关于两岸相互确认优先权的相关后续落实问题、两岸官方平台的架构、及双方日常业务联系相关事宜、业务交流与人员互访以及其他与该协议相关事项进行了友好而富有成效的交流。王美花表示，双方在专利领域的交流与合作确实起到了示范作用，促进了《协议》的签署。（柳　鹏）

220. 国家知识产权局启动首个青年人才研究资助项目

为进一步推进青年人才培养，加强软实力建设，7月，国家知识产权局“青春求索”青年研究专项立项评审会在京召开。国家知识产权局副局长贺化出席了本次研讨会并担任评委会主席。他指出，应加强青年人才培养，为青年成长搭建平台，发挥青年在实施国家知识产权战略中的支撑作用。

会上，通过初期项目资格审查的12项入围课题的课题代表们逐一上台对自己的研究内容进行阐述。“青春求索”青年研究专项总共收到来自国家知识产权局各部门的研究课题申请书54份，申报的课题组成员总人数将近300人。（蒋文杰）

221. 北京专利商用化促进办法施行

北京市知识产权局联合北京市财政局共同下发《北京市专利商用化促进办法》(以下简称《办法》)于8月1日起施行，《办法》规定北京市专利权人在专利商用化过程中符合特定条件的专利转让、许可行为将有望获得资助，最高额可达100万元。

《办法》规定，北京市级财政部门将设立专项资金，对通过专利转让、专利许可等方式实现专利商用化的突出项目进行资助。专利权人以取得实际货币收入为目的，将专利权转让给受让方，并依法办理了权属变更登记的专利转让行为或允许他人实施其专利技术的专利许可行为，交易额超过500万元的，资助金额为超出部分的5%，最高资助限额为50万元；受让人或被许可人是注册地为北京的法人企事业单位的，资助金额的最高限额为100万元。

根据《办法》，专利商用化资助自2010年8月1日起每年评审一次。（张海志）

222. 北京提出2020年百万人年专利授权量达3000件

8月2日，北京市政府向社会公布《首都中长期人才发展规划纲要(2010～2020年)》，计划在10年内把北京打造成世界一流的“人才之都”。

该纲要明确提出,到2020年要建立世界级人才队伍,每万劳动力中研发人员达到260人/年,百万人年专利授权量达到3000件(其中百万人年发明专利授权量达到800件)。

该纲要指出,要建立支持人才自主创新的体制机制。建立有利于人才自主创新的评价、使用和激励制度,加强对创新成果的知识产权保护与创新成果转化应用的支持。该纲要指出,要构建创新型人才教育培养体系。培养一大批创新型高技能人才,满足首都高端产业和新兴支柱产业对创新人才的需求,要建立健全人才集群发展公共服务平台。通过打造主题会议、俱乐部、知识产权转让网站和交易中心等交流平台,促进产业链各类人才在集群内部流动和成长。 (向　利)

223. 贺化与泰国知识产权厅厅长交流专利审查业务

8月3日,国家知识产权局副局长贺化在京会见了首次访问国家知识产权局的泰国知识产权厅厅长帕吉玛·塔娜桑媞一行。双方就专利审查业务、审查员培训、专利法律法规等方面进行了友好的会谈。

贺化指出,中泰两国在知识产权领域的合作从1995年就已经开始,双方在法律法规建设、专利审查、特别是鼓励中小企业创新方面开展了卓有成效的合作。他希望中泰双方能进一步加深了解,深化合作的深度和广度。帕吉玛·塔娜桑媞表示,中国是专利申请大国,这从另外一个方面反映了中国经济实力在不断增强。此外,国家知识产权局在处理专利申请积压和审查员培训方面有丰富的经验,她感谢双方长久以来的合作,并希望能在多个领域内加强交流与合作。 (柳　鹏)

224. 吉利圆满收购沃尔沃

8月3日,浙江吉利控股集团有限公司(以下简称吉利集团)宣布,以13亿美元完成对福特汽车公司旗下全资子公司沃尔沃轿车公司的收购,成为中国汽车企业成功收购国外豪华汽车企业和品牌第一个成功案例。同时,这也意味着吉利集团将有权使用沃尔沃轿车公司的全部知识产权,包括安全与环保方面先进的知识产权。

8月2日,福特汽车公司在英国伦敦举办的交接仪式上,正式把沃尔沃资产交割给吉利控股集团。至此,吉利集团收购沃尔沃大功告成,整个收购涉及13亿美元现金,少于此前外界所传的收购金额。据悉,7月6日,欧盟通过了对吉利收购沃尔沃轿车项目的反垄断审查。在此之前,该交易通过了美国政府的相关审查。7月26日,中国国家发展和改革委员会、商务部等部门正式批复吉利集团收购沃尔沃的交易。 (赵建国)

225. 国家知识产权专家咨询委员会成立

8月5日,国家知识产权专家咨询委员会在此成立,国家知识产权局局长田力普向首批专家委员颁发聘书。

来自全国经济、科技、教育、文化、知识产权领域的20位专家成为国家知识产权专家咨询委员会首批委员。他们是:主任王景川,委员(按姓氏排序)程恩富、戴厚良、方新、李明德、李顺德、刘春田、吕薇、马浩、牛文元、单晓光、宋柳平、唐广良、陶鑫良、王兵、吴汉东、薛澜、张平、周渝波、朱雪忠。国家知识产权专家咨询委员会将通过定期或不定期召开专家咨询委员会会议、专题咨询及论证会议、调查研究、书面咨询、个别咨询等方式指导知识产权事业发展中重大问题的政策研究,为重大战略和关键问题的决策提供咨询和建议等。

(胡　嫚)

226. 全国第二个国家知识产权培训基地落户山东

8月5日,“国家知识产权培训(山东)基地”和“国家知识产权局培训基地”授牌仪式在山东省烟台市举行。国家知识产权局局长田力普向山东省知识产权局和烟台大学授予“国家知识产权培训(山东)基地”的牌匾。烟台大学成为继湖南大学后第二个国家知识产权培训基地。同时,田力普向知识产权出版社和烟台天马宾馆授予“国家知识产权局培训基地”的牌匾。

近年来,为培养高素质的复合型知识产权人才,山东省知识产权局在烟台大学设立了山东省知识产权研究院、在山东师范大学设立了山东省知识产权研究与培训中心、在青岛大学成立了知识产权学院。2009年,山东省实施了“知识产权万人培训工程”,制定了《山东省知识产权培训工作方案》。2009年山东省共举办各类培训班330余个,培训近4.4万人次。 (胡　嫚)

227. 2010年专交会大连精彩亮相

8月6～8日,为期3天的2010年中国国际专利技术与产品交易会在大连隆重举行。国家知识产权局局长田力普出席开幕式并参观展区。田力普指出，本届专交会在往届的基础上，更加关注新兴产业的发展，进一步融入了和谐与民生元素，彰显了创新与生活主旋律，密切关注知识产权焦点和热点问题，突出“新能源、新光源、新生活”主题，是一届体现科学发展的展会，也是“十一五”期间我国知识产权创新成果的总结性展会。

本届专交会设置了1000多个国际标准展位，展区面积近3万平方米，分为中国专利奖展区、青少年和大学生展区、主题活动展区、国际展区、省市展区和网上项目对接区等六大板块。来自全球17个国家和地区及国内大部分省市的团体和1600余家企业在专交会上，展示了5100多项自主创新技术成果。（刘　珊）

228. 知识产权出版社迎来成立30周年庆典

8月6日，知识产权出版社建社30周年庆典晚宴在北京举行。国家知识产权局党组书记、局长田力普在祝辞中对知识产权出版社的发展给出了积极的评价和肯定。新闻出版总署党组成员、副署长阎晓宏出席庆典并致辞。国家知识产权局领导贺化、杨铁军、肖兴威、鲍红、甘绍宁等出席庆典。

田力普指出知识产权出版社从30年前工人体育场看台下一间临时办公场所起家，发展成为以专利文献出版、数字印刷和数字加工为核心业务的复合型集团化出版单位，这从一个侧面折射出我国知识产权事业的蓬勃发展。据了解，2009年，知识产权出版社被新闻出版总署授予“全国百佳图书出版单位”。在新闻出版总署日前发布的《2009年新闻出版产业分析报告》中，知识产权出版社在中央部委出版社总体经济规模排名中进入前10名，名列第9位。（姚文平）

229. 美国审计署报告表明假冒盗版给美国经济造成巨大损失的数据缺乏依据

8月，美国arstechnica网站刊登了一篇题为“美国政府承认大部分盗版损失缺乏依据”的新闻报道。该新闻报道对2010年4月美国审计署发布的《关于量化假冒和盗版货物对经济影响的研究报告》进行了详细说明。报道指出，美国审计署的报告批评了美国政府网站上经常链接的3份特别报告中的3个数据。它们被广泛引用证明假冒和盗版对美国造成的经济损失，而且至少还有一个仍在被美国官方使用。美国审计署认为这些数据缺乏依据。

这3个数据分别是“由于假冒，美国商业界每年要损失2000亿～2500亿美元”，“由于知识产权侵权，美国经济每年要损失75万个工作岗位、2500亿美元”以及“美国汽车配件工业因假冒货物已损失了30亿美元的销售额”。数据的出处是美国联邦调查局（FBI）、美国海关与边境保护局（CBP）和联邦贸易委员会（FTC）。（向　利）

230. 全国专利统计培训在成都开班

8月10日，全国专利统计培训班在成都举办，来自全国各地方知识产权局从事专利统计工作的相关人员参加了此次培训。

据国家知识产权局规划发展司相关负责人介绍，2010年是全面完成“十一五”规划目标任务，科学谋划“十二五”发展规划的关键一年，也是加快经济转型升级步伐、奋力开创科学发展新局面的重要之年。在当前经济转型期，知识产权工作面临的机遇与挑战，对专利统计工作提出了新的更高的要求。该负责人强调，各地区必须充分认识全国统计执法大检查工作的重要意义，同时要加强专利统计调查能力建设，重点加强对统计调查工作的领导，并增加强有力的统计人员。

（周渝利）

231. 全国知识产权局政务工作会议召开

8月11日，全国知识产权局政务工作会议在山东省烟台市召开。会议总结交流了全国知识产权局系统政务工作，并对知识产权政务信息工作和政府门户网站地方子站的先进单位及个人进行了表彰。国家知识产权局副局长鲍红出席会议并讲话。鲍红指出，要努力建立一个政令畅通、高效务实的政务工作体系，为推进实施知识产权战略提供有力保障。

会上，国家知识产权局办公室相关负责人总结了上年度全国知识产权局系统的办公室工作，并部署了下阶段工作。此外，会议对2009年度知识产权政务信息工作先进单位、全国知识产权局系统政府门户网站先进地方子站及先进个人等进行了表彰。（杨　甲）

232. 我国物联网一技术规范成国际标准

由我国起草、制定并拥有完整自主知识产权的物联网领域国家标准《供应链监控用集装箱电子箱封应用技术规范》（GB/T 23678－2009），8月被国际标准化组织正式吸纳为国际标准《集装箱RFID货运标签系统》(ISOPAS 18186)。

这项国际标准来源于上海国际港务集团发明人包起帆课题组研发的“集装箱电子标签”、“集装箱全方位数字智能化监控”两件发明专利。该国际标准通过无线射频识别技术(RFID)与互联网结合的中国专利技术,可以为货主、港口、船舶运营公司、海关、商检等相关单位提供集装箱实时货运状态信息,实现集装箱运输信息由告知到感知的变革,对提高集装箱物流的安全水平和运输效率具有重要的意义。目前该系统已在中美、中日、中加、中马等多条国际集装箱航线和物流监控中得到应用。 (赵建国)

233. 华为拿下2010年全球4G项目逾三成订单

8月13日,华为技术有限公司宣布,在2010年全球40个第四代移动通讯技术商用网络项目中,华为公司已独家拿下其中14个项目的订单,超过总数的1/3,在全球行业内居领先地位。

截至2009年末,华为公司已累计申请国内外专利4.2543万件,成为中国内地企业专利申请量最大的公司。在国家知识产权局公布的2010年上半年统计数据中,华为公司的发明专利授权量为1308件,居国内外企业在华专利授权量第一名。近年来,华为公司在下一代互联网(IPv6)相关领域的专利申请超过130件,位居业界前列;在第三代移动通信技术领域,华为公司已投入研发资金超过60亿元,占有全球5%的基本专利;在全球领先的4G领域,华为公司已经拥有168件核心技术专利,占全球的36%,业内排名第一。

(赵建国)

234. 国家知识产权局举办专利电子申请体验周活动

为实施知识产权战略,大力推广电子申请,国家知识产权局于8月16~20日举办电子申请体验周活动。凡在活动周期间提交并符合条件的专利申请,国家知识产权局专利局将加快审查。

此次体验周的主题是“电子申请——专利E时代的选择”。国家知识产权局有关负责人表示,参与体验周活动的各代理机构应为电子申请注册用户,尚未注册的,可在活动前办理相关注册手续。每个专利代理机构最多可以提交5件XML格式的真实专利申请参与此次活动,实审、复审或无效阶段的案件不在此次活动范围之列。

(薛 飞)

235. 东北地区首个专利巡回审理庭揭牌

8月16日上午,国家知识产权局专利复审委员会第五巡回审理庭揭牌仪式在辽宁省知识产权信息中心举行。该审理庭是东北首个专利巡回审理庭。

在揭牌仪式上,国家知识产权局专利复审委员会相关负责人指出,专利复审委员会辽宁巡回审理庭的落成,是辽宁省知识产权事业又好又快发展、迈上一个新台阶的标志,其运行将进一步优化辽宁省案件审理的环境,提高无效案件和专利行政案件的审理效率,促进行政执法能力和水平的提升,方便包括辽宁省在内的东北三省一区的当事人参加口头审理,也便于知识产权界人士观摩学习。 (刘伶玲)

236. 国家知识产权局干部职工向舟曲灾区捐款献爱心

8月17日,国家知识产权局举行了向甘肃舟曲特大山洪泥石流灾区“送温暖、献爱心”集中捐款活动。国家知识产权局副局长鲍红出席活动并现场捐款,因工作原因未出席活动的局长田力普,副局长李玉光、贺化、杨铁军,中央纪委驻国家知识产权局纪检组组长肖兴威,副局长甘绍宁,均委托工作人员代为捐款。局机关各部门、专利局各部门干部职工参加了现场捐款。局直属各单位、各社会团体分别进行了捐款活动。据统计,全局干部职工捐款金额达39.226 24万元。

8月7日晚上,甘肃甘南藏族自治州舟曲县突发特大山洪泥石流灾害,造成了重大人员伤亡。截至8月15日16时,已有1248人遇难,496人失踪,财产损失无法计算。国家知识产权局党组坚决贯彻党中央、国务院关于甘肃舟曲抗灾的部署和中央国家机关工委的号召,决定在全局范围内开展向甘肃舟曲特大山洪泥石流灾区“送温暖、献爱心”集中捐款活动。 (汪玮玮)

237. 2010年全球知识产权界50位最具影响人物名录公布

8月,英国《知识产权管理》杂志刊出其评选的《2010年全球知识产权界50位最具影响人物名录》。我国的国家知识产权局局长田力普、国家工商行政管理总局商标局局长李建昌、海关总署政策法规司知识产权处处长李群英和华为技术有限公司首席法务官宋柳平入选。同时，中国知识产权纠纷起诉者作为整体获得其中一席。这已是该杂志连续第8年进行该项评选。

与历次评选不同的是，鉴于近年来中国知识产权纠纷案件不断增多，由此表明中国企业和个人知识产权保护意识日渐提升，中国知识产权纠纷诉讼者作为整体入选该名录。该名录介绍，2009年，中国法院共受理3.0626万件民事知识产权纠纷案件，同比增长25%，其中3.0509万件予以裁决，同比增长30%。这表明中国已成为世界上知识产权诉讼纠纷最多的国家。毫无疑问，中国的知识产权纠纷诉讼体制将不断改进，其中包括缩短诉讼时间以及冗长的取证和认证程序。同时，诉讼案件的增多正在对进一步完善中国知识产权纠纷诉讼体制起到推动作用。 （汪玮玮）

238. 知识产权一站式服务平台启动

8月17日，由中国技术交易所联合知识产权出版社、北京东方灵顿科技有限公司、北京大学知识产权学院及数十家专业中介服务机构共同建立的知识产权一站式服务平台正式启动，标志着我国在技术供需双方的有效通道上又迈出重要一步。

国家知识产权局副局长鲍红，科技部党组成员、科技日报社社长张景安，北京市副市长苟仲文，中国科协书记处书记张勤等共同为该平台揭牌。据了解，该平台是在国家知识产权局、科技部、北京市政府等的支持和指导下建立的，旨在落实国家知识产权战略，加速科技成果转化和产业升级，为政府、科研院所、科技园区、企业、各类投资机构等提供专业、优质、全面的知识产权数据检索、咨询、交易和商用等服务，帮助客户增强知识产权保护意识，提升知识产权管理水平，提高知识产权商业化效率。作为第四方平台，该平台汇聚了国内外一流的知识产权中介服务资源，包括评估、咨询等10个子平台。 （汪玮玮）

239. 田力普会见日知识产权保护官民联合高层访华团高层代表

8月18日，中国国家知识产权局局长田力普在京会见了日本知识产权保护官民联合访华团高层代表。中日双方就中国《国家知识产权战略纲要》的有效实施、新修改后的专利法以及相关合作等议题进行了友好会谈。

日本知识产权保护官民联合访华团由"日本国际知识产权保护论坛(IIPPF)"牵头组织。该论坛属于民间组织，在日本经济产业省的支持下于2002年4月成立，主要目的是加强跨行业民间企业团体间及与国内外相关机构的合作。从2002～2009年，该论坛连续6年组织知识产权保护官民联合访华团来国家知识产权局访问。目前该论坛主席为日产汽车公司董事长志贺俊之、副主席为日本贸易振兴机构理事长林康夫。此次是访华团高层第七次到访。 （柳　鹏）

240. 央企电动车产业联盟在北京成立

8月18日，被称为电动车产业"国家队"的央企电动车产业联盟在北京成立。这次由国务院国有资产监督管理委员会出面召开的成立大会不仅召集16家央企的负责人，而且一些国家部委的负责人也悉数出场。对于这次庞大的"造车"运动，政府、业界甚至消费者都寄予厚望。

成立大会上，16家央企负责人在共9章52条的《中央企业电动车产业联盟章程》上签名。该章程明确提出"要构建联盟内电动车技术知识产权的有效共享机制和保护机制"。国家知识产权局副局长贺化在出席成立大会时表示，产业联盟的成立将有利于整合我国现有电动汽车领域专利技术资源，增强企业自主研发和创新的能力，掌握拥有知识产权的核心技术，形成整体竞争态势。

（向　利）

241. 北京大型商业零售经营单位将推"知识产权保护合同"

8月18日，北京市知识产权局、北京市商务委员会、北京市工商行政管理局、北京市版权局联合召开会议，面向北京市流通领域的商业企业共同推行《北京市大型商业零售经营单位知识产权保护合同》(以下简称《合同》)示范文本。北京市40余家大型商场的代表出席了会议。

《合同》示范文本共有两种版本，分别供大型商业零售经营单位与供货商、联营商或者承租商之间使用。《合同》示范文本从维护大型商业零售单位和供货商(联营商)、承租商的基本权益出发，根据有关法律法规的规定，进一步明确了大型商业零售单位和供货商(联营商)、承租商在知识产权管理和保护方面各自的承诺、享有的权利、应当履行的义务和承担的责任。 （张海志）

242. 2009年我国新闻出版业产值突破万亿元

8月19日，中共中央对外宣传办公室举行“文化体制改革基本情况”新闻发布会。据了解，从2009年8月至今，我国全面推行出版、发行、电影、文化市场管理等领域改革，在新媒体、版权出口等方面均取得了重大突破，2009年新闻出版业产值突破1万亿元，获持续较快发展。今后我国将实施重大文化产业项目，加快发展文化产业。

据介绍，我国核心文化产品出口由2003年的56亿美元增加到2009年的104亿美元，图书版权进出口比例由2003年的9∶1下降为3.3∶1；第六届中国（深圳）国际文化产业博览交易会出口交易额达到114.06亿元。在新媒体方面，全国已有160多个地市、460多个县市完成数字化整体转换。我国自主研发的CMMB手机电视已初步建立覆盖全国的运营体制，在全国320个城市开通运营，成为全球最大的移动广播电视覆盖网。全国具备传播网络视听节目资质的网站已达521家，中国网络电视台、国际在线、中国广播网、中国电影网等一批网络视听媒体影响日益扩大。我国已建成亚洲规模最大的国家中影数字制作基地，同时全国已组建城市电影院线37条，包括现代化影院1826家、银幕5300块，其中数字银幕3000多块。（胡　嫚）

243. 专家建议在高校逐步开设知识产权公共必修课

8月21日，第五届（2010）中国高校知识产权人才培养研讨会在京召开，专家建议将知识产权内容列为研究生、本科生素质教育的组成部分，在高等院校内逐步开设知识产权公共必修课程。

此次会议由中国高校知识产权研究会和中国法学会知识产权研究会联合主办。专家建议，应总结“知识产权法律硕士”办学经验，单独设置融合知识产权法律与知识产权管理等方面教学内容的“知识产权”专业硕士学位；将知识产权内容列为研究生、本科生素质教育的组成部分，在高等院校内逐步开设知识产权公共必修课程，可将工程硕士知识产权必修课程的有效经验，推广至所有的专业学位硕士研究生，开设各自适宜的知识产权必修课程；还应准许高等院校知识产权教学研究机构中，具有理工科专科以上背景且同时具备中高级职称或者博士、硕士学位的教师兼职专利代理人。（张海志）

244. 湖北颁布知识产权战略纲要

8月24日，湖北省政府召开新闻发布会，宣布《湖北省知识产权战略纲要》（以下简称《湖北纲要》）正式颁布实施。《湖北纲要》的颁布是湖北省以知识产权制度为抓手，加快推进知识产权创新体系建设的重要举措。

《湖北纲要》共58条，分6个部分，除部分共性条款外，大多数条款的内容都结合了湖北省的实际情况，具有鲜明的湖北特色。《湖北纲要》中明确提出建设知识产权强省的长期战略目标和近5年的阶段性目标，针对“两圈一带”的战略布局，突出知识产权在武汉城市圈发展中的带动作用、在鄂西生态旅游圈建设中的支撑作用；提出运用知识产权制度实现鄂西优势资源的权利化和产业化；通过大力推进知识产权工作，把沿江经济带建设成物流、信息流、资金流和人才流的大通道。

（李　群）

245. 第四届中国新加坡知识产权会议举办

8月25日，由中国国家知识产权局与新加坡律政部共同举办，上海市知识产权局承办的第四届中国新加坡知识产权会议在上海召开。中国国家知识产权局局长田力普、新加坡律政部高级政务部长何炳基、新加坡知识产权局局长廖媛然等出席会议。田力普在致辞中指出，中方愿同新方一道努力，不断提升双方合作水平，促进两国技术进步、经贸往来与人文交流。

据了解，以中新局签署的备忘录为基础，双方曾多次举办知识产权制度研讨会。此次研讨会是两局第四次联合举办，重点介绍新加坡的知识产权制度和保护，并就企业知识产权运用和技术转让以及知识产权纠纷处理展开交流与研讨。

（柳　鹏）

246. 国家知识产权战略实施取得阶段性成效

8月25日，国家知识产权战略实施工作部际联席会议第四次联络员全体会议在京召开。会议总结上半年战略实施工作进展情况，研究部署下一阶段工作安排，交流工作经验，对战略实施过程中的问题进行了研究讨论。联席会议成员、国家知识产权局副局长甘绍宁在《深入有效实施知识产权战略，为加快转变经济发展方式提供有力支撑》的讲话中指出，2010年以来，战略实施工作顺利推进，取得阶段性成效。

2010年以来，联席会议28个成员单位各尽其职，继续加强实施战略的整体组织部署，积极出台促进知识产权创造和运用的政策措施，完善立法与加强执法相结合，不断加大知识产权保护力度，知识产权宣传、服务、交流合作和人才队伍建设工作进一步推进。截至目前，《2010年国家知识产权战略实施推进计划》确定的222项工作任务中，已经完成的有40余项，170余项正在开展过程中。同时，各地方全面贯彻《国家知识产权战略纲要》，战略实施日趋深入，联席会议办公室积极做好协调服务工作。（汪玮玮）

247. 国家知识产权局与河北重点企业项目对接工作表彰会举行

8月25日，国家知识产权局高培人员与河北省重点企业专利战略研究项目对接工作总结表彰会在国家知识产权局召开。国家知识产权局副局长贺化出席会议并讲话。

会议总结了一年来国家知识产权局人才教育培训工作领导小组办公室、中国知识产权研究会和河北省知识产权局三方共同组织推动国家知识产权局高培人员承担河北省重点企业专利战略研究项目工作的成绩和经验；对评选出的优秀课题研究报告、优秀研究个人、优秀组织个人及优秀企业等进行了表彰；获奖人员和获奖企业代表进行了经验介绍；企业代表向国家知识产权局人才教育培训工作领导小组办公室和中国知识产权研究会赠送了锦旗。

据了解，承担项目研究的40名高培人员、审查员及来自河北省16家企业的30余名代表参加了会议。（张健佳）

248. 天津企业获无担保专利权质押贷款

在8月25日举行的天津市专利权质押贷款签约仪式上，浦发银行天津分行等6家银行机构分别与天津市13家企业签订了总额8820万元的贷款合同，其中近6000万元是无中间担保环节的专利权质押贷款。

天津市知识产权局有关负责人表示，无担保环节的专利权质押融资模式是天津市拓宽科技型中小企业融资渠道，知识产权推动高端化、高质化、高新化产业发展的初步探索和具体举措。自2009年以来，天津市知识产权局加大了对专利权质押融资工作的政策引导，针对科技型中小企业开展专利运用试点工作。2010年天津局从知识产权专项资金中划拨400万元，对列入试点、取得银行专利权质押贷款的企业给予一定贴息支持。（崔静思）

249. 国家知识产权局首次对新任正司级领导干部进行集体廉政谈话

8月26日，国家知识产权局召开新任正司级领导干部集体廉政谈话会。国家知识产权局党组成员、中央纪委驻国家知识产权局纪检组组长肖兴威代表局党组对新任命的6名正司级领导干部进行了集体廉政谈话。肖兴威要求，要廉政勤政，为促进知识产权事业发展作出新贡献。

为进一步规范任职廉政谈话，国家知识产权局党组于2010年2月5日印发了《国家知识产权局领导干部任职廉政谈话办法》，对任职廉政谈话的指导思想、基本原则、主要内容、程序方式等作了详细规定。按照“教育为主、立足预防，坚持对领导干部严格要求与关心爱护相结合”的原则，结合国家知识产权局实际，该办法还对任职廉政谈话工作进行了职责分工。规定中央纪委派驻纪检组组长负责对新任正司级或主持工作的副司级领导干部进行任职廉政谈话；采取集体谈话和个别谈话两种形式进行；新任领导干部在谈话同时要签订《廉政承诺书》。该承诺书对领导干部树立正确的世界观、权力观、事业观，严守党的政治纪律、组织纪律、群众纪律和廉政工作要求，廉洁自律、奉公守法，坚持民主集中制，自觉接受监督等方面以及正确履职和廉洁从政的自觉性提出了要求。（赵建国）

250. 我国首台深海载人潜水器已申请专利70件

8月26日，由国家海洋局组织自主研发的我国第一台深海载人潜水器“蛟龙号”，成功下潜至深海3759米，并创造出载人水下和海底作业9小时零3分的世界纪录。至今，该潜水器已申请中国专利70件。

“蛟龙号”已申请专利的技术包括“近底自动航行功能和悬停定位”、“高速水声通信”等世界先进水平的技术。其中，“近底自动航行功能和悬停定位”技术可以使潜水器在海底作业区进行定向、定速、定高、定深自动航行，能够针对作业目标实现悬停定位，为潜水器完成高精度作业任务提供了保障。“高速水声通信”技术可以将潜水器在水下的语音、图像、文字等各种信息实时传输到母船上，母船的指令也可以实时地传给潜水器。同时，根据我国自主研发的“充油银锌蓄电池”专利制造的电池，容量目前是世界上最大的，从而保证了在水下可进行长时间的作业。截至目前，该研究项目向国家知识产权局专利局提交的 70 件专利申请中，已有 45 件专利获得授权。此外，该项目还进行了 3 件软件著作权登记。（赵建国）

251. 国家高新区企业拥有有效发明专利逾 5 万件

8 月，从 2010 年国家高新区发展战略研讨会上传来消息，2009 年，国家高新区企业用于科技活动筹集到的资金总额已达 3066.6 亿元，高出上年 445.7 亿元，增长 17%。国家高新区企业已拥有有效发明专利 5.3895 万件。

据了解，2009 年，国家高新区的新产品产值达到 18 437.1 亿元，新产品销售收入为 19070.1 亿元，已占高新区产品销售收入的 30.4%。全国 56 家国家高新区人均企业总收入达 100.3 万元。（欣　华）

252. 专利助京上半年科技产业增加值逾千亿

8 月 30 日，从国家发展和改革委员会获悉，专利对于地方经济发展的带动作用日益凸显。2010 年上半年，北京市专利申请量 2.36 万件，专利授权量 1.4013 万件，在专利的带动下，北京市高技术产业、科技服务业和信息服务业实现增加值超过 1300 亿元。

2010 年上半年，国家发改委在全国部署的 12 个国家重大科技基础设施中，有 6 个基础设施在北京落户建设，在京投资 20 多亿元，占投资总额的 66.3%。此外，北京市政府与 9 个国防科技工业集团公司签署战略合作框架协议，在太阳能光伏、薄膜太阳能电池、先进装备制造、医疗器械等方面，形成了一批核心技术储备和重大科技成果。在科技振兴产业发展方面，推动建设了新能源产业基地、非晶科技产业园、生物医药创新孵化基地等一批具有产业集群特征的科技园区和产业基地，并且在新能源汽车，尤其是在纯电动汽车的研发方面，以整车企业为龙头，打造涵盖整车和电机、电控、电池等关键零部件的纯电动汽车产业链。龙芯芯片、激光显示、曙光超级计算机等 18 个重大产业化项目在中关村北部产业聚集区集中形成了以大项目带动大产业、抢占经济科技制高点的发展态势。（赵建国）

253. 上半年我国对外发明专利申请增速明显

8 月，据美国专利商标局、欧洲专利局和日本特许厅的初步统计数据显示，2010 年上半年，我国对外发明专利申请增速明显。

据悉，2010 年 1 月至 6 月，我国向美国专利商标局申请发明专利 3063 件，同比增长 31.7%；向欧洲专利局提交的发明专利申请为 1010 件，同比增长 32%；向日本特许厅提出发明专利申请 506 件，同比增长 16.9%。而同期美、欧、日 3 局受理的发明专利申请量增长分别为 4.2%、1.3% 和－3%。（肖　潇）

254. 国家专利技术展示交易中心验收工作启动

为进一步加强专利展示交易中心的制度化、规范化管理，推进展示交易中心建设，根据国家知识产权局《关于实施全国专利技术展示交易平台计划的通知》有关考评、考核管理的规定，国家知识产权局决定于 8 月全国范围内组织开展 2010 年度国家专利技术展示交易中心考核验收工作。

此次考核验收对象和范围是自批准展示交易中心建立之日起满 2 年的 33 家展示交易中心。国家知识产权局将成立展示交易中心考核验收工作办公室和考核验收专家委员会，并设若干专家组进行验收。测评程序分为上报材料测评、现场答辩测评、展示交易中心自主测评等环节，国家知识产权局依据各专家组的考核验收意见书，决定各相关展示交易中心的考核验收是否达标，并公布结果。（赵建国）

255. 国内首个 LED 专利联盟成立

8 月 30 日，国内首个 LED 专利技术产业联盟——深圳市 LED 专利联盟成立大会举行。会上，数百家深圳 LED 企业审议并通过《联盟章程》及《2010 年联盟工作计划报告》。据介绍，该联盟的成立旨在制定实施适合深圳市 LED 企业发展需要的行业知识产权战略，着力提升行业知识产权综合能力，推动深圳 LED 产业平稳较快发展。

该联盟成立后将采取成立专利预警平台、打造专利池等一系列措施，帮助企业解决在开拓国际市场的进程中碰到的一系列知识产权问题。不少深圳市 LED 企业负责人也纷纷表示，希望通过专利联盟推动企业的研发积极性，并能够抱团应对贸易壁垒。同时希望通过专利池运营，在维护国内市场份额的同时，在国际市场上获得更大的发展空间。（肖　潇）

256. 八部门联合检查世博会知识产权保护工作

8月31日，世博会知识产权保护专项行动联合检查组在上海开展了专项检查行动。当天，检查组一行先后来到上海市文化市场行政执法总队以及上海海关进行检查，并对他们在知识产权保护方面所取得的成绩给予了充分肯定。

检查组由国家知识产权局牵头并联合公安部、海关总署、国家工商总局、国家版权局、国务院新闻办公室、最高人民检察院、中国国际贸易促进委员会等部门共同组成。当日，检查组一行来到上海市文化市场行政执法总队。据执法总队队长介绍，围绕迎世博和服务保障世博，2009～2010年7月，上海市、区两级文化综合执法机构共查处有关销售非法音像制品、图书报刊和电子出版物案件581起，收缴侵权盗版音像制品779万余盘（张）。（刘　珊）

257. 国家知识产权局专利局审查员实践基地落户中关村

8月31日，由国家知识产权局专利局发起、北京市知识产权局主办、中关村知识产权促进局承办的“国家知识产权局专利局北京（中关村）审查员实践基地试点活动”在京正式启动，这将有效推动国家知识产权局审查资源与中关村企业专利战略工作的全方位对接，标志着审查员实践基地建设工作迈出了重要一步。

北京（中关村）审查员实践基地由中关村知识产权促进局建设与管理，面向以中关村国家自主创新示范区企事业单位为主体的全体注册于北京的企事业单位。基地由国家知识产权局进行定期评估与考核。（贺延芳）

258. 国家能源技术装备展举办

9月1日，为期5天的国家能源技术装备展在沈阳国际展览中心落幕。在这届新中国成立以来我国能源工业和能源装备制造业规模最大的展览上，14家国内大型能源企业展示了在能源技术装备领域的多项自主知识产权成果，充分展现了我国能源技术装备行业自主创新的风采。

中国电力投资集团公司展出的实用新型专利“城市生活垃圾气化熔融焚烧处理系统”，能够回收垃圾气化熔融焚烧的烟气余热获取的高温空气，彻底解决二恶英、重金属等物的二次污染，能实现零污染排放。据了解，截至目前，该公司拥有中国专利122件，“科技强企”战略得到了有效实施。（刘伶玲）

259. 首届中央国家机关青年知识产权论坛开讲

9月2日，来自12部委的相关领导与青年代表们济济一堂，共同参加在京开幕的首届2010年中央国家机关青年知识产权论坛。中央国家机关工委副书记俞贵麟，国家知识产权局局长田力普，国家工商总局副局长刘玉亭，国家新闻出版总署副署长、国家版权局副局长阎晓宏分别发表了热情洋溢的讲话，国家知识产权局副局长、直属机关党委书记甘绍宁出席了开幕式。

本次论坛由中央国家机关团工委、国家知识产权局机关党委、国家工商总局机关党委、国家新闻出版总署（国家版权局）机关党委共同举办。9月2～3日，来自最高人民法院、最高人民检察院以及科技部、工业和信息化部、商务部等部委的多位青年代表将进行主题发言与交流。会议还邀请了中国政法大学、清华大学的相关领域专家对青年代表的发言进行点评。（刘阳子）

260. 六部门发通知要求加强知识产权质押融资工作

9月，财政部、工业和信息化部、中国银监会、国家知识产权局、国家工商总局、国家版权局联合发出通知，要求加强知识产权质押融资与评估管理，支持中小企业发展。

该通知指出，各级财政、银监、知识产权、工商行政、版权、中小企业管理部门要充分发挥各自的职能作用，加强协调配合和信息沟通，积极探索促进本地区知识产权质押融资工作的新模式、新方法，完善知识产权质押融资的扶持政策和管理机制，加强知识产权质押评估管理，支持中小企业开展知识产权质押融资，加快建立知识产权质押融资协同工作机制，有效推进知识产权质押融资工作。通知要求，各级知识产权部门要建立动态的信息跟踪和沟通机制，及时做好知识产权质押登记，加强流程管理，强化质押后的知识产权保护，并为商业银行、融资性担保机构、质押评估委托方查询质押知识产权法律状态、知识产权质押物经营状况等信息提供必要的支持，协助商业银行逐步建立知识产权质押融资信用体系。（赵建国）

261. 田力普在中国商飞公司调研

9月3日，国家知识产权局局长田力普一行到中国商用飞机有限责任公司调研。田力普强调了知识产权作为企业核心竞争力的重要地位，并指出企业知识产权工作是实施国家知识产权战略的最终落脚点、着力点。国家知识产权局高度重视企业知识产权工作，已形成了一套比较完善的企业知识产权工作体系。

中国商飞公司董事长张庆伟介绍，公司自成立以来，大力加强知识产权工作能力建设，形成了一批自主知识产权成果，已成为上海市知识产权示范企业和全国企事业知识产权试点单位，并积极争取成为全国知识产权示范单位。田力普肯定了中国商飞公司在知识产权方面作出的努力和取得的成绩，并希望中国商飞公司继续加大工作力度，力争成为央企知识产权工作的先进典范。

（刘　珊）

262. 国家知识产权培训(上海)基地揭牌

9月3日，国家知识产权培训(上海)基地揭牌仪式在上海同济大学举行，国家知识产权局局长田力普、上海市副市长赵雯共同为基地揭牌。

同济大学知识产权学院具备了良好的知识产权教育培训工作基础。2008年以来，国家知识产权局已经与同济大学连续3年联合举办了知识产权法律高级培训班，培训了70多名知识产权人才，促进了“百千万知识产权人才”工程的实施。此次培训基地揭牌后，将大力开展系统化、规范化的高水平知识产权专业培训，为上海、长三角地区乃至全国培养更多的符合时代要求的、多层次、复合型和国际化知识产权专业人才，争取在几年时间内，将基地建成为优势突出、特色鲜明、成效显著的国家知识产权培训基地。截至目前，国家知识产权局已批复设立了湖南、山东、上海等6家国家知识产权培训基地，为当前以及今后的全国知识产权人才培养工作奠定了良好的基础。

（薛　丹）

263. 上海世博会欧洲专利局主题日活动举办

9月4日，上海世博会欧洲专利局主题日活动在欧盟—比利时馆举行。中国国家知识产权局局长田力普、欧洲专利局局长伯努瓦·巴特、欧盟驻华代表团副大使溥马克出席并致辞。田力普表示，希望双方不断提升合作层次与水平，促进中国和欧盟国家创新活动的开展。

开幕式后，田力普、伯努瓦·巴特与溥马克还出席了中欧专利保护合作25周年记者招待会。主题日活动还举行了“展会中的知识产权保护——在模拟法庭上分析中国和欧盟的司法程序”活动，来自欧盟和中国的专家分别扮演法官、律师和技术专家角色，就同一侵权案例分别使用欧洲和中国的展会知识产权保护法律体系进行模拟诉讼与审判，通过比较欧洲和中国在展会知识产权保护司法程序和实践方面的异同，提升了中国与欧盟企业对展会知识产权保护重要性及具体司法程序的认识。

（严　睿）

264. 我国迎来著作权法颁布20周年纪念日

2010年9月7日，我国迎来了著作权法颁布20周年纪念日。

1990年9月7日，第七届全国人大常委会第十五次会议通过了新中国第一部著作权法——《中华人民共和国著作权法》。20年来，我国版权司法保护工作取得了令世人瞩目的成绩。近年来，我国版权审判领域不断拓宽，在传统的著作权案件总体上继续保持快速增长的同时，版权司法保护逐步扩展到网络著作权、计算机软件著作权、民间文学艺术等全新领域，尤其是涉及网络著作权的案件近年来迅猛增加，知识产权司法保护水平不断得到提升。2009年，全国地方法院共新收和审结知识产权民事一审案件3.06万件和3.05万件，分别比上年增长25.49%和29.73%，其中，新收著作权案件1.53万件，比上年增长39.73%。在这20年来，我国版权业快速发展，在国民经济的地位和作用越来越重要，取得举世瞩目的成就。

（欣　华）

265. 甘绍宁在厦门开展企业调研

9月7～8日，国家知识产权局副局长甘绍宁一行先后到厦门大学国家传染病诊断试剂与疫苗工程技术研究中心、厦门大学知识产权研究院、厦门华电开关有限公司3家企事业单位调研，并应邀出席了第十四届中国国际投资贸易洽谈会开馆仪式。

在上述3家企事业单位调研时，甘绍宁对3家单位取得的成绩给予了充分肯定，并认真询问了其在开展知识产权工作中遇到的实际困难和问题。甘绍宁指出，在金融危机的背景下，企事业单位要面对各种挑战，知识产权工作更要做得深入扎实。中国的企业不仅要在国内发展，还要考虑走出去，要有应对国外知识产权纠纷的准备和预案。企业要建立完备的知识产权体系和制度，知识产权工作应该体现在生产经营的每个环节。

（周小华）

266. 我国战略性新兴产业要以自主知识产权为发展方向

9月8日，国务院总理温家宝主持召开国务院常务会议，审议并原则通过《关于加快培育和发展战略性新兴产业的决定》。其中强调，加快培育和发展以重大技术突破、重大发展需求为基础的、以自主知识产权为发展方向的战略性新兴产业，对于推进产业结构升级和经济发展方式转变，提升我国自主创新能力和国际竞争力，促进经济社会可持续发展，具有重要意义。

会议指出，必须坚持发挥市场基础性作用与政府引导推动相结合，科技创新与实现产业化相结合，深化体制改革。以企业为主体，推进产学研结合，把战略性新兴产业培育成为国民经济的先导产业和支柱产业。会议确定了战略性新兴产业发展的重点方向、主要任务和扶持政策。从我国国情和科技、产业基础出发，现阶段选择节能环保、新一代信息技术、生物、高端装备制造、新能源、新材料和新能源汽车7个产业，在重点领域集中力量，加快推进。（欣　华）

267. 第十九届全国发明展览会在西安举行

9月8日，第十九届全国发明展览会在陕西省西安市开幕。国家知识产权局副局长鲍红、科技部副部长杜占元、陕西省副省长朱静芝、中国发明协会理事长朱丽兰、中国发明协会常务副理事长邢胜才，以及世界知识产权组织总干事代表本巴切尔，发明家协会国际联合会主席维德勒斯等国内外特约嘉宾应邀参加了开幕式。

本届全国发明展览会由中国发明协会和陕西省政府主办，陕西省知识产权局承办。展会以节能减排、服务三农、改善民生为主题，展示和交流全国各地的新发明、新技术和新产品。展会展出面积1万平方米，设置标准展位454个，参展发明创造项目1700余个，展出单位来自内地22个省市区及我国香港、台湾地区，规模及参展单位数量在历届国内发明展中均创下新纪录。（赵建国）

268. 我国首个自主知识产权碳捕集工程启动

9月8日，我国首个拥有自主知识产权的大型二氧化碳捕集与封存全流程项目（CCS）在内蒙古自治区开工建设。该工程已申请的中国专利有近50件。

该项目技术及设备均为国内研发生产，捕集系统捕集并加工后的二氧化碳纯度可达到99.997%，达到国家食品级标准，也达到了世界先进水平。该项目建成后，每年可减少10万吨二氧化碳排放，相当于4150亩森林吸收的二氧化碳总量。该项目应用的是我国自主研发的国家“863”计划重点项目“二氧化碳的捕集与封存技术”，由清华大学、华东理工大学、中科院地质所、华能集团、神华集团等国内十几家科研单位及国有企业联合承担。（赵建国）

269. 首届中国专利信息年会在京召开

9月8日，由国家知识产权局主办、知识产权出版社承办的2010中国专利信息年会在京召开，国家知识产权局局长田力普通过视频向年会的召开表示祝贺。

此次年会的主题是“专利信息应用与企业创新”，旨在通过为来自全球的专利信息用户、专利信息服务商和各国知识产权政府部门搭建一个国际化的交流与服务平台，共同探讨利用专利信息促进企业创新发展、专利信息公共服务体系建设的现状与展望、国外公共专利信息服务透视等内容。来自美国、日本、荷兰、韩国、中国等国家和地区的200多家世界顶级专利信息服务机构以及企事业单位的代表参加了此次年会。其中，国际知名的专利信息服务商汤森路透、律商联讯、美国化学文摘社等知识产权服务机构就企业专利信息应用与管理实践、专利信息智能化检索与机器翻译、解密亚洲专利信息等相关主题进行了演讲。

（裴　宏）

270. 苏州首创正版软件在线租赁平台

9月8日，苏州市软件正版化平台启动仪式暨企业培训班在苏州国际科技园区举行，苏州市知识产权局相关负责人表示，该平台在全国率先运用国际上新兴的云计算技术，为企业提供在线服务，从而节约成本、规避法律风险，为建立本地正版化动态数据库更好地服务企业发挥重要作用。

近年来，苏州市借助国家知识产权战略，积极推进软件正版化进程，确立并实现了每年推进100家企业软件正版化的目标。2009年，苏州市财政拨款建立“苏州市软件正版化推进平台”，该平台创新了政府对企业的服务模式和服务理念，由过去的政府监督企业购买正版软件，转化为政府在正版化平台上，在线提供软件团购租赁等正版化服务，减少因使用盗版软件产生的法律风险。国家版权局在对该平台调研时给予了高度评价，表示将在全国推广使用。（姚文平）

271. 国外在华专利申请突破 100 万件

随着我国知识产权保护环境日益改善，近年来国外在华专利申请呈现快速增长趋势。截至 2010 年 9 月 9 日，国家知识产权局受理来自国外的专利申请累计达到 100.2 万件。其中，发明专利申请 86.5 万件，实用新型专利申请 1.6 万件，外观设计专利申请 12.1 万件。

排名前四位的分别是：日本累计 36.1 万件居第一位，美国、德国、韩国分别以 24.2 万件、8.9 万件、8.1 万件位列其后。其他来华申请专利数量较多的国家依次是：法国 3.7 万件、荷兰 3.5 万件、瑞士 2.7 万件、英国 2.2 万件、瑞典 1.7 万件、意大利 1.6 万件、芬兰 1 万件。国外来华专利申请中，超过九成来自上述国家。国外来华专利申请质量普遍较高，接近九成是发明专利，企业申请比例达到 95.3%。其中，被授予专利权的申请有 49.1 万件。（毛　昊）

272. 海峡两岸知识产权保护合作协议生效

9 月 11 日，海峡两岸关系协会与台湾海基会完成换文程序，同意《海峡两岸经济合作框架协议》与《海峡两岸知识产权保护合作协议》于 9 月 12 日生效实施。

2010 年 6 月 29 日，《海峡两岸经济合作框架协议》和《海峡两岸知识产权保护合作协议》签署。根据两岸知识产权保护合作协议，双方同意本着平等互惠原则，加强专利、商标、著作权及植物新品种权等两岸知识产权保护方面的交流与合作，协商解决相关问题，提升两岸知识产权的创新、应用、管理及保护水平；双方同意依各自规定，确认对方专利、商标及品种权第一次申请日的效力，积极推动并作出相应安排，保障两岸人民的优先权权益；双方同意推动相互利用专利检索与审查结果、品种权审查和测试等合作及协商。

273. 八部门通知要求加强广州亚运会知识产权保护

9 月 13 日，国家知识产权局、中共中央对外宣传办公室、公安部、海关总署、国家工商行政管理总局、国家版权局、国家体育总局、最高人民检察院联合印发《关于加强 2010 年广州亚运会知识产权保护工作的通知》。

该通知要求，各有关部门充分借鉴北京奥运会、上海世博会知识产权保护取得的成功经验，依据《亚洲运动会标志保护办法》、《广东省亚运标志保护办法》、《广州市亚洲运动会知识产权保护规定》和国际体育惯例，以广州市为中心、广东省为重点、其他地区协同配合，开展亚运会知识产权保护工作，并从提高认识、加大宣传力度、加强协作、加强沟通、建立快速反应机制、加强引导、加快知识产权审批和备案以及充分发挥保护知识产权志愿者的作用等八个方面对广州亚运会知识产权保护工作提出了具体要求。（唐　翔）

274. 2010 年夏季达沃斯论坛开幕

9 月 13 日，2010 年夏季达沃斯论坛在天津开幕，国务院总理温家宝出席开幕式并致辞。温家宝强调，中国高度重视知识产权保护，已将保护知识产权提升为国家战略，中国也愿意与世界各国进行知识产权交流和对话。

温家宝指出，我们要坚持创新驱动，着力推动科技进步和产业结构优化升级。这是从根本上解决我国资源环境约束，适应国际需求结构调整和国内消费升级新变化，全面提升国民经济发展质量、效益和国家竞争力，促进经济可持续发展的战略重点。我们将把提高科技创新能力与完善现代产业体系有机统一起来，用先进技术改造传统产业，培育一批拥有自主知识产权和知名品牌、国际竞争力强的优势企业，建设一批具有国际水平和带动能力的现代产业集群，促进我国由制造大国转变为制造强国。我们将牢牢把握未来科技进步新趋势，加强政策支持和规划引导，积极培育发展战略性新兴产业，加快形成新的支柱性产业，力争实现跨越式发展。

275. 中美专利法行业圆桌会议召开

9 月 13 日，由中国国家知识产权局和美国专利商标局共同举办、美国商会承办的中美专利法行业圆桌会议在北京举行。会上，中美双方就中国新修改的专利法及其实施细则、外观设计专利和实用新型专利申请程序、发明专利申请程序、美国专利执法体系的议题进行了探讨。

中国国家知识产权局国际合作司有关负责人在会上表示，专利是中美双方十分关注的一个焦点，同时也是一个涉及问题十分广泛的领域，需要中美双方携手处理的问题很多。该负责人表示，只要双方的交往能够相互尊重、平等相待，就一定能解决问题，并在互惠互利的基础上共同发展。美国专利商标局的律师顾问表示，美国专利商标局一直十分重视与中国国家知识产权局的合作，并且赞赏中国国家知识产权局在新修改的专利法方面所做的工作。她希望两局能加强交流，进一步深化双方的合作。（柳　鹏）

276. 全国知识产权外事工作会议召开

9月13～14日，全国知识产权外事工作会议及知识产权涉外培训班在京举行。

国家知识产权局副局长李玉光在开幕式上指出，要通过改变工作模式，创新工作思路，积极构建全国知识产权对外交流"一盘棋"的外事工作格局，最终形成全国知识产权外事工作整体协调、全面发展的良好态势。本次会议邀请外交部新闻司相关领导介绍了国际形势。来自全国地方知识产权局、国家知识产权局各有关部门及下属单位负责外事工作的主管领导和工作人员出席了会议。（肖　潇）

277. 国家知识产权局党校开办专题研讨班

为深入贯彻党的十七大、十七届四中全会和全国机关党的建设工作会议精神，进一步加强和改进国家知识产权局机关党建工作，国家知识产权局直属机关党委开办了2010年支部书记专题研讨班。研讨班由国家知识产权局党校承办，于9月10正式开班。

国家知识产权局副局长、机关党委书记、党校校长甘绍宁和中央党校中央国家机关分校副校长侯建中出席开班典礼并讲话。据了解，此次专题研讨班由国家知识产权局13名司级干部组成，将通过专题辅导、交流研讨和考察调研等方式，开展为期近10天的专题研究。（张海志）

278. 中小企业知识产权战略推进工程首批单位确定

为推动知识产权战略在企业层面的落实，培育具有自主知识产权优势的中小企业及中小企业集聚区，引导中小企业提升核心竞争力，实现战略转型，9月，国家知识产权局与工业和信息化部共同确定北京市等32个城市为中小企业知识产权战略推进工程首批实施单位。

国家知识产权局与工业和信息化部要求各省、区、市知识产权局、中小企业主管部门要加强对中小企业知识产权战略推进工程实施的组织领导，落实各项支持政策和措施，保证工程实施取得实效。该负责人还强调，各实施单位要按照2009年下发的《关于实施中小企业知识产权战略推进工程的通知》要求和申报方案，制订详细工作计划，落实专项工作经费；各实施单位每年向国家知识产权局与工业和信息化部以及所在省、区、市知识产权局、中小企业主管部门报送年度工作总结。根据有关规定，中小企业知识产权战略推进工程实施周期为3年，实施期满后，国家知识产权局、工业和信息化部将对实施单位进行考核验收。

（赵建国）

279. 我国成为世界第一装备制造大国

9月13日，国家发展改革委员会副主任、国家能源局局长张国宝在谈到我国能源技术进步和自主创新时表示，近年来，我国装备制造业自主创新能力显著增强，自主知识产权数量持续快速发展，至今已成世界第一装备制造大国，行业规模和技术水平跃上了一个新台阶，支柱产业地位基本奠定。

近年来，我国在各个主要装备领域，一批核心设备研发成功并拥有自主知识产权，有力地保障了重点能源工程建设和新能源产业快速发展的需要。以西气东输一线工程为例，以往该工程所需的40英寸600磅全锻焊球阀国内并未生产，国外报价单价竟然高达50多万美元，国内自主研发成功后，单价仅为60万元人民币左右。同时西气东输工程所需长途输气管道钢材全部为自主研发，改写了国外大型钢铁企业垄断国内油气管线的状况，使西气东输工程的采购成本比原计划下降了30%。（赵建国）

280. 知识产权"十二五"规划重点课题结题

9月13～17日，知识产权"十二五"规划重点研究课题结题评审会在京召开。与会专家学者在对《"十二五"知识产权工作总体思路研究》等11个课题进行评议后指出，"十二五"规划选题具有针对性，研究成果具有创新性，为编制知识产权"十二五"规划提供了有力支撑，11个课题均通过评审，顺利结题。

来自最高人民法院、国家发展与改革委员会、农业部、国家工商行政管理总局、国家版权局、国家林业局、国家知识产权局、国务院法制办公室、中国社会科学院、国务院发展研究中心等单位的专家学者对课题进行了评议。所涉课题均通过评审，顺利结题。（崔静思）

281. 广州开展保护亚运会知识产权执法行动

为了进一步营造良好的亚运会知识产权保护氛围和法制环境，广州市知识产权局、工商局、版权局9月联合开展了全市保护亚运会知识产权专项执法行动，检查各类市场10个，现场消除涉嫌侵权广告25个，查处互联网上涉嫌侵权案1件；查处其他涉嫌侵权行为40宗，扣留涉嫌侵犯亚运注册商标权物品3728件。

截至目前，广州市知识产权行政管理部门共查处涉嫌侵犯亚运会知识产权案件67件，举办多次宣传活动吁请广大市民积极举报投诉侵权行为，对举报投诉案件的处理率为100%。近日，还专门制定了保护亚运会知识产权"百日行动"方案和亚运会举办期间发生知识产权突发事件的应急预案，开展跨部门、跨区域的专项行动和联合执法，加大对侵犯亚运会知识产权违法行为的打击力度，切实维护亚组委和亚运会合作伙伴、赞助商的合法权益。（黄 海）

282. 我国首个重点产业专利信息平台作用显著

9月15日，由国家知识产权局、国务院国有资产监督管理委员会联合主办的重点产业专利信息应用培训研讨班在北京开班。60余位来自重点产业的知识产权管理人员参加此次培训研讨班。记者从研讨班上获悉，由上述两部门合办的我国首个重点产业专利信息平台运行半年以来，作用显著，浏览量总计超过2000万次，日均超过47万次。

重点产业专利信息服务平台于2010年2月25日开通以来，收录了包括世界知识产权组织及欧洲、英国、韩国等发达国家及地区的3800万件专利文献信息，全面涵盖了我国十大重点产业所涉及的专利文献。同时，该平台集产业分类导航、检索、分析、机器翻译等功能于一体，实用性很强。重点产业专利信息服务平台是我国迄今为止功能最完备、数据最全面的公益性产业专利信息服务平台，是支撑我国相关产业科技创新、调整产业结构、拓展国际市场、服务经济科技发展的一个基础条件。（赵建国）

283. "海归"拥有发明专利等知识产权将获重点资助

9月16日，我国启动中国留学人员回国创业支持计划，其中规定，留学人员回国创业，拥有发明专利等知识产权将获重点资助，而且，在国内申请专利等知识产权也将获得资助。

中国留学人员回国创业支持计划是我国为鼓励留学人员回国创办高新技术企业而实施的一项重要工程，同时也是提高我国自主创新能力，推动产业结构优化的一项重要举措。据了解，留学人员回国创业支持计划将重点资助拥有发明专利等知识产权、技术创新性强、具有市场潜力的项目，每年将选拔一批符合条件的项目给予资助，2010年首批入选项目已有34个。其中，对南京龙翔生物技术有限公司鲁茂龙的"转基因作物及作物育种"等重点创业项目，一次性给予创业支持资金50万元；对广东珠海市物易联软件开发有限公司"基于3G(第三代移动通信)网络的模块化低成本RFID(射频)数据采集智能终端"等优秀创业项目，一次性给予创业支持资金20万元。（赵建国）

284. 知识产权服务与科技经济发展座谈会举行

9月16日，知识产权服务与科技经济发展座谈会暨论文集发行仪式在京举行。国家知识产权局副局长杨铁军在出席座谈会时指出，知识产权对科技经济社会发展的促进作用愈加突显，知识产权服务业的未来发展有着广泛的需求和广阔的空间。

为推动知识产权服务的发展，做好知识产权服务业的理论探索和实践经验总结，国家知识产权局于2010年3月开展了知识产权服务与科技经济发展征文活动，得到了社会各界的积极响应。本次发行的《知识产权服务与科技经济发展》一书共汇集了精选的67篇论文。国家知识产权局规划发展司有关负责人表示，知识产权服务业的发展从理论到实践都需要不断探索，希望社会各界给予关注，共创知识产权服务业的美好明天。

（崔静思）

285. WIPO发布《2010年知识产权指标》

世界知识产权组织9月15日发布的《2010年知识产权指标》显示，由于受到全球金融危机的影响，2008～2009年全球创新活动以及保护知识产权的需求受到抑制，大部分国家和地区的专利申请都出现增长放缓甚至负增长的情况，但中国却在专利申请量方面一枝独秀。2009年的初步数据显示，占全球专利申请量84%的九大专利局中，除中国的申请量增加8.5%以外，其他国家和地区都出现了零增长或负增长。

该报告显示，在2008年和2009年，美国的发明专利申请数量增长率基本为零，原因是经济衰退使资金和客户减少。去年欧洲和日本的专利申请量分别下降了7.9%和10.8%，德国、英国和法国的申请量也有所减少。世界知识产权组织称，作为全球经济一个日益重要的引擎，中国的专利申请量在2008年和2009年分别逆势增长了18.2%和8.5%。在实用新型专利申请方面，2008年，全球实用新型专利申请量为31.3万件，授权量为23.8万件，分别比2007年增长15.3%和12.2%。2008年，中国实用新型专利的申请量增长了24.4%。（柳　鹏）

286. 我国专利权质押迅速开展

9月，记者从国家知识产权局获悉，自从专利权质押融资试点工作开展以来，在各有关知识产权管理部门、金融机构和中介机构的积极参与下，相关工作迅速开展，并取得明显成效。截至目前，全国已有24家商业银行和16家担保机构直接参与专利权质押融资工作，累计实施质押贷款项目约2000个，融资金额近250亿元，为经济社会发展提供了重要支撑。

自2008年12月开展知识产权质押融资试点工作以来，国家知识产权局已先后批复了3批共16个城市开展知识产权质押融资试点工作。试点期间，国家知识产权局结合知识产权质押融资工作重点，在政策指导、战略研究、人员培训和信息化建设方面，作出了多方面的努力。仅2007年以来，各类企业通过知识产权质押获得贷款近200亿元，为前10年总额的4倍。2010年1～8月，完成专利权质押贷款项目77件，涉及专利504件，融资金额达40亿元。（赵建国）

287. 第三届顺德国际工业设计创意博览会举办

9月16～19日，由国家知识产权局、广东省人民政府共同主办，佛山市顺德区人民政府承办的第三届中国（顺德）国际工业设计创意博览会在广东顺德举行。本届博览会以“人·家”为主题，突出以人为本的设计理念和以家为根的中国传统文化的和谐统一。国家知识产权局副局长李玉光在开幕式上指出，工业设计正迎来前所未有的发展机遇。

本届博览会设立了工业设计馆、大师馆、创意体验馆3个展馆，展览面积达到2.2万平方米，共吸引了中国内地和香港以及英国、美国、荷兰、德国、法国、日本、韩国等国家和地区的200多家知名企业参展。在为期4天的展览中，参观人数达3万人次，取得初步合作意向超过600项。

（顾奇志）

288. WIPO成员国大会第48次系列会议召开

9月20日，世界知识产权组织（WIPO）成员国大会第48次系列会议在瑞士日内瓦召开。由中国国家知识产权局局长田力普担任团长、国家工商行政管理总局副局长付双建和国家版权局副局长阎晓宏担任副团长的中国政府代表团参加了此次大会。

本届WIPO成员国大会的前两天为高级别会议，主题为“创新、增长与发展：知识产权的作用和成员国的国家经验”。来自WIPO成员国的70余位部长参加了会议，就如何求同存异、共同建立一个平衡的、支持创新的知识产权制度进行探讨。田力普在上述高级别会议上发表讲话，介绍了中国在改革30年间在知识产权领域取得的经验，并就WIPO框架下的各相关国际事务提出了四点建议，呼吁“用更广阔的视野审视创新、用更全面的观点看待知识产权保护、用更开放的态度开展合作、用更宽广的胸襟相互包容”，实现知识产权制度的平衡发展、共同发展。田力普的发言得到了各方尤其是发展中国家的广泛关注和赞同。

（王文蓓）

289. 我国专利微生物年保藏量连续两年居全球首位

9月，世界知识产权组织（WIPO）发布“国际保藏机构2001～2009年专利微生物保藏与发放”信息。统计显示，在2008年和2009年，中国专利微生物年保藏量分别是887株和1120株，连续两年保持世界第一位。

根据WIPO发布的统计数据，在全球22个国家的37个国际保藏机构中，共收集保藏专利微生物菌种6.9546万株，国际保藏机构向社会公众提供专利微生物菌种1.2988万株。截至2009年底，全球专利微生物保藏量最多的国家是美国（2.9423万株），日本（1.0033万株），德国（6647株），中国以保藏专利微生物6614株居第四位；专利微生物发放量最多的国家是美国(9796株),德国(720株),日本(669株),中国以发放专利微生物148株排第八位。 (屈三甫)

290. 重庆施行重大经济活动专利特别审查实施办法

由重庆市知识产权局、重庆市发展和改革委员会、重庆市经济和信息化委员会、重庆市科学技术委员会、重庆市对外贸易经济委员会共同拟定的《重庆市重大经济活动专利特别审查实施办法》(以下简称《办法》)9月已经重庆市政府同意,正式出台。《办法》规定,使用财政及国有资金、涉及国有资产数额巨大或对全市经济社会发展影响较大的重大经济活动应当进行专利特别审查。

《办法》明确规定,专利特别审查一般有8项内容:包括项目所涉及的专利状况,如专利类别、数量、法律状态、权利的存续期限等;项目所涉及的专利权主体是否为真正的权利人或合法拥有人,是否存在权属纠纷;项目涉及的技术方案是否有相同或相似的专利申请或专利权存在,项目是否存在侵犯他人专利权的风险等。重大经济活动管理部门在立项、备案、核准、审批等环节,应当要求项目申报单位提交专利分析报告,并依据该专利分析报告对涉及的专利情况进行审查。

(龙圆畅)

291. 2010年国家知识产权局政府采购工作会议举行

9月25～26日,2010年国家知识产权局政府采购工作会议在京举行。会议总结和回顾了2009年和2010年上半年全局政府采购工作,部署了下一阶段工作,同时对2010年度局优秀政府采购评审专家进行了表彰。国家知识产权局副局长杨铁军出席会议并指出,局政府采购工作步入了一个管理科学、程序规范、执行有力、监督到位的稳步运行阶段。

过去的一年多里,全局政府采购工作计划性有所增强,政府采购信息编报质量有所提高,政府采购队伍建设进一步加强,政府采购理论探索取得良好效果,政府采购工作水平不断提高,政府采购监督检查力度持续加强,政府采购影响力显著提升等。下一阶段,将进一步深入理论研究,加强政府采购计划和执行管理;完善制度建设,规范政府采购操作程序;加强队伍建设,提高政府采购工作水平。 (汪玮玮)

292. 全国专利代理管理工作会议召开

9月27日,2010年全国专利代理管理工作会议在北京召开。国家知识产权局副局长贺化出席了此次会议并贺化发表了题为《全面推进依法行政,大力加强诚信建设,积极开拓专利代理行业发展新局面》的讲话,他对过去一年全国专利代理工作取得的成绩予以肯定,同时指出,专利代理行业发展要积极开拓新局面。

来自各地方知识产权局、中华全国专利代理人协会的代表分别为如何加强专利代理管理、促进专利代理行业又好又快发展建言献策。会议期间,与会代表对《专利代理条例修订草案(征求意见稿)》进行了充分的讨论,并就修订草案的内容积极提出意见和建议。据了解,全国专利代理管理工作会议每年召开一次,2010年共有来自全国29个省、市、自治区的知识产权局及国防专利局的专利代理管理工作负责人,国家知识产权局惩戒委员会、专利代理人考核委员会、中华全国专利代理人协会的100余人参加了此次会议。

(蒋文杰)

293. 温家宝在美发表一系列有关知识产权的讲话

9月,国务院总理温家宝在美国发表了一系列有关知识产权的讲话。他强调,中国政府把扩大内需、保护知识产权、促进可持续发展作为国家战略。在中国依法注册的外国企业享受国民待遇,欢迎他们更积极地参与中国的建设和发展。

当地时间9月22日,温家宝在纽约与美国企业、金融、学术界21位著名人士举行座谈,听取他们关于发展中美关系、加强两国经贸合作的看法和建议,并阐述了中方立场观点。在回应知识产权保护的有关问题时,温家宝指出,我们加强知识产权保护,要从三个方面入手:第一,建立完善的制度;第二,奖励创新;第三,加强道德素质教育。

在出席联合国千年发展目标与艾滋病讨论会时,温家宝强调,发达国家要切实履行承诺,向发展中国家提供必要的资金和技术援助。全球医疗机构和医药企业要切实承担起应尽的社会责任,努力降低艾滋病医疗费用和药品价格,适当放松艾滋病药品和医疗技术的知识产权保护,让全球艾滋病病人能够获得廉价、便利、有效的防治。

在出席美国友好团体欢迎晚宴时,温家宝发表演讲。他指出,我们将继续完善涉外经济法律法规和政策,遵循世界贸易组织规则,提供一个稳定、透明、可预期的投资环境。所有在中国依法注册的企业都享有国民待遇,在自主创新产品认定、政府采购和知识产权保护上,我们将一视同仁、平等对待。我们真诚地欢迎美国企业积极参与中国改革开放进程,共享中国繁荣进步的机遇和成果。(欣　华)

294. 北京率先启动专利商用化专项资助

9月28日,北京市专利商用化资助工作正式启动,由北京市知识产权局、北京市财政局设立的专利商用化专项资金,将对北京市专利权人在专利商用化过程中符合特定条件的专利权转让、许可行为予以资助,最高额可达100万元。

这是专利商用化资助专项资金在全国范围内的首次正式启动。根据《北京市专利商用化促进办法》的有关规定,针对该市专利权人以取得实际货币收入为目的的专利权转让或许可行为,资助额度为超出交易额500万元部分的5%,最高资助限额为50万元;若专利权受让人或被许可人是注册地为北京的法人企事业单位的,资助额度为超出500万元部分的10%,最高资助限额可达到100万元。据悉,专项资金旨在对专利商用化事业中具有突出贡献的专利权人予以资助,从而激励北京市企业、科研机构积极开展专利技术成果转化,加速专利价值流通,促进专利产业化和商业化,推动专利工作积极融入产业升级和经济增长方式转变的格局之中。(张海志)

295. 我国将推动重大经济活动知识产权评议工作

9月,全国专利分析暨重大经济活动知识产权评议工作会议在贵州省贵阳市召开。出席会议的国家知识产权局副局长甘绍宁在发言中指出,近年来国家知识产权局坚持围绕国家重点产业和重大科技项目组织开展专利分析,为我国相关产业发展和科技研发决策提供了重要支撑,我国将继续着力推动重大经济活动中的知识产权评议工作。

针对近年来出现的"贵州微硬盘项目"、"上海'汉芯'事件"等因知识产权评议缺位而造成重大损失的典型案例,甘绍宁分析指出,一些地方重大科研项目低水平重复研究,导致重大企业并购活动中自主知识产权流失。应通过完善基础保障条件、加强专利分析工作力度、加强专利分析项目的统筹协调、推动建立知识产权评议机制、引导专利分析服务社会化以及营造良好社会氛围等具体手段,充分发挥知识产权评议机制对产业发展的促进和保障作用。据了解,近年来已有部分省市以地方法规的方式明确建立了重大经济活动中的知识产权审查机制,为地方政府正确决策提供了重要保障。(王爱卿)

296. 新修改的《专利权质押登记办法》施行

为了促进专利权的运用和资金融通,保障债权的实现,规范专利权质押登记,根据专利法、物权法等有关法律法规,国家知识产权局新修改的《专利权质押登记办法》(以下简称《办法》)于2010年10月1日起施行。

《办法》明确规定了办理专利权质押登记的管理部门、程序及要求、登记期限等,与原中国专利局1996年9月颁发的《专利权质押合同登记管理暂行办法》有很大不同,总条款数由24条减少为22条,登记客体由"质押合同"变为"专利质权"。例如,《办法》第11条规定,国家知识产权局自收到专利权质押登记申请文件之日起7个工作日内进行审查并决定是否予以登记,相比原规定中的"15日"大大缩短了时限,有利于当事人尽快获得登记。第15条、第16条规定,在专利权质押期间,出质人未提供质权人同意放弃、转让、许可的证明材料的,国家知识产权局不予办理放弃、转让登记、许可合同备案等相关手续。同时,《办法》考虑到市场经济的发展,删除了原《暂行办法》中关于全民所有制单位以专利权出质须经上级主管部门批准的条款。(赵建国)

297. 中国版权服务站扮靓法兰克福书展

10月6日,第62届法兰克福国际书展开幕,中国版权服务站成为一道亮丽的风景线。

中国版权服务站是由国家版权局指导,中国版权保护中心设立的。开展首日,中国版权服务站工作人员除在现场解答国际出版界同行关于中国版权制度、版权贸易、版权产业政策的各类咨询外,还在法兰克福书展组委会的积极协助下,联合举办及参与了展区内的多项活动。据统计,仅展会前两日,中国版权服务站已接待咨询近百次,向海外出版商赠送《中国版权服务指南》、《中国版权知识问答》等材料200余份,发放调查问卷近200份。(马立海)

298. 中意要加大知识产权保护工作力度

10月7日，国务院总理温家宝在意大利进行正式访问。在与意大利总理贝卢斯科尼举行会谈时，温家宝表示，中意要在贸易投资、创新、文化交流等方面加强合作。要加大在知识产权保护、解决贸易投资纠纷方面的工作力度，共同反对贸易和投资保护主义。

温家宝说，中意建交40周年来，双边关系稳定发展，各领域交流与合作取得丰硕成果。意大利无论在发展同中国的双边关系，还是推动中欧关系发展方面都走在欧盟成员国前列。温家宝建议：第一，中意双方要扩大贸易投资合作，争取在5年内使双边贸易额翻一番，达到800亿美元。欢迎意大利企业扩大对中国的投资。中意要加大在知识产权保护、解决贸易投资纠纷方面的工作力度，共同反对贸易和投资保护主义；第二，要推动创新合作。双方要认真落实科技和创新合作协议，推动中意科技园与高新产业对接，在中国高新区内共同设立中意技术转移中心，探讨成立中意工业设计与创意联合研究中心，共同走出一条互利共赢的创新合作之路；第三，开展丰富多彩的文化交流，把“中国文化年”办成增进两国人民相互了解和友谊的盛会。双方要在联合制作影视节目、互播电视剧、相互协助拍摄制作电视节目等方面加强合作。中方支持米兰办好2015年世博会。

（欣　华）

299. 田力普会见FICPI国际局代表团

10月12日，国家知识产权局局长田力普会见了国际知识产权律师联合会（FICPI）国际局代表团一行。田力普向代表团一行介绍了我国知识产权体系的发展历程，并对近年来我国专利申请取得的成绩以及我国国家知识产权战略实施情况做了简要介绍。FICPI国际局会长彼得·亨茨曼对我国知识产权取得的进步表示赞赏，并对FICPI的基本情况、工作目标以及开展的活动等进行了介绍。

FICPI成立于1906年，总部设在法国巴黎，共有来自80多个国家的5000多名会员。2006年，FICPI中国分会成立，为扩大中国在国际知识产权界的影响提供了一个良好的平台。（向　利）

300. “7·15”制售非法出版物案有功人员获表彰

10月，全国“扫黄打非”工作小组在河南省郑州市召开表彰大会，对查办“7·15”制售非法出版物系列案件作出突出贡献的单位和个人进行表彰奖励。

“7·15”制售非法出版物案是全国“扫黄打非”办公室和公安部联合挂牌督办的大案，是制版、印刷、装订、储藏、运输、销售一条龙的跨省制售非法出版物网络典型案例，也是“扫黄打非”跨地区、跨部门密切合作、联合办案的成功案例。经河南省及广东、四川等地公检法和“扫黄打非”部门近1年的努力，共查获非法出版物5万余册，捣毁非法窝点8个，抓获犯罪嫌疑人15名。该系列案件的成功查办，捣毁了危害极大的非法出版团伙和网络，维护了社会稳定和出版物市场秩序。

（李建伟）

301. 上海检察机关集中公诉涉世博知识产权案件

2010年上海世博会渐近尾声。10月，上海检察机关对侵犯世博会知识产权的9起案件16名犯罪嫌疑人集中提起公诉，部分案件将于近日开庭审理。

上海市长宁区检察院向法院起诉了一起出售假冒上海世博会纪念币、新中国成立60周年纪念币的犯罪案件。据了解，2009～2010年，卢彪、韩阳受同学郑某（另案处理）等人邀约赴上海做电话销售，随后在上海市闵行区某处居所，冒称上海市收藏协会的名义，编造假姓名对外随机拨打电话销售伪造的世博纪念金银币，两人销售上海世博会金银纪念币共计24套，建国60周年纪念币3套，涉案金额达17万余元。该案将于近日公开开庭审理。（胡　嫚）

302. 国家知识产权战略信息工作初见成效

10月13日，记者在国家知识产权战略信息工作研讨培训班上获悉，自《国家知识产权战略纲要》正式颁布实施以来，国家知识产权战略实施工作部际联席会议（以下简称联席会议）《工作简报》、《工作动态》以及“知识产权战略网”等知识产权战略信息沟通平台和报送网络运转良好，知识产权战略信息工作取得初步成效。

两年来，联席会议《工作简报》、《工作动态》集中报道了国家知识产权战略实施过程中的焦点问题，截至2010年9月底，共编发《工作简报》96期，《工作动态》65期，刊登各类稿件合计359篇，战略信息为各级领导决策提供了重要参考；与此同时，国家知识产权战略网影响力日益增大，仅在

2010年6月改版后的3个月内，累计点击量已近10万次，起到了很好的对外宣传效果；此外，联席会议办公室还先后在成员单位、国家知识产权局和各地方知识产权局设立战略信息员，参与开展知识产权战略相关信息通报工作。（张海志）

303. 专家、企业共议实用新型专利保护与运用

10月13～15日，由国家知识产权局主办，江苏省知识产权局承办，常熟市知识产权局协办的实用新型专利保护与运用研讨会在历史文化名城常熟市召开。来自全国各地知识产权领域的专家、知识产权局代表以及企业代表180人就我国实用新型专利制度的特点、企业对实用新型专利制度的运用和保护等问题进行了交流。

研讨会上，与会专家就中国实用新型专利制度的基本现状、存在的主要问题以及实用新型专利的保护和运用等问题进行了交流。来自江苏常熟开关制造公司、中铁电气化局集团第一工程有限公司等企业的代表结合企业实践，与与会代表交流了企业在实用新型专利运用和保护方面的经验。（向 利）

304. 第十二届中国专利奖评审结束

10月14日，第12届中国专利奖评审会议隆重举行，经评审委员会严格评审和投票，华为技术有限公司的"可平滑扩容的数据通信系统"等15项发明、实用新型专利项目入选中国专利金奖公示名单，联想（北京）有限公司的"笔记本电脑(U110)"等5项外观设计项目入选中国外观设计金奖公示名单。从10月15日起开始为期一周的公示。

中国专利奖评审委员会主任委员、国家知识产权局局长田力普主持了评审会议。国家知识产权局副局长杨铁军、中纪委驻国家知识产权局纪检组组长肖兴威、副局长鲍红和甘绍宁作为评委会副主任委员参加了评审会议。本届中国专利奖共收到来自国务院有关部门、行业协会、各地知识产权局、中国科学院及中国工程院院士等组织推荐的参评项目431项，经审查符合参评条件项目398项。预选项目逐一评审结束后，评委会成员对各奖项进行无记名投票，最终评审出中国发明、实用新型金奖项目15项，优秀奖181项，中国外观设计金奖5项，外观设计优秀奖33项。公示期间有异议者可就上述获奖项目向中国专利奖评审办公室提出。（刘 仁）

305. 国外分析报告预测中国年度专利申请量明年将居世界首位

10月，汤森路透集团发布了一项名为《专利在中国II：中国创新活动的现状与未来》的知识产权分析报告。报告从专利的角度对中国的创新活动给予了肯定，并预测到2011年，中国将超过日本和美国，在专利申请量上居世界首位。

报告通过德温特世界专利索引（简称DWPI），对中国、欧洲、日本、韩国和美国的首次专利申请总量进行了分析，将其作为衡量全球创新活动的十几个指标中的重要指标，并得出了上述结论。据了解，汤森路透集团曾于2008年发表了该报告的第一版，并预测到2012年中国的专利申请量将居世界首位，而目前发布的这项报告则将此预测提前到了2011年，这主要是基于2003～2009年期间，中国的专利总量年增长率为26.1%，而相对最接近中国的美国的年增长率只有5.5%。（裴 宏）

306. 上海世博会参展者知识产权服务推进会举行

10月14日，由上海世博会事务协调局组织的上海世博会参展者知识产权服务推进会在沪举行。上海世博局法务部相关负责人表示，截至10月12日，参展者知识产权服务中心已为各参展方办理参展证明55件、演出证明87件，协助中国音乐著作权协会发放音乐著作权许可87件、音乐著作权备案63件。

为了做好上海世博会参展方的知识产权保护工作，上海世博局在相关政府部门的支持下，于2010年4月15日成立了参展者知识产权服务中心，积极开展为各参展方办理参展证明、演出证明、音乐作品著作权使用许可及调处相关争议等知识产权服务工作，受到了各参展方的高度评价。在上海世博会临近闭幕之际，为了帮助各参展方在专利、商标、版权保护方面能够切实落实到位，中心专门策划组织了此次会议。会上，来自国家知识产权局、国家工商行政管理总局商标局、国家版权局等部门的工作人员向各参展方介绍了我国办理专利申请、商标注册、作品登记的申请流程及办理事项，并接受各参展方的现场咨询。（胡 嫚）

307. 中国著作权法律百年国际论坛开讲

10月14日，在北京举行的中国著作权法律百年国际论坛上，新闻出版总署署长、国家版权局

局长柳斌杰指出，在新的历史条件下，中国政府将大力实施版权战略，加大著作权保护力度，进一步推进改革开放，建设创新型国家，推动国民经济又好又快发展，促进社会主义文化大发展大繁荣。

新闻出版总署副署长、国家版权局副局长阎晓宏在论坛上作了题为“中国版权制度的实施与展望”的演讲，详细介绍了中国著作权制度的最新进展和未来展望。据了解，中国著作权法律百年国际论坛由中国法学会、中国版权协会、中国人民大学联合举办，来自亚洲、欧洲、北美的10个国家和中国内地及港澳台地区的400余名中外知识产权界专家、学者，世界500强企业驻华机构知识产权总监、外国驻华使馆知识产权专员等出席了论坛。（姚文平）

308. 广交会知识产权保护又出新招

10月15日，第108届中国进出口商品交易会（以下简称广交会）在广州琶洲展馆开幕。在本届广交会在知识产权保护方面又推出多项新举措：将进一步加大对知识产权保护的宣传力度；国家知识产权局专利复审委有关人员首次将以专家身份进驻广交会知识产权投诉站，协助处理专利纠纷。

据广交会新闻发言人、中国对外贸易中心副主任刘建军介绍，在第108届广交会期间将开展主题为“加强知识产权保护，提升产品质量和安全，促进外贸发展方式转变”的宣传工作，将通过广告、标语、电子屏幕的宣传方式以及《广交会通讯》等媒体报道的形式，加强我国知识产权保护的宣传。此外，为应对广交会知识产权投诉案件中专利案件比例较高、案情趋于复杂的形势，国家知识产权局专利复审委员会将在第108届广交会期间，根据3期参展企业的行业特点，每期派出1～2名经验丰富的审查员，与广东知识产权执法人员共同进驻广交会知识产权投诉站，作为专家为广交会专利纠纷处理提供侵权判断意见。（顾奇志）

309. 中法探讨创新集群合作

作为第十一届西博会和第五届中国—欧盟投资贸易合作洽谈会的重要内容，10月17日，由中国科技部火炬高技术产业开发中心与法国工业经济就业部竞争工业与服务总司共同主办、成都高新区管委会承办的中法创新集群合作论坛在成都举行。

此次论坛以“中法创新合作、开启成功之门”为主题。中法双方代表围绕创新集群的培育和发展、创新集群在推动区域经济发展中的作用以及集群国际化等议题进行研讨与交流。论坛有针对性地选择了16家中国国家高新区和科技兴贸创新基地组织典型产业集群代表参会，以中法共同关心的产业技术领域为基础，实现中法创新集群的交流与对接。（周渝利）

310. 中共十七届五中全会胜利闭幕

10月18日，为期4天的中国共产党第十七届中央委员会第五次全体会议在北京胜利闭幕。会议审议并通过了《中共中央关于制定国民经济和社会发展第十二个五年规划的建议》，为未来5年中国的经济社会发展总体规划定下了基调，指明了方向。

会议指出，加快转变经济发展方式是我国经济社会领域的一场深刻变革，必须贯穿经济社会发展全过程和各领域，坚持把经济结构战略性调整作为加快转变经济发展方式的主攻方向，坚持把科技进步和创新作为加快转变经济发展方式的重要支撑，坚持把保障和改善民生作为加快转变经济发展方式的根本出发点和落脚点，坚持把建设资源节约型、环境友好型社会作为加快转变经济发展方式的重要着力点，坚持把改革开放作为加快转变经济发展方式的强大动力，提高发展的全面性、协调性、可持续性，实现经济社会又好又快发展。（欣 华）

311. 我国已成为新能源技术主要创造国之一

10月18日，第五届中国—欧盟投资贸易合作洽谈会举办。据悉，在新能源技术革新领域，通过正确的政策和资金投入，自主研发和购买专利相结合，中国目前已经掌握了风能、太阳能、建筑节能、电动汽车技术、煤的清洁利用等许多清洁能源的核心技术，包括正在努力推进的第三代核电技术自主化，中国正在成为世界上新能源技术的主要创造国之一。

从2002年11月首届中国—欧盟投资贸易合作洽谈会在北京举办以来，至今已经成功举办了五届。中国—欧盟投资贸易合作洽谈会已逐渐成为中欧交流合作、投资促进、外交服务的重要平台和特色品牌，为中国企业与欧盟企业实现产业贸易顺利对接发挥着越来越重要的作用。本届中国—欧盟投资贸易合作洽谈会以“绿色链接世界，创新引领发展”为主题，推动中欧之间、特别是中国西部与欧盟之间在新能源、生物医药、电子信息和新兴产业等领域的合作。本届欧洽会由中国商务部、中国国际贸易促进委员会、国家能源局、四川省人民政府主办。（周渝利）

312. 我国将开展打击侵犯知识产权专项行动

10月19日，国务院总理温家宝主持召开国务院常务会议，决定从2010年10月底开始，在全国开展为期半年的打击侵犯知识产权和制售假冒伪劣商品专项行动。

会议强调，专项行动要以保护著作权、商标权、专利权和植物新品种权等为重点内容，以新闻出版产业、文化娱乐业、高新技术产业、农业为重点领域，以产品制造集中地、商品集散地、侵犯知识产权和制售假冒伪劣商品案件高发地为重点地区，加大执法力度，严肃查处侵权、假冒、盗版的大案要案，曝光一批违法违规企业，大力净化市场环境，增强企业诚信守法经营意识，形成自觉抵制假冒伪劣商品的社会氛围，积极营造知识产权保护的良好环境。主要表现在积极做好加大生产源头治理力度、加强市场监管、强化进出口环节和互联网等领域的知识产权保护、加大刑事司法打击力度、确保政府机关使用正版软件、加强知识产权保护宣传等6个方面的工作。

会议要求各地区、各有关部门加强组织领导和督促检查，制订实施方案，严格落实责任，密切协调配合，畅通举报渠道，强化社会监督，确保专项行动取得实效。要坚持执法的严肃性、行动的有效性和工作的持续性，把打击侵犯知识产权和制售假冒伪劣商品作为一项长期任务坚持不懈地抓紧抓好。（欣 华）

313. 国家知识产权局召开党组扩大会传达十七届五中全会精神

10月19日，国家知识产权局召开党组扩大会议，传达中国共产党第十七届中央委员会第五次全体会议精神。国家知识产权局党组书记、局长田力普指出，要认真贯彻落实全会精神，开创知识产权工作新局面。在京的局领导李玉光、肖兴威、鲍红、甘绍宁和局属各单位、各部门的主要负责人参加了会议。

田力普指出，十七届五中全会主要审议了“十二五”规划的建议，“十二五”规划的主题是科学发展，贯穿其中的主线是加快转变经济发展方式。在党中央、国务院领导的关怀和支持下，知识产权事业落实科学发展观，为加快转变经济发展方式提供了有力支撑和服务。在“十一五”中期，《国家知识产权战略纲要》颁布，“十二五”应是战略大力实施的阶段，我国的知识产权事业在“十二五”期间一定会有更大的发展。（赵建国）

314. 广东将实施知识产权战略写入地方法规

10月，广东省第11届人大常委会在广州举行第21次会议。本次会议上，《广东省专利条例》（以下简称《条例》）获得表决通过。《条例》将实施知识产权战略提高到地方法规的高度。

《条例》分为8章，包括总则、激励、应用、保护、服务、监督管理、法律责任和附则，共计59条，于2010年12月1日起正式实施。《条例》要求，县级以上人民政府应当实施知识产权战略，将专利工作纳入国民经济和社会发展规划，采取有效措施促进发明创造以及专利的运用、保护和管理；县级以上人民政府应当安排专项经费，用于促进发明创造和专利的应用、保护和管理。同时，《条例》还鼓励商业银行开展专利权质押贷款等业务。（顾奇志）

315. 武汉专利奖评奖管理办法施行

为鼓励和调动全市企事业单位发明创造积极性，提高专利创造、运用、保护和管理水平，促进全市科技进步和经济发展，《武汉市专利奖评选管理办法》（以下简称《办法》）于10月20日起正式施行。《办法》对武汉市专利奖的评选组织机构、项目申报条件、评选奖项设立、评选标准和方法、评选程序、评选表彰奖励作了明确的规定。

《办法》规定，武汉市专利奖设立发明专利奖和外观设计专利奖2个奖项，每个奖项分别设立金奖、银奖、铜奖和优秀奖4个奖励等级。其中，发明专利奖、外观设计专利奖的评选周期均为2年，每年评选其中1项。武汉市专利奖的奖励经费按照武汉市有关知识产权资助资金使用管理办法的规定，从市知识产权资助资金中列支。获奖单位可将奖金用于奖励在该专利的创造、运用、保护和管理工作中作出突出贡献的职务发明人或设计人、知识产权管理工作者等相关人员。（丁 科）

316.《中国知识产权指数报告2009》发布

10月20日，《中国知识产权指数报告2009》在京发布，北京在2009年中国知识产权指数综合排名中居首，上海、广东分列二、三名。

报告显示，进入2009年中国区域综合实力排名前10位的省市分别为北京、上海、广东、江苏、浙江、天津、山东、辽宁、重庆、福建。报告指出，2009年中国区域知识产权综合实力指数及排名区域优势集中的特点十分明显，中国东部、中部、西部的知识产权综合实力大体呈现出由强渐弱的阶梯分布趋势。排名前10位的省市区中，除重庆位于西部外，其余9个省市全部位于东部地区；排名第11～20位的省市区中，中部地区占据了6个位次，西部地区有两个省，分别是四川和陕西，东部有河北和海南两个省；排名末11位的省市区大部分位于西部地区。与此同时，2009年中国区域知识产权综合实力指数及排名还表现出较强的区域经济实力相关性。（张海志）

317. 田力普会见美国知识产权执行协调员一行

10月21日，中国国家知识产权局局长田力普在北京会见了美国知识产权执行协调员维多利亚·埃斯皮内尔女士一行。双方就中美关心的知识产权议题进行了友好的会谈。

田力普向美国客人介绍了中国国家知识产权战略实施情况。在谈及五局合作方面的话题时，田力普表示，通过五局合作，有效地解决了专利积压问题，提高了审查效率，为全球创新者提供了更好的服务。他希望中美双方能积极开展富有成效的对话和合作，发展友好合作关系。埃斯皮内尔表示，中国一直是美国重要的贸易伙伴，中美双方需要建立更为紧密的合作关系，要进一步扩大尤其是知识产权执法方面的合作。据悉，2009年9月，埃斯皮内尔被美国总统奥巴马提名担任知识产权执行协调员，同年12月，美国参议员投票通过总统提名。埃斯皮内尔现主要负责制定及实施奥巴马总统任内知识产权的总体执行战略。

（柳　鹏）

318. 中国著作权集体管理组织代表获国际组织领导职位

在10月20～21日召开的国际作者和作曲者协会联合会亚太委员会会议上，中国音乐著作权协会总干事屈景明当选为该委员会副主席。同时，来自澳大利亚音著协和日本音著协的代表分别当选为该委员会主席和另一位副主席。

国际作者和作曲者协会联合会是一个非政府、非营利性的国际组织，其主要宗旨是推动作者权利的保护，协调和帮助各会员协会的活动，促进各国协会间的合作。自成立至今，该协会一直致力于充分尊重和保护创作者权利。截至2010年6月，该协会已拥有来自121个国家和地区的229个保护创作者权利协会的会员，并且直接代表着超过300万名包括音乐、戏剧、文学、影音等各类作品在内的个体创作者的权利。该协会的总部设在巴黎，世界各地区设有北美、南美、非洲、欧洲和亚太区5个委员会。（姚文平）

319. 温家宝在武汉调研时指出　决定竞争力的最终是创造、知识产权和品牌

10月22～23日，中共中央政治局常委、国务院总理温家宝在武汉就当前经济运行情况进行调研。温家宝指出，决定竞争力的，最终是创造、知识产权和品牌，是企业质量和效益。

在武汉期间，温家宝先后调研了建设中的武汉新港阳逻港区以及武汉东湖高新技术产业开发区，并深入到武汉重型机床集团公司、武汉天马微电子有限公司、中冶南方工程技术有限公司、武汉光电国家实验室等企业和国家实验室。在武汉重型机床集团公司，温家宝视察了企业大件加工车间和总装车间。企业负责人说："我们是中国装备、装备中国。"温家宝说："'中国装备、装备中国'这句话说得好，我要加上一句'中国制造、中国创造'。决定竞争力的，最终是创造、知识产权和品牌，是企业质量和效益。世界都在进步，各国都在发展，我们不能满足已有的成绩，必须振奋精神。"他鼓励企业干部职工发扬不服输的精神，用自己的智慧和劳动使中国制造业由大变强，跻身世界领先地位，为中国制造业争光。据介绍，近年来武汉重型机床集团公司以整体搬迁改造为契机，加快技术改造，实现了产品结构的优化调整升级，产品数控化率达到95%，广泛用于机械、能源、航天、交通等行业。（欣　华）

320. 广东出台亚运会专利保护工作方案

10月，广东省知识产权局出台了《2010年广州亚运会专利保护工作方案》(以下简称《方案》)。目前该方案已经下发至各地级以上市知识产权局及深圳市市场监督管理局。

《方案》要求按照国家知识产权局的统一部署，确保涉及广州亚运会的专利权能得到及时有效的保护。为此，广东省知识产权局成立了以局长陶凯元为组长的广州亚运会知识产权保护工作领导小组，负责指导全省的亚运会专利保护工作，

同时还要求全省各级知识产权管理部门明确广州亚运会专利维权工作责任人和联系人，为开展亚运会专利执法提供人员保证。《方案》要求建立畅通信息渠道。广州、佛山、东莞和汕尾等4个等亚运会举办城市的知识产权管理部门加强与亚组委的联系，及时通报亚运会专利保护的信息及相关案件情况，做好广州亚运会专利保护工作。《方案》要求强化宣传教育。全省各知识产权维权援助中心要加大“12330”公益电话的宣传推广力度，《方案》还要求启动执法巡查机制，要求全省各知识产权局积极开展流通环节、生产环节的执法查访活动。对办案中发现的本地区涉及广州亚运会的专利侵权，及时、快速予以处理。（傅蕾）

321. 我国国家竞争力全球排名上升至第17位

10月25日，2010年《国家竞争力蓝皮书》在北京发布。蓝皮书指出，中国国家竞争力排名稳步上升，特别是最近20年实现跨越式提升，由1990年的全球第73位上升至2008年的第17位。未来中国应力争2020年进入G20五强，2050年仅次于美国成为世界第二强国。其中，对创新竞争能力的分析引人关注。

蓝皮书认为，中国的国家竞争力伴随着中国发展艰难地盘旋上升，中国的努力与成就举世瞩目，再次证明了中国的改革开放事业居功至伟。同时，蓝皮书也指出，一个国家的竞争力是一国实力的综合体现，不仅表现在经济总量方面，而且还表现在经济效益、经济结构、发展潜力以及一国的创新能力等多方面。从规模竞争力来看，中国经济总量巨大，位居全球前列，目前已直逼前三。在增长竞争力方面，中国也保持了长期领先的优势，稳定增长潜力巨大。蓝皮书认为，中国真正的经济腾飞始于1992年。1990年和1991年两年，中国的增长竞争力排名分别是世界第13位和第6位，而到了1992年，中国的增长竞争力一跃成为世界第1名。在此后的10来年间，中国的增长竞争力始终没有跌出世界前五名，保持着强劲的增长态势。（向利）

322. 广州查处145件侵犯亚运会知识产权案

10月26日，广州亚运会知识产权保护新闻发布会举行。据悉，两年来，广州各有关部门已经累计查获侵犯亚运会知识产权案件145件，目前所有案件均得到及时稳妥处理，有效维护了亚组委及其合作伙伴、赞助商的合法权益。

这145件案件中，其中行政案件144件，司法立案审查1件。这些案件基本上集中在商业违规宣传，以及玩具、服装、文件和礼品等商品方面。目前所有案件均已得到有效处理。据悉，为使广州亚运会知识产权得到有效保护，有关部门对亚运会会徽、吉祥物、口号、名称等进行国内、国外标志登记、商标注册、专利申请版权登记。到目前为止，共获得相关知识产权160件。（顾奇志）

323. 实施知识产权战略写入“十二五”规划建议

10月27日，中国共产党第十七届中央委员会第五次全体会议审议通过的《中共中央关于制定国民经济和社会发展第十二个五年规划的建议》（以下简称《建议》）全文发布。

《建议》共分为12项共56条。《建议》对我国“十二五”期间的各项发展提出了具体意见，其中《建议》指出，要重点引导和支持创新要素向企业集聚，加快建立以企业为主体、市场为导向、产学研相结合的技术创新体系。增强科研院所和高校创新动力，鼓励大型企业加大研发投入，激发中小企业创新活力，发挥企业家和科技领军人才在科技创新中的重要作用。鼓励发明创造。强化支持企业创新和科研成果产业化的财税金融政策，加大政府对基础研究的投入，推进重大科技基础设施建设和开放共享，促进科技和金融结合，培育和发展创业风险投资。实施知识产权战略，完善知识产权法律制度，加强知识产权创造、运用、保护、管理。（李群）

324. 田力普在京会见中国欧盟商会主席

10月28日，中国国家知识产权局局长田力普在京会见了中国欧盟商会新任主席戴杰一行。田力普在会谈中表示，中国与欧盟在政治、经济等方面有着广泛的交往，其中，知识产权在双方的交往中起到了重要的作用。他希望双方能保持密切的联系，不断通过对话与协商增进双方之间的理解。

戴杰向田力普简要介绍了最新版《欧盟企业在中国建议书2010～2011》的主要内容。会谈双方还就专利保密审查、专利法以及专利与标准等问题进行了有效的探讨。据了解，中国欧盟商会于2000年10月19日在欧盟驻华代表团的支持下成立，其创始成员是51个来自不同行业的欧盟在华企业。自成立以来，中国欧盟商会已经发展成为非常活跃的组织，目前拥有1500多家会员，

包括跨国企业和中小企业。（柳 鹏）

325. 北京市知识产权局首次成立企业知识产权专家团

10月28日，北京市专利示范工作启动仪式暨北京企业知识产权专家团成立大会在京召开，北京市知识产权局向中钢集团等30家企业颁发了第三批北京市专利示范企业匾牌，来自全国和北京市知识产权试点、示范单位的20位专职知识产权管理人员入选首批企业知识产权专家团成员。

该专家团是北京市知识产权局为推动知识产权工作首创的一项重要举措，其将充分发挥首都企业知识产权人才聚集优势，通过以强带弱、辐射推动北京市企业知识产权整体水平的提升。北京市知识产权局相关负责人表示，借助企业知识产权专家团的平台，不仅可以进一步提高专家团成员所在企业的知识产权管理水平，也充分带动了本行业中小企业知识产权工作健康快速发展。

（薛 飞）

326. 知识产权点亮上海世博会

10月31日，上海世博会完美落幕。国际展览局主席蓝峰用“一个巨大的成功”为上海世博会作结。

知识产权工作贯穿上海世博会始终。从2004年国务院颁布《世博会知识产权保护条例》到2010年1月国家知识产权局、公安部等八部门共同印发世博会知识产权保护专项行动方案，从首个涉世博知识产权案件的个案报道到包括本报在内的新闻媒体对于世博知识产权的长期关注，一个覆盖世博知识产权方方面面的制度建设得以完善，一个整合专利、商标、版权、公安、城管、海关、文化执法等相关部门以及专家学者、律师等专业力量的世博会知识产权保护工作大格局得以形成，更为重要的是，尊重知识产权与创新的公众意识在关注上海世博会的过程中逐渐培养形成。

（刘 仁）

327. 第十七届农高会隆重开幕

11月1日，为期5天的第十七届中国杨凌农业高新科技成果博览会拉开帷幕。在首日举行的开幕式上，陕西省省委书记赵乐际、陕西省代省长赵正永和国家知识产权局党组成员、中央纪委驻国家知识产权局纪检组组长肖兴威等共同见证了这一被誉为“中国农业科技领域奥林匹克”的盛会。在此届农高会国家知识产权局展团的展出项目中，一大批依靠专利、植物新品种和地理标志产品打通国内外市场销路的参展企业格外引人注目。

国家知识产权局作为共同举办农高会的19个部委之一，从2001年以来连续10年组团参加农高会。此届农高会国家知识产权局展团共有全国16个省市80多家科研生产单位的160余件优秀涉农专利项目参展。（崔静思）

328. 全国知识产权系统党风廉政建设工作会议首次召开

11月2日，首次全国知识产权系统党风廉政建设工作会议在湖南长沙召开。国家知识产权局党组成员、中央纪委驻国家知识产权局纪检组组长肖兴威在会议中深入分析了当前知识产权系统面临的反腐倡廉形势，深刻阐述了党风廉政建设工作的重要性和必要性，全面部署了今后开展党风廉政建设和反腐败工作的总体思路、目标及任务。

中央纪委、湖南省纪委、湖南省纪工委的相关领导，以及来自全国各省、自治区、直辖市知识产权局的有关负责人和专兼职纪检监察干部参加了会议。（李 群）

329. 我国各级政府机关带头使用正版软件

为巩固政府机关使用正版软件的工作成果，建立长效机制，经国务院同意，国务院办公厅11月发布了《关于进一步做好政府机关使用正版软件工作的通知》（以下简称《通知》）。《通知》指出，各级政府机关带头使用正版软件，有利于在全社会形成尊重知识、保护知识产权的良好环境，对于树立政府机关良好形象，促进软件产业发展具有重要意义。各级政府机关工作人员要切实增强保护知识产权意识，自觉使用正版软件。

《通知》明确各级政府、各部门主要负责人作为第一责任人，保证本单位软件使用正版化。各有关部门要密切合作，根据职责分工，切实做好使用正版软件工作。据悉，党中央、国务院一直高度重视软件知识产权保护工作，从2001年起，在政府机关全面推广使用正版软件，基本实现了中央、省、市（地）三级政府机关使用正版软件的工作目标。（欣 华）

330. TRIPs 15 周年国际研讨会召开

11 月 3 日，为期 3 天的“TRIPs 15 周年国际研讨会”在上海召开。来自国内外的 60 余位专家、学者以及法律界人士共聚一堂，就《与贸易有关的知识产权协议》(TRIPs 协议)发展历史和世界影响及现状与未来、TRIPs 国际保护的新发展及发展中国家的对策等 3 个议题进行交流和讨论。

在论坛上，与会专家和学者还就 TRIPs 成员知识产权立法与司法实践的最新动向、TRIPs 相关的争端解决及中国经验等问题进行了交流和探讨。（薛 飞）

331. 国务院召开全国知识产权保护与执法工作电视电话会议

11 月 5 日，国务院在北京召开全国知识产权保护与执法工作电视电话会议，温家宝总理作重要讲话，他指出，要继续坚持激励创造、有效运用、依法保护、科学管理的方针，以打击侵犯知识产权和制售假冒伪劣商品专项行动为重点，全面推进知识产权保护工作。会议由国务院副总理王岐山主持。国务委员刘延东、马凯、孟建柱出席会议，国家知识产权局局长田力普、副局长甘绍宁等参加会议。

为加强对打击侵犯知识产权和制售假冒伪劣商品专项行动的组织领导，保证各项任务落到实处，国务院决定成立全国打击侵犯知识产权和制售假冒伪劣商品专项行动领导小组。领导小组组长为国务院副总理王岐山，副组长为商务部部长陈德铭、国务院副秘书长毕井泉、国家知识产权局局长田力普，成员为来自中央宣传部、国家发改委、工业和信息化部、公安部、监察部、国家知识产权局等 26 个部门的有关负责人，其中包括国家知识产权局副局长甘绍宁。据悉，《打击侵犯知识产权和制售假冒伪劣商品专项行动方案》已经国务院同意印发。（赵建国）

332. 国家知识产权局组织召开思想政治建设和文化建设座谈会

11 月 5 日，国家知识产权局召开思想政治建设和文化建设座谈会，国家知识产权局党组书记、局长田力普，局党组成员、副局长杨铁军，局党组成员、中央纪委驻国家知识产权局纪检组组长肖兴威，局党组成员、副局长鲍红，局党组成员、副局长甘绍宁和局属各部门、各单位的党、政负责人及员工代表近 200 人参加了座谈会。

座谈会由甘绍宁主持，田力普在会上发表重要讲话，他指出，要把思想政治工作优势转变为促进事业科学发展的优势，深入开展思想政治建设和文化建设(“两建”)活动，为事业发展提供坚实思想政治保障和强大文化软实力支撑。座谈会上，机关党委汇报了“两建”工作开展的情况，局人事司和专利局人教部、审业部、初审部、材料部、电学部介绍了开展“两建”工作的经验和做法。

（赵建国）

333. 第四届中国专利周全国开幕式隆重举行

11 月 7 日，由国家知识产权局主办、以“运用专利制度，推动发展方式转变，促进创新型国家建设”为主题的第四届中国专利周隆重开幕。当天上午，国家知识产权局、重庆市政府联合在主会场重庆举行了第四届中国专利周暨中国(重庆)低碳专利技术展示交易会开幕式。重庆市市长黄奇帆致欢迎辞，国家知识产权局局长田力普为专利周开幕致辞。田力普强调，要更好地发挥知识产权的重要作用，更有效地运用专利制度，为建设创新型国家提供强有力的支撑和保障。开幕式由国家知识产权局副局长甘绍宁主持。

本届中国专利周于 11 月 7～13 日在全国各省区市异地同时举行。专利周期间，国家知识产权局将发布《全国专利事业发展战略(2011～2020年)》，召开全国知识产权局执法工作会议，与世界知识产权组织联合举办第十二届中国专利奖颁奖大会，并在全国开展专利电子申请推广活动。同时，还在重庆主会场举办全国外商机构保护知识产权座谈会、知识产权投融资论坛等活动。当日，出席开幕式的国家知识产权局与重庆市有关领导、嘉宾及各界人士数百人共同参观了中国(重庆)低碳专利技术展示交易会。（赵建国）

334. 国家知识产权局与重庆市举行第一次合作会商会议

11 月 7 日，正值第四届中国专利周开幕之日，国家知识产权局与重庆市人民政府第一次合作会商会议暨合作议定书签字仪式在重庆举行。

国家知识产权局局长田力普、副局长甘绍宁与重庆市市长黄奇帆、副市长童小平等双方有关领导出席会商会议及签字仪式。会商会议上，甘绍宁与童小平就如何落实会商机制的有关具体措施作了发言。在国家知识产权局与重庆市人民政府第一次合作会商会议上，田力普为重庆理工大学知识产权学院国家知识产权培训基地授牌。重庆理工大学知识产权学院成立于2007年，是我国西部地区第一个知识产权学院。（赵建国）

335. 专利行政执法保护成就展举办

11月7日，第四届中国专利周开幕之时，由国家知识产权局举办的专利行政执法保护成就展在全国各地同时展出，反映了近年来国家知识产权局在专利行政执法方面取得的成就。

在第四届中国专利周主会场重庆市的展览以文字、图片等形式，向社会展示了以日常执法、专项行动、展会执法、维权援助等内容为主的执法成就。展览内容丰富充实，介绍形式通俗易懂，受到广大参观者及群众的欢迎。（赵建国）

336. 重庆市举办民营企业座谈会

11月8日，正在重庆市参加第四届中国专利周主会场活动的国家知识产权局局长田力普出席了重庆市民营企业座谈会。在听取了重庆市部分民营企业关于知识产权，特别是专利工作建设方面的情况汇报后，他表示，国家知识产权局将更好地为创新主体服务，并一视同仁地为国内外企业服务。

田力普强调，国家知识产权局是国务院直属机构，也应该是为市场主体、为企业服务的公共服务部门。企业有了发明创造来申请专利，国家知识产权局会以优秀的质量、快捷的审查速度，为企业的专利审批提供良好的服务，让企业尽快获得法律赋予的权利。不管是国企、民企、个人，还是国内、国外的申请人，这种服务都是一视同仁的。而且对于一些弱势群体，在专利申请方面还有一些支持、帮助的政策。服务创新型国家建设，就是国家知识产权局的工作目标。会上，重庆力帆集团、隆鑫集团、海扶公司、杜克公司、莱美药业等民营企业介绍了企业知识产权建设方面取得的成绩，以及自身创新中遇到的上述问题。（刘 仁）

337. 知识产权投融资服务与企业创新发展论坛

11月8日，第四届中国专利周期间，由国家知识产权局和重庆市人民政府共同举办的“知识产权投融资服务与企业创新发展论坛”在重庆市举行。国家知识产权局副局长甘绍宁、重庆市人大常委会副主任陈雅棠等有关领导及专家学者200余人参加本次论坛。甘绍宁表示，应尽快建立有效的知识产权投融资服务机制。

知识产权投融资服务与企业创新发展论坛是第四届中国专利周重庆主会场的重点活动之一。来自工业和信息化部、财政部、银监会、中国技术交易所等部门和机构的代表在论坛上作了经验交流和介绍。（赵建国）

338. 全国高校知识产权师资培训班开课

11月8～11日，由教育部和国家知识产权局主办、中国知识产权培训中心承办的第七期全国高校知识产权师资培训班在武汉市举办。国家知识产权局局长田力普在开班仪式上表示，希望高等院校充分发挥优势，做好教学研究工作，努力培养更多更好的知识产权人才，为我国知识产权事业的发展提供坚实的人才资源基础。

本次培训班邀请了来自国家知识产权局专利局、国家工商行政管理总局商标局、中国社会科学院以及中南财经政法大学的专家学者，围绕网络著作权及我国著作权法的修改、知识产权国际保护的新发展及其启示、专利审查与文献检索、我国商标法的第三次修改、知识产权研究方法与基础理论等课程，结合实际案例进行了讲授。（赵辉）

339. 中蒙两国第五次知识产权研讨会举行

11月9日，中蒙两国第五次联合举办的知识产权研讨会在山东青岛举行。国家知识产权局副局长李玉光、蒙古国家知识产权局局长辛巴特、世界知识产权组织（WIPO）亚洲办事处主任维吉等出席研讨会并分别致辞。李玉光指出，中方一贯重视与蒙古国的关系，愿同蒙方一道努力，不断提升双方合作水平，促进两国技术进步、经贸往来与人文交流。

此次研讨会重在全方位交流两国的外观设计基本制度、审查实践、执法体系等方面，并特别对企业如何利用外观设计制度促进创新进行探索。会上，中蒙双方国家知识产权局官员分别介绍了两国的外观设计审查管理，蒙古司法界和青岛市中级人民法院参会代表分别介绍了如何在两国进行外观设计保护诉讼，青岛海尔集团参会代表介绍了企业利用外观设计创新提高经济效益的经验。（张海生）

340. 田力普出席美国大使知识产权对话

11月10日，以“提高知识产权公众认知和执法的最佳实践”为主题的美国大使知识产权对话在北京举行。中国国家知识产权局局长田力普、美国驻华大使洪博培出席并致辞。

田力普指出，希望中美双方能通过对话，达成共识，为今后的合作打下良好基础。中国政府一直重视知识产权保护，在中国推广知识产权制度、传播知识产权文化，使13亿中国人具有知识产权意识是对国际社会的贡献，应该受到赞赏而非指责。近期国务院召开会议，决定在全国集中开展打击侵犯知识产权和制售假冒伪劣商品专项活动。知识产权制度在中国的实施已经或正在为发达国家的跨国公司带来切实的利益。同时，中国实行知识产权制度、鼓励创新也为国外企业带来商机。中国国家知识产权局将一如既往，与美国的业务伙伴，与企业保持良好的合作和沟通，为创新者提供优质高效的服务和保护。此次对话由美国驻华大使馆和中国美国商会主办。100多位来自中美两国的官员、企业界和律师代表就知识产权执法的最佳实践、加强公众意识和教育等议题进行了探讨。（柳 鹏）

341. 非洲知识产权组织成员国知识产权局局长研讨会在京举行

11月10日，非洲知识产权组织成员国知识产权局局长研讨会在京举行。国家知识产权局局长田力普、非洲知识产权组织总干事鲍林・艾都艾都、世界知识产权组织非洲局局长赫尔曼・恰侨出席开幕式并致辞。国家知识产权局副局长李玉光出席开幕式并进行主旨发言。

开幕式后，李玉光就"知识产权作为促进国家发展的政策工具——中国的经验"进行了主旨发言。本届研讨会由中国国家知识产权局、世界知识产权组织和非洲知识产权组织共同主办。在本次研讨会上，来自中国国家知识产权局、世界知识产权组织、非洲知识产权组织、中国国家工商行政管理总局商标局、中国科学院、清华大学以及企业和专利代理机构的代表齐聚一堂，围绕"知识产权作为促进国家发展的政策工具"、"非洲知识产权组织的知识产权制度以及国际合作政策"、"知识产权制度的发展：中国的实践和经验"、"专利在促进研究和开发中所扮演的角色"等主题展开了深入的交流与讨论。（汪玮玮）

342. 北京（中关村）国家知识产权局专利局审查员实践基地揭牌

11月10日，北京（中关村）国家知识产权局专利局审查员实践基地正式成立，国家知识产权局局长田力普和北京市副市长苟仲文共同为基地揭牌。在启动仪式上，田力普表示，国家知识产权局将积极探索审查员实践活动新模式，为企业提供更直接有效的服务。

北京（中关村）国家知识产权局专利局审查员实践基地主要面向全体注册于北京市的企事业单位，由国家知识产权局专利局授权北京市知识产权局建设，中关村知识产权促进局负责日常运营和管理。（贺延芳）

343. 我国发布专利事业发展战略

11月11日，国家知识产权局在北京召开新闻发布会，隆重发布《全国专利事业发展战略（2011～2020年）》。国家知识产权局副局长甘绍宁表示，专利战略是在《国家知识产权战略纲要》框架内，为我国专利事业发展量身打造的战略性纲要，其颁布实施是中国专利事业发展史上一个新的里程碑。专利战略发布实施的重要意义在于，实施专利战略将有力推动国家知识产权战略的全面实施。

专利战略紧紧围绕《国家知识产权战略纲要》，从9个方面，对专利创造、运用、审批和专利人才队伍等工作明确提出了近期发展目标；提出了到2015年要达到的发展指标；结合我国专利事业发展的实际，从国家总体发展的战略高度，明确提出"到2020年，把我国建设成为专利创造、运用、保护和管理水平较高的国家"的战略目标；为保障专利战略目标的顺利实现，专利战略提出了12个方面的战略重点和保障措施，主要包括完善专利法律制度、构建专利政策体系、加强专利管理体制与机制建设、提升专利创造和运用能力、提升专利审查综合能力、增强专利保护能力、建立重大经济活动知识产权审议机制、加强专利信息传播利用与信息化建设、加快发展专利服务业、加强专利人才队伍建设、加强知识产权文化建设、全方位开展专利国际交流与合作等。（赵建国）

344. 中外专家学者探讨技术转让与技术许可

11月11日，由中国国家知识产权局与世界知识产权组织主办、北京市知识产权局承办的"技术转让与技术许可——知识产权在知识经济中的作用研讨会"在京举办。来自国内外150多名企业代表、律师、专家就知识产权在知识经济中推动研发及技术转让的作用、技术转让新趋势、技术转让与许可的法律问题等议题进行了为期两天的探讨。

世界知识产权组织专利与创新司有关负责人表示，随着全球经济的复苏，各国应抓住机遇，凭借知识产权来推动创新和企业发展，尤其是中小企业的发展。在技术转让与技术许可方面，各国应发挥创新的作用，使知识产权更有效的市场化，从而促进经济的增长。（柳 鹏）

345. 广州营造亚运知识产权保护新景象

11月12日，第十六届亚运会正式拉开帷幕。记者通过采访发现，与呈现在世界面前亮丽的城市风貌一样，广州在营造亚运知识产权保护新景象。

广州亚组委的有关负责人告诉记者，为了营造良好的亚运会知识产权保护环境，有关方面开展了大量卓有成效的宣传活动。仅2010年以来，亚组委法律事务处就向各类企事业单位、机关团体进行专题宣讲16次，派发宣传资料1万多册，举办和参与各种宣传活动8次，多次发布亚运会知识产权公益广告。广州市知识产权局向有关方面派送《广州亚运会知识产权》宣传手册2万多份，并制作"城市电视亚运会知识产权"公益宣传视频，连续数月通过电视、楼宇视频等1.6万多个终端滚动播放，还举办了"广佛同城知识产权保护自行车巡游活动"等系列大型宣传活动。与此同时，广州市各知识产权职能部门加强了对市场的日常监管和巡查。（顾奇志）

346. 首届集成电路布图设计保护制度研讨会举行

11月12日，首届集成电路布图设计保护制度研讨会在江苏省泰州市开幕。国家知识产权局副局长贺化，泰州市政府副市长卢佩民、廖涛出席了开幕式。与会代表围绕我国集成电路布图设计登记、复审、撤销以及未来工作发展思路等问题进行了讨论。

自2001年《集成电路布图设计保护条例》实施以来，我国集成电路布图设计登记申请量呈持续增长态势，2001～2009年年均增长近40%。截至2010年10月31日，已累计登记集成电路布图设计4044件，颁证3723件。此外，布图设计专有权的复审工作也逐渐发展起来，从2006年开始第1件撤销案件以来，专利复审委迄今已受理5件撤销案件，其中2件已审结，另外3件正在审理中。（吴 艳）

347.《广播影视知识产权战略实施意见》出台

11月12日，国家广播电影电视总局印发《广播影视知识产权战略实施意见》，要求进一步规范广播电台电视台合法使用作品，提高广播电台电视台尊重创作、尊重知识产权的意识。

该意见要求，要按照激励创造、有效运用、依法保护、科学管理的重要方针，推进《国家知识产权战略纲要》在广播影视领域的全面实施。要加强对视听节目服务网站播放正版节目的监督工作，严厉打击互联网侵权盗版，重点打击影视剧作品侵权盗版行为；加强对电视购物活动的监管，重点打击利用广播电视网络销售侵犯知识产权和假冒伪劣商品的欺诈行为。着力完善广播影视知识产权制度，积极营造良好的知识产权环境，始终把社会效益放在首位，实现经济效益和社会效益有机统一。大幅度提升广播影视知识产权创造、运用、保护和管理能力，不断创新广播影视制作生产和传播方式，增强广播影视创新发展的活力，为推动文化产业成为国民经济支柱性产业、促进文化大发展大繁荣发挥作用。（曹可欣）

348. 北京启动中小企业知识产权战略推进工程

11月12日，中小企业知识产权战略推进工程在京正式启动。北京经济技术开发区和中关村生命科学园成为中小企业知识产权战略推进工程首批实施单位。据悉，该工程计划通过3年的时间，切实培育出拥有自主知识产权优势的中小企业聚集区，同时发挥示范项目的辐射、带动作用，引导和促进中小企业开发和实施拥有自主知识产权的创新技术，促进中小企业形成拥有自主知识产权优势的核心竞争力，从整体上带动北京市中小企业自主知识产权能力的增长。

此次北京启动的中小企业知识产权战略推进工程，计划用3年时间，力争在北京市范围内，培育形成两个拥有自主知识产权优势的中小企业聚集区；建立10家中小企业知识产权辅导服务机构；培训200～300名中小企业知识产权工作者和经营管理人员；为广大中小企业提供各类知识产权公共服务，形成切实有效的中小企业知识产权综合服务援助等机制。（薛 飞）

349. 第十二届中国专利奖在京隆重颁发

11月13日，国家知识产权局和世界知识产权组织在京举行第十二届中国专利奖颁奖大会，全国人大常委会副委员长路甬祥等出席大会并为获奖代表颁奖。国家知识产权局局长田力普在讲话中指出，近年来，通过各级知识产权管理部门的不断努力，知识产权对经济社会全局和长远发展起到了重要的推动作用，并涌现出一批以第十二届中国专利奖获奖项目为代表的优秀专利技术。世界知识产权组织总干事派特别代表参加此次盛会，中纪委派驻国家知识产权局纪检组组长肖兴威在会上宣读了第十二届中国专利奖授奖决定，大会由国家知识产权局副局长甘绍宁主持。

截至2009年底，获得第十二届中国专利金奖的15个项目新增销售额1293亿元，新增利润168亿元，新增出口额31亿元；获得中国外观设计金奖的5个项目新增销售额244亿元，新增利润10亿元，新增出口额2亿元。（崔静思）

350. 第四届中国专利周意向成交额13.8亿元

由国家知识产权局主办，在全国150多个城市同时举办的第四届中国专利周于11月13日圆满落下帷幕。国家知识产权局初步统计表明，本届专利周期间全国开展了形式多样的活动865项，达成意向的成交额13.8亿余元。

与前三届专利周不同，本届专利周最大的特点是面对当前加快转变经济发展方式，培育发展战略性新兴产业，实现节能减排、发展循环经济的重任，更好地发挥知识产权的重要作用，更有效地运用专利制度，为建设创新型国家提供强有力的支撑和保障。本届中国专利周展示交易活动展位数量7900多个，展示交易活动场地面积11.7万平方米，开展培训、讲座、论坛、研讨、咨询等活动2677场，参加人数11.5万人，中介机构参与数量587家，专利执法与维权援助活动数量763次，其他特色活动270项，直接参与活动的企业超过2.8万家，参与总人数达64.6万人次。（赵建国）

351. 我国共查处世博标志侵权案1498件

上海世博会事务协调局透露，截至11月15日，我国处理涉嫌侵犯世博会标志权案件达1498件。

截至2010年11月15日，上海世博局有63件世博会标志在国家工商总局商标局获得备案，58件世博会标志在海关总署获得备案，共取得会徽、吉祥物等注册商标227件，以及在第45类商品和服务上的“世博会”特殊标志，从而构建了包括世博会标志专有权、商标权、特殊标志权及版权等在内的权利体系。以该权利体系为基础，世博会标志管理办公室累计受理世博会标志使用申请与备案656件，处理涉嫌侵犯世博会标志权案件1498件。（胡　嫚）

352. 国家知识产权局将正式受理台胞的台湾地区优先权请求

11月15日，国家知识产权局以局令的形式颁布了《关于台湾同胞专利申请的若干规定》，对台胞专利申请、审查程序，特别是台湾地区优先权的请求和审查程序作出了具体规定。该规章将于2010年11月22日起施行，即从该日起国家知识产权局将正式受理台胞提出的要求享有台湾地区优先权的专利申请。有关人士称，此举将进一步方便台胞在大陆申请并获得专利保护，进一步促进两岸专利领域的交流与合作。

该规章规定，台胞在台湾地区专利主管机构第一次提出发明专利或者实用新型专利申请之日起12个月内，或者第一次提出外观设计专利申请之日起6个月内，又在国家知识产权局就相同主题提出专利申请的，可以要求享有其台湾地区在先申请的优先权。台胞要求台湾地区优先权的，其在先申请的申请日应当在《协议》生效日后，即2010年9月12日（含当日）以后。申请人在请求书中声明要求台湾地区优先权的，应当写明在先申请的申请日和申请号，并写明原受理机构为“台湾地区”。在大陆地区没有经常居所或者营业所的台胞申请专利的，应当根据专利审查指南的规定委托专利代理机构办理。此外，规章规定了对台湾地区优先权请求的具体审查规则，这些规则和专利审查指南中有关优先权的审查规定基本相同。（向　利）

353. 全国打击侵犯知识产权和制售假冒伪劣商品专项行动领导小组全体会议召开

11月16日，中共中央政治局委员、国务院副总理王岐山在京主持召开了全国打击侵犯知识产权和制售假冒伪劣商品专项行动领导小组全体会议。王岐山强调，各地区、各有关部门要认真落实温家宝总理在全国知识产权保护和执法工作电视电话会议上的重要讲话精神，针对国内外广泛关注、涉及群众切身利益的突出问题，明确打击的重点，狠抓工作落实，务求专项行动取得实效。

王岐山指出，在全国开展为期半年的打击侵

犯知识产权和制售假冒伪劣商品专项行动，是党中央、国务院的重大决策部署，各地区、各部门要高度重视，明确本地区、本系统专项行动的重点任务和重点目标，加强生产源头和流通环节整治，集中力量解决突出问题。要组织开展重点检查和突击抽查，及时受理举报投诉，加大执法力度，提高执法效能。对符合刑事立案标准、涉嫌犯罪的案件，行政执法机关要及时移送公安机关，对涉嫌犯罪的依法立案侦查。对情节严重、影响恶劣的案件要挂牌督办，快审快判，依法严惩犯罪分子。要加强专项行动活动的报道，形成打击声势，震慑不法分子，营造自觉抵制侵犯知识产权和假冒伪劣商品的社会氛围。（欣 华）

354. 全国知识产权局系统执法专项行动方案出台

国家知识产权局为深入贯彻落实温家宝总理重要讲话和国务院通知精神，开展打击侵犯知识产权和制售假冒伪劣商品专项行动，于 11 月迅速作出部署，制定出台了《知识产权局系统执法专项行动方案》（以下简称《方案》），印发至地方知识产权局。同时，国家知识产权局还成立了以国家知识产权局局长田力普为主任的执法专项行动督导机构。

在《方案》部署的 7 项工作任务中，重点强调了坚决打击反复、群体、恶意专利侵权行为及假冒专利行为；同时要切实发挥“12330”公益服务电话和知识产权维权援助中心的作用；强化展会知识产权执法保护工作；做好涉外知识产权执法保护工作；加强跨部门跨地区执法协作；推进行政执法与司法保护的协调配合；并开展好专项行动的宣传工作。《方案》确定了专项行动的时间安排和具体措施。此外，国家知识产权局还印发了《专利行政执法操作指南（示范文本）（试行）》和《关于加强知识产权维权援助中心举报投诉工作的通知》。

（赵建国）

355. 我国专利申请年度受理量首次突破 100 万件

截至 11 月 18 日，国家知识产权局 2010 年累计受理专利申请 100.0925 万件，实现年度专利申请受理量首次超过 100 万件。其中，发明专利申请为 32.3266 万件，占总量的 32.3%；实用新型专利申请 33.7659 万件，占总量的 33.7%；外观设计专利申请为 34 万件，占总量的 34%。

从国家知识产权局历年受理的专利申请量来看，1996 年首次突破 10 万件，2001 年超过 20 万件，2006 年跨过 50 万件门槛，2010 年迈上 100 万件的新台阶，大体呈现 5 年翻一番的高增长趋势。专利申请量快速增长的态势表明，伴随我国经济总量的不断增长、科技投入的明显增长、创新活动的空前活跃，专利事业也随之快速发展。

（王小浒）

356. 第三届中国国际版权博览会在京开幕

11 月 18 日，第三届中国国际版权博览会暨 2010 国际版权论坛开幕。全国人大常委会副委员长陈至立，世界知识产权组织总干事弗朗西斯·高锐，新闻出版总署署长、国家版权局局长柳斌杰出席开幕式并参观了此次博览会。弗朗西斯·高锐在接受媒体采访时表示，过去 30 年中，中国的知识产权保护取得了显著成就。目前中国正逐渐成为世界上最大的文化产品生产国之一，国际社会越来越多地关注中国，也希望中国能成为知识产权领域的领军者。

本届博览会由新闻出版总署（国家版权局）、国家广播电视总局、国家工业和信息化部、国家文化部、共青团中央、中国国际贸易促进会及北京市人民政府主办。来自 50 多个国家的版权协会组织、文化机构以及企业代表参加了此次文化创意产业盛会，并围绕“数字时代下影视新媒体产业的发展趋势”、“数字音乐商业模式及版权保护”等议题展开深入探讨。博览会上，国内外文化创意产业企业代表展出了各自的文化产品，既有融合多种数字技术以及创新商业模式的 3D 电视、4D 游戏、数字音乐，又不乏传承着优秀历史文化的非物质文化遗产。（刘 仁）

357. 中国人民大学授予高锐名誉博士学位

11 月 19 日，世界知识产权组织总干事弗朗西斯·高锐被中国人民大学授予名誉法学博士学位。授予仪式上，中国人民大学校长纪宝成为高锐颁发学位证书，国家知识产权局局长田力普出席仪式并致辞。

田力普表示，中国人民大学授予高锐名誉博士学位将为中国人民大学乃至中国的知识产权法学研究事业注入新的活力。高锐获得名誉博士学位，是对其在推动建立一个平衡发展的国际知识产权制度这一宏大事业中所展现的智慧、魄力和勇气的高度认可，也将进一步推进和加深其所领导的世界知识产权组织与中国既有的深厚友谊和友好合作。出席仪式并致辞的还有国家工商总局副局长付双建，国家新闻出版总署副署长、国家版权局副局长阎晓宏。（柳 鹏）

358. 第三届知识产权与城市发展市长论坛开幕

11月22日，备受关注的第三届知识产权与城市发展市长论坛在成都隆重开幕。国家知识产权局局长田力普指出，论坛的举办，旨在为我国知识产权试点、示范城市提供一个交流平台，就深入实施国家知识产权战略、推进我国城市知识产权事业发展实践经验进行研讨和交流。实施知识产权战略，不仅是应对国际形势发展的需要，更是提升国家发展内在动力和核心竞争力的要求。

此次论坛由国家知识产权局主办、成都市人民政府承办，四川省知识产权局协办。世界知识产权组织、国家知识产权局、国家工商总局、国家版权局等多名官员出席并发表精彩演讲。来自全国65个国家知识产权工作示范城市和示范创建城市的市领导参加了论坛。围绕着“大力实施知识产权战略，促进城市经济结构调整”的主题，12名市长、国内知识产权领域的资深专家、知名企业家担当演讲嘉宾，他们分别就知识产权与创新型城市建设、知识产权与经济发展方式转变等议题，进行了深入阐释，发表了真知灼见。论坛成为精英论道的舞台，其精彩的观点激起了200余名与会代表的共鸣。（吴 辉）

359. 上海市委市政府致函感谢国家知识产权局

11月，中共上海市委、上海市人民政府专门向国家知识产权局发来感谢信，感谢国家知识产权局为上海世博会平稳有序的运行提供了有力保障，并向国家知识产权局领导和全体同志表示真诚的感谢和崇高的敬意。

上海市委、市政府在感谢信中表示，上海世博会申办、筹办、举办的8年来，国家知识产权局的鼎力支持和无私帮助不仅在办博工作中发挥了重大作用，而且一直是激励上海市委、市政府克难攻坚的强大动力。特别是2010年以来，国家知识产权局按照胡锦涛总书记关于举全国之力办好世博会的要求，充分发挥我国社会主义制度集中力量办大事的政治优势，以办好上海世博会为己任，周密部署，积极行动，大力协同，不仅从国家层面统筹协调、大力推进上海世博会知识产权保护专项行动，加大知识产权侵权打击力度，而且切实加强对上海市的指导检查力度，及时研究解决工作中遇到的困难和问题，不断深化知识产权保护工作，为上海世博会平稳有序运行提供了有力保障。

（赵建国）

360. 我国首家“国家知识产权示范园区”落户武汉东湖

11月，国家知识产权局批准武汉东湖新技术开发区为“国家知识产权示范园区”，武汉东湖新技术开发区成为全国首家“国家知识产权示范园区”。

2001年9月5日，国家知识产权局和武汉市人民政府决定在武汉东湖新技术开发区共同建设“国家知识产权试点园区”，同年9月19日，武汉市政府决定设立武汉市知识产权局东湖高新区分局，此举在全国高新区开创了先河。2006年11月，东湖高新区建设“国家知识产权试点园区”工作通过国家知识产权局验收，东湖高新区被国家知识产权局确定为首批国家知识产权示范工作创建园区。2010年5月，国家知识产权示范园区评定专家组对东湖高新区知识产权创建工作进行验收，对东湖高新区创建国家知识产权示范区工作给予了充分的肯定，认为东湖高新区在知识产权体制创新、方法创新和文化创新等五个方面进行了大量的探索和创新，取得了较好的效果，可在全国高新区中示范推广。（胡 嫚）

361. 国家知识产权局将加大专利领域侵权行为打击力度

为全面贯彻11月5日全国知识产权保护与执法工作电视电话会议精神，落实《国务院办公厅关于印发打击侵犯知识产权和制售假冒伪劣商品专项行动方案的通知》要求，11月23日，国务院印发相关任务分工的通知，对有关部门和单位职责进行分工。其中明确要求，国家知识产权局要加大对专利领域反复、群体、恶意侵权及假冒专利行为的打击力度。

该通知明确要求，由国家知识产权局承担加大对专利领域反复、群体、恶意侵权及假冒专利行为的打击力度的任务。同时，由国家知识产权局与商务部共同牵头的工作包括加强涉外知识产权保护，加大对查实的进出口侵犯知识产权企业的处罚力度；加强知识产权对外交流与合作，建立健全对外贸易投资中知识产权保护预警应急、海外维权和争端解决机制；严格执行展会知识产权保护办法，做好重要展会知识产权保护工作；研究加强行政执法与刑事司法衔接、依法加大侵犯知识产权行为打击力度等问题。（赵建国）

362. 全国已有104个国家知识产权试点示范城市

11月22日，在成都举办的第三届知识产权与城市发展市长论坛上，国家知识产权局局长田力普2010年被评定为“国家知识产权工作示范城市”的22个城市授牌。此举标志着目前全国已有国家知识产权试点示范城市104个，城市知识产权工作试点示范工作已进入到一个崭新的发展阶段。

国家知识产权城市试点示范工作经过多年的发展，已成为体系健全、层次分明、政策措施完备的重要工作项目，在促进城市发展和提高城市核心竞争力等方面发挥出了重要作用。截至目前，全国已有国家知识产权工作示范城市45个、示范城市创建市28个、试点城市31个，总数达104个。这些城市为其他城市开展知识产权工作积累了经验、树立了榜样，并通过自身实践证明，知识产权已经成为城市经济结构调整的有力支撑，并将进一步成为城市发展的新引擎。（吴 辉）

363. 国家知识产权局受理首件要求台湾地区优先权申请

11月22日，在国家知识产权局颁布《关于台湾同胞专利申请的若干规定》正式施行的当天，国家知识产权局专利局初审及流程管理部受理了第一件要求台湾地区优先权的专利申请。

该规定对台胞专利申请及其审查程序，特别是涉及台湾地区优先权的请求和审查程序作出了具体规定。其中，在国家知识产权局受理的专利申请中要求台湾地区优先权的，必须是以2010年9月12日之后在台湾地区提出的专利申请作为优先权的在先申请。同时，申请人要求台湾地区优先权的，应当在向国家知识产权局提出专利申请的同时在请求书中声明，并且在3个月内提交由台湾地区专利主管机构出具的在先申请文件的副本；未在请求书中声明或者期满未提交在先申请文件副本的，视为未要求台湾地区优先权。

（薛 飞）

364. 成都成为全国首个版权示范城市

在11月22日举行的第三届“知识产权与城市发展市长论坛”上，国家版权局有关负责人向四川省成都市宣读了成为中国首个版权示范城市的批复。

成都市高度重视版权保护和示范城市创建工作，将版权保护纳入城市发展总体规划，全市版权服务体系建设成效明显，产业政策环境不断优化，产业服务体系逐步健全，版权公共服务平台逐步建立，全市版权产业蓬勃发展。在2009年制定的《成都市知识产权战略纲要》中，明确提出了“实施版权战略，建设全国版权示范城市”的目标。目前，文化创意、数字新媒体、现代服务业、电子商务等列入成都市版权发展的重点行业。自创建工作实施以来，核心版权产业发展良好。据初步统计，2009年全市软件业产值达628亿元，同比增长47.1%；全市新闻出版产业产值达222亿元，同比增长20%；广播影视业收入24.74亿元，增长3.7%；文化艺术服务业收入达14.49亿元，增长16.2%。（吴 辉）

365. 我国信息技术领域专利申请量超过110万件

11月24日，工业和信息化部发布2010年信息技术领域专利态势报告。报告显示，截至2010年6月30日，信息技术领域专利申请总量达到111.8万件，比2009年增长近13.3万件，信息产业技术创新继续保持较高的活跃度。但作为创新的主体，我国内地企业与跨国公司的专利申请量还存在较大差距。

在信息技术领域，我国专利申请量最多的企业是华为、中兴通讯，其专利申请总量分别为2.7万件和1.9万件，比亚迪以4700余件排名第三。值得注意的是，包括三星、LG、松下等在内的前10位跨国公司申请总量都超过万件。（刘 仁）

366. 最高人民法院发布侵犯知识产权典型案例

11月25日，最高人民法院下发《关于充分发挥刑事审判职能作用，依法严惩侵犯知识产权和制售假冒伪劣商品犯罪的通知》，同时还发布了6起侵犯知识产权和制售假冒伪劣商品的典型案例。

这6起典型案例分别为：由广东省东莞市中级人民法院一审的被告人黄从霖、丁乒、张志民等15人、被告单位深圳鼎圣国际货运代理有限公司销售伪劣产品案，主犯黄从霖、丁乒均被判处有期徒刑15年并处罚金；由山东省青岛市中级人民法院审理的被告人郑承来、崔成权销售假冒注册商标的商品案，主犯郑承来(韩国籍)因销售假冒的“万艾可”、“希爱力”药品被判处有期徒刑2年、罚金人民币50万元并驱逐出境；由北京市朝阳区人民法院一审的被告人杨昌君销售假冒注册商标的商品案，被告人杨昌君因在秀水街市场销售假冒名牌男女式包被判处有期徒刑3年6个月，罚金人民币1万元；由福州市晋安区人民法院一审的被告人金伏宋假冒注册商标案，被告人金伏宋因生产、销售假冒的碳粉被判有期徒刑4年，并处罚金人民币15万元；由四川省成都市中级人民法院一审的被告人堀茂侵犯商业秘密案，法院判处堀茂有期徒刑2年5个月，并处罚金人民币50万元；由江苏省常熟市人民法院审理的王佳豪侵犯著作权案，被告人王佳豪以营利为目的，未经著作权人许可，将他人享有著作权的音乐作品上传至网络，为互联网用户提供试听等服务，情节严重，王佳豪被判处有期徒刑6个月，缓刑1年，并处罚金人民币1.5万元，追缴犯罪所得。（魏小毛）

367. 第七届上海知识产权国际论坛召开

11月26日，由国家知识产权局和上海市人民政府共同主办、上海市知识产权局承办的第七届上海知识产权国际论坛隆重举行。

国家知识产权局局长田力普在论坛上表示，当前，中国创新型国家建设已进入攻坚阶段，需要充分发挥城市特别是创新型城市的引领、示范和带动作用，集聚形成一批创新型城市群，率先突破制约创新发展的瓶颈，加快创新型国家建设的进程。来自美国、德国、法国、英国、瑞典、新加坡、中国等国家和地区的20多位嘉宾及近300位知识产权领域的专家学者、政府官员、企业代表等参加了此次论坛。（向 利）

368. 国家知识产权局将从7方面推进专项行动

11月26日，在中国政府网主办的打击侵犯知识产权和制售假冒伪劣商品专项行动解读访谈节目中，国家知识产权局有关负责人表示，国家知识产权局将从7个方面深入推进专项行动。

这七个方面采取的措施是加大专利领域大案要案查处，对于反复、群体、恶意专利侵权行为要坚决打击，曝光一批大案要案；开展专利侵权与假冒行为的执法排查工作，组织各地知识产权局每月集中组织开展执法检查整治活动，并成立专项行动督导组，赴长三角、珠三角等重点地区进行现场执法督导和检查；充分发挥67个知识产权维权援助中心的作用，统一使用“12330”公益服务电话；强化展会知识产权执法保护工作，积极采取展前审查、展中巡查、现场设站等措施，做好有关纠纷的防范、调解与处理工作；做好涉外知识产权执法保护工作，推动外向型经济发达、进出口贸易量大的地区妥善处理涉外专利侵权纠纷和假冒专利案件，推动专利行政执法与海关知识产权保护措施衔接工作；加强跨地区、跨部门专利执法协作，推进行政保护与司法保护的有效衔接；在知识产权宣传工作方面，要注重知识产权知识的普及和社会意识的提高。（赵建国）

369. 广州亚运会未发现侵犯知识产权重大案件

第16届亚运会已于11月27日在广州落下帷幕。据悉，本届亚运会期间，经有关知识产权执法部门巡查，没有发现涉及侵犯亚运会知识产权的重大案件，广州亚运会知识产权保护取得了显著成效。

据广东省知识产权局相关负责人介绍，广州亚运会之所以在保护知识产权方面成效显著，主要是通过立法建制，营造了完善的知识产权法制环境，为做好广州亚运会知识产权保护提供了强有力的法制保障；做好了对亚运知识产权保护客体的申请、注册、登记等工作，获得了一大批广州亚运会知识产权成果；建立了涵盖国家、省和亚运举办城市的知识产权保护体系；主动出击，形成了打击侵犯广州亚运会知识产权行为的高压态势。（顾奇志）

370. 县级以上机关明年实现办公软件正版化

11月30日，国务院新闻办公室举行的全国打击侵犯知识产权专项行动等情况的发布会。据悉，此次将软件正版化工作列为专项行动重点任务之一，国务院办公厅专门下发了《关于进一步做好政府机关使用正版软件工作的通知》，中央国家机关软件正版化专项检查和整改工作于2011年5月底前完成。据介绍，截至2009年底，中央国家机关用于采购通用正版软件的总金额达到7.94亿元。

此次软件正版化的主要工作任务是实现“两个目标”、“一个推进”和“一个提升”。“两个目标”是中央国家机关软件正版化专项检查和整改工作于2011年5月底前完成，省、市(地)、县级政府机关软件正版化专项检查和整改工作于2011年10

月底前完成;“一个推进”是企业软件正版化工作得到有力推进;“一个提升”是通过为期半年的专项行动,政府部门巩固并全面完成正版化工作,建立起软件资金预算、采购、使用、国有资产管理的长效机制,使软件版权保护环境实现一个很大的提升。 (胡 嫚)

371. 国家知识产权局加强维权援助中心服务工作

为深入贯彻国务院部署的打击侵犯知识产权和制售假冒伪劣商品专项行动,国家知识产权局11月印发《关于加强知识产权维权援助中心举报投诉维权服务工作的通知》,强调建立健全7项工作制度和机制,积极保护知识产权权利人合法权益。

据介绍,加强知识产权维权援助中心举报投诉维权服务工作,要建立健全各项工作制度和机制。一要强化工作责任机制,设立知识产权维权援助中心的负责人,要对本中心举报投诉工作负责;二要建立跨区域跨部门协作机制,各知识产权维权援助中心要利用现有知识产权协调工作机制,依托“12330”电话等平台,加强相互配合,积极开展中心之间的直接转案工作,各中心所隶属知识产权局要建立当地案件移送协调工作机制,保障跨部门案件依法得到及时办理;三要建立档案管理制度;四要完善信息分析报送机制;五要建立举报表彰奖励制度;六要完善交流学习制度;七要确立案件信息保密制度。 (赵建国)

372. 公安部“亮剑”专项行动已破案676起

截至2010年11月30日,全国公安机关在“亮剑”行动中已破获侵犯知识产权和制售伪劣商品犯罪案件676起,案值8.35亿元,抓获犯罪嫌疑人1586名。

为贯彻国务院关于开展打击侵犯知识产权和制售假冒伪劣商品专项行动的统一部署,切实维护权利人的合法权益和消费者的健康安全,公安部决定自2010年11月～2011年3月底,组织全国公安机关开展打击侵犯知识产权和制售伪劣商品犯罪专项行动,代号“亮剑”行动,重点打击侵犯著作权、商标权、专利权和植物新品种权等侵犯知识产权犯罪和生产、销售伪劣商品犯罪。其中,突出严厉打击以下犯罪活动:印刷复制盗版出版物、光盘、软件及假冒注册商标标识的犯罪;假冒国际、国内知名品牌的犯罪;制售假冒伪劣药品、食品、农资等商品的犯罪;利用互联网传播盗版影视作品、软件销售假冒伪劣商品的犯罪等。专项行动的目标是破获一批大案要案,铲除一批犯罪窝点,斩断一批犯罪产业链条,大力强化机制建设和基础建设,不断提高公安机关打击犯罪的能力和水平。 (胡 嫚)

373. 中日韩三局局长政策对话会议在日本举行

12月2日,中国国家知识产权局、日本特许厅、韩国特许厅三局局长政策对话会议在日本举行,中国国家知识产权局局长田力普率团参会并发言。田力普表示,中日韩三方合作关系日趋紧密,并各自取得了长足发展,三方合作的开展不仅有利于三国知识产权事业的发展,也是对世界知识产权事业的贡献。

会上,三局相关人士分别介绍了各自的最新发展情况,就专利审查业务、外观设计、人才培养等方面的合作交换了意见和看法,并探讨了三方如何加强与东盟国家的合作。此外,田力普还分别与日本特许厅新任长官岩井良、韩国特许厅厅长李秀元进行了会谈。 (李艳梅)

374. 中共中央政治局第二十四次集体学习

12月3日,中共中央政治局就从上海世博会看世界发展的新趋势新理念问题进行第二十四次集体学习。中共中央总书记胡锦涛在主持学习时强调,要认真吸收和应用上海世博会所展示的世界最新科技成果,积极研判世界科技发展趋势,力求突破更多关键技术、获得更多知识产权,积极培育和发展战略性新兴产业,加快培养创新人才,加快建设创新型国家。

胡锦涛指出,要研究和总结上海世博会所展示的具有引领未来作用的发展理念,深化对以人为本、全面协调可持续发展的认识,增强转变发展观念、创新发展方式的自觉性和主动性,加快推动经济发展方式转变和经济结构调整,推动经济社会又好又快发展。 (欣 华)

375. 亚洲知识产权保护与合作论坛开讲

12月3日,国家知识产权局局长田力普率团参加了在日本奈良举办的亚洲知识产权保护与合作论坛并作主题发言。他表示,中国将发扬第十三次“10+3”领导人会议精神,利用现有的中日韩合作机制和中国—东盟合作机制,进一步加强中日韩与东盟国家知识产权局的合作,为亚洲繁荣作出应有贡献。

会后，各局领导人还就知识产权人才培训展开了专题讨论。该论坛由日本特许厅举办，旨在交流东亚和东南亚各国知识产权局的工业产权保护措施及情况，总结国际合作项目实施经验，促进亚洲各国知识产权局之间的进一步合作。中国、韩国、新加坡、印度尼西亚、马来西亚等国知识产权主管部门的高层领导均率团出席，并分别就各自国内实施的知识产权保护措施和与亚洲其他国家的知识产权合作情况作了发言。该论坛向日本公众开放，包括产业界、学术界、知识产权界约150人参加了论坛。（梅 卓）

376. 第七届世界高速铁路大会开幕

12月7日，由中国铁道部与国际铁路联盟共同主办的第七届世界高速铁路大会在北京开幕，这是世界高速铁路大会首次移师非欧洲国家。中共中央政治局委员、国务院副总理张德江在开幕式上表示，“十二五”时期是我国高速铁路发展的重要时期，高速铁路作为优先发展的战略性新兴产业，要切实增强高速铁路自主创新能力，努力形成更多拥有自主知识产权的技术创新成果。

此次大会以“高速铁路承载绿色交通新使命”为主题，设“高速铁路驶向未来”、“高速铁路技术创新”两个大会论坛及6个分组会议主题。与会代表将充分展示世界高速铁路发展最新成就，围绕高速铁路重点问题进行深入研讨，进一步加强高速铁路技术交流与合作，推动高速铁路在全球的发展。来自各国政府部门、国际组织、驻华使馆、跨国公司以及国内企事业单位的2500多名代表参加了大会，国家知识产权局副局长鲍红出席了开幕式。（刘 仁）

377. 2009年我国规模以上工业企业5.9%申请专利

12月，根据国家知识产权局和国家统计局的联合统计显示，2009年全国42.9万家规模以上工业企业中，当年申请专利的有2.5375万家，占全部规模以上工业企业的5.9%，同比增长41.9%；获得专利授权的有1.8951万家，占全部规模以上工业企业的4.4%，同比增长42.7%。

统计表明，有专利申请的企业，呈现出经济效益好、抗风险能力强、新产品销售收入和出口额扩大等特点。申请专利的规模以上工业企业在2009年共实现主营业务收入13.8661万亿元，占规模以上工业企业总量的25.4%；实现新产品销售收入3.9922万亿元，占60.6%；实现新产品出口额6682亿元，占57.7%；实现利润总额9308亿元，占27.1%；实现工业总产值13.3559万亿元，占24.4%。2009年，申请专利的规模以上工业企业平均实现主营业务收入5.5亿元，新产品销售收入1.6亿元，新产品出口额0.26亿元，利润总额0.37亿元，工业总产值5.3亿元，分别是规模以上工业企业平均值的4.3倍、10.3倍、9.8倍、4.6倍和4.1倍。规模以上工业企业平均产值利润率为6.3%，其中有专利申请的企业平均产值利润率达到7%，无专利申请的企业平均产值利润率为6%。（王晓浒）

378. 上海成立全国首家音乐产权交易中心

全国首家音乐产权交易中心已于12月8日在上海挂牌成立。该中心将为音乐产业的发展提供以版权交易为核心的多种服务，其中包含投融资、产权评估、法律服务、版权保护、公关推介、信息咨询等。

该音乐产权交易中心由上海文化产权交易所与新汇文娱共同发起成立。新汇文娱是我国大型综合类音像节目出版和光盘生产制作的重要基地，2009年11月经国家新闻出版总署批准，建设与运营全国首个国家音乐产业基地。作为上海文化产权交易所的分支机构，音乐产权交易中心将运用上海文化产权交易所交易平台优势，通过建立公开透明的交易流程、完善的配套中间投融资服务，同时结合新汇文娱在音乐领域的专业资源，将在音乐版权估值、版权保护等方面合作设立专业化的体系，为音乐行业之间的合作和竞争搭建一个公平、公正、公开的平台，成为音乐类中小企业发展的孵化器。

379. 2010年中央经济工作会议召开

12月10～12日，中央经济工作会议在北京举行。会议在2011年经济工作的总体要求中明确提出：要以科学发展为主题，以加快转变经济发展方式为主线，实施积极的财政政策和稳健的货币政策，增强宏观调控的针对性、灵活性、有效性，加快推进经济结构调整，大力加强自主创新，切实抓好节能减排。

会议提出，要加快经济结构战略性调整，增强经济发展协调性和竞争力。坚持把经济结构战略性调整作为加快转变经济发展方式的主攻方向。

要调整优化产业结构，提升产业核心竞争力；加快改造提升传统制造业，培育一批适应市场需要、拥有核心技术、重视创新、机制灵活的优势企业和产业，提高产业集中度；加快壮大服务业规模，全面提高服务业特别是现代服务业发展水平；切实强化企业在技术创新中的主体地位，推进产学研紧密结合，扎实发展战略性新兴产业。（欣 华）

380. 知识产权与转变经济发展方式论坛举办

12月10日，由国家知识产权局主办、知识产权出版社承办的知识产权与转变经济发展方式论坛在京举行。国家知识产权局副局长鲍红出席该论坛，为《知识产权与转变经济发展方式论坛论文集》首发揭幕。鲍红在论坛开幕式讲话中强调，知识产权是提高国家核心竞争力的重要支撑。

鲍红强调，当前要重点围绕国家重点产业、重点领域的核心技术研发、支柱产业和战略性新兴产业的培育发展做好知识产权战略实施，以占领未来技术和产业制高点，为可持续发展提供强有力支撑；要大力促进专利技术的转化和应用，特别是要大力提升高校和科研院所的专利运用能力，充分发挥专利技术在经济发展中的作用；要提升知识产权保护水平，为加快转变经济发展方式营造良好的市场竞争环境；要大力培育先进的知识产权文化，在全社会大力弘扬尊重知识、崇尚创新、诚信守法的知识产权文化理念，不断提高公众的知识产权意识。（赵建国）

381. 国家知识产权局与新疆签订知识产权援疆工作协议

12月12日，全国知识产权局系统对口援疆工作会议暨国家知识产权局与新疆维吾尔自治区人民政府第二次合作会商会议在京召开。国家知识产权局局长田力普与新疆维吾尔自治区党委常委尔肯江·吐拉洪共同签署国家知识产权局知识产权援疆工作协议。

此次援疆工作内容要点包括：成立“东中西部知识产权合作与对口援疆工作领导小组”，推进知识产权战略在新疆深入实施，加大支持力度，提升新疆企事业单位的知识产权综合能力，并加强新疆对外开放中的知识产权保护和知识产权人才培养。会上，广东省等7个中东部省市知识产权局还分别与喀什等7个地州签订东中西部知识产权合作与对口援疆协议，江苏省等5个中东部省市的知识产权局向新疆对口单位进行了捐赠。

（崔静思）

382. 我国将以自主知识产权支撑产业优化升级

12月14日，全国发展和改革工作会议在北京召开。国家发展和改革委员会负责人在会上表示，2011年，要大力推进自主创新，大力发展自主知识产权，以此支撑加快产业优化升级。

会议认真学习了中央经济工作会议精神，研究部署了当前和2011年的发展改革工作。国家发改委负责人表示，2011年的发展和改革工作，要通过自主创新和发展自主知识产权，加快产业结构优化升级，提高产业核心竞争力。要大力推进自主创新和战略性新兴产业发展，研究制定自主创新能力建设规划和国家重大科技基础设施中长期规划，颁布实施战略性新兴产业发展规划和配套政策；要积极改造和提升传统产业，继续实施重点产业调整和振兴规划，打造国家级重大产业基地；要启动重大装备制造等行业现代产业集群建设；加强现代能源产业和综合运输体系建设。

（赵建国）

383. 中美探讨建立知识产权双边合作框架

第二十一届中美商贸联委会于12月14～15日在美国首都华盛顿举行，中国国务院副总理王岐山与美国商务部部长骆家辉、贸易代表柯克共同主持会议，中国商务部部长陈德铭、中国国家知识产权局局长田力普等出席了会议。中美双方就当前双边经贸关系中的重要问题进行了讨论，双方同意积极推进在农业、能源环保、智能电网国际标准制定等领域的交流与合作，并探讨建立知识产权双边合作框架。

在本次会议上，知识产权保护是一个重要议题。田力普表示，中美双方就这一议题具有共识。2010年10月开始进行的打击侵犯知识产权和制售假冒伪劣商品的专项行动也得到了美方的高度赞赏。中方宣布，将深入开展打击侵犯知识产权和制售假冒伪劣商品专项行动，并积极推进软件正版化工作；在2011年将对到期的《重大技术装备自主创新指导目录》作出调整；对4G技术标准，电信运营企业可以根据市场原则和自身需要相关范围中自主选择；尽快设立假冒药品投诉举报中心。美方则表示，将积极考虑中方企业关于进口受控民用高技术物项的申请；将加快中国西电捷通公司专利申请的审批程序；尽快实施对中

方商标审查员的培训项目。（欣 华）

384. 中国发明协会第六次全国会员代表大会召开

12月15日，中国发明协会第六次全国会员代表大会暨协会成立25周年纪念大会在北京隆重举行。中共中央政治局常委、国务院总理温家宝给大会发来贺信，中共中央政治局委员、国务委员刘延东亲临开幕式并发表重要讲话，全国人大常委会副委员长桑国卫，全国政协副主席、科技部部长万钢，国家知识产权局副局长鲍红以及有关部门、中国发明协会有关领导出席了大会开幕式。

大会听取和审议了中国发明协会第五届全国理事会的工作报告及财务工作报告，选举产生了中国发明协会第六届全国理事会和常务理事会，表彰了"促进发明事业优秀工作者"，举办了"民间发明高层论坛"。（赵建国）

385. 北京首次颁发专利商用化资助金

12月15日，北京市知识产权局举行了北京市首届专利商用化资助金颁发大会，表彰在本市专利商用化事业中具有突出贡献的专利权人，10个符合资助条件的申报项目获得总金额为462.3万元的商用化资助金。

此次北京市专利商用化资助申报项目共计23项。在获得资助的9家企业10个项目中，大唐移动通信设备有限公司的"基于TD－SCDMA的无线宽带接入、无线电台专有技术"以及部分专利许可项目和中国医学科学院药物研究所的"盐酸氯苯哌酮的原料药及片剂"分别获得最高的100万元资助，其余7家企业的8个项目共获得资助金262.3万元。（蒋文杰）

386. 中科院计算所首届专利拍卖会圆满落槌

12月16日，中国科学院计算技术研究所首届专利拍卖会成功举行。中科院计算所共70件标的在会上公开拍卖，其中有底价单项专利38件、无底价单项专利24件、专利包8项（含28件专利）。最终有28件标的被国内8家企业成功竞得，总成交率达40%，成交总金额近300万元。

本次拍卖的70件标的共包含专利90件，其中发明专利84件、实用新型专利5件、外观设计专利1件。专利涉及智能信息、无线通信等新兴技术领域。据悉，竞拍成功的28件标的中有27件是发明专利、有1件是实用新型专利。拍卖会由中科院计算所主办，中国技术交易所、北京集佳知识产权代理有限公司等4家单位联合承办。

（贺延芳）

387. 三峡工程专利申请量创我国单体工程施工史之最

12月17日，中国工程院一份三峡工程的综合评估报告《三峡阶段性评估报告》也在北京正式出炉。该报告显示，三峡工程集成了众多自主知识产权，围绕工程中使用的自主研发技术提交的中国专利申请已超过700件，创下我国单体工程施工史上专利申请量之最。

三峡工程规模巨大、技术复杂。在十多年的建设中，我国科技工作者和施工技术人员围绕工程设计、施工、生态保护等方面的需要，大力开展自主创新，先后在众多技术项目中创造了百余项世界第一。作为三峡水利枢纽三大主体工程之一的双线五级永久船闸，是目前世界上规模最大、总水头最高、级数最多的特大型船闸，总工程量是已建成的世界第一大水利工程美国邦纳维尔船闸的20倍以上，其施工技术难度举世罕见，施工单位经过自主研发，拥有"薄壁混凝土单侧滑框倒模施工工艺及设备"等4件中国专利；用于三峡工程大坝和发电厂房混凝土连续浇筑施工的"LDC6侧卸式混凝土运输车"，由北方重汽公司按三峡二期工程混凝土施工设备要求的有关技术条件设计制造，各项技术性能指标可与国际同类先进产品媲美，拥有3件中国专利。（赵建国）

388. 知识产权增强我国制造业质量竞争力

12月20日，国家质量监督检验检疫总局发布了《2009年全国制造业质量竞争力指数报告》（以下简称《报告》）。《报告》指出，在我国企业自主创新能力与知识产权不断增长的情况下，制造业质量竞争力不断增强。2009年，我国共受理发明专利申请31.5万件，占总量的32.2%，同比增长8.5%；同期我国制造业质量竞争力指数达到82.14，与2008年相比提高了0.96，制造业质量竞争力进一步提升。

《报告》显示，我国制造业质量竞争力体现出三个特点。一是产品技术水平稳步提高，加入WTO以来，为适应更加激烈的市场竞争，我国制造业企业采用国际标准和国外先进技术标准的力度不断加大，由此激励了自主创新的开展；二是符合性质量明显改善，全年产品质量国家监督抽查的141类2.13多万批产品的平均抽样合格率为87.8%，比2008年提高了3.3个百分点；三是自主研发投入力度继续加大，自主创新能力和新产品开发能力不断增强，知识产权综合能力不断提升，全国大中型制造业企业研究与试验发展(R&D)经费超过3000亿元，比2008年增长了18.32%，占主营业务收入的比重由2008年的0.96%提高到1.07%，拥有发明专利突破6万件。 （赵建国）

389. 第三次中欧经贸高层对话举行

12月21日，第三次中欧经贸高层对话在北京举行。中国国务院副总理王岐山和欧方联合主席欧盟委员会副主席兼竞争委员阿尔穆尼亚、经济与货币事务委员雷恩、贸易委员德古特共同主持对话。王岐山表示，自2009年5月第二次对话以来，中方在解决欧盟关切的知识产权保护等问题上取得了积极进展。目前，中方正在开展打击侵犯知识产权和制售假冒伪劣商品专项行动，推动软件正版化。

双方同意继续加强高技术贸易领域合作，尽早召开中欧高技术贸易工作组首次会议；加快商签双边投资协定可行性研究进程；继续加强工业品、消费品和食品安全及动植物卫生领域合作，保护消费者健康；继续加强知识产权领域的交流与合作，尽快启动知识产权特设专家组工作和地理标志双边合作协定实质谈判。继续在节能降耗减排、提高能效等领域，开展科学研究和技术合作。推动双方创新人才流动，深化联合创新合作，加大研发资金支持。继续加强反垄断领域的交流与合作，推动双方反垄断执法机构长期合作。此外，双方海关部门还签署了《海关合作战略框架》和《海关知识产权行动计划》延期文件。 （欣 华）

390. 我国首批专利侵权保险保单在广东佛山诞生

为专利买保险，在发生专利侵权纠纷时获得保险公司的赔偿，我国首份专利侵权保险在广东佛山开辟试验田。12月21日，记者在广东省佛山市禅城区的专利保险合作社启动仪式上获悉，禅城区100余家企业的逾千件专利已参与投保我国首批专利侵权保险，专利侵权保险正式成为我国保险领域的新险种之一。

专利侵权保险是由广东省佛山市禅城区经济促进区（知识产权局）具体指导，信达财产保险股份有限公司在佛山市禅城区专利保险合作社的支持和委托下开发的全新保险业务，并已在保监会备案。禅城行政辖区内注册的企事业单位、社会团体已经获得授权并且合法有效的发明、实用新型、外观设计专利均可投保该保险。当投保企业遭遇专利侵权纠纷并在法院立案时，保险公司将依照保险合同负责相应的保险赔偿，赔偿金额最高不超过投保费用的6倍，理赔范围包括差旅费、公证费、律师代理费等为专利维权前期准备工作必然支出的调查费用等。 （张海志）

391. 田力普在中国石油化工集团公司调研

12月22日，国家知识产权局局长田力普率领局有关部门负责人到中国石油化工集团公司调研其知识产权工作情况。在听取了中石化知识产权工作的介绍后，田力普表示，国家知识产权局要为企业参与全球竞争提供优质的知识产权服务。

田力普指出，中石化是央企知识产权工作的排头兵，在国内企业中提交的发明专利申请量和专利申请的授权数量均名列前茅。尤其难能可贵的是，中石化从高层领导到技术创新、科研管理团队，都有很强的专利意识，这对于提升企业的国际竞争力十分重要。他希望中石化能更好地以知识产权形成更强的竞争力，走向世界，积极参与全球竞争。在中石化调研期间，田力普一行还参观了中石化生产指挥中心，中石化总经理苏树林对国家知识产权局多年来所给予的帮助和支持表示感谢。 （赵建国）

392. 核心专利成就世界最难施工铁路

12月22日，被称为“世界施工难度之最”的宜万（湖北宜昌到重庆万州）铁路正式通车，而帮助该线路在施工中克艰破难、创造众多世界铁路施工史奇迹的，则是围绕自主研发的技术所拥有的核心专利。

在施工中，我国技术人员自主研发了大量技术来应对这些难题，并提交了多件国内外专利申请。如针对威胁最大的无数个富含高压水、极易发生突水突泥的大型溶腔和暗河，首创了“高压富水充填岩溶释能降压”技术，最大程度地降低岩溶区隧道施工的难度和风险，首创的“复杂岩溶隧道突水突泥防灾报警系统”、“风险岩溶隧道水文监测”、“超前地质预测预报”、“不良地层注浆”等技术，大多提交了中国发明专利申请。 （赵建国）

393. 世博会知识产权保护专项行动先进集体和个人受到表彰

12月23日，国家知识产权局、公安部、海关总署、国家工商总局、国家版权局、最高人民检察院、中国贸促会、国务院新闻办八部门联合在上海召开2010年世博会知识产权保护专项行动总结表彰大会，全面总结专项行动工作的成绩，表彰专项行动中的先进集体和先进个人。国家知识产权局副局长甘绍宁总结了世博会知识产权保护的成功经验，并对今后的全国知识产权保护工作作出进一步要求。

在表彰大会上，上海市人民政府副市长赵雯为会议致辞，会上对世博会知识产权保护工作作出突出贡献的上海市黄浦区知识产权局等281个先进集体和夏淑萍等518名先进个人进行表彰并颁发了奖牌和证书。（胡 嫚）

394. 北京市政府机关将完成软件正版化

为贯彻落实《国务院办公厅关于进一步做好政府机关使用正版软件工作的通知》，12月24日，北京市使用正版软件工作领导小组组织召开了“北京市政府机关使用软件正版化专项检查和整改工作动员部署会”。根据安排，北京市各政府部门要在2011年8月30日前，完成使用正版软件专项检查和整改工作，确保政府机关办公用计算机安装使用正版软件。

会上，北京市版权局、北京市使用正版软件工作领导小组相关负责人表示，各级政府机关要认真对本单位使用正版软件情况进行一次专项检查，重点检查办公软件、杀毒软件使用情况，对使用非正版软件的要及时进行整改，对需要的正版软件安排专项资金按照政府采购相关规定购买，认真落实有关要求，将软件作为资产纳入部门资产管理体系。（王 康）

395. 大陆作者有望收取台湾地区版权使用费

12月26日，中国文字著作权协会与中国台湾中华语文著作权集体管理协会在京签署相互代表协议，从2011年起，中华语文著作权集体管理协会将在中国台湾地区面向高校和社会复印店收取大陆书刊版权使用费。此举意味着大陆作者2011年有望收到来自台湾地区的版权使用费。

中华语文著作权集体管理协会董事长符兆祥表示，此次双方达成相互代表协议是落实知识产权合作的重要实践。中国文字著作权协会常务副总干事张洪波称，这是该协会面向海外签订的首个相互代表协议，该协会已经成为国际影印复制权组织的准会员，2011年还将陆续与有关地区和国家的著作权集体管理组织签约。（窦新颖）

396. 中国举行2010年上海世博会总结表彰大会

12月27日，中国2010年上海世界博览会总结表彰大会在人民大会堂隆重举行。中共中央总书记、国家主席、中央军委主席胡锦涛在会上发表重要讲话。胡锦涛指出，要认真吸收和应用上海世博会所展示的世界最新科技成果，积极研判世界科技发展趋势，积极培育和发展战略性新兴产业，大力发展清洁生产、循环经济，加快培养创新人才，加快建设创新型国家，更好推动产业结构优化升级和人民生活改善。

会议决定授予北京参博运行团队等377个集体“上海世博会先进集体”荣誉称号；授予陈峰等515名同志“上海世博会先进个人”荣誉称号，追授吴毅强等4名同志“上海世博会先进个人”荣誉称号。胡锦涛等领导同志为受表彰的先进集体和先进个人代表颁奖。值得一提的是，国家知识产权局保护协调司保护知识产权处获得“上海世博会先进集体”荣誉称号，国家知识产权局专利局外观设计审查部林笑跃、局保护协调司保护知识产权处朱瑾、局专利管理司执法管理处王志超获得“上海世博会先进个人”荣誉称号。

397. 田力普在航天科工调研

12月27日，国家知识产权局局长田力普、副局长甘绍宁与国家知识产权局有关部门负责人到中国航天科工集团公司调研企业的知识产权工作情况。在了解企业知识产权工作后，他表示，知识产权战略的实施将有力推动航天科工实现建设国际一流航天防务公司的发展目标，成为具有国际竞争力的央企知识产权工作的先进典范。

在航天科工调研期间，田力普一行还深入了解了航天科工的自主创新历史和知识产权现状。航天科工总经理许达哲对国家知识产权局多年来所给予的帮助和支持表示感谢。据悉，航天科工的前身是1956年成立的国防部第五研究室。近年来，航天科工的专利申请量每年均以30%以上的速度增加，仅2010年的专利申请量就超过1600件，有效专利达1500多件。（向 利）

398. 全国知识产权维权援助工作研讨会召开

12月27日，由国家知识产权局主办的全国知识产权维权援助工作研讨会在福建省福州市召开。据悉，自2010年10月国务院部署开展打击侵犯知识产权和制售假冒伪劣商品专项行动以来，知识产权维权援助工作受到全社会高度重视，全国各知识产权维权援助中心"12330"公益服务热线电话接听量普遍上浮近20%。

会上，来自北京、四川、福建、长沙、武汉、济南、青岛等地的知识产权维权援助中心代表介绍了2010年以来，尤其是专项行动开展以来的经验、做法和工作成绩，并就"12330"电话的实际运行进行了探讨和交流。国家知识产权局于2007年11月正式启动了知识产权维权援助工作，目前已在全国各地批复成立了67家维权援助中心。

（赵建国）

399. 国家知识产权局为试点企业培训高端人才

12月27～30日，国家知识产权局在北京举办了企事业知识产权试点单位高端人才培训班。来自北京市、天津市、河北省、山西省的54家第四批全国企事业知识产权试点单位及中国航天科工集团公司的管理人员等200余人参加了此次培训。

此次培训不仅是参加人数较多、规模较大的一次，而且基于企事业单位专利管理人员工作的实际需要，目标定位于实务提高与实战演练，聘请了一批业界具有专业素养和实战经验的中青年专家，从企业知识产权管理体系、专利申请策略、专利挖掘与布局、专利信息检索与分析、专利运用与保护、企业知识产权文化、大型企业专利战略等专题入手，讲解和分享他们在理论研究和实践探索中得出的宝贵经验。来自企业的学员们普遍反映培训内容对企业的知识产权工作很有帮助，并表示将会把在培训班上学到的知识和经验在企业实际工作中予以运用。（赵建国）

400. 成都百万人口发明专利将达200件以上

12月28日，四川省成都市政府发布了《成都市国家创新型城市建设规划(2010～2015)》(以下简称《规划》)。《规划》提出：到2015年，成都市的百万人口发明专利授权数达到200件以上，百万人口技术市场成交合同额达到20亿元以上，百万人口拥有的有效商标注册量达到2万件以上。

《规划》对成都市创建国家创新型城市试点工作进行了总体规划和部署，体现了始终围绕城市总体发展战略、强调创新型城市建设的系统性、突出地域特色等3大特点，提出了创新投入大幅增长、创新基础能力显著增强、创新产出效率明显提高等6大具体目标，以及健全区域创新体系、构建创新产业体系等4大主要任务。（周渝利）

401. 质检总局公布专项行动10大案件

12月29日，国家质量监督检验检疫总局公布打击侵犯知识产权和制售假冒伪劣产品专项行动以来查获的10起典型案件，其中主要涉及假冒品牌、伪造或冒用质量标志等。

据国家质检总局有关负责人介绍，2010年10月，专项行动开展以来，突出了对生产源头、重点产品、重点地区、重点问题等方面的查处打击力度，并着重对假冒、伪造品牌，伪造或冒用质量标志、检验检疫证书、原产地证书和国内外原产地地理标志等违法行为进行查处打击。10大事件包括"上海某公司销售假冒苹果商标案"、"广州LV皮具制假窝点案"等。据悉，截至12月底，全国质检系统在专项行动中共立案查处案件2550起，查获违法产品货值9857.08万元；查获不合格大宗商品817批次，不合格商品货值1.53亿美元。

（赵建国）

402. 田力普在人民大学作战略实施情况报告

12月29日，中国人民大学法学院报告厅内座无虚席，国家知识产权局局长田力普作为中国人民大学兼职教授给来自中国人民大学、北京航空航天大学、北京电影学院等院校的师生做了一场关于国际视角下的国家知识产权战略实施情况的报告。田力普表示，希望更多的人才和专家加入到知识产权队伍中来，为我国知识产权事业的发展添砖加瓦。

在报告会上，田力普首先简要介绍了国家知识产权战略的出台背景，国家知识产权战略实施的最新情况和实施成果，我国实施专利制度的必要性以及中、美、欧、日、韩五局合作的基本情况。报告会后，田力普还与现场的专家学者和在校师生进行了互动，并对他们提出的问题一一进行了解答，现场气氛十分热烈。（柳　鹏）

403. 国家知识产权局党组中心组理论学习扩大会举办

12月30日，国家知识产权局在京召开党组中心组理论学习会。国家知识产权局党组书记、局长田力普主持会议,局党组成员、副局长贺化、杨铁军,局党组成员、中央纪委驻局纪检组长肖兴威,局党组成员、副局长鲍红、甘绍宁出席会议。

会上,肖兴威就贯彻中共中央加强有关干部选拔任用工作、全面推进局党风廉政建设作了辅导报告;田力普对贯彻中共中央加强有关干部选拔任用工作有关文件精神提出要求并指出,干部选拔任用工作要严格遵守组织原则。国家知识产权局局机关、各部门负责人,局直属各单位、各社会团体主要负责人参加了会议。 (赵建国)

404. 国家知识产权局召开专项教育活动动员大会

12月30日,国家知识产权局召开"杜绝虚假报道,增强社会责任,加强新闻职业道德建设"专项教育活动动员大会。国家知识产权局副局长鲍红出席会议并发表讲话。她强调,坚持新闻的真实性,是党的新闻工作的基本准则,也是新闻职业道德职业精神的基本要求。作为新闻工作者,一定要时刻绷紧"杜绝虚假报道"这根弦,时刻对虚假报道保持高度警惕。

会上,国家知识产权局办公室副主任韩秀成传达了新闻战线"三项学习教育"活动领导小组印发的关于开展"杜绝虚假报道,增强社会责任,加强新闻职业道德建设"专项教育活动的通知。中国知识产权报社社长王岚涛在代表报社发言中表示,按照专项教育活动的精神和局领导的指示,报社要加强对采编人员的理想教育和业务学习,大力弘扬深入采访、艰苦采访的新闻传统;要从加强报社内部管理入手,进一步健全报社采编工作制度,优化采编工作流程,坚持实行严格的稿件审签制度,完善稿件分级审核制、编辑责任制和总编终审制;加强信息使用的管理;建立责任追究制度、奖励惩罚制度,形成防范和治理虚假报道的长效机制。 (赵建国)

405. 截至2009年底我国已注册和初步审定的地理标志达771件

近年来,国家工商总局商标局认真贯彻落实党中央、国务院关于解决"三农"问题的重大决策,充分发挥职能作用,以地理标志和农产品商标富农作为服务"三农"的切入点,积极指导地理标志注册申请,坚持地理标志注册申请单独排队、加快审查的"绿色通道",缩短审查周期,使地理标志注册量和初步审查量大幅增长。

近两年的注册和初步审查量达到470件,是过去14年的1.56倍,对促进农业增效、农民增收、农村发展发挥了积极作用,取得了较好的社会效益和经济效益,得到各级人民政府和地理标志注册人的肯定。截至2009年底,我国已注册和初步审定的地理标志达771件。 (商 综)

406.《中国商标年鉴2009》首次出版发行

《中国商标年鉴2009》是经国家工商总局批准,由国家工商总局商标局、商标评审委员会、中华商标协会共同组织编纂,中国工商出版社出版的集权威性、资料性、实用性于一体的大型综合性商标工作年刊。《中国商标年鉴2009》属首次公开出版发行。

编辑出版《中国商标年鉴》,是中国商标行业内多年以来的期许、愿望,经过多方努力,时至2008年商标年鉴立项启动。一年来,中华商标协会联合商标局、商评委;邀请最高人民法院、最高人民检察院、公安部、商务部、国家知识产权局、海关总署的相关部门及商标领域内专家、学者;集合各地工商系统内执法一线人员,通力合作,完成了首部《中国商标年鉴2009》的编辑出版工作。

《中国商标年鉴2009》的出版发行,是我国商标领域的一件大事,得到了国家工商总局领导的高度重视和大力支持。总局局长周伯华担任该年鉴编委会总顾问并亲笔题词。副局长付双建担任顾问并指导年鉴的编纂工作。世界知识产权组织总干事弗朗西斯·高锐亲笔为《中国商标年鉴2009》的首次出版发行发来贺信。

《中国商标年鉴2009》共计120万字,并配有多幅彩色照片,国际标准大16开精装本。

(商 综)

407. 商标局与OHIM举办审查质量和档案管理研讨会

2010年1月12~15日,国家工商总局商标局与欧洲内部市场协调局(OHIM)在北京共同举办了分享质量管理和档案管理最佳实践交流活动。吕志华副局长出席了交流活动的开幕式和闭幕式,欧盟欧洲委员会驻华代表团知识产权官员黑肃斯·若美若(Jesus Romero Fernandez)出席了交流活动。

中欧双方专家分别介绍了两局在商标审查质量管理、档案管理方面的实践做法和经验,进行了

热烈的互动讨论，欧方还向中方详细介绍了其质量管理体系中独有的画图程序。（商　综）

408. 云南省德宏州工商局在首例“境内关外”侵犯奥林匹克标志案中终审胜诉

近日，云南省德宏州姐告边境贸易区个体工商户因侵犯奥林匹克标志专有权被行政处罚状告工商局一案尘埃落定。云南省高级人民法院作出终审判决：驳回个体工商户李某的上诉，维持原判。标志着德宏州工商局在首例“境内关外”边境贸易区侵犯奥林匹克标志案中以胜诉告终。

由于该案事发地在全国唯一实行“境内关外”管理特殊政策的边境贸易区，工商部门究竟有无管辖权，致使该案的审理不同于一般的行政诉讼，引起了当地社会各界的关注。“境内关外”，就是把海关监管线后撤至当地瑞丽江以西，中国的产品虽然出了海关但未出国境，而从缅甸进入姐告边境贸易区的物资则是入境不入关，实行“零关税”。除国家明令禁止的商品外，所有的商品均可在区内展示、加工、组装、自由贸易。（商　综）

409. 河南省制定并实施著名商标认定和保护办法

近日，河南省以省人民政府令的形式公布了《河南省著名商标认定和保护办法》(以下简称《办法》)，并于2010年2月1日起施行。

《办法》明确了河南省著名商标的认定和保护机关、著名商标认定的基本条件、著名商标的认定程序、著名商标的使用和保护、著名商标认定和保护的法律责任等多项内容，充分表明了河南省政府对实施商标战略、对著名商标认定和保护工作的高度重视，对工商部门的信任和重托。《办法》的颁布实施，使河南省工商部门认定和保护著名商标有法可依、有章可循，对于增强全省商标法律意识，进一步规范著名商标的认定和保护工作，全面推进商标战略实施，促进企业自主知识产权的创新和发展，提升河南省企业的国际、国内市场竞争力，促进地方经济社会又好又快发展，具有十分重要的意义。（商　综）

410. 北京市工商局印发2010年商标代理组织专项整顿工作方案

近日，北京市工商局印发了《2010年商标代理组织专项整顿工作方案》，从2010年3月1日起，在全市开展为期4个月的商标代理组织专项整顿工作。2009年8月12日，国家工商总局下发了《关于进一步规范商标代理市场秩序的通知》(以下简称《通知》)，要求各级工商行政管理部门严格依法查处各种非法商标代理行为，进一步规范商标代理市场秩序。为贯彻落实《通知》要求，加强对商标代理人、商标代理组织的监督指导，积极推动行业自律和行业管理，保证北京市商标注册代理和管理工作健康有序地发展，北京市工商局制定了《2010年商标代理组织专项整顿工作方案》，开展商标代理组织专项整顿工作。（商　综）

411. 商标局研究制定八项措施助推中关村区域经济发展

按照《国家工商行政管理总局关于支持中关村科技园区建设国家自主创新示范区的意见》中关于“积极推进中关村示范区实施商标发展战略”的要求，遵照北京市领导、国家工商总局领导的有关批示、指示精神，按照北京市工商局、中关村示范区管委会和企业的要求和建议，国家工商总局商标局本着先行先试、改革创新的原则，研究提出八项措施，以进一步提高办事处服务质量，加大对中关村的支持力度。（商　综）

412. 国家工商总局与英国知识产权局举办“中英商标注册体系研讨会”

2010年3月18～19日，国家工商总局与英国知识产权局在北京共同举办了“中英商标注册体系研讨会”。英国驻华使馆商务参赞邓肯·斯帕克斯(Mr. Duncan Sparkes)先生出席开幕式，英国知识产权局、国家工商总局商标评审委员会以及商标局的代表约50人参加了为期两天的研讨会。

研讨会交流了中英两国在商标法律体系、商标审查、商标异议和商标审查质量管理等方面的实践和经验，并就如何解决恶意申请进行了深入的讨论。（商　综）

413. 浙江省湖州市全面推进品牌工作指导站建设

为贯彻《国家知识产权战略纲要》，大力推进商标战略实施，浙江省湖州市工商局在总结试点经验的基础上，在全市全面推广创建乡镇品牌工作指导站。目前已建立19个乡镇品牌指导站，初步构建起基层商标服务网络，为企业、个体工商户、农户商标注册、培育和保护等提供系列指导，加快了基层工商职能转变，促进了金融危机后企业转型，实现了工商形象与地方经济的双提升。

（商 综）

414. 国家工商总局与欧洲内部市场协调局举办“中欧商标分类实务研讨会”

2010年3月25～26日，国家工商总局与欧洲内部市场协调局在北京共同举办了“中欧商标分类实务研讨会”。欧盟驻华代表团知识产权官员黑肃斯·若美若(Jesus Romero Fernandez)先生出席开幕式，来自欧洲内部市场协调局的专家、工商总局商标局申请受理处、审查部门和异议部门的代表约30人参加了为期一天半的研讨会。

研讨会上，中欧双方的专家各自介绍了在商标申请过程中商品和服务分类方面的实践和经验，以及如何判定商品和服务是否类似，并对共同感兴趣的问题进行了热烈的讨论。（商 综）

415. 国家工商总局商标战略实施示范城市(区)、示范企业授牌大会在京召开

为贯彻落实《国家知识产权战略纲要》，大力推进商标战略实施，国家工商总局确定了首批53个国家商标战略实施示范城市(区)、41家示范企业，并于6月1日在京召开商标战略实施示范城市(区)、示范企业授牌大会，同时通过视频在全国31个省(自治区、直辖市)设立分会场。国家工商总局党组副书记、副局长刘玉亭主持会议并宣读首批示范城市(区)和示范企业名单；国家工商总局党组成员、副局长付双建发表讲话；山东省青岛市市委常委、副市长秦敏，中国长安汽车集团股份有限公司党委副书记杨建，浙江省工商局局长郑宇民分别代表示范城市(区)、示范企业和地方工商局进行了交流发言。（商 综）

416. 青海省出台《注册商标专用权质押贷款工作指导意见》

为深入实施品牌强省战略，规范商标专用权质押贷款管理，支持具有品牌优势的企业拓宽融资渠道，积极应对国际金融危机，促进经济又好又快发展，近日，青海省工商局联合中国人民银行西宁中心支行、银监会青海监管局联合制定了《青海省注册商标专用权质押贷款工作指导意见》。

商标专用权质押贷款在国外特别是欧美国家非常普遍，绝大多数国家法律都承认商标专用权具有可担保性。2009年9月，国家工商总局根据《物权法》、《担保法》、《商标法》和《商标法实施条例》的有关规定，制定了《注册商标专用权质权登记程序规定》。福建、浙江、安徽等省份先后出台了《商标专用权质押贷款实施指导意见》，对商标专用权质押贷款进行了有益尝试并获得了社会的广泛认可。商标专用权质押贷款可破解中小企业融资渠道不畅等问题。启动商标专用权质押贷款，将极大地激发企业运用自主商标开拓占领市场，对企业消除国际金融危机负面影响，带动社会经济又好又快发展发挥了积极效应。（商 综）

417. 工商部门世博会标志保护工作取得阶段性成果

上海世博会开幕以来，随着上海世博会影响力和潜在商机越来越大，侵犯世博会标志专有权案件快速增长。各地工商行政管理机关认真贯彻落实国家工商总局《保护世界博览会专有权行动方案》和《关于保护上海世博会标志专有权若干问题的通知》文件精神，以高度的政治责任感和使命感，周密部署，狠抓落实，全力以赴开展世博会标志保护工作，并取得阶段性成效。

5月份，全国工商行政管理机关共查处侵犯世博会标志专有权案件112件，专项执法工作有序开展。截至目前，没有发生重大问题、突发事件及大案要案。

据了解上海世博会开幕一个多月来，世博会标志保护整体态势比较好，专项行动成效比较显著。实践证明，世博会标志保护的工作机制是适应世博会要求的。（商 综）

418. 吉林省召开深入实施品牌战略大会

6月30日，吉林省深入实施品牌战略大会在长春召开。吉林省委书记孙政才、省长王儒林、吉林省政协主席王国发、省人大副主任车秀兰、省长助理王化文出席会议，吉林省委常委、副省长马俊清代表省委、省政府发表讲话。受国家工商总局领导委派，国家工商总局商标局局长李建昌应邀出席会议并宣读了吉林省国家商标战略实施示范城市、示范企业名单。大会向国家商标战略实施示范城市长春市、吉林市，示范企业一汽集团、修正药业以及获得中国驰名商标的10家企业授牌。

会议强调，深入实施品牌战略，是一项关系吉林省长远发展和质量、效益的重点工作。要进一步加强组织协调、抓好政策落实。对驰名商标、著名商标产品，在技术改造、引进、开发和创新等方面优先扶持，在项目审批、基础管理、投融资等方面优先服务，在生产要素和其他资源配置上优先安排，对符合政府采购规定的商品和服务优先采购，支持企业做大做强做优。（商　综）

419. 商标局进一步明确国字号商标审查审理标准

7月28日，记者从国家工商总局商标局了解到，为进一步规范商标审查标准，做好商标审理工作，服务企业，促进加快经济发展方式转变，商标局根据商标法及有关法规的规定，进一步对含有与我国国家名称相同或者近似文字的商标的审查标准进行明确。

商标局有关人士指出，对于含“中国”及首字为“国”字商标的审查，应当从严审查，慎之又慎，通过相关审查处处务会、商标局审查业务工作会议、商标局局务会议或者商标评审委员会委务会议研究决定。（商　综）

420. 全国工商行政管理系统第二期商标战略培训暨亚运会标志保护培训班在广州举办

为进一步贯彻落实《国家知识产权战略纲要》，全面推进商标战略实施，促进经济发展方式转变，并推动亚运会标志保护工作顺利开展，7月6日，由国家工商总局主办，国家工商总局商标局、广东省工商局、第16届亚运会组委会承办的全国工商行政管理系统第二期商标战略培训暨亚运会标志保护培训班在广州隆重开幕。

国家工商总局副局长付双建出席开幕式并发表重要讲话。工业和信息化部消费品工业司司长张莉、国家知识产权局保护协调司副司长武晓明、商务部条法司副巡查员杨国华、国家工商总局商标局局长李建昌、商标评审委员会巡视员侯丽叶、中华商标协会副秘书长任刚、广州市人民政府副市长、第16届亚运会组委会常务副秘书长许瑞生、广州市人民政府副秘书长、第16届亚运会组委会副秘书长古石阳等领导出席了开幕式。

（商　综）

421. 国家工商总局出台强力措施加大对国家商标战略实施示范城市、示范企业的扶持力度

为大力推进商标战略的实施，国家工商总局近日出台了《国家工商行政管理总局对国家商标战略实施示范城市(区)的扶持措施》和《国家工商行政管理总局对国家商标战略实施示范企业的扶持措施》，并发出通知，要求各地各部门认真贯彻执行。

据了解，两项措施的出台旨在深入贯彻落实《国家知识产权战略纲要》及国家工商总局《关于贯彻落实〈国家知识产权战略纲要〉大力推进商标战略实施的意见》，认真做好国家商标战略实施示范城市(区)及示范企业工作，充分发挥工商行政管理机关职能作用，加大对示范城市(区)及企业实施商标战略的指导、支持力度，形成一批拥有自主知识产权和知名品牌、国际竞争力较强的优势企业，促进经济发展方式加快转变和国民经济平稳较快发展。（商　综）

422. 商标局局长李建昌入选2010年全球知识产权界50位最具影响人物名录

2010年第7期英国《知识产权管理》杂志发布了由该杂志评选的《2010年全球知识产权界50位最具影响人物名录》(以下简称《名录》)。中国国家工商总局商标局局长李建昌入选本年度《名录》，一同入选的中国知识产权界人士还有国家知识产权局局长田力普、海关总署政策法规司知识产权处处长李群英和华为技术有限公司首席法务官宋柳平。此外，欧洲专利局局长伯努瓦·巴迪斯戴利、美国副总统乔·拜登、美国专利商标局局长大卫·卡波斯、世界知识产权组织总干事弗朗西斯·高锐等知识产权界知名人士也榜上有名。

（商　综）

423. 北京市工商局2010年商标代理组织专项整顿工作成效显著

为贯彻落实《商标代理管理办法》及国家工商总局《关于进一步规范商标代理市场秩序的通知》精神，加强对商标代理人、商标代理组织的监督指导，积极推动行业自律和行业管理，保证北京市商标注册代理和管理工作健康有序发展，北京市工商局制定了《2010年商标代理组织专项整顿工作方案》，于2010年3月1日至6月30日在全市开展了商标代理组织专项整顿工作，取得了显著成效。（商　综）

424. 国家工商总局商标局被授予“西班牙品牌在中国的友好使者”称号

近日，由西班牙知名品牌企业和政府代表组成的专业评审团，决定授予中国国家工商总局商标局“西班牙品牌在中国的友好使者”称号，以感谢国家工商总局商标局对西班牙品牌在中国发展的大力支持与保护，这是西班牙政府第一次颁发此类奖项。一同获得此项荣誉的还有中国联通、中国中央电视台、中华全国律师协会、中国国际航空股份有限公司等共12家机构。

2010年9月1日是世博会西班牙馆日，“西班牙品牌在中国的友好使者”授予仪式在上海世博会西班牙国家馆举行。国家工商总局商标局副局长陈文彤代表商标局参加授予仪式并致辞。来自中西两国政府部门、企业界的代表近200人参加了仪式。西班牙政府代表有西班牙驻华大使布拉斯科先生、西班牙工业旅游商贸部副部长费尔南德斯女士、西班牙国家馆总代表特纳女士、西班牙专利商标局局长加萨多先生等。西班牙企业代表有西班牙国家电信、芒果（MNG）、雅致、西班牙职业足球联赛等。

国家工商总局局长周伯华、副局长付双建均在批示中祝贺商标局获此荣誉。

随着中西经贸的不断发展，西班牙在华商标注册申请增长迅速。截至2010年6月底，累计提交商标注册申请16 434件，累计注册商标13 223件。众多西班牙品牌在广大中国消费者中树立了良好的品牌形象。“西蒙”开关、“米盖尔”服装、“高乐高”儿童食品、“芒果”服装（MNG）、“萨拉”服装、“乐家”洁具、“桃乐丝”葡萄酒等知名品牌受到广大中国消费者的欢迎。（商　综）

425. 2009年商标国际注册申请量减少

世界知识产权组织日前对外公布的数据显示，受国际金融危机影响，2009年，通过商标国际注册马德里体系递交的商标国际注册申请量比2008年明显减少。不过，仍有一些国家和地区的申请量逆势增加。

据统计，2009年，世界知识产权组织通过马德里体系共受理商标国际注册申请3.5195万件，与2008年的4.2075万件相比明显减少。其中，捷克、瑞典和意大利的申请量跌幅超过30%，德国的申请量下降了22.9%，我国和美国的申请量分别下降了14.3%和13.1%。

2009年，按申请总数排名，德国以4793件申请总数居世界第一；欧盟的排名上升两位，成为马德里体系第二大用户；我国排名第八，与2008年相比下降一位，共递交1358件申请。

世界知识产权组织总干事高锐表示，鉴于2009年金融形势严峻和全球企业面临消费需求下降等情况，商标国际注册申请量减少并不令人吃惊。在经济不确定性因素影响下，企业向市场投放新产品时会更加谨慎，商标注册申请量也相应减少。他认为，商标注册申请活动将随着经济增长日趋稳定而活跃起来。（商　综）

426. 300名商标审查辅助人员续签劳动合同　两年审查商标注册申请216万余件

两年审查商标注册申请216万余件，商标审查周期从原来的36个月以上缩短到17个月，这是国家工商总局商标局2008年6月招聘300名商标审查辅助人员以来取得的喜人成绩。5月31日，记者从国家工商总局商标局商标审查辅助人员续签劳动合同大会上了解到这一信息。国家工商总局副局长付双建出席会议并讲话。他肯定了商标审查辅助人员的工作，鼓励他们在续签劳动合同后继续努力工作，见证我国商标事业的发展。

付双建指出，采取招聘商标审查辅助人员的举措，体现了国家工商总局党组审时度势、着眼长远、以人为本、培养人才的战略思想。他希望商标局全体工作人员共同努力，确保完成2010年彻底解决商标审查积压的“三年任务”，确保到2012年使商标工作达到国际水平，实现“五年目标”。

截至2009年年底，我国商标注册累计申请量为722.25万件，累计注册量为427.88万件，有效注册商标量为340.45万件，商标注册申请量、商标注册审查量和有效注册商标量均为世界第一，成为世界商标大国。中共中央办公厅、国务院办公厅编发的《昨日要情》于2010年1月21日刊登了“三个世界第一”的信息，世界知识产权组织总干事弗朗西斯·高锐在致2010年中国知识产权宣传周的贺辞中，也高度肯定了中国在知识产权领域取得的卓越成就。（商　综）

427. 海峡两岸商标研讨会在贵阳召开

9月15日，2010年海峡两岸商标研讨会在贵州省贵阳市召开。此次会议由中华商标协会主办。

2010年6月29日，海峡两岸关系协会与台湾海峡交流基金会在重庆签署了《海峡两岸经济合作框架协议》和《海峡两岸知识产权保护合作协议》。这两个协议对进一步扩大两岸交流与合作，包括加强知识产权保护方面的交流与合作，产生了积极而深远的影响。本次会议正是在这一大背景下召开的。

中华商标协会秘书长刘燕在开幕式致辞中透露，中华商标协会和海峡两岸商务协调会自 2006 年首度合作以来，已举办了 4 次商标研讨会。两岸商标界人士就商标的保护、品牌的拓展与市场运作、地理标志注册与保护、禁止恶意抢注商标、保护两岸企业商标的合法权益等重要问题进行了广泛交流。

台湾商业总会智慧财产委员会委员李淑美介绍了台湾的商标情况。2009 年，台湾企业在大陆的商标申请量为 10 676 件，经核准注册商标 10 878 件，比 2008 年分别增长 18.04% 和 96.9%。截至 2009 年年底，台湾企业在大陆累计申请商标 136 460 件，经核准注册商标 86 859 件。

（商　综）

428. 地理标志审查期限缩短至一年

记者 10 月 22 日从地理标志工作经验交流座谈会上获悉，国家工商总局商标局不断完善商标审查工作机制，地理标志审查期限已缩短至 1 年，西藏自治区等少数民族地区地理标志审查期限最短只有半年。

参加地理标志工作经验交流座谈会的国家工商总局商标局有关负责人告诉记者，在国家工商总局努力实现“三五”目标的背景下，商标局十分重视地理标志的审查工作，通过采取地理标志注册申请单独排队、简化审查程序、开辟绿色通道的方式，使地理标志审查期限大为缩短。（商　综）

429. 商标局提出“十二五”规划工作思路

按照国家工商总局统一部署，11 月 15 日国家工商总局商标局召开学习贯彻党的十七届五中全会精神总结部署工作大会。会上，商标局局长李建昌就学习贯彻党的十七届五中全会精神以及贯彻落实国家工商总局局长周伯华在总局党组中心组学习十七届五中全会精神会议上的重要讲话精神提出明确要求。李建昌代表商标局领导班子全面回顾了“十一五”期间商标工作取得的显著成绩，提出了“十二五”规划工作思路。

李建昌说，“十一五”期间是我国商标工作极不寻常的 5 年。特别是 2008 年 6 月国务院发布《国家知识产权战略纲要》以来，国家工商总局大力推进商标战略实施，取得举世瞩目的成就。2010 年，在国家工商总局党组的领导下，在各司局、直属单位的大力支持下，商标局各项商标工作取得新的成绩。商标局提前解决了国内外广泛关注的商标审查积压问题，商标审查周期由 36 个月以上缩短至 1 年之内。商标注册周期缩短，带动商标注册申请量大幅上升，2010 年将超过百万件。截至 10 月底，我国商标累计注册申请 806.9 万件，注册商标达 539.9 万件，有效注册商标为 435 万件，均居世界第一。世界知识产权组织《2010 年世界知识产权指标》评价，中国商标和专利申请量“逆势而上、一枝独秀”。

李建昌表示，“十二五”期间，商标工作要牢牢把握科学发展这个主题，紧紧围绕加快转变经济发展方式这条主线，自觉坚持科技进步和创新作为重要支撑这个基本着力点，按照“五个四”的总体要求，实现“两个转变”的工作思路，创先争优，全面贯彻落实《国家知识产权战略纲要》，大力推进商标战略实施。商标局要继续提高商标审查质量和效率，缩短商标注册周期，促进商标注册申请量持续增长；切实保护注册商标专用权，维护公平竞争的市场秩序；充分发挥商标及地理标志的作用，全面提高商标注册、运用、保护和管理能力；加强商标国际交流与合作，加大商标境外注册和海外维权力度，支持企业实施“走出去”战略，树立我国保护商标知识产权的良好形象；圆满完成商标战略第二阶段工作任务，使我国商标工作达到国际水平，为由商标大国发展成为商标强国打下坚实基础，为加快经济发展方式转变，促进经济社会又好又快发展作出更大贡献。（商　综）

430. 发扬“苦干、巧干、能干”精神　上海工商机关全面完成世博商标保护任务

2010 年上海世博会已胜利闭幕。上海市工商机关充分发扬“苦干、巧干、能干”三种精神，全面完成了世博商标保护任务，圆满实现了“三个确保”目标，即“确保世博会标志和特许商品得到全面保护、确保杜绝大中型商业企业商标假冒行为、确保服饰和小商品市场售假情况得到根本遏制”。国家工商总局党组书记、局长周伯华作出重要批示，高度评价上海工商机关“发扬勇挑重担、勇于创新、不怕疲劳、连续作战的作风，以最大的热情，尽最大的努力圆满完成了服务保障世博的各项任务。为‘红盾’增了光，为全国工商行政管理系统树立了创新机制、依法履职、优质高效服务科学发展的学习榜样”。

上海市副市长胡延照对上海市工商机关的工作也给予充分肯定，指出工商机关“在迎世博办世博工作中，认真落实国家工商总局和市委、市政府的部署要求，勇于创新、勇挑重担，积极主动发挥职能作用，以良好的服务、有效的监管，为成功举办世博会营造了公平有序的市场环境、和谐繁荣的消费环境，尤其在知识产权保护、广告监管、消费维权、食品安全监管、安保维稳、志愿服务等工作方面取得了突出成绩，体现了上海工商行政管理的水平，体现了上海现代化国际大都市的城市管理水平”。

上海市工商机关认真开展专项执法行动，2010年前三个季度组织了14次全市性的世博商标专项执法行动，查处侵犯世博会标志专有权案件421件，没收侵犯世博会标志专有权商品和标志12.6万件(枚)。截至2010年9月底，上海市工商机关累计出动执法人员1.94万人次，检查各类市场经营主体9.3万户，共查处商标违法案件2168件，没收侵权商标和标志95万件(枚)，捣毁取缔售假窝点70余个。声势浩大、频率较高的整治行动，严厉打击了违法者的违法行为。

上海市工商局不断建立完善各项长效监管机制。该局发布了加强世博商标保护的通告，加强服饰和小商品市场监管；推行《上海市商品交易市场进场经营合同示范文本》，加强市场主办者和场内经营者的自律管理；大力推行商业企业经销商品商标管理软件，全面提升大中型商业企业的商标管理水平；加强旅游经营企业商标保护工作，规范旅游行业经营服务行为等。

世博会虽然在上海举办，但世博商标保护工作必须举全国工商之力才能做好。2009年7月，国家工商总局和上海市政府在沪签订世博会部市合作协议，其中重点之一就是开展世博商标保护工作，并明确提出要“构建以上海为重点、全国联动的世博会标志及与世博会相关的商标保护工作格局”。世博会部市合作协议的签订，对上海乃至全国更好地开展世博商标保护工作起到极大的推动作用，也使上海的世博商标保护工作得到国家工商总局和兄弟省市工商机关的大力支持。

(江映红)

431. 植物新品种保护与农民权益国际研讨会在江苏南京召开

4月21～22日，由农业部、国家林业局和国家知识产权局共同主办的“植物新品种保护与农民权益国际研讨会”在江苏南京召开，来自中国、日本、韩国、东盟7国、印度和美国的70余名代表围绕各国植物新品种权与农民权益保护机制、植物新品种与遗传资源保护制度等议题进行了深入交流和研讨。

与会代表认为，没有资源提供者对资源保护和传承的坚持，就没有遗传资源的可持续性，品种创新也就会丧失物质基础；没有植物新品种保护制度的有效激励，也就不会有育种技术的不断进步和新品种的持续产出。因此，推动建立农民权利和植物新品种权之间的利益协调机制，逐步完善遗传资源保护和惠益分享制度，将有利于充分调动资源提供者、育种者、种子经营者和农民等各方积极性。

据介绍，我国自1997年颁布《植物新品种保护条例》以来，不断健全法律法规、强化技术支撑、加强司法和行政保护，植物新品种保护取得良好成效，赢得了广泛赞誉。截至2009年底，农业部和国家林业局受理国内外植物新品种权申请7231件，授权3278件；2009年农业部授予品种权1119件，比2008年提高了145%。十多年来，植物新品种保护制度有效激励了我国育种自主创新，品种权申请量和授权量持续上升，广大农民直接受益。我国政府在高度重视赋予育种者权利、激励育种创新的同时，非常关注植物遗传资源的保护、研究、开发和使用。2008年6月发布了《国家知识产权战略纲要》，明确提出要注重对农民合法权益的保护，要完善遗传资源保护、开发和利用制度，构建合理的遗传资源获取与利益分享机制，保障遗传资源提供者知情同意权，促进农业、林业可持续发展。

据悉，我国作为国际植物新品种保护联盟(UPOV)成员，始终把合作开放、促进交流作为推动国际植物新品种保护发展的重要举措。多年来，积极参与UPOV系列会议和国际规则制定活动，举办了UPOV大田作物、蔬菜、林木和观赏植物技术工作组会议，承担完成了UPOV茶树、高粱、牡丹、茶花等测试指南，积极参与“东亚植物新品种保护论坛”活动，并在能力建设、技术培训、合作研究等方面发挥了积极作用。 (农业部网站)

432. 推动现代农业又好又快发展的重要举措

为贯彻落实《国家知识产权战略纲要》关于制定并实施地区和行业知识产权战略的部署要求，农业部针对我国农业知识产权发展现状和农业发展需求，制定颁布了《农业知识产权战略纲要》。这是强化农业发展科技支撑，保障国家粮食安全，促进农业农村经济持续健康发展的重要举措。

随着知识经济的发展和经济全球化进程的加快，知识产权正日益成为农业发展的重要资源和核心竞争力，成为现代农业建设的重要支撑和掌握农业发展主动权的关键。农业知识产权包括植物新品种权、农产品地理标志，涉农专利、商标、版权等。充分发挥知识产权制度的作用，对于增强我国农业科技自主创新能力，转变农业发展方式、突破资源环境约束、加快现代农业建设具有十分重要的意义。

实施农业知识产权战略，是建设现代农业的重要路径。在事关国计民生的农业生产资料领域、农业科学前沿和高新技术领域形成一批自主知识产权的核心技术和知名名牌，培育区域性农业支柱产业和主导产品的知识产权优势，提高农产品生产科技含量和转化增值能力，是推进农业结构调整、壮大现代农业发展的产业基础和促进农业产业技术升级的最佳途径。经过多年发展，以植物新品种为重要内容的我国农业知识产权事业快速发展，工作体系逐步建立，管理水平不断提高，执法能力日益增强，农业知识产权拥有量快速增加，在粮食增产、农民增收和农业综合生产能力增强等方面发挥着日益重要的作用。但从总体上看，农业知识产权创造、保护和转化能力不强，中介服务体系发展缓慢，专业人才短缺，知识产权意识薄弱，侵权现象时有发生，知识产权对农业发展的促进作用尚未得到充分发挥。

实施农业知识产权战略，就是要按照“激励创造、有效运用、依法保护、科学管理”的方针，把我国农业知识产权创造、运用、保护和管理能力提升到新的水平，加快推动农业领域知识产权政策法规基本完善，管理和行政执法体系比较健全，公共服务和技术支撑能力显著增强，中介服务机构和人才队伍建设适应形势发展需要，使农业领域自主知识产权拥有数量和质量不断提高，农业企事业单位应用知识产权的能力显著增强，农业知识产权工作体系更加健全，知识产权对中国特色农业现代化的支撑作用日趋显著。

实施农业知识产权战略，加强制度建设和主体培育是关键环节，要构建完备的现代农业知识产权制度体系，推动形成一批具有国际先进水平的创新基地，一批综合运用知识产权、具有综合竞争力的大型农业企业、农民专业合作社和生产示范基地，通过加强组织领导、加大政策支持力度、加快人才培养、加强战略研究和决策咨询、加速培育知识产权文化等措施，促进市场主体自主创新成果的知识产权化、商品化和产业化，推动专利、品种权、涉农商标、农产品地理标志等知识产权集成应用和综合转化，打造一批上规模、竞争力强、附加值高的农产品品牌，形成规模化、标准化和区域化的自主知识产权农产品生产基地，提高农产品市场竞争力和农业综合效益。

我国是农业大国，如果农业科技不能自主创新，就不能从源头上掌控农业产业发展安全。实施和推进农业知识产权战略任务艰巨，需要坚持不懈、持之以恒地开展工作。有关单位应根据本地的具体情况，制定和采取一系列有效措施，确保农业知识产权战略确定的各项举措顺利实施，使农业知识产权成为各地现代农业建设的新引擎和驱动力。（农民日报）

433. 农业部种业科企合作经验交流会推进产学研结合

为推动我国种业科研教学单位与企业深度融合，大力宣传种业科企合作成效，做大做强民族种业，11 月 30 日，农业部在北京召开了种业科企合作经验交流会。会议总结和交流了种业产学研合作经验，展示了种业产学研合作成果，研究和部署了深入推进种业产学研结合的重点工作，以推动种业科技创新大突破，提升民族种业竞争力，促进农业生产大发展。

农业部副部长张桃林表示，我国将积极探索建立中国特色的种业科技体系，推进育繁推一体化种子企业和优势科教单位结合，构建以产业为导向、企业为主体、基地为依托、产学研结合、育繁推一体化的现代种业体系，迅速提升我国种业创新、转化能力。

农业部副部长张桃林指出，要把种业科技创新摆在更加突出的位置，以提升我国种业科技创新能力和创新效率、强化种业产业核心竞争力为目标，以培育具有重大应用价值和自主知识产权的新品种为重点，推动育种科技资源高效配置，加速科教单位育种成果向企业转移，培育一批具有自主创新能力和国际影响力的种业企业集团，确保我国农作物良种覆盖率保持在 95%以上，保障主要农作物供种安全，保障国家粮食安全和主要农产品供给。一是优化育种科技结构，探索建立以企业为主体、产学研联合、育繁推一体、风险共担、收益共享、分工明确的中国特色种业科技体系。二是加大对育繁推一体化企业支持力度，着力提升种业企业科技创新能力。三是加强种业基础性和公益性研究的持续投入，大力加强种业基础性研究。四是加速公共财政支持形成的新技术新品种向企业转移转化，依托基层农技推广体系改革与建设示范县、高产创建示范片、园艺作物标准园、现代农业示范区建设等加快新品种的推广应用和产业化。五是加强种业科研基地和品种创制中心等科技条件建设，突出培养种业领域科研领军人才、推广骨干人才、经营管理人才和农村实用人才。六是实施农业知识产权战略，提升种业领域知识产权的创造、运用、保护和管理能力，进一步深化、扩大和规范国际种业科技交流与合作。

农业部副部长张桃林强调，加快产学研结合是现阶段推进种业科技创新、发展壮大现代种业的有效途径，是提高种子企业竞争力、维护我国种业安全的现实举措。着力推进种业产学研深度结合，要重点做好以下几方面项工作：一是创新种业产学研结合的组织模式。优化育种科研立项机制，强化理论方法研究、转基因等高新技术研究，推进生物技术育种和常规育种之间的衔接，推进新品种的创制与应用。以品种为导向，推进种质资源开发、育种材料创制、优良品种培育、种子生产加工、良种良法配套、品种示范推广和技术服务一体化，逐步形成“分工明确、布局合理、协作紧密、运转高效”的新型种业产学研合作格局。强化种业企业在杂交水稻、杂交玉米等商业化育种领域的技术创新主体地位。二是构建种业产学研结合平台。引导企业与科研教学单位共建创新平台。推进科研院所、大学等种业科技成果向优势种业企业转移。培育一批具备资质的评价、代理、鉴定机构，构建面向种业行业与全社会的信息网络平台。三是培育大型种业龙头企业。引导企业加快兼并重组和整合，扶持育繁推一体化企业做大做强。在东北、黄淮海、长江中下游、华南和西南等区域，选择不同性质、不同层级的种业企业，根据不同作物特点，积极发展“专、精、特、新”种子企业，推动种子产业结构优化。四是强化产学研结合的支持方式。鼓励种子企业加大科研、转化和应用的投入力度。加大对种子企业自主创新品种的保护、审定和推介力度，探索企业自主创新成果的后补助方式。鼓励种子企业通过入股、提高薪酬等方式，引进育种人才。五是建立种业领域知识产权战略联盟。通过对种业产学研各方的引导，组建种业知识产权联盟，按照资源共享、协同行动、自律互助原则，开展知识产权交叉许可、协同实施、集中采购、共同管理、联合创造，增强我国种业核心竞争力。六是营造产学研结合良好氛围。建立联合培育品种权利保护、品种审定的快速通道，对产学研结合品种优先纳入主推品种目录。加大对产学研结合研发品种和技术的维权力度。积极宣传产学研结合成果。加大对侵犯知识产权和制售假冒伪劣种子等行为的打击力度，激励保护育种科技创新。

据悉，本次会议共有来自农业科研教学单位、种子企业、省级农业行政主管部门的250余人参加了会议。会议举行了产学研合作协议签字仪式，签约总金额达10.97亿元。会上还成立了种业知识产权联盟，联盟旨在通过资源共享、协同行动、自律互助等方式，开展知识产权交叉许可、协同实施、共同管理、联合创造，全面提升种业知识产权创造、运用、保护和管理能力，增强核心竞争力，实现共同发展。（农业部网站）

434. 九部门联手打击网络购物领域侵犯知识产权和假冒伪劣商品违法犯罪行为

根据全国打击侵犯知识产权和制售假冒伪劣商品专项行动领导小组的统一部署，2010年12月28日，商务部、工业和信息化部、公安部、人民银行、海关总署、国家工商总局、质检总局、新闻出版总署（版权局）、国家知识产权局联合下发《关于印发打击侵犯知识产权和制售假冒伪劣商品专项行动网络购物领域实施方案的通知》（以下简称《通知》），启动网络购物领域打击侵犯知识产权和制售假冒伪劣商品行动。

本次行动的主要工作目标是查处一批网络购物领域侵犯知识产权和制售假冒伪劣商品的案件，曝光一批违法违规企业；增强网络购物企业诚信守法意识，在全社会营造自觉抵制假冒伪劣商品、重视知识产权保护的良好氛围。

本次行动坚持标本兼治、突出重点、打防结合、上下联动、分工协作、务求实效。以保护商标权、著作权以及专利权为重点内容，以新闻出版业、日用消费品为重点整治领域，以图书、音像、电器、服装、化妆品、食品、药品、母婴用品等为重点查处产品，坚决遏制和打击网络购物领域侵犯知识产权违法犯罪行为，大力净化网络购物市场环境。

本次行动的主要任务有：一是加强网络购物平台监管，要求网络交易平台建立内部监管系统，认真处理有关侵犯知识产权和假冒商品的投诉举报，排查可疑商品，一经查实立即删除相关信息直至关闭店铺；二是加强网络购物交易主体监管，要求网络交易经营者不得侵犯他人商标权、著作权、专利权、企业名称专用权，不得对所经营商品的商标、产地、生产商等作虚假宣传和虚假表示；三是建立交易商品准入制度，要求网络交易平台内的网络商品经营者和网络服务经营者向消费者提供商品或者服务，应当事先向消费者说明商品或者服务的名称、种类、数量、质量、价格、运费、配送方式、支付形式、退换货方式等主要信息；四是有关执法部门加大刑事司法打击力度；五是加强消费引导，倡导品牌消费、绿色环保、健康安全的消费理念，把保护知识产权与消费者维权相结合，引导消费者牢固树立尊重知识产权和创造发明的思想观念；六是加强知识产权保护宣传，及时报道专项行动的进展和成果；七是建立网络购物知识产权保护长效机制，认真研究网络购物立法工作，从根本上建立网络购物知识产权保护和促进消费的长效机制。要求相关行业协会和企业加强行业自律，营造网络购物良好的市场环境。

《通知》要求各省级商务、通信、公安、人民银行、海关、工商、质检、新闻出版（版权）、知识产权主管部门加强组织领导，加强工作配合，加强督导检查，加强社会监督，确保本次行动扎实推进。

本次网络购物领域打击侵犯知识产权和制售假冒伪劣商品行动分三个阶段进行：2010 年 12 月为动员部署阶段；2011 年 1 月～2011 年 2 月为组织实施阶段；2011 年 3 月为验收总结阶段。

（商务部新闻办公室）

435. 商务部召开全国商务系统打击侵犯知识产权和制售假冒伪劣商品专项行动电视电话会议

12 月 3 日，商务部召开全国商务系统打击侵犯知识产权和制售假冒伪劣商品专项行动电视电话会议，国际贸易谈判代表（正部长级）兼商务部副部长高虎城在会上强调，全国商务系统要按照国务院统一部署，采取有效措施，组织实施好商务系统的专项行动。

高虎城指出，商务系统专项行动要突出抓好几个重点：

一是重点治理出口假冒侵权产品。商务部将牵头会同外交、公安、财政、海关、工商、质检、知识产权等部门，以广东、浙江、山东、福建、江苏、上海等主要出口地为重点地区，集中开展专项整治，特别是加大对非洲等发展中国家出口假冒伪劣商品的查处力度，形成打击出口假冒伪劣产品的高压态势。海关也将加大对进出口环节侵权违法行为的查处力度，把货运和邮递等侵权商品出口较多的运输渠道作为重点领域，严把出口关。质检、工商、海关、公安等部门之间将密切沟通执法信息，做好侵权产品的认定和处理，加强国际交流合作，加大刑事打击力度，严厉查处跨国境、集团化、有组织的制售假劣产品犯罪活动。同时各级商务部门要加强管理和教育，对已查实存在出口侵权、假冒、盗版产品的企业，要依法取消其广交会参展资格，情节严重的中止其外贸经营权。

二是严查电视、电话、互联网销售假劣商品。国务院已决定由商务部牵头，会同工商、工信、广电、知识产权及公安等多个部门，开展专项治理整顿。各地商务部门要尽快行动起来，会同有关部门，严查利用电视、电话、网络等渠道发布虚假信息、销售假劣商品、骗取消费者货款、违规播出购物节目，整顿一批销售假冒伪劣商品的网站，查处一批大案要案，切实维护消费者权益。同时，要以这次全国专项行动为契机，从打击入手，认真查找该领域假冒侵权和商业欺诈形成的根源，从体制机制上提出切实可行的建议和应对措施，制定行业政策，加强行业自律，提高经营者守法意识，促进行业规范发展。

三是加强对商贸流通企业的规范和管理。各级商务部门要切实负起流通行业的管理责任，建立和完善监督体系，充分发挥“12312”举报平台的作用。督促和指导商贸流通企业和批发市场加强管理和规范，严格把好商品进货、验收、上柜、配送、销售等各环节，确保不购进、不销售假冒侵权产品。对各类展会、特色商业街、专业批发市场要加强监管，强化展会举办者、市场开办者的知识产权意识，对于任由参展商、经营者展销或售卖假冒侵权商品的，要追究展会举办者或市场开办者的连带责任。对那些假冒侵权多发的企业和市场，一律取消其承担或参与政府组织的“搞活流通扩大消费”项目的资格。要特别关注“汽车、家电下乡”、“以旧换新”及“双百市场工程”领域，防止假冒伪劣产品损害国家政策的声誉。要加强行业自律，增强企业知识产权保护意识，加快建立涉及专利产品经营的管理队伍和保护机制。继续深入开展“百城万店无假货活动”和“诚信经营示范创建活动”，会同相关部门大力倡导基本道德规范，加强职业道德教育，树立一批诚信守法的企业典型。完善企业违规失信惩戒机制，通过建立诚信档案、不良行为记录、违规信息披露等形式，加强对企业诚信情况的跟踪督促和动态管理。对中华老字号企业，要依法加强知识产权保护。支持企业开展商标注册、专利申请和境内外维权活动。认真排查老字号知识产权保护中存在的问题，会同有关部门依法严厉打击侵犯老字号商标权、专利权、著作权及其企业名称、商业秘密等不法行为，为老字号企业发展营造良好的外部环境。

四是健全知识产权的海外维权机制。商务系统要把境外展会知识产权保护作为海外维权工作的重点，积极为企业"走出去"提供指导和服务。结合此次专项行动，要建立健全企业海外知识产权预警、维权和争端解决机制，及时发布预警信息，指导商协会从整个国家利益和产业利益出发，协调组织相关企业共同应对海外知识产权争端。要加强海外维权培训，继续通过在境外重大展会上设立"中国参展企业知识产权服务站"等方式，免费为参展企业提供知识产权咨询和调解等法律服务。

会议由商务部副部长姜增伟主持，商务部国际贸易谈判副代表崇泉出席会议，全国各地方商务系统的负责人在各分会场参加会议。

日前，商务部还制定下发了《商务部打击侵犯知识产权和制售假冒伪劣商品专项行动实施方案》。 （商务部新闻办公室）

436. 各部门、各地区采取有力措施推进打击侵犯知识产权和制售假冒伪劣商品专项行动

全国打击侵犯知识产权和制售假冒伪劣商品专项行动开展以来，各地各部门按照国务院统一部署，成立组织领导机构，制订工作方案，明确工作重点，完善工作措施，各项工作全面展开。

各部门以制售假冒伪劣商品案件高发、无证生产和区域性质量问题较多、大宗出口商品生产加工集中地为重点，加强生产源头治理；以产品制造集中地、商品集散地、侵权行为高发地为重点，强化流通环节整治；以打击网络及手机上的影视、文学、音乐、游戏、地图、图书等侵权盗版为重点，加强互联网领域知识产权保护；以打击"套牌"生产销售授权品种、制售假劣林木种苗为重点，加强植物新品种权保护；以打击利用互联网销售假药、发布虚假药品信息为重点，强化药品监管；以提高重点口岸和货运、邮递等运输渠道查验比例为重点，斩断假冒侵权商品出口途径。同时，各部门加强对行政执法机关移送涉嫌犯罪案件监督，推进行政执法与刑事司法的衔接，重点督办一批重大案件。公安部开展了"亮剑"行动，国家版权局、工业和信息化部等继续开展"剑网行动"，文化部开展"平安亚运"行动，食品药品监管局开展"非药品冒充药品"专项整治行动，其他部门也组织开展了一系列专项整治和执法检查。

各地都召开专题会议对专项行动作了全面部署，政府主要负责同志对加强组织领导、形成工作合力、狠抓工作落实、查办大要案等提出了明确要求，做到了专项行动有机构、有组织、有方案、有措施。北京市设立了专项行动领导小组办公室，从知识产权、工商、版权等执法部门抽调人员集中办公，建立了例会、信息报送、督导检查、执法协调和案件督办等制度，增强了工作合力。河北省结合当地实际，将汽车、摩托车、农机配件和箱包、纺织品、葡萄酒等重点产品，以及盗版光盘运输、藏匿、分发等重点环节细化落实到每个地市，突出了各地市的工作重点，进一步增强了工作的针对性。山东省确定了十项集中整治行动，即图书、音像制品市场集中整治、打击盗版软件市场集中整治、大宗商品进出口环节侵权行为集中整治、商标权保护集中整治、打击假冒专利和专利侵权集中整治、商务领域侵权行为集中整治、食品药品集中整治、种子农资等集中整治、互联网知识产权保护集中整治以及打击侵犯知识产权犯罪集中行动，明确了牵头部门和责任分工，保障了各项任务落到实处。

自12月起，全国打击侵犯知识产权和制售假冒伪劣商品专项行动领导小组办公室组织成立督查组，赴重点地区检查指导，及时发现并解决工作中存在的问题，推动专项行动更好地开展。

（商务部新闻办公室）

437. 中美知识产权工作组副部级会议在华盛顿召开

中美商贸联委会知识产权工作组副部级会议11月18日在华盛顿召开。中国商务部国际贸易谈判副代表崇泉与美国贸易代表办公室副贸易代表马兰提斯、美国专利商标局副局长白莎朗共同主持会议。美国白宫知识产权执法协调员维多利亚参加了会议。

会上，中美政府相关部门的专家和来自双方业界的代表，就互联网知识产权保护、版权、商标和知识产权执法等问题进行了充分的交流和沟通，并就加强双方知识产权合作达成多项共识。

双方均认为，不断加强和改善知识产权保护将有利于发展稳定健康的双边经贸关系，双方将继续加强在能力建设、业界对话、软件正版化、互联网、打击跨境犯罪等领域的知识产权保护合作。

崇泉介绍了中国在全国范围内开展集中打击侵犯知识产权和制售假冒伪劣商品专项行动的有关情况，他表示，中国将通过专项行动，进一步完善保护知识产权的长效机制。中方理解美国业界对知识产权问题的关切，加强知识产权保护更是中国建设创新型国家的迫切需要。中美应努力寻找在知识产权保护方面的平衡点，进一步推动中美在知识产权保护问题上的合作。

马兰提斯等人对中方开展加强知识产权保护的专项行动表示高度赞赏，希望与中方进一步加强合作，有效解决各自的关切，推动美中经贸合作。

来自中国最高人民法院、最高人民检察院、公安部、工业和信息化部、商务部、海关总署、工商总局、版权局等部门及部分互联网企业的代表与美国有关政府部门及企业代表参加了此次会议。

17 日，崇泉还在华盛顿分别会见了美国贸易代表柯克、美国商务部总法律顾问克里、美国联邦上诉巡回法院首席大法官里德、美中贸易委员会会长傅强恩等人。柯克等对中方开展加强知识产权保护的专项行动予以充分肯定，期待中方不断完善知识产权保护机制，希望继续推进与中方在知识产权等领域的经贸合作。

（商务部新闻办公室）

438. 商务部国际贸易谈判副代表崇泉在华盛顿出席美国商会早餐会并发表演讲

11 月 18 日，率中国知识产权代表团赴美参加中美商贸联委会知识产权工作组副部级会议的中国商务部国际贸易谈判副代表崇泉，在华盛顿出席美国商会举办的早餐会并发表演讲，介绍中国进一步加强知识产权保护的有关情况，微软、辉瑞等一批美国大企业的代表参加了早餐会。崇泉应邀回答了企业家们的提问。

（商务部新闻办公室）

439. 王岐山主持召开打击侵犯知识产权专项行动会议

中共中央政治局委员、国务院副总理王岐山 11 月 16 日主持召开全国打击侵犯知识产权和制售假冒伪劣商品专项行动领导小组全体会议时强调，各地区、各有关部门要认真落实温家宝总理在全国知识产权保护和执法工作电视电话会议上的重要讲话精神，针对国内外广泛关注、涉及群众切身利益的突出问题，明确打击重点，狠抓工作落实，务求专项行动取得实效。

王岐山强调，在全国开展为期半年的打击侵犯知识产权和制售假冒伪劣商品专项行动，是党中央、国务院的重大决策部署，各地区、各部门要高度重视，明确本地区、本系统专项行动的重点任务和重点目标，加强生产源头和流通环节整治，集中力量解决突出问题。要组织开展重点检查和突击抽查，及时受理举报投诉，加大执法力度，提高执法效能。对符合刑事立案标准、涉嫌犯罪的案件，行政执法机关要及时移送公安机关，对涉嫌犯罪的依法立案侦查。对情节严重、影响恶劣的案件要挂牌督办，快审快判，依法严惩犯罪分子。要加强专项行动活动的报道，形成打击声势，震慑不法分子，营造自觉抵制侵犯知识产权和假冒伪劣商品的社会氛围。

王岐山要求，各级政府机关要发挥示范作用，带头使用正版软件，对使用非正版软件的行为要自查自纠，带动全社会软件正版化水平的提高。王岐山强调，各地区、各有关部门要加强组织领导，强化督促检查，密切协作配合，把国务院的各项要求落实到最基层。（新华网）

440. 中国保护知识产权网成功承办欧洲展会知识产权维权培训

2010 年 10 月 25～26 日，由商务部条法司与中欧知识产权项目二期（IPR2）、贸促会共同主办，中国保护知识产权网承办的“欧洲展会知识产权维权培训”于北京亚太花园酒店顺利召开。此次培训旨在进一步提高国内企业的展会知识产权维权意识，增强出国参展企业的自我保护能力。来自行业协会、展会主办机构以及进出口企业的代表近 70 人参加了此次培训。

中欧知识产权项目二期欧方负责人潘凯洛先行致辞，他简要介绍了欧洲展会设立调解站的必要性以及调解站概况，并对与会代表的提问进行了详细解答。随后，培训主讲人、来自德国法思博知识产权律师事务所的武卓敏律师对欧洲展会知识产权常见问题进行详细讲解。

此次培训的主要内容包括中国企业欧洲参展常见知识产权问题及注意事项、欧洲展会知识产权保护实务操作与应对措施、德国展会知识产权案例讲析以及德国知名展会知识产权保护体系分析等。培训中，主讲人重点讲解了调解站的调解规则、德国贸易展会上常见的法律行为和一般调解程序，并根据自己多次作为调解员的经历，对中国企业赴德参展需要特别注意的问题进行了强调讲解。

培训结束后，许多代表都反映此次培训内容详实，贴近实际，从中获益匪浅，并希望今后能够常来参加此类高质量的培训活动。

（中国保护知识产权网）

441. 中美在京共同举办“337 调查”研讨会钟山出席开幕式并致辞

为深入开展中美经贸合作，加强知识产权领域交流，提升我国企业在国际化经营中的风险防范和应对能力，2010 年 10 月 26 日，中国商务部和美国国际贸易委员会在京共同举办“337 调查”研讨会。中国商务部副部长钟山出席开幕式并致辞，美国国际贸易委员会总法律顾问詹姆士・莱恩、首席行政法官保罗・拉肯及中国国家知识产权局的代表出席并发言。

钟山在致辞中说，知识产权保护是中美经贸关系中的重要议题。中国政府一直高度重视知识产权的发展和保护工作，与美方在知识产权立法和执法方面开展了广泛的交流与合作。合理保护知识产权，符合中美双方共同利益。

钟山指出，近年来，美国国际贸易委员会发起的“337 调查”案件当中，越来越多的案件涉及中国企业。中国的许多企业，特别是中小企业在应对“337 调查”过程当中往往处于不利地位，受应诉时限和资金实力限制，无法及时有效地保护自己的正当权益。希望双方能够通过政府、企业和法律界的交流，加深了解，深化合作，帮助两国企业维护各自的正当权益。

美国国际贸易委员会总法律顾问詹姆士・莱恩介绍了美国“337 调查”的立法目的、调查程序，该委员会首席法官保罗・拉肯介绍了“337 调查”的裁决和案例。中国国家知识产权局保护协调司副司长付晓辉介绍了我国知识产权保护制度和工作情况。

中央及国务院有关部门，部分省、自治区、直辖市、计划单列市商务主管部门，有关行业协会、商会、研究机构、律师事务所、大型企业和应诉企业的代表及国内著名知识产权学者参加了研讨会。会上，中方代表向美方表达了我国业界对“337 调查”机制的认识和意见，交流了参加“337 调查”程序的经验。

根据美国《1930 年关税法》第 337 节，美国国际贸易委员会负责对侵犯在美注册知识产权的不公平贸易行为进行调查，并可采取排除令、禁止令等措施，限制被认定侵权的进口产品进入美国市场。近年来，我国企业频繁遭遇美国“337 调查”。2002 年以来，涉及我国对美出口产品的“337 调查”数量逐年上升，我国已连续 6 年位居“337 调查”涉案国家（地区）的首位。2010 年 1～10 月已有 16 起“337 调查”涉及中国出口企业。

（商务部新闻办公室）

442. 商务部在 108 届广交会期间举行展会知识产权保护宣传会

10 月 17 日，为贯彻落实国家知识产权战略，全面实施《展会知识产权保护办法》，大力推广广交会展会知识产权保护的成功经验，加强展会知识产权保护，促进会展业的健康发展，商务部在第 108 届中国进出口商品交易会（广交会）期间举行了展会知识产权保护宣传会。商务部国际贸易谈判副代表崇泉出席并致辞，中欧知识产权合作项目欧方主任潘凯洛和日本贸易振兴机构代表出席，商务部条法司、广州外贸中心有关负责人在会上发言，广交会各交易团团长参会。商务部外贸司副司级商务参赞苏晶主持会议。

崇泉在致辞中说，近年来，中国会展经济取得了长足发展，并为国民经济持续稳定发展作出了积极贡献。在国际金融危机中，会展经济对于中国稳定外需、扩大内需、搞活流通起到了重要作用。

崇泉指出，保护知识产权是提高自主创新能力的重要保障，是我国经济社会发展的客观需要。加强展会知识产权保护，是整个知识产权保护工作的一项十分重要的内容，既有利于保护权利人的合法权益，鼓励创新，也有利于维护会展秩序，促进交易，推动国际经贸合作的健康发展。

崇泉表示，商务部高度重视展会知识产权工作，会同国家工商总局、国家版权局和国家知识产权局等部门，共同制定了《展会知识产权保护办法》，明确了展会期间知识产权保护的措施和投诉程序。在各部门的共同努力下，国内相关展会已逐步建立了相应的知识产权保护机制。特别是广交会，经过十几年的不懈探索和改革创新，已经依法建立了一套行之有效的展会知识产权保护制度和体系，广交会展会知识产权保护的模式和成功经验应当大力推广。

此外，在加强国内展会知识产权保护的同时，商务部还十分关注国内企业境外参展中的知识产权保护，已开始在国外知名展会设立“中国参展企业知识产权服务站”，并取得了积极效果。

商务部条法司副司长李成钢介绍了展会知识产权立法完善的相关情况，广州外贸中心副主任王润生介绍了广交会展会知识产权保护的成功经验。

中欧知识产权合作项目欧方主任潘凯洛在发言中高度评价了中欧双方在展会知识产权保护方面的合作，并对中国知识产权保护取得的进展表示赞赏。

会上，广交会各交易团团长签订了知识产权保护承诺书。 （商务部网站）

443. 崇泉会见第七次日本知识产权官民联合高层访华团

8月18日，商务部国际贸易谈判副代表崇泉在京会见了国际知识产权保护论坛主席志贺俊之和经济产业大臣政务官近藤洋介率领的第七次日本知识产权官民联合高层访华团。

双方肯定了日本官民联合访华团在积极推进中日知识产权交流与合作方面作出的积极贡献，并就互联网知识产权侵权、加强展会知识产权保护等问题交换了意见。

崇泉表示，中国政府高度重视知识产权保护工作，并将其上升为国家战略，这也是建设创新型国家的内在需要。知识产权保护是一个全球性的问题，解决知识产权问题离不开国与国之间的合作，中国政府已经与美国、欧盟、日本、瑞士、俄罗斯和巴西建立了双边知识产权工作组，并开展了深入的交流与合作。中国政府愿意以积极开放的姿态，加强与世界各国政府和国际组织的交流与合作，共同推动在世界范围内建立知识产权保护的良好制度环境。

双方一致表示将继续通过日本官民访华团、中日知识产权工作组机制加强交流，增进了解，推进合作，为中日经贸合作创造良好的知识产权氛围。 （商务部新闻办公室）

专　利

一、专利申请受理与授权状况

表 1　　国内外三种专利申请受理年度状况统计表（1985.4～2010.12）　　（单位：件）

	年份	合计	发明	实用新型	外观设计
合计	1985～2005	2 743 179	873 773	1 125 441	743 965
	2006	573 178	210 490	161 366	201 322
	2007	693 917	245 161	181 324	267 432
	2008	828 328	289 838	225 586	312 904
	2009	976 686	314 573	310 771	351 342
	2010	1 222 286	391 177	409 836	421 273
国内	1985～2005	2 239 437	437 529	1 117 483	684 425
	2006	470 342	122 318	159 997	188 027
	2007	586 498	153 060	179 999	253 439
	2008	717 144	194 579	223 945	298 620
	2009	877 611	229 096	308 861	339 654
	2010	1 109 428	293 066	407 238	409 124
国外	1985～2005	503 742	436 244	7958	59 540
	2006	102 836	88 172	1369	13 295
	2007	107 419	92 101	1325	13 993
	2008	111 184	95 259	1641	14 284
	2009	99 075	85 477	1910	11 688
	2010	112 858	98 111	2598	12 149

表 2　　国内三种专利申请受理量统计表（1985.4～2010.12）　　（单位：件）

地区	总累计			2010 年		
	发明	实用新型	外观设计	发明	实用新型	外观设计
全国总计	1 429 648	2 397 523	2 173 289	293 066	407 238	409 124
北　京	184 130	147 079	44 954	33 466	18 637	5193

续表

地区	总累计			2010 年		
	发明	实用新型	外观设计	发明	实用新型	外观设计
天　津	47 721	64 240	37 350	7347	11 064	7562
河　北	22 781	66 627	20 548	3270	7089	1936
山　西	14 838	25 110	7820	3046	3533	1348
内蒙古	6433	14 521	5951	932	1406	574
辽　宁	55 964	135 086	49 992	9884	14 994	9338
吉　林	19 164	37 085	10 976	2789	2993	663
黑龙江	26 204	57 491	12 466	4070	4815	1384
上　海	134 135	130 867	156 555	26 165	23 188	21 843
江　苏	156 403	222 742	457 685	50 298	51 436	134 139
浙　江	85 283	225 546	309 341	18 027	50 231	52 484
安　徽	21 525	49 846	40 856	6396	17 367	23 365
福　建	21 681	53 928	59 423	5117	10 846	6031
江　西	11 710	24 505	11 360	1 968	2947	1392
山　东	83 504	225 780	138 596	17 259	43 441	20 156
河　南	32 840	81 890	35 636	6408	13 856	4885
湖　北	37 699	81 671	54 911	7411	12 791	11 109
湖　南	37 714	74 392	33 405	6438	9601	6342
广　东	190 207	262 126	457 426	40 866	47 706	64 335
广　西	10 449	24 957	10 150	1574	2512	1031
重　庆	17 967	41 673	29 653	5150	11 985	5690
四　川	39 121	81 160	82 158	8342	16 671	15 217
贵　州	9210	15 980	6296	1322	2441	651
云　南	12 684	18 686	11 877	2333	2212	1100
西　藏	321	287	639	76	33	53
陕　西	31 658	46 942	24 490	8138	7939	6872
甘　肃	8236	12 404	3075	1412	1592	554
青　海	1385	2021	1323	193	129	280
宁　夏	1878	4209	3224	268	397	74
新　疆	5541	18 125	4977	914	2272	374

续表

地区	总累计			2010年		
	发明	实用新型	外观设计	发明	实用新型	外观设计
海　南	3113	3138	3014	572	312	135
香　港	5653	6647	19 208	788	818	1374
澳　门	99	157	81	14	11	7
台　湾	92 397	140 605	27 873	10 813	9973	1633
广　州	30 161	45 209	61 870	6503	7140	7158
长　春	10 544	12 571	5795	2083	1777	378
武　汉	23 665	39 773	24 934	4660	6785	3600
南　京	32 263	24 811	20 845	7461	5647	6167
杭　州	36 402	46 111	39 714	7782	13 147	8872
西　安	24 456	30 386	19 748	7176	6325	5984
济　南	16 495	39 145	21 049	3433	9180	2930
沈　阳	21 934	45 911	12 205	3875	3681	2495
成　都	23 233	40 579	60 440	5875	12 294	13 092
大　连	16 331	35 514	24 733	4043	7200	6199
厦　门	5882	12 966	11 661	1447	2639	1439
哈尔滨	17 084	24 995	7432	3257	2303	966
深　圳	117 561	71 981	72 509	23 956	15 117	10 357
青　岛	13 491	28 138	26 846	2850	4971	2914
宁　波	11 582	38 967	54 225	2859	11 492	12 048
新疆建设兵团	286	689	89	133	277	20

表3　　国外三种专利申请受理量统计表（1985.4～2010.12）　　（单位：件）

国家（地区）	总累计			2010年		
	发明	实用新型	外观设计	发明	实用新型	外观设计
合计	895 364	16 801	124 949	98 111	2598	12 149
安道尔	10	0	1	1	0	0
阿拉伯联合酋长国	27	3	112	5	0	2
阿富汗	0	0	8	0	0	6
安提瓜和巴布达	5	0	3	0	0	1

续表

国家（地区）	总累计			2010 年		
	发明	实用新型	外观设计	发明	实用新型	外观设计
安圭拉	1	0	1	0	0	0
亚美尼亚	3	0	1	0	0	1
荷属安的列斯群岛	284	0	10	15	0	1
阿根廷	80	9	10	10	2	0
奥地利	3689	66	451	475	16	59
澳大利亚	6664	209	1607	608	31	183
阿鲁巴	1	0	0	0	0	0
阿塞拜疆	2	0	0	1	0	0
巴巴多斯	391	0	24	82	0	2
孟加拉国	0	0	3	0	0	1
比利时	4317	20	365	563	2	46
保加利亚	61	2	17	3	0	2
巴　林	3	0	0	0	0	0
布隆迪	1	0	0	0	0	0
百慕大群岛	493	46	27	60	19	4
文　莱	27	25	17	10	7	3
玻利维亚	1	0	0	0	0	0
巴　西	771	32	218	117	9	40
巴哈马	135	16	45	12	0	6
白俄罗斯	19	3	6	0	0	0
伯利兹	17	20	1	0	1	0
加拿大	7982	233	817	940	37	160
中　非	0	0	2	0	0	0
瑞　士	23 685	264	4127	2644	66	357
库克群岛	3	0	7	0	0	2
智　利	68	4	4	11	1	0
喀麦隆	2	0	0	0	0	0
哥伦比亚	26	1	13	3	0	3
哥斯达黎加	3	0	0	0	0	0

续表

国家（地区）	总累计			2010 年		
	发明	实用新型	外观设计	发明	实用新型	外观设计
捷克斯洛伐克	63	6	3	0	0	0
塞尔维亚和黑山	2	0	0	0	0	0
古　巴	128	0	3	7	0	0
塞浦路斯	150	4	25	8	0	21
捷　克	184	31	338	40	3	25
德　国	81 942	979	9957	9867	216	1214
丹　麦	5324	91	1086	734	9	114
多米尼克	3	0	0	0	0	0
多米尼加	2	0	0	0	0	0
阿尔及利亚	3	1	0	1	0	0
厄瓜多尔	5	2	0	0	0	0
爱沙尼亚	20	2	4	7	0	0
埃　及	19	5	3	0	1	0
西撒哈拉	0	1	0	0	0	0
西班牙	2417	134	1199	327	16	137
芬　兰	9520	67	1216	1089	32	94
斐　济	1	8	1	0	0	0
马尔维纳斯群岛	0	0	1	0	0	0
法　国	32 695	441	5311	3506	51	437
英　国	18 966	365	3216	1737	65	285
格林纳达	1	0	0	0	0	0
格鲁吉亚	5	0	3	0	0	0
直布罗陀	14	0	0	0	0	0
希　腊	164	1	21	6	0	9
危地马拉	1	0	0	0	0	0
洪都拉斯	0	0	1	0	0	0
克罗地亚	114	2	5	3	0	0
海　地	0	0	1	0	0	0
匈牙利	749	2	16	36	0	0

续表

国家（地区）	总累计			2010 年		
	发明	实用新型	外观设计	发明	实用新型	外观设计
印度尼西亚	49	20	99	9	4	6
爱尔兰	990	33	143	140	6	11
以色列	3250	29	285	450	11	50
印　度	1378	18	271	168	6	15
伊拉克	1	0	1	0	0	1
伊　朗	10	1	5	2	0	4
冰　岛	147	0	0	25	0	0
意大利	11 805	287	4112	1184	43	400
泽西岛	7	0	0	0	0	0
约　旦	8	5	3	0	0	1
日　本	319 918	5071	47 774	33 882	548	3811
吉尔吉斯斯坦	4	0	0	0	1	0
圣基茨和尼维斯	3	0	0	0	0	0
朝　鲜	18	1	0	0	1	0
韩　国	71 994	1879	9914	7178	242	1362
科威特	9	0	2	1	0	0
开曼群岛	1024	119	225	294	37	22
哈萨克斯坦	19	3	0	3	1	0
黎巴嫩	4	4	1	0	0	1
列支敦士登	814	3	418	55	0	28
斯里兰卡	11	2	34	0	0	0
利比里亚	2	0	1	0	0	0
莱索托	0	1	0	0	0	0
立陶宛	3	0	2	2	0	0
卢森堡	746	62	107	101	11	24
拉脱维亚	32	2	2	9	0	0
摩洛哥	7	2	6	1	0	1
摩纳哥	94	1	17	7	0	0

续表

国家（地区）	总累计			2010 年		
	发明	实用新型	外观设计	发明	实用新型	外观设计
摩尔多瓦	1	0	1	1	0	0
马达加斯加	2	0	0	0	0	0
马绍尔群岛	3	1	0	1	1	0
马　里	10	0	0	3	0	0
蒙　古	0	1	0	0	0	0
马耳他	56	0	5	16	0	0
毛里求斯	52	29	30	5	3	1
马尔代夫	2	0	0	0	0	0
马拉维	2	0	0	0	0	0
墨西哥	195	8	83	30	1	23
马来西亚	417	96	381	75	16	38
纳米比亚	2	0	0	0	0	0
尼日尔	1	0	0	0	0	0
尼日利亚	3	0	5	2	0	0
荷　兰	32 751	155	2865	2998	39	292
挪　威	2055	7	201	235	0	26
新西兰	853	26	172	95	8	24
阿　曼	3	0	0	0	0	0
巴拿马	260	4	17	5	0	1
秘　鲁	5	0	0	2	0	0
菲律宾	30	18	25	3	0	2
巴基斯坦	4	0	6	0	0	0
波　兰	189	7	71	30	1	19
波多黎各	4	0	2	0	0	0
葡萄牙	139	3	43	31	0	1
巴拉圭	0	0	0	1	0	0
罗马尼亚	20	1	1	1	1	0
塞尔维亚	4	0	0	4	0	0
俄罗斯	1425	77	81	111	21	15

续表

国家（地区）	总累计			2010 年		
	发明	实用新型	外观设计	发明	实用新型	外观设计
沙特阿拉伯	168	4	301	37	1	0
塞舌尔	28	3	6	4	0	2
苏　丹	1	0	0	0	0	0
瑞　典	15 471	129	1605	1780	32	184
新加坡	2057	165	737	358	16	63
斯洛文尼亚	169	0	33	29	0	8
斯洛伐克	31	1	24	5	0	1
圣马力诺	11	3	2	1	0	0
塞内加尔	1	0	1	0	0	0
萨尔瓦多	1	0	0	0	0	0
叙利亚	1		2			
斯威士兰	1	0	0	0	0	0
泰　国	156	79	276	15	2	14
突尼斯	6	0	2	0	0	0
土耳其	225	33	244	41	9	27
特立尼达和多巴哥	4	0	1	2	0	0
乌克兰	70	5	2	6	0	0
乌干达	0	0	2	0	0	0
美　国	222 608	4888	23 081	25 380	892	2364
乌拉圭	16	1	0	3	0	0
乌兹别克斯坦	5	0	0	0	0	0
梵蒂冈	2	0	0	0	0	0
圣文森特和格林纳丁斯	3	0	0	1	0	0
委内瑞拉	42	0	5	4	0	0
维尔京群岛	1165	348	815	246	48	87
越　南	8	2	7	2	2	0
瓦努阿图	11	0	1	0	0	0
萨摩亚	63	50	25	18	8	0

续表

国家（地区）	总累计			2010年		
	发明	实用新型	外观设计	发明	实用新型	外观设计
也　门	0	0	3	0	0	0
南斯拉夫	31	0	8	0	0	0
南　非	902	19	46	91	3	5
赞比亚	2	0	0	0	0	0
津巴布韦	7	0	1	0	0	0

表 4　　国内外三种专利申请授权年度状况统计表（1985.12～2010.12）　　（单位：件）

	年份	合计	发明	实用新型	外观设计
合计	1985～2005	1 468 776	238 714	730 466	499 596
	2006	268 002	57 786	107 655	102 561
	2007	351 782	67 948	150 036	133 798
	2008	411 982	93 706	176 675	141 601
	2009	581 992	128 489	203 802	249 701
	2010	814 825	135 110	344 472	335 243
国内	1985～2005	1 264 168	87 364	725 224	451 580
	2006	223 860	25 077	106 312	92 471
	2007	301 632	31 945	148 391	121 296
	2008	352 406	46 590	175 169	130 647
	2009	501 786	65 391	202 113	234 282
	2010	740 620	79 767	342 256	318 597
国外	1985～2004	204 608	151 350	5242	48 016
	2006	44 142	32 709	1343	10 090
	2007	50 150	36 003	1645	12 502
	2008	59 576	47 116	1506	10 954
	2009	80 206	63 098	1689	15 419
	2010	74 205	55 343	2216	16 646

表 5 国内三种专利申请授权量统计表（1985.12～2010.12） （单位：件）

地区	总累计			2010 年		
	发明	实用新型	外观设计	发明	实用新型	外观设计
全国总计	336 134	1 699 465	1 348 873	79 767	342 256	318 597
北 京	51 513	104 654	32 378	11 209	16 579	5723
天 津	10 107	37 146	12 769	1930	6718	2358
河 北	5288	48 426	15 485	954	6838	2269
山 西	4162	17 897	4504	739	3096	917
内蒙古	1400	10 059	4395	262	1276	558
辽 宁	13 338	90 646	16 546	2357	12 067	2669
吉 林	5041	25 097	6168	785	2806	752
黑龙江	6641	39 984	7228	1512	4391	877
上 海	29 711	96 746	98 595	6867	21 821	19 527
江 苏	24 735	154 075	228 574	7210	41 161	90 011
浙 江	21 758	166 235	237 341	6410	47 617	60 616
安 徽	4034	29 942	17 007	1111	8839	6062
福 建	4267	38 569	46 051	1224	9664	7175
江 西	2145	16 441	7728	411	2588	1350
山 东	15 731	161 234	58 087	4106	36 391	10 993
河 南	6254	55 297	20 178	1498	11 048	3993
湖 北	9592	50 836	17 213	2025	10 431	4906
湖 南	8703	48 772	18 586	1920	7861	4092
广 东	45 178	195 045	334 188	13 691	43 900	61 752
广 西	2111	16 603	7621	426	2167	1054
重 庆	3845	26 330	22 318	1143	6704	4233
四 川	9521	55 281	59 556	2204	12 724	17 284
贵 州	2166	11 002	4418	441	1936	709
云 南	3655	14 057	8964	652	2026	1145
西 藏	69	219	547	16	49	59
陕 西	7716	32 378	8232	1887	6093	2054
甘 肃	1890	8414	2001	349	1131	388
青 海	309	1367	809	41	134	89

续表

地区	总累计			2010年		
	发明	实用新型	外观设计	发明	实用新型	外观设计
宁　夏	498	3071	2338	61	307	713
新　疆	1164	12 412	3448	189	2012	361
海　南	580	1983	2477	190	305	219
香　港	1818	5614	17 588	310	743	1548
澳　门	17	113	75	5	21	8
台　湾	31 177	123 520	25 460	5632	10 812	2133
广　州	8201	32 572	45 226	1988	6151	6940
长　春	2985	8687	2518	613	1593	416
武　汉	7637	26 923	8595	1731	6161	2273
南　京	9140	17 720	8483	2487	4566	2097
杭　州	11 067	33 922	30 757	3238	11 904	11 364
西　安	5853	20 480	5649	1651	4795	1591
济　南	3706	26 411	5260	1258	7200	1137
沈　阳	5218	29 670	6627	1010	3137	1018
成　都	5782	26 946	44 131	1657	9559	14 765
大　连	3866	21 076	3713	752	4494	953
厦　门	1444	10 309	9701	449	2748	1843
哈尔滨	4620	17 023	3691	1326	2193	455
深　圳	28 855	54 661	55 547	9615	14 266	11 070
青　岛	3033	20 712	13 002	765	4305	1726
宁　波	3327	29 610	43 234	1209	11 230	13 532
新疆建设兵团	37	483	84	19	192	29

表 6　　**国外三种专利申请授权量统计表（1985.12～2010.12）**　　（单位：件）

国家（地区）	总累计			2010年		
	发明	实用新型	外观设计	发明	实用新型	外观设计
合计	385 619	13 641	113 627	55 343	2216	16 646
安道尔	3	0	1	0	0	1
阿拉伯联合酋长国	8	2	109	0	0	4

续表

国家（地区）	总累计			2010 年		
	发明	实用新型	外观设计	发明	实用新型	外观设计
阿富汗	0	0	7	0	0	7
安提瓜和巴布达	2	0	3	1	0	2
亚美尼亚	1	0	1	0	0	1
荷属安的列斯群岛	165		8	10	0	1
阿根廷	12	7	10	3	1	2
奥地利	1695	52	398	205	13	56
澳大利亚	2605	159	1442	314	25	265
巴巴多斯	84	0	14	36	0	8
孟加拉国	0	0	2	0	0	0
比利时	1639	17	318	249	4	39
保加利亚	18	2	16	1	0	3
巴　林	1	0	0	0	0	0
百慕大群岛	121	23	21	45	7	5
文　莱	8	20	19	4	6	9
巴　西	277	25	176	37	6	51
巴哈马	54	17	36	8	1	10
白俄罗斯	8	0	6	0	0	0
伯利兹	2	19	1	0	6	0
加拿大	2864	187	669	440	21	216
中　非	0	0	2	0	0	0
瑞　士	10 211	200	3810	1317	75	540
库克群岛	3	0	9	1	0	4
智　利	14	4	3	3	0	0
哥伦比亚	10	1	9	0	0	0
哥斯达黎加	1	0	0	0	0	0
捷克斯洛伐克	23	6	3	0	0	0
古　巴	53	0	2	4	0	0
塞浦路斯	58	5	3	10	1	1
捷　克	68	33	325	10	1	51

续表

国家（地区）	总累计			2010 年		
	发明	实用新型	外观设计	发明	实用新型	外观设计
德 国	33 711	795	8789	4609	194	1648
丹 麦	2014	86	1007	257	8	201
多米尼加	3	0	0	1	0	0
阿尔及利亚	0	1	0	0	1	0
厄瓜多尔	0	1	0	0	0	0
爱沙尼亚	4	2	4	1	2	1
埃 及	1	5	3	0	1	0
西班牙	713	107	1029	102	13	182
芬 兰	4220	49	1105	539	20	193
斐 济	0	8	1	0	0	0
马尔维纳斯群岛	0	0	1	0	0	0
法 国	14 599	216	4848	1926	60	704
加 蓬	2	0	0	0	0	0
英 国	7113	288	2968	734	30	400
格鲁吉亚	1	0	3	0	0	3
直布罗陀	10	0	0	0	0	0
希 腊	61	1	14	15	0	3
洪都拉斯	0	0	1	0	0	1
克罗地亚	48	3	5	2	0	1
海 地	0	0	1	0	0	0
匈牙利	269	6	15	13	1	1
印度尼西亚	16	12	92	3	1	19
爱尔兰	261	22	130	59	3	16
以色列	919	16	230	125	2	41
印 度	414	12	247	51	2	24
伊拉克	0	0	1	0	0	1
伊 朗	1	1	2	0	1	1
冰 岛	43	0	0	10	0	0
意大利	5065	234	3580	719	35	549

续表

国家（地区）	总累计			2010 年		
	发明	实用新型	外观设计	发明	实用新型	外观设计
泽西岛	4	0	0	0	0	0
约　旦	1	4	3	0	0	1
日　本	161 707	4267	45 029	23 890	437	5189
吉尔吉斯斯坦	2	0	0	1	0	0
朝　鲜	4	2	0	0	1	0
韩　国	31 939	1544	9153	5168	201	1748
科威特	6	0	2	0	0	1
开曼群岛	149	101	209	68	37	56
哈萨克斯坦	7	3	0	1	1	0
黎巴嫩	2	4	0	0	0	0
列支敦士登	383	4	401	41	0	45
斯里兰卡	3	2	23	0	0	0
利比里亚	2	0	1	0	0	0
莱索托	0	1	0	0	0	0
立陶宛	0	0	2	0	0	0
卢森堡	329	50	92	42	13	19
拉脱维亚	5	3	2	1	0	0
摩洛哥	1	2	5	0	0	0
摩纳哥	43	7	17	2	0	0
马达加斯加	2	0	0	0	0	0
马绍尔群岛	0	0	0	0	0	0
马　里	1	0	0	0	0	0
蒙　古	2	2	1	0	0	0
马耳他	10	0	3	4	0	0
毛里求斯	18	25	34	4	5	10
马尔代夫	1	0	0	0	0	0
墨西哥	50	6	54	5	2	7
马来西亚	115	80	338	27	19	78
纳米比亚	1	0	0	1	0	0
尼日利亚	0	0	5	0	0	1

续表

国家（地区）	总累计			2010 年		
	发明	实用新型	外观设计	发明	实用新型	外观设计
荷　兰	12 853	112	2638	1712	36	429
挪　威	896	4	176	97	1	31
新西兰	298	18	150	46	6	34
阿　曼	1	0	0	1	0	0
巴拿马	173	4	14	18	0	2
秘　鲁	1	0	0	0	0	0
菲律宾	7	17	20	2	0	6
巴基斯坦	0	0	6	0	0	0
波　兰	77	8	41	5	0	11
波多黎各	0	0	2	0	0	0
葡萄牙	31	2	28	4	0	2
巴拉圭	0	0	1	0	0	0
罗马尼亚	9	1	1	2	1	0
塞尔维亚	0	1	0	0	1	0
俄罗斯	462	87	66	46	20	23
沙特阿拉伯	53	4	291	17	1	2
塞舌尔	9	3	5	5	2	1
瑞　典	6827	93	1428	902	22	262
新加坡	641	137	654	230	22	93
斯洛文尼亚	60	0	23	12	0	6
斯洛伐克	12	1	23	1	1	1
圣马力诺	3	3	2	0	0	0
塞内加尔	0	0	1	0	0	0
萨尔瓦多	1	0	0	0	0	0
叙利亚	1	0	2	0	0	2
斯威士兰	1	0	0	0	0	0
泰　国	41	63	253	8	3	30
突尼斯	1	0	2	1	0	0
土耳其	82	23	213	25	5	44
特立尼达和多巴哥	0	0	1	0	0	0
乌克兰	33	5	0	5	1	0

续表

国家（地区）	总累计			2010 年		
	发明	实用新型	外观设计	发明	实用新型	外观设计
乌干达	0	0	2	0	0	0
美　国	78 068	3986	20 005	10 985	797	3156
乌拉圭	7	1	0	1	0	0
乌兹别克斯坦	3	0	0	0	0	0
圣文森特和格林纳丁斯	1	0	0	0	0	0
委内瑞拉	28	0	5	0	0	1
维尔京群岛	312	258	619	63	35	81
越　南	0	0	6	0	0	0
瓦努阿图	4	0	0	0	0	0
萨摩亚	2	43	25	2	2	0
也　门	0	0	3	0	0	3
南斯拉夫	15	0	7	0	0	0
南　非	320	16	40	34	3	6
津巴布韦	3	0	1	0	0	0

表 7　　**国内外三种专利有效量统计表（2010. 12）**　　（单位：件）

	年份	合计	发 明	实用新型	外观设计
合计	2006	727 225	218 922	292 323	215 980
	2007	850 043	271 917	299 242	278 884
	2008	1 195 196	337 215	469 729	388 252
	2009	1 520 023	438 036	565 804	516 183
	2010	2 216 082	564 760	857 968	793 354
国内	2006	548 758	72 941	288 032	187 785
	2007	622 409	95 678	294 463	232 268
	2008	923 797	127 596	463 342	332 859
	2009	1 193 110	180 042	558 791	454 277
	2010	1 825 403	257 893	849 454	718 056
国外	2006	178 467	145 981	4291	28 195
	2007	227 634	176 239	4779	46 616
	2008	271 399	209 619	6387	55 393
	2009	326 913	257 994	7013	61 906
	2010	390 679	306 867	8514	75 298

*有效量：报告期末处于专利权维持状态的案卷数量。统计范围为发明、实用新型、外观设计。与申请量和授权量不同，有效量是存量数据而非流量数据。

表 8　国内三种专利有效量统计表（2010.12）　（单位：件）

地区	2010年			
	发明	实用新型	外观设计	合计
全国总计	257 893	849 454	718 056	1 825 403
北　京	38 996	46 830	14 797	100 623
天　津	6516	17 341	5815	29 672
河　北	3122	18 375	5975	27 472
山　西	2473	7460	2065	11 998
内蒙古	838	3367	1730	5935
辽　宁	8155	30 790	6296	45 241
吉　林	2954	7931	2316	13 201
黑龙江	4362	14 075	2573	21 010
上　海	23 843	57 406	44 929	126 178
江　苏	19 682	92 315	161 252	273 429
浙　江	17 955	105 336	145 180	268 471
安　徽	2972	17 357	12 131	32 460
福　建	3295	22 496	18 325	44 116
江　西	1322	6315	3294	10 931
山　东	11 080	73 761	26 454	111 295
河　南	4501	25 431	10 040	39 971
湖　北	6315	23 873	10 392	40 580
湖　南	6289	17 900	8327	32 516
广　东	41 891	125 237	158 438	325 566
广　西	1332	6041	3130	10 530
重　庆	3136	15 732	12 079	30 947
四　川	6533	26 264	33 847	66 644
贵　州	1616	5564	1815	8995
云　南	2344	5461	3558	11 363
西　藏	60	112	357	529
陕　西	5604	14 325	4299	24 158
甘　肃	1143	3235	940	5318
青　海	159	366	332	857
宁　夏	256	1026	1508	2790
新　疆	655	5211	1349	7225
海　南	446	918	733	2097
香　港	1505	3007	5559	10 071

续表

地区	2010 年			
	发明	实用新型	外观设计	合计
澳　门	12	48	24	84
台　湾	26 521	48 548	8267	83 336
广　州	6469	18 317	19 920	44 706
长　春	2120	4530	1226	7876
武　汉	5353	14 424	5192	24 969
南　京	7340	11 692	5106	24 138
杭　州	9493	24 970	22 930	57 393
西　安	4759	10 906	3237	18 902
济　南	3061	14 547	2786	20 394
沈　阳	3253	8806	2449	14 508
成　都	4812	18 056	27 837	50 705
大　连	2699	9844	1788	14 331
厦　门	1318	7203	4670	13 191
哈尔滨	3401	6473	1487	11 361
深　圳	29 221	42 088	31 185	102 494
青　岛	2239	10 864	5125	18 228
宁　波	3137	24 186	33 298	60 621
新疆建设兵团	55	534	69	658

表 9　　国外三种专利有效量统计表（2010.12）　　（单位：件）

国家/地区	2010 年			
	发明	实用新型	外观设计	合计
合计	306 867	8514	75 298	390 679
安道尔	4	0	1	5
阿联酋	1	0	9	10
阿富汗	0	0	7	7
安提瓜和巴布达	3	0	3	6
亚美尼亚	1	0	1	2
荷属安的列斯	102	0	2	104
阿根廷	9	4	10	23
奥地利	1311	43	251	1605
澳大利亚	1829	98	966	2893
波斯尼亚和黑塞哥维那	2	0	0	2
巴巴多斯	104	0	14	118

续表

国家/地区	2010 年			
	发明	实用新型	外观设计	合计
比利时	1246	8	219	1473
保加利亚	5	1	7	13
巴林岛	3	0	0	3
百慕大群岛	107	15	14	136
文　莱	16	16	17	49
巴　西	221	20	124	365
巴哈马群岛	43	10	30	83
伯利兹	1	18	2	21
加拿大	2179	101	473	2753
中　非	0	0	1	1
瑞　士	7807	141	2347	10 295
库克群岛	3	0	10	13
智　利	11	3	3	17
哥伦比亚	8	1	8	17
哥斯达黎加	1	0	0	1
古　巴	48	0	0	48
塞浦路斯	56	3	3	62
捷　克	53	25	265	343
德　国	25 629	628	6843	33 100
丹　麦	1627	64	684	2375
多米尼加	2	0	0	2
阿尔及利亚	0	1	0	1
厄瓜多尔	1	0	0	1
爱沙尼亚	3	2	2	7
埃　及	1	2	2	5
西班牙	517	57	627	1201
芬　兰	3514	41	786	4341
斐　济	0	5	1	6
法　国	10 992	170	3167	14 329
英　国	4846	159	1783	6788
格鲁吉亚	0	0	3	3
直布罗陀	9	0	0	9
希　腊	41	1	12	54
洪都拉斯	0	0	1	1
克罗地亚	16	0	2	18
匈牙利	94	4	11	109
印度尼西亚	8	3	51	62

续表

国家/地区	2010 年			
	发明	实用新型	外观设计	合计
爱尔兰	209	17	103	329
以色列	701	7	135	843
印　度	357	6	91	454
伊拉克	0	1	1	2
伊　朗	1	1	2	4
冰　岛	33	0	0	33
意大利	3689	147	2599	6435
泽西岛	3	0	0	3
约　旦	0	2	1	3
日　本	135 710	2240	30 674	168 624
吉尔吉斯斯坦	1	0	0	1
圣基茨和尼维斯	2	0	0	2
朝　鲜	2	1	0	3
韩　国	26 583	622	5504	32 709
科威特	4	0	1	5
开曼群岛	170	166	315	651
哈萨克斯坦	6	2	0	8
黎巴嫩	0	2	0	2
列支敦士登	281	0	280	561
斯里兰卡	0	1	0	1
卢森堡	253	40	62	355
拉托维亚	5	3	0	8
摩洛哥	1	2	1	4
摩纳哥	28	0	12	40
马达加斯加	2	0	0	2
蒙　古	0	1	0	1
马耳他	9	0	2	11
毛里求斯	21	27	28	76
墨西哥	38	4	48	90
马来西亚	101	52	217	370
纳米比亚	1	0	0	1
尼日利亚	0	0	3	3
荷　兰	9523	86	1537	11 146
挪　威	654	2	130	786
新西兰	199	13	101	313
阿　曼	1	0	0	1
巴拿马	147	3	7	157
菲律宾	4	3	14	21

续表

国家/地区	2010年			
	发明	实用新型	外观设计	合计
巴基斯坦	0	0	1	1
波　兰	44	4	33	81
波多黎各	0	0	2	2
葡萄牙	32	1	19	52
巴拉圭	0	0	1	1
罗马尼亚	7	1	0	8
塞尔维亚	0	1	0	1
俄罗斯联邦	242	66	46	354
沙特阿拉伯	60	3	90	153
塞舌尔	17	3	5	25
瑞　典	5589	98	1037	6724
新加坡	819	86	299	1204
斯洛文尼亚	48	0	18	66
斯洛伐克	13	1	23	37
圣马力诺	2	3	3	8
塞内加尔	0	0	1	1
萨尔瓦多	1	0	0	1
叙利亚	0	0	2	2
泰　国	29	25	72	126
突尼斯	1	0	0	1
汤　加	0	0	1	1
土耳其	74	19	177	270
乌克兰	19	4	0	23
乌干达	0	0	2	2
美　国	58 053	2900	12 380	73 333
乌拉圭	3	1	0	4
乌兹别克斯坦	1	0	0	1
圣文森特和格林纳丁斯	1	0	0	1
委内瑞拉	18	0	5	23
维尔京群岛	328	161	417	906
越　南	0	0	1	1
瓦努阿图	1	0	0	1
萨摩亚	3	29	8	40
也　门	0	0	3	3
南斯拉夫	3	0	0	3
南　非	245	13	22	280
津巴布韦	1	0	0	1

表 10　国际申请业务进展统计表（1985.4～2010.12）　（单位：件）

项目	总累计	2010 年
收到国际申请	46 073	12 917
寄出国际申请登记本	45 374	12 725
收到国际申请检索本	47 908	12 728
寄出国际检索报告	39 805	10 453
收到国际初步审查要求书	5748	336
寄出国际初步审查报告	5549	393
进入中国国内阶段的国际申请（发明）	473 753	62 317
进入中国国内阶段的国际申请（实用新型）	936	241

二、专利行政执法

表 11　各地区管理专利工作的部门专利执法统计表（2010）　（单位：件）

地区	类别/时间	侵权纠纷		其他纠纷		查处假冒专利案件
		立案	结案	立案	结案	结案
合　计	总累计	16 848	13 758	2329	2003	15 210
	2010	1077	712	18	14	728
北　京	总累计	373	340	224	221	204
	2010	10	18	1	0	6
天　津	总累计	170	146	24	22	381
	2010	3	7	0	0	16
河　北	总累计	380	353	88	89	963
	2010	13	7	0	0	2
山　西	总累计	74	56	51	36	56
	2010	0	0	0	0	0
内蒙古	总累计	89	98	10	10	711
	2010	3	3	0	0	11
辽　宁	总累计	377	328	174	142	111
	2010	34	29	0	0	46
吉　林	总累计	124	123	56	48	174
	2010	2	2	0	0	2
黑龙江	总累计	384	343	111	100	103
	2010	9	19	0	0	3

续表

地区	类别/时间	侵权纠纷		其他纠纷		查处假冒专利案件
		立案	结案	立案	结案	结案
上海	总累计	499	488	62	63	199
	2010	17	14	0	0	3
江苏	总累计	1042	749	124	117	679
	2010	58	51	1	1	54
浙江	总累计	1925	1622	78	67	122
	2010	86	82	1	1	32
安徽	总累计	266	185	22	16	750
	2010	53	27	3	1	49
福建	总累计	456	352	35	32	130
	2010	32	29	0	0	38
江西	总累计	271	140	35	26	356
	2010	28	6	0	0	22
山东	总累计	1865	1486	154	145	3790
	2010	146	70	0	0	81
河南	总累计	1040	697	107	67	624
	2010	129	30	3	3	16
湖北	总累计	692	598	185	136	501
	2010	41	29	3	3	47
湖南	总累计	630	513	230	204	992
	2010	94	52	5	2	69
广东	总累计	3738	3130	194	175	1183
	2010	145	107	1	1	71
广西	总累计	146	125	54	37	23
	2010	0	3	0	0	0
重庆	总累计	62	48	5	1	81
	2010	12	11	0	0	0
四川	总累计	752	644	136	111	546
	2010	22	18	0	0	24
贵州	总累计	146	106	25	21	646
	2010	3	2	0	0	97

续表

地区	类别/时间	侵权纠纷		其他纠纷		查处假冒专利案件
		立案	结案	立案	结案	结案
云 南	总累计	194	159	29	22	180
	2010	27	16	0	0	0
西 藏	总累计	11	9	0	0	10
	2010	0	0	0	0	0
陕 西	总累计	175	132	29	27	675
	2010	12	12	0	2	0
甘 肃	总累计	171	102	25	18	6
	2010	35	17	0	0	0
青 海	总累计	17	15	9	10	64
	2010	2	2	0	0	1
宁 夏	总累计	168	159	27	18	82
	2010	10	0	0	0	0
新 疆	总累计	523	426	17	14	753
	2010	48	46	0	0	22
海 南	总累计	88	86	9	8	115
	2010	3	3	0	0	16

三、中国专利金奖

表 12 中国专利金奖分布统计表 （单位：项）

地　区	总　计	第十二届
总 计	157	15
北 京	41	3
天 津	4	0
河 北	2	0
辽 宁	6	0
吉 林	2	1
黑龙江	3	0
上 海	14	0
江 苏	8	1

续表

地　区	总　计	第十二届
浙　江	4	0
安　徽	3	0
福　建	2	0
山　东	8	0
河　南	6	1
湖　北	4	0
湖　南	4	1
广　东	18	5
广　西	1	0
海　南	2	0
重　庆	5	0
四　川	3	0
贵　州	2	0
云　南	3	0
陕　西	9	3
甘　肃	1	0
青　海	1	0
宁　夏	1	0

（本统计数据由国家知识产权局规划发展司计划统计处提供）

商　标

一、商标申请与注册

表 1　　2010 年度商标申请/注册概况表　　(单位：件)

项　目	国内	国际	马德里	合计
申请商标	973 460	67 838	30 889	1 072 187
续展申请	59 883	13 050	5083	78 016
异议申请	31 191	17 580	159	48 930
变更申请	93 388	28 136	6471	127 995
转让申请	71 306	11 241	3635	86 182
注销申请	5254		5460	16 358
撤销申请	5644			
许可合同备案申请	20 524			20 524
注册商标	1 211 428	108 510	29 299	1 349 237
审定商标	931 663		29 859	961 522
核驳商标	278 970		10 299	289 269
部分核驳商标	225 881		4008	229 889
变更注册商标	105 872		5509	111 381
转让注册商标	81 058		3908	84 966
续展注册商标	63 522		4619	68 141
注销注册商标	80 351		4772	87 456
撤销注册商标	2333			
许可合同备案办理	24 554			24 554
补发商标注册证	4889			4889

表 2　　2010 年度各省、自治区、直辖市商标申请与注册统计表　　（单位：件）

省、自治区、直辖市	申请件数	注册件数	有效注册量	驰名商标	地理标志	中国申请人马德里注册
北　京	74 954	101 093	289 228	104	7	774
天　津	13 683	12 014	46 845	56	6	147
河　北	24 400	32 496	111 416	94	23	179
山　西	8209	11 101	35 071	38	17	33
内蒙古	9325	11 319	35 896	29	13	47
辽　宁	18 854	25 262	95 826	99	28	215
吉　林	8851	11 942	43 144	51	24	48
黑龙江	10 862	16 860	60 905	31	12	108
上　海	60 243	70 417	210 263	96	11	593
江　苏	66 306	83 666	296 824	199	49	884
浙　江	123 739	173 403	548 776	194	127	2937
安　徽	19 527	22 861	71 074	46	26	203
福　建	56 931	67 586	221 552	156	80	859
江　西	14 443	16 194	50 857	30	33	60
山　东	49 941	66 944	219 650	204	107	509
河　南	32 475	36 282	104 604	59	20	102
湖　北	19 863	24 744	83 276	44	42	181
湖　南	21 018	25 709	85 743	101	39	119
广　东	171 352	213 550	700 450	267	26	2496
广　西	9490	10 907	35 775	18	22	71
海　南	3810	4371	18 234	14	7	30
重　庆	20 082	19 373	52 522	40	40	116
四　川	32 688	39 488	140 221	84	76	254
贵　州	6968	6859	21 154	14	20	15
云　南	15 102	15 958	44 723	18	27	81
西　藏	494	820	2289	6	4	3
陕　西	21 562	18 107	52 387	23	22	69
甘　肃	2975	3856	16 805	12	27	10
青　海	1609	2600	5907	12	19	0

续表

省、自治区、直辖市	申请件数	注册件数	有效注册量	驰名商标	地理标志	中国申请人马德里注册
宁 夏	2418	2228	7317	12	11	11
新 疆	7632	10 898	37 991	15	38	52
香 港	32 515	34 651	98 307	17	0	10
澳 门	372	510	1887	1	0	0
台 湾	10 767	17 359	80 197	11	1	211
合 计	973 460	1 211 428	3 927 116	2195	1004	11 427

*说明：申请件数、注册件数指 2010.1.1～2010.12.31 的商标统计情况，其他指截至 2010.12.31 的统计情况。

表 3　　2010 年度外国（地区）在华商标申请统计表　　（单位：件）

外国（地区）	外国（地区）申请件数	马德里申请件数	合计
阿根廷	110	0	110
澳大利亚	1410	1885	3295
奥地利	236	353	589
巴哈马	52	0	52
巴巴多斯	79	1	80
比荷卢	0	978	978
百慕大	133	0	133
巴 西	283	0	283
英属维尔京群岛	3077	0	3077
保加利亚	30	12	42
加拿大	1266	4	1270
智 利	159	0	159
哥伦比亚	107	0	107
古 巴	7	0	7
丹 麦	412	1292	1704
埃 及	67	1	68
芬 兰	195	837	1032
法 国	2067	813	2880
德 国	2547	3786	6333
希 腊	85	196	281

续表

外国（地区）	外国（地区）申请件数	马德里申请件数	合计
匈牙利	24	20	44
印　度	465	0	465
印度尼西亚	128	0	128
爱尔兰	136	160	296
意大利	1489	595	2084
日　本	16 067	3954	20 021
科威特	9	0	9
利比里亚	9	0	9
列支敦士登	55	3	58
马来西亚	802	0	802
墨西哥	527	0	527
摩纳哥	73	14	87
蒙　古	4	0	4
荷属安的列斯群岛	8	42	50
新西兰	386	9	395
尼日利亚	25	0	25
挪　威	66	624	690
巴拿马	61	0	61
秘　鲁	21	0	21
菲律宾	81	2	83
波　兰	65	97	162
葡萄牙	69	29	98
韩　国	4606	1082	5688
罗马尼亚	61	2	63
沙特阿拉伯	63	0	63
新加坡	1244	555	1799
西班牙	844	744	1588
瑞　典	350	1552	1902
瑞　士	1186	87	1273
泰　国	343	0	343

续表

外国（地区）	外国（地区）申请件数	马德里申请件数	合计
阿联酋	380	0	380
突尼斯	1	0	1
美　国	17 090	6256	23 346
英　国	3308	3306	6614
阿尔及利亚	21	0	21
摩洛哥	17	0	17
库克群岛	29	0	29
越　南	43	6	49
斯洛伐克	10	0	10
乌克兰	64	0	64
哈萨克斯坦	5	55	60
乌兹别克斯坦	2	0	2
克罗地亚	6	0	6
斯洛文尼亚	1	31	32
比利时	284	0	284
卢森堡	255	0	255
牙买加	4	0	4
叙利亚	62	1	63
荷　兰	781	0	781
波多黎各	14	0	14
以色列	118	24	142
英属海峡群岛	12	0	12
斯里兰卡	14	0	14
南　非	222	8	230
西萨摩亚	110	0	110
黎巴嫩	32	0	32
毛里求斯	72	0	72
圣马力诺	6	0	6
土耳其	103	1157	1260
马恩岛	27	0	27

续表

外国（地区）	外国（地区）申请件数	马德里申请件数	合计
英属西印度群岛	195	0	195
塞浦路斯	56	16	72
开曼群岛	1454	0	1454
阿　曼	7	0	7
柬埔寨	4	0	4
冰　岛	2	65	67
文　莱	144	0	144
多米尼加	8	0	8
伯利兹	7	0	7
缅　甸	39	0	39
伊　朗	151	2	153
乌拉圭	15	0	15
立陶宛	1	21	22
塔吉克斯坦	1	0	1
马耳他	11	11	22
爱沙尼亚	1	81	82
捷　克	44	49	93
俄罗斯	319	7	326
厄瓜多尔	14	0	14
巴基斯坦	47	0	47
塞内加尔	1	0	1
约　旦	23	0	23
阿尔巴尼亚	1	0	1
阿塞拜疆	31	0	31
吉尔吉斯斯坦	5	0	5
拉托维亚	6	6	12
肯尼亚	2	0	2
格鲁吉亚	0	3	3
赞比亚	3	0	3
马达加斯加	0	3	3

续表

外国（地区）	外国（地区）申请件数	马德里申请件数	合计
委内瑞拉	33	0	33
安圭拉	25	0	25
哥斯达黎加	3	0	3
直布罗陀	6	7	13
巴拉圭	1	0	1
卡塔尔	7	0	7
伊拉克	48	0	48
巴勒斯坦	0	0	0
安道尔	10	0	10
科特迪瓦	2	0	2
利比亚	2	0	2
葡属马德拉岛	5	0	5
马绍尔群岛	73	0	73
塞舌尔	85	0	85
美属维尔京群岛	8	0	8
也　门	10	0	10
巴布亚新几内亚	16	0	16
埃塞俄比亚	1	0	1
贝里斯	3	0	3
纳米比亚	3	0	3
尼泊尔	4	0	4
孟加拉	4	0	4
危地马拉	1	0	1
阿富汗	153	0	153
英属根西岛	5	0	5
斐　济	2	0	2
安哥拉	15	0	15
特立尼达和多巴哥	4	0	4
博茨瓦纳	0	45	45
圣文森特	3	0	3

续表

外国（地区）	外国（地区）申请件数	马德里申请件数	合计
坦桑尼亚	6	0	6
加　纳	7	0	7
刚　果	2	0	2
多　哥	10	0	10
几内亚	6	0	6
卢旺达	1	0	1
合　计	67 838	30 889	98 727

表 4　　2010 年度外国（地区）在华商标注册统计表　　（单位：件）

外国（地区）	外国（地区）注册件数	马德里注册件数	合计
阿根廷	139	0	139
澳大利亚	1806	603	2409
奥地利	262	626	888
巴哈马	119	4	123
巴　林	5	0	5
巴巴多斯	109	2	111
比荷卢	0	1824	1824
百慕大	325	5	330
巴　西	373	0	373
英属泽西岛	8	8	16
英属维尔京群岛	3844	22	3866
保加利亚	24	69	93
加拿大	1786	23	1809
智　利	348	0	348
哥伦比亚	117	0	117
古　巴	19	0	19
朝　鲜	0	4	4
丹　麦	637	654	1291
埃　及	32	8	40
芬　兰	309	310	619
法　国	3756	3807	7563
德　国	5123	5977	11 100
希　腊	192	42	234

续表

外国（地区）	外国（地区）注册件数	马德里注册件数	合计
匈牙利	68	67	135
印　度	538	3	541
印度尼西亚	250	4	254
爱尔兰	377	78	455
意大利	3314	2666	5980
日　本	21 204	1686	22 890
科威特	87	0	87
列支敦士登	84	113	197
马来西亚	1022	5	1027
墨西哥	643	0	643
摩纳哥	22	59	81
蒙　古	9	1	10
荷属安的列斯群岛	146	19	165
新西兰	478	5	483
尼日利亚	50	0	50
挪　威	170	330	500
巴拿马	125	1	126
秘　鲁	26	0	26
菲律宾	175	0	175
波　兰	133	199	332
葡萄牙	137	86	223
韩　国	6210	253	6463
罗马尼亚	74	54	128
沙特阿拉伯	147	2	149
新加坡	2496	153	2649
西班牙	1594	631	2225
瑞　典	752	604	1356
瑞　士	2184	2714	4898
泰　国	567	1	568
阿联酋	502	9	511
突尼斯	7	0	7
美　国	31 965	2323	34 288
英　国	5969	1473	7442

续表

外国（地区）	外国（地区）注册件数	马德里注册件数	合计
阿尔及利亚	11	0	11
摩洛哥	11	29	40
库克群岛	18	0	18
苏　丹	1	0	1
越　南	89	45	134
斯洛伐克	13	36	49
乌克兰	73	77	150
哈萨克斯坦	14	18	32
白俄罗斯	5	81	86
乌兹别克斯坦	10	0	10
克罗地亚	4	26	30
斯洛文尼亚	1	77	78
比利时	416	0	416
卢森堡	338	0	338
牙买加	13	0	13
叙利亚	72	2	74
荷　兰	1343	0	1343
波多黎各	12	0	12
以色列	320	10	330
英属海峡群岛	28	0	28
斯里兰卡	27	0	27
南　非	439	8	447
西萨摩亚	183	0	183
黎巴嫩	53	8	61
毛里求斯	144	0	144
圣马力诺	18	4	22
土耳其	162	297	459
马恩岛	106	0	106
英属西印度群岛	180	0	180
塞浦路斯	94	89	183
开曼群岛	1799	1	1800
阿　曼	5	0	5
波斯尼亚和黑塞哥维那	0	4	4

续表

外国（地区）	外国（地区）注册件数	马德里注册件数	合计
柬埔寨	3	0	3
冰　岛	62	32	94
文　莱	14	0	14
多米尼加	5	0	5
伯利兹	32	0	32
缅　甸	18	0	18
伊　朗	115	35	150
乌拉圭	16	0	16
立陶宛	2	0	2
亚美尼亚	4	3	7
马耳他	12	13	25
爱沙尼亚	9	15	24
捷　克	96	162	258
俄罗斯	486	588	1074
土耳其	1	0	1
阿鲁巴	4	0	4
厄瓜多尔	7	0	7
巴基斯坦	84	0	84
约　旦	48	2	50
阿塞拜疆	49	1	50
吉尔吉斯斯坦	3	0	3
拉托维亚	1	32	33
摩尔多瓦	8	15	23
肯尼亚	13	1	14
莫桑比克	0	1	1
格鲁吉亚	1	9	10
马达加斯加	5	2	7
委内瑞拉	19	0	19
安圭拉	14	0	14
哥斯达黎加	5	0	5
直布罗陀	9	0	9
巴拉圭	8	0	8
洪都拉斯	1	0	1

续表

外国（地区）	外国（地区）注册件数	马德里注册件数	合计
马　里	47	0	47
卡塔尔	19	0	19
伊拉克	52	0	52
巴勒斯坦	3	0	3
安道尔	9	3	12
科特迪瓦	4	0	4
利比亚	21	0	21
葡属马德拉岛	8	0	8
马绍尔群岛	72	2	74
塞舌尔	98	0	98
瓦努阿图	1	0	1
梵蒂冈	0	8	8
格林纳达	2	0	2
也　门	11	0	11
塞尔维亚和黑山	0	29	29
巴布亚新几内亚	0	6	6
埃塞俄比亚	1	0	1
贝里斯	4	0	4
尼泊尔	7	0	7
孟加拉	9	0	9
玻利维亚	3	0	3
圣基茨和尼维斯联邦	2	0	2
危地马拉	5	0	5
阿富汗	44	0	44
英属根西岛	21	0	21
法属波利尼西亚	3	0	3
斐　济	8	0	8
尼维斯岛	2	0	2
安哥拉	14	0	14
特立尼达和多巴哥	8	0	8
圣文森特	1	0	1
乌干达	0	1	1
贝　宁	1	0	1

续表

外国（地区）	外国（地区）注册件数	马德里注册件数	合计
毛里塔尼亚	2	0	2
坦桑尼亚	5	0	5
刚　果	2	0	2
乍　得	1	0	1
多　哥	3	0	3
几内亚	2	0	2
布基纳法锁	1	0	1
合　计	108 510	29 299	137 809

表 5　　2010 年度按类申请和注册商标统计表　　（单位：件）

	申　请				注　册			
类别	国内	国际	马德里	合计	国内	国际	马德里	合计
1	18 827	1524	755	21 106	26 825	2979	798	30 602
2	9444	515	190	10 149	12 926	1037	223	14 186
3	27 658	4032	1147	32 837	38 096	5407	1137	44 640
4	6529	469	250	7248	8758	818	208	9784
5	31 923	2994	1056	35 973	43 149	5035	1393	49 577
6	24 659	1240	739	26 638	31 137	2021	651	33 809
7	33 592	2600	1308	37 500	46 227	4019	1134	51 380
8	7034	737	360	8131	8834	960	364	10 158
9	55 890	6261	3086	65 237	63 823	9249	2659	75 731
10	10 084	1541	938	12 563	11 596	2292	766	14 654
11	45 518	2116	1055	48 689	45 232	2771	888	48 891
12	19 863	1652	662	22 177	24 924	2174	720	27 818
13	2069	83	35	2187	2531	165	58	2754
14	14 961	1456	670	17 087	17 676	2205	678	20 559
15	2563	245	48	2856	3571	344	58	3973
16	20 031	2211	1168	23 410	31 684	4241	1023	36 948
17	8982	831	462	10 275	14 349	1394	483	16 226
18	22 702	2561	1057	26 320	25 719	3815	930	30 464
19	24 609	664	426	25 699	35 832	1280	416	37 528
20	27 446	1 275	714	29 435	31 645	2024	696	34 365
21	17 932	1668	640	20 240	23 423	2249	540	26 212

续表

	申　请				注　册			
类别	国内	国际	马德里	合计	国内	国际	马德里	合计
22	3813	259	95	4167	6193	630	137	6960
23	3327	153	58	3538	5473	392	64	5929
24	15 781	1016	501	17 298	23 942	1908	448	26 298
25	107 766	5585	1844	115 195	126 422	7959	1268	135 649
26	5889	489	183	6561	9285	724	146	10 155
27	5009	276	144	5429	6431	572	137	7140
28	13 934	1751	674	16 359	20 672	3370	703	24 745
29	39 696	1575	433	41 704	36 324	1490	437	38 251
30	59 750	2639	623	63 012	79 465	3748	548	83 761
31	24 675	628	201	25 504	21 245	718	241	22 204
32	19 614	1313	414	21 341	24 687	1780	467	26 934
33	29 074	1980	492	31 546	27 436	2184	640	30 260
34	3038	190	77	3305	3219	288	158	3665
35	59 382	3461	1741	64 584	65 542	5698	1140	72 380
36	15 077	1133	623	16 833	19 827	2371	561	22 759
37	14 483	933	765	16 181	21 620	2206	867	24 693
38	7398	708	587	8693	11 025	1706	714	13 445
39	11 034	534	364	11 932	15 203	1154	454	16 811
40	7575	453	379	8407	11 533	1178	465	13 176
41	23 139	2075	1177	26 391	28 840	3716	1106	33 662
42	21 344	1853	1717	24 914	25 257	3586	1771	30 614
43	32 523	1196	401	34 120	46 889	2379	343	49 611
44	13 136	640	327	14 103	19 865	1441	372	21 678
45	4687	323	303	5313	7076	833	289	8198
合计	973 460	67 838	30 889	1 072 187	1 211 428	108 510	29 299	1 349 237

表 6　　1979～2010 年商标注册申请及核准注册商标统计表　　（单位：件）

	申　请				核准注册			
年度	国内	国际	马德里	合计	国内	国际	马德里	合计
1979	0	0	0	0	27 459	5130	0	32 589
1980	0	0	0	26 177	15 348	1297	0	16 645
1981	0	0	0	23 004	15 707	2049	0	17 756

续表

	申　请				核准注册			
年度	国内	国际	马德里	合计	国内	国际	马德里	合计
1982	17 000	1565	0	18 565	12 385	4672	0	17 057
1983	19 120	1687	0	20 807	4293	2278	0	6571
1984	26 487	3077	0	29 564	13 252	1518	0	14 770
1985	43 445	5798	0	49 243	19 584	2084	0	21 668
1986	45 031	5939	0	50 970	26 993	5126	0	32 119
1987	40 014	4055	0	44 069	27 687	4454	0	32 141
1988	41 683	5866	0	47 549	25 448	3604	0	29 052
1989	43 202	5209	0	48 411	31 810	4625	0	36 435
1990	50 853	4371	2048	57 272	25 966	4036	1269	31 271
1991	59 124	5885	2595	67 604	34 501	3523	2306	40 330
1992	79 837	8367	2591	90 795	42 710	4198	1180	48 088
1993	107 758	21 014	3551	132 323	42 668	3999	2059	48 726
1994	117 186	20 238	5193	142 617	47 482	7803	3016	58 301
1995	144 610	21 442	6094	172 146	59 895	12 591	19 380	91 866
1996	122 057	22 615	7132	151 804	101 178	15 843	11 407	128 428
1997	118 577	21 676	8502	148 755	188 047	24 958	10 033	223 038
1998	129 394	18 252	10 037	157 683	80 095	14 137	13 478	107 710
1999	140 620	18 883	11 212	170 715	96 139	13 896	12 366	122 401
2000	181 717	24 623	16 837	223 177	129 441	16 327	12 807	158 575
2001	229 775	23 234	17 408	270 417	167 563	19 017	16 259	202 839
2002	321 034	37 221	13 681	371 936	169 904	23 364	19 265	212 533
2003	405 620	33 912	12 563	452 095	206 070	21 188	15 253	242 511
2004	527 591	44 938	15 396	587 925	225 394	25 069	16 156	266 619
2005	593 382	52 166	18 469	664 017	218 731	23 792	16 009	258 532
2006	669 276	56 840	40 203	766 319	228 814	25 254	21 573	275 641
2007	604 952	59 714	43 282	707 948	215 161	19 159	29 158	263 478
2008	590 525	60 704	46 890	698 119	342 498	31 870	29 101	403 469
2009	741 763	51 966	36 748	830 477	737 228	68 471	31 944	837 643
2010	973 460	67 838	30 889	1 072 187	1 211 428	108 510	29 299	1 349 237
合计	7 185 093	709 095	351 321	8 294 690	4 790 879	523 842	313 318	5 628 039

二、商标评审案件

表 7　　2010 年度商标评审案件统计表

项　目	案件类型	数量（件）
评审案件申请量	驳回商标注册申请复审	61 887
	商标异议复审	7431
	注册商标争议	2747
	撤销注册商标复审	188
	总计	72 253
评审案件裁决量	驳回商标注册申请复审	29 985
	商标异议复审	5931
	注册商标争议	2901
	撤销注册商标复审	403
	总计	39 220
参与行政诉讼	一审	1815
	二审	703
	再审	17
	总计	2828
行政复议	申请量	103
	结案量	104

三、商标行政执法案件

表 8

2010 年全国查处商标一般违法案件统计表

项目		案件总数(件)		其中涉外案件数		立案查处案件数(件)								案值(万元)	罚款金额(万元)	收缴和消除商标标识(件)	销毁物品(件)
		合计	其中投诉案件	合计	其中投诉案件	小计	其中投诉案件	案值5万元以下	案值5～10万元	案值10～30万元	案值30～100万元	案值100万元以上	罚款10万元以上				
合计		7486	1112	138	55	7033	903	6724	166	73	39	31	22	60 879.23	4763.84	584 696	348 747
注册商标使用的管理	自行改变注册商标的	153	40			125	30	124	1					89.38	*	*	*
	自行改变注册商标注册人名义、地址或其他注册事项的	173	29			161	28	161						116.76	*	*	*
	自行转让注册商标的	56	5			44	3	44						137.65	*	*	*
	商品粗制滥造、以次充好、欺骗消费者的	646	100	2	2	631	96	625	6					575.87	354.93	*	*
未注册商标使用的管理	冒充注册商标的	4130	667	111	47	3836	500	3605	116	55	34	26	13	50146.48	2613.61	*	*
	商品粗制滥造、以次充好、欺骗消费者的	302	46	1	1	285	45	280	4		1			221.22	113.79	*	*
	违反《商标法》第 6 条规定的	55	16			46	15	45	1					9.70	18.13	*	*
	违反《商标法》第 10 条规定的	66		1		56		37	18		1			344.10	39.06	*	*
商标使用许可合同的管理	违反《商标法》第 40 条第 1 款规定的	151	41	3	3	150	36	149				1		203.25	58.53	*	*
	违反《商标法》第 40 条第 2 款规定的	80	4			80	4	79	1					19.69	*	2735	311
违反《商标法》第 13 条规定的		64	16			53	10	51	1			1		161.45	*	2285	693
违反《商标印制管理办法》规定的		1438	118	19	2	1406	113	1367	16	17	3	3	9	8416.12	1452.91	558 330	340 009
违法使用地理标志的		5	2			4	1	4						0.75	1.02		1
违法使用地理标志产品专用标志的		8	1			4		4						3.70	0.45	15000	
违法使用特殊标志的		124	22		1	118	17	116	2					109.61	75.92	5992	7494
违法使用奥林匹克标志的		35	5			34	5	33		1				323.50	35.49	354	239

表 9

2010 年全国查处商标侵权假冒案件统计表

项目		案件总数(件) 合计	案件总数(件) 其中投诉案件	其中涉外案件 合计	其中涉外案件 其中投诉案件	立案查处案件(件) 小计	立案查处案件(件) 其中投诉案件	立案查处案件(件) 案值5万元以下	立案查处案件(件) 案值5~10万元	立案查处案件(件) 案值10~30万元	立案查处案件(件) 案值30~100万元	立案查处案件(件) 案值100万元以上	立案查处案件(件) 罚款10万元以上	案值(万元)	罚款金额(万元)	没收、销毁侵权商品(件)	没收、销毁侵权商标标识(件)	没收、销毁专门用于制造侵权商品和伪造注册商标标识的工具(件)	移送司法机关 案件数 合计(件)	移送司法机关 案件数 其中投诉案件	移送司法机关 案件数 移送人数(人)	移送司法机关 其中涉外案件数 合计(件)	移送司法机关 其中涉外案件数 其中投诉案件	移送司法机关 其中涉外案件数 移送人数(人)
合计		48 548	13 474	11 386	4547	47 080	12 908	45 584	935	386	135	40	259	79 682	41 237	20 209 075	12 167 480	5721	*	*	*	*	*	*
假冒商标	小计	10 206	2962	3809	1592	9693	2768	9424	161	78	21	9	53	13 768	8880	5 605 180	1 973 789	763	175	71	163	66	37	61
	未经注册商标所有人的许可,在相同商品上使用与其注册商标相同的商标的	3422	1216	1220	705	3207	1174	3096	58	36	11	6	31	6379	4196	3 868 441	509 333	207	73	24	77	30	13	30
	伪造、擅自制造他人注册商标标识或者销售伪造、擅自制造的注册商标标识的	1278	239	153	31	1212	220	1155	49	7		1	7	1466	1057	455 605	1 231 739	548	43	15	40	9	5	11
	销售明知是假冒注册商标的商品的	5506	1507	2436	856	5274	1374	5173	54	35	10	2	15	5924	3627	1 281 134	232 717	8	59	32	46	27	19	20
商标侵权	小计	38 342	10 512	7577	2955	37 387	10 140	36 160	774	308	114	31	206	65 914	32 357	14 603 895	10 193 691	4958	*	*	*	*	*	*
	未经注册商标所有人的许可,在相同商品上使用与其注册商标近似的商标或在类似商品上使用与其注册商标相同或近似的商标的	6942	1765	2069	657	6780	1698	6359	254	116	43	8	83	14 094	10 175	9 272 073	6 510 028	3117	*	*	*	*	*	*
	销售侵犯注册商标专用权的商品的	28 643	8230	5298	2248	27 911	7940	27 196	469	168	57	21	107	48 508	19 759	4 575 260	2 734 214	1762	*	*	*	*	*	*
	在同一种或类似商品上,将与他人注册商标相同或近似的标志作为商品名称或者商品装潢使用,误导公众的	929	230	131	32	902	225	862	23	11	5	1	9	1740	929	469 353	384 247	49	*	*	*	*	*	*
	故意为侵犯他人注册商标专用权行为提供仓储、运输、邮寄、隐匿便利条件的	59	5	18		59	5	56	1	2				80	74	7205	32 371	1	*	*	*	*	*	*
	未经商标注册人同意更换其注册商标并将该更换商标的商品又投入市场的	62	23	3		56	22	55		1			1	63	68	198	3830	1	*	*	*	*	*	*
	给他人注册商标专用权造成其他损害的	378	144	46	10	366	143	348	11	5	2		1	434	328	33 554	161 931	3	*	*	*	*	*	*
	侵犯地理标志专用权的	55	10	4	4	54	6	53	1					43	17	1738	8060		*	*	*	*	*	*
	侵犯特殊标志所有权的	54	17	5	4	53	13	50	2		1			72	44	34 965	517	3	*	*	*	*	*	*
	侵犯奥林匹克标志专用权的	88	3			85	3	83	2					62	56	8822	3136	1	*	*	*	*	*	*
	侵犯世界博览会标志专用权的	1132	85	3		1121	85	1098	11	5	6	1	5	817	907	200 727	355 357	21	*	*	*	*	*	*

表 10　　2010 年全国查处商标违法案件基本情况（与 2009 年同期对比）

项目		2010 年	2009 年	增减量	增长率（%）
案件数	合计（件）	56 034	51 044	4990	9.78
	1. 一般违法案件	7486	7448	38	0.51
	侵权假冒案件	48 548	43 596	4952	11.36
	2. 国内	44 510	40 583	3927	9.68
	涉外	11 524	10 461	1063	10.16
收缴和消除商标标识（万件）		12 752 176	13 534 022	−781 846	−5.78
罚没金额（万元）		46 001	40 555	5446	13.43
案值（万元）		140 561	101 205	39 357	38.89
移送司法机关	案件（件）	175	92	83	90.22
	人数（人）	163	109	54	49.54

表 11　　2010 年全国各地区查处商标违法案件基本情况　　（单位：件、万元）

地区	案件总数（件）	案值（万元）	罚款金额（万元）
合　计	56 034	140 561	46 001
北　京	1656	2943	1762
天　津	459	396	235
河　北	1097	1463	749
山　西	2510	1145	744
内蒙古	407	731	249
辽　宁	909	1377	749
吉　林	399	544	323
黑龙江	1227	734	808
上　海	3079	41 380	2609
江　苏	1922	9595	1829
浙　江	8382	19 390	14 354
安　徽	2251	1155	1185
福　建	4808	2914	2384
江　西	1051	1395	652
山　东	4281	2676	2104
河　南	3288	2753	1446

续表

地 区	案件总数（件）	案值（万元）	罚款金额（万元）
湖 北	2166	3666	1270
湖 南	1497	5027	2130
广 东	5448	30 726	6004
广 西	892	861	269
海 南	456	319	222
重 庆	517	3954	652
四 川	1634	1653	1129
贵 州	699	602	277
云 南	931	730	642
西 藏	62	43	19
陕 西	1312	379	194
甘 肃	756	470	304
青 海	948	536	246
宁 夏	169	122	73
新 疆	821	884	388

版 权

表 1 2010 年全国版权合同登记情况统计表 （单位：份）

省、自治区、直辖市	合 计	图 书	期 刊	音像制品	电子出版物	软 件	电 影	电视节目	其 他
合 计	15 160	13 303	234	306	418	453	2	1	443
北 京	8631	8074	228	0	37	292	0	0	0
天 津	184	159	0	0	1	10	0	0	14
河 北	24	24	0	0	0	0	0	0	0
山 西	37	37	0	0	0	0	0	0	0
内蒙古	0	0	0	0	0	0	0	0	0
辽 宁	519	501	0	7	4	4	2	1	0
吉 林	654	654	0	0	0	0	0	0	0
黑龙江	45	45	0	0	0	0	0	0	0
上 海	1192	795	0	26	206	0	0	0	0
江 苏	852	568	0	0	8	127	0	0	149
浙 江	648	154	0	81	167	2	0	0	280
安 徽	136	132	0	0	0	4	0	0	0
福 建	47	27	0	10	10	0	0	0	0
江 西	535	535	0	0	0	0	0	0	0
山 东	175	175	0	0	0	0	0	0	0
河 南	216	216	0	0	0	0	0	0	0
湖 北	134	134	0	0	0	0	0	0	0
湖 南	337	334	2	1	0	0	0	0	0
广 东	0	0	0	0	0	0	0	0	0
广 西	37	37	0	0	0	0	0	0	0
海 南	0	0	0	0	0	0	0	0	0
重 庆	243	231	0	0	0	12	0	0	0
四 川	150	148	0	0	0	2	0	0	0
贵 州	29	29	0	0	0	0	0	0	0

续表

省、自治区、直辖市	合计	图书	期刊	音像制品	电子出版物	软件	电影	电视节目	其他
云南	16	15		1	0	0	0	0	0
西藏	0	0	0	0	0	0	0	0	0
陕西	221	221	0	0	0	0	0	0	0
甘肃	2	2	0	0	0	0	0	0	0
青海	0	0	0	0	0	0	0	0	0
宁夏	4	0	4	0	0	0	0	0	0
新疆	56	56	0	0	0	0	0	0	0

表 2　**2010 年全国作品自愿登记情况统计表**　（单位：件）

省、自治区、直辖市	合计	文字	口述	音乐	曲艺	舞蹈	杂技	美术	摄影	建筑	影视	设计图	地图	模型	其他
合计	359 871	6294	0	1425	112	18	4	37 607	311 897	62	1243	559	44	2	604
北京	313 110	272	0	216	1	0	0	1383	311 156	0	11	10	0	0	61
天津	0	0	0	0	0	0	0	0	0	0	0	0	0	0	0
河北	165	54	0	19	0	0	0	88	0	0	3	1	0	0	0
山西	205	21	0	47	0	0	0	117	0	0	10	9	0	0	1
内蒙古	325	33	0	67	1	0	0	216	1	0	3	3	0	0	1
辽宁	4418	3123	0	120	85	15	0	420	0	0	550	21	0	0	84
吉林	247	108	0	34	0	0	0	13	2	0	0	0	0	0	90
黑龙江	205	82	0	69	0	0	0	46	0	0	2	3	0	0	3
上海	2636	289	0	71	0	0	0	2077	72	0	48	47	0	0	32
江苏	7591	405	0	94	3	0	0	6319	497	0	70	183	8	0	12
浙江	11 051	98	0	29	0	0	0	10 789	3	0	19	65	0	0	48
安徽	127	27	0	10	0	0	0	67	4	0	16	1	0	0	2
福建	10 385	154	0	72	0	0	0	10 042	6	0	60	46	0	0	5
江西	306	78	0	39	0	0	0	189	0	0	0	0	0	0	0
山东	1592	126	0	27	0	0	0	1397	0	0	18	0	24	0	0
河南	267	68	0	19	0	0	2	133	1	0	39	3	0	0	2
湖北	650	425	0	6	0	0	0	198	9	0	5	5	0	2	0
湖南	327	72	0	24	14	0	0	16	25	0	50	114	0	0	12
广东	3482	154	0	62	3	0	0	2903	15	0	118	8	12	0	207
广西	117	38	0	14		0	0	18	0	44	0	3	0	0	0
海南	0	0	0	0	0	0	0	0	0	0	0	0	0	0	0
重庆	456	64	0	18	0	0	0	334	0	0	0	0	0	0	40

续表

省、自治区、直辖市	合计	文字	口述	音乐	曲艺	舞蹈	杂技	美术	摄影	建筑	影视	设计图	地图	模型	其他
四 川	829	317	0	30	0	0	1	427	13	17	8	15	0	0	1
贵 州	118	28	0	1	0	1	0	63	1	1	3	20	0	0	0
云 南	341	79	0	101	0	1	0	157	0	0	0	1	0	0	2
西 藏	7	1	0	0	0	0	0	4	0	0	2	0	0	0	0
陕 西	125	55	0	2	0	0	0	59	1	0	7	1	0	0	0
甘 肃	226	22	0	4	0	0	0	4	0	0	196	0	0	0	0
青 海	23	16	0	0	4	1	1	0	1	0	0	0	0	0	0
宁 夏	40	13	0	4	0	0	0	22	0	0	0	0	0	0	1
新 疆	500	72	0	226	1	0	0	106	90	0	5	0	0	0	0

表 3 **2010 年引进版权汇总表** （单位：种）

原版权所在国家或地区名称	合计	图书	录音制品	录像制品	电子出版物	软件	电影	电视节目	其他
合 计	16 602	13 724	439	356	49	304	284	1446	0
美 国	5284	4549	22	284	9	40	95	285	0
英 国	2429	1770	26	35	3	10	0	585	0
德 国	739	726	2	1	2	8	0	0	0
法 国	737	595	0	13	0	4	0	125	0
俄罗斯	58	57	0	1	0	0	0	0	0
加拿大	111	104	7	0	0	0	0	0	0
新加坡	335	319	0	1	0	0	0	15	0
日 本	1766	1620	53	4	3	23	1	62	0
韩 国	1027	916	2	1	20	23	0	65	0
中国香港	877	424	127	4	1	156	142	23	0
中国澳门	24	0	0	0	0	0	0	24	0
中国台湾	1747	1460	172	1	7	4	1	102	0
其 他	1468	1184	28	11	4	36	45	160	0

表 4 **2010 年全国版权引进情况统计表** （单位：种）

省、自治区、直辖市	合计	图书	录音制品	录像制品	电子出版物	软件	电影	电视节目	其他
合 计	16 602	13 724	439	356	49	304	284	1446	0
北 京	8403	8074	0	0	37	292	0	0	0
天 津	143	140	0	0	3	0	0	0	0
河 北	24	24	0	0	0	0	0	0	0
山 西	22	22	0	0	0	0	0	0	0

续表

省、自治区、直辖市	合计	图书	录音制品	录像制品	电子出版物	软件	电影	电视节目	其他
内蒙古	15	15	0	0	0	0	0	0	0
辽　宁	519	501	0	0	8	10	0	0	0
吉　林	654	654	0	0	0	0	0	0	0
黑龙江	31	31	0	0	0	0	0	0	0
上　海	1463	1133	325	4	1	0	284	1446	0
江　苏	568	568	0	0	0	0	0	0	0
浙　江	152	129	23	0	0	0	0	0	0
安　徽	132	132	0	0	0	0	0	0	0
福　建	52	52	0	0	0	0	0	0	0
江　西	157	157	0	0	0	0	0	0	0
山　东	175	175	0	0	0	0	0	0	0
河　南	216	216	0	0	0	0	0	0	0
湖　北	129	129	0	0	0	0	0	0	0
湖　南	337	336	0	1	0	0	0	0	0
广　东	511	69	91	351	0	0	0	0	0
广　西	370	370	0	0	0	0	0	0	0
海　南	178	178	0	0	0	0	0	0	0
重　庆	184	184	0	0	0	0	0	0	0
四　川	77	75	0	0	0	2	0	0	0
贵　州	40	40	0	0	0	0	0	0	0
云　南	39	39	0	0	0	0	0	0	0
西　藏	0	0	0	0	0	0	0	0	0
陕　西	221	221	0	0	0	0	0	0	0
甘　肃	0	0	0	0	0	0	0	0	0
青　海	0	0	0	0	0	0	0	0	0
宁　夏	4	4	0	0	0	0	0	0	0
新　疆	56	56	0	0	0	0	0	0	0

表 5　　**2010 年输出版权汇总表**　　（单位：种）

国家/地区	合计	图书	录音制品	录像制品	电子出版物	软件	电影	电视节目	其他
合　计	5691	3880	36	8	187	0	0	1561	19
美　国	1147	244	0	5	139	0	0	759	0
英　国	178	176	0	0	0	0	0	2	0
德　国	120	89	14	0	0	0	0	0	17
法　国	121	120	0	0	0	0	0	1	0
俄罗斯	11	11	0	0	0	0	0	0	0
加拿大	86	31	0	1	0	0	0	54	0

续表

国家/地区	合计	图书	录音制品	录像制品	电子出版物	软件	电影	电视节目	其他
新加坡	375	260	0	0	0	0	0	115	0
日　本	214	207	0	0	0	0	0	6	1
韩　国	360	343	14	0	3	0	0	0	0
中国香港	534	341	0	0	35	0	0	158	0
中国澳门	6	6	0	0	0	0	0	0	0
中国台湾	1395	1236	0	0	10	0	0	148	1
其　他	1144	816	8	2	0	0	0	318	0

表 6　　2010 年全国版权输出情况统计表　　（单位：种）

省、自治区、直辖市	合计	图书	录音制品	录像制品	电子出版物	软件	电影	电视节目	其他
合　计	5691	3880	36	8	187	0	0	1561	19
北　京	2316	2092	19	0	186	0	0	0	19
天　津	16	16	0	0	0	0	0	0	0
河　北	22	22	0	0	0	0	0	0	0
山　西	40	40	0	0	0	0	0	0	0
内蒙古	0	0	0	0	0	0	0	0	0
辽　宁	102	102	0	0	0	0	0	0	0
吉　林	66	66	0	0	0	0	0	0	0
黑龙江	25	25	0	0	0	0	0	0	0
上　海	1826	263	0	2	0	0	0	1561	0
江　苏	130	130	0	0	0	0	0	0	0
浙　江	40	40	0	0	0	0	0	0	0
安　徽	196	196	0	0	0	0	0	0	0
福　建	13	13	0	0	0	0	0	0	0
江　西	109	109	0	0	0	0	0	0	0
山　东	127	127	0	0	0	0	0	0	0
河　南	13	13	0	0	0	0	0	0	0
湖　北	145	145	0	0	0	0	0	0	0
湖　南	192	177	15	0	0	0	0	0	0
广　东	95	86	2	6	1	0	0	0	0
广　西	89	89	0	0	0	0	0	0	0
海　南	0	0	0	0	0	0	0	0	0
重　庆	40	40	0	0	0	0	0	0	0
四　川	73	73	0	0	0	0	0	0	0
贵　州	0	0	0	0	0	0	0	0	0
云　南	12	12	0	0	0	0	0	0	0
西　藏	0	0	0	0	0	0	0	0	0

续表

省、自治区、直辖市	合计	图书	录音制品	录像制品	电子出版物	软件	电影	电视节目	其他
陕 西	4	4	0	0	0	0	0	0	0
甘 肃	0	0	0	0	0	0	0	0	0
青 海	0	0	0	0	0	0	0	0	0
宁 夏	0	0	0	0	0	0	0	0	0
新 疆	0	0	0	0	0	0	0	0	0

表 7 **2010 年全国图书版权输出地情况统计表** （单位：种）

省、自治区、直辖市	合计	美国	英国	德国	法国	俄罗斯	加拿大	新加坡	日本	韩国	中国香港	中国澳门	中国台湾	其他地区
合 计	5691	1147	178	120	121	11	86	375	214	360	534	6	1395	1144
北 京	2316	253	167	64	85	11	27	186	172	180	251	3	645	272
天 津	16	4	0	0	0	0	0	0	0	3	2	0	3	4
河 北	22	0	0	0	0	0	0	0	0	0	0	0	22	0
山 西	40	0	1	0	0	0	0	0	0	1	0	0	38	0
内蒙古	0	0	0	0	0	0	0	0	0	0	0	0	0	0
辽 宁	102	2	3	1	16	0	0	32	2	2	2	0	18	24
吉 林	66	0	0	0	0	0	0	0	1	9	1	0	45	10
黑龙江	25	0	0	0	0	0	0	0	0	0	0	0	0	25
上 海	1826	803	2	0	1	0	55	146	15	11	191	3	257	342
江 苏	130	27	2	0	0	0	0	1	2	55	14	0	13	16
浙 江	40	0	0	10	0	0	0	1	0	1	6	0	12	10
安 徽	196	0	0	0	0	0	3	1	0	16	19	0	66	91
福 建	13	0	0	0	0	0	0	0	0	2	10	0	1	0
江 西	109	1	0	0	6	0	0	0	5	1	1	0	54	41
山 东	127	24	2	0	0	0	0	0	14	3	0	0	66	18
河 南	13	0	0	0	0	0	0	0	0	3	0	0	10	0
湖 北	145	1	0	0	0	0	0	0	2	10	12	0	87	33
湖 南	192	0	1	43	13	0	0	0	0	46	0	0	0	89
广 东	95	32	0	2	0	0	0	7	0	1	1	0	4	48
广 西	89	0	0	0	0	0	1	0	0	6	6	0	19	57
海 南	0	0	0	0	0	0	0	0	0	0	0	0	0	0
重 庆	40	0	0	0	0	0	0	0	0	3	1	0	20	16
四 川	73	0	0	0	0	0	0	1	1	2	10	0	11	48
贵 州	0	0	0	0	0	0	0	0	0	0	0	0	0	0
云 南	12	0	0	0	0	0	0	0	0	5	7	0	0	0
西 藏	0	0	0	0	0	0	0	0	0	0	0	0	0	0
陕 西	4	0	0	0	0	0	0	0	0	0	0	0	4	0
甘 肃	0	0	0	0	0	0	0	0	0	0	0	0	0	0
青 海	0	0	0	0	0	0	0	0	0	0	0	0	0	0

续表

各、自治区、直辖市	合计	美国	英国	德国	法国	俄罗斯	加拿大	新加坡	日本	韩国	中国香港	中国澳门	中国台湾	其他地区
宁　夏	0	0	0	0	0	0	0	0	0	0	0	0	0	0
新　疆	0	0	0	0	0	0	0	0	0	0	0	0	0	0

表 8　　2010 年版权执法情况统计表

案件查处		收缴盗版品	
项　目	本年度数量（件、个）	项　目	本年度数量（册、盒、张、件）
行政处罚数量	10 590	合　计	35 097 739
案件移送数量	538	图　书	8 495 176
检查经营单位数量	963 842	期　刊	827 137
取缔违法经营单位数量	61 995	软　件	545 627
查获地下窝点数量	727	音像制品	23 754 110
罚款金额（人民币元）	22 143 117	电子出版物	1 088 552
		其　他	411 666

表 9　　2010 年计算机软件著作权登记统计表　　（单位：件）

项　　目	数　量
软件著作权登记	81 966
软件著作权转让合同登记	129
软件著作权专有许可合同登记	150
软件著作权质押合同登记	205
软件登记事项变更或补充登记	5001
合计	

（本统计数据由国家版权局版权管理司提供）

集成电路布图设计

表 1　　2010 年集成电路布图设计登记申请统计表　　（单位：件）

地　区	申请数量
合　计	1084
国　内	997
北　京	68
天　津	7
辽　宁	39
上　海	258
江　苏	222
浙　江	83
安　徽	10
福　建	38
山　东	7
湖　北	1
湖　南	1
四　川	40
陕　西	25
广　东	170
重　庆	12
河　北	4
甘　肃	1
山　西	1
台　湾	10
国　外	87
美　国	87

表 2　　2010 年集成电路布图设计登记发证统计表　　(单位：件)

地　　区	发证数量
合　计	1011
国　内	945
北　京	81
天　津	11
辽　宁	25
上　海	293
江　苏	182
浙　江	81
安　徽	9
福　建	25
山　东	8
湖　南	1
四　川	27
陕　西	19
广　东	140
重　庆	8
河　北	3
甘　肃	1
山　西	1
台　湾	25
贵　州	5
国　外	66
美　国	66

(本统计数据由国家知识产权局规划发展司计划统计处提供)

农业植物新品种

1999～2010年农业植物新品种权申请和授权汇总表（截至2010年12月31日）

表1　　根据植物种类划分的统计表　　（单位：件）

植物种类		累计总量		2009年申请	2010年同期申请
		申请	授权		
大田作物 申请：6640 授权：3218	玉米	2675	1367	295	329
	水稻	2284	1148	221	372
	普通小麦	671	320	67	88
	大豆	315	123	66	59
	棉属	281	109	26	51
	甘蓝型油菜	188	73	35	31
	花生	61	21	17	14
	大麦属	48	20	9	9
	高粱	36	17	12	0
	谷子	26	9	4	1
	甘薯	29	7	5	9
	蚕豆	7	0	1	2
	绿豆	6	1	0	2
	甘蔗属	8	0	0	8
	苎麻属	2	2	0	0
	芥菜型油菜	1	0	0	0
	芝麻	1	0	1	0
	亚麻	1	1	0	0
蔬菜 申请：393 授权：124	辣椒属	66	16	12	20
	普通西瓜	51	17	6	10
	普通番茄	49	20	4	14
	大白菜	42	23	6	3
	马铃薯	46	16	5	11
	黄瓜	39	11	6	13
	草莓	24	2	1	3
	甜瓜	19	8	1	4
	普通结球甘蓝	15	4	2	5
	茄子	12	4	3	2
	菜豆	8	0	4	2
	食用萝卜	5	3	1	1
	白灵侧耳	3	0	0	0
	花椰菜	3	0	0	0
	西葫芦	3	0	2	0
	大蒜	3	0	0	3
	豇豆	2	0	0	0
	豌豆	1	0	0	0
	胡萝卜	1	0	0	0
	大葱	1	0	0	0

续表

植物种类		累计总量		2009 年申请	2010 年同期申请
		申请	授权		
花卉 申请：482 授权：76	菊属	150	37	64	12
	花烛属	72	0	23	2
	百合属	68	6	17	10
	非洲菊	61	11	6	25
	石竹属	47	12	17	9
	果子蔓属	32	0	14	5
	兰属	29	10	2	7
	新几内亚凤仙花	7	0	0	7
	蝴蝶兰属	5	0	0	5
	秋海棠属	4	0	0	4
	唐菖蒲属	3	0	0	2
	花毛茛	2	0	0	0
	莲	2	0	0	2
果树 申请：215 授权：55	梨属	50	15	2	6
	苹果属	41	6	5	4
	猕猴桃属	33	9	7	7
	葡萄属	29	6	7	2
	桃	23	11	3	2
	柑橘属	21	7	3	8
	李	11	0	0	8
	桑属	6	0	5	0
	荔枝	1	1	0	0
牧草申请：11	紫花苜蓿	4	0	0	2
	草地早熟禾	4	0	0	4
	酸模属	2	0	0	0
	柱花草属	1	0	1	0
其他申请：20	茶组	18	0	4	5
	人参	2	0	0	2
合计		7761	3473	992	1206

表 2　　根据单位性质划分的统计表　　（单位：件）

单位性质	总计		2009 年申请	2010 年申请
	申请	授权		
国内科研	3751	1860	469	508
国内企业	2486	1122	276	426
国内教学	603	285	76	104
国内个人	428	142	67	52
国外企业	441	64	89	107
国外个人	32	0	11	6
国外教学	17	0	4	3
国外科研	3	0	0	0
合计	7761	3473	992	1206

表 3　　根据地区划分的统计表　　（单位：件）

	排名	地区	总计		2009 年申请	2010 年同期申请
			申请	授权		
国内	1	四　川	647	379	48	56
	2	山　东	635	325	70	80
	3	河　南	634	277	86	95
	4	吉　林	527	265	55	37
	5	江　苏	552	271	71	99
	6	北　京	498	168	74	155
	7	黑龙江	445	178	65	94
	8	辽　宁	427	246	34	30
	9	河　北	331	191	34	38
	10	湖　南	295	173	36	25
	11	安　徽	263	93	20	70
	12	云　南	257	74	61	66
	13	湖　北	186	83	24	25
	14	福　建	161	86	17	31
	15	浙　江	163	77	20	22
	16	广　东	154	54	29	35
	17	广　西	141	85	11	16
	18	内蒙古	131	64	17	11
	19	贵　州	127	31	20	13
	20	上　海	119	34	29	13
	21	陕　西	98	42	8	15
	22	山　西	93	46	13	3
	23	新　疆	88	29	4	12
	24	江　西	78	46	12	14
	25	重　庆	72	38	7	3
	26	天　津	48	12	6	7
	27	甘　肃	46	11	14	14
	28	海　南	27	22	2	1
	29	宁　夏	17	7	1	5
	30	青　海	8	2	1	5

续表

	排名	地区	总计		2009 年申请	2010 年同期申请
			申请	授权		
国外	1	荷　兰	183	36	40	20
	2	美　国	126	4	34	54
	3	韩　国	65	3	13	17
	4	日　本	41	17	7	9
	5	德　国	18	1	4	3
	6	西班牙	13	0	2	6
	7	比利时	12	0	2	1
	8	意大利	8	0	1	0
	9	新西兰	8	1	1	4
	10	法　国	7	0	0	0
	11	以色列	6	0	0	2
	12	澳大利亚	4	2	0	0
	13	南　非	1	0	0	0
	14	英　国	1	0	0	0
合计			7761	3473	992	1206

表 4　　国外植物新品种申请情况明细表（1999～2010 年）　　（单位：件）

申请地区	植物种类	1999～2009 年申请	2010 年申请
荷兰（申请 183 件）	百合属	36	3
	菊属	40	0
	非洲菊	10	0
	石竹属	4	1
	茄子	4	0
	马铃薯	7	4
	普通番茄	2	1
	梨属	1	0
	辣椒属	3	3
	花烛属	47	2
	果子蔓属	9	2
	秋海棠属	0	4
美国（申请 126 件）	玉米	51	48
	草莓	10	2
	葡萄属	10	1
	苹果属	1	0
	普通番茄	0	3

续表

申请地区	植物种类	1999～2009 年申请	2010 年申请
韩国（申请 65 件）	梨属	20	2
	葡萄属	4	1
	苹果属	4	2
	玉米	2	0
	唐菖蒲属	1	0
	菊属	12	5
	水稻	2	0
	桃	1	1
	甘薯	0	2
	马铃薯	0	2
	人参	0	2
	猕猴桃属	2	0
日本（申请 41 件）	苹果属	2	0
	兰属	10	0
	菊属	7	0
	水稻	9	0
	草莓	1	1
	辣椒属	1	0
	甜瓜	1	0
	桃	1	0
	普通番茄	0	1
	新几内亚凤仙花	0	7
德国（申请 18 件）	梨属	2	1
	菊属	5	0
	李	2	0
	玉米	6	0
	水稻	0	2
西班牙（申请 13 件）	石竹属	5	2
	草莓	2	0
	柑橘属	0	4
比利时（申请 12 件）	苹果属	2	0
	果子蔓属	9	1
意大利（申请 8 件）	石竹属	2	0
	草莓	4	0
	梨属	1	0
	葡萄属	1	0
新西兰（申请 8 件）	苹果属	2	1
	猕猴桃属	2	3

续表

申请地区	植物种类	1999～2009年申请	2010年申请
法国（申请7件）	草莓	1	0
	马铃薯	5	0
	苹果	1	0
以色列（申请6件）	非洲菊	4	0
	普通番茄	0	2
澳大利亚（申请4件）	苹果属	2	0
	大麦属	2	0
南非（申请1件）	柑橘属	1	0
英国（申请1件）	苹果属	1	0
合计		377	116

（本统计数据由农业部植物新品种保护办公室提供）

林业植物新品种

1999～2010 年林业植物新品种权申请和授权汇总表（截至 2010 年 12 月 31 日）

表 1　根据植物种类划分的统计表　（单位：件）

植物种类	累计总量		2010 年申请	2009 年同期申请
	申请	授权		
林木	96	72	12	22
果树	37	23	7	7
木本观赏植物	560	214	60	35
竹	1	1	0	0
木质藤本	2	0	2	0
其他	27	10	8	3
合计	723	320	89	67

表 2　根据申请人性质划分的统计表　（单位：件）

植物种类＼申请人	科研	教学	个人	公司	繁育场	其他	合计
林木	41	38	2	14	0	1	96
果树	16	6	6	3	4	2	37
木本观赏植物	82	37	87	236	51	67	560
竹	0	1	0	0	0	0	1
木质藤本	2	0	0	0	0	0	2
其他	7	11	3	5	1	0	27
合计	148	93	98	258	56	70	723

表 3　根据国内外申请人划分的统计表　（单位：件）

申请者	年度申请量												
	1999	2000	2001	2002	2003	2004	2005	2006	2007	2008	2009	2010	总计
国内合计	181	7	8	13	14	17	41	22	35	57	62	85	542
国外合计	1	4	2	4	35	19	32	29	26	20	5	4	181
总计	182	11	10	17	49	36	73	51	61	77	67	89	723

表 4　　根据国外申请人国别划分的统计表　　（单位：件）

植物名录	申请量										合计
	日本	荷兰	比利时	德国	法国	美国	英国	丹麦	韩国	塞浦路斯	
蔷薇属	0	48	0	50	32	0	4	2	2	2	140
杜鹃花属	0	0	5	0	0	0	0	0	0	0	5
大戟属	0	0	0	23	0	8	0	0	0	0	31
杏	0	0	0	0	0	1	0	0	0	0	1
樟属	1	0	0	0	0	0	0	0	0	0	1
紫金牛属	0	1	0	0	0	0	0	0	0	0	1
柿	0	0	0	0	0	0	0	0	1	0	1
松属	0	0	0	0	0	0	0	0	1	0	1
合计	1	49	5	73	32	9	4	2	4	2	181

表 5　　2010 年林业植物新品种权申请统计表

序号	品种名称	所属属（种）	申请号	申　请　人	申请日
1	红伞寿星桃	桃	20100001	王华明	2010－1－1
2	红云紫薇	紫薇	20100002	王华明	2010－1－1
3	华桉 1 号	桉属	20100003	华南农业大学、国营雷州林业局林业科学研究所	2010－1－4
4	华桉 2 号	桉属	20100004	华南农业大学、国营雷州林业局林业科学研究所	2010－1－4
5	绿香	核桃属	20100005	山东省林业科学研究院	2010－1－11
6	蜜月	蔷薇属	20100006	云南省农业科学院	2010－1－11
7	粉红女郎	蔷薇属	20100007	云南省农业科学院	2010－1－11
8	赤子之心	蔷薇属	20100008	云南省农业科学院	2010－1－11
9	天山祥云	蔷薇属	20100009	伊犁师范学院奎屯校区	2010－1－18
10	层云尽染	芍药属	20100010	上海植物园	2010－1－21
11	浦江紫	芍药属	20100011	上海植物园	2010－1－21
12	青岛红须	梅	20100012	青岛颐梅风景园林有限公司、北京林业大学	2010－1－29
13	黄绿萼	梅	20100013	青岛颐梅风景园林有限公司、北京林业大学	2010－1－29
14	彦文丰后	梅	20100014	北京林业大学、青岛颐梅风景园林有限公司	2010－1－29
15	舞丰后	梅	20100015	北京林业大学、青岛颐梅风景园林有限公司	2010－1－29
16	明晓丰后	梅	20090016	北京林业大学、青岛颐梅风景园林有限公司	2010－1－29
17	山农银一	银杏	20100017	山东农业大学	2010－3－12
18	山农银二	银杏	20100018	山东农业大学	2010－3－12
19	千一香	核桃属	20100019	宋宗学	2010－3－18
20	宁杞 6 号	枸杞属	20100020	宁夏林业研究所（有限公司）	2010－4－8

续表

序号	品种名称	所属属（种）	申请号	申　请　人	申请日
21	真趣松 2 号	松属	20100021	黎德坚	2010－5－4
22	真趣松 3 号	松属	20100022	黎德坚	2010－5－4
23	彩云追日	木瓜属	20100023	上海植物园、北京林业大学	2010－5－17
24	早春之光	木瓜属	20100024	上海植物园、北京林业大学	2010－5－17
25	玉洁	山茶属	20100025	中国科学院昆明植物研究所	2010－5－27
26	彩云	山茶属	20100026	中国科学院昆明植物研究所	2010－5－27
27	粉红莲	山茶属	20100027	中国科学院昆明植物研究所	2010－5－27
28	安水黄金松	松属	20100028	宋宗宪	2009－6－3
29	朱芯含笑	含笑属	20100029	中国科学院昆明植物研究所	2010－6－2
30	瓣蕊含笑	含笑属	20100030	中国科学院昆明植物研究所	2010－6－2
31	京仁 1 号	杏	20100031	北京市农林科学院林业果树研究所	2010－6－22
32	京仁 2 号	杏	20100032	北京市农林科学院林业果树研究所	2010－6－22
33	雪玉	木瓜属	20100033	上海植物园、上海辰山植物园	2010－6－28
34	香玉棠	木瓜属	20100034	上海植物园、上海辰山植物园	2010－6－28
35	拉德迪科	蔷薇属	20100035	法国玫兰国际有限公司	2010－6－29
36	娇红 1 号	木兰属	20100036	北京林业大学	2010－6－30
37	燕龙	板栗	20100037	河北科技师范学院	2010－7－21
38	红阳	杜鹃花属	20100038	方永根	2010－7－19
39	红运来	杜鹃花属	20100039	方永根	2010－7－19
40	红缨	杜鹃花属	20100040	方永根	2010－7－19
41	东方巨人	杜鹃花属	20100041	方永根	2010－7－19
42	紫秀	杜鹃花属	20100042	方永根	2010－7－19
43	瑞雪	杜鹃花属	20100043	方永根	2010－7－19
44	紫金山	杜鹃花属	20100044	方永根	2010－7－19
45	春潮	杜鹃花属	20100045	方永根	2010－7－19
46	春诗	杜鹃花属	20100046	方永根	2010－7－19
47	宝玉	杜鹃花属	20100047	方永根	2010－7－19
48	娇容羞月	芍药属	20100048	洛阳市神州牡丹园艺有限责任公司、上海植物园	2010－7－30
49	芙蓉羽衣	芍药属	20100049	上海植物园、洛阳市神州牡丹园艺有限责任公司	2010－7－30
50	绿蝶探荷	芍药属	20100050	洛阳市神州牡丹园艺有限责任公司、上海植物园	2010－7－30
51	丹霞醉春	芍药属	20100051	上海植物园、洛阳市神州牡丹园艺有限责任公司	2010－7－30
52	红钟	山茶属	20100052	广东省林业科学研究院	2010－8－11
53	金钗元年	山茶属	20100053	广东省林业科学研究院	2010－8－11
54	春雪连翘	连翘属	20100054	大连金州新区造林技术指导站	2010－8－11
55	墨红刘海	山茶属	20100055	上海植物园	2010－8－23

续表

序号	品种名称	所属属（种）	申请号	申 请 人	申请日
56	墨玉鳞	山茶属	20100056	上海植物园	2010－8－23
57	岱玉杏	杏	20100057	泰安市泰山林业科学研究院	2010－8－26
58	南林果3	银杏	20100058	南京林业大学	2010－9－6
59	南林果4	银杏	20100059	南京林业大学	2010－9－6
60	南林果5	银杏	20100060	南京林业大学	2010－9－6
61	南林外1	银杏	20100061	南京林业大学	2010－9－6
62	南林外2	银杏	20100062	南京林业大学	2010－9－6
63	南林外3	银杏	20100063	南京林业大学	2010－9－6
64	南林外4	银杏	20100064	南京林业大学	2010－9－6
65	翡翠1号	爬山虎属	20100065	中国林业科学研究院林业研究所	2010－9－10
66	银脉1号	爬山虎属	20100066	中国林业科学研究院林业研究所	2010－9－10
67	赤霞	紫薇	20100067	湖北省林业科学研究院	2010－9－10
68	多娇	蔷薇属	20100068	北京联合大学	2010－9－16
69	多俏	蔷薇属	20100069	北京联合大学	2010－9－16
70	北林槐1号	刺槐属	20100070	北京林业大学	2010－9－21
71	北林槐2号	刺槐属	20100071	北京林业大学	2010－9－21
72	北林槐3号	刺槐属	20100072	北京林业大学	2010－9－21
73	航刺1号	刺槐属	20100073	北京林业大学	2010－9－21
74	航刺2号	刺槐属	20100074	北京林业大学	2010－9－21
75	航刺3号	刺槐属	20100075	北京林业大学	2010－9－21
76	航刺4号	刺槐属	20100076	北京林业大学	2010－9－21
77	航刺5号	刺槐属	20100077	北京林业大学	2010－9－21
78	朝阳椿	臭椿属	20100078	肖进魁	2010－10－14
79	祥云	山茶属	20100079	云南远益园林工程有限公司	2010－10－25
80	粉妆阁	蔷薇属	20100080	云南丽都花卉发展有限公司、云南省农业科学院花卉研究所	2010－10－25
81	秀山红	蔷薇属	20100081	云南丽都花卉发展有限公司、云南省农业科学院花卉研究所	2010－10－25
82	红丝带	蔷薇属	20100082	云南丽都花卉发展有限公司、云南省农业科学院花卉研究所	2010－10－25
83	花轿	蔷薇属	20100083	云南省农业科学院花卉研究所	2010－10－25
84	胭脂扣	蔷薇属	20100084	云南省农业科学院花卉研究所	2010－10－25
85	勒斯布鲁斯	蔷薇属	20100085	莱文思有限公司	2010－12－3
86	浪漫	柿	20100086	大韩民国农村振兴厅	2010－12－10
87	红吉星	木兰属	20100087	广东棕榈园林股份有限公司、深圳市仙湖植物园管理处	2010－12－14
88	禾阳1号杨	杨属	20100088	上海和丰中林林业股份有限公司、邵云华	2010－12－15
89	禾阳2号杨	杨属	20100089	上海和丰中林林业股份有限公司、邵云华	2010－12－15

表 6

2010 年林业植物新品种权授权统计表

序号	品种名称	所属属（种）	品　种　权　人	授权日	品种权号
1	真趣松	罗汉松属	黎德坚	2010—12—28	20100001
2	焰火香樟	樟属	董义大	2010—12—28	20100002
3	神州奇	杜鹃花属	浙江省金华市婺城区万盛园艺场	2010—12—28	20100003
4	春满园	杜鹃花属	浙江省金华市婺城区万盛园艺场	2010—12—28	20100004
5	紫气东升	杜鹃花属	浙江省金华市婺城区万盛园艺场	2010—12—28	20100005
6	黄绿萼	梅	青岛颐梅风景园林有限公司、北京林业大学	2010—12—28	20100006
7	彦文丰后	梅	北京林业大学、青岛颐梅风景园林有限公司	2010—12—28	20100007
8	舞丰后	梅	北京林业大学、青岛颐梅风景园林有限公司	2010—12—28	20100008
9	明晓丰后	梅	北京林业大学、青岛颐梅风景园林有限公司	2010—12—28	20100009
10	品霞	桃花	北京市植物园	2010—12—28	20100010
11	鲁蜡 1 号	白蜡树属	山东省林业科学研究院	2010—12—28	20100011
12	鲁蜡 2 号	白蜡树属	山东省林业科学研究院	2010—12—28	20100012
13	鲁蜡 3 号	白蜡树属	山东省林业科学研究院	2010—12—28	20100013
14	鲁蜡 4 号	白蜡树属	山东省林业科学研究院	2010—12—28	20100014
15	鲁蜡 5 号	白蜡树属	山东省林业科学研究院	2010—12—28	20100015
16	鲁蜡 6 号	白蜡树属	山东省林业科学研究院	2010—12—28	20100016
17	丰园红	杏	西安丰园果业科技有限公司	2010—12—28	20100017
18	墨杉杂种中山杉 405	落羽杉属	江苏省中国科学院植物研究所	2010—12—28	20100018
19	墨杉杂种中山杉 406	落羽杉属	江苏省中国科学院植物研究所	2010—12—28	20100019
20	墨杉杂种中山杉 407	落羽杉属	江苏省中国科学院植物研究所	2010—12—28	20100020
21	墨杉杂种中山杉 502	落羽杉属	江苏省中国科学院植物研究所	2010—12—28	20100021
22	京仁 1 号	杏	北京市农林科学院林业果树研究所	2010—12—28	20100022
23	京仁 2 号	杏	北京市农林科学院林业果树研究所	2010—12—28	20100023
24	国富	杏	辽宁省果树科学研究所	2010—12—28	20100024
25	鲁文 1 号	核桃属	山东省果树研究所	2010—12—28	20100025
26	鲁文 8 号	核桃属	山东省果树研究所	2010—12—28	20100026

（本统计数据由国家林业局植物新品种保护办公室提供）

海关知识产权保护

表 1　　2010 年海关中止放行和扣留货物批次统计

年　度	中止放行货物批次	扣留货物批次
2010	22 962	21 073

表 2　　2010 年海关扣留侵权商品统计

年　度	侵权商品数量（件）	价　值（元）
2010	133 599 569	277 153 316

表 3　　2010 年海关查获进出口侵权货物统计

进出口类型	侵权商品数量（件）	占　比	价值（元）	占　比
进口	192 516	0.14%	4 476 615	1.62%
出口	133 407 053	99.86%	272 676 701	98.38%

表 4　　2010 年侵权货物涉及的知识产权类型统计

知识产权类型	涉及批次	商品数量（件）	占　比	价值（元）	占　比
商标专用权	20 531	128 949 654	96.52%	257 105 378	92.77%
著作权	652	207 422	0.16%	2 136 308	0.77%
专利权	96	4 392 275	3.29%	17 661 961.99	6.37%
奥林匹克标志/世博标志	22	50 218	0.04%	249 668	0.09%

表 5　　2010 年海关扣留的侵权商品数量和价值统计

商品类别	商品数量（件/双）	占　比	价值（元）	占　比
烟草	75 893 955	56.81%	32 376 579	11.68%
其他	22 881 974	17.13%	29 732 142	10.73%
其他轻工产品	5 514 473	4.13%	19 320 570	6.97%
化妆、护理用品	5 119 547	3.83%	12 150 499	4.38%
五金机械	9 620 190	7.2%	2 703 109	9.75%
服装	1 785 583	1.34%	28 030 029	10.11%
药品	2 040 274	1.53%	1 227 811	0.44%

续表

商品类别	商品数量（件/双）	占　比	价值（元）	占　比
其他机电产品	4 938 573	3.7%	28 430 846	10.26%
汽车、摩托车	614 304	0.46%	6 366 606	2.3%
通讯设备	657 257	0.49%	27 766 510	10.02%
鞋类	2 373 982	1.78%	29 073 369	10.49%
箱包及皮革制品	449 167	0.34%	10 763 368	3.88%
手表	93 258	0.07%	7 505 589	2.71%
玩具游戏	328 298	0.25%	2 451 122	0.88%
帽类	246 910	0.18%	2 040 237	0.74%
食品饮料	529 535	0.4%	1 388 363	0.5%
医疗器械	30 381	0.02%	47 100	0.02%
运动器具	215 349	0.16%	6 783 520	2.45%
存储介质	159 656	0.12%	3 623 638	1.31%
珠宝首饰	106 903	0.08%	1 044 322	0.38%

表 6　　2010 年和 2009 年海关扣留的侵权商品类别统计

	商品数量（件/双）		商品价值（元）	
商品类别	2010 年	2009 年	2010 年	2009 年
服装	1 785 583	4 986 126	28 030 029	31 237 653
鞋类	2 373 982	1 184 250	29 073 369	25 807 920
帽类	246 910	282 262	2 040 237	1 959 904
箱包及皮革制品	449 167	418 746	10 763 368	10 757 195
化妆、护理用品	5 119 547	10 996 937	12 150 499	30 503 080
其他轻工产品	5 514 473	15 918 160	19 320 570	44 083 239
汽车、摩托车	614 304	1 580 608	6 366 606	8 555 921
手表	93 258	319 770	7 505 589	42 909 738
玩具游戏	328 298	313 311	2 451 122	2 893 802
通讯设备	657 257	1 469 595	27 766 510	57 628 798
存储介质	159 656	95 735	3 623 638	7 894 969
其他机电产品	4 938 573	1 747 306	28 430 846	21 765 950
五金机械	9 620 190	8 712 423	27 031 090	10 226 569

续表

	商品数量（件/双）		商品价值（元）	
商品类别	2010 年	2009 年	2010 年	2009 年
珠宝首饰	106 903	39 165	1 044 322	4 101 115
运动器具	215 349	130 893	6 783 520	793 251
医疗器械	30 381	198 744	47 100	199 920
药品	2 040 274	3 344 790	1 227 811	48 379 124
食品饮料	529 535	212 533	1 388 363	846 142
烟草	75 893 955	181 346 116	32 376 579	57 874 722
其他	22 881 974	46 761 330	29 732 142	43 915 284.67

表 7　　2010 年侵权商品运输方式（按扣留批次）

运输方式	邮递	快件	海运	航空	汽车	铁路	其他
批次	9830	7656	1880	468	442	81	716
占比%	46.65%	36.33%	8.92%	2.22%	2.10%	0.38%	3.40%

表 8　　2010 年侵权商品运输方式（按商品数量）

运输方式	邮递	快件	海运	航空	汽车	铁路	其他
商品数量（件）	1 006 033	3 393 374	126 712 852	549 058	925 443	469 371	543 438
占比%	0.75%	2.54%	94.85%	0.41%	0.69%	0.35%	0.41%

表 9　　2010 年侵权商品运输方式（按价值）

运输方式	邮递	快件	海运	航空	汽车	铁路	其他
价值（元）	33 329 956	11 911 102	200 480 392	16 203 973	8 869 112	1 648 603	4 710 179
占比%	12.03%	4.30%	72.34%	5.85%	3.20%	0.59%	1.70%

表 10　　2010 年各直属海关扣留侵权货物统计

直属海关	批　次	商品数量（件）	价值（元）
深圳海关	5334	37 495 583	33 009 506
广州海关	4294	2 866 507	8 714 881
杭州海关	4263	8 189 636	31 901 940
上海海关	2962	9 713 046	29 746 215
天津海关	723	4 864 311	13 636 155
青岛海关	624	1 608 827	8 699 835

续表

直属海关	批次	商品数量（件）	价值（元）
拱北海关	494	308 619	6 115 298
宁波海关	425	25 570 044	54 116 721
福州海关	367	1 540 190	4 116 980
南京海关	213	386 690	3 061 392
武汉海关	167	9762	662 460
北京海关	157	305 158	36 274 280
沈阳海关	156	6394	233 540
哈尔滨海关	140	9949	1 007 239
昆明海关	109	710 293	1 795 592
黄埔海关	108	23 660 468	16 828 894
厦门海关	103	15 625 816	18 661 111
西安海关	84	221	38 800
拉萨海关	65	25 253	435 251
乌鲁木齐海关	59	39 209	2 021 830
大连海关	58	65 929	2 072 873
南宁海关	43	317 633	504 144
重庆海关	42	8171	1 191 840
满洲里海关	29	641	45 647
江门海关	18	177 290	1 140 455
呼和浩特海关	9	4045	118 120
长春海关	9	66 421	234 051
郑州海关	6	8632	486 209
长沙海关	6	692	138 720
太原海关	2	72	35 500
汕头海关	2	13 044	78 700
海口海关	1	5	2000
成都海关	1	1018	27 130

表 11 **2010 年侵权货物目的国/地区统计**

国家/地区	批次	商品数量（件）	价值（元）
美 国	7222	15 944 116	22 834 567
德 国	2731	453 940	6 437 878
英 国	1861	2 676 999	5 358 477

续表

国家/地区	批　次	商品数量（件）	价值（元）
日　本	1631	178 741	4 518 804
法　国	988	9 873 519	7 017 696
澳大利亚	694	240 225	4 038 419
中国香港	605	506 006	6 428 074
加拿大	483	60 350	1 575 766
韩　国	430	133 481	3 556 290
俄罗斯联邦	425	717 342	6 433 569
西班牙	405	9 648 773	4 656 712
波　兰	390	24 526	522 548
中国澳门	379	31 562	2 808 666
荷　兰	193	20 359	719 894
巴　西	165	195 788	28 430 583
伊　朗	107	1 177 428	10 604 352
阿联酋	104	6 293 996	15 168 699
中国台湾	89	9467	1 005 817
印　度	87	4 792 695	8 691 020
马来西亚	85	12 544 301	9 253 158
保加利亚	82	581	3951
意大利	80	132 054	1 634 723
阿根廷	79	578 113	2 782 911
越　南	75	689 399	3 076 811
希　腊	73	6 212 876	6 166 953
瑞　典	69	3255	76 781
尼泊尔	65	25 253	435 251
巴基斯坦	57	971 631	7 033 496
新西兰	54	38 828	193 822
格林纳达	46	46	2300
秘　鲁	46	68 367	237 998
尼日利亚	44	744 859	7 555 913
南　非	42	456 581	1 730 624
哈萨克斯坦	40	32 835	1 364 490
土耳其	40	53 415	1 253 519
新加坡	40	18 537 171	6 663 985
肯尼亚	38	927 855	3 618 995
乌克兰	37	1 033 330	1 930 167
印度尼西亚	36	4 809 455	2 163 619

续表

国家/地区	批 次	商品数量（件）	价值（元）
沙特阿拉伯	35	882 313	2 719 266
埃 及	34	451 178	2 920 703
摩洛哥	32	1 256 178	4 091 141
爱尔兰	29	14 844	549 133
加 纳	28	1 597 220	1 599 998
缅 甸	28	679 291	1 355 944
吉布提	26	420 694	2 308 297
捷 克	26	44 665	475 812
菲律宾	25	268 213	1 068 708
以色列	24	233 700	907 549
阿尔及利亚	23	161 398	1 842 442
中 国	22	23 077	232 411
伊拉克	21	636 515	1 888 992
智 利	20	142 174	1 992 772
泰 国	19	302 213	2 054 285
罗马尼亚	18	368 027	611 964
坦桑尼亚	17	2 534 898	1 185 348
委内瑞拉	16	1 387 299	1 556 564
约 旦	16	137 451	874 372
多 哥	15	2 863 110	3 830 221
孟加拉国	15	230 370	1 815 101
挪 威	15	2815	113 050
苏 丹	15	1 061 277	2 043 590
安哥拉	14	201 449	920 104
巴布亚新几内亚	14	35 386	441 146
贝 宁	14	2 583 239	3 595 973
比利时	14	100 924	982 045
克罗地亚	14	26 520	1 144 217
哥伦比亚	13	167 052	1 875 210
津巴布韦	13	1 124 587	2 080 365
塞内加尔	13	218 245	1 129 261
突尼斯	13	145 921	874 878
朝 鲜	11	67 091	531 398
蒙 古	11	3256	114 940
危地马拉	11	138 747	1 162 214
也 门	11	1 824 042	1 086 081

续表

国家/地区	批　次	商品数量（件）	价值（元）
巴拿马	10	117 299	1 404 540
黎巴嫩	10	80 551	442 180
利比亚	10	36 036	1 374 290
斯里兰卡	10	932 119	674 199
芬　兰	9	68 129	551 577
柬埔寨	9	1767	311 737
吉尔吉斯斯坦	8	11 576	508 000
喀麦隆	8	898 001	365 679
老　挝	8	798	154 718
莫桑比克	8	223 774	458 205
纳米比亚	8	72 702	569 263
科威特	7	52 125	264 254
叙利亚	7	120 805	466 270
埃塞俄比亚	6	735 858	1 032 374
毛里塔尼亚	6	26 766	331 660
瑞　士	6	1391	54 865
乌拉圭	6	258 183	598 662
阿尔巴尼亚	5	14 768	365 682
几内亚	5	675 587	740 390
科特迪瓦	5	2 016 080	2 009 536
墨西哥	5	42 709	626 345
塞尔维亚	5	12 061	99 800
土库曼斯坦	5	47 280	4 717 330
东帝汶	4	2970	68 400
刚　果	4	9232	43 600
立陶宛	4	21 685	70 150
马达加斯加	4	28 324	164 145
葡萄牙	4	915	7640
萨尔瓦多	4	29 034	112 074
阿　曼	3	11 662	196 960
阿塞拜疆	3	524	136 230
波多黎各	3	27 428	601 102
多米尼加共和国	3	6837	95 212
斐　济	3	5708	152 960
哥斯达黎加	3	56 748	216 205
格鲁吉亚	3	11 560	174 100

续表

国家/地区	批 次	商品数量（件）	价值（元）
拉脱维亚	3	37 204	1 457 013
马拉维	3	8292	103 834
塞浦路斯	3	5934	51 170
乌干达	3	16 044	153 786
匈牙利	3	3532	16 640
牙买加	3	9969	142 885
奥地利	2	664	547 775
巴拉圭	2	61 195	160 378
巴 林	2	64	23 200
伯利兹	2	26 348	330 080
丹 麦	2	619	17 750
佛得角	2	4487	61 270
圭亚那	2	150	26 000
毛里求斯	2	179 488	132 761
民主刚果	2	191 300	142 975
尼加拉瓜	2	9936	84 760
尼日尔	2	4192	38 400
萨摩亚	2	17 433	178 740
乌兹别克斯坦	2	385 976	16 009
阿富汗	1	120	7200
爱沙尼亚	1	308	21 640
巴勒斯坦	1	11	1100
博茨瓦纳	1	43 140	86 200
赤道几内亚	1	600	6000
厄瓜多尔	1	318 120	591 603
洪都拉斯	1	24 960	110 000
加 蓬	1	116	11 600
卡塔尔	1	2 409 600	361 440
利比里亚	1	10	500
马尔代夫	1	16	4800
马 里	1	430	1000
帕 劳	1	31	310
塞拉利昂	1	400	40 000
圣卢西亚	1	50	3405
斯洛文尼亚	1	600	30 000
苏里南	1	2996	42 366
塔吉克斯坦	1	45	9000
特立尼达和多巴哥	1	1300	16 600

表 12 2010 年知识产权来源国/地区统计

国家/地区	权利项次	商品数量（件）	价值（元）
美　国	2487	16 207 730	59 901 829
法　国	1005	4 562 043	11 744 980
德　国	857	3 050 617	25 516 360
日　本	755	15 082 842	29 439 960
芬　兰	606	624 499	22 951 991
中　国	570	24 942 948	42 970 527
意大利	526	527 547	13 444 488
瑞　士	500	30 976 454	22 700 306
英　国	280	23 947 842	14 284 942
荷　兰	225	3 692 654	11 561 031
卢森堡	187	186 867	2 598 664
瑞　典	121	317 257	3 186 464
韩　国	113	216 449	3 703 746
加拿大	41	382 467	3 789 284
中国香港	32	516 075	3 639 005
澳大利亚	25	104 302	881 225
中国台湾	20	6 086 848	1 877 333
英属维尔京群岛	9	13 838	213 950
巴　西	7	93 240	378 928
西班牙	7	137 878	677 858
新加坡	7	1 055 354	631 871
阿联酋	5	184 052	476 386
印　度	5	406 464	119 280
泰　国	4	139 920	271 376
丹　麦	3	15	974
匈牙利	3	93 200	81 600
土耳其	2	3240	34 800
英属马恩群岛	2	245	34 000
比利时	1	30 000	27 500
捷　克	1	12 936	1294
列支敦士登	1	10	1000
挪　威	1	2304	3110

表 13 **2010 年海关查扣侵权货物的执法模式**

执法模式	批次	占比	商品数量（件）	占比	价值（元）	占比
依申请扣留	113	0.54%	4 805 332	3.6%	21 523 364	7.77%
依备案扣留	1599	7.59%	123 830 799	92.69%	190 498 644	68.73%
行邮案件	19 363	91.89%	4 963 438	3.72%	65 131 308 51	23.50%

（本统计数据由海关总署政策法规司知识产权处提供）

知识产权司法保护

2010年全国法院受理和审结各类知识产权案件统计表

项　目	2010年
1. 刑事案件	
审结一审案件（件）	3942
判决发生法律效力（人）	6001
有罪判决（人）	6000
侵犯知识产权犯罪（件）	1254
同比增长（%）	24.53
生效判决（人）	1966
同比增长（%）	22.49
生产、销售伪劣商品犯罪（涉及侵犯知识产权）（件）	609
生效判决（人）	926
非法经营犯罪（涉及侵犯知识产权）（件）	2054
生效判决（人）	3068
其他犯罪（涉及侵犯知识产权）（件）	25
生效判决（人）	41
2. 行政案件	
新收一审案件（件）	2590
审结一审案件（件）	2391
专利案件（件）	551
同比增长（%）	−17.51
商标案件（件）	2026
同比增长（%）	47.23
著作权案件（件）	2
同比增长（%）	−50
其他案件（件）	11
3. 民事案件	
新收一审案件（件）	42 931
同比增长（%）	40.18

续表

项　　目	2010 年
专利案件（件）	5785
同比增长（%）	30.82
商标案件（件）	8460
同比增长（%）	22.5
著作权案件（件）	24 719
同比增长（%）	61.54
技术合同案件（件）	670
同比增长（%）	−10.31
竞争案件（件）	1131
同比增长（%）	−11.78
其他知识产权案件（件）	1966
同比增长（%）	14.17
审结一审案件（件）	41 718
同比增长（%）	36.74
涉外案件（件）	1369
同比增长（%）	0.59
涉港澳台案件（件）	278
同比增长（%）	−21.25
新收二审案件（件）	6522
同比增长（%）	22.13
审结二审案件（件）	6481
同比增长（%）	18.01
新收再审案件（件）	111
同比增长（%）	11
审结再审案件（件）	109
同比增长（%）	1.87
4. 最高人民法院知识产权审判庭新收各类案件（件）	313
同比增长（%）	5.39
最高人民法院知识产权审判庭审结各类案件（件）	317
同比增长（%）	−18.72

（本统计数据由最高人民法院知识产权审判庭提供）

第十二届中国专利奖金奖获奖项目简介

序　　号:1
专 利 号:00122430.1
发明名称:可平滑扩容的数据通信系统
专利权人:华为技术有限公司
发 明 人:邓抄军

本专利要解决的技术问题是提供一种可平滑扩容的通信系统,提出了一种全新的设计理念,将多个路由器机框的背板通过光纤和级联框实现高速互联,不同机框间的速率瓶颈得以突破,骨干路由器在网升级的难度大大降低,并可实现多台独立路由器机框作为一台路由器进行集中管理。创新高度及技术先进性在于,申请日之前国内外现有技术均未给出对核心路由器等设备进行平滑扩容的解决方案,其对设备进行扩容的成本非常高,往往需要对设备进行完全的更新,而本发明通过多机架级联的方式,在扩容时保留了原来的机架及设备,节省了扩容成本,且能够满足较大的扩容需求。该技术在业界具有开创性意义,其对技术进步的贡献及先进程度均非常之高。

在经济和社会效益方面,从 2004 年到 2009 年,采用该专利技术的华为 NE5000E 核心路由器产品销售额突破 18 亿元,已服务于 15 家全球前 50 强的运营商;累计新增出口额约 2.6 亿元,新增利润约 2.7 亿元。

序　　号:2
专 利 号:02809057.8
发明名称:含铂、锡的多金属重整催化剂及其制备与应用
专利权人:中国石油化工股份有限公司
中国石油化工股份有限公司石油化工科学研究院
发 明 人:马爱增　潘锦程　杨森年

本专利用铈 Ce 和铕 Eu 同时对双金属催化剂进行改性,使得催化剂的选择性、活性、稳定性得到提高,与单独用铈和铕改性的催化剂相比,在同样的反应条件和芳烃收率下,本专利催化剂具有较高的汽油收率,并且积碳速率大幅下降。以本专利为核心开发的“石脑油催化重整成套技术”,综合技术经济指标达到国际领先水平,打破了国外在此领域的垄断,使我国成为继美国、法国后第三个拥有此技术自主知识产权的国家。

本专利的催化剂已在国内三大石油公司及地方企业的 28 套连续重整装置上成功应用,国内市场占有率超过 70%;累积新增利润 61 亿元,经济效益显著。

序　　号:3
专 利 号:200710035310.7
发明名称:一种混凝土输送泵的节能控制方法
专利权人:三一重工股份有限公司
发 明 人:易小刚　陈　林　谭凌群　尹新和　钟社山

该项目涉及一种混凝土输送泵的节能控制方法。混凝土输送泵的常规控制模式在中载或轻载工况下,发动机和油泵输出功率会大于负载需要的功率,造成功率浪费,能量浪费。该专利能够根据实际工况的要求实时调整发动机转速与油泵排量的控制模式,以适应各种不同的功率场合,降低燃油消耗。湖南省内燃机质量监督检验授权站出具的检验报告表明,采用专利技术的泵车的节油率可达 10%～40%。

2007～2009年，销售节能型混凝土泵车分别为1699台、2143台和2664台，其中出口分别为188台、344台和90台。混凝土泵车售价平均在200万/台，2007～2009年新增销售额为130亿元、新增出口额为12亿元，出口至全球86个国家和地区。

序　　号:4
专 利 号:200510041714.8
发明名称:一种适合有线和无线网络的接入认证方法
专利权人:西安西电捷通无线网络通信股份有限公司
发 明 人:赖晓龙　曹　军　郭　宏　黄振海　张变玲

该专利涉及一种网络接入认证的方法，提供了一种适合于有线网络和无线网络的认证方法，解决了现有网络中用户无法使用同一个身份接入多种网络的技术问题。该专利采用的技术方案能够实现用户端和接入节点之间的双向认证，支持用户使用同一个身份接入多种网络。该发明在国内外属首次提出，专利质量和稳定性均较高，以该专利为核心形成的“三元对等鉴别”(即“虎符”)技术体系解决了现有技术中存在的认证问题，在网络信息安全领域取得了较大的进步。以该专利为核心的虎符TePA技术体系形成了我国第一个基础性信息安全国际标准，同时这也是全球范围内，基础共性安全技术(ISO/IEC 9798系列)在非对称鉴别领域近十年来产生的唯一新标准。

在经济和社会效益方面，以该专利为核心的虎符TePA技术体系的实施和应用提升了我国产业的竞争力，该专利由申请单位自主实施形成了技术模块库，开创了我国在该领域知识产权许可(包括专利许可和专有技术许可)方式为主的产业化推广先例，截至2009年12月许可金额已达4627万元。

序　　号:5
专 利 号:200510106007.2
发明名称:铝电解系列不停电停(开)电解槽的装置及方法
专利权人:郑州中实赛尔科技有限公司
发 明 人:梁学民　孙立锦　马路平

该专利涉及一种不停电停或开电解槽的超大电流回路分流方法，提出了铝电解槽超强电流转移和能量转移的理论，首创了开关分置同步运行实现大电流分流的方法，研制并成功应用“分置同步大电流有载开关组”，并联在电解槽的阴、阳极之间，在开关分流作用下，实现了铝电解槽电路不停电(全电流)切断和闭合。该项目是自主创新的先进技术，解决了不同等级系列槽电解环境下单台电解槽停、开必须系列停电的世界性难题，彻底改变了传统的铝电解运行模式，实现了非事故条件下的电解铝连续生产，引领国际铝电解领域技术发展方向，推动了行业科技进步，对于进一步开发应用特大型铝电解槽技术提供了技术支撑；大大提高了我国电解铝技术的国际竞争力。

本项目节能效果好，经济和社会效益显著，从2007年起实施到2009年底，新增销售额23亿元，新增出口额688万元。

序　　号:6
专 利 号:200810057016.0
发明名称:有机电致发光器件
专利权人:清华大学
北京维信诺科技有限公司
昆山维信诺显示技术有限公司
发 明 人:邱　勇　吴空物　张国辉　段　炼

有机电致发光器件在显示及照明领域有着广阔的发展前景，本专利提出的器件结构为解决制约本行业发展的技术瓶颈提供了新颖的思路。本专利的有机电致发光器件的有机功能层包括复合单色发光层，所述复合单色发光层由混合主体掺杂单色光染料层和单一主体掺杂单色光染料层组成。应用本专利技术的单色光、白光有机电致发光器件的显示屏，其工作寿命明显优于竞争对手，产品实现出口，并率先推出应用了该专利技术的白光阅读灯，在1000cd/m^2的亮度下寿命达到10万小时。

2008年到2009年的经济效益为新增销售额5009万元，新增利润1552万元。

序　　号:7
专 利 号:02153312.1
发明名称:一种治疗心脑血管疾病的药物组合物及其制备方法
专利权人:咸阳步长医药科技发展有限公司
菏泽步长制药有限公司
发 明 人:蔡剑前

该专利涉及一种治疗心脑血管疾病的药物组

合物及其制备方法，是在“脑心同治”新理论指导下开发的中药组合物，组方科学精练，质量稳定易控，适宜制成中药复方注射剂，剂型先进，起效迅速，生物利用度高，疗效优越，总有效率 89.33%，愈显率 37.67%。经过多年的市场检验，经济效益显著，对公共健康和中药现代化意义重大。

该产品自 2004 年 11 月上市以来，销量稳步增长，2009 年销售额接近 17 亿元，2009 年心脑血管疾病用药类产品竞争排名表中，该产品所占市场份额为 4.79%，排名第二位，已成为我国基本药物制度和新型农村合作医疗制度实施中不可缺少的中药大品种。

序　　号：8
专 利 号：02204874.X
发明名称：铜板复合孔型冷却壁
专利权人：汕头华兴冶金设备股份有限公司
发 明 人：佘克事　佘京鹏

该项目涉及一种铜板复合孔型冷却壁，其主要应用在钢铁冶炼行业的大中型炼铁高炉中，作为对炉体进行冷却的措施。本专利对普通铜板冷却壁内圆形截面的冷却液通道进行了改造，巧妙地设计出了截面形状为复合孔型的新型冷却通道，该复合孔型由 2～4 个相互部分重叠、半径相同的圆构成，且各圆的圆心均在同一直线。这一精妙的改进，一方面增加了冷却壁的热交换面积，提高了冷却效率，降低了冷却壁的厚度，节约了大量纯铜原材料；另一方面可以采用原有的钻孔设备进行加工，对加工设备的影响很小，有效地避免技术升级导致的加工成本增加；同时与为了增大换热效率而采取复杂孔型的其他现有技术相比，产品质量更为可靠。

该项目在实际生产中创造了巨大的经济效益和社会效应。截至 2009 年 12 月底，国内外共有 131 座大中型高炉使用本产品，约占全球市场份额 60%，本专利产品因结构优势与国外同类产品比较，可节约铜料用量 16%以上。

序　　号：9
专 利 号：01127894.3
发明名称：一种人血管内皮细胞生长抑制因子的重组病毒
专利权人：黄文林
发 明 人：黄文林

本专利涉及一种人血管内皮细胞生长抑制因子的重组病毒，其专利产品能在体内外持续高效表达人内皮抑素，在体外和动物实验中能显著抑制血管内皮细胞生长，抑制人肝癌和鼻咽癌等裸鼠移植瘤的生长；动物毒性实验证实 E10A 无显著毒副作用，是一种具有良好开发前景的基因药物。本产品从工艺上克服了蛋白产品不稳定、半衰期短、活性低、成本高等缺点，从而成为大多数患者能够接受并有能力支付的治疗途径，意义重大。

该专利药品虽然还没有批量生产，但已在我国和美国进入Ⅱ期临床试验，其市场前景广阔。

序　　号：10
专 利 号：200710077121.6
发明名称：一种核电机组的控制系统及其监控方法和子系统
专利权人：大亚湾核电运营管理有限责任公司
发 明 人：王玉良　宫广臣　吴月军　舒　亮　黄远征

本专利提出了一个主控室监控子系统多主屏分工协作的技术方案，将操作步骤显示装置和状态显示装置分开，将详细操作步骤显示装置和主操作步骤显示装置分开，各个显示装置之间通过链接键互相呼应，以此来实现人和机器的优势互补，增强了核电机组的安全性，维护修改灵活，是解决人因失误的现代核电安全设计的尖端技术。本专利通过对核电机组主控室人—机接口技术的自主研发，打破了国外几个少数厂商的垄断，有利于核电关键技术的国产化。

在经济效益方面，专利权人应用本专利及子专利于岭东核电站、辽宁红沿河核电站、福建宁德核电站及广东阳江核电站等，并将移植至后续采用 CPR1000 技术方案建设的所有核电机组；由于专利技术的广泛应用及产品的标准化，大大降低了 CPR1000 的建设及运营成本，提高了竞争力，为专利权人带来巨大的市场份额；同时，本专利也可应用于采用 DCS 技术的常规电厂。

序　　号：11
专 利 号：00110773.9
发明名称：板材无模多点成形装置
专利权人：吉林大学
发 明 人：李明哲　苏世忠　付文智　蔡中义　刘纯国　陈建军　隋　振　李东平　陈庆敏　闫雪萍　李湘吉　严庆光

无模多点成形技术将传统的整体冲压模具离散成规则排列的基本体(或称冲头)矩阵,通过计算机控制系统来调整基本体的高度,构造出不同形状的包络面来实现各种三维曲面板类件的快速、数字化成形。该技术实现了板材三维曲面生产方式的重大变革,采用该专利可节约大量模具费用,缩短生产周期,改善变形条件,获得高质量成形效果,实现无回弹成形,小设备成形大型件,CAD/CAM/CAT一体化。

该专利权人围绕该专利,开发出了世界首台商品化的多点成形机及十余种具有自主知识产权的多点成形装备,实现了板材无模多点成形装置的商品化与产业化,成功应用于北京奥运会主会场——鸟巢建筑工程、高速列车流线型车头、飞机、舰艇以及医学工程等多个领域的三维曲面件成形,取得了显著的经济效益与社会效益,自2002年实施至2009年底,该专利项目新增销售额1226万元,新增利润171万元,新增出口额142万元。

序　　号:12
专 利 号:200410000154.7
发明名称:电力系统潮流分网并行计算方法
专利权人:中国电力科学研究院
发 明 人:周孝信　吴中习　郭　剑　李亚楼　田　芳

本专利技术是在现有电力系统潮流计算的基础上,进行并行化改编,保持原有计算过程的完整,减少并行化开发的工作量,提高计算的可靠性和准确性。本方法支持通用的电网节点优化编号方式,不影响原有电网的节点优化编号,能大大减少并行化开发的工作量,显著增强计算效率,提高潮流计算的实用化水平、运行可靠性和扩展灵活性,并因此提高潮流计算的准确性和系统运行的稳定性。由于电力系统潮流分网并行计算应用广泛,覆盖面广,因此通过本专利技术的实施可为判别电力系统运行方式以及规划中供电方案的合理性、安全可靠性和经济性提供定量的分析依据。

目前该技术广泛应用在我国电网的电力系统数字仿真装置和电力系统分析综合程序中,应用效果良好,带来了巨大的经济效益,并实现了电网的超实时和实时仿真,为新设备投运、事故分析、在线预警提供了有力的技术手段,大大提高了电力系统运行的安全可靠性。从实施日到2009年底,该专利新增销售额6250万元,新增利润1560万元。

序　　号:13
专 利 号:02114471.0
发明名称:抗人肝癌单克隆抗体HAb18轻、重链可变区基因及其应用
专利权人:陈志南
发 明 人:陈志南　邢金良　张思河

本发明从分泌鼠源性抗HAb18G/CD147单抗的杂交瘤细胞株HAb18中克隆并鉴定出抗体HAb18重链和轻链可变区基因,基因重组后可表达特异性识别和结合肝癌相关抗原HAb18G/CD147的抗体活性片段。由以上轻、重链可变区基因,比对抗体序列结构,结合计算机辅助设计的CDR移植、表面重塑、去免疫原技术,完成人源化改造优化,获得自主知识产权的人源化抗体及高效真核表达载体。同时用本发明所涉及的HAb18抗体,酶切Fc片段,标记碘[^{131}I],研制成功并上市首个自主知识产权肝癌单抗靶向药物"利卡汀",为国家一类药物。利卡汀在原发性肝癌治疗领域获得了广大医学、生命科学专家、临床医生及患者的广泛关注,上市后已在全国41家三甲医院使用利卡汀1174人份。临床使用的结果表明,在目前常规治疗肝癌手段的基础上,使用利卡汀能够有效降低肝癌患者的复发率,提高患者生存率,为我国抗肝癌治疗提供了新的有效的靶向治疗药物,作出了重要贡献。

该专利自2007年起实施至2009年底,新增销售额2891万元。

序　　号:14
专 利 号:200510077351.3
发明名称:在通信设备间产生相同随机数的方法及系统
专利权人:腾讯科技(深圳)有限公司
发 明 人:孙宏宇

该专利技术涉及计算机及通信技术领域,提供了一种在通信设备间产生相同随机数的方法及系统,主要解决了现有技术中存在多个通信设备间传递随机数存在占用大量网络资源和安全性差的问题。该专利的技术方案采用了由一个通信设备在本设备保存的数据选用表中选择一个或多个数据,并通知其余通信设备分别从各自保存的、且与所述数据选用表相同的数据选用表中进行相同的选择;各通信设备分别根据所述一个或多个数

据和相同的随机种子，利用相同的随机数生成算法生成随机数。与现有技术相比，该专利具有以下优点：由于在生成随机数时，该技术方案仅需传送随机种子和位数较少的数据的索引，因此，在大量的通信设备均要得到相同随机数据的情况下，该技术方案能够大幅度的降低数据传送量，节约网络资源，尤其是网络带宽；由于本项目技术方案传送的索引也是随机的，而且也不用索引的数值来产生随机数，索引所对应的数据并不在网络上传送，因此，可以提高数据安全性，从而防止数据被轻易截获破解。

该专利项目自 2005 年起实施，至 2009 年底，新增销售额 9231 亿元，新增利润 47 亿元。

序　　号：15
专 利 号：200510122898.0
发明名称：一种能防除连作作物枯萎病的拮抗菌及其微生物有机肥料
专利权人：江苏新天地生物肥料工程中心有限公司
发 明 人：沈其荣　杨兴明　黄启为　徐阳春

该专利涉及一种能防除连作作物枯萎病的拮抗菌及其微生物有机肥料，是从枯萎病严重田块分离到高效拮抗菌，研究功能菌营养配方，液体和固体逐级发酵参数，形成芽胞、保持休眠以及施入土壤后快速萌发的关键技术。将畜禽粪便、作物秸秆配在短时间内发酵成可溶性有机养分含量高的堆肥，再与酶解获得的氨基酸肥料和拮抗菌液混合，经二次固体逐级发酵制成微生物有机肥料。该专利将筛选得到的防治连作作物枯萎病的拮抗菌与秸秆、畜禽粪便等固体废弃物经发酵工艺处理后混合制得微生物有机肥料，将农业固体废弃物变废为宝，成为高效防治土传病害、修复障碍土壤的高附加值微生物有机药肥产品。

目前该专利产品已累计推广应用超过 4028 万亩次，具有良好的经济效益与社会效益。该微生物有机肥系列产品已销往国内 24 个省市并出口至澳大利亚、泰国等国家，在国内外的市场上获得肯定。同时通过生产微生物有机肥料已累计消纳固体有机废弃物 1000 余万吨，减少化肥用量 200 余万吨，从源头治理面源污染，防止化肥、农药的过量使用，增加了农产品的安全性，对我国生态环境的改善具有重大意义。

第十二届中国外观设计金奖

序　　号：1
专 利 号：200830085026.6
发明名称：笔记本电脑（U110）
专利权人：联想（北京）有限公司
设 计 人：蔡　潇　张祥营

本外观设计是一种笔记本的外观设计。主要创新之处在于：1. 将独具中国传统特色的元素融入设计中，如红色的金属上盖、机身背面的一角处蔓草纹的图案装饰，中国传统窗格造型的散热口等；2. 笔记本的屏幕采用无边设计，使用整片压克力，视野开阔；3. 键盘和置腕处为镜面设计，采用仿钢琴烤漆的涂装处理，时尚前卫；4. 从侧视图看，屏幕转轴处简约的折线设计使笔记本合盖时，前端部分倾斜的角度如平行四边形，具有动感、流线的外形，同时在屏幕打开时，加大眼睛与笔记本电脑屏幕之间的距离，提高了用户操作电脑的舒适度。总体来说，这款产品设计理念独特，符合人机工程学原理，表达丰富的文化内涵，体现了传统与现代、东方与西方美感的融合。

该产品自 2008 年 5 月起实施，至 2009 年底，累计销售额 3 亿元，新增利润 6000 万元。

序　　号：2
专 利 号：200630008799.5
发明名称：重型卡车
专利权人：北汽福田汽车股份有限公司
设 计 人：王金玉　林梅友

本外观设计是一种重型卡车的外观设计。本外观设计创新之处在于：1. 整车造型注重空气动力学原理，进而提高燃油经济性，体现环保节能的设计理念，如流线型导流罩、侧导流角板及扰流罩的设计；2. 满足用户实用性和心理需求，如前围黑色中网和下进气孔极具视觉冲击力，体现整车大气稳重的造型特征；一体式晶钻大灯，增强整车豪华感及整体感。

该产品自2007年起实施，至2009年底，新增销售额为239亿元，新增利润为9亿元，新增出口额2亿元。

序　　号：3
专 利 号：200830155617.6
发明名称：手表(Z070)
专利权人：深圳市飞亚达(集团)股份有限公司
设 计 人：孙　磊　姚　斌

本外观设计是一种手表的外观设计。该产品为神舟七号航天员在执行太空飞行任务，出舱行走时所设计。该外观设计的创新之处在于：1. 通过表镜双面增透处理，解决表镜眩光问题；2. 回归时针行走一圈12小时的阅读习惯，用窗口显示AM/PM，12点位下方分段计时改为45分钟一周，配合使用环境需要；3. 简化所有的数字显示，强化主要刻度和分段计时的色彩显示，非主要功能显示进一步弱化，表盘简洁单纯；4. 全新具有可旋转圈口的表壳设计，将7～8小时分段计时放大标注于圈口上，计时起点可随圈口随时旋转到任何一个时间点上开始计时；为避免开始计时后圈口误动，特别设计了圈口锁紧装置，为方便圈口旋转，外轮廓设计了适当密度的单向齿；5. 为主时针和分针采取镂空处理，避免表针之间互相干扰；6. 在手表与航天服的固定方面，采用尼龙粘扣的方式，方便操作，具有稳定性。

总之，由于使用环境极为特殊，该外观设计产品设计时综合诸多技术因素以及人机使用方面的问题，既满足航天表技术要求，也实现了很好的人机互动，此外注重细节，体现了机械产品的特殊美感，充分诠释了科技和太空的神秘。本专利产品实现了我国自主知识产权机械手表的历史性突破，使我国成为第一个在太空中使用本国自主研发手表的国家。

该产品自2008年10月实施以来，到2009年底，限量发售50只，累计销售额264万元，新增利润190万元。

序　　号：4
专 利 号：200830046664.7
发明名称：电压力锅(MY－CS20)
专利权人：美的集团有限公司
设 计 人：蔡　骅　尹团晖

本外观设计是一种电饭煲的外观设计。该产品外观采用了“圆形”设计元素，产品简练而又特征突出。功能上当产品处于开盖状态或者合盖不到位时，圆形特征不再完整，此时产品不能通电，同时也不会产生压力，避免误操作可能带来的安全隐患。结构上把手塑料与不锈钢锅盖之间保留了真空空间，更有效地阻隔了温度，防止烫手。圆形触摸屏操作界面设计，搭配彩色真镀装饰件，提升了产品的数码科技感、时尚感，体现了“绿色科技时尚”这一理念。大按键设计考虑到人机对话的优良性以及老年人的需求。小巧、精致、略带可爱的外观设计弱化了压力产品的冰冷和不安全感，温馨亲和。

该产品自2008年8月实施以来，至2009年底，新增销售额15698万元，新增利润1900万元，新增出口额15万元。

序　　号：5
专 利 号：200830241258.6
发明名称：沙发(1009)
专利权人：浙江顾家工艺沙发制造有限公司
设 计 人：顾江生

本外观设计是一种沙发的外观设计。该外观设计整体造型突破传统沙发的造型模式和设计线条，配合单独的一个弧线躺位，与沙发交相辉映。整款沙发由水滴状的弧线条勾勒而成，坐垫与底框的半径差，被巧妙地设计成了茶几和低台，实现了造型与功能上的有机统一。最大亮点在于扶手处被设计成内凹的逗号形，配合大开张的靠枕，满足不同人体姿态的需要，是人与沙发交流的一种大胆尝试。整体产品构思巧妙，符合人机工程学原理，颜色材质搭配和谐，定位准确。

该产品自2008年3月起实施，至2009年底，新增销售额3689万元，新增利润1350万元，新增出口额1677万元。

商标局2010年在商标管理案件中认定并公布的510件驰名商标

序号	商　标	注 册 人	类别及使用商品/服务
1	第3635420号图形	安徽精诚铜业股份有限公司	第6类:未加工或半加工铜
2	贵烟及图	贵州中烟工业公司	第34类:卷烟
3	第149442号图形	齐齐哈尔二机床(集团)有限责任公司	第7类:铣床、铣镗床
4	蓬翔PX及图	一汽山东汽车改装厂	第12类:专用汽车、汽车车桥
5	鹏飞及图	江苏鹏飞集团股份有限公司	第7类:回转窑水泥工业用机械
6	AOKANG	奥康集团有限公司	第25类:皮鞋、鞋
7	天下农庄	福建天下农庄食品发展有限公司	第30类:米
8	三鑫SANXIN及图	江苏迪邦三星轴承有限公司	第7类:圆柱滚子轴承、四列圆锥滚子轴承
9	五洋WYFJ及图	常州市武进五洋纺织机械有限公司	第7类:针织机械、编织机
10	好收成及图	江苏好收成韦恩农化股份有限公司	第5类: 农药、杀虫剂
11	小南国Xiao Nan guo	小南国(集团)有限公司	第43类:餐馆
12	锦江之星	锦江国际(集团)有限公司	第43类:旅馆
13	三雄·极光	广东东松三雄电器有限公司	第9类:节能电子镇流器
14	JINCHUANG及图	蓬莱金创集团公司	第7类:阀(精铸)
15	济钢JIGANG及图	济钢集团有限公司	第6类:钢材、钢板(中厚钢板)
16	振宇ZHEN YU及图	江西南丰振宇实业集团有限公司	第27类:垫席、地垫
17	第1376987号图形	广州广一集团有限公司	第7类:水泵、鼓风机
18	华福及图	辽宁华福印染股份有限公司	第24类:装饰织品、印花棉布
19	二重	中国第二重型机械集团公司	第7类:锻压设备、冶炼工业用设备、风力水力动力设备
20	韩建及图	北京韩建集团有限公司	第37类:建筑
21	顺鑫SHUNXIN	北京顺鑫农业股份有限公司	第31类:新鲜蔬菜、新鲜水果
22	WUMU及图	北京五木服装有限责任公司	第25类:服装
23	孟电MENGDIAN及图	河南孟电集团水泥有限公司	第19类:水泥
24	众生	广东众生药业股份有限公司	第5类:西药、中成药
25	涪陵榨菜及图	重庆市涪陵区榨菜管理办公室	第29类:榨菜
26	欧琳OULin及图	宁波欧琳厨具有限公司	第11类:洗涤槽
27	美好	新希望集团有限公司	第29类:火腿肠
28	第143316号图形	舞阳钢铁有限责任公司	第6类:钢板
29	十三香	驻马店市王守义十三香调味品集团有限公司	第30类:调味品
30	马钢及图	马鞍山钢铁股份有限公司	第12类:车轮
31	京万红	天津达仁堂京万红药业有限公司	第5类:中成药

续表

序号	商　标	注 册 人	类别及使用商品/服务
32	清美	上海清美绿色食品有限公司	第 30 类:豆制品
33	华凌 HL 及图	山东华凌电缆有限公司	第 9 类:电线、电缆
34	恒导及图	山东恒利石油化工股份有限公司	第 4 类:工业用油、导热油
35	生态洁 ECOLOAJCC LEAN 及图	山东生态洁环保科技有限公司	第 6 类:可移动金属卫生间
36	梦金园	山东梦金园珠宝首饰有限公司	第 14 类: 银饰品、金饰品、珠宝首饰
37	达仁堂	天津中新药业集团股份有限公司达仁堂制药厂	第 5 类:中药成药
38	联盟及图	山东联盟化工集团有限公司	第 1 类:尿素、复合肥
39	SAILUN	赛轮股份有限公司	第 12 类:车辆轮胎
40	五爱市场	沈阳五爱实业有限公司	第 36 类:不动产出租
41	保兰德 PowerLand 及图	福建保兰德箱包皮具有限公司	第 18 类: 手提包、旅行包、公文箱
42	振升 ZHEN SHENG 及图	长沙新振升集团有限公司	第 6 类:金属建筑材料
43	汉森	湖南汉森制药股份有限公司	第 5 类:中药成药
44	银光	湖南银光粮油股份有限公司	第 30 类:大米
45	五江及图	湖南五江轻化集团有限公司	第 21 类: 日用搪瓷塑料器皿、保温瓶
46	古汉及图	紫光古汉集团股份有限公司	第 5 类:中药成药
47	天龙 TIANLONG 及图	湖南省天龙米业有限公司	第 30 类:大米
48	湘研	湖南湘研种业有限公司	第 31 类:蔬菜种籽
49	开口笑	湖南湘窖酒业有限公司	第 33 类:白酒
50	步步高	步步高商业连锁股份有限公司	第 35 类:推销(替他人)
51	澳优	澳优乳品(湖南)有限公司	第 5 类:婴儿奶粉
52	大唐芙蓉园 DATANG LOTUS GARDEN 及图	西安曲江文化旅游(集团)有限公司	第 39 类:观光旅游
53	SJEC	苏州江南嘉捷电梯股份有限公司	第 7 类:升降机(电梯)、升降设备
54	宏艺 Hongyi 及图	山东宏艺科技有限公司	第 1 类:水泥助磨剂
55	百年康鑫	河南康鑫药业有限公司	第 5 类:中药成药、人用药
56	云台山 YUNTAI SHAN 及图	修武县云台山风景名胜区管理局	第 39 类:观光旅游
57	信谊 SINE	上海信谊药厂有限公司	第 5 类:西药
58	矿源 KUANGYUAN 及图	河南省矿山起重机有限公司	第 7 类:起重机
59	玫瑰及图	重庆市江津米花糖有限责任公司	第 30 类:米花糖
60	缘梦圆 YMYM 及图	重庆市缘梦圆家俱有限公司	第 20 类:床垫
61	巴德士	广东巴德士化工有限公司	第 2 类:油漆
62	法尔胜	法尔胜集团公司	第 6 类:金属绳索、钢丝
63	粳冠及图	盘锦鼎翔米业有限公司	第 30 类:大米
64	兴泽及图	大连兴泽制麦有限公司	第 31 类:酿酒麦芽
65	象及图	四川金象化工产业集团股份有限公司	第 1 类:混合肥料、复合肥料
66	强辉	广东强辉陶瓷有限公司	第 19 类:瓷砖

续表

序号	商　标	注 册 人	类别及使用商品/服务
67	彩艳及图	广东彩艳股份有限公司	第 2 类:色目粒
68	即墨	山东即墨黄酒厂	第 33 类:黄酒
69	八马 Bama 及图	福建省安溪八马茶业有限公司	第 30 类:茶叶
70	大全	大全集团有限公司	第 9 类:高低压开关板、断路器、电站自动化装置
71	军星 JUN XING 及图	天津市军星管材制造有限公司	第 19 类:非金属引水管道、建筑用塑料管
72	大运 DAYUN	广州市红太阳机动车配件有限公司	第 12 类:摩托车
73	山莊及图	承德避暑山庄企业集团有限责任公司	第 33 类:白酒
74	快达	江苏快达农化股份有限公司	第 5 类:杀害虫剂、除草剂
75	希努尔 SiNOER 及图	希努尔男装股份有限公司	第 25 类:服装
76	玉兔 YUTU 及图	山东玉兔食品有限责任公司	第 30 类:醋
77	CJB 及图	重庆长江轴承股份有限公司	第 7 类:轴承
78	鸽牌 PIGEON 及图	重庆鸽牌电线电缆有限公司	第 9 类:电线
79	川珍及图	四川省青川县川珍实业有限公司	第 29 类:黑木耳、冬菇、食用菌
80	YUEMEI 及图	越美集团有限公司	第 24 类:布
81	大东南 DaDongNan	浙江大东南集团有限公司	第 20 类:食品用塑料装饰品
82	培罗成	宁波培罗成集团有限公司	第 25 类:服装
83	JNBY	杭州江南布衣服饰有限公司	第 25 类:服装
84	开化龙顶及图	开化县特产局(茶叶局)	第 30 类:茶
85	金門高粱酒	金门酒厂实业股份有限公司	第 33 类:高粱酒
86	BMW	宝马股份公司	第 12 类:机动车辆、摩托车及其零件
87	箭鹿及图	江苏箭鹿毛纺股份有限公司	第 24 类:布、织物、毛料布
88	OVERLAND 及图	广东欧文莱陶瓷有限公司	第 19 类:瓷砖
89	小松及图	山东源根石油化工有限公司	第 4 类:润滑油
90	华宏及图	江苏华宏科技股份有限公司	第 7 类:金属打包液压机、废金属剪断机
91	维之王 WEIZHIWANG 及图	山西维之王食品有限公司	第 29 类:蜜饯
92	CHESHING 及图	广东志成冠军集团有限公司	第 9 类:稳压电源、蓄电池
93	迈普 MaiPu 及图	迈普通信技术股份有限公司	第 9 类:数据传输机、数据通讯调制解调器(路由器)
94	叙府及图	四川省叙府茶业有限公司	第 30 类:茶叶
95	浪度 Nondo	成都浪度家私有限公司	第 20 类:沙发
96	富绅	富绅集团有限公司	第 25 类:衬衣
97	永红及图	天水华天微电子股份有限公司	第 9 类:无线电基础元器件
98	第 714344 号图形	山东泰安山锅集团有限公司	第 11 类:锅炉
99	优士	江苏优士化学有限公司	第 5 类:杀害虫剂、灭微生物剂
100	金潭玉液	四川省宜宾高洲酒业有限责任公司	第 33 类:白酒
101	帮登 BANGDENG 及图	福建省南安市帮登鞋业有限公司	第 25 类:鞋
102	第 1554360 号图形	湖北广源食品有限公司	第 30 类:饼干

续表

序号	商 标	注 册 人	类别及使用商品/服务
103	金万年及图	广东金万年文具有限公司	第16类:笔、圆珠笔
104	华强 HUAQIANG 及图	广东华强电器有限公司	第11类:电炊具
105	凤山 FENGSHAN 及图	福建省安溪茶厂有限公司	第30类:茶叶
106	闽发 MINFA 及图	福建省闽发铝业股份有限公司	第6类:铝型材
107	红帆	新疆红帆生物科技有限公司	第5类:医用营养品
108	三立及图	青岛三利集团有限公司	第11类:给水设备
109	红叶及图	山东红叶地毯有限公司	第27类:地毯
110	胶州大白菜	胶州市大白菜协会	第31类:白菜
111	迎春乐	青岛迎春乐乳业(集团)有限公司	第29类:牛奶、牛奶饮料(以奶为主)、牛奶制品
112	地恩地	青岛地恩地机电科技股份有限公司	第7类:木材加工机、刨削机
113	汉河	青岛汉缆股份有限公司	第9类:电线、电缆
114	kingking	青岛金王应用化学股份有限公司	第4类:蜡烛
115	第1021231号图形	沙龙集团股份有限公司	第25类:羽绒服
116	茶花	福建茶花家居塑料用品有限公司	第20类:塑料箱、非金属筐、塑料包装容器
117	大羽 dayu 及图	河北大羽制衣集团有限公司	第25类:羽绒服装
118	第1438551号图形	广州市美益香料有限公司	第30类:食用香料、食用芳香剂
119	南靖兰花 NAN JING LANHUA 及图	南靖县兰花协会	第31类:兰花
120	福鼎白茶 FUDING WHITE TEA	福鼎市茶业协会	第30类:茶
121	远山 YUANSHAN	福建省远山农业发展有限责任公司	第31类:生猪、肉食鸡
122	银缆 YIN LAN 及图	陕西银河远东电缆有限公司	第9类:电线、电缆
123	艳阳天 YANYANGTIAN	山东红日阿康化工股份有限公司	第1类:复合肥料
124	安琪尔	山东泰鹏实业有限公司	第24类:床罩、被子、被罩
125	蓝天 LanTian 及图	河南蓝天生态茶业有限公司	第30类:茶叶
126	swell	重庆四维控股(集团)股份有限公司	第11类:浴室装置、坐便器、水龙头
127	光明	光明集团家具股份有限公司	第20类:家具
128	丰缘	北大荒丰缘集团有限公司	第30类:面粉
129	GUOLIAN 及图	湛江国联水产开发股份有限公司	第29类:虾(非活)、鱼(非活)、贝壳类动物(非活)
130	双峰 SHUANGFENG 及图	淄博欧木特种纸业有限公司	第16类:木浆纸
131	乐福记及图	山东乐福记食品有限公司	第30类:豆奶粉
132	第1189040号图形	江阴兴澄特种钢铁有限公司	第6类:合金钢
133	JMP	江苏金石机械集团有限公司	第7类:石油开采、石油精炼工业用机器设备
134	御食园	北京御食园食品有限公司	第29类:蜜饯
135	雍和宫 YONGHEGONG 及图	北京雍和宫管理处	第39类:观光旅游

续表

序号	商　标	注 册 人	类别及使用商品/服务
136	京萃 JINGCUI 及图	北京天利海香精香料有限公司	第 1 类:乙基麦芽酚
137	纽曼	北京纽曼理想数码科技有限公司	第 9 类:MP3 播放器、移动硬盘
138	霞珍 XIAZHEN	安徽霞珍羽绒股份有限公司	第 24 类:羽绒被
139	康舒 KANGSHU 及图	江西省康舒陶瓷有限公司	第 21 类:陶瓷炊具
140	半边天及图	江西半边天药业有限公司	第 5 类:中药成药
141	冠军	冠军建材股份有限公司	第 19 类:瓷砖、建筑石料
142	甘竹牌	广东甘竹罐头有限公司	第 29 类:听装(罐装)鱼、水产罐头、蔬菜罐头
143	朋珠及图	烟台蓬珠酒业有限公司	第 33 类:葡萄酒、白兰地
144	春光及图	文昌市春光食品有限公司	第 30 类:糖果
145	坚朗	东莞市坚朗五金制品有限公司	第 6 类:窗用金属附件、金属建筑材料、金属建筑构件
146	S. Deer	南京圣迪奥时装有限公司	第 25 类:服装
147	金大福 King tai fook 及图	深圳市金大福珠宝有限公司	第 14 类:宝石(珠宝)、珍珠(珠宝)、翡翠
148	唯一 UNIQUE 及图	江苏柏泰集团有限公司	第 25 类:服装
149	明健盛及图	三明市健盛食品有限公司	第 29 类:笋干、干食用菌
150	通达牌及图	湖北通达股份有限公司	第 12 类:汽车配件
151	太白及图	陕西省太白酒业有限责任公司	第 33 类:白酒
152	五彩及图	无锡江南电缆有限公司	第 9 类:电线、电缆
153	第 1280938 号图形	泉州寰球鞋服有限公司	第 25 类:运动鞋
154	第 1080023 号图形	江苏德威新材料股份有限公司	第 1 类:聚氯乙烯树脂、合成树脂塑料
155	THB	河南天海电器有限公司	第 9 类:电器接插件、电线接线器、电器接头(触点)
156	CXL	西陇化工股份有限公司	第 1 类:化学试剂
157	洋紫荆 Bauhinia Variegata 及图	洋紫荆油墨(中山)有限公司	第 2 类:印刷油墨
158	百爵 BAIJUE 及图	深圳市百爵实业发展有限公司	第 14 类:宝石(珠宝)、戒指(珠宝)、翡翠
159	GJJ	广州市京龙工程机械有限公司	第 7 类:升降设备
160	第 1430403 号图形	中通客车控股股份有限公司	第 12 类:客车
161	天	天润曲轴股份有限公司	第 7 类:曲轴
162	高源 HIGHLAND 及图	骏洋(福清)旅游用品有限公司	第 18 类:公文包、旅行包(箱)、书包
163	板城	承德乾隆醉酒业有限责任公司	第 33 类:白酒
164	福麒	深圳市福麒珠宝首饰有限公司	第 14 类:贵重金属首饰
165	恒友 HORAE 及图	大兴安岭恒友家具有限公司	第 20 类:家具
166	三宁及图	湖北三宁化工股份有限公司	第 1 类:肥料
167	土老憨 SIMPLE AND HONEST GAFFER 及图	湖北土老憨生态农业开发有限公司	第 31 类:鲜水果
168	马家沟 MAJIAGOU 及图	青岛琴园现代农业有限公司	第 31 类:芹菜

续表

序号	商　标	注 册 人	类别及使用商品/服务
169	五征及图	山东五征集团有限公司	第 12 类:小型机动车
170	通裕	山东通裕集团有限公司	第 7 类:压铸模、齿条齿轮传动装置
171	禹洲及图	厦门禹洲集团股份有限公司	第 36 类:不动产管理、商品房销售
172	第 1691769 号图形	厦门市建安集团有限公司	第 37 类:建筑、室内装潢
173	永茂	抚顺永茂工程机械有限公司	第 7 类:起重机
174	DTC	广东东泰金属制品有限公司	第 6 类:家具金属部件、金属铰链、金属滑轮(非机器用)
175	音儿	深圳影儿时尚集团有限公司(被许可使用人)	第 25 类:服装
176	LINKFAIR	广东凌丰集团股份有限公司	第 21 类:非贵重金属制厨房用具
177	海鸿升及图	广东海鸿变压器有限公司	第 9 类:变压器
178	Cabbeen	卡宾服饰(中国)有限公司(被许可使用人)	第 25 类:服装
179	森远及图	鞍山森远路桥股份有限公司	第 7 类:多用养路机械
180	三冶及图	中冶辽宁德龙钢管有限公司	第 6 类:电焊钢管
181	CASKA	广东好帮手电子科技有限公司	第 9 类:显示屏、影碟机
182	鑫裕及图	江阴鑫裕装潢材料有限公司	第 6 类:未加工或半加工普通金属、金属片和金属板
183	共昌及图	江苏共昌轧辊有限公司	第 21 类:合金铸铁轧辊
184	灵山	无锡灵山实业有限责任公司	第 39 类:观光旅游
185	宜禾 YIHE	镇江飞达制衣有限公司	第 25 类:工作服、工装
186	龙水及图	黑龙江省人和米业有限公司	第 30 类:大米
187	阳光大姐	济南市妇女联合会	第 44 类:护理(医务)、医疗辅助、饮食营养指导
188	长城	天水长城开关厂	第 9 类:高低压开关板(柜)
189	寰通及图	天水铁路电缆工厂	第 9 类:电线、电缆
190	海鸥及图	山东东阿钢球集团有限公司	第 6 类:工业用钢球、钢滚珠
191	荟华楼	沈阳荟华楼金店	第 35 类:推销(替他人)
192	梦舒雅	郑州领秀服饰有限公司	第 25 类:服装
193	东宝	江苏东宝粮油集团有限公司	第 29 类:食用油、色拉油
194	华晔 HUAYE 及图	华洋线缆集团有限公司	第 9 类:电线、电缆
195	雅诺信	深圳市雅诺信珠宝首饰有限公司	第 14 类:银饰品、宝石(珠宝)、戒指(珠宝)
196	简金品 JHAN 及图	深圳市粤豪珠宝有限公司	第 14 类:宝石(珠宝)、链(珠宝)、手镯(珠宝)
197	绿叶	山东绿叶制药有限公司	第 5 类:医药制剂(注射剂)
198	天仪 TIANYI 及图	安徽天康(集团)股份有限公司	第 9 类:电缆、测量仪器
199	汇川及图	宁夏汇川服装有限公司	第 25 类:服装
200	兴唐 XINGTANG 及图	宁夏兴唐米业集团有限公司	第 30 类:大米
201	盐池滩羊及图	盐池县滩羊肉产品质量监督检验站	第 29 类:滩羊肉
202	大宝	东莞大宝化工制品有限公司	第 2 类:涂料、涂料稀释剂

续表

序号	商　标	注 册 人	类别及使用商品/服务
203	天目湖及图	江苏开利地毯股份有限公司	第 27 类:地毯
204	中绿及图	中绿食品集团有限公司	第 31 类:新鲜蔬菜、鲜水果
205	森源 SENYUAN 及图	江苏正大森源集团有限公司	第 24 类:玻璃纤维布
206	兴达 XINGDA 及图	江苏兴达钢帘线股份有限公司	第 6 类:钢帘线、胶管钢丝、轮胎胎圈钢丝
207	樱花	厦门正新橡胶工业有限公司	第 12 类:轮胎
208	永达	上海永达(集团)股份有限公司	第 35 类:推销(替他人)
209	古今	上海古今内衣有限公司	第 25 类:胸罩、内衣裤、紧身衣裤
210	五福	神威药业有限公司	第 5 类:中药成药
211	SG 及图	中国南玻集团股份有限公司	第 19 类:建筑玻璃、安全玻璃、镀膜玻璃
212	Evoc 及图	研祥智能科技股份有限公司	第 9 类:工业计算机、工业计算机软件(录制好的)
213	LEELEN	厦门立林科技有限公司	第 9 类:内部通讯装置、信号铃、报警器
214	快乐 KUAILE 及图	江苏快乐木业集团有限公司	第 19 类:胶合板
215	晨茂	黄石市晨茂铝业有限公司	第 6 类:金属建筑材料
216	可可西里 KEKEXILI 及图	青海可可西里实业开发集团有限公司	第 29 类:牦牛肉干
217	金乡大蒜及图	金乡县大蒜协会	第 31 类:大蒜
218	海晏堂	大连海晏堂生物有限公司	第 30 类:非医用营养液、非医用营养胶囊、非医用营养粉
219	远洋	辽宁省大连海洋渔业集团公司	第 29 类:鱼(非活)、虾(非活)、海参(非活)
220	揽日 LANRI 及图	河南省新乡市矿山起重机有限公司	第 7 类:天车
221	金茂	中国金茂(集团)有限公司	第 36 类:不动产出租、不动产管理
222	新雅及图	上海杏花楼(集团)有限公司新雅粤菜馆	第 30 类:糕点
223	铜冠及图	铜陵有色金属集团控股有限公司	第 6 类:电解铜、铜带、黄铜
224	QUAMA	广州市至盛冠美家具有限公司	第 20 类:办公家具
225	童涵春堂及图	上海童涵春堂中药饮片有限公司	第 5 类:中药(饮片)
226	广田 GUANGTIAN 及图	深圳广田装饰集团股份有限公司	第 37 类:室内外装潢
227	粟海及图	山西粟海集团有限公司	第 29 类:鸡肉制品
228	黄腾 HUANGTENG	山西黄腾化工有限公司	第 1 类:混凝土外加剂
229	金猴及图	威海市金猴集团有限责任公司	第 18 类:旅行箱、手提包
230	云南红	昆明云南红酒业有限公司	第 33 类:葡萄酒
231	旷达	江苏旷达汽车织物集团股份有限公司	第 24 类:装饰布
232	营口大米 YINGKOUDAMI	营口市农业中心	第 30 米:大米
233	杰克 JACK	浙江新杰克缝纫机股份有限公司	第 7 类:工业缝纫机
234	情森 QINGSEN 及图	浙江情森制衣有限公司	第 25 类:服装
235	jiaxipera	加西贝拉压缩机有限公司	第 7 类:压缩机
236	江麓 JIANGLU 及图	江麓机电科技有限公司	第 7 类:塔式起重机、压路机

续表

序号	商 标	注 册 人	类别及使用商品/服务
237	丰日及图	丰日电气集团股份有限公司	第9类:蓄电池及配套电池开关屏
238	楚天	长沙楚天科技有限公司	第7类:制药加工工业用机器
239	豪宝	湖南省银安工具设备厂有限公司	第6类:保险柜、金属陈列架
240	古越楼台	湖南胜景山河生物科技股份有限公司	第33类:黄酒、料酒
241	联诚 LinCE 及图	株洲联诚集团有限责任公司	第7类:气动元件、减震器
242	胜利及图	河北海贺胜利印刷机械集团有限公司	第7类:印刷工业用机械及器具
243	同德	山西同德化工股份有限公司	第1类:硅酸盐(白炭黑)
244	巴运情	内蒙古巴运汽车运输有限责任公司	第39类:旅客运输、货运
245	金河及图	金河生物科技股份有限公司	第5类:医用饲料添加剂、兽医用药、兽医用微生物制剂
246	康王	云南滇虹药业集团股份有限公司	第5类:中药、西药
247	久隆及图	云南罗平锌电股份有限公司	第6类:电解锌
248	第1790262号图形	山东东阿阿胶股份有限公司	第5类:阿胶
249	北达 BEI DA 及图	天津市津北电线电缆总厂	第9类:电线、电缆
250	金锚及图	天津市金锚集团有限责任公司	第20类:非金属梯子
251	有恒及图	天津长荣印刷设备股份有限公司	第7类:模切机、烫金机、糊盒机
252	利达	天津市利达钢管有限公司	第6类:钢管
253	SKYEY LION 及图	天津东洋油墨有限公司	第2类:油墨、有机颜料
254	六必治	天津蓝天集团股份有限公司	第3类:牙膏
255	宇桥及图	天津市银龙预应力钢材集团有限公司	第6类:钢丝
256	天锻	天津市天锻压力机有限公司	第7类:液压机
257	天利 TIANLI 及图	保定天利纺织有限公司	第23类:毛线
258	康辉	中国康辉旅行社集团有限责任公司	第39类:旅行社、旅游安排
259	奔牛 BEN NIU 及图	芜湖市金牛变压器制造有限公司	第9类:变压器
260	东成	江苏东成电动工具有限公司(被许可使用人)	第7类:电动手工具、机械操纵的手持工具
261	美素 MUSEUM	上海美素生物美容品有限公司	第3类:化妆品、香水
262	银轮及图	浙江银轮机械股份有限公司	第7类:机油冷却器
263	惊雷 JINGLEI 及图	四川惊雷科技股份有限公司	第6类:金属复合钢板
264	绿陵 LL 及图	江苏绿陵化工集团有限公司	第1类:复合肥
265	宝供	宝供物流企业集团有限公司	第39类:运输、货物贮存
266	熊猫 PANDA 及图	上海熊猫线缆股份有限公司	第9类:电线
267	金沙江及图	云南云天化股份有限公司	第1类:尿素、硝铵
268	牛头牌及图	贵州永红食品有限公司	第29类:牛肉食品
269	帕兰朵	上海帕兰朵高级服饰有限公司	第25类:内衣
270	HAOCEN 及图	沈阳昊诚电气设备有限公司	第9类:电站自动化装置
271	第205426号图形	上海和黄药业有限公司	第5类:中成药
272	天景 SKY SCENERY 及图	吉林天景食品有限公司	第30类:谷类制品
273	吉炭及图	中钢集团吉林炭素股份有限公司	第9类:石墨电极、炭块
274	益盛	吉林省集安益盛药业股份有限公司	第5类:中药成药

续表

序号	商 标	注 册 人	类别及使用商品/服务
275	白山方大及图	吉林省白山方大商贸有限公司	第 35 类:推销(替他人)
276	通药及图	通药制药集团股份有限公司	第 5 类:中成药
277	六颗星及图	吉林云天化云升农业发展有限公司	第 1 类:复混肥
278	希爱及图	长春新产业光电技术有限公司	第 9 类:全固态激光器
279	宏宝莱	宏宝莱集团股份有限公司	第 30 类:冰淇淋、冰糕
280	榆树钱	吉林省榆树钱酒业有限公司	第 33 类:白酒
281	藏缘及图	西藏藏缘青稞酒业有限公司	第 33 类:青稞酒
282	5100	西藏冰川矿泉水有限公司	第 32 类:矿泉水
283	天阳及图	揭阳市天阳模具有限公司	第 7 类:轮胎成型机
284	张垣及图	中煤张家口煤矿机械有限责任公司	第 7 类:矿用运输机、碎煤机
285	盛运及图	安徽盛运机械股份有限公司	第 7 类:升降机传送带
286	罗浮宫	广东罗浮宫国际家具博览中心有限公司	第 20 类:家具
287	陬福	湖南湘鲁万福农业开发有限公司	第 30 类:大米、麦芽糖
288	长城及图	长城重型机械制造有限公司	第 12 类:链条
289	天佑德	青海互助青稞酒有限公司	第 33 类:青稞酒
290	世兴及图	河北中原钢管制造有限公司	第 6 类:螺旋钢管、无缝钢管
291	第 554680 号图形	太原矿山机器集团有限公司	第 7 类:采煤机
292	丹泉及图	广西丹泉酒业有限公司	第 33 类:白酒
293	六必居	北京六必居食品有限公司	第 29 类:酱菜、腌制蔬菜
294	千禧 QIANXI 及图	浙江华峰氨纶股份有限公司	第 23 类:长丝、弹力丝(纺织用)、纺织用弹性纱和线
295	HENGYOU 及图	浙江恒友机电有限公司	第 7 类:电锤
296	径山茶	杭州市余杭区径山茶业管理协会	第 30 类:茶
297	雀友 QUEYOU	松冈机电(中国)有限公司	第 28 类:麻将
298	哈尔斯 HAERS 及图	浙江哈尔斯真空器皿股份有限公司	第 21 类:非贵重金属杯
299	米皇	浙江米皇羊绒股份有限公司	第 25 类:羊绒衫
300	世龙及图	山西世龙食品有限公司	第 29 类:腊驴肉、驴肉食品
301	国缘	江苏今世缘酒业有限公司	第 33 类:酒精饮料(啤酒除外)
302	桑罗 SANGLUO 及图	江苏华佳投资集团有限公司	第 25 类:服装、领带、围巾
303	思源 Siyuan 及图	云南玉溪水松纸厂	第 34 类:卷烟纸
304	金牌橱柜 GOLDENHOME	厦门市建潘卫厨有限公司	第 20 类:橱柜
305	Fidek	广州飞达音响专业器材有限公司	第 9 类:扩音器喇叭、扬声器音箱
306	睡宝及图	广西睡宝床垫集团有限公司	第 10 类:医用磁性床垫、医用磁性枕头
307	宏浪 HongLang	福建福泉集团有限公司	第 11 类:水龙头、水暖装置
308	永和安及图	湖北永和安门业有限公司	第 6 类:金属防盗门
309	顺香斋及图	山东顺香斋食品有限公司	第 29 类:香肠
310	双沟珍宝坊	江苏双沟酒业股份有限公司	第 33 类:白酒
311	安儿乐 Anerle 及图	恒安国际集团有限公司	第 16 类:纸质和纤维制婴儿尿裤(一次性)

续表

序号	商 标	注 册 人	类别及使用商品/服务
312	SANLG	增城市奔马实业有限公司	第12类:摩托车
313	庄子开拓	新疆庄子实业有限公司	第29类:食用油
314	前海 QIANHAI	新疆兵团农三师棉麻公司	第22类:未加工棉花
315	西尔丹	新疆西尔丹食品有限公司	第30类:辣椒酱
316	宝宝好及图	中山宝宝好日用制品有限公司	第12类: 手推车、婴儿车、儿童安全座(车辆用)
317	国欣 guoxin 及图	河间市国欣农村技术服务总会	第31类:棉花种子
318	黄龙山及图	昆明黄龙山(饲料)工贸有限公司	第31类:饲料
319	普瑞特	泰山集团泰安市普瑞特机械制造有限公司	第6类:金属容器
320	梦米兰 Mengmilan	河北金广源集团有限公司	第25类:鞋
321	海思堡 ASPOP	淄博江辰时装有限公司	第25类:服装
322	华莹及图	石家庄华莹玻璃制品有限公司	第21类:日用玻璃器皿
323	延长	陕西延长石油(集团)有限责任公司	第4类:石油、石油气 第37类:车辆加油站、钻井
324	金沙及图	贵州金沙窖酒酒业有限公司	第33类:白酒
325	华鲁	山东华鲁制药有限公司	第5类:人用药
326	JING LONG 及图	晶龙实业集团有限公司	第9类:单晶硅、硅外延片、石英晶体、石墨电极
327	KINGDREAM	江汉石油钻头股份有限公司	第7类:地质勘探、石油开采、石油精炼工业用机器设备
328	金考拉及图	杨建明/重庆市金考拉服饰有限公司	第25类:内衣、针织服装
329	北方重工及图	内蒙古北方重工业集团有限公司	第7类:离心球墨铸铁管管模、液压支架、掘进机
330	宁诚	内蒙古顺鑫宁城老窖酒业有限公司	第33类:白酒
331	TANGO 及图	广东天章信息纸品有限公司	第16类: 复印纸(文具)、记录机用纸
332	万年贡	江西万年贡米集团有限公司	第30类:大米
333	第3122388号图形	安徽恒远化工有限公司	第1类:环氧树脂
334	龙头及图	四川省巴中龙头食品有限公司	第30类:挂面
335	实实 shishi	鹤岗市实实米业有限责任公司	第30类:大米
336	NE. TIGER	黑龙江东北虎经贸(集团)有限公司	第25类:服装
337	成大方圆 CHENG DA FANG YUAN 及图	辽宁成大方圆医药连锁有限公司	第35类:推销(替他人)
338	芦花 LUHUA 及图	天津长芦汉沽盐场有限责任公司	第30类:食用盐
339	佛慈	兰州佛慈制药股份有限公司	第5类:药品
340	荣昌及图	烟台荣昌制药有限公司	第5类:中成药
341	国珍	烟台新时代健康产业有限公司	第30类: 花粉健身膏、非医用营养粉
342	QIANYE 及图	重庆千叶眼镜连锁有限公司	第42类:眼镜行
343	第1200014号图形	辽宁恒星精细化工(集团)有限公司	第1类:涂层胶、增稠剂、粘合剂、整理剂
344	欣泰及图	丹东欣泰电气股份有限公司	第9类:变压器、整流器

续表

序号	商　标	注 册 人	类别及使用商品/服务
345	HSTD 及图	黄山旅游发展股份有限公司	第 39 类：旅行社、旅客运输、观光旅游
346	前进 QJ	贵州轮胎股份有限公司	第 12 类：轮胎
347	第 1757452 号图形	山东中际电工机械有限公司	第 7 类：绕线机、嵌线机、整形机
348	众迎 ZHONGYING	江苏新通达电器有限公司	第 9 类：车辆测速器、车辆计程器、测量器械和仪器
349	国电南自	国电南京自动化股份有限公司	第 9 类：电站自动化装置、工业操作遥控电力装置、整流用电力装置
350	海花及图	营口盐业有限责任公司	第 30 类：食盐
351	天峡 TIANXIA	湖北天峡鲟业有限公司	第 29 类：鱼制食品
352	龙润 LongRun	云南龙润药业有限公司	第 30 类：茶
353	仙龙及图	唐山先隆轧辊实业有限公司	第 7 类：轧辊
354	骑龙及图	重庆骑龙饮食文化有限责任公司	第 43 类：餐厅、饭店
355	福满门	黄石市福星铝业有限公司	第 6 类：金属建筑材料、金属窗、金属门装置
356	鼎福	山东鼎福食品有限公司	第 30 类：饼干、糖果
357	章鼓 ZHANGGU 及图	山东省章丘鼓风机股份有限公司	第 7 类：鼓风机
358	恒旭及图	天津市恒兴钢业有限公司	第 6 类：钢板、金属片和金属板
359	广铝 GALUMINIUM 及图	广东广铝集团有限公司	第 6 类：金属建筑材料
360	XH 及图	广东新合铝业有限公司	第 6 类：铝型材
361	高科 GAOKE	深圳市宝安高科电子有限公司	第 9 类：电话机
362	SPARK 及图	天水星火机床有限责任公司	第 7 类：车床
363	东岳 DONGYUE	山东东岳建材机械有限公司	第 7 类：制砖机、制瓦机
364	澳雪	中山市嘉丹婷日用品有限公司	第 3 类：浴液
365	巴山雀舌	四川巴山雀舌名茶实业有限公司	第 30 类：茶
366	南方 NANFANG 及图	成都南方家俱有限公司	第 20 类：沙发、家具
367	康龙 KANGLONG	奥康集团有限公司	第 25 类：皮鞋
368	瑞华素 RUIHUAZOL	浙江瑞华化工有限公司	第 2 类：染料、着色剂
369	胜达及图	浙江大胜达包装有限公司	第 16 类：瓦楞纸、纸箱
370	苏美及图	江苏苏美食品有限公司	第 30 类：酱油
371	乐义	王乐义/寿光市世纪三元现代农业开发有限责任公司	第 31 类：新鲜蔬菜、鲜水果
372	心连心及图	河南心连心化肥有限公司	第 1 类：化学肥料、复合肥、复混肥
373	联发 LIANFA 及图	河南省联发纸业有限公司	第 34 类：卷烟纸
374	耐驰 NAICHI 及图	河南尉氏县久龙橡塑有限公司	第 7 类：三角胶带
375	绿原及图	河南省黄泛区绿原化工有限公司	第 1 类：化肥
376	晋光及图	山西青山化工有限公司	第 1 类：增白剂(染料助剂)
377	乐化及图	山东乐化铝塑制品有限公司	第 19 类：非金属隔板、非金属板条
378	荣康 RONGKANG 及图	山东康泰实业有限公司	第 20 类：按摩器械、健美按摩设备
379	新筑及图	成都市新筑路桥机械股份有限公司	第 6 类：桥梁伸缩缝(金属嵌板)

续表

序号	商　标	注 册 人	类别及使用商品/服务
380	九华山及图	舒学昌/河南九华山茶业有限公司	第30类:茶叶
381	阜丰及图	山东阜丰发酵有限公司	第29类:食品用胶
382	蓝翔及图	山东蓝翔职业培训学院	第41类:学校(教育)、培训
383	惠发及图	山东惠发食品有限公司	第29类:肉、鱼(非活的)
384	兴贸 XINGMAO 及图	诸城兴贸玉米开发有限公司	第30类:玉米淀粉
385	鑫展旺 XZW 及图	福建鑫展旺集团有限公司	第2类:油漆、涂料
386	LYC	洛阳轴承集团有限公司	第7类:轴承
387	长江及图	中国石油化工股份有限公司湖北化肥分公司	第1类:化学肥料
388	银凤 Silver phoenix 及图形	山东银凤股份有限公司	第21类:餐具、茶具
389	渡森 DUSEN 及图	郑州渡森服饰有限公司	第25类:服装
390	文新 WENXIN 及图	信阳市文新茶叶有限责任公司	第30类:茶叶
391	泰祥 TAIXIANG 及图	荣成泰祥水产食品有限公司	第29类:水产品
392	富春及图	扬州富春饮服集团有限公司	第30类:包子、糕点
393	华德 HD 及图	郑州华德永佳地毯有限公司	第27类:地毯
394	小王子 XIAOWANGZI 及图	浙江小王子食品股份有限公司	第30类:膨化食品
395	郎西雅 LONGSEA 及图	浙江袁盛牛仔服饰织造有限公司	第24类:牛津布
396	陆龙及图	宁波市陆龙兄弟海产食品有限公司	第29类:海水产品、水产罐头
397	康夫 KANGFU 及图	揭阳市华能达电器有限公司	第11类:电吹风
398	名雕设计及图	深圳市名雕装饰股份有限公司	第42类:室内装饰设计
399	如意情及图	厦门如意集团有限公司	第29类:速冻方便菜肴、腌制蔬菜、水果蜜饯
400	幸福来及图	顺昌县幸福来保健品有限公司	第30类:非医用营养品
401	文王	安徽文王酿酒股份有限公司	第33类:白酒
402	迎驾及图	安徽迎驾集团有限公司	第33类:白酒
403	同福 TongFu	安徽同福食品有限责任公司	第30类:粥
404	SHENGRUI 及图	盛瑞传动股份有限公司	第7类:连杆、飞轮、机器传动装置、发动机用进排气管、汽车水泵
405	九联及图	青岛九联集团股份有限公司	第29类:肉类食品
406	政和工夫及图	政和县茶叶技术推广总站	第30类:茶
407	朵彩	鲁晓强/上海朵彩棉服饰有限公司	第25类:内衣
408	谷神	福田雷沃国际重工股份有限公司	第7类:收割机
409	诚丰 SHINGFENG 及图	诚丰家具(中国)有限公司	第20类:家具
410	BB	蚌埠金威滤清器有限公司	第7类:滤清器
411	雾里青	安徽天方茶业(集团)有限公司	第30类:茶叶
412	长江及图	重庆长江涂装机械厂	第7类:喷涂机
413	金科	广东能强陶瓷有限公司	第19类:瓷砖
414	富丽真金及图	湖南富丽真金家纺有限公司	第24类:床罩、被子、床单
415	晨光 chenguang 及图	晨光生物科技集团股份有限公司	第2类:食用色素、食品色素、食物色素

续表

序号	商　标	注 册 人	类别及使用商品/服务
416	C—P、CHIPOLBROK	中波轮船股份公司	第 39 类:船舶运输
417	第 1067282 号图形	山东神力索具有限公司	第 6 类:货钩、链接器具
418	ViewSonic	优派显示设备国际贸易(上海)有限公司	第 9 类:显示器
419	和	上海华光酿酒药业有限公司	第 33 类:黄酒
420	天容及图	江苏天容集团股份有限公司	第 5 类:杀害虫剂、除草剂、消灭有害植物制剂
421	玉缘 YUYUAN 及图	扬州玉器厂	第 14 类: 玉雕、玉雕首饰、翡翠
422	SCG 及图	上海建工(集团)总公司	第 37 类:建筑
423	惠淼聚 HUIMIAOJU 及图	晋朝权/蠡县钰锦盛皮业有限公司	第 25 类:服装、皮制服装
424	岱峰 DaiFeng 及图	泰安泰山工程机械股份有限公司	第 7 类:移动吊车、升降设备、起重装置
425	福润 FuRun 及图	山西福润家具有限公司	第 20 类:家具
426	第 775768 号图形	上海界龙集团有限公司	第 39 类:商品包装
427	康缘	江苏康缘药业股份有限公司	第 5 类:药物胶囊
428	绿扬及图	江苏绿扬电子仪器集团有限公司	第 9 类:示波器、测量仪器、教学仪器
429	YANGYUAN 及图	河北养元智汇饮品股份有限公司	第 32 类:无酒精饮料
430	CNYD 及图	沈阳远大铝业工程有限公司	第 19 类:建筑非金属幕墙
431	小猪班纳 PEPCO 及图	东莞市小猪班纳服饰有限公司	第 25 类:童装
432	第 1458990 号图形	鑫源泰钢管集团有限公司	第 6 类:钢管、金属管
433	宝起 BaoQi 及图	河南华东起重机集团有限公司	第 7 类:起重机
434	派奇	西安利君制药有限责任公司	第 5 类:各种针剂、片剂、药用胶囊
435	义鑫及图	江西三鑫医疗器械集团有限公司	第 10 类:一次性使用输液器、一次性使用注射器
436	银圣王 yinshengwang 及图	抚州市银圣王洁具有限公司	第 11 类:水龙头
437	泰瑞 TAIRUI	宁夏多维泰瑞制药有限公司	第 5 类:医用饲料添加剂、兽用原料药
438	西吉马铃薯 XiJiMaLing Shu 及图	西吉县马铃薯生产研究所	第 31 类:鲜土豆
439	香山硒砂及图	宁夏中卫香山硒砂瓜业有限责任公司	第 31 类:西瓜
440	齐润及图	山东齐胜工贸股份有限公司	第 4 类:润滑油、润滑脂、工业用油
441	ZBCB 及图	淄博商厦股份有限公司	第 35 类:推销(替他人)
442	浇注明天	中交一航局第二工程有限公司	第 37 类:港湾建筑
443	泰发 TaiFa 及图	青岛泰发集团股份有限公司	第 12 类:手推车、车轮胎
444	伟业 WEIYE	伟业陶瓷有限公司	第 21 类: 家庭用陶瓷制品、日用瓷器
445	君力 junli 及图	深圳市君力实业有限公司	第 14 类:珠宝(首饰)、贵重金属丝线(珠宝)
446	华美及图	河北华美化工建材集团有限公司	第 17 类:橡胶或塑料填充材料、离心玻璃棉、保温用非导热材料
447	沈鼓 SBW 及图	沈阳鼓风机集团有限公司	第 7 类:鼓风机

续表

序号	商　标	注 册 人	类别及使用商品/服务
448	三博 SANBO 及图	涿州市三博桥梁模板制造有限公司	第 6 类:钢模板
449	雪松及图	湖南华升株洲雪松有限公司	第 24 类:苎麻布、苎麻混纺布、苎麻交织布
450	亚林 YALIN 及图	湖南亚林食品有限公司	第 29 类:加工过的瓜子、加工过的花生
451	辰州 CHENZHOU 及图	湖南辰州矿业股份有限公司	第 1 类:氧化锑　第 6 类:精锑
452	星港 STARDOM 及图	湖南星港家居发展有限公司	第 20 类:弹簧软床垫
453	红魔	湖南天舟科教文化股份有限公司	第 41 类:图书出版(广告宣传册除外)、书籍出版
454	华鹏	湖南省武冈市华鹏食品有限公司	第 29 类:豆腐制品、鱼制食品、卤肉制品
455	韶峰 SHAOFENG 及图	湖南省韶峰服饰有限公司	第 25 类:制服、西服、工作服
456	龙及图	湖南龙牌酱业集团有限公司	第 30 类:酱油、醋
457	宏兴隆 HONGXING LONG 及图	湖南宏兴隆湘莲食品有限公司	第 29 类:莲子
458	珠华及图	株洲南方阀门股份有限公司	第 7 类:液压阀、压力阀
459	贵派 GODP 及图	湖南贵派电器有限公司	第 9 类:电开关、断路器、插头、插座及其他接触器(电接头)
460	恒润	湖南恒润高科有限公司	第 7 类:多用养路机、挖掘机、扫路机(自动推进)
461	第 1551261 号图形	湖南九鼎科技(集团)有限公司	第 31 类:饲料
462	古洞春	湖南古洞春茶业有限公司	第 30 类:茶叶
463	万里石 WANLI STONE 及图	厦门万里石有限公司	第 19 类:石头、混凝土或大理石艺术品
464	鄂州武昌鱼 WU CHANGFISH IN E ZHOU 及图	鄂州武昌鱼协会	第 29 类: 武昌鱼(非活的)
465	鸿鹰及图	哈尔滨鸿鹰幕墙装饰工程有限公司	第 6 类:不锈钢门窗、金属门框、金属窗
466	林都 Lindu 及图	伊春市林都山特产品有限责任公司	第 29 类:干食用菌
467	超新及图	江阴市电工合金有限公司	第 6 类:金属片和金属板
468	金星牌 GOLDEN STAR BRAND 及图	天津食品进出口股份有限公司	第 32 类:白酒、葡萄酒、露酒、改制酒
469	SONY	索尼株式会社	第 9 类:电影摄影仪器;声音或图像的录制、传输和复制设备;数据处理设备和计算机
470	隆基及图	抚顺隆基磁电设备有限公司	第 7 类:磁选机
471	陪都 Peidu 及图	重庆陪都药业股份有限公司	第 5 类:人用药
472	珂及图	鞍山市发蓝钢带有限责任公司	第 6 类:金属带
473	蒙王及图	内蒙古蒙药股份有限公司	第 5 类:蒙药
474	清谷新禾 PURE FRESH FARM 及图	内蒙古清谷新禾有机食品有限责任公司	第 29 类:食用油、精制坚果仁、干食用菌
475	绝味	戴文军/湖南绝味食品股份有限公司	第 29 类: 板鸭、豆腐制品、鱼制食品

续表

序号	商　标	注 册 人	类别及使用商品/服务
476	广田	湖南广安生物技术股份有限公司	第31类:饲料、非医用饲料添加剂
477	御马	天津马丁康华不锈钢制品有限公司	第11类:暖气片
478	HUANQIU及图	天津环球旅游制品股份有限公司	第22类:帐篷
479	天矿防爆TIKUG及图	天津市天矿电器设备有限公司	第9类:高压防爆配电装置
480	津一及图	天津第一机床总厂	第7类:金属切削机床
481	第333816号图形	中钢集团邢台机械轧辊有限公司	第7类:轧辊
482	鹰唛	广东鹰唛食品有限公司	第29类:植物食油
483	信凯	山西省平遥减速器厂	第7类:减速机(箱、机)
484	TBEA特变电工	特变电工股份有限公司	第9类:变压器
485	龙嫂及图	宿迁市龙嫂绿色食品有限公司	第30类:面粉、方便面、食用淀粉
486	玉人YUREN及图	江苏玉人服装有限公司	第25类:男女西装裤、衬衫
487	DHI.DCW及图	大连重工·起重集团有限公司	第7类:风力发电设备、冶金机械、起重装卸设备
488	DMTG及图	大连机床集团有限责任公司	第7类:机床、机械加工装置
489	赛斯德及图	营口赛斯德型材有限公司	第19类:非金属建筑材料
490	长生岛	大连长生岛食品集团有限公司	第30类:非医用营养胶囊
491	富谷及图	大连富谷水产有限公司	第29类:鱼(非活)、海参
492	百祥BESTRONG及图	福建百祥车饰有限公司	第12类:车辆座套、车辆内装饰品
493	北霸BEIBA及图	沈阳北霸米业集团有限公司	第30米:大米
494	协记XJ及图	江阴协和新型建材有限公司	第6类:金属建筑材料
495	赛斯特	北京赛斯特新世纪服装有限公司	第25类:服装
496	第1357464号图形	华夏银行股份有限公司	第36类:金融服务
497	金山	北京金山数字娱乐科技有限公司	第9类:计算机软件(已录制)、计算机游戏软件
498	益君	北京资源亚太食品有限公司	第29类:猪肉食品、肉
499	第1680810号图形	莆田市华昌首饰有限公司	第14类:珠宝首饰
500	四风SIFENG	四平鼓风机股份有限公司	第11类:通风机
501	麦达斯及图	吉林麦达斯铝业有限公司	第6类:铝、普通金属合金
502	阿满	吉林省阿满食品有限公司	第29类:猪肉食品、肉
503	YDD	吉林永大集团股份有限公司	第9类:断路器、电开关、高低压开关板
504	爽风及图	临江市宝健木业有限责任公司	第20类:室内板条百叶窗
505	春苗及图	延吉插秧机制造有限公司	第7类:水稻插秧机
506	南国	海南南国食品实业有限公司	第30类:糖、糖果
507	永辉YH	永辉超市股份有限公司	第35类:推销(替他人)
508	SHQC	上海红旗电缆(集团)有限公司	第9类:电线、电缆
509	洛川苹果LUO CHUANAPPLE及图	洛川县苹果产业协会	第31类:苹果
510	米兰登milandeng	米兰登服饰(广东)有限公司	第25类:服装

商标局2010年在商标异议案件中认定并公布的32件驰名商标

序号	商　标	注册人/所有人	类别及使用商品/服务
1	帅康 SHUAIKANG 及图	帅康集团有限公司	第11类:吸排油烟机
2	海菱 HIGHLEAD 及图	中国标准缝纫机公司上海惠工缝纫机三厂	第7类:缝纫机
3	阿桑娜 azona	凯锋(亚洲)有限公司	第25类:服装
4	致美斋	广州市致美斋酱园	第30类:酱油
5	人头马	埃.雷米马丹公司	第33类:含酒精的饮料(啤酒除外)
6	喜来登 SHERATON	喜来登国际公司	第43类:饭店
7	VIE	浙江万安科技股份有限公司	第12类:汽车制动器配件
8	雅虎 YAHOO!	雅虎公司	第42类:提供互联网搜索引擎
9	图形	苹果公司	第9类:计算机;手提计算机
10	通润及图	江苏通润机电集团有限公司	第7类:千斤顶、货车用千斤顶
11	TOTAL 及图	道达尔股份有限公司	第4类:工业油和润滑脂;润滑油
12	本田	本田技研工业株式会社	第12类:轿车;摩托车;电动汽车
13	红梅 HONGMEI 及图	红塔烟草(集团)有限责任公司	第34类:香烟
14	图形	湖南电视台	第38类:有线电视广播;电视广播;卫星传送
15	天威 TIAN WEI(未注册商标)	保定天威集团有限公司	第9类:变压器
16	前程无忧及图	前程无忧网络信息技术(北京)有限公司	第35类:在全球电脑网络、报章、杂志上刊登职业介绍广告的服务;在全球电脑网络、报章、杂志上刊登人员招收广告的服务
17	华罗	中牧实业股份有限公司	第31类:动物饲料
18	双虎	成都市双虎实业有限公司	第20类:家具
19	迪信通及图	北京迪信通商贸有限公司	第35类:替他人推销
20	御马 IMPERIAL HORSE 及图	御马国际葡萄酒业(宁夏)有限公司	第33类:葡萄酒
21	猎豹汽车 LIEBAO(汽车放弃专用权)	湖南长丰汽车制造股份有限公司	第12类:汽车
22	理洫王 LIXUWANG 及图	昆明圣火药业(集团)有限公司	第5类:中药成药
23	露水河 DEW RIVER 及图	吉林森林工业股份有限公司	第19类:木屑板

续表

序号	商　标	注册人/所有人	类别及使用商品/服务
24	MARTELL	马爹利股份有限公司	第 33 类:含酒精饮料
25	宏发 HONGFA 及图	厦门宏发电声股份有限公司	第 9 类:继电器
26	好想你及图	好想你枣业股份有限公司	第 29 类:加工过的枣;干枣
27	湘电	湘潭电机股份有限公司	第 7 类:发电机
28	汇众	上海汇众汽车制造有限公司	第 12 类:卡车;大客车;汽车底盘
29	天能及图	天能电池集团有限公司	第 9 类:蓄电池
30	舜宇	宁波舜宇仪器有限公司	第 9 类:光学镜头
31	星云 XINGYUN 及图	江苏民星茧丝绸股份有限公司	第 22 类:茧;生丝
32	易水	河北易水砚有限公司	第 16 类:砚

商标评审委员会 2010 年在商标异议复审、商标争议案件中认定并公布的 140 件驰名商标

序号	商　标	注册人/所有人	类别及使用商品/服务
1	Tianepai 及图	亚泰集团哈尔滨水泥有限公司	第 19 类:水泥
2	AAA SANEIPAI 及图	张家港市 AAA 轴承有限公司	第 7 类:轴承
3	双鹤及图	北京双鹤药业股份有限公司	第 5 类:复方阿斯匹林片等
4	猴王牌 MONKEY KING 及图	中国茶叶股份有限公司	第 30 类:茶叶
5	前进 ADVANCE 及图	杭州前进齿轮箱集团股份有限公司	第 12 类:船用齿轮箱
6	仙潭 XIANTAN 及图	中国四川仙潭酒厂	第 33 类:酒
7	冰山 BERG BRAND 及图	成都光明光电股份有限公司	第 9 类:光学玻璃、激光晶体、光学眼镜片
8	WISH	伟士(厦门)体育用品有限公司	第 28 类:网球拍、羽毛球拍
9	TIAN WANG 及图	伟明五金制品厂有限公司	第 14 类:石英手表
10	远州	浙江达可尔汽车电子科技有限公司	第 12 类:硅整流汽车发电机
11	TIGER CAPITAL 及图	虎都(中国)服饰有限公司	第 25 类:裤子
12	第 514114 号图形	丰田汽车公司	第 12 类:汽车
13	中富及图	珠海中富实业股份有限公司	第 20 类:塑料瓶、塑料瓶盖
14	江海及图	江苏江海化工集团有限公司	第 1 类:水质稳定剂
15	科林 kelin	江苏科林集团有限公司	第 11 类:除尘器
16	寒思 HANSI 及图	山东华羽集团有限公司	第 25 类:羽绒服
17	锡发 XiFa	无锡兴达泡塑新材料有限公司	第 1 类:可发性和自熄型聚苯乙粒子
18	虎 Tiger 及图	浙江大虎打火机有限公司	第 34 类:打火机
19	中原 CENTALINE	中原地产代理有限公司	第 36 类:不动产经纪

续表

序号	商　标	注册人/所有人	类别及使用商品/服务
20	丘比	丘比株式会社	第 30 类:蛋黄酱、色拉调味品
21	三金 SANJIN 及图	桂林三金药业股份有限公司	第 5 类:中药成药、医药制剂、医用营养品、新药成药、药酒
22	国茂 GUOMAO 及图	国茂减速机集团有限公司	第 7 类:减速机
23	御泉及图	吉林省德春米业集团有限责任公司	第 30 类:精米
24	牧童及图	浙江牧童鞋业有限公司	第 25 类:童皮鞋
25	蓝深及图	南京蓝深制泵集团股份有限公司	第 7 类:污水泵、潜水泵
26	公元 ERA	永高股份有限公司	第 17 类:塑料管、管子接头等
27	荣强及图	四川金太阳畜牧饲料集团有限公司	第 31 类:饲料等
28	SHEN MA 及图	中国神马集团有限责任公司	第 23 类:弹力丝等
29	梅花 PLUM BLOSSOM	梅花伞业股份有限公司	第 18 类:雨伞
30	众和及图	新疆众和股份有限公司	第 6 类:铝锭、铝箔
31	喬治白	浙江乔治白服饰股份有限公司	第 25 类:服装等
32	特丽达 Talida	四川省特丽达实业有限公司	第 6 类:金属屋顶材料、铝合金天花板等
33	盛宇及图	盛宇集团有限公司	第 24 类:被子、鸭绒被、床罩
34	金龙羽及图	金龙羽集团有限公司	第 9 类:电线、电缆
35	盼盼及图	福建省晋江福源食品有限公司	第 30 类:虾条、米乐
36	第 1156915 号图形	佛山市盛发电器有限公司	第 11 类:电热开水瓶、电饭锅等
37	东易日盛	北京东易日盛装饰股份有限公司	第 37 类:室内装潢、室内装饰
38	金种子及图	安徽金种子酒业股份有限公司	第 33 类:酒(饮料)、烧酒
39	宏光 HONGGUANG 及图	沙县宏盛塑料有限公司	第 1 类:酚醛塑料粉
40	紫山 ZISHAN 及图	福建紫山集团股份有限公司	第 29 类:蔬菜罐头、酱菜、蘑菇罐头等
41	宾王	浙江宾王扑克有限公司	第 16 类:纸牌、扑克牌
42	吕氏及图	辽宁吕氏化工(集团)有限公司	第 1 类:粘合剂
43	东南 ND	福建省三农碳酸钙有限责任公司	第 1 类:碳酸钙
44	杭氧 Hangyang 及图	杭州制氧机集团有限公司	第 7 类:气体分离设备等
45	慈济及图	财团法人台湾省佛教慈济慈善事业基金会	第 36 类:筹集慈善基金、组织募捐等
46	ARTRON	北京雅昌彩色印刷有限公司	第 42 类:印刷
47	脑白金	上海黄金搭档生物科技有限公司	第 30 类:非医用营养液、非医用营养胶囊
48	博宇	沈阳博宇有色金属炉料有限公司	第 35 类:推销(替他人)
49	鹏鸿及图	大连鹏鸿木业有限公司	第 19 类:胶合板
50	黠石及图	浙江天和树脂有限公司	第 17 类:合成树脂(半成品)
51	建宁通心白莲 Jntxbl 及图	建宁县建莲产业协会	第 31 类:莲子
52	香雪	广州市香雪制药股份有限公司	第 5 类:人用药
53	爱尔 aier 及图	爱尔眼科医院集团股份有限公司	第 42 类:医院
54	福龙 FU LONG 及图	际华三五四二纺织有限公司	第 24 类:纺织织物、布、纱布(布)等
55	森森	浙江森森实业有限公司	第 16 类:室内水族箱

续表

序号	商　标	注册人/所有人	类别及使用商品/服务
56	武夷山 大红袍	武夷山市茶叶科学研究所	第 30 类:茶
57	诺亚舟	创新诺亚舟电子(深圳)有限公司	第 9 类:电子字典
58	皖宝及图	合肥皖宝集团床垫有限公司	第 20 类:床垫、弹簧床垫
59	天瑞 TIAN RUI 及图	天瑞集团水泥有限公司	第 19 类:水泥
60	第 3039995 号图形	沈阳华晨金杯汽车有限公司	第 12 类:汽车等
61	顺丰	广州顺丰速运有限公司	第 39 类:包裹投递、邮购货物的速递
62	LiLin 及图	天津立林机械集团有限公司	第 7 类:石油开采、 石油精炼工业用机器设备等
63	坦洋工夫	福安市茶业协会	第 30 类:茶
64	双鱼 DOUBLE FISH 及图	广州轻工工贸集团有限公司	第 28 类:乒乓球、乒乓球板、乒乓球台
65	KENWOOD 建伍	株式会社建伍	第 9 类:无线电收音机、视频设备等
66	TOTO	TOTO 株式会社	第 11 类:透明卫生陶瓷器、龙头、 供水及卫生设备及其零部件等
67	HOYA 豪雅	HOYA 株式会社	第 9 类:眼镜、镜片等
68	新农 XIN NONG 及图	浙江新农化工股份有限公司	第 5 类:杀害虫剂等
69	QL 图形 强力	福建省强力体育用品有限公司	第 28 类:网球拍、羽毛球拍
70	第 1283610 号图形 第 1509243 号图形	福建柒牌集团有限公司	第 25 类:服装等
71	吉象 第 1118710 号图形	人造林木业制品集团有限公司	第 19 类:建筑用木材、纤维板等
72	MONDO 蒙多	蒙多股份公司	第 28 类:塑胶跑道
73	第 124390 号图形	大连电瓷集团股份有限公司	第 17 类:电瓷
74	环宇 HUANYUPAI	阜新环宇橡胶(集团)有限公司	第 7 类:橡胶运输带
75	川威及图	四川省川威集团有限公司	第 6 类:钢、铁
76	金山牌及图	河南金山化工有限责任公司	第 1 类:纯碱、工业用氯化铵、农业用氯化铵
77	华艺及图	江苏艺兴紫砂陶股份有限公司	第 21 类:紫砂盆、盘;壶;茶具;陈设品
78	广宇牌及图	四川广宇化工股份有限公司	第 1 类:纯碱
79	泰星及图	泰星减速机股份有限公司	第 7 类:减速机
80	银珠牌及图	辽宁银珠化纺集团有限公司	第 23 类:丝
81	长铃及图	长铃集团长春摩托车工业有限公司	第 12 类:摩托车
82	三旺及图	成都三旺集团有限公司	第 31 类:饲料
83	月兰 YUE LAN 及图	新天龙集团有限公司	第 24 类:涤棉、纯棉、印染布
84	万通 WT 及图	通化万通药业股份有限公司	第 5 类:中西成药
85	SAINASI	赛纳集团有限公司	第 25 类:鞋
86	第五街 5th STREET	中山金三角成衣有限公司	第 25 类:牛仔裤
87	美乐及图	江苏美乐肥料有限公司	第 1 类:混合肥料

续表

序号	商　标	注册人/所有人	类别及使用商品/服务
88	艾兰得	江苏江山制药有限公司	第5类:维生素C
89	HOYO	广州市番禺区好友实业有限公司	第21类:塑料衣架、塑料晒架、塑料衣夹
90	吴太	吉林省北方医药有限责任公司	第5类:药品
91	泰山及图	泰山石膏股份有限公司	第19类:石膏板
92	3539及图	际华三五三九制鞋有限公司	第25类:鞋
93	C&U	人本集团有限公司	第7类:轴承
94	美来	敦化市中信木业有限责任公司	第19类:木制地板
95	聚峰JUFENG及图	华峰集团有限公司	第17类:合成树脂(半成品)等
96	芬那丝FENNASI	浙江芬莉集团有限公司	第25类:袜、短筒袜、长筒袜、袜裤、袜套
97	乐万家LEWANJIA及图	廊坊强盛精细化工有限公司	第5类:杀害虫剂;蚊香
98	盛湘集团Sheng xiang Groups及图	湖南盛湘粮食购销集团有限公司	第30类:谷类制品等
99	泰峰及图	中山市泰峰电气有限公司	第9类:电压互感器、电流互感器
100	重百	重庆百货大楼股份有限公司	第35类:推销(替他人)
101	3A及图	佛山市三爱化工有限公司	第2类:油漆、涂料
102	雅爵yajue及图	广东雅爵实业有限公司	第25类:服装
103	长园changyuan及图	深圳市长园集团股份有限公司	第17类:绝缘材料等
104	千仞岗及图	常熟市千仞岗制衣有限公司	第25类:羽绒服装等
105	第1338982号图形	锦州百合食品有限公司	第29类:腌制蔬菜、海带
106	友日久YOU RI JIU及图	福清市友谊胶粘带制品有限公司	第16类:文具或家用胶带;文具用胶带;文具和家用粘合剂(胶水);不干胶纸;文具用密封化合物
107	金发	金发科技股份有限公司	第1类:合成树脂塑料
108	三圈及图;THREECIRCLES及图	厦门三圈电池有限公司	第9类:电池
109	三和	广东三和建材集团有限公司	第19类:混凝土桩杆
110	恒信	北京恒信玺利经贸有限责任公司	第14类:戒指(宝石)等
111	红四方及图	中盐安徽红四方股份有限公司	第1类:化学肥料
112	復旦	复旦大学	第41类:学校(教育),教育,培训,教学,讲课,教育信息,教育考核,图书出版(广告宣传册除外),课本出版(非广告材料)、书籍出版
113	鲸海JH及图	江苏冠军涂料实业有限公司	第2类:油漆;黑漆;清漆;油漆稀释剂
114	达芙妮DAPHNE	祥田贸易有限公司	第25类:鞋;女鞋等
115	同发TONGFA及图	福建同发食品集团有限公司	第29类:水果罐头、蘑菇罐头、蔬菜罐头、水产罐头、肉罐头
116	新象XINXIANG及图	成都新象建材有限公司	第19类:地板、铺木地板等
117	黄金搭档	上海黄金搭档生物科技有限公司	第30类:非医用营养品
118	永大WINGTAI及图	永大(中山)有限公司	第16类:文具用胶带等

续表

序号	商 标	注册人/所有人	类别及使用商品/服务
119	好雨 HAOYU 及图	吉林裕丰米业股份有限公司	第 30 类:米、谷类制品
120	坦博尔 Tanboer	青州市坦博尔服饰有限公司	第 25 类:羽绒服装
121	奥特朗 Otlan 及图	广州市奥特朗企业有限公司	第 11 类:热水器
122	百特及图	佛山市高明贝斯特陶瓷有限公司	第 19 类:瓷砖
123	冠达星 GDX 及图	福建冠达星五金制品有限公司	第 20 类:家具、金属家具等
124	宏星 HONGXING 及图	上海宏星建材有限公司	第 19 类:地板
125	华旗资讯	北京华旗资讯数码科技有限公司	第 9 类:计算机周边设备
126	齐星及图	齐星集团有限公司	第 6 类:普通金属合金等
127	好医生	四川好医生制药有限公司	第 5 类:人用药
128	凤灵 fitness 及图	泰兴凤灵乐器有限公司	第 15 类:小提琴、中提琴等
129	创业软件 B—soft	杭州创业软件股份有限公司	第 42 类:计算机软件升级、计算机软件设计、计算机编程
130	洛基 LODGI 及图	江苏洛基木业有限公司	第 19 类:地板、铺地木材、非金属地板等
131	澳森地板 AOSEN 及图	湖北澳森木业股份有限公司	第 19 类:地板、胶合板等
132	石桥	辽宁石桥调味品股份公司	第 30 类:酱油、醋、调味品、调味酱
133	HONGHUA 及图	四川宏华石油设备有限公司	第 7 类:石油钻机等
134	SBT	江苏博特新材料有限公司	第 1 类:混凝土凝结剂
135	依利特	大连依利特分析仪器有限公司	第 9 类:色谱分析仪等
136	安井及图	厦门华顺民生食品有限公司	第 29 类:鱼制食品
137	浪奇	广州市浪奇实业股份有限公司	第 3 类:肥皂、香皂、洗衣皂、洗衣粉、洗涤剂、洗发剂、护发素、浴液、洗洁精、化妆品
138	太阳城 SUNCITY 及图;太阳城洋伞 SUNCITY 及图	太阳城(厦门)雨具有限公司	第 18 类:伞、女用阳伞
139	金杯及图	江阴市金杯乐器有限公司	第 15 类:手风琴、簧(管)乐器、钢琴、低音提琴(乐器)、口琴、乐器等
140	BADA 及图	八达机电有限公司	第 7 类:机锯、机械操作的手持工具、绞盘、卷扬机、马达和引擎起动器、起重葫芦、起重机(升降装置)、升降机、天车、往复锯

农业植物新品种保护名录(第八批)

中华人民共和国农业部令

2010 第 8 号

中华人民共和国农业植物品种保护名录(第八批)已经2010年1月4日农业部第1次常务会议审议通过,现予发布,自2010年3月1日起施行。

部长　韩长赋

二〇一〇年一月十八日

中华人民共和国农业植物新品种保护名录

(第八批)

属或者种名	学　名
莲	*Nelumbo nucifera* Gaertn.
蝴蝶兰属	*Phalaenopsis* Bl.
秋海棠属	*Begonia* L.
凤仙花	*Impatiens balsamina* L.
非洲凤仙花	*Impatiens wallerana* Hook. f.
新几内亚凤仙花	*Impatiens hawkeri* Bull.

农产品地理标志名录

截至2010年底,经农业部农产品地理标志登记专家评审委员会评审通过,并向社会公示无异议后,农业部正式公告和颁证农产品地理标志535个。各地产品数量及全国农产品地理标志名录附后。

全国已公告农产品地理标志名录(截至2010年底)

序号	年份	产品名称	所在地域	申请人全称
1	2008	黎城核桃	山　西	黎城县核桃产业办公室
2	2008	交城骏枣	山　西	交城县农业技术推广中心
3	2008	乌海葡萄	内蒙古	乌海市植保植检站
4	2008	彰武黑豆	辽　宁	彰武县绿色食品协会
5	2008	黑山锦丰梨	辽　宁	黑山县农业技术推广中心
6	2008	岫岩滑子蘑	辽　宁	岫岩满族自治县蔬菜生产管理局
7	2008	洮南绿豆	吉　林	洮南市杂粮杂豆经销协会
8	2008	新开河贡米	吉　林	集安绿色食品产业协会
9	2008	集安边条参	吉　林	集安绿色食品产业协会
10	2008	巴彦大豆	黑龙江	巴彦县质量安全协会
11	2008	嘉荫木耳	黑龙江	嘉荫县绿色食品协会

续表

序号	年份	产品名称	所在地域	申请人全称
12	2008	阿城大米	黑龙江	哈尔滨市阿城金京稻米专业合作社
13	2008	章丘大葱	山　东	章丘市大葱研究所
14	2008	威海野生刺参	山　东	威海市农业环境保护站
15	2008	房县香菇	湖　北	房县经济作物技术推广站
16	2008	秭归桃叶橙	湖　北	秭归县柑桔协会
17	2008	麻城福白菊	湖　北	麻城市福白菊产业协会
18	2008	江永香柚	湖　南	江永县桃川洞名特优新产品开发区管理委员会
19	2008	武隆高山辣椒	重　庆	武隆县蔬菜产业发展办公室
20	2008	梁平柚	重　庆	梁平县经济作物站
21	2008	米脂小米	陕　西	米脂县金颗粒小米专业合作社
22	2008	阎良相枣	陕　西	西安市阎良区林业科技中心
23	2008	彬州梨	陕　西	彬县园艺工作站
24	2008	兴平关中黑猪	陕　西	兴平市畜牧兽医站
25	2008	中宁硒砂瓜	宁　夏	硒砂瓜生产营销协会
26	2008	彭阳辣椒	宁　夏	彭阳县红河辣椒专业合作社
27	2008	西吉马铃薯	宁　夏	西吉县马铃薯产业服务中心
28	2008	贺兰螺丝菜	宁　夏	贺兰县农牧局乡镇企业培训服务中心
29	2008	芮城花椒	山　西	山西省芮城县花椒产业协会
30	2008	红山荞麦	山　西	朔州市平鲁区红山荞麦协会
31	2008	长子大青椒	山　西	山西省长子县椒王蔬菜营销合作社
32	2008	孝义核桃	山　西	山西省孝义市农业技术推广中心
33	2008	天山明绿豆	内蒙古	内蒙古赤峰市阿鲁科尔沁旗农业环保能源工作站
34	2008	乌兰察布马铃薯	内蒙古	乌兰察布市农畜产品质量安全中心
35	2008	乌珠穆沁羊肉	内蒙古	锡林郭勒盟农牧业科学研究所
36	2008	丹东杜鹃	辽　宁	丹东市花卉协会
37	2008	小梁山西瓜	辽　宁	新民市梁山镇西瓜协会
38	2008	集安五味子	吉　林	吉林省集安北五味子产业协会
39	2008	洮南辣椒	吉　林	洮南市辣椒产业协会
40	2008	巴彦猪肉	黑龙江	巴彦县农产品质量安全协会
41	2008	阿城大蒜	黑龙江	哈尔滨市阿城区金源绿色农畜产品协会
42	2008	呼兰大葱	黑龙江	哈尔滨市呼兰区兰河街道办事处社区服务中心
43	2008	嘉荫大豆	黑龙江	嘉荫县绿色食品协会
44	2008	峄城石榴	山　东	峄城区标准化农业产业协会
45	2008	昌乐西瓜	山　东	昌乐县农产品质量检测中心
46	2008	黄河口蜜桃	山　东	垦利县西宋乡黄河口蜜桃协会
47	2008	平林镇大米	湖　北	枣阳市平林镇粮油经销协会
48	2008	鹤峰茶	湖　北	鹤峰县茶叶产业协会
49	2008	宜都蜜柑	湖　北	宜都市柑桔协会

续表

序号	年份	产品名称	所在地域	申请人全称
50	2008	湘西椪柑	湖　南	湘西自治州经济作物站
51	2008	武隆高山白菜	重　庆	重庆市武隆县蔬菜产业发展办公室
52	2008	武隆高山萝卜	重　庆	重庆市武隆县蔬菜产业发展办公室
53	2008	江津花椒	重　庆	江津区农业技术推广服务中心
54	2008	横山大明绿豆	陕　西	横山县农业技术推广中心站
55	2008	丹凤核桃	陕　西	丹凤县农业技术推广中心
56	2008	蓝田大杏	陕　西	蓝田县华胥镇娲氏杏果专业协会
57	2008	大武口小公鸡	宁　夏	石嘴山市大武口区农业畜牧技术推广服务中心
58	2008	涝河桥羊肉(清真)	宁　夏	吴忠市畜牧草原技术推广服务中心
59	2008	青铜峡西瓜	宁　夏	青铜峡市农业技术推广服务中心
60	2008	盐池甜瓜	宁　夏	盐池县科技服务中心
61	2008	盐池滩羊肉	宁　夏	盐池县滩羊肉产品质量监督检验站
62	2008	盐池滩鸡	宁　夏	盐池县滩羊肉产品质量监督检验站
63	2008	东明西瓜	山　东	东明县西瓜协会
64	2008	平阴玫瑰红苹果	山　东	平阴玫冠苹果合作社
65	2008	新村银杏	山　东	郯城县新村乡农业服务站
66	2008	福山大樱桃	山　东	福山区果树站
67	2008	鄂尔多斯细毛羊	内蒙古	内蒙古乌审旗农牧业产业化办公室
68	2008	阿尔巴斯白绒山羊	内蒙古	内蒙古鄂托克旗阿尔巴斯绒山羊协会
69	2008	集安山葡萄	吉　林	吉林省集安绿色食品产业协会
70	2008	巴彦玉米	黑龙江	巴彦县农产品质量安全协会
71	2008	灵丘荞麦	山　西	山西省大同市灵丘农业技术推广中心
72	2008	天镇唐杏	山　西	天镇县绿宝无公害杏菜专业合作社
73	2008	应县胡萝卜	山　西	应县南河种镇绿色蔬菜开发中心
74	2008	交城梨枣	山　西	山西省交城县农业技术推广中心
75	2008	房县黑木耳	湖　北	房县经济作物技术推广站
76	2008	走马葛仙米	湖　北	湖北省鹤峰县优质农产品协会
77	2008	崀山脐橙	湖　南	新宁县农业技术推广中心
78	2008	江永香芋	湖　南	湖南省江永县桃川洞名特优新产品开发区管理委员会
79	2008	华容芥菜	湖　南	华容县蔬菜加工行业协会
80	2008	武隆高山马铃薯	重　庆	重庆市武隆县蔬菜产业发展办公室
81	2008	宁陕香菇	陕　西	陕西省宁陕县农业技术推广中心
82	2008	灞桥樱桃	陕　西	西安市灞桥区园艺技术推广站
83	2008	汉中冬韭	陕　西	汉中市农业技术推广中心
84	2008	佳县红枣	陕　西	佳县红枣产业办公
85	2008	白河木瓜	陕　西	白河县长江防护林工程建设领导小组办公室
86	2008	海原硒砂瓜	宁　夏	兴仁硒砂瓜市场流通协会
87	2008	六盘山蚕豆	宁　夏	隆德县农业技术推广服务中心

续表

序号	年份	产品名称	所在地域	申请人全称
88	2008	马家湖西瓜	宁　夏	吴忠市利通区蔬菜技术推广服务中心
89	2008	朝那乌鸡	宁　夏	彭阳县养鸡专业合作社
90	2008	同心马铃薯	宁　夏	同心县农业技术推广服务中心
91	2008	青铜峡番茄	宁　夏	青铜峡市农业技术推广服务中心
92	2008	张亮香瓜	宁　夏	贺兰县农牧局乡镇企业培训服务中心
93	2008	盐池荞麦	宁　夏	盐池县科技服务中心
94	2008	原州马铃薯	宁　夏	固原市原州区农业技术推广服务中心
95	2008	原州油用亚麻	宁　夏	固原市原州区农业技术推广服务中心
96	2008	蒙阴蜜桃	山　东	蒙阴县果业协会
97	2008	黄河口大闸蟹	山　东	东营市黄河口大闸蟹协会
98	2008	苍山辣椒	山　东	苍山县平阳蔬菜产销专业合作社
99	2008	滕州马铃薯	山　东	滕州市种子管理站
100	2008	敖汉旗荞麦	内蒙古	敖汉旗农产品质量安全中心
101	2008	苏尼特羊肉	内蒙古	锡林郭勒盟农牧业科学研究所
102	2008	万昌大米	吉　林	永吉县粮食行业协会
103	2008	克山马铃薯	黑龙江	克山县绿色食品协会
104	2008	呼兰韭菜	黑龙江	哈尔滨市呼兰区蒲井蔬菜专业合作社
105	2008	嘉荫水稻	黑龙江	嘉荫县绿色食品协会
106	2008	孝义柿子	山　西	山西省孝义市农业技术推广中心
107	2008	应县青椒	山　西	应县南河种镇绿色蔬菜开发中心
108	2008	四井岗油桃	湖　北	枣阳市平林镇油桃协会
109	2008	沼山胡柚	湖　北	鄂州市梁子湖区胡柚产业合作社
110	2008	江永香姜	湖　南	湖南省江永县桃川洞名特优新产品开发区管理委员会
111	2008	武隆高山甘蓝	重　庆	重庆市武隆县蔬菜产业发展办公室
112	2008	梁平肉鸭	重　庆	重庆市梁平县畜牧技术推广站
113	2008	城固蜜桔	陕　西	城固县果业技术指导站
114	2008	靖边马铃薯	陕　西	靖边县农业技术推广服务中心
115	2008	汉中白猪	陕　西	汉中市动物疾病预防控制中心
116	2008	宁夏大米	宁　夏	宁夏优质稻米产业化协会
117	2008	青铜峡辣椒	宁　夏	青铜峡市农业技术推广服务中心
118	2008	吴忠牛乳	宁　夏	吴忠市乳业协会
119	2008	盐池西瓜	宁　夏	盐池县科技服务中心
120	2008	同心滩羊肉(清真)	宁　夏	同心县养羊协会
121	2008	涝河桥牛肉(清真)	宁　夏	吴忠市畜牧草原技术推广服务中心
122	2009	金山翠芽	江　苏	镇江市茶业协会
123	2009	兴化大青虾	江　苏	兴化市大青虾行业协会
124	2009	伊春红松籽	黑龙江	伊春市绿色食品协会
125	2009	扎兰屯大米	内蒙古	扎兰屯绿色产业发展中心

续表

序号	年份	产品名称	所在地域	申请人全称
126	2009	扎兰屯葵花	内蒙古	扎兰屯绿色产业发展中心
127	2009	青山龙眼	福　建	福建省长乐市农业科学研究所
128	2009	永安黄椒	福　建	永安市农学会
129	2009	柘山花生	山　东	安丘市柘山镇山货协会
130	2009	沂源黑山羊	山　东	沂源县畜牧兽医协会
131	2009	泗水地瓜	山　东	泗水县利丰地瓜产销协会
132	2009	马山栝楼	山　东	长清区马山栝楼协会
133	2009	开封西瓜	河　南	开封市农业技术推广站
134	2009	凉山马铃薯	四　川	凉山州马铃薯产业协会
135	2009	南部脆香甜柚	四　川	南部县果树技术推广站
136	2009	崇庆枇杷茶	四　川	崇州市崇庆枇杷茶专业合作社
137	2009	万源马铃薯	四　川	万源市农业技术推广站
138	2009	拜泉芸豆	黑龙江	拜泉县兴国乡芸豆协会
139	2009	富锦大豆	黑龙江	富锦市绿色食品协会
140	2009	兰岗西瓜	黑龙江	宁安市兰岗镇西瓜协会
141	2009	伊春黑木耳	黑龙江	伊春市绿色食品协会
142	2009	伊春榛蘑	黑龙江	伊春市绿色食品协会
143	2009	肇源大米	黑龙江	肇源县富农水稻标准化生产专业合作社
144	2009	延寿大米	黑龙江	延寿县亮珠稻米生产专业合作社
145	2009	穆棱晒烟	黑龙江	穆棱市晒烟协会
146	2009	兴化大闸蟹	江　苏	兴化市大闸蟹行业协会
147	2009	漳平水仙茶	福　建	漳平市茶叶协会
148	2009	沂源苹果	山　东	沂源县生态农业与农产品质量管理办公室
149	2009	沂源全蝎	山　东	沂源县畜牧兽医协会
150	2009	延津胡萝卜	河　南	延津县贡参果蔬专业合作社
151	2009	石林甜柿	云　南	石林彝族自治县农牧局茶桑果站
152	2009	庆阳苹果	甘　肃	庆阳市经济林木工作管理站
153	2009	庆阳黄花菜	甘　肃	庆城县农业技术推广中心
154	2009	龙王贡韭	四　川	成都市青白江区龙王韭黄协会
155	2009	崇州郁金	四　川	成都市崇双郁金农民专业合作社
156	2009	凉山清甜香烤烟	四　川	凉山州烟草学会
157	2009	邻水脐橙	四　川	邻水县经果局
158	2009	阆中川明参	四　川	阆中县农业技术推广中心
159	2009	宣汉桃花米	四　川	宣汉县种子管理站
160	2009	屏山炒青	四　川	屏山县茶叶协会
161	2009	延庆国光苹果	北　京	延庆县果品服务中心
162	2009	兰西西瓜	黑龙江	兰西县光煜瓜类种植专业合作社
163	2009	五大连池鲤鱼	黑龙江	五大连池风景区矿泉渔业协会

续表

序号	年份	产品名称	所在地域	申请人全称
164	2009	开封菊花	河　南	开封市菊花协会
165	2009	武穴佛手山药	湖　北	武穴市农业技术推广中心
166	2009	灌阳雪梨	广　西	灌阳县农业局水果技术推广中心站
167	2009	开远蜜桃	云　南	开远市农业环境保护工作站
168	2009	广南八宝米	云　南	广南县农业环境保护监测站
169	2009	板桥白黄瓜	甘　肃	合水县蔬菜开发办公室
170	2009	和田玉枣	新疆兵团	新疆生产建设兵团农十四师农业科技推广中心(南)
171	2009	头屯河葡萄	新疆兵团	新疆生产建设兵团农十二师农业技术推广中心(北)
172	2009	马边绿茶	四　川	马边彝族自治县茶叶行业协会
173	2009	文宫枇杷	四　川	仁寿县果树站
174	2009	南川米	重　庆	重庆市南川区农学会
175	2009	江津广柑	重　庆	重庆市江津区农业技术推广中心
176	2009	城口山地鸡	重　庆	城口县畜牧技术推广站
177	2009	华容黄白菜苔	湖　南	湖南省华容县蔬菜专业合作社
178	2009	酃县白鹅	湖　南	湖南省炎陵县兴农养殖协会
179	2009	杞县大蒜	河　南	杞县农业产业化办公室
180	2009	漯河麻鸡	河　南	漯河市畜牧业协会
181	2009	扎兰屯沙果	内蒙古	扎兰屯市绿色产业发展中心
182	2009	扎兰屯黑木耳	内蒙古	扎兰屯市绿色产业发展中心
183	2009	兰西香瓜	黑龙江	兰西县红光乡瓜菜产业协会
184	2009	方正银鲫	黑龙江	方正县龙凤银鲫科学经济技术专业合作社
185	2009	圭山山羊	云　南	石林彝族自治县农牧局畜牧兽医总站
186	2009	桂河芹菜	山　东	寿光市芹菜协会
187	2009	唐王大白菜	山　东	济南市历城区兴元蔬菜专业合作社
188	2009	夏家店小米	内蒙古	赤峰市松山区夏家店乡特色农产品协会
189	2009	梅里斯油豆角	黑龙江	齐齐哈尔市梅里斯达斡尔族区农业技术推广中心
190	2009	吴江香青菜	江　苏	吴江市蔬菜协会
191	2009	裕华大蒜	江　苏	大丰市裕华镇大蒜协会
192	2009	沙塘韭黄	江　苏	铜山县农业技术推广中心
193	2009	顺昌竹荪	福　建	顺昌县食用菌协会
194	2009	顺昌芦柑	福　建	顺昌县柑桔行业协会
195	2009	芝麻湖藕	湖　北	浠水县巴河水产品专业合作社
196	2009	华容芦苇笋	湖　南	湖南省华容县芦苇科技协会
197	2009	凉山桑蚕茧	四　川	凉山彝族自治州蚕业协会
198	2009	大竹苎麻	四　川	大竹县苎麻技术推广站
199	2009	南江大叶茶	四　川	南江县茶叶产业发展中心
200	2009	曹家梨	四　川	仁寿县曹家水果专业合作社
201	2009	汶川甜樱桃	四　川	汶川县经济林木技术推广站

续表

序号	年份	产品名称	所在地域	申请人全称
202	2009	昌果红土豆	西　藏	贡嘎县蔬菜协会
203	2010	宜宾早茶	四　川	宜宾市茶叶产业协会
204	2010	赤水乌骨鸡	贵　州	赤水市天台镇竹乡乌骨鸡养殖专业合作社
205	2010	紫鹊界贡米	湖　南	新化县紫鹊界贡米种植专业合作社
206	2010	寿光独根红韭菜	山　东	寿光市安维金果菜专业合作社
207	2010	莱阳五龙鹅	山　东	莱阳市照旺庄畜牧兽医工作站
208	2010	浦市铁骨猪	湖　南	泸溪县畜牧工作站
209	2010	富顺再生稻	四　川	富顺县农学会
210	2010	沛县狗肉	江　苏	沛县肉制品加工协会
211	2010	万源富硒茶	四　川	万源市茶叶局
212	2010	柳林红枣	山　西	柳林县红枣产销协会
213	2010	晋祠大米	山　西	太原市晋祠区王郭种植专业合作社
214	2010	隆化小米	山　西	翼城县隆化小米专业合作社
215	2010	古县核桃	山　西	古县农业技术推广中心
216	2010	吉县苹果	山　西	吉县昌吉镇绿之源苹果专业合作社
217	2010	官滩枣	山　西	襄汾县新城新茂干鲜果菜购销专业合作社
218	2010	寿阳小米	山　西	寿阳县天田香杂粮种植专业合作社
219	2010	沁水黑木耳	山　西	沁水县土特产原产地保护协会
220	2010	泗洪大米	江　苏	泗洪县稻米协会
221	2010	张夏玉杏	山　东	济南市长清区岳庄巾帼玉杏种植专业合作社
222	2010	黔阳脐橙	湖　南	湖南省洪江市黔阳脐橙专业合作社
223	2010	开县锦橙	重　庆	重庆市开县果品技术推广站
224	2010	南川鸡	重　庆	重庆市南川区畜牧技术推广站
225	2010	犍为麻柳姜	四　川	犍为县榨鼓乡生姜协会
226	2010	简阳晚白桃	四　川	简阳市农业技术推广中心
227	2010	越西甜樱桃	四　川	越西县农业局果树技术指导站
228	2010	罗江贵妃枣	四　川	罗江县园艺协会
229	2010	美姑山羊	四　川	美姑县畜牧站
230	2010	阿力玛里树上干杏	新疆兵团	新疆生产建设兵团农四师农业科技推广服务中心
231	2010	耿庄大蒜	辽　宁	海城市耿庄镇农业科技服务站
232	2010	朝阳大枣	辽　宁	朝阳市农业产业化龙头企业协会
233	2010	莫力达瓦大豆	内蒙古	莫力达瓦达斡尔族自治旗绿色食品产业协会
234	2010	莫力达瓦菇娘	内蒙古	莫力达瓦达斡尔族自治旗绿色食品产业协会
235	2010	焦溪二花脸猪	江　苏	常州市焦溪二花脸猪专业合作社
236	2010	奉化水蜜桃	宁　波	奉化市水蜜桃研究所
237	2010	东山芦笋	福　建	福建省东山县芦笋协会
238	2010	明溪淮山	福　建	明溪县农学会
239	2010	福州茉莉花茶	福　建	福州市园艺学会

续表

序号	年份	产品名称	所在地域	申请人全称
240	2010	弋阳大禾谷	江　西	弋阳县水稻原种场
241	2010	德兴红花茶油	江　西	江西德兴市经济作物站
242	2010	婺源绿茶	江　西	婺源县茶叶技术推广中心
243	2010	上饶白眉	江　西	上饶县绿源茶业专业合作社
244	2010	吉安红毛鸭	江　西	吉安市畜牧兽医局
245	2010	泰和乌鸡	江　西	江西泰和乌鸡协会
246	2010	乐平花猪	江　西	乐平市花猪原种场
247	2010	修水杭猪	江　西	修水县杭猪原种场
248	2010	宁都黄鸡	江　西	宁都县畜牧兽医技术服务中心
249	2010	兴国灰鹅	江　西	兴国县灰鹅生产办公室
250	2010	崇仁麻鸡	江　西	崇仁县麻鸡行业协会
251	2010	香城长红枣	山　东	邹城市圣香果林果生产专业合作社
252	2010	旧店苹果	青　岛	青岛旧店果品专业合作社
253	2010	大黄埠西瓜	青　岛	青岛市大黄埠西瓜专业合作社
254	2010	保靖黄金茶	湖　南	保靖县农业技术推广中心
255	2010	湘西黄牛	湖　南	湘西土家族自治州畜牧工作站
256	2010	宁乡猪	湖　南	宁乡县畜牧水产技术推广站
257	2010	昭平银杉茶	广　西	昭平县茶叶协会
258	2010	桂平黄沙鳖	广　西	桂平市水产技术推广站
259	2010	攀枝花芒果	四　川	攀枝花市经济作物技术推广站
260	2010	石棉黄果柑	四　川	石棉县黄果柑协会
261	2010	峨眉山藤椒	四　川	峨眉山市万佛藤椒专业合作社
262	2010	建水酸石榴	云　南	建水县农业环境保护监测站
263	2010	蒙自石榴	云　南	蒙自县果蔬技术推广站
264	2010	波密天麻	西　藏	波密县农业技术推广站
265	2010	孟津梨	河　南	孟津县翠绿孟津梨专业合作社
266	2010	辉县山楂	河　南	辉县市创新生态林果专业合作社
267	2010	封丘芹菜	河　南	封丘县贡芹种植专业合作社
268	2010	靖宇林下参	吉　林	靖宇县特产协会
269	2010	莒南板栗	山　东	莒南县果茶技术推广中心
270	2010	荣成苹果	山　东	荣成市绿色食品办公室
271	2010	滕州大白菜	山　东	滕州市种子管理站
272	2010	莒南花生	山　东	莒南县花生产业发展办公室
273	2010	沂水绿茶	山　东	沂水县高山茶业专业合作社
274	2010	荣成绿茶	山　东	荣成市茶业协会
275	2010	苍山牛蒡	山　东	苍山县利泉牛蒡种植专业合作社
276	2010	莒南绿茶	山　东	莒南县果茶技术推广中心
277	2010	胶州湾蛤蜊	青　岛	青岛市城阳区水产学会

续表

序号	年份	产品名称	所在地域	申请人全称
278	2010	胶南绿茶	青 岛	胶南市茶叶协会
279	2010	军山湖大闸蟹	江 西	进贤县水产技术推广站
280	2010	瑞昌山药	江 西	瑞昌市山药产业协会
281	2010	三湖红桔	江 西	新干县经济作物管理局
282	2010	嘉峪关洋葱	甘 肃	嘉峪关市农业技术推广站
283	2010	敦煌李广杏	甘 肃	敦煌市农业技术推广中心
284	2010	盐池滩鸡蛋	宁 夏	盐池县滩羊肉产品质量监督检验站
285	2010	乐都大樱桃	青 海	乐都县农业技术推广中心
286	2010	乐都长辣椒	青 海	乐都县蔬菜技术推广中心
287	2010	阳羡雪芽	江 苏	宜兴市茶业协会
288	2010	天目湖白茶	江 苏	溧阳市绿色食品办公室
289	2010	香花辣椒	河 南	淅川县辣椒协会
290	2010	孟津西瓜	河 南	孟津县三美西瓜专业合作社
291	2010	安阳栝楼	河 南	安阳市彰德栝楼专业合作社
292	2010	伍家台贡茶	湖 北	宣恩贡茶产业协会
293	2010	郧西马头山羊	湖 北	郧西县畜牧业协会
294	2010	东璧龙眼	福 建	泉州市鲤城区龙眼行业协会
295	2010	桐江鲈鱼	福 建	福鼎市闽鼎水产专业合作社
296	2010	东兴红姑娘红薯	广 西	东兴市种子管理站
297	2010	天峨大果山楂	广 西	天峨县水果生产管理局
298	2010	金田淮山	广 西	桂平市农村合作经济经营管理指导站
299	2010	官垌草鱼	广 西	广西浦北县山泉官垌草鱼产销专业合作社
300	2010	泸州桂圆	四 川	泸州市园艺学会
301	2010	金堂脐橙	四 川	金堂县三溪片区农业技术服务站
302	2010	四川泡菜	四 川	四川省泡菜协会
303	2010	仪陇胭脂萝卜	四 川	仪陇县农业科学技术学会
304	2010	固原葵花	宁 夏	固原市农业技术推广服务中心
305	2010	敦煌葡萄	甘 肃	敦煌市农业技术推广中心
306	2010	早胜牛	甘 肃	庆阳市牛产业协会
307	2010	乐都柴皮大蒜	青 海	乐都县蔬菜技术推广中心
308	2010	朝阳小米	辽 宁	朝阳市农业产业化龙头企业协会
309	2010	鞍山君子兰	辽 宁	鞍山市农民君子兰花卉专业合作社
310	2010	宁前胡	安 徽	宁国市天目山中药材专业合作社
311	2010	金山时雨	安 徽	绩溪县上庄茶叶专业合作社
312	2010	井冈红米	江 西	井冈山市井竹青水稻种植专业合作社
313	2010	萍乡红鲫	江 西	萍乡市水产科学研究所
314	2010	安陆白花菜	湖 北	安陆市蔬菜研究所
315	2010	关口葡萄	湖 北	建始县益寿果品专业合作社联合社

续表

序号	年份	产品名称	所在地域	申请人全称
316	2010	圣水绿茶	湖　北	竹山县茶叶协会
317	2010	广水胭脂红鲜桃	湖　北	广水市绿丰优质桃专业合作社
318	2010	苍溪川明参	四　川	苍溪县经济作物技术指导站
319	2010	凉山雷波脐橙	四　川	凉山州农学会
320	2010	大理独头大蒜	云　南	大理白族自治州园艺工作站
321	2010	山阳九眼莲	陕　西	山阳县无公害农产品开发管理办公室
322	2010	旅顺大樱桃	大　连	旅顺口区农业技术推广中心
323	2010	银川鲤鱼	宁　夏	银川市水产技术推广服务中心
324	2010	李岗西甜瓜	宁　夏	惠农区创益西甜瓜专业合作社
325	2010	沙湖大鱼头	宁　夏	宁夏回族自治区农垦事业管理局
326	2010	西吉西芹	宁　夏	西吉县农业技术推广服务中心
327	2010	苏呼欧拉羊	青　海	河南蒙古自治县有机畜牧业开发中心
328	2010	河曲马	青　海	河南蒙古自治县有机畜牧业开发中心
329	2010	建始猕猴桃	湖　北	建始县益寿果品专业合作社联合社
330	2010	桂平西山茶	广　西	桂平市农业技术推广中心
331	2010	陆川猪	广　西	陆川县动物疫病预防控制中心
332	2010	南丰蜜橘	江　西	南丰蜜橘协会
333	2010	沐川猕猴桃	四　川	四川省沐川县农学会
334	2010	文山他披梨	云　南	文山县农业环境保护监测站
335	2010	眉县猕猴桃	陕　西	眉县园艺工作站
336	2010	榆中莱花	甘　肃	榆中县蔬菜产业发展中心
337	2010	庆阳驴	甘　肃	庆阳市畜牧技术推广中心
338	2010	淖毛湖哈密瓜	新疆兵团	新疆生产建设兵团农业建设第十三师淖毛湖农场
339	2010	顶山食葵	新疆兵团	新疆生产建设兵团农十师一八二团
340	2010	大连裙带菜	大　连	大连裙带菜海带菜协会
341	2010	大连虾夷扇贝	大　连	大连市海洋渔业协会
342	2010	大连红鳍东方鲀	大　连	大连市海洋渔业协会
343	2010	辽宁绒山羊	辽　宁	辽宁省家畜家禽遗传资源保存利用中心
344	2010	右玉羊肉	山　西	右玉县雁门关生态畜牧产业化经营合作社
345	2010	榆社洋槐蜜	山　西	榆社县花茂养蜂专业合作社
346	2010	泸州糯红高粱	四　川	泸州市农业科学研究所
347	2010	甘洛黑苦荞	四　川	甘洛县黑苦荞技术协会
348	2010	安县魔芋	四　川	安县经济作物站
349	2010	通贤柚	四　川	安岳县农业技术推广中心
350	2010	美姑岩鹰鸡	四　川	美姑县畜牧站
351	2010	张良姜	河　南	鲁山县张良蔬菜专业合作社
352	2010	长兴紫笋茶	浙　江	长兴县茶叶行业协会
353	2010	贵定云雾贡茶	贵　州	贵定县茶叶协会

续表

序号	年份	产品名称	所在地域	申请人全称
354	2010	龙滩珍珠李	广　西	天峨县水果生产管理局
355	2010	隆林山羊	广　西	隆林各族自治县畜牧品改站
356	2010	天峨六画山鸡	广　西	天峨县畜牧管理站
357	2010	海原马铃薯	宁　夏	海原县鸿鑫马铃薯专业合作社
358	2010	丁北西芹	宁　夏	贺兰县农牧局乡镇企业培训服务中心
359	2010	海原小茴香	宁　夏	海原县永鑫小茴香专业合作社
360	2010	榆中大白菜	甘　肃	榆中县蔬菜产业发展中心
361	2010	博乐红提	新疆兵团	新疆生产建设兵团农五师农业技术推广站
362	2010	秦安苹果	甘　肃	秦安县农村经济经营管理站
363	2010	麻兰油桃	青　岛	平度市麻兰油桃协会
364	2010	大黄埠樱桃西红柿	青　岛	青岛市大黄埠樱桃西红柿专业合作社
365	2010	泊里西施舌	青　岛	胶南市渔业协会
366	2010	产芝水库鳙鱼	青　岛	莱西市产芝水库管理局
367	2010	产芝水库大银鱼	青　岛	莱西市产芝水库管理局
368	2010	达里湖鲫鱼	内蒙古	达里诺尔国家级自然保护区管理处
369	2010	达里湖华子鱼	内蒙古	达里诺尔国家级自然保护区管理处
370	2010	昭通苹果	云　南	昭通市昭阳区农业环境保护监测站
371	2010	香格里拉牦牛肉	云　南	迪庆香格里拉·藏龙牦牛产业协会
372	2010	鄞州雪菜	宁　波	宁波市鄞州区雪菜协会
373	2010	顺昌红肉脐橙	福　建	顺昌县芦柑行业协会
374	2010	安定桑椹	北　京	北京市大兴区安定镇农业发展服务中心
375	2010	扎兰屯榛子	内蒙古	扎兰屯市绿色产业发展中心
376	2010	龙江小米	黑龙江	龙江县易兴谷子种植合作社
377	2010	新立胡萝卜	黑龙江	哈尔滨市新立胡萝卜专业合作社
378	2010	阿城大白菜	黑龙江	哈尔滨市阿城区金源绿色农畜产品协会
379	2010	甘南葵花籽	黑龙江	黑龙江省甘南县向日葵研究所
380	2010	东宁黑木耳	黑龙江	东宁县食用菌协会
381	2010	克山大豆	黑龙江	克山县绿色食品协会
382	2010	延寿大豆	黑龙江	延寿县同安农产品产业开发专业合作社
383	2010	虎林椴树蜜	黑龙江	虎林市蜂业协会
384	2010	兴凯湖大白鱼	黑龙江	密山市水产总站
385	2010	五大连池鲢鱼	黑龙江	五大连池风景区矿泉渔业协会
386	2010	连环湖鳙鱼	黑龙江	杜尔伯特蒙古族自治县渔业协会
387	2010	德化黄花菜	福　建	德化县农业科学研究所
388	2010	罗源秀珍菇	福　建	福建省罗源县食用菌行业协会
389	2010	朱口小籽花生	福　建	泰宁县农业科学研究所
390	2010	平阴鲜食地瓜	山　东	平阴寿源甘薯专业合作社
391	2010	马宣寨大米	河　南	武陟县禾丰绿色稻米产销专业合作社

续表

序号	年份	产品名称	所在地域	申请人全称
392	2010	卫辉卫红花	河　南	卫辉市鑫福林卫红花种植专业合作社
393	2010	武当道茶	湖　北	湖北省武当道茶产业协会
394	2010	津市藠果	湖　南	津市市藠果协会
395	2010	天岩寨柑橘	湖　南	浏阳市古港天岩寨水果生产专业合作社
396	2010	茅岩莓茶	湖　南	张家界市永定区经济作物管理站
397	2010	荔浦马蹄	广　西	荔浦县农业技术推广中心
398	2010	柳城蜜桔	广　西	柳城县水果生产办公室
399	2010	红格脐橙	四　川	盐边县鸿鹄果品苗木协会
400	2010	攀枝花枇杷	四　川	攀枝花市经济作物技术推广站
401	2010	阎良甜瓜	陕　西	西安市阎良区农产品质量安全检验检测中心
402	2010	平利女娲茶	陕　西	平利县茶业流通协会
403	2010	玉溪烟叶	云　南	玉溪市人民政府烟草产业办公室
404	2010	仁兆蒜薹	青　岛	青岛市平度仁兆绿色蔬菜协会
405	2010	祝沟草莓	青　岛	青岛岔道口草莓专业合作社
406	2010	复立茶	四　川	威远复立茶叶专业合作社
407	2010	康定芫根	四　川	康定县农技推广站
408	2010	天全川牛膝	四　川	天全县宏信中药材农民专业合作社
409	2010	宣木瓜	安　徽	宣城市宣州区宣木瓜协会
410	2010	昌平草莓	北　京	北京市昌平区农业服务中心
411	2010	武隆猪腰枣	重　庆	武隆县林木种苗管理站
412	2010	秀山金银花	重　庆	秀山土家族自治县农业技术服务中心
413	2010	城口蜂蜜	重　庆	城口县畜牧技术推广站
414	2010	庄河杂色蛤	大　连	庄河市水产技术推广站
415	2010	大连紫海胆	大　连	大连市海洋渔业协会
416	2010	榆中莲花菜	甘　肃	榆中县蔬菜产业发展中心
417	2010	宜阳韭菜	河　南	宜阳县万家果蔬种植专业合作社
418	2010	获嘉大白菜	河　南	获嘉县蔬丰蔬菜专业合作社
419	2010	仰韶牛心柿	河　南	渑池县段村乡农业服务中心
420	2010	小村红衣米花生	湖　北	咸丰县小村红衣米花生专业合作社
421	2010	随州泡泡青	湖　北	随州市泡泡青农民专业合作社
422	2010	奉新大米	江　西	奉新县农业技术推广中心
423	2010	生米藠头	江　西	南昌市绿色藠头专业合作社
424	2010	南城麻姑仙枣	江　西	南城县盱江瓜果种植专业合作社
425	2010	黎川茶树菇	江　西	黎川县利川食用菌专业合作社
426	2010	东乡绿壳蛋鸡	江　西	东乡县黑鸡生态养殖专业合作社
427	2010	兴国红鲤	江　西	兴国县水产技术指导站

续表

序号	年份	产品名称	所在地域	申请人全称
428	2010	彭泽鲫	江　西	彭泽县彭泽鲫产业协会
429	2010	广丰白耳黄鸡	江　西	广丰县畜牧兽医站
430	2010	广昌白莲	江　西	广昌县白莲协会
431	2010	广丰马家柚	江　西	广丰县果业管理办公室
432	2010	新余蜜橘	江　西	渝水区农业局果业站
433	2010	扎兰屯白瓜籽	内蒙古	扎兰屯市绿色产业发展中心
434	2010	慈溪葡萄	宁　波	慈溪市葡萄协会
435	2010	隆德马铃薯	宁　夏	隆德县种子管理站
436	2010	郑城金银花	山　东	平邑县金银花标准化种植协会
437	2010	西回小米	山　西	平定县东回镇西回村经济合作社
438	2010	沁州南瓜籽	山　西	沁县惠农科技职业培训中心
439	2010	西畴阳荷	云　南	西畴县农业环境保护监测站
440	2010	霄坑绿茶	安　徽	池州市贵池霄坑村生绿茶叶专业合作社
441	2010	霍山黄大茶	安　徽	霍山县茶叶产业协会
442	2010	鸦山瑞草魁	安　徽	郎溪县农业局
443	2010	南陵大米	安　徽	南陵县农业技术中心
444	2010	通州大樱桃	北　京	北京市通州区林业技术推广站
445	2010	安顺山药	贵　州	安顺市西秀区蔬菜果树技术推广站
446	2010	灵寿金针菇	河　北	灵寿县灵洁食用菌专业合作社
447	2010	平泉香菇	河　北	平泉县利达食用菌专业合作社
448	2010	威县三白西瓜	河　北	威县甲琳三白西瓜专业合作社
449	2010	淇河鲫鱼	河　南	鹤壁市农产品质量安全监测检验中心
450	2010	淇河缠丝鸭蛋	河　南	鹤壁市农产品质量安全监测检验中心
451	2010	获嘉黑豆	河　南	获嘉县嘉禾农业专业合作社
452	2010	朱阳核桃	河　南	灵宝市朱阳镇农业服务中心
453	2010	仰韶贡米	河　南	渑池仁村乡坻坞贡米专业合作社
454	2010	仰韶大杏	河　南	渑池县果园乡李家大杏专业合作社
455	2010	红星水库鲢鱼	黑龙江	哈尔滨市阿城区红星水库管理处
456	2010	兰西民猪	黑龙江	兰西县东北民猪产业协会
457	2010	九疑山兔	湖　南	宁远县养兔协会
458	2010	沙子岭猪	湖　南	湘潭市家畜育种站
459	2010	靖宇西洋参	吉　林	靖宇县特产协会
460	2010	靖宇平贝母	吉　林	靖宇县特产协会
461	2010	淮安黑猪	江　苏	淮安市生猪产业协会
462	2010	溧阳白芹	江　苏	溧阳市绿色食品办公室
463	2010	泰兴花生	江　苏	泰兴市花生协会

续表

序号	年份	产品名称	所在地域	申请人全称
464	2010	浮梁茶	江　西	浮梁县茶叶协会
465	2010	阿荣旗柞蚕	内蒙古	阿荣旗农业技术推广中心
466	2010	阿荣旗白鹅	内蒙古	阿荣旗农业技术推广中心
467	2010	阿荣旗白瓜籽	内蒙古	阿荣旗农业技术推广中心
468	2010	余姚瀑布仙茗	宁　波	余姚市余姚瀑布仙茗协会
469	2010	胶西马铃薯	青　岛	胶州市出口马铃薯协会
470	2010	莱西大花生	青　岛	莱西市花生产业协会
471	2010	白庙芋头	青　岛	青岛白庙芋头专业合作社
472	2010	北梁蜜桃	青　岛	青岛福寿蜜桃种植专业合作社
473	2010	和睦屯西瓜	青　岛	青岛胶州市和睦屯西瓜专业合作社
474	2010	柳沟小米	青　岛	青岛柳沟小米种植专业合作社
475	2010	马连庄甜瓜	青　岛	青岛马连庄甜瓜专业合作社
476	2010	胶北西红柿	青　岛	青岛明传果蔬专业合作社
477	2010	山色峪樱桃	青　岛	青岛山色峪樱桃专业合作社
478	2010	少山红杏	青　岛	青岛少山红杏专业合作社
479	2010	王家庄油桃	青　岛	青岛王家庄油桃专业合作社
480	2010	店埠胡萝卜	青　岛	青岛西张格庄蔬菜专业合作社
481	2010	夏庄杠六九西红柿	青　岛	青岛夏庄杠六九西红柿专业合作社
482	2010	徒河黑猪	山　东	济阳联富养猪专业合作社
483	2010	莱阳莱胡参	山　东	莱阳市农业技术推广中心
484	2010	莱阳芋头	山　东	莱阳市农业技术推广中心
485	2010	天宝山山楂	山　东	平邑县天宝致富水果专业合作社
486	2010	平阴玫瑰	山　东	平阴县农产品质量安全检验检测站
487	2010	荣成草莓	山　东	荣成市绿色食品协会
488	2010	荣成无花果	山　东	荣成市绿色食品协会
489	2010	乳山绿茶	山　东	乳山市茶叶协会
490	2010	寿光毛蚶	山　东	寿光市海恒威滩涂贝类养殖专业合作社
491	2010	寿光蚂蚬	山　东	寿光市海惠海水养殖专业合作社
492	2010	浮桥萝卜	山　东	寿光市洛城街道青萝卜协会
493	2010	寿光鸡	山　东	寿光市寿光鸡保护发展协会
494	2010	羊口咸蟹子	山　东	寿光市渔业协会
495	2010	寿光大葱	山　东	寿光蔬菜产业协会
496	2010	泗水花生	山　东	泗水县泗河源花生种植专业合作社
497	2010	文登大樱桃	山　东	文登市农业环境保护站
498	2010	文登苹果	山　东	文登市农业环境保护站
499	2010	沂南黄瓜	山　东	沂南县孔明蔬菜标准化生产协会

续表

序号	年份	产品名称	所在地域	申请人全称
500	2010	孙祖小米	山　东	沂南县孙组小米种植专业合作社
501	2010	沂水苹果	山　东	沂水县果品产业协会
502	2010	沂水大樱桃	山　东	沂水县夏蔚镇圣母山果蔬专业合作社
503	2010	沂水生姜	山　东	沂水永强蔬菜专业合作社
504	2010	龙山小米	山　东	章丘市优质粮食协会
505	2010	明水香稻	山　东	章丘市优质粮食协会
506	2010	石墙薄皮核桃	山　东	邹城市石墙核桃产销协会
507	2010	大同小明绿豆	山　西	大同县特色农产品协会
508	2010	沁水黄小米	山　西	沁水县土特产原产地保护协会
509	2010	沁州核桃	山　西	沁县惠农科技职业培训中心
510	2010	义井甜瓜	山　西	忻州市忻府区大地红种植专业合作社
511	2010	永济大樱桃	山　西	永济市鑫阳大樱桃专业合作社
512	2010	长凝大蒜	山　西	榆次区蔬菜开发服务中心
513	2010	河峪小米	山　西	榆社县河峪小米专业合作社
514	2010	太白甘蓝	陕　西	太白县农业技术推广中心
515	2010	灞桥葡萄	陕　西	西安市灞桥区农产品质量安全检验监测中心
516	2010	柞水核桃	陕　西	柞水县林业站
517	2010	柞水黑木耳	陕　西	柞水县农业技术推广站
518	2010	竹海长裙竹荪	四　川	长宁县盛林菌类种植专业合作社
519	2010	凉山苦荞麦	四　川	凉山州农学会
520	2010	崭山米枣	四　川	四川省三台县崭山米枣专业合作社
521	2010	镇西白萝卜	四　川	威远县周萝卜蔬菜种植专业合作社
522	2010	西昌洋葱	四　川	西昌市星宿农产品专业合作社
523	2010	越西苹果	四　川	越西县农业局果树技术指导站
524	2010	木垒白豌豆	新　疆	木垒哈萨克自治县农业技术推广站
525	2010	木垒鹰嘴豆	新　疆	木垒哈萨克自治县农业技术推广站
526	2010	奇台白洋芋	新　疆	奇台县半截沟盘龙果蔬种植销售专业合作社
527	2010	奇台四平头辣椒	新　疆	奇台县力达出口蔬菜营销专业合作社
528	2010	深沟鸡	云　南	马龙县深沟鸡养殖协会
529	2010	石屏杨梅	云　南	石屏县农业环保工作站
530	2010	千岛银珍	浙　江	建德市千岛银珍茶叶专业合作社
531	2010	缙云麻鸭	浙　江	缙云县麻鸭养殖技术协会
532	2010	路桥枇杷	浙　江	台州市路桥区林特总站
533	2010	泰顺三杯香茶	浙　江	泰顺县茶业协会
534	2010	桐乡槜李	浙　江	桐乡市果树科学技术协会
535	2010	舟山晚稻杨梅	浙　江	舟山市农学会

（农业部农产品质量安全中心）

2010"世界知识产权组织版权金奖(中国)"获奖名单

为提高我国的版权创新能力,促进版权产业繁荣发展,推动创新型国家的建设,在版权创造、运用、保护和管理各个环节发掘树立先进典型,并充分发挥先进典型的引领示范效应,形成激励版权创造和运用的长效机制,以进一步贯彻落实《国家知识产权战略纲要》,促进经济发展和文化繁荣,国家版权局与世界知识产权组织(WIPO)合作开展了"世界知识产权组织版权金奖(中国)"评选表彰活动,共评选出 6 个作品奖、4 个推广运用奖和 4 个保护奖,并于 2010 年 11 月 18 日晚在京联合举办了"全球原创音乐演唱会暨世界知识产权组织版权金奖(中国)颁奖盛典",现场为 14 个获奖对象颁奖。

2010"世界知识产权组织版权金奖(中国)"获奖名单

一、作品奖

(一)作品名称:《建国大业》

作品类型:电影

创作单位:中影集团公司

获奖理由:中国电影集团公司于 2009 年倾情打造的国庆献礼片《建国大业》,不仅集结了内地和港、澳、台地区的 170 多位明星,还创造了超过 4.5 亿元人民币的票房纪录,实现了社会和经济效益的双赢。《建国大业》一改主旋律电影叫好不叫座的尴尬局面,其低成本大制作真正诠释了创新实践收益,向市场要效益的运营理念。

(二)作品名称:《喜羊羊与灰太狼》

作品类型:动画片

创作单位:广东原创动力文化传播有限公司

获奖理由:广东原创动力文化传播有限公司用小成本制作的动画系列片《喜羊羊与灰太狼》,取得了巨大的市场成就,品牌价值超 10 亿元,成为带动图书、音像、玩具、手机游戏、家居服装、食品饮料、人偶剧、礼品等类版权衍生产品开发的新引擎,实现了版权产品多元化开发、多元化收益、多元化发展的新模式,全面印证了我国原创动漫产业的复苏和崛起。

(三)作品名称:"QQ"软件

作品类型:社交网络服务软件

创作单位:深圳市腾讯计算机系统有限公司

获奖理由:深圳市腾讯计算机系统有限公司(以下简称腾讯)以发展"QQ"系列软件为主导,建立了 QQ 即时通讯平台和中国流量第一的 QQ.COM(腾讯网),以及 QQ 空间、QQ 游戏等,创新出一系列基于 QQ 卡通形象和自主知识产权软件的互联网运营平台。在"QQ"软件的开发过程中,腾讯强大的创新研发能力和完善的知识产权管理制度体系为其快速发展和迅速占领市场提供了有力的保障。

(四)作品名称:《俏花旦·集体空竹》

作品类型:杂技节目

创作单位:中国杂技团有限公司

获奖理由:中国杂技团有限公司积极发掘传统民间技艺的艺术特点,改革作品创作思路,成功将空竹这一传统民间技法与国粹京剧有机结合,并配以独立创作的音乐配乐,形成了经典杂技作品《俏花旦·集体空竹》。该节目也是在我国 2001 年修改《著作权法》,将杂技作品明确列入保护范畴后,创新思路,提升杂技作品艺术和市场价值的典型案例。

(五)作品名称:"汶川大地震"系列摄影作品

作品类型:摄影

创作作者:杨卫华、刘应华、陈燮、吴传明、胡国庆

获奖理由:中国摄影著作权协会推荐了《敬礼娃娃》《众志成城 托举生命》《你是我的好兄弟,我不想你死》《5·12 难忘的瞬间记忆》《手术中默哀》5 张"汶川大地震"系列摄影作品。摄影家在汶川大地震发生后的第一时间里,冒着生命危险抵达灾区,用他们自己的方式为我们再现了事实,

如实记录了受灾状况。该系列摄影作品反映了救灾进展情况，让我们看到了中国人民抗震救灾、众志成城的伟大精神。

（六）作品名称：《中国读本》

作品类型：图书

创作作者：苏叔阳

获奖理由：《中国读本》由作家苏叔阳创作，于1998年出版。《中国读本》开创了“读本体”的文学先河。并以中文简体、中文繁体、英、德、俄、蒙古、藏、维吾尔、哈萨克、韩文等十几种语言文字在海内外出版，国内国外累计创下了发行1400万册的出版奇迹，在十余年间成为名副其实的畅销书和长销书，被海外业界誉为“了解中国、认识中国的金钥匙”。

二、推广运用奖

（一）获奖单位：金盾出版社

获奖理由：金盾出版社秉承“服务农村、服务农民”的宗旨，每年出版的新书中约有三分之一是适合农村需要的科技类图书，其中有百余种图书被评为“受农民欢迎的图书”或获得“全国科技图书奖”。截至目前，该社累计发行农业养殖种类图书1亿多册，这些图书在帮助农民脱贫致富中发挥了重要作用，受到广大农民的称赞，被称为“金盾现象”。

（二）获奖单位：苏州浩辰软件股份有限公司

获奖理由：苏州浩辰软件股份有限公司成功研发完成了拥有核心技术和自主知识产权的浩辰CAD平台，成为中国专业的CAD平台及专业软件供应商，使我国用户能够以相对较低的成本实现CAD正版化，彻底打破了以AutoCAD为代表的外国跨国公司产品对该领域的垄断，并走出国门，成功打入国际软件市场，标志着国产CAD软件竞争力得到了质的提高。

（三）获奖单位：深圳华强文化科技集团股份有限公司

获奖理由：华强集团坚持以自主创新、自主知识产权为理念，以数字影视、数字游戏、文化产品等为核心内容，以文化产业主题公园、数字4D影院、网络、电视、出版物为市场平台，努力打造集创意、设计、生产、研发、销售、人才培养于一体的产业链，并通过建设文化科技产业园，充分发挥了产业链的集聚效应。此外，华强集结原创精品动画，打造出的芜湖方特欢乐世界，是可与迪士尼乐园媲美的文化主题公园。

（四）获奖单位：中国工商银行股份有限公司

获奖理由：中国工商银行高度重视信息化建设，在国内大型商业银行中首家完成数据大集中，首家研发投产具有自主知识产权、全行统一的大型核心业务系统，并坚持贯彻落实国家有关软件正版化的政策和规定，在信息化建设过程中，坚持采取与正版软件供应商签订合作协议等措施，合法使用其软件产品和技术服务，尊重软件著作权人的正当权益。

三、保护奖

（一）获奖单位：北京市高级法院知识产权庭

获奖理由：北京市高级法院知识产权庭是我国最早成立的知识产权专业审判庭，也是我国审理知识产权案件最多的高级法院知识产权审判庭。多年来，该庭审理的著作权案件涉及文学、摄影、美术、电影等众多文艺门类，其中许多案件在国内外产生了较大反响。该庭通过不断加大司法保护力度、规范著作权秩序，激发了著作权人的创作热情、促进了作品的传播和文化市场的繁荣。

（二）获奖单位：上海市文化市场行政执法总队

获奖理由：自上海市文化市场行政执法总队成立以来，始终把知识产权保护作为文化市场行政执法的重中之重。特别是近年来，上海市文化市场行政执法总队进一步创新工作方式、强化日常监管，先后查处多起大案要案，并将多名重大知识产权侵权案件犯罪嫌疑人移送公安和司法机关处以刑事处罚，有效净化了版权市场环境，在全国范围内产生重大影响。

（三）获奖单位：北大方正集团有限公司

获奖理由：北大方正集团有限公司长期致力于对自主创新产品和作品的版权保护，对多家国内外公司侵犯方正著作权的行为提起侵权诉讼并获得胜诉，积极维护其自主开发的高科技产品的知识产权。北大方正集团有限公司开展的维权活动，极大打击和震慑了市场上长期泛滥的侵犯方正产品知识产权的侵权行为，保障了企业的核心竞争力，也为我国企业自主维权树立了典范。

（四）获奖单位：江苏省苏州市公安局

获奖理由：在2008年国家版权局开展的打击网络侵权盗版专项行动中，国内最大的破解微软视窗操作系统案件——番茄花园案列为重点案件，最终由苏州市公安局信息网络安全监察处成功查办。“番茄花园案”是我国第一起打击通过网络盗版软件行为的成功刑事案件，给网络版权保护带来了深远的影响。该案表明了中国严格履行国际公约的义务，对国内外著作权人给予平等保护的坚定态度，也体现了我国高度重视知识产权保护的执法精神。

国家版权局关于表彰奖励2009年度查处侵权盗版案件有功单位及个人的决定

各省、自治区、直辖市版权局，解放军总政治部宣传部版权局，北京市、天津市、上海市、重庆市、宁夏回族自治区文化市场行政执法总队：

为进一步调动相关执法部门和执法人员查处侵权盗版案件的积极性和主动性，为建设创新型国家营造激励创造、有效运用、依法保护、科学管理的良好氛围，根据《举报、查处侵权盗版行为奖励暂行办法》的规定，国家版权局决定对在2009年查处侵权盗版案件工作中作出突出贡献的安徽省合肥市公安局治安支队等169家有功单位、王敬浩等173名有功个人给予表彰和奖励（名单见附件）。

希望获得表彰和奖励的有功单位和有功个人珍惜荣誉继续努力，再创佳绩。希望全国版权执法部门及相关部门、广大执法人员以受表彰的有功单位和有功个人为榜样，高举保护知识产权旗帜，开拓进取、与时俱进，创新工作方法、完善工作机制，坚持专项治理与日常监管相结合，以良好的工作作风和昂扬的精神状态，扎实推进查处侵权盗版案件工作，切实提高我国的版权保护水平。

附件：1. 2009年度查处侵权盗版案件有功单位获奖名单

2. 2009年度查处侵权盗版案件有功个人获奖名单

国家版权局

二〇一〇年五月二十六日

附件1　2009年度查处侵权盗版案件有功单位获奖名单

一等奖

1. 安徽省合肥市公安局治安支队
2. 北京市公安局治安管理总队行动支队
3. 江苏省“扫黄打非”办公室
4. 上海市文化市场行政执法总队稽查三处
5. 公安部治安管理局一处
6. 吉林省长春市版权局
7. 广西壮族自治区版权局
8. 山东省青岛市文化市场行政执法局
9. 河南省“扫黄打非”工作领导小组办公室
10. 江西省赣州市公安局治安支队
11. 河北省邯郸市公安局治安支队

二等奖

1. 安徽省“一点智慧”盗版软件专案组
2. 湖北省版权局版权管理处
3. 湖北省武汉市公安局治安管理处一大队、湖北省武汉市版权局
4. 湖北省利川市公安局经侦大队
5. 湖北省黄石市公安局网监支队
6. 四川省成都市公安局高新技术产业开发区分局政经文保署经侦大队
7. 四川省“8·19”销售侵权音像制品案专案组
8. 四川省凉山州新闻出版（版权）局

9. 四川省南充市新闻出版版权局
10. 四川省“6·11”销售侵权音像制品案专案组
11. 上海市普陀区文化执法大队、上海市公安局普陀分局经侦支队
12. 上海市公安局经侦总队四支队
13. 上海市公安局文化保卫分局刑侦大队
14. 上海市版权局版权管理执法处
15. 江苏省南通市崇川区文化市场稽查队
16. 江苏省南京市公安局治安支队
17. 人民音乐出版社
18. 人民卫生出版社
19. 人民教育出版社
20. 高等教育出版社
21. 人民出版社
22. 上海译文出版社
23. 中国新闻出版报社
24. 中国建筑工业出版社
25. 公安部网络安全保卫局案件侦查处
26. 公安部经济犯罪侦查局知识产权处
27. 河北省石家庄市版权局
28. 辽宁省“扫黄打非”工作领导小组办公室
29. 辽宁省丹东市文化市场稽查支队
30. 山东省李沧区“扫黄打非”工作领导小组办公室
31. 山东省济宁市“扫黄打非”工作领导小组办公室
32. 广东省惠州市文化市场综合执法大队
33. 广东省惠州市公安局治安支队
34. 河南省郑州市文化市场综合执法支队
35. 河南省郑州市“1·10”侵权盗版案件专案组
36. 湖南省郴州市文化市场稽查支队
37. 湖南省邵阳市新闻出版局
38. 宁夏回族自治区新闻出版局版权管理处
39. 北京市西城区文化委员会
40. 重庆市文化市场行政执法总队执法二处
41. 山西省吕梁市文化广电新闻出版局版权科
42. 吉林省延吉市 O2SKY、IMDJ 网站侵权案件专案组
43. 黑龙江省双鸭山市文化市场稽查支队
44. 浙江省湖州市文化市场行政执法支队
45. 福建省版权局版权管理处
46. 广西桂林市公安局经侦支队、广西桂林市版权局
47. 云南省出版物市场稽查总队、云南省“扫黄打非”工作领导小组办公室
48. 甘肃省兰州市文化市场行政执法支队
49. 内蒙古自治区版权局

三等奖

1. 湖北省武汉市江汉公安分局经侦大队、湖北省武汉市江汉区文体和旅游局
2. 湖北省襄樊市版权局
3. 湖北省襄樊市公安局治安支队行动大队
4. 湖北省武汉市公安局民意街派出所
5. 湖北省武汉市洪山区文体局
6. 湖北省潜江市文化市场稽查大队
7. 湖北省大悟县公安局治安大队
8. 湖北省天门市文化市场执法局
9. 湖北省恩施州公安局治安支队
10. 江苏省海安县版权局
11. 江苏省苏州市文化广电新闻出版局
12. 江苏省版权局版权管理处
13. 江苏省通信管理局互联网管理处
14. 江苏省文化厅
15. 江苏省常熟市文化稽查队
16. 江苏省淮安市版权局、江苏省淮安市公安局
17. 江苏省扬州市文化综合执法支队
18. 江苏省南京海关法规处
19. 江苏省连云区文化局文化市场稽查队
20. 吉林省“扫黄打非”工作领导小组办公室
21. 吉林省扶余县非法经营盗版教辅读物案件专案组
22. 吉林省吉林市天成公司非法复制、发行盗版音像制品案件专案组
23. 吉林省长春市舒野公司制卖盗版书籍案件专案组
24. 吉林省吉大燕子 BT 网站侵权案件专案组
25. 吉林省长春市“征战天龙”私服案件专案组
26. 吉林省镇赉县文化市场稽查大队
27. 吉林省四平市文化新闻出版局新闻出版科
28. 吉林省洮北区文化出版市场稽查大队
29. 山西省运城市文化广电新闻出版局新闻出版科

30. 山西省查处诈骗销售盗版图书案专案组
31. 山西省临汾市文化广电新闻出版局新闻出版科
32. 山西省版权局版权管理处
33. 山西省太原市版权局版权管理处
34. 山西省长治市“扫黄打非”稽查队
35. 山西省版权局打击网络侵权盗版专项行动专案组
36. 山西省晋中市文化广电新闻出版局版权科
37. 山东省济南市新闻出版局(版权局)
38. 山东省潍坊市文化市场综合执法局
39. 山东省莱芜市文化市场稽查队
40. 山东省淄博市文化市场执法局
41. 山东省东营市版权局
42. 四川省版权局
43. 四川省成都市版权局
44. 四川省出版物市场稽查总队
45. 四川省新津县新闻出版局
46. 四川省绵阳市新闻出版局
47. 四川省彭州市文体广电新闻出版局
48. 河北省版权局版权管理处
49. 河北省承德市版权局
50. 河北省唐山市版权局新闻出版处
51. 河北省邢台市文化市场稽查队
52. 河北省保定市文化市场稽查队
53. 河南省郑州市“扫黄打非”工作领导小组办公室
54. 河南省周口市新闻出版局
55. 河南省漯河市公安局治安支队
56. 河南省濮阳市文化广电新闻出版局
57. 河南省平顶山市文化市场新闻出版管理办公室
58. 黑龙江省版权局版权管理处
59. 黑龙江省哈尔滨市“4·08”销售侵权盗版图书专案组
60. 黑龙江省齐齐哈尔市文化市场管理处
61. 黑龙江省佳木斯市文化稽查支队
62. 黑龙江省鹤岗市文化市场管理处
63. 浙江省温州市文化市场行政执法支队
64. 浙江省绍兴市文化市场行政执法支队
65. 浙江省宁波市文化市场行政执法总队
66. 浙江省义乌市文化市场行政执法大队
67. 辽宁省鞍山市文化市场综合行政执法队
68. 辽宁省大连市新闻出版局(版权局)
69. 辽宁省沈阳市文化市场行政执法总队直属执法四大队
70. 辽宁省沈阳市文化市场行政执法总队直属执法二大队
71. 湖南省岳阳市版权局
72. 湖南省株洲市版权局
73. 湖南省娄底市版权局
74. 湖南省永州市版权局
75. 福建省厦门市公安局治安支队
76. 福建省文化稽查总队
77. 福建省福清市文化市场稽查队
78. 内蒙古自治区呼和浩特市文化市场管理办公室
79. 内蒙古自治区红山区文化市场管理办公室
80. 内蒙古自治区巴彦淖尔市文化体育稽查队
81. 江西省版权局版权管理处
82. 江西省上饶市版权局
83. 江西省鹰潭市版权局
84. 江西省赣州市版权局
85. 云南省版权局版权管理处
86. 云南省楚雄彝族自治州“扫黄打非”工作领导小组办公室
87. 云南省玉溪市文化市场(新闻出版)管理稽查支队
88. 安徽省蚌埠市文化广电新闻出版局
89. 安徽省太和县版权局
90. 安徽省安庆市文化广电新闻出版局
91. 陕西省铜川市新闻出版局
92. 陕西省宝鸡市新闻出版局
93. 陕西省西安市文化市场行政执法总队
94. 广东省肇庆市文化市场综合执法大队
95. 广东省汕头市文化市场综合执法大队
96. 北京市文化市场行政执法总队执法三队
97. 北京市文化市场行政执法总队执法二队
98. 重庆市璧山县文化市场行政执法大队
99. 重庆市沙坪坝区文化广电新闻出版局
100. 广西壮族自治区钦州市版权局
101. 广西壮族自治区南宁市公安局治安管理支队
102. 上海市嘉定区文化执法大队
103. 上海海关法规处、上海海关驻邮局办事处
104. 广西壮族自治区柳州市版权局

105. 贵州省贵阳市文化市场稽查支队
106. 甘肃省武威市文化新闻出版局新闻出版科
107. 宁夏回族自治区银川市新闻出版局
108. 法律出版社
109. 河北教育出版社

附件2 2009年度查处侵权盗版案件有功个人获奖名单

一等奖

姓　名	所在单位
1. 王敬浩	安徽省公安厅治安总队行动队
2. 林明富	上海市文化市场行政执法总队
3. 孙宗超	山东省青岛市文化市场行政执法局稽查队
4. 石卫平	北京市公安局治安总队行动支队
5. 陈朝明	广西壮族自治区版权局版权管理处
6. 刘国强	河北省邯郸市版权局
7. 侯钧雷	公安部网络安全保卫局案件侦查处
8. 郭桂红	山西省太原市版权局
9. 王广祥	南通日报社

二等奖

姓　名	所在单位
1. 王志广	公安部经济犯罪侦查局知识产权处
王　飞	公安部经济犯罪侦查局知识产权处
2. 张　钧	公安部治安管理局一处
3. 王　磊	公安部网络安全保卫局案件侦查处
4. 孙晓慧	公安部治安管理局一处
5. 李春亮	福建省福州市公安局网安支队网络侦察队
6. 卢　宏	四川省成都市公安局金牛分局
7. 杨大伟	四川省成都市公安局金牛分局
8. 杜　林	四川省成都市版权局稽查大队
9. 田晋宝	四川省成都市版权局稽查大队
10. 胡　杨	四川省成都市公安局经侦处五大队
11. 侯志伟	北京市西城区文化委员会
12. 陈京东	北京市公安局治安总队行动支队
13. 马　将	北京市公安局朝阳分局八里庄派出所
14. 田　源	重庆市文化市场行政执法总队执法二处
15. 张　涛	重庆市文化市场行政执法总队执法一处
16. 王　凯	重庆市文化市场行政执法总队执法一处
17. 刘　涛	黑龙江省新闻出版局反非法和违禁出版物处
18. 谷晓龙	黑龙江省鹤岗市文化市场管理处
19. 何东春	黑龙江省双鸭山市文化市场稽查支队
20. 王　伟	广东省惠州市文化市场综合执法大队
21. 陈阮荣	广东省惠州市公安局治安支队
22. 苏棣芳	广东省茂名市文化市场综合执法大队
23. 韩　鹏	河南省开封市文化广电新闻出版局
24. 魏国铭	河南省“扫黄打非”工作领导小组办公室
25. 黄卫忠	河南省郑州市文化市场综合执法支队
26. 刘文岑	湖北省襄樊市版权局
27. 魏　涛	湖北省武汉市公安局江汉分局经侦大队
28. 王　琳	湖北省黄石市公安局网监支队
29. 唐尚明	广西壮族自治区钦州市版权局
30. 石定波	广西壮族自治区北海市版权局
31. 廖　斌	广西壮族自治区南宁市“扫黄打非”工作领导小组办公室
32. 毛金涛	江苏省南通市崇川区文化局
33. 蒋　宏	江苏省“扫黄打非”工作领导小组办公室
34. 尚玉祥	文化部文化市场司执法指导监督处
35. 俞　瑾	文化部文化市场司执法指导监督处
36. 沈泽斌	上海市文化市场行政执法总队
37. 王　健	上海市公安局经侦总队四支队

38. 李冰锐　吉林省版权局版权管理处
39. 宋爱平　吉林省扶余县文化新闻出版和体育局
40. 季　梅　安徽省版权局版权管理处
41. 张露娜　天津市版权局版权管理处
42. 夏　刚　湖南省郴州市文化市场稽查支队
43. 侯广林　山西省版权局版权管理处
44. 杨　彬　河北省邯郸市公安局治安支队
45. 王智慧　内蒙古自治区巴彦淖尔市文化体育稽查队
46. 翟　青　山东省四方区文化局文化稽查队
47. 王晓红　浙江省杭州市文化市场行政执法总队一处
48. 雷振宇　陕西省渭南市文化局
49. 赖名芳　中国新闻出版报社
50. 韩立华　人民卫生出版社
51. 田　军　人民出版社

三等奖

姓　名　所在单位
1. 张　珂　河南省郑州市"扫黄打非"工作领导小组办公室
2. 路虎山　河南省安阳市版权局
3. 肖继周　河南省濮阳市文化广电新闻出版局
4. 陈万进　河南省郑州市文化广电新闻出版局
5. 王泽平　河南省版权局版权管理处
6. 陈宜冬　河南省平顶山市新闻出版局
7. 张　凯　河南省洛阳市版权局
8. 魏　建　河南省洛阳市版权局
9. 顾建伟　河南省漯河市文化新闻出版局
10. 潘　峰　湖北省黄石市版权局
11. 袁美容　湖北省黄石市版权局
12. 徐利刚　湖北省大冶市新闻出版局
13. 朱俊峰　湖北省黄石市版权局
14. 屈　华　湖北省十堰市版权局
15. 鬘江峰　湖北省十堰市版权局
16. 王孝清　湖北省咸宁市版权局
17. 甘大国　湖北省咸安区新闻出版局
18. 黄小兵　四川省公安厅治安管理总队治安行动支队
19. 罗　健　四川省成都市公安局治安处
20. 蒋　轩　四川省成都市公安局治安处
21. 陈嵩嵩　四川省成都市公安局经侦处五大队
22. 于　跃　四川省版权局版权管理处
23. 刘胜德　四川省绵阳市新闻出版局新闻出版科
24. 向　鸿　四川省泸州新闻出版局稽查支队
25. 张国栋　吉林省延吉市文化市场稽查大队
26. 李国荣　吉林省集安市文化市场管理办公室
27. 苑大光　吉林省吉林市版权局
28. 江　静　吉林省辽源市文化市场稽查支队
29. 郭　政　吉林省梅河口市文化新闻出版和体育局
30. 孙　宇　吉林省"扫黄打非"工作领导小组办公室
31. 金永浩　吉林省和龙市文化市场管理办公室
32. 秦必信　江苏省南京市白下区人民检察院
33. 刘明芳　江苏省通信管理局网络信息安全处
34. 袁学术　江苏省版权局版权管理处
35. 朱亚平　江苏省扬州市版权局
36. 胡　晟　江苏省公安厅
37. 石志伟　苏州市公安局网络支队
38. 许喜辰　河北省邢台市版权局出版科
39. 金文生　河北省邯郸市版权局出版科
40. 蒋绮芳　河北省版权局版权管理处
41. 俞　龙　河北省承德市版权局出版科
42. 张秀芳　河北省石家庄市版权局
43. 罗向军　河北省唐山市版权局
44. 黄　镇　浙江省湖州市文华市场行政执法支队
45. 廖　昕　浙江省衢州市文化市场行政执法支队
46. 邵炎炎　浙江省绍兴市文化市场行政执法支队
47. 林书奖　浙江省苍南县文化市场行政执法支队
48. 曹　剑　浙江省宁波市文化市场行政执法总队

49. 徐虎彪 湖南省邵东县公安局
50. 陈胜根 湖南省岳阳市版权局
51. 郭正光 湖南省株洲市版权局
52. 邓 静 湖南省郴州市文化市场稽查支队
53. 唐泰华 湖南省永州市版权局
54. 阳一明 湖南省娄底市版权局版权科
55. 宋金荣 北京市公安局治安总队行动支队
56. 康小松 北京市公安局治安总队行动支队
57. 于 虹 北京市公安局治安总队行动支队
58. 梅春生 北京市丰台区文化委员会
59. 李钦俭 北京市文化市场行政执法总队
60. 高迎新 山西省吕梁市文化广电新闻出版局
61. 任永善 山西省临汾市文化广电新闻出版局
62. 任烈英 山西省晋中市文化广电新闻出版局
63. 杨彬义 山西省忻州市文化市场稽查大队
64. 谢惠生 山西省临汾市文化广电新闻出版局
65. 由奎东 辽宁省鞍山市新闻出版局新闻出版处
66. 田大鹏 辽宁省版权局版权处
67. 任东晖 辽宁省沈阳市文化市场行政执法总队
68. 戴阿明 辽宁省沈阳市文化市场行政执法总队
69. 刘佳麟 辽宁省丹东市文化市场稽查支队
70. 刘春生 黑龙江省哈尔滨市公安局治安支队案件大队
71. 周美胜 黑龙江省新闻出版局版权处
72. 董德军 黑龙江省齐齐哈尔市文化市场监管处
73. 薛 秋 黑龙江省绥化市新闻出版版权局出版科
74. 黄赤忱 广西壮族自治区桂林市公安局经侦支队一大队
75. 王 忠 广西壮族自治区桂林市版权局
76. 郭喜庆 广西壮族自治区南宁市公安局治安支队
77. 黄荣庆 广西壮族自治区贵港市版权局
78. 瞿太和 上海市版权局版权管理处
79. 王 骞 上海市版权局版权管理处
80. 蒋晓官 上海海关法规处
81. 郑志和 上海海关驻邮局办事处
82. 张金洲 陕西省铜川市新闻出版局
83. 董岳成 陕西省宝鸡市新闻出版局
84. 于赵磊 陕西省西安市文化市场行政执法总队
85. 楚 源 陕西省西安市文化市场行政执法总队
86. 肖九元 云南省版权局版权管理处
87. 陈祝国 云南省楚雄彝族自治州新闻出版局
88. 孙小梅 云南省昆明海关
89. 唐泽民 广东省肇庆市文化市场综合执法大队
90. 汤利华 广东省广州市文化市场综合行政执法总队
91. 杨云才 广东省通信管理局网络与信息安全处
92. 刘 伟 文化部文化市场司
93. 马晓琛 文化部文化市场司
94. 陈江丽 安徽省合肥市文化广电新闻出版局
95. 朱 冬 安徽省蚌埠市文化市场管理局业务科
96. 尹思放 安徽省安庆市文化广电新闻出版局
97. 赵永平 内蒙古自治区呼和浩特市文化市场管理办公室
98. 蒋剑钧 内蒙古自治区包头市文化市场稽查支队
99. 李寿山 内蒙古自治区包头市文化市场稽查支队
100. 张型华 山东省济宁市公安局治安支队
101. 高增光 山东省潍坊市文化市场综合执法局
102. 韩 峰 山东省日照市文化市场稽查支队
103. 李丽华 福建省福州海关驻邮局办事处
104. 门军华 宁夏回族自治区版权局版权

管理处
105. 杨津秋 宁夏回族自治区文化市场行政执法总队
106. 牟　标 重庆市璧山县文化市场行政执法大队
107. 戢洪波 江西省鹰潭市版权局
108. 蒋　平 贵州省贵阳市文化市场稽查队
109. 邹岩军 甘肃省兰州市文化市场行政执法支队
110. 李海峰 甘肃省武威市文化新闻出版局新闻出版科
111. 帕拉沙提·比哈孜 新疆维吾尔自治区吉木乃县新闻出版版权局
112. 王　芳 外语教学与研究出版社
113. 任海涛 中华书局

法律、法规、规章

专利权质押登记办法

国家知识产权局令

第五十六号

《专利权质押登记办法》已经局务会议审议通过，现予公布，自2010年10月1日起施行。

局　长　田力普

二〇一〇年八月二十六日

专利权质押登记办法

第一条　为了促进专利权的运用和资金融通，保障债权的实现，规范专利权质押登记，根据《中华人民共和国物权法》、《中华人民共和国担保法》、《中华人民共和国专利法》及有关规定，制定本办法。

第二条　国家知识产权局负责专利权质押登记工作。

第三条　以专利权出质的，出质人与质权人应当订立书面质押合同。

质押合同可以是单独订立的合同，也可以是主合同中的担保条款。

第四条　以共有的专利权出质的，除全体共有人另有约定的以外，应当取得其他共有人的同意。

第五条　在中国没有经常居所或者营业所的外国人、外国企业或者外国其他组织办理专利权质押登记手续的，应当委托依法设立的专利代理机构办理。

中国单位或者个人办理专利权质押登记手续的，可以委托依法设立的专利代理机构办理。

第六条　当事人可以通过邮寄、直接送交等方式办理专利权质押登记相关手续。

第七条　申请专利权质押登记的，当事人应当向国家知识产权局提交下列文件：

（一）出质人和质权人共同签字或者盖章的专利权质押登记申请表；

（二）专利权质押合同；

（三）双方当事人的身份证明；

（四）委托代理的，注明委托权限的委托书；

（五）其他需要提供的材料。

专利权经过资产评估的，当事人还应当提交资产评估报告。

除身份证明外，当事人提交的其他各种文件应当使用中文。身份证明是外文的，当事人应当附送中文译文；未附送的，视为未提交。

对于本条第一款和第二款规定的文件，当事人可以提交电子扫描件。

第八条　国家知识产权局收到当事人提交的质押登记申请文件后，应当通知申请人。

第九条 当事人提交的专利权质押合同应当包括以下与质押登记相关的内容：

（一）当事人的姓名或者名称、地址；

（二）被担保债权的种类和数额；

（三）债务人履行债务的期限；

（四）专利权项数以及每项专利权的名称、专利号、申请日、授权公告日；

（五）质押担保的范围。

第十条 除本办法第九条规定的事项外，当事人可以在专利权质押合同中约定下列事项：

（一）质押期间专利权年费的缴纳；

（二）质押期间专利权的转让、实施许可；

（三）质押期间专利权被宣告无效或者专利权归属发生变更时的处理；

（四）实现质权时，相关技术资料的交付。

第十一条 国家知识产权局自收到专利权质押登记申请文件之日起7个工作日内进行审查并决定是否予以登记。

第十二条 专利权质押登记申请经审查合格的，国家知识产权局在专利登记簿上予以登记，并向当事人发送《专利权质押登记通知书》。质权自国家知识产权局登记时设立。

经审查发现有下列情形之一的，国家知识产权局作出不予登记的决定，并向当事人发送《专利权质押不予登记通知书》：

（一）出质人与专利登记簿记载的专利权人不一致的；

（二）专利权已终止或者已被宣告无效的；

（三）专利申请尚未被授予专利权的；

（四）专利权处于年费缴纳滞纳期的；

（五）专利权已被启动无效宣告程序的；

（六）因专利权的归属发生纠纷或者人民法院裁定对专利权采取保全措施，专利权的质押手续被暂停办理的；

（七）债务人履行债务的期限超过专利权有效期的；

（八）质押合同约定在债务履行期届满质权人未受清偿时，专利权归质权人所有的；

（九）质押合同不符合本办法第九条规定的；

（十）以共有专利权出质但未取得全体共有人同意的；

（十一）专利权已被申请质押登记且处于质押期间的；

（十二）其他应当不予登记的情形。

第十三条 专利权质押期间，国家知识产权局发现质押登记存在本办法第十二条第二款所列情形并且尚未消除的，或者发现其他应当撤销专利权质押登记的情形的，应当撤销专利权质押登记，并向当事人发出《专利权质押登记撤销通知书》。

专利权质押登记被撤销的，质押登记的效力自始无效。

第十四条 国家知识产权局在专利公报上公告专利权质押登记的下列内容：出质人、质权人、主分类号、专利号、授权公告日、质押登记日等。

专利权质押登记后变更、注销的，国家知识产权局予以登记和公告。

第十五条 专利权质押期间，出质人未提交质权人同意其放弃该专利权的证明材料的，国家知识产权局不予办理专利权放弃手续。

第十六条 专利权质押期间，出质人未提交质权人同意转让或者许可实施该专利权的证明材料的，国家知识产权局不予办理专利权转让登记手续或者专利实施合同备案手续。

出质人转让或者许可他人实施出质的专利权的，出质人所得的转让费、许可费应当向质权人提前清偿债务或者提存。

第十七条 专利权质押期间，当事人的姓名或者名称、地址、被担保的主债权种类及数额或者质押担保的范围发生变更的，当事人应当自变更之日起30日内持变更协议、原《专利权质押登记通知书》和其他有关文件，向国家知识产权局办理专利权质押登记变更手续。

第十八条 有下列情形之一的，当事人应当持《专利权质押登记通知书》以及相关证明文件，向国家知识产权局办理质押登记注销手续：

（一）债务人按期履行债务或者出质人提前清偿所担保的债务的；

（二）质权已经实现的；

（三）质权人放弃质权的；

（四）因主合同无效、被撤销致使质押合同无效、被撤销的；

（五）法律规定质权消灭的其他情形。

国家知识产权局收到注销登记申请后，经审核，向当事人发出《专利权质押登记注销通知书》。专利权质押登记的效力自注销之日起终止。

第十九条 专利权在质押期间被宣告无效或者终止的，国家知识产权局应当通知质权人。

第二十条 专利权人没有按照规定缴纳已经质押的专利权的年费的，国家知识产权局应当在向专利权人发出缴费通知书的同时通知质权人。

第二十一条 本办法由国家知识产权局负责解释。

第二十二条 本办法自2010年10月1日起施行。1996年9月19日中华人民共和国专利局令第八号发布的《专利权质押合同登记管理暂行办法》同时废止。

关于专利电子申请的规定

国家知识产权局令

第五十七号

《关于专利电子申请的规定》已经局务会议审议通过，现予公布，自2010年10月1日起施行。

局　长　田力普

二〇一〇年八月二十六日

关于专利电子申请的规定

第一条 为了规范与通过互联网传输并以电子文件形式提出的专利申请(以下简称专利电子申请)有关的程序和要求，方便申请人提交专利申请，提高专利审批效率，推进电子政务建设，依照《中华人民共和国专利法实施细则》(以下简称专利法实施细则)第二条和第十五条第二款，制定本规定。

第二条 提出专利电子申请的，应当事先与国家知识产权局签订《专利电子申请系统用户注册协议》(以下简称用户协议)。

开办专利电子申请代理业务的专利代理机构，应当以该专利代理机构名义与国家知识产权局签订用户协议。

申请人委托已与国家知识产权局签订用户协议的专利代理机构办理专利电子申请业务的，无须另行与国家知识产权局签订用户协议。

第三条 申请人有两人以上且未委托专利代理机构的，以提交电子申请的申请人为代表人。

第四条 发明、实用新型和外观设计专利申请均可以采用电子文件形式提出。

依照专利法实施细则第一百零一条第二款的规定进入中国国家阶段的专利申请，可以采用电子文件形式提交。

依照专利法实施细则第一百零一条第一款的规定向国家知识产权局提出专利国际申请的，不适用本规定。

第五条 申请专利的发明创造涉及国家安全或者重大利益需要保密的，应当以纸件形式提出专利申请。

申请人以电子文件形式提出专利申请后，国家知识产权局认为该专利申请需要保密的，应当将该专利申请转为纸件形式继续审查并通知申请人。申请人在后续程序中应当以纸件形式递交各种文件。

依照专利法实施细则第八条第二款第(一)项直接向外国申请专利或者向有关国外机构提交专利国际申请的，申请人向国家知识产权局提出的保密审查请求和技术方案应当以纸件形式提出。

第六条 提交专利电子申请和相关文件的，应当遵守规定的文件格式、数据标准、操作规范和传输方式。专利电子申请和相关文件未能被国家知识产权局专利电子申请系统正常接收的，视为未提交。

第七条 申请人办理专利电子申请各种手续的，应当以电子文件形式提交相关文件。除另有规定外，国家知识产权局不接受申请人以纸件形式提交的相关文件。不符合本款规定的，相关文件视为未提交。

以纸件形式提出专利申请并被受理后，除涉及国家安全或者重大利益需要保密的专利申请外，申请人可以请求将纸件申请转为专利电子申请。

特殊情形下需要将专利电子申请转为纸件申请的，申请人应当提出请求，经国家知识产权局审批并办理相关手续后可以转为纸件申请。

第八条 申请人办理专利电子申请的各种手续的，对专利法及其实施细则或者专利审查指南中规定的应当以原件形式提交的相关文件，申请人可以提交原件的电子扫描文件。国家知识产权局认为必要时，可以要求申请人在指定期限内提交原件。

申请人在提出专利电子申请时请求减缴或者缓缴专利法实施细则规定的各种费用需要提交有关证明文件的，应当在提出专利申请时提交证明文件原件的电子扫描文件。未提交电子扫描文件的，视为未提交有关证明文件。

第九条 采用电子文件形式向国家知识产权局提交的各种文件，以国家知识产权局专利电子申请系统收到电子文件之日为递交日。

对于专利电子申请，国家知识产权局以电子文件形式向申请人发出的各种通知书、决定或者其他文件，自文件发出之日起满 15 日，推定为申请人收到文件之日。

第十条 专利法及其实施细则和专利审查指南中关于专利申请和相关文件的所有规定，除专门针对以纸件形式提交的专利申请和相关文件的规定之外，均适用于专利电子申请。

第十一条 本规定由国家知识产权局负责解释。

第十二条 本规定自 2010 年 10 月 1 日起施行。2004 年 2 月 12 日国家知识产权局令第三十五号发布的《关于电子专利申请的规定》同时废止。

关于台湾同胞专利申请的若干规定

国家知识产权局令

第五十八号

《关于台湾同胞专利申请的若干规定》已经局务会议审议通过，现予公布，自 2010 年 11 月 22 日起施行。

局　长　田力普

二〇一〇年十一月十五日

关于台湾同胞专利申请的若干规定

第一条 为了方便台湾同胞向国家知识产权局申请专利，制定本规定。

第二条 台湾地区申请人（以下简称申请人）在台湾地区专利主管机构第一次提出发明或者实用新型专利申请之日起十二个月内，或者第一次提出外观设计专利申请之日起六个月内，又在国家知识产权局就相同主题提出专利申请的，可以要求享有其台湾地区在先申请的优先权（以下简称台湾地区优先权）。

申请人根据前款规定要求台湾地区优先权的，其在先申请的申请日应当在 2010 年 9 月 12 日（含当日）以后。

第三条 申请人可以在一件申请中要求一项或者多项台湾地区优先权；要求多项台湾地区优先权的，该申请的台湾地区优先权期限从最早的在先申请的申请日起计算。

第四条 申请人要求台湾地区优先权的，应当在向国家知识产权局提出专利申请的同时在请求书中声明，并且在三个月内提交由台湾地区专利主管机构出具的在先申请文件的副本；未在请求书中声明或者期满未提交在先申请文件副本的，视为未要求台湾地区优先权。

申请人在请求书中声明要求台湾地区优先权的，应当写明在先申请的申请日和申请号，并写明原受理机构为“台湾地区”。

第五条 申请人要求一项或者多项台湾地区优先权而在请求书的声明中未写明或者错写其中某件在先申请的申请日、申请号和原受理机构名称中的一项或者两项内容，但申请人已在规定的期限内提交了在先申请文件副本的，国家知识产权局应当通知申请人补正；申请人期满未答复或者补正后仍不符合规定的，视为未要求该项台湾地区优先权。

第六条 申请人要求多项台湾地区优先权的，应当提交全部在先申请文件副本。

在先申请文件副本至少应当表明原受理机构、申请人、申请日、申请号。在先申请文件副本不符合规定的，国家知识产权局应当通知申请人补正；申请人期满未答复或者补正后仍不符合规定的，视为未提交该在先申请文件副本。

国家知识产权局依据有关协议，通过电子交换途径获得在先申请文件副本的，视为申请人提交了符合规定的在先申请文件副本。

申请人已向国家知识产权局提交过在先申请文件副本，需要再次提交的，可以仅提交该副本的题录，但应当注明在先申请文件副本的原件所在申请案卷的申请号。

第七条 要求台湾地区优先权的申请人与在先申请文件副本中记载的申请人不一致的，应当在向国家知识产权局提出专利申请之日起三个月内提交台湾地区优先权转让证明或者有关说明；期满未提交或者提交的文件不符合规定的，视为未要求台湾地区优先权。

第八条 申请人要求台湾地区优先权后，可以撤回其全部或者其中某一项或者几项台湾地区优先权要求。

申请人撤回其台湾地区优先权要求的，应当提交全体申请人签字或者盖章的撤回台湾地区优先权声明；撤回台湾地区优先权声明不符合规定的，视为未提出撤回台湾地区优先权声明。

申请人撤回其台湾地区优先权要求导致该申请的最早台湾地区优先权日变更，且自该台湾地区优先权日起算的各种期限尚未届满的，其台湾地区优先权期限应当自变更后的最早台湾地区优先权日或者申请日起算；撤回台湾地区优先权的声明是在变更前的最早台湾地区优先权日起十五个月之后到达国家知识产权局的，则在后专利申请的公布期限仍按照变更前的最早台湾地区优先权日起算。

第九条 要求台湾地区优先权的，应当在缴纳申请费的同时，根据专利法实施细则第九十三条的规定缴纳台湾地区优先权要求费；期满未缴纳或者未缴足的，视为未要求台湾地区优先权。

第十条 被视为未要求台湾地区优先权并属于下列情形之一的，申请人可以根据专利法实施细则第六条的规定请求恢复要求台湾地区优先权的权利：

（一）由于未在指定期限内办理补正手续导致视为未要求台湾地区优先权的；

（二）要求台湾地区优先权声明中至少一项内容填写正确，但未在规定的期限内提交在先申请文件副本或者台湾地区优先权转让证明文件或者有关说明的；

（三）要求台湾地区优先权声明中至少一项内容填写正确，但未在规定的期限内缴纳或者缴足台湾地区优先权要求费的；

（四）分案申请的原申请要求了台湾地区优先权的。

除上述情形外，其他原因造成被视为未要求台湾地区优先权的，不予恢复。

第十一条 申请人提出的专利申请文件中，含有与现行法律、法规、规章相抵触的词句的，国家知识产权局应当通知申请人在两个月内删除或者修改，期满不答复的，其申请被视为撤回；申请人拒绝删除、修改或者修改后仍不符合规定的，应当驳回该专利申请。明显不涉及技术内容的词句，国家知识产权局可以依职权删除并通知申请人；申请人不同意删除的，应当驳回该专利申请。

第十二条 国家知识产权局依申请人请求出具申请文件副本的，应当先根据本规定第十一条对申请文件用语进行审查；申请文件中含有与现行法律、法规、规章相抵触的词句的，在初审合格之前不予办理。

第十三条 申请人不愿公布其地址的，可在“申请人地址”栏中注明“中国台湾”。

第十四条 本规定自 2010 年 11 月 22 日起施行。原中国专利局 1993 年 3 月 29 日颁布的《关于受理台胞专利申请的规定》（国专发法字〔1993〕第 63 号）和 1993 年 4 月 23 日颁布的《关于台胞申请专利手续中若干问题的处理办法》（国专发审字〔1993〕第 69 号）同时废止。

专利行政执法办法

国家知识产权局令

第六十号

《专利行政执法办法》已经局务会议审议通过，现予公布，自 2011 年 2 月 1 日起施行。

局　长　田力普

二〇一〇年十二月二十九日

专利行政执法办法

第一章　总　则

第一条　为规范专利行政执法行为，保护专利权人和社会公众的合法权益，维护社会主义市场经济秩序，根据《中华人民共和国专利法》、《中华人民共和国专利法实施细则》以及其他有关法律法规，制定本办法。

第二条　管理专利工作的部门开展专利行政执法，即处理专利侵权纠纷、调解专利纠纷以及查处假冒专利行为，适用本办法。

第三条　管理专利工作的部门处理专利侵权纠纷应当以事实为依据、以法律为准绳，遵循公正、及时的原则。

管理专利工作的部门调解专利纠纷，应当遵循自愿、合法的原则，在查明事实、分清是非的基础上，促使当事人相互谅解，达成调解协议。

管理专利工作的部门查处假冒专利行为，应当以事实为依据、以法律为准绳，遵循公正、公开的原则，给予的行政处罚应当与违法行为的事实、性质、情节以及社会危害程度相当。

第四条　管理专利工作的部门应当设置专门机构或者配备专职执法人员开展专利行政执法。

案件承办人员应当持有国家知识产权局或者省、自治区、直辖市人民政府颁发的专利行政执法证件。案件承办人员执行公务时应当严肃着装。

第五条　对有重大影响的专利侵权纠纷案件、假冒专利案件，国家知识产权局在必要时可以组织有关管理专利工作的部门处理、查处。

对于行为发生地涉及两个以上省、自治区、直辖市的重大案件，有关省、自治区、直辖市管理专利工作的部门可以报请国家知识产权局协调处理或者查处。

管理专利工作的部门开展专利行政执法遇到疑难问题的，国家知识产权局应当给予必要的指导和支持。

第六条　管理专利工作的部门可以依据本地实际，委托有实际处理能力的市、县级人民政府设立的专利管理部门查处假冒专利行为、调解专利纠纷。

委托方应当对受托方查处假冒专利和调解专利纠纷的行为进行监督和指导，并承担法律责任。

第七条　管理专利工作的部门指派的案件承办人员与当事人有直接利害关系的，应当回避，当事人有权申请其回避。当事人申请回避的，应当说明理由。

案件承办人员的回避，由管理专利工作部门的负责人决定。是否回避的决定作出前，被申请回避的人员应当暂停参与本案的工作。

第二章　专利侵权纠纷的处理

第八条　请求管理专利工作的部门处理专利侵权纠纷的，应当符合下列条件：

（一）请求人是专利权人或者利害关系人；

（二）有明确的被请求人；

（三）有明确的请求事项和具体事实、理由；

（四）属于受案管理专利工作的部门的受案和管辖范围；

（五）当事人没有就该专利侵权纠纷向人民法院起诉。

第一项所称利害关系人包括专利实施许可合同的被许可人、专利权人的合法继承人。专利实施许可合同的被许可人中，独占实施许可合同的被许可人可以单独提出请求；排他实施许可合同的被许可人在专利权人不请求的情况下，可以单独提出请求；除合同另有约定外，普通实施许可合同的被许可人不能单独提出请求。

第九条 请求管理专利工作的部门处理专利侵权纠纷的，应当提交请求书及下列证明材料：

（一）主体资格证明，即个人应当提交居民身份证或者其他有效身份证件，单位应当提交有效的营业执照或者其他主体资格证明文件副本及法定代表人或者主要负责人的身份证明；

（二）专利权有效的证明，即专利登记簿副本，或者专利证书和当年缴纳专利年费的收据。

专利侵权纠纷涉及实用新型或者外观设计专利的，管理专利工作的部门可以要求请求人出具由国家知识产权局作出的专利权评价报告（实用新型专利检索报告）。

请求人应当按照被请求人的数量提供请求书副本及有关证据。

第十条 请求书应当记载以下内容：

（一）请求人的姓名或者名称、地址，法定代表人或者主要负责人的姓名、职务，委托代理人的，代理人的姓名和代理机构的名称、地址；

（二）被请求人的姓名或者名称、地址；

（三）请求处理的事项以及事实和理由。

有关证据和证明材料可以以请求书附件的形式提交。

请求书应当由请求人签名或者盖章。

第十一条 请求符合本办法第八条规定条件的，管理专利工作的部门应当在收到请求书之日起5个工作日内立案并通知请求人，同时指定3名或者3名以上单数承办人员处理该专利侵权纠纷；请求不符合本办法第八条规定条件的，管理专利工作的部门应当在收到请求书之日起5个工作日内通知请求人不予受理，并说明理由。

第十二条 管理专利工作的部门应当在立案之日起5个工作日内将请求书及其附件的副本送达被请求人，要求其在收到之日起15日内提交答辩书并按照请求人的数量提供答辩书副本。被请求人逾期不提交答辩书的，不影响管理专利工作的部门进行处理。

被请求人提交答辩书的，管理专利工作的部门应当在收到之日起5个工作日内将答辩书副本送达请求人。

第十三条 管理专利工作的部门处理专利侵权纠纷案件时，可以根据当事人的意愿进行调解。双方当事人达成一致的，由管理专利工作的部门制作调解协议书，加盖其公章，并由双方当事人签名或者盖章。调解不成的，应当及时作出处理决定。

第十四条 管理专利工作的部门处理专利侵权纠纷，可以根据案情需要决定是否进行口头审理。管理专利工作的部门决定进行口头审理的，应当至少在口头审理3个工作日前将口头审理的时间、地点通知当事人。当事人无正当理由拒不参加的，或者未经允许中途退出的，对请求人按撤回请求处理，对被请求人按缺席处理。

第十五条 管理专利工作的部门举行口头审理的，应当将口头审理的参加人和审理要点记入笔录，经核对无误后，由案件承办人员和参加人签名或者盖章。

第十六条 专利法第五十九条第一款所称的“发明或者实用新型专利权的保护范围以其权利要求的内容为准”，是指专利权的保护范围应当以其权利要求记载的技术特征所确定的范围为准，也包括与记载的技术特征相等同的特征所确定的范围。等同特征是指与记载的技术特征以基本相同的手段，实现基本相同的功能，达到基本相同的效果，并且所属领域的普通技术人员无需经过创造性劳动就能够联想到的特征。

第十七条 除达成调解协议或者请求人撤回请求之外，管理专利工作的部门处理专利侵权纠纷应当制作处理决定书，写明以下内容：

（一）当事人的姓名或者名称、地址；

（二）当事人陈述的事实和理由；

（三）认定侵权行为是否成立的理由和依据；

（四）处理决定认定侵权行为成立并需要责令侵权人立即停止侵权行为的，应当明确写明责令被请求人立即停止的侵权行为的类型、对象和范围；认定侵权行为不成立的，应当驳回请求人的请求；

（五）不服处理决定提起行政诉讼的途径和期限。

处理决定书应当加盖管理专利工作的部门的公章。

第十八条 管理专利工作的部门或者人民法院作出认定侵权成立并责令侵权人立即停止侵权行为的处理决定或者判决之后，被请求人就同一专利权再次作出相同类型的侵权行为，专利权人或者利害关系人请求处理的，管理专利工作的部门可以直接作出责令立即停止侵权行为的处理决定。

第十九条 管理专利工作的部门处理专利侵权纠纷，应当自立案之日起4个月内结案。案件特别复杂需要延长期限的，应当由管理专利工作的部门负责人批准。经批准延长的期限，最多不超过1个月。

案件处理过程中的公告、鉴定、中止等时间不计入前款所述案件办理期限。

第三章 专利纠纷的调解

第二十条 请求管理专利工作的部门调解专利纠纷的，应当提交请求书。

请求书应当记载以下内容：

（一）请求人的姓名或者名称、地址，法定代表人或者主要负责人的姓名、职务，委托代理人的，代理人的姓名和代理机构的名称、地址；

（二）被请求人的姓名或者名称、地址；

（三）请求调解的具体事项和理由。

单独请求调解侵犯专利权赔偿数额的，应当提交有关管理专利工作的部门作出的认定侵权行为成立的处理决定书副本。

第二十一条 管理专利工作的部门收到调解请求书后，应当及时将请求书副本通过寄交、直接送交或者其他方式送达被请求人，要求其在收到之日起15日内提交意见陈述书。

第二十二条 被请求人提交意见陈述书并同意进行调解的，管理专利工作的部门应当及时立案，并通知请求人和被请求人进行调解的时间和地点。

被请求人逾期未提交意见陈述书，或者在意见陈述书中表示不接受调解的，管理专利工作的部门不予立案，并通知请求人。

第二十三条 管理专利工作的部门调解专利纠纷可以邀请有关单位或者个人协助，被邀请的单位或者个人应当协助进行调解。

第二十四条 当事人经调解达成协议的，由管理专利工作的部门制作调解协议书，加盖其公章，并由双方当事人签名或者盖章；未能达成协议的，管理专利工作的部门以撤销案件的方式结案，并通知双方当事人。

第二十五条 因专利申请权或者专利权的归属纠纷请求调解的，当事人可以持管理专利工作的部门的受理通知书请求国家知识产权局中止该专利申请或者专利权的有关程序。

经调解达成协议的，当事人应当持调解协议书向国家知识产权局办理恢复手续；达不成协议的，当事人应当持管理专利工作的部门出具的撤销案件通知书向国家知识产权局办理恢复手续。自请求中止之日起满1年未请求延长中止的，国家知识产权局自行恢复有关程序。

第四章 假冒专利行为的查处

第二十六条 管理专利工作的部门发现或者接受举报发现涉嫌假冒专利行为的，应当及时立案，并指定两名或者两名以上案件承办人员进行调查。

第二十七条 查处假冒专利行为由行为发生地的管理专利工作的部门管辖。

管理专利工作的部门对管辖权发生争议的，由其共同的上级人民政府管理专利工作的部门指定管辖；无共同上级人民政府管理专利工作的部门的，由国家知识产权局指定管辖。

第二十八条 管理专利工作的部门查封、扣押涉嫌假冒专利产品的，应当经其负责人批准。查封、扣押时，应当向当事人出具有关通知书。

管理专利工作的部门查封、扣押涉嫌假冒专利产品，应当当场清点，制作笔录和清单，由当事人和案件承办人员签名或者盖章。当事人拒绝签名或者盖章的，由案件承办人员在笔录上注明。清单应当交当事人一份。

第二十九条 案件调查终结，经管理专利工作的部门负责人批准，根据案件情况分别作如下处理：

（一）假冒专利行为成立应当予以处罚的，依法给予行政处罚；

（二）假冒专利行为轻微并已及时改正的，免予处罚；

（三）假冒专利行为不成立的，依法撤销案件；

（四）涉嫌犯罪的，依法移送公安机关。

第三十条 管理专利工作的部门作出行政处罚决定前，应当告知当事人作出处罚决定的事实、理由和依据，并告知当事人依法享有的权利。

管理专利工作的部门作出较大数额罚款的决定之前，应当告知当事人有要求举行听证的权利。当事人提出听证要求的，应当依法组织听证。

第三十一条 当事人有权进行陈述和申辩，管理专利工作的部门不得因当事人申辩而加重行政处罚。

管理专利工作的部门对当事人提出的事实、理由和证据应当进行核实。当事人提出的事实属实、理由成立的，管理专利工作的部门应当予以采纳。

第三十二条 对情节复杂或者重大违法行为给予较重的行政处罚的，应当由管理专利工作的部门负责人集体讨论决定。

第三十三条 经调查，假冒专利行为成立应当予以处罚的，管理专利工作的部门应当制作处罚决定书，写明以下内容：

（一）当事人的姓名或者名称、地址；

（二）认定假冒专利行为成立的证据、理由和依据；

（三）处罚的内容以及履行方式；

（四）不服处罚决定申请行政复议和提起行政诉讼的途径和期限。

处罚决定书应当加盖管理专利工作的部门的公章。

第三十四条 管理专利工作的部门查处假冒专利案件，应当自立案之日起 1 个月内结案。案件特别复杂需要延长期限的，应当由管理专利工作的部门负责人批准。经批准延长的期限，最多不超过 15 日。

案件处理过程中听证、公告等时间不计入前款所述案件办理期限。

第五章 调查取证

第三十五条 在专利侵权纠纷处理过程中，当事人因客观原因不能自行收集部分证据的，可以书面请求管理专利工作的部门调查取证。管理专利工作的部门根据情况决定是否调查收集有关证据。

在处理专利侵权纠纷、查处假冒专利行为过程中，管理专利工作的部门可以根据需要依职权调查收集有关证据。

执法人员调查收集有关证据时，应当向当事人或者有关人员出示其行政执法证件。当事人和有关人员应当协助、配合，如实反应情况，不得拒绝、阻挠。

第三十六条 管理专利工作的部门调查收集证据可以查阅、复制与案件有关的合同、账册等有关文件；询问当事人和证人；采用测量、拍照、摄像等方式进行现场勘验。涉嫌侵犯制造方法专利权的，管理专利工作的部门可以要求被调查人进行现场演示。

管理专利工作的部门调查收集证据应当制作笔录。笔录应当由案件承办人员、被调查的单位或者个人签名或者盖章。被调查的单位或者个人拒绝签名或者盖章的，由案件承办人员在笔录上注明。

第三十七条 管理专利工作的部门调查收集证据可以采取抽样取证的方式。

涉及产品专利的，可以从涉嫌侵权的产品中抽取一部分作为样品；涉及方法专利的，可以从涉嫌依照该方法直接获得的产品中抽取一部分作为样品。被抽取样品的数量应当以能够证明事实为限。

管理专利工作的部门进行抽样取证应当制作笔录和清单，写明被抽取样品的名称、特征、数量以及保存地点，由案件承办人员、被调查的单位或者个人签字或者盖章。被调查的单位或者个人拒绝签名或者盖章的，由案件承办人员在笔录上注明。清单应当交被调查人一份。

第三十八条 在证据可能灭失或者以后难以取得，又无法进行抽样取证的情况下，管理专利工作的部门可以进行登记保存，并在 7 日内作出决定。

经登记保存的证据，被调查的单位或者个人不得销毁或者转移。

管理专利工作的部门进行登记保存应当制作笔录和清单，写明被登记保存证据的名称、特征、数量以及保存地点，由案件承办人员、被调查的单位或者个人签名或者盖章。被调查的单位或者个人拒绝签名或者盖章的，由案件承办人员在笔录上注明。清单应当交被调查人一份。

第三十九条 管理专利工作的部门需要委托其他管理专利工作的部门协助调查收集证据的，应当提出明确的要求。接受委托的部门应当及时、认真地协助调查收集证据，并尽快回复。

第四十条 海关对被扣留的侵权嫌疑货物进行调查，请求管理专利工作的部门提供协助的，管理专利工作的部门应当依法予以协助。

管理专利工作的部门处理涉及进出口货物的专利案件的，可以请求海关提供协助。

第六章 法律责任

第四十一条 管理专利工作的部门认定专利侵权行为成立，作出处理决定，责令侵权人立即停止侵权行为的，应当采取下列制止侵权行为的措施：

（一）侵权人制造专利侵权产品的，责令其立即停止制造行为，销毁制造侵权产品的专用设备、模具，并且不得销售、使用尚未售出的侵权产品或者以任何其他形式将其投放市场；侵权产品难以保存的，责令侵权人销毁该产品；

（二）侵权人未经专利权人许可使用专利方法的，责令侵权人立即停止使用行为，销毁实施专利方法的专用设备、模具，并且不得销售、使用尚未售出的依照专利方法所直接获得的侵权产品或者以任何其他形式将其投放市场；侵权产品难以保存的，责令侵权人销毁该产品；

（三）侵权人销售专利侵权产品或者依照专利方法直接获得的侵权产品的，责令其立即停止销售行为，并且不得使用尚未售出的侵权产品或者以任何其他形式将其投放市场；尚未售出的侵权产品难以保存的，责令侵权人销毁该产品；

（四）侵权人许诺销售专利侵权产品或者依照专利方法直接获得的侵权产品的，责令其立即停止许诺销售行为，消除影响，并且不得进行任何实际销售行为；

（五）侵权人进口专利侵权产品或者依照专利方法直接获得的侵权产品的，责令侵权人立即停止进口行为；侵权产品已经入境的，不得销售、使用该侵权产品或者以任何其他形式将其投放市场；侵权产品难以保存的，责令侵权人销毁该产品；侵权产品尚未入境的，可以将处理决定通知有关海关；

（六）停止侵权行为的其他必要措施。

第四十二条 管理专利工作的部门作出认定专利侵权行为成立并责令侵权人立即停止侵权行为的处理决定后，被请求人向人民法院提起行政诉讼的，在诉讼期间不停止决定的执行。

侵权人对管理专利工作的部门作出的认定侵权行为成立的处理决定期满不起诉又不停止侵权行为的，管理专利工作的部门可以申请人民法院强制执行。

第四十三条 管理专利工作的部门认定假冒专利行为成立的，应当责令行为人采取下列改正措施：

（一）在未被授予专利权的产品或者其包装上标注专利标识、专利权被宣告无效后或者终止后继续在产品或者其包装上标注专利标识或者未经许可在产品或者产品包装上标注他人的专利号的，立即停止标注行为，消除尚未售出的产品或者其包装上的专利标识；产品上的专利标识难以消除的，销毁该产品或者包装；

（二）销售第（一）项所述产品的，立即停止销售行为；

（三）在产品说明书等材料中将未被授予专利权的技术或者设计称为专利技术或者专利设计，将专利申请称为专利，或者未经许可使用他人的专利号，使公众将所涉及的技术或者设计误认为是他人的专利技术或者专利设计的，立即停止发放该材料，销毁尚未发出的材料，并消除影响；

（四）伪造或者变造专利证书、专利文件或者专利申请文件的，立即停止伪造或者变造行为，销毁伪造或者变造的专利证书、专利文件或者专利申请文件，并消除影响；

（五）其他必要的改正措施。

第四十四条 管理专利工作的部门认定假冒专利行为成立，作出处罚决定的，应当予以公告。

第四十五条 管理专利工作的部门认定假冒专利行为成立的，可以按照下列方式确定行为人的违法所得：

（一）销售假冒专利的产品的，以产品销售价格乘以所销售产品的数量作为其违法所得；

（二）订立假冒专利的合同的，以收取的费用作为其违法所得。

第四十六条 管理专利工作的部门作出处罚决定后，当事人申请行政复议或者向人民法院提起行政诉讼的，在行政复议或者诉讼期间不停止决定的执行。

第四十七条 假冒专利行为的行为人应当自收到处罚决定书之日起 15 日内，到指定的银行缴纳处罚决定书写明的罚款；到期不缴纳的，每日按罚款数额的百分之三加处罚款。

第四十八条 拒绝、阻碍管理专利工作的部门依法执行公务的，由公安机关根据《中华人民共和国治安管理处罚法》的规定给予处罚；情节严重构成犯罪的，由司法机关依法追究刑事责任。

第七章 附 则

第四十九条 管理专利工作的部门可以通过寄交、直接送交、留置送达、公告送达或者其他方式送达有关法律文书和材料。

第五十条 本办法由国家知识产权局负责解释。

第五十一条 本办法自 2011 年 2 月 1 日起施行。2001 年 12 月 17 日国家知识产权局令第十九号发布的《专利行政执法办法》同时废止。

国家科技重大专项知识产权管理暂行规定

关于印发《国家科技重大专项知识产权管理暂行规定》的通知

国科发专〔2010〕264号

各有关重大专项领导小组、牵头组织单位，各有关单位：

为了在国家科技重大专项中落实知识产权战略，充分运用知识产权制度提高科技创新层次，保护科技创新成果，促进知识产权转移和运用，为培育和发展战略性新兴产业，解决经济社会发展重大问题提供知识产权保障，根据《科学技术进步法》、《促进科技成果转化法》、《专利法》等法律法规和《国家科技重大专项管理暂行规定》的有关规定，科学技术部、国家发展和改革委员会、财政部、国家知识产权局共同研究制定了《国家科技重大专项知识产权管理暂行规定》。现印发给你们，请遵照执行。

科学技术部
国家发展和改革委员会
财政部
国家知识产权局
二〇一〇年七月一日

国家科技重大专项知识产权管理暂行规定

第一章　总　　则

第一条　为了在国家科技重大专项(以下简称“重大专项”)中落实知识产权战略，充分运用知识产权制度提高科技创新层次，保护科技创新成果，促进知识产权转移和运用，为培育和发展战略性新兴产业，解决经济社会发展重大问题提供知识产权保障，根据《科学技术进步法》、《促进科技成果转化法》、《专利法》等法律法规和《国家科技重大专项管理暂行规定》的有关规定，制定本规定。

第二条　本规定适用于《国家中长期科学和技术发展规划纲要(2006—2020年)》所确定的重大专项的知识产权管理。

本规定所称知识产权，是指专利权、计算机软件著作权、集成电路布图设计专有权、植物新品种权、技术秘密。

第三条　组织和参与重大专项实施的部门和单位应将知识产权管理纳入重大专项实施全过程，掌握知识产权动态，保护科技创新成果，明晰知识产权权利和义务，促进知识产权应用和扩散，全面提高知识产权创造、运用、保护和管理能力。

第二章　知识产权管理职责

第四条　科学技术部、国家发展和改革委员会、财政部(以下简称“三部门”)作为重大专项实施的综合管理部门，负责制定重大专项知识产权管理制度和政策，对重大专项实施中的重大知识产权问题进行统筹协调和宏观指导，监督检查各重大专项的知识产权工作落实情况。

国家知识产权局和相关知识产权行政管理部门，有效运用专业人才和信息资源优势，加强对重大专项知识产权工作的业务指导和服务。

第五条　重大专项牵头组织单位在专项领导小组领导下，全面负责本重大专项知识产权工作：

(一)制定符合本重大专项科技创新和产业化特点的知识产权战略；

(二)制定和落实本重大专项知识产权管理措施；

(三)建立知识产权工作体系，落实有关保障条件；

(四)对重大成果的知识产权保护、管理和运用等进行指导和监督；

(五)建立重大专项知识产权专题数据库，推动知识产权信息共享平台建设，建立重大专项知识产权预警机制；

(六)推动和组织实施标准战略，研究提出相关标准中的知识产权政策。

各重大专项实施管理办公室应当设立专门岗位、配备专门人员负责本重大专项知识产权工作。

重大专项领导小组和牵头组织单位可以根据需要，委托知识产权服务机构对本重大专项知识产权战略制定和决策提供咨询和服务。

第六条 重大专项专职技术责任人带领总体组，负责组织开展知识产权战略分析，提出技术方向和集成方案设计中的知识产权策略建议，对成果产业化可能产生的知识产权问题进行预测评估并提出对策建议，对项目(课题)的知识产权工作予以技术指导。

各重大专项总体组应当有知识产权专家或指定专家专门负责知识产权工作。

第七条 项目(课题)责任单位针对项目(课题)任务应履行以下知识产权管理义务：

(一)提出项目(课题)知识产权目标，并纳入项目(课题)合同管理；

(二)制定项目(课题)知识产权管理工作计划与流程，将知识产权工作融入研究开发、产业化的全过程；

(三)指定专人具体负责项目(课题)知识产权工作，根据需要委托知识产权服务机构对项目(课题)知识产权工作提供咨询和服务；

(四)组织项目(课题)参与人员参加知识产权培训，保证相关人员熟练掌握和运用相关的知识产权知识；

(五)履行本规定提出的各项知识产权管理义务，履行信息登记和报告义务，积极推进知识产权的运用。

各项目(课题)知识产权工作实行项目(课题)责任单位法定代表人和项目(课题)组长负责制。因未履行本规定提出的义务，造成知识产权流失或其他损失的，由重大专项领导小组、牵头组织单位根据本规定追究法定代表人和项目(课题)组长的相应责任。

第八条 参与项目(课题)实施的研究和管理人员应当提高知识产权意识，遵守知识产权管理制度，协助做好相关知识产权工作。

因违反相关规定造成损失的，应当承担相应责任。

第九条 重大专项实施过程中，应充分发挥知识产权代理、信息服务、战略咨询、资产评估等中介服务机构的作用，加强重大专项知识产权保护，完善知识产权战略，促进重大专项科技成果及其知识产权的应用和扩散。

知识产权中介服务机构应当恪守职业道德，认真履行职责，最大限度地保护国家利益和委托人利益。

第三章 重大专项实施过程中的知识产权管理

第十条 牵头组织单位在编制五年实施计划时，应当组织开展知识产权战略研究，对本重大专项重点领域的国内外知识产权状况进行分析，分析结果作为制定五年实施计划、年度计划、项目(课题)申报指南等的重要参考。

本条第一款规定的知识产权分析内容包括本重大专项技术领域的知识产权分布和保护态势、主要国家和地区同行业的关键技术及其知识产权保护范围、对我国相关产业研究开发和产业化的影响、本重大专项研究开发和产业化的知识产权对策等。

第十一条 项目(课题)申报单位提交申请材料时，应提交本领域核心技术知识产权状况分析，内容包括分析的目标、检索方式和路径、知识产权现状和主要权利人分布、本单位相关的知识产权状况、项目(课题)的主要知识产权目标和风险应对策略及其对产业的影响等。

项目(课题)申报单位拟在研究开发中使用或购买他人的知识产权时，应当在申请材料中作出说明。

牵头组织单位对项目(课题)申报单位的知识产权状况分析内容进行抽查论证。项目(课题)申报单位的知识产权状况分析弄虚作假的，取消其项目(课题)申报资格。

第十二条 牵头组织单位应把知识产权作为立项评审的独立评价指标，合理确定其在整个评价指标体系中的权重。

牵头组织单位应聘请知识产权专家参加评审，并根据需要委托知识产权服务机构对同一项目(课题)申请者的知识产权目标及其可行性进行汇总和评估，评估结果作为项目评审的重要依据。

第十三条 对批准立项的项目(课题)，牵头组织单位和项目(课题)责任单位应当在任务合同书中明确约定知识产权任务和目标。

对多个单位共同承担的项目(课题)，各参与单位应当就研究开发任务分工和知识产权归属及利益分配签订协议。

第十四条 项目(课题)责任单位在签订子课题或委托协作开发协议时，应当在协议中明确各自的知识产权权利和义务。

第十五条 项目(课题)实施过程中,责任单位应密切跟踪相关技术领域的知识产权及技术标准发展动态,据此按照有关程序对项目(课题)的研究策略及知识产权措施及时进行相应调整。

在项目实施过程中,如发现因知识产权受他人制约等情况而无法实现项目(课题)目标,需对研究方案和技术路线等进行重大调整的,项目(课题)责任单位应及时报牵头组织单位批准。项目(课题)责任单位未进行知识产权跟踪分析或对分析结果故意隐瞒不报造成预期目标无法实现的,由重大专项领导小组、牵头组织单位根据各自职责予以通报批评、限期改正、缓拨项目经费、终止项目合同、追回已拨经费、取消承担重大专项项目(课题)资格等处理。

牵头组织单位发现本重大专项所涉及的领域发生重大知识产权事件,对重大专项实施带来重大风险的,应当及时进行分析评估,制定对策,调整布局,并按规定报批。

第十六条 各重大专项应当建立本领域知识产权专题数据库,作为重大专项管理信息系统的重要组成部分,向项目(课题)责任单位开放使用。鼓励项目(课题)责任单位和其他机构开发的与本领域密切相关的知识产权信息纳入重大专项管理信息系统,按照市场机制向项目(课题)责任单位开放使用。

第十七条 项目(课题)责任单位在提交阶段报告和验收申请报告中应根据要求报送知识产权信息,内容包括知识产权类别、申请号和授权(登记)号、申请日和授权(登记)日、权利人、权利状态等。

第十八条 牵头组织单位应定期对本重大专项申请和获取的知识产权总体情况进行评估分析,跟踪比较国内外发展态势,研究提出下一阶段知识产权策略。

第十九条 在三部门、重大专项领导小组组织开展的监测评估中,应当对各重大专项知识产权战略制定情况、项目(课题)评审知识产权工作落实情况、知识产权工作体系和制度建设情况、项目(课题)责任单位知识产权管理状况、项目(课题)知识产权目标完成情况、所取得知识产权的维护、转化和运用情况进行调查分析,作出评估判断,提出对策建议。

第二十条 知识产权情况是重大专项验收的重要内容之一。

项目(课题)验收报告应包含知识产权任务和目标完成情况、成果再开发和产业化前景预测。未完成任务合同书约定的知识产权目标的,项目(课题)责任单位应当予以说明。

牵头组织单位进行项目(课题)验收评价时,应当以任务合同书所约定的知识产权目标和考核指标为依据,对项目(课题)知识产权任务和目标完成、保护及运用情况作出明确评价。

三部门组织的验收中,各重大专项应当对本重大专项知识产权任务完成情况、对产业发展的影响等予以说明。

第二十一条 参与重大专项实施的各主体在进行知识产权分析、知识产权评估、项目(课题)知识产权验收等环节,应当充分发挥知识产权行政管理部门业务指导作用。

第四章 知识产权的归属和保护

第二十二条 重大专项产生的知识产权,其权利归属按照下列原则分配:

(一)涉及国家安全、国家利益和重大社会公共利益的,属于国家,项目(课题)责任单位有免费使用的权利。

(二)除第(一)项规定的情况外,授权项目(课题)责任单位依法取得,为了国家安全、国家利益和重大社会公共利益的需要,国家可以无偿实施,也可以许可他人有偿实施或者无偿实施。

项目(课题)任务合同书应当根据上述原则对所产生的知识产权归属作出明确约定。

属于国家所有的知识产权的管理办法另行规定。牵头组织单位或其指定机构对属于国家所有的知识产权负有保护、管理和运用的义务。

第二十三条 子课题或协作开发形成的知识产权的归属按照本规定第二十二条第一款的规定执行。项目(课题)责任单位在签订子课题或协作开发任务合同时,应当告知子课题和协作开发任务的承担单位国家对该项目(课题)知识产权所拥有的权利。上述合同内容与国家保留的权利相冲突的,不影响国家行使相关权利。

第二十四条 论文、学术报告等发表、发布前,项目(课题)责任单位要进行审查和登记,涉及到应当申请专利的技术内容,在提出专利申请前不得发表、公布或向他人泄漏。未经批准发表、发布或向他人泄漏,使研究成果无法获得专利保护的,由重大专项领导小组、牵头组织单位根据各自职责追究直接责任人、项目(课题)组长、法定代表人的责任。

第二十五条 对项目(课题)产生的科技成果,项目(课题)责任单位应当根据科技成果特点,按照相关法律法规的规定适时选择申请专利权、申请植物新品种权、进行著作权登记或集成电路布图设计登记、作为技术秘密等适当方式予以保护。

对于应当申请知识产权并有国际市场前景的科技成果,项目(课题)责任单位应当在优先权期限内申请国外专利权或者其他知识产权。

项目(课题)责任单位不申请知识产权保护或者不采取其他保护措施时,牵头组织单位认为有必要采取保护措施的,应书面督促项目(课题)责任单位采取相应的措施,在其仍不采取保护措施的情况下,牵头组织单位可以自行申请知识产权或者采取其他相应的保护措施。

第二十六条 对作为技术秘密予以保护的科技成果,项目(课题)责任单位应当明确界定、标识予以保护的技术信息及其载体,采取保密措施,与可能接触该技术秘密的科技人员和其他人员签订保密协议。涉密人员因调离、退休等原因离开单位的,仍负有协议规定的保密义务,离开单位前应当将实验记录、材料、样品、产品、装备和图纸、计算机软件等全部技术资料交所在单位。

第二十七条 项目(课题)责任单位应当对重大专项知识产权的发明人、设计人或创作者予以奖励。被授予专利权的项目(课题)责任单位应当依照专利法及其实施细则等法律法规的相关规定对职务发明创造的发明人、设计人或创作者予以奖励。

第二十八条 权利人拟放弃重大专项产生或购买的知识产权的,应当进行评估,并报牵头组织单位备案。未经评估放弃知识产权或因其他原因导致权利失效的,由重大专项领导小组、牵头组织单位根据各自职责对项目(课题)责任单位及其责任人予以通报批评,并责令其改进知识产权管理工作。

第二十九条 项目(课题)责任单位可以在项目(课题)知识产权事务经费中列支知识产权保护、维护、维权、评估等事务费。

项目(课题)验收结题后,项目(课题)责任单位应当根据需要对重大专项产生的知识产权的申请、维持等给予必要的经费支持。

第五章 知识产权的转移和运用

第三十条 重大专项牵头组织单位、知识产权权利人应积极推动重大专项产生的知识产权的转移和运用,加快知识产权的商品化、产业化。

第三十一条 重大专项产生的知识产权信息,在不影响知识产权保护、国家秘密和技术秘密保护的前提下,项目(课题)责任单位应当广泛予以传播。

项目(课题)责任单位、被许可人或受让人就项目(课题)产生的科技成果申请知识产权、进行发表或转让的,应当注明"国家科技重大专项资助"。

第三十二条 鼓励项目(课题)责任单位将获得的自主知识产权纳入国家标准,并积极参与国际标准制定。

第三十三条 重大专项产生的知识产权,应当首先在境内实施。许可他人实施的,一般应当采取非独占许可的方式。

知识产权转让、许可出现下列情形之一的,应当报牵头组织单位审批。牵头组织单位为企业的,应报专项领导小组组长单位审批。

(一)向境内机构或个人转让或许可其独占实施;

(二)向境外组织或个人转让或许可的;

(三)因并购等原因致使权利人发生变更的。

向境外组织或个人转让或许可的,经批准后,还应依照《中华人民共和国技术进出口管理条例》执行。

知识产权转让、许可主体为执行事业单位财务和会计制度的事业单位,或执行《民间非盈利组织会计制度》的社会团体及民办非企业单位的,按照《事业单位国有资产管理暂行办法》(财政部令第 36 号)规定执行。

第三十四条 重大专项产生的知识产权,各项目(课题)责任单位应当首先保证其他项目(课题)责任单位为了重大专项实施目的的使用。

项目(课题)责任单位为了重大专项研究开发目的,需要集成使用其他项目(课题)责任单位实施重大专项产生和购买的知识产权时,相关知识产权权利人应当许可其免费使用;为了重大专项科技成果产业化目的的使用时,相关知识产权权利人应当按照平等、合理、无歧视原则许可其实施。

项目(课题)责任单位为了研究开发目的而获得许可使用他人的知识产权时,应当在许可协议中约定许可方有义务按照平等、合理、无歧视原则授予项目(课题)责任单位为了产业化目的的使用。

第三十五条 对重大专项产生和购买的属于

项目(课题)责任单位的知识产权,有下列情形之一,牵头组织单位可以依据本规定第二十二条第一款第(二)项的规定,要求项目(课题)责任单位以合理的条件许可他人实施;项目(课题)责任单位无正当理由拒绝许可的,牵头组织单位可以决定在批准的范围内推广使用,允许指定单位一定时期内有偿或者无偿实施:

(一)为了国家重大工程建设需要;

(二)对产业发展具有共性、关键作用需要推广应用;

(三)为了维护公共健康需要推广应用;

(四)对国家利益、重大社会公共利益和国家安全具有重大影响需要推广应用。

获得指定实施的单位不享有独占的实施权。取得有偿实施许可的,应当与知识产权权利人商定合理的使用费。

第三十六条 国家知识产权局可以根据专利法及其实施细则和《集成电路布图设计保护条例》的相关规定,给予实施重大专项产生的发明专利、实用新型专利和集成电路布图设计的强制许可或者非自愿许可。

第三十七条 项目(课题)责任单位许可或转让重大专项产生的知识产权时,应当告知被许可人或受让人国家拥有的权利。许可和转让协议不得影响国家行使相关权利。

第三十八条 鼓励项目(课题)责任单位以科技成果产业化为目标,按照产业链建立产业技术创新战略联盟,通过交叉许可、建立知识产权分享机制等方式,加速科技成果在产业领域应用、转移和扩散,为产业和社会发展提供完整的技术支撑和知识产权保障。

按照产业链不同环节部署项目(课题)的重大专项,牵头组织单位应当推动建立产业技术创新战略联盟。

第三十九条 在项目结束后五年内,项目(课题)责任单位或重大专项知识产权被许可人或受让人应当根据重大专项牵头组织单位的要求,报告知识产权应用、再开发和产业化等情况。

第四十条 项目(课题)责任单位应当依法奖励为完成该项科技成果及转化作出重要贡献的人员。

第六章 附 则

第四十一条 各重大专项可以依据本规定,结合本重大专项特点,制定本重大专项的知识产权管理实施细则。

第四十二条 事业单位转让无形资产取得的收入和取得无形资产所发生的支出,应当按照《事业单位财务规则》和《事业单位国有资产管理暂行办法》(财政部令 36 号)有关规定执行。

第四十三条 国防科技知识产权管理按有关规定执行。

第四十四条 本办法自 2010 年 8 月 1 日起施行。

著作权质权登记办法

中华人民共和国国家版权局令

第 8 号

《著作权质权登记办法》已经 2010 年 10 月 19 日国家版权局第 1 次局务会议通过,现予公布,自 2011 年 1 月 1 日起施行。

国家版权局局长 柳斌杰

二〇一〇年十一月二十五日

著作权质权登记办法

第一条 为规范著作权出质行为,保护债权人合法权益,维护著作权交易秩序,根据《中华人民共和国物权法》、《中华人民共和国担保法》和《中华人民共和国著作权法》的有关规定,制定本办法。

第二条 国家版权局负责著作权质权登记工作。

第三条 《中华人民共和国著作权法》规定的著作权以及与著作权有关权利(以下统称“著作

权”)中的财产权可以出质。

以共有的著作权出质的,除另有约定外,应当取得全体共有人的同意。

第四条 以著作权出质的,出质人和质权人应当订立书面质权合同,并由双方共同向登记机构办理著作权质权登记。

出质人和质权人可以自行办理,也可以委托代理人办理。

第五条 著作权质权的设立、变更、转让和消灭,自记载于《著作权质权登记簿》时发生效力。

第六条 申请著作权质权登记的,应提交下列文件:

(一)著作权质权登记申请表;

(二)出质人和质权人的身份证明;

(三)主合同和著作权质权合同;

(四)委托代理人办理的,提交委托书和受托人的身份证明;

(五)以共有的著作权出质的,提交共有人同意出质的书面文件;

(六)出质前授权他人使用的,提交授权合同;

(七)出质的著作权经过价值评估的、质权人要求价值评估的或相关法律法规要求价值评估的,提交有效的价值评估报告;

(八)其他需要提供的材料。

提交的文件是外文的,需同时附送中文译本。

第七条 著作权质权合同一般包括以下内容:

(一)出质人和质权人的基本信息;

(二)被担保债权的种类和数额;

(三)债务人履行债务的期限;

(四)出质著作权的内容和保护期;

(五)质权担保的范围和期限;

(六)当事人约定的其他事项。

第八条 申请人提交材料齐全的,登记机构应当予以受理。提交的材料不齐全的,登记机构不予受理。

第九条 经审查符合要求的,登记机构应当自受理之日起10日内予以登记,并向出质人和质权人发放《著作权质权登记证书》。

第十条 经审查不符合要求的,登记机构应当自受理之日起10日内通知申请人补正。补正通知书应载明补正事项和合理的补正期限。无正当理由逾期不补正的,视为撤回申请。

第十一条 《著作权质权登记证书》的内容包括:

(一)出质人和质权人的基本信息;

(二)出质著作权的基本信息;

(三)著作权质权登记号;

(四)登记日期。

《著作权质权登记证书》应当标明:著作权质权自登记之日起设立。

第十二条 有下列情形之一的,登记机构不予登记:

(一)出质人不是著作权人的;

(二)合同违反法律法规强制性规定的;

(三)出质著作权的保护期届满的;

(四)债务人履行债务的期限超过著作权保护期的;

(五)出质著作权存在权属争议的;

(六)其他不符合出质条件的。

第十三条 登记机构办理著作权质权登记前,申请人可以撤回登记申请。

第十四条 著作权出质期间,未经质权人同意,出质人不得转让或者许可他人使用已经出质的权利。

出质人转让或者许可他人使用出质的权利所得的价款,应当向质权人提前清偿债务或者提存。

第十五条 有下列情形之一的,登记机构应当撤销质权登记:

(一)登记后发现有第十二条所列情形的;

(二)根据司法机关、仲裁机关或行政管理机关作出的影响质权效力的生效裁决或行政处罚决定书应当撤销的;

(三)著作权质权合同无效或者被撤销的;

(四)申请人提供虚假文件或者以其他手段骗取著作权质权登记的;

(五)其他应当撤销的。

第十六条 著作权出质期间,申请人的基本信息、著作权的基本信息、担保的债权种类及数额、或者担保的范围等事项发生变更的,申请人持变更协议、原《著作权质权登记证书》和其他相关材料向登记机构申请变更登记。

第十七条 申请变更登记的,登记机构自受理之日起10日内完成审查。经审查符合要求的,对变更事项予以登记。

变更事项涉及证书内容变更的,应交回原登记证书,由登记机构发放新的证书。

第十八条 有下列情形之一的,申请人应当申请注销质权登记:

(一)出质人和质权人协商一致同意注销的;

（二）主合同履行完毕的；

（三）质权实现的；

（四）质权人放弃质权的；

（五）其他导致质权消灭的。

第十九条 申请注销质权登记的，应当提交注销登记申请书、注销登记证明、申请人身份证明等材料，并交回原《著作权质权登记证书》。

登记机构应当自受理之日起 10 日内办理完毕，并发放注销登记通知书。

第二十条 登记机构应当设立《著作权质权登记簿》，记载著作权质权登记的相关信息，供社会公众查询。

《著作权质权登记证书》的内容应当与《著作权质权登记簿》的内容一致。记载不一致的，除有证据证明《著作权质权登记簿》确有错误外，以《著作权质权登记簿》为准。

第二十一条 《著作权质权登记簿》应当包括以下内容：

（一）出质人和质权人的基本信息；

（二）著作权质权合同的主要内容；

（三）著作权质权登记号；

（四）登记日期；

（五）登记撤销情况；

（六）登记变更情况；

（七）登记注销情况；

（八）其他需要记载的内容。

第二十二条 《著作权质权登记证书》灭失或者毁损的，可以向登记机构申请补发或换发。登记机构应自收到申请之日起 5 日内予以补发或换发。

第二十三条 登记机构应当通过国家版权局官方网站公布著作权质权登记的基本信息。

第二十四条 本办法由国家版权局负责解释。

第二十五条 本办法自 2011 年 1 月 1 日起施行。1996 年 9 月 23 日国家版权局发布的《著作权质押合同登记办法》同时废止。

亚洲运动会标志保护办法

国家工商行政管理总局令

第 48 号

《亚洲运动会标志保护办法》已经中华人民共和国国家工商行政管理总局局务会议审议通过，现予公布，自公布之日起施行。

局长　周伯华

二〇一〇年四月二日

亚洲运动会标志保护办法

第一条 为了加强对亚洲运动会标志（以下简称亚运会标志）的保护，维护亚运会标志权利人的合法权益，根据《中华人民共和国商标法》、《中华人民共和国商标法实施条例》、《特殊标志管理条例》的规定，制定本办法。

第二条 本办法所称亚运会标志是指亚洲奥林匹克理事会、第 16 届亚运会组织机构按照《中华人民共和国商标法》、《中华人民共和国商标法实施条例》有关规定在国务院工商行政管理部门商标局作为商标依法核准注册以及按照《特殊标志管理条例》的规定在国务院工商行政管理部门商标局作为特殊标志核准登记的下列内容：

（一）亚洲奥林匹克理事会的名称（包括全称、简称、译名和缩写，下同）、会徽、会旗、会歌、格言等；

（二）第 16 届亚运会申办机构的名称、标识、口号和其他标志；

（三）第 16 届亚运会组织机构的名称、徽记和其他标志；

（四）第 16 届亚运会的名称、会徽、吉祥物、口号、会歌、会旗和其他标志；

（五）《亚奥理事会章程和规则》和《第 16 届亚运会主办城市合同》中规定的其他与第 16 届亚运会有关的标志。

第三条 本办法所称亚运会标志权利人，是指亚洲奥林匹克理事会和第16届亚运会组织机构。

亚洲奥林匹克理事会与第16届亚运会组织机构关于亚运会标志的权利划分，依照《亚奥理事会章程和规则》和《第16届亚运会主办城市合同》确定。

第四条 亚运会标志权利人依照《中华人民共和国商标法》、《中华人民共和国商标法实施条例》、《特殊标志管理条例》享有亚运会标志权。

第五条 取得亚运会标志权利人许可，为商业目的（含潜在商业目的，下同）使用亚运会标志的，应当同亚运会标志权利人订立使用许可合同。

第六条 任何组织或者个人不得侵犯亚运会标志权。

侵犯亚运会标志权是指未经亚运会标志权利人许可，为商业目的擅自使用亚运会标志。

第七条 本办法所称为商业目的使用，是指以营利为目的，以下列方式使用亚运会标志：

（一）将亚运会标志用于商品、商品包装或者容器以及商品交易文书上；

（二）将亚运会标志用于服务项目中；

（三）将亚运会标志用于广告宣传、商业展览、营业性演出以及其他商业活动中；

（四）销售含有亚运会标志商品；

（五）制造或者销售亚运会标志；

（六）可能使人认为行为人与亚运会标志权利人之间有赞助或者其他支持关系而使用亚运会标志的其他行为。

第八条 在本办法施行前已经依法使用亚运会标志的，可以在原有范围内继续使用。

第九条 县级以上工商行政管理部门依据《中华人民共和国商标法》、《中华人民共和国商标法实施条例》、《特殊标志管理条例》以及本办法的规定，负责本行政区域内的亚运会标志的保护工作。

第十条 侵犯亚运会标志权，引起纠纷的，由当事人协商解决；不愿协商或者协商不成的，亚运会标志权利人或者利害关系人可以请求工商行政管理部门处理。

工商行政管理部门受理亚运会标志侵权案件投诉的，应亚运会标志权利人的请求，可以就侵权的民事赔偿主持调解。

第十一条 对侵犯亚运会标志权的行为，工商行政管理部门有权依法查处。

第十二条 任何组织或者个人可以向工商行政管理部门举报侵犯亚运会标志权的行为。

第十三条 工商行政管理部门在对涉嫌侵犯亚运会标志权的案件进行调查取证时，案件涉及作为商标注册的亚运会标志的，可以行使《中华人民共和国商标法》、《中华人民共和国商标法实施条例》规定的职权；案件涉及作为特殊标志登记的亚运会标志的，可以行使《特殊标志管理条例》规定的职权。

第十四条 对违反《中华人民共和国商标法》、《中华人民共和国商标法实施条例》，侵犯亚运会标志权的，工商行政管理部门依据《中华人民共和国商标法》、《中华人民共和国商标法实施条例》的有关规定处理。

对违反《特殊标志管理条例》，侵犯亚运会标志权的，工商行政管理部门依据《特殊标志管理条例》的有关规定处理。

第十五条 本办法自公布之日起施行。

商标代理管理办法

国家工商行政管理总局令

第50号

《商标代理管理办法》已经中华人民共和国国家工商行政管理总局局务会议审议通过，现予公布，自公布之日起施行。

局长 周伯华

二〇一〇年七月十二日

商标代理管理办法

第一条 为维护商标代理秩序，保障委托人及商标代理组织的合法权益，根据《中华人民共和国商标法》及《中华人民共和国商标法实施条例》，制定本办法。

第二条 本办法所称商标代理是指商标代理组织接受委托人的委托，以委托人的名义办理商标注册申请及其他有关商标事宜。

本办法所称商标代理组织是指接受委托人的委托，以委托人的名义办理商标注册申请或者其他商标事宜的法律服务机构。

本办法所称商标代理人是指在商标代理组织中执业的工作人员。

第三条 国务院工商行政管理部门依法对全国商标代理组织和商标代理人的代理行为进行管理和监督。

县级以上工商行政管理部门依法对本辖区的商标代理组织和商标代理人的代理行为进行管理和监督。

第四条 申请设立商标代理组织的，申请人向所在地县级以上工商行政管理部门申请登记，领取《企业法人营业执照》或者《营业执照》。

律师事务所从事商标代理的，不适用前款规定。

第五条 商标代理组织不得委托其他单位和个人从事商标代办活动，并不得为从事上述活动提供任何便利。

第六条 商标代理组织可以接受委托人委托，指定商标代理人办理下列代理业务：

(一)代理商标注册申请、变更、续展、转让、异议、撤销、评审、侵权投诉等有关事项；

(二)提供商标法律咨询，担任商标法律顾问；

(三)代理其他有关商标事务。

商标代理人办理的商标注册申请书等文件，应当由商标代理人签字并加盖商标代理组织印章。

第七条 商标代理组织不得接受同一商标案件中双方当事人的委托。

第八条 商标代理人应当遵守法律，恪守职业道德和执业纪律，依法开展商标代理业务，及时准确地为委托人提供良好的商标代理服务，认真维护委托人的合法权益。

第九条 商标代理人应当符合以下条件：

(一)具有完全的民事行为能力；

(二)熟悉商标法和相关法律、法规，具备商标代理专业知识；

(三)在商标代理组织中执业。

第十条 商标代理人不得同时在两个以上的商标代理组织执业。

第十一条 商标代理人应当为委托人保守商业秘密，未经委托人同意，不得把未经公开的代理事项泄露给其他机构和个人。

第十二条 在明知委托人的委托事宜出于恶意或者其行为违反国家法律或者具有欺诈性的情况下，商标代理人应当拒绝接受委托。

第十三条 商标代理组织有下列行为之一的，由其所在地或者行为地县级以上工商行政管理部门予以警告或者处以一万元以下罚款；有违法所得的，处以违法所得额三倍以下，但最高不超过三万元罚款：

(一)与第三方串通，损害委托人合法权益的；

(二)违反本办法第五条、第七条规定的；

(三)损害国家和社会公共利益或者其他代理组织合法权益的；

(四)从事其他非法活动的。

第十四条 商标代理人有下列行为之一的，由其所在地或者行为地县级以上工商行政管理部门予以警告或者处以一万元以下罚款：

(一)私自接受委托，向委托人收取费用，收受委托人财物的；

(二)隐瞒事实，提供虚假证据，或者威胁、诱导他人隐瞒事实，提供虚假证据的；

(三)违反本办法第十条、第十一条、第十二条规定的；

(四)有其他违法行为的。

第十五条 违反本办法第四条第一款规定，未经工商行政管理部门登记即从事商标代理活动或者用欺骗手段取得登记的组织，由所在地县级以上工商行政管理部门依照有关企业登记管理的法律、法规处罚。

第十六条 被处罚的商标代理组织及商标代理人对工商行政管理部门的行政处罚不服的，可以依照《行政复议法》的规定申请复议；也可以直接向人民法院依法提起诉讼。

第十七条 本办法由国家工商行政管理总局负责解释。

第十八条 本办法自公布之日起施行。

关于台湾地区申请人在大陆申请植物新品种权的暂行规定

中华人民共和国农业部
国家林业局 公告

第 1487 号

为保护台湾地区育种者的合法权益，激励植物新品种的培育和使用，促进两岸农林业发展，农业部、国家林业局联合制定了《关于台湾地区申请人在大陆申请植物新品种权的暂行规定》。

特此公告。

中华人民共和国农业部
中华人民共和国国家林业局
二〇一〇年十一月二十二日

关于台湾地区申请人在大陆申请植物新品种权的暂行规定

第一条 为保护台湾地区育种者的合法权益，促进植物新品种的培育和使用，制定本规定。

第二条 台湾地区的自然人、法人向大陆植物新品种权审批机关（以下简称审批机关）申请植物新品种权（以下简称品种权）及相关事务，适用本规定。

第三条 台湾地区的品种权申请人（以下简称申请人）向审批机关提出品种权及相关事务申请的，应当委托在大陆依法设立的代理机构办理。

第四条 申请人向审批机关提交的文件应当使用简体中文，日期应当使用公历，但证明文件除外。

第五条 在 2010 年 9 月 12 日（含当日）后，申请人自第一次提出品种权申请之日起 12 个月内，又在大陆就该植物新品种提出品种权申请，申请人要求将第一次申请日视为在大陆的申请日的，应当在申请时提出书面说明，并在 3 个月内提交经原审批机关确认的第一次提出的品种权申请文件的副本作为证明文件。未依照本规定提出书面说明或者提交证明文件的，视为未要求此项权利。

申请人在向审批机关提出第一次品种权申请之日起 12 个月内，又在大陆以外提出品种权申请的，可以请求审批机关出具第一次申请日的证明文件。

第六条 经育种者许可，在大陆销售品种繁殖材料未超过 1 年的；或者在大陆以外销售藤本植物、林木、果树和观赏树木品种繁殖材料未超过 6 年，销售其他植物品种繁殖材料未超过 4 年的，视为申请品种未丧失新颖性。

第七条 申请文件不得含有与现行法律、法规、规章相抵触的词句。

第八条 对不符合本规定第三条、第四条的，审批机关不予受理。

对不符合本规定第七条的，审批机关应当通知申请人在指定期限内予以修改；逾期未答复或者修改后仍不符合前款规定的，驳回其申请。

第九条 品种权申请的其他事宜，依据《中华人民共和国植物新品种保护条例》、《中华人民共和国植物新品种保护条例实施细则（农业部分）》和《中华人民共和国植物新品种保护条例实施细则（林业部分）》办理。

第十条 本规定自发布之日起施行。

司法解释

最高人民法院关于调整地方各级人民法院管辖第一审知识产权民事案件标准的通知

法发〔2010〕5 号

各省、自治区、直辖市高级人民法院，解放军军事法院，新疆维吾尔自治区高级人民法院生产建设兵团分院：

为进一步加强最高人民法院和高级人民法院的知识产权审判监督和业务指导职能，合理均衡各级人民法院的工作负担，根据人民法院在知识产权民事审判工作中贯彻执行修改后的民事诉讼法的实际情况，现就调整地方各级人民法院管辖第一审知识产权民事案件标准问题，通知如下：

一、高级人民法院管辖诉讼标的额在 2 亿元以上的第一审知识产权民事案件，以及诉讼标的额在 1 亿元以上且当事人一方住所地不在其辖区或者涉外、涉港澳台的第一审知识产权民事案件。

二、对于本通知第一项标准以下的第一审知识产权民事案件，除应当由经最高人民法院指定具有一般知识产权民事案件管辖权的基层人民法院管辖的以外，均由中级人民法院管辖。

三、经最高人民法院指定具有一般知识产权民事案件管辖权的基层人民法院，可以管辖诉讼标的额在 500 万元以下的第一审一般知识产权民事案件，以及诉讼标的额在 500 万元以上 1000 万元以下且当事人住所地均在其所属高级或中级人民法院辖区的第一审一般知识产权民事案件，具体标准由有关高级人民法院自行确定并报最高人民法院批准。

四、对重大疑难、新类型和在适用法律上有普遍意义的知识产权民事案件，可以依照民事诉讼法第三十九条的规定，由上级人民法院自行决定由其审理，或者根据下级人民法院报请决定由其审理。

五、对专利、植物新品种、集成电路布图设计纠纷案件和涉及驰名商标认定的纠纷案件以及垄断纠纷案件等特殊类型的第一审知识产权民事案件，确定管辖时还应当符合最高人民法院有关上述案件管辖的特别规定。

六、军事法院管辖军内第一审知识产权民事案件的标准，参照当地同级地方人民法院的标准执行。

七、本通知下发后，需要新增指定具有一般知识产权民事案件管辖权的基层人民法院的，有关高级人民法院应将该基层人民法院管辖第一审一般知识产权民事案件的标准一并报最高人民法院批准。

八、本通知所称“以上”包括本数，“以下”不包括本数。

九、本通知自 2010 年 2 月 1 日起执行。之前已经受理的案件，仍按照各地原标准执行。

本通知执行过程中遇到的问题，请及时报告最高人民法院。

二〇一〇年一月二十八日

最高人民法院关于印发基层人民法院管辖第一审知识产权民事案件标准的通知

法发〔2010〕6 号

各省、自治区、直辖市高级人民法院，解放军军事法院，新疆维吾尔自治区高级人民法院生产建设兵团分院：

根据各有关高级人民法院的报请，现将经最高人民法院批准的目前具有一般知识产权民事案件管辖权的基层人民法院管辖第一审知识产权民事案件的标准（见附件）统一予以印发，自 2010 年 2 月 1 日起执行。之前已经受理的案件，仍按照各地原标准执行。

特此通知。

附：基层人民法院管辖第一审知识产权民事案件标准

二〇一〇年一月二十八日

附件：

基层人民法院管辖第一审知识产权民事案件标准

地区	基层人民法院		管辖第一审知识产权民事案件的标准
北京市		东城区人民法院	诉讼标的额在500万元以下的第一审一般知识产权民事案件以及诉讼标的额在500万元以上1000万元以下且当事人住所地均在北京市高级人民法院辖区的第一审一般知识产权民事案件
		西城区人民法院	
		崇文区人民法院	
		宣武区人民法院	
		朝阳区人民法院	
		海淀区人民法院	
		丰台区人民法院	
		石景山区人民法院	
		昌平区人民法院	
天津市		和平区人民法院	诉讼标的额在100万元以下的第一审一般知识产权民事案件
		经济技术开发区人民法院	诉讼标的额在50万元以下的第一审一般知识产权民事案件
辽宁省	大连市	西岗区人民法院	诉讼标的额在500万元以下的第一审一般知识产权民事案件
上海市		浦东新区人民法院	诉讼标的额在200万元以下的第一审一般知识产权民事案件
		卢湾区人民法院	
		杨浦区人民法院	
		黄浦区人民法院	
江苏省	南京市	玄武区人民法院	诉讼标的额在200万元以下的第一审一般知识产权民事案件
		鼓楼区人民法院	
		江宁区人民法院	
	苏州市	虎丘区人民法院	
		昆山市人民法院	
		太仓市人民法院	
		常熟市人民法院	
		工业园区人民法院	
	无锡市	滨湖区人民法院	
		江阴市人民法院	
		宜兴市人民法院	
	常州市	武进区人民法院	诉讼标的额在100万元以下的第一审一般知识产权民事案件
		天宁区人民法院	
		常州高新技术产业开发区人民法院	
	镇江市	镇江经济开发区人民法院	
	南通市	通州区人民法院	

续表

地区	基层人民法院		管辖第一审知识产权民事案件的标准
浙江省	杭州市	西湖区人民法院	诉讼标的额在500万元以下的第一审一般知识产权民事案件（义乌市人民法院同时管辖诉讼标的额在500万元以下的第一审实用新型和外观设计专利纠纷案件）
		滨江区人民法院	
		余杭区人民法院	
		萧山区人民法院	
	宁波市	北仑区人民法院	
		鄞州区人民法院	
		余姚市人民法院	
		慈溪市人民法院	
	温州市	鹿城区人民法院	
		瓯海区人民法院	
		乐清市人民法院	
		瑞安市人民法院	
	嘉兴市	南湖区人民法院	
		海宁市人民法院	
	绍兴市	绍兴县人民法院	
	金华市	婺城区人民法院	
		义乌市人民法院	
	台州市	玉环县人民法院	
安徽省	合肥市	高新技术产业开发区人民法院	诉讼标的额在5万元以下的第一审一般知识产权民事案件
福建省	福州市	鼓楼区人民法院	诉讼标的额在50万元以下的第一审一般知识产权民事案件
	厦门市	思明区人民法院	
	泉州市	晋江市人民法院	
江西省	南昌市	南昌高新技术产业开发区人民法院	诉讼标的额在100万元以下的第一审一般知识产权民事案件
		南昌经济技术开发区人民法院	
山东省	济南市	历下区人民法院	诉讼标的额在50万元以下的第一审一般知识产权民事案件以及诉讼标的额在50万元以上100万元以下且当事人住所地均在其所属中级人民法院辖区的第一审一般知识产权民事案件
	青岛市	市南区人民法院	
湖北省	武汉市	江岸区人民法院	诉讼标的额在300万元以下的第一审一般知识产权民事案件以及诉讼标的额在300万元以上800万元以下且当事人住所地均在武汉市中级人民法院辖区的第一审一般知识产权民事案件
湖南省	长沙市	天心区人民法院	诉讼标的额在300万元以下的第一审一般知识产权民事案件
		岳麓区人民法院	
	株洲市	天元区人民法院	

续表

<table>
<tr><th>地区</th><th colspan="2">基层人民法院</th><th>管辖第一审知识产权民事案件的标准</th></tr>
<tr><td rowspan="20">广东省</td><td rowspan="6">广州市</td><td>越秀区人民法院</td><td rowspan="20">诉讼标的额在 200 万元以下的第一审一般知识产权民事案件</td></tr>
<tr><td>海珠区人民法院</td></tr>
<tr><td>天河区人民法院</td></tr>
<tr><td>白云区人民法院</td></tr>
<tr><td>萝岗区人民法院</td></tr>
<tr><td>南沙区人民法院</td></tr>
<tr><td rowspan="6">深圳市</td><td>罗湖区人民法院</td></tr>
<tr><td>福田区人民法院</td></tr>
<tr><td>南山区人民法院</td></tr>
<tr><td>盐田区人民法院</td></tr>
<tr><td>龙岗区人民法院</td></tr>
<tr><td>宝安区人民法院</td></tr>
<tr><td rowspan="3">佛山市</td><td>南海区人民法院</td></tr>
<tr><td>禅城区人民法院</td></tr>
<tr><td>顺德区人民法院</td></tr>
<tr><td>汕头市</td><td>龙湖区人民法院</td></tr>
<tr><td rowspan="2">江门市</td><td>蓬江区人民法院</td></tr>
<tr><td>新会区人民法院</td></tr>
<tr><td>东莞市</td><td>东莞市第一人民法院</td></tr>
<tr><td>中山市</td><td>中山市人民法院</td></tr>
<tr><td>广西壮族自治区</td><td>南宁市</td><td>青秀区人民法院</td><td>诉讼标的额在 80 万元以下的第一审一般知识产权民事案件以及诉讼标的额在 80 万元以上 150 万元以下且当事人住所地均在南宁市中级人民法院辖区的第一审一般知识产权民事案件</td></tr>
<tr><td rowspan="3">四川省</td><td rowspan="3">成都市</td><td>高新区人民法院</td><td rowspan="3">诉讼标的额在 50 万元以下的第一审一般知识产权民事案件</td></tr>
<tr><td>武侯区人民法院</td></tr>
<tr><td>锦江区人民法院</td></tr>
<tr><td rowspan="2">重庆市</td><td colspan="2">渝中区人民法院</td><td rowspan="2">诉讼标的额在 300 万元以下的第一审一般知识产权民事案件</td></tr>
<tr><td colspan="2">沙坪坝区人民法院</td></tr>
<tr><td rowspan="2">甘肃省</td><td>兰州市</td><td>城关区人民法院</td><td rowspan="2">诉讼标的额在 30 万元以下的第一审一般知识产权民事案件</td></tr>
<tr><td>天水市</td><td>秦州区人民法院</td></tr>
<tr><td rowspan="2">新疆生产建设兵团</td><td>农十二师</td><td>乌鲁木齐垦区人民法院</td><td>诉讼标的额在 100 万元以下的第一审一般知识产权民事案件以及诉讼标的额在 100 万元以上 300 万元以下且当事人住所地均在农十二师中级人民法院辖区的第一审一般知识产权民事案件</td></tr>
<tr><td>农六师</td><td>五家渠市人民法院</td><td>诉讼标的额在 100 万元以下的第一审一般知识产权民事案件以及诉讼标的额在 100 万元以上 200 万元以下且当事人住所地均在农六师中级人民法院辖区的第一审一般知识产权民事案件</td></tr>
</table>

注：本附件所称“以上”包括本数，“以下”不包括本数。

最高人民法院印发《关于审理商标授权确权行政案件若干问题的意见》的通知

法发〔2010〕12号

各省、自治区、直辖市高级人民法院，解放军军事法院，新疆维吾尔自治区高级人民法院生产建设兵团分院：

现将《最高人民法院关于审理商标授权确权行政案件若干问题的意见》印发给你们，请认真贯彻执行。

二〇一〇年四月二十日

最高人民法院关于审理商标授权确权行政案件若干问题的意见

自2001年12月1日《全国人民代表大会常务委员会关于修改〈中华人民共和国商标法〉的决定》施行以来，人民法院开始依法受理和审理利害关系人诉国家工商行政管理总局商标评审委员会作出的商标驳回复审、商标异议复审、商标争议、商标撤销复审等具体行政行为的商标授权确权行政案件，对相关法律适用问题进行了积极探索，积累了较为丰富的审判经验。为了更好地审理商标授权确权行政案件，进一步总结审判经验，明确和统一审理标准，最高人民法院先后召开多次专题会议和进行专题调研，广泛听取相关法院、相关部门和专家学者的意见，对于审理商标授权确权行政案件中的法律适用问题进行了研究和总结。在此基础上，根据《中华人民共和国商标法》、《中华人民共和国行政诉讼法》等法律规定，结合审判实际，对审理此类案件提出如下意见：

1. 人民法院在审理商标授权确权行政案件时，对于尚未大量投入使用的诉争商标，在审查判断商标近似和商品类似等授权确权条件及处理与在先商业标志冲突上，可依法适当从严掌握商标授权确权的标准，充分考虑消费者和同业经营者的利益，有效遏制不正当抢注行为，注重对于他人具有较高知名度和较强显著性的在先商标、企业名称等商业标志权益的保护，尽可能消除商业标志混淆的可能性；对于使用时间较长、已建立较高市场声誉和形成相关公众群体的诉争商标，应当准确把握商标法有关保护在先商业标志权益与维护市场秩序相协调的立法精神，充分尊重相关公众已在客观上将相关商业标志区别开来的市场实际，注重维护已经形成和稳定的市场秩序。

2. 实践中，有些标志或者其构成要素虽有夸大成分，但根据日常生活经验或者相关公众的通常认识等并不足以引人误解。对于这种情形，人民法院不宜将其认定为夸大宣传并带有欺骗性的标志。

3. 人民法院在审查判断有关标志是否构成具有其他不良影响的情形时，应当考虑该标志或者其构成要素是否可能对我国政治、经济、文化、宗教、民族等社会公共利益和公共秩序产生消极、负面影响。如果有关标志的注册仅损害特定民事权益，由于商标法已经另行规定了救济方式和相应程序，不宜认定其属于具有其他不良影响的情形。

4. 根据商标法的规定，县级以上行政区划的地名或者公众知晓的外国地名一般不得作为商标注册和使用。实践中，有些商标由地名和其他要素组成，在这种情形下，如果商标因有其他要素的加入，在整体上具有显著特征，而不再具有地名含义或者不以地名为主要含义的，就不宜因其含有县级以上行政区划的地名或者公众知晓的外国地名，而认定其属于不得注册的商标。

5. 人民法院在审理商标授权确权行政案件时，应当根据诉争商标指定使用商品的相关公众的通常认识，从整体上对商标是否具有显著特征进行审查判断。标志中含有的描述性要素不影响商标整体上具有显著特征的，或者描述性标志是以独特方式进行表现，相关公众能够以其识别商品来源的，应当认定其具有显著特征。

6. 人民法院在审理商标授权确权行政案件时，应当根据中国境内相关公众的通常认识，审查判断诉争外文商标是否具有显著特征。诉争标志中的外文虽有固有含义，但相关公众能够以该标志识别商品来源的，不影响对其显著特征的认定。

7. 人民法院在判断诉争商标是否为通用名称时，应当审查其是否属于法定的或者约定俗成的商品名称。依据法律规定或者国家标准、行业标准属于商品通用名称的，应当认定为通用名称。相关公众普遍认为某一名称能够指代一类商品的，应当认定该名称为约定俗成的通用名称。被专业工具书、辞典列为商品名称的，可以作为认定约定俗成的通用名称的参考。

约定俗成的通用名称一般以全国范围内相关公众的通常认识为判断标准。对于由于历史传统、风土人情、地理环境等原因形成的相关市场较为固定的商品，在该相关市场内通用的称谓，可以认定为通用名称。

申请人明知或者应知其申请注册的商标为部分区域内约定俗成的商品名称的，应视其申请注册的商标为通用名称。

8. 人民法院审查判断诉争商标是否属于通用名称，一般以提出商标注册申请时的事实状态为准。如果申请时不属于通用名称，但在核准注册时诉争商标已经成为通用名称的，仍应认定其属于本商品的通用名称；虽在申请时属于本商品的通用名称，但在核准注册时已经不是通用名称的，则不妨碍其取得注册。

9. 如果某标志只是或者主要是描述、说明所使用商品的质量、主要原料、功能、用途、重量、数量、产地等特点，应当认定其不具有显著特征。标志或者其构成要素暗示商品的特点，但不影响其识别商品来源功能的，不属于上述情形。

10. 人民法院审理涉及驰名商标保护的商标授权确权行政案件，可以参照《最高人民法院关于审理涉及驰名商标保护的民事纠纷案件应用法律若干问题的解释》第五条、第九条、第十条等相关规定。

11. 对于已经在中国注册的驰名商标，在不相类似商品上确定其保护范围时，要注意与其驰名程度相适应。对于社会公众广为知晓的已经在中国注册的驰名商标，在不相类似商品上确定其保护范围时，要给予与其驰名程度相适应的较宽范围的保护。

12. 商标代理人、代表人或者经销、代理等销售代理关系意义上的代理人、代表人未经授权，以自己的名义将被代理人或者被代表人商标进行注册的，人民法院应当认定属于代理人、代表人抢注被代理人、被代表人商标的行为。审判实践中，有些抢注行为发生在代理、代表关系尚在磋商的阶段，即抢注在先，代理、代表关系形成在后，此时应将其视为代理人、代表人的抢注行为。与上述代理人或者代表人有串通合谋抢注行为的商标注册申请人，可以视其为代理人或者代表人。对于串通合谋抢注行为，可以视情况根据商标注册申请人与上述代理人或者代表人之间的特定身份关系等进行推定。

13. 代理人或者代表人不得申请注册的商标标志，不仅包括与被代理人或者被代表人商标相同的标志，也包括相近似的标志；不得申请注册的商品既包括与被代理人或者被代表人商标所使用的商品相同的商品，也包括类似的商品。

14. 人民法院在审理商标授权确权行政案件中判断商品类似和商标近似，可以参照《最高人民法院关于审理商标民事纠纷案件适用法律若干问题的解释》的相关规定。

15. 人民法院审查判断相关商品或者服务是否类似，应当考虑商品的功能、用途、生产部门、销售渠道、消费群体等是否相同或者具有较大的关联性；服务的目的、内容、方式、对象等是否相同或者具有较大的关联性；商品和服务之间是否具有较大的关联性，是否容易使相关公众认为商品或者服务是同一主体提供的，或者其提供者之间存在特定联系。《商标注册用商品和服务国际分类表》、《类似商品和服务区分表》可以作为判断类似商品或者服务的参考。

16. 人民法院认定商标是否近似，既要考虑商标标志构成要素及其整体的近似程度，也要考虑相关商标的显著性和知名度、所使用商品的关联程度等因素，以是否容易导致混淆作为判断标准。

17. 要正确理解和适用商标法第三十一条关于“申请商标注册不得损害他人现有的在先权利”的概括性规定。人民法院审查判断诉争商标是否损害他人现有的在先权利时，对于商标法已有特别规定的在先权利，按照商标法的特别规定予以保护；商标法虽无特别规定，但根据民法通则和其他法律的规定属于应予保护的合法权益的，应当根据该概括性规定给予保护。

人民法院审查判断诉争商标是否损害他人现有的在先权利，一般以诉争商标申请日为准。如果在先权利在诉争商标核准注册时已不存在的，则不影响诉争商标的注册。

18. 根据商标法的规定，申请人不得以不正当手段抢先注册他人已经使用并有一定影响的商标。如果申请人明知或者应知他人已经使用并有一定影响的商标而予以抢注，即可认定其采用了不正当手段。

在中国境内实际使用并为一定范围的相关公众所知晓的商标，即应认定属于已经使用并有一定影响的商标。有证据证明在先商标有一定的持续使用时间、区域、销售量或者广告宣传等的，可以认定其有一定影响。

对于已经使用并有一定影响的商标，不宜在不相类似商品上给予保护。

19. 人民法院在审理涉及撤销注册商标的行

政案件时，审查判断诉争商标是否属于以其他不正当手段取得注册，要考虑其是否属于欺骗手段以外的扰乱商标注册秩序、损害公共利益、不正当占用公共资源或者以其他方式谋取不正当利益的手段。对于只是损害特定民事权益的情形，则要适用商标法第四十一条第二款、第三款及商标法的其他相应规定进行审查判断。

20. 人民法院审理涉及撤销连续三年停止使用的注册商标的行政案件时，应当根据商标法有关规定的立法精神，正确判断所涉行为是否构成实际使用。

商标权人自行使用、许可他人使用以及其他不违背商标权人意志的使用，均可认定属于实际使用的行为。实际使用的商标与核准注册的商标虽有细微差别，但未改变其显著特征的，可以视为注册商标的使用。没有实际使用注册商标，仅有转让或许可行为，或者仅有商标注册信息的公布或者对其注册商标享有专有权的声明等的，不宜认定为商标使用。

如果商标权人因不可抗力、政策性限制、破产清算等客观事由，未能实际使用注册商标或者停止使用，或者商标权人有真实使用商标的意图，并且有实际使用的必要准备，但因其他客观事由尚未实际使用注册商标的，均可认定有正当理由。

最高人民法院关于做好涉及网吧著作权纠纷案件审判工作的通知

法发〔2010〕50号

各省、自治区、直辖市高级人民法院，新疆维吾尔自治区高级人民法院生产建设兵团分院：

近年来，各级人民法院审理的网吧因提供影视作品被诉侵权的相关案件大幅增加，出现了一些新情况和新问题，引起有关方面的高度关注。为解决当前审理涉及网吧著作权纠纷案件中存在的突出问题，依法妥善审理好此类案件，现就有关事项通知如下：

一、各级人民法院要认真研究分析当前涉及网吧著作权纠纷案件急剧上升的成因和现状，在此类案件的审理中，在积极支持当事人依法维权的同时，也要注意防止滥用权利情形的发生。要注意处理好依法保护与适度保护的关系，既要依法保护当事人的著作权，有效制止侵权行为，又要正确确定网吧经营者和相关影视作品提供者的责任承担，注意把握司法导向和利益平衡，积极促进信息传播和规范传播秩序，推动相关互联网文化产业健康发展。

二、要积极探索有效解决纠纷的途径，认真贯彻“调解优先，调判结合”的工作原则。在加强诉讼调解的同时，积极推动建立诉讼与非诉讼相衔接的矛盾纠纷解决机制，发挥行业主管部门和行业协会的作用，采取各种措施引导网吧经营者规范经营行为，以减少诉讼，维护社会和谐稳定。

三、网吧经营者未经许可，通过网吧自行提供他人享有著作权的影视作品，侵犯他人信息网络传播权等权利的，应当根据原告的诉讼请求判决其停止侵权和赔偿损失。赔偿数额的确定要合理和适度，要符合网吧经营活动的特点和实际，除应考虑涉案影视作品的市场影响、知名度、上映档期、合理的许可使用费外，还应重点考虑网吧的服务价格、规模、主观过错程度以及侵权行为的性质、持续时间、对侵权作品的点击或下载数量、当地经济文化发展状况等因素。

法律、行政法规对网吧经营者承担侵权责任的情形另有规定的，按其规定执行。

四、网吧经营者能证明涉案影视作品是从有经营资质的影视作品提供者合法取得，根据取得时的具体情形不知道也没有合理理由应当知道涉案影视作品侵犯他人信息网络传播权等权利的，不承担赔偿损失的民事责任。但网吧经营者经权利人通知后，未及时采取必要措施的，应对损害的扩大部分承担相应的民事责任。

五、网吧经营者请求追加涉案影视作品提供者为共同被告的，可根据案件的具体情况决定是否追加其参加诉讼。

本通知自下发之日起执行。执行中如有问题和新情况，请及时层报最高人民法院。

二〇一〇年十一月二十五日

关于人民法院应否受理低价倾销不正当竞争纠纷及其管辖确定问题的批复

(2010)民三他字第13号

辽宁省高级人民法院：

你院(2010)辽立二民申字第00254号《关于申请再审人华润雪花啤酒(辽宁)有限公司与被申请人北方绿色食品股份有限公司清河墨尼啤酒分公司不正当竞争、垄断纠纷一案的请示报告》收悉。经研究，批复如下：

依据《中华人民共和国反不正当竞争法》第二十条第二款的规定，凡经营者的合法权益因不正当竞争行为受到损害的，都可以向人民法院提起民事诉讼。因此，经营者依据《中华人民共和国反不正当竞争法》第十一条的规定以低价倾销不正当竞争纠纷向人民法院提起民事诉讼的，人民法院应当依法受理，并可以参照《最高人民法院关于审理不正当竞争民事案件应用法律若干问题的解释》第十八条的规定确定管辖。如果原告同时依据《中华人民共和国反垄断法》的有关规定以垄断纠纷提出诉讼请求的，则全案宜由省会市或者计划单列市中级人民法院管辖。

此复

二〇一〇年十月十五日

关于不具备“拥有至少2个直营店并且经营时间超过1年”的特许人所签订的特许经营合同是否有效的复函

(2010)民三他字第18号

广西壮族自治区高级人民法院：

你院(2010)桂请字第65号《关于特许人不拥有2个直营店且经营时间超过1年特许经营合同是否有效的请示》收悉。经研究，批复如下：

2007年5月1日起施行的《商业特许经营管理条例》第七条第二款关于“特许人从事特许经营活动应当拥有至少2个直营店，并且经营时间超过1年”的规定，属于行政法规的管理性强制性规定。特许人不具备上述条件，并不当然导致其与他人签订的特许经营合同无效。

此复

二〇一〇年十一月二十四日

关于企业以外的其他单位和个人作为特许人所签订的特许经营合同是否有效的复函

(2010)民三他字第19号

广西壮族自治区高级人民法院：

你院(2010)桂请字第64号《关于特许人不具备企业资格签订特许经营合同是否有效的请示》收悉。经研究，批复如下：

2007年5月1日起施行的《商业特许经营管理条例》第三条第二款关于“企业以外的其他单位和个人不得作为特许人从事特许经营活动”的规定，可以认定为行政法规的效力性强制性规定。企业以外的其他单位和个人作为特许人与他人签订的特许经营合同，可以认定为无效。

本案中，请受诉法院注意结合特许经营资源的拥有人或者实际控制人、在商务主管部门的备案信息、经营指导、技术支持以及业务培训等服务的实际提供者、涉案合同的签字人和签约名义及签字人与特许经营资源拥有人或者实际控制人之间的法律关系等因素，准确认定涉案合同的特许人，依法妥善审理好本案。

此复

二〇一〇年十一月二十四日

知识产权司法案件年度报告

最高人民法院知识产权案件年度报告(2010)

摘 要

2010年,最高人民法院知识产权审判庭全年共新收各类知识产权案件313件,比2009年增长5%。另有2009年旧存案件50件,2010全年共有各类在审案件363件,审结317件。2010年知识产权案件呈现出如下特点:因法律规定较为原则需要明确具体界限的疑难案件所占比重越来越大;裁判结果对当事人切身利益有重大影响的案件越来越多,其中涉及争夺市场的专利、技术秘密和商标案件显得尤为突出;专业技术事实认定困难的案件越来越多,其中涉及生物、化工、医药等高新技术领域的案件显得尤为突出;关联案件明显增多,从管辖到实体,从侵权到确权,从追究刑事责任到请求民事赔偿,从地方人民法院到最高人民法院,双方当事人均穷尽各种程序的攻防手段以维护自身权益,反映出市场主体之间竞争的激烈,增加了知识产权案件审理和协调的工作难度;网络技术的发展,方便了知识产权产品的传播,创新了商业经营模式,也影响了相关行业原有利益的分配格局,因此而引发的新类型知识产权纠纷和不正当竞争纠纷明显增多;涉外案件的裁判规则越来越受到国际社会的关注等。最高人民法院在总结往年发布知识产权案件年度报告经验的基础上,从2010年已经有最终结论性意见的案件中,精选了36件案件的裁判中涉及的43个具有普遍性指导意义的问题,形成本年度报告并予以发布。本年度报告选用的案件体现了最高人民法院在具体的知识产权案件中对法律适用和裁判方法问题的认识和探索,而裁判具有较强的个案色彩,法律适用本身亦是一个与时俱进的过程,相关司法政策也会随着社会经济科技文化发展状况而进行相应调整,对此有关方面在参考借鉴本年度报告的法律适用意见时应充分注意。

一、专利案件审判

(一)专利民事案件审判

1. 解释权利要求时应当遵循的若干原则

在孙守辉与肯德基公司等专利侵权案【(2009)民申字第1622号】中,最高人民法院适用2001年7月1日起施行的《专利法》第56条第1款的规定,遵循说明书和附图可以用于解释权利要求、权利要求中的术语在说明书未作特别解释的情况下应采用通常理解、不同权利要求中采用的相关技术术语应当解释为具有相同的含义、考虑专利权人在专利授权和无效宣告程序中为保证获得专利权或者维持专利权有效而对专利权保护范围作出的限制等原则,正确地确定了本专利的保护范围。

2. 对权利要求的内容存在不同理解时应根据说明书和附图进行解释

在新绿环公司等与台山公司专利侵权案【(2010)民申字第871号】中，最高人民法院认为，根据《专利法》第56条第1款规定，如果对权利要求的表述内容产生不同理解，导致对权利要求保护范围产生争议，说明书及其附图可以用于解释权利要求。本案中，仅从涉案专利权利要求1对“竹、木、植物纤维”三者关系的文字表述看，很难判断三者是“和”还是“或”的关系。根据涉案专利说明书实施例的记载：“镁质胶凝植物纤维层是由氯化镁、氧化镁和竹纤维或木糠或植物纤维制成的混合物。”由此可见，“竹、木、植物纤维”的含义应当包括选择关系，即三者具备其中之一即可。

3. 权利要求的术语在说明书中有明确的特定含义，应根据说明书的界定解释权利要求用语

在福建多棱钢公司与启东八菱钢丸公司专利侵权案【(2010)民申字第979号】中，对于当事人存在争议的专利权利要求的技术术语，最高人民法院认为，虽然该术语在相关行业领域并没有明确的定义，但涉案专利说明书中的记载指明了其具有的特定的含义，并且该界定明确了涉案专利权利要求1的保护范围，所以应当以说明书的界定理解权利要求用语的含义。

4. 专利侵权纠纷中技术特征等同的认定

在竞业公司与永昌公司专利侵权案【(2010)民申字第181号】中，最高人民法院认为，在判断被诉侵权产品的技术特征与专利技术特征是否等同时，不仅要考虑被诉侵权产品的技术特征是否属于本领域的普通技术人员无须经过创造性劳动就能够联想到的技术特征，还要考虑被诉侵权产品的技术特征与专利技术特征相比，是否属于基本相同的技术手段，实现基本相同的功能，达到基本相同的效果，只有以上两个方面的条件同时具备，才能够认定二者属于等同的技术特征。

5. 为克服权利要求不能得到说明书的支持的缺陷而修改权利要求可导致禁止反悔原则的适用

在澳诺公司与午时公司等专利侵权案【(2009)民提字第20号】中，最高人民法院认为，从涉案专利审批文档中可以看出，专利申请人进行的修改是针对国家知识产权局认为涉案专利申请公开文本权利要求保护范围过宽，在实质上得不到说明书支持的审查意见而进行的；被诉侵权产品的相应技术特征属于专利权人在专利授权程序中放弃的技术方案，不应当认为其与权利要求1中的技术特征等同而将其纳入专利权的保护范围。

6. 专利权人在授权确权程序中的意见陈述可导致禁止反悔原则的适用

在优他公司与万高公司等专利侵权案【(2010)民提字第158号】中，最高人民法院根据专利权人在涉案专利授权和无效宣告程序中作出的意见陈述，以及涉案专利说明书中记载的有关不同工艺条件所具有的技术效果的比较分析，认定被诉侵权产品中的相关技术特征与涉案专利中的对应技术特征不构成等同，被诉侵权产品没有落入涉案专利权利要求1的保护范围。

7. 方法专利权的延及保护

在张喜田与欧意公司等专利侵权案【(2009)民提字第84号】中，最高人民法院认为，根据《专利法》第11条的规定，方法专利权的保护范围只能延及依照该专利方法直接获得的产品，即使用专利方法获得的原始产品，而不能延及对原始产品作进一步处理后获得的后续产品。

（二）专利授权确权行政案件审判

8. 对权利要求得到说明书支持的审查判断

在（美国）伊莱利利公司“立体选择性糖基化方法”发明专利权无效行政案【(2009)知行字第3号】中，最高人民法院认为，权利要求所要求保护的技术方案应当是所属技术领域的技术人员能够从说明书充分公开的内容中得到或概括得出的技术方案，并且不得超出说明书公开的范围；如果权利要求的概括使所属技术领域的技术人员有理由怀疑该上位概括或并列概括所包含的一种或多种下位概念或选择方式不能解决发明所要解决的技术问题，并达到相同的技术效果，则应当认为该权利要求没有得到说明书的支持。

9. 判断外观设计相同或者相近似的基本方法及应关注的设计特征

在本田株式会社“汽车”外观设计专利权无效行政案【(2010)行提字第3号】中，最高人民法院分析了判断外观设计相同或者相近似的基本方法，并认为，在判断外观设计是否相同或者相近似时，因产品的共性设计特征对于一般消费者的视觉效果的影响比较有限，应关注更多地引起一般消费者注意的其他设计特征的变化。

10. 外观设计相同或者相近似判断中对设计空间的考虑

在万丰公司"摩轮车车轮"外观设计专利权无效行政案【(2010)行提字第5号】中，最高人民法院认为，设计空间对于确定相关设计产品的一般消费者的知识水平和认知能力具有重要意义；在外观设计相同或者相近似的判断中，应该考虑设计空间或者说设计者的创作自由度，以便准确确定该一般消费者的知识水平和认知能力；设计空间的大小是一个相对的概念，是可以变化的，在专利无效宣告程序中考量外观设计产品的设计空间，需要以专利申请日时的状态为准。

二、著作权案件审判

11. 戏曲音乐作品著作权权属的审查及认定

在黄能华、许文霞等与扬子江公司等著作权侵权案【(2010)民申字第556号】中，最高人民法院认为，在侵权之诉中，人民法院对相关权属状况进行审查是查清案件事实的必要环节；涉案沪剧音乐中的唱腔音乐与开幕曲、幕间曲及大合唱等场景音乐应作为一个整体作品看待，在历史上对涉案戏曲音乐曲作者署名不尽一致，且署名的案外人未参与侵权诉讼，无法查清相关事实的情况下，其中一位署名作者主张著作权归己所有不应予以支持。

12. 作品登记是否构成著作权意义上的发表

在坤联公司与八航厂等著作权侵权案【(2010)民申字第281号】中，最高人民法院认为，作品登记的主要作用在于证明权利的归属，一般不构成著作权法意义上的发表，在没有其他证据的情况下不宜以此推定被告接触过原告作品。

13. 境外影视作品著作权人维护自己的合法权益不以获得行政审批为条件

在中凯公司与水木年华网吧等著作权侵权案【(2010)民提字第39号】中，最高人民法院认为，境外影视作品著作权人维护自己的合法权益不以获得行政审批为条件。

14. 买卖书号出版的图书的复制发行主体及侵权行为的认定

在李长福与中国文史出版社著作权侵权案【(2010)民提字第117号】中，最高人民法院认为，出版社卖书号给书商，由书商负责编辑、印刷或发行图书，应当认定书商是复制发行图书的实质主体。

15. 行政区划地图的可版权性及其保护程度

在刘凯与达茂旗政府等著作权侵权及不正当竞争案【(2008)民申字第47－1号】中，最高人民法院认为，独立创作完成的地图，如果在整体构图、客观地理要素的选择及表现形式上具有独创性，可构成著作权法意义上的作品；行政区划图中关于行政区的整体形状、位置以及各内设辖区的形状和位置等，由于系客观存在，表达方式非常有限，在认定侵权时应不予考虑。

三、商标案件审判

（一）商标民事案件审判

16. 判断商标近似时对被诉侵权人的主观意图、相关标识使用的历史和现状等因素的考虑

在(法国)拉科斯特公司与(新加坡)鳄鱼国际公司等"鳄鱼图形"商标侵权案【(2009)民三终字第3号】中，最高人民法院认为，侵犯注册商标专用权意义上的商标近似应当是指混淆性近似，即足以造成市场混淆的近似；由于不同案件诉争标识涉及情况的复杂性，认定商标近似除通常要考虑其构成要素的近似程度外，还可以根据案件的具体情况，综合考虑被诉侵权人的主观意图、注册商标与诉争标识使用的历史和现状等其他相关因素，在此基础上认定诉争商标是否构成混淆性近似。

17. 判断商标近似时对注册商标的显著性和知名度等因素的考虑

在嘉禾县锻造厂与华光机械公司等商标侵权案【(2010)民提字第27号】中，最高人民法院认为，认定被诉侵权标识与主张权利的注册商标是否近似，应当视所涉商标或其构成要素的显著程度、市场知名度等具体情况，在考虑和对比文字的字形、读音和含义，图形的构图和颜色，或者各构成要素的组合结构等基础上，对其整体或者主要部分是否具有市场混淆的可能性进行综合分析判断。

18. 企业字号与他人在先注册商标冲突的处理规则

在李惠廷与大连王将公司商标侵权案【(2010)民提字第15号】中，最高人民法院明确了企业字号与他人在先注册商标冲突案件的处理规则，指出停止使用企业名称与规范使用企业名称是两种不同的责任方式，并明确了适用这两种责任方式的具体情形。

（二）商标授权确权行政案件审判

19. 对含有国名的标志申请注册为商标的审查判断

在“中国劲酒”商标驳回复审行政案【（2010）行提字第 4 号】中，最高人民法院认为，《商标法》第 10 条第 1 款第（1）项所称同中华人民共和国的国家名称相同或者近似，是指该标志作为整体同我国国家名称相同或者近似；如果该标志含有与我国国家名称相同或者近似的文字，但其与其他要素相结合，作为一个整体已不再与我国国家名称构成相同或者近似的，则不宜认定为同中华人民共和国国家名称相同或者近似的标志。

20. 判断复制、摹仿驰名商标时对被异议人已有近似注册商标的考虑

在“苹果男人”商标异议复审行政案【（2009）行提字第 2 号】中，最高人民法院认为，在对被异议商标是否复制、摹仿驰名商标进行判断时，如果在申请注册被异议商标之前，被异议人在同类别商品上已经拥有近似的注册商标，法院应该比较被异议商标与被异议人自己的注册商标、他人的驰名商标之间的近似程度。被异议商标与被异议人已经在同类别商品上注册的商标近似程度较高，不宜认定被异议商标构成对他人驰名商标的复制、摹仿。

21. 药品商品名称能否作为在先权利受到商标法的保护

在“可立停”商标争议行政案【（2010）知行字第 52 号】中，最高人民法院认为，经实际使用并具有一定影响的药品商品名称，可以作为《商标法》第 31 条规定的在先权利受到法律保护。

22. 主张权利者使用争议标志的意图、行为和效果对其受法律保护的影响

在“索爱”商标争议行政案【（2010）知行字第 48 号】中，最高人民法院认为，本案中的争议商标“索爱”，无论是作为未注册商标的简称，还是作为企业名称或知名商品特有名称的简称，其受法律保护的前提是，对该标识主张权利的人必须有实际使用该标识的行为，且该标识已能够识别其商品来源；在争议商标申请日前，索尼爱立信公司并无将争议商标作为其商业标识的意图和行为，相关媒体对其手机产品的相关报道不能为该公司创设受法律保护的民事权益。

四、竞争案件审判

23. 注册商标侵犯他人在先企业名称中的字号权益构成不正当竞争行为

在伟雄集团公司与顺德正野公司等不正当竞争案【（2008）民提字第 36 号】中，最高人民法院认为，受反不正当竞争法保护的企业名称，特别是字号，本质上属于一种财产权益，字号所产生的相关权益可以承继；将在先使用而有一定市场知名度的企业字号申请注册为商标并予以使用，足以使相关公众对商品的来源产生误认的，侵犯在先的企业字号权益，构成不正当竞争，应承担停止使用该注册商标的民事责任。

24. 商业机会获得反不正当竞争法保护的条件

在“海带配额”不正当竞争案【（2009）民申字第 1065 号】中，最高人民法院认为，在正常情况下能够合理预期获得的商业机会，可以成为法律特别是反不正当竞争法所保护的法益；但基于商业机会的开放性和不确定性，只有当竞争对手不遵循诚实信用原则和违反公认的商业道德，通过不正当手段攫取他人可以合理预期获得的商业机会时，才为反不正当竞争法所禁止。

25. 适用反不正当竞争法一般条款认定不正当竞争行为的条件与标准

在前述“海带配额”不正当竞争案中，最高人民法院认为，适用反不正当竞争法第二条的原则规定认定构成不正当竞争应当同时具备以下条件：一是法律对该种竞争行为未作出特别规定，二是其他经营者的合法权益确因该竞争行为而受到了实际损害，三是该种竞争行为因确属违反诚实信用原则和公认的商业道德而具有不正当性或者说可责性；对于竞争行为尤其是不属于《反不正当竞争法》第二章列举规定的行为的正当性，应当以该行为是否违反了诚实信用原则和公认的商业道德作为基本判断标准；在《反不正当竞争法》中，诚实信用原则主要体现为公认的商业道德；商业道德所体现的是一种商业伦理，是交易参与者共同和普遍认可的行为标准，应按照特定商业领域中市场交易参与者即经济人的伦理标准来加以评判。

26. 职工在职期间筹划设立与所在单位具有竞争关系的新公司的行为正当性判断

在前述“海带配额”不正当竞争案中，最高人民法院认为，职工在职期间筹划设立与所在单位

具有竞争关系的新公司，为自己离职后的生涯作适当准备，并不当然具有不正当性；只有当职工的有关行为违反了法定或者约定的竞业限制义务的情况下，才能够认定该行为本身具有不正当性。

27. 离职员工运用个人技能为与原单位有竞争关系的公司工作的行为正当性判断

在前述"海带配额"不正当竞争案中，最高人民法院认为，职工在工作中掌握和积累的知识、经验和技能，除属于单位的商业秘密的情形外，构成其人格的组成部分，职工离职后有自主利用的自由；在既没有违反竞业限制义务，又没有侵犯商业秘密的情况下，劳动者运用自己在原用人单位学习的知识、经验与技能为其他与原单位存在竞争关系的单位服务的，不宜简单地以《反不正当竞争法》第2条的原则规定认定构成不正当竞争。

28. 获得外观设计专利的商品外观在专利权终止后能否依据反不正当竞争法获得保护

在"晨光笔特有装潢"不正当竞争案【(2010)民提字第16号】中，最高人民法院认为，外观设计专利权终止后，该设计并不当然进入公有领域，在符合条件时还可以依据反不正当竞争法关于知名商品特有包装、装潢的规定而得到制止混淆的保护。

29. 商品外观形状构造获得知名商品特有装潢保护的条件

在前述"晨光笔特有装潢"不正当竞争案中，最高人民法院认为，凡是具有美化商品作用、外部可视的装饰，都属于装潢，通常包括文字图案类和形状构造类两种类型；与外在于商品之上的文字图案类装潢相比，内在于商品之中的形状构造类装潢构成知名商品的特有装潢需要满足更严格的条件；这些条件一般至少包括：(1)该形状构造应该具有区别于一般常见设计的显著特征。(2)通过在市场上的使用，相关公众已经将该形状构造与特定生产者、提供者联系起来，即该形状构造通过使用获得了第二含义。

五、知识产权合同案件审判

30. 不具备"两店一年"条件的特许人所签特许经营合同的效力

在广西高院请示案【(2010)民三他字第18号】中，最高人民法院知识产权审判庭批复认为，2007年5月1日起施行的《商业特许经营管理条例》第7条第2款关于"特许人从事特许经营活动应当拥有至少2个直营店，并且经营时间超过1年"的规定，属于行政法规的管理性强制性规定；特许人不具备上述条件，并不当然导致其与他人签订的特许经营合同无效。

31. 企业以外的其他单位和个人作为特许人所签特许经营合同的效力及特许人的认定

在广西高院请示案【(2010)民三他字第19号】中，最高人民法院知识产权审判庭批复认为，2007年5月1日起施行的《商业特许经营管理条例》第3条第2款关于"企业以外的其他单位和个人不得作为特许人从事特许经营活动"的规定，可以认定为行政法规的效力性强制性规定；企业以外的其他单位和个人作为特许人与他人签订的特许经营合同，可以认定为无效；此外，在具体案件审判中，法院要注意结合特许经营资源的拥有人或者实际控制人、在商务主管部门的备案信息、经营指导、技术支持以及业务培训等服务的实际提供者、涉案合同的签字人和签约名义及签字人与特许经营资源拥有人或者实际控制人之间的法律关系等因素，准确认定涉案合同的特许人，依法妥善审理好相关案件。

六、关于知识产权侵权责任承担

32. 数字图书馆侵犯著作权案件中重复诉讼的认定与赔偿责任的确定

在李昌奎与超星数图公司、贵州大学等著作权侵权案【(2010)民提字第159号】中，最高人民法院认为，权利人针对数字图书馆运营商及不同用户提起的侵权诉讼，因被诉侵权主体不完全相同，诉讼请求不能互相涵盖，故不构成重复诉讼，但对权利人赔偿损失的请求能否予以支持，应当进行综合考量；若权利人在以前诉讼中获得的赔偿足以补偿其因本案侵权行为所遭受的实际损失，本案被告不应再向权利人承担赔偿责任。

33. 销售侵犯注册商标专用权商品销售商的赔偿责任的确定

在波马公司与广客宇公司商标侵权案【(2009)民申字第1882号】中，最高人民法院认为，销售商在未与制造者构成共同侵权、需要承担连带责任时，仅就其销售行为承担相应的责任，不应一并承担制造者应当承担的责任，更不能由其赔偿权利人因侵权而受到的所有损失。

34. 专利权人错误申请海关扣留货物而应承担赔偿责任的确定

在兆鹰公司与艾格尔公司专利侵权案【(2010)民申字第1180号】中，最高人民法院认为，知识产权权利人错误申请海关扣留他人出口货物，他人实际交货时间因此违反合同约定，他人根据合同应支付的迟延交货违约金属于其经济损失。

七、关于知识产权诉讼证据与程序

35. 人民法院应否受理因商标注册申请权权属产生的争议

在酒业公司与湘西公司等确认商标申请权权属案【(2010)民监字第 407 号】中，最高人民法院认为，当事人在商标注册申请过程中因申请权权属发生的争议，属于民事纠纷，只要符合《民事诉讼法》第 108 条规定的条件，人民法院即应予以受理。

36. 涉外知识产权案件不适用《最高人民法院关于涉外民商事案件诉讼管辖若干问题的规定》

在阿迪达斯公司与阿迪王公司等商标侵权及不正当竞争案【(2010)民申字第 1114 号】中，最高人民法院认为，《最高人民法院关于涉外民商事案件诉讼管辖若干问题的规定》不适用于涉外知识产权案件。

37. 宣告专利权无效行政诉讼对侵犯专利权民事诉讼的影响

在张保忠与黔江电器厂等专利侵权案【(2010)民申字第 1038 号】中，在二审判决被告承担侵犯专利权责任，但专利权已经于二审判决之前被宣告无效且无效宣告请求审查决定被提起行政诉讼的情况下，最高人民法院认为，国家知识产权局专利复审委员会作出的宣告专利权无效决定还处于行政诉讼程序，而本申请再审案的审查以该行政诉讼的审理结果为依据，因此，在上述行政诉讼审结之前，应中止本案诉讼，并中止原审判决的执行。

38. 当事人未在行政程序中提交的证据应否采纳

在"国医"商标撤销复审行政案【(2010)知行字第 28 号】中，最高人民法院认为，在行政诉讼程序中，人民法院对于原告提交的新证据一般不予采纳，并非一概不予采纳，且不予采纳的前提条件是原告依法应当提供而拒不提供。

39. 互联网下载图片证据的认定和举证责任的分配

在华盖公司与重庆外运公司著作权侵权案【(2010)民提字第 199 号】中，最高人民法院再审采信了华盖公司提供的旨在证明涉案作品权属的互联网下载图片等证据，根据该下载图片上的署名，结合重庆外运公司未提交相反证据的事实等具体情况认定下载图片的署名人为作者；并以重庆外运公司未提交证据证明其对涉案作品的使用有合法依据为由，推定涉案作品在重庆外运公司使用之前已经公开发表，即认定了重庆外运公司已实际接触涉案作品的事实。

40. 新产品制造方法专利侵权纠纷中举证责任的分配及"新产品"的认定

在前述张喜田与欧意公司等专利侵权案中，最高人民法院认为，根据《专利法》第 57 条第 2 款规定，在新产品制造方法专利侵权纠纷中，由被诉侵权人承担证明其产品制造方法不同于专利方法的举证责任，需满足一定的前提条件，即权利人能够证明依照专利方法制造的产品属于新产品，并且被诉侵权人制造的产品与依照专利方法制造的产品属于同样的产品；在认定一项方法专利是否属于新产品制造方法专利时，应当以依照该专利方法直接获得的产品为依据；所谓"依照专利方法直接获得的产品"，是指使用专利方法获得的原始产品，而不包括对该原始产品作进一步处理后获得的后续产品。

41. 药品制备方法发明专利侵权纠纷中举证责任的分配和被诉侵权技术方案的查明

在(美国)伊莱利利公司与豪森公司专利侵权案【(2009)民三终字第 6 号】中，最高人民法院强调了被诉侵权人对于新产品的制造方法承担倒置举证责任的条件，并在查明相关技术事实的情况下，认定被诉侵权药品制备方法的相关技术内容应由专利权人承担举证责任。此外，最高人民法院根据化学理论基本知识、专利说明书和杂志发表论文披露的技术内容、被诉侵权人补充的确证实验的结论等证据，认定鉴定结论关于被诉侵权技术方案中相关技术内容的推定具有事实基础，原审法院采信鉴定结论并无不当。

42. 专利侵权纠纷中被诉侵权技术方案的查明

在前述优他公司与万高公司等专利侵权案中，最高人民法院认为，根据现有证据，能够查明被诉侵权产品的完整生产工艺，无须根据《最高人民法院关于民事诉讼证据规则的若干规定》第 75 条的规定，以生产工艺不完整为由推定被诉侵权产品的生产工艺与专利等同；即使认为被诉侵权人没有按照现有证据载明的生产工艺生产被诉侵权产品，也应当依法进行证据保全，譬如现场勘验、查封扣押生产记录等，而不是简单地进行推定。

43. 新产品制造方法专利侵权纠纷中被诉侵权人实施自有方法抗辩的审查

在前述张喜田与欧意公司等专利侵权案中，在鉴定机构依照被诉侵权人主张的自有方法无法制得被诉侵权产品，被诉侵权人主张其实施自有方法存在一定的技巧和诀窍的情况下，最高人民法院根据各方当事人的请求，对被诉侵权人制造相关产品的方法进行了现场试验，由被诉侵权人进行试验验证，试验结果与其他证据相互印证，证明被诉侵权人依照自有方法能够制得被诉侵权产品，故最高人民法院支持了被诉侵权人实施自有方法的抗辩主张。

2010 年中国法院知识产权司法保护 50 件典型案例名单

一、知识产权民事案件

（一）侵犯专利权纠纷案件

1. 澳诺（中国）制药有限公司诉湖北午时药业股份有限公司、王军社侵犯发明专利权纠纷再审案【最高人民法院（2009）民提字第 20 号民事判决书】

2. 张喜田诉石家庄制药集团欧意药业有限公司、石家庄制药集团华盛制药有限公司等侵犯发明专利权纠纷再审案【最高人民法院（2009）民提字第 84 号民事判决书】

3. 成都优他制药有限责任公司诉江苏万高药业有限公司、四川科伦医药贸易有限公司侵犯发明专利权纠纷再审案【最高人民法院（2009）民提字第 158 号民事判决书】

4. 好孩子儿童用品有限公司诉广州中威日用品企业有限公司、广州市上威贸易有限公司、南京中央商场股份有限公司侵犯发明专利权纠纷申请再审案【最高人民法院（2010）民申字第 978 号民事裁定书】

5. 浙江黄岩塑料机械厂、俞晟诉深圳市恒泰达实业有限公司侵犯实用新型专利权纠纷申请再审案【最高人民法院（2010）民申字第 672 号民事裁定书】

6. 蔡少兴诉刘建金侵犯实用新型专利权纠纷申请再审案【最高人民法院（2010）民申字第 184 号民事裁定书】

7. 浙江新安化工集团股份有限公司诉浙江金帆达生化股份有限公司侵犯发明专利权纠纷上诉案【浙江省高级人民法院（2009）浙知终字第 187 号民事判决书】

8. 济南建工总承包集团有限公司与山东天齐置业集团股份有限公司侵犯发明专利权纠纷上诉案【山东省高级人民法院（2010）鲁民三终字第 52 号民事判决书】

9. 广州市兆鹰五金有限公司诉黄冈艾格尔五金制造有限公司侵犯实用新型专利权纠纷上诉案【湖北省高级人民法院（2010）鄂民三终字第 15 号民事判决书】

10. 程润昌诉龚举东、桂林合鑫实业有限责任公司侵犯实用新型专利权纠纷再审案【广东省高级人民法院（2010）粤高法审监民再字第 44 号民事判决书】

11. 北京先行新机电技术有限责任公司诉广州智光电气股份有限公司侵犯发明专利权纠纷上诉案【广东省高级人民法院（2010）粤高法民三终字第 271 号民事判决书】

（二）著作权权属、侵权纠纷案件

12. 华盖创意（北京）图像技术有限公司诉中国外运重庆有限公司侵犯著作权纠纷再审案【最高人民法院（2010）民提字第 199 号民事判决书】

13. 李长福诉中国文史出版社侵犯著作权纠纷再审案【最高人民法院（2010）民提字第 117 号民事判决书】

14. 株式会社万代诉汕头市澄海区泓利电子玩具实业有限公司、黄士成侵犯著作权纠纷上诉案【北京市高级人民法院（2010）高民终字第 1814 号民事判决书】

15. 李强诉于芬侵犯著作权纠纷案【北京市海淀区人民法院（2010）海民初字第 2197 号民事判决书】

16. 白广成诉北京稻香村食品有限责任公司著作权权属、侵权纠纷案【北京市东城区人民法院（2010）东民初字第 2764 号民事判决书】

17. 何瑞东诉李向华、天津理想慧天科技发展有限公司侵犯著作权纠纷上诉案【天津市高级人民法院（2009）津高民三终字第 29 号民事判决书】

18. 保定双狐软件有限公司、保定恒泰艾普双狐软件技术有限公司诉三河环波软件有限公司、赵殿君计算机软件著作权权属纠纷上诉案【河北省高级人民法院(2010)冀民三终字第52号民事判决书】

19. 北京世纪飞乐影视传播有限公司诉上海掌上灵通咨询有限公司、中国移动通信集团山西有限公司、第三人上海蔚蓝计算机有限公司侵犯著作权纠纷案【山西省太原市中级人民法院(2008)并民初字第42号民事判决书】

20. 中国音乐著作权协会诉于莹侵犯著作权纠纷案【黑龙江省哈尔滨市中级人民法院(2010)哈知初字第49号民事判决书】

21. 微软公司诉大众保险股份有限公司侵犯著作权纠纷案【上海市浦东新区人民法院(2009)浦民三(知)初字第128号民事判决书】

22. 叶兆言诉北京大学出版社、陈彤、南京先锋图书文化传播有限责任公司侵犯著作权纠纷上诉案【江苏省南京市中级人民法院(2010)宁知民终字第8号民事判决书】

23. 湖南快乐阳光互动娱乐传媒有限公司诉舟山市定海博缘网吧侵犯著作权纠纷上诉案【浙江省高级人民法院(2010)浙知终字第107号民事判决书】

24. 株式会社京滨诉福建省友力化油器有限公司、重庆凯尔摩托车制造有限公司、李艳超侵犯著作权纠纷上诉案【山东省高级人民法院(2010)鲁民三终字第47号民事判决书】

25. 丁运长诉常照荣侵犯著作权纠纷上诉案【河南省高级人民法院(2010)豫法民三终字第46号民事判决书】

26. 广州市喀什图制衣有限公司诉广州市杰晖服装有限公司、朱固民侵犯著作权纠纷上诉案【广东省广州市中级人民法院(2010)穗中法民三终字第106号民事判决书】

27. 北京网尚文化传播有限公司诉海口正合网吧侵犯著作权纠纷案【海南省海口市中级人民法院(2010)海中法民三初字第32号民事判决书】

28. 陈建诉富顺县万普印务有限公司侵犯著作权纠纷上诉案【四川省高级人民法院(2010)川民终字第334号民事判决书】

29. 张恒诉陕西攀峰实业有限公司、王建军侵犯著作权纠纷上诉案【陕西省高级人民法院(2010)陕民三终字第29号民事判决书】

(三)侵犯商标权纠纷案件

30. 李惠廷诉王将饺子(大连)餐饮有限公司侵犯商标专用权纠纷再审案【最高人民法院(2010)民提字第15号民事判决书】

31. 北面服饰股份有限公司诉梅朝辉、上海皓柏服饰有限公司、杭州柏尔豪工贸有限公司、安吉县白天鹅制衣有限公司侵犯商标专用权纠纷上诉案【上海市高级人民法院(2010)沪高民三(知)终字第14号民事判决书】

32. 雅培制药有限公司诉汕头市雅培食品有限公司、朱春兰侵犯商标专用权及不正当竞争纠纷案【上海市第一中级人民法院(2010)沪一中民五(知)初字第9号民事判决书】

33. 莱雅公司诉上海美莲妮化妆品有限公司、杭州欧莱雅化妆品有限公司、南通通润发超市有限公司侵犯商标专用权及不正当竞争纠纷上诉案【江苏省高级人民法院(2009)苏民三终字第168号民事判决书】

34. 镇江市醋业协会诉安徽腾飞食品有限公司侵犯商标专用权纠纷案【安徽省阜阳市中级人民法院(2010)阜民三初字第22号民事判决书】

35. 青岛红领集团有限公司诉枣庄矿业集团新安煤业有限公司、枣庄矿业(集团)有限责任公司侵犯商标专用权纠纷上诉案【山东省高级人民法院(2010)鲁民三终字第188号民事判决书】

36. 四川绵竹剑南春酒厂有限公司诉深圳市宝松利实业有限公司、四川省绵竹绵窖酒厂侵犯商标专用权及不正当竞争纠纷上诉案【湖南省高级人民法院(2010)湘高法民三终字第11号民事判决书】

37. 开平味事达调味品有限公司诉雀巢产品有限公司确认不侵权注册商标专用权纠纷上诉案【广东省高级人民法院(2010)粤高法民三终字第418号民事判决书】

38. 阿迪达斯国际经营管理有限公司诉京固国际通商有限公司、东莞金固复合材料有限公司侵犯商标专用权纠纷案【广东省东莞市中级人民法院(2010)东中法民三初字第142号民事判决书】

39. 株式会社尼康诉西安太华电动自行车批发市场有限公司、朱国平、浙江尼康电动车业有限公司侵犯商标专用权及不正当竞争案【陕西省西安市中级人民法院(2009)西民四初字第302号民事判决书】

（四）不正当竞争纠纷案件

40. 广东伟雄集团有限公司、佛山市高明区正野电器实业有限公司、广东正野电器有限公司诉佛山市顺德区正野电器有限公司、佛山市顺德区光大企业集团有限公司不正当竞争纠纷再审案【最高人民法院（2008）民提字第 36 号民事判决书】

41. 山东省食品进出口公司、山东山孚日水有限公司、山东山孚集团有限公司诉青岛圣克达诚贸易有限公司、马达庆不正当竞争纠纷申请再审案【最高人民法院（2009）民申字第 1065 号民事裁定书】

42. 上海中韩晨光文具制造有限公司诉宁波微亚达制笔有限公司宁波微亚达文具有限公司、上海成硕工贸有限公司擅自使用知名商品特有装潢纠纷再审案【最高人民法院（2010）民提字第 16 号民事裁定书】

43. 苏州小羚羊电动车有限公司诉天津捷安达车业有限公司、高启萍侵犯企业名称权纠纷上诉案【江苏省高级人民法院（2010）苏知民终字第 161 号民事判决书】

二、知识产权行政案件

（一）商标授权确权案件

44. 山西康宝生物制品股份有限公司诉国家工商行政管理总局商标评审委员会、第三人北京九龙制药有限公司商标争议行政纠纷申请再审案【最高人民法院（2010）知行字第 52 号驳回再审申请通知书】

45. 劲牌有限公司诉国家工商行政管理总局商标评审委员会商标驳回复审行政纠纷再审案【最高人民法院（2010）行提字第 4 号行政判决书】

46.（香港）德士活有限公司诉国家工商行政管理总局商标评审委员会、第三人广东苹果实业有限公司商标异议复审行政纠纷再审案【最高人民法院（2009）行提字第 2 号民事判决书】

（二）商标行政处罚案件

47. 常熟市聚满仓食品有限公司诉无锡工商行政管理局北塘分局、第三人无锡市洁雷副食品商行工商行政处罚纠纷上诉案【江苏省无锡市中级人民法院（2010）锡知行终字第 1 号行政判决书】

三、知识产权刑事案件

48. 杨昌君销售假冒注册商标的商品罪案【北京市第二中级人民法院（2010）二中刑终字第 682 号刑事裁定书】

49. 仇海营、崔留芷等六被告假冒注册商标罪案【内蒙古自治区呼和浩特市中级人民法院（2010）呼刑知初字第 2 号刑事判决书】

50. 李兵侵犯著作权罪、贩卖淫秽物品牟利罪案【江苏省南京市中级人民法院（2010）宁知刑终字第 1 号刑事裁定书】

2010 年中国法院知识产权司法保护十大案件简介

一、知识产权民事案件(7 件)

（一）上海世博会法国馆“高架立体建筑物”发明专利案

王群诉上海世博会法国馆、中国建筑第八工程局有限公司侵犯发明专利权纠纷上诉案【上海市高级人民法院（2010）沪高民三（知）终字第 83 号民事判决书】

【案情摘要】原告王群以被告上海世博会法国馆（以下简称法国馆）、中国建筑第八工程局有限公司（以下简称中建八局）建造的上海世博会法国馆建筑物侵犯其“高架立体建筑物”发明专利权为由，向上海市第一中级人民法院起诉请求判令两被告停止侵权行为、赔偿损失、消除影响。

一审法院认为，法国馆建筑物内的房间均设置在坡道的表面，而未延伸至坡道的四周空间，这与原告专利权利要求 1 中记载的技术特征之一“空间支架四周空间及表面设置有若干房屋单元”既不相同，也不等同。根据专利说明书的记载，本发明的有益效果即在于扩张单位建设用地面积上的建筑面积，改善居住的交流性和舒适度，而实现上述发明目的和效果的技术手段就是“将房屋布置在空间支架的四周空间”。而法国馆建筑物恰恰仅在坡道表面设置有房间，该建造方式不足以实现原告在专利文件中所描述的拓展建筑空间的功能和效果。故两被告建造、使用法国馆建筑物的行为不构成对原告专利权的侵犯。遂判决驳回王群的诉讼请求。一审判决后，王群提起上诉。上海市高级人民法院二审认为一审法院有关侵权定性的认定正确，遂判决驳回上诉、维持原判。

【典型意义】本案是上海世博会期间涉世博的专利侵权案件，受到社会的广泛关注。审理法院经现场勘验法国馆的被诉侵权技术特征，依法准确解释专利权利要求，作出了法国馆未构成专利侵权的判决。本案判决体现了人民法院依法平等保护当事人权益的司法原则，维护了上海世博会的正常运行秩序，获得了良好的社会效果。

（二）"鳄鱼"商标案

（法国）拉科斯特股份有限公司（LACOSTE）诉（新加坡）鳄鱼国际机构私人有限公司（CROCODILE INTERNATIONAL PTE LTD）、上海东方鳄鱼服饰有限公司北京分公司侵犯商标专用权纠纷上诉案【最高人民法院（2009）民三终字第3号民事判决书】

【案情摘要】（法国）拉科斯特股份有限公司（LACOSTE）（以下简称拉科斯特公司）创办于1933年，同年在法国注册"鳄鱼图形"商标。1980～1999年，拉科斯特公司在中国注册了第141103号、第879258号、第1318589号"鳄鱼图形"商标及第940231号"鳄鱼图形＋LACOSTE"商标，前述注册商标分别核定使用在第25类和第18类相关商品上。拉科斯特公司产品于1984年正式进入中国，1994年在中国上海设立第一个专柜。（新加坡）鳄鱼国际机构私人有限公司（CROCODILE INTERNATIONAL PTE LTD）（以下简称鳄鱼国际公司）前身系陈贤进于1943年在新加坡创办的利生民公司，1983年更名为现名称。利生民公司于1949年申请并于1951年在新加坡获准注册了"crocodile＋鳄鱼图形"商标。1951年，利生民公司在第25类商品上分别在新加坡、香港注册了鳄鱼图形商标。1952～1954年，利生民公司在第25类商品上分别在印度、沙捞越、沙巴（洲）、马来西亚等国家和地区注册了鳄鱼图形商标。1959年，利生民公司在日本注册了鳄鱼图形商标。1961～2003年，鳄鱼国际公司分别在文莱、印度尼西亚、斯里兰卡、韩国、泰国、蒙古、尼泊尔、朝鲜、摩洛哥、沙特阿拉伯、斐济等国家和地区在第25类商品上注册了鳄鱼图形商标。鳄鱼国际公司于1994年在中国上海开设第一个专卖店，于1993年、1994年向中国大陆申请注册了"CARTELO及鳄鱼图形"商标，使用商品分别为第25类和第18类。利生民公司曾于1969年在日本大阪提起民事诉讼，指控拉科斯特公司的销售商侵犯其商标权。1973年双方在大阪高等法院达成和解，利生民公司同意拉科斯特公司在日本注册"鳄鱼图形"商标。1983年6月17日，双方签订和解协议。1995年，拉科斯特公司发现鳄鱼国际公司在中国建立了多家店面，其招牌上印有写实风格的鳄鱼图形，销售标有"鳄鱼图形"商标的服装产品。2000年5月11日，拉科斯特公司以鳄鱼国际公司侵犯其注册商标权为由提起诉讼。

北京市高级人民法院一审认为，根据本案查明的事实，鳄鱼国际公司之行为不同于刻意仿冒名牌奢侈品的假冒行为，其在主观上并无利用拉科斯特公司的品牌声誉，造成消费者混淆、误认之故意；鳄鱼国际公司的系列商标标识经过在中国大陆市场上大规模、长时间使用后，客观上也已经建立起特定的商业声誉。而且，被诉侵权产品标示的并非仅为"鳄鱼图形"，还标有"CARTELO"及"CARTELO及图"，所有这些作为一个整体，使得被诉侵权产品具有整体识别性，能够有效地与其他标有鳄鱼形象的商品相区别。有鉴于此，根据整体比对、综合判断的原则，拉科斯特公司与鳄鱼国际公司的系列商标标识作为整体，二者之间已经形成了显著性的区别特征。两者无论在实际购买商品时还是在商品售出后使用中均不会导致消费者的混淆和误认。鳄鱼国际公司在被诉侵权产品上单独使用"鳄鱼图形"的行为，亦不侵犯拉科斯特公司的注册商标专用权。遂判决驳回拉科斯特公司的诉讼请求。拉科斯特公司不服一审判决，提起上诉。最高人民法院于2010年12月29日作出二审判决，驳回上诉，维持原判。

【典型意义】本案系法国"鳄鱼"与新加坡"鳄鱼"系列商标纠纷案中最为业界关注的一起，最高人民法院通过对此案的裁判，明确了此类具有复杂历史渊源的案件的裁判原则，对各级人民法院裁判此类案件具有重要的指导意义。在该案中，最高人民法院指出，侵犯注册商标专用权意义上的商标近似应当是指混淆性近似，即足以造成市场混淆的近似。由于不同案件诉争标识涉及情况的复杂性，认定商标近似除通常要考虑其构成要素的近似程度外，还需要根据案件的具体情况，综合考虑被诉侵权人的主观意图、注册商标与诉争标识使用的历史和现状等其他相关因素，在此基础上认定诉争商标是否构成混淆性近似。

（三）伊莱利利公司吉西他滨及吉西他滨盐酸盐专利案

（美国）伊莱利利公司诉江苏豪森药业股份有限公司侵犯发明专利权纠纷上诉案【最高人民法院（2009）民三终字第6号民事判决书】

【案情摘要】（美国）伊莱利利公司（以下简称伊莱利利公司）的三项专利构成生产制备吉西他滨盐酸盐和吉西他滨的完整技术方案，专利一是取得中间体β异头物富集的核苷的方法，已经被宣告全部无效。专利二是提纯和分离富含β异头物核苷的混合物的方法。专利三是制备吉西他滨盐酸盐的方法。伊莱利利公司向江苏省高级人民法院提起诉讼称，江苏豪森药业股份有限公司（以下简称豪森公司）未经许可使用涉案专利方法制备了吉西他滨和吉西他滨盐酸盐并对该产品进行了促销，构成侵权，应承担相应法律责任。请求判令豪森公司停止侵犯专利权的行为、赔偿其经济损失、公开赔礼道歉，消除不良影响、承担本案的诉讼费用以及其他合理费用。

一审法院从江苏省药品监督管理局调取了豪森公司的相关申报材料，经与豪森公司提供的报批资料核对，两者的生产工艺名称、内容一致。申报材料中对甲磺酸酯10α/10β的比例没有记载，一审法院委托进行了鉴定，鉴定结论为豪森公司所处理的关键混合物与涉案专利不同，判决驳回了伊莱利利公司的诉讼请求。最高人民法院二审认为鉴定结论的推定具有事实基础，应当予以采信。由于伊莱利利公司起诉时提交了豪森公司生产的盐酸吉西他滨药品，但并没有证明豪森公司实际生产了β异头物富集的核苷，而且，并非只有β异头物富集的核苷可以制备得到盐酸吉西他滨，因此，即使根据《专利法》（1992修正）第60条第2款的规定，10α/10β的比例的举证责任也应当由伊莱利利公司负担，而不应当倒置由豪森公司承担。判决维持一审判决。

【典型意义】涉及生物、化工、医药等高新技术领域的专利纠纷案件越来越多，专业技术的事实认定以及被诉侵权技术方案的查明成为难点和焦点。在药品监督管理部门备案的被诉侵权药品生产工艺材料中有关技术内容记载不具体的情况下，双方当事人往往对能否通过推定查明该技术内容发生争议。本案中，二审法院根据化学理论基本知识、结合专利说明书、被诉侵权人提交的补充确证实验结论以及杂志发表论文披露的技术内容等证据，认定鉴定结论关于被诉侵权技术方案中相关技术内容的推定具有事实基础，一审法院采信鉴定结论并无不当。本案明确了只要有充分的事实基础，并不排斥通过推定查明被控侵权技术方案中的相关技术内容。同时强调指出，只是在涉及新产品制造方法发明专利的侵权纠纷中，才由被诉侵权人承担证明其产品制造方法不同于专利方法的举证责任。

（四）"天府可乐"配方及生产工艺商业秘密案

中国天府可乐集团公司（重庆）诉重庆百事天府饮料有限公司、百事（中国）投资有限公司侵犯技术秘密纠纷案【重庆市第五中级人民法院（2009）渝五中法民初字第299号民事判决书】

【案情摘要】天府可乐浓缩液乙料的成分、配方及其生产工艺是属于天府可乐配方中的核心部分，原为中国天府可乐集团公司（重庆）（以下简称天府可乐集团）的前身重庆饮料厂与四川省中药研究所合作研究生产，双方均采取了保密措施，后天府可乐集团给付后者25万元人民币而成为该技术成果的权利人。天府可乐集团与美国百事公司的子公司肯德基国际控股公司于1994年1月签订合资合同，合资设立重庆百事天府饮料有限公司（以下简称百事天府公司），约定了双方出资、合资公司生产天府可乐饮料和浓缩液、天府商标作价人民币350万元转让给合资公司并就此另行签订合同、纠纷协商不能解决则提交仲裁等内容。1994年8月，经验资报告验证，天府可乐集团投入百事天府公司的资本包括土地使用权、房屋及建筑物、机器设备。百事天府公司使用天府可乐配方及生产工艺生产天府可乐饮料及浓缩液，并将其视为商业秘密，天府可乐集团知悉该使用。2006年3月，天府可乐集团签订协议将其持有的全部股权转让给百事（中国）投资有限公司（以下简称百事（中国）公司），并约定纠纷协商不能解决则提交仲裁。天府可乐集团起诉请求法院确认天府可乐配方及其生产工艺商业秘密属于其所有，判决百事天府公司立即停止使用涉案商业秘密，立即归还涉案商业秘密的技术档案，判决两被告共同赔偿其损失100万元。

重庆市第五中级人民法院一审认为，提交仲裁的纠纷属于合同纠纷，本案是商业秘密权的确认之诉和侵权之诉，依法可以向有管辖权的法院提起；天府可乐浓缩液乙料的成分、配方及其生产工艺构成商业秘密；合资合同和验资报告没有表明涉案商业秘密作为注册资本投入合资企业，结合双方合资的事实，仅依据天府可乐集团合资期间知悉和同意百事天府公司使用涉案商业秘密，不足以证明天府可乐集团同意将涉案商业秘密作为注册资本投入到百事天府公司；但应当认为天府可乐集团许可百事天府公司使用该商业秘密；合资合同没有约定许可使用费用，至本案纠纷发生天府可乐集团也没有向百事天府公司主张过使用费，应当认为天府可乐集团许可百事天府公司免费使用。在本案判定之前百事天府公司对涉案商业秘密的使用不构成侵权。现在天府可乐集团以权利人身份明确表示不再同意百事天府公司使用涉案商业秘密，并表示不愿意协商许可问题，其请求应予支持。据此，法院判决确认天府可乐集团是涉案商业秘密的权利人，百事天府公司停止使用涉案商业秘密并返还其从天府可乐集团取得的与涉案商业秘密有关的资料，驳回其他诉讼请求。

【典型意义】对于饮料企业来说，其产品配方及生产工艺构成企业的核心资产，本案的审理既关乎天府可乐这一民族品牌的生存和发展，也关乎到贯彻对外开放政策、维护良好投资环境等问题，受到广泛关注。在审理中，双方当事人围绕案件管辖、请求保护的技术是否构成商业秘密及其权利归属、是否侵权等主要问题均有争议本案判决全面客观地认定了事实，从法律、司法解释和相关规定入手，界定性质，明确要件，细致分析，综合评判，说理严谨充分。一审宣判后，被告请求在审判案件的合议庭见证下自动履行判决义务，原告公司及其部分职工专门到法院致谢，实现了法律效果和社会效果的统一。

（五）干扰搜索引擎服务不正当竞争纠纷案

北京百度网讯科技有限公司诉中国联合网络通信有限公司青岛市分公司、青岛奥商网络技术有限公司、中国联合网络通信有限公司山东省分公司、青岛鹏飞国际航空旅游服务有限公司不正当竞争纠纷上诉案【山东省高级人民法院（2010）鲁民三终字第5－2号民事判决书】

【案情摘要】北京百度网讯科技有限公司（以下简称百度公司）是国内知名的中文搜索引擎服务提供商。青岛奥商网络技术有限公司（以下简称奥商公司）在中国联合网络通信有限公司青岛市分公司（以下简称联通青岛公司）的合作下，开展“网络直通车”业务，其提供的“搜索通”服务可以实现如下效果：在联通青岛公司所提供的网络接入服务网络区域内，当网络用户在互联网上登录百度公司搜索引擎网站进行关键词搜索时，优先出现网络直通车广告位（5秒钟展现），网络用户可以点击该广告位直接进入宣传网站新窗口，同时在5秒后原搜索窗口自动展示原始搜索请求的搜索结果。百度公司以上述行为构成不正当竞争为由向青岛市中级人民法院提起诉讼。

一审法院认为，奥商公司和联通青岛公司在联通青岛公司提供互联网接入服务的区域内，对于网络用户针对百度网站所发出的搜索请求进行了人为干预，使干预者想要发布的广告页面在正常搜索结果页面出现前强行弹出。该干预行为系利用搜索服务提供者的服务行为为自己牟利，易使网络用户误认为该强制弹出的广告页面为搜索服务提供者发布，并影响了搜索服务提供者的服务质量，损害了其合法权益，违反了诚信原则和公认的商业道德，根据反不正当竞争法第二条的规定，应当认定其构成不正当竞争。遂判决奥商公司、联通青岛公司停止针对百度公司的不正当竞争行为，赔偿经济损失20万元并消除影响。山东省高级人民法院二审维持了一审判决。

【典型意义】本案是网络环境下出现的新类型的不正当竞争纠纷，引发了网络产业界的广泛关注。本案既涉及较为复杂的法律问题，即对反不正当竞争法上的竞争关系的理解以及原则条款的适用，又涉及较为疑难的技术事实查明问题，即在网络技术条件下如何认定不当干预行为的实施主体。本案裁决关于反不正当竞争法上的竞争关系不以经营者属同一行业或服务类别为限的认定以及对反不正当竞争法原则条款的正确运用和把握，进一步深化和丰富了对反不正当竞争法的理解。原审法院在审理过程中，发挥网络技术专家证人的作用，合理运用证明责任规则，解决了技术事实查明问题，对同类案件的审理具有较强的借鉴意义。该案的裁决对规范网络竞争秩序具有很好的导向作用。

（六）“红肉蜜柚”植物新品种权属案

林金山诉福建省农业科学院果树所、陆修闽、卢新坤植物新品种权属纠纷上诉案【福建省高级人民法院（2010）闽民终字第436号民事判决书】

【案情摘要】原告林金山以其应为被告福建省农业科学院果树所(以下简称果树所)、陆修闽、卢新坤所获“红肉蜜柚”植物新品种权的权利人之一为由,向福建省福州市中级人民法院提起诉讼,请求判令其为该品种权的品种权人。

一审法院认为,林金山发现了可培育“红肉蜜柚”植物新品种的种源,为后续培育新品种作出了重大贡献,同时林金山成功地对该变异品种进行了嫁接、培育。为保护农民育种的合法权利和研究人员育种的积极性,林金山亦应享有“红肉蜜柚”植物新品种权。遂判决林金山享有“红肉蜜柚”植物新品种权,驳回林金山的其他诉讼请求。果树所、陆修闽不服该判决,上诉至福建省高级人民法院。

二审法院认为,林金山在其生产果园发现可用于培育“红肉蜜柚”植物新品种的种源,为此后“红肉蜜柚”品种选育、品种权申请,以及最终取得“红肉蜜柚”品种权作出了应有的贡献。在果树所与案外人签订的《科技合作协议》以及向福建省非主要农作物品种认定委员会提交的《福建省非主要农作物品种认定申请书》中,均将林金山列为育种人之一。由此可见,在本案“红肉蜜柚”的育种过程中,果树所始终将林金山视为共同育种人。《植物新品种保护条例》规定,委托育种或者合作育种,品种权的归属由当事人在合同中约定;没有合同约定的,品种权属于受委托完成或者共同完成育种的单位或者个人,林金山作为“红肉蜜柚”的共同育种人,亦应享有该品种权。遂判决驳回上诉,维持原判。

【典型意义】本案涉及植物新品种权属纠纷中较为普遍的问题,社会关注度高。本案判决对于育种活动中,如何依法合理保护种源发现者、实质参与者的合法利益,具有重要意义。

(七)LED照明用集成电路布图设计案

华润矽威科技(上海)有限公司诉南京源之峰科技有限公司侵犯集成电路布图设计专有权纠纷案【南京市中级人民法院(2009)宁民三初字第435号民事判决书】

【案情摘要】华润矽威科技(上海)有限公司(以下简称矽威公司)享有用于LED照明用的PT4115集成电路布图设计专有权。南京源之峰科技有限公司(以下简称源之峰公司)与案外人华润半导体国际有限公司(以下简称华润半导体公司)订立协议开发1360集成电路。源之峰公司对矽威公司销售的PT4115芯片进行了反向剖析,形成1360集成电路的布图设计,并提供给华润半导体公司,获得10万元设计费。华润半导体公司委托第三方生产1360管芯并优先销售给源之峰公司,源之峰公司将管芯封装后,编码成6808、6807等系列集成电路向市场销售并获利。矽威公司以源之峰公司侵犯其集成电路布图设计专有权为由,向江苏省南京市中级人民法院提起诉讼。

该院认为,源之峰公司接受委托制作的布图设计及其销售的集成电路含有的布图设计均与矽威公司享有专有权的涉案布图设计相同。因此,源之峰公司通过反向剖析的手段,复制了涉案PT4115布图设计的全部,并提供给华润半导体公司进行商业利用,未经权利人许可,其行为构成对PT4115布图设计专有权的侵害;同时,源之峰公司为商业目的,销售了含有其非法复制的布图设计的集成电路,亦构成对PT4115布图设计专有权的侵害。遂判决源之峰公司立即停止侵犯PT4115集成电路布图设计专有权的行为、赔偿矽威公司经济损失以及矽威公司为制止侵权行为所支付的合理费用共计23万余元。双方当事人均未上诉。

【典型意义】本案是侵犯集成电路布图设计专有权纠纷的典型案例,涉及权利保护范围的确定、侵权判定方法等基本法律问题,为此类案件的审理提供了宝贵的经验,也是人民法院司法保护集成电路布图设计专有权的具体体现,本案的判决得到该行业的普遍认可。

二、知识产权行政案件(2件)

(八)本田汽车外观设计专利无效案

本田技研工业株式会社诉国家知识产权局专利复审委员会、第三人石家庄双环汽车股份有限公司、河北新凯汽车制造有限公司破产清算组外观设计专利权无效行政纠纷再审案【最高人民法院(2010)行提字第3号行政判决书】

【案情摘要】本田技研工业株式会社(以下简称本田株式会社)是“汽车”外观设计专利权(简称本专利)的专利权人。石家庄双环汽车股份有限公司(以下简称双环公司)、河北新凯汽车制造有限公司破产清算组(以下简称新凯公司)分别向国家知识产权局专利复审委员会(以下简称专利复审委员会)申请宣告本专利无效。专利复审委员会认为，本专利与对比文件（简称证据 1）属于相近似的外观设计，决定宣告本专利无效。本田株式会社不服该无效决定，向北京市第一中级人民法院提起诉讼。

一审法院认为，本专利与证据 1 的外观设计虽存在一定的差别，但属于局部的细微差别，且对于汽车整体外观而言，一般消费者更容易对汽车整体的设计风格，轮廓形状、组成部件的相互间比例关系等因素施以更多注意，二者的上述细微差别尚不足以使一般消费者对两者整体外观设计产生明显的视觉差异。因此，本专利与证据 1 属于相近似的外观设计，本专利应被宣告无效。遂判决维持专利复审委员会的无效决定。本田株式会社不服一审判决，提起上诉。北京市高级人民法院二审支持一审法院有关本专利与证据 1 属相近似的外观设计的认定，判决驳回上诉，维持原判。

本田株式会社不服二审判决，向最高人民法院申请再审。最高人民法院裁定提审本案，并认为，诉争类型汽车外观设计的“整体”，不仅包括汽车的基本外形轮廓以及各部分的相互比例关系，还包括汽车的前面、侧面、后面等，应当予以全面观察。在综合判断时，应当根据诉争类型汽车的特点，权衡诸部分对汽车外观设计整体视觉效果的影响。就本案诉争的汽车类型而言，因此类汽车的外形轮廓都比较接近，故该共性设计特征对于此类汽车一般消费者的视觉效果的影响比较有限。相反，汽车的前面、侧面、后面等部位的设计特征的变化，则会更多地引起此类汽车一般消费者的注意。这些差别对于本案诉争类型汽车的一般消费者而言是显而易见的，足以使其将本专利图片所示汽车外观设计与证据 1 汽车外观设计的整体视觉效果区别开来。因此，上述差别对于本专利与证据 1 汽车外观设计的整体视觉效果具有显著的影响，二者不属于相近似的外观设计。遂撤销专利复审委员会无效决定及原一、二审判决。

【典型意义】关于 2000 年修正的《专利法》第 23 条规定的“外观设计相同或者相近似”的判断方法，实践中一直存在不同的观点。本案裁判进一步予以明确，即基于被比设计产品的一般消费者的知识水平和认知能力，对被比设计与在先设计进行整体观察、综合判断两者的差别对于产品外观设计的视觉效果是否具有显著影响。本案裁判有助于法律适用标准的统一。

（九）“杏花村”商标异议复审案

山西杏花村汾酒厂股份有限公司诉国家工商行政管理总局商标评审委员会、第三人安徽杏花村集团有限公司商标异议复审行政纠纷上诉案【北京市高级人民法院（2010）高行终字第 1118 号行政判决书】

【案情摘要】第 147571 号“杏花村 杏花村牌及图”商标（即引证商标一）于 1980 年 12 月 15 日申请注册，核定使用商品为第 33 类的白酒，1997 年 4 月 9 日被商标局认定为驰名商标，现注册人为山西杏花村汾酒厂股份有限公司（以下简称山西杏花村公司）。2002 年 2 月 28 日，安徽杏花村集团有限公司在第 31 类的树木、谷（谷类）、酿酒麦芽等商品上提出第 3102476 号“杏花村”商标（即被异议商标）注册申请。山西杏花村公司向国家工商行政管理总局商标局（以下简称商标局）提出异议。商标局裁定被异议商标予以核准注册。山西杏花村公司不服向国家工商行政管理总局商标评审委员会（以下简称商标评审委员会）申请复审。2010 年 1 月 11 日，商标评审委员会作出裁定：对被异议商标在树木、谷（谷类）等商品上予以核准注册，在酿酒麦芽商品上不予核准注册。山西杏花村公司不服，向北京市第一中级人民法院提起诉讼。一审法院判决维持商标评审委员会第 186 号裁定。山西杏花村公司不服，向北京市高级人民法院提起上诉。

二审法院认为：“杏花村”与酒的联系，并非始自山西杏花村公司对引证商标的使用、宣传。杜牧的著名诗句早已使人们将“杏花村”与酒商品联系在一起，山西杏花村公司利用这种早已存在的联系建立引证商标一在酒类商品尤其是汾酒商品上的知名度并使之成为驰名商标，但由此对引证商标一的保护也不应不适当地扩大，尤其是不应当禁止他人同样地从杜牧诗句这一公众资源中获取、选择并建立自己的品牌，只要不会造成对引证商标一及山西杏花村公司利益的损害即可。安徽杏花村集团公司在树木、谷（谷类）等商品上申请注册被异议商标，并不足以导致相关公众误认为该商标与引证商标一存在相当程度的联系，从而减弱引证商标一的显著性或不当利用引证商标一的市场声誉。被异议商标的申请、注册未违反《商标法》第 13 条第 2 款的规定。因此判决维持一审判决。

【典型意义】根据《商标法》的规定，已注册的驰名商标可以禁止他人在不相同或者不类似的商品上注册和使用，但其前提是会误导公众，致使驰名商标注册人的利益可能受到损害。因此，对于驰名商标并非当然可以将其保护扩展至所有商品类别。本案判决进一步明确指出，只有足以使相关公众认为对使用诉争商标的注册、使用人和驰名商标注册人具有的相当程度的联系，从而减弱驰名商标的显著性、贬损驰名商标的市场声誉，或者不当利用驰名商标的市场声誉的情形，驰名商标注册人才能禁止他人注册和使用。本案二审判决对于在具体情形下如何判断是否对驰名商标造成损害作出了合理的分析，对于解决此类问题有一定的指导意义。此外，二审判决还明确了商标独创性和显著性的关系，认为商标的独创性虽然能够影响商标的显著性程度，但并不能因没有独创性就认定缺乏显著性或显著性较弱。驰名商标已为中国相关公众广为知晓，当然具有较强的显著性，此时其商标是否为商标注册人所独创并不会对驰名商标保护范围有太大影响。

三、知识产权刑事案件(1 件)

(十)制售假冒洋酒案

刘兆龙假冒注册商标罪案【北京市大兴区人民法院(2010)大刑初字第 320 号刑事判决书】

【案情摘要】被告人刘兆龙系自原籍来京务工人员。2009 年 3～9 月，被告人刘兆龙在北京市大兴区黄村镇海子角村平房一条 10 排其暂住地，未经注册商标权人许可，自行购买原料酒、酒瓶、酒盖、包装箱、封盖机等物品后，通过灌装方式自制芝华士、红牌、黑牌、人头马、百龄坛、杰克丹尼、马爹利、轩尼诗、皇家礼炮酒，通过物流托运方式销往郑州、石家庄、西宁等地，经营数额达 201 507 元。2009 年 9 月 12 日，公安机关在检查过程中将刘兆龙查获，起获酒瓶、包装箱、原料酒、封盖机、未及销售的部分酒水等物。

法院经审理后认为，被告人刘兆龙未经注册商标所有人许可，在同一种商品上使用与其注册商标相同的商标，且假冒两种以上注册商标，非法经营数额在 15 万元以上，其行为已构成假冒注册商标罪，系情节特别严重，依法判决被告人刘兆龙犯假冒注册商标罪，判处有期徒刑 4 年，并处罚金人民币 15 万元。

【典型意义】本案是一起典型的知识产权刑事司法保护案例，尤其是罚金与徒刑并处，且罚金较重，有利于从源头遏制被告人再犯的可能性。本案充分体现了我国保护知识产权的决心和刑事打击知识产权犯罪的力度。

知识产权司法案例

案例 1　张喜田诉欧意公司、华盛公司等侵犯发明专利权纠纷案

——阅读提示：涉及新产品制造方法专利的侵权诉讼中的举证责任分配。

【裁判要旨】

在涉及新产品制造方法专利的侵权纠纷中，若要由被诉侵权人承担证明其产品制造方法不同于专利方法的举证责任，需满足一定的前提条件，即权利人能够证明依照专利方法制造的产品属于新产品，并且被诉侵权人制造的产品与依照专利方法制造的产品属于同样的产品。

在认定一项方法专利是否属于新产品制造方法专利时，应当以依照该专利方法直接获得的产品为依据。所谓“依照专利方法直接获得的产品”，是指使用专利方法获得的原始产品，而不包括对该原始产品作进一步处理后所获得的后续产品。

方法专利权的保护范围只能延及依照该专利方法直接获得的产品，即使用专利方法获得的原始产品，而不能延及对原始产品作进一步处理所获得的后续产品。

【案号】

一审：吉林省长春市中级人民法院(2005)长民三初字第 36 号

二审：吉林省高级人民法院(2006)吉民三终

字第 146 号

再审:最高人民法院(2009)民提字第 84 号

【案情与裁判】

原告(二审被上诉人、被申请人):张喜田

被告(二审上诉人、申请再审人):欧意公司

被告(二审上诉人):华盛公司

被告(二审上诉人):中奇公司

被告:玉顺堂公司

起诉和答辩

2005 年 2 月,专利权人张喜田起诉至吉林省长春市中级人民法院(以下简称一审法院)称,涉案专利是制造左旋氨氯地平新产品的方法专利。中奇公司研发马来酸左旋氨氯地平和马来酸左旋氨氯地平片新药,华盛公司生产马来酸左旋氨氯地平(原料药),欧意公司生产马来酸左旋氨氯地平片,玉顺堂公司销售侵权产品,侵犯了涉案专利权,请求判令中奇公司、华盛公司、欧意公司、玉顺堂公司承担侵权责任。

法院审理查明

涉案专利系制造左旋氨氯地平的方法专利,在涉案专利申请日前,案外人辉瑞公司在中国被授予专利号为 95192238.6、名称为"由阿罗地平的非对映体的酒石酸分离其对映体"的发明专利(以下简称 238 专利)❶,涉案专利以及 238 专利均为制造左旋氨氯地平的方法专利。为证明被诉侵权产品的制造方法与专利方法不同,欧意公司提交了专利号为 200310119335.7、名称为"一种光学活性氨氯地平的拆分方法"的发明专利(以下简称 335 专利)的说明书及相关证据,用于证明其系使用自有方法制造左旋氨氯地平,并未使用涉案专利方法。一审法院委托法源司法科学证据鉴定中心(以下简称法源中心)进行鉴定,法源中心出具检验报告认为依照 335 专利不能达到拆分氨氯地平的目的。

一审判理和结果

一审法院认为,左旋氨氯地平作为一种化合物,并不能直接供消费者消费,其必须与马来酸、苯磺酸等经成盐工艺加工成为马来酸左旋氨氯地平、苯磺酸左旋氨氯地平后,才真正成为产品,因此,涉案专利能够延及被告生产的马来酸左旋氨氯地平及其片剂。目前国内市场上只有原告生产的苯磺酸左旋氨氯地平及其片剂,以及欧意公司生产的马来酸左旋氨氯地平及其片剂,而原告产品的上市时间早于欧意公司产品。虽然辉瑞公司已在中国被授予 238 专利,但其产品尚未在中国上市。并且原告的左旋氨氯地平产品于 2001 年 5 月被原国家经济贸易委员会认定为 2001 年度国家重点新产品,2001 年 6 月被原国家经济贸易委员会评为"九五"国家技术创新优秀项目奖,被告虽然认为原告的产品不是新产品,但是未提供充分的证据反驳。因此,涉案专利应为新产品的制造方法专利。经法源中心鉴定,依照 335 专利不能实现拆分氨氯地平的目的,无法制得左旋氨氯地平。中奇公司、华盛公司、欧意公司未能证明其产品的制造方法不同于涉案专利方法,应承担相应的侵权责任。一审法院据此判决中奇公司、华盛公司、欧意公司承担侵权责任。中奇公司、华盛公司、欧意公司不服一审判决,向吉林省高级人民法院提起上诉,吉林省高级人民法院二审驳回上诉,维持原判。

申请再审理由与答辩

欧意公司不服二审判决,向最高人民法院申请再审称,(1)法源中心出具的检验报告错误,一、二审法院采信该检验报告不当。(2)欧意公司提交了现场勘验申请,请求二审法院对被诉侵权产品的制造方法进行现场勘验,证明其依照自有方法能够制得左旋氨氯地平,但二审法院不予理睬,认定欧意公司依照自有方法不能制得左旋氨氯地平,认定事实错误。(3)依照涉案专利权利要求 1 得到的产品与被诉侵权产品不同,涉案专利也不属于新产品制造方法专利。二审法院要求欧意公司承担证明其产品制造方法不同于涉案专利方法的举证责任,认定事实与适用法律均存在错误。(4)欧意公司的产品制造方法与涉案专利方法存在重要差异,属于不同的技术方案。二审法院将涉案专利权的保护范围延及马来酸左旋氨氯地平及其片剂,亦属错误。请求:(1)撤销一、二审判决。(2)认定中奇公司、华盛公司、欧意公司不侵犯涉案专利权。(3)判令张喜田承担鉴定费用以及本案全部诉讼费用。

张喜田辩称,(1)二审法院采信法源中心出具

❶ 238 专利中所称的阿罗地平即为氨氯地平。

的检验报告并无不当。(2)依照涉案专利方法制得的左旋氨氯地平为新产品，欧意公司应当承担证明其产品制造方法不同于涉案专利方法的举证责任。经试验验证，依照欧意公司提供的专利方法无法制得左旋氨氯地平，因此，欧意公司应当承担举证不能的责任。(3)欧意公司有关其专利技术的实施需要技巧和诀窍的主张缺乏事实依据和科学根据。(4)中奇公司、华盛公司、欧意公司未经其许可，以生产经营为目的，研制、制造、销售马来酸左旋氨氯地平及其片剂，应承担侵权责任。

再审审查与审理结果

为验证依照335专利能否制得左旋氨氯地平，最高人民法院根据各方当事人的请求，对欧意公司制造左旋氨氯地平的方法进行了现场勘验，由欧意公司依照335专利中记载的方法进行现场试验。试验结果表明，欧意公司依照335专利成功制得了左旋氨氯地平。

最高人民法院再审审理认为，(1)在认定一项方法专利是否属于新产品制造方法专利时，应当以依照该专利方法直接获得的产品为依据。所谓“依照专利方法直接获得的产品”，是指使用专利方法获得的原始产品，而不包括对该原始产品作进一步处理后获得的后续产品。依照涉案专利方法直接获得的产品是“结合一个DMSO－d6的(S)－(－)－氨氯地平的D－酒石酸盐”，或“结合一个DMSO－d6的(R)－(＋)－氨氯地平的L－酒石酸盐”，其中前者为制造左旋氨氯地平的中间产物(简称左旋氨氯地平中间产物)，而非左旋氨氯地平本身；后者为制造右旋氨氯地平的中间产物(简称右旋氨氯地平中间产物)，亦非右旋氨氯地平本身。由于在涉案专利的申请日之前，上述中间产物并未为国内外公众所知悉，因此可以认定依照涉案专利方法直接获得的产品是新产品，涉案专利属于新产品制造方法专利。(2)虽然涉案专利是一项新产品制造方法专利，但要由被诉侵权人中奇公司、华盛公司、欧意公司承担证明其产品制造方法不同于专利方法的举证责任，还须由权利人张喜田证明被诉侵权人制造的产品与依照专利方法直接获得的产品属于同样的产品。张喜田提供的证据虽然能够证明华盛公司、欧意公司制造了马来酸左旋氨氯地平及其片剂，并且马来酸左旋氨氯地平的制造需以左旋氨氯地平为原料，但张喜田并没有提供证据证明华盛公司、欧意公司在制造马来酸左旋氨氯地平及其片剂时，也制造了前述中间产物，因此，张喜田提供的证据并不足以证明华盛公司、欧意公司制造的产品与依照涉案专利方法直接获得的产品属于同样的产品，本案不应由华盛公司、欧意公司承担证明其产品制造方法不同于专利方法的举证责任。(3)欧意公司的现场试验结果与其他证据相互印证，可以证明欧意公司使用自有方法能够制得左旋氨氯地平，欧意公司关于依照自有方法制造左旋氨氯地平的抗辩理由成立。(4)根据《专利法》第11条的规定，方法专利权的保护范围只能延及依照该专利方法直接获得的产品，即使用专利方法获得的原始产品，而不能延及对原始产品作进一步处理后获得的后续产品。华盛公司、欧意公司生产的马来酸左旋氨氯地平、马来酸左旋氨氯地平片以及左旋氨氯地平均不属于依照涉案专利方法直接获得的产品。因此，涉案专利权的保护范围不能延及左旋氨氯地平、马来酸左旋氨氯地平及其片剂。

2010年9月9日，最高人民法院作出(2009)民提字第84号民事判决，判决撤销原一、二审判决，驳回张喜田的诉讼请求。

【法官评述】

本案主要涉及在涉及新产品制造方法专利的侵权纠纷案件中，如何理解、适用《专利法》第57条第2款中有关举证责任分配的规定❶，以及方法专利权的延及保护范围问题。

一、关于《专利法》第57条第2款的理解和适用

根据《专利法》第57条第2款的规定，在涉及新产品制造方法专利的侵权纠纷案件中，若要由被诉侵权人承担证明其产品制造方法不同于专利方法的举证责任，需满足一定的前提条件，即权利人能够证明依照专利方法制造的产品属于新产

❶ 2000年《专利法》第57条第2款的规定涉及两个方面的问题，一是有关新产品制造方法专利侵权纠纷中的举证责任倒置的规定，二是有关实用新型专利侵权纠纷中权利人出具检索报告的规定。在2008年第三次修改《专利法》后，2000年《专利法》第57条第2款中有关新产品制造方法专利侵权纠纷中的举证责任倒置的规定被写入修改后的《专利法》第61条，但内容未作变更。由于本案适用的是2000年《专利法》，为论述方便，本案中均以2000年《专利法》第57条第2款作为法律依据。

品，并且被诉侵权人制造的产品与依照专利方法制造的产品属于同样的产品。司法实践中，当事人关于举证责任分配的争议主要集中在两个方面：一是依照专利方法制造的产品是否属于“新产品”，二是被诉侵权人制造的产品与依照专利方法制造的产品是否属于“同样的产品”。

(一)关于“新产品”的认定

在认定一项方法专利是否属于新产品制造方法专利时，应当首先查明依照专利方法制造的产品是什么，这涉及应当以哪个产品为依据来认定涉争专利是否属于新产品制造方法专利。本案中，一、二审法院均认定涉案专利系左旋氨氯地平的制造方法专利，并据此认定涉案专利属于新产品制造方法专利。对此，最高人民法院再审判决指出，在认定一项方法专利是否属于新产品制造方法专利时，应当以依照该专利方法直接获得的产品为依据。所谓“依照专利方法直接获得的产品”，是指使用专利方法获得的原始产品，而不包括对该直接获得的产品做进一步处理后获得的后续产品。本案中，根据涉案专利权利要求1的主题名称“一种从混合物中分离出氨氯地平的(R)－(＋)－和(S)－(－)－异构体的方法”，似乎依照涉案专利方法直接获得产品为氨氯地平的(R)－(＋)－和(S)－(－)－异构体(即左旋氨氯地平和右旋氨氯地平)，但是依照涉案专利权利要求1中记载的全部技术特征，使用涉案专利方法直接获得的原始产品是左旋氨氯地平中间产物或者右旋氨氯地平中间产物，并非左旋氨氯地平或者右旋氨氯地平。

关于“新产品”的判断标准，最高人民法院《关于审理侵犯专利权纠纷案件应用法律若干问题的解释》第17条规定：“产品或者制造产品的技术方案在专利申请日以前为国内外公众所知的，人民法院应当认定该产品不属于专利法第61条第1款规定的新产品。”根据上述规定，产品本身或者制造产品的技术方案中有一项在方法专利的申请日之前已经为国内外公众所知的，该产品就不属于新产品。本案中，虽然辉瑞公司的238专利公开了左旋氨氯地平的制造方法，但由于依照238专利以及涉案专利方法制造左旋氨氯地平的过程中，形成的中间产物并不相同，因此，238专利既未公开依照涉案专利方法直接获得的产品左旋氨氯地平中间产物，亦未公开该中间产物的制造方法，不足以证明涉案专利不属于新产品制造方法专利。

(二)关于“同样的产品”的认定

即使一项方法专利属于新产品制造方法专利，但要由被诉侵权人承担证明其产品制造方法不同于专利方法的举证责任，还须由权利人进一步证明被诉侵权人制造的产品与依照专利方法直接获得的产品属于同样的产品。本案中，由于张喜田未能证明华盛公司、欧意公司在制造马来酸左旋氨氯地平及其片剂的过程中还制造了前述左旋氨氯地平中间产物，因此，张喜田提供的证据并不足以证明华盛公司、欧意公司制造的产品与依照涉案专利方法直接获得的产品属于同样的产品，本案不应由华盛公司、欧意公司承担证明其产品制造方法不同于专利方法的举证责任。一、二审法院将依照涉案专利方法直接获得的产品错误认定为左旋氨氯地平，在张喜田没有提供证据证明华盛公司、欧意公司制造的产品与依照涉案专利方法直接获得的产品属于同样的产品的情况下，认定由华盛公司、欧意公司承担证明其产品制造方法不同于专利方法的举证责任，显然错误。

(三)关于如何对被诉侵权人有关实施自有方法的抗辩进行审查

在涉及新产品制造方法专利的侵权纠纷案件中，被诉侵权人有时会提供证据证明其系依照自有方法制造被诉侵权产品，并未实施专利方法。对于被诉侵权人的该项抗辩主张，首先应当对其提供的有关证据进行审查核实，以确定所述证据能否采信，是否可以作为认定被诉侵权人实施自有方法的事实依据。在相关证据能够采信的情况下，还需进一步确定依照所述证据中记载的自有方法能否成功制得被诉侵权产品。至于被诉侵权人的自有方法是否落入涉争专利权的保护范围，则可以根据有关侵权判断规则予以认定。

司法实践中，新产品制造方法专利多见于化学、医药等领域，在这些技术领域中，未经试验检验往往难以验证依照被诉侵权人提供的自有方法能否成功制得被诉侵权产品。因此，为了查明案件事实，必要时可以委托专业的鉴定机构进行试验验证，或者由被诉侵权人自行生产或者试验以进行验证。在进行验证试验时，操作人员的经验以及对操作技巧和诀窍的掌握程度均可能对试验结果产生实质性的影响，尤其是在被诉侵权人实施其自有方法存在一定的经验、技巧和诀窍的情况下，鉴定机构往往难以取得试验成功，因此，必要时应当允许被诉侵权人自行进行生产或者试验。本案中，法源中心经试验验证，未能成功制得左旋氨氯地平，一、二审法院据此认定依照335专利不能实现拆分氨氯地平的目的。为了验证依照335专利能否制得左旋氨氯地平，最高人民法院对欧意公司制造左旋氨氯地平的方法进行了现场勘验，由欧意公司依照335专利中记载的方法进行现场试验。试验结果表明，欧意公司依照335专利成功制得了左旋氨氯地平。事实上，欧意公司在实施335专利时，是存在一定的技巧和诀窍的，例如在335专利的说明书实施例1中，仅以"将所得固体在乙醇中重结晶"对重结晶步骤进行了相对概括的描述，但在现场试验过程中，欧意公司的工作人员对重结晶步骤进行了非常认真、细致地观察和操作。因此，虽然法源中心的鉴定人员依照335专利无法制得左旋氨氯地平，但并不足以据此认定欧意公司依照该专利亦无法制得左旋氨氯地平。

二、关于方法专利权的延及保护问题

在司法实践中，对于《专利法》第11条中"直接获得的产品"的理解存在一定的争议。为统一裁判标准，最高人民法院在《关于审理侵犯专利权纠纷案件应用法律若干问题的解释》第13条中规定："对于使用专利方法获得的原始产品，人民法院应当认定为《专利法》第11条规定的依照专利方法直接获得的产品。"本案中，华盛公司、欧意公司生产的马来酸左旋氨氯地平、马来酸左旋氨氯地平片以及左旋氨氯地平，均属于对左旋氨氯地平中间产物作进一步处理后获得的后续产品，不属于依照涉案专利方法直接获得的产品。因此，涉案专利权的保护范围不能延及左旋氨氯地平、马来酸左旋氨氯地平及其片剂。

（最高人民法院知识产权庭　杜微科）

案例2　伊莱利利公司诉豪森公司侵犯发明专利权纠纷案

——阅读提示：药品制备方法发明专利侵权纠纷中，在药品监督管理部门备案的被诉侵权药品生产工艺材料没有记载有关技术内容的情况下，基于何种事实才能通过推定来查明该技术内容？涉及新产品方法的侵犯发明专利权纠纷中，被诉侵权方在什么情况下才承担举证责任？

【裁判要旨】

最高人民法院根据涉案专利一权利要求与说明书公开的技术方案、专利一被无效的原因、化学理论基本知识、专利说明书和杂志发表论文披露的技术内容、被诉侵权方补充的确证实验的结论等证据，认定鉴定结论关于被诉侵权技术方案中相关技术内容的推定具有事实基础，采信鉴定结论并无不当。最高人民法院认为，涉及新产品方法的侵犯发明专利权纠纷中，被诉侵权方对新产品的制造方法承担倒置举证责任是有条件的，即专利权人首先应当证明被诉侵权方法所生产的产品与涉案专利方法所生产的产品属于相同的产品；同时，还应当证明依据专利方法直接获得的产品是新产品。此时，被诉方才负有举证证明其产品的生产方法不同于专利方法的责任。

【案号】

一审：江苏省高级人民法院（2003）苏民三初字第001号

二审：最高人民法院（2009）民三终字第6号

【案情与裁判】

原告（上诉人）：伊莱利利公司

被告（被上诉人）：豪森公司

起诉和答辩

伊莱利利公司2001年4月13日起诉称：其拥有抗癌药品吉西他滨及吉西他滨盐酸盐的三项中国发明专利权，豪森公司未经许可，自2000年起使用涉案专利方法制备了吉西他滨和吉西他滨盐酸盐并对该产品进行了促销，构成专利侵权，应承担相应法律责任。请求判令豪森公司：(1)停止侵犯专利权的行为；(2)赔偿其因侵权而遭受的经济损失人民币550万元；(3)在《中国医药报》上公开赔礼道歉，消除不良影响；(4)承担本案的诉讼费用；(5)承担其诉讼损失，包括律师费、调查费和其他合理费用。伊莱利利公司明确其诉讼的对象是2001年3月前豪森公司生产和制备吉西他滨的方法（行为）。伊莱利利公司提交了豪森公司制造的注射用盐酸吉西他滨样品的照片及宣传资料，用以证明侵权行为的存在。

豪森公司答辩称：被诉侵权的药品制造方法与伊莱利利公司的专利方法不同。请求驳回伊莱利利公司的诉讼请求。

一审审理查明

1993年6月21日，伊莱利利公司向国家知识产权局提出“立体选择性糖基化方法”的方法发明专利（以下简称专利一）申请，于1998年6月20日获得授权，专利号为93109045.8。1995年11月1日，伊莱利利公司向国家知识产权局提出“提纯和分离2'－脱氧－2,2'二氟核苷的方法”的方法发明专利（以下简称专利二）申请，于1999年3月25日获得授权，专利号为95196272.8。1995年11月14日，伊莱利利公司向国家知识产权局提出“1－(2'－脱氧－2',2'－二氟－D－呋喃核糖基)－4－氨基嘧啶－2－酮盐酸盐的制备方法”的方法发明专利（以下简称专利三）申请，于1999年9月4日获得授权，专利号为95196792.4。上述三项专利构成生产制备吉西他滨盐酸盐和吉西他滨的完整技术方案。专利一是取得中间体β异头物富集的核苷的方法。该专利说明书中有关于“－83℃～19℃”这一温度区间内α、β随着温度变化的比例表。专利二是提纯和分离富含β异头物核苷的混合物的方法。该专利说明书记载，“在含水酸中加入稀释的反应混合物而产生的酸性混合物，最好在适度搅拌下保持一段时间。在此保持期所发生的物理变化是过量的R"（被保护的或未被保护的胞嘧啶）溶于含水酸层中，而所需的β－核苷沉淀出来。这种沉淀是有选择性的，而不需要的α核苷则大部分留在有机层中”。专利三是制备吉西他滨盐酸盐的方法。

2007年2月28日，国家知识产权局专利复审委员会作出第9525号无效宣告请求审查决定，宣告专利一的专利权全部无效。伊莱利利公司不服该无效宣告请求审查决定，向北京市第一中级人民法院提起行政诉讼。2008年11月6日，北京市高级人民法院作出(2008)高行终字第451号终审行政判决，维持了上述无效宣告请求审查决定。

豪森公司于2000年3月28日向国家药品监督管理局申报注射用盐酸吉西他滨新药临床研究，2000年6月21日，国家药品监督管理局同意在北京肿瘤医院等四家单位进行临床研究。2000年11月，豪森公司申请新药生产证书。2001年5月18日，国家药品监督管理局核发了新药证书及生产批件，新药保护期至2007年5月17日，所申报的生产工艺名称为中试工艺。

豪森公司提供了2001年5月18日的新药证书、生产批件及与之相对应的向国家药品监督管理局申报材料（含生产工艺）一套，2002年3月29日的新药补充申请批件及与之相对应的补充申报资料（含生产工艺）一套。一审法院依职权向江苏省药品监督管理局调取了豪森公司在该局备案的上述申报资料。一审法院经对豪森公司在江苏省药品监督管理局备案的申报资料与其向国家药品监督管理局的报批资料进行了核对，两者的生产工艺的名称、内容一致。豪森公司涉案药品的申报材料中记载了各步反应的具体条件、装置、原料、温度以及时间和操作方法等，但对第八步反应产物即第九步反应起始物甲磺酸酯10α/10β的比例没有记载，第九步反应产物11α/11β记载为1.15∶1，为α异头物富集的核苷。

一审法院经双方当事人同意，委托中华人民共和国科学技术部知识产权事务中心（以下简称知识产权事务中心）进行技术鉴定，并就鉴定资料进行了质证。鉴定过程中，双方分别向鉴定专家组作了相关技术陈述，陈述内容均未超出此次鉴定资料的范围。鉴定报告的结论为：(1)专利一的目的是选择性的制备β异头物富集的核苷，其反映物之一为α异头物富集的糖；根据豪森公司的工艺步骤，其得到的混合物中α、β之比为1.15∶1，根据SN2反应机理，其反应物应为β异头富集的糖。因此两者方法的关键反应物不同，生产效果不同，两方案不同。(2)专利二所提纯和分离的混合物是富含β异头物的核苷，根据豪森公司工艺步骤，经过打浆过滤等程序，得到的α、β之比为1.15∶1，为α富集，在处理前的混合物也应为α富集。因此，两方法所处理的关键混合物不同，两方案不同。(3)专利三与豪森公司生产方法在反应物与脱保护物质均不同，两方案不相同。综上，豪森公司提交的研制方法与伊莱利利公司三项专利的独立权利要求所记载的方法不相同。针对上述鉴定结论，伊莱利利公司、豪森公司均进行了质证。2005年12月13日的庭审后，豪森公司向原审法院提交书面意见认为：专利一的专利文献中关于“－83℃～19℃”间的α、β比例表所指产物是内半缩醛，而非专家推导的核糖。内半缩醛须经反应才能生成核糖，故两者不具有可比性。(1)关于被诉侵权技术与专利一的比对问题。首先，鉴定结论是专家的推论，豪森公司的鉴定资料中未显示反应物 α、β 之比。其次，专家的推论是不正确的。①豪森公司的反应物是由其第八步工艺制得，资料显示其反应温度为 23℃～25℃，而据其披露在专利文献中的相关数据，在－83℃～19℃这一温度区间内，反应物 α、β 之比始终是 α＞β，且在 19℃时仍是 2∶1，专家推断在同为室温条件下的 23℃～25℃时 α、β 之比却是后者大于前者；专家据以推论的 α∶β 为 1.15∶1 是在经过分离提纯后的比例，而不是 SN2 反应产物的直接比例。②在原(2001)苏民三初字第 001 号案的鉴定结论中，专家认为 α、β 之比是 1∶1，而此次的专家又认为是 β＞α，假设豪森公司的工艺是真实的，为什么这一比例会在两次鉴定中不一样？(2)关于被诉侵权技术与专利二的比对问题。首先，资料中的 α、β 之比不是 SN2 反应的直接产物比例。其次，不能证明在分离纯化过程中 α、β 的溶解比例是一致的。出庭专家就伊莱利利公司的技术质疑答复认为：(1)通过产物推断反应物是各国化学界通用的一种方法，鉴定专家可以通过产物推断出起始物。(2)伊莱利利公司的资料中未揭示在反应温度为 23℃～25℃时 α、β 之比。(3)豪森公司资料中的 α、β 之比为 1.15∶1 虽不是 SN2 反应的直接产物比例，但一般来说，分离纯化不会使比例发生大的变化。在实际操作中，这一比例也会不一样，但不会产生相反的比例。在豪森公司所使用的溶剂中这一比例基本不变。根据伊莱利利公司专利二专利说明书的第 6 页第 2 段，豪森公司在处理(分离纯化)前 α 的比例更大一些。另，豪森公司提供了发表于 2007 年第 4 期《中国医药工业杂志》的《盐酸吉西他滨的合成》一文。该文记载："3α/3β"的产物比例为 α∶β＝1∶1.01，"4α/4β"的产物比例为 α∶β＝1.2∶1。豪森公司据此认为已有案外人采用与其工艺方法相同的方法所得到的结果与专家关于专利一的鉴定结论是一致的，故该鉴定结论正确。

2007 年 10 月 11 日，原审法院再次组织当事人对鉴定结论进行补充质证。伊莱利利公司承认"－83℃～19℃"间的 α、β 比例表所指产物是内半缩醛，内半缩醛须经反应才能生成核糖。但其同时认为根据该比例表可以得出其所主张的结论。对于豪森公司提供的"盐酸吉西他滨的合成"一文，伊莱利利公司认为已超出举证期限，不能作为证据使用。同时伊莱利利公司还提出《中国医药工业杂志》主办方之一的上海医药工业研究院与豪森公司均系其另案指控专利侵权纠纷案中的共同被告，与豪森公司存在利害关系，故对文章本身的真实性提出质疑。

对此，出庭专家的技术意见为："－83℃～19℃"间的 α、β 比例表所指产物是内半缩醛，而非推导的核糖，内半缩醛须经反应才能生成核糖；核糖在"－83℃～19℃"的温度区间外 α、β 的比例是否按内半缩醛在同一温度区间内的比例规律进行变化无数据支持，内半缩醛在"－83℃～19℃"的温度区间 α、β 比例的变化规律只能作为预见和指引；"盐酸吉西他滨的合成"一文中"3α/3β"、"4α/4β"与豪森公司中试工艺的第八步、第九步在反应条件、技术参数上基本一致。

1996 年 12 月 9 日，卫生部药政管理局向法国礼来公司下发了进口药品审批结果通知单。该结果是：需进行质量标准复核；需进行临床验证 60 例/对。1997 年 6 月 23 日，卫生部药政管理局给广州中山医大附院下发临床验证通知书，要求其对法国礼来公司申请进口的药品进行 60 例临床验证。1998 年 11 月 26 日，国家药品监督管理局要求法国礼来公司对其要求药品行政保护的吉西他滨申请补充材料。1999 年 3 月 23 日，国家药品监督管理局对法国礼来公司要求药品行政保护申请下发了受理通知书。2000 年 8 月 28 日，国家药品监督管理局对法国礼来公司要求药品行政保护的申请作出不予保护的决定。1999 年 2 月 13 日，国家药品监督管理局给法国礼来公司的注射用盐酸吉西他滨颁发进口药品注册证。2000 年 6 月 21 日，国家药品监督管理局新药品种公告(第 21 号)中，将盐酸吉西他滨(原料)、注射用盐酸吉西他滨(粉针)作为第四类新药予以公告。2001 年 5 月 18 日，国家药品监督管理局批准豪森公司生产的盐酸吉西他滨为新药并同意其生产。

一审判理和结果

一审法院认为：

第一，就本案而言，目前并无证据显示在 1993 年 6 月 21 日伊莱利利公司提出涉案发明专利申请前，国内已有吉西他滨产品出现。故应当认定吉西他滨为新产品，豪森公司应承担其产品制造方法的证明责任。

第二，因专利一已被宣告无效，不存在被诉侵权技术落入专利一保护范围的问题，不再考虑双方当事人围绕被诉侵权技术与专利一的鉴定结论所发表的相关意见及所举证据。关于被诉侵权技术与专利二、专利三的鉴定结论正确,应当作为本案的定案证据加以采信。关于鉴定结论的技术异议:(1)专利二是提纯和分离β异头物核苷富集的混合物的方法。虽然豪森公司的11α/11β中的α∶β为1.15∶1是在经过分离提纯后的核苷之比,而非SN2反应产物的直接比例。但从双方的分离纯化过程来看,两者方法一致。结合专利二说明书的相关表述内容可知,在分离纯化过程中,α核苷大多是被留在了溶液中而未能被提纯。在α核苷有更多损失的情况下,提纯所得的产物比仍然是α核苷富集,这说明在提纯前α核苷所占的比例应更大,豪森公司相关工艺步骤针对的是α异头物核苷富集的混合物。分离纯化不会产生相反的比例。因此,技术鉴定报告关于被诉侵权技术与专利二不相同的技术比对结论正确,予以采信。豪森公司的中试工艺未落入专利二的保护范围。(2)伊莱利利公司对被诉侵权技术与专利三的比对未发表技术意见,应视为其同意技术鉴定报告的相关结论。故技术鉴定报告关于被诉侵权技术与专利三不相同的技术比对结论正确,予以采信。豪森公司的中试工艺未落入专利三的保护范围。据此一审法院依照《专利法》(1992年修正)第59条第1款、《民事诉讼法》第128条之规定,判决:驳回伊莱利利公司的诉讼请求。一审案件受理费37 510元,鉴定费75 000元,由伊莱利利公司负担。

上诉与答辩

伊莱利利公司不服一审判决,提起上诉称,豪森公司应当依法记录关键步骤甲磺酸酯(10α/10β)的α、β比例,该比例是判断被诉侵权方法是否落入专利二、专利三保护范围的关键数据,鉴于豪森公司始终拒绝履行其举证责任,一审法院应当依法推定,一旦豪森公司披露该证据,将产生对豪森公司不利的后果。豪森公司有意拒绝提供其制备吉西他滨盐酸盐的真实方法及10α/10β的α、β比例等真实数据,一审法院以所谓"推定"取代豪森公司的举证责任,得出不构成侵权的结论是错误的。请求依法改判支持上诉人全部诉讼请求。豪森公司答辩称,10α/10β的比例不是判断被诉侵权方法侵犯涉案专利二和专利三的关键数据,因为只有在判断专利一的保护范围时才需要该比例,专利一被全部宣告无效,不再需要审理该比例。而且,该比例应当由伊莱利利公司承担举证责任。

二审审理查明

最高人民法院二审查明,在专利三的说明书背景技术中记载,1-(2'-脱氧-2',2'-二氟-D-呋喃核糖基)-4-氨基嘧啶-2-酮盐酸盐是本领域中已知的一系列2'-脱氧-2',2'-二氟核苷之一,在美国专利4526988和4808614中已公开并教导了这些化合物有抗病毒活性。欧洲专利申请公开184365称这些相同的二氟核苷剂有溶瘤细胞活性,吉西他滨盐酸正在进行临床评价以决定它用作治疗各种癌症,例如胰腺癌的效果。吉西他滨的合成是一个多步方法。该发明提供一个更经济和效率更高的制备吉西他滨盐酸盐的方法。豪森公司在一审中提交了包括其补充的确证实验在内的三份材料,申请法院在作鉴定中予以使用。补充材料一、二记载的实验结论为,中试工艺第九步反应原料是β富含物(α/β为1∶1.05),产物是α富含物(α/β为1.12∶1)。补充材料三记载,中试工艺共三种方法,均是在研制过程中使用过的工艺,1999年向国家SDA申报时选择了工艺一。二审庭审中,双方当事人确认,吉西他滨盐酸盐的制备方法不是只有本案专利方法一种,可以用β异头物富集的核苷以外的其他物质制备吉西他滨盐酸盐。根据中国医药工业杂志发表的《盐酸吉西他滨的合成》一文记载的内容,3α/3β、4α/4β与豪森公司中试工艺的第八步、第九步在反应条件、技术参数上基本一致。文章中的数据显示,相当于10α/10β的步骤的3α/3β是1∶1.01,β富集的糖,4α/4β比例大致为1.2∶1,1.28∶1,1.31∶1。

二审判理和结果

最高人民法院二审认为:

第一,本案鉴定结论是在推定的基础上作出的,这种推定具有事实基础,原审判决采信鉴定结论并无不当。理由为:(1)同样的产物可以由不同的反应物通过不同的方法制得,但在反应条件和目标物及工艺路线确定时,推断另一个反应物是有可能的。(2)豪森公司中试工艺中的11α/11β的比例是1.15∶1,是经过分离纯化后的比例。由于豪森公司和伊莱利利公司采用的分离纯化的方法是一样的,结合专利二说明书记载的当用无机酸处理反应混合物时会减少α核苷的含量而增加β核苷的相对含量的内容,在工艺步骤分离纯化过程中，α核苷大多是留在溶液中而没有被提纯出来，在α核苷存在更多的损失的情况下，豪森公司提纯出来的产物应当是α富集，纯化前的混合物中α异头物富集的程度相对更高。而且伊莱利利公司也未提交证据证明分离纯化会使α/β的构型发生变化。(3)根据中国医药工业杂志发表的《盐酸吉西他滨的合成》一文记载的内容，3α/3β、4α/4β与豪森中试工艺的第八步、第九步在反应条件、技术参数上基本一致。文章中的数据显示，相当于10α/10β的步骤的3α/3β是1∶1.01，β富集的糖，4α/4β比例大致为1.2∶1，1.28∶1，1.31∶1，在容忍的误差范围内，印证了鉴定报告推论的正确。此外，豪森公司在原审提交的补充材料一、二的数据也补强了其中试工艺第九步反应原料是β富含的糖，产物是α富含的核苷。

伊莱利利公司认为专利一的表格例中−83℃～19℃的变化范围内，α/β的比例仅从4.4∶1减小到2∶1，变化很小。而中试工艺反应在23℃～25℃进行，生成甲磺酸酯10α/10β的比例为1∶1.1。专利一19℃与豪森中试工艺的23℃同属于室温条件下，仅有4℃之差，但两者所对应α/β的比例却发生了质的变化，主张鉴定结论错误。经审理，本案专利一的独立权利要求的概括除包含其说明书实施例公开的11个不能实施的情况外，还存在众多其他不能解决发明所要解决的技术问题的技术方案，因权利要求没有得到说明书的支持，专利一已经被宣告无效。由于专利一中SN2亲核反应反转构型在某些点不是主要的反应路线，如在α核糖与β核糖比例是α>β时，得到的α核苷与β核苷的比例也是α>β，而不是预期的β核苷富集的混合物。因此，存在专利一19℃所对应α/β的比例与被诉侵权制备方法的23℃所对应的α/β的比例出现突变的可能。

第二，关于本案举证责任的问题，即豪森公司第九步反应的起始物甲磺酸酯10α/10β的比例是否应当由豪森公司负举证责任。

一审法院已经从江苏省药品监督管理局调取了豪森公司的相关申报材料，经与国家药品监督管理局的报批资料核对，两者的生产工艺名称、内容一致。豪森公司亦提供了相关的生产批件及对应的申报材料、生产工艺、补充材料等。比对的结果是不落入专利二、专利三的保护范围，故不能认为豪森公司没有提供其制备吉西他滨盐酸盐的方法。

根据《专利法》的规定，被诉侵权方对新产品的制造方法承担倒置举证责任是有条件的，即专利权人首先应当证明被诉侵权方法所生产的产品与涉案专利方法所生产的产品属于相同的产品；同时，还应当证明依据专利方法直接获得的产品是新产品。本案专利一的关键是合成反应物，β异头物富集的核苷是专利一直接获得的产品。专利二是对专利一得到的反应物进行纯化反应。专利三是对专利二所得到的纯化物进行脱保护的方法。伊莱利利公司起诉时提交了豪森公司生产的盐酸吉西他滨药品，但并没有证明豪森公司实际生产了β异头物富集的核苷，而且，在二审中双方均认可，并非只有β异头物富集的核苷可以制备得到盐酸吉西他滨，盐酸吉西他滨可以用β异头物富集的核苷以外的其他物质制备。因此，即使根据《专利法》(1992修正)第60条第2款的规定，对合成步骤的举证责任也应当由伊莱利利公司负担，而不应当倒置由豪森公司承担。伊莱利利公司上诉主张豪森公司应当举证证明甲磺酸酯10α/10β的比例的理由，不予支持。

第三，被诉侵权方法与专利二均是涉及用含水的无机酸处理反应混合物，专利二是一种提纯和分离富含β异头物的核苷的方法，独立权利要求1限定了其反应物是β异头物富集的核苷，而伊莱利利公司没有证据证明被诉侵权制备方法要求处理的反应物是β异头物富集的核苷。而且，根据专利二的说明书记载的有关内容，若处理后的产物是富含α核苷时，处理前的反应混合物不仅富含α核苷，而且α核苷的含量应当更高。被诉侵权制备方法中试工艺中11α/11β的比例记载为1.15∶1，故处理前的反应物应当属于α核苷富集的混合物。被诉侵权制备方法进行提纯和分离的反应物并非专利二限定的β异头物富集的核苷，没有落入专利二的保护范围，原审判决对此认定并无不当。专利三是制备吉西他滨盐酸盐的方法，它包括在不加入任何水的条件下，在甲醇或乙醇存在下用0.1−0.5摩尔当量的具有1～3个C1−C4烷基的有机胺将β−1−(2’−脱氧−2’，2’−二氟−3’，5’−二−O−苯甲酰基−D−呋喃核糖基)−4−氨基嘧啶−2−酮脱保护；用盐酸和一种选自丙酮、乙腈、四氢呋喃、丙酮、丁酮、异丁醇、仲丁醇和异丙醇的溶剂处理得到的溶液和回收生成的固体吉西他滨盐酸盐。专利三使用的是具有1～3个C1−C4烷基的有机胺，以催化量烷基胺脱保护，即有机胺脱保护。被诉侵权制备方法采用氨气进行脱保护。根据专利三说明书记载的内容，美国专利 5223608 已经公开了使用无水氨的甲醇液进行脱保护，使用氨气作为脱保护物质是专利三优先权日之前的现有技术，不应当将现有技术通过等同原则纳入专利三的保护范围。上诉人伊莱利利公司主张是等同的技术特征，并据此认为是等同侵权，落入专利三的保护范围的上诉理由，不予支持。伊莱利利公司与豪森公司制备盐酸吉西他滨产品的前八步反应路线是相同的，区别在于伊莱利利公司在第八步反应获得 10α/10β 混合物后，先对该混合物进行纯化，以获得 α 异头物富集的核糖，纯化后进行后续制备过程。豪森公司是在第八步获得 10α/10β 的混合物后，对于其中的 10α 核糖没有进行分离纯化而是接着就进行第九步反应，以制备 β 核苷(11β)，并未采用专利二及专利三的技术特征制备吉西他滨盐酸盐，伊莱利利公司以技术变劣为由主张专利侵权的上诉理由，亦不予支持。

二审依据《民事诉讼法》第 153 条第 1 款第(1)项之规定，判决如下：驳回上诉，维持原判。一审案件受理费人民币 37 510 元，鉴定费人民币 75 000 元，由伊莱利利公司负担。二审案件受理费人民币 50 300 元，由伊莱利利公司负担。

【法官评述】

本案二审中当事人争议的主要问题是，被诉侵权制备方法是否落入专利二和专利三的保护范围、本案鉴定结论是否应当采信、10α/10β 的比例是否应当由豪森公司负举证责任。其核心问题是能否适用举证责任倒置以及被诉侵权方法中有关技术特征的查明。

第一，《专利法》规定，专利侵权纠纷涉及新产品制造方法的发明专利的，制造同样产品的单位或者个人应当提供其产品制造方法不同于专利方法的证明。根据该规定，在此类专利侵权纠纷案件中，由被诉侵权方承担证明其产品制造方法不同于专利方法的举证责任，需满足一定的前提条件，即权利人能够证明依照专利方法制造的产品属于新产品，并且被诉侵权方制造的产品与依照专利方法制造的产品属于同样的产品。根据专利法，方法专利权的保护范围只能延及依照该专利方法直接获得的产品，在认定一项方法专利是否属于新产品制造方法专利时，应当以依照该专利方法直接获得的产品为依据。所谓“依照专利方法直接获得的产品”，是指使用专利方法获得的原始产品，而不包括对该原始产品作进一步处理后获得的后续产品。“依照该专利方法直接获得的产品”的认定与该产品能否直接供消费者使用无关。具体到本案，本案专利一的关键是合成反应物，β 异头物富集的核苷是专利一直接获得的产品。专利二是对专利一得到的反应物进行纯化反应。专利三是对专利二所得到的纯化物进行脱保护的方法。专利三说明书在背景技术中记载，吉西他滨的合成是一个多步方法。在二审庭审中，双方当事人确认，吉西他滨盐酸盐的制备方法不是只有本案专利方法一种，可以用 β 异头物富集的核苷以外的其他物质制备吉西他滨盐酸盐。因此，即使根据《专利法》(1992 修正)第 60 条第 2 款的规定，对合成步骤的举证责任也应当由伊莱利利公司负担，而不应当倒置由豪森公司承担。

第二，专利侵权诉讼中，涉及的一个重要问题就是确定被诉侵权技术方案。人民法院认定案件事实应当首先根据现有证据进行。对于已经存在原审法院调取的生产工艺，如果该工艺亦是完整的，与被诉侵权方提供了相关的生产批件及对应的申报材料、生产工艺、补充材料等核对，两者的生产工艺名称、内容一致，权利人认为侵权人没有按照记载的生产工艺生产被诉侵权产品，应当根据民事诉讼法和专利法有关证据保全的规定，依法进行证据保全，譬如现场勘验、查封扣押生产记录等，而不能简单地依据证据规定中有关妨碍举证的推定进行事实认定。在药品制备方法发明专利侵权纠纷案件中，有些法院的审理做法是，对固定被诉侵权方法一方面认定从国家药品监督管理局调取的生产工艺为被诉侵权产品所使用的技术方案，一方面将该技术方案记载的某些技术特征简单地根据《最高人民法院关于民事诉讼证据规则的若干规定》第 75 条的规定，推定为侵权人并未实际使用，而是有所改变，这种做法是不正确的。本案中，被诉侵权方提供的工艺申报材料中缺少 10α/10β 的 α、β 比例，专利权人上诉称，根据国家食品药品监督管理局的规定，所有药品生产企业均须获得 GMP 证书，并持续使用良好的生产工艺。制药企业应对该工艺中的关键步骤进行标注描述和精确控制，从而保证药品质量的稳定。被诉侵权方作为一家药品生产企业，应依法持有生产吉西他滨的 GMP 证书。应当依法记录其生产工艺中的关键步骤即甲磺酸酯(10α/β)的 α、β 比例。被诉侵权方是在有意拒绝提供甲磺酸酯(10α/β)α、β 比例等真实数据，法院应当依法推定，被诉侵权方妨碍举证的行为证明专利权人的主张成立。本案豪森公司已经提交了涉案药品的全套申报材料，该申报材料记载了各步反应的具体条件、装置、原料、温度以及时间和操作方法等。豪森公司提交的生产工艺与原审法院在江苏省药品监督管理局以及国家药品监督管理局调查到的相关生产工艺内容相一致。本案首先对豪森公司提交的生产工艺予以认可，接下来的问题是，在药品监督管理部门备案的被诉侵权药品生产工艺材料没有记载有关的技术内容的情况下，如何查明该相关的技术内容。一、二审法院均对鉴定结论予以了采纳。本案鉴定结论是在推定的基础上作出的，由于在反应条件和目标物及工艺路线确定时，推断另一个反应物是有可能的；而且，豪森公司的申报材料中，第九步 11α/11β 记载为 1.15∶1，为α异头物富集的核苷。豪森公司和伊莱利利公司采用的分离纯化的方法是一样的，伊莱利利公司也未提交证据证明分离纯化会使α/β的构型发生变化。结合专利二说明书记载的用无机酸处理反应混合物时会减少α核苷的含量而增加β核苷的相对含量的内容，豪森公司提纯出来的产物应当是α富集，纯化前的混合物中α异头物富集的程度相对更高。再者，《盐酸吉西他滨的合成》一文中的相关数据在容忍的误差范围内印证了鉴定报告推论的正确。此外，豪森公司在一审提交的补充材料一、二的数据也补强了其中试工艺第九步反应原料是β富含的糖，产物是α富含的核苷。二审法院还对涉案专利一权利要求与说明书公开的技术方案以及专利一被无效的原因进行了相关分析，认定鉴定结论关于被诉侵权技术方案中甲磺酸酯（10α/β）的α、β比例的推定具有事实基础，应当予以采信。

（最高人民法院知识产权庭　罗　霞）

案例 3　本田株式会社诉专利复审委员会、双环公司、新凯公司外观设计专利权无效行政纠纷案

——阅读提示：关于 2000 年修正的《专利法》第 23 条规定的“外观设计相同或者相近似”的判断方法，本案裁判进一步予以明确，即基于被比设计产品的一般消费者的知识水平和认知能力，对被比设计与在先设计进行整体观察、综合判断两者的差别对于产品外观设计的视觉效果是否具有显著影响。

【裁判要旨】

判断外观设计是否相同或者相近似的基本方法是，基于被比设计产品的一般消费者的知识水平和认知能力，对被比设计与在先设计进行整体观察、综合判断两者的差别对于产品外观设计的视觉效果是否具有显著影响。

【案号】

一审：北京市第一中级人民法院（2006）一中行初字第 779 号

二审：北京市高级人民法院（2007）高行终字第 274 号

再审：最高人民法院（2010）行提字第 3 号

【案情与裁判】

原告（二审上诉人、再审申请人）：本田株式会社

被告（二审被上诉人、再审被申请人）：专利复审委员会

第三人：双环公司

第三人：新凯公司

起诉与答辩

本田株式会社不服专利复审委员会作出的第 8105 号无效宣告请求审查决定（以下简称第 8105 号决定），向北京市第一中级人民法院提起诉讼。

法院审理查明

法院经审理查明，本田株式会社是 01319523.9 号“汽车”外观设计专利权（以下简称本专利）的专利权人。双环公司于 2003 年 12 月 24 日、新凯公司于 2004 年 12 月 10 日分别就本专利向专利复审委员会提出无效宣告请求。专利复审委员会将上述两无效宣告请求案合案审查，于 2005 年 3 月 28 日进行了口头审理。2006 年 3 月 7 日，专利复审委员会作出第 8105 号决定，宣告本专利无效。该决定认为：将本专利与日本国外观设计公报 JP1004783（以下简称证据 1）进行比较可以看出，两者的汽车各组成部分的形状以及相互之间的比例关系基本相同，整体视觉形状和设计风格基本相同。虽然本专利与证据 1 产品

在外观上存在若干细部差别，例如，本专利前大灯呈近似三角形的不规则四边形，而证据1的前大灯呈近似梯形；本专利前保险杠下方的两侧配置有辅助灯，而证据1中未见相应配置；本专利与证据1的护板都呈倒U形，但本专利护板内设有水平隔片，其底部有小护牙，而证据1护板内设有数个空格；本专利中间窗玻璃由一边呈直角、另一边线条呈折线状构成不规则梯形，证据1中间窗玻璃呈直角梯形；本专利后组合灯从车顶附近一直延伸到后保险杠翘起部，证据1后组合灯设于车体上部；从本专利与证据1汽车后部线条看，本专利线条略为圆滑；两者后保险杠的形状也略有不同等。但是，本专利与证据1的产品在外观上的上述区别均属于局部的差别，根据整体观察、综合判断的原则，上述差别对于汽车的整体视觉形状和风格来说属于较细微的差别，不足以使普通消费者产生明显不同的视觉效果而将两者认定为不同款式的产品，而两者的主体部分的相同之处却使普通消费者易于将两者混同。至于本田株式会社强调的“本专利车身较高、重心高，为细长的造型，而证据1重心低，属于车身较宽的造型”，从对两者进行整体观察来看，没有产生本田株式会社所述的明显不同的视觉效果，故对本田株式会社的观点不予支持。综上，本专利与证据1属于相近似的外观设计，不符合《专利法》第23条的规定。

一审判理和结果

北京市第一中级人民法院认为，本专利与在先设计均为汽车整车的外观设计，一般消费者在购买和使用过程中，对汽车的整体进行观察是实际生活中经常出现的情形，故本专利与在先设计的比较应采用整体观察的方式。本专利与证据1的外观设计虽存在一定的差别，但对于汽车整体外观而言，一般消费者更容易对汽车整体的设计风格，轮廓形状、组成部件的相互间比例关系等因素施以更多注意，二者的差别尚不足以使一般消费者对两者整体外观设计产生明显的视觉差异。因此，本专利与证据1属于相近似的外观设计。专利复审委员会作出的第8105号决定认定事实清楚，适用法律准确，程序合法，据此作出（2006）一中行初字第779号行政判决，维持专利复审委员会作出的第8105号决定。

上诉与答辩

本田株式会社不服一审判决，向北京市高级人民法院提起上诉。

二审判理和结果

北京市高级人民法院二审认为，本案中，判断的主体应当是对“汽车”这一类产品有常识性了解的人，其对外观设计产品之间在形状、图案上的差别具有一定的分辨力，但不会注意到产品的形状、图案的微小变化。如果一般消费者在对本专利与证据1进行整体观察后，二者的差别对于产品外观设计的整体视觉效果不具有显著的影响，则本专利与证据1构成相近似的外观设计。

从整体上观察，两外观设计在汽车各个组成部分的形状、相互之间的长、宽、高比例关系、车身整体形状以及设计风格是大致相同的。汽车的整体外形轮廓对一般消费者视觉感受的影响是最为显著的。本田株式会社例举出其他品牌的同类汽车具有相近似的整体外形，用以证明该类汽车设计空间有限。对此，二审法院认为，本田株式会社所例举的同类汽车相近似的整体外形并非由于其功能所限定的唯一形状，双环公司、新凯公司同时也提供了反证证明存在同类汽车具有不同的整体外形的情况，因此，本田株式会社认为设计空间有限的主张缺乏事实依据。

本专利外观设计与证据1相比，主要差别在于：(1)本专利前大灯呈不规则四边形，证据1的前大灯呈近似梯形；(2)本专利前保险杠下方的两侧配置有雾灯，证据1中没有雾灯；(3)本专利与证据1汽车前部的护板均呈倒U形，但本专利护板内设有水平隔片，其底部有小护牙，证据1护板内设有纵向空格；(4)本专利后组合灯从车顶向下延伸至车窗下部，证据1后组合灯基本与后车窗的高度相当。此外，两者在格栅、后保险杠、后部车顶轮廓等方面亦有细微不同之处。

汽车车身侧面视图可以反映车身的整体形状，是一般消费者在购买和使用过程中最容易观察到的部位，不应排除在整体观察的范围之外。从车身侧面视图可以看出，本专利与证据1的汽车整体形状、车身高低、车门及车窗的形状等处均相近似。本田株式会社所主张的汽车车身侧面为惯常设计没有事实依据。而汽车的底部、顶部不易被一般消费者观察到，这些部位的差异对整体视觉感受的影响不明显。

本专利与证据1所存在的差别属于局部的差

别，一般消费者需要施以特别的关注、反复比对才能区别开来，这样的差别对整体视觉效果不具有显著的影响。所以，在二者整体设计风格、轮廓形状、组成部件的相互间比例关系等相近的情况下，汽车若干个部位的细微差别结合起来也不会产生明显的视觉差异。故本专利与证据1构成相近似的外观设计，本专利应当被宣告无效。综上，本田株式会社的上诉理由缺乏事实和法律依据，一审判决认定事实清楚，适用法律正确。据此判决：驳回上诉，维持原判。

申请再审理由与答辩

本田株式会社申请再审，并称，(1)本案中，判断外观设计相同或相近似的主体应当是对本案诉争的"运动型多功能汽车"，即SUV汽车，有常识性了解的消费者，即有意愿购买SUV类型汽车的购买者、SUV类型汽车的使用者，而二审判决却将判断主体认定为对汽车这一类产品有常识性了解的人，判断主体认定错误。(2)二审判决将汽车各个组成部分的形状、相互之间的长、宽、高比例关系、车体整体形状以及设计风格作为整体观察对象，而比例关系、车体整体形状属于SUV类型汽车的惯常设计，对外观设计的整体视觉效果不具有显著的影响；本专利与证据1在前大灯、雾灯、前护板、后组合灯、格栅、后保险杠等方面存在差别，除去惯常设计部分，这些差别具有较强装饰效果，对整体视觉效果具有显著的影响。本专利与证据1所公开的外观设计不相同，也不相近似。请求改判：撤销原一、二审判决及第8105号决定，宣告本案专利权有效。

专利复审委员会辩称，(1)本案中，一般消费者应当是对"汽车"这类产品有常识性了解的人，其对汽车的外观设计产品之间的形状、图案上的差别具有一定的分辨能力，但仍然不会注意到产品的形状、图案的细小变化。(2)本专利与在先设计相比，车身的整体形状、各个组成部分的形状以及相互之间的比例均大致相同，前大灯、格栅、前护板、后组合灯的形状的差别，相对于汽车的整体而言均属于细微差别，不会对一般消费者造成显著的视觉影响。

双环公司称，(1)SUV类型汽车是汽车专业人士对这类汽车的称谓，不是一般消费者所能理解和知晓的；国家标准对汽车的分类也只是分为乘用车和商用车两类，二审判决认定的判断主体并无不妥。(2)判断外观设计相同、相近似，应当整体观察，而不应当把整体相同的设计均认定为惯常设计，仅作局部判断。况且，本专利与在先设计局部的差别也均相似，故本专利与在先设计相近似。(3)公证人对所要公证的事实必须亲临现场当面见证，但本田株式会社提交的授权委托书不是公证人亲临现场当面见证，不符合法律规定。

新凯公司称，外观设计近似的判断应当采用整体观察、综合判断的标准，而不应割裂各个局部特征进行比对，一般不考虑细小的差别，而且一般消费者也不具备判断细小差别的能力。

再审审查与审理结果

最高人民法院再审认为，基于被比设计产品的一般消费者的知识水平和认知能力，对被比设计与在先设计进行整体观察，综合判断两者的差别对于产品外观设计的视觉效果是否具有显著影响，是《专利审查指南》规定的判断外观设计是否相同或者相近似的基本方法。根据《专利审查指南》的规定，一般消费者的特点是，对被比设计产品的同类或者相近类产品的外观设计状况具有常识性的了解，对外观设计产品之间在形状、图案以及色彩上的差别具有一定的分辨力，但不会注意到产品的形状、图案以及色彩的微小变化。所谓"常识性的了解"，是指通晓相关产品的外观设计状况而不具备设计的能力，但并非局限于基础性、简单性的了解；所谓"整体"，包括产品可视部分的全部设计特征，而非其中某特定部分；所谓"综合"，是指对能够影响产品外观设计整体视觉效果的所有因素的综合。

本案中，诉争类型汽车外观设计的"整体"，不仅包括汽车的基本外形轮廓以及各部分的相互比例关系，还包括汽车的前面、侧面、后面等，应当予以全面观察。在综合判断时，应当根据诉争类型汽车的特点，权衡诸部分对汽车外观设计整体视觉效果的影响。就本案诉争的汽车类型而言，因该类汽车的外形轮廓都比较接近，故该共性设计特征对于此类汽车一般消费者视觉效果的影响比较有限。相反，汽车的前面、侧面、后面等部位的设计特征的变化，则会更多地引起此类汽车一般消费者的注意。本案中，本专利所示汽车的外观设计与证据1所示汽车的外观设计相比，在前大灯、雾灯、前护板、格栅、侧面车窗、后组合灯、后保险杠、车顶轮廓等装饰性较强的部位均存在差别。特别是，本专利的汽车前大灯采用近似三角形的不规则四边形设计，配合带有小护牙的倒U形的前护板和中间带有横条的格栅；汽车侧面后车窗采用不规则四边形设计，且后窗玻璃与后组合灯之间由窗框所分离，配合车身上部与下部的平滑过渡；汽车后面采用后组合灯从车顶附近开始一直延伸至后保险杠翘起部的“上窄下宽”的柱形灯设计，配合带有护牙的U形后保险杠，都比较突出、醒目，具有较强的视觉冲击力。显然，这些差别对于本案诉争类型汽车的一般消费者而言是显而易见的，足以使其将本专利图片所示汽车外观设计与证据1所示汽车外观设计的整体视觉效果区别开来。因此，上述差别对于本专利与证据1汽车外观设计的整体视觉效果具有显著的影响，二者不属于相近似的外观设计。

本案中，专利复审委员会的决定以及原一、二审判决虽然都认定了两外观设计之间的差别，但都以该差别属“细微差别”为由，将该部分的设计特征从汽车外观设计的“整体”中排除，实质上只着重对两外观设计的整体外形轮廓进行比较，并认为汽车的整体外形轮廓对于汽车、而非诉争类型汽车的一般消费者视觉感受的影响最为显著，以致错误地认定本专利与证据1外观设计相近似、本案专利权无效。

综上，原一、二审判决认定本专利所示汽车的外观设计与证据1所示汽车的外观设计相近似，从而维持专利复审委员会第8105号决定，适用法律有误，应予纠正。依法判决：一、撤销北京市高级人民法院(2007)高行终字第274号行政判决、北京市第一中级人民法院(2006)一中行初字第779号行政判决；二、撤销专利复审委员会第8105号无效宣告请求审查决定。

【法官评述】

本案涉及外观设计近似性判断中的两个重要问题：判断主体、判断原则。

判断主体的争议点是，专利名称所示“汽车”的一般消费者，还是专利所示SUV汽车的一般消费者。原一、二审判决均以（普通）汽车的一般消费者为判断主体。由于判断主体的不同，其知识水平和认知能力均有差异，对于同一区别设计特征，对于不同的判断主体而言，其视觉效果有可能是不同的。本案专利产品系运动型多功能汽车，即俗称的SUV汽车，因此，不应以一般类型的汽车的消费者作为判断特定类型汽车外观设计是否相似的判断主体。

判断原则的争议点是，原一、二审判决均着重比较外观设计的整体外形轮廓、设计风格、相互比例关系，以此基本相同认定前大灯、格栅等部位的差别属于“细微差别”，未对整体视觉效果造成显著影响，从而认定外观设计近似。本田株式会社申诉称，所谓的细微差别恰恰对于此类汽车的一般消费者具有显著的视觉影响力。本专利外观设计与证据1相比，主要差别在于：(1)本专利前大灯呈不规则四边形，证据1的前大灯呈近似梯形；(2)本专利前保险杠下方的两侧配置有雾灯，证据1中没有雾灯；(3)本专利与证据1汽车前部的护板均呈倒U形，但本专利护板内设有水平隔片，其底部有小护牙，证据1护板内设有纵向空格；(4)本专利后组合灯从车顶向下延伸至车窗下部，证据1后组合灯基本与后车窗的高度相当。此外，两者在格栅、后保险杠、后部车顶轮廓等方面亦有不同之处。

本案中，诉争类型汽车外观设计的“整体”，不仅包括汽车的基本外形轮廓以及各部分的相互比例关系，还包括汽车的前面、侧面、后面等，应当予以全面观察。在综合判断时，应当根据诉争类型汽车的特点，权衡诸部分对汽车外观设计整体视觉效果的影响。就本案诉争的汽车类型而言，因此类汽车的外形轮廓都比较接近，故该共性设计特征对于此类汽车一般消费者的视觉效果的影响比较有限。相反，汽车的前面、侧面、后面等部位的设计特征的变化，则会更多地引起此类汽车一般消费者的注意。本案中，本专利所示汽车的外观设计与证据1所示汽车的外观设计相比，在前大灯、雾灯、前护板及格栅、侧面车窗、后组合灯、后保险杠，车顶轮廓等装饰性较强部位，均存在差别。特别是，本专利的汽车前大灯采用近似三角形的不规则四边形设计，配合带有小护牙的倒U形的前护板和中间带有横条的格栅；汽车侧面后车窗采用不规则四边形设计，且后窗玻璃与后组合灯之间由窗框所分离，配合车身上部与下部的平滑过渡；汽车后面采用后组合灯从车顶附近开始一直延伸至后保险杠翘起部的“上窄下宽”的柱形灯设计，配合带有护牙的U形后保险杠，都比较突出、醒目，具有较强的视觉冲击力。显然，这些差别对于本案诉争类型汽车的一般消费者而言是显而易见的，足以使其将本专利图片所示汽车外观设计与证据1汽车外观设计的整体视觉效果区别开来。因此，上述差别对于本专利与证据1汽车外观设计的整体视觉效果具有显著的影响，二者不属于相近似的外观设计。

本案中,专利复审委员会的决定以及原一、二审判决虽然都认定了两外观设计之间的差别,但都以该差别属“细微差别”为由,将该部分的设计特征从汽车外观设计的“整体”中排除,实质上只着重对两外观设计的整体外形轮廓进行比较,并认为汽车的整体外形轮廓对于汽车、而非诉争类型汽车的一般消费者视觉感受的影响最为显著,以致错误地认定本专利与证据 1 外观设计相近似、本案专利权无效。

(最高人民法院知识产权审判庭 李 剑)

案例 4 王群诉法国馆、中建八局侵犯发明专利权纠纷案

——发明目的在权利要求解释中有什么作用?

【裁判要旨】

当用说明书及附图解释权利要求时,说明书中描述的发明目的对权利要求的解释有重要作用。发明目的是发明要解决的现有技术中存在的技术问题,如果说明书描述的发明目的没有被其他证据推翻,权利要求的解释应当符合说明书对发明目的的描述。

【案号】

一审:上海市第一中级人民法院(2010)沪一中民五(知)初字第 40 号

二审:上海市高级人民法院(2010)沪高民三(知)终字第 83 号

【案情与裁判】

原告(二审上诉人):王群

被告(二审被上诉人):法国馆

被告(二审被上诉人):中建八局

起诉与答辩

原告王群因与被告法国馆、中建八局发生发明专利权侵权纠纷,于 2010 年 3 月 1 日向上海市第一中级人民法院提起诉讼。

王群诉称:其是“高架立体建筑物”发明专利权人,专利号为 ZL200410033851.2,该专利权至今合法有效。王群认为,法国馆建筑物落入了其专利权利要求 4、5、6、7 的保护范围,被告中建八局系该馆建设方,故王群请求判令被告法国馆停止使用法国馆建筑物,两被告共同在上海世博局的网站上向原告赔礼道歉,共同在法国馆建筑物上标明原告姓名和专利标识,连带赔偿原告经济损失人民币 4 216 694 元,并共同承担本案诉讼费。

被告法国馆辩称:法国馆建筑物的技术特征与原告王群的专利必要技术特征既不相同,也不等同;法国馆建筑物采用的是现有技术加公知常识,故其不构成对王群专利权的侵害。

被告中建八局同意被告法国馆的答辩意见。

一审审理查明

国家知识产权局于 2006 年 4 月 5 日授予王群名称为“高架立体建筑物”的发明专利权,该专利申请日为 2004 年 4 月 19 日,专利号为 ZL2004 10033851.2。

王群在本案中主张其要求保护的权利范围为权利要求 4、5、6、7。该专利权利要求如下:“1. 一种高架立体建筑物,建设在地基上,其特征在于:每组高架立体建筑物由空间支架和支承在空间支架上的房屋单元构成;固接于地基的空间支架四周空间及表面布置有若干房屋单元;该空间支架有连接地面的交通设施,该空间支架的顶面为道路;

所述空间支架为支承于地基上的螺旋体通道,该螺旋体通道呈螺旋形盘旋上升,其下端连接地面道路构成连接地面的交通设施;

所述空间支架四周及表面布置的房屋单元为固定布置或能移动的布置。”

……

“4. 如权利要求 1 所述的高架立体建筑物,其特征在于:所述空间支架的连接地面的交通设施还包括垂直于地面的电梯、斜置滚梯及螺旋上升楼梯中的一种或其结合。”

“5. 如权利要求 1 所述的高架立体建筑物,其特征在于:所述空间支架的连接地面的交通设施还有垂直地面设置的交通设施。”

“6. 如权利要求 1 所述的高架立体建筑物,其特征在于:在所述空间支架与地基之间设置有支撑架,该支撑架为立柱、斜柱、金属网架、金属桁架、墙体中的一种或其结合。”

“7. 如权利要求 1 所述的高架立体建筑物,

其特征在于：所述空间支架的顶面四周还间杂设置有停车场、商业区、娱乐设施、绿化带的一种或结合。”

……

该发明专利的说明书第1页记载：“现有的单层或多层建筑都是沿地面布置在建设用地上的，单位建设用地面积上能建设的建筑面积不多；高层虽然在单位建设用地面积上能建设的建筑面积较多，但建筑相对封闭，人与自然、人与人之间的交流性较差，舒适度较差。”

该发明专利的说明书第2页还记载：“本发明有以下积极有益的效果：

本发明将房子布置在空间支架的四周空间，能在单位建设用地面积上建设较多的建筑面积，节约用地，同时改善居住交流性和舒适度，并且交通工具可直接到达各户门口。”

法国馆建筑物在其由纵横交错的横梁支撑的坡道表面布置有若干房间，这些房间未占用坡道的四周空间。

中建八局系法国馆建筑物的承建单位。

一审判理和结果

上海市第一中级人民法院一审认为：本案的争议焦点是法国馆建筑物是否采用了王群的专利技术方案，从而落入了王群专利权的保护范围。为了查明这一争议焦点，上海市第一中级人民法院前往法国馆建筑物进行现场勘验，并结合双方提供的证据，对王群的专利技术方案和法国馆建筑物的技术特征进行了比对，发现法国馆建筑物内的房间均设置在坡道的表面，而未延伸至坡道的四周空间，这与王群专利权利要求1中记载的技术特征之一“空间支架四周空间及表面设置有若干房屋单元”既不相同，也不等同。专利说明书的附图中所示的两个实施例均显示房屋单元建设在空间支架的四周空间及表面。根据发明专利说明书的记载，该发明的背景技术是现有技术在单位建设用地上能建的建筑面积不多，高层建筑在单位建设用地面积上虽然能建面积较多，但又相对封闭，影响到人与自然的交流和人际交流。该发明的有益效果即在于扩张单位建设用地面积上的建筑面积，改善居住的交流性和舒适度，而实现上述发明目的和效果的技术手段就是“将房屋布置在空间支架的四周空间”。根据专利说明书的上述解释，将房屋单元建设在空间支架的四周空间，即从空间支架表面延伸至其四周，是实现本发明目的的一个重要技术手段。而法国馆建筑物恰恰仅在坡道表面设置有房间，该建造方式不足以实现王群在专利文件中所描述的拓展建筑空间的功能和效果。可见，法国馆建筑物没有全面覆盖王群专利的所有必要技术特征，因此两被告建造、使用法国馆建筑物的行为不构成对王群专利权的侵犯。

据此，上海市第一中级人民法院依照《专利法》第11条第1款、第59条第1款的规定，于2010年10月25日判决驳回原告王群的诉讼请求。王群不服一审判决，向上海市高级人民法院提起上诉。

二审审理查明

二审审理另查明，二审庭审中，王群确认涉案专利权利要求1中，空间支架的“表面”与“顶面”之间的关系是上位概念与下位概念之间的关系，空间支架的“表面”包括“顶面”，侧面、下面均属于表面；空间支架的“顶面”指说明书附图101所示及向上延伸部分。涉案发明专利授权审查过程中，针对审查员的审查意见，王群的陈述为“本发明的螺旋形空间支架不仅可以作为车道使用，还可以作为房屋单元移动时的路径使用”。

涉案发明专利说明书记载“本发明的目的是提供一种高架立体建筑物，节约用地，能在单位建设用地面积上建设较多面积的建筑，同时改善居住交流性和舒适度”。

二审判理和结果

上海市高级人民法院二审认为：涉案从属权利要求4的保护范围由该从属权利要求引用的独立权利要求1记载的全部技术特征加上该从属权利要求附加的技术特征共同限定。同理确定涉案从属权利要求5、6、7的保护范围。

权利要求1中记载有“空间支架四周空间及表面布置有若干房屋单元……空间支架的顶面为道路”。根据王群在二审庭审中的陈述，“表面”与“顶面”之间的关系是上位概念与下位概念之间的关系，空间支架的“表面”包括“顶面”，“顶面”指专利说明书附图101所示及向上延伸部分；再结合涉案专利说明书(包括附图)以及王群在专利授权审查过程中所作陈述“空间支架不仅可以作为车道使用，还可以作为房屋单元移动时的路径使用”，权利要求1中技术特征“空间支架四周空间及表面布置有若干房屋单元”应当被解释为“空间支架顶面及向上延伸合理高度以外的四周空间及表面布置有若干房屋单元，房屋单元的主体不设置在空间支架顶面上及向上延伸的合理高度内”。这样的解释才能够与权利要求1中记载的“空间支架的顶面为道路”相协调，也才能够与“空间支架（实指空间支架顶面）不仅可以作为车道使用，还可以作为房屋单元移动时的路径使用”的陈述相符。这样的解释也符合涉案发明专利说明书对其发明目的的描述，使得依照专利技术方案建造的高架立体建筑物，能在单位建设用地面积上建设较多面积建筑的同时，改善居住交流性和舒适度。空间支架顶面（包括及向上延伸的合理高度内）作为道路与作为房屋单元移动时的路径（不管房屋单元是固定或者可移动，房屋单元的主体不设置在空间支架顶面上），如此可以改善居住交流性和舒适度；在空间支架顶面及向上延伸合理高度以外的四周空间及表面布置房屋单元，如此可以在单位建设用地面积上建设较多面积的建筑，节约用地。

法国馆建筑物内的房间均设置在坡道的表面，而未延伸至坡道的四周空间。用涉案专利发明的术语来表述就是法国馆建筑物的房屋单元均是布置在空间支架的顶面（更准确地说是布置在顶面及向上延伸的空间内），空间支架的顶面一部分用于布置房屋单元，一部分用作道路。即使如王群所主张法国馆建筑物餐厅房屋单元有部分已经“延伸”至空间支架的外围空间，但组成法国馆建筑物的房屋单元在实质上、总体上仍是布置在空间支架顶面上的，这与权利要求1的相应技术特征“空间支架顶面及向上延伸合理高度以外的四周空间及表面布置有若干房屋单元，房屋单元的主体不设置在空间支架顶面上及向上延伸的合理高度内”存在本质区别，两者既不相同，也不等同。由于已经认定法国馆建筑物缺少权利要求1中一项技术特征，故法国馆建筑物的技术方案也就不可能落入从属于权利要求1的权利要求4、5、6、7的保护范围。

涉案专利说明书明确记载其高架立体建筑物的发明目的是节约用地，能在单位建设用地面积上建设较多面积建筑的同时，改善居住交流性和舒适度。原审判决认定在坡道表面设置房间的法国馆建筑物不足以实现涉案专利文件中所描述的拓展建筑空间的功能和效果，不能实现涉案专利的发明目的，并无不当。法国馆建筑物的建造方式有可能改善房屋交流性和舒适度，但并不能在单位建设用地面积上建设较多面积建筑（因为其并没有在空间支架顶面及向上延伸以外的四周空间及表面布置房屋单元）。涉案专利的发明目的是在单位建设用地面积上建设较多面积建筑，并同时改善居住交流性和舒适度，两者同时满足，缺一不可。这也是恰当地解释权利要求1中技术特征“空间支架四周空间及表面布置有若干房屋单元”的事实依据之一。

据此，上海市高级人民法院依照《民事诉讼法》第153条第1款第(1)项、第158条之规定，于2010年12月3日判决驳回上诉，维持原判。

【法官评述】

发明或者实用新型所要解决的技术问题，是指发明或者实用新型要解决的现有技术中存在的技术问题。根据《专利审查指南》的规定，发明或者实用新型专利的说明书中，要求针对现有技术中存在的缺陷或不足，用正面的、尽可能简洁的语言客观而有根据地反映发明或者实用新型要解决的技术问题。说明书所描述的发明或者实用新型所要解决的技术问题是说明书的重要组成部分，在依据说明书解释权利要求时，说明书所描述的发明或者实用新型所要解决的技术问题有重要的作用。发明或者实用新型要解决的技术问题在2001年第二次修改前的专利法实施细则中被称为发明目的，为叙述方便，我们仍称发明或者实用新型要解决的技术问题为发明目的。

说明书中描述的发明目的对权利要求解释的作用在于，权利要求的解释应当符合说明书对发明目的的描述。如果对权利要求中某一技术术语的解释，使得包含该术语的权利要求所限定的技术方案不能实现说明书所描述的发明目的，则对权利要求中该技术术语的解释就是不恰当的。

当然，权利要求的保护范围由权利要求记载的技术特征来界定，并非是由说明书描述的发明目的来界定。不能认为被控侵权技术方案所实现的发明目的与说明书描述的专利技术方案所要实现的发明目的相同，就据此认为被控侵权技术方案落入了专利权利要求的保护范围。实现说明书描述的发明目的通常可以通过多种技术方案予以实现，只有被控侵权技术方案落入了权利要求所限定的保护范围，才能构成专利侵权。但是，如果被控侵权技术方案不能实现说明书所描述的发明目的，则被控侵权技术方案就不应当被认定为落入了专利权利要求的保护范围。

或许有人会认为，说明书中描述所要解决的技术问题即发明目的，其意图在于方便审查员在专利审查过程中，了解专利申请案与现有技术之间的区别，便于审查员审查判断专利申请案相对于现有技术是否有新颖性与创造性。说明书描述的发明目的，的确有此作用。但不能因为说明书描述的发明目的有此作用，就否认说明书描述的发明目的在权利要求解释中的作用。

当然，说明书所描述的发明目的，是专利申请人自己描述的发明目的，是专利申请人基于其自己对现有技术的认识，基于其自己对专利申请案与现有技术之间区别的认识，所确定的发明目的。甚至在某些情况下，专利申请人还可能会有意夸大其专利申请案与现有技术之间的差别，夸大所要解决的技术问题。在判断专利申请案的创造性时，《专利审查指南》中就明确规定，“在审查中应当客观分析并确定发明实际解决的技术问题。为此，首先应当分析要求保护的发明与最接近的现有技术相比有哪些区别特征，然后根据该区别特征所能达到的技术效果确定发明实际解决的技术问题。……审查过程中，由于审查员所认定的最接近的现有技术可能不同于申请人在说明书中所描述的现有技术，因此，基于最接近的现有技术重新确定的该发明实际解决的技术问题，可能不同于说明书中所描述的技术问题；在这种情况下，应当根据审查员所认定的最接近的现有技术重新确定发明实际解决的技术问题”。

因此，说明书中描述的发明目的，很可能并非是专利技术方案所实际解决的技术问题，而只是专利申请人基于自己的认识所认定的发明目的。如果有证据表明，说明书所描述的发明目的并非专利技术方案实际解决的技术问题，专利申请人有意或者无意夸大了、说偏了其专利技术方案所要解决的技术问题，则在专利授权审查程序中，就要根据重新认定的最接近的现有技术重新确定申请专利的技术方案实际所要解决的技术问题。同样，在专利侵权诉讼程序中，如果有证据表明说明书中描述的发明目的并非专利技术方案实际要解决的技术问题，则同样应当根据重新认定的最接近的现有技术重新确定专利技术方案实际所要解决的技术问题。在这种情况下，权利要求的解释就应当符合根据重新认定的最接近的现有技术所重新确定的发明目的，而不是符合于说明书所描述的专利申请人自己认定的发明目的。

总之，在专利侵权诉讼中，当用说明书及附图解释权利要求时，说明书中描述的发明目的对权利要求的解释有重要作用。如果说明书描述的发明目的没有被其他证据推翻，权利要求的解释应当符合说明书对发明目的的描述。如果说明书描述的发明目的被其他证据推翻，则需根据相应证据所重新认定的最接近的现有技术重新确定的发明目的，对权利要求的解释应当符合该重新确定的发明目的。

在前述案例中，案件中并无证据去推翻说明书中所描述的发明目的，故涉案专利的发明目的，也即其实际要解决的技术问题是说明书所描述的发明目的，也就是“提供一种高架立体建筑物，节约用地，能在单位建设用地面积上建设较多面积的建筑，同时改善居住交流性和舒适度”。对于本案权利要求的解释，具体到对权利要求中技术特征“空间支架四周空间及表面布置有若干房屋单元”含义的解释，就应当符合涉案专利说明书对其发明目的的描述。

（上海市高级人民法院知识产权庭　张晓都）

案例5　程润昌诉合鑫公司、龚举东侵犯实用新型专利权纠纷案

——阅读提示：如何把握以说明书及附图解释权利要求而不是限定权利要求的界限？实施在后专利是否会构成对在先专利权的侵犯？确定赔偿数额应考虑哪些因素？

【裁判要旨】

发明或者实用新型专利权的保护范围以其权利要求的内容为准，说明书及附图可以用于解释权利要求的内容，但不能将仅在说明书或者附图中描述而在权利要求中未记载的技术方案纳入专利权的保护范围。在后的专利技术是对在先的专利技术的改进或者改良，但实施该技术有赖于实施前一项专利技术，因而它属于从属专利，实施从属专利而未经在先专利权人的许可，实施了在先的专利技术，则构成对在先专利权的侵犯。在确定侵权人应承担的赔偿数额时，既要保护专利权人的合法权益，又要鼓励技术创新。

【案号】

一审：广西壮族自治区南宁市中级人民法院

(1997)南市经初字第 57 号

二审:广西壮族自治区高级人民法院(2000)桂经终字第 99 号

再审:广西壮族自治区高级人民法院(2007)桂民再字第 30 号

再审:广东省高级人民法院(2010)粤高法审监民再字第 44 号

【案情与裁判】

原告(二审上诉人、申请再审人):程润昌

被告(二审被上诉人、被申请人):合鑫公司

被告(二审被上诉人、被申请人):龚举东

起诉与答辩

程润昌于 1997 年 2 月 24 日向南宁市中级人民法院起诉称:程润昌是"装有翻卷式密封套的不泄漏阀门"实用新型专利权人。在该专利有效期间,龚举东、合鑫公司未经程润昌许可同意,擅自生产销售与程润昌专利技术相同的产品,侵犯了程润昌的专利权,故请求判令合鑫公司、龚举东停止侵权,公开赔礼道歉,赔偿经济损失 316 万元,并承担本案诉讼费用。

龚举东及合鑫公司辩称:程润昌所诉的所谓侵权产品系合鑫公司生产销售,并非龚举东生产销售,程润昌向龚举东主张权利无事实和法律依据,应予驳回。合鑫公司生产销售的产品是根据自己已获专利权的"阀芯直开启无泄漏水龙头"专利技术而生产销售的,与程润昌的专利既不相同也不等同,合鑫公司没有侵权,请求驳回程润昌的诉讼请求。

法院审理查明

1990 年 4 月 10 日,程润昌就其发明的"装有翻卷式密封套的不泄漏阀门"技术向国家知识产权局申请专利,并获得授权,专利号为 90204724.8。龚举东于 1994 年 5 月 19 日就"阀芯直开启无泄漏水龙头"技术向国家知识产权局申请专利,并获得授权,专利号为 ZL94212278.X。

合鑫公司于 1994 年 6 月登记成立,法定代表人原为龚举东。合鑫公司称其从 1994 年 6 月开始生产销售"隔膜式龙头(阀门)"产品,至 1998 年底已生产了大概 300 万套,每套生产成本 2.5 元,售价 3.8 元。

程润昌就龚举东的专利向国家知识产权局专利复审委员会(以下简称专利复审委员会)申请宣告无效,专利复审委员会于 1999 年 1 月 13 日作出了第 1243 号无效宣告请求审查决定书,决定维持龚举东的专利权有效。合鑫公司就程润昌的专利也向专利复审委员会申请宣告无效,专利复审委员会于 1999 年 3 月 22 日作出了第 1297 号无效宣告请求审查决定书,决定维持程润昌的专利权有效。

本案在审理过程中,一审法院就合鑫公司生产销售的被控侵权产品与程润昌专利技术方案是否相同或等同问题,委托鉴定机构进行技术鉴定,结论为两者不相同亦不等同。

一二审、原再审判决和结果

一审法院认为合鑫公司制造销售的"隔膜式龙头(阀门)"产品与程润昌的专利技术方案不相同亦不等同,不构成侵权,程润昌的诉讼请求无事实和法律依据,遂判决驳回程润昌的诉讼请求。程润昌不服,提起上诉。二审法院认为,专利复审委员会在第 1243 号无效宣告请求审查决定中认定,程润昌的专利与龚举东的实用新型专利技术相比,两者在结构特征上有明显区别,后者在结构上具有四项特征,前者只有一项结构与后者存在关联相对应,缺少了后者另三项结构特征,后者比前者具有新颖性和创造性。因此龚举东的专利并不重复也不从属于程润昌的专利,两者有本质的区别,合鑫公司使用龚举东专利技术所制造、销售的水龙头的技术方案与程润昌的专利技术方案不相同亦不等同,合鑫公司、龚举东不构成侵权。二审法院遂判决驳回程润昌上诉,维持原审判决。程润昌不服二审判决,向原终审法院反复申诉,该院裁定对本案进行再审。该院再审后,以与原二审判决基本相同的理由驳回了程润昌的再审请求。

再审审查和审理结果

程润昌不服,向最高人民法院申请再审,最高人民法院经审查认为程润昌的再审申请符合《民事诉讼法》第 179 条第 1 款第(2)项和第(6)项规定的情形,遂裁定本案指定由广东省高级人民法院再审。

广东省高级人民法院再审认为,鉴定机构在解释程润昌专利权利要求时,将仅在说明书以及附图中描述而未在权利要求中记载的具体实施方式纳入了权利要求 1 的技术方案,对阀体、阀盖、

封头、盖帽式操作环等技术特征作了进一步的限定，错误地缩小了专利权利要求 1 的保护范围，导致其鉴定结论缺乏客观性和公正性，而且法院没有通知鉴定人员出庭接受当事人质询，也没有就当事人提出的质询要求鉴定人员出具书面答复意见，在程序上也存在问题，故该鉴定意见不能作为认定本案事实的依据。程润昌、合鑫公司均确认被控侵权产品使用的是龚举东的专利技术，因此，可以用该专利的技术特征作为被控侵权产品的技术特征。将程润昌专利权利要求 1 所公开的结构特征与龚举东专利权利要求 1 所公开的结构特征进行对比，合鑫公司除了认为被控侵权产品中密封膜的结构特征与程润昌权利要求 1 中翻卷式密封套的结构特征既不相同也不等同外，对两者的其余技术特征相同没有异议。对于“翻卷式密封套”这一技术特征，应结合程润昌专利说明书及附图进行界定，将被控侵权产品的密封套与程润昌专利权利要求 1 中的翻卷式密封套相比较，二者的翻卷方式、功能以及技术效果均相同，属于相同的技术特征，被控侵权产品具有程润昌涉案专利权利要求 1 的全部技术特征，已落入程润昌涉案专利权利要求 1 的保护范围。根据专利复审委员会作出的第 1243 号《无效宣告请求审查决定》，龚举东专利是在程润昌专利基础上引入《阀门设计手册》中的设计思路重新构思而形成的一种新型的具有较长使用寿命、操作灵便、成本不高的改进的水龙头，因此，龚举东专利技术是对在先的程润昌专利技术的改进或者改良，但实施龚举东专利技术有赖于实施程润昌专利技术，因而龚举东专利从属于程润昌专利，合鑫公司实施龚举东专利必然会侵犯程润昌专利。合鑫公司未经程润昌许可，擅自制造、销售落入程润昌专利权保护范围的被控侵权产品，侵犯了程润昌的专利权，应承担相应的侵权责任。龚举东是合鑫公司的法定代表人，无须承担相应的侵权责任。程润昌专利已经超过 10 年保护期，其申诉要求判令合鑫公司停止侵权的诉讼请求已失去了权利基础和法律依据，不予支持。程润昌要求合鑫公司赔偿经济损失 316 万元的计算依据缺乏合理性和科学性，不能支持，综合考虑本案各种因素，合鑫公司以赔偿程润昌经济损失 50 万元为宜。综上，广东省高级人民法院作出再审判决：撤销原一、二审及再审判决，合鑫公司赔偿程润昌经济损失 50 万元，驳回程润昌的其他诉讼请求。

【法官评述】

本案属于侵犯实用新型专利权纠纷，涉及专利侵权诉讼中的诸多法律问题，包括鉴定结论的采信、专利权保护范围的确定、从属专利的认定、赔偿数额的确定等方面，具有典型的意义。

一、关于鉴定机构作出的鉴定结论能否作为认定本案事实的依据的问题

根据《专利法》的规定，发明或者实用新型专利权的保护范围以其权利要求的内容为准，说明书及附图可以用于解释权利要求的内容，但不能将仅在说明书或者附图中描述而在权利要求中未记载的技术方案纳入专利权的保护范围。“解释”不同于“限定”，一般来说，“限定”的结果是导致范围的缩小，而“解释”既有可能缩小保护范围，也有可能扩大保护范围❶。因此，如何使用说明书或者附图来正确解释权利要求而不是限定权利要求，是审判实践中的难点。一般来说，在下列情况下，需要用说明书或者附图对权利要求进行解释：(1)当权利要求书中技术术语的表述含糊不清，或者对该术语可能存在多义理解时，应当根据说明书或者附图的描述对该术语进行解释；(2)当权利要求书中使用自造词时，需要说明书对其含义进行澄清性的解释；(3)权利要求书在文义上看是清楚的，但说明书对权利要求书中某一技术特征的解释与一般技术人员对该技术特征的通常理解不同，并且说明书的文义也是清楚的，这时应按照说明书中的解释确定专利保护范围；(4)说明书明确排除对确定权利要求保护范围的作用。❷

本案一审法院就合鑫公司制造、销售的“隔膜式龙头(阀门)”产品与程润昌专利的技术方案是否相同或等同问题，委托鉴定机构进行技术鉴定，鉴定结论为两者不相同亦不等同。因此，本案首先要解决的问题是该鉴定结论能否作为认定本案事实的依据，而这一问题又涉及对专利权利要求的解释。我们在分析该鉴定结论时就会发现：鉴定机构在解释程润昌专利权的权利要求时违反了《专利法》的规定，将仅在说明书或者附图中描述

❶ 张荣彦：《“车把手”专利侵权案剖析》，载吴汉东主编《知识产权年刊》(2006 年号)，北京大学出版社 2007 年版，第 397 页。

❷ 参见仪军、侯占恒、王晫：《如何确定专利权的保护范围——从说明书对权利要求书的解释分析》，载《科技与法律》，2008 年第 3 期。

而在权利要求中未记载的技术方案纳入了专利权的保护范围，如程润昌专利权利要求1没有对阀体的结构进行限定，但该鉴定意见在解释阀体的结构时认为："专利技术方案采用了外设螺纹，被控产品的阀体对应部位则是无螺纹的限位阶台……专利为螺纹联接，被控产品则为限位的滑动套合……，由于两者的结构部件各自之间都存在着有机的联接配合致使阀体的这一限位阶台结构形式与螺纹结构形式对最终的技术效果产生了不同。"同样，鉴定意见在解释程润昌专利权利要求1的阀盖、封头、盖帽式操作环等技术特征时，将程润昌专利仅在说明书以及附图中描述而未在权利要求中记载的具体实施方式纳入了权利要求1的技术方案，对上述技术特征作了进一步的限定，错误地缩小了专利权利要求1的保护范围，这必然导致其鉴定结论缺乏客观性和公正性。因此，该鉴定结论不能作为认定本案事实的依据。

二、关于被控侵权产品是否落入程润昌专利权保护范围的问题

本案中，被控侵权产品为"隔膜式龙头（阀门）"，程润昌、合鑫公司均确认被控侵权产品使用的是龚举东的专利技术，并同意以该专利的技术特征作为被控侵权产品的技术特征。因此，本案可以就龚举东专利的技术特征代替被控侵权产品的技术特征与程润昌专利的技术特征进行比对。

将程润昌专利权利要求1所公开的结构特征与龚举东专利权利要求1所公开的结构特征进行对比，前者中的阀体、翻卷式密封套、封头、盖帽式操作环、阀盖及它们在功能上的关联顺次与后者的阀体、密封膜、固装在阀杆、旋柄、导向套及它们间的关联相对应。合鑫公司除了认为被控侵权产品中密封膜的结构特征与程润昌权利要求1中翻卷式密封套的结构特征既不相同也不等同外，对两者的上述其余结构特征相同没有异议。

对于"翻卷式密封套"这一技术特征，程润昌的专利权利要求中并没有明确的界定，因此，应借助说明书及附图进行解释。该专利说明书记载："旋转操作环5可使密封套4往返翻卷、封头3上下升降，从而控制阀门开关和流量，"附图3、4中分别描绘了未翻卷和已翻卷的翻卷式密封套。结合说明书记载的上述技术内容以及附图3、4，所谓翻卷是指密封套竖直边沿的一种运动方式，当封头3向下运动时，密封套4的竖直边沿外侧逐渐向内翻卷180°，变为垂直边沿的内侧，逐渐关闭阀门并减少流量；当封头3向上运动时，密封套4的竖直边沿内侧逐渐向外翻卷180°，变为竖直边沿的外侧，逐渐打开阀门并增加流量，随着封头3的上下往返运动，密封套的翻卷可反复进行。被控侵权产品中的密封套包括底部、竖直边沿以及边沿部，其中密封套的底部固定在阀杆的下端，边沿部通过固定套压紧固定在阀体上。当阀杆向上运动时，阀杆带动密封套的底部向上运动，密封套的竖直边沿的内侧逐渐向外翻转180°，变为竖直边沿的外侧，逐渐打开阀门并增加流量；当阀杆向下运动时，带动密封套的底部向下运动，密封套的竖直边沿的外侧逐渐向内翻转180°，变为竖直边沿的内侧，逐渐关闭阀门并减少流量，随着阀杆的上下往返运动，密封套的翻卷可反复进行。将被控侵权产品的密封套与程润昌专利权利要求1中的翻卷式密封套相比较，二者的翻卷方式、功能以及技术效果均相同，属于相同的技术特征，被控侵权产品具有程润昌专利权利要求1的全部技术特征，已落入程润昌专利权利要求1的保护范围。此外，程润昌专利权利要求1中并没有对密封套运动幅度的大小进行限定，因此，只要符合作翻卷式运动的密封膜均属于程润昌专利的保护范围，合鑫公司认为被控侵权产品密封膜的运动幅度很小，而程润昌专利中翻卷式密封套的运动幅度很大，两者显然不同，合鑫公司该解释是错误的，不能支持。

三、关于从属专利的认定问题

所谓从属专利，是指在后申请的发明或者实用新型专利的保护范围完全落入另一项在先申请的发明或者实用新型专利保护范围之内。对于相同或者类似产品，不同的人都拥有专利权的，实施在后专利权是否侵犯在先专利权，有不同的观点，一种观点认为属于重复授权，应通过行政程序撤销在后专利权，侵权诉讼中不予审理；另一种观点认为应当分析在后专利权的具体情况以及与在先专利权的关系，从而判定是否构成侵权。对于这一争议，最高人民法院在《关于在专利侵权诉讼中当事人均拥有专利权应如何处理问题的批复》中指出，对于相同或者类似产品，不同的人都拥有专利权的有以下三种情形：一是不同的发明人对该产品所作出的发明创造的发明点不同，他们的技术方案之间有本质区别；二是在后的专利技术是对在先的专利技术的改进或者改良，它比在先的专利技术更先进，但实施该技术有赖于实施前一项专利技术，因而它属于从属专利；三是因实用新型专利未经实质审查，前后两项实用新型专利的技术方案相同或者等同，后一项实用新型专利属于重复授权。人民法院在审理专利侵权纠纷案件时，根据《专利法》规定的先申请原则，只要原告先于被告提出专利申请，则应当依据原告的专利权保护范围，审查被告制造的产品主要技术特征是否完全覆盖原告的专利保护范围。在一般情况下，前述第一种情形由于被告发明的技术方案同原告发明的技术方案有本质的区别，故被告不构成侵权。后两种情形或者被告为了实施其从属专利而未经在先专利权人的许可，实施了在先的专利技术；或者由于前后两项实用新型专利的技术方案相同或者等同，被告对后一项重复授权专利技术的实施，均构成对原告专利权的侵犯。

本案中，龚举东专利除了具有与程润昌专利相同的技术特征外，还具有区别于程润昌涉案专利权利要求 1 的多个技术特征。但是，程润昌先于龚举东提出了专利申请，而且被控侵权产品的技术特征已经完全覆盖了程润昌专利权利要求 1 的保护范围，同时根据专利复审委员会第 1243 号《无效宣告请求审查决定》，龚举东专利是在程润昌专利的基础上引入《阀门设计手册》中的设计思路重新构思而形成的一种新型的具有较长使用寿命、操作灵便、成本不高的改进的水龙头，因此，龚举东专利技术是对在先的程润昌专利技术的改进或者改良，但实施龚举东专利技术有赖于实施程润昌专利技术，因而龚举东专利从属于程润昌专利。合鑫公司认为龚举东专利不是程润昌专利的从属专利，被控侵权产品实施的是龚举东的专利，合鑫公司没有侵犯程润昌专利权的该主张不能成立。

四、关于本案民事责任的承担问题

本案民事责任的承担主要涉及合鑫公司应否承担停止侵权以及赔偿数额的确定问题。本案被控侵权行为发生在 1997 年，因此本案应适用当时实施的《专利法》及有关法律法规的规定。《专利法》第 45 条规定实用新型专利权的期限为十年，自申请之日起计算。程润昌涉案专利申请日为 1990 年 4 月 10 日，至今已经超过十年的保护期，已经成为社会公共财富，任何人均可免费自由使用。因此，程润昌在 1997 年提起本案诉讼时要求判令合鑫公司停止侵权，该诉讼请求本应得到支持，但是，现在程润昌涉案专利已过了保护期，其再要求判令合鑫公司停止侵权的诉讼请求已失去了权利基础和法律依据，因此，对程润昌该诉讼请求不能再予以支持。

因本案侵权行为发生在 1997 年前后，当时程润昌涉案专利仍处于保护期，因此，程润昌要求判令合鑫公司赔偿经济损失有充分的事实和法律依据。

由于程润昌因侵权所受到的损失及合鑫公司因侵权所获得的利益均难以确定，广东省高级人民法院综合考虑下列因素酌定合鑫公司应赔偿程润昌经济损失 50 万元：第一，程润昌专利权的类型为实用新型专利，技术含量相对较高。第二，被控侵权产品既实施了程润昌专利的技术方案，也实施了龚举东从属专利的技术方案。第三，合鑫公司实施侵权行为的持续时间。《专利法》第 61 条规定："侵犯专利权的诉讼时效为二年，自专利权人或者利害关系人得知或者应当得知侵权行为之日起计算。"因此，专利权人超过二年起诉的，如果侵权行为在起诉时仍在继续，在该项专利权有效期内，人民法院应当判决被告停止侵权行为，侵权损害赔偿数额应当自专利权人向人民法院起诉之日起向前推算二年计算。程润昌于 1997 年 2 月 24 日提起本案诉讼，因此应向前推算二年，对超过二年期限的部分不予计算。第四，合鑫公司实施侵权行为的规模。根据合鑫公司在一审法院开庭审理时的自述，合鑫公司于 1995 年和 1996 年共生产 150 万套，自 1994 年 6 月合鑫公司成立至 1998 年底大概生产了 300 万套，成本 2.5 元/只，销售价 3.8 元/只。

（广东省高级人民法院知识产权庭　邓燕辉）

案例 6　华盖公司诉重庆外运公司侵犯著作权纠纷案

——阅读提示：本案涉及审理侵犯著作权纠纷案件中应如何适用证据规则，如何分配当事人举证责任的问题。

【裁判要旨】

原告提起侵犯著作权之诉，其不仅应提交其享有涉案作品著作权的事实证据，同时还要提交被告构成侵权的事实证据；被告对原告提交的上述证据予以否认的，同样应就其否认的事实提交证据予以证明，以保证诉讼中当事人诉讼权利义务平等。被告没有提交证据的，应承担对己不利的法律后果。

【案号】

一审：重庆市第一中级人民法院（2009）渝一中法民初字第209号

二审：重庆市高级人民法院（2010）渝高法民终字第71号

再审：最高人民法院（2010）民提字第199号

【案情与裁判】

原告（二审上诉人、申请再审人）：华盖公司

被告（二审被上诉人、被申请人）：重庆外运公司

起诉与答辩

2009年3月，华盖公司起诉称，其作为美国Getty Images，Inc（以下简称Getty公司）在中国的授权代表，有权在中国境内展示、销售和许可他人使用Getty公司拥有著作权的图片，并有权在中国境内以华盖公司名义就任何侵权行为提起诉讼。重庆外运公司未经授权，在其企业宣传画册中使用了Getty公司授权其在中国有权展示、销售和许可他人使用的一张图片，图片编号为：aa030148，内容为：仓库。请求判令重庆外运公司立即停止侵权行为并销毁全部相关制品；在重庆电视台卫视频道公开赔礼道歉；赔偿华盖公司经济损失10000元；支付华盖公司为维权所支出的成本费用1100元；本案诉讼费用由重庆外运公司负担。

重庆外运公司辩称，重庆外运公司只是企业宣传画册的使用者，而非制作者，没有侵权的故意，且早已停止使用该宣传画册，不应承担民事侵权责任。请求驳回华盖公司的诉讼请求。

一审审理查明

华盖公司为Getty公司在中国的授权代表，Getty公司授权华盖公司在中国境内展示、销售和许可他人使用拥有著作权的图像资料，并有权在中国境内以华盖公司的名义就任何第三方对Getty公司的知识产权（版权，包括精神权利）的侵犯和未经授权使用Getty公司拥有著作权的图像的行为采取任何形式的法律行为。Getty公司出具的授权书已经美国公证机构公证及中国驻美国旧金山总领事馆认证。依据该授权书，华盖公司作为Getty公司在中国的授权代表，有权在中国境内展示、销售和许可他人使用Getty公司拥有著作权的图片，并有权在中国境内以华盖公司名义就任何侵权行为提起诉讼。华盖公司认为重庆外运公司未经授权，在其企业宣传画册中使用了Getty公司授权其在中国有权展示、销售和许可他人使用的一张图片，图片编号为：aa030148，内容为：仓库。一审庭审中，重庆外运公司提交证据证明涉案宣传画册形成时间在2006年。

一审判理和结果

一审法院认为，根据我国《著作权法》相关规定，当事人提供的涉及著作权的底稿、原件、合法出版物、著作权登记证书、认证机构出具的证明、取得权利的合同等，可以作为享有著作权的证据。按照Getty公司的确认授权书，Getty公司有权展示、销售和许可他人使用附件A所列出之品牌的所有图像，其中包括有“Photodisc”品牌，这些图像展示在该公司互联网网站上；华盖公司为Getty公司在中国的授权代表，2009年3月23日，华盖公司在Getty公司的互联网网站www.gettyimages.com上公证取证，查询并打印了相关网页的情况，网页上登载了涉案图片并载明图片编号为：aa030148，内容：仓库，品牌：“Photodisc”等。然而华盖公司通过上述公证取证，仅能证明在2009年3月23日即公证之日Getty公司的网站上载有涉案图片，且根据Getty公司的声明，该公司对其网站上的图片享有著作权。因此，在没有相反证据的情况下，可以推定Getty公司从2009年3月23日起对涉案图片享有著作权。但是，Getty公司是一家专业图片经营公司，该公司享有著作权的图片或为该公司摄影师拍摄的职务作品，或为该公司通过其他途径继受取得，而该公司以其网站作为其图片库，网站上的图片库不同于其他公开出版物，不具有内容明确、固定的特点。Getty公司的网站上具有海量图片信息并根据该公司随时新取得图片的情况而处于适时更新的变动状态，且每张图片均未显示上传时间。因此，在涉案宣传画册制作形成的时间即2006年，Getty公司是否享有涉案图片著作权，华盖公司未能加以证明。重庆外运公司质疑在2006年委托广告公司制作涉案宣传画册时，广告公司应对其所选择的图片享有著作权或相关授权。重庆外运公司

的质疑使涉案图片在2006年的权属问题处于不明确的状态。由于华盖公司未能就Getty公司在涉案宣传画册形成时间之前是否拥有涉案图片著作权的事实提供充分的证据予以证明，从而华盖公司亦不能根据该公司授权而享有涉案图片相关权属及提起本案诉讼的权利，对于本案其他事实，已无进行评述认定的必要。综上，华盖公司证明其权属的证据不足，其诉请重庆外运公司承担侵权责任缺乏相应依据。根据《著作权法》第3条第(5)项、第11条，《最高人民法院关于审理著作权民事纠纷案件适用法律若干问题的解释》第7条，《民事诉讼法》第128条之规定，判决驳回华盖公司的诉讼请求。

上诉与答辩

华盖公司不服一审判决，向重庆市高级人民法院提起上诉。

在二审举证期限内，华盖公司提交了七组证据：第一组证据为中国国家版权局著作权登记证书，证明华盖公司经Getty公司授权，拥有但不限于展示、销售和许可他人使用案图片的权利，期限为2005年8月1日至2010年6月30日。第二组证据为CN域名注册证书，证明华盖公司自2005年8月4日开始合法注册登记拥有www.gettyimages.cn的网站域名。第三、四组证据为北京市方圆公证处(2010)京方圆内经证字第02221号《公证书》和辽宁省大连市中山区公证处(2010)大中证民字第206号《公证书》，证明本案编号为aa030148的图片上传时间为2005年8月25日。第五组证据为Getty公司与深圳超景图片公司签署的《图像协议》，证明涉案图片通过各种形式在大陆范围内推广、宣传和销售。第六组证据为图片素材宣传册，证明涉案图片通过各种形式在大陆宣传推广。第七组证据为与瑞源国际安全技术公司签署的使用许可合同，证明涉案图片在2007年8月授权其他公司合法使用。

重庆外运公司答辩称，一审法院判决结果正确，请求予以维持。

二审审理查明

华盖公司提交的证据：(1)第一组证据是国家版权局出具的著作权登记证书，其真实性可以确定，但其证明力要结合其他证据予以综合评判。(2)第二组证据，重庆外运公司对其真实性没有异议，可作为二审新的证据。(3)第三、四组证据是通过公证取得的证据，在没有相反证据的情况下，真实性应予以确认，但其证明力需结合其他证据予以综合评判。(4)第五组证据是中文版本，而协议约定了有不同时以英文版本为准，而华盖公司未提交英文版本，无法核实内容的真实性。其次，协议封面有"香港"字样，表明该协议形成于香港，而根据规定，在香港形成的证据需要履行公证认证手续，而华盖公司并未履行该手续。综上，第五组证据的真实性不能确认，不能作为二审新的证据。(5)第六组证据由于只有英文而没有经过翻译，而且证据形成的时间和地点均不能确定，无法核实证据来源的合法性及内容的真实性，故对第六组证据的真实性不予确认，不作为二审新的证据。(6)第七组证据中的合同是格式合同，仅有合同无法确认瑞源国际安全技术公司的主体真实性、合法性以及合同内容的真实性；合同中约定的使用费用为6600元，但汇兑凭证上的金额是11 450元，数额上不吻合，从金额上看二者没有关联性；合同的主体为瑞源国际安全技术公司，而汇兑凭证则是臧力的个人汇款，从主体上看二者也没有关联性。综上，第七组证据中的合同的真实性无法确认，不能作为二审新的证据；汇兑凭证与合同以及本案均没有关联性，不能作为二审新的证据。

另查明：(1)华盖公司自2005年8月4日至2014年6月4日，注册登记并拥有www.gettyimages.cn的网站域名。(2)2009年11月24日，华盖公司自愿在国家版权局进行作品著作权登记(登记号为2009－G－022300)，登记证书的内容为：经Getty公司(美国)授权，申请者华盖公司(中国)取得摄影作品"图片73718861等24张图片"在中国大陆内展示、销售和许可他人使用的权利，授权期限：2005年8月1日至2010年6月30日止。(3)2010年2月3日，按照华盖公司的申请，北京市方圆公证处和辽宁省大连市中山区公证处分别作出(2010)京方圆内经证字第02221号《公证书》和(2010)大中证民字第206号《公证书》，证明公证人员打开admin.gettyimages.cn网站，通过输入用户名和密码打开新网页，在"图片编号"处输入aa030148，并实施打印，打印页面显示涉案图片的上传时间为2005年8月25日。二审查明的其他事实与一审查明的相同。

二审判理和结果

二审法院认为，根据一审判决认定，Getty公司从2009年3月23日起才对涉案图片享有著作权，而颁发给华盖公司的著作权登记中记载，Getty公司许可华盖公司使用涉案图片的期限为2005年8月1日至2010年6月30日止。从上面两个事实可以看出，它们在逻辑上是相互矛盾的，因为如果Getty公司从2009年3月23日才对涉案图片享有著作权，那么就没有权利许可华盖公司从2005年开始使用涉案图片。因此，能否认定Getty公司在2005年8月1日或者是2006年之前对涉案图片享有著作权就成为本案的关键问题，而解决这一问题的核心是对华盖公司二审提供的两份公证书上所记载的图片上传时间的认定。

虽然华盖公司二审提供的两份公证书显示涉案图片的上传时间是2005年8月25日，但并不能因此确认涉案图片的上传时间就是公证书中所记载的时间，理由是：第一，华盖公司在一审、二审提供的公证书中均有涉案图片，经过对比，两幅图片只有一个地方不同，一审涉案图片左上角有“Getty Images”字样，但二审涉案图片却没有。而根据一审、二审公证书涉案图片打印页面显示，一审图片刊载于华盖公司注册并拥有的www.gettyimages.cn网站，二审图片来自admin.gettyimages.cn网站，admin.gettyimages.cn网站是www.gettyimages.cn网站的后台编辑管理平台。上述事实说明，华盖公司至少在一审之后二审之前对涉案图片的“Getty Images”字样进行了修改，同时也证明华盖公司有能力对网站中的相关信息进行修改。第二，华盖公司一审公证书中并没有涉案图片的上传时间，二审公证书中虽然有图片的上传时间，但是该时间是显示在其后台管理网站上，后台管理信息具有不公开性，结合华盖公司曾对涉案图片“Getty Images”字样进行过修改的行为，有合理的理由怀疑华盖公司对图片的上传时间进行修改，使涉案图片的准确上传时间无法得到确认。第三，华盖公司辩解其网站是委托第三方进行管理，无法对上传时间进行修改，但是华盖公司并未提供其与第三方签订的委托管理合同以及第三方身份证明等相关证据，无法确认华盖公司是否委托了第三方对网站进行管理、第三方是否有资格和能力进行管理以及第三方是否能够遵守网络管理规定，保持相关信息原始性和准确性。综合以上理由，现有证据不能确定涉案图片的上传时间，故无法确定Getty公司在2005年8月1日前或者是在2006年前，对涉案图片享有著作权。

关于著作权登记证书记载的许可使用期限的问题。著作权等级证书记载涉案图片的许可使用权限为2005年8月1日至2010年6月30日止。按照华盖公司在二审中的陈述，登记证书是根据华盖公司一审提供的确认授权书的内容制作的。确认授权书只能证明Getty公司许可华盖公司在2005年8月1日以前及以后，对附件A所列品牌，如“Photodisc”，但涉案图片何时形成、Getty公司对图片何时享有著作权，确认授权书都没有记载，还需由华盖公司提供证据加以证明，而华盖公司并未提供相关证据。因此，仅凭著作权登记证书的记载而没有其他证据佐证，不能认定Getty公司在2005年8月1日前对涉案图片享有著作权。

综上，现有证据不能证明Getty公司在2005年8月1日以前或者是在2006年以前对涉案图片享有著作权，故华盖公司不能依据Getty公司的授权，享有相关著作权及提起本案诉讼的权利。一审法院认定事实清楚，适用法律正确，审判程序合法。华盖公司的上诉理由不能成立。依照《民事诉讼法》第153条第1款第(1)项的规定，判决驳回上诉，维持原判。

申请再审理由与答辩

华盖公司申请再审称，华盖公司在本案中提供的证据，已经形成一个完整的证据链，即依据华盖公司与Getty公司的约定和授权，华盖公司在中国地域范围内拥有“Photodisc”图片品牌的著作权。原审法院认定事实和适用法律错误。(1)重庆外运公司使用的图片与华盖公司的图片完全相同，证明重庆外运公司已经完成了“全部拿来，占为己有”的行为；(2)华盖公司提交了在侵权行为发生之前，对涉案图片进行销售的合同，但二审法院漏列了该重要证据；(3)二审法院以华盖公司仅提交了授权合同的中文文本，而未提交英文文本为由，认定“无法核实该协议的真实性”，并对作为物证的素材库，以英文未经翻译为由，认定“无法核实证据来源的合法性和内容的真实性”，缺乏依据；(4)一审法院将公证时间作为华盖公司取得著作权的时间是错误的。在没有相反证据证明著作权登记事项错误的前提下，应当对华盖公司二审提交的登记证书所记载的著作权取得时间予以认可；(5)二审法院认定华盖公司对图片进行了修改，并以华盖公司没有提供与第三方签订的委托合同以及第三方的管理资质为由，对涉案图片上传时间不予认可，缺乏依据；(6)华盖公司现提供新证据，即(2010)大中证经字第 79 号公证书，证明华盖公司二审提交的经公证的图片之所以没有水印标志，是因为这些图片只是小规格图片，点击放大后，自然会有水印标志。请求撤销一审、二审判决，支持华盖公司一审提出的诉讼请求。

重庆外运公司答辩称，华盖公司提交的证据不能形成证据链条，不能证明其对涉案图片享有著作权等相关权利；即使华盖公司对涉案图片享有著作权等相关权利，重庆外运公司只是企业宣传画册的使用者，没有侵权的故意，不应承担侵权责任。请求维持原判，驳回华盖公司的再审请求。

再审审理查明

最高人民法院于 2010 年 11 月 5 日裁定提审本案，依法组成合议庭，公开开庭审理了本案。

最高人民法院经审理查明，华盖公司在申请再审期间提交了(2010)大中证经字第 79 号公证书，该公证书显示，因华盖公司二审提交的图片过小，水印不易识别，但该图片上确有水印，点击放大后便可清晰看见。最高人民法院在听证过程中，华盖公司对此进行了现场演示，重庆外运公司当庭认可小图上亦有水印。华盖公司申请再审期间提交 2007 年 10 月 10 日华盖公司与上海诺亚方舟企业形象策划有限公司签订的“图片订购确认单”，载明编号为 aa030148 图片的授权使用费为 3000 元。华盖公司诉重庆外运公司侵犯其 6 张图片的著作权，共计支付公证费 800 元，律师代理费 6000 元，华盖公司主张 1 张图片的维权成本费用为 1100 元。2007 年 7 月 10 日，重庆外运公司(甲方)与重庆嘉恒广告有限公司(乙方)签订合同，甲方委托乙方策划、设计及制作“中国外运重庆公司企业画册”，并支付设计制作费 9000 元。其他事实与一审、二审法院查明的事实基本相同。

再审判理和结果

最高人民法院再审认为，根据华盖公司再审请求和理由及重庆外运公司的答辩意见，并结合本案相关证据及一审、二审法院的判理，本案争议的焦点问题包括：(1)华盖公司是否取得了 Getty 公司的合法授权，是否有权提起诉讼并主张权利；(2)重庆外运公司是否构成侵权。

一、关于华盖公司是否取得了 Getty 公司的合法授权，是否有权提起诉讼并主张权利的问题

本案中，Getty 公司未参加诉讼，但 Getty 公司是否享有涉案图片的著作权，直接关系其对华盖公司的授权行为是否存在瑕疵，以及对华盖公司主张能否予以支持的问题，故应对此进行必要的审查，并结合双方当事人提供的证据综合分析判断。

首先，Getty 公司系美国知名的专业摄影图片提供商，涉案图片上有“Getty Images”的水印，即 Getty 公司的署名，并标注了“本网站所有图片均由 Getty 公司授权发布，侵权必究”等字样，根据著作权法的规定，如无相反证明，应认定在作品上的署名者为作者，并享有著作权。本案中，Getty 公司出具的授权书已经美国公证机构公证，及我国驻美国旧金山总领事馆认证，对此证据效力应予采信。依据该授权书，华盖公司作为 Getty 公司在中国的授权代表，有权在中国境内展示、销售和许可他人使用 Getty 公司拥有著作权的图片，并有权在中国境内以华盖公司名义就任何侵权行为提起诉讼。

其次，关于涉案图片何时公开发表的问题。鉴于本案重庆外运公司使用的涉案图片与 Getty 公司享有著作权的图片完全相同，但重庆外运公司既未提交证据证明涉案图片的著作权不属于 Getty 公司，亦未能证明其对涉案作品的使用有合法依据。据此，可以推定涉案图片在重庆外运公司 2006 年使用之前已经公开发表，至于涉案图片发表的具体时间已不重要。一审法院将华盖公司 2009 年 3 月 23 日申请公证机构公证的时间，作为 Getty 公司享有著作权的时间没有法律依据。二审法院以“现有证据不能证明 Getty 公司在 2005 年 8 月 1 日以前或者是在 2006 年前对涉案图片享有著作权”为由，认定华盖公司不能依据 Getty 公司的授权，享有相关著作权及提起本案诉讼的权利，亦法律依据不足。据此，最高人民法院认为，根据华盖公司在一审、二审及申请再审过程中提供的相关证据，可以认定华盖公司已经取得 Getty 公司合法授权，其据此主张权利，依法应予支持。

二、关于重庆外运公司是否构成侵权问题

如前所述，华盖公司对涉案图片依法享有著作权，并受《著作权法》保护。重庆外运公司未经许可，擅自使用涉案图片，并用于企业宣传推广，侵犯了华盖公司依法享有的复制权和发行权，应当承担停止侵害、赔偿损失的民事责任。重庆外运公司以其只是企业宣传册的使用者，不是制作者，没有侵权的故意，不构成侵权抗辩的理由不能成立。对于企业宣传画册制作者的责任，重庆外运公司可以依据其与该制作者签订的合同，另案解决。关于赔偿数额，根据华盖公司相同图片的许可使用价格及重庆外运公司侵权行为的性质、主观过错等因素，由最高人民法院予以酌定。对于华盖公司请求判令重庆外运公司赔礼道歉的问题，因赔礼道歉属于侵犯著作权人人格权利所应承担的民事责任，而华盖公司不是涉案图片的作者，其不享有涉案图片著作权中的人格权利，故对其该项主张不予支持。

最高人民法院作出再审判决：撤销原一审、二审判决，改判重庆外运公司停止使用编号为aa030148的摄影图片，并赔偿华盖公司经济损失3000元及合理支出费用1100元，驳回华盖创意（北京）图像技术有限公司其他诉讼请求。一审、二审案件受理费共计150元，由重庆外运公司负担。

【法官评述】

根据《最高人民法院关于民事诉讼证据的若干规定》第2条规定："当事人对自己提出的诉讼请求所依据的事实或者反驳对方诉讼请求所依据的事实有责任提供证据加以证明。没有证据或者证据不足以证明当事人的事实主张的，由负有举证责任的当事人承担不利后果。"亦即"谁主张、谁举证"是民事诉讼的基本原则。一般情况下，原告提起侵犯著作权之诉，其不仅应提交其享有涉案作品著作权的事实证据，同时还要提交被告构成侵权的事实证据；被告对原告提交的上述证据予以否认的，同样应就其否认的事实提交证据予以证明，以保证诉讼中当事人诉讼权利义务平等。但在具体案件中，如何适用上述证据规则，正确合理的分配当事人举证责任，不同的法院、不同的法官对此有着不同的认识，故而把握的原则不尽一致。最高人民法院在本案再审判决中对相关证据的认定，体现了对上述证据规则的适用原则，对于类似案件的处理具有指导意义。

一、关于华盖公司能否依据Getty公司授权主张权利问题

本案华盖公司是从案外人Getty公司处有偿取得涉案图片在中国境内的专有使用权。但Getty公司是否享有涉案图片的著作权，要由华盖公司提供证据予以证明，这也是华盖公司主张权利的基础。本案中，华盖公司为了证明其享有涉案图片的专有使用权，提交了Getty公司享有涉案图片的著作权及Getty公司出具的授权书等一系列证据，重庆外运公司如否认该事实，必须提交相关证据，在其没有提供足以推翻华盖公司提交的相关证据的情况下，华盖公司的举证责任已经完成。原审法院认为华盖公司没有完成举证责任，要求华盖公司继续提供证据证明Getty公司取得涉案图片著作权的具体时间，加重了权利人的举证责任的负担，不符合民事诉讼证据规则，不利于权利人合法权利的保护。

二、关于重庆外运公司是否构成侵权的认定

"接触加实质性相似"是司法实践中被用来判断被告是否构成侵权的一般原则。著作权法保护的是具有独创性的作品，在具体侵权案件中，如被告作品与原告作品相同或者实质性相似，原告主张被告侵权，其除了应提供权属的证据外，还应提供被告有可能接触其作品，并构成侵权的事实进行举证。但根据《最高人民法院关于民事诉讼证据的若干规定》第9条之规定："法律规定或者已知事实和日常生活经验法则，能推定出的另一事实，当事人无需举证证明。"

就本案而言，重庆外运公司使用的涉案图片与华盖公司主张权利的图片完全相同，由于重庆外运公司既没有主张涉案图片是自己独创，或者来自公有领域或者来自第三方的证据，也没有提供证据证明其使用行为具有合法性，据此，即可以推定涉案图片在重庆外运公司使用之前已经公开发表，重庆外运公司"接触"并使用了该图片的事实已经存在。至于该图片何时上传至互联网，以及Getty公司何时享有著作权，对认定重庆外运公司是否构成侵权没有关系。

另外，著作权人享有的著作权不以作品是否登记或者是否发表为前提，且发表权一次用尽。本案中，Getty公司将涉案图片上传其网站的时间，可能是首次发表的时间，也可能不是，这都不影响其对该图片依法享有的著作权。在重庆外运公司对其被诉侵权行为没有提供相关证据进行抗辩的情况下，原审法院将涉案图片上传时间作为本案的"核心"事实进行严格的审查，并要求华盖公司继续提供证据加以证明，不仅没有必要，且该举证责任的分配对于华盖公司来说有失公允，不利于及时制止侵权行为，保护著作权人的合法权益，再审判决对此予以纠正，并按照华盖公司相同图片的许可使用价格及重庆外运公司侵权行为的性质、主观过错等因素酌定赔偿数额是正确的。对于重庆外运公司提出的其只是企业宣传册的使用者，不是制作者，没有侵权的故意，不构成侵权的主张，根据《民法通则》及《侵权责任法》的规定："二人以上共同实施侵权行为，造成他人损害的，应当承担连带责任。"对于承担连带责任的，被侵权人有权请求部分或者全部连带责任人承担责任。本案因"制作者"没有参加诉讼，对于该制作者的责任，再审判决明确，重庆外运公司可以依据其与该制作者签订的合同另案解决，即重庆外运公司在全额承担相应的赔偿责任之后，如认为其承担了超出自己应当承担的责任份额，其可以就超出部分向其他未承担责任的"制作人"行使追偿权。

（最高人民法院知识产权审判庭　于晓白）

案例 7　双狐软件公司等诉赵殿君、环波公司计算机软件著作权权属纠纷案

——阅读提示：一方将其享有著作权的软件作品登记在他人名下后，双方在此基础上共同研发、销售、升级的计算机软件应如何确定权属？双方签订的涉及著作权的协议对于上述定性有何作用？

【裁判要旨】

根据《著作权法》第 13 条的规定，本案中双方合作期间共同研发、销售、升级的相关软件产品，其著作权属应归属于双方共有。可以分割使用的，作者对各自创作的部分可以单独享有著作权。

【案号】

一审：河北省保定市中级人民法院(2009)保民三初字第 46 号

二审：河北省高级人民法院(2010)冀民三终字第 52 号

【案情与裁判】

原告(二审上诉人)：双狐软件公司

原告(二审上诉人)：恒泰艾普公司

被告(二审上诉人)：赵殿君

原审被告(二审上诉人)：环波公司

起诉与答辩

2009 年 8 月 20 日，双狐软件公司和恒泰艾普公司以对赵殿君和环波公司登记的软件拥有著作权，赵殿君和环波公司构成对双狐软件公司和恒泰艾普公司的不正当竞争为由将其诉至法院，请求法院：(1)确认对被告登记的软件拥有著作权，判令两被告立即停止侵犯原告著作权的行为，判令两被告停止一切针对原告的不正当竞争行为；(2)判令两被告共同赔偿原告经济损失人民币 1000 万元及因制止被告侵权行为和不正当竞争行为而支出的合理费用；(3)判令两被告在行业报纸上赔礼道歉，并公开声明以消除其涉案侵权行为及不正当行为给原告带来的不利影响；(4)判令本案的诉讼费用由被告承担。

一审审理查明

原审查明，1999 年 11 月 1 日，赵殿君、彭海勇、周国强三人成立了保定市环波数据软件有限公司，注册资金 50 万元。同日，双狐软件公司也注册成立，法定代表人为陈现路，注册资本 50 万元。12 月 15 日，陈现路替代赵殿君成为保定市环波数据软件有限公司的股东并任法定代表人。2000 年 1 月 30 日，保定市环波数据软件有限公司与双狐软件公司合并，名称仍为双狐软件公司。后经过股东内部出让股权，王朝旭、舒永兵也成为公司股东。2000 年 9 月 7 日，陈现路向国家版权局就"坐标工具及多数据库集成应用系统"、"石油地球物理辅助解释系统"(在此后双狐软件公司向相关行政部门申报科技成果时又叫"石油地球物理微机解释系统 V2000")(以下简称两款 V2000)进行著作权登记，著作权人是双狐软件公司、赵殿君，开发时间分别是 1999 年 4 月 5 日、1999 年 11 月 1 日。2000 年 12 月 23 日，双狐软件公司董事会决定将注册资本增至 200 万元。2002 年 12 月 12 日，该公司股东会议将公司章程作了修改，赵殿君、王大雪、靳雄、保定国家高新技术产业开发区发展有限公司成为该公司的新股东，其中赵殿君持有 50.37%的股份。2006 年 3 月 22 日，该公司通过了《第三届股东会决议》(以下简称 3.22 决议)，第 1 条约定赵殿君、靳雄、彭海勇向其他股东转股，退出双狐软件公司；第 5 条约定"老双狐(即

双狐软件公司，下同）和赵殿君共有的知识产权双方共享，对原知识产权技术的改进、发展分别归各自所有。今后发生的双狐知识产权专利维护费用由双狐软件公司交纳。维护原知识产权需要赵殿君签署的文件，由双狐软件公司新一届大股东保定国家高新技术产业开发区发展有限公司代理签署”。3月24日，双狐软件公司再次召开股东会议，形成《股东会决议》（以下简称3.24决议），主要内容是对双狐软件公司的净资产按照原股东持股比例进行分配；第5条约定：“完成上述分配方案后，双狐软件公司全部资产应为人民币200万元（实物或货币）。”2006年4月7日，赵殿君与其他股东出资在河北省三河市设立环波公司，并任法定代表人。2006年12月31日，双狐软件公司再次召开股东大会，形成《第五届股东大会决议》，保定国家高新技术产业开发区发展有限公司将其持有的双狐软件公司59%的股份转让给其他四位股东王大雪、周国强、王朝旭、舒永兵，该公司退出双狐软件公司，四大新股东王大雪、周国强、王朝旭、舒永兵各持双狐软件公司25%的股份。2008年6月10日，双狐软件公司股东王大雪、周国强、王朝旭、舒永兵4人，加上恒泰爱普石油天然气技术服务股份有限公司，以1800万元注册资本注册成立恒泰艾普公司。8月1日，王大雪、周国强、王朝旭、舒永兵召开双狐软件公司股东大会形成《股东会决议》，其中第1条约定双狐软件公司公司解散；第3条约定现有股东会的全体成员已经新设成立恒泰艾普公司；第4条约定恒泰艾普公司将承继公司全部资产，包括知识产权，其中知识产权包括但不限于公司现在独立拥有的和/或共有的商标、专利和著作权。8月2日，原双狐软件公司股东王大雪、周国强、王朝旭、舒永兵以双狐软件公司的名义与恒泰艾普公司签订《协议书》，宣布两公司合并等事宜。2009年3月18日，环波公司就“环波变速空校成图系统”、“环波石油地球物理微机深度域解释系统”、“环波数据集成应用系统”、“环波坐标工具软件”四款软件（以下简称环波公司的四款软件）进行了版权登记。4月9日，赵殿君以其个人名义在国家版权局就“双狐等值线及曲面生成软件”、“双狐逆掩断层图件勾绘软件”、“双狐多维空间数据网络化软件”三款计算机软件（以下简称赵殿君的三款软件）进行了版权登记。

双狐软件公司在起诉状中称“赵殿君将双狐软件公司拥有权利的软件（指V2000），通过变更名称、抽取部分模块和伪造开发完成时间和首次发表时间等方式，进行软件登记（指赵殿君的三款软件），试图据为己有”。赵殿君认可其三款软件是在抽取V2000中的三个模块基础上形成的；环波公司称，其四款软件是在赵殿君拥有著作权的软件基础上研发的，赵殿君也认可该事实。对于该事实，本院予以确认。

一审判理和结果

原审法院审理后认为，第一，关于涉案七款软件的著作权归属。根据国家版权局软著登字第0005780号和0005781号《计算机软件著作权登记证书》，“坐标工具及多数据库集成应用系统V2000”和“石油地球物理辅助解释系统V2000”两款软件的著作权归属于赵殿君和双狐软件公司共有。故赵殿君对上述两款软件的著作权归属应系明知，其主张两款软件著作权归其所有理据不足，法院对此不予支持。涉案的以赵殿君名义登记的“双狐等值线及曲面生成软件”、“双狐逆掩断层图件勾绘软件”、“双狐多维空间数据网格化软件”三款软件及以环波公司名义登记的“环波变速空校成图系统”、“环波石油地球物理微机深度域解释系统”、“环波数据集成应用系统”、“环波坐标工具软件”四款软件均是在上述两款共有软件基础上升级开发完成，依据双狐软件公司2006年3月22日《第三届股东会决议》中“保定双狐软件有限公司和赵殿君共有的知识产权双方共享，对原知识产权技术的改进、发展分别归各自所有”的决议，“双狐等值线及曲面生成软件”、“双狐逆掩断层图件勾绘软件”、“双狐多维空间数据网格化软件”三款软件的著作权应归赵殿君所有。双狐软件公司主张三款软件为双狐软件公司的法人作品，应由其享有著作权的理据不足，法院不予支持。

第二，关于被告是否实施了侵犯原告著作权的行为。双狐软件公司未经共有人赵殿君同意，擅自转让“坐标工具及多数据库集成应用系统V2000”和“石油地球物理辅助解释系统V2000”两款软件著作权的行为无效，上述两款软件的著作权仍应由原著作权人双狐软件公司和赵殿君共有，恒泰艾普公司无权就上述两款软件主张权利。环波公司在未取得共有著作权人双狐软件公司许可及有法律规定的情形下，使用了“坐标工具及多数据库集成应用系统V2000”和“石油地球物理辅助解释系统V2000”两款软件的核心模块，登记了四款软件，侵犯了双狐软件公司享有的软件著作权，应当承担停止侵权、赔偿损失的民事责任。

第三，关于环波公司应当承担的赔偿数额问题。双狐软件公司要求赔偿经济损失人民币1000万元，鉴于其未提供确切证据证明其因侵权受到的损失或侵权人的侵权所得，根据《最高人民法院关于审理著作权民事纠纷案件适用法律若干问题的解释》第25条的规定，人民法院在确定赔偿数额时，应当考虑作品类型、合理使用费、侵权行为性质、后果等情节综合确定。综合考虑涉案软件作品的类型、侵权行为的性质、情节、期间和后果，酌定赔偿数额为10万元人民币为宜。

综上，依照《著作权法》第48条、《最高人民法院关于审理著作权民事纠纷案件适用法律若干问题的解释》第25条第2款、《民事诉讼法》第64条的规定，判决如下：一、被告环波公司应于本判决生效之日起立即停止侵害原告双狐软件公司计算机软件著作权的行为；二、被告环波公司应于本判决生效之日起10日内赔偿原告双狐软件公司经济损失共计人民币10万元；三、驳回原告双狐软件公司的其他诉讼请求；四、驳回原告恒泰艾普公司的全部诉讼请求。如未按本判决指定的期间履行给付金钱义务，应当依照《民事诉讼法》第229条之规定，加倍支付迟延履行期间的债务利息。案件受理费81 800元，由原告双狐软件公司和恒泰艾普公司负担61 800元，被告环波公司负担20 000元。

上诉与答辩

赵殿君、环波公司，双狐软件公司、恒泰艾普公司均不服上述民事判决，向河北省高级人民法院提出上诉。

赵殿君、环波公司的上诉理由是：(1)一审判决关于V2000的著作权人归属的认定是错误的，这两个软件的著作权应该属于赵殿君所有，而不是由赵殿君和双狐软件公司共同享有著作权。(2)一审判决认定环波公司名下登记的软件是在V2000两个软件的基础上开发升级而成，从而构成侵权是错误的。(3)一审判决关于环波公司名下登记的软件构成侵权的认定是错误的。(4)根据3.24决议，恒泰艾普公司不具有主体资格。

双狐软件公司、恒泰艾普公司答辩称：(1)双狐软件公司、恒泰艾普公司要求对赵殿君确认其依法享有V2000软件著作权的上诉请求予以驳回。(2)赵殿君要求撤销原判第一、二项的主张不能成立。(3)被答辩人认为双狐软件公司与恒泰艾普公司不具有诉讼主体资格属于对基本事实的错误认识。依据2008年8月2日双狐软件公司与恒泰艾普公司签订的协议书分析，恒泰艾普公司、双狐软件公司之间属于公司之间的吸收合并，双狐软件公司的所有资产及债务均由恒泰艾普公司承受。

双狐软件公司、恒泰艾普公司的上诉理由是：(1)上诉人对被上诉人登记的七项软件拥有著作权。(2)上诉人拥有七项软件著作权，所以赵殿君及环波公司应当立即停止侵害上诉人计算机软件著作权的行为，而一审法院只认定侵犯两项著作权属于认定事实错误。(3)应当判决由被上诉人连带赔偿上诉人因制止侵权行为而发生的合理费用，并在《中国石油报》上赔礼道歉。

赵殿君、环波公司答辩称：(1)恒泰艾普公司主张赵殿君名下的三款软件为双狐软件公司所有没有事实和法律依据。该三款软件是赵殿君开发的作为核心的三款软件，开发完成时间在双狐软件公司之前，赵殿君拥有三款软件的源代码。(2)环波公司使用的是赵殿君自己开发完成并享有著作权的软件作品。因此，恒泰艾普公司将侵犯赵殿君著作权的软件进行著作权登记及进行软件产品登记的行为构成侵权，应当承担法律责任。

二审判理和结果

河北省高级人民法院认为，本案的焦点问题在于，(1)涉案七款软件的著作权应当归谁所有。(2)恒泰艾普公司是否具有本案的诉讼主体资格。(3)赵殿君、环波公司在本案中是否应当承担法律责任，应当承担何种责任。

一、关于涉案七款软件著作权应当归谁所有的问题

这七款软件包括赵殿君登记的三款软件，环波公司登记的四款软件。

第一，赵殿君登记的三款软件著作权的归属问题。由于双方对于该三款软件源于双方共有的两款V2000软件中心模块的事实无异议，因此可以认定赵殿军登记的三款软件为两款V2000软件的改编作品。

从涉案的两款V2000软件登记的开发时间看，分别是1999年4月5日、11月1日，不排除两款V2000软件由赵殿军独自开发的可能性。最高人民法院《关于审理著作权民事纠纷案件适用法律若干问题的解释》第22条规定，著作权的转让合同未采取书面形式的，可依据《合同法》第36条、第37条的规定审查合同是否成立。《合同法》第36条、第37条规定，法律规定采用书面形式订立合同，当事人未采用书面形式但一方已经履行主要义务，对方接受的，该合同成立。赵殿军将两款V2000软件自2000年9月7日交予双狐软件公司登记至3.22决议赵殿军退出双狐软件公司之时，经历了长达5年半的时间。期间，双方不但对两款V2000登记共有的事实无争议，而且还不断以双狐软件公司的名义大量研发、出售、服务与该软件相关的软件产品，甚至于还以双狐软件公司的名义向国家行政部门及河北省相关部门申报、领取科技奖项，双方并无合同约定赵殿君对该著作权保留。上述事实足以说明，V2000软件著作权在事实上归属双方共有，且截至3.22决议双方均无异议。

再从另一个角度看两款V2000软件权利的归属问题，即使两款V2000在3.22决议签订前属于赵殿君个人作品，在3.22决议之后也因“双狐软件公司和赵殿君共有的知识产权双方共享”而使该两款V2000作品的著作权归双方共有。原审将两款V2000的著作权认定为双狐软件公司、赵殿君共有并无不当。赵殿君上诉状第1条所称该两款V2000著作权由其研发，属于其个人所有的主张，河北省最高人民法院不予支持。

赵殿君在其上诉状中称，3.24决议中第5条内容“完成上述分配方案后，双狐软件公司全部资产应为人民币200万元(实物或货币)”，说明双狐软件公司除了注册的200万元外，不应再有其他财产权利。3.24决议第5条是对3.22决议第5条约定的修改，对该主张河北省最高人民法院不予支持。从形式上看，就知识产权问题，3.22决议已作出了明确、特别的约定。而3.24决议并未提及知识产权问题，也未发生赵殿军主张的相关知识产权转让或者修改3.22决议的情形已实际履行的后果。两份决议是一种互补的关系，而不是后者取代前者或修改前者的关系。庭审中赵殿君也主张知识产权的分割问题双方尚存在争议未解决，也说明两者并非修改替代关系。

双狐软件公司、恒泰艾普公司主张，赵殿君所登记的三款软件登记证书上，明确记载的研发时间为2004年，当时赵殿君是双狐软件公司的法人代表和研发人员，所涉三款软件应属于双狐软件公司的经营范围，应当属于双狐软件公司的法人作品，其主张河北省最高人民法院不予支持。依据《著作权法》第11条的规定，法人作品由法人主持创作，体现法人的意志。本案中双狐软件公司除主张研发时间是在赵殿军任法定代表人时外，并无该三款软件在3.22决议前已完成独立创作，且已成为完整作品的证据。那么在3.22决议后，赵殿君登记的三款软件应当视为“对原知识产权技术的改进、发展”的范畴，应归属于赵殿君所有。因此，双狐软件公司主张赵殿君所登记的三款软件是其法人作品，应由其独享权利的理由没有法律依据。

第二，环波公司登记的四款软件著作权归属问题。环波公司自认其四款软件中含有赵殿军三款软件的内容，据此应当认定环波公司登记的四款软件，属于赵殿军三款软件的改编作品。由于环波公司登记的四款软件的登记时间是2006年3月18日，而此时环波公司尚未成立(其成立时间为2006年4月7日)，所以应当认定该四款软件也属于赵殿军所有。环波公司登记或者使用该四款软件的行为，应当被认定为是赵殿军向环波公司转让其享有权利的著作权。因此，环波公司未成立而登记著作权的行为，并不影响环波公司享有涉案四款著作权的效力。

二、恒泰艾普公司是否具有本案的诉讼主体资格问题

3.22决议第5条约定，对原知识产权技术的改进、发展分别归各自所有。说明双狐软件公司、赵殿军对原属于双方共有的知识产权均以合同的形式在此后做了让渡，双狐软件公司或赵殿军分别对原共有的知识产权享有独立的权利，而不再受原共有的限制。基于此，双狐软件公司或者赵殿军均有权对各自所有的知识产权作出处理。2006年8月1日，双狐软件公司《股东会决议》第4条约定，恒泰艾普公司将承继公司全部资产，包括知识产权。8月2日，双狐软件公司与恒泰艾普公司签订《协议书》，宣布两公司合并等事宜。上述两个法律文件在法律上应当被认定为是双狐软件公司将其所有的知识产权以合同的形式转让给恒泰艾普公司，恒泰艾普公司也接受这种转让的行为。该行为发生在3.22决议之后，并不违反3.22决议第5条的约定，为合法有效的转让。原审以此认定恒泰艾普公司不具有诉讼主体资格的理由，应予纠正。

综上所述，原审认定事实及适用法律有误，应当予以纠正。根据《民事诉讼法》第153条第1款第(3)项之规定,判决如下:一、撤销保定市中级人民法院(2009)保民三初字第46号民事判决;二、驳回双狐软件公司、恒泰艾普公司的诉讼请求。二审案件受理费各81 800元,均由双狐软件公司、恒泰艾普公司负担。

【法官评述】

本案涉及的是双方在一方享有著作权的软件基础上,进行合作研发、销售、升级相关软件作品的归属问题。这里面有两个问题应当明确,一是后形成作品的权利应为双方共有,一方不能因双方合作终止而再主张独立对原作品享有著作权。二是对《著作权法实施细则》第9条之规定的理解问题,如果双方没有合同的特别约定,任何一方除了不能限制另一方对作品的合法传播使用外,还应当注意在传播时不能妨害另一方的人身权利,诸如存在不写作者名字或者修改作品完整性等妨害人身权的行为。

本判决还应当考虑的是,涉案私权的行使应当受到公平原则的限制。本判决针对原权利人已事实让渡原软件权利的事实,再结合双方合作者已投入大量的资金人力及市场销售等情况,认定涉案软件已为双方共有。这种认定虽然限制了原权利人的部分权利,但有利于今后涉案软件的公平竞争及有序发展,更好地体现了公平原则。

(河北省高级人民法院知识产权庭 张守军)

案例8 微软公司诉大众保险股份有限公司侵犯计算机软件著作权纠纷案

——阅读提示:如何把握电子证据保全的审查标准以及如何具体实施保全措施?有证据证明权利人损失或侵权人获利超过法定赔偿最高限额时,如何确定赔偿数额?

【裁判要旨】

第一,由于计算机软件易被卸载、删除,权利人对于最终用户使用盗版软件的取证在现实中存在较大的难度,向法院申请证据保全成为权利人取得证据的重要方式。一方面,法院应当严格审查证据保全的条件,避免成为当事人获取证据的工具;另一方面,法院应当依法积极实施证据保全行为,及时使被告侵权的证据得以固定。

第二,虽然著作权法规定了在原告的损失及被告的获利均无法确定时适用法定赔偿的最高限额,但是如果有证据证明权利人的损失或侵权人的非法获利已经超过法定赔偿最高限额的,应当综合案件的证据情况,在法定赔偿最高限额以上合理确定赔偿数额。

【案号】

一审:上海市浦东新区人民法院(2009)浦民三(知)初字第128号

【案情与裁判】

原告:微软公司

被告:大众保险股份有限公司

起诉和答辩

微软公司于2009年5月4日起诉称,微软公司享有Microsoft Server系列软件的版权,并受中国法律保护。大众保险股份有限公司是1995年初在上海成立的股份制商业保险公司,在全国有8家分公司(下设51家营业部、营销服务部或支公司)和1个省级代表处。被告未经授权,安装、使用了微软Server系列软件,双方于2008年9月至2009年3月期间就此进行了多次交涉,并于2009年2月16日达成一些共识,签署了一份《会议纪要》。该纪要约定被告通过向原告正版化采购的方式解决部分微软软件的合法使用问题,且被告承诺在2009年2月20日前签署完毕相关的采购合同,但届时被告却未履约。之后原告又与被告交涉,但被告仅愿意采购30万元人民币的微软软件,并要求原告承诺在被告采购完毕后不再追究其之前的侵权责任,并认可被告采购30万元的软件后即视为已经全部实现正版化,双方对此未达成一致。原告认为被告未经授权使用原告软件的行为,侵犯了原告享有的著作权,且侵权时间久、数量多,属情节严重,故起诉要求:(1)被告立即停止侵权行为,删除非法复制、安装的原告享有著作权的Microsoft Server系列软件;(2)被告赔偿原告包括直接经济损失、翻译及公证费、律师费等合理费用在内的经济损失人民币10万元;(3)被告在《新民晚报》非中缝的版面向原告公开赔礼道歉。审理中,原告撤回上述第一项诉讼请求。原告提起诉讼后,向法院申请证据保全,根据保全的情况,原告变更上述第(2)项诉讼请求,要求被告赔偿包括直接经济损失、翻译及公证费、律师费等合理费用在内的经济损失人民币 1 169 792 元(其中直接经济损失 1 121 053 元,合理费用48 739元)。

被告辩称,原告的诉请没有合法、有效、充分的证据支撑,且原告提出变更诉请超出了法定期限,依法应不予认可。

一审审理查明

原告于 2000~2008 年期间先后向美国版权局申请登记微软 SQL Server 2000、微软 SQL Server 2005 、微软 Windows Server 2003、微软 Windows Server 2008 Enterprise 软件的版权。Windows Server2003 标准版软件上的署名为"© 2005 Microsoft Corporation 版权所有"。上述软件销售单价分别为 213 600 元、225 548 元、20 756 元、22 237 元和 4600 元。

被告成立于 1995 年,注册资金 75 600 万元,下属 8 家不具备法人资格的分公司。被告网站显示还有 1 家代表处、30 家支公司和 21 家营业部。

原告因发现在用户登记的数据库中,被告的软件购买记录与其使用软件的实际情况有一定差距,遂于 2008 年 9 月 22 日和 12 月 29 日两次委托律师发函,要求被告对微软软件的使用情况进行核查,并回复核查结果和处理意见。2009 年 2 月 16 日,原、被告经协商形成《会议纪要》约定:由被告采购 SQL Svr Standard Edtn 2008 ChnSimp OLP NL 1 Proc 1 套、Windows server standard 4 套等微软软件;双方都有诚意继续通过商务谈判的形式来解决大众使用微软软件的正版化问题,大众同意尽量在 2009 年 2 月 20 日前签署完毕上述提及的产品采购合同。此后双方又进行了一次协商,但被告提出在 30 万元以内采购软件,原告未同意。后被告也未按《会议纪要》的约定履行采购方案。根据微软(中国)有限公司出具的《核查证明》,截至 2009 年 4 月 16 日,被告未批量采购涉案软件。庭审中,被告确认其未批量采购涉案软件,其总公司内部有 27 台服务器使用了涉案软件。

原告主张其为调查和制止被告的侵权行为支出的费用包括翻译费 700 元、律师费 45 000 元、公证费 2966 元、工商查档费 73 元,共计 48 739 元。

在起诉的同时,原告提出证据保全的申请,要求保全被告经营场所的电脑使用微软 Server 系列软件的证据,具体包括被告使用微软 Server 系列软件的数量、版本号、注册号(或序列号)及软件上署名的版权人信息。2009 年 6 月 8 日,法院至被告经营场所对被告使用涉案软件的情况进行证据保全,抽查了被告机房内的 11 台服务器,全部使用微软 Server 系列软件,分别为涉案的 5 个版本。

一审判理和结果

法院经审理认为:(1)原告提供的美国版权局出具的注册证书及软件证明原告是涉案软件的著作权人。根据伯尔尼公约第 5 条之 1、《著作权法》第 2 条第 2 款及《计算机软件保护条例》第 5 条第 3 款的规定,涉案软件的著作权受我国法律保护。(2)原告根据证据保全的情况,在法院组织证据交换时提出变更诉讼请求,并未超过举证期限。(3)根据原被告双方的几次协商、《会议纪要》的内容、证据保全的情况、被告信息技术部负责人的自认,可以确认被告未经原告许可安装和商业使用了涉案软件。被告在庭审中否认侵权事实,但经法院多次释明,被告始终未能提供其合法使用涉案软件的证据。因此被告的行为侵犯了原告对涉案软件依法享有的著作权。(4)由于原告的损失和被告的获利均不能确定,故根据被告的经营规模、涉案软件的价格、被告确认的使用涉案软件的数量、法院证据保全的情况及原告的主张,结合涉案作品的类型、被告的侵权手段和情节、侵权时间和范围、侵权人的主观过错程度等酌定赔偿金额。原告主张的工商调查费、翻译费、律师费、公证费根据实际情况酌情予以支持。因被告侵犯的是原告的财产权利,未对原告的人身权利造成侵害,故对赔礼道歉的请求不予支持。

上海市浦东新区人民法院依照《著作权法》第 2 条第 2 款、第 10 条第 1 款第(5)项、第 48 条第(1)项、第 49 条,《计算机软件保护条例》第 5 条第 3 款、第 24 条第 1 款第(1)项、第 25 条,《最高人民法院关于审理著作权民事纠纷案件适用法律若干问题的解释》第 21 条、第 25 条第 1 款、第 2 款、第 26 条之规定,作出如下判决:

一、被告大众保险股份有限公司应于本判决生效之日起 10 日内赔偿原告微软公司经济损失人民币 1 100 000 元,合理费用人民币 47 673 元;

二、驳回微软公司的其余诉讼请求。

案件受理费人民币 15 328 元,由原告微软公司承担 458 元,被告大众保险股份有限公司承担

14 870 元。证据保全费 30 元由被告大众保险股份有限公司承担。

【法官评述】

本案涉及的是我国一家国有金融企业因长期使用盗版软件而被国际知名企业微软公司起诉的案件。由于计算机软件的复杂性、隐蔽性和易灭失性,使权利人对于最终用户使用盗版软件的取证存在较大的难度,同时也对法院证据保全的实施提出了较高的要求。本案中法院根据原告的证据保全申请,经周密部署,成功地对被告经营场所内的计算机和服务器进行了抽查,使被告侵权的证据得以固定,保全结果对侵权行为的认定及赔偿数额的确定起到了重要作用。

一、证据保全的审查标准

证据保全是指法院对于可能灭失或以后难以取得的证据进行固定和保护的诉讼行为。法院的参与使得证据保全具有一定的公权力色彩,一旦法院签发保全裁定书,保全行为即可立即实施,且被申请人有义务配合法院的证据保全工作。为防止因随意启动损害对方合法权益,需设置一定的门槛。根据《民事诉讼法》的规定,证据保全的前提是证据可能灭失或以后难以取得,审查标准应当包括:

(一)程序标准

(1)在法定时限(举证期限届满前 7 日)内提出,满足证据保全的及时性。(2)明确被申请人实施侵权行为的具体地点和设备、申请保全证据的具体内容、主要特征及基本的保全方法等。(3)依照要求提供了相应的财产担保。

(二)实体标准

(1)提交初步证据,标准是证明某事实是否发生,但并不需要证明如何发生的具体情形。(2)所请求保全的证据与案件具有关联性,即属于诉讼请求范围内,有助于证明侵权事实的存在等。(3)提交证据表明,在向法院提出证据保全申请前,自己已经为获取相应证据采取了其他措施并付出了努力。(4)证据可能灭失并以后难以取得。

上述条件中,初步证据的提交是权利人面临的一大难题。侵权软件在企业内部使用,权利人无法跳过企业的控制而接触到侵权软件;而企业大多也不会如实承认其实施了侵权行为。因此,权利人很难取得该企业用户存在非法复制软件行为的直接证据。

本案中,微软公司根据自身监测和调查的方式取得初步证据。原告通过监测发现被告购买软件的数量与其经营规模相差悬殊,遂多次与被告沟通,并两次发送律师函向被告主张权利。双方后来进行了多次商谈,并在一次谈判中签订了《会议纪要》,由被告向原告购买一定数量的正版软件。《会议纪要》约定:“双方都有诚意继续通过商务谈判的形式来解决大众使用微软软件的正版化问题。”被告虽未直接承认其使用了盗版软件,但从侧面承认其存在盗版使用原告软件的行为。当后来被告未全面履行《会议纪要》的约定时,该会议纪要就成了证明被告存在侵权行为的有力的初步证据。

二、实施证据保全的基本原则

与一般的证据保全相比,对计算机软件的证据保全需要更加专业的技术和周密的部署。如计算机中的证据,有的设置成隐藏格式或存放于隐藏分区中,有的进行了加密,有的甚至已经被删除,因此保全证据并非简单的复制和导出就可实现,而需要进行专业操作,甚至将相关设备拆卸后再复原数据。而保全行为本身也可能无意中对证据造成破坏。

为此,保全过程中应遵循以下基本原则:(1)合法性原则,即取证的主体、权限、取证程序与方法均应当合法。(2)专业性原则,即应在有专业技术人员参与的情形下进行。如法院内部的软件技术人员,或者聘请相关的专家。(3)完整性原则,包括证据本身的完整性和证据所依赖计算机系统的完整性。具体而言,指在系统处于正常运行状态下进行,当场完整记录对证据的获取、访问、存储或传输的过程。(4)最小破坏性原则,指获取证据时所采用的方法不能改变原始证据,尤其要注意防止被保全方接触数字设备,防止其采取隐蔽手段故意破坏证据,还要注意避免调查人员无意中损坏证据,及防止正在运行的系统破坏证据(如格式化硬盘、杀毒等)。在检查、备份、分析、保全、证据后期处理等步骤中都应铭记最小破坏原则。

三、关于本案赔偿数额的确定

知识产权案件中赔偿数额的确定一直是困扰法院的一大难题。根据《计算机软件保护条例》第 25 条规定,侵犯软件著作权的赔偿数额,依照《著作权法》第48条(2010年修正后为第49条)的规定确定。即:按照权利人的实际损失给予赔偿;实际损失难以计算的,按照侵权人的违法所得给予赔偿;二者均不能确定的,由法院酌定判决50万元以下的赔偿。实践中,权利人很少能证明其实际损失或侵权人的违法所得,法定赔偿得到了最大限度地运用,但赔偿数额也很难突破50万元。

我国民事侵权赔偿制度贯彻的是全面赔偿原则。2007年1月,最高人民法院曹建明副院长在全国法院知识产权审判工作座谈会上的讲话指出,为进一步贯彻全面赔偿原则,要严格按照法律、法规和司法解释的规定,让权利人的损失得以全面弥补,尽量避免简单地适用法定赔偿。对于难以证明侵权受损或侵权获利的具体数额,但有证据证明前述数额明显超过法定赔偿最高限额的,不适用法定赔偿额的计算方法,应当综合全案的证据情况,在50万元以上合理确定赔偿额。在酌定具体计算因素时,可以考虑当事人的主观过错大小确定相应的赔偿责任。

本案中,被告虽然确认其有27台服务器使用了Windows Server系列软件,但该系列软件包含多种版本,且每种软件价格不同,被告实际使用不同版本软件的数量无法确定,故原告的经济损失和被告的获利均无法准确确定。根据法院在证据保全中随机抽查的结果显示,被告的11台服务器中,有8台使用了不同版本的Windows Server软件,有3台使用了不同版本的SQL Server软件。根据上述8台服务器使用不同版本的Windows Server软件的比例,推算27台服务器中分别使用不同版本的Windows Server系列软件的数量,加上已查实的被告使用的SQL Server软件的数量,再根据不同软件的销售价格,推算出被告使用涉案Server软件的价值达110余万元。同时结合被告的经营规模较大、拥有多家分公司及分支机构,被告从未向原告购买过涉案软件却又无法证明其使用的是其他权利人的软件等情况,可以认定被告使用涉案软件的价值已明显超过50万元。故根据上述计算结果和被告的情况,本案确定了被告的赔偿额为110万元。

该案判决后,原被告均未提起上诉。法院在案件生效后向上海市金融服务办公室发送司法建议书,建议其加强对金融企业的监管,并抄送中国保险监督管理委员会上海监管局。上海市金融服务办公室收到司法建议书后积极回应,表示已经采取三项改进措施积极促进上海市金融企业加强知识产权保护和依法经营,坚决杜绝此类案件在上海市金融系统中再次发生。

(上海市浦东新区人民法院知识产权庭
倪红霞　叶菊芬)

案例9　李惠廷诉大连王将公司侵犯注册商标专用权纠纷案

——阅读提示:企业名称与他人注册商标发生冲突时是否均需判决停止使用企业名称?

【裁判要旨】

注册商标和企业名称均是依照相应的法律程序获得的标志权利,对于注册商标与企业名称之间的纠纷,人民法院应当区分不同的情形,按照诚实信用、维护公平竞争和保护在先权利等原则,依法处理。

【案号】

一审:辽宁省大连市中级人民法院(2007)大民知初字第20号

二审:辽宁省高级人民法院(2009)辽民三终字第49号

再审:最高人民法院(2010)民提字第15号

【案情与裁判】

原告(二审被上诉人、被申请人):李惠廷

被告(二审上诉人、申请再审人):大连王将公司

起诉与答辩

2007年3月22日,李惠廷向辽宁省大连市中级人民法院起诉称,2003年李惠廷获准在第43类上注册第3192768号“王将”商标,大连王将公司于2005年将“王将”作为字号注册为企业名称,并在经营活动中使用“王将”等标识,大连王将公司的上述行为侵犯了李惠廷的商标专用权,请求判令大连王将公司停止侵犯“王将”商标专用权的行为,变更企业名称,公开赔礼道歉并赔偿李惠廷经济损失50万及诉讼支出5000元等。大连王将公司辩称,本案应当中止审理,而且大连王将公司的企业名称是依法获得的,其正当使用企业名称、字号、招牌等行为不构成侵权。

一审审理查明

辽宁省大连市中级人民法院一审查明，2002年5月29日，李惠廷申请注册第3192768号“王将”商标，并于2003年12月获准注册，注册有效期限自2003年12月7日至2013年12月6日，核定服务项目为第43类饭店、快餐馆等。1999年9月9日，哈尔滨玉将食品有限公司(以下简称哈尔滨王将公司)成立并领取营业执照，法定代表人系李惠廷；2001年11月28日、2003年6月17日，哈尔滨王将公司先后成立嵩山分店和大安分店，并领取了营业执照，其负责人均为李惠廷。前述哈尔滨王将公司及其分店使用了“王将”和“王将”字样的招牌。2005年1月6日，日本王将株式会社投资成立大连饺子的王将餐饮有限公司获得外商投资企业批准证书。2005年11月18日，大连饺子的王将餐饮有限公司经工商核准变更名称为大连王将公司。2005年11月15日，哈尔滨市第二公证处分别在大连王将公司位于大连商场新玛特一楼的总店和位于大连经济技术开发区辽宁街52—7号的分店内，对大连王将公司的店外招牌、店内筷子套等餐具包装、菜谱、茶具上使用了“王将”字样服务标识以及在菜谱、茶具及发票印鉴上使用了“王将”字样服务标识的事实进行了公证拍照，并作出(2005)哈二证内民字第692号公证书。在一审诉讼期间，大连王将公司又新设了人民路、金州、二七广场等3家分店。

一审判理和结果

辽宁省大连市中级人民法院一审认为：企业字号是企业名称中用以区分不同市场主体的主要标志，大连王将公司注册包含“王将”字号的企业名称在李惠廷“王将”文字商标注册之后，大连王将公司的经营范围包含在李惠廷注册商标的核定服务项目范围之内，大连王将公司在同业经营中使用与李惠廷注册商标相同的文字，足以使相关消费者对餐饮服务的来源以及不同经营者之间是否具有关联关系等产生混淆误认，大连王将公司在企业名称中突出使用李惠廷文字注册商标的行为，属于商标法规定的给他人注册商标专用权造成其他损害的行为，构成侵犯商标权，应当承担相应的法律责任。大连王将公司虽经国外商标权人(其母公司)的许可使用，但一国取得的商标权具有地域性，在《巴黎公约》的成员国内享有国民待遇的人就同一商标所享有的商标权在不同成员国内互相独立，其效力限于该国范围；大连王将公司企业名称虽系有关行政部门核准登记后使用，但企业名称权利的形式合法性在与在先权利冲突的情况下，不能以其形式合法而认定其具备实质合法性，法院仍应依照有关的法律规则裁判其是否构成侵犯在先合法权利。大连王将公司未经李惠廷许可，在与李惠廷注册商标核准服务项目相同的范围内使用与注册商标相同的“王将”文字和近似的“王将”服务标识，侵犯了李惠廷的“王将”注册商标专用权。因此辽宁省大连市中级人民法院判决：一、大连王将公司于判决生效后15日内在李惠廷“王将”商标注册证核定服务项目的范围内停止使用含有“王将”字样的企业名称；二、大连王将公司于判决生效后立即停止使用“王将”和“王将”字样的服务标识；三、大连王将公司于判决生效后15日内赔偿李惠廷经济损失人民币25万元；四、大连王将公司于判决生效后15日内赔偿李惠廷为制止侵权行为而支付的合理开支人民币5000元；五、驳回李惠廷其他诉讼请求。

二审判理和结果

大连王将公司不服一审判决，向辽宁省高级人民法院提起上诉。辽宁省高级人民法院二审认为，大连王将公司注册包含“王将”字样的企业名称在李惠廷“王将”文字商标注册之后。大连王将公司的经营范围包含在李惠廷注册商标的核定服务项目范围之内。根据《最高人民法院关于审理商标民事纠纷案件适用法律若干问题的解释》第1条第(1)项“将与他人注册商标相同或相近的文字作为企业的字号在相同或者类似商品上突出使用，容易使相关公众产生误认的”的规定，大连王将公司企业名称虽经行政部门核准登记后使用，但与在先权利相冲突，属于给他人注册商标专用权造成损害的行为，侵犯了李惠廷的商标权。此外，在大连王将公司使用含有“王将”字样的服务标识中，“将”字是“将”字的另类写法，此点被中国大众所认同。二者字音、字义均相同，字形亦相近。大连王将公司在招牌、餐具包装、菜谱、茶具上使用了“王将”字样服务标识，极易使公众直接产生相似感，造成与李惠廷“王将”商标混淆和误认，构成对李惠廷商标权的侵犯。辽宁省高级人民法院于2009年4月8日作出(2009)辽民三终字第49号民事判决：驳回上诉，维持原判。

申请再审理由与答辩

大连王将公司申请再审称，原审判决认定事实和适用法律均存在错误。(1)大连王将公司是日本王将株式会社在中国设立的全资子公司，根据相关规定，外商投资企业名称可以使用出资的外国企业的字号，大连王将公司通过合法的程序依法设立并取得企业名称权，该企业名称应受到法律保护。原审判决禁止使用含有“王将”字号的企业名称将使得日本“王将”这个拥有近50年发展历史的日本知名企业难以在中国市场继续发展。(2)大连王将公司使用经核准的企业名称和字号并没有侵害李惠廷“王将”注册商标的主观故意和过错，而且大连王将公司所使用的企业名称和字号与李惠廷的注册商标从文字、发音、形式、经营范围以及特色等方面均存在明显差异，何况日本“王将”已经具有近半世纪历史，有本质区别，不构成对李惠廷注册商标的侵犯。(3)李惠廷恶意抢注“王将”商标的行为违反诚实信用原则，侵犯了大连王将公司以及母公司的企业名称权，根据《反不正当竞争法》和《保护工业产权巴黎公约》的规定，应禁止李惠廷继续使用“王将”商标。(4)李惠廷许可哈尔滨王将公司使用涉案商标的许可合同并未备案，该许可行为无效，涉案商标3年未使用，应予以撤销。综上，大连王将公司请求撤销原审判决，并依法作出判决。

李惠廷答辩称，其注册商标取得在先，大连王将公司企业名称中的字号不能与注册商标相同或近似，依据维护公平竞争及保护在先合法权利人利益原则，大连王将公司不得使用含有“王将”文字的企业名称。大连王将公司的投资人在日本对“王将”拥有的各项权利并不当然延续到中国，在中国，“王将”的注册商标专用权属于李惠廷，根据《商标法》的规定，侵犯他人注册商标专用权无须考虑主观意图，而且大连王将公司是知晓涉案商标的存在，大连王将公司的行为侵犯了涉案商标。涉案商标一直在经营中使用，从未间断，而且是否备案并不影响许可合同的效力。综上，李惠廷请求驳回大连王将公司的再审申请。

再审审查与审理结果

最高人民法院经过审查后于2009年11月18日作出(2009)民申字第423号民事裁定，决定提审本案。最高人民法院再审认为，《商标法》对商标注册是否符合法律规定、应否撤销规定了相应的争议程序，如果商标所有人或者利害关系人认为已经注册的商标违反法律规定，可以请求商标评审委员会裁定撤销该注册商标。本案是侵犯商标专用权纠纷案件，审查的是被控行为是否侵犯了注册商标专用权。因此，关于涉案商标的注册是否符合法律规定，是否违反诚实信用原则抢注等，不属于本案审理范围，而且商标评审委员会已经就相关问题作出生效裁定，维持李惠廷“王将”商标的注册。至于涉案商标是否违反使用规定，连续三年未使用，同样不属于本案审理范围。故大连王将公司关于涉案商标不应予以保护，应予以撤销的主张不能成立。

注册商标和企业名称均是依照相应的法律程序获得的标志权利，分属不同的标志序列，依照相应法律受到相应的保护。对于注册商标与企业名称之间的纠纷，人民法院应当区分不同的情形，按照诚实信用、维护公平竞争和保护在先权利等原则，依法处理。如果注册使用企业名称本身具有不正当性，比如不正当地将他人具有较高知名度的在先注册商标作为字号注册登记为企业名称，即使规范使用仍足以产生市场混淆的，可以按照不正当竞争处理；如果是不规范使用企业名称，在相同或者类似商品上突出使用与他人注册商标相同或相近的企业的字号，容易使相关公众产生误认的，属于给他人注册商标专用权造成其他损害的行为，依法按照侵犯商标专用权行为处理。相应地，人民法院应当依据《最高人民法院关于审理注册商标、企业名称与在先权利冲突的民事纠纷案件若干问题的规定》第4条的规定，根据原告的诉讼请求和案件具体情况，确定被告应当承担的民事责任。如果不正当地将他人具有较高知名度的在先注册商标作为字号注册登记为企业名称，注册使用企业名称本身即是违法，不论是否突出使用均难以避免产生市场混淆的，可以根据当事人的请求判决停止使用或者变更该企业名称；如果企业名称的注册使用并不违法，只是因突出使用其中的字号而侵犯注册商标专用权的，判决被告规范使用企业名称、停止突出使用行为即足以制止被告的侵权行为，因此这种情况下不宜判决停止使用或者变更企业名称。规范使用企业名称与停止使用或变更企业名称是两种不同的责任承担方式，不能因突出使用企业名称中的字号从而侵犯商标专用权就一律判决停止使用或变更企业名称。

本案中，虽然李惠廷的“王将”商标注册在先，但其仅在黑龙江省哈尔滨市实际使用，且在大连王将公司注册登记企业名称时并未具有较高知名度。同时，由于大连王将公司是日本王将株式会社投资成立的，大连王将公司以“王将”为字号注册其企业名称，具有一定合理性。如果大连王将公司在经营活动中规范使用其王将饺子(大连)餐饮有限公司的企业名称，不足以导致相关公众的混淆误认，那么大连王将公司注册使用企业名称本身并不违法。原审判决以李惠廷的“王将”商标注册在先，认定大连王将公司的企业名称与李惠廷的注册商标相冲突、侵犯了注册商标专用权，并据此判决大连王将公司在李惠廷“王将”商标注册证核定服务项目的范围内停止使用含有“王将”字样的企业名称，没有事实和法律依据，予以纠正。

虽然大连王将公司注册使用企业名称本身并无不当，但是，大连王将公司没有规范使用其企业名称，而在其招牌、招贴和餐具等突出使用其字号，其所使用的标志“王将”、“王将”与李惠廷在先核准注册的商标标志虽存在一些差异，但这种差异是细微的，以相关公众的一般注意力难以区分，使用在相同服务上，容易使相关公众产生误认，根据《最高人民法院关于审理商标民事纠纷案件适用法律若干问题的解释》第1条的规定，大连王将公司的上述行为侵犯了李惠廷的注册商标专用权，其应当停止相应侵权行为并赔偿李惠廷的经济损失。原审判决大连王将公司赔偿李惠廷经济损失25万元和诉讼合理开支5000元并无不妥，但原审判决大连王将公司停止使用“王将”和“王将”字样的服务标识的表述不尽准确，本院予以进一步明确。大连王将公司在以后的经营活动中应当规范使用其企业名称，停止突出使用“王将”和“王将”等侵犯李惠廷注册商标专用权的行为，采取必要的措施，避免混淆误认的发生。

综上，最高人民法院依照《民法通则》第118条，《商标法》第52条第(5)项、第56条，《最高人民法院关于审理商标民事纠纷案件适用法律若干问题的解释》第1条第(1)项，《最高人民法院关于审理注册商标、企业名称与在先权利冲突的民事纠纷案件若干问题的规定》第4条，以及《民事诉讼法》第186条第1款、第153条第1款第(2)项之规定，判决：一、撤销辽宁省高级人民法院(2009)辽民三终字第49号民事判决。二、维持辽宁省大连市中级人民法院(2007)大民知初字第20号民事判决第三、四、五项。三、撤销辽宁省大连市中级人民法院(2007)大民知初字第20号民事判决第一、二项。四、大连王将公司于判决生效后立即规范使用其企业名称，停止突出使用“王将”和“王将”等侵犯李惠廷注册商标专用权的行为。

【法官评述】

本案的争议焦点在于大连王将公司是否需要停止使用其企业名称。它涉及企业名称与注册商标冲突的处理规则和民事责任承担方式。

企业名称与注册商标之间的冲突是实践中经常遇见的纠纷类型，对于此类纠纷，一般认为应当按照诚实信用、维护公平竞争和保护在先权利等原则依法处理。但在具体案件处理时，仍需根据相应的实体法律，比如商标法、不正当竞争法等进行判断，并确定相应的民事责任。在进行判断和确定民事责任时，要注意以下几点：

第一，注册商标和企业名称均是依照相应的法律程序获得的标志权利，分属不同的标志序列。注册商标的主要功能是区分商品或者服务，企业名称是区分不同的市场主体，两者均依照相应法律受到相应的保护。两者之间不存在何者效力高，或者哪个标志权利优先保护的问题。不能因注册商标是统一注册、全国有效，而企业名称是地方注册就断然认为注册商标强于企业名称，在二者冲突时断然优先保护注册商标。

第二，要区分企业名称与字号。字号仅是企业名称中通常最具识别的标志部分，二者不能混同，不能将突出使用企业名称中的字号行为等同于企业名称使用行为。突出使用字号侵犯注册商标专用权，并不能必然得出企业名称的使用也侵犯注册商标专用权。

第三，规范使用企业名称与停止使用或变更企业名称是两种不同的责任承担方式，不能因突出使用企业名称中的字号从而侵犯商标专用权就一律判决停止使用或变更企业名称。对于注册商标注册在先，企业名称登记在后的情形，目前有一种观点认为只要是在后的企业名称使用了在先的注册商标，即构成对在先注册商标的侵犯，并简单判决停止使用或变更企业名称。这种观点并不全面。对于这种情形，正如本案提审判决所述，不能“一刀切”，而应当具体问题具体分析。如果不正当地将他人具有较高知名度的在先注册商标作为字号注册登记为企业名称，注册使用企业名称本身即是违法，同时即使规范使用企业名称难以避免产生市场混淆的，可以根据当事人的请求判决停止使用或者变更该企业名称。相反,如果原告无法证明被告注册使用企业名称本身具有不正当性,只是因突出使用其中的字号而侵犯注册商标专用权的,判决被告规范使用企业名称、停止突出使用字号行为即足以制止被告的侵权行为,因此这种情况下不宜判决停止使用或者变更企业名称。

总之,涉及企业名称与注册商标之间的纠纷处理时,一方面要准确定性,属于侵犯商标专用权,还是属于不正当竞争,另一方面要依法合理确定民事责任。只有登记注册企业名称时主观上具有搭车故意,客观上即使规范使用也容易导致混淆误认的,才能判决停止使用企业名称或者变更企业名称;如果仅是因突出使用企业名称中的字号构成侵权,规范使用企业名称并不会导致混淆误认的,判决规范使用企业名称、停止突出使用字号即可。

(最高人民法院知识产权庭　周云川)

案例 10　拉科斯特公司诉鳄鱼国际公司等侵犯商标专用权纠纷案

——阅读提示:如何认定具有复杂历史渊源且具有一定近似性的标识是否是商标法意义上的近似商标?

【裁判要旨】

最高人民法院在本案中认为,侵犯注册商标专用权意义上的商标近似应当是指混淆性近似,即足以造成市场混淆的近似;由于不同案件诉争标识涉及情况的复杂性,认定商标近似除通常要考虑其构成要素的近似程度外,还可以根据案件的具体情况,综合考虑被诉侵权人的主观意图、注册商标与诉争标识使用的历史和现状等其他相关因素,在此基础上认定诉争商标是否构成混淆性近似。

【案号】

一审:北京市高级人民法院(2000)高民初字第 29 号

二审:最高人民法院(2009)民三终字第 3 号

【案情与裁判】

原告(二审上诉人):拉科斯特公司

被告(二审被上诉人):鳄鱼国际公司

被告(二审被上诉人):上海东方鳄鱼公司

起诉与答辩

2000 年 5 月 11 日,拉科斯特公司向北京市高级人民法院起诉称,自 1980 年以来,其先后在中国注册了一系列"鳄鱼图形"商标,根据中国的法律规定,该公司对注册的"鳄鱼图形"商标享有专用权。1995 年,其公司发现鳄鱼国际公司在中国建立了多家店面,其招牌上印有写实风格的鳄鱼图形,销售标有"鳄鱼图形"商标的服装产品。其公司分别于 1995 年和 1998 年向鳄鱼国际公司提出警告,鳄鱼国际公司及其在北京的代理商上海东方鳄鱼公司至今仍在北京地区销售带有"鳄鱼图形"商标的服装和其他相关产品。二被告使用的"鳄鱼图形"商标与其公司的"鳄鱼图形"注册商标构成近似,侵犯了其在第 25 类服装及其他相关类别商品上的注册商标专用权,违反了《商标法》的有关规定。故请求:(1)判令二被告停止侵害,即停止在相同或类似商品上使用与其公司之注册商标近似的商标标识;(2)判令二被告赔偿经济损失人民币 300 万元;(3)判令二被告消除影响;(4)判令二被告承担本案全部诉讼费用。

鳄鱼国际公司和上海东方鳄鱼公司共同辩称:在中国境内,鳄鱼国际公司和上海东方鳄鱼公司在服装及相关商品上使用的新加坡"鳄鱼"商标标识,包括"CARTELO 鳄鱼"图文组合注册商标标识和单条"头朝内"的鳄鱼图案未注册商标标识,均未侵犯拉科斯特公司的注册商标权。第一,拉科斯特公司向中国申请"鳄鱼图形"注册商标之前和"鳄鱼"品牌服装规模化进入中国市场之前,新加坡"鳄鱼"商标和法国"鳄鱼"商标都已问世多年,为相关公众所熟知。法国"鳄鱼"商标在中国注册在先,但新加坡"鳄鱼"商标在中国规模使用在前。第二,新加坡"鳄鱼"和法国"鳄鱼"于 1983 年 6 月 17 日曾达成一致协议,包括本案系争商标标识在内的新加坡"鳄鱼"系列商标标识和法国"鳄鱼"系列商标标识不致混淆,拉科斯特公司不得反悔。第三,从图文及其组合分析看,新加坡"鳄鱼"和法国"鳄鱼"在文字及图形上均有显著的区别特征,易于公众识别,存在不致混淆之事实。第四,拉科斯特公司恶意指控二被告侵权的行为是不正当竞争行为。故请求驳回拉科斯特公司的诉讼请求。

一审审理查明

拉科斯特公司创办于1933年，同年在法国注册“鳄鱼图形”商标，此后其产品主要在欧洲销售。20世纪60年代，拉科斯特公司开始将其产品推向亚洲。70年代末，其产品进入中国香港地区。1980年，拉科斯特公司在中国大陆注册了“鳄鱼图形”商标，其产品于1984年正式进入中国大陆地区，但数量有限，1994年正式开设专柜或专卖店。鳄鱼国际公司前身系陈贤进于1943年在新加坡创办的利生民公司，该公司于1949年申请并于1951年在新加坡获准注册了“crocodile＋鳄鱼图形”商标。利生民公司产品于1953年进入中国香港地区，主要在东南亚地区销售。1983年，利生民公司更名为鳄鱼国际公司。1993年，鳄鱼国际公司在中国大陆申请注册“CARTELO及图”商标，其产品于1994年进入中国大陆市场。利生民公司曾于1969年在日本大阪向法院提起民事诉讼，指控拉科斯特公司侵犯其商标权。1973年双方在大阪高等法院达成和解：利生民公司同意拉科斯特公司在日本注册“鳄鱼图形”商标。1983年6月17日，双方还签订协议，意图在于：(1)结束并最终解决双方之间未决的所有法律纠纷、法律行为、分歧、争议和请求……(6)双方同意表A和表B(参见附件1)所示其各自徽标，可在相关市场中共存不致混淆……双方约定的地域包括新加坡、印度尼西亚、马来西亚、文莱等国家及地区。

拉科斯特公司自1980年10月30日在中国注册了第141103号“鳄鱼图形”商标后，陆续注册了第879258号“鳄鱼图形”商标、第940231号“鳄鱼图形＋LACOSTE”商标，第1318589号“鳄鱼图形”商标等(以上商标图形参见附件2)。鳄鱼国际公司于1993年陆续向中华人民共和国国家工商总局商标局(以下简称商标局)申请注册第1331001号“CARTELO及图”商标及第1343051号“CARTELO及图”商标，上述两商标已于2007年12月14日经北京市高级人民法院(2007)高行终字第178号、第277号行政判决认定，予以核准注册，现判决已经生效。北京市高级人民法院(2007)高行终字第178号行政判决认定，鳄鱼国际公司申请的第1331001号“CARTELO及图”商标与拉科斯特公司合法拥有的第141103号“鳄鱼图形”商标相比较，二者图形部分近似，但主要部分及各要素组合后的整体结构并不相同或近似。以相关公众的一般注意力在隔离状态下观察，并考虑第141103号“鳄鱼图形”商标的显著性和知名度，二者之间可能会产生某种联想，但不会产生混淆和误认。北京市高级人民法院(2007)高行终字第277号行政判决认定，鳄鱼国际公司申请的第1343051号“CARTELO及图”商标与拉科斯特公司合法拥有的第213407号“鳄鱼图形＋LACOSTE”商标，二者图形部分近似，但主要部分及各要素组合后的整体结构并不相同或近似。以相关公众的一般注意力在隔离状态下观察及并考虑拉科斯特公司第213407号“鳄鱼图形＋LACOSTE”商标的显著性和知名度，二者之间可能会产生某种联想，但不会产生混淆和误认。

2000年4月25日，拉科斯特公司在北京购买了鳄鱼国际公司和上海东方鳄鱼公司出品的“卡帝乐鳄鱼T恤”等被诉侵权产品。被诉侵权产品在不同部位分别组合或单独使用了“CARTELO及图”商标及“鳄鱼图形”标识。

吉林省长春市中级人民法院(2005)长民三初字第94号、湖北省高级人民法院(2005)鄂民三终字第9号、北京市高级人民法院(2006)高民终字第169号民事判决认定，长春市新百信商贸有限责任公司、武汉武商集团股份有限公司世贸广场购物中心、北京西单赛特商城有限责任公司销售的单独标识“鳄鱼图形”的相关商品侵犯了拉科斯特公司第141103、879258、1318589号“鳄鱼图形”注册商标专用权。

一审判理和结果

北京市高级人民法院经审理认为，已经发生法律效力的北京市高级人民法院(2007)高行终字第178号、第277号行政判决确认，第1331001、1343051号“CARTELO及图”商标予以核准注册，与“鳄鱼图形”、“鳄鱼图形＋LACOSTE”商标之间不会产生混淆和误认，故本案被控侵权产品1～8在实际销售时其外包装及产品吊牌上均使用的“CARTELO及图”商标，与拉科斯特公司主张权利的第141103、940231、1318589、879258号注册商标不会造成消费者的混淆和误认，也就是说，鳄鱼国际公司、上海东方鳄鱼公司出品的被控侵权产品1～8在外包装及产品吊牌上使用“CARTELO及图”商标，并未侵犯拉科斯特公司的商标专用权。同样，被控侵权产品3皮包正面、被控侵权产品7礼盒中的钱包正面及皮带扣正面使用的“CARTELO”字样与拉科斯特公司主张权利的四个注册商标也不会造成消费者的混淆和误认，未侵犯拉科斯特公司的注册商标专用权。

拉科斯特公司主张，被控侵权产品1～8均在不同部位单独使用了“鳄鱼图形”，与拉科斯特公司据以主张权利的四个注册商标中的鳄鱼图形相比，仅仅是“鳄鱼身体朝向相反”，但鳄鱼姿态相同，互为镜像，足以导致潜在消费者在被控侵权产品售出后使用中造成混淆和误认。对此，北京市高级人民法院认为，利生民公司与拉科斯特公司1983年6月27日达成的商标共存协议，其目的在于相互区分各自的产品，系双方真实意思表示，且并不违反中国法律规定，亦未损害他人及公共利益，应当确认有效。其中约定协议附件1、2所列之系列商标在新加坡、印度尼西亚、马来西亚、文莱等区域内“不致混淆”。本案中，鳄鱼国际公司之行为不同于刻意仿冒名牌奢侈品的假冒行为，其在主观上并无利用拉科斯特公司的品牌声誉，造成消费者混淆、误认之故意；鳄鱼国际公司的系列商标标识经过在中国大陆市场上大规模、长时间使用后，客观上也已经建立起特定的商业声誉。而且，被控侵权产品1～8标识的并非仅为“鳄鱼图形”，还标有“CARTELO”及“CARTELO及图”，所有这些作为一个整体，使得被控侵权产品1～8具有了整体识别性，能够有效地与其他标有鳄鱼形象的商品相区别。有鉴于此，根据整体比对、综合判断的原则，拉科斯特公司与鳄鱼国际公司的系列商标标识作为整体，二者之间已经形成了显著性的区别特征。两者无论在实际购买商品时还是在商品售出后使用中均不会导致消费者的混淆和误认。鳄鱼国际公司在被控侵权产品1～8上单独使用“鳄鱼图形”的行为，亦不侵犯拉科斯特公司的注册商标专用权。吉林省长春市中级人民法院(2005)长民三初字第94号、湖北省高级人民法院(2005)鄂民三终字第9号、北京市高级人民法院(2006)高民终字第169号民事判决与本案所涉及的诉讼主体不同，且商品外包装、产品吊牌及产品本身上标示的鳄鱼国际公司第1331001、1343051号“CARTELO及图”商标于上述判决生效后的2007年12月14日经北京市高级人民法院判决准予注册，所涉及的具体案情亦不相同，故上述三判决并不影响本案审理。北京市高级人民法院依照《商标法》第52条第(1)项，最高人民法院《关于审理商标民事纠纷案件适用法律若干问题的解释》第10条之规定，于2008年12月12日判决驳回拉科斯特公司的诉讼请求。案件受理费25 010元，由拉科斯特公司负担。

上诉与答辩

拉科斯特公司不服一审判决，向最高人民法院上诉称：被控侵权商标中的“单独鳄鱼图形”与上诉人的鳄鱼商标构成相同，被上诉人擅自使用带有鳄鱼图形的组合商标与上诉人的注册商标构成近似，属于商标侵权行为，两被上诉人在同一种商品上使用与上诉人注册商标相同和近似的商标是典型的商标侵权行为，原审判决认定不侵权明显有误，请求本院依法改判并支持其原审全部诉讼请求。

被上诉人鳄鱼国际公司、上海东方鳄鱼公司答辩称：(1)已经生效的北京市高级人民法院(2007)高行终字第178号、第277号行政终局判决书中明确认定诉争标识之间可能会产生某种联想，但不会产生混淆和误认。上诉人此上诉理由不能成立。(2)关于被控侵权商标中的“单独鳄鱼图形”与上诉人的鳄鱼商标是否构成相同标识的问题。本案不同于一般的侵犯商标权案件，本案的纠纷有其特定历史背景。具体为：拉科斯特公司系列商标约于20世纪三四十年代在法国启用，并逐步使用和知名于欧洲；鳄鱼国际公司系列商标于20世纪四五十年代在新加坡等地启用，逐步使用和知名于亚洲。在经贸活动全球化的历史进程中，自20世纪60年代起，拉科斯特公司系列商标率先谋求东进亚洲，随之与在亚洲地区相关国家与地区内早已注册、早已使用并且早已知名的鳄鱼国际公司系列商标之间，屡屡引发纠纷和冲突，但是最终达成了双方鳄鱼系列商标和平共处的和解。1983年6月17日鳄鱼国际公司与拉科斯特公司签署了一揽子和解协议。协议中双方认同拉科斯特公司系列商标和鳄鱼国际公司系列商标“可在相关市场中共存不致混淆”，不但明确“在本协议第1条所列国家开展合作”，而且明确“如有可能在世界其他地方进行合作”；和解协议开宗明义“双方结束并最终解决双方之间未决的所有法律纠纷、法律行动、分歧、争议和请求”。该和解协议签订后20多年来，不但在该协议第1条所列的新加坡、印度尼西亚、马来西亚、文莱等国家及地区实现了鳄鱼国际公司系列商标与拉科斯特公司系列商标各自注册、和平共处。而且在鳄鱼国际公司注册在先的其他国家(例如韩国、印度、巴基斯坦等)，也已经实现了鳄鱼国际公司系列商标与拉科斯特公司系列商标共存共荣、相辅相成的局面。因为双方各自的知名商标“可在相关市场中共存不致混淆”，双方各自实际拥有自己的商业信誉和商品声誉，鳄鱼国际公司不存在“利用拉科斯特公司的品牌声誉，造成消费者混淆、误认”的主观故意，因此单独使用鳄鱼国际公司单条鳄鱼图形不会构成对拉科斯特公司单条鳄鱼图形商标的侵权，即“仅为鳄鱼图形”也不侵权；再加上与“CARTELO”文字以及“CARTELO 及图”商标结合使用，则更加彰显其区别显著性。综上，在图文上，鳄鱼国际公司商标标识与拉科斯特公司商标标识之间存在“不致混淆”之事实；在历史上，鳄鱼国际公司商标标识与拉科斯特公司商标标识已有“不致混淆”之共识；在使用中，鳄鱼国际公司商标标识与拉科斯特公司商标标识之间更有“不致混淆”之现实。在中国市场上，经过大规模、长时间、对比性共同使用后，拉科斯特公司系列商标和鳄鱼国际公司系列商标之间已经形成并且仍在日益强化各自所获得的区别显著性，两者越来越具有不致混淆的显著区别特征。请求最高人民法院维持原审判决，驳回上诉人上诉。

二审审理查明

最高人民法院二审查明，1994 年 9 月，拉科斯特公司在上海徐家汇太平洋设立第一个专柜。之后，拉科斯特公司在上海、北京、青岛、大连等地陆续设立了专柜、专卖店，至 1999 年 6 月 30 日，共设有专卖店 13 个，专柜 43 个，零售店 1 个。1994 年鳄鱼国际公司在上海开设第一个专卖店。之后，鳄鱼国际公司在全国若干个省市陆续设立了专柜、专卖店，至 1997 年，鳄鱼国际公司在全国共设有专卖店或专柜 250 个。

利生民公司于 1969 年向日本大阪法院提起民事诉讼，指控拉科斯特公司的销售商三共生兴株式会社侵犯其商标权。1973 年 11 月 28 日双方在大阪高等法院达成和解，利生民公司同意拉科斯特公司在日本注册“鳄鱼图形”商标。

1982 年 6 月 1 日，拉科斯特公司当时的董事会主席 Michel LACOSTE 先生在其给鳄鱼国际公司创始人陈贤进博士的信件中提到：“……基本上，我方不同意我们各自的商标在这些国家有混淆的实质风险。因为它们在这些市场中的长期使用，各自已经获得显著性。事实上，如你所知，在日本等地区的法院在多年前已经持这一观点，我方相信在那些诉讼悬而未决的国家（法院）也会接纳这一观点。”1983 年 1 月 21 日，拉科斯特公司的 Bernard LACOSTE 先生在其给鳄鱼国际公司创始人陈贤进博士的信件中也明确提到：“……在亚洲国家，我们不同的鳄鱼商标共存在商业上是可行的，像在日本一样……。”

1983 年 6 月 17 日，双方签订和解协议。和解协议签订后，1985 年 8 月 22 日，鳄鱼国际公司应拉科斯特公司的要求，出具承诺书，承诺拉科斯特公司在韩国、孟加拉共和国、印度和巴基斯坦四国申请注册相关鳄鱼图形商标时，不提出商标异议、无效和撤销，并出具合适的认同信件。

1985 年 8 月 7 日，拉科斯特公司总经理贝尔纳？拉科斯特为鳄鱼国际公司出具同意书同意其在韩国的第 45 类商品上注册鳄鱼图形商标（商标图形参见附件 1 中 1983 年协议新加坡“鳄鱼”A 系列标识一、标识二）。1993 年 1 月 22 日，拉科斯特公司总经理贝尔纳·拉科斯特出具同意书同意鳄鱼国际公司在韩国的第 25 类商品上注册鳄鱼图形商标（商标图形参见附件 1 中 1983 年协议新加坡“鳄鱼”A 系列标识一）。1993 年 9 月 16 日、1994 年 1 月 18 日，拉科斯特公司总经理贝尔纳·拉科斯特分别出具同意书同意鳄鱼国际公司在巴基斯坦的第 14 类、第 9 类、第 18 类、第 28 类商品上注册鳄鱼图形商标（商标图形参见附件 1 中 1983 年协议新加坡“鳄鱼”A 系列标识一）。

鳄鱼国际公司 1951 年 10 月 26 日在香港地区、1985 年 8 月 13 日在泰国、1996 年 6 月在蒙古、1995 年 10 月 31 日在尼泊尔、1995 年 11 月 27 日在朝鲜、2003 年 6 月 24 日在摩洛哥、2003 年 4 月 8 日在沙特阿拉伯、2003 年 9 月 1 日在斐济的第 25 类商品上注册了单条鳄鱼商标。

此外，拉科斯特公司曾于 1994 年在法国将 1983 年协议中鳄鱼国际公司的两个鳄鱼图形以及拉科斯特鳄鱼朝左的图形申请注册商标。2005 年鳄鱼国际公司向法国巴黎大审法院提起诉讼。2006 年 3 月 29 日，该院作出一审判决，认为“拉科斯特公司模仿 1983 年 6 月 17 日协议中列入的鳄鱼国际公司的商标图案”的行为“构成了非法注册行为”。拉科斯特公司向二审法院提起了上诉。

1994 年 10 月 19 日，拉科斯特公司在法国申请鳄鱼头部朝向左的商标。1995 年 3 月 23 日，其就该商标向中国申请领土延伸保护，指定使用在第 25 类服装、鞋、帽等商品上。1996 年 6 月 26 日，中国国家工商总局商标局以香港鳄鱼恤公司的鳄鱼图形商标被公众熟知，香港“鳄鱼”与法国

"鳄鱼"之间的不同已被消费者所接受,根据修改前的《商标法》第8条第1款第(9)项的规定,申请商标因其他不良影响,予以驳回。2009年1月12日,商标评审委员会作出评审决定,将该商标在中国的领土延伸保护申请予以驳回。2009年2月12日,拉科斯特公司向北京市第一中级人民法院提起行政诉讼,2009年12月29日,北京市第一中级人民法院作出一审判决,撤销商标评审委员会的前述决定。现该案及相关系列案件正在北京市高级人民法院二审审理之中。

1999年,四川省成都市工商局作出(1999)148号关于鳄鱼图形商标案结案处理结果的通知,认定四川东方鳄鱼公司单独使用鳄鱼图形商标构成对拉科斯特公司鳄鱼图形商标的侵犯。

最高人民法院(2009)知行字第10号驳回再审申请通知书认定,"从现有证据看,证明引证商标在争议商标申请日的知名度的证据仅有1984年赞助戴维斯杯网球赛的宣传材料和商标局(89)商标异字第116号裁定,虽然后者提到鳄鱼商标有一定的知名度,但综合上述证据无法认定引证商标在争议商标申请日(1991年3月26日)之前的中国境内为相关公众广为知晓,成为驰名商标"。最高人民法院(2009)行监字第121号驳回再审申请通知书、(2009)行监字第107号驳回再审申请通知书认定,"本案现有证据无法证明各引证商标在被异议商标申请注册之时已经在中国境内为相关公众广为知晓,原审法院在比对被异议商标和各引证商标整体结构的基础上,以相关公众的一般注意力并考虑引证商标显著性和知名度,认定被异议商标与各引证商标不构成近似商标并无不当"。

二审判理和结果

最高人民法院经审理认为,侵犯注册商标专用权意义上的商标近似应当是指混淆性近似,即足以造成市场混淆的近似。由于不同案件诉争标识涉及情况的复杂性,认定商标近似除通常要考虑其构成要素的近似程度外,还可以根据案件的具体情况,综合考虑其他相关因素,在此基础上认定诉争商标是否构成混淆性近似。本案中双方之间的诉争商标在相关市场中具有特殊的形成历史和发展历程,有特殊的使用和共存状况,在本案中认定诉争商标是否构成侵犯注册商标专用权意义上的近似商标,既不能割裂各自形成和发展的历史,又不能无视相互之间的共存过程和使用状态,否则,就难以作出公平合理的裁判。因此,就本案诉争商标具体情况而言,在认定其是否近似时,仅仅比对标识本身的近似性是不够的,还必须综合考量鳄鱼国际公司的主观意图、双方共存和使用的历史与现状等因素,结合相关市场实际,进行公平合理的判断。

首先,根据本案已经查明的事实,不足以认定当时的利生民公司系抄袭模仿拉科斯特公司申请注册的相关商标而申请注册的"crocodile+鳄鱼图形"商标。其进入中国市场后,鳄鱼国际公司继续使用与其在亚洲相关国家业已注册商标相应的有关鳄鱼标识。而且,根据原审法院查明的事实,被诉标识的使用环境和状态,足以使其双方的相关产品区别明显。上述事实足以表明,鳄鱼国际公司进入中国市场后使用相关商标,主要是对其已有商标的沿用,且在实际使用中也有意区分诉争标识。因此,原审法院认定鳄鱼国际公司之行为不同于刻意模仿名牌奢侈品的假冒行为,其主观上并无利用拉科斯特公司的品牌声誉,造成消费者混淆、误认之故意,并无不当,上诉人的相应主张无证据支持。其次,从相关国际市场看,双方诉争标识在亚洲部分国家和地区已经长期形成共存和使用的国际市场格局。从本案已经查明的事实看,鳄鱼国际公司的被诉标识一、二在本案诉讼之前,在相关国家和地区已经注册多年,且已与拉科斯特公司达成了包括被诉标识一、二在内的标识与拉科斯特公司鳄鱼图形文字系列标识(参见附件1)共存不致混淆的1983年和解协议,且在该协议未明确列明的韩国、巴基斯坦等国家,拉科斯特公司亦就被诉标识在该两国家相关类别的注册上出具了同意注册的同意函。鉴此,最高人民法院认为,无论是从双方当事人的相关认同和共识还是从相关国际市场实际看,双方诉争标识在亚洲部分国家和地区已经不致产生市场混淆而可以共存,这足以表明诉争商标在构成要素上的近似性并不必然构成混淆性近似,并不必然导致其不能共存。再次,从诉争标识在中国市场的共存和使用情况看,两者在中国市场内已拥有各自的相关公众,在市场上均已形成客观的划分,已成为可区别的标识。综合考虑以上因素,在鳄鱼国际公司使用被诉标识不具有恶意抄袭模仿意图的前提下,这种经市场竞争形成的客观区别,是鳄鱼国际公司在中国境内商业成功的结果,对此应给予法律上的认可和肯定。基于鳄鱼国际公司的产品已经形成自身的相关消费群体,相关公众已在客观上将两公司的相关商品区别开来的市场实际，最高人民法院认为被诉标识一、二与拉科斯特公司请求保护的注册商标不构成近似商标。但因最高人民法院是在综合考量诉争标识在构成要素上的差别，特别是相关使用历史和共存现状等因素的基础上，对于诉争商标近似性问题作出的认定，而被诉标识一、二在构成要素上毕竟与拉科斯特公司相关注册商标具有一定程度的近似性，故鳄鱼国际公司在使用被诉标识一、二时，应保持其与拉科斯特公司注册商标有明显区分的相关使用环境和状态，尽可能避让该公司的注册商标。关于被诉标识三、四与拉科斯特公司请求保护的注册商标是否近似的问题。本案中，被诉标识三、四由单条鳄鱼与CARTELO文字组合而成，与拉科斯特公司请求保护的注册商标相比，两者在文字构成、呼叫、整体外观上区别明显，不能认定为侵犯注册商标专用权意义上的近似商标。最高人民法院经审理认为，拉科斯特公司的上诉理由不能成立，原审判决认定事实基本清楚，虽然其适用修订前的《商标法》裁判本案适用法律错误，部分判理有所不当，但并不影响本案的裁判结果，依据《民事诉讼法》第153条第(1)项、第(2)项之规定，判决驳回拉科斯特公司上诉，维持原判。

【法官评述】

本案的事实异常复杂，当事人之间具有颇深的历史渊源且在国内外也有数起纠纷发生。由于本案涉及鳄鱼国际公司使用的单条鳄鱼图形标识是否侵犯拉科斯特公司鳄鱼图形商标这一关键问题，本案的审理结果更是备受业界所瞩目。本案的焦点问题在于如何认定具有复杂历史渊源且具有一定近似性的标识是否是商标法意义上的近似商标。《最高人民法院关于审理商标民事纠纷案件适用法律若干问题的解释》第9条和第10条规定，在商标侵权纠纷案件中，认定被控侵权标识与主张权利的注册商标是否近似，应当视所涉商标或其构成要素的显著程度、市场知名度等具体情况，在考虑和对比文字的字形、读音和含义，图形的构图和颜色，或者各构成要素的组合结构等基础上，对其整体或者主要部分是否具有市场混淆的可能性进行综合分析判断。根据以上规定，商标法意义上的近似是指足以产生市场混淆的近似，而不仅是外观上的近似。因此在下文中，笔者试从认定诉争单条鳄鱼标识是否具有市场混淆的可能性对本案焦点问题进行分析。

一、诉争单条鳄鱼标识能否认定为商标法意义上的相同商标

根据《商标法》第52条的规定，在同种商品上使用同一商标的，属于侵犯他人注册商标专用权的行为。拉科斯特公司在本案中主张鳄鱼国际公司使用的单条鳄鱼商标与其注册的鳄鱼商标互为镜像，应当认定为相同商标。当事人双方1983年在境外达成的“共存”协议仅适用于五个国家和地区，不能成为鳄鱼国际公司在中国大陆地区合法使用鳄鱼商标的理由，且中国法律不承认商标共存，原审判决曲解了该协议的内容和法律效力。而鳄鱼国际公司则认为本案纠纷有其特定的历史背景。拉科斯特公司系列商标约于20世纪三四十年代在法国启用，并逐步使用和知名于欧洲；鳄鱼国际公司系列商标于20世纪四五十年代在新加坡等地启用，逐步使用和知名于亚洲。1983年6月17日鳄鱼国际公司与拉科斯特公司签署了一揽子和解协议。协议中双方认同拉科斯特公司系列商标和鳄鱼国际公司系列商标“可在相关市场中共存不致混淆”。该和解协议签订后20多年来，不但在该协议第1条所列的新加坡、印度尼西亚、马来西亚、文莱等国家和地区实现了鳄鱼国际公司系列商标与拉科斯特公司系列商标各自注册、和平共处，而且在鳄鱼国际公司注册在先的其他国家(例如韩国、印度、巴基斯坦等)，也已经实现了鳄鱼国际公司系列商标与拉科斯特公司系列商标共存的局面。因为双方各自的知名商标“可在相关市场中共存不致混淆”，双方各自实际拥有自己的商业信誉和商品声誉，鳄鱼国际公司不存在“利用拉科斯特公司的品牌声誉，造成消费者混淆、误认”的主观故意，因此单独使用鳄鱼国际公司单条鳄鱼图形不会构成对拉科斯特公司单条鳄鱼图形商标的侵权。在中国市场上，经过大规模、长时间、对比性的共同使用后，拉科斯特公司系列商标和鳄鱼国际公司系列商标之间已经形成并且仍在日益强化各自的获得的区别显著性，两者越来越具有不致混淆的显著区别特征，因此两者不构成相同商标。笔者以为，根据《最高人民法院关于审理商标民事纠纷案件适用法律若干问题的解释》第9条第1款之规定，《商标法》第52条第(1)项规定的商标相同，是指被控侵权的商标与原告的注册商标相比较，二者在视觉上基本无差别。本案拉科斯特公司主张权利的注册商标标识，其鳄鱼头朝右，嘴巴大张，躯干及尾部上布满块状鳞片或装饰有横向条纹，其中第213407号注册商标鳄鱼图形下还显著标有LACOSTE文字；鳄鱼国际公司使用的被诉标识一、二中的鳄鱼头朝左，被诉标识一中的鳄鱼图形躯干上的鳞片呈立体状，被诉标识二中的鳄鱼图形整体颜色为黄绿色或黄色，嘴巴张开露出红色，躯干上有斜向排列的条纹。被诉标识一、二与拉科斯特公司的系列注册商标相比，其均为鳄鱼图形，具有一定的近似性，但被诉标识一、二中的鳄鱼头部朝向、体型、鳞片、颜色均与拉科斯特公司主张权利的鳄鱼图形不同，视觉差异明显，不属于司法解释中规定的在视觉上基本无差别的情形，不宜认定为相同商标。

二、诉争单条鳄鱼标识是否构成商标法意义上的近似商标

（一）近似商标的判定原则

《最高人民法院关于审理商标民事纠纷案件适用法律若干问题的解释》规定，“第52条第(1)项规定的商标近似是指被控侵权的商标与原告的注册商标相比较，其文字的字形、读音、含义或者图形的构图及颜色，或者其各要素组合后的整体结构相似，或者其立体形状、颜色组合近似，易使相关公众对商品的来源产生误认或者认为其来源与原告注册商标的商品有特定的联系”。根据该解释及审判实际，认定被诉标识与原告请求保护的注册商标是否是商标法意义上的近似商标，不仅要根据诉争标识文字的字形、读音、含义或者图形的构图及颜色等构成要素的近似性进行判断，还须将是否造成混淆作为重要的判断因素。

（二）鳄鱼国际公司使用诉争标识是否会造成市场混淆

(1)鳄鱼国际公司是否有模仿拉科斯特公司注册商标之故意对认定商标近似之影响。虽然相关商标法律法规未对被诉侵权人存在复制模仿注册商标的故意是否影响相关的侵权认定作出明确规定，但基于商标法保护商誉和制止有损消费者混淆的立法目的，商标法同反不正当竞争法一样，都对搭他人便车为自己谋求不正当利益的行为予以禁止。因此，笔者认为，如果被诉侵权人有意模仿权利人的注册商标为其谋求不正当利益，在认定诉争标识与注册商标是否近似时应作为其中应当考量的一个因素。根据本案已经查明的事实，鳄鱼国际公司前身系陈贤进于1943年在新加坡创办的利生民公司，该公司于1949年申请并于1951年在新加坡获准注册了“crocodile＋鳄鱼图形”及“鳄鱼图形”商标。利生民公司产品于1953年进入香港，主要在东南亚地区销售。根据现有证据并考虑1949年的国际经济情况及拉科斯特公司20世纪60年代始进入亚洲市场等事实，不足以认定当时的利生民公司系抄袭模仿拉科斯特公司申请注册的相关商标而申请注册的“crocodile＋鳄鱼图形”商标。进入中国市场后，鳄鱼国际公司继续使用与其在亚洲相关国家业已注册商标相应的有关鳄鱼标识。而且，根据一审法院查明的事实，鳄鱼国际公司在其被诉侵权产品1～8在其外包装及产品吊牌上等不同部位均使用了“CARTELO及图”商标，被诉标识这种使用环境和状态，足以使其双方的相关产品区别明显。鉴此，应当认为，鳄鱼国际公司进入中国市场后使用相关商标，主要是对其已有商标的沿用，且在实际使用中也有意区分诉争标识。因此，一审法院认定鳄鱼国际公司之行为不同于刻意模仿名牌奢侈品的假冒行为，其主观上并无利用拉科斯特公司的品牌声誉，造成消费者混淆、误认之故意。

(2)诉争单条鳄鱼标识在国内市场上是否会导致相关公众混淆。根据一审、二审法院查明的事实，拉科斯特的公司产品自1984年始正式进入中国，但数量有限。两公司均是从1994年开始在中国开设专柜或专卖店。此外，根据本案已查明的事实，拉科斯特公司的鳄鱼商标当时在中国并不具有较高的知名度，而鳄鱼国际公司进入中国市场后，其经营规模迅速扩大，仅1995年在上海、武汉、广州、江西、新疆、山东、浙江、江苏、云南、福建等地已开设了85个专卖店或专柜，1996年在辽宁、河北、江苏、山东、安徽等地又开设了89个专卖店或专柜，其知名度和影响力迅速提高，拥有了相对固定的消费群体。与此相比，至1996年底拉科斯特公司在中国仅有3家专卖店(柜)。此外，鳄鱼国际公司的产品价格与拉科斯特公司产品的价格差距比较明显，两者各自有其不同的消费群体，且两公司商品的销售渠道均为专卖店或专柜且被诉标识一、二在实际使用中还与其他相关标识共同标识其所用商品，由此形成了便于区分商品来源的独特使用状态。这些因素足以表明，被诉标识在其相关市场内已与其各自所标识的商品形成固定的联系，已足以独立地指示其商品来源，不会导致拉科斯特公司的市场份额被不正当地挤占。争议双方在相关市场内已形成相互独立的市场格局，这是足以认定诉争商标能够区别开来的客观基础。因此，从诉争标识在中国市场的共存和使用情况看，两者在中国市场内已拥有各自的相关公众，在市场上均已形成客观的划分，已成为可区别的标识。

(3)诉争标识在国际市场上的共存情况。从本案已经查明的事实看，鳄鱼国际公司的前身利生民公司于1951年12月13日在25类商品上在新加坡注册了相关鳄鱼图形商标。同年10月26日，利生民公司在25类商品上在香港地区注册了相关鳄鱼图形商标，并于1953年进入香港市场。1959年4月27日，利生民公司在日本注册了相关鳄鱼图形商标。1969年，鳄鱼国际公司在日本大阪地方法院诉拉科斯特公司侵犯其鳄鱼图形商标专用权，后两公司在日本高等法院和解后达成1983年和解协议。该和解协议确认，两公司相关标识在相关国家和地区共存而不致混淆。因鳄鱼国际公司的被诉标识一、二在本案诉讼之前，在相关国家和地区已经注册多年，且已与拉科斯特公司达成了包括被诉标识一、二在内的标识与拉科斯特公司鳄鱼图形文字系列标识共存不致混淆的1983年和解协议，且在该协议未明确列明的韩国、巴基斯坦等国家，拉科斯特公司亦就被诉标识在该两国家相关类别的注册上出具了同意注册的同意函。据此最高人民法院认为，无论是从双方当事人的相关认同和共识还是从相关国际市场实际看，双方诉争标识在亚洲部分国家和地区已经不致产生市场混淆而可以共存，双方诉争标识在亚洲部分国家和地区已经长期形成共存和使用的国际市场格局，因此最高人民法院认为诉争标识不构成侵犯注册商标专用权意义上的混淆性近似，不足以对拉科斯特公司的注册商标造成损害。

三、本案裁判的意义

《商标法》第51条规定了注册商标的专用权，以核准注册的商标和核定使用的商品为限，同时《商标法》第52条又规定了在类似商品上使用近似商标的，亦属于侵犯商标专用权的行为。从以上规定看出，商标权的使用权范围是固定的，仅及于核准的商标和核定使用的商品；而其禁用权则大于其使用权，及于类似商品和近似商标。由于近似商标和类似商品具有高度的概况性和模糊性，因此同样都是注册商标，但其商标权的范围却不是等同划一的，而是具有一定的弹性。由于商标权之禁用权具有一定的弹性，在审理侵犯商标专用权的案件中，更应根据具体案情、根据请求保护的商标的知名度及显著性，合理划定其排斥范围，确保相关经营者之间在商标的使用上保持清晰的边界，既要保护商标权人的合法权益，又要尊重相关公众已在客观上将相关商标区别开来的市场实际，注重维护已经形成和稳定了的市场秩序。在审理本案时，最高人民法院更多地考虑了诉争商标是否是足以导致市场混淆的近似，在事实认定上，更全面地查明了原告商标的显著性和知名度，被告是否有模仿原告商标、具有搭其便车的故意及两者的市场状况等因素，最终认定诉争标识不属于认定侵犯商标专用权意义上的近似商标。

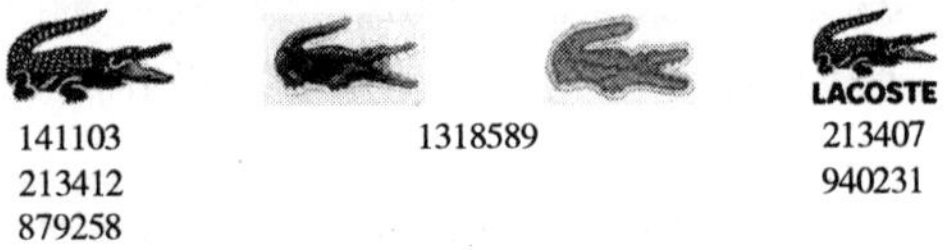

附件1　拉科斯特公司请求保护的注册商标

附件2　鳄鱼国际公司使用的被控侵权标识

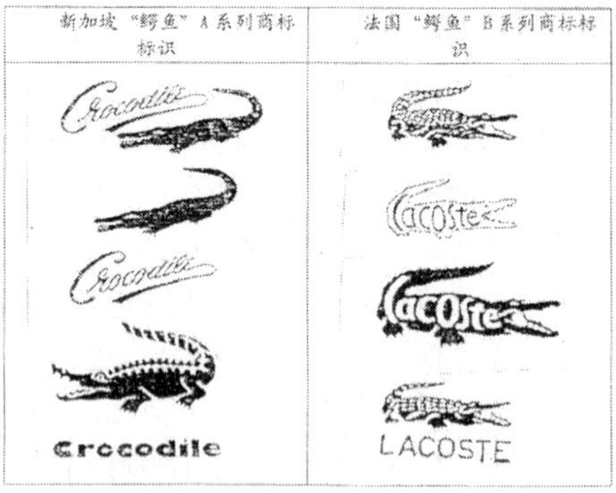

附件3　1983年协议中双方商标图形

（最高人民法院知识产权庭　王艳芳）

案例11　山西杏花村公司诉商标评审委员会、安徽杏花村公司商标异议复审行政纠纷案

——阅读提示：对已注册驰名商标的扩大保护应当考虑哪些因素？

【裁判要旨】

对已注册驰名商标的扩大保护并非当然可以将其扩展至所有商品类别，只有足以使相关公众误认为使用诉争商标的注册、使用人和驰名商标注册人具有相当程度的联系，从而减弱驰名商标的显著性、贬损驰名商标的市场声誉，或者不当利用驰名商标的市场声誉的情形，驰名商标的注册人才能禁止他人注册和使用。商标标志的独创性虽然能够影响商标的显著性程度，但并不能因没有独创性就应认定缺乏显著性或显著性较弱。在构成驰名商标的情况下，由于其商标为中国相关公众广为知晓，因此其当然具有较强显著性，此时其商标是否为商标注册人所独创并不会对驰名商标保护范围有太大影响。

【案号】

一审：北京市第一中级人民法院（2010）一中知行初字第1241号

二审：北京市高级人民法院（2010）高行终字第1118号行政判决书

【案情与裁判】

原告（上诉人）：山西杏花村公司

被告（被上诉人）：商标评审委员会

第三人：安徽杏花村公司

起诉和答辩

2002年2月28日，安徽杏花村公司在第31类树木、谷（谷类）、酿酒麦芽等商品上提出“杏花村”商标（以下简称被异议商标），后被初步审定公告。被异议商标公告异议期内，山西杏花村公司以其在第33类酒商品上注册的“杏花村”商标（以下简称引证商标）为驰名商标为由申请对被异议商标不予核准注册。2010年1月11日，商标评审委员会作出商评字[2010]第186号《关于第3102476号“杏花村”商标异议复审裁定书》（以下简称第186号裁定），对被异议商标在树木、谷（谷类）等商品上予以核准注册，在酿酒麦芽商品上不予核准注册。

山西杏花村公司2010年3月24日提起诉讼称：首先，其引证商标具有显著性，且已经是驰名商标，安徽杏花村公司的被异议商标与引证商标近似，极有可能误导公众，致使山西杏花村公司的利益受损。其次，被异议商标在树木、谷（谷类）等商品上亦不应予核准注册。被异议商标与引证商标指定使用的商品虽然不相同或类似，但一般消费者并不具备商品分类和区分标准的专业知识，两商标并存易使消费者混淆误认商品的产源，致使山西杏花村公司的利益可能受到损害。综上，山西杏花村公司请求：撤销商标评审委员会作出的第186号裁定。

商标评审委员会辩称：引证商标在相关领域和时限内的知名度不能使其当然取得在其他领域的绝对保护。被异议商标指定使用的第31类树木、谷（谷类）等商品与引证商标核定使用的第33类白酒等商品在生产方式、销售渠道、服务对象等方面区别较大。加之，“杏花村”并非山西杏花村公司独创，其显著性因不是独创而相对较弱，“杏花村”商标虽在酒商品上具有一定的知名度，但亦难以认定被异议商标在树木、谷（谷类）等商品上的注册和使用，会误导公众，损害山西杏花村公司的合法权益。因此，被异议商标的注册未构成《商标法》第13条第2款规定的复制、摹仿他人驰名商标的情形。

安徽杏花村公司述称：对于驰名商标的跨类保护范围，并不能仅凭主观臆断，而要强调客观判断标准，即要求“使相关公众对商品或者其经营者产生相当程度的联系”，而不能是程度不高的“联想”。因杜牧《清明诗》闻名于世的“杏花村”首先是历史文化的一部分，山西杏花村公司基于“杏花村”所获得的驰名商标权利并不是无限的。被异议商标指定使用的第31类树木、谷（谷类）商品与引证商标核定使用的第33类白酒、含酒精饮料（啤酒除外）商品根本不可能产生混同，公众绝无可能将这两类商品混淆，公众也不可能因此认为山西杏花村公司与安徽杏花村公司之间存在某种关联关系。

法院审理查明

1980年12月15日，杏花村汾酒厂提出引证商标一（参见下图）注册申请，其专用期限经续展至2013年2月28日，核定使用商品为第33类的白酒。引证商标一的现注册人为山西杏花村公司。

1996年7月15日，山西杏花村公司提出引证商标二（参见下图）注册申请，并于1997年8月21日被核准注册，专用权期限经续展至2017年8月20日，核定使用商品为第33类的含酒精的饮料（啤酒除外）。

2002年2月28日，安徽杏花村公司提出被异议商标（参见下图）注册申请，指定使用商品为第31类的树木、谷（谷类）、植物用种苗、活动物、鲜水果、新鲜蔬菜、植物种子、饲料、酿酒麦芽、植物，2002 年 9 月 28 日被初步审定公告。

引证商标一

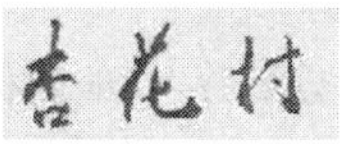

引证商标二

被异议商标

在法定异议期限内，山西杏花村公司针对被异议商标向国家工商总局商标局提出商标异议申请。2006 年 9 月 13 日，商标局作出第 2785 号裁定，对被异议商标予以核准注册。

山西杏花村公司不服第 2785 号裁定，向商标评审委员会提出复审申请。

2010 年 1 月 11 日，商标评审委员会作出第 186 号裁定。该裁定认为：山西杏花村公司提交了其“杏花村”商标被认定为驰名商标的证书，安徽杏花村公司对山西杏花村公司的“杏花村”商标构成驰名商标的事实亦未予否认，因此，商标评审委员会对此事实予以认可。被异议商标为文字“杏花村”，与山西杏花村公司引证商标一的主要认读部分、引证商标二的文字相同，属于近似的标识。因此，本案的焦点问题在于非类似商品上提出注册申请的被异议商标是否会误导公众，致使山西杏花村公司的商标权益可能受到损害。对于混淆、误导可能性的判定，应当综合考虑引证商标的知名度、独创性以及被异议商标与引证商标各自使用的商品的关联程度。山西杏花村公司的“杏花村”商标核定使用的第 33 类白酒、含酒精饮料（啤酒除外）商品与被异议商标指定使用的第 31 类树木、谷（谷类）等商品在生产方式、销售渠道、消费对象等方面区别较大。加之“杏花村”一词并非山西杏花村公司所独创，尚难以认定被异议商标在树木、谷（谷类）等商品上的注册和使用，将造成消费者的混淆误认，以致使山西杏花村公司的利益受到损害。被异议商标指定使用的酿酒麦芽商品与各引证商标核定使用的白酒、含酒精饮料（啤酒除外）商品在生产过程中具有密切的联系，因此，被异议商标使用在酿酒麦芽上易使消费者产生混淆误认。商标评审委员会依照《商标法》第 13 条第 2 款、第 33 条、第 34 条、第 41 条之规定，裁定：被异议商标在树木、谷（谷类）等商品上予以核准注册，在酿酒麦芽商品上不予核准注册。

一审判理和结果

北京市第一中级人民法院认为：《商标法》第 13 条第 2 款中混淆、误导可能性的判断，应当综合考虑引证商标的知名度、独创性以及被异议商标与引证商标各自使用的商品的关联程度。本案中，虽然山西杏花村公司的“杏花村”商标在酒类商品上已经成为驰名商标，但是，鉴于“杏花村”一词并非山西杏花村公司所独创，且山西杏花村公司的“杏花村”商标核定使用的第 33 类白酒、含酒精饮料（啤酒除外）商品与被异议商标指定使用的第 31 类树木、谷（谷类）等商品在生产方式、销售渠道、消费对象等方面区别较大，被异议商标在树木、谷（谷类）等商品上的注册和使用并不会造成消费者的混淆误认，致使山西杏花村公司的利益受到损害。因此，被异议商标在树木，谷（谷类）商品上的注册并未违反《商标法》第 13 条第 2 款之规定。北京市第一中级人民法院依照《行政诉讼法》第 54 条第（1）项之规定，判决：维持商标评审委员会第 186 号裁定。

上诉与答辩

山西杏花村公司不服，向北京市高级人民法院提起上诉，请求：撤销原审判决并依法改判。其主要上诉理由是：（1）原审判决认定事实的标准不合法。原审判决认为《商标法》第 13 条中混淆、误导可能性的判断，应当综合考虑引证商标的知名度、独创性以及被异议商标与引证商标各自使用的商品的关联程度，这一认定标准不符合《最高人民法院关于审理涉及驰名商标保护的民事纠纷案件应用法律若干问题的解释》第 9 条、第 10 条和《商标法》第 9 条的规定。上述司法解释和《商标法》要求在判断是否损害驰名商标所有人的利益的标准是显著性、知名度和关联性，没有要求引证商标具有独创性。山西杏花村公司在原审诉讼中已经加以阐明，原审法院对此置之不理，仍采用第 186 号裁定中的“知名度、独创性和关联性”的标准，因此原审判决的认定标准缺乏法律依据。（2）原审判决对事实的认定只强调没有法律依据的“独创性”，而回避了“显著性、知名度和关联性”的事实。引证商标一“杏花村”为驰名商标，具有极高的知名度，对“杏花村”的使用已经产生并具有唯一对应于山西杏花村公司产源的标识性效果，一提到“杏花村”，人们便认为是山西杏花村公司，如果准许被异议商标注册，易使消费者误认为和山西杏花村公司有某种联系。虽然引证商标和被异议商标的指定使用商品分属不同类别，但都是食品类，都可以通过超市、食品店、副食店销售，都是人们生活用品，因此构成类似商品，原审判决认定上述商品在生产方式、销售渠道、消费对象等方面区别较大，显然是错误的。(3)原审判决认定事实和适用法律错误。原审判决认为被异议商标的注册、使用并不会造成消费者的混淆和误认，致使山西杏花村公司的利益受到损害。这一认定属于主观臆断，缺乏事实和法律依据，《商标法》第13条第2款规定的"致使该驰名商标注册人的利益可能受到损害"只是一种可能性，只要有可能就构成"混淆、误认"，因此原审判决的上述认定没有依据。(4)被异议商标系地名商标，不具有显著性。根据《商标法》第11条的规定，应不予注册，但原审判决对此一字不提，属于适用法律错误。

商标评审委员会和安徽杏花村集团公司服从原审判决。

二审判理和结果

北京市高级人民法院认为："杏花村"与酒的联系，并非始自山西杏花村公司对引证商标的使用、宣传。杜牧的著名诗句早已使人们将"杏花村"与酒商品联系在一起，山西杏花村公司利用这种早已存在的联系建立引证商标一在酒类商品尤其是汾酒商品上的知名度并使之成为驰名商标，但由此对引证商标一的保护也不应不适当地扩大，尤其是不应当禁止他人同样地从杜牧诗句这一公众资源中获取、选择并建立自己的品牌，只要不会造成对引证商标一及山西杏花村公司利益的损害即可。安徽杏花村集团公司在树木、谷(谷类)等商品上申请注册被异议商标，并不足以导致相关公众误认为该商标与引证商标一存在相当程度的联系，从而减弱引证商标一的显著性或不当利用引证商标一的市场声誉。被异议商标的申请、注册未违反《商标法》第13条第2款的规定。因此判决：驳回上诉，维持原判。

【法官评述】

《商标法》第13条第2款规定，就不相同或者不相类似商品申请注册的商标是复制、摹仿或者翻译他人已经在中国注册的驰名商标，误导公众，致使该驰名商标注册人的利益可能受到损害的，不予注册并禁止使用。最高人民法院《关于审理涉及驰名商标保护的民事纠纷案件应用法律若干问题的解释》第9条和第10条规定，"误导公众，致使该驰名商标注册人的利益可能受到损害"，是指足以使相关公众认为对使用诉争商标的注册、使用人和驰名商标注册人具有的相当程度的联系，从而减弱驰名商标的显著性、贬损驰名商标的市场声誉，或者不当利用驰名商标的市场声誉的情形。对于在不相同或者不相类似商品上的驰名商标的保护，应当综合考虑驰名商标的显著程度，驰名商标在使用诉争商标商品的相关公众中的知晓程度、使用驰名商标的商品与使用诉争商标的商品之间的关联程度等因素。

商标注册与保护范围的确定与商标的知名度和显著性有密切关系，商标的独创性虽然能够影响商标的显著性程度，但并不能因没有独创性就认定缺乏显著性或显著性较弱。在驰名商标的情况下，由于其商标为中国相关公众广为知晓，因此其当然具有较强显著性，此时其商标是否为商标注册人所独创并不会对驰名商标保护范围有太大影响。商标评审委员会和原审判决虽然将商标的独创性作为认定他人的商标是否构成误导公众、可能损害驰名商标注册人利益的考虑因素，但并未将之作为一项决定性因素，而且与独创性同时考虑的还有知名度和关联性等因素，由此可见商标评审委员会和原审法院在本案中并未仅强调独创性因素，而且由于独创性与显著性程度有一定联系，因此商标评审委员会和原审法院在本案中实际已经考虑了显著性的问题。山西杏花村公司关于原审判决在驰名商标保护的"误导"、"损害"的认定标准中包括了且在实际认定中仅强调独创性的上诉主张缺乏依据，不应当予以支持。

"杏花村"与酒的联系，并非始自山西杏花村公司对引证商标的使用、宣传。杜牧的著名诗句早已使人们将"杏花村"与酒商品联系在一起，山西杏花村公司利用这种早已存在的联系建立引证商标一在酒类商品尤其是汾酒商品上的知名度并使之成为驰名商标，但由此对引证商标一的保护也不应不适当地扩大，尤其是不应当禁止他人同样地从杜牧诗句这一公众资源中获取、选择并建立自己的品牌，只要不会造成对引证商标一及山西杏花村公司利益的损害即可。安徽杏花村公司在树木、谷(谷类)等商品上申请注册被异议商标，虽然树木、谷(谷类)等商品上的部分相关公众会知晓"杏花村"并可能联想到山西杏花村公司，但更大的可能是将"杏花村"与杜牧的诗句联系在一起。因此，被异议商标在树木、谷(谷类)等商品上使用并不足以导致相关公众误认为该商标与引证商标一存在相当程度的联系，从而减弱引证商标一的显著性或不当利用引证商标一的市场声誉。商标评审委员会和原审法院在综合考虑各方当事人的主张和证据的基础上，作出被异议商标的注册不会导致误导公众、并可能使山西杏花村公司的合法利益受到损害的认定，其结论并无不当。

本案判决合理分析了在具体情形下判断是否对驰名商标造成了损害，对于解决此类问题有一定的指导意义。

（北京市高级人民法院法院知识产权庭　钟　鸣）

案例 12　莱雅公司与美莲妮公司、杭州欧莱雅公司、通润发超市侵犯注册商标专用权及不正当竞争纠纷案

——阅读提示：第一，如何判断外文商标间构成近似？第二，企业经登记取得的字号与他人注册商标中的文字相同，如何认定企业使用该字号是否构成不正当竞争？

【裁判要旨】

第一，如果两个外文商标的组成字母虽有区别，但其发音相同或近似，且普通消费者对两者的视觉印象也相同或近似，则应认定该两个商标属相同或近似。第二，企业的字号导致消费者误认其与商标权人具有特定联系，应认定其构成不正当竞争。

【案号】

一审：江苏省南通市中级人民法院（2008）通中知民初字第 0122 号

二审：江苏省高级人民法院（2009）苏民三终字第 0168 号

【案情与裁判】

原告（二审被上诉人）：莱雅公司（L'OREAL）

被告（二审上诉人）：美莲妮公司

被告（二审上诉人）：杭州欧莱雅公司

被告（二审原审被告）：通润发超市

起诉与答辩

莱雅公司于 2008 年 5 月 28 日向一审法院起诉，称：其在国际分类第 3 类化妆品上注册了“L′OREAL”、“莱雅”、“L′OREAL 欧莱雅”、“L′ORÉAL 欧莱雅”、“欧莱雅”等系列商标。美莲妮公司、杭州欧莱雅公司在其生产的日化产品上突出使用“L′OIYIR”、“OIYIR”、“莱雅”标识，与上述注册商标相同或相近似。通润发超市销售侵权产品。三被告的行为已构成对莱雅公司注册商标权的侵害。杭州欧莱雅公司使用“欧莱雅”为其企业字号，其行为构成不正当竞争。请求判令：(1)三被告立即停止商标侵权行为；(2)杭州欧莱雅公司停止在企业名称中使用“欧莱雅”文字；(3)三被告赔偿经济损失人民币 50 万元。

美莲妮公司、杭州欧莱雅公司辩称：莱雅公司的“欧莱雅/L′OREAL”商标是中文和法文字母的组合商标；我们在产品上使用的“LOIYIR”由英文字母组成，与“L′OREAL”有一半以上字母不同，故不构成近似。杭州欧莱雅公司企业名称中的“欧莱雅”经合法登记取得。请求驳回莱雅公司的诉请。

通润发超市辩称：涉案产品由南京韩旭商贸有限公司（以下简称韩旭公司）向在通润发超市设立的专柜供货。通润发超市不知道涉案产品侵权，不应承担赔偿责任。

法院审理查明

莱雅公司是 1963 年 3 月 1 日在法国登记的股份有限公司，自成立时起即以“L′OREAL”为企业字号，中文译名为莱雅公司或欧莱雅公司。主要从事化妆品和卫生用品的生产等。

1981 年 7 月至 2001 年 7 月间，莱雅公司陆续经国家工商总局商标局核准注册了第 148647 号“L′ORÉAL”商标、第 569738 号“莱雅”文字商标、第 1152301 号“L′OREAL 欧莱雅”组合商标、第 1252128 号“L′ORÉAL 欧莱雅”组合商标、第 1600291 号“欧莱雅”文字商标。上述商标核定使用商品为化妆品、花露水、香皂、洗发剂、香波等。

自 1993 年起，莱雅公司开始在中国上海、广州、北京等地设立化妆品专柜，2000 年 9 月，莱雅公司在中国上海投资设立了欧莱雅（中国）有限公司。2000 年 6 月，“欧莱雅 L′OREAL”被国家工商总局商标局列入《全国重点商标保护名录》。2006 年国家工商总局商标局认定“欧莱雅 L′OREAL”为驰名商标。

美莲妮公司成立于 2003 年 2 月 24 日，经营范围为美容类化妆品生产等。杭州欧莱雅公司成立于 2004 年 6 月 15 日，美莲妮公司的法定代表

人申丰忠系杭州欧莱雅公司控股股东。

2008 年 3 月 7 日，莱雅公司的委托代理人在通润发超市购买了 34 件系列化妆品。该系列化妆品包装底部均标注"杭州欧莱雅化妆品有限公司、上海美莲妮化妆品有限公司"，包装上分别标注"LOIYIR"、"LOIYIR"、"莱雅丽晶™"、"L′OIYIR™"。美莲妮公司承认涉案产品系由杭州欧莱雅公司委托其生产。

通润发超市销售的"LOIYIR"系列化妆品，系由韩旭公司在该超市内设立的专柜售出。

杭州欧莱雅公司在其网站上宣传的产品有莱雅丽晶、莱雅极致、莱雅丹顿等。其中"莱雅丽晶"系列又称为"LOIYIR 丽晶"。

一审判理和结果

一、美莲妮公司、杭州欧莱雅公司侵犯了莱雅公司涉案注册商标专用权

被控侵权产品系化妆品，与莱雅公司注册商标核准使用的商品系同类商品。被控侵权产品上使用"L′OIYIR"、"LOIYIR"及"莱雅丽晶"标识，有的在右上角还标注"TM"，可见这些标识系作商标使用。

（1）"L′OIYIR"、"LOIYIR"商标与注册商标"L′ORÉAL"、"L′OREAL 欧莱雅"、"L′ORÉAL 欧莱雅"构成近似。

将"L′OIYIR"、"LOIYIR"英文文字与莱雅公司的"L′OREAL"比较，首先，从整体来讲，两者都是臆造的外文字母组合，字母数量相同。其次，"L′OIYIR"、"LOIYIR"和"L′ORÉAL"使用的第一个和第二个字母相同、排列顺序也相同，即"L"和"O"，"L′ORÉAL"在"L"和"O"中以"′"相隔，而"L′OIYIR"在"L"和"O"中也同样加了"′"，显然系刻意模仿。再次，"L′ORÉAL"中文音译为莱雅，而按该字母顺序直译，"LOIYIR"读音与"莱雅"近似，而且杭州欧莱雅公司的网站上将"莱雅丽晶"又写为"LOIYIR 丽晶"，可见"LOIYIR"读音就是"莱雅"。虽然"L′OIYIR"、"LOIYIR"商标与"L′ORÉAL"之间后几位字母不相同不近似，但普通消费者难以注意到并区分这些差异。综上可以认定"L′OIYIR"、"LOIYIR"与注册商标"L′ORÉAL"构成近似。

注册商标"L′OREAL 欧莱雅"、"L′ORÉAL 欧莱雅"系字母组合与中文音译的组合，字母组合与中文译音在商标中的作用不分彼此，因此，"L′OIYIR"、"LOIYIR"与注册商标"L′OREAL 欧莱雅"、"L′ORÉAL 欧莱雅"亦可认定为近似。

（2）被控侵权产品上使用的"莱雅"商标与莱雅公司的"莱雅"注册商标相同。

首先，注册商标"莱雅"读音系音译，不是固有的中文词汇，也无具体的中文含义，被控产品上使用"莱雅"，显然并非巧合。其次，"莱雅丽晶"中的"莱雅"与"丽晶"之间的距离大于"莱"和"雅"、"丽"和"晶"之间的距离，容易使普通消费者误认为该产品系"莱雅"之"丽晶"系列。据此，可以认定被控侵权产品上使用的"莱雅"商标与莱雅公司的注册商标"莱雅"相同。

（3）美莲妮公司和杭州欧莱雅公司共同侵犯了莱雅公司商标专用权。

被控侵权产品系美莲妮公司、杭州欧莱雅公司共同生产销售。美莲妮公司、杭州欧莱雅公司在同类商品上使用与莱雅公司涉案注册商标相同或相近似的商标，构成共同侵权。杭州欧莱雅公司在其网页上使用的标识与被控侵权产品中"L′OIYIR"、"LOIYIR"、"莱雅"商标标识相同，亦构成侵权。

二、杭州欧莱雅公司的企业名称构成不正当竞争

（1）"欧莱雅"商标注册在先，企业名称在后。莱雅公司自 1998 年 2 月起即已取得"欧莱雅"的商标专用权。而杭州欧莱雅公司成立于 2004 年 6 月 15 日。

（2）杭州欧莱雅公司以"欧莱雅"为字号，具有攀附名牌的主观故意。莱雅公司的"L′ORÉAL"、"欧莱雅"系列商标在我国享有很高知名度和良好声誉。杭州欧莱雅公司对此应当知晓，而其仍然使用"欧莱雅"文字作为其字号，具有攀附莱雅公司商标知名度、搭便车的主观恶意。

（3）杭州欧莱雅公司使用其企业名称易使消费者产生混淆。字号和商标都具有区别产品来源的作用。杭州欧莱雅公司将"欧莱雅"文字作为字号登记并使用，势必会造成消费者误认为莱雅公司与杭州欧莱雅公司存在某种特定联系，进而对其提供的产品产生混淆。

综上，杭州欧莱雅公司将"欧莱雅"文字作为企业名称中的字号进行登记并使用，违反诚实信用原则，易造成相关公众的误认，构成对莱雅公司的不正当竞争。

三、通润发超市不承担赔偿责任

通润发超市不知道也不应知道涉案产品侵权,且涉案产品具有合法来源,故只应承担停止销售侵权产品的责任。

综上,一审法院依照《民事诉讼法》、《商标法》、《反不正当竞争法》的相关规定,判决:一、美莲妮公司、杭州欧莱雅公司立即停止侵犯莱雅公司涉案注册商标专用权的行为;二、通润发超市立即停止销售侵犯莱雅公司涉案注册商标专用权的商品;三、杭州欧莱雅公司立即停止使用含有"欧莱雅"字号的企业名称;四、美莲妮公司、杭州欧莱雅公司共同赔偿因商标侵权给莱雅公司造成的经济损失人民币 40 万元;五、杭州欧莱雅公司赔偿因不正当竞争行为给莱雅公司造成的经济损失人民币 10 万元;六、驳回莱雅公司的其他诉讼请求。

上诉与答辩

美莲妮公司提起上诉,请求改判驳回被上诉人诉讼请求。主要理由是:其使用的中外文商标与被上诉人的注册商标均不相同,也不近似。

杭州欧莱雅公司提起上诉,请求驳回被上诉人诉讼请求。主要理由是:(1)其使用的中外文商标与被上诉人的注册商标均不相同,也不近似;(2)使用"欧莱雅"为企业字号不构成不正当竞争,该字号系合法取得。

莱雅公司答辩称:一审判决正确,请求予以维持。

二审判理和结果

一、美莲妮公司和杭州欧莱雅公司侵犯了莱雅公司注册商标专用权

一是,"L'OIYIR"、"LOIYIR"与"L'ORÉAL"系列商标构成近似。美莲妮公司和杭州欧莱雅公司均上诉称,其所使用的"L'OIYIR"、"LOIYIR"与莱雅公司的注册商标"L'ORÉAL"既不相同,也不近似,理由是:(1)两者含义不同。(2)两者读音不同。一种应按法文发音,另一种应按英文发音。(3)两者字母组成不同,且前者使用的是英文,后者使用的是法文。二审法院认为,该上诉理由不能成立:第一,上述商标的主体均系由外文字母臆造而成,中国消费者不会关注其含义,故即使两者含义确实不同,消费者也不可能据此将两者加以区别。第二,在普通消费者看来,上述商标均系由英文字母组成,故在客观上只能按照英文发音进行称呼,而不会分别按英文和法文发音。且杭州欧莱雅公司在其网站产品宣传中,将"莱雅丽晶"又称为"LOIYIR 丽晶",证明其自己也将"LOIYIR"呼作"莱雅",正与"L'ORÉAL"发音相同。第三,虽然两者字母组成确实存在差异,但是,鉴于两者均由六个字母组成、开头两个字母均为"LO",在隔离状态下,普通消费者施以一般注意力,其视觉印象应该相同或近似,故难以将两者区别开来。第四,由于被控侵权产品在使用"L'OIYIR"或"LOIYIR"商标的同时,均在包装上标注有"杭州欧莱雅化妆品有限公司"字样,消费者必然将"L'OIYIR"、"LOIYIR"与该企业名称中的字号"欧莱雅"联系起来,因而与莱雅公司的注册商标相混淆。

二是,被控侵权产品上使用"莱雅 丽晶"商标侵犯了莱雅公司"莱雅"注册商标专用权。被控侵权产品上"莱雅"与"丽晶"之间存在间隔,可以视为"莱雅"与"丽晶"系并列、单独使用,一审判决据此认定"莱雅"系单独作商标使用,并无不当。美莲妮公司辩称"莱雅"与"丽晶"之间存在间隔是因印刷不当产生,但即使"莱雅"与"丽晶"之间并无间隔,因为"莱雅"品牌享有很高的知名度,消费者仍然会认为"丽晶"是"莱雅"品牌下的一种产品名称,故该使用方式仍然足以导致消费者误认,构成对莱雅公司"莱雅"注册商标专用权的侵犯。

三是,美莲妮公司和杭州欧莱雅公司共同实施了被控侵权行为,故应承担连带赔偿责任。

二、杭州欧莱雅公司将"欧莱雅"字样作为其企业字号,对莱雅公司构成不正当竞争

杭州欧莱雅公司使用"欧莱雅"字号系出于攀附莱雅公司商誉的目的:第一,根据现有证据,可以认定"欧莱雅"至迟在 2000 年就已成为我国市场上的一个知名品牌,在消费者中享有很高的声誉。第二,杭州欧莱雅公司于 2004 年 6 月 15 日成立,经营日用化妆品的批发、零售,对莱雅公司及其"欧莱雅"品牌理应知晓。第三,杭州欧莱雅公司未能就其为何选用"欧莱雅"字号作出合理解释。二审中,杭州欧莱雅公司称其字号来自香港欧莱雅公司。但香港欧莱雅公司于 2004 年 4 月在香港设立,与莱雅公司毫无关系。同年 5 月 10 日香港欧莱雅公司即作出书面授权,内容为将技术授权于杭州欧莱雅公司,而当时杭州欧莱雅公司尚未设立。对此矛盾之处,杭州欧莱雅公司未能给出合理解释,故对其关于使用香港欧莱雅公司字号的辩称,也不能采信。即使香港欧莱雅公司授权杭州欧莱雅公司使用字号，该字号的使用也不能与权利人在先享有的知名商业标识权利相冲突。第四，莱雅公司的中文译名也称欧莱雅公司。杭州欧莱雅公司将“欧莱雅”字样作为其企业字号，客观上必然导致消费者误认为其与莱雅公司存在某种特定联系，从而不当占有本应属于莱雅公司的市场份额，损害了莱雅公司的合法权益，构成不正当竞争。

综上，美莲妮公司和杭州欧莱雅公司的上诉理由均不能成立。二审法院判决：驳回上诉，维持原判决。

【法官评述】

本案的主要争点有二：一是杭州欧莱雅公司使用“欧莱雅”为其字号是否构成不正当竞争；二是美莲妮公司和杭州欧莱雅公司使用有关标识的行为是否侵犯了莱雅公司涉案注册商标专用权。

一、关于第一个争点

字号经工商行政机关登记，并不意味着对该字号的取得及使用必然受到法律保护。在符合下列要件时，取得、使用字号构成不正当竞争：(1)选择他人注册商标中的文字部分作为自己的字号；(2)该注册商标具有较高知名度；(3)选用该字号系出于攀附商标权人商誉的目的，客观上也导致消费者误认。本案中，杭州欧莱雅公司使用“欧莱雅”为其字号，符合上述构成要件：(1)杭州欧莱雅公司设立于2004年，当时莱雅公司涉案系列商标在中国已经具有很高知名度。(2)在杭州欧莱雅公司不能就其为何选用“欧莱雅”字号作出合理解释的情况下，应该认定其系将莱雅公司注册商标中的文字“欧莱雅”选用为其企业字号。(3)结合本案中查明的其他商标侵权行为，足可认定杭州欧莱雅公司选用“欧莱雅”为其字号的主观目的就是攀附莱雅公司的商誉，客观上也必然导致消费者误认为其与莱雅公司存在某种关联关系。

二、关于第二个争点

本案中，美莲妮公司和杭州欧莱雅公司是否构成商标侵权，关键在于其使用的标识是否与莱雅公司的注册商标相同或近似，而其中争议最大的是“L'OIYIR”和“LOIYIR”是否与“L'OREAL”、“L'ORÉAL”构成近似。美莲妮公司和杭州欧莱雅公司坚持认为两者不构成近似，理由是：(1)两者含义不同。(2)两者读音不同。一种应按法文发音，另一种应按英文发音。(3)两者字母组成不同，且前者使用的是英文，后者使用的是法文。孤立地看，后两个抗辩理由确有一定依据，但在本案中，却不能支持。理由如下。

第一，应以中国普通消费者的认知能力作为判断标准。被控侵权行为系在中国实施的市场经营行为，其面对的消费群体是中国普通消费者(以下简称消费者)，故在判断“L'OIYIR”和“LOIYIR”是否与“L'OREAL”、“L'ORÉAL”构成近似时，应该以消费者的认知能力作为判断标准。按此标准，美莲妮公司和杭州欧莱雅公司的抗辩理由都不能成立：(1)消费者不会关注外文商标的含义，故即使两者含义确实不同，消费者也不可能据此将两者加以区别。(2)消费者难以区别英文和法文，相对而言，消费者更熟悉英文，而对法文了解甚少。故在消费者看来，上述商标均系由英文字母组成，客观上只能按照英文发音进行称呼。“L'OREAL”、“L'ORÉAL”在中国被称呼作“莱雅”或“欧莱雅”，而杭州欧莱雅公司在其网站产品宣传中，将“莱雅丽晶”又称为“LOIYIR丽晶”，恰恰证明了“LOIYIR”的发音正是“莱雅”。(3)两者字母组成确实存在较大差异，但是，鉴于两者均由六个字母组成、开头两个字母均为“LO”，在隔离状态下，普通消费者施以一般注意力，其视觉印象应该相同或近似。

第二，美莲妮公司和杭州欧莱雅公司的侵权故意明显，也是作出上述认定时考量的重要因素。杭州欧莱雅公司自成立之初，就以攀附莱雅公司商誉为目的，将“欧莱雅”作为其字号，其不正当竞争的故意非常明显。其与美莲妮公司使用的商业标识“L'OIYIR”和“LOIYIR”，显然是将莱雅公司的注册商标“L'OREAL”、“L'ORÉAL”作了一定修改后形成，其目的正是为了使消费者产生混淆，以牟取不正当的市场利益。结合其产品包装上同时出现“欧莱雅”字样，消费者容易认为“L'OIYIR”和“LOIYIR”与莱雅公司存在某种密切联系。在本案中认定美莲妮公司和杭州欧莱雅公司的行为构成商标侵权，对引导市场主体诚信经营，净化市场竞争秩序有着积极意义。

(江苏省高级人民法院知识产权庭　王成龙)

案例 13　北面公司诉梅朝辉、皓柏公司等侵犯商标专用权纠纷案

——阅读提示：商标侵权案件中，涉外定牌加工中的承揽人、定作人应否承担法律责任？涉外定牌加工中应如何确定承揽人与定作人民事责任？全面赔偿责任在涉及涉外定牌加工的商标侵权案件中应当如何适用？

【裁判要旨】

(1)涉外定牌加工中，承揽人未尽合理审查义务，没有合理理由，也未得到权利人许可，根据定作人指令在商品上贴附权利人商标的，与定作人共同构成商标侵权；(2)以过错归责原则为依据，根据承揽人和定作人实施的具体侵权行为，确定承揽人和定作人的民事责任；(3)以全面赔偿原则为依据，按照侵权人侵权行为的获利情况酌情确定赔偿数额。

【案号】

一审：上海市第二中级人民法院(2008)沪二中民五(知)初字第 185 号

二审：上海市高级人民法院(2010)沪高民三(知)终字第 14 号

【案情与裁判】

原告(二审被上诉人)：北面公司

被告(原审被告)：皓柏公司

被告(原审被告)：柏尔豪公司

被告(原审被告)：白天鹅公司

被告(二审上诉人)：梅朝辉

起诉和答辩

北面公司诉称：北面公司系“THE NORTH FACE”、“ ”、“ ”注册商标(以下简称涉案注册商标)的专用权人。北面公司发现，四被告未经北面公司许可，在其共同生产、销售的涉案羽绒服上，使用了北面公司的上述注册商标，侵犯了北面公司对涉案注册商标所享有的专用权。且梅朝辉系美籍华人，其将涉案侵权商标出口至美国销售。北面公司遂于 2008 年 6 月 27 日诉至法院，请求判令四被告：(1)立即停止侵害北面公司涉案注册商标专用权的行为；(2)共同赔偿北面公司经济损失人民币 100 万元；(3)共同支付北面公司为制止侵权所支出的本案合理费用 567716.84 元。

被告皓柏公司辩称：其系根据梅朝辉的委托，才委托柏尔豪公司生产涉案羽绒服，故应由梅朝辉承担商标侵权责任。

被告柏尔豪公司辩称：其系根据皓柏公司的委托，才委托白天鹅公司生产涉案羽绒服。其对涉案商标的使用已经尽到了合理的审查义务，故不应承担侵权责任。

被告白天鹅公司辩称：其系根据柏尔豪公司的委托，才生产了涉案羽绒服，故其不应承担侵权责任。

被告梅朝辉辩称：其从未委托皓柏公司生产涉案羽绒服，也未参与过涉案羽绒服的销售，故请求法院驳回原告北面公司的诉讼请求。

法院审理查明

从 2003 年 12 月至 2004 年 7 月，北面公司先后在中国取得了“THE NORTH FACE”英文文字注册商标、“ ”英文文字和图形组合注册商标、“ ”图形注册商标(以下简称涉案商标)的专用权。

被告梅朝辉系美籍华人。自 2005 年 8 月起，梅朝辉以 The North Face 公司的下属单位 WJ 公司的名义，伪造授权书委托被告皓柏公司生产使用涉案商标的羽绒服。此后，被告皓柏公司分别于 2005 年 8 月 25 日、10 月 31 日委托被告柏尔豪公司生产涉案羽绒服 11 000 件和 6600 件。嗣后，被告柏尔豪公司委托被告白天鹅公司生产涉案羽绒服。被告白天鹅公司则接受委托，生产了使用涉案商标的羽绒服。自 2005 年 9 月 17 日至 2006 年 9 月 25 日期间，被告皓柏公司至少从被告白天鹅公司处提取涉案羽绒服 8094 件，被告皓柏公司并根据被告梅朝辉的指示将上述涉案羽绒服出运至美国，由被告梅朝辉对外销售。此外，上海市工商局卢湾分局、浙江省湖州市工商局分别查获了涉案羽绒服 1080 件和 5300 件。2006 年 2 月 9 日，被告梅朝辉与被告皓柏公司的法定代表人吴蕾签订了一份确认书，双方确认，被告梅朝辉及其公司为扩展中国市场业务，委托被告皓柏公司作为其驻上海办事处，吴蕾为办事处代表等。

一审判理和结果

法院认为：

北面公司系涉案商标的专用权人，其合法权益受《商标法》的保护。本案中，首先，涉案羽绒服的最终完成与梅朝辉的伪造授权书后授权生产行为、皓柏公司的次授权行为、柏尔豪公司的再授权行为和白天鹅公司的生产行为密不可分，故应该确认四被告共同生产了涉案羽绒服。

其次，梅朝辉与皓柏公司之间的《确认书》表明，皓柏公司应当知道涉案授权书系梅朝辉伪造，因此，皓柏公司与梅朝辉具有侵权的合意。本案系梅朝辉、皓柏公司共同委托柏尔豪公司生产涉案羽绒服，柏尔豪公司委托白天鹅公司生产涉案羽绒服。被告梅朝辉、皓柏公司与柏尔豪公司之间、被告柏尔豪公司与白天鹅公司之间均属承揽关系。故被告白天鹅公司、柏尔豪公司向被告梅朝辉、皓柏公司交付涉案羽绒服的行为并非销售行为。而皓柏公司根据梅朝辉的指示将涉案羽绒服出运至美国的事实表明，系梅朝辉、皓柏公司共同对外销售了涉案羽绒服。

再次，鉴于梅朝辉未经原告许可擅自制作涉案授权书在主观上具有明显的恶意，被告皓柏公司与梅朝辉有侵权的合意，被告柏尔豪公司、白天鹅公司在收到涉案授权书后，未尽到合理审慎的审查义务，在主观上也具有过错。据此，根据法律的规定，四被告应当就其共同生产涉案羽绒服的侵权行为，被告梅朝辉、皓柏公司应当就其共同销售涉案羽绒服的侵权行为，承担停止侵权、赔偿损失的民事责任。

最后，鉴于四被告共同生产并已实现销售的涉案羽绒服的数量至少为 8094 件，故对于四被告共同生产涉案羽绒服所应承担的赔偿数额，法院根据四被告共同生产并实现销售的涉案羽绒服的数量、加工涉案羽绒服所获得的一般单位利润，及原告为制止四被告侵权行为所支付的合理开支，酌情予以确定。此外，因仅根据销售涉案羽绒服的一般单位利润及已销售的数量乘积计算，被告梅朝辉、皓柏公司共同销售涉案羽绒服的获利也已超过了法定赔偿的最高限额。故对于被告梅朝辉、皓柏公司共同销售涉案羽绒服所应承担的赔偿数额，法院根据被告梅朝辉、皓柏公司在本案中的主观过错、原告涉案注册商标的声誉、两被告的侵权性质、情节以及原告为制止两被告共同销售涉案羽绒服的侵权行为所支付的本案合理费用等综合因素，在法定赔偿最高限额 50 万元以上予以酌情确定。

综上，依据《商标法》第 52 条第(1)项、第(2)项、第 56 条，《最高人民法院关于审理商标民事纠纷案件适用法律若干问题的解释》第 13 条、第 14 条之规定，判决：一、被告梅朝辉、皓柏公司、柏尔豪公司、白天鹅公司停止对原告北面公司享有的“”英文文字和图形组合注册商标（商标注册证号为第 2018929 号）、“THE NORTH FACE”英文文字注册商标（商标注册证号为第 1113227 号）、“”图形注册商标（商标注册证号为第 2018931 号）专用权的侵害；二、被告梅朝辉、皓柏公司应于本判决生效之日起 10 日内，共同赔偿原告北面公司包括合理费用在内的经济损失人民币 60 万元；三、被告柏尔豪公司、白天鹅公司应于本判决生效之日起 10 日内，共同赔偿原告北面公司包括合理费用在内的经济损失人民币 20 万元；四、被告梅朝辉、皓柏公司还应对柏尔豪公司、白天鹅公司的上述第三项给付义务承担连带赔偿责任；五、对原告北面公司的其余诉讼请求不予支持。

上诉与答辩

上诉人梅朝辉上诉称：其未实施涉案商标侵权行为，且原审法院未曾查明 8094 件服装的销售事实。梅朝辉请求二审法院依法改判。

被上诉人北面公司辩称认为原审判决认定事实清楚、适用法律正确，请求二审法院驳回上诉，维持原判。

原审被告皓柏公司辩称，除原审判决其承担的赔偿责任略重外，原审判决所基于的事实是客观的。

二审判理和结果

二审法院认为，本案证据互相印证，充分证明梅朝辉未经北面公司许可擅自制作涉案授权书以及涉案羽绒服至少已实现 8094 件销售的事实。梅朝辉的上诉理由不成立。依照《民事诉讼法》第 130 条、第 153 条第 1 款第(1)项、第 157 条、第 158 条之规定，判决驳回上诉，维持原判。

【法官评述】

一、承揽人与定作人民事责任的确定

本案中，承揽人未尽合理审查义务，没有合理的理由及权利人许可，而根据定作人指令在商品上贴附权利人商标的，与定作人共同构成商标侵权。在商标侵权责任的归责原则中，停止侵害并不以有无主观过错为要件，只要侵犯商标专用权的加工行为仍在继续，商标权人就可以请求停止侵害。而赔偿损失责任则采用过错归责原则，且必须遵循“无损害，无赔偿”的民事损害赔偿准则，一般要求侵权行为所造成的损害已经实际发生。在涉外定牌加工中，承揽人与定作人所承担的赔偿损失的范围，一般应以其实施的具体行为予以确定。本案中，柏尔豪公司、白天鹅公司是承揽人，其实施的仅是生产、加工行为，故该两被告赔偿损失的范围，应以其生产、加工涉案羽绒服的获利为限。被告梅朝辉、皓柏公司是定作人，涉案羽绒服的生产、加工是基于被告梅朝辉、皓柏公司的共同意志。故被告梅朝辉、皓柏公司除实施了销售行为之外，还实施了共同的生产、加工行为。因此，该两被告除了应对其销售涉案羽绒服造成北面公司损失予以赔偿外，还应当对被告柏尔豪公司、白天鹅公司因生产、加工行为所产生的赔偿数额，承担连带赔偿责任。

综上所述，笔者认为应以过错归责原则为依据，根据承揽人和定作人实施的具体侵权行为，确定承揽人和定作人所应承担的民事责任。

二、全面赔偿原则的合理运用

2007 年最高人民法院副院长曹建明曾提出了全面赔偿原则[1]，其目的是使“即使给予权利人法定赔偿的最高限额，依然难以使权利人的损失和合理的维权成本得到全面补偿”的权利人，可以获得全面赔偿。适用的条件一般是指“那些难以证明侵权受损或侵权获利的具体数额，又有证据证明前述数额明显超过法定赔偿最高限额的案件”。实践中，全面赔偿的原则可以采取的具体做法包括：(1)对于能够证明侵权产品数量或因侵权行为导致的权利人产品销售减少数量的，尽可能通过确定合理利润率来计算赔偿额。(2)对于难以证明侵权受损或侵权获利的具体数额，但有证据证明前述数额明显超过法定赔偿最高限额的，不适用法定赔偿额的计算方法，应当综合全案的证据情况，在 50 万元以上合理确定赔偿额。(3)在依据法定赔偿方法确定赔偿责任或依据其他方法确定赔偿责任需要酌定具体计算因素时，可以考虑当事人的主观过错大小确定相应的赔偿责任。

本案中，在确定定作人被告梅朝辉、皓柏公司销售行为的赔偿数额时，法院即是依据上述全面赔偿原则，按照侵权人侵权行为的获利情况酌情确定。即鉴于涉案羽绒服的实际销售数量(8094 件)与该类商品的一般单位利润乘积已经超过了法定赔偿的最高限额的情况下。根据两被告在本案中的主观过错、原告涉案注册商标的声誉、两被告侵权性质、情节以及原告为制止两被告侵权行为所支付的本案合理费用等综合因素，在法定赔偿最高限额以上酌情确定两被告实施侵权(销售)行为的赔偿数额。

(上海市第二中级人民法院知识产权审判庭
何　渊)
(江西省新余市中级人民法院知识产权审判庭
王　欢)

案例 14　刘兆龙假冒注册商标罪案

——阅读提示：本案的销售金额如何认定？确定销售金额后，是否构成假冒注册商标罪？

【裁判要旨】

销售金额是判断被告人涉案行为是否构成犯罪的关键，应当将预审卷宗内相关供述及账本相结合，确认被告人的实际销售金额。对于被告人行为同时触犯了生产、销售伪劣产品罪和假冒注册商标罪两个罪名，根据相关司法解释，应择一重罪论处。假冒注册商标罪刑罚较重，因此应当认定被告人构成假冒注册商标罪。

【案号】

一审：北京市大兴区人民法院(2010)大刑初字第 320 号

【案情与裁判】

公诉机关：北京市大兴区人民检察院

被告：刘兆龙

指控与辩护

北京市大兴区人民检察院以京大检刑诉

[1] 参见《2007 年 1 月 18 日在全国法院知识产权审判工作座谈会上的讲话》。

[2010]0072号起诉书指控被告刘兆龙犯假冒注册商标罪，于2010年2月9日向本院提起公诉。本院依法组成合议庭，公开开庭审理了此案。北京市大兴区人民检察院指派代理检察员郭艳春出庭支持公诉，被告刘兆龙到庭参加诉讼。现已审理终结。

北京市大兴区人民检察院指控，2009年3～9月，刘兆龙未经注册商标权人许可，自行购买原料酒、酒瓶、酒盖、标签、封盖机等物品后在北京市大兴区黄村镇海子角村平房一条10排其暂住地，通过灌装方式自制芝华士、红牌、黑牌、人头马、百龄坛、杰克丹尼、马爹利、轩尼诗、皇家礼炮酒，并加贴商标、进行包装后通过物流托运方式销往郑州、石家庄、西宁等地，经营数额达201 507元。2009年9月12日，公安机关在巡查过程中在上述地点将刘兆龙抓获，查获酒瓶、包装箱、原料酒、封盖机、托运单、未及销售的部分酒水等物。

公诉机关就上述指控向法庭提供了刘兆龙的供述，证人证言，物证，书证等证据。

公诉机关的公诉意见：被告刘兆龙的行为触犯了《刑法》第213条之规定，应当以假冒注册商标罪追究其刑事责任。提请本院依法判处。

被告刘兆龙对起诉书指控其犯假冒注册商标罪的辩解意见是：经营的数额是九万多元。被告刘兆龙的辩护人的辩护意见是：(1)现有证据无法证实刘兆龙实施了假冒注册商标的犯罪行为；(2)现有证据无法证实刘兆龙的非法经营数额。

法院审理查明

被告刘兆龙系自原籍来京务工人员。2009年3～9月，刘兆龙在北京市大兴区黄村镇海子角村平房一条10排其暂住地，未经注册商标权人许可，自行购买原料酒、酒瓶、酒盖、包装箱、封盖机等物品后，通过灌装方式自制芝华士、红牌、黑牌、人头马、百龄坛、杰克丹尼、马爹利、轩尼诗、皇家礼炮酒，通过物流托运方式销往郑州、石家庄、西宁等地，经营数额达201 507元。2009年9月12日，公安机关在检查过程中将刘兆龙抓获，查获酒瓶、包装箱、原料酒、封盖机、未及销售的部分酒水等物。

现场扣押被告刘兆龙银灰色捷达车1辆、诺基亚1600型手机1部、诺基亚6208C型手机1部；扣押赃证物账本2个、托运单25张、运输协议单1张、押金收据1张。

一审判理和结果

被告刘兆龙未经注册商标所有人许可，在同一种商品上使用与其注册商标相同的商标，且假冒两种以上注册商标，非法经营数额在15万元以上，其行为已构成假冒注册商标罪，根据最高人民法院、最高人民检察院《关于办理侵犯知识产权刑事案件具体应用法律若干问题的解释》之有关规定，系情节特别严重，应予惩处。北京市大兴区人民检察院指控刘兆龙犯假冒注册商标罪的事实清楚，证据充分，罪名成立。刘兆龙的辩解意见及其辩护人的辩护意见，根据刘兆龙在公安机关的供述、当庭出具的账本、扣押的财物清单及银行卡的账目明细，足以证实被告刘兆龙被指控的犯罪事实，故此辩解意见及辩护意见，本院不予采纳。据此，本院为严明国法，维护社会主义市场经济秩序，对被告刘兆龙依照《刑法》第213条、第52条、第53条、第64条之规定，判决如下：一、被告人刘兆龙犯假冒注册商标罪，判处有期徒刑4年，并处罚金人民币15万元。（刑期从判决执行之日起计算，判决执行以前先行羁押的，羁押一日折抵刑期一日，即自2009年9月12日～2013年9月11日，罚金于判决生效后10日内缴纳。）二、扣押银灰色捷达车1辆、诺基亚1600型手机1部、诺基亚6208C型手机1部，变价后与银行卡内现金人民币12 776.29元抵作罚金；扣押账本2个、托运单25张、运输协议单1张、押金收据1张，随案证物保存。

【法官评述】

对证据的审查评断是法官在诉讼过程中对证据进行分析、研究和判断，找出他们与案件事实之间的客观联系、确定其证明力大小的一种特殊活动。证明力的主要内容是证据的真实性和证明价值，具体到个案中，我们需要把握每个证据的证明价值，分析对比其证明力的强弱。通过对各种证据进行交叉的逻辑分析，发现不同证据之间的矛盾，认真分析这些矛盾的性质和形成的原因，最后对案件中的证据作出整体性评价。此案中，既不能按照刘兆龙的单方面供述认定销售金额，也不能直接以账本记载的所有内容作为定案依据，而是应当将该两份证据结合使用。账本上记载的大部分内容与被告刘兆龙交代的大概犯罪时间、酒的品种、买家情况以及扣押在案的部分托运单、酒包装能够相互印证，提取此相互印证的内容，找出矛盾点，最终结合银行的账户明细形成完整的证据链条，得出真实可信的结论。

最高人民法院、最高人民检察院《关于办理生产、销售伪劣商品刑事案件具体应用法律若干问题的解释》第10条规定：实施生产、销售伪劣商品犯罪，同时构成侵犯知识产权、非法经营等其他犯罪的，依照处罚较重的规定定罪处罚。根据被告刘兆龙的销售金额，生产、销售伪劣产品的量刑为2年以上7年以下有期徒刑；而假冒两种以上注册商标、非法经营数额在15万元以上的，依照最高人民法院、最高人民检察院《关于办理侵犯知识产权刑事案件具体应用法律若干问题的解释》第1条之规定，系情节特别严重，应处3年以上7年以下有期徒刑。后者刑罚较重，故认定刘兆龙构成假冒注册商标罪。

侵犯知识产权类的犯罪一直是我国刑法严厉打击的对象，在一行为触犯数罪名的情况下，司法解释明确规定了从一重罪处罚。此案因社会影响较大，且被外资企业广泛关注，在定罪量刑时尤为审慎。证据必须达到确实充分，排除其他合理怀疑，同时也要兼顾办案效率，尽可能快速准确的审结。判决生效后，保乐力加（中国）贸易有限公司和芝华士兄弟（美洲）有限公司送来锦旗，盛赞中国法院办案高效廉洁，尤其是严厉的有期徒刑和罚金并处，坚定了他们在华投资的信心。英国驻华使馆寄来感谢信，表示对北京市大兴区人民法院及时的审判以及公平的判决印象深刻，并感谢中国法院在保护英国在华企业的知识产权方面所作出的努力。

（北京市大兴区人民法院刑二庭　解文静）

案例15　山东食品公司等诉圣克达诚公司、马达庆不正当竞争纠纷案

——阅读提示：商业机会符合何种条件才能获得法律保护？适用反不正当竞争法一般条款认定不正当竞争行为应满足何种条件，适用何种标准？职工在职期间筹划设立与所在单位具有竞争关系的新公司是否构成不正当竞争？离职员工运用个人技能为与原单位有竞争关系的公司工作是否构成不正当竞争？

【裁判要旨】

（1）在正常情况下能够合理预期获得的商业机会，可以成为法律特别是反不正当竞争法所保护的法益；但基于商业机会的开放性和不确定性，只有当竞争对手不遵循诚实信用原则和违反公认的商业道德，通过不正当手段攫取他人可以合理预期获得的商业机会时，才为反不正当竞争法所禁止。（2）凡是法律已经通过特别规定作出穷尽性保护的行为方式，不宜再适用《反不正当竞争法》的一般规定予以管制；对于竞争行为尤其是不属于《反不正当竞争法》第2章列举规定的行为的正当性，应当以该行为是否违反了诚实信用原则和公认的商业道德作为基本判断标准；在反不正当竞争法中，诚实信用原则主要体现为公认的商业道德；商业道德所体现的是一种商业伦理，是交易参与者共同和普遍认可的行为标准，应按照特定商业领域中市场交易参与者即经济人的伦理标准来加以评判。（3）职工在职期间筹划设立与所在单位具有竞争关系的新公司，为自己离职后的生涯作适当准备，并不当然具有不正当性；只有当职工的有关行为违反了法定或者约定的竞业限制义务的情况下，才能够认定该行为本身具有不正当性。（4）职工在工作中掌握和积累的知识、经验和技能，除属于单位的商业秘密的情形外，构成其人格的组成部分，职工离职后有自主利用的自由；在既没有违反竞业限制义务，又没有侵犯商业秘密的情况下，劳动者运用自己在原用人单位学习的知识、经验与技能为其他与原单位存在竞争关系的单位服务的，不宜简单地以《反不正当竞争法》第2条的原则规定认定构成不正当竞争。

【案号】

一审：山东省青岛市中级人民法院（2007）青民三初字第136号

二审：山东省高级人民法院（2008）鲁民三终字第83号

再审：最高人民法院（2009）民申字第1065号

【案情与裁判】

原告（二审被上诉人、申请再审人）：山东食品公司

原告（二审被上诉人、申请再审人）：山孚日水公司

原告（二审被上诉人、申请再审人）：山孚集团

公司

被告(二审上诉人、被申请人):圣克达诚公司

被告(二审上诉人、被申请人):马达庆

起诉与答辩

2007年7月30日,山东食品公司、山孚集团公司、山孚日水公司向山东省青岛市中级人民法院起诉,请求确认圣克达诚公司和马达庆构成不正当竞争,并请求判令圣克达诚公司和马达庆返还与海带业务有关的所有文件、资料,停止利用三原告的收购出口渠道经营海带业务,赔偿三原告经营利润损失600万元以及为处理本案所花费的交通费、律师费及其他实际支出10万元。

一审审理查明

山东食品公司成立于1982年10月26日,其前身自1979年起即从事海带对日出口业务。我国对日出口海带受到配额的限制,该配额是日本国政府设定的我国对日出口海带产品的被动配额。获得该配额的国内企业可以就相关区域产特定数量海带对日出口,获得该配额就获得了对日出口海带的商业机会。根据中粮国际(北京)有限公司(以下简称中粮公司)与日本北海道渔联签订的协议,日方委托中粮公司对海带配额、质量、经营公司进行统一管理,日方认可该公司是其在华海带贸易的唯一窗口。对日出口海带的配额由日本北海道渔联主导,通过中粮公司作为日方在华海带贸易的唯一窗口来选择有关企业进行分配。山东食品公司长期以来从中粮公司获得威海地区产海带对日出口配额。

马达庆于1986年进入山东食品公司工作,1988年开始从事海带加工和出口工作,2000年进入山孚集团公司的前身山东山孚得贸易有限公司工作。山东食品公司曾是山孚集团公司的出资人之一,山孚集团公司是山孚日水公司的出资人之一。2005年1月4日起,马达庆与山孚日水公司两次签订劳动合同,期限自2005年1月4日~2006年12月31日。合同期限届满,马达庆未与山孚日水公司续签劳动合同,双方的劳动合同终止。

2006年9月22日,圣克达诚公司成立,其法定代表人为陈庆荣,公司监事为颜素贞。其中,陈庆荣系马达庆的外甥,颜素贞为马达庆的配偶。马达庆在圣克达诚公司任职。

马达庆离开山孚日水公司后,日本北海道渔联副会长宫村正夫在致山东省国际经济贸易联合会的回函中对山东食品公司是否能保持对日出口海带的品质稳定和数量表示疑虑。2007年1月10日,中粮公司要求山东食品公司和圣克达诚公司报送海带出口工作计划,后又分别拜访该两公司,就计划书的相关内容进行询问和调查。2007年2月14日,中粮公司决定将2007年威海海带出口日本业务交由圣克达诚公司执行,山东食品公司因此丧失了威海海带对日出口配额。

一审判理和结果

一审法院审理认为:原告援引《反不正当竞争法》第2条的规定要求法院对其予以救济,需要对下列问题进行分析和认定。(1)《反不正当竞争法》第2条能否对未明确规定的不正当竞争行为进行规范。对于未在《反不正当竞争法》第2章所列举的行为,在符合下列条件下应当予以规范:首先,正当经营者通过自身的努力获得了某种竞争优势;其次,其他经营者通过不正当手段获取了该竞争优势并给正当经营者造成了损失。当不正当经营者实施了这种行为时,人民法院可以依据《反不正当竞争法》第2条的规定对这种不正当竞争行为进行规范,并给予正当经营者以民事司法救济。(2)对日出口海带贸易机会的性质分析。对日出口海带贸易采取下列运作模式:日本国政府对来自我国的海带实行进口配额管理,该进口配额的分配由日本北海道渔联负责;北海道渔联委托中粮集团对海带配额、质量、数量统一进行管理;中粮集团采取每年下达通知的方式告知被选定的企业对日出口海带数量,获得了海带数量配额的企业按照被分配的配额数量向日本企业出口海带,未获海带数量配额分配的企业不能向日本企业出口海带。在确定获得对日出口海带配额企业的过程中,日本北海道渔联起着主导作用,中粮集团属于确定国内企业对日出口海带配额的直接执行单位。简言之,所谓对日出口海带贸易机会系指:国内出口企业通过中粮集团分配而获得的可以就相关区域产特定数量海带对日出口的资格。“对日出口海带贸易机会”是一种商业机会,一种在市场竞争中获得的优势地位。在对日海带出口贸易中,价格、数量、质量并非决定取得交易机会的关键,取得交易机会的关键在于能否获得这种对日出口海带的资格。从2001年开始,这种对日出口海带贸易的机会便由包括山东食品公司在内的4家单位稳定享有,这4家单位分别为:中

国食品(北京)食品贸易部(2002年后变更为中粮国际(北京)有限公司、2007年变更为中粮工业食品进出口有限公司)、山东食品公司、烟台市食品进出口公司(2002年后变更为烟台凯迪食品进出口有限公司)、大连同盛实业总公司(2005年后变更为大连观宇食品有限公司)。4家单位获得对日出口海带贸易机会的方式是,中粮集团以《关于下达某某年份海带出口数量配额的通知》的方式分配4家单位在相关区域内收购出口海带,数量历年来基本稳定。2006年之前,没有证据表明上述单位是采取申报出口海带计划书的方式获得海带出口数量配额,也没有证据表明上述单位以外的其他企业可以通过申报海带出口计划的方式获得海带出口数量配额。2007年,没有证据表明除该4家单位、圣克达诚公司以外的其他单位可以通过申报海带出口计划的方式获得海带出口数量配额。因此,这种对日出口海带贸易的机会不是任何一个具有进出口业务资格的企业可以自主的、通过申报计划书等方式从公开的途径获得。该4家单位能够长期稳定的享有特定区域产海带的对日出口贸易机会,既取决于其在所属区域内经营海带出口业务的优势,也体现了其在对日出口海带贸易中的良好企业信用。山东食品公司获得的这种竞争优势是通过公平方式获取的,这种竞争优势并非其他市场经营者不能获得,但是如果其他经营者采取了不正当的手段来获得这种竞争优势,则为反不正当竞争法所制止。(3)三原告谁拥有对日出口海带贸易的机会。三原告共同主张享有该对日出口海带的贸易机会,但是在山孚集团公司成立之前,威海地区产海带对日出口贸易由山东食品公司享有配额并实际操作。山孚集团公司、山孚日水公司先后成立后,威海地区产海带对日出口贸易由山东食品公司享有配额但实际由该两公司来先后执行。由此可见,山东食品公司是威海地区产海带对日出口贸易机会的享有人,而山孚集团公司、山孚日水公司对日出口海带的贸易机会均来源于山东食品公司。(4)圣克达诚公司、马达庆是否实施了不正当竞争行为。马达庆在三原告处工作期间,始终负责对日出口海带的收购和出口工作,熟悉该工作的全部流程。而在其任职的圣克达诚公司,陈庆荣与马达庆具有亲属关系并且系在校大学生,公司监事为马达庆的妻子,圣克达诚公司、马达庆均未证明圣克达诚公司的法定代表人、监事从事过对日出口海带贸易甚至是任何对外贸易的经历,就对日海带出口贸易这项业务而言,马达庆为圣克达诚公司的实际操作人。在马达庆离开山孚日水公司后很短的时间内,圣克达诚公司获取了对日出口海带的贸易机会。该行为是否具有正当性是判断圣克达诚公司、马达庆的行为是否构成不正当竞争的关键:首先,圣克达诚公司直接获取了对日出口海带贸易的机会,显然与山东食品公司形成了直接的竞争。其次,对日出口海带的贸易机会并非从市场上通过公开、自由竞争而获得,多年来山东食品公司等四家公司始终稳定获得该出口贸易机会。马达庆之所以得到日本北海道渔联认可,是马达庆在为三原告办理对日出口海带贸易过程中逐渐形成的,并非是日本客商基于对马达庆能力的了解而选择与山东食品公司从事对日海带出口贸易。即便如日本北海道渔联相关人员所讲,日本客户充分认可并只信赖马达庆的业务能力,但是,马达庆应当认识到,在对日海带贸易机会中,马达庆的行为只是代表山东食品公司、山孚集团公司及山孚日水公司的职务行为,与三原告的实力、资金支持密不可分,作为一名企业职工,在履行单位交办工作过程中所形成的竞争优势,如同在履行单位工作中产生的发明创造一样,其权利享有者是公司而非职工。马达庆将本属于山东食品公司的竞争优势获为圣克达诚公司所有,属于将日本客户对自己基于履行职务行为所产生信赖的滥用,严重违背了诚实信用的原则,也违背了公认的商业道德。圣克达诚公司明知马达庆违背商业道德但仍允许其这样行为,主观上构成明知,该公司亦违背了公认的商业道德。本案不符合"客户基于对职工个人的信赖而与职工所在单位进行市场交易"的情况,圣克达诚公司、马达庆没有提供证据证明日本客户是基于对马达庆个人的信赖而选择与山东食品公司进行交易。尽管从形式上看,圣克达诚公司获得对日出口海带贸易机会是通过申报出口海带计划并接受相关单位考察后获得的,但是这种获取方式不能被认为是正当的:首先,日方或者中粮集团没有采取面向所有经营者招标等公开竞争方式来选择贸易对象,包括山东食品公司在内的4家单位在较长时间内稳定获得了在各自区域内对日出口海带贸易的机会,圣克达诚公司、马达庆没有提供证据证明除圣克达诚公司以外的其他企业可以通过提交"海带经营计划书"的方式来获得,因此,不能认为圣克达诚公司是通过公平竞争的方式来获取该贸易机会。关于圣克达诚公司、马达庆的不正当竞争行为是否给三原告造成了经济损失问题。2007 年圣克达诚公司享有 310 吨威海地区产海带出口数量配额,而此前威海地区海带出口配额均由山东食品公司享有,故山东食品公司因该贸易机会部分丧失而有所损失是必然的,故圣克达诚公司、马达庆的行为给山东食品公司造成了经济损失。综上,马达庆、圣克达诚公司的行为构成不正当竞争。(5)关于圣克达诚公司、马达庆应承担的民事责任。马达庆、圣克达诚公司的行为构成不正当竞争并给山东食品公司造成了损失,应当共同承担停止侵权和连带赔偿损失的民事责任。关于停止侵权的具体形式。为保护山东食品公司通过正当交易获得的竞争优势,马达庆和圣克达诚公司不得利用与山东食品公司相同的方式来从事对日海带贸易。但是,为了保护自由竞争,当马达庆通过履行职务行为而获得的对日本客商的影响逐渐消失后,再行要求圣克达诚公司、马达庆永远不得从事上述贸易也违背了公平竞争的基本原则,因此应当确定一个期限来消除这种影响,综合本案的考虑,确定自判决生效后 3 年内圣克达诚公司、马达庆不得利用与山东食品公司相同的方式来从事对日海带贸易。关于损害赔偿数额的计算,应以圣克达诚公司、马达庆主张的海带价值与出口结汇价款之间的差价 2 111 669.27 元利润作为山东食品公司的损失予以赔偿。对于山东食品公司超出该数额部分的损失赔偿要求,不予支持。(6)关于山东食品公司、山孚集团公司、山孚日水公司提出的其他诉讼请求。山东食品公司、山孚集团公司及山孚日水公司还要求:马达庆返还与海带业务相关的所有文件、资料;圣克达诚公司、马达庆停止利用山东食品公司、山孚集团公司及山孚日水公司的收购渠道经营海带业务。前者涉及的劳动争议案件正在其他法院进行审理,根据一事不再理的原则,对于该诉讼请求不予支持。山东食品公司、山孚集团公司、山孚日水公司没有提供有效证据证明圣克达诚公司、马达庆实施了利用山东食品公司的渠道收购海带的行为,对该诉讼请求不予支持。2008 年 4 月 10 日,一审法院依照《民法通则》第 106 条、第 130 条、第 134 条,《反不正当竞争法》第 2 条的规定,判决如下:一、马达庆、圣克达诚公司于判决生效之日起立即停止采取与山东食品公司相同的方式经营对日出口海带贸易,其不得经营的时间为判决生效之日起 3 年。二、圣克达诚公司赔偿山东食品公司经济损失人民币 2 111 669.27 元。三、马达庆对上列第二项的给付义务承担连带赔偿责任。四、驳回山东食品公司的其他诉讼请求。五、驳回山孚集团公司的诉讼请求。六、驳回山孚日水公司的诉讼请求。

上诉与答辩

圣克达诚公司、马达庆不服上述判决,共同向山东省高级人民法院提起上诉,请求撤销一审判决第一、二、三项,依法驳回山东食品公司的全部诉讼请求。其理由如下:(1)一审法院认定的部分事实错误。山东食品公司现在并不是山孚集团公司的股东,山孚集团公司的与山东食品公司没有法律上的关联关系。大连观宇食品有限公司并不是大连同盛实业公司变更而来的,两个公司是完全独立的、没有关联关系的公司。(2)一审判决适用《反不正当竞争法》第 2 条认定圣克达诚公司和马达庆构成不正当竞争,适用法律错误。圣克达诚公司和马达庆根本就不构成任何具体条款规定的不正当竞争。(3)圣克达诚公司、马达庆的行为不构成不正当竞争。对日出口海带的贸易机会可以自由竞争获得,法律没有特别限制该行业自由竞争。从 2005 年开始,中粮集团取消了大连同盛实业总公司的配额,转由大连观宇食品有限公司经营,充分证明了涉案贸易机会由中粮集团根据实际情况自由决定发放,可以自由竞争取得。中粮集团发放 2007 年度配额的过程本身也证明了其有权根据企业竞争的实际情况决定海带配额的具体发放。出口日本海带的贸易机会不会因为历史的原因就被某些企业完全垄断独占,其他企业完全可以通过自由竞争手段而取得该商业机会。劳动者在用人单位学到的知识和技能属于劳动者本人,除非法律明确限制,否则劳动者可以自由使用该知识和技能。一审法院将马达庆在对日海带业务中形成的所有竞争优势都归于山东食品公司,没有任何法律依据。即使没有公开招标,也是正当的自由竞争。一审法院人为地设立了“正当的自由竞争”就必须有“公开招标”的形式,这一前提错误,直接导致结论错误。马达庆 2007 年度履行职务行为是在为圣克达诚公司履行职务,日本客户对此是明知的,整个过程,马达庆没有欺骗日本客户,没有滥用日本客户的信赖,没有违背诚实信用原则。马达庆争取海带配额的行为没有违反公认的商业道德。一审法院并没有阐述马达庆的行为违背了何种公认的商业道德。“劳动者不能从事与原来用人单位相同的业务”不能成为“公认的商业道德”。(4)一审法院错误地判决圣克达诚公司、马达庆赔偿 2 111 669.27 元。一审法院没有审查圣克达诚公司的成本，没有扣除有关防晒网费用、包装费用、运输费用等等各种成本费用，圣克达诚公司的实际利润远远低于一审法院判定的数额。

山东食品公司答辩称：一审判决认定事实清楚，适用法律正确，应当予以维持；圣克达诚公司、马达庆的上诉理由无任何事实和法律依据，应予驳回。理由是：(1)一审判决认定事实清楚。一审判决认定山东食品公司占山孚集团公司注册资本的 40%，是指 2000 年 8 月 1 日山东山孚得贸易有限公司(后更名为"山孚集团公司")设立时的情况。山东食品公司、山孚集团公司及山孚日水公司共同享有对日海带出口贸易机会的利益格局的形成原因在于山东食品公司、山孚集团公司及山孚日水公司之间在人员、业务方面承继与流转的历史渊源，不是由山东食品公司、山孚集团公司及山孚日水公司之间的股权关系决定的，股权关系对于一审判决没有实质影响。大连观宇食品有限公司继大连同盛实业总公司之后取得海带配额是客观事实。一审判决此处所指"变更"系指享有出口海带贸易机会的单位的变更，而非大连观宇食品有限公司与大连同盛实业总公司之间的法人主体资格的变更。(2)一审判决适用法律正确。山东食品公司、山孚集团公司及山孚日水公司要求保护的是以其在三十余年经营中形成的对日出口海带的贸易机会为载体的可保护利益。对法律未作明确规定的非类型化不正当竞争行为进行规制，是《反不正当竞争法》第 2 条最大的法律价值。本案争议的"对日出口海带的贸易机会"属于"知识产权专门法未作穷尽性保护的"的情况。劳动者在用人单位处学到的知识与技能与"企业职工在履行单位交办工作过程中所形成的竞争优势"不是一个含义。本案不涉及劳动者的个人"知识与技能"的问题，"企业职工在履行单位交办工作过程中所形成的竞争优势"，是相关企业的实力、资金，同时取决于相关企业在所属区域内经营海带出口业务的优势，也体现了其在对日出口海带贸易中的良好企业信用，而不是哪一个个体的知识与技能。(3)圣克达诚公司、马达庆恶意攫取涉案商业机会，违背诚实信用原则和公认的商业道德，给山东食品公司造成了巨大的损失，构成了不正当竞争行为。

二审审理查明

山孚集团公司成立时名称为山东山孚得贸易有限公司，山东食品公司持有该公司 40%的股份。但自 2005 年 5 月至今，山东食品公司不再是山孚集团公司的股东。大连观宇食品有限公司和大连同盛实业有限公司是各自独立的法人企业，二者之间没有主体变更关系。一审判决认定从 2001 年开始，对日出口海带贸易机会由包括大连同盛实业有限公司在内的 4 家单位稳定享有，同时认定大连同盛实业有限公司 2005 年后变更为大连观宇食品有限公司，即一审判决实际认为大连观宇食品有限公司是由大连同盛实业有限公司变更而来的法律主体，一审判决对此事实认定错误。此外，一审判决虽然认定涉案对日出口海带的贸易机会自 2001 年起由 4 家单位稳定享有，但实际列明了 8 家单位名义上享有该贸易机会，又没有查明该 8 家名义单位之间的关系。因此，一审判决对此事实的认定自相矛盾。

二审判理和结果

二审法院审理认为，本案涉及的对日出口海带贸易机会是国内企业获得的可以就相关区域产特定数量海带对日出口的资格，是一种交易机会。2007 年，圣克达诚公司获得该交易机会，山东食品公司获得的海带出口配额因此随之减少，圣克达诚公司获得该交易机会的行为由此给山东食品公司造成了损害，但竞争本身是经营者之间互相争夺交易机会的行为，在交易机会的得失之间，往往会给竞争对手造成损害。这种损害虽然是构成不正当竞争行为的必要条件，但不是充分条件，仅仅造成损害并不必然构成不正当竞争，是否构成不正当竞争还必须认定相关竞争行为是否具有不正当性。不正当性的判断则主要依据《反不正当竞争法》第 2 条规定的原则。为此，需从以下两个方面进行认定：(1)马达庆、圣克达诚公司获取贸易机会的行为是否具有不正当性。山东食品公司向一审法院提起诉讼，请求依据该条款对其对日出口海带贸易机会予以救济。首先要分析马达庆的行为是否具有不正当性。1986 年起，马达庆先后在山东食品公司、山东山孚食品进出口有限公司、山东山孚得贸易有限公司、山孚日水公司工作。代表圣克达诚公司向中粮集团争取贸易机会时，马达庆已经离开山东食品公司，其与山孚日水公司的合同也已经到期终止。马达庆在为圣克达诚公司争取经营出口海带贸易时，明确表示其代表圣克达诚公司，没有利用山东食品公司的名义，中粮集团、日本北海道渔联明知马达庆已经离开山东食品公司，并基于对马达庆个人的信赖而给予圣克达诚公司涉案贸易机会。因此，在离开山东食品公司后，马达庆以正当的方式，帮助圣克达诚公司获取了贸易机会，不违反诚实信用等原则，其行为不具有不正当性，属于正当竞争。关于圣克达诚公司行为是否具有不正当性问题。圣克达诚公司争取贸易机会的行为仅仅是向中粮集团提出经营出口日本海带贸易的请求，上述配额的分配是中粮集团、日本北海道渔联综合双方能力确定的结果，在竞争过程中，圣克达诚公司没有违反公认的商业道德，没有违反诚实信用原则，其行为不具有不正当性。因此，马达庆在合法离开山东食品公司等企业后帮助圣克达诚公司争取对日出口海带贸易机会的行为不具有不正当性，山东食品公司不能依据《反不正当竞争法》第 2 条的规定获得救济。(2)认定圣克达诚公司和马达庆的行为不构成不正当竞争是否符合反不正当竞争法的立法目的。在市场经济中，经营者享有竞争的自由，只是在例外的情况下才需要对不正当竞争行为予以制止。自由、公平竞争是社会主义市场经济健康发展的必要条件，保障市场经济健康发展，鼓励和保护公平竞争是反不正当竞争法的立法目的之一，因此，适用该法要平衡鼓励和保护公平竞争与防止和限制不正当竞争之间的关系。对于法律未作特别规定的竞争行为，只有按照市场经济环境下公认的商业标准和普遍认识能够认定违反法律原则性条款时，才可以依据《反不正当竞争法》第 2 条的规定认定为不正当竞争行为。在认定具体行为是否构成不正当竞争时，不能违反或偏离反不正当竞争法的立法目的，防止因不适当扩大不正当竞争范围而妨碍自由、公平竞争。山东食品公司、山孚日水公司与马达庆没有关于限制马达庆离职后从事具有竞争关系的业务的竞业限制约定，马达庆离职后有从业的自由，即使在其离职后使用其在职期间积累的对日出口海带贸易经验从事竞争性业务，山东食品公司、山孚日水公司也无权予以制止。山东食品公司、山孚日水公司没有把对日出口海带贸易机会视为其商业秘密，没有与马达庆约定应遵守对日出口海带贸易机会商业秘密，马达庆获取该贸易机会也不涉及对其商业秘密的侵害，何况，本案中山东食品公司没有请求依据竞业限制或侵犯商业秘密的特别规定对其进行司法保护。在没有法定的和约定的竞业限制以及不侵害商业秘密等特定民事权益的情况下，这既是经营者的合法权益，又符合公共政策。因此，一审判决认定马达庆的行为严重违背了诚实信用的原则，也违背了公认的商业道德，构成不正当竞争不当。一审判决依据《反不正当竞争法》第 2 条对涉案行为进行保护属于适用法律错误。一审判决圣克达诚公司、马达庆于判决生效之日起立即停止采取与山东食品公司相同的方式经营对日出口海带贸易，不得经营的时间为判决生效之日起 3 年，这无异于为马达庆设定了法定竞业限制义务，没有法律依据。山东食品公司对圣克达诚公司主张权利是基于马达庆的上述行为是否具有不正当性，在马达庆的行为不构成不正当竞争的情况下，也无法认定圣克达诚公司的不正当性。况且，圣克达诚公司无法定和约定竞业限制义务，未侵害特定合法权益，不构成不正当竞争。山东食品公司主张的其他不正当竞争行为均没有有效证据支持或者已经另案审理，对其请求，不予支持。一审判决认定事实部分有误，适用法律不当，判决结果错误，应予撤销。经山东省高级人民法院审判委员会讨论决定，判决如下：一、撤销山东省青岛市中级人民法院(2007)青民三初字第 136 号民事判决；二、驳回山东食品公司、山孚集团公司、山孚日水公司的诉讼请求。

申请再审理由与答辩

山东食品公司、山孚集团公司、山孚日水公司共同向最高人民法院申请再审称，二审判决曲解本案事实，认定事实主观、片面，适用法律错误。其理由为：(1)二审判决完全割裂了本案事实之间的内在联系，孤立、片面地认定案件事实。马达庆主观上具有通过不正当手段攫取山东食品公司的商业机会以获得巨额利润的恶意，客观上实施了一系列有计划、有步骤、有预谋地攫取山东食品公司商业机会的不正当竞争行为。二审判决在认定事实时，忽视了本案证据材料足以证实的事实，割断了事实之间的联系。①二审判决片面审查案件事实，忽略案件的主要事实。综合案件事实，马达庆以及圣克达诚公司的不正当竞争行为是在其自 2006 年年中甚至更早至 2007 年之后的一系列行为，包括马达庆还在申请再审人任职期间即蓄谋筹划设立新公司(即圣克达诚公司)、要求山东食品公司放弃海带专利、赴日本以圣克达诚公司名义游说日本客户、拉拢公司海带业务人员离职为自己工作、向海带养殖户散布其本人已经获得海带配额的消息，以及擅自离职并带走公司绝大部分海带业务资料等行为。马达庆于在职期间就已经完成了攫取海带配额的工作，其擅自离职之后通过所谓的考察形式获得配额不过是障眼法而已。②二审判决割裂了马达庆与圣克达诚公司的关系，导致认定事实不清。圣克达诚公司是马达庆自己为了攫取山东食品公司的海带出口业务而设立的个人公司，马达庆是圣克达诚公司的实际控制人。2006 年 9 月，马达庆以其外甥陈庆荣(时为青岛大学在校学生)的名义成立了一人有限公司——圣克达诚公司，马达庆的妻子颜素贞系该公司的监事，马达庆认可该公司的 50 万元注册资本由自己提供，向日本方面介绍圣克达诚公司系其“新公司”。圣克达诚公司设立后，对日海带出口贸易是其唯一的业务，而马达庆完全操作圣克达诚公司的对日海带出口业务。对于这样一个马达庆自己出资、自己操纵并且自己向日本客户介绍的“马氏新公司”，圣克达诚公司的意志完全体现了马达庆的意志，马达庆与圣克达诚公司之间存在共同的不正当竞争的故意，并共同实施不正当竞争行为。在马达庆离开山孚日水公司前，其就与圣克达诚公司共同实施了不正当竞争行为。③二审判决故意隐瞒了山东食品公司重新获得 2007 年的海带配额的时间和背景情况。马达庆与圣克达诚公司攫取了山东食品公司、山孚集团公司和山孚日水公司的海带贸易机会，夺取了山东食品公司千名离退休、退养、在岗职工的“养命钱”，激起了强烈的社会反响，职工代表多次赴省进京上访。山东省省委、省政府、省总工会、省国资委、省外经贸厅以及国家商务部、中国财贸工会等政府部门多次斡旋，国家商务部与中粮集团多次开会协调。直到 2007 年 7 月，山东食品公司才又获得了 320 吨的 2007 年海带配额，但此时海带的收获季节已过。二审判决却隐瞒了该背景。(2)二审判决的部分认定超出当事人的诉讼请求。申请再审人在诉讼中从未提出请求法院认定马达庆违反竞业限制约定或者圣克达诚公司和马达庆侵犯商业秘密的诉讼请求。二审法院却对马达庆是否违反竞业限制约定、是否侵犯商业秘密作出了认定。上述认定实质上剥夺了申请再审人以侵犯商业秘密为由起诉被申请人的诉讼权利，导致申请再审人在本案无法获得救济的情况下，也丧失了依据其他法律规定请求保护的权利。(3)二审判决适用法律错误。①二审判决关于马达庆的行为是经营者的合法权益，又符合公共政策的认定违背反不正当竞争法的立法本意。根据二审判决，则只要在没有法定的和约定的竞业限制以及不侵害商业秘密等特定民事权益的情况下，员工就可以为所欲为、任意地获取原企业的商业机会，这显然与《反不正当竞争法》第 2 条的基本原则相悖。市场竞争需要公平的条件，反不正当竞争法不是只禁止列举的部分不正当竞争行为，而是凡属违反诚实信用的不公平竞争行为都在禁止之列。根据《反不正当竞争法》第 2 条的规定，即使在没有法定的和约定的竞业限制以及不侵害商业秘密等特定民事权益的情况下，不论在离职前还是在离职后，市场主体在参与市场交易时，也应当遵循自愿、平等、公平、诚实信用的原则，并遵守公认的商业道德，而不能以违反诚实信用原则及公认商业道德的方式，与原企业进行不正当竞争。马达庆不仅在离职前就利用其职务便利，与原企业展开了不正当竞争，攫夺了原属于申请再审人的商业机会，在离职后，仍以不交还公司业务资料等方式与申请再审人展开不正当竞争，对申请再审人造成了巨额损失。二审判决认定马达庆不构成不正当竞争，适用法律明显不当。②二审判决在片面审查当事人的诉讼事由、忽略案件的主要事实的基础上适用法律必然是错误的。本案中，马达庆以及圣克达诚公司的不正当竞争行为是在其自 2006 年年中至 2007 年之后的一系列有准备、有步骤的行为。这个整体中的每一个具体的行为可能难以构成具体的法律规范明文禁止的行为，但马达庆、圣克达诚公司在整个行为过程中的恶意却昭然若揭。对马达庆、圣克达诚公司行为正当性的判断必须考察行为整体。该行为整体因为目的的不正当性而构成不正当竞争。③二审判决对《反不正当竞争法》第 2 条作了明显的限缩性解释，甚至将该条直接等同于违反竞业限制约定和《反不正当竞争法》第 2 章明文列举的规定，没有依据公认的商业标准和普遍认识对反不正当竞争法作出解释，适用法律错误。④二审判决混淆了劳动者的个人技能与海带业务的竞争优势的关系。二审判决将海带业务的竞争单纯地表述为一种可以完全凭借劳动者的个人知识与技能的专业贸易机会，将个人因素界定为海带业务的唯一竞争因素，显然与海带出口业务的性质严重不符。⑤二审判决混淆了交易相对人的选择和不正当竞争行为的认定标准。对于商业机会保护领域的不正当竞争行为，其判断标准应当是经营者是否具有恶意、是否实施了不正当竞争行为，并非以交易相对人的选择作为判断依据。在市场竞争中，交易相对人可能因为种种原因，明知经营者行为具有不正当性但还是执意与其进行交易，此时，因为交易相对人具有选择交易对象的自由，法律不能禁止交易相对人作出上述选择，但法律可以禁止经营者从事上述交易，以维护正当的竞争秩序。二审判决关于只要交易相对人认可就不构成不正当竞争的结论是错误的。(4)二审判决错误分配了举证责任，其确定的民事责任违背法律规定。圣克达诚公司为一人独资公司，其向中粮集团请求经营对日海带出口贸易时，刚刚成立不足3个月，从未经营过海带业务，注册资金只有50万，仅有马达庆一人从事海带业务。与马达庆、圣克达诚公司相比，申请再审人在过往业绩、资金以及规模、从业人员数量、技术等方面均有明显的竞争优势，在正常竞争的情况下，显然是申请再审人应该继续保持对日出口海带的贸易机会，而非发生本案的巨变。在发生与正常竞争不符的结果的情况下，法院应当推定马达庆与圣克达诚公司存在不正当竞争，要求马达庆与圣克达诚公司举证证明其获得海带出口的商业机会的手段是正当的。申请再审人要求马达庆与圣克达诚公司公开其报送文件，并申请法院向中粮集团进行调查，二审法院置之不理是错误的。(5)二审判决无视申请再审人在对日出口海带业务方面的巨额投入，判决显失公正，危害巨大，已经造成不良影响。

再审审查与审理结果

最高人民法院审查查明：中粮集团自2001年起，每年采取下发《关于下达某年海带出口数量配额的通知》的方式，分别向有关单位分配特定区域产海带出口日本的数量配额。其中2001年由山东食品公司、烟台市食品进出口公司、大连同盛实业总公司和中国食品(北京)食品贸易部等4家单位获得配额；2002年和2003年均由山东食品公司、烟台凯迪食品进出口有限公司、大连同盛实业总公司和中粮国际(北京)有限公司等4家单位获得配额；2005年和2006年均由山东食品公司、烟台凯迪食品进出口有限公司、大连观宇食品有限公司和中粮国际(北京)有限公司等4家单位获得配额。2005年大连观宇食品有限公司获得大连地区对日出口海带配额后，大连同盛实业总公司此后未再获得该配额。

2006年9月5日，马达庆曾签署过落款为“水产二部”的有关海带专利的文件，该文件中提到“海带专利没必要花钱再续”。山东食品公司在本院听证时明确表示，该专利即一种名为“海带加工方法及设备”的专利，专利权至今有效。

在一审过程中，为证明马达庆和圣克达诚公司实施了不正当竞争行为，山东食品公司、山孚集团公司及山孚日水公司提交了青岛市工商行政管理局私营企业登记信息查询结果，圣克达诚公司监事、董事、经理任职文件，公司设立登记审核表，公司设立登记申请书，公司股东(发起人)名录，中国农业银行现金缴款单(两份)，马达庆《职工履历表》，《青岛市人口查询系统常口现实库信息资料》，青岛大学出具的证明，《山东省食品进出口公司董事长滕海波拜访北海道渔联宫村会长等的会谈纪要》，经公证的证人韩吉峰、于思进、张永礼、邓忠恩、邵从、张宗成、孙秉伟等7人的证言等证据，并申请了证人刘兵和刘鸿出庭作证。圣克达诚公司提交了经公证的韩吉峰、于思进、张永礼、邵从、孙秉伟等5人的证言以及其他证据作为反驳证据。青岛市工商局私营企业登记信息查询结果，圣克达诚公司监事、董事、经理任职文件，公司设立登记审核表，公司设立登记申请书，公司股东(发起人)名录等表明，圣克达诚公司的负责人为陈庆荣，监事为颜素贞。中国农业银行现金缴款单则表明，圣克达诚公司的出资人为陈庆荣。马达庆《职工履历表》、青岛大学出具的证明等表明，陈庆荣为马达庆的外甥，颜素贞为马达庆的妻子。根据一审庭审笔录的记载，证人刘兵在一审庭审中自称其工作单位为日本水产株式会社代表处，日本水产株式会社与山孚日水公司之间是投资关系。

最高人民法院认为，本案当事人在申请再审过程中主要涉及如下问题。

一、关于涉案对日出口海带配额的交易性质以及是否属于反不正当竞争法所保护的法益

涉案对日出口海带配额是日本国政府设定的我国对日出口海带产品的被动配额。获得该配额的国内企业可以就相关区域产特定数量海带对日出口，获得该配额就获得了对日出口海带的商业机会或交易机会。本案中，对日出口海带的配额由日本北海道渔联主导，通过中粮集团作为日方在华海带贸易的唯一窗口来选择有关企业进行分配。一方面，对日出口海带配额长期以来只分配给国内有限的几个企业，具有相对的稳定性和一定的可预期性。对于长期稳定获得该配额的企业如本案中的山东食品公司而言，获得对日出口海带配额是一种在一般情况下可以合理预期获得的商业机会，可以成为法律特别是反不正当竞争法所保护的法益。另一方面，尽管总体来讲对日出口海带配额的发放长期保持相对稳定，但仍然是一种可以争夺的商业机会，因而也具有竞争性和开放性。涉案事实也表明获得配额的企业发生过一定变化，例如大连观宇食品有限公司于2005年取代大连同盛实业总公司获得了对日出口海带配额。一、二审法院有关涉案对日出口海带配额的交易性质属于一种商业交易机会的认定和一审法院有关该交易机会并非知识产权保护客体但可以受到反不正当竞争保护的认定均正确。但是，一审法院有关对日出口海带配额不是任何一个具有进出口业务资格的企业可以自主通过申报计划书等方式从公开途径获得，因此并非从市场上通过公开、自由竞争而获得的认定，并不正确。市场经济条件下，交易方式和竞争方式均具有多样性，不能以历史上未曾采用过申报计划书这种交易对象选择方式来当然推定新的交易对象选择方式的不正常或者不正当，交易对象选择方式的变化以及其公开竞争的程度都属于交易选择者的行为自由范畴，本身无可厚非；当然更不能以是否采用公开竞标方式来衡量是否属于自由竞争或公平竞争。同时，本案也没有任何证据表明对日出口海带配额及其发放属于一种秘密的交易机会而不为市场上其他企业所知悉，本案中申请再审人从未提出商业秘密侵权的主张也可以反衬出对日出口海带配额作为一种交易机会是他人可以争夺的。

在反不正当竞争法上，一种利益应受保护并不构成该利益的受损方获得民事救济的充分条件。商业机会虽然作为一种可以受到反不正当竞争法所保护的法益，但本身并非一种法定权利，而且交易的达成并非完全取决于单方意愿而需要交易双方的合意，因此他人可以自由参与竞争来争夺交易机会。竞争对手之间彼此进行商业机会的争夺是竞争的常态，也是市场竞争所鼓励和提倡的。对于同一交易机会而言，竞争对手间一方有所得另一方即有所失。利益受损方要获得民事救济，还必须证明竞争对手的行为具有不正当性。只有竞争对手在争夺商业机会时不遵循诚实信用的原则，违反公认的商业道德，通过不正当的手段攫取他人可以合理预期获得的商业机会，才为反不正当竞争法所禁止。正如涉案事实所表明，大连观宇食品有限公司于2005年取代大连同盛实业总公司获得了对日出口海带配额，这并不当然意味着前者因此就构成对后者的不正当竞争。因此，本案的关键在于被申请人圣克达诚公司和马达庆是否采取了违背诚实信用原则和公认的商业道德的不正当竞争手段，从而使圣克达诚公司获得了本案曾由申请再审人山东食品公司长期拥有的威海地区对日出口海带配额这一交易机会。

需说明的是，一审法院多次使用了“竞争优势”这一内涵和外延并不确定的概念，而且泛泛地将所谓山东食品公司的竞争优势作为反不正当竞争法所保护的法益，缺乏法律依据和法理基础。

二、关于涉案被控不正当竞争行为能否证实以及是否具有不正当性，即二审判决是否孤立、片面地认定了案件事实

申请再审人主张马达庆实施了一系列有计划、有步骤、有预谋地攫取申请再审人商业机会的不正当竞争行为，包括马达庆还在申请再审人任职期间即：(1)蓄谋筹划设立新公司(即圣克达诚公司)，(2)要求山东食品公司放弃海带专利，(3)赴日本以圣克达诚公司名义游说日本客户，(4)拉拢山东食品公司海带业务人员离职为自己工作，(5)向海带养殖户散布其本人已经获得海带配额的消息，(6)擅自离职并带走公司绝大部分海带业务资料，这些离职前后的行为整体构成不正当竞争。马达庆对上述被指控的行为均不予认可。

对于申请再审人所指控的上述行为，具体分析如下：对于申请再审人主张的行为(1)，本案证据表明，圣克达诚公司的出资人和法定代表人系马达庆的外甥、时为青岛大学在校学生的陈庆荣，监事为马达庆的妻子颜素贞，马达庆办理过圣克达诚公司登记成立的有关手续，本案没有证据证明陈庆荣和颜素贞具有从事对日出口海带贸易甚至其他对外贸易的经历。根据圣克达诚公司登记成立和之后的有关经营活动，可以合理推定，在对日出口海带业务上，马达庆是圣克达诚公司的实际操作人。因此，可以认定马达庆本人在申请再审人处工作期间即筹划设立了圣克达诚公司。一审法院对有关事实的认定基本正确。但是，职工在职期间筹划设立新公司，为自己离职后的生涯作适当准备，并不当然具有不正当性，而只有当职工的有关行为违反了法定或者约定的竞业限制义务的情况下，才能够认定该行为本身具有不正当性。法定的竞业限制义务主要是指公司法上针对公司董事、高级管理人员设定的义务，约定的竞业限制义务一般是指依据合同法和劳动合同法针对交易相对人或者劳动者通过协议约定的义务。本案中，申请再审人未以马达庆违反法定或者约定的竞业限制提出请求，马达庆也并非山东食品公司的董事或者公司法意义上的高级管理人员，并不负有公司法规定的竞业限制义务，同时本案现有证据也不能证明马达庆负有约定的竞业限制义务。因此，基于现有证据难以认定马达庆在职期间筹划设立新公司的行为具有不正当性。况且，无论是法定的还是约定的竞业限制制度，都属于法律赋予有关经营者的法律保护手段，本案申请再审人在不能依据法定竞业限制约束马达庆的情况下，又未事先通过约定进行自我保护，由此产生的不利后果应自我承担，不能责任旁贷和怨天尤人。对于申请再审人主张的行为(2)，申请再审人提交了有马达庆署名的含有“海带专利没必要花钱再续”表述的文件，但是该文件除署名外的内容均为打印件，没有主送抬头，而落款又为马达庆所任职的“水产二部”，仅以此难以确定马达庆签署该文件的目的和意图。事实上，山东食品公司也并未因为马达庆签署该文件的行为而未缴专利年费并导致其专利权终止，并未因此而给山东食品公司造成认定构成不正当竞争所应具备的损害后果。对于申请再审人主张的行为(3)，由于《山东省食品进出口公司董事长滕海波拜访北海道渔联宫村会长等的会谈纪要》系山东食品公司的单方记录，且系打印件，无任何参与人员的亲笔签名，也未经参与会谈的日方人员的确认，原审中尽管有证人刘兵出庭作证，但刘兵是日本水产株式会社代表处的员工，日本水产株式会社又是本案申请再审人之一山孚日水公司的投资方，刘兵与本案有一定的利害关系，其证言无法单独采信，在没有其他证据佐证的情况下，难以认定该会谈纪要记载内容的真实性。申请再审人据此主张马达庆赴日本以圣克达诚公司名义游说日本客户，证据不足。对于申请再审人主张的行为(4)，由于一审庭审中出庭作证的证人刘鸿系申请再审人之一山东食品公司的退休职工，且已返聘回山东食品公司工作，与申请再审人具有明显利害关系，又没有其他证据予以佐证，其证言亦难以单独采信，不足以证明马达庆拉拢山东食品公司海带业务人员离职为自己工作。退一步讲，假使马达庆有此行为，只要没有采用不正当手段，游说他人或者网罗人才本身也并不违反法律规定。对于申请再审人主张的行为(5)，申请再审人和被申请人在原审中均提交了经公证的证人证言，由于相关的证人证言相互矛盾，特别是在后为被申请人作证的五个人的证言均推翻了之前他们为申请再审人所作的证言，且这些证人均未出庭作证，难以据此认定马达庆在职期间向海带养殖户散布其本人或者圣克达诚公司已经获得海带配额消息的事实。对于上述第(2)～(5)种被控行为，一审法院也均未作出肯定性认定。对于申请再审人主张的行为(6)，申请再审人在本案中提供的证据不能证明马达庆在与山孚日水公司的劳动合同到期之前即离开该公司，因此不能认定马达庆构成擅自离职，况且擅自离职一般属于劳动争议所要解决的问题，并不当然因此构成不正当竞争；而在本案发生之前已经提起的马达庆与山孚日水公司的劳动争议仲裁案中，本案申请再审人之一山孚日水公司已提出要求马达庆返还相关文件和资料的请求，一、二审法院对此均以有另案审理为由而未予进一步审查处理，并无明显不当。综上，在申请再审人所指控的第(1)和(2)两种行为本身不能认定构成不正当竞争，第(3)～(5)种行为均缺乏充分有效的证据证明有关行为的存在，且第(6)种行为已经另案处理的情况下，申请再审人关于马达庆实施了一系列有计划、有步骤、有预谋地攫取申请再审人商业机会的不正当竞争行为的主张，难以得到支持。

三、关于本案的法律适用问题，主要是《反不正当竞争法》第2条作为一般条款的适用条件及其在本案中的具体适用

第一，关于《反不正当竞争法》第2条能否作为一般条款予以适用。《反不正当竞争法》第2章列举规定了法律制定时市场上常见的和可以明确预见的一些不正当竞争行为类型。同时，《反不正当竞争法》第2条第1款确立了市场交易的基本原则，即经营者应当遵循自愿、平等、公平、诚实信用的原则，遵守公认的商业道德；并在第2款中对不正当竞争作出了定义性规定，即经营者违反《反不正当竞争法》的规定，损害其他经营者的合法权益，扰乱社会经济秩序的行为。由于市场竞争的开放性和激烈性，必然导致市场竞争行为方式的多样性和可变性，《反不正当竞争法》作为管制市场竞争秩序的法律不可能对各种行为方式都作出具体化和预见性的规定。因此，在具体案件中，人民法院可以根据反不正当竞争法第2条第1款和第2款的一般规定对那些不属于《反不正当竞争法》第2章列举规定的市场竞争行为予以调整，以保障市场公平竞争。本案被控不正当竞争行为不属于《反不正当竞争法》第2章列举的不正当竞争行为,原告也并未依据该列举式规定主张权利,而是依据该法第2条的原则性规定主张权利,被告亦据此进行答辩,一、二审法院也均据此对本案作出裁判。应当说,本案当事人和原审法院均将《反不正当竞争法》第2条作为本案法律适用的依据,并无不当。

第二,关于《反不正当竞争法》第2条作为一般条款予以适用的基本条件。自由竞争和公平竞争是市场经济的两个基本法则,二者各有侧重,互为平衡。自由竞争将有效地优化市场资源配置、降低价格、提高质量和促进物质进步,从而使全社会受益。但是,自由竞争并非没有限度,过度的自由竞争不仅会造成竞争秩序混乱,还会损害社会公共利益,需要用公平竞争的规则来限制和校正自由竞争,引导经营者通过公平、适当、合法的竞争手段来争夺商业机会,而不得采用违法手段包括不正当竞争手段。因此,虽然人民法院可以适用《反不正当竞争法》的一般条款来维护市场公平竞争,但同时应当注意严格把握适用条件,以避免不适当干预而阻碍市场自由竞争。凡是法律已经通过特别规定作出穷尽性保护的行为方式,不宜再适用《反不正当竞争法》的一般规定予以管制。总体而言,适用《反不正当竞争法》第2条第1款和第2款认定构成不正当竞争应当同时具备以下条件:一是法律对该种竞争行为未作出特别规定;二是其他经营者的合法权益确因该竞争行为而受到了实际损害;三是该种竞争行为因确属违反诚实信用原则和公认的商业道德而具有不正当性或者说可责性,这也是问题的关键和判断的重点。

第三,关于适用《反不正当竞争法》一般条款时认定竞争行为正当性的具体考虑。对于竞争行为尤其是不属于《反不正当竞争法》第2章列举规定的行为的正当性,应该以该行为是否违反了诚实信用原则和公认的商业道德作为基本判断标准。诚实信用原则是民法的基本原则,是民事活动最为基本的行为准则,它要求人们在从事民事活动时,讲究信用,恪守诺言,诚实不欺,用善意的方式取得权利和履行义务,在不损害他人利益和社会公共利益的前提下追求自身的利益。在规范市场竞争秩序的反不正当竞争法意义上,诚实信用原则更多的是以公认的商业道德的形式体现出来的。商业道德要按照特定商业领域中市场交易参与者即经济人的伦理标准来加以评判,它既不同于个人品德,也不能等同于一般的社会公德,所体现的是一种商业伦理。经济人追名逐利符合商业道德的基本要求,但不一定合于个人品德的高尚标准;企业勤于慈善和公益合于社会公德,但怠于公益事业也并不违反商业道德。特别是,反不正当竞争法所要求的商业道德必须是公认的商业道德,是指特定商业领域普遍认知和接受的行为标准,具有公认性和一般性。即使在同一商业领域,由于是市场交易活动中的道德准则,公认的商业道德也应当是交易参与者共同和普遍认可的行为标准,不能仅从买方或者卖方、企业或者职工的单方立场来判断是否属于公认的商业道德。具体到个案中的公认的商业道德,应当结合案件具体情形来分析判定。

第四,关于职工在职期间筹划设立新公司和在离职之后与原公司开展竞争的行为是否违反诚实信用原则和公认的商业道德。根据前述适用《反不正当竞争法》一般条款的条件,企业职工在离职前后,即使没有法定的或者约定的竞业限制义务,也未从事侵害企业商业秘密等特定民事权益的行为,也仍然应当遵循自愿、平等、公平、诚实信用的原则,遵守公认的商业道德,不得采取不正当手段从事损害企业合法权益的行为。马达庆本人作为山东食品公司长期负责对日海带出口业务的部门经理,其在职期间即筹划设立了新公司并在离职之后利用该新公司与山东食品公司开展对日海带出口业务竞争,但并无证据表明马达庆负有法定或者约定的竞业限制义务。就本案而言,关键在于马达庆在职期间筹划设立圣克达诚公司和离职之后利用圣克达诚公司与山东食品公司开展竞争是否违反了诚实信用的原则和公认的商业道德。用一般的社会观念衡量,作为一个被企业长期培养和信任的职工,马达庆的所作所为可能并不合于个人品德的高尚标准,不应该得到鼓励和提倡,但这并不当然意味着他作为一个经济人的同时违反了诚实信用原则和公认的商业道德。在不负有竞业限制义务的情况下,企业的一般劳动者在职期间筹划设立新公司为离职后的生涯做准备,属于市场常见现象,法律上对此行为本身也无禁止性规定。当然,如果劳动者在职期间即利用职务之便以新设公司名义攫取本应由原企业获得的现实经济利益,则应另当别论。本案中马达庆在职期间筹划设立的新公司于2006年9月22日成立,其与原企业劳动合同于2006年12月31日届满,间隔仅3个多月,时间相对较短,申请再审人也无充分证据证明马达庆在职期间即利用职务之便为新设立的圣克达诚公司牟取利益。在市场经济环境下，任何人只要不违反法律都可以和其他任何人开展竞争，劳动力或者说人才的流动也是市场竞争的必然要求和重要方面，人才流动或者说“职工跳槽”后与原企业争夺商业机会，可以有效地形成和促进竞争。因此，马达庆在职期间筹划设立新公司为离职后的生涯做准备的行为，并非不合常理，其在离职后以圣克达诚公司的名义与山东食品公司开展竞争，也无可厚非，不能因其与原公司争夺商业机会就推定其具有主观恶意，本案有证据证明的马达庆和圣克达诚公司的有关行为并不违反诚实信用的原则和公认的商业道德。二审法院在没有法定的和约定的竞业限制以及不侵害商业秘密等特定民事权益的情况下，职工有权自由与企业开展竞争的判理表述，表面上看文字表述似不尽周延，但这里所讲的职工有权自由竞争的本意当然是指开展合法竞争，并不包括采取违反诚实信用的原则和公认的商业道德的手段开展非法竞争。

第五，关于劳动者的个人能力与竞争优势的关系及权益归属等问题。申请再审人主张，二审判决混淆了劳动者的个人技能与海带业务的竞争优势的关系，将个人因素界定为海带业务的唯一竞争因素，与海带出口业务的性质严重不符。尽管对日出口海带业务属于普通的海产品加工、出口贸易，企业的业务传统、资金实力、经营规模、过往业绩、技术水平等因素对于形成竞争优势比较重要，但是从事海带对日出口业务的员工的个人知识、经验和技能同样不可忽视。这在日本北海道渔联代表理事副会长宫村正夫 2007 年 4 月 3 日的回函中即可得到证明。在该回函中，日方就对马达庆辞职后山东食品公司是否还能保证威海海带的品质稳定和数量表示了不安和疑虑，同时明确指出，因马达庆长期从事威海海带的业务，拥有丰富的经验和知识，已被日本海带业界承认和信赖。该回函还明确指出，日方将 2007 年威海海带业务交由圣克达诚公司是依据中粮公司在当地听取、比较了圣克达诚公司和山东食品公司业务计划后提供的资料所作出的决定。二审判决在认定马达庆的行为是否具有不正当性时虽然考虑了马达庆个人在对日出口海带方面的经验和知识因素，但并未将其作为从事海带出口业务的唯一竞争因素。因此，申请再审人的上述主张不能成立。应予指出的是，作为具有学习能力的劳动者，职工在企业工作的过程中必然会掌握和积累与其所从事的工作有关的知识、经验和技能。除属于单位的商业秘密的情形外，这些知识、经验和技能构成职工人格的组成部分，是其生存能力和劳动能力的基础。职工离职后有自主利用其自身的知识、经验和技能的自由，因利用其自身的知识、经验和技能而赢得客户信赖并形成竞争优势的，除侵犯原企业的商业秘密的情况外，并不违背诚实信用的原则和公认的商业道德。一审法院有关企业职工在履行单位交办工作过程中所形成的竞争优势，如同在履行单位工作中产生的发明创造一样，其权利享有者是公司而非职工，因此，马达庆将本属于山东食品公司的竞争优势获为圣克达诚公司所有，属于将日本客户对自己基于履行职务行为所产生信赖的滥用，严重违背了诚实信用的原则，也违背了公认的商业道德的认定，并不正确。应当说，一审法院此处所谓企业职工在履行单位交办工作过程中所形成的竞争优势，实质上是指马达庆所获得的知识、经验和技能等个人能力和客户对其个人能力的信赖。首先，个人能力显然不能直接等同于职务发明创造，知识、经验和技能等个人能力的积累既与其工作岗位和业务经历有关，也与个人天赋和后天努力有关，如前所述，其中除涉及单位商业秘密的内容以外，均应属于个人人格内容，可以自由支配和使用，这与职务发明创造或者职务劳动成果可以成为独立的财产或者利益有明显不同。如果任何人在履行职务的过程中积累知识、经验和技能等竞争优势都应归属于任职单位，在将来离职变换工作时将不能使用，那么显然不利于鼓励职工在现单位学习新知识，积累新经验，提高自身业务能力，更不利于整个社会在知识上的积累和利用，不利于社会的创新和发展。一审法院要求圣克达诚公司、马达庆证明日本客户是基于对马达庆个人的信赖才选择与山东食品公司进行交易，实质上也是将马达庆的个人能力完全限于其进入山东食品公司之前的个人能力和业务水平，而将马达庆在申请再审人工作期间积累的知识、经验和技能等个人能力均视为属于山东食品公司所有，这显然是错误的。其次，一审法院所谓马达庆滥用日本客户对其基于履行职务行为所产生的信赖的认定，并无事实依据。一方面，根据日本北海道渔联 2007 年 4 月 3 日回函，充分表明了日本客户恰恰是基于对马达庆个人能力的信赖，只不过马达庆的这种个人能力在很大程度上确实是基于其在申请再审人处长期任职所形成的，但如前所述，这种能力并不属于申请再审人的财产或者利益。另一方面，本案也不存在被申请人利用申请再审人山东食品公司商誉的问题。申请再审人既没有明确主张马达庆和圣克达诚公司利用了山东食品公司的商誉，也没有证据证明马达庆在此过程中借用了山东食品公司的名义或者导致日本客户对交易对象选择的混淆、误认。日本北海道渔联 2007 年 4 月 3 日回函同样表明，日本客户明知其交易对象并非山东食品公司。所谓的商誉必须是某种能够归属于特定商业主体的权利和利益，不能仅以交易相对人知道或考虑了交易对象及其交易代表曾经的身份和经历，或者因交易对象及其交易代表表明了自己曾经的身份和经历，即认定交易对象利用了原所在单位的商誉。

第六，关于争夺商业机会过程中交易相对人的自愿选择对竞争行为正当性判断的影响。申请再审人主张，二审判决混淆了交易相对人的选择和对不正当竞争行为的认定标准，对于商业机会保护领域的不正当竞争行为，其判断标准应当是经营者是否具有恶意、是否实施了不正当竞争行为，并非以交易相对人的选择作为判断依据。如前所述，对于不属于《反不正当竞争法》第 2 章列举规定的行为的正当性，主要应该以该行为是否违反了公认的商业道德进行判断，公认的商业道德需要根据特定商业领域和个案情形具体确定，特定行业的一般实践、行为后果、交易双方的主观状态和交易相对人的自愿选择等都可能成为考虑因素。本案中，二审法院在认定马达庆离职后通过圣克达诚公司争取对日出口海带业务行为的正当性时，确实考虑了日方的主观状态及其自愿选择，最高人民法院在判断有关行为的正当性时也充分考虑了这一因素，但这种考量并非意味着交易相对人的自愿选择是判断行为正当性的唯一标准或者决定性因素，申请再审人的有关主张不能成立。

四、关于二审判决有关竞业限制和商业秘密问题的认定是否超出原告的诉讼请求

本案中，申请再审人在一审过程中没有提出马达庆违反竞业限制约定或者圣克达诚公司和马达庆侵犯其商业秘密的诉讼请求，二审判决对此亦予以确认。对于二审判决关于"山东食品公司、山孚日水公司与马达庆没有关于限制马达庆离职后从事具有竞争关系的业务的竞业限制约定"，"山东食品公司或山孚日水公司没有把对日出口海带贸易机会视为其商业秘密，没有与马达庆约定应遵守对日出口海带贸易机会商业秘密，马达庆获取该贸易机会也不涉及对其商业秘密的侵害"等表述，综合二审判决归纳的争议焦点及其主要内容来看，上述表述实质是要指出，在申请再审人在一审过程中没有提出马达庆违反竞业限制约定和圣克达诚公司、马达庆侵犯其商业秘密的诉讼请求的情况下，马达庆在本案中即不负有相应的法定或者约定的竞业限制义务。况且，二审判决是在判理部分作出上述表述的，并非对本案事实的确认，也未写入判决主文，并不影响申请再审人另行以违反竞业限制或者侵犯商业秘密为由主张权利。因此，申请再审人关于二审判决超出其诉讼请求的主张，不能成立。

五、关于对被申请人获得涉案交易机会的手段的正当性的举证责任分配

当事人对自己的诉讼请求所依据的事实有责任提供证据加以证明，这是我国《民事诉讼法》有关举证责任分配的一般规则，只有在法律有明文规定的特殊情况下才存在例外。如果当事人对其诉讼请求的举证达到了一定的证明程度，能够证明相关诉讼主张的成立，接下来应由对方当事人承担否定该主张的举证责任。我国相关法律或者司法解释对有关不正当竞争行为的民事诉讼并未规定特殊的举证责任规则，因此应适用上述一般规则。本案中，申请再审人的诉讼请求之一是确认圣克达诚公司和马达庆的行为构成不正当竞争。对于被控不正当竞争行为的存在及其手段的不正当性，原告负有基本的证明责任，既不能因一种长期维持的商业交易机会被他人突然夺走即推定他人采取了不正当手段，也不能因竞争对手是一个市场的新进入者而否定其具有竞争能力。尽管申请再审人能够证明，与圣克达诚公司相比，申请再审人在过往业绩、资金以及规模、从业人员数量、技术等方面均有明显的竞争优势，但是圣克达诚公司并非毫无优势，马达庆在对日出口海带方面就拥有丰富经验。况且，在交易机会领域，由于竞争的开放性、复杂性和多变性，影响获得交易机会的因素是极其复杂和难以准确预期的。竞争者在某些方面的竞争优势只是影响其获得交易机会的可能因素之一，竞争优势本身并不能预定其必然就应当获得特定的交易机会。申请再审人认为其失去全部对日出口海带配额是一种"巨变"，实际上商业机会的得失却是市场竞争的常态。因此,仅凭山东食品公司具有某种竞争优势和失去对日出口海带的商业机会并不足以证明马达庆与圣克达诚公司存在不正当竞争行为,更不应因此推定马达庆与圣克达诚公司存在不正当竞争行为。至于申请再审人曾申请二审法院调查马达庆与圣克达诚公司向中粮集团报送文件而未获准的问题,因其在一审阶段并未提出此申请,且其并非在一审举证期限届满后才知道有此证据,二审法院不予准许并无明显不妥。

六、本案的处理结果与山东食品公司争取对日出口海带配额的关系,即本案认定构成或者不构成不正当竞争对山东食品公司开展对日出口海带业务的影响

申请再审人称,二审判决无视其在对日出口海带业务方面的巨额投入,判决显失公正,危害巨大,已经造成不良影响;马达庆非法攫取了山东食品公司的对日出口海带配额,导致国有企业经营困难和国有资产流失,威胁到两千多名职工的生计,影响社会稳定,应制止其与山东食品公司争夺对日出口海带配额。

首先,关于前期巨额投入与反不正当竞争保护的关系问题。申请再审人并未在原审中提供充分证据证明其在对日出口海带业务方面进行了巨额投入;即使可以证明其为此进行了巨额投入,在没有充分证据证明马达庆实施了不正当竞争行为的情况下,因他人正常争夺商业机会而导致的投资损失或者竞争失败属于正常的商业风险,不能仅因有历史积淀和前期投入即推定商业机会应归属于己。

其次,本案处理结果与山东食品公司能否获得对日海带出口配额的关系问题。山东食品公司自称本案发生后,经多方努力和协调,涉案对日出口海带配额从2008年起至今一直由山东食品公司享有,圣克达诚公司至今未再获得对日出口海带配额。这一方面说明,涉案海带出口配额的分配,并没有受到二审判决结果的影响;另一方面也反映出,涉案海带出口配额作为一种可以竞争的商业机会,控制权和决定权始终在日方和中粮集团手中,山东食品公司完全可以通过正常渠道的竞争而获得。因此,山东食品公司将来能否继续获得该配额以及配额的多少,均属市场竞争的结果,事实上是山东食品公司自身的市场经营能力问题,也主要取决于其与日方和中粮集团的商业关系,与人民法院对被申请人涉案行为的定性及判决结果并无必然联系,本案裁决并不涉及该配额的归属问题,即使日方和中粮集团可能因为本案裁决改变海带出口配额的分配,那也是日方和中粮集团的自由和权利,不能将未来可能丧失该商业机会乃至可能影响企业生存和社会稳定的原因归咎于本案的裁判。至于国有资产流失问题,涉案海带出口配额只是一种商业机会,并不构成一种财产,因而也不涉及国有资产的流失问题,而且在市场经济条件下,不论是国有资产还是非国有资产,均应一律平等地受到法律保护。

再次,假设本案认定被申请人构成不正当竞争,一审判决结果也不完全正确。如前所一再论及,限制劳动者的择业自由或者竞业自由需要以存在法定的或者约定的竞业限制义务为前提。一审判决马达庆和圣克达诚公司于判决生效之日起3年内不得采取与山东食品公司相同的方式经营对日出口海带贸易,这实际上是给被申请人施加了一种竞业限制的义务,明显缺乏法律依据。再假设认定马达庆离职前的行为构成不正当竞争,则本案充其量也只能是判决被申请人承担因马达庆离职前的行为给山东食品公司在2007年造成的损失问题,也不能判令其在离职后承担竞业限制义务。至于本案中马达庆离职以后的行为,显然没有任何可以施加竞业限制的余地。在申请再审人没有主张商业秘密保护,本案也没有证据表明存在法定或者约定的竞业限制的情况下,一审法院的这一判项明显错误。

综上,二审判决以本案证据所能证明的事实为基础,正确适用法律作出裁判,判决结果并无不当。2010年10月18日,最高人民法院裁定驳回了申请再审人的再审申请。

【法官评述】

本案是一个新类型的疑难案件,其涉及的法律问题的广度和深度都是难得一见的。在该案中,最高人民法院首次明确了商业机会的反不正当竞争法保护条件,再次澄清了《反不正当竞争法》第2条作为一般条款的适用条件及是否违反公认的商业道德的判断标准,明确了公认的商业道德作为一种商业伦理与个人道德的区别,界定了自由竞争与公平竞争的关系,较深刻地阐述了劳动者个人能力与竞争优势的关系及权益归属、自愿选择对竞争行为正当性判断的影响等问题,具有典型意义和指导作用。尤其值得一提的是，本案裁定书结合案情，注意从情理法融合的角度对所涉问题进行分析，划清了不正当竞争行为与正当竞争行为的界限，论证充分，说服力很强。相信读者在阅读中自有体会。

（最高人民法院法院知识产权庭　朱　理）

案例 16　中韩晨光公司诉微亚达制笔公司等擅自使用知名商品特有装潢纠纷案

——阅读提示：获得外观设计专利的商品外观在专利权终止后能否依据反不正当竞争法获得保护？形状构造类装潢获得知名商品特有装潢保护需要满足何种条件？

【裁判要旨】

外观设计专利权终止后，该设计并不当然进入公有领域，在符合反不正当竞争法的保护条件时，它还可以受到该法的保护。商品的装潢不仅包含外在于商品之上的文字、图案、色彩及其排列组合，还包含内在于物品之中，属于物品本体但具有装饰作用的物品的整体或者局部外观构造。认定形状构造类装潢构成知名商品特有装潢，需要有更加充分的证据证明该种形状构造起到了区别商品来源的作用。这些条件一般至少包括：第一，该形状构造应该具有区别于一般常见设计的显著特征。第二，通过在市场上的使用，相关公众已经将该形状构造与特定生产者、提供者联系起来，即该形状构造通过使用获得了第二含义。

【案号】

一审：上海市第二中级人民法院（2008）沪二中民五（知）初字第 112 号

二审：上海市高级人民法院（2008）沪高民三（知）终字第 100 号

再审：最高人民法院（2010）民提字第 16 号

【案情与裁判】

原告（二审被上诉人、被申请人）：中韩晨光公司

被告（二审上诉人、申请再审人）：微亚达制笔公司

被告：微亚达文具公司

被告：成硕工贸公司

起诉与答辩

2008 年 4 月 21 日，中韩晨光公司向上海市第二中级人民法院起诉称，其晨光牌 K－35 型按动式中性笔是知名商品，成硕工贸公司销售的、由微亚达制笔公司和微亚达文具公司生产、销售的 681 型水笔仿冒了 K－35 型按动式中性笔的特有装潢，构成不正当竞争行为，给中韩晨光公司造成较大的经济损失，请求法院判令微亚达制笔公司、微亚达文具公司和成硕工贸公司立即停止生产和销售侵权产品，赔偿其经济损失 50 万元和律师费用 3 万元。微亚达制笔公司和微亚达文具公司共同辩称：(1)中韩晨光公司的晨光牌 K－35 型按动式中性笔的各个部件属于笔的组成部分，不属于笔的装潢，该笔的外观不构成知名商品的特有装潢。(2)微亚达制笔公司和微亚达文具公司生产、销售 681 型水笔早于中韩晨光公司生产、销售 K－35 型按动式中性笔，享有先用权。成硕工贸公司辩称，其对 681 型水笔是否构成仿冒知名商品特有装潢并不知情，不应承担民事责任。

法院审理查明

2002 年 7 月 19 日，中韩晨光公司向国家知识产权局申请了名称为“笔（事务笔）”的外观设计专利，该专利于 2003 年 2 月 19 日获得授权公告，专利号为 ZL02316156.6，该专利当前的状态为终止。经对比，中韩晨光公司的 K－35 型按动式中性笔的外观与前述外观设计专利相同。

2004 年 9 月 21 日，中韩晨光公司经受让取得注册商标“晨光”，商标注册证号为第 1815587 号，注册有效期自 2002 年 7 月 28 日至 2012 年 7 月 27 日，核定使用商品为第 16 类的笔、笔记本等。2005 年 1 月，“晨光”商标被上海市工商局认定为上海市著名商标，有效期自 2005 年起至 2007 年。2005 年 12 月 30 日，国家工商总局商标局认定在第 16 类笔商品上的“晨光”注册商标为驰名商标。此外，“晨光”牌中性笔于 2003 年和 2007 年还多次获得“名牌”产品称号，中韩晨光公司对其产品也进行了广告宣传。

中韩晨光公司生产的晨光牌 K－35 型按动式中性笔的外观由揿头、笔套夹、装饰圈、笔杆、笔颈、护套、尖套组成。揿头是直径为 6 毫米、顶部为圆球状的圆柱体空心零件，采用透明塑料制造，可以看到内部按动结构零件的颜色。笔套夹为圆

柱体与半圆梯形组合成的三维立体形状，半圆梯形的最高处连接有一个7毫米宽的笔夹，笔夹面呈弧形曲面向内收敛，笔套夹上部有两条半环形镂空，笔套上有大圆弧缺口，笔夹与半圆梯形结合处有一个6.5毫米长的腰形孔，笔套夹的颜色与笔芯颜色相同，笔夹面上印有“M&G”及产品型号“K－35”等字样。装饰圈位于笔套夹下方，其弧度与笔套夹和笔杆的曲线相吻合，材质为经过电镀处理的工程塑料。笔杆是直径为11.6毫米的空心圆柱体，由透明塑料制造，在其与笔颈连接处贴有环形不干胶，上面印有注册商标“晨光”、产品型号“K－35”等字样。笔颈是一个上端与笔杆连接，下端与尖套连接的空心圆柱体状零件。笔颈外套有护套，该护套外形呈中间小两头略大的哑铃型，护套颜色与笔芯墨水颜色相同。尖套为弧形圆锥体状零件，其表面经过电镀，颜色与装饰圈的色泽相同。

被控侵权的681型水笔由微亚达制笔公司和微亚达文具公司生产、销售，该笔的结构与上述K－35型按动式中性笔相同，笔夹上印有“WEIYADA”、“681”等字样，环形不干胶上印有“WEIYADA”、“E681”等字样，从整体上看，两者外观基本相同。2007年6月4日，中韩晨光公司在成硕工贸公司处购买了681型水笔一盒，并委托上海市黄浦区第一公证处对上述购买行为进行了公证。在本案中，微亚达制笔公司主要从事681型水笔的生产活动，微亚达文具公司主要从事681型水笔的销售活动。

一审判理和结果

上海市第二中级人民法院一审认为：第一，中韩晨光公司的K－35型按动式中性笔外观中的笔套夹和装饰圈部分构成知名商品的特有装潢。K－35型按动式中性笔的外观由揿头、笔套夹、装饰圈、笔杆、笔颈、护套和尖套组成，中韩晨光公司对其中笔套夹和装饰圈部分进行了专门的设计，使其除具有功能性以外，还具有较强的装饰性，起到了美化商品的作用。可以认定，K－35型按动式中性笔外观中的笔套夹和装饰圈部分构成知名商品的特有装潢。第二，微亚达制笔公司和微亚达文具公司的行为构成不正当竞争。经比对，被控侵权的681型水笔与K－35型按动式中性笔在笔套夹和装饰圈部分的形状设计基本无差别，构成了相近似的产品装潢，此外两个产品的其他部分也十分相似，从整体上看足以造成消费者的混淆。微亚达制笔公司和微亚达文具公司未经中韩晨光公司许可，擅自生产、销售使用知名商品特有装潢的681型水笔，构成了不正当竞争行为，应当承担停止侵害、赔偿损失的民事责任。第三，关于赔偿责任，鉴于中韩晨光公司的实际损失以及微亚达制笔公司和微亚达文具公司的获利皆无法确定，参照商标法的有关规定，综合考虑中韩晨光公司产品的知名度、涉案侵权行为的范围、主观过错程度，侵权行为持续的时间及获利状况等因素，酌情确定赔偿数额，包括合理费用的支出。上海市第二中级人民法院于2008年6月19日作出(2008)沪二中民五(知)初字第112号民事判决：一、微亚达文具公司、微亚达制笔公司于判决生效之日起立即停止实施仿冒中韩晨光公司知名商品K－35型按动式中性笔特有装潢的不正当竞争行为；二、成硕工贸公司于判决生效之日起立即停止销售681型水笔；三、微亚达公司、微亚达制笔公司于判决生效之日起10日内共同赔偿中韩晨光公司包括合理费用在内的经济损失人民币10万元；四、驳回中韩晨光公司的其他诉讼请求。

微亚达制笔公司不服一审判决，向上海市高级人民法院提起上诉。

二审判理和结果

上海市高级人民法院二审认为：第一，中韩晨光公司的K－35型按动式中性笔属于知名商品。第二，K－35型按动式中性笔笔套夹和装饰圈构成知名商品的特有装潢。中韩晨光公司的K－35型按动式中性笔的笔套夹上部有两条半环形镂空，笔套上有大圆形缺口，笔套夹下方又配以“S”形装饰圈，上述两部件的设计不仅体现防滑、节省材料、提高加工工艺性等功能性考虑，也体现了独特的装饰性效果，增加了K－35型按动式中性笔外形的美观，故笔套夹和装饰圈亦属于K－35型按动式中性笔的装潢设计。根据本案证据显示，随着近年来中韩晨光公司对K－35型按动式中性笔的广泛宣传和大量销售，已经使得K－35型按动式中性笔笔套夹和装饰圈部件的独有设计与商品的来源即生产者中韩晨光公司之间建立了明确和稳固的联系，使其具备了识别商品来源的显著特征，故应认定为知名商品的特有装潢。第三，一审法院认定中韩晨光公司对K－35型按动式中性笔的最早销售时间为2002年3月并无不当。上海市高级人民法院于2008年10月20日作出(2008)沪高民三(知)终字第100号民事判决：驳回上诉，维持原判。

申请再审理由与答辩

微亚达制笔公司不服上述判决，向最高人民法院申请再审称：(1)原审判决将中韩晨光公司K－35型按动式中性笔的零部件本体、外观设计直接认定为特有装潢，认定事实不清。(2)原审判决回避了微亚达制笔公司销售被控侵权产品681型水笔的日期早于中韩晨光公司销售K－35型按动式中性笔的日期这一事实。(3)原审判决认定中韩晨光公司于2002年3月26日即开始销售K－35型按动式中性笔这一事实所依据的证据属于伪证。(4)原审判决判令微亚达制笔公司和微亚达文具公司共同赔偿中韩晨光公司经济损失(含合理费用)10万元没有事实依据。故，请求撤销原一、二审判决，由被申请人承担本案诉讼费。

再审审查与审理结果

再审过程中，微亚达制笔公司、微亚达文具公司与中韩晨光公司于2010年11月22日达成和解协议，微亚达制笔公司根据该和解协议向最高人民法院申请撤回其再审申请。

最高人民法院审查认为，当事人在申请再审中争议的主要法律问题在于：

一、关于获得外观设计专利的商品外观在专利权终止后能否依据反不正当竞争法获得保护的问题

多数情况下，如果一种外观设计专利因保护期届满或者其他原因导致专利权终止，该外观设计就进入了公有领域，任何人都可以自由利用。但是，在知识产权领域内，一种客体可能同时属于多种知识产权的保护对象，其中一种权利的终止并不当然导致其他权利同时也失去效力。同时，反不正当竞争法也可以在知识产权法之外，在特定条件下对于某些民事权益提供有限的、附加的补充性保护。就获得外观设计专利权的商品外观而言，外观设计专利权终止之后，在使用该外观设计的商品成为知名商品的情况下，如果他人对该外观设计的使用足以导致相关公众对商品的来源产生混淆或者误认，这种在后使用行为就会不正当地利用该外观设计在先使用人的商誉，构成不正当竞争。因此，外观设计专利权终止后，该设计并不当然进入公有领域，在符合反不正当竞争法的保护条件时，它还可以受到该法的保护。具体而言，由于商品的外观设计可能同时构成商品的包装或者装潢，因而可以依据反不正当竞争法关于知名商品特有包装、装潢的规定而得到制止混淆的保护。此时，该外观设计应当满足以下条件：第一，使用该设计的商品必须构成知名商品；第二，该设计已经实际具有区别商品来源的作用，从而可以作为知名商品的特有包装或者装潢；第三，这种设计既不属于由商品自身的性质所决定的设计，也不属于为实现某种技术效果所必需的设计或者使商品具有实质性价值的设计；第四，他人对该设计的使用会导致相关公众的混淆或者误认。不过，外观设计专利权的终止，至少使社会公众收到了该设计可能已经进入公有领域的信号，因而主张该设计受到知名商品特有包装、装潢保护的权利人应提供更加充分的证据来证明有关设计仍应受法律保护。

二、关于形状构造类装潢获得知名商品特有装潢保护的条件

商品的装潢的字面含义是指商品的装饰，它起着美化商品的作用。一般而言，凡是具有美化商品作用、外部可视的装饰，都属于装潢。在外延上，商品的装潢一般可以分为如下两种类型：一类是文字图案类装潢，即外在于商品之上的文字、图案、色彩及其排列组合；另一类是形状构造类装潢，即内在于物品之中，属于物品本体但具有装饰作用的物品的整体或者局部外观构造，但仅由商品自身的性质所决定的形状、为实现某种技术效果所必需的形状以及使商品具有实质性价值的形状除外。现实生活中大多数装潢都可归为这两种类型。尽管该两种类型的装潢在表现形态上存在差异，但都因其装饰美化作用而构成商品的装潢。如果把装潢仅仅理解为附加、附着在商品本体上的文字、图案、色彩及其排列组合，就会把商品自身的外观构造排除在外，从而不恰当地限缩了装潢的范围。

所谓知名商品的特有装潢，是指知名商品上具有区别商品来源的显著特征的装潢。由于文字图案类装潢和形状构造类装潢的表现形态不同，决定了它们构成特有装潢的条件也存在一定差异。对于文字图案类装潢而言，由于消费者几乎总是习惯于利用它们来区分商品来源，除因为通用性、描述性或者其他原因而缺乏显著性的情况外，它们通常都可以在一定程度上起到区别商品来源的作用。一般而言，在使用文字图案类装潢

的商品构成知名商品的情况下，该文字图案类装潢除缺乏显著性的情形外，通常都可起到区别商品来源的作用，从而构成知名商品的特有装潢。形状构造类装潢则并非如此。形状构造本身与商品本体不可分割，相关公众往往更容易将其视作商品本体的组成部分，而一般不会直接将其与商品的特定生产者、提供者联系起来。即使使用该形状构造的商品已经成为知名商品，在缺乏充分证据的情况下，不能直接得出相关公众已经将该种形状构造与特定的生产者、提供者联系起来的结论。因此，对于形状构造类装潢而言，不能基于使用该种形状构造的商品已经成为知名商品就当然认为该种形状构造已经起到了区别商品来源的作用，更不能仅凭使用该种形状构造的商品已经成为知名商品就推定该种形状构造属于知名商品的特有装潢。因而，认定形状构造类装潢构成知名商品特有装潢，需要有更加充分的证据证明该种形状构造起到了区别商品来源的作用。可见，与外在于商品之上的文字图案类装潢相比，内在于商品之中的形状构造类装潢构成知名商品的特有装潢需要满足更严格的条件。这些条件一般至少包括：(1)该形状构造应该具有区别于一般常见设计的显著特征。(2)通过在市场上的使用，相关公众已经将该形状构造与特定生产者、提供者联系起来，即该形状构造通过使用获得了第二含义。也就是说，一种形状构造要成为知名商品的特有装潢，其仅仅具有新颖性和独特性并对消费者产生了吸引力是不够的，它还必须能够起到区别商品来源的作用。只要有充分证据证明该形状构造特征取得了区别商品来源的作用，就可以依据知名商品的特有装潢获得保护。

最高人民法院于 2010 年 12 月 3 日作出(2010)民提字第 16 号民事裁定书，准许宁波微亚达制笔有限公司撤回再审申请，本案终结再审程序。

【法官评述】

本案涉及两个非常重要的法律问题，一是专门的知识产权法保护与反不正当竞争法保护的关系问题，二是产品的形状构造是否构成装潢并受到反不正当竞争法的保护。在本案之前，最高人民法院尚没有机会对这两个问题发表意见。

关于专门知识产权法保护与反不正当竞争法保护的关系，理论界的通说认为，专门知识产权法是特别法，反不正当竞争法是一般法。凡是落入专门知识产权法保护范围的，适用专门知识产权法；未落入专门知识产权法保护范围的，适用反不正当竞争法提供补充保护和兜底保护。专门知识产权法保护期限届满后，该保护对象即进入公有领域，反不正当竞争法亦不再提供保护。实际上，这种说法似乎有点机械和片面。专门知识产权法是从保护智力成果、激励创新的角度对权利人提供保护，反不正当竞争法是从制止不正当行为、维护市场公平竞争的角度提供保护。由于保护的出发点、目的和条件不同，两者之间似乎不存在所谓一般法和特别法的关系。也正因如此，即使反不正当竞争法在客观效果上实现了对专门知识产权法保护的智力成果的有限补充保护，也不意味着反不正当竞争法在法律适用顺位上只能处于补充地位。

因此，对同一客体而言，可能由于同时符合专门知识产权法和反不正当竞争法各自不同的保护条件而受到重叠保护，也可能在专门知识产权法保护期限届满后依然可以获得反不正当竞争法的保护。在专门知识产权法的保护期限届满后，受专门知识产权法保护的智力成果可能进入公有领域，但是该智力成果的承载体依然可能在符合反不正当竞争法保护条件的情况下获得该法的保护，尽管此时被保护的不是该智力成果本身了。

就本案而言，附于某种商品的外观设计专利权终止之后，如果该商品的外观设计同时构成知名商品的包装或者装潢，就可以依据反不正当竞争法关于知名商品特有包装、装潢的规定而得到制止混淆的保护。此时，该外观设计应当满足特定条件，本案裁定已经对此做了详细说明，此处不赘。

关于产品的形状构造是否构成装潢并受到反不正当竞争法的保护。在司法和执法实践中，往往把商品的装潢简单理解为附着在商品上具有区别商品来源作用的文字、图案、色彩及其排列组合，认为装潢应该独立于商品本体而存在，并对商品的使用功能没有影响。这种理解也是不全面的。其实，凡是具有美化商品作用、外部可视的装饰，都属于装潢，只要这种装潢能够起到区别商品来源作用即可。在外延上，商品的装潢不仅包含通常的文字图案类，商品的形状构造。当然，商品的形状构造要起到区别商品来源的作用，必须满足更严格的条件。本案裁定书明确地将其归纳为：(1)该形状设计应该具有区别于一般常见设计的显著特征；(2)通过在市场上的使用，相关公众已经将该形状设计与某个特定生产者联系起来，即该形状设计通过使用获得了第二含义。同时，裁定书还特别指出，“一种形状设计要成为特有装潢，其仅仅具有新颖性和独特性并对消费者产生了吸引力是不够的，它还必须能够起到区别商品来源的作用”。至于如何能够证明形状设计已经具有了第二含义，由于当事人对此并未发生争议，本案裁定书对此亦未述及。但是笔者认为，除了最直接的证据——市场调查报告外，广告中对该设计以显著性地方式突出展示、该产品在市场上超过5年或者更长时间的销售而没有相同设计的产品等，都是该设计获得第二含义的间接证据。

本案裁定书对上述两个问题的澄清是具有开拓性的，这也是为什么最高人民法院在当事人达成和解协议申请撤诉时还要苦心孤诣地撰写裁定书的用意所在。还需指出的是，本案裁定书在首次肯定存在形状构造类装潢的同时，实际上也起到了保护商品外观的效果，或者说，商品外观在符合知名商品特有装潢的条件下获得反不正当竞争法的保护。

（最高人民法院知识产权庭　朱　理）

案例17　百度公司诉奥商网络公司等不正当竞争纠纷案

——阅读提示：不同行业或服务类别之间是否存在竞争关系？反不正当竞争法未明确禁止的不正当竞争行为能否适用原则条款进行规范？

【裁判要旨】

一、确定市场主体之间竞争关系的存在，不以二者属同一行业或服务类别为限，如果二者在市场竞争中存在一定联系或者一方的行为不正当地妨碍了另一方的正当经营活动并损害其合法权益，则应肯定二者之间存在竞争关系。提供互联网接入服务与提供搜索服务，两者属于不同的网络服务，但是网络接入服务提供者利用其提供互联网接入服务的条件，单独或者与其他网络服务提供者共同对服务对象的搜索请求进行了人为干预，在搜索结果出现之前强行弹出其投放的与搜索的关键词及内容有紧密关系的广告页面，该干预行为系利用搜索服务提供者的服务行为为自己牟利，易使网络用户误认为该强制弹出的广告页面为搜索服务提供者发布，并影响了搜索服务提供者的服务质量，损害了其合法权益，违反了诚信原则和公认的商业道德，根据《反不正当竞争法》第2条的原则性规定，应当认定其构成不正当竞争。

二、在确定网络侵权案件的侵权主体时，查明网络技术事实是进行法律判断的前提。在此过程中，应特别注意充分发挥网络技术专家证人的作用和合理运用证明责任规则来确定侵权主体。

【案号】

一审：山东省青岛市中级人民法院(2009)青民三初字第110号

二审：山东省高级人民法院(2010)鲁民三终字第5—2号

【案情与裁判】

原告(被上诉人)：百度公司

被告(上诉人)：奥商网络公司

被告(上诉人)：联通青岛公司

被告：联通山东公司

第三人：鹏飞航空公司

起诉和答辩

百度公司于2009年3月26日向一审法院提起诉讼称，其是国内技术领先的中文搜索引擎制造商，拥有的www.baidu.com网站(下称百度网站)是全球最大的中文搜索引擎网站。三被告在青岛地区利用网通的互联网接入网络服务，在原告的搜索结果页面强行增加广告的行为违背了诚实信用和公平交易的市场行为准则，构成不正当竞争，损害了原告的商誉和经济效益。请求判令：(1)第一、二被告的行为构成了对原告的不正当竞争行为，应停止该不正当竞争行为；第三被告在其应负的法律责任范围内，承担连带责任；(2)三被告在人民日报、法制日报、半岛都市报、青岛晚报上刊登声明以消除影响；(3)三被告共同赔偿原告经济损失480万元；(4)三被告承担原告因本案而发生的律师费、公证费、差旅费等合理支出10万元。

被告奥商网络公司答辩称，其不存在不正当竞争行为，不应该赔礼道歉和赔偿经济损失480

万元。

被告联通青岛公司答辩称，原告没有证据证明联通青岛公司实施了被指控的行为，应驳回其全部诉讼请求。

被告联通山东公司答辩称，原告没有证据证明其实施了被指控的不正当竞争或侵权行为，承担连带责任也没有法律依据。

第三人鹏飞航空公司答辩称，本案与第三人无关。

法院审理查明

百度公司成立于 2001 年 6 月 5 日，其经营范围为互联网信息服务业务，经营百度网站，主要向网络用户提供互联网信息搜索服务。

奥商网络公司成立于 2003 年 9 月 22 日，经营范围包括网络工程建设、计算机软件设计开发等。其网站为 www.og.com.cn。该网站介绍其“网络直通车”业务：无须安装任何插件，广告网页强制出现。介绍“搜索通”产品：第一步在搜索引擎对话框中输入关键词；第二步优先出现网络直通车广告位（5 秒钟展现）；第三步同时点击上面广告位直接进入宣传网站新窗口；第四步 5 秒后原窗口自动展示第一步请求的搜索结果。该网站还以其他形式介绍了上述服务。

联通青岛公司于 2008 年 10 月 24 日成立，经营范围包括因特网接入服务和信息服务等，青岛信息港（域名为 qd.sd.cn）为其所有。“电话实名”系联通青岛公司与奥商网络公司合作的一项语音搜索业务，网址为 www.0532114.org 的“114 电话实名语音搜索”网站表明该网站版权所有人为联通青岛公司，独家注册中心为奥商网络公司。

联通山东公司成立于 2009 年 3 月 11 日，经营范围包括因特网接入服务和信息服务业务。

鹏飞航空公司成立于 2002 年 6 月 14 日，经营范围包括航空机票销售代理等。

使用“搜索通”服务后：登录百度网站，在对话框中输入“鹏飞航空”，点击“百度一下”，弹出显示有“打折机票抢先拿就打 114”的页面，迅速点击该页面，打开了显示地址为 http://air.qd.sd.cn 的页面。输入“青岛人才网”、“电话实名”等出现类似现象。经专家论证，所链接的网站（http://air.qd.sd.cn/）与联通山东公司的下属网站——青岛信息港（www.qd.sd.cn）具有相同域（qd.sd.cn），网站 air.qd.sd.cn 是联通山东公司下属网站一青岛站点所属。

一审判理和结果

一、关于被告是否实施了原告所指控的行为问题

在互联网上登录搜索引擎网站进行关键词搜索时，发生与搜索结果无关的广告页面强行弹出的现象，这种现象并非接入互联网的计算机本身安装程序所导致，联通青岛公司既没有对此给予合理解释，也无证据说明在其他网络接入服务商网络区域内会出现同样情况，应当认为在联通青岛公司提供互联网接入服务的区域内，对于网络服务对象针对百度网站所发出的搜索请求进行了人为干预，使干预者想要发布的广告页面在正常搜索结果页面出现前强行弹出。

奥商网络公司在其主页中对其“网络直通车”业务的介绍，其中关于广告强行弹出的介绍与原告百度公司公证保全的形式完全一致，且公证保全中所出现的弹出广告页面“半岛人才网”、“114 电话语音搜索”均是其正在经营的网站或者业务，即奥商网络公司是该干预行为的受益者，在其没有提供证据证明存在其他主体为其实施上述广告行为的情况下，应当认为奥商网络公司是上述干预行为的实施主体。奥商网络公司的干预行为不是通过在客户端计算机安装插件、程序等方式实现，而是在特定网络接入服务区域内均可以实现，因此，如果没有网络接入服务商的配合无法实现。联通青岛公司并没有证据证明奥商网络公司是通过非法手段干预其互联网接入服务而实施上述行为，同时根据 air.qd.sd.cn 域名实际使用人为联通青岛公司，且联通青岛公司与奥商网络公司合作经营电话实名业务，即联通青岛公司亦是上述行为的受益人，故联通青岛公司亦是上述干预行为的实施主体。

二、关于被告的干预行为是否构成不正当竞争问题

经营者的确定并不要求原、被告属同一行业或服务类别，只要是从事商品经营或者营利性服务的市场主体即可成为经营者。联通青岛公司与奥商网络公司均属于从事互联网相关业务的市场主体，属于反不正当竞争法意义上的经营者。联通青岛公司与奥商网络公司利用技术手段在登录百度网站进行关键词搜索时优先弹出奥商公司发布的广告页面，这种干预行为利用了百度网站搜索引擎在我国互联网用户中被广为知晓并被广泛使用的实际情况，违背了使用其互联网接入服务用户的意志，违反了公认的商业道德，也影响了百度公司按照自己意志向网络用户提供服务，致使百度公司难以实现其预期商业目的，损害了百度公司的经济利益。该行为使网络用户对百度公司所提供服务的评价降低，对百度公司的商业信誉产生一定不利影响，已构成不正当竞争。

三、关于被告如何承担民事责任的问题

联通青岛公司与奥商网络公司共同实施不正当竞争行为，依照《民法通则》第 134 条、《反不正当竞争法》第 20 条的规定，应当承担停止侵权、赔偿损失、消除影响的民事责任。依照《民法通则》第 130 条的规定应当承担连带责任；

综上，一审法院依照《民法通则》第 130 条、第 134 条，《反不正当竞争法》第 20 条的规定，判决：一、被告奥商网络公司、联通青岛公司于本判决生效之日起立即停止针对原告百度公司的不正当竞争行为。二、被告奥商网络公司、联通青岛公司于本判决生效之日起 10 日内赔偿原告百度公司经济损失人民币 20 万元。三、被告奥商网络公司、联通青岛公司于本判决生效之日起 10 日内在各自网站首页位置上刊登声明以消除影响，声明刊登时间应为连续的 15 天。四、驳回原告百度公司的其他诉讼请求。

上诉和答辩

联通青岛公司向山东省高级人民法院上诉称，(1) 原审判决认定联通青岛公司是 air. qd. sd. cn 的实际所有人错误，认定联通青岛公司是本案被控侵权行为的实施主体不符合逻辑。(2)原审判决认定联通青岛公司存在不正当竞争行为错误。百度公司所提供的搜索引擎服务并非营利性服务，不属于反不正当竞争法规定的“经营者”范畴，百度公司在本案中不具备提起不正当竞争之诉的主体资格。百度公司、联通青岛公司之间不存在竞争关系，本案不成立不正当竞争之诉。请求撤销原审判决，依法改判。

百度公司答辩称，原审判决认定事实清楚，适用法律正确，应予维持。

二审判理和结果

一、关于涉案 http://air. qd. sd. cn 网站是否属于联通青岛公司所有问题

域名是互联网络上识别和定位计算机的层次结构式的字符标识。涉案域名 qd. sd. cn 是属于联通青岛公司所有，并将其作为“青岛信息港”的域名实际使用。air. qd. sd. cn 作为 qd. sd. cn 的子域，是其上级域名 qd. sd. cn 分配与管理的。联通青岛公司作为域名 qd. sd. cn 的持有人否认域名 air. qd. sd. cn 为其所有，但没有提供证据予以证明，原审判决认定在百度公司公证保全时该子域名的使用人为联通青岛公司，并无不当。

二、关于联通青岛公司是否涉案被控侵权行为的实施主体问题

涉案被控侵权行为发生在特定互联网接入服务区域，奥商网络公司作为本案被控侵权行为的实施主体，在没有证据证明奥商网络公司是通过非法手段干预特定互联网接入服务的情况下，没有互联网接入服务商的配合，奥商网络公司无法实现本案被控侵权行为。同时，联通青岛公司是域名 air. qd. sd. cn 的所有人，因持有或使用域名而侵害他人合法权益的责任，由域名持有者承担。因此，原审法院认定联通青岛公司是涉案被控侵权行为的实施主体，并无不当。

三、关于百度公司在本案中是否具备诉讼主体资格问题

百度公司一方面面向普通上网用户提供免费的网页搜索服务，另一方面也面向企业和个人提供收费的付费搜索服务与推广服务，上网用户在百度网站输入关键词进行搜索时，百度网站会通过搜索引擎找到并呈现与关键词相关的页面信息，同时在网站右侧，出现与关键词相匹配的付费企业网站链接，这是百度网站的一种商业运作模式，百度公司属于反不正当竞争法意义上的经营者，具备本案的诉讼主体资格。

四、关于联通青岛公司、百度公司之间是否存在竞争关系，联通青岛公司的行为是否构成不正当竞争问题

虽然联通青岛公司是互联网接入服务经营者，百度公司是搜索服务经营者，服务类别上不完全相同，但联通青岛公司实施的在百度搜索结果出现之前弹出广告的商业行为与百度公司的搜索模式存在竞争关系。

根据查明的事实，在百度网站搜索时弹出的广告是有针对性的，与搜索的关键词及内容有紧密关系。联通青岛公司利用百度网站搜索引擎在我国互联网用户中的市场知名度，利用技术手段，在百度搜索结果出现之前强行弹出其投放的与搜索的关键词及内容有紧密关系的广告页面，诱使本可能通过百度公司搜索结果检索相应信息的网络用户点击该广告页面，影响了百度公司按照自己意志向网络用户提供付费搜索服务与推广服务，也会导致百度网站上付费搜索客户流失，属于利用百度公司的市场知名度来为自己谋利的行为。这种行为破坏了百度公司的商业运作模式，损害了百度公司的经济利益，还会导致上网用户误以为弹出的广告页面系百度公司所为，使上网用户对百度公司所提供服务的评价降低，对百度公司的商业信誉产生一定不利影响，同时也违背了诚实信用、公平交易的市场行为准则和公认的商业道德。因此，原审判决依照《反不正当竞争法》第2条认定联通青岛公司、奥商网络公司的行为构成不正当竞争，并无不当。

二审法院依照《民事诉讼法》第153条第1款第(1)项的规定判决：驳回上诉，维持原判。

【法官评述】

本案为干扰搜索引擎服务的不正当竞争纠纷案，网络服务是近年来兴起的服务方式。认定网络服务经营者所实施的行为是否构成不正当竞争、确定网络服务行为的主体、网络服务经营者之间是否存在竞争关系的关键在于网络服务经营者是否采用违背诚信原则和公认的商业道德的手段从事市场竞争，损害竞争对手。

一、网络服务行为主体的确定

网络侵权行为实施主体主要包括个人侵权、网络公司侵权和商业公司侵权三种。本案主要涉及网络公司侵权，由于这些公司的行业特性，其IP地址不可能随时变化，而且是通过为用户提供网络服务而直接受益、获利。因此，网络行为的主体就可以根据IP地址、域名拥有者或经营者、网络行为的受益者进行认定。

二、经营者之间是否存在竞争关系的认定

《反不正当竞争法》第2条第3款规定："本法所称的经营者，是指从事商品经营或者营利性服务(以下所称商品包括服务)的法人、其他经济组织和个人。"单只从法条的文义上看，并未要求经营者之间具有明确的竞争关系。但经营者之间是否需要存在同业竞争关系，如何正确理解"竞争关系"问题，一直是司法实践中争议的问题之一。

反不正当竞争法是各类侵权行为不能适用专门知识产权法时的最后保护屏障，其保护力度应该概括类适用，审判实践中对竞争关系的掌握应当非常宽泛，特别是对潜在竞争关系的认定甚至更为宽泛，建立旨在保护经营者、消费者和一般大众的，制止不公平竞争的综合制度。因此，确定市场主体之间竞争关系的存在，不以二者属同一行业或服务类别为限，如果二者在市场竞争中存在一定联系或者一方的行为不正当地妨碍了另一方的正当经营活动并损害其合法权益，则应肯定二者之间存在竞争关系。

三、不正当竞争行为的认定

《反不正当竞争法》第2章对于不正当竞争行为进行了列举式规定，凡反不正当竞争法已在特别规定中作穷尽性保护的行为，一般不再根据第2条规定扩张其保护范围，防止因不适当扩大不正当竞争范围而妨碍自由、公平竞争。但《反不正当竞争法》颁布实施10多年来，社会主义市场经济体制逐步走向成熟，新的社会现象和技术层出不穷，在不正当竞争的控制与反控制方面有了新的发展，呈现出一些新特点，而现行法律又未明确禁止的不正当竞争行为的出现严重侵蚀了社会主义市场经济运行机制和市场主体的利益。因此，对于那些没有在具体条文中规定的行为，人民法院直接适用《反不正当竞争法》第2条的原则性规定予以判断和规范，科学界定自由、公平竞争与不正当竞争的界限，按照公认的商业标准和普遍认识，认定构成不正当竞争是非常必要的。

(山东省高级人民法院知识产权庭　战玉祝)

案例18　天府可乐集团诉百事天府公司、百事(中国)公司侵犯技术秘密纠纷案

——阅读提示：1. 现实情况并不像条文规定那么清晰明了，如何判断一项技术是否构成商业秘密？2. 被控侵犯商业秘密的一方已经长期占有使用该技术，权利人自始知道并同意，使用人是否还应承担民事责任？

【裁判要旨】

实践中商业秘密构成的判定难点通常集中在“不为公众所知悉”和“权利人采取保密措施”两方面，这需要根据案件具体情况细致分析，综合判定。至于涉案商业秘密是否作为注册资本投入合资企业，应由提出该主张的一方承担举证责任。法院应结合合资合同和验资报告等主要反映投资状况的证据加以判定，商业秘密权利人默示许可合资企业无偿使用并不当然意味着该商业秘密已作为注册资本投入该合资企业。

【案号】

一审：重庆市第五中级人民法院（2009）渝五中法民初字第 299 号

【案情与裁判】

原告：天府可乐集团

被告：百事天府公司

被告：百事（中国）公司

起诉和答辩

原告天府可乐集团 2009 年 10 月 29 日诉称：天府可乐集团对天府可乐配方及其生产工艺享有商业秘密权。1994 年，天府可乐集团与百事可乐国际公司的子公司肯德基国际控股公司合资成立了百事天府公司。天府可乐集团的出资并不包括天府可乐配方及其生产工艺这部分商业秘密。后来百事（中国）公司受让肯德基国际控股公司全部股份。百事天府公司长期非法占有和使用上述商业秘密，生产天府可乐。

2006 年，天府可乐集团将对百事天府公司持有的全部股权转让给百事（中国）公司，但是百事天府公司依然占有和使用前述商业秘密。百事（中国）公司实际控制百事天府公司，滥用股东权利，应当承担连带责任。

天府可乐集团请求法院判决：（1）确认天府可乐配方及其生产工艺商业秘密属于天府可乐集团所有；（2）判决百事天府公司立即停止使用涉案商业秘密；（3）判决百事天府公司立即归还商业秘密的技术档案；（4）判决百事天府公司和百事（中国）公司共同赔偿损失 100 万元。

百事天府公司答辩称：（1）诉争的商业秘密纠纷属于合资合同争议，应由中国国际经济贸易仲裁委员会仲裁。（2）对天府可乐集团界定的商业秘密范围无异议，但天府可乐集团不能证明采取了保密措施。（3）涉案商业秘密已经转移给成立后的合资公司。（4）滥用股东权利与侵犯商业秘密是完全不同的法律关系。确认之诉和侵权之诉也不能在一个案件中同时处理。（5）百事天府公司和百事（中国）公司不存在侵犯商业秘密权的行为。

百事（中国）公司答辩称：（1）根据合资经营合同本案应向中国国际经济贸易仲裁委员会申请仲裁。（2）天府可乐集团如果指控百事（中国）公司“滥用股东权利”，应当另案起诉。（3）天府可乐集团无权干涉百事（中国）公司和百事天府公司的正常经营管理活动。

一审审理查明

天府可乐集团的前身为重庆饮料厂。1981～1986 年，重庆饮料厂与四川省中药研究所先后签订一系列协议，“协作研制”天府可乐饮料。为保守秘密，在协议中以签订保密条款的形式订立了保密协议。

生产经营中，对于天府可乐浓缩液乙料的成分、配方及其生产工艺，天府可乐集团成立了保密小组，在记载其内容的纸质文件的显著位置标注了“绝密”字样，相关材料保管于天府可乐集团的档案室，不同的部分由专人分别负责，非相关人员不得查阅。

1994 年 1 月，天府可乐集团与百事公司的子公司肯德基国际控股公司合资设立百事天府公司。合同约定的相关内容为：（1）天府可乐集团的投资为“全部土地、厂房、生产设备、附属设备作价相当於柒佰壹拾三万捌千美元”。（2）天府商标作价人民币 350 万元转让给合资公司，就此另行签订合同。（3）双方对“专有资料”和“一方认为是机密或秘密的资料”负保密义务。（4）纠纷协商不能解决的，提交中国国际经济贸易仲裁委员会仲裁。《验资报告书》验证天府可乐集团投入百事天府公司的资本为：土地使用权计价 682 759 美元，房屋及建筑物计价 2 260 710 美元，机器设备计价 4 194 531 美元，合计计价 7 138 000 美元。

鉴于成立合资公司，四川省中药研究所同意天府可乐集团提出的“一次性了结”建议，天府可乐集团向四川省中药研究所支付了 25 万元，双方此前就天府可乐研究项目签订的诸合同“终止作废”。

百事天府公司成立后，使用天府可乐集团的天府可乐配方及生产工艺生产天府可乐饮料及浓缩液，并将该技术视为商业秘密。天府可乐集团对此知悉，其派到合资公司的管理人员也参与了合资公司的经营。

2006年3月27日，天府可乐集团将其持有的全部股权转让给百事(中国)公司，合同约定了仲裁条款。

2008年10月15日，天府可乐集团致函百事(中国)公司，称"1994年与贵公司合作时，我公司将所有有形、无形资产投入到了合资企业中，其结果却是……"，要求将"天府"商标及"天府系列产品"归还天府可乐集团。

诉讼中，天府可乐集团不愿意与百事天府公司协商商业秘密的继续使用事宜。

一审判理和结果

一、关于管辖权以及确认之诉和侵权之诉能否一并处理

重庆市第五中级人民法院受理本案后，已经裁定驳回百事天府公司的管辖权异议。该裁定已经生效，管辖权已恒定，百事(中国)公司不能再就管辖提出异议。即使按合同约定，因签订和履行合同发生的纠纷才提交仲裁。本案是商业秘密权的确认之诉和侵权之诉，可以向法院起诉。

判定权利是否被侵犯，首先必须确定主体是否享有该项权利，天府可乐集团的确认之诉和侵权之诉可以一并审理。

二、争议技术是否构成商业秘密，其权利人如何确定

(一)争议技术是否构成商业秘密

《反不正当竞争法》第10条第3款规定，"本条所称的商业秘密，是指不为公众所知悉、能为权利人带来经济利益、具有实用性并经权利人采取保密措施的技术信息和经营信息"。最高人民法院《关于审理不正当竞争民事案件应用法律若干问题的解释》第9条第1款规定，有关信息不为其所属领域的相关人员普遍知悉和容易获得，应当认定为《反不正当竞争法》第10条第3款规定的"不为公众所知悉"。第10条规定，有关信息具有现实的或者潜在的商业价值，能为权利人带来竞争优势的，应当认定为《反不正当竞争法》第10条第3款规定的"能为权利人带来经济利益、具有实用性"。第11条第1款规定，权利人为防止信息泄露所采取的与其商业价值等具体情况相适应的合理保护措施，应当认定为《反不正当竞争法》第10条第3款规定的"保密措施"。

根据上述规定，商业秘密的构成要件有三：一是该信息不为公众所知悉，即该信息不为其所属领域的相关人员普遍知悉和容易获得；二是该信息能为权利人带来经济利益，具有实用性；三是权利人对该信息采取了保密措施。

各方当事人认可争议商业秘密的内容为天府可乐浓缩液乙料的成分、配方及其生产工艺。该部分技术为天府可乐配方中的核心部分，属于"技术信息"中的"产品配方、制作工艺"。

天府可乐集团和百事天府公司都是饮料生产企业，饮料配方对饮料具有决定性影响。天府可乐配方中的核心部分及其工艺无疑对产品的质量、品质、信誉以及是否为消费者接受具有至关重要的影响。因此应当认为，天府可乐浓缩液乙料的成分、配方及其生产工艺具有现实的或者潜在的商业价值，能为权利人带来竞争优势和经济效益，符合"能为权利人带来经济利益，具有实用性"的条件。

为保守秘密，重庆饮料厂与四川省中药研究所签订相关研制协议时，都在协议中以签订保密条款的形式订立保密协议。天府可乐集团也就此成立了保密小组，在记载其内容的纸质文件的显著位置标注了"绝密"字样，相关材料保管于天府可乐集团的档案室，不同的部分由专人分别负责，非相关人员不得查阅。百事天府公司在使用该技术的过程中也将其视为商业秘密对待。因此，根据最高人民法院《关于审理不正当竞争民事案件应用法律若干问题的解释》第11条第3款的规定，应当认为权利人为防止信息泄露采取了订立保密协议、建立保密制度等与其商业价值等具体情况相适应的合理保护措施，符合"对该信息采取了保密措施"的条件。

一方面，争议技术在从研制开始就订立保密协议，后来为保守其秘密成立了保密小组，相关材料保管于档案室，不同的部分由专人分别负责，非相关人员不得查阅。另一方面，百事天府公司在使用该技术的过程中也将其视为商业秘密对待。诉讼中双方也都没有提出或证明争议技术能够从公开渠道直接获取。符合"信息不为公众所知悉，即该信息不为其所属领域的相关人员普遍知悉和容易获得"的条件。

根据上述分析，应当认为涉案技术符合规定

的商业秘密的构成要件，属于商业秘密中的技术秘密。

(二)涉案商业秘密的权利人如何确定

涉案商业秘密由四川省中药研究所和天府可乐集团的前身重庆饮料厂合作研制。后来双方同意"一次性了结"。天府可乐集团按约支付了约定款项后，应当认为其根据协议成为了涉案商业秘密的权利人。

百事天府公司和百事(中国)公司认为涉案商业秘密是作为注册资本投入百事天府公司的，而天府可乐集团予以否认，因此百事天府公司和百事(中国)公司对其主张负有举证证明的义务。

按照合资经营合同约定，天府可乐集团的投资为"全部土地、厂房、生产设备、附属设备作价相当於柒佰壹拾三万捌千美元"。验证双方出资的《验资报告书》载明，天府可乐集团投入百事天府公司的资本为：土地使用权计价 682 759 美元，房屋及建筑物计价 2 260 710 美元，机器设备计价 4 194 531 美元，合计计价 7 138 000 美元。上述合同约定和验资报告的记载没有显示天府可乐集团将涉案商业秘密作为注册资本投入百事天府公司。

成立百事天府公司的主要目的之一是生产天府可乐饮料。合资期间，天府可乐集团知悉合资公司使用涉案商业秘密生产天府可乐，其派到合资公司的管理人员也参与了合资公司的经营，表明其合资期间同意合资公司使用涉案商业秘密生产天府可乐。鉴于合资合同和验资报告没有表明涉案商业秘密作为注册资本投入合资企业，而对饮料生产来说重要性不及配方和工艺重要的商标况且约定另订合同有偿转让，结合双方合资的事实，仅依据天府可乐集团合资期间知悉和同意合资公司使用涉案商业秘密，不足以证明天府可乐集团同意将涉案商业秘密作为注册资本投入到百事天府公司。

百事天府公司举示的天府可乐集团致百事(中国)公司的函记载："1994 年与贵公司合作时，我公司将所有有形、无形资产投入到了合资企业中，其结果却是……"，要求将"天府"商标及"天府系列产品"归还天府可乐集团。但是，函中对无形资产没有明确界定。考虑到函中提到的实际投入不等于作为注册资本投入，而签订合资合同时四川省中药研究所和天府可乐集团就涉案商业秘密尚未作出处理，合资合同和验资报告在确定投资范围的问题上具有正式文件的地位。因此，天府可乐集团致百事(中国)公司的前述函件也不足以证明百事天府公司和百事(中国)公司的主张。此外，百事天府公司和百事(中国)公司没有举示明确记载天府可乐集团已经将涉案商业秘密作为注册资本投入的证据，两单位举示的证据综合起来分析也不足以证明涉案商业秘密作为注册资本投入到了百事天府公司。因此，应当认为涉案商业秘密的权利人至今仍为天府可乐集团。

三、百事天府公司和百事(中国)公司是否构成侵权，是否应当承担民事责任以及承担何种民事责任

百事天府公司成立的目的之一是生产天府可乐饮料，天府可乐集团知悉百事天府公司使用涉案商业秘密，至本案纠纷发生一直没有以权利人身份明确提出异议和加以制止，因此应当认为天府可乐集团许可合资公司使用涉案商业秘密。合资合同没有约定涉案商业秘密的使用费用，至本案纠纷发生天府可乐集团也没有主张过使用费，应当认为天府可乐集团许可百事天府公司免费使用。可见，在本案判定之前百事天府公司对涉案商业秘密的使用属于合法使用，不构成侵权。

现在天府可乐集团提起诉讼，以权利人身份明确表示不再同意百事天府公司使用涉案商业秘密，并表示不愿意与其协商涉案商业秘密的许可问题，百事天府公司应当在判决规定的时间停止使用涉案商业秘密。

百事天府公司停止使用涉案商业秘密后，继续持有从天府可乐集团获取的有关涉案商业秘密的材料已经不必要。为便于天府可乐集团使用涉案商业秘密和对其加以保密，百事天府公司应当将从天府可乐集团获取的涉及涉案商业秘密的材料交付天府可乐集团。

一方面，在本案判定之前百事天府公司对涉案商业秘密的使用属于合法使用，不构成侵权；另一方面天府可乐集团就其指控百事(中国)公司滥用股东权利侵犯其商业秘密的事实，没有举证证实。因此，天府可乐集团要求百事(中国)公司与百事天府公司共同承担民事责任的诉讼请求缺乏事实依据，法院不予支持。

重庆市第五中级人民法院依照《反不正当竞争法》第 10 条第 3 款，最高人民法院《关于审理不正当竞争民事案件应用法律若干问题的解释》第 9 条第 1 款、第 10 条、第 11 条，《民事诉讼法》第

128条，判决如下：一、天府可乐集团是天府可乐浓缩液乙料的成分、配方及其生产工艺商业秘密的权利人；二、百事天府公司于判决生效之日停止使用天府可乐浓缩液乙料的成分、配方及其生产工艺商业秘密；三、百事天府公司于判决生效之日起10日内返还其从天府可乐集团取得的与天府可乐浓缩液乙料的成分、配方及其生产工艺有关的资料；四、驳回天府可乐集团的其他诉讼请求。

宣判后，百事天府公司、百事（中国）公司认为法院的判决是公正的，要求自动履行判决，曾经的合资双方总算是"好说好散"。

【法官评述】

本案影响广泛，却是不该发生的纠纷。配方对于饮料企业来说是核心技术，如果知识产权意识强一点，怎么会放任十几年不管？企业无论大小，技术无论高低，都要树立知识产权保护意识。等企业做大了，技术的枝芽成长为参天大树，才想起来保护技术，那时也许就晚了。

是否构成商业秘密是本案的核心。虽然表面上天府可乐集团对技术长期"不闻不问"，让人对其是否构成商业秘密有疑惑。但是紧扣"不为公众所知悉"和"权利人采取保密措施"这两点，对照查明的事实仔细分析，相信大家会认同判决的认定。因此审理此类案件要顺着法定要件入手，不能被感觉欺骗。

商业秘密是否作为注册资本投入了，也是本案绕不过去的一个问题。这个问题的解决，主要是从注册资本的含义着手，正本清源，这样对其审查就不难了。这种方法在面对似是而非的情况时特别有用。

（重庆市第五中级人民法院知识产权庭　陈秀良）

案例19　林金山诉果树所等植物新品种权属纠纷案

——阅读提示：植物新品种种源发现者何种情况下享有植物新品种权？

【裁判要旨】

林金山作为"红肉蜜柚"植物新品种种源发现者及早期培育者，同时是"红肉蜜柚"的共同育种人，在合作育种合同没有约定品种权归属的情况下，品种权属于共同完成育种的单位或者个人。因此，本案林金山享有"红肉蜜柚"植物新品种权。

【案号】

一审：福建省福州市中级人民法院（2009）榕民初字第1246号

二审：福建省高级人民法院（2010）闽民终字第436号

【案情与裁判】

原告（二审被上诉人）：林金山

被告（二审上诉人）：果树所

被告（二审上诉人）：陆修闽

被告：卢新坤

起诉和答辩

原告林金山诉称：1998年，原告林金山在自己的果园发现一棵变异蜜柚，果肉红色，品尝后口感好，遂将此发现报告给平和县科委和农业局。之后，被告陆修闽来到原告果园进行观察，并一直关注红肉蜜柚的生长情况。1998年底，原告与林开祥、林海清开始对果树嫁接培育。2003年第二代开始结果，经鉴定品质与母树同样稳定，证明嫁接培育成功。同年，培育出第三代，经鉴定品质同样稳定。2005年9月25日，由被告果树所牵头，福建省非主要农作物品种认定委员会组织专家对红肉蜜柚进行现场鉴定，其中有原告的果园和母树，于2006年2月27日颁发品种认定书，并认定原告是红肉蜜柚的主要完成者之一。2007年8月，原告从新闻媒体报导中得知被告果树所已取得红肉蜜柚的品种权。接着原告林金山发现在龙岩的售苗广告被撤掉、县里也不给他开苗木检疫证，理由是没有品种权。原告林金山不能卖又无法再育种，造成损失总计为100余万元。为此，原告提出如下诉讼请求：（1）确认原告林金山为红肉蜜柚的品种权人；（2）撤销被告以红肉蜜柚为标的的转让行为，责令被告不能进行新的转让行为；（3）责令被告果树所赔偿原告经济损失100万元；被告陆修闽、卢新坤承担连带责任；（4）诉讼费由被告负担。

被告果树所辩称：（1）原告林金山起诉的主体不适格。本案属于"宣告授予的植物新品种权无效或者维持植物新品种权"的纠纷，应以农业部植物新品种复审委员会为被告，而非以答辩人为被告。(2)被告果树所取得红肉蜜柚植物新品种权合法有效。在红肉蜜柚植物新品种形成的研究过程中，原告林金山没有参与任何实验工作，但鉴于其为蜜柚母树的拥有者，被告果树所已将其列入福建省非主要农作物红肉蜜柚品种认定主要完成者之一和红肉蜜柚新品种培育人之一。林金山已经享受到红肉蜜柚新品种权所享有的权利和利益。因此，原告林金山诉称被告果树所对取得红肉蜜柚新品种权没有贡献，新品种权是非法骗取的与事实不符。(3)原告林金山诉求撤销被告果树所以红肉蜜柚为标的的转让行为及要求被告果树所赔偿经济损失100万元，没有事实根据和法律依据。被告果树所在拥有合法的红肉蜜柚新品种权的前提下，转让红肉蜜柚使用权给第三人平和县锦盛琯溪红肉蜜柚场使用，属于被告果树所的自由处分权。(4)原告林金山请求确认其为红肉蜜柚品种权人的证据不足。发现红肉蜜柚育种材料仅是一种基础，后续严格的育种程序和专业研究才是新品种形成的关键。即使林金山发现红肉蜜柚变异新株并进行了育种，但没有向农业部申请新品种权的认定，而被告果树所经过育种研究后向农业部申请新品种权认定，被告果树所是当然的品种权人。因此，原告林金山请求确认其为红肉蜜柚的新品种权人没有事实根据和法律依据。(5)原告林金山的起诉已经超出了诉讼的时效。被告果树所于2005年8月向农业部申请了新品种权保护；2007年3月1日，农业部授予被告果树所红肉蜜柚植物新品种权。在农业部授权公示的时间里，原告林金山并没有提出异议，在原告林金山取得新品种权证书的两年时间里，也没有主张权利，直到2009年6月9日才向法院起诉，超过了法律规定的两年诉讼时效，依法应驳回起诉。综上所述，请求驳回原告林金山的诉讼请求。

被告陆修闽、卢新坤答辩意见与果树所一致。

一审审理查明

原告林金山在自己的果园里发现一棵琯溪蜜柚果实因裂果露出红色的果肉，因不知其原因，遂将情况逐级上报。时任平和县科技局农艺师的卢新坤得知这一消息后，在林海清陪同下来到现场进行观测，发现果肉变红着色均匀，无异味，形态发育正常，便断定其并非病变或人为因素造成的，而是一种自然变异，有可能是一种很好的育种材料，这给林金山等人大胆进行嫁接提供了依据。根据林金山的陈述他们在1998年开始嫁接，即从母树上剪下枝条嫁接在“土柚”树头上，2003年嫁接成功开始挂果；1999年开始高接换种，2005年开始挂果，其果实与母树上的果实一样，果肉呈红色。当年进行嫁接育苗的还有果农林海清，卢新坤指导果农林海清进行嫁接培育，在同一时间开始挂果。根据原告林金山的陈述：“当年一株苗木可卖到15元左右，2005年其进行了大面积的嫁接，当时由于有关媒体报道吃蜜柚对身体不好，会导致高血压、糖尿病，所以当年大量的苗木卖不出去。”2003年7月18日果树所落叶果树研究室申请“红肉蜜柚变异新株系选育研究”项目，同年8月立项得以审批。被告果树所便开始了对红肉蜜柚突变单株进行了子一代、子二代、子三代生物特性以及红肉蜜柚遗传稳定性研究，品质鉴定、产量测定、红肉呈色色素鉴定、核糖体DNA(RDNA)中的ITS－PCR测定、花粉形态观察研究、不同品种花粉授粉试验；对新株系进行新颖性、特异性、一致性、稳定性研究；开展合理整形修剪、科学施肥、不同区域等关键配套栽培技术试验研究。经过研究于2005年9月向福建省非主要农作物品种认定委员会申请福建省非主要农作物新品种认定，经福建省非主要农作物品种认定委员会组织果树专业组有关专家，对果树所选育的红肉蜜柚新品种进行现场考察鉴定。专业组实地考察了平和县小溪镇厝坵村红肉蜜柚园，并进行了现场测产，听取了申报单位关于该品种选育与生产应用的情况汇报，审阅了相关材料，经讨论形成鉴定意见，并通过了“非主要农作物品种认定”。同时被告果树所也向农业部申报“红肉蜜柚”植物新品种权，经农业部进行实质性审查，于2007年3月1日授予三被告为“红肉蜜柚”植物新品种权人，并颁发了《植物新品种权证书》，果树所、陆修闽、卢新坤被授予“红肉蜜柚”植物新品种权人，林金山列为培育人之一。2006年经果树所研究培育，发现红肉蜜柚不但不会导致高血压、糖尿病，而且还会降血压，防止糖尿病，还含有很多对人体有益的元素。消除了吃红肉蜜柚会导致糖尿病、高血压等的不良影响，为当地果农发展红肉蜜柚提供了科学依据，促进了果农种植红肉蜜柚的积极性。

另查明，2003年12月30日，被告从开发经费中支付给原告林金山1000元作为“母树”拥有者的补偿费。

根据原告林金山的陈述：被告果树所所开展的一切研究活动和省非主要农作物品种认定、农业部对红肉蜜柚植物新品种权进行实质性审查均在林海清的果园里进行。

一审判决结果：林金山享有“红肉蜜柚”植物新品种权。

原审宣判后，果树所、陆修闽不服，提起上诉。

上诉与答辩

果树所、陆修闽上诉称：(1)一审法院认定林金山系“红肉蜜柚”植物新品种的种源发现者属认定事实不清。尽管红肉柚果出现在林金山果园，但事实上是卢新坤最先确定该树是变异单株，并最先进行繁育子一代、子二代、子三代和多点适应性试验，因此卢新坤才是红肉蜜柚变异单株即“红肉蜜柚”植物新品种种源的真正发现者。(2)一审法院以林金山系红肉蜜柚母树的发现者为由判决确认其为红肉蜜柚的品种权人没有任何法律依据。林金山既不是委托育种的完成者，也不是合作育种协议中约定的品种权的归属者，更不是红肉蜜柚新品种选育研究的项目承担单位。植物新品种权采取的是申请优先原则，申请人既可以是实际完成育种的人也可以是没有任何育种行为的委托人或者合同约定的品种权的归属者。本案中，果树所经过多年的精心培育并通过申请取得了“红肉蜜柚”植物新品种权。(3)自从2003年果树所对“红肉蜜柚变异新株系选育研究”课题进行立项研究以来，果树所始终牵头主持开展了各项有关红肉蜜柚的研究工作。林金山仅是红肉蜜柚母树的拥有者，在果树所的整个研究过程中，其未参加子一代至子三代繁育以及任何辅助试验工作，但鉴于其系红肉蜜柚种质资源的载体拥有者，考虑到其对科学研究开发的贡献，果树所已将其列入物红肉蜜柚品种认定主要完成者之一和红肉蜜柚新品种培育人之一。综上，请求：(1)撤销原审判决，改判驳回林金山所有诉讼请求；(2)本案一、二审诉讼费由林金山承担。

林金山答辩称：(1)一审判决确认林金山为品种权人是正确的。本案属品种权归属纠纷，而不是申请权纠纷。林金山自始就被上诉人列入红肉蜜柚科研课题组，当然不能个人擅自申请，所以本案不适用申请原则更不适用申请优先原则。上诉人有关一审以重大贡献为由认定林金山是品种权人与法律规定的品种权申请优先原则相冲突的上诉意见，是对法律的曲解。(2)上诉人以品种权系上诉人职务成果为由，否定林金山应当拥有品种权，与事实和法律不符。上诉人不能举证证明林金山没有参加子代繁育试验工作，上诉人的所有有关红肉蜜柚的培育开发协议都有林金山，或作为课题组或作为育种人或作为提供种苗人或作为股东。上诉人有关林金山没有参加子代繁育试验工作的上诉意见，与事实不符。上诉人称“倾注了大量心血，凝聚着科研人员的辛勤汗水与智力成果，理应得到人们的尊重和法律保护”。可是，上诉人却将成果低价转让给他人，当林金山提出品种权要求后，竟决定以不缴年费的方式欲让品种权自动失效。综上所述，上诉人的上诉理由没有证据支持，与事实矛盾，不能成立。一审判决林金山拥有红肉蜜柚新品种权符合事实和法律规定，证据确实充分，请求予以维持。

二审审理查明

为加速“红肉蜜柚”的选育种过程，2003年12月28日，果树所落叶果树研究室(甲方)与平和县红柚科技示范场(乙方)签订了《科技合作协议》。该协议对科研经费的分配及使用，选育品种认定后成果归属及开发使用等事项进行约定。其中“育种人员排名”中有陆修闽、卢新坤、林金山、林海清等8人。陆修闽和卢新坤分别代表双方在协议上签字。

2005年，果树所在向福建省非主要农作物品种认定委员会提交的《福建省非主要农作物品种认定申请书》的“选育(引进)者”一栏中记载有陆修闽、卢新坤、林金山、林海清等11人。

福建省非主要农作物品种认定委员会2006年2月27日颁发的《福建省非主要农作物品种认定证书》(闽认果2006006)记载：选育单位为果树所；主要完成者为陆修闽、卢新坤、林金山、林海清等11人；作物类型为柑桔；品种名称为红肉蜜柚；品种来源为从琯溪蜜柚的变异株系选育而成。

法院判理和结果

一、二审法院认为：林金山在其生产果园发现可用于培育“红肉蜜柚”植物新品种的种源，为此后“红肉蜜柚”品种选育、新品种权申请，以及最终取得“红肉蜜柚”新品种权作出其应有的贡献。果树所申请的“红肉蜜柚变异新株系选育研究”项目得到立项审批后，在其与平和县红柚科技示范场签订的《科技合作协议》中，将林金山列为育种人之一。此后，果树所在其向福建省非主要农作物品种认定委员会提交的《福建省非主要农作物品种认定申请书》中，也将林金山列为选育者之一。

福建省非主要农作物品种认定委员会颁发的《福建省非主要农作物品种认定证书》中，林金山亦在主要完成者之列。由此可见，在本案“红肉蜜柚”新品种的育种过程中，果树所始终将林金山视为共同育种人。根据《植物新品种保护条例》第7条第2款“委托育种或者合作育种，品种权的归属由当事人在合同中约定；没有合同约定的，品种权属于受委托完成或者共同完成育种的单位或者个人”的规定，应认定林金山享有植物新品种“红肉蜜柚”的品种权。

二审判决结果：林金山享有“红肉蜜柚”植物新品种权。

【法官述评】

本案争议的焦点是林金山是否享有“红肉蜜柚”植物新品种的品种权。根据《植物新品种权保护条例》第6条的规定，完成育种的单位或者个人对其授权品种，享有排他的独占权。因此，本案审理的关键在于林金山是否是“红肉蜜柚”植物新品种的育种者。

首先，林金山是“红肉蜜柚”新品种种源的发现者和早期培育者，其对新品种的培育作出了创造性贡献。根据植物新品种授权的条件，新品种获得授权应当具备新颖性、特异性、一致性、稳定性，因此判断对新品种的培育是否作出创造性的贡献，应当主要考察培育人是否对新品种所应当具备的四性作出创造性的贡献。本案林金山是“红肉蜜柚”种源的发现者，这为新品种选育应具备新颖性、特异性提供了现实的基础。而且林金山在1998～2005年期间在自己的果园不断为新品种进行嫁接、高接换种等繁育实验，并且确定该品种子一代的果肉与母树一样呈红色，这期间林金山虽然有接受果树所专家的指导、科研合作等不同方式的合作指导，但不能否认的是林金山为确定新品种具备一定的一致性、稳定性作出了创造性的贡献。根据《植物新品种保护条例实施细则》第8条、第9条的规定，林金山属于为新品种培育作出创造性贡献的人，应当认定为该品种的育种者。

其次，关于三被告与林金山之间的关系。三被告与林金山之间的关系应当以2003年12月28日为分界点。2003年12月28日之前，三被告与林金山之间未签订任何协议，双方只限于技术指导。2003年12月28日，果树所落叶果树研究室与平和县红柚科技示范场签订了《科研合作协议》，其中育种单位为福建省农科院果树研究所、平和县红柚科技示范场，“育种人员排名”中有陆修闽、卢新坤、林金山、林海清等8人。此后，三被告与林金山之间的关系为合作育种关系。2005年，果树所在向福建省非主要农作物品种认定委员会提交的《福建省非主要农作物品种认定申请书》中也将林金山列为选育者之一。福建省非主要农作物品种认定委员会2006年2月27日颁发的《福建省非主要农作物品种认定证书》也确认林金山为红肉蜜柚品种主要完成者之一。以上事实可以看出2003年后红肉蜜柚新品种的培育以及认定系由农科所、果树专家陆修闽、卢新坤以及林金山等农户共同完成。根据《植物新品种保护条例》第7条的规定，合作育种，品种权的归属由当事人在合同中约定；没有合同约定的，品种权属于共同完成育种的单位或者个人。由于在《科研合作协议》中双方对品种权的归属约定未涉及育种人员，因此在合同没有约定的情况下，本案“红肉蜜柚”的品种权属于农科所与各育种人员共同所有。

综上所述，林金山作为“红肉蜜柚”种源的发现者与三被告之间为合作育种关系，且为“红肉蜜柚”植物新品种的培育作出创造性贡献，因此其应为“红肉蜜柚”植物新品种的育种者，对“红肉蜜柚”植物新品种享有品种权。

（福建省高级人民法院知识产权庭　陈一龙）

案例20　矽威公司诉源之峰公司侵犯集成电路布图设计专有权纠纷案

——阅读提示：本案针对权利客体、保护范围、侵权认定、责任确定进行了开创性探索。

【裁判要旨】

(1)布图设计专有权的保护范围应当以布图设计授权文件所确定的三维配置为准(权利人所提交的布图设计的复制件或者图样，或者提交的集成电路样品均可用于确定这种三维配置，且三者所确定的布图设计和保护范围相同，复制件或者图样附具的文字说明，可以用来解释布图设计)。(2)光刻掩模版通过一定技术手段实现了布图设计图样图形的转移，可以作为侵权对比对象。

(3)布图设计相同表现为集成电路中的元件、元件空间布局、元件连接关系、连接线路排布与走向、元件及线路的尺寸规格等等均相同。(4)侵犯布图设计专有权的赔偿数额,为侵权所获得的利益或者被侵权人所受到的损失,包括被侵权人为制止侵权行为所支付的合理开支。

【案号】

一审:江苏省南京市中级人民法院(2009)宁民三初字第435号

【案情与裁判】

原告:矽威公司

被告:源之峰公司

起诉与答辩

矽威公司诉称,矽威公司享有PT4115大功率LED恒流源驱动集成电路(以下简称PT4115芯片)布图设计专有权。2009年上半年,矽威公司发现源之峰公司在市场上低价销售PE6808芯片。该芯片系被告对PT4115芯片进行反向工程分析后复制原告的布图设计进行生产的。被告的行为侵犯了原告的集成电路布图设计(以下简称布图设计)专有权。2009年11月5日,原告诉至法院,请求判令:(1)被告停止侵害原告PT4115芯片布图设计专有权,销毁侵权产品;(2)被告赔偿原告经济损失3 100 000元;(3)被告承担本案的诉讼费。

被告在庭审中承认其复制的布图设计与原告享有专有权的布图设计相同,但主张本案的赔偿数额应当以被告因侵权而获得的利益为依据进行计算。

法院审理查明

原告矽威公司于2008年7月4日获得PT4115布图设计专有权。被告源之峰公司与案外人华润半导体国际有限公司(以下简称华半公司)订立协议开发1360集成电路。被告对原告销售的PT4115芯片进行了反向剖析,获取其具体电参数、元器件结构、尺寸和内部构造等数据,形成1360集成电路的布图设计,提供给华半公司,获得10万元设计费。华半公司委托第三方生产1360管芯,并优先销售给被告1360管芯67 407只,被告将管芯封装后,编码成6808、6807等系列集成电路向市场销售获利50 915.06元。

原告诉前委托上海市科技咨询服务中心进行的技术鉴定认定:被告的PE6808A芯片与原告的PT4115芯片产品的整体布图和尺寸及布线结构的设计基本相同;相应抽检部分局部区域除个别部位存在细节上的差异外,两芯片的布图、布线及图形结构的设计无明显差别;相关关键单元结构除在个别部位存在细节差异外,两公司芯片产品的布图、布线结构的设计和关键图形尺寸无明显差别。上述两芯片产品整体布图设计及关键技术内容基本相同,属相同的产品。

法院调取了用于生产1360管芯的光刻掩模版和原告备案的PT4115芯片样品,用于布图设计对比。后被告放弃技术鉴定,承认1360管芯与原告PT4115芯片布图设计相同。

一审判理和结果

南京市中级人民法院经审理认为:

原告涉案PT4115芯片具有独创性,获得了布图设计专有权,即对涉案PT4115布图设计享有复制权和投入商业利用的权利,该权利应当受到法律保护。

布图设计专有权的保护范围应当是确定的。布图设计专有权的保护范围应当以布图设计授权文件所确定的三维配置为准。权利人所提交的布图设计的复制件或者图样,或者提交的集成电路样品均可用于确定这种三维配置。复制件或者图样附具的文字说明,可以用来解释布图设计。原告在将涉案PT4115布图设计申请保护时提交了布图设计图样和集成电路样品,并以此获得授权,故该图样或样品均可用来确定涉案布图设计专有权的保护范围,且所确定的布图设计和保护范围相同。

结合被告的自认和原告诉前委托进行的鉴定报告结论,法院认为,1360管芯与PT4115集成电路两者的元件、元件空间布局、元件连接关系、连接线路排布与走向、元件及线路的尺寸规格等等均相同,亦即两集成电路全部元件与连线的三维配置相同,1360管芯及其封装后的PE6808、6807系列集成电路与PT4115集成电路布图设计相同。因此,被告通过反向剖析的手段,复制了原告涉案PT4115布图设计的全部,并提供给华半公司进行商业利用,未经原告许可,其行为构成对原告PT4115布图设计专有权的侵害;同时,被告为商业目的,销售了含有其非法复制的布图设计的集成电路，也构成对原告 PT4115 布图设计专有权的侵害。

关于赔偿数额，法院认为，根据《集成电路布图设计保护条例》规定，赔偿数额应为侵权人所获得的利益或者被侵权人所受到的损失，包括被侵权人为制止侵权行为所支付的合理开支。原告主张的计算方式不具有确定性和合理性。被告复制布图设计和销售侵权产品所获得的利益基本可以确定，可以作为损失计算依据。被告因侵权所获得的利益包括：复制 PT4115 布图设计获得的设计费和销售侵权产品所获得的利益。被告以反向剖析方式取得原告 PT4115 集成电路的布图设计，进行复制，侵权故意明显，故因此所获得的设计费 10 万元均应作为侵权获利；销售侵权产品所获得的利益为：销售总额（54 106 元＋33 358 元）－购进成本（36 548.94 元）＝50 915.06 元。

原告以鉴定结论作为本案起诉的初步技术依据，有必要性和关联性，故该鉴定费用可以认定。此外，原告支付网络信息查询费 620 元。原告实际委托代理人代理本案诉讼，虽然没有提供实际支付的凭证，但支付一定的律师代理费应为必然发生，本院结合相关收费标准以及本案的实际情况进行综合确定。

关于销毁侵权产品的诉讼请求，一方面原告没有证明被告处仍保存相关侵权产品，另一方面被告承担停止侵权、赔偿损失的法律责任后，已经可以充分保护原告的相关权利，对此不予支持。

依照《集成电路布图设计保护条例》第 2 条、第 7 条、第 30 条之规定，判决：

一、被告源之峰公司立即停止侵犯矽威公司 BS.08500231.3 号 PT4115 集成电路布图设计专有权的行为；

二、被告源之峰公司于本判决生效之日起十日内赔偿矽威公司经济损失 150 915.06 元及为制止侵权行为所支付的合理费用 85 620 元，共计 236 535.06 元；

三、驳回原告矽威公司的其他诉讼请求。

一审宣判后，双方当事人在法定期间内未提出上诉，判决已发生法律效力。

【法官评述】

布图设计专有权的司法保护，对保护布图设计权利人的合法权益，鼓励集成电路技术的创新，促进科技发展具有重要意义。这是人民法院一项新的审判任务。该案是通过判决处理的侵犯布图设计专有权的案件，为今后审理同类案件提供了一定的经验与参考。

一、布图设计权利客体的理解

不同国家法律对布图设计的称谓略有不同，如美国法称掩模作品，日本法称电路布局，欧洲国家称拓扑图或形貌结构等等，对布图设计的理解存在差异。准确理解布图设计，是审理本案的重点和难点。

我国《集成电路布图设计保护条例》所保护的布图设计，是指集成电路中至少有一个是有源元件的两个以上元件和部分或者全部互连线路的三维配置，或者为制造集成电路而准备的上述三维配置。简单讲，布图设计是集成电路中电子元件与连线的三维配置。如果布图设计具有可专利性时，其也可以申请专利保护，故布图设计实际上可以理解为制造集成电路所采用的一种技术方案。

（一）布图设计的内容

布图设计内容包括：一个以上的有源元件；一个以上无源元件；元件规格、形式；元件间的电气连接关系；元件间的空间位置关系；连线、连线尺寸、连线位置关系；连接线路的走向与排布；元件与连线的位置关系等等。当然，布图设计应当满足一定的电子功能为前提。

（二）布图设计的体现形式

布图设计在微观环境下形成，肉眼并不直观可视，难以直接显示，也难以用文字直接表达。布图设计可以用以下方式表达：（1）布图设计图纸，也称版图。单纯的图纸本身不表示布图设计，而是制作电子元件、连线的操作指示图。在选定的工艺条件下，在晶体上进行光刻、杂质扩散、离子注入、薄膜淀积、溅射金属、合金及钝化等工艺制程，均按图纸要求及次序进行。因工艺条件固定，依此制程步骤制造集成电路，形成布图设计。在不同的工艺条件下，依相同的图纸的制作结果可能完全不同，如采用正光刻胶与负光刻胶的光刻工艺，光刻结果正好相反。值得强调的是，制作布图设计不是图纸几何图形的物理实现或者搬移，不是将图形固定在半导体中，或是将掩膜嵌入（三维复制）到半导体材料中。（2）光刻掩模版。它是制造集成电路管芯的关键器件。图纸的图形对应转移到光刻掩模版上，再依次进行光刻等工艺，以制造电子元件与连线等。在相同的工艺条件下，光刻掩模版与布图设计是一一对应的。它也不是布图设计，只是制作布图设计的模具。(3)集成电路管芯或集成电路产品，管芯是集成电路产品的核心，管芯与外围电路封装后，最终形成集成电路产品。这两者实现了布图设计，是布图设计的承载物。(4)布图设计复制件。(5)其他形式。如包含布图设计全部信息的电子版本。图纸与集成电路样品是申请布图设计专有权时提交备案的。

二、布图设计专有权的保护范围

《集成电路布图设计保护条例》并没有明确规定布图设计专有权保护范围的确定。这也是审理本案的另一个开拓性任务。基于布图设计实际也是一种技术解决方案，故参照专利法的规定确定其保护范围。

受保护的布图设计应当具有独创性，即该布图设计是创作者自己的智力劳动成果，并且在其创作时该布图设计在布图设计创作者和集成电路制造者中不是公认的常规设计。由常规设计组成的布图设计，其组合作为整体应当不是公认的常规设计。

布图设计专有权的保护范围应当以布图设计授权文件所确定的三维配置为准。权利人所提交的布图设计的复制件或者图样，或者提交的集成电路样品均可用于确定这种三维配置。布图设计专有权的保护范围应当是确定的，故应当推定复制件、图样或者集成电路样品这三者所体现的布图设计是相同的。复制件或者图样附具的文字说明，可以用来解释布图设计。其他文件材料如《版图层次说明》有关工艺记载及次序，《结构、技术、功能简要说明》有关设计规则的记载，对于确定保护范围有一定帮助，因其不是权利登记的必要材料，不能因此对权利进行限制。

三、侵权认定的基础

(一)相同布图设计的认定

布图设计是集成电路中电子元件与连线的三维配置，集成电路是执行某种电子功能的产品。相同的布图设计应当是执行相同电子功能集成电路的电子元件与连线的三维配置相同。当比较以下各种情形均相同时，可以认定布图设计相同：(1)比较功能。如果功能不同，则布图设计不同。(2)比较性能。如基片的材料、集成规模、集成度、元件数量等等。(3)比较布局。元件、连线在基片上的分布，包括各层分布及本层分布。(4)比较连接状态。元件的连接，元件与连线的连接、输入输出连接等等。(5)比较组合。完成选定的功能的元件连接构成的特定组合。

布图设计有不同的表现载体，对比的对象这样确定：权利人可用来作对比的包括备案的图样、集成电路样品、复制件、含有布图设计全部信息的电子档案等，权利人自己的光刻掩模版确认对应性之后，也可用来对比。侵权人可用来对比的包括含有被控侵权布图设计的集成电路，对应的图样、光刻掩模版、含有布图设计全部信息的电子档案。具体来说是：(1)集成电路之间进行对比。这样最直接。(2)图样之间进行对比。(3)光刻掩模版之间进行对比。(4)其他形式的对比，如包含布图设计全部信息的电子版本之间，在一定条件下也可进行对比。(5)交叉对比。如图样与集成电路、光刻掩模版与图样、光刻掩模版与集成电路等。除集成电路外，其他对象的对比，要考虑设计规则、制造技术、工艺条件。

对比技术难度大，法院无法直接进行对比时，可以委托双方当事人认可或法院确认的具有鉴定资质的相应机构进行鉴定。

本案中，法院固定对比对象，确定了鉴定机构，被告放弃技术鉴定，承认1360管芯与PT4115芯片布图设计相同，这与原告矽威公司提交的技术鉴定结论相互佐证。法院认为，1360管芯与PT4115集成电路两者的元件、元件空间布局、元件连接关系、连接线路排布与走向、元件及线路的尺寸规格等等均相同，亦即两集成电路全部元件与连线的三维配置相同，1360管芯及其封装后的PE6808、6807系列集成电路与PT4115集成电路布图设计相同。

(二)复制

《集成电路布图设计保护条例》规定的复制，是指重复制作布图设计或者含有该布图设计的集成电路的行为。这与复制与著作权法意义上的翻拍、拷贝等复制有差别。重复制作应该有制作实物的意思。依《条例》第18条的规定，图纸是公示的内容之一，公众可以查阅。仅仅翻拍、拷贝布图设计的图纸，如果不结合生产工艺进行实际制作，不构成布图设计的复制。

四、侵权行为的形式

《集成电路布图设计保护条例》第7条规定："布图设计权利人享有下列专有权：(一)对受保护的布图设计的全部或者其中任何具有独创性的部分进行复制；(二)将受保护的布图设计、含有该布图设计的集成电路或者含有该集成电路的物品投入商业利用。"对应的侵权形式可分为复制侵权与商业利用侵权两类共十一种行为。该条例第30条明确了侵权行为的具体形式：(1)复制受保护的布图设计的全部或者其中任何具有独创性的部分的。两种情形；(2)为商业目的进口、销售或者以其他方式提供受保护的布图设计、含有该布图设计的集成电路或者含有该集成电路的物品的。九种情形。

除《集成电路布图设计保护条例》另有规定的外，未经权利人许可的上述行为均构成侵权。

本案被告源之峰公司的行为实际包含两种，复制了原告涉案PT4115布图设计的全部；同时，源之峰公司销售了含有其非法复制的布图设计的集成电路。

五、侵权责任的确定

《集成电路布图设计保护条例》第30条规定了侵权责任：立即停止侵权行为，并承担赔偿责任。

因形成相同的版图尚不构成侵权，停止复制行为应是指停止依版图重复制作布图设计的行为。在商业利用阶段，应该停止进口、销售或其他方式的提供行为。依《集成电路布图设计保护条例》第33条规定，在"不知道也没有合理理由知道"侵权事由而进行商业利用的，不属于侵权行为。而且可以继续商业利用，不过应当支付合理的报酬。

侵犯布图设计专有权的赔偿数额，为侵权人所获得的利益或者被侵权人所受到的损失，包括被侵权人为制止侵权行为所支付的合理开支。随着替代产品的竞争，价格波动甚至利润下降亦属正常现象。研发、推广成本与侵权行为之间的因果关系也难以明确。因此，法院没有采信矽威公司主张的侵权期间利润的下降、研发与推广成本等作为计算损失的依据，而以侵权人所获得的利益作为损失计算依据。

《集成电路布图设计保护条例》没有酌定赔偿的规定。《侵权责任法》第20条确定了酌定赔偿的原则，我们理解，基于与《专利法》、《商标法》同样的道理，酌定赔偿原则应当适用于侵犯布图设计专有权案件。

（江苏省南京市中级人民法院知识产权庭 梁永宏）

案例21 被告人杨某销售假冒注册商标的商品案

一、案情

北京市朝阳区人民法院经审理查明：被告人杨某于2007年5月起，在北京市朝阳区秀水市场地下三层一仓库内，存放带有LOUIS VUITTON、GUCCI、CHANEL注册商标标识的男女式包，用于销售牟利。2009年8月9日，公安人员从该仓库内查获各种带有LOUIS VUITTON、GUCCI、CHANEL注册商标标识的男女式包8425个，货值金额为人民币766 990元。

二、审判

朝阳区人民法院认为，被告人杨某明知是假冒注册商标的商品，为牟取私利而予以销售，且货值金额数额巨大，其行为构成销售假冒注册商标的商品罪，依法应予惩处。由于涉案物品尚未售出即被查获，系犯罪未遂，且杨某案发后具有认罪悔罪表现，依法对其从轻处罚。依照《刑法》第214条、第23条、第52条、第53条、第61条、第64条之规定，判决杨某犯销售假冒注册商标的商品罪，判处有期徒刑3年6个月，并处罚金人民币10 000元；没收假冒注册商标的包8425个。宣判后，杨某不服判决，提出上诉。北京市第二中级人民法院经审理，依法驳回杨某的上诉，维持原判。

三、评析

本案是一起销售假冒注册商标的商品案。根据《刑法》第214条的规定，销售明知是假冒注册商标的商品，销售金额数额较大的，处3年以下有期徒刑或者拘役，并处或者单处罚金；销售金额数额巨大的，处3年以上7年以下有期徒刑，并处罚金。根据《关于办理侵犯知识产权刑事案件具体应用法律若干问题的解释》第9条的规定，《刑法》第214条规定的"销售金额"，是指销售假冒注册商标的商品后所得和应得的全部违法收入。一般认为，"所得"的违法收入指行为人出售假冒注册商标的商品后已经得到的违法收入;"应得"的违法收入指行为人出售假冒注册商标的商品后按照合同或者依照约定将要得到的违法收入。本案涉案的侵权商品在被告人销售之前即被查获,因此并无销售金额,但被告人杨某为销售已大量购进侵犯他人注册商标权的产品仓储,即已经着手实施犯罪,由于公安机关的及时查处而未能销售谋利,属于犯罪未遂,可以比照犯罪既遂从轻或者减轻处罚。本案是2010年审理的案件,当时并无关于销售假冒注册商标的商品罪未遂的数额标准,只能比照既遂的标准并参照其他司法有关规定对本案量刑。根据《关于办理侵犯知识产权刑事案件具体应用法律若干问题的解释》第2条规定,销售明知是假冒注册商标的商品,销售金额在5万元以上的,属于《刑法》第214条规定的"数额较大",销售金额在25万元以上的,属于《刑法》第214条规定的"数额巨大"。相关的司法解释和规范性司法文件对于其他类似犯罪的未遂数额标准作了明确的规定,如《关于办理生产、销售伪劣商品刑事案件具体应用法律若干问题的解释》第2条第2款就将销售伪劣产品未遂的定罪标准规定为货值金额达到销售金额的3倍,即15万元;《关于办理假冒伪劣烟草制品等刑事案件适用法律问题座谈会纪要》中对于伪劣烟草制品尚未销售,货值金额分别达到15万元以上不满25万元、20万元以上不满50万元、50万元以上不满200万元、200万元以上的,分别按照《刑法》第140条规定各量刑档次定罪处罚。本案的货值金额达到76万余元,已远远超过既遂标准的3倍,达到"销售金额巨大"的标准,应当在3年以上7年以下有期徒刑的量刑幅度内对被告人判处刑罚。从本案的判决结果看,与2011年公布的《关于办理侵犯知识产权刑事案件适用法律若干问题的意见》的相关规定也是一致的。法院对本案的定性准确,量刑适当。

(最高人民法院刑二庭　王　珅)

案例22　被告人金某假冒注册商标案

一、案情

福建省福州市晋安区人民法院经审理查明:2008年8月6日起,被告人金某伙同林某(在逃)在未经注册商标所有人授权许可的情况下,生产带有佳能、东芝、美能达、京瓷、施乐、理光、夏普、松下、震旦九种注册商标的碳粉并予以销售牟利,至2009年3月4日案发时,已销售各类假冒注册商标的碳粉金额共183 566元,尚有1771件假冒注册商标的碳粉未销售,按照标价或者已查清的侵权产品的实际销售平均价格计算共计112 611元。

二、审判

晋安区人民法院认为,被告人金某伙同他人未经商标所有人许可,在同一种商品上使用与权利人注册商标相同的商标,且假冒九种注册商标,销售金额达183 566元,当场查扣未销售的侵权产品非法经营数额达112 611元,非法经营数额共计296 177元,其行为已构成假冒注册商标罪,且属情节特别严重。依照《刑法》第213条、第25条第1款、第64条及《关于办理侵犯知识产权刑事案件具体应用法律若干问题的解释》第1条第2款第(2)项、第13条第1款的规定,判处被告人金某有期徒刑4年,并处罚金15万元。宣判后,金某不服,提出上诉。福州市中级人民法院经审理,依法驳回金某的上诉,维持原判。

三、评析

本案被告人金某未经注册商标所有人许可,在同一种商品上使用与权利人注册商标相同的商标,又销售该假冒注册商标的商品,根据《关于办理侵犯知识产权刑事案件具体应用法律若干问题的解释》第13条第1款的规定,实施《刑法》第213条规定的假冒注册商标犯罪,又销售该假冒注册商标的商品,构成犯罪的,应当以假冒注册商标罪定罪处罚。因此,本案的定性是正确的。根据《刑法》第213条的规定,假冒注册商标情节严重的,处3年以下有期徒刑或者拘役,并处或者单处罚金;情节特别严重的,处3年以上7年以下有期徒刑,并处罚金。本案属于假冒注册商标"情节严重"还是"情节特别严重",需要对金某的非法经营数额进行计算。根据《关于办理侵犯知识产权刑事案件具体应用法律若干问题的解释》第1条的规定,具有下列情形之一的,属于《刑法》第213条规定的"情节严重",应当以假冒注册商标罪判处3年以下有期徒刑或者拘役,并处或者单处罚金:(一)非法经营数额在5万元以上或者违法所得数额在3万元以上的;(二)假冒两种以上注册商标，非法经营数额在3万元以上或者违法所得数额在2万元以上的；(三)其他情节严重的情形。具有下列情形之一的，属于《刑法》第213条规定的“情节特别严重”，应当以假冒注册商标罪判处3年以上7年以下有期徒刑，并处罚金：(一)非法经营数额在25万元以上或者违法所得数额在15万元以上的；(二)假冒两种以上注册商标，非法经营数额在15万元以上或者违法所得数额在10万元以上的；(三)其他情节特别严重的情形。《关于办理侵犯知识产权刑事案件具体应用法律若干问题的解释》第12条规定，本解释所称“非法经营数额”，是指行为人在实施侵犯知识产权行为过程中，制造、储存、运输、销售侵权产品的价值。已销售的侵权产品的价值，按照实际销售的价格计算。制造、储存、运输和未销售的侵权产品的价值，按照标价或者已经查清的侵权产品的实际销售平均价格计算。侵权产品没有标价或者无法查清其实际销售价格的，按照被侵权产品的市场中间价格计算。本案既有已销售的假冒注册商标的商品，又有未销售的假冒注册商标商品，非法经营数额应当是二者之和。根据销售记录、报价单、对账单、证人证言及金某的供述，能够证明已经生产并销售的假冒注册商标商品的销售金额为183 566元，根据在案的报价单能够证明各类假冒注册商标的碳粉的实际销售价格，按此实际销售计算出未销售的假冒注册商标商品的非法经营数额应为112 611元。因此，本案的非法经营数额为29万余元，且假冒注册商标达九种之多，属于假冒注册商标“情节特别严重”，依法应当处3年以上7年以下有期徒刑。法院据此作出上述判决。

(最高人民法院刑二庭　王　珅)

案例23　被告人凌某侵犯著作权案

一、案情

四川省成都市金牛区人民法院经审理查明：被告人凌某于2008年9月10日9时许在成都市城隍庙金房电子市场其租住的房屋内被四川省新闻出版局及金牛区文化局查获用于贩卖的光碟12 000余张。经鉴定，其中400余种共计11 240张光碟属于非法出版物，800张光碟属于淫秽光碟。凌某为无照经营。

二、审判

金牛区人民法院认为，被告人凌某以营利为目的，未经著作权人许可，发行其作品，情节特别严重，其行为构成侵犯著作权罪。凌某还以牟利为目的，贩卖淫秽制品，其行为构成贩卖淫秽物品牟利罪。依照《刑法》第217条第(1)项、第363条第1款、第69条、第52条、第53条、第64条之规定，以侵犯著作权罪，判处凌某有期徒刑3年6个月，并处罚金人民币10 000元；以贩卖淫秽制品牟利罪，判处有期徒刑3年，并处罚金人民币3000元，决定执行有期徒刑5年，并处罚金人民币13 000元；扣押在案的非法出版物及淫秽光碟予以没收。一审宣判后，凌某未提起上诉，检察机关亦未抗诉，判决已发生法律效力。

三、评析

本案涉及侵犯著作权罪和贩卖淫秽物品牟利罪两个罪名。其中对于被告人凌某贩卖800张淫秽光盘牟利的行为定性没有争议，对于其销售11 240张普通盗版光盘的行为定性存在一定的争议。根据《刑法》第217条的规定，以营利为目的，未经著作权人许可，复制发行其文字作品、音乐、电影、电视、录像作品、计算机软件及其他作品，违法所得数额较大或者有其他严重情节的，处3年以下有期徒刑或者拘役，并处或者单处罚金；违法所得数额巨大或者有其他特别严重情节的，处3年以上7年以下有期徒刑，并处罚金。凌某销售普通盗版光盘的行为是否构成侵犯著作权罪，需要考虑以下几个问题：(1)销售行为是否属于“复制发行”行为。根据《关于审理非法出版物刑事案件具体应用法律若干问题的解释》第3条规定，《刑法》第217条侵犯著作权罪中的“复制发行”，包括复制、发行或者既复制又发行的行为。《著作权法实施条例》第10条规定，发行权是指以出售或者赠与方式向公众提供作品的原件或复制件的权利。《出版物市场管理规定》第2条规定，“发行”包括总发行、批发、零售以及出租、展销等活动。根据以上规定，应当认为销售侵权盗版光盘的行为也是发行的一种方式。本案判决时，《刑法》和司法解释没有更加明确的规定，法院参照上述规定，认定批发、零售形式的销售行为是发行行为的方式之一，并依法认定凌某销售普通盗版光盘的行为属于《刑法》第217条规定的“发行”的一种方式是正确的。(2)有证据证明涉案光盘系非法发行，发行者不能提供获得著作权人许可的相关证明材料的，是否可以认定为“未经著作权人许可”？在审理侵犯著作权案件中，审判机关一般将著作权人或其授权的代理人出具的证明作为认定是否“未经著作权人许可”的直接证据。而本案中，侦查机关没有一一查明涉案影视作品的权利人，但是否意味着不能通过间接证据对“未经著作权人许可”作出认定，而必须机械地遵循“逐一寻找权利人取证”原则？《著作权法》第53条规定，复制品的发行者不能证明其发行的复制品有合法来源的，应当承担法律责任。在刑事法律没有明确规定“未经著作权人许可”的情况下，可以参照《著作权法》的相关规定。在刑事审判中，对于有证据证明涉案复制品系非法复制发行，且复制发行者不能提供获得著作权人许可的相关证明处理的，可以认定为“未经著作权人许可”。本案由于涉案光盘品种多、数量大、权利人分散，确实难以一一取得著作权人或其授权的代理人、著作权集体管理组织等出具的涉案光盘的版权认证文书，但是，本案有凌某关于其明知所销售的系盗版光盘的供述、证人证言、行政执法机构出具的鉴定意见等证据证明涉案光盘系非法发行，且凌某也不能提供其得到了著作权人许可的证明材料。综合全案证据，可以认定凌某“未经著作权人许可”。(3)销售盗版光盘的行为不宜认定为非法经营罪。销售侵权复制品的行为属于非法经营行为的一种，但是并非所有的销售侵权复制品的行为都认定为非法经营罪。根据《关于审理非法出版物刑事案件具体应用法律若干问题的解释》第11条规定，非法出版行为以非法经营罪处罚的前提是该非法出版物属于该解释第1～10条规定的具有反动性政治内容的出版物、侵权复制品、淫秽物品等以外的其他严重危害社会秩序和扰乱市场秩序的非法出版物。《关于办理侵犯知识产权刑事案件具体应用法律若干问题的解释(二)》第2条第3款也明确规定，非法出版、复制发行他人作品，侵犯著作权构成犯罪的，按照侵犯著作权罪处罚。因此，本案以侵犯著作权罪定罪是正确的。凌某销售盗版光盘11 240张，属于“有其他特别严重情节”，应当在3年以上7年以下量刑。法院据此作出上述判决。

(最高人民法院刑二庭　王　珅)

案例24　王某侵犯著作权案

一、案情

江苏省人民法院审理查明：被告人王某自2008年3月起，未经批准在网络上设立“去听去听”音乐网(http://www.7t7t.com)，提供音乐试听。其中有包括国际唱片业协会会员环球唱片有限公司、SONY MUSIC ENTERTAINMENT (HONG KONG) LIMITED、SONY MUSIC ENTERTAINMENT(TAIWAN) LTD、华纳国际音乐股份有限公司等享有版权的677首歌曲。上述在线试听的歌曲，王某均没有合法权源。2009年3～6月期间，王某在该网站植入广告，并获取广告费用12 837.05元。

二、审判

常熟市人民法院认定，被告人王某以营利为目的，未经著作权人许可，将他人享有著作权的音乐作品上传网络，为互联网用户提供试听等服务，情节严重，其行为构成侵犯著作权罪。鉴于王某有自首情节及悔罪表现，依法可以从轻处罚，且判处缓刑不致再危害社会，对王佳豪判处有期徒刑6个月，缓刑1年，并处罚金15 000千元；追缴犯罪所得。宣判后，被告人王某未提出上诉，检察机关未提出抗诉，该判决已发生法律效力。

三、评析

本案是一起通过互联网传播他人音乐作品的案件。认定被告人王某的行为构成侵犯著作权罪关键在于以下三个问题：(1)通过互联网传播的方式是否属于《刑法》第217条侵犯著作权罪规定的“复制发行”。《关于办理侵犯知识产权刑事案件具体应用法律若干问题的解释》第11条第3款规定，通过信息网络向公众传播他人文字作品、音乐、电影、电视、录像作品、计算机软件及其他作品的行为，应当视为《刑法》第217条规定的“复制发行”。本案中，被告人王某未经著作权人许可，将他人的音乐作品上传至自己开办的音乐网站，为互联网用户提供试听等服务，其行为属于上述司法解释规定的“复制发行”。(2)王某的行为是否属于“以营利为目的”的行为。本案中，王某并未向网络用户收取费用，而是通过收取广告费营利，这就有别于传统的侵犯著作权犯罪的利益获取方式。《关于办理侵犯知识产权刑事案件具体应用法律若干问题的解释》第 11 条第 1 款规定，以刊登收费广告等方式直接或者间接收取费用的情形，属于《刑法》第 217 条规定的“以营利为目的”。因此，王某具有“以营利为目的”。(3)王某的行为是否属于侵犯著作权“情节严重”。侵犯著作权需要“违法所得数额较大或者有其他严重情节”的才予以刑事处罚。根据《关于办理侵犯知识产权刑事案件具体应用法律若干问题的解释》及《关于办理侵犯知识产权刑事案件具体应用法律若干问题的解释(二)》的规定，“违法所得数额较大”的标准是违法所得数额在 3 万元以上；“其他严重情节”的标准包括：①非法经营数额在 5 万元以上的；②未经著作权人许可，复制发行其文字作品、音乐、电影、电视、录像作品、计算机软件及其他作品，复制品数量合计在 500 张(份)以上的；③其他严重情节的情形。王某获取的广告费仅 10 000 余元，未达到“违法所得数额较大”的标准，但其上传他人享有著作权的音乐作品 677 首，符合司法解释关于“其他严重情节”的标准。原审法院据此作出上述判决。

(最高人民法院刑二庭　王　珅)

案例 25　王某非法制造注册商标标识案

一、案情

江苏省宜兴市人民法院经审理查明：2009 年 8 月至 2010 年 3 月，被告人王某从宜兴市部分酒店回收五粮液、剑南春、水井坊、茅台、老作坊等白酒的酒瓶、塑料盒及外包装，存放于其租房内，并向他人购买假冒的五粮液、剑南春等酒的注册商标标识，与回收的酒瓶及外包装进行组合后成套销售给他人或者自己用于假冒上述名酒，以获取非法利益。2010 年 3 月 26 日和 4 月 6 日，宜兴市公安局先后两次在王某的两套租房内查获附着有假冒注册商标标识的五粮液、剑南春、水井坊、茅台酒瓶合计 5348 个，包装盒、袋、箱等合计 19 418 个以及购买来的假冒注册商标标识 4593 个，且王某利用上述物品已经组装了成套的水井坊包装 110 套(每套包括酒瓶、包装盒、手提袋各 6 个)，五粮液包装 49 套(每套包括酒瓶、防伪标识 1 个，6 套放在一个包装箱内)。

二、审判

宜兴市人民法院认为，酒类商品的商标和酒、酒瓶、包装盒、箱、袋等物密不可分，作为一个整体进入流通环节成为一种商品。被告人王某回收废酒瓶、包装盒、箱、袋等 24 766 件，购买明知是假冒注册商标的标识 4593 件，将本应作废的酒瓶包装回收，在未经商标权人同意的情形下进行组装，使其重新进入流通环节，再次赋予其商标标识功能的行为应属非法制造，并情节严重，其行为构成非法制造注册商标标识罪，且属既遂。被告人王某曾因犯非法制造注册商标标识罪受过刑事处罚，现又实施同类犯罪行为，应酌情从重处罚。依照《刑法》第 215 条和《关于办理侵犯知识产权刑事案件具体应用法律若干问题的解释(二)》第 3 条之规定，判决被告人王某犯非法制造注册商标标识罪，判处有期徒刑 1 年，并处罚金人民币 10 000 元。一审宣判后，被告人王某未提起上诉，检察机关亦未抗诉，该判决已经发生法律效力。

三、评析

本案定性的关键是被告人王某将回收的空旧酒瓶、包装物与购买的假冒注册商标标识进行组装的行为是否属于非法制造注册商标标识的行为。首先，带有商标标识的酒瓶、包装物属于商标标识。国家工商总局的规范性文件中明确规定，“商标标识是指与商品配套一同进入流通领域的带有商标的有形载体”，“商标标识指的是带有商标但独立于被标志商品的物品，如带有商标的标签、封签、包装物等”。参照上述规定，本案中带有注册商标标识的空酒瓶、包装物应属注册商标标识。其次，被告人将酒瓶、包装物与购买的假冒注册商标作为原材料进行组装，拼装成为可以再次使用的附有注册商标的酒类商品包装，其组装行为应当属于制造行为，该行为侵犯了他人的注册商标权和国家的商标管理制度。法院对王某的行为认定为非法制造注册商标罪是正确的。

(最高人民法院刑二庭　王　珅)

国家知识产权局专利复审和无效宣告案例

案例1 现有技术的证明中公开使用的认定

一、案由

本无效宣告请求案涉及国家知识产权局于2006年9月20日授权公告、名称为“轮胎式吊运梁机”的200520103809.3号实用新型专利权（下称本专利），其申请日为2005年8月12日，专利权人为北京万桥兴业机械有限公司。

该专利授权公告的权利要求书如下：

“1. 轮胎式吊运梁机，其特征是包括前、后走行轮组（6、8）、主梁（1）和吊运升降系统，所述前、后走行轮组（6、8）分别包括横向轮组车架（17），设置在横向轮组车架（17）上方的支撑架（14），司机室（5、7）和位于横向轮组车架（17）下方的轮对（11）及减轻轮组转向时垂向载荷的转向支撑油缸（10），在前走行轮组（6）或后走行轮组（8）设置有动力机组（13），所述主梁（1）的两端分别与前、后走行轮组（6、8）的支撑架（14）的上端刚性连接，所述吊运升降系统设置在主梁（1）上。

2. 根据权利要求1所述的吊运梁机，其特征是所述前、后轮胎式走行轮组（6、8）的横向轮组车架（17）与主梁（1）在俯视平面上构成一个H形，横向轮组车架（17）为一个矩形断面的箱梁，根据现场吊重需要可配有轮对（11）的数量6～20个，各轮对（11）在前、后走行轮组（6、8）下方排布。

3. 根据权利要求1和2所述的吊运梁机，其特征是所述轮对（11）分为驱动轮对和从动轮对，每个轮对（11）包括支撑整个轮对的、固定安装在横向轮组车架（17）上的轮架（15）、转向机构（9）、平衡油缸（12），用于驱动轮组走行的驱动液压马达和轮胎轮毂。

4. 根据权利要求3所述的吊运梁机，其特征是所述前、后走行轮组（6、8）的平衡油缸（12）形成一个三点支撑系统：前走行轮组（6）所有轮对的平衡油缸（12）连接成一个闭环油路，形成一点，后走行轮组（8）左侧所有轮对的平衡油缸（12）和右侧所有轮对的平衡油缸（12）各连接成一个闭环油路，形成两个点。

5. 根据权利要求4所述的吊运梁机，其特征是所述升降系统包括固定安装在主梁前、后两端的四个绞车（4）和在主梁上移动的移动式吊梁小车（3），四个绞车分别设置在主梁的两端，其中一端的两个绞车各自独立工作，另一端的两个绞车（4）联在一起同步工作，吊梁小车（3）上缠绕有钢丝绳，悬吊着滑轮组及吊架（2），钢丝绳通过主梁中央固定架（16）并与同一侧的绞车（4）连接。

6. 根据权利要求5所述的吊运梁机，其特征是在轮组车架（17）上还设置有控制柜和动力机组（13）；所述动力机组（13）包括柴油机和液压动力组；所述控制柜内配有操纵各种运动的电气部件和连接件；所述前走行轮组（6）和后走行轮组（8）各配有定向运行限制装置，并配有遥控装置。”

针对上述专利权，郑州大方桥梁机械有限公司（下称请求人）于2009年8月11日向专利复审委员会提出无效宣告请求，请求宣告本专利全部无效，其理由是本专利不符合《专利法》第22条第2款、第3款，第26条第3款、第4款和《专利法实施细则》第20条第1款的规定。请求人同时提交了由中华人民共和国河南省郑州市黄河公证处出具的（2009）郑黄证经字第1994号公证书（下称第1994号公证书）及其附件作为证据，所述附件包括：

附件1：陕西建设机械股份有限公司与意大利DEAL S. r. l. 公司（下称DEAL公司）所签订的英文本合同的复印件，共16页；

附件2：DEAL公司向陕西建设机械股份有限公司提供的ML800移梁机图纸的复印件，共3页；

附件3：陕西建设机械股份有限公司提供的ML800移梁机的组装使用照片的复印件，共3页；

附件4：陕西建设机械股份有限公司提供的ML800移梁机建造、组装和使用情况说明的复印件，共1页；

附件5：陕西建设机械股份有限公司提供的5

张发票的复印件，共 5 页；

附件 6：陕西建设机械股份有限公司提供的《钢构产品》的复印件，共 15 页；

附件 7：附件 1 的中文译文的复印件，共 10 页。

请求人认为：(1)附件 1 和 7 表明 DEAL 公司委托陕西建设机械股份有限公司加工并供应 ML800 移梁机所需钢结构，并且 DEAL 公司对此提供该钢结构的图纸(附件 2 是其中几页)，约定在 2005 年 3 月 12 日之前交付产品，附件 5 为完成上述协议之后的付款凭证和票据；附件 3 和 4 表明由陕西建设机械股份有限公司完成加工并供应给 DEAL 公司的钢结构产品在 2005 年 4 月交付使用并完成组装，并于 2005 年 5 月投入使用；结合附件 6 则表明附件 3 所示设备就是用于 ML800 移梁机的钢结构产品，并且最终组装成附件 3 所示 ML800 移梁机；结合附件 3 所示照片和附件 2 可以得到本专利权利要求 1 的全部技术特征。由此表明，在本专利的申请日之前，具有本专利权利要求 1 所述结构的设备已经在国内公开使用，因此本专利权利要求 1 不具有新颖性和创造性，在此基础上，从属权利要求 2、3、5 不具有新颖性和创造性，从属权利要求 4、6 不具有创造性。(2)权利要求 2、3、6 保护范围不清楚，不符合《专利法实施细则》第 20 条第 1 款的规定。(3)说明书没有对权利要求 6 中的“控制柜”、“动力机组”和“定向运行限制装置”的组成部件及其结构和功能给出充分的说明，导致普通技术人员无法实施，不符合《专利法》第 26 条第 3 款的规定。(4)对于权利要求 6 中的技术特征“定向运行限制装置”，说明书只提到方向位置探头，没有给出具体的实施例或结构，因此该权利要求不符合《专利法》第 26 条第 4 款的规定。

经形式审查合格，专利复审委员会依法受理了上述无效宣告请求，于 2009 年 8 月 11 日向双方当事人发出无效宣告请求受理通知书，并将请求人提交的无效宣告请求书及其附件清单中所列附件的副本转送给专利权人，要求其在指定的期限内答复，同时成立合议组对本无效宣告请求案进行审理。

合议组于 2009 年 9 月 7 日向双方当事人发出了口头审理通知书，定于 2009 年 10 月 16 日在专利复审委员会进行口头审理。

2009 年 9 月 11 日，请求人提交了意见陈述书，并补充了下列附件(编号续前)作为证据：

附件 8：意大利 DEAL 与中国成都进出口有限公司和最终用户——中铁二局股份有限公司所签订的购货合同的中英文对照本及相关附件的复印件，共 32 页；

附件 9：由中华人民共和国四川省成都市国力公证处出具的(2009)川国公证字第 115505 号公证书及其所附《说明》和《ML800 搬运机(设备编号：T10)使用和维护手册》的复印件，共 325 页；

附件 10：从慈溪市人民政府门户网站下载的新闻“世界最大提梁机安装完成”的复印件，共 2 页；

附件 11：从慈溪市人民政府门户网站下载的新闻“梁上架梁设备完成组装”的复印件，共 2 页；

附件 12：从中国工业报新闻网下载的新闻“最大架桥机首战告捷建设机械名利双收”的复印件，共 4 页；

附件 13：从新浪网下载的新闻“跨海大桥完成‘世界第一架’”的复印件，共 3 页；

附件 14：从中国机械咨询网下载的新闻“陕西建机公司最大架桥机首战告捷”的复印件，共 3 页；

附件 15：从机械化施工公司网站下载的新闻“杭州湾跨海大桥桥梁搬运机平地安装就位”的复印件，共 3 页。

请求人认为：(1)结合附件 1～7，附件 8 和 9 可以证明在陕西建设机械股份有限公司、中铁二局和意大利 DEAL 公司之间存在关于 ML800 设备的委托加工制造和设备买卖的真实性；此外，结合附件 3 和附件 9 中的《说明》和附件 10～15，表明 ML800 已经在 2005 年 5～6 月期间完成组装和调试并投入使用；在附件 9 的手册所示的总装图、附件 8 的总装图附件和附件 2 的钢结构总装图的相互印证下，可以证明，在本专利的申请日之前，具有本专利权利要求 1 所述结构的 ML800 设备已经在国内公开使用，因此本专利权利要求 1 不具有新颖性和创造性，在此基础上，从属权利要求 2、3 不具有新颖性和创造性，从属权利要求 4～6 不具有创造性。(2)对于权利要求 5 中的技术特征“吊梁小车”及相关特征“吊架 2”，说明书没有充分说明吊梁小车、吊架和提梁点数目之间的关系以及如何做到三点平衡，因此说明书不符合《专利法》第 26 条第 3 款的规定，从而该权利要求也不符合《专利法实施细则》第 20 条第 1 款的规定。

2009年9月28日，专利权人针对请求人2009年8月11日提出的无效宣告请求提交了意见陈述书，认为：(1)第1994号公证书中提到附件1的英文本合同为17页，而请求人提交的附件1仅为16页，因此对该英文本合同与公证书中所称合同的同一性表示怀疑，由此对附件1的真实性提出质疑，并且附件1中约定的2005年3月12日仅仅是合同约定的交付日期，并非产品真正交付使用的日期；附件2的图纸右下角框图中写有保密条款，说明附件2所记载的技术不能被公众得到；附件5中发票的一方“成都华川进出口有限公司”在附件1中并没有涉及，不能说明该发票对应于附件1，附件5中的5张发票上的开票日期不一致，其中2005年12月23日的开票日期不能证明陕西建设机械股份有限公司在本专利申请日之前就已经完成了附件1所述合同，并将附件1中约定的产品交付使用，此外，附件5的发票中开票劳务名称为“新设备钢结构”，不能说明这些发票是针对附件1中的机器，因此附件5与本案无关联性；附件3中的照片和附件2中钢结构产品的图纸不相对应；附件6没有公开日期，不能说明附件2中产品的交付使用日期；附件3和4不是证据规则所规定的证人证言，没有任何证明力和公信力，并且陕西建设机械股份有限公司仅为钢结构制造者，不是设备整体制造者或使用者，因此对其所陈述情况的真实性表示质疑。(2)本专利权利要求1～6相对于附件2或3所示的技术方案具有新颖性和创造性。(3)本专利权利要求2、3、6清楚地表达了其要求保护的范围，符合《专利法实施细则》第20条第1款的规定。(4)说明书已经对权利要求6中的“控制柜”、“动力机组”和“定向运行限制装置”的组成部件及其结构和功能给出了充分的说明，符合《专利法》第26条第3款的规定。(5)说明书中已经指出“定向运行限制装置”是可以市购的，并给出了一种实施方式即方向位置探头，由此本领域技术人员可以知道与上述实施方式等同的替代方式，权利要求6能够得到说明书的支持，符合《专利法》第26条第4款的规定。

合议组于2009年10月14日向双方当事人发出口头审理重新确定通知书，重新确定口头审理举行日期为2009年12月16日，并随该通知书将请求人于2009年9月11日提交的意见陈述书及所列附件的副本转送给专利权人，要求其在指定期限内答复。

2009年10月26日，合议组将专利权人于2009年9月28日提交的意见陈述书及其附件转送给请求人，要求其在指定期限内答复。

2009年11月17日，请求人提交了意见陈述书，补充了由中华人民共和国浙江省慈溪市公证处出具的(2009)慈证民字第1171号公证书及其附件的复印件共7页等证据，请求人表示：2009年9月11日请求人补充的附件10和11涉及官方网站下载的新闻，其来源于《慈溪日报》，此次从当地图书馆公证了相关报纸的内容。

2009年11月20日，合议组将请求人2009年11月17日提交的意见陈述及其附件转送给专利权人，要求其在指定期限内答复。

口头审理如期举行，双方当事人均参加了口头审理。双方当事人对对方出庭人员的身份和资格无异议，对合议组成员无回避请求。在口头审理中：

(1)专利权人当庭提交了意见陈述书及其附件，该附件包括：

反证1：由中华人民共和国北京市中信公证处出具的(2009)京中信内经证字第14060号公证书及其附件的复印件，共13页；

反证2：(2009)二中民初字第13432号北京市第二中级人民法院民事判决书的复印件，共16页。

专利权人表示：反证1表明陕西建设机械股份有限公司为请求人的担保方，两者之间存在利害关系，因此陕西建设机械股份有限公司提供的证据不具有真实性；反证2供合议组参考。

专利权人在该意见陈述书中认为：

第1994号公证书正文中记录公证程序是在2009年7月28日进行的，而工作记录中的记录时间显示为2009年7月29日，两者不一致；附件2具有保密条款的约束，而在该公证书中没有DEAL公司出具的授权将钢结构产品的图纸提供给第三方以作证据使用的书面授权文件，因此附件2的获得途径为非法取得，不具有合法性；附件3和附件2示出的整体结构是不同的，两者之间没有关联性；附件8中合同的买方应翻译为“中国成都进出口有限公司”，而不是“成都华川进出口有限公司”，并且附件5中的交付款双方和附件1、8中合同关联的双方不相吻合，即使提供附件8也无法通过附件5来证明附件1中ML800移梁机的交付时间；附件9的公证书没有证明《ML800搬运机使用和维护手册》的复印件与其原件一致，置疑该手册复印件的真实性，附件9具有保密条款的约束，而在该公证书中没有 DEAL 公司出具的授权将该文件提供给第三方以作证据使用的书面授权文件，且请求人也没有证明其合法来源，故附件 9 为非法取得，不具有合法性，根据该手册复印件上的有效期，说明该手册是在 2005 年 2 月 8 日前的技术版本，因此无法证明在杭州湾大桥上公开的 ML800 的结构与附件 9 中公开的技术具有一致性，附件 9 的《说明》不是证据规则所规定的证人证言，且对于《说明》没有进行质证，所以《说明》没有证明力和公信力，不应被采用；附件 10～15 无法确定上传公布时间，并且对其公开内容的真实性存在异议；请求人 2009 年 11 月 17 日提交的证据超出了举证期限。

合议组当庭将该意见陈述书及其附件的副本转送给请求人。

(2)请求人当庭明确其无效宣告的范围和理由为：本专利权利要求 1～3 不符合《专利法》第 22 条第 2 款的规定；权利要求 1～6 不符合《专利法》第 22 条第 3 款的规定；权利要求 2、3～6 不符合《专利法实施细则》第 20 条第 1 款的规定；本专利说明书没有对权利要求 5 和 6 的技术方案作出清楚、完整的说明，不符合《专利法》第 26 条第 3 款的规定；权利要求 6 不符合《专利法》第 26 条第 4 款的规定。

请求人明确评价本专利新颖性和创造性时的证据使用方式为：本专利权利要求 1～3 相对于附件 9 的《ML800 搬运机使用和维护手册》不具备新颖性和创造性，相对于附件 2 和 3 不具备新颖性和创造性，相对于附件 8 的附图不具备新颖性和创造性；在此基础上，从属权利要求 4 的附加技术特征是本领域的公知常识，权利要求 4 也不具备创造性；从属权利要求 5 的附加技术特征是本领域的常规设计，因此权利要求 5 也不具备创造性；从属权利要求 6 的大部分附加技术特征已经在附件 2 或附件 9 的《ML800 搬运机使用和维护手册》中公开，其余特征是本领域的公知常识和惯常技术手段，因此权利要求 6 也不具备创造性。

(3)请求人当庭出示了第 1994 号公证书、(2009)川国公证字第 115505 号公证书、对附件 8 进行公证的公证书、对附件 10～15 进行公证的公证书、(2009)慈证民字第 1171 号公证书的原件。

(4)专利权人认为：第 1994 号公证书和(2009)川国公证字第 115505 号公证书的原件是散开的，没有装订在一起，对其真实性不予认可；附件 1 所述合同本身没有签章，是空白合同文本；对涉及附件 10～15 的公证书本身的真实性认可，但对附件 10～15 所表示的网上信息内容的真实性不认可；从附件 9 的公证书正文来看，附件 9 中的手册来自请求人，中铁二局的赖云没有看到原件，只是核实了手册并盖章，公证书仅公证了印章属实，而对复印件内容并未公证，也未核实与原件是否相同，不能证明该手册的真实性和合法性，并且该手册也不是公开出版物。

(5)请求人认为：专利权人提供的反证 1 的附件第 7 页中提到“本项对外担保尚须经公司 2008 年第一次临时股东大会审议批准”，实际上后来所述担保未获批准，第 8 页第 8 项还提到“被担保人郑州大方桥梁机械股份有限公司与本公司无关联关系”；关于第 1994 号公证书中日期不一致的问题，是公证员把日期记错了；从双方履行的票据往来可以证明附件 1 的合同确实是签署并执行了的；成都华川进出口有限公司的英文名称是“中国成都进出口有限公司”，实际上就是同一家公司；附件 9 的手册复印件是真实的，其通过中铁二局发送的电子件打印而成，手册右上角的有效期为开始生效的日期；附件 2 的图纸有保密性质，但并不是单独使用它；附件10～11是从官方网站下载的；附件 13 是从新浪网下载的；具有可信度。

(6)针对请求人对于反证 1 的意见，专利权人认为：没有证据表明陕西建设机械股份有限公司与请求人之间的所述担保关系没有实际发生，没有关联关系并不表示双方不是利害关系人。

(7)双方当事人分别结合证据就各自的观点充分发表了意见。

在此基础上，合议组认为本案的事实已经清楚，可以依法作出审查决定。

二、决定的理由及结论

(一)关于《专利法》第 22 条第 2 款、第 3 款

《专利法》第 22 条第 2 款规定：新颖性，是指在申请日以前没有同样的发明或者实用新型在国内外出版物上公开发表过、在国内公开使用过或者以其他方式为公众所知，也没有同样的发明或者实用新型由他人向国务院专利行政部门提出过申请并且记载在申请日以后公布的专利申请文件中。

《专利法》第 22 条第 3 款规定：创造性，是指同申请日以前已有的技术相比，该发明有突出的实质性特点和显著的进步，该实用新型有实质性特点和进步。

请求人认为：

本专利权利要求1～3相对于附件9的《ML800搬运机使用和维护手册》不具备新颖性和创造性，相对于附件2和3不具备新颖性和创造性，相对于附件8的附图不具备新颖性和创造性；在此基础上，从属权利要求4的附加技术特征是本领域的公知常识，权利要求4也不具备创造性；从属权利要求5的附加技术特征是本领域的常规设计，因此权利要求5也不具备创造性；从属权利要求6的大部分附加技术特征已经在附件2或附件9的《ML800搬运机使用和维护手册》中公开，其余特征是本领域的公知常识和惯常技术手段，因此权利要求6也不具备创造性。

(1)关于证据。

①附件8是意大利DEAL与中国成都进出口有限公司和最终用户——中铁二局股份有限公司所签订的购货合同的中英文对照本及相关附件的复印件，该合同的买方是成都华川进出口有限公司(CHINA CHENGDU IMPORT AND EXPORT CO. LTD)，卖方是DEAL. S. r. l.，最终用户是中铁二局股份有限公司，合同涉及的商品名称、规格和供货内容是ML800轮胎式搬运机(详见合同的附件01，附件02，附件04，附件05)。

请求人当庭提交了关于该附件的公证书；专利权人认为附件8中买方的中英文名称不对应，对该合同的真实性有异议。

经核实，合议组认为：

该合同本身同时包括英文文本和中文文本，在合同第1页和最后1页中，买方的中文名称都是成都华川进出口有限公司，相应的英文名称则都是CHINA CHENGDU IMPORT AND EXPORT CO. LTD，两处内容在前后保持了一致，鉴于英文文本和中文文本都是该合同的正式内容，缔结合同的各方对买方的中英文名称都已经予以认可，并且专利权人也没有提供证据来证明其主张，不能仅根据买方中英文名称没有在翻译的字面形式上完全对应而否定该合同的真实性，故合议组对该合同的真实性予以确认。

附件8所述合同的买方是成都华川进出口有限公司，卖方是DEAL. S. r. l.，最终用户是中铁二局股份有限公司，合同涉及的商品名称是ML800轮胎式搬运机，并且在合同的第15页第27条“技术文件”中也提到“最终用户及买方在杭州湾大桥项目预制箱梁的架设方面给卖方提供了基本的标准和要求”。此外，在合同的第2页提到“中国国内生产的设备”，在第5页还提到“中国国内制造部分”，这表明：中铁二局股份有限公司和成都华川进出口有限公司从意大利DEAL公司所购买的ML800轮胎式搬运机将用于杭州湾大桥项目，并且该交易涉及的一部分设备将在中国国内制造。

②附件9是由中华人民共和国四川省成都市国力公证处出具的(2009)川国公证字第115505号公证书及其所附《说明》和《ML800搬运机(设备编号：T10)使用和维护手册》的复印件，请求人当庭提交了该公证书的原件。

专利权人认为：该公证书的原件是散开的，没有装订在一起，对其真实性不予认可。

合议组经核实，认为：该公证书所附附件的页数较多(仅其中所附的手册就厚达300多页)，在翻动时难免出现相互粘连的页之间松动导致散开的情况，并且专利权人也没有提供证据来证明其主张，故合议组对该公证书的真实性予以认可。

专利权人对《ML800搬运机(设备编号：T10)使用和维护手册》的复印件的真实性和合法性提出质疑，并认为所附《说明》不是证据规则所规定的证人证言，且对于该证明也没有进行质证，故不应采信该证据。

经核实，合议组认为：该公证书只对“《ML800搬运机(设备编号：T10)使用和维护手册》复印件上和《说明》上中铁二局股份有限公司工程管理部的印章属实”进行了证明，并没有对该手册的复印件是否与原件相符进行证明。根据公证书的内容，请求人向中铁二局股份有限公司工程管理部的一位自称赖云的男士提供了该手册的复印件，赖云核实后在该手册复印件上盖章，并出具了《说明》一份。然而该《说明》的落款处只有日期“2009年9月7日”和“中铁二局股份有限公司工程管理部”的印章，并没有该单位负责人或赖云的签字或盖章，从公证书的证词来看，公证处也没有核实赖云的身份，此外中铁二局股份有限公司工程管理部的负责人或赖云都没有出席口头审理接受质证；并且该公证书中也没有记录赖云是如何确认该手册的复印件与原件内容相符的，鉴于该手册厚达325页，按常理判断，赖云不可能仅凭记忆就能确认两者内容相符，因此综合上述因素考虑，合议组对附件9所附《ML800搬运机(设备编号：T10)使用和维护手册》复印件和《说明》不予采信。

③附件10是从慈溪市人民政府门户网站下

载的新闻“世界最大提梁机安装完成”的复印件，附件 11 是从慈溪市人民政府门户网站下载的新闻“梁上架梁设备完成组装”的复印件，附件 12 是从中国工业报新闻网下载的新闻“最大架桥机首战告捷建设机械名利双收”的复印件，附件 13 是从新浪网下载的新闻“跨海大桥完成‘世界第一架’”的复印件，附件 14 是从中国机械咨询网下载的新闻“陕西建机公司最大架桥机首战告捷”的复印件，附件 15 是从机械化施工公司网站下载的新闻“杭州湾跨海大桥桥梁搬运机平地安装就位”的复印件，请求人提交了关于附件 10～15 的公证书；请求人还于 2009 年 11 月 17 日提交了中华人民共和国浙江省慈溪市公证处出具的(2009)慈证民字第 1171 号公证书及其附件的原件，该公证书用于证明附件 10 和 11 来源于《慈溪日报》。

专利权人对涉及附件 10～15 的公证书本身的真实性认可，但对附件 10～15 所表示的网上信息内容的真实性有异议，认为请求人于 2009 年 11 月 17 日提交的证据是超期证据。

经核实，合议组认为：

附件 10～11 均是从慈溪市人民政府门户网站下载的新闻，作为地方人民政府的门户网站，其披露的新闻内容具有较高的可信度；此外，请求人于 2009 年 11 月 17 日提交的公证书及其附件是用于证明附件 10 和 11 所披露的内容来源于《慈溪日报》，属于对附件 10～11 证明力的补强。鉴于根据该公证书及其附件的内容可以确认附件 10～11 所披露内容的真实性，合议组对该公证书及其附件予以采信，并认可附件 10～11 所披露内容的真实性；在此基础上，附件 12～14 均来自可信度较高的大型门户网站，并且附件 12～15 所公开的内容与附件10～11所公开的内容相符，故合议组对附件 12～15 也予以采信。

附件 10 所述新闻的发布时间为 2005 年 5 月 31 日，根据该新闻，在杭州湾跨海大桥建设中，施工单位中铁二局与意大利 DEAL 公司联合研制开发的箱梁运架设备包括 ML800 搬运机，其中 ML800 搬运机在该新闻发布时已安装完成，这表明：中铁二局与意大利 DEAL 公司共同提供的 ML800 搬运机在 2005 年 5 月 31 日之前已经在杭州湾大桥项目中安装完成。

附件 11 所述新闻的发布时间是 2005 年 7 月 9 日，根据该新闻，在杭州湾跨海大桥建设中，施工单位中铁二局与意大利 DEAL 公司联合研制开发的箱梁运架设备包括 ML800 搬运机等 5 大关键设备。在 2005 年 5 月，800 吨搬运机完成结构件拼装，6 月份 800 吨搬运机投入使用，到 2005 年 7 月 3 日，所述 5 大设备的最后一台组装完成，这表明：中铁二局与意大利 DEAL 公司共同提供的 ML800 搬运机在 2005 年 5 月份已经在杭州湾大桥项目中完成组装，在 6 月份已经投入使用。

附件 12 和 14 表明：陕西建设机械股份有限公司与意大利 DEAL 签订了关于钢结构件的生产合同，合作生产了 ML800 轮胎式搬运机，并由中铁二局在 2005 年将该设备应用于杭州湾大桥项目。

④请求人在口头审理时提供了第 1994 号公证书的原件，该公证书涉及附件 1～7，公证书内容写明所附附件的复印件与原件相符。专利权人认为：该公证书的原件是散开的，没有装订在一起，对其真实性不予认可；且该公证书正文中记录公证程序是在 2009 年 7 月 28 日进行的，而工作记录中的记录时间显示为 2009 年 7 月 29 日，两者不一致。合议组经核实，认为：该公证书所附附件的页数较多，在翻动时难免出现相互粘连的页之间松动导致散开的情况，并且专利权人也没有提供证据来证明其主张；至于该公证书正文和工作记录中的日期不一致的问题，请求人的解释是“公证员把日期记错了”，鉴于该公证书除了该瑕疵之外并不存在严重的形式缺陷，故合议组对该公证书的真实性予以认可，认为附件 1～7 的复印件与原件相符。

(i)附件 5 是陕西建设机械股份有限公司提供的 5 张发票的复印件，其中第 1、2、4、5 张发票涉及的双方是成都华川进出口有限公司和陕西建设机械股份有限公司，第 3 张发票涉及的是 DEAL 公司和陕西建设机械股份有限公司，第1～2 张发票的开票日期为 2005 年 7 月 8 日，第 3～5 张发票的开票日期为 2005 年 12 月 23 日，涉及的劳务名称均为“新设备钢结构”。经与原件核实，合议组对其真实性予以认可。

(ii)附件 1 是陕西建设机械股份有限公司与意大利 DEAL. S. r. l. 公司所签订的英文本合同的复印件。专利权人认为：第 1994 号公证书中提到附件 1 的英文本合同为 17 页，而请求人提交的附件 1 仅为 16 页，因此对该英文本合同与公证书中所称合同的同一性表示怀疑，且该合同缺少缔结合同双方的签名，因此属于空白合同，不是正式生效的合同,对其真实性不予认可。附件 7 是附件 1 的中文译文,故对其真实性同样不予认可。

对此,合议组认为:公证书中记录的附件 1 的页数和附件 1 的实际页数不符合,这可能是公证人员记录的疏忽,除了该瑕疵之外该公证书并不存在严重的形式缺陷;第 1994 号公证书的保全证据公证工作记录中写到"代表陕西建设机械股份有限公司在合同上签字的是高峰",经核实,附件 1 的每一页上都有"高峰"的签名;并且,附件 1 的中文译文即附件 7 的第 1 页中提到该合同"鉴于在 2004 年 8 月 17 日,DEAL 已经同买家——中国成都进出口有限公司和最终用户——中铁二局签订了购买合同,为项目/安装现场位于慈溪(中国)附近的杭州湾大桥工程的连接提供 2 台 ML800 移梁机",这与附件 8 所述合同签订的时间、缔约各方和合同内容均相符,并且附件 8 也提到合同涉及的部分设备将在中国国内制造,同时附件 1 所述内容也与附件 10~15 所公开的杭州湾大桥项目的施工情况相符,尤其是附件 12 和 14 明确提到陕西建设机械股份有限公司与意大利 DEAL 签订了关于钢结构件的生产合同,合作生产了 ML800 轮胎式搬运机,并由中铁二局在 2005 年将其应用于杭州湾大桥项目;此外,附件 5 也能表明陕西建设机械股份有限公司与 DEAL 之间存在关于"新设备钢结构"的交易。因此经综合考虑,合议组对附件 1 予以采信。

(iii)请求人声称,附件 2 是 DEAL 公司向陕西建设机械股份有限公司提供的 ML800 移梁机图纸的复印件。由于附件 1 所述合同已经约定 DEAL 公司会向陕西建设机械股份有限公司提供 ML800 设备的图纸(参见附件 7 的附件 1 和 2),同时附件 2 右下角也有"DEAL"和"MOBILE LIFT ML 800"字样,两者之间存在明确的对应关系,并且专利权人在 2009 年 9 月 28 日提交的意见陈述书第 3 页第 2 段中也认可"该附件 2 作为附件 1 合同的一部分"。因此合议组对附件 2 予以采信,认定该附件是附件 1 所述 ML800 设备钢结构的图纸。

(iv)附件 3 是陕西建设机械股份有限公司提供的 ML800 移梁机的组装使用照片的复印件,在 3 张照片下面均有一段文字说明"照片设备为中铁二局集团有限公司在杭州湾大桥施工采用的 ML800 移梁机,该产品由意大利 DEAL 公司设计,陕西建设机械股份有限公司生产制造,2005 年 5 月在杭州湾大桥工地投入使用,设备使用了意大利 DEAL 公司的商标",从第一张照片上可以清楚地看到设备上的"DEAL"标记;附件 4 是陕西建设机械股份有限公司提供的 ML800 移梁机建造、组装和使用情况说明的复印件,该说明有"陕西建设机械股份有限公司"和"2009 年 7 月 29 日"的落款,并盖有"陕西建设机械股份有限公司"的公章。

专利权人认为:附件 3 和 4 不是证据规则所规定的证人证言,并且陕西建设机械股份有限公司仅为钢结构制造者,而非设备整体制造者或使用者,所以对其陈述情况的真实性提出置疑;此外,专利权人提交的反证 1 表明,提供证据的陕西建设机械股份有限公司与请求人具有利害关系,因此其提供的证据不具有真实性。

对此,合议组认为:附件 3 和 4 所披露的内容,可以通过附件 1、5、8 和 10~15 所公开的内容得到印证,尤其是附件 12 和 14 均明确提到陕西建设机械股份有限公司与意大利 DEAL 签订了关于钢结构件的生产合同,合作生产了 ML800 轮胎式搬运机,并由中铁二局在 2005 年将其应用于杭州湾大桥项目,因此合议组对附件 3 和 4 予以采信。

(v)附件 6 是陕西建设机械股份有限公司提供的该公司产品介绍册的复印件。专利权人认为,该产品介绍册不是公开出版物,没有公开日期,对其真实性不予认可。对此,合议组认为:请求人并不是以附件 6 作为公开出版物的证据单独评价本专利的新颖性和创造性,而是佐证陕西建设机械股份有限公司与意大利 DEAL 公司就 ML800 型搬运机存在合作关系,附件 6 第 3 页右半张提到"公司与意大利 DEAL 公司携手为杭州湾全长 36 公里跨海大桥制作的 ML800 型搬运机",该内容与附件 1、3~5、8 和 10~15 所公开的内容相符,因此合议组对该右半张所记载内容予以采信。

⑤虽然专利权人提供的反证 1 显示陕西建设机械股份有限公司基于与请求人郑州大方桥梁机械有限公司之间签署制作合同的业务合作关系为请求人提供担保,但并不表示陕西建设机械股份有限公司提供的证据必然不能采信,合议组通过对上述证据的综合审查判断,认为在附件 1~7、8 和附件 10~15 的相互印证之下,这些附件可以构成一个完整的证据链,证明附件 1 和 8 所述合同所约定的以及附件 2 和 3 所涉及的 ML800 设备已经于本专利申请日(2005 年 8 月 12 日)之前在

杭州湾大桥项目中公开使用，因此附件2、3和8所公开的内容可以作为现有技术来评价本专利的新颖性和创造性。

（2）关于本专利权利要求1。

经查：附件8公开了一种ML800轮胎式搬运机（参见附件8所述合同的附件01技术描述及相应附图2张），其中可以看出：所述轮胎式搬运机包括前、后走行轮组、主梁和吊运升降系统（参见第1张图的左图），所述前、后走行轮组分别包括横向轮组车架，设置在横向轮组车架上方的支撑架，司机室和位于横向轮组车架下方的轮对及减轻轮组转向时垂向载荷的转向支撑油缸（参见附件01第1页第2项“主要技术参数”、第1张图的右图、第2张图），该搬运机设置有柴油发动机、液压马达和变速箱（相当于本专利的动力机组），所述主梁的两端分别与前、后走行轮组的支撑架的上端刚性连接，所述吊运升降系统设置在主梁上（参见第1、2张图）。

由此可见，附件8所公开的轮胎式搬运机与本专利的轮胎式吊运梁机都是轮胎式运梁设备，属于相同的技术领域，本专利权利要求1与附件8所公开的技术内容相比，其区别仅在于：本专利权利要求1中限定动力机组设置在前走行轮组或后走行轮组上。但对于本领域技术人员而言，动力机组的功能就是为设备提供动力，其设置的位置可根据设备的实际安装和使用情况来进行具体选择，而前走行轮组或后走行轮组只是多个可选位置中的一个，并且将动力机组设置于此所带来的技术效果也是本领域技术人员可以合理预料的。因此，本领域技术人员在附件8所公开技术内容的基础上通过常规选择就能得到本专利权利要求1的技术方案，这是显而易见的，本专利权利要求1不具备创造性。

（3）关于本专利权利要求2。

此外，附件8还进一步公开了：所述前、后轮胎式走行轮组的横向轮组车架与主梁在俯视平面上构成一个H形，横向轮组车架为一个矩形断面的箱梁，各轮对在前、后走行轮组下方排布（参见附件8的第1、2张图）。因此，附件8也公开了从属权利要求2的大部分附加技术特征，虽然附件8中没有明确公开轮对的数量为6～20个，但是本领域技术人员可以根据实际的施工需要来确定轮对的具体数量，这并不需要付出创造性的劳动，故当其引用的权利要求1不具备创造性时，本专利从属权利要求2也不具备创造性。

（4）关于本专利权利要求3～6。

从属权利要求3对在先的权利要求进一步限定：所述轮对（11）分为驱动轮对和从动轮对，每个轮对（11）包括支撑整个轮对的、固定安装在横向轮组车架（17）上的轮架（15）、转向机构（9）、平衡油缸（12），用于驱动轮组走行的驱动液压马达和轮胎轮毂。经核实，附件8并没有公开技术特征“轮对分为驱动轮对和从动轮对”和“每个轮对包括转向机构和平衡油缸”，并且也没有证据表明上述区别特征是本领域的公知常识，根据本专利说明书的记载，这些区别技术特征所产生的技术效果是：使吊运梁机可以灵活地变换方向，并在高低不平的地面上行走时使整个轮组受力均匀（参见本专利说明书第2页第8段，第3页第8段）。因此，本专利权利要求3相对于附件8所公开的技术内容具有实质性特点和进步，从而具备创造性。

此外，附件2和3同样没有公开本专利权利要求3中的技术特征“轮对分为驱动轮对和从动轮对”和“每个轮对包括转向机构和平衡油缸”，因此，本专利权利要求3相对于附件2和3所公开的技术内容仍然具备创造性。

从属权利要求4～6均引用了从属权利要求3，由于本专利权利要求3相对于附件8、或者附件2和3具备创造性，因此从属权利要求4～6相对于附件8或者附件2和3也具备创造性。

（二）关于《专利法实施细则》第20条第1款

《专利法实施细则》第20条第1款规定：权利要求书应当说明发明或者实用新型的技术特征，清楚、简要地表述请求保护的范围。

（1）请求人认为：权利要求2限定的特征“各轮对在前、后走行轮组下方排布”与权利要求1限定的特征“位于横向轮组车架下方的轮对”造成轮对设置位置的不清楚；权利要求3引用了“权利要求1和2”，引用关系错误，并且既然每个轮对都具有液压驱动马达，则不会有从动轮对，上述限定特征造成权利要求3保护范围的不清楚。

对此，合议组认为：鉴于权利要求2不具备创造性的理由已经成立，故本决定不再对与权利要求2有关的其他无效宣告理由予以评述；从属权利要求3虽然没有采用择一引用的方式引用在前的权利要求1～2，但这只是权利要求3撰写形式上的瑕疵，并不会影响本领域技术人员对权利要求3保护范围的清楚理解和界定；权利要求3一方面根据驱动方式将轮对分为驱动轮对和从动轮对，因此一方面又具体限定了每个轮对的构成，虽然一般而言从动轮对无须设置液压驱动马达，但是从权利要求3的技术方案来看，并没有限定从动轮对必然不能具有驱动液压马达，也可以理解为在每个轮对都具有液压驱动马达的情况下，进一步将轮对根据需要设置为驱动轮对和从动轮对，因此所述限定没有造成权利要求3保护范围的不清楚。

(2)请求人认为：权利要求6所限定的特征“轮组车架上还设置有动力机组”与权利要求1所限定的特征“在前走行轮组或后走行轮组设置有动力机组”的相互关系不清楚，导致权利要求6保护范围不清楚。

对此，合议组认为：权利要求1中已经限定“所述前、后走行轮组分别包括横向轮组车架”，这说明横向轮组车架是所述前、后走行轮组的一部分，在权利要求1已经限定动力机组设置在前走行轮组或后走行轮组上的情况下，从属权利要求6中限定动力机组设置轮组车架上，这是对动力机组位置的进一步限定，与权利要求1中动力机组的位置限定并不矛盾，因此权利要求6的保护范围是清楚的。

(三)关于《专利法》第26条第3款

《专利法》第26条第3款规定：说明书应当对发明或者实用新型作出清楚、完整的说明，以所属技术领域的技术人员能够实现为准。

请求人认为：

(1)对于权利要求5中的技术特征“吊梁小车”及相关特征“吊架”，说明书没有充分说明吊梁小车、吊架和提梁点数目之间的关系以及如何做到三点平衡，因此不符合《专利法》第26条第3款的规定；就此而论，权利要求5也不符合《专利法实施细则》第20条第1款的规定。

(2)说明书也没有对权利要求6中的“控制柜”、“动力机组”和“定向运行限制装置”的组成部件、结构和功能给出充分的说明，导致普通技术人员无法实施，因此不符合《专利法》第26条第3款的规定。

对此，合议组认为：

(1)权利要求5中对“吊梁小车”和“吊架”进行了限定，本专利说明书第4页第4段相应地对此进行了说明：“所述吊运升降系统包括固定安装在主梁前、后两端的四个绞车4和可在主梁上移动的移动式吊梁小车3。四个绞车分别设置在主梁的两端，其中一端的2个绞车各自独立工作，另一端的2个绞车联在一起同步工作，以使整个吊运升降系统构成三点平衡系统，这样在吊梁、运梁和落梁时，被吊箱梁始终能保持一个平面受力状态，使被吊箱梁不受到扭曲应力作用。吊梁小车3上缠绕有钢丝绳，悬吊着滑轮组及吊架2，见图2，钢丝绳通过主梁中央固定架16并与同一侧的绞车4连接”，在图1—2中也可以看出“吊梁小车”和“吊架”的设置位置以及与其他部件的连接关系，因此，本专利说明书对吊梁小车、吊架和如何做到三点平衡作出了清楚的说明，本领域技术人员在此基础上能够实现权利要求5所述技术方案，故与权利要求5相关的说明书符合《专利法》第26条第3款的规定。

同理，权利要求5中对“吊梁小车”和“吊架”的限定是清楚的，从而权利要求5的保护范围也是清楚的，符合《专利法实施细则》第20条第1款的规定。

(2)权利要求6对“控制柜”、“动力机组”和“定向运行限制装置”进行了限定，本专利说明书第3页倒数第1、2段中对上述技术特征给出了进一步的说明：“(控制柜)其内配有操纵各种运动的电气部件和连接件”，“动力机组为设备提供动力，包括柴油机和液压动力组”，“定向运行限制装置(可市购)，即方向位置探头，可以监测路面或桥面特定标识”，通过上述说明，本领域技术人员对上述特征的组成部件、结构和功能应该是清楚的，在此基础上也能够实现权利要求6的技术方案，因此相应说明书满足《专利法》第26条第3款的规定。

(四)关于《专利法》第26条第4款

《专利法》第26条第4款规定：权利要求书应当以说明书为依据，说明要求专利保护的范围。

请求人认为：对于权利要求6中的技术特征“定向运行限制装置”，说明书只提到方向位置探头，没有给出具体的实施例或结构，因此该权利要求不符合《专利法》第26条第4款的规定。

对此，合议组认为：本专利说明书第3页倒数第2段已经明确提到“定向运行限制装置”是可市购的，即所述装置是现有技术中已有的，因此没有必要再在说明书中描述其具体的结构；说明书中还给出了所述装置的一种具体实施方式即方向位置探头，在此基础上，本领域普通技术人员可以知道与上述具体实施方式等同的其他替代方式都可以实现上述目的，因此该权利要求 6 能够得到说明书的支持，符合《专利法》第 26 条第 4 款的规定。

宣告 200520103809.3 号实用新型专利的权利要求 1～2 无效，在权利要求 3～6 的基础上继续维持该专利权有效。

当事人对本决定不服的，可以根据《专利法》第 46 条第 2 款的规定，自收到本决定之日起三个月内向北京市第一中级人民法院起诉。根据该款的规定，一方当事人起诉后，另一方当事人作为第三人参加诉讼。

三、评析

本决定为一份无效宣告请求审查决定，从整体而言，该决定结构清晰、释理严谨、语言流畅。决定要点部分准确地突出了本案的精髓，决定案由部分完整、清楚地记载了案件的审查进程，决定理由部分对证据的认定、法律的适用作出了充分和详实的论述，逻辑严密，说理透彻。

虽然本案专利的技术方案并不复杂，但是所涉及的证据却较多，而且绝大部分证据是使用公开的证据，因此证据的认定以及新颖性和创造性的评述是本案的重点。在评述过程中，合议组将证据的认定以及新颖性和创造性的评述结合在一起，将事实认定和法律适用融为一体，这样一方面让读者感觉到决定的整体性较强；另一方面还突出了本案的重点，因为这部分内容同样也是双方当事人意见分歧最大、据理力争的一部分内容。对于具体的证据认定和法律适用而言，由于没有一份证据能够直接证明涉案专利技术方案已经在国内使用公开或不具有创造性，因而决定从每一个证据出发，分别加以分析，在此基础上依据各个证据得出其所能够证明的事实，之后再纵观所有证据和反证，进行综合审查判断，最终证明某一事实存在的盖然性高于其不存在的盖然性，从而得出相关权利要求无效的审查结论。

此外，合议组将有关《专利法》第 26 条第 3 款、第 4 款以及《专利法实施细则》第 20 条第 1 款无效理由的评述置于新颖性和创造性的评述之后。这种写法虽然和我委的惯常写法有些不同，但是这样做一方面保障了决定的整体性，突出了案件的重点，另一方面由于决定的结论为部分无效，上述评述内容仅涉及维持有效部分的权利要求，也使得决定的撰写更为简洁明了。

通观整个决定可以看出，在本案的审理过程中，合议组的审理思路清晰，对案件的掌控能力较强，决定撰写得较为得当，对于此类较为复杂案件的处理具有借鉴作用。

（国家知识产权局专利复审委员会
吴亚琼　唐　轶　张　娅　宋鸣镝）

案例 2　外观设计相同相近似的认定

一、案由

本无效宣告请求审查决定涉及专利号为 200830045356.2、产品名称为"手提饭盒（方・二层）"的外观设计专利权，其申请日为 2008 年 4 月 3 日，授权公告日为 2009 年 4 月 29 日，专利权人为刘宏海。

针对本专利，温州市仁爱工艺礼品制造有限公司（下称请求人）于 2010 年 7 月 1 日向专利复审委员会提出了无效宣告请求，其理由是本专利不符合《专利法》第 23 条第 1 款的规定，请求宣告本专利无效，同时提交了如下证据：

附件 1：专利号为 200630156998.0 的中国外观设计专利的网络公告打印件，共 1 页。

请求人认为，附件 1 是快餐盒（俗称饭盒），其本体呈圆筒状，图示为二层，在其盒盖上设有两条可以立起和放下的活动提手，并在盒体两侧分别设有相互之间使之固定的扣子，而本专利的名称为手提饭盒（也可以称为快餐盒），是属于相同种类的相同产品，本专利的饭盒本体也为二层，其盒盖上也有两条可自由立起和放下的活动提手，并在盒体两侧也设有相互之间使之固定的扣柄，虽然其扣柄的形状作了一些变化，但实质是相同的，二者区别在于本专利的本体为方形，本专利只是将设计要素整体置换为该种类产品的惯常设计的相应设计要素，应宣告本专利权无效。

经形式审查合格，专利复审委员会于 2010 年 7 月 29 日受理了上述无效宣告请求并将无效宣告请求书及证据副本转给了专利权人，同时成立合议组对本案进行审查。

专利权人针对上述无效宣告请求于 2010 年 9 月 7 日提交了意见陈述书，并认为：(1)两者锁扣机构的形状不同、设置的个数和方式不一样。(2)两者盒盖上的台阶、手柄也不同，两者的顶部的形状也足以让一般消费者予以分辨。(3)本专利的下部为弧形过渡，呈现为曲线收拢，还出现有阶梯式吻合的垫脚；附件1表现为圆筒式的设计，另外，本专利的长条扣板和附件1设计的环状件的闭合设计方式表现也不同，这又足以让一般消费者将两者予以分辨。(4)本专利整体呈现为方形柱，而附件1设计呈现的是圆筒形，此两者连基本形状都不一样，它们显然是不相近似的外观设计。(5)本专利在关闭状态下，给人一种方形柱的感觉，各组件相互吻合均能体现出方形且没有盈余而显出饱满的视觉，包括方柱、方环、方形以及弧形，另长条的扣板能够加强直立以及一体连接的视觉效果；而附件1的设计，给人一种圆筒的感觉，各组件相互吻合显现出"方、棱在圆中"，且各部分于重叠的边缘处均呈现出盈余而显得交错的视觉效果，环状件的分立设置则加强了错落的感觉，因此，本涉案专利与附件1的设计属于不相近似的设计。

专利复审委员会本案合议组于2010年11月5日将专利权人提交的意见陈述转交给请求人。

专利复审委员会本案合议组于2010年11月5日向双方当事人发出了口头审理通知书，定于2010年12月1日举行口头审理，同时合议组在口头审理通知书中告知双方当事人本专利适用2001年《专利法》第23条，口头审理中将调查本专利是否与在先设计相同及相近似的问题。

口头审理如期举行，请求人出席了本次口头审理，专利权人未出席口头审理，专利复审委员会依法对本案进行缺席审理。在口头审理过程中，请求人对变更后合议组成员没有回避请求，合议组当庭告知当事人，本案适用2001年《专利法》第23条；请求人在口头审理中陈述了本专利相对于附件1不符合《专利法》第23条的规定的无效理由，具体理由与无效宣告请求书一致；请求人表示口头审理中已经充分发表意见，口头审理后不再提交书面意见。

至此，合议组认为本案事实已经清楚，可以作出审查决定。

二、决定的理由及结论

(一)法律依据

基于请求人提出的无效宣告请求的理由和证据，合议组依据《专利法》第23条的规定对本案进行审理。

《专利法》第23条规定：授权专利权的外观设计，应当同申请日以前在国内外出版物上公开发表过或者国内公开使用过的外观设计不相同和不相近似，并不得与他人在先取得的合法权利相冲突。

(二)证据认定

附件1为专利号为200630156998.0的中国外观设计专利的网络公告打印件，专利权人未对其真实性提出异议，经合议组核实，对附件1的真实性予以确认，附件1的公开日为2007年11月21日，早于本专利的申请日2008年4月3日，构成本专利申请日前公开发表过的外观设计。

(三)相同和相近似比较

附件1中公开了一种"快餐盒"的外观设计(下称在先设计)，本专利是"手提饭盒"的外观设计，二者用途相同，都用于盛放食物，属于类别相同的物品，具有可比性，可以将二者进行相同和相近似判断。

在先设计公开了一种"快餐盒"的外观设计，其快餐盒整体呈圆柱体，从上而下依次由盒盖、中间隔层、底部隔层组成圆柱体；盒盖上部设置有两个与圆弧边吻合并可翻起的提手，提手根部向盒盖直线弯折，并铰接在盒盖上，盒盖顶面中间具有凸起，其形状与提手内轮廓相吻合，盒盖在两提手根部对接处各形成一台阶，台阶外侧具有凸台，中部隔层上部两侧各具有一个用于与盒盖外侧凸台扣合的卡扣，中部隔层与卡扣对应的下部位置具有凸台，底部隔层上部两侧各具有一个与中部隔层下部凸台扣合的卡扣；卡扣的形状为长方形，中部具有横槽，末端为弧形设计；饭盒底层隔层底部为平底，最外圈有环形垫脚(详见在先设计附图)。

本专利授权公告文本中公开了一种"手提饭盒"的外观设计，其饭盒整体呈方柱体，四个角为圆倒角，自上而下由盒盖、扁平隔层、中部隔层和底部隔层组合形成整体的具有圆倒角的方柱体，盒盖上部设置有两个与上盖边缘吻合并可翻起的弧形提手，在盒盖两个手柄的两个对接处设置有锁扣机构，其由位于盒盖上侧的紧固件和位于盒盖侧边的长条形的扣板组成，紧固件和扣板都连接在盒盖上，紧固件末端稍微向上翘，在扣合状态时稍稍突出于盒盖，长条形扣板表面光滑，从盒盖延伸到底部隔层，底部隔层两侧具有两个与扣板宽度大致相同的长条凸台，用于与长条形扣板扣合，底层隔层底部呈弧形收拢过渡，并且在底部形成凸出的垫脚(详见本专利附图)。

饭盒是生活中常用的用于盛放、携带食物的容器,对于手提饭盒这类产品而言,通常都由盒体和盒盖以及提手组成,饭盒的整体形状、装饰图案、组成构造、提手设计都可以有较大的变化空间,在使用过程中,饭盒的组成构造、扣合方式、提手设计都会引起一般消费者的关注,因此手提饭盒的整体形状、装饰图案、组成构造、提手设计、扣合装置这些方面的外观设计变化都会对饭盒的外观设计的整体视觉效果产生显著的影响。

将在先设计与本专利相比较可知,二者的相同点在于:二者都是二层饭盒,都有盒盖、中部隔层和底部隔层,盒盖上均设有与饭盒边缘吻合并可翻起的弧形提手;二者的不同点主要在于:(1)二者饭盒的形状不同,本专利为带圆倒角的方柱体,而在先设计为圆柱体。(2)二者锁扣机构不同,本专利的锁扣机构有两个,分别位于饭盒整体两侧,由盒盖延伸到底部隔层,每个锁扣机构由位于盒盖上侧的紧固件和位于盒盖侧边的长条形的扣板组成,紧固件和扣板都连接在盒盖上,紧固件末端稍微向上翘,在扣合状态时稍稍突出于盒盖,长条形扣板表面光滑,从盒盖延伸到底部隔层;而在先设计的锁扣机构有四个,在饭盒两侧各有两个,分别位于盒盖与中部隔层连接处以及中部隔层与底部隔层的连接处,每个锁扣机构由卡扣和凸台配合,卡扣的形状为长方形形状,中部具有横槽,末端为弧形设计,方便手指扳动。(3)二者的提手形状不同,本专利的提手对接在饭盒盖的外缘,并且整体比较流畅,没有折角,在先设计的提手对接在饭盒盖外缘内部,提手的弯折部具有明显的折角。(4)本专利在中部隔层上还具有一个扁平隔层,而在先设计没有。(5)二者底部隔层下部设计不同,本专利底部隔层呈弧形收拢过渡,而在先设计底部隔层下部并无弧形收拢过渡,直接连接底面。

对于一般消费者来说,本专利和在先设计的锁扣机构都位于饭盒主体的外侧,在视觉上占据比较显著的位置,其次,在饭盒的使用过程中,打开、锁紧饭盒时,使用者都要对锁扣机构进行操作,因此锁扣机构的设计变化容易引起一般消费者的关注。本专利中的锁扣机构为两个呈长条状的锁扣机构,由位于盒盖上侧的紧固件和位于盒盖侧边的长条形的扣板组成,长条扣板表面光滑,而在先设计的锁扣机构为四个长方形卡扣,每个卡扣都具有横槽,并且其上部末端具有弧形设计,二者在数量、形状、表面设计上都具有较大差别,这些差别对饭盒整体外观的视觉效果产生了显著影响。在使用中,提手对于一般消费者来说也是经常使用和关注的部位,二者的提手的形状、连接部位明显不同,由于本专利的提手不具有折角,其整体比较饱满、圆润,而在先设计的提手弯折处呈现出棱角,比较硬朗,因此二者提手的不同也对其饭盒的整体视觉效果产生了一定的影响。此外二者在底部隔层下部的弧度设计方面的明显不同,也会引起一般消费者的关注,也会对产品的整体视觉效果产生一定的影响。通过整体观察、综合判断,本专利与在先设计由于存在整体形状、锁扣机构、扁平隔层、底部隔层下部设计方面的不同,并且特别是二者在锁扣机构和提手方面的不同,已经使本专利和在先设计产生了不同的整体视觉效果,本专利与在先设计不相同也不相近似。

综上所述,本专利与在先设计不相同也不相近似,相对于该在先设计,符合《专利法》第 23 条的规定,因此合议组对请求人的无效理由不予支持。

维持 200830045356.2 号外观设计专利权有效。

当事人对本决定不服的,可以根据《专利法》第 46 条第 2 款的规定,自收到本决定之日起三个月内向北京市第一中级人民法院起诉。根据该款的规定,一方当事人起诉后,另一方当事人作为第三人参加诉讼。

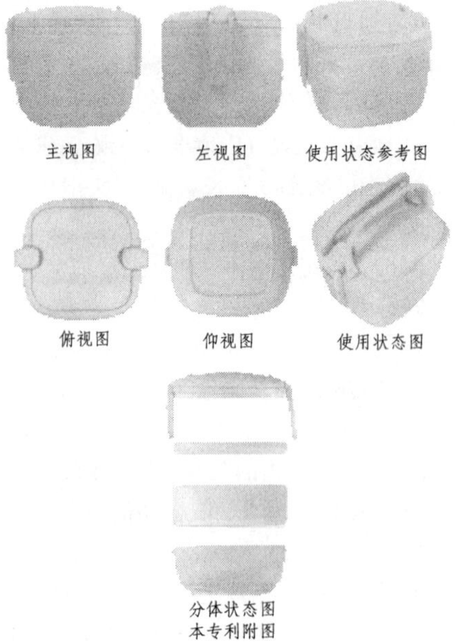

本专利附图

仰视图

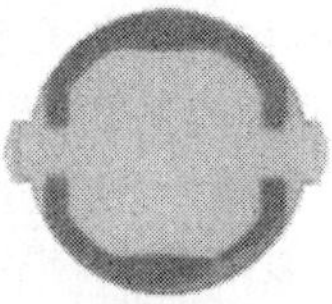
俯视图

主视图

左视图

使用状态图
在先设计附图

三、评析

本决定从案情上来说并不复杂，其亮点在于决定理由部分的撰写。案情简单，但是决定理由的分析却不简单。在将本专利与在先设计进行相同相近似对比时，合议组没有仅仅在列明相同点及不同点后就简单地给出结论，而是首先分析了对于本案涉及的产品而言，其通常由几部分组成，同时考虑了在产品的哪些部位可以有较大的变化空间、哪些部位会引起一般消费者的关注等对外观设计整体视觉效果产生显著影响的因素。接下来，合议组具体阐述了本专利与在先设计的不同点为什么会引起一般消费者的关注，详细说明了这些不同点对外观设计整体视觉效果产生显著影响的理由，最后得出二者不相同也不相近似的结论。整个分析过程逻辑清楚、语言流畅、论述充分，从而使结论顺理成章。

本决定稍有遗憾之处在于理由部分的段落排布稍有不妥，如能将对涉及产品的设计空间及易引起一般消费者关注部位的分析这一段放在相同点与不同点分析这一段之后，使之与影响外观设计整体视觉效果的因素的具体理由分析这一段相衔接，则会使得其理由的叙述更为顺畅，条理更为清楚。虽然存在上述一些小小的不足，但是本决定仍是瑕不掩瑜，足以成为一篇优秀决定。

（国家知识产权局专利复审委员会
王霞军　张美菊　瞿　怡　刘颖杰）

案例3　缺少实验数据导致的说明书公开不充分

一、案由

本复审请求涉及申请号为200410044063.3，名称为“巨噬细胞体外诱导培养方法”的发明专利申请。申请人为哈尔滨医科大学。本申请的申请日为2004年11月17日，公开日为2005年4月27日。

经实质审查，国家知识产权局原审查部门审查员于2006年9月22日发出驳回决定，驳回了本发明专利申请，其理由是：本发明的方法实质上是在常规细胞培养的基础上自然等待正常细胞死亡，然后筛选出可能存活下来的所谓的巨噬细胞，但是申请人在整个技术方案中并未证明上述细胞就是巨噬细胞，因此，说明书未对发明作出清楚完整的说明，不符合《专利法》第26条第3款的规定。驳回决定所依据的文本为申请人于2004年11月17日提交的权利要求书、说明书及其摘要。驳回决定所针对的权利要求书如下：

“1. 一种巨噬细胞体外诱导培养方法，其特征在于将从血液、组织或腹腔积液中分离到的单个核细胞用PRMI1640培养基调成2×106个细胞/ml后，置于37℃、5% CO_2 孵箱中，当培养基的pH值降至4或以下，所有培养细胞体积缩小、胞浆内颗粒增多、折光形变弱后，继续培养至有少量细胞出现细胞体积逐渐变大、胞浆内颗粒减少、折光形变强，此时开始每天少量换液，待这些细胞进入快速分裂增殖时，再按常规方法换液、传代即可。”

申请人（下称复审请求人）对上述驳回决定不服，于2007年1月6日向专利复审委员会提出了复审请求，同时提交了附件2：

附件2：《死亡细胞诱导分化的巨噬细胞的生物学特性研究》，袁小林，张春蕾等，中国免疫学会第五届全国代表大会暨学术会议论文摘要，2006.11.03－06，第11页。

复审请求人认为：本发明的技术方案与公知的诱导培养方法不同，在不换液、不传代的培养条件下，细胞代谢产物的分泌使培养上清液中细胞毒性代谢产物不断积累并使培养上清液变酸，在如此恶劣的环境下只有单核细胞与巨噬细胞能够存活，其他的单个核细胞死亡破碎。发明人正是利用了以上自然规律和细胞的生理特点制定了本发明的技术方案及工艺参数；在第一次意见陈述中申请人已经证明了本申请的结果确定为巨噬细胞，提供的试验数据仅是为证明本申请的操作步骤培养出的是巨噬细胞，而不是说因为通过本方法诱导培养出的细胞是否是巨噬细胞无法肯定而需进一步鉴定。复审请求人提供附件 2 以证明其上述主张。

经形式审查合格，专利复审委员会于 2007 年 3 月 8 日依法受理了该复审请求，并将其转送至原审查部门进行前置审查。

原审查部门在前置审查意见书中认为，证明实验结果的实验操作或方法虽然是本领域技术人员公知的操作方法，但由于申请人在原说明书中缺少对实验结果的记载和证实，其并不能用来作为证明通过本发明的方法所获得的细胞必然是巨噬细胞的理论依据。因而坚持驳回决定。

随后，专利复审委员会成立合议组对本案进行审理。

合议组于 2008 年 7 月 16 日向复审请求人发出复审通知书，指出：本申请所采用的方法并非常规的细胞培养方法，说明书中没有提供实验证据来证明通过所述方法确实能够得到巨噬细胞，也没有提供试验证明可以使用常规方法培养上述的存活细胞并对其加以鉴定或可用于其他应用，因此本领域的技术人员无法确定或预测通过本申请的方法能够存活下来细胞，更无法确定或预测存活下来的细胞就是巨噬细胞。因此，说明书未对发明作出清楚完整的说明，不符合《专利法》第 26 条第 3 款的规定。请求人提交的附件 2 的公开日期是在本申请的申请日之后，不能作为本申请能够实现的证据。

复审请求人于 2008 年 8 月 28 日提交了意见陈述书。复审请求人认为：(1)大多数细胞适于在 pH 值为 7.2 到 pH 值 7.4 条件下生长，pH 值低于 6.8 或高于 7.6 的酸性条件对细胞有害，甚至使其退变或死亡，而巨噬细胞具有嗜酸性，因此在本发明建立的 pH 值为 4 或 4 以下的酸性条件下，巨噬细胞可以存活而将其他类型的细胞淘汰，达到本发明不需特殊分离、巨噬细胞纯度高的优点。随着细胞的新陈代谢和凋亡本发明建立的培养环境中的渗透压会逐渐升高，因此在培养前期出现了细胞体积缩小、胞浆内颗粒增多等现象，尽管继续培养环境中渗透压仍然不断升高，但本发明专利中诱导培养的细胞体积却没有再缩小，而是出现细胞体积逐渐变大等细胞形态变化，说明细胞体外诱导成功、有细胞存活下来；同时细胞克服了渗透压的影响体积“非常识性”的增大，唯一的、合理的解释就是存活下来的细胞具有吞噬作用。(2)复审请求时提供的附件 2 是用来帮助佐证本发明专利所要保护的内容和所利用的自然规律都是客观事实，尽管是在申请日之后公开，但其所讲述的客观事实及原理却是始终存在的。本申请符合《专利法》第 26 条第 3 款的规定。

在上述程序的基础上，合议组认为本案事实已经清楚，可以作出审查决定。

二、决定的理由及结论

(一)审查文本的认定

本复审决定所针对的文本为驳回决定所依据的文本。

(二)关于《专利法》第 26 条第 3 款

《专利法》第 26 条第 3 款规定，说明书应当对发明或者实用新型作出清楚、完整的说明，以所属技术领域的技术人员能够实现为准。

如果说明书中给出了具体的技术方案，但未提供实验证据，而该方案又必须依赖实验结果加以证实才能实现，那么该技术方案将被认为无法实现。判断说明书是否充分公开，应当以原说明书和权利要求书记载的内容为准，申请日之后补交的实施例和试验数据不予考虑。

本申请涉及一种巨噬细胞体外诱导培养方法，根据说明书的记载，该方法将血液、组织或腹腔积液中分离得到的单个核细胞直接培养，在细胞新陈代谢所造成的酸性条件下，死亡细胞或其释放的内容物可将巨噬细胞或前体细胞直接诱导激活为成熟的巨噬细胞(参见说明书第 1 页第 23～26 行)。可见，本申请所描述的这种方法实质上是在一定的细胞培养的基础上等待正常细胞自然死亡，然后筛选出存活下来的所谓的巨噬细胞。但是，由于本申请所采用的方法并不是常规的细胞培养方法，说明书中没有提供实验证据来证明通过所述方法确实能够得到巨噬细胞，本领域的技术人员无法确定或预测通过本申请的方法能够存活下来细胞，更无法确定或预测存活下来的细胞就是巨噬细胞，未能够达到本发明所述的诱导培养巨噬细胞的目的。因此，说明书未对发明作出清楚完整的说明，不符合《专利法》第 26 条第 3 款的规定。

关于复审请求人的主张，合议组的意见如下：

第一，本领域技术人员公知大多数细胞适于在pH值为7.2到7.4条件下生长，pH低于6.8或高于7.6对细胞有害，甚至引起细胞退变或死亡(复审请求人在意见陈述书中亦指出这一点)。尽管巨噬细胞具有嗜酸性，但是本申请建立的pH值为4或4以下的酸性条件，已经远远超出了本领域公知的细胞能够生存的条件。根据本领域现有的公知常识，细胞在这种极端的环境下通常无法存活或者无法保持原有的活性，因此，在未提供试验数据验证的情况下，本领域技术人员无法预料能够有细胞存活，也无法预料即使有细胞存活，其能否继续保持原有活性。

第二，复审请求人在申请文件和意见陈述书中指出，“随着细胞的新陈代谢和凋亡，本发明建立的培养环境中渗透压会逐渐升高，因此在培养前期出现了细胞体积缩小、胞浆内颗粒增多、折光形变弱的现象……”，这一点是符合本领域一般常识的，因为本领域技术人员知晓这说明细胞在衰退或死亡，按照本领域的一般常识，在这种高渗透压的环境中，接下来细胞内液会继续不断流失，导致动物细胞体积继续缩小并最终死亡。但是，复审请求人却声称，在上述过程之后，“尽管继续培养环境中渗透压仍然不断升高，但本发明专利中诱导培养的细胞体积却没有再缩小，而是出现细胞体积逐渐变大、胞浆内颗粒减少、折光形变强的细胞形态变化，说明细胞体外诱导成功，有细胞存活下来；同时细胞克服了渗透压的影响体积‘非常识性’的增大，唯一的、合理的解释就是存活下来的细胞具有吞噬作用”。然而，这一点与现有技术和本领域技术人员的常识相悖，由于现有技术中并没有如复审请求人所述的细胞变化规律的理论和事实，本领域技术人员就不具备预测本申请结果的基础，同时本申请也没有给出实验证据对所得结果予以验证，所以，本领域技术人员也就不可能预料该方法确实能够得到巨噬细胞。复审请求人声称“细胞克服了渗透压的影响体积‘非常识性’的增大，唯一的、合理的解释就是存活下来的细胞具有吞噬作用”，在原始申请文本中缺乏试验数据的情况下，这种所谓“合理的解释”只能是一种断言，缺乏依据。况且，在申请日之前，如果申请人已经得到了这些数据，就应当记载在专利申请说明书中。

第三，通常的细胞培养方法需要通过换液和传代将细胞的代谢产物移出并为培养细胞提供存活所必需的新鲜营养物质，而本发明的方法不必换液、传代，发明人声称正是其发现了上述自然规律和细胞的生理特点的情况下制定了本发明的技术方案。但是，正是由于上述规律和细胞的生理特点在申请日前并不被本领域技术人员所知晓，所以本申请说明书才必须依赖于试验证据对上述自然规律和细胞的生理特点予以验证。

第四，本申请中，尽管巨噬细胞是已知细胞，但是，细胞是生物材料，本领域技术人员公知生物材料的产生和发展具有一定的不可预知性，环境的改变可能对细胞的性质和活性产生极大影响。本申请的培养条件是一种极端条件，即使最终有细胞能够存活下来，其性质、活性都有可能较已知的细胞发生改变。在缺乏试验数据的情况下，即使有细胞存活，其是否能够保持原有巨噬细胞的活性无法预见。

第五，本发明所采用的单个核细胞包含多个种类，单核细胞仅为其中一种，在没有提供相关试验证据的情况下，本领域技术人员也无法确定适用本发明的方法存活下来的仅为单核细胞和巨噬细胞。

因此，原始申请文本中需要记载通过细胞形态学、免疫荧光学、细胞流式光度术等方法进行检测的相应结果，进而证明采用本发明的方法所得到的细胞为巨噬细胞。

此外，判断说明书是否充分公开，应当以原说明书和权利要求书记载的内容为准，申请日之后补交的试验数据不予考虑。虽然请求人在意见陈述中提供了详细的实验方法和结果来证明得到的细胞确实为巨噬细胞，但是这些实验结果均是在本申请的申请日以后提交的，不能证明在申请日之前通过本申请的方法确实能够得到巨噬细胞，即无法证明本申请在申请日前已经完成，不能作为本申请能够实现的证据。复审请求人提交的附件2的公开日期也是在本申请的申请日之后，不能作为本申请能够实现的证据。因此，说明书未对发明作出清楚完整的说明，不符合《专利法》第26条第3款的规定。故复审请求人的主张不能成立。

维持国家知识产权局于2006年9月22日对本申请作出的驳回决定。

如对本复审请求审查决定不服，根据《专利法》第41条第2款的规定，请求人自收到本决定之日起三个月内向北京市第一中级人民法院起诉。

三、评析

本决定系因缺少试验数据而导致公开不充分的典型案例。缺少试验数据而维持驳回决定是医药化学领域案件审查的普遍情况。本决定从本领域的理论基础入手，着重从本领域技术人员能否预测的角度进行论述，思路清晰，说理充分，以理服人，充分体现了合议组的专业素养。

本案中采用的细胞培养方法采用了特定的试验条件，但是未给出对试验结果的验证，当事人主张其验证手段为本领域的公知常识。对此，决定首先从本领域现有的理论基础出发，明确了通常情况下细胞的生长条件，然后进一步分析本申请的试验条件与现有理论之间的矛盾之处，最后结合细胞生物学活性论述因缺少实验数据使得本领域技术人员无法预测试验结果的理由。也就是说，决定先从本领域技术人员能够预测的结果入手，进而找出本申请的结论与现有技术的矛盾，推导出没有实验数据即无法证实该结论的结果。可以说是层层深入，抽丝剥茧，最终得出结论水到渠成，令人信服。该决定的审查思路和说理方式均值得借鉴。

（国家知识产权局专利复审委员会
刘　妍　程　强　曹铭书　钱亦俊）

案例 4　创造性判断中技术问题的认定

一、案由

本无效宣告请求案涉及国家知识产权局于2001年7月11日公告授予的、名称为“晶状取代的苯并[b]噻吩盐酸盐，含有它的药物制剂及其用途”的第95118449.0号发明专利权（下称本专利），其申请日为1995年9月18日，最早的优先权日为1994年9月19日，专利权人为伊莱利利公司（下称专利权人）。本专利授权公告的权利要求书如下：

“1. 非溶剂化晶状6—羟基—2—(4—羟基苯基)—3—[4—(2—哌啶子基乙氧基)苯甲酰基]苯并[b]噻吩盐酸盐，基本上展示出用铜辐射获得的如下X射线衍射图：

d—线间隔（埃）	I/Io（X100）
13.3864	71.31
9.3598	33.16
8.4625	2.08
7.3888	7.57
6.9907	5.80
6.6346	51.04
6.1717	29.57
5.9975	5.67
5.9135	9.87
5.6467	38.47
5.4773	10.54
5.2994	4.74
4.8680	4.03
4.7910	5.98
4.6614	57.50
4.5052	5.75
4.3701	9.03
4.2516	69.99
4.2059	57.64
4.1740	65.07
4.0819	12.44
3.9673	22.53
3.9318	100.00

d—线间隔（埃）	I/Io（X100）
3.8775	9.07
3.7096	33.38
3.6561	21.65
3.5576	3.36
3.5037	7.97
3.4522	18.02
3.4138	4.65
3.2738	10.23
3.1857	8.90
3.1333	6.24
3.0831	9.43
3.0025	12.13
2.9437	4.96
2.8642	7.70

2.7904	11.95
2.7246	3.05
2.6652	3.32
2.5882	7.30

2. 权利要求1的晶状6－羟基－2－(4－羟苯基)－3－[4－(2－哌啶子基乙氧基)苯甲酰基]苯并[b]噻吩盐酸盐,其中存在的6－羟基－2－(4－羟苯基)－3－[4－(2－哌啶子基乙氧基)苯甲酰基]苯并[b]噻吩盐酸盐的量至少是95重量%。

3. 权利要求1的晶状6－羟基－2－(4－羟苯基)－3－[4－(2－哌啶子基乙氧基)苯甲酰基]苯并[b]噻吩盐酸盐,其中含有少于5重量%的氯苯。

4. 权利要求1的晶状6－羟基－2－(4－羟苯基)－3－[4－(2－哌啶子基乙氧基)苯甲酰基]苯并[b]噻吩盐酸盐,其中含有少于5重量%的铝盐或有机铝杂质。

5. 权利要求1的晶状6－羟基－2－(4－羟苯基)－3－[4－(2－哌啶子基乙氧基)苯甲酰基]苯并[b]噻吩盐酸盐,其中含有少于3重量%的硫醇或硫醚杂质。

6. 权利要求2的晶状6－羟基－2－(4－羟苯基)－3－[4－(2－哌啶子基乙氧基)苯甲酰基]苯并[b]噻吩盐酸盐,其中含有少于5重量%的氯苯。

7. 权利要求2的晶状6－羟基－2－(4－羟苯基)－3－[4－(2－哌啶子基乙氧基)苯甲酰基]苯并[b]噻吩盐酸盐,其中含有少于5重量%的铝盐或有机铝杂质。

8. 权利要求2的晶状6－羟基－2－(4－羟苯基)－3－[4－(2－哌啶子基乙氧基)苯甲酰基]苯并[b]噻吩盐酸盐,其中含有少于3重量%的硫醇或硫醚杂质。

9. 权利要求3的晶状6－羟基－2－(4－羟苯基)－3－[4－(2－哌啶子基乙氧基)苯甲酰基]苯并[b]噻吩盐酸盐,其中含有少于5重量%的铝盐或有机铝杂质。

10. 权利要求3的晶状6－羟基－2－(4－羟苯基)－3－[4－(2－哌啶子基乙氧基)苯甲酰基]苯并[b]噻吩盐酸盐,其中含有少于3重量%的硫醇或硫醚杂质。

11. 权利要求4的晶状6－羟基－2－(4－羟苯基)－3－[4－(2－哌啶子基乙氧基)苯甲酰基]苯并[b]噻吩盐酸盐,其中含有少于3重量%的硫醇或硫醚杂质。

12. 一种药物制剂,其含有权利要求1的晶状化合物和一种或多种药学上可接受的载体,稀释剂或赋形剂。

13. 权利要求12的一种药物制剂,其含有权利要求2的晶状化合物和一种或多种药学上可接受的载体,稀释剂或赋形剂。

14. 权利要求12的一种药物制剂,其含有权利要求3的晶状化合物和一种或多种药学上可接受的载体,稀释剂或赋形剂。

15. 权利要求12的一种药物制剂,其含有权利要求4的晶状化合物和一种或多种药学上可接受的载体,稀释剂或赋形剂。

16. 权利要求12的一种药物制剂,其含有权利要求5的晶状化合物和一种或多种药学上可接受的载体,稀释剂或赋形剂。

17. 权利要求1的晶状化合物在制备药物中的应用。

18. 权利要求17的用途,其中权利要求2的晶状化合物在制备药物中的应用。

19. 权利要求17的用途,其中权利要求3的晶状化合物在制备药物中的应用。

20. 权利要求17的用途,其中权利要求4的晶状化合物在制备药物中的应用。

21. 权利要求17的用途,其中权利要求5的晶状化合物在制备药物中的应用。"

针对上述专利权,江苏恒瑞医药股份有限公司(下称请求人)于2007年7月4日向专利复审委员会提出无效宣告请求,认为本专利权利要求1～11、17～21不符合《专利法》第22条第2款的规定,权利要求1～21不符合《专利法》第22条第3款的规定,并同时提交以下证据1～4:

证据1:"Antiestrogens 2.1 Structure－Activity Studies in a Series of 3－Aroyl－2－arylbenzo[b]thiophene Derivatives Leading to [6－Hyroxy－2－(4－hydroxyphenyl)benzo[b] thien－3－yl][4－[2－piperidinyl]ethoxy]phenyl]methanone Hydrochloride (LY156758), a Remarkably Effective Estrogen Antagonist with Only Minimal Intrinsic Estrogenicity," Charles D. Jones et al., Journal of Medicinal Chemistry, 第27卷,第8期,第1057～1066页,公开日为1984年,复印件10页,及其部分中文译文2页;

证据2:盖有"南京大学配位化学国家重点实

验室”红章和骑缝章、落款为南京大学配位化学国家重点实验室荀少华教授课题组，时间为2007年4月10日的实验报告，共4页；

证据3：第4418068号美国专利，公开日为1983年11月29日，复印件24页，及其部分中文译文共2页；

证据4：第1、2、4～6页盖有“南京大学配位化学国家重点实验室”印章的X射线衍射测试报告，复印件6页。

请求人认为：

(1)证据1公开了用甲醇水溶液重结晶6－羟基－2－(4－羟苯基)－3－[4－(2－哌啶子基乙氧基)苯甲酰基]苯并[b]噻吩(下称雷洛昔芬)盐酸盐的THF溶剂化粗品，得到了纯化的雷洛昔芬盐酸盐，本专利说明书第1页第2段也记载了证据1制备的化合物是溶剂化物；而根据本专利说明书第18页第2段所述，经过甲醇水重结晶方法可得到非溶剂化物，从中可以看出制备本专利权利要求1产品的方法与证据1描述的方法相同，本专利中重结晶得到非溶剂化物的方法也已经在证据1中公开，因此，证据1中THF溶剂化物粗品在甲醇/水条件下重结晶得到的产品与本专利权利要求1要求保护的产品相同，本专利要求保护的非溶剂化晶状物属于证据1已经完成的技术方案，权利要求1相对于证据1不具备新颖性；证据2和证据4的实验对象中，样品1～3是重现证据1的方法，将雷洛昔芬盐酸盐的四氢呋喃溶剂化物粗品重结晶得到的雷洛昔芬盐酸盐，样品4～6是按照本专利实施例2公开的方法制得的非溶剂化晶状雷洛昔芬盐酸盐，实验结果证明，根据证据1制得的样品与本专利权利要求1要求保护的产品的X射线衍射数据一致，二者晶型相同，且在已知的结晶条件下，雷洛昔芬盐酸盐不存在多晶型。

(2)权利要求2～11进一步限定权利要求1的非溶剂化晶状物的纯度，证据2的实验结果证明，根据证据1公开的方法制得的产品也具有这些理化特性，因此证据1隐含公开了权利要求2～11的附加技术特征，这些权利要求也不具备新颖性。

(3)权利要求17～21要求保护权利要求1～5的晶状化合物在制备药物中的应用，证据1公开了雷洛昔芬盐酸盐的抗雌激素活性及其医疗用途，因此，当引用的权利要求1～5不具备新颖性时，这些权利要求也不具备新颖性。

(4)即使证据1与权利要求1有所区别，权利要求1相对于证据1也不具备创造性；本领域技术人员公知溶剂化物中含有的大量溶剂对人体有害，因此必然会通过本领域的常规纯化方法对其进行加工，在此基础上得到权利要求1的技术方案是显而易见的，证据2和4的上述实验结论也验证了，只要本领域技术人员通过常规方法对雷洛昔芬盐酸盐的溶剂化物进行重结晶处理，就必然会得到本专利权利要求1要求保护的产品；此外，采用本领域常用的纯化手段以提高化合物或其晶状物的纯度以提高化合物的质量是本领域技术人员的常识，并且证据1隐含公开了权利要求2～11的附加技术特征，因此，权利要求2～11也不具备创造性。

(5)权利要求12～16要求保护含权利要求1～5的非溶剂化晶状物的药物制剂，本领域技术人员根据证据1已经完成的非溶剂化晶状物及其制备和其医药用途等技术方案，结合药物的制剂需要和临床要求得到所述药物制剂是显而易见的，因此权利要求12～16相对于证据1也不具备创造性；此外，证据3公开了雷洛昔芬盐酸盐的药物组合物，含有雷洛昔芬盐酸盐和一种或多种药学上可接受的载体、稀释剂或赋形剂，因此权利要求12～16相对于证据1和3的结合也不具备创造性。

(6)权利要求17～21要求保护晶状化合物在制备药物中的应用，证据1公开了非溶剂化晶状物，还公开了其抗激素活性及其医药用途，当引用的权利要求1～5不具备创造性时，权利要求17～21也不具备创造性。

经形式审查合格后，专利复审委员会受理了上述无效宣告请求，于2007年8月13日向双方当事人发出无效宣告请求受理通知书，并将请求人的专利权无效宣告请求书及其附件的副本转送给专利权人，要求其在指定的期限内答复，同时成立合议组对本无效宣告请求案进行审理。

2007年9月28日，专利权人针对以上无效宣告请求受理通知书和专利权无效宣告请求书作出答复，并提交以下反证1～3：

反证1：W.D.路克的声明，复印件19页，其中文译文16页；

反证2：GB2097788A，公开日为1982年11月10日，复印件36页，其部分中文译文2页；

反证3：证据1第1065页第2栏最后1段至第1066页第1栏第2段的中文译文1页。

专利权人认为：

(1)证据1未公开其最终产品的“晶状”和“非溶剂化”特征，也未公开其具有本专利权利要求1产品的特征X射线衍射谱图，因此，证据1未公开权利要求1的具有特征X射线衍射图的非溶剂化晶状雷洛昔芬盐酸盐；证据1是专利权人的研究实验室的早期初步研究结果，并且在本专利说明书中将其作为现有技术引述并指出，“所述合成雷洛昔芬的方法具有严重缺点，它产生一种被已知致癌物氯苯污染的溶剂化物”，即，证据1中合成的粗品是混合的氯苯/THF溶剂化物，而并非证据1中所标明和请求人理解的“THF溶剂化粗品50”；同时，证据1中也没有记载本专利的重结晶方法，只是简单提到用甲醇/水进行重结晶，而本专利记载了用甲醇/水重结晶方法可以从某种结晶的溶剂化物制备其非溶剂化的结晶形式，并且指出简单地由甲醇/水结晶不足以纯化雷洛昔芬盐酸盐的芳族溶剂化物，反证1的实验结论证明，雷洛昔芬盐酸盐的氯苯溶剂化物不可能通过甲醇/水的重结晶转化为非溶剂化物；此外，制备本专利要求保护的非溶剂化物过程中尽管也可使用氯苯等芳族溶剂，但本专利具体教导了之后必须进行一个额外的用脂族烃溶剂萃取以将其除去的步骤，证据1公开的制备方法中从未提及该萃取步骤；重结晶原料的不同导致了重结晶产物的不同，本专利得到的是雷洛昔芬盐酸盐的非溶剂化物，证据1得到的实际上是雷洛昔芬盐酸盐的氯苯溶剂化物或氯苯/THF溶剂化物。因此，本专利权利要求1的产品与证据1的产品技术内容不同，具备新颖性。

(2)反证1的实验结论证明：熔点可用于区分溶剂化物和非溶剂化物，本专利中雷洛昔芬盐酸盐以晶状非溶剂化物的形式存在，其纯品的熔点为272℃，显著高于芳族溶剂化物(包括氯苯溶剂化物)的熔点254～264℃；反证1的实验2描述了在0.66当量氯苯存在下制备氯苯溶剂化物，并且表明已观察到甚至在低至0.27当量溶剂存在下，氯苯溶剂化物的形成，基于雷洛昔芬盐酸盐具有与取代苯溶剂形成溶剂化物的所述强趋势，当在含氯苯的反应介质中进行制备时，反应产物是氯苯的溶剂化物；反证2是证据3的同族专利，反证2实施例18制备得到的以及实施例20(即证据3的实施例18)中重结晶得到的均为雷洛昔芬盐酸盐的氯苯溶剂化物，而并非本专利要求保护的非溶剂化物，这也证实了上述雷洛昔芬盐酸盐具有夺取氯苯形成溶剂化物的强趋势；上述关于证据2实施例18和20的结论适用于证据1的实验方法，因为其实验步骤中同样使用了大量氯苯。也就是说，由于证据1的实验步骤中同样使用了大量氯苯，证据1只记载了“添加50ml新鲜氯苯，并且在此蒸馏以除去残余的$SOCl_2$，将剩余物溶于……”，并未记载完全除去氯苯，氯苯显然残留在除去$SOCl_2$得到的“剩余物”中。

(3)由于权利要求1相对于证据1具备新颖性，引用权利要求1的权利要求2～11及权利要求1所述产品的用途权利要求17～21也具备新颖性。

(4)重结晶产品的种类同时取决于重结晶条件和用于重结晶的粗品，证据2与反证1的实验结论相反，说明证据2并未真正再现证据1中的粗品制备步骤，而是使用了其他一些未公开的方法制备的雷洛昔芬盐酸盐的THF溶剂化物来进行重结晶实验，从而得到本专利要求保护的非溶剂化物；此外，证据2的实验不能证明在已知结晶条件下，所有种类的雷洛昔芬盐酸盐溶剂化物均会重结晶得到非溶剂化物，因此，证据2中的实验1和2作为无效理由的证据是不适当的或不相关的。

(5)证据1并未意识到现有技术中存在的“溶剂化物中含有相对于化合物本身2∶1比例的有机溶剂(二氯甲烷)对人体有害”，正是本专利说明书中教导了现有技术中存在的所述问题，因此，本领域技术人员根据证据1的描述不会有动机去解决并未意识到的问题；此外，即使本领域技术人员能够想到用常规方法对证据1中的雷洛昔芬盐酸盐进行纯化处理，也不能获得本专利权利要求1要求保护的产品，因为证据1的溶剂化粗品，是氯苯/THF混合溶剂化物，而不是本专利的二氯甲烷溶剂化物；同时，甲醇/水重结晶不能使证据1中得到的氯苯溶剂化物转化为非溶剂化物，证据1公开的制备方法中也未提及本专利中“额外地用脂族烃溶剂萃取以除去芳族溶剂”的步骤；此外，本专利权利要求1的产品克服了现有技术中的缺点，基本上不含氯苯，产生了有益效果，因此，权利要求1相对于证据1具备创造性。

(6)由于权利要求1相对于证据1具备创造性，而证据3也没有公开损害其创造性的内容，因此，权利要求1相对于证据1和3的结合也具备创造性。

(7)由于权利要求1相对于证据1以及证据

1和3的结合具备创造性，权利要求2～21也具备创造性。

2007年11月16日，合议组向双方当事人发出无效宣告请求口头审理通知书，定于2008年1月16日对本案进行口头审理，并将专利权人于2007年9月28日提交的意见陈述书及其相关附件的副本转送请求人，要求其在口头审理时一并答复。

原定于2008年1月16日举行的口头审理因故改期，2008年1月2日，合议组再次向双方当事人发出无效宣告请求口头审理通知书，定于2008年2月27日对本案进行口头审理。

2008年2月27日，口头审理如期进行，各当事人的代理人均出席了口头审理。合议组就本无效宣告请求案的无效理由及证据逐一进行了调查，双方均充分陈述了各自的意见，并记录了以下事项：

(1)请求人当庭确定其无效宣告的理由为权利要求1～11、17～21相对于证据1不符合《专利法》第22条第2款有关新颖性的规定；权利要求1～21相对于证据1不符合《专利法》第22条第3款有关创造性的规定；权利要求12～16相对于证据1和证据3的结合不符合《专利法》第22条第3款有关创造性的规定，其中证据1是最接近的对比文件。

(2)请求人当庭出示了盖有"上海医药工业研究院图书馆藏书"红章的证据1，以及证据4原件；专利权人对证据1和3的真实性、合法性和关联性没有异议，对证据2和4的真实性和关联性有异议，认为证据2和4的性质属于证人证言，出具该证言的证人与请求人存在利害关系且并未出庭作证，证据2和4中的实验条件不完整，实验程序不清楚，证据4原件第20070322－3的谱图缺少印章。

(3)专利权人当庭提交以下反证(编号续前)，以证明出具证据2和4的南京大学、南京大学配位化学国家重点实验室以及荀少华教授本人与请求人之间存在多种形式的合作关系：

反证4：ZL01127213.9号中国发明专利授权公告文本，申请日为2001年9月14日，授权公告日为2004年6月2日，复印件共8页；及由中华人民共和国国家知识产权局网站下载的该专利的检索信息1页；

反证5：中华人民共和国北京市中信公证处出具的(2008)京中信内经证字第01097号公证书8页；

反证6：中华人民共和国北京市中信公证处出具的(2008)京中信内经证字第01095号公证书8页；

反证7：中华人民共和国北京市中信公证处出具的(2008)京中信内经证字第01094号公证书16页；

反证8：中华人民共和国北京市中信公证处出具的(2008)京中信内经证字第01096号公证书13页。

合议组将上述反证5～8的原件保留在案卷中，并将反证4～8的复印件当庭转送给请求人，经请求人核实反证5～8的复印件与原件一致。请求人对反证4的真实性、合法性和关联性无异议，认可上述反证5～8的真实性，并承认南京大学与请求人之间存在合作关系，但认为不一定与本案有关。

(4)专利权人当庭提交了反证1的公证认证原件共20页及其公证书部分的中文译文4页，合议组将原件保留在案卷中，将其复印件连同译文一起转送给请求人，经请求人当庭核实其与原件一致。口头审理过程中，证人W.D.路克出席了本次口头审理，向合议组及对方当事人出示了其护照。证人以发明人的身份围绕反证1的内容以及本专利涉及的一些技术问题接受了合议组及双方当事人的质证，但未对其身份进行公证认证并提交相关证据。证人的主要观点为：①在发现氯苯和雷洛昔芬盐酸盐之间紧密的结合趋势的基础上认为，尽管证据1描述了用于重结晶的粗品是THF溶剂化物，但实际上其应当是含有THF和氯苯的复合溶剂化物，因为证据1的实验中使用了大量氯苯，而蒸馏操作不足以将其完全除去，但由于氯苯在其中的含量非常少，因此NMR光谱检测容易将其忽略；②甲醇和水重结晶不足以除去证据1的复合溶剂化物中的氯苯，因此据其经验认为证据1的重结晶产物中仍然含有氯苯。

请求人仅认可反证1公证认证原件在形式上的真实性，但不认可其内容的真实性和客观性，对反证2～3的真实性没有异议。

(5)专利权人当庭提交了以下反证(编号续前)及其复印件作为公知常识性证据：

反证9："The Chemist's Ready Reference Handbook", Gershon J. Shugar, John A. Dean, McGrawHill Inc. 1990，封面，版权页，序言，第27.1～27.5、27.15～27.16页，复印件10页，部

分中文译文 3 页；

反证 10：“Chemical Technicians’Ready Reference Handbook”，第三版，Gershon J. Shugar，Jack T Ballinger，McGrawHill Inc. 1990，封面，版权页，序言，第 473～477、486～488 页，复印件 11 页，部分中文译文 2 页。

合议组将反证 9 和 10 的复印件转送给请求人，经请求人当庭核实与原件一致。请求人认可反证 9 和 10 的真实性、合法性、关联性以及译文的准确性。

(6)对于请求人提交的译文，专利权人除认为证据 1 译文的 C 段中出现的“酸性氯化物”应当译为“酰氯”，“原始化合物 50”应当译为“粗品 50”之外，认可其他译文的准确性。请求人认可上述更正，也认可专利权人提交的反证 3 中译文的准确性。

至此，合议组认为本案的事实清楚，可以作出审查决定。

二、决定的理由及结论

(一)关于文本

本无效宣告请求审理的文本为本专利的授权公告文本。

(二)关于证据

(1)请求人提交的证据 1 是发表在正式出版的学术期刊上的文章，请求人在口头审理时当庭出示了盖有“上海医药工业研究院图书馆藏书”红章的证据 1；证据 3 是一篇美国专利文献；专利权人对证据 1 和 3 的真实性没有异议，合议组对证据 1 和 3 的真实性予以认可。证据 1 和 3 的公开日均在本专利的申请日之前，因此，二者可以作为本专利的现有技术评价其新颖性和创造性。对于请求人提交的上述证据的译文，专利权人除认为证据 1 译文的 C 段中出现的“酸性氯化物”应当译为“酰氯”，“原始化合物 50”应当译为“粗品 50”之外，认可其他译文的准确性，请求人认可上述更正。合议组认可上述更正后的译文的准确性。

(2)请求人声称，证据 2 和 4 是其委托南京大学配位化学国家重点实验室根据证据 1 第 1066 页第 1 栏第 2 段和本专利公开的方法进行重复性实验后出具的试验报告，以及相应的 X 射线衍射测试报告。证据 2 和 4 的实验对象中，样品 1～3 是重现证据 1 的方法，样品 4～6 是按照本专利实施例 2 公开的方法制得的产品。证据 2 的实验 1 对照了本专利要求保护的非溶剂化晶状雷洛昔芬盐酸盐样品与按照证据 1 第 1066 页第 1 栏第 3 段公开的方法制得的样品的 X 射线衍射数据，实验 2 是按照证据 1 和本专利的重结晶方法各自制得三个样品并比较了所述样品结晶之前的粗品熔点、结晶溶剂的种类和用量、结晶后纯品的熔点、纯度以及其中氯苯、硫醚和硫醇、二氯甲烷的残留量，并得出以下结论，①证据 1 制备得到的雷洛昔芬盐酸盐四氢呋喃溶剂化物与本专利的雷洛昔芬二氯乙烷溶剂化物的组成和熔点存在差别，但二者经重结晶后所得物(即雷洛昔芬盐酸盐纯品)的晶形相同，②在已知结晶条件下，雷洛昔芬盐酸盐的纯品不存在多晶型。证据 4 是所述样品 1～6 的 X 射线衍射测试报告。请求人依据该实验结论主张，本专利权利要求 1 要求保护的产品与证据 1 方法制得的产品实际上相同。

对于证据 2 和 4，合议组认为：①从形式和内容上来看，证据 2 是一份由“南京大学配位化学国家重点实验室苟少华教授课题组”受请求人委托，向国家知识产权局专利复审委员会出具的实验报告。尽管加盖了“南京大学配位化学国家重点实验室”的印章，但缺少具体实验者或实验报告撰写者的名字，也无相关自然人签字，而且，作为落款的出证单位，“南京大学配位化学国家重点实验室苟少华教授课题组”没有派任何相关人员出席口头审理，就实验报告的内容和结论接受专利权人质证及合议组询问，使得证据 2 和 4 内容的真实性无法查证。②专利权人在口头审理的过程中当庭提交反证 4～8，以证明出具证据 2 和 4 的南京大学、南京大学配位化学国家重点实验室以及苟少华教授本人与请求人之间存在多种形式的合作关系，据此不认可证据 2 和 4 的真实性。请求人对反证 4 的真实性、合法性和关联性无异议，并认可反证 5～8 的真实性。因此，合议组对反证 4～8 本身的真实性也予以认可。反证 4 是 ZL01127213.9 号中国发明专利授权公告文本，专利权人为南京大学和请求人，发明人为苟少华教授和陈永江；反证 5～8 是四份由中华人民共和国北京市中信公证处出具的公证书，反证 5 和 6 显示反证 4 的另一发明人，陈永江为请求人公司的高层人员，反证 7 显示了苟少华教授与请求人的合作项目的获奖情况，反证 8 显示请求人的董事长孙飘扬为南京大学校董，因此，反证 4～8 表明了证据 2 和 4 的出证人——南京大学和苟少华教授本人与请求人之间存在一定程度的利害关系，且请求人对于存在的合作关系也予以认可。③此外，证据4原件第20070322－3谱图缺少出证单位的印章，合议组难以确认证据4原件的真实性；证据2第2页表1中样品3的数据与证据4第20070322－3谱图中标注的数据不能对应，尽管请求人声称这是由于样品2和样品3的编号混淆所导致的，但由于证据4原件的真实性难以核实，请求人的这一更正也无法得到确认；证据2的表1中，对比了证据4的X射线衍射谱图的d值数据，并在二者数据一致的基础上得出了证据1制得的产品与本专利要求保护的产品晶型相同的结论，因此证据4是证据2的数据来源及结论的重要依据，而本无效宣告请求的请求书是围绕证据2和4的实验结果，尤其是证据2的结论展开的，按照常理推断，这些证据材料完成的先后顺序应当是X射线衍射谱图（即证据4）最早、实验报告（即证据2）其次、无效宣告请求书最后。但证据2第3页最后一段却将应当最早完成的X射线衍射图谱称为“证据4”，这与应当最后完成的无效宣告请求书中对该份证据的编号及措辞相同，据此，合议组难以确认证据2是一份与本无效宣告请求完全无关的客观的实验报告。④还有，作为一份实验报告，证据2中对实验过程的描述仅仅是照搬了证据1第1066页第1栏第2段的内容，缺少对实验过程的详细记录，例如缺少对所用试剂的来源、测试所用仪器、测试条件等常规实验条件的具体说明，也缺少由实验结果得出上述结论的分析和推理过程，使得本领域技术人员不能明了或完整地再现实验的全过程。

综上所述，合议组对证据2和4不予采信。

（3）反证1是本专利的发明人之一，W.D.路克的声明，专利权人当庭提交了反证1的公证认证原件共20页及其公证书部分的中文译文4页。请求人认可反证1公证认证原件形式上的真实性，但由于证人是本专利发明人，不认可反证1内容的真实性和客观性。

对此，合议组认为：①尽管证人W.D.路克出席了本次口头审理，出示了护照并就反证1的内容接受了质证，但由于反证1是以本专利发明人的身份作出的一份证言，而专利权人未提交有关该证人身份的公证认证文件，不能证明出席口头审理的证人就是反证1的出证人和本专利的发明人。②反证1的出证人是专利权人的雇员，也是本专利的发明人之一，与本案有直接利害关系，因此反证1不能单独作为认定其所主张内容真实客观的依据，在无其他证据可以与反证1相互印证的前提下，合议组对于其内容的真实性以及客观性不予认可。

（4）反证2是证据3的同族专利，反证3为证据1的部分中文译文，请求人对反证2和3本身的真实性均没有异议，合议组对其真实性予以认可。并且，请求人认可反证2和3中文译文的准确性，因此合议组对其予以认可。

（5）反证9和10是专利权人当庭提交的记载于教科书上的公知常识证据，请求人认可反证9和10的真实性、合法性、关联性以及译文的准确性。因此合议组对反证9和10的真实性、合法性、关联性以及译文的准确性予以认可。

（三）关于无效宣告理由及范围

合议组审理的关于本专利权的无效宣告的理由和范围是：权利要求1～11、17～21相对于证据1不符合《专利法》第22条第2款有关新颖性的规定；权利要求1～21相对于证据1不符合《专利法》第22条第3款有关创造性的规定；权利要求12～16相对于证据1和证据3的结合不符合《专利法》第22条第3款有关创造性的规定。

（四）关于《专利法》第22条第2款

《专利法》第22条第2款规定，新颖性，是指在申请日以前没有同样的发明或者实用新型在国内外出版物上公开发表过、在国内公开使用过或者以其他方式为公众所知，也没有同样的发明或者实用新型由他人向国务院专利行政部门提出过申请并且记载在申请日以后公布的专利申请文件中。

如果要求保护的发明与现有技术公开的发明相比存在区别技术特征，导致该发明的技术方案与现有技术公开的技术方案存在实质不同，则认为该要求保护的发明具有新颖性。

本专利的权利要求1保护一种非溶剂化晶状雷洛昔芬盐酸盐，其基本上展示出用铜辐射获得的X射线衍射图（X射线衍射数据略）。证据1是一份在本专利申请日之前公开的出版物，其公开了如下内容：通过化合物8的一锅酰基化－脱甲基作用制得化合物50。根据化合物49的制备方法，将1.50g(5.25mmol)化合物29转化成相应的酰氯。酰氯冷却后，加入30mlCH_2Cl_2、1.35(5.0mmol)化合物8以及5.0g(37.5mmol)AlCl.3。将混合物置于27～29℃温度下搅拌1.5

小时，然后加入 1.6ml(22.0mmol)EtSH，然后将反应混合物置于 32～34℃下搅拌半小时。将温度控制在 30℃下，并用 18mlTHF、5ml20%的 HCl 以及 18ml 水进行稀释。过滤后得到固体反应物，并用水和 Et_2O 冲洗，后在真空状态下干燥，最终得到溶剂化合物为 THF 的粗品 50 2.60g，mp217℃ dec。5.0g 粗品 50 经 MeOH/水重结晶后得到 2.95g 纯净化合物 50：mp258℃(参见证据 1 的第 1066 页左栏第 2 段)，其中化合物 50 的结构如下：

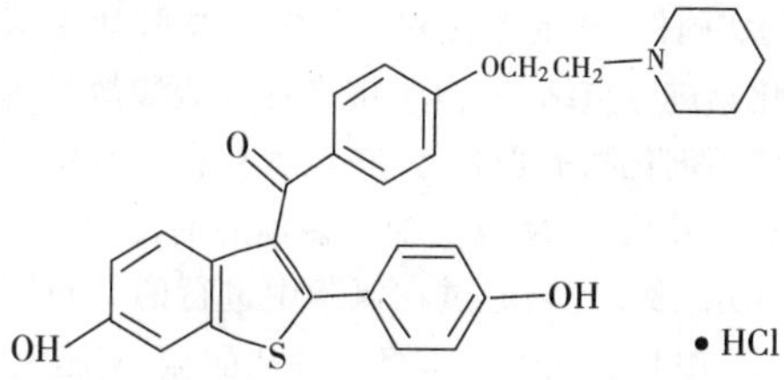

由此可见，证据 1 公开雷洛昔芬盐酸盐(即化合物 50)的 THF 溶剂化粗品，以及由该粗品经重结晶后获得的纯品。

将证据 1 公开的内容与权利要求 1 的技术方案相比，两者存在如下区别：权利要求 1 中雷洛昔芬盐酸盐为非溶剂化晶状形式，其具有特定的 X 射线衍射图；证据 1 没有明确所得到的该盐酸盐纯品的形式，也没有公开上述 X 射线衍射图。由于权利要求 1 要求保护的产品与证据 1 公开的产品之间存在上述区别技术特征，且请求人未提供其他证据足以证明二者实质上相同，因此，证据 1 尚不能破坏权利要求 1 的新颖性，即应当认为权利要求 1 的技术方案与证据 1 所公开的技术方案存在实质不同，权利要求 1 符合《专利法》第 22 条第 2 款关于新颖性的规定。

权利要求 2 的附加技术特征进一步限定了权利要求 1 的晶状化合物中雷洛昔芬盐酸盐的含量，权利要求 3～11 的附加技术特征进一步限定了该晶状化合物中氯苯、铝盐或有机铝杂质，以及硫醇或硫醚杂质的含量，因此，其中雷洛昔芬盐酸盐均为晶状形式，并具有特定的 X 射线衍射图，基于上述同样的理由，这些权利要求保护的发明与证据 1 公开的发明之间存在上述区别技术特征，其与证据 1 所公开的技术方案均属于不同的技术方案，因此权利要求 2～11 符合《专利法》第 22 条第 2 款关于新颖性的规定。

权利要求 17～21 保护上述具有特定 X 射线衍射图的晶状雷洛昔芬盐酸盐在制备药物中的应用，基于上述同样的理由，权利要求 17～21 相对于证据 1 具备新颖性，符合《专利法》第 22 条第 2 款关于新颖性的规定。

此外，专利权人在其争辩本专利具备新颖性时使用了反证 3，用以证明证据 2 的实验"非常潦草"以及证据 2 的实验过程中使用过氯苯，由于合议组对证据 2 不予采信，且得出了本专利具备新颖性的审查结论，并且，请求人对于证据 2 实验过程中加入过氯苯并未否认，因此，本决定对于反证 3 不再进行详细的评述。

(五)关于《专利法》第 22 条第 3 款

《专利法》第 22 条第 3 款规定：创造性，是指同申请日以前已有的技术相比，该发明有突出的实质性特点和显著的进步，该实用新型有实质性特点和进步。

当权利要求所保护的化学产品与已知化学产品接近时，该化学产品必须相对于已知化学产品有预料不到的用途或效果，否则应当认为该权利要求不具有创造性。

(1)就本案而言，本申请权利要求 1 的技术方案与证据 1 公开的内容相比，二者之间存在的区别技术特征如前所述。本专利说明书中记载，业已证实由于雷洛昔芬盐酸盐特别难以纯化，溶剂污染已成为特别的问题，例如，在 Journal of Medicinal Chemistry，27(8)，1057－1066(1984)(注：即证据 1)中所述的雷洛昔芬的合成方法具有严重的缺点，它产生一种被已知致癌物氯苯污染的溶剂化物(参见本专利说明书第 1 页第 2 段)。可见，相对于证据 1，本专利声称所解决的技术问题是通过形成具有特定 X 射线衍射图的雷洛昔芬盐酸盐的非溶剂化晶体，避免雷洛昔芬盐酸盐溶剂化物中的致癌污染物氯苯，并且在本案的审理过程中，专利权人也坚持了该观点。确定发明所解决的技术问题应当以发明相对于现有技术所产生的技术效果为基础，也就是说，在专利权人主张本专利相对于证据 1 所产生的技术效果是避免因形成雷洛昔芬盐酸盐溶剂化物而使雷洛昔芬盐酸盐产品中含有氯苯，并且证据 1 已经公开雷洛昔芬盐酸盐及其 THF 溶剂化物粗品以及由该粗品经甲醇/水重结晶步骤得到纯品的情况下，本专利权人主张的上述技术效果是否产生成为本专利是否具备创造性的判断依据。基于请求人对此持有的否定态度，本案有关创造性的争议焦点在于，本专利声称的上述技术效果是否存在，或者说，是否通过权利要求的上述区别技术特征的引入产生了上述技术效果。

证据1已经明确记载了用于甲醇/水重结晶的原料是雷洛昔芬盐酸盐的THF溶剂化物，并给出了使用甲醇/水重结晶来纯化THF溶剂化物的教导，并且公开了重结晶产品的NMR检测数据。本领域技术人员通过阅读上述内容，既不能从中获得任何有关证据1的最终产品含有氯苯的信息，也无法看出残留的氯苯形成了氯苯/THF溶剂化物。尽管专利权人根据反证1的实验结论认为，证据1的实验中使用了大量氯苯，由于氯苯和雷洛昔芬盐酸盐之间紧密的结合趋势，证据1中用于重结晶的粗品应当是混合的氯苯/THF溶剂化物，而并非证据1中所明示和请求人理解的"THF溶剂化粗品50"，且甲醇/水重结晶不足以除去这些残留氯苯，因此证据1的最终产物也应当含有氯苯。出庭作证的证人也持相同观点。但反证1由于如前所述的原因而不能被单独作为认定其所主张内容真实客观的依据，专利权人也没有提供其他证据证明其主张，因此，没有证据可以表明证据1中的最终产品中含有氯苯以及所述氯苯与雷洛昔芬盐酸盐形成了溶剂化物。

另一方面，本专利通过推定证据1产物中形成的是氯苯溶剂化物，从而提出其所要解决的技术问题。但是本专利说明书中未记载任何作出如此推定的依据，即不能证明现有技术中存在专利权人所声称的技术问题；相反，本专利说明书虽然强调本专利确实避免了氯苯污染，但在说明书第3页第3段却明确记载了本专利得到的非溶剂化晶状雷洛昔芬盐酸盐仍然含有少于5%，优选2%，更优选少于1%，最优选小于0.6%的氯苯（并且在本专利的权利要求3和6中作为本专利的优选技术方案明确要求保护）。而基于专利权人所主张的雷洛昔芬盐酸盐与氯苯形成溶剂化物的强趋势，其认为只要有极其少量的氯苯存在（甚至少至无法从谱图中被识别出来的情况下），该氯苯均会与雷洛昔芬盐酸盐形成溶剂化物，则应当认为，本发明中所述明确允许存在的氯苯与雷洛昔芬盐酸盐同样形成了溶剂化物。由此可见，没有证据可以表明本专利所声称的氯苯残留的技术问题在现有技术中确实存在，并且即使该技术问题存在，实际上也并不能通过本发明的技术方案而得以解决。由此可见，本专利相对于证据1实际上并未解决氯苯残留的技术问题或产生相应的技术效果。

因此，合议组认为：在证据1公开的产品与本专利的产品如此接近的情况下，本专利没有取得预料不到的技术效果，本领域技术人员在证据1公开的相似重结晶原料和相似重结晶方法的基础上获得权利要求1的技术方案无需付出创造性劳动，权利要求1不符合《专利法》第22条第3款的规定。

退一步讲，即使考虑反证1，如上所述，专利权人依据反证1认为，在反证1的实验4中，以雷洛昔芬盐酸盐的氯苯溶剂化物为原料，按照反证2的实施例20的方法对雷洛昔芬盐酸盐氯苯溶剂化物进行重结晶，由于雷洛昔芬盐酸盐与氯苯形成溶剂化物的强趋势，在氯苯存在下制备雷洛昔芬盐酸盐时，反应产物是氯苯溶剂化物。反证2的实施例18是通过在氯苯中进行的Friedel—Crafts酰化反应生产雷洛昔芬盐酸盐，实施例20以实施例18的产物为原料进行重结晶，因此反应实施例18制备得到的，以及实施例20中重结晶得到的均为雷洛昔芬盐酸盐的氯苯溶剂化物，而并非本专利要求保护的非溶剂化物，该结论适用于证据1的实验方法，因为证据1的实验步骤中同样使用了大量氯苯。

但合议组注意到，在反证2的实施例18的制备过程中，在通过于氯苯溶剂中进行的Friedel—Crafts酰化反应制备雷洛昔芬盐酸盐后，按照实施例10的方式，使用19ml四氢呋喃和水对产物混合物进行后处理，获得所需产物，随后在实施例20中，使用热甲醇/水结晶对实施例18的产物进行提纯（参加反证2的实施例18和20）。而反证1对反证2的实施例20进行的研究（即反证1的实验4）中，并未严格按照实施例18和20的描述，即，使用经四氢呋喃和水后处理的雷洛昔芬盐酸盐，而是直接使用了雷洛昔芬盐酸盐的氯苯溶剂化物进行热甲醇/水结晶，并得出了"实施例20的重结晶工艺没有从氯苯溶剂化物原料中除去氯苯"的结论。对此，反证1中进行了以下说明，基于我在氯苯存在下进行制备时雷洛昔芬盐酸盐形成氯苯溶剂化物的强趋势的经验，我确信按实施例18的方法进行的制备工艺的产物是氯苯溶剂化物。构成GB2097788（即反证2）的实施例18方法的一部分的后续处理……将不足以除去氯苯（参见反证1第5页第1～2段）。但是，通过阅读反证1全文可以看出，反证1仅仅是对包括氯苯在内的芳族溶剂与雷洛昔芬盐酸盐形成的溶剂化物进行了研究，并得出了雷洛昔芬盐酸盐显示出很强的与多种单取代苯和二取代苯形成溶剂化物的趋势的结论，而对于在使用呋喃和水进行后处理(即反证 2 实施例 18 中的后处理方法)的情况下，雷洛昔芬盐酸盐与氯苯之间形成溶剂化物的趋势并未进行任何研究，因而反证 1 中“构成 GB2097788(注：即反证 2)的实施例 18 方法的一部分的后续处理……将不足以除去氯苯”以及在此基础上得出的“实施例 20 的重结晶工艺没有从氯苯溶剂化物原料中除去氯苯”的结论缺乏依据。

在证据 1 中，在酰基化一脱甲基作用过程的最后阶段，使用 18mlTHF、5ml 20%的 HCl 以及 18ml 水对反应混合物进行稀释，过滤得到固体反应物，并用水和 Et_2O 冲洗……(参见证据 1 的第 1066 页左栏第 25～28 行)，由此可见，证据 1 中使用水和 Et_2O 对雷洛昔芬盐酸盐进行的后处理与反证 2 中使用四氢呋喃和水进行的后处理也存在不同之处，而专利权人也没有对证据 1 中所述后处理对于雷洛昔芬盐酸盐氯苯溶剂化物的影响进行研究，因此，即使专利权人在反证 1 中有关“反证 2 实施例 20 的重结晶工艺没有从氯苯溶剂化物原料中除去氯苯”的结论成立，该结论也不一定适用于证据 1，且除反证 1 之外，专利权人也没有提供其他证据来证明上述观点。虽然证人在其证言中持相同观点，但是证人同时也承认，并未重复证据 1 的实验，上述结论只是其根据个人经验的推断。因此，合议组对专利权人的上述观点不予支持，反证 1 和证人出庭所作的证词仍不足以证明证据 1 的最终产品中含有氯苯，不能证明本专利相对于证据 1 产生了所主张的技术效果。

此外，专利权人认为：①证据 1 中只是简单提到用甲醇/水进行重结晶，没有记载本专利的重结晶方法，而本专利记载了用甲醇/水重结晶方法可以从某种结晶的溶剂化物制备其非溶剂化的结晶形式，并指出简单地由甲醇/水结晶不足以纯化雷洛昔芬盐酸盐的芳族溶剂化物。②制备本专利要求保护的非溶剂化物过程中尽管也可使用氯苯等芳族溶剂，但本专利具体教导了之后必须进行一个额外的用脂族烃溶剂萃取以将其除去的步骤，证据 1 公开的制备方法从未提及该萃取步骤。③证据 1 并未意识到现有技术中存在的“溶剂化物中含有相对于化合物本身 2∶1 比例的有机溶剂(二氯甲烷)对人体有害”，正是本专利说明书中教导了现有技术中存在的所述问题，因此，本领域技术人员根据证据 1 的描述不会有动机去解决并未意识到的问题；即使本领域技术人员能够想到用常规方法对证据 1 中的雷洛昔芬盐酸盐进行纯化处理，也不能获得本专利权利要求 1 保护的产品。因此，权利要求 1 相对于证据 1 具备创造性。

对此，合议组认为，①在证据 1 和反证 2(参见实施例 20)中，均记载了使用甲醇/水重结晶，可见，在雷洛昔芬盐酸盐的制备中，甲醇/水重结晶对于本领域技术人员而言是公知且经常使用的纯化方法，同时，也没有证据表明本专利的重结晶方法具有不同于上述常规甲醇/水重结晶方法的特殊之处，或者产生了出人意料的效果，因此，虽然证据 1 中并未记载更详细的步骤，但该方法的具体过程在本领域技术人员的知识水平和操作范围之内。②尽管如专利权人所述，本专利中明确指出，当酰化/脱烷基化反应在芳族溶剂中进行时，需要增加一个脂族烃溶剂萃取的步骤，以除去残留的溶剂。但即使额外地增加了上述萃取步骤，本专利也未能完全除去氯苯，权利要求 1 保护的非溶剂化晶状雷洛昔芬盐酸盐中仍然含有氯苯。如果接纳专利权人所主张的雷洛昔芬盐酸盐与氯苯形成溶剂化物的强趋势的观点，则所述氯苯与雷洛昔芬盐酸盐应当同样形成了溶剂化物。③无论是如氯苯的芳族溶剂，还是如二氯甲烷的卤代烷，均是本领域已知的有毒有机溶剂，当本领域技术人员在制备用作药物的雷洛昔芬盐酸盐时，有动机尽可能地将其除去；并且，如前所述，本专利实际上并未完全除去氯苯，所得雷洛昔芬盐酸盐中仍然含有氯苯溶剂化物，而对于如二氯甲烷的卤代烷溶剂，采用证据 1 中所述的甲醇/水重结晶方法能够将其除去。因此，专利权人的上述观点不具有说服力。

此外，专利权人还陈述了以下观点：①反证 1 比较了雷洛昔芬盐酸盐溶剂化物和结晶形式的熔点，证明纯净形式的雷洛昔芬盐酸盐非溶剂化结晶的熔点约 272℃，芳族溶剂化物的熔点范围约 254～264℃，所有溶剂化物均具有远低于非溶剂化物的熔点，因此熔点是区分溶剂化物和非溶剂化物的一个标准。本专利中雷洛昔芬盐酸盐以晶状非溶剂化物的形式存在，其纯品的熔点显著高于芳族溶剂化物。②反证 9 和 10 解释了蒸馏“剩余物”的概念，证据 9 的 27.1 节指出，在蒸馏中，“未蒸发的液体部分”称为剩余物，并明确教导了“持续蒸馏至只有少量的残余物，不要蒸干”，由此证明证据 1 的雷洛昔芬盐酸盐的制备中，蒸馏操作除去的只是沸点较低的 $SOCl_2$，不足以除去在化合物 29 转化为酰氯的步骤中大量使用的熔点较高的氯苯溶剂,残留的氯苯溶剂最终与雷洛昔芬盐酸盐形成溶剂化物。请求人不认可专利权人的上述解释,认为只要不涉及易爆化合物的蒸馏都可以蒸干,证据 9 第 27.4 节涉及"非挥发性溶解固体的分离"的蒸馏方法才是适用于证据 1 的分离溶剂和雷洛昔芬的蒸馏方法。

对此,合议组认为:①根据本专利说明书的记载,实施例 2、3、4 和 6 的产物及其熔点分别是雷洛昔芬盐酸盐的 1,2－二氯乙烷溶剂化物(晶形 I、熔点 255℃)、1,2－二氯甲烷溶剂化物(晶形 I、熔点 261℃)、1,2－二氯乙烷溶剂化物(晶形 II、熔点 225℃)和 1,2－二氯乙烷溶剂化物(晶形 I、熔点 273℃);实施例 5、7 和 8 的产物是雷洛昔芬盐酸盐的非溶剂化物,其熔点分别 262℃、261℃和 275.6℃。通过分析上述产物的熔点可以发现,雷洛昔芬盐酸盐非溶剂化物的熔点在261℃～275℃之间,并非如反证 1 中所述的是约 272℃,并且实施例 2 溶剂化物产物的熔点与实施例 5 和 7 的非溶剂化物产物的熔点非常接近或相同,实施例 6 所得溶剂化物的熔点为 273℃,不仅与反证 1 中所称的雷洛昔芬盐酸盐非溶剂化纯品的熔点更为接近,而且高于实施例 5 和 7 中的非溶剂化物熔点,可见,不是所有非溶剂化物的熔点均高于溶剂化物,熔点也不能用来区分溶剂化物和非溶剂化物。因此,对于专利权人依据反证 1 主张的"所有溶剂化物均具有远低于非溶剂化物的熔点,熔点是区分溶剂化物和非溶剂化物的一个标准"的观点,合议组不予支持。②在证据 1 的雷洛昔芬盐酸盐制备过程中,在化合物 29 转化为酰氯的步骤之后,又进行了以下反应和处理,加入 30mlCH_2Cl_2、1.35g(5.0mmol)化合物 8 以及 5.0g$AlCl_3$。将混合物置于 32～34℃的温度下搅拌半小时。将温度控制在 30℃下,并用 18mlTHF、5ml 20%的 HCl 以及 18ml 水进行稀释。过滤后得到固体反应物,并用水和 Et_2O 冲洗……最后得到溶剂化物为 THF 的原始化合物 50……经 MeOH/水重结晶得到 2.95g 纯净化合物 50……(参见证据 1 第 1066 页左栏第三段)。据此,合议组认为,(i)证据 1 已经明确指出,用于 MeOH/水重结晶的原料是雷洛昔芬盐酸盐的 THF 溶剂化物,在无相反证据足以反驳该明示的事实的前提下,应当认为此时氯苯应当已经被之前的操作除去;(ii)在转化为酰氯的步骤之后,证据 1 中又使用了包括 CH_2Cl_2、THF、水和 Et_2O 在内的多种溶剂和反应体系进行了后续的反应及后处理,对于这些步骤以及其中使用的溶剂是否对氯苯与雷洛昔芬盐酸盐之间的结合趋势产生影响,专利权人并未进行研究,因此,即使如专利权人所称,化合物 29 转化为酰氯之后的蒸馏步骤不足以完全除去氯苯溶剂,也没有证据表明经历如此多的步骤之后,反应体系中还存在残留氯苯并与雷洛昔芬盐酸盐形成溶剂化物。对专利权人的上述观点,合议组不予支持。

(2)权利要求 2～11 的附加技术特征分别进一步限定了权利要求 1 的非溶剂化晶状雷洛昔芬盐酸盐中雷洛昔芬盐酸盐、氯苯、铝盐或有机铝杂质、硫醇或硫醚杂质的含量,本领域技术人员公知,所得产物中目标化合物的含量越高,有害杂质越少则越为有利,因此,在权利要求 1 不具备创造性的情况下,权利要求 2～11 的技术方案也不具备突出的实质性特点和显著的进步,不符合《专利法》第 22 条第 3 款的规定。

(3)权利要求 12～16 保护含有权利要求1～5 所述的晶状化合物和一种或多种药学上可接受的载体、稀释剂或赋形剂的药物制剂,证据 1 已经公开了雷洛昔芬盐酸盐对于大鼠乳房肿瘤生长具有抑制作用,并具体公开了经口腔向大鼠给予含 1mg/kg 化合物 50 的赋形剂[PEG－400 : 水(1 : 1)](参见证据 1 第 1066 页右栏第 2 段),因此,在权利要求 1～5 不具备创造性的情况下,权利要求 12～16 也不符合《专利法》第 22 条第 3 款的规定。

(4)权利要求 17～21 保护权利要求 1～5 的晶状化合物在制备药物中的应用,而证据 1 的产物同样用于制备药物,基于上述相同理由,在权利要求 1～5 不具备创造性的情况下,权利要求17～21 也不符合《专利法》第 22 条第 3 款的规定。

综上所述,本专利的所有权利要求不具备《专利法》第 22 条第 3 款规定的创造性。鉴于使用证据 1 已经可以得出本专利权利要求 1～21 不具备创造性的结论,合议组不再对请求人提出的其他证据和无效理由进行评述。

基于以上事实和理由,本案合议组作出如下审查决定。

宣告第 95118449.0 号发明专利权全部无效。

当事人对本决定不服的,可以根据《专利法》第 46 条第 2 款的规定,自收到本决定之日起三个月内向北京市第一中级人民法院起诉。根据该款的规定,一方当事人起诉后,另一方当事人应当作为第三人参加诉讼。

三、评析

本决定是一份无效宣告审查决定，整个决定的撰写文笔流畅、结构清晰，对于事实的认定清晰准确，对于法律条款的诠释丝丝入扣，层次分明。

本决定在案由部分清楚、完整地概括了双方当事人的观点，使得读者仅通过决定文字部分就能准确把握案件的焦点问题，决定理由部分以严谨的逻辑和详实的说理对焦点问题进行评述并得出审查结论。

本决定比较突出的是决定理由部分对于创造性评价中实际解决技术问题的认定。在按照“三步法”的方式判断发明的创造性时，经常为审查员所忽视但却非常关键的一个环节就是根据区别特征所能达到的技术效果确定发明实际解决的技术问题。本决定紧扣这一关键环节，按照“声称解决的技术问题”是否存在、即使存在、能否通过本专利提供的技术方案解决这一思路进行评述，条理清晰，逻辑严密，有理有据。证据1为本专利所援引的背景技术，本专利声称其相对于证据1所解决的技术问题是避免雷洛昔芬盐酸盐溶剂化物中含有致癌污染物氯苯，请求人则持否定态度。对此焦点问题，本决定进行了深入分析和推理，基于证据1记载的内容，认为不能得出“证据1中的最终产品中含有氯苯以及所述氯苯与雷洛昔芬盐酸盐形成了溶剂化物”的结论。基于本专利说明书记载的内容，确信本专利所得到的非溶剂化晶体中仍然含有氯苯。由此得出以下结论：没有证据表明本专利声称的技术问题在现有技术中确实存在，并且即使该技术问题存在，也并不能通过本发明的技术方案而得以解决。

（国家知识产权局专利复审委员会
李　越　侯　曜　刘　亚　李亚森）

案例5　创造性的判断

一、案由

本复审请求涉及申请号为200610138699.3，名称为“一种短路检测装置与方法”的发明专利申请（下称本申请），申请人为中兴通讯股份有限公司，申请日为2006年11月10日，公开日为2008年5月14日。

在实质审查程序中，国家知识产权局实质审查部门于2009年11月27日以本申请权利要求1～7不符合《专利法》第22条第3款的规定为由作出驳回决定，其中引用了以下一篇对比文件：

对比文件1：CN2781390Y号中国实用新型专利说明书，授权公告日为2006年5月17日。

驳回决定所依据的文本为：申请人于申请日2006年11月10日提交的权利要求第1～7项、说明书第1～5页、说明书附图第1～3页、说明书摘要及摘要附图。驳回决定所针对的权利要求书如下：

“1. 一种短路检测装置，其特征在于，包括：电阻分压网络，用于根据被测信号开路和短路不同状态通过其分压得到不同的电压值；电压比较电路，与上述电阻分压网络相连接，用于对上述电压值进行比较，得到短路或断开的不同状态的输出电平，即0或1；以及读取判断电路，与上述电压比较电路相连接，用于对比较结果进行读取和判断，得到是否短路的检测结果。

2. 根据权利要求1所述的短路检测装置，其特征在于，上述电阻分压网络所包括的电阻可以是分压电阻，电阻选择根据具体被检测的信号特点来确定。

3. 根据权利要求1所述的短路检测装置，其特征在于，上述电压比较电路至少包括限流电阻和电压比较器，外部电源和地信号；其中上述限流电阻和上述外部电源根据上述电压比较器的特性进行选择。

4. 根据权利要求1所述的短路检测装置，其特征在于，上述读取判断电路是单片机，复杂可编程逻辑器件或其他读取IO状态的控制电路中的任何一种。

5. 根据权利要求4所述的短路检测装置，其特征在于，被测信号短路状态下，电压比较器输出0，如果读取判断电路读取为0，则被测信号短路；如果被测信号开路状态下，电压比较器输出为1，如果读取判断电路读取为1，则被测信号开路。

6. 一种短路检测方法，其特征在于，包括以下步骤：

步骤1：提供一种权利要求1所述的短路检测装置；

步骤2：利用上述电阻分压网络对被测信号开路和短路不同状态的分压来得到不同的电压值；

步骤3：利用上述电压比较电路对上述电压值进行比较，得到短路或断开的不同状态的输出电平，即0或1；

步骤4：利用上述读取判断电路对比较结果进行读取和判断，得到是否短路的检测结果。

7. 根据权利要求6所述的短路检测方法，其特征在于，被测信号短路状态下，电压比较器输出0，如果读取判断电路读取为0，则被测信号短路；如果被测信号开路状态下，电压比较器输出为1，如果读取判断电路读取为1，则被测信号开路。”

驳回决定认为：本申请权利要求1请求保护的短路检测装置与对比文件1公开的负载短路预检测电路的区别在于本申请的装置包括“读取判断电路，与上述电压比较电路相连接，用于对比较结果进行读取和判断，得到是否短路的检测结果”。该区别特征是本领域公知常识，对比文件1中比较器输出的高低电平信号也指明了其指示被测电路短路或断路状态，本领域技术人员容易想到通过具体装置读出并判断该信号表示的意义，而后输出检测结果，因此在对比文件1的基础上结合本领域公知常识得到权利要求1的技术方案是显而易见的，权利要求1不具备创造性，其从属权利要求2～5的附加技术特征或被对比文件1公开或属于本领域公知常识，在权利要求1不具备创造性的情况下也不具备创造性。权利要求6请求保护的短路检测方法与对比文件1公开的方案的区别在于本申请的方法包括“利用上述读取判断电路对比较结果进行读取和判断，得到是否短路的检测结果”，该区别特征是本领域惯用技术手段，对比文件1中比较器输出的高低电平信号也指明了其指示被测电路短路或断路状态，本领域技术人员容易想到通过具体装置读出并判断该信号表示的意义，而后输出检测结果，因此在对比文件1的基础上结合本领域惯用技术手段得到权利要求6的技术方案是显而易见的，权利要求6不具备创造性，其从属权利要求7的附加技术特征被对比文件1公开，也不具备创造性。

申请人中兴通讯股份有限公司（下称复审请求人）对上述驳回决定不服，于2010年3月12日向专利复审委员会提出了复审请求，同时提交了权利要求书的全文修改替换页。其中，复审请求人将从属权利要求3的附加技术特征添加到独立权利要求1中，相应地删除了从属权利要求3，改变了权利要求的编号和引用关系，修改后的权利要求书包括6项权利要求。修改后的独立权利要求1具体如下：

“1. 一种短路检测装置，其特征在于，包括：电阻分压网络，用于根据被测信号开路和短路不同状态通过其分压得到不同的电压值；电压比较电路，与上述电阻分压网络相连接，用于对上述电压值进行比较，得到短路或断开的不同状态的输出电平，即0或1；以及读取判断电路，与上述电压比较电路相连接，用于对比较结果进行读取和判断，得到是否短路的检测结果；

其中，上述电压比较电路至少包括限流电阻和一个电压比较器，外部电源和地信号；其中上述限流电阻和上述外部电源根据上述电压比较器的特性进行选择。”

复审请求人认为，修改后的权利要求1与对比文件1存在以下两点区别：(1)权利要求1中电压比较电路包括外部电源，在实施检测时被测部件无需通电，可避免电源和地短路引起的烧坏电路的情况，对比文件1中检测电路没有外部电源，检测时被测系统需要在电路通电的情况下才能实现。(2)权利要求1限定为一个电压比较器，仅需一个电路来实现电阻分压网络，输出两路电压信号，并仅需一个比较器来实现电压比较电路，实现的电路占用面积小、简单有效。而对比文件1需要三个电路分别提供四路信号，以及两个比较器对所述四路信号两两比较得出两个比较结果，并且将两个比较器改进为一个比较器不是本领域的常规技术。因此本申请权利要求1相对于对比文件1具有突出的实质性特点和显著进步，具备创造性，相应的其从属权利要求2～4也具备创造性。基于上述理由，权利要求5相对于对比文件1也具有创造性，其从属权利要求6也相应具备创造性。

经形式审查合格，专利复审委员会于2010年4月15日依法受理了该复审请求，并将其转送至原实质审查部门进行前置审查。经前置审查，原实质审查部门坚持原驳回决定。

在此基础上，专利复审委员会依法成立合议组对本案进行审理。本案合议组于2010年6月2日告知复审请求人于2010年6月8日对本案进行口头审理。

口头审理如期举行，复审请求人委托其公司职员杨巨常、林贤峰参加了口头审理，并且当庭提交了权利要求书的全文修改替换页。其中根据本申请说明书附图2、3的内容，在权利要求1中进一步限定了“电压比较电路”，修改后的权利要求书如下：

“1. 一种短路检测装置，其特征在于，包括：

电阻分压网络，用于根据被测信号开路和短路不同状态通过其分压得到不同的电压值；电压比较电路，与上述电阻分压网络相连接，用于对上述电压值进行比较，得到短路或断开的不同状态的输出电平，即0或1；以及读取判断电路，与上述电压比较电路相连接，用于对比较结果进行读取和判断，得到是否短路的检测结果；

其中，上述电压比较电路至少包括限流电阻和电压比较器，外部电源和地信号；其中上述限流电阻和上述外部电源根据上述电压比较器的特性进行选择；其中，电压比较电路中仅包含一个电压比较器，所述电压比较器的两个输入端分别通过限流电阻与所述电阻分压网络的两个电压输出端相连。

2. 根据权利要求1所述的短路检测装置，其特征在于，上述电阻分压网络所包括的电阻可以是分压电阻，电阻选择根据具体被检测的信号特点来确定。

3. 根据权利要求1所述的短路检测装置，其特征在于，上述读取判断电路是单片机，复杂可编程逻辑器件或其他读取IO状态的控制电路中的任何一种。

4. 根据权利要求3所述的短路检测装置，其特征在于，被测信号短路状态下，电压比较器输出0，如果读取判断电路读取为0，则被测信号短路；如果被测信号开路状态下，电压比较器输出为1，如果读取判断电路读取为1，则被测信号开路。

5. 一种短路检测方法，其特征在于，包括以下步骤：

步骤1：提供一种权利要求1所述的短路检测装置；

步骤2：利用上述电阻分压网络对被测信号开路和短路不同状态的分压来得到不同的电压值；

步骤3：利用上述电压比较电路对上述电压值进行比较，得到短路或断开的不同状态的输出电平，即0或1；

步骤4：利用上述读取判断电路对比较结果进行读取和判断，得到是否短路的检测结果。

6. 根据权利要求5所述的短路检测方法，其特征在于，被测信号短路状态下，电压比较器输出0，如果读取判断电路读取为0，则被测信号短路；如果被测信号开路状态下，电压比较器输出为1，如果读取判断电路读取为1，则被测信号开路。”

在口头审理过程中，合议组针对修改后的权利要求1指出：在对比文件1所描述的具体应用中设置了两个电压比较器来实现对短路、断路和通路三种状态的检测，并且对比文件1给出了利用电阻分压网络和电压比较器来判断被测电路短路、断路或通路等状态的技术启示。基于上述启示，在需要检测设备或单板的电源信号或业务信号的短路、断路状态时，本领域技术人员容易想到采用电阻分压网络和电压比较器的方案来实施检测，并且本领域技术人员知晓利用一个电压比较器能实现对两种状态的检测。为实现电路最小化的目的，当本领域技术人员面临只需检测短路、断路两种状态的问题时，自然就能想到只采用一个电压比较器。并且，对比文件1和本申请均采用通过电阻分压利用电压比较器来判断电路连通状态的技术构思，基于这一构思，两者的技术方案只是因为具体应用不同而在具体电路上略有差别，因此权利要求1不具备创造性，从属权利要求2～4也不具备创造性。关于权利要求5和6，合议组认为权利要求5、6的检测方法属于权利要求1的检测装置的工作原理，其与现有技术的工作原理相比也不具备创造性。复审请求人认为：本申请权利要求1的技术方案与对比文件1的区别在于本申请权利要求1的检测装置还包括读取判断电路，并且电压比较电路仅包含一个电压比较器，该电压比较器的两个输入端分别通过限流电阻与电阻分压网络的两个电压输出端相连。对比文件1中比较器的一个输入端与参考电压电路连接，因此在对比文件1的技术方案采用一个比较器时，本领域技术人员不容易想到将比较器的两个输入端连接到电阻分压网络中。因为权利要求1具有创造性，其从属权利要求2～4也具有创造性。权利要求5中的步骤2～4是与权利要求1中的部件相对应的。另外，复审请求人表示不再坚持其在复审请求书中提出的本申请权利要求1与对比文件1的区别(1)，且明确表示不再对申请文件进行修改，不再补充意见陈述。

在上述程序的基础上，合议组认为本案事实已经清楚，可以作出审查决定。

二、决定的理由及结论

(一)审查文本的认定

在复审程序中，复审请求人于2010年6月8日提交了权利要求书的全文修改替换页，经审查，其中所作的修改符合《专利法》第33条及《专利法实施细则》第61条第1款的规定，因此，本决定针对的审查文本为:复审请求人于 2010 年 6 月 8 日提交的权利要求第 1～6 项,于申请日 2006 年 11 月 10 日提交的说明书第 1～5 页、说明书附图第 1～3 页、说明书摘要及摘要附图。

(二)关于《专利法》第 22 条第 3 款

《专利法》第 22 条第 3 款规定:创造性,是指与现有技术相比,该发明具有突出的实质性特点和显著的进步,该实用新型具有实质性特点和进步。

如果一项权利要求请求保护的技术方案与对比文件公开的技术方案相比存在区别技术特征,但该区别技术特征是本领域技术人员在该对比文件给出的技术启示下容易想到的,也未产生任何意料不到的技术效果,则该项权利要求请求保护的技术方案相对于该对比文件不具有突出的实质性特点和显著的进步,不具备创造性。

具体到本案,本申请权利要求 1 请求保护一种短路检测装置。对比文件 1 公开了(参见对比文件 1 的说明书第 2 页第 10 行至第 3 页第 12 行,附图 1 和 2)一种负载短路、开路预检测电路,该电路包由信号源、限流器、预测开关、测短路参考电压电路、测开路参考电压电路、两个比较器,其中预测开关接收到使能信号后,预测开关导通,信号源 VCC、限流器 R1 与待测负载 RL 构成分压电路,将待测负载的电阻量通过分压方式转换为电压信号分别通过隔离电阻 R2 和 R3 输入到比较器 IC4A 和 IC4B 的一个输入端,测短路参考电压电路给定一个短路参考电压输入比较器 IC4A 的另一输入端,测开路参考电压电路给定一个开路参考电压输入比较器 IC4B 的另一输入端,比较器 IC4A 和 IC4B 还分别连接外部电源 VCC 和地信号 GND,最后通过比较器 IC4A 输出的短路预警信号和比较器 IC4B 输出的开路预警信号确定待测负载是通路、短路或开路。由此可见,对比文件 1 中的分压电路相当于本申请权利要求 1 的用于根据被测信号开路和短路不同状态通过其分压得到不同电压值的电阻分压网络,隔离电阻 R2、R3 及比较器 IC4A、IC4B 相当于本申请权利要求 1 的连接电阻分压网络以比较电压值从而得到短路或断开的不同状态的输出电平的电压比较电路。

因此,本申请权利要求 1 与对比文件 1 的区别在于:(1)本申请权利要求 1 还包括有读取判断电路;(2)本申请权利要求 1 中只采用了一个电压比较器,并且该电压比较器的两个输入端分别连接电阻分压网络的两个电压输出端,而对比文件 1 中利用了两个电压比较器,并且各电压比较器的一个输入端连接电阻分压网络,另一输入端连接相应的参考电压电路。

关于区别技术特征(1):对比文件 1 中已经指出要通过比较器 IC4A 输出的短路预警信号和比较器 IC4B 输出的开路预警信号确定待测负载是通路、短路或开路,由此本领域技术人员容易想到在电压比较器的输出端连接判断电路,用于对比较器的比较结果进行读取和判断,从而得到相应结果。

关于区别技术特征(2):首先,如上所述,对比文件 1 公开了利用分压电阻网络和电压比较器来判断被测电路短路、断路或通路等状态的有关内容,由此对本领域技术人员而言,对比文件 1 给出了将待测负载接入电阻分压网络中,根据待测负载的开路、短路、通路不同状态输出不同分压值,通过电压比较电路比较所得分压值判断待测负载所处状态来实现电路负载短路检测的技术启示。当本领域技术人员需要检测设备部件或信号处于短路还是开路状态时,基于对比文件 1 给出的上述启示,容易想到将该部件或信号接入电阻分压网络,利用电压比较器比较电阻分压网络输出的电压值来判断被测部件或信号所处的状态。其次,在满足功能要求的情况下使用尽可能少的元件是本领域技术人员通常遵循的基本设计原则。本领域技术人员知晓一个电压比较器只能输出两种结果,用于判断两种状态。由于对比文件 1 中需要判断短路、断路和通路三种状态,因此基于上述设计原则在电压比较电路采用了两个电压比较器,而当本领域技术人员面临只需要检测短路、断路这两种状态的情形时,容易想到此时的电压比较电路只需使用一个电压比较器,并且会根据实际情况相应地对电压比较电路进行适应性改进,例如让该电压比较器的两个输入端均与电阻分压网络的输出端相连。由此可见,在对比文件 1 的基础上本领域技术人员根据本领域的公知常识容易想到该区别技术特征(2),并且该区别技术特征(2)也未带来任何意料不到的技术效果,不能使本申请权利要求 1 请求保护的技术方案具备创造性。

综上所述,在对比文件 1 的基础上结合本领域公知常识得到该权利要求 1 请求保护的技术方案对于本领域技术人员而言是显而易见的,权利要求1不具备《专利法》第22条第3款规定的创造性。

权利要求2是权利要求1的从属权利要求，其附加技术特征为“电阻分压网络所包括的电阻可以是分压电阻，电阻选择根据具体被检测的信号特点来确定”，而对比文件1(参见对比文件1说明书第2页第19～21行，附图1～2)公开了分压电路中包括限流器R1(即分压电阻)，且要根据检测电路的检测对象选择确定该电阻是本领域公知常识，因此在其引用的权利要求1不具备创造性时，从属权利要求2也不具备《专利法》第22条第3款规定的创造性。

权利要求3是权利要求1的从属权利要求，其附加技术特征为“读取判断电路是单片机，复杂可编程逻辑器件或其他读取IO状态的控制电路中的任何一种”。而本领域公知单片机、复杂可编程逻辑器件通过程序设计，既可以按预定程序读入信号线上输入的数据并进行逻辑判断，也可以控制其他结果输出设备(例如显示装置)，由此本领域技术人员容易想到应用单片机、复杂可编程逻辑器件或可读取IO端口的控制电路读取某个信号进行处理后输出检测结果，因此在其引用的权利要求1不具备创造性时，从属权利要求3也不具备《专利法》第22条第3款规定的创造性。

权利要求4是权利要求3的从属权利要求，其附加技术特征限定了被测信号短路或开路状态下，电压比较器的输出数值。电压比较器的输出为“0”或“1”，在利用电压比较器的输出来表示被测信号处于短路或开路状态时，选择输出“0”表示短路状态、输出“1”表示开路状态是本领域技术人员的常规选择之一，并不需要付出任何创造性劳动，因此在其引用的权利要求3不具备创造性时，从属权利要求4也不具备《专利法》第22条第3款规定的创造性。

权利要求5请求保护一种短路检测方法，其实质上是一种利用权利要求1的检测装置进行检测的方法，具体包括步骤“利用电阻分压网络对被测信号开路和短路不同状态的分压来得到不同的电压值”、“利用电压比较电路对上述电压值进行比较，得到短路或断开的不同状态的输出电平，即0或1”和“利用上述读取判断电路对比较结果进行读取和判断，得到是否短路的检测结果”。对比文件1公开了一种短路检测方法(参见对比文件1的说明书第2页第10行至第3页第12行，附图1和2)，其利用分压电路对被测信号开路和短路不同状态的分压得到不同电压值，利用电压比较电路对上述电压值进行比较得到短路或断开的不同状态的输出电平，并且根据该输出电平确定被测信号是开路或短路。

本申请权利要求5请求保护的检测方法与对比文件1公开的方法相比，其区别在于：本申请的检测方法是利用本申请权利要求1的检测装置实施的，其中利用读取判断电路对比较结果进行读取和判断，从而得到是否短路的检测结果。

如上所述，本领域技术人员在对比文件1的基础上结合本领域公知常识容易得到本申请权利要求1请求保护的短路检测装置，由此在使用该短路检测装置时，本领域技术人员基于对比文件1公开的上述检测方法容易想到利用该检测装置中的分压电路对被测信号开路和短路不同状态的分压得到不同电压值，利用该检测装置中的电压比较电路对上述电压值进行比较得到短路或开路的不同状态的输出电平，并且利用该检测装置中的读取判断电路对比较结果进行读取和判断，得到是否短路的检测结果，即在对比文件1的基础上结合本领域的公知常识得到该权利要求5请求保护的检测方法对于本领域技术人员而言是显而易见的，该权利要求5不具备《专利法》第22条第3款规定的创造性。

权利要求6是权利要求5的从属权利要求，其附加技术特征与权利要求3的附加技术特征相同，基于与权利要求3相同的审查理由，在其引用的权利要求5不具备创造性时，从属权利要求6也不具备《专利法》第22条第3款规定的创造性。

综上所述，本申请权利要求1～6均不具备《专利法》第22条第3款规定的创造性。

维持国家知识产权局实质审查部门于2009年11月27日对200610138699.3号发明专利申请作出的驳回决定。

复审请求人对本决定不服的，可以根据《专利法》第41条第2款的规定，自收到本决定之日起三个月内向北京市第一中级人民法院起诉。

三、评析

本复审决定涉及一个采用巡回口头审理方式进行审查的案件，主要涉及《专利法》第22条第3款规定的创造性。

本案涉及的主要争议点在于：在对比文件1已经公开了一种利用包括分压电阻网络和两个电压比较器的检测电路来判断被测电路是否处于短

路、断路或通路状态的情况下，权利要求 1 中利用包括分压电阻网络和一个电压比较器的检测电路来判断被测电路是否短路或短路的技术方案是否具备创造性。

决定在理由部分首先简洁扼要地介绍了对比文件 1 公开的负载短路、开路预检测电路，通过针对性的对比分析确定了权利要求 1 与对比文件 1 的两点区别技术特征，并将区别技术特征(2)即上述本案的主要争议点作为评述重点，展开了逻辑严谨、有理有据的分析。其次指出对比文件 1 已公开了利用分压电阻网络和电压比较器检测电路/负载电连接状态的检测原理；然后分析对比文件 1 中使用两个电压比较器的原因，即出于检测短路、断路和通路三种状态的需要，而一个比较器只有两个输出，仅能判断两种状态，因此必然要使用两个电压比较器。在此基础上，决定进一步指出，在满足功能要求的情况下使用尽可能少的元件是本领域通常遵循的基本设计原则，因此对于只需要检测检测短路和断路这两种状态的情形，仅使用一个电压比较器即可实现其所需功能，这是本领域技术人员在面临这种实际需要时的必然选择，由此得出权利要求 1 不具备创造性的结论。整个评述过程层次清楚，说理充分，可谓是“三步法”的一次典型运用。

另外，从决定的案由部分中还可以看出，合议组在口头审理过程中已经就权利要求是否具备创造性的问题具体阐述了初步意见，从而让当事人有机会在口头审理当庭就双方争议的关键问题充分陈述意见，并且在当事人确定已充分陈述意见以及不再对申请文件进行修改之后，依法作出复审决定，充分地发挥了口头审理的作用，提高了复审审查的效率，这种做法是值得借鉴的。

（国家知识产权局专利复审委员会
陈迎春　王荣　李晓娜　刘亚斌）

案例 6　权利要求术语的解释

一、案由

本无效宣告请求涉及中华人民共和国国家知识产权局于 2007 年 4 月 25 日授权公告的、名称为“保温复合墙板”的实用新型专利权(下称涉案专利)，其专利号为 200620012210.3，申请日为 2006 年 4 月 20 日，专利权人是上海康尼文具用品有限公司。涉案专利授权公告的权利要求书如下：

“1. 一种保温复合墙板，其特征在于：该墙板包括两层水泥纤维板(1、3)，在两层水泥纤维板(1、3)中间为保温层(2)。”

针对上述专利权，严卓丽(下称无效宣告请求人)于 2010 年 2 月 11 日向专利复审委员会提出无效宣告请求，请求宣告涉案专利权利要求 1 无效，具体理由是权利要求 1 不具备新颖性，不符合 2001 年《专利法》(本案的审查适用修改前的《专利法》，下称 2001 年《专利法》)第 22 条第 2 款的规定。无效宣告请求人同时提交了如下证据：

附件 1：授权公告日为 1998 年 2 月 11 日、授权公告号为 CN2274222Y 的中国实用新型专利说明书，共 7 页；

附件 2：公开日为 2003 年 1 月 29 日、公开号为 CN1393610A 的中国发明专利申请公开说明书，共 4 页；

附件 3：授权公告日为 1994 年 8 月 10 日、授权公告号为 CN2173819Y 的中国实用新型专利说明书，共 4 页；

附件 4：授权公告日为 2001 年 12 月 19 日、授权公告号为 CN2466273Y 的中国实用新型专利说明书，共 5 页；

附件 5：授权公告日为 1995 年 3 月 8 日、授权公告号为 CN2191244Y 的中国实用新型专利说明书，共 6 页。

无效宣告请求人认为，附件 1～5 分别公开了权利要求 1 的技术方案，权利要求 1 分别相对于附件 1～5 不具备新颖性。

经形式审查合格，专利复审委员会受理上述无效宣告请求，于 2010 年 5 月 6 日向无效宣告请求人和专利权人发出无效宣告请求受理通知书，同时将专利权无效宣告请求书及其附件清单所列附件的副本转给专利权人。随后，专利复审委员会依法成立合议组对本案进行审查。

专利权人针对上述无效宣告请求于 2010 年 6 月 22 日提交意见陈述书，并认为根据《专利法》第 59 条的规定，说明书可以解释权利要求，从而涉案专利权利要求 1 相对于附件 1～5 分别存在区别技术特征，因此权利要求 1 具备新颖性。

专利复审委员会本案合议组于 2010 年 7 月 5 日向双方当事人发出口头审理通知书，定于 2010 年 8 月 25 日举行口头审理。同时，向无效宣告请求人发出转送文件通知书，将专利权人于

2010年6月22日提交的意见陈述书转给无效宣告请求人。

无效宣告请求人于2010年8月18日提交了意见陈述书。

口头审理如期举行，双方当事人出席了本次口头审理。在口头审理过程中，(1)无效宣告请求人明确其无效宣告的范围、理由和证据组合方式为：权利要求1分别相对于附件1～5不符合2001年《专利法》第22条第2款有关新颖性的规定，并明确放弃其于2010年8月18日提交的意见陈述书；(2)专利权人对无效宣告请求人提交的附件1～5的真实性无异议；(3)双方就上述无效宣告请求的证据、事实和理由充分陈述了意见。

至此，合议组认为本案事实已经清楚，可以作出审查决定。

二、决定的理由及结论

(一)证据认定

无效宣告请求人提交的附件1～5均为中国专利文献，专利权人对其真实性无异议，合议组经核实确认附件1～5的真实性。附件1～5的公开日期均在涉案专利的申请日之前，因此附件1～5可以作为涉案专利的现有技术使用。

(二)关于法律适用

本案属于针对申请日在2009年10月1日之前提出的专利申请授予的专利权提出的无效宣告请求，根据《实施修改后的专利法的过渡办法》，本案的审查适用2001年《专利法》。

(三)关于2001年《专利法》第22条第2款

2001年《专利法》第22条第2款规定，新颖性，是指在申请日以前没有同样的发明或者实用新型在国内外出版物上公开发表过、在国内公开使用过或者以其他方式为公众所知，也没有同样的发明或者实用新型由他人向国务院专利行政部门提出过申请并且记载在申请日以后公布的专利申请文件中。

权利要求1要求保护一种保温复合墙板。附件2公开了一种建筑用轻型聚合物混凝土复合板及其制造方法，所述的复合板包括两层纤维水泥薄板(相当于权利要求1中的水泥纤维板)，两层纤维水泥薄板之间填充有聚合物混凝土(参见附件2说明书第1页第4段)。此外，附件2还公开了所述复合板有保温的效果(热传导系数为0.728)(参见附件2说明书第2页第2段)，为取得更佳的保温效果，聚合物采用的是聚苯发泡后的颗粒(参见附件2说明书第1页第6段)，可见填充在两层纤维水泥薄板之间的聚合物混凝土对应于权利要求1所述的保温层。由此可见，附件2公开了权利要求1中全部技术特征，两者的技术方案实质上相同；并且与权利要求1所述的保温复合墙板一样，附件2中的复合板也用于墙体的砌筑，都解决了使材料强度高、保温效果好等技术问题，并能达到相同的技术效果。因此，权利要求1相对于附件2不具备新颖性，不符合2001年《专利法》第22条第2款的规定。

专利权人认为，根据2001年《专利法》第59条的规定，说明书可以解释权利要求。涉案专利说明书中记载了复合保温层的方式为通过气压注浆将保温层的原料注入两层水泥纤维板之间，而附件2中复合板是“在两纤维水泥板间注入聚合物混凝土”，即“加水搅拌均匀，注入量纤维水泥板之间，振实，自然养护1～3天”，是一种普通的自然沉降注浆捣固复合方式，与涉案专利的气压注浆进行复合不同。涉案专利由于采用这一复合方式还达到了防渗水的技术效果。因此，虽然附件2中也是复合，但与涉案专利中的复合是不同的技术特征，涉案专利相对于附件2具备新颖性。

2001年《专利法》第56条规定，发明或者实用新型专利权的保护范围以其权利要求的内容为准，说明书及附图可以用于解释权利要求。合议组经审查后认为，说明书可以用于解释权利要求，但一般在权利要求的技术特征的含义清楚、无疑义的情况下，不应当将说明书记载的、未在权利要求中限定的技术内容纳入到权利要求中，并以此确定权利要求的保护范围。首先，权利要求的保护范围应当根据其所用词语的含义来理解，一般情况下，权利要求中的词语应当理解为相关技术领域通常具有的含义；其次，在特定情况下，如果说明书中指明了某词具有特定的含义，并且使用了该词的权利要求的保护范围由于说明书中对该词的说明而被限定得足够清楚，这种情况也是允许的。

具体到本案中，首先，涉案专利权利要求1仅用“复合”一词对所保护的墙板进行限定，并没有具体限定所述“复合”的工艺。而在本技术领域中，“复合”所具有的通常含义不包括必须采用“气压注浆”，而被认为涵盖所有形式的注浆工艺，这一含义是清楚且无疑义的。其次，涉案专利仅将

“气压注浆”作为制造保温复合墙板的实施例记载在说明书具体实施方式部分，而并未在说明书中将所述“复合”明确定义为须采用“气压注浆”。换言之，涉案专利说明书中并未指明其所述的“复合”具有特定的含义。因此，在根据2001年《专利法》第56条确定涉案专利权利要求1的保护范围时，不能将仅记载在其说明书中而未限定在权利要求1中的“气压注浆”作为权利要求1的一部分以解释权利要求1中“复合”。综上，专利权人有关涉案专利权利要求1中的“复合”与附件2中的复合是不同的技术特征的主张，合议组不予支持，其关于权利要求1具备新颖性的理由不能成立。

由于权利要求1相对于附件2不符合2001年《专利法》第22条第2款有关新颖性的规定，权利要求1应予无效，因此对于请求人的其他无效理由及证据不再进行评述。

基于以上理由，合议组作出如下决定。

宣告第200620012210.3号实用新型专利权全部无效。

当事人对本决定不服的，可以根据《专利法》第46条第2款的规定，自收到本决定之日起三个月内向北京市第一中级人民法院起诉。根据该款的规定，一方当事人起诉后，另一方当事人作为第三人参加诉讼。

三、评析

该决定虽然不涉及复杂的程序，决定的理由也仅涉及新颖性条款，但其撰写行文流畅、繁简得当、重点突出。决定的亮点在于对《专利法》第59条的理解和阐释，并结合具体案情进行了深入的分析，继而得出令人信服的结论。

在决定撰写方面，该决定行文流畅逻辑清晰，内容的详略取舍得当。决定的案由对于经口头审理确定与案件无关的经过做简要记述，对于双方的核心意见做了准确而精练的概括，避免了常见的拖沓冗长的案由撰写方式。在决定的理由部分，该决定没有采用常见的“三认为”式撰写方式将无效宣告请求人和专利权人的意见一一展现，而是在准确把握了案件的争议焦点后对专利权人的意见做了重点介绍，并在此基础上就其主张不成立的理由不惜笔墨详细进行了论述。首先从合议组对《专利法》第59条的理解出发，提出了对于权利要求解释的一般规则，然后从案件的具体事实入手并与法律要件相映射，由此而得出案件是否适用该一般规则的结论，整个论述过程逻辑严密。

在法律适用方面，该决定较为准确地把握了《专利审查指南》中有关说明书可以解释权利要求规定的精神实质，同时也注意到对于《专利法》第59条的理解，在专利侵权诉讼的司法程序中和专利确权行政程序中存在一定差异的现实情况，因此在撰写决定要点时采取了从反面进行撰写的方式，避免争议过于突出。

（国家知识产权局专利复审委员会
王　森　陈晓亮　彭　敏　王冬）

案例7　创造性判断中技术启示的认定

一、案由

本复审请求涉及申请号为200380102216.9，名称为“用于预防和/或治疗抗癌剂诱导的外周神经病的乙酰基－L－肉碱”的发明专利申请。申请人为希格马托制药工业公司。本申请的申请日为2003年10月23日，优先权日为2002年11月13日，公开日为2005年12月14日。

经实质审查，国家知识产权局原审查部门审查员于2010年1月15日发出驳回决定，驳回了本发明专利申请，其理由是：本申请权利要求1～8不符合《专利法》第22条第3款之规定。驳回决定所依据的文本为：请求人于2009年11月12日提交的权利要求第1～8项以及进入中国国家阶段时提交的国际申请文件的中文文本说明书第1～18页以及说明书摘要。驳回决定所针对的权利要求书如下：

“1. 乙酰基L－肉碱或其药学上可接受的盐在制备用于预防和/或治疗外周神经病的药物中的应用，所述外周神经病由施用能诱发外周神经病的抗癌剂而诱导，所述的抗癌剂是奥沙利铂或长春瑞滨。

2. 根据权利要求1的应用，其中所述的药物是以组合物的形式，所述组合物除了包含任选的药学上可接受的赋形剂和/或载体以外，还组合地在混合物中包含所述的乙酰基L－肉碱或其药学上可接受的盐和所述抗癌剂。

3. 根据权利要求1或2的应用，其中所述的乙酰基L－肉碱的药理学上可接受的盐选自：氯化物，溴化物，乳清酸盐，酸式天冬氨酸盐，酸式柠檬酸盐，酸式磷酸盐，延胡索酸盐和酸式延胡索酸盐，马来酸盐和酸式马来酸盐，酸式草酸盐，酸式硫酸盐，葡萄糖磷酸盐，酒石酸盐和酸式酒石酸盐。

4. 根据权利要求 3 的应用，其中所述的抗癌剂是手术去除肿瘤的替代方案。

5. 一种组合物，其组合含有：

a)乙酰基 L—肉碱或其药学上可接受的盐；

b)能诱发外周神经病的抗癌剂，所述抗癌剂是奥沙利铂或长春瑞滨。

6. 根据权利要求 5 的组合物，其中所述的乙酰基 L—肉碱的药理学上可接受的盐选自：氯化物，溴化物，乳清酸盐，酸式天冬氨酸盐，酸式柠檬酸盐，酸式磷酸盐，延胡索酸盐和酸式延胡索酸盐，马来酸盐和酸式马来酸盐，酸式草酸盐，酸式硫酸盐，葡萄糖磷酸盐，酒石酸盐和酸式酒石酸盐。

7. 一种药盒，其包含：

a)药物组合物，其包含治疗有效量的能诱发外周神经病的抗癌剂，所述抗癌剂是奥沙利铂或长春瑞滨；

b)药物组合物，其包含乙酰基 L—肉碱或其药学上可接受的盐，其量适合于针对由施用所述抗癌剂诱导的外周神经病产生实质性的保护作用。

8. 根据权利要求 7 的药盒，其中所述的乙酰基 L—肉碱的药理学上可接受的盐选自：氯化物，溴化物，乳清酸盐，酸式天冬氨酸盐，酸式柠檬酸盐，酸式磷酸盐，延胡索酸盐和酸式延胡索酸盐，马来酸盐和酸式马来酸盐，酸式草酸盐，酸式硫酸盐，葡萄糖磷酸盐，酒石酸盐和酸式酒石酸盐。”

驳回决定中认为，对比文件 1（US2001/0044465A1，公开日为 2001 年 11 月 22 日）公开了烷酰基 L—肉碱，优选乙酰基 L—肉碱或其药学可接受的盐或烷酰基 L—肉碱的混合物在制备包含选自如卡铂、博来霉素和长春新碱的抗癌试剂的药物中的应用，其中所述药物可以以组合物或试剂盒的形式存在，药物中还含有药学上可接受的载体，药物本身可消除所述抗癌试剂的部分副作用，如外周神经病，其中的乙酰基 L—肉碱的药学可接受盐选自氯化物、溴化物等（参见对比文件 1 的权利要求 1、8、12 和 18～30）。权利要求 1 中所具体限定的抗癌试剂奥沙利铂与对比文件 1 中公开的卡铂同属铂化合物，长春瑞滨与对比文件 1 中公开的长春新碱同属长春花属生物碱类，由此可见，对比文件 1 已经给出了乙酰基 L—肉碱与权利要求 1 中所述的同类抗癌试剂协同使用的技术启示，而根据现有技术也无法得出奥沙利铂和长春瑞滨相对于卡铂和长春新碱具备预料不到的效果的结论，因此权利要求 1 不具备创造性，不符合《专利法》第 22 条第 3 款的有关规定。基于同样的理由，独立权利要求 5 和 7 也不具备创造性，不符合《专利法》第 22 条第 3 款的有关规定。

权利要求 2、3、6、8 的附加技术特征在对比文件 1 中已经被公开，权利要求 4 的附加技术特征对本领域技术人员来说是显而易见的，因此权利要求 2～4，6，8 也不具备创造性，不符合《专利法》第 22 条第 3 款的有关规定。

申请人（下称复审请求人）对上述驳回决定不服，于 2010 年 4 月 30 日向专利复审委员会提出了复审请求，并提交了如下附件：

附件 1：Raymond E. 等，Annals of Oncology，1998 年第 9 期，1053～1071 页，共 19 页；

附件 2：Giannakakou P. 等，Journal of the National Cancer Institute，2000 年，92 卷第 3 期，182～183 页，共 2 页。

依据上述附件，复审请求人认为：附件 1 表明奥沙利铂不同于卡铂和顺铂，可被分为一个独立的家族，附件 2 表明长春新碱和长春瑞滨在临床实践中存在显著差异，在阅读本申请的申请日之前的所述文献后，本领域技术人员已经知晓奥沙利铂与卡铂在临床实践中是不同的，长春瑞滨和长春新碱也是不同的，因此无法在对比文件 1 的基础上显而易见的想到将乙酰基 L—肉碱与本申请中的抗癌剂联合使用，因此，本申请的权利要求 1～8 相对于对比文件 1 具备创造性。

经形式审查合格，专利复审委员会于 2010 年 5 月 19 日依法受理了该复审请求，并将其转送至原审查部门进行前置审查。

原审查部门在前置审查意见书中认为，本申请请求保护的技术方案是乙酰基—L—肉碱与抗癌剂的联合，说明书中并没有对抗癌剂的类型作出特别的强调，同时在其具体的实验部分，对长春瑞滨和长春新碱与乙酰基 L—肉碱联合使用的治疗效果均给出了实验数据，而从数据上来看，并不能证明长春瑞滨相对于长春新碱具有意料不到的效果，另外对于奥沙利铂和卡铂，虽然现有技术指出了奥沙利铂和卡铂有区别，但是这两者均属于传统意义上的铂类化合物，申请人也没有相关证据证明奥沙利铂相对于卡铂具有意料不到的效果，因此对于申请人现有的关于本申请创造性成立的意见不予接受，因而坚持原驳回决定。

随后，专利复审委员会成立合议组对本案进行审理。

合议组于2010年8月11日向复审请求人发出复审通知书，其中指出：对比文件1（US2001/0044465A1，公开日为2001年11月22日）公开了乙酰基L－肉碱或其药学可收受的盐治疗抗癌试剂诱导的外周神经病的用途，其中所述抗癌试剂选自如紫杉醇、卡铂、博来霉素和长春新碱等（参见对比文件1的说明书第2页左栏第0021段、0034段和权利要求8、12、18～30）。此外，对比文件1的实施例2所提供的数据进一步证实乙酰基L－肉碱能治疗紫杉醇诱导的外周神经病。在对比文件1已经公开可以利用乙酰基L－肉碱对多种抗癌剂所诱导的外周神经病进行治疗的基础上，本领域技术人员很容易想到乙酰基L－肉碱也能够治疗其他抗癌剂，例如本申请中的奥沙利铂和长春瑞滨诱导的外周神经病。因此，权利要求1相比于对比文件1不具备《专利法》第22条第3款规定的创造性。基于同样的理由，请求保护组合物的独立权利要求5和请求保护药盒的独立权利要求7也不具备《专利法》第22条第3款规定的创造性。

从属权利要求2、3、6、8的附加技术特征已经被对比文件1所公开（参见对比文件1的权利要求16、20、25）；权利要求4的附加技术特征是本领域技术人员很容易想到的。因此，基于同样的理由，权利要求2～4、6、8也不具备《专利法》第22条第3款规定的创造性。

复审请求人于2010年9月27日提交了意见陈述书，并提交了如下附件（编号续前）：

附件3：Alessandra Gilardini，Guido Cavaletti，Peripheral Neurotoxicity of Platinum Compounds，359～364页，2009年，共6页；

附件4：Simona Scalone等，Vinorelbine－induced Acute Reversible Peripheral Neuropathy in a Patient with Ovarian Carcinoma Pretreated with Carboplatin and Paclitaxel，Acta Oncologica，2004年，43卷第2期，209～211页，共3页。

依据上述附件，复审请求人认为：对比文件1记载的是有限且特定的抗癌剂－紫杉醇、卡铂、长春新碱、博来霉素，并不能由此扩展到任意的抗癌剂，从对比文件1中不能得出"乙酰基L－肉碱所治疗的外周神经病并不仅限于某种特定的抗癌剂诱导的外周神经病"的结论。而且，附件3和附件4分别阐述了奥沙利铂和卡铂的不同以及长春瑞滨与长春新碱的不同，同样作为现有技术的附件1和附件2中也已经教导了同种类的抗癌剂之间的不同，仅仅从对比文件1单纯进行考虑并得出权利要求1～8不具有创造性的结论是不合适的。综合整个现有技术来看，本领域技术人员只有在经历繁重实验负担的情况下才有可能尝试使用与对比文件1不同的抗癌剂奥沙利铂或长春瑞滨与乙酰基L－肉碱组合来治疗抗癌剂所诱导的外周神经病，因此本申请的权利要求1～8具备创造性。

在上述程序的基础上，合议组认为本案事实已经清楚，可以作出审查决定。

二、决定的理由及结论

（一）审查文本的认定

复审请求人在提出复审请求时以及针对复审通知书陈述意见时，均没有修改申请文件，所以本复审决定书所针对的文本与驳回决定所针对的文本相同，即：请求人于2009年11月12日提交的权利要求第1～8项以及进入中国国家阶段时提交的国际申请文件的中文文本的说明书第1～18页和说明书摘要。

（二）关于《专利法》第22条第3款

本申请的申请日在2009年10月1日之前，根据《施行修改后的专利法的过渡办法》的相关规定，本案适用2000年8月25日第二次修正的《专利法》第22条第3款。

《专利法》第22条第3款规定，创造性，是指同申请日以前已有的技术相比，该发明有突出的实质性特点和显著的进步。

根据该款规定，如果要求保护的技术方案相对于最接近的现有技术存在区别技术特征，且现有技术中给出了将上述区别技术特征应用到该最接近的现有技术以解决其存在的技术问题的启示，这种启示会使本领域的技术人员在面对所述技术问题时，有动机改进该最接近的现有技术并获得要求保护的发明，则该发明是显而易见的，不具备创造性。

本申请权利要求1请求保护乙酰基L－肉碱或其药学上可接受的盐在制备用于预防和/或治疗外周神经病的药物中的应用，所述外周神经病由施用能诱发外周神经病的抗癌剂而诱导，所述的抗癌剂是奥沙利铂或长春瑞滨。

对比文件1(US2001/0044465A1,公开日是2001年11月22日)公开了乙酰基L一肉碱或其药学可收受的盐治疗抗癌试剂诱导的外周神经病的用途,其中所述抗癌试剂选自如紫杉醇、卡铂、博来霉素和长春新碱等(参见对比文件1的说明书第2页左栏第0021段、0034段和权利要求8、12、18~30)。此外,对比文件1的实施例2所提供的数据进一步证实乙酰基L一肉碱能治疗紫杉醇诱导的外周神经病。

本申请权利要求1与对比文件1的区别在于,本申请权利要求1中使用乙酰基L一肉碱用于治疗奥沙利铂或长春瑞滨诱导的外周神经病,而对比文件1中公开的是使用乙酰基L一肉碱来治疗紫杉醇、卡铂、博来霉素和长春新碱诱导的外周神经病。基于该区别技术特征确定的本发明实际要解决的技术问题是将乙酰基L一肉碱用于治疗其他抗癌剂诱导的外周神经病。

然而,对比文件1和本申请中乙酰基L一肉碱治疗的都是抗癌剂诱导的外周神经病,没有证据表明不同种类抗癌剂诱导的外周神经病有不同之处。因此在对比文件1已经公开可以利用乙酰基L一肉碱对多种抗癌剂所诱导的外周神经病进行治疗的基础上,本领域技术人员很容易想到乙酰基L一肉碱也能够治疗其他抗癌剂,例如本申请中的奥沙利铂和长春瑞滨诱导的外周神经病。因此,权利要求1相比于对比文件1不具有突出的实质性特点和显著的进步,不具备《专利法》第22条第3款规定的创造性。

对比文件1已经公开包含乙酰基L一肉碱与抗癌剂的组合物和药盒(参见对比文件1的权利要求16、20、30),因此,基于同样的理由,请求保护组合物的独立权利要求5和请求保护药盒的独立权利要求7也不具备《专利法》第22条第3款规定的创造性。

从属权利要求2限定乙酰基L一肉碱和抗癌剂为组合物形式,该特征已经被对比文件1所公开;权利要求3、6、8限定了乙酰基L一肉碱的盐,该特征已经被对比文件1所公开(参见对比文件1的权利要求16、20、25);权利要求4限定了抗癌剂是手术去除肿瘤的替代方案,这是本领域技术人员很容易想到的。因此,基于同样的理由,权利要求2~4、6、8也不具备《专利法》第22条第3款规定的创造性。

(三)针对复审请求人的意见

合议组认为,附件1~4中虽然分别阐述了奥沙利铂和卡铂的不同以及长春瑞滨与长春新碱的不同,但附件1~4都没有明确指出奥沙利铂和长春瑞滨所诱导的外周神经病不同于对比文件1中的紫杉醇、卡铂、长春新碱、博来霉素所诱导的外周神经病,而且奥沙利铂和对比文件所涉及的卡铂同属于铂类抗癌剂,长春瑞滨与对比文件1中的长春新碱同属于长春碱类抗癌剂,对比文件1中的紫杉醇、卡铂、长春新碱、博来霉素都是不同种类且结构不同的抗癌剂,这几种化合物之间的区别明显要比奥沙利铂和卡铂之间或者长春瑞滨与长春新碱之间的区别更大,而对比文件1公开了乙酰基L一肉碱可以治疗这些不同种类抗癌剂诱导的外周神经病,因此,乙酰基L一肉碱所治疗的外周神经病并不仅限于某种特定的抗癌剂诱导的外周神经病,在此基础上,本领域技术人员很容易得到乙酰基L一肉碱可以治疗本申请权利要求1中所述的其他不同结构抗癌剂所诱导的外周神经病的启示,请求人的意见陈述不具有说服力。

维持国家知识产权局于2010年1月15日对本申请作出的驳回决定。

如对本复审请求审查决定不服,根据《专利法》第41条第2款的规定,请求人自收到本决定之日起三个月内向北京市第一中级人民法院起诉。

三、评析

该决定的撰写简明扼要,案由部分完整地记述了审查过程所涉及的事项,正确、概括性地反映了案件审查过程和争议的主要问题。决定理由部分对法条的诠释体现了该条款的内在逻辑要求,对事实的分析紧扣这一要求,对如何获得现有技术启示的分析过程简练却有说服力,同时也深入剖析了要解决的技术问题,从技术方案整体出发,严格遵守"三步法"的逻辑进行分析说理,最终得出该申请不具有创造性的结论。最后,该决定还针对请求人的意见进行了有针对性的答复,没有遗漏请求人的争辩理由。该决定以要解决的技术问题为主线,并且在提炼现有技术启示以及回应请求人意见时都能够呼应这一主线,而不是拼凑技术特征,从而使得说理过程简洁有力、一气呵成。

对于是否能从现有技术获得技术启示,是本案的争议焦点。对此,请求人认为对比文件1记载的是有限且特定的抗癌剂一紫杉醇、卡铂、长春新碱、博来霉素，并不能由此扩展到任意的抗癌剂，从对比文件1中不能得出“乙酰基L一肉碱所治疗的外周神经病并不仅限于某种特定的抗癌剂诱导的外周神经病”的结论。而且，附件1和附件2中，已经教导了不同种类的抗癌剂之间的不同，附件3和附件4分别阐述了奥沙利铂和卡铂的不同以及长春瑞滨与长春新碱的不同，本领域技术人员只有在经历繁重实验负担的情况下才有可能尝试使用与对比文件1不同的抗癌剂奥沙利铂或长春瑞滨与乙酰基L一肉碱组合来治疗抗癌剂所诱导的外周神经病，因此本申请的权利要求1～8具备创造性。合议组并未就奥沙利铂或长春瑞滨和卡铂或长春新碱属于同一类药物而简单地认为其相互之间的替换即为顺理成章的，而是更深入地分析了现有技术所公开的内容，指出对比文件1中的紫杉醇、卡铂、长春新碱、博来霉素都是不同种类且结构不同的抗癌剂，这几种化合物之间的区别明显要比奥沙利铂和卡铂之间或者长春瑞滨与长春新碱之间的区别更大，而对比文件1公开了乙酰基L一肉碱可以治疗这些不同种类抗癌剂诱导的外周神经病，因此，乙酰基L一肉碱所治疗的外周神经病并不仅限于某种特定的抗癌剂诱导的外周神经病，在此基础上，本领域技术人员很容易得到乙酰基L一肉碱可以治疗本申请权利要求1中所述的其他不同结构抗癌剂所诱导的外周神经病的启示，简短有力地回应了请求人的观点。

该决定还对审查实践时撰写决定中存在的一些争议性问题的解决进行了有益的尝试。具体而言，本决定的行文较为简洁，但说理有力。以精练简短的语言进行充分有力的说理，是审查实践所倡导的较高要求。

当然，该决定的撰写过程中，如果能够在案由部分体现出复审中对附件1、2的意见则会显得更加完整。

（国家知识产权专利复审委员会
张晓飞　黄海波　邹　凯　李人久）

案例8　权利要求是否清楚的认定

一、案由

本复审请求涉及申请号为03827038.2、发明名称为“碳刷”的发明专利申请（下称本申请），其申请日为2003年9月5日，进入中国国家阶段的日期为2006年3月6日，公开日为2006年9月27日，申请人为东炭化工株式会社。

国家知识产权局实质审查部门于2009年3月13日以本申请的权利要求1～4不符合《专利法实施细则》第20条第1款的规定为由作出驳回决定，该驳回决定针对的文本是申请人于2008年8月12日提交的权利要求第1～5项，本申请2006年3月6日进入中国国家阶段时提交的国际申请文件的中文译文的说明书第1～5页、说明书附图第1～2页、说明书摘要和摘要附图。其主要驳回理由是：无法明确权利要求1～4中以百分比形式表示的“石墨粒子的累计值”是体积百分比、重量百分比、粒子个数百分比还是以其他物理量为基础的百分比；“累计”表明是一定范围的总和，没有明确以什么物理量为基础进行累计。因此，权利要求1～4没有清楚地表述请求保护的范围，不符合《专利法实施细则》第20条第1款的规定。

驳回决定所针对的权利要求1～4的内容为：

“1.一种碳刷，其中，在利用激光衍射法测定作为填料的石墨粒子时的粒径分布中，石墨粒子中粒径为5μm以下的石墨粒子的累计值为10%以下。

2.如权利要求1所述的碳刷，其中，在所述利用激光衍射法测定作为填料的石墨粒子时的粒径分布中，石墨粒子中粒径为100μm以上的石墨粒子的累计值为10%以下。

3.如权利要求2所述的碳刷，其中，在所述利用激光衍射法测定作为填料的石墨粒子时的粒径分布中，石墨粒子中粒径为10～40μm的石墨粒子的累计值为60%以上。

4.如权利要求3所述的碳刷，其中，在所述利用激光衍射法测定作为填料的石墨粒子时的粒径分布中，石墨粒子中粒径为12～20μm的石墨粒子的累计值为40%以上。”

申请人（下称复审请求人）对驳回决定不服，于2009年6月29日向专利复审委员会提交了复审请求书，未对申请文件进行修改。同时，复审请求人提交了以下附件作为证据进行论述：

附件1：《微粒子工学大系》，第1卷 基本技术，2001年10月31日出版发行，封面页、目录页、第305～309页、版权页，共8页；

附件2：声称由岛津制作所提供的《岛津粉体测定机器——制品要览》，共32页；

附件3：日本专利申请JP特开2002一

69122A专利公报,复印件共9页,公开日期为2002年3月8日;

附件4:日本专利申请JP特开2002－324915A专利公报,复印件共13页,公开日期为2002年11月8日;

附件5:《新陶瓷粉体手册》,1983年7月25日出版发行,封面页、目录页第12～13页、第374～379页、版权页,共10页。

复审请求人陈述的主要复审理由是:(1)基于附件1所公开的公知常识,在本领域中,激光衍射法所获得的粒径分布测定结果一般都是以体积为基准表示的;(2)根据本申请的说明书可知,在本申请的所有实施例和比较例中,作为激光衍射式粒度分布测定装置,使用了岛津制作所制SALD－2000A机型;根据附件2中文译文的内容可知,岛津制作所SALD系列粒径分布测定装置在测定粒径分布时,所获得的粒径分布均是以体积为基准的;(3)附件3和4中均使用了岛津制作所制造的激光衍射散射法粒径测定装置SALD－2000A来测定其粒径分布;而且,根据该附件3和4,所获得的粒径分布测定结果均是以体积为基准表示的;(4)附件5在第377页的表－3(粒径测定法的分类)中记载到,激光前方散射法(相当于本申请的激光衍射法)在测定粒径分布时,其分布基准是体积分布。

经形式审查合格,专利复审委员会受理了该复审请求,并于2009年8月6日向复审请求人发出了复审请求受理通知书,同时向实质审查部门发出了前置审查通知书。

国家知识产权局实质审查部门对本复审请求作出了前置审查,并在前置审查意见书中指出:(1)复审请求人在提出复审请求时,未对申请文件进行修改,驳回决定中指出的权利要求1～4不符合《专利法实施细则》第20条第1款的规定的缺陷仍然存在。(2)复审请求人提交的附件1.3－5仅能证明激光衍射法所获得的粒径分布测定结果一般是以体积为基准表示的,并不能证明一定是以体积为基准表示的;附件2是对本申请涉及的激光衍射式粒度分布测定装置SALD－2000A类似仪器的概括介绍,并不是本申请所涉及的测定装置SALD－2000A的使用说明书。(3)特别是专利申请WO03/042103A1公开了激光衍射式粒度分布测定装置SALD－2000A测定的粒度分布按重量百分比累计。(4)坚持原驳回决定。

在此基础上,专利复审委员会依法成立合议组对本案进行了审查,并于2009年12月3日向复审请求人发出了复审通知书,其中指出:(1)权利要求1～4没有清楚地表述请求保护的范围,不符合《专利法实施细则》第20条第1款的规定。(2)复审请求人提交的附件1、3～5均为本申请申请日前公开的现有技术;附件2为复印件,且其中没有任何有关出版情况和公开时间的信息,在没有其他证据予以佐证的情况下,合议组无法对其真实性和公开时间进行核实,故对附件2不予考虑。(3)附件1、3～5虽然都公开了激光衍射法测定粒径分布时获得的粒径分布测定结果均是以体积为基准表示的,但并未排除以其他的物理量为基准测定粒径分布的可能性;特别地,公开号为WO03/042103A1的专利申请(参见本通知书所附附件,其公开日为2003年5月22日)公开了(参见该申请说明书第4页第13行至第6页第2行,第9页第8～26行)激光衍射法粒径分布测定装置SALD－2000测定的粒径分布按重量百分比累计;由此可见,同样是使用SALD－2000系列机型,采用激光衍射法测定粒径分布时也可以按重量百分比累计,并不必然是以体积为基准表示。复审请求人提交的意见陈述及上述附件1～5无法证明本申请权利要求1～4中以百分比形式表示的"石墨粒子的累计值"是以体积为基准获得的。

针对复审通知书,复审请求人于2010年2月22日提交了意见陈述书,未对申请文件进行修改。此外,复审请求人再次提交了附件2(声称由岛津制作所提供的《岛津粉体测定机器——制品要览》,复印件,共32页),同时提交了附件A(声称由岛津制作所提供的有关粒度分布测定装置的概要介绍,复印件,共2页)及其中文译文共2页。

其中陈述的主要观点是:

(1)根据本申请说明书以及复审请求人之前提交的附件1记载的内容可知,激光衍射法直接获得的是有关粒子大小以及该粒子在粒子群中的存在比例(即体积比)的数据;在本领域中也有利用激光衍射法获得以重量为基准的粒度分布数据的实例,但该以重量为基准的数据实际上是通过将原始测定数据(以体积为基准)借助粒子密度换算成重量基准而获得的,其本质上是一种经过处理的间接测试数据(间接数据)。

(2)虽然复审通知书中所引用的参考资料WO03/042103A1中记载了使用激光衍射法(岛津制作所制:SALD－2000)测试粒度分布时获得了以重量为基准的粒度分布数据的事实,但如前所述，该重量基准数据实际上是经过换算而获得的，即，所述重量基准粒度分布数据是经 SALD—2000 处理后的计算结果(间接数据)；另外，该参考资料只是一篇专利文献，并不是严格意义上的教科书或技术辞典，因此其并不旨在以严谨和严格的方式来传达技术信息或技术常识。

(3)附件 2 是 SALD 系列粒度分布测定装置的直接制造商——岛津制作所向市场推广和介绍其各种粉体测定装置时专门制作的产品介绍；该产品介绍是公众可以经由公共网络从岛津制作所的网页上直接获得的电子资料，而且具有明确的发行人和发行地址(比如资料来源以及具体的刊登网址)，因此可以被视为正式发行的资料；并且，该附件 2 是揭示有关激光衍射法和粉体测定装置的技术内容的客观性技术资料，因此，该附件 2 是真实而正式的技术资料，其中所揭示的技术内容是真实可信的。

(4)附件 A 是岛津制作所的公司网页上有关粒度分布测定装置的概要介绍，由于该概要介绍是公众可以经由公共网络从岛津制作所自身的主页上直接获得的，因此附件 A 的真实性是可以确认的。根据该附件 A 还可知，所述 SALD－2000A 机型于 1993 年 4 月(早于本申请的申请日)开始向市场销售。这一事实表明，为了确保数据的继承性和互换性，所有SALD－2000 系列的机型至少从 1993 年 4 月(或基于最早的SALD—2000 机型，为 1991 年 6 月)开始就一直按照同一种计量基准来给出粒度分布数据，即该岛津制作所在前述附件 2 中明文规定的体积基准。

至此，合议组经合议审查后认为本案事实已经清楚，可以依法作出审查决定。

二、决定的理由及结论

(一)文本认定

复审请求人在提出复审请求以及答复复审通知书时均未对申请文件进行修改，因此本复审决定所依据的文本与驳回决定所针对的文本相同，即：复审请求人于 2008 年 8 月 12 日提交的权利要求第 1～5 项，本申请 2006 年 3 月 6 日进入中国国家阶段时提交的国际申请文件的中文译文的说明书第 1～5 页、说明书附图第 1～2 页、说明书摘要和摘要附图。

(二)关于《专利法实施细则》第 20 条第 1 款

《专利法实施细则》第 20 条第 1 款规定：权利要求书应当说明发明或者实用新型的技术特征，清楚、简要地表述请求保护的范围。

对所属技术领域的技术人员而言，如果一项权利要求中关于某些技术特征的表述不清楚而导致该权利要求的保护范围不能确定，则该权利要求不符合《专利法实施细则》第 20 条第 1 款的规定。

权利要求 1～4 中分别记载了技术特征“石墨粒子中粒径为 5μm 以下的石墨粒子的累计值为 10%以下”、“石墨粒子中粒径为 100μm 以上的石墨粒子的累计值为 10%以下”、“石墨粒子中粒径为 10～40μm 的石墨粒子的累计值为 60%以上”和“石墨粒子中粒径为 12～20μm 的石墨粒子的累计值为 40%以上”。其中，无法确定以百分比形式表示的“石墨粒子的累计值”是体积百分比、重量百分比、粒子个数百分比还是以其他物理量为基础的百分比，致使权利要求 1～4 的保护范围不能确定。因此，权利要求 1～4 没有清楚地表述请求保护的范围，不符合《专利法实施细则》第 20 条第 1 款的规定。

(三)关于复审请求人的意见陈述

针对复审请求人的意见陈述，合议组认为：

(1)复审请求人提交的附件 1 和 5 是正式出版的日文书籍，附件 3 和 4 是日本专利申请的专利公报，均属于专利法意义上的公开出版物，且其公开日期均早于本申请的申请日，因此，附件 1、3～5 均为本申请申请日前公开的现有技术。

复审请求人提交的附件 2 和附件 A 均为复印件，其中没有任何有关出版情况和公开时间的信息，复审请求人声称附件 2 和附件 A 均从岛津制作所的网页上直接获取，但基于网络证据易于修改的特性，在没有其他证据予以佐证的情况下，合议组无法对其真实性和公开时间进行核实；此外，附件 A 中仅记载了 SALD－2000A 机型于 1993 年 4 月开始向市场销售，但由此并不能直接、唯一地确定附件 2 和附件 A 的公开时间，因此，合议组对附件 2 和附件 A 不予考虑。

(2)本申请说明书中(参见本申请说明书的 2 页第 8～17 行)记载了激光衍射法测定粒径分布的原理：在利用激光衍射法时，根据激光的衍射散射光强度分布来计算样品粒子群中一定尺寸的粒子在粒子总体中所占的比例，根据衍射散射光的重叠图形来确定粒子的大小，并且根据各图形中的光强度来计算特定粒子在粒子总体中的比例。

复审请求人提交的附件1中(参见附件1第305页)公开了激光衍射法测定粒径分布的原理,即“该方法利用了从照射粒子的光的前方向侧面角度区域散射的光的强度分布(散射图形)是粒子大小的函数这一事实,由此检测粒径”。综上,上述描述中并未对一定尺寸的粒子在粒子总体中所占的比例是以何种物理量为基础的比例作任何限定,因此根据上述描述不能直接、唯一地确定复审请求人所声称的“激光衍射法直接获得的是有关粒子大小以及该粒子在粒子群中的存在比例(即体积比)的数据”,同样也无法得出复审请求人所声称的“以重量为基准的数据实际上是通过将原始测定数据(以体积为基准)借助粒子密度换算成重量基准而获得的,其本质上是一种经过处理的间接测试数据(间接数据)”的结论。

复审请求人提交的附件1中(参见附件1第305页)公开了“在本领域中,激光衍射法所获得的粒径分布测定结果一般都是以体积为基准表示的”,但并未排除以其他的物理量为基准测定粒径分布的可能性;同时也没有任何证据表明以体积为基准的测定结果是原始测定数据、而以重量为基准的测定结果是经过处理的间接测试数据。

(3)附件1、3～5虽然都公开了激光衍射法测定粒径分布时获得的粒径分布测定结果均是以体积为基准表示的,但并未排除以其他的物理量为基准测定粒径分布的可能性;特别地,公开号为WO3/042103A1的专利申请(公开日为2003年5月22日)公开了(参见该申请说明书第4页第13行至第6页第2行,第9页第8～26行)激光衍射法粒径分布测定装置SALD－2000测定的粒径分布按重量百分比累计。由此可见,同样是使用SALD－2000系列机型,采用激光衍射法测定粒径分布时也可以按重量百分比累计,并不必然是以体积为基准表示。复审请求人提交的意见陈述及上述附件无法证明本申请权利要求1～4中以百分比形式表示的“石墨粒子的累计值”一定是以体积为基准获得的。

综上所述,复审请求人提交的意见陈述及上述附件均无法证明本申请权利要求1～4中以百分比形式表示的“石墨粒子的累计值”是以体积为基准获得的。权利要求1～4没有清楚地表述请求保护的范围,不符合《专利法实施细则》第20条第1款的规定。

基于上述理由,合议组作出如下决定。

维持国家知识产权局实质审查部门于2009年3月13日对03827038.2号发明专利申请作出的驳回决定。

复审请求人如对本决定不服,可根据《专利法》第41条第2款在收到本决定之日起三个月内向北京市第一中级人民法院起诉。

三、评析

《专利法实施细则》第20条第1款是我们在审查工作中经常使用的一个法律条款,权利要求请求保护的范围清楚是审查一个权利要求是否具有专利性的基础。权利要求书用于确定专利的保护范围。专利申请被授予专利权之前,申请人在其提交的权利要求书中表明想要获得的保护范围,专利权被授予之后,专利文件中的权利要求书是专利权人享有的保护范围。因此,关于《专利法实施细则》第20条第1款的审查也是一个难点,需要考虑专利申请人和社会公众之间的利益平衡。既不能由于权利要求限定了不清楚的保护范围使得专利实质上保护范围过小,而损失专利申请人的权益,也不能由于权利要求限定了不清楚的保护范围使得权利要求可以解释为过宽的保护范围,而损失社会公众的利益。

《专利审查指南》中将《专利法实施细则》第20条第1款中关于“权利要求应当清楚”的要求诠释为,其一,权利要求书中每项权利要求的类型应当清楚;其二,每项权利要求所确定的保护范围应当清楚,权利要求中的用词应当含义明确。

本案中,驳回决定中指出:无法确定权利要求1～4中以百分比形式表示的“石墨粒子的累计值”是体积百分比、重量百分比、粒子个数百分比还是以其他物理量为基础的百分比;“累计”表明是一定范围的总和,没有明确以什么物理量为基础进行累计。因此,权利要求1～4没有清楚地表述请求保护的范围,不符合《专利法实施细则》第20条第1款的规定。

在复审审查过程中,复审请求人在提出复审请求和答复复审通知书时均提交了意见陈述书,同时提交了多份附件,以证明在本领域中,激光衍射法所获得的粒径分布测定结果一般都是以体积为基准表示的,特别地,岛津制作所制造的SALD－2000系列粒径测定装置采用激光衍射散射法所获得的粒径分布测定结果均是以体积为基准表示的。

专利审查实践中,对于《专利法实施细则》第20条第1款的适用,往往存在审查员主观意识较强，相关的评述和说理点到为止，说理不充分、不透彻的问题。本决定的一个亮点在于关于权利要求不清楚的说理，具体为：首先明确指出权利要求书中导致保护范围不清楚的具体用词，其次给出该用词可能导致的多种理解和多重含义，并在此基础上对相关术语进行解释和剖析，进一步阐述该术语所导致的多重含义，最后顺理成章地得出权利要求不清楚的结论。

本决定的另一亮点在于针对复审请求人提交的多份附件的评述。决定中准确概括了复审请求人的意见陈述，详细记录了其多次提交的多份附件，然后逐条加以详尽剖析，具体为：首先对复审请求人提交的多份附件本身的真实性和公开时间进行了认定；其次对上述附件与本案的关联性进行详细阐述；最后，合议组在复审通知书和复审决定书中均引入一篇本申请申请日之前公开的专利文献（WO03/042103A1），进一步评述采用本申请说明书中所记载的 SALD－2000 系列粒径测定装置进行粒径分布测定并未排除以其他的物理量为基准的可能性。综上，本决定层层递进、有理有据地对复审请求人提出的意见陈述和所附附件进行了认定和评述，并由此得出本申请权利要求 1～4 不符合《专利法实施细则》第 20 条第 1 款规定的结论，说理充分、分析透彻，具有很好的借鉴意义。

（国家知识产权专利复审委员会
李 熙 林 静 唐向阳 沈 丽）

案例 9 技术启示在创造性判断中的作用

一、案由

本无效宣告请求涉及申请日为 2006 年 7 月 4 日、授权公告日为 2007 年 8 月 29 日、名称为“渔业用绞机”的 200620122243.3 号实用新型专利（下称本专利），专利权人为奉珊工业股份有限公司。本专利授权公告时的权利要求书如下：

“1. 一种渔业用绞机，其特征在于：包括：

一承架；

一绞集部，该绞集部至少具有左绞集部及右绞集部，且该左右绞集部分别单独被动力单元所传动；

二动力单元，每一动力单元包括有动力箱、设置在动力箱内的油压马达、与油压马达联结的传动齿轮以及传动筒；

二离合器，该离合器联结在动力单元的传动筒与该绞集部之间；

一支承轴，该支承轴是穿设于该绞集部、离合器，传动齿轮、传动筒，该支承轴的二端头则被动力箱所支承。

2. 如权利要求 1 所述的渔业用绞机，其特征在于：该离合器包括有一拉杆及离合环块。

3. 如权利要求 2 所述的渔业用绞机，其特征在于：该离合环块内具有环状齿条。

4. 如权利要求 2 所述的渔业用绞机，其特征在于：该离合环块具有环槽。

5. 如权利要求 2 所述的渔业用绞机，其特征在于：该离合环块具啮合部。

6. 如权利要求 1 所述的渔业用绞机，其特征在于：该绞集部具有套管，挡环以及传动离合块。

7. 如权利要求 1 所述的渔业用绞机，其特征在于：该传动筒具有条状齿轮。

8. 如权利要求 1 所述的渔业用绞机，其特征在于：该支承轴具有分隔环。”

请求人于 2010 年 6 月 10 日向专利复审委员会提出了无效宣告请求，其理由是：本专利权利要求 1～8 不符合《专利法》第 22 条第 3 款的规定，权利要求 3、7 不符合《专利法》第 26 条第 3 款、第 4 款的规定，请求宣告本专利权利要求全部无效，同时提交了如下附件作为证据：

附件 1：国家知识产权局针对本专利作出的实用新型专利检索报告复印件，共 4 页；

附件 2（下称对比文件 2）：公开号为 CN1239400A、公开日为 1999 年 12 月 22 日的中国发明专利申请公开说明书复印件，共 22 页；

附件 3（下称对比文件 6）：授权公告号为 CN2213433Y、授权公告日为 1995 年 11 月 29 日的中国实用新型专利说明书复印件，共 4 页。

请求人认为：(1)权利要求 1～8 不符合《专利法》第 22 条第 3 款的规定：权利要求 1 相对于公开日为 1999 年 06 月 02 日、公开号为 JP 平 11－146744A 的日本专利文献（下称对比文件 1，未提交）与本领域公知常识的结合不具备创造性；权利要求 2、4、5 的附加技术特征被对比文件 2 公开；权利要求 3、7 的附加技术特征被对比文件 6 公开；权利要求 6 的附加技术特征被对比文件 1 公开；权利要求 8 的附加技术特征是本领域技术人员容易想到的。(2)权利要求 3 中的“环状齿条”、权利要求7中的“条状齿轮”和“复数”均不是本领域的专业术语，也不是行业内的惯常用语，说明书及附图也没有揭示其具体结构，因此，说明书对权利要求3、7的技术方案公开不充分，不符合《专利法》第26条第3款的规定，并且权利要求3、7也不符合《专利法》第26条第4款的规定。

经形式审查合格，专利复审委员会于2010年6月10日受理了上述无效宣告请求并将无效宣告请求书及其所附附件的副本转发给了专利权人，并成立合议组对本案进行审查。

专利复审委员会于2010年7月14日收到请求人提交的意见陈述书，请求人在该意见陈述书中补充提交了如下附件作为证据：

附件1：公开号为JP特开平11－146744A、公开日为1999年6月2日的日本专利公开文献（即对比文件1）的复印件，共7页；

附件2：对比文件1的全文中文译文（以下与对比文件1共同称为对比文件1），共13页；

附件3（下称对比文件3）：授权公告号为CN2205634Y、授权公告日为1995年8月23日的中国实用新型专利说明书复印件，共7页；

附件4：编号为G101645的国家知识产权局专利检索咨询中心针对本专利作出的检索报告的复印件，共6页；

附件5（下称对比文件4）：授权公告号为CN2201516Y、授权公告日为1995年6月21日的中国实用新型专利说明书复印件，共7页；

附件6（下称对比文件5）：授权公告号为CN2697063Y、授权公告日为2005年5月4日的中国实用新型专利说明书复印件，共7页。

请求人补充的理由为：(1)权利要求1～8不符合《专利法》第22条第3款的规定：权利要求1相对于对比文件3、对比文件1和本领域惯用手段的结合或者对比文件1与本领域公知常识的结合或者对比文件3与本领域公知常识的结合不具备创造性；权利要求2～5和7的附加技术特征被对比文件4公开；权利要求6的附加技术特征分别被对比文件1、对比文件3公开；权利要求8的附加技术特征被对比文件5公开。(2)权利要求1～8不符合《专利法》第26条第3款、第4款的规定。

专利权人针对上述无效宣告请求书于2010年7月22日提交了意见陈述书，陈述了本专利权利要求3、4符合《专利法》第26条第3款、第4款、权利要求1～8《专利法》第22条第3款规定的理由。

合议组于2010年8月2日向专利权人发出转送文件通知书，将2010年7月14日收到的请求人的意见陈述书以及所附附件转送给专利权人。

合议组于2010年8月3日向请求人发出转送文件通知书，将专利权人于2010年7月22日提交的意见陈述书转送给请求人。

合议组于2010年8月6日向双方当事人发出了口头审理通知书，定于2010年9月8日举行口头审理。

口头审理如期举行，双方当事人均出席了本次口头审理。在口头审理过程中，明确了如下事项：(1)双方当事人对对方出庭人员的身份无异议，对合议组成员变更无异议，对合议组成员以及书记员无回避请求。(2)请求人当庭放弃无效宣告请求书以及意见陈述书中提出的权利要求3、7以及权利要求1～8不符合《专利法》第26条第3款、第4款规定的无效理由。(3)请求人明确表示所提出的检索报告不作为证据使用，仅供合议组参考。(4)专利权人对对比文件1～6的真实性及公开日期均无异议，对对比文件1的中文译文的准确性无异议。(5)请求人当庭放弃使用对比文件3公开权利要求6的附加技术特征的无效理由，并且明确其无效理由和范围为本专利权利要求1～8不符合《专利法》第22条第3款的规定，具体为：①以对比文件1为最接近的现有技术，权利要求1相对于对比文件1与本领域公知常识的结合不具备创造性；以对比文件3为最接近的现有技术，权利要求1相对于对比文件3与对比文件1和本领域惯用手段的结合或者对比文件3与本领域公知常识的结合不具备创造性。②权利要求2、4、5的附加技术特征被对比文件2或对比文件4公开；权利要求3、7的附加技术特征被对比文件4或对比文件6公开；权利要求6的附加技术特征被对比文件1或对比文件3公开；权利要求8的附加技术特征是本领域技术人员容易想到的或者被对比文件5公开。

至此，合议组认为本案事实已经清楚，可以作出审查决定。

二、决定的理由及结论

(一)审查文本

专利权人在无效宣告程序中未修改权利要求书，因此，本决定针对的审查文本为本专利授权公告的权利要求书。

(二)关于证据和现有技术

专利权人对对比文件1～6的真实性均无异议，对对比文件1的中文译文的准确性也无异议，合议组也未发现影响对比文件1～6真实性的明显瑕疵，因此，对比文件1～6可以作为本案的证据使用。

对比文件1～6均为专利文献，其公开日均早于本专利的申请日，且专利权人对它们的公开日期均无异议，因此，可以作为评价本专利创造性的现有技术。

(三)关于《专利法》第22条第3款

《专利法》第22条第3款规定：创造性，是指同申请日以前已有的技术相比，该发明有突出的实质性特点和进步，该实用新型有实质性特点和进步。

一项权利要求的技术方案与最接近的现有技术相比存在区别特征，如果现有技术整体上给出了将该区别特征应用于该最接近的现有技术以解决其存在的技术问题的启示，则该技术方案不具有突出的实质性特点；反之，如果现有技术整体上不存在将该区别特征应用于该最接近的现有技术以解决其存在的技术问题的启示，则该技术方案具有突出的实质性特点。

(1) 关于独立权利要求1。

独立权利要求1要求保护一种渔业用绞机，对比文件1公开了一种拖网绞车，其中(参见对比文件1的附图3以及中文译文的第[0015]段至[0027]段)具体披露了以下技术特征：该拖网绞车包括：架子本体1(相当于权利要求1中的承架)；卷轴4、5(分别相当于权利要求1中的左、右绞集部)；驱动马达16、17(相当于权利要求1中的动力单元)分别设在卷轴4、5两侧，可以分别驱动卷轴4、5(相当于权利要求1中的左右绞集部分别单独被动力单元所传动)；驱动马达16、17为油压马达，并分别与驱动齿轮11、12(相当于权利要求1中的传动齿轮)和驱动力传递圆筒14、15连接(相当于权利要求1中的传动筒)；两个调谐离合器13，由附图3可以看出，两个调谐离合器13分别连接在驱动力传递圆筒与卷轴4、5之间；主轴2(相当于权利要求1中的支承轴)，与卷轴4一体成型，由附图3可以直接、毫无疑义地看出，主轴2穿过卷轴5，离合器13，驱动齿轮11、12以及驱动力传递圆筒14、15，主轴2的两端被架子本体1支撑，驱动马达16、17安装在架子本体1上。

权利要求1与对比文件1相比，区别特征在于：①权利要求1还包括动力箱，油压马达、传动齿轮以及传动筒设在动力箱内，并通过动力箱支承支承轴的两端头，而对比文件1中未将油压马达、驱动齿轮和驱动力传递圆筒设在动力箱内；②权利要求1中的支承轴穿设于左右绞集部等，而对比文件1中的主轴与卷轴4一体成型，并穿设了卷轴5、离合器、驱动齿轮。由上述区别特征可以确定权利要求1的技术方案实际所要解决的技术问题是：①保护动力单元；②使支承轴与左右绞集部为相对独立的部件。

对于区别特征①，合议组认为：对比文件1公开了包括油压马达、驱动齿轮和驱动力传递圆筒的动力单元，但为了保护动力单元而将动力单元设置在动力箱内是本领域常用的技术手段及常规选择，而且将动力单元设置在动力箱内也未产生任何预料不到的技术效果。

对于区别特征②，合议组认为：虽然对比文件1中的主轴2与卷轴4是一体成型的，但对比文件1还公开了卷轴5、离合器、驱动齿轮等穿设在主轴2上，本领域技术人员根据对比文件1很容易想到以类似于卷轴5的方式将卷轴4通过轴承穿设在主轴上，而不是将二者一体成型，而且将卷轴4和5都穿设在主轴上也未产生预料不到的技术效果。

综上所述，在对比文件1的基础上结合本领域的常用技术手段得到权利要求1的技术方案，对于本领域技术人员来说是显而易见的，因此，权利要求1所要求保护的技术方案相对于对比文件1和本领域常用技术手段的结合不具有实质性特点和进步，不符合《专利法》第22条第3款的规定。

专利权人认为：①权利要求1中的各个部件是贯穿于支承轴的，支承轴仅仅起到支撑的作用而不是动力轴，使得整体结构简单、体积小、各个部件相对独立，便于维护修理和使用，而对比文件1中主轴2与卷轴4是一体形成的，主轴作为传动部件进行工作，主轴的转动会影响部件的整体运行；②权利要求1中的离合器连接在传动筒和绞集部之间，对比文件1中的离合器连接了3个部件，与权利要求1中的离合器结构不同、功能不同。

对此，合议组认为：①权利要求1中仅限定了各个部件穿设于支承轴上，可以体现支承轴的支撑作用，但不能限定出支承轴仅有支撑作用，并且，对比文件1中公开了离合器13、驱动齿轮、驱动力传递圆筒以及右侧的卷轴5穿设在主轴上(参见对比文件1附图3)，本领域技术人员在此基础上很容易想到并实现将左侧的卷轴4也穿设在主轴上，而且本专利的上述设置也未带来任何预料不到的技术效果；②权利要求1中未记载离合器的具体结构，仅限定了离合器联结在传动筒和绞集部之间，而对比文件1中的离合器也联结在驱动力传递圆筒和卷轴之间，其功能与权利要求1中的离合器功能相同，都是通过离合器的左右滑动实现卷轴与动力单元之间的驱动连接。因此，专利权人的反驳理由不能成立。

(2) 关于从属权利要求2。

从属权利要求2对权利要求1作了进一步限定，其附加技术特征为：该离合器包括有一拉杆及离合环块，其作用是通过拉杆操作离合环块从而实现离合器的离合功能。

对比文件1中公开的离合器13通过在主轴的轴方向上的左右运动来实现其离合功能，即离合器处于OFF状态时，离合器的移动体13a与固定承受部13b处于分离状态，离合器处于ON状态时，移动体13a与固定承受部处于卡合状态(参见对比文件1说明书第[0020]、[0025]段以及附图3)。但是，对比文件1未公开控制离合器左右运动的方式，因此，上述附加技术特征构成了权利要求2与对比文件1的另一区别特征(下称区别特征③)，其所要解决的技术问题(下称技术问题③)是提供离合器的控制方式以实现其离合功能。

对比文件2公开了一种用于钓鱼的绕线卷轴，其中(参见对比文件1说明书第5页第2段、第6页第2段以及附图2)具体披露了以下技术特征：离合器38安装在卷筒轴14上，且可沿轴14运动，离合器38为环块形，其上具有沿圆周方向的槽39，控制操纵杆50具有端部52，端部52安置于离合器38的环槽39中，控制操作杆50通过端部52使离合器38在轴14上运动以实现其离合功能。由此可见，对比文件2公开了一种离合器及其控制方式，其中环块形离合器38相当于权利要求2中的离合环块，具有端部52的控制操纵杆50相当于权利要求2中的拉杆，可见，对比文件2公开了上述区别特征③，并且该区别特征③在对比文件2中所起的作用与其在权利要求2中所起的作用相同，都是通过控制操纵杆操作离合环块的运动，以实现离合器的离合功能，因此，对比文件2给出了将离合器设置为环块形并通过操纵杆使环块在轴上运动以实现离合功能的技术启示，本领域技术人员在面对上述技术问题③时，根据对比文件1以及对比文件2公开的上述区别特征和给出的技术启示，有动机将对比文件1中的离合器设置为环块形并通过拉杆(即操纵杆)控制其在主轴上的左右运动以实现其离合功能。可见，在对比文件1的基础上结合对比文件2以及本领域的常用技术手段，得到权利要求2的技术方案，对于本领域技术人员来说是显而易见的，因此，权利要求2的技术方案不具有实质性特点和进步，不符合《专利法》第22条第3款的规定。

专利权人认为：对比文件2公开的离合器结构用于钓鱼的卷轴，与权利要求2的产品设计理念和使用方式有较大不同，并认为对比文件2中离合器的柔性臂不能应用于本专利的技术方案中。

对此，合议组认为：对比文件1公开了通过左右滑动而实现离合功能的离合器，但未公开如何使离合器左右滑动的具体控制方式，对比文件2公开了一种包括操作杆和离合环块的离合器结构，通过操作杆来控制离合环块的滑动，因此，对比文件2给出了在对比文件1的基础上采用对比文件2公开的方式来控制离合环块的滑动以实现离合功能的技术启示，这种启示不会因离合器应用场合的不同而受到影响。因此，专利权人的反驳理由不能成立。

(3) 关于从属权利要求4、5。

从属权利要求4、5分别对权利要求2作了进一步限定，其附加技术特征为："该离合环块具有环槽"，"该离合环块具啮合部"。

对比文件2公开的离合器38为环块形，其外圆周上设有环槽39(相当于权利要求4中的环槽)，并且，由附图2可以直接、毫无疑义地看出，离合器38具有齿状的啮合部(相当于权利要求5中的啮合部)。由此可见，对比文件2公开了权利要求4、5的附加技术特征。因此，在其引用的权利要求2的技术方案相对于对比文件1和对比文件2以及本领域常用技术手段不具备创造性的基础上，权利要求4、5的技术方案也不具备创造性，不符合《专利法》第22条第3款的规定。

(4) 关于从属权利要求6。

从属权利要求6对权利要求1作了进一步限定，其附加技术特征分别为：该绞集部具有套管、挡环以及传动离合块，其所起的作用是设置绞集部的主体和外围并设置传动离合块以便与离合器配合实现离合功能。

对比文件 1 公开了以下技术特征：卷轴 4、5 分别具有筒体部分（相当于权利要求 6 中的套管）、法兰 9 和 10（相当于权利要求 6 中的挡环）以及固定承受部 13b，其中筒体部分和法兰的作用是设置卷轴的主体和外围，固定承受部 13b 的作用是与离合器 13 的移动体 13a 配合实现离合功能。由此可见，对比文件 1 公开了权利要求 6 的附加技术特征。因此，在其引用的权利要求 1 的技术方案相对于对比文件 1 和本领域的常用技术手段不具备创造性的基础上，权利要求 6 的技术方案也不具备创造性，不符合《专利法》第 22 条第 3 款的规定。

（5）关于从属权利要求 8。

从属权利要求 8 对权利要求 1 作了进一步限定，其附加技术特征为：该支承轴具有分隔环，其作用是将绞集部分隔为左右两部分。

对比文件 1 公开的技术方案中卷轴 4、5 通过中间的法兰 8、9 分隔成左右两部分，而将与卷轴一体的法兰设置成主轴上的分隔环以便将卷轴分成左右两部分是本领域的常用技术手段，因此，在其引用的权利要求 1 的技术方案相对于对比文件 1 和本领域的常用技术手段不具备创造性的基础上，权利要求 8 的技术方案也不具备创造性，不符合《专利法》第 22 条第 3 款的规定。

综上，鉴于以对比文件 1 作为最接近的现有技术的情况下能够得出权利要求 1、2、4～6 和 8 不符合《专利法》第 22 条第 3 款规定的结论，因此，合议组对请求人提出的权利要求 1、2、4～6 和 8 不符合《专利法》第 22 条第 3 款规定的其他无效理由不再予以评述。

（6）关于从属权利要求 3、7。

从属权利要求 3 对权利要求 2 作了进一步限定，其附加技术特征为：该离合环块内具有环状齿条，其作用是使离合器通过离合环块内的环状齿条与传动筒的条状齿轮相卡合，使离合环块可以在条状齿轮上左右滑动，同时通过传动筒将动力单元所提供的动力传递到离合环块（参见本专利的说明书第 3、4 页）。从属权利要求 7 对权利要求 1 作了进一步限定，其附加技术特征为：该传动筒具有条状齿轮，其作用是与离合环块内的环状齿条相卡合，使离合环块可以在条状齿轮上左右滑动，同时通过传动筒将动力单元所提供的动力传递到离合环块。概括而言，权利要求 3 和 7 进一步所要解决的技术问题是在离合器和传动筒之间提供一种连接机制，使二者能够相互套合以便配合使用。

请求人认为：权利要求 3、7 附加技术特征所限定的结构可理解为“花键结构”，对比文件 4 和对比文件 6 分别记载了“花键”这一术语，因此，公开了权利要求 3 的花键结构，并具体指出：对比文件 4 公开了“离合齿轮 3 套在五轴 7 上，由于其还需转动，当然就套在花键 22 上，也当然需要开设花键槽”，本专利权利要求 3 所述的环状齿条显然也是花键槽。

对于对比文件 6，合议组认为：对比文件 6 公开了一种由卷筒、液压机组成的串联式液压传动绞机，其中卷筒分别通过普通平键联接或花键联接串联在液压机的两端轴上（参见对比文件 6 说明书第 1 页以及附图 1），对比文件 6 不但没有公开花键联接的具体结构，而且其花键联接是用于连接卷筒与液压机的轴，而不是用在离合器结构中，因此，对比文件 6 的“花键联接”不同于权利要求 3 和 7 附加技术特征所限定的离合环块的环状齿条和传动筒上的条状齿轮。由此可见，对比文件 6 未公开权利要求 3 和 7 的附加技术特征。因此，请求人以对比文件 6 公开了权利要求 3 和 7 的附加技术特征而提出权利要求 3 和 7 不具备创造性的无效理由均不能成立。

对于对比文件 4，合议组认为：对比文件 4 公开了一种小四轮拖拉机分离式保安离合器，其中（参见对比文件 4 全文以及附图 1 和 2）五轴 7 由圆轴 21、花键 22 和齿轮组成，离合齿轮 3 套在五轴的花键部位上且可轴向移动，离合齿轮 3 将来自前轴的力传递给五轴，虽然对比文件 4 未明确记载离合齿轮 3 内具有与花键 22 相配合的键槽，但由于离合齿轮用于向五轴传递来自前轴的力，则离合齿轮必然具有与五轴的花键相配合的键槽，由图 2 可以直接地、毫无疑义地确定五轴的花键为条状齿轮，那么，与之配合的离合齿轮上的键槽必然为环状齿条。由此可见，对比文件 4 中的离合齿轮 3 相当于权利要求 3 中的具有环状齿条的离合环块，具有花键的五轴相当于权利要求 7 中的具有条状齿轮的传动筒，即对比文件 4 公开了权利要求 3 和 7 的附加技术特征。在此基础上，合议组对权利要求 3 和 7 的创造性进行如下判断：

① 以对比文件 1 为最接近的现有技术。

根据请求人明确的无效宣告请求理由，其提出以对比文件1为最接近的现有技术，独立权利要求1相对于对比文件与公知常识的结合不具备创造性，权利要求2的附加技术特征被对比文件2或对比文件4公开，权利要求3、7的附加技术特征被对比文件4公开，因此，考虑到以上权利要求1、2、3、7之间的引用关系，对于权利要求3，需要判断其相对于对比文件1和对比文件4以及本领域公知常识的结合或者相对于对比文件1、对比文件2、对比文件4以及本领域公知常识的结合是否具备创造性；对于权利要求7，需要判断其相对于对比文件1和对比文件4以及本领域公知常识的结合是否具备创造性。

根据对比文件1公开的技术方案，驱动力传递圆筒14、15分别通过驱动齿轮11、12连接油压马达16、17和卷轴4、5，在驱动齿轮12和驱动力传递圆筒15的内侧设置了调谐离合器13，其用于使主轴2和卷轴5连接或分离，工作过程如下：调谐离合器13在主轴2上可以左右滑动，当调谐离合器13处于OFF状态时，卷轴5与主轴2分离，卷轴5通过驱动力传递圆筒15与马达17连接被其驱动，此时，卷轴4和5分别被各自的马达16、17驱动；当调谐离合器13处于ON状态时，卷轴5通过闭合的离合器与主轴2连接，从而卷轴5可以被马达16驱动，此时卷轴4和5同时被马达16驱动。由上述工作过程可以直接地、毫无疑义地确定，对比文件1中驱动力传递圆筒的作用是直接将马达17的驱动力传递给卷轴5，它与离合器13不存在相互套合的连接关系，并且它们也不能存在相互套合的连接关系，否则，将无法实现上述工作过程。因此，对比文件1不存在“在离合器和驱动力传递圆筒之间提供连接机制，使二者能够相互套合以便配合使用”的技术问题。

《专利审查指南》第二部分第四章第3.2.1.1节规定，判断要求保护的发明对本领域的技术人员来说是否显而易见，应当从最接近的现有技术和发明实际所要解决的技术问题出发，判断现有技术整体上是否给出将区别特征应用于最接近的现有技术以解决其存在的技术问题的启示，这种启示会使本领域的技术人员在面对所述技术问题时，有动机改进该最接近的现有技术并获得要求保护的发明。根据上述规定，判断现有技术是否给出对最接近的现有技术进行改进的启示，首先应当从该最接近的现有技术出发判断该最接近的现有技术是否存在对其进行改进的某种技术问题，这是本领域技术人员能否产生对该最接近的现有技术进行改进的前提，然后再去判断现有技术是否存在对该最接近的现有技术进行改进以解决该技术问题的技术手段。如果该最接近的现有技术不存在上述技术问题，那么就不会使本领域技术人员产生对其进行相应改进的动机，进而，即使现有技术中存在解决该技术问题的技术手段，也不会给出将该技术手段应用于该最接近的现有技术以解决该技术问题的启示。据此，虽然对比文件4公开了权利要求3和7的附加技术特征，即公开了使离合器与传动筒套合的技术手段，但是，由于对比文件1不存在将二者套合的技术问题，本领域技术人员不会产生将该技术手段应用于对比文件1以解决上述技术问题的动机，进而，也就不存在将对比文件4所公开的上述技术特征应用于对比文件1以解决上述权利要求3和7进一步所要解决的技术问题的启示，因此，权利要求3、7所要求保护的技术方案相对于对比文件1和对比文件4以及本领域的公知常识是非显而易见的，具有实质性特点和进步，符合《专利法》第22条第3款的规定。

此外，根据上述分析可知，对于本领域技术人员来说，现有技术整体上不存在将对比文件4所公开的技术特征应用于最接近的现有技术即对比文件1以解决权利要求3进一步所要解决的技术问题的技术启示，因此，权利要求3的技术方案相对于对比文件1、对比文件2和对比文件4以及本领域的公知常识也是非显而易见的，具有实质性特点和进步，符合《专利法》第22条第3款的规定。

②以对比文件3为最接近的现有技术。

根据请求人明确的无效宣告请求理由，由于其提出以对比文件3为最接近的现有技术，独立权利要求1相对于对比文件3与对比文件1和本领域惯用手段的结合、或者对比文件3与本领域公知常识的结合不具备创造性，并且，权利要求2的附加技术特征被对比文件2或对比文件4公开，权利要求3、7的附加技术特征被对比文件4公开，因此，考虑到以上权利要求1、2、3、7之间的引用关系，合议组首先对独立权利要求1相对于对比文件3与对比文件1和本领域惯用手段的结合或者对比文件3与本领域公知常识的结合是否具备创造性进行判断，具体如下：

对比文件3公开了一种卧式双卷筒单拖起网

机，其中(参见对比文件3说明书第1页第6段至第2页倒数第2段以及附图1～2)具体披露了以下技术特征：该起网机包括支座18(相当于权利要求1的承架)、两个卷筒15(分别相当于权利要求1中的左右绞集部)以及两个刹车器，其中每个刹车器包括离合螺杆11、离合螺母12、旋套13、操作手柄19、内锥体20和外锥体14，其中离合螺杆11装在主轴10上，离合螺母12装在离合螺杆11上，旋套13装在离合螺母12上，手柄19装在旋套13上，内锥体20装在离合螺母12和外锥体14之间，并在内锥体20和外锥体14之间装有刹车带21，其操作过程为：操作手柄18，使内锥体20与外锥体14接触，刹车带21使外锥体14固定，从而使正在旋转的卷筒15停转；向相反方向操作手柄19，使内锥体20与外锥体14脱离，刹车带21也脱离外锥体14，卷筒15在主轴10的带动下旋转。

请求人主张对比文件3中的“刹车器”相当于权利要求1中的“离合器”，但根据对比文件3公开的上述内容，其“刹车器”通过刹车带与外锥体之间的挤压和摩擦而实现卷筒的制动，而“离合器”是通过其移动实现与传动装置或动力单元本身的分离与结合，进而使卷筒失去动力或获得动力而转动或停止转动，可见，对比文件3中的“刹车器”与“离合器”的工作原理完全不同，导致二者的结构必然存在很大差异，它们是两种完全不同的机械部件，因此，对比文件3未公开权利要求1中的“离合器”以及离合器与其他部件的连接关系和位置关系，导致对比文件3所公开的技术方案与权利要求1的技术方案在工作原理和结构上均不相同，本领域技术人员无法在对比文件3的基础上结合本技术领域的其他现有技术(如对比文件1)以及本领域的惯用手段或公知常识，得到权利要求1的技术方案，即，对于本领域技术人员来说，权利要求1的技术方案相对于对比文件3与对比文件1和本领域惯用手段或者对比文件3与本领域公知常识都是非显而易见的，因此，权利要求1的技术方案相对于对比文件3与对比文件1和本领域惯用手段或者对比文件3与本领域公知常识均具备创造性，符合《专利法》第22条第3款的规定。

在上述结论的基础上，合议组认为：请求人引入对比文件2仅用于公开从属权利要求2的附加技术特征，引入对比文件4仅用于公开从属权利要求2、3和7的附加技术特征，在独立权利要求1相对于对比文件3与对比文件1和本领域惯用手段或者对比文件3与本领域公知常识均具备创造性的情况下，引用独立权利要求1的从属权利要求2、引用从属权利要求2的从属权利要求3以及引用独立权利要求1的从属权利要求7相对于对比文件3、对比文件2、对比文件4以及本技术领域的公知常识也均具备创造性，符合《专利法》第22条第3款的规定。

基于以上理由，合议组作出如下决定。

宣告200620122243.3号实用新型的权利要求1、2、4～6、8无效，在权利要求3和7的基础上继续维持该专利权有效。

当事人如对本决定不服的，可以根据《专利法》第46条第2款的规定，自收到本决定之日起三个月内向北京市第一中级人民法院起诉。根据该款的规定，一方当事人起诉后，另一方当事人作为第三人参加诉讼。

三、评析

本决定涉及无效宣告请求的审查，整个决定结构清晰、释理严密、详略得当。

该决定的闪光之处在于，对创造性判断中技术启示的认定问题进行了深入的思考，并给出了更符合《专利审查指南》相关规定本意的详细分析。决定从《专利审查指南》给出的关于技术启示判断的原则出发，提出“判断现有技术是否给出对最接近的现有技术进行改进的启示，首先应当从该最接近的现有技术出发判断该最接近的现有技术是否存在对其进行改进的某种技术问题”，并结合本案进行了详细的分析。

创造性问题是在审查实践中最常见的法律问题之一，《专利审查指南》给出了比较详尽的操作规定，也就是大家都非常熟悉的“三步法”判断方法，但是实际操作中却很容易忽视某些方面，例如是否存在从最接近的现有技术出发的对其进行改进的“动机”，而只考虑发明实际解决的也就是从区别技术特征总结出来的技术问题，并据此去寻求相应的解决手段，从而比较机械地得出创造性的结论。但是本案中的最接近现有技术客观上排除了根据“三步法”确定的发明实际所要解决的技术问题这一技术改进方向，导致本领域技术人员不能产生对该最接近的现有技术的技术方案进行相应改进的动机，进而得出现有技术整体上不存在某种技术启示的结论。

本决定对深入解读《专利审查指南》中创造性

判断方法并完善其具体方法具有很大的启发，其处理方式也具有较强的借鉴意义。在该审查决定中，一方面体现了合议组具有扎实的理论基础和研究能力，另一方面也体现了合议组深入细致的工作态度。

尽管本决定具有多处闪光点，但也存在一些不足，例如决定的要点与决定理由部分呼应不够，不能对决定的中心思想进行充分展现。整体而言，瑕不掩瑜，本决定是一篇不可多得的有借鉴意义的优秀决定。

（国家知识产权专利复审委员会
哈雅坤　刘丽伟　陈晓华　穆丽娟）

案例 10　修改超范围的认定(无效案例)

一、案由

本无效宣告请求涉及申请日为 1996 年 10 月 18 日、优先权日为 1995 年 10 月 18 日、授权公告日为 2004 年 4 月 14 日、名称为“无线通信系统中移动站的活动控制”的 96198841.X 号发明专利权(下称本专利)，专利权人为艾利森电话股份有限公司。本专利授权公告的权利要求如下：

“1. 用于控制无线通信系统中包括移动站的唤醒模式与睡眠模式的准备电平的一种方法，包括以下步骤：

(a)对具有与无线通信系统要求无关的可变周期的至少一个计时器的期满作出响应，将移动站正操作的准备电平从第一准备电平变为第二准备电平；和

(b)在系统上确定移动站的准备电平，其中在唤醒模式期间的第一预定时间中移动站读出全部的分组数据信道时隙，并且在分组数据信道的第一预定时间之后的第二预定时间中在睡眠模式期间移动站读出分配的寻呼时隙。

2. 根据权利要求 1 的方法，还包括步骤：在所述第二预定时间期满了之后，返回到数字控制信道 DCCH 并进入所述 DCCH 上的 DCCH 睡眠模式。

3. 用于控制无线通信系统中包括移动站的唤醒模式与睡眠模式的准备电平的一种系统，包括：

一种装置，用于对具有可变周期的至少一个计时器的期满作出响应，将移动站正操作的准备电平从第一准备电平变为第二准备电平；和

一种装置，用于将移动站的准备电平通知系统，其中在唤醒模式期间在第一预定时间中移动站读出全部的时隙，并且在分组数据信道的所述第一预定时间之后的第二预定时间中在睡眠模式期间移动站读出分配的寻呼时隙。

4. 根据权利要求 3 的系统，还包括装置，用于在所述第二预定时间之后返回到数字控制信道 DCCH 并进入所述 DCCH 上的 DCCH 睡眠模式。

5. 根据权利要求 3 的系统，其中至少一个计时器具有可由单个移动站用户选择的周期。

6. 根据权利要求 3 的方法，其中至少一个计时器具有可由单个移动站用户选择的周期。”

针对上述专利权，华为技术有限公司(下称请求人)于 2009 年 9 月 2 日向专利复审委员会提出了无效宣告请求，请求宣告本专利全部权利要求 1～6 无效，理由是本专利权利要求1～6不符合《专利法》第 33 条的有关规定，权利要求 1～6 不符合专利法第 26 条第 4 款的有关规定，权利要求 1、2、6 不符合《专利法实施细则》第 20 条第 1 款的有关规定，同时提交了如下附件作为证据：

附件 1(下称证据 1)：CN1203724A(即，本专利的公开文本)；

附件 2(下称证据 2)：WO9715154A1(即，本专利的国际公布文本)；

附件 3(下称证据 3)：CN1146266C(即，本专利授权公告文本)。

无效请求的具体理由为：(1)权利要求 1 中下列特征的修改超出了本专利原说明书和权利要求书记载的范围：①用于控制无线通信系统中包括移动站的唤醒模式与睡眠模式的准备电平的一种方法；②具有与无线通信系统要求无关的可变周期的至少一个计时器；③对具有的可变周期的至少一个计时器的期满作出相应，将移动站正操作的准备电平从第一准备电平变为第二准备电平；④在系统上确定移动站的准备电平。权利要求 3 是与权利要求 1 对应的装置权利要求，基于与权利要求 1 相同的理由也不符合《专利法》第 33 条规定。相应地，权利要求 2，4～6 作为独立权利要求 1 或 3 的从属权利要求也同样包含上述特征，因此权利要求 2、4～6 也不符合专利法第 33 条的规定。同时，权利要求 5、6 包括的特征“至少一个计时器具有可由单个移动站用户选择的周期”也未记载在公开文本中，也无法从公开文本中直接、毫无疑义地确定，因此，权利要求 5、6 的修改也不

符合《专利法》第33条的规定。(2)权利要求1中下列特征得不到说明书的支持:①用于控制无线通信系同种包括移动站的唤醒模式与睡眠模式的准备电平的一种方法;②具有与无线通信系统要求无关的可变周期的至少一个计时器;③对具有与无线通信系统要求无关的可变周期的至少一个计时器的期满作出响应,将移动站正操作的准备电平从第一准备电平变为第二准备电平;④在系统上确定移动站的准备电平。权利要求3是与权利要求1对应的装置权利要求,基于与权利要求1相同的理由也不符合《专利法》第26条第4款规定。相应的权利要求2,4~6作为独立权利要求1或的从属权利要求也同样包含上述特征,因此权利要求2、4~6也不符合《专利法》第26条第4款的规定。同时,权利要求5、6包括的特征"至少一个计时器具有可由单个移动站用户选择的周期"不能从说明书公开的内容概括得出,因此,权利要求5、6的修改也不符合《专利法》第26条第4款的规定。(3)权利要求1中的特征:"与无线通信系统要求无关的可变周期"不清楚。并不能确定何种可变周期与无线通信系统要求无关,在说明书中也未给出解释,不符合《专利法实施细则》第20条第1款的规定。权利要求2由于引用了权利要求1也存在上述不符合《专利法实施细则》第20条第1款的问题。从属权利要求6引用独立权利要求3,其中,引用部分为"根据权利要求3的方法"与权利要求6所引用的权利要求3的主题名称"系统"不同,因而权利要求6不符合《专利法实施细则》第20条第1款的规定。

经形式审查合格,专利复审委员会于2009年9月25日受理了上述无效宣告请求并将无效宣告请求书及附件清单中所列附件副本转给了专利权人,同时成立合议组对本案进行审查。

专利权人针对上述无效宣告请求于2009年11月10日提交了意见陈述书,专利权人认为:

(1)对于《专利法》第33条以及《专利法》第26条第4款,①对于权利要求1、3,"包括移动站的唤醒模式与睡眠模式的准备电平"中得知,这里的"准备电平"就指的是模式;能够从说明书的标题"无线通信系统中移动站的活动控制"中知道:本发明涉及活动控制,而且特别能够从例如与附图6a—6c相关联的内容中得知本发明是用于控制移动站的活动模式,也即,唤醒模式与睡眠模式;②从所引用的部分(说明书第11页第22~25行)中可以知道,计时器能够被用户选择和设置,所以该定时器具有可变的周期,而不是具有固定的周期。由于该定时器能够被用户选择和设置,所以自然而然的该定时器的可变周期就是与无线通信系统要求无关的;③ 特征"移动站正操作的准备电平"以及"在系统上确定移动站的准备电平"能够得到授权说明书记载的支持,从说明书记载可知:移动站操作在一种活动模式下,即,准备电平;④对于权利要求2、4~6,由于其独立权利要求符合《专利法》第33条以及《专利法》第26条第4款的相关规定,因此,引用独立权利要求的从属权利要求2、4~6符合《专利法》第33条以及《专利法》第26条第4款的相关规定;⑤权利要求5和6的技术特征"至少一个计时器具有可由单个移动站用户选择的周期"能够得到说明书以下记载的内容的支持,请参见说明书的记载"例如在分组数据模式中,将移动站设置在活动模式中预定的活动时间量"和第15页第8~10行的记载"移动站可以返回到DCCH睡眠模式由在活动计时器期满之后启动的不活动计时器确定的另一用户可选择的时间量"可知,该计时器能够被用户选择和设置。

(2)对于《专利法实施细则》第20条第1款,①权利要求1中"与无线通信系统要求无关的可变周期"的技术特征,表明该周期是一个可变的周期,是清楚的,同时表明该可变周期是不取决于无线通信系统要求,而不是取决于无线通信系统要求;②由于独立权利要求1是清楚的,因而引用它的从属权利要求2也是清楚的;③对于权利要求6,独立权利要求3自身请求保护的是一种系统而不是方法,因而引用该独立权利要求的从属权利要求6必然也一定是请求保护的一种系统,而不可能是方法。

专利复审委员会本案合议组于2009年12月15日向双方当事人发出了口头审理通知书,定于2010年1月28日对本案进行口头审理,并将专利权人于2009年11月10日提交的意见陈述书转送给请求人。

口头审理如期举行,双方当事人均出席了口头审理。双方当事人对对方出庭人员身份无异议,对合议组成员无回避请求。在口头审理过程中,请求人表示将证据1作为证据2的中文译文使用,专利权人对请求人提交的证据1~3的真实性无异议,对证据1和证据2的关联性有异议,合议组当庭告知双方当事人,证据2是本专利的国际公布文本,证据1是本专利的中国公开文本,请求人可将证据1作为证据2的中文译文使用，若专利权人对译文的准确性有异议，可以当庭提出并陈述理由。专利权人当庭未对该译文（即证据1）的准确性表示异议。

在口头审理中，请求人明确其无效理由具体如下。

（一）关于《专利法》第33条

权利要求1不符合《专利法》第33条规定的具体理由为，权利要求1中下列特征的修改超出了本专利原说明书和权利要求书记载的范围：(1)用于控制无线通信系统中包括移动站的唤醒模式与睡眠模式的准备电平的一种方法；(2)具有与无线通信系统要求无关的可变周期的至少一个计时器；(3)对具有的可变周期的至少一个计时器的期满作出相应，将移动站正操作的准备电平从第一准备电平变为第二准备电平；(4)在系统上确定移动站的准备电平。权利要求3是与权利要求1对应的装置权利要求，基于与权利要求1相同的理由也不符合《专利法》第33条规定。相应的权利要求2、4～6作为独立权利要求1或3的从属权利要求也同样包含上述特征，因此权利要求2、4～6也不符合《专利法》第33条的规定。

同时，权利要求5、6包括的特征“至少一个计时器具有可由单个移动站用户选择的周期”也未记载在公开文本中，也无法从公开文本中直接、毫无疑义地确定，因此，权利要求5、6的修改也不符合《专利法》第33条的规定。

（二）关于《专利法》第26条第4款

权利要求1不符合专利法第26条第4款规定的具体理由为，权利要求1中下列特征得不到说明书的支持：(1)用于控制无线通信系同种包括移动站的唤醒模式与睡眠模式的准备电平的一种方法；(2)具有与无线通信系统要求无关的可变周期的至少一个计时器；(3)对具有与无线通信系统要求无关的可变周期的至少一个计时器的期满作出响应，将移动站正操作的准备电平从第一准备电平变为第二准备电平；(4)在系统上确定移动站的准备电平。权利要求3是与权利要求1对应的装置权利要求，基于与权利要求1相同的理由也不符合《专利法》第26条第4款规定。相应的权利要求2，4～6作为独立权利要求1或的从属权利要求也同样包含上述特征，因此权利要求2、4～6也不符合《专利法》第26条第4款的规定。

同时，权利要求5、6包括的特征“至少一个计时器具有可由单个移动站用户选择的周期”不能从说明书公开的内容概括得出，因此，权利要求5、6的修改也不符合《专利法》第26条第4款的规定。

（三）关于《专利法实施细则》第20条第1款

权利要求1中的特征“与无线通信系统要求无关的可变周期”不清楚。并不能确定何种可变周期与无线通信系统要求无关，在说明书中也未给出解释，不符合《专利法实施细则》第20条第1款的规定。权利要求2由于引用了权利要求1也存在上述不符合《专利法实施细则》第20条第1款的问题。

从属权利要求6引用独立权利要求3，其中，引用部分为“根据权利要求3的方法”与权利要求6所引用的权利要求3的主题名称“系统”不同，因而权利要求6不符合《专利法实施细则》第20条第1款的规定。

至此，合议组认为本案事实已经清楚，可以作出审查决定。

二、决定的理由及结论

（一）审查基础

本案的审查以授权公告文本的权利要求书、说明书、说明书附图、说明书摘要以及摘要附图为基础。

（二）证据认定

请求人共提交了3份证据，即证据1、证据2和证据3。专利权人对上述3份证据的真实性无异议。经合议组核实，亦对其真实性予以认可。请求人提出的将证据1作为证据2的中文译文使用，专利权人未对该中文译文的准确性提出异议，因此，合议组以证据1作为证据2的中文译文进行审理。

（三）关于《专利法》第33条

《专利法》第33条规定：申请人可以对其专利申请文件进行修改，但是，对发明和实用新型申请文件的修改不得超出原说明书和权利要求书记载的范围。

(1)关于权利要求1和权利要求3。

请求人认为权利要求1和权利要求3不符合《专利法》第33条规定的具体理由为，权利要求1

和权利要求3中的下列特征的修改超出了本专利原说明书和权利要求书记载的范围：a. 用于控制无线通信系统中包括移动站的唤醒模式与睡眠模式的准备电平的一种方法/系统；b. 具有与无线通信系统要求无关的可变周期的至少一个计时器；c. 对具有与无线通信系统要求无关的可变周期的至少一个计时器的期满作出响应，将移动站正操作的准备电平从第一准备电平变为第二准备电平；d. 在系统上确定移动站的准备电平（对应权利要求1）/将移动站的准备电平通知系统（对应权利要求3）。

关于a特征，请求人认为，本专利公开文本的说明书和权利要求书都没有记载“准备电平”的概念，而且根据原说明书和权利要求书记载的内容也不能直接地、毫无疑义地确定“准备电平”；同时，也没有记载权利要求的保护主题。对此，合议组认为：根据原说明书第11页第14行记载的“提供用于在系统始发或终止于移动站的事务处理之后控制移动站活动模式的一种方法”、第11页第16～17行记载的：“此活动模式对应于移动站是处于‘唤醒’还是进入睡眠模式”，以及原说明书附图6a—6c及其原说明书对应的相关描述可知，控制移动站活动模式与权利要求中的控制准备电平相对应，同时，移动站的活动模式为唤醒模式与睡眠模式也对应于权利要求中的唤醒模式与睡眠模式的准备电平，附图6a—6c中的步骤中均为体现控制移动站的活动模式，因此，权利要求1和3中所述的“准备电平”必然指的是原说明书中所记载的“活动模式”，由此，权利要求中保护的主题“控制无线通信系统中包括移动站的唤醒模式与睡眠模式的准备电平的一种方法/系统”也毫无疑义地指向控制系统中包括移动站的唤醒模式与睡眠模式的活动模式的方法/系统，因而，本领域技术人员可以从原说明书中直接地、毫无疑义地确定独立权利要求1和权利要求3的主题名称。因此，权利要求1和3中对于特征a的修改没有超出本专利原说明书和权利要求书记载的范围，请求人的主张不能成立。

关于b特征，请求人认为，原说明书中仅仅记载了“活动计时器”和“不活动计时器”，但并没有记载“活动计时器”和“不活动计时器”具有可变周期，也没有记载“活动计时器”和“不活动计时器”具有与无线通信系统无关的可变周期，因此，特征b修改超范围。对此，合议组认为：本专利原说明书第14页第16～18行中记载“在分组数据模式中，将移动站设置在活动模式中预定的活动时间量，并且在此活动模式中，将移动站保持唤醒移动用户可选择的时间”以及第15页第8～10行记载的“移动站可以返回到DCCH睡眠模式由在活动计时器确定的另一用户可选择时间量”，本领域技术人员从上述记载的“活动模式中预定的活动时间量”可知，说明书中记载的“计时器”是具有周期的，同时，上述的“移动用户可选择的时间”以及“另一用户可选择时间量”记载可知，计时器对活动时间量进行计时，活动时间量是可以选择的，计时器能够被用户选择和设置，即，可以理解为，计时器是依赖于用户的设置，而不是系统的生成，因而，可以从本专利原说明书中直接地、毫无疑义地确定“具有与无线通信系统要求无关的可变周期的至少一个计时器”。因此，权利要求1和权利要求3中对于特征b的修改没有超出本专利原说明书和权利要求书记载的范围，请求人的主张不能成立。

关于c特征，请求人认为，①特征b超范围，“对具有与无线通信系统要求无关的可变周期的至少一个计时器的期满作出响应”的内容超范围，②特征a超范围，“将移动站正操作的准备电平从第一准备电平变为第二准备电平”的内容超范围，因此，特征c修改超范围。对此，合议组认为：①根据本专利原说明书第11页第19～20行记载的“移动站可以不进入睡眠模式，直至所选的活动时间量已期满”，可见该内容即是对计时器的期满作出响应，同时基于与上述特征b的评述相同的理由，权利要求1和3中的“对具有与无线通信系统要求无关的可变周期的至少一个计时器的期满作出响应”也可以直接地、毫无疑义地从原说明书中记载的内容确定。②根据本专利原说明书的第11页第14～22页所记载的“提供用于在系统始发或终止与移动站的事务处理之后控制移动站活动模式的一种方法。对移动站是处于‘唤醒’还是进入睡眠模式，而这对于系统来说必须知道。如果移动站没有立即进入睡眠模式，则基站可能期望移动站在前面控制信道上读出所有非广播信道。如果移动站处于睡眠模式，则移动站仅读出它的分配的寻呼时隙。移动站可以不进入睡眠模式，直至所选的活动时间量已期满，在活动时间期间，移动站继续读出所有时隙。结果，移动站能立即接收分组数据，从而节省增加移动站应答时间的建立时间”，结合上述与上述特征b的评述相同的理由，本领域技术人员可以明确地理解，“移动站正操作的准备电平”是指移动站正操作在某一种活动模式下，“第一准备电平”和“第二准备电平”分别对应所述移动站的两种活动模式，“将移动站正操作的准备电平从第一准备电平变为第二准备电平”是指，移动站活动模式的转换，即当移动站处于睡眠模式时，将移动站的活动模式变成唤醒模式，当移动站处于唤醒模式时，将移动站的活动模式变成睡眠模式。因而，权利要求 1 和 3 中的“将移动站正操作的准备电平从第一准备电平变为第二准备电平”也可以直接地、毫无疑义地从原说明书中记载的内容确定。因此，权利要求 1 和 3 中特征 c 能够从本申请原说明书中直接地、毫无疑义地确定，特征 c 的修改没有超出原说明书和权利要求书记载的范围。

对于 d 特征，请求人认为，权利要求 1 中的“在系统上确定移动站的准备电平”以及权利要求 3 中相对应的“将移动站的准备电平通知系统”在原说明书中没有记载，因此特征 d 的修改超范围。对此，合议组认为，本专利原说明书的中文译文的第 11 页第 15～16 行记载了“此活动模式对应于移动站是处于‘唤醒’还是进入睡眠模式，而这对于系统来说必须知道”，第 14 页第15～16 行记载有“更具体地，在诸如登记消息的事务处理中，移动站将其所希望的操作模式通知系统”，由此可见，结合与上述特征 b 的评述相同的理由，本领域技术人员从本专利原说明书和权利要求书可以直接、毫无疑义地得出“在系统上确定移动站的准备电平”以及“将移动站的准备电平通知系统”的内容，即特征 d 的修改没有超出原说明书和权利要求书记载的范围。

综上所述，请求人提出的权利要求 1 和权利要求 3 修改超范围的几点理由均不能成立。

(2)关于权利要求 2,4～6。

①关于从属权利要求 2,4～6。

请求人认为，由于权利要求 2 是权利要求 1 的从属权利要求、权利要求 4～6 是权利要求 3 的从属权利要求，权利要求 2、4～6 也存在其引用的权利要求 1、3 中超出原说明书和权利要求书记载的范围的缺陷，修改超范围的理由与针对权利要求 1 和权利要求 3 的理由相同。合议组认为：在其针对权利要求 1 和权利要求 3 的理由不能成立的情况下，引用上述独立权利要求的从属权利要求 2,4～6 由于被引用独立权利要求修改不超范围，因此也不存在由于引用关系而导致的修改超范围的缺陷。请求人基于同样理由而提出的权利要求 2,4～6 修改超范围的主张合议组不予支持。

②关于权利要求 5 和权利要求 6。

请求人主张：虽然在本专利授权文本的说明书中，记载了“活动计时器”和“不活动计时器”，但是说明书并没有记载“活动计时器”和“不活动计时器”具有周期，更并没有记载“活动计时器”和“不活动计时器”具有单个移动站用户选择的周期。而且根据本专利公开文本的说明书和权利要求书记载的内容也不能直接地、毫无疑义地确定“至少一个计时器具有可由单个移动站用户选择的周期”。对此，合议组认为，本专利原说明书第 14 页第 16～18 行中记载“在分组数据模式中，将移动站设置在活动模式中预定的活动时间量，并且在此活动模式中，将移动站保持唤醒移动用户可选择的时间”以及第 15 页第 8～10 行记载的“移动站可以返回到 DCCH 睡眠模式由在活动计时器确定的另一用户可选择时间量”。本领域技术人员从上述记载的“活动模式中预定的活动时间量”可知，移动站的活动时间量是用户可以进行选择和设置的，计时器能够被用户选择和设置，因而，“在系统上确定移动站的准备电平”(对应权利要求 1)以及“将移动站的准备电平通知系统”(对应权利要求 3)的内容可以从本专利原说明书中直接地、毫无疑义地确定。该特征的修改没有超出原说明书和权利要求书记载的范围，因此请求人提出的权利要求 5、6 不符合《专利法》第 33 条规定的主张不能成立。

(四)关于《专利法》第 26 条第 4 款

《专利法》第 26 条第 4 款规定：权利要求书应当以说明书为依据，说明要求专利保护的范围。

(1)关于权利要求 1 和权利要求 3。

请求人认为权利要求 1 和权利要求 3 不符合《专利法》第 26 条第 4 款规定的具体理由为，权利要求 1 和权利要求 3 中的下列特征的得不到说明书的支持：a. 用于控制无线通信系统中包括移动站的唤醒模式与睡眠模式的准备电平的一种方法/系统；b. 具有与无线通信系统要求无关的可变周期的至少一个计时器；c. 对具有与无线通信系统要求无关的可变周期的至少一个计时器的期满作出响应，将移动站正操作的准备电平从第一准备电平变为第二准备电平；d. 在系统上确定移动站的准备电平(对应权利要求 1)/将移动站的准备电平通知系统(对应权利要求 3)。

关于 a 特征，请求人认为，本专利授权文本的说明书和权利要求书都没有记载“准备电平”的概念,而且根据说明书公开内容也不能概括得出“准备电平”;同时,也没有公开或概括得出权利要求的保护主题。对此,合议组认为,根据授权文本的说明书第 11 页第 19 行记载的“提供用于在系统始发或终止于移动站的事务处理之后控制移动站活动模式的一种方法”、该页第 20～21 行记载的“此活动模式对应于移动站是处于‘唤醒’还是进入睡眠模式”,以及授权文本的说明书附图6a～6c及其授权文本的说明书对应的相关描述可知,控制移动站活动模式与权利要求中的控制准备电平相对应,同时,移动站的活动模式为唤醒模式与睡眠模式也对应于权利要求中的唤醒模式与睡眠模式的准备电平,附图 6a－6c 中的步骤中均为体现控制移动站的活动模式,因此,权利要求 1 和 3 中所述的“准备电平”必然指的是说明书中所记载的“活动模式”,由此,权利要求中保护的主题“控制无线通信系统中包括移动站的唤醒模式与睡眠模式的准备电平的一种方法/系统”也毫无疑义地指向控制系统中包括移动站的唤醒模式与睡眠模式的活动模式的方法/系统,因而,本领域技术人员可以从说明书公开的内容概括得出独立权利要求 1 和权利要求 3 的主题名称。因此,权利要求 1 和 3 中对于特征 a 的描述可以得到说明书的支持,请求人的主张不能成立。

关于 b 特征,请求人认为,说明书中仅仅记载了“活动计时器”和“不活动计时器”,但并没有记载“活动计时器”和“不活动计时器”具有可变周期,也没有记载“活动计时器”和“不活动计时器”具有与无线通信系统无关的可变周期,因此,特征 b 得不到说明书的支持。对此,合议组认为:本专利授权文本的说明书第 14 页第 16～18 行中记载“在分组数据模式中,将移动站设置在活动模式中预定的活动时间量,并且在此活动模式中,将移动站保持唤醒移动用户可选择的时间”以及第 15 页第 8～10 行记载的“移动站可以返回到 DCCH 睡眠模式由在活动计时器确定的另一用户可选择时间量”,本领域技术人员从上述记载的“活动模式中预定的活动时间量”可知,说明书中记载的“计时器”是具有周期的,同时,上述的“移动用户可选择的时间”以及“另一用户可选择时间量”记载可知,计时器对活动时间量进行计时,活动时间量是可以选择的,计时器能够被用户选择和设置,即,可以理解为,计时器是依赖于用户的设置,而不是系统的生成,因而,可以从本专利说明书公开的内容概括得出“具有与无线通信系统要求无关的可变周期的至少一个计时器”。因此,权利要求 1 和权利要求 3 中对于特征 b 的描述可以得到说明书的支持,请求人的主张不能成立。

关于 c 特征,请求人认为,①特征 b 得不到说明书支持,“对具有与无线通信系统要求无关的可变周期的至少一个计时器的期满作出响应”的内容得不到说明书的支持,②特征 a 得不到说明书支持,“将移动站正操作的准备电平从第一准备电平变为第二准备电平” 的内容得不到说明书支持,因此,特征 c 的的内容得不到说明书支持。对此,合议组认为:①根据本专利授权文本说明书第 11 页第 24～25 行记载的“移动站可以不进入睡眠模式,直至所选的活动时间量已期满”可见该内容是对计时器的期满作出响应,同时基于与上述特征 b 的评述相同的理由,权利要求 1 和 3 中的“对具有与无线通信系统要求无关的可变周期的至少一个计时器的期满作出响应”也可以从本专利说明书公开的内容中直接概括得出。②根据本专利授权文本说明书第 11 页第 19～27 页所记载的“提供用于在系统始发或终止与移动站的事务处理之后控制移动站活动模式的一种方法。此活动模式适应于移动站是处于‘唤醒’还是进入睡眠模式,而这对于系统来说必须知道。如果移动站没有立即进入睡眠模式,则基站可能期望移动站在前面控制信道上读出所有非广播信道。如果移动站处于睡眠模式,则移动站仅读出它的分配的寻呼时隙。移动站可以不进入睡眠模式,直至所选的活动时间量已期满,在活动时间期间,移动站继续读出所有时隙。结果,移动站能立即接收分组数据,从而节省增加移动站应答时间的建立时间”。结合上述与上述特征 b 的评述相同的理由,本领域技术人员可以明确地理解,“移动站正操作的准备电平”是指移动站正操作在某一种活动模式下,“第一准备电平”和“第二准备电平”分别对应所述移动站的两种活动模式,“将移动站正操作的准备电平从第一准备电平变为第二准备电平”是指,移动站活动模式的转换,即当移动站处于睡眠模式时,将移动站的活动模式变成唤醒模式,当移动站处于唤醒模式时,将移动站的活动模式变成睡眠模式。因而,权利要求 1 和 3 中的“将移动站正操作的准备电平从第一准备电平变为第二准备电平” 也可以从本专利说明书公开的内容中概括得出。因此,权利要求 1 和 3 中特征 c 能够得到说明书的支持,请求人的主张不能成立。

关于d特征，请求人认为，权利要求1中的“在系统上确定移动站的准备电平”以及权利要求3中相对应的“将移动站的准备电平通知系统”得不到说明书的支持。对此，合议组认为，本专利授权文本说明书第11页第19～21行记载了“此活动模式时应于移动站是处于‘唤醒’还是进入睡眠模式，而这对于系统来说必须知道”，第14页第15～16行记载有“更具体地，在诸如登记消息的事务处理中，移动站将其所希望的操作模式通知系统”，由此可见，结合上述与上述特征b的评述相同的理由，本领域技术人员可以从本专利说明书公开的内容中概括得出“在系统上确定移动站的准备电平”以及“将移动站的准备电平通知系统”的内容，即特征d能够得到说明书的支持，请求人的主张不能成立。

综上所述，请求人提出的权利要求1和权利要求3得不到说明书支持的几点理由均不能成立。

(2)关于权利要求2,4～6。

①关于从属权利要求2,4～6。

请求人认为，由于权利要求2是权利要求1的从属权利要求、权利要求4～6是权利要求3的从属权利要求，权利要求2、4～6也存在其引用的权利要求1、3中的得不到说明书支持的缺陷，权利要求2,4～6得不到说明书支持的理由与针对权利要求1和权利要求3的理由相同，在其针对权利要求1和权利要求3的理由不能成立的情况下，请求人基于同样理由而提出的权利要求2,4～6得不到说明书支持的主张合议组不予支持。

②关于权利要求5和权利要求6。

请求人主张：虽然在本专利的说明书中，记载了“活动计时器”和“不活动计时器”，但是说明书并没有公开“活动计时器”和“不活动计时器”具有周期，更并没有公开“活动计时器”和“不活动计时器”具有单个移动站用户选择的周期。而且根据授权文本的说明书和权利要求书记载的内容也不能概括得到“至少一个计时器具有可由单个移动站用户选择的周期”。对此，合议组认为，本专利授权文本说明书第14页第16～18行中记载“在分组数据模式中，将移动站设置在活动模式中预定的活动时间量，并且在此活动模式中，将移动站保持唤醒移动用户可选择的时间”以及第15页第8～10行记载的“移动站可以返回到DCCH睡眠模式由在活动计时器确定的另一用户可选择时间量”，本领域技术人员从上述记载的“活动模式中预定的活动时间量”可知，移动站的活动时间量是用户可以进行选择和设置的，计时器能够被用户选择和设置，因而，“在系统上确定移动站的准备电平”(对应权利要求1)以及“将移动站的准备电平通知系统”(对应权利要求3)的内容可以从说明书中公开的内容得到或概括得出。该特征能够得到说明书的支持，请求人提出的权利要求5、6不符合《专利法》第26条第4款规定的主张不能成立。

(五)关于《专利法实施细则》第20条第1款

《专利法实施细则》第20条第1款规定：权利要求书应当说明发明或者实用新型的技术特征，清楚、简要地表述请求保护的范围。

请求人认为本专利不符合《专利法实施细则》第20条第1款的规定出于以下几点具体理由：a.权利要求1中的特征“与无线通信系统要求无关的可变周期”不清楚，并不能确定何种可变周期与无线通信系统要求无关，在说明书中也未给出解释，不符合《专利法实施细则》第20条第1款的规定，权利要求2由于引用了权利要求1也存在上述不符合《专利法实施细则》第20条第1款的问题；b.从属权利要求6引用独立权利要求3，其中，引用部分为“根据权利要求3的方法”与权利要求6所引用的权利要求3的主题名称“系统”不同，因而权利要求6不符合《专利法实施细则》第20条第1款的规定。

关于理由a：在对请求人提出的不符合《专利法》第33条无效理由c特征的阐述中，合议组已经明确指出，“与无线通信系统要求无关的可变周期”即指计时器的周期依赖于用户的选择和设置，是清楚的，因此，请求人的主张不能成立。鉴于请求人针对本专利独立权利要求1不符合《专利法实施细则》第20条第1款的主张不能成立，则从属权利要求2亦不能被认为由于同样的事实而不符合《专利法实施细则》第20条第1款的相关规定。

关于理由b：合议组认为，权利要求6引用的主题是一种方法，而权利要求6引用的是权利要求3，权利要求3的主题则是一种系统，由此可见，权利要求6的引用部分出现了明显的笔误。专利权人对此提出，对于权利要求6，独立权利要求3自身请求保护的是一种系统而不是方法，因而引用该独立权利要求的从属权利要求6必然也一定是请求保护的一种系统，而不可能是方法。合议组可以确定：引用独立权利要求的从属权利要求6明显是在引用的权利要求的主题名称上出现了笔误，即，权利要求6的引用部分应为“根据权利要求3的系统”。因而，该内容可以通过权利要求书的上下文直接地确定，即不能仅因此而认定权利要求6的相关表述是不清楚的，请求人所主张的由于权利要求6与其所引用的权利要求3的主题名称“系统”不同而导致该权利要求不清楚的理由不能成立。

综上所述，请求人提出的无效理由均不能成立。

维持第96198841.X号发明专利权有效。

当事人对本决定不服的，可以根据《专利法》第46条第2款的规定，自收到本决定之日起三个月内向北京市第一中级人民法院起诉。根据该款的规定，一方当事人起诉后，另一方当事人作为第三人参加诉讼。

三、评析

这是一篇通信领域典型的发明无效案件的审查决定，决定撰写语言流畅、结构清晰，对理由和事实的分析评述充分、层次分明，逻辑严谨、说理透彻。

本案涉及多个无效宣告理由，双方当事人对其中的多个焦点问题也有较为激烈的争议，决定的案由部分按照无效的理由，条理清晰地记载了双方争议的焦点问题，同时也清楚、完整地概括了各方当事人的观点以及案件的审查过程。

在证据认定方面，针对《专利法》第33条的无效理由，对于请求人所主张的将本专利之中国公开文本作为本专利之国际公布文本的中文译文的意见，合议组予以支持，并在专利权人对译文内容无异议的情况下，以本专利之中国公开文本对《专利法》第33条的无效理由进行了评述，此类做法，为不同法律文件内容上的关联性提供了支持，并为此后同类案件中原申请文件的中文译文的选取提供了参考依据。

在决定理由部分，对请求人所提出的每一个无效理由均进行了详细的说理，例如，对于《专利法》第33条的无效理由，请求人认为说明书中记载的“活动计时器”和“不活动计时器”并不一定具有与无线通信系统无关的可变周期，决定从两个层次对此进行了充分的分析说理。首先，从说明书记载的“活动模式中预订的活动时间量”可知“计时器”必定是具有周期的。其次，对于通信领域的技术人员来说，从“移动用户可选择的时间”和“另一用户可选择时间量”可以直接推导出计时器对活动时间量进行计时，活动时间量是可以选择的，计时器能够被用户选择和设置，从这一点必然可以导出计时器是依赖于用户的设置，而不是系统生成的。因而，决定顺理成章地得出“计时器”必然是具有与无线通信系统无关的可变周期的内容，该内容并未超出原说明书的范围。评述过程有理有据，充分透彻，令人信服。

在《专利法实施细则》第20条第1款的评述中，对于本专利权利要求6中的引用部分使用“根据权利要求3的方法”的错误之处，决定在“权利要求书应该清楚、简要地表述请求保护的范围”这一法律规定的适用指导下，综合了专利权人的意见之后认定，引用独立权利要求的从属权利要求6在引用权利要求的主题名称上出现了明显笔误，该内容可以通过权利要求书的上下文直接地确定。不能仅因此而认定权利要求6的相关表述不清楚。该评述过程细致有节，清楚简明，说理充分。

当然，决定在撰写中还存在一些瑕疵，例如，案由中记载的合议组当庭告知双方当事人的内容，应当更加明确；对于一部分在决定的理由中所评述的、请求方的更为具体的无效理由，案由部分没有相应地进行详细记载。

（国家知识产权专利复审委员会
左 一 李 卉 苏 青）

案例11 修改超范围的认定（复审案例）

一、案由

本复审请求涉及申请号为200380100268.2，名称为“记录设备和记录方法”的发明专利申请。申请人为索尼株式会社。本申请的申请日为2003年10月29日，优先权日为2002年12月20日，公开日为2005年11月2日，进入中国国家阶段日期为2004年8月23日。

经实质审查，国家知识产权局实质审查部门审查员于2008年11月7日发出驳回决定，驳回了本发明专利申请，其理由是：权利要求1－8相对于对比文件1不符合《专利法》第22条第2款规定的新颖性，其中对比文件1：CN1662983A，其优先权日为2002年4月25日，申请日为2003年4月14日，公开日为2005年8月31日，申请人为索尼株式会社，共同申请人为日本先锋公司。驳回决定所依据的文本为：2008年1月15日提交的权利要求第1～8项，2004年8月23日提交的国际申请文件中文文本说明书第1～21页、说明书附图第1～8页、说明书摘要和摘要附图。驳回决定所针对的权利要求书内容如下：

“1. 一种记录设备，包含：

读取装置，用于在预定的时刻读取一组或多组以数字静止画面格式记录在预定记录介质上的数字静止画面数据；

转换装置，用于在执行该记录介质的定型处理的时刻，将来自所述读取装置的一组或多组所述数字静止画面数据依照数字运动画面格式转换成用于记录的数据，以合并该一组或多组所述数字静止画面数据；以及

记录装置，用于将由所述转换装置形成的、用于记录的所述数据记录在所述记录介质上。

2. 如权利要求1所述的记录设备，其中，

当所述数字运动画面格式的数字运动画面数据以及所述数字静止画面格式的数字静止画面之一或两者被记录在所述记录介质上时，所述记录装置将来自所述转换装置的、用于记录的所述数据记录到所述记录介质上，以不破坏先前记录的数据。

3. 如权利要求1或2所述的记录设备，还包含：

接收装置，用于接收指定一幅或多幅静止画面的再现形式的信息的输入，该静止画面被依照所述数字运动画面格式转换成用于记录的数据、并记录在所述记录介质上；以及

改变装置，用于根据通过所述接收装置接收的信息来改变关于该一幅或者多幅所述静止画面的再现的信息，该静止画面被依照所述数字运动画面格式转换成用于记录的数据并记录在所述记录介质上。

4. 如权利要求1、2或3所述的记录设备，还包含：

照相机单元，能够拍摄运动画面和静止画面，并将所拍摄的运动画面和所拍摄的静止画面作为数字数据输出；

运动画面转换装置，用于将来自所述照相机单元的数字运动画面数据转换成所述数字运动画面格式；以及

静止画面转换装置，用于将来自所述照相机单元的数字静止画面数据转换成所述数字静止画面格式的静止画面数据；

其中所述记录装置可以将来自所述运动画面转换装置的所述数字运动画面格式的运动画面数据和来自所述静止画面转换装置的所述数字静止画面格式的所述静止画面数据记录在所述记录介质上。

5. 一种记录方法，包含：

读取步骤，在预定的时刻读取一组或多组以数字静止画面格式记录在预定记录介质上的数字静止画面数据；

转换步骤，用于在执行该记录介质的定型处理的时刻，依照数字运动画面格式将所读取的一组或多组所述数字静止画面数据转换成用于记录的数据，以合并该一组或多组所述数字静止画面数据；以及

记录步骤，将用于记录的所述数据记录在所述记录介质上。

6. 如权利要求5所示的记录方法，其中：

在所述记录步骤中，当所述数字运动画面格式的数字运动画面数据和所述数字静止画面格式的数字静止画面数据之一或两者被记录在所述记录介质上时，在所述转换步骤中形成的用于记录的所述数据被记录在所述记录介质上，以不破坏先前记录的数据。

7. 如权利要求5或6所述的记录方法，还包含：

接收步骤，接收指定一幅或多幅静止画面的再现形式的信息的输入，该画面被依照所述数字运动画面格式转换成用于记录的数据、并记录在所述记录介质上；以及

改变步骤，根据所述接收步骤中所接收的信息，改变关于该一幅或多幅所述静止画面的再现的信息，所述静止画面被依照所述数字运动画面格式转换成用于记录的数据、并记录在所述记录介质上。

8. 如权利要求5、6或7所述的记录方法，还包含：

拍摄步骤，拍摄运动画面和静止画面之一，并将所拍摄的运动画面和所拍摄的静止画面之一作为数字数据输出；

运动画面转换步骤，将在所述拍摄步骤中拍摄的运动画面的数字运动画面数据转换成所述数字运动画面格式的运动画面数据；

静止画面转换步骤，将在所述拍摄步骤中拍摄的静止画面的数字静止画面数据转换成所述数字静止画面格式的静止画面数据；以及

所拍摄的数据的记录步骤，将在所述运动画面转换步骤中形成的所述运动画面数据和在所述静止画面转换步骤中形成的所述静止画面数据之一记录在所述记录介质上。”

申请人(下称复审请求人)对上述驳回决定不服，于 2009 年 2 月 18 日向专利复审委员会提出了复审请求，同时提交权利要求书修改替换页。复审请求人认为：修改后的独立权利要求 1、5、6 包括区别技术特征“控制装置”，而对比文件 1 未公开该区别技术特征，因此修改后的权利要求 1～7 相对于对比文件 1 具备新颖性和创造性。

复审请求时提交的权利要求书内容如下：

“1. 一种记录设备，包含：

画面数据输入装置，用于输入数字静止画面数据以及数字运动画面数据；

记录装置，用于将所述数字静止画面数据以及所述数字运动画面数据记录在预定记录介质；

读取装置，用于从所述记录介质读取所述数字静止画面数据以及所述数字运动画面数据；

转换装置，用于将通过所述记录介质读取的依照数字静止画面格式的一组或多组所述数字静止画面数据转换成依照数字运动画面格式的记录用数据；以及

控制装置，用于控制以使将所述记录用数据和第 1 数据以及第 2 数据记录在所述记录介质中，所述第 1 数据中存储了用于指向在所述记录介质中记录的所述记录用数据的任意的静止画面的指针，所述第 2 数据中存储了用于参照该记录用数据的可再现的位置的指向所述第 1 数据的指针，

在所述记录用数据的添加记录时，对所述第 1 数据添加存储用于指示所述记录用数据的静止画面的指针，并且对所述第 2 数据添加存储用于接入到所述记录用数据的多个静止画面的指向第 1 数据的指针。

2. 如权利要求 1 所述的记录设备，其中：

所述记录介质是 DVD，

所述控制装置控制所述数字静止画面数据以及所述数字运动画面数据、所述记录用数据以 DVD 视频记录格式记录到所述 DVD 中。

3. 如权利要求 1 所述的记录设备，其中：

所述控制装置控制在所述记录介质中记录并且符合数字静止画面格式的所有的所述数字静止画面数据，以使转换为符合数字运动画面格式的所述记录用数据。

4. 如权利要求 1 所述的记录设备，还包含：

改变装置，用于改变对转换了一幅或者多幅所述数字静止画面数据的所述记录用数据进行再现时的静止画面的再现时间。

5. 一种拍摄设备，包含：

拍摄装置，用于拍摄被摄体；

信号处理装置，用于对通过所述拍摄装置输出的拍摄数据进行运算处理，从而生成数字静止画面数据以及数字运动画面数据；

记录装置，用于将所述数字静止画面数据以及所述数字运动画面数据记录在预定记录介质；

读取装置，用于从所述记录介质读取所述数字静止画面数据以及所述数字运动画面数据；

转换装置，用于将通过所述记录介质读取的依照数字静止画面格式的一组或多组所述数字静止画面数据转换成依照数字运动画面格式的记录用数据；以及

控制装置，用于控制以使将所述记录用数据和第 1 数据以及第 2 数据记录在所述记录介质中，所述第 1 数据中存储了用于指向在所述记录介质中记录的所述记录用数据的任意的静止画面的指针，所述第 2 数据中存储了用于参照该记录用数据的可再现的位置的指向所述第 1 数据的指针，

在所述记录用数据的添加记录时，对所述第 1 数据添加存储用于指示所述记录用数据的静止画面的指针，并且对所述第 2 数据添加存储用于接入到所述记录用数据的多个静止画面的指向第 1 数据的指针。

6. 一种记录方法，包含：

读取步骤，用于读取一组或多组以数字静止画面格式记录在预定记录介质上的数字静止画面数据；

转换步骤，用于将通过所述记录介质读取的一组或多组所述数字静止画面数据转换成依照数字运动画面格式的记录用数据；

第 1 记录步骤，将所述记录用数据记录在所述记录介质上；

指针添加步骤，在第 1 数据内添加用于指向被记录的所述记录用数据的静止画面的指针，所述第 1 数据中存储了用于指向在所述记录介质中记录的所述记录用数据的任意的静止画面的指针；以及

对第 2 数据添加与被记录的所述记录用数据对应的所述第 1 数据的指针的步骤，所述第 2 数

据中存储了用于参照该记录用数据的可再现的位置的所述第1数据的指针。

7. 如权利要求6所述的记录方法，其中：

所述记录介质是DVD，

所述数字静止画面数据以及所述数字运动画面数据、所述记录用数据以DVD视频记录格式记录到所述DVD中。”

经形式审查合格，专利复审委员会于2009年3月24日依法受理了该复审请求，并将其转送至实质审查部门进行前置审查。

实质审查部门在前置审查意见书中认为：新增加的权利要求5不符合《专利法实施细则》第61条第1款的规定。修改后的权利要求1中新增加了以下技术特征：画面数据输入装置，用于输入数字静止画面数据以及数字运动画面数据；控制装置，用于控制以使将所述记录用数据和第1数据以及第2数据记录在所述记录介质中，所述第1数据中存储了用于指向在所述记录介质中记录的所述记录用数据的任意的静止画面的指针，所述第2数据中存储了用于参照该记录用数据的可再现的位置的指向所述第1数据的指针，在所述记录用数据的添加记录时，对所述第1数据添加存储用于指示所述记录用数据的静止画面的指针，并对所述第2数据添加存储用于接入到所述记录用数据的多个静止画面的指向第1数据的指针。上述技术特征既未明确地记载在原说明书和权利要求书中，也不能由原说明书和权利要求书所记载的内容直接地、毫无疑义地确定，因此修改超出了原说明书和权利要求书记载的范围，该权利要求不符合《专利法》第33条的规定。基于以上同样地理由，权利要求6的修改也不符合《专利法》第33条的规定。修改后的权利要求4中将原权利要求书中的“再现信息”修改为“再现时间”，修改后的内容既未明确地记载在原说明书和权利要求书中，也不能由原说明书和权利要求书所记载的内容直接地、毫无疑义地确定，因此修改超出了原说明书和权利要求书记载的范围，因此该权利要求不符合《专利法》第33条的规定。因此坚持驳回决定。

随后，专利复审委员会成立合议组对本案进行审理。

合议组于2010年7月2日向复审请求人发出复审通知书，指出：复审请求人于2009年2月18日提交的权利要求书中增加了独立权利要求5，从属权利要求2、3、7。上述权利要求的增加不符合《专利法实施细则》第61条第1款的规定，因此不予接受该文本。为了加快审查进程，合议组以复审请求人于2009年2月18日提交的权利要求第1～7项，2004年8月23日提交的说明书第1～21页、说明书附图第1～8页、说明书摘要和摘要附图作为审查基础，指出对比文件1公开了权利要求1～3、5～7的技术方案，构成了本申请权利要求1～3、5～7的抵触申请，因此权利要求1～3、5～7相对于对比文件1不具备《专利法》第22条第2款规定的新颖性。针对复审请求人的意见陈述，合议组认为：对比文件1包括微型计算机4，其完成了为多个成组的静止图像文件生成VTS#2、中间管理信息DK1，以及在VMG区中生成指向格式转换后的静止图像的功能，相当于权利要求1中的“控制装置”。因此，复审请求人的复审理由不能被接受。

针对上述复审通知书，复审请求人于2010年8月13日提交了意见陈述书，并提交了修改后的权利要求书替换页，其中删除了权利要求2、3、4、5、7，将从属权利要求4中附加技术特征添加入权利要求1中，对权利要求6进行了对应修改，并将权利要求重新排序。复审请求人认为：修改后的权利要求1、2克服了复审通知书指出的缺陷。

修改后的权利要求书内容如下：

“1. 一种记录设备，包含：

画面数据输入装置，用于输入数字静止画面数据以及数字运动画面数据；

记录装置，用于将所述数字静止画面数据以及所述数字运动画面数据记录在预定记录介质；

读取装置，用于从所述记录介质读取所述数字静止画面数据以及所述数字运动画面数据；

转换装置，用于将通过所述记录介质读取的依照数字静止画面格式的一组或多组所述数字静止画面数据转换成依照数字运动画面格式的记录用数据；以及

控制装置，用于控制以使将所述记录用数据和第1数据以及第2数据记录在所述记录介质中，所述第1数据中存储了用于指向在所述记录介质中记录的所述记录用数据的任意的静止画面的指针，所述第2数据中存储了用于参照该记录用数据的可再现的位置的指向所述第1数据的指针，

在所述记录用数据的添加记录时，对所述第1数据添加存储用于指示所述记录用数据的静止画面的指针，并且对所述第2数据添加存储用于

接入到所述记录用数据的多个静止画面的指向第1数据的指针，

所述记录设备还包括改变装置，用于改变对转换了一幅或者多幅所述数字静止画面数据的所述记录用数据进行再现时的静止画面的再现时间。

2. 一种记录方法，包含：

读取步骤，用于读取一组或多组以数字静止画面格式记录在预定记录介质上的数字静止画面数据；

转换步骤，用于将通过所述记录介质读取的一组或多组所述数字静止画面数据转换成依照数字运动画面格式的记录用数据；

第1记录步骤，将所述记录用数据记录在所述记录介质上；

指针添加步骤，在第1数据内添加用于指向被记录的所述记录用数据的静止画面的指针，所述第1数据中存储了用于指向在所述记录介质中记录的所述记录用数据的任意的静止画面的指针；

对第2数据添加与被记录的所述记录用数据对应的所述第1数据的指针的步骤，所述第2数据中存储了用于参照该记录用数据的可再现的位置的所述第1数据的指针；以及

改变步骤，用于改变对转换了一幅或者多幅所述数字静止画面数据的所述记录用数据进行再现时的静止画面的再现时间。”

在上述程序的基础上，合议组认为本案事实已经清楚，可以作出审查决定。

二、决定的理由及结论

(一)审查文本的认定

请求人于2010年8月13日提交了权利要求书的修改文本，因此本复审决定针对的文本是：复审请求人于2010年8月13日提交的权利要求第1～2项，2004年8月23日提交的说明书第1～21页、说明书附图第1～8页、说明书摘要和摘要附图。

(二)关于《专利法》第33条

《专利法》第33条规定：申请人可以对其专利申请文件进行修改，但是，对发明和实用新型专利申请文件的修改不得超出原说明书和权利要求书记载的范围，对外观设计专利申请文件的修改不得超出原图片或者照片表示的范围。

权利要求1中包括技术特征“画面数据输入装置，用于输入数字静止画面数据以及数字运动画面数据”；以及“控制装置，用于控制以使将所述记录用数据和第1数据以及第2数据记录在所述记录介质中，所述第1数据中存储了用于指向在所述记录介质中记录的所述记录用数据的任意的静止画面的指针，所述第2数据中存储了用于参照该记录用数据的可再现的位置的指向所述第1数据的指针，在所述记录用数据的添加记录时，对所述第1数据添加存储用于指示所述记录用数据的静止画面的指针，并对所述第2数据添加存储用于接入到所述记录用数据的多个静止画面的指向第1数据的指针”。

根据原说明书第4页第23行至第5页第11行记载的内容以及说明书附图1可知，照相机单元输入数字静止画面数据至JPEG编码器以及输入数字运动画面数据至MPEG编码器，因此原说明书和权利要求书记载的“照相机单元”与权利要求1中的“画面输入装置”是相同的，该修改内容可以从原说明书和权利要求书文字记载的内容直接地、毫无疑义地确定，因此上述修改之处符合《专利法》第33条的规定。

原说明书第5页第12～18行文字记载，“控制单元20的CPU21执行不同程序合处理所需的数据被记录在ROM22中”；“控制单元20根据来自用户的指令控制各部件，以便DVD摄像机可对应于用户的指令而进行操作”，因此原说明书和权利要求书记载的“控制单元20的CPU21”与权利要求1中的“控制装置”是相同的，该修改内容可以从原说明书和权利要求书文字记载的内容直接地、毫无疑义地确定。原说明书第10页第12～15行、第12页第7～12行、第13页第28行至第14页第8行，说明书附图2A－4，记载了，“还提供了VMG(视频管理器)信息，该信息是VTS管理信息，用于例如总体地管理各段VTS信息以便无中断地连续再现多个VTS”；“如图3(b)所示，每个VTS包括VTSI(视频标题集信息)”；“VTSI是管理记录在VTSTT_VOBS中的多个章节并允许这些章节随时被读取的管理信息”；“当控制单元20在步骤S104的确定处理中确定所有JPEG静止画面数据的转换处理均已完成时，控制单元20形成新添加的VTS的VTSI，然后通过写/读单元5将该VTSI记录在DVD上(步骤105)”；“然后，控制单元20进行所谓的定型处理，以形成将新添加的用于记录MPEG系统静止画面的VTS考虑在内的VMG，并通过写/读单元5将该

VMG记录在DVD上(步骤S106)”。此外,对于另一种实施方式DVD视频记录格式,原说明书第15页第31行至第16页第9行,记载了“S_CI具有指向图4(C)所示的S_VOBI(静止VOB信息)的指针,该指针具有用于接入目标VOBU(视频目标单元)、再现开始位置ST、再现结束位置ED以及S_VOGI中的多个入口点EP的信息,如连接图4(B)和图4(C)的箭头所示。S_CI的入口点EP被称作S_C_EPI(静止画面单元入口点信息)”;“作为S_CI的入口点,S_C_EPI表示包含在S_VOGI(静止画面视频目标组信息)中的VOB条目的给定位置,作为进入指针”。因此说明书中的CPU21对应于“控制装置”,VTSI及S_C_EPI对应于权利要求1中的“第1数据”,VMG及S_CI对应于权利要求1中的“第2数据”,因此原说明书和权利要求书记载的“VMG”、“S_CI”与权利要求1中的“第2数据”是相同的,“VTSI”、“S_C_EPI”与权利要求1中的“第1数据”是相同的,该修改内容可以从原说明书和权利要求书文字记载的内容直接地、毫无疑义地确定,因此上述修改之处符合《专利法》第33条的规定。

此外,修改后的权利要求1中将原权利要求书中的“再现信息”修改为“再现时间”,原说明书第13页第28行至第14页、说明书第20页第8~11行记载了“MPEG流中静止画面的再现时间等可以利用根据本实施例的DVD摄像机或者另一个DVD记录和再现设备的编辑功能”,因此上述技术特征已记载在原说明书中。因此权利要求1的修改未超出原说明书和权利要求书记载的范围,符合《专利法》第33条的规定。

综上,权利要求1的修改之处符合《专利法》第33条的规定。

同理,权利要求2中的修改之处也同样未超出原说明书和权利要求书记载的范围,符合《专利法》第33条的规定。

(三)关于《专利法》第22条第2款

《专利法》第22条第2款规定:新颖性,是指在申请日以前没有同样的发明或者实用新型在国内外出版物上公开发表过、在国内公开使用过或者以其他方式为公众所知,也没有同样的发明或者实用新型由他人向专利局提出过申请并且记载在申请日以后(含申请日)公布的专利申请文件中。

本决定所引用的对比文件与实质审查过程中所引用的对比文件相同,即,对比文件1:CN1662983A,优先权日为2002年4月25日,申请日为2003年4月14日,公开日为2005年8月31日,申请人为索尼株式会社,共同申请人为日本先锋公司。

(1)权利要求1请求保护一种记录设备,对比文件1是一件由他人向专利局提出的专利申请,其优先权日早于本申请的优先权日,其公开日在本申请的优先权日之后。对比文件1公开了一种光盘设备和光盘记录方法,其具体公开了以下技术特征(参见对比文件1说明书第2页第15~17行,第7页第7行至第8页第29行,第9页第11~17行,第21页第20~27行,第24页第15行至第28页第4行,说明书附图12~13):为了记录数据,模拟前端块16将根据DVD信号处理器14的输出数据来改变光量控制信号的等级,从而,根据DVD信号处理器14的输出数据断续地将激光束的量从用于数据再现的值提高到用于数据记录的值(相当于权利要求1中的记录装置);视频输入块3响应于微型计算机4对拾取装置的控制来进行操作,有选择地接收由运动图像组成地视频数据或静止图像数据(相当于权利要求1中的画面数据输入装置);模拟前端块16将根据光量控制信号使从光头19投射到光盘2上的激光束的量保持在一恒定的值上,用于数据读取(相当于权利要求1中的读取装置);用微型计算机24来控制压缩/扩展块26(相当于权利要求1中的转换装置),以便压缩由视频输入块3提供的视频数据,并输出压缩了的数据,将从光盘2上读取的静止图像文件设置为I图像并以MPEG-2格式进行压缩,可为多个成组的静止图像文件生成VTS#2,以便连续地放置由静止图像文件产生的I图像;在记录将静止图像文件转换成的MPEG格式数据和运动图像的过程中,根据从微型计算机4(相当于权利要求1中的控制装置)提供的信息头标信息处理器7将产生诸如UDF、VMG、VTSI之类的数据,微型计算机4将顺序产生中间的管理信息,中间管理信息包括扩展文件的地址,根据一条中间管理信息DK为多个成组的静止图像文件生成VTS#2,其中当静止图像进行了格式转换时,记录这样记录的文件的中间管理信息DK1(因此,VTS#2和DK1组成的数据相当于权利要求1中的第1数据,其中存储了用于指向在所述记录介质中记录的所述记录用数据的任意的静止画面的指针);然后,通过将仅关于格式转换的文件(即,仅关于以MPEG－2格式启始记录的文件、仅关于通过格式转换记录的文件)的管理信息记录到作为第二管理信息记录区的VMG区中,在用DVD播放器来再现光盘时,可以根据VMG来查找所需要的文件供再现之用(相当于权利要求1中所述第2数据中存储了用于参照该记录用数据的课再现的位置的指向所述第1数据的指针)。

权利要求1所要求保护的技术方案与对比文件1公开的内容相比,其区别技术特征在于:权利要求1中的所述记录设备还包括改变装置,用于改变对转换了一幅或者多幅所述数字静止画面数据的所述记录用数据进行再现时的静止画面的再现时间。因此,权利要求1相对于对比文件1具备《专利法》第22条第2款规定的新颖性。

权利要求2请求保护一种记录方法,对比文件1是一件由他人向专利局提出的专利申请,其优先权日早于本申请的优先权日,公开日在本申请的优先权日之后。对比文件1公开了一种光盘记录方法,其具体公开了以下技术特征(参见对比文件1说明书第2页第15～17行,第7页第7行至第8页第29行,第9页第11～17行,第21页第20～27行,第24页第15行至第28页第4行,说明书附图12～13):模拟前端块16将根据光量控制信号使从光头19投射到光盘2上的激光束的量保持在一恒定的值上,用于数据读取(相当于权利要求6中的读取步骤);用微型计算机24来控制压缩/扩展块26,以便压缩由视频输入块3提供的视频数据,并输出压缩了的数据,将从光盘2上读取的静止图像文件设置为I图像并以MPEG－2格式进行压缩,可为多个成组的静止图像文件生成VTS＃2,以便连续地放置由静止图像文件产生的I图像(相当于权利要求6中的转换步骤);在记录将静止图像文件转换成的MPEG格式数据和运动图像的过程中,根据从微型计算机4提供的信息头标信息处理器7将产生诸如UDF、VMG、VTSI之类的数据,微型计算机4将顺序产生中间的管理信息,中间管理信息包括扩展文件的地址,根据一条中间管理信息DK为多个成组的静止图像文件生成VTS＃2(相当于权利要求6中的第1记录步骤),其中当静止图像进行了格式转换时,记录这样记录的文件的中间管理信息DK1,然后,通过将仅关于格式转换的文件(即,仅关于以MPEG－2格式启始记录的文件、仅关于通过格式转换记录的文件)的管理信息记录到作为第二管理信息记录区的VMG区中,在用DVD播放器来再现光盘时,可以根据VMG来查找所需要的文件供再现之用(由于VTS＃2和DK1组成的数据相当于权利要求6中的第1数据,因此相当于指针添加步骤)。

由此可见,权利要求2所要求保护的技术方案与对比文件1公开的内容相比,其区别技术特征在于:权利要求2中还包括改变步骤,用于改变对转换了一幅或者多幅所述数字静止画面数据的所述记录用数据进行再现时的静止画面的再现时间。因此,权利要求2相对于对比文件1具备《专利法》第22条第2款规定的新颖性。

综上,权利要求1、2已克服了驳回决定、前置审查意见书以及复审通知书所指出的缺陷。

基于上述理由,合议组作出如下决定。

撤销国家知识产权局于2008年11月7日对本申请作出的驳回决定。由国家知识产权局实质审查部门在2010年8月13日提交的权利要求第1、2项,2004年8月23日提交的说明书第1～21页、说明书附图第1～8页、说明书摘要和摘要附图的基础上对本发明专利申请继续进行审查。

如对本复审请求审查决定不服,根据《专利法》第41条第2款的规定,请求人自收到本决定之日起三个月内向北京市第一中级人民法院起诉。

三、评析

该决定涉及一份复审请求审查决定,决定理由涉及《专利法》第33条及《专利法》第22条第2款,案件处理焦点在于本申请的修改是否超出了原说明书及权利要求书记载的范围的认定。该决定针对具体案情,对法律条款的本质含义作出具有一定见解的判断,决定措词得当、逻辑清楚、说理详尽,在涉及相关问题的处理上可为借鉴。

《专利法》第33条作为驳回常用条款,近年来在通信领域的案件审理过程中使用十分频繁,但如何准确应用并做到评述有理有据并非易事。这就需要审查员对于修改后的权利要求书及说明书的范围以及原说明书和权利要求书所涵盖的范围作出清晰界定;要求审查员作为本领域技术人员在原说明书和权利要求书公开的内容的基础上明确判断何为记载、何为直接地毫无疑义地确定的内容;要求审查员对于技术方案的理解精准,对于法律条款的把握有深刻、灵活、准确的评判标准,这两者相辅相成、缺一不可。

该决定针对复审请求人在提出复审时对权利要求的修改，进行了细致入微的剖析，围绕原说明书及权利要求书记载的技术特征，逐一比对，深入评价。决定通过详尽而细致的评述，深入浅出地分析了修改后的权利要求是从何种角度对原说明书公开的实施例进行了如何的概括。具体表现于根据原说明书中具体文字记载判定“控制单元20的CPU21”与权利要求1中的“控制装置”是相同的，并且根据原说明书文字记载判定修改后增加的内容“第一数据”和“第二数据”与原说明书和权利要求书中分别为两个实施例中记载的“VTSI”、“S_C_EPI”以及“VMG”、“S_CI”是相同的，因此修改的内容可以从原说明书和权利要求书文字记载的内容直接地、毫无疑义地确定。通过这一论述表达了如果将原说明书和权利要求书记载的内容作为相关联的整体考虑，即可以直接地、毫无疑义地确定这一概括，那么这种概括是符合《专利法》第33条相关规定的这一观点。决定思路明确，做到了有理有据的阐明观点，明确了不能因为该特征的命名方式是初次出现或为概括得出就认定其属于超范围，判断的依据仍需通过对说明书中所记载的整体技术方案的深入理解，来判断修改后的技术方案是否可以直接地、毫无疑义地从原说明书和权利要求书记载的内容中确定。

此外，对于本申请是否符合《专利法》第22条第2款的评价部分，该决定也在基于充分理解本申请和对比文件的基础上，进行了条理清楚、说理充分的详尽评述，最终在复审请求人修改后的审查文本的基础上撤销了驳回决定。

当然，该决定也存在一定的不足之处，尚待进一步改进。比如决定中对于评述部分过于注重完整性，因而导致决定篇幅过长，以致整体重点略显模糊。

（国家知识产权专利复审委员会
苏 青 盛 钊 李 佳）

国家版权局行政执法案例

一、刑事案件(8件)

案例1　安徽滁州“骑士音乐网”侵犯著作权案

凌劢、夏涌清、王中良侵犯著作权案【安徽省滁州市中级人民法院(2011)滁刑终字第45号刑事裁定书】

【案情摘要】南谯区人民法院经审理查明：被告人凌劢、夏涌清、王中良未经著作权人许可将他人音乐作品通过其经营的“骑士音乐网”向公众传播牟利。2010年11月25日，根据国际唱片业协会的举报，版权部门联合公安机关查获并扣押“骑士音乐网”在南谯区一出租屋内的3台服务器。经查明，从2004年年底开始，凌劢通过建立、运营“骑士音乐网”，未经著作权人许可，擅自为公众提供他人音乐作品的免费试听服务，经鉴定其中1743首歌曲侵犯了国际唱片业协会会员公司音乐作品的著作权；同时将大量商业广告投放在网站的首页和播放页面等显著位置，通过网民浏览网页强制显示广告或点击广告收取费用，截至2007年9月广告收益达103万余元。期间，凌劢曾多次接到国际唱片业协会的侵权警告信，均未作出有效处理。2007年9月，凌劢以44万元的价格将“骑士音乐网”域名所有权、租赁服务器的使用权、网站程序和全部音乐数据转让给夏涌清、王中良，并继续提供技术指导。在凌劢的指导下，夏涌清、王中良在保留原有音乐数据的基础上，未经著作权人许可，继续采取凌劢的经营方式，自2007年10月至案发，从运营的“骑士音乐网”获取广告费9万余元。南谯区人民法院认定被告人凌劢、夏涌清、王中良构成侵犯著作权罪，鉴于被告人夏涌清、王中良认罪态度较好，以侵犯著作权罪判处凌劢有期徒刑5年，并处罚金150万元；以侵犯著作权罪判处夏涌清有期徒刑3年6个月，并处罚金20万元；以侵犯著作权罪判处王中良有期徒刑3年3个月，并处罚金20万元；3名被告人的违法所得予以追缴，扣押的3台服务器予以没收。凌劢、夏涌清、王中良提起上诉，滁州市中级人民法院经审理维持原判。

【典型意义】本案是全国“扫黄打非”办、新闻出版总署(国家版权局)、公安部、最高人民法院、最高人民检察院五部门挂牌督办的专项行动重点案件，是近年来对网络音乐侵权案件处罚最重的一起案件，得到 IFPI 的高度肯定和来信致谢，被美国政府 301 报告引用作为我国加大网络版权执法力度的佐证。

案例 2　江苏"9cax 网站"非法提供软件案

韦盛宝侵犯著作权案【江苏省昆山市人民法院(2011)昆知刑初字第 1 号刑事判决书】

【案情摘要】昆山市人民法院经审理查明：被告人韦盛宝未经著作权人许可，通过信息网络复制、发行他人软件和图书牟利。2009 年 4 月以来，被告人韦盛宝在其住处，以营利为目的，通过因特网服务器远程管理开设网站，网址为 www.9cax.com，在未取得相关著作权人许可的情况下，复制他人商业软件 1300 余件以及出版图书 590 余册等，共发展会员 29 000 余人，供网站注册会员下载，其中软件供注册会员付费下载 4600 余次，图书供注册会员付费下载 1700 余次，非法经营数额达人民币 104 800 元。昆山市人民法院认定被告人韦盛宝构成侵犯著作权罪，鉴于其能够当庭认罪，以侵犯著作权罪判处韦盛宝有期徒刑 3 年 6 个月，并处罚金 80 000 元。

【典型意义】本案是全国"扫黄打非"办、新闻出版总署(国家版权局)、公安部、最高人民法院、最高人民检察院五部门挂牌督办的专项行动重点案件，是近年来打击软件侵权犯罪的典型案件，从网站后台管理页面调取下载次数、注册会员、付费纪录等关键证据，对于办理网络购物领域侵权案件具有指导意义。

案例 3　江苏徐州万松网文字作品侵权案

戴玉辉、喻斌斌侵犯著作权案【江苏省徐州市中级人民法院(2011)徐知刑初字第 7 号刑事判决书】

【案情摘要】徐州市中级人民法院经审理查明：万松网及被告人未经著作权人许可通过信息网络传播他人文字作品牟利。2009 年 7 月至 2010 年 10 月，被告人戴玉辉、喻斌斌等人未经著作权人许可，采集并复制"起点中文网"拥有独家信息网络传播权的 5000 余部文字作品并登载在"万松中文网"上提供在线阅读，非法所得达 20 余万元。2011 年 5 月 23 日，徐州市中级人民法院认定被告人戴玉辉、喻斌斌构成侵犯著作权罪，鉴于其能够当庭认罪，以侵犯著作权罪判处戴玉辉有期徒刑 3 年 6 个月，并处罚金 15 万元；以侵犯著作权罪判处喻斌斌有期徒刑 3 年，并处罚金 15 万元。

【典型意义】本案是全国"扫黄打非"办、新闻出版总署(国家版权局)、公安部、最高人民法院、最高人民检察院五部门挂牌督办的专项行动重点案件，是近年来网络文学领域处罚最重的案件，对于严厉打击网络文学侵权活动，净化网络版权保护环境具有重要意义。

案例 4　江苏无锡鞠文明等侵犯著作权案

鞠文明等侵犯著作权案【江苏省无锡市滨湖区人民法院(2011)锡滨知刑初字第 2 号刑事判决书】

【案情摘要】滨湖区人民法院经审理查明：被告人鞠文明、徐路路、华轶未经著作权人许可通过信息网络传播他人软件牟利。2010 年 11 月 21 日，无锡市公安局滨湖分局根据举报，抓获犯罪嫌疑人鞠文明等 3 人。经查名，鞠文明、徐路路、华轶 3 人分工明确，利用在某公司任职期间窃取的软件源程序，共同仿冒产品对外销售，涉案金额达 300 余万元。2011 年 6 月 7 日滨湖区人民法院以侵犯著作权罪判决被告人鞠文明有期徒刑 3 年，并处罚金 12 万元；以侵犯著作权罪判决被告人徐路路有期徒刑 3 年，并处罚金 8 万元；以侵犯著作权罪判决被告人华轶有期徒刑 1 年 6 个月，并处罚金 5 万元。

【典型意义】本案是全国"扫黄打非"办、新闻出版总署(国家版权局)、公安部、最高人民法院、最高人民检察院五部门挂牌督办的专项行动重点案件，明确了计算机软件"同一作品"的判断标准，在版权执法实践中具有借鉴意义。

案例 5　天津何震宇、刘冰销售盗版光盘案

何震宇、刘冰侵犯著作权案【天津市第一中级人民法院(2011)一中刑终字第 127 号刑事判决书】

【案情摘要】南开区人民法院经审理查明：被告人何震宇、刘冰韦购买明知是未取得著作权人许可的影视光碟销售牟利。2010 年 4～8 月期

间，二被告人伙同马勇(现在逃)经预谋后，各自出资，分工合作，多次从广州市及河北省石家庄市购买大量内容为多部影视剧的光盘及各类游戏光盘，并通过货运公司以“文具货品”及收货人“王健”的名字运至天津，存放并通过二人租赁房屋进行批发、销售。2010年8月26日，公安机关在上述房屋内查获二被告人尚未出售的各类光盘共计44 650张，经鉴定其中1076张光盘为侵犯59部美国电影协会成员公司著作权影视作品的盗版音像制品；其中7193张光盘为非法电子出版物(游戏类)、36 381张为非法音像制品。南山区人民法院认定被告人何震宇、刘冰批发销售非法音像制品的行为，应按照侵犯著作权罪定罪处罚，不认定为非法经营罪，鉴于二被告人能够当庭认罪，以侵犯著作权罪判处何震宇有期徒刑5年，并处罚金50 000元；以侵犯著作权罪判处刘冰有期徒刑5年，并处罚金50 000元；案缴盗版音像制品、非法音像制品、非法电子出版物全部依法没收。何震宇、刘冰提起上诉，天津市第一中级人民法院经审理维持原判。

【典型意义】本案是全国“扫黄打非”办、新闻出版总署(国家版权局)、公安部、最高人民法院、最高人民检察院五部门挂牌督办的专项行动重点案件，本案中提出的“对批发销售侵权盗版等非法音像制品的行为，应按照侵犯著作权罪定罪处罚，不认定为非法经营罪”等法律适用意见对于《关于办理侵犯知识产权刑事案件适用法律若干问题的意见》(法发[2011]3号)第12条的适用具有指导意义。

案例6　上海盛大网络《冒险岛》游戏“外挂”侵权案

张乐、黄谦等五被告侵犯著作权、销售侵权复制品案【上海市浦东区人民法院(2010)浦刑初字第3240号刑事判决书】

【案情摘要】浦东区人民法院经审理查明：被告人张乐、黄谦未经权利人许可，共同研发、制作该游戏软件的外挂程序，是共同复制游戏软件客户端程序的行为；被告人张乐又与被告人梁文宇合谋分工，由张乐提供外挂，梁文宇作为销售总代理负责销售；被告人阮晓霞、刘阳以营利为目的，明知《冒险岛》外挂程序侵犯游戏著作权人权利，仍然大量购进并销售牟利。《冒险岛online》(MapleStory)是经文化部、新闻出版总署审批同意引进的互联网游戏出版物，上海盛大网络发展有限公司(下称盛大公司)系该游戏出版物中国大陆独家代理运营商。2010年7月，公安机关先后抓获通过淘宝网店铺销售《冒险岛》外挂程序“CS辅助”的梁文宇、阮晓霞，并通过梁文宇的交代抓获研发制作外挂程序的张乐、黄谦。经查明，自2010年2月起，被告人张乐以月卡、周卡的形式将其与黄谦研发制作的“CS辅助”外挂程序交被告人梁文宇总代理销售，梁文宇明知受托销售的“CS辅助”未经授权，仍对外批发该外挂程序，2010年6月至2010年9月，销售金额为人民币156.58万元。被告人阮晓霞、刘阳明知“CS辅助”系未经授权的外挂程序，仍自梁文宇处购买，并在自己开设的网店中对外销售。其中阮晓霞销售金额为47.88万元；刘阳销售金额为36.45万元。浦东区人民法院认定张乐、黄谦、梁文宇构成侵犯著作权罪，认定阮晓霞、刘阳构成销售侵权复制品罪，鉴于其认罪态度较好，以侵犯著作权罪判处张乐有期徒刑5年，并处罚金130万元；以侵犯著作权罪判处黄谦有期徒刑4年，并处罚金70万元；以侵犯著作权罪判处梁文宇有期徒刑3年6个月，并处罚金60万元；以销售侵权复制品罪判处阮晓霞拘役6个月，并处罚金30万元；以销售侵权复制品罪判处刘阳拘役6个月，并处罚金20万元；各被告人的违法所得及被扣押的电子设备予以没收。

【典型意义】本案是全国“扫黄打非”办、新闻出版总署(国家版权局)、公安部、最高人民法院、最高人民检察院五部门挂牌督办的专项行动重点案件，本案中提出的“未经权利人许可，以营利为目的，制作游戏软件的外挂程序，是复制游戏软件客户端程序的行为，应以侵犯著作权罪查处”等法律适用意见，以及本案从淘宝网店铺销售侵权复制品入手对案件的全面深入查处，对于办理网络游戏“外挂”案件、严厉打击通过网络渠道销售侵权复制品等违法案件具有指导意义。

案例7　山东泰安非法印刷、销售《语文报》案

王道之、王海峰、韩志强侵犯著作权案【山东省泰安市泰安区人民法院(2011)泰山刑初字第44号刑事判决书】

【案情摘要】泰安区人民法院经审理查明：被告人王道之、王海峰、韩志强未经《语文报》社许可而复制发行盗版《语文报》牟利。2010年11月12日，公安机关在鲁泉印刷厂内查获被告人王道之为被告人韩志强、王海峰印刷的盗版《语文报》16.1万份。经查明，2004年11月至2010年11月期间，王道之伙同王海峰、韩志强为非法牟利，在未经《语文报》社许可的情况下，由王海峰、韩志强提供正版《语文报》样报，王道之利用其所经营的鲁泉印刷厂印刷盗版《语文报》共计176.74万份，其中将93.86万份出售给韩志强进行销售，将82.88万份出售给王海峰进行销售。泰安区人民法院认定被告人王道之、王海峰、韩志强构成侵犯著作权罪，鉴于其认罪态度较好，以侵犯著作权罪判处王道之有期徒刑5年，并处罚金20万元；以侵犯著作权罪判处王海峰有期徒刑4年，并处罚金15万元；以侵犯著作权罪判处韩志强有期徒刑3年6个月，并处罚金8万元。

【典型意义】本案是全国"扫黄打非"办、新闻出版总署（国家版权局）、公安部、最高人民法院、最高人民检察院五部门挂牌督办的专项行动重点案件，是近年来印数最多、涉案数额最大的报刊类侵权案，庞大的销售网络涉及河南、河北、湖北、广东、山西、山东等11省50余个地市，本案的严厉查处对于打击日益增多的非法复制、盗印报刊的违法活动，对于加大对报刊社等出版单位合法权益的保护都具有重要意义。

案例8　河北廊坊"9.20"批销盗版图书案

郑连海、李永山等五被告侵犯著作权案【河北省廊坊市安次区人民法院（2011）安刑初字第45号刑事判决书】

【案情摘要】安次区人民法院经审理查明：被告人郑连海、李永山、胡志山、牟士泉、马佳文未经著作权人许可复制发行其文字作品牟利。2010年9月20日公安机关在被告人郑连海租赁库房内查获其存放的各类盗版书籍57108册，经新闻出版部门鉴定全部为非法出版物。2007年以来，被告人郑连海在廊坊市广阳区、安次区等地，委托被告人胡志山、李永山、牟士泉、马佳文等人为其印刷盗版书籍，或为其印刷盗版书籍提供帮助，并将所引书籍销往北京、石家庄等地予以获利。安次区人民法院认定被告人郑连海、李永山、胡志山、牟士泉、马佳文构成侵犯著作权罪，鉴于其认罪态度较好，以侵犯著作权罪判处郑连海有期徒刑5年，并处罚金10万元；以侵犯著作权罪判处李永山有期徒刑3年，并处罚金6万元；以侵犯著作权罪判处牟士泉有期徒刑6个月，并处罚金1万元；以侵犯著作权罪判处马佳文拘役5个月，并处罚金1万元；以侵犯著作权罪判处胡志山拘役4个月，并处罚8000元。

【典型意义】本案是全国"扫黄打非"办、新闻出版总署（国家版权局）、公安部、最高人民法院、最高人民检察院五部门挂牌督办的专项行动重点案件，案中有案，一抓到底，从库房的盗版图书查起，不仅追究了非法经营盗版图书违法分子的刑事责任，还溯源追究了印刷盗版图书违法分子的刑事责任，对于打击盗印图书等违法活动、维护出版单位合法权益具有重要意义。

二、行政处罚案件（2件）

案例9　浙江杭州麦达公司文字作品侵权案

浙江杭州麦达公司文字作品侵权案【浙江省版权局（2011）第1号行政处罚决定书】

【案情摘要】2008年以来，麦达公司未经权利人授权，利用其创办的"医文网"（www.metamed.cn）与他人合作，有偿向读者提供涉外医学杂志的全文下载业务，收费标准为每篇20～40元，由麦达公司与两家合作伙伴分成，具体违法所得数额难以确认。2011年1月14日，浙江省版权局依法对"麦达公司侵犯著作权案"作出行政处罚，认定其未经权利人授权、有偿提供涉外医学杂志全文下载，责令麦达公司停止侵权行为并处罚款10万元。

【典型意义】本案是全国打击侵权假冒专项行动办公室重点督办的案件，是图书馆版权保护领域美国政府关注的重点案件，美国相关权利人通过中国商务部进行投诉。本案的依法查处，表明中国政府对图书馆版权保护工作的高度重视，对于净化图书馆版权保护环境、改善中美版权合作关系具有积极意义。

案例 10　北京“悠视网”影视作品侵权案

北京“悠视网”影视作品侵权案【国家版权局(2011)第 1 号行政处罚决定书】

【案情摘要】“悠视网”于 2009 年 9 月 10 日至 2010 年 11 月 8 日期间，未经著作权人许可，通过信息网络向公众提供他人享有著作权的影视作品 190 部，并通过将大量商业广告投放在网站首页等显著位置，通过网民浏览网页强制显示广告或点击广告收取费用。2011 年 1 月 28 日，国家版权局认定“悠视网”未经著作权人许可，通过信息网络提供他人影视作品并获得经济利益的违法事实成立，非法传播他人影视作品数量达 190 部，情节严重并损害了公共利益，依法作出行政处罚，责令“悠视网”所有人北京时越网络技术有限公司停止侵权行为并处警告、罚款 8 万元。

【典型意义】本案是全国打击侵权假冒专项行动办公室重点督办的案件，对未经权利人许可，擅自提供视频网络点播、在线播放等违法行为予以严厉处罚，对于规范网络视频经营秩序具有重要意义。

(国家版权局版权管理司)

出版物市场监管案例

案例 1　河北衡水“3.27”非法出版期刊案

2010 年 2 月 8 日，河北省衡水市中级人民法院以犯诈骗罪判处“3.27”非法出版期刊案主犯张某有期徒刑 13 年，并处罚金 20 万元。

2009 年 2 月，福建省“扫黄打非”办公室接到线索，反映福州有人冒用正规期刊《教育评论》名义进行约稿、组稿，并以此诈骗钱款，案件线索指向河北衡水。全国“扫黄打非”办公室专门就此案召开协调会，协调相关地区、部门积极配合案件查处。经查，2008 年 3 月，张某等人合伙在衡水市开办了一家网络工作站，并在网上注册“鼎城论文发表网”，假冒《中国教师》、《基础教育》、《教育评论》等正规期刊名义面向全国进行约稿、组稿，要求作者将所谓“版面费”汇入指定银行账户，随即把稿件交印刷厂排版、印刷，然后将假冒期刊寄送作者。张某等人共非法印制《教育评论》、《基础教育》、《现代中小学教育》、《中国教师》、《成人教育》、《教育理论与实践》、《新课程教育》7 种期刊 25 期 2500 余册，受骗群众达 1100 余人，涉及 27 个省(区、市)，涉案金额达 100 余万元。

案例 2　江苏无锡“12.02”手机网站传播淫秽物品牟利案

2010 年 2 月 11 日，无锡市惠山区人民法院以传播淫秽物品牟利罪判处“12.02”手机网站传播淫秽物品牟利案主犯陈某有期徒刑 11 年、并处罚金 2 万元，潘某有期徒刑 4 年并处罚金 5000 元。

2009 年 11 月 26 日，在打击互联网和手机媒体传播淫秽色情信息专项行动中，无锡市网警支队根据学生家长举报线索，查获一个名为“4G 新网”的手机淫秽网站。该网站载有大量的淫秽图片和淫秽电影，只能通过手机访问。经进一步调查发现，该网站创办人同时还开办了“3G 天下淫图”等 6 个手机淫秽网站。全国“扫黄打非”办公室将此案列入重点案件挂牌督办，要求江苏省“扫黄打非”办公室加大案件查处的指导协调力度。通过周密细致的网上调查取证，侦查人员于 12 月 2 日在广州抓获网站开办者陈某(在校大学生)。经查，2009 年 4 月，陈某以营利为目的，通过 QQ 与潘某联系，让其帮助租用境外服务器空间，开办手机淫秽网站。陈某利用该网站上传淫秽图片 570 幅，提供链接淫秽视频 1389 部。其间，陈某还通过为他人做广告推广，获利 9268 元。潘某明知陈某开办淫秽网站，仍为其提供租用境外服务器空间，注册、变更域名及解决技术问题等帮助，并为此收取费用463元。

案例3 湖北荆州"8.24"网络传播淫秽色情信息案

2010年5月31日，湖北省荆州市荆州区人民法院分别以犯组织淫秽表演罪，判处"8.24"网络传播淫秽色情信息案主犯郑某等人6年至3年有期徒刑并处罚金50万至1万元，重庆访问科技有限公司、重庆彩蓝科技有限公司、重庆聚乐网络有限公司犯组织淫秽表演罪分别被判处罚金100万元、80万元、50万元。

2009年4月，湖北省荆州市公安局网监支队发现一批淫秽色情网站，这些网站以域名跳转和替换方式指向同一主域名的淫秽色情网站，并全部依附于同一广告联盟推广网站。经调查发现，分别以郑某、戴某、刘某为首的重庆访问科技有限公司、重庆彩蓝科技有限公司、重庆聚乐网络有限公司招募"女主播"进行一对一收费聊天，在网络视频上多次组织淫秽表演活动，从中牟利，违法行为持续时间长、观看人数多、社会影响极为恶劣。截至警方查获时，已吸引570余万人注册会员，非法吸金1493万余元。

案例4 山东梁山"9.19"盗版教辅图书案

2010年7月19日，梁山县人民法院以侵犯著作权罪，分别判处"9.19"盗版教辅图书案主犯刘某等4人4年至1年有期徒刑，并处罚金5万至2万元。

2009年9月19日，根据举报线索，山东济宁市公安局治安支队会同梁山县公安局，先后对拳铺镇华天印刷厂、新大陆印刷公司以及涉嫌储存盗版图书的关庄村某食用菌厂进行了突击搜查，查获盗版《5年高考3年模拟：英语》等盗版教辅图书2万余册，涉案码洋70余万元，抓获涉案嫌疑人徐某。全国"扫黄打非"办公室将此案列入重点督办案件，案件查办迅速取得突破。经查，自2009年4月以来，徐某伙同刘某等人，集资100余万元，委托梁山县华天印刷厂和新大陆印刷公司盗印济南出版社、首都师范大学出版社、内蒙古人民出版社等出版社的图书10万余册，涉案码洋400余万元，以2折左右的价格销往山东、新疆、四川、黑龙江等地。

案例5 黑龙江哈尔滨"3.07"特大销售非法出版物案

2010年8月13日，哈尔滨市道外区人民法院以非法经营罪判处"3.07"特大销售非法出版物案主犯张某有期徒刑12年并处罚金人民币10万元，判处史某等其他7名被告人7年至2年不等的有期徒刑。

2009年3月7日，根据群众举报线索，全国"扫黄打非"办公室派专人前往现场督办，黑龙江省"扫黄打非"办公室组织公安、新闻出版、工商等部门联合行动，破获一起特大销售非法出版物案，现场查缴盗版和非法出版物1086种18万余册，抓获张某等9名犯罪嫌疑人。经查，该案是一起以合法经营门店为掩护，利用库房批发销售盗版和非法出版物的典型案件，批销非法出版物数量多、规模大、品种全。根据全国"扫黄打非"办公室的协调要求，在相关省市"扫黄打非"办公室的积极配合下，案情迅速查清，有关涉案人员依法受到严惩。

案例6 贵州贵阳"4.01"批销淫秽音像制品案

2010年8月30日，贵阳市云岩区人民法院以贩卖淫秽物品和非法经营罪一审判处"4.01"批销淫秽音像制品案主犯刘某有期徒刑11年，剥夺政治权利1年，并处罚金1万元。

2010年4月1日，在贵州省"扫黄打非"办公室暗访的基础上，该省出版物市场稽查队会同贵阳市文化、公安等部门，对贵阳市云岩区黄金路某小区进行联合检查，一举查获销售淫秽、盗版音像制品地下窝点3个，收缴淫秽、盗版音像制品30余万张（其中淫秽音像制品2.1万张），并先后抓获刘某等4名犯罪嫌疑人。

案例7 四川成都"8.19"批销淫秽盗版光盘案

2010年11月12日，成都市金牛区人民法院以侵犯著作权罪和贩卖淫秽物品牟利罪，分别判处"8.19"批销淫秽盗版光盘案主犯马某等6名涉案嫌疑人5年6个月至3年6个月不等的有期徒刑，并处罚金22万至11万元。

2009年8月19日，根据群众举报，四川省“扫黄打非”办公室组织协调公安、新闻出版部门捣毁了位于成都市金牛区北站东二路和城隍庙商筑大厦的批销非法音像制品地下窝点6个，查获非法音像制品51万余张(其中淫秽色情光盘4000余张)，抓获涉案人员4名。全国“扫黄打非”办公室、公安部联合对此案挂牌督办，并专门在京召开案件协调会，要求有关地区、部门配合查处。经查，此案是由一个专门从事盗版及淫秽色情音像制品非法经营的犯罪团伙所为，其货源地、运输渠道主要在广东，且形成了产供销一体化的网络。在广东等地“扫黄打非”、公安部门的配合下，涉案主要嫌疑人先后被抓获归案。

案例8　河南新乡“9.03”非法印刷盗版图书案

2010年11月19日，新乡市新乡县人民法院以非法经营罪分别判处“9.03”非法印刷盗版图书案主犯侯某等3人有期徒刑13至10年，并处罚金30万元至10万元。

2010年9月3日，根据举报线索，河南省新乡县“扫黄打非”部门组织力量对该县大召营镇前高庄村一非法印刷厂进行突击检查，共查获盗印商务印书馆、首都师范大学出版社、陕西人民教育出版社等出版单位的《现代汉语词典》、《古汉语常用字字典》、《中学教材全解》等图书45种2万余册，涉案码洋37万余元。案发后，全国“扫黄打非”办公室将此案列入重点督办案件，河南省“扫黄打非”办公室加大协调力度，案件查办进度加快。10月28日，涉案嫌疑人侯某等3人先后被抓获。经查，2007年3月，侯某租赁新乡县新大实业有限责任公司的北院，在未经工商、新闻出版部门批准的情况下开办一印刷厂，伙同侯某、姜某等人，未经出版单位许可，非法从事出版物的出版、印刷、复制、发行业务达3年多之久。

案例9　新疆“1.01”特大制售非法出版物案

2010年年底，新疆“1.01”特大制售非法出版物案涉及新疆的9名犯罪嫌疑人因非法经营罪陆续分别被判处6年至1年不等有期徒刑，甘肃的李某等3人因非法经营罪分别被判处8年至5年有期徒刑并处罚金2万至1万元。

2010年1月以来，新疆公安部门根据线索先后查获在甘肃印制、通过乌鲁木齐市发往全疆的非法出版物180余种15万余册，抓获从事非法出版物制售活动的涉案嫌疑人89名。同时，根据新疆方面提供线索，甘肃省公安机关在兰州市安宁汇通印刷厂抓获正在从事非法出版物交易的李某、马某、苗某3名涉案人员，现场查获非法出版物印制模板270卷、非法出版物成品25种1.7万余册，以及各类印刷器材。同日，在甘肃临夏自治州广河县马某的住所及其制贩窝点查获非法出版物14种2万册、散装半成品2000册、散页1.8万张，以及胶印机2台、裁纸机1台等作案工具。全国“扫黄打非”办公室联合公安部对此案共同挂牌督办，于2010年5月9日在甘肃兰州专门召开案件协调会指导督办。

案例10　河南新乡“9.14”非法印刷盗版图书案

2010年12月27日，河南省新乡市牧野区人民法院以非法经营罪分别判处贾某等6名“9.14”非法印刷盗版图书案主要涉案人员14年6个月至10年有期徒刑，并处罚金800万至210万元。

2010年9月14日，河南省“扫黄打非”办公室根据举报线索，派员赴新乡市组织当地新闻出版和公安等部门，在该市牧野区王村镇大里村成功端掉一长期从事盗印活动的非法印刷厂，查获盗版图书胶片4万余张、盗版图书封面7000余张、PS版100余张，以及大量生产、销售、财务等单据凭证。全国“扫黄打非”办公室对此案专门发出通报，要求河南省“扫黄打非”部门彻查彻究，严惩犯罪分子，严格追究有关人员责任。经查，该厂从2009年8月起共非法印刷《专题讲座》、《三校名师讲义》等图书400万余册。目前，新乡市有关部门正在进一步追究有关管理人员的行政责任。

(新闻出版总署反非法和违禁出版物司)

国家工商行政管理总局商标局案例

一、保护注册商标专用权案例

案例 1 保护“南方人才”注册商标专用权案

2010 年 1 月 4 日，广州市工商局专业市场管理分局根据中国南方人才市场的投诉，依法检查广州某科技有限公司网站，发现该网站标有“南方人才网”和“南方人才网公告”等名称。经查实，广州某科技有限公司于 2008 年 2 月 29 日至 2010 年 1 月 4 日期间，在未经“南方人才”商标注册人授权许可使用的情况下，擅自在其公司网站上使用“南方人才网”标志进行广告宣传和对外招揽业务，共签订了“南方人才网服务合同”214 份。

经查，使用在“职业介绍所”等服务项目上的“南方人才”商标和“job168.com 南方人才网”商标，是中国南方人才市场的注册商标，注册号为第 3666144 号和第 4266336 号，其注册商标专用权受法律保护。

广州市工商局专业市场管理分局认为，当事人的行为属于《商标法》第 52 条第(1)项规定的侵犯他人注册商标专用权的行为。根据《商标法实施条例》第 52 条的规定，广州市工商局专业市场管理分局于 2010 年 9 月 29 日对当事人作出如下行政处罚：(1)立即停止商标侵权行为；(2)罚款人民币 26 万元。

案例 2 保护“ ”注册商标专用权案

2010 年 1 月 11 日，长春市工商局绿园分局在对长春市东北亚农产品物流中心粮油批发市场进行检查时，发现 M 厅 11 号、B 厅 18 号店主沈某将济宁华任面业有限公司生产的“华任”面粉换成内蒙古益达面粉有限公司生产的“福牛”雪花粉包装进行出售，现场查获带有“福牛”商标的雪花粉 91 包。经查实，截至案发时当事人共销售侵权商品 986 包、每包 25 公斤。

经查，使用在面粉等商品上的“ ”商标，是内蒙古益达面粉有限责任公司的注册商标，注册号是第 4147770 号，其注册商标专用权受法律保护。

长春市工商局认为，当事人的行为属于《商标法》第 52 条第 1 款第(1)项规定的侵犯注册商标专用权行为。根据《商标法》第 53 条和《商标法实施条例》第 52 条的规定，长春市工商局绿园分局 2010 年 3 月 23 日对当事人作出如下行政处罚：(1)责令立即停止侵犯注册商标专用权的行为；(2)没收违法经营的面粉 91 包；(3)罚款人民币 10 万元。

案例 3 保护“ ”注册商标专用权案

2010 年 11 月 10 日，广州市工商局番禺分局对广州市某音响有限公司位于广州市番禺区大龙街傍西村泰兴路 13 号的经营场所进行检查，发现现场生产的标有“ ”商标的音箱 19 只。经查实，广州市某音响有限公司于 2010 年 3 月 20 日至 2010 年 9 月 3 日期间共生产制造带有“ ”商标的音箱 80 只，已销售 61 只，获取销售收入共计 217 230 元，尚未销售的 19 只音箱货值金额 61 200 元，非法经营额合计 278 430 元。

经查，使用在“音响设备”等商品上的“ ”商标，是深圳市雅歌投资有限公司的注册商标，注册号是第 1682195 号，其注册商标专用权受法律保护。

广州市工商局番禺分局认为，当事人的行为属于《商标法》第 52 条第(1)项规定的侵犯注册商标专用权行为。根据《商标法实施条例》第 52 条的规定，广州市工商局番禺分局 2011 年 1 月 13 日对当事人作出如下行政处罚：(1)没收、销毁侵犯他人注册商标专用权的“”LX－5MKII 音箱 4 只、“”LM－4 音箱 15 只；(2)罚款人民币 28.5 万元。

案例 4　保护“”注册商标专用权案

2009 年 10 月 27 日，成都市工商局在检查成都某贸易有限公司时，现场查获带有“大宝 SOD 蜜”商标的大量化妆品。经查实，当事人从 2009 年 9 月至案发共购进 40 000 瓶“大宝 SOD 蜜”，已销售 17 347 瓶，损耗 1796 瓶，库存及下架召回 20 857 瓶，其非法经营额共计 297 463.1 元。

经查，使用在“化妆品等”商品上的“”商标，是北京大宝化妆品有限公司的注册商标，注册号是第 738399 号，其注册商标专用权受法律保护。

成都市工商局认为，当事人的行为属于《商标法》第 52 条第 2 项规定的商标侵权行为。根据《商标法》第 53 条和《商标法实施条例》第 52 条的规定，成都市工商局 2010 年 2 月 1 日对当事人作出如下行政处罚：(1)没收、销毁假冒侵权“大宝 SOD 蜜”商品 20 857 瓶；(2)罚款人民币 743 657.75 元。

案例 5　保护“贵州茅台”、“五粮液”注册商标专用权案

2010 年 4 月 7 日，北京市工商局海淀分局在对北京某餐饮管理有限公司检查时发现，该公司于 2010 年 4 月 6 日购进带有“贵州茅台”标识的 500ml、53 度白酒 90 瓶，进价每瓶 760 元，总计 68 400 元；购进带有“五粮液”标识的 500ml、52 度白酒 25 瓶，进价每瓶 560 元，总计 14 000 元。当事人在酒水单上显示售价为：“53 度，茅台，1488 元/瓶”、“52 度，五粮液，1088 元/瓶”。至被查获时为止，当事人尚未销售。分别经“贵州茅台”注册商标所有权人中国贵州茅台酒厂有限责任公司授权的贵州茅台酒股份有限公司、“五粮液”注册商标所有权人四川省宜宾五粮液集团有限公司鉴定，当事人未销售出的上述商品非商标权利人生产，属假冒注册商标产品。

经查，使用在酒商品上的“”商标，是中国贵州茅台酒厂有限责任公司的注册商标，商标注册号为第 284526 号；使用在酒商品上的“”商标是四川省宜宾五粮液集团有限公司的注册商标，商标注册号为第 160922 号，上述注册商标专用权受法律保护。

北京市工商局海淀分局认为，当事人销售侵犯他人注册商标专用权的商品，其行为属于《商标法》第 52 条第(2)项规定的侵犯注册商标专用权的行为。根据《商标法》第 53 条和《商标法实施条例》第 52 条的规定，北京市工商局海淀分局于 2010 年 7 月 6 日对当事人作出如下处罚：(1)没收、销毁侵犯“贵州茅台”注册商标专用权的 500ml53 度白酒 90 瓶、侵犯“五粮液”注册商标专用权的 500ml52 度白酒 25 瓶；(2)罚款 300 000 元。

案例 6　保护“BLUM”注册商标专用权

2010 年 6 月 8 日，北京市工商局丰台分局在对北京市丰台区某建材市场检查时发现，当事人王某于 2010 年 3 月擅自委托广东东莞某五金制品有限公司生产加工带有“bulm”商标标识家具五金配件，其中委托生产加工钢板抽滑轨 1300 箱、钢板抽屉滑轨 200 箱、随意停 5 箱、铁拉篮 56 箱、骑马抽 60 箱、液压合页 50 箱。经营期间当事人在北京市丰台区某建材市场的摊位上以单价每箱 240 元的价格售出钢板抽滑轨 73 箱、以单价每箱 100 元的价格售出钢板抽屉滑轨 50 箱、以单价每箱 200 元的价格售出随意停 4 箱、以单价每箱 70 元的价格售出铁拉篮 19 箱、以单价每箱 360 元的价格售出骑马抽 15 箱、以单价每箱 240 元的价格售出液压合页 19 箱，销售额共计 34 610 元。至案发时，剩余的钢板抽滑轨 1227 箱(每箱 6 个)、钢板抽屉滑轨 150 箱(每箱 6 个)、铁拉篮 37 箱(每箱 6 个)、骑马抽 45 箱(每箱 6 个)、液压合页 31 箱(每箱 6 个)、随意停 1 箱(50 个)未售出，未售出的产品价值为 335 910 元，非法经营额共计 370 520 元。经调查，当事人销售的上述产品

未经“BLUM”注册商标专用权人授权，上述商品均为侵犯“BLUM”注册商标专用权的商品。

经查，使用在机械或手工加工的金属、小五金具、锁、螺钉等商品上的“BLUM”商标，是 JULIUS BLUM GESELLSCHAFT M. B. H.（奥地利）的注册商标，商标注册号为第 G598611 号，其注册商标专用权受法律保护。

北京市工商局丰台分局认为，当事人擅自生产销售侵犯注册商标专用权的商品，其行为属于《商标法》第 52 条规定的侵犯注册商标专用权的行为。根据《商标法》第 53 条和《商标法实施条例》第 52 条第 1 款第（5）项的规定，北京市工商局丰台分局于 2010 年 11 月 20 日对当事人作出如下处理决定：（1）没收带有“bulm”标识的钢板抽滑轨 1227 箱（每箱 6 个）、钢板抽屉滑轨 150 箱（每箱 6 个）、铁拉篮 37 箱（每箱 6 个）、骑马抽 45 箱（每箱 6 个）、液压合页 31 箱（每箱 6 个）、随意停 1 箱（50 个）。（2）罚款人民币 370 520 元。

案例 7　保护“杏花村及图”注册商标专用权案

2010 年 12 月 24 日，天津市工商局津南分局接到权利人投诉对天津市某商贸有限公司位于津南区开发区的仓库进行依法检查时发现，当事人自 2009 年 10 月起购进 2800 箱各类标有“杏花村”字样的白酒。至案发时当事人以附赠销售等方式销售上述白酒累计经营额 25 683.32 元，尚未销售的上述各类白酒共计 2463 箱。非法经营额共计 279 554.12 元。上述白酒经第 1347102 号“杏花村”注册商标所有人的打假人员在现场鉴定为商标侵权产品。

经查，使用在含酒精饮料（啤酒除外）商品上的“杏花村及图”商标，是山西杏花村汾酒厂股份有限公司的注册商标，商标注册号为第 1347102 号，其注册商标专用权受法律保护。

天津市工商局津南分局认为，当事人擅自销售侵犯注册商标专用权的商品，其行为属于《商标法》第 52 条规定的侵犯注册商标专用权的行为。根据《商标法》第 53 条和《商标法实施条例》第 52 条第 1 款第（5）项的规定，天津市工商局津南分局于 2011 年 3 月 30 日对当事人作出如下处理决定：（1）没收侵权白酒 2463 箱；（2）罚款人民币 10 万元。

案例 8　保护“ROLEX”等商标专用权案

2010 年 7 月中旬，广东省广州市工商局越秀分局接群众举报，在广州市站西路北街某表行检查时发现，陈某擅自销售假冒“ROLEX”、“OMEGA”、“SEIKO”注册商标的手表及配件。经查，陈某以每只 20 元的价格购进假冒“ROLEX”手表，再以每只 30 元的价格销售，已售出 75 只。以每片 3.5～10 元的价格购进假冒“OMEGA”和“SEIKO”手表配件，再以每片 3.9～18 元的价格销售，已售出 10 340 件配件。以上合计非法经营额 112 601.8 元，尚未销售的手表及配件共计 6905 件。

经查，使用在手表及其零件等商品上的“ROLEX”商标，是劳力士钟表有限公司（瑞士）的注册商标，商标注册号为第 37747 号。使用在同种商品上的“OMEGA”及“SEIKO”商标，分别是欧米茄有限公司（瑞士）及精工控股株式会社（日本）的注册商标，注册号分别为第 28865 号及第 97127 号。上述商标专用权受法律保护。

广州市工商局越秀分局认为，当事人擅自销售侵犯注册商标专用权的商品，其行为属于《商标法》第 52 条第（2）项规定的侵犯注册商标专用权的行为。根据《商标法》第 53 条和《商标法实施条例》第 52 条的规定，广州市工商局越秀分局于 2010 年 10 月 26 日对当事人作出如下处罚：（1）没收侵权手表及配件；（2）罚款人民币 10 万元。

案例 9　保护“dunhill”等注册商标专用权案

2010 年 8 月上旬，广东省广州市工商局越秀分局根据权利人投诉，在广州市走马岗中心巷某号某仓库内，发现黄某擅自仓储及销售假冒

“dunhill”及“Ermenegildo Zegna”注册商标的手袋。现场查获假冒“Ermenegildo Zegna”注册商标的手袋655个、假冒“dunhill”注册商标的手袋127个。经查，黄某以每个15元的价格购进上述手袋1800个，再以每个25元的价格销售，共售出1018个，合计非法经营额45 000元。

经查，使用在手提包、公文包等商品上的“dunhill”商标，是阿尔弗雷德·登喜路有限公司(英国)的注册商标，注册号为第754711号。使用在同种商品上的“Ermenegildo Zegna”商标，是康恩泰有限公司(瑞士)的注册商标，注册号为第640801号。上述注册商标专用权受法律保护。

广州市工商局越秀分局认为，当事人擅自销售侵犯注册商标专用权的商品，其行为属于《商标法》第52条第(2)项规定的侵犯注册商标专用权的行为。根据《商标法》第53条和《商标法实施条例》第52条的规定，广州市工商局越秀分局于2010年10月18日对当事人作出如下处罚：(1)没收侵权手袋782个；(2)罚款人民币10万元。

案例10　保护“adidas”及“ ”注册商标专用权案

2010年5月底，北京市工商局丰台分局在对丰台区大红门西里检查时发现，陈某在销售侵犯“adidas”及“ ”注册商标专用权的商品。经查实，陈某分两次从福建省晋江市某商城以每双25元的价格购入标有“adidas”及三条斜杠图形的旅游鞋2000双，进货总额50 000元。随后以每双40元的价格售出1910双，销售额76 400元，库存90双未售出，价值3600元，经营额合计80 000元。

经查，使用在服装、鞋等商品上的“adidas”及“ ”商标，是阿迪达斯有限公司(德国)的注册商标，注册号分别为第3336263号及第1489454号。上述注册商标专用权受法律保护。

北京市工商局丰台分局认为，当事人擅自销售侵犯注册商标专用权的商品，其行为属于《商标法》第52条第(2)项规定的侵犯注册商标专用权的行为。根据《商标法》第53条和《商标法实施条例》第52条的规定，北京市工商局丰台分局于2010年7月20日对当事人作出如下处罚：(1)没收侵权旅游鞋90双；(2)罚款人民币10万元。

二、移送公安机关的商标案例

案例1　网络销售假冒“BURBERRY”、“ZEGNA”、“PRADA”、“VIDTORINOX”注册商标商品案

2010年8月10日，浙江省杭州市高新区滨江工商分局根据线索，对名为原单旗舰店的淘宝网店位于滨江区某广场的仓库进行检查。工商执法人员现场查扣涉案商品9000余件，涉及商标种类80余枚，当事人胡某交代所有假冒服装均来自于上海、广东等地的一些加工厂。经鉴定，当事人用于销售的包括“BURBERRY”、“ZEGNA”、“PRADA”、“VIDTORINOX”在内的4个品牌服装为假冒注册商标的商品。商品总数1730件，按市场最低销售价计算，货币金额达2 402 820元。

根据最高人民法院、最高人民检察院《关于办理侵犯知识产权刑事案件具体应用法律若干问题的解释》规定，当事人加工销售假冒注册商标商品已达到刑事追诉标准，杭州高新区滨江工商分局依法将该案移交滨江区公安局处理。

案例2　销售假冒“JEEP”、“GOLUNMBIA”、“骆驼”、“CAT”、“MERRELL”等注册商标商品案

2010年12月14日，甘肃省兰州市工商局城关分局根据线索，对辖区销售涉嫌假冒知名品牌户外鞋的摊点进行跟踪摸排，一举查获以白某为首的涉案人员9人以及涉案物品、涉案车辆，共查

获涉嫌假冒知名商标的户外鞋696双(JEEP牌户外鞋235双、GOLUNMBIA牌户外鞋194双、骆驼牌登山鞋220双、CAT牌登山鞋38双、MERRELL牌登山鞋9双),以及用于运输涉嫌假冒侵权商品的小型货车5辆,涉案金额达70余万元。

根据最高人民法院、最高人民检察院《关于办理侵犯知识产权刑事案件具体应用法律若干问题的解释》规定,当事人销售假冒注册商标商品已达到刑事追诉标准,兰州市工商局城关分局依法将案件移交当地公安机关处理。

案例3 制售假冒"长城"、"华夏"注册商标商品案

2010年11月,四川省南充市工商局根据线索,查获南充某酒业有限公司位于西充县某镇的制售假冒"长城"、"华夏"葡萄酒窝点,现场查扣117 263瓶葡萄酒、152 041个包装箱(盒)、869 840张(套)商标标识以及制假设备和大量制假原料等,总案值500余万元。

根据最高人民法院、最高人民检察院《关于办理侵犯知识产权刑事案件具体应用法律若干问题的解释》规定,当事人加工销售假冒注册商标商品已达到刑事追诉标准,南充市工商局依法将案件移送公安机关处理。

案例4 销售假冒"红双喜"等注册商标商品案

2010年12月21日,江苏省江都市工商局根据线索,对江都市仙女镇某路某号进行检查,工商执法人员现场查扣假冒红双喜乒乓球21 654只、球拍1767只,货值近7万元;假冒蝴蝶牌球拍底板934只、胶皮2435张,货值近18万元。经查,当事人朱某等人自2008年5月起,伙同有关人员生产销售假冒"红双喜"、"蝴蝶"等知名乒乓球、球拍,由此形成了一个跨省市的涉及10余人的商标印制、内外包装、生产加工及销售等多个环节的制假售假利益链条,累计涉案金额达1010万元。

根据最高人民法院、最高人民检察院《关于办理侵犯知识产权刑事案件具体应用法律若干问题的解释》规定,当事人销售假冒注册商标商品已达到刑事追诉标准,江都市工商局依法将案件移送公安机关处理。

案例5 销售假冒"洋河"注册商标商品案

2010年11月19日,江苏省南京市建邺工商分局南湖工商所根据线索,对位于莫愁湖东路上的南京某酒业有限公司进行现场检查,在其店面发现"洋河"白酒十余箱,经江苏洋河酒厂股份有限公司打假办现场鉴定均为假酒。工商执法人员顺藤摸瓜,又在秦淮区某家园现场发现梦之蓝9箱,海之蓝106件,天之蓝19件。经查,南京某酒业有限公司共经销假冒侵权"洋河"海之蓝400箱、天之蓝142箱,主要销往浙江金华地区,货值40万元。

根据最高人民法院、最高人民检察院《关于办理侵犯知识产权刑事案件具体应用法律若干问题的解释》规定,当事人销售假冒注册商标商品已达到刑事追诉标准,建邺工商分局依法将案件移送公安机关处理。

案例6 销售假冒"欧莱雅"注册商标商品案

2010年12月16日,河北省石家庄市桥西区工商局根据权利人投诉,对位于中华南大街水晶岛银座写字楼的窝点进行检查,发现现场有13名话务员用购买来的会员信息,假借北京某公司名义,通过互联网销售欧莱雅化妆品及服装,产品销往全国各地,非法经营额达80余万元。经商标权利人鉴定,上述商品均系假冒侵权商品。

根据最高人民法院、最高人民检察院《关于办理侵犯知识产权刑事案件具体应用法律若干问题的解释》规定,当事人销售假冒注册商标商品已达到刑事追诉标准,河北省石家庄市桥西区工商局依法将案件移送公安机关处理。

案例7 销售假冒“利达”等注册商标商品案

2010年8月11日，北京市工商局海淀分局根据举报，对位于海淀区西三旗桥附近的一家商户进行了检查，发现当事人李某共购进了涉嫌侵犯“利达”注册商标专用权的钢材850余根，近100吨，案值超过35万元。经鉴定，上述物品均为假冒注册商标商品。

根据最高人民法院、最高人民检察院《关于办理侵犯知识产权刑事案件具体应用法律若干问题的解释》规定，当事人销售假冒注册商标商品已达到刑事追诉标准，北京市工商局海淀分局依法将案件移送公安机关处理。

案例8 销售假冒“雕”牌注册商标商品案

2010年10月9日，新疆博尔塔拉蒙古自治州工商局根据举报，对阿拉山口口岸进行了检查，查获了涉嫌侵犯“雕”牌注册商标专用权的洗衣粉52.2吨，计8700件(每件20袋，300克/袋)，案值27万元。经鉴定，上述物品均为假冒注册商标的商品。

根据最高人民法院、最高人民检察院《关于办理侵犯知识产权刑事案件具体应用法律若干问题的解释》规定，当事人销售假冒注册商标商品已达到刑事追诉标准，博尔塔拉蒙古自治州工商局依法将案件移送公安机关处理。

案例9 销售假冒“IPHONE”注册商标商品案

2010年11月26日，深圳市市场监督管理局根据投诉，对深圳市福田区华发北路桑达大厦2FA008号进行检查，发现当事人林某涉嫌销售侵犯注册商标专用权的“IPHONE”苹果手机、配件，并现场查获涉嫌侵犯注册商标专用权的“IPHONE”苹果手机885台、配件260套，案值218 060元。经商标权利人鉴定，上述商品均系假冒侵权商品。

根据最高人民法院、最高人民检察院《关于办理侵犯知识产权刑事案件具体应用法律若干问题的解释》规定，当事人销售假冒注册商标商品已达到刑事追诉标准，深圳市市场监督管理局依法将案件移送公安机关处理。

案例10 销售假冒“LV”、“BURBERRY”、“VACHERON CONSTANTIN”等注册商标商品案

2010年12月1日，上海市工商局浦东新区分局根据线索，在浦东新区某市场内取缔三个售假商户，当场查获涉嫌假冒“LV”、“BURBERRY”、“VACHERON CONSTANTIN”等涉外高知名度商标箱包、皮具、手表等共计2130件。经商标权利人鉴定，上述商品均系假冒侵权商品。

根据最高人民法院、最高人民检察院《关于办理侵犯知识产权刑事案件具体应用法律若干问题的解释》，当事人销售假冒注册商标商品已达到刑事追诉标准，上海市工商局浦东新区分局依法将案件移送公安机关处理。

国家工商行政管理总局反垄断与反不正当竞争执法局案例

案例1 长沙乐汁源食品有限公司仿冒知名商品特有的名称、包装、装潢案

一、基本案情

2010年5月27日，湖南省长沙县工商局接国家工商总局转交的杭州娃哈哈集团有限公司(以下简称娃哈哈公司)的举报：长沙乐汁源公司仿冒其知名商品特有的名称、包装、装潢。经查实：

乐汁源公司于2010年3月开始生产“营养快线 Yingyang－yangxian”牛奶果汁饮品，共有280ml×12瓶/件、280ml×20瓶/件、500ml×15瓶/件、1.5L×6瓶/件四个规格的产品。

经认定，乐汁源公司生产的饮料所使用的名称、包装、装潢在外观设计上同娃哈哈公司生产的“娃哈哈 营养快线”果汁牛奶饮品的名称、包装、装潢近似，足以使一般购买者在普通注意力下发生误认，系仿冒“娃哈哈 营养快线”果汁牛奶饮品的名称、包装、装潢。

截至案发之日，乐汁源公司共生产饮料76 145件，其中接受中山市众立商贸有限公司委托生产44 965件。销售27 771件，实现销售额498 653元，存3409件；受委托生产获取加工费85 135元。两项非法经营额共计583 788元，获违法所得27 971元。

二、法律适用

乐汁源公司上述行为违反《反不正当竞争法》第5条第(2)项所列“擅自使用知名商品特有的名称、包装、装潢，或者使用与知名商品近似的名称、包装、装潢，造成和他人的知名商品相混淆，使购买者误认为是该知名商品”的规定。

依据《反不正当竞争法》第21条第2款的规定及《关于禁止仿冒知名商品特有的名称、包装、装潢的不正当竞争行为的若干规定》第8条的规定，长沙县工商局于2010年11月2日作出责令当事人停止违法行为，监督销毁尚未使用的侵权包装箱25 659个，监督消除现存3409件商品上侵权的商品名称、包装和装潢，没收违法所得27 971元，处罚款32 000元的行政处罚。

三、案例评析

“娃哈哈 营养快线”可认定为知名商品及其特有的名称、包装、装潢主要是从以下几个方面进行的：

(1)“娃哈哈”注册商标已被国家工商总局商标局认定为中国驰名商标。

(2)“娃哈哈 营养快线”自2004年12月进入市场后，投入了大量广告费用，广告覆盖面广。2004年12月至2007年9月在中央电视台第一套广告费用达4.1亿元，2005～2009年在湖南经济电视台、湖南电视台娱乐频道、湖南电视剧频道广告费达1320余万元。

(3)“娃哈哈 营养快线”系娃哈哈公司主打产品，其凭借可靠、稳定的产品质量，获得了良好的商业信誉，受到消费者的喜爱，具有一定的市场份额，仅在湖南含乳饮料市场占有率即为75%以上。

(4)“营养快线”不是饮料的通用名称。同时“营养快线”是娃哈哈公司自行研制的饮品，自2004年9月予以命名，2004年12月开始生产并在国内市场销售，证明其使用在先。

(5)“娃哈哈 营养快线”包装装潢寓意明确、设计独特。2005年4月20日其外观包装、装潢获得国家《外观设计专利证书》。

(6)分别对来自企业、经营者、农民、学生等50名一般购买者进行问卷调查，一致对“娃哈哈营养快线”知名度予以认同，为相关公众所知悉。同时将乐汁源公司生产的“营养快线”让受调查的50人予以辨认，均以为是娃哈哈公司生产的“营养快线”饮品。

综上所述，当事人乐汁源公司擅自将“娃哈哈营养快线”商品特有的名称、包装、装潢作近似使用，造成与其商品相混淆，使购买者误认为是其商品的行为，是仿冒知名商品的名称、包装、装潢的不正当竞争行为。

案例2　甘肃省武威市凉州区唐某销售仿冒知名商品特有名称、包装、装潢案

一、基本案情

2010年1月10号，当事人唐某的委托代理人魏某在兰州金港城糖酒市场发现河南省济源市群兴饮品厂生产的“群兴优尤乳”与福建达利食品集团有限公司生产的350ml达利园优先乳的包装装潢整体相似且进价较低，遂以每件50元的价格购进30件(每件4盒，每盒8瓶)后，以每件56元的价格批发到古浪县市场，获利180元。1月16日，魏某与河南省济源市群兴饮品厂取得联系，以每件39元的价格从厂家托运“优尤乳”200件，同样以每件56元的价格批发到古浪县市场，获利3400元。1月25日，魏某又以每件39元的价格从厂家购进“优尤乳”700件，同样以每件56元的价格批发出63件，获利1071元。1月27日，武威市工商局执法人员查获剩余“优尤乳”637件。

二、法律适用

当事人的行为违反了《反不正当竞争法》第5条第(2)项，《关于禁止仿冒知名商品特有的名称、包装、装潢的不正当竞争行为的若干规定》第9条和《甘肃省查处生产、销售假冒伪劣商品行为条例》第8条第(6)项的规定，构成销售仿冒知名商品特有的名称、包装、装潢的商品的不正当竞争行为。同时，当事人的仿冒行为属明知故意，既损害了福建达利食品集团有限公司的经济利益，也破坏了公平竞争的市场经济秩序，损害了社会主义市场经济的健康发展。

根据《关于禁止仿冒知名商品特有的名称、包装、装潢的不正当竞争行为的若干规定》第7条、第8条、第9条和《反不正当竞争法》第21条第2款以及《甘肃省查处生产、销售假冒伪劣商品行为条例》第24条的规定，武威市工商局责令当事人停止违法行为，并对当事人作出如下行政处罚：(1)没收违法所得4651元；(2)处以罚款13 953元；(3)责令并监督当事人销毁剩余637件“优尤乳”包装盒及饮料瓶瓶贴等仿冒包装装潢的物品。

三、案件评析

销售仿冒知名商品特有的名称、包装、装潢的商品是一种常见的不正当竞争行为。经执法人员调查，福建达利食品集团有限公司生产的优先乳含乳饮料于2007年开始在国内市场流通，产品标贴外观设计于2008年1月23日获得国家知识产权局授予的专利权，甘肃达利食品有限公司系福建达利食品集团有限公司在西北的生产基地，其生产的优先乳含乳饮料也于2009年9月在武威市(包括凉州区、民勤县、古浪县、天祝县)市场流通。此外，在《福建省龙岩市中级人民法院民事判决书》〔(2005)岩民初字第047号〕中，福建省龙岩市中级人民法院已于2005年9月30日根据相关规定认定福建达利食品集团有限公司的“达利”图形商标为中国驰名商标。当事人销售的优尤乳包装盒和饮料瓶瓶贴的包装、装潢均与福建达利食品集团有限公司生产的“达利园”牌优先乳包装盒和饮料瓶瓶贴的包装、装潢整体近似，足以造成购买者误认，根据《关于禁止仿冒知名商品特有的名称、包装、装潢的不正当竞争行为的若干规定》第4条的规定，可认定福建达利食品集团有限公司生产的“达利园”牌优先乳含乳饮料为知名商品且使用在先。同时，根据《关于禁止仿冒知名商品特有的名称、包装、装潢的不正当竞争行为的若干规定》第5条的规定，当事人的行为属销售仿冒知名商品特有的名称、包装、装潢的商品的不正当竞争行为，当事人及委托代理人对此也供认不讳。对于销售仿冒知名商品特有的名称、包装、装潢的商品的行为，工商部门应当依法严厉查处。

案例3　石家庄美达食品饮料有限公司仿冒案

一、基本案情

2010年8月27日，石家庄市深泽县工商局接到河北养元智汇饮品股份有限公司的举报，反映石家庄美达食品饮料有限公司生产销售的“露生元六个核桃”仿冒河北养元智汇饮品股份有限公司“六个核桃”知名商品特有的名称、包装、装潢，当即立案调查。

经查，当事人生产的“露生元六个核桃”饮料是隆尧奇家生物科技有限公司委托其加工的，原材料、包装箱和饮料罐均由隆尧奇家生物科技有限公司提供。当事人于2010年4月与隆尧奇家生物科技有限公司签订加工合同，自2010年8月开始加工生产，到案发时当事人共加工生产“露生元六个核桃”饮料5670箱，其中(1×24箱)3192箱，(1×20箱)2478箱，共计126 168罐，加工费每罐0.1元，加工费共计12 616.8元。隆尧奇家生物科技有限公司已拉走500件，其中(1×24罐)200件、(1×20罐)300件，已付加工费共计1080元。当事人的上述行为有调查询问笔录、现场检查笔录、当事人陈述书、委托加工合同、相关票据等证据在案佐证。

二、法律适用

当事人擅自使用与知名商品近似的名称、包装、装潢的行为，违反了《河北省反不正当竞争条例》第8条第1款规定：“经营者不得擅自使用知名商品特有或者使用与知名商品近似的名称、包装、装潢，造成和他人的知名商品相混淆，使购买者误认为是该知名商品。”属于不正当竞争行为。根据《河北省反不正当竞争条例》第36条第1款规定：“经营者违反本条例第8条、第9条、第10条规定的，没收违法所得，可并处违法所得1倍以上3倍以下的罚款。”2010年10月21日，深泽县工商局对当事人作出责令立即停止违法行为，没收违法所得12 616.8元，罚款27 383.2元的行政处罚。

三、案件评析

河北养元智汇饮品股份有限公司生产的“养元”牌六个核桃植物蛋白饮料在2007年已经被河北省工商机关认定为知名商品，其商品的名称、包装、装潢为特有的包装、装潢，河北省工商局在2007年9月刊发了“养元”牌六个核桃植物蛋白饮料为知名商品的公告。

当事人所加工的“露生元六个核桃”饮料的包装、装潢与河北养元智汇饮品股份有限公司生产的“养元”牌六个核桃饮料的包装、装潢背景颜色大致相同。其包装袋、包装箱和饮料罐上“六个核桃”四个字和“养元”牌六个核桃包装上的“六个核桃”四个字一样，明显突出，字体、大小、位置、形状、颜色和所占的比例和“养元”牌六个核桃饮料相同。“露生元六个核桃”饮料包装上的形象代言人的衣服颜色、表情和摆放位置与“养元”牌六个核桃饮料包装上的形象代言人的衣服颜色、表情和摆放位置基本相同。当事人所加工的“露生元六个核桃”饮料使用了与河北养元智汇饮品股份有限公司生产的“养元”牌六个核桃相同的商品名称名称，相近似的包装、装潢，造成和他人的知名商品相混淆，使购买者误认为是该知名商品。

在本案当中，当事人受隆尧奇家生物科技有限公司委托生产“露生元六个核桃”饮料，原材料、包装箱和饮料罐都是由隆尧奇家生物科技有限公司提供，隆尧奇家生物科技有限公司和当事人构成共同违法行为人。深泽县工商局认定隆尧奇家生物科技有限公司违反了《河北省反不正当竞争条例》第8条第1款之规定：“经营者不得擅自使用知名商品特有或者使用与知名商品近似的名称、包装、装潢，造成和他人的知名商品相混淆，使购买者误认为是该知名商品。”属于不正当竞争行为。依据《河北省反不正当竞争条例》第36条第1款、第33条之规定，对隆尧奇家生物科技有限公司作出责令立即停止违法行为，销毁尚未使用的包装箱4300个(损毁108个)，包装袋1100个，消除5170箱“露生元六个核桃”饮料的标识，没收违法所得170 814元的处罚决定。

案例4 广西来宾市兴宾区佳美乐超市不正当竞争案

一、案情简介

2010年8月5日，来宾市工商局根据燕京啤酒(桂林漓泉)股份有限公司(以下简称漓泉公司)申诉举报，对佳美乐超市涉嫌销售仿冒漓泉公司7°听装啤酒的行为进行了检查。

经查明：2010年5月31日至8月5日，佳美乐超市以42元/件(规格1×24×345ml)的价格购进北海公司生产的7°听装淡爽啤酒10件，并以2.5元/听的零售价进行销售，共销售了142听，获利106.5元。该啤酒源于北海公司受黄建成、覃敬委托和许可生产，2009年6月4日，覃敬向国家知识产权局申请啤酒罐(7°)外观设计，并于2010年2月17日取得专利权；2009年6月18日，覃敬将上述尚未取得的专利的外观设计授权给黄建成使用，黄建成经覃敬允许于2009年5月18日委托北海公司生产上述7°听装艾尔淡爽啤酒在广西区内销售，覃敬又于2010年1月1日与北海公司签订了《授权许可使用书》，将其申请专利的啤酒罐(7°)外观设计授权给北海公司使用。

漓泉公司于1998年注册“漓泉”商标，2006年获得“漓泉”中国驰名商标，2009年漓泉牌啤酒被认定为广西名牌产品；2006年6月，漓泉公司委托专业设计机构设计7°听装漓泉淡生爽啤酒的商标及包装，并于同年3月将上述包装(食品标签)图样作为啤酒产品外包装使用并交桂林市质量技术监督局备案。来宾市工商局执法人员在超市向顾客进行随机调查，证实7°听装艾尔淡爽啤酒与7°听装漓泉淡生爽啤酒外观很相似，不经提示难以区别，容易造成消费者混淆。

2010年9月8日，来宾市工商局对佳美乐超市作出处罚，第三人覃敬以该处罚决定侵犯其合法权利为由首先向广西壮族自治区工商局申请行政复议，在得不到支持后又向来宾市兴宾区人民法院提起行政诉讼，最终法院判决维持广西壮族自治区工商局的处罚决定。

二、适用法律

来宾市工商局认为佳美乐超市的行为属于《不正当竞争法》第5条第1款第(2)项“擅自使用知名商品特有的名称、包装、装潢，或者使用与知名商品近似的名称、包装、装潢，造成和他人的知名商品相混淆，使购买者误认为是该知名商品”规定所指的行为，属于不正当竞争的行为。

依据《反不正当竞争法》第21条第2款“经营者擅自使用知名商品特有的名称、包装、装潢，或者使用与知名商品近似的名称、包装、装潢，造成和他人的知名商品相混淆，使购买者误认为是该知名商品的，监督检查部门应当责令停止违法行为，没收违法所得，可以根据情节处以违法所得一倍以上三倍以下的罚款；情节严重的可以吊销营业执照；销售伪劣商品，构成犯罪的，依法追究刑事责任”的规定，对当事人作出“责令停止违法行为、没收仿冒知名商品的7°听装淡爽啤酒98听、没收违法所得106.5元”的处罚。

三、案件评析

来宾市工商局在查处该案的过程中形成了正反两种不同意见，正方认为北海公司生产的7°听装淡爽罐装啤酒的外包装与漓泉公司生产的7°听装淡生爽罐装啤酒的外包装相近似，容易造成消费者混淆，构成不正当竞争行为，理由是：其一漓泉公司生产的7°听装淡生爽罐装啤酒取得“中国驰名商标”和“广西名牌产品”称号，是知名商品；其二7°漓泉听装淡生爽罐装啤酒的名称、包装、装潢使用在先；其三北海公司生产的7°听装淡爽罐装啤酒的装潢使用在后且与漓泉公司生产的7°听装淡生爽罐装啤酒的装潢相近似；其四经民意调查证实，容易造成消费者混淆，使购买者误认为是该知名商品；其五外观专利只是形式审查，持有专利并不代表其不构成不正当竞争。反方认为北海公司生产的7°听装淡爽罐装啤酒的外包装与漓泉公司生产的7°听装淡生爽罐装啤酒的外包装虽然近似，但不构成不正当竞争行为，理由是：其一本案中存在法律效力的优先问题。被申诉人是依据《专利法》取得外观设计专利权，而申诉人使用在先保护原则是国家工商总局《关于擅自将他人知名商品特有的包装、装潢作相同或者近似使用并取得外观设计专利的行为定性处理问题的答复》中明确的保护原则，但二者不在一个法律效力等级，前者优于后者。其二《反不正当竞争法》保护使用在先是有附加条件的，即争议双方都没有经过行政部门的注册登记或许可保护，《专利法》第23条“授予专利权的外观设计，应当同申请日以前在国内外出版物上公开发表过或者国内公开使用过的外观设计不相同和不相近似，并不得与他人在先取得的合法权利相冲突”对此也作出规定。其三当专利权和使用在先保护原则发生冲突时，有权依法作出裁定的应是专利许可部门和人民法院，工商部门介入本案缺乏法律依据。本案后来经过反复研究，认为《反不正当竞争法》和《专利法》虽然分别属于两个不同的法律体系，但是保护在先原则是知识产权保护的基础，办案单位最终采取了第一种意见。

案例5　绵窖酒厂侵犯绵竹大曲注册商标专用权、仿冒绵竹大曲包装装潢及伪造产地案

一、基本案情

当事人绵窖酒厂于2008年5～12月期间，委托惠州市康明酒类包装有限公司在惠州市惠城区马安镇加工生产圆形及方形瓶“锦竹大曲”白酒产品共计11 620件，交由深圳市宝松利实业有限公司经销。2008年10～12月期间，当事人在绵竹

板桥镇向家湾生产、销售方瓶形“锦竹大曲”白酒产品 220 件。当事人自产和委托生产的圆形瓶、方形瓶“锦竹大曲”白酒产品的商标标注和瓶贴，均与四川绵竹剑南春酒厂有限公司“绵竹大曲”注册商标及包装装潢相同或近似。同时，当事人在惠州市委托加工生产的“锦竹大曲”白酒产品的瓶贴上所标注的产地均为“四川绵竹市板桥镇向家湾”，与实际产地不符。

二、法律适用

当事人的行为违反了《商标法》第 52 条、《反不正当竞争法》第 5 条和《产品质量法》第 30 条的规定，分别构成侵犯“绵竹大曲”注册商标专用权、仿冒知名商品“绵竹大曲”特有的包装装潢、伪造产地三种违法行为，根据《商标法》第 53 条、《反不正当竞争法》第 21 条和《产品质量法》第 53 条的规定，对当事人作处罚如下：(1)没收侵权产品 31 件，侵权包装 6040 个；(2)吊销营业执照。

三、案例评析

本案经过行政诉讼两审程序，对违法行为认定清楚、证据充分，并能够相互印证，互为补充，形成证据链。

本案的最大争议焦点在于对知名商品的认定。当事人提出“除第 112495 号商标的绵竹大曲外，其他均不属知名商品”，对此，执法部门认为：(1)《反不正当竞争法》、国家工商总局第 33 号令《关于禁止仿冒知名商品特有的名称、包装、装潢的不正当竞争行为的若干规定》相关条款对“知名商品”已有明确界定，无论“绵竹大曲”产品之前是否属于知名商品，只要其名称、包装、装潢被他人擅自作相同或者近似使用，足以造成购买者误认为的，该商品即可认定为知名商品；县级以上工商部门在查处仿冒知名商品特有的名称、包装、装潢的不正当竞争行为时，有权对知名商品和特有的名称、包装、装潢一并予以认定。(2)权利人不仅于 2007 年获得“绵竹及图”驰名商标，其“绵竹大曲”系列产品早于 1988 年以来就已多次被国家商业部、四川省人民政府授予“商业部系统优质产品”、“四川名牌产品”称号，其市场占有率、知名度早就载誉全国，为相关公众所知悉，“绵竹大曲”早已形成知名商品特有的产品名称。(3)“绵竹大曲”产品特有的包装装潢早于 1988 年就在先使用，已被相关公众所知悉、认同。因此，“绵竹大曲”系列产品属“知名商品”名副其实，其包装、装潢已形成知名商品特有的包装、装潢。

案例 6　山东某公司德州经销处侵犯注册商标专用权案例

一、基本案情

2010 年 2 月 4 日，执法部门接到上海黄金搭档生物科技有限公司的投诉，对山东某公司德州经销处销售的“古贝春黄金酒”侵犯该公司“黄金”注册商标专用权一案进行了检查。经查实：当事人于 2009 年 12 月以个人名义，向国家工商总局商标局提出注册申请，申请注册“古贝春黄金酒”商标。之后，于 2010 年元月 4 日同山东某集团销售有限公司签订了协议书，要求该公司为其灌装 1300 箱(6 瓶/箱)“古贝春黄金酒”。1 月 16 日，该公司将灌装好的 1300 箱“古贝春黄金酒”发给当事人，开始面向市场销售。至被查获时，当事人共销售 55 箱，销售价格为 290 元/箱；剩余的 1045 箱被依法查封，流入市场的 200 箱被依法追回，违法经营额共计 377 000 元。

二、法律适用

当事人的行为违反了《反不正当竞争法》第 5 条第 1 项和《商标法》第 52 条第(5)项及《商标法实施条例》第 50 条第(1)项之规定，构成侵犯注册商标专用权行为。依据《商标法》第 53 条及《商标法实施条例》第 52 条之规定，责令当事人立即停止侵权行为，并作出没收侵权商品 1245 箱、罚款 100 000 元的行政处罚。

三、案例评析

本案是典型的“傍名牌”案件。“五粮液黄金酒”系上海黄金搭档生物科技有限公司、无锡健特药业有限公司以及宜宾五粮液集团保健酒有限公司合作推出的保健酒产品，该产品上市后，深受广大消费者的喜爱，市场知名度较高，销售收入极为可观。同时，“黄金”注册商标是上海黄金搭档生物科技有限公司于 2005 年 12 月经国家工商总局商标局核准转让，核定在商品第 33 类使用的注册商标，拥有注册商标专用权。该产品系无锡健特药业有限公司委托宜宾五粮液集团保健酒有限公司独家生产，上海黄金搭档生物科技有限公司管理并营运全国营销市场。

山东某公司德州经销处经营的“古贝春黄金酒”，虽然于2009年12月21日已向国家工商总局商标局提出“古贝春黄金酒”商标注册申请，但是并未取得《商标注册证》，并且在商品外包装纸箱及瓶贴不干胶标签中使用的字样与申请注册商标的文字也不相同，故意突出使用“黄金酒”字样，以此误导公众，试图借助品牌效应能够迅速占领市场。

在调查中发现，本案虽然涉及的违法经营额较大，但是当事人能够积极配合执法人员的调查取证工作，同时能主动召回流入市场的侵权商品，没有给权利人和消费者造成大的危害，执法部门经过认真分析和讨论，综合考虑相关因素，本着“教育为主，处罚为辅”的目的，对当事人作出100 000元的罚款是恰当的，完全符合立法本意。

该案结案后，执法部门对某集团有限公司下达了《行政告诫书》，指出该公司存在的问题，要求其清理整顿销售渠道，建立健全相关监督机制。该集团公司负责人明确表示，以此事为警示，加强内部管理，树立良好的企业形象，增强企业责任意识。同时希望工商部门加大监督检查力度，帮助企业在今后的发展中预防类似问题再次发生。截至目前，该案罚没款已全部执行到位；对没收的物品已按程序处理完毕，变价款全部上缴财政。对该案的处理取得了良好的社会效益。

案例7 郑某侵犯浙江海正药业股份有限公司商业秘密案

一、基本案情

当事人郑某于2002年8月进入浙江海正药业股份有限公司，在装备科工作并签有入职承诺书和保密协议。2007年7月，当事人辞职离开该公司。工作期间，当事人私下以不正当手段获取大量浙江海正药业股份有限公司的内部资料，存入私人电脑，其中涉及海正药业普伐他汀等10多个主导品种的工艺技术和注册资料的商业秘密资料46 417份。辞职后，当事人在互联网上发信息，通过电子邮件与48家各地厂家联系出售，有7家企业回复表示有购买意向。2007年12月，当事人出售给台州一药业公司部分涉及上述商业秘密的资料，获利6000元。2008年12月28日，根据线索，浙江省台州市工商局椒江分局经检大队执法人员在公安部门的配合下，现场查获郑某与一客户交易出售海正药业股份有限公司商业秘密的行为，交易价88 000元，并发现当事人私人电脑储存着浙江海正药业股份有限公司涉及商业秘密的资料46 417份。

二、法律适用

浙江省台州市工商局椒江分局经大量的调查和取证后，认定当事人的行为违反了《反不正当竞争法》第10条第1款第(1)项、第(2)项、第(3)项以及《关于禁止侵犯商业秘密行为的若干规定》第3条第(1)项、第(2)项、第(4)项的规定，构成以其他不正当手段获取权利人的商业秘密的行为、允许他人使用以前项手段获取权利人的商业秘密的行为和权利人的职工违反合同约定或者违反权利人保守商业秘密的要求，披露、使用或者允许他人使用其所掌握的权利人的商业秘密的行为。根据《反不正当竞争法》第25条以及《禁止侵犯商业秘密行为的若干规定》第7条第1款的规定，综合考虑当事人的违法事实、性质以及社会危害性，作出责令当事人停止违法行为，并处罚款60 000元。

三、案例评析

首先，当事人盗取并予以出售披露的资料包括浙江海正药业股份有限公司普伐他汀等10多个主导品种的工艺技术和注册资料，其中普伐他汀前期研发成本1000多万元，在2003年形成生产规模，同年通过欧盟认证，曾创下单品种销售额过亿的记录，该产品为公司的主创产品，另外资料中的药政注册也一直是公司的核心竞争力，是国内同行竞相学习的关键领域，因此当事人盗取并予以出售披露的资料具有实用性并能给权利人带来巨大的现实经济利益和竞争优势；其次，浙江海正药业股份有限公司是国家首批命名的“创新型企业”、浙江省第一批高新技术企业，建有国家级企业技术中心和博士后科研工作站。公司有专门的商业秘密保护制度，明确将“正在研究中的及以前研究过的产品名称、工艺、相关技术信息、样品、分析方法、质量数据、试验记录”，“生产的产品的工艺流程、技术资料、SOP操作规程、主要设备、菌种、原辅料的规格、岗位的设置、产品的质量、收率数据、成本”等，“国外注册产品的名称、地区、注册资料、进展信息”等列入公司商业秘密范围，而本案中当事人盗取并出售的包括普伐他汀等10多个主导品种的工艺技术和注册资料就属于该范围之内，因此上述资料具有秘密性。再次，权利人还与当事人签订了入职承诺书和保密协议，证明上述资料具有保密性。综上所述，权利人所有包括普伐他订等10多个主导品种的工艺技术和注册资料符合《关于禁止侵犯商业秘密行为的若干规定》第2条第1款规定商业秘密“不为公众所知悉、能为权利人带来经济利益、具有实用性并经权利人采取保密措施的技术信息和经济信息”的构成要件，上述资料为商业秘密。当事人在明知上述资料为商业秘密的情况下，在职期间私下以不正当手段盗取普伐他汀等10多个主导品种的工艺技术和注册资料等资料46 417份，辞职后，在互联网上发信息寻找买家，通过电子邮件与48家各地厂家联系出售，交易2笔，从中获利，该行为侵犯了商业秘密，损害了权利人的合法权益，违反了《反不正当竞争法》第10条第1款第(1)项、第(2)项、第(3)项以及《关于禁止侵犯商业秘密行为的若干规定》第3条第(1)项、第(2)项、第(4)项的规定，构成以其他不正当手段获取权利人的商业秘密的行为、允许他人使用以前项手段获取权利人的商业秘密的行为和权利人的职工违反合同约定或者违反权利人保守商业秘密的要求，披露、使用或者允许他人使用其所掌握的权利人的商业秘密的行为。

案例8　珠海市某电力科技有限公司侵犯商业秘密案

一、基本案情

珠海市某电力科技有限公司(以下简称当事人)的技术主管张某利用其曾在某节能科技(珠海)有限公司(以下简称权利人)任研发部经理的便利，违反权利人保密制度要求，未经权利人同意，暗中采用夹带、拷贝等不正当手段，盗窃了经权利人长时间研发和反复试验所形成的、以电脑储存介质和以纸质介质存在的路灯节电器等五种节电产品整机材料清单和各种节电器核心部件电路板(PCB板)元器件的材料清单。随后张某跳槽到当事人处。

二、法律适用

2008年5月6日，珠海市工商局接到权利人的投诉后对当事人展开调查。现场查获的电路板元器件清单，所列各种材料名称、规格、数量、价格、所处产品位置编号及整版排列次序等与权利人同版清单完全相同。张某亦供认来源于权利人。珠海市工商局认定：当事人的行为构成侵犯商业秘密行为。依照《反不正当竞争法》第25条的规定，责令当事人停止违法行为，并处60 000元罚款。当事人不服珠海市工商局处罚决定，以电路板(PCB板)元器件的材料清单属公知技术、公开信息，不是商业秘密，要认定商业秘密必须经过技术鉴定为由，向法院提起诉讼，要求撤销珠海市工商局的处罚决定。2010年6月、11月经珠海市中级人民法院和广东省高级人民法院的两级审理，驳回了当事人的诉求，维持工商机关的行政处罚。

三、案件评析

该案从立案查处到诉讼完结长达两年，经历了中院、高院两次诉讼，说明了工商机关查处商业秘密案件的难度。本案争议的焦点在于：

第一，权利人节能产品整机材料清单和节电器PCB板元器件部件的材料清单是否具备商业秘密的特征。商业秘密的构成要件有三个：(1)不为公众所知，是商业秘密的秘密性要件。(2)具有实用性并能为权利人带来经济利益，是商业秘密的价值性要件。(3)采取了保密措施。本案中权利人的各系列节电产品中，控制电路(即PCB板)是核心部件，而控制电路板的生产必须要有电路原图、电路板图、元器件配置、电路控制软件程序等。在当事人场所查获的各类“材料清单”属于生产节电节能产品的技术资料，它是权利人产品的电路控制技术。上述“清单”在权利人生产的各类节电产品的技术上占有重要地位，因此，权利人在研发和生产管理环节将其作为一种技术信息采取了一定的保密措施。权利人从未将其系列节电产品技术信息在互联网等公开媒体、公开场合披露过，一般公众无法通过正常方式获取。权利人通过长时间的研发和多次测试所形成的产品整机清单和电路设计图等技术生产的系列节电产品投放市场后取得了良好的社会效益和经济效益。所以权利人的材料清单具有秘密性、价值性、保密性的特征，属于商业秘密。

第二，当事人的行为是否构成侵犯商业秘密行为。本案当事人的技术主管张某在权利人处担任研发部经理，其明知“产品材料清单”作为权利人的重要技术信息已被权利人采取了一定的保密措施，仍采用不正当手段进行窃取。在当事人现场查获的电路板元器件清单，所列各种材料名称、规格、数量、价格、所处产品位置编号及整版排列次序等与权利人同版清单完全相同。当事人不能提供其所用的技术信息属于其自行构思、独立开发、反向工程、合法受让或许可使用等合法获得或者使用的证据。根据《关于禁止侵犯商业秘密行为的若干规定》第5条的规定，珠海市工商局认定当事人的行为构成侵权。

案例9　德阳超越公司侵犯他人商业秘密案

一、基本案情

本案权利人为南昌永旺磁力有限公司和德阳永鑫磁力工具有限公司，当事人为德阳超越公司。2010年7月15日，德阳市工商局开发区工商分局收到权利人投诉，称德阳超越公司(以下简称当事人)涉嫌以私刻权利人公章、财务章等不正当手段抢占权利人客户，侵犯其商业秘密；并现场出示了由四川省公安厅出具的刑事科学技术文件检验鉴定书(川公刑技〔2010〕303号)。经立案查明：当事人于2009年4月15日设立，先后以自负盈亏、高额业务提成、高级职务等优厚条件，聘请了权利人在职的股东和高级职员4人。该4人分别掌握权利人生产工艺流程、管理方法、营销策略、客户名单、货源情报等核心机密，权利人在劳动合同中均与上述4人约定了保密条款。当事人在经营活动中，通过上述4人使用了权利人的商业秘密，采取私刻权利人公章、伪造证件等手段，并于2009年5月18日以权利人名义向权利人的客户上海汽轮机厂发出“供方名称变更函”，谎称权利人名称以变更为当事人名称，将权利人的客户变更为当事人的客户，并于2009年6月5日，同该客户签订了价值达320 682元的“圆形永磁工作台YCT2－Φ2000XΦ800”的销售合同，该函上的公章经四川省公安厅鉴定为伪造。

二、法律适用

德阳市工商局认定当事人上述行为符合《四川省反不正当竞争条例》第17条第1款的规定，侵犯了权利人的商业秘密，依照该条例第43条的规定对当事人作出了罚款40 000元的处罚决定。

三、案例评析

(一)本案从权利人方面看，权利人的客户名单符合商业秘密的法律定义

(1)权利人的客户名单非公开。商业秘密是不为公众所知悉的，本案权利人的客户名单由权利人的相关负责人掌握，不仅未通过大众媒介披露，权利人的其他员工也并不清楚。

(2)权利人的客户名单具有实用性和价值性。能为权利人带来经济利益的信息和技术是商定秘密的特征之一，本案中权利人的客户名单是权利人在经营过程中积累起来的资源，是能为权利人带来现实的经济利益和竞争优势的交易对象。

(3)权利人对客户名单采取了保密措施。本案权利人与涉案人员签订的劳动合同中，将客户信息列为了内部商业机密，并要求涉案人员遵守保密条款。

(二)本案从当事人获得权利人客户名单并与之产生交易后果看，符合法律获取商业秘密的禁止性规定

(1)从权利人提供的职员任职文书、劳动用工合同、工资发放清单、客户信息、投诉书等说明当事人聘用的涉案人员郭某等4人是掌握了权利人大量商业秘密(工艺流程、管理方法、营销策略、客户名单、货源情报)的职员，其中郭某是权利人的股东兼副总经理、分管销售业务；胡某是权利人的股东、监事兼生产技术负责人，掌握公司生产技术和工艺流程；谭某是权利人销售经理，主要负责上海片区业务，掌握行为人上海片区的客户资料。

(2)当事人提供的聘用说明、工资发放清单、销售合同以及对当事人相关人员的《询问笔录》等证明当事人先后以自负盈亏、高额业务提成、高级职务等优厚条件聘用郭某等4人的事实，并且利用聘用人员掌握的权利人商业秘密开展经营活动，获取利润。

(三)掌握关键证据对查处侵犯商业秘密案件的启示

本案源于公安机关在查办相关人员涉嫌伪造公章诈骗案的过程中，权利人到工商部门投诉，才牵出当事人侵犯商业秘密的案件。因此，公安机关对取得的“供方名称变更函”及其上所盖权利人印章，系伪造的鉴定证据，对工商部门成功办理本案至关重要。

农业植物品种权行政保护案例

案例1 杨凌某公司侵犯“长旱58”小麦新品种权案

一、案情简介

2010年10月11日，陕西省农作物品种权保护办公室(陕西省种子管理站)接到杨凌亿阳种业科技有限公司关于杨凌某公司侵犯“长旱58”小麦新品种权的《品种侵权处理请求书》。请求书称，2010年9月发现杨凌某公司在长武县多个乡镇销售自行包装的“长旱58”小麦种子，侵犯了其生产经营权，请求对此侵权行为进行查处。而杨凌某公司辩解称，其于2008年就取得了长武县农业局“长旱58”小麦种子的生产许可证，生产、销售行为都在许可证有效期内，故认为没有侵权。陕西省农作物品种权保护办公室受理了此案，并予以调解。

二、处理结果

据调查了解，2008年杨凌某公司在长武县进行了“长旱58”良种田建设，并于2008年12月29日取得了长武县农业局颁发的“长旱58”小麦种子生产许可证，有效期3年。生产许可证颁发时“长旱58”小麦品种还未取得植物新品种权。

据查，“长旱58”小麦品种在2009年1月1日被国家农业部授予“植物新品种权证书”，品种权人为长武县农业技术推广中心，品种权号CNA20050304.9。2010年5月20日长武县农业技术推广中心与杨凌亿阳种业科技有限公司签订了《“长旱58”小麦品种经营权转让协议》，由杨凌亿阳种业科技有限公司独占该品种在陕西省境内的生产、包装和经营。

基于以上事实，根据《植物新品种保护条例》的规定，陕西省农作物品种权保护办公室认为，长武县农业局就“长旱58”小麦品种的生产许可虽然在前，但当2009年1月1日此品种获得农业部授予的“植物新品种权证书”时就获得了保护。自此，杨凌某公司除非取得长武县农业技术推广中心的授权，否则不能擅自生产、经营“长旱58”小麦种子。经过调解，双方达成协议，杨凌某公司支付给杨凌亿阳种业科技有限公司15 000元作为2010年品种权使用费，并承诺今后不再侵权。实际履行后，杨凌亿阳种业科技有限公司撤回了品种侵权行政处理请求书。

案例2 肃宁县某种子经销处侵犯“石麦15”小麦种子生产经营权案

一、案情简介

2010年9月20日，河北省农业厅接到石家庄大地种业有限公司提交的“石麦15”小麦品种侵权处理请求，报厅领导批准立案后，立即组成办案组，会同沧州市农业局执法人员进行案件调查，并对此侵权纠纷案件进行了口头审理。经查实，肃宁县某种子经销处侵权事实成立，共生产3000公斤“石麦15”小麦种子，侵权种子均已售出。

二、处理结果

2010年10月29日，当事人双方自行达成和解协议，肃宁县某种子经销处停止侵权行为，并向石家庄大地种业有限公司支付25 000元赔偿费。10月29日，石家庄大地种业有限公司向农业厅提交了《关于撤销“石麦15”小麦品种侵权处理请求的函》。根据《农业植物新品种侵权案件处理规定》，此案于2010年11月24日结案。

本案处理迅速、定性恰当、适用法律准确。行政机关在调解过程中充分尊重当事人意愿，本着自愿、合法、平等、积极主动的原则进行了调解。

案例3 安新县惠农种子有限公司侵犯“石97－6365(石家庄8号)”小麦种子生产经营权案

一、案情简介

2010年9月28日，河北省农业厅接到石家庄大地种业有限公司提交的“石 97－6365(石家庄 8 号)”小麦品种侵权处理请求，报厅领导批准立案后，立即组成办案组，会同保定市农业局执法人员进行案件调查，并对此侵权案件进行了口头审理。经查实，安新县惠农种子有限公司侵权事实成立，共生产 14 万斤“石 97－6365(石家庄 8 号)”小麦种子，侵权种子均已售出，农业厅责令安新县惠农种子有限公司立即停止侵权行为，并要求其对侵权造成的损失进行赔偿。

二、处理结果

2010 年 11 月 5 日，经征求当事人双方意见，办案组对此侵权案件进行了行政调解，双方就该品种权侵权处理达成一致意见，签订了《河北省农业植物新品种权侵权处理调解协议书》，安新县惠农种子有限公司向石家庄大地种业有限公司支付了 20 000 元赔偿费，并向石家庄大地种业有限公司道歉。此案已于 2010 年 11 月 24 日结案。

另外，保定市农业局已经撤销了安新县惠农种子有限公司“石 97－6365(石家庄 8 号)”小麦种子的生产许可证。

本案处理迅速、定性恰当、适用法律准确。行政机关在调解过程中充分尊重当事人意愿，本着自愿、合法、平等、积极主动的原则进行了调解。

案例 4　辛集市某种子经销处销售假冒授权品种“良星 66”小麦种子案

一、案情简介

2010 年 8 月 26 日，河北省农业厅接到北京德农种业有限公司提交的关于“良星 66”小麦品种侵权处理请求，报厅领导批准立案后，立即组成办案组会同石家庄市农业局、辛集市农业局执法人员进行案件调查和审理。经调查，辛集市某种子经销处通过山东的席某调进由山东省济宁市欣丰种业有限公司生产的 5000 千克“良星 66”小麦种子。2010 年 9 月 1 日，河北省农业厅在辛集市某种子经销处扣押了 2500 千克“良星 66”小麦种子，其余 2500 千克已经售出。但济宁市欣丰种业有限公司对该批种子不予确认，也不承认席某是该公司员工，称从未给予席某任何委托授权。办案组认为，该批种子来源不明，辛集市某种子经销处属于销售假冒授权品种的行为。

二、处理结果

2010 年 9 月 21 日，河北省农业厅驳回北京德农种业有限公司的维权请求，并将此案移交至辛集市农业局按假冒授权品种查处。

辛集市农业局责令辛集某种子经销处停止假冒行为，并于 2010 年 10 月 12 日对其依法进行了行政处罚，没收“良星 66”小麦种子 2500 千克，没收违法所得 1800 元，罚款 5400 元。此案于 2010 年 10 月 21 日结案。

本案处理迅速、定性恰当、适用法律准确。

案例 5　涿州市某种业有限公司侵犯石 97－6365(石家庄 8 号)小麦种子生产经营权案

一、案情简介

2010 年 9 月 20 日，河北省农业厅接到石家庄大地种业有限公司提交的“石 97－6365(石家庄 8 号)”小麦品种侵权处理请求，报厅领导批准立案后，立即组成办案组，会同保定市农业局执法人员进行案件调查，并对此侵权纠纷案件进行了口头审理。经查实，涿州市某种业有限公司侵权事实成立，共生产 3000 斤“石 97－6365(石家庄 8 号)”小麦种子，侵权种子均已售出，河北省农业厅责令涿州市某种业有限公司立即停止侵权行为，并要求其对侵权造成的损失进行赔偿。

二、处理结果

2010 年 10 月 13 日，经征求当事人双方意见，办案组对此侵权案件进行了行政调解，双方就该品种权侵权处理达成一致意见，签订了《河北省农业植物新品种权侵权处理调解协议书》，涿州市某种业有限公司向石家庄大地种业有限公司支付 40 000 元赔偿费，并向石家庄大地种业有限公司道歉。此案已于 2010 年 11 月 24 日结案。

本案处理迅速、定性恰当、适用法律准确。行政机关在调解过程中充分尊重当事人意愿，本着自愿、合法、平等、积极主动的原则进行了调解。

案例 6 承德县侯某非法组织生产玉米杂交种子案

一、案情介绍

2010 年 8 月 31 日，承德县农牧局接到举报称，承德县侯某未取得《种子生产许可证》(无证生产与侵权竞合)，正在小榆树沟村非法组织生产玉米杂交种子，遂派出执法人员进行调查。经询问得知，该村“先玉 335”制种面积 650 亩，涉及 90 余户农民，最初是为辽宁南北种业有限公司代繁，之后又与吉林长春金正种业公司签订繁种合同，甲乙双方代理人分别是侯某和该村支书刘某。合同约定由侯某承担一切责任。2010 年 10 月 8 日，承德县农牧局依照《种子法》对当事人侯某非法制种的行为作出如下处理决定：责令当事人改正无证生产杂交玉米种子的行为；无证生产的杂交玉米种子必须在县种子管理部门监督下进行灭活处理；处以罚款 6500 元。侯某 10 月 15 日即上缴了行政罚款，并在农业、公安部门的监督下，对已收购的 5 万公斤非法种子做了转商处理。之后，当事人侯某再无力出资收购农户家中近 20 万公斤的种子，两个外省涉案种子公司又不肯出面承担责任。承德市、承德县农业、公安部门密切配合，围绕妥善处理农户家中的玉米种子，做了大量艰苦、细致的工作。

2010 年 12 月 28 日，河北省农业厅接到农业部科教司对此案的督办电话和举报材料后，立即发文责成承德市农牧局督办此案，并派员到案发地督导案件的查处。承德市农牧局案件督导组先后 5 次深入承德县，与县政府、六沟镇政府和县农牧局共同协商种子处理的措施。为防止农户家中的玉米种子出村外流，承德县农牧局派出执法力量在村口和镇车站设立监控站点，24 小时轮流值班，向制种农户发放相关法律法规知识，耐心细致地做好思想工作。承德县政府果断决定先行垫资，按照协议约定价格收购这批无证生产的玉米种子，立即转商处理。收购价格得到了制种户的理解和支持，也保护了他们的经济利益。3 月 24～26 日，承德县农牧局组织执法人员，边收购、边付款、边装车，跟车押送收缴的玉米种子送往当地饲料加工企业粉碎处理，确保不出漏洞。收购完毕后，3 月 27～31 日，承德县农牧局再次派出执法人员逐户调查，确保非法种子不流入市场。

二、处理结果

由于此案涉案数额和社会影响巨大，当事人非法制种行为涉嫌触犯《刑法》第 225 条的规定，构成非法生产经营罪，2011 年 1 月 17 日，承德县农牧局将此案依法移交承德县公安部门。公安部门已对案件立案侦查。

本案因涉及繁种农民人数较多，种子数量较大，为稳定群众情绪，保护农民正当利益，承德县政府和农牧局做了大量工作，并将此案件移交公安机关查处。

(农业部科技教育司)

中国海关 2010 年保护知识产权十佳案例

案例 1 上海海关查获假冒“tiger”商标汽油发电机组系列案

一、案情介绍

2010 年 8 月 26 日，上海海关根据权利人的举报，对上海某有限公司出口的一批汽油发电机组进行了布控。8 月 27 日，上海外港海关对协通公司申报出口的货物进行了查验，发现该批货物上标有“tiger”商标，价值近 50 万元人民币。同时当上海海关了解到该批货物来源于上海立秋波实业有限公司及台州两家生产企业的生产库存，仓库内可能仍存有多余货物时，便在 H2000 通关系统中设置风险参数，对该司出口货物实施重点监控。

12 月 13 日，该关根据风险提示，对上海立秋波实业有限公司将向尼日利亚出口的另外一批货物实施查验，再次查获 1600 台标有“tiger”商标的侵权汽油发电机组，价值约人民币 59.58 万元。

由于上述货物数量和价值巨大，在经过调查并并获取相关证据后，按照有关规定将案件向上海市公安局进行了通报。公安机关目前已经对上述两起案件进行了立案侦查。

二、推荐理由

(1)该案件是上海海关与国内自主知识产权权利人加强合作、加大对自主知识产权保护力度后查处的侵犯国内企业知识产权案件的一个缩影。本案中，上海海关与权利人及时加强信息沟通、各司其职、共同协作，从而最终有效地制止了该批侵权货物的出口。2010年，上海海关共计查获侵犯国内自主知识产权的侵权案件共计40起，涉案商品近383.86万件，案值近800万元。

(2)海关积极运用风险分析工具，不断提升知识产权案件的研判和查处能力。海关在案件调查的同时，还注重对相关风险信息的收集与评估，提炼高风险参数并在风险管理平台予以发布，在相隔4个月之后再次成功查获了不法企业连续出口侵权汽油发电机组的行为，展现了海关运用高科技智能化管理手段实现严密监管的能力，同时海关缜密、细致的调查工作也为公安部门确定当事人涉嫌犯罪的行为提供了第一手资料。

(3)该案是海关探索与公安部门建立更紧密合作的新模式，加强行政执法与刑事执法有效衔接，更快、更准、更狠地打击进出口环节涉嫌知识产权犯罪行为的典型案例。在查办该案件中，该关采取与公安部门实时联络、公安部门在海关案件调查的期间提前介入，有效地缩短了案件进入刑事立案程序的时间，公安机关在案件通报后不到1个月的时间内便进行立案侦查，新型合作模式初见成效。

案例2 杭州海关查获假冒“NIKE”、“ADIDAS”商标运动套装案

一、案情介绍

2010年6月29日，云南某贸易公司向杭州海关隶属义乌海关申报出口化纤女式衬衫、化纤男式短裤、化纤帽子等小商品，出口目的国为巴基斯坦。审单关员根据侵权风险参数库的风险预警，认为该票货物存在较大的侵权风险，遂下达布控指令。经查验，在集装箱中后部的压缩包中查获涉嫌侵犯“NIKE”、“ADIDAS”商标专用权的运动套装、运动裤、圆领衫共计8580件。

在依法扣留涉嫌侵权货物并立案调查后，义乌海关执法人员在办案过程中，凭借丰富的执法经验，意识到该案的复杂性。义乌海关从报关行这一唯一的线索入手，从报关行追及到货代公司，并进一步深挖到义乌某经营外贸代理公司，掌握到这批货来自一个在义乌经营外贸代理的外籍人员阿斯马图拉。调查人员又辗转找到了中间代理商阿斯马图拉。在海关调查人员严谨、耐心而又威严的执法攻势下，阿斯马图拉终于说出了该批货物的真实货主为外籍人员纳依马图拉，并提供了纳依马图拉当时藏匿于外地的相关情况。

考虑到该案涉案数额巨大，涉嫌刑事犯罪，纳依马图拉随时有可能离境，杭州海关及时与浙江省公安厅经侦部门联系，同时义乌海关将调查掌握的案件线索通报了义乌市公安局。在杭州海关与浙江省公安厅的协调部署下，义乌市公安局提前介入，7月23日义乌市公安局在义乌海关的大力协助下对纳依马图拉实施了抓捕。同日，金华市公安局正式立案侦查，并对纳依马图拉实施刑事拘留。8月27日，金华市人民检察院正式批准逮捕了纳依马图拉。2011年1月17日，金华市中级人民法院作出一审判决，判处纳依马图拉有期徒刑7个月，并处罚金人民币10 000元整。

二、推荐理由

(1)该案是行政执法与刑事司法紧密协作的典范。杭州海关一直高度重视与浙江省公安厅的联系协作，并建立了长效的联系配合机制，有效地保证了知识产权保护行政执法与刑事司法的衔接。该起案件的成功查办，正是在杭州海关与浙江省公安厅联系配合机制框架下取得实效的一个典型案例。该案填补了杭州海关知识产权线索通报移交刑事司法、对外籍人员定罪判刑的空白，为今后此类案件的查办积累了非常宝贵的经验。

(2)该案有效地打击了义乌小商品出口市场外籍人员知假买假出口的侵权行为。在本案查处过程中，义乌海关知识产权办案人员迎难而上、知难而进，凭借熟练的执法技能和高度的责任意识，深挖源头，最终协助地方公安部门抓捕了外籍犯罪分子。该案在义乌的广大外籍采购商中引起了很大反响，有力地震慑了不法分子，维护了小商品进出口贸易的秩序。

(3)该案的成功查办，树立了海关知识产权保

护执法的良好形象。该案是海关系统查获的又一例外籍人员被定罪判刑的侵犯知识产权的案件。案件的刑事判决正值全国海关打击侵犯知识产权与制售假冒伪劣商品专项行动深入开展之际，所以该案对营造海关开展专项行动的声势，树立知识产权海关保护执法的良好形象有十分积极的意义。

案例 3 宁波海关查获青岛某贸易有限公司出口 LV 手提包等侵权货物案

一、案情介绍

2010 年 4 月 25 日，青岛某贸易有限公司向宁波海关申报出口一批帽子、围巾、袜子、皮带等货物，境内货源地为义乌，目的国为希腊。审单关员在审核单证时认为该票报关单具有以下风险点：一是该批货物来源地为义乌，且帽子、围巾、袜子、皮带等属于宁波口岸常见的侵权产品类别，二是青岛某贸易有限公司有“皮包公司”嫌疑，三是希腊也是宁波海关重点关注的侵权货物流向地之一。据此，审单关员果断下达布控指令，要求对该批货物的知识产权状况进行重点查验。经查验，该批货物中共查获“adidas”帽子 2 箱 1000 顶、“GA 及图形”帽子 2 箱 1000 顶、“LACOSTE 鳄鱼(图形)”帽子 2 箱 1000 顶、“LV 及图形”手提包 247 箱 12 350 个、钱包 57 箱 11 400 个、“NIKE 及钩形图”帽子 4 箱 2000 顶、“PUMA 及图形”帽子 4 箱 2000 顶、“TOUS”包 15 箱 750 个、“香奈儿(图形)”钱包 1 箱 200 顶。经联系权利人确认，上述货物为侵权商品。

由于该案查扣涉嫌侵权货物数量大、案值高、涉及品牌多，宁波海关高度重视，一方面加大案件调查力度，同时按照《公安部、海关总署关于加强知识产权执法协作的暂行规定》于 2010 年 9 月 19 日将本案通报浙江省公安厅。浙江省公安厅将案件线索上报至公安部，公安部将案件线索转至山东省公安厅，最后青岛市公安局于 11 月 18 日对青岛某贸易有限公司销售假冒注册商标的商品一案进行了立案侦查。宁波海关积极配合公安机关调查取证，于 11 月 24 日向青岛市公安局提供了该案的相关报关单证等材料，并将所有涉案货物随案移交。青岛市公安局根据宁波海关通报的案件线索已抓捕 14 名犯罪嫌疑人，该案案值高达 2.3 亿元。

二、推荐理由

(1)该案体现了海关执法关员强烈的知识产权保护意识和责任感。海关查获进出口侵犯知识产权货物，主要来自海关的风险分析，而要从海量的报关信息中评估风险、发现疑点、进行布控、实施查验，需要执法关员对知识产权保护工作经验的长期积累。该案最终体现了宁波海关对知识产权保护工作的高度重视，体现了宁波海关一线执法关员高度的知识产权保护意识和责任感。

(2)办案难度较大。本案货物涉及“LV”、“adidas”、“NIKE”等 8 项知识产权，海关在极短的时间内要与 8 个权利人进行确权，办案难度比较大。

(3)该案是海关与公安机关成功开展执法协作的典范。宁波海关一直非常重视与公安机关的执法协作，依法向其通报案件线索，配合调查取证，并就执行中的问题进行沟通。本案中宁波海关密切配合青岛市公安局的调查取证工作，为其提供详细的案件情况以及相关当事人的联系方式，确保公安机关顺藤摸瓜一举抓捕了 14 名犯罪嫌疑人。本案案值之高、抓捕犯罪嫌疑人之多、影响之大，堪称海关与公安机关成功开展执法协作的典范。

案例 4 厦门海关查获货运渠道出口侵权香烟系列案件

一、案情介绍

2010 年 11 月 6 日，深圳市某贸易有限公司以一般贸易方式向厦门海关驻海沧办事处申报出口一批 CD/DVD 盒子到法国，共计 260 500 个。当日傍晚正值该办加班作业的繁忙时段，报关员声称赶船，一再请求尽快办讫手续，引起了现场关员的警觉。经过认真审核单证，审单关员发现该票报关单申报的货物在海沧口岸并不常见，且相关资料经逻辑分析存在疑问，遂决定重点布控派查。查验关员在实施查验时，发现集装箱内的货物均整齐地装在中性纸箱中，并无异常迹象，但开拆后发现货物竟都是标有“MARLBORO”字样标识的香烟。经理货发现，整个集装箱共装有香烟 971.34 万支，货值约人民币 621 万元。11 月 17

日，Marlboro商标权利人菲利普莫里斯产品有限公司向该关发函，确认该批货物属于侵权产品并提出采取知识产权保护措施的申请。

案发后，厦门海关高度重视，及时总结经验，分析案件所反映的风险因素，认真研究出口侵权香烟的动向，深入挖掘线索，并与厦门市公安局和市烟草专卖局紧密配合，加大布控和查验力度。仅仅过了1个月，12月7日，该关就根据风险分析再次在海沧口岸查获了厦门沃轮进出口有限公司申报出口的分别标有“KENT”和“L&M”标识的侵权香烟，共计455万支，货值约人民币401万元。这批香烟以折叠椅的品名申报出口至希腊，并被巧妙地隐藏在650个收纳凳的内部，只有撕开PU表面才能发现。为了逃避海关检查，不法分子甚至在集装箱的门口放置了130个正常的收纳凳进行干扰，然而这些都逃不过查验关员的火眼金睛。

该两起案件共计查扣侵权香烟1426.34万支，涉案货值约人民币1022万元，目前，该关已将该两起案件移送公安机关。

二、推荐理由

(1)该系列案的查获正值全国海关深入开展打击侵犯知识产权和制售假冒伪劣商品专项行动期间，厦门海关以此为契机大力开展对外宣传工作，中央电视台、《人民日报》、《法制日报》、《光明日报》、福建电视台等中央和地方媒体均对此案进行了报道，较好地反映了海关开展专项行动的成效，树立了我国保护知识产权的良好形象。

(2)案件的查获给予不法分子以有力威慑，进一步遏制了出口侵权香烟现象的蔓延。深圳市某贸易有限公司出口侵权香烟案是厦门海关近年来查获的涉案货物数量和案值最大的一起侵权案件，并被列为全国督办案件。

(3)该系列案是海关执法关员通过风险分析手段成功查获侵权货物的典型案例。执法关员凭借丰富的经验，从蛛丝马迹中捕捉疑点，突破各种隐蔽手段最终成功查获，体现了现场执法关员较高的知识产权执法能力和水平。

(4)厦门海关充分利用海关与公安、烟草等执法部门的协作配合机制，牵头配合，深挖线索，主动出击，连续查获侵权香烟案件，体现了高度负责的工作态度和敬业精神。

案例5　青岛海关查获侵犯NIKE商标服装案

一、案情介绍

2010年9月30日，潍坊某贸易有限公司以一般贸易方式向青岛海关申报出口到日本的针织帽子5600个、化纤制梭织男式运动套装2788套，总价值56 628美元。

该关经风险分析认为该批货物具有较大的侵权风险，遂下达布控指令。指令下达后，该企业以多种理由迟迟不配合海关进行查验，企图申请退关以逃避海关监管。海关经多次催促后，于11月1日对该批货物进行了查验，发现该批货物带有“NIKE及钩形图”标识，涉嫌侵犯耐克国际有限公司在海关总署备案的商标专用权。后经权利人确认，该批货物属侵权货物。

为及时追究违法分子的法律责任，青岛海关在对货物进行全面清点整理过程中就上述案件线索通报给青岛市公安局，邀请公安机关提前介入。12月30日，青岛市公安局黄岛分局对此案立案侦查。

青岛市公安机关依靠海关通报的该起案件线索，深挖摸排，一举将制作、销售、报关出口假冒“NIKE”商标商品侵权犯罪网络包括3名韩国籍人员在内的6名犯罪嫌疑人全部抓获，并查获假冒“NIKE”商标T恤衫2376件、运动裤6786件、运动套装15 522套、针织帽35 664顶、短上衣2154件、假冒“NIKE”商标标识12万余件，假冒“NIKE”商标标识印刷版4张、电脑主机等生产设备一套。同时，查实该犯罪团伙共出口7批假冒“NIKE”服装，价值折合人民币200余万元。

二、推荐理由

(1)该关以实际行动落实国务院、海关总署打击侵犯知识产权和制售假冒伪劣商品专项行动(以下简称专项行动)部署的具体体现。专项行动开展以来，截至2011年2月，该关共采取知识产权保护措施593起，涉及18个国家(地区)的93个知识产权权利人的知识产权，涉案货物总数117万件，总价值约1134万元人民币，涉及NIKE、TOYOTA、凤凰等知名品牌，并将5起案件线索通报公安机关，取得良好成效。

(2)该案系海关与公安机关执法协作、海关执法与刑事执法相衔接的典型案例。该关协同公安机关一举将制作、销售、报关出口假冒“NIKE”商标商品侵权犯罪网络包括3名韩国籍人员在内的6名犯罪嫌疑人全部抓获，成功打掉了跨国侵权犯罪团伙。该案的成功告破不仅避免了假冒货物流入国际市场，有效地保护了权利人的合法权益，也凸显了公安机关与海关的密切协作，形成行政执法与刑事司法相结合的打击合力，加大司法惩处力度，有效地提升了海关知识产权保护的执法震慑力。

(3)该案得到国办领导的高度关注，具有典型意义。海关总署特致贺电，对该关查获此案表示祝贺。全国、山东省、青岛市打击侵犯知识产权和制售假冒伪劣商品专项行动领导小组均专门刊发了简报。《法制日报》等多家媒体对该案予以了报道，进一步扩大了该案的影响，达到执法效果和社会效果的统一。

(4)该案系该关主动风险布控查发，保护国际知名品牌的典型案例。该关强化风险防控，积极开展风险分析，突出查缉重点，提高布控的针对性和有效性，不断加大知识产权保护力度。该关通过对近年来查发的侵权案件数据进行的全面梳理和排查，成功查获出口假冒“NIKE及钩形图”商标针织帽子、运动套装案，成效显著。

案例6 广州海关查获出口侵犯“GUCCI”等商标权服装案

一、案情介绍

2010年3月5日，广州某制衣公司向广州海关隶属番禺海关申报出口至香港棉制男装长裤20 856条。由于该批货物使用了“GUCCI”商标，该公司报关员在申报时向海关提交了其香港客户提供的商标使用授权证明。

海关审单人员结合职能部门发布的风险提示信息，认为该票货物存在以下疑点：一是该企业过往出口货物品牌较为混杂，多为中低档产品，此次出口货物申报的品牌为世界知名的奢侈品牌，与以往的产品定位存在较大差距；二是货物申报单价偏低与品牌知名度不符。综合分析上述因素，经办关员决定对该批货物进行查验。

经查，发现该批长裤不但使用了“GUCCI”商标，还涉及“D&G ”和“LV” 等多个世界知名品牌。于是对该批货物暂停通关并将有关情况通知了相关品牌的权利人。后经权利人确权，该批货物属于未经许可使用注册商标的侵权产品。广州海关依法对上述货物进行扣留。经调查，该批货物系当事人按照香港某公司的订单生产，接单时虽要求客户提供相关授权文件，但未对其真实性予以核实。最终，广州海关决定没收上述侵权货物并对当事人处以罚款。

二、推荐理由

(1)体现了海关运用风险分析开展知识产权保护工作的成果和一线关员较强的知识产权保护意识。广州海关对过往案件进行逻辑整理，结合各口岸物流特点进行风险分析，定期提炼侵权高风险要素，及时向监管一线发布预警提示信息，指导现场开展查缉工作。在本案中，虽然企业提供了授权书，但一线监管现场知识产权保护意识较强，高度重视职能部门发布的预警信息，对运输线路、商品、企业、申报特点等多个风险点分析识别准确，法规部门对现场上报的材料审核细致、敏感性强，于细微处发现疑点。该案是两级执法单位准确运用风险技术手段成功查获大宗侵权商品的典范。

(2)对揭示侵权贸易的成因有一定的典型意义。本案中，涉案企业虽然是侵权服装的生产企业，但其订单来自境外，生产企业也曾向委托加工方索要合法使用商标的授权委托书。所以境外企业应当承担侵权的主要责任，将全部侵权责任归于生产加工方是不公平的。此案具有典型意义。当前“中国是全球侵权产品的主要来源”一说十分盛行，通过此案向国际社会揭示了侵权成因的复杂性，充分说明境外进口商对侵权产品的主动索求是国际侵权贸易屡禁不止的重要原因。

案例7 深圳海关查获侵犯“PLAYSTATION”等商标游戏机手柄案

一、案情介绍

2010年11月18日，深圳市某公司委托深圳市某报关有限公司，以一般贸易方式向深圳海关隶属大鹏海关申报出口一批游戏机配件，目的国是巴拿马。海关经风险分析，认为存在以下疑点：一是申报出口商品为侵权高风险商品类别，且价格畸低；二是目的地是侵权行为多发区；三是该公司有出口侵权产品的违法记录。所以，执法人员判断该票货物存在一定的侵权嫌疑，遂果断下达布控指令，要求查验部门开箱查验。海关经查验，发现出口货物中有标有“PLAYSTATION”、“DUAL SHOCK”及“△○×□”的游戏机手柄24 250个。经权利人索尼电脑娱乐公司确认，上述游戏机手柄侵犯了其在海关总署备案的相关商标的专用权。

深圳海关将该批货物扣留后及时将案件线索通报给当地公安机关。目前公安机关已经对该案立案侦查。

二、推荐理由

(1)该案是开展风险分析查获的典型案例。

(2)本案是海关与公安机关协作配合、海关执法与刑事执法衔接的典型案例。该关高度重视与公安机关的协作，对重大侵权案件及时向公安机关通报线索，并积极配合公安机关做好搜集单证材料、提供企业进出口记录等证据收集工作，实现了海关行政执法与刑事执法的有效对接。

案例8　拱北海关进口环节查获侵犯2010年上海世博会标志果茶套装案

一、案情介绍

2010年4月23日，中山某进出口有限公司以一般贸易方式向拱北海关隶属中山海关驻神湾办事处申报进口“沉静洋甘菊茶/茶包、芙香草莓果茶/茶包”2400盒，申报货值7896美元(折合人民币53 901.29元)。海关关员在对该票货物进行单证审核时发现在该批货物的台湾地区供货商所提供的发票中有“EXPO”、“世博花茶礼盒”字样，遂决定对该票货物实施彻底查验。

海关经查验发现，该票货物外包装茶和玻璃瓶身标签印有“中国2010年上海世界博览会”字样及会徽、口号，涉嫌侵犯上海世博会事务协调局在海关总署备案的世界博览会标志专用权。2010年4月29日，上海世博会事务协调局向海关确认该批货物侵犯其在海关总署备案的世界博览会标志专有权。

目前海关已经决定没收上述货物并对当事人处以罚款。

二、推荐理由

(1)此案是拱北海关2010年度查获的侵犯世博会标志专有权案件，体现了海关在有效保护2010年上海世博会标志专有权，为确保上海世博会这一国际盛事的成功举办营造良好的外部条件方面所作出的努力。

(2)该案充分体现了一线关员保护知识产权方面的意识。

案例9　黄埔海关查获出口假冒“NIVEA”、“MONTBLANC”等11个商标轻工产品案

一、案情介绍

2010年7月，黄埔海关法规处接到知识产权权利人举报，称有一批假冒日化产品即将在黄埔老港海关出口。7月20日，该关隶属老港海关根据风险布控，对明溪县某贸易有限公司申报出口至越南胡志明市的集装箱进行查验，发现假冒11个品牌的侵权货物16.4万件，其中包括假冒“NIVEA”商标的唇膏10.6万件；假冒“MONTBLANC”商标专用权的箱包1730件。

该关在对侵权嫌疑货物进行请点后，立即通知权利人对货物的侵权状况进行确认，并及时将案件通报广州市公安局经济犯罪侦查支队处理。

二、推荐理由

在办理该系列案过程中，黄埔海关充分利用权利人提供的信息，主动开展风险分析和风险提示，连续在货运渠道成功查获了7宗假冒个人护理品的案件，并且以此案为契机，主动组织开展了针对“东南亚跨境贩假航线”的知识产权执法活动的序幕。据统计，在整个针对“东南亚跨境贩假航线”的打击行动中，该关共查获22批侵权货物，共查扣假冒轻工产品166万件，货值达400余万元人民币。

案例10　北京海关进口环节查获侵权汽车零件案

一、案情介绍

2010年7月4日，北京某贸易有限责任公司委托北京时代瑞丰进出口服务有限公司向北京海

关驻朝阳办事处申报进口一批通过天津港转关运输到北京的汽车配件。鉴于汽配为高风险商品，北京海关驻朝阳办事处风险管理科根据预定式风险布控，对该票申报为汽车配件的货物进行开箱查验。经查，发现该批货物为带有“尼桑”标志的汽车配件，包括汽车保险杠、活塞、轮毂、减震器、刹车片、油泵、气门、水箱散热器、节温器、天线、发动机罩总成、门窗升降器、水泵、叶子板等共482件，均带有尼桑商标标识，申报价格为20 018.50美元，申报原产地为日本。在查验过程中，海关发现该批货物的质量比较低劣，包装材料简陋，标签印刷不符合规范，且有印刷错误，存在较大的侵权嫌疑。于是通知权利人日产自动车株式会社进行确认。

7月26日，日产自动车株式会社向北京海关提交了知识产权海关保护申请书，认定该批汽车零件为假冒侵权产品。目前北京海关已将该批货物扣留并且正在对该案涉及的其他违法行为进行调查。

二、推荐理由

(1)海关进口环节查获大批侵权商品。北京海关历年来查获的知识产权案件大部分都发生在出口环节，少部分发生在进口环节。本案于进口环节查获且案值较高，充分说明我国也是进口侵权商品的受害者，因此，打击侵权商品的国际贸易供应链，应加强国际海关间的协作与配合，从而促进国际贸易的健康、有序发展。

(2)熟练运用风险分析及布控技术。北京海关将风险布控运用到日常知识产权案件的查处之中，现场关员对商品货源地、申报品名、申报价格、贸易国别、经营单位等高风险信息进行评估分析，结合北京海关工作特点，总结出一套切实有效的风险布控经验。本案也是该关针对假冒汽车配件开展的专项缉查工作查处的案件之一，该关对汽车配件设置预定式布控的成功，充分表明该关能熟练掌握和运用分析及布控的技术。

(3)侵权汽车配件严重危害生命安全。本案中，权利人经对该批汽车配件鉴定发现，该批侵权汽车配件做工粗糙，质量较差，产品无法满足汽车基本的行驶需要，海关查获的侵权汽车配件一旦流入国内市场，将严重危害国内消费者生命安全，造成的危害后果难以估量。本案的查获，体现了北京海关在日常工作中，本着对首都经济健康发展、对人民生活安全负责的态度，认真履行海关知识产权保护的工作职能。

公安机关知识产权保护案例

案例1 宋某等人特大制售假冒世博会门票、特许商品案

2010年5月29日，北京、上海、浙江三地公安机关从一条部分游客持假门票进入世博园区的情报入手，历经1个月的缜密侦查、协同作战，成功破获宋某、李某等人特大制售假冒世博会门票、特许商品案，查获假门票印制窝点菲林片制版场所各1处，捣毁涉博侵权商品制售窝点2处，抓获犯罪嫌疑人7名，捣毁制假窝点15处，查获涉博侵权商品5.87万件，有力地震慑了涉博侵权犯罪的嚣张气焰，为维护世博会正常秩序作出了突出贡献。目前7名犯罪嫌疑人分别因涉嫌伪造有价票证、销售假冒注册商标的商品、假冒注册商标罪被移送起诉。

案例2 北京某传媒科技有限公司涉嫌侵犯著作权案

2010年7月6日，根据北京市版权局移送的“天线视频”网站涉嫌网络影视盗版的案件线索，北京市公安机关对北京某传媒科技有限公司涉嫌侵犯著作权案立案侦查。2010年9月20日，北京市公安机关组织50余名警力分赴北京、天津开展打击行动，抓获犯罪嫌疑人6名，查扣大量涉案物证和40余台服务器、电脑，成功破获了全国首例通过信息网络侵权传播影视作品案件。经查，自2008年7月始，“天线视频”网站开始从事非法提供盗版影视作品网络视频点播服务，网站盗版中外影片、电视剧数量巨大，据初步统计，仅侵犯美国电影协会会员企业著作权的电影就达116部，日均浏览量高达5500万次，是目前全国最大

的盗版影视网站之一。该网站的主办者即北京某传媒科技有限公司。

案例 3　江苏破获销售假冒名牌箱包、服装案

2010 年 12 月 8 日，江苏省公安机关对袁某等人利用互联网销售假冒箱包、服装案开展收网行动，抓获 9 名犯罪嫌疑人，查获假冒“AMANI”、“VERSACE”、“PRADA”等国际知名品牌箱包、服装近 2 万件。经查，2009 年 9 月以来，袁某等人在淘宝网上开设网店，以正品价格 10%～20%的售价在互联网上大肆销售假冒各种国际名牌的箱包、服装，涉案价值 5000 余万元。

案例 4　浙江破获制售伪劣消防器材案

2010 年 12 月 9 日，浙江省公安机关成功破获一起特大制售伪劣消防器材案，抓获陈某等 3 名犯罪嫌疑人，查扣假冒“金盾”、“川消”、“山崎”等品牌消防洒水喷头、水雾喷头、水幕喷头等消防器材成品 1.42 万件。经查，2008 年 3 月以来，陈某等人在不具备生产资质和未经权利人许可的情况下，设立生产窝点，大肆生产假冒消防器材，伪造产品合格证、3C 认证书等，产品销往北京、上海、浙江、江苏、四川等地，涉案价值 2000 余万元。

案例 5　安徽破获制售假农药案

2010 年 12 月 30 日，安徽省公安机关成功打掉一特大制售假农药犯罪团伙，捣毁生产窝点两处，抓获犯罪嫌疑人 3 名，现场查获制假设备 4 台，制假原材料 200 余吨。经查，2010 年 12 月以来，武某等人先在一水泥厂内投资生产假农药，后因周围群众强烈反对，又将制假工厂转移至一山窝内，招募当地村民为工人，大量制造销售假农药。截至案发时，已生产销售假冒“杀手锏”、“地虫宁”、“甲拌磷”等品牌农药 380 余吨。

地方知识产权案例

案例 1　河南济源成功破获一起“冬凌茶”假冒商标案涉案价值近 10 万元

2010 年 3 月，河南省济源市公安局经侦支队在该市知识产权局、工商局的配合下，经过 1 个多月的缜密侦查，成功破获该市首起既侵犯“冬凌茶”产品外观设计专利，又假冒注册商标案件，涉案金额近 10 万元。目前，公安机关对主要犯罪嫌疑人李某取保候审，取得虎年严打侵犯知识产权犯罪行动的“开门红”。

2010 年元月初，济源市济世药业有限公司(以下简称济世药业公司)发现该市有两家土特产店在经销“济世源”牌冬凌茶，产品外观包装与该厂新开发的一种高档冬凌茶清炒茶产品几乎真假难辨，但生产批号却不符，价格比厂家出厂价格便宜 20 元。

鉴于该款产品外观设计已经获得国家专利，济世药业公司向济源市公安机关报案请求查处。鉴于冬凌茶系列产品是该市重要的特产产品，济源冬凌茶被认定为国家地理标志保护产品，而济世药业公司又是该市加工生产冬凌茶系列产品的龙头企业，济源市公安局陈家利副局长要求经侦支队尽快成立专案组，从快查处。

专案组干警迅速与济源市知识产权局、工商局取得联系，初步认定这是一起涉嫌侵犯济世药业公司外观设计专利、同时又涉嫌侵犯注册商标权的案件。

专案组民警结合济世药业公司同类产品近期销量下降的数量，确认全市不仅只有这两家特产店出售假冒的“济世源”清炒茶。为查清假冒“济世源”清炒茶的产、供、销网络，专案组初步确定了从物到人，再从人到窝点、售货点的侦查思路。

经专案组民警半个月的缜密侦查，确定了全市出售假冒“济世源”清炒茶的近 20 家商店、超市,并摸清了送货人员的行踪。2010 年元月 26 日 9 时,济源市公安局协调市工商局、市知识产权局,组织 40 名民警、工作人员,统一行动,对涉嫌销售假冒“济世源”清炒茶的商店、超市及仓库进行了检查,当场查扣 20 余盒涉嫌假冒的“济世源”清炒茶。经进一步工作,查明了假冒的“济世源”清炒茶系济世药业公司股东、原副总经理李某所改装。

经突审,李某供述了其假冒注册商标的犯罪事实:为牟私利,李某于 2009 年秋天,私自从济世药业公司委托印刷包装物的印刷厂,购回一批包装盒,又从济世药业公司经销商手中低价回购了一批陈年茶,改装为重量较小的包装,以低于同类真品市场价的价格出售。

办案民警在李某朋友家的车库里,查获了李某一套炒茶制假工具,以及尚未出售的一批“济世源”清炒茶,涉案商品价值 3 万余元。同时,在该车库里,还发现李某冒用济源市王屋山土特产有限公司名义,假冒该公司“愚王”注册商标制作的数百套“冬凌茶”清炒茶,涉案价值 6 万多元。

鉴于李某生产的假冒产品尚未在市场上大量售出,且认错态度较好,公安机关对其采取了取保候审措施。目前,该案件正在进一步审理之中。

(河南省知识产权局)

案例 2 驻马店市知识产权局成功处理一起许诺销售侵权案件

2010 年 3 月,驻马店市知识产权局接专利权人北京周某信函投诉:未经其同意,驻马店某游乐设备公司自 2009 年 11 月以来,公开在互联网上许诺销售“水上旋转球”产品,由于该产品已由北京周某于 2008 年申请实用新型专利并于 2009 年 4 月获得授权,这一行为严重地损害了专利权人的合法权益,为其生产、销售造成了不利影响。为此专利权人向驻马店市知识产权局提出侵权处理请求,要求该企业立即停止在互联网上针对该专利产品的许诺销售并进行赔偿,同时附有该企业许诺销售的证据等证明材料。

许诺销售是指:以做广告、在商店橱窗中陈列或者在展销会上展出等方式作出销售商品的意思表示。按照《专利法》第 11 条的规定,专利权被授予后,除本法另有规定以外,任何单位或者个人未经专利权人许可,都不得实施其专利,即不得为生产经营的目的制造、使用、许诺销售、销售、进口其专利产品。

接到专利权人的请求后,驻马店市知识产权局及时立案并派出执法人员前往该企业调查取证、了解情况。该企业的负责人向执法人员陈述了事情始末:由于在网络上发现“水上旋转球”,看好市场前景,曾与专利权人取得联系,希望转让技术、代理这一产品,但专利权人没有同意这一请求。该公司仅是制作了该产品的广告宣传页面,发布到互联网上做宣传广告,实际上对水上旋转球的制作原理及制作工艺流程并没有掌握,当然也没有能力生产这一产品。

经过执法调查,执法人员制作了调查笔录,固定了相关证据,证实了该企业确实存在有许诺销售的事实,构成了侵权。随即执法人员对企业负责人进行了劝导,使其认识到该行为的恶劣性。鉴于该公司并没有实际生产销售该产品,随即作出处理决定:要求该公司立即清除互联网上关于许诺销售“水上旋转球”的宣传,消除对专利权人的影响,并作出不再侵权的书面保证。该公司随后履行了处理决定。

案件处理后,请求人特向驻马店市知识产权局发来感谢信:“对市知识产权局的这种对工作认真负责、为专利权人服务的精神表示衷心感谢!”

(河南省知识产权局)

案例 3 苏州金红叶纸业集团有限公司群体侵权纠纷案件

一、案情介绍

2010 年 7 月 22 日请求人金红叶纸业集团有限公司向武汉市知识产权局提出调处请求。该局受理后,依法组成合议组,向请求人送达了受理通知书,向被请求人送达答辩通知书和请求书副本。2010 年 9 月 16 日,该局公开开庭审理了本案,现已审理终结。

请求人称:金红叶纸业集团有限公司是名称为“包装纸(清风 BOOB 马蹄莲)”ZL200830022898.8 号外观设计专利的专利权人,被请求人武汉市某纸业有限公司未经许可在武汉市实施了生产、销售“清晨一长卷无芯卷纸”、“清亮度一长卷无芯卷纸”,其生产、销售的产品的外观特征落入请求人专利权的保护范围。根据《专利法》及相关规定，被请求人的行为已经严重损害了请求人的利益，为了维护请求人的合法权益，请求责令被请求人立即停止侵权行为，没收违法所得，销毁侵权产品并处以罚款。

被请求人辩称：武汉市某纸业有限公司的产品外观是自己独立设计，其产品外观与请求人专利保护范围有很大的差别，不存在侵权问题；被控侵权产品作为家用卫生纸，消费者购买识别时是依据品牌而不是依据外观设计进行选择，而被控侵权产品与专利产品两种产品的品质和消费群体及市场定位完全不一样，不会引起消费者的误认，也不会对请求人造成损害，请求驳回请求人的请求。

开庭审理后，武汉市知识产权局根据双方当事人的诉辩主张、庭审调查情况和执法现场拍摄的照片以及确认的证据，认定被请求人销售的"清晨一长卷无芯卷纸"、"清亮度一长卷无芯卷纸"落入了外观设计专利的保护范围，根据法律规定，作出处理决定如下：一、被请求人立即停止生产、销售侵权产品"清晨一长卷无芯卷纸"、"清亮度一长卷无芯卷纸"；二、尚未售出的侵权产品不得以任何形式投入市场，其产品的外包装予以销毁；三、承担本案调处费 1000 元。

二、案件点评

涉案专利近年来一度在保定、南昌和湘潭等地被群体侵权，而发生在武汉这起侵权，涉及两个产品同时被侵权，给当事人在武汉市及武汉周边城市的销售带来了严重的影响。武汉市知识产权局立案受理后，作了耐心、细致的调解工作，在调解未成的情况下，为兼顾专利权人的维权效率，增强专利权人的维权信心，立即进行口头审理，迅速作出处理决定，认定被请求人侵权行为成立。在送达《处理决定书》后，当事人在限定的时间内立即履行了处理决定书规定的全部内容，并主动上缴被认定侵权产品所涉全部生产模具，承诺立即停止侵权行为，对此结果，专利权人非常满意。这起发生在武汉，涉及面较广的群体侵权纠纷案件，武汉市知识产权局之所以在两个多月的时间能顺利办结，得益于案件处理前期的耐心宣传和细致的调解工作，所以作为处理专利侵权纠纷的专利行政执法工作，如果能坚持政府主导，调处结合，必能走出一条处理群体侵权纠纷的特色之路。

（湖北省知识产权局）

案例 4　上海膳神日用品有限公司专利群体侵权纠纷

一、案情介绍

上海膳神日用品有限公司是名称为"原味多层蒸气锅"（专利号 ZL02217581.4）的专利权人。2006 年 1 月 12 日，上海膳神日用品有限公司发现天津某工贸有限公司在武汉国际会展中心举办的六省市服装展上展示和销售的产品与其专利产品完全相同，请求武汉市知识产权局维护其合法权益。武汉市知识产权局受理立案后，立即组织执法人员赶赴展会现场调查取证，送达了答辩通知书和请求书副本。经上海膳神日用品有限公司申请并提供担保，武汉市知识产权局现场暂扣了天津某工贸有限公司在展会上销售的涉嫌侵权产品，并建议展会组委会暂停了该商品的销售和展出。最后此案的处理结果是，当事人双方达成调解协议而结案。下半年，在"华东六省市服装展"、"第七届中国国际机电产品博览会"和"中部地区农副产品、土特产品展销会"等展会上，北京某科贸有限公司、厦门某科技有限公司都涉嫌侵犯上海膳神日用品有限公司的上述专利权。武汉市知识产权局应当事人请求，经过调查确认，北京某科贸有限公司、厦门某科技有限公司的侵权事实都基本成立。武汉市知识产权局亦依法对其中一案作出了处理决定，并查封了侵权产品，对其余案件则在武汉市知识产权局主持下由当事人分别进行了调解与和解撤诉。

二、案件点评

武汉市知识产权局对上述专利侵权案件所作的处理只能是针对展会中的销售或许诺销售行为，并不能从根本上解决生产环节中存在的专利侵权问题，只是治标而未能治本，专利权人的合法权益还未能得到完全有效的保护，像现在展会这样的状况，专利权人维权成本较高，行政机关执法较难的问题也普遍存在。目前，全国正在开展保护知识产权执法专项行动，明确要求加大对专利领域反复、群体、恶意侵权行为的打击力度，严格执行展会知识产权保护办法，做好重要展会知识产权保护工作。如何加强展会知识产权保护，维护专利权人的合法权益，是一个值得探讨和研究的课题。

（湖北省知识产权局）

案例 5 陈明泽专利群体侵权纠纷案

一、案情介绍

中国澳门的陈明泽是专利号为 ZL2004 20047026.3、名称为“一种底盘为嵌卡结构的摇椅学步车”的专利权人，其专利产品由中山宝宝好日用制品有限公司生产，该产品上市后，市场上假冒侵权行为泛滥，特别是武汉市汉正街母婴童车市场销售侵犯专利产品的单位即多达 10 多家，这种大规模的群体侵权行为给专利权人造成了极大损失。2007～2009 年，专利权人先后向武汉市知识产权局提出了 9 起专利侵权纠纷处理请求。武汉市知识产权局立案受理后，分别向被请求人送达了有关法律文书，并对部分涉嫌侵权产品采取了行政强制措施。在该案处理过程中，武汉市知识产权局根据案情实际及法律规定，分别对有关当事人进行调解，取得实际成效。在受理的 9 起案件中，调解 5 件，撤回 2 件，处理 2 件。不仅为专利权人赢得了市场份额，而且挽回了较大的经济损失。

2010 年 10 月，专利权人陈明泽发现在该市场群体侵犯其专利权的行为仍时有发生，经过调查取证后，于 11 月向武汉市知识产权局一举提出了 5 起专利侵权纠纷调处请求，目前该 5 起案件正在处理之中。

二、案件点评

在全国开展保护知识产权专项行动的大背景下，国家知识产权局明确要求全国知识产权系统加大对专利领域反复、群体、恶意侵权行为的打击力度，在此背景下，不论是国家知识产权局开展“雷雨”行动，还是目前全国正在开展的保护知识产权专项行动，打击专利领域反复、群体、恶意侵权行为始终是知识产权部门执法工作的主战场，武汉市知识产权局以处理这种群体侵权纠纷为突破口，一举为专利权人化解了 9 起专利侵权纠纷，既节约了当事人的维权成本，又充分体现了行政机关在调处专利侵权纠纷中灵活、便捷和高效的特性，适应了新形势的发展需要，促进了经济的发展。

（湖北省知识产权局）

案例 6 赛克斯公司假冒他人专利案

襄樊市知识产权局 2008 年 7 月 7 日接到举报，举报内容为：在重庆发现举报对象赛克斯公司参与的一起涉及“高压热变电阻起动器”的招标案中，向招标方重庆水泵厂提供了该公司的承诺书及授权专利的证书，但赛克斯公司的这份专利证书为伪造证书。经该局检索查明，举报方提供的赛克斯公司专利证书复印件上专利号 200520095091.8 指向的专利权人并不是该证书上标明的“赛克斯公司”，而应为“金恒公司”，由此认定该案为赛克斯公司假冒他人专利案，属《专利法实施细则》第 84 条第（4）款：伪造或者变造他人的专利证书、专利文件或者专利申请文件的行为。

襄樊市知识产权局执法人员于 2008 年 7 月 10 日专程前往重庆进行调查，7 月 11 日，执法人员在重庆市知识产权局执法人员的配合下，对重庆水泵厂了解该厂有关招投标事宜的财务总监张传月进行了询问调查，经调查，张传月否认重庆水泵厂进行过关于高压热变电阻软起动设备的招标活动，也否认了赛克斯公司参与过在该厂的招投标项目。

2008 年 8 月 15 日，举报方向执法人员提供了一套由赛克斯公司向重庆水泵厂呈送的“热变电阻起动产品及质量说明”投标书原件，在该投标书中清楚地记载着赛克斯公司提供给重庆水泵厂的“承诺书”原件及附带的专利证书复印件。

2008 年 9 月 10 日至 2008 年 10 月 13 日期间分别对涉及该案的相关人员进行了调查询问，案件基本调查清楚：2008 年 5 月之前，赛克斯公司收到重庆水泵厂的电话通知，说有套设备，其中需要用到热变电阻起动器，而热变电阻起动器的招标项目安排在重庆水泵厂供货业务单位重庆川仪工程技术有限公司进行，于是赛克斯公司业务经理朱某准备了一份投标书，并向重庆水泵厂报了投标价参与竞标。在这次投标的竞争对手中还包括大力公司，大力公司在竞标中提出了该技术的知识产权事宜，因为赛克斯公司没有专利，为了使公司在竞标中占有优势，朱某在了解到自己公司的业务伙伴金恒公司有跟这次招标项目一致的专利后，就找到金恒公司在重庆的业务人员，拿到金恒公司的“高低压热变电阻起动器”专利证书，并变造了专利证书中专利权人的名称，改为“赛克斯公司”，并写了一份说明自己公司有专利的承诺书，连同变造的专利证书一起做到投标书中。由于赛克斯公司竞标的报价比其他参与竞标的公司价位低，尤其是比大力公司的报价低了一倍，加之赛克斯公司提供有专利证书，经竞标后，赛克斯公司中标。

中标后，赛克斯公司同重庆川仪工程技术有限公司签订了一份销售一台热变电阻起动器的买卖合同，合同标的额为 71 000 元人民币。根据合同要求，先期 30% 的预付款 20 000 元人民币已于 2008 年 6 月 19 日转入赛克斯公司账户，由于市场因素，重庆川仪工程技术有限公司并没有急于要求赛克斯公司发货，因此，热变电阻起动器设备还存放在赛克斯公司厂房中，重庆川仪工程技术有限公司剩余款项也没有给出。

经调查，襄樊市知识产权局执法人员认定以下事实：

（1）专利号为 200520095091.8 的产品专利权人为金恒公司的事实；

（2）金恒公司对赛克斯公司变造其公司专利证书一事不予追究的事实；

（3）赛克斯公司承认其公司有变造他人专利证书的事实；

（4）赛克斯公司业务经理朱某承认其变造了他人专利证书的事实；

（5）赛克斯公司是同重庆川仪工程技术有限公司签订涉案产品的买卖合同，并不是重庆水泵厂的事实；

（6）赛克斯公司收到涉案产品销售预付款 20 000 元的事实；

（7）赛克斯公司未交付涉案产品的事实。

根据以上调查事实，襄樊市知识产权局执法人员得出该案调查结论：赛克斯公司变造他人专利证书、假冒他人专利的违法事实成立，并存在有违法所得 20 000 元人民币。

2008 年 11 月 7 日，襄樊市知识产权局对赛克斯公司发出《假冒他人专利/冒充专利行为处罚前告知书》，并作出拟处罚决定。在规定的申辩期内，赛克斯公司给该局递交了书面陈述，说明已于 11 月 13 日将违法所得的 20 000 元定金退还给了重庆川仪工程公司，并且与重庆川仪工程公司解除了“高压热变电阻起动器”的合同关系，为此，赛克斯公司提交了两份证明材料：（1）关于重庆川仪工程公司合同作废的陈述；（2）中国工商银行网上银行电子回单（用途栏注明：因合同作废退回定金）。

针对赛克斯公司的陈述，襄樊市知识产权局认为：赛克斯公司变造了他人专利证书进行市场交易，属专利诈骗行为之一，并且是 2008 年国家知识产权“天网”行动重点打击的专利违法行为，虽然赛克斯公司主动将违法所得退还给原合同公司，减小了损害影响，减轻了违法行为的危害后果，属《行政处罚法》第 27 条可依法从轻或减轻行政处罚规定的内容之一，但因变造专利证书的违法事实依然存在，在定性上认定为情节较重的违法行为。

本着行政执法机关对违法相对人的违法行为以教育为主、处罚为辅的原则，鉴于赛克斯公司已将违法所得退还，并且解除了合同，由于自身的违法行为造成生意上的损失，已经足以使其得到深刻警示，因此，在处罚裁量上，予以酌情考虑。

综上，根据《专利法》第 58 条，《专利法实施细则》第 84 条，《行政处罚法》第 8 条，《专利行政执法办法》第 36 条第 4 款、第 38 条第 2 款、《湖北省专利保护条例》第 31 条第 1 款、第 3 款以及襄樊市《关于进一步治理和优化经济发展环境的意见》第 9 条的有关规定，襄樊市知识产权局对赛克斯公司作出如下处理：

（1）立即停止变造他人专利证书的违法行为，上缴变造的专利证书；

（2）处以 2000 元人民币的罚款；

（3）责令赛克斯公司将违法情况通知重庆川仪工程技术有限公司及重庆水泵厂。

（湖北省知识产权局）

案例 7　假冒 CK 品牌案

2010 年 11 月 2 日，代理美国 CK 品牌的知识产权代理公司向南海区盐步派出所报案称：佛山市某服饰有限公司大量销售假冒美国 CK 品牌内衣、内裤、文胸等商品，存在侵犯其知识产权的行为。接报后，盐步派出所立即将案情向佛山市南海区公安分局经侦大队汇报，南海区公安分局经侦大队立即组织民警对该服饰有限公司进行搜查，当场查获假冒美国 CK 品牌的男性内衣用品和女性内衣用品及包装物共 25 万余件（个）。侦查人员当即将该公司的总监刘某池、销售经理林某泰、销售员刘某渠、仓库管理员刘某湖 4 人抓获，并扣押了上述涉案物品。

2010 年 11 月 2 日，佛山市公安局依法将该案立为销售假冒注册商标商品案展开侦查。据查，4 名犯罪嫌疑人于 2010 年 7 月 14 日成立了佛山市某服饰有限公司，并组织人员到广州市内一些店铺低价购进无牌内衣、内裤、文胸等商品进行贴牌加工成美国 CK 品牌的内衣产品，2010 年 8 月，刘某池等人还在某网站上开设网店对外销售假冒美国 CK 品牌的内衣、内裤、文胸以牟取暴利。经侦查人员调查，从 2010 年 9～11 月已从网店卖出假冒的美国 CK 品牌的内衣等产品货值 100 多万元。另外，经有关部门对上述查扣的假冒美国 CK 品牌的内衣等产品进行核价，估值达几千万元。11 月 3 日，佛山市公安局依法将犯罪嫌疑人刘某池、林某泰、刘某渠、刘某湖 4 人刑事拘留，12 月 8 日，4 人被依法逮捕，案件于 2010 年 12 月 20 日移送起诉。

本案中，公安部门在接受举报的当天就进行了查处，快速准确的打击行动取得了很好的效果，同时，充分发挥情报分析，科学运用侦查手段和策略，实施刑侦、技侦多警联动和部门合作，相互配合，协同作战，大大提高了侦查效率，取得了辉煌战绩。

（广东省知识产权局）

案例 8 “千里眼手推刀片”群体性假冒专利案

2010 年 9 月 1 日，专利权人张某国向广州市知识产权局举报称：其产品“千里眼手推刀”于 2006 年向国家知识产权局申请了名称为“手推刀片”的外观设计专利，并于 2008 年 5 月 21 日获得授权，专利号为 ZL200630130O5.3，在花都区狮岭发现有 12 家店铺销售其产品的仿制品，涉嫌侵权产品不仅与其申请的外观设计专利相同，还标注了其专利号。

广州市知识产权局接到举报后，经过认真研究，进行了大量的前期调查工作，于 9 月 28 日上午联合白云区、花都区和属地街道执法人员共 20 余人，分成若干个查处小组同时行动，全面检查，收缴涉案产品一大批，对一家重复售假的单位进行了行政处罚。另外，执法人员在现场还发现了提供销售单位的制造源头线索，通过跟踪、分析等办案手段，找出了制售窝点，查处了白云区的两家售假源头，共处罚款 9.5 万元。

本案中，涉案产品不但涉嫌假冒专利，还涉嫌专利侵权，专利权人选择通过举报 10 多家店铺群体性涉嫌假冒专利来维护其自身权益，大大节约了维权成本，缩短了维权时间。另外，本案中，执法人员根据举报人提供的线索和现场调查的情况，注重综合分析同类案件之间的线索关联，积极查找制售假冒商品的源头并予以打击，进一步扩大了办案效果。

（广东省知识产权局）

案例 9 假冒著名公司注册商标案

2010 年 11 月 12 日，汕头市潮阳区工商局根据群众举报，联合公安部门对一辆涉嫌运载假冒商品的货车进行了查扣，发现货车上装载有涉嫌假冒安利、宝洁、兰蔻等公司商标的商品共 800 余件，27 个品种。

潮阳区工商局和公安部门对查扣的货品进行清点并封存后，立即抽样送交安利（中国）日用有限公司和广州宝洁有限公司等相关公司对货品进行认定，证实该批货物为假冒商标商品，总货值达 1000 多万元。由于该批假冒注册商标物品的货值金额大，汕头市潮阳区工商局将本案移送公安机关立案处理。

《最高人民法院、最高人民检察院关于办理侵犯知识产权刑事案件具体适用法律若干问题的解释》规定，未经注册商标所有人许可，在同一商品上使用与其注册商标相同的商标，假冒两种以上注册商标，非法经营数额在 15 万元以上，应当以假冒注册商标罪判处 3 年以上 7 年以下有期徒刑，并处罚金。本案涉及中外多个知名商标，且涉案金额达到刑事犯罪的额度，已涉嫌构成犯罪。根据《行政处罚法》以及国务院《行政执法机关移送涉嫌犯罪案件的规定》，汕头市潮阳区工商局将本案件及时移送公安部门处理。本案在处理过程中，行政执法部门与公安部门通力合作，充分发挥了行政执法与刑事司法衔接机制的作用，快速处理了侵权行为，严厉打击了违法分子的嚣张气焰。

（广东省知识产权局）

案例10　侵犯“Genius”大眼睛系列玩具产品著作权案

2010年8月3日，美国某工业公司向汕头市文化市场综合执法大队举报称，汕头市澄海区某塑料玩具厂生产销售的大眼睛系列玩具产品侵犯其“Genius”大眼睛系列玩具产品著作权，要求依法予以查处。据了解，“Genius”大眼睛系列玩具产品是权利人分别于2002年、2003年推出的，并于2006年6月向国家版权局申请了著作权登记。

2010年10月9日，汕头市文化市场综合执法大队对某塑料玩具厂进行检查，在该厂的生产车间和展厅发现有权利人投诉的“Genius”系列大眼睛玩具产品，执法人员在检查中还发现该厂在宣传画册、产品报价单和网站上分别刊登有销售上述侵权产品的广告。执法人员依法抽样取证，就地登记封存了7箱侵权产品，并根据现场调查，认定该厂存在生产销售侵犯权利人著作权的玩具产品的事实清楚，其行为损害了社会公共利益，根据《著作权法》及有关规定，责令某塑料玩具厂停止生产、销售侵权产品的行为，并对该塑料玩具厂作出没收、销毁侵权产品，罚款人民币10 000元的行政处罚。

本案涉及实用艺术作品的著作权侵权问题。虽然在《著作权法》和《著作权法实施条例》中没有明确规定对实用艺术作品的著作权保护，但《伯尔尼公约》第2条规定，该公约所保护的文学艺术作品包括实用艺术作品。我国于1992年9月25日制定并颁布的《实施国际著作权条约的规定》第6条第1款明确规定：起源于《伯尔尼公约》成员国的外国国民的实用艺术作品在中国自该作品完成起25年内受中国法律保护。我国和美国均是《伯尔尼公约》的成员国，该案权利人是美国公司，其主张权利的玩具具有独创性和艺术性，符合实用艺术作品的构成条件，其实用艺术作品著作权应受我国法律的保护。

（广东省知识产权局）

案例11　“自动涂覆油脂的煎炸锅”发明专利侵权纠纷案

SEB公司是专利号为ZL200580018875.3、名称为“自动涂覆油脂的煎炸锅”发明专利的专利权人，2010年10月，该公司发现佛山市禅城区某电子电器厂在第108届广交会上展示的某型号电炸锅落入了请求人的上述专利权的保护范围，侵犯了其专利权，在广交会上派发的宣传广告上也有该型号电炸锅的图片，遂向广交会知识产权投诉站投诉。经处理，被投诉人立即将上述涉嫌侵权产品撤展并自行销毁，同时剪除带有该型号电炸锅图片的宣传广告彩页，删除网站上有关该型号电炸锅的宣传资料。2010年12月2日，SEB公司向佛山市知识产权局提出处理专利侵权纠纷的请求。

佛山市知识产权局立案后，到被请求人经营场所进行现场勘验，在被请求人的车间和仓库没有发现侵权产品。2011年1月，在佛山市知识产权局的调解下，双方达成以下和解协议，被请求人承诺，今后不再以参加展会、产品目录、网页宣传等任何方式展示该型号电炸锅或者其他侵犯请求人专利权的产品，若违反，被请求人愿意向请求人支付人民币10万元；被请求人承诺不制造、使用、销售、进口该型号电炸锅或其他侵犯请求人专利的产品，若违反，被请求人愿意按照每台专利产品净获利人民币300元的标准，计算请求人因被侵权所受到的损失。

广交会制定的《涉嫌侵犯知识产权的投诉及处理办法》规定，在广交会上被认定为“涉嫌侵权”的企业，投诉站终止其涉嫌侵权物品展出。该案件的权利人从展会开始维权，展会后启动行政保护程序，有效地维护了自己的合法权益。

（广东省知识产权局）

案例12　侵犯网络文字作品著作权案

广东省版权局于2010年8月25日收到国家版权局转来的线索，称广东某网站涉嫌文字作品侵权。经查，该案的涉嫌侵权人及网站位于广东省揭阳市。广东省版权局立即指定揭阳市版权局进行查处。

揭阳市版权局接到案件后迅速行动，经协调有关部门进行调查，确认了该网站的 IP 地址归属地，揭阳市版权局对该 IP 接入的服务器进行了检查，发现该站存有《修凡记》、《紫炎天帝》、《台北少女成长救赎：那年榕树下》等小说文学作品。经调查，该服务器业主陈某开办的网站在上海备案，陈某利用自动采集程序自动在网络上采集未经授权的小说文学作品放在网上供他人阅读，侵犯了权利人的权利。揭阳市版权局决定对陈某作出罚款人民币 3 000 元和没收服务器的行政处罚。

为了界定和明确网络文字侵权行为的性质和法律责任，我国对网络著作权先后制定了相关的法律法规，包括：《互联网著作权行政保护办法》、《最高人民法院关于修改〈最高人民法院关于审理涉及计算机网络著作权纠纷案件适用法律若干问题的解释〉的决定（二）》和《信息网络传播权保护条例》等。本案中，涉案人未经权利人同意通过信息网络提供他人的作品，对权利人利益造成了实质性损害，应该承担停止侵害、消除影响、赔礼道歉、赔偿损失等民事责任，并处罚款。

（广东省知识产权局）

案例 13 “四人人力驱动休闲船”实用新型专利纠纷调处案

一、案情简介

专利权人张某拥有“四人人力驱动休闲船”实用新型专利，专利号为：200620022318.0。张某于 2010 年 12 月 31 日向云南省知识产权局投诉，称被请求人冯某等多人大规模生产制造专利权人的专利产品，并提交涉嫌侵权产品照片。云南省知识产权局于 2011 年 1 月 4 日依法受理该案。

经查明，专利权人张某于 2008 年 2 月 25 日以相同的事实和理由向昆明市中级人民法院起诉过冯某，法院以专利权人张某提交的证据只能反映被控侵权产品的部分外观特征和生产材料，无法完全反映被控侵权物品的技术特征为由，于同年 6 月 16 日作出判决，驳回原告（专利权人）张某的停止侵权和赔偿损失的诉讼请求。云南省知识产权局执法人员依法向被请求人冯某询问，冯某称自 2008 年 6 月 16 日后，被请求人冯某没有继续生产制造休闲船，现场存放的休闲船系他人委托其对以前的旧船刷漆翻新，不属于生产制造的侵权行为，并向执法人员书面承诺不生产本案专利休闲船。云南省知识产权局执法人员向休闲船主管部门的工作人员核实，为严控休闲船数量，现已停止审批休闲船营运，目前只允许对旧船实施改造。据此，印证被请求人冯某目前未制造涉嫌侵权船只，不存在生产制造的侵权行为。

2011 年 1 月 26 日，云南省知识产权局执法人员向请求人张某说明了前述的调查事实，出示了被请求人冯某的保证不再生产休闲船的书面承诺，并讲解法律知识，特别是侵犯专利权的构成要件和举证责任。最终，专利权人张某向云南省知识产权局自愿申请撤回对被请求人冯某的专利侵权纠纷案件的调处请求。

之后，本案请求人张某又提出，近千名不特定人未经其许可使用其休闲船专利，侵犯其专利权，请求云南省知识产权局处理，要求所有涉案专利船只停止使用。由于请求人无法确定具体的被请求人，云南省知识产权局向其说明情况，不予受理。

二、案件评析

本案最终以请求人自愿撤回处理请求结案，但请求人以不特定的多人为被请求人向管理专利工作的部门请求处理，管理专利工作的部门又该如何调处呢？

根据现行《专利行政执法办法》第 8 条第 1 款第（2）项的规定，有明确的被请求人，是请求处理专利侵权纠纷的条件之一。因此，在群体性专利侵权纠纷申请处理时，请求人必须确定被请求人的人数和具体的主体，申请处理时，被请求人的人数和具体主体尚未确定的，管理专利工作的部门向请求人说明理由，不予受理。

在申请处理时被请求人部分明确而部分不明确，能否采取公告登记形式通知不明确的其他被请求人参加调处？此问题可以从《民事诉讼法》的有关规定获得解答。根据《民事诉讼法》第 55 条第 1 款的规定，诉讼标的是同一种类、当事人一方人数众多在起诉时人数尚未确定的，人民法院可以发出公告，说明案件情况和诉讼请求，通知权利人在一定期间向人民法院登记。本条款规定公告通知的对象是案件的权利人，具体指案件的原告或者有独立请求权的第三人，不是针对被告。因为一般情况下，民事权利可以放弃或变更，根据

《民事诉讼法》第55条第4款的规定，人民法院作出的判决、裁定，对参加登记的全体权利人发生效力。未参加登记的权利人在诉讼时效期间提起诉讼的，适用该判决、裁定。依此规定权利人的民事权利未受到影响。但反之，如果规定义务人在一定期间向人民法院登记，人民法院作出的判决、裁定，对参加登记的全体义务人发生效力。未参加登记的义务人在诉讼时效期间提起诉讼的，适用该判决、裁定。这样的话，就会剥夺未登记义务人的诉讼权利直至未经审理强加法律责任给义务人，违背基本的法理。因此对不明确的义务人不能采取公告登记的形式通知其参加诉讼。同理，群体性专利侵权案件中不明确的被请求人作为义务人，也不能采取公告登记的形式通知其参加调处。

对于具有明确的多名被请求人的案件中，不同的被请求人主体，其侵权行为的性质和方式可能不相同，对行为性质和方式不同的，管理专利工作的部门应当个案调处；相同性质和方式的行为，可以采取代表人的形式共同处理。具体的处理程序可以参照《民事诉讼法》有关代表人诉讼的审理程序进行。

（云南省知识产权局）

国家知识产权局学术委员会2010年度学术研究成果

一、2010年度一般课题名单

（一）实审专业委员会

1. 由最新司法解释引出的关于专利实质审查标准的研究
2. 由绝对新颖性标准引出的互联网证据使用问题研究
3. 电池领域检索策略的研究
4. 对涉及计算机特殊领域的专利审查实务研究
5. 医药领域发明专利申请的检索策略研究
6. 智能电网故障测试技术分析及专利审查标准研究
7. 涉及分案申请规则和审查方式的研究
8. 化学领域检索过程质量控制研究
9. 移动通信领域实体审查质量研究

（二）初步审查和流程优化专业委员会

1. 专利审查流程精细化管理实务研究
2. 集成电路布图设计登记的审查标准与事务处理的相关问题研究
3. 关于进入国家阶段的国际申请审查规则的调整与完善研究
4. 专利实施许可合同备案相关法律问题的研究
5. 提高著录项目变更审查效率的研究

（三）实用新型专业委员会

1. 实用新型初步审查范围研究
2. 实用新型审查制度的合理定位及发展方向
3. 实用新型专利授权质量评价

（四）外观设计专业委员会

1. 外观设计分领域审查实务研究
2. 外观设计可专利性审查标准实务研究
3. 中美日欧韩外观设计制度比较研究
4. 我国加入海牙协定的相关问题研究

（五）文献专业委员会

1. 文献资源建设发展研究
2. 中国专利部分领域细分类研究及IPC分类位置范围研究
3. 专利信息服务发展研究

（六）复审专业委员会

1. 功能性限定权利要求相关法律问题研究
2. 计算机软件专利保护及审查的研究
3. 外观设计判断方法研究

（七）信息化专业委员会

1. 日本特许厅检索系统最优化计划研究
2. 武汉数据备份中心数据资源运维方案研究
3. 知识产权数字出版平台建设研究

二、2010年度优秀课题概要

1. 课题名称:由最新司法解释引出的关于专利实质审查标准的研究

课题负责人:肖光庭

本课题通过研究司法解释的立法思想,立法背景和原则、法律地位及与实质审查工作的联系等引出司法解释与专利实质审查标准的异同。本课题分章节对司法解释与实质审查密切相关的各种条款进行了深入分析,并分别从行政审查的角度和司法审理的角度对权利要求保护范围的确定,全面覆盖原则,功能性限定,捐献规则及禁止反悔原则进行了详细分析和比较,形成了一些有关司法解释对实质审查标准的影响的研究结论和建议。

2. 课题名称:由绝对新颖性标准引出的互联网证据使用问题研究

课题负责人:朱仁秀

本课题首先根据互联网证据所具有的诸如技术含量高、精密性与脆弱性并存、易被篡改或灭失以及具有复合型和间接性等区别于传统证据的特点,对互联网证据的法学属性进行了研究,重点研究了其证据资格问题和其合法性与真实性以及其公开性与时间性,特别对目前存在的不同形式的互联网证据的公开性进行了分析;其次,从互联网证据的法律地位和其在实际审查工作中的判断使用两方面对日本、美国、欧洲及韩国专利局的相关法律法规及一些现行的做法进行了比较分析,研究了其中可以考虑借鉴的经验,提出了我局在专利审查工作中应确立的互联网证据的判断标准及使用步骤,特别针对互联网证据易灭失的特性,提出互联网证据需要采取证据保全措施;从增强互联网证据的证明力的角度重点研究了互联网证据的各种保全方式及其在专利审查工作中的适用性问题,在梳理和分析了目前世界上已有的诸如证据保全公正、建立互联网档案馆、建立可信时间戳服务中心、提供第三方电子证据保管服务、建立电子数据司法鉴定中心等各种方式的利弊后,从专利审查实务操作角度结合具体案例对互联网信息作为现有技术证据使用的具体方法进行了探讨和研究,进而提出了适合我局审查工作实际的互联网证据保全固定方式及其具体操作步骤,主张对于来自高信誉度网站的互联网证据采用较为简单的证据固定方式,对于来自信誉度较低的网站的证据有必要增加一些更严谨的步骤,以尽可能地将互联网证据在保全时的情形完整地呈现出来,以备后需之用;最后,对作为专利审查工作操作规范的《审查操作规程》的相关部分提出了修改建议,包括建议将互联网证据的使用方法写入《审查操作规程》、完善检索报告的填写方式、补充检索报告的填写内容等,并以案例的形式给出了具体操作示范,使互联网证据用于专利审查工作中的操作更加规范化。

3. 课题名称:化学领域检索过程质量控制研究

课题负责人:曲淑君

本课题通过对化学领域的常用检索资源适用性进行分析以及对化学领域的各分支领域检索策略进行系统研究,进而探索化学领域检索过程质量控制举措,以用于指导和规范审查员的检索过程,提高检索效率和检索质量。

化学领域常用检索资源的适用性分析是本课题研究的基础。通过对化学领域常用的八个专利数据库、五种分类体系、四类期刊资源、三种图书资源、五类互联网免费资源以及CA、STN、e药全库等检索资源进行研究,并结合97个实际案例加以分析,归纳总结了这些检索资源与化学领域不同技术主题之间在检索方面的适用关系。

化学领域专利申请的检索策略研究是本课题研究的主要手段。研究过程中,通过将化学领域具体划分为化工、无机、高分子、有机、药物这5个分支领域,选择有代表性的15个技术主题,对不同技术主题专利申请的特点进行分析,以每个技术主题选择出的多个实际案例为基础对其检索策略和检索技巧进行分析、归纳和总结。其中对各技术主题检索策略和检索技巧的研究中采用了多人共同检索的模式,以相关领域不同审龄的审查员提供的检索结果为分析对象,以发明点的提炼、检索要素的表达、数据库的选择、检索式的构造、检索的效率等为分析要素,通过对39个实际案例的深入分析和研究,全面总结了各技术主题的检索策略和检索技巧,并对产生漏检的原因进行了分析。

化学领域检索过程质量控制举措是本课题研究的目的。在上述研究工作的基础上,进一步分析并总结了影响化学领域检索质量的三个主要因素,(1)发明点的提炼是否准确以及对权利要求的理解分析是否准确;(2)检索要素的表达是否全面和准确以及检索式的构造是否合理;(3)检索资源的选择是否合适。根据影响化学领域的检索质量的主要因素，有针对性地提出两项提高化学领域检索质量的对策：(1)提出预检索的概念，通过执行预检索以准确提炼出发明点并对检索要素进行准确和全面的表达，从而提高检索质量和效率；(2)对各分支领域共15个技术主题给出推荐的数据库选择顺序，通过采用推荐的数据库选择顺序，有助于审查员快速、准确地获得相关文献。另外，还初步提出了两种化学领域检索过程质量控制方案，即化学领域检索过程质量控制个案评价方案A和共同检索模式方案B，并通过各级质检通报和处室检查中的漏检案例验证了个案评价方案A的可行性、有效性以及该方案对不同审龄审查员的适用性。

为充分利用课题研究的成果，根据总结的化学领域常用检索资源及其适用性和优化的各技术主题检索策略和检索技巧，本课题组还编写了检索培训教材并在处内进行培训，累计培训达到450人次，实现了课题研究、审查标准与培训的有机联动。

本课题的研究成果还为制定化学领域分领域检索手册提供了素材，奠定了基础。

4. 课题名称：专利审查流程精细化管理实务研究

课题负责人：胡文辉

本课题致力于在E系统环境下，对自受理程序到授权公告程序的全流程的审查周期和监控节点进行详细全面的梳理和归纳，通过数据实测和建模等实证研究方法，实现对全流程各环节的审查周期管理、审查员任务量考核、人力资源配置等具体指标的科学量化，并确立积压预警和流量调控机制，建立起全流程审查周期监控体系，各岗位审查员的绩效考评体系，审查员人力资源调配体系，以及动态可视的专利审查流程宏观监控调控体系，最终实现专利审查流程的精细化管理，提升审查工作效能。

5. 课题名称：集成电路布图设计登记的审查标准与事务处理的相关问题研究

课题负责人：何越峰

本课题主要包括以下各方面问题的分析与结论：将印制电路板设计纳入专有权保护客体的可行性、申请文件中总图与分层图的完整提交的意义与补交的处理方式、简要说明的作用的加强与提交时机、布图设计电子申请的必要性和可行性、保密信息的性质与保密范围的确定、同一申请人重复登记问题的应对、相关行政程序因财产保全的中止程序、不受理申请的样品的处理、代理手续相关规定的适应性修改、布图设计申请文件的查阅和复制行为的主体、布图设计专有权的许可备案和质押登记、布图设计专有权的撤销程序的完善、布图设计专有权的行政执法工作模式的改进等。课题在上述调查研究和分析论证的基础上，对《条例》及《细则》提出了具有针对性和操作性的修改建议。

6. 课题名称：对授权后实用新型专利的质量评价

课题负责人：付刚

本课题对2009年授权的实用新型专利进行了抽样评价，共抽取样本475件。通过对中文专利数据库、外文专利数据库的检索，对其他可能导致专利无效的明显实质性缺陷的判断，来获得实用新型专利的法律稳定性的初步数据。

这475件抽样样本中，经检索评价，具有法律稳定性的样本比例为53.7%，不具有法律稳定性(包括不具备新颖性、创造性、说明书公开不充分、权利要求不清楚等缺陷)的样本比例为46.3%。进行检索的样本为467件，其中检索到X/Y的样本数为206件，文献率检出率为44.1%，说明实用新型专利具备一定的稳定性。全部权利要求不具备新颖性的样本数为57件，占检索样本的12.2%，全部权利要求不具备创造性的样本数为111件，占检索样本的23.8%，该数据一方面说明了完全与现有技术相同的实用新型专利数量并不多，另一方面说明了大部分不具有法律稳定性的实用新型专利在于创造性不高。包含不具备新颖性的权利要求的样本数共为95件，占检索样本的20.2%，上述样本中也未发现保护范围与对比文件完全相同的权利要求。也就是说从重复授权的角度来看，实用新型专利中重复授权的比例是非常低的。这说明社会公众对于实用新型存在大量重复授权的质疑没有依据的。对样本的分类分析也得出，职务发明创造、委托了专利代理机构、权利要求撰写质量高的专利法律稳定性高。样本中包含有除不具备新颖性、创造性的其他实质性缺陷的样本比例为4.2%，表明实用新型初步审查的质量是较好的。

本课题阐述了实用新型专利质量的定义及实

用新型优质专利的特点。实用新型专利基于法律意义上的专利质量包括：申请文件的质量、专利审查的质量、法律稳定性；实用新型专利基于权利人的专利质量包括：专利的技术质量、专利的经济效益、专利的商业价值、专利的社会影响。最后，课题分析了部分低质量专利产生的原因，提升实用新型专利质量面临的问题，并给出了进一步提高实用新型专利质量的建议。

7. 课题名称：外观设计分领域审查实务研究

课题负责人：卞永军

本课题为实务性研究课题，课题组首先通过与传统审查方式的比较分析方法论证了实行外观设计分领域审查的必要性，其次基于我局目前的专利电子审查系统和审查人力资源现状，论证实行分领域审查的可行性。再研究我局的发明专利分领域审查工作模式，借鉴其案件调配管理模式和审查工作量计算方法等经验。在此基础上制定出外观设计专利的大类的难度系数，并研究了产业领域划分，从而提出初步的解决方案。

本课题研究的重点是提出具有可操作性的外观设计分领域审查方案。在要兼顾外观设计的领域划分合理性、各领域内申请量的均衡性、各领域内审查周期的一致性和审查工作量计算的科学性四项目标的原则下，课题组以数据分析为主要手段，以洛迦诺现有分类体系为基础，调取了大量外观设计专利申请的历史数据，进行数据演算和分析。课题组确定了两个方向的研究，即外观设计的领域分布规律研究和外观设计的类别难度系数研究。综合申请案件的图幅数、委托率、补正率、驳回率、优先权和分案率等各种影响案件审查难度的因素，推导出各类别难度系数的计算公式。并通过对专利申请案件的抽样测试工作，实际验证类别难度系数的正确性。在此基础上，进一步推导出核算工作量的工作量平衡系数。

最后，课题组提出了两种外观设计分领域审查的思路模式，一种为不引入工作量平衡系数的分领域审查模式，一种为引入工作量平衡系数的分领域审查模式，根据为审查员设定主审领域、扩展领域和公共领域的不同方法，为每种模式分别提出两套可操作性的方案。课题组详细阐述了从领域划分规则、审查人年确定、审查员领域申报、案件调配方式到工作量统计和管理的具体实施内容，将四套方案的利弊进行了比较分析，并建议根据分领域审查方案的不同阶段逐步推行。

8. 课题名称：专利信息公共服务发展研究

课题负责人：曾志华

本课题以深入贯彻国家知识产权战略纲要为指导思想和基本原则，通过总结我国目前在专利信息公共服务方面取得的成绩和存在的不足，研究并分析国外专利信息利用状况和专利信息传播方式，了解专利信息公共服务的发展趋势以及政府为促进专利信息传播与利用而作出的工作，在此基础上归纳出我国专利信息公共服务面临的六大挑战：专利信息公共服务尚未形成合力、数据平台利用尚显不足、公共服务内容不丰富、专利信息利用促进工作急需开展、商业服务发展滞后、专业人才匮乏。

为加强我国专利信息公共服务工作，有效解决专利信息公共服务现状与用户对专利信息服务需求之间的矛盾，本研究课题研究提出了专利信息公共服务发展思路、指导思想和发展目标，明确了在建设好信息资源与网络系统的同时着力配套加强专利信息公共服务其他方面的建设的五项任务，提出了促进专利信息公共服务协调发展的十七项实施建议。

9. 课题名称：功能性限定权利要求相关法律问题研究

课题负责人：崔峥　崔哲勇

本报告全面分析美国、德国、日本功能性限定的大量案例，结合美国法律规定的最新进展，对于美国、德国、日本等其他国家对于功能性限定权利要求保护的审查、认定与解释等问题的法律适用进行深入分析，解读功能性限定权利要求的认定与解释的整体规则。在美国专利法第112条第6款的法律适用中，需要首先结合功能性描述术语、专利审批历史以及说明书实施例的描述确定功能，然后根据说明书以及审批历史的明确记载判断构成实现所述功能“必需特征”的结构，最后判断被控侵权产品的结构与涉案专利实施例的结构“必需特征”的等同范围。另外，在美国专利法第112条第6款的法律适用中，功能性限定技术特征解释中的等同范围，与等同侵权中的“等同”在判断时间和判断标准方面有所不同。并且，美国学术界和司法实践对于功能性限定技术特征的“等同侵权”问题，尚存在较大争议。美国联邦巡回上诉法院不同判决对此存在不同观点。日本关于功能性限定认定与解释的规则尚无典型案例。德国、欧盟等关于功能性限定认定与解释的规则，与“实现该功能的所有方式”较为接近。

本报告全面解读我国功能性限定权利要求相关的法律规范、审查实践和司法实践，探讨我国功能性限定权利要求相关法律规范的历史沿革，并解读我国功能性限定权利要求相关的实审案例、复审案例和侵权判定案例。

在全面分析国外经验的基础上，针对我国整体法律制度逻辑给出功能性限定的相关建议：

首先，功能性限定权利要求的认定规则、审查规则和解释规则具有内在的制度逻辑，需要将功能性限定权利要求的认定、审查和解释规则作为整体逻辑探讨内在法律规则构成的制度体系。在美国，将功能性限定技术特征解释为实施例及其等同的功能性限定权利要求解释规则、对于功能性限定权利要求是否得到说明书支持的审查规则以及基于 means for 撰写表征作用的功能性限定权利要求认定规则构成内在统一的制度体系，改变制度体系中上述任何一个因素，则法律制度的制度价值将会丧失。德国、日本同样如此。

其次，专利实质审查阶段、专利确权阶段与专利侵权判断阶段对功能性限定权利要求保护范围的解释标准应当统一。关于功能性限定认定与解释，立足于专利权的保护和专利权的公示作用两大价值取向的分析，专利授权、确权与侵权程序应当建立统一的标准。亦即，专利实质审查阶段、专利确权阶段与专利侵权判断阶段对功能性限定权利要求保护范围的解释标准应当统一。这即是专利权公示作用的需要，亦能够有效地保护专利权，同时也使得对于功能性限定权利要求所进行的专利审查具有法律意义。

还有，结合美国、德国等相关国家和地区的法律实践经验，功能性限定应当适用于排除具体结构的纯功能，基本上仅适用于两种情形：发明点在于技术问题的提出、发明点在于功能性模块架构。

最后，在对权利要求是否得到说明书支持进行正确审查的基础上，我国审查指南的规定可以得到广泛应用，不具有相关制度规则的要求。然而，具体到我国司法解释而言，我国司法解释缺少有关“结合功能性描述术语、专利审批历史以及说明书实施例的描述确定功能，然后根据说明书以及审批历史的明确记载判断构成实现所述功能必需特征的结构，最后判断被控侵权产品的结构与涉案专利实施例的结构必需特征的等同范围”思路的规范，并且缺少有关缺少功能和对应结构确定的相关法律规则。

10. 课题名称：日本特许厅检索系统最优化计划研究

课题负责人：张东亮

日本特许厅实施“知识产权立国”，提出应有效利用知识产权创造周期，避免重复研究，有效利用国内技术，提高企业的国际竞争力。

伴随近年来的开放革新的进展和全球化，世界性的情报共享，检索环境的共通，势在必行。而围绕检索系统的巨大变化也将随即展开。因此，根据最近 IT 技术的进展状况，在对具体的系统计划可进行探讨研究的范围内，整理连同各检索业务、各检索系统课题等，达到重新认识包括检索数据库共通化等系统构成的目的。就重新认识而言，同时也包括对上述研讨事项合并进行分析，关于检索业务、系统部分，制作并发表了补充了更详细计划的“专利局业务、系统优化计划(关于检索系统的补充)”。

现阶段，日本特许厅信息化业务系统也面临着诸多问题，例如系统复杂，单个系统多，交互关系多；资源存储和资源管理功能并存，关系复杂；中间文件处理效率低；人为进行形式审查，效率低；对内对外数据存在重复冗余等。日本特许厅历来以提高对申请人和公众的服务为第一目标来努力推进在线化，根据电子政府构筑计划提出的要求，特许厅通过引入最新信息技术，更有效地达到了提高对申请人服务水平的目标。为了部署业务系统的未来发展、重新评估原有系统，特许厅制定了“特许厅业务及系统最优化计划”。

2005 年 8 月 23 日对该计划进行了修订，明确提出提高公众便利，改善公众服务；审查速度和准确率达到较高水平；重新评估改善现有系统，削减系统经费这三个目标。

本课题对日本特许厅检索系统最优化计划进行了研究，并将其新系统的特点与我局 S 系统进行比较，了解日本特许厅检索系统的发展趋势，以及日本特许厅检索系统对我局检索系统的借鉴作用。

（国家知识产权局学术委员会秘书处）

2010年农产品地理标志学术成果

一、农产品地理标志质量控制技术规范制定项目

依托相关技术单位开展了蔬菜、果品、柑橘、茶叶、稻米、油料、畜产品、水产品等8类产品农产品地理标志质量控制技术规范制定的指导工作，2010年制定了63个农产品地理标志产品区域品质限值标准。

二、农产品地理标志监管追溯项目

选择了“延庆国光苹果”、“寿阳小米”、“天目湖白茶”、“犍为麻柳姜”、“宁夏大米”等5个产品作为农产品地理标志监管追溯试点，各试点单位根据工作实际，探索建立了可追溯模式和可追溯制度。

三、农产品地理标志质量监测项目

根据部农产品地理标志监测项目部署，中心委托农业部环境质量监督检验测试中心(天津)和农业部农产品质量监督检验测试中心(郑州)2家检测机构对辽宁、江苏、江西、河南、陕西、甘肃、青岛等6省1市的30个获证产品210个样品进行了抽样监测，重点验证获证产品产地环境安全和产品质量安全。经检测产品合格率为100%。

四、中欧农产品地理标志合作项目

2010年重点对法国、意大利、西班牙、德国、英国、葡萄牙等8个国家的法律法规、登记保护、产业发展等方面进行了研究，形成了相关研究报告及各国别分报告，为开展国际交流与合作奠定了基础。此外，还派人参加了在瑞士举行的中瑞知识产权工作组会议及中瑞双边地理标志产品互认对话与磋商谈判。

五、农产品地理标志资源调查项目

针对我国量大面广、品种丰富的蔬菜、稻米、茶叶、果品、柑桔、畜禽产品、水产品等7大类农产品，开展了地域特色品牌资源调查。从面上摸清了各类别中具有地域特色的农产品的数量、类型、分布情况，并初步掌握了这些产品的品质特性、人文历史、产地环境、生产方式及市场取向等资源状况，为推进农产品地理标志登记保护和产业发展提供了科学依据。

六、国际先进农产品地理标志登记管理技术体系引进与建立(地理标志948项目)

收集整理和分析发达国家农产品地理标志登记保护法规、技术体系和产业发展模式，开展农产品地理标志登记管理示范。为建立既符合国际通行规则、又符合我国实际的农产品地理标志登记保护模式提供了参考依据。

(农业部农产品质量安全中心)

杂　志

《知识产权》

联系地址：北京市海淀区蓟门桥西土城路 6 号
邮政编码：100088
联系电话：010－58515666　58515818
电子信箱：cipsip@sohu. com

《知识产权》2010 年第 1—6 期（总第 115—120 期）中文目录索引

特约文章

创新、增长与发展：知识产权的作用和成员国的国家经验 …… 田力普 6.03

专题文章

民法原则与商标立法 …… 刘春田 1.03
贯彻落实《国家知识产权战略纲要》大力推进商标战略实施加快《商标法》第三次修改进程 …… 李建昌 1.11
我国现行商标法律制度若干问题的探讨 …… 孔祥俊 1.16

学术论坛

知识产权评估基础理论解析 …… 杨雄文 1.24
著作权归属中存在的问题 …… 侯仰坤 1.31
知识产权客体之哲学基础 …… 张　勤 2.03
论影视作品的法律关系 …… 曲三强 2.16
表演者权保护研究 …… 李菊丹 2.23
论"统一知识产权法典"的编撰 …… 毛金生 3.03
非物质文化遗产与知识产权保护 …… 冯晓青 3.15
从公法到私法：我国《商标法》的应然转向——以我国《商标法》第三次修订为背景 …… 邓宏光 3.24
论知识产权之财产权的经济学基础 …… 张　勤 4.03
论"春晚"在著作权法中的定性 …… 王　迁 4.21
论知识产权的民法传统和现代性 …… 康添雄 5.03
"遗传资源利益分享权"的法律性质诠释 …… 严永和 5.11
适应和应对气候变化相关的知识产权制度问题研究 …… 徐升权 5.19
1944 年《中华民国专利法》的立法思路 …… 徐海燕 5.26
论自主创新与自主知识产权 …… 张　勤 6.05
知识产权制度是创造者获取经济独立的权利宪章 …… 刘春田 6.18
论版权、公共领域和文化多样性的关系 …… 黄　汇 6.23

工作研究

从绿色技术到绿色专利——是否需要一套因应气候变化的特殊专利制度？ …… 何　隽 1.37

论我国重大经济活动知识产权审议机制的建构 …… 何炼红 1.42
我国参加 WTO 地理标志谈判的立场和对策 …… 王笑冰 万怡挺 1.47
我国知识产权纠纷诉讼解决的现状及评析 …… 刘友华 1.52
政府专利资助政策协同研究 …… 刘 华 刘立春 2.31
我国企业在电池管理系统的专利申请现状分析及技术创新思考 …… 赵景焕 崔伯雄 常力等 2.37
专利申请与授权的国际比较与我国 R&D 经费投入分析 …… 徐春骐 吴 栋 李占宾 2.42
金融危机对专利申请量的影响探析 …… 梁津娣 李斌卫 马 欢等 2.48
全球专利实现的基本制度问题:选择与对策 …… 唐 春 3.32
制药用途专利在欧洲的终结及对我国的影响和启示 …… 肖 鹏 冯锯战 3.38
知识产权法制建设存在的问题及其初步构想 …… 刘晓霞 何 平 3.46
浅议政府对公共健康医药产业专利垄断的规制 …… 徐媛媛 3.50
专利重复授权再探讨 …… 冯于迎 4.27
我国专利权质押的困惑与出路 …… 胡良荣 顾长洲 4.32
试论知识产权法院(法庭)的建立
——对我国知识产权审判体制改革的理性思考 …… 胡淑珠 4.37
试论商标战略在经济发展中的作用 …… 贺寿天 4.43
我国非物质文化遗产传承人的认定探究 …… 周安平 龙冠中 5.34
我国上市公司知识产权信息披露问题研究
——基于上市公司信息披露文件的实证分析 …… 袁真富 5.39
商标权质押设定制度探析 …… 尚清锋 5.44
关于我国企业商标战略措施的基本思考 …… 魏纪林 胡神松 李明星 5.49
低碳技术推广与专利保护的博弈
——谈低碳技术专利权人应对技术推广压力的策略 …… 刘 磊 6.30
中国内地与港澳地区驰名商标法律保护的协调 …… 丘志乔 6.35
技术标准中的必要专利研究 …… 那 英 6.41
对专利文档管理方式的探讨 …… 丁 玮 王占三 6.46

司法实践

搜索引擎商的屏蔽行为权成垄断吗?
——从百度被诉垄断一案谈起 …… 董慧娟 1.60
关于医疗用途专利新颖性的研究
——对默克公司专利无效案的思考 …… 李晓蕾 1.66
侵权获利返还之请求权基础分析
——以第三次修订的《专利法》第 65 条为出发点 …… 张晓霞 2.52
侵犯商标专用权的行政处罚问题研究
——一起商标行政执法案引发的法律思考 …… 刘 平 2.58
专利权无效后实施费等可否作为不当得利处理 …… 李 扬 3.53
委托作品的验收标准刍议
——以若干委托创作合同纠纷为例 …… 梅 锋 3.57
判定侵犯注册商标专用权的标准及考量因素
——"满汉楼"与"湘巴佬"两起商标案之矛盾判决引发的思考 …… 祝建军 4.46
美术作品相似是否构成"剽窃"的认定
——对一起文字画作品侵权案的思考 …… 杨 巧 4.52
对"商标俗称"恶意注册案的程序法思考 …… 李 琛 5.54
使用汇编作品的内容是否构成对汇编作品著作权的侵犯
——对一起侵犯汇编作品著作权案的思考 …… 黄振中 5.59

反淡化理论司法适用的新发展
——评"伊利"商标异议复审行政纠纷案 …… 陈文煊 6.49
英国旭化成案对专利优先权实质条件的认定及对我国的启示
——兼论我国《专利法》第二十九条的修订 …… 刘刚仿 6.54

百家争鸣

质疑民间文学艺术著作权保护的合理性 …… 周 婧 1.71
法释[2009]3 号评析 …… 魏 森 1.77
商业特许经营的知识产权法分析
——商业特许经营之知识产权价值功能发现 …… 郑新建 王 茜 1.82
论商标法的多元价值与核心价值
——从商标权的"行"与"禁"谈起 …… 罗晓霞 2.63
商标异议程序立法研究
——兼论我国商标异议程序的改革 …… 周俊强 2.68
复制传播技术提供者的著作权警示义务 …… 马治国 焦和平 2.73
技术标准的著作权问题辨析 …… 周应江 谢冠斌 2.78
对实用性审查标准的一点思考 …… 王 澄 2.82
未上升为权利的法益
——合理使用的性质界定及立法建议 …… 孙 山 3.63
广播组织权利限制制度探讨 …… 相 靖 3.70
P2P 网络服务中的知识产权刑事责任问题研究 …… 王 锐 刘大磊 3.78
我国驰名商标刑法保护的立法探讨 …… 杨 凯 3.83
对发表权诸问题的再认识 …… 衣庆云 4.57
论网络交易平台服务提供商的版权责任 …… 陈明涛 汪 涌 4.61
表达的实质与表达的形式
——对版权客体的重新解读 …… 卢海君 4.68
论商标近似判定对商品类似判定的优先性 …… 魏大海 4.73
从 IP 的中文翻译说开去 …… 裘安曼 5.65
网络版权制度功效缺失的文化因素解析 …… 李瑞登 5.71
贴牌加工中的商标问题研究 …… 孙海龙 姚建军 5.77
版权登记的法律属性及其完善 …… 沈世娟 戈 琳 5.83
文化、机构竞争与国家能力
——美国学者关于中国知识产权执法的解释进路及其批判 …… 王玫黎 6.59
论著作权技术措施的例外 …… 熊 琦 6.64
证明商标制度的价值与实现 …… 牛玉兵 6.71
TRIPS 协定中的刑罚措施研究
——兼论中国侵犯知识产权犯罪刑罚措施的立法完善 …… 刘 科 6.76
作品概念的科学建构及其在著作权法上的意义 …… 王 坤 6.82

国际知识产权

由 Real DVD 案谈技术措施保护若干问题 …… 孙 雷 1.87
对 UPOV 公约 91 文本的分析与思考 …… 卢 新 刘 平 刘明强 1.93
"三振出局"法案全球化路径之探讨 …… 宋延徽 2.86
韩国知识产权政策及管理新动向研究 …… 付明星 2.92
美国知识产权资产评估方法选择及其启示
——以我国上市公司的知识产权资产评估为视角 …… 苏 平 3.87
美国专利权利要求解释的简介 …… 马 辉 3.95

英国《垄断法》与现代专利法的关系探析 …… 杨利华 4.77
王致和案:一个未在德国注册的中国驰名商标获得有限保护的启示
——对德国慕尼黑高等法院第 29 U 5712/07 号判决的评析 …… 韩赤风 4.84
欧美专利权用尽原则售后限制的比较研究 …… 万 琦 4.91
《反假冒贸易协定》述评 …… 陈福利 5.85
中国—东盟知识产权争端解决机制探析
——兼论环境知识产权纠纷的解决 …… 廖柏明 5.92
美国商业方法专利的十年扩张与轮回:从道富案到 Bilski 案的历史考察 …… 刘银良 6.89
美国判例法:商业秘密"使用"的判断与证明 …… 黄武双 6.101

《中国版权》

联系地址:北京市东城区安定门东大街 28 号雍和大厦西楼三层
邮政编码:100044
联系电话:010－68003889(总)

2010 年《中国版权》总目录

卷首语

愿有更多研究我国版权史的成果问世 …… 2010.1.1
加快民间文学立法步伐,完善版权保护机制 …… 2010.2.1
阅读与版权 …… 2010.3.1
著作权法修订应提速 …… 2010.4.1
一辈子做好这一件事 …… 2010.5.1
法律需要不断完善 …… 2010.6.1

纪念著作权法颁布二十周年专栏

著作权法二十年 …… 许 超 2010.4.5
重生:技术变革与版权制度的未来 …… 冯宏声 2010.4.9
立法二十年,摄影家还缺什么
——纪念《著作权法》二十周年 …… 林 涛 2010.4.12
著作权法政治性不保护条款的由来与归宿 …… 宋木文 2010.6.10
商务印书馆早期的版权实践 …… 刘 禹 2010.6.12

本刊特稿

适应新形势力争新突破推动我国版权产业又好又快发展 …… 柳斌杰 2010.1.5
从伯尔尼公约的冲突原则看实用艺术作品保护 …… 索来军 2010.3.5

两会提案

关于制定广播电台电视台播放文字作品付酬办法的建议 …… 陈建功 2010.3.9
关于加强著作权集体管理组织建设的提案 …… 张抗抗 2010.3.10
关于加强网络著作权保护的提案 …… 张抗抗 2010.3.13
关于提高稿酬个税起征点的建议 …… 陈建功 2010.3.14
在国家影视作品重要奖项中增设最佳改编剧本奖 …… 抗 抗 王兴东 2010.4.15
维护曲艺版权落实播放收费制度 …… 姜 昆 2010.4.16
关于版权保护当前的形势和建议 …… 言恭达 2010.4.18
加强我国著作权立法和鉴定机构建设 …… 言恭达 2010.4.19

本刊专稿

中国著作权法的里程碑
——《大清著作权律》百年祭 …… 王兰萍 2010.1.11

2009 年北京市高级人民法院著作权案例要点及评析 …… 陈锦川 2010.2.5
网络著作权审判面临挑战
——北京法院的应对 …… 张冬梅 2010.4.20
“越狱”与“刷机”合法化的背后
——评美国保护技术措施的新例外 …… 王 迁 2010.5.5
“实施版权战略加大著作权保护力度 …… 柳斌杰 2010.6.5
中国版权制度的实施与展望 …… 阎晓宏 2010.6.7
“2009CPCC 中国版权服务年会”专栏
引领中国版权服务探求版权智胜之道
——2009CPCC 中国版权服务年会在京举行 …… 韩 璐 2010.1.14
2009 年中国版权十大事件 …… 2010.1.17
法律公布
中华人民共和国主席令第二十六号 …… 2010.2.10
全国人民代表大会常务委员会关于修改《中华人民共和国著作权法》的决定 …… 2010.2.10
热点话题
博弈与衡平
——《广播电台电视台播放录音制品付酬暂行办法》评述 …… 金武卫 2010.1.18
关于修订《著作权质押合同登记办法》的建议 …… 索来军 2010.2.11
版权问题
——从奥运会到世博会 …… 石 村 2010.4.24
关于体育赛事直播节目的可版权性思考
——以世界杯网络直播为引 …… 李正宁 马晓刚 2010.4.27
人物访谈
陈一丹:版权创新是腾讯的一种文化 …… 本刊记者 郑晓红 2010.1.23
杨红樱:我的版权谁做主 …… 本刊记者 郑晓红 2010.2.13
刘迎建:为书报刊插上数字的翅膀 …… 本刊特约记者 李星星 2010.3.15
聂震宁:我的版权思维 …… 本刊记者 郑晓红 2010.4.30
朴东生:民乐人生 版权情缘 …… 本刊记者 邹建华 郑晓红 2010.5.9
刘春田先生:知行合一,学者本色 …… 本刊记者 常 青 2010.6.17
理论探索
关于涉及视听作品著作权纠纷的几个问题(下) …… 陈锦川 2010.1.28
概说版权制度经历的四个阶段 …… 裘安曼 2010.1.34
影视作品中合理使用原则的适用 …… 王勉青 2010.1.38
民间文学艺术表达保护模式之我见 …… 曹新明 2010.2.17
网络环境下私人复制的困惑与思考 …… 张 今 2010.3.19
信息定位服务提供者帮助侵犯著作权的认定 …… 李芬莲 2010.3.22
论信息网络传播权的范围 …… 董炳和 2010.3.26
论传统知识的法律保护模式
——兼评 WIPO《保护传统知识政策目标与核心原则条款修订草案》中的
反不正当竞争保护 …… 孙玉芸 2010.3.30
以版权价值为核心推进文化金融创新 …… 段桂鉴 2010.4.35
著作权认证的由来和现状 …… 索来军 2010.5.13
试论伯尔尼公约的适用规则 …… 张天举 2010.5.17
共有作品许可规则研究
——以“优朋普乐诉优酷案”和“森乐诉土豆案”为视角 …… 陈绍玲 2010.5.20

论“未经著作权人许可”的司法认定
——兼评“无罪推定极端化” …… 王野霏 赵红仕 2010.6.22
对著作权法近代性的几点思考 …… 李 琛 2010.6.26
“私人复制”与合理使用研究 …… 冯晓青 2010.6.29
论著作权行政调解与司法程序的衔接 …… 何炼红 2010.6.33
信息伦理与版权制度
——对巴洛和斯多曼理论的评介和思考 …… 胡 波 任小明 2010.6.36
著作权法律制度与观念之互动关系论
——以近代著作权法为视角 …… 马晓莉 2010.6.39
往事追忆
深切怀念德炎同志 …… 宋木文 刘 杲 沈仁干 2010.4.38
忆好人德炎 …… 孟传良 2010.4.39
深切缅怀郑成思先生
——写在郑成思先生四周年祭 …… 王洪虎 2010.5.42
企业维权
图像素材版权的维权之路 …… 张宏麟 2010.5.43
第二届全国大学生版权征文获奖作品选登
改变作品之界定
——评我国《信息网络传播权保护条例》第22条第二项之正确适用 …… 王 杰 2010.1.41
著作权侵权损失赔偿制度研究
——以京、沪、粤三地法院的判决为考察对象 …… 孙湘滢 2010.2.20
案例分析
未经批准的涉外影视作品的保护
——电影《生死拳》著作权侵权纠纷案引发的思考 …… 祝建军 2010.2.23
也谈未经审查的电影作品在中国的著作权保护
——以“中凯公司诉飞越无限网吧”案为例 …… 徐聪颖 2010.2.27
Viacom 诉 YouTube 案:“红旗”何时飘扬?
——兼评此案对我国视频分享网站的影响 …… 王 迁 2010.4.42
从 KTV 侵权案件赔偿谈我国著作权侵权赔偿制度的完善 …… 卢 亮 张 今 2010.5.23
“传统文化表现形式”与著作权保护
—— 基于台湾地区三个案例的考察 …… 何 隽 2010.5.26
搜索链接及下载服务商帮助侵犯著作权的认定 …… 祝建军 2010.5.29
版权管理
加强网络领域的刑法保护有效防范和打击侵犯网络音视频著作权犯罪 … 张新宪 许 宁 2010.5.32
自由谈
法律宣传与法律意识 …… 童 桦 2010.4.46
让原创作品有“身价” …… 童 桦 2010.5.35
谈版权与创作 …… 裘安曼 2010.6.42
版权贸易
中国图书“走出去”任重道远
——从出版社英文网站建设谈起 …… 郑 磊 2010.6.46
版权史话
《大清著作权律》出台的前前后后 …… 李寿荣 李明山 2010.5.36
明代瓷都德化瓷雕名家瓷印章与中国原始著作权意识 …… 王 凌 黄发建 2010.5.40

立法建议

从国际条约看我国著作权法的修改
——以广播权和信息网络传播权为中心 …… 王玫黎 2010.1.44

司法审判研究

信息网络传播行为的判断 …… 祝建军 2010.1.48
音乐、影视作品署名冲突与权利人身份的判定 …… 傅剑清 2010.2.30

产业报告

《南通家纺市场版权保护情况调研报告》出台的前前后后 …… 陆幸生 袁学术 顾 翔 2010.2.33
《南通家纺市场版权保护情况调研报告》内容概要 …… 陆幸生 袁学术 顾 翔 2010.2.37
上海版权产业报告(2004—2007)内容概要 …… 2010.3.34
东海水晶市场版权保护初探 …… 陆幸生 谭松枝 2010.5.53

环球瞭望

从 FUNG 案谈美国"种子"搜索网站的引诱侵权责任 …… 孙 雷 2010.2.40
论英国《2010 年数字经济法令》的在线版权侵权规定 …… 谢 琳 2010.4.47

各抒己见

论资源共享网站的经营方式及其侵权责任 …… 韩志宇 2010.1.51
计算机字库字体作为美术作品应当受著作权法保护 …… 马东晓 董秀生 2010.1.54
论景区景点的著作权保护 …… 张建梅 苏 喆 2010.1.56
言论自由视角下的形象附带使用原则 …… 马 波 2010.2.43
未授权演绎作品的著作权研究 …… 郭斯伦 2010.2.47
图书出版合同(标准样式)的两处硬伤应当修改 …… 王葆柯 2010.2.50
版权:企业发展的战略性资源 …… 刘永红 2010.2.53
新媒体环境下传播者权的发展 …… 来小鹏 2010.3.38
质疑电视节目模板版权化
——从湖南卫视诉江苏卫视节目模板侵权谈起 …… 吴玲丽 2010.3.40
出版社签订出版合同时应注意的十个问题 …… 彭小华 2010.3.44
传记文学作品作者面临的法律风险及其对策 …… 王 丽 2010.3.46
论我国图书复印版税制度的建构 …… 刘友华 高 镇 2010.3.49
影视剧版权价格形成机制及近期走势 …… 韩志宇 2010.4.50
银行版权质押风险控制探析 …… 彭 翊 李方丽 2010.4.53
书法作品独创性认定标准探析 …… 刘 扬 2010.5.47
"内外有别"未必不好
——浅议我国著作权法律中的几处超国民待遇 …… 李华伟 张 丽 2010.5.50
从隐性市场行为看广州亚运会的版权保护 …… 肖晋进 2010.6.49
检讨在先著作权与在后商标权冲突的解决之道
——以法律经济学为视角 …… 高荣林 2010.6.52

版权执法

2010 打击网络侵权盗版专项治理"剑网行动"启动 …… 悦 文 2010.4.57
版权行政执法与刑事执法衔接若干问题及建议 …… 张 钧 孙晓慧 2010.4.59
跨学科视阈下的信息资源知识产权制度建设
——读《信息资源的知识产权制度研究》 …… 丁 宁 2010.5.56

书评

论资源共享网站的经营方式及其侵权责任 …… 韩志宇 2010.1.51
计算机字库字体作为美术作品应当受著作权法保护《版权法中私人复制
问题研究——从印刷机到互联网》评介 …… 王 迁 2010.2.55

信息广角

版权领域的百科全书
——首部《中国版权年鉴》正式出版发行 …………………………… 本刊记者 郑晓红 2010.1.59
"2009 全国打击网络侵权盗版专项行动新闻发布会"在京举行 …………………………… 2010.1.61
《中国互联网行业版权自律宣言》发布仪式在京举行…………………………………… 2010.1.62
酷六网宣布将全面推行正版化………………………………………………………… 2010.1.47
要闻概览………………………………………………………………………………… 2010.1.63
知识产权法专题判解与学理研究丛书出版座谈暨学术研讨会在京召开 ………… 常 青 2010.2.58
首届海峡版权(创意)产业精品博览交易会 5 月福州举行 ……………………… 肖 虹 2010.2.59
酷 6 网推出"酷 6 剧场" 独家签约"四大名著"网络版权 ……………………… 肖 虹 2010.2.60
要闻概览………………………………………………………………………………… 2010.2.61
加大版权保护力度为世博会营造良好氛围
——2010 年版权重点工作专题会议在宁波召开 ………………… 本刊记者 孙 悦 2010.3.52
国新办举行 2009 中国知识产权发展状况发布会 ………………………………… 肖 虹 2010.3.54
首届中国海峡版权(创意)产业精品博览交易会在榕城成功
举办 …………………………………………………………… 郑 钰 吴友翰 颜德建 2010.3.55
2010'知识产权南湖论坛" 经济全球化背景下知识产权制度完善与战略推进"
国际研讨会召开 ……………………………………………………………… 常 青 2010.3.56
视频版权保护"百城联动一正版共赢计划"启动仪式在京举行 ………………… 肖 虹 2010.3.57
新《三国》打盗版骄阳模式全面启动 …………………………………………… 肖 宣 2010.3.58
要闻概览………………………………………………………………………………… 2010.3.59
阎晓宏:通过实践更好完善监管平台 …………………………………………… 邹 韧 2010.4.31
《华乐大典》开卷篇"二胡卷"出版 ……………………………………………… 悦 文 2010.4.8
南通经验 世界共享
——南通家纺产业版权保护调研报告在京发布 …………………………… 肖 虹 2010.4.62
人民微博获国内首份微博系统"软件著作权登记证书" ………………………… 路 文 2010.4.49
关于开展 2010(第三届)全国大学生版权征文活动的通知 ……………………………… 2010.4.64
要闻概览 …………………………………………………………………………… 楚 越 2010.4.66
国家版权局等四部委联合召开全国图书馆版权保护工作会议 ………………… 肖 虹 2010.5.59
要闻概览 …………………………………………………………………………… 楚 越 2010.5.60
20·100·300 年走过版权
——记《著作权法》、《大清著作权律》、《安娜法》颁布纪念 ………………… 常 青 2010.6.55
"第三次海峡两岸版权保护研讨会"在京举行 …………………………………… 肖 虹 2010.6.57
要闻概览 …………………………………………………………………………… 楚 越 2010.6.58
2010 年《中国版权》总目录 ……………………………………………………………… 2010.6.62

《中华商标》

联系地址:北京市西城区真武庙头条 4 号
邮政编码:100045
联系电话:010-68032987 68037835
电子信箱:china.trademark@263.net.cn

《中华商标》2010 年第 1-12 期有关栏目目录索引

专 稿

闪耀双星创百年名牌…………………………………………………………………… 2-9

解读《亚洲运动会标志保护办法》…… 7—8
稳步推进亚运标志保护工作　为成功举办亚运会营造良好环境…… 7—10

4·26 专题

“中国商标成就”宣传报道活动启动仪式举行…… 5—4
2010 中外企业知识产权大会在京召开 …… 5—5
WIPO 总干事弗朗西斯·高锐致 2010 年中国知识产权宣传周的贺辞 …… 5—7
2009 年工商行政管理机关移送公安机关的十件典型商标案例 …… 5—8
2009 年工商行政管理机关保护国内企业注册商标专用权典型案例 …… 5—52
2009 年工商行政管理机关保护外国企业注册商标专用权典型案例 …… 5—52
最高法院公布 2009 年十大知识产权案件 …… 5—53
海关总署公布知识产权十佳案例…… 5—53
WIPO 正式启用新徽标…… 5—64

商标年会专题

2010 中国商标年会在西宁举行 …… 9—4
大力推进商标战略实施　促进经济发展方式转变…… 9—7
提高自主创新能力　促进经济发展方式转变…… 9—12
实施品牌战略　推动青海跨越发展…… 9—14
积极推进外商投资企业商标保护与发展…… 9—17
大力实施商标战略　促进经济发展方式转变…… 9—19
商标法第三次修改的进展情况及主要问题 …… 10—5
加强交流合作　营造良好的外经贸知识产权环境 …… 10—7
商标代理资格制度及自律体系的正当性和必要性 …… 10—11

报　道

周伯华强调要加大商标行政保护力度…… 1—4
贯彻落实商标战略　服务地方经济发展…… 1—5
“第二届全国中学生商标知识竞赛及地理标志征文”系列活动启动…… 1—27
欧共体商标费用降低 40% …… 1—28
欧共体商标及立体商标制度巡回研讨会简述…… 1—43
WIPO 传统商标与非传统的商标审查研讨会简述 …… 2—13
国家工商总局商标局在商标异议案件中新认定 21 件驰名商标 …… 2—70
国家工商总局商标局在商标管理案件中新认定 293 件驰名商标…… 2—71
国家工商总局商标评审委员会在商标异议复审、商标争议案件中新认定 72 件驰名商标…… 2—77
2009 年商标注册程序性争议行政复议案件审理情况概述 …… 3—23
2010 年工商总局将全面推进商标战略实施 …… 4—4
2010 年世界知识产权日:创新——将全世界联系在一起 …… 4—6
全球金融危机影响 2009 年国际商标申请 …… 4—7
中华商标协会召开“商标法(修订送审稿)征求意见会”…… 4—19
国家商标战略实施示范城市(区)、示范企业在京授牌 …… 6—4
国家商标战略实施示范城市(区)、示范企业名单 …… 6—6
全国中学生商标知识竞赛、地理标志征文在京颁奖 …… 6—7
付双建出席第四届山西品牌节 …… 6—9
付双建出席品牌浙江 5 年建设成果巡礼 …… 6—9
中华商标协会秘书长刘燕出席 2010 顺义品牌论坛 …… 6—12
中法打击侵权研讨会举行…… 6—13
国家工商总局与俄罗斯知识产权专利商标局签署合作谅解备忘录…… 6—39

全国工商行政管理系统第二期商标战略培训暨亚运会标志保护培训班在广州举办 …………… 7—4
工商部门世博会标志保护工作取得阶段性成果 …………… 7—6
商标局明确含"中国"及首字为"国"字商标 的审查审理标准 …………… 8—8
青岛市实施商标战略旗开得胜 …………… 8—13
海峡两岸商标研讨会在贵阳召开 …………… 10—4
国家工商总局商标局在商标管理案件中认定 217 件驰名商标 …………… 10—70
国家工商总局商标局在商标异议案件中认定 11 件驰名商标 …………… 10—75
国家工商总局商标评审委员会在商标异议复审、争议案件中认定 68 件驰名商标 …………… 10—76
国务院会议决定开展打击侵犯知识产权和制售假冒伪劣商品专项行动 …………… 11—4
温家宝强调以打击侵权假冒专项行动为重点全面推进知识产权保护工作 …………… 11—5
全国工商行政管理系统知识产权保护与执法工作电视电话会议召开 …………… 11—6
全国打击侵犯知识产权和制售假冒伪劣商品专项行动领导小组成立 …………… 11—7
全国工商系统商标战略实施发展工作座谈会召开 …………… 11—8
商标富农工作取得显著成效 …………… 11—9
"实施商标战略　促进品牌发展"高峰论坛在京举办 …………… 11—10
商标局驻中关村办事处申请受理量破万件 …………… 11—11
我国商标审查积压问题得到彻底解决 …………… 12—4
工商系统打击侵权专项行动初见成效 …………… 12—5
国家工商总局:恶意抢注成为打击重点 …………… 12—5
商务部开展打击侵犯知识产权和制售假冒伪劣商品专项行动 …………… 12—6
工商总局就台湾地区商标注册申请人要求优先权有关事项作出规定 …………… 12—7
侵犯商标权行为相关法律问题研讨会举办 …………… 12—7
北京一中院发布十大涉外知识产权案 …………… 12—8
检察机关力查侵犯知识产权和制售假冒伪劣商品犯罪案 …………… 12—18
最高法院要求严惩侵犯知识产权和制假售假犯罪 …………… 12—31

本期聚焦

后注册域名与在先商标的权利冲突与解决 …………… 2—37
——以"molex. cn"域名与"MOLEX"商标冲突案为例互联网上商标权的保护 …………… 2—45
网络服务商在商标侵权中的法律责任 …………… 2—65
解百纳之争对知识产权保护的启示 …………… 3—13
"解百纳"案:通用名称认定的法律困境商标战略局长谈 …………… 3—16
大力实施商标战略 积极推动上海经济发展 …………… 1—7
推动商标战略实施 促进山东经济发展 …………… 3—10
走有江苏特色的商标战略实施之路 …………… 4—10
明确目标　把握重点　全面实施商标战略 …………… 5—11
转变发展方式　自主创新品牌 …………… 6—10
三位主体联动　四个环节齐抓　大力推进商标战略实施 …………… 7—21
加快推进实施商标战略　助推新疆跨越式发展 …………… 8—4
充分发挥职能作用　大力实施商标战略 …………… 9—25
大力培育发展涉农商标　全力服务农村改革发展 …………… 10—16

视点观察

营销"中国制造" …………… 1—16
站在巨人的肩头眺望 …………… 2—4
——回眸 2009 年的中国商标
"中国制造"如何踏上品牌全球化征程 …………… 2—17

兰州拉面产业的发展和面临的制约…… 2—20
——“马兰”商标异议案引发的思考
质量门考验“丰田之道” …… 3—4
商标专用权融资的风险控制…… 3—20
健全外资并购中的商标权保护…… 3—52
对古典名著商标实施制度保护的构想…… 4—14
定牌加工的法律风险及破解…… 4—20
中、日国家知识产权战略比较 …… 4—43
外资并购水井坊　打开“潘多拉盒子”? …… 4—59
也谈中国企业海外商标注册…… 5—24
律师应在代理商标法律事务中发挥更大作用…… 5—26
“蓝猫”之争硝烟再起…… 5—74
山寨行为性质及其涉及的知识产权领域…… 6—14
信阳毛尖之惑…… 6—19
鄂西生态文化旅游圈地理标志战略…… 6—57
我国商标海外被抢注现象及对策…… 7—24
国内企业逐鹿“世界杯”与商标保护…… 7—28
品质成就品牌…… 7—42
并购 Vendio,阿里巴巴角力海外 …… 7—58
嘉士伯控股重啤之忧…… 8—14
商标保护的国际形势…… 8—19
保护地理标志与促进农业产业化发展…… 9—45
还“信阳毛尖”一片净土…… 9—50
宁夏回族“山花儿”的商标权保护…… 9—52
“傍名址”的多维度思考 …… 10—19
西部非物质文化遗产知识产权保护 …… 10—22
比亚迪:巴菲特不是万能的…… 11—12
绿色产业与绿色产品、绿色商标…… 11—21
向前看:解决商标权与著作权冲突的另一种思路…… 11—25
实施商标战略　促进自主品牌建设 …… 12—9
产业集群区域品牌建设必要性及其路径方法 …… 12—19

评案说法

王致和商标海外维权案分析…… 1—19
外文商标的中译或简称被抢注的法律困境…… 1—21
“百毒杀”和“百毒杀”:商标与通用名称之辨 …… 1—50
整套散件产品销售出境的行为定性…… 2—29
商标使用的三维分析…… 2—40
——评千禧之爱商标侵权纠纷案
防止商标被淡化为商品的通用名称…… 3—41
是通用名称还是商标? …… 4—30
——从“敌杀死”案看通用名称认定标准
对在先“著作权”的理解和适用…… 4—40
——第 1461891 号“科凯”争议案件评析
申请注册商标应基于生产经营需要…… 4—50
——从“ERE”案看《商标法》第四条在商标争议案件中的适用

法院审查商标是否近似的权限…… 6—33
对注册商标司法保护的新动向…… 6—42
旧物新用与商标侵权…… 6—48
“李逵”胜“李鬼”“奇强”战“奇疆” …… 6—54
驰名商标保护范围的确定…… 7—39
定牌加工中商标侵权的认定…… 7—44
商号权与商标权冲突的司法解决…… 7—52
——以“盘子女人坊”案为例
从微软诉三菱案看作为商业策略的知识产权诉讼…… 7—67
商标行政审查中的“公示性公告”与“送达性公告”之辨析(一)…… 8—33
“粗话裤”背后的新思考…… 8—43
商标与商号纠纷的实例解析…… 9—33
两家“外婆”法庭论剑…… 9—49
商标行政审查中的“公示性公告”与“送达性公告”之辨析(二)…… 9—72
“衣念诉淘宝案”:浅析 C2C 模式下商标“间接侵权” …… 10—27
商标行政审查中的“公示性公告”与“送达性公告”之辨析(三) …… 10—33
广告语与商标的显著性 …… 10—39
——评析“送你一对翼”商标案
商标侵权判定中的几种理论路径 …… 11—46
——以侵犯诺基亚注册商标专用权案为例
评“红河红”案中商标近似的判断标准 …… 11—72
“Kevin Kelly”澳门商标异议案胜诉 …… 12—17
江淮与大运 打响汽车商标保卫战…… 12—32
知名商品的特有名称司法认定问题 …… 12—62

商标实务

上市公司的海外商标注册…… 1—72
申请商标注册中的几点策略…… 2—54
企业如何设计自己的商标…… 2—57
商标异议程序中复印件的法律效力…… 3—26
商标行政复议典型案件评析…… 4—33
商标侵权判定与例外抗辩…… 5—33
集体商标在定牌加工中的使用与管理…… 5—49
商标如何改造升级…… 5—55
多品牌企业如何进行自我管理…… 7—65
“商标连续三年停止使用”中的使用合法性的理解和认定…… 7—70
商标图形要素分类的历史与现状…… 8—27
擅自使用知名商品特有的名称包装装潢行为的认定…… 8—41
销售侵权商品在什么情况下不承担赔偿责任…… 8—53
企业如何制定商标战略…… 8—59
汽车业海外收购如何打好知识产权牌…… 9—43
冒充注册商标的新表现…… 9—55
商标侵权认定中的主观因素…… 9—63
如何理解《商标法》中的“不良影响” …… 10—55
自行改变注册商标行为及其法律后果 …… 10—64
如何提高马德里商标国际注册的成功率 …… 11—18

对《商标法》中“其他不良影响”的理解和适用 …… 11—33
商标侵权认定中的主观因素 …… 11—44
涉外商标申请应当注意的几个问题 …… 11—65
商标查询与商标申请和使用策略 …… 12—33
企业商标注册应当注意的几个原则 …… 12—59

众说纷纭

“老字号”保护亟待政策“破冰” …… 4—18
商标“跨类”保护的措词亟待澄清 …… 4—26
文物管理机构商标注册问题
——由“天下第一福”商标侵权案说开去 …… 5—40
仲裁认定驰名商标是否合法 …… 5—65
从“双狐”之争看企业品牌经营 …… 6—51
商标代理需要专业与诚信 …… 6—61
注册商标确权中过错责任承担 …… 7—56
正义和公平比太阳还要有光辉 …… 7—57
“山寨龙井”凸显提高消费者商标知识之必要性 …… 8—18
地理标志商标监管重点前移的必要性和可能性 …… 8—51
打假不能留死角 …… 10—31
服务商标的“诱惑” …… 12—42
著名商标的保护力度 …… 12—52

理论探讨

论我国商标代理组织的发展(上) …… 1—33
再谈成都“两面红旗”以后的35类服务项目 …… 1—38
贴牌生产中商标使用的法律性质 …… 1—40
代理组织的发展(下) …… 2—33
对他人注册商标的合理使用 …… 3—72
企业名称权与商标权冲突的法律适用 …… 4—65
为驰名商标保护制度正本清源 …… 4—71
《尼斯协定》在中国的实践 …… 5—16
——兼析我国商标法的修改
著名商标四论 …… 5—66
涉外定牌加工的责任承担和风险防范 …… 5—70
商号权认定中的若干法律问题 …… 6—74
驰名商标的形象权保护 …… 8—38
假冒注册商标罪中“相同商标”的认定 …… 8—47
商业秘密的保护 …… 8—70
关键词广告商标侵权问题初探 …… 9—58
公众人物姓名商标限制注册问题研究 …… 10—45
知名商品特有包装、装潢若干问题 …… 10—50
对TRIPS协议中商标侵权“推定混淆”的理解 …… 11—51
我国内地与香港商标权刑事立法比较研究 …… 11—67
商标撤销制度中“商标使用”的认定 …… 12—37
商标法第五十二条刍议
——以混淆可能性为中心 …… 12—67

品牌兴农

桂林市农产品商标发展现状…… 1—54

合理使用标志

——农产品商标战略系列谈(十一)…… 1—61

依托农产品商标和地理标志做强特色农业…… 1—76

共同关注农业品牌化

——农产品商标战略系列谈(十二)…… 3—57

浙江省茶叶专业商标品牌基地落户余杭…… 3—77

服务三农,重视地理标志国际保护 …… 5—45

大别山区茶香源自小兰花…… 7—59

“乐陵小枣”发展取得新突破…… 7—78

推广“平度模式”结硕果 …… 12—28

品牌攻略

3G 手机开启营销新时代 …… 1—69

品牌信任

——品牌管理的基石…… 4—57

淡出暴利时代,中国网游品牌如何另辟蹊径? …… 5—57

“赢”销世界杯…… 7—31

1 号店:打造“网络沃尔玛” …… 7—61

从鹰的蜕变看企业商标品牌的变革…… 8—22

品牌广告植入有诀窍…… 8—57

免费营销的“午餐”怎么吃? …… 9—28

体育营销的品牌智慧…… 9—38

老产品销售如何突破衰退期…… 9—69

《孙子兵法》视角下的企业商标战略解析 …… 10—59

名牌路

龙王恨:打造民族渔具品牌 …… 5—78

中圣

——技术的领航者…… 7—73

商标故事

电池业巨子与“大无畏”牌商标…… 1—59

一代船王与“象船”商标…… 3—60

我国最早的电表商标——大华…… 5—59

荣获世博金奖的“三角”牌毛巾…… 6—40

近代织锦业的名牌“CTS”图形商标 …… 10—57

世博史话

“AW”牌香皂商标 …… 7—30

“长城”油漆商标…… 8—26

“飞轮”牌火柴商标…… 9—57

法　规

国务院关于修改《中华人民共和国知识产权海关保护条例》的决定…… 5—29

中华人民共和国知识产权海关保护条例…… 5—30

亚洲运动会标志保护办法…… 5—54

最高人民法院关于审理商标授权确权行政案件若干问题的意见…… 5—61

关于调整《类似商品与服务区分表》第三十类“方便粉丝”商品类似群组的通知 …… 8—7

关于不得擅自更改商标申请书式的通知…… 9—18
工商总局出台强力措施加大对国家商标战略实施示范城市、示范企业的扶持力度 …… 9—24
国家工商行政管理总局打击侵犯知识产权和制售假冒伪劣商品专项行动方案 …… 11—29

法制前沿

以地域原则解决知名商品特有名称与注册商标的冲突
——第三次修改商标法时亟需明确的一个问题…… 1—12
我国台湾地区智慧财产法院简介…… 1—46
欧盟商标法律制度中的协调机制对我国的启示…… 2—59
从新出台的司法解释看驰名商标的保护…… 6—22
商标分割制度…… 6—65
关于修改《商标法(修订送审稿)》的思考与建议…… 7—13
完善商标权行政保护制度…… 7—33
加强对未注册商标法律保护…… 7—47
商标申请注册中的恶意问题 …… 11—14
动态商标保护的可行性和必要性 …… 11—61
商标注册制度下对在先使用商标的保护 …… 12—44
非视觉商标应纳入商标法的保护范围 …… 12—49

海外商标机构组织

非洲知识产权组织(OAPI) …… 3—62
巴西专利商标局…… 4—70
墨西哥知识产权局…… 6—53
泰国知识产权厅…… 7—64
南非专利商标局…… 8—56

调　研

厦门老字号的振兴路…… 2—25
对商标局驻中关村办事处等机构工作模式的思考 …… 3—7
湖南道地药材的地理标志保护…… 3—43
高新技术企业更应重视商标品牌发展
——对镇江市高新技术企业商标发展现状的调查…… 4—24
“平和琯溪蜜柚”地理标志证明商标效应调查…… 6—71
大榭商标品牌战略初探 …… 8—9
佛山市旅游资源商标保护现状及建议 …… 11—58
关于零售(批发)服务商标的思考 …… 12—12

环球纵横

欧盟与非洲知识产权组织商标注册之异同…… 1—29
地理标志:助推法国葡萄酒独步天下 …… 1—57
亚太地区非传统商标注册之比较…… 3—33
欧盟法院 2009 年涉及商标的初步裁决案件总结 …… 3—47
欧盟法院 2009 年审理商标上诉案件总结 …… 4—35
怎样在美国申请注册商标…… 4—54
海湾国家对地理标志的法律保护…… 6—37
中、澳商标异议制度比较 …… 6—46
俄罗斯商标法评析
——兼析《中国商标法》的修改…… 8—65
SCT 将讨论商标与互联网问题 …… 9—65

WIPO 将为非传统商标制定图样规则 …… 9—65
WIPO 改革议程得到高级别支持 …… 10—65
日本零售批发服务商标制度简介 …… 11—41
日本三维标志审查标准简介 …… 12—23
ProteoPrep 商标“真实使用”案获欧共体支持 …… 12—30

地方动态

广州:强化商标代理市场监管显成效 …… 3—30
崂山:深入实施商标战略 …… 3—39
福建连江注册保护“马祖澳”商标 …… 3—56
工商指导“竹坝”商标胜诉 …… 4—69
徐州多项措施推动商标战略实施 …… 4—77
品牌,让循化走向世界 …… 5—21
舟山市启用海水产品地理标志 …… 6—30
工商调解 “仇家”变“亲家” …… 6—56
诸暨“四个转变”力推民企实施品牌战略 …… 6—62
玉祁小镇三年涌现九个驰名商标 …… 6—78
老字号“王兴记”走进日本 …… 8—31
让商标战略成为县域经济的助推器
——江苏省睢宁工商局实施商标战略纪实 …… 8—61
山东胶州部署商标战略 …… 8—64
丹阳实施商标战略 助推地方经济发展 …… 9—66
品牌农业鼓了农民的钱袋子
——徐州工商部门实施农副产品商标战略纪实 …… 10—43
张家港创新培育机制 推进实施商标战略 …… 11—55
徐州确认 22 个产业集群品牌培育基地 …… 11—57
品牌宜兴渐显雏形 …… 11—76
徐州工商发现销售假冒名酒出现新动向 …… 12—48
推进企业品牌战略的郫县经验 …… 12—57
枣阳工商唱响品牌兴市曲 …… 12—65

诚信代理

诚信的服务 客户的桥梁
——万慧达合伙人谈商标诚信代理 …… 1—31
人尽其责,诚实守信
——中北公司董事长袁世寰谈诚信代理 …… 2—62
“全能”团队:打造一站式代理服务平台
——裕阳公司总经理余秀旸谈创新型知识产权代理模式的构建 …… 3—32
先做人,后做事,做客户实心实意的品牌管家 …… 4—62

基层连线

当好“五员” 打造服务型工商
——山东济宁商标行政指导工作纪实 …… 1—74

封面故事

太和——走向世界的中国女装名牌 …… 1—78
龟博士:扮靓汽车 成就品牌 …… 2—69
真假“周黑鸭”斗法 …… 7—74

麻塘名医誉天下
——咸宁市麻塘风湿病医院品牌发展传略 …… 10—66

统计数据

2010年第3季度各省、自治区、直辖市商标申请与注册统计表 …… 11—32

法院传真

商标行政案件审理情况综合分析(上) …… 1—65
商标行政案件审理情况综合分析(中) …… 2—48
商标行政案件审理情况综合分析(下) …… 3—65
注册商标所有权是否有俗称之衍生权利 …… 6—26
商标侵权的司法判定标准及方法 …… 6—68

《中国专利与商标》

联系地址:北京是西城区桦皮厂胡同2号国际商会大厦16层
邮政编码:100035
联系电话:010—66211588　82202288
电子信箱:cnpt@cpahkltd. com
网　　址:www. cpt. cn

《中国专利与商标》季刊2010年第1—4期目录索引

专题文章

"停止侵害"作为专利侵权救济措辞适用的最新发展 … 中国专利代理(香港)有限公司法律部 2010. 2　3
论垄断行为的民事救济 …… 张广良 2010. 2 17

专　利

辩析中国专利制度中的禁止反悔规则 …… 何怀文 2010. 1　3
无效宣告程序中权利要求合并若干问题思考 …… 李　越　任晓兰 2010. 2 27
外观设计权利冲突解决机制及其法律适用 …… 张　鹏　钱亦俊 2010. 2 41
北京市高级人民法院2009年专利案件审判新发展 …… 北京高院知识产权庭 2010. 3　3
试析外观设计简要说明在专利确权和侵权认定中的作用 …… 钟　华 2010. 3 14
药物用途专利保护的发展趋势 …… 郑永锋　范立君 2010. 3 21
外观设计创造性审查方法研究 …… 钟　华　黄玉平 2010. 4　3
试论"使用状态参考图"在我国外观设计专利制度中的定位 …… 蒋　瑜　姜庶伟 2010. 4 11
PCT国际申请中的"援引加入"对申请人的影响 …… 宋献涛 2010. 4 25
美国联邦巡回上诉法院"巨擘案"全席判决评介 …… 何怀文 2010. 4 32

商　标

商标行政案件审理情况综合分析 …… 芮松艳 2010. 1 19
商标分割制度研究 …… 史新章 2010. 1 45
商标持续使用制度的理解与适用 …… 卜元石 2010. 1 50
北京市高级人民法院2009年商标案件审判新发展 …… 北京高院知识产权庭 2010. 3 30
从商标法修订送审稿看商标法修改的几个要点 …… 梁　慧 2010. 3 46
从《商标法》及《药品管理法》的协调适用看药品法定通用名称的认定
——评"散利痛"、"散列通"案 …… 王艳芳 2010. 4 34

著作权

中国如何应对体育赛事转播的网络盗版问题 …… 宋海燕 2010. 3 56
对"信息网络传播权"的多维解读 …… 王　迁 2010. 3 69

对《北京市高级人民法院关于审理网络著作权纠纷案件若干问题的指导意见(一)》的
几点说明 …… 北京高院知识产权庭 2010.4 45
版权保护下的中国网络服务提供者的法律责任 …… 宋海燕 2010.4 55
链至互联网的网吧影院系统版权侵权之司法认定 …… 亓　蕾 2010.4 68

集成电路布图设计

集成电路布图设计撤销案件审理中若干问题研究 …… 樊晓东 2010.4 75

外国知识产权制度

值得借鉴的俄罗斯商标法 …… 马伟阳 2010.1 58

视　角

现有技术抗辩适用规则:法律规定中的差异及其解析 …… 张广良 2010.2 53
关于我国专利权评价报告制度的思考 …… 张广良 2010.3 81
知识产权纠纷分案处理刍议 …… 张广良 2010.4 84

案例评析

百度被诉垄断案背后的思考 …… 佟　姝 2010.1 61
康可公司诉德国默克公司等侵犯注册商标专用权纠纷案 …… 葛　红 2010.1 72
仅起诉销售商时如何判定商品侵权 …… 周晓冰 2010.1 79
波兰科曼多有限公司诉科曼多家具(上海)有限公司侵犯商标权及不正当
竞争纠纷案 …… 牧　混 2010.1 85
2009年度中国商标代理组织抗辩胜诉案例优胜奖选登 …… 萧　海 2010.1 93
等同原则与禁止反悔原则在专利侵权案件中的适用 …… 孙海龙　姚建军 2010.2 57
专利法第33条关于修改超范围问题的理解与适用
——精工爱普生株式会社"墨盒"专利无效行政纠纷案法律问题探讨 …… 焦　彦 2010.2 67

法律法规

中华人民共和国专利法实施细则(英) …… 2010.2 77
最高人民法院关于审理商标授权确权行政案件若干问题的意见 …… 2010.3 87
中华人民共和国知识产权海关保护条例 …… 2010.3 93
北京市高级人民法院关于网络著作权纠纷案件若干问题的指导意见(一) …… 2010.4 89
海峡两岸知识产权保护合作协议 …… 2010.4 97

学术动态

专利侵权抗辩理论与实务研讨会纪实 …… 2010.1 95
商标法"欺骗与不正当手段"法律理解研讨会 …… 2010.1 100

业内信息

最高人民法院发布关于审理侵犯专利权纠纷案件的司法解释 …… 2010.1 102
庭审信息 …… 2010.2 99
庆祝本刊创刊25周年 …… 封二、封三、102、103
中华全国专利代理人协会第八届全国会员代表大会召开 …… 2010.3 100
国家工商行政管理总局修订部分商标申请书式说明 …… 2010.3 100
北京高院发布审理网络著作权案件指导意见 …… 2010.3 100
《电影作品著作权集体管理使用费收取标准》即将实施 …… 2010.4 54
与互联网有关的著作权案件审判实务研讨会综述 …… 2010.4 100
专利侵权判定标准研讨会在京召开 …… 2010.4 104
2010年中日生物技术知识产权专题研讨会 …… 2010.4 封三

《中国发明与专利》

《中国发明与专利》
联系地址：北京市海淀区蓟门桥西土城路 6 号
邮政编码：100088
联系电话：010－82000860－8167
电子邮箱：fmyzl@vip. sina. com

2010 年《中国发明与专利》杂志目录

2010 年 1 月

08 立足新形势 开拓新局面 …… 孙 莉
11 从创意到生意 从创业到大业 …… 杨 菲
14 创新力比拼：美国滑坡 亚洲崛起…… 朱静远
17 做最好的创新 …… 李开复
21 “中国制造”为中国货正名 …… 小 风
25 中国企业应重视及时输出知识产权 …… 肖思思 郑天虹
29 中国：没有名牌的茶叶大国…… 汤姆·米勒
30 创新始于联想 …… 韩洪光 董晓平
31 刘老根和专利 …… 王 雷
33 才如江海命如沙：被遗忘的超级发明家尼古拉·特斯拉…… 吕建平
39 超脱传统 自成一派 …… 洪 光
40 律师界的一颗新星 …… 彭耀林
45 为盲人造福是我的责任 …… 郭培平
47 破解氟塑料防腐技术的世界难题 …… 余 鹏
51 寻找开启创造之门的钥匙 …… 余 鹏
53 满腔热爱洒故土 一生豪情重科教 …… 李泽凯
55 他在海底世界搭建通途 …… 贺 新
57 用毕生心血拓展麻类遗传育种宏图 …… 贺 新
59 青少年科技创新教育的现实与希望 …… 潘静新
61 平凡的岗位 不平凡的创造…… 剡雪梅
62 百年工程 兴于固基…… 李泽凯
63 生物能源发展须循序渐进 …… 贺 新
64 支撑信息网络时代的蓝天 …… 贺 新
65 专利经营的成本控制 …… 袁真富 卢运霞
70 知识产权管理 A rchlPat 系统 …… 门高利 朱 涛
73 钱学森之惑谁来解答 …… 胡嘉禄
76 知识产权的方向与定位 …… 马秀山
77 关于“赌博载体”的研究 …… 刘德纯
78 浅谈背景技术中的基本概念 …… 王宝筠
80 专利法第 33 条的使用现状及国外相关制度的研究…… 马晓亚
85 现有技术的确定 …… 沈乐平
87 商业秘密案又添新“教材” …… 彭耀林
88 成功源于扎实的工作 …… 朱妙春
92 日本在全球范围内推进知识产权战略 …… 规 划

98 日本大学及国立研究机构的技术转移 …… 张晓东
102 日本在全球首颁 IPS 细胞专利 …… 夏佩娟
103 日本专利代理人考试制度一瞥 …… 夏佩娟
104 功能性限定的解释以及司法程序中的简易判决 …… 李晴晖
110 全球发明专利申请和授权量增长放缓 …… 陈可南
112 喝小分子水理疗高血压和冠心病 …… 陆 江
114 汽车安全保护装置 …… 李 浩
115 为我国新能源产业添砖加瓦 …… 金振华
116 背锥肩环—哈夫卡环法兰 …… 本 刊
116 多功能卫生洁具 …… 本 刊
116 适用于治疗骨质增生的外用中药组合物及其制备方法 …… 本 刊
117 比较式蓄电池均衡器 …… 本 刊
117 分隔调节包装罐 …… 本 刊
117 自动头部按摩机 …… 本 刊
118 中国国际贸易促进委员会专利商标事务所 …… 本 刊
118 全新太阳能电池板 …… 本 刊
119 SHN 球团矿有机粘结剂 …… 本 刊
119 用于极端工况条件的陶瓷——金属梯度功能材料 …… 孟庆森
120 用于预防口腔龋齿的 lgY 抗体清洁剂等 …… 本 刊

2010 年 2 月

08 科技创新时代的一次盛大“阅兵” …… 本 刊
09 以科技创新推动我国经济发展 …… 温家宝
10 历届国家最高科学技术奖获得者简介 …… 本 刊
11 2009 年度国家科学技术将呈现六大亮点 …… 陈 磊 韩土德 陈 瑜
13 从国家科技奖看科技创新的“晴雨”与“风向” …… 邢宇皓
15 哥本哈根背后的博弈 …… 本 刊
19 创意产业与创新苏州 …… 毛 矛 张 梅
24 创新的困惑 …… 沃顿商学院(美)
26 创新无处不在 …… IBMer
28 中国企业技术创新报告 …… 国务院发展研究中心企业研究所企业技术创新课题组
33 从持续创新到卓越非凡 …… 谭小芳
35 一本万利的专利 …… 王 雷
39 为什么一条微博客是 140 个字? …… 项立刚
40 《阿凡达》背后的科学与幻想 …… 新浪科技
44 令好莱坞拍案叫绝的澳大利亚发明 …… 吉姆·弗雷泽
45 地理标志保护产品背后的历史传说 …… 张 茉
50 发现与被发现 …… 吕建平
54 质量为本 客户优先 …… 彭耀林
59 以科技创新拓宽集成电路产业发展之路 …… 李泽凯
61 勇攀材料科学高峰的科研女杰 …… 贺 新
62 传承中医文化 谱写针灸新篇 …… 贺 新
63 开启信息安全系统之门 …… 贺 新
64 科研为基政府助力 建筑垃圾处理前景看好 …… 李泽凯
66 碧玺紫砂世博和谐套壶 …… 王铭庆
67 知识产权与企业核心竞争力 …… 马连元

69 商业秘密的保护及其在生物领域中的应用 …… 殷慎敏
71 4G 发展中的专利比较分析 …… 王 雷 戴妮
73 漫谈调解 …… 宋鱼水
78 品牌与知识产权 …… 马秀山
79 为悼念百万亡灵而研究道路交通事故载体 …… 刘德纯
81 实施专利战略提升中药企业竞争力 …… 王荣霞 陈龙飞
83 知识产权成就方正基业 …… 杨旭日
86 电脑代工业的专利风险与对策 …… 石陆仁
88 浅析智力活动规则及方法 …… 马 敬
90 “毕加索”辨伪 …… 朱妙春
94 间接侵权不“间接” …… 李佳俊
98 促进创新 提升竞争力 …… 规 划
103 欧专局关于互联网引证文献作为现有技术证据的进展 …… 欧阳石文
106 专利权利要求用语限定及依法律解释程序 …… 任晓玲
111 韩国专利信息资源系统简介 …… 朱 涛 门高利
115 回眸:2009 年国外重大知识产权事件 …… 章 璠 夏佩娟 任晓玲 李丽娜 何艳霞
120 喝小分子水理疗的科学性 …… 陆 江
121 微型收割机等 …… 本 刊

2010 年 3 月

08 第十一届中国专利奖在京隆重颁发 …… 本 刊
10 第十一届中国专利金奖项目简介 …… 本 刊
14 体现专利价值 鼓励企业创新 …… 毛 昊 程文婷 徐 慧
18 转基因植物领域的专利战 …… 汤 文
22 国际基因专利巨头孟山都掠影 …… 邓爱科
25 药用植物功能基因的开发与专利 …… 黄 竹
30 中小企业知识产权有了“助推剂” …… 崔高峰
31 2010 年十大科技猜想 …… 彬 彬
34 创新不止是“灵感的闪现” …… 大 麦
36 中国企业创新力不足的影响因素 …… 华 斌
40 中小型企业文化创新的途径 …… 原惠群 张邵华
42 一切始于世博会 …… 时博文
44 日本“知识产权立国”战略及启示 …… 葛天慧
47 版权强国维护中国的国家利益 …… 裴 钰
50 探寻毕昇身世之谜 …… 胡 诚
53 王韬:科普先驱,第一报人 …… 林天宏
54 世界十大能工巧匠排行榜(上) …… 张卫民
60 让红薯粉丝香飘万里 …… 韦艳宜
65 从文化到战略:企业核心竞争力形成的基础与途径 …… 刘 华
72 高端知识产权是提升核心竞争力的关键 …… 吴树山 顾来红
75 商标通用化问题研究 …… 范晓波 韩婷婷
79 2009 年信息技术领域专利态势分析 …… 本 刊
82 搞专利要有方向性 …… 马秀山
83 由鞍钢制造向鞍钢创造转变 …… 胡嘉禄
85 立体商标与外观设计专利比较浅见 …… 姜 楠
86 浅谈企业专利申请战略 …… 艾变开 曲 燕

89 高新技术企业知识产权管理策略研究 …… 杨 曦 门高利
91 锲而不舍 维权十年 …… 朱妙春
96 我国专利法中的现有技术抗辩制度之探讨 …… 洪恩山
101 2009年我国专利申请保持平稳较快增长 …… 规 划
108 2009年国内专利申请和授权呈现五大特点 …… 规 划
110 韩国企业调整知识产权发展策略应对金融危机 …… 何艳霞
111 建立欧洲共同体专利体制的最新进展 …… 任晓玲
112 美国专利商标局将改变其专利期限调整评估方法 …… 李丽娜
113 美国专利纠纷诉讼的发展趋势 …… 任晓玲
114 2009年全球PCT申请量30年来首现负增长 …… 任晓玲
117 回望2009:全球创新活动依然活跃 …… 李丽娜
118 喝小分子水理疗的优越性 …… 陆 江
119 椎缝投影光学试验仪等 …… 本 刊

2010年4月

06 行业要闻 …… 本 刊
08 各地行动 …… 本 刊
14 海外动态 …… 本 刊
16 苏州恒久陷入“专利门” …… 敖晓波
18 苏州恒久核心技术大起底 …… 朱益民
21 苏州恒久让我们遗失了什么 …… 黄丹华
22 苏州恒久临时叫停 福晶科技高管却大赚特赚 …… 白宝玉
23 创业板市场应加强知识产权信息披露审查 …… 陈可南
24 用中华民族之魂设计未来 …… 刘宏杰
31 国内发明专利申请和授权继续保持高速增长 …… 规 划
37 2009年我国受理PCT申请8000件 …… 规 划
38 适应时代要求 促进发明创新 …… 孙 平
41 冷静看待中国“世界第五” …… 徐瑞哲
42 “知识产权剥削”之殇 …… 袁 苑
43 决战司考战场的利器 …… 彭小华
45 为政协委员的筷子提案求证 …… 刘德纯
46 捷康海外亮剑 成就世界翘楚 …… 徐 丹
48 健康灯给健康加油 …… 彭耀林
53 天下第一刀 立军魂振国威 …… 徐 丹
55 中华医学与生物量子医学的完美结合 …… 李泽凯
57 发明是一种情怀 …… 张 莉
58 攀登食品科技高峰 …… 肖 华
59 点燃发明创造之火 …… 蒙科祺 朱 文
61 破解民间发明人的十大困惑 …… 郭 燕
63 司徒植自创三点联按理论研发飞磁宝垫 …… 史 明
64 明火节能技术不可忽视 …… 李泽凯
65 钱学森是中国“创新教育之父” …… 李 放
68 聚焦美国百年来最怪异发明 …… 张 末
70 从“两毛一脚”看“中国确实在保护知识产权” …… 王 雷 戴 妮
72 农民造飞机:创新的现实土壤与梦想蓝天 …… 王 憨
76 发明变商品 日本缘何最擅长 …… 冯昭奎

77 专利协议堵死 "山寨之父"的3G山寨路 …………………………………………………… 王艳辉
78 山寨手机产业中的创新与专利保护 ………………………………………………………… 李忠刚
80 把专利卖给布什 ………………………………………………………………………………… 王 名
81 世界十大能工巧匠排行榜(下) ……………………………………………………………… 张卫民
87 专利商业化路径探讨 …………………………………………………………………………… 石陆仁
90 从源头抓专利审查质量的提高 ……………………………………………………… 朱 涛 刘桂明
93 创造性中"相反教导"的理解 …………………………………………………………………… 沈乐平
96 由一起专利无效案谈一种特殊的创造性评价 ……………………………………… 路剑锋 李 晴
98 绝地逢生 ………………………………………………………………………………………… 朱妙春
102 无效宣告请求审查决定被撤销后案件的审理之探讨……………………………… 张 鹏 周 倩
106 对确认不侵权之诉有关问题的研究……………………………………………………………… 陈 钧
108 欧专局迎来新局长 内外政策将稳中前进………………………………………………… 任晓玲
111 欧专局裁定不再承认瑞士型权利要求的合理性…………………………………………… 任晓玲
112 欧洲:关于生物技术可专利性的争论日益激烈 …………………………………………… 任晓玲
113 日本制定计划推进环境专利技术转让……………………………………………………… 夏佩娟
114 自主创新:以色列的立国法宝 ……………………………………………………………… 本 刊
115 核磁共振解开长寿村小分子水的奥秘……………………………………………………… 陆 江
116 重复频率快脉冲硬X射线发生器
116 节能减排环保型超低硫汽油生产技术……………………………………………………… 李泽凯
117 履带式机动车等……………………………………………………………………………… 本 刊

2010年5月

06 行业要闻 ………………………………………………………………………………………… 本 刊
09 各地行动 ………………………………………………………………………………………… 本 刊
13 海外动态 ………………………………………………………………………………………… 本 刊
14 促进成果转化 实现发明价值 ………………………………………………………………… 王 瀛
18 星网锐捷遭遇"专利门" ……………………………………………………………………… 张 望
19 证监会紧急发函核查IPO"专利门" ………………………………………………………… 于海涛
20 多家中小板公司专利信息披露涉嫌不实 …………………………………………………… 张 梁
21 三个明显提高 四个主要问题 ………………………………………………………………… 规 划
23 我国PCT专利的技术领域分布特点…………………………………………………………… 规 划
24 再议"朱妙春"现象 …………………………………………………………………………… 张莉容
26 专家鉴定应先鉴定专家 ……………………………………………………………………… 戴敬辉
27 趣闻载体学二则 ……………………………………………………………………………… 刘德纯
29 为汩汩清泉 开创新之源 ……………………………………………………………………… 付 迁
34 侵犯商业秘密何时休 ………………………………………………………………………… 彭耀林
38 中国新型校方文化的拓荒先驱 ……………………………………………………………… 徐 丹
41 郑业:为节能减排再立新功…………………………………………………………………… 吴长波
42 香港发明协会会长 …………………………………………………………………………… 张景丰
43 创新台湾 惠嘉两岸 …………………………………………………………………………… 徐 丹
45 科技兴牧 永远的追求 ………………………………………………………………………… 郝 静
46 新发明迎来铁路轨道连接新变革 …………………………………………………………… 吴长波
47 莫如章:科技创新 产业报国 ………………………………………………………………… 吴 明
48 矿用立泵:谱写以防治透水为目标的发明人生……………………………………………… 余 鹏
51 情系海洋 关注生态 呵护地球家园 …………………………………………………………… 李泽凯
53 德才胜于人才 生命高于一切 ………………………………………………………………… 肖 华

55 播撒希望的种子　创新保护性耕作 …………………………………………………… 李泽凯
57 生物经济时代的知识创新 …………………………………………………………… 林忠平
58 手脑速算:改写算术史的发明………………………………………………………… 余　鹏
59 创新是动力 …………………………………………………………………………… 荣剑英
63 在低迷时创新 ………………………………………………………………………… 张述冠
65 自主创新助力中国“智造“ ……………………………… 冯宇宙　陆冬梅　陈　阳
66 武侠小说和知识产权大战中的“势“ ………………………………………………… 程旭辉
68 109 年 AND10 万个专利……………………………………………………………… 宗　禾
69 中国参与 1904 年世博会始末………………………………………………………… 吴海云
72 成名于世博会的年轻发明家 ………………………………………………………… 张　末
76 中国反山寨文化第一人:梁启超……………………………………………………… 裴　钰
78 约定奖酬方式和数额是激励创新的最新举措 ……………………………………… 马希良
81 专利之商品特性探析 ………………………………………………………………… 薛晓伟
83 浅谈中国传统文化对现代企业发展的影响 …………………………… 云大信　尹良红
85 企业知识产权战略实施的重要支撑 …………………………………… 张林锋　杨　五
87 师徒握手 ……………………………………………………………………………… 朱妙春
91 关于权利要求中功能性限定特征解释的探讨 ……………………………………… 孙　平
94 发明专利申请授权条件的变化之研究 ……………………………………………… 刘　畅
97 世界 PCT 申请格局发生显著变化…………………………………………………… 规　划
100 欧专局优化检索和审查程序………………………………………………………… 任晓玲
101 欧专局关于化合物多晶型专利的审查…………………………………… 任晓兰　刘桂明
105 从核磁共振看小分子水造福人类…………………………………………………… 陆　江
106 自然开片开创紫砂艺术新春天……………………………………………………… 马俊华
107 开国内行业先河　树民族品牌形象………………………………………………… 李泽凯
108 “光利通”牌无极灯　新型电光源关键技术新突破………………………………… 本　刊
108 执著创新　演绎科技传奇…………………………………………………………… 本　刊
109 生活垃圾燃料的制造方法及其应用………………………………………………… 本　刊
117 全浮汽动压缩弹射器等……………………………………………………………… 本　刊

2010 年 6 月

06 行业要闻 ……………………………………………………………………………… 本　刊
08 各地行动 ……………………………………………………………………………… 本　刊
10 海外动态 ……………………………………………………………………………… 本　刊
11 新大新材因涉嫌专利侵权暂缓上市 ………………………………………………… 郭　文
12 别不把专利当回事 …………………………………………………………………… 王　璐
13 智能手机领域已成专利争夺焦点 …………………………………………………… 景保玉
14 向诺基亚苹果学历专利战略 ………………………………………………………… 王　雷
15 科技型中小企业有望迎来融资春天 ………………………………………………… 张　维
16 专利权质押方兴未艾 ………………………………………………………………… 张　维
17 为大地合理负重而诉求三事 ………………………………………………………… 刘德纯
18 两届世博　一次跨越 ………………………………………………………………… 彭耀林
25 中国模拟人之父铸造仿真人恩惠民生 ……………………………………………… 徐　丹
28 与诺贝尔奖擦肩而过的中国医生 …………………………………………………… 王　鑫
30 垃圾制肥　中国专利决战世界难题 ………………………………………………… 王　鑫
32 林定增:专利新药给咳嗽患者止咳…………………………………………………… 白　冰
34 节能灶具　低碳经济的大手笔 ……………………………………………………… 刘小亮

35 破解专利难嫁之谜 …… 徐 丹
36 专利侵权屡忍耐 维权无获心难平 …… 赵 亮
37 世界除氧保鲜技术的领跑者 …… 赵 亮
38 做集成电路产业的开路先锋 …… 张 凯
40 杨兆华教授与他的光伏发电创新事业 …… 李 文
42 刘洁:麦草制浆技术新突破 …… 吴长波
43 创意侵权:谁动了谁的“奶酪” …… 李 瀛 郑 洁
46 生存,还是毁灭? …… 【美】克雷顿·克里斯滕森
48 华旗的自主创新模式与品牌经营理念 …… 冯 军
52 动漫知识产权保护迫在眉睫 …… 郑凤丹
55 揭秘刘谦春晚魔术是否侵犯知识产权 …… 张 航
57 葡萄酒生产企业怎么创新 …… 王 瑜 张海文
60 味精大王与我国第一件味精商标 …… 左旭初
67 浅谈 TRIZ 在专利处理中的运用 …… 彭辉剑
69 技术开发合同中的技术成果归属及利用分析 …… 梅 锋 缪静
72 发明的思维在于逻辑 超越在于灵感的突现 …… 蒋立科 魏练平
74 无线通信功率控制技术专利申请分析 …… 韩鲜萍 张 翔
78 新专利法及其实施细则实施后提交专利申请需注意的问题 …… 宫传芝
80 浅谈自控领域的专利申请和审查技巧 …… 许 彦
85 专利循环诉讼的概念与误会 …… 魏 征
88 铸剑为犁(上) …… 朱妙春
91 知识产权标准化的法律规制初探 …… 顾金焰 郑颖捷
95 欧专局 2009 年度报告:专利申请受理量降幅明显 …… 任晓玲
96 聚焦清洁能源专利申请 …… 任晓玲
97 日本专利数据检索服务趋于完善 …… 夏佩娟
98 方法类权利要求是否使用专利权用尽原则 …… 何艳霞
103 喝小分子水理疗的必要性 …… 陆 江
104 少喝油的第二代生物柴油装置 …… 张宝华
105 金奖中医谢荣宗博士 …… 刘小亮
106 先行者:泉州市职工技术协会大事记 …… 刘小亮
107 海浪发电前景广阔 …… 张振文
107 简易安装环保前后喷水式厕板 …… 潘志森
108 高压节电器 …… 本 刊
108 骨质增生药膏 标本兼治 …… 本 刊
109 柳沈律师事务所 …… 本 刊
109 关爱生命 远离交通事故 …… 本 刊
110 辛勤耕耘、终得硕果的发明家徐向阳 …… 本 刊
111 沉井可控下沉法等 …… 本 刊

2010 年 7 月

06 行业要闻 …… 本 刊
08 各地行动 …… 本 刊
10 海外动态 …… 本 刊
12 专利大战:威尔曼奔袭誉衡药业 …… 王卓铭 王志灵
14 上市公司“专利门”追踪 …… 宗 肖
16 专利助兴世界杯 …… 崔静思

17 创业板企业知识产权状况存隐忧 …… 陈可南
18 PCT专利申请:我国增速喜人但差距明显 …… 规　划
22 质押、许可推动专利产业化 …… 规　划
24 莫让电动车重演影碟机专利费悲剧 …… 顾　鑫
25 菅直人:专利非主流派人物成为日本新首相 …… 马秀山
26 淡化政治国际体坛载体革新的研究 …… 刘德纯
27 开创显微焊接新时代 …… 彭耀林
31 绿色炉具点燃节能火 …… 徐　丹
38 发明创新 一路辉煌 …… 崔高峰　赵　亮
40 一块砖撑起一片蓝天 …… 徐　丹　安振国
42 茶与食用菌的完美联姻 …… 徐　丹
43 传承中医国粹　弘扬民间医学 …… 胡祖科
44 金奖发明家方瑞丰博士 …… 刘镇宇
45 一名下岗职工的发明之路 …… 司志营
47 科博会该怎样与时俱进 …… 杨　菲
51 创新让中国制造实现质变 …… 潘文(John Pomfret)
53 创新让烂苹果变金苹果 …… 管克江
54 公共场所播放世界杯是否侵权 …… 郑博超　杨　涛
56 由安顺地戏告张艺谋说开去 …… 燕海鸣
57 知识产权还是思想控制 …… 安守廉　译/梁治平
59 申遗的风水能否脱去玄学外衣 …… 赵晓勇　夏　丹　李　玲　朱新法
62 荣氏兄弟所创第一 …… 左旭初
69 红十字标志的故事 …… 王　清
70 中国山寨风潮 …… 黄信尧　胡芬绫
72 搜索引擎技术专利的统计分析 …… 祁延莉　张扬扬
76 企业知识产权与核心竞争力之关联性研究 …… 王海波　刘羽波
79 知识产权公司　升级要靠专业化经营 …… 余　刚
80 实施精细化管理　实现内涵式增长 …… 马　强
82 最接近的现有技术与结合启示 …… 沈乐平
85 商标使用许可备案的缺陷和完善 …… 杨　冰
87 专利法使用中的行政自由裁量 …… 杨凤云　白剑锋
91 以案释法一则 …… 魏　征
93 铸剑为犁(下) …… 朱妙春
97 论功能性限定权利要求保护范围的解释 …… 张　鹏
102 美日欧韩四局发明专利申请受理与授权发展态势 …… 规　划
105 美国专利商标局拟建立三种专利审查途径 …… 李丽娜
106 日本本国优先权制度研究 …… 艾变开　曲淑君　姚　云　宗　绮
113 鼠标驾驭锅炉 升华低碳经济 …… 徐　丹
115 对称式立交桥　建立城市立体交通网络 …… 刘润平
116 骨质增生药膏　标本兼治 …… 本　刊
116 高压节电器 …… 本　刊
117 人间无神水　饮水有科学 …… 陆　平
120 大崆砖 …… 本　刊

2010 年 8 月

06 行业要闻 …… 本　刊

07 各地行动 …… 本 刊
10 海外动态 …… 本 刊
12 孔子故里的专利盛会 …… 柳 琴
13 专利难以承担如此之重 …… 魏 征
15 低碳技术专利:我国发展迅速但仍需努力 …… 北京市知识产权局专利管理处
19 中国企业须慎防国际专利海盗 …… 陈 妍
20 人类要“孝敬”地球 …… 刘德纯
21 发明创新的摇篮 …… 王铭庆
22 呕心沥血明壮志 …… 徐 丹
27 纳米耐火材料创新路上的攀岩者 …… 徐 丹 赵 亮
31 郑德温:行走在石油领域的仁者 …… 卢学清
33 使交通顺畅的润滑剂 …… 王 鑫
34 专利药片冲破国际垄断 …… 史 明
35 取风光能量 让生活更舒畅 …… 王 鑫
36 精明的发明家李广缘博士 …… 刘镇宇
38 台湾发明人的金指南车奖 …… 刘镇宇
39 中国的出路在创新 …… 宋 健
43 创新惰性:企业成功的最大挑战 …… 金错刀
45 知识管理视角下的“老字号”发展之路 …… 林英军
47 忽视专利申请,鸣鸣祖拉的“中国爸爸”有点烦 …… 章 苒
49 从《穷人的专利权》说开去 …… 吕建平
51 朝鲜歌剧《红楼梦》:中国文化创新绕不过的思考 …… 刘玉琴
54 外媒眼中最有新意的九大中国山寨产品 …… 张 茉
57 鲜为人知的“赛先生” …… 裴 钰
59 我国第一个葡萄酒商标创立者张弼士与张裕葡萄酒 …… 左旭初
65 浅谈涉及自动控制技术专利申请技术领域的认定 …… 崔朝利
68 汽车行业专利现状分析及自主发展策略 …… 黄健根 杨 辰 李婷婷
73 浅谈中国企业应采取的专利应对策略 …… 石陆仁
76 与技术项目相关的专利申请布局 …… 李兆岭
78 专利性检索的策略分析 …… 洪 兵
81 专利技术信息检索策略解析 …… 贾丹明
85 同族专利信息专利分析及应用(上) …… 赵沛丰 赵 欣
89 从一个案例看创造性评述中技术启示的理解 …… 刘章鹏 黄 非
92 商业秘密小品三则 …… 朱妙春
96 谈专利侵权诉讼中的现有技术抗辩 …… 路剑锋
99 专利行政诉讼的合法性审查范围 …… 王丽颖
101 为更广泛的专利主题打开大门 …… 李丽娜
102 专利权的域外效力问题及法律漏洞如何填补(上) …… 李 蓓
110 喝小分子水告别高血压 …… 陆 江
111 中医治疗瘢痕新突破 …… 张宝华
112 折叠便携电动自行车 …… 本 刊
112 藏树正的两项发明 …… 本 刊
113 绿色生物油田等 …… 本 刊

2010 年 9 月

06 行业要闻 …… 本 刊

08 各地行动 …… 本 刊
10 海外动态 …… 本 刊
12 知识产权经济:通向未来的制胜之路 …… 彭 京
17 上半年国内专利申请保持平稳增长 …… 规 划
18 21世纪美国一大创举:受灾害"吃大户" …… 刘德纯
19 刘国忠:中国合成云母珠光颜料专利第一人 …… 孙鹏浩
20 用心血浇灌"小龙吊" …… 彭耀林
26 科技强芯 …… 徐 丹 白 冰
28 为健康创绿色磁疗 …… 胡祖科
29 国际学士院在高雄授证书 …… 刘镇宇
30 精明的发明家李广缘博士 …… 刘镇宇
31 春天里的故事 …… 黎源之
33 机遇与眼光 …… 杨振宁
37 创建美好品牌的三大力量 …… 杨曦沧
39 开放式创新背景下企业知识产权文化构建 …… 周洪涛
42 名人背后鲜为人知的时髦专利 …… 张 末
44 为什么透明的专利系统是中国公司的正确选择 …… 高泽明
50 天使还是魔鬼 …… 吕建平
53 侯德榜与红三角牌商标 …… 左旭初
60 专利授权合约的签署与执行 …… 石陆仁
63 基于认知轨迹的工程型集成专利检索展望 …… 洪 兵
68 我国专利信息用户的需求分析 …… 贾丹明
70 专利权价值评估方法述评与比较 …… 靳晓东
73 塑料毛细管网换热器专利分析与技术应用 …… 邱俊杰
76 碳青霉烯药物中国专利申请状况分析 …… 肖 丽 王 科 袁 辉
79 知识产权与企业经营战略 …… 段丹星
81 同族专利信息分析及应用(下) …… 赵沛丰 赵 欣
85 对专利权"一女二嫁"现象适用法律问题的探讨 …… 李新芝
90 2005～2009年北京市专利合同纠纷案件分析 …… 王 燕
92 天妒英才(上) …… 朱妙春
95 论功能性限定特征解释标准的统一 …… 王 冉
99 日本发明专利申请量大幅减少 …… 夏佩娟
101 欧共体专利申请和授权的文种之争 …… 任晓玲
102 专利权的域外效力问题及法律漏洞如何填补(下) …… 李 蓓
108 湿法冶金技术的环保新工艺 …… 赵 强
109 多功能电脑台 …… 本 刊
110 用于微波炉的新型环保组合电容器 …… 本 刊
111 喝小分子谁降服高血压 …… 陆 江
112 上带输送装置等 …… 本 刊

2010年10月

06 行业要闻 …… 本 刊
08 各地行动 …… 本 刊
10 海外动态 …… 本 刊
12 民间发明藏龙卧虎 …… 彭耀林
13 我国专有权利使用费和特许费国际逆差逐年增加 …… 规 划

14 成也手机 败也手机 …… 刘德纯
15 喷雾降温 前景广阔 …… 彭耀林
19 在染整行业中挖掘低碳经济 …… 徐 丹
20 探索中国电子领域的未来价值 …… 史 明
21 励志奋斗 崇尚创新 …… 徐 丹
22 推进青少年发明创新教育 …… 胡嘉禄
24 浅谈发明创育 …… 沙永康
25 创新大成智慧 造福人类健康 …… 王铭庆
27 点牙成金 彰显创新精神 …… 郝 静
30 传承创新 共创和谐 …… 郝 静
32 国际学士院在高雄授证书 …… 刘镇宇
33 心脑血管专家樊秀玲 …… 刘镇宇
34 邓铁六:发展振弦传感技术 开拓应用新领域 …… 陈彦谋
35 电场发电机的超能发电原理 …… 周符明
36 创新30年:深圳的创新文化 …… 田 欢
41 区域自主创新与知识产权保护 …… 张 军
43 美国大学怎样培养创新人 …… 张晓鹏
48 让网络曹雪芹吃上红烧肉:网络文学知识产权应付费 …… 刘 慧
50 中国“山寨”的海外名声 …… 小 谢
52 中小企业的知识产权信托管理 …… 于 宁
56 被忽视的文化遗产:数字遗产 …… 裴 钰
58 中国出版业先驱与“中华”牌书刊商标 …… 左旭初
66 拓展代理机构职能 促进知识产权战略实施 …… 朱 涛 刘桂明
69 对部分专利专而无利现象的思考 …… 刘长威
71 论建立专利复审、无效案件案例指导制度的必要性 …… 李 慧 吴孟秋
73 新型糖尿病治疗药物的专利分析 …… 王晓洪
76 金融危机背景下的中小企业与知识产权 …… 张 影
79 浅析马德里国际注册最新动态 …… 纪明明
80 专利侵权诉讼中一种新颖的不侵权抗辩 …… 路剑锋
82 知识产权交易纠纷特点之剖析 …… 王 燕
84 天妒英才(下) …… 朱妙春
88 从立法宗旨上探讨重复授权和抵触申请的审查 …… 孙 平
92 欧盟加强海关知识产权保护 …… 任晓玲
93 如何以科技创新促进国际发展 …… 何艳霞
94 进一步完善制度以促进创新 …… 夏佩娟
95 EPO对涉及给药方案的医药用途发明的审查标准 …… 曲 燕 欧阳石文 陈 欢
100 专利说明书充分公开的判断标准之争 …… 吕炳斌
104 马来西亚的专利制度 …… 柳福东
107 让中医药的免疫效应大放异彩 …… 张宝华
108 糖脂病的病因与喝小分子水理疗 …… 陆 江
109 邓氏振弦传感技术简介 …… 本 刊
109 一种携模具功能的模块建筑方法及建筑模块 …… 本 刊
110 陆上栽培藤本植物的装置 …… 本 刊
110 水流程净化系统 污水变清泉 …… 本 刊
111 门窗玻璃半自动清洗装置等 …… 本 刊

2010 年 11 月

06 行业要闻 …… 本 刊
08 各地行动 …… 本 刊
10 海外动态 …… 本 刊
12 探索科技成果流转新模式 …… 马忠荣
13 全球创新活动受到抑制 中国专利申请逆势增长 …… 任晓玲
15 中国加速迈向创新大国 …… 任晓玲
16 浅谈参展专利项目的知识产权保护 …… 杜 颖 金 鑫
18 论世界两次变革 …… 刘德纯
19 含苞待放的本土奇葩 …… 付 迁
24 在工程应用研究中不断自主创新 …… 徐 丹
25 国产静电涂油机打破国外技术垄断 …… 张 征
26 远离农药污染 保护绿色家园 …… 吴 琼
27 天敌防治有害生物技术研究进展 …… 段东红
28 中国企业在美上市后的集团诉讼风险 …… 许 峰 朱仲展
30 像创新者那样思考 …… 张述冠
31 十大善良发明 PK 十大邪恶发明 …… 本 刊
37 科学家该到哪里讨公道 …… 杨 建
38 魅族 M8——中国版 iPhone 的"专利门"危机 …… 小 陈 梁 钦
40 小沈阳思维与知识产权文化 …… 林京琨
42 谷歌图书搜索计划与版权人利益之争 …… 马远超
46 国美品牌谁主沉浮? …… 杨曦沦
47 回眸晚清的知识产权立法保护 …… 裴 钰
49 中国第一个获世博大奖的时装商标 …… 左旭初
56 从属专利与演绎作品的比较研究 …… 姚维红
60 创新型国家的建立与我国专利产业化制度的完善 …… 靳晓东
64 知识产权如何促进动漫产业的发展 …… 张 奇
68 Android 开源手机与知识产权保护浅析 …… 王希贝
70 美国 PCT 专利申请分析 …… 曾心苗
75 以项目功能出发进行的专利挖掘 …… 王宝筠
78 相关反馈技术在数字图书馆信息检索中的应用研究 …… 甘 霖
80 伟哥专利无效案引发的思考 …… 刘启明
83 一件专利侵权案一案多判引发的思考 …… 邢良选 李永翊 魏树巍
87 一位海归博士的商业秘密刑案 …… 朱妙春
92 美国知识产权政策调整动作频频 …… 李丽娜
94 俄罗斯专利工作概览 …… 柳彦淑
96 韩国改进专利审查工作 …… 何艳霞
98 英法院对"所属技术领域的技术人员"概念予以诠释 …… 任晓玲
99 国际专利分类绿色清单 …… 任晓玲
100 如何平衡公共与商业化专利信息服务 …… 何艳霞
101 知识产权犯罪造成巨大经济损失 …… 任晓玲
102 专利适格客体的判断标准 …… 李 倩 李丽娜
107 美国专利商标局的加快/优先审查制度 …… 张旭波
111 心梗脑梗者喝小分子水好 …… 陆 江
112 一种降低微波炉噪音的装置等 …… 本 刊

2010年12月

06 行业要闻 …… 本 刊
08 各地行动 …… 本 刊
10 海外动态 …… 本 刊
12 老概念新思考:知识产权专家纵论商业诋毁构成要素 …… 孙 莉
14 太爱肽:不可复制的巅峰品牌 …… 史 明
20 吴庆林:胶原蛋白肽之父 …… 史 明 王林强
22 健康生活托举生命质量 …… 王林强
24 生物技术寻求健康产业新视点 …… 徐 丹 田小涛
25 从泥巴里玩出健康 …… 刘镇宇
26 经络养生"陶砭"保健专利 …… 刘镇宇
27 让世博金算盘计量寿命 …… 刘德纯
28 海派文化与上海知识产权文化建设 …… 周洪涛
32 2010年全球50大最佳发明 …… 《时代》周刊
37 唤醒沉睡的国货老品牌 …… 陈 中
40 体育赛事吉祥物在我国的知识产权保护 …… 马丽华
42 网络词汇丰富汉语言文化"很给力" …… 涂 靖
44 中国"牙膏之父"与近代中国日化生产第一品牌 …… 左旭初
51 从我国桌游行业的兴起看智力活动规则的知识产权保护 …… 王荣霞 陈龙飞
54 关于"计算机程序+传统工艺"专利申请审查的思考 …… 史 慧
56 从PCT专利申请看瑞典产业布局和创新之路 …… 宋 超 武 悦
61 山寨,还是被山寨 …… 王义高 欧阳京
66 浅谈企业专利管理 …… 丁艳玲 张乃岭 余仲儒
70 如何做好商标申请注册前后的期限管理 …… 张志军
71 鱼骨图分析法在提高专利审查质量中的应用 …… 崔朝利 李光银
75 专利侵权的快速查询检索 …… 尹玲 张剑锋 张学敏
78 增进了解 为国服务 …… 张浴月
81 老友握手 …… 朱妙春
86 中日专利体系中公知常识的定义和范围 …… 孙 毅 黄 非
90 中欧日美有关修改超范围法律规定的比较研究 …… 杜 鹃 黄 非
94 进一步让公众参与专利审查程序 …… 李丽娜
95 世界知识产权组织对WIPO标准ST.50的调查结果分析 …… 汤艳莉 李 蓓 聂 红 郭波涛
101 可专利主题的判断标准 …… 李丽娜
105 印度尼西亚的专利制度 …… 柳福东
107 高血压的由来和祛病除根 …… 陆 江
108 "香"约健康 …… 本 刊
108 一种拼接式的通用机器人旋转关节结构的实现方法 …… 本 刊
109 丁延强专利2项等 …… 本 刊

《科技与法律》

联系地址:北京市海淀区普惠南里13号310室
邮政编码:100036
联系电话:010-68286852
电子邮箱:kjyfl@sohu.com kjyfl_bj@yahoo.com.cn

《科技与法律》2010 年第 1—6 期有关栏目目录索引

专　稿

科技型中小企业技术创新基金回顾与展望……………………………………………… 万　钢（01・01）

科技创新论坛

近年来世界科技发展趋势分析…………………………………………… 杜红亮　冯楚建（01・06）

突发公共卫生危机与药品专利强制许可………………………………… 肖尤丹　苏　竣（01・11）

次贷危机与知识产权证券化法律规制………………………………………………… 彭晓琼（01・17）

国家创新体系建设：经验、思考与启示……………………………………………… 王海燕（02・01）

主要国家基础研究管理体系比较研究…………………………………… 赵志耘　杨朝峰（03・01）

基于知识产权视角的科技奖励评价实证研究

——以何梁何利基金奖励为例………………………… 唐　恒　马理军　冯楚建（03・09）

合芜蚌自主创新试验区科技政策与法律体系研究………………………… 宋　伟　黄　翔（04・01）

促进文化产业发展的法律制度建设与创新…………………………………………… 徐升权（04・06）

关于科研违范行为的治理：一个概念模型 ………………………………………… 陈家昌（05・01）

“后世博”城市生活的法律指引及思考

——以“标准化”创新与推动为视角…………………………………………… 芦　琦（05・05）

政府对企业研发间接投入的国际现状与趋势

——越来越重要的科技税收政策………………………………………………… 薛　薇（05・09）

科技与法律：现代文明的双翼

——中国科学技术法学 25 年(1985—2010) ……………………………………… 段瑞春（06・01）

创新国策与法制建设

——中国科学技术法学会 2010 年上海年会学术讨论综述 ……………………… 王晓燕（06・06）

科技法制研究

自主创新・产学研合作・科技法制

——中国科学技术法学会 2009 年年会学术讨论综述 ……… 余慧华　吕　凯　曾　艳（01・22）

产学研结合创新的立法研究………………………………………………………… 李　恒（01・26）

论调整生物科技关系的若干国际法问题……………………………………………… 刘　瑛（01・31）

促进高校科技成果转化的法律思考…………………………………………………… 魏　敏（02・06）

我国技术法规概念刍议………………………………………………………………… 郭济环（02・10）

高科技发展对刑法三大原则的挑战……………………………………… 李　民　洪　森（02・14）

美国汽车判例中的专家意见证据………………………………………… 陆　红　孙　宁（02・19）

标准化过程中知识产权决策的准司法性制度安排初探

——以信息产业领域国家推广型技术标准为视角………………………………… 刘　朝（03・13）

关于扩大人体器官移植供体来源问题研究

——兼论《人体器官移植条例》之配套与完善……………………………………… 王凤民（03・19）

对基因技术发展的伦理与法律思考……………………………………… 刘晓枫　陈志伟（03・24）

政府部门科研项目规划的法律救济…………………………………………………… 沈跃东（04・10）

动物福利保护之习惯法研究…………………………………………………………… 安　静（04・15）

建立健全节能减排法律法规体系………………………………… 张绍鸿　曾凡银　尤建新（04・19）

论克隆技术对我国现行法律制度的影响………………………… 宋　伟　牛　巍　曹镇东（05・29）

试论创新与融合

——以促进自主创新制度建设为视角……………………………………………… 陈小慧（05・34）

论国外强制性标准与技术法规的关系…………………………………… 刘春青　于婷婷（05・39）

基因测试机构的垄断：BRCA1 与 BRCA2 基因专利的命运 …………………… 张　靖　张　平（06・10）

论人体器官移植供体知情权与人格权法律保护体系构建…………………………… 王凤民（06・15）

知识产权研究

从“发明”的技术性特征看电子商业方法的可专利性………………………… 冯术杰　崔国振（01・36）
现有技术抗辩制度本质论……………………………………………………………… 张　鹏（01・42）
论美国电影标题的法律保护及电影标题仲裁体制…………………………… 刘非非　徐伟功（01・47）
原始发明的内涵、特点、主体与路径 ………………………………………………… 贺长元（02・23）
案例指导制度建构中几个需要厘清的问题
——以知识产权审判为说明模式……………………………………………………… 魏大海（02・28）
对反垄断法中“相关市场”界定的思考
——可口可乐收购汇源案评析……………………………………………… 付丽莎　金泳锋（02・33）
中日植物新品种保护制度比较研究………………………………………………… 廖秀健　张晓妮（02・37）
专利池许可领域限制竞争行为的法律规制………………………………… 袁　源　杨　辉　宋　伟（03・37）
等同原则的适用及限制
——以规制专利权滥用为视角………………………………………………………… 吴胜华（03・43）
邻接权和著作权的衔接与协调发展
——以独创性为视角…………………………………………………………………… 李小侠（03・47）
知识产权研究国际前沿计量分析…………………………………………………… 栾春娟　罗海山（04・25）
略论我国著作权侵权的归责原则…………………………………………………… 许楚旭　卢梅丽（04・28）
合理使用原则在我国立法中的实践运用及发展趋势………………………………………… 周玲玲（04・32）
美国商业秘密侵权赔偿责任研究……………………………………………………………… 黄武双（05・45）
质疑商品化权…………………………………………………………………………………… 祝建军（05・51）
论我国知识产权担保中的登记制度
——以收益控制为分析基点…………………………………………………………… 李　鹃（06・21）
网络环境下商标权的扩张与限制……………………………………………………………… 王洪友（06・27）

创新管理实务

“老字号”企业技术创新及专利、商业秘密立体保护措施研究 …… 傅利英　于杨曜　张晓东（01・52）
我国餐饮特许经营企业的知识产权战略研究……………………………… 李昱晓　黄玉烨（01・56）
技术创新背景下的政府管理风险刍议
——以《实施卫生与植物卫生措施协定(SPS)》为例 ……………………………… 杨向东（02・40）
浅析苹果公司的知识产权管理及竞争优势获取……………………………………………… 钱　敏（02・45）
社会公益性科研项目组织模式比较研究…………………………………… 朱星华　李　哲（03・51）
日本企业在华专利战略研究…………………………………………………………………… 何　隽（03・55）
我国著作权集体管理组织的自治路径
——从诉讼、收费和管理职能的变迁出发 …………………………………………… 唐晋伟（04・36）
知识产权质押贷款风险控制的实践与探讨…………………………………………………… 谭果林（04・40）
LED 专利池及专利联盟建设策略与方法 …………………………………………………… 孙建国（05・57）
知识产权法律服务平台的创新探索…………………………………………………………… 刘　瑛（05・61）
论品牌优势企业商标权质押贷款制度………………………………………………………… 李文江（06・31）
企业知识产权培训模式刍议…………………………………………………………………… 王海军（06・36）

审判前沿

非典型侵犯商标权行为的认定
——“优玛”商标侵权纠纷案评析…………………………………………………… 周晓冰（01・61）
先用权抗辩中“相同产品”的认定
——涉及一种制瓷球土专利侵权纠纷案评析……………………………… 孙明飞　黄　军（01・65）
如何破解著作权纠纷案中合理使用难题
——陈少华诉中国音乐著作权协会侵犯信息网络传播权纠纷案评析……………… 刘建新（01・70）

"仅仅直接表示"商品自身特点的标志如何认定
——卡尼尔研究中心"水润凝护"商标申请被驳回案评析……………………………周　波（02·49）
视频分享网站帮助侵犯著作权的认定
——电视连续剧《官》著作权侵权纠纷案评析……………………………叶若思　祝建军（02·53）
侵犯商业秘密案件中权属的认定
——江汉石油钻头股份有限公司诉天津立林钻头有限公司等侵犯商业秘密
纠纷案评析……………………………………………………………………………徐　翠（02·57）
已注册商标的延伸注册应获得保护
——（法国）欧尚集团申请撤销争议商标诉讼案评析 ……………………………刘晓军（03·59）
"非交互式"网络传播行为的法律属性
——"圣火耀珠峰"节目网络直播侵权案评析……………………………………岳利浩（03·64）
企业名称权侵权认定与保护制度的思考
——湖北红旗电缆企业名称权纠纷案评析………………………………王赞雄　杨　昊（03·67）
酒店视频点播系统与信息网络传播权
——北京宝辰饭店视频点播系统侵犯著作权案评析……………………………亓　蕾（04·44）
略论商业秘密的认定及举证问题
——汕头东南公司侵犯商业秘密案评析…………………………………………高　静（04·47）
在先著作权与商标权冲突案件若干问题探析
——湖北汉光公司诉浙江湖电公司等侵犯著作权纠纷案评析…………………陈　辉（04·52）
确定专利侵权赔偿数额不受被侵权的权利要求数量影响
——"可搬式屏幕装置"实用新型专利权侵权纠纷案评析…………………………李燕蓉（05·65）
论等同原则在专利侵权判断中的适用问题
——多粒宝石自动粘接装置实用新型专利权侵权纠纷案评析……………………邓燕辉（05·70）
成套教材类文字作品抄袭侵权的认定
——北大青鸟著作权纠纷案评析………………………………………………秦小双（05·74）
判断经营者滥用市场支配地位问题研究
——"百度搜索引擎服务"垄断纠纷案评析……………………………………潘　伟（06·39）
审理侵犯集成电路布图设计专用权纠纷案件若干问题研究
——天微公司诉明微公司侵犯集成电路布图设计专有权
纠纷案评析…………………………………………………………于春辉　欧宏伟（06·44）
将抽象原理转化为具体技术方案并采取保密措施的属非公知技术
——天津环渤海公司等五被告侵犯商业秘密罪案评析……………………………孙文清（06·49）
专题研究
政府介入权制度：
介入权与政府资助项目成果转化的关系探析……………………………唐素琴　李科武（01·74）
政府资助科研项目中介入权制度若干问题研究
——兼评《科学技术进步法》相关规定……………………………………黄光辉（01·77）
知识产权质押贷款：
我国知识产权质押贷款的进程和出路……………………宋　伟　王金金　宋小燕（02·62）
中小企业知识产权担保融资的风险防控……………………………………余　丹　范晓宇（02·66）
低碳经济法律问题：
论低碳技术创新的知识产权制度回应………………………………………………张　鹏（03·29）
清洁发展机制下核证减排量卖方的主要义务与风险分析…………………王贺猛　李优阳（03·33）
技术标准中的专利问题：
论技术标准中专利许可声明对专利受让人的约束力
——从美国联邦贸易委员会 N－Date 案裁定出发 ……………………………赵启杉（04·56）